TRAITÉ ÉLÉMENTAIRE

DE

DROIT CIVIL

CONFORME AU PROGRAMME OFFICIEL DES FACULTÉS DE DROIT

PAR

MARCEL PLANIOL

PROFESSEUR DE DROIT CIVIL A LA FACULTÉ DE DROIT DE PARIS

DEUXIÈME ÉDITION

TOME PREMIER

Principes généraux
Théorie générale des personnes
Les Biens

Incapables. — Filiation

PARIS

LIBRAIRIE COTILLON

F. PICHON, SUCCESSEUR, ÉDITEUR

Libraire du Conseil d'État et de la Société de législation comparée

24, rue Soufflot, 24

1901

TRAITÉ ÉLÉMENTAIRE

DE

DROIT CIVIL

TOME PREMIER

Chaque exemplaire doit porter la griffe de l'auteur et celle de l'éditeur.

IMPRIMERIE A.-G. LEMALE, HAVRE

TRAITÉ ÉLÉMENTAIRE

DE

DROIT CIVIL

CONFORME AU PROGRAMME OFFICIEL DES FACULTÉS DE DROIT

PAR

MARCEL PLANIOL

PROFESSEUR DE DROIT CIVIL A LA FACULTÉ DE DROIT DE PARIS

DEUXIÈME ÉDITION

TOME PREMIER

Principes généraux
Théorie générale des personnes
Les Biens

Incapables. — Filiation

PARIS

LIBRAIRIE COTILLON

F. PICHON, SUCCESSEUR, ÉDITEUR

Libraire du Conseil d'État et de la Société de législation comparée.

24, rue Soufflot, 24

1901

PLAN DE L'OUVRAGE

AVIS

Les matières de première année s'arrêtent à la page 684. Voyez l'avertissement imprimé à la page 685.

PRÉFACE

Matières comprises dans l'examen de première année. — D'après le programme actuel (arrêté ministériel du 24 juillet 1895), l'examen de première année comprend exclusivement les matières suivantes :

1° Le *titre préliminaire du Code civil* (art. 1 à 6), qui contient ce qu'on peut appeler la *Théorie générale des lois* [1].

2° La *Théorie générale des personnes*. — C'est la partie la moins précise du programme : elle ne correspond à aucun groupe d'articles formant série dans nos lois ; mais elle contient quelques-uns des principes fondamentaux du droit. Chaque professeur lui donnera nécessairement la marque spéciale de son esprit et de sa méthode [2].

3° Les art. 34 à 101 *(Actes de l'état civil)*.

4° Les art. 102 à 111 *(Domicile)*.

5° Les art. 112 à 119 *(Présomption et déclaration d'absence)*.

Les articles 120 à 143, qui déterminent les effets de l'absence une fois déclarée, ont été retirés de la première année par le programme officiel. Ils doivent être logiquement répartis dans les matières qu'ils intéressent, successions, communauté, tutelle, etc.

6° Les art. 516 à 710 *(Distinction des biens, propriété, usufruit, servitudes)*.

7° Les art. 711 à 717 *(Manières d'acquérir)*, auxquels on a joint les art. 1138 à 1141 *(Transfert de la propriété par convention)*, les art. 1 à 3 de la loi du 23 mars 1855 *(Transcription)* et les art. 937 à 942 *(Transcription des donations)*.

8° La *prescription acquisitive*.

[1] L'art. 3, qui fait partie de ce titre et qui tranche quelques-unes des questions les plus importantes du droit international privé, doit nécessairement être réduit à des explications sommaires dans les cours de droit civil, puisqu'il existe un enseignement spécial du droit international.

[2] Il est bon de remarquer que tout ce qui se rattache aux questions de *nationalité* et à la *distinction des Français et étrangers* (art. 8 à 21) a été retranché de l'enseignement du droit civil et restitué au cours de droit international privé, dont cette matière forme une dépendance naturelle. Observation semblable pour les art. 22 à 33, qui règlent l'*effet des condamnations pénales* et qui appartiennent évidemment à l'enseignement du droit pénal.

En somme, cela revient à dire qu'après les principes généraux sur l'ensemble du droit, le cours de première année se compose de deux parties principales : 1° l'étude générale de la *personnalité*, avec ses annexes sur l'état civil, le domicile et l'absence; 2° la théorie des *biens*, comprenant nécessairement les manières d'acquérir la propriété et ses divers démembrements.

Le rôle du maitre. — Telles sont les seules matières sur lesquelles une question d'examen puisse porter. Mais quiconque a un peu l'expérience du droit conviendra que ces matières ne peuvent être ni enseignées ni comprises, si elles ne sont pas accompagnées de tout un ensemble de notions, de principes, de définitions, qui en forment le cortège obligé. Sans doute, dans un Répertoire de pratique, rédigé pour des hommes connaissant déjà le droit et qui ont terminé leurs études, chaque matière du droit peut être isolée et exposée séparément. Mais le rôle du professeur est tout autre, et la tâche de l'étudiant toute différente. Celui-ci doit se pourvoir d'une foule de notions sans lesquelles le plus simple point de droit lui échappera toujours; c'est au professeur d'en faire le triage et d'y apporter de la méthode.

L'ancien programme partageait le Code civil en trois tranches égales, selon l'ordre que les articles occupent dans la loi. Ce procédé simpliste faisait que les professeurs de première année n'avaient pas le temps suffisant pour commencer leur enseignement par un exposé de principes généraux et de notions historiques. Dès les premières leçons, ils jetaient, pour ainsi dire, leurs élèves en pleine eau, les mettant immédiatement en contact avec les questions qui se soulèvent dans la pratique et qui ne peuvent être étudiées et résolues que par ceux qui possèdent déjà un certain bagage technique. Ils les déroutaient [1], car l'ordre d'idées dans lequel ont vécu les jeunes gens avant d'entrer à l'École de Droit est extrêmement éloigné du point de vue spécial auquel doit nécessairement se placer le jurisconsulte. — Le système actuel présente donc un avantage précieux : il donnera infailliblement à l'enseignement du droit privé une méthode plus adaptée à son objet. Ce ne sera pas l'œuvre d'un jour ni celle d'un homme, mais elle se fera, parce qu'elle est indispensable.

Ce que doit être un manuel d'étudiants. — Un Manuel d'étudiants ne peut pas être écrit sous la forme d'un livre de pratique. Pour ce dernier, la forme parfaite est trouvée : c'est le *répertoire alphabétique*, véritable *Dictionnaire* de droit, dans lequel chaque matière est traitée sous le mot

[1] Si l'on veut se rendre compte du désarroi dans lequel sont tombés beaucoup d'étudiants, des plus intelligents et des mieux doués, qu'on lise ce qu'ont dit MM. de Vareilles-Sommières et Courcelle-Seneuil, dans la préface de leurs livres cités au n° 8, ci-dessous. Et pour deux qui ont raconté leurs impressions, combien ont gardé le silence, tout en pensant de même !

qui la désigne, et où tous les renseignements utiles se trouvent accumulés, avec le plus grand nombre de renvois possible aux arrêts et aux auteurs, le tout numéroté et décomposé de telle sorte qu'on trouve toujours sous chaque numéro une question simple et unique.

Le livre de l'étudiant est encore à faire. Les jurisconsultes doivent prendre modèle sur un certain nombre d'ouvrages excellents, publiés depuis une vingtaine d'années dans les sciences naturelles et historiques. N'étant pas gênés comme nous le sommes par le plan d'un code écrit sous d'autres préoccupations, les auteurs de ces manuels ou traités ont pu leur donner une forme synthétique, adaptée aux besoins de l'enseignement et de l'étude, dont nous devons chercher à nous rapprocher.

A ce sujet, je tiens à combattre une opinion très répandue, qui consiste à croire que la meilleure manière d'enseigner le droit privé est de suivre l'ordre du Code. Cela rend, dit-on, les recherches plus faciles.

Ce serait vrai, si *tout le droit civil* était contenu dans le *Code civil*. Mais il y a un grand nombre de questions connexes au droit civil, nées depuis le Code, et qu'on ne sait où mettre. Cela arrive quelquefois pour des matières très vastes. L'exemple le plus topique est celui de la *transcription*, réglée par une loi de 1855, et qui, avant l'arrêté de 1895, n'avait pu trouver de place fixe dans l'enseignement.

On dit encore : « En suivant l'ordre du Code, on familiarise les commençants avec les textes ». Je réponds : ce n'est qu'en feuilletant souvent le Code lui-même qu'on apprend à le bien connaître, et ce n'est qu'à la longue, et par l'usage, qu'on en retient des numéros d'articles. Tout étudiant qui n'a pas sur sa table son Code à côté de son manuel ou de ses notes de cours travaille mal et ne sait pas s'y prendre.

Nécessité de rapprocher l'enseignement de la jurisprudence. — J'ai rédigé ce livre dans un esprit que bien peu d'auteurs ont encore employé. Quand le Code était nouveau, l'École avait ses opinions qu'elle enseignait, et souvent chaque professeur avait les siennes ; de son côté la jurisprudence cherchait un peu à l'aventure les solutions des questions qu'on lui donnait à résoudre. Ainsi s'est formée dans nos Facultés une *doctrine*, souvent originale, mais rarement suivie dans la pratique.

Aujourd'hui que la jurisprudence est fixée sur beaucoup de points, à quoi bon enseigner encore, comme étant la formule du droit français actuel, des théories qui ne sont ni écrites dans les lois, ni admises en jurisprudence ? C'est donner à notre enseignement une apparence théorique et fausse, qui en ruine l'autorité quand nos élèves se trouvent ensuite en contact avec une réalité contraire à ce qu'ils ont appris à l'École. Prenons donc la jurisprudence pour ce qu'elle est, pour un droit coutumier de formation récente, et enseignons ses solutions, sauf à dire ce que nous en pensons. La doctrine n'a véritablement une tâche utile à remplir que sur les *questions neuves*, sur lesquelles la jurisprudence est encore hésitante; qu'elle la guide, qu'elle en facilite la formation, mais qu'elle ne perde pas son temps à combattre des règles acquises.

Nous avons mieux à faire : nous pouvons suivre la jurisprudence dans son développement historique; montrer comment des constructions considérables, élevées à la longue par l'accumulation des arrêts, ont parfois une base fragile, et sont sorties de solutions inexactes, de règles mal comprises ou de formules trop larges ou trop étroites. Toutes les fois que j'en ai trouvé l'occasion, j'ai expliqué ce travail de la jurisprudence et, pour en montrer l'importance, j'ai rapproché dans la Table des matières, au mot « jurisprudence », ses principaux résultats.

En outre, j'ai donné un grand nombre de citations d'arrêts, en essayant d'indiquer autant que possible les décisions les plus intéressantes, celles qui ont fixé la pratique, ou celles qui, par leur rapprochement, montrent le mieux soit la fixité, soit les variations de la jurisprudence.

Différence entre le cours et le livre. — Dans un traité sur l'ensemble du droit civil, même élémentaire, on est obligé de faire figurer un grand nombre de matières secondaires, parce que le livre présenterait des *lacunes* si elles ne s'y trouvaient pas. Il faut qu'elles s'y trouvent, parce que le lecteur peut en avoir besoin à un moment donné, et il s'étonnerait de ne pas les y rencontrer. Elles n'ont cependant pas la *même valeur éducatrice* que les grandes théories qui contiennent l'exposé des principes fondamentaux ou qui offrent l'occasion d'examiner de grands changements historiques survenus dans la législation : pour n'en citer qu'un exemple emprunté aux matières de première année, il est clair que les pages consacrées à l'étude de la *mitoyenneté* des murs de clôture n'ont pas la même importance que celles qui ont pour objet la *transcription des actes d'aliénation* ou le principe du *transfert par convention*.

D'autre part, l'étudiant doit trouver dans son manuel autre chose que des questions d'examens : une foule de renseignements, qui n'ont pas en apparence d'utilité directe, lui servent cependant à comprendre le reste. Un *livre* n'est pas un *cours :* le cours doit se borner à *faire comprendre;* le livre doit *renseigner* et contenir une multitude d'indications de statistique, de bibliographie, de doctrine, de jurisprudence, etc., qui seraient fastidieuses, données du haut de la chaire.

Sur l'emploi de deux caractères différents. — Il résulte de tout cela qu'un traité, même élémentaire, est fort long, d'autant plus que le droit civil est vaste et contient à lui seul presque tout le droit privé, c'est-à-dire englobe la vie entière d'une nation. Pour faire tenir cette accumulation de faits, de documents et d'idées dans un volume qui ne dépasse pas les proportions ordinaires, on est obligé d'employer deux caractères différents, et d'user largement de ce qu'on appelle « le petit texte » : c'est une habitude très générale, non seulement dans le droit, mais dans toutes les sciences. Autant que possible, on imprime en gros caractères les passages importants et les matières principales, et en petit texte les matières trop spéciales ou les indications complémentaires et de moindre importance. J'ai suivi cette habitude toute naturelle. Cependant il arrive parfois que ce qui est en gros caractères n'est qu'une notion élémentaire et banale, tandis que la difficulté décisive qui donne la clé de toute une matière se trouve reléguée dans le petit texte au milieu de l'examen d'une question de jurisprudence. Beaucoup d'étudiants, confiants dans la différence des caractères, se dispensent d'apprendre tout ce qui est en petit texte et arrivent ainsi à l'examen dépourvus des notions qui leur seraient indispensables pour comprendre les questions qu'on leur pose.

J'ai donc jugé utile d'attirer spécialement l'attention sur les passages importants au moyen d'*astérisques*.

Un double astérisque signale d'une façon plus spéciale les points capitaux, ceux qu'on serait tout à fait impardonnable d'ignorer.

Matières composant le présent volume. — Les programmes officiels ont divisé le droit civil en trois parties très inégales : il y a peu de choses en première année et beaucoup (peut-être trop) en troisième. La seconde année seule équivaut à peu près au tiers de l'enseignement total de cette matière. Il en résulte que si on avait voulu mettre dans chaque volume exactement la matière de chaque examen, on aurait obtenu trois tomes d'une disproportion choquante ; pour les rendre à peu près égaux, il a fallu adjoindre aux matières actuelles de première année une partie de celles de la troisième, qui est surchargée. Le choix était facile à faire pour les raisons indiquées à la page 685.

Un titre spécial suivi d'un « Avis » arrêtera à cet endroit l'étudiant de première année.

Dans l'exposé des notions générales que j'ai mises en tête, et principalement sur les *actes juridiques* et les *preuves* (nos 264 à 373), j'ai abordé un certain nombre de points que l'habitude ancienne était de faire entrer dans le cours de deuxième année parce que le Code civil en a parlé à propos des conventions. Néanmoins comme ces règles constituent ce qu'on pourrait appeler les *principes généraux du droit civil*, et qu'elles dominent toutes les matières, j'ai cru indispensable d'en faire connaître les éléments dès la première année. A chaque instant, pour n'importe quelle matière, on a besoin de se servir des mots *personne*, *auteur*, *ayant cause*, *tiers*, *acte juridique*, *titre*, *transmission universelle*, ou à *titre particulier*, *patrimoine*, *créance*, *droit réel*, *preuve*, *présomption*, *acte authentique*, etc. Comment un jeune homme, qui sort de ses études classiques, peut-il comprendre la moindre question de droit si ce langage technique ne lui a pas été expliqué, alors que les mots y prennent souvent une nuance qu'ils n'ont pas dans la langue ordinaire ? Comment expliquer, par exemple, les art. 46, 100, 2230, 2231, et bien d'autres compris comme eux dans les matières de première année, à des jeunes gens qui ne connaissent encore rien des règles sur la preuve ?

La réforme de 1895, mal accueillie par une minorité considérable du corps professoral, peut être le point de départ d'un changement de direction fort utile, et beaucoup de professeurs, jeunes et vieux, à Paris et dans les départements, se sont appliqués avec zèle à en tirer parti.

Conseils pour la préparation de l'examen. — La grande difficulté, pour l'étudiant de première année, est la *méthode de travail*. Il se trouve transporté dans un monde nouveau, il est *dépaysé*, surtout quand il ne réside pas dans une ville où siège une Faculté ou école, libre ou officielle, dont l'enseignement oral pourrait l'éclairer et le guider. Rien ne remplace le cours ; néanmoins quelques conseils seront fort utiles, à ceux qui n'ont pas près d'eux un père ou un frère aîné, ayant fait son droit et capable de les aider. Il ne faut pas s'attacher à apprendre par cœur des séries de dates, de cas particuliers ou d'exceptions à une règle : quand on trouve une série, il faut la lire pour en avoir l'idée générale et en garder l'impression d'ensemble ; mais il suffit ordinairement d'en retenir un ou deux exemples. On doit surtout se pénétrer des *règles de principe*, qui permettent de raisonner juste et qui s'appliquent à un grand nombre d'hypothèses particulières. Je me suis efforcé de les mettre le plus possible en relief, et avec un peu d'habitude on arrivera à discerner ce qui est *fondamental* de ce qui est *accessoire* ou *exceptionnel*. Que l'étudiant se mette bien dans la tête que personne ne *sait* tout le droit : c'est une tâche au-dessus des forces humaines. Ce que nous lui demandons surtout d'acquérir, c'est, outre les notions essentielles de chaque matière, une certaine manière de voir et de comprendre les choses qui le mette à même de discuter une question, d'apprécier un argument et de trouver la solution.

Naturellement cela suppose un *effort de mémoire* pour retenir sur les points importants soit les règles précises de la loi, soit l'histoire de la jurisprudence et de la législation, qui subissent perpétuellement de si grandes transformations.

Le vrai jurisconsulte n'est pas celui qui se rappelle que dans tel cas *déterminé, en matière d'hypothèques, de successions ou de contrat de* mariage, il existe une difficulté et qui connaît la solution qu'elle a reçue dans la pratique ; c'est celui qui sait *pourquoi* la question est née, *pourquoi* elle a été résolue de cette façon plutôt que d'une autre, et *pourquoi* il y a lieu d'approuver ou de critiquer cette jurisprudence.

L'*introduction* a besoin d'être lue, pour les idées générales qui y sont exposées, et consultée ensuite pour les indications historiques et bibliographiques qui y sont réunies. La *théorie des lois*, importante parce qu'elle domine l'ensemble du droit, est de peu d'usage à l'examen, à part quelques points, comme le principe de non-rétroactivité, ou la différence qui sépare les lois des règlements et de la constitution, ou encore la question de la promulgation des lois.

Au contraire, *la théorie des actes juridiques* contient un très grand nombre de principes fondamentaux, qu'on ne saurait étudier avec trop de soin, et qui donneront la clef d'une foule de difficultés qu'on rencontrera à chaque pas. On fera bien d'y revenir, et à plusieurs reprises, quand on sera déjà avancé dans l'étude du traité, afin de s'en mieux pénétrer et d'en mieux comprendre la portée, à un moment où ces règles, nécessairement abstraites parce qu'elles sont générales, seront déjà éclairées par des exemples.

Actuellement, la plupart des questions d'examens, en première année, portent sur la théorie des biens (p. 291-658) et accessoirement sur les actes de l'état civil et le domicile. Les autres parties, quoique utiles à connaître, font difficilement l'objet d'interrogations probantes; elles ont le sort de toutes les idées générales : il est bon que l'élève les connaisse; il est dangereux, sinon impossible, de les lui faire exposer oralement, au milieu de l'appareil toujours un peu impressionnant de l'examen.

Un dernier mot. Beaucoup d'auteurs, en traitant du droit civil, s'abstiennent soigneusement de citer des noms en exposant des opinions. La science juridique prend ainsi un aspect vide et incolore, qui est tout à fait faux. Il y a dans le droit une vie intense : les systèmes qui se combattent, les tentatives de toutes sortes qui se produisent recouvrent toujours des conflits d'intérêts ou de personnes. Derrière les idées, il y a des individus ou des foules. J'ai donc donné quelques *indications bibliographiques ;* je l'ai fait sobrement, afin d'éviter de surcharger mon livre d'additions qui l'auraient trop allongé. Mais la bibliographie est une filière; j'ai entr'ouvert une porte, pour montrer par où l'on peut prendre contact avec les réalités vivantes, avec le monde des discussions parlementaires, judiciaires ou doctrinales, au lieu de placer le lecteur dans un terrain clos de murs et sans horizons. C'est à lui d'en profiter, en élargissant le champ de ses études par des lectures sur les points qui lui paraîtront les plus difficiles à comprendre ou les plus utiles à connaître. Ce n'est pas à moi de tout dire.

INDEX BIBLIOGRAPHIQUE

des ouvrages les plus fréquemment cités.

ACCARIAS. *Précis de droit romain*, 2 vol. in-8°. Quatrième édition, 1886-1891.

ALEXANDRESCO. *Droit ancien et moderne de la Roumanie*, Paris et Bucarest, 189[illegible] (en français).

ARGENTRÉ (BERTRAND D'). Œuvres complètes, comprenant des commentaires sur la coutume de Bretagne (rédaction de 1539) et des traités spéciaux. Éditions diverses de 160[illegible] 1614, 1621, 1646, sous le titre de *Commentarii in patrias Britonum leges*.

AUBRY et RAU. *Cours de droit civil français*, en 8 volumes in-8°. La quatrième édition a paru de 1869 à 1878. Une cinquième édition est en cours de publication.

BEAUMANOIR. *Coutumes de Beauvoisis*, édit. Salmon, 1899-1900.

BÉQUET et LAFERRIÈRE. *Répertoire de droit administratif*, entrepris en 1882, 16 vol. parus.

BERTHÉLEMY. *Traité élémentaire de droit administratif*, 1900.

BEUDANT (CH.). *Cours de droit civil français*. Publication commencée en 1896. Trois volumes seulement ont paru jusqu'en 1899.

BOURDOT DE RICHEBOURG. *Coutumier général*, 1724. Huit tomes in-folio, souvent reliés en 4 volumes. Recueil presque complet des anciennes coutumes de France.

BOURJON. *Le droit commun de la France et la coutume de Paris réduits en principes*, 1747. 2 vol. in-f°.

CAUWÈS. *Cours d'économie politique*, 2e édit., 1893, 4 vol. in-8°.

CHAUVEAU (M.). *Des biens*, 1 volume in-8°, 1896. Fait partie du *Traité de droit civil* publié sous la direction de M. Baudry-Lacantinerie.

COLMET DE SANTERRE [DEMANTE et]. *Cours analytique de Code civil*, 9 vol. in-8°, 2e édit. 1881-1895 ; 3e édit., 1895-1896 (2 vol. parus).

DALLOZ. *Répertoire méthodique et alphabétique de législation, de doctrine et de jurisprudence*, appelé aussi *Jurisprudence générale*, 44 vol. in-4°, 1844-1869. — *Supplément*, 10 vol. in-4°, 1887-1897.

DALLOZ. *Recueil d'arrêts*. 1 vol. in-4° par an.

DE LOYNES (P.). *Des privilèges et hypothèques*, 3 vol. in-8°, 2e édit., 1899-1900. Fait partie du grand traité de droit civil publié sous la direction de M. Baudry-Lacantinerie.

DEMANTE. Voy. COLMET DE SANTERRE.

DEMOLOMBE. *Cours de Code Napoléon*, 31 vol. in-8°. Composé de traités séparés, dont plusieurs ont eu jusqu'à huit éditions de 1845 à 1896.

DOMAT (JEAN). *Les lois civiles dans leur ordre naturel*, 2 vol. in-f°. Éditions nombreuses de 1689 à 1777.

DRAMARD. *Bibliographie raisonnée du droit civil*. Paris, 1879, in-8°.

DUCROCQ. *Cours de droit administratif*. Sixième édition en 2 vol., 1881. Une édition nouvelle a été commencée en 1897.

DUMOULIN. *Opera omnia*, 5 vol. in-8°. La dernière édition est de 1681.

ESMEIN. *Cours d'histoire du droit français*, 3e édit., 1898.

ESMEIN. *Éléments de droit constitutionnel*, 2e édit., 1899.

FENET. *Recueil complet des travaux préparatoires du Code civil*. Paris, 1827-1828, 15 vol. in-8°.

FERRIÈRE (CLAUDE DE). *Corps et compilation de tous les commentateurs sur la coutume de Paris*, 2e édit. en 4 vol. in-f°, Paris, 1713.

FERRIÈRE. *Nouveau commentaire sur la coutume de Paris ;* nouvelle édition par Sauvan d'Aramon, Paris. 1770, 2 vol. in-12.

GARSONNET. *Traité théorique et pratique de procédure*, 6 vol. in-8°, 1882-1897. Une seconde édition en 8 volumes a été entreprise en 1898.

GIRARD. *Manuel de droit romain*, 3e édition, 1901.

GUILLOUARD. Traités divers sur le *louage*, le *contrat de mariage*, la *vente*, le *nantissement*, les *privilèges et hypothèques*, etc., faisant suite au grand ouvrage laissé incomplet par M. Demolombe.

HOUQUES-FOURCADE. *Des personnes*. Le t. Ier a paru en 1896, le t. II en 1900. Fait partie du *Traité de droit civil*, publié sous la direction de M. Baudry-Lacantinerie.

HUC. *Commentaire du Code civil*. Treize volumes parus, de 1892 à 1900.

HUC et ORSIER. *Code civil italien*. Traduction et commentaire, 2 vol., 1868.

LAINÉ. *Introduction au droit international privé*, 2 vol., 1888-1892.

LAURENT. *Principes du droit civil français* (ouvrage belge). 33 vol. in-8°. Un supplément a commencé à paraître en 1895.

LAURENT. *Avant-projet de révision du Code civil*, 6 vol. in-4°. Bruxelles, 1882-1885.

LAURIÈRE (EUSÈBE DE). *Textes des coutumes de la prévôté et vicomté de Paris*. Paris, 1778, 3 vol. in-12.

LOCRÉ. *Législation civile, commerciale et criminelle de la France*. Recueil des discussions et travaux préparatoires de nos codes, 31 vol. in-8°, Paris, 1829-1832.

LOYSEL (ANTOINE). *Institutes coutumières*. Première édition en 1646. Annoté par Eusèbe de Laurière en 1710. Réimpressions en 1758, 1764 et 1783. Nouvelle édition par Dupin et Laboulaye. Paris, 1846, 2 vol in-12.

LYON-CAEN et RENAULT. *Traité de droit commercial*. La première édition, parue en 1884, sous le nom de *Précis*, n'avait que deux volumes. Une troisième édition, en dix volumes, est en cours de publication (t. Ier, 1898).

MAYNZ. *Cours de droit romain* (ouvrage belge). 3 vol. in-4°.

MERLIN. *Répertoire universel et raisonné de jurisprudence*, 4e édit., 1812 à 1826, 17 vol. in-4°.

MERLIN. *Questions de droit* (Recueil alphabétique des — qui se présentent le plus fréquemment devant les tribunaux). Quatre éditions, de 1810 à 1830.

MERSIER. *Traité théorique et pratique des actes de l'état civil*, 2e édit., 1892. Appendice, 1898.

PANDECTES FRANÇAISES. Recueil périodique d'arrêts, fondé en 1886 et actuellement dirigé par MM. Weiss et Louis Lucas.

POTHIER. *Œuvres*, annotées par M. Bugnet, 2e édit., Paris, 1861-1862.

RÉCY (DE). *Traité du domaine public*, 2e édit., 1894, 2 vol. in-8°. (Extrait du *Répertoire* de BÉQUET.)

SIMONET. *Traité élémentaire de droit public et administratif*, 3e édit., 1899.

SIREY. *Recueil général des lois et des arrêts*. Un volume in-4° par an.

TISSIER (THÉOD.). *Traité théorique et pratique des dons et legs aux établissements publics et d'utilité publique*, 1896, 2 vol. in-8°. (Extrait du *Répertoire* de BÉQUET.)

VIOLLET (PAUL). *Histoire du droit civil français*. Seconde édition, 1893.

WEISS (ANDRÉ). *Traité théorique et pratique de droit international privé*. En cours de publication. Quatre volumes de 1892 à 1901.

ABRÉVIATIONS

A. C. .... Ancienne coutume. (Rédaction d'une coutume qui a été ensuite réformée. Voy. N. C.)
Al........ Alinéa.
Ann. étr.. *Annuaire de législation étrangère*, publié par la Société de législation comparée. Voy. ci-dessous n° 142.
Arg. art... Argument tiré de l'article.
Cass...... Arrêt de la Cour de cassation.
Cbn....... Combinés.
C......... Code.
C. civ..... Code civil. Cette abréviation se rapporte toujours au Code civil français ; les codes étrangers sont toujours indiqués d'une manière spéciale.
C. com.... Code de commerce.
C. I. crim. Code d'instruction criminelle.
Comp..... Comparez.
C. pén.... Code pénal.
C. proc.civ. Code de procédure civile.
D......... DALLOZ. Recueil périodique d'arrêts. Cette abréviation : D. 78. 1. 89, signifie : Dalloz, année 1878, première partie, p. 89. Voy. ci-dessous n° 126.
Décl...... Déclaration du roi.
Décr...... Décret.
Dig....... *Digeste*. Recueil de droit romain fait par ordre de Justinien au VIe siècle. Les citations se font ainsi : *Dig.*, liv. X, tit. I, fr. 2, § 3. Les lettres fr. désignent les différents fragments ; le premier § de chacun d'eux qui ne porte pas de numéro, s'appelle *principium*, et se désigne par les lettres pr.
L......... Loi.
N. C...... Nouvelle coutume (dernière rédaction d'une coutume).
P......... *Pandectes françaises*. Recueil périodique d'arrêts. Voy. ci-dessous n° 126.
Répert.... *Répertoire alphabétique*, de Dalloz. Voy. ci-dessous n° 132.
S......... SIREY. Recueil d'arrêts. Voy. ci-dessous n° 126. Pour le mode de citation, voyez ci-dessus, D.
S. chr.... *Sirey chronologique*. Réimpression des premières années du Sirey jusqu'à 1830, dans laquelle les arrêts importants ont seuls été conservés et mis par ordre chronologique.
Suppl..... *Supplément* du Répertoire de Dalloz. Voy. ci-dessous n° 132.
T......... Tome.
T. A. C.. *Très ancienne coutume*. Rédaction primitive d'une coutume qui, comme celle de Bretagne, en a eu trois successives.
V°........ (Verbo) au mot...

OBSERVATIONS

Tout article cité sans indication spéciale est un article du Code civil.

L'astérisque simple * indique un passage à étudier spécialement en vue de l'examen.

Le double astérisque ** indique les points les plus importants.

Pothier est toujours cité d'après l'édition Bugnet ; Loysel, d'après l'édition Dupin et Laboulaye ; le Digeste, d'après Mommsen.

INTRODUCTION

CHAPITRE PREMIER

DU DROIT EN GÉNÉRAL

§ 1. — *Définition du droit.*

1. Étymologie du mot « droit ». — Le mot « droit » est une métaphore. Il vient de *directum*, pris dans son sens figuré, et désigne *ce qui est conforme à la règle*, c'est-à-dire à la loi. La même métaphore se retrouve dans la plupart des langues européennes modernes, en anglais (*right*), en allemand (*recht*), en hollandais (*regt*), en espagnol (*derecho*), en italien (*diritto*), en roumain (*dreptu*), etc., mais elle n'existait pas encore dans les langues anciennes, ni en grec ni en latin, où les mots *rectum*, κατόρθωμα, seuls comparables par leur étymologie avec notre mot « droit », avaient un sens plutôt moral que juridique. Ce que nous appelons « le droit » se disait en latin *jus*, et en grec ἡ δίκη ou τὸ δίκαιον.

** **2. Ses deux sens principaux.** — Les emplois très variés qu'a reçus le mot « droit » se ramènent à deux principaux.

Dans son sens fondamental, le mot « droit » désigne *une faculté, reconnue à une personne par la loi, et qui lui permet d'accomplir des actes déterminés* [1]. Tels sont : Le *droit de propriété*, qui permet au propriétaire d'utiliser une chose pour son profit, à l'exclusion de toute autre personne ; le *droit de tester*, qui permet à une personne d'attribuer ses biens à des successeurs de son choix. La *puissance paternelle* est un droit, parce qu'elle permet au père de faire prévaloir sa volonté pour l'éducation de ses enfants. Ainsi encore on parle du *droit de pêche*, du *droit de chasse*, des *droits politiques*, etc.

Dans un autre sens, le mot « droit » désigne l'*ensemble des lois*, c'est-à-dire les règles juridiques applicables aux actes des hommes.

Ainsi, on peut dire que les *droits* des individus sont déterminés par le *droit*. Dans cette phrase le mot droit est pris successivement dans les deux sens qui viennent d'être indiqués.

Quand le mot droit est pris dans le second sens, il appelle ordinairement un qualificatif, parce qu'il est rare qu'on parle du droit entier, c'est-à-dire de l'ensemble des lois établies par les hommes à toute époque ; presque toujours on n'a en vue qu'une partie du droit. Tantôt c'est le *droit d'un peuple :* « droit français », « droit anglais », « droit italien », etc. Tantôt c'est *le droit d'une période :* « droit romain » usité jadis, par opposition aux législations modernes des différents peuples de l'Europe. Pour chaque peuple on peut faire des subdivisions. Par exemple, en France, nous parlons de « l'ancien droit » (antérieur à la révolution de 1789), et du « droit moderne » (issu de cette révolution). Tantôt enfin, la partie du droit que l'on considère est la *législation propre à une matière particulière :* le « droit constitutionnel », qui détermine les attributions des différents organes de l'État ; le « droit pénal », qui règle la poursuite et la condamnation des délits ;

[1] Comparez IHERING : « Les droits sont *des intérêts juridiquement protégés*. Le droit est la sécurité juridique de la jouissance » (*L'esprit du droit romain*, trad. Meulenaere, t. IV, § 71, p. 337).

le « droit commercial », le « droit industriel », propres aux actes de commerce et aux opérations industrielles, etc.

3. Objet de la science du droit. — La science du droit a pour objet le droit pris dans ses deux sens, car il est impossible de les séparer comme objet d'étude. En s'occupant des législations, on s'occupe nécessairement des actes de toute nature que ces législations régissent, et la réciproque est vraie.

§ 2. — *Distinction du droit positif et du droit naturel.*

4. Définition du droit positif. — On appelle « droit positif » les règles juridiques en vigueur dans un État, quel que soit d'ailleurs leur caractère particulier, constitutions, lois, décrets, ordonnances, coutumes, jurisprudence.

Ces règles sont « positives » en ce sens qu'elles forment un *objet d'étude concret et certain ;* on les connaît ; elles ont un *texte,* une formule arrêtée et précise ; elles résultent d'un ensemble de faits et de notions qui peuvent être mis hors de contestation et qui ne dépendent pas des opinions individuelles.

Il existe cependant d'innombrables controverses sur les solutions du droit positif, ce qui fait que quelquefois son nom peut sembler une dérision ; mais il faut se rendre compte des causes de ces incertitudes. Il y en a deux : 1° quand il s'agit d'un point de droit ancien les documents peuvent nous faire défaut pour trancher une question historique ; 2° quand il s'agit d'un point de droit nouveau, la solution définitive peut n'être pas encore donnée, et c'est pour l'établir qu'on discute. Au premier cas, la règle juridique *a existé,* mais elle est *devenue inconnue ;* au second cas, elle *existera,* mais elle n'est *pas encore faite.* Des incertitudes dues à de pareilles causes n'enlèvent pas aux législations leur caractère positif : la certitude existe sur une foule de points, pour lesquels la controverse est déjà vidée et dont la solution n'est pas encore oubliée.

5. Fausse conception du droit naturel. — Autant la notion du droit positif est claire et sûre, autant celle du droit naturel est nuageuse. Bien souvent ceux qui discutent sur le droit naturel en parlent sans se comprendre.

En général on entend par droit naturel le droit idéal. C'est la définition qu'en donnait Oudot : « Le droit naturel... est l'ensemble des règles qu'il est *souhaitable de voir transformer en lois positives* » (OUDOT, *Premiers essais de philosophie du droit,* p. 67). Il serait difficile d'en donner une idée plus fausse. Supposer qu'il existe, à côté de chaque loi humaine, une loi idéale, concevable par l'intelligence et qui en serait le modèle, c'est réduire le droit naturel au sort de tout idéal, c'est-à-dire, sinon au néant, du moins à l'état de conceptions individuelles indéfiniment variées. Si chacun de nous, en étudiant une loi quelconque et en concevant une autre loi qui serait meilleure selon ses idées personnelles, concourt ainsi à la formation du droit naturel, celui-ci ne représentera qu'une collection hétérogène d'opinions dissemblables. Toute conception est vaine qui réduit le droit naturel à l'état d'idéal.

6. En quoi consiste le droit naturel. — Le droit naturel existe, heureusement pour l'humanité, mais il est tout autre chose. Il se compose d'*un petit nombre de maximes, fondées sur l'équité et le bon sens, qui s'imposent au législateur lui-même,* et d'après lesquelles l'œuvre législative pourra être appréciée, louée ou critiquée. Le droit naturel n'est ni la loi ni l'idéal de la loi ; il est la règle suprême de la législation. Si le législateur s'en écarte, il fait une loi injuste ou mauvaise. Je dirais volontiers, en prenant le contrepied de la définition d'Oudot, que le droit naturel se compose de principes supérieurs à la loi, qu'il serait, par suite, *inutile* de formuler en articles de droit positif.

Les principes du droit naturel sont en très petit nombre ; ils se réduisent à quelques notions élémentaires. Quand on a dit que le législateur doit assurer la vie et la liberté des hommes, protéger leur travail et leurs biens, réprimer les écarts dangereux pour l'ordre social et moral, reconnaître aux époux et aux parents des droits et des devoirs réciproques on est encore loin d'avoir fondé une législation ; on est bien près d'avoir épuisé les préceptes de la loi naturelle. Le Décalogue n'est pas long, et il est permis de trouver qu'il contient des dispositions inutiles, ou ayant une utilité purement locale et contingente.

7. Unité et simplicité du droit naturel. — Ainsi le droit naturel est tout à la fois réduit dans son objet et supérieur dans sa position, relativement aux législations humaines qu'il inspire et qu'il domine. C'est ce qui explique un phénomène remarquable : les législations positives, bien que *très différentes les unes des autres*, sont en général *conformes au droit naturel*. C'est ce qui fait encore que le droit naturel, au milieu de cette diversité des législations, possède l'*unité* : il est simple et immuable [1]. Depuis que la philosophie a commencé à étudier ces grands problèmes, les hommes se sont mis peu à peu d'accord sur les principes essentiels, pour l'éternel honneur de la raison.

8. Bibliographie. — COURCELLE-SENEUIL, *Préparation à l'étude du droit*, 1887. — EM. BEAUSSIRE, *Les principes du droit*, 1888. — Cte DE VAREILLES-SOMMIÈRES, *Les principes fondamentaux du droit*, 1889. — CH. BEUDANT, *Le droit individuel et l'État*, 1891. — BOISTEL, *Cours de philosophie du droit*, 2 vol. in-8°, 1899. — ROGUIN, *La règle du droit*, étude de science juridique pure, Lausanne et Paris, 1889. — VAN BEMMELEN, *Les notions fondamentales du droit*, Amsterdam, 1892. — G. TARDE, *Les transformations du droit*, 1893. — A. FOUILLÉE, *La France au point de vue moral*, 1900.

§ 3. — *Sources du droit.*

***9. Sources historiques et sources productrices.** — Le mot « sources » s'emploie, dans la langue du droit, avec deux sens différents.

Quand il s'agit de *droit ancien*, on entend par « sources » les *documents dans lesquels une législation abolie peut être étudiée.* Naturellement le nombre de ces documents diminue avec le temps : nous en possédons fort peu pour le droit grec ou égyptien, davantage pour le droit romain, beaucoup plus pour les institutions du moyen âge. Prises en ce sens, les sources ont une grande importance pour l'historien ; elles lui fournissent sa matière première.

Quand il s'agit, au contraire, d'une *législation vivante*, on n'a que faire d'en rechercher la formule. On se procure le texte des lois aussi facilement qu'un objet usuel ; la recherche des sources cesse d'être une difficulté et une question d'érudition. Mais le mot reçoit alors un autre sens. On entend par « sources du droit » les *différentes façons dont les règles juridiques sont établies.* Le droit, c'est-à-dire la règle obligatoire pour les particuliers et pour les tribunaux, dérive toujours d'une autorité qui a le pouvoir de le *créer*. C'est cette *autorité* qu'on appelle la *source du droit*, et c'est dans ce dernier sens que nous prenons ici ce mot.

10. Les deux sources principales du droit. — Le droit a deux sources princi-

[1] Il n'est pas inutile de rappeler ici les plus célèbres affirmations du droit naturel qui se font écho à travers les siècles. Sophocle, dans *Antigone* (Vers 452 ; alias 457) oppose les lois divines, non écrites et immuables (ἄγραπτα κἀσφαλῆ Θεῶν νόμιμα), aux décrets des mortels qui ne peuvent prévaloir sur elles. Tous les philosophes anciens, Platon dans ses *Lois*, Aristote dans son *Ethique* et dans sa *Politique*, ont repris cette idée. Cicéron, qui l'a empruntée aux Stoïciens, dit : « Vera lex, naturæ congruens,... neque erit alia lex Romæ, alia Athenis, alia nunc, alia posthac... » (*De republica*, III, 22). — Comp. MONTESQUIEU : « Avant qu'il y eût des lois faites, il y avait des rapports de justice possibles ; dire qu'il n'y a rien de juste et d'injuste que ce qu'ordonnent les lois positives, c'est dire qu'avant qu'on eût tracé de cercle, tous les rayons n'étaient pas égaux » (*Esprit des lois*, Liv. 1, chap. 1) et KANT : « Je dois toujours agir de telle sorte que je puisse vouloir que ma maxime devienne une loi universelle » (*Fondement de la métaphysique des mœurs*, trad. Barni, p. 26). C'est en effet à ce signe qu'on peut juger la valeur morale d'un acte et il est impossible de mieux marquer la subordination du droit positif au droit naturel. — Les sceptiques n'ont pu ébranler ces maximes. « Ils sont plaisans quand pour donner quelque certitude aux loix, ils disent qu'il y en a aucunes fermes, perpétuelles et immuables, qu'ils nomment naturelles... Or ils sont si desfortunez que d'un nombre de loix si infiny, il ne s'en rencontre pas au moins une que la fortune et témérité du sort ait permis estre universellement receue par le consentement de toutes les nations... Qu'ils m'en montrent, pour voir, une de cette condition » (MONTAIGNE, *Essais*, liv. II, chap. 12). Montaigne s'abuse : la diversité des lois positives ne contredit en rien l'unité et l'immutabilité du droit naturel.

pales dont les autres ne sont que des variantes : 1° l'*usage* ou la volonté générale ; 2° la *loi* ou la volonté du législateur. Le droit qui dérive de l'usage s'appelle *droit coutumier* ; le droit qui dérive de la loi s'appelle *droit écrit*.

* **11. Du droit coutumier.** — Le droit coutumier se fait petit à petit, par l'usage. Tantôt ce sont les *habitudes suivies par les particuliers* dans leurs contrats, dans leurs actes de toute nature, pour le règlement de leurs affaires ; tantôt ce sont les *décisions de justice* qui se succèdent en donnant toujours la même solution aux mêmes difficultés. Le droit coutumier résulte donc toujours d'un *consentement général et prolongé*.

* **12. Du droit écrit.** — Le droit écrit résulte, au contraire, d'une *déclaration de volonté*, manifestée en une seule fois *par le pouvoir législatif*. Il s'établit donc *en un moment*.

Son nom de droit écrit (*jus scriptum*) provoque parfois un certain étonnement, car le droit coutumier lui-même se constate par l'écriture : notre ancien droit coutumier était contenu dans des livres nombreux, il était rédigé par écrit, et de tout temps les arrêts de justice, qui élaborent perpétuellement un nouveau droit coutumier, ont été eux aussi des documents écrits. Ce nom de droit écrit nous vient de loin, et, pour le comprendre, il faut remonter aux temps de la république romaine. Alors l'écriture était rare, et le droit coutumier (*consuetudo majorum*) était réellement non écrit et ne se conservait que dans la mémoire des hommes, tandis que la loi était écrite, gravée sur des tables de marbre ou de bronze, que l'on conservait au Capitole, dans le *Tabularium* [1].

13. Productivité comparée des deux sources du droit. — Ces deux sources du droit se retrouvent partout et dans tous les temps : mais elles ont ordinairement un sort bien différent. La coutume est d'abord la plus abondante : dans les sociétés peu avancées, elle est la source principale, surtout pour le droit privé. Il en est de même dans les périodes de décadence, où les lois redeviennent rares : on n'en fait plus et celles qui existent s'oublient ; le pouvoir central n'est plus assez fort pour en faire de nouvelles ou pour faire obéir les anciennes ; souvent il ne s'en soucie même pas.

Dans les périodes de force et de bonne organisation, il existe un pouvoir qui veille aux intérêts généraux, soucieux de l'ordre et de l'administration, et qui, pour régner, fait des lois et les maintient.

Les deux sources du droit sont donc *productives en raison inverse l'une de l'autre*, selon le temps et le milieu. Ce phénomène s'est observé dans l'antiquité comme de nos jours.

* **14. Le droit coutumier à l'époque actuelle.** — Au temps présent, presque tout le droit de la France existe sous forme de *lois*, et par suite a le caractère de droit écrit.

Le droit coutumier n'a cependant pas absolument disparu. On peut en signaler encore trois applications :

1° *Les usages relatifs à la propriété foncière.* — Ils existent surtout pour la propriété rurale, mais il y en a aussi pour les servitudes urbaines et les relations de voisinage dans les villes [2]. Plus d'une fois des circulaires ministérielles en ont prescrit la rédaction, pour diminuer les procès ; elles n'ont reçu que des applications insuffisantes [3]. Diverses lois

[1] *Etymologie du mot « loi »*. — C'est de cette même origine que vient le nom de « loi ». Les fabricants d'étymologies, qui les cherchent en raisonnant d'après le sens des mots, tirent *lex* de *ligare*, la loi étant ce qui lie, ce qui oblige. Mais l'étymologie d'un mot ne se devine pas d'après le sens qu'il a ; elle est donnée par la grammaire et par l'histoire. En réalité, la « lex » est *ce qui se lit* : « lex » est avec « legere » dans le même rapport que « rex » avec « regere ». La « lex » est *l'acte écrit qui détermine quelque chose.* Ainsi appelle-t-on *lex contractus*, les tablettes qui contiennent les conditions du contrat ; *lex bonorum vendendorum*, le cahier des charges d'une vente aux enchères.

[2] Il existe à Paris un recueil dit *Cahier des juges de paix*, qui constate les usages parisiens sur un grand nombre de points (BEUDANT, Introd., n° 56). Il serait fort utile de le publier.

[3] Circulaire du 26 juillet 1844 (D. 45. 3. 76), expédiée pour donner satisfaction aux vœux de divers conseils généraux. Elle a provoqué de nombreuses enquêtes, et dans beaucoup de départements les usages ont été recueillis et publiés par des hommes au courant de la pratique, surtout par d'anciens juges de paix ; mais leur œuvre n'a qu'une valeur privée.

antérieures au Code civil les ont maintenus en bloc (L. 28 sept.-6 oct. 1791, sur la police rurale ; L. 14 floréal an XI-4 mai 1803, sur les petits cours d'eau), et le Code civil lui-même a fait de nombreux renvois à ces usages locaux (art. 590, 645, 663, 671, 674, 1135, 1648, 1736, 1745, 1748, 1753, 1754, 1762, 1777, etc. — Comp. art. 1159 et 1160) ; le Code rural leur est beaucoup moins favorable. Cependant ils peuvent avoir leur utilité dans un grand pays dont les diverses régions n'ont ni le même climat, ni les mêmes cultures.

2° *Les usages commerciaux.* — Ces usages subsistent encore, et ils ont force de loi sur beaucoup de points. La loi du 13 juin 1866 en a constaté l'existence sans en faire des dispositions de droit écrit. Il en est de généraux pour toute la France ; d'autres sont locaux. Comme exemple citons l'usage qui a rendu obligatoire la publicité des ventes de fonds de commerce (Lyon-Caen et Renault, *Traité de droit commercial*, t. III, nos 251-253 *bis*).

3° *La jurisprudence.* — Les cours et les tribunaux reconstituent perpétuellement, en dehors des codes et des lois, un droit coutumier de nouvelle formation.

Le pouvoir judiciaire n'est jamais lié par sa jurisprudence antérieure ; mais, en fait, il s'y conforme le plus souvent, et la stabilité de ses décisions équivaut pour les particuliers à l'existence d'une législation obligatoire. C'est d'ailleurs le propre du droit coutumier de pouvoir être modifié par une jurisprudence nouvelle.

Partant de là, ne pourrait-on pas soutenir que le droit coutumier n'est qu'une jurisprudence, tandis que le droit écrit est seul une législation ? En tout cas, le droit coutumier met la puissance directrice du droit privé aux mains de la jurisprudence, et la retire au pouvoir suprême.

15. Avantages du droit écrit. — Le droit coutumier est essentiellement *variable ;* il est variable selon les temps et selon les lieux. Il manque d'unité ; il est *contradictoire.* En outre, comme il n'est pas constaté par un texte officiel, il est souvent *incertain* et *obscur.*

Le droit écrit a les qualités inverses, la *précision,* la *certitude,* la *fixité* et surtout *l'unité.* Cette unité est indispensable, même dans les grands États, à cause du nombre et de la rapidité des communications et des échanges qui s'y font d'un bout à l'autre du territoire. Aussi le droit écrit est-il en général préféré au droit coutumier par les peuples modernes.

Le droit coutumier n'a guère en sa faveur qu'un seul avantage, qui est sa *souplesse.* Toujours subordonné à l'adhésion de l'autorité judiciaire [1], il peut se modifier au jour le jour, pour se conformer aux besoins nouveaux de la pratique, tandis que la loi une fois faite est *inflexible ;* le juge ne peut la changer ; il faut, pour la plus légère modification, faire intervenir une réforme législative, souvent difficile, toujours longue à obtenir.

§ 4. — *De la codification.*

16. Définition. — La codification est quelque chose de plus que l'unification du droit ; le droit peut être *unifié* dans un État sans y être *codifié ;* c'est ce qui arrive, en France même, pour toutes les lois faites depuis 1804. La codification est la confection d'un *code* [2], c'est-à-dire d'un recueil unique, non seulement pour tout un pays, mais pour *toute*

[1] Cependant, le droit coutumier devient parfois obligatoire pour les tribunaux. Sur les points où les usages sont confirmés par les lois, ils doivent être respectés par les juges, et leur violation donne ouverture à la cassation, si l'usage est reconnu constant.

[2] Les Romains appelaient *codex* un assemblage de petites tablettes de bois recouvertes d'une couche de cire, sur laquelle on écrivait au moyen d'un *stylus* ou pointe sèche. Ces tablettes étaient attachées ensemble de façon à former une sorte de carnet. Les *codices* s'opposaient aux *volumina* qui étaient des rouleaux de parchemin. Nos *livres* modernes sont dérivés des *codices* (par le changement de la substance employée pour les feuillets), et non pas des *volumina*, bien qu'ils portent le nom de *volumes.* Dès l'époque romaine, au IVe et au Ve siècle, le mot *codex* fut appliqué spécialement à des recueils de lois, les *codices Gregorianus, Hermogenianus, Theodosianus,* qui furent éclipsés ensuite par le *Codex* de Justinien, de l'an 529, le plus célèbre de tous. — Les anciens codes de l'empire romain étaient des *recueils de constitutions impériales ;* ils étaient loin de contenir tout

une partie du droit. La législation est codifiée quand elle est contenue dans une loi unique au lieu de s'éparpiller dans des lois diverses.

17. Objections de l'école historique. — L'utilité des codifications en général a été discutée avec passion en Allemagne, au commencement du XIXe siècle, à l'occasion de la grande œuvre qui s'accomplissait en France. Le grand jurisconsulte Savigny [1] a prétendu que toute codification est une œuvre fausse et arbitraire, parce qu'elle est faite avec des idées systématiques et qu'elle méconnaît le développement historique du droit; elle empêche la science de marcher avec le siècle ; elle immobilise l'esprit du jurisconsulte par la fixité de ses formules et elle prive le droit des améliorations successives qu'y apporterait une interprétation plus libre [2]. — On a fort bien répondu que la loi doit avant tout être claire et certaine, c'est de ces deux qualités que la pratique a surtout besoin. Quant aux réformes, qui constituent le progrès du droit, elles s'accomplissent toujours ; seulement, quand la législation est codifiée, ce progrès n'est plus que pour une faible part le fruit du travail des jurisconsultes : il s'opère principalement par voie législative. Du reste, le débat est terminé ; les faits ont donné tort à Savigny, et les peuples modernes peuvent se procurer les avantages de la codification, tout en donnant à leurs lois la souplesse nécessaire au moyen d'assemblées législatives délibérant d'une manière presque permanente. Comp. ERN. ROGUIN, *Observations sur la codification des lois civiles*, dans le *Recueil* publié par l'Université de Lausanne à l'occasion de l'Exposition de Genève, p. 71-134 ; Lausanne, in-f°, 1896. Voyez cependant les craintes exprimées par M. Saleilles sur l'influence fâcheuse de la codification, dans les *Annales de droit commercial*, 1897, p. 47, n° 69.

§ 5. — *Classification du droit.*

18. Difficulté de cette classification. — Il est difficile d'établir une division bien nette entre les différentes branches du droit. Les points de contact sont nombreux ; beaucoup de matières ou de questions sont communes à deux ou quelquefois à trois branches différentes, où l'on s'en occupe sous des points de vue variés. Cependant, si les limites précises manquent souvent, l'existence de grandes divisions naturelles n'en est pas moins hors de doute.

A. — Embranchements principaux.

19. Droit public et droit privé. — On doit d'abord distinguer le *droit public* du *droit privé*, distinction capitale et très usuelle [3], mais dont la raison d'être n'est pas

le droit, qui se trouvait plus abondamment exposé dans les ouvrages appelés *Pandectæ* ou *Digesta*. C'est en France, et depuis le XVIe siècle seulement, que le mot *code* a pris son sens élargi de « recueil complet du droit ».

[1] Fréd. Charles de Savigny, descendant d'un émigré français, qui doit peut-être à cette origine le don de la clarté qui distingue ses ouvrages, a été l'un des chefs de l'école historique.

[2] Savigny avait d'abord exposé ses idées dans une brochure qui fit grand bruit, « Sur la vocation de notre temps pour la législation et la jurisprudence » (*Von Beruf unseres Zeit für Gesetzgebund und Rechtswissenschaft*, Berlin, 1814). Il les reprit ensuite dans la préface du *Journal de Jurisprudence historique* (Berlin, 1815). Comparez LABOULAYE, *Histoire du droit de propriété foncière*, introd., n°s XVII à XX. Voyez aussi les articles de M. GLASSON sur la codification en Europe au XIXe siècle, dans la *Revue politique et parlementaire*, 1894 et 1895, t. II, p. 201 et 402 ; t. III, p. 198.

[3] ULPIEN a donné cette définition : « Publicum jus est quod ad statum rei romanæ spectat ; privatum quod ad singulorum utilitatem : sunt enim quædam publice utilia, quædam privatim » (*Dig.*, liv. I, tit. 1, fr. 1, § 2). DOMAT, qui donne une énumération plutôt qu'un principe de distinction, range dans le droit public les lois « qui se rapportent à l'ordre général de l'État, comme celles qui regardent le gouvernement, l'autorité des puissances, l'obéissance qui leur est due, les forces nécessaires pour maintenir la tranquillité publique, l'usage des finances, l'ordre de l'administration de la justice, la punition des crimes, les fonctions des différentes sortes de charges,... la police générale,... la distinction des différents ordres de personnes, et autres matières semblables » (*Le droit public*, préface).

toujours nettement aperçue. Le droit public règle les actes des personnes qui agissent dans un intérêt général, *en vertu d'une délégation directe ou médiate du souverain;* le droit privé règle les actes que les particuliers accomplissent *en leur propre nom pour leurs intérêts individuels.*

1° Subdivision du droit public.

20. **Droit constitutionnel.** — Le droit constitutionnel détermine l'organisation de l'État, ses règles fondamentales, son mode de gouvernement, l'attribution des pouvoirs politiques, leurs limites et leurs rapports.

21. **Droit administratif.** — Le droit administratif règle le fonctionnement du pouvoir exécutif à tous ses degrés, depuis les ministres jusqu'à ses plus humbles représentants. C'est lui aussi qui règle les administrations locales du département et de la commune, qui ne peuvent pas être considérées comme des émanations du pouvoir central, auquel elles sont cependant subordonnées. Très vaste dans ses applications, le droit administratif comprend de nombreuses matières qui confinent au droit privé, parce que l'administration prend souvent les particuliers sous sa tutelle. C'est ainsi que l'exploitation des *mines* et celle des *chemins de fer*, qui sont de simples spéculations privées, sont régies par des dispositions de droit administratif. C'est ainsi encore que la formation et le fonctionnement de certains groupements de particuliers, tels que les *syndicats*, les *associations*, les *sociétés de secours mutuels*, sont régis par le droit administratif, bien qu'il s'agisse réellement de simples particuliers agissant en leur propre et privé nom. Au fond, ce sont des opérations privées surveillées par l'administration.

22. **Droit pénal.** — Le *droit pénal* fait certainement partie du droit public. L'État seul, représentant la nation, a le droit de punir ; la poursuite et la condamnation se font en son nom. L'application des peines est une partie de l'administration d'un État, et le droit pénal rentre dans le droit administratif entendu dans un sens large.

Domat n'hésitait pas à faire rentrer dans le droit public, la police, tout ce qui concourt au maintien de l'ordre, et notamment la punition des crimes (ci-dessus, p. 6, note 3), et il avait raison. Si l'on a quelquefois pensé le contraire, c'est que dans l'enseignement du droit le droit pénal s'associe utilement aux études de droit privé, pour la préparation aux carrières de l'ordre judiciaire. Cela prouve tout simplement que la répartition des enseignements qui préparent aux diverses carrières ne concorde pas exactement avec la division scientifique du droit public et du droit privé. Il ne faut pas s'en étonner : ceux qui font du droit privé ont besoin de certaines notions de droit public, lequel domine tout le reste. « *Jus privatum sub tutela juris publici latet* », disait Bacon (*Tractatus de Justitia universali*, aphor. III). C'est ainsi que l'organisation judiciaire n'est guère enseignée en détail que dans les cours de procédure civile. — La réciproque n'est pas aussi vraie : les études de droit public peuvent se passer presque entièrement de la connaissance du droit privé.

2° Subdivision du droit privé.

23. **Ses trois parties.** — Le droit privé réglemente en principe tous les actes des particuliers. Il devrait former une masse homogène et unique. Cependant il est actuellement divisé en trois tronçons en France et dans la plupart des États civilisés : le *droit civil*, la *procédure*, et le *droit commercial*.

*24. **Droit civil.** — Le *droit civil* contient la plupart des matières de droit privé et c'est lui qui représente le droit commun chez une nation. C'est lui qui régit la famille, les successions, la propriété et la plupart des contrats.

25. **Variations de sens des mots « droit civil ».** — L'expression « droit civil » est la traduction littérale des mots latins « jus civile » ; c'est donc au droit romain qu'elle a emprunté son sens originaire. Or le « jus civile » était pour les anciens le droit propre à un peuple indépendant : « Quod quisque populus ipse sibi jus constituit, id vocatur jus civile quasi jus proprium ipsius civitatis » (Gaius, *Institutiones*, I, 1). Pour les Romains le *droit civil* était donc le *droit de Rome*, ou le droit des Quirites, *jus Quiritium*. Le droit civil

ainsi entendu s'opposait au *jus gentium* qui comprenait les règles communes à tous les peuples, « quo omnes gentes utuntur » (GAIUS, *ibid.*). Il y avait dans l'Empire autant de droits civils distincts qu'il y avait de cités indépendantes, ayant conservé leur autonomie législative. Gaius cite le droit des Galates (I, 55) et celui des Bithyniens (I, 193). Cela étant, l'expression *droit civil* devrait désigner le droit spécial aux Français, par opposition au droit commun des nations civilisées. C'est un sens qu'on lui donne quelquefois, mais ce n'est pas son emploi habituel. En traversant les siècles cette vieille expression a pris successivement deux sens nouveaux : elle a désigné tour à tour : 1° le *droit romain*, par opposition au droit des peuples modernes : c'était le sens qu'elle avait dans notre ancienne langue ; 2° le *droit commun* dans les matières de droit privé : c'est le sens qu'elle a dans la langue actuelle.

A. — A la fin de l'Empire romain on ne connaissait plus ni le droit civil des Bithyniens, ni celui des Galates, ni celui des Athéniens ; il n'en restait plus qu'un seul, celui des Romains, le vieux droit quiritaire élargi et modifié, qui avait effacé tous les autres et était devenu la loi commune de l'Empire. Pendant tout le moyen âge l'expression « droit civil » a désigné le droit romain. Ce droit était représenté par les compilations de Justinien. Quand on disait le *jus civile*, le *corpus juris civilis*, c'était pour désigner ces recueils du VIe siècle, qui contenaient la dernière forme du droit romain. On l'opposait au *jus canonicum*. Dans nos anciennes universités, être *civiliste*, c'était professer le droit romain. Ce sens nouveau du mot s'explique encore par les souvenirs romains ; il n'est que la spécialisation du mot au profit de celui des droits civils antiques qui avait étouffé tous les autres.

B. — Peu à peu les mots « droit civil » ont pris encore un autre sens. On s'est accoutumé à entendre par là le *droit privé* par opposition au *droit public*. Comment s'expliquer une pareille déviation ? De la façon la plus simple : par l'histoire. Le *jus civile*, tel que les peuples modernes l'étudiaient dans les compilations de Justinien, comprenait à la fois le droit public et le droit privé. On trouve dans ce recueil beaucoup de dispositions relatives aux magistrats, aux officiers municipaux et à bien d'autres fonctionnaires ; mais depuis la chute de l'administration impériale, ces textes n'avaient plus ni valeur ni utilité. Les États modernes se gouvernaient par d'autres règles; ils avaient d'autres institutions politiques. Par suite les jurisconsultes n'allaient plus chercher dans les recueils de Justinien que les règles du droit privé. C'est de la sorte que le droit civil prit peu à peu son sens actuel et devint le « droit privé ». La transformation s'accuse dans le langage ; ainsi le grand ouvrage de Domat : *Les lois civiles dans leur ordre naturel*, roule exclusivement sur le droit privé ; Domat a écrit un autre ouvrage sur la politique et l'administration, qu'il a appelé *Le droit public*. Quand survint la révolution de 1789, ce sens nouveau était tout à fait entré dans l'usage, si bien que la Constituante et la Convention, lorsqu'elles voulurent unifier le droit privé de la France, parlèrent tout naturellement de *droit civil* et de *code civil*. Voilà comment, après avoir désigné le droit romain pendant plus de dix siècles, cette expression désigne actuellement le droit privé, sous une forme toute moderne qui date du Consulat. Il est bon de savoir cela pour éviter l'erreur que commettent parfois des gens très instruits, qui croient que dans nos anciennes universités on n'enseignait pas le droit romain, parce qu'ils y trouvent seulement des cours de droit civil, de droit coutumier et de droit canonique ; ils ignorent que ce qui s'appelait alors « droit civil » était précisément le droit romain.

26. Procédure. — La *procédure civile* n'est qu'un chapitre détaché du droit civil, qui règle la manière de faire valoir et de défendre les droits devant la justice. Les Romains, ni même nos anciens jurisconsultes, ne séparaient point les *actions* du reste du droit. Gaius, exposant le droit romain dans son ensemble, le divise en trois parts : les personnes, les biens (ce qui pour lui comprend les contrats) et les actions : « Omne autem jus quo utimur vel ad personas pertinet, vel ad res, vel ad actiones » (GAIUS, *Institutiones*, I, 2). Toutes nos vieilles coutumes, imitées des anciens ouvrages de droit, comme les *Coutumes de Beauvoisis*, par Beaumanoir, ou comme la *Très ancienne coutume de Bretagne*, mêlent ensemble les règles de fond et la procédure.

L'habitude de les séparer s'est prise depuis une ordonnance de Colbert, qui réforma et unifia la procédure usitée en France ; c'est depuis ce temps que la procédure possède son

Code à part. Il n'y a à cela aucune nécessité, ni même aucune raison logique ; ce n'est qu'un accident historique. La preuve en est que beaucoup de règles de procédure sont placées dans le Code civil et semblent à peu près inséparables du fond. Par exemple en matière de divorce et de séparation de corps, de filiation, d'adoption, de rectification de l'état civil, d'obligations, de purge des hypothèques, etc. En revanche, le Code de procédure contient bon nombre de dispositions qu'intéressent le droit civil.

27. Droit commercial. — Ce droit n'est pas autre chose qu'un droit de faveur à l'usage des commerçants, destiné à faciliter leurs opérations et à réprimer les fraudes et les abus dont ils sont victimes. Sur beaucoup de points, le droit commercial confine au droit civil ; il traite les mêmes matières et applique seulement une réglementation exceptionnelle à des actes soustraits par lui au régime du droit commun.

Le droit commercial s'est détaché de l'ensemble du droit privé de la même manière que la procédure. Les règles spéciales au commerce ont été longtemps mêlées aux autres règles de droit : sous Louis XIV parurent deux ordonnances réglementant le commerce de terre et le commerce de mer. Quand vint le Code civil on ne songea pas tout d'abord à comprendre dans la codification ces matières qui étaient déjà unifiées et représentées par des textes relativement récents. On fit après coup un code spécial pour la procédure civile et un autre pour le droit commercial. Comme ces deux matières forment chacune un ensemble assez homogène et présentent des caractères différents des autres parties du droit, l'habitude de faire pour elles des codes spéciaux s'est répandue de plus en plus, et presque toutes les nations ont, comme nous, un code de procédure et un code de commerce, distincts du code civil. Mais on ne doit pas perdre de vue le lien intime qui rattache ces matières au droit privé ordinaire, d'où elles sont sorties.

B. — Branches de formation récente.

28. Législation industrielle. — Cette législation se compose des éléments les plus disparates, empruntés les uns au droit civil (questions de salaires, de congés, de responsabilité d'accidents, etc.), les autres au droit administratif (police des syndicats, livrets, organes représentatifs des intérêts industriels, intervention de l'autorité dans les grèves) ou même à la science économique et financière (participation aux bénéfices, organisation des assurances ouvrières, des retraites ouvrières, construction d'habitations à bon marché, etc.). Il faut donc la considérer comme une formation historique, homogène seulement par la nature des questions sociales qu'elle a à résoudre, mais dont les solutions se répartissent entre les deux grandes branches du droit, sans rentrer entièrement dans la compétence exclusive de l'une d'elles [1].

29. Législation rurale. — On peut faire la même remarque pour une section nouvelle, qui est peut-être appelée à prendre un grand développement : la législation rurale. Qu'y mettra-t-on ? Rien qui ne se trouve déjà compris dans le droit civil ou dans le droit administratif. On y joindra l'économie rurale, qui n'est qu'une branche de l'économie politique. Il n'y aura de nouveau que le groupement, d'où sortira peut-être une vue plus nette de l'ensemble, mais on n'aura rien ajouté aux objets déjà étudiés par la science du droit.

30. Législation coloniale. — Les États qui possèdent, outre leur territoire métropolitain, un empire colonial, sont appelés à se donner, à côté de leur législation nationale, propre à la métropole, une législation spéciale pour leurs colonies, appropriée aux besoins de races diverses.

En France, on en a fait, dans ces dernières années, l'objet d'une branche nouvelle d'enseignement sous le nom de *législation coloniale*. Elle peut comporter des institutions de droit privé aussi bien que des institutions administratives, financières, etc.

[1] On pourra se convaincre, par les courtes analyses qui en sont données, que ces branches nouvelles n'augmentent point en réalité le domaine de la science : en multipliant ces enseignements on procède simplement à une répartition nouvelle et à un groupement différent de matières préexistantes.

C. — Droit international.

31. Son objet et sa division. — La classification ci-dessus analysée s'impose d'abord pour la législation interne, propre à chaque État. Mais les relations des États entre eux font naître des questions dites *internationales*, qui sont résolues par une science juridique spéciale, celle du droit international. Comme le droit intérieur de chaque État, le droit international se divise en *droit international public* (anciennement appelé *droit des gens*), qui règle les rapports d'État à État, les traités, la guerre, les relations diplomatiques, et en droit *international privé*, qui s'occupe des relations d'intérêt privé entre particuliers appartenant à des nationalités différentes, ou possédant des biens et ayant des intérêts dans plusieurs États.

D. — Rôle de l'histoire et de l'économie politique.

32. Utilité de l'histoire. — Le domaine du droit ne comprend rien de plus que les différentes sciences qui viennent d'être indiquées. Que dire de l'histoire ? L'histoire n'a pas au point de vue juridique d'objet propre ; elle peut s'appliquer à tout ; toutes les branches du droit sont déjà anciennes et ont un passé plus ou moins long ; toutes ont besoin de l'histoire. L'étude des institutions d'autrefois a une grande importance ; on ne peut bien comprendre les institutions actuelles que si on connaît celles qui les ont *précédées* et *préparées*. Le droit, en effet, vit et se transforme sans cesse ; comme le disait Leibniz, le présent est plein du passé et gros de l'avenir.

Une des grandes lacunes de l'esprit français, au commencement du XIXe siècle, a été d'avoir perdu le sens historique. Le culte de l'antiquité grecque et romaine, le dédain de nos propres origines, la Révolution surtout, par le spectacle d'un bouleversement subit, ont concouru à nous le faire perdre. Le Français, rationaliste avant tout, est trop souvent convaincu qu'un peuple peut se changer lui-même à volonté et que des réformes législatives sont toutes-puissantes pour y réussir. C'est une illusion. L'étude de l'histoire des institutions juridiques nous vaudra peut-être sur ce point une rectification utile de nos jugements.

33. Rôle de l'économie politique. — L'économie politique n'est pas une science juridique, mais elle est en relation étroite avec la législation : elle a autant besoin du droit que le droit a besoin d'elle. Son étude serait vaine, si elle devait rester une pure spéculation dépourvue d'applications pratiques : elle n'a de raison d'être qu'à la condition de formuler ses conclusions en propositions de lois. On a eu cent fois raison de faire à ce point de vue la critique des idées anglaises, en montrant que le véritable but de l'économie politique est l'homme et non la richesse (CAUWÈS, *Cours*, 3e édit., t. I, n° 8). De son côté le législateur agirait en aveugle et ses décisions seraient souvent funestes s'il n'était éclairé par les notions économiques qui lui font connaître à la fois et le terrain sur lequel il opère et les répercussions inévitables de ses lois sur le monde mobile des affaires et des intérêts.

C'est pour cela que la place des enseignements économiques est dans les Facultés de droit. Législation et économie politique sont les deux faces d'un même problème, celui de la vie sociale. Jadis l'économie politique était cultivée comme une science indépendante et isolée; elle se perdait souvent dans les nuages de l'abstraction et des discussions théoriques. On lui a rendu le plus signalé service le jour où on a associé son étude à celle du droit. En entrant dans nos Facultés, elle a pris contact avec la législation, qui est sa fin dernière; elle s'est affermie et élargie. En même temps elle a vivifié l'étude du droit. Elle a habitué les jurisconsultes à voir, derrière les formules littérales des lois, les réalités vivantes pour lesquelles le droit est fait, et à apprécier l'utilité des lois, leurs qualités et leurs défauts, d'après leurs effets économiques et leurs résultats sociaux. Aujourd'hui il n'est pas de question de droit que le jurisconsulte puisse traiter en perdant de vue son côté économique.

Aussi ne saurait-on trop déplorer que la nouvelle organisation du doctorat ait associé l'étude de l'économie politique à celle du droit public; cela suppose qu'on se fait de son rôle une idée tout à fait fausse. Le droit privé est en contact avec elle encore plus souvent que le droit public. Qui donc pourrait exposer l'histoire et les formes de la propriété foncière, discuter ses moyens de transmission, ses démembrements, ses procédés d'amodiation et d'exploitation, s'occuper du crédit mobilier ou hypothécaire, des prêts d'argent, de la vente, du commerce, des sociétés, des successions, des testaments, des donations, du régime des biens entre époux, etc., sans souci de l'économie politique, de ses constatations, de ses documents et même de ses incertitudes?

Sur les rapports de l'économie politique et du droit, voyez CAUWÈS, *Cours*, t. I, nos 19 à 24.

CHAPITRE II

LE DROIT CIVIL FRANÇAIS AVANT LA RÉVOLUTION

34. Bibliographie. — P. VIOLLET, *Histoire du droit civil français*, 2e édit., Paris, 1893 (La première était intitulée *Précis*). — ESMEIN, *Cours élémentaire d'histoire du droit français*, 3e édit., 1898. — GLASSON, *Histoire du droit et des institutions de la France*, t. Ier, 1887. Sept volumes parus. — On peut consulter aussi les ouvrages de MM. BEAUNE et GINOULHIAC. — Spécialement pour les sources, voir GAVET, *Sources de l'histoire des institutions et du droit*, Manuel de bibliographie historique, Paris, 1899.

§ 1. — *Morcellement territorial de l'ancien droit.*

***35. Pays de coutume et pays de droit écrit.** — Avant la Révolution il existait en France un grand nombre de législations locales qui, malgré un certain air de famille, différaient sur beaucoup de points, et parfois sur des points très graves. Il y avait d'abord une grande division qui coupait la France en deux, le Nord et le Midi. Dans le Midi on suivait principalement le droit romain, appelé *droit écrit*; dans le Nord on pratiquait des *coutumes* de formation postérieure en date, et fortement teintées d'esprit germanique.

36. Origine de cette division. — La conservation du droit romain dans le Midi a plusieurs causes historiques. Le droit romain était venu d'Italie; les provinces méridionales, la *Provincia*, la Narbonaise, avaient été conquises et latinisées plus tôt et plus profondément que le reste des Gaules; les Barbares qui occupèrent ensuite cette région étaient les Wisigoths et les Burgondes, déjà à moitié Romains à leur entrée dans l'Empire. D'autre part, les Francs, qui avaient mieux conservé leurs coutumes primitives, ont bien conquis la Gaule entière, mais ils n'en ont guère occupé que le Nord : ils venaient du bassin inférieur du Rhin, d'où ils ont rayonné jusque dans les vallées de la Loire et du Rhône, mais naturellement leur nombre était moindre à mesure qu'ils s'éloignaient de leurs cantonnements primitifs. — Pendant longtemps les Barbares établis en Gaule ont pratiqué le système des *lois personnelles*; chaque personne était régie par sa loi nationale; dans les actes on déclarait sa loi par une *professio* : « Vivens lege salica, lege romana, etc. ». Peu à peu la fusion des races s'opéra, et on vit se former des *lois territoriales*. Étant donnés la composition ethnique des populations de la Gaule et leur état social, il est naturel que les traditions romaines aient prévalu dans le Midi et les usages germaniques dans le Nord.

Cette division est très ancienne [1], mais elle prit avec le temps une fixité et une rigidité qu'elle n'avait pas eues primitivement.

[1] En voici les plus anciennes mentions connues : « Omnis hæc solemnitas... necessaria est his partibus, in quibus juris legisque prudentia viget; aliis vero partibus, ubi sacratissimæ leges incognitæ sunt, sufficit sola oblatio » (*Petri exceptiones*, XIe siècle, II, 31 *in fine*). Les « sacratissimæ leges » sont les lois impériales de Rome. — « In Francia et nonnullis provinciis laïci romanorum imperatorum legibus non utuntur » (Décrétale de 1220).

37. Droit romain suivi en Gaule. — Du reste, il y a une *confusion à éviter*. Le droit romain qu'on suivait alors dans la Gaule n'était pas le droit de Justinien, empereur byzantin du VIe siècle : la Gaule s'est séparée de l'Empire dans le cours du Ve siècle, et le droit qui y était en vigueur était représenté par les œuvres des jurisconsultes classiques du IIIe siècle, et par le Code théodosien, de 438. Ce n'est que beaucoup plus tard que la législation de Justinien, promulguée à Constantinople de 529 à 534, s'est introduite chez nous ; elle y pénétra principalement sous l'influence des Universités, au XIIe et au XIIIe siècle.

38. Ligne de séparation. — On indique souvent le cours de la Loire comme ligne de démarcation, ce qui est une erreur ; les pays de coutume s'avançaient bien au sud de la Loire. La limite partait des environs de Genève, à la pointe sud de la Franche-Comté ; elle se dirigeait de l'est à l'ouest, et aboutissait à la mer en suivant le cours de la Charente à partir de Saintes.

L'Aunis, une partie de la Saintonge, le Poitou, le Berry, une partie de la Marche, presque toute l'Auvergne étaient pays de coutume. En outre, sur ce trajet, les pays de coutume poussaient deux pointes vers le Sud ; l'une était l'Angoumois ; l'autre, l'Auvergne, en grande partie coutumière (vallée de l'Allier entre Saint-Flour et le Puy).

Les pays de droit écrit comprenaient donc à peine les deux cinquièmes de la France, mais il fallait plus tard leur ajouter l'Alsace, qui pratiquait le droit romain, comme tout le Saint-Empire.

Certains auteurs ont une opinion qui augmente singulièrement l'étendue des pays de droit écrit. Ils ne reconnaissent comme pays coutumiers que ceux qui refusaient formellement au droit romain le caractère de droit commun subsidiaire (BERRIAT-SAINT-PRIX, *Histoire du droit romain*, p. 218 et suiv.). A ce compte un certain nombre de provinces coutumières seraient considérées comme régies par le droit romain.

39. Les coutumes. — Outre cette grande division, il s'était formé des divisions secondaires. Partout où existait une juridiction indépendante, les usages de la région avaient fini par constituer un corps de doctrines et de solutions qui se distinguaient des usages suivis dans les régions voisines. Ainsi naquirent nos coutumes.

La région dite « coutumière » n'était pas la seule à posséder des coutumes. Le Midi avait aussi les siennes : il y avait une coutume de Bordeaux, une coutume de Toulouse, etc. ; seulement ces *coutumes méridionales* étaient beaucoup moins importantes que celles du Nord, moins riches en solutions, et surtout moins éloignées des traditions romaines.

Parmi les coutumes, les unes avaient un ressort étendu et s'appliquaient dans une province entière (coutumes d'Anjou-Maine, de Berry, de Bretagne, de Bourgogne, de Nivernais, de Normandie, de Paris, de Poitou, etc.). On les appelait *coutumes générales*, et on en comptait environ soixante. Les autres étaient de petites coutumes applicables seulement à des cas particuliers, par dérogation à une coutume générale, et cantonnées dans une étroite région, parfois dans une seule ville ou un seul bourg. C'étaient les *coutumes locales* ; on en comptait environ 300.

40. Répartition géographique des coutumes françaises. — La carte des coutumes a été publiée par KLIMRATH, *Travaux sur l'histoire du droit français* (2 vol., 1843). On en reçoit l'impression d'une confusion extrême, mais il est facile d'y apporter un peu d'ordre. Retranchons d'abord les pays de droit écrit ; puis les provinces frontières, anciennes possessions espagnoles et teutoniques, tardivement acquises par la royauté ; retirons encore les ressorts des Parlements de Bourgogne, de Normandie et de Bretagne, régis chacun par une grande coutume homogène. Ce qui reste forme le ressort du Parlement de Paris (voir SCHRADER, *Atlas historique de la France*, carte 42, n° V). Divisons-le, du nord-ouest au sud-est, par une diagonale passant par Dreux, Etampes et Sens. La portion située au sud de cette ligne représente à peu près le bassin de la Loire ; elle est plus vaste que l'autre, mais les coutumes y sont peu nombreuses et leur ressort est généralement grand : Angoumois, Poitou, Berry, Auvergne, Bourbonnais, Nivernais, Touraine, Anjou-Maine, Orléans, etc. C'est seulement dans le Perche et dans le pays Chartrain que le morcellement fait son apparition ; cette région peut être considérée, avec celle d'Auxerre, comme servant de transition entre les deux moitiés du ressort de Paris. Au nord de la diagonale Dreux-Sens, c'est-à-dire dans les bassins de la Seine et de la Somme, l'enchevêtrement est extrême. Les coutumes locales surabondent. A l'exception des coutumes d'Artois et de Vermandois, dont le territoire est assez bien arrondi, les coutumes importantes ont une configuration bizarre, qui semble découpée à plaisir (Sens, Vitry), ou bien elles ont des enclaves éloignées (Joigny dépendant de Troyes; Rethel et Mézières dépendant de Vitry). Ces différences tiennent à des faits historiques. Dans la région voisine de Paris, le pouvoir royal n'a laissé subsister que des petites juridictions sujettes, beaucoup moins puissantes que celles des grands apanages et des grands fiefs qui ont occupé le reste du pays.

41. La rédaction des coutumes. — Notre droit coutumier changea de caractère par l'effet de la *rédaction officielle des coutumes*. Cette grande opération fut prescrite sous Charles VII par l'ordonnance de Montilz-les-Tours, du 17 avril 1453; mais elle ne fut commencée que sous Charles VIII, et même la plupart des rédactions de coutumes datent du XVIe siècle.

Les États généraux de Tours, en 1483, demandèrent que l'ordonnance de Charles VII fût exécutée (ISAMBERT, t. XI, p. 61, art. 21). Les premières coutumes rédigées furent celles de Ponthieu, du Perche, de Mortagne, de Bellesme, de Nogent-le-Rotrou et de Boulenois, sanctionnées par le roi le 28 janvier 1488. La coutume de Paris fut rédigée en 1510. Pour les autres, voir la liste chronologique donnée par Isambert (t. XI, p. 457-459, en note).

42. Effet de cette rédaction. — La fixation officielle du texte supprima l'*incertitude* et la *variabilité* des coutumes. Une fois rédigée, la coutume cessait d'être, à proprement parler, du droit coutumier dépendant de l'usage seul; elle devenait *une véritable loi*, à laquelle les particuliers et les tribunaux ne pouvaient plus rien changer et qui émanait du pouvoir royal [1]. Mais cette rédaction laissait subsister l'autre inconvénient des coutumes, leur multiplicité, leur *morcellement territorial*. Et non seulement on maintenait ce défaut, mais même on l'aggravait: on le rendait *plus difficile à détruire*. En effet, en fixant les coutumes par écrit, on les rendait immuables; on leur enlevait la faculté de s'unifier, de se rapprocher les unes des autres, juste au moment où l'unification politique de la France donnait à son droit une tendance à l'unité.

43. Recueil des coutumes. — Les coutumes rédigées ont eu de nombreuses éditions séparées. En outre, la plupart ont été recueillies dans le *Coutumier général*, de BOURDOT DE RICHEBOURG (Paris, 1724, 4 vol. in-f°).

44. Prépondérance de la coutume de Paris. — Parmi toutes les coutumes françaises, il en est une qui obtint rapidement la prépondance; c'est celle de Paris. Son ressort direct n'était pas très étendu, quelques lieues seulement autour de la ville; mais Paris était la capitale du royaume; son Parlement avait un ressort très vaste et exerçait sur la jurisprudence des autres provinces une influence assez considérable; c'était Paris qui était déjà le foyer principal de l'étude du droit, surtout depuis le XVIe siècle. Enfin la prééminence de la coutume parisienne fut fortement aidée par certains jurisconsultes; voyez ce qui est dit du rôle de Dumoulin (ci-dessous n° 53). Pour toutes ces raisons réunies la coutume de Paris fut considérée dans beaucoup de cas comme représentant *le droit commun du royaume*, et suivie à ce titre dans beaucoup de provinces quand la coutume de la région était muette.

[1] Exemple: « Voulons icelles coustumes estre leues, publiées et enregistrées en nostre cour de Parlement et es sieges et senechaussées, et par tout led. pays gardées et observées de point en point inviolablement et sans enfraindre, comme loy perpetuelle et irrévocable... » (Lettres-patentes de Henri III, pour la réformation de la coutume de Bretagne, 12 mai 1575.) — Les anciens jurisconsultes se sont parfois demandé dans quelle mesure les coutumes étaient devenues droit écrit par leur rédaction (POULLAIN DU PARC, *Principes*, t. I, p. 3; BRODEAU, *Coustume de Paris*, t. I, p. 1 et suiv.).

§ 2. — *Anciens éléments d'unité.*

45. Énumération. — Dans sa diversité extrême, l'ancien droit possédait cependant quelques éléments d'unité. On en peut signaler trois : le *droit canonique*, les *ordonnances royales*, la *doctrine*.

A. — Droit canonique.

46. Son ancienne importance. — Le droit canonique (du grec Κανών, règle) est l'ensemble des règles par lesquelles se gouverne l'Église catholique. C'est donc une législation propre aux gens d'Église et aux questions d'ordre religieux, non seulement unitaire pour la France, mais dépassant de beaucoup ses frontières. Cette législation a ses textes (Écriture sainte, statuts des conciles, décrétales des papes, sentences des Pères), son recueil, le « Corpus juris canonici », ses docteurs (docteurs en droit canon) [1], ses tribunaux, les « officialités » ou tribunaux des évêques.

Le droit canonique existe encore, mais il est confiné dans l'ordre purement religieux ; les laïques ne s'en occupent plus guère. Jadis il a tenu une très grande place. Les officialités avaient étendu leur compétence à une foule de procès qui sont rentrés depuis dans le ressort des tribunaux ordinaires ; leur prétexte était que ces affaires soulevaient une question de conscience ou de sacrement. Ainsi le sacrement de mariage leur avait servi à connaître de presque tous les rapports de famille, douaire, adultère, filiation, etc. Ainsi encore les testaments et les contrats leur appartenaient, à cause du serment qui en garantissait l'exécution. — Le droit canonique eut son apogée au XIIIe siècle ; peu à peu il fut refoulé par l'autorité royale dans le domaine restreint qui lui est resté.

47. Bibliographie. — HISTOIRE. — P. VIOLLET, *Histoire du droit français*, 2e édit., p. 59-90. — H. VOLLET, *Grande Encyclopédie*, v[o] Canon, t. IX, p. 57. — PAUL FOURNIER, *Les officialités au moyen âge*, 1880.

SOURCES. — A. TARDIF, *Histoire des sources du droit canonique*, Paris, 1887. — Voy. aussi l'ouvrage de M. GAVET (indiqué ci-dessus n° 34), spécialement aux pages 328 à 414.

EXPOSÉS DOCTRINAUX. — ANDRÉ (l'abbé Michel, plus tard évêque), *Cours alphabétique et méthodique de droit canon* ; 1re édit., 1844-1845, 2e édit., 1859. — J. WAGNER, *Dictionnaire de droit canonique de Mgr André et de l'abbé Condis*, nouv. édit., 1894, 4 vol. in-4°.

B. — Ordonnances royales.

48. Leur progression. — Nos premiers monarques avaient eu le pouvoir législatif à la façon des empereurs romains, comme le prouvent les édits et capitulaires des rois francs. Ils le perdirent au IXe siècle par l'épanouissement de la féodalité, qui ruina leur autorité, et ce fut beaucoup plus tard que leurs successeurs recouvrèrent ce pouvoir, à mesure que la féodalité déclina et que la monarchie se reconstitua.

A l'inverse du droit canonique, la législation royale a suivi une marche ascendante depuis le XIIIe siècle. Appliquée d'abord aux pays dits « de l'obéissance le roi », elle s'étendit à toute la France quand la royauté eut abattu la puissance des grands vassaux et absorbé leurs fiefs (la Bourgogne en 1477, la Bretagne en 1491-1532). Les ordonnances royales auraient donc pu, pendant les trois derniers siècles de la monarchie, constituer une législation uniforme ; mais le *refus d'enregistrement* opposé parfois par quelques parlements amenait encore de l'irrégularité dans leur exécution : telle ordonnance, enregistrée dans un ressort, restait lettre morte dans un autre.

49. Leurs variétés. — Le mot « ordonnances » est un terme générique. Dans les

[1] Dans nos anciennes universités, il y avait deux écoles de droit distinctes, celle du droit canonique et celle du droit civil. D'où la formule : *Faculté des droits.* Beaucoup de docteurs prenaient leurs grades dans les deux ordres et s'appelaient *Doctores in utroque* (sous-entendu *jure*).

trois derniers siècles, on distinguait : 1° l'*ordonnance* proprement dite, qui embrassait un ensemble de matières souvent très diverses ; 2° l'*édit*, qui avait un objet spécial ; 3° la *déclaration*, qui interprétait un édit ou une ordonnance ; 4° les *lettres patentes*, qui concernaient des intérêts privés (concessions de dons ou de privilèges).

50. Recueils des ordonnances.— Les ordonnances royales sont très nombreuses ; leurs collections forment des recueils considérables, mais parmi elles il en est peu qui touchent au droit privé.

Il n'existe pas de recueil complet et satisfaisant aux exigences de la critique moderne. La grande collection intitulée *Ordonnances des rois de France de la troisième race*, dite *collection du Louvre*, a été entreprise en 1723 par Laurière et continuée par l'Académie des inscriptions ; elle s'arrête à 1514 et forme 23 vol. in-folio. — Un autre recueil, appelé *Recueil d'Isambert*, a été publié en 1827 (29 vol. in-8°) par MM. Jourdan, Decrusy et Isambert, sous le titre : *Recueil général des anciennes lois françaises.* Il va des origines à 1789.— Voir aussi FONTANON, *Les édicts et ordonnances des rois de France*, Paris, 1611, 4 vol. in-fol.; NÉRON et GIRARD, *Recueil d'édits et ordonnances royaux*, Paris, 1720, 2 vol. in-fol. — L'Académie des sciences morales a publié (depuis 1887) un *Catalogue des actes de François Ier*.

51. Liste des ordonnances principales. — Celles qu'on peut avoir le plus souvent occasion de rencontrer dans l'étude du droit civil sont les suivantes :

Août 1539. *Ordonnance de Villers-Cotterets*, sur le fait de la justice; œuvre du chancelier Poyet.

Février 1556. Édit sur les *mariages clandestins* (contractés par des enfants sans le consentement de leurs parents).

Juillet 1560. Édit sur les *secondes noces*, porté sous François II par le chancelier de l'Hôpital. Comp. art. 1098 C. civ.

Janvier 1561 (nouv. style). *Ordonnance d'Orléans*, rendue par le chancelier de l'Hôpital sur les remontrances des États d'Orléans.

Février 1566. *Ordonnance de Moulins*, sur la réforme de la justice.

Mai 1579. *Ordonnance de Blois*. Signée à Paris, mais rendue sur les remontrances des États de Blois.

Août 1606. Édit abrogeant le S. C. Velléien et rendant les femmes capables de s'obliger avec l'autorisation de leurs maris. Renouvelé en 1683 pour la Bretagne. Étendu en 1703 à la Franche-Comté.

Mai 1609. Déclaration portant pouvoir de succéder aux hypothèques des anciens créanciers sans cession d'iceux. Création d'un nouveau mode de subrogation légale. Comp. art. 1250-1° C. civ.

Janvier 1629. Ordonnance rendue par le chancelier Michel de Marilhac, appelée par dérision *Code Michaud* (ci-dessous n° 55). Son art. 121 est à rapprocher de l'art. 2124 C. civ.

Avril 1665. Abrogation de la loi *Julia* (sur l'inaliénabilité du fonds dotal) dans le Lyonnais, le Beaujolais, le Forez et le Mâconnais.

Avril 1667. Ordonnance sur la réformation de la justice, dite *ordonnance civile*. Œuvre de Colbert. Voy. ci-dessous n° 56.

Mars 1673. Édit créant des greffes spéciaux pour enregistrer les oppositions des créanciers hypothécaires. Tentative de Colbert pour établir la publicité des hypothèques. Rapporté dès l'année suivante.

Pour les autres ordonnances de Colbert qui sont par leur objet étrangères au droit civil, voy. ci-dessous n° 56.

Février 1731. Ordonnance sur les *donations*.

Août 1735. Ordonnance sur les *testaments*.

Août 1747. Ordonnance sur les *substitutions*.

Août 1749. Ordonnance sur les *gens de main-morte*.

Ces quatre dernières ordonnances sont l'œuvre du chancelier d'Aguesseau.

Juin 1771. Édit créant une procédure nouvelle pour la *purge des hypothèques* et abrogeant les décrets volontaires.

C. — Doctrine.

52. Définition et tendances. — On appelle doctrine les *opinions* et les *idées* émises par les jurisconsultes dans leurs ouvrages. De tout temps les jurisconsultes français ont poussé notre droit vers l'unité. Il ne suffirait pas, pour expliquer cette tendance, de rappeler le goût naturel de l'esprit français, qui aime les choses simples, qui recherche l'ordre et la régularité. Il est, du reste, fort douteux que cet esprit existât avant le XVIe siècle.

Deux grandes influences sociales ont agi dans le même sens. L'une était l'*enseignement des Universités,* essentiellement fondé sur des législations unitaires (droit romain, droit canonique); le droit romain surtout dominait les esprits par sa supériorité, par sa puissance logique, et leur créait un impérieux besoin d'unité. L'autre influence était le *régime monarchique,* qui se centralisait de plus en plus et tendait à la monarchie absolue; les légistes ont été les serviteurs dévoués des rois dans cette œuvre. Le roi a tout absorbé; aujourd'hui la personne royale a disparu, mais l'organisation unitaire est restée.

53. Principaux jurisconsultes. — Les jurisconsultes français ont beaucoup écrit, surtout depuis la rédaction des coutumes [1]. Négligeons d'innombrables livres de pratique, sans valeur propre, œuvres éphémères qu'il est permis d'ignorer. Parmi les ouvrages de mérite, il faut faire deux parts. Quelques-uns ont été faits *pour une seule province et n'offrent qu'un intérêt local;* telles sont les œuvres de GUI COQUILLE pour le *Nivernais* [2], de THAUMAS DE LA THAUMASSIÈRE pour le *Berry,* de PIERRE HÉVIN pour la *Bretagne,* de CHABROL pour l'*Auvergne,* de BASNAGE pour la *Normandie,* etc.; ces écrivains peuvent avoir un mérite personnel égal à celui des plus grands, mais ils ont travaillé sur un trop petit théâtre et leur œuvre n'intéresse pas la France entière.

Restent ceux qui avaient une tendance à s'élever au-dessus des bornes étroites de leur ressort judiciaire; qui, par combinaisons et rapprochements, ont cherché à *donner au droit français une formule générale* et qui en ont par suite préparé l'unité à tel point qu'on a pu les appeler les *précurseurs.* Voici quelques rapides indications sur les plus éminents.

CHARLES DUMOULIN (en latin *Molinaeus*). Né à Paris en l'an 1500; mort en 1566. La plupart de ses ouvrages sont écrits en latin; ils sont remarquables par la science et la vigueur de la dialectique, mais ils sont d'un style obscur et difficiles à lire. La vie de Dumoulin, fort intéressante, fut active, militante; son orgueil égalait son mérite; il s'intitulait lui-même « premier juriste de France et d'Allemagne ». Son œuvre peut se réduire à quelques points. Il a ardemment combattu deux choses qui faisaient obstacle à la puissance royale: d'une part, la *féodalité* (voyez son commentaire sur le titre Ier de la coutume de Paris, intitulé *De fiefs*); de l'autre, la *puissance de l'Église* représentée principalement par les tribunaux ecclésiastiques et par les décisions des papes et des conciles. — L'influence de Dumoulin sur les destinées du droit français a été énorme. Il a commenté un peu toutes les coutumes, mais principalement la coutume de Paris, qu'il prenait toujours pour type (*caput, regina consuetudinum*) et à laquelle il cherchait à ramener toutes les autres. Il demandait déjà l'unification de notre droit coutumier, dans son écrit intitulé *Oratio de concordia et unione consuetudinum Franciœ* (*Œuvres,* Paris, 1680, t. II, p. 690). Il n'obtint rien de pareil, mais ses travaux eurent un autre résultat. Il écrivait à une époque où les principales coutumes avaient déjà été rédigées (Orléans, 1509; Paris, 1510; Berry et Bretagne, 1539). Il critiqua beaucoup cette première rédaction, disant qu'elle avait été faite trop vite; que les textes n'avaient pas été assez étudiés, que la noblesse s'était hâtée

[1] Pour l'époque antérieure nous possédons des œuvres remarquables, constatant le droit particulier d'une province. Les principales sont les *Coutumes de Beauvoisis,* de PHILIPPE DE BEAUMANOIR, écrites de 1279 à 1283; la *Très ancienne coutume de Bretagne,* véritable traité de droit, rédigé entre 1312 et 1325; le *Grand coutumier de France,* par JACQUES D'ABLEIGE, vers 1389; la *Somme rurale,* de JEHAN BOUTILLIER, mort en 1395.

[2] On pourrait peut-être ranger Gui Coquille parmi les jurisconsultes dont les œuvres ont un intérêt général, à cause de son *Institution au droit français,* où se remarque un certain penchant à généraliser; mais ce n'est pas là son œuvre principale.

de voter pour empêcher des réformes qui auraient pu diminuer ses privilèges ; etc. Ses critiques étaient fondées, et elles provoquèrent la *réformation* des coutumes, dont beaucoup furent revisées avant la fin du XVIe siècle (Bretagne et Paris, 1580 ; Orléans et Normandie, 1583 ; etc.). Cette réformation avait été demandée par les États de Blois en 1576. — A lire sur Dumoulin : BRODEAU, *La vie de Charles du Molin*, Paris, 1654 ; AUBÉPIN, *Influence de Dumoulin sur la législation française* (*Revue critique*, t. III et IV).

BERTRAND D'ARGENTRÉ, sénéchal de Rennes et président du présidial. Né à Vitré en 1519, mort en 1590. On parle souvent de B. d'Argentré en l'opposant à Dumoulin, de façon à faire croire qu'ils ont eu une polémique ensemble. Quand d'Argentré a publié son premier ouvrage, en 1568, Dumoulin était mort depuis deux ans. Ce qui est vrai, c'est que d'Argentré a combattu toutes les grandes thèses qu'avait soutenues Dumoulin. Celui-ci était roturier : il défendait les prérogatives royales ; il rêvait un avenir différent du passé. D'Argentré était noble, et fort entiché de sa noblesse ; défenseur ardent de tous les privilèges des nobles, il a incarné mieux que personne l'esprit de résistance et de conservation qui caractérise la Bretagne. C'était d'ailleurs un écrivain spirituel, son langage est souvent piquant et railleur. Comme Dumoulin, il critiqua la première rédaction des Coutumes et réclama la réformation que les États de Bretagne demandèrent les premiers, dès le mois d'octobre 1574.

ANTOINE LOISEL (1536-1617) [1]. Disciple de Cujas. Célèbre par ses *Maximes* ou *Institutes coutumières*, espèces de petites sentences ou de proverbes juridiques, qui se gravent facilement dans la mémoire (Exemples : Pauvreté n'est point vice et ne désanoblit point. Fille fiancée n'est prise ni laissée, car tel fiance qui n'épouse point. Convenances (contrats) vainquent lois. Qui vend le pot dit le mot). Ce petit recueil, annoté plus tard par Eusèbe de Laurière, et réédité de nos jours par Dupin et Laboulaye (Paris, 1846, 2 vol. in-12), est un des livres les plus commodes pour étudier les origines de notre droit moderne.

JEAN DOMAT, avocat au présidial de Clermont, né à Clermont en Auvergne, en 1625 ; mort à Paris, en 1696 ; ami de Pascal et des Arnauld. A publié en 1694 *Les loix civiles dans leur ordre naturel*, livre célèbre qui le place au premier rang parmi ceux qui ont préparé la voie au Code civil. Jurisconsulte philosophe, représentant éminent de l'*esprit classique*, il a, selon les expressions de d'Aguesseau, « donné le plan de la société civile le mieux ordonné qui ait jamais paru ». Boileau disait de lui qu'il était « le restaurateur de la raison dans la jurisprudence ».

EUSÈBE DE LAURIÈRE (1650-1728). L'annotateur des *Maximes* de Loisel. Érudit, historien d'un savoir très étendu et d'un jugement sûr, s'occupant avec passion des origines du droit français, il a publié divers ouvrages originaux (*Dissertation sur le tènement de cinq ans*, 1698 ; *De l'origine du droit d'amortissement*, 1692 ; des *Notes* sur la coutume de Paris, 3 vol. 1698 ; un *Traité des institutions contractuelles*, 1715, 2 vol. in-12). En outre il a refait un *Glossaire du droit français* (1704, 2 vol. in-4) publié en 1595 par Ragueau et réédité de nos jours à Niort (1882-1887).

BOURJON. Publia en 1747 un ouvrage intitulé *Le droit commun de la France et la coutume de Paris réduits en principes*, œuvre vulgaire quand on la compare au travail de Domat, mais utile et sérieuse. Bourjon a beaucoup contribué à la préparation du code par la méthode qu'il a employée pour classer et diviser en titres, chapitres et sections les nombreux principes et solutions amassés par lui.

POTHIER. Né à Orléans en 1695, mort en 1772. A la fois conseiller au présidial d'Orléans et professeur à l'Université de la même ville, il a laissé des œuvres nombreuses, qui forment (sans parler de ses travaux sur le droit romain) un recueil complet du droit civil sous la forme de traités séparés sur toutes les matières. C'est là que le Code civil a été pris en grande partie. Nourri comme Domat de l'esprit classique, Pothier est un jurisconsulte d'un grand sens et surtout d'une clarté qui ne s'obscurcit jamais, mais il manque de critique et de vues personnelles. Il simplifia et clarifia toute la matière juridique destinée

[1] Ne pas confondre ANTOINE LOISEL avec CHARLES LOYSEAU (1566-1627), qui a écrit de longs ouvrages, entre autres un *Traité des Seigneuries*, qui, malgré sa forme modérée, est la véritable condamnation des justices seigneuriales.

à passer dans nos codes, mais il est resté étranger au grand mouvement philosophique qui emportait tout le XVIIIe siècle. Ses œuvres ont été rééditées par M. Bugnet avec notes (11 vol. in-8°, 1861-1862).

Il y eut sans doute beaucoup d'auteurs importants qui ne peuvent figurer dans cette liste réservée aux plus grands. Citons seulement JULIEN BRODEAU (*Coutume de Paris*, 2 vol., 1658-1669, inachevé) et LEBRUN (*Traité des successions*, 1743; *Traité de la communauté*, 1754). On trouvera une bibliographie détaillée de tout notre ancien droit dans *La profession d'Avocat*, de CAMUS, 5e édit. par Dupin, 1832, t. II. — Pour la jurisprudence des anciens parlements, consulter surtout le recueil de DENISART (procureur au Châtelet, mort en 1765), qui eut plusieurs éditions jusqu'en 1790; et celui de GUYOT, *Répertoire universel et raisonné de jurisprudence* (1re édit., 1775-1786, 81 vol. in-8; 2e édit., 1784-1785, 17 vol. in-4°).

Enfin il serait injuste d'oublier ici les philosophes du XVIIIe siècle, principalement Montesquieu et Jean-Jacques Rousseau, dont les idées exercèrent une influence considérable sur la Révolution et sur la législation qui en sortit.

§ 3. — *Anciennes tentatives de codification.*

54. Première idée de l'unification du droit. — L'idée de mettre fin à la diversité du droit français en le codifiant est très ancienne. Commines l'attribue déjà à Louis XI et on a vu plus haut que Dumoulin avait signalé la codification comme une mesure à la fois désirable et possible.

55. Demandes des États généraux. — Les États généraux réclamèrent plusieurs fois cette grande réforme. Elle fut demandée d'abord en 1560, aux États d'Orléans. Le Tiers voulait qu'il fût fait « recueil de ce qui devrait estre doresnavant gardé et observé entre les sujets, retranchant le surplus, et que par ce moyen ou coupast le chemin à toutes longueurs et affluence des procez et malices des parties et ministres de la justice » (art. 243). La noblesse émettait le même vœu. Le roi promit, mais on ne fit rien. Même demande en 1576, aux États de Blois : « Ces deux ordres demandent que tous les édits, ordonnances et coutumes soient reçus par certains savants et expérimentés personnages, qui seraient à ce choisis et députez, et pour éviter la confusion de la multiplicité de lois, compileront un volume et cahier de celles qu'ils devront garder, et qui se trouveront utiles et nécessaires en ce royaume, afin d'abroger toutes les autres ». L'ordonnance dite de Blois, de 1579, fit droit à cette requête au moins dans une certaine mesure: son art. 207 promettait la *codification des ordonnances* (mais non des coutumes). Ce travail fut confié à un magistrat du Parlement de Paris, le président Barnabé Brisson, qui s'appliqua à classer méthodiquement, par ordre de matières, toutes les ordonnances alors en vigueur, mais son recueil ne reçut jamais la sanction royale; Brisson fut pendu en 1591 par ordre des Seize, et son travail, resté à l'état d'œuvre privée, fut publié comme tel en 1603 par Charondas Le Caron, sous le titre de *Code du roi Henri III* (1 vol. in-fol.). Le vœu des États n'était donc pas accompli.

Les États de 1614, les derniers qui s'assemblèrent avant la Révolution, renouvelèrent le vœu pour la troisième fois, toujours vainement. Cependant le chancelier Michel de Marilhac fit paraître en 1629, avec l'intention de leur donner certaine satisfaction, une grande ordonnance qui contenait une codification partielle. Mais quelques dispositions de cette ordonnance, contraires aux privilèges de la noblesse et des magistrats, la firent échouer; la plupart des Parlements refusèrent de l'enregistrer, et elle resta lettre morte, affublée du nom de *Code Michaud*, que les parlementaires lui donnèrent par dérision, du prénom du chancelier.

56. Œuvres de Colbert. — Sous Louis XIV, il y eut une tentative plus sérieuse de codification. Colbert en avait certainement conçu le projet, et il fit partager ses idées au roi. On nomma une commission composée exclusivement de conseillers d'État et de praticiens, que Louis XIV présida quelquefois en personne. Louis XIV et Colbert, qui n'aimaient ni l'un ni l'autre le Parlement de Paris, l'avaient tenu d'abord soigneusement à l'écart de leurs travaux, mais le bruit en arriva jusqu'aux magistrats, ceux-ci s'émurent et, en gens avisés, députèrent leur premier Président, Guillaume de Lamoignon, pour entretenir le roi d'un projet semblable, feignant d'ignorer ce qui se passait. La magistrature se trouva ainsi associée à la préparation des ordonnances. La première séance eut lieu au Louvre le 25 septembre 1665. Ce fut de ses travaux que sortirent les grandes ordonnances de Colbert, qui sont de véritables codes, mais qui portent toutes sur des matières autres que le droit civil, lequel ne fut pas touché. Ces ordonnances sont les suivantes :

Ordonnance d'avril 1667, dite *Code Louis* ou *ordonnance civile*, quelquefois *Code civil*, mais qui règle uniquement la procédure civile ;

Ordonnance d'août 1669, sur les eaux et forêts ;

Ordonnance d'août 1670, sur la procédure criminelle, dite *Code criminel ;*

Ordonnance de mars 1673, sur le commerce terrestre ;

Ordonnance d'août 1681, sur la marine.

Toutes ces ordonnances ont été bien étudiées et bien rédigées ; elles ont servi de modèles aux codes spéciaux qui furent faits plus tard sur les mêmes matières.

57. Les Arrêtés de Lamoignon. — Le président de Lamoignon semble avoir été le premier à entreprendre un travail de codification pour le droit civil. Dès avant 1665, il avait, avec l'approbation du roi, organisé en son hôtel des conférences de magistrats et d'avocats, où l'on recherchait le moyen de réduire le droit français en formules générales ; ces discussions n'aboutirent à rien, mais plus tard Lamoignon reprit ses études à titre purement privé. Aidé par Auzanet, Fourcroy et quelques autres, il entreprit la rédaction d'un texte amélioré de la coutume de Paris [1], et termina en 1672 ses *Arrêtés* où sont formulées, dans de courts articles, les principales décisions auxquelles il était arrivé. Cet ouvrage resta quelque temps manuscrit ; il n'était pas encore imprimé en 1697, et on le citait déjà dans les plaidoiries (D'AGUESSEAU, *Œuvres*, t. IV, p. 225). Il fut publié en 1702 sous le titre : *Arrêtés de M. le P. P. de L. ou lois projetées dans les conférences du premier président de Lamoignon pour les pays coutumiers de France et pour les pays qui s'y régissent par le droit écrit* (Paris, 2 vol. in-4°, sans nom de ville ni de libraire). Réimpressions en 1776 et en 1783. Le travail de Lamoignon a beaucoup servi au chancelier d'Aguesseau et aux rédacteurs du Code civil.

58. Œuvre de d'Aguesseau. — Henri-François d'Aguesseau, né à Limoges en 1668, mort à Paris en 1751, procureur général au Parlement de Paris, puis chancelier à trois reprises (1717-1718 ; 1720-1722 ; 1737-1750), a rédigé et publié trois ordonnances remarquables, sur les donations (février 1731), sur les testaments (août 1735), sur les substitutions (août 1747). Ces ordonnances sont *les seules* dans l'œuvre législative de l'ancienne monarchie, *qui réglementent dans leur ensemble de grandes matières de droit civil.* Par le soin avec lequel elles furent préparées et rédigées, elles sont encore supérieures aux ordonnances de Colbert, et leurs dispositions ont, en grande partie, passé dans le code Napoléon. Elles font le plus grand honneur à leur auteur ; ce n'était pourtant là qu'une faible partie de ce qu'il voulait faire, car d'Aguesseau projetait, comme Lamoignon, une refonte générale du droit français. On a dit de lui qu'il avait été un grand honnête homme plutôt qu'un homme d'énergie, et que ce manque de caractère avait diminué son influence. — Son père, Henri d'Aguesseau, intendant du Limousin, avait été associé à Domat, sur la prière de Le Pelletier, pour un projet de codification qui fut abandonné.

59. Obstacles à la codification. — Sauf quelques matières unifiées par les ordonnances de Colbert et de d'Aguesseau [2], le droit privé de la France restait ce qu'il avait été au XVe siècle, avant la rédaction des coutumes : divisé et morcelé à l'excès. Selon le mot de Voltaire, on changeait de lois en voyageant aussi souvent que de chevaux. Jamais on

[1] Nous avons le procès-verbal de cette revision, qui n'est jamais devenue officielle, dans des *Lettres de Me Barthélémy Auzanet à un de ses amis.* (En tête des *Œuvres* d'Auzanet, Paris, 1708.) — Sur l'œuvre de Lamoignon, voyez VIOLLET, *op. cit.*, p. 217-222 et les auteurs qu'il cite.

[2] Il est à remarquer toutefois que l'ordonnance de 1735, sur les testaments, afin de ne pas bouleverser les habitudes des populations, respecta la division de la France en pays de coutume et pays de droit écrit. Elle n'établissait donc pas un droit unique.

ne vit se produire sous l'ancien régime de tentative sérieuse pour unifier le droit français. La royauté ne s'intéressait guère à la codification, et il aurait fallu plus de temps et plus d'énergie que les chanceliers et les ministres n'en pouvaient mettre pour y réussir. L'obstacle venait des *traditions locales* et de l'*esprit de résistance des provinces*. Laurent a remarqué avec raison (t. I, n° 2) qu'à défaut d'indépendance et de liberté politique, les provinces tenaient à leurs coutumes comme à des privilèges. Les Parlements provinciaux, gardiens naturels de ce droit local, repoussaient avec énergie toute innovation. Dans certaines régions, en Bretagne par exemple, la moindre réforme apparaissait comme une violation des traités sous la foi desquels s'était faite la réunion à la couronne. Il fallut porter la main sur les Parlements eux-mêmes, et ce fut le commencement de la Révolution qui emporta toutes les institutions monarchiques.

CHAPITRE III

RÉNOVATION DU DROIT FRANÇAIS PENDANT LA RÉVOLUTION ET L'EMPIRE

§ 1. — *Œuvre de la Révolution.*

A. — Généralités.

60. Définition et importance de la période intermédiaire. — L'œuvre législative de la Révolution, qui est considérable, forme, entre l'ancien droit et le droit moderne, une transition que l'on désigne sous le nom de *droit intermédiaire* ou *période intermédiaire*.

Cette législation est généralement très peu connue, tour à tour admirée de confiance ou dénigrée de parti pris. Elle a été étudiée dans son ensemble par M. SAGNAC, *La législation civile de la Révolution française*, Paris, 1898. Livre intéressant, rempli de renseignements de fait, mais dont la valeur juridique et surtout la tendance seraient peut-être discutables.

61. Ses limites. — On peut donner des limites précises à cette période : elle commence le 17 juin 1789, jour où les États généraux se transforment en Assemblée nationale et s'attribuent la puissance souveraine : elle finit le 30 ventôse an XII (21 mars 1804), jour de la promulgation du Code civil, qui ouvre l'ère moderne.

62. Son caractère dominant. — La Révolution a été surtout inspirée par la haine de la féodalité, non pas de la féodalité politique, que les rois avaient détruite depuis longtemps, mais de la *féodalité civile*, c'est-à-dire un ensemble de droits et d'usages nés de la féodalité dans les relations entre particuliers, et qui avaient survécu au régime politique dont ils étaient issus. De l'organisation féodale, il ne restait plus que des *privilèges*, au profit de certaines terres et de certaines personnes, en petit nombre dans la nation; on ne voyait plus la raison de ces privilèges, qui avait disparu; par suite ils blessaient le sentiment de l'égalité, qui est si fort chez les Français [1].

L'*abolition des droits féodaux* fut donc la première œuvre de la Révolution : ce fut l'affaire de la *nuit du 4 août ;* des lois assez nombreuses furent rendues dans la suite pour assurer l'exécution du décret de principe voté dans cette nuit célèbre. Voy. ci-dessous nos 951 et 952.

[1] Une chose tout à fait remarquable, c'est que la haine contre les institutions du moyen âge a surtout éclaté en France, région où la féodalité était aux trois quarts détruite déjà, et non dans les contrées où ces institutions, mieux conservées, faisaient encore sentir au peuple toute leur rigueur, comme en Allemagne et en Angleterre. Tocqueville en avait fait l'observation (*L'ancien régime et la Révolution*, 2e édit., p. 57). Sur l'explication d'un fait aussi surprenant, voy. ROBERT BEUDANT, *La transformation de la propriété foncière dans le droit intermédiaire*, p. 125 et suiv.

Il est bon de signaler à cette occasion l'aveuglement des hommes d'État français qui, peu d'années avant la Révolution, faisaient condamner au feu par le Parlement de Paris la brochure de Boncerf sur *les inconvénients des droits féodaux* (1776), dans le même temps où un monarque voisin, le roi de Sardaigne, réalisait pacifiquement une réforme qui, faite chez nous avec méthode, pouvait sauver la royauté.

63. Ses résultats principaux. — Quand la Révolution fut terminée, ce qui se trouva changé en France, ce fut surtout le droit public et politique, dont nous n'avons pas à nous occuper. Dans le droit privé, les principaux progrès réalisés par le droit intermédiaire furent la protection de la *liberté individuelle* et le respect de la *propriété individuelle* mieux garanties l'une et l'autre que sous l'ancien régime. Mais il est juste d'ajouter que les occasions où ces droits furent jadis violés ont été plus retentissantes que nombreuses, et que les garanties qui leur sont actuellement accordées sont plus apparentes que réelles.

On peut encore citer *l'égalité des personnes*, entraînant à sa suite *l'égalité des terres.* Toute trace de privilèges a disparu ; les Français sont depuis 1789 confondus en une classe unique sous le nom de citoyens. Voyez l'ouvrage de M. SAGNAC, précité.

B. — Œuvre successive des diverses Assemblées.

1° Assemblée constituante (17 juin 1789-30 sept. 1791).

64. Réformes administratives. — Cette assemblée s'occupa activement de la nouvelle organisation qu'il fallait donner à la France.

En droit public, la réforme qui sert de base aux autres est la suppression des anciennes divisions territoriales, d'ordre administratif, judiciaire, financier (*provinces, bailliages, généralités*), qui furent remplacées par la division en *départements* (L. 22 déc. 1789 ; L. 26 févr.-4 mars 1790).

65. Réformes judiciaires. — L'ancienne magistrature fut détruite. Les parlements furent « envoyés en vacances », mais ces vacances étaient « indéfinies », et ils n'en sont jamais revenus. A leur place, on créa des *tribunaux de district* qui sont devenus nos tribunaux civils d'arrondissement. L'institution du jury criminel fut décrétée le 30 avril 1790. La création du tribunal de cassation fut décidée le 12 août 1790. Son organisation est du 27 nov.-1er déc. 1790.

Mais à cette époque les charges de magistrature étaient électives (Décr. 5 mai 1790). L'organisation judiciaire fit l'objet de la grande loi des 16-24 août 1790, qui renferme le principe de la *séparation des pouvoirs*. Ce principe, sur lequel sont fondées toutes les constitutions des peuples libres, a été formulé au XVIIIe siècle par Montesquieu : « Pour qu'on ne puisse pas abuser du pouvoir, il faut que, par la disposition même des choses, le pouvoir arrête le pouvoir » (*Esprit des lois*, XI, chap. IV). Voici en quels termes la loi du 24 août 1790 s'exprime : « Les fonctions judiciaires sont distinctes et demeureront toujours séparées des fonctions administratives. Les juges ne pourront, à peine de forfaiture, troubler, de quelque manière que ce soit, les opérations des corps administratifs, ni citer devant eux les administrateurs pour raison de leurs fonctions » (Tit. II, art. 13). Ainsi comprise, la séparation des pouvoirs se réduit à affranchir l'administration du contrôle de l'autorité judiciaire, qui est pourtant la meilleure sauvegarde des droits des citoyens.

66. Constitution politique et religieuse. — L'Assemblée constituante vota la première *constitution* écrite de la France, celle des 3-14 septembre 1791, précédée de la Déclaration des droits de l'homme et du citoyen.

Rappelons pour mémoire sa *constitution civile du clergé* qui échoua (L. 12 juill.-24 août 1790). L'Assemblée vota, en outre, un grand nombre de lois de droit public sur les matières les plus diverses.

67. Réformes concernant le droit privé. — L'Assemblée constituante songea à codifier les lois de la France. Elle décida, le 5 octobre 1790, que les lois civiles seraient revues et réformées ; qu'il serait fait un *code général*, commun à tout le royaume, de lois simples, claires, appropriées à la Constitution. La promesse fut renouvelée dans la

Constitution de 1791. Cependant l'Assemblée n'eut pas le loisir de s'occuper elle-même de la préparation de ce code.

Elle vota seulement des *lois particulières*, qui peuvent se ramener presque toutes à deux réformes principales.

La première est l'*affranchissement du sol* et la *réorganisation de la propriété*. La féodalité avait surchargé la terre de droits de toutes sortes, cens, rentes, champarts, etc.; le droit de propriété, jadis simple et unique, s'était démembré, partagé en *domaine utile*, et *domaine direct* ou *éminent*; des droits inaliénables et irrachetables se rencontraient partout; des facultés de *retrait* gênaient la circulation des biens. L'Assemblée constituante fit table rase de tous ces droits enchevêtrés [1]; la propriété affranchie, dégrevée, redevint pleine et libre, comme l'était le *dominium* romain, et cette notion simple est si bien entrée dans notre esprit que nous avons peine à concevoir l'état de choses antérieur à 1789.

La seconde réforme fut l'introduction du *principe d'égalité dans le règlement des successions*. La manière dont sont réglées les successions des particuliers influe directement sur l'état politique d'un peuple. L'esprit nobiliaire et aristocratique de l'ancienne France avait surtout pour appui la loi successorale. Les maisons nobles, que n'alimentaient ni le commerce, ni l'industrie, ne maintenaient leur fortune que par les *privilèges de masculinité et d'aînesse*, qui réduisaient les cadets de famille à entrer dans les ordres ou à prendre la carrière des armes. La Constituante, pour amener le morcellement des grandes propriétés, supprima le droit d'aînesse et tous les autres privilèges successoraux et proclama le principe du *partage égal* entre les enfants (Décr. 8 avril 1791).

On peut encore citer, parmi les réformes de l'Assemblée constituante, la liberté du prêt à intérêt (3-12 oct. 1789); la liberté du droit de chasse, rendu aux propriétaires sur leurs terres (28-30 avril 1790); l'abolition du droit d'aubaine (6-18 août 1790); la création des brevets d'invention (31 déc. 1790-7 janv. 1791); enfin le *code rural* (28 sept.-6 oct. 1791).

2° L'Assemblée législative (30 sept. 1791-21 sept. 1792).

68. Ses principales lois. — Quinze jours après son installation, elle engagea tous les citoyens, et même les étrangers, à lui communiquer leurs vues sur le futur code, mais sa carrière fut si courte et si agitée qu'elle n'eut pas le temps d'y travailler. Quand l'Assemblée se sépara le 21 septembre 1792, elle n'avait pas siégé tout à fait un an. Elle avait cependant voté quelques lois remarquables: Introduction de l'*adoption* (18 janv. 1792). Abolition des *substitutions* (25 août 1792). Fixation de la *majorité* à 21 ans et suppression de la *puissance paternelle* sur les majeurs (28 août 1792). Organisation de l'*état civil* (20 sept. 1792), réforme qui a « sécularisé » le *mariage*, considéré depuis lors par la loi civile comme un simple contrat. Institution du *divorce* (autre loi du 20 sept. 1792).

3° La Convention (21 sept. 1792-26 oct. 1795).

69. Lois diverses. — Au milieu des tempêtes qui l'assaillirent, malgré ses désordres et ses violences, la Convention a trouvé le temps de voter un nombre assez considérable de lois relatives au droit privé. Citons entre autres :

1° Une loi du 17 nivôse an II (6 janv. 1794), *sur les successions*. Par cette loi célèbre, les conventionnels cherchèrent surtout à attacher les générations nouvelles à l'ordre de choses créé par la Révolution, et ils y réussirent en faisant arriver de préférence les biens des familles aux membres les plus jeunes. On peut signaler aussi comme se rattachant à la matière des successions le décret du 5 brumaire an II (26 oct. 1793), sur les clauses contraires aux lois insérées dans les donations et les legs, et le décret du 12 brumaire an II (2 nov. 1793) sur les droits successifs des enfants naturels, mis sur le même pied que les enfants légitimes.

2° Une loi *sur les hypothèques* du 9 messidor an III (27 juin 1795), dite *Code hypothé-*

[1] Aux décrets du 4 août déjà signalés, qui supprimèrent les droits féodaux, joignez ceux-ci: Rachat des rentes foncières, 18-29 déc. 1790; abolition des droits de retraits, lignager et autres, 19-23 juill. 1790; comp. 13-18 juin 1790.

caire. Bien qu'elle ait été mal conçue dans ses détails et qu'elle présente des vices d'organisation, qui l'ont fait laisser sans exécution, cette loi est fort remarquable ; elle contenait des idées excellentes sur le régime hypothécaire, et son innovation la plus hardie, la création des *cédules hypothécaires*, a été reprise et imitée de nos jours en différents pays.

3° La loi du 3 brumaire an IV, dite *Code des délits et des peines*, long texte de 646 articles, qui remplaça les deux codes votés sur le même sujet par l'Assemblée constituante en 1791.

70. Le premier projet de Code. — La Convention songea à rédiger le Code civil. Elle donna à son comité de législation l'ordre extraordinaire de lui présenter un projet dans le délai d'un mois, et ce qui est plus extraordinaire encore, elle fut obéie : au mois d'août 1793, Cambacérès, au nom de ce comité, lui présenta un projet de Code civil. Ce projet était remarquable par son excesssif laconisme : un seul article pour les actes de l'état civil ; un seul pour le domicile, et le reste à proportion. L'ensemble formait 695 articles (FENET, t. I, p. 17). Un tel code eût été bien dangereux, car une foule de points importants n'étaient pas prévus et réglés, et les juges se seraient trouvés sans direction et sans frein. Sans doute le législateur ne peut pas penser à tout, et il ne peut avoir la prétention de tout dire ; mais il ne doit pas non plus laisser les particuliers dans l'incertitude sur les questions essentielles.

Ce système avait d'ailleurs été employé volontairement. Les membres de la Convention professaient un profond mépris pour le droit romain et le droit coutumier, qu'ils traitaient de législations barbares et corrompues. On voulait, disait Barrère, réaliser le rêve des philosophes, et faire des lois simples, démocratiques, accessibles à tous les citoyens.

Outre ce défaut, qui tenait à sa forme, le projet de Cambacérès en avait un autre ; il était inspiré par les idées du jour. Cependant la Convention ne le trouva pas assez révolutionnaire à son gré ; elle le rejeta, et décida de nommer une commission de philosophes, chargée de rédiger un nouveau projet, plus conforme à son propre esprit (Décr. 3 nov. 1793 ; SIREY, *Lois annotées*, t. 1, p. 273). Heureusement les événements détournèrent son attention et on n'entendit plus parler de cette combinaison.

71. Second projet de Code civil. — Dans la seconde période de la Convention, après la chute de Robespierre, Cambacérès déposa un deuxième projet, le 23 fructidor an II, qui fut mis en discussion ; quelques articles furent même votés, mais on en resta là. Ce second projet était plus bref encore que le premier ; il comptait seulement 297 articles, tous d'une rédaction très laconique. Voyez le texte dans FENET, t. I, p. 110.

4° Le Directoire (27 oct. 1795-9 nov. 1799).

72. Correction des lois révolutionnaires. — Malgré sa corruption et son impuissance, le Directoire exerça une influence heureuse sur la législation civile. Il réforma plusieurs des dispositions excessives ou fâcheuses de l'Assemblée législative et de la Convention. Ainsi le divorce, que l'Assemblée législative avait admis avec une facilité trop grande, fut réglementé plus sévèrement (L. 1er jour complémentaire an V-17 sept. 1797) ; la contrainte par corps fut rétablie afin d'assurer l'exécution des obligations (24 vent. an IV, 4 germ. et 4 flor. an VI) ; les droits successoraux des enfants naturels furent restreints et la rétroactivité retirée à la loi qui les leur avait conférés (15 therm. an IV-5 août 1796) ; les difficultés que faisaient naître les lois successorales de la Convention furent résolues et atténuées (18 pluv. an V-6 févr. 1797) ; etc.

73. Lois nouvelles. — Le Directoire entreprit aussi des réformes originales. Les deux principales sont :

1° La loi du 11 brumaire an VII qui organisait la *transcription* (publicité pour les aliénations d'immeubles), mesure excellente que le Code civil eut le tort d'abandonner et qu'il a fallu rétablir de nos jours (L. 23 mars 1855).

2° La loi du 22 frimaire an VII sur l'*enregistrement* et les droits de mutation, qui est encore en vigueur.

74. Troisième projet de Cambacérès. — Enfin le Directoire s'occupa à son tour du *Code civil*. Un projet fut déposé par Cambacérès au conseil des Cinq-Cents, le 24 prairial an IV. Ce projet ne put être mis en discussion, à cause de l'état politique des partis dans les deux assemblées.

§ 2. — *Confection du Code civil sous le Consulat.*

75. La commission de rédaction. — Ce que ni l'ancienne Monarchie ni la Révolution n'avaient pu faire, l'ambition d'un seul homme l'exécuta [1]. Bonaparte, devenu Premier consul et maître tout-puissant de l'État, forma le projet de donner à la France ce Code civil qu'on lui promettait vainement depuis si longtemps, et il sut y réussir.

Dès le 24 thermidor an VIII (13 août 1800), il nomma une commission de quatre membres, chargée de rédiger le projet. Ces quatre membres étaient :

TRONCHET, président du tribunal de cassation ;

BIGOT DU PRÉAMENEU [2], commissaire du gouvernement près le même tribunal ;

PORTALIS, commissaire du gouvernement près le tribunal des prises ;

MALLEVILLE, juge au tribunal de cassation.

La commission se réunissait chez le président Tronchet : elle se partageait les matières, chaque membre était chargé de rédiger une partie ; au bout de quatre mois le projet était achevé. C'est ce projet préparé par les quatre membres de la commission qu'on appelle le *Projet de l'an VIII*. Il a été imprimé par Fenet (ci-dessous n° 83), et diffère notablement du projet définitif qui fut soumis au Tribunat en 1801.

76. Observation des tribunaux. — Ce projet fut communiqué au tribunal de cassation et aux tribunaux d'appel, dont les observations furent souvent remarquables, surtout celles du tribunal de cassation, et contribuèrent utilement à la préparation du texte.

Les tribunaux envoyèrent rapidement leurs observations ; on savait que Bonaparte voulait aller vite et on se hâtait pour lui plaire, si bien que la discussion du Code put commencer la même année devant les pouvoirs publics.

77. Organisation législative de l'an VIII. — Quelques détails sont nécessaires pour faire comprendre les incidents qui se produisirent. La constitution en vigueur était celle du 22 frimaire an VIII (13 déc. 1799), qui avait organisé le Consulat, et qui subsista, sauf quelques modifications [3], pendant tout l'Empire. Le pouvoir législatif était réparti entre quatre corps différents : le Conseil d'État, le Tribunat, le Corps législatif, le Sénat conservateur.

1° Le *Conseil d'État*, composé de 80 membres nommés par le Premier consul et divisé en cinq sections : législation, intérieur, finances, guerre et marine. Ce conseil était chargé de discuter les projets de loi, qui étaient d'abord préparés par la section compétente (ordinairement la section de législation), puis étudiés dans l'assemblée générale du conseil, laquelle ne pouvait être convoquée que par le Premier consul et était d'habitude présidée par lui. — Le Conseil d'État n'avait pas à voter la loi ; le projet préparé par lui était envoyé au Premier consul, qui, ayant en mains un texte bien étudié, pouvait le proposer à l'Assemblée législative ou l'abandonner : lui seul avait *l'initiative des lois*. Quand il voulait ainsi faire présenter une loi, le Premier consul désignait trois conseillers d'État comme commissaires chargés de défendre le projet devant le Corps législatif ; le premier commissaire nommé rédigeait l'*Exposé des motifs*.

2° Le *Tribunat* était composé de 100 membres, nommés par le Sénat. Il discutait les

[1] Dans le court intervalle qui sépara la suppression du Directoire (19 brumaire an VIII) de l'organisation du Consulat (22 frimaire an VIII), un *quatrième projet* de Code civil fut déposé, cette fois par JACQUEMINOT. Mais ce projet, qui semble avoir été destiné seulement à satisfaire l'opinion publique, ne fut même pas examiné. Celui qui a réussi sous le Consulat était donc le *cinquième* en date.

[2] Telle paraît être la forme exacte de son nom, et non *de* Préameneu. La particule, supprimée pendant la Révolution, a été altérée quand on la lui a rendue.

[3] Les consuls furent remplacés par un empereur ; le Tribunat qui portait ombrage à l'empereur, bien qu'il n'eût qu'un rôle délibérant et pas de pouvoir effectif, fut supprimé en 1807.

projets de loi préparés par le Conseil d'État et présentés par le gouvernement, mais il ne les votait pas, lui non plus, il ne pouvait même pas proposer un amendement; il se bornait à émettre un vœu sur l'ensemble, favorable ou défavorable, et chargeait trois commissaires de défendre son opinion devant le Corps législatif.

3° Le *Corps législatif* comptait 300 membres, choisis par le Sénat sur des listes proposées par un corps électoral tout spécial. C'était lui qui votait les lois, mais il ne les discutait pas. Elles étaient discutées devant lui contradictoirement par les trois commissaires du gouvernement (conseillers d'État) et par les trois délégués du Tribunat. Ce rôle bizarre l'avait fait surnommer le « Corps des muets ». Il n'avait d'ailleurs aucun droit d'amendement; il ne pouvait que rejeter ou adopter en bloc le projet en discussion.

4° Le *Sénat conservateur* se composait de 80 membres inamovibles se recrutant eux-mêmes. Il ne participait pas à la confection de la loi ; il était seulement chargé de veiller au maintien de la Constitution en annulant les actes inconstitutionnels qui pouvaient lui être déférés par le Tribunat.

78. Critiques du Tribunat. — Tel est le mécanisme compliqué au moyen duquel le Code civil fut voté, mais non sans heurt et sans effort, car des incidents graves se produisirent qui faillirent tout faire échouer. Le Tribunat comptait dans ses rangs de nombreux représentants de la Révolution qui faisaient une guerre continuelle à tous les projets du Premier consul. Naturellement, quand le projet de Code leur arriva, ce fut un concert de critiques. Ils lui reprochaient de n'être qu'une copie servile du droit romain et du droit coutumier; c'était une compilation plate, sans originalité, fastueusement décorée du nom de « Code civil des Français ». — Portalis répondait avec bon sens qu'il ne s'agissait pas d'être original, mais d'être clair, attendu que la législation qu'on avait à faire ne s'adressait pas à un peuple nouveau, mais à une société vieille de plus de dix siècles et qui, malgré la Révolution, avait conservé beaucoup de ses habitudes et de son ancien esprit.

79. Échec et retrait du projet. — Les républicains du Tribunat discutaient donc le Code civil avec l'intention d'être aussi désagréables que possible au Premier consul. Le Corps législatif avait déjà rejeté le premier titre, et sur l'insistance du Tribunat, il allait encore rejeter le second, après une discussion orageuse, lorsqu'arriva un message du Premier consul ainsi conçu : « Législateurs, le gouvernement a arrêté de retirer les projets de loi du Code civil. C'est avec peine qu'il se trouve obligé de remettre à une autre époque les lois attendues avec intérêt par la nation, mais il s'est convaincu que le temps n'est pas venu où l'on portera dans ces grandes discussions le calme et l'unité d'intention qu'elles demandent » (13 niv. an X-3 janv. 1802. — Voy. FENET, t. VI, p. 333; t. VII, p. 590-591). — En retirant les projets, le gouvernement voulait, comme le disait Portalis, « mettre le Tribunat à la diète ».

80. La réforme du Tribunat et la communication officieuse. — La discussion était suspendue ; c'était ce que voulait le Tribunat, mais cela ne faisait guère l'affaire de Bonaparte. Pour arriver à son but et reprendre la discussion avec certitude d'aboutir, il fit une sorte de coup d'État. Il mit le Tribunat hors d'état de lui nuire en éliminant ceux de ses membres qui lui étaient hostiles : un sénatus-consulte du 16 thermidor an X réduisit le Tribunat à 50 membres, et naturellement Bonaparte n'en fit pas sortir ses amis. Pour l'affaiblir encore plus, on le divisa en trois sections : législation, intérieur, finances. De la sorte il devenait facile d'obtenir un avis favorable.

Par surcroît de précaution, on imagina de savoir l'avis du Tribunat avant la discussion publique. Voici comment : le Conseil d'État communiquait au Tribunat « à titre officieux et confidentiel » le projet élaboré par lui ; le Tribunat l'étudiait, disait ce qu'il en pensait; puis le projet revenait au Conseil d'État, qui pouvait tenir compte des observations et des critiques du Tribunat. Au besoin, s'il y avait quelque difficulté, la section de législation du Conseil se mettait en rapport direct avec la commission du Tribunat jusqu'à ce que l'on fût tombé d'accord. — Ce fut ce qu'on appela la *communication officieuse*.

Quand le Conseil d'État et le Tribunat s'étaient entendus, le projet était envoyé au Corps législatif par le Conseil d'État, et le Corps législatif le transmettait au Tribunat, conformément à la Constitution : c'était la *communication officielle*. — Dans ces conditions la discussion publique devant le Corps législatif, par les orateurs du Conseil d'État et du Tribunat, n'était plus une épreuve à redouter. Ce n'était plus qu'une formalité, presque une comédie, puisque les adversaires s'étaient mis d'accord par avance.

Grâce à ce coup d'État, doublé du stratagème de la communication officieuse, le Code civil put enfin être voté.

81. Promulgation du Code. — Le Code civil se compose de 36 lois, qui ont été votées et mises en vigueur l'une après l'autre depuis le mois de mars 1803 jusqu'en mars 1804. Elles ont été ensuite réunies en un seul code, contenant 2281 articles, sous le nom de « Code civil des Français », par la loi du 30 ventôse an XII (21 mars 1804), qui donne la date définitive de l'achèvement du Code.

** **82. Abrogation de l'ancien droit.** — La loi du 30 ventôse an XII qui a réuni les 36 lois du Code civil en un seul corps, contient, dans son article 7, une disposition ainsi conçue : « A compter du jour où ces lois sont exécutoires [1], les lois romaines, les ordonnances, les coutumes générales ou locales, les statuts, les règlements, cessent d'avoir force de loi générale ou particulière, dans les matières qui sont l'objet desdites lois composant le présent code. » Quel est le sens de cette disposition ? Si cet article n'existait pas, l'ancien droit serait abrogé *tacitement*, c'est-à-dire dans les cas seulement où les textes du code sont en contradiction avec lui ; il subsisterait sur tous les points où les règles anciennes seraient compatibles avec le droit nouveau. Ces points seraient peut-être nombreux, et par suite on retrouverait encore, conservée en partie jusqu'à nous, la diversité juridique des anciennes provinces. Or c'était précisément cette diversité qu'on voulait faire disparaître, pour établir l'unité de législation. Ainsi s'explique cet art. 7 prononçant, *d'une manière expresse, l'abrogation en masse de tout l'ancien droit.*

Il ne faut pas toutefois s'en exagérer la portée. *Deux restrictions* doivent être faites pour préciser les limites de l'abrogation générale de notre vieux droit.

1° L'art. 7 ne s'applique qu'à *l'ancien droit* et non au *droit intermédiaire* établi depuis le mois de juin 1789. Celui-ci subsiste en principe [2], sauf l'effet inévitable de l'abrogation tacite, en cas de contrariété entre ses dispositions et celles du Code. Un grand nombre de dispositions du droit intermédiaire ont ainsi disparu devant le droit nouveau, notamment le régime successoral et le régime hypothécaire. En revanche, un certain nombre des dispositions du Code rural de 1791 ont été transportées dans le Code civil.

2° *L'ancien droit lui-même n'est abrogé que pour les matières dont le Code s'est occupé.* Par conséquent, s'il existe une matière de droit privé dont il n'est point traité dans le Code, on se peut reporter à l'ancien droit, à moins qu'il n'y ait eu dans le droit intermédiaire une loi réglant à nouveau la question. Encore faudrait-il voir si les règles anciennes sont compatibles avec les dispositions générales du Code, sans quoi elles se trouveraient abrogées tacitement. Jusqu'à présent on n'a signalé qu'une seule matière ainsi omise, qui ait quelque importance, l'emphytéose [3].

83. Bibliographie des travaux préparatoires. — Les deux recueils les plus usuels sont : FENET, *Recueil complet des travaux préparatoires* (1827-1828, 15 vol. in-8°) et LOCRÉ, *Législation civile, commerciale et criminelle de la France* (1827-1832, 31 vol. in-8°). Dans ce recueil les 16 premiers volumes seulement concernent le Code Napoléon ; Locré a omis les observations des tribunaux, publiées par Fenet. On peut consulter aussi MALLEVILLE, *Analyse raisonnée de la discussion du Code civil*, 4 vol. 1804-1805 : 3e édit., 1822, et PORTALIS, *Discours, rapports et travaux inédits sur le Code civil*, publiés par son petit-fils en 1845. — Les *procès-verbaux du Conseil d'État*

[1] Chacune d'elles était déjà devenue exécutoire en vertu de la promulgation particulière qui en avait été faite ; la loi du 30 ventôse en ordonne seulement la réunion en y joignant quelques dispositions supplémentaires.

[2] Comme exemple de lois antérieures au Code civil non abrogées par lui, on peut citer la loi du 30 mai-7 juin 1791, sanctionnée le 6 août, sur les *domaines congéables*, genre de tenure propre aux trois départements bas-bretons. Cette loi consacre des dérogations très remarquables aux usages communs de la France. Elle est régulièrement omise dans les recueils usuels des lois actuellement en vigueur.

[3] D'une façon générale, pour les textes de l'ancien droit restés en vigueur, voir PAILLET, *Manuel complémentaire des Codes français*, 1845, 2 vol. in-8°. Comp. Crim. Cass. 11 juillet 1884, D. 85. 1. 333.

avaient été publiés officiellement, mais d'une manière incomplète (Paris, an X-XII, 5 vol. in-4°). Une autre publication, moins complète que celles de Fenet et de Locré, avait été faite sous l'Empire par FAVARD DE LANGLADE (10 vol. in-12, 1804-1820 ; 4° édit., 1838).

84. Éditions du Code. — 1° ÉDITIONS OFFICIELLES. Le Code civil a eu trois éditions officielles. La première a été faite lors de sa promulgation, en vertu de la loi du 30 ventôse an XII.

La seconde a été ordonnée par une loi du 3 septembre 1807. On voulut alors mettre la rédaction du Code en harmonie avec le régime impérial qui avait succédé au Consulat. Les mots *Consul*, *République*, *Nation*, furent remplacés par ceux d'*Empereur*, *Empire*, *État*. On fit en outre deux modifications : 1° on supprima l'art. 2261, qui appliquait le calendrier révolutionnaire au calcul de la prescription, et on le remplaça par un alinéa détaché de l'art. 2260 ; 2° on ajouta à l'art. 896 un alinéa autorisant la constitution des majorats.

En 1816, il a été publié une troisième édition officielle, qui est la dernière. De là les mots : *le roi*, *le royaume*, *procureur du roi*, qu'on y rencontre en maint article. Ces changements de mots n'ont aucune importance juridique : le lecteur fait lui-même la rectification nécessaire, selon le régime politique du jour.

2° ÉDITIONS PRIVÉES. Toutes les autres éditions du Code sont des éditions purement privées, des spéculations commerciales. Les plus usuelles sont celle de TRIPIER, qui a l'avantage de donner en note les textes correspondants de l'ancien droit (Éditions annuelles revues par H. MONNIER), et celle de RIVIÈRE, qui contient quelques indications de jurisprudence, nécessairement fort sommaires. Ces deux éditions se trouvent sous le format in-8° et dans un petit format de poche. Mentionnons encore celle de CARPENTIER, travail excellent et récent, mais qui n'existe qu'en grand format, et les éditions plus anciennes de ROGER et SOREL, de TEULET, de DURAND et PAULTRE.

Il existe aussi de *grandes éditions annotées* du Code, entreprises par nos Recueils de jurisprudence, qui sont de véritables répertoires d'arrêts mis dans l'ordre du Code et placés sous les articles correspondants. Le *Code civil annoté* du DALLOZ forme 3 vol. in-4° y compris le supplément (1873-1875-1890) et il est en cours de réimpression ; celui du SIREY, 4 vol. in-8°, refondus par M. Jean Sirey (1892). M. FUZIER-HERMANN publie aussi un *Code civil annoté* en 4 vol. in-4° (1881-1898).

85. Noms successifs du Code. — Le Code civil a plusieurs fois changé de nom. On le publia d'abord sous le nom de *Code civil des Français*. La loi du 3 septembre 1807 lui donna le titre de *Code Napoléon*. Les chartes de 1814 et de 1830 lui rendirent sa dénomination primitive. Un décret du 27 mars 1852 rétablit le titre de *Code Napoléon*, « pour rendre hommage à la vérité historique », disait l'auteur du décret. Ce décret n'a jamais été abrogé. Cependant depuis 1870 un usage universellement admis, et qui prend exemple sur le gouvernement lui-même, n'emploie plus que le nom de *Code civil*. Dans la séance du 18 mai 1872, une proposition fut faite à l'Assemblée nationale pour lui rendre officiellement ce nom. Elle fut écartée, sous prétexte que c'était déjà chose faite dans l'usage ; peut-être quelques-uns eurent-ils alors l'arrière-pensée que, le décret de 1852 n'étant pas rapporté, on pourrait un jour en obtenir l'observation, si les circonstances le permettaient.

Actuellement l'expression « Code Napoléon » est commode à employer pour désigner l'état primitif du Code, par opposition à sa forme actuelle, qui est sensiblement différente.

86. Extension du Code civil aux colonies françaises. — Le Code de la métropole a été introduit successivement dans la plupart de nos colonies : à la Réunion, à la Guadeloupe, à la Martinique et à la Guyane en 1805 et 1806 ; dans nos établissements de l'Inde en 1819 ; au Sénégal en 1830 ; en Cochinchine en 1864 ; à la Nouvelle-Calédonie en 1866 ; à Taïti en 1868 ; dans le Cambodge et l'Annam en 1881 ; au Tonkin en 1888 et 1890 ; à Madagascar en 1896.

La législation française a été introduite en 1830 en Algérie par droit de conquête.

§ 3. — *Appréciation critique du Code civil.*

87. Son plan. — Suivant une vieille habitude, qui remonte aux codes romains, les codes modernes sont divisés en *livres*, et les livres sont subdivisés en *titres*. Chaque titre a pour objet une matière spéciale : le mariage, la puissance paternelle, les successions, la vente, etc.

Le Code français comprend un titre préliminaire et trois livres.

Le *titre préliminaire* compte six articles seulement. Ce sont des dispositions générales sur les lois, leur mise en vigueur et leur application. Ces six articles sont les débris d'un ensemble beaucoup plus considérable que Portalis avait placé en tête du Code pour lui servir de préface, et qui formait un livre entier composé de six titres. On l'a presque entièrement supprimé, ne conservant que 6 articles sur 39, parce que la plupart contenaient des opinions doctrinales ou des affirmations philosophiques plutôt que des décisions législatives.

Le livre 1er est intitulé « *Des Personnes* » et comprend les art. 7 à 515 (509 art.). Il s'occupe de la distinction des Français et des étrangers, de la condition des étrangers en France ; des actes de l'état civil ; du domicile. Viennent ensuite le mariage, le divorce et la séparation de corps, la filiation, la puissance paternelle, la tutelle, l'émancipation, l'interdiction et le conseil judiciaire.

Le livre II (195 art.), de l'art. 516 à l'art. 710, s'occupe « *Des Biens* », de leurs classifications diverses, du droit de propriété, de l'usufruit et des servitudes.

Le livre III est, à lui tout seul, plus de deux fois aussi long que les autres réunis ; il compte en effet 1571 articles (art. 711 à 2281). Son titre est assez vague : « *Des différentes manières dont on acquiert la propriété* ». Il contient en réalité sept grandes matières : les successions, les donations et testaments, la théorie générale des obligations, les règles propres aux contrats spéciaux, les régimes matrimoniaux, les privilèges et hypothèques, la prescription. L'entassement de toutes ces matières hétérogènes dans un livre unique est peu logique ; du reste la division en livres est inutile ; une seule série de titres serait plus simple et permettrait toutes les additions qui deviendraient nécessaires.

88. Ses sources. — Les sources qui ont été utilisées pour former le Code civil sont très diverses. Les principales sont : *les coutumes*, surtout celle de Paris ; le *droit romain*, les *ordonnances royales*, les *lois de la Révolution*.

Le droit coutumier a fourni la plupart des dispositions sur *l'incapacité des femmes mariées*, la *puissance maritale*, la *communauté de biens entre époux*, et nombre de règles des *successions*.

Le droit romain a servi surtout pour le régime de la *propriété*, les *règles générales des obligations*, celles *de quelques contrats*, le *régime dotal*.

Les ordonnances royales ont été conservées surtout pour les actes de *l'état civil* (ord. d'avril 1667), pour les *donations*, les *testaments* et les *substitutions* (ord. de d'Aguesseau de 1731, 1735 et 1747), pour la *preuve* et pour la *purge des hypothèques* (édit de 1771).

Les lois de la Révolution ont été maintenues principalement pour la fixation de la *majorité*, le *mariage* et le *régime hypothécaire*.

A ces quatre sources, qui furent les plus abondantes, il faut en ajouter deux autres secondaires :

La *jurisprudence des anciens parlements*, qui a fourni tout le titre de l'*absence* et qui a fortement influé sur certaines parties du droit romain, par exemple sur le régime dotal modifié par l'adjonction d'une *société d'acquêts* ;

Le *droit canonique*, auquel on a emprunté plusieurs des règles du *mariage* et de la *légitimation*. Voir D'Espinay, *De l'influence du droit canonique sur la législation française*, Paris, 1857.

Pour plus de détails voir Dard, *Conférence du Code civil avec les lois anciennes*, 4e édit. 1827 ; Dufour, *Code civil avec les sources où toutes ses dispositions ont été puisées*, Paris, 1806, 4 vol. in-8°.

***89. Prédominance des origines coutumières.** — Deux courants se sont trouvés en présence lors de l'unification du droit français : l'esprit romain et les traditions coutumières. Ce sont ces dernières qui l'ont emporté. Le Code a été rédigé à Paris, en plein pays coutumier ; les conseillers d'État appartenaient en majorité aux provinces septentrionales ; le parlement de Paris avait eu dans l'ancien droit un rôle prépondérant. Il n'y a donc rien d'étonnant à voir l'esprit des coutumes prédominer dans le Code ; le contraire eût été un non-sens historique ; mais l'esprit coutumier y est fortement atténué par le droit romain d'une part, par les idées révolutionnaires de l'autre. On ne peut signaler qu'un point grave, où le droit romain ait vaincu, et encore son maintien n'a pas été obtenu sans peine : c'est le régime dotal, qui s'est trouvé non seulement maintenu, mais étendu à toute la France.

90. Les auteurs du Code. — Les deux principaux sont Portalis et Tronchet.

Portalis fut le philosophe de la commission : c'est lui qui a inspiré les principales doctrines du Code civil ; c'est lui qui fut choisi pour rédiger le *Discours préliminaire ;* ses rapports peuvent être considérés comme les meilleurs. Peut-être a-t-il été trop vanté. Comme philosophe, ce n'est certainement pas un esprit original ; il n'a point dépassé la médiocrité, et son style, plein de la phraséologie du temps, a vite vieilli. Mais ce n'était pas un pur juriste ; c'était un homme éclairé, un esprit ouvert, d'une grande modération d'idées, et c'est de cela surtout que nous devons lui savoir gré. — Il défendit, de concert avec Malleville, les idées romaines, sans pouvoir réussir à les faire triompher contre les traditions coutumières, représentées par Tronchet et Bigot du Préameneu.

Tronchet était un homme d'un tout autre genre. Il avait vingt ans de plus que Portalis, étant né à Paris en 1726. C'était un jurisconsulte avant tout, un ancien avocat au parlement de Paris, rompu aux affaires ; il avait été un des défenseurs de Louis XVI. Pour être moins visible, moins brillante que celle de Portalis, son influence n'en fut pas moins profonde. Le Premier consul disait de lui qu'il avait été l'âme des discussions au Conseil d'État.

A côté d'eux, on trouve encore d'autres noms à citer : Cambacérès, qui s'était fait une spécialité de la confection des projets de Code civil sous la Convention et le Directoire et que sa dignité de second consul empêcha seule de faire partie de la commission de rédaction ; le conseiller d'État Treilhard, qui prit une part exceptionnelle aux discussions, et enfin Bonaparte lui-même, dont l'intervention personnelle mérite une mention spéciale.

Pour plus de détails sur le personnel législatif de cette époque, voir GUSTAVE BRESSOLLES, *Études sur les rédacteurs du Code civil* (*Revue Wolowski*, 1852, t. 43, p. 357) ; EDM. DE BEAUVERGER, *Étude historique comparative sur la législation civile de la France* (Acad. des sciences morales, *Comptes rendus*, 1861, t. 61 et 62).

91. Rôle de Bonaparte. — Le Premier consul n'avait encore que 32 ans ; il était, et de beaucoup, le plus jeune de tous les collaborateurs ; de plus, c'était un militaire, et non un jurisconsulte ; il tenait cependant à se montrer le maître, là comme partout. Il se faisait prêter des livres qu'il parcourait hâtivement ; Tronchet et d'autres l'aidaient et retouchaient ses discours. Son rôle comme juriste fut naturellement assez effacé, mais il retrouvait sa supériorité dans la direction des débats, qu'il menait rondement. Il excellait à trancher d'un mot une discussion qui s'égarait ou devenait obscure. Ses expressions, ses plaisanteries étaient souvent vives, toutes militaires ; les procès-verbaux officiels ont fait disparaître toutes ces excentricité de langage, et lui prêtent un style décoloré, presque académique ; mais on en retrouve des lambeaux pris sur le vif dans les mémoires du conseiller d'État THIBAUDEAU (*Mémoires sur le Consulat*, 1826 ; ouvrage devenu rare). — Comp. dans les Archives de GŒNNER une dissertation sur le rôle personnel de Napoléon dans la préparation du Code. Voir aussi THIERS, *Du Consulat et de l'Empire*, t. III.

L'influence personnelle de Bonaparte se retrouve en divers endroits du Code.

1° Il y fit introduire une réglementation assez détaillée sur l'*état civil des militaires* (art. 93-98), qui n'est certainement pas à sa place dans un Code civil et ferait mieux partie d'une loi sur l'administration de l'armée ; mais il avait constaté dans ses campagnes les lacunes de la législation et il saisissait une occasion d'y pourvoir. Ces dispositions ne figuraient pas dans le projet de l'an VIII.

2° Il se montra *hostile aux étrangers*, qu'il n'aimait pas ; en sa qualité de soldat, il ne voyait en eux que des ennemis. Sous son influence le Code civil, dans son état définitif, se montra d'une rigueur extrême, leur refusant en principe la jouissance des droits civils (art. 11), les déclarant incapables de succéder (art. 726) et de recevoir par donation ou legs (art. 912), alors que les dispositions correspondantes du projet de l'an VIII étaient beaucoup plus libérales [1]. Ces dispositions excessives servirent à souhait l'opposition systématique du Tribunat, et ce fut l'art. 11 qui fit échouer le premier titre devant le Corps législatif. Bonaparte réussit néanmoins à le faire adopter, on a vu à quel prix et par quels moyens ; mais il a fallu depuis y renoncer et revenir à peu près au système du projet de l'an VIII.

3° Enfin ce fut Bonaparte qui fit admettre dans le Code deux institutions, l'*adoption* et le *divorce par consentement mutuel*. Il le fit par politique. N'ayant pas d'enfants de son mariage avec Joséphine Beauharnais, et songeant déjà à fonder une dynastie, il plaçait comme en réserve dans nos lois ce double moyen d'obtenir un héritier, soit par un autre mariage, soit par une adoption. Son divorce, suivi de son mariage avec Marie-Louise et de la naissance du roi de Rome, le dispensa de recourir au second moyen. Il paraît même qu'il empêcha la publication des procès-verbaux relatifs à l'adoption pour qu'on ne connût jamais les idées qu'il avait émises.

Sur quelques points son influence pourra paraître malheureuse. Mais qu'est cela au prix du reste ? C'est sa volonté toute-puissante qui a été le levier soulevant tous les obstacles. C'est à son énergie, disons le mot, à son ambition, que nous devons l'achèvement d'une œuvre si longtemps attendue, et que sans lui nous n'aurions peut-être pas encore. Aussi il tenait beaucoup à son titre de législateur. A Sainte-Hélène, il écrivait : « Ma vraie gloire n'est pas d'avoir gagné quarante batailles ; Waterloo effacera le souvenir de tant de victoires. Ce que rien n'effacera, ce qui vivra éternellement, c'est mon Code civil » (DE MONTHOLON. *Récit de la captivité de l'empereur Napoléon*, t. I, p. 401).

92. Esprit de modération du Code civil. — Le Code Napoléon a eu la bonne fortune d'être fait juste au moment favorable : rédigé plus tôt, pendant la Révolution, il eût trop cédé aux passions révolutionnaires, aux entraînements politiques ; rédigé plus tard, il se fût sans doute ressenti des sévérités du régime militaire et de l'esprit de réaction qui se développa de plus en plus. Au moment où il a été entrepris, on se trouvait dans une période de calme et d'apaisement ; après tant d'excès et de crises de toutes sortes, les esprits subissaient une détente. Ces quelques années du Consulat ont été un moment exceptionnellement favorable pour une rédaction facile et équitable des lois civiles.

La Révolution avait jeté la France dans un état d'inquiétude et de désarroi dont nous avons peine à nous faire l'idée ; la faiblesse du Directoire y avait autant contribué que les violences de la Convention. L'incertitude était partout : la sécurité des personnes était détruite ; celle des propriétés également ; le commerce était presque arrêté ; les transactions d'ordre civil réduites à leur minimum. La lassitude était générale. Quand le Premier consul s'empara du pouvoir, il disait (et tout le monde le croyait avec lui) que la Révolution était « finie » (Proclamation du 24 frimaire an VIII). Il a affirmé plus tard qu'après Marengo et la paix d'Amiens il croyait la guerre terminée et la paix assurée. Il ne restait donc plus qu'à recueillir les fruits qu'on espérait de la Révolution : des lois meilleures pour une société rajeunie, une sorte de renouveau et de printemps, comme l'Allemagne en eut un après 1871.

C'est cet heureux concours de circonstances qui a donné au Code civil sa qualité dominante, l'*esprit de modération et de sagesse* qui en a assuré la durée. Les régimes politiques les plus divers ont pu s'en accommoder ; aucun n'a osé le détruire ; aucun n'y a même songé. Le Code Napoléon est, en effet, une *loi de transaction*. Il est issu de la

[1] « Les étrangers jouissent en France de tous les avantages du droit naturel, du droit des gens et du droit civil proprement dit, sauf les modifications établies par les lois politiques qui les concernent » (Liv. I, tit. I, art. 5, du projet de l'an VIII). « L'étranger est admis à succéder aux biens que son parent, étranger ou français, possède dans le territoire de la République ; il y succède de même concurremment avec les parents français » (*Ibid.*, liv. III, tit. I, art. 21). La capacité de faire ou de recevoir des donations entre vifs était accordée à toutes les personnes capables, sans distinction entre les Français et les étrangers (*Ibid.*, liv. III, tit. IX, art. 15).

Révolution ; il en a gardé l'esprit égalitaire, et n'a pas cherché à restaurer les institutions de l'ancien régime, et cela l'a rendu précieux à la grande majorité des Français. En même temps, il a abandonné toutes les idées chimériques, toutes les mesures violentes des assemblées de la Révolution; il n'est *ni réactionnaire ni révolutionnaire*. Pour toutes ces raisons, il ne faut pas y toucher à la légère. Il s'est fait une sorte d'accord tacite entre les gens éclairés et sérieux, pour le conserver et lui faire subir le moins de retouches possible Sans doute il ne faut pas s'en faire un fétiche, ni en parler sur un ton dithyrambique, comme cela a été la mode sous le second Empire: cette admiration de commande avait des motifs politiques ; mais il est à craindre que dans une revision générale du Code on ne garde pas la même mesure et on ne possède pas l'esprit de sagesse qui régnait sous le Consulat.

On adresse parfois au Code Napoléon des reproches opposés : quelques-uns le trouvent animé, dans certaines parties, d'un trop vif esprit de réaction contre l'œuvre de la Révolution ; d'autres lui reprochent d'être encore trop imbu des doctrines révolutionnaires. N'est-ce point la preuve que le Code a gardé un juste milieu ?

93. Principales doctrines du Code. — Dans l'*organisation de la famille*, le Code a maintenu la séparation entre les croyances religieuses et la réglementation légale.

La Révolution avait sécularisé la famille et le mariage; le Code n'a fait que conserver ce résultat acquis. Comme le disait Portalis : « Il faut souffrir ce que la Providence souffre, et comme les Français ont plusieurs opinions religieuses, il faut que la loi ne voie en eux que des citoyens, comme la nature ne voit que des hommes. » Elle n'a donc pas à s'enquérir de leurs croyances religieuses. En conséquence de ces idées, la rédaction des *actes de l'état civil* n'est plus confiée aux ministres des différents cultes ; tous les actes sont réunis sur un registre unique, tenu par un officier civil, représentant de la commune.

De même le *mariage* n'est plus considéré par la loi que comme un contrat purement civil ; il a été pour ainsi dire dédoublé en mariage civil et en mariage religieux, d'un côté contrat, de l'autre sacrement.

Dans l'*organisation de la propriété* et le règlement des *successions*, le Code a respecté scrupuleusement les idées d'égalité introduites par la Révolution : toute trace de la hiérarchie féodale des personnes et des terres a disparu ; plus de privilèges pour les personnes nobles ou pour les terres nobles.

La *liberté civile* a été sauvegardée par le Code qui défend tout contrat de louage par lequel une personne aliénerait sa liberté pour sa vie entière ; on ne peut engager ses services qu'à temps (art. 1780). Cependant le Code admettait la contrainte par corps comme voie d'exécution contre les débiteurs ; elle a duré jusqu'en 1867.

Le Code enfin favorise la *circulation des biens*, en prohibant ou en n'admettant que dans les limites les plus étroites les conventions qui rendent la terre inaliénable entre les mains du propriétaire ou qui gênent l'exercice de son droit.

94. Qualités du Code. — Outre le mérite qui tient à l'esprit dans lequel il a été conçu, le Code possède certaines qualités techniques, dues à sa bonne exécution. Ces qualités sont l'*unité*, la *méthode*, la *précision*, la *clarté*.

Son *unité* vient de ce qu'il a été fait par un petit nombre d'hommes, dominés par une volonté prépondérante, condition nécessaire pour faire un bon code, mais dont la réalisation est des plus rares. On verra plus loin que le mécanisme législatif, à l'aide duquel sont faites nos lois modernes, donne des résultats beaucoup moins bons, pour ne pas dire mauvais.

La *méthode* employée par les auteurs du Code a été parfois critiquée ; on a reproché à leur plan de n'être pas scientifique. Reproche mal fondé : l'ordre scientifique, qui convient à l'enseignement donné sous la forme du cours ou du livre, n'est point nécessaire ni même utile dans un code. L'enseignement est une initiation ; c'est pour cela qu'il a besoin d'une méthode particulière. Un code est fait pour des gens qui ont fini leurs études, pour des praticiens qui connaissent le droit. Il suffit que la répartition des matières soit claire et commode ; cela vaut mieux qu'une méthode systématique, dont la valeur varie avec le temps et n'est pas appréciée de même par les diverses écoles. Or la division du Code français est très nette.

La *précision* et la *clarté* dans le détail, c'est-à-dire dans la rédaction des articles, sont poussées à un si haut degré dans le Code civil qu'on peut dire qu'elles n'ont jamais été surpassées, et bien rarement atteintes. En tout cas, ce ne sont pas les lois votées en France depuis 1804 qui peuvent être comparées au Code à ce point de vue ; quand on les en rapproche, la limpidité du Code Napoléon devient éclatante.

Du reste, il faut faire honneur de ces qualités exceptionnelles, non seulement aux hommes qui l'ont rédigé, mais autant, et plus peut-être, à ceux qui les avaient précédés et qui leur ont servi de modèles, surtout à Domat, logicien méthodique et sérieux ; à d'Aguesseau, consciencieux et travailleur ; à Pothier enfin, au bon et honnête Pothier, d'esprit simple et nullement transcendant, mais toujours sincère et épris de clarté.

95. Les défauts du Code. — Avec toutes ses qualités, le Code Napoléon a cependant quelques défauts [1].

On peut lui pardonner aisément ses rares imperfections de rédaction ; ses quelques articles inutiles, obscurs ou peu en harmonie entre eux [2] ; ils sont en si petit nombre que c'est chose négligeable sur un total de près de 2300 articles, d'autant plus qu'on ne peut citer aucun texte, français où étranger, où ces fautes de détail soient plus rares que chez lui.

Il y a des reproches plus graves à lui faire. Certains points avaient été réglés d'une manière défectueuse. Citons rapidement :

1° La *condition des étrangers*, traités avec trop de rigueur (Voy. ci-dessus n° 91-2°). Il a fallu y revenir dès 1819 (Voy. ci-dessous n° 104, en note).

2° Le *régime dotal*. Les époux pouvaient l'adopter sans publicité, ce qui était dangereux pour les tiers, à cause de l'inaliénabilité des biens de la femme. On a remédié à ce défaut en 1850.

3° La *transmission des immeubles*, pour laquelle les lois de la Révolution avaient organisé une publicité à l'aide de la *transcription*. Le Code avait abandonné à tort ce système, dont les avantages étaient considérables; on y est revenu en partie quelques années plus tard, à l'aide des art. 834-835 C. proc. civ. ; mais la transcription n'est redevenue obligatoire qu'en 1855.

4° Le *régime hypothécaire*. C'était la partie la plus faible du Code ; on peut dire que le régime des hypothèques avait été très mal organisé par les auteurs de la loi, et ils étaient sur ce point d'autant plus répréhensibles qu'ils avaient sous les yeux, comme pour la transcription, des modèles bien meilleurs que leur œuvre, dans les lois de la Révolution [3]. Le régime hypothécaire du Code civil a été amélioré à diverses reprises [4] ; et cependant il est

[1] Je ne parle ici que des défauts *réels*. Le Code Napoléon a été attaqué avec passion, en France même, par certains partis politiques que la haine de l'Empire aveugle. Les gens qui ont pour idéal les décrets de la Convention ne peuvent avoir que du dédain pour lui ; ils lui restituent, comme une tache, son nom primitif de Code Napoléon ; ils affectent de l'appeler « la compilation napoléonienne ». Ce sont là affaires de goûts et de partis. — A l'étranger le Code français a été jadis fort dénigré. Le jurisconsulte allemand Savigny, dans sa brochure « sur la vocation de notre temps... » (ci-dessus n° 17), s'est plu à relever la faiblesse de certaines discussions du Conseil d'Etat au point de vue historique ; il dit que les auteurs du Code parlaient et écrivaient comme des *dilettanti* (Comp. *Revue critique*, 1866, t. IX, p. 349, note 1). Son patriotisme l'emporte trop loin. Qu'importe que les rédacteurs de nos lois n'aient pas été de savants historiens comme lui ? Ils étaient des hommes politiques, d'esprit sage et éclairé, des juristes et des praticiens fort au courant des affaires, et c'est heureux pour la France ; leur œuvre, qui est destinée à la pratique, n'en est que meilleure, et il est bien possible que Savigny en personne n'aurait pas fait mieux, ni même aussi bien, car la législation n'est point affaire d'érudition.

[2] Voyez les opinions de Toullier, de Marcadé, de Serrurier, de Goupil de Préfeln, etc., mentionnées dans la *Revue critique*, 1856, t. IX, p. 349-350.

[3] Différents ouvrages ont été publiés de 1812 à 1844 sur la nécessité d'améliorer la législation hypothécaire de la France. Voyez-en l'indication dans AUBRY et RAU, t. I, § 6, note 6.

[4] Sans parler des modifications apportées par le Code de procédure, ni des lois assez nombreuses qui ont créé des privilèges pour divers créanciers, voyez les lois :
Du 3 sept. 1807, sur les hypothèques judiciaires ;
Du 2 juin 1841, sur la saisie ;
Du 23 mars 1855, sur la transcription ;
Du 21 mai 1858, sur la saisie ;
Du 12 février 1872 et du 19 février 1889, sur le privilège du bailleur, etc.

loin encore d'être à l'abri de tout reproche; il aurait grand besoin d'être mis au courant des idées et des combinaisons modernes, devenues de plus en plus perfectionnées. Le régime hypothécaire est peut-être de toutes les matières du droit civil celle qui a fait le plus de progrès dans le courant du XIXe siècle.

5° On peut encore signaler le *défaut de protection de la propriété mobilière* comme un des vices du Code, mais sur ce point ses auteurs sont excusables; la richesse mobilière avait de leur temps encore peu de valeur; elle en était à ses débuts et on ne pouvait pas prévoir l'essor qu'elle prendrait sous la forme des valeurs de Bourse.

96. Lacunes actuelles du Code. — Il y a d'autre part certaines matières, neuves pour la plupart, qui pourraient avantageusement trouver place dans la législation civile, et qui par suite constituent autant de lacunes du Code, sans qu'on puisse en faire le reproche à ses auteurs, à cause de l'origine moderne de la plupart de ces questions. Telles sont : *les noms de personnes*, qui soulèvent de nombreuses difficultés; les *personnes morales*, espèces d'êtres fictifs, dont le Code suppose l'existence, mais dont la nature et les attributions ne sont déterminées nulle part, sauf quelques dispositions isolées et fragmentaires, qui se concilient difficilement entre elles; l'*emphytéose*, que le Code a passée sous silence, peut-être avec l'intention de la supprimer, mais que la jurisprudence a conservée; la *propriété littéraire, artistique*, etc., qui est régie par des lois spéciales; la *déconfiture des non-commerçants*, entièrement laissée à l'abandon, sauf en cas de décès de l'insolvable, et encore, dans ce cas, les mesures prises par la loi sont fort insuffisantes; les *offices ministériels*, sorte de propriété à part, établie en 1816; les *valeurs au porteur*, forme de titre qui s'applique fréquemment à des créances civiles; le *contrat d'assurance;* les *syndicats*, sinon pour leur surveillance administrative, du moins pour une foule de questions de droit civil que fait naître l'exercice de leurs pouvoirs, leurs relations avec leurs membres et avec les tiers, leur responsabilité, etc. Cette institution nouvelle a soulevé de nombreuses questions qui sont de pur droit civil.

§ 4. — *Les autres codes impériaux.*

97. Énumération. — Le grand effort de codification, qui a abouti sous le Consulat à son œuvre capitale, la confection du Code civil, se prolongea jusque sous l'Empire. Napoléon nous a donné quatre autres codes :

Le *Code de procédure civile*, mis en vigueur le 1er janvier 1807 (art. 1041 C. proc. civ.);

Le *Code de commerce*, terminé le 29 août 1807, mis en vigueur le 1er janvier 1808;

Le *Code d'instruction criminelle*, voté en 1808, et le *Code pénal*, voté en 1810, tous deux devenus exécutoires le 1er janvier 1811, après la réorganisation de la magistrature par la loi du 20 avril 1810.

Sur l'ensemble de ces codes, voir SÉRUZIER, *Précis historique de la législation française*, 1845.

98. Leur infériorité relative. — Ces quatre codes sont bien inférieurs au Code civil. Nos deux codes criminels sont aussi défectueux l'un que l'autre. Notre instruction criminelle, fort arriérée, est sujette à beaucoup de critiques et il est question de la remanier de fond en comble; le système de pénalités établi sous l'Empire était beaucoup trop rigoureux et trop inflexible; on l'a retouché à diverses reprises, notamment en 1832 et en 1863.

Le Code de procédure civile appelle, lui aussi, des réformes nombreuses; la procédure est trop coûteuse, les délais sont trop longs, les formes sont surannées; les avoués seuls s'en trouvent bien.

Quant au Code de commerce, il était tout à fait insuffisant. Sur la plupart des points on s'était borné à reproduire l'ordonnance de 1673 sur le commerce et celle de 1681 sur la marine. Ses dispositions sur la faillite étaient seules nouvelles, mais elles étaient mal conçues, on a dû les réformer en 1838. Bien des lois importantes ont été faites pour le commerce, et sont restées indépendantes du Code, sur les sociétés commerciales, les chèques, les magasins généraux, l'hypothèque maritime, l'abordage, etc. Cependant notre droit commercial est très en retard. C'est encore la législation de Colbert, vieille de plus de deux siècles, qui en fait le fond, et ceci est d'autant plus regrettable que le commerce a marché très vite et s'est transformé d'une manière aussi complète qu'imprévue.

99. Causes de cette infériorité. — Il y a donc entre le Code civil, d'une part, et les autres codes napoléoniens de l'autre, une différence considérable : le premier a une valeur propre bien supérieure à celle des autres. Comment expliquer ce fait ? La confection du Code civil se trouvait toute préparée d'avance. On peut dire que Tronchet, Portalis, et les autres membres de la commission de rédaction ou du Conseil d'État qui y travaillèrent n'en sont pas les seuls auteurs ; ils avaient derrière eux, dans la personne de nos meilleurs jurisconsultes, des collaborateurs nombreux et illustres qui leur ont singulièrement facilité la besogne. La confection d'un bon code, comme le Code Napoléon, est le *produit du travail accumulé de plusieurs générations*, peut-être de plusieurs siècles.

Au contraire, pour les autres codes impériaux, il n'existait pas de modèles, ou bien peu, et incomplets ou trop anciens ; rien n'était en rapport avec les besoins des temps nouveaux. D'autre part, la critique, la doctrine, n'avaient pas fait leur œuvre, n'ayant pas de textes sur lesquels elles pussent s'exercer. Enfin la confection des codes spéciaux n'a pas été confiée à des gens de mérite, comme celle du Code civil, ni préparée avec le même soin. Le Code de commerce surtout fut une œuvre hâtive. Ces constatations devraient faire réfléchir les fabricants de réformes, qui improvisent des lois en quelques heures ; une bonne législation est l'œuvre du temps.

CHAPITRE IV

LE DROIT CIVIL FRANÇAIS DEPUIS LA CODIFICATION

100. Formation d'un droit nouveau. — La vie du droit ne s'arrête jamais. C'est l'erreur de tous les législateurs de croire qu'ils l'arrêteront par leurs codifications; ç'a été l'illusion de Napoléon peut-être autant que de Justinien [1]. Cependant chaque année, et presque chaque jour, le droit se modifie ; le Code Napoléon s'est pour ainsi dire recouvert d'une végétation nouvelle, qui le transforme et le dénature peu à peu.

Pour se rendre compte de ce travail incessant de modification, il faut distinguer trois choses : l'action du pouvoir législatif, celle de la jurisprudence, celle de la doctrine.

§ 1. — *L'œuvre législative depuis 1804.*

101. Influence des changements politiques. — Les tendances de la législation se ressentent naturellement, et d'une matière directe, des changements qui s'accomplissent dans l'organisation de l'État et dans son orientation politique. C'est pourquoi notre législation civile, quand on entreprend d'en étudier le développement depuis 1804, permet de faire, à un point de vue spécial et intéressant, l'histoire politique de la France. Il nous faut prendre les différents régimes qui se sont succédé dans le cours de ce siècle et voir quelle a été l'influence de chacun d'eux sur nos lois civiles.

A. — L'Empire.

102. Rareté relative des lois spéciales. — Le grand effort de codification, qui avait abouti à la confection de cinq codes en moins de dix ans, semble avoir épuisé la

[1] Napoléon s'aperçut vite de son erreur. On prétend qu'il dit un jour, en parlant de ses codes : « Il faudra les refaire dans trente ans ».

fécondité législative du régime impérial. C'est à peine si l'on trouve à signaler quelques lois spéciales touchant aux matières du droit civil [1].

Mais il faut signaler, à cause de son importance, le *Concordat* du 26 messidor an IX (15 juillet 1801), conclu entre Bonaparte et le pape Pie VII. Ce concordat a été suivi d'une loi du 18 germinal an X (8 avril 1802), sur *l'organisation des cultes*.

B. — La Restauration.

103. Lois de réaction. — Ce fut pour la France, épuisée par tant de guerres et de défaites, une période de repos et de calme, presque stérile pour la législation. A peine vit-on au début quelques lois de réaction, dues à la différence d'esprit qui séparait la Monarchie revenant de l'exil de l'Empire né de la Révolution. Les deux plus remarquables de ces lois sont : 1° La loi du 18 novembre 1814, qui imposait à tous le respect du dimanche. Cette interdiction du travail était la conséquence du caractère de religion d'État que la charte de 1814 avait rendu à la religion catholique ; 2° La loi du 8 mai 1819, qui abolissait le divorce pour la même raison, comme contraire aux préceptes de la religion catholique.

D'autres lois furent inspirées, pendant les dernières années du régime, par l'esprit nobiliaire qui dominait à la cour et qui devait conduire la monarchie à sa perte. Telles furent la loi du 17 mai 1826 sur les *substitutions*, destinées à conserver les richesses de quelques grandes familles, et le projet avorté portant *rétablissement du droit d'aînesse*.

104. Lois diverses. — On peut signaler encore quelques lois sur des matières diverses, mais qui, à elles toutes, ne forment pas un bien gros total pour près de seize ans de règne [2].

C. — Louis-Philippe.

105. Influence du commerce et de l'industrie. — La révolution de 1830 amena un grand changement dans le monde politique. A l'aristocratie de race, qui avait dominé sous la monarchie légitime, succède la bourgeoisie riche ; les grands propriétaires fonciers qui vivaient des revenus de l'agriculture sont remplacés par de grands capitalistes appartenant au monde du commerce et de l'industrie, propriétaires de forges, de hauts-fourneaux, etc. Par suite les intérêts industriels prennent le premier rang ; ils supplantent les intérêts agricoles. Leur triomphe fut assuré par l'essor de la grande industrie, qui date surtout de cette époque, et qui a marqué son passage dans l'ordre juridique par le développement extraordinaire des sociétés anonymes.

La monarchie de Juillet fut donc le règne des manufacturiers, une petite oligarchie industrielle servant de transition entre la monarchie pure, qui avait donné la prépondérance à l'aristocratie, et la révolution de 1848, qui devait la faire passer à la foule des paysans et des ouvriers.

106. Activité croissante du pouvoir législatif. — Rien n'accuse mieux ce caractère particulier du règne de Louis-Philippe que sa législation. Les lois deviennent beaucoup

[1] *Transferts de rentes appartenant à des incapables* (24 mars 1806) ; *Modifications et additions aux art. 17 et 896 C. civ.* (3 sept. 1807) ; Fixation d'un maximum pour l'*intérêt des prêts d'argent* (3 sept. 1807) ; Règles nouvelles pour *l'inscription de l'hypothèque judiciaire* (3 sept. 1807) ; *Saisie immobilière*, quand les immeubles sont situés dans plusieurs arrondissements (14 nov. 1808) ; *Expropriation pour cause d'utilité publique* (8 mars 1810) ; *Régime des mines* (21 avril 1810). — On peut rappeler en outre deux *lois antérieures au Code* : L. 11 germinal an XI, sur les *noms et changements de noms* ; L. 23 germinal an XI (12 avril 1803), sur *l'industrie et les relations entre patrons et ouvriers*.

[2] L. 2 janvier 1817, *Donations et legs aux établissements ecclésiastiques*. — L. 17 mai 1819, *Régime de la presse et diffamation*. C'est la première en date de nos lois sur la presse, et beaucoup de ses dispositions ont été conservées. — L. 14 juillet 1819, *Abolition du droit d'aubaine* (titre peu exact). Cette loi était destinée à attirer les étrangers en France en tempérant les rigueurs de la législation napoléonienne, par l'abrogation des art. 726 et 912 C. civ. — L. 24 mai 1825, *Congrégations religieuses de femmes*. Dispositions intéressantes sur les successions et les libéralités. — L. 21 mars 1827, *Code forestier*. — L. 15 avril 1829, sur la *Pêche fluviale*.

plus nombreuses, et leur multiplication est due surtout à deux causes : 1° une *liberté politique* plus grande, accordée à la presse et aux Chambres. On discute toutes les questions ; l'attention du grand public commence à être éveillée par les journaux sur des points qui le laissaient autrefois indifférent ; 2° un développement tout nouveau de l'*activité économique*.

La Révolution et l'Empire avaient à peu près ruiné la France. Le commerce et l'industrie, qui avaient été très florissants sous Louis XVI, s'étaient réduits de beaucoup. De 1789 à 1815, les émeutes, les troubles, les guerres, avaient tout arrêté ; sur mer, nous n'existions pour ainsi dire plus : le blocus continental, la perte de nos colonies, Trafalgar, avaient anéanti notre marine. A l'intérieur tout le monde était au régiment, ce qui explique une contradiction économique apparente : sous l'Empire, malgré la déchéance industrielle et commerciale de la France, les salaires se maintinrent à un taux très élevé. La raison en est simple : on ne trouvait pas assez d'ouvriers pour les travaux indispensables ; la guerre avait fait le vide partout.

Sous la Restauration, le travail se ranima, mais lentement ; la France était trop affaiblie pour se guérir vite. Le réveil n'eut lieu que sous Louis-Philippe ; les machines à vapeur et les chemins de fer transformèrent et développèrent d'une manière inattendue le commerce et l'industrie.

Deux grandes causes concoururent donc à augmenter l'activité du pouvoir législatif : le *mouvement libéral en politique*, le *progrès économique*. Un grand nombre de lois portèrent sur des matières diverses [1] ou sur des questions de procédure [2], mais le droit civil proprement dit eut aussi sa part de réformes [3].

107. Projets inachevés. — Une foule d'autres lois moins importantes furent votées, et ce n'est pas tout. Le gouvernement avait différents projets à l'étude quand il fut renversé. Le principal était la *réforme du système hypothécaire*. Des pétitions avaient été adressées au gouvernement dès 1836 ; mais ce ne fut qu'en 1841 que l'on ouvrit une vaste enquête dans laquelle les Cours d'appel et les Facultés de droit furent consultées ; leurs réponses et divers documents furent publiés (Paris, Impr. royale, 1844, 3 vol. in-8°) et les études se continuèrent, sans aboutir, jusqu'à la Révolution de 1848. Pour plus de détails, voir GUILLOUARD, *Hypothèques*, t. I, n°s 44 et suiv.

D. — La seconde République.

108. Ses résultats généraux. — Cette courte période (24 févr. 1848-2 déc. 1851) marque une époque décisive dans notre histoire par l'*introduction du suffrage universel*, qui a déplacé entièrement la puissance politique et changé du tout au tout la direction du pouvoir législatif. Les conséquences de ce grand fait se déroulent sous nos yeux, et on ne peut encore prévoir où elles s'arrêteront. La révolution avait été faite par les ouvriers de Paris ; du soir au lendemain ceux-ci se trouvaient les maîtres de la situation. Pendant un an ou deux, les questions ouvrières, les difficultés relatives au travail industriel furent la grosse préoccupation du législateur.

Les travaux législatifs s'éparpillèrent beaucoup, et la plupart n'eurent pas le temps d'arriver à leur terme. Il en fut ainsi notamment du grand projet de réforme hypothécaire, qui avait été repris et continué [4].

[1] Citons les suivantes comme étant les principales : revision du *Code pénal* (28 avril 1832) ; prohibition des *loteries* (21 mai 1836) ; *caisses d'épargne* (5 juin 1835 et 31 mars 1837) ; revision de la loi des *faillites* (28 mai 1838) ; réglementation du *travail des enfants* (22 mars 1841) ; *patentes* (25 avril 1844) ; *chasse* (3 mai 1844) ; *brevets d'invention* (5 juillet 1844).

[2] LL. 1er avril 1837, sur la *cassation* ; 25 mai 1838, sur les *justices de paix* ; 2 juin 1841, sur les *ventes judiciaires*.

[3] LL. 16 avril 1832, modifiant l'art. 164 C. civ. ; 17 avril 1832, sur la *contrainte par corps* ; 12 mai 1835, sur les *majorats* ; 21 mai 1838, sur les *vices rédhibitoires* dans les ventes d'animaux ; 30 juin 1838, sur les *aliénés* ; 3 mai 1841, sur l'*expropriation* ; 21 juin 1843, sur les *actes notariés* ; 3 août 1844, sur la *propriété littéraire* ; 29 avril 1845, sur les *irrigations* et les servitudes qui s'y rattachent.

[4] Principales lois votées par l'Assemblée constituante de 1848 et l'Assemblée législative de 1849 : fixation du *maximum de la journée de travail* à 12 heures (9 sept. 1848, facilités

109. Réaction rapide et chute du gouvernement républicain. — L'Assemblée législative, qui siégea du 26 mai 1849 au 2 décembre 1851, était une assemblée réactionnaire. La France avait été effrayée des événements de 1848, et l'esprit bourgeois et conservateur qui avait prévalu sous Louis-Philippe eut alors un retour offensif. Il ne fut pas de longue durée. L'Assemblée porta la main sur le suffrage universel, ce qui permit au Prince-président de tenter avec succès le coup d'État de décembre.

E. — Le second Empire.

110. Variations de sa politique. — Rien n'est plus curieux à observer que l'évolution politique du second Empire. C'était un régime à la fois autoritaire et démocratique ; il s'appuyait sur l'armée, puisqu'il avait pour origine un coup d'État militaire, et sur le suffrage universel, car le régime impérial trouva un appui solide dans les campagnes. Divers faits d'ordre économique le favorisèrent. Les uns étaient accidentels, comme l'abondance de l'or provenant de Californie, et l'achèvement des grands réseaux de chemins de fer. Les autres étaient l'œuvre du gouvernement, comme l'abaissement des barrières douanières par les traités de commerce. Les blés, les bestiaux se vendaient bien ; une foule de petits produits agricoles (fruits, légumes, volailles, œufs), qui jadis n'avaient pas de débouchés, étaient emportés par les chemins de fer vers les grandes villes, et répandaient une aisance facile dans les campagnes. — Mais il n'en fut pas de même avec les ouvriers. De très bonne heure, le gouvernement impérial chercha à se concilier l'opinion de la classe ouvrière par toutes sortes de menues faveurs : il n'y réussit pas ; cette partie de la population resta *irréconciliable :* c'était le mot à la mode. Cependant, vers la fin, une série de mesures législatives transformèrent ce régime, tout militaire au début, en un régime de demi-liberté.

111. Lois de la première époque. — Cette transformation politique de l'Empire est très sensible dans sa législation, car tout se tient dans les institutions ; tout y dépend du cours général des idées, et le droit, même dans ses parties les plus abstraites, participe à la vie générale du pays. Pendant les premières années, on vit le gouvernement impérial poursuivre les associations ouvrières, les dissoudre, faire des lois hostiles à l'influence des ouvriers (L. 1er juin 1853, sur les prud'hommes ; L. 22 juin 1854, sur les livrets d'ouvriers).

112. Le mouvement libéral. — Mais, à partir de 1855, il se fit un grand mouvement d'opinion. Une foule d'écrits de tous les genres vinrent attirer l'attention sur les questions ouvrières. Il faut mettre hors de pair la grande publication de Le Play (*Les ouvriers européens*, 1855), et les publications de Jules Simon (*La liberté*, 2 vol., 1859, dédoublé depuis en deux ouvrages distincts : *La liberté civile, La liberté politique ; L'ouvrière*, 1863 ; *L'école*, 1864 ; *Le travail*, 1866). Les journaux à un sou, nouveauté du temps, faisaient pénétrer ces idées dans les masses de la nation, jusque dans les rangs inférieurs. L'Empire dut suivre le mouvement et se montrer de moins en moins rigoureux.

Ce fut surtout à partir de 1868 qu'il se transforma pour devenir l'*Empire libéral* (L. 11 mai 1868, sur la presse ; L. 6 juin 1868, sur le droit de réunion). En même temps l'Empire commença à tolérer les associations ouvrières de tout genre, syndicats, sociétés de secours, sociétés coopératives, etc.

113. Législation civile du second Empire. — Cette législation est représentée par un petit nombre de lois importantes, dont la principale est la loi du 23 mars 1855, sur la transcription, produit final de la grande enquête entreprise en 1841 ; grande amélioration sans doute, mais réforme beaucoup plus restreinte que celle qui avait été projetée [1].

données aux étrangers pour acquérir la *nationalité française* (22 mars 1849) ; abrogation de la loi de 1826 sur les *substitutions* (11 mai 1849) ; *naturalisation* (3 déc. 1849) ; *publicité du contrat de mariage* (10 juillet 1850) ; *désaveu* de l'enfant né d'une femme séparée de corps (6 déc. 1850) ; *mariage des indigents* (10 déc. 1850) ; *usure* (19 déc. 1850) ; condition des *enfants étrangers nés en France* (7 févr. 1851) ; *contrat d'apprentissage* (22 févr. 1851) ; *livrets d'ouvriers* (14 mai 1851). — Pour l'échec du projet de réforme hypothécaire et les travaux de la commission de 1849, voy. CAUWÈS, *Cours d'économie politique*, t. II, p. 410, et VALETTE, *Mélanges*, t. II, p. 221 et 257.

[1] Parmi les autres textes de cette époque, citons : Décr. 28 février 1852, sur les *Sociétés de crédit foncier*. Remanié par la loi du 10 juin 1853. — 31 mai 1854, abolition de la *mort civile*. — 10 juin 1854, loi sur le *drainage*. — 21 juin 1865, loi sur les *associations syndi-*

F. — La troisième République.

114. Première phase. — Le régime républicain, existant depuis 1870, a eu deux phases distinctes [1] : la première a duré une dizaine d'années, depuis les élections de 1871 jusqu'en 1880. La majorité dans les assemblées politiques appartenait encore aux différents partis monarchistes et conservateurs, coalisés contre le parti républicain. Il en fut ainsi du moins dans l'Assemblée nationale, élue en 1871, à la fin de la guerre. Quand la constitution de 1875 fut mise en vigueur, le parti républicain, en majorité dans la Chambre des députés, se trouvait en minorité au Sénat et ne pouvait faire aboutir aucune des réformes qu'il promettait. Ce fut seulement après les élections sénatoriales de 1879 qu'il obtint la majorité au Sénat. Ce fait eut une répercussion directe sur la législation. De 1870 à 1880 les lois nouvelles sont peu nombreuses ; les réformes sont modérées, presque timides [2].

115. Seconde phase. — En 1880 les choses changent de face ; le pouvoir législatif entre dans une ère de *production presque excessive*, telle qu'il n'en avait jamais connue, si ce n'est dans la période de 1789 à 1793 [3].

116. Influence du suffrage universel. — Les lois votées depuis 1880 sont bien nombreuses, mais ce qui est surtout remarquable, c'est moins leur nombre que leur *esprit*. La tendance d'un pouvoir législatif issu du suffrage universel est nécessairement de favoriser la masse de la nation, aux dépens des anciennes classes dirigeantes, riches, mais peu nombreuses. Cette tendance s'est beaucoup accentuée depuis 1889. Elle agit surtout dans les *questions ouvrières* (syndicats, assurances, retraites, livrets, habitations à bon marché) et dans les *questions fiscales*, car certains partis politiques comprennent l'impôt comme un instrument de spoliation ; mais elle se fait sentir même sur les matières de pur droit civil. Les lois dites « ouvrières » dérogent fréquemment aux règles traditionnelles. Les principes les plus solides scientifiquement ne résistent pas aux projets des réformateurs, et les lois nouvelles modifient le droit jusque dans ses bases les plus profondes.

117. Tendance opposée aux idées du XVIIIe siècle. — Il y a une autre observation à faire. L'opinion dominante en France croit continuer les traditions de la Révolution et s'inspirer des idées de l'Assemblée constituante [4]. Or il semble bien que notre législation moderne abandonne de jour en jour la plus essentielle de ces idées. L'Assemblée constituante a détruit une organisation sociale qui était sortie des profondeurs les plus

cales. — 29 juin 1866, loi sur la *naturalisation.* — 14 juillet 1866, loi sur les *droits d'auteur.* — 22 juillet 1867, abolition presque complète de la *contrainte par corps.* — 24 juillet 1867, loi sur les sociétés commerciales. — 2 août 1868, abrogation de l'art. 1781 C. civ. — Il faut signaler en outre les deux *codes de justice militaire*, 4 août 1857 (armée de terre), 4 juin 1858 (armée de mer).

[1] Je laisse de côté la double crise de la guerre et de la commune, qui nous a cependant laissé une décision importante : le décret du 5 novembre 1870 sur la promulgation des lois.

[2] 12 févr. 1872, modification de l'art. 2102 C. civ. (*privilège du bailleur*) pour le cas de faillite. — 15 juin 1872, *perte des valeurs mobilières.* — 19 mai 1874, réglementation nouvelle du *travail des enfants et des filles mineures.* — 10 déc. 1874, loi qui rend les navires susceptibles d'hypothèques (*Hypothèque maritime*). — 16 déc. 1874, loi sur les *enfants d'étrangers nés en France.*

[3] Ces lois sont si nombreuses que je renonce à les indiquer ici comme je l'ai fait pour les périodes précédentes : il me faudrait en énumérer près de 70 pour une période de dix-huit ans ! Je signalerai seulement les plus importantes : la loi sur les *valeurs mobilières appartenant à des incapables* (26 févr. 1880) ; le *Code rural* (tout un groupe de lois, dont la plus ancienne est du 14 févr. 1882 et qui n'est pas encore terminé ; voy. ci-dessous n° 1284) ; la *responsabilité des locataires en cas d'incendie* (5 janvier 1883) ; les *syndicats professionnels* (21 mars 1884) ; le *rétablissement du divorce* (27 juillet 1884) ; les *subrogations à l'hypothèque légale des femmes mariées* (13 février 1889) ; la *nationalité* (20 juin 1889) ; la *déchéance de la puissance paternelle* (24 juillet 1889) ; les *droits successoraux du conjoint survivant* (9 mars 1891) ; la *réglementation du travail* (2 nov. 1892) ; la *séparation de corps* (6 février 1893) ; les *habitations à bon marché* (30 nov. 1894) ; les *salaires* (12 janv. 1895) ; les *droits successoraux des enfants naturels* (25 mars 1896) ; le *nantissement sur fonds de commerce* (1er mars 1898) ; le *régime des eaux* (8 avril 1898) ; la *responsabilité des accidents industriels* (9 avril 1898) ; les *warrants agricoles* (18 juillet 1898).

[4] L'aveu le plus éclatant de cette opinion a été la journée du 20 septembre 1892, déclarée fête nationale, par une loi du 20 juin précédent.

lointaines de notre histoire nationale, et qui était principalement fondée sur l'existence de pouvoirs locaux, et sur le groupement des forces particulières. A la place de ce régime, l'Assemblée constituante avait établi un *régime purement individualiste*, elle avait cherché à assurer la liberté des hommes par l'isolement. Son œuvre principale a été la destruction de tous les anciens corps, communautés, associations de tous genres, à l'ombre desquels fleurissaient tant d'abus. C'est pour cela que la plus libérale des assemblées que la France ait jamais eue, lui a refusé ce qui passe aujourd'hui pour la principale des libertés : la *liberté d'association*. — Or, depuis 1848, on voit se dessiner en France un mouvement des plus remarquables. Les forces collectives locales, que la Révolution avait proscrites, se reconstituent de toutes parts. Les unes sont dues à l'initiative privée : syndicats professionnels, sociétés de tout genre, que l'État non seulement tolère, mais encourage. Les autres sont créées par le gouvernement lui-même. L'État moderne, surchargé d'attributions, écrasé par ses charges financières, s'en débarrasse le plus qu'il peut sur des groupes locaux ; il abandonne à eux-mêmes les départements, les villes, les universités, les chambres de commerce, etc. On parle de reconstituer, sous le nom de *régions*, des circonscriptions plus vastes et plus fortes que nos départements, qui seraient non la reproduction, mais l'équivalent de nos anciennes provinces effacées par l'Assemblée constituante. A moins de tenter l'impossible en voulant reconstruire la vieille France, l'abandon des idées directrices de la Révolution ne saurait être plus complet de la part de ceux qui s'en croient les continuateurs : la conception nouvelle de l'État n'est plus l'omnipotence du pouvoir central, tel que l'avait voulu l'Assemblée constituante, seul en face des citoyens isolés, désarmés, et protégés par lui seul. — Naturellement ce grand changement s'opère surtout dans les matières administratives et économiques ; mais la législation civile en subit elle-même le contre-coup ; l'esprit de collectivité, de mutualité, d'association, qui se réveille et qui entraîne tout, pénètre les lois et les usages relatifs aux contrats, à la propriété, aux successions [1].

118. Projets de réforme du Code civil. — Malgré les lois très nombreuses votées depuis 1804, c'est encore le Code Napoléon qui représente la plus grande part de notre législation civile. Sa revision intégrale a été rarement demandée ; quelques mémoires et articles de revues ont été publiés sur ce sujet [2] ; ils ont trouvé peu d'échos [3]. Cependant, à mesure que le temps marche, ces demandes de revision ont plus de chances de succès.

119. Vices du procédé législatif moderne. — Il faut espérer que le procédé des retouches partielles suffira longtemps encore. En effet, le système moderne de préparation des lois par des assemblées nombreuses a un vice irrémédiable, que tout le monde avoue : il s'y forme, par le croisement des groupes divers qui les composent, des majorités contradictoires qui détruisent la cohésion des textes ; de plus, la compétence technique leur fait le plus souvent défaut. Personne n'ose plus défendre le système actuellement employé pour

[1] En voici un exemple bien frappant. La *propriété foncière* avait été exclue du bénéfice de la loi de 1884, qui a autorisé la formation des *syndicats professionnels* : des gens de même métier pouvaient se réunir pour défendre leurs intérêts communs, des propriétaires ne le pouvaient pas. La loi du 25 décembre 1888, sur les *associations syndicales*, leur a octroyé indirectement cette liberté. Une chambre syndicale des propriétés immobilières s'est fondée à Paris ; elle groupe un grand nombre d'adhérents ; il en existe de semblables dans beaucoup de départements, et dans diverses villes on a vu se créer, par une simple tolérance de l'administration, des *syndicats de locataires*, destinés à résister aux propriétaires coalisés.

[2] Rossi fut le premier à en parler en 1837. Avant lui Goupil de Préfeln avait indiqué ses préférences pour des réformes isolées et partielles (*Revue Wolowski*, 1834). M. Batbie lut à l'Académie des sciences morales, les 23 et 30 décembre 1865, un *Mémoire* sur la revision du Code Napoléon (inséré dans la *Revue critique*, 1866, t. XXVIII, p. 125). Il s'ensuivit une polémique entre M. Batbie et M. Duverger (même revue, t. XXVIII à XXX). On peut voir aussi les articles de M. Gust. Rousset sur *La rédaction et la codification rationnelle des Lois*, parus dans la *Revue critique* de 1856 à 1858 (t. IX-XIII). En 1873, M. Barth. Joubaire a publié un *Essai sur la revision du Code civil* (Voy. article critique de A. Sorel dans *le Droit* du 15 mars 1874). Enfin M. Tarbouriech a développé à nouveau diverses raisons qui rendent selon lui désirable une revision générale de nos Codes (*Revue de droit public*, sept.-octobre 1894).

[3] Dans la séance de la Chambre du 19 décembre 1893, un député a déposé une proposition tendant à la revision du Code civil.

la préparation des lois civiles : les faits sont là ; la preuve de ces défauts est acquise. On a songé à y remédier en associant plus étroitement le Conseil d'État à l'élaboration des textes. Voyez VARAGNAC, *Le Conseil d'État et les projets de réforme*, *Revue des Deux-Mondes*, 15 sept. 1892 ; EM. TARBOURIECH, *Du Conseil d'État comme organe législatif*, *Revue de Droit public*, sept.-oct. 1894 ; LOUIS MICHON, *L'initiative parlementaire et la réforme du travail législatif*, Paris, 1898.

La revision de nos Codes n'est souhaitable que si on adopte un procédé législatif qui assure à la loi une bonne confection, quelque chose comme ce qui s'est fait en Espagne et en Allemagne (ci-dessous, n° 143).

Une habitude très fâcheuse s'est introduite dans les procédés des législateurs modernes. Elle consiste à entasser dans le même article des séries interminables de décisions. Le spécimen le plus remarquable de cet abus est le nouvel art. 8 du Code civil (L. 26 juin 1889), qui contient onze décisions différentes, et deux énumérations, de sorte qu'il a un premier 1° et un deuxième 1°, etc. — On devrait pourtant savoir que l'utilité qu'il y a à séparer les lois en articles est la commodité des citations et que cela suppose que chaque article donne une décision unique.

On doit aussi considérer comme irrationnelle l'habitude de déclarer par une loi nouvelle qu'on « modifie » le texte des articles d'une loi antérieure, comme on le ferait pour un code. C'est ce qui a été fait, par exemple, pour la loi du 21 juin 1865 sur les associations syndicales, dont le texte a été remanié par une loi du 22 décembre 1888, ainsi que pour la loi du 24 juillet 1867 sur les sociétés commerciales, modifiée par une loi du 1er août 1893. Mais on n'a pas employé ce même procédé pour les lois sur le travail des enfants (19 mai 1874) et sur l'hypothèque maritime (10 déc. 1874) qui ont été *remplacées* entièrement par les lois du 2 novembre 1892 et du 10 juillet 1885. Là est la vérité : on modifie un code, on remplace une loi par une autre.

Les erreurs, les confusions et les non-sens sont infiniment plus nombreux dans les lois modernes que dans les anciennes. Sur les erreurs juridiques du projet Viette (1879), voy. GUILLOUARD, *Louage*, nos 255-257. La loi du 13 février 1889 contient une disposition finale à laquelle on n'a pas encore pu trouver d'explication. Les impropriétés de langage sont fréquentes et les principes juridiques sont souvent méconnus sans raison. Je citerai comme exemple frappant la loi du 1er mars 1898, qui sous le nom de « nantissement » a organisé une véritable hypothèque mobilière sur les fonds de commerce. Même observation pour la loi du 18 juillet 1898, sur les warrants agricoles.

G. — Bibliographie.

120. Bulletin des lois. — Sorte de journal destiné à enregistrer tous les actes législatifs, créé par la Convention le 14 frimaire an II (4 déc. 1793). Le premier acte publié est la loi terrible et odieuse du 22 prairial an II (10 juin 1794) qui transformait le tribunal révolutionnaire et le dispensait d'observer les lois ordinaires. Ce *Bulletin*, qui forme une collection considérable, n'a jamais cessé de paraître ; il donne habituellement deux volumes par an. Les recherches y sont difficiles, faute de classement et de numérotage unique. Il est divisé en séries correspondant à chaque période politique et possédant un numérotage distinct. Exemples : la quatrième série (Premier Empire jusqu'en mars 1814) a donné 566 bulletins et 10254 numéros d'ordre ; la neuvième série (Louis-Philippe), 1455 bulletins et 14303 numéros d'ordre. Les citations se font ainsi : VII, B. 294, n° 6986 (septième série, 294e bulletin, n° 6986). On pourrait supprimer la mention du bulletin puisque le numérotage est unique dans chaque série.

Les lois antérieures au 22 prairial an II ont été publiées dans la *Collection des Lois* (18 vol. in-4°, 1792 et suiv.), réimprimée en 1806 sous le titre de *Lois et actes du gouvernement depuis le mois d'août 1789 jusqu'au 18 prairial an* II (8 vol. in-8°), pour servir de tête au *Bulletin des Lois*.

121. Collections privées. — J.-B. DUVERGIER, *Collection complète des lois, décrets ordonnances,... depuis 1788, par ordre chronologique.* — La série de 1788 à 1830 inclusivement a paru de 1825 à 1831 et forme 30 vol. in-8°. Depuis lors la publication se continue et donne un volume par an. C'est le plus complet de tous les recueils après le *Bulletin des Lois*.

D'autres recueils avaient été entrepris par DESENNE (1818-1826), par RONDONNEAU (1817-1819), par GALISSET (1825-1830), et n'ont pas été continués.

SIREY, *Lois annotées*. Publiées par le Recueil de Jurisprudence qui porte le nom de J.-B. Sirey, sous le format in-4° comme une dépendance du recueil d'arrêts. Le t. I contient les lois principales de 1789 à 1830. Les années 1831 à 1848 forment un volume; 1848-1860, 2 vol. Depuis lors chaque période quinquennale donne un volume.

DALLOZ. Le recueil des *Lois annotées* forme la quatrième partie du volume annuel d'arrêts et se relie avec lui. Sur ce recueil d'arrêts, voy. ci-dessous n° 126.

ANNUAIRE DE LÉGISLATION FRANÇAISE. Un recueil annuel des principales lois, accompagnées de notices, est publié depuis 1882 par la Société de législation comparée.

LOIS USUELLES. Des recueils, moins complets que les précédents, et comprenant seulement les plus usuelles des lois en vigueur, sont publiés comme appendice par les éditeurs des codes Tripier, Rivière, Carpentier et autres. Elles se vendent même séparément. On les tient soigneusement au courant, mais on en élimine au fur et à mesure les lois abrogées. Pour retrouver celles-ci il faut se reporter aux publications périodiques de Duvergier, de Dalloz et de Sirey ou au *Bulletin des Lois*.

Si l'on veut se faire l'idée des services que rendent ces publications abrégées, commodes et toujours au courant, il faut lire ce que disent MM. Labadens et Rousset sur les difficultés qu'avaient jadis les magistrats à connaître les textes en vigueur, surtout dans les petites villes (*Revue critique*, 1855, I, p. 355 ; 1856, t. IX, p. 332, note 1).

§ 2. — *La jurisprudence.*

122. Définition et importance. — On appelle « jurisprudence » la façon dont les lois sont interprétées par les tribunaux. Comparé au rôle du législateur, le rôle du juge semble modeste ; en réalité il est presque égal. En effet, la loi n'a de valeur que *si on l'applique* et *par la façon dont on l'applique*. Or il y a un fait universel et inévitable : l'interprétation des lois par l'autorité judiciaire fournit mille occasions de modifier la règle légale, et parfois même le juge en arrive à paralyser les volontés du législateur.

123. Ses caractères propres. — La jurisprudence présente des caractères qui lui sont propres. Elle ne travaille pas à la façon des écrivains ou des professeurs, qui exposent leurs idées sous une forme synthétique et coordonnée, qui construisent des *systèmes* sur des *ensembles de matières*. Les tribunaux statuent au jour le jour, sur les points qui leur sont soumis, et qui sont presque toujours des *questions de détail*, en tout cas des questions *isolées* les unes des autres. De plus, une des grandes règles de notre organisation judiciaire veut qu'un tribunal ne soit jamais lié par les décisions qu'il a rendues précédemment ; il peut toujours changer d'avis. A plus forte raison n'est-il pas lié par les décisions rendues par d'autres tribunaux, même supérieurs en degré, sauf ce qui sera dit plus loin (en note sous le n° 191), dans un cas particulier, sur le rôle de la Cour de cassation. — Il résulte de là une *grande variété;* les décisions de la jurisprudence, qui sont extrêmement nombreuses, sont très souvent en contradiction les unes avec les autres.

124. Comment la fixité s'établit dans la jurisprudence. — Néanmoins la jurisprudence finit toujours par arriver à des solutions fixes, et cela pour une double raison.

1° En cas de conflit entre les tribunaux, c'est la *Cour de cassation* qui a le dernier mot. Quand une question de droit nouvelle et douteuse s'élève, sur laquelle les opinions sont divergentes, l'affaire peut toujours être déférée à la Cour de cassation, et celle-ci, toutes les fois que le procès arrive jusqu'à elle, possède le moyen d'*imposer sa manière de voir* aux autres tribunaux. Ceci sera expliqué plus longuement au n° 191, en note.

2° Les corps judiciaires, quels qu'ils soient, ont une *tendance à se créer une tradition*, à statuer toujours dans le même sens, quand ils ont une fois adopté une opinion.

Sous l'action combinée de ces deux influences, l'une de fait, l'autre de droit, on voit se produire dans la jurisprudence de véritables courants, qu'on ne peut pas remonter ni détourner. On dit alors que la jurisprudence est « fixée », ou qu'elle est « faite ». Ce phénomène universel, bien connu des gens de justice, fait qu'au Palais les avocats recherchent toujours avec soin s'il existe déjà des arrêts en leur faveur. Plus ils en ont, plus il sont sûrs du succès. Aussi dit-on qu'au Palais on *compte* les arrêts, tandis qu'à l'École on les *pèse*.

125. Résultats généraux de la jurisprudence moderne. — Il ne suffit pas de savoir la façon dont se forme la jurisprudence, il faudrait aussi en connaître les résultats généraux. Il ne saurait être question ici que d'une appréciation sur l'ensemble de son œuvre ; le détail serait trop long et les principaux points seront expliqués à leur place. On peut dire que la jurisprudence a eu une allure très inégale, dans l'interprétation des textes. Elle s'est montrée *tour à tour très hardie et très timide*. On l'a vue parfois se croire liée d'une manière si étroite qu'elle négligeait les moyens qu'on lui proposait pour arriver à une solution plus équitable ou plus utile ; d'autres fois elle est parvenue, par des moyens détournés, à paralyser l'effet de dispositions qu'elle jugeait mauvaises, et on a pu dire que sa hardiesse ne le cède guère aux réformes tant vantées du préteur romain (TARBOURIECH, *Du Conseil d'État comme organe législatif*, p. 3. Comp. CÉLICE, *Du pouvoir législatif de la Cour de cassation ou de la permanence du droit honoraire*, Discours de rentrée, Aix, 1888.) — Un des plus frappants exemples est l'évolution de la jurisprudence arrivant peu à peu à rendre les rentes sur l'État saisissables, malgré les lois de l'an VI et de l'an VII qui les déclarent insaisissables (Cass., 2 et 16 juil. 1894, note de M. Glasson, D. 94. 1. 497). On peut citer encore ses progrès en matière de *substitutions*, fort bien exposés par M. Lambert (*De l'exhérédation*, p. 593 et suiv.). Voyez la table du présent volume au mot *Jurisprudence*.

Une autre partie de sa tâche a consisté à *règler différentes matières que la loi n'avait pas prévues* : les assurances terrestres, les rapports entre patrons et ouvriers, l'emphytéose, le contrat d'édition, etc.

126. Bibliographie. — Il existe plusieurs grands recueils de jurisprudence qui paraissent par *cahiers* et donnent chacun un ou deux volumes par an. Quelques-uns sont désignés par le nom de leurs fondateurs.

SIREY. Fondé par J.-B. Sirey, continué ensuite par Devilleneuve et Carette, sous le nom desquels on le cite quelquefois, contient la jurisprudence depuis 1791. La tête de la collection (arrêts de 1791 à 1830) a été abrégée vers 1840 et refondue en 9 vol. in-4°. Chaque volume est divisé en trois parties : I. Arrêts de la Cour de cassation ; II. Arrêts des Cours d'appel et des tribunaux ; décisions du Conseil d'État ; III. Lois et décrets (qui se relient à part). Il existe en outre 4 volumes de tables générales jusqu'en 1850 et un volume de tables tous les dix ans depuis 1850. Cahiers mensuels.

JOURNAL DU PALAIS. Publié depuis l'an IX, 2 vol. in-8° par an. Fusionné en 1865 avec le « Sirey » ; tous deux donnent les mêmes arrêts et les mêmes dissertations ; la différence de format a elle-même disparu en 1895.

DALLOZ. Ce recueil a été commencé par Dénevers, greffier de la chambre civile, en l'an XII. Dénevers publia en outre, en 1809, un volume contenant les principaux arrêts de 1789 à l'an XII. La publication fut continuée par différents greffiers de la cour, et le nom de Dalloz apparaît en 1822. Le *Dalloz* publie annuellement un volume in-4°, mais la collection courante ne remonte qu'à 1845. Il est accompagné de Tables (Tables de vingt-deux ans, 1845-1867, 2 vol. Tables décennales depuis lors, 3 vol.). Cahiers bi-mensuels.

PANDECTES FRANÇAISES. Recueil de fondation récente (1886) établi sur le modèle du Sirey et du Dalloz. La jurisprudence antérieure (1830 à 1886) a été refondue en abrégé, en 6 vol. in-4°, sous le nom de *Pandectes chronologiques*, par M. Ruben de Couder. Cahiers mensuels.

GAZETTE DU PALAIS ET DU NOTARIAT. Recueil mensuel ; le t. Ier correspond à l'année judiciaire 1881-1882. Elle donne actuellement deux volumes in-4° par an.

De grands journaux quotidiens, de même format que les journaux politiques, *la Gazette des tribunaux*, *la Loi*, *le Droit*, donnent les arrêts intéressants aussitôt qu'ils sont rendus.

Enfin la Cour de cassation, beaucoup de Cours d'appel, les principaux tribunaux de commerce, ont leurs recueils particuliers. On trouve sur ces recueils quelques renseignements déjà anciens dans CAMUS, *Profession d'avocat*, 5e édit. par Dupin, t. II, nos 2570 et suiv. Le *Bulletin des arrêts de la Cour de cassation* commence à l'an VII; il formait en 1893 une collection de 191 volumes, en deux séries, civile et criminelle, et sort de l'Imprimerie nationale.

§ 3. — *La doctrine.*

127. Son importance. — La doctrine (définie ci-dessus, n° 42) joue dans la science du droit à peu près le même rôle que l'opinion publique en politique, et ce rôle est considérable ; c'est elle qui donne l'orientation ; elle prépare de loin beaucoup de changements de législation et de jurisprudence par l'influence de l'enseignement.

128. Ancienne méthode de la doctrine. — Dans le cours du XIXe siècle, la doctrine a subi des transformations considérables de *tendance* et de *méthode*. Au XVIIe et au XVIIIe siècles, les gens qui écrivaient des traités de droit, professeurs, magistrats, n'avaient pas, en général, à commenter des textes d'une rédaction précise et détaillée. Les coutumes étaient pour la plupart fort brèves. La principale, la coutume de Paris, ne comptait que 362 articles. De plus, elles ne réglaient qu'un petit nombre de matières, et les principales parties du droit civil ou bien n'étaient pas traitées du tout ou bien l'étaient fort sommairement, en quelques articles. Le plus long titre de la coutume de Paris portait sur les fiefs (72 art.). Les successions avaient 46 articles, les donations 17, les testaments 10. Sur ces trois dernières matières le Code compte près de 400 articles, complétés par quelques lois indépendantes. Sur les hypothèques, sur les obligations, on ne trouvait que des dispositions isolées, clairsemées. Beaucoup d'articles des coutumes portaient sur des détails secondaires, sur des questions de forme ou de procédure. Les choses importantes s'y trouvaient rarement, et quand elles y étaient, la rédaction en était souvent flottante et embarrassée. De là une méthode particulière pour les études doctrinales. Quiconque voulait faire autre chose qu'un simple exposé de jurisprudence, et donner un système, un corps de doctrine synthétique, dominé par des principes, allait demander ces principes au droit romain, parce que le droit romain était seul à posséder une valeur et une méthode scientifiques. Cette forme nécessaire de l'ancienne doctrine juridique est de plus en plus sensible à mesure qu'on s'élève des simples compilations aux grandes œuvres des Dumoulin, des d'Argentré, des Domat : ceux-ci étaient tous des romanistes.

129. Transformation opérée par la Révolution et le Code civil. — Après l'apparition du Code civil, les choses changèrent. On possédait désormais un texte réunissant toutes les qualités qui jusque-là avaient appartenu exclusivement à la législation de l'époque romaine. Il était complet, se suffisant à lui-même ; il était clair et bien rédigé, dans le vrai style législatif, précis, net, impérieux, au lieu de la forme un peu lâche du vieux français des coutumes ; enfin il contenait une doctrine, des principes nouveaux ; il avait son esprit propre, ses tendances à lui. D'autre part, tous les travaux antérieurs ne pouvaient plus servir ; les arrêts de la jurisprudence ancienne perdaient leur autorité. De là pour les premiers auteurs qui commentèrent le Code civil une méthode toute nouvelle, qui fait que leurs livres ne ressemblent en rien à ceux de leurs prédécesseurs. Ils se mirent à étudier le Code civil en attachant à ses termes une vertu particulière. Le texte prit une importance énorme, que n'avait pas eue celui des ordonnances et des coutumes. Comme ses articles étaient nombreux, on se mit à faire entre eux des combinaisons variées ; on les expliquait les uns par les autres, tantôt pour les restreindre, tantôt pour les étendre. Tout un système de raisonnements serrés, fins, ingénieux, sortit de là, produisant par la combinaison des textes des résultats considérables, échafaudant des théories compliquées, imprévues ; toutes choses qu'on n'avait jamais obtenues autrefois qu'à l'aide des textes du Digeste et du Code de Justinien.

En outre, ces premières générations de commentateurs, qui avaient été témoins de l'écroulement de l'ancien régime et du renouveau qui avait suivi, furent victimes d'une illusion bien naturelle. Ils s'imaginèrent que le Code était quelque chose de tout neuf, *sans attache avec le passé*, et ils le commentèrent en l'isolant de tout le reste, comme s'il était tombé du ciel. La science juridique moderne se renferma ainsi dans la contemplation du Code seul, avec une sorte de superstition pour son texte. C'était appliquer à l'étude des lois un procédé tout à fait *factice*, une méthode *purement dogmatique*.

Cette école a du reste produit des œuvres remarquables ; elle a réussi à épuiser la matière et à tirer du Code ainsi compris tout ce qu'il pouvait donner.

130. Premiers ouvrages modernes. — Jaloux de son œuvre, Napoléon aurait été fort heureux de voir les commentateurs s'abstenir d'altérer l'esprit de son Code. Lorsqu'il vit paraître le premier commentaire, celui de Maleville, il s'écria : « Mon Code est perdu » (*Revue critique*, 1856, t. IX, p. 352, note 1). Mais les commentaires ne tardèrent pas à se multiplier.

MALEVILLE. *Analyse raisonnée de la discussion du Code civil*, 4 vol., 1805-1821. Clair, mais peu profond, bientôt éclipsé par l'ouvrage de Toullier.

TOULLIER, professeur à Rennes, qui fut le premier commentateur du Code civil. Il a laissé un traité incomplet, en 14 volumes, qui commencèrent à paraître en 1811. Il s'arrêta à l'art. 1581. L'ouvrage fut continué plus tard par DUVERGIER. La sixième et dernière édition parut en 1844-1848. Le travail de Toullier est plus remarquable par la forme et par le style que par la rectitude des décisions ; les premiers volumes surtout sont insuffisants. La meilleure partie est celles des *obligations*.

DELVINCOURT, doyen de la Faculté de droit de Paris. *Cours de droit civil*. Ouvrage élémentaire, d'abord en deux, puis en trois volumes. Cinq éditions de 1813 à 1824.

DURANTON, professeur à la Faculté de droit de Paris. *Cours de droit français suivant le Code civil* (22 vol. ; quatre édit. de 1825 à 1844). Ce fut un grand succès ; c'était le premier ouvrage long et complet sur le Code Napoléon.

TROPLONG. *Le droit civil expliqué suivant l'ordre des articles du Code*. Ouvrage entrepris en 1833 pour faire suite à celui de Toullier (à partir de l'art. 1581). Les donations et le contrat de mariage ont été traités ensuite, mais l'ouvrage n'a jamais été achevé. En tout 27 vol. Cette publication, plus brillante que solide, est très négligée aujourd'hui. On a pu dire d'elle qu'elle était le « roman du droit ».

MARCADÉ et PAUL PONT. *Explication théorique et pratique du Code Napoléon* (12 vol.). Les deux premiers volumes ont paru en 1842 ; il y a eu plusieurs éditions, en nombre inégal pour les différentes parties, qui se vendent séparément. Ouvrage remarquable à certains égards, malheureusement écrit sous une forme agressive, dans la partie due à Marcadé. Cet auteur a exercé une grande influence sur la confection du Code roumain (ALEXANDRESCO, *Droit ancien et moderne de la Roumanie*, p. 197, 202, etc.).

131. Ouvrages usuels. — Nous n'indiquerons ici que les ouvrages généraux. Les traités spéciaux sur des matières particulières seront signalés dans le corps du Traité, à propos de la matière qui en fait l'objet. Actuellement quatre ouvrages principaux sont dans toutes les mains :

AUBRY et RAU. *Cours de droit civil* (4e édition, 1869-1876, 8 vol. in-8o). Cet ouvrage, qui restera le chef-d'œuvre de la science française en ce siècle, a pour origine un manuel allemand, publié en 1808 par Charles Salomon Zachariæ, professeur à Heidelberg. Ce manuel, souvent réimprimé en Allemagne, fut d'abord non pas *traduit*, mais *imité*, par MM. Aubry et Rau, alors professeurs à Strasbourg, plus tard conseillers à la Cour de cassation (1re édit. 1838-1847, 5 vol.). Peu à peu ils le retouchèrent, l'agrandirent, le remanièrent, au point d'en faire un ouvrage absolument personnel. Leur traité, résultat d'une collaboration de plus de quarante ans, qui n'en a nulle part détruit l'homogénéité, est surtout remarquable par son plan original, tout à fait indépendant de l'ordre de la loi ; par sa méthode rigoureuse, par la rédaction concise et sûre d'un texte dont tous les mots ont été pesés. — Une 5e édition a été entreprise par MM. G. RAU et FALCIMAIGNE et est en cours de publication. On a conservé le numérotage du texte et des notes, de sorte que les renvois faits à la 4e édition peuvent servir pour la 5e.

DEMOLOMBE. *Cours de Code Napoléon*. L'auteur, doyen de la Faculté de Caen, a laissé son ouvrage inachevé, bien que très long : en 31 volumes, il n'a pu aller que jusqu'à l'art. 1386. C'est une série de traités séparés, dans l'ordre du Code. M. GUILLOUARD, professeur à Caen, a entrepris une série de traités destinés à compléter l'œuvre de M. Demolombe. M. Demolombe se recommande par des qualités tout à fait différentes de celles qui distinguent MM. Aubry et Rau. Beaucoup moins précis et méthodique, il s'inspire davantage des besoins de la pratique ; il est moins rigoriste, il raisonne moins, et admet plus volontiers des tempéraments et des exceptions. Malheureusement il eut, surtout vers la fin, une tendance à abuser du développement et à écrire des volumes peu remplis. Il négligeait aussi de tenir son ouvrage au courant des progrès de la jurisprudence et de la doctrine, se bornant à insérer çà et là quelques renvois aux arrêts principaux, sans modifier ses propres développements.

Ces deux ouvrages ont d'ailleurs exercé, pour des raisons différentes, une influence considérable sur la jurisprudence. Ils ont été les deux plus hautes *autorités* que les avocats pussent citer devant la justice.

DEMANTE et COLMET DE SANTERRE. *Cours analytique du Code civil*, 9 vol., 1re édit., 1849-1873. Une 3e édit. a été entreprise en 1895. Cet ouvrage, plein d'aperçus originaux et d'observations utiles, est le développement d'un simple programme de cours publié en 1830, par M. A.-M. Demante, professeur à la Faculté de Paris. Il a été continué à partir de l'art. 980, par M. Colmet de Santerre, professeur et plus tard doyen de la même Faculté.

LAURENT, professeur à Gand. *Principes de droit civil français.* Ouvrage belge, complet en 31 vol. Ce travail remarquable, vigoureux, toujours intéressant à consulter, plein d'idées, et de raisonnements nouveaux, n'a pas obtenu en France la même faveur que les précédents. L'auteur, qui a énormément écrit, s'est sans doute fait beaucoup aider, et son travail n'est pas assez mûri. Les contradictions n'y sont pas rares, et c'est en somme un guide dangereux. D'ailleurs il interprète les lois d'une manière si étroite que la pratique s'en accommoderait fort mal. Pour lui le texte est tout, les solutions injustes ou fâcheuses ne l'effraient pas ; il applique imperturbablement ce qu'il croit être la pensée du législateur. C'est le fruit d'une réaction exagérée contre la tendance trop facile de M. Demolombe et de son école.

Quelques ouvrages plus récents tendent à supplanter les précédents qui commencent déjà à vieillir. Ce sont, par ordre de dates :

THÉOPH. HUC, ancien professeur à Toulouse, conseiller à la Cour de Paris. *Commentaire théorique et pratique du Code civil* (12 vol. in-8°, de 1892 à 1898) dans l'ordre des textes.

BAUDRY-LACANTINERIE [sous la direction de M.], doyen de la Faculté de droit de Bordeaux. *Traité théorique et pratique de droit civil,* par un groupe de professeurs des Facultés de droit. Se publie sous la forme de traités isolés qui se vendent séparément (22 vol. in-8°, 1895-1899). Les parties actuellement parues sont les suivantes : *Les Personnes*, par M. HOUQUES-FOURCADE, 3 vol., un seul paru ; *Les Biens*, par M. MAXIME CHAUVEAU, 1 vol. ; *Les Successions*, par M. WAHL, 3 vol. ; *Les Donations et Testaments*, par M. MAURICE COLIN, 2 vol. ; *Les Obligations*, par M. BARDE, un seul volume paru ; *Le Contrat de mariage*, par MM. LE COURTOIS et SURVILLE ; *Le Nantissement, les Privilèges et Hypothèques*, par M. DE LOYNES, 3 vol. ; *La prescription*, par M. TISSIER, 1 vol.

CHARLES BEUDANT, ancien doyen de la Faculté de droit de Paris, *Cours de droit civil français*, publié par son fils, M. ROBERT BEUDANT, professeur à l'université de Grenoble. Le tome 1er a paru en 1896.

Pour les rapports du Droit civil avec la législation fiscale, voyez GABRIEL DEMANTE. *Les principes de l'enregistrement.* 4e édit., 2 vol., 1888-1889.

Signalons EDM. PICARD, *L'évolution historique du droit français*, syllabus du cours professé à l'Université nouvelle de Bruxelles, 3e édit., Bruxelles 1898, 100 p. in-8° (Curieux compte rendu, par G. BLONDEL, *Revue historique*, 1899, t. XXIII, p. 377).

132. Recueils anonymes. — A côté de ces ouvrages individuels, dus tout au plus à la collaboration de deux écrivains, il faut placer les grands recueils anonymes, dus à la collaboration de nombreuses personnes et rédigés sous la forme de *Répertoires alphabétiques.*

Le plus ancien[1] est le grand RÉPERTOIRE DE DALLOZ, appelé souvent *Dalloz alphabétique*, et de son nom véritable ; *Jurisprudence générale.* Cet ouvrage parut d'abord en 1835 sous le nom de *Dictionnaire général et raisonné de législation, de doctrine et de jurisprudence.* La seconde édition, entreprise en 1844, sous le nom de *Répertoire méthodique*, est un ouvrage immense en 44 vol. in-4° qui a été terminé en 1869. Un *Supplément*,

[1] Je ne parle ici que des collections postérieures à la codification. Pour les recueils antérieurs, voyez ci-dessus, n° 43, note. MERLIN avait publié de 1812 à 1830 une quatrième et une cinquième édition de l'ancien *Répertoire* de GUYOT, refondu et mis au courant. Pour plus de détail sur diverses collections moins importantes, voy. CAMUS, *Profession d'avocat*, 5e édit., par Dupin aîné, t. II, nos 2557 et suiv.

en 19 vol., a paru de 1887 à 1897. On y trouve sous une forme commode le résumé de tout ce qui a été dit en doctrine ou décidé en jurisprudence.

Le grand succès du Dalloz alphabétique a obligé peu à peu tous les autres recueils d'arrêts à publier des *Répertoires* du même genre. L'administration du SIREY (ci-dessus, n° 126) a entrepris le sien en 1887, sous la direction de M. Fuzier-Hermann ; les PANDECTES FRANÇAISES (ci-dessus, n° 126) avaient commencé le leur dès 1886, sous la direction de M. Rivière, remplacé ensuite par M. A. Weiss. Tous deux sont en cours de publication.

133. Revues. — Diverses revues sont consacrées plus ou moins complètement à l'étude du droit civil. Voici les principales :

Revue de législation et de jurisprudence, plus connue sous le nom de *Revue Wolowski*, du nom d'un de ses directeurs. Les autres étaient Ortolan, Faustin Hélie, Troplong, Laboulaye, Giraud, Kœnigswarter, Nicias-Gaillard. Le premier numéro parut en octobre 1834. Elle forme 45 volumes jusqu'en 1852.

Revue critique de jurisprudence, fondée par Demolombe, Marcadé, Paul Pont et autres en 1851. Deux vol., 1851 et 1852.

Ces deux recueils fusionnèrent en 1853 sous le nom de *Revue critique de législation et de jurisprudence*, qui donnait d'abord deux volumes par an (actuellement un seul) et qui continue à paraître.

Recueil de l'Académie de législation de Toulouse, qui a commencé à paraître en 1852.

Revue pratique de droit français, fondée par Demangeat, Mourlon, Ollivier, etc. Le premier numéro a paru en 1856 (2 vol. par an).

Revue générale du droit, de la législation et de la jurisprudence en France et à l'étranger. Le tome Ier a paru en 1877.

Parmi les publications périodiques qui confinent au droit civil, il faut citer la *Revue historique de droit français et étranger*, qui date de 1855 ; le *Journal de droit international privé*, fondé en 1874, par M. CLUNET ; la *Réforme sociale*, de LE PLAY, qui donne deux volumes par an depuis 1881, la *Revue du droit public et de la science politique*, fondée par M. LARNAUDE (n° 1, janvier 1894) ; la *Revue politique et parlementaire*, fondée par M. MARCEL FOURNIER (n° 1, juillet 1894).

Signalons enfin, parmi les anciennes revues qui ont cessé de paraître, la *Thémis*, fondée par Blondeau, Demante, Ducaurroy (10 vol., Paris, 1820-1829), et la *Revue Fœlix*, publiée en deux séries, sous le titre de *Revue étrangère et française de législation*, etc., puis sous celui de *Revue de droit français et étranger* (17 vol. de 1834 à 1850).

134. Répertoires bibliographiques. — Un bon travail de ce genre est celui de M. Dramard, président du tribunal civil d'Arbois (*Bibliographie raisonnée du droit civil*, avec une table alphabétique des noms d'auteurs, 1879).

Un catalogue méthodique est publié chaque année par la maison Marchal et Billard, sous le nom de *Bibliographie générale des livres de droit et de jurisprudence* et rend d'utiles services.

Nombreuses indications bibliographiques dans les Répertoires alphabétiques signalés au n° 132.

CHAPITRE V

LE DROIT CIVIL DANS LES PRINCIPAUX PAYS ÉTRANGERS

§ 1. — *Époque antérieure à la promulgation du Code Napoléon.*

135. État général avant 1800. — La plupart des États étrangers sont restés jusqu'au XIXe siècle à peu près dans la même situation que la France ; avec des *coutumes natio-*

nales, d'origine obscure et lointaine, la plupart du temps vieillies et compliquées, et n'ayant en fait de principes scientifiques que ceux du droit romain [1].

136. Codifications diverses. — Les principales se firent en Allemagne. Le *Code prussien* fut entrepris par Frédéric II en 1749. Le projet fut rédigé de 1749 à 1751 par le grand chancelier Samuel Von Cocceij et publié en trois volumes (*Corps de droit pour les États de S. M. le Roi de Prusse*. — Trad. franç. par A. A. de C. et Formey, 1751, 3 vol.). Mais Cocceij mourut en 1755; puis la guerre de Sept ans arrêta le travail, qui ne fut repris qu'en 1780 et terminé en 1793. Le Code fut promulgué le 5 février 1794 et mis en vigueur le 1er juin, sous le règne de Frédéric-Guillaume, avec le titre : *Allgemeines Landrecht für die preussischen Staaten*. Le gouvernement français en fit faire en 1801 une traduction officielle par les membres du bureau de législation étrangère (5 vol. in-8°. Paris, Impr. de la République, an IX. — Comp. ANTHOINE DE SAINT-JOSEPH, t. III, p. 190).

Ensuite vient le *Code bavarois* (Codex Maximilianeus bavaricus civilis), publié en 1756, rédigé par le baron de Kreitmeyer.

En *Autriche* l'élaboration du Code a été plus longue encore qu'en Prusse. Marie-Thérèse en avait ordonné la confection pour suivre l'exemple de son voisin Frédéric. Mais le premier projet, préparé par le professeur Azzoni, fut écarté en 1767, et celui qu'on lui substitua ne put être terminé qu'en 1810, promulgué le 11 juin 1811 et mis en vigueur le 1er janvier 1812. Ses auteurs furent Kees (1786), Martini et finalement Zeiller.

Signalons pour mémoire le *Code Victorien*, publié dans les États Sardes en 1723 et qui eut une seconde édition en 1770.

137. Comparaison avec le Code français. — Le Code Napoléon n'est donc pas le premier qui se fit en Europe; mais aucun de ceux qui le précédèrent ne peut lui être comparé, même de loin. Aucun n'a été comme lui une grande œuvre de réforme et d'unification; aucun ne possède les qualités de fond et de forme qui le distinguent. Le Code bavarois n'est qu'un résumé de jurisprudence, une sorte de tableau du droit romain, tel qu'il se pratiquait alors dans le pays. Le Code prussien est trop long, mal distribué, surchargé de détails; les principes y sont étouffés par les décisions d'espèces. D'ailleurs ces deux Codes ne devinrent ni l'un ni l'autre la loi générale du pays; ils laissèrent subsister les statuts locaux, les coutumes provinciales, et n'eurent guère que la valeur d'un droit subsidiaire. Quant au Code autrichien, comme son achèvement est postérieur à la publication du Code Napoléon et qu'il en a fortement subi l'influence, il doit moins être considéré comme un précédent que comme un dérivé.

§ 2. — *L'expansion du Code Napoléon hors de France.*

138. Le Code Napoléon dans les pays étrangers. — Des pays qui reçurent le Code français il faut faire trois parts :

1° Les territoires qui étaient réunis à la République française avant la paix d'Amiens (1802) reçurent le Code à sa promulgation comme la France propre. Cette première catégorie comprend la *Belgique*, le *Luxembourg*, le *Palatinat*, et toute la partie de la *Prusse rhénane* et de la *Hesse-Darmstadt* qui se trouve sur la rive gauche du Rhin. Plus au sud, *Genève*, la *Savoie*, le *Piémont*, les duchés de *Parme* et de *Plaisance*.

2° Dans la suite Napoléon introduisit son Code, à mesure que ses conquêtes s'étendaient, dans un certain nombre de nouveaux pays : en *Italie* (Décr. 30 mars 1806), en *Hollande*

[1] On ne peut comparer aux codes modernes d'anciens recueils de lois qui existaient un peu partout. Ainsi les *pays slaves et scandinaves*, qui n'ont pas reçu la civilisation latine, procédèrent de bonne heure à la rédaction de compilations officielles, la Russie en 1649, le Danemark en 1683; mais ce sont plutôt des collections de coutumes que des lois réformatrices. Nous négligerons également les *rédactions de coutumes des pays latins*, comme celles de l'Espagne (les *Siete partidas*, de 1256; les *ordonnances royales de Castille*, réunies en 1488 par D. Alonzo Diaz de Montalvo, sur l'ordre de Ferdinand le Catholique; les *lois de Toro*, de 1505, et la *Nueva recopilacion*, promulguée en 1567 par Philippe II) et celles du Portugal (*Ordenacoes Alfonsinas*, de 1456; *Manuelinas*, de 1514; *Filippinas*, de 1603).

(Décr. 18 oct. 1810), dans les *départements Hanséatiques* (Sén.-Consulte, 13 déc. 1810) et dans le *grand-duché de Berg* (Décr. 17 déc. 1811).

3° Enfin certains pays adoptèrent volontairement le Code français. Tels furent le royaume de *Westphalie* (1er janvier 1808) ; le *Hanovre*, réuni à la Westphalie en 1810 ; les grands-duchés de *Bade*, de *Francfort*, de *Nassau*; plusieurs *cantons suisses*, la ville libre de *Dantzig*, le grand-duché de *Varsovie*; les *provinces illyriennes*, qui devinrent le royaume d'Illyrie en 1819 ; le royaume de Naples (1er janvier 1808). Pour le duché de Bade, il en a été donné une traduction officielle allemande, et il y eut diverses modifications (ANTH. DE SAINT-JOSEPH, t. II, p. 30).

139. Réaction contre l'influence française. — Le Code Napoléon a joui d'une autorité et d'une force d'expansion que les codes romains ont seuls connues. Traduit dans presque toutes les langues, appuyé par une grande force matérielle et par une supériorité incontestable, il semblait destiné à donner à l'Allemagne une législation uniforme lorsque les revers de Napoléon en 1812 et 1813 vinrent arrêter sa fortune.

L'Allemagne la première, Savigny en tête, l'attaqua avec passion. Depuis lors, quelques-uns des États qui le possédaient l'ont répudié; d'autres l'ont retouché.

Dans les *Pays-Bas*, une revision des lois importées de France fut entreprise aussitôt après la chute de l'Empire, mais elle n'a pu aboutir qu'en 1837 (voir ci-dessous n° 143).

En *Suisse*, au contraire, on conserva volontiers la législation française et même on continua à l'imiter (voir ci-dessous n° 143). Il en fut de même, ce qui est plus remarquable, dans les *pays allemands*, qui avaient donné avec tant d'ardeur le signal de la lutte suprême contre la domination de Napoléon.

Ce fut surtout en *Italie* que la réaction éclata avec violence. Les Bourbons, qui remplacèrent Murat dans le royaume de Naples, furent à peu près seuls à conserver volontiers le droit français. Ils en firent faire une sorte de calque ou de copie assez fidèle. Dans d'autres parties de l'Italie on s'en défit au contraire avec tant de hâte que l'on eut à s'en repentir et l'on se vit obligé, après avoir repris les vieilles lois du pays, d'en revenir à une législation imitée de la nôtre. Il en fut ainsi dans le duché de *Parme, Plaisance* et *Guastalla*, où un code civil fut publié dès 1820, sous le règne de l'ex-impératrice Marie-Louise. Dans le *royaume sarde*, un code civil, dit *Code Albertin*, fut publié en 1837 et mis en vigueur le 1er janvier 1838 (VICT. FOUCHER, *Le Code civil de Sardaigne*, 2 vol., 1844). Ce code, qui ressemble beaucoup au Code Napoléon par sa forme extérieure et sa distribution, s'en écarte notablement pour le fond et restaure sur beaucoup de points les traditions romaines que le Code Napoléon avait abandonnées. Le Code sarde nous intéresse directement; il a été en vigueur jusqu'en 1859 dans nos deux départements de Savoie et à Nice, et nos recueils d'arrêts ont enregistré un certain nombre de décisions rendues en conformité de ses dispositions.

En *Toscane*, on ne garda guère que le titre des Privilèges et Hypothèques (ANTH. DE SAINT-JOSEPH, t. IV, p. 381). Pour le droit suivi dans les *États Romains*, voyez PUJOS, *De la législation civile, criminelle et administrative des États Pontificaux*, 1 vol., 1862.

140. Retour de faveur. — Ce mouvement de réaction se calma assez rapidement, et la faveur revint au Code Napoléon. Ce fut d'abord en Amérique, où l'on vit nos anciennes possessions de la *Louisiane* et de *Haïti*, en 1825 et 1826, imiter les lois françaises dans leur code ; puis en 1827, la *Grèce*, tout fraîchement émancipée du joug des Turcs, essaya de se donner un code d'après le nôtre. Les républiques de l'Amérique du Sud, surtout la *Bolivie*, l'*Uruguay*, la *République Argentine*, l'ont copié; puis l'*Espagne*, la *Roumanie* et l'*Italie* elle-même en ont subi tour à tour l'ascendant.

141. Les résultats définitifs. — Aujourd'hui le jugement définitif de l'histoire peut être porté sur lui : il a donné le signal d'un immense mouvement de codification qui a rempli tout le XIXe siècle et qui s'est étendu à tout l'univers. Rien dans les temps antérieurs ne peut être comparé à sa propagation. Il a agi d'une façon directe dans un grand nombre de pays, disséminés dans les cinq parties du monde, sur la façon même dont la codification a été exécutée et sur l'esprit qui l'a inspirée. Dans les autres, il a tout au moins été l'exemple et le stimulant qui a provoqué l'œuvre. Seuls les pays anglo-saxons ont conservé leur droit à l'état de coutumes et de lois éparses.

§ 3. — *Codes civils étrangers.*

142. Bibliographie générale. — ANTHOINE DE SAINT-JOSEPH, *Concordance entre les Codes civils étrangers et le Code Napoléon*, 2e édit., 4 vol. in-8°, 1856. — AMIAUD, *Aperçu de l'état actuel des législations civiles de l'Europe, de l'Amérique*, etc., in-8°, 1884. — SOCIÉTÉ DE LÉGISLATION COMPARÉE, *Annuaire de législation étrangère* (texte des principales lois votées chaque année dans les pays étrangers), publié depuis 1872.

Une bibliothèque, dite du *Comité de législation étrangère*, a été créée au ministère de la justice par M. Dufaure, en 1876. Elle est ouverte au public. Son catalogue a été publié (Paris, Imp. nation., 1889). On le réimprime actuellement.

143. Liste alphabétique. — Les plus intéressants pour nous, parmi les codes étrangers, sont ceux de l'Italie, de l'Espagne, de la Hollande, et de l'Allemagne, auxquels il faut ajouter la législation fédérale suisse et la législation belge. Tout en signalant spécialement ces quelques pays, qui sont nos voisins, et qu'on verra souvent cités dans ce traité, j'ai cru utile de donner quelques indications sommaires sur les autres.

Allemagne (Voy. aussi **Prusse, Saxe**). — C'est en exécution d'une loi du 20 déc. 1873, qui déclare matière fédérale tout le droit civil, le droit pénal et la procédure, que le nouveau Code civil allemand a pu être fait (1874, nomination de la commission de rédaction ; 1887, transmission du projet au chancelier ; 1er juillet 1896, vote définitif du Reichstag ; 18 août 1896, promulgation ; 1er janvier 1900, entrée en vigueur).

Le Code civil allemand a éliminé diverses matières. Les unes l'ont été pour des motifs propres à l'empire allemand. La principale est la tenue des *livres fonciers* (voyez **Prusse**), dont le Code suppose l'existence dans plusieurs de ses dispositions, mais qui n'existaient pas partout ; ils ont fait l'objet d'une loi spéciale, en 102 articles, promulguée le 24 mars 1897. On peut citer encore l'*emphytéose*, la *chasse*, la *pêche*, les *droits féodaux*, les *censives*, etc. Les autres ont été écartées pour des raisons théoriques de portée générale. Ces dernières sont la *nationalité*, considérée comme faisant partie du droit public, et les *preuves* (y compris les *actes de l'état civil*) considérées comme matières de procédure.

La rédaction de ce code, préparé avec une sorte d'orgueil national, a été très soignée. Elle se distingue du Code français par des qualités sensiblement différentes. Les deux principales sont l'*esprit scientifique* et l'*esprit pratique*. Le premier a produit surtout une méthode particulière de rédaction : on a essayé de suivre un ordre rigoureux dans la distribution des matières et de placer en tête de chacune d'elles des formules générales assez compréhensives pour embrasser même les hypothèses non prévues, et on s'est efforcé d'établir entre toutes les dispositions du Code une subordination logique aussi parfaite que possible[1]. Le second a débarrassé la loi allemande de tout formalisme traditionnel et inutile, la réglementation et les prohibitions y ont été réduites dans la plus large mesure possible.

Édition allemande par A. ACHILLES, Berlin, 1896. Traductions françaises, par RAOUL DE LA GRASSERIE, Paris, 1897, et par O. DE MEULENAERE, Paris, 1897. — Pour le droit antérieur, voir ERN. LEHR, *Eléments de droit germanique* (Allemagne et Autriche), 2 vol.,

[1] L'ordre du Code allemand est très différent de l'ordre du Code français. La matière des *successions* a été rejetée à la fin, parce qu'elle suppose tout le reste connu. On a placé en tête un large ensemble de *dispositions générales*, qui dominent toutes les matières du droit ; ce procédé allège considérablement la marche dans la suite. Le *droit des obligations* précède le *droit des choses*. Enfin la réglementation de *la famille* a été soigneusement distinguée des règles générales relatives aux personnes.

L'ordre est donc celui-ci : 1° Dispositions générales (art. 1 à 240) ; 2° Obligations (art. 241 à 853) ; 3° Droits réels (art. 854 à 1296) ; 4° Famille (1297 à 1921) ; 5° Successions (art. 1922 à 2385). — On peut dire que les deux pays se partagent les inconvénients et les avantages de deux systèmes opposés, mais incomplets : en France, où le Code est conçu sur un plan essentiellement pratique, l'enseignement suit la même marche et s'attache rarement à présenter une exposition méthodique des matières juridiques ; en Allemagne, où le Code est sorti directement de l'enseignement purement théorique des Universités, le législateur s'est astreint à suivre cette méthode ardue, ce qui est bien inutile dans un code. Législateurs et professeurs poursuivent des buts différents : à chacun sa méthode.

1892.— Les *motifs* du nouveau code ont été publiés en 5 vol. in-8°, Berlin et Leipzig, 1888. M. de la Grasserie a fait précéder sa traduction d'une notice intéressante et y a ajouté la loi sur les livres fonciers et la loi sur la vente et l'administration forcées.

Amérique du Nord. Voy. **Canada, États-Unis, Mexique.**

Amérique du Sud et centrale. — A la suite de leur émancipation, la plupart des républiques de l'Amérique du Sud s'empressèrent de se donner des codes nationaux, comme pour affirmer leur indépendance, et elles en empruntèrent les éléments au Code Napoléon. Mais ces législations improvisées furent éphémères, et l'on reprit vite (sauf en Bolivie) l'ancien droit espagnol qui avait de tout temps régi ces contrées. On trouve la formule usuelle de cet état du droit dans un livre (*Manual del abogado americano*, 1827) par Don Joachim Escriche, avocat à Madrid (analyse dans ANTH. DE SAINT-JOSEPH, t. II, p. 1-29). Depuis lors des codes nouveaux ont été publiés presque partout. En voici la liste par ordre de dates : BOLIVIE. Rédaction, 1843 ; mise en vigueur, 18 novembre 1845 ; copie du Code français ; mais l'influence du clergé catholique y a fait retoucher certains points, tels que la célébration du mariage et la rédaction des actes de l'état civil. — PÉROU. 28 juillet 1852. — CHILI. 14 décembre 1855, en vigueur depuis le 1er janvier 1857. — URUGUAY. Mise en vigueur le 1er janvier 1869. — RÉPUBLIQUE ARGENTINE. Mise en vigueur le 1er janvier 1871. Réformé partiellement en 1883. — VÉNÉZUÉLA. Mise en vigueur le 27 février 1873. — COLOMBIE. Le Code civil, qui date du 26 mai 1873, a été déclaré applicable à toute la République par une loi du 15 avril 1887 (*Ann. étr.*, XVII, p. 948). — GUATÉMALA. 1877, réformé en 1882. — HONDURAS, 27 août 1880.— SALVADOR. 10 novembre 1880. — COSTA-RICA. Mise en vigueur le 1er janvier 1888.— BRÉSIL. Inachevé. Le projet remonte à 1859. Préparé d'abord par le docteur Freitas, puis par M. Nabuco de Aranjo, terminé en 1881 par le Dr Felicio dos Santos, il a été soumis en 1882 à une commission. Un autre projet a été demandé à M. Cœlho Rodrigues (*Ann. étr.*, XIX, p. 1013 ; XX, p. 931).

Angleterre. Voy. **Grande-Bretagne.**

Autriche-Hongrie. — Le *Code civil autrichien*, qui a été entrepris au milieu du XVIIIe siècle, est cependant postérieur au nôtre puisqu'il n'a été terminé qu'en 1810 (ci-dessus n° 136). Une traduction française du Code civil de l'Empire d'Autriche, devenue rare, a été donnée par De Clercq en 1837. Sur le droit autrichien, voir ERN. LEHR, *Éléments de droit germanique.*

En *Hongrie*, l'ancien droit coutumier subsiste toujours, modifié par différentes lois spéciales. Un code civil est projeté depuis 1848. En 1873, la commission nommée par le gouvernement a refusé d'accepter le Code autrichien ; le projet, préparé en 1882, conserve le droit national.

Belgique. — Ce pays, s'étant séparé de la Hollande en 1830, avant la mise en vigueur du Code néerlandais [1], a conservé le Code français. Une révision générale a été entreprise, qui a donné lieu à un *Avant-projet*, de LAURENT (5 vol. 1882), mais ce projet a été abandonné et une commission a été instituée (15 nov. 1884) pour en préparer un autre (A. LAINÉ, *Bulletin de la Soc. de lég. comp.*, t. XIX). Jusqu'à présent la réforme la plus considérable que la législation française ait subie en Belgique est la *loi hypothécaire* (16 déc. 1851) qui a remplacé tout le titre XVIII du livre III du Code civil (art. 2092 à 2203). Pour les modifications antérieures à 1856, voy. ANTH. DE SAINT-JOSEPH, t. II, p. 52-67. Il existe en Belgique comme en France des recueils des lois en vigueur (édit. LE COURT, DELEBECQUE et HOFFMAN, etc.). Voir aussi BELTJENS, *Code civil belge annoté*, 1 vol. 1881.

Brésil. — RAOUL DE LA GRASSERIE, *Lois civiles du Brésil*, 1 vol. 1897. Voy. **Amérique du Sud.**

Canada (Bas-). — Ancien territoire français. On y a rédigé de 1859 à 1865 un Code civil qui a été mis en vigueur le 1er août 1866. Des éléments divers s'y combinent de la façon la plus curieuse. Ses principales sources sont la coutume de Paris de 1580, le Code Napoléon et le droit anglais. Commentaire par LORANGER (Montréal, 1873-1879, 2 vol. Renseignements historiques dans l'introduction). DE LORIMIER, *La Bibliothèque du Code civil de*

[1] C'est même la révolution belge qui retarda la mise en vigueur du Code néerlandais, fixée d'abord au 1er février 1831.

la province de Québec, 16 vol. DE MONTIGNY, *Histoire du droit canadien*. 1 vol. 1869.

Chili. — *Le Code civil chilien*, par RAOUL DE LA GRASSERIE, 1896. — Voy. **Amérique du Sud.**

Colòmbie. — Voyez le *Tratado de derecho civil colombiano*, par MM. EDM. CHAMPEAU et A. J. URIBE, dont le premier volume (De las personas) a paru à Paris en 1899. Voy. **Amérique du Sud.**

Danemark. — Il existe une codification danoise qui remonte au XVIIe siècle. Elle a été exécutée de 1661 à 1669 et promulguée le 23 juin 1683, par Christian V (ANTH. DE SAINT-JOSEPH, t. II, p. 134).

Égypte. — Code publié en 1875. AZIZ, *Concordance des Codes Egyptiens avec le Code Napoléon*, Code civil, 2 vol. 1886-1889. Voir aussi *Annuaire étranger*, t. XVII, p. 820.

Espagne. — Une première tentative de codification fut faite en 1846-1851. Elle échoua devant la résistance des *provinces à fueros* (Aragon, Navarre, Catalogne, etc.) qui désiraient conserver leurs usages particuliers.

Le Code civil espagnol a été rédigé dans des conditions toutes spéciales qui méritent d'être indiquées. Une loi votée par les Cortès (11 mai 1888) autorisa le gouvernement à faire rédiger un projet, en lui indiquant seulement un certain nombre de principes appelés *bases*, formulés par le pouvoir législatif. La rédaction fut confiée à une commission extra-parlementaire, qui publia son travail dès le mois d'octobre dans la *Gaceta* de Madrid ; mais diverses raisons, entre autres la nécessité de réparer quelques erreurs, en ont fait retarder la mise en vigueur. Une édition rectifiée fut préparée, et la *Gaceta* la publia du 25 au 27 juillet 1889. Notice et analyse par M. H. Prudhomme (*Ann. étr.*, t. XIV, p. 443). Traduction française par Levé, Paris, 1890, avec une introduction. L'ingénieux système des *bases*, qui a permis de respecter le droit des Cortès tout en évitant les dangers et les surprises d'une longue délibération devant un Parlement, est l'œuvre de M. Alonso Martinez, ministre de la justice de 1885 à 1889. Un décret du 31 juillet 1889 a rendu le Code espagnol applicable à Cuba, à Porto-Rico et aux Philippines, où il survivra peut-être à la domination espagnole. — Les qualités de rédaction du Code français se retrouvent en grande partie dans le Code espagnol, qui s'est fréquemment inspiré du nôtre. Mais ce code n'a pas donné à l'Espagne l'unité du droit ; il a laissé subsister le droit local (*fuero*) partout où il existe (art. 12). Sur l'état du droit civil en Espagne, voir ERN. LEHR, *Éléments de droit civil espagnol*, 2 vol., 1880-1890 ; MEDINA et MARANON, *Lois civiles d'Espagne*, 3e édit., 1891.

États-Unis d'Amérique. — La plupart des États qui composent l'Union américaine n'ont pas de codes, mais seulement des espèces de recueils de lois, à la mode des Codes romains, et qu'on appelle des *Consolidations*. La Géorgie et la Louisiane ont été les premières à avoir de véritables codes. Le Code civil de la Louisiane est calqué sur le nôtre, mais beaucoup plus développé (3524 articles). Anth. de Saint-Joseph l'a publié (t. II, p. 459). Cependant le goût et le désir de la codification font tous les jours des progrès. Projet de codification des lois civiles pour le district de Colombie (*Ann. étr.*, t. XIX, p. 893). Dans l'État de New-York, un projet de Code civil a été préparé en 1875 ; il a échoué devant l'opposition du barreau. D'autres ont été publiés en Californie (1872), dans le Dakota (1877), etc.

Grande-Bretagne. — La variété de législation la plus grande existe, soit dans la métropole, soit dans les colonies. L'Écosse suit un droit spécial, d'origine à la fois féodale et romaine ; l'île de Man a conservé des usages d'origine scandinave ; Jersey et Guernesey pratiquent encore la coutume de Normandie. Le droit hollandais et le droit espagnol ont laissé des traces dans diverses colonies. L'ancienne coutume de Paris se reconnaît encore dans le Bas-Canada et à Sainte-Lucie ; le Code Napoléon est resté à l'île Maurice (Voir ANTH. DE SAINT-JOSEPH, t. II, p. 206 ; ERN. LEHR, *Le Droit civil anglais*, 1885).

Grèce. — La Grèce n'a pu encore mener à bonne fin la confection de son Code civil, bien qu'elle ait entrepris ce travail dès 1827. Le roi Othon avait chargé un allemand, nommé Maurer, de rédiger le projet d'après les principes de la législation française, mais Maurer, qui croyait avoir à se plaindre du gouvernement hellénique, quitta Athènes en emportant tous ses papiers. En 1835, une ordonnance a organisé, à titre provisoire, l'application des coutumes nationales mêlées aux anciennes lois byzantines. Peu à peu des lois spéciales ont été votées (11 févr. 1830, sur les testaments ; 11 août 1836, sur les hypothèques ; 20 oct. 1836, sur l'état civil ; 1er déc. 1836, sur le gage ; 21 juin 1837, sur la distinction des biens ; 15 oct. 1837, sur la majorité, etc.), mais elles restent à l'état isolé. Un projet complet, rédigé en 1870 d'après les Codes de France et d'Italie, publié en 1874, n'a pas abouti. Une commission nouvelle, nommée en 1900, prépare un nouveau projet entièrement inspiré par le Code allemand. — Voyez **Iles Ioniennes**.

Haïti. — Code civil exécutoire depuis le 1er mai 1826, en 2047 articles. Notice et texte dans ANTH. DE SAINT-JOSEPH, t. II, p. 320. Edition annotée par BORNON, 1892, in-12.

Hollande. — Le Code civil néerlandais, entrepris dès 1814, n'a pu être terminé qu'en 1837 et mis en vigueur le 1er octobre 1838. Il allait entrer en vigueur en 1831 quand éclata la révolution belge de 1830 qui sépara le royaume en deux. Traduction française par GUST. TRYPELS, avocat à Maestricht (*Les Codes néerlandais*, Paris, 1886) ; dans l'introduction, détails intéressants sur l'histoire de la législation hollandaise.

Iles Ioniennes. — Le Code civil, qui date du 1er mai 1841, suit de près le Code français, et le reproduit souvent textuellement ; il est resté en vigueur malgré l'annexion à la Grèce en 1864 (ANTH. DE SAINT-JOSEPH, t. II, p. 409).

Ile Maurice. Voy. **Grande-Bretagne**.

Italie. — L'unification politique de la péninsule italienne, de 1859 à 1861, amena l'unification du droit. Un Code civil général pour tout le royaume fut promulgué à Florence le 25 juin 1865, et est en vigueur depuis le 1er janvier 1866. Il a été introduit dans la Vénétie en 1872. Ce Code compte 2159 articles, et il est, comme le nôtre, divisé en trois livres. On a retranché tout ce qui concernait la communauté entre époux, régime qui répugnait aux habitudes italiennes. On a supprimé également divers articles qui n'étaient pas à leur place dans un Code civil : tous ceux qui règlent l'effet des condamnations pénales sur la capacité civile, ainsi que les dispositions de droit international ou de procédure. En revanche, l'indivision et l'emphytéose ont été réglementées ; les règles sur la prescription et la transcription ont été développées. L'ancien esprit romain anime encore toute cette législation ; cependant les idées françaises ont exercé sur elle une influence sensible, et, comparé au Code Albertin (voy. n° 139), le Code de 1865 constitue un retour marqué vers le nôtre. — Traductions françaises : ORSIER, Paris, 1866 ; GANDOLFI, Annecy, 1868.

Japon. — On sait avec quelle rapidité, quel zèle et quel succès le Japon a adopté la civilisation européenne. En 1872, une traduction des Codes français en japonais, par M. Mitsukuri, fut pour ce pays encore neuf une véritable révélation. M. Boissonade a comparé ce fait à la restauration du droit romain par les Universités, qui fit sur l'Europe une si profonde impression. Le droit français devint pour les Japonais la *raison écrite*, et leurs tribunaux se mirent à l'appliquer comme s'il était la loi de l'État. Une législation japonaise fut alors projetée, et la confection du Code civil fut confiée à M. Boissonade, agrégé de la Faculté de droit de Paris. La propriété, les obligations, les sûretés des créanciers et les preuves en font seules l'objet ; on a dû laisser de côté le droit des personnes, les successions et le contrat de mariage, matières pour lesquelles l'adoption du droit européen aurait trop bouleversé les coutumes nationales, et dont la réforme ne présentait pas le même intérêt politique pour le Japon. Il s'agissait surtout d'offrir aux Européens, pour leurs relations d'affaires, des institutions conformes à leurs intérêts, et d'obtenir l'abolition de certains traités qui enlevaient aux autorités japonaises la juridiction sur les étrangers. Le travail de M. Boissonade a été publié en langue française (2e édit., To-Kio, 1882-1889, 5 vol. in-8°). — Sur *L'influence des lois françaises au Japon*, voir l'article de M. G. APPERT, dans le « Journal de droit international privé », 1896, p. 515. — Comp. G. BOISSONADE, *Les anciennes coutumes du Japon et le nouveau Code civil*, Acad. des Sciences morales, Comptes rendus, 1894. 1. 187 ; GLASSON, Observations sur ce projet, Acad. des Sciences morales, Comptes rendus, 1862. 1. 618 ; G. BOISSONADE, *Revue historique de droit*, mai-juin 1889.

Louisiane. Voy. **États-Unis d'Amérique**.

Mexique. — Les États de Mexico et de Vera-Cruz possèdent des Codes civils particuliers. Un Code civil, rédigé par le gouvernement fédéral en 1870, a été mis en vigueur l 1er mars 1871 dans le district fédéral, qui comprend seulement la ville de Mexico et sa banlieue, enclavées dans l'État de Mexico. Tous les États, sauf ceux de Mexico et de Vera-Cruz, l'ont successivement adopté. Il a subi une refonte en 1884.

Monaco. — Code civil particulier depuis le 1er janvier 1885. Ce n'est pas autre chose que le Code français amélioré sur quelques points et un peu allégé (2100 articles). Auparavant on suivait le Code Napoléon, et, avant 1859, les lois sardes.

Montenegro. — Un Code civil, très original, rédigé par M. Bogisic, a été mis en vigueur le 1er juillet 1888, mais il présente à peu près les mêmes lacunes que le Code ottoman et pour les mêmes raisons. Traduit par DARESTE et RIVIÈRE, 1892 ; Commentaire par DICKEL, trad. BRISSAUD, 1891.

Norvège. — Un Code publié en 1687 par Christian V forme encore aujourd'hui la base de la législation norvégienne. Sur l'état de cette législation avant 1856, voy. ANTH. DE SAINT-JOSEPH, 2e édit., t. III, p. 1.

Portugal. — Code civil promulgué le 1er janvier 1867, en 2538 articles. Les traditions romaines y dominent entièrement; la distribution des matières y est toute particulière. Traductions françaises par LEPELLETIER, 1894 ; par G. LANEYRIE et G. DUBOIS, Paris, Impr. nation., 1896, in-8°.

Prusse. — Sur l'ancien Code prussien, voy. n° 136. A signaler spécialement la loi du 5 mai 1872, sur le régime hypothécaire (*Ann. étr.*, II, p. 208). Cette loi a organisé un système remarquable, dont il sera question à propos du régime hypothécaire français.

Roumanie. — Jusqu'en 1865, on suivait en Moldavie le *Code Calimach*, et en Valachie le *Code Caragea*. Tous deux dataient de 1817 et avaient été primitivement rédigés en grec. Le Code Calimach, le meilleur des deux, était imité du Code autrichien de 1811. Le Code civil roumain actuel a été promulgué le 4 décembre 1864 et mis en vigueur le 1er décembre 1865. A cette époque la Roumanie était gouvernée par le prince Couza, qui fut le premier à réunir les deux provinces de Valachie et de Moldavie en se faisant élire à la fois à Bucarest et à Jassy (1859). Il sut se maintenir à force d'habileté et avec l'appui de la France. En 1864, il nomma une commission chargée de rédiger un Code civil ; presque tous les jurisconsultes qui en faisaient partie avaient fait leurs études à Paris, et leur œuvre fut en grande partie imitée du Code français ; ils ont principalement subi l'influence de Marcadé. Cependant il a fallu faire une part aux croyances et aux coutumes nationales : ainsi la séparation de corps n'a pas été admise, et la bénédiction religieuse est une condition de validité du mariage civil. Ce Code n'a pas été soumis aux assemblées législatives ; le prince Couza, à la suite d'un coup d'État (2 mai 1864), réunissait tous les pouvoirs en ses mains et il promulgua son Code par simple décret.

A voir D. ALEXANDRESCO, *Droit ancien et moderne de la Roumanie*, Paris et Bucarest, 1898 (spécialement chap. XIX, *Sources du droit*, p. 467 et suiv.), ainsi que la préface mise par M. Alexandresco en tête de l'étude de M. BUSDUGAN, *Du mariage des Roumains à l'étranger*, Bucarest, 1900 (en français). Une traduction française du Code roumain, qui est malheureusement incomplète, a paru à Bucarest en 1889.

Russie. — La Russie possède seulement une *collection générale des lois*, publiée en 1832 par le Tsar Nicolas Ier, en 48 volumes in-4°, contenant 36000 textes de toutes natures (*Sobranié Zakonov'*). Pour l'usage journalier des tribunaux et des gens de loi on en a fait un résumé (*Svod Zakonov'*) en quinze volumes ; les lois civiles se trouvent dans le dixième. Voir ZÉZAS, *Études historiques sur la législation russe*, 1862 ; VICTOR FOUCHER, *Code civil de l'Empire de Russie* ; ERN. LEHR, *Éléments de droit civil russe*, 2 vol., 1878-1890. — Pour la Pologne russe, voir LUBLINER, *Concordance entre le Code civil de Pologne et le Code civil français*, 1848.

Saxe. — Un Code civil a été voté dans le royaume de Saxe le 2 janvier 1863 et mis en vigueur le 1er mars 1865. Ce Code a joui d'une grande réputation en Allemagne. On lui avait appliqué la méthode habituellement employée dans la science allemande, et jusqu'à la promulgation du nouveau Code civil allemand, on le considérait comme une formule exacte du droit germanique moderne.

Serbie. — Le Code civil serbe a été publié le 25 mars 1844 par le prince Karageorgevitch. C'est une imitation du droit autrichien. Traduction dans ANTH. DE SAINT-JOSEPH, t. III, p. 447. — Une édition nouvelle, avec changements et additions, a été faite en 1879,

Suède. — La Suède possède un vieux Code de 1734 (Notice et texte dans ANTH. DE SAINT-JOSEPH, t. III, p. 494 ; traduction par RAOUL DE LA GRASSERIE, 1895). Une tentative faite en 1824 pour le réformer a échoué.

Suisse. — L'état de la législation y est assez compliqué. Les cantons jouissent, en principe, de l'autonomie législative et chacun d'eux possède son Code civil particulier, mais il faut aussi tenir compte (depuis 1874) de la *législation fédérale.*

CODES CANTONAUX. — Les Codes particuliers des cantons se répartissent en trois catégories. La première dérive de la législation française ; la seconde se rattache au Code autrichien ; la troisième a pour modèle le Code de Zurich.

Toute la partie occidentale et méridionale de la Suisse suit le droit français. Notre Code est encore en vigueur à Genève [1] et dans la partie du canton de Berne appelée « Jura Bernois ». Les cantons de Neufchâtel [2], de Fribourg, [3], de Vaud [4], du Tessin [5], du Valais [6], ont des Codes dérivés du Code Napoléon (ROSSEL, *Manuel du droit civil de la Suisse romande*, 1887).

Les tendances de la législation en Suisse changèrent brusquement après l'apparition d'une œuvre remarquable, le *Code civil du Canton de Zurich*, rédigé de 1844 à 1854 par M. Bluntschli, et mis en vigueur le 1er décembre 1855. C'est une œuvre originale, fort estimée, dont son auteur lui-même a donné le commentaire : « Privatrechtliches Gesetzbuch für den Kanton Zurich mit Erläuterungen » (Zurich, 1856-1861). Ce Code a servi de modèle aux Codes de Shaffouse [7], d'Unterwalden [8], de Thurgovie [9], des Grisons [10], de Glaris [11], de Zug [12], et même, quoique pour une moindre part, à ceux de Bâle-ville et de Saint-Gall. Le Code Zurichois a été revisé en 1887 et réduit de près de moitié ; 1108 articles au lieu de 2149 (Notice dans l'*Annuaire étranger*, t. XVII, p. 707. Traduction annotée par M. ERN. LEHR, Paris, Impr. nation., 1890).

Les Codes des cantons d'Argovie [13], de Berne [14], de Lucerne [15] et de Soleure [16], antérieurs à l'œuvre de Bluntschli, se rattachent au Code civil autrichien.

LÉGISLATION FÉDÉRALE. — La Confédération helvétique n'a donc pas encore de Code civil

[1] FLAMMER, *Le droit civil de Genève, ses principes et son histoire*, 1875. — Pour les modifications subies par le droit français à Genève (avant 1855), voyez ANTH. DE SAINT-JOSEPH, t. IV, p. 185.

[2] Code mis en vigueur en 1854 et 1855 (ANTH. DE SAINT-JOSEPH, t. IV, p. 465).

[3] Le Code de Fribourg, commencé en 1834, terminé seulement en 1849, a fait de nombreux emprunts au Code Napoléon et quelques-uns au Code de Berne.

[4] Code promulgué en 1819. — BIPPERT et BORNAND, *Code civil du canton de Vaud et sa concordance avec le Code civil français*, 4e édit., Lausanne, 1885.

[5] Code publié le 14 juin 1837, exécutoire depuis le 1er janvier 1838 (ANTH. DE SAINT-JOSEPH, 2e édit., t. IV, p. 275).

[6] Code terminé le 1er décembre 1853, en vigueur depuis le 1er janvier 1855 (ANTH. DE SAINT-JOSEPH, 2e édit., t. IV, p. 321).

[7] « Privatrechtliches Gesetzbuch für den Kanton Schaffausen », rédigé par MM. Ammann et Schærer, 1864-1865.

[8] Il n'existe qu'un Code incomplet (Droit des personnes, 1852 ; successions, 1859) pour le canton d'Unterwalden-le-Bas.

[9] Un Code civil a été commencé (Personnes, famille et successions, 1860) ; pour le reste on suit le Code de Zurich.

[10] Rédigé par M. P. C. de Planta, et promulgué en 1862-1863 dans les trois langues du pays : « Bunderisches Privatrecht » ; « Codice civile del Cantone Grigione » ; « Codex civil per il canton Grischun ». — Traduction française par RAOUL DE LA GRASSERIE, 1893.

[11] La première partie du *Landsbuch* de Glaris a été publiée en 1852 (ANTH. DE SAINT-JOSEPH, 2e édit., t. IV, p. 191). Traduction française par LEHR, *Ann. étr.*, t. IV, p. 501.

[12] Le Code civil du canton de Zug est en vigueur depuis 1861.

[13] « Allgemeines bürgerliches Gesetzbuch für den Kanton Aargau ». Rédigé par M. Keller et promulgué de 1847 à 1855. — ANTH. DE SAINT-JOSEPH, Notice et texte, 2e édit., t. III, p. 550.

[14] Le Code civil bernois a été rédigé par M. Schnell et promulgué par fractions de 1824 à 1830.

[15] Rédigé par M. Casimir Pfyffer et promulgué de 1831 à 1839 (ANTH. DE SAINT-JOSEPH, t. IV, p. 210).

[16] « Civilgesetzbuch für den Kanton Solothurn ». Rédigé par M. Reinert et promulgué de 1842 à 1848. — ANTH. DE SAINT-JOSEPH, t. IV, p. 512.

général, mais elle s'achemine vers cette œuvre et elle en possède déjà des fragments importants. La revision de la constitution, opérée en 1874, a autorisé le gouvernement central à établir des lois dites *fédérales*, qui sont obligatoires dans tous les cantons. Diverses lois de ce genre, qui touchent aux matières civiles, ont été promulguées. Citons les lois sur le mariage et l'état civil, du 1er janvier 1876; sur la naturalisation, du 3 juillet 1876; sur la capacité civile, du 22 juin 1881, en vigueur depuis le 1er janvier 1882, et surtout l'importante loi du 14 juin 1881 dite *Code fédéral des obligations*, en vigueur depuis le 1er janvier 1883. Cette loi, qui ne compte pas moins de 880 articles, est une œuvre législative remarquable. Voir Ch. Soldan, *Le code fédéral des obligations et le droit cantonal*, et les auteurs cités par lui, p. 137-138, dans le *Recueil* publié par l'Université de Lausanne à l'occasion de l'Exposition de Genève, Lausanne, in-f°., 1896.

Toutes ces lois, et bien d'autres que j'omets ici, se trouvent à leur date dans les *Annuaires* de la Société de législation comparée.

Turquie. — L'Empire ottoman possède un Code civil, publié en 1869, mais fort incomplet. Il a fallu négliger les parties les plus importantes du droit, telles que la famille et les successions, à cause de la variété des races et des religions qui existent dans l'Empire. Sur l'état des lois civiles en Turquie et sur les traductions françaises publiées par Aristarchi-Bey, *La législation ottomane*, 7 vol. in-8°, 1873-1888, et par M. Sinapian, voir M. J. Broussali, *Ann. étr.*, XIX, p. 867.

Uruguay. Voy. **Amérique du Sud.**

Venezuela. — Raoul de la Grasserie, *Code civil du Venezuela*, 1897. Voy. **Amérique du Sud.**

PREMIÈRE PARTIE

LES PRINCIPES GÉNÉRAUX

THÉORIE GÉNÉRALE DES LOIS

CHAPITRE PREMIER

DÉFINITION ET CARACTÈRES DE LA LOI

144. Définition. — La loi peut être définie : *Une règle sociale obligatoire, établie en permanence par l'autorité publique, et sanctionnée par la force*[1].

145. Condition d'existence des lois. — La loi est une *règle sociale*, c'est-à-dire une règle *faite pour des hommes vivant en société*. Cette condition est élémentaire : en dehors des rapports sociaux, il ne peut pas y avoir de lois.

Un homme vivant dans une solitude absolue, comme Robinson dans son île, ne serait soumis à aucune loi. Il y aurait encore pour lui des règles de conduite : l'instinct, le désir de vivre, le porteraient au travail, à une vie sobre et régulière pour conserver sa santé et

[1] DISTINCTION DES LOIS HUMAINES ET DES LOIS DE LA NATURE. — L'analyse qui suit ne concerne que les lois *sociales ou politiques*, établies par l'homme. Or le mot loi a été étendu du domaine législatif, qui est son terrain propre, au domaine des sciences naturelles, par analogie ou par métaphore. Mais, comme toutes les comparaisons, le rapprochement n'est exact qu'en partie. Dans les sciences, « loi » signifie « les conditions nécessaires qui déterminent les phénomènes », ou encore « le rapport constant entre les divers phénomènes ou entre les phases d'un même phénomène » (Littré). Ainsi entendues les lois dominent tout ce qui existe ; la nature inanimée, les être vivants ont leurs lois ; l'homme lui-même a ses lois : nos sensations, nos raisonnements, nos volitions sont soumis à des lois qui répondent exactement à la définition scientifique.

Mais il existe entre les lois de la nature et les lois créées par l'homme une différence fondamentale. Les lois humaines ou sociales s'adressent à des êtres *libres*, au sens philosophique du mot ; elles supposent nécessairement cette liberté chez ceux qu'elles régissent. Tout individu soumis à une loi peut n'y pas conformer sa conduite ; on dit alors qu'il a *violé* la loi. Le *respect de la loi*, c'est-à-dire l'obéissance des individus et la conformité de leur conduite à la loi, ne peut être obtenu que par des moyens indirects, qu'on appelle la *sanction de la loi*. — Au contraire, les lois de la nature s'imposent d'une manière *invincible* à l'être ou à la chose qui les subit ; l'être ou la chose obéit à sa loi *fatalement*, et même presque toujours *à son insu*. — Cette différence est telle qu'on peut considérer comme scientifiquement démontrée l'impossibilité de donner une définition unique pour les deux espèces de lois.

son intelligence ; mais ces règles ne seraient pas des lois. La loi suppose des *relations entre plusieurs êtres humains* : hors de là, la notion de loi perd toute valeur juridique.

Mais toutes les règles sociales ne sont pas des lois : la loi est une *espèce* particulière, comprise dans un groupe plus étendu qui est le *genre*. Il importe donc de distinguer la loi de toutes les autres règles en étudiant ses caractères propres.

146. Analyse des caractères de la loi. — 1° *La loi est obligatoire.* — L'obligation suppose une volonté supérieure qui commande et une volonté inférieure qui obéit.

L'idée d'obligation ne doit pas être confondue avec celle de *nécessité* ou d'*utilité*. L'homme se dit souvent *obligé* de faire une chose, parce qu'il y voit pour lui un intérêt pressant ; nous sommes « tenus » par nos affaires ou nos relations mondaines d'accomplir bien des actes dont nous nous abstiendrions volontiers, mais ces prétendues obligations n'en sont pas. Celui qui se décide à agir dans son intérêt suit une règle d'art ou d'habileté, qui peut s'appeler une « méthode », mais qui se sépare profondément des lois : l'on n'est tenu d'y obéir que si l'on veut atteindre un but déterminé. Kant appelait ces règles des *impératifs techniques* ou *conditionnels* ; et Suarez les nommait « *Leges circa artificialia* ». La véritable *obligation* n'existe que pour l'homme qui agit sous la contrainte d'une volonté supérieure à la sienne.

2° *La loi est établie par l'autorité publique.* — C'est en la considérant ainsi, *dans sa source*, que l'on peut distinguer la véritable loi de certaines règles établies par des pouvoirs privés, qui ont à peu près le même effet, pour ceux qui y sont soumis, que les lois proprement dites. Tels sont les ordres du père pour ses enfants, du maître pour ses esclaves ou ses domestiques, ou encore les règlements appliqués aux ouvriers et employés par leurs patrons ou aux membres d'une congrégation par leurs supérieurs.

L'autorité qui fait la loi, c'est-à-dire qui possède le *pouvoir législatif*, varie selon les constitutions politiques. Ce peut être un seul homme, comme les empereurs romains ou les rois de France des trois derniers siècles ; ce peut être une ou plusieurs assemblées législatives, comme cela a lieu chez la plupart des peuples modernes ; ce peut être enfin le peuple entier exprimant sa volonté par un vote, comme dans le système du plébiscite romain ou du referendum suisse.

3° *La loi est sanctionnée par la force publique.* — C'est par là que les lois se distinguent des règles morales qui, elles aussi, dominent les sociétés humaines. Les règles morales obligent, elles commandent ; mais leur force déterminante est faible, parce que leur sanction positive est nulle.

Que deviendraient les États s'ils en étaient réduits à la notion du devoir, à ce que Kant appelle « l'impératif catégorique » ? Combien y a-t-il d'hommes qui soient capables de faire leur devoir toujours et en toute occasion, uniquement pour obéir à l'idée abstraite du bien ? Le respect de la loi doit donc être assuré par la force publique ; les préfets, les maires, les juges, les procureurs, les gendarmes, les huissiers, sont des agents du pouvoir chargés de procurer l'exécution des lois, chacun dans sa sphère.

La sanction de la loi est quelquefois *préventive* : telles sont les mesures de police destinées à empêcher une émeute. Le plus souvent cette sanction est *répressive* : telles sont l'*amende*, la *prison*, les *peines* de toute nature appliquées aux malfaiteurs ; et, dans l'ordre civil, la *nullité* des contrats contraires aux lois, les *dommages-intérêts* destinés à réparer le dommage causé par un acte illicite, les *saisies* et autres voies d'exécution organisées contre les débiteurs récalcitrants ou insolvables.

4° *La loi est établie en permanence pour un nombre indéterminé d'actes ou de faits.* — Toute décision de l'autorité publique qui ne doit être exécutée qu'une seule fois n'est pas une loi, c'est un acte d'administration. Ainsi l'ordre de départ donné à un militaire ou à un fonctionnaire, l'ordre de chanter un « Te Deum » après une victoire, ne sont pas des lois. Au contraire l'obligation, imposée aux jeunes gens qui viennent d'accomplir leur vingtième année, de se soumettre à la conscription, résulte d'une loi ; l'acte qui a établi en Allemagne la fête de Sedan (*Sedantag*), l'article (aujourd'hui abrogé) de la Constitution française qui ordonnait des prières à l'occasion de la rentrée des Chambres (L. 18 juillet 1875, art. 1er, al. 3), sont ou étaient des lois, parce qu'ils constituaient des décisions obligatoires d'une manière permanente, pour un nombre de fois indéterminé.

Ceci prouve qu'on donne dans la pratique le nom de lois à des actes qui n'en sont pas. Quand les Chambres autorisent un emprunt, ordonnent la construction d'un chemin de fer, modifient les limites d'un département, ces actes sont publiés au *Journal officiel* avec le titre de *lois* : « Loi autorisant la ville de N... à emprunter la somme de ... » ; mais le mot tombe ici à faux. Bien que votées dans la même forme que les lois[1] et par les Assemblées législatrices, ces prétendues lois ne sont en réalité que des actes d'administration accomplis par une autorité différente de celle qui exerce ordinairement cette sorte d'attributions. Comp. la thèse de M. CAMILLE LABBÉ, sur *L'acte législatif*, Paris, 1899.

M. Beudant enseignait, au contraire, que tout acte émané des Assemblées législatives est une loi, quels que soient ses caractères intrinsèques (*Cours*, introd., n° 31). J'estime que c'est donner la prépondérance à la forme sur le fond.

On voit par cette analyse combien nous sommes loin de la définition de Montesquieu[2].

[1] Toutefois ces actes à forme de loi, et qui ne sont pas des lois, ne subissent qu'une seule délibération.

[2] CRITIQUE DE LA DÉFINITION DE MONTESQUIEU. — En tête de son livre sur l'*Esprit des lois*, Montesquieu écrit : « Les loix, dans la signification la plus étendue, sont les rapports nécessaires qui dérivent de la nature des choses, et dans ce sens tous les êtres ont leurs loix. » Depuis plus d'un siècle on admire de confiance cette définition et pourtant Montesquieu, s'il n'est pas dans l'erreur, est tout au moins à côté de la question. Sa prétendue définition des lois n'en est pas une ; il ne s'est nullement préoccupé de déterminer leurs caractères spécifiques. On ne peut y découvrir qu'un conseil donné aux législateurs soucieux de faire de bonnes lois. Montesquieu écrivait à une époque où la France, instruite, éclairée, l'esprit éveillé de toutes parts par la critique, supportait avec peine bien des lois vieillies, bien des institutions démodées, qui n'étaient plus en harmonie avec ses goûts, ses intérêts, ses aspirations. On était choqué du défaut d'adaptation de la législation à l'état social ; Montesquieu voulut faire la satire de ces lois qui semblaient un défi au bon sens et à la justice, l'œuvre d'une volonté capricieuse et mauvaise. Voilà pourquoi il dit aux législateurs futurs : « Faites des lois appropriées au peuple qu'elles doivent régir, à ses mœurs, à ses besoins ; tenez compte du milieu et de tous les éléments de fait qui vous sont donnés par la nature. » Il a raison d'insister sur la *conformité nécessaire des lois et de l'état social* ; sa formule, son livre entier ne signifient pas autre chose. C'est en tenant compte de cette conformité qu'on a pu dire : « On découvre les lois, on ne les fait pas. » Mais pour mettre cette vérité en lumière, Montesquieu a été amené à donner une définition unique, qui s'applique à la fois aux lois de la nature et aux lois des sociétés humaines, et ici il est dans l'erreur ; il tente l'impossible (voir ci-dessus, n° 14, note 1). On a déjà reconnu le vice de la définition de Montesquieu et on a essayé de la corriger. On a dit par exemple : « Les lois sont les rapports nécessaires selon lesquels les phénomènes s'accomplissent, *ou devraient s'accomplir*, quand ils dépendent de la volonté » (Franck). Cela est complet et cela est exact ; mais cela équivaut à donner, dans une même phrase, deux définitions discordantes pour deux choses reconnues distinctes, et c'est la meilleure critique qu'on puisse faire de la définition de Montesquieu.

147. Durée temporaire des lois. — Du reste on ne doit pas s'exagérer l'idée de permanence de la loi. Il n'est pas nécessaire que la loi soit *perpétuelle*. Il est même assez fréquent de voir la durée de la loi limitée d'avance par le législateur qui l'établit, par exemple à cinq ou dix ans. C'est surtout dans les matières fiscales et financières que l'on rencontre des lois de ce genre ; elles servent aussi, sous le nom de *dispositions transitoires*, à ménager le passage d'une législation ancienne à une législation nouvelle. On trouve encore des lois temporaires en matière pénale. La loi du 29 nivôse an VI (18 janv. 1798), pour la répression des attentats sur les grandes routes, portait dans son art. 22, qu'elle ne serait exécutoire que pendant un an à compter de sa promulgation si elle n'était pas renouvelée par le Corps législatif. Certains membres du Parlement auraient voulu de même limiter à une ou plusieurs années la durée de la loi du 28 juillet 1894 sur les menées anarchistes (D. 1894. 4. 82, notes, col. 1-2).

Ces *lois temporaires* sont néanmoins des lois, parce que l'on peut placer pendant le temps de leur durée un nombre indéterminé d'actes ou de faits dont elles seront la règle.

148. Nombre variable des personnes régies par la loi. — Il ne faut pas croire non plus que la loi ait nécessairement une portée *générale* quant aux personnes. La loi n'est pas toujours faite pour toutes les personnes qui composent la nation ou qui habitent le territoire de l'Etat. Il n'y a guère que les lois pénales ou de police générale qui aient cette application absolue. D'ordinaire, pour qu'une loi soit applicable à une personne, il faut que celle-ci se trouve dans certaines conditions prévues par la loi. Par exemple les lois sur le mariage, sur la propriété foncière, sur l'hypothèque maritime, sur les devoirs des fonctionnaires, ne sont applicables qu'à ceux qui se marient, qui ont des terres ou des navires, qui exercent une fonction publique.

Par suite, il se peut qu'une loi ne s'applique qu'à un nombre très restreint de personnes, ou même à un seule personne. Ainsi les dispositions qui déterminent les pouvoirs spéciaux du Président de la République, du Président du Sénat ou de la Chambre, du Garde des sceaux, du préfet de police de Paris, ne concernent jamais qu'une seule personne à la fois. Ce sont néanmoins des lois, parce qu'elles sont établies en permanence. Le nombre plus ou moins grand des personnes régies par une loi est donc sans influence sur la nature de celle-ci.

CHAPITRE II

DES DIVERSES VARIÉTÉS DE LOIS ET DE LEUR HIÉRARCHIE

** **149. Énumération.** — Il existe plusieurs sortes de lois.

La *loi* proprement dite, qui est l'œuvre du *pouvoir législatif*, représente en quelque sorte l'état normal, l'étage moyen dans l'ensemble de la législation. Elle a au-dessus d'elle la *Constitution*, au-dessous les *règlements*.

§ 1. — *De la Constitution.*

* **150. Définition.** — On entend par *Constitution* (*Charte*, de 1814 à 1848) la loi fondamentale de l'État, celle qui règle la forme du gouvernement et les attributions des divers pouvoirs politiques.

Depuis 1789, il est admis en France comme une maxime essentielle, que les règles constitutives de l'État doivent être établies par un acte solennel supérieur aux lois ordinaires, capable de mettre les questions principales à l'abri des entraînements si redoutables dans un pays démocratique et au-dessus des fluctuations constantes de la politique.

Comme conséquence de cette idée, on admet qu'il existe un *pouvoir constituant*, distinct du pouvoir législatif ordinaire. En 1789, en 1848, en 1871, la France a nommé des assemblées spéciales, élues non seulement pour légiférer, mais pour lui donner une Constitution. Par suite, les Chambres législatives qui votent les lois ordinaires n'ont pas qualité pour modifier les règles constitutionnelles. Actuellement, d'après la Constitution de 1875, la distinction du pouvoir constituant et du pouvoir législatif est plus faible que jamais ; elle se réduit à une question de forme : le mode de votation. Les lois ordinaires sont votées par les deux Chambres délibérant séparément ; le pouvoir constituant appartient aux deux Chambres réunies en *congrès* et délibérant ensemble. Ce sont les mêmes membres, mais leur réunion en une assemblée unique peut déplacer la majorité.

Il est cependant des pays, l'Angleterre entre autres, qui ne distinguent pas la Constitution des autres lois et où tout est réglé par des lois ordinaires. En France même, la tendance moderne est de réduire à un petit nombre les dispositions constitutionnelles, et de laisser au pouvoir législatif le droit de régler beaucoup de points, qui jadis (sous la Révolution ou sous la Restauration) auraient figuré dans la Constitution.

§ 2. — *Actes du pouvoir réglementaire.*

* **151. Définition.** — Il existe au-dessous des lois un grand nombre d'actes qui présentent les mêmes caractères qu'elles, bien qu'ils portent d'autres noms. Ce sont les actes émanés du *pouvoir réglementaire*. On appelle ainsi le droit d'établir des prescriptions obligatoires pour l'avenir comme celles de la loi. Les actes réglementaires émanent d'une autorité moins haute, mais ils ont tous les caractères spécifiques de la loi ; ce sont des dispositions législatives d'ordre inférieur aux lois proprement dites, mais de même nature.

M. Ducrocq dit fort bien : « Ils ont, comme la loi, la généralité de disposition, la réglementation de l'avenir, la force obligatoire, la sanction pénale » (*Cours de droit administratif*, n° 62).

* **152. Autorités investies du pouvoir réglementaire.** — Le pouvoir réglementaire, qui est une véritable délégation partielle de la puissance législative, appartient : 1° au chef du pouvoir exécutif (actuellement le Président de la République) ; 2° aux préfets ; 3° aux maires. Le Président règlemente pour toute l'étendue du territoire français ; le préfet pour le département, le maire pour la commune ; de sorte qu'il n'y a pas de place pour un pouvoir réglementaire appartenant en propre aux ministres [1].

153. Dénominations diverses des règlements. — Les actes

[1] DUCROCQ, n° 73. — Cependant les ministres prennent souvent, en vertu de leurs fonctions, des décisions d'ordre réglementaire, appelées *Arrêtés*, qui sont obligatoires pour leurs subordonnés. EXEMPLES : Arrêtés du 6 janvier 1871, du 30 avril et du 24 juillet 1895, relatifs aux facultés de droit. Sur le pouvoir réglementaire du Président de la République, voyez H. BERTHÉLEMY, dans la *Revue politique et parlementaire*, janvier-février 1898.

émanés du chef de l'État prennent le nom de *décrets généraux* ou *règlements d'administration publique*.

Sous la Restauration et sous Louis-Philippe (de 1814 à 1848), les actes que nous appelons *décrets* étaient dénommés *ordonnances*, en souvenir des anciennes ordonnances royales, mais elles n'en avaient que le nom, et non la force, car les ordonnances royales d'avant 1789 étaient de véritables lois.

Ces décrets généraux s'opposent aux décrets simples ou spéciaux, qui sont des actes isolés de gouvernement ou d'administration. Les décrets généraux sont ordinairement rendus après avis du Conseil d'État (L. 24 août 1872, art. 8). Quand cette formalité est exigée par la loi, son accomplissement est une condition de validité du décret. Elle y est mentionnée en ces termes : « Le Conseil d'État entendu. »

L'avis du Conseil d'État devrait être une condition absolue pour tous les décrets ayant le caractère réglementaire. La discussion de l'art. 8 de la loi de 1872 à l'Assemblée nationale indique qu'on a voulu distinguer entre les décrets réglementaires et les décrets individuels. Cependant on admet que le gouvernement peut rendre des décrets réglementaires, sur le rapport d'un ministre, sans l'intervention du Conseil d'État, quand la loi ne l'y oblige pas (DUCROCQ, n° 62).

Les actes réglementaires des préfets et des maires s'appellent *Arrêtés*.

154. Hiérarchie du pouvoir réglementaire. — Le pouvoir réglementaire jouit d'une liberté moindre à mesure que l'on descend dans la hiérarchie. Celui qui appartient au chef du pouvoir n'est subordonné qu'à la loi. Les décrets ont pour objet de régler une foule de points de détail que le législateur néglige. Beaucoup de lois importantes sont ainsi accompagnées d'un ou plusieurs règlements destinés à en assurer et à en faciliter l'exécution.

Le préfet est lié dans ses arrêtés réglementaires par la loi et par les décrets généraux ; et ses arrêtés s'imposent à leur tour aux maires de son département. Ceux-ci n'exercent leur pouvoir réglementaire qu'à l'occasion de la police locale (voirie, salubrité, etc.).

*** 155. Prohibition des arrêts de règlement.** — Le pouvoir réglementaire est aujourd'hui réservé exclusivement aux représentants du pouvoir exécutif ; les autorités judiciaires ne le possèdent pas : leurs décisions n'ont jamais qu'une autorité purement *relative*, c'est-à-dire qu'elles n'existent que pour les parties en cause. Les Cours de justice ont donc perdu le droit qu'elles avaient sous l'ancien régime de rendre des décisions obligatoires pour l'avenir et pour tout le monde dans leur ressort. Ces décisions, dites *arrêts de règlement*, étaient de véritables lois : les tribunaux inférieurs étaient obligés de les appliquer, et le parlement qui les avait discutés et votés se trouvait lié lui-même, tant qu'il ne les avait pas rapportés [1]. Aujourd'hui nos cours d'appel, qu'on peut considérer comme ayant remplacé

[1] Sur les arrêts de règlement, voyez ESMEIN, *Histoire du Droit français*, 3e édit., p. 528-532.

les anciens parlements, sont étroitement renfermées dans leur mission qui est de rendre la justice, c'est-à-dire de prononcer séparément sur les diverses affaires qui leur sont soumises. La loi des 16-24 août 1790 (tit. II, art 12) défendit aux juges de faire des règlements. Le Code civil leur a de même défendu de statuer « par voie de disposition générale et réglementaire » (art. 5 C. civ.). La contravention à cette défense constitue un délit (art. 237 C. pén.). Cette prohibition est fondée sur le principe de la *séparation des pouvoirs* qui depuis 1789 domine toutes nos Constitutions. Le juge rend des *sentences ;* il ne doit pas être en même temps *législateur*.

Il y a encore une autre raison pour condamner les arrêts de règlement. C'est qu'ils ne peuvent pas être autre chose que des petites lois locales, ne dépassant pas les limites du ressort de la Cour qui les a rendus. Ils nous ramèneraient vite au système des coutumes provinciales. L'unité de législation, qui a été si difficile à conquérir, vaut la peine d'être protégée contre un retour offensif du morcellement.

§ 3. — *De l'irrégularité des actes législatifs.*

156. Lois inconstitutionnelles. — Une loi contraire aux dispositions de la Constitution devrait être nulle : c'est la théorie ; mais dans la pratique on ne peut guère compter, pour faire respecter la Constitution, que sur la réserve volontaire du pouvoir législatif. Toutefois le Président de la République pourrait user du droit qui lui appartient de demander aux Chambres une nouvelle délibération (voy. ci-dessous, n° 162).

La Constitution de l'an VIII avait chargé le Sénat de veiller au respect des principes posés par elle, en lui permettant d'annuler comme inconstitutionnelles les lois votées par le Corps législatif (art. 21 et 37). A cet effet, le vote de la loi était suivi d'un délai de dix jours pendant lequel sa promulgation était retardée, afin de permettre au Tribunat et au Gouvernement de déférer la loi au Sénat, s'il y avait lieu. C'est à raison de cette mission particulière que le Sénat impérial s'appelait « Sénat conservateur ».

Une fois que la loi est votée et promulguée, il n'existe aucun pouvoir ayant qualité pour la juger et l'annuler ; le pouvoir judiciaire, en particulier, n'a point le droit d'en apprécier la constitutionnalité.

Il en est autrement aux États-Unis. La Haute-Cour fédérale a le droit de vérifier la constitutionnalité des lois. On peut dire d'une façon générale que dans les pays anglo-saxons, le pouvoir judiciaire joue le rôle de protecteur des intérêts individuels et donne ainsi à la liberté des citoyens des garanties qu'elle n'a pas chez nous.

***157. Décrets illégaux.** — Un décret ne peut abroger ou modifier une disposition de loi. C'est un des points les mieux fixés de notre droit constitutionnel moderne ; et la Révolution de 1830, provoquée par les fameuses *ordonnances de juillet*, a beaucoup contribué à l'établir. La Charte de 1814 donnait au roi le pouvoir de faire « les règlements et ordonnances nécessaires pour l'exécution des lois et la *sûreté de l'État* ». En se fondant sur ces derniers mots, Charles X se crut autorisé à publier les ordonnances du 25 juillet 1830, qui suspendaient la liberté de la presse et modifiaient le système électoral. Ce fut la cause qui souleva la population de Paris. Pour donner des garanties à la liberté politique, la Charte réformée par Louis-Philippe portait que le roi ferait « les règlements et ordonnances nécessaires pour l'exécution des lois, *sans pouvoir jamais suspendre les lois elles-mêmes ni dispenser de leur exécution* » (art. 13). — Ce principe a été reproduit dans les Constitutions postérieures (Const. de 1848, art. 49 ; Const. de 1852, art. 6 ; Const. de 1875, art. 3). Ce dernier texte est ainsi conçu : « Le Président de la République surveille et assure l'exécution des lois. »

Ainsi que le fait remarquer M. Beudant, cette démarcation entre le domaine de la loi et le domaine du décret est la garantie des gouvernements libres : « Là où le pouvoir exécutif peut légiférer sous forme de décrets, en dehors des représentants du pays, le pays n'est plus maître de lui-même » (*Cours*, introd., n° 42).

Quand un décret est illégal, quelle est l'autorité qui peut le condamner et le rejeter comme tel ? Cela dépend des Constitutions politiques. Sous l'empire de la Constitution de l'an VIII, c'était le Sénat qui seul avait le droit d'annuler les décrets irréguliers (art. 21). Il en fut de même sous le second Empire (Const. de 1852, art. 29). Sous les autres régimes, monarchies ou républiques, qui se sont succédé depuis 1815, aucun corps politique n'est spécialement chargé du même office. On en a conclu que les tribunaux avaient le droit d'apprécier la régularité des décrets avant de les appliquer.

Le cas d'un décret irrégulier s'est quelquefois présenté. Napoléon Ier en a donné l'exemple ; il ne s'est pas gêné dans ses décrets pour modifier des dispositions législatives (Décr. 23 pluv. an XII ; 6 avril 1809 ; 26 août 1811 ; 4 mai 1812). Cependant aucun d'eux n'a été annulé pour inconstitutionnalité. Tant que Napoléon fut au pouvoir, personne n'aurait osé le faire. Après sa chute, la validité de ces décrets a été plusieurs fois discutée devant les tribunaux, mais il a toujours été jugé que le vice dont ils étaient entachés se trouvait couvert par l'expiration du délai de dix jours établi par la Constitution de l'an VIII (Voy. les décisions dans AUBRY et RAU, t. I, p. 8, note 6). Quant aux décrets rendus à d'autres époques, les tribunaux en ont souvent écarté l'application parce que leurs dispositions étaient contraires aux lois (Paris, 4 déc. 1827 ; Metz, 25 févr. 1829, S. 33. 2. 599 et 600 ; Cass. 11 avril 1835, S. 35. 1. 246 ; Rennes, 30 août 1837, S. 37. 1. 789 ; Cass. 29 août 1851, D. 51. 1. 279, S. 51. 1. 790).

***158. Décrets-lois.** — D'après ce qui vient d'être dit, le *décret*, qui est un acte émané du représentant du pouvoir exécutif, ne peut pas avoir la force d'abroger ou de modifier la loi ; s'il est contraire aux lois existantes, il est sans force, il est nul. C'est la règle. Cependant à divers moments de notre histoire on a vu le gouvernement se substituer au législateur et abroger des lois par voie de décret. Il use alors d'un *pouvoir dictatorial*, et l'irrégularité de ses décrets se trouve couverte ensuite par une sorte de ratification tacite de la nation. Cela s'est produit surtout aux lendemains d'une révolution ou d'un coup d'État : 1° du 24 février au 4 mai 1848, pendant la durée du gouvernement provisoire ; 2° du 2 décembre 1851 jusqu'au 29 mars 1852, jour de la mise à exécution de la Constitution du second Empire ; 3° du 4 septembre 1870, chute du second Empire, au 12 février 1871, réunion de l'Assemblée nationale à Bordeaux (Décret-loi du 5 nov. 1870, sur le mode de promulgation et la mise en vigueur des lois).

Certains décrets du Gouvernement provisoire de 1848 ont été ensuite modifiés par des lois (Décr. du 2 mars 1848 sur la durée de la journée de travail, remplacé par L. 9 septembre 1848) ; d'autres sont restés (Décr. 27 avril 1848, abolissant l'esclavage dans les colonies françaises).

Les décrets rendus en 1851-1852 par le prince-président ont été régularisés par un texte exprès, l'art. 58 de la Constitution du 14 janvier 1852. Comme exemple des décrets-lois de cette période on peut citer le décret du 28 février 1852 sur les sociétés de crédit foncier.

On rencontre enfin dans notre droit des *décrets-lois* d'un autre genre, qui n'ont rien de commun avec les précédents que le nom. Ce sont des actes émanés d'assemblées législatives, qui sont par suite de véritables lois, mais qui portent le nom de *décrets* pour des raisons diverses. Telles sont les décisions de l'Assemblée constituante de 1789, qui prenaient le titre de *lois* seulement quand elles avaient été revêtues de la sanction royale (Const. de 1791, tit. III, chap. III, art. 3, § 6). Tels sont aussi les décrets de la Convention, ainsi que ceux de l'Assemblée constituante de 1848. Le nom de *lois* n'a été repris qu'à partir du 28 mai 1849, pour les actes de l'Assemblée législative, après la mise en vigueur de la Constitution.

159. Règlements de police irréguliers. — Les arrêtés des préfets et des maires concernant la police locale, bien inférieurs en degré aux décrets du pouvoir exécutif, sont, à plus forte raison, soumis au *contrôle des tribunaux*. Ceux-ci ne doivent les appliquer qu'après en avoir vérifié la légalité. C'est un fait de jurisprudence courante de voir la Cour de cassation refuser d'appliquer un arrêté municipal parce que le maire a dépassé ses pouvoirs.

CHAPITRE III

CONFECTION DES LOIS[1]

§ 1. — *Vote des lois.*

160. Mode de travail des Chambres. — D'après la Constitution de 1875 (L. 24 février), la loi résulte d'un *vote conforme du Sénat et de la Chambre des députés, acceptant un texte identique*. Le droit de saisir l'une ou l'autre Chambre d'un projet *(droit d'initiative)* appartient au gouvernement, d'une part, et à tout sénateur ou député, d'autre part. On appelle *projets* de loi ceux qui sont présentés par le gouvernement et *propositions* de loi ceux qui émanent de l'initiative parlementaire.

Les membres des deux Chambres ont le droit d'*amendement*.

Les deux Chambres ont un droit égal. Toutefois les *lois de finances* doivent être présentées en premier lieu à la Chambre des députés et votées par elle (L. 24 févr. 1875, art. 8, al. 2).

[1] Tout ce qui concerne la confection de la loi fait partie du droit constitutionnel. La loi n'appartient au droit civil qu'après sa naissance, quand il s'agit de l'interpréter et de l'appliquer. Nous pourrions donc nous dispenser de nous en occuper ici ; néanmoins il convient d'en dire quelques mots, afin de ne pas tronquer l'exposé d'une théorie qui forme un tout.

161. Sanction des lois sous la monarchie. — Actuellement la loi est parfaite par le vote des deux Chambres ; sous les constitutions monarchiques, sa confection exige en outre la *sanction* du roi ou de l'empereur : elle n'existe qu'autant qu'elle a été sanctionnée. Le chef de l'État peut donc rendre inutile le vote des Chambres en refusant sa sanction. C'est de là que dérivait le fameux droit de *veto* qui a rendu Louis XVI si impopulaire.

162. Droit actuel du Président de la République. — La Constitution de 1875 a conservé un débris de ce droit royal aux mains du Président de la République, qui peut, lorsqu'il juge une loi inopportune, se dispenser de la promulguer et, par un message motivé, demander aux Chambres une nouvelle délibération qui ne peut lui être refusée (L. 16 juillet 1875, art. 7).

§ 2. — *Promulgation des lois.*

* **163. Définition.** — On entend par « promulgation » l'ensemble des mesures par lesquelles une loi nouvelle est portée à la connaissance du public.

Cependant on verra que l'opinion courante donne un autre sens à ce mot et qu'elle distingue la *promulgation* proprement dite de la *publication* de la loi. Voy. ci-dessous n° 173.

A. — Du décret de promulgation.

164. Son origine. — Depuis 1789 toute loi nouvelle est suivie d'un acte spécial du pouvoir exécutif, *ordonnance* à l'origine, plus tard *décret*, et qu'on appelle le « décret de promulgation ».

La première formule en a été donnée par un décret du 9 novembre 1789, et reproduite avec quelques modifications de détail par la Constitution du 3 septembre 1791 (tit. III, chap. IV, section 1re). A cette époque elle n'était pas autre chose qu'une rédaction nouvelle de la formule des anciens *mandements* par lesquels le roi envoyait à ses officiers de justice et autres les nouvelles ordonnances rendues par lui, en leur donnant l'ordre 1° de la faire publier ; 2° de la faire exécuter. Voyez à cet égard les recueils des ordonnances antérieures à 1789.

On a mis la formule en harmonie avec les institutions nouvelles, et notamment son préambule rappelle que la loi est *décrétée* par l'Assemblée nationale et *sanctionnée* par le roi.

165. Son objet actuel. — Actuellement le décret de promulgation continue à se rendre, et il a conservé son ancien objet ; seulement il s'est enrichi d'une nouvelle utilité. Quand on vota la constitution du 5 fructidor an III, celle qui organisa le Directoire, on jugea utile de faire *attester au corps social* par le pouvoir exécutif que la loi dont la publication était faite avait été *régulièrement votée* par les assemblées législatives *dans les formes prescrites par la Constitution*. L'art. 131 porte que cette mention doit être insérée dans le préambule du décret de promulgation et rend le Directoire exécutif responsable des irrégularités.

Ainsi le décret que rend pour chaque loi le président de la République a un triple objet :

1° Il atteste l'*existence* et la *régularité* de la loi ;

2° Il en ordonne la *publication;*

3° Il contient, comme autrefois, le *mandement d'exécution* adressé aux agents du pouvoir.

166. Sa formule. — La formule à employer a été réglée à nouveau par un décret du 6 avril 1876. Elle est ainsi conçue :

« Le Sénat et la Chambre des députés ont adopté,

« Le Président de la République promulgue la loi dont la teneur suit :

[Ici le texte de la loi.]

« La présente loi, délibérée et adoptée par le Sénat et la Chambre des députés, sera exécutée comme loi de l'État.

« Fait à....., le..... »

On voit combien l'ancienne formule des mandements royaux s'est abrégée et simplifiée.

B. — De la publication des lois.

***167. Nécessité d'une publication.** — A la rigueur on devrait admettre que la loi est *exécutoire*, c'est-à-dire obligatoire pour les citoyens et susceptible d'exécution de la part de l'administration, dès qu'elle est faite. Aussitôt après le vote des Chambres (ou aussitôt après la sanction royale, quand cette sanction est exigée par la Constitution) la loi existe ; elle est la loi et l'on devrait lui obéir immédiatement. C'est ce qui a lieu en Angleterre. Mais dans la plupart des États ce système est condamné comme trop rigoureux : les citoyens peuvent à chaque instant être surpris par l'exécution d'une loi nouvelle dont ils n'ont pas connu la préparation. En France il a toujours été admis que la loi ne devient exécutoire qu'après avoir été *promulguée*, c'est-à-dire rendue publique. Une loi non promulguée resterait donc *lettre morte*.

168. Anciennes ordonnances non publiées. — Autrefois c'étaient les Parlements qui étaient chargés de publier les ordonnances. Cela leur permit de s'arroger une sorte de contrôle sur le pouvoir législatif appartenant à la royauté : la formalité dont il est parlé au numéro suivant, et qui consistait à *enregistrer* les ordonnances nouvelles, était nécessaire à leur mise en vigueur ; un *refus d'enregistrement* paralysait entièrement l'exercice du pouvoir législatif. Sur les conflits qui s'élevèrent ainsi entre les Parlements et la royauté, et sur la façon dont le roi s'y prenait parfois pour faire enregistrer de force l'ordonnance en tenant un *lit de justice*, voy. A. Esmein, *Histoire du droit français*, 3ᵉ édit., p. 527-528.

***169. Formes anciennes de la promulgation.** — La promulgation d'une loi ne peut être qu'une publication collective, une sorte de notification générale adressée à la nation. Les formes employées en France pour publier les lois ont beaucoup varié. Il est actuellement peu utile d'étudier pour elles-mêmes celles qui ne sont plus en vigueur ; toutefois elles peuvent aider à comprendre le système actuellement employé.

1° Système de l'ancien régime. — Avant 1789, la publication des ordonnances se faisait dans les cours de justice. Les Parlements en recevaient le texte, en donnaient lecture à l'audience, et l'enregistraient. Puis le procureur général en envoyait des copies aux bailliages ou sénéchaussées du ressort, qui procédaient de la même manière. A partir de ce moment on considérait l'ordonnance comme connue, et elle devenait exécutoire pour tous les habitants du ressort.

2° Système de la Révolution. — Sous la Révolution on voulut d'abord une publication plus sérieuse, une publicité effective : les lois devaient être notifiées aux citoyens au moyen *d'affiches* et par des *lectures à haute voix*, faites *en public*, en présence de la foule assemblée à son de trompe ou au roulement du tambour (Décr. 9 nov. 1789; L. 14 frim. an II, art. 149). — Ce mode de promulgation, un peu primitif, avait un inconvénient grave : il abandonnait la loi au bon vouloir des autorités locales, qui, en s'abstenant de la faire promulguer, pouvaient l'empêcher de devenir exécutoire. Aussi fut-il assez vite abandonné. La Convention avait fondé le *Bulletin des lois* qui paraissait depuis le mois de juin 1794. Il n'avait d'abord d'autre utilité que de conserver le texte des lois comme documents ; c'était un recueil des lois. On eut l'idée d'en faire un *organe de promulgation*. Une loi du 12 vendémiaire an IV (4 oct. 1795) supprima la publication par affiches et lectures publiques (art. 11) et décida (art. 12) que les lois deviendraient exécutoires dans chaque département à partir du jour où le Bulletin qui les contient serait distribué au chef-lieu.

3° Système du Code civil. — La commision proposait d'en revenir à un procédé analogue à celui de l'ancien régime (Projet de l'an VIII, livre préliminaire, tit. III, art. 3), quand un procédé tout nouveau fut soumis à la discussion et adopté. On réduisit toute la promulgation de la loi à un acte unique accompli par le chef du gouvernement : « La promulgation est faite par le Premier Consul », disait l'art. 1er du Code civil (rédaction de 1804). Par ce moyen, les dangers qu'amenait l'intervention des autorités inférieures étaient supprimés; mais avec eux on supprimait aussi toute mesure de publicité : tout se bornait à la *signature d'un décret*, donnée par Bonaparte dans son cabinet.

Pour la mise à exécution, on avait établi des *délais*, variables avec les distances, à l'expiration desquels la loi était *réputée connue*. On supposait que, dans l'intervalle, les particuliers avaient eu connaissance de la loi, par la notoriété publique, par les journaux, par les conversations. Ces délais étaient pour Paris, *un jour franc* après l'acte de promulgation, et pour les départements, ce même délai d'un jour augmenté d'autant de jours qu'il y a de fois 10 myriamètres entre Paris et leurs chefs-lieux (art. 1er C. civ.). On le voit : la *promulgation* ne méritait plus son nom (qui signifie *divulgation*), puisqu'elle se trouvait réduite à un acte unique, et que cet acte restait ignoré du public. A vrai dire, il n'y avait plus de promulgation de la loi, puisque le gouvernement ne se chargeait pas de la faire connaître. L'insertion dans le *Bulletin des lois* continuait à se faire, mais elle n'avait plus aucune utilité pour la mise en vigueur de la loi.

4° Système de 1816. — Le système du Code civil n'offrait pas d'inconvénients sérieux, parce que, d'après la Constitution de l'an VIII, la promulgation devait se faire *à un jour fixe*, le dixième jour après le vote du Corps législatif. C'était ce jour-là que se plaçait nécessairement l'acte unique auquel elle se réduisait désormais et qui servait de point de départ aux délais réglés par le Code civil. Il était donc facile de calculer, dans chaque département, le moment où la loi serait mise à exécution : on connaissait le jour du vote par les journaux, on savait par suite quel serait le jour de la promulgation; quant aux distances entre Paris et les chefs-lieux de département, elles avaient été fixées officiellement par un arrêté du 25 thermidor an XI.

Mais sous la Restauration les inconvénients du système apparurent. Le roi avait, d'après la Charte, le droit de *sanction*, dont il usait quand il voulait, et naturellement il ne promulguait la loi qu'après l'avoir sanctionnée. Le public ne pouvait donc plus prévoir à quel moment la loi serait promulguée. Aussi une ordonnance fut rendue, le 27 novembre 1816, pour rétablir une *publication effective*. A cet effet, on prit comme point de départ des délais de promulgation la publication du nouveau texte par le *Bulletin des lois*. L'art. 1er de l'ordonnance dispose : « A l'avenir la promulgation des lois et de nos ordonnances résultera de leur insertion au Bulletin officiel ». Ainsi c'était la date de l'apparition à Paris du numéro du Bulletin contenant une loi nouvelle qui faisait courir pour elle les délais réglés par le Code civil. Comme le Bulletin ne paraît pas à jour fixe et n'est pas daté, l'ordonnance voulait que le Garde des Sceaux constatât sur un registre spécial le jour où le Bulletin lui parvenait de l'Imprimerie royale et, pour avertir le public de ce moment, on imagina de mentionner cette date au bas de chaque numéro du Bulletin.

* **170. Formes actuelles.** — Le système actuel a été établi par un décret du gouvernement de la Défense nationale (5 nov. 1870) [1]. Il est très simple : *Une loi nouvelle est exécutoire dans chaque arrondissement un jour franc après que le numéro du « Journal officiel » qui la contient est parvenu au chef-lieu de cet arrondissement.* Si ce numéro paraît à Paris le 1er février au matin, la loi y sera exécutoire le 3 à la première heure ; la journée du 2 représente le délai franc d'un jour accordé par le décret. Ce même numéro est distribué avant la fin de la journée du 1er dans un certain nombre d'arrondissements voisins de Paris : la loi y sera exécutoire le même jour que dans la capitale. La plupart des arrondissements le recevront le 2 par le courrier du matin ; la loi y sera exécutoire le 4 ; il peut y avoir un jour de retard pour les arrondissements les plus éloignés ou mal desservis par les chemins de fer, mais ceux-ci deviennent de plus en plus rares [2].

Outre l'insertion au *Journal officiel*, qui à elle seule vaut publication, le décret ordonne aux préfets et sous-préfets de faire afficher les lois nouvelles partout où besoin sera ; ce qui se fait quelquefois.

171. Comparaison avec les systèmes antérieurs. — En le rapprochant des anciens procédés de promulgation, décrits au n° 169, on voit que le décret de 1870 réalise une triple innovation :

1° Le *Journal officiel a été substitué au Bulletin des lois comme instrument de publication.* Ce Journal possède une grande supériorité sur le Bulletin : il est beaucoup plus répandu ; on le trouve partout, dans les bibliothèques publiques, dans les cercles, dans les cafés ; en outre, il paraît régulièrement et il est quotidien. C'est donc un organe de publicité beaucoup plus commode et plus efficace.

2° *Les délais de distance établis par le Code civil sont supprimés.* (Sur ces délais, voy. ci-dessus, n° 169-3°.) Ces délais n'étaient plus en harmonie avec nos moyens rapides de communication et de transport. Un exemple en donnera une idée. Une loi du 7 juillet 1824 fixait à 145 myriamètres et demi la distance de Paris à Ajaccio. Par conséquent la loi, pro-

[1] Ce décret est un *décret-loi* par lequel le pouvoir exécutif a modifié des textes du Code civil. Voy. ci-dessus n° 158.

[2] Il y a aussi un point secondaire que la loi n'a pas réglé. A quel moment une loi française nouvelle, qui touche au statut personnel, atteindra-t-elle les Français qui résident à l'étranger ? La question n'a pas été prévue par le Code, qui règle seulement la mise en vigueur des lois « sur le territoire français » (art. 1er). On ne peut pas appliquer par analogie ni le système des délais progressifs adopté en 1803, ni le système plus simple du décret de 1870. Nous n'avons plus à notre service des présomptions légales déterminant le jour précis où la loi a pu être connue. C'est une question de fait et de bonne foi qui doit être appréciée par les tribunaux. Ainsi des Français établis à l'étranger auraient pu valablement divorcer longtemps après la loi de 1816 qui avait supprimé le divorce.

mulguée le 1er jour du mois à Paris, n'était réputée connue en Corse que *quinze jours* plus tard, ce qui était évidemment excessif.

3° *Ce n'est plus le département*, comme le disait l'art. 1 C. civ., *mais bien l'arrondissement qui sert d'unité territoriale pour la mise en vigueur de la loi.*

En somme, le décret de 1870 rappelle en partie le système de la loi du 12 vendémiaire an IV, citée au n° 169-2°; il en diffère par l'établissement du délai d'un jour franc et par la substitution de l'arrondissement au département. Il rappelle également la loi belge de 1845 indiquée ci-dessous au n° 175.

172. Rôle actuel du Bulletin des lois. — Le *Bulletin des lois*, que le décret de 1870 n'a pas supprimé, continue à paraître et à donner tous les textes nouveaux. Le décret ajoute même que l'insertion au Bulletin d'une loi non publiée au *Journal officiel* (ce qui sera rare, et ne s'est pas encore vu) en opérera promulgation. Je pense qu'en ce cas les effets de la promulgation ne seraient pas régis par le décret, et qu'elle resterait soumise à l'ancien système, mais le décret ne le dit pas et la question pourrait être discutée.

173. Critique du langage employé dans l'opinion courante. — On a vu que la publication de la loi est précédée d'un décret qui l'ordonne et qui a en même temps deux autres objets : l'attestation de la régularité de la loi nouvelle et de l'exactitude du texte publié; l'ordre d'exécution adressé aux agents du pouvoir. C'est à ce décret que, dans le langage courant, on donne le nom de promulgation[1].

Il y a là une erreur évidente. Ce décret *ordonne* la promulgation ou publication ; il ne la *constitue* pas ; elle en est la conséquence et l'exécution. Si on peut l'appeler « décret de promulgation », c'est une façon de désigner un acte *par son objet*, comme on dit « les lois d'exil » pour désigner celles qui ont banni de France les chefs actuels des anciennes familles régnantes : ces lois ordonnent l'exil, il est clair que cet exil est leur exécution.

Le mot *promulguer* n'a jamais voulu dire autre chose que *publier*. Voyez Littré, v° Promulgation. Comp. Paul : « Promulgari leges dicuntur quum primum in vulgus eduntur, quasi provulgari » (cité par Festus).

Au reste l'identité de la promulgation et de la publication n'est pas une *opinion* ; c'est une *constatation*. Elle est écrite dans tous les textes. La constitution du 5 fructidor an III (art. 128 à 131) est surtout instructive à cet égard parce que la synonymie des deux mots y est évidente. L'art. 128 emploie le mot « publier » pour les lois ordinaires, et ne parle pas pour elles de la promulgation ; l'art. 129, spécial aux lois déclarées urgentes et symétrique par sa rédaction avec le précédent, emploie le mot « promulguer » et ne parle pas de la publication. Ainsi on aurait publié les premières sans les

[1] Exemple : « La promulgation est l'acte par lequel le souverain donne l'ordre de faire exécuter une loi ;... il y a lieu de distinguer la promulgation, qui n'est qu'un acte de la volonté souveraine, et la publication qui donne à cette volonté la force exécutoire » (Cass. crim. 6 févr. 1874, D. 74. 1. 185, S. 74. 1. 281).

promulguer et promulgué les secondes sans les publier? Les art. 130 et 131 montrent également la synonymie des termes : l'art. 130 règle la forme du décret de *publication* et l'art. 131 dit que le pouvoir exécutif ne peut *promulguer* une loi sans attester l'observation des formes prescrites pour la régularité de sa confection. Le texte de l'ordonnance du 27 novembre 1816 est également très net : sous le nom de « promulgation », c'est ce que nos auteurs appellent « publication » qui s'y trouve décrit et réglementé.

La loi du 14 frimaire an II disait : « La *promulgation* de la loi se fera par la *publication*... ». Enfin dans le Code civil, l'intitulé du titre préliminaire emploie le mot *publication*, tandis que l'art. 1er parle de la *promulgation*. On peut voir aussi, dans le même sens, l'avis du Conseil d'État du 5 pluviôse an VIII, d'où il résulte que la promulgation est « ce qui sert à faire connaître la loi », autrement dit la publication.

Dans les discussions du Code, l'identité des deux choses a été attestée et développée avec preuves à l'appui par Rœderer, Boulay de la Meurthe, Garat, Lahary, le ministre de la justice et bien d'autres (Fenet, t. VI, p. 4, 8, 97, 117, 129, 147, 148, 178, 201, 202, etc.). La promulgation, disaient-ils, c'est la publication de la loi ; il n'y a là qu'un mot un peu plus pompeux dont on se sert pour rehausser la majesté de la loi. Il paraît avoir été introduit dans la langue législative par l'Assemblée constituante ; je n'en connais pas d'exemple avant le décret du 9 novembre 1789 cité ci-dessus au n° 169-2°.

Cependant le langage moderne, qui réserve abusivement le nom de « promulgation » à l'acte solennel par lequel le chef de l'État atteste l'existence de la loi et en ordonne la publication et l'exécution, était déjà employé par Portalis (Fenet, t. VI, p. 12) [1], et par Favart (*ibid.*, p. 190).

L'existence de deux choses distinctes (le décret du chef de l'État et la publication) n'est pas douteuse ; ce qui n'est pas exact, c'est l'emploi du mot « promulgation » appliqué au premier ; une qualification, telle que *décret de certification* ou *ordre d'exécution* vaudrait beaucoup mieux.

174. Délais de la promulgation. — La Constitution de 1875 ne fixe pas de jour au gouvernement pour procéder à la promulgation des lois. Elle lui donne un *délai* qui dure *un mois* pour les lois ordinaires, et *trois jours seulement* pour les lois déclarées *urgentes* par un vote exprès de l'une et de l'autre Chambre [2]. Ces délais courent non pas du vote des Chambres,

[1] Cependant Portalis lui-même n'était pas bien éloigné de voir dans la *promulgation* faite par le Premier Consul une simple *publication*, insuffisante par elle-même pour constituer une publicité réelle. Voyez les explications finales qu'il donna au Corps législatif en 1803 (Fenet, t. VI, p. 350-351).

[2] La loi du 8 février 1897, sur les domaines congéables, a cependant été *oubliée* par le gouvernement pendant plusieurs mois avant d'être promulguée : le dernier vote des Chambres remonte au 23 novembre 1896, et le numéro de l'*Officiel* qui la contient porte la date du 9 février 1897.

mais du jour de la transmission au gouvernement de la loi définitivement adoptée (Loi constitutionnelle du 16 juillet 1875, art. 7).

175. Système belge. — Le système français présente une particularité remarquable : c'est l'application successive des lois nouvelles aux diverses parties du territoire. Leur exécution se propage, à la façon des ondes concentriques à la surface de l'eau, autour du lieu où siège le gouvernement. On avait proposé en 1803 d'établir *un délai unique*, le même pour toute la France, ce qui eût été plus logique et plus simple, car la loi doit être obligatoire en même temps pour tous les citoyens d'un même État. Ce système fut écarté par la raison qu'il aurait parfois retardé l'application d'une loi nouvelle à Paris. L'objection était faible, car il serait facile de faire une exception pour les lois urgentes.

Le système du délai unique existe aujourd'hui *en Belgique* : après la signature du décret de promulgation, les lois nouvelles sont immédiatement insérées au *Moniteur belge* ; elles deviennent exécutoires le dixième jour après cette insertion (L. belge 28 févr. 1845 art. 2).

176. Fixation d'un jour éloigné pour la mise en vigueur d'une loi. — Il arrive quelquefois, pour des lois importantes et compliquées, que les règles du droit commun sont mises de côté. La promulgation a bien lieu dans les formes ordinaires, mais *ce n'est plus elle qui détermine le moment où la loi commencera à recevoir son exécution*. Le législateur indique d'avance une époque un peu éloignée, un jour fixe, *unique pour tout le territoire*, qui sera le point de départ du régime nouveau. Souvent, en pareil cas, on choisit le 1er janvier de l'année suivante. C'est un système commode qui laisse aux gens d'affaires le temps d'étudier la loi nouvelle et aux particuliers le temps de prendre leurs précautions ; personne n'est pris au dépourvu.

Ce délai est surtout nécessaire quand il s'agit de mettre en vigueur *un code tout entier*. On l'a fait en France pour le Code de procédure civile, promulgué le 24 avril 1806, entré en vigueur le 1er janvier 1807 (art. 1041). On l'a fait en Italie pour le Code civil, achevé en 1865, entré en vigueur le 1er janvier 1866. Au contraire, le Code Napoléon se compose de 36 lois votées séparément et devenues exécutoires l'une après l'autre immédiatement après leurs promulgations respectives.

Le système du délai unique et éloigné est quelquefois suivi pour des *lois isolées*, par exemple pour la loi du 23 mars 1855 rétablissant la transcription, qui n'a été mise en vigueur que le 1er janvier 1856.

177. Publication des décrets. — Les règles qui viennent d'être exposées ne s'appliquent qu'aux lois et non aux décrets.

Pour les *décrets réglementaires*, il existait autrefois un système spécial : ils devenaient exécutoires, dans chaque département, du jour où le numéro du *Bulletin des lois* qui les contenait était parvenu au chef-lieu (L. 12 vendém. an IV, art. 12 ; Avis du Conseil d'État 12-25 prair. an XIII). Ce système peut encore fonctionner accidentellement ; mais la plupart de ces décrets généraux sont insérés au *Journal officiel* ; or le décret-loi du 5 novembre 1870 (art. 1 et 2) leur applique en pareil cas le même système que pour la mise en vigueur des lois ; ils deviennent donc exécutoires un jour franc après l'arrivée de l'*Officiel* au chef-lieu de l'arrondissement.

Quant aux décrets *individuels*, ils ne deviennent exécutoires qu'après avoir été notifiés aux intéressés.

Le gouvernement peut en outre ordonner, par une disposition spéciale, l'exécution immédiate d'un décret (Décr. 5 nov. 1870, art. 2).

178. De la manière de dater les lois. — L'usage moderne est de désigner les lois par leur date, mais il n'y a aucune uniformité dans la manière de fixer cette date. Un Avis du Conseil d'État du 5 pluviôse an VIII (25 janv. 1800), inséré au *Bulletin des lois*, décide que les lois prennent pour date le jour de leur émission par le pouvoir législatif. Ce texte est le seul que nous ayons sur la question ; il est encore en vigueur. La loi est émise par le pouvoir législatif le jour du dernier vote des Chambres ; c'est donc de ce jour-là qu'elle devrait être datée[1]. Mais dans la pratique on ne se conforme pas à cette règle ; très souvent on donne à la loi la date du numéro de l'*Officiel* dans lequel elle a été promulguée.

Enfin la chancellerie (ministère de la justice) a adopté, depuis la mise en vigueur de la Constitution de 1875, une pratique dont la régularité est fort contestée (Ducrocq, *Revue générale du droit*, janv.-févr. 1877 ; *Études de droit public*, p. 7. — Ch. Beudant, *Cours*, Introd., nos 102 et suiv.). Elle date les lois du jour de la signature du décret de promulgation, donnant pour raison que le Président de la République renonce ce jour-là à demander une discussion nouvelle aux Chambres et que, par suite, il sanctionne indirectement la loi.

Il résulte de ces habitudes discordantes que certaines lois sont citées avec trois dates diverses : ainsi la loi qui a rétabli le divorce est appelée tantôt loi du 19 juillet 1884 (date du dernier vote), tantôt loi du 27 juillet 1884 (signature du décret de promulgation), tantôt loi du 29 juillet 1884 (promulgation à l'*Officiel*).

179. Date des décrets. — La difficulté qui se présente pour la manière de dater des lois n'existe pas pour les décrets. Tout le monde leur donne la date du jour où ils sont signés, et c'est le seul procédé correct.

CHAPITRE IV

ÉTENDUE TERRITORIALE D'APPLICATION DES LOIS

§ 1. — *Application des lois françaises en territoire français.*

180. Régime spécial de l'Algérie et des colonies. — La forme unitaire de l'État français rend ses lois applicables à toute l'étendue de son territoire ; sa législation est *unique*.

Cependant les lois françaises ne s'appliquent pas de plein droit à nos possessions extra-européennes. Une loi nouvelle n'est exécutoire dans nos colonies qu'en vertu d'une promulgation spéciale. Il en est de même pour l'Algérie. Il y a toutefois exception pour les lois qui constituent de *simples modifications* à des lois préexistantes déjà en vigueur dans les colonies ou en Algérie. Voyez sur ce point Dalloz, *Suppl.*, v° Lois, n° 110 et les renvois.

L'Algérie est soumise à un régime législatif tout spécial, et très compliqué. Voye Jacquey, *Législation de l'Algérie*, 71 p. in-8°, Alger, 1883 ; Sautayra, *Législation de l'Algérie*, 2 vol. in-4°, 1878-1884 ; Estoublon et Lefébure, *Code de l'Algérie annoté*, recueil chronologique des textes formant la législation algérienne, Alger, 1896.

[1] Sous les régimes où la loi devait être sanctionnée par le chef de l'État, le jour de son émission était évidemment le jour où la sanction lui était donnée.

§ 2. — *Conflits entre les lois françaises et les lois étrangères* [1].

181. Pénétration mutuelle des diverses lois territoriales. — Les lois sont l'œuvre d'une souveraineté territoriale nécessairement bornée ; les différents États, souverains sur leur territoire, sont respectivement indépendants les uns des autres. Si l'on appliquait rigoureusement ce principe, la conséquence serait de refuser toute autorité et toute application aux lois d'un État hors de son territoire. Chaque nation se renfermerait chez elle pour y être maîtresse à l'exclusion de toute autre, mais elle perdrait toute action sur ceux de ses membres qui se trouvent à l'étranger. Ainsi les lois françaises recevraient seules leur application sur notre territoire, mais elles ne seraient observées que là.

Or un État a grand intérêt à ne pas perdre immédiatement son autorité sur ceux de ses membres qui voyagent ou qui s'établissent temporairement dans d'autres pays ; mais cet intérêt ne peut recevoir satisfaction que par des concessions mutuelles et identiques. La France, par exemple, veut que certaines de ses lois *suivent* les Français en dehors de ses frontières ; par réciprocité, elle doit laisser *pénétrer* chez elle les lois des autres États en même temps que les étrangers qui y viennent.

182. Les conflits de lois. — Le principe de *territorialité*, en isolant les différentes législations dans leurs territoires respectifs, supprime tout conflit entre elles.

Tous les autres systèmes, faisant une part plus ou moins large aux lois personnelles des étrangers, amènent une pénétration réciproque des différentes législations et font naître par là même une série de questions spéciales : à laquelle des différentes législations en présence demandera-t-on la solution de chaque point de droit ? Ce sont ces questions qu'on appelle les *conflits de lois*.

Un étranger vient en France faire le commerce, vend et achète des marchandises, des biens, des maisons ; il y a des débiteurs et des créanciers ; il y soutient des procès ; il y commet des délits ; il y meurt, laissant une succession, un testament. Par quelle loi seront régis tous ses actes et leurs conséquences juridiques ? Sera-ce par la loi française, à raison du lieu ? ou par la loi étrangère, à raison de la nationalité de la personne ? Sur chacune de ces questions, il y a *conflit* entre la loi française et une loi étrangère.

Il peut y avoir plus de deux lois en présence : par exemple un Anglais, habitant la France, y fait son testament et dispose de biens qu'il possède en Suisse. On peut même supposer, pour compliquer, que les légataires appartiennent à un quatrième État et sont Belges ou Allemands. De même dans les contrats quand les parties sont de nationalités différentes et que les marchandises sont livrables à l'étranger.

Pour résoudre toutes ces questions, de nombreuses théories ont été élaborées, dont l'origine remonte au milieu du moyen âge ; il ne saurait être question de les examiner ici, 1° parce que leur étude suppose déjà connues toutes les matières de droit qui provoquent des conflits de lois ; 2° parce que, pour être sérieuse, cette étude devrait prendre les proportions d'un véritable cours de droit international privé. Je me bornerai donc à indiquer sommairement le progrès historique des idées, les résultats auxquels on était parvenu avant la Révolution, les principales solutions adoptées par le Code civil, et l'état actuel de la question.

A. — Développement historique.

183. Origines de la théorie. — Les difficultés qui nous occupent aujourd'hui pour la combinaison des lois des différents États se présentaient plus rarement autrefois,

[1] C'est à regret que j'ai fait entrer ces questions dans un traité de droit civil. Le décret du 30 avril 1895 place parmi les matières de l'examen de première année le titre préliminaire du Code civil, sans aucune réserve. Or l'art. 3, qui fait partie de ce titre, contient en germe les principes du droit international privé. Du moment où il existe un enseignement spécial pour cette matière, l'art. 3 devait être retiré du programme du droit civil, celui-ci devant être exposé sous sa forme simple, c'est-à-dire en supposant nos lois françaises appliquées en France et à des Français. Il paraît peu équitable d'interroger un étudiant de première année sur des questions qui font nécessairement partie d'un cours de troisième année.

parce que les voyages et les établissements en pays étrangers étaient moins nombreux. Mais des questions analogues s'élevaient fréquemment à l'intérieur d'un même État, à propos des diverses législations locales comprises dans l'étendue de sa souveraineté, comme l'étaient nos anciennes coutumes.

Ces petits conflits intérieurs ont d'abord été étudiés en Italie, dès le XIIIe siècle, pour les lois municipales ou provinciales, appelées *statuts* par opposition au droit romain et au droit lombard, qui régissaient l'ensemble du pays et qu'on appelait « lois ». Les doctrines de l'école italienne ont été reprises et développées par les jurisconsultes français, principalement par Dumoulin et d'Argentré.

L'histoire, fort longue et fort compliquée, de toutes les théories émises sur les conflits des statuts, naguère à peu près inconnue, a été entièrement renouvelée par le travail approfondi de M. A. Lainé (*Introduction à l'étude du droit international privé*, 2. vol. Paris, 1888-1892).

184. Terminologie. — On appelait *statut réel*, « statutum in rem », « statutum quod disponit de rebus », les dispositions relatives aux biens, et *statut personnel*, « statutum in personam, quod disponit de personarum statu, conditione et qualitate », les dispositions relatives aux personnes.

185. Exposé du progrès des idées. — Voici, brièvement résumées, les notions principales à retenir sur ce point.

1° ŒUVRE DE BARTOLE. — Primitivement les jurisconsultes italiens étudiaient les questions relatives au conflit des statuts sans donner la prépondérance à aucun principe particulier. Ils recherchaient pour chaque difficulté la solution qui leur semblait la meilleure, d'après le bon sens et la nature des choses. Ce fut BARTOLE le premier (*Bartolus a Saxoferrato*, 1315-1357) qui donna à ces matières l'ampleur d'une théorie d'ensemble. Il résuma sa doctrine en neuf points principaux et examina successivement les conflits des statuts pour les contrats, les délits, les testaments, l'exécution des sentences, etc. L'œuvre de Bartole, beaucoup plus solide et plus complète que tout ce qui avait paru jusqu'alors sur ces questions, fit une profonde impression sur les esprits et régna à peu près sans partage jusqu'au XVIe siècle.

2° ŒUVRE DE DUMOULIN. — Les idées de Bartole furent reprises et perfectionnées par deux jurisconsultes français, Gui Coquille et Dumoulin. Ce dernier surtout donna, sur certains points tout au moins, les solutions définitives (*Œuvres*, édit. de Paris, 1681, t. III, p. 557 et suiv.). Il met à part les statuts qui règlent la forme des actes et la procédure (statuta ordinatoria), lesquels sont purement territoriaux. Il subdivise ensuite les statuts qui règlent le fond du droit (statuta decisoria, quæ decisionem concernunt). Pour ceux-ci, principalement en tant qu'ils règlent les contrats, il distingue ce qui est laissé à la volonté des parties et ce qui dépend de la loi. Sur les points qui sont fixés par la loi (in his quæ pendent non a voluntate partium, sed a sola potestate legis), Dumoulin applique une distinction déjà ancienne, celle des statuts réels et des statuts personnels; les premiers sont seuls régis par la coutume locale. Cette manière de concevoir la théorie des contrats en cas de conflit de lois est la partie la plus neuve de l'œuvre de Dumoulin. Avant lui on admettait uniformément l'application de la loi du lieu où le contrat était fait.

3° ŒUVRE DE B. D'ARGENTRÉ. — La doctrine italienne, retouchée et rendue plus ferme et plus savante par Dumoulin, faisait une place très large à l'application des statuts extraterritoriaux. Peu de temps après la mort de Dumoulin, le jurisconsulte breton Bertrand d'Argentré tenta une réaction. D'Argentré fut *réaliste* entêté, s'efforçant de réduire par tous les moyens possibles l'application des coutumes autres que celle du ressort. Il rendit au principe de la territorialité, qui avait été le point de départ de notre droit, une partie de l'énergie que les Italiens et Dumoulin lui avaient fait perdre par leurs distinctions. Différents moyens lui servirent à atteindre ce but : il chercha à ramener tous les statuts à deux classes, les statuts réels et les statuts personnels ; il fit du statut réel la règle générale, et réduisit le statut personnel à n'être qu'une exception ; enfin, pour restreindre encore la part du statut personnel, il imagina la catégorie des *statuts mixtes*, « casus mixtus de personis et de rebus ». Dès qu'une disposition de loi relative aux personnes touchait en même temps à la transmission ou à l'administration des biens, il la déclarait mixte et il traitait tous les statuts mixtes comme les statuts réels, c'est-à-dire qu'il appliquait la loi territoriale à l'exclusion de toute autre. Son système est donc une doctrine étroite et tendancieuse qui, en ramenant tous les statuts à deux termes, réalité et personnalité, cherche à assurer le triomphe de la coutume territoriale [1].

4° ÉCOLES FLAMANDE ET HOLLANDAISE. — Les idées de B. d'Argentré eurent d'abord peu de succès en France ; elles s'expliquaient par un état d'esprit tout particulier, local, et ne trouvaient point d'écho chez les jurisconsultes des autres régions. Mais elles rencontrèrent en Belgique et en Hollande un terrain favorable. Les jurisconsultes flamands, Bourgoigne, Rodenburgh, Paul et Jean Voët, les accueillirent avec empressement et en déduisirent, avec plus de rigueur que d'Argentré lui-même, les conséquences logiques [2].

5° ÉCOLE FRANÇAISE DES XVII° ET XVIII° SIÈCLES. — Malgré les efforts de Bertrand d'Argentré, les idées italiennes persistèrent longtemps en France. Les Parlements en firent fréquemment l'application, et tous les auteurs qui ont écrit sur les conflits de lois, depuis Choppin et Louet jusqu'à Lebrun et Laurière, subissent plus ou moins complètement l'influence de Dumoulin [3]. Mais au commencement du XVIII° siècle les ouvrages de BOULLENOIS [4] et de FROLAND [5] répandirent une doctrine mitigée, qui, tout en se montrant libérale envers les statuts personnels, prenait pour base le principe de la réalité et la répartition de tous les statuts en trois classes, personnels, réels et mixtes. Ce fut une sorte de fusion des idées de Dumoulin et de celles de d'Argentré. Toutefois Dumoulin eut encore vers la même époque un disciple fidèle et même exagéré, en la personne du président BOUHIER. Celui-ci, dans ses *Observations sur la Coutume du duché de Bourgogne* (1717), s'efforçait de restreindre le principe de la réalité et décidait qu'en cas de doute sur la nature d'un statut, on devait le regarder comme personnel (chap. XXVI, n°s 1-10). Mais cette opinion, qui est restée absolument isolée, a pu être très justement traitée de paradoxe (LAINÉ, *op. cit.*, t. II, p. 70).

B. — Résultats acquis au XVIII° siècle.

186. Aperçu sommaire. — Malgré les nombreuses divergences de détail qui séparent nos anciens auteurs, on peut réduire à quelques principes essentiels les résultats principaux auxquels ils étaient arrivés.

1° La *réalité*, c'est-à-dire la *souveraineté territoriale* des coutumes, est le principe ; l'application, dans le ressort d'une coutume, des dispositions d'une autre coutume, ne peut être qu'une exception.

Le principe de la réalité des coutumes, conforme aux origines de notre droit, a été admis par tous nos jurisconsultes, même par Dumoulin, qui disait « statuta vel consuetudines, tanquam reales, non extenduntur ultra sua territoria ». Ils ne différaient d'avis que sur le nombre et l'importance des exceptions que ce principe pouvait recevoir. Comp. LOYSEL : « Toutes coutumes sont réelles » (*Institutes coutumières*, n° 303). Gui Coquille affirme que de son temps c'était « une règle brocardique », qui était « communément ès cerveaux des praticiens » (*Institution au droit français*, p. 2).

2° Cette exception est fondée non pas sur un principe absolu de droit, mais sur une considération purement contingente : l'intérêt des populations diverses à se faire mutuelle-

[1] D'Argentré a traité ces questions dans sa Glose 6°, sur l'art. 218 de l'ancienne Coutume de Bretagne, qui était relatif aux donations. Voir le résumé qu'en a donné M. Lainé, *op. cit.*, t. I, p. 315-334.

[2] « Nullum statutum, sive in rem, sive in personam, si de ratione juris civilis sermo instituatur, sese extendit ultra statuentis territorium » (P. VOET, *De statutis*, c. II, § 4). Pour le surplus, je ne puis que renvoyer aux développements donnés par M. A. Lainé dans son *Introduction à l'étude du droit international privé* (t. I, p. 395) et par M. Weiss (*Droit international privé*, 2° édit., p. 224 et s.), sur les idées des jurisconsultes hollandais.

[3] Voyez le résumé de leurs opinions dans LAINÉ, t. I, p. 342-388.

[4] *Des statuts personnels réels et mixtes*, dans ses *Questions sur les démissions de biens*, 1727. — Le *Traité de la personnalité et de la réalité des lois* est une œuvre posthume publiée seulement en 1766.

[5] *Mémoire concernant la nature et la qualité des statuts*, 2 vol. in-4°, Paris, 1729.

ment des concessions, ce que les jurisconsultes appelaient la « courtoisie internationale » (*comitas gentium*).

On doit toutefois remarquer qu'au XVIIIe siècle le respect des lois étrangères relatives aux personnes apparaît de plus en plus comme une nécessité internationale et tend par suite à prendre la valeur stricte d'une règle de droit. Le Président Bouhier est celui qui a le plus insisté sur cette nécessité.

3° Le *statut personnel* est réglé pour chaque personne par son *domicile*, c'est-à-dire d'après la coutume dans le ressort de laquelle cette personne est domiciliée, quel que soit le lieu où l'acte s'accomplit.

4° Les formes extérieures des actes juridiques sont toujours régies par la loi du lieu où l'acte est passé, quelle que soit la nationalité des personnes qui l'accomplissent, ce qu'on exprime en disant : *Locus regit actum*. Cette règle a une origine très lointaine ; on en trouve les premiers linéaments dans quelques textes du droit romain ; mais ce sont les derniers glossateurs qui l'ont dégagée ; Dumoulin et Choppin en ont fait une application plus étendue, et enfin sa formule définitive apparaît dans un arrêt du Parlement de Paris, du 15 janvier 1721.

Sur l'histoire de la règle « Locus regit actum » et sur sa portée, voyez A. LAINÉ, *Introd. au droit intern. privé*, t. II, p. 329-428.

5° On pourrait aussi considérer, comme un des résultats auxquels était arrivée l'école française, le partage de toutes les lois en deux classes, celle des statuts réels et celle des statuts personnels.

Sur ce point d'Argentré avait triomphé et les multiples distinctions de l'école italienne, admises encore par Dumoulin, avaient fini par être rejetées ; mais cette classification simplifiée était insuffisante, et nos anciens auteurs le sentaient sans vouloir l'avouer. Là était le vice capital des doctrines françaises (Comp. LAINÉ, *op. cit.*, t. II, p. 24 et 27).

C. — Système du Code civil [1].

187. Brièveté du texte. — Le Code civil s'est occupé de ces questions dans l'art. 3, mais fort brièvement et d'une manière incomplète. Elles eussent mérité une série d'articles prévoyant et réglant les principales difficultés sur lesquelles on avait tant disserté ; mais les auteurs de la loi se sont contentés de donner trois solutions isolées sur la *police*, sur la *propriété foncière*, sur la *capacité des Français*.

1° Dispositions positives de la loi.

188. Lois de police et de sûreté. — « Les lois de police et de sûreté obligent tous ceux qui *habitent* le territoire » (art. 3, al. 1). Il faut ajouter : « ou *qui s'y trouvent de passage* », car il suffit qu'un étranger traverse la France, fût-ce en chemin de fer, pour être soumis à nos lois. Cette règle est fondamentale : chaque nation est souveraine sur son territoire, et elle cesserait de l'être si les lois destinées à y faire régner l'ordre ne s'imposaient pas aux étrangers comme à ses nationaux.

Cette règle comprend d'abord toutes les lois pénales (*police répressive*), puis les lois de police proprement dites (*police préventive ou administrative*), qu'il s'agisse de la police générale de l'État ou de police locale (chemins de fer, voirie, marchés, exercice des professions, etc.). Rentrent dans cette catégorie les lois concernant la liberté du travail, la réglementation du travail industriel des enfants et des adultes (Aix, 7 février 1884, D. 85. 1. 212, S. 84. 2. 57), la protection des nourrissons, les professions ambulantes, les professions qui supposent un diplôme et qui sont monopolisées (avocats, pharmaciens, médecins). Il faut même y faire rentrer bon nombre de lois civiles, qui ne sont nullement du ressort des juridictions répressives, mais qui n'en sont pas moins destinées à faire régner l'ordre et les bonnes mœurs. Ainsi un étranger peut être condamné à fournir des *aliments*

[1] Le Code civil fit disparaître pour la France l'utilité des anciennes théories sur les statuts locaux, en unifiant le droit français : depuis lors il n'y a plus de conflits de coutumes. Mais, comme on l'a déjà vu (n° 182), des questions semblables se posent entre Français et étrangers pour l'application de leurs lois respectives.

à ses parents qui sont dans le besoin, par application des art. 205-207 C. civ., alors même que sa loi nationale ne lui imposerait pas cette obligation dans son pays. Sont encore applicables aux étrangers nos lois sur les *actes de l'état civil*, et celles qui assurent la protection des *aliénés*. On a également reconnu ce caractère à la loi du 28 mars 1882, qui a rendu l'instruction primaire obligatoire : l'obligation existe même pour les familles étrangères qui résident en France (Décisions du ministre de l'instruction publique, *Revue générale d'administration*, 1882, III, p. 447 ; 1883, I, p. 54).

Il existe toutefois un tempérament important à signaler. Les lois de police et de sûreté ne sont pas absolument applicables en France à tout le monde : les souverains étrangers, les ambassadeurs et leur suite n'y sont pas soumis sur le territoire français, en vertu d'un bénéfice diplomatique, fort improprement appelé *exterritorialité*.

189. Lois relatives à la propriété foncière. — « Les immeubles, même ceux possédés par des étrangers, sont régis par la loi française » (art. 3, al. 2). C'est de notre sol qu'il s'agit ; il est tout naturel que le régime économique et civil du territoire français soit l'œuvre de nos lois.

Cette disposition doit être entendue en ce sens que *toutes* les lois relatives aux immeubles doivent recevoir leur application en France, sans aucune considération de personnes.

Ceci s'applique : 1° aux lois qui classent et définissent les biens immobiliers (*Distinction des biens en meubles et immeubles*, art. 517-532) ; 2° à celles qui déterminent le *nombre*, la *nature*, et les *effets* des différents droits que les particuliers peuvent avoir sur les choses, *propriété*, *usufruit*, *servitudes*, *hypothèques*, etc. (art. 543, 578, 647 et suiv.). Ainsi un étranger ne pourrait pas réclamer en France un droit réel immobilier que notre loi ne connaît pas, sous prétexte qu'il existe dans son pays.

Mais la décision de l'art. 3, al. 2, a une portée plus grande encore. Elle concerne aussi : 3° les lois relatives aux *voies d'exécution* ou *saisies*, et 4° celles qui règlent les différents *modes de transmission* des immeubles. La saisie immobilière étant une procédure, on peut d'ailleurs considérer les textes qui la régissent comme des lois de police et de sûreté. On pourrait dire la même chose des lois sur l'*expropriation pour cause d'utilité publique* et sur la *transcription* des aliénations immobilières : elles s'appliquent sans conteste même aux immeubles possédés par des étrangers.

Il y a plus de doutes relativement à la transmission des immeubles après décès par *succession ab intestat*. C'est sur ce point surtout qu'ont porté les controverses depuis la promulgation du Code, mais la jurisprudence admet que la dévolution héréditaire des immeubles est régie exclusivement par la loi française (Cass. 2 avril 1884, D. 84. 1. 277, S. 86. 1. 121 ; Cass. 20 juin 1887, D. 88. 1. 288, S. 87. 1. 408).

190. Lois relatives à la capacité des Français. — Les lois qui déterminent la capacité des Français, qui leur permettent ou leur interdisent tel ou tel acte, continuent à les régir, même quand ils résident dans les pays étrangers (art. 3, al. 3). En passant la frontière, ils n'échappent donc pas à la tutelle de leur loi nationale, quand elle les déclare incapables [1].

Telles sont les seules décisions positives du Code civil. On voit par leur objet que les auteurs du Code se sont surtout préoccupés d'assurer, par des règles impératives, l'application des lois françaises, soit aux étrangers en France, soit aux Français à l'étranger, pour les matières qui leur ont paru offrir le plus d'importance.

2° Lacunes de la loi.

191. Lacune relative aux meubles. — L'art. 3 est fort insuffisant. Il y a certains points graves que la loi ne décide pas. D'abord elle ne dit rien des *meubles* ; quelles règles leur appliquer ?

Il y a pour eux de grosses questions à résoudre, relatives à la saisie, à la prescription, à

[1] Ce ne sont pas seulement nos lois sur la capacité qui suivent les Français à l'étranger. Il en est de même pour certaines lois pénales : un Français peut être poursuivi en France pour des crimes commis par lui hors du territoire (L. 27 juin 1866).

leurs modes d'acquisition, surtout en cas de transmission par décès (succession ou legs).

Le silence de la loi sur les meubles implique qu'ils ne sont pas nécessairement soumis à la loi française comme les immeubles. En effet, les meubles n'ont pas d'assiette fixe. De plus, dans notre ancien droit, on appliquait au meuble la loi du domicile de leur propriétaire, du moins toutes les fois qu'on considérait l'universalité des meubles d'une personne, par exemple pour régler la succession [1]. On peut donc penser que le Code a entendu maintenir l'ancien système qui appliquait un traitement différent aux meubles, et aux immeubles. Cependant la jurisprudence française moderne a une tendance marquée à faire régir les meubles par la loi territoriale. Toutes les fois qu'un meuble est considéré individuellement, on lui applique la loi française dès qu'il se trouve en France, quelle que soit la nationalité de son propriétaire. Il en est ainsi pour les questions de saisie, de possession (art. 2279), de revendication, de privilèges, de mise en gage, etc. (Caen, 12 juill. 1870, D. 74. 1. 466, S. 71. 2. 57 ; Cass. 12 mars 1872, D. 74. 1. 465, S. 72. 1. 238 ; Rouen, 22 juill. 1873, D. 73. 2. 180 ; Paris, 21 août 1882, D. 84. 1. 265, S. 83. 2. 117 ; Montpellier, 9 mai 1890, D. 91. 2. 197, S. 92. 2. 240 ; Douai, 11 déc. 1891, D. 94. 2. 193). Cela se comprend : les meubles, bien que susceptibles de déplacement, ont une situation de fait, au moins temporaire ; ils forment une part considérable de la fortune générale d'un pays, et un État a un intérêt évident à ce que ses richesses mobilières soient régies par ses lois. Si notre ancien droit n'a pas songé à faire rentrer les meubles sous l'autorité de la loi territoriale, c'est à cause du peu d'importance que les meubles avaient alors. Le changement économique qui s'est produit dans la composition des patrimoines explique les tendances actuelles de la jurisprudence.

192. Lacune relative aux personnes. — La loi dit bien que nos lois sur la capacité suivent les Français à l'étranger, mais elle ne s'occupe pas du cas inverse et ne nous dit pas si la capacité des étrangers en France doit être régie par la loi française ou par les lois étrangères. Ici toutefois le doute ne saurait être sérieux : le principe de réciprocité s'impose, et les auteurs du Code n'ont pu avoir la pensée de détruire un résultat qui était universellement admis dans notre ancien droit. Leur silence doit donc être interprété en faveur de l'admission des lois étrangères. Par suite, c'est d'après les lois étrangères qu'on devra vérifier si l'étranger est majeur ou mineur, s'il est valablement marié ou divorcé, etc.

L'étranger doit être pris et traité en France, pour tout ce qui concerne son état et sa capacité, tel que le fait sa loi propre.

Ce qui pourrait être plus contestable, c'est de savoir si la capacité de l'étranger est déterminée par sa *loi nationale* ou par la *loi de son domicile*. Cependant le texte nous fournit un élément de solution : puisque la loi française suit les Français établis à l'étranger *à raison de leur nationalité*, l'application en France de la loi étrangère (qui est la réciproque exacte de cette disposition) doit de même être gouvernée par le principe de nationalité. Le domicile a donc perdu, dans le droit moderne, le rôle qu'il avait dans l'ancien droit pour déterminer le statut personnel.

193. Lacune relative aux contrats. — Enfin le Code ne dit rien des *contrats*, pour lesquels Dumoulin avait jadis formulé des préceptes originaux (ci-dessus, n° 185-2°) et qui fournissent la matière d'amples dissertations au droit international privé.

194. Maintien de la règle « Locus regit actum ». — Le Code ne se prononce pas dans l'art. 3 sur les règles relatives à la forme des actes ; on peut donc se demander s'il a entendu maintenir l'ancienne maxime « Locus regit actum ». Mais cette règle est d'une nécessité absolue dans la pratique ; il serait souvent impossible aux personnes qui se trouvent en pays étranger d'observer les règles prescrites par leur loi nationale : com-

[1] On disait : « Mobilia personam sequuntur, mobilia personæ ossibus inhærent » (D'ARGENTRÉ, sur l'art. 218, Anc. cout. de Bretagne, gl. 6, n° 30 ; PAUL VOET, *De statutis*, sect. 4, ch. 2, n° 2 ; BOULLENOIS, *Traité de la personnalité...*, observ. 19 ; etc.). Mais on n'était pas d'accord sur le sens de la maxime. Les uns disaient : « Les meubles n'ont pas de situation fixe ; si on leur applique une loi déterminée, c'est qu'on les répute situés au domicile de leur propriétaire ; ils sont donc régis par un *statut réel fictif*. » — D'autres pensaient que les meubles étaient franchement régis par le *statut personnel* de leur propriétaire. Ce sont les premiers qui avaient raison. Sur les origines et le sens de la règle, voy. A. LAINÉ, *Introd. au droit intern. privé*, t. II, p. 228-252.

ment dresser un acte notarié dans un pays où il n'y a pas de notaires ? Et, même s'il en existe, ceux-ci ne peuvent procéder que conformément à la loi du pays qui les a institués. Aussi la maxime relative à la forme des actes est-elle acceptée partout, sans textes ni conventions, par l'effet d'une sorte de coutume internationale, et le Code Napoléon lui-même en a fait plus d'une fois l'application (aux actes de l'état civil, art. 47 ; au mariage, art. 170 ; aux testaments, art. 999). Aucun doute ne saurait donc s'élever sur son maintien dans le droit français.

Le projet primitif du Code contenait un article ainsi conçu : « La forme des actes est réglée par la loi du pays dans lequel ils sont faits ou passés » (Livre préliminaire, tit. IV, art. 6). Cette disposition fut supprimée, non pas pour abandonner une règle si nécessaire, mais parce qu'elle parut mal rédigée : il ne dépend pas d'un législateur d'édicter une règle applicable en tous pays ; il ne peut fixer que la pratique du territoire qui lui est soumis.

D. — Les théories modernes.

195. Apparition d'un nouveau principe. — Depuis le Code civil, il s'est fait un travail considérable sur toutes ces questions ; la science du droit international privé s'est fondée, et les difficultés que soulèvent les conflits de lois ont été étudiées à nouveau avec une largeur de vues et une méthode scientifique qui avaient trop souvent fait défaut aux anciennes discussions sur les statuts. C'est surtout en Italie que s'est produit ce mouvement d'idées, ce qui fait qu'on donne souvent à la doctrine nouvelle le nom de *théorie italienne* [1].

Le changement est radical, le point de départ des anciennes théories sur les statuts est abandonné : la loi n'est plus territoriale en principe : elle est personnelle. Ce principe moderne de la *personnalité du droit* est fondé sur une conception toute nouvelle de l'État. L'État n'apparaît plus comme une *souveraineté territoriale* qui perd tout empire hors de ses frontières ; il représente avant tout une *nation*, c'est-à-dire un groupe de personnes. Les personnes prennent le premier rang ; c'est pour elles que les lois sont faites ; le territoire n'est plus considéré que comme une condition matérielle de la souveraineté, la résidence habituelle de la nation. On a fort bien dit que le territoire était pour les nations ce que le domicile est pour les individus.

196. Conséquences de la personnalité du droit. — La théorie nouvelle concorde sur la plupart des points avec les solutions traditionnelles de la théorie des statuts, conservées par le Code. L'une comme l'autre abandonnent à la loi territoriale la police, la sûreté intérieure, l'exercice des droits publics, l'organisation de la propriété foncière ; l'une comme l'autre font régir la capacité des personnes par leur loi nationale. On doit même remarquer que le Code français, comme la théorie italienne, fait dépendre la loi personnelle, non plus du *domicile*, mais de la *nationalité*.

La grande divergence se rencontre à propos des successions. Le système traditionnel français, conservé par la jurisprudence (Cass. 13 juill. 1869, D. 70. 1. 130 ; Cass. 5 mai 1875, *Journal de droit international privé*, 1875, p. 357 ; Cass. 22 févr. 1882, *ibid.*, 1883. 64), règle la succession de la manière suivante : les *meubles* sont régis par la loi du domicile, c'est-à-dire par la loi du pays où le défunt était domicilié au moment de sa mort ; les *immeubles* forment autant de successions distinctes qu'il y a de territoires indépendants : les biens situés en France sont régis par la loi française, les biens situés à l'étranger par la loi du lieu de leur situation. — La théorie italienne fait ici prédominer l'idée de personnalité : la succession forme une unité indivisible et la transmission des biens est régie par la loi nationale du défunt, quels que soient le lieu de son domicile et la situation de ses biens [2].

[1] Son principe a été affirmé pour la première fois en 1851 par MANCINI dans un discours célèbre (*Della nazionalita come fondamento del diritto delle genti*). Comp. ESPERSON, *Il principio di nazionalita applicato alle relazioni civili internazionali*, 1868. — FIORE, *Diritto internazionali privato* (trad. franç. Paris, 1875 ; 3e édit. 1888).

[2] Le règlement des successions est un des gros problèmes du droit international. On peut citer encore en ce genre le règlement des faillites : la faillite d'une maison de commerce intéresse souvent plusieurs pays à la fois, et dans les théories modernes on a cherché à établir pour elle comme pour les successions, un système unitaire, au lieu d'en fractionner le règlement au cas de dispersion des biens sur plusieurs territoires.

197. Résistance de la jurisprudence française. — La thèse de la personnalité du droit est en vogue dans la doctrine [1]. Elle rencontre beaucoup plus de résistances dans la jurisprudence, traditionnelle par nature [2]. On a fait de grands efforts pour la faire pénétrer dans notre droit en se prévalant de la rédaction incomplète de l'art. 3 C. civ. Il est certain qu'aucune disposition positive de la loi ne la contredit, et que la jurisprudence pourrait l'introduire dans la pratique sans être arrêtée par des textes formels. Mais il paraît non moins certain que les rédacteurs du Code l'ont ignorée et que leurs décisions, pour être incomplètes, n'en sont pas moins l'application des anciennes règles sur les conflits des statuts. La jurisprudence française est donc dans le vrai, quand elle maintient le principe de la territorialité des lois.

198. Pays de territorialité absolue. — Le système de la *territorialité pure*, excluant toute application d'une loi étrangère, qui a été pratiqué en France dans le haut moyen âge, se trouve encore dans les *pays anglo-saxons* [3]. Les jurisconsultes anglais et américains, Westlake, Story, etc., proclament à l'envi que tant que le droit anglais restera ce qu'il est maintenant et ce qu'il a toujours été, il faudra écarter toute loi étrangère pour les faits juridiques qui ont leur siège dans leur pays. Partout ailleurs, le principe de la territorialité absolue n'est plus appliqué ; il a cédé plus ou moins complètement la place au système contraire de la personnalité des lois. Même en Angleterre, la pratique a déjà apporté des atténuations nombreuses au principe rigoureux de la « common law », et soit pour l'état et la capacité des étrangers, soit pour le mariage et le divorce, soit pour la fraction mobilière du patrimoine, la loi personnelle gagne sans cesse du terrain (A. Weiss, *Traité élémentaire de droit international privé*, 2e édit., p. 301. — Voy. cependant l'ouvrage de M. de Vareilles-Sommières, *La synthèse du droit international privé*, qui soutient, comme le fondement nécessaire de cette science, le principe de la réalité ou territorialité du droit).

CHAPITRE V

DE L'INTERPRÉTATION DES LOIS

199. Trois espèces d'interprétation. — L'interprétation des lois peut être purement *doctrinale*, ou se faire *d'autorité*. Cette dernière à son tour se subdivise : elle peut émaner de deux autorités différentes, *le pouvoir judiciaire* ou *le législateur lui-même*.

§ 1. — *Interprétation doctrinale.*

200. Définition. — On appelle « interprétation doctrinale » celle qui se fait dans les livres, dans les revues, dans l'enseignement, dont l'ensemble constitue ce qu'on appelle « la doctrine ».

[1] Voyez notamment les deux ouvrages de M. André Weiss, sur le droit international privé, qui lui donnent une entière adhésion.

[2] Ainsi la jurisprudence française admet qu'en cas de faillite, il se forme plusieurs masses distinctes, ayant chacune son actif et son passif, et administrées par leurs syndics respectifs (Cass. 17 juill. 1882, D. 83. 1. 65 ; Bordeaux, 25 mars 1883, et Paris, 10 nov. 1886, D. 88. 2. 290-291).

[3] Il en est de même, paraît-il, dans les provinces baltiques de la Russie (Esthonie, Livonie, Courlande).

201. Caractères. — Cette interprétation est la plus libre de toutes, parce qu'elle est purement *théorique ;* elle ne suppose en jeu aucun intérêt particulier engagé dans un litige, et elle n'a aucune conséquence pratique directe, étant dépourvue de toute force obligatoire. C'est aussi la plus féconde, parce qu'elle se développe à l'aise ; elle ne se renferme pas dans l'examen d'une question isolée ; elle donne à ses idées et à ses conclusions l'ampleur, la logique, la force d'une synthèse. Mais elle n'a d'autre utilité que la conviction qu'elle peut faire pénétrer dans l'esprit du juge.

Les règles qui la gouvernent seront expliquées dans le § 4.

§ 2. — *Interprétation judiciaire.*

202. Définition. — L'interprétation judiciaire est celle qui émane des tribunaux quand, pour juger une affaire, ils font l'application d'une loi dont le sens est discuté. Avant d'exposer les règles de ce genre d'interprétation, il est nécessaire de donner quelques renseignements sur l'organisation des tribunaux.

203. Notions sommaires sur l'organisation judiciaire en matière civile. — En principe toute affaire est soumise à deux degrés de juridiction : la *première instance* et l'*appel*. Il n'y a jamais lieu à un troisième degré de juridiction ; mais quelquefois il n'y en a qu'un seul et l'appel est impossible ; on dit alors que l'affaire est jugée « en premier et dernier ressort ».

Le tribunal de droit commun est le *tribunal civil*, appelé aussi *tribunal d'arrondissement* parce qu'il en existe un par arrondissement. Il juge en principe *à charge d'appel ;* toutefois l'appel est supprimé pour les affaires au-dessous de 1,500 francs de capital en matière mobilière, ou de 60 francs de revenus en matière immobilière. Quand il y a lieu à appel, l'affaire est portée, pour être jugée en seconde instance, à un tribunal supérieur appelé « cour d'appel ».

Les *cours d'appel* sont au nombre de 26 ; leur ressort comprend plusieurs départements, sauf pour la cour de Bastia. Leurs décisions, qui sont toujours en dernier ressort, portent le nom *d'arrêts*, tandis que celles des tribunaux s'appellent *jugements*.

En dehors de ces juridictions de droit commun, il existe trois ordres de *tribunaux exceptionnels* pour certaines affaires :

1° Les *justices de paix* (une par canton) qui jugent les petites affaires civiles, sans appel jusqu'à 100 francs, à charge d'appel de 100 à 200 francs (l'appel est porté au tribunal civil d'arrondissement). En outre, les juges de paix connaissent des *actions possessoires* (espèce particulière d'actions immobilières). Les lois du 25 mai 1838 et du 2 mai 1855 leur ont attribué compétence pour un certain nombre d'affaires limitativement énumérées par elles. Ces tribunaux de canton sont les seuls en France où la justice soit rendue par un juge unique.

2° Les *tribunaux de commerce*, qui sont institués pour connaître spécialement des *affaires commerciales*. Sauf leur caractère de juridiction d'exception, ils ressemblent assez bien aux tribunaux civils. Ils ont pour ressort l'arrondissement pour lequel ils siègent (quand il n'y a pas de tribunal de commerce dans l'arrondissement, le tribunal civil en fait l'office et juge commercialement). Quand ils jugent à charge d'appel, l'affaire est portée à la cour d'appel. Les juges commerciaux sont élus.

3° Les *conseils de prud'hommes*, créés en beaucoup d'endroits depuis 1806 pour connaître des petites contestations entre patrons et ouvriers. Institués d'abord pour juger des différends d'ordre technique, tels que la mauvaise exécution du travail, leur compétence s'est peu à peu étendue à de pures questions de droit (salaires, congés, etc.), pour lesquelles ils n'ont sérieusement pas de raison d'être.

Les conseillers prud'hommes sont élus : l'appel de leurs jugements va au tribunal de commerce. Là où il n'existe pas de conseil de prud'hommes, l'affaire est soumise au juge de paix.

— Au-dessus de toutes ces juridictions siège la *Cour de cassation* dont le rôle est tout spécial. Quand une affaire a été jugée par une décision rendue *en dernier ressort*, le débat est terminé devant les juridictions ordinaires ; on ne peut plus discuter à nouveau les faits. Mais la Cour de cassation est appelée à vérifier si les juges ont bien interprété et bien appliqué la loi. Le procès ne recommence pas au fond devant elle ; ce n'est pas un nouveau degré de juridiction. La Cour prend pour acquis les *points de fait*, constatés par l'arrêt ou le jugement attaqué, et elle recherche seulement si, *ces faits étant donnés*, il leur a été fait une juste application de la loi. Aussi dit-on que la Cour de cassation *juge les jugements, et non pas les procès* ; ou encore que les tribunaux de tout ordre et les Cours d'appel sont *juges souverains du fait*, le point de droit étant seul soumis à la Cour de cassation. Si la Cour estime que la loi a été violée ou mal comprise, elle *casse* la décision attaquée, mais elle ne la remplace pas par une autre. L'affaire est *renvoyée*, pour être jugée au fond, devant une autre Cour ou un autre tribunal de même degré que celui qui avait rendu la décision cassée. — La Cour de cassation est saisie de l'affaire par un acte nommé *pourvoi*. En matière civile les pourvois sont soumis d'abord à la *Chambre des requêtes* qui leur fait subir un examen préalable : ceux qui paraissent mal fondés sont rejetés par elle ; ceux qui lui semblent admissibles sont communiqués à la *Chambre civile* qui seule a le droit de prononcer une cassation. Pour les affaires criminelles, il n'existe qu'une seule chambre.

Toutes les juridictions de l'ordre judiciaire ressortissent à la Cour de cassation. Cependant les *juges de paix* ont le droit de *prononcer en équité*, c'est-à-dire sans tenir compte des dispositions de la loi, toutes les fois qu'ils statuent en dernier ressort. Leurs décisions ne peuvent être attaquées pour violation de la loi (L. 25 mai 1838, art. 15). Ces petits tribunaux, les plus humbles de la hiérarchie judiciaire, sont donc aussi les plus indépendants. Il en est autrement des jugements rendus par eux à charge d'appel : le tribunal civil, saisi au second degré, doit se conformer à la loi sous peine de cassation (L. 20 avril 1810, art. 7).

204. Liberté d'interprétation laissée aux tribunaux. — L'interprétation judiciaire est *libre*, en principe : chaque tribunal a le droit d'adopter la solution qui lui paraît la plus juste et la meilleure ; il n'est lié ni par les décisions qu'il a pu rendre antérieurement pour des affaires analogues, ni par les décisions d'un autre tribunal, même supérieur en degré. Ainsi les tribunaux civils d'arrondissement peuvent avoir sur les questions controversées une jurisprudence contraire à celle de la cour d'appel à laquelle ils ressortissent ; mais leurs décisions ont alors de grandes chances d'être réformées en appel.

A cette grande règle il n'existe qu'*une seule dérogation*, mais qui est capitale et qui sert de clef de voûte à notre organisation judiciaire : c'est l'obligation imposée *en certains cas* à un tribunal de se conformer à l'avis exprimé par la Cour de cassation sur l'affaire qui lui est soumise. Ceci demande quelques explications ; voyez le n° suivant.

*** 205. Autorité spéciale des chambres réunies de la Cour de cassation.** — La Cour de cassation a été créée le 1er décembre 1790[1].

[1] L'Assemblée constituante l'avait appelée *Tribunal de cassation*, dans la crainte que le nom de « Cour » ne lui inspirât des projets ambitieux comme ceux qu'avaient nourris les an-

A ce moment on s'apprêtait à donner à la France *l'unité de législation;* on voulut aussi lui assurer *l'unité de jurisprudence*. Sans cela, comme les cours d'appel sont indépendantes les unes des autres, on aurait vu se former peu à peu, pour les points controversés, des jurisprudences locales qui auraient ressuscité sous une autre forme la variété de notre ancien droit. C'est pour cela qu'on institua un tribunal supérieur à tous les autres. A raison de la situation éminente qu'occupe la Cour de cassation, on l'appelle habituellement *la Cour suprême ;* il serait plus juste, puisqu'elle ne *juge* pas les affaires, de l'appeler *la Cour régulatrice*, nom qu'on lui donne aussi quelquefois.

Cependant le pouvoir d'imposer sa manière de voir à tous les autres tribunaux ne lui a été accordé qu'en 1837. Jusque-là les *juridictions de renvoi* [1] avaient indéfiniment le droit de statuer comme l'avaient fait les premiers juges, auteurs de la décision cassée, et contrairement à l'opinion de la Cour de cassation sur ce point [2]. La loi du 1er avril 1837 a mis fin à cet état de choses de la manière suivante. Si la décision rendue sur renvoi après une première cassation est conforme à la décision cassée, l'affaire revient devant la Cour de cassation, qui siège cette fois *toutes chambres réunies* (34 conseillers, président compris) [3]. L'arrêt rendu ainsi en audience solennelle possède une vertu particulière, car si la seconde décision est cassée comme la première, *l'avis des chambres réunies est obligatoire pour la nouvelle cour de renvoi* qui jugera l'affaire au fond (L. 1er avril 1837). De la sorte, la Cour de cassation possède un moyen de faire triompher définitivement ses opinions dans la jurisprudence [4].

Les arrêts des chambres réunies ne donnent une solution obligatoire que pour la dernière juridiction de renvoi, et *pour cette affaire seulement*. La juridiction de renvoi, comme toutes les autres, reste libre d'adopter pour les autres affaires une opinion différente. Cependant les arrêts des chambres réunies jouissent ordinairement d'une grande autorité ; ils *fixent la juris-*

ciens parlements; les juridictions du second degré s'appelèrent aussi primitivement *tribunaux d'appel*. Ce fut le Sénatus-Consulte du 28 floréal an XII, qui, en créant la dignité impériale, donna à ces juridictions le titre de *cours* et à leurs décisions le nom *d'arrêts*.

[1] On appelle *juridiction de renvoi* le tribunal ou la cour saisi d'une affaire pour la juger à nouveau, quand la Cour de cassation a cassé l'arrêt ou le jugement qui lui était déféré. Voy. le nº 201.

[2] Primitivement le conflit était sans issue, en ce sens qu'il ne pouvait pas être terminé par l'autorité judiciaire ; il ne pouvait recevoir sa solution que du pouvoir législatif, au moyen du « référé » dont il sera parlé dans le § suivant. Pour y mettre plus promptement un terme, la loi du 30 juillet 1828 décida qu'après deux cassations successives dans la même affaire, la décision rendue par la troisième cour ou le troisième tribunal serait définitive et ne pourrait plus être attaquée par un pourvoi en cassation fondé sur les mêmes moyens ; mais, pour cette décision, le tribunal ou la cour n'était pas obligé de se conformer aux vues de la Cour de cassation. Ce n'était donc pas à la Cour de cassation qu'appartenait le dernier mot, et on lui faisait jouer ainsi un rôle peu conforme au but de son institution.

[3] Il y a à la Cour de cassation trois chambres : la *chambre civile*, la *chambre des requêtes* et la *chambre criminelle*.

[4] Ce système avait été proposé en 1835 par M. Victor Foucher, avocat général à Rennes (*De l'interprétation des lois*, 8º). C'est donc seulement depuis 1837 que la Cour de cassation est devenue une cour *régulatrice*.

prudence, parce qu'il y a peu de chances que la Cour de cassation revienne ensuite sur sa décision après cet examen solennel. Les juges et conseillers se rangent, bon gré mal gré, à son avis, et la doctrine reste seule à protester. Il est rare que la résistance des cours d'appel se prolonge, et plus rare encore qu'elle amène un revirement, après un arrêt des chambres réunies.

206. Importance des arrêts d'appel. — D'après ce qui vient d'être dit, on pourrait croire qu'il y a lieu de tenir compte seulement des arrêts de la Cour de cassation pour se renseigner sur la jurisprudence; mais ce serait une erreur. D'abord un grand nombre de questions controversées n'ont pas encore été soumises à la cour régulatrice; bien des procès s'arrêtent sans parvenir jusqu'à elle. On rencontre ainsi beaucoup de points de droit sur lesquels il n'existe encore que des arrêts de cours d'appel, et pas d'arrêt de la Cour de cassation. En second lieu, les cours d'appel, qui n'aiment pas à voir leurs arrêts cassés, cherchent autant que possible à se décider par des raisons de fait, de manière à éluder le contrôle de la Cour de cassation en ne se prononçant pas sur le point de droit. La jurisprudence des cours d'appel prend ainsi peu à peu une importance qu'elle n'avait pas autrefois. On s'en aperçoit à la place croissante qui lui est accordée dans les recueils.

207. Interprétation des règlements par l'autorité judiciaire. — L'autorité judiciaire a qualité pour interpréter tous les actes qui possèdent réellement le caractère législatif. Elle peut donc interpréter non seulement les lois proprement dites, mais même les décrets et arrêtés des autorités administratives.

Sans doute, le principe de la séparation des pouvoirs s'oppose à ce que les actes de l'administration soient interprétés par l'autorité judiciaire, mais ceci n'est vrai que pour les actes administratifs proprement dits. Il est au contraire reconnu que les actes réglementaires, qu'il s'agisse de décrets du chef de l'État ou de simples arrêtés préfectoraux ou municipaux qui contiennent des dispositions générales pourvues d'une sanction pénale, peuvent très régulièrement être interprétés par l'autorité judiciaire qui est appelée à en faire l'application aux particuliers (LAFERRIÈRE, *Traité de la juridiction administrative*, 2e édit., t. I, p. 480; DUCROCQ, *Cours de droit administratif*, n° 655).

§ 3. — *Interprétation par l'autorité législative.*

208. Pouvoir exclusif anciennement réservé au législateur. — Dans l'Empire romain c'était une maxime absolue que l'Empereur seul avait qualité pour interpréter les lois établies par lui, quand elles étaient obscures : « Ejus est interpretari legem cujus est condere »[1]. Cette maxime avait passé dans notre ancien droit ; le roi seul pouvait interpréter ses ordonnances. Par conséquent, lorsque le sens de l'une d'elles était douteux, les juges devaient s'abstenir de l'interpréter. L'ordonnance d'avril 1667 (tit. I, art. 7) leur en faisait la défense formelle ; le procès était suspendu et les parties « *renvoyées à se pourvoir devant le roi* », pour faire fixer le sens du texte.

[1] Cette maxime ne se trouve pas en propres termes dans les lois romaines, mais elle ressort de quelques décisions particulières. Voy. notamment *Code de Justinien*, liv. I, tit. 14, loi 12. — La jurisprudence antique a beaucoup abusé de ce procédé qui consistait à faire interpréter le droit par une décision impériale. Il en est résulté une énorme accumulation de *rescrits*, ce qui est la plus détestable manière de légiférer, parce que le législateur sort de son rôle quand il se met à juger les procès, et les solutions isolées qu'il donne par intervalles manquent nécessairement de toute vue d'ensemble.

209. Restitution aux juges du pouvoir d'interpréter les lois douteuses. — Actuellement le procédé des *renvois* n'est plus permis. D'après l'art. 4 C. civ., le juge ne peut refuser de statuer sous prétexte que la loi est muette, obscure ou insuffisante [1]. Il commettrait un *déni de justice* et des poursuites pourraient être exercées contre lui (art. 505 et suiv. C. proc. civ.; art. 185 C. pén.).

210. Rôle moderne de l'interprétation législative. — Jusqu'en 1837, nous avons eu un système de *référé au législateur* qui servait à résoudre les *conflits de jurisprudence* entre la Cour de cassation et les autres tribunaux [2]. Depuis que ces conflits se résolvent autrement (ci-dessus n° 205), on ne voit plus se produire d'*interprétation sur référé judiciaire.*

Cependant il se fait encore, de loin en loin, des lois interprétatives, que le gouvernement provoque tantôt *de sa libre initiative*, tantôt *à la suite de pétitions*, pour mettre fin aux incertitudes de la pratique.

211. Interprétation sur l'initiative du gouvernement. — On peut en citer un remarquable exemple: la Cour de cassation ayant jugé par deux arrêts de 1841 que les actes notariés reçus par un seul notaire étaient nuls, parce que la loi sur le notariat, du 25 ventôse an XI, exigeait la présence d'un second notaire ou de deux témoins le remplaçant, il fallut régler une situation qui compromettait presque toutes les fortunes de France, car l'immense majorité des actes notariés se trouvait dans le cas d'être annulée. Le gouvernement présenta une proposition (devenue la loi du 21 juin 1843) qui déclarait, par interprétation de la loi de ventôse, que les actes notariés reçus antérieurement par un seul notaire ne pouvaient être annulés pour cette cause.

[1] La Constituante avait défendu aux juges d'interpréter la loi et de réglementer, de sorte que pendant la Révolution un grand nombre de procès se trouvèrent arrêtés, les juges attendant l'issue du *référé* que les parties avaient introduit devant le législateur. Cela parut un abus, et il devint nécessaire d'obliger les juges à statuer pour ne pas empêcher le cours de la justice. Comme le disait Tronchet, « ce n'est pas par une loi nouvelle, mais par l'opinion du juge que la cause doit être décidée » (FENET, t. VI, p. 22).

[2] Le référé au législateur avait lieu toutes les fois qu'après *deux cassations successives dans la même affaire*, le troisième tribunal jugeait dans le même sens que les deux premiers, au lieu de se ranger à l'avis de la Cour de cassation. Comme la Cour de cassation n'avait pas le moyen d'imposer son opinion aux autres juges, on s'adressait au législateur pour le prier de donner lui-même une interprétation qui serait obligatoire pour tous les tribunaux. Ce système avait été établi par l'art. 21 de la loi du 1er décembre 1790 qui avait organisé le tribunal de cassation. Il donnait lieu à *deux critiques sérieuses*: d'abord il amenait une *confusion de pouvoirs* en faisant un juge du législateur appelé à résoudre une affaire particulière; en outre, il était une *cause de lenteurs* parce que le jugement final du procès était retardé jusqu'à ce qu'on eût obtenu l'interprétation législative. Ce système, dit du *référé forcé*, a duré de 1790 à 1837, avec une modification importante: la loi du 30 juillet 1828 décida qu'il ne serait plus nécessaire d'attendre l'issue du référé au législateur pour juger définitivement le procès, le référé était encore *forcé*, mais il n'était plus *suspensif*, et la dernière juridiction de renvoi statuait immédiatement et comme bon lui semblait. — La loi du 1er avril 1837, qui en cas de conflit judiciaire, donna le dernier mot à la décision des chambres réunies de la Cour de cassation (ci-dessus n° 205), rendit en même temps *facultatif* le référé au législateur. Pour cela elle abrogea la loi de 1828 qui imposait au gouvernement l'obligation de proposer aux Chambres une loi interprétative dans leur plus prochaine session. Devenue facultative, la loi interprétative s'est trouvée du même coup *inutile*, puisque le conflit judiciaire était terminé par l'arrêt des chambres réunies. Aussi, en fait, il n'a plus été fait usage de ce procédé depuis 1837.

212. Interprétation provoquée par pétition. — L'interprétation législative peut encore être sollicitée par l'initiative privée, au moyen du droit de pétition. Il y en a un exemple récent dans la loi du 13 février 1889, sur les renonciations faites par les femmes mariées à leur hypothèque légale. Cette loi a été proposée par le garde des sceaux pour donner satisfaction à des pétitions signées par un grand nombre de notaires. Ceux-ci demandaient qu'on précisât le sens de l'art. 9 de la loi du 23 mars 1855, seul texte qui réglât jusqu'alors ce genre de conventions (D. 1889. 4. 25, note 4).

213. Pouvoir interprétatif du Conseil d'État sous le premier Empire. — Sous la Constitution de l'an VIII, l'interprétation législative changea de forme, à raison de la division toute particulière du pouvoir législatif fractionné entre quatre corps (n° 77). Au lieu de faire discuter l'interprétation dans la forme ordinaire des lois, on la faisait donner par le Conseil d'État, seul saisi de la question. Ce système se comprenait assez bien : le Corps législatif étant muet, c'était le Conseil d'État qui discutait et préparait les lois ; ce Conseil était donc mieux placé que tout autre corps pour interpréter les textes.

L'interprétation législative fut attribuée au Conseil d'État par *deux textes successifs :* 1° le décret réglementaire du 5 nivôse an VIII (26 déc. 1799), qui autorisait le Conseil d'État à « développer le sens des lois » sur les questions qui lui seraient « renvoyées » par les consuls ; 2° la loi du 16 septembre 1807, qui, en cas de conflit entre la Cour de cassation et les autres tribunaux, décidait que l'interprétation serait donnée « dans la forme des règlements d'administration publique », c'est-à-dire par le Conseil d'État.

Il existe un assez grand nombre de ces *Avis du Conseil d'État* donnés sous l'Empire sur des points alors controversés. Plusieurs concernent le Code civil ; ils sont rapportés en notes dans les éditions usuelles du Code et doivent être considérés comme faisant corps avec les textes interprétés par eux : ils ont *force de loi.*

214. Pouvoir interprétatif du Conseil d'État sous la Restauration. — Après 1814, on se demanda si le Conseil d'État avait conservé son pouvoir d'interpréter les lois ; le doute venait du silence de la Charte, qui n'avait pas fait mention de cette attribution spéciale. La question demeura quelque temps indécise ; elle fut tranchée en faveur du maintien de la loi de 1807 par un avis du Conseil d'État du 17 décembre 1823 (Sirey, *Lois annotées*, t. I, p. 1100). La doctrine adoptée par le Conseil réussissait à lui maintenir ce pouvoir, mais *en le transformant :* au lieu d'avis ayant un *caractère général et obligatoire*, semblable à celui des lois qu'ils interprétaient, on ne trouve plus que des *sentences*, dont l'autorité était restreinte à l'affaire qui les avait rendues nécessaires, comme s'il se fût agi d'un simple jugement rendu par le roi [1].

C'est ce qui explique que l'on trouve encore, de 1823 à 1828, des Avis du Conseil d'État,

[1] Telle est bien la doctrine du Conseil, qui prétendait intervenir comme autorité judiciaire et exercer la justice suprême retenue par le roi. Ce fut un artifice inspiré par le désir d'atténuer les inconvénients du référé forcé, en assurant aux procès une solution plus rapide que par un recours aux Chambres. — Cependant M. Beudant expliquait autrement l'existence de ces avis interprétatifs à autorité purement relative : selon lui, ils auraient existé même à l'époque où le Conseil rendait des avis ayant force de loi (*Cours*, Introd., n° 44-47).

mais n'ayant qu'une autorité relative comme celle des jugements, tandis que jusqu'en 1823 ils avaient été donnés avec la force législative [1].

La loi du 30 juillet 1828 (ci-dessus n° 205, note) supprima définitivement l'intervention du Conseil d'État dans les conflits judiciaires en rendant aux Chambres le pouvoir d'interpréter les lois sur le référé de la Cour de cassation.

§ 4. — *Règles à suivre pour interpréter les lois.*

215. Anciennes formules. — C'est un art spécial que de bien interpréter les lois, c'est-à-dire d'en déterminer le sens et la portée [2]. Les principales règles à suivre ont été, depuis longtemps consacrées sous la forme de *brocards* ou *adages*, qui s'emploient tous les jours dans les discussions juridiques et le plus souvent dans la formule latine que leur ont donnée les anciens juristes. Les plus usuels seront indiqués à leurs places respectives.

Quatre cas sont à distinguer.

A. — La loi a statué et son texte est clair.

216. Cas où un texte clair a besoin d'interprétation. — Il semble qu'il n'y ait qu'à l'observer. Cependant, quoique la rédaction soit claire, il est possible qu'elle ait besoin d'être interprétée parce que le législateur a pu se tromper et ne pas dire ce qu'il voulait. Exemple : les art. 2194 et 2195 C. civ. disent que, lorsque la femme fait inscrire son hypothèque dans les circonstances qu'il prévoit, cette inscription « a le même effet que si elle avait été prise le jour *du contrat de mariage* ». Il faut lire comme s'il y avait « le jour *du mariage* », car il est certain, dans notre droit moderne, que l'hypothèque légale de la femme mariée prend rang, au plus tôt, du jour de son mariage (art. 2135-2°). La différence est importante, car le contrat de mariage, qui se fait chez le notaire, peut précéder le mariage de plusieurs semaines et même de plusieurs mois. Les deux interprétations assignent donc des dates très différentes à l'hypothèque de la femme.

De même, l'art. 408 C. civ. paraît appeler au conseil de famille les *veuves d'ascendants* ; il faut lire les *ascendantes veuves*, ce qui n'est pas la même chose, car la veuve d'un ascendant pourrait être une femme épousée en secondes noces et qui ne serait pas elle-même une « ascendante » du mineur.

C'est surtout *dans la matière des définitions* que ces erreurs du législateur se rencontrent. Par exemple, l'art. 1181 donne une définition fausse de la condition en supposant qu'un événement *passé* peut en tenir lieu. Ces fausses définitions peuvent être rectifiées librement par la doctrine, parce qu'elles n'ont elles-mêmes qu'une valeur doctrinale et ne contiennent aucune disposition législative. Les vérités scientifiques sont au-dessus des erreurs humaines, même inscrites dans les lois.

Une autre raison peut faire encore qu'un texte clair ne s'applique pas. Il arrive que le législateur formule une *règle générale* sans prévoir les *cas exceptionnels* qui doivent rester en dehors de la règle. Alors, quoique le texte ait en apparence une portée absolue, on pourra lui faire subir des dérogations, par application de la maxime « Cessante causa legis, cessat lex ».

EXEMPLE : L'art. 1382 C. civ. qui établit la responsabilité pécuniaire des actes illicites dommageables pour autrui, emploie une formule [*Tout fait quelconque de l'homme...*] beaucoup trop large. Si on ne faisait pas exception pour les actes dommageables qui sont l'exercice d'un droit, on dépasserait de beaucoup les cas où cette disposition est équitablement applicable.

[1] De 1814 à 1823 ces avis furent peu nombreux. EXEMPLE : Avis du 24 février 1817, sur le délai d'un jour franc entre la promulgation des lois et leur mise en vigueur (SIREY, *Lois annotées*, t. I, p. 972).

[2] Le projet de Code civil préparé en l'an VIII contenait dans le titre V du Livre préliminaire, un certain nombre d'articles relatifs à l'interprétation des lois. Ces articles ont été supprimés parce qu'ils avaient le caractère de règles doctrinales plutôt que de dispositions législatives.

217. Réserve à observer. — Mais cette façon de rectifier les textes législatifs ne doit être employée qu'avec la plus grande réserve, et seulement en cas de certitude absolue. Sinon l'interprète s'érige en législateur ; autrement dit, il viole la loi : « Quand une loi est claire, disait le projet de l'an VIII, il ne faut point en éluder la lettre sous prétexte d'en respecter l'esprit. » En particulier, les exceptions non prévues par le législateur devront toujours s'appuyer ou sur un *autre texte de loi*, ou sur un *principe supérieur d'équité*. C'est, en effet, une règle d'interprétation très rigoureuse qu'il ne faut pas distinguer là ou la loi ne distingue pas : « Ubi lex non distinguit, nec nos distinguere debemus ».

B. — La loi a statué, mais son sens est douteux.

218. Emploi des travaux préparatoires. — C'est en ce cas, à proprement parler, qu'il y a lieu à *interprétation*. La première chose à faire, pour lever le doute, est de consulter les *travaux préparatoires* de la loi (discussions des Chambres, rapports, exposés des motifs, etc.). Là se trouve souvent expliquée la pensée qui a guidé le législateur. Cependant ces documents n'ont pas toujours l'autorité qu'on leur prête. D'abord l'orateur, l'auteur du rapport, etc., a pu se tromper, commettre un oubli, avoir mal lu un texte, etc. Nos archives parlementaires fourmillent d'exemples de bévues de ce genre. Ensuite les discussions, surtout dans une assemblée un peu nombreuse, reflètent souvent des opinions individuelles, en contradiction avec la pensée vraie de la loi. Aussi est-ce une remarque souvent faite que les travaux préparatoires fournissent des armes à tous les partis et que les diverses opinions en présence y trouvent des arguments qui s'annulent réciproquement. Enfin, et ceci est surtout vrai pour les travaux préparatoires du Code civil, les procès-verbaux des séances sont souvent trop brefs pour qu'on puisse en tirer profit. A ce point de vue nos documents parlementaires, où sont reproduits par la sténographie les moindres incidents des discussions, sont beaucoup plus utiles que les procès-verbaux, souvent insignifiants, du Conseil d'État. On peut s'en faire une idée en compulsant l'*Officiel* ou en lisant les extraits qui accompagnent les textes de lois dans les collections du Dalloz et du Sirey.

219. Rôle de la tradition. — En second lieu il faudra rechercher si le législateur a eu ou non l'intention de changer l'état du droit. A-t-il voulu faire une *réforme ?* On éclairera sa pensée en déterminant les circonstances qui ont pu provoquer cette réforme, ainsi que le but poursuivi par les auteurs de la loi nouvelle. S'il n'y a pas eu réforme, il faudra remonter au droit antérieur ; il y a lieu de croire que les règles anciennes ont été implicitement maintenues. C'est ce qu'on appelle l'*autorité de la tradition*. Celle-ci ne fléchit qu'autant qu'on découvre ailleurs dans la loi en vigueur un principe nouveau en contradiction avec elle.

220. Moyens d'interprétation tirés du texte même. — Enfin, lorsque ces deux premières sources font défaut ou sont insuffisantes, il faut rechercher dans l'ensemble du texte un mot, une décision, une tendance, quelque chose qui éclaire le point douteux. C'est là une des grandes règles de l'interprétation : il faut connaître en totalité le texte de la loi pour bien interpréter le moindre de ses passages. « Incivile est, nisi tota lege perspecta, una aliqua particula ejus proposita judicare vel respondere » (*Dig.*, liv. I, tit. 3, fr. 24).

C. — La loi n'a pas statué.

221. Limites à la liberté de l'interprète. — Dans ce cas la mission de l'interprète s'élargit ; il peut se décider avec plus d'indépendance. Cependant il n'est pas absolument libre. Il est lié encore et par *l'esprit général des lois*, et par cet ensemble de règles scientifiques qu'on appelle *les principes généraux du droit*. Il doit alors deviner ce que serait la décision du législateur s'il était appelé à résoudre directement la question qui lui est soumise.

222. Force variable des arguments empruntés à d'autres textes. — Deux espèces d'arguments formés par le rapprochement des textes servent ordinairement statuer dans le silence de la loi. Les deux principaux sont les arguments *a fortiori* et *a pari* : « Ubi eadem est ratio, eadem lex esse debet » (argument d'analogie). Toutefois l'argument d'analogie perd sa valeur lorsque la disposition d'où il est tiré a un caractère exceptionnel ; comme on le verra (n° 223), les dispositions exceptionnelles ne sont pas susceptibles d'extension.

On peut encore employer l'argument *a contrario* : « Qui dicit de uno, negat de altero », « Inclusione unius fit exclusio alterius ». Mais cet argument est souvent trompeur, parce que les énonciations de la loi peuvent être faites à titre d'exemples et n'avoir qu'une valeur démonstrative, d'où il suit qu'on se trompe en appliquant une règle contraire à des cas semblables.

D. — Conflit entre deux textes contraires.

223. Moyens divers de résoudre le conflit. — Souvent le texte le plus ancien sera abrogé par le plus récent, auquel car il n'y a pas de conflit, puisqu'il n'existe plus qu'un seul texte ; mais cela n'a pas toujours lieu, et il peut arriver que les deux textes contraires soient tous deux *en vigueur en même temps*. En ce cas, il faut combiner les deux textes d'après les règles suivantes :

1° L'un peut être considéré comme une *décision de principe* ; l'autre comme une *disposition d'exception*. Celle-ci doit s'interpréter restrictivement et n'est pas susceptible d'extension : « Exceptio est strictissimæ interpretationis ». C'est pour cette raison qu'on dit qu'il n'y a pas de privilège [1] sans texte, parce que de droit commun tous les créanciers viennent en concours et se partagent au marc le franc les biens de leur débiteur (art. 2093).

2° Il est possible que les deux textes visent des hypothèses différentes ; alors le conflit cesse, chacun d'eux ayant son champ d'application distinct.

E. — Observations générales.

224. La logique judiciaire et l'utilité sociale. — Il existe ainsi, depuis bien des siècles, une *logique judiciaire*, qui a ses origines dans la jurisprudence romaine et son modèle dans l'habileté déployée par les jurisconsultes anciens, surtout ceux de la belle époque appelée le *droit classique* (Ier-IIIe siècles ap. J.-C.). Malheureusement il est sorti de là un art un peu étroit, qui borne son ambition à combiner des textes d'une manière presque mécanique, et à trouver des solutions sans prendre souci de leur valeur. Cette logique judiciaire, qui a eu sa littérature [2], tourne vite à l'abus et risque d'abaisser l'esprit du juriste. Si la science juridique se réduisait à cela, on pourrait sans grand dommage fermer les écoles de droit : les études d'avoué, les greffes, les bureaux du contentieux des grandes compagnies suffiraient pour former des praticiens ; on se tirerait d'affaire avec quelques manuels, des répertoires alphabétiques et des recueils d'arrêts, et toute la raison humaine tiendrait, pour le juriste, dans quelques brocards. Mais la science du droit est autre chose : c'est une science véritable, qui ne se borne pas à la connaissance des textes de la loi et des décisions judiciaires, ni à l'art du raisonnement juridique. Elle suppose un ensemble de connaissances variées, des investigations poursuivies dans plusieurs directions différentes. Le jurisconsulte, vraiment digne de ce nom, ne se contente pas de résoudre des questions pratiques ; il apprécie et juge les lois. Pour cela il a besoin de *critique*, et il ne peut posséder cette qualité que par une culture intellectuelle étendue : l'*histoire du droit* lui fera connaître *l'origine* des institutions ; l'*économie politique* lui en fera voir les *résultats pratiques* ; la *législation comparée* lui donnera des *points de comparaison* empruntés aux législations étrangères. C'est à cette condition seulement que le droit peut

[1] Le privilège est le droit pour un créancier d'être payé de préférence aux autres, quand les biens du débiteur ne suffisent pas pour désintéresser tout le monde.

[2] A.-F.-J. Thibaut. *Théorie de l'interprétation logique des lois*, traduit de l'allemand par C. de Sandt et Mailher de Chassat, Paris, 1811 ; nouv. édit. 1845 ; autre traduction par Rittinghausen et de Sandt, Bruxelles, 1837. — Delisle, *Principes de l'interprétation des lois*, Paris, 1852, 2 vol. — Hortensius Saint-Albin, *Logique judiciaire*, Paris, 1841. — Félix Berriat-Saint-Prix, *Manuel de logique judiciaire*, 2e édit., 1876, in-18.

remplir sa mission. La méthode logique traite toutes les questions comme des théorèmes de géométrie, à l'aide d'un corps d'axiomes qui contiennent en eux virtuellement la solution de toutes les difficultés possibles. Cette méthode a l'inconvénient de faire fonctionner la jurisprudence à la façon d'une mécanique aveugle, indifférente au bien ou au mal qu'elle fait. Or les lois sont établies pour procurer aux hommes la plus grande somme d'utilité possible. Une science juridique qui aboutirait à des solutions injustes ou dangereuses serait fausse, elle irait contre son but. La méthode logique ne doit donc pas être employée seule ; elle doit être tempérée par des considérations d'utilité et d'équité. Il y a évidemment une mesure à garder, pour que le juge, qui n'est qu'un interprète, ne substitue pas sa pensée personnelle à l'autorité des lois ; mais il y a aussi quelque chose à faire pour que la loi, interprétée mécaniquement, ne se retourne pas contre son but, qui est le bien social [1].

CHAPITRE VI

DE L'ABROGATION DES DES LOIS

225. Distinction. On distingue *l'abrogation*, qui est l'œuvre du pouvoir législatif, et la *désuétude*, simple abandon de fait, qui est l'œuvre du pouvoir exécutif.

§ 1. — *De l'abrogation proprement dite.*

226. Définition. — *Abroger une loi*, c'est lui retirer sa force obli-

[1] Ces lignes étaient déjà écrites lorsque M. Gény a publié dans la « Revue Bourguignonne de l'enseignement supérieur » un *Essai critique sur la méthode d'interprétation juridique, en vue d'une orientation nouvelle des études de droit privé* (Dijon, 1897, t. VII, p. 307 ; t. VIII, p. 123), qui a paru depuis en librairie (Paris, 1899). Il condamne comme moi « l'abus d'une logique étroite et stérile » et cherche dans quelle mesure et par quels procédés on pourrait élargir le rôle de l'interprète. Il constate que les rédacteurs du Code avaient cru laisser à l'interprétation des textes la liberté assez grande dont on avait joui dans l'ancien droit : « Ce sentiment, dit-il, persista fort énergique chez les premiers commentateurs qui avaient été formés à l'étude de la jurisprudence sous un régime antérieur à la codification » ; mais quand on arrive à une nouvelle génération de jurisconsultes, celle de la seconde moitié du XIXe siècle, on voit l'interprétation du droit codifié aboutir à une formule tranchante et rigide. Unger a fait la même constatation pour l'Autriche en 1855. Chez nous la méthode d'interprétation étroite a été exposée, dès 1841, dans un *Mémoire* lu par Blondeau à l'Académie des sciences morales et politiques (volume publié en 1893 par MM. Vergé et Loiseau, p. 362 et 446). Les idées de Blondeau, plus ou moins atténuées, ont été la base de la méthode employée dans tous nos traités de droit civil, et reconnaissable jusque dans les ouvrages les plus récents. Le postulat de toute cette méthode consiste à croire que tout le droit positif tient nécessairement dans la loi écrite, et que toutes les solutions s'en peuvent tirer par voie de déduction. M. Gény rappelle à ce propos le mot de M. Bugnet : « Je ne connais pas le droit civil ; je n'enseigne que le Code Napoléon ». Si donc les auteurs se sont trop souvent complu dans le développement à outrance des formules légales, au point de se faire comparer parfois à des géomètres, il existe actuellement dans les jeunes générations une tendance contraire : on veut, sans sacrifier le respect dû à la loi écrite, tenir un peu plus de compte du rôle social du droit et des résultats de ses applications. L'initiateur de ce mouvement paraît avoir été Ihering (*L'Esprit du droit romain*, § 69). Plus tard, il a développé à nouveau ses idées sur l'influence du but à atteindre, dont il voulait faire, à la place de la logique, le régulateur suprême des décisions juridiques (*Zweck im Recht*). — Il faut cependant reconnaître, M. Gény en a fait la constatation, que même en France on n'a pas pu s'en tenir à la servile application des textes par voie déductive et que la jurisprudence et la doctrine ont été entraînées, malgré elles, dans une voie d'activité créatrice. Voyez aussi dans la « Revue Bourguignonne » de 1900, le compte rendu de l'ouvrage de M. Gény par M. TISSIER.

gatoire, soit qu'on remplace ses dispositions par des dispositions différentes, soit qu'on la supprime purement et simplement. Par exemple, la loi du 8 mai 1816, qui a aboli le divorce, avait retiré leur force légale aux articles du Code civil qui l'autorisaient et le réglementaient, sans les remplacer par rien. Mais ce dernier cas est exceptionnel; ordinairement la loi abrogée est remplacée par une autre loi.

Le mot *abrogation* est emprunté aux habitudes romaines. Quand la loi était votée par les comices, sa proposition s'appelait *rogatio*, son abolition *abrogatio:* « Lex aut rogatur, id est fertur, aut abrogatur, id est prior lex tollitur » (Ulpien, *Regulæ*, 3).

L'abrogation d'une loi peut être *expresse* ou *tacite*.

227. Abrogation expresse. — Elle résulte d'un article spécial d'une loi nouvelle disant : « La loi du... est abrogée. »

L'exemple le plus remarquable d'abrogation expresse se trouve dans la loi du 30 ventôse an XII : cette loi, en promulguant le Code civil, a abrogé en masse tout l'ancien droit (art. 7). Aucune autre abrogation ne peut se comparer à cette opération colossale (voy. n° 82).

228. Abrogation tacite. — Elle résulte de *l'incompatibilité* entre les dispositions de la loi nouvelle et celles des lois antérieures. A moins d'admettre que le législateur a fait une œuvre inutile, il faut bien considérer les règles anciennes comme abrogées, puisqu'elles sont contraires aux règles nouvelles, et que les unes et les autres ne peuvent pas recevoir en même temps leur exécution.

Il faut donc considérer comme une inadvertance de la part des rédacteurs de nos lois moderne cet article final qu'ils ne manquent presque jamais d'écrire : « Toutes les dispositions des lois et décrets actuellement en vigueur et *contraires à la présente loi* sont abrogées ». Une telle précaution est entièrement inutile ; le principe de l'abrogation tacite suffit ; c'est parler pour ne rien dire.

L'abrogation tacite ne détruit pas toujours en entier les lois antérieures ; elle fait seulement tomber celles de leurs dispositions dont le maintien empêcherait l'application de la loi nouvelle.

Quand l'abrogation tacite porte sur une disposition principale, celle-ci entraîne dans sa chute toutes les dispositions qui n'en étaient que la suite et la dépendance.

229. Qui peut abroger les lois. — Le pouvoir d'abroger une loi, c'est-à-dire de la défaire, n'appartient naturellement qu'à l'autorité qui a le pouvoir de la faire. Ainsi une loi constitutionnelle ne peut être abrogée que par le pouvoir constituant, et non par une loi ordinaire ; une loi ne peut l'être que par les Chambres législatives et non par un décret. Il faut donc respecter la hiérarchie des pouvoirs établis ; mais les dispositions d'un décret peuvent être abrogées par une loi, celles d'une loi ordinaire par une loi constitutionnelle. Le pouvoir supérieur peut défaire l'œuvre du pouvoir qui lui est subordonné.

230. Possibilité d'un conflit entre la loi nouvelle et la loi abrogée. — On a vu que les lois nouvelles sont mises en vigueur successivement, sur les diverses parties du territoire. C'est du moins le cas ordinaire. Comment se combinera l'application de deux lois françaises, dont la seconde abroge la première, pendant le temps où la loi nouvelle n'est exécutoire que dans une partie de la France, tandis que le reste du pays est encore régi par l'ancienne loi ? Jusqu'en 1870 cet intervalle était assez long ; il allait pour certaines régions à plus d'une semaine, 8 jours pour Perpignan et Bayonne, 9 jours pour Nice, 14 jours pour la Corse. Depuis le décret du 5 novembre 1870, la mise en vigueur des lois est plus rapide, mais elle laisse encore un intervalle d'un, deux ou trois jours. Comment fera-t-on si un Français, domicilié dans un département où la loi n'est pas encore en vigueur, fait un acte dans un lieu où elle est déjà applicable ? laquelle des deux lois lui appliquera-t-on, l'ancienne ou la nouvelle ? La question s'est rarement présentée. La jurisprudence l'a résolue conformément aux règles de l'ancienne théorie des statuts : les lois de statut personnel ne sont applicables à un Français que si elles sont déjà devenues exécutoires dans le lieu de son domicile; toutes les autres lois (police et sûreté, forme des actes, statuts réels) deviennent immédiatement applicables dans chaque arrondissement à toutes les personnes qui s'y trouvent (Cass. 20 févr. 1845, D. 45. 1. 107). Il n'est pas tout à fait exact de dire que « le conflit entre les lois françaises qui ne sont pas applicables partout le territoire se résout comme le conflit entre les lois françaises et les lois étrangères » (BEUDANT, *Cours*, Introd., n° 165, p. 183), puisqu'ici c'est le domicile et non la nationalité qui règle le statut personnel.

§ 2. — *De la désuétude.*

231. Survie des lois malgré leur désuétude. — De nombreuses décisions judiciaires ont tranché la question : un *décret* ou une *loi* subsiste indéfiniment tant que ces dispositions n'ont pas été régulièrement abrogées et on peut toujours y revenir pour en ordonner l'exécution [1]. L'usage, même plus sensé et plus juste que la loi, est sans force contre elle, parce qu'il est *irrégulier*.

Dans un pays où il existe un pouvoir législatif régulièrement organisé et toujours prêt à fonctionner, *le maintien indéfini des lois n'a pas d'inconvénients*, puisqu'elles peuvent à tout moment être rapportées. La solution contraire serait dangereuse parce qu'*on ne saurait jamais à quel moment l'inexécution d'une loi est assez prolongée pour la détruire* [2].

La possibilité de la désuétude a cependant été soutenue quelquefois, notamment par M. Beudant (*Cours*, Introd., n° 105). En fait, on pourrait

[1] INCIDENT PARLEMENTAIRE EN 1885. — Il existe une vieille loi du 29 nivôse an XIII (19 janvier 1805), aux termes de laquelle, quand une famille a sept enfants vivants, l'un d'eux doit être élevé aux frais de l'État. Cette loi n'avait jamais reçu d'exécution. On l'exhuma en 1885 et on demanda son application. Le ministre des finances résista, disant qu'elle était abrogée par la désuétude ; mais la Chambre fut d'avis contraire et un crédit fut inscrit au budget à cet effet (séance du 30 juin ; *Journ. off.*, 1er juillet 1885). Mais l'argent ne fut pas employé et la loi ne reçut pas plus d'application qu'auparavant.

[2] SOLUTION CONTRAIRE EN DROIT ROMAIN ET DANS NOTRE ANCIEN DROIT. — A Rome, l'usage avait au contraire la puissance d'abroger les lois. « Rectissime illud receptum est, ut leges non solum suffragio legislatoris, sed etiam tacito consensu omnium per desuetudinem abrogentur » (*Dig.*, liv. I, tit. 3, fr. 32). La décision était juste, « rectissima », dans une législation dont le fond était essentiellement coutumier et qui admettait encore la formation de règles nouvelles sur les points les plus graves par le simple usage. Pour la même raison, l'abrogation des lois par désuétude était couramment admise dans notre ancien droit, et même on y trouvait de grands avantages, eu égard au grand nombre des règles vieillies, gênantes et sans motifs qu'on rencontrait dans les antiques coutumes et même dans les ordonnances.

citer un certain nombre de lois qui ont cessé d'être observées. Telle a été pendant longtemps la loi du 18 novembre 1814 qui interdisait de travailler le dimanche et les jours de fêtes religieuses; elle était tombée en désuétude bien avant d'être officiellement abrogée par la loi du 12 juillet 1880. Tel est encore le décret du 27 mars 1852, qui rendait au Code civil le nom « de Code Napoléon » ; on ne l'observe plus depuis 1870, et il n'a pas été rapporté. Telle est encore la loi du 9 septembre 1848 fixant à 12 heures le maximum de la journée de travail pour les majeurs ; les syndicats en obtiennent assez souvent le respect de la part des patrons, mais jusqu'à ces derniers temps tout au moins les parquets ne s'occupaient nullement de la faire observer. La question de désuétude a été récemment agitée à propos du décret du 2 mars 1848 et de l'arrêté du 21 mars suivant, interdisant le *marchandage ;* il a été jugé que ces deux textes, bien qu'ils n'eussent pas été appliqués depuis de longues années, n'étaient pas abrogés par la désuétude (Paris, 9 juill. 1897, D. 97. 2. 401, P. 98. 1. 244 ; Cass. crim., 4 févr. 1898, D. 98. 1. 369, P. 98. 1. 244).

232. **Désuétude des règlements de police.** — Si les lois tombées de fait en désuétude sont nombreuses, c'est bien pis encore pour les règlements de police. On pourrait mettre au défi l'administration municipale de n'importe quelle grande ville de faire observer tous les arrêtés qui n'ont jamais été rapportés. Ceux qui dorment inutiles dans les archives sont innombrables, et leur inexécution tient à une raison décisive : c'est que l'administration elle-même en ignore souvent l'existence. Cependant la Cour de cassation décide que ces règlements ne s'abrogent pas par le laps de temps, quelque complète qu'ait été leur inexécution (Cass. crim., 8 janv. 1864, D. 66. 5. 402 ; 17 janv. 1868, D. 68. 1. 363, S. 68. 1. 422 ; 31 janv. 1873, *Bulletin de la chambre criminelle*, t. 78, n° 31; 19 févr. 1887, *ibid.*, t., 92 n° 71). Cette jurisprudence serait essentiellement dangereuse : ce serait le triomphe de l'arbitraire, si les administrations municipales ne vivaient pas sous le contrôle direct de l'opinion. Comp. CH. BEUDANT, Introduction, n° 105.

CHAPITRE VII

DURÉE D'APPLICATION DES LOIS

233. **Trois périodes à distinguer.** — En principe, une loi ne s'applique qu'aux faits accomplis *pendant le temps où elle est en vigueur.* Cependant il arrive assez souvent qu'une loi régisse des *faits antérieurs à sa promulgation,* ou qu'elle en régisse qui sont *postérieurs à son abrogation.*

§ 1. — *Application de la loi entre sa promulgation et son abrogation.*

234. **Commencement et fin de cette période.** — Le moment précis auquel commence l'application d'une loi est l'expiration du délai qui

suit la promulgation. Rappelons que dans le système français le délai est fixé séparément pour chaque arrondissement, sauf le cas où une disposition expresse a déterminé un jour unique et éloigné pour la mise en vigueur de la loi.

Le moment précis où une loi cesse de s'appliquer est celui où la loi qui l'abroge entre en vigueur.

235. Cas où la loi est ignorée des particuliers. — Les particuliers peuvent-ils exciper de leur bonne foi pour se soustraire à l'application de la loi nouvelle ? Peuvent-ils soutenir que, malgré la promulgation effectuée par le gouvernement, cette loi n'est pas venue à leur connaissance ? Il faut distinguer entre la situation normale et les cas exceptionnels.

236. Effet régulier de la promulgation. — En principe, les particuliers ne peuvent pas échapper à l'application de la loi nouvelle en alléguant qu'ils en ignoraient l'existence. La loi, devenue obligatoire par sa promulgation, oblige tous ceux qui se trouvent soumis à son empire, même quand ils l'ignorent. Si on n'admettait pas ce principe, l'autorité des lois serait compromise. Tant pis pour ceux qui sont mal renseignés. Cette règle, un peu dure parfois, est une nécessité sociale. « C'est même chose, disait Portalis, d'avoir connu la loi ou d'avoir pu la connaître. »

237. Première exception. — Celle-ci ne peut se réaliser que par l'effet d'une cause accidentelle et grave, telle qu'une *inondation* ou une *invasion ennemie*. Il se peut qu'*une portion du territoire soit restée sans communications avec le reste de la France* et qu'elle ait ignoré la promulgation de la loi. Déjà avant 1870, on était d'accord pour admettre que la loi ne serait pas obligatoire dans cette région tant que la promulgation n'y serait pas connue. L'art. 1er du Code dit en effet que la loi devient obligatoire « le jour où la promulgation *pourra* être connue », or elle *n'a pas pu* l'être. — Depuis 1870, la difficulté ne se posera même pas, si le *Journal officiel* n'est pas parvenu au chef-lieu de l'arrondissement (voy. ci-dessus n° 170). — Cette exception est plus apparente que réelle, puisque si la loi n'est pas obligatoire dans cette région, c'est qu'en réalité elle n'y a pas été promulguée ; les mesures prises pour la publier y ont manqué leur effet.

238. Seconde exception. — Elle se rencontre à *propos des contrats*. Quand un contrat est conclu peu de temps après la promulgation d'une loi nouvelle qui en modifie les effets ou l'utilité, et que l'une des parties ignore l'existence de cette loi, cette circonstance peut donner ouverture à une *action en nullité* qui fera tomber le contrat. Ceci résulte des principes généraux. C'est l'effet d'une *erreur de droit* qui a *vicié* le consentement.

Il faut faire à ce sujet les deux observations suivantes :

a) Si le contrat est maintenu, il sera régi par la loi nouvelle ;

b) Ce genre d'erreur ne suppose pas nécessairement l'existence d'une loi toute récente : il peut être commis relativement à une loi déjà ancienne, aussi vieille qu'on voudra le supposer, et même à propos d'une loi connue de la partie, car l'erreur peut résulter d'une fausse interprétation de la loi, aussi bien que de l'ignorance de son existence.

239. Troisième exception. — Elle a été admise sans grande utilité et contrairement à la tradition par le décret du 5 novembre 1870. Elle a lieu *pour les lois pénales,* lorsque la loi qui entre en vigueur établit un délit nouveau, impuni jusqu'alors : si la contravention a lieu dans les trois jours qui suivent la promulgation, le coupable pourra être *excusé* [1].

§ 2. — *Application d'une loi aux faits antérieurs à sa promulgation.*

****240. Principe de non-rétroactivité.** — Nous rencontrons ici une des grandes règles du droit, le principe de la *non-rétroactivité des lois,* ainsi formulé dans l'art. 2 du Code civil : « La loi ne dispose que pour l'avenir ; elle n'a point d'effet rétroactif ».

Les raisons qui ont fait établir ce principe sont très simples. Il est la sauvegarde nécessaire des intérêts individuels. Il n'y aurait aucune sécurité pour les particuliers, si leurs droits, leur fortune, leur condition personnelle, les effets de leurs actes et de leurs contrats, pouvaient à chaque instant être remis en question, modifiés, supprimés par un changement de volonté du législateur. L'intérêt général, qui n'est ici que la résultante des intérêts individuels, exige donc que ce qui a été fait régulièrement sous l'empire d'une loi soit considéré comme valable, et par suite soit stable, même après le changement de législation.

A. — Notion de la rétroactivité.

241. Définition usuelle. — La façon dont il convient d'entendre la *rétroactivité* des lois est un des points les plus mal élucidés du droit civil. On se sert d'ordinaire, pour définir la rétroactivité, d'une distinction entre les *droits acquis* et les *simples expectatives* [2].

La loi est rétroactive quand elle modifie les droits acquis ; mais elle ne l'est pas quand elle se borne à détruire de simples expectatives. On peut considérer cette distinction comme donnant la formule du droit français moderne sur cette question, mais elle n'en est pas moins absolument fausse au point de vue scientifique [3]. Personne n'a jamais pu donner une définition satisfaisante du « droit acquis ». On semble en général s'en tenir à cette

[1] L'*excuse*, en matière pénale, ne fait pas disparaître la culpabilité ; au contraire, elle la suppose démontrée ; mais lorsque le coupable est *excusable*, on ne lui fait pas l'application de la peine si l'excuse est *absolutoire ;* on la diminue, si l'excuse est simplement *atténuante*.

[2] Cette distinction paraît avoir été exposée pour la première fois avec netteté par Blondeau en 1826 (*Thémis*, t. VII) ; elle a été adoptée par tous les jurisconsultes, développée notamment par Valette (Notes sur le traité *De l'état des personnes*, de Proudhon) et par Demolombe (*Cours de Code Napoléon*, t. I), reproduite dans tous les manuels et appliquée par la jurisprudence.

[3] Son inexactitude a été démontrée par M. de Vareilles-Sommières, dans une étude publiée par la *Revue critique* en 1893 (*Une théorie nouvelle sur la rétroactivité des lois*).

idée que le droit acquis est un droit définitif, qui ne peut pas être ravi à celui qui le possède, tandis que l'expectative est un droit non encore né, une espérance qui peut s'évanouir.

Mais cette distinction, ainsi présentée, a le tort de ne fournir aucun critérium. On dit « il y a droit acquis », quand la loi ancienne s'applique à l'exclusion de la nouvelle, et « simple expectative », quand les intéressés subissent l'effet du changement de législation. Ces expressions traduisent les *résultats* de la distinction et ne donnent en réalité aucun *moyen* de la faire : ce qu'il faudrait expliquer, c'est justement *pourquoi* la loi nouvelle ne s'applique pas à certaines situations acquises sous l'empire de la loi ancienne.

Pour sortir de difficulté, Laurent a imaginé de substituer à la distinction courante une autre distinction entre le *droit* et l'*intérêt* (*Principes*, t. I, nos 153-161). Il a été suivi sur ce terrain par M. Huc (*Commentaire*, t. I, no 60). Mais cette distinction, dépourvue de toute valeur scientifique (car le *droit* n'est qu'un *intérêt* reconnu par la loi), aboutit à des obscurités et à des contradictions plus grandes encore que celles de la doctrine commune. Aussi paraît-elle mériter la sévérité extrême avec laquelle M. de Vareilles-Sommières l'a jugée (Article précité, p. 462, n° 41).

242. Difficultés pratiques pour l'application de la distinction traditionnelle. — La distinction usuelle des droits acquis et des expectatives, quelle que soit la définition que l'on donne des unes et des autres, est contredite à chaque pas par la nécessité de ranger dans l'une des deux classes des facultés ou des avantages qui répondent à la définition de l'autre [1]. La plupart des auteurs le sentent bien, et ils modifient, chemin faisant, leurs formules primitives par des correctifs qui, loin d'en réparer l'insuffisance, ne font que rendre leur pensée plus ondoyante et plus insaisissable.

La difficulté vient principalement de ce qu'on a voulu définir, dans la même théorie et à l'aide des mêmes formules, deux choses différentes : 1° la *rétroactivité* de la loi nouvelle, se reportant dans le passé à des faits que la loi ancienne devrait seule régir ; 2° la *survie* de la loi ancienne continuant à régir des faits qui se placent sous l'empire de la loi nouvelle. Le premier point nous occupe seul pour le moment.

****243. En quoi consiste la rétroactivité.** — La formule à laquelle il convient de s'arrêter pour définir la rétroactivité est celle-ci : la loi est rétroactive quand elle revient sur le passé soit pour apprécier les *conditions de légalité d'un acte*, soit pour modifier ou supprimer les *effets d'un droit déjà réalisés*. Hors de là il n'y a pas de rétroactivité, et la loi peut modifier les *effets futurs* de faits ou d'actes même antérieurs sans être rétroactive.

B. — Application des lois dépourvues de rétroactivité.

244. Application de la loi en vigueur au moment de l'acte. — Les actes de l'homme sont tantôt des *actes juridiques*, comme les con-

[1] Il est inutile de refaire ici une démonstration qui a été fort bien faite par M. de Vareilles-Sommières, et la place me manquerait pour passer en revue les exemples qu'il en donne. M. de Vareilles-Sommières met « au défi le plus délié civiliste » de donner des définitions satisfaisantes du droit acquis et de l'expectative (*Loc. cit.*, p. 452). Nul ne relèvera ce défi, car la chose est impossible, la classification est artificielle et vicieuse, et ni l'une ni l'autre de ces deux catégories ne présente un seul caractère qui lui soit propre.

trats, tantôt des *actes matériels*, comme les délits. Les uns et les autres n'exigent en général qu'un temps très court pour leur accomplissement, et ils se placent en entier sous le règne d'une seule loi. Ils doivent être régis *exclusivement par la loi en vigueur au moment de leur accomplissement ;* si une loi postérieure leur devenait ensuite applicable, il y aurait rétroactivité. Par conséquent, il conviendrait de créer pour les actes, tant juridiques que matériels, une règle nouvelle, qu'on pourrait formuler ainsi : « Tempus regit actum », par analogie avec la règle symétrique, relative à l'autorité territoriale des lois : « Locus regit actum » (nos 186-4° et 194).

Des exemples vont préciser la façon dont on évite la rétroactivité des lois soit pour les actes juridiques, soit pour les délits.

***245. Actes juridiques.** — Tout ce qui concerne soit les *conditions de validité*, soit les *formes*, soit les *moyens de preuve* d'un acte juridique, doit être apprécié uniquement d'après la loi en vigueur au jour où il a été fait et non d'après les lois postérieures. Il serait tout à fait injuste de faire grief aux parties de n'avoir pas observé une loi qui n'existait pas encore.

Voici quelques exemples de cette règle : la *transcription* a été établie comme une formalité nécessaire pour l'acquisition d'un immeuble par la loi du 23 mars 1855. Elle n'est devenue une condition de validité que pour les ventes postérieures au 1er janvier 1856, jour de la mise en vigueur de la loi ; les achats antérieurs en sont restés dispensés (L. 23 mars 1855, art. 11) ; ils sont valables, même aujourd'hui, bien que non transcrits : la loi n'a pas été rétroactive.

Plus récemment, une loi du 28 mars 1885 relative aux opérations de bourse appelées *marchés à terme*, a supprimé pour elles l'*exception de jeu* établie par l'art. 1965 C. civ. Cette exception permettait au joueur, qui avait perdu par la hausse ou la baisse des fonds, de refuser de régler la différence. La suppression de cette exception n'a eu d'effet que pour l'avenir, conformément à l'art. 2 C. civ. ; les contrats passés sous l'empire de l'art. 1965 C. civ. sont restés sans force ; chacun des joueurs a conservé le droit de se servir de l'exception, car la loi nouvelle eût été rétroactive si elle avait validé des engagements antérieurs à sa promulgation. C'est en ce sens que la Cour de cassation s'est prononcée (18 avril 1887, D. 87. 1. 153, P. 87. 1. 109, S. 87. 1. 157 ; Cass., 12 juill. 1888, D. 88. 1. 10, P. 88. 1. 398). Mais il y avait eu auparavant des incertitudes dans la jurisprudence. La Cour de Paris notamment a changé d'avis sur la question (25 avril 1885, D. 85. 2. 124, S. 86. 2. 1 ; 6 et 19 juin 1885, D. 85. 2. 125, S. 86. 2. 1). Ce point est longuement discuté par M. Beudant (Introd., n° 144).

Une question analogue s'est posée à propos de la loi du 12 janvier 1886, qui a établi *la liberté du taux de l'intérêt* en matière commerciale ; auparavant on ne pouvait stipuler plus de 6 0/0 d'intérêts, et l'emprunteur avait le droit de faire réduire l'intérêt au taux légal ou de se faire restituer l'excédent, s'il l'avait déjà payé. Il a été jugé que la loi du 12 janvier 1886 n'avait pu enlever le droit d'obtenir la réduction ou la restitution aux personnes qui avaient emprunté à un taux usuraire antérieurement à sa mise en vigueur, parce qu'il s'agissait d'apprécier la validité de la promesse d'intérêts, ce qui ne pouvait se faire que d'après la loi ancienne (20 juin 1888, D. 89. 1. 25, S. 89. 1. 9).

Les *moyens de preuve* d'un contrat sont encore déterminés par la loi en vigueur au jour du contrat. Bien qu'ils soient *utilisés* longtemps plus tard, et peut-être à un moment où la loi a changé, ils sont *préconstitués*, c'est-à-dire préparés et créés par les parties au moment où la convention est faite. Ce sont donc des faits anciens par rapport à la loi nouvelle et qui ne doivent pas être réglés par elle.

***246. Délits.** — Si une loi vient frapper d'une peine un fait jusqu'alors impuni, ou même si elle élève la peine d'une infraction, cette peine aggravée ou nouvellement établie ne peut être appliquée qu'aux actes commis postérieurement à la mise en vigueur de la loi nouvelle ; si on appliquait cette loi à des faits antérieurs, il y aurait *rétroactivité*.

Cette règle est ainsi formulée dans l'art. 4 C. pén. : « Nulle contravention, nul délit, nul crime ne peuvent être punis de peines qui n'étaient pas prononcées par la loi avant qu'ils fussent commis ».

247. Successions et testaments. — La dévolution des biens d'une personne, qui s'opère au jour de sa mort au profit de ses héritiers, est un fait juridique qui doit être gouverné uniquement par la loi en vigueur au jour où il se produit.

L'application de cette règle aux *successions ab intestat*, qui sont réglées par la loi elle-même, ne souffre pas de difficultés. La succession d'une personne *s'ouvre* à sa mort, c'est à ce moment-là seulement que le droit des héritiers se fixe, qu'ils deviennent propriétaires, créanciers, débiteurs, à la place du défunt. Si une loi modifie l'ordre successoral et appelle en première ligne des parents qui avaient jadis un rang plus éloigné, elle s'appliquera sans difficulté aux successions *ouvertes* après sa mise en vigueur ; mais les successions ouvertes auparavant doivent être réglées conformément à la loi ancienne ; la loi nouvelle *rétroagirait*, si elle leur était applicable. Nos tribunaux ont eu à faire récemment l'application de cette règle à l'occasion des lois du 9 mars 1891 et du 25 mars 1896, qui ont augmenté les droits héréditaires du conjoint survivant et des enfants naturels.

Pour les *testaments*, l'application de la règle de non-rétroactivité est un peu plus compliquée, parce qu'il y a lieu de distinguer la *confection du testament* et la *réalisation de ses effets*. Ce sont deux choses qui se passent à des époques différentes.

La confection du testament et la régularité de sa forme sont appréciées uniquement d'après la loi en vigueur au jour où il a été fait ; par conséquent, si une loi changeant les manières de tester survient dans l'intervalle entre la date du testament et la mort du testateur, le testament fait dans la forme ancienne reste valable[1]. Au contraire, l'attribution des biens en vertu du testament est un fait qui s'accomplit seulement au jour du décès du testateur ; par conséquent, si une loi survient dans l'intervalle, qui réduise la quotité de biens dont il est permis de disposer par testament, cette loi s'appliquera et réduira le bénéfice que les légataires auraient pu obtenir d'après le testament. De la sorte chaque loi régit le fait qui se passe pendant le temps de sa vigueur.

248. Actes et faits de longue durée. — Il peut arriver *qu'un acte demande un temps assez long pour s'accomplir* et qu'un changement de législation survienne pendant ce temps.

Telles sont d'abord les *procédures*, comme celles de *l'adoption* et du *divorce*. Les actes de procédure déjà accomplis resteraient valables, mais la suite devrait être régie par la loi nouvelle, qui devient immédiatement applicable. Le changement est parfois réglé par la nouvelle loi au moyen de dispositions transitoires (L. 18 avril 1886, sur la procédure du divorce, art. 7).

Telles sont aussi les *prescriptions*. Quand une loi en modifie la durée, soit pour l'allonger, soit pour la réduire, les prescriptions déjà accomplies ne sont pas touchées, mais celles qui sont en cours subissent l'effet du changement. Ainsi, avant la Révolution, toutes les servitudes pouvaient s'acquérir par la prescription. Survint le Code civil qui fit une distinction et déclara la prescription impossible pour diverses catégories de servitudes. L'effet des prescriptions déjà achevées est resté acquis, mais ceux qui étaient en train de prescrire les servitudes rendues imprescriptibles par le Code ont vu leur espérance s'évanouir.

Le cas où la loi nouvelle abrège la durée de la prescription est plus difficile à régler.

[1] Les partisans de la doctrine des droits acquis sont fort embarrassés pour justifier cette solution parce que le testament ne devient définitif et ne confère de droits qu'à la mort de son auteur ; jusque-là il constitue une simple espérance ; cependant ils l'acceptent presque tous. Ceux qui soutiennent que le testament antérieur est annulé par la loi nouvelle sont bien rares (MERLIN, *Répert.*, v° Effet rétroactif, sect. 3, § 5, n° 1 ; HUC, t. I, n° 73).

Supposons que la prescription nécessaire pour acquérir la propriété immobilière soit ramenée de trente à quinze ans. La loi nouvelle sera rétroactive pour toutes les possessions ayant déjà plus de quinze ans d'existence, si on l'applique purement et simplement, car elle attribuera une conséquence juridique (l'acquisition de la propriété) à un fait (la durée d'une possession supérieure à quinze ans) qui s'est passé entièrement sous l'empire de la loi ancienne. La solution la plus juridique semblerait être d'établir une proportion entre le temps écoulé et le temps à courir : s'il y a déjà un tiers, un quart, une moitié... du délai couru sous la loi ancienne, on calculera ce que la portion restante de la prescription demande de temps pour s'achever d'après la loi nouvelle [1].

C. — Exceptions à la règle de non-rétroactivité.

249. Énumération. — Par exception à la règle certaines lois produisent leur effet rétroactivement, et s'appliquent aux faits anciens, quelle que soit leur date. Il en est ainsi dans *trois cas :* 1° quand le législateur l'a déclaré expressément ; 2° quand la loi est interprétative ; 3° quand c'est une loi pénale qui diminue ou supprime une peine.

250. Lois déclarées rétroactives. — Le principe de la non-rétroactivité des lois n'est pas un principe d'*ordre constitutionnel*, capable de lier *le législateur* lui-même ; *il est écrit dans une loi ordinaire*, l'art. 2 C. civ.; par conséquent, il peut être méconnu par une autre loi. Mais la règle légale est obligatoire pour le *juge;* il y aurait lieu à cassation pour violation de l'art. 2, si le juge donnait un effet rétroactif à une loi. Le principe n'est donc fait que pour l'interprétation des lois, et le législateur reste libre de donner, quand il lui plaît, la rétroactivité aux dispositions qu'il édicte.

Nous en avons, en France, un exemple célèbre dans la loi du 17 nivôse an II (6 janvier 1794). La Convention, voulant attacher le plus possible les jeunes générations à l'état de choses créé par la Révolution, fit une loi sur les *successions* toute empreinte de l'esprit d'égalité : c'est *la loi de nivôse.* Pour réduire plus rapidement les effets des anciennes lois successorales, elle donna à cette loi une force rétroactive, qu'elle reporta à près de cinq années en arrière, jusqu'au 14 juillet 1789, en la déclarant applicable à toutes les successions ouvertes depuis lors, même à celles qui étaient déjà liquidées et partagées. Il fallut recommencer les partages : voilà la véritable loi rétroactive.

251. Lois interprétatives. — Les lois interprétatives n'établissent pas de règles nouvelles ; elles ne font que déterminer le sens des lois existantes ; par conséquent, elles peuvent s'appliquer même à des faits antérieurs à leur promulgation. Leur rétroactivité n'est qu'apparente, car ce n'est pas la loi interprétative, c'est la loi primitive qui s'applique[2].

Bien entendu, ceci n'est vrai que pour les véritables décisions interprétatives, telles que les Avis du Conseil d'État rendus en vertu du règlement du 5 nivôse an VIII ou de la loi

[1] Le Code civil a montré pour les prescriptions en cours lors de sa promulgation un respect plus grand que ne le demandait le principe de non-rétroactivité ; il les a laissées s'achever conformément aux lois anciennes (art. 2281), sauf une réserve.

[2] Quelquefois, pour atténuer les inconvénients de la rétroactivité, le législateur, en rendant une *loi interprétative, détermine équitablement* le sort des actes antérieurs à l'interprétation qu'il donne. Ainsi la loi du 21 juin 1843, sur les actes notariés, a déclaré valables tous les actes antérieurement reçus par un seul notaire, sur la foi d'une habitude générale, tout en décidant que ce procédé était irrégulier.

du 16 septembre 1807. Si, à la suite d'une incertitude dans la jurisprudence et l'opinion, le législateur établit en réalité des règles nouvelles inconnues du droit antérieur, celles-ci ne rétroagiront pas. C'est ce qui est arrivé lors de la confection de la loi du 13 février 1889, sur les conventions relatives à l'hypothèque légale des femmes mariées, qui a réglé à nouveau la matière plutôt qu'elle n'a interprété le droit antérieur.

252. Lois modérant les pénalités. — La rétroactivité, écartée pour les lois qui établissent une peine nouvelle ou qui aggravent la pénalité, est au contraire admise pour les lois qui *diminuent* ou qui *suppriment la pénalité*. Cette exception résulte implicitement de l'art. 4 du Code pénal. Elle est fondée sur des raisons d'équité et d'humanité. Quand une peine est reconnue inutile ou excessive, il n'y a plus lieu de continuer à l'appliquer. Le fait s'est produit souvent depuis 1810, car la législation du Premier Empire était très sévère, et la pénalité est toujours allée en s'atténuant depuis lors.

On en a fait récemment deux applications intéressantes. Les lois du 28 mars 1885 (suppression de l'exception de jeu pour les marchés à terme) et du 12 janvier 1886 (liberté de l'intérêt en matière commerciale) n'ont pas été considérées comme rétroactives au point de vue civil ; elles n'ont pas eu pour effet de rendre valables des contrats sans force d'après le droit antérieur (ci-dessus n° 245) ; néanmoins on leur a accordé la rétroactivité en tant qu'elles supprimaient les pénalités établies par la loi du 3 septembre 1807 sur le taux de l'intérêt et par les art. 421 et 422 C. pén. sur les marchés à terme ; elles ont donc mis fin à toute poursuite pénale, même pour les faits antérieurs.

D. — Changements survenus dans le caractère de la règle.

253. Système de la Convention. — La rétroactivité des lois peut être bienfaisante et légitime, dans certains cas, à la condition que le législateur en use avec intelligence et avec mesure. Mais des dispositions comme celles de la loi de nivôse an II, qui bouleversent les fortunes privées dans un intérêt politique, sont, selon le mot de M. Beudant, de véritables « folies législatives ». Instruite par le spectacle des malheurs qu'elle avait causés, la Convention voulut les empêcher à l'avenir, et elle fit du principe de *non-rétroactivité des lois civiles* une règle constitutionnelle (Const. 5 fruct. an III, Déclaration des droits, art. 14). Aucune autre Constitution n'a reproduit cet article ; la Constitution du 22 frimaire an VIII est muette sur la rétroactivité des lois ; ainsi la non-rétroactivité des lois n'a été une règle obligatoire pour le législateur que sous le gouvernement du Directoire, créé par la Constitution de l'an III.

Observons que la Constitution du 14 septembre 1791 avait déjà proclamé la non-rétroactivité pour les *lois pénales* (Déclaration des droits, art. 8). La Constitution du 24 juin 1793 avait fait de même. Ce qu'il y a de particulier dans la Constitution de l'an III, c'est l'extension de la règle aux lois civiles.

254. Système moderne. — Actuellement le principe de non-rétroactivité n'a plus que la valeur d'une règle d'interprétation pour le juge ; il ne lie plus le législateur. L'art. 2 signifie donc qu'à moins d'une volonté contraire manifestée par le pouvoir législatif les tribunaux ne doivent point faire rétroagir les lois.

§ 3. — *Application d'une loi aux faits postérieurs à son abrogation* [1].

255. Principe. — En principe, l'abrogation de la loi ancienne est *instantanée*, de sorte qu'elle est désormais hors d'état de recevoir aucune application aux faits nouveaux. Si le passé doit être régi par les lois anciennes, conformément à la règle de non-rétroactivité, l'avenir est le domaine propre des lois nouvelles, et il doit leur appartenir tout entier, tant qu'elles durent.

Le sort des actes déjà accomplis ou des effets juridiques déjà réalisés et terminés avant la mise en vigueur de la loi nouvelle résulte suffisamment de ce qui a été dit plus haut sur la rétroactivité (n°s 244 à 248). Mais il faut tenir compte de certains *états de droit* susceptibles de se prolonger longtemps. Quelques-uns même, comme la propriété, la noblesse, l'esclavage, dépassent de beaucoup la durée de la vie humaine et se transmettent héréditairement. Ces situations sont naturellement exposées aux changements législatifs, qui sont fréquents : *en principe, elles en subissent l'effet.* L'étendue, la nature, le mode d'exercice de nos droits et de nos charges, peuvent à tout moment être modifiés par une loi nouvelle. C'est dans de rares hypothèses, et pour des raisons particulières qui seront indiquées plus loin, qu'ils continuent à être régis par une loi abrogée. La doctrine des « droits acquis » est donc ici tout à fait en défaut puisque la loi nouvelle va, en règle générale, gouverner les *effets futurs de droits et de situations acquis ou acquises* sous la loi précédente.

256. Justification. — Avant d'exposer l'application du principe et de ses exceptions, il y a une question préalable à résoudre. Lorsqu'un état de droit ancien se trouve modifié par la loi nouvelle, est-ce un cas de rétroactivité ? On le croit et on le répète sans cesse dans l'opinion commune, mais c'est une erreur. Une loi nouvelle peut modifier un état de droit résultant de faits antérieurs; si elle le régit *pour l'avenir seulement* et à compter de sa promulgation, il n'y a dans son application *aucun effet rétroactif*. Le temps auquel on l'applique ainsi est son domaine propre ; elle le gouverne tout naturellement par le seul effet de sa mise en vigueur. On a donc pu dire avec beaucoup de raison, et contrairement à l'opinion traditionnelle, que les lois qui ont aboli les droits féodaux, rendu rachetables les anciennes rentes foncières, supprimé l'esclavage des noirs, n'étaient pas des lois rétroactives (VAREILLES-SOMMIÈRES, *Revue critique*, 1893, p. 464, n° 46). En effet, le législateur ne nous garantit nullement

[1] Tous les auteurs confondent cet ordre d'hypothèses avec le précédent (application d'une loi aux faits *antérieurs* à sa promulgation), et ils en traitent pêle-mêle, sous le nom de rétroactivité. Il y a grand avantage pour la clarté des idées à établir la distinction.

l'exercice indéfini dans l'avenir de nos droits actuels ; ces droits n'existent et ne durent qu'autant que la loi qui les régit et qui les permet ; ils doivent subir l'effet de tout changement de législation. Quand la loi a aboli l'esclavage ou la féodalité, l'affranchissement de l'homme ou de la terre n'a été prononcé que pour l'avenir, à compter de la promulgation de la loi nouvelle ; ces lois ont mis fin à un état juridique créé antérieurement et susceptible de se prolonger indéfiniment ; elles ont réglé ce qui était l'avenir au moment de leur apparition et ceci est tout autre chose que la rétroactivité [1].

A. — Application des lois de droit public.

257. Nécessité d'une application immédiate et totale. — Le principe formulé plus haut, qui est l'applicabilité immédiate et universelle des lois nouvelles à tous faits postérieurs à leur promulgation, gouverne sans aucune exception ni réserve toutes les *lois de droit public* ou ayant un *caractère politique*. Qu'il s'agisse de l'organisation et du fonctionnement des pouvoirs publics, des attributions des agents de l'autorité ou des droits politiques que les citoyens exercent individuellement, il est impossible d'admettre que des institutions abolies continuent à fonctionner sous l'empire d'une législation nouvelle ; la forme politique de l'État et son mécanisme restent toujours à la disposition du pouvoir constituant ou législatif, et les changements qui surviennent s'imposent immédiatement aux fonctionnaires et aux particuliers.

On a donné à ce principe une formule assez heureuse en disant que ces lois avaient pour but de constituer un régime dont la condition nécessaire est l'*unité* et l'*indivisibilité* (HUC, t. I, n° 56).

258. Exemples. — C'est pour cela que les lois qui déterminent la *compétence* et la *procédure* s'appliquent à tous les procès, à partir de leur promulgation, même à ceux qui porteraient sur des faits ou sur des actes de date antérieure [2]. Elles s'appliquent même aux procès en cours, et c'est

[1] Ces idées très simples et très naturelles, complètement méconnues par la malencontreuse invasion du « droit acquis », avaient été énoncées de la manière la plus heureuse par Portalis dans son *Exposé des motifs* du Titre préliminaire : « Détruire une institution qui existe, ce n'est certainement pas faire une loi rétroactive, car si cela était, il faudrait dire que les lois ne peuvent rien changer. Le présent et l'avenir sont sous leur empire. Elles ne peuvent certainement pas faire qu'une chose qui existe n'ait pas existé, mais elles peuvent décider qu'elle n'existera plus. Or voilà tout ce qu'ont fait les lois qui ont détruit les fiefs, les substitutions » (LOCRÉ, t. I, p. 477 ; FENET, t. VI, p. 265).

[2] En général on explique d'une autre manière l'applicabilité immédiate des lois de procédure ou de compétence, en disant : « Ce sont là des *questions de forme*, qui doivent être *indifférentes* aux parties. Les plaideurs n'ont pas d'intérêt à être jugés par un tribunal plutôt que par un autre, selon la procédure ancienne plutôt que selon la nouvelle ». — C'est un motif insuffisant. Il est fort possible que cela ne soit pas indifférent aux parties. Leur *intérêt*, qui est à peu près nul en matière civile, apparaît en *matière pénale*. Par exemple, quand une loi nouvelle substitue la compétence des tribunaux correctionnels à celle des cours d'assises. Il n'est pas indifférent d'être jugé par le jury ou par des magistrats de carrière. Cependant il est impossible d'admettre que le prévenu ou l'accusé réclame l'ancienne juridiction. Cela est de toute évidence, quand il y a suppression d'une juridiction. — On ne doit donc pas se régler en cette matière sur l'intérêt des parties, mais sur un autre principe qui ne peut être que celui qui est indiqué au texte.

ce qui a permis au ministère Dupuy de faire voter, en février 1899, une loi qui dessaisissait la chambre criminelle de la Cour de cassation du jugement à rendre sur l'affaire Dreyfus, pour donner compétence à cette Cour jugeant toutes chambres réunies.

B. — Application des lois de droit privé.

259. Distinction. — Le principe d'applicabilité immédiate et générale des lois nouvelles gouverne aussi le droit privé, mais d'une façon moins absolue. Il faut en effet faire une part à *la liberté des conventions* et au respect qui leur est dû. Nous sommes donc conduits à une distinction entre les matières qui sont *réglées souverainement par le législateur*, et celles qui *dépendent de la volonté des particuliers*. Les premières étant la règle, on se bornera pour elles à quelques exemples; les secondes forment une exception, qui aura besoin d'être expliquée entièrement.

1° Points dépendant exclusivement de la volonté de la loi.

260. Exemples. — Les exemples qui suivent sont empruntés : 1° et 2° au *mariage ;* 3° et 4° aux questions de *capacité ;* 5° et 6° au régime de la *propriété ;* 7° aux *successions*. — Dans tous les cas de ce genre, *la loi nouvelle s'applique, à l'exclusion de l'ancienne.*

1° L'aptitude physique à contracter mariage s'appelle la *puberté*. Avant la Révolution l'âge de la puberté légale était fixé traditionnellement à 14 ans pour les garçons, à 12 ans pour les filles. Cet âge fut successivement reculé à 15 et 13 ans (L. 20 sept. 1792), puis à 18 et 15 ans (C. civ., art. 144). A ces deux reprises, les mineurs en âge de contracter mariage, d'après la loi ancienne, ont perdu le droit de le faire jusqu'à ce qu'ils eussent acquis l'âge plus élevé fixé par la loi nouvelle [1].

2° Avant 1792 et, de nouveau, de 1816 à 1884, le mariage a été indissoluble en France. En 1792 et en 1884, le législateur français à admis le *divorce ;* à ces deux moments les personnes mariées antérieurement ont acquis le droit de divorcer qu'elles n'avaient pas. De même, les personnes qui s'étaient mariées de 1792 à 1816, à une époque où la loi française autorisait la rupture du lien conjugal, ont perdu la faculté de divorcer, quand le gouvernement de la Restauration abolit le divorce en 1816.

3° Avant 1803, dans les pays de droit écrit, les *femmes mariées* étaient *capables* d'agir sur leurs *biens paraphernaux* sans l'autorisation de leur maris. Le Code civil a préféré les traditions coutumières et a décidé, pour toute la France, que la femme mariée aurait toujours besoin du consentement de son mari ou, à défaut, de l'autorisation du tribunal. Toutes les femmes mariées des pays de droit écrit sont donc brusquement devenues incapables au mois de mars 1803, même celles qui étaient mariées depuis longtemps. Mais les actes particuliers que ces femmes mariées avaient passés avant la mise en vigueur des art. 215-225 C. civ. sont restés valables, par application des principes déjà exposés. La même réserve est à faire pour toutes les hypothèses de ce genre.

4° D'après la coutume de Normandie on était majeur à 20 ans. Une loi de 1792 fixa la majorité à 21 ans d'une manière uniforme pour tous les Français. Elle a donc replacé en tutelle et rendu incapables tous les Normands dont l'âge se trouvait compris entre 20 et 21 ans [2].

[1] Naturellement, les mariages contractés avant la réforme restaient valables, parce qu'il y avait *contrat accompli*, sur la validité duquel la loi ne pouvait revenir sans rétroagir.

[2] M. de Vareilles-Sommières pense que si une loi nouvelle reportait la majorité de 21 à 25 ans, elle n'aurait pas pour effet de replonger en tutelle tous ceux qui se trouveraient compris entre les deux âges (*loc. cit.*, p. 468, n° 53). C'est le système que la loi d'introduction du Code civil allemand (art. 154) a appliqué aux mineurs de moins de 18 ans qui auraient été émancipés avant le 1er janvier 1900 en vertu des lois françaises ou badoises.

5° L'Assemblée constituante, pour arriver à l'abolition de la féodalité, déclara *rachetables* certains *droits féodaux*, établis par des contrats réguliers, et qui, d'après le droit antérieur, avaient un caractère essentiellement irrachetable; elle fit plus encore pour ceux qui lui parurent entachés de spoliation ou de violence : elle les supprima sans indemnité (Décr. 4 août 1789 ; L. 28 mars 1790).

6° Le décret du 27 avril 1848, qui a aboli l'*esclavage* dans les colonies françaises, a accordé la liberté immédiate à tous les esclaves, même à ceux qui avaient été achetés antérieurement sur la foi de la législation existante. Il le fallait bien : sans cela l'esclavage se serait indéfiniment perpétué par l'hérédité.

7° La qualité de *parent* d'une personne défunte donne le droit de lui succéder. Mais ce droit est accordé arbitrairement par le législateur qui peut l'étendre, comme il l'a fait récemment pour le conjoint survivant et pour les enfants naturels; qui peut aussi le réduire ou le supprimer, comme on a quelquefois proposé de le faire pour certains parents éloignés ou même pour tous les parents collatéraux.

Ce droit est de ceux qui sont le plus volontiers employés dans l'opinion courante pour expliquer ce que c'est qu'une simple expectative.

2° Points dépendant de la volonté des particuliers.

261. Effet des conventions. — Lorsqu'une convention est formée, les parties se réfèrent très souvent à la loi pour en régler les conditions et les effets; il y a beaucoup de clauses sous-entendues dans le contrat et qui sont indiquées dans la loi. Le contrat doit donc être interprété comme si les parties avaient fait passer la substance de la loi dans leur convention, en déterminant elles-mêmes les détails conformément aux textes. Par conséquent, la loi nouvelle violerait la foi due aux contrats, si elle avait pour effet de modifier les résultats et l'efficacité des conventions antérieures, même de celles qui ne sont pas encore exécutées. L'exécution de ces conventions devra donc se faire conformément à la loi abrogée, comme si cette loi était contenue dans le contrat. Ce sera, si l'on veut, l'observation de la convention plutôt que celle de la loi.

Ce principe est le seul qui puisse obliger le juge à maintenir effet à une loi abrogée. Il se renferme naturellement, quant à son étendue, dans les choses qui sont du domaine des libres conventions et que la volonté des particuliers règle souverainement.

Une des applications les plus intéressantes de cette idée a été faite aux contrats de mariage à la suite de l'annexion de la Savoie et du Comté de Nice à la France. La substitution du Code Napoléon au Code sarde s'y est faite pour l'avenir seulement, en respectant le régime matrimonial des personnes qui s'étaient mariées avant l'annexion sous l'empire des lois italiennes. La cour de Chambéry a eu souvent et aura peut-être encore l'occasion d'appliquer certaines dispositions du Code sarde. Voyez les tables du DALLOZ, v° Loi sarde, et spécialement Chambéry, 1er avril 1896, D. 96. 2. 132.

C. — Maintien exceptionnel du bénéfice d'une loi abrogée.

262. Exemples de cette faveur législative. — Qu'il s'agisse de droit public ou de droit privé, le législateur est toujours libre de modérer l'application immédiate des dispositions de la loi nouvelle; il peut, pour ménager des situations dignes d'intérêt, leur maintenir, par une concession spéciale, le bénéfice des dispositions de la loi abrogée.

Ce qui arrive en pareil cas est exactement l'inverse de la rétroactivité attribuée à une loi nouvelle : c'est la *survivance* d'une loi abrogée, survivance se produisant, comme la rétroactivité, en vertu de la volonté du législateur. De même que la rétroactivité est parfois une mesure sage et bienfaisante, de même ce maintien partiel et temporaire de la vieille loi peut être utile. C'est une question d'opportunité.

L'institution des *majorats* en offre un exemple remarquable. Les majorats étaient des biens immobiliers inaliénables qui formaient la dotation perpétuelle d'un titre de noblesse ; ils étaient transmissibles en ligne directe à l'aîné mâle ; de là venait leur nom. Ils avaient été autorisés en 1806 afin de donner le prestige et la durée à la nouvelle noblesse impériale. Après 1830, cette institution n'était plus en harmonie avec notre organisation politique et on voulut la supprimer. On aurait pu s'y prendre comme pour la féodalité, et y mettre fin immédiatement; mais l'intérêt était moins grand, et l'urgence aussi ; on usa de ménagements. La loi du 12 mai 1835 défendit d'abord d'en établir de nouveaux et réduisit à deux générations l'effet de ceux qui avaient été établis. En 1849, les idées hostiles à la noblesse avaient prévalu, on fit un pas de plus, et la loi du 7 mai hâta encore la fin des majorats par diverses dispositions. Ces deux lois ont un caractère politique très prononcé ; elles portent leur explication dans leur date.

263. Des dispositions transitoires. — Le respect des situations acquises antérieurement, qu'une réforme brusque ruinerait sans grand profit pour l'intérêt général, n'est pas la seule considération dont le législateur ait à se préoccuper pour la mise en vigueur d'une loi nouvelle. Il peut y avoir lieu de régler certaines questions que soulève le changement de législation, et qui sont de nature à se présenter seulement pendant un temps assez court. Le législateur y pourvoit à l'aide de mesures spéciales qui portent le nom de *dispositions transitoires*, parce qu'elles n'ont qu'une durée temporaire et règlent la transition d'un état à l'autre. Un exemple intéressant est fourni par l'art. 2281 C. civ., pour les diverses espèces de prescriptions qui furent abolies en 1804. Le rétablissement du divorce en 1884 a nécessité des dispositions transitoires assez importantes, qui pendant quelque temps ont fort occupé les tribunaux et les gens d'affaires (Voy. L. 18 avril 1886, art. 6).

THÉORIE GÉNÉRALE DES ACTES JURIDIQUES

OBSERVATIONS PRÉLIMINAIRES

****264. Double sens du mot « acte ».** — Ce mot a dans la langue du droit deux sens différents. Tantôt il désigne une *opération juridique* et correspond au latin *negotium*. Tantôt il désigne un *écrit probatoire*, destiné à constater quelque chose, et répond au latin *instrumentum*. Une *vente*, une *donation*, un *paiement*, une *remise de dette*, considérés en eux-mêmes et abstraction faite de leur preuve, sont des *actes juridiques;* les *écrits notariés* ou *sous seings privés* qui les constatent sont des *actes instrumentaires*. Les premiers seuls vont nous occuper pour le moment; les actes instrumentaires trouveront leur place plus loin à propos des preuves.

En général, quand la loi emploie le mot « acte », elle le prend dans le sens d'*écrit*. EXEMPLES : « Concours du mari dans l'acte », (art. 217) ; « actes portant donation » (art. 931); « transcription d'un acte » (art. 1336); « actes passés devant notaires » (art. 1341).

Souvent cependant ce mot désigne une opération juridique, un *negotium*. EXEMPLES : Ainsi il est dit que le mineur peut faire « les actes de pure administration » (art. 481); que les « actes passés par l'interdit sont nuls » (art. 502); que les « actes faits par le débiteur en fraude de ses créanciers » peuvent être annulés (art. 1167) ; que les « actes » faits par le mineur et l'interdit peuvent de même être attaqués (art. 1304).

Parfois même il semble que la loi confonde les deux sens en un seul et parle en même temps de l'acte juridique et de sa preuve écrite. Voyez notamment les art. 219 et 1339 et surtout les art. 1 et 2 de la loi du 23 mars 1855. C'est un fait très fréquent dans le langage courant, surtout dans la pratique notariale, parce que le contrat, chose abstraite, s'incorpore en quelque sorte dans l'écrit qui le constate.

265. Importance et définition des actes juridiques. — La plupart des rapports de droit qui existent entre les hommes ont pour cause des *actes juridiques*.

On appelle de ce nom les *actes accomplis uniquement pour réaliser un ou plusieurs effets de droit;* ils sont dits « juridiques » à raison de la nature de leurs effets.

Les autres causes qui peuvent produire des effets de droit sont ou des *états de fait* ou des *actes matériels*, mais ce sont des causes beaucoup moins productives.

Il est rare qu'un simple état de fait produise des conséquences de droit. Cela arrive cependant quelquefois. Par exemple, l'*âge* amène avec lui la majorité et la capacité; l'*état mental* (folie ou imbécillité) prive le majeur de sa capacité naturelle ; le *voisinage* de deux immeubles entraîne des obligations réciproques pour leurs propriétaires ; la *parenté*, qui est un fait naturel, confère différents droits, comme le droit de succession, et impose des charges, comme l'obligation alimentaire.

Il est un peu plus fréquent de voir un acte matériel, accompli par l'homme, engendrer des effets de droit. Ici se place la classe des *délits*, catégorie très simple par ses caractères, mais fort nombreuse par ses variétés et ses applications. Le délit, au point de vue civil, oblige son auteur à en réparer les conséquences ; il fait naître une *créance* au profit de la victime du dommage.

On peut citer encore, comme actes matériels productifs de droits, les *faits de possession ;* les *injures* et autres actes servant de base à une demande en séparation de corps ou en divorce ; la *réconciliation* opposée comme fin de nonrecevoir à cette demande ; les *plantations* ou *constructions* faites sur le terrain d'autrui.

Malgré cela, les délits et autres faits matériels ne produisent qu'une faible part de l'immense quantité de droits et d'obligations qui existent ; ceux-ci ont en général pour source un *acte juridique.*

266. Existence de règles communes à tous les actes juridiques. — Les actes juridiques, leurs formes, leurs conditions, leurs effets, constituent à eux seuls l'objet principal de la science du droit. Ils sont très variés, et les règles spéciales à chaque catégorie seront expliquées peu à peu, et en leur lieu. Mais il existe un petit nombre de *règles élémentaires communes à tous les actes juridiques,* ou qui ne subissent que des modifications très rares, qu'il suffira d'indiquer quand l'occasion s'en présentera. D'habitude, on expose ces règles communes, sans ordre et sans méthode, à mesure qu'on les rencontre à propos d'un acte déterminé. Elles perdent ainsi une partie de leur physionomie et de leur importance ; on n'en aperçoit pas la généralité et la valeur. Il est donc avantageux de les grouper en tête du cours, pour mieux les faire ressortir.

CHAPITRE PREMIER

DE LA VOLONTÉ

267. Questions à examiner. — Considérée comme créatrice d'actes juridiques, la volonté soulève deux questions principales : *Quel nombre de volontés est nécessaire pour un acte juridique ? Quels caractères cette volonté doit-elle avoir pour être efficace ?*

§ 1. — *Du nombre des volontés.*

* **268. Pluralité de volontés.** — En principe, pour faire un acte juridique, il faut *deux personnes au moins*, parce que la plupart des actes juridiques sont des *conventions*, c'est-à-dire des *accords de volontés* entre diverses personnes. En ce cas, les personnes qui figurent dans un acte juridique en qualité d'*auteurs* de cet acte, prennent le nom de « parties à l'acte » ou plus brièvement « parties ». La volonté de chacune, étant conforme à celle des autres, prend le nom de « consentement », qui indique la similitude des volontés concourant à la formation de l'acte.

Ce mot « consentement » se comprend quand l'acte a plusieurs auteurs; il est peu exact au contraire dans les actes qui dépendent de la volonté d'une seule personne (ci-dessous, n° 270).

269. Indétermination de leur nombre. — Le nombre des personnes qui sont parties dans un acte n'est pas limité; il peut s'élever au-dessus de deux et atteindre un chiffre quelconque. Exemples : la *fondation d'une grande compagnie*, montée par actions, réunit plusieurs milliers et même plusieurs centaines de milliers de sociétaires; une *émission*, comme celle des Bons de l'exposition de 1900, s'adresse à des millions de souscripteurs,

* **270. Volonté unique.** — Il est possible qu'un acte juridique soit accompli par une personne agissant seule, qu'il soit l'œuvre d'une volonté unique. Exemple : la rédaction d'un *testament*; une *offre* [de vendre, d'acheter, etc.]; l'*acceptation* de cette offre; l'*acceptation* ou la *répudiation* d'une succession.

Dans ces exemples l'unité de volonté n'est qu'*apparente*, ou bien elle est *temporaire*. Ainsi le testament ou l'offre de vente ne peuvent pas avoir d'effets par eux-mêmes et à eux seuls; il faut que plus tard une autre volonté se rencontre, qui vienne se joindre à la première, et c'est alors seulement que l'effet juridique se réalisera par l'acceptation du legs ou l'acceptation de l'offre. Même pour les successions *ab intestat* on peut découvrir ce concours de volontés : l'offre de succéder est faite par le législateur, qui souvent se borne à présumer la volonté probable du défunt en attribuant sa succession à tel ou tel parent. — Néanmoins, quand l'acte total est ainsi décomposé en deux parties, une offre suivie d'une acceptation, comme chacune de ces parties se présente isolément et se gouverne par des règles qui lui sont propres, on peut considérer chacune d'elles comme un acte juridique isolé, accompli par une seule volonté [1].

§ 2. — *Caractères nécessaires pour l'efficacité juridique de la volonté.*

271. Distinction à faire. — Pour que le résultat juridique soit obtenu, il faut d'abord que la volonté *existe*: il faut ensuite qu'elle réunisse

[1] On a fait de grands efforts dans ces dernières années pour donner un effet obligatoire à ce qu'on appelle la *volonté unilatérale* (il vaudrait mieux dire isolée ou unique), et certaines dispositions du nouveau Code civil allemand ont paru lui prêter appui (René Worms, *De la volonté unilatérale considérée comme source d'obligations*, thèse, Paris, 1891). On veut par exemple que celui qui crée un *titre au porteur* (promesse de payer au porteur du billet, quel qu'il soit), s'oblige par sa seule volonté ; mais, comme on subordonne la naissance de l'obligation à la négociation du titre, c'est-à-dire à son acceptation par quelqu'un qui en devient porteur, on suppose la formation d'un contrat (Worms, *op. cit.* p. 161-162), et on retombe nécessairement dans l'hypothèse d'un concours de volontés comme condition d'efficacité pour les actes juridiques. Il est bien peu probable que cette doctrine nouvelle ait l'avenir pour elle et soit appelée à renouveler la théorie des obligations.

certaines qualités, en l'absence desquelles on dit qu'elle est *viciée* et ne produit que des effets fragiles.

Ainsi deux cas sont à distinguer : l'*absence totale* de volonté (ou consentement), et le simple *vice* du consentement donné ou de la volonté exprimée.

A. — Absence totale de volonté.

* **272. Effet radical de l'absence de volonté.** — Il se peut qu'un acte juridique ait été accompli matériellement, et que néanmoins la volonté de son auteur fasse absolument défaut. En ce cas, l'acte n'existe qu'en apparence ; dans la réalité il n'y a rien, ou, si l'on veut, l'*acte existe en fait, mais non en droit.*

** **273. Causes supprimant la volonté.** — Cette absence de toute volonté ayant une valeur juridique peut se produire pour deux causes différentes : le *défaut de raison* en la personne de l'auteur de l'acte, et une *erreur grave* commise par lui.

1° Défaut de raison. — Une personne privée de raison, par suite d'une *cause physiologique*, est hors d'état d'avoir une volonté juridiquement efficace sur un sujet quelconque. Ces causes sont l'*enfance*, la *folie*, l'*ivresse*.

Un fou (en dehors de ses intervalles lucides), un homme ivre, un enfant en bas âge ne comprennent pas ce qu'ils font ; les actes juridiques accomplis par eux n'ont aucune valeur légale.

2° Erreurs destructives de la volonté. — Lorsqu'une personne est en pleine possession de ses facultés intellectuelles, il se peut encore qu'un acte juridique accompli par elle soit considéré comme n'étant pas l'œuvre d'une volonté légalement efficace : cela arrive lorsqu'elle agit sous l'empire d'une erreur telle que sa volonté soit inexistante.

Il n'y a que *deux sortes d'erreurs* qui produisent ce résultat absolu d'empêcher la formation même de l'acte juridique, savoir : 1° l'erreur sur la *nature* de l'acte à accomplir, et 2° l'erreur sur l'*identité* de la chose qui fait l'objet de l'acte. Toute autre erreur ne peut être, au plus, qu'un vice de la volonté, comme celles qui sont indiquées au n° 274 [1].

B. — Vices de la volonté.

274. En quoi consistent les vices de la volonté. — Lorsque le consentement a été réellement donné, la volonté *existe*, mais il se peut qu'elle soit *viciée*. Pour être pleinement efficace, la volonté doit être *libre* et

[1] Le Code civil ne s'occupe pas des erreurs qui empêchent l'acte juridique de se former en détruisant absolument le consentement. Il ne parle que des cas où l'erreur constitue un simple vice de la volonté, qui rend l'acte annulable (art. 180 et 1110). Voyez cependant art. 2053.

éclairée. Elle cesse d'être libre si le consentement de l'une des parties est obtenu par la *violence*. Elle cesse d'être éclairée, si cette partie s'est déterminée par suite d'une erreur. Quand l'erreur est fortuite, on lui laisse son nom d'*erreur* ; quand elle est le résultat d'une tromperie, on dit qu'il y a *dol*.

Le *dol*, l'*erreur* et la *violence* sont les trois causes qui vicient la volonté.

On les appelle habituellement *vices du consentement*, et moi-même, pour ne pas rompre trop ouvertement avec l'usage, j'emploierai cette expression comme synonyme de « vices de la volonté », qui est cependant préférable, puisque ces vices peuvent se rencontrer même dans des actes unilatéraux.

** **275. Effet des vices du consentement.** — Quand le consentement est vicié, le contrat ou l'acte juridique se forme néanmoins ; il existe et il produit ses effets, mais la partie qui n'a pas agi dans la plénitude de sa liberté, soit qu'elle ait été violentée, soit qu'elle se soit ou qu'elle ait été trompée, a *le droit de faire annuler* l'acte qu'elle a fait. Elle possède à cet effet une action en justice, *l'action en nullité*, à la suite de laquelle le tribunal anéantira l'acte, si la preuve du dol, de la violence ou de l'erreur est rapportée dans les conditions voulues.

276. Observation. — Parmi les règles applicables aux vices du consentement, les unes sont *communes à tous les actes juridiques*, les autres sont *spéciales à des actes déterminés*, soit au mariage, soit aux contrats, soit aux testaments, soit à d'autres actes unilatéraux comme l'acceptation ou la répudiation des successions. Pour être complet, il conviendrait donc d'expliquer dès maintenant dans cette théorie générale de l'acte juridique, toutes les règles communes, réservant pour plus tard celles qui sont spéciales aux différentes matières, et rien n'est plus aisé que d'opérer ce triage. Néanmoins comme les programmes officiels ont omis de placer dans la première année la théorie de l'acte juridique, et que ces règles se trouvent exprimées dans le Code d'une manière incidente à propos des contrats, j'en renvoie l'exposé au t. II, me bornant ici à quelques indications sommaires, qui sont indispensables pour comprendre même les matières de première année.

1° De la violence.

277. Définition. — La violence est la *contrainte exercée sur la volonté d'une personne*, soit par la force matérielle, soit par des menaces, *pour la déterminer à consentir un acte juridique*.

A proprement parler, le mot « violence » désigne le moyen de contrainte employé, et non l'effet produit sur l'esprit de la victime. Au point de vue psychologique, le langage des Romains était plus exact que le nôtre : ils se servaient du mot « metus », et non pas du mot « vis ». C'est en effet la crainte éprouvée par la victime de la violence qui constitue le vice du consentement, bien plus que les actes extérieurs qui l'ont fait naître.

* **278. Effet de la violence.** — La violence ne détruit pas le consentement, elle lui enlève seulement sa *liberté* [1]. Celui qui se détermine sous

[1] Les glossateurs disaient : « Coacta voluntas est voluntas » (Glossa ad leg. 21, § 5, Dig., *Quod metus causa*). Cette phrase est devenue une sorte d'adage servant à exprimer les effets de la violence.

l'empire de la crainte à conclure un contrat qu'il n'accepterait pas dans un autre moment, choisit le moindre des deux maux qui le menacent; il *consent*, puisqu'il *préfère* signer le contrat que de s'exposer à la mort ou à un autre danger. « Qui mavult, vult », disaient les Romains, mais son consentement est vicié et le contrat peut être annulé.

2° De l'erreur.

*279. **Les trois degrés de l'erreur.** — Pour que l'erreur puisse être un *vice* de la volonté, il faut d'abord supposer qu'elle n'a pas une gravité suffisante pour la détruire entièrement, c'est-à-dire qu'elle ne porte ni sur la *nature* de l'acte, ni sur l'*identité* de la chose (n° 273-2°). D'un autre côté, il se peut que l'erreur soit si légère qu'elle paraisse insuffisante au législateur pour motiver une action en nullité. Il y a donc lieu de distinguer trois degrés d'erreurs, classées d'après la nature de leurs effets sur l'efficacité de la volonté juridique : 1° les *erreurs radicales*, qui empêchent la formation de l'acte ; 2° les *erreurs de gravité moyenne*, qui n'empêchent pas l'acte de se former, mais qui donnent contre lui une action en nullité ; 3° les *erreurs légères*, qui sont indifférentes aux yeux de la loi et malgré lesquelles l'acte reste valable.

280. **Renvoi.** — Il est impossible de déterminer d'une manière générale la distinction à faire entre les erreurs qui rentrent dans la deuxième et celles qui rentrent dans la troisième classe. Les règles à suivre ne sont pas les mêmes, selon qu'il s'agit de *mariage*, de *contrats ordinaires* ou *d'actes unilatéraux*, tels qu'une acceptation ou une répudiation de succession. C'est à propos de chaque matière que cette détermination peut se faire.

Une seule observation générale trouve sa place ici : c'est que *la loi ne distingue pas entre l'erreur de droit et l'erreur de fait*. Si une personne a accepté dans un acte des conditions déterminées parce qu'elle ignorait l'existence ou le sens vrai d'une loi, ou sa suppression, son consentement se trouve entaché d'erreur et la nullité de l'acte pourra être demandée. Il résulte de là que l'adage « Nemo jus ignorare censetur » se limite aux lois qui s'appliquent indépendamment de la volonté des particuliers ; il ne concerne pas les actes juridiques qui sont leur œuvre propre et qui supposent de leur part une volonté réfléchie et éclairée.

3° Du dol.

281. **Définition. — On appelle « dol » *toute tromperie commise dans la conclusion d'un acte juridique*. Cela peut suffire pour l'instant ; les faits constitutifs du dol seront étudiés d'une manière plus complète à propos des contrats. Voyez le t. II.

282. **Résultats variables du dol.** — Le résultat du dol peut être varié : tantôt il *détermine l'auteur de l'acte à l'accomplir*, si bien que, sans le dol, l'acte n'aurait pas eu lieu ; tantôt il a simplement pour effet de *décider l'une des parties à accepter des conditions plus onéreuses*, si bien que, sans le dol, l'acte se serait accompli quand même, mais à de meilleures conditions. Cette distinction s'énonce habituellement à l'aide d'expressions traditionnelles : on appelle *dol principal* ou *dolus dans causam contractui* le dol qui détermine l'accomplissement de l'acte ; *dol*

incident, *dolus incidens*, celui qui en modifie seulement les conditions.

Le dol principal seul peut faire naître l'action en nullité et est une cause de mort pour l'acte accompli ; le dol incident autorise simplement une sorte de rectification de ses conditions qui rétablira l'acte tel qu'il se serait fait s'il n'y avait pas eu dol : cela suffit pour en réparer les effets, l'annulation de l'acte ne serait pas justifiée.

Le dol principal lui-même ne produit pas toujours son effet naturel, qui est l'action en nullité ; dans certains cas exceptionnels la loi refuse cette action à la victime du dol. Mais pour dire, d'une façon plus précise, dans quels cas s'ouvrira cette action, on ne le peut pas d'une façon générale ; c'est encore un point qui est diversement réglé pour le mariage, pour les contrats et pour les actes unilatéraux. On le verra à propos de chacune de ces matières.

***283. Pourquoi le dol constitue un vice distinct de l'erreur.** — Le *dol* n'est réprimé par le droit qu'à raison de l'*erreur* qu'il engendre dans l'esprit de sa victime ; quand il échoue et que la ruse est découverte, il manque son effet et le droit civil n'a pas à s'en préoccuper [1]. Dès lors le dol ne fait-il pas double emploi avec l'erreur comme vice du consentement ? Nullement. D'abord il est possible que le dol amène la nullité de l'acte alors que l'erreur qu'il a causée serait sans influence sur le sort de cet acte si elle était due à une cause fortuite : il en est ainsi, dans les contrats, de l'*erreur sur le motif*, qui sera étudiée dans le tome II. En second lieu, le dol engage toujours la responsabilité de celui qui l'a commis, et permet d'obtenir des dommages-intérêts qui ne sont pas dus en cas d'erreur. Enfin l'erreur qui se traduit simplement par l'acceptation de conditions plus onéreuses, c'est-à-dire par une lésion, reste au compte de celui qui l'a commise si elle est de sa faute ; tandis qu'il a le droit de se faire indemniser par l'auteur du dol s'il a été induit en erreur par autrui.

4° De la lésion.

***284. Définition.** — Il y a un autre fait qui produit parfois le même résultat que les vices du consentement : c'est la *lésion*. On appelle ainsi le *dommage pécuniaire qu'un acte juridique peut causer à la personne qui l'a fait.*

L'action qui résulte de la lésion et qui sert à faire tomber l'acte dommageable est très voisine de l'action en nullité, mais on lui donne plus spécialement le nom d'*action en rescision*. Cette action n'est ouverte que dans des cas exceptionnels (art. 1118). Tantôt la loi la donne à *certaines personnes*, qui sont les *mineurs*, quelle que soit la nature de l'acte ; tantôt elle l'ouvre à propos de *certains contrats*, qui sont le *partage* (art. 887) et la

[1] Il en est autrement du droit pénal qui punit la simple *tentative* d'escroquerie.

vente d'un immeuble (art. 1674), quelque soit l'auteur de l'acte. Ces deux contrats sont les seuls contre lesquels un majeur puisse avoir l'action en rescision pour lésion.

Lorsque la lésion produit l'action en rescision, elle *ne constitue pas un quatrième vice du consentement distinct des trois premiers.* En effet, de deux choses l'une : ou bien l'auteur de l'acte a connu la lésion qu'il allait subir, ou bien il l'a ignorée. Au premier cas on considère son consentement comme n'étant pas libre ; il a consenti sous l'empire d'une nécessité pressante, tel qu'un danger de mort ou un besoin d'argent. Au second cas, s'il ne s'est pas rendu compte des résultats de l'acte, la lésion se confond avec l'erreur.

CHAPITRE II

DE LA FORME DES ACTES JURIDIQUES

** 285. **Distinction des actes consensuels et des actes solennels.** — En général les actes juridiques *n'ont pas besoin pour s'accomplir de formalités déterminées par la loi.* Les personnes qui les font expriment leur volonté comme elles le veulent, verbalement ou par écrit, et elles emploient les formules qu'elles veulent.

Par exception, certains actes ou contrats doivent être faits dans des formes déterminées. Exemples : la loi exige un *acte notarié* pour les constitutions d'hypothèques, pour les contrats de mariage, pour les donations entre vifs ; un *acte écrit sur les registres de l'état civil* pour les mariages ; un *acte reçu par le juge de paix* pour l'émancipation ou l'adoption d'un enfant.

Les actes qui n'ont pas de formes déterminées s'appellent *consensuels*, parce qu'ils n'ont d'autre élément nécessaire pour leur formation que la volonté ou consentement ; les autres sont dits *actes solennels.*

Il y a une grande différence entre ces deux sortes d'actes, bien que souvent ils se ressemblent dans la forme. Par exemple, une vente, qui est un acte consensuel, peut être faite par-devant notaires, tout aussi bien qu'une donation qui est un acte solennel. L'une et l'autre, bien qu'elles soient alors semblables en la forme, conservent cependant leur caractère propre. La différence consiste en ceci : l'acte écrit, dressé pour constater la vente, n'est qu'une précaution prise pour se ménager un *moyen de preuve* sûr et facile, et pour éviter des rétractations et des dénégations ; mais théoriquement la vente existe et produit ses effets *indépendamment de l'écrit et en l'absence de toute forme.* Au contraire, l'acte de donation pour lequel les formalités légales n'auraient pas été accomplies, ne produirait pas plus d'effets que s'il n'avait pas été fait, alors même que la volonté des parties serait certaine, ainsi que son exécution, et que toutes les autres conditions nécessaires à son existence seraient réunies. La *forme extérieure* seule lui a fait défaut, mais elle était *nécessaire* et l'acte n'existe pas sans elle. C'est ce qu'exprime l'adage : « Format dat esse rei ».

286. Oscillations historiques du formalisme. — Dans le droit français moderne, *la grande majorité des actes juridiques est consensuelle* ; il n'y en a qu'un très petit nombre qui soient solennels. Il n'en a pas toujours été de même. Dans les législations primitives, le droit est avant tout une procédure ; chaque acte juridique doit être accompli dans une forme qui lui est propre. Pour tous il y a des rites, des formules, des paroles consacrées (comme le *sacramentum*, la *mancipatio*, la *stipulatio* de l'ancien droit romain), en l'absence desquelles rien n'acquiert l'existence juridique. Le droit a commencé partout par être *formaliste*. — Deux causes ont contribué à lui faire perdre ce caractère : les *besoins du commerce* et le progrès de la *culture intellectuelle*. Les opérations commerciales ont besoin de s'accomplir simplement et rapidement ; aussi est-ce l'acte commercial par excellence, la vente, qui a fait la première brèche dans le système des contrats solennels du vieux droit romain. C'est par elle que les Romains sont arrivés à concevoir un contrat dénué de formes extérieures.

Mais cette première cause n'aurait pas suffi si les progrès de l'instruction et la vulgarisation de l'*écriture* n'eussent permis d'employer un mode de preuve simplifié, les *chirographa* et les *cautiones*. Les anciennes formes symboliques n'avaient pas seulement pour utilité propre de dégager l'essence de l'acte juridique verbal, de forcer les parties à bien préciser leur volonté ; elles servaient aussi à sa preuve ; elles en gravaient le souvenir dans la mémoire des témoins. L'écriture les a rendues inutiles : l'accord des volontés, prouvé par un écrit, suffisait. Depuis ces temps lointains l'acte consensuel a accompli une marche envahissante : il s'est propagé partout, aux dépens des solennités primitives.

Il a bien eu un moment de recul : l'invasion germanique a introduit dans nos régions un droit plus fruste que le droit romain de la fin de l'Empire, et partant plus symboliste ; les formes extérieures ont reparu pour quelques siècles dans nos usages ; elles en ont été chassées définitivement par la renaissance du droit romain scientifique à la fin du moyen âge.

Il est cependant permis de penser que l'acte consensuel a atteint de nos jours son apogée. Les relations compliquées qui naissent d'une civilisation aussi avancée que celle de l'Europe moderne, multiplient les chances de fraudes et d'erreurs auxquelles sont exposées les parties dans les contrats dénués de formes. De là des précautions de plus en plus nombreuses, la création d'officiers spéciaux destinés à dresser, à constater ou à conserver les actes, notaires, greffiers, officiers de l'état civil, conservateurs des hypothèques, employés de l'enregistrement, etc. L'excès de culture produit ainsi des effets analogues à ceux de la simplicité et de l'ignorance des peuples antiques, et la *solennité des actes juridiques* reparaît de toutes parts avec des formes nouvelles, sous les noms d'*authenticité*, d'*enregistrement*, de *transcription*, etc. Ce n'est pas du symbolisme, c'est de la défiance.

287. Caractère territorial des lois relatives à la forme des actes juridiques. — La maxime « Locus regit actum » s'applique même aux *solennités* qu'exigent certains actes juridiques, aussi bien qu'à la confection des simples écrits *probatoires*, parce que les raisons sont les mêmes pour se conformer à la loi locale : l'acte juridique serait souvent impossible s'il fallait observer les prescriptions étrangères, à cause de la nationalité de ses auteurs. Par suite, un Français peut se marier hors de France dans d'autres formes que celles de la loi française ; il peut faire une donation sans acte notarié, etc., à la seule condition d'observer les formes en usage dans le pays où il se trouve.

On a quelquefois douté de cette extension de la règle « Locus regit actum » parce que la solennité de l'acte a paru être un de ses éléments intrinsèques, une mesure de protection pour les personnes (DEMANGEÂT, *De la condition des étrangers en France*, p. 340 ; BERTAULD, *Questions doctrinales*, t. I, n° 154, p. 121 ; LAURENT, *Droit civil international*, t. I, p. 155 ; t. VI, p. 651-662). Mais l'identité des motifs et la présence dans le Code de l'article 170, qui l'admet pour le mariage, l'ont mise hors de doute.

CHAPITRE III

DE LA LIBERTÉ DES ACTES JURIDIQUES [1]

288. Le principe de liberté. — Tout acte juridique est l'œuvre d'une ou de plusieurs volontés. Dans quelle mesure les formes, les conditions, les effets des actes juridiques dépendent-ils des volontés individuelles [2]?

La volonté des particuliers n'est ni absolument libre, ni absolument assujettie par la loi ; elle jouit d'une *autonomie partielle*, dont il s'agit d'indiquer l'étendue.

Voici d'abord une grande règle de droit, qui n'est écrite nulle part en termes formels, mais dont l'existence est certaine : *tout ce qui n'est pas défendu par la loi est permis* [3]. La liberté est la règle ; la volonté privée est autonome, sauf les limites fixées par la loi. Il suffira donc d'indiquer ces limitations légales [4].

289. Prohibitions particulières. — Les prohibitions établies par la loi sont assez nombreuses [5] et fort différentes les unes des autres ; elles ne peuvent donc pas faire l'objet d'une théorie générale et ne suivent de règle commune que pour leur sanction, qui est ordinairement la *nullité* de l'acte accompli malgré la prohibition de la loi. Sur les nullités, voyez ci-dessous, nos 326 et suiv.

290. Prohibition générale de l'art. 6 C. civ. — L'art. 6 est ainsi conçu : « On ne peut déroger par des conventions particulières aux lois qui intéressent l'ordre public et les bonnes mœurs ». Ce texte attache une sanction nécessaire à un grand nombre de dispositions légales, qui ne déterminent pas elles-mêmes d'une manière spéciale leur degré d'autorité. Très souvent la loi énonce une règle sans dire s'il est permis d'y déroger. C'est à l'aide de l'art. 6 qu'on peut répondre à cette question.

Malheureusement, le double critérium que ce texte nous donne est fort

[1] Beaucoup d'auteurs modernes intituleraient ce chapitre : *De l'autonomie de la volonté.* Les deux formules me paraissent avoir le même sens, et la mienne me semble plus simple et partant plus claire.

[2] Il s'agit ici des actes émanés de simples particuliers, pour lesquels la seule question qui se pose est celle de la *liberté* ou de la *prohibition.* S'il s'agissait de fonctionnaires ou d'agents du pouvoir, la question de validité de leurs actes se poserait sur un autre terrain ; ces agents n'ont d'attributions que celles qui leur sont accordées, et leurs pouvoirs n'existent que dans la limite où ils ont été délégués. C'est l'objet du droit administratif de fixer l'étendue de ces délégations. En droit civil, il ne s'agit pas de *pouvoirs*, mais d'*autonomie*.

[3] Portalis avait écrit dans le Livre préliminaire du Code civil : « La loi.. répute licite tout ce qu'elle ne défend pas » (Tit. IV, art. 8).

[4] Par application de l'idée indiquée dans la note précédente, les agents de l'autorité sont, à ce point de vue, dans une situation inverse de celle qui est faite aux particuliers : tout ce qui ne leur est pas permis leur est défendu, parce que leurs pouvoirs n'existent que dans la mesure où ils leur ont été délégués.

[5] Exemples : art. 215, 217, 335, 340, 344, 463, 464, 472, 499, 513, 686, 815, 903, 1001, 1097, 1130, 1443, al. 2, 1453, 1596, 1597, 1674, 1780, 1981, 2045, 2129, al. 2, etc.

vague, comme va le montrer la définition de l'*ordre public* et des *bonnes mœurs*.

A. — Conventions contraires aux lois d'ordre public.

* **291. Lois d'ordre public.** — Qu'est-ce qu'une *disposition d'ordre public ?* Cela comprend d'abord et nécessairement toutes les lois *de droit public*, c'est-à-dire celles qui règlent l'organisation et les attributions des différents pouvoirs et de leurs agents, ainsi que les obligations et les droits des particuliers en matière politique, élections, impôts, service militaire, etc. Toutes ces lois, qui constituent le régime politique du pays, sont au-dessus des volontés privées. Les Romains disaient déjà : « Privatorum conventio juri publico non derogat » (ULPIEN, *Dig.*, liv. L, tit. 17, fr. 45).

En outre, une loi peut appartenir au *droit privé* et être cependant d'ordre public. Il en est ainsi toutes les fois que la disposition de la loi est motivée par la considération d'un *intérêt général*, qui se trouverait compromis si les particuliers étaient libres d'empêcher l'application de la loi.

Sur ces questions voyez Vareilles-Sommières, *Des lois d'ordre public et de la dérogation aux lois*, Paris, 1899.

* **292. Lois de droit privé intéressant l'ordre public.** — Les lois de droit privé qui présentent ce caractère peuvent se ramener à trois catégories principales : 1° celles qui règlent l'état et la capacité des personnes ; 2° celles qui organisent la propriété, et spécialement la propriété foncière ; 3° celles qui imposent aux parties des défenses ou des mesures dans l'intérêt des tiers [1].

1° ÉTAT ET CAPACITÉ DES PERSONNES. — Tout ce qui touche à l'état des personnes, aux droits et aux charges qui en résultent pour elles, à leur capacité ou incapacité, est d'ordre public, et ne peut être modifié par des conventions privées. On dit communément pour

[1] On dit quelquefois que les lois *relatives aux contrats* ne sont pas d'ordre public et n'intéressent que les individus, parce que la plupart de ces lois peuvent être écartées ou modifiées par les conventions privées. Cependant il ne faut rien exagérer, et il y a pour les contrats, comme pour les autres parties du droit, beaucoup de règles d'ordre public. Les contrats ne sont pas par eux-mêmes licites ou illicites, moraux ou immoraux ; leur caractère dépend de leur objet et des clauses que les parties y insèrent. Ainsi la vente, le louage de travail, le mandat, la donation, la constitution d'une hypothèque, la société peuvent compromettre soit l'état des personnes, soit l'organisation de la propriété, soit l'intérêt des tiers, toutes matières qui sont au-dessus des atteintes des conventions privées. Ce qui est vrai, c'est que, dans la matière des contrats, on est obligé de prévoir le silence ou l'obscurité de la convention pour en déterminer les effets naturels et normaux. C'est donc dans cette partie de nos lois que se rencontre la plus grande quantité des dispositions sans force impérative, qui ne sont que des *présomptions de volonté susceptibles d'être modifiées par des volontés contraires.* Mais là même le législateur a prévu et interdit beaucoup de clauses qui lui semblent dangereuses, tandis qu'on trouve dans le règlement de la propriété, à propos des servitudes, par exemple, beaucoup de décisions qui n'ont rien d'obligatoire. Il n'y a donc pas lieu d'opposer ainsi, d'une façon absolue, la matière des contrats aux autres parties du Code. On doit, de plus, réfléchir que, le testament mis à part, c'est toujours au moyen d'un contrat que les particuliers modifient les effets des règles légales. Le contrat apparaît ainsi comme intervenant sans cesse pour déroger à la loi, mais il n'est en réalité que l'*instrument*, et la dérogation porte sur une autre matière du droit, sur les règles de la propriété, des successions, de la famille, du régime des biens entre époux, etc.

exprimer cette impossibilité, que *l'état des personnes n'est pas dans le commerce.* On verra plus loin mainte application de cette idée.

Cependant il existe quatre conventions modificatives de l'état des personnes : 1° le *mariage,* qui crée l'état d'époux et fait naître la puissance maritale ; 2° le *contrat de mariage* qui, en modifiant le régime adopté par les époux, peut faire varier dans une certaine mesure l'incapacité de la femme ; 3° le *rétablissement conventionnel du contrat de mariage* quand ce contrat a été dissous par une séparation de corps ou de biens (art. 1451) ; 4° l'*adoption,* qui crée une sorte de parenté fictive.

2° Organisation de la propriété. — Les lois qui déterminent le droit de propriété, ses effets, ses limites, surtout quand il s'agit de la propriété foncière, tiennent de trop près à l'organisation sociale du pays pour qu'on puisse en abandonner l'effet à la liberté des conventions. La formation féodale dont l'Europe moderne, et en particulier la France, ont eu tant de peine à se débarrasser est un grand exemple historique de ce que peut faire le jeu naturel des conventions privées, quand on laisse leur effet s'accumuler pendant des siècles. C'est pour cela qu'il faut considérer comme limitative la liste des droits réels prévus et organisés par la loi et ne pas permettre la création fantaisiste de droits nouveaux, surtout de ceux qui ramèneraient l'antique sujétion d'une classe de personnes à une autre classe [1]. C'est pour cela encore que notre droit moderne est si hostile à toutes les clauses qui tendent à rendre les biens inaliénables et insaisissables [2].

3° Protection des tiers. — Un certain nombre de dispositions de la loi s'expliquent par l'*intérêt des tiers,* qui pourrait se trouver compromis par un acte intervenu entre des personnes déterminées. Ce sont surtout des mesures de publicité qui sont prescrites à cet effet (transcriptions, inscriptions, notifications, affiches, insertions dans les journaux). Mais la même considération motive aussi des mesures d'un autre genre, telles que celles de l'art. 1395 C. civ. Les personnes qui sont parties à l'acte ne peuvent pas modifier ces règles qui sont établies pour protéger d'autres personnes, celles qui traiteront plus tard avec elles. — On peut conclure de là qu'à la condition d'être capable, une personne peut toujours renoncer à une règle de droit qui a été *établie dans son intérêt exclusif* [3], à moins qu'une disposition spéciale de la loi ne l'en empêche [4].

B. — Conventions contraires aux bonnes mœurs.

293. Rectification du texte. — L'art. 6 dit qu'on ne peut « déroger aux lois qui intéressent les bonnes mœurs ». Si on suppose qu'il existe une disposition positive de la loi consacrant une règle morale, cette partie de l'art. 6 fait double emploi avec la première, car une pareille disposition est manifestement d'ordre public. Par exemple, le devoir moral de fidélité conjugale est énoncé par la loi civile, art. 212, et sanctionné doublement, au point de vue civil, par le divorce et la séparation de corps, au point de vue pénal par les art. 337 et suiv. C. pén., qui en font un délit. Il est clair que ces dispositions sont d'ordre public et que deux époux ne pour-

[1] On verra un remarquable exemple de cette limitation du nombre des *servitudes foncières,* à propos de l'art. 686.

[2] Voyez les dispositions prohibitives des art. 815 et 896.

[3] Ainsi le consentement de la femme permet au mari de disposer d'une façon absolue des biens de la communauté par donation entre vifs, parce que les limitations que l'art. 1452 C. civ. apporte au droit du mari de disposer de la communauté à titre gratuit sont établies dans l'intérêt exclusif de la femme ; elles disparaissent donc quand la femme consent à la donation, car la femme mariée est capable de disposer de ses biens avec l'autorisation du mari.

[4] Ce sont surtout les renonciations anticipées à des droits non encore ouverts que la loi prohibe pour protéger les majeurs contre leurs propres entraînements. Exemples : art. 791, 1453, 2078, 2088, 2220.

raient pas se dispenser mutuellement de l'observation de ce devoir par une convention.

Il faut donc lire l'art. 6 comme s'il y avait : « Un acte juridique est nul s'il est contraire soit aux lois qui intéressent l'ordre public, *soit aux bonnes mœurs*. » Par conséquent, la nullité atteindra l'acte immoral, alors même qu'il ne serait contraire à aucune disposition de la loi positive.

C'est aussi de cette façon que les tribunaux interprètent l'art. 6. Ils y sont d'ailleurs invités par l'art. 1133 C. civ., qui considère comme illicite, non seulement ce qui est contraire aux lois, mais aussi ce qui est contraire aux bonnes mœurs. Comp. art. 1388.

L'*immoralité* est donc assimilée à l'*illégalité*, quand il s'agit d'apprécier la validité des actes juridiques.

294. Pouvoir arbitraire des tribunaux. — Le caractère d'*immoralité* capable d'entraîner la nullité de l'acte est nécessairement une *question de fait* appréciée par les juges [1].

Le pouvoir que les tribunaux tiennent ainsi de l'art. 6 d'annuler les contrats et autres actes des particuliers comme immoraux est un des plus redoutables qu'ils aient reçus de la loi. Supposez-le exercé par des hommes passionnés, par des moralistes trop rigides ou par des esprits sectaires, la liberté civile pourrait y sombrer. Le seul contre-poids possible est ici l'opinion publique, le courant général des idées, qui règle le niveau moral d'un peuple et qui crée une sorte de tolérance nécessaire. On dit qu'un peuple a toujours le gouvernement qu'il mérite ; on peut dire de même qu'il a toujours une jurisprudence appropriée à son degré de moralité.

295. Résumé. — En résumé, les dispositions de loi qui ne contiennent aucune prohibition expresse sont de deux sortes : les unes sont *obligatoires*, en ce sens que leur observation s'impose aux particuliers et qu'il n'est pas permis d'y déroger ; ce sont celles que vise l'art. 6. Les autres sont *facultatives*; leurs décisions n'ont qu'une valeur *interprétative de volonté* ou *supplétive ;* elles donnent la solution des points que les actes des particuliers n'ont pas réglés, mais elle peuvent être écartées ou modifiées par une volonté contraire.

La distinction théorique à faire est assez claire ; mais comme l'ordre public et les bonnes mœurs échappent également à une définition précise, on rencontre un grand nombre de difficultés quand on entre dans le détail des applications. La manière dont le texte de la loi est rédigé sous une forme impérative ou permissive ne peut pas servir de guide, comme l'avait cru jadis Merlin (*Répertoire*, v° Nullité, t. IX, p. 643 et suiv.). La formule employée est souvent trompeuse. C'est la nature intrinsèque de la disposition qu'il faut considérer.

[1] Un seul Code a donné une définition légale des bonnes mœurs, c'est celui du Monténégro (art. 785). Voyez-en la traduction dans ALEXANDRESCO, *Droit ancien et moderne de la Roumanie*, p. 137, note.

CHAPITRE IV

EFFET RELATIF DES ACTES JURIDIQUES

** **296. Inefficacité des actes juridiques à l'égard des tiers.** — Une règle très générale limite à certaines personnes les effets des actes juridiques. En principe, les actes ne produisent leurs effets que pour les personnes qui les font ; celles qui y restent étrangères, et qu'on appelle les *tiers*, ne peuvent ni en profiter ni en souffrir. C'est ce qu'exprime l'adage latin : « Res inter alios acta aliis neque prodesse neque nocere potest ». On applique cette règle notamment aux *contrats* et aux *jugements* [1]. Les uns et les autres ne produisent que des *effets relatifs*.

297. Quelles personnes sont des tiers? — Pour déterminer exactement cette relativité des effets des actes juridiques, il faut d'abord distinguer les *auteurs* de l'acte ou *parties* et les *tiers*. Si l'acte émane d'une seule personne, celle-ci s'appelle l'*auteur de l'acte*. Si l'acte a plusieurs auteurs, comme il suppose la participation et le concours de plusieurs personnes, chacune d'elles prend le nom de *partie à l'acte*.

Ce n'est point la signature qui donne la qualité de partie. L'acte peut être signé par des personnes qui n'y sont point parties, par exemple par l'officier public qui l'a reçu, par les témoins qui y ont assisté. *Signataire* et *partie* ne sont donc point synonymes. A l'inverse, une partie peut n'avoir point signé l'acte et n'y avoir pas figuré : c'est ce qui arrive au cas de représentation d'une personne par une autre (ci-dessous, n° 300).

Mais cela ne suffit point pour avoir une idée complète de la distinction à faire : ceux qui ne sont pas auteurs de l'acte ou parties ne sont pas tous des tiers. On doit en effet assimiler aux parties : 1° les personnes qui ont été *représentées à l'acte*, et 2° celles qui sont les *ayants cause des parties*. Pour savoir qui est un tiers il faut donc tenir compte de deux notions importantes : celle de la représentation et celle des ayants cause.

§ 1. — *De la représentation dans les actes juridiques.*

298. Raisons du remplacement d'une personne par une autre. — Il arrive très souvent qu'un acte juridique est fait par une personne autre que celle qu'il intéresse. Le remplacement de la personne intéressée par une autre peut être nécessaire dans deux cas : 1° quand il y

[1] L'étude détaillée du caractère tout relatif de ce qu'on appelle l'*autorité de la chose jugée* est une des théories les plus délicates du droit. Ce n'est pas ici le lieu de l'étudier en elle-même et à fond. Il s'agit seulement de dégager le principe général dont cette théorie n'est qu'une application particulière. Pour les détails, voy. la table du t. II, v° *Chose jugée*.

a impossibilité pour l'intéressé de se rendre *au lieu où l'acte doit être fait*, parce qu'il est en voyage, ou malade, ou en prison, etc. ; 2° quand l'intéressé serait *hors d'état de comprendre l'acte* qu'il s'agit de faire : c'est un tout jeune enfant, un fou, un vieillard dont les facultés sont affaiblies.

Parfois, sans être nécessaire, ce remplacement d'une personne par une autre peut être commode et avantageux, et on y a recours souvent pour une simple raison *d'utilité*.

* **299. Cas où ce remplacement est permis.** — Cet emploi d'une autre personne que l'intéressé est un procédé permis en général. Il n'y a guère en droit français que *deux actes* qui doivent nécessairement être accomplis *par la personne elle-même* : c'est le *mariage* et le *testament*. Il y en avait davantage en droit romain [1]. Mais, de tout temps, ces actes essentiellement personnels ont été l'exception ; il est permis de faire faire par autrui la plupart des actes juridiques, et les Romains eux-mêmes faisaient grand usage de ce procédé soit pour la gestion des tutelles, soit pour l'exécution par mandataire d'un acte isolé.

** **300. Formation successive de l'idée de représentation.** — Relativement aux actes faits par intermédiaire, il y a une différence considérable entre l'époque romaine et la nôtre. Cette différence est due à l'introduction d'une idée nouvelle, *la représentation dans les actes juridiques*. Cette notion a renouvelé et transformé bien des théories ; le droit romain primitif ne la possédait pas, et cependant ce sont les jurisconsultes romains qui l'ont élaborée peu à peu et qui l'ont léguée au monde moderne. Voici en quoi a consisté la transformation.

Primitivement, quand un acte était accompli par une personne à la place d'une autre, les effets juridiques de cet acte, actifs ou passifs, se réalisaient *en la personne de son auteur ;* quant à la personne intéressée, elle n'en retirait directement ni profit ni charge, parce qu'elle était restée étrangère à sa conclusion. Ainsi c'était le tuteur, le gérant d'affaires, le mandataire qui devenait propriétaire, créancier ou débiteur par l'effet de l'acte accompli. Ce n'était que plus tard, par une seconde opération, que l'effet juridique de l'acte atteignait le véritable intéressé ; par exemple, le mandataire transférait à son mandant la propriété qu'il avait acquise, lui cédait son action contre le débiteur, ou se faisait garantir par lui contre le créancier, etc. Il y avait là une *complication*, puisque pour réaliser l'intention des parties, il fallait *deux opérations successives ;* il y avait aussi un *danger*, parce

[1] Un certain nombre d'actes exigeaient l'intervention de l'intéressé lui-même. Les principaux étaient la procédure des *legis actiones* et par suite l'*in jure cessio ;* la *mancipatio ;* l'*aditio hereditatis* et par suite la *repudiatio ;* l'*adrogatio*. Ces actes étaient impossibles tant que le pupille n'était pas sorti de l'*infantia* : il ne pouvait pas les accomplir et personne ne pouvait les faire à sa place. Mais on s'en dispensait dans la pratique en employant d'autres procédés qui produisaient des résultats plus ou moins équivalents.

que le mandant ou le mandataire pouvait être déjà ou devenir plus tard insolvable, de sorte que l'autre, ne pouvant se faire rembourser par lui, subissait inutilement une perte.

Les Romains sentirent de très bonne heure ce qu'il y avait d'imparfait dans leur procédé et ils l'améliorèrent par une série de réformes qu'il serait trop long d'expliquer ici ; ils sous-entendirent la seconde opération qui servait à transférer les effets de l'acte en la personne du véritable intéressé et ils admirent que l'acte primitif accompli par l'intermédiaire d'autrui suffirait, à lui seul, pour ouvrir directement une action soit à l'intéressé contre les tiers, soit aux tiers contre lui [1].

Dans la pure théorie romaine, les véritables actions nées de l'acte ainsi accompli continuent à prendre naissance en la personne de l'intermédiaire qui l'a fait, à son profit ou à sa charge ; celles qui sont données à l'intéressé ne sont que des *actions utiles*, qui ne découlent pas des principes du droit ; mais ces dernières seules sont efficaces et les actions qui appartiennent à l'intermédiaire ou qui sont dirigées contre lui, sont toutes paralysées par des *exceptions* [2], et n'ont par suite qu'une existence nominale. Le dernier progrès consista à supprimer ces anciennes actions qui reposaient sur la tête de l'intermédiaire et qui étaient devenues inutiles ; de sorte que tout l'effet de l'acte accompli par une personne pour le compte d'une autre passe, pour ainsi dire, par-dessus la tête de l'intermédiaire pour se réaliser exclusivement en la personne du véritable intéressé.

Pour exprimer ce résultat, on dit, en style moderne, que le tiers employé pour accomplir l'acte (mandataire, gérant, tuteur, administrateur, etc.) *représente* une autre personne (son mandant, son pupille, etc.). Les jurisconsultes de l'antiquité n'avaient pas de mot spécial pour exprimer cette idée ; ils employaient des périphrases, comme cette rubrique du *Digeste* : « Quando ex facto tutoris... minores agere vel conveniri possunt » (Liv. XXVI, tit. 9). Mais actuellement le terme « représenter » est technique en ce sens pour désigner l'*intervention d'une personne agissant pour autrui sans être elle-même touchée par les résultats juridiques de l'acte qu'elle fait.*

C'est de cette façon qu'une transformation lente, qui a mis des siècles à s'accomplir, nous a conduits à la conception de la *représentation juridique* d'une personne par une autre, qui a été une simplification, mais qui est loin, comme on le voit, d'être une idée simple et une des

1 Comme le dit M. Girard, à propos de la tutelle romaine, cette évolution s'est faite sans unité de moyens et par des mesures disparates (GIRARD, *Manuel*, 2e édit., p. 206-208. Comp. *ibid.*, p. 647-661. — Voy. aussi ACCARIAS, nos 145 et 636).

2 Dans la procédure romaine, l'*exceptio* était un moyen de défense qui paralysait une demande en justice, *intentio*, même quand cette demande était fondée et conforme aux principes du droit. L'*exceptio* la faisait écarter pour une autre raison, qui était ordinairement une raison de bonne foi.

notions primitives du droit, bien qu'elle nous soit aujourd'hui très familière.

§ 2. — *Des ayants cause des parties.*

** **301. Définition.** — Le mot « ayant cause » s'oppose au mot « auteur », et l'antithèse qu'on établit entre eux suppose l'idée d'une *transmission* s'opérant d'une personne à une autre. *Celui qui cède* ou transmet quelque chose est l'*auteur ; celui qui acquiert* ou tient de lui est *l'ayant cause.*

L'ayant cause est donc celui qui, sans avoir concouru à l'acte soit par lui-même, soit par un représentant, a succédé à l'une des parties ou à l'auteur de l'acte. — L'ayant cause ressemble aux parties en ce qu'il subit comme elles les effets de l'acte.

302. Étymologie. — Le mot *ayant cause* est relativement moderne; son usage ne remonte guère au delà du XVIe siècle, mais il a été emprunté à certaines habitudes de langage des jurisconsultes romains.

Pomponius dit par exemple : « Alienatio cum fit, cum sua causa dominium ad alium transferimus » (*Dig.*, liv. XVIII, tit. I, fr. 67). Sur quoi Dumoulin dit : « Sic enim cum sua causa res transferri dicitur, id est cum suo onere vel jure, quaque conditione est ». On comprend qu'on ait tiré de là l'expression « ayant cause »; c'est celui *qui causam habet ab alio.*

Si le mot « ayant cause » est de création moderne, le mot *auteur*, pris dans ce sens, est fort ancien ; il était déjà d'un usage courant en latin pour désigner le possesseur antérieur du droit transmis : « Auctor meus a quo jus in me transiit » (*Dig.*, liv. L, tit. 17, fr. 175).

** **303. Distinction de deux espèces d'ayants cause.** — Les ayants cause se subdivisent en deux grandes classes d'après l'étendue de leur titre (voy. ci-dessous, n°s 1235 et 1236) : les uns sont des *ayants cause à titre universel*, les autres des *ayants cause à titre particulier.*

Les premiers sont ceux qui ont acquis l'universalité du patrimoine de leur auteur ou une fraction de cette universalité. Ce sont en général les *successeurs d'une personne décédée,* parce qu'il ne s'accomplit point de transmissions universelles entre vifs. Seront donc ayants cause à titre universel : 1° les *héritiers légitimes* et autres successeurs appelés par la loi à recueillir la succession ; 2° les *légataires universels ou à titre universel ;* 3° les *donataires de biens à venir*, c'est-à-dire des biens que le donateur laissera en mourant (art. 1082 et 1083).

Il faut aussi faire rentrer dans cette classe les créanciers ordinaires, appelés *créanciers chirographaires*, c'est-à-dire ceux qui n'ont ni privilège ni hypothèque. Les créanciers n'ont, à proprement parler, rien *acquis* de leur débiteur : il ne s'est point opéré à leur profit de transmission de son patrimoine. Néanmoins ils ont sur ce patrimoine, qui leur sert de garantie pour leur paiement, un *droit de gage universel* (art. 2092), qui leur appartient en leur seule qualité de créanciers. A raison de ce droit de gage on les considère comme des ayants cause du débiteur, et naturellement ils figurent parmi les ayants cause universels.

Les *ayants cause particuliers* sont ceux qui ont acquis de leur auteur un ou plusieurs objets individuellement déterminés. La transmission qui fait d'eux des ayants cause s'opère en général entre vifs. C'est, par exemple, une vente, une donation, un échange, la constitution d'une hypothèque. Ce peut être aussi une transmission par décès ; par exemple, un legs particulier, le legs d'une chose ou d'une somme d'argent.

* **304. Intérêts de cette distinction.** — L'utilité qu'il y a à distinguer les ayants cause universels des ayants cause particuliers apparaît à plusieurs points de vue. Le plus considérable concerne les *transmissions par décès :* l'ayant cause ou successeur universel est *tenu des dettes du défunt ;* l'ayant cause ou successeur particulier n'en est pas tenu.

305. Comment une personne peut être tout à la fois tiers et ayant cause. — Pour que cette double qualité soit vraie, il faut supposer *un ayant cause en la personne duquel le droit transmis par son auteur est protégé contre les actes ultérieurs de celui-ci,* de telle sorte que la situation de l'ayant cause soit, à certains égards, *intangible*. Ceci peut arriver pour chacune des trois catégories d'ayants cause ci-dessus indiquées.

1° SUCCESSEURS PARTICULIERS. — Celui qui a acquis un droit, la propriété d'un bien par exemple, *d'une personne encore vivante,* est son ayant cause pour toute la période antérieure à la transmission dont il a bénéficié ; il subit donc l'effet de tous les actes par lesquels son auteur a pu modifier son droit sur le bien qu'il lui a transmis ; mais les choses changent *dès que la transmission est opérée :* l'aliénateur ne peut plus rien contre l'acquéreur ; tous les actes qu'il fera dorénavant ne sont pas opposables à celui-ci. L'ayant cause possède désormais en vertu d'un titre qui lui est propre ; il est passé dans la classe des tiers. Tout ayant cause à titre particulier a donc une double qualité selon le temps que l'on envisage : *ayant cause* pour toute la période de temps antérieure à son acquisition, *tiers* pour toute la période suivante.

La même observation pourrait s'appliquer aux ayants cause particuliers qui succèdent par décès *(légataires particuliers),* mais pour eux elle a moins d'intérêt, parce qu'ils ont devant eux des héritiers qui n'ont jamais eu la propriété du bien légué. Ce qui fait l'importance de la question pour les acquisitions entre vifs, c'est que *la date des actes* faits par l'aliénateur n'est pas toujours *certaine* et qu'on peut se demander s'ils sont réellement antérieurs à l'aliénation [1]. Le même doute ne naît pas quand il y a legs, la mort de l'aliénateur coïncidant avec l'ouverture du droit de l'ayant cause.

2° SUCCESSEURS UNIVERSELS. — En principe, la même dualité ne se rencontre pas en la personne des successeurs universels, qui subissent naturellement l'effet de tous les actes accomplis par leur auteur. Mais il y a exception pour les héritiers dits *réservataires* (ascendants et descendants) auxquels la loi assure une partie de la succession de leur parent ; ils n'en peuvent être dépouillés par aucun acte, ni par don ni par legs. Si cette portion réservée de la succession est entamée par les libéralités du défunt, ils ont l'*action en réduction,* par laquelle ils enlèveront aux légataires et donataires une quantité suffisante pour parfaire leur réserve. Cette action, contre laquelle le défunt ne peut rien, fait donc d'eux des *tiers* dans un certain sens, car ils ont *un droit propre,* dont le but est d'assurer leur sécurité contre les actes de leur auteur. Ils ressemblent aux précédents, avec cette différence que ce n'est plus pour eux d'une question de *date* qu'il s'agit, mais d'une question de *quotité*.

3° CRÉANCIERS CHIROGRAPHAIRES. — Eux aussi, malgré leur situation précaire, ont, en un certain sens, la qualité de tiers, et voient leur droit assuré contre les actes de leur débiteur. A partir du moment où son obligation est née, celui-ci ne peut rien faire de mauvaise foi qui soit nuisible à son créancier. Tout acte lésif fait par lui sciemment est considéré comme *frauduleux* et la loi permet souvent de l'annuler au moyen de *l'action Paulienne.* Quand ils exercent cette action, les créanciers ne se gèrent plus comme simples ayants cause de leur débiteur ; ils exercent un droit qui leur est propre et qui fait d'eux des tiers.

[1] C'est encore la détermination de ce moment, à partir duquel l'ayant cause particulier devient un tiers pour son auteur, qui donne une si grande importance à la théorie de la *transcription*.

CHAPITRE V

MODALITÉS DES ACTES JURIDIQUES [1]

* **306. Actes purs et simples.** — En principe, les actes juridiques sont *purs et simples*, c'est-à-dire que la volonté de leur auteur est ferme, exempte de toute restriction. Par suite, quel que soit l'acte juridique accompli, ses effets se réalisent *immédiatement* et *pour toujours*. Telle est la règle.

** **307. Actes accompagnés de modalités.** — Parfois, cependant, l'acte juridique est accompagné de clauses restrictives, appelées *modalités*, parce qu'elles en modifient l'efficacité. Toute modalité consiste dans la *désignation d'un événement futur* spécifié par les parties et de la réalisation duquel dépendent les effets de l'acte.

On se sert des modalités de deux façons différentes. Tantôt les parties reculent les effets de l'acte jusqu'à la réalisation de l'événement indiqué par elles, auquel cas la modalité est dite *suspensive* ; tantôt elles laissent ces effets se produire immédiatement, mais conviennent qu'ils prendront fin à la réalisation de l'événement, auquel cas la modalité est dite *extinctive* ou *résolutoire*.

Les modalités des actes juridiques peuvent donc avoir des buts opposés : les unes en *retardent*, les autres en *éteignent* les effets. Ce n'est pas tout ; les modalités qui produisent chacun de ces résultats sont elles-mêmes de deux sortes : le *terme* et la *condition*. Terme et condition sont des modalités qui peuvent, l'une et l'autre, opérer indifféremment la suspension ou l'extinction des effets de l'acte, mais qui n'agissent pas sur lui de la même façon.

§ 1. — *Caractères du terme et de la condition.*

308. Division. — Le terme et la condition ont un *caractère commun*, et possèdent en outre un *caractère propre à chacun d'eux*, qui sert à les distinguer l'un de l'autre.

[1] Dans la plupart des cours de droit civil, on ne s'occupe du terme et de la condition qu'en seconde année, et toujours pour la même raison : parce que le Code Napoléon n'en a traité qu'à propos des contrats. Je juge inadmissible qu'un étudiant, qui doit s'occuper des droits réels, lesquels souvent sont établis à terme ou sous condition, ignore les règles générales de ces deux modalités. Il est d'ailleurs facile d'isoler la théorie générale du terme et de la condition, en les considérant en eux-mêmes et abstraction faite de leurs applications diverses soit aux droits de créance, soit aux droits réels.

** **309. Caractère commun au terme et à la condition.** — Ce caractère commun consiste en ce que l'événement choisi comme modalité par les parties doit toujours être un événement *futur*. Si, par suite d'une erreur de leur part, les parties s'étaient référées à un événement *passé*, pris comme terme ou comme condition, en réalité leur acte juridique ne serait affecté d'aucune modalité. En effet, si cet événement s'est accompli conformément à leur intention, l'acte juridique est pur et simple, puisque rien n'en suspend ou n'en menace les effets ; si l'événement a été contraire à ce qu'elles voulaient, l'acte juridique n'a produit aucun effet et n'en produira jamais, puisque dès le jour de sa confection il y avait un fait qui l'en empêchait, d'après la volonté exprimée par ses auteurs. C'est donc par erreur que l'art. 1181 suppose qu'un événement actuellement arrivé, mais encore inconnu des parties, peut jouer le rôle de condition.

** **310. Caractère distinctif du terme et de la condition.** — Le terme et la condition ont donc un caractère commun ; ils sont l'un et l'autre un événement futur. Ils diffèrent l'un de l'autre au point de vue de la *certitude de réalisation*.

L'événement futur appelé « terme » est *certain*, en ce sens que son arrivée est inévitable, tandis que la condition est un événement *incertain*, qui peut ne pas se réaliser. Par exemple, si la modalité employée consiste dans la désignation d'un jour à venir, tel que le 6 novembre prochain, il y a *terme*, car ce jour arrivera certainement. Si elle consiste dans la réalisation encore douteuse d'un événement attendu (l'arrivée de tel navire à bon port, la nomination de telle personne au poste qu'elle sollicite), il y a *condition*, car le navire attendu peut faire naufrage, et la fonction demandée peut être donnée à un autre.

311. Terminologie. — L'arrivée du terme s'appelle *échéance*. On dit que le terme est « échu » ou qu'il ne l'est pas. Avant l'échéance on dit du terme qu'il *court*.

L'arrivée de la condition s'appelle *réalisation*, et le défaut de réalisation prend le nom de *défaillance*. On dit que la condition est « réalisée » ou est « défaillie ». Jusqu'à sa réalisation ou à sa défaillance, on dit que la condition est *pendante*. Le terme, étant certain, n'est pas susceptible de défaillir.

** **312. Variations dans la fixité du terme.** — Le *degré de fixité* d'un terme peut varier sans que la modalité cesse pour cela d'être un terme. Habituellement le terme est un événement qui arrive à *jour fixe*, c'est-à-dire à un jour désigné par sa date dans le calendrier. Par exemple, il s'agit d'une lettre de change qui arrive à échéance le 30 juin. Mais l'événement choisi comme terme peut être de telle nature que sa réalisation soit sûre, inévitable, sans qu'on puisse prévoir quel jour il se réalisera. Le type des termes de ce genre est le *décès d'une personne* dénommée : on est sûr que cette personne mourra un jour ; on ne sait pas quand. L'emploi de pareils termes est assez fréquent ; on peut citer comme exemples l'usufruit, les rentes viagères, les assurances en cas de décès, qui sont des droits ou des obligations dépendant du décès d'une personne.

On a pris l'habitude de désigner ce terme à échéance indéterminée du nom de *terme incertain*. Cette expression vient du droit romain ; les jurisconsultes anciens disaient *dies incertus*. Mais, en passant dans notre langue, elle a l'inconvénient de jeter l'obscurité dans le langage : puisqu'on distingue le terme de la condition grâce à son caractère de *certitude*, il est quelque peu contradictoire et dangereux de parler de *terme incertain*. Il faut entendre cette expression comme une formule abrégée signifiant « terme à *échéance incertaine* ».

313. Comment doivent se réaliser les conditions. — Les anciens auteurs ont beaucoup discuté pour savoir de quelle manière la condition devait être remplie pour être considérée comme réalisée : fallait-il qu'elle s'accomplît « in forma specifica »? Devait-on se contenter d'une réalisation « per æquipollens »? Toutes ces controverses ont pris fin devant la règle aussi simple que juste de l'art. 1175 : la condition doit être remplie « de la manière que les parties ont vraisemblablement voulu et entendu qu'elle le fût ». C'est donc uniquement une question de fait à résoudre d'après l'intention des parties.

314. Effet des fraudes dans la réalisation ou la défaillance des conditions. — Lorsque la condition choisie est un événement fortuit, sa réalisation peut être *empêchée de mauvaise foi* par la partie au détriment de laquelle elle se produirait, ou, à l'inverse, cette réalisation peut être *amenée de mauvaise foi* par la partie à laquelle elle profiterait. On n'a pas à tenir compte d'une pareille réalisation ou d'une pareille défaillance : la condition dont l'arrivée a été empêchée sera *réputée réalisée*, et celle dont l'arrivée a été provoquée sera *tenue pour non avenue*. Le Code allemand contient à cet égard une disposition complète (art 162) ; le Code français n'a visé que la première hypothèse (art. 1178).

315. A quelle époque doivent se réaliser les conditions. — Quand une condition ne se réalise pas, il s'agit de savoir à quel moment on pourra la considérer comme défaillie. Deux hypothèses sont à examiner :

1° *Aucun délai n'a été fixé pour sa réalisation.* — Alors la réalisation de la condition doit être attendue indéfiniment. Cependant on devra la considérer comme défaillie s'il survient un événement tel qu'il soit désormais certain que la condition ne pourra pas s'accomplir. Ainsi, quand la condition est l'arrivée d'un navire ou la nomination d'une personne à une fonction, il y a défaillance de la condition si le navire fait naufrage ou si le postulant meurt (art. 1176, al. 2).

2° *Un délai a été fixé.* — Alors l'expiration de ce délai vaut défaillance si la condition est encore pendante au moment où le délai expire (même art., al. 1).

L'existence d'un délai amène des solutions analogues pour les *conditions négatives* ; la condition est, par exemple, qu'une personne déterminée ne se mariera pas avant cinq ans. La condition sera réalisée si le délai s'écoule sans que le mariage ait lieu ; elle l'est également s'il devient certain, avant l'expiration du délai, que le mariage n'aura jamais lieu ; par exemple, si la personne désignée vient à mourir. Voyez l'art. 1179, qui énonce ces règles dans un style un peu abstrait.

§ 2. — *Effets des modalités.*

**** 316. Différence dans le mode d'action du terme et de la condition.** — Différentes par leurs caractères, les modalités qui affectent les actes juridiques diffèrent égalcment par la manière dont elles agissent. Les effets du terme se produisent toujours *sans rétroactivité*, tandis que ceux de la condition opèrent *rétroactivement*. Cette absence de rétroactivité du terme et cette rétroactivité de la condition sont également conformes à la volonté des parties. Quand celles-ci emploient un terme, elles veulent simplement *limiter la durée* des effets de l'acte, soit par un terme initial, soit par un terme final. Quand elles emploient une condition, elles ne cherchent pas du tout à borner au point de vue du temps l'utilité de l'acte, elles veulent subordonner entièrement son efficacité à l'événement prévu par elles; les effets de l'acte ne dureront pas moins longtemps que s'il était pur et simple, mais leur *réalisation est hypothétique*.

C'est justement pour respecter cette différence dans les intentions des auteurs de l'acte que l'on reconnaît la rétroactivité aux conditions et qu'on la refuse aux termes.

317. Non-rétroactivité des conditions en Allemagne. — Le Code civil allemand contient sur ce sujet une disposition remarquable : il écarte la rétroactivité des conditions. Aux termes de son article 158, « si un acte juridique est fait sous une condition suspensive, l'effet attaché à la condition *se produit lors de la réalisation de la condition*. — Si un acte juridique est fait sous une condition résolutoire, l'effet de l'acte *cesse à la réalisation de la condition* ». Le mode d'action de la condition se trouve ainsi assimilé à celui du terme. Néanmoins le Code allemand permet aux parties de convenir que « les suites attachées à la réalisation des conditions seront reportées à une époque antérieure » (art. 159), mais cette *rétroactivité conventionnelle* ne produit d'effets qu'entre les parties et les oblige seulement à se tenir compte mutuellement de ce qui serait arrivé si l'effet de la condition avait commencé à l'époque convenue.

A. — Effets des modalités suspensives.

1° Avant l'arrivée de la modalité.

****318. Effet du terme.** — Comme on est certain d'avance que le terme arrivera (n° 310) et par suite que l'effet de l'acte se produira, on considère le droit ou la charge suspendu par le terme comme *déjà existant*, même avant l'échéance. Il est déjà *acquis* d'une manière définitive; *son exécution seule est différée*.

C'est surtout pour les *créances* que l'effet du terme suspensif est intéressant à étudier ; il est même rare d'en voir faire l'application à d'autres droits. L'effet du terme sur une créance sera expliqué à propos des obligations (T. II). Bornons-nous à dire que jusqu'à l'échéance du terme le titulaire de la créance, bien qu'il soit déjà créancier, ne peut pas demander son paiement ; on dit que sa créance n'est pas *exigible*. Mais la créance non exigible n'en existe pas moins et elle produit déjà certains effets, tels que le *cours des intérêts* ; un capital en argent peut produire des intérêts avant son exigibilité.

****319. Effet de la condition.** — Son effet suspensif est *beaucoup plus énergique* que celui du terme. Le droit affecté d'une condition suspensive n'a pas encore d'existence ; *la condition en empêche la naissance même*, et on ne sait même pas si ce droit naîtra jamais. Ce doute est l'essence de la condition. Le propriétaire ou le créancier sous condition suspensive ne sont donc, à proprement parler, ni propriétaires ni créanciers tant que la condition est encore pendante.

Néanmoins la simple possibilité de la réalisation de la condition constitue une *chance*, qui est considérée déjà comme un élément actif ou passif du patrimoine, bien qu'elle n'ait pas encore la nature du droit à naître. En parlant des créances suspendues par une condition, les anciens disaient : « Nihil adhuc debetur, sed spes est debitum iri ».

Dans cet état, le droit conditionnel est déjà *transmissible* ; ce droit, qui n'existe qu'à l'état futur ou virtuel, passe aux héritiers à la mort de son titulaire ; celui-ci peut le céder ou y renoncer, de son vivant. De plus, on lui permet de faire des *actes conservatoires*, tels que l'inscription d'une hypothèque.

2° Après l'accomplissement de la modalité.

** **320. Effet du terme.** — L'arrivée du terme ne fait pas naître le droit puisque le cours du terme n'en suspendait point la naissance. L'échéance permet seulement au titulaire du droit de l'utiliser : quand il s'agit d'un droit réel, on dit que le droit est *ouvert ;* quand il s'agit d'une créance, on dit qu'elle est *exigible.* C'est alors seulement que le droit, qui était antérieurement suspendu par le terme, produit tous les effets dont il est susceptible ; mais ces effets se produisent *pour l'avenir seulement*, puisque le terme est dépourvu de rétroactivité.

** **321. Effet des conditions.** — Pour les conditions on doit prévoir deux choses : leur *réalisation* et leur *défaillance.* En cas de réalisation de la condition, le droit ou la charge qu'elle suspendait prend *naissance*, puisque ce n'était pas encore fait, et cet effet se produit avec rétroactivité, ce qui signifie que l'acte conditionnel sera *réputé avoir réalisé ses effets dès le moment où il a été consenti.* On en rapportera la réalisation dans le passé, à l'aide d'une *fiction*, qui est précisément la rétroactivité. En d'autres termes, l'acte conditionnel est traité, quand la condition est réalisée, comme s'il avait *toujours* été pur et simple.

En cas de *défaillance* de la condition, l'acte conditionnel sera réputé n'avoir jamais été fait ; c'est un *acte inutile.* Il n'avait pas encore produit d'effets, et il est maintenant certain qu'il n'en produira jamais dans l'avenir, puisque la condition d'où il dépendait est défaillie.

B. — Effets des modalités extinctives.

322. Terminologie. — Lorsque la modalité extinctive est un terme, on l'appelle *terme extinctif ;* lorsque c'est une condition, on emploie l'expression *condition résolutoire*, qui en marque mieux la rétroactivité.

** **323. État antérieur à l'arrivée du terme ou de la condition.** —Avant l'arrivée du terme extinctif ou avant la réalisation de la condition résolutoire, l'effet des deux modalités semble provisoirement le même, ou, pour mieux dire, elles n'en produisent aucun. Le droit ou la charge affecté par la modalité prend naissance, *comme si cette modalité n'existait pas*. Il semble que l'acte soit pur et simple, puisqu'il produit immédiatement tous ses effets ; et il l'est véritablement, car ce qui est suspendu par le terme ou par la condition, c'est sa suppression. Les Romains disaient très exactement : « Obligatio *pura*, quæ *sub conditione resolvitur*. »

** **324. Effet de l'accomplissement de la modalité.** — La différence d'effets des deux modalités devient visible lors de leur réalisation.

A l'arrivée du terme, l'acte cesse de produire ses effets, mais *pour l'avenir seulement* ; ceux qu'il avait produits jusque-là restent acquis. C'est la conséquence de l'absence de rétroactivité du terme. On en voit un remarquable exemple dans l'*usufruit* et dans les autres *droits viagers*, qui s'éteignent en laissant acquis les bénéfices qu'ils ont procurés.

La réalisation de la condition résolutoire entraîne un effet plus énergique : non seulement l'acte cesse de produire pour l'avenir de nouveaux effets, mais *ceux qu'il avait déjà produits sont anéantis* ; on les efface fictivement ; les choses doivent être remises dans le même état que si l'acte n'avait jamais été fait ; on le tient pour non avenu. C'est la conséquence de la rétroactivité de la condition.

Enfin, si la condition résolutoire vient à défaillir, l'acte doit être réputé pur et simple. Les effets déjà réalisés sont consolidés, et il peut en produire d'autres pour l'avenir indéfiniment. C'est comme s'il n'avait jamais été menacé de résolution.

** **325. Définitions.** — Pour résumer tout ce qui vient d'être dit, donnons les définitions suivantes :

Le *terme* est *un événement futur et de réalisation certaine, qui suspend soit l'exigibilité, soit l'extinction d'un droit, et qui produit son effet sans rétroactivité.*

La *condition* est *un événement futur et de réalisation incertaine, qui suspend soit la naissance, soit la résolution d'un droit, et qui produit son effet rétroactivement.*

CHAPITRE VI

DES NULLITÉS

** **326. Définition.** — Un acte juridique est « nul » lorsqu'il se trouve *privé d'effets par la loi*, bien qu'il ait été réellement accompli et qu'aucun obstacle naturel ne le rende inutile. La nullité suppose donc essentiellement que l'acte pourrait produire tous ses effets, si la loi le permettait.

327. Distinction de l'acte nul et de l'acte inutile. — Il ne faut pas confondre l'acte *nul* avec l'acte *inutile*. Tous deux se ressemblent par l'absence d'effets, mais il y a cette différence que la stérilité de l'acte nul tient à la volonté du législateur, et celle de l'acte inutile à la volonté des parties ou à la nature des choses. Par exemple, un acte dont la condition est défaillie devient inutile ; il en est de même d'un acte qui manque d'*objet*, une vente, par exemple, si la chose vendue a déjà péri ou n'a jamais existé. L'acte est alors régulier au point de vue juridique ; il n'est pas nul, il est inutile. Il manque son effet sans que le législateur ait besoin d'intervenir, et, à l'inverse, il ne dépendrait pas du législateur de le rendre efficace.

§ 1. — *Histoire de la théorie des nullités.*

* **328. Ses origines romaines.** — La théorie des nullités est une des plus obscures et des plus flottantes qu'il y ait dans le droit civil. Cependant elle devrait être fort simple, et elle possédait cette simplicité parfaite dans les premiers temps du droit romain : l'acte nul n'existait pas au point de vue de la loi, il n'avait ni existence, ni effets juridiques ; il n'y avait rien [1].

La matière des nullités commença à se compliquer sous l'empire romain, grâce au droit prétorien. Le préteur, ne pouvant pas annuler lui-même un acte que le droit civil déclarait valable, accordait néanmoins une sorte de réparation aussi pleine qu'il pouvait la faire, au moyen d'une procédure particulière, l'*in integrum restitutio*. On disait qu'un mineur, par exemple, était *restitué* ou que le contrat fait par lui était *rescindé (restituitur, rescinditur)*. Cette procédure (qui rentre dans la catégorie générale des actions) fut, avec l'exception de dol, l'un des deux grands moyens que le préteur employa dans sa lutte contre le droit civil. Dès lors il y eut en droit romain deux façons pour un acte d'être nul : il y eut la *nullité civile*, qui se produisait de plein droit, automatiquement ; et, à côté d'elle, la *nullité prétorienne*, qui supposait l'exercice d'une action en justice et ne se réalisait qu'en vertu d'une sentence judiciaire.

[1] C'est ce qu'expriment très énergiquement les textes anciens : « Nullum est negotium, nulla obligatio ; nihil agitur ; nihil actum est » (Voy. GAIUS, III, 176 ; *Dig.*, liv. II, tit. 14, fr. 1, § 3 ; liv. IV, tit. 2, fr. 21, § 4 ; liv. XXIV, tit. 1, fr. 11, § 9 ; etc.). — « Ut ea quæ lege fieri prohibentur, si fuerint facta, non solum inutilia, sed pro infectis etiam habeantur » (*Code*, liv. I, tit. 14, loi 5).

329. Causes diverses de complication. — Si elle en était restée là, la théorie des nullités serait encore assez simple. Malheureusement diverses causes extérieures sont venues l'embrouiller.

Les deux causes principales de complication ont été d'abord l'*effet des règles sur la preuve ;* puis l'*incertitude du langage* employé à propos des nullités.

Une troisième cause, dont l'effet a été restreint et qui a disparu, sera expliquée à propos des Obligations ; c'est la différence qu'on a faite pendant quelque temps en France entre l'action en nullité et l'action en rescision. La première cause va seule nous occuper pour le moment ; pour l'obscurité venant de la terminologie trop flottante de la langue juridique, voyez n° 333.

*** 330. Effet des règles de la preuve.** — Lorsqu'un acte juridique a été accompli en fait et qu'il en existe une preuve conforme à la loi, l'acte existe *en apparence;* foi est due au titre jusqu'à nouvel ordre. Par conséquent, celui qui fournit ainsi la preuve d'un acte peut se prévaloir des effets juridiques dont cet acte est susceptible à son profit, alors même qu'au fond l'acte serait nul. Si quelqu'un veut l'empêcher d'en profiter, il faudra plaider pour démontrer l'existence de la cause de nullité. Il résulte de là que les tribunaux sont appelés à se prononcer *même sur les cas où la nullité opère de plein droit*. Le procès, l'action en justice, cesse dès lors d'apparaître comme une nécessité spéciale à l'une des deux espèces de nullité.

331. Opinions diverses des anciens auteurs. — La confusion entre ces deux espèces de nullité était déjà commise pour cette raison par quelques jurisconsultes de l'ancien droit, notamment par Domat. On lit dans ses *Loix civiles* que, si quelqu'un se plaint d'une convention nulle, il faut « qu'il recoure à la justice pour faire juger de la nullité, en cas qu'il rencontre de la résistance, car, quand il faut user de force, la justice n'en souffre aucune, si elle-même ne la met en usage »[1], et il dit cela pour toutes les nullités en général, sans faire aucune distinction, bien qu'il semble, dans un autre passage, faire allusion à des nullités opérant leurs effets de plein droit [2]. Ses idées restent donc vagues. — Pothier n'a pas mieux réussi à dégager cette notion. Il est vrai que le seul endroit où il ait examiné la question des nullités d'une manière un peu complète se trouve dans son traité sur la procédure civile, où il les considère uniquement dans leur forme, comme des « moyens de nullité » (*Procédure civile*, n° 727), c'est-à-dire comme proposées devant le juge, ce qui l'empêche d'apercevoir la différence qui les sépare au point de vue du droit civil. Cependant il admet ailleurs qu'il y a des nullités qui empêchent radicalement l'acte de produire ses effets (*Obligations*, n°s 17 et 21).

Malgré cela il faut tenir pour certain que le dualisme des nullités, né sous l'empire romain, avait été conservé dans notre ancien droit et que la tradition ne s'en est jamais perdue, seulement il faut aller la chercher dans des auteurs qui ne sont pas les sources ordinaires de nos lois modernes. L'antithèse entre les actes nuls de plein droit et ceux qui

[1] *Loix civiles*, liv. I, tit. 1, sect. 5, art. 16. — Domat est pourtant le seul de nos anciens auteurs qui ait essayé de construire une théorie d'ensemble des nullités, mais il y a totalement échoué. Sa doctrine est hésitante, et il en confond toutes les variétés.

[2] Il parle de conventions qui sont « nulles dans leur origine », et qui sont telles « soit que la nullité soit d'abord reconnue ou que la convention paroisse subsister et avoir quelque effet » (*Loix civiles*, liv. I, tit. 1, sect. 5, art. 3).

sont simplement annulables par la justice a été très nettement exposée par d'Argentré [1], puis par le président Bouhier [2], par Dunod de Charnage [3], par Guyot [4].

***332. Textes du Code et opinions de ses rédacteurs.** — Enfin, ce qui est plus important pour nous, la doctrine des deux nullités a été certainement maintenue par le Code civil. L'art. 1117 fait la distinction en termes très nets : « La convention contractée par erreur, violence ou dol, n'est *point nulle de plein droit;* elle donne seulement lieu à une *action en nullité ou en rescision...* ». N'eussions-nous que ce seul texte, nous pourrions déjà affirmer le maintien du dualisme des nullités; mais il y en a d'autres. L'art. 1339 applique formellement à des donations nulles en la forme l'une des conséquences les plus caractéristiques de la nullité de plein droit : l'impossibilité d'être confirmées, et la nécessité d'être refaites. Qu'on rapproche de ces textes ceux qui parlent d'une action à exercer en justice pour faire prononcer la nullité (art. 181, 183, 503, 1125, 1304), on se convaincra que la distinction traditionnelle des deux espèces de nullité est encore conforme à nos lois. Du reste, elle a été énoncée à diverses reprises dans les travaux préparatoires [5].

333. Opinions des auteurs modernes. — Depuis 1804 on n'a pu encore élaborer sur ces données une théorie des nullités qui soit définitive. La terminologie employée par les auteurs est pour beaucoup dans les incertitudes qui règnent sur cette matière. Ils ont créé le terme nouveau d'*actes inexistants,* pour désigner les actes qui ne produisent aucun effet, même avant d'être annulés. Cette appellation, qui paraît provenir de l'ouvrage allemand de Zachariæ, a été surtout mise à la mode et répandue par Demolombe et par Laurent.

Malheureusement tout le monde n'en fait pas le même usage. On peut distinguer à ce point de vue deux systèmes dominants : l'un pense que la nullité ne peut jamais être un cas d'inexistence ; l'autre assimile au contraire l'un des cas de nullité à l'inexistence.

Le premier système a été présenté par MM. Aubry et Rau (t. I, § 37, p. 118 et suiv.).

[1] « Non omnes causæ [nullitatis] eosdem effectus generant. Sunt enim causæ quædam quæ perpetuam et indefinientem prohibitionis naturam habent, et nullitates indicunt, ut cum illicite et contra bonos mores contrahitur... Sed sunt nullitates alterius generis, quæ privatas causas et interesse respiciant, atque hæ fere alio jure habentur » (Sur l'art. 266, glose *De qualitatibus titulorum*, cap. 2, n° 11). — « Tales nullitates [ex publicis causis] ipsum actum per se afficiunt... Rescissionibus non indigent ; ipsa enim legis executio pro nullitate est, nec hominis aut factum aut judicium aut declarationem expectat, quia potentiam lex removit ab actu et nullitatem impressit actui » (sur l'art. 283, glose I, n°s 10 et 11).

[2] « Nos auteurs distinguent deux sortes de nullitez. Les unes ont pour principe l'intérêt public... De telles nullitez... anéantissent l'acte essentiellement et radicalement, en sorte qu'on le regarde comme non fait et non avenu » (*Observations sur la coutume des Bourgogne*, chap. XIX, n°s 12 et 13).

[3] « La loi ne peut jamais donner aucun effet à un acte qu'elle prohibe en vue de l'intérêt de la société ; la loi résiste continuellement et par elle-même à l'acte qu'elle défend ; elle le réduit à un fait... qui ne produit aucun droit, aucune action, aucune exception » (*Traité des prescriptions*, p. 47-49).

[4] *Répertoire* (réédité ensuite par Merlin), v° *Prescription*.

[5] Le rapporteur du Tribunat, Jaubert, dit : « Il était impossible de ne pas conserver l'ancienne distinction entre les actes faussement qualifiés de contrats et qui ne produisent jamais d'action, et les contrats qui ont contenu une obligation et conséquemment le principe d'une action. Dans ce dernier cas, on devait se borner à déclarer que celui qui avait contracté l'engagement en pouvait demander la nullité » (FENET, t. VIII, p. 370; comp. p. 393-395. — LOCRÉ, t. VI, p. 218-219). Comparez les observations de la section de législation du Tribunat sur l'art. 1338 (FENET, t. VIII, p. 167 ; LOCRÉ, t. VI, p. 136) et surtout les explications données par Portalis et Réal dans la séance du 27 septembre 1801 (FENET, t. IX, p. 52).

D'après eux, *l'acte inexistant* ou *non avenu* est « celui qui ne réunit pas les éléments de fait que suppose sa nature ou son objet, et en l'absence desquels il est logiquement impossible de le concevoir ». L'inefficacité d'un pareil acte est « indépendante de toute déclaration judiciaire et il appartient à tout juge de la reconnaître, même d'office » ; mais *ce n'est pas un cas de nullité*, car il n'y a pas lieu d'annuler un acte qui n'existe pas. — *L'acte nul* est celui qui réunit tous les éléments nécessaires à son existence, mais qui est frappé d'inefficacité « comme contrevenant à un commandement ou à une défense de la loi ». La nullité n'a jamais lieu de plein droit en vertu de la loi, même dans le cas où le texte la qualifie de *nullité de droit* ou *nullité de plein droit* [1] ; elle doit toujours être prononcée par jugement. A cette règle, il n'existe, d'après ces auteurs, qu'une seule exception, celle de l'art. 686 C. proc. civ. Par suite, l'acte nul reste efficace même quand la nullité est fondée sur des motifs d'ordre public, tant qu'il n'a pas été annulé par le juge. Toute nullité suppose donc une action en justice, et jamais elle n'entraîne l'inexistence initiale de l'acte. M. Ch Beudant se rattache à ce système avec quelques nuances (*Cours*, t. I, n° 280).

Le second système, plus conforme à la tradition, admet au contraire des nullités produisant de plein droit leur effet, sans l'intervention de la justice, de sorte que les actes nuls de plein droit sont dans la même situation que les actes inexistants. Malheureusement le langage des auteurs en cette matière est loin d'être invariable [2], et le Code lui-même, quand il emploie le mot « nul », parle tantôt d'actes qui sont nuls de plein droit (art. 896, 931, 943, 945, 1001, 2055, 2063) et tantôt d'actes qui sont simplement annulables (art. 201, 225, 472, 1110 et suiv., 1131, 1453, 1596, 1597). Quant aux auteurs, ils se partagent à peu près par moitié dans l'emploi qu'ils font de ce mot.

En somme, la grosse différence qui sépare les auteurs consiste en ceci : les uns admettent des nullités produisant leur effet de plein droit et sans jugement, en vertu de la loi ; les

[1] Il existe quelques articles qui emploient ces expressions, par exemple l'art. 501 C. civ qui porte que les actes faits par un interdit sont « nuls de droit » ; mais là ces mots reçoivent un sens particulier. Diverses lois administratives parlent d'actes qui sont « nuls de droit » ou « de plein droit » et ces lois chargent néanmoins le Conseil d'État ou le préfet de prononcer la nullité (Décr. 1er mars 1808, sur les majorats, art. 41 ; LL. sur l'organisation municipale, 21 mars 1831, art. 28 ; 5 mai 1855, art. 23 et 25). Ces textes, dont MM. Aubry et Rau tirent argument en leur faveur, sont de simples bizarreries législatives, qui doivent rester sans influence sur les théories du droit civil. Il est certain qu'en droit civil les mots « de plein droit » signifient sans formalité judiciaire. Voyez les art. 476, 724, 960, 1006 et 1117.

[2] Rien ne serait pourtant plus simple que de fixer le langage. Nous avons trois mots à notre disposition : *annulable*, *nul* et *inexistant*, et trois situations à distinguer : 1° l'acte que la loi n'a pas besoin d'annuler parce qu'il n'est pas arrivé à l'existence ; 2° l'acte annulé de plein droit par la loi ; 3° l'acte annulé par jugement. Le mot « inexistant » désignerait les actes de la première classe ; le mot « nul » ceux de la seconde et le mot « annulable » ceux de la troisième. Au lieu de cette répartition si simple, voici ce qu'on remarque : Laurent, qui a consacré à cette matière de longs développements (t. XV, nos 450 à 465 ; t. II, p. 341 à 355, p. 430-447 ; t. XXII, nos 391-392), prend le mot *nul* comme synonyme *d'annulable* et réserve ces deux expressions aux actes annulables par jugement à la suite d'une action en nullité ; puis il applique le terme *actes inexistants* à ceux qui sont annulés de plein droit par la loi. Les autres font une différence entre « nul » et « annulable » : l'acte est nul quand la loi elle-même le prive d'effets sans qu'on ait besoin de le faire annuler par jugement ; il est annulable quand il faut une sentence du juge pour le détruire. A ce système se rattachent MM. Demolombe et Colmet de Santerre. Mais ces auteurs confondent volontiers l'inexistence et la nullité de plein droit. Exemples : M. Demolombe dit : « Le contrat que nous appelons *nul* est celui qui n'a pu se former ;... il est *inexistant*, c'est un pur fait ; d'où il suit que cette inexistence... » (t. XXIV, n° 76), et plus loin : « La convention que nous appelons *nulle* n'est pas en réalité une convention ;... elle *n'existe pas* légalement, elle n'est qu'un fait » (t. XXIX, n° 22). MM. Aubry et Rau disent de leur côté : « Une obligation qui, à proprement parler, serait nulle, n'aurait pas besoin d'être éteinte, car on ne détruit que ce qui existe » (t. V, n° 261) ; « L'acte nul est un simple fait qui n'a point d'existence légale... » (*Ibid.*, n° 262). — Enfin le traité de SOLON sur les nullités ne présente sur ce point qu'une doctrine confuse. Il divise très nettement les nullités en *nullités de plein droit* et *nullités par voie d'action* ; il admet que la nullité peut « frapper une convention de *non esse* » et empêcher l'acte ou le contrat de se former ; mais il ajoute que « la nullité de plein droit ne produit son effet qu'autant qu'elle est reconnue par jugement, car il n'est pas permis aux particuliers de se rendre justice eux-mêmes... » (*Théorie sur la nullité des actes et des conventions de tout genre en matière civile*, 2 vol., 1835, nos 12 et 16). On saisit ici sur le fait la confusion signalée au n° 330.

autres ne pensent pas que ce résultat puisse jamais se produire et exigent toujours une sentence du juge pour que l'acte, une fois accompli, soit réduit à l'état d'inefficacité juridique.

* **334. Jurisprudence.** — Quant à la jurisprudence, elle est encore incertaine, et les arrêts sont relativement rares. La doctrine des actes inexistants a pénétré dans quelques décisions judiciaires [1], sans qu'on puisse savoir toutefois auquel des deux systèmes indiqués plus haut ces décisions ont donné la préférence. Mais, d'autre part, cette doctrine a été condamnée en termes très nets, tout au moins pour la matière du mariage, par un arrêt de la Cour de Bordeaux, qui a été confirmé par la Chambre civile. L'arrêt de Bordeaux s'exprime ainsi : « D'après une règle générale du droit, *les nullités, fussent-elles absolues ou substantielles et même d'ordre public, n'existent pas de plein droit ;* les actes qu'elles vicient *conservent tous leurs effets tant qu'ils n'ont pas été annulés*... Tout aboutit en définitive à une action en nullité [2]». On eût sans doute bien embarrassé le rédacteur de cet arrêt si on lui avait demandé quelle est cette règle générale du droit dont il affirme ainsi l'existence, d'où elle vient et quelle en est la formule.

* **335. Conclusion.** — A quel parti s'arrêter dans ce conflit d'opinions contradictoires ? Il semble bien que les deux systèmes doctrinaux résumés plus haut contiennent chacun une partie de la vérité. D'une part, il est difficile d'abandonner l'idée d'une nullité opérant ses effets de plein droit et sans jugement. C'est une tradition historique certaine ; l'idée est satisfaisante au point de vue logique, et il est très facile d'expliquer, en cas de contestation, comme on l'a vu ci-dessus et comme on le verra plus loin (n° 338), la nécessité de l'intervention de la justice par l'effet des règles sur la preuve et l'impossibilité de se faire justice soi-même[3]. — D'autre part, il est impossible de rejeter la catégorie des actes inexistants, tels que les définissent MM. Aubry et Rau ; mais on verra qu'il y a lieu de leur faire une part réduite (n°s 345 et suiv.).

[1] Arrêts relatifs à des donations : Rennes, 19 mai 1884, S. 85. 2. 169 ; Pau, 13 mai 1890, D. 90. 2. 345, S. 91. 2. 228. — Arrêts relatifs au mariage : Bastia, 8 févr. 1888, D. 88. 2. 317, P. 88. 2. 205, S. 89, 2. 177, note de M. Labbé. L'arrêt de Bastia est d'autant plus remarquable qu'il est postérieur à l'arrêt de la chambre civile du 9 nov. 1887, cité à la note suivante, et qu'il cherche à en restreindre la portée. Lui-même a d'ailleurs été confirmé par la Cour de cassation, le 26 février 1890, D. 90. 1. 290.

[2] Bordeaux, 25 juin 1884, D. 88. 1. 161, S. 85. 2. 201. — Le pourvoi formé contre cet arrêt a été rejeté (Cass. 9 nov. 1887, D. 88. 1. 161, P. 88. 1. 1). Comparez l'arrêt de la chambre des requêtes, du 5 mai 1879, dans l'affaire de la congrégation des Frères de Saint-Viateur, et la note de M. Beudant (D. 80. 1. 145).

[3] On a dit à ce sujet que la distinction entre les actes annulables et les actes nuls de plein droit n'existait qu'*à la surface*. « Du moment que la justice doit intervenir en cas de contestation, il importe assez peu que le rôle du juge consiste dans un cas à déclarer l'acte inexistant et dans l'autre à l'annuler ». Hé ! si, cela importe beaucoup, quoique les magistrats eux-mêmes n'y fassent guère de différence : parce que c'est de là que dépendent tous les traits spécifiques propres à l'une ou à l'autre des deux espèces de nullités. Voyez ci-dessous les §§ 2 et 3.

§ 2. — *Actes nuls de plein droit.*

** **336. Cas où se produit cette nullité.** — La nullité de plein droit est la véritable nullité, celle qui sanctionne en principe les prohibitions de la loi. C'est elle qui représente le *droit commun ;* quand il s'agit de nullité, ce sont ses effets qui se produisent habituellement ; la simple annulabilité est une exception, qui n'a lieu que dans certains cas et pour des causes déterminées. Il n'y a donc pas lieu de rechercher les cas où ce genre de nullité se produit ; il suffira plus tard d'indiquer les exceptions qu'il comporte (voy. § 3). Si on ne se trouve pas dans un des cas exceptionnels où l'acte est simplement annulable, c'est qu'on est en face d'une nullité de plein droit.

Mais il peut y avoir des doutes sur une autre question : *l'acte contraire à la loi est-il nul ?* Il n'existe pas dans le Code d'article général annulant tous les actes contraires à ses dispositions [1]. Toutes les fois que le Code prononce la nullité, il s'agit d'une mesure spéciale à un acte déterminé. D'un autre côté, le Code ne dit pas non plus que la nullité ne peut être admise que dans les cas où le texte la prononce expressément. Il résulte de là que certaines dispositions de loi peuvent être sanctionnées par la nullité, sans que la loi l'ait dit. Les nullités sont donc les unes *expresses*, les autres *taciles* [2].

* **337. Comment se reconnaît la nullité tacite.** — Les cas où la nullité, n'étant pas écrite dans le texte, découle seulement de l'esprit de la loi, donnent lieu à des difficultés.

S'agit-il de *dispositions prohibitives ?* Ces dispositions, qui sont nombreuses dans le Code [3], sont, d'une manière très générale, sanctionnées par la nullité. L'invalidité de l'acte est la conséquence normale de la prohibition : « Qui contra legem agit, nihil agit » ; il est inutile que la loi le dise. Portalis avait introduit dans le Livre préliminaire une disposition portant : « Les lois prohibitives emportent peine de nullité, quoique cette peine n'y soit pas formellement exprimée » (Tit. IV, art. 9). Cette disposition a été écartée avec bien d'autres, comme inutile. Du reste elle souffre quelques exceptions en matière de mariage : il y a des cas où la loi, tout en désirant qu'un mariage ne se fasse pas, n'ose pas cependant l'annuler quand il s'est fait malgré sa défense ; c'est ce qu'on appelle les *empêchements simplement prohibitifs* qui ne sont pas *dirimants* [4].

S'agit-il de *dispositions impératives*, qui ordonnent d'accomplir un acte ou une formalité ? La nullité est beaucoup moins fréquente. Très souvent l'omission est sanctionnée par d'autres moyens : une amende, une peine disciplinaire, si la personne en faute est un officier public ; des dommages-intérêts pour les tiers, si c'est un simple particulier. Ces exceptions ont lieu surtout pour les textes qui ordonnent des formalités purement *instru-*

[1] On trouve des dispositions générales sur les nullités dans le Code de procédure (art. 1030), et dans le Code d'instruction criminelle (art. 407 et suiv.), mais non dans le Code civil.

[2] MM. Aubry et Rau disent *textuelles* et *virtuelles* (t. I, § 37).

[3] Très souvent la loi s'exprime ainsi : « On ne peut faire tel acte... On ne pourra convenir que... Tel acte est prohibé... » Exemples : Art. 144, 147, 161, 162, 163, 686, 791, 815, 1389, 1600, 2127, 2129, al. 2, etc.

[4] On a quelquefois donné à ces exceptions une portée trop générale (SOLON, *Des nullités*, t. I, p. 261). La prétendue maxime « Multa fieri prohibentur quæ, si facta fuerint, obtinent firmitatem » n'est vraie que pour le mariage.

mentaires, relatives à la confection d'un écrit. On en verra un remarquable exemple dans les actes de l'état civil, qui peuvent contenir beaucoup d'irrégularités sans être nuls.

** **338. Mode d'action de la nullité.** — La nullité de plein droit est l'œuvre directe du législateur qui déclare nul ce qui a été fait. Il n'y a donc pas besoin d'exercer, à proprement parler, une *action en nullité :* le juge n'a pas à *casser* cet acte, que la loi ne reconnaît pas ; la loi s'en est chargée [1]. Cependant si une contestation s'élève sur la validité de l'acte, de façon que la nullité soit mise en doute, il faudra plaider, parce que nul ne peut se faire justice à soi-même ; mais le juge se bornera à *constater* la nullité; il n'aura pas à la *décréter*.

** **339. Caractères de la nullité.** — Comme conséquences de cette notion première, on déduit les quatre règles suivantes :

1° *La nullité est immédiate;* elle frappe l'acte aussitôt qu'il est fait. Par conséquent, il n'y a aucun moment où les effets de l'acte puissent se produire ; les parties ne sont pas plus avancées que si elles n'avaient rien fait, et elles sont libres d'agir immédiatement à nouveau comme si l'acte nul n'était pas intervenu ; cet acte ne peut en rien paralyser leur liberté.

2° *Toute personne intéressée à faire constater la nullité peut s'en prévaloir.* Si quelqu'un s'avisait de tirer une conséquence de l'acte nul, sa partie adverse, quelle qu'elle fût, pourrait toujours s'y opposer en invoquant la nullité. L'acte est donc nul pour tout le monde, parce que sa nullité est fondée sur une considération d'intérêt général. Pour exprimer cette conséquence, on dit que la nullité de plein droit est *absolue*, ce qui signifie qu'elle existe également à l'égard de tous les intéressés. Voyez ce qui est dit au n° 343-2°, en note.

3° *La nullité ne peut pas se couvrir par la confirmation d'un des intéressés.* Ceci tient à ce que la nullité existe avant tout jugement et au profit de tous. Aucun des intéressés ne peut priver les autres, par sa seule volonté, du droit que ceux-ci ont, comme lui, d'invoquer la nullité. Si la confirmation est possible pour l'acte annulable, c'est qu'une seule des parties est armée de l'action en nullité ; en y renonçant elle rend l'acte inattaquable. Le même résultat ne pourrait se produire pour l'acte véritablement nul que par l'*accord unanime* de tous les intéressés, et encore, la plupart du temps, cet accord se produirait vainement parce qu'il rencontrerait presque toujours la même prohibition de la loi qui a déjà rendu nul l'acte primitif.

4° *La nullité ne peut pas se prescrire,* c'est-à-dire se couvrir par le laps de temps. Quelque vieux qu'il soit, l'acte nul ne peut produire aucun effet ; il serait incompréhensible que le temps, en s'écoulant, rendît efficace un acte

[1] Ce mode d'action des véritables nullités est un point certain, au double point de vue logique et historique. Cependant la jurisprudence moderne, trompée par la confusion qui s'est introduite dans toute cette matière, l'a parfois oublié.

prohibé par la loi. C'est ce qu'exprimait l'ancien adage : « Quod nullum est, nullo lapsu temporis convalescere potest[1] ».

Cependant la jurisprudence a quelquefois admis que lorsqu'une personne acquiert un intérêt positif à demander la nullité de cet acte qui lui fait grief, son droit de la faire constater se prescrit par trente ans à compter du jour où cet intérêt est né (Cass., 6 avril 1856, S. 59. 1. 17 ; Limoges, 22 juill. 1873, D. 74. 2. 68). On lit à ce sujet dans un arrêt de la chambre des requêtes : « La prescription ainsi établie [en matière de nullités radicales] *n'a pas pour effet de donner à la convention prohibée une existence légale*, mais elle anéantit toutes les actions tendant à en faire prononcer l'annulation » (5 mai 1879, D. 80. 1. 145). La nuance est assez faible : quelle différence peut bien exister entre un acte devenu valable par la prescription et celui qui est nul, mais que personne ne peut attaquer ?

§ 3. — *Des actes annulables.*

** **340. Cas d'annulabilité.** — Les principales causes qui rendent un acte annulable, sont de deux sortes. Il y a : 1° les *vices du consentement* ; 2° l'*incapacité* de l'auteur ou de l'un des auteurs de l'acte.

Les vices du consentement ont déjà été étudiés ; rappelons seulement leurs noms : la *violence*, l'*erreur*, le *dol*, et parfois aussi la *lésion* (ci-dessus, nos 274 et suiv.).

L'incapacité sera exposée plus loin, à propos de la théorie générale des personnes (nos 449 et suiv.).

Il y a, en outre, quelques hypothèses particulières où la même nullité se produit parce que la loi désire protéger quelqu'un qui n'est pas incapable[2].

** **341. Motif sur lequel elle est fondée.** — La simple annulabilité est donc une *mesure de protection pour une personne déterminée*. Tantôt c'est un incapable que la loi veut garantir contre sa propre inexpérience ; tantôt c'est une personne qui a été trompée ou violentée, ou qui est tombée dans une erreur fortuite. Ce motif tout spécial de la nullité explique tous les caractères qui lui sont propres.

** **342. Mode d'action de la nullité.** — Cette espèce particulière de nullité diffère de la nullité véritable, non seulement par ses motifs, mais aussi par son *mode d'action*, c'est-à-dire par la façon dont elle amène l'anéantissement des effets juridiques de l'acte accompli.

Nous savons déjà que pour l'acte simplement annulable la nullité ne se produit pas de plein droit ; elle a besoin d'être *demandée en justice* et *prononcée* par l'autorité judiciaire. Elle suppose donc nécessairement l'exercice d'une *action*, conformément à son origine historique, qui est l' « in integrum restitutio » prétorienne (ci-dessus, n° 328). Cette action porte en général le nom d'*action en nullité*.

[1] « Il y a des auteurs qui estiment que les nullités absolues peuvent être prescrites par l'espace de cent ans. Fachiné les réfute et soutient qu'elles sont imprescriptibles. C'est l'opinion commune » (DUNOD DE CHARNAGE, *Prescriptions*, p. 47).

[2] Par exemple, dans les art. 1596, 1597 et peut-être aussi dans l'art. 1599.

Toutefois, pour le cas de lésion, on emploie plus spécialement le nom d'*action en rescision*, qui est bon à conserver, parce qu'il existe alors quelques particularités qui seront expliquées à leur place et qui rendent utile une distinction. La distinction de l'action en nullité et de l'action en rescision avait dans notre ancien droit une autre raison d'être, sur laquelle il nous faudra revenir dans le tome II.

** **343. Caractères distinctifs de l'acte annulable.** — La nature spéciale du motif qui rend un acte annulable, ainsi que la nécessité d'agir en justice pour faire tomber l'acte, produisent une quadruple conséquence, d'où résultent autant de différences entre les deux espèces de nullités, car les règles que nous rencontrons ici sont l'inverse de celles qui gouvernent les actes nuls de plein droit et qui ont été énumérées au n° 339.

1° *La nullité n'est pas immédiate.* L'acte pourra être annulé plus tard, par une sentence du juge; mais en attendant il existe et il produit ses effets. Il vit, en quelque sorte, sous une menace de mort. C'est ce qu'on exprime en disant qu'il n'est pas nul, mais simplement *annulable.* Par conséquent, la sentence du juge qui le casse est un acte d'autorité qui modifie l'état antérieur des choses; ce n'est pas leur pouvoir de *jurisdictio* que les juges exercent ici, c'est quelque chose d'analogue à l'*imperium* des magistrats romains. Mais, si la nullité n'est pas immédiate, elle est du moins *rétroactive :* quand elle est prononcée par la justice, l'acte tombe avec tous les effets qu'il avait produits jusque-là ; il est anéanti même dans le passé.

2° *L'action en nullité*, c'est-à-dire le droit de faire tomber l'acte en sollicitant du tribunal un jugement d'annulation, *n'est pas accordée à tout le monde.* Il ne suffit pas d'être intéressé à la nullité de l'acte pour avoir le droit de la demander. C'est une faculté réservée par la loi soit à l'incapable, soit à la personne dont le consentement a été vicié. L'action en nullité est un moyen de protection pour une personne déterminée ; c'est donc à cette personne seule que l'action doit appartenir. Elle seule peut anéantir l'acte, en se servant de l'arme que la loi lui met en main. A l'égard de toute autre personne, l'acte est aussi valable, aussi solide, que s'il n'était affecté d'aucune cause de nullité [1].

C'est ce caractère très remarquable des actes simplement annulables que l'on exprime en disant que la nullité est *relative*, on disait jadis *respective*, parce qu'elle n'est permise qu'à certaines personnes, et on oppose la « nullité relative » aux « nullités absolues », qui atteignent les actes nuls de plein droit [2]. Mais on se tromperait gravement si l'on interprétait cette formule, en disant que la nullité une fois prononcée n'existe que relativement à la personne qui avait le droit de la demander : l'action en nullité, quand elle triomphe, entraîne l'annulation complète de l'acte, qui est désormais réputé nul pour tous les intéressés. Il n'y a donc de relatif que le droit d'agir ; l'effet de l'action ne l'est pas.

[1] C'est ce que dit l'al. 2 de l'art. 1125 pour les contrats. Comparez pour le mariage l'al. 1er de l'art. 180 et l'art. 182.

[2] Les expressions *nullité absolue*, *nullité relative*, sont celles qu'on emploie le plus communément dans la pratique pour distinguer les deux espèces de nullités. Ces appellations sont mal choisies, parce qu'elles sont tirées d'un caractère secondaire. Il vaut miex employer les expressions *nullité de plein droit* et *simple annulabiité* qui font allusion à la différence fondamentale dont toutes les autres découlent.

3° La *nullité est susceptible de se couvrir* (c'est le mot consacré) *par l'effet d'une confirmation* ; elle n'est donc ni certaine, ni inévitable.

La façon dont la confirmation peut se faire sera étudiée dans le t. II, à propos des art. 1115, 1311 et 1338 et suiv.

La confirmation a pour effet de rendre valable l'acte qui était primitivement annulable ; elle fait disparaître le vice dont il était atteint parce qu'elle consiste en une renonciation à l'action en nullité, dont l'exercice devient impossible. Désormais la seule personne qui pourrait l'attaquer a perdu ce droit, et l'acte devient aussi solide que s'il avait été régulier dès le principe. Non seulement les effets qu'il avait produits dans le passé se trouvent confirmés et deviennent définitifs, mais l'acte est susceptible d'en produire d'autres indéfiniment dans l'avenir. Il est donc *rétroactivement validé.*

4° *L'action en nullité peut se perdre par prescription*, indépendamment de tout acte particulier de renonciation, et cette prescription est même assez rapide ; elle est de 10 ans au plus (art. 1304) [1].

A ce principe divers textes apportent des dérogations en réduisant l'action à 2 ans en cas de lésion dans une vente d'immeuble (art. 1676), à un an (art. 183) et même à six mois (art. 181) pour le mariage. On admet cependant que la prescription abrégée de l'article 1304 ne s'applique pas à l'action en nullité dirigée contre un testament. La raison en sera expliquée à propos des testaments.

Remarquons dès maintenant que la simple inaction pendant les délais de la prescription est assimilée par la loi à une confirmation ; l'art. 1115 mentionne en effet comme un cas de confirmation tacite le fait de « laisser passer le temps fixé par la loi pour la restitution ». Nous aurons plus tard à tirer de là une grave conséquence.

344. Raisons du maintien de la simple annulabilité. — On a vu plus haut (n° 328) que la coexistence de deux espèces de nullités, opérant leurs effets d'une manière différente, était un produit accidentel du grand duel qui a rempli toute la législation romaine, la lutte du droit prétorien contre le vieux droit civil. Sa conservation jusqu'à *nos jours n'est pas l'effet d'un simple phénomène de survivance ; elle a ses raisons pratiques.* Lorsque la nullité est une mesure de protection pour une personne déterminée, on comprend que la loi se contente d'ouvrir à cette personne une action en justice, *créée à son profit et à laquelle elle puisse renoncer* ; on lui laisse le choix ou de maintenir l'acte, ou d'en faire prononcer l'annulation. La simple possibilité de faire annuler l'acte au moyen d'une demande spéciale adressée aux tribunaux est en ce cas beaucoup plus avantageuse qu'une nullité directe, dont l'effet serait brutal et inévitable.

§ 4. — *Des actes inexistants.*

***345. Définition.** — Un acte est inexistant *lorsqu'il lui manque un élément essentiel à sa formation et tel qu'on ne puisse pas concevoir l'acte en l'absence de cet élément.*

Il n'y a lieu de s'occuper des cas d'inexistence qu'autant que l'acte a été *accompli en fait et que la preuve en est fournie :* sont naturellement inexistants les actes que personne n'a jamais faits, mais de ceux-là personne ne s'occupe, tandis qu'un acte peut

[1] Certains Codes étrangers réduisent encore ce délai : il est de cinq ans en Italie et de quatre ans en Espagne (C. civ. italien, art. 1300 ; C. civ. espagnol, art. 1299 et 1301).

exister en apparence, avoir sa preuve, et être néanmoins *juridiquement inexistant.* C'est uniquement cette hypothèse que nous avons à examiner.

***346. Distinction de l'inexistence et de la nullité.** — L'inexistence ainsi entendue est entièrement distincte des cas de nullité. Lorsqu'un acte est inexistant, la loi n'a pas besoin de l'annuler ; c'est un acte qui n'a pas été réellement fait et qui n'existe qu'en apparence ; c'est sa preuve qu'on discute et qu'on combat plutôt que lui-même. Au fond, rien n'existe qui puisse être annulé par la loi. On peut donc dire que l'inexistence véritable est *incompatible avec la nullité,* puisque la nullité est une opération qui consiste à anéantir un acte réellement accompli.

Aussi doit-on éviter avec soin d'employer, comme le font beaucoup d'auteurs, le mot « inexistant » pour l'appliquer aux actes annulés par la loi [1]; le terme « nul de plein droit » est tout aussi clair et beaucoup plus juste.

347. Origine de la théorie des actes inexistants. — La distinction des actes nuls et des actes inexistants était inconnue dans l'ancien droit. Elle a été inventée à propos du mariage, pour priver certaines unions de tout effet civil, bien que la loi ait omis d'en prononcer la nullité. On en a trouvé l'idée dans les paroles suivantes du Premier Consul : « Il ne faut pas mêler ensemble, disait-il, les cas où le mariage n'existe pas, et ceux où il peut être cassé... Il n'y a pas de mariage si on a écrit que la femme a dit oui quand elle a dit non ; si la femme, ayant dit oui, prétend ensuite avoir été forcée, il y a mariage, mais il peut être annulé » [2]. La théorie a été présentée pour la première fois par Zachariæ (t. III § 450) ; elle a été depuis lors acceptée par tous les auteurs, heureux de trouver en elle un moyen de sortir d'embarras et d'annuler des mariages sans texte. Mais ils n'ont jamais réussi à se mettre entièrement d'accord sur les détails, ni surtout à faire pénétrer leurs idées dans la jurisprudence.

****348. Éléments dont l'absence entraîne inexistence de l'acte.** — Il y en a de deux sortes.

L'un est d'une nécessité générale, commune à tous les actes juridiques : c'est le *consentement,* ou mieux la *volonté.* L'acte juridique étant, par définition, un acte volontairement accompli *en vue d'obtenir des effets de droit, si cette volonté* n'existe pas, l'acte lui-même n'existe pas non plus. L'absence complète du consentement est donc un premier cas d'inexistence véritable pour les actes juridiques. Tel serait le billet signé par un enfant en bas âge ou par une personne en état de folie. L'art. 146 exprime en termes excellents, à propos du mariage, cet effet de l'absence du consentement : « *Il n'y a pas de mariage,* lorsqu'il n'y a point de consentement ».

[1] Dans les considérants d'un arrêt on lit que l'acte consenti par une personne complètement imbécile et hors d'état de comprendre ce qu'elle fait, serait « radicalement nul et inexistant » (Rennes, 19 mai 1884, S. 85. 2. 169). Ces deux qualifications ne devraient pas s'appliquer cumulativement à un même acte. Voyez cependant l'explication de ce langage ci-dessous, n° 349 *in fine.*

[2] On a cru trouver dans quelques autres endroits des travaux préparatoires la preuve que les auteurs du Code avaient déjà la notion de certains actes dépourvus d'existence juridique, entre autres ce passage du rapport de Jaubert sur le titre « Des obligations » : « Une idée vraie et simple, c'est qu'on ne peut confirmer que ce qui a réellement existé, quoique manquant de force par quelque vice. De là il résulte qu'on ne peut en aucune manière confirmer de prétendues conventions dont la loi n'a jamais reconnu l'existence. » — Mais ce que dit là Jaubert s'applique aux actes *frappés de nullité absolue ;* ce sont des actes existants, mais dont la loi *ne reconnaît pas l'existence.*

Les autres éléments essentiels à l'existence de l'acte sont variables selon les diverses espèces d'actes et ils sont déterminés pour chacun par sa définition particulière.

Tel est le *prix* dans la *vente* : si deux personnes ont voulu faire une vente, et qu'elles aient omis de fixer un prix, la vente n'existe pas. Il n'y a encore rien de fait. Telle est encore, pour le *mariage*, la *différence de sexe* entre les deux époux. Le mariage est, par sa définition, l'union de l'homme et de la femme. Un mariage entre deux personnes du même sexe ne serait pas un mariage. Cela est si évident que la loi n'a même pas pris la peine de le dire. Le mariage est alors inexistant parce qu'il est *impossible* [1].

349. Du défaut de solennité dans les actes solennels. — Généralement on considère comme une cause d'inexistence l'absence de la forme solennelle que la loi exige pour certains actes. Appliquant à la lettre l'ancienne maxime : « Forma dat esse rei », on décide que l'acte qui a été accompli sans les formalités légales est réputé n'avoir pas été fait, puisqu'il n'a pas eu lieu sous la forme que la loi lui impose.

Cette manière de voir n'est pas rigoureusement exacte. L'absence d'effets de l'acte irrégulier en la forme est véritablement un cas de nullité ; on concevrait très bien la possibilité de faire ce même acte sans formes solennelles. Prenons nos principaux actes solennels : mariage, constitution d'hypothèque, donation ; le mariage a été longtemps purement consensuel ; la constitution d'une hypothèque se faisait en droit romain par le seul consentement, et de nos jours encore il y a des donations qui se font valablement, bien qu'elles soient dépourvues de toute solennité. Si l'acte irrégulier en la forme reste stérile, ce n'est donc pas qu'il soit inexistant en fait ; c'est la volonté de la loi qui le réduit à l'inexistence juridique, c'est-à-dire qu'il est nul. Cependant, comme la distinction de l'inexistence et de la nullité absolue est purement théorique (puisque cette dernière consiste précisément à réduire un acte réellement accompli à l'état d'inefficacité juridique qui résulterait de son inaccomplissement), on peut suivre l'opinion commune et dire qu'un acte solennel, dépourvu des solennités requises, est inexistant [2].

[1] On peut trouver un certain nombre d'actes impossibles : l'affranchissement d'une personne libre, l'acquisition d'une chose dont on est déjà propriétaire ; la remise d'une dette déjà éteinte. L'acte peut donc être inexistant quand il n'a pas été fait, étant possible, ou quand il a été fait en apparence, étant impossible à réaliser.

[2] Cette identité de situation entre l'acte nul de plein droit et l'acte inexistant se trouve écrite en quelque sorte dans les textes : lisez l'art. 1131 qui dit que la convention *illicite* (c'est-à-dire nulle) « ne peut avoir *aucun effet* », et l'art. 932 qui, parlant d'une donation non encore acceptée (c'est-à-dire non encore achevée comme convention), dit qu'elle *n'a pas d'effet*. Les actes inexistants et les actes nuls de plein droit se trouvent ainsi confondus dans le même néant; il n'y a de différence entre eux que *dans la cause qui les rend stériles* : pour l'acte inexistant, c'est l'absence d'un élément nécessaire à sa formation ; pour l'acte nul de plein droit, c'est la volonté de la loi.

NOTIONS SOMMAIRES SUR LES PREUVES

CHAPITRE UNIQUE

350. Observation. — La théorie générale des preuves devrait être exposée ici avec toute l'ampleur qu'elle comporte. C'est sa place rationnelle. Mais comme le Code français a, par un défaut de méthode évident, inséré la théorie des preuves dans la matière des obligations, tous les professeurs de France sont condamnés à parler des preuves en seconde année à propos des contrats, comme si les particuliers n'avaient jamais à prouver ni droits réels, ni faits matériels, et comme si les étudiants n'avaient pas, dès leur première année, besoin de connaître les principes des preuves pour étudier les actes de l'état civil, les modes de transmission de la propriété et les modes d'établissement de l'usufruit et des servitudes. A son cours, le professeur a sa liberté et j'en use pour exposer la théorie générale des preuves après la théorie générale des actes juridiques. Dans un livre destiné au public, je suis obligé de tenir compte d'un usage invétéré et de renvoyer au t. II cette théorie des preuves [1]. Je me borne donc à donner ici, par anticipation, les notions indispensables pour comprendre les matières de première année. Elles sont courtes, on fera bien de les étudier attentivement.

§ 1. — *Des moyens de preuve.*

351. Définition de la preuve. — On appelle « preuve » *tout procédé employé pour convaincre le juge de la vérité d'un fait.*

352. Énumération des modes de preuve. — Les modes de preuve admis par la loi française sont les suivants :

1° *L'aveu de la partie adverse.* — Il y a « aveu » toutes les fois que l'une des parties reconnaît elle-même la vérité d'une allégation dirigée contre elle. L'aveu est ordinairement oral et donné devant le juge.

2° *Des témoignages.* — Le témoin est une personne tierce qui a été présente à l'accomplissement de l'acte ou du fait contesté, et qui en certifie au juge soit l'existence, soit seulement la manière d'être ou les résultats, quand l'existence n'en est pas contestée. Les déclarations des témoins sont reçues au moyen d'une procédure particulière qui s'appelle l'*enquête*.

3° *Des écrits.* — L'écrit qui fait preuve d'un fait ou d'un acte émane tantôt de la partie elle-même, auquel cas il n'est qu'un *aveu écrit ;* tantôt d'un tiers assistant au fait, auquel cas il est un *témoignage écrit.* Comme

[1] Je répète ici une observation déjà faite à d'autres occasions : c'est qu'il est tout à fait aisé de dégager, dans la théorie des preuves, l'étude des moyens de preuve considérés en eux-mêmes, abstraction faite de leurs conditions d'emploi dans tel cas déterminé, quand il s'agit de prouver soit un contrat, soit autre chose.

exemple du premier genre, on peut citer le billet qu'un emprunteur remet à son créancier en reconnaissance du prêt ; comme exemple du second genre, l'acte de naissance d'une personne, dressé sur les déclarations des témoins de l'accouchement.

4° *Des présomptions.* — On appelle ainsi un raisonnement par lequel on démontre le fait inconnu et contesté au moyen de faits connus et démontrés. C'est à l'aide de présomptions de ce genre qu'on réussit souvent à établir la culpabilité d'un malfaiteur quand son crime n'a pas eu de témoins et qu'il persiste à le nier.

A proprement parler, ce n'est pas la *présomption* qui en est la *preuve :* la présomption n'est qu'un raisonnement, et dans toute preuve il y a un raisonnement du même genre, concluant du connu à l'inconnu. Ici ce qui fait l'office de preuve, ce qui remplace l'aveu ou le témoignage, c'est *le fait matériel* sur lequel on s'appuie. Ce fait s'appelle *indice*, et j'emploierai volontiers plus loin l'expression « preuve par indices », qui a plus d'un avantage.

5° *Le serment de la partie.* — Le serment est une attestation de la vérité par la partie elle-même. En principe, les affirmations des parties n'ont aucune force probante : on ne peut s'en rapporter à leurs dires, qui sont généralement contradictoires et se détruisent mutuellement. Cependant, dans certains cas et à défaut de toute autre ressource, l'attestation de la vérité par l'une des parties est reçue comme une preuve suffisante, à titre de serment : elle prend alors une forme solennelle destinée à empêcher autant que possible le mensonge.

On distingue le *serment décisoire*, qui est *déféré* par l'une des parties à l'autre, faute d'autre preuve, et le *serment supplétoire*, qui peut être parfois déféré par le juge à l'une des parties pour achever sa conviction, quand il existe un simple commencement de preuve.

353. Des preuves préconstituées. — Le plus souvent on se préoccupe de rassembler les preuves d'un fait même avant qu'il soit contesté. Ainsi, aussitôt qu'un contrat est conclu, on dresse un écrit pour le constater. C'est ce qu'on appelle une « preuve préconstituée » parce qu'elle est établie avant toute contestation, en prévision de l'avenir, et à un moment où personne encore ne songe à mettre en doute soit l'existence, soit les clauses du contrat. Il en est de même des actes de l'état civil, dressés pour constater la naissance et la mort des personnes.

Quand on ne s'est pas prémuni d'une preuve écrite, ou quand celle dont on s'était pourvu a été perdue ou détruite, il faut alors recourir à d'autres moyens de preuve, ce qui est souvent plus difficile et ce que la loi ne permet pas toujours.

** **354. Écrits destinés à servir de preuves.** — Les écrits dressés en vue d'être utilisés comme preuves sont de deux sortes : les *actes sous seings privés* et les *actes authentiques* ou *actes publics*. Les premiers sont ceux que les parties dressent elles-mêmes, en leur propre et privé nom ; les seconds sont ceux qui sont *dressés par un officier public dans l'exercice de ses fonctions*. Exemples principaux d'actes authentiques :

les actes notariés; les actes de l'état civil; les jugements transcrits sur ses registres par le greffier d'un tribunal ou d'une cour ; les procès-verbaux d'un officier de police.

Ces écrits portent indistinctement le nom d'*actes* ou de *titres* (art. 1282 à 1284, 1415, 1504, al. 2, art. 1317 et suiv. et la rubrique qui précède l'art. 1317). Notre ancienne langue avait le mot *instrument* qui nous a laissé le verbe *instrumenter*.

** **355. Force probante de l'acte authentique.** — L'acte authentique a, comme moyen de preuve, une supériorité sur l'acte privé : sa force probante est plus grande. On peut combattre un écrit ordinaire par tous les moyens de preuve possibles, quand on prétend qu'il est faux. Il y a deux allégations contradictoires, celle de l'écrit et celle de la personne qui prétend que cet écrit est faux ; toutes deux émanent de simples particuliers ; la loi n'a pas de raisons d'accorder plus de poids à la parole de l'un qu'à la parole de l'autre. Tout dépendra donc de la sincérité et de la valeur propre des allégations qui seront présentées. Bien plus : *l'écrit qu'on présente ne fait pas foi par lui-même de sa sincérité*. Rien ne garantit qu'il émane bien de son signataire apparent. Celui à qui on l'oppose peut donc se borner à *dénier* la signature qui lui est attribuée, ou à *ne pas reconnaître* l'écriture, si l'acte émane d'une tierce personne (art. 195 C. proc. civ.). C'est alors à celui qui veut se servir de l'écrit comme preuve à en établir la sincérité au moyen d'une procédure spéciale, appelée *vérification d'écriture* (art. 193 à 213 C. proc. civ.).

Mais quand l'écrit argué de faux est un acte authentique, la loi admet difficilement la possibilité d'un faux. L'officier qui l'a dressé offre des garanties de sincérité supérieures à celles d'un particulier, soit à cause des conditions de recrutement auxquelles il a été soumis, soit à cause de la peine redoutable (les travaux forcés à perpétuité) qu'il encourt quand il commet un faux. Ses affirmations, contenues dans l'acte dressé par lui, ont donc un grand poids, et la loi, non seulement les tient pour vraies jusqu'à preuve contraire, mais même elle n'autorise la preuve de leur fausseté que par une procédure spéciale, qui est exceptionnellement longue, difficile et périlleuse, l'*inscription de faux*. Tout ceci sera expliqué plus longuement dans le t. II.

aturellement cette force probante exceptionnelle de l'acte authentique n'appartient qu'aux *énonciations qui proviennent de l'officier public lui-même, aux faits qu'il déclare avoir vus et entendus*. Quant aux *déclarations faites à l'officier public par des particuliers*, dont le rédacteur de l'acte s'est borné à rapporter les dires, *leur sincérité peut être contestée sans recourir à la procédure de l'inscription de faux*. Nous aurons bientôt à faire d'importantes applications de cette distinction capitale pour déterminer la force probante des actes de l'état civil.

** **356. Date des actes sous seings privés.** — Un acte authentique fait foi de sa date par lui-même. La date du jour où l'acte est passé est un de ces faits que l'officier rédacteur doit vérifier par lui-même ; la loi a donc pleine confiance dans la date qu'il porte, et la fausseté n'en peut être démontrée que par l'inscription de faux.

Il n'en est pas de même des actes privés. Les particuliers qui les rédigent ont trop souvent intérêt à leur donner une fausse date *(antidate* ou *post-date)*, et le fait lui-même est fréquent. Rien ne garantit donc la sincérité de la date d'un acte privé. Aussi la loi n'y ajoute-t-elle en principe aucune foi. Un acte sous seings privés n'a pas par lui-même de *date certaine*, ou du moins sa date n'est tenue pour vraie qu'à l'égard des parties et non à l'égard des tiers (art. 1328).

Mais la loi met à la disposition des parties un moyen sûr de communiquer à leurs actes cette certitude de date qui leur manque : c'est la formalité de l'*enregistrement* [1]. Quand un acte privé a été enregistré, il acquiert *date certaine du jour de son enregistrement* (art. 1328).

Dans la pratique, on se dispense souvent de faire enregistrer les actes parce que cette formalité, peu coûteuse par elle-même, permet à la régie de percevoir les droits établis à titre d'impôts sur l'opération constatée par l'acte, et ces droits sont souvent fort élevés. Beaucoup d'actes sous seings privés restent donc sans être enregistrés, c'est-à-dire sans date certaine. La certitude de la date peut cependant leur être acquise dans deux cas particuliers :

1° *Quand ils ont été relatés dans un acte authentique*, dans un inventaire après décès, par exemple, par le notaire qui les trouve dans les papiers du défunt.

2° *Quand un de leurs signataires vient à mourir*. On est sûr alors que l'acte n'est pas antérieur au jour de sa mort.

Mais, dans ces deux cas, la date de l'acte ne devient certaine que du jour de l'acte authentique qui en fait mention ou du jour de la mort de l'un des signataires (art. 1328).

§ 2. — *De la production des preuves.*

** **357. Du fardeau de la preuve.** — Il est très intéressant de savoir lequel des deux adversaires est tenu de faire la preuve, parce que cette preuve est ordinairement difficile à fournir ; beaucoup de plaideurs y succombent, bien qu'ayant au fond le droit pour eux, tandis que leur adversaire, n'ayant rien à prouver, gagne son procès uniquement parce que la preuve n'était pas à sa charge.

Pour déterminer qui aura la charge de la preuve, on suit de très anciennes règles qui sont toujours vraies. En principe, celui qui allègue un fait pour

[1] L'enregistrement est une mention sommaire de l'acte sur des registres publics, sans en relater en entier la teneur. La loi principale qui régit actuellement cette formalité est celle du 22 frimaire an VII (12 déc. 1798).

en tirer une conclusion en sa faveur et contraire à la situation de l'adversaire est tenu de prouver la vérité de ce fait. En première ligne, c'est donc le demandeur qui doit prouver sa prétention. Tel est le sens de l'adage : « Onus probandi incumbit actori ». Quand cette preuve est faite, le juge doit donner gain de cause au demandeur, à moins que le défendeur n'ait à faire valoir une *exception* ou *moyen de défense*, auquel cas il doit à son tour en établir le bien-fondé. La charge de la preuve passe alors au défendeur en ce qui concerne le moyen allégué par lui, ce qu'on exprime en disant : « Reus in exceptione fit actor ».

Il se peut qu'à son tour le demandeur ait un moyen qui ruine la défense invoquée contre lui ; c'est ce qu'on nomme une *réplique*. La preuve lui en incombe à nouveau, et le fardeau de la preuve se renvoie ainsi de l'un à l'autre indéfiniment, tant que durent leurs réponses réciproques. Pour exprimer ce résultat, qui n'est que l'application directe de la règle posée plus haut, on généralise souvent l'ancien adage, en disant : « Onus probandi incumbit ei qui *dicit* »; il devient ainsi applicable, à tour de rôle, à chacune des deux parties, mais il n'est pas encore complet : il faut y sous-entendre que ce qui a besoin d'être prouvé est une affirmation *contraire à la situation déjà acquise de l'adversaire*.

** **358. Des présomptions légales.** — Il arrive assez souvent que la loi renverse l'ordre naturel et dispense de toute preuve un plaideur qui se trouve dans une situation déterminée. En pareil cas ce plaideur n'a rien à prouver, si ce n'est qu'il est bien dans le cas prévu par la loi, et ordinairement cela résulte de faits et de circonstances qui ne sont pas contestés. On dit alors qu'il existe une « présomption légale » en faveur de ce plaideur. Par exemple, quand une personne est incapable de recevoir une donation, on pourrait être tenté de la lui faire parvenir d'une manière frauduleuse, au moyen d'une personne interposée qui serait choisie comme donataire apparent, telle que son père, son enfant ou son conjoint. La loi déjoue cette fraude en présumant l'interposition de personne quand la donation est adressée à l'un des proches de l'incapable (art. 911) ; par suite, ceux qui attaqueront la donation n'auront pas à démontrer que l'incapable en est le véritable bénéficiaire; leur preuve est, pour ainsi dire, toute faite d'avance.

La véritable nature des présomptions légales est généralement méconnue ; on les rapproche des présomptions ordinaires, dont il a été parlé ci-dessus au n° 333-4°, et on voit en elles des *modes de preuve*. C'est ce qu'a fait le Code Napoléon, qui traite des présomptions légales dans les art. 1350 à 1352, entre la preuve par témoins et la preuve par indices. — Ce point de vue est complètement erroné. La présomption légale n'est pas un mode de preuve, c'est une *dispense de preuve*. La loi intervient, par une sorte de partialité plus ou moins justifiée, pour intervertir les rôles dans le procès qui s'engage ; elle *déplace le fardeau de la preuve*. Le plus souvent elle décide ainsi parce que le fait qu'il s'agit de prouver est tout à la fois conforme à la situation normale et difficile à établir d'une façon directe pour chaque cas déterminé. En voici un exemple caractéristique : La loi présume que l'enfant né d'une femme mariée pendant le mariage a pour père le mari. Cela veut dire que cet enfant n'a à prouver que deux choses : 1° que sa mère était mariée ; 2° que sa naissance ou sa conception a eu lieu pendant le mariage ; il n'a pas besoin d'établir qu'il a pour père le mari de sa mère. C'est à celui qui prétend qu'il est adultérin à le démontrer. L'enfant d'une femme mariée bénéficie d'une présomption légale, puisqu'il n'a pas à prouver un des faits qu'il allègue ; il est dispensé de cette preuve et considéré comme légitime jusqu'à preuve contraire. Tel est le véritable rôle des présomptions légales. Il est, du reste, clairement avoué dans l'art. 1352, al. 1 : « La présomption légale *dispense de toute preuve* celui au profit duquel elle existe ».

359. Force variable des présomptions légales. — Les présomptions légales n'ont pas toujours la même force. D'ordinaire la loi, en dispensant un des plaideurs du fardeau de la preuve, laisse à son adversaire le droit de rétablir la vérité : la loi a présumé quelque chose en se fondant sur les cas ordinaires, mais elle peut se tromper et elle le prévoit ; elle laisse alors à l'autre plaideur le droit de détruire sa présomption. Ainsi la loi présume que l'enfant né d'une femme mariée pendant le mariage a pour père le mari, ce qui n'empêche pas que parfois le mari réussit à faire tomber cette présomption de paternité en établissant qu'il n'est pas le père de l'enfant. On dit alors que la présomption légale *souffre la preuve contraire*.

Mais la loi ne se borne pas toujours à cela. La présomption légale s'accompagne quelquefois d'une *interdiction de preuve* adressée à l'adversaire, c'est-à-dire que celui contre lequel s'élève la présomption de la loi n'a pas le droit de la détruire, en démontrant qu'en fait elle est fausse dans le cas particulier où il se trouve. On dit alors que la présomption légale est *irréfragable*. Celui qui en bénéficie n'est plus seulement dispensé de la charge de la preuve, il est sûr de vaincre puisque la preuve contraire n'est pas permise.

On doit bien se convaincre que cet effet particulier n'est pas produit par la présomption légale, laquelle n'a qu'un résultat : le déplacement du fardeau de la preuve ; il vient d'une autre décision exceptionnelle qui accompagne la présomption et qui consiste à supprimer le droit qu'a, en général, un plaideur de prouver ce qu'il allègue : il y a donc à la fois une *dispense de preuve* établie au profit de l'un et une *interdiction de la preuve* établie contre l'autre.

360. Rareté des présomptions légales irréfragables. — Nous reviendrons sur ce point dans le t. II. Disons tout de suite que les présomptions de la loi qui ne souffrent pas la preuve contraire sont rares ; on les reconnaît à cette circonstance que, sur leur fondement, la loi *refuse une action en justice* ou *annule un acte* (art. 1352).

APPENDICE

DE LA CHOSE JUGÉE

361. Observation. — Le Code civil a réglé accidentellement dans l'art. 1351 ce qu'on appelle *l'autorité relative de la chose jugée.* Il y a là une théorie très importante qui détermine *l'effet des jugements.* J'estime que cette matière appartient à la procédure et non au droit civil. Si le Code en a parlé, c'est parce qu'il suit Pothier qui, par un défaut de méthode évident, se met à expliquer tout au long les règles relatives à l'autorité des jugements à propos des présomptions légales (*Obligations*, n° 850 à 909). Le lien est cependant bien frêle entre les deux théories : c'est parce que le jugement est tenu pour vrai, même quand les juges se sont accidentellement trompés ; il y a donc là une *présomption de vérité* qui s'attache aux jugements. Mais deux objections sont possibles : 1° la présomption de vérité qui défend de remettre en question ce qui a été jugé est une règle tout à fait différente de celle qui limite la portée du jugement à ce qui a été réellement décidé par les juges ; 2° s'il y a lieu de s'occuper d'une présomption légale en particulier et d'en faire la théorie entière à propos de la définition générale des présomptions légales, pourquoi celle-là seulement et pas toutes les autres? — La vérité est donc que l'art. 1351 n'est pas à sa place dans le Code civil et qu'il faudrait en renvoyer l'explication au cours de procédure, à la théorie générale des jugements pour la présomption de vérité, et à la théorie des actions pour l'exception de chose jugée.

A. — Force de la chose jugée.

362. Présomption de vérité attachée au jugement. — Le jugement une fois rendu doit terminer définitivement le procès si les voies de recours ont été en vain exercées contre lui ou s'il n'en a pas été fait usage.

Il y a une nécessité sociale de premier ordre à ce que les litiges ne recommencent pas indéfiniment sur le même sujet. De là l'adage : « Res judicata pro veritate habetur ». Cet adage figure dans la loi sous une autre forme. Le Code présente comme une *présomption légale* « l'autorité que la loi attribue à la chose jugée » (art. 1351-3°). Cela signifie que la loi *tient pour vrai* ce qui a été jugé ; c'est une traduction indirecte du « pro veritate habetur ». — Ce qui a force de chose jugée, c'est uniquement le *dispositif* du jugement, c'est-à-dire la partie qui contient la décision rendue par le juge ; la même autorité ne s'applique pas aux *motifs* ni aux *qualités*. Cependant, on peut se servir de ces parties du jugement pour interpréter le dispositif et en préciser l'étendue (Cass., 10 févr. 1891, D. 91. 1. 206, S. 91. 1. 248 ; Cass., 8 juill. 1891, D. 93. 1. 389, S. 93. 1. 313).

B. — Exception de chose jugée.

363. Conditions de son emploi. — Pour faire respecter l'autorité de la chose jugée, la loi met à la disposition des particuliers une *exception* spéciale, qui est l'ancienne *exceptio rei judicatæ* des Romains. Mais il importe que cette exception ne serve pas à paralyser des actions distinctes de la première et qui en doivent rester indépendantes, et il importe de préciser d'une manière exacte *ce qui a été réellement jugé la première fois*, afin de savoir ce qui peut encore être mis légitimement en question. La chose jugée est donc soumise à une *relativité* analogue à celle que nous avons déjà eu à signaler à propos des contrats : elle a une autorité indestructible, mais cette autorité est bornée à un litige déterminé.

Pour reconnaître dans quels cas l'exception de chose jugée est opposable à une nouvelle demande, on a depuis longtemps établi trois conditions ; il faut : 1° que le second procès s'engage *entre les mêmes personnes*, 2° qu'il porte *sur le même objet* et 3° qu'il ait *la même cause* que le premier (art. 1351).

1° Identité de personnes.

364. Assimilation du jugement au contrat. — Tout procès s'engage entre personnes déterminées, qui y sont *parties*. Le jugement obtenu par l'une d'elles contre les autres ne doit pas plus profiter ou nuire à des tiers que s'il s'agissait d'un arrangement amiable que ces parties auraient conclu entre elles au lieu de plaider sur leurs droits respectifs. L'effet des jugements se trouve ainsi soumis, *quant aux personnes*, à la même règle de *relativité* que celui des contrats (ci-dessus, nos 296 et suiv.), et pour la même cause.

365. Conséquence. — Il résulte de là que l'exception de chose jugée, au moyen de laquelle les particuliers font respecter l'autorité ou présomption de vérité que la loi attache aux jugements, ne peut être utilisée qu'au *profit d'une personne ayant été partie au procès* ou qui est *l'ayant cause de l'une des parties*, et *contre une personne étant partie ou ayant cause d'une partie*. Les règles sont ici les mêmes que pour l'effet des contrats. Ainsi un jugement rendu contre une personne n'est opposable à ses ayants cause particuliers qu'autant qu'il est antérieur à la transmission du droit qui a fait d'eux des ayants cause (Cass., 16 avril 1889, D. 90. 1. 276, S. 90. 1. 260).

Aussi exprime-t-on cet effet relatif de la chose jugée à l'aide d'une formule toute semblable à celle qu'on applique aux contrats : « Res inter alios *judicata* aliis nec nocet nec prodest[1]. » Il y a donc là une première condition mise à l'exercice de l'exception de chose jugée ; il faut qu'il y ait *identité des parties* dans les deux affaires.

2° Identité d'objet.

366. Motif de cette condition. — Il ne suffisait pas de réserver le droit des tiers, ou celui des parties dans leurs rapports avec les tiers, en limitant la portée du jugement quant aux personnes qui peuvent l'invoquer ou se le voir opposer ; il fallait aussi protéger complètement celui des parties, et pour cela il fallait encore, *entre les parties*, restreindre l'effet du jugement à ce qui était l'objet du litige et les laisser libres de débattre entre elles leurs autres droits ; en un mot, donner au jugement *une portée limitée quant à son objet*.

367. Exemples divers. — Il faut que l'objet des deux demandes soit le même. Ainsi, quand une première demande en paiement de loyers a été rejetée, une nouvelle demande ayant pour objet des loyers *échus à d'autres dates* que les premiers ne peut être repoussée par l'exception de chose jugée (Cass., 6 févr. 1883, D. 83. 1. 451). Au contraire, lorsqu'une personne qui avait acquis une hérédité au moyen d'une cession de droits successifs, a demandé la délivrance de *certains objets* et que sa demande a été rejetée parce que la cession était nulle, elle ne peut plus former une demande semblable pour réclamer la *totalité* des droits cédés (Limoges, 29 janv. 1862, D. 62. 2. 39, S. 62. 2. 389). De même celui qui aurait demandé la *totalité* d'une chose et qui aurait vu rejeter sa demande n'est plus recevable à en demander *une partie ;* on répète à ce propos la maxime : « In toto pars continetur ».

Toutefois il y aurait beaucoup d'observations à présenter sur l'application de la double règle : *Pars est in toto, totum non est in parte.* Voyez AUBRY et RAU, t. VIII, § 769, texte et note 83 ; DEMOLOMBE, t. XXX, nos 315 et suiv. ; LAROMBIÈRE, t. VII, art. 1351, nos 49 et suiv. ; LAURENT, t. XX, nos 56 et suiv.

La plupart des cas qui se présentent sont, d'ailleurs, beaucoup plus difficiles à apprécier que les exemples précités, qui ont été choisis parmi les plus simples. Voyez l'analyse des arrêts dans les *Tables* des Recueils et dans les *Répertoires*, au mot « Chose jugée ».

[1] On voit combien cette règle est simple quand on la met à sa place et qu'on la rattache à l'effet relatif des contrats. Est-il besoin maintenant d'entrer dans les longues explications qui sont ici traditionnelles pour faire remarquer que l'identité des parties en cause dans le second procès, qui est nécessaire pour qu'on puisse utiliser l'exception de chose jugée, ne s'entend point de l'*identité matérielle* des personnes, mais de l'identité de leur *qualité ?* Ainsi un tuteur, après avoir perdu un procès pour le compte de son pupille, pourra le recommencer en son propre nom, sans se voir opposer l'exception de chose jugée, parce qu'*il n'agit plus en la même qualité ;* ce n'est plus *la même personne* qui plaide (Cass., 28 août 1849, D. 50, 1. 57).

368. Nature de la difficulté. — Les auteurs ont cherché à formuler une règle générale qui permette de reconnaître quand le second procès aura le même objet que le premier. Ils n'y sont pas arrivés. Voyez les formules différentes auxquelles se sont arrêtés, d'une part, AUBRY et RAU (t. VIII, p. 387) et DEMOLOMBE (t. XXX, n° 299), et d'autre part, LAURENT (t. XX, n° 40). Voyez aussi la critique très judicieuse qui en est faite dans le *Supplément* de DALLOZ (v° Chose jugée, n° 61). La vérité est qu'il n'y a jamais de difficultés pratiques pour savoir s'il y a identité d'objet entre les deux demandes, mais uniquement pour savoir *si l'objet de la seconde demande ne se trouve pas déjà implicitement jugé par la première décision*. La difficulté porte donc sur *l'étendue d'un jugement*, c'est-à-dire sur le sens qu'il faut lui donner, et non sur une question d'identité entre les deux demandes, qui est toujours facile à reconnaître (GRIOLET, *De l'autorité de la chose jugée*, 1868, p. 10).

3° Identité de cause.

369. Origine de la règle. — La règle moderne, qui exige l'identité de cause entre les deux actions, a été tirée d'un fragment de PAUL (*Digeste*, liv. XLIV, tit. 2, fr. 12 et 13) qui concernait uniquement les *actions réelles*. Il est bien clair que si je réclame la propriété d'un bien comme l'ayant acquis par achat, mon échec ne m'empêchera pas de renouveler la revendication en me prétendant légataire ou héritier du propriétaire[1]; ma seconde action n'a pas la même cause que la première.

370. Son inutilité. — Les commentateurs modernes ont eu le tort de généraliser cette règle et de l'appliquer même aux actions personnelles, pour lesquelles elle n'est point logiquement faite[2], et de là est née toute une série de difficultés, qui sont peut-être les plus grandes de toutes celles que soulève cette difficile matière.

On pourrait fort bien supprimer cette condition de l'« eadem causa petendi » et s'en tenir à la règle générale établie au commencement de l'art. 1351 : « L'autorité de la chose jugée a lieu à l'égard de *ce qui a fait l'objet du jugement* ». On en vient toujours à rechercher uniquement, dans chaque espèce, s'il y a identité entre l'objet du premier jugement et celui de la nouvelle demande. Les conditions de l'exception de chose jugée se trouveraient ainsi ramenées à deux : *eadem res, eædem personæ*.

371. Définitions et discussions doctrinales. — La définition de la cause est facile à donner : c'est *le fait juridique ou matériel qui est le fondement du droit réclamé ou de l'exception opposée*[3]. Tout le monde est d'accord là-dessus, mais on n'en est pas beaucoup plus avancé pour cela, comme on va le voir.

Sans doute on ne rencontrera point de difficultés quand il s'agira d'une réclamation ayant pour objet un *droit réel* ou une *créance* : la cause sera le *principe générateur* de ce droit ; pour le droit réel, ce sera un achat, une donation, un legs, etc. ; pour la créance, ce sera un prêt, un cautionnement, une vente dont le prix est encore dû, un dommage causé par un délit, etc. Mais les difficultés naissent lorsqu'il s'agit d'actions en nullité, en rescision, en résiliation, ou autres semblables.

Voici, par exemple, un *acte écrit* dont la nullité est demandée *pour vice de forme*, ou un *acte juridique* dont la nullité est demandée *pour vice de consentement*. Permettra-t-on

[1] En disant cela, Paul suppose que la première revendication a été formée « expressa causa », ce qui laisse le champ libre à des revendications fondées sur des causes différentes. Mais il ajoute : « At cum in rem ago *non expressa causa*, ex qua rem meam esse dico, *omnes causæ una petitione adprehenduntur* », et par suite aucune action en revendication du même bien ne peut plus être formée par le demandeur.

[2] Paul, dans le passage précité, marquait très bien la différence entre les actions personnelles et les actions réelles ; chaque action personnelle a sa cause propre : « Cum eadem res ab eodem mihi debeatur, singulas obligationes singulæ causæ sequantur;... sæpius deberi potest ».

[3] On observe, dans la pratique, que ce qui délimite le terrain sur lequel a porté le premier litige est très souvent *l'exception opposée par le défendeur*, beaucoup plus que la demande formulée par le demandeur. Ainsi une somme d'argent est réclamée à un débiteur par son créancier ; le débiteur se défend en opposant l'exception de prescription : le débat va rouler sur une question de prescription, et non pas sur toutes les autres questions qu'on peut se poser à l'occasion de cette créance.

à celui qui a formé la première demande en s'appuyant sur l'incapacité d'un témoin instrumentaire, de renouveler indéfiniment sa demande en s'appuyant sur tous les vices de forme qu'il croira successivement découvrir dans l'acte? Permettra-t-on à celui qui a attaqué son engagement en invoquant une erreur commise par lui, de la renouveler en invoquant un dol?

Sur les questions de ce genre, les auteurs discutent beaucoup sans parvenir à s'entendre, et dans leurs discussions, ils font grand usage d'une vieille distinction établie par les anciens commentateurs, entre la *causa proxima* et la *causa remota* : la cause prochaine serait l'existence d'une nullité ; la cause éloignée serait l'irrégularité qui donne lieu à cette nullité. Ainsi, dans la demande en nullité pour cause d'erreur, la cause prochaine de la demande serait le défaut de consentement valable et les faits de dol, de violence ou d'erreur ne seraient que des causes éloignées. Voyez l'exposé des diverses opinions émises par la doctrine dans DALLOZ, *Suppl.*, v° Chose jugée, n°s 98 à 103.

372. Solution rationnelle. — La seule solution logique de la difficulté a été proposée par LAURENT (t. XX, n° 74) : c'est de s'en tenir uniquement à la recherche de ce qui a été décidé par les premiers juges. Quand un contrat est attaqué pour erreur, le débat porte uniquement, exclusivement sur l'existence et le caractère de l'erreur. Le dol n'a pas été examiné ; son nom même n'a pas été prononcé ni dans les débats, ni dans le jugement. Et il y aurait chose jugée à son égard ! C'est dire qu'une demande toute spéciale par son objet est générale dans ses effets. Et Laurent montre l'iniquité d'un pareil système : le demandeur a pu succomber parce que l'erreur commise par lui n'était pas substantielle ; il découvre plus tard que cette erreur a été causée par le dol de l'autre partie, ce qui rendrait le contrat annulable, et on lui opposerait la chose jugée sur ce dol dont personne ne s'est occupé !

Cette solution, seule logique, conduit à un résultat inacceptable en matière de nullités de forme : les vices de forme sont très nombreux, et l'application des règles sur la chose jugée ouvrirait la porte à des chicanes interminables si la partie mécontente d'une convention était admise à proposer dans des instances successives tous les vices de forme que son ingéniosité parviendra à découvrir ou à supposer dans l'acte. Mais, puisqu'il y a ici un danger tout spécial, localisé dans une catégorie déterminée d'actions, pourquoi ne pas établir pour elles une règle exceptionnelle? On va voir que c'est heureusement à ce résultat qu'arrive la jurisprudence.

373. Jurisprudence. — Les arrêts décident en principe que pour admettre ou rejeter la nouvelle demande en nullité, il y a lieu de rechercher si la cause de cette nullité est ou non identique à celle qui avait motivé le premier procès. Ainsi, quand la demande en rescision d'une vente de biens de mineurs pour lésion a été rejetée, l'exception de chose jugée n'est pas opposable si la nouvelle demande est fondée sur l'inobservation des formalités prescrites (Cass., 23 déc. 1851, D. 54. 4. 112). Ainsi encore, quand un partage a été attaqué pour erreur, une nouvelle demande peut être dirigée contre lui si elle est fondée sur la lésion (Chambéry, 31 août 1861, D. 62. 2. 159, S. 62. 2. 298)[1]. De même, une première demande en nullité, dirigée contre un testament parce que son auteur n'aurait pas été sain d'esprit au moment de sa confection, peut être renouvelée si on prétend qu'il y a eu antidate et que le testateur était en réalité interdit au moment où il a rédigé et signé son testament (Cass., 20 oct. 1885, D. 86. 1. 253, S. 89. 1. 23).

Malgré cela la jurisprudence donne des solutions contraires pour les demandes en nullité fondées sur un vice de forme : elle oblige le demandeur à déduire dans sa première action toutes les causes d'irrégularité qu'il peut avoir à faire valoir contre l'acte attaqué par lui ; sinon, elle autorise son adversaire à lui opposer l'exception de chose jugée s'il s'avise d'introduire une nouvelle demande fondée sur une irrégularité de forme dont il n'avait pas été question la première fois (Paris, 10 mai 1850, D. 51. 2. 125, S. 51. 2. 712; Pau, 21

[1] La question théorique de deux demandes en nullité successives fondées sur deux vices du consentement différents ne s'est pas présentée devant la jurisprudence. Elle devrait recevoir une solution semblable, car la lésion se rapproche beaucoup d'un vice du consentement (Voy. ci-dessus, n° 284).

avril 1868, D. 70. 1. 125, S. sous Cass., 69. 1. 403). Cette jurisprudence très spéciale peut être considérée non comme l'application du principe relatif à la chose jugée, mais comme une règle établie pour empêcher le renouvellement de procès vexatoires qu'on pourrait multiplier presque à volonté [1].

[1] L'arrêt de la cour de Pau, cité au texte, dit : « Il a été souverainement jugé que Sénac était mal fondé à attaquer le testament *pour un vice de forme dont il a été débouté ;* sa demande n'a pour objet qu'*un nouveau vice de forme* qu'elle relève contre le même testament ; c'est donc avec raison que les premiers juges l'ont déclaré non recevable à *proposer, successivement et d'une manière indéfinie,* de tels moyens. » — On ne pouvait mieux dire pour marquer à la fois et le défaut d'identité des deux affaires, et la nécessité pratique d'empêcher la seconde.

DEUXIÈME PARTIE

LES PERSONNES

LA PERSONNALITÉ

CHAPITRE UNIQUE

§ 1. — *Notion générale.*

** **374. Définition et étymologie.** — On appelle « personnes » les *êtres capables d'avoir des droits et des obligations.*

Le mot « personne » est une métaphore empruntée par les anciens à la langue du théâtre. *Persona* désignait en latin le masque qui couvrait la figure de l'acteur et qui portait une bouche ouverte munie de lamelles métalliques destinées à grossir la voix. *Persona* se rattache donc au même radical que *personare*. Comme il y avait des types invariables pour chaque rôle, on devinait le personnage en voyant le masque. *Persona* servit ainsi à désigner ce que nous appelons un *rôle*, et le mot passa dans la langue usuelle. Nous employons nous-mêmes une image analogue quand nous parlons des *rôles* que chacun de nous *joue* dans la vie.

** **375. Distinction de deux espèces de personnes.** — La loi reconnaît deux catégories de personnes : les unes *réelles*, qui sont des êtres vivants ; les autres *fictives*, qui n'ont qu'une existence imaginaire.

Il ne sera traité, dans cette partie consacrée aux personnes, que des seules personnes réelles. Quand leurs principaux attributs auront été étudiés, et que la théorie de la propriété aura été présentée, il sera possible de comprendre la personnalité fictive, d'en mesurer l'étendue, et d'apprécier la valeur de la fiction. Voy. ci-dessous nos 1955 et suiv.

* **376. Quelles sont les personnes réelles.** — Tout être humain est une personne.

Il n'en a pas toujours été ainsi. L'esclavage antique faisait de l'homme une chose susceptible de propriété, comme un cheval ou une machine. Il en était à peu près de même de l'esclavage des *noirs*, qui a duré dans les colonies françaises jusqu'en 1848 (le décret d'affranchissement est du 27 avril) et qui, malgré les efforts des puissances européennes, n'est pas encore aboli partout. Tout acte de participation à la traite des noirs est rangé au nombre des crimes par la loi du 4 mars 1831 et puni des travaux forcés.

Les individus de l'espèce humaine sont seuls des personnes. Les animaux n'en sont pas.

Il est vrai que la philosophie, en considération de la sensibilité et de la conscience dont ils sont doués, défend à l'homme de les faire souffrir inutilement. Il est vrai encore que cette idée n'est pas restée à l'état de pure spéculation, puisqu'une loi du 2 juillet 1850, dite *Loi Grammont*, du nom du ministre qui l'a proposée, punit d'une amende de 5 à 15 francs les mauvais traitements exercés contre un animal domestique, même par son propriétaire. Mais cette obligation imposée aux hommes n'implique pas l'idée d'un droit pour l'animal. Elle est fondée sur un motif d'utilité humaine et sur le désir d'adoucir les mœurs en empêchant des brutalités inutiles. M. Paul Janet, après avoir reconnu ce devoir spécial, dit cependant que les animaux constituent en face de l'homme, quoique dans une région inférieure, des *demi-personnes*, munies de *demi-droits* (*La Morale*, II, 5). Il ne suffit pas d'avoir des droits pour être une personne, il faut encore être capable d'obligations : or il est impossible d'imposer des *devoirs* à l'animal.

377. Principaux attributs de la personnalité. — Les personnes ont *un nom*, qui sert à les distinguer les unes des autres ; un *état juridique*, qui se compose de qualités multiples, d'où dépend leur *capacité*, et qu'il importe de constater par des modes spéciaux. Elles seules peuvent avoir un *patrimoine* et un *domicile*.

Toutes choses qui seront expliquées, plus loin, en autant de chapitres distincts.

§ 2. — *Commencement de la personnalité.*

*** 378. Point de départ ordinaire.** — La personnalité humaine commence à la *naissance*. Jusqu'à ce moment, l'enfant n'a pas de vie distincte ; il est, comme disaient les Romains, « pars viscerum matris ».

**** 379. Personnalité antérieure à la naissance.** — Par dérogation à la règle, l'enfant *non encore né* est déjà *capable d'acquérir des droits* depuis l'époque de sa conception. On le considère par anticipation comme figurant déjà au nombre des personnes. Ainsi que le disait Julien : « Qui in utero sunt intelliguntur in rerum natura esse » (*Dig.*, liv. I, tit. 5, fr. 26). De là l'ancien adage : « Infans conceptus pro nato habetur, quoties de commodis ejus agitur ». Plusieurs Codes étrangers contiennent en ce sens une disposition générale. Le Code français se borne à faire l'application de la règle aux successions (art. 725) et aux donations et legs (art. 906). Cette personnalité anticipée reconnue à l'enfant peut encore produire des effets utiles lorsqu'il s'agit de l'acquisition d'une nationalité nouvelle, ou d'une reconnaissance volontaire de paternité ou de maternité naturelles. Mais elle n'est jamais admise que *dans l'intérêt de l'enfant*, « quoties de commodis ipsius partus agitur » (PAUL, au *Digeste*, liv. I, tit. 5, fr. 7).

380. Conditions. — Pour que la personnalité de l'enfant soit reconnue à sa naissance par la loi, il faut deux conditions : il doit naître *vivant* et *viable*.

1° *L'enfant doit naître vivant.* — Par suite l'enfant *mort-né* ne compte pas comme une personne, quoique la mort ait pu survenir seulement pendant l'accouchement et qu'il ait vécu de la vie intra-utérine pendant toute la durée d'une grossesse normale.

2° *L'enfant doit naître viable* (art. 314-3° ; art. 725-2° ; art. 966, al. dernier). — « Viable » veut dire capable de vivre, *vitæ habilis*. Ainsi il n'y a pas à tenir compte des deux catégories suivantes :

a) Des enfants normalement conformés, qui naissent avant terme, à une époque où le développement de leurs organes n'est pas assez avancé pour leur permettre de vivre ;

b) Des enfants monstrueux, comme les acardiens, les acéphales et autres, chez lesquels la vie s'arrête dès que le cordon ombilical est coupé.

381. Contestations et preuves. — Quand un enfant meurt peu de temps après sa naissance, la question de savoir s'il était né vivant et viable peut soulever des difficultés. Elle se dédouble d'ailleurs en deux questions distinctes.

1° *L'enfant a-t-il vécu ?* — On le considère comme ayant vécu par cela seul qu'il a respiré, ne fût-ce que quelques instants.

Ce point n'a guère d'importance en droit civil, car s'il est constaté en fait que l'enfant n'était pas viable, il ne sera pas tenu compte de sa naissance ; il n'aura pas été une personne aux yeux de la loi. Ce même point a, au contraire, une grande importance en droit criminel. La mère accusée d'infanticide, en présence d'un cadavre d'enfant bien conformé et à terme, prétend souvent pour sa défense qu'il est venu au monde mort. La vérification de son dire se fait aisément après l'autopsie : on plonge les poumons de l'enfant dans un vase rempli d'eau ; s'ils surnagent, c'est que l'enfant a respiré ; si l'air n'y a pas pénétré, ils descendent au fond du vase.

2° *L'enfant était-il viable ?* — Cette question soulève parfois des procès en matière civile. Pour les voir naître, il suffit de supposer que pendant la courte existence de cet enfant (qui comprend principalement la durée de la grossesse) une succession s'est ouverte dans la famille et que l'enfant se trouvait en rang utile pour succéder au défunt : il faut bien alors trancher la question de viabilité. En effet, si l'enfant doit être considéré comme une personne, il aura recueilli cette succession en tout ou en partie, et, en mourant à son tour, il l'a transmise à ses propres héritiers, de sorte que sa présence peut déranger du tout au tout l'attribution de l'hérédité : elle ira finalement soit aux héritiers de l'enfant, soit aux héritiers du défunt *autres que l'enfant*, selon la réponse qu'on fera à la question. C'est une question de fait, qui doit être résolue par les médecins [1], et la solution est parfois difficile, comme le montre la pratique.

382. Dispositions des Codes étrangers. — Certains Codes étrangers ont pris des

[1] On dit communément que ces questions rentrent dans la *médecine légale*. Il n'y a pas de « médecine légale » ; il y a des questions de médecine qu'on a besoin d'éclaircir à l'occasion d'un procès, pour résoudre une difficulté juridique ou pour apprécier une responsabilité pénale. L'expert se prononce d'après ses connaissances médicales ; le juge, d'après ses connaissances juridiques ; mais ni l'un ni l'autre ne font de « médecine légale ».

mesures pour diminuer les contestations sur ces différents points. Le *Code civil allemand* exige seulement que l'enfant ait vécu (art. 1er). En *Italie* on a décidé que, dans le doute, l'enfant né vivant serait *réputé viable* (art. 725). En *Espagne*, il faut qu'il ait figure humaine et vive vingt-quatre heures complètement séparé de sa mère pour être compté comme une personne (art. 30).

§ 3. — *Fin de la personnalité.*

A. — Mort naturelle.

383. Ancienne fiction romaine. — La personnalité se perd avec la vie. Les morts ne sont plus des personnes ; ils ne sont plus rien.

Le droit romain avait cependant admis que la personne décédée serait traitée fictivement comme survivante jusqu'à l'acceptation de sa succession par ses héritiers, fiction qui s'exprimait ainsi : « Hereditas personam defuncti sustinet ». On voulait par là éviter la *jacence* de l'hérédité, qui créait une sorte d'interrègne dans la propriété. Nous atteignons aujourd'hui le même but d'une autre façon, en considérant comme *rétroactive* l'acceptation faite par l'héritier. Ce n'est donc pas la propriété du mort qui se prolonge au delà de son décès : c'est celle de l'héritier qui rejoint la sienne en remontant dans le passé.

B. — Mort civile.

***384. Hypothèses où elle avait lieu.** — La mort naturelle seule met fin à la personnalité, mais cette idée est toute récente dans l'histoire du droit. Dans l'antiquité *celui qui tombait en esclavage* cessait d'être une personne : « Servi nullum caput habent ». Dans notre ancien droit *les personnes qui entraient en religion* étaient considérées comme mortes pour le monde, et le droit les traitait comme telles : la profession religieuse leur faisait perdre la vie civile.

Enfin, il en a été de même jusqu'au milieu du XIXe siècle pour *trois catégories de condamnés*, que la loi frappait de *mort civile*. C'étaient les condamnés à mort, les condamnés aux travaux forcés à perpétuité et les déportés. La mort civile était une fiction en vertu de laquelle le condamné, quoique encore vivant, était réputé mort aux yeux de la loi. On avait cherché à égaler la fiction à la réalité, mais par la force des choses l'assimilation n'avait pu être complète. Le mort civilement vivait toujours, et par cela seul, à moins de vouloir le faire mourir de faim, on était bien obligé de lui reconnaître certains droits.

385. Effets de la mort civile. — Les conséquences de la mort civile étaient énumérées dans l'art. 25 du Code Napoléon. Voici les principales :

1° OUVERTURE DE LA SUCCESSION. — Le condamné étant considéré comme mort, sa succession s'ouvrait ; ses biens lui étaient enlevés pour être attribués à ses parents. Par une sévérité supplémentaire, son *testament* antérieur, quoique fait en temps de capacité, était *annulé*, de sorte que c'était toujours la succession *ab intestat* qui s'ouvrait.

2° DISSOLUTION DU MARIAGE. — Le condamné étant réputé mort, son mariage était dissous ; son conjoint, devenu libre, était considéré comme veuf et pouvait se remarier avec une autre personne. S'il continuait à vivre en fait avec le mort civil, il y avait concubinage et non plus mariage, et les enfants qui en naissaient étaient illégitimes.

3° PERTE DES DROITS POLITIQUES ET CIVIQUES. — Elle était complète, bien que l'art. 25 n'en parlât pas. Le mort civil ne pouvait plus être ni électeur, ni candidat, ni fonctionnaire, ni juré, ni témoin, ni expert.

4° PERTE DES DROITS CIVILS. — Ceux-ci n'étaient perdus qu'en partie ; c'est ici qu'on avait dû s'arrêter dans l'assimilation du condamné à un mort. Étaient perdus : le droit de se marier ; le droit d'agir en justice ; la puissance paternelle ; le droit d'être tuteur ; le droit de faire ou de recevoir des libéralités, soit par donation, soit par legs ; le droit de recueillir une succession ; le droit de laisser une succession. Était seul conservé le droit de passer des contrats à titre onéreux, ce qui permettait au mort civil de gagner de l'argent en travaillant, d'acheter, de vendre, de devenir créancier ou débiteur. Seulement, quand il avait un procès, il ne pouvait plaider que par l'intermédiaire d'un curateur spécial qui lui était nommé par le tribunal, et quand il mourait les biens qu'il avait pu acquérir depuis sa mort civile, faisaient retour à l'État par droit de déshérence.

***386. Abolition de la mort civile.** — La mort civile, que le Premier Consul avait déjà critiquée comme trop dure lors de la confection du Code, était attaquée de tous les côtés. On lui reprochait surtout de frapper des innocents, la femme, les enfants, en même temps que le coupable, et cela de bien des façons. Elle aboutissait souvent à priver les enfants des successions que leur père aurait recueillies et qui leur seraient arrivées plus tard par son intermédiaire. En s'emparant des biens que le condamné laissait à son décès, l'État pratiquait une véritable confiscation. En ouvrant immédiatement la succession, il faisait profiter ses parents d'un crime, ce qui n'était pas très moral.

En *Belgique*, la mort civile avait été abolie dès 1831. On a même inscrit sa suppression dans la Constitution (art. 13), qui défend de la rétablir à l'avenir. En *France*, une loi du 8 juin 1850 la supprima pour les condamnés politiques à la déportation. La loi du 31 mai 1854 la supprima définitivement pour les condamnés à la peine de mort ou des travaux forcés à perpétuité : « La mort civile est abolie » (art. 1er).

Les condamnés aux peines perpétuelles ne sont donc plus en état de mort civile. Toutefois, la loi de 1854 a conservé un débris de l'institution qu'elle supprimait. Si on s'en était tenu au droit commun, ces condamnés se seraient trouvés simplement frappés de deux déchéances, qui atteignent même les condamnés à des peines criminelles temporaires, savoir : la *dégradation civique* (dans tous les cas) et l'*interdiction légale* (quand la condamnation est contradictoire). On a pensé que ce ne serait pas assez et qu'il fallait faire une différence entre les diverses catégories de condamnés, selon que leur peine est temporaire ou perpétuelle, et on a frappé les condamnés aux peines perpétuelles d'une *double incapacité supplémentaire* (L. 31 mai 1854, art. 3, en note sous l'art. 22 C. civ., dans TRIPIER). Il leur est interdit : 1° de *faire* des libéralités, par donation entre vifs ou par testament ; 2° de *recevoir* aux mêmes titres, si ce n'est pour cause d'aliments. Leur situation à cet égard sera étudiée en son lieu, à propos des incapacités de donner et de recevoir.

387. Effets de son abolition. — L'abolition de la mort civile a rendu la vie civile aux condamnés qui en étaient privés. Ceux-ci ont donc recouvré le droit de se marier, de succéder, de laisser une succession, mais ces droits leur ont été rendus *pour l'avenir seulement* : leur mariage, dissous par leur condamnation, n'a pas été réhabilité par leur retour à la vie civile. C'est ce qui a donné lieu à cette facétieuse question d'examens, de savoir si un homme peut épouser sa veuve : deux conjoints, séparés par une condamnation antérieure à 1850 ou à 1854, auraient pu se réunir par un nouveau mariage, l'un d'eux étant réputé veuf de l'autre.

LE NOM DES PERSONNES

CHAPITRE UNIQUE

388. Bibliographie. — LA ROQUE, *Traité de l'origine des noms et surnoms*. Paris, 1681, in-12 ; réimprimé dans le *Traité de la noblesse*, du même. Rouen, in-4°. — EUSÈBE DE SALVERTE, *Essai historique et philosophique sur les noms d'hommes, de peuples et de lieux*. Paris, 1824, 2 vol. — TOURNADE, *Étude sur le nom de famille et les titres de noblesse*, 1882. — J. A. LALLIER, *De la propriété des noms et des titres*, 1890. — SALEILLES, *Le droit au nom individuel dans le Code civil allemand* (*Revue critique*, 1900, t. XXIX, p. 94).

389. Objet de ce chapitre. — Nous n'avons à considérer le nom qu'au point de vue *civil*. En matière commerciale et industrielle, et dans une certaine mesure aussi en matière littéraire et artistique, le nom fait l'objet de règles spéciales, parce qu'il acquiert alors une valeur pécuniaire: il annonce l'origine d'un produit ou d'une œuvre, il attire une clientèle ; *il vaut de l'argent* et devient une véritable richesse, au sens économique du mot. Aussi, en ces matières, le nom fait-il l'objet d'un véritable *droit de propriété*. Nous n'avons pas à aborder ces différents ordres de questions, nous les indiquons seulement pour montrer que le point de vue du droit civil est tout autre.

§ 1. — *Aperçu historique.*

390. Antiquité. — Le nom, chez les peuples primitifs, est *unique* et *individuel*, c'est-à-dire que chaque personne n'en porte qu'un et qu'elle ne le transmet pas à ses descendants. Cet usage a survécu longtemps chez quelques peuples, notamment chez les Grecs et les Hébreux. Les Romains possédaient au contraire un système de noms savamment organisé, trop compliqué pour être exposé ici (Voir HENRY MICHEL, *Le droit de cité romaine* ; MARQUARDT et MOMMSEN, *Manuel des antiquités romaines*, t. XIV, p. 9-33). Ses éléments essentiels étaient le *nomen* ou *gentilitium*, porté par tous les membres de la famille (*gens*), et le *prænomen*, ou prénom, propre à chaque individu. Comme les prénoms masculins étaient peu nombreux, on sentit le besoin d'ajouter au nom un troisième élément, le *cognomen*, beaucoup plus varié dans son choix. Ce système avait le double avantage d'éviter toute confusion et d'indiquer par le seul énoncé du nom la filiation de l'individu. Les prénoms féminins n'étant pas limités en nombre, les noms de femmes ne se composaient ordinairement que de deux éléments ; le *cognomen* manquait.

Personnel au début, le « cognomen » finit par devenir héréditaire, et servit à distinguer les différentes branches d'une même *gens*. Du reste, le triple nom des hommes n'était porté que dans la noblesse et par les premières familles des municipes. Les personnes d'humble condition avaient un nom unique ou composé de deux éléments au plus.

391. Unité du nom au moyen âge. — Le système romain s'était introduit en Gaule sous la domination impériale ; mais l'usage des noms individuels y reparut après la conquête franque et s'y perpétua longtemps. Le seul changement qu'on remarque en France dans la première moitié du moyen âge est la disparition lente des noms barbares, qui cédèrent la place aux noms des saints du calendrier chrétien.

392. Réapparition des noms doubles. — Il fallait cependant éviter des confusions entre gens portant le même nom. On employa deux procédés différents. Le plus ancien paraît-être celui des *surnoms*, comme *Pépin le Vieux*, *Robert le Fort*, *Hugues Capet*, *Guillaume tête d'Etoupes*.

D'autres fois on ajoutait au nom de l'individu le nom de son père au génitif. Jusque dans le XIVe siècle on trouve des gens désignés de cette sorte, comme les jurisconsultes *Joannes Rolandi*, *Petrus Jacobi*.

393. Reconstitution du nom de famille. — Les noms étant ainsi devenus doubles, il n'y avait plus qu'un pas à faire pour rendre l'un d'eux *héréditaire*, de façon à reconstituer l'ancienne distinction romaine du *nomen* (nom de famille) et du *prænomen* (nom individuel). L'hérédité des noms recommence au XIIe siècle. La plupart de ces noms nouveaux sont des *sobriquets* tirés de la *profession* (Lefèvre, Charron, Cordier, Molinier, Tisserand...); d'une *qualité* physique ou morale (Lefort, Gros, Lenain, Camus, Leborgne, Leroux, Legris...); du *pays d'origine* (Lenormand, Picard, Dumaine, Breton, Langlois, Lallemand...); du *lieu d'habitation* (Dumont, Dupuy, Dupont, Lacaze, Grandmaison...); des *fonctions* (Labbé, Sergent, Prévot, Le Sénéchal, Bailly, Chapelain...) ou de mille autres circonstances. Beaucoup étaient de pure fantaisie (Lelièvre, Lebœuf, Mouton, Papillon, Persil, Olivier, Rameau...). — Les nobles portaient presque tous le nom de leur *seigneurie*: Jacques de Bourbon, Simon de Montfort, Jean d'Armagnac... Enfin l'habitude familière de désigner quelqu'un par son prénom fit que beaucoup de *prénoms* devinrent des noms de famille. Nous en avons eu dans ce siècle encore un exemple bien connu : Jules Simon a porté depuis son enfance le prénom sous lequel on désignait habituellement son père, Simon Suisse.

394. Législation ancienne. — Pendant longtemps le nom resta en dehors du domaine du droit, à l'état de simple usage non réglé. Les changements de noms étaient fréquents, surtout de la part des roturiers enrichis qui voulaient effacer toute trace de leur origine. Comme les fiefs étaient ordinairement aux mains des nobles et que ceux-ci en portaient le nom, le moyen était tout indiqué : c'était d'acquérir une terre et d'en substituer le nom à son nom de famille. Une ordonnance, rendue à Amboise le 26 mars 1555 par Henri II, défendit à toutes personnes de changer de nom sans avoir obtenu des lettres du Roi, à peine de mille livres d'amende et d'être punis comme faussaires. La même prohibition fut répétée par l'art. 211 de l'ordonnance de 1629, dite *Code Michaud*, mais, pas plus sous l'ancien régime que de nos jours, on ne parvint à maintenir la *fixité du nom* contre les manœuvres des vaniteux.

395. Éléments actuels du nom. — Les éléments constitutifs de la désignation légale des personnes sont actuellement au nombre de deux seulement : le *nom* proprement dit et les *prénoms*. Mais il y a lieu de dire aussi quelques mots des *sobriquets*, des *pseudonymes*, des *titres de noblesse* et de la *particule*.

§ 2. — *Du nom.*

396. Définition. — Le nom proprement dit n'appartient pas en propre à une personne déterminée ; il est commun à tous les membres de la famille qui descendent par les mâles du même auteur. C'est l'élément *héréditaire* du nom, celui qui représente et indique la filiation : aussi l'appelle-t-on « *nom patronymique* » ou « *nom de famille* ».

Il correspond au « gentilitium » romain.

A. — Détermination du nom des personnes.

397. Enfants légitimes. — Les enfants légitimes prennent le nom de leur père. Tel est l'usage, et l'art. 57 C. civ. s'y réfère tacitement, quand il veut qu'on inscrive seulement dans les actes de naissance les prénoms donnés à l'enfant : les rédacteurs de la loi supposent donc qu'il ne peut pas y avoir d'hésitation sur le nom qu'il doit porter.

* **398. Enfants naturels.** — Les enfants naturels ne peuvent recevoir le nom de leurs parents qu'autant que leur filiation est légalement établie. En principe ils prennent, comme les enfants légitimes, le nom de leur père. Si le père est inconnu, c'est le nom de la mère que l'enfant porte. Lorsque la mère reconnaît son enfant la première, l'enfant change donc de nom lorsque son père le reconnaît à son tour [1].

399. Enfants trouvés. — Quant aux enfants trouvés, comme le nom de leur famille est inconnu, il faut bien leur en donner un pour le remplacer. Ce nom est choisi, soit par l'officier de l'état civil, si l'enfant lui est porté directement, soit par l'administration de l'hospice dans lequel il a été placé (Circul. minist., 30 janv. 1812). La circulaire recommande de ne pas donner à ces enfants le nom d'une famille existante, ni un nom ridicule ou rappelant l'irrégularité de leur origine. Le nom qui leur est ainsi donné n'est que *provisoire*, et si plus tard leur filiation est découverte, ils prennent le nom de leur père ou celui de leur mère, d'après les règles ordinaires.

400. Nom des Israélites. — Un décret du 20 juillet 1808 a ordonné aux juifs qui n'avaient pas le nom patronymique d'en prendre un qui ne soit ni un nom de ville ni un nom de l'Ancien Testament. On leur a donné pour cela un délai de trois mois. Les Israélites étrangers qui viennent s'établir en France sont astreints à la même formalité dans les trois mois de leur arrivée.

B. — Changements de nom.

401. Changements volontaires. — Le *changement volontaire* est *illégal* : toute altération du nom, soit dans sa composition, soit dans son orthographe, est interdite.

Un décret du 26 brumaire an II (26 nov. 1793) avait permis à tout citoyen de se choisir un nom à son gré, au moyen d'une simple déclaration faite à la municipalité de son domicile. Une telle licence, qui facilitait toutes les fraudes, ne put être maintenue. Dès le mois d'août 1794, un nouveau décret (6 fructidor an II) vint ordonner à ceux qui avaient changé de nom de reprendre leur nom ancien.

En fait, les *changements de nom irréguliers* sont aussi fréquents que jamais. Il n'y a pas, pour les réprimer, de *sanction directe*. L'art. 257 C. pén., modifié en 1858, ne frappe d'une amende que ceux qui, en changeant leur nom, ont cherché à s'attribuer une distinction honorifique. La jurisprudence punit bien des peines du faux celui qui signe d'un autre nom que du sien, mais les conditions du faux sont rarement réunies. Tout cela est donc insuffisant. Le vice du système actuel se trouve dans la facilité qu'on a de donner à un enfant un nom qui n'appartient pas réellement à ses parents,

[1] La loi du 26 juin 1889, modifiant l'art. 8 C. civ., donne une solution contraire pour la *nationalité* : la reconnaissance du père, survenant après la reconnaissance de la mère et *pendant la minorité de l'enfant*, ne change pas la nationalité de celui-ci. L'enfant garde donc sa nationalité première qu'il tient de sa mère, et ne prend pas celle de son père si ses deux parents appartiennent à des pays différents. Mais cette décision extraordinaire, contraire aux principes généraux, ne peut être étendue au nom. La reconnaissance émanée du père constate légalement la paternité naturelle, et le nom, qui n'est que la marque du rapport de filiation, doit désormais être celui du père.

et ce nom, une fois inscrit à l'état civil, devient son nom légitime. Il n'en peut plus être privé que par un jugement, qu'on se garde bien de demander. En quelques lignes un employé de mairie, qui n'a pas toujours des moyens de contrôle suffisants, transforme en un titre inattaquable le produit d'une petite supercherie.

Un *autre procédé*, qui se répand de plus en plus, sert à conserver le souvenir d'un membre de la famille qui a rendu son nom illustre. On soude son prénom au nom de famille, au moyen d'un trait d'union, et on en fait ainsi un nom patronymique nouveau, porté par tous ceux qui descendent de lui. Le public, habitué à entendre répéter ce nom célèbre, s'y prête volontiers.

402. Changements par décret. — Le changement de nom *régulier* doit se faire, en principe, *par voie administrative*. La procédure à suivre est régie par le titre II de la loi du 11 germinal an XI. Cette loi, supposant admis le principe de l'*immutabilité des noms*, ne le proclame pas et se borne à réglementer les changements de nom. La demande *motivée* doit être adressée au gouvernement, qui prononce « dans la forme prescrite pour les règlements d'administration publique », c'est-à-dire après avis du Conseil d'État. Si le changement est autorisé, il ne peut recevoir son exécution qu'un an après l'insertion du décret au Bulletin des lois (art. 6). Pendant ce délai les tiers peuvent présenter une requête au gouvernement pour développer leurs moyens d'opposition, et le décret peut être rapporté sur leur demande ; à l'expiration du délai d'un an, il devient inattaquable.

* **403. Changements par voie de conséquence.** — La modification du nom n'est pas toujours poursuivie pour elle-même, à titre d'objet principal. Elle se produit quelquefois comme conséquence d'un autre fait. Elle a lieu alors sans décret, et elle est néanmoins régulière parce qu'elle résulte d'une cause légale. La loi de l'an XI fait allusion à quelques-unes des causes qui amènent ce résultat, en parlant dans son art. 9 des « questions d'état » entraînant changement de nom, qui « continueront à se débattre devant les tribunaux dans les formes ordinaires ».

Il s'agit là des *recherches de paternité et de maternité*, destinées à établir la véritable filiation d'une personne. Selon leur issue, ces actions entraînent ou non le changement du nom que la personne porte. Le même effet se produit, en dehors de tout procès, par la *reconnaissance d'un enfant naturel*, qui lui attribue une filiation et un nom en même temps.

Dans tous ces cas, le changement suppose que le nom antérieurement porté par la personne n'était pas véritablement le sien ; une recherche en justice ou une reconnaissance volontaire lui découvre son nom exact, tel qu'il dérive de sa filiation véritable. Il y a donc *rectification* du nom plutôt que *changement*.

D'autres fois, il y a changement réel. Ainsi l'*adoption* confère à l'adopté le nom de l'adoptant (art. 347); il y a alors addition d'un nom nouveau au nom primitif. Quant au *mariage* et au *divorce*, ils produisent sur le nom de la femme des effets particuliers qui ont besoin d'être expliqués à part. Voyez ci-dessous, nos 404 à 410.

C. — Du nom de la femme après le mariage.

* **404. Conservation du nom patronymique de la femme.** — Contrairement à l'opinion vulgaire, le mariage ne fait pas acquérir à la femme le nom de son mari. Rien dans la loi ne suppose que le mariage entraîne le changement de nom de la femme, comme il entraîne son changement de nationalité. Il n'y a d'ailleurs aucune raison pour qu'il ait cet effet, puisque le nom indique la descendance. La femme mariée n'a donc pas d'autre nom que son nom de famille, son nom de fille, celui qu'elle tient de son père. C'est par ce nom qu'elle doit être désignée dans les actes civils et judiciaires qui la concernent, et dans la pratique la plupart des notaires et autres rédacteurs d'actes observent soigneusement cette règle ; on doit seulement faire suivre son nom de sa qualité de femme mariée et du nom de son mari.

* **405. Double conséquence.** — Ainsi la femme n'acquiert pas par le mariage le nom de son mari ; elle conserve le sien. De là résulte cette double conséquence : 1° si le mari désavoue l'enfant de sa femme, l'*enfant désavoué* ne peut porter que le nom patronymique de sa mère ; 2° si la femme adopte un enfant sans que son mari l'adopte également, ou si l'adoption a lieu après la mort du mari, c'est le nom de la femme, et non pas celui du mari, que l'*enfant adopté* joindra au sien (art. 347). Dans ces deux cas l'enfant porterait, au contraire, le nom du mari si ce nom était devenu celui de la femme par l'effet du mariage.

* **406. Pourquoi la femme porte le nom de son mari.** — L'usage, qui est devenu universel de nos jours, de désigner la femme mariée par le nom de son mari ne contredit en rien ce qui vient d'être dit, car il doit recevoir une autre explication. Ce n'est qu'une façon abrégée et commode de désigner la femme en rappelant son mariage.

Jadis on disait « la femme Moreau, la femme Durand » : cela voulait dire « la femme de Moreau, la femme de Durand » ; le nom du mari était au génitif. La formule moderne « Madame Moreau » n'est qu'une tournure nouvelle, usitée par politesse, mais elle a le même sens, et la forme ancienne s'est conservée dans le style judiciaire : « Louise Durand, femme Moreau ». Par conséquent la formule « Madame N... » énonce que la personne dont on parle est une femme mariée, et que le nom qu'on indique est celui de son mari. Cela est si vrai que dans la plupart des cas la femme mariée porte sur ses cartes de visite, non seulement le nom patronymique, mais même le prénom, purement masculin, de son mari : « Madame Henri Durand, Madame Charles Moreau, etc. »

C'est un procédé de désignation qui peut être employé sans exercer la moindre influence sur le nom patronymique de la femme [1] : il désigne la femme mariée par sa qualité plutôt que par son nom.

407. Autre usage. — Dans certaines régions, on s'y prend autrement. On ajoute au nom du mari le nom de la femme et on obtient ainsi un *nom double*, qui forme comme la raison sociale du ménage et qui est porté aussi bien par le mari que par la femme. Ainsi Mme Moreau-Durand est une fille de M. Durand mariée à M. Moreau. Bien entendu ce double nom n'est pas transmissible aux enfants, qui prennent simplement le nom de leur père, sans quoi on arriverait en quelques générations à des kyrielles de noms interminables. Cet usage était resté jusqu'ici inaperçu du législateur ; mais il y a été fait allusion par la loi ci-dessous citée, du 6 février 1893, qui a modifié les art. 299 et 311 C. civ.

408. Forme de la signature de la femme. — Si la femme ne perd pas, en se mariant, son nom patronymique pour prendre celui de son mari, elle acquiert cependant, en vertu de l'usage susindiqué, et dans la mesure où cet usage a un sens, un véritable droit de jouissance sur le nom de son mari. Elle a *le droit de s'en servir pour indiquer son état de femme mariée*. Et de là une conséquence pratique importante : quand la femme signe du nom de son mari soit une lettre, soit un acte juridique, non seulement elle ne commet pas un faux, mais même elle emploie la *forme naturelle de sa signature*. L'usage qu'elle fait du nom de son mari, loin de lui servir à cacher son état, le révèle plutôt ; il en est l'aveu. C'est la seule conséquence juridique qu'on puisse attribuer à l'usage qui emploie le nom du mari pour désigner la femme.

C'est pour cela que les notaires, même après avoir désigné la femme, en tête de l'acte, par son nom patronymique propre, lui font souvent donner sa signature habituelle, qui est le nom de son mari. Il n'y a point de contradiction entre l'intitulé de l'acte et les signatures qui le terminent. L'attribution de chaque signature à son auteur n'est pas difficile à faire ; on n'a qu'à se reporter à la désignation des parties intervenantes, qui indique cette femme comme mariée et qui donne le nom de son mari. Ce procédé offre même certaine utilité, car la valeur des signatures vient de leur forme personnelle, qui est connue, et de la difficulté que les tiers ont à la reproduire. Il y a donc tout avantage à faire signer la femme mariée sous la forme qui lui est familière.

* **409. Effet du divorce.** — Puisque le mariage ne fait pas acquérir à la femme le nom du mari, la question du nom de la femme divorcée se trouve résolue d'avance. On demande si la femme a le droit de continuer à porter le nom de son mari après le divorce? Évidemment non, puisque ce nom ne lui appartient pas, même pendant le mariage. Si on le lui donnait, c'était pour constater un fait, l'état de mariage dans lequel elle se trouvait. Ce fait ayant cessé, cette qualification ne peut plus être employée. Le mari a donc le droit de contraindre sa femme à ne plus prendre son nom ; il peut pour cela s'adresser aux tribunaux, et obtenir au besoin des dommages et intérêts. Ce principe a été de tout temps certain (Trib. de Lyon, 4 mars 1886, D. 89. 2. 9, P. 86. 2. 179, S. 86. 2. 119 ; Poitiers, 11 juill. 1892, D. 94. 2. 149, S. 92. 2. 284). Mais quelques tribunaux, entraînés par des circons-

[1] Quelques auteurs considèrent cependant le port du nom du mari par la femme comme équivalant à une véritable acquisition, fondée selon eux sur le droit coutumier (CH. BEUDANT, *Cours*, t. I, n° 301).

tances de fait exceptionnelles, avaient autorisé la femme divorcée à garder le nom du mari[1].

Pour mettre un terme aux incertitudes de la jurisprudence, une loi du 6 février 1893 a ajouté à l'art. 299 un alinéa ainsi conçu : « Par l'effet du divorce, chacun des époux reprend l'usage de son nom. » Désormais aucun tempérament n'est plus permis ; la loi est formelle ; les tribunaux ne pourraient pas autoriser la femme à faire encore usage du nom du mari[2]. Réciproquement, si le mari avait joint en fait le nom de sa femme au sien, il est obligé de le supprimer.

La seule sanction possible, au cas où l'un des époux divorcés s'obstinerait à faire usage du nom de l'autre, est l'*allocation de dommages-intérêts* à celui dont le nom est indûment porté par son ex-conjoint.

L'usage qui conserve à la *veuve* le nom du mari décédé n'est pas contraire à ce qui vient d'être dit pour le cas de divorce. Ce n'est qu'un *rappel du mariage* dissous par la mort ; c'est un *souvenir*, qui ne s'efface que par l'effet d'un nouveau mariage.

* **410. Effet de la séparation de corps.** — Le législateur de 1893 ne s'est pas contenté de régler le nom des époux après le divorce ; il a imaginé d'attribuer un effet analogue à la séparation de corps, bien qu'elle ne dissolve pas le mariage, dont elle relâche simplement le lien en dispensant les époux de la vie commune. Jamais personne ne s'était avisé d'en tirer quelque conséquence pour le nom des époux, qui restent toujours mariés et qu'une réconciliation peut réunir à nouveau d'un jour à l'autre. D'après la loi du 6 février 1893 (art. 311 C. civ.), le changement ne s'opère pas de plein droit, par le seul effet de la séparation ; il est seulement *rendu possible;* le tribunal peut l'ordonner soit par le jugement même qui prononce la séparation, soit par un jugement ultérieur.

Relativement au nom de la femme, le texte contient une double disposition. Il y est dit qu'elle peut :

1° Être *condamnée* à ne plus faire usage du nom de son mari;

2° *Se faire autoriser* à ne plus le porter. Cette dernière disposition était inutile : l'usage

[1] Trib. de Toulouse, 18 mai 1886, P. 86. 2. 221, S. 86. 2. 119. Il s'agissait d'une actrice, connue au théâtre sous le nom de son mari, qui était devenu pour elle une sorte de pseudonyme ; c'était la seule manière d'annoncer ses représentations au public. — Les considérants d'un arrêt de la cour de Nîmes admettaient la même exception comme possible au profit de la femme (Nîmes, 8 août 1887, D. 89. 2. 9, S. 88. 2. 19).

[2] Il est regrettable que le législateur n'ait pas fait exception au profit du *nom commercial*. Le nom commercial est une richesse, susceptible d'une vraie propriété ; il peut s'acquérir même en dehors du mariage par le simple emploi qui en est fait ; le divorce ne devrait pas en priver la femme, parce que son titre d'acquisition n'est pas le mariage (Voyez la note de M. Flurer dans DALLOZ, 89. 2. 9). Une proposition tendant à admettre une exception pour la femme divorcée qui exerce un commerce sous le nom de son mari, fut faite par M. Boulanger ; elle fut rejetée pour empêcher la femme de ternir ce nom par sa faillite. Raison sans valeur, puisqu'il est permis à un commerçant de prendre le nom d'une personne qui lui est tout à fait étrangère. On dit encore que la femme pourrait prévenir sa clientèle du changement de nom par une circulaire. Le moyen est bon pour un commerçant dont la clientèle est limitée; il ne l'est pas pour un artiste ou un écrivain qui s'adresse au public tout entier.

seul autorise la femme à porter le nom de son mari ; il dépend donc d'elle de s'en abstenir. Il semble que les Chambres se soient trompées sur ce point et qu'elles aient cru que le mariage attribuait légalement le nom du mari à la femme, de sorte que celle-ci avait besoin d'un jugement pour l'abandonner régulièrement.

Quant au mari, la loi prévoit le cas où il aurait joint le nom de sa femme au sien, et elle permet à la femme de demander qu'il soit interdit à son mari de continuer à porter ce nom double.

D. — Caractères du nom.

1° La question de propriété.

411. Erreur de la doctrine commune. — Le nom forme-t-il l'objet d'un droit de propriété? La jurisprudence admet — sans le démontrer — que *le nom patronymique est la propriété de la famille qui le porte* (Voir principalement Cass., 16 mars 1841, D. 41. 1. 210, S. 41. 1. 532). On a quelquefois tenté de donner de cette idée une démonstration en règle, mais on n'y a jamais réussi et on n'y réussira jamais, car la doctrine de la propriété des noms est doublement fausse : elle l'est *au point de vue théorique* et *au point de vue historique*.

Le droit de propriété est l'attribution exclusive d'une chose à une personne. L'existence de ce droit suppose que la chose qui en fait l'objet est de telle nature qu'elle ne peut pas appartenir *en même temps* à plusieurs personnes, tout en profitant *pour la totalité à chacune*. C'est le cas pour la plupart des choses matérielles : la jouissance exclusive de chacune d'elles par des individus différents est la condition essentielle de leur bonne utilisation. Mais il en est autrement pour les choses immatérielles, et spécialement pour le nom. Deux personnes, et même un plus grand nombre, peuvent porter à la fois le même nom, et chacune en retirera tous les avantages et commodités que le nom est susceptible de produire. La preuve que la chose est possible, c'est qu'elle est. En fait, les mêmes noms se retrouvent partout, donnés spontanément à des hommes qui n'ont rien de commun. Sans doute il serait désirable qu'il y eût assez de noms pour éviter ces répétitions, mais les langues ne sont pas assez riches pour fournir une pareille nomenclature. Les noms usuels sont peu nombreux ; les formes variables de leur orthographe font illusion sur leur nombre réel. Le *Dictionnaire des noms*, de M. Lorédan-Larchey, donne à cet égard de curieuses indications.

Au point de vue historique, l'erreur n'est pas moindre. L'origine des noms de personnes répugne invinciblement à l'idée de propriété. Tous ont été empruntés au fond commun de la langue et de l'histoire, ce sont des noms de qualités, de professions, de nationalités, ou bien le nom d'un personnage pieux ou célèbre, donné à un enfant pour lui procurer un patron ou un modèle : le nom en lui-même, pas plus que la raison qui l'a fait choisir, n'est pas une chose appropriable.

***412. Ce qu'est le nom.** — Ce serait d'ailleurs une singulière propriété que celle du nom, car il est pour la personne qui le porte bien plus une *obligation* qu'un *droit*. — Les partisans de la doctrine de la propriété des noms adressent souvent à leurs adversaires le reproche de *démolir sans réédifier*, de dire ce que le nom n'est pas, sans dire ce qu'il est. Il est facile de leur répondre. Le nom est *une institution de police civile;* il est *la forme obligatoire de la désignation des personnes;* mais il n'est pas plus un objet de propriété que ne le sont les numéros matricules ; il n'est pas aliénable ; la loi ne le met pas à la disposition de celui qui le porte, et elle l'établit beaucoup moins dans son intérêt que dans l'intérêt général. — Son caractère transmissible par l'hérédité ne prouve pas davantage qu'il soit un objet de propriété. On a dit quelquefois que les particuliers font de leur nom un usage conforme à sa nature en le transmettant à leurs enfants. Ce raisonnement repose sur une erreur : la *transmission héréditaire du nom n'est pas l'œuvre de la volonté du père;* c'est la loi qui, pour rendre notoire le fait naturel de la filiation, exige que ce fait soit annoncé par l'identité du nom. Ceci est exclusif de toute idée de propriété.

413. Origine historique de l'erreur. — Ce qui a introduit dans notre droit l'idée de la propriété des noms, c'est l'usage du *nom féodal*, c'est-à-dire d'un nom de terre porté par une personne. Cette façon de désigner les gens, d'après les seigneuries qu'ils possédaient, devait fatalement amener l'erreur confondant le nom et la propriété. Quand une personne prenait le nom d'une terre qui ne lui appartenait pas, elle *usurpait*, au moins extérieurement, la seigneurie d'autrui. Mais si le nom d'une terre, porté par une personne qui en était propriétaire, pouvait conserver pour elle le caractère d'une propriété, comment comprendre le même fait pour les dénominations purement personnelles, telles que Charpentier, Dubois, Langlois ou Legros ? Nos anciens auteurs faisaient parfaitement, à cet égard, la distinction du nom patronymique et du nom de terre. Ainsi le Code Michaud, de 1629 (art. 211), enjoignait aux gentilshommes de signer du nom de leurs familles et non du nom de leurs seigneuries.

414. Intérêt de la question. — Cet intérêt se réduit à ceci : si le nom est une propriété, il est possible à la personne qui le porte d'en obtenir le respect par autrui, *sans avoir besoin de prouver que son usurpation lui cause un dommage*. Tel est, en effet, le caractère spécifique du droit de propriété : sa jouissance est nécessairement exclusive, et le seul fait de sa possession par autrui constitue une lésion dont la réparation peut être demandée en justice. — La *jurisprudence* n'a pas reculé devant cette conséquence extrême. Elle autorise celui qui porte légitimement un nom à s'opposer à ce que d'autres le prennent, sans exiger du réclamant la justification d'un intérêt quelconque (Bordeaux, 4 juin 1862, S. 63. 2. 6 ; Paris, 4 déc. 1863, D. 64. 2. 12, S. 66. 1. 435). Au contraire, si le nom n'est pas l'objet d'un véritable droit de propriété, le réclamant ne peut obtenir gain de cause que s'il justifie d'un préjudice résultant d'une confusion fâcheuse pour lui. Le *Conseil d'État* est déjà entré dans cette voie ; il n'admet les oppositions aux décrets autorisant des changements de noms qu'autant que les opposants justifient d'un intérêt sérieux (Conseil d'État, 5 déc. 1860, S. 61. 3. 21 ; 6 août 1861, D. 62. 3. 77, S. 62. 2. 351 ; 16 juill. 1880, D. 81. 3. 74). Quelques décisions judiciaires supposent également l'existence du préjudice (Riom, 2 janv. 1865, D. 65. 2. 17, S. 65. 2. 7 ; Rennes, 20 avril 1880, D. 80. 1. 198 ; Trib. de la Seine, 15 févr. 1882, *Gaz. des Trib.*, 16 févr. 1882). D'ailleurs il est à remarquer que la plupart des réclamations sont faites non pas à propos de noms patronymiques proprement dits, mais pour des noms de seigneuries conservés par d'anciennes familles nobles. Comp. ci-dessus, n° 413.

La jurisprudence moderne, qui assimile ces noms de terre à des noms de famille et qui en autorise actuellement encore la revendication contre les usurpations des tiers, serait donc dans la vérité si nous vivions encore sous le régime féodal. Mais, de nos jours, son système manque de base, et de plus il tombe sous la prohibition de l'art. 2 de la loi du 6 fructidor an II, qui n'a jamais été abrogée [1]. En effet, ces noms de terre, ajoutés ou substitués au nom patronymique, ne peuvent plus être portés que comme *surnoms*, et ils n'ont pas bénéficié de la restauration des *titres de noblesse* faite en 1814, car un nom de terre noble n'est pas un *titre*. Voyez ci-dessous, n° 424.

415. Emploi des noms dans la littérature. — La question n'est plus tout à fait la même lorsqu'il s'agit, non plus d'une personne vivante voulant porter le nom d'autrui, mais de l'attribution d'un nom à un *personnage imaginaire*, au *théâtre* ou dans un *roman*. L'allusion satirique, voulue ou non, suffit pour motiver une réclamation (Jugement du tribunal de la Seine, du 15 février 1882, ordonnant la suppression du nom de Duverdy donné à l'un des personnages du roman de M. Zola, intitulé *Pot-Bouille*. *Gaz. des Trib.*, 16 févr. 1882).

Ce qui prouve qu'il s'agit ici non pas d'une question de propriété, mais d'une protection de la personne contre l'ironie et la malignité publique, c'est que la réclamation est fondée même quand il s'agit d'un *simple ressemblance physique*, ou d'une description dans laquelle le nom n'est pas employé. En 1896, un acteur de la *Comédie française*, s'étant fait une tête qui rappelait d'assez loin, paraît-il, la physionomie du docteur Charcot, dut y renoncer sur la réclamation des héritiers.

2° L'imprescriptibilité du nom.

416. Le principe et ses conséquences. — Les arrêts répètent à l'envi que les noms sont *imprescriptibles ;* que la propriété des noms ne peut ni s'acquérir ni se perdre par la prescription (Cass., 10 mars 1862, D. 62. 1. 219, S. 62. 1. 593 ; Poitiers, 9 juill. 1866, D. 66. 2. 191, S. 66. 2. 344 ; Cass., 15 mai 1867, D. 67. 1.241, S. 67. 1. 241 ; Paris, 29 juill. 1879, D. 80. 2. 102 ; Cass., 2 févr. 1881, D. 81. 1. 339, S. 82. 1. 115 ; Paris, 30 mai 1879, D. 79. 2. 137 ; Cass., 17 nov. 1891, D. 93. 1. 244, P. 92. 1. 413 ; Toulouse, 15 mars 1893, D. 93. 2. 332 ; Lyon, 29 juillet 1898, D. 99. 2. 61). Mais il ne faut pas se méprendre sur le sens de ces formules.

[1] Cette disposition est ainsi conçue : « Il est également défendu d'ajouter aucun surnom à son nom propre, à moins qu'il n'ait servi jusqu'ici à distinguer les membres d'une famille, sans rappeler des *qualifications féodales* ou nobiliaires. »

Elles signifient seulement que les règles établies pour la prescription des droits en général ne s'appliquent pas aux noms ; par conséquent, les juges peuvent apprécier librement la valeur et la durée des faits de possession ou d'usage qui leur sont soumis; notamment ils ne sont pas liés par la limite de trente ans établie par l'art. 2262.

Les principales applications de cette idée sont les suivantes :

1° Un nom de famille peut être repris par les représentants actuels de cette famille, quelque longue qu'ait été l'interruption dans l'usage du nom.

2° L'usage et la possession d'un nom peuvent être pris en considération pour faire maintenir ce nom à la personne qui le porte, quand même il serait constaté que sa forme actuelle est l'altération d'une forme ancienne.

§ 3. — *Des prénoms.*

417. Leur utilité. — Les prénoms forment l'élément *individuel* du nom ; ils servent à distinguer les différentes personnes de la même famille. A la différence du « prænomen » latin, le prénom français est susceptible de pluralité. Cette pluralité aide encore à éviter des confusions, surtout dans les familles où l'on affectionne certains prénoms ; mais elle a aussi ses inconvénients. Si on ne prend pas soin de les écrire dans les actes exactement dans l'ordre où ils figurent sur l'acte de naissance, on peut se trouver obligé de faire faire des rectifications parfois difficiles à obtenir.

La pluralité des prénoms n'est pas obligatoire. On dit parfois qu'il en faut *deux au moins* parce que la loi de germinal dit « *les* prénoms ». Cette exigence paraît inutile ; la loi parle au pluriel parce que le cas ordinaire est la pluralité des prénoms, mais il n'est pas rare de voir des personnes qui en portent un seul.

418. Par qui et quand ils sont donnés. — Les prénoms sont donnés par le père, ou, à son défaut, par la personne qui a le droit de nommer l'enfant, la mère survivante, la mère naturelle, l'Administration de l'hospice. Ils sont imposés à l'enfant au moment de la rédaction de l'acte de naissance ; autrefois cela se faisait à l'église, lors du baptême, d'où leur qualification de *noms de baptême*.

419. Choix des prénoms. — Leur choix n'est pas absolument libre. La loi du 11 germinal an XI veut qu'ils soient pris « dans les différents calendriers en usage ou parmi les noms des personnages connus de l'histoire ancienne » (Titre Ier, art. Ier). L'onomastique des personnes est donc assez large. Mais il s'élève quelquefois des difficultés en pratique sur le point de savoir si le personnage est suffisamment *connu* et s'il est de date suffisamment *ancienne*, pour que son nom puisse servir de prénom. Il y a quelques années un officier de l'état civil de Paris refusa de recevoir comme prénoms d'un enfant ceux de *Lucifer-Blanqui-Vercingétorix*. Blanqui n'appartient pas, il est vrai, à l'histoire ancienne ; mais tous les jours on donne sans difficulté à des enfants le prénom de *Napoléon*. Vercingétorix remplit certainement toutes les conditions voulues, et quant à *Lucifer*, il est tout aussi admissible que *Gabriel*, *Raphaël* ou *Michel*, qui sont comme lui des noms d'anges. Le pire défaut de ces noms de révoltés et de vaincus est qu'ils auraient été lourds à porter, et l'officier de l'état civil a certainement rendu service à l'enfant qu'il en a dispensé. Voir sur les difficultés de ce genre un article dans *Le Droit* du 12 mars 1884.

§ 4. — *Du surnom et du pseudonyme.*

420. Du surnom. — Le *surnom* ou *sobriquet* n'a aucune valeur juridique. Il ne fait pas partie de la désignation légale de la personne. Cependant il se substitue souvent en fait, dans les campagnes, dans la classe ouvrière, et dans le monde des rôdeurs et gens sans aveu, au véritable nom de l'individu. Il peut alors acquérir un rôle utile pour mieux assurer l'identité, et on l'admet à ce titre dans les pièces administratives et judiciaires concernant celui qui le porte, en le faisant précéder du mot *dit*. Ce n'est qu'un élément du signalement.

421. Du pseudonyme. — Le *pseudonyme* est un nom supposé que la personne se donne à elle-même pour cacher au public son nom véritable. L'emploi en est licite tant qu'il ne sert pas à une fraude. Ainsi les écrivains, les journalistes, les auteurs lyriques ou dramatiques sont souvent connus sous un nom de fantaisie. *Molière*, *Voltaire*, sont des pseudonymes. Les gens de guerre avaient aussi le même usage ; de là l'expression *nom de guerre* qui désigne souvent le pseudonyme. Une loi du 13 mai 1793 a interdit aux citoyens de s'engager dans l'armée sous un autre nom que le leur.

§ 5. — *Des titres de noblesse.*

422. Bibliographie. — SÉMAINVILLE, *Code de la noblesse*, 2e édit., 1860. — LÉVESQUE, *Du droit nobiliaire français*, 1866. — MAURY, *Les titres nobiliaires en France* (*Revue des Deux-Mondes*, 15 décembre 1882). — DE NIMAL, *Nobles et noblesse*, Paris, 1892. — LALLIER, cité au n° 388. — Indications plus complètes dans J. HÉDOUIN, *De l'usurpation des titres nobiliaires*, thèse, Paris, 1900.

423. Définition. — La *noblesse*, telle que l'a connue l'ancienne société française, était une qualité spéciale des personnes, ayant une valeur juridique. Elle a perdu ce caractère lors de l'abolition des privilèges par les décrets du 4 août 1789. Les nobles n'ont plus *aucune prérogative* qui les distingue du reste des citoyens, mais les *titres de noblesse* ont survécu, à l'état d'*accessoires honorifiques du nom*, et ils sont soumis à des règles légales.

424. Liste. — Les titres de noblesse existant dans le droit moderne avec le caractère sus-indiqué sont les suivants : *Prince, duc, marquis, comte, vicomte, baron* et *chevalier.* Ils sont classés hiérarchiquement dans l'ordre où ils viennent d'être énumérés (comp. ord. du 25 août 1817, art. 12). La qualification d'*écuyer* est considérée comme abolie. Avant la Révolution, elle appartenait de droit à tout membre d'une famille noble non titrée.

On voit par suite que les simples noms de terres non titrées, portés comme noms patronymiques, ne sont nullement régis par la législation propre aux *titres* de noblesse.

425. Variations de la législation. — Les titres de noblesse avaient été abolis par les lois des 17-23 juin 1790 et des 27 sept.-16 oct. 1791 ; ils n'ont été rétablis que par la charte de 1814 (art. 71). La création d'une nouvelle noblesse par Napoléon Ier, en 1806 et 1808, n'avait pas rendu l'existence légale à l'ancienne. — Supprimés de nouveau en 1848 (décret du 29 février), ils furent rendus à leurs titulaires en 1852 (décret du 24 janvier).

A côté de l'ancienne noblesse, il existe une *noblesse d'Empire*, créée par Napoléon Ier à partir de 1806, et que la Restauration laissa subsister.

426. Leurs caractères. — A la différence des noms, les titres de noblesse constituent *une véritable propriété* pour ceux qui les portent, comme les terres d'où ils dérivent.

Les titres de noblesse constituent-ils un *élément de l'état des personnes ?* Quelques auteurs le disent (CHÉNEAUX, *De l'autorité de la chose jugée sur les questions d'état*, n° 194. — Comp. Cass., 1er juin 1863, D. 63. 1. 216). Mais la jurisprudence se prononce en général en sens contraire, et décide que les questions que ces titres soulèvent ne se gouvernent pas par les mêmes règles que les questions d'état, et elle a raison : si la noblesse a été jusqu'à la Révolution une qualité des personnes, et par suite une question d'état, sa suppression a été définitive, et les *titres de noblesse* n'ont été rétablis qu'à l'état de *propriété honorifique :* ils servent non à *désigner*, mais à *honorer* ceux qui les possèdent (Nîmes, 9 août 1860 et 6 mai 1861, D. 62. 2. 17, S. 61, 2. 609 ; Toulouse, 12 juill. 1862, D. 62. 2. 124, S. 62. 2. 461 ; Rennes, 13 juin 1864, D. 65. 2. 137, S. 64. 2. 195 ; Paris, 8 août 1865, D. 65. 2. 121, S. 68. 1. 111 ; Cass., 30 déc. 1867, D. 68. 1. 49, S. 68. 1. 111).

427. Mode de transmission. — Comment les titres de noblesse se transfèrent-ils d'une personne à une autre ? Ce point est sujet à controverse. D'après l'opinion la plus vraisemblable, ils ont été rétablis en 1814, tels qu'ils étaient avant la Révolution ; bien que réduits à l'état de simples qualifications honorifiques et dépourvus de tout privilège et de tout attribut positif, ils ont conservé leur mode de transmission ancien, de mâle en mâle au profit de l'aîné[1]. Ce système est sans doute dérogatoire à l'esprit général du droit moderne en matière successorale ; mais toute autre interprétation serait contraire à la charte de 1814, restaurée sur ce point par le décret de 1852 ; son art. 71 portait : « La noblesse ancienne *reprend* ses titres... »

428. Compétence. — Les questions relatives aux titres de noblesse sont soumises à une compétence spéciale lorsqu'il s'agit de savoir si le titre a été régulièrement conféré ou s'il est régulièrement porté. Un décret du 8 janvier 1859 avait institué le *Conseil du sceau des titres* pour statuer sur ces questions. Ce conseil a été supprimé par un décret du 10 janvier 1872, et ses attributions sont maintenant exercées par un conseil d'administration établi au ministère de la justice. — Sur les usurpations des titres de noblesse, voyez la thèse de M. Hédouin citée à la bibliographie. Voyez aussi Toulouse, 18 janv. 1899, D. 1900. 2. 52 ; Trib. des conflits, 17 juin 1899, S. 1900. 3. 17.

§ 6. — *De la particule.*

429. Son caractère véritable. — Les mots *du*, *de*, *de la*, *des*, dits *particule nobiliaire*, sont en réalité sans valeur et sans rapport avec la noblesse (Voyez les considérants d'un arrêt de Lyon, 24 mai 1865, D. 65. 2. 163, S. 66. 2. 343. — Comp. Beaune, *Des distinctions honorifiques et de la particule* ; Vian, *La particule nobiliaire*, 1880). Les roturiers les plus humbles peuvent avoir la particule comme les plus grandes familles. Son absence ne prouve pas plus la roture que sa présence ne dénote la noblesse. C'est simplement un lien entre deux mots, dont le second indique l'origine de la personne. Nous l'employons là où les Romains auraient mis l'ablatif. M. *Dubois* et M. *Delile* croient s'anoblir en coupant leur nom en deux. Ils sont au comble de leurs vœux s'ils réussissent à rétablir l'ancienne orthographe et à se faire appeler *du Boys* ou *de l'Isle*. L'histoire du nom dévoile l'inanité de cette croyance, qui est déjà vieille. Ce n'est pas, du reste, une simple erreur populaire. Beaucoup de nobles y tiennent comme à la marque la plus sûre de la noblesse, et des auteurs, entre autres M. de Sémainville, vont jusqu'à dire que les nobles peuvent prendre de plein droit la particule, comme si elle était un accessoire inhérent à la noblesse de la personne, le signe visible de sa qualité.

430. Compétence. — La particule étant une partie intégrante des noms de famille, et non un titre nobiliaire, les tribunaux ordinaires sont compétents pour statuer sur les questions qu'elle soulève (Amiens, 24 déc. 1890, D. 93. 1. 244, S. 93. 1. 25).

§ 7. — *Autorité de la chose jugée en matière de noms.*

431. Rappel du principe. — On a vu plus haut (ci-dessus nos 361 à 373) que l'effet des jugements est limité aux *parties* et à leurs *représentants* ou *ayants cause*, et ne s'étend pas aux *tiers*, auxquels ils ne peuvent ni profiter ni nuire. Ainsi la chose jugée est tenue pour vraie, mais c'est une vérité *purement relative*, qui existe pour certaines personnes et pas pour d'autres. Si les personnes changent, un procès déjà terminé et jugé peut toujours recommencer entre d'autres personnes. Comp. ci-dessus, n° 296.

[1] Sur l'impossibilité de céder un titre nobiliaire, avec ses armoiries, à une société dont il deviendrait la marque, voy. Cass., 25 oct. 1898, D. 99. 1. 166.

432. Règles spéciales aux jugements sur les noms. — Le principe ordinaire est ici écarté. Le nom est *indivisible* ; ce n'est pas une série de relations entre diverses personnes qu'on puisse régler différemment les unes des autres ; c'est un fait, un acte unique qui consiste à recevoir une appellation déterminée : nul ne peut en recevoir deux à la fois. Il est donc nécessaire que le jugement qui autorise une personne à porter un nom ou qui lui fait défense de s'en servir, produise un effet absolu, et soit opposable à tous les membres de la famille, même à ceux qui n'ont pas été représentés (Demolombe, t. V, n° 310. — Metz, 29 avril 1847, D. 47. 2. 108). On réserve seulement à ces derniers le droit d'attaquer le jugement par la voie de la tierce opposition, en cas de dol ou de fraude. On a fait remarquer que, sur ce point, nos lois présentent évidemment une lacune ; il serait bon que ce jugement fût précédé d'une certaine publicité et qu'on mît en cause, autant que possible, les membres de la famille actuellement existants (Chéneaux, *De l'autorité de la chose jugée sur les questions d'état*, n° 198).

L'ÉTAT DES PERSONNES

CHAPITRE PREMIER

DE L'ÉTAT ET DE SES CONSÉQUENCES

§ 1. — *De l'état considéré en lui-même.*

* **433. Définition.** — On appelle « état » d'une personne (*status* ou *conditio*) *certaines qualités que la loi prend en considération pour y attacher des effets juridiques*. Ainsi les qualités de *français*, de *majeur*, d'*époux*, de *fils légitime*, sont des *états juridiques*. Par conséquent, désigner l'état d'une personne, c'est la *qualifier* en précisant le point de vue sous lequel on l'envisage.

Rigoureusement, toute qualité produisant des effets de droit pourrait porter le nom d'état. Mais, dans la langue scientifique, on ne considère pas comme des états les diverses *professions* et *fonctions*, qui cependant comportent presque toutes des droits et des devoirs propres et qui sont réglés par la loi. Ainsi les qualités de *magistrat*, de *militaire*, de *commerçant*, d'*ouvrier*, ne sont pas des « états » dans la langue juridique, bien qu'on les appelle souvent ainsi dans la langue usuelle ou littéraire [1]. Le droit réserve ce nom aux *qualités inhérentes à la personne*, à l'exclusion des qualifications qu'elle porte à *raison de ses occupations*.

A. — Classification.

* **434. Division générale.** — L'état d'une personne n'est pas simple et unique ; il est *multiple*. Il peut s'apprécier d'un triple point de vue :

1° D'après les relations d'ordre politique (*état dans la cité*, ou état au point de vue politique) ;

2° D'après les relations d'ordre privé (*état dans la famille*) ;

3° D'après la situation physique de la personne (*état personnel*).

On remarquera que, dans les deux premières catégories, l'état consiste toujours en une *relation* entre la personne que l'on considère et une ou plusieurs autres. Au contraire, les différentes qualités qui rentrent dans

[1] Ainsi Montesquieu disait : « Il y a en France trois sortes d'état : l'église, l'épée et la robe », désignant par là les positions sociales élevées au-dessus du peuple. On dit encore communément « prendre un état », pour « prendre un métier » (LITTRÉ, v° *État*, n° 6).

la dernière classe ne supposent aucune relation particulière entre cette personne et une ou plusieurs autres ; elles se déterminent par une simple *comparaison* entre cette personne et les autres, ou même entre les états successifs de cette personne.

435. Qualifications de l'état. — Ordinairement les différents états juridiques ont chacun leur nom propre : une personne est *française, étrangère, époux légitime, enfant naturel*, etc. Cependant certains états ne portent pas de nom particulier et on est obligé de les désigner par périphrase. Ainsi il n'y a pas d'expression technique pour qualifier ceux qui ne sont pas parents l'un de l'autre. On emploie le mot « étranger », qui est amphibologique, car ce terme s'emploie surtout pour qualifier les personnes non françaises, mais il a aussi un sens vague qui sert à indiquer l'absence d'une relation donnée entre deux personnes. Voyez l'emploi du mot « étranger » dans les art. 839, 1095 et 1687.

436. Comment l'état se ramène toujours à une alternative. — Les diverses conditions ou états des personnes peuvent avoir pour cause soit un *acte juridique*, comme la naturalisation, le mariage, l'adoption, soit un *fait matériel*, comme la naissance, l'âge, la démence. Quand l'une de ces causes se produit, elle engendre un état déterminé : la personne acquiert la qualité de *français*, d'*époux*, de *majeur*, etc. Si elle ne se produit pas, la personne se trouve dans un état contraire : elle est *étrangère, célibataire, mineure*, etc.

Tout état suppose donc un état contraire, qui pourrait appartenir à la même personne. A la qualité de *français* s'oppose la qualité d'*étranger* ; à l'état d'*époux* s'oppose celui de *célibataire* ; et ainsi des autres.

1° État des personnes au point de vue politique.

437. Énumération. — Dans l'ordre politique, les divers états qu'une personne peut avoir sont : 1° la *nationalité*, 2° la *qualité de citoyen*, 3° la qualité de *condamné* ou de *failli*.

438. Nationalité. — Considérées à ce point de vue, les personnes sont *françaises* ou *étrangères*.

La manière dont peut s'acquérir ou se perdre la qualité de français est réglée par le Code civil (art. 8-21), dont les dispositions primitives ont été remaniées sur ce point par des lois nombreuses et finalement remplacées par les lois du 26 juin 1889 et du 22 juillet 1893. L'explication de ces textes formait autrefois une partie importante du cours de première année de droit civil ; mais comme les questions de nationalité se relient intimement aux difficultés du droit international, les nouveaux programmes les ont à juste titre détachées de l'enseignement du droit civil, pour les attribuer au cours de droit international privé, dont ils forment la base.

439. Qualité de citoyen. — Cette qualité n'a pas en français de nom spécial. Les Romains disaient « civitas », les Italiens disent « cittadinanza ». La qualité de citoyen est *l'aptitude à exercer les droits politiques*. Créée par la Révolution, sa notion s'est vite altérée dans l'esprit populaire. La plupart des gens emploient le mot « citoyen » d'une manière trop générale, comme synonyme de « sujet français » et l'appliquent à tous les membres de la nation. De la sorte, les femmes et les enfants sont citoyennes ou citoyens, comme les hommes mûrs. Ce n'est pas le sens légal du mot. Le Code civil (art. 7 et 8 primitifs) distinguait très nettement la qualité de *Français*, qui confère les *droits civils*, de la qualité de *citoyen*, conférant les *droits politiques*.

A l'époque où l'on a fait le Code civil, la qualité de citoyen était réglée par la loi constitutionnelle (Const. du 22 frim. an VIII), à laquelle renvoyait l'ancien art. 7 C. civ. Cette qualité appartenait à tout Français majeur, du sexe masculin, qui s'était fait inscrire sur les *registres civiques* d'une commune et qui, depuis cette inscription, avait habité *pendant un an* sur le territoire de cette commune. On n'était donc pas citoyen avant 22 ans accomplis. — La qualité de citoyen se perdait par toutes les causes qui font perdre la qualité de Français, et en outre par une condamnation à une peine afflictive et infamante. De plus, en étaient privés temporairement : les faillis et leurs héritiers immédiats ; les domestiques à gages ; les interdits ; les accusés en état de contumace.

Toutes ces dispositions de la Constitution de l'an VIII ont été abrogées par la Charte de 1814. Les registres civiques sont aujourd'hui remplacés par les *listes électorales* (L. 7 juill. 1874 ; L. municipale du 5 avril 1884, art. 14), et les conditions de résidence pour y être inscrit ont été soumises à des règles très variables.

Trompé par la dissémination des textes qui régissent les droits attachés à la qualité de citoyen, le législateur moderne a cru qu'elle avait perdu toute existence et il n'a rien trouvé de mieux que de la passer sous silence, en 1886, dans la rédaction du nouvel art. 8 C. civ. Ce texte porte : « L'exercice des droits civils est indépendant de l'*exercice des droits politiques*, lesquels s'acquièrent et se conservent conformément aux lois constitutionnelles et électorales. » — Cette prétérition volontaire d'une qualité que l'on croyait supprimée contient une double erreur. D'abord la qualité de citoyen existe toujours, et la preuve en est qu'elle se perd par l'effet d'une peine particulière, la *dégradation civique*, dont le nom à lui seul indique l'existence de la qualité qu'elle enlève (art. 34 C. pén.), et l'art. 35 C. pén. la mentionne expressément : si la dégradation civique est encourue par un Français « ayant perdu la qualité de citoyen », cette peine est remplacée par un emprisonnement. En second lieu, les attributs attachés à cette qualité ne résultent pas tous des lois constitutionnelles ou électorales ; il en est qui dérivent des lois d'organisation judiciaire ou administrative, comme le droit d'être juré ou expert.

440. Qualité de condamné ou de failli. — Il importe de distinguer au point de vue du droit public les condamnés et les faillis de ceux qui n'ont ni subi une condamnation pénale, ni fait faillite. Les condamnés et les faillis subissent des *déchéances* (C. pén., art. 28, 29 et 42. — Pour les faillis, les textes sont très nombreux. Voyez-en l'énumération dans Lyon-Caen et Renault, *Traité*, t. VIII, nos 974 à 978). Il n'existe pas d'expression pour désigner d'un mot l'état d'honorabilité légale qui est la règle, et que les Romains appelaient *existimatio* ; il n'en existe pas non plus pour qualifier les déchéances que subissent les condamnés et les faillis ; les Romains disaient *infamia* ou *ignominia* ; mais le mot *infâme*, que nos anciens coutumiers employaient volontiers, a perdu son sens juridique pour devenir une simple injure.

441. Anciennes distinctions sociales supprimées. — Avant la Révolution les classifications à faire entre les personnes, d'après leur état dans la cité, étaient plus nombreuses. On pouvait être *libre* ou *serf*, *noble* ou *roturier*, *laïque* ou *clerc*. C'étaient autant d'*états* différents, dont on se préoccupait beaucoup dans la pratique. Le servage a disparu depuis longtemps ; quant à la noblesse et à l'état ecclésiastique, la loi civile n'en tient plus compte : c'est affaire de mœurs ou de conscience.

Cependant l'art. 5 de la loi du 24 mai 1825 sur les congrégations religieuses de femmes établit une incapacité partielle de recueillir des libéralités entre membres d'une même congrégation.

2° État de famille.

** **442. Énumération.** — Les *relations de famille*, qui constituent des états distincts, sont au nombre de trois seulement. Deux membres d'une même famille peuvent être entre eux :

1° *Époux :* le mari et la femme ;

2° *Parents :* le père et le fils ; deux frères ; un oncle et son neveu ; deux cousins ;

3° *Alliés :* le gendre et sa belle-mère ; le beau-père et sa bru ; deux beaux-frères ; deux belles-sœurs.

Il n'existe pas d'autres rapports de famille.

Chacune de ces qualités se subdivise en variétés diverses. La nature de la parenté n'est pas toujours la même ; elle est tantôt *réelle*, et tantôt *fictive* (née de l'adoption) ; la parenté réelle se subdivise en *légitime* et *naturelle*, et chacune a différentes branches et degrés. L'alliance emprunte les caractères variés de la parenté. Enfin l'état d'époux, qui semblerait devoir être toujours homogène, varie, lui aussi, par l'effet de la séparation de corps ou de la séparation de biens ; la diversité des régimes matrimoniaux influe même sur la capacité de la femme.

443. Renvoi. — Les différents états qu'une personne peut avoir dans sa famille sont, avec les conséquences juridiques qu'ils entraînent, un des objets les plus importants du droit civil. Leur étude fait actuellement partie des programmes de troisième année.

3° État physique individuel.

** **444. Énumération.** — Les seules causes physiques qui influent sur le droit des personnes en modifiant leur état juridique sont :

1° Le défaut d'âge ou *minorité*, qui ne permet pas encore à l'individu d'avoir toute sa maturité d'esprit ;

2° La *folie* et la *faiblesse d'esprit*, qui détruisent ou diminuent les facultés intellectuelles ;

3° Le *sexe féminin*, qui est une cause de faiblesse physique. Cette dernière cause a perdu presque toute son importance dans le droit moderne. Voyez ci-dessous, n° 464.

§ 2. — *Conséquences de l'état.*

445. Leur importance. — Il ne suffit pas de déterminer l'état d'une personne, il faut rechercher quelles sont les conséquences de cet état, car *c'est seulement à raison des effets juridiques qu'il produit* que l'état d'une personne est intéressant à connaître.

***446. Distinction à faire.** — Ces conséquences sont de deux sortes :

1° L'état sert à *déterminer le nombre et la nature des droits et des devoirs de la personne :* en considération de son état, la loi lui accorde ou lui refuse un droit ; elle lui impose une obligation ou l'en dispense. Ainsi un citoyen français a des droits et des obligations qui n'appartiennent pas à un étranger : il a le droit de vote ; il est tenu au service militaire. De même les personnes unies par un mariage régulier ont des devoirs réciproques de fidélité et d'assistance qui n'existent pas entre concubins.

2° L'état de la personne sert également à déterminer *son aptitude à exercer ses droits par elle-même ou à remplir ses obligations.* Cette aptitude est la règle : étant donné que le droit ou la charge appartient bien réellement à la personne que l'on considère, c'est elle-même en principe qui se servira de son droit ou qui s'acquittera de sa charge. On dit alors que cette personne est *ceapabl.* Exceptionnellement, la personne titulaire du droit ou grevée de la charge n'aura pas cette aptitude ; on dit alors qu'elle est *incapable.* La femme mariée, l'aliéné interdit ou interné, le mineur, le condamné frappé d'interdiction légale sont des incapables.

Dans ce second cas, la question en jeu est moins grave que dans le premier. Il ne s'agit pas de savoir si le droit sera accordé ou si l'obligation sera imposée à la personne ; mais seulement, étant donné que ce droit lui appartient ou que cette obligation lui incombe, si elle sera admise à agir librement et par elle-même.

En résumé, la question de savoir si une personne possède ou non un état déterminé intéresse tantôt l'*existence* même du droit ou de l'obligation, tantôt simplement son *exercice.*

***447. Critique des qualifications usuelles.** — On exprime quelquefois cette distinction à l'aide d'expressions particulières : on parle de la *jouissance* et de l'*exercice* des droits. Avoir la jouissance du droit de propriété, c'est avoir l'aptitude nécessaire pour devenir propriétaire ; en avoir l'exercice, c'est pouvoir user de son droit de propriété, c'est-à-dire vendre sa maison ou sa terre, la revendiquer, la louer, en toucher les loyers, le tout sans l'intervention de personne. Un *mineur en tutelle* a la *jouissance* de tous ses droits parce que sa minorité ne l'empêche pas d'être propriétaire, créancier, débiteur, etc. Il n'en a pas l'*exercice* parce qu'il ne peut pas agir lui-même et agir seul : c'est son tuteur qui agit pour lui. Ces deux expressions ont un double défaut : d'abord elles ne marquent pas clairement l'antithèse, car le mot *jouissance,* dans son sens naturel, désigne plutôt un simple usage qu'une attribution définitive. En outre, elles n'éveillent que l'idée de *droits;* on vient de voir qu'il faut songer aussi aux *devoirs*, *charges* ou *obligations*.

Ces explications font comprendre l'erreur commise par ceux qui considèrent l'état comme un *droit*. L'état n'est pas un droit; il est une qualité juridique qui sert de *source* à un grand nombre de nos droits et de nos devoirs. On peut donc avoir intérêt à revendiquer un état pour soi ou à le contester chez les autres, sans que pour cela il devienne un droit en lui-même; il est *la cause et le fondement de certains droits;* c'est tout ce qu'on peut en dire.

448. Droits et obligations indépendants de l'état. — Il ne faudrait pas croire, d'après ce qui vient d'être dit, que l'état juridique d'une personne soit *la source unique de ses droits et de ses obligations*. Outre ceux qui dérivent de son état, chaque personne a encore beaucoup de droits et d'obligations qui ont une source différente et qui dérivent des *contrats* et des *délits* et des formes intermédiaires appelées *quasi-contrats* et *quasi-délits*.

§ 3. — *Notions sommaires sur les incapacités.*

A. — Généralités.

****449. Double sens du mot « incapacité ».** — Les expressions *incapable*, *incapacité*, sont amphibologiques. Ordinairement, elles sont prises dans le sens qui a été expliqué ci-dessus (n° 446-2°) et s'emploient à propos des personnes qui, possédant tous leurs droits, n'en ont pas le libre exercice, comme les *mineurs* et les *interdits*. Ceux-là sont les *incapables proprement dits*. Mais les mêmes expressions s'emploient encore, d'une manière moins exacte et presque abusive, pour désigner des personnes qui sont *privées*, au fond et réellement, d'un ou de plusieurs droits. Ainsi l'art. 725 énumère les personnes qui sont *incapables de succéder;* on répète tous les jours qu'avant la loi du 14 juillet 1819 *les étrangers étaient incapables de succéder en France*, en vertu de l'art. 726; les art. 902, 906, 908, 911 parlent de personnes qui sont *incapables de recevoir des libéralités*, alors que la loi entend leur refuser absolument le droit d'acquérir par succession ou par donation et non pas seulement l'exercice de ce droit. De même, on dit que les *syndicats professionnels* sont *incapables de posséder* des immeubles, sauf certaines exceptions (L. 21 mars 1884, art. 6). Ces cas de *privation totale* du droit mériteraient d'être distingués dans le langage des simples *incapacités*. Rien ne serait plus facile, puisqu'on peut toujours dire: « L'étranger *ne pouvait pas* succéder, le syndicat *ne peut pas* (ou *n'a pas le droit de*) posséder, etc. » En tout cas, on doit toujours se mettre en garde contre ce double sens du même mot, si on veut éviter des méprises [1]. — Il ne sera question dans ce paragraphe

[1] Comp. CAPITANT : « Il y a donc deux sortes de capacités, ou plutôt deux degrés dans la capacité : la capacité de jouissance et la capacité d'exercice... » (*Introduction à l'étude du droit civil*, p. 90). M. Capitant remarque en note que « les Allemands emploient pour caractériser ces deux capacités deux termes plus expressifs que les nôtres : *Rechtsfaehigkeit* et *Handlungsfaehigkeit*. *Rechtsfaehigkeit* désigne l'aptitude à être titulaire de droits ; *Handlungsfaehigkeit*, c'est la capacité d'agir, de faire des actes juridiques qui produiront les conséquences légales qui y sont attachées ».

que des incapacités proprement dites, celles qui portent simplement sur l'exercice des droits.

** **450. Distinction de la capacité et du pouvoir.** — La *capacité* est l'aptitude à agir valablement pour soi-même; le *pouvoir* est la puissance d'agir sur le patrimoine d'autrui. Il y a entre les deux choses une affinité évidente, quand la personne agit dans les limites de sa capacité ou de son pouvoir : dans les deux cas l'acte est valable et produit ses effets. Mais la capacité et le pouvoir se séparent d'une manière visible quand l'acte en excède les limites : au cas d'incapacité, l'acte est seulement *annulable* et deviendra valable par le seul effet de l'écoulement de la prescription ; au cas de défaut de pouvoir, l'acte est *entièrement sans effet* à l'égard du véritable intéressé, qui peut seulement lui donner la vie en se l'appropriant par une *ratification*. On peut donc dire que, en l'absence de toute approbation de l'intéressé, la situation finale est inverse dans les deux cas : c'est tantôt l'efficacité définitive qui se produit, et tantôt l'inefficacité absolue de l'acte.

** **451. La capacité est la règle.** — On n'a pas à se préoccuper de savoir *qui est capable*, parce que la capacité est la règle. L'art. 1123 dit : « Toute personne peut contracter, si elle n'en est pas déclarée incapable par la loi ». Cette règle, formulée incidemment à propos des contrats, est générale et s'applique à tous les actes juridiques. Il suffit donc de rechercher les cas exceptionnels dans lesquels une personne est *déclarée incapable*.

452. Observation. — Chaque catégorie d'incapables fera l'objet d'une étude spéciale.

Ces études spéciales des diverses incapacités sont actuellement comprises dans les programmes de la troisième année. On les trouvera cependant dans le présent volume, à la suite des matières de première année, sauf une seule, l'incapacité de la femme mariée, dont l'exposé sérieux est inséparable de l'étude des régimes matrimoniaux qui influent tous sur elle.

Mais la matière des incapacités appelle certaines *observations communes à tous les cas* qui en forment la théorie générale, et qui doivent se placer ici. Il existe également un certain nombre d'idées élémentaires et fondamentales qu'il est bon de connaître tout de suite.

B. — Des différentes causes d'incapacité.

453. Incapacités naturelles, incapacités arbitraires. — L'incapacité d'une personne est parfois l'œuvre arbitraire de la loi : par exemple l'*incapacité des condamnés à une peine criminelle*, qui sont, pendant la durée de leur peine, en état d'interdiction légale, ou encore l'*incapacité de la femme mariée* ou du *prodigue*. Ces personnes sont, en fait, aussi capables d'agir après leur condamnation ou leur mariage qu'elles l'étaient auparavant. Leur incapacité a donc une *cause purement juridique* : un mariage ou une sentence judiciaire.

Mais il est d'autres incapables (et c'est surtout à ceux-ci qu'on songe quand on parle des incapables sans préciser) dont l'incapacité est *réelle* :

tels sont les *mineurs* et les *fous*. Le défaut d'âge, l'affaiblissement ou la perte des facultés intellectuelles sont des *causes physiques d'incapacité;* la loi se borne à les constater et à en déterminer l'étendue.

Les législations anciennes admettaient une troisième cause physique d'incapacité : la faiblesse du *sexe féminin*. Mais cette incapacité a presque entièrement disparu (ci-dessous, n° 465).

454. Renvoi. — Nous ne dirons rien ici ni de la *folie*, ni de la *faiblesse d'esprit*, ni de la *prodigalité*, considérées comme causes d'incapacité. Leur étude est inséparable des diverses procédures organisées pour les constater et pour arriver au jugement d'interdiction ou de nomination d'un conseil. Or ces procédures sont comprises dans l'examen de troisième année. Voyez ci-dessous, n°s 2554 et suiv., et n°s 2651 et suiv.

Nous ne dirons rien non plus des déchéances et incapacités qui atteignent les personnes frappées de condamnations criminelles ; ce sont des matières qui rentrent dans les cours de droit pénal.

Au contraire, la minorité et le sexe féminin demandent quelques explications qui ne trouveraient pas leur place ailleurs.

1° De la minorité.

455. Fondement naturel de l'incapacité des mineurs. — Cette incapacité est dans l'ordre naturel des choses et n'a pas besoin d'être justifiée. L'enfant n'a ni l'expérience ni l'intelligence nécessaires pour se conduire seul dans la vie.

456. Systèmes variables sur sa durée. — Mais l'incapacité des mineurs soulève une question législative sans cesse agitée et reprise : c'est la *fixation de sa durée*. A quel moment l'infériorité juridique de l'enfant doit-elle cesser ? *Les anciennes majorités étaient très précoces*, parce que l'on se déterminait d'abord d'après le phénomène naturel de la puberté. Elles ont varié, en fait, de 11 à 15 ans. Les institutions féodales retardèrent l'âge de la capacité jusqu'à 20 ans pour les nobles, à raison du service d'armes exigé des possesseurs de fiefs. Cette règle du droit féodal est toujours empruntée au même ordre d'idées : on ne considérait que la *force physique* pour déterminer l'âge de capacité.

A côté de ce procédé tout matériel, il en existe un autre qui consiste à se régler sur la *maturité de l'esprit*. Au moment où la puberté se produit, l'homme ou la femme sont encore loin de posséder les qualités nécessaires pour administrer sérieusement un patrimoine. Cela est encore vrai chez nous, quoique la puberté légale ait été reculée jusqu'à 15 et 18 ans, selon les sexes (art. 144) ; cela l'était bien davantage chez les Romains où l'homme était pubère à 14 ans et la femme à 12. Aussi est-ce dans le droit romain qu'on vit apparaître ce système nouveau. On imagina de *prolonger la période d'incapacité au delà de la puberté*, et on retarda l'âge de la capacité jusqu'à 25 ans. On eut ainsi une seconde période, celle de la *minorité* proprement dite, faisant suite à l'impuberté.

En France, malgré la diversité des coutumes, l'influence du droit romain se fit largement sentir, surtout à partir du XVIIe siècle. Il était en général admis que *la pleine capacité civile n'était atteinte qu'à 25 ans (Arrêtés de M. le P. P. de Lamoignon*, 1702, 2e partie, p. 9). Mais il y eut toujours des exceptions. Toute personne, *née* en Normandie, était réputée majeure à 20 ans accomplis (*Placitez* du Parlement de Rouen, de 1666, art. 38).

La Révolution, toujours favorable aux jeunes générations, *abaissa l'âge de la majorité à 21 ans* (L. 20 sept. 1792).

Le Code a conservé le même chiffre ; l'art. 388 définit le mineur : « l'individu de l'un et de l'autre sexe qui n'a pas encore atteint 21 ans accomplis », et comme corollaire, l'art. 488 fixe la majorité à 21 ans. Par suite, à cet âge, l'homme et la femme deviennent capables de faire tous les actes de la vie civile, sauf, pour la femme, l'effet du mariage qui la rend incapable.

457. Mode de calcul. — Comment compte-t-on les 21 ans ? D'après l'opinion générale, la majorité ne se compose pas d'un nombre déterminé de *jours civils*, s'écoulant de minuit à minuit, et qui se compteraient abstraction faite du jour de la naissance. *L'âge doit se calculer par heures* à partir du moment de la naissance. Ce moment est indiqué dans l'acte de l'état civil. Par conséquent, un enfant né le 1er février 1876, à six heures du matin, a atteint sa majorité le 1er février 1897 à la même heure, et il a pu signer valablement un acte dans la journée.

458. Limites de l'incapacité des mineurs. — L'incapacité personnelle du mineur *n'a pas le caractère absolu* que semblerait lui attribuer la nature physique des raisons qui l'ont fait établir. Le droit civil admet qu'un mineur peut faire valablement certains actes à lui seul. Ces actes sont :

1° Les *mesures conservatoires*. On appelle ainsi des formalités qui ne peuvent avoir qu'un effet utile et n'engagent aucune dépense sérieuse. Telles sont : l'inscription d'une hypothèque ; la transcription d'un acte translatif de propriété ; l'apposition des scellés ; l'interruption d'une prescription ;

2° Le *testament*. Le mineur peut tester à partir de 16 ans accomplis, mais seulement pour la moitié de ses biens (art. 904) ;

3° Une *reconnaissance d'enfant naturel ;*

4° Un *engagement militaire*, à partir de 20 ans Voy. ci-dessous, n° 460 ;

5° Des *dépôts* et des *retraits* dans les *caisses d'épargne*, à partir de 16 ans accomplis, sauf opposition de la part du père ou du tuteur (L. 9 avril 1881, créant la caisse d'épargne postale, art. 6 ; L. 20 juill. 1895, art. 16) ;

6° Enfin, quand l'acte du mineur a un *caractère illicite* (délits et quasi-délits), il est obligé à réparer le dommage causé, comme s'il était majeur (art. 1310).

459. La majorité à l'étranger. — Les Codes étrangers tendent à se rapprocher du système français. Le Code *néerlandais* (art. 385) et le Code *espagnol* (art. 320) ont fixé la majorité à 23 ans, ce qui peut être considéré comme une transaction entre la majorité antique et la majorité française. En *Italie* (C. civ., art. 323) et en *Allemagne* (C. civ., art. 25) la majorité est fixée à 21 ans, comme en France. Toutefois, en *Roumanie*, on devient majeur à 18 ans (C. civ., art. 342 et 434).

460. Majorités diverses. — L'âge de 21 ans détermine la *capacité juridique en matière civile*. C'est la majorité du droit commun, celle qui rend valables les actes de toute nature faits par une personne. Mais il existe d'autres limites d'âge qui rendent possibles différents actes : d'abord la *puberté*, qui permet de se marier (art. 144); l'âge de 25 ans, qui permet au fils de contracter mariage malgré l'opposition de ses parents (art. 148) ; puis, la *majorité pénale* qui arrive à 16 ans (art. 66-67 C. pén.); l'âge de 20 ans qui permet de contracter *seul* un *engagement militaire* (Lois de 1832 et de 1872, reproduites sur ce point par la loi du 15 juillet 1889, art. 59) ; l'âge d'admission au *travail industriel*, fixé en principe à 13 ans révolus par la loi du 2 novembre 1892.

2° Du sexe féminin.

*** 461. Incapacité primitive des femmes à raison de leur sexe.** — Dans les législations anciennes, dans le *vieux droit romain*, par exemple, la femme est *incapable toute sa vie ;* on la considère comme ayant toujours besoin d'être protégée à l'égal d'un enfant, et elle est soumise à une *tutelle perpétuelle*. Il en est à peu près de même dans l'*ancien droit germanique*, où la femme est protégée par ses parents, tant qu'elle reste fille, et ensuite par son mari ; la femme germaine est donc, comme la femme romaine, soumise à une espèce de tutelle perpétuelle, le *mundium*, qui appartient d'abord au père ou à ses héritiers, puis au mari.

La tutelle perpétuelle des femmes disparut peu à peu, soit dans le droit romain, pendant la durée de l'Empire, soit dans le droit germanique, après l'invasion de la Gaule. Il ne subsista plus qu'une incapacité spéciale aux femmes mariées. Voyez le n° 464.

***462. Incapacité Velléienne.** — A côté et en dehors de la tutelle, le droit romain avait organisé une autre incapacité particulière aux femmes, dont les traces, affaiblies et déformées, ont persisté dans l'ancien droit français jusqu'à la Révolution.

Cette incapacité a pour origine des édits d'Auguste et de Claude, qui ne nous sont pas parvenus et qui avaient défendu aux femmes mariées de s'obliger pour leurs maris (ULPIEN, *Dig.*, liv. XVI, tit. I, fr. 2, pr.). La jurisprudence avait étendu cette prohibition à tout engagement de la femme constituant une *intercessio* au profit d'autrui, et cette extension fut confirmée par le sénatus-consulte Velléien, rendu sous le règne de Claude, probablement en l'an 46 ap. J.-C. L'engagement de la femme, lorsqu'il constituait une *intercessio*, n'était pas nul de plein droit ; mais elle pouvait repousser l'action du créancier au moyen d'une exception particulière, appelée *exceptio S.-C. Velleiani*. Justinien fit diverses réformes, d'où il résulta que la femme pouvait renoncer, sous certaines conditions, au bénéfice du Velléien, et dès lors intercéder valablement pour tout le monde, excepté pour son mari.

C'est en cet état que l'incapacité Velléienne passa dans notre ancien droit ; elle y souleva d'innombrables difficultés, dont la cause principale était la faculté de renonciation introduite par Justinien. La clause de renonciation était depuis longtemps devenue de style dans les actes notariés, mais elle était entourée de toutes sortes d'incertitudes. On discutait sur son efficacité, sur ses conditions, sur ce qui arrivait quand elle avait été omise. Le S.-C. Velléien, dont on ne comprenait plus les motifs et dont on connaissait très mal la portée, était devenu une source intarissable de controverses.

***463. Suppression du Velléien.** — Pour mettre un terme à ces difficultés, un édit d'août 1606 supprima l'incapacité Velléienne des femmes, déclara que leurs obligations ne pourraient plus être annulées pour cette cause et défendit aux notaires d'insérer à l'avenir dans leurs actes la formule de renonciation au sénatus-consulte. Cet édit fut étendu en 1683 à la Bretagne et en 1703 à la Franche-Comté. Néanmoins dans le midi de la France, les femmes continuèrent à invoquer le sénatus-consulte, malgré son abrogation, et, jusqu'à la fin de l'ancien régime, elles obtinrent l'annulation de leurs engagements au moyen de *lettres royaux* (JULIEN, *Éléments de jurisprudence*. Aix, 1785, p. 370-371 ; A. DESJARDINS, *Revue critique*, t. XXX, p. 151 ; P. GIDE, *Condition de la femme*, édit. Esmein, p. 191-195). L'édit de 1606 fut donc très mal observé et c'est seulement l'art. 1125 C. civ. qui a définitivement supprimé le souvenir du S.-C. Velléien, en disant que les femmes « ne peuvent attaquer leurs engagements que dans les cas spécifiés par la loi ». Or nulle part il n'est fait mention à leur sujet d'une incapacité spéciale les empêchant de s'obliger pour autrui.

** **464. Forme moderne de l'incapacité des femmes.** — L'incapacité dont la femme était frappée à raison de son sexe a donc disparu peu à peu. Elle se comprenait dans une société à demi-barbare, qui ne vivait que par la guerre; la civilisation l'a fait disparaître par le développement naturel des institutions civiles. Dans le droit moderne, *la femme n'est plus incapable à raison de son sexe;* elle possède la même capacité que l'homme tant qu'elle reste fille ou veuve; elle ne devient incapable que *par l'effet du mariage*, en tant que femme mariée. Son incapacité est alors fondée sur la situation particulière dans laquelle elle se trouve, et sur la nécessité de donner un chef au ménage : l'incapacité de la femme est l'effet nécessaire de l'autorité maritale. C'est un point que les avocats de l'émancipation des femmes oublient trop souvent; ils confondent les deux espèces d'incapacité et s'imaginent volontiers que la femme est encore incapable à cause de son sexe, comme au temps de la République romaine [1]. Ils ne tiennent pas compte non plus de ce fait que la capacité des femmes mariées peut être largement augmentée par les conventions matrimoniales (comp. CAUWÈS, *Cours d'économie politique*, 3ᵉ édit., t. I, p. 89-90).

465. Débris actuels du système primitif. — L'incapacité des femmes à raison de leur sexe a cependant laissé quelques traces dans notre droit moderne. On peut citer comme telles, en droit civil, les dispositions des art. 381 et 391 C. civ. ; en droit commercial, celle de l'art. 113 C. com.

L'art. 381 C. civ. n'accorde à la *mère survivante* qu'un droit de correction limité sur la personne de ses enfants, et il la place sous la surveillance de deux parents paternels. L'art. 391 permet au mari, en prévision du cas où il mourrait avant sa femme, de subordonner à l'agrément d'un tiers choisi par lui l'exercice des pouvoirs que la femme survivante possédera comme tutrice.

D'après l'art. 113 C. com., la lettre de change, signée par une femme qui n'est pas commerçante, ne produit pas ses effets ordinaires ; elle vaut seulement, dit la loi, *comme simple promesse*, mais le sens de cette formule n'a pas encore pu être bien sûrement déterminé. Voyez LYON-CAEN et RENAULT, *Traité de droit commercial*, t. IV, nᵒˢ 490-498.

466. Infériorité des femmes en droit public. — Ce qui vient d'être dit ne concerne que le droit privé et les questions de capacité proprement dites. En droit public,

[1] A signaler sur ce sujet un intéressant *Rapport* de M. Glasson, lu à l'Institut, le 8 octobre 1898, sur le prix du Budget. Voir les réflexions faites par l'auteur (p. 24-26) sur les utopies féministes et sur le rôle naturel des femmes, avec les citations d'une femme hostile au féminisme. Les femmes de France, dit M. Glasson, ne sont pas féministes, « ayant d'autres moyens d'assurer non leur *indépendance*, mais leur *suprématie* » (p. 15). Voir aussi (*ibid.*) une énumération des lois à tendance féministe rendues en France depuis quelques années.

l'infériorité des femmes est restée entière. Elles sont privées de presque tous les droits ayant un caractère politique. Elles ne sont ni *électeurs* ni *éligibles* [1] ; elles ne peuvent pas être *fonctionnaires publics*, enfin certaines professions leur sont interdites, par exemple le barreau [2] et toutes celles qui touchent à l'administration de la justice ; elles ne peuvent même remplir les missions toutes temporaires du juré et de l'expert.

Jusqu'à la loi du 7 décembre 1897, elles étaient en outre incapables d'être *témoins dans les actes:* mais cette loi leur en a conféré le droit en modifiant les art. 37 et 980 C. civ. (actes de l'état civil et testaments authentiques), et les art. 9 et 11 du 25 ventôse an XI (actes notariés).

CHAPITRE II

DES ACTIONS D'ÉTAT

§ 1. — *De la possession d'état.*

467. Définition de la possession d'état. — L'état des personnes est susceptible de *possession*, en prenant ce mot dans un sens large. La possession d'un état quelconque consiste toujours à *passer aux yeux du public pour l'avoir réellement.*

468. En quoi elle consiste. — La possession d'état a été analysée par la loi dans l'art. 321 à propos des questions de filiation ; il s'agit là de l'état d'enfant légitime, mais les indications que la loi nous donne accidentellement doivent être étendues à toute espèce d'état. Elles ne sont du reste que la reproduction de décisions doctrinales traditionnelles.

Les anciens commentateurs avaient résumé dans une formule commode tous les faits qui constituent cette espèce particulière de possession : « Nomen, tractatus, fama ». *Nomen*, c'est le fait de porter le nom qui désigne cet état : le nom du père ou de la mère, si c'est une question de filiation, le nom de Français, si c'est une question de nationalité, etc. *Tractatus*, c'est le fait d'avoir toujours été traité comme tel par toutes les personnes avec qui on s'est trouvé en relations d'affaires ou de famille. *Fama*, c'est le fait d'avoir été connu pour tel dans le public. — Ce n'est là qu'une formule mnémonique ; il n'y faut pas attacher la valeur d'une règle de droit. Posséder un état, c'est jouir en fait du titre et des avantages qui y sont attachés et en supporter les charges.

[1] Notons cependant la loi du 23 janvier 1898, qui a donné aux femmes commerçantes le droit de prendre part à l'élection des juges des tribunaux de commerce.

[2] La question a été controversée en 1897 à propos de la demande formée par Mlle Chauvin, docteur en droit, qui demandait son inscription au barreau de Paris. Beaucoup de bons esprits pensent que rien ne s'opposait à ce qu'on l'y reçût, néanmoins sa demande a été rejetée. Comp. Cass. Belgique, 11 nov. 1889, D. 90. 2. 8 et la note de M. Glasson sous l'arrêt attaqué (Bruxelles, 12 déc. 1888, D. 89. 2. 33). Un projet de loi ouvrant aux femmes l'accès du barreau est actuellement soumis aux Chambres. La Chambre l'a accepté en juillet 1899.

§ 2. — *Caractères généraux des actions d'état.*

469. Définitions. — Lorsqu'une personne ne *possède* pas son état, elle doit l'*établir* si elle veut en tirer les avantages dont il est susceptible. On lui donne à cet effet une action spéciale, appelée *action en réclamation d'état.* Au contraire, lorsqu'elle le possède en fait, elle est admise à le faire valoir à son profit, et n'a pas d'action d'état à exercer. Mais les tiers, avec lesquels elle est en conflit, et qui veulent la priver des avantages attachés à l'état qu'elle possède, peuvent le lui contester, au moyen d'une action spéciale *en contestation d'état.*

L'état des personnes fait ainsi naître des questions litigieuses assez fréquentes et toujours graves, à raison de ses conséquences juridiques. Toutes les actions qui y sont relatives méritent également le nom d'actions d'état. Toutefois, dans la pratique, l'usage assez général est de restreindre ce nom aux seules actions relatives à des *questions de filiation.* C'est dans ce sens étroit que les art. 326 à 330 parlent des actions « en réclamation ou en contestation d'état ». Les règles particulières formulées dans ces articles ne concernent que les questions de filiation ; mais dans la réalité, il existe beaucoup d'autres actions d'état que celles-là.

* **470. Indisponibilité de l'état.** — L'état des personnes est *hors du commerce,* ce qui signifie que les particuliers n'ont pas de pouvoir sur leurs *qualités personnelles,* pour les modifier ou en disposer à leur gré, par des conventions, comme ils peuvent faire de leurs biens.

Conséquences. — De là se tirent quelques conclusions importantes :

1° *L'état est imprescriptible.* — Il ne peut ni s'acquérir ni se perdre par prescription. Par conséquent, l'action elle-même ne peut pas se prescrire. L'art. 328 formule ce principe à propos de l'action en recherche de la filiation, mais il a une portée bien plus générale. Toutefois la loi y a quelquefois apporté des dérogations. La principale est celle qui existe pour l'*action en désaveu,* accordée au mari en cas d'adultère de sa femme. Cette action est renfermée dans le court délai d'un mois ou de deux mois (art. 316-318). L'*action en recherche de la filiation* devient également *prescriptible,* quand elle passe aux héritiers de l'enfant, après son décès (art. 329).

2° *Il est impossible de transiger sur les questions d'état.* — La transaction est un arrangement qui empêche un procès de naître ou qui met fin à un litige déjà commencé, au moyen de sacrifices réciproques (art. 2044). La transaction est impossible sur les questions d'état, parce qu'elle consisterait soit en une *concession* faite par les adversaires de la personne, qui lui reconnaîtraient la qualité qu'elles contestaient d'abord, soit en une *renonciation* de la part de cette personne, qui abandonnerait sa qualité.

Tout arrangement de ce genre serait donc nul. La personne qui l'aurait consenti aurait toujours le droit de réclamer son état, comme les tiers auraient toujours le droit de le lui contester, nonobstant toutes transactions ou renonciations (art. 2045, al. 1).

3° *Les créanciers ne peuvent pas exercer les actions d'état du chef de leur débiteur.* — La loi ne leur permet d'agir à la place de leur débiteur qu'autant que l'action exercée par eux a un caractère pécuniaire et figure dans le patrimoine (art. 1166).

* **471. Règles inverses pour les droits pécuniaires dérivant de l'état.** — Pour l'application de toutes ces règles, il importe de bien distinguer l'*état*, considéré en lui-même et d'une manière abstraite, des *conséquences* qu'il peut avoir : celles-ci ont, en général, un caractère *pécuniaire* et *patrimonial*, et par suite il faut donner pour elles les solutions inverses. Ainsi la qualité d'*enfant légitime* donne le *droit de succéder*. Or ce dernier droit est pécuniaire ; il peut donc se perdre par prescription ; il peut faire l'objet d'une transaction valable ; l'action qu'il procure (pétition d'hérédité) peut être exercée par les créanciers.

§ 3. — *Règles spéciales de procédure pour les actions d'état.*

472. Absence du préliminaire de conciliation. — En règle générale, il n'y a pas pour elles de *préliminaire de conciliation* devant le juge de paix ; ce préliminaire est une tentative d'arrangement, qui a pour but d'arrêter les procès en facilitant les transactions (art. 48 C. proc. civ.). Comme il n'y a pas de transaction possible sur les questions d'état, le préliminaire de conciliation serait sans objet ; donc il n'a pas lieu.

Il y a toutefois *exception* pour les demandes en *divorce* et en *séparation de corps*, pour lesquelles la tentative de conciliation prend au contraire une importance considérable, parce que la loi désire éviter la rupture entre les époux ; mais elle se fait dans une *forme exceptionnelle*, devant le président du tribunal civil (art. 238). Du reste, le divorce et la séparation de corps ont d'un bout à l'autre une procédure spéciale qui a été réglée par la loi du 18 avril 1886 (art. 236-252 et art. 307).

473. Communication au ministère public. — Les questions d'état, à cause de la gravité des intérêts qu'elles engagent, figurent au premier rang parmi les *causes sujettes à communication au ministère public* (art. 83-2° C. proc. civ.). Le tribunal ne peut pas statuer sans avoir entendu les conclusions du ministère public ; l'affaire est dite « communicable », parce que les avoués sont tenus de communiquer le dossier au membre du parquet qui assiste à l'audience[1].

§ 4. — *Autorité de la chose jugée en matière d'état*[2].

474. Position de la question. — Le principe de l'autorité relative

[1] *En appel*, le procès sur une question d'état devait jadis être jugé par la cour en audience solennelle (Décr. 30 mars 1808). L'audience solennelle est tenue par *deux chambres réunies*, siégeant en *robes rouges* (GARSONNET, *Précis de procédure*, n° 624). Mais, après diverses distinctions et dérogations, un décret du 26 novembre 1899 a décidé que toutes les affaires relatives à l'état des personnes seraient jugées en audience ordinaire. On ne juge plus en audience solennelle que les renvois de cassation et les affaires de prise à partie.

[2] Outre les articles et ouvrages mentionnés ci-dessous, voyez R. BUFNOIR, *De l'autorité de la chose jugée en matière d'état des personnes*, thèse, Paris, 1893.

des jugements indiqué ci-dessus (n° 361) régit certainement les jugements qui intéressent les *droits patrimoniaux*, c'est-à-dire ceux qui portent sur des intérêts appréciables en argent. S'applique-t-il également aux jugements rendus sur l'état des personnes?

L'intérêt de la question est très grand. Chaque personne a besoin d'être fixée sur son véritable état et il en est de même des tiers qui traitent avec elle. Il y aurait une utilité pratique considérable à ce que le jugement rendu en matière d'état acquît une autorité absolue, égale à celle qui s'attache aux actes de l'état civil, au lieu d'une simple autorité relative qui permet à la question de se rouvrir chaque fois qu'il se présente un nouvel intéressé, qui n'a été ni partie ni représenté dans le premier procès.

A. — Système suivi dans l'ancien droit.

(Théorie du contradicteur légitime.)

475. Ses origines. — De très bonne heure on s'était aperçu des inconvénients qu'avait le principe de l'autorité relative des jugements appliqué aux questions d'état, et les glossateurs y échappèrent en donnant à certains textes romains [1] une portée qu'ils n'avaient pas et en généralisant la solution qu'ils en tiraient [2]. Cette théorie, qui formait plutôt une tradition mal définie qu'une doctrine, reçut au XVIe siècle des mains de B. d'Argentré une construction complète qui lui assura pendant longtemps la vogue (*Advis sur les partages des nobles*, Quest. 29).

D'Argentré constate que « la commune et arrestée résolution est qu'un jugement donné sur la qualité de l'estat de la personne fait droit et conséquence contre tous » (*Op. cit.*, n° 1) pourvu qu'il ait été donné « avec légitime contradicteur » (*Ibid.*, n° 7)[3]. Qu'est-ce que le *légitime contradicteur ?* D'Argentré répond : « Celui qui a le premier et principal intérêt. » D'autres ont dit : « Celui qui a le plus proche et primitif intérêt. » Ces définitions ne sont claires qu'en apparence, car on n'a jamais pu s'entendre sur la désignation de celui qui aurait ainsi qualité pour représenter tous les autres dans le procès et leur rendre le jugement opposable. On peut bien admettre que le père représentera la branche paternelle, la mère la branche maternelle; mais, après leur décès, il devient de plus en plus difficile de découvrir le légitime contradicteur à mesure que la parenté s'éloigne. C'est sur cet écueil que la théorie du législateur est venue finalement se briser.

476. Insuffisance de la doctrine ancienne. — Le principe d'une autorité absolue accordée aux jugements rendus sur ces matières était bien certain [4], et personne n'a songé à l'ébranler avant la Révolution. Un seul point était resté trouble : c'était la *définition* du légitime contradicteur. A quel signe pouvait-on reconnaître cette qualité? Pour Accurse, la

[1] Notamment la loi « *Ingenuum* » (*Dig.*, liv. I, tit. 5, fr. 25). Un seul texte ancien donne réellement une portée absolue au jugement (*Dig.*, liv. XXV, tit. 3, fr. 3, pr.), mais il vise un cas de désaveu. Voy. ce qui est dit au n° 481.

[2] Voyez les citations des anciens glossateurs dans l'ouvrage de B. d'Argentré cité au texte. Ils en firent d'abord une application étroite, le réservant au seul cas où l'action portait sur la question de liberté ou d'esclavage. C'était ce que faisait Accurse, qui ne voyait aucune autre action assez favorable (non adeo favorabilis) pour comporter une pareille dérogation au droit commun (Glose sous la loi 1re au *Digeste*, liv. XL, tit. 14). Ce furent les romanistes de l'école française, Cujas, Duaren, Doneau, qui étendirent la dérogation à toutes les questions d'état.

[3] L'expression « légitime contradicteur » a été empruntée à un fragment de Callistrate ainsi conçu : « Cum non justo contradictore quis ingenuus pronuntiatus est, perinde inefficax est decretum atque si nulla judicata res intervenisset » (*Dig.*, liv. XL, tit. 16, fr. 3).

[4] Il est remarquable que Pothier n'ait nulle part abordé ou signalé la question. Il paraît l'ignorer. Ceci tient à ce qu'elle se rencontrait surtout dans les contestations sur la noblesse dont il ne s'est pas occupé. Par la même raison, d'Argentré, imbu de l'esprit nobiliaire, y a attaché une grande importance.

difficulté n'existait pas : le *justus contradictor* était le *vere dominus* de l'esclave. Mais pour les auteurs français, qui avaient généralisé cette théorie, la définition devenait impossible parce qu'il n'existe aucun caractère commun, permettant de le reconnaître en tout cas. Ce qui est extraordinaire, c'est qu'ils n'aient jamais aperçu la difficulté, ni essayé de la résoudre. Depuis le commencement jusqu'à la fin ils se sont contentés de formules vagues [1].

B. — Solutions modernes.

1° Systèmes donnant une autorité absolue au jugement.

477. Sort de la théorie ancienne. — On a parfois prétendu que la théorie du contradicteur légitime avait été implicitement admise par le Code civil, parce qu'elle était en faveur au XVIIIe siècle, mais cela est loin d'être démontré, car l'opinion commençait déjà à s'en détacher ; Pothier n'en a même pas parlé ; Merlin en a donné une réfutation en règle *(Répertoire*, v° Questions d'état, § 2), et rien, ni dans les textes ni dans les travaux préparatoires, ne montre que les auteurs du Code s'y soient ralliés [2]. Elle a cependant été soutenue depuis le Code par Toullier (t. X, §§ 216 et suiv.) et par Bonnier *(Preuves*, § 889). Mais Duranton (t. XIII, §§ 526 et 527) et Proudhon *(État des personnes*, t. II, p. 109 ; *Usufruit*, t. III, n°s 1357-1358), qui l'avaient d'abord acceptée, l'ont ensuite répudiée. Elle est aujourd'hui tout à fait abandonnée en doctrine [3].

Toutefois la jurisprudence moderne ne l'a jamais rejetée catégoriquement [4] et le Code civil néerlandais l'a consacrée par un texte formel (art. 1957).

* **478. Système de l'indivisibilité de l'état.** — On a parfois cherché à fonder l'autorité absolue du jugement sur l'idée de l'*indivisibilité* de l'état. Une personne est française ou étrangère ; un enfant est légitime ou il ne l'est pas ; il a pour mère telle personne et non telle autre. Donc la première décision donnée sur la question de nationalité, de filiation ou de légitimité doit faire loi pour tout le monde. Sinon, il pourrait survenir un

[1] Duaren se borne à dire : « In causa status, sufficit pronuntiatum esse justo contradictore præsente, ut valeat sententia inter omnes » (Sous la loi *Sæpe*, au titre *De re judicata*, chap. 68 ; édit. de 1765, t. II). Il ne définit pas le *justus contradictor*. — Doneau n'est guère plus précis ; ayant nommé les « legitimos contradictores », il ajoute : « id est eos ad quos ea res pertinet » (Edit. de 1833, t. III, p. 376). Un peu plus loin, il les définit « eos ad quos res de quo actum est principaliter pertinet suo nomine » (p. 377). D'Argentré seul a essayé de préciser cette notion en disant que le légitime contradicteur est une « personne telle qu'à *elle appartient le primitif et proche interest* » (*Advis sur les partages des nobles*, question 29, n°s 7 et 8). La difficulté reste entière : quel est ce primitif et proche intérêt ?

[2] Ils ont plutôt l'air de l'avoir condamnée en décidant, dans l'art. 100, que les jugements ordonnant la rectification d'un acte de l'état civil n'ont qu'une autorité relative.

[3] MM. Aubry et Rau, qui en rejettent le principe, admettent cependant que lorsque l'enfant a eu soin de mettre en cause tous les parents vivants, tout ce qui était humainement possible ayant été fait, la famille entière, y compris ses représentants à venir, subit l'effet du jugement (t. VI, § 544, note 32). C'est réintroduire par une autre voie l'idée du contradicteur légitime, et par le même raisonnement qui servait jadis à cette solution. Voy. aussi Paris, 16 mars 1899, D. 1900. 2. 132.

[4] Un arrêt ayant considéré le principe du contradicteur légitime comme toujours en vigueur (Bordeaux, 10 mai 1864, S. 64. 2. 179), la Cour de cassation, saisie du pourvoi, a évité de se prononcer (Cass., 3 janv. 1866, D. 66. 1. 418, S. 66. 1. 89). Comp. Cass., 6 janv. 1809, S. 1809. 1. 49.

second jugement incompatible avec le premier, et la personne serait tout à la fois française et étrangère, enfant légitime et enfant naturel, ou bien elle aurait en même temps deux mères différentes, ce qui serait absurde.

Cette façon de comprendre l'indivisibilité de l'état repose sur une erreur facile à réfuter. L'état est indivisible : cela veut dire que chaque individu ne peut pas, *dans ses rapports avec une personne déterminée*, passer pour être légitime et pour ne l'être pas, pour avoir telle mère et pour en avoir une autre.

Mais l'indivisibilité de l'état est parfaitement compatible avec le *caractère purement relatif des preuves*. Il peut être prouvé *contre Pierre* que l'enfant est légitime sans que cette preuve soit *opposable à Paul*. Il ne s'agit pas de diviser l'état, mais de distinguer à l'égard de quelles personnes on a réussi à l'établir. La loi elle-même donne cette solution dans l'art. 100 C. civ. Voir ce qui est dit à propos des jugements ordonnant la rectification d'un acte de l'état civil, n° 570 ci-dessous. Rien n'empêche, en effet, qu'une personne soit traitée comme ayant des états différents dans ses rapports avec des personnes différentes.

2° Système de l'autorité relative.

* **479. Sa démonstration.** — Il est aujourd'hui très généralement[1] reconnu que l'art. 1351 s'applique aux jugements rendus en matière d'état, bien qu'il soit placé dans le Code au titre « Des contrats et des obligations conventionnelles ». Ce titre contient, outre les règles propres aux contrats et aux obligations, tous les principes généraux du droit civil, et ces principes s'appliquent à toutes les matières pour lesquelles il n'y est pas dérogé par des dispositions exceptionnelles. C'est ce qui arrive en particulier pour l'art. 1351, qui a une portée générale (Comp. Aubry et Rau, t. IV, p. 559 et suiv.; Demolombe, t. V, n°s 307 et suiv.; Laurent, t. III, p. 487 ; Valette sur Proudhon, t. II, p. 11-13).

L'idée de la représentation de toute la famille par un ou deux de ses membres manque de base. D'où viendrait à ceux-ci ce mandat extraordinaire ? Il ne repose ni sur la nature, ni sur la loi, ni sur la convention ; chaque membre de la famille possède individuellement ses droits et ne représente que lui-même (Laurent, t. III, n° 488). Donc, en dehors du cas où l'un des parents a succédé à l'autre, la règle de l'effet relatif reprend tout son empire : le jugement rendu pour ou contre le premier ne peut ni nuire ni profiter au second. Voyez cependant Paris, 10 févr. 1898, D. 1900. 2. 57.

On fait remarquer, en outre, qu'on s'exagère les inconvénients pratiques

[1] On pourrait presque dire *unanimement*, car parmi les auteurs récents, M. Bonnier est le seul qui ait admis l'ancien principe (ci-dessus, n° 477).

de la *relativité* du jugement [1]. Sans doute d'une manière théorique, on ne conçoit aucun terme à la possibilité pour les tiers de renouveler indéfiniment le litige ; mais en pratique les choses se passeront tout autrement. Quand l'enfant aura une fois obtenu gain de cause, il est peu probable qu'une autre personne s'avise de lui contester sa filiation, et en tout cas, dès qu'un second jugement sera intervenu en sa faveur, il y aura désormais une jurisprudence faite qu'il sera difficile d'ébranler.

* **480. Exceptions au principe.** — On admet cependant quelques exceptions au principe de l'autorité relative des jugements, de sorte que dans certains cas la chose jugée en matière d'état prend une autorité absolue. Les raisons qui ont fait admettre ces exceptions sont au nombre de deux : tantôt c'est la *concentration de l'action* aux mains de certaines personnes ; tantôt c'est le *caractère exceptionnel du jugement* qui, au lieu d'être simplement déclaratif, est constitutif de l'état. Étudions successivement ces deux ordres d'exceptions.

* **481. Cas où l'action est réservée à certaines personnes.** — Il arrive parfois qu'une disposition spéciale de la loi réserve à une personne déterminée le droit d'agir pour faire juger la question. En pareil cas, ce qui est jugé pour elle ou contre elle produit nécessairement un effet absolu, puisque aucune autre personne ne peut soulever à nouveau le débat. C'est ce qui arrive pour l'*action en désaveu* (art. 312 et suiv.), par laquelle le mari rejette la présomption de paternité qui lui attribue comme légitime l'enfant de sa femme.

Ce cas est, sinon *le seul de ce genre*, du moins le *principal*, et il est à remarquer qu'il servait déjà d'exemple à nos anciens auteurs pour leur théorie du contradicteur légitime. Cujas citait le jugement rendu sur une action en désaveu comme ayant autorité sur toutes les questions qui dépendent de la filiation légitime (sous la loi 2, au *Digeste*, liv. XXV, tit. 3).

* **482. Cas où le jugement est constitutif de l'état.** — Certains jugements, au lieu d'avoir un *caractère purement déclaratif*, sont en réalité *constitutifs de l'état*, c'est-à-dire qu'ils donnent aux parties une situation juridique nouvelle.

Il y a une bonne raison pour que le principe de l'autorité relative de la chose jugée ne s'applique pas à ces jugements : ils ne sont pas des actes de pure *juridiction*, destinés à mettre fin à un litige. Le juge ne se borne

[1] Certains inconvénients sont cependant graves. Supposez qu'un enfant ait été attribué par un premier jugement à une personne reconnue en être le père. Les auteurs lui permettent de réclamer une autre filiation (MERLIN, *Répert.*, v° Question d'état, § 3, art. 1, n° 10. — *Contrà*, Cass., 8 prairial an VII ; DALLOZ, *Répert.*, v° Chose jugée, n° 277). Il se peut qu'un second jugement attribue pour père à l'enfant une personne différente de la première. Dès lors naissent des difficultés insolubles pour la puissance paternelle, le consentement au mariage, etc. Heureusement cette hypothèse est purement théorique et ne s'est jamais présentée en pratique.

pas à déclarer la vérité, discutée entre les parties : il crée un état nouveau. Ces jugements sont donc des *actes d'autorité*, que les magistrats accomplissent en vertu d'un pouvoir spécial, analogue à l'*imperium* des Romains. Ce sont de véritables *actes juridiques*, créateurs de droits, et il faut les traiter comme tels en leur donnant une autorité absolue. Puisqu'ils confèrent une qualité nouvelle, ils la donnent nécessairement à l'égard de tout le monde, comme pourrait le faire un décret de naturalisation ou un acte d'émancipation.

Ce motif montre qu'il n'y a *aucune contradiction* à admettre à la fois l'application du principe aux jugements déclaratifs rendus en matière d'état et à l'écarter pour les jugements constitutifs de l'état.

L'exception concernant les jugements constitutifs de l'état a été proposée pour la première fois par Merlin (*Répertoire*, v° Question d'état, § 3, art. 1er) et admise après lui sans difficulté (Demolombe, t. V, n° 320).

La question qui vient d'être discutée ne se pose que pour les jugements qui interviennent après un débat contradictoire, et qui par suite ont un caractère *contentieux*. Il n'y a aucun doute pour les actes dits de *juridiction gracieuse*, comme l'homologation d'une adoption ; ceux-ci ont sans conteste une autorité absolue, parce que rien n'a été débattu ni *jugé*. Ce sont des actes d'administration civile, qui n'ont du jugement que la forme.

483. Énumération. — Quels sont les jugements qui rentrent dans cette catégorie ? Ordinairement on en cite seulement *cinq espèces* : les jugements prononçant un *divorce*, une *séparation de corps* ou une *séparation de biens* ; ceux qui frappent un aliéné *d'interdiction* ; ceux qui nomment un *conseil judiciaire* à un prodigue ou à un faible d'esprit.

J'estime qu'il y a lieu d'en ajouter une *sixième catégorie* : ceux qui prononcent l'*annulation d'un mariage* [1].

484. Réfutation d'une opinion nouvelle. — L'arrêt d'Agen cité en note sous le n° précédent a fait surgir une opinion nouvelle sur l'autorité de la chose jugée en matière d'état. On a fait observer que la Cour avait trouvé dans l'espèce une raison particulière de considérer le débat comme tranché une fois pour toutes par le premier jugement, parce que la cause de nullité était la violence subie par l'un des époux, dont le consentement n'avait pas été libre, et que l'art. 180 n'accorde en pareil cas l'action en nullité qu'à l'époux qui a été violenté ; mais cette raison était de nature à ne pas se représenter dans d'autres

[1] Pour le moment, je me bornerai pour eux à une indication sommaire ; ils méritent un examen approfondi qui trouvera mieux sa place au t. III, à propos des nullités de mariage. La question s'est présentée pour la première fois devant la Cour d'Agen, en 1890 (Agen, 14 juin 1890, D. 91. 2. 153, S. 93. 2. 4). Elle était alors tout à fait neuve en jurisprudence. La Cour décida que le jugement qui annule un mariage a une autorité absolue. L'application du principe général sur l'autorité purement relative des jugements, conduirait en cette matière à des conséquences inacceptables, soit à l'égard des enfants nés du mariage, soit à l'égard des tiers, notamment au cas où l'un des époux contracte une seconde union après l'annulation de la première. Les impossibilités et les contradictions auxquelles aboutit le système de l'autorité relative ont été fort bien exposées par M. de Loynes, dans une note du Dalloz (sous l'arrêt d'Agen précité). Les avantages pratiques du système qui donne au jugement d'annulation une portée absolue ne sont pas niables, et il sont si grands qu'on peut dire que c'est *la solution nécessaire*.

hypothèses, et on a essayé de trouver autre chose pour donner à la décision de la Cour une base plus large. On a imaginé de soutenir que l'art. 1351, qui formule le principe de l'autorité relative des jugements, était *inapplicable aux questions d'état*. Le motif que l'on donne est que cet article est placé dans le livre III du Code civil, au milieu des dispositions qui réglementent la preuve pour les *droits pécuniaires* ou *patrimoniaux*. Quant aux actions d'état, il existe pour elles un *système spécial de preuves* (art. 194-200 ; art. 319-330 ; art. 339-342), qui doit, dit-on, *se suffire à lui-même*. — L'art. 1351 étant écarté, on en conclut que l'interprète est libre et qu'il faut décider, *pour chaque question*, si le jugement doit avoir une autorité absolue ou une autorité relative. Mais voici le résultat singulier de l'examen auquel on s'est livré pour les différentes questions d'état : l'autorité absolue n'est admise par les partisans de cette opinion que pour une seule catégorie de jugements, ceux qui prononcent la nullité d'un mariage. Pour tous les autres, on réintroduit, comme conforme à l'équité, le principe de l'art. 1351 que l'on avait d'abord éliminé (P. DE LOYNES, note dans DALLOZ, 91. 2. 153. — CHÉNEAUX, *De l'autorité de la chose jugée dans les questions d'état*..., thèse, Bordeaux, 1895).

On voit que cette opinion nouvelle rejette le principe de l'art. 1351, *uniquement* pour l'écarter quand il y a annulation d'un mariage. Là est son grand vice, car elle n'explique pas pourquoi l'art. 1351 est inapplicable, d'une manière si spéciale, à cette catégorie de jugements. Or il est possible de justifier ce résultat sans créer pour ces jugements une exception nouvelle, en les faisant simplement rentrer dans les catégories déjà admises et en les considérant comme créateurs d'un état nouveau. C'est ce qui sera expliqué dans le t. III, à propos des nullités de mariage.

Pour le moment, nous nous bornerons à prouver que l'autorité de la chose jugée est, en principe, relative dans les questions d'état comme dans les autres matières. Cette preuve se tire des deux observations suivantes :

1° Le Code lui-même fait l'application du principe ordinaire aux actions en rectification des actes de l'état civil (ci-dessous, n° 570).

2° Le même principe gouvernerait encore l'action en nullité de mariage elle-même, *si cette action avait échoué*. C'est une face de la question que les partisans de l'opinion contraire ne semblent pas avoir aperçue. Supposons, en effet, que celui qui attaquait le mariage succombe dans son action. Si lui seul possédait le droit d'agir, tout est terminé ; le procès ne peut plus être recommencé. Mais si d'autres personnes étaient en même temps que lui investies de l'action en nullité, il est impossible que l'échec d'un seul paralyse le droit de tous. En ce cas, le jugement qui a repoussé l'action et maintenu le mariage, n'ayant pas modifié l'état des conjoints, peut sans inconvénient n'avoir qu'une autorité relative. L'autorité absolue, que l'on attribue au jugement, ne dépend donc pas seulement de la nature de l'action, mais aussi de l'*issue du procès*, ce qui confirme la théorie exposée au n° 482 sur la nature exceptionnelle des jugements constitutifs de l'état.

CHAPITRE III

DES ACTES DE L'ÉTAT CIVIL

485. Bibliographie. — HISTOIRE. — BERRIAT-SAINT-PRIX, *Recherches sur la législation et la tenue des actes de l'état civil*, 2e édit., Paris, 1842. — TAILLANDIER, *Notice historique sur les anciens registres de l'état civil* (Soc. de l'Hist. de France, *Annuaire*, 1847). — MERLET, *Études sur les anciens registres de l'état civil*, Chartres, 1861. — H. DE FONTENAY, *Recherches sur les actes de l'état civil aux XIVe et XVe siècles* (Bibl. de l'École des Chartes, 1869). — P. VIOLLET, *Histoire du droit civil français*, 2e édit., p. 454-459, et les auteurs cités par lui.

DROIT MODERNE. — Il existe sur cette matière un grand nombre de *manuels, formu-*

laires et *guides pratiques*, dépourvus pour la plupart de toute valeur scientifique. Voyez DRAMARD, *Bibliographie*, n°s 310 à 345. Les principaux sont ceux de RIEFF, *Commentaire sur la loi des actes de l'état civil* (2e édit., 1844) et de MERSIER, *Traité théorique et pratique des actes de l'état civil* (Paris, 1873 ; 2e édit., 1892).

§ 1. — *Notions générales et historiques.*

** **486. Définition.** — On appelle « actes de l'état civil » des *actes authentiques destinés à fournir une preuve commode et certaine de l'état des personnes*. Ces actes sont *inscrits sur des registres publics*, tenus dans chaque commune par des fonctionnaires spéciaux, appelés *officiers de l'état civil*.

* **487. Utilité.** — L'utilité de ces registres et des actes qu'ils contiennent est *multiple*.

L'*État* y trouve une ressource de premier ordre pour l'administration et pour la police ; les listes électorales, les contrôles de l'armée, la justice civile et criminelle, ont pour base les registres de l'état civil. L'*individu* lui-même possède en eux une preuve facile de sa propre situation. Enfin les *tiers*, qui traitent avec lui, y trouvent la sécurité de leurs relations d'affaires, car ils ont besoin de savoir s'il est majeur ou mineur, célibataire ou marié, etc., toutes choses que les registres leur révèleront sûrement.

A tous ces points de vue, rien ne pourrait les remplacer. Que deviendraient toutes les affaires, tant publiques que privées, si l'on en était réduit, pour tous les faits de l'état civil, à des témoignages, toujours suspects, aux souvenirs à demi effacés des intéressés eux-mêmes, ou à des écrits privés ne présentant aucune garantie de sincérité ?

A. — Critique de l'organisation actuelle.

488. Insuffisance d'organisation. — Pour rendre tous les services dont ils sont susceptibles, les registres de l'état civil devraient être organisés d'une manière complète. Ils devraient contenir la constatation de tous les faits et actes qui créent ou modifient l'état des personnes. Or il s'en faut de beaucoup qu'ils en présentent le tableau entier.

D'abord tout ce qui concerne *l'état politique* (nationalité, déchéances par suite de condamnations pénales) échappe à ce mode de publicité. Ceci peut justifier la qualification *d'état civil* donnée aux registres. — Au moment où a été rédigé le Code civil, il existait en outre, d'après la Constitution de l'an VIII, des *registres civiques*, sur lesquels chaque Français du sexe masculin devait se faire inscrire pour acquérir la qualité de *citoyen* (voy. ci-dessus, n° 439) et pour exercer ses droits politiques. Raison de plus pour employer l'expression « état civil ».

Même pour l'état *civil* proprement dit, ou état *privé*, les registres ne révèlent que très imparfaitement la condition des personnes. Dans le titre qu'il leur consacre, le Code ne réglemente comme actes de l'état civil que ceux qui constatent les *naissances*, les *mariages* et les *décès*. Mais il y en a dans la réalité beaucoup d'autres. Il en est d'abord quelques-uns qui ont été institués par des articles placés dans le Code plus loin que le titre des actes de l'état civil. Tels sont : 1° le *divorce* (art. 294 anc., 251 nouv.) ; 2° l'*adoption* (art. 359). On peut y ajouter la *reconnaissance d'un enfant naturel*, mentionnée dans l'art. 62. Toutefois, pour cette dernière, il faut remarquer qu'elle ne revêt pas nécessairement la forme d'un acte de l'état civil ; elle peut se faire d'une manière générale *par acte authentique* (art. 334), et elle est fréquemment reçue par un notaire.

Tous les autres faits de la vie civile ont leurs modes de preuves particuliers et ne sont pas inscrits sur les registres municipaux. L'*émancipation*, qui se fait toujours devant le juge de paix, est constatée par le greffier sur les registres de la justice de paix. L'*interdiction*, la *nomination d'un conseil judiciaire*, la *séparation de corps*, la *séparation de biens* résultent de jugements ou d'arrêts qui sont conservés au greffe du tribunal ou de la Cour, et qui reçoivent une publicité particulière. La *reconnaissance d'un enfant naturel* peut être reçue par un notaire, auquel cas elle reste secrète.

***489. Cause historique de ces lacunes.** — Si les registres de l'état civil sont aussi incomplets, *cela s'explique par l'histoire*. On s'est borné à séculariser les registres tenus dans les *paroisses catholiques* pour les transporter à la mairie et les confier aux officiers municipaux. Or le clergé paroissial, qui employait ces registres pour sa comptabilité et pour les questions d'ordre religieux, n'avait à tenir compte que de trois sortes de cérémonies : les *baptêmes*, les *mariages* et les *enterrements* qui s'accomplissaient dans ses églises. De là sont sortis nos trois actes primordiaux de l'état civil : naissance, mariage et décès. Mais le législateur civil aurait pu et dû faire davantage.

***490. Circonstances aggravant le vice de l'institution.** — L'insuffisance du système actuel ne tient pas seulement au *trop petit nombre d'actes* inscrits sur les registres ; elle est encore *aggravée par leur dispersion*. Il arrive très souvent que les actes de naissance, de reconnaissance, d'adoption, de mariage, de divorce, de décès concernant la même personne sont disséminés dans autant de départements différents qu'il y a d'actes, et il n'existe en général aucun lien entre eux [1]. Pour se référer de l'un à l'autre, il faut savoir que chacun d'eux existe, où il se trouve, et quelle en est la date ; c'est dire que pour se renseigner à l'aide des registres, il faut déjà posséder des renseignements sur ce qu'ils contiennent.

491. Améliorations possibles. — Il existe, à côté des registres de l'état civil, une institution analogue qui nous présente le modèle d'après lequel ces registres pourraient être réorganisés. C'est le *casier judiciaire*, institution originale sortie des archives criminelles. Voici, en peu de mots, ce que c'est. Pour apprécier la culpabilité d'un individu et pour déterminer la peine qui lui est applicable, on a grand intérêt à savoir s'il n'a pas déjà subi une ou plusieurs condamnations. Dès 1808, les art. 600-601 du Code d'instruction criminelle avaient ordonné aux greffiers des tribunaux correctionnels et des cours d'assises de prendre note des noms, prénoms, profession, etc., de tous les individus condamnés dans leur ressort, et d'envoyer tous les trois mois ces renseignements à Paris, où il devaient être centralisés au ministère de la justice. Mais au bout de peu de temps, il en résulta une telle accumulation de matériaux en désordre qu'on n'en pouvait tirer parti. Ce fut seulement en 1850 que des circulaires ministérielles commencèrent à organiser le casier judiciaire, tel qu'il existe actuellement. Un magistrat, M. Bonneville, en avait donné l'idée première en 1848 (Sur l'histoire de cette institution, voir *Grande encyclopédie*, v° Casier judiciaire). L'idée mère du système est la répartition de tous les renseignements dans les greffes des tribunaux civils, *d'après le lieu de naissance de chaque condamné*. Un bureau central est établi à Paris pour les individus nés hors de France, ou dont le lieu de naissance est inconnu. Dans chaque endroit, les renseignements sont classés selon l'ordre alphabétique des noms. Avec ce système, les recherches sont très faciles : on trouve vite, soit dans l'arrondissement natal de l'individu, soit à Paris, la liste des condamnations qu'il a pu subir.

Il serait facile d'organiser quelque chose d'analogue pour tous les événements qui modifient l'état civil d'une personne, en créant dans son arrondissement natal, et à défaut à Paris, un *casier civil*, donnant la liste de tous les faits survenus depuis sa naissance, au moyen de fiches et de dossiers mobiles, classés par ordre alphabétique. On obtiendrait les mêmes avantages que ceux du casier judiciaire, et cela *sans modifier aucune des insti-*

[1] Voir ce qui est dit plus loin des *renvois* faits, dans certains cas, d'un acte à l'autre, au moyen de *mentions en marge* (n° 492).

tutions actuellement existantes. Il suffirait d'obliger les notaires et les greffiers, lorsqu'ils dressent un acte ou transcrivent un jugement modifiant l'état d'une personne, d'en faire parvenir l'avis à l'endroit voulu, dans un bref délai.

On a quelquefois émis des doutes sur la possibilité de tenir en ordre ces dossiers, qui renfermeraient la nomenclature d'un nombre incalculable d'actes. C'est une question de service et d'organisation. On a dit aussi que l'on ne serait jamais sûr ni de la régularité des transmissions, ni de la complète exactitude des renseignements transmis (Huc, t. I, n° 365). La réponse est que ces dossiers serviraient seulement de *renseignements* et ne seraient que des *références* aux modes de preuves des différents actes, qui continueraient à exister chacun en son lieu et dans sa forme propre.

492. Propositions et commencements de réforme. — L'idée d'organiser le casier civil est déjà vieille (L. d'Albiousse, *Revue pratique*, 1860, t. IX, p. 457 ; 1862, t. XIV, p. 362. — Comp. Dramard, n° 346). Diverses propositions ont été faites aux Chambres dans ce but en 1883, en 1885 et en 1887 (Rapport de M. Ganivet, *Journal officiel*, séance du 17 février 1887), et la question a été étudiée à nouveau (Raynald Petiet, *De la publicité en matière d'état et d'incapacité des personnes*, *Revue critique*, 1887. — Louis Theureau, *Comptes rendus de l'Académie des Sciences morales*, 1892, I, p. 681).

Quelques dispositions de détail ont déjà ébauché, dans une faible mesure, la réforme à faire. Dès 1803, l'art. 62 voulait que la *reconnaissance d'un enfant naturel* fût non seulement inscrite à sa date sur les registres, mais en outre *mentionnée en marge de l'acte de naissance*, quand il en existe un. D'après l'art. 251 nouveau (texte de 1886), l'*acte de divorce* est de même *mentionné en marge de l'acte de mariage.* Ces deux mesures établissent déjà un lien entre des actes qui sont connexes et permettent de se référer de l'un à l'autre.

D'un autre côté, la loi du 16 mars 1893, complétant l'art. 501, a organisé pour les *jugements d'interdiction* un système de registres spéciaux au greffe de chaque arrondissement, d'après le lieu de naissance des individus, avec un registre central à Paris, tout à fait semblable à celui du casier judiciaire de la justice criminelle. C'est *un premier pas* vers l'institution du casier civil, mais il reste encore beaucoup à faire dans cette voie.

Enfin la loi du 17 août 1897, faisant un pas de plus, a ordonné : 1° qu'il serait fait *mention de tout mariage* contracté par une personne *en marge de son acte de naissance* (art. 76 al. final)[1] ; 2° que la *légitimation* d'un enfant serait mentionnée, de même en marge de son acte de naissance (art. 331, al. 2).

Nous nous acheminons ainsi, peu à peu, vers un système centralisant au lieu de naissance de chaque personne tous les renseignements concernant son état civil.

B. — Histoire de l'état civil.

493. Origine des registres de l'état civil. — Les divers moyens employés dans l'antiquité pour établir et conserver la preuve des naissances et des décès[2] n'ont aucun lien historique avec l'institution moderne des registres. Ceux-ci doivent leur origine au clergé catholique. Les registres des *baptêmes* paraissent avoir été tenus assez tard (Statuts de l'évêque de Nantes, Henri le Barbu, de 1406). Le but de leur institution était d'assurer le respect des prescriptions canoniques qui défendaient les mariages entre parents. Les généalogies n'étant pas établies, des parents au degré prohibé se mariaient dans l'ignorance de leur parenté.

L'origine des registres de *mariages* et de *décès* est différente et plus ancienne. La coutume étant de faire une offrande aux curés pour les mariages et les enterrements, ceux-ci se mirent à tenir une sorte de livre de comptes, où ils inscrivaient les sommes touchées, et

[1] Cette mention permet aux tiers de savoir si la personne s'est ou non mariée : ils n'ont qu'à lui demander un extrait de son acte de naissance, qui soit de date récente. Le principal avantage qu'on y trouve est de rendre à peu près impossible le crime de bigamie par les personnes résidant en France et s'y étant déjà mariées une première fois.

[2] Voir, pour la Grèce, Egger, *Revue archéologique*, 1861 (nouv. série, t. IV) ; pour Rome, Derome, *Revue de législ. et de jurispr.*, 1849, t. XXXVI ; Thibeaud, *Histoire des actes de l'état civil*, thèse, Bordeaux, 1891.

surtout celles qui leur étaient encore dues. Les plus anciennes écritures de ce genre qui nous sont parvenues appartiennent à la Bourgogne et datent des premières années du XIVe siècle (*Biblioth. de l'École des chartes*, 6e série, t. V, p. 546-547).

494. Réglementation des registres par la royauté. — Ces registres, tout imparfaits qu'ils étaient, rendirent de grands services, non seulement aux curés, mais à tous, dans un temps où on en était réduit ordinairement à la mémoire incertaine et aux déclarations suspectes des témoins. Beaucoup de gens ignoraient leur âge, surtout les vieillards, et on voit sur les anciens manuscrits de livres d'heures, de romans, de coutumes, que les possesseurs y inscrivaient souvent la date de la naissance de leurs enfants pour en conserver le souvenir.

L'emploi des registres paroissiaux devint donc de plus en plus fréquent; mais ils avaient besoin d'être réglementés. Les écritures étaient souvent mal tenues et en désordre. Parfois on se passait de registres et on se contentait de feuilles volantes qui n'offraient aucune garantie de durée. Les rois intervinrent. L'ordonnance de *Villers-Cotterets*, en 1539, décida d'une manière générale qu'il serait tenu registre des *baptêmes*, contenant le temps et l'heure de la « nativité », et que ces registres feraient pleine foi (art. 51). Mais cette ordonnance, qui exigeait le visa d'un notaire, souleva l'opposition du clergé et fut mal observée. En 1563, le *concile de Trente* s'occupa à son tour des registres de baptêmes ; il prescrivit aussi la tenue d'un registre pour les *mariages*. L'ordonnance de *Blois*, de 1579, s'occupa pour la première fois des trois espèces de registres, pour les *baptêmes, mariages* et *enterrements* (art. 181). La grande ordonnance de 1667 sur la procédure civile, entra dans de longs détails sur la tenue des registres, et beaucoup de ses dispositions subsistent encore. C'est elle qui introduisit l'usage de tenir les registres en *double*, mais par original et par copie. Le *double original* ne date que de 1736 (déclaration du 9 avril). L'un devait rester à la paroisse ; l'autre était déposé au greffe du bailliage.

On le voit : depuis le XVIe siècle, cette matière n'a pas cessé d'être régie par les ordonnances royales, offrant ainsi un remarquable exemple d'immixtion de l'autorité civile dans les affaires de l'Église.

495. État civil des protestants. — Ces prescriptions multipliées eurent pour résultat d'adapter les registres paroissiaux au rôle nouveau qu'ils avaient désormais à remplir. Néanmoins l'institution eut toujours un vice grave : tenus par le clergé, les registres ne pouvaient servir que pour les catholiques ; les personnes qui appartenaient aux autres cultes n'en profitaient pas. Les pasteurs protestants avaient bien l'habitude, à l'imitation du clergé catholique, de conserver sur des registres la preuve écrite des naissances, mariages et décès de leurs coreligionnaires, mais ces écritures, n'ayant pas fait l'objet d'une réglementation administrative, n'avaient aucune valeur légale. Elles devinrent même impossibles lorsque l'exercice public du culte « prétendu réformé » fut interdit en France (1685). Toutefois, malgré les rigueurs de la persécution, les protestants continuèrent en fait à pouvoir prouver la date de leur naissance et le décès de leurs parents. Les nécessités de la pratique imposaient sur ce point la tolérance aux Parlements. Ce ne fut guère que pour les mariages que la situation des protestants devint pénible, parce qu'ils refusaient de s'adresser au clergé catholique. On les vit alors recourir à toutes sortes de supercheries. Par exemple, après la célébration d'un mariage selon les rites de la religion réformée, un ami ou un parent délivrait aux époux un certificat portant les noms d'une paroisse et d'un curé imaginaires. Exemple : « Nous, Antoine Daule, curé de Nullancourt, attestons à qui il appartiendra... » (Sophronyme Beaujour, *Histoire de l'Église réformée de Caen*, 1877, p. 463). Ces certificats ne ressemblaient en rien aux actes de mariage délivrés par les curés catholiques.

En novembre 1787, Louis XVI, en rendant aux réformés le libre exercice de leur culte, leur rendit en même temps un état civil régulier. Leurs naissances, mariages et décès furent constatés par les officiers de la justice royale du lieu. Ce fut la première apparition en France d'*officiers laïques* chargés de constater l'état des particuliers. Un arrêt du Conseil des dépêches, du 15 sept. 1685, avait bien autorisé les protestants à contracter mariage devant les officiers de justice ; mais cet arrêt, qui ne précéda que de quelques semaines la révocation de l'édit de Nantes, n'avait reçu aucune exécution.

496. Sécularisation des registres. — L'idée de séculariser l'état civil s'était dégagée au XVIIIe siècle ; elle naquit du spectacle des injustices qu'entraînait l'intolérance religieuse. Elle aboutit pendant la Révolution. L'Assemblée constituante décida que les naissances, mariages et décès de tous les habitants, sans distinction, seraient constatés par des officiers publics chargés d'en recevoir et d'en conserver les actes (Constitution de 1791, tit. II, art. 7). Ce n'était encore qu'une promesse. L'Assemblée législative réalisa la réforme (L. 20-25 septembre 1792). Elle confia la tenue des registres aux municipalités et décida qu'à l'avenir les registres municipaux feraient seuls foi en justice.

Le clergé paroissial a continué à tenir ses registres, mais ceux-ci ont repris leur rôle primitif; ils ne servent plus que devant l'autorité ecclésiastique. Toutefois ils conservent encore leur force probante pour les naissances, mariages et décès antérieurs à la loi de 1792, et cela par une application toute simple du principe de non-rétroactivité des lois.

§ 2. — *Des officiers de l'état civil.*

497. Qui est officier de l'état civil. — Le Code Napoléon ne dit pas à qui appartient la qualité d'officier de l'état civil ; il se réfère sur ce point aux lois administratives.

Depuis 1792, la mission de dresser les actes et de tenir les registres a toujours appartenu aux *municipalités* (L. 20-25 sept. 1792, sur l'état civil, tit. I, art. 1 ; L. 28 pluv. an VIII, sur l'administration de la République, art. 13 ; LL. sur l'organisation municipale, 18 juillet 1837, art. 9, et 5 avril 1884, art. 92).

D'après la loi de 1792, le Conseil communal élisait un ou plusieurs de ses membres, spécialement chargés de ces fonctions; l'officier de l'état civil était donc *distinct du maire*. Quand la Constitution de l'an III organisa les *municipalités de canton*, on laissa seulement dans chaque commune un agent municipal pour faire fonctions d'officier de l'état civil.

La loi du 28 pluviôse an VIII, qui a rendu à chaque commune une municipalité distincte, a supprimé les officiers spéciaux de l'état civil, et attribué leurs fonctions aux *maires* (Loi précitée, art. 13).

Si les maires ont encore la qualité d'officier de l'état civil, c'est toujours en vertu de la loi de l'an VIII, car les lois municipales postérieures ne se sont occupées que des fonctions administratives des maires, et ont laissé de côté l'état civil, en se bornant à dire que les maires continueraient à exercer « les fonctions spéciales qui leur sont attribuées par les lois » (L. 5 avril 1884, art. 92-3°).

SUPPLÉANCE DU MAIRE. — En cas d'absence ou d'empêchement, le maire est remplacé, comme officier de l'état civil, d'abord par les *adjoints*, dans l'ordre des nominations ; à défaut d'adjoints, par un *conseiller municipal* pris dans l'ordre du tableau (L. 5 avril 1884, art. 81 et 84). En outre, le maire jouit du droit de *déléguer* ses fonctions à un adjoint ou, à défaut, à un conseiller municipal, *sans être astreint à suivre un ordre déterminé* (même loi, art. 82) [1].

[1] La question de savoir si un conseiller municipal peut remplir les fonctions d'officier de l'état civil en vertu d'une délégation du maire, sans que les causes qui empêchent les adjoints ou les conseillers municipaux qui le précèdent dans l'ordre du tableau soient constatées, et même en l'absence de tout empêchement, a été discutée passionnément avant la loi de 1884, à propos de l'affaire dite *des mariages de Montrouge* (Voy. DALLOZ, *Suppl.*, v° Mariage, n° 186). La Cour de cassation l'a tranchée affirmativement, de façon à empêcher l'annulation de nombreux mariages (Cass., 7 août 1883, D. 84. 1. 5, S. 84. 1. 5). La faculté de déléguer leurs pouvoirs ayant été accordée aux maires sans restriction par l'art. 82 de la loi du 5 avril 1884, la question ne pourrait plus se poser pour les actes postérieurs à cette loi.

* **498. Fonctions de l'officier de l'état civil.** — Les officiers de l'état civil ne sont pas seulement chargés de dresser les actes, c'est-à-dire de les écrire et de les faire signer; ils doivent en outre :

1° Vérifier le fait de la naissance (art. 55) ou du décès (art. 77) ;

2° Procéder aux publications et à la célébration des mariages ;

3° Veiller à la conservation des registres déposés à la mairie ;

4° En délivrer des extraits à tout requérant.

Mais ils n'ont *aucune juridiction :* ainsi ils ne sont pas juges de la validité des oppositions à mariage qui leur sont signifiées, ni même de leur régularité en la forme. De même, ils agissent prudemment en refusant d'opérer la transcription d'un jugement ou arrêt de divorce, quand ils en sont requis après l'expiration du délai légal (Paris, 30 mai 1888, D. 98. 2. 17, S. 88. 2. 198).

* **499. Compétence.** — Leur compétence est *territoriale*. Par suite, ils ne peuvent dresser un acte valable en dehors du territoire de leur commune ; mais, en revanche, ils ont qualité pour constater tous les faits qui se passent sur ce territoire.

Faut-il en conclure qu'il n'y a pas à tenir compte du lieu où se trouve le domicile des parties intéressées ? On le dit souvent, mais c'est une erreur. Il est impossible de donner une réponse unique ; cela dépend de la nature des actes. L'acte de naissance et l'acte de décès sont reçus dans la commune où l'enfant est né, où le défunt est mort, quel que soit le lieu de leur domicile. La reconnaissance d'un enfant naturel peut être reçue partout. Mais les actes de *mariage* et de *divorce* doivent être transcrits par l'officier du domicile de l'un des époux ; l'acte d'*adoption* doit l'être par l'officier du domicile de l'adoptant. Le domicile détermine donc la compétence dans trois cas sur six.

500. Obligation de procéder. — La mission de l'officier de l'état civil étant indispensable, *il ne peut pas refuser son ministère quand il en est requis*. On a vu cependant en 1896 un maire catholique d'un département de l'Ouest s'obstiner à ne pas célébrer un mariage parce que l'un des futurs époux avait contracté une précédente union, dissoute par le divorce. Les journaux s'occupèrent de cet incident, qui se prolongea un certain temps. Le remède est dans la loi municipale de 1884, art. 85 : « Lorsque le maire refuse ou néglige de faire un des actes qui lui sont prescrits par la loi, le préfet peut, après l'en avoir requis, y procéder par lui-même ou par un délégué spécial. »

501. Cas où l'officier doit s'abstenir. — La loi n'a pas songé à interdire aux officiers de l'état civil de recevoir un acte dans lequel un de leurs *parents* ou *alliés* serait intéressé. Ils sont donc libres de le faire. Une circulaire du garde des sceaux, du 21 juillet 1818, leur a bien prescrit de s'abstenir quand il s'agit de *leurs propres enfants* (Dalloz, *Répert.*, v° Actes de l'état civil, n° 38), mais cette sage recommandation, si elle était violée, serait insuffisante pour entraîner une nullité qui ne résulte ni des textes ni des principes.

La même circulaire leur défend en outre de dresser un acte dans lequel ils seraient *eux-mêmes intéressés* en qualité de partie, de déclarant ou de témoin. Une pareille confusion de rôles serait étrange. Voit-on un maire se mariant lui-même ! Et cependant la loi est muette ici encore. Mais il y a des choses qu'un législateur n'a pas besoin de dire. De l'avis général, la nullité s'imposerait et il y a une *incompatibilité naturelle* entre les fonctions d'officier de l'état civil et la comparution dans l'acte comme partie, déclarant ou témoin. Un maire qui veut se marier dans sa commune doit donc faire célébrer son mariage par un adjoint.

* **502. Caractère judiciaire des fonctions de l'état civil.** — En leur qualité d'officiers de l'état civil, les maires et adjoints sont des *agents de l'ordre judiciaire* [1]. Ils relèvent du procureur de la République, du procureur général et du ministre de la justice, tandis que pour leurs fonctions ordinaires qui consistent à administrer la commune, ils sont des *agents de l'ordre administratif* et se trouvent placés comme tels sous la surveillance et l'autorité du préfet et du ministre de l'intérieur.

§ 3. — *Des registres de l'état civil et de leurs extraits.*

* **503. Motifs de la tenue des registres.** — Les actes de l'état civil doivent être écrits sur des *registres* (art. 40). Il est interdit de les écrire sur des feuilles volantes, qui s'égareraient trop facilement. L'inscription sur des registres est le moyen que la loi emploie, quand elle veut assurer la conservation d'actes destinés à la publicité et qui sont par suite fréquemment consultés. L'enregistrement, la transcription, l'inscription des hypothèques, les renonciations à succession, les acceptations sous bénéfice d'inventaire se font sur des registres. Il en est autrement des actes reçus par les notaires, parce qu'ils sont destinés à rester secrets ; leur conservation est assurée par d'autres moyens.

* **504. Sanction.** — La nécessité d'écrire les actes de l'état civil sur des registres est sanctionnée par des *peines sévères* (art. 192 C. pén.), et par les *dommages-intérêts* qui peuvent être dus aux parties.

505. Leur forme. — Les registres sont en *papier timbré*. Pour éviter des fraudes, la loi veut que leurs feuillets soient *cotés* par première et dernière, et *paraphés* par le président du tribunal, ce qui prévient toutes suppressions, additions ou substitutions de feuillets. A la fin de chaque année, les registres sont *clos et arrêtés* par l'officier de l'état civil, qui écrit la mention de clôture immédiatement après le dernier acte inscrit, de façon à empêcher l'addition d'actes supposés.

506. Leur nombre. — La loi de 1792 voulait qu'il y eût dans chaque commune un

[1] Mais ils ne sont pas pour cela, comme on le dit quelquefois, des *officiers de police judiciaire*. D'après le Code d'instruction criminelle (art. 8), la police judiciaire est celle qui recherche les crimes, délits et contraventions ; elle en rassemble les preuves et en livre les auteurs aux tribunaux. Les maires figurent parmi les officiers de police judiciaire (même Code, art. 9), mais les fonctions qu'ils remplissent à ce titre n'ont rien de commun avec l'état civil.

registre pour les naissances, un second pour les mariages, un troisième pour les décès. Cette disposition, destinée à faciliter les recherches, avait des inconvénients. Dans les petites communes, quelques feuilles de papier suffisent pour tout contenir, et les trois registres étaient vraiment du luxe. Des maires de campagne s'y embrouillaient, se trompaient de registres; d'autres, après avoir rempli le registre des naissances, inscrivaient les nouvelles naissances sur le registre des décès, ou réciproquement. Il fallut y renoncer. Le Code civil permet de n'avoir dans les communes de peu d'importance qu'un seul registre au lieu de trois (art. 40 : sur *un* ou plusieurs registres). C'est le président du tribunal qui apprécie s'il y a lieu d'en délivrer trois ou un seul.

En tout cas, le registre unique ou les trois registres doivent être *tenus doubles* (art. 40). Le même acte est donc rédigé et signé deux fois, non pas par original et par copie, mais en *double original*. Cette rédaction en double est utile pour multiplier les chances de conservation des actes. A la fin de l'année, l'un des doubles est déposé aux archives de la commune ; l'autre est envoyé au greffe du tribunal civil de l'arrondissement. De la sorte, si l'un des deux bâtiments brûle, l'autre dépôt permet de reconstituer les actes perdus, tandis que sans cette précaution il ne resterait plus rien [1].

Il n'y a qu'un seul registre qui ne soit pas soumis à cette formalité du double : c'est le registre des publications de mariage, sur lequel on inscrit aussi d'une manière sommaire les oppositions à mariage. Ces documents étant inutiles à conserver longtemps après la célébration des mariages, le registre qui les contient est tenu en simple (art. 63 et 67).

507. Vérification des registres. — D'après l'art. 53, complété par l'ordonnance du 26 novembre 1823, le double exemplaire de chaque registre doit être vérifié par le *procureur de la République* de l'arrondissement, après sa clôture, dans les quatre premiers mois de chaque année. Un *procès-verbal* sommaire est dressé, et, s'il y a lieu, les peines portées par la loi sont requises contre l'officier en faute.

508. Tables. — Les actes étant insérés dans les registres sans aucun ordre, à mesure que les déclarations sont faites, on a dû se préoccuper de dresser des tables alphabétiques d'après les noms des parties. Un décret du 20 juillet 1807 y a pourvu. Il y a deux sortes de tables : les unes sont *annuelles*, dressées par l'officier de l'état civil, dans le mois qui suit la clôture du registre ; les autres sont *décennales*, dressées par le greffier en triple exemplaire pour être déposées au greffe, à la mairie, et à la préfecture.

* **509. Lieux de dépôt.** — Une fois que l'année est écoulée et que les registres sont clos, l'un des doubles est déposé aux archives de la mairie, l'autre est envoyé au greffe du tribunal civil de l'arrondissement.

Il y a cependant d'autres lieux de dépôt spéciaux pour certaines catégories de registres :

Les registres paroissiaux conservés dans les greffes des bailliages avant 1792 ont été déposés dans les archives des préfectures.

L'un des doubles des registres tenus entre le mois de septembre 1792 et le 30 ventôse an XI (promulgation des art. 34-101 C. civ.) est également conservé dans les archives départementales.

Enfin les ministères de la marine, de la guerre et des affaires étrangères conservent les actes reçus hors du territoire et envoyés en France pour y être transcrits.

** **510. Publicité des registres.** — Les registres de l'état civil sont faits pour être à la disposition du public. Ce n'est pas que les particuliers aient le droit de les parcourir, mais ils peuvent obtenir copie d'un acte quelconque sans avoir à justifier d'aucun intérêt, et sous la seule obligation d'acquitter un droit très minime (art. 45). Les actes notariés, au con-

[1] Les incendies allumés dans Paris en mai 1871, au moment de la défaite de la Commune, ont pourtant rendu inutile cette mesure de précaution. Le Palais de Justice, qui contenait les registres déposés au greffe du tribunal de la Seine, et l'Hôtel de Ville, qui contenait les archives municipales, furent tous deux brûlés. La même calamité avait déjà frappé la ville de Soissons à la fin des guerres du premier Empire (Ord. 9 janvier 1815).

traire, doivent rester secrets. Seules les parties qu'ils intéressent peuvent obtenir communication de la minute ou s'en faire délivrer des extraits ou des expéditions. La raison de cette différence est que l'intérêt général, pour la sécurité des conventions, exige que celui qui traite avec une personne puisse être renseigné avec certitude sur son état et sur sa capacité, tandis que les actes notariés contiennent des conventions que les tiers, en général, n'ont aucun intérêt à connaître. Dans les cas exceptionnels où cet intérêt existe, la loi organise une publicité particulière. Elle l'a fait, par exemple, pour les contrats de mariage (L. 10 juillet 1850) et pour les ventes d'immeubles (L. 23 mars 1855).

* **511. Des extraits des registres.** — Les copies délivrées au public s'appellent *extraits*. Quand il s'agit d'actes notariés, on appelle « extrait » une copie partielle qui ne contient que les passages utiles à communiquer ; les copies entières s'appellent *expéditions*. Les « extraits » de l'état civil contiennent, au contraire, la copie entière et exacte de l'acte demandé. Ce sont de véritables expéditions, et si on les appelle « extraits », c'est pour rappeler qu'elles sont tirées d'un registre, dans lequel l'original figure au milieu de beaucoup d'autres. On a donc un extrait, non pas de l'acte, mais du registre.

Ces extraits peuvent être demandés à l'un ou à l'autre des deux dépôts des registres, ce qui est encore une facilité de plus pour le public.

Au *tribunal*, c'est le *greffier* qui les délivre ; à la *mairie*, c'est l'*officier de l'état civil* lui-même, et non le secrétaire de la mairie, qui n'est qu'un simple employé. Dans les premières années du Code civil, les secrétaires de mairie, se croyant les successeurs des secrétaires des anciennes municipalités, se mirent à délivrer les extraits de l'état civil. Un avis du Conseil d'État du 2 juillet 1807 le leur a interdit pour l'avenir, tout en validant les extraits abusivement délivrés par eux auparavant.

Les extraits sont délivrés sur papier timbré à 1 fr. 80. Le requérant acquitte, en outre, un droit minime qui varie selon la nature des actes et la population de la commune, de 0 fr. 30 à 1 fr. 50 (Mersier, n° 34).

Les actes de l'état civil, ainsi que les extraits qui en sont délivrés, sont *dispensés de la formalité de l'enregistrement* (L. 22 frim. an VII, art. 70, § III, 8°).

512. Légalisation. — Quand un extrait est demandé, la signature du dépositaire qui le délivre doit être *légalisée* (art. 45). La légalisation est l'attestation de l'authenticité de la signature d'un officier public.

Cette formalité est exigée dans tous les cas pour les extraits de l'état civil, c'est-à-dire quel que soit le lieu où il doive en être fait usage. On verra qu'il en est autrement pour les actes notariés, pour lesquels la légalisation n'est nécessaire qu'autant qu'il doit en être fait usage dans un autre arrondissement. Cela tient à ce que les signatures des officiers de l'état civil ne sont pas aussi connues et n'offrent pas les mêmes garanties que celles des notaires.

D'après l'art. 45, la légalisation était donnée, comme pour les actes notariés, par le président du tribunal civil. Une loi du 2 mai 1861 a permis aux juges de paix, dans les cantons autres que celui du tribunal, de légaliser les signatures des officiers de l'état civil. C'est une facilité qui évite des déplacements et des retards.

§ 4. — *Rédaction des actes.*

A. — Règles générales.

513. Distinction. — Ces règles générales concernent soit les *personnes* qui figurent dans l'acte, soit la *rédaction de l'acte* lui-même.

1° Des personnes qui concourent à la confection de l'acte.

514. Énumération. — La confection d'un acte de l'état civil suppose toujours, outre l'officier municipal, une ou plusieurs autres personnes qui lui fournissent les éléments de l'acte à rédiger. Ces personnes, dont le nombre est variable selon la nature des actes, peuvent jouer trois rôles différents : elles peuvent être des *parties*, des *déclarants* ou des *témoins*.

515. Des parties. — On appelle « partie » la personne que l'acte concerne, c'est-à-dire dont il constate ou modifie l'état, *lorsqu'elle participe elle-même à la confection de l'acte*. Ainsi il est bien évident que dans les actes de naissance ou de décès, la personne que l'acte concerne ne figure pas comme partie. Au contraire, les époux sont *parties* à leur acte de mariage.

Les parties peuvent, en général, se faire représenter par un *fondé de pouvoirs*, pourvu qu'il soit porteur d'une procuration *authentique*, c'est-à-dire notariée, et *spéciale*; un mandat conçu en termes généraux ne suffirait pas (art. 36). Ainsi un père, qui veut reconnaître un enfant naturel, peut donner, par-devant notaires, une procuration à cet effet [1]. Le *mariage* seul fait exception : la *comparution personnelle* des parties y est absolument nécessaire.

Quelquefois même les parties sont dispensées de toute intervention. C'est ce qui a été fait pour l'acte de divorce, qui peut être dressé hors la présence des époux désunis (art. 252, texte de 1886).

* **516. Des déclarants.** — Les déclarants sont des personnes qui font connaître à l'officier de l'état civil le fait à constater, *lorsque la personne dont il s'agit est hors d'état de le faire elle-même*; c'est ce qui arrive pour les *naissances* et les *décès*. Toute personne peut être déclarant : les femmes aussi bien que les hommes ; les étrangers aussi bien que les Français ; la loi n'exige même pas que les déclarants soient majeurs, et il en a été ainsi de tout temps. Voyez cependant ce qui est dit ci-dessous au n° 535.

* **517. Des témoins.** — Pour rendre les fraudes plus difficiles, la loi exige quelquefois la présence de *témoins*, par exemple pour le mariage

[1] D'après l'art. 2 de la loi du 21 juin 1843, la procuration donnée pour reconnaître un enfant naturel doit être dressée en la présence réelle du second notaire ou des témoins instrumentaires.

et pour les déclarations de naissances. Les témoins servent : 1° à certifier à l'officier de l'état civil l'identité des parties ou des déclarants ; 2° à confirmer l'exactitude des déclarations faites par ceux-ci ; 3° à vérifier la conformité de l'acte rédigé et des déclarations faites.

Les témoins de l'état civil diffèrent sur plusieurs points des témoins des actes notariés. La loi n'exige plus d'eux qu'une seule qualité : ils doivent être âgés de 21 ans accomplis (art. 37, modifié par la loi du 7 décembre 1897). Ainsi, peuvent être témoins à l'état civil :

1° Les femmes. — Le Code Napoléon n'admettait pas les femmes à jouer ce rôle dans les actes de l'état civil. C'est seulement la loi du 7 décembre 1897 qui le leur a permis, en même temps que pour les actes notariés. Toutefois, le mari et la femme ne peuvent pas être témoins dans le même acte (art. 37).

2° Les étrangers. — La loi n'exige pas la qualité de Français, comme le fait la loi du 25 ventôse an XI, art. 9 et 11, sur le notariat.

3° Les parents des parties. — Pour les actes notariés, les parents des parties sont exclus par la loi de ventôse. La même exclusion ne se justifiait pas pour les actes de l'état civil. Il s'agit de constater des événements intimes qui ne sont guère connus que des membres de la famille. En excluant les parents des parties et les personnes non françaises, on eût couru le risque de se priver des seules personnes qui pussent faire les déclarations voulues. D'ailleurs le témoignage des parents n'est pas suspect dans les actes de l'état civil, car les faits qu'ils viennent attester leur sont ordinairement défavorables : ainsi la naissance d'un enfant ruine les espérances des collatéraux et diminue la part héréditaire de ses frères et sœurs dans les successions qui pourront s'ouvrir à leur profit. Au contraire, la solidarité d'intérêts qui unit les membres de la famille dans leurs relations d'affaires avec les tiers, peut faire craindre qu'un parent ne se prête trop facilement à une entente frauduleuse contre l'autre partie : de là leur exclusion dans les actes notariés.

Les témoins des actes notariés doivent, de plus, savoir signer et être domiciliés dans la commune où l'acte est dressé, ce qui n'est pas nécessaire pour les actes de l'état civil.

2° De la rédaction de l'acte.

518. Énonciations à insérer. — Tout acte de l'état civil doit énoncer l'année, le jour et l'heure où il est reçu ; les noms, prénoms, âges, professions et domiciles de tous ceux qui y sont dénommés (art. 34). L'officier doit insérer dans l'acte toutes les énonciations qui sont exigées par la loi. Pour cela il provoque les réponses des parties ou des déclarants par ses questions ; mais quand on refuse de lui faire une déclaration, il ne peut pas compléter l'acte par ses renseignements personnels. Son rôle se borne à reproduire ce qu'on lui dit. Siméon, dans son discours au Tribunat, le comparait à un greffier. — En sens inverse, il ne doit insérer dans l'acte que ce qui *doit* lui être déclaré. Toute énonciation étrangère au fait ou à l'acte doit être écartée. On cite comme exemple un maire de la Vendée qui a refusé de constater dans un acte de naissance que l'enfant qu'on lui présentait était coiffé d'un bonnet blanc donné par la duchesse de Berry. A plus forte raison, s'il s'agissait d'énonciations prohibées par la loi, comme la mention dans un acte de décès, d'un suicide ou d'une exécution capitale (Voy. ci-dessous n° 540). Le législateur a eu raison de se montrer si sévère dans son exclusion, à cause du double caractère authentique et public des registres.

Rien ne doit être écrit par abréviation ; aucune date ne doit être mise en chiffres (art. 42).

519. Modèles et formulaires. — Pour faciliter la rédaction de ces actes, qui est assez compliquée et parfois très délicate, il existe des *modèles*, qui ont été adressés aux municipalités par l'intermédiaire des préfets, le 25 fructidor an XII, mais ces formules ne sont pas obligatoires. Comparez les *formulaires* publiés par diverses personnes, notamment par M. Mersier (cité au n° 485).

520. Pièces annexées. — Beaucoup de pièces, procurations, procès-verbaux, etc., doivent être annexées aux actes de l'état civil, en vertu de différents textes. Comme on ne peut pas les ajouter matériellement aux registres, on en fait des *liasses*, qui sont ensuite *déposées au greffe*, avec l'un des doubles (art. 44).

521. Lecture et signature. — Lecture est donnée de l'acte. Puis il est signé par toutes les personnes présentes, l'officier de l'état civil, les parties, les déclarants, les témoins. Mention est faite de la cause qui empêche l'un d'eux de signer. Les renvois et les ratures doivent être approuvés (art. 38, 39 et 42).

522. Irrégularité de la pratique. — En fait, à Paris et dans les grandes villes, on ne se conforme pas strictement à la loi, du moins pour les déclarations de naissance et de décès. L'acte est dressé hors la présence de l'officier de l'état civil, par de simples employés ; souvent même on fait signer les registres en blanc par les déclarants et les témoins, et l'acte est rédigé ensuite, d'après les renseignements fournis par eux et consignés provisoirement sur des fiches spéciales.

B. — Règles spéciales aux actes de naissance.

523. Avertissement. — Outre les règles générales, communes à tous les actes de l'état civil, il existe des règles particulières pour chaque espèce d'actes. Mais, pour la plupart, ces règles trouvent leur place naturelle dans les matières auxquelles elles se rapportent. Ainsi l'art. 62, relatif aux *reconnaissances d'enfants naturels*, sera expliqué à propos des *Preuves de la filiation naturelle*, qui font partie du programme de 3e année. Ainsi encore les règles spéciales aux *actes de mariage* sont, d'après un usage généralement suivi, réunies à la théorie du *mariage* lui-même ; on évite ainsi de couper en deux une matière où tout se tient. Il ne reste donc à examiner ici que les règles propres aux *actes de naissance* et celles des *actes de décès*. Ces dernières feront l'objet des nos 534 et suiv.

* **524. Délai de déclaration.** — La naissance d'un enfant doit être déclarée à l'état civil dans les trois jours de l'accouchement (art. 55). Le jour de l'accouchement ne compte pas, grâce à une règle générale qui peut se formuler ainsi : lorsqu'un événement quelconque sert de point de départ à un délai, le jour où cet événement se produit n'est pas compris dans le délai. De là le brocard : « Dies a quo non computatur in termino ». Par conséquent, le délai est *franc* et comprend les trois jours qui suivent celui de l'accouchement.

* **525. Sanction.** — Le défaut de déclaration dans les trois jours est puni par le Code pénal (art. 346). Le Code civil avait omis d'assurer par une sanction pénale l'obéissance à ses prescriptions. L'expérience montra qu'on avait eu tort de compter sur l'empressement et la régularité du public. Beaucoup de naissances n'étaient pas déclarées, surtout des naissances de garçons, que leurs parents espéraient par ce moyen soustraire à

la conscription dans un temps où la guerre était continuelle. Le Code pénal, voté en 1810, répara cette omission. D'après l'art. 346, le défaut de déclaration est puni d'un emprisonnement de six jours à six mois, et d'une amende de 16 à 300 francs. Le Code pénal prononce cette peine contre les personnes « qui ont assisté à l'accouchement ». Cette rédaction ne concorde pas avec celle de l'art. 56 C. civ. Ce dernier texte impose l'obligation de déclarer l'enfant au père et à la personne dans le domicile de laquelle la mère est accouchée, sans y mettre comme condition qu'elles aient assisté à la délivrance de la mère. Comme les textes du droit pénal s'interprètent toujours restrictivement, il en résulte que ces deux personnes échappent à toute pénalité si elles se trouvaient hors de la maison à ce moment : elles sont bien tenues de faire la déclaration, d'après la loi civile, mais leur obligation manque alors de sanction.

* **526. Déclarations tardives.** — Lorsque la naissance n'a pas été déclarée dans les trois jours, l'acte ne peut plus être dressé qu'*en vertu d'un jugement*. Les déclarations tardives ne sont pas reçues (Avis du Conseil d'État, 12 brumaire an XI. Comp. L. 19 juillet 1871, art. 2, al. final).

* **527. Qui doit déclarer l'enfant.** — L'obligation de déclarer la naissance pèse d'abord sur le père; c'est le premier devoir qu'il ait à remplir envers son enfant. « A défaut du père », c'est-à-dire s'il est absent, ou malade, ou déjà mort, l'art. 56 énumère les docteurs en médecine ou en chirurgie, sages-femmes, officiers de santé et autres personnes qui auront assisté à la délivrance [1]. Toutes en sont tenues indistinctement sans qu'il y ait d'ordre à établir entre elles. Pour le cas particulier où la mère serait accouchée hors de son domicile, la loi ajoute aux précédentes la personne chez laquelle l'accouchement a eu lieu.

L'art. 56 ne faisant aucune distinction, les mêmes règles sont applicables aux enfants *légitimes* et aux enfants *naturels*, avec cette différence toutefois que le père naturel, n'étant connu que par une déclaration volontaire de sa part, ne peut être *obligé* d'aller déclarer la naissance de son enfant. La loi de 1792 le disait en termes formels ; elle imposait aux autres personnes l'obligation de faire la déclaration « lorsque le mari sera absent ou hors d'état d'agir, *ou lorsque la mère ne sera pas mariée* » (art. 3).

* **528. Vérification de la naissance et du sexe de l'enfant.** — Le Code civil (art. 55) voulait que l'enfant fût *présenté* à l'officier rédacteur de l'acte. Cette présentation est nécessaire pour lui permettre de vérifier à la fois la naissance d'un enfant vivant et son sexe. En outre, elle peut être un moyen de reconnaître si la déclaration est tardive : l'officier

[1] Sur les difficultés que peuvent soulever les déclarations de naissance au point de vue du secret professionnel, voyez BROUARDEL, *Le secret médical*, p. 204 et suiv.

de l'état civil pourra souvent s'apercevoir que l'enfant qu'on lui présente a plus de trois jours.

Où doit se faire cette présentation? En principe, c'est *à la mairie*, mais le transport d'un enfant naissant au bureau de l'état civil peut mettre sa vie en danger. D'après la loi de septembre 1792, l'officier était alors tenu de se rendre lui-même *dans la maison* où se trouvait l'enfant. Le Code civil n'ayant pas reproduit cette disposition, certains officiers de l'état civil en profitaient pour appliquer l'art. 55 d'une manière rigoureuse. Le Dr Loir entreprit, de 1845 à 1865, une véritable croisade en faveur de la *constatation des naissances à domicile.* Dramard (n° 355) indique la série de ses publications qui parurent principalement dans les *Mémoires* de l'Académie des sciences morales, qui lui décerna un encouragement sur le prix Montyon en 1854. Les résistances de la pratique furent enfin vaincues, et la naissance est aujourd'hui constatée sur place *par un médecin.* En principe, c'est le médecin de la famille, celui qui a accouché la mère, qui est chargé de ce soin. Mais à Paris et dans quelques grandes villes, où la municipalité ne peut connaître toutes les personnes munies du titre de docteur et apprécier leur honorabilité, les naissances sont vérifiées par des médecins spéciaux appelés *médecins de l'état civil*, délégués par l'administration municipale. Dans l'un et dans l'autre cas, le médecin délivre aux parents un *certificat* sur le vu duquel l'acte est dressé.

Outre ses avantages pour l'*hygiène des nouveau-nés*, ce système offre plus de *garanties techniques* que celui du Code, mais il n'est pas conforme à la rigueur des textes : l'officier de l'état civil affirme des faits qu'il n'a pas vérifiés par lui-même. C'est un des exemples les plus remarquables des avantages qu'offre la violation d'une loi mauvaise.

529. Rédaction de l'acte. — L'acte doit être dressé de suite en présence du déclarant et de deux témoins (art. 56). On a déjà dit que, dans beaucoup d'endroits, la loi n'est pas observée sur ce point (ci-dessus, n° 522).

L'article 57 énumère les énonciations que l'acte doit contenir : « le jour, l'heure et le lieu de la naissance, le sexe de l'enfant, les prénoms qui lui sont donnés, les noms, prénoms, profession et domicile de ses père et mère et des témoins ».

*** 530. Indication du nom des parents.** — L'indication du nom des parents ne fait pas de difficulté quand il s'agit d'un *enfant légitime.* Les parents n'ont aucune raison de se cacher et l'enfant a le plus grand intérêt à trouver dans son acte de naissance la preuve de sa filiation.

Pour les enfants non légitimes, il y a plusieurs cas à distinguer.

Si l'enfant est *adultérin*, c'est le nom du mari de la mère qui doit figurer dans l'acte, et le nom du père véritable ne doit être ni déclaré ni écrit (arg. art. 335).

Si l'enfant est *incestueux*, le nom de la mère doit seul être mentionné. Si l'on y ajoutait le nom du père, l'inceste serait visible; or la filiation incestueuse, pas plus que la filiation adultérine, ne doit recevoir de constatation régulière (art. 335). Dans ces deux cas, le nom du père est passé sous silence, alors même qu'il serait présent et requerrait l'officier de l'inscrire.

S'il s'agit d'un *enfant naturel simple*, le nom du père ne doit pas être indiqué, à moins qu'il n'ait déjà reconnu son enfant par anticipation pendant la grossesse, ou qu'il ne se fasse connaître lui-même à l'officier de l'état civil au moment où l'acte est dressé. Ceci tient à ce que la paternité naturelle n'est légalement connue que par une déclaration volontaire du père.

Quant au nom de la mère, son insertion dans l'acte soulève une double question.

1° Tout d'abord, le déclarant peut-il être *forcé de l'indiquer?* On a vu des officiers de l'état civil qui l'exigeaient, et qui refusaient de dresser l'acte tant qu'on ne le leur donnait pas. Ils se fondaient sur l'art. 57 qui le comprend parmi les énonciations nécessaires ; mais il est évident qu'en rédigeant cet article on n'a songé qu'aux enfants *légitimes*, puisque la loi parle des noms des *père* et *mère*. Si leur prétention avait été fondée, ils auraient eu le droit d'exiger aussi le nom du père. Or la mère naturelle, comme le père naturel, doit en principe se faire connaître volontairement. Exiger son nom, c'était quelquefois forcer la sage-femme ou le médecin à violer le secret professionnel; c'était aussi une raison de plus qui poussait la mère à faire disparaître son enfant : il lui devenait impossible de cacher sa faute, si la preuve en était écrite dès le début et d'une manière indélébile dans l'acte de naissance de son enfant. Aussi, quoiqu'il y ait eu quelques décisions judiciaires en sens contraire, l'opinion paraît être fixée aujourd'hui pour dispenser le déclarant de cette obligation.

2° Si le comparant le déclare *volontairement*, l'officier est-il *tenu* de l'inscrire? La négative a quelques partisans. Ils tirent argument de l'art. 35 : « Les officiers ne doivent insérer dans les actes que ce qui *doit* leur être déclaré par les comparants »; or, disent-ils, l'indication du nom de la mère n'est pas obligatoire. Voici qui ruine leur raisonnement : il s'agit de parenté naturelle; or la constatation de cette parenté par acte de l'état civil suppose toujours un acte volontaire. On ne prétendra pas assurément que les officiers de l'état civil ne sont pas tenus d'écrire les reconnaissances d'enfants naturels qui sont faites devant eux. L'opinion générale en doctrine est donc que l'officier est *tenu* d'inscrire le nom de la mère quand il lui est déclaré, mais qu'il ne peut pas l'exiger si on ne le lui déclare pas. La jurisprudence est incertaine. Quant à la question de savoir ce que vaut cette indication et à quoi elle peut servir pour l'enfant, elle sera examinée dans le t. III, à propos des preuves de la maternité naturelle.

531. Enfants mort-nés. — Lorsque l'enfant meurt avant la rédaction de l'acte de naissance, l'officier de l'état civil doit se borner à constater qu'il lui a été présenté sans vie, et l'acte qu'il rédige doit être inscrit *sur les registres des décès* (Décr. 14 juill. 1806).

Il se peut que l'enfant soit né mort; il se peut aussi qu'il ait vécu : la déclaration qu'en feraient les comparants ne doit pas être reçue. En effet, la question de savoir si l'enfant a vécu peut avoir, dans certains cas donnés, une importance capitale; si un autre décès s'est produit dans la famille au même moment, le règlement de cette succession dépend peut-être de l'existence de l'enfant. La loi n'a pas voulu qu'une question aussi grave fût préjugée par la déclaration d'une personne qui n'a aucun caractère public et qui a peut-être intérêt à mentir.

En pareil cas, s'il y a contestation, la question de savoir si l'enfant a vécu doit être tranchée par jugement, et elle peut faire l'objet d'une expertise médicale (ci-dessus, n° 381).

532. Enfants trouvés. — Pour les *enfants trouvés*, la loi contient une disposition particulière. L'acte de naissance est remplacé par un *procès-verbal* qu'on inscrit sur les registres (art. 58). On y relate *en détail* les circonstances de la trouvaille, l'âge apparent de l'enfant, son sexe, les noms qui lui seront donnés, et l'autorité civile à laquelle il sera remis. Ce procès-verbal est dressé sur les déclarations de la personne qui a trouvé l'enfant (art. 58), et qui est tenue de le déclarer, sous les peines portées par l'art. 346 C. pén.

533. Naissances en mer. — Pour les naissances qui ont lieu à bord des navires en cours de route, lisez les art. 59 à 61 qui ont été remaniés par une loi du 8 juin 1893.

C. — Règles spéciales aux actes de décès.

* **534. Double mode de constatation.** — Pour la constatation des décès, le Code Napoléon n'avait institué qu'un seul procédé : *l'acte de l'état civil*; mais, dix ans plus tard, on organisa pour un cas particulier un mode nouveau : le *jugement déclaratif de décès*, qui a pris depuis lors une grande importance. Il y a donc lieu d'étudier séparément ces deux modes de constatation des décès.

1° Actes de décès en la forme ordinaire.

* **535. Qui doit faire la déclaration.** — Le décès doit être déclaré à l'officier de l'état civil par deux personnes, autant que possible par les deux plus proches parents du défunt. Si le décédé est mort hors de chez lui, la personne chez laquelle a eu lieu le décès est tenue d'en faire la déclaration (art. 78).

La loi applique le nom de « témoins » aux personnes qui viennent déclarer un décès. Quelques auteurs ont proposé d'entendre par là « témoins du décès », car ces personnes jouent déjà dans l'acte le rôle de déclarants, et l'on a vu (n° 517) que les *témoins* servent à confirmer les dires des *déclarants*. Il est donc difficile de comprendre que celui qui fait une déclaration se serve de témoin à lui-même. Dans cette opinion on n'appliquerait pas aux déclarants l'art. 37 : un décès aurait pu jadis être déclaré par une femme; il pourrait l'être encore par un mineur. — Mais dans la pratique on suit plus volontiers la décision contraire, et prenant à la lettre l'expression de l'art. 78, on demande des déclarants remplissant la condition spéciale exigée des témoins par l'art. 37, c'est-à-dire majeurs.

536. Défaut de délai et de sanction. — Aucune peine n'est prononcée contre les personnes tenues de déclarer un décès et qui négligeraient de le faire. Aucun délai ne leur est fixé par la loi. La loi du 20 septembre 1792 exigeait que la déclaration fût faite à l'officier public dans les 24 heures du décès. Si cette disposition n'a pas été reproduite par le Code, c'est sans doute l'effet d'un oubli. Elle figurait dans le projet de l'an VIII (Fenet, t. II, p. 22).

Une circulaire ministérielle du 28 mai 1822, se fondant mal à propos sur l'avis du Conseil d'État du 12 brumaire an XI qui concerne les naissances, a cependant défendu aux officiers de l'état civil de recevoir les déclarations tardives de décès. Mais quand seront-elles *tardives*, puisqu'il n'y a pas de délai ? L'idée de la loi est probablement que l'acte de décès doit être dressé avant l'inhumation. C'est ce qui paraît du moins être l'interprétation générale (D. 90. 2. 307, note 4).

Dans la plupart des cas, la lacune de la loi ne produit pas d'inconvénients pratiques pour la raison suivante : par la force des choses, l'inhumation ou l'incinération doit être assez prompte et elle ne peut être faite sans un *permis* accordé par l'officier de l'état civil (ci-dessous n° 700). Presque toujours, les familles demandent le permis et font dresser l'acte de décès en même temps. Mais les deux actes ne sont pas soumis aux mêmes conditions et il est à craindre, si le permis d'inhumer a été délivré, que la déclaration de décès ne soit pas faite ensuite régulièrement et que l'acte ne soit pas dressé. L'expérience prouve que cela arrive quelquefois. Aussi une circulaire ministérielle du 18 janvier 1882 a-t-elle prescrit aux officiers de l'état civil de ne délivrer le permis d'inhumer qu'après avoir dressé l'acte de décès, ce qui est un moyen indirect de forcer les intéressés à faire une déclaration en règle. Toutefois il a été jugé que l'officier de l'état civil qui contrevient à cette circulaire en délivrant le permis d'inhumer sans dresser l'acte de décès, ne commet pas une *faute* engageant sa responsabilité et n'est pas tenu de faire les frais du jugement rendu pour ordonner l'insertion de l'acte omis sur les registres (Limoges, 15 mai 1889, D. 90. 2. 307).

* **537. Vérification du décès.** — Comme les naissances, les décès doivent être constatés par l'officier de l'état civil, qui doit se transporter près de la personne décédée (art. 77). Dans la pratique, c'est un médecin, celui du défunt ou, selon les lieux, le médecin de l'état civil, qui délivre un *certificat de décès*.

L'intervention d'un médecin présente ici des *avantages particuliers* : la mort véritable n'est pas toujours facile à distinguer de certains états léthargiques ou cataleptiques. Le médecin peut aussi reconnaître les causes de la mort, ce qui est utile pour la découverte des crimes, pour les opérations de statistique, et pour les mesures d'hygiène à prendre en cas de maladie contagieuse. A d'autres égards, ce procédé présente moins de garanties que la constatation directe par l'officier de l'état civil. L'officier municipal qui rédigerait sciemment l'acte de décès d'une personne encore vivante commettrait un *faux en écritures publiques*, crime puni des travaux forcés à perpétuité, tandis que le médecin, qui ne tient pas son mandat de la loi, ne s'exposerait pas à des peines aussi sévères. Son affirmation inspire donc moins de confiance.

Le système suivi en pratique est tout aussi *illégal* pour les actes de décès que pour les actes de naissance. Cependant il est généralement approuvé. — En *Belgique*, l'art. 77 du Code Napoléon ne s'exécute pas plus qu'en France. Dans son *Avant-projet* (art. 83 et 84), Laurent s'était préoccupé de régulariser la pratique.

La constatation des décès par des médecins est un usage très anciennement adopté à Paris, où il a été réglementé par un arrêté du 31 décembre 1821. Une circulaire du ministre de l'intérieur (M. de la Vallette), du 24 décembre 1866 (D. 67. 3. 48), a prescrit aux maires de *toutes les communes* de déléguer un ou plusieurs médecins à cet effet ; mais elle n'a été observée que dans quelques grandes villes.

Parfois l'irrégularité est encore plus grande. On a vu des officiers de l'état civil s'en rapporter aux déclarations qui leur étaient faites, sans se donner la peine ni de faire vérifier le décès, ni de le vérifier par eux-mêmes. Une pareille négligence peut être sans péril dans des communes peu habitées, où tout se sait ; ailleurs il serait facile de tromper l'officier civil et de se procurer la preuve régulière du décès d'une personne, même avant sa mort.

538. Énonciations à insérer. — Le contenu de l'acte de décès est indiqué par l'art. 79. On doit y mentionner les nom, prénoms, âge, profession et domicile de la personne décédée ; dire si elle était mariée ou veuve, et dans ce cas donner les nom et prénoms de l'autre époux, et autant que possible désigner les parents du décédé et le lieu de sa naissance. On doit, en outre, indiquer si les déclarants sont parents du défunt, et quel est le degré de leur parenté. Toutes ces énonciations sont utiles pour préciser l'*individualité* de la personne décédée.

Parfois l'identité du défunt n'est pas connue. C'est un cadavre d'étranger trouvé dans les champs ou retiré d'une rivière. On doit alors indiquer les signes caractéristiques, vêtements, bijoux, etc., qui permettront plus tard de retrouver son nom (MERSIER, formule n° 90).

539. Mention du jour et de l'heure du décès. — L'art. 79 ne parle ni du *jour* ni de l'*heure du décès*. Son silence fait naître diverses questions. Les déclarants sont-ils *tenus* de fournir cette indication ? S'ils la fournissent, l'officier de l'état civil est-il *obligé* de la reproduire ? Certains auteurs, prenant à la lettre le texte de la loi, décident négativement sur ces deux points ; quelques-uns vont même jusqu'à soutenir que l'officier doit *refuser* de recevoir cette déclaration et d'en tenir compte. Laurent surtout est énergique à cet égard : « Il n'y a pas, dit-il, d'*énonciations facultatives* dans les actes de l'état civil » (t. II, n° 62. — Comp. DEMOLOMBE, t. I, n° 304). Mais la plupart croient à une simple omission ; l'art. 77 suppose que la date du décès est connue de l'officier de l'état civil, puisqu'il ne lui permet de délivrer le permis d'inhumer que vingt-quatre heures après. En fait, l'heure et le jour sont *toujours mentionnés* ; les formulaires employés par l'administration en font l'objet d'une question spéciale à poser aux déclarants (MERSIER, formule n° 89, p. 711). Il faut se féliciter que l'opinion trop rigoriste des auteurs indiqués plus haut n'ait pas prévalu ; la mention qu'ils ont cherché à proscrire est peut-être la plus utile de toutes celles que contient l'acte. Puisque la loi ordonne et accepte la déclaration des parents ou des assistants pour l'heure et le jour des naissances, pourquoi agirait-elle autrement pour les décès ?

Il y a des cas où l'heure exacte ni même le jour du décès ne sont pas connus. Tel est le cas par exemple pour les noyés dont les corps sont découverts souvent plus d'un mois après la mort. L'officier de l'état civil doit alors indiquer l'époque probable de la mort d'après l'état du cadavre (MERSIER, formule n° 91).

Sur la force probante de ces indications, voyez ci-dessous, n° 556.

540. Circonstances de la mort. — La loi ne demande pas davantage l'indication des *circonstances de la mort*, par exemple la *cause* qui l'a produite. L'art. 85 défend même formellement ces mentions pour tous les cas de *mort violente* (suicides, accidents, exécutions capitales) et pour les *décès dans les prisons*. L'intérêt des familles justifie ces prétéritions. Il est d'usage aussi d'indiquer les hôpitaux et maisons de santé simplement par la rue et le numéro.

541. Commune où l'acte doit être rédigé. — La loi a pris soin de dire, pour les naissances, que la déclaration doit être faite « à l'officier de l'état civil du lieu » (art. 55). L'art. 77 suppose que c'est de même le *lieu du décès* qui détermine la compétence de l'officier de l'état civil, mais il ne le dit pas expressément. Cet oubli est d'autant plus extraordinaire que ni la loi de 1792 ni le projet de l'an VIII ne l'avaient commis. C'est le résultat fortuit d'un remaniement : le Tribunal de cassation avait demandé qu'on réunît en un seul les deux articles 56 et 58 du projet et la mention du lieu fut oubliée dans la rédaction nouvelle (Fenet, t. II, p. 438).

Pour les décès qui surviennent *dans les hôpitaux*, l'art. 80 veut en outre que l'officier qui a reçu l'acte en fasse parvenir une expédition, dans le plus bref délai, au *lieu du dernier domicile* du défunt pour y être transcrit sur les registres.

542. Décès en mer. — Pour la constatation des décès survenus au cours d'un voyage maritime, par les officiers du navire, voyez l'art. 86, retouché en 1893. L'acte dressé à bord du navire est transmis, par l'intermédiaire des autorités indiquées dans les art. 60 et 61, à la mairie du dernier domicile ou, si le domicile est inconnu, à Paris.

2° Constatation des décès par jugement.

543. Cas où il devient impossible de dresser un acte de décès. — L'acte de décès ne peut être dressé qu'après la constatation de la mort faite directement par l'examen du cadavre. Or il y a des cas dans lesquels, bien que la mort d'une personne soit certaine, il est impossible de retrouver son corps et de le présenter à un officier de l'état civil ou à un médecin. Exemple : Une personne se noie en mer ou dans une rivière et le corps ne reparaît plus ; des ouvriers sont ensevelis dans une mine par un éboulement qui empêche d'arriver jusqu'à eux ; un assassinat est commis avec suppression du cadavre ; plusieurs personnes périssent dans un même incendie sans qu'il soit possible de reconnaître les corps carbonisés.

Dans tous ces cas, les circonstances qui ont accompagné ou suivi le décès ne permettent pas de rédiger un acte de l'état civil dans les formes ordinaires ; néanmoins on possède la *certitude absolue du décès* et par là ces hypothèses diffèrent de l'*absence*, qui est l'*incertitude* sur la vie ou la mort. Voyez ci-dessous, n°s 675 et suiv.

*** 544. Nécessité d'une forme exceptionnelle de preuve pour les décès.** — Comment la preuve des décès survenus dans ces circonstances pourra-t-elle être fournie ? Il serait déraisonnable de décider que les parties intéressées seront privées de tout moyen de preuve, puisqu'il n'y a aucun doute à conserver sur la réalité du fait. Il s'agit seulement de créer une forme légale appropriée aux circonstances et différente de la forme habituelle. On ne peut pas avoir recours à l'officier de l'état civil, parce qu'il y a *des faits à apprécier*, ce qui suppose une certaine juridiction ; ce sera donc le *tribunal civil*, juge de droit commun, qui sera chargé de ce soin. On arrive ainsi à l'idée d'une *constatation des décès par les magistrats*, agissant en vertu de *leur pouvoir de juridiction gracieuse*.

Nous n'avons pas en France de texte général sur la question, mais seulement des *textes spéciaux* qui sont variés. Il faut en faire deux parts.

* **545. Textes de circonstance.** — Des mesures exceptionnelles ont parfois été prises en vue de cas particuliers. Tel est le décret du 29 frimaire an III, rendu après l'explosion de la *poudrerie de Grenelle*, qui permit de constater le décès des personnes dont les corps n'avaient pu être retrouvés ou reconnus.

On cite aussi comme telle la loi du 13 janvier 1817, relative aux moyens de constater le sort des militaires disparus pendant *les guerres de la République et de l'Empire* depuis le 21 avril 1792 jusqu'au traité de paix du 20 novembre 1815. Cette loi a été remise en vigueur (L. 9 août 1871) pour les militaires et marins et même pour tous autres Français disparus entre le 19 juillet 1870 et le traité de paix du 31 mai 1871. Mais la loi de 1817 limite expressément l'admission de la preuve testimoniale du décès aux cas prévus par l'art. 46 C. civ., où les registres n'ont pas été tenus ou ont été perdus, c'est-à-dire qu'elle n'ajoute rien au droit commun (voy. ci-dessous, nos 571 et suiv.).

* **546. Textes permanents.** — D'autres dispositions de loi permettent de prouver les décès survenus à *une époque quelconque*, mais elles prévoient *des genres de mort particuliers* et ne sont pas applicables à toutes les variétés d'hypothèses qui se présentent.

Les cas prévus sont énumérés dans les numéros suivants.

547. Accidents dans les mines (Décr. 3 janv. 1813, art. 19). — Au cas où il est impossible de parvenir jusqu'aux lieux où se trouvent les corps des victimes, le *maire* (ou un autre officier public) dresse un procès-verbal constatant cette circonstance. Ce procès-verbal est transmis au *ministère public* qui fait ordonner par le tribunal son *annexion aux registres*. — La disposition du décret de 1813, qui est le premier exemple de ce genre, est imparfaite : le procès-verbal, perdu dans les liasses des pièces annexées, risquerait plus tard de passer inaperçu ; l'officier de l'état civil doit en outre le *transcrire sur les registres* et dresser un acte de décès collectif pour tous les ouvriers qui ont péri (Mersier, n° 433). Ce système permet aux veuves de se remarier.

* **548. Disparitions en mer** (L. 8 juin 1893). — La situation des femmes de marins disparus était jadis très pénible : elles ne pouvaient obtenir la preuve légale de leur veuvage, alors même que l'on possédait la preuve matérielle du naufrage de leurs maris, par exemple quand les débris du bateau étaient rejetés à la côte. Cette situation, très fréquente dans les régions côtières, où une population nombreuse se livre à la pêche et où les sinistres sont fréquents, avait depuis longtemps attiré l'attention (voyez notamment M. de Courcy, *Les veuves des marins disparus*, Mémoire adressé à M. le Ministre de la marine, Paris, 1878). Les tribunaux y pourvoyaient de leur mieux. Ils *déclaraient* le décès des marins disparus, et l'on transcrivait le jugement sur les registres de l'état civil. M. de Courcy cite un jugement du tribunal de Brest qui déclara en une seule fois le décès de 177 marins (comp. Rouen, 11 oct. 1889, D. 90. 2. 305 et la note). Cette jurisprudence n'était qu'une extension du système du décret de 1813 (Dalloz, *Répert.*, v° Actes de l'état civil, n° 319 ; *Suppl.*, n° 77). Mais les tribunaux ne pouvaient pas tout faire ; il restait diverses questions à régler. La compétence du tribunal chargé de déclarer le décès était parfois difficile à déterminer. En outre, et surtout, le jugement rendu

n'avait qu'une *autorité relative* (art. 1351) et non une portée absolue comme moyen de preuve ; c'était un *jugement* et non un *acte de l'état civil*. — Un projet de loi fut déposé dès 1881 (Étude de M. BUFNOIR, *Bulletin* du Comité des travaux historiques et scientifiques, 1885, p. 107) ; il est devenu la loi du 8 juin 1893, modifiant les art. 87 et suivants C. civ.

La loi nouvelle distingue deux hypothèses : 1° une ou plusieurs personnes présentes à bord d'un navire tombent à l'eau sans que leur corps puisse être retrouvé (art. 87) ; 2° le navire se perd, et sa perte entraîne la mort de tout ou partie de l'équipage et des passagers (art. 88).

Dans le premier cas, le navire étant sauf, les officiers du bord, qui auraient eu qualité pour dresser un acte de décès dans les circonstances normales, rédigent un *procès-verbal de disparition*. C'est donc un mode de constatation analogue à celui du décret de 1813 sur les mines. Dans le second cas, cette ressource manque, le navire ayant péri, et on s'y prend autrement. Le ministre de la marine ordonne une *enquête administrative*, « sans formes spéciales », dit l'art. 88, et à la suite de cette enquête il rend une décision constatant la disparition de tout ou partie de l'équipage ou des passagers. Le procès-verbal de disparition ou la décision du ministre de la marine sont ensuite transmis à l'autorité judiciaire. La compétence à cet égard est déterminée par l'art. 90 nouveau. La *constatation du décès* est donc *judiciaire*. Elle est poursuivie d'office à la requête du procureur général (art. 90), ou à la requête des parties intéressées (art. 91) qui agissent dans les formes prescrites par les art. 855 et suiv. du Code de procédure. Le *jugement déclaratif de décès* est ensuite transcrit sur les registres de l'état civil aux lieux déterminés par l'art. 92, et il tient lieu d'acte de décès.

549. Militaires et marins disparus dans les pays d'outre-mer. — On a étendu le bénéfice de la loi de 1893 aux troupes des armées de terre et de mer employées dans les *colonies*, dans les *pays de protectorat* ou dans des *expéditions d'outre-mer*. Le décès des militaires et marins qui y meurent sans qu'il soit dressé un acte de décès régulier, est constaté dans les formes établies par l'art. 88 pour les personnes victimes d'un naufrage (Enquête administrative faite par le ministre de la marine, décision judiciaire déclarant le décès, transcription du jugement sur les registres de l'état civil). Voyez l'art. 89 nouveau (texte de 1893). Ceci est une extension de la réforme proposée par M. de Courcy, qui n'avait songé qu'aux équipages et passagers de navires en mer.

*** 550. Forme collective de la déclaration de décès.** — Lorsque plusieurs personnes ont disparu dans le même accident, il est rendu un jugement *collectif* de déclaration de décès, et il est transcrit sous cette forme sur les registres de l'état civil, mais les intéressés peuvent s'en faire délivrer des *extraits individuels* (art. 90 et 92).

***551. Insuffisance de la réforme.** — La loi de 1893 contient de grandes améliorations : elle a tranché les questions de compétence et donné aux jugements déclaratifs de décès la force absolue des actes de l'état civil. Malheureusement cette loi se réfère à quelques hypothèses spéciales, comme le faisait du reste la réclamation élevée par M. de Courcy. Il est regrettable que le législateur n'ait pas songé à décider, d'une manière générale, que les tribunaux peuvent déclarer acquise la preuve du décès d'une personne disparue, sauf à faire apprécier par les juges les circonstances qui rendent le décès certain. Le Code italien leur en donnait l'exemple : il contient sur ce point une disposition générale (art. 391), qui n'est que la généralisation de notre décret de 1813, dont elle reproduit presque littéralement les termes. En fait, nos tribunaux ne refuseront pas leur concours ; ils étendaient déjà à des cas non prévus le système du décret de 1813 ; ainsi on a pu obtenir la constatation judiciaire du décès d'une personne qui s'était noyée dans une rivière et dont le corps n'avait pas été retrouvé (Besançon, 30 juill. 1878, D. 79. 2. 34, S. 78. 2. 300). Ils feront de même, à plus forte raison, après la loi de 1893, mais ils nous donneront toujours des jugements à autorité relative et non des actes de l'état civil.

§ 5. — *Des actes de l'état civil comme moyen de preuve.*

* **552. Emploi des extraits à la place des registres.** — En fait, ce ne sont pas les *registres* dont on fait usage, mais leurs *extraits*. La loi ne parle que des extraits dans l'art. 45, quand elle détermine la foi qui est due aux actes de l'état civil ; elle ne mentionne même pas les registres.

Ceci constitue une *dérogation aux règles du droit commun*. Quand un acte existe en double, par original et par copie, c'est l'original seul qui fait foi ; la copie ne peut servir qu'autant qu'elle n'est pas suspectée. Si sa fidélité est contestée, l'original doit être représenté, car la copie n'a de valeur que par sa conformité avec lui. Voyez l'art. 1334 C. civ. Le tribunal peut donc toujours ordonner que l'original soit apporté pour lui être soumis. L'application de cette règle est sans inconvénient pour les actes dont l'original est écrit sur une feuille volante, comme le sont les minutes des notaires, mais le déplacement des registres de l'état civil ne pouvait se faire aussi facilement. Il aurait fallu faire voyager des volumes dont la conservation est précieuse et les exposer à de nombreuses chances de perte ou de destruction, alors que la loi prend tant de soins pour les y soustraire. De plus, pour les registres de l'année courante, il aurait été impossible de les déplacer, car on ne pouvait songer à empêcher l'inscription des actes nouveaux, fût-ce un seul jour. Voilà pourquoi l'art. 45, par dérogation aux principes, attribue aux extraits, qui ne sont que des copies, la même force qu'aux registres, qui sont les originaux.

Les extraits n'ont cette valeur qu'autant qu'ils sont *délivrés conformes aux registres* (même art.) ; cette conformité n'a pas besoin d'être prouvée. « Délivrés conformes » veut dire ici « certifiés conformes » par l'officier qui les délivre. Entendue autrement, cette expression détruirait l'autorité propre des extraits, que la loi a voulu mettre au-dessus de toute discussion.

* **553. Moyen de contrôle.** — Sans doute une *erreur matérielle* est toujours possible. Si un extrait inexact avait été délivré, les parties auraient un moyen bien simple d'infirmer son autorité, ce serait d'en produire d'autres plus anciens, ou de s'en faire délivrer un nouveau : en présence d'extraits contradictoires et ayant une valeur juridique égale, le tribunal pourra ordonner une *vérification directe* sur le registre, ce qui lui sera facile s'il provient d'une commune du même arrondissement, car il est déposé à son greffe ; sinon, il enverra une commission rogatoire au tribunal du ressort.

** **554. Force probante.** — Les actes de l'état civil sont des *actes authentiques*, comme les jugements et les actes notariés, puisqu'ils sont reçus par des *officiers publics* investis par la loi du droit de les rédiger (art. 1317). Par suite, ils jouissent dans la pratique d'une autorité presque inébranlable.

Pour déterminer leur *force probante*, il y a lieu de leur appliquer la *distinction* déjà signalée à propos des actes authentiques en général (ci-dessus, n° 355).

L'authenticité ne s'attache qu'à ce que l'officier public déclare avoir *vu, entendu, constaté* ou *accompli, conformément à sa mission*. Prenons des exemples : le maire écrit que tel jour, à telle heure, ont comparu devant lui les personnes qu'il indique. Si l'on prétend que la date est inexacte, il faudra prendre la voie de l'inscription de faux, car l'indication du jour où l'acte est passé est la première chose que l'auteur de l'acte doit constater. Poursuivons : il déclare qu'on lui a présenté un enfant, et que cet enfant était du sexe masculin. Sur ces deux points encore, l'acte ne pourra être attaqué que par l'inscription de faux. Nous arrivons au point où s'opère le partage : l'acte porte que l'enfant était né la veille, à 8 heures du soir. Sans doute il sera vrai, jusqu'à inscription de faux, que cette déclaration a été faite à l'officier de l'état civil par le déclarant. Si on veut soutenir que l'officier a indiqué dans l'acte un autre jour ou une autre heure que celle qui lui a été déclarée, c'est cette voie extraordinaire qui devra être suivie, car ce qu'on attaque, c'est la sincérité de l'officier public ; on l'accuse d'avoir commis un faux. Ceci sera rare : l'officier est ordinairement rédacteur fidèle, d'autant plus qu'il doit donner lecture de l'acte et que les parties vérifient souvent par elles-mêmes l'exactitude de l'écriture. Mais ce qui peut être plus fréquent, ce sont les *fausses déclarations* faites par les parties : celles-ci peuvent avoir un grand intérêt à mentir, et le rédacteur de l'acte n'a aucun moyen de contrôle ; il prend leurs déclarations telles quelles. Si un tiers veut démontrer leur fausseté, il n'a pas besoin de se soumettre aux périls de l'inscription en faux. Ces déclarations font foi seulement jusqu'à preuve contraire, et la preuve est recevable dans les conditions du droit commun, parce que dans cette hypothèse c'est un *simple particulier* et non un *officier public* qui a trahi la vérité.

555. Origine doctrinale de cette distinction. — Cette distinction est aujourd'hui admise par tout le monde ; elle est désormais au-dessus de toute controverse. Mais il faut bien remarquer *qu'elle n'est pas écrite dans la loi*. L'art. 45 dit simplement : « Les extraits délivrés conformes aux registres ... feront foi jusqu'à inscription de faux ». La loi ignore donc la distinction un peu délicate que nous venons de faire. C'est la doctrine qui l'a construite à l'aide des principes et par le raisonnement, et elle n'y est pas arrivée sans peine [1]. Il serait intéressant, mais beaucoup trop long, de raconter ici les hésitations et les erreurs par lesquelles on a dû passer pour en venir là.

[1] Si cette matière est restée si longtemps obscure, c'est qu'on partait du principe suivant : Toute déclaration contenue dans un acte authentique constitue le crime de faux en écriture publique, lorsqu'elle est mensongère ; donc elle doit être crue jusqu'à inscription de faux, même quand elle émane des parties. (TOULLIER, II, 848 et suiv. ; PROUDHON, II, p. 88 ; DURANTON, I, 305 à 308 ; COIN-DELISLE, sur l'art. 46, n° 1). L'erreur consistait à établir une concordance entre le *faux en écriture publique* et *l'inscription de faux*, tandis que l'inscription de faux est en corrélation avec l'idée *d'authenticité*. Or toutes les mentions contenues dans un acte public n'ont pas le *caractère authentique* (ci-dessus, n° 355). Les particuliers peuvent donc commettre le crime de faux en écriture publique, sans qu'on soit obligé pour cela de prendre la voie de l'inscription de faux quand leurs déclarations sont mensongères.

556. Valeur de la mention des jour et heure des décès. — On a vu ci-dessus (n° 539) que la loi n'exige pas cette énonciation et n'en parle même pas, mais qu'en fait les officiers de l'état civil l'insèrent dans l'acte. On s'est donc demandé quelle en est la valeur probante. Naturellement il ne peut être question pour elle de faire foi jusqu'à inscription de faux, puisque le fait est affirmé par les déclarants et n'est pas de ceux que l'officier de l'état civil voit ou contrôle par lui-même. Mais faut-il lui refuser toute valeur ? C'est ce que décident beaucoup d'auteurs, qui ne lui accordent aucune force probante et ne l'acceptent qu'à titre de *simple indication* (Marcadé, Mourlon, Demolombe, Demante, Laurent). Cette opinion est peut-être un peu radicale. Il est difficile de refuser à cette déclaration la valeur d'un *témoignage*, fourni dans des conditions qui en garantissent la sincérité presque à l'égal des formalités d'une enquête judiciaire, puisque le cadavre a été inspecté par un médecin qui peut ordinairement apprécier le moment de la mort à quelques heures près. D'ailleurs, à quoi bon cette rigueur et quel but poursuit-on ? En fait, dans la plupart des cas, les familles et les tiers n'ont pas d'autre moyen de prouver la date d'un décès, d'une manière un peu précise, que la mention qui en est faite dans l'acte ; au bout de peu de temps, les souvenirs se troublent, les témoins disparaissent, et on ne rencontre plus que contradictions. Il est donc à la fois plus juste et plus utile de reconnaître à cette indication une valeur probante jusqu'à preuve contraire. Si, par extraordinaire, on possède cette preuve, on s'en servira pour détruire l'indication que l'on prétend fausse. Comme on l'a vu plus haut, le silence de la loi est très probablement le résultat d'un oubli. Cette mention était exigée par l'ancien droit : l'ordonnance de Colbert, d'avril 1667, voulait que dans les actes de sépulture on fît mention du jour du décès (tit. 20, art. 9). Si les auteurs du Code avaient voulu abolir un usage aussi ancien et aussi utile, ils l'eussent certainement dit. Du reste, la lacune n'est pas leur faute ; elle se trouve déjà dans la loi du 20 septembre 1792 (tit. V, art. 2 et 3), qu'ils ont copiée.

§ 6. — *Des nullités.*

* **557. Silence volontaire des textes.** — Le Code Napoléon n'a prononcé nulle part la nullité des actes de l'état civil irréguliers. *Ce n'est pas un oubli ;* la question des nullités a été prévue par les auteurs du Code. Les opinions émises dans les discussions du Conseil d'État, dans les discours et dans les rapports, montrent que le législateur a refusé de se prononcer, sauf pour le mariage, pour lequel il existe plusieurs cas de nullité réglés par des textes. Pour tout le reste, il a voulu s'en remettre aux juges. Or on ne cite *aucun exemple d'arrêts ayant annulé pour vice de forme un acte de l'état civil autre qu'un acte de mariage.*

La question n'en a pas moins de l'intérêt au point de vue doctrinal.

* **558. Causes possibles de nullités.** — En l'absence de textes, on ne doit admettre que les nullités qui s'imposent, c'est-à-dire celles qui résultent de l'*omission d'une formalité substantielle.*

Les formalités substantielles sont celles qui constituent l'acte solennel et à défaut desquelles on ne saurait voir un acte de l'état civil dans l'écrit qu'on représente.

Prenons des exemples.

559. Défaut de qualité en la personne du rédacteur. — L'intervention d'un *officier de l'état civil* est assurément la première des conditions essentielles : sans lui, pas d'acte de l'état civil. Or une personne qui exerce en fait cette fonction sans être investie régulièrement n'est pas un officier de l'état civil : elle est sans qualité pour recevoir les actes, et ceux qu'elle dresse sont sans valeur. Cette situation s'est réalisée dans de nombreuses communes en 1870 et 1871 (voy. aussi ci-dessus, n° 497).

Il y a deux séries de faits à distinguer.

a) Au lendemain de la révolution du 4 septembre, les municipalités de l'Empire cessèrent leurs fonctions dans un grand nombre de communes, et elles furent remplacées par des maires et des adjoints installés à la hâte et sans mandat régulier. Tous les actes reçus par ces fonctionnaires improvisés étaient évidemment nuls, à cause du vice de leur origine.

b) A Paris et dans les autres communes du département de la Seine, qui avaient été au pouvoir du gouvernement insurrectionnel du 18 mars 1871, la situation se présentait sous un jour un peu différent : des agents avaient été placés dans les mairies par le gouvernement de fait qui possédait Paris, et ils avaient reçu de lui une investiture officielle. Mais la Commune ayant été vaincue et l'ordre rétabli, le gouvernement légal devait considérer comme nuls les actes des autorités instituées par elle.

Ces deux sources abondantes de nullités appelaient une intervention du législateur, car les particuliers ne pouvaient être responsables du vice qui rendait les administrations municipales incompétentes ; en fait, il leur avait été impossible de s'adresser à d'autres et de procéder d'une façon plus régulière. La question offrait surtout de l'intérêt pour les mariages, parce que la nullité de l'acte de l'état civil s'étendait au fait de la célébration et entachait le mariage lui-même. L'Assemblée nationale ne voulut pas traiter de même ces deux séries d'actes nuls.

Deux lois différentes furent votées. L'une, du 10 juillet 1871, porte dans son article 1er : « Les actes de l'état civil reçus à Paris et dans le département de la Seine depuis le 18 mars « 1871... par tous autres que les officiers publics compétents seront bâtonnés. Il ne pourra « en être délivré aucune expédition ». On voulait ainsi détruire matériellement l'œuvre de la Commune, et empêcher que les actes d'une autorité insurrectionnelle fussent plus tard employés en justice ; mais on n'entendait pas porter atteinte aux droits des particuliers. Les articles suivants contiennent en effet des mesures dont le détail est inutile à exposer ici, et en vertu desquelles les actes ainsi détruits purent être reconstitués sous une forme légale sur des registres spéciaux. L'art. 5 décide en outre, ce qui était le point le plus grave, que cette formalité assurera aux mariages tous les effets civils, *à la date du premier acte*. Toutes les unions célébrées sous la Commune se trouvaient donc *régularisées rétroactivement*.

La seconde loi, qui est du 6 janvier 1872, eut pour objet de couvrir les irrégularités commises après la chute de l'Empire et la proclamation de la République. On ne pouvait traiter avec la même rigueur les actes des municipalités de bonne volonté, qui presque partout s'étaient installées paisiblement et avaient rendu de réels services. L'art. 1er déclara valables les actes reçus par elles. Ils ne pourront être annulés, dit la loi, « à raison du seul défaut de qualité des personnes qui les ont reçus ». La loi ne met à cette validité qu'une condition : « pourvu que ces personnes aient eu, à ce moment, *l'exercice public* des fonctions municipales ou de celles d'officier de l'état civil, à quelque titre et sous quelque nom que ce soit ».

* **560. Rédaction de l'acte sur feuille volante.** — Une autre cause de nullité est l'inscription de l'acte sur feuille volante. On a vu plus haut que l'inscription sur un registre est essentielle ; la loi ne connaît que les registres et les extraits qui en sont tirés. Voyez notamment les art. 45, 194 et 319. En réalité, en pareil cas, l'acte a été *omis*. La seule ressource laissée aux parties, c'est d'obtenir contre l'officier négligent un jugement constatant l'omission, qui sera transcrit sur les registres et qui tiendra lieu d'acte. L'acte écrit sur feuille volante, nul comme acte de l'état civil, pourra seulement servir comme *commencement de preuve par écrit* (Mersier, n° 507). L'inscription d'actes sur feuilles volantes, à peu près sans exemple en temps normal, s'est réalisée dans un grand nombre de communes pendant l'invasion de 1870-1871, parce que beaucoup de registres avaient été détruits, perdus ou cachés.

561. Défaut de signature. — La signature de l'officier de l'état civil semble encore être une formalité substantielle : c'est sa signature seule qui atteste sa présence et qui donne l'authenticité à l'acte. Cependant, en fait, l'absence de cette signature n'est pas une cause de nullité. D'après une ordonnance du 26 novembre 1823, les procureurs de la République sont autorisés à faire compléter ces actes par l'apposition de la signature qui leur manque. Quoique la légalité de cette ordonnance soit contestable, on la suit dans la pratique.

On a même vu un décret du 18 pluviôse an III ordonner aux officiers de l'état civil de Nantes de signer des actes que leurs prédécesseurs avaient laissés sans signature. Il est vrai que cette solution extraordinaire émanait de l'autorité législative. — En Belgique, on considère que l'acte non signé est *irrégulier* (et non pas *nul*) et qu'il y a lieu de le *rectifier* (Arrêt de la Cour de Bruxelles, 18 févr. 1852, Dalloz, *Suppl.*, t. I, p. 197, note 1).

§ 7. — *De la rectification des actes de l'état civil.*

* **562. Dans quels cas il y a lieu à rectification.** — A proprement parler, *rectifier* un acte, c'est y faire des changements, additions ou suppressions pour le rendre conforme à la vérité. La *rectification* suppose donc qu'il existe un *acte inscrit sur les registres* et qu'on le modifie.

Les cas où cela devient nécessaire sont les suivants :

1° L'acte est *incomplet*. Il ne contient pas toutes les énonciations qui devraient s'y trouver, il y a lieu d'y faire une ou plusieurs *additions*.

2° L'acte est *inexact*. Il y a des noms mal orthographiés, ou bien il énonce des faits faux. Que cela ait été fait sciemment ou par erreur, peu importe. Il y a lieu d'en faire la *correction*. On peut faire rentrer dans cette catégorie les rectifications qui résultent d'un changement de nom autorisé par décret.

3° L'acte contient des *énonciations prohibées*. Il y a lieu d'en ordonner la *suppression*.

Ce sont là les seuls cas véritables de rectification. Mais le plus souvent on ajoute à l'énumération les cas suivants :

1° La *réception tardive d'une déclaration de naissance* qui, aux termes d'un avis du Conseil d'État du 12 brumaire an XI, ne peut avoir lieu qu'en vertu d'un jugement (ci-dessus, n° 526).

2° L'insertion dans le registre d'un acte primitivement *omis*, ou rédigé sur feuille volante. Voyez la note sous le n° 579 ci-dessous.

Au fond, il n'y a rien de commun entre ces deux derniers cas et les rectifications véritables, si ce n'est l'intervention de la justice : ce sont des additions d'actes entiers, non encore inscrits, qui se font en exécution d'un jugement, dans la même forme que les rectifications proprement dites, lesquelles se réfèrent à des actes déjà rédigés et insérés dans les registres.

563. Objet habituel des demandes en rectification. — Presque toutes les demandes de rectifications ont pour objet l'*orthographe d'un nom* qui a été mal écrit, ou des *prénoms oubliés ou inexacts*. Elles sont rendues nécessaires lorsqu'il s'agit d'établir l'identité d'un individu, ou lorsque la personne mal désignée veut se servir des pièces qui la concernent. Quelquefois elles sont inspirées par la vanité : l'omission de la particule *de*, qu'un préjugé populaire non motivé considère comme une marque infaillible de noblesse, a provoqué beaucoup de demandes de ce genre. C'est une simple question d'orthographe du nom, et non pas l'attribution d'une qualité nobiliaire (Dijon, 23 mars 1859, S. 59. 2. 497). Cependant on a vu quelquefois le ministère public agir d'office pour faire supprimer la particule dans un acte de naissance, comme si la présence d'une apostrophe (*D'Abadie* au lieu de *Dabadie*) menaçait l'ordre social (Trib. de Loudun, 10 mai 1867, D. 69. 1. 414, S. 69. 1. 308).

***564. Cas où la rectification implique une question d'état.** — La correction demandée n'est pas toujours une simple *rectification d'écritures*. Ainsi, dans un acte de naissance l'enfant a été inscrit comme étant né de père et mère inconnus, et il se prétend issu légitimement de deux personnes qu'il désigne. S'il réussit dans sa réclamation, il y aura évidemment lieu de réformer son acte de naissance, mais ce ne sera pas une pure rectification. En effet, sa demande est au fond une *réclamation d'état* (ci-dessus, n° 469) ; il recherche sa filiation, et la rectification du registre civil n'est que la *conséquence* du succès de cette recherche ; elle n'est pas l'objet unique ni même l'objet principal de sa demande.

***565. Forme judiciaire de la rectification.** — Le principe est que ce qui est écrit sur les registres de l'état civil ne peut être modifié que *par autorité de justice*. Si on s'aperçoit de l'erreur au moment même de la passation de l'acte, on peut la réparer à l'aide d'une rature ou d'un renvoi dûment approuvé; mais une fois l'acte rédigé et signé, il appartient aux parties; et, pour éviter toute surprise, la loi ne veut pas qu'on le modifie, même de leur consentement unanime et avec l'intervention de l'officier qui l'a reçu; la rectification ne peut pas se faire à l'amiable et par voie administrative; il faut *un débat contradictoire* et *un jugement* ordonnant la rectification.

566. Compétence et procédure. — Le droit d'ordonner la rectification appartient naturellement aux *tribunaux civils d'arrondissement* (art. 99). A cause de l'importance de l'affaire, le ministère public doit être entendu dans ses conclusions, la cause est *sujette à communication* (art. 83-2° C. proc. civ.), et le jugement est toujours susceptible d'appel (art. 99).

Quel sera, parmi les tribunaux d'arrondissement, le *tribunal compétent ?* Le texte primitif ne le disait pas, mais on admettait déjà avant 1893, et le texte actuel le dit expressément, que c'est celui au greffe duquel *est* ou *sera* déposé l'un des doubles du registre dans lequel se trouve l'acte : il est en effet désigné par la nature même des choses, étant mieux placé que tout autre pour statuer sur une pareille demande. Toutefois, par suite des règles ordinaires de la procédure, il se pourrait qu'un autre tribunal fût appelé à juger la question de rectification, par exemple si la rectification était demandée incidemment au cours d'un procès déjà engagé dans un autre arrondissement : le juge de l'action principale serait compétent, par voie de conséquence, pour connaître de la demande accessoire en rectification de l'état civil.

***567. Qui peut demander la rectification.** — Le droit d'agir n'appartient qu'aux *parties intéressées* (art. 99). C'est le droit commun : sans intérêt, pas d'action. Un intérêt *éventuel* ne suffirait pas ; il faut un intérêt *né et actuel;* mais à raison de la nature des actes à rectifier, qui constatent l'état des personnes, il est reconnu qu'un intérêt *moral* permet d'agir en rectification.

***568. Controverse sur le droit d'action du ministère public.** — Le *procureur de la République* peut-il *poursuivre d'office* la rectification des actes de l'état civil? Le Code Napoléon ne le dit pas ; il veut seulement qu'il soit *entendu*. C'est lui assigner le rôle de *partie jointe*, dans une instance déjà engagée par une autre personne. Le représentant du ministère public pourrait-il jouer le rôle de *partie principale* et prendre l'initiative de la demande? Il semble que non, puisque l'art. 99 n'accorde ce droit qu'aux *parties intéressées*. Néanmoins le droit d'agir lui appartient souvent.

Il y a d'abord trois cas qui n'ont jamais fait de doute, parce qu'ils sont établis par des textes :

1° Quand il s'agit de pièces nécessaires pour le *mariage des indigents* (Avis du Conseil d'État, 6 brum. an XI; Décr. 18 juin 1811, art. 120 et 122; L. 25 mars 1817, art. 75; L. 10 déc. 1850, art. 3);

2° Le second cas suppose l'*altération d'un acte de mariage* (art. 199);

3° Le troisième, qui ne peut être expliqué ici, concerne la *publicité des contrats de mariage*. Voyez l'avant-dernier alinéa de l'art. 76 C. civ., ajouté par L. 10 juill. 1850.

En dehors de ces trois cas, l'action du ministère public n'est déterminée par aucun texte précis. On ne trouve plus que l'art. 46 de la loi du 21 avril 1810 sur l'organisation judiciaire, qui le charge du soin de poursuivre d'office l'exécution des lois « dans leurs dispositions qui intéressent l'ordre public ». Expressions vagues qui ont soulevé d'interminables controverses. L'intérêt du débat ne s'est épuisé qu'après plusieurs arrêts de la Cour de Cassation, rendus en 1862 et en 1867 (Cass., 22 janv. 1862, deux arrêts, D. 62. 1. 5, S. 62. 1. 257 ; 24 nov. 1862, D. 62. 1. 477, S. 63. 1. 30 ; 25 mars 1867, D. 67. 1. 300, S. 67. 1. 215). Comme cette matière touche plus à la procédure qu'au droit, il suffira d'indiquer ici la question et sa solution. On en trouvera un bon exposé dans Dalloz, *Suppl.*, v° Actes de l'état civil, n°s 109 à 112.

Fallait-il considérer l'ordre public comme intéressé pour cette seule raison que la constitution légale des familles repose sur la tenue régulière des registres de l'état civil ? Non, évidemment ; c'eût été permettre au ministère public d'agir d'office dans tous les cas, et, de l'aveu de tous, son intervention ne peut être qu'exceptionnelle. Il faut que l'*intérêt public* soit directement engagé ; alors la société est intéressée à la rectification, et le ministère public, qui la représente, a qualité pour agir. Tel serait le cas où, pour échapper à la loi sur le service militaire, on aurait fait inscrire un enfant du sexe masculin comme étant du sexe féminin (Poitiers, 26 mai 1846, S. 46. 2. 462). Tels sont aussi les cas où l'état civil attribue à une personne une qualité qui ne lui appartient pas (Cass., 25 mai 1869, D. 69. 1. 413, S. 69. 1. 308 ; Cass. Belgique, 5 mai 1881, D. 81. 2. 241, S. 81. 4. 44).

569. Comment s'exécute la rectification. — Il ne s'agit pas d'une correction matérielle : l'acte rectifié reste tel qu'il est sur les registres ; il ne subit pas de ratures ; il n'y a ni grattages ni surcharges. Le jugement de rectification est transcrit sur les registres courants par l'officier de l'état civil, aussitôt qu'il lui est remis. Mention de cette transcription est faite *en marge* de l'acte réformé, et à l'avenir il ne peut plus être délivré d'extrait de cet acte qu'avec les rectifications ordonnées par la justice. Ainsi les corrections se font seulement dans les copies remises aux particuliers ; l'original reste intact (art. 101 C. civ. ; art. 857 C. proc. civ.). En procédant ainsi on a l'avantage de ne pas commettre d'erreurs irréparables, et de pouvoir respecter l'effet purement relatif du jugement de rectification (Voy. n° 570).

***570. Autorité relative du jugement de rectification.** — On a déjà vu que les jugements ont une autorité purement *relative* et ne produisent d'effet que pour ou contre les parties et leurs ayants cause (ci-dessus, n°s 361-373 et 474). Le principe est écrit, en termes très généraux, dans l'art. 1351.

Cette règle s'applique aux jugements dont nous parlons. Par conséquent l'acte ne sera rectifié que pour les personnes qui auront été *liées* à la procédure ; s'il y a d'autres intéressés qui y soient restés étrangers, à leur égard l'*acte subsistera dans sa teneur primitive*. Le jugement de rectification ne peut pas leur être « opposé », dit l'art. 100.

Pour faire comprendre cette application de la règle sur l'autorité *relative* des jugements, on prend une hypothèse purement théorique, qui sert d'exemple classique. On suppose qu'un homme laisse trois enfants légitimes, mais que l'acte de naissance de l'un d'eux est inexact et lui donne d'autres parents, ou l'indique comme enfant naturel, ou comme né de père et mère inconnus. Naturellement cet enfant demande la rectification de son acte de naissance. S'il a soin de mettre en cause ses deux frères, le jugement qu'il obtiendra leur sera opposable à tous deux, et la rectification ordonnée produira tout son effet utile. Mais si par extraordinaire, étant mal conseillé, il dirige son action contre un seul, le jugement n'aura aucune autorité contre l'autre. Il sera alors réduit à recommencer l'instance contre son second frère, et à obtenir un second jugement. Pour pousser l'hypothèse jusqu'au bout, on suppose que ce second procès lui est moins favorable ; le frère attaqué en second lieu se défend mieux que le premier, et le demandeur succombe. Théoriquement la chose est possible puisque les tribunaux ne sont pas liés par les jugements qu'ils ont rendus dans les affaires précédentes. Voilà donc un enfant ayant deux frères et qui se trouve, en vertu de deux jugements contradictoires, frère légitime de l'un et étranger à l'autre ! Le résultat est singulier, mais il est parfaitement conforme aux règles juridiques. C'est la conséquence forcée de la *relativité* de la chose jugée, et ce principe est salutaire, malgré quelques applications choquantes. Pour y échapper, le tribunal saisi de la première demande aurait un moyen bien simple : il pourrait ordonner la mise en cause du troisième fils.

§ 8. — *Remplacement des actes de l'état civil par d'autres preuves.*

A. — Causes rendant nécessaires des preuves exceptionnelles.

*571. **Nécessité d'admettre d'autres moyens de preuve que les registres.** — Les actes de l'état civil constituent un moyen de preuve, très sûr et très facile, organisé par la loi pour les naissances, les mariages et les décès. Par une conséquence naturelle, ces faits ne peuvent être prouvés que par eux. La loi n'admet en cette matière ni les écrits privés, ni les papiers de famille, ni — à plus forte raison — les témoins. Néanmoins, il a bien fallu faire exception pour certains cas, où il eût été inique et absurde d'exiger un acte de l'état civil. La loi permet alors au réclamant de recourir à d'autres moyens : il fera sa preuve « tant par titres que par témoins », dit l'art. 46.

** 572. **Hypothèses prévues par la loi.** — Le texte (art. 46) n'indique que *deux cas* dans lesquels les particuliers peuvent être dispensés de produire un acte régulièrement inscrit sur les registres :

1° *Lorsqu'il n'a pas existé de registres.* Fait rare, qui ne s'est probablement jamais produit en ce siècle. Le Code copie ici l'ordonnance de 1667.

2° *Lorsque les registres existants ont péri*, par exemple dans un incendie, le bombardement d'une ville, un pillage, etc. Ceci encore sera rare, puisque les registres existent en double dans deux dépôts séparés, à la mairie et au greffe. Mais l'incendie d'une mairie pourrait amener la perte des deux registres de l'année courante, et à Paris en 1871, dans les derniers jours de la Commune, on a vu les deux dépôts de registres (l'Hôtel de Ville et le Palais de Justice) brûler à la fois.

* **573. Possibilité d'étendre la disposition de la loi.** — Ces deux cas indiqués dans l'art. 46 sont-ils les seuls ? L'énumération est-elle limitative ? Une des règles les plus sûres pour l'interprétation des lois veut que les textes qui dérogent à un principe soient entendus au sens étroit. Or l'art. 46 est certainement une disposition exceptionnelle. Cependant tout le monde est d'accord pour étendre les facilités qu'il donne à des hypothèses non prévues par lui, parce que cette dérogation aux règles ordinaires de l'état civil n'est elle-même que l'application d'un principe beaucoup plus général, et qui fait partie de la théorie des preuves. Toutes les fois que la loi exige une preuve écrite, *préconstituée* en vue des contestations futures, elle doit en dispenser les parties dans deux cas : *a)* si elles se sont trouvées dans l'*impossibilité* de se la procurer ; *b)* si la preuve, dont elles s'étaient munies d'avance conformément à la loi, a *péri* ensuite par cas fortuit (voyez l'art. 1348). — Les deux cas prévus dans l'art. 46 correspondent évidemment à ces deux causes de dispense, mais ce ne sont que des *exemples* susceptibles d'extension. Sur ce point, pas de difficultés : c'était ainsi qu'on entendait l'ordonnance de 1667, d'où l'art. 46 a été tiré.

574. Cas à ajouter. — Voici d'abord deux cas additionnels pour lesquels le doute n'est pas possible :

3° *Les registres ont été tenus d'une manière intermittente :* ils présentent des lacunes. On peut dire que pendant les périodes correspondant à ces lacunes il n'a pas existé de registres, puisque ceux qui existaient *n'étaient pas tenus.*

4° *Les registres ont subi des mutilations :* un ou plusieurs feuillets ont été arrachés. Pour les actes inscrits sur ces feuillets, la perte est aussi complète que si tout le registre avait péri. Ce qui reste n'importe pas plus aux personnes dont les actes ont disparu que les registres des années précédentes.

La jurisprudence a eu à statuer sur des hypothèses plus délicates. EXEMPLE : Un mari se présente, demandant à prouver le décès de sa femme par témoins; sa femme est morte, tous ceux qui l'ont connue le savent, mais il n'y a pas d'acte de décès. Le mari prétend que l'officier de l'état civil a omis de dresser l'acte. Les registres en apparence sont réguliers ; ils ne contiennent pas de lacunes, ils n'ont pas été lacérés. Un seul acte a été omis. Voilà donc un cinquième cas à ajouter aux précédents :

5° L'*omission d'un acte isolé.*

Toutefois cette dernière hypothèse ne doit pas être admise d'une manière absolue, parce qu'elle aboutirait à substituer, d'une manière générale, la preuve testimoniale à la preuve régulière par les registres. On peut approuver la jurisprudence lorsqu'il s'agit, comme dans l'espèce analysée plus haut à titre d'exemple, d'une négligence de l'officier de l'état civil ou d'une erreur commise dans les bureaux : les parties ne sont pas en faute, et à leur égard l'omission sur les registres équivaut à l'absence de registres. On peut l'approuver encore, comme le proposent Aubry et Rau (t. I, § 64, au texte et notes 9 à 12), lorsqu'un enfant non déclaré à l'état civil demande à prouver la date de sa naissance, ou lorsque des tiers ont intérêt à prouver un décès qui n'a point été déclaré : dans ces deux cas, l'administration n'est pas en faute ; ce sont les parents de l'enfant ou du défunt qui sont coupables. Il serait injuste de faire retomber les conséquences de cette omission sur l'enfant ou sur les tiers, d'autant plus que la naissance et la mort sont des faits purs et simples, et que la preuve normale de pareils faits se donne par témoins. On ne saurait pousser plus loin l'admission de la preuve testimoniale en cas d'omission d'un seul acte. Par exemple, pour le mariage : l'art. 194 s'oppose d'une manière invincible à ce qu'il soit prouvé de cette façon.

B. — Moyens de suppléer aux registres.

* **575. Faits à établir.** — Celui qui veut prouver un fait de l'état civil autrement que par un extrait des registres a *deux choses différentes* à établir :

1° Il doit d'abord démontrer *le fait qui justifie l'admission des preuves du droit commun*, c'est-à-dire l'impossibilité pour lui de présenter un extrait des registres.

2° Ce premier point établi, le réclamant doit ensuite prouver le fait (naissance, mariage, décès, etc.) *qui aurait dû être constaté par l'acte omis ou détruit.*

576. Preuve du premier fait. — L'*absence totale des registres* ou *leur perte totale* ne sera pas difficile à constater. Il en est de même de leur *lacération* : le numérotage des feuillets la mettra en évidence. Quant à leur *tenue irrégulière et intermittente*, elle ressortira de ce fait que l'on trouve des périodes auxquelles ne correspond aucun acte, alors que, d'après les moyennes ordinaires, les registres de cette commune n'ont pas pu rester vides aussi longtemps.

Dans tous ces cas il y a une *condition* de plus, qui est *sous-entendue* : il faut que le fait qu'on veut établir se place dans la période pour laquelle il y a absence, perte, lacération ou lacune des registres. A défaut de cette concordance dans les dates, la demande doit être rejetée.

Lorsqu'il y aura eu *omission d'un acte isolé*, il faudra que le demandeur rende cette omission vraisemblable. Et c'est sur ce point que les tribunaux doivent se montrer rigoureux : en présence de registres régulièrement tenus, l'omission accidentelle d'un acte ne doit pas être facilement admise; sinon, la jurisprudence mériterait le reproche qu'on lui adresse de substituer arbitrairement la preuve testimoniale à la preuve légale par les registres.

Quelquefois l'omission ne sera pas douteuse. Dans l'espèce analysée ci-dessus (n° 574-5°), le mari avait conservé le *permis d'inhumer* délivré par l'officier de l'état civil. Ces omissions singulières sont plus faciles à commettre à Paris qu'en province, et pour les actes de décès plus que pour les autres, car les entreprises de funérailles se chargent de déclarer le décès à la mairie, et l'administration se contente de leur déclaration, parce qu'elle envoie un médecin spécial constater le décès à domicile : il suffit ensuite qu'une pièce s'égare dans les bureaux pour que l'acte soit oublié.

* **577. Preuve du second fait.** — La loi ne s'est occupée de la question que pour trois sortes d'actes : les naissances, les mariages et les décès; il faut y ajouter tous les autres actes qui s'inscrivent sur les registres de

l'état civil, comme les reconnaissances d'enfant naturel et les divorces. Comment se fera cette preuve? *Conformément au droit commun :* à l'aide d'écrits, si on en a, et ces écrits pourront être publics ou privés; à défaut d'écrits, par témoins.

L'art. 46 n'est pas aussi explicite : il ne mentionne en fait d'écrits que les « registres ou papiers domestiques émanés des *père et mère décédés* ». Si la loi cite ceux-là plutôt que d'autres, c'est parce qu'elle a en eux une grande confiance. Ces documents étant pour la plupart anciens, et leurs auteurs déjà morts, on ne peut pas les soupçonner d'avoir été fabriqués en vue du procès actuel. La loi les recommande donc à l'attention des juges, mais elle n'entend pas par là exclure les autres preuves écrites qui peuvent être produites, et qui émanent soit des père et mère *encore vivants*, soit de toute autre personne; le tribunal leur accordera créance, si elles le méritent.

578. Inutilité d'un commencement de preuve par écrit. — Thibaudeau a dit dans l'*Exposé des motifs* que la preuve testimoniale ne doit pas être admise quand elle est seule; à l'en croire, il faut trouver dans les registres et papiers de famille tout au moins un commencement de preuve. Mais ses paroles ne sont pas un texte de loi : l'une ou l'autre de ces deux preuves suffit, pourvu qu'elle soit convaincante.

Souvent il n'y aura pas d'écrits. Si on écartait alors la preuve testimoniale, on placerait les particuliers dans l'impossibilité de prouver leur état. Il faut laisser à la prudence des juges le soin d'apprécier les témoignages qui seront fournis, quand ils ne seront appuyés sur aucune pièce écrite. La formule employée dans l'art. 46 : « tant par les registres... que par témoins » doit donc être entendue comme s'il y avait : *soit par*... C'est ainsi qu'on interprétait déjà l'ordonnance de 1667.

* **579. Non reconstitution de l'acte omis ou détruit.** — Le Code italien (art. 366) a pris des mesures pour que les registres détruits ou incomplets soient refaits ou complétés. Rien de pareil dans le système français. Il n'y a pas *reconstitution* ni *insertion* de l'acte dans les registres de l'état civil; la preuve obtenue reste consignée uniquement sur les livres du greffier du tribunal ou de la cour. C'est un jugement ou un arrêt, dont les parties en cause ou leurs successeurs pourront se faire délivrer une expédition. Le jugement qui *remplace* l'acte n'est même pas transcrit sur les registres comme on le fait pour celui qui *rectifie* un acte existant[1]. Voyez ci-dessus, n° 569.

580. Reconstitution de l'état civil de Paris détruit pendant la Commune. — Le double incendie de l'Hôtel de Ville et du Palais de Justice pendant les dernières journées de la Commune, avait été pour les familles parisiennes un véritable désastre : leur état civil se trouvait anéanti, puisque les deux dépôts distincts étaient brûlés. Deux grandes séries de registres avaient péri : 1° les *anciens registres des paroisses*, qui remontaient à François Ier et que la Révolution avait réunis dans un dépôt unique; 2° les *registres de l'état civil*, créés par la loi du 20 septembre 1792 jusqu'au 1er janvier 1860. A partir de cette date, un des doubles était resté déposé dans les mairies d'arrondissement.

[1] Cependant, dans certains ressorts, on a l'habitude de faire ordonner par le président du tribunal que le jugement sera transcrit sur les registres courants et qu'il en sera fait mention en marge de l'acte le plus rapproché par sa date de l'acte omis.

La perte des registres anciens n'avait guère qu'un *intérêt historique*, déjà considérable, il est vrai[1]; mais la perte des registres modernes mettait en péril même l'avenir: les mariages, le règlement des successions, le service militaire, se trouvaient également entravés.

Une loi du 10 juillet 1871 pourvut d'abord au plus pressé par des moyens provisoires. Puis une seconde loi, du 12 février 1872, ordonna la reconstitution des registres de l'état civil de Paris. Cette opération colossale ne pouvait pas être confiée par les voies ordinaires au tribunal de la Seine, déjà surchargé d'affaires. On employa la *forme administrative* et on nomma une Commission spéciale chargée de vérifier les preuves présentées et d'ordonner la reconstitution des actes détruits. On se servit de tout ce qu'on put trouver: d'abord les extraits des anciens registres que les particuliers avaient conservés, puis les pièces officielles ou authentiques, empruntées aux registres des différents cultes, à ceux des hôpitaux et des cimetières, aux secrétariats des Académies et des Facultés, etc. Malgré les facilités et les délais successifs accordés au public, il reste encore bien des vides.

Les actes ainsi rétablis n'ont pas tous la même foi. Ceux qui reproduisent les extraits tirés directement des registres détruits font foi comme eux jusqu'à inscription de faux. Ceux qui ont été refaits à l'aide d'autres pièces font foi seulement jusqu'à preuve contraire.

Le travail de reconstitution n'est pas encore achevé et ne le sera jamais. On a fini par renoncer à l'opérer d'une façon complète. Une loi du 5 juin 1893 a mis fin aux pouvoirs de la Commission au bout de trois ans à compter de sa promulgation; celle-ci a donc cessé de fonctionner en juin 1896. Toutefois diverses dispositions ont été prises pour permettre de recueillir au Palais de Justice, sous une forme simplifiée, les actes encore non reconstitués qui seraient découverts à l'avenir.

En même temps cette loi a décidé que les actes restant à reconstituer seraient rétablis d'office pour la période moderne, à l'aide de différents moyens dont l'administration dispose. Ce travail a dû être poussé jusqu'au 1er janvier 1820 pour les actes de naissance, jusqu'au 1er janvier 1838 pour les actes de décès.

C. — Autorité des jugements remplaçant les actes de l'état civil.

***581. Nature de la question.** — Les actes de l'état civil sont des preuves ayant une *valeur absolue*; ils sont opposables à tout le monde. Les jugements n'ont qu'une *autorité relative* et ne peuvent être opposés qu'aux parties ayant figuré dans l'instance et à leurs successeurs et ayants cause. De là une grave question: celle de *savoir si le jugement qui tient lieu d'un acte omis ou détruit a la valeur relative d'un jugement ou la valeur absolue d'un acte de l'état civil.*

Cette question s'élève dans un certain nombre d'hypothèses qu'il est nécessaire d'examiner séparément.

***582. Hypothèse de l'art. 46.** — C'est le cas le plus douteux. Le jugement qui « remplace » l'acte de l'état civil n'est même pas transcrit sur les registres; l'acte de l'état civil omis ou détruit n'est pas « reconstitué ». Voyez ci-dessus, n° 579.

Il semble donc bien qu'on se trouve en présence d'un simple jugement, ayant une autorité purement relative. Cependant la personne qui aura réussi à faire une première fois la preuve d'un fait de l'état civil, réussirait facilement une seconde fois devant un autre tribunal, si facilement même

[1] On peut en partie y suppléer par des copies anciennes existant dans les archives et à la Bibliothèque nationale. Voyez les indications données par M. Wallon dans son rapport à l'Assemblée nationale, sur la loi du 12 février 1872.

qu'il est à prévoir que la question ne sera plus soulevée à l'avenir par d'autres personnes, et que le jugement obtenu par elle lui rendra en fait le même service que s'il était doué d'une autorité absolue.

583. Hypothèse de la loi des 12-15 février 1872. — Il s'agit de la reconstitution des actes de l'état civil détruits pendant l'insurrection de 1871. L'objet même qu'on poursuivait était le *rétablissement de l'acte.* On a donc affaire, une fois l'opération terminée, à des registres de l'état civil, qui doivent avoir leur caractère ordinaire de preuve opposable à tous.

584. Hypothèse de la loi des 19-23 juillet 1871. — Cette loi s'occupe de la réfection des actes dressés au nom du gouvernement insurrectionnel de la Commune, qui ont été bâtonnés. Elle a résolu elle-même la difficulté, d'une manière indirecte, en disant, dans son article 5, que les nouveaux actes de mariage, transcrits sur de nouveaux registres par ordre du tribunal civil, assuraient aux mariages tous les effets civils à la date des premiers actes. Cette formule ne peut se comprendre et recevoir son application que si les nouveaux actes ont, comme preuves, une valeur absolue. On peut remarquer qu'ici encore, il s'agit non d'un jugement, mais d'un acte de l'état civil refait par autorité de justice [1].

585. Hypothèse de la loi du 8 juin 1893. — Pour les jugements declaratifs de décès, établis par cette loi, il existe un texte formel qui leur donne une portée absolue : ce sont des actes de l'état civil (art. 92 nouv., *in fine*). La loi réserve cependant aux tiers le droit de les faire rectifier conformément à l'article 99. — On voit la distance parcourue depuis 1804 : la loi de 1893 décide exactement le contraire de ce que dit l'avis du Conseil d'État, du 12 brumaire an XI, rapporté en note au n° 584, et de la règle que le Code civil applique lui-même, dans l'art. 100, aux jugements ordonnant la rectification d'un acte inscrit sur les registres : les textes nouveaux *parlent d'autorité absolue là où les textes anciens n'admettaient qu'une autorité relative.*

§ 9. — *Des actes de l'état civil des Français en pays étranger* [2].

586. Double moyen de les faire dresser. — Les Français qui se trouvent à l'étranger peuvent avoir à leur disposition un double moyen pour faire constater leur état

[1] Une situation analogue se rencontre quand une déclaration de naissance est faite tardivement ; elle ne peut plus être reçue qu'en vertu d'un jugement, mais ce qui est écrit sur les registres n'est pas un jugement, c'est un acte de l'état civil. Il devrait, comme tel, avoir sa force ordinaire. Néanmoins un avis du Conseil d'État du 12 brumaire an XI réserve formellement aux parties qui n'y ont pas été appelées, le droit d'attaquer ce jugement. — Sur une faute d'impression qui faisait dire à ce texte tout juste le contraire et qui a été rectifiée au *Bulletin des lois*, IIIe série, VII, p. 304, voyez la note qui accompagne le texte dans les Codes Tripier.

[2] Cette matière devrait être en dehors des cours de droit civil et rentrer dans les cours de droit international privé. C'est par un véritable défaut de méthode que le programme officiel n'a pas retiré de l'enseignement du droit civil les art. 47 et 48, et quelques autres analogues qui se trouvent dans le Code.

civil ou celui de leurs parents : ils peuvent, selon les cas, se conformer à la loi étrangère ou à la loi française.

587. Emploi de la loi étrangère. — Ils peuvent d'abord employer « les formes usitées dans ledit pays » (art. 47). L'acte ainsi rédigé a en France pleine autorité. *Il fera foi*, dit le même article, pourvu qu'il soit régulier d'après les lois du pays où il a été fait. C'est une application de la règle *Locus regit actum*. Dans la plupart des États civilisés on exige un écrit pour la preuve des faits de l'état civil et il y a des formes déterminées pour sa rédaction. Dans quelques-uns, par exception, on se contente de la preuve par témoins. Ce fait n'a pas été prévu par les termes de l'art. 47 qui suppose *un acte rédigé*, mais le principe de droit international sur la forme des actes, dont il n'est qu'une application, autorise une conclusion beaucoup plus générale : les faits qui se passent dans ces États peuvent être prouvés par témoins, *même en France*. L'exemple le plus frappant, et que l'on cite toujours, est celui de l'État de New-York, où les mariages ne se constatent pas par écrit ; leur célébration s'établit par la simple preuve de la « cohabitation et réputation ». La jurisprudence française en a très légitimement conclu qu'un Français marié à New-York devait être admis en France à prouver son mariage *par témoins* (Paris, 20 janv. 1873, D. 73. 2. 59).

588. Emploi de la loi française. — Outre ce premier moyen, qui est toujours ouvert aux Français en pays étranger, le Code civil en met un autre à leur disposition. Ils peuvent s'adresser aux *agents diplomatiques* ou aux *consuls* que la France entretient dans ce pays (art. 48). L'acte est alors dressé *conformément aux lois françaises* (*ibid.*). Ainsi nos agents diplomatiques et commerciaux jouent au dehors pour nos nationaux le rôle d'officiers de l'état civil, et ils en ont fréquemment l'occasion. Cette fonction s'explique, non pas par la fiction inutile de l'*exterritorialité*, mais par cette idée beaucoup plus simple qu'un État conserve son autorité sur ses nationaux, même en dehors de son territoire.

589. Différence entre ces deux moyens. — Le procédé indiqué par l'art. 48 n'est applicable qu'aux actes intéressant des Français *uniquement*. Si un étranger s'y trouve mêlé, par exemple dans les mariages entre Français et étrangers, l'agent français doit s'abstenir, parce qu'il n'a autorité et compétence que pour l'une des parties ; à l'égard de l'autre, il est sans qualité. En pareil cas les futurs époux n'ont plus le choix ; le seul parti qu'ils puissent prendre est de s'adresser à l'officier public du pays ; lui seul est compétent pour les marier. Cette compétence toute personnelle et limitée des agents français est marquée dans le Code civil par les termes qu'il emploie : l'art. 48 qui permet de recourir aux agents de la France ne parle que des actes intéressant les *Français*, tandis que l'art. 47 vise à la fois les actes de l'état civil des *Français* et des *étrangers*.

LA FAMILLE

CHAPITRE UNIQUE

GÉNÉRALITÉS

590. Bibliographie. — KŒNIGSWARTER, *Histoire de l'organisation de la famille en France*, Paris, 1851. — P. GIDE, *Études sur la condition privée de la femme*, 2e édit., 1885. — C. BUFNOIR, *Étude sur le droit de famille dans le projet du Code civil allemand*, Soc. de législ. comp., *Bulletin*, t. XIX, p. 679 et suiv. — CH. LEFEBVRE, *Leçons d'introduction à l'histoire du droit matrimonial français*, 1899-1900. — A. FOUILLÉE, *La France au point de vue moral*, 1900. Voir aussi les traités généraux sur l'histoire du droit de MM. GLASSON, P. VIOLLET, LAFERRIÈRE, BEAUNE, etc., ainsi que les ouvrages relatifs à la philosophie du droit indiqués au n° 8, et notamment BEAUSSIRE, p. 201 et suiv. et FRANCK, p. 23 à 117.

***591. Définition.** — La famille est l'ensemble des personnes qui sont *unies par le mariage*, ou *par la filiation*, ou encore, mais très exceptionnellement, *par l'adoption*.

592. Sens variable du mot. — Le mot « famille » a deux emplois qu'on oublie ordinairement de distinguer, ce qui provoque des confusions perpétuelles.

1° Il désigne d'abord *toutes les personnes unies par la parenté ou par des alliances*. Le groupe des parents, qui constitue en ce sens la famille moderne, correspond à la *gens* romaine, avec cette différence que les règles d'après lesquelles se détermine et se reconnaît la parenté ne sont pas les mêmes qu'autrefois.

2° Il désigne ensuite, dans un sens plus étroit, *les membres de la famille vivant sous le même toit*, sous la direction et avec les ressources du chef de la maison. C'est le sens primitif du latin « familia », qui désignait spécialement la maison. Ce sens se retrouve encore dans les expressions françaises : « vie de famille, foyer de famille ».

§ 1. — *Histoire et importance de la famille.*

593. Transformation progressive du groupe. — Il semble bien que dans les temps primitifs les deux choses que nous distinguons aujourd'hui se confondaient : la communauté d'existence reliait matériellement entre eux tous ceux qu'unissait le lien de la parenté ; la famille tendait en s'accroissant à devenir tribu. Depuis lors *elle a toujours été en se sectionnant*. La vie commune s'est d'abord restreinte à ceux qui descendaient d'un même auteur encore vivant : l'ancêtre commun les réunissait sous sa puissance ; à sa mort, la famille se divisait en plusieurs branches, ayant pour chefs distincts les propres fils du défunt. Tel était le système de la famille romaine, fondée sur la puissance paternelle, qui durait autant que la vie du père.

Puis le sectionnement s'est fait *du vivant même de l'ancêtre commun*. De nos jours, il perd son autorité sur ses descendants quand ils deviennent majeurs et le quittent pour fonder à leur tour une nouvelle famille. On arrive ainsi au groupe réduit qui compose la famille moderne dans le second sens du mot, ne comprenant plus que le père, la mère et ceux de leurs enfants ou petits-enfants qui habitent encore avec eux. On considère ceux qui s'en sont séparés pour vivre à part avec leur femme et leurs enfants comme ayant fondé une famille nouvelle.

En dehors de ce petit groupe, le lien antique de la famille ne subsiste plus guère. On en retrouve quelques traces dans les charges de la tutelle et dans l'obligation alimentaire. Son effet principal est le droit de succession.

594. Renvoi aux diverses institutions de la famille. — Nous ne pouvons faire ici l'histoire générale de la famille, parce qu'il faudrait passer en revue les diverses institutions qui s'y rattachent, qui lui servent de base légale, principalement le mariage et la puissance paternelle. Une seule observation est à faire pour le moment. Le Code a réglé ces diverses institutions dans des chapitres séparés : il s'occupe successivement du mariage, du divorce, de l'adoption, de la puissance paternelle, de la tutelle, de l'émancipation, etc. C'était son rôle et sa méthode toute naturelle ; mais les commentateurs ont fait comme lui, si bien que l'étude successive des différents morceaux les a empêchés de voir l'ensemble, et on chercherait vainement dans la plupart de nos livres de droit un aperçu général de la famille ; ils sont muets sur les notions fondamentales, ou ne les donnent qu'incidemment et par fragments.

595. Nécessité naturelle de la famille. — La famille est pour l'homme une nécessité inéluctable. L'état de faiblesse et de dénûment dans lequel naît l'enfant, le nombre et la durée des soins qu'il exige, imposent à ses parents des devoirs qui ne se remplissent pas en un jour et qui forment le solide fondement de toutes les relations de famille. Le contraste étrange qui existe entre l'état de l'homme à sa naissance et son rôle dominateur dans la nature vivante avait déjà frappé les anciens, comme le montrent les vers célèbres de Lucrèce (V, 224) ; mais il faut descendre jusqu'aux philosophes modernes pour voir mettre en pleine lumière l'importance et les effets de ce simple fait naturel [1].

596. Importance sociale de la famille. — Le petit groupe de la famille est le plus essentiel de tous les éléments qui composent ces grandes agglomérations d'hommes qu'on appelle des nations. La famille en est le noyau irréductible ; et l'ensemble vaut ce qu'elle vaut elle-même ; quand elle s'altère ou se dissout, tout le reste s'écroule. C'est chez elle, et comme on l'a dit, sur les genoux de la mère, que se forme ce qu'il y a de plus grand et de plus utile au monde : un honnête homme. Les prétendus réformateurs qui ont rêvé de supprimer la famille étaient des insensés, et il faut voir une véritable calamité dans l'organisation de notre système fiscal qui, loin de pousser les particuliers au mariage, accable de ses charges les familles nombreuses, créant une prime effrayante à l'égoïsme, au célibat et à la stérilité.

[1] Entre bien d'autres, je choisis dans le livre de M. Beaussire ces quelques fragments qui expriment fort bien ces idées : « L'enfant a droit au respect, car c'est déjà une personne ; il a droit à plus encore... Pendant bien des années, ni son esprit ni son corps ne se suffiront à eux-mêmes... C'est sa destinée morale qui réclame pour lui des secours ; c'est elle qui lui confère des droits... Il faut à l'enfant une protection continuelle et tous les genres d'assistance. L'enfant est respectable à l'humanité tout entière ; il n'a un droit positif et absolu qu'à l'assistance de deux personnes. C'est la plus forte, mais c'est aussi la plus douce des obligations. La nature a tout fait pour disposer le cœur humain à ce rude esclavage des devoirs de famille. Elle a mis dans nos âmes les sentiments les plus vifs de tendresse et de dévouement pour ces êtres imparfaits, sans attendre qu'ils soient capables de répondre à notre amour. Et il faut que ces sentiments soient bien impérieux pour que la nature humaine, si souvent rebelle au devoir, se prête sans trop de murmures à ces sacrifices de tous les instants, à cet abandon de soi-même... » (p. 202-203).

§ 2. — *Sources et effets des relations de famille.*

597. Sources constitutives de la famille. — Ces sources sont au nombre de trois : le *mariage*, la *filiation*, l'*adoption*. Les différents *états* qu'une personne peut avoir dans la famille sont également au nombre de trois : deux membres d'une même famille sont *époux*, *parents* ou *alliés*. Mais ces trois états différents ne répondent pas respectivement aux trois faits constitutifs de la famille : le mariage crée l'état d'époux ; la filiation et l'adoption créent toutes deux la parenté, la parenté adoptive étant une imitation de la parenté naturelle. Quant à l'alliance, elle est une combinaison des effets du mariage et de la parenté (ci-dessous, n° 608).

598. Renvois. — *L'état d'époux*, étant l'effet du mariage, sera étudié dans le t. III à propos du mariage. L'*adoption* est une institution juridique, facile à isoler du reste, et qui sera expliquée à part. La *filiation*, d'où dérive la vraie parenté, est un fait naturel que la loi n'a à régir que pour en déterminer les *preuves*. Toutes ces matières seront traitées séparément. Nous n'avons donc à nous occuper, dans ce chapitre préliminaire, que de la *parenté* et de l'*alliance*, considérées en elles-mêmes.

A. — De la parenté.

** **599. Définition de la parenté.** — La parenté est le *rapport qui existe entre deux personnes dont l'une descend de l'autre*, comme le fils et le père, le petit-fils et le grand-père, *ou qui descendent d'un auteur commun*, comme deux frères, deux cousins.

Cette dernière serait mieux appelée *consanguinité*, car le mot « parenté » emporte l'idée de descendance : « parens » vient de « parere ». Malheureusement le mot *consanguin* a reçu dans notre langue un sens technique beaucoup plus étroit : il s'applique aux frères nés du même père, mais non de la même mère.

A côté de cette parenté réelle, qui est un fait naturel, et qui dérive de la *naissance*, la loi admet une parenté toute fictive qui s'établit par un contrat particulier nommé *adoption*. La parenté adoptive est une imitation de la parenté réelle, mais la fiction reste, comme on le verra, bien loin de la réalité.

1° Lignes de la parenté [1].

* **600. Ligne directe et ligne collatérale.** — La série des parents qui descendent l'un de l'autre forme ce qu'on appelle une *ligne*. C'est la *parenté directe ;* elle se représente au moyen d'une *ligne droite*, allant de l'un des parents à l'autre, quel que soit le nombre des intermédiaires. Quant à la parenté qui unit deux parents descendant d'un auteur commun, elle est dite *parenté collatérale ;* sa représentation graphique forme un *angle* ; les deux parents occupent l'extrémité inférieure des côtés, et l'auteur commun est au sommet. Les deux parents collatéraux ne sont donc pas dans la même ligne : ils font partie de deux lignes différentes qui sont séparées depuis l'auteur commun, lequel représente le point où

[1] Le Code français a donné les définitions des lignes et des degrés de la parenté à propos des successions (art. 735 à 738). Ces articles ne sont pas à leur place, car ce sont des dispositions générales qui s'appliquent également à toutes les relations de famille et notamment au mariage, à la filiation et à la tutelle.

s'est faite la bifurcation ; les deux lignes se suivent côte à côte et c'est ce qui explique l'expression «collatérale»: chacun des deux parents est, par rapport à l'autre, dans une ligne parallèle à la sienne, *collateralis*. Comp. art. 736.

* **601. Ligne ascendante et ligne descendante.** — Les lignes de la parenté portent souvent d'autres épithètes. Ainsi on parle de « ligne ascendante » ou de « ligne descendante » suivant qu'on *remonte* ou qu'on *suit* la série des générations.

* **602. Ligne paternelle et ligne maternelle.** — Ainsi encore on parle de ligne « paternelle » ou de ligne « maternelle » suivant qu'on prend pour point de départ d'une ligne ascendante le père ou la mère de la personne que l'on envisage : on s'engage alors dans deux familles différentes.

* **603. Parents communs aux deux lignes.** — Ordinairement quand on considère les lignes de parenté ascendantes, ce ne sont pas les mêmes personnes qui figurent à la fois dans la ligne paternelle et dans la ligne maternelle ; à chaque bifurcation, on trouve des individus différents des deux côtés ; ceux qui appartiennent à la famille du père n'appartiennent pas à la famille de la mère. Quelquefois cependant, en établissant l'arbre généalogique de la famille, on rencontre une même personne dans les deux lignes. Ceci arrive à la suite de mariages entre parents. Par exemple, quand un cousin épouse sa cousine germaine, les deux époux ont le même grand-père et la même grand'mère, puisqu'ils sont enfants de frères ou de sœurs. Ce grand-père et cette grand'mère seront, pour les enfants nés du mariage, des ascendants tout à la fois paternels et maternels. Il en sera de même de tous les parents placés dans les lignes ascendantes au delà des parents communs.

On se sert quelquefois, pour désigner les personnes qui se trouvent ainsi parentes d'une autre des deux côtés à la fois, de l'expression « parents germains ». Malheureusement le qualificatif « germains » n'a pas un sens bien précis. « Germanus » exprimait en latin une idée de société ou d'affinité. Il s'est d'abord appliqué aux frères et sœurs nés du même père et de la même mère, qu'on appelle *frères et sœurs germains*, par opposition à ceux qui sont nés du même père mais de mères différentes (*frères consanguins*), et à ceux qui sont nés de la même mère, mais de pères différents (*frères utérins*). — On l'a étendu ensuite aux cousins les plus proches, nés de frères et de sœurs, dits *cousins germains* par opposition aux cousins plus éloignés qui sont appelés cousins issus de germains ; anciennement on disait aussi « cousins remués de germains ».

2° Degrés de la parenté.

** **604. Définition.** — Dans chaque ligne, la parenté se compte par *degrés*, c'est-à-dire *par générations* (art. 735). Ainsi le fils et le père sont parents au premier degré ; le petit-fils et le grand-père au second degré, et ainsi des autres.

** **605. Mode de calcul.** — Pour les parents en ligne directe le calcul est simple : il y a autant de degrés que de générations pour aller d'un parent à l'autre.

Pour la *parenté collatérale*, il existe *deux modes de computation*. L'un est celui du *droit civil*, qui compte le nombre des générations dans les deux lignes en partant de l'auteur commun et *on additionne les deux séries de degrés :* ainsi deux frères sont parents au second degré (une génération dans chaque branche), un oncle et son neveu au troisième (deux générations d'un côté, une de l'autre) ; deux cousins germains sont parents au quatrième degré ; un oncle et son neveu à la mode de Bretagne le sont au cinquième. — En *droit canon* on emploie une autre manière de compter : *on ne compte les générations que d'un seul côté.* Quand les deux lignes sont égales on peut prendre indifféremment l'une ou l'autre ; quand elles ne le sont pas, on choisit *la plus longue* et on ne tient pas compte de l'autre. Il en résulte que deux cousins germains sont parents au deuxième degré suivant le comput canonique, tandis qu'ils le sont au quatrième dans le comput civil. Il en résulte encore qu'un oncle et son neveu sont parents au deuxième degré comme les cousins germains, puisque l'une des branches a deux degrés. Pour préciser davantage, on distingue et l'on dit qu'il s'agit de *collatérale égale*, quand les deux branches ont le même nombre de degrés, et de *collatérale inégale*, au cas contraire.

Ce mode de calcul, moins clair que l'autre, est bon à connaître, car l'Église l'a conservé et il sert encore, notamment pour les empêchements au mariage religieux, fondés sur la parenté.

3° Effets de la parenté.

* **606. Leurs variétés.** — Les effets de la parenté sont assez nombreux et de natures très diverses. Elle donne des *droits ;* elle crée des *obligations ;* elle entraîne des *incapacités.*

Sans prétendre énumérer tous ces effets, citons les principaux.

DROITS DÉRIVANT DE LA PARENTÉ. — On doit considérer comme tels :

1° Le droit pour les parents vivants de recueillir les biens d'un parent mort. C'est le *droit de succession.*

2° Les divers droits accordés aux parents sur la personne et les biens de leurs enfants en vertu de la puissance paternelle. Voyez ci-dessous n°s 2105 et suiv.

3° Le droit pour certains parents, quand ils sont dans la misère, d'obtenir des aliments. Il sera traité de cette *obligation alimentaire* dans le t. III.

OBLIGATIONS DÉRIVANT DE LA PARENTÉ. — Telles sont :

1° Le devoir pour les père et mère d'élever leurs enfants (nourriture, surveillance, éducation, instruction).

2° Le devoir de respect imposé aux descendants envers leurs ascendants.

3° Le devoir pour les parents en ligne directe de fournir des aliments à ceux d'entre eux qui sont dans le besoin.

4° L'obligation d'être tuteur ou membre du conseil de famille d'un parent mineur ou interdit.

INCAPACITÉS DÉRIVANT DE LA PARENTÉ. — La plus grave est l'impossibilité de se marier entre proches parents, qui sera expliquée au t. III à propos du mariage.

Les autres ne portent que sur des points de détail et résultent pour la plupart de lois spéciales : les parents du notaire ou des parties ne peuvent figurer comme témoins dans un acte notarié ; certains officiers ministériels sont incapables d'instrumenter pour leurs parents ; deux parents ne peuvent faire partie d'un même tribunal ; un parent de l'accusé ne peut pas déposer en justice contre lui, etc.

* **607. Étendue variable des effets de la parenté.** — Les effets de la parenté ne se produisent pas toujours avec la même énergie. D'abord il faut toujours tenir compte de la *proximité du degré.* A mesure que la parenté s'éloigne, le nombre de ses effets va en diminuant. Ils ne se produisent au complet que dans les rapports immédiats du père ou de la mère avec l'enfant. *Ils cessent entièrement à partir du douzième degré.* Au delà, la parenté existe encore et elle peut être connue, mais elle reste à l'état de fait, la loi n'y attache plus d'effets de droit.

En outre, il faut tenir compte de la *qualité* de la parenté. La plénitude d'effets n'appartient qu'à la parenté légitime. Toutes les parentés illégitimes (naturelle, adultérine et incestueuse) sont des parentés amoindries et déchues, qui ne produisent que des effets très bornés [1]. Quant à l'adoption, elle n'établit en principe de rapports qu'entre l'adopté et l'adoptant et ses conséquences vont rarement au delà.

[1] Du moins il en est ainsi dans le système français. Mais dans d'autres pays la parenté naturelle disparaît, pour ainsi dire, absorbée d'un côté dans la parenté légitime, entièrement méconnue de l'autre par la loi. Ainsi en Roumanie, l'enfant naturel a les mêmes droits que l'enfant légitime à l'égard de sa mère et des parents de sa mère, même s'il est adultérin ou incestueux (art. 652, 677, 678, C. civ. roumain). Au contraire, à l'égard du père, l'enfant n'a aucun droit et sa reconnaissance ne lui en donne aucun. Il résulte de là qu'une femme n'a que des enfants légitimes : *Nul n'est bâtard de par sa mère ;* et qu'il en est à peu près de même pour le père, pour une raison inverse : aucun lien ne rattache l'enfant à son père naturel. Voy. ALEXANDRESCO, p. 9 et suiv. ; p. 168 et suiv. — Tel est aussi *le système allemand :* l'enfant illégitime et son père ne sont pas réputés parents (art. 1589, C. civ. all.), tandis que l'enfant naturel a la position juridique d'enfant légitime dans ses rapports avec sa mère et les parents de sa mère (art. 1705 C. civ. all.) ; il prend le nom de famille de sa mère (art. 1706). Mais le père est obligé de pourvoir à l'entretien de l'enfant jusqu'à 16 ans, conformément à l'état de la mère (art. 1708) ; il est tenu de cette obligation même avant la mère et les parents maternels (art. 1709).

B. — De l'alliance.

** **608. Définition.** — A côté des parents, qui forment son élément principal, la famille comprend en outre les *alliés*. Ceux-ci sont des étrangers, c'est-à-dire des *personnes non parentes, qui viennent se joindre à la famille par un mariage.* Dans le langage courant il n'est pas rare de les entendre appeler « parents par alliance ». On voit en quoi cette qualification est inexacte. Pour leur donner leur vrai titre il faudrait dire « membres de la famille par alliance ».

L'alliance est la combinaison du mariage et de la parenté, mais elle est souvent mal comprise dans le monde ; on lui donne une portée beaucoup plus étendue que celle qui lui appartient dans la réalité. Quand un mariage a lieu, l'alliance s'établit *entre chaque époux et les parents de l'autre.* La jeune fille qui se marie devient la fille par alliance du père et de la mère de son mari, la sœur de ses frères et sœurs, la nièce de ses oncles et tantes, et cæt. Réciproquement ceux-ci deviennent ses père, mère, frères, sœurs, oncles et tantes par alliance. On considère les deux époux comme ne faisant plus qu'un, de telle sorte que toute la parenté de chacun d'eux devient, par l'effet du mariage, commune à l'autre à titre d'alliance. Mais l'alliance ne va pas plus loin. Il n'y en a aucune entre les parents de l'un des époux et ceux de l'autre. On se trompe donc quand on dit que deux familles *s'allient* par un mariage. Une seule personne s'allie à la famille de chaque conjoint : c'est celle qui se marie.

* **609. Sources de l'alliance.** — L'alliance naît toujours du mariage. Le concubinage n'en engendre aucune, du moins d'après la loi civile. Par conséquent le mariage est possible entre deux personnes, quoique l'une ait eu antérieurement des relations illicites avec l'ascendant de l'autre (Chambéry, 7 févr. 1885, D. 85. 2. 241)[1]. L'obstacle que mettrait au mariage une alliance née d'une union légitime, n'a pas lieu ici. Mais le droit canonique connaît une sorte d'alliance naturelle résultant d'un commerce illégitime. Sur cette alliance, née de rapports sexuels en dehors du mariage, voy. Esmein, *Le mariage en droit canonique*, t. I, p. 87-88, et p. 377. — L'Église reconnaît même une affinité purement spirituelle née du baptême entre parrains, marraines et filleuls, et en Roumanie cette affinité crée un empêchement prohibitif pour le mariage (art. 145, C. civ. roumain).

* **610. Degrés et dénominations.** — L'alliance se modèle sur la parenté et lui emprunte ses lignes et ses degrés. Ainsi, celui qui se marie devient l'allié, au degré de fils, du père et de la mère de sa femme : il est leur fils par alliance ; il devient l'allié, au degré de frère, du frère de sa femme, son frère par alliance. Il acquiert ainsi des alliés en ligne directe et d'autres en ligne collatérale. Pour distinguer ces parents par alliance,

[1] La jurisprudence roumaine tend également à rejeter l'idée d'une alliance dérivée du concubinage (ALEXANDRESCO, p. 76).

qui sont de faux parents, et les parents par le sang, qui sont les seuls vrais, on a pris l'habitude d'ajouter au nom du degré l'épithète de « beau »: *beau-père*, *beau-fils*, *beau-frère*, *belle-mère*, *belle-fille*, *belle-sœur* [1].

611. Effets de l'alliance. — L'alliance imite la parenté, non seulement dans ses formes, mais aussi dans ses *effets*: comme la parenté, elle produit des droits, des obligations et des incapacités. Seulement ces effets sont moins nombreux que ceux de la parenté.

Il y a beaucoup d'effets de la parenté, et ce sont les principaux qui manquent à l'alliance. Par exemple, le *droit de succession* fait défaut : on se succède entre parents ; mais un allié ne succède pas à son allié. De même le droit de *puissance paternelle* manque absolument.

Les seuls effets de l'alliance qui appartiennent au droit civil sont :

1° L'*obligation alimentaire* qui existe entre certains alliés ;

2° L'*empêchement au mariage* entre les alliés les plus proches ;

3° L'incapacité des alliés du notaire ou des parties d'être *témoins* dans la passation de l'acte.

612. Diverses espèces d'alliance. — Puisque l'alliance dérive de la parenté, la suppose et se mesure sur elle, il en résulte qu'elle peut être comme elle *légitime*, *naturelle* ou *adoptive*. Chaque époux devient l'allié légitime, naturel ou adoptif des parents de l'autre, selon qu'ils ont eux-mêmes l'une ou l'autre de ces qualités. L'alliance naturelle ne produit pas d'effets ; l'alliance adoptive est rare comme l'adoption elle-même, c'est ce qui fait qu'en parlant de l'alliance on ne songe guère qu'à l'alliance avec les parents légitimes du conjoint. Voyez sur l'alliance qui s'établit entre un conjoint et le parent adoptif de l'autre un arrêt de la Cour de cassation du 6 décembre 1844 (D. 45. 1. 10, S. 45. 1. 116).

* **613. Durée de l'alliance.** — L'alliance périt-elle avec le mariage qui l'a fait naître? Il y a un adage d'autrefois qui semble le dire : « Morte ma fille, mort mon gendre. » Mais il ne faut pas le prendre pour une règle absolue ; *ce n'est vrai que pour certains effets de l'alliance*. Ainsi l'obligation alimentaire cesse en principe entre gendre ou bru d'une part et beau-père ou belle-mère d'autre part à partir de la dissolution du mariage (art. 206 C. civ.) ; le droit de récuser un témoin ou un juge pour cause d'alliance cesse également (art. 283 et 378 C. proc. civ.). Mais cela ne veut pas dire que l'alliance elle-même soit brisée : la preuve en est que l'obligation alimentaire et le droit de récusation subsiste, tant qu'il y a des enfants vivants nés du mariage. L'empêchement au mariage tiré de l'alliance subsiste aussi. Il y a même ceci de remarquable, c'est que cet empêchement au mariage ne peut produire effet qu'après la dissolution du mariage qui a créé l'alliance : en effet, tant que le mariage dure, si le mari ne peut pas épouser sa belle-sœur, ce n'est pas parce qu'elle est la sœur de sa femme, c'est parce qu'il est lui-même marié et que s'il épousait sa belle-sœur il serait bigame ; il ne pourrait pas davantage épouser une étrangère. Pour que l'alliance qui existe entre beau-frère et belle-sœur devienne un obstacle à leur mariage, il faut que l'union qui a produit leur alliance soit dissoute.

[1] Autrefois la qualification de *beau* n'avait pas ce sens. C'était une marque de respect ou d'affection qui se donnait aux parents véritables comme aux alliés, et même aux étrangers, à Dieu, à un être quelconque. On disait : *Beau père Dieu* — ou, comme dans le dicton picard cité par Lafontaine : « *Biaux chires leups, n'écoutez mie Mère tenchent chen fieux qui crie* » (*Fables*, IV, 6). L'expression s'est conservée là où elle pouvait rendre des services pour la clarté du langage ; elle a disparu partout ailleurs.

LE DOMICILE

CHAPITRE PREMIER

DU DOMICILE RÉEL

§ 1. — *Définition et caractères.*

614. Obscurité des définitions modernes. — Les auteurs modernes ne s'entendent plus sur la définition du domicile, et ceux qui ont essayé d'en donner une formule scientifique sont arrivés à un degré d'abstraction qui en rend la notion malaisément compréhensible.

MM. Aubry et Rau définissent ainsi le domicile : « la *relation juridique* existant entre une personne et le lieu où cette personne est, quant à l'exercice de ses droits et quant à l'accomplissement de ses obligations, toujours censée présente... » (T. I, § 141, texte et note 1). — Cette définition a un double tort : 1° elle donne à croire que le domicile sert surtout à déterminer le lieu où s'exercent les droits et où s'acquittent les obligations, ce qui n'arrive presque jamais : c'est là la moindre de ses utilités ; 2° elle fait du domicile une *relation juridique* entre une personne et un lieu, alors que le domicile est très certainement *un lieu*. C'est donc substituer bien inutilement une notion abstraite, difficile à saisir, à une notion concrète, claire par elle-même.

On peut en faire l'épreuve directe : une bonne définition doit pouvoir se substituer dans une phrase quelconque au mot dont elle donne le sens. Qu'on essaie de remplacer le mot « domicile » par la formule de MM. Aubry et Rau : « la relation juridique entre une personne et un lieu », on verra quel galimatias on obtiendra dans des phrases telles que celles-ci : « Rentrer à son domicile, assigner quelqu'un à son domicile ».

* **615. Définition de Pothier.** — La meilleure définition est encore celle qui a été donnée par Pothier : « Le domicile est *le lieu où une personne a établi le siège principal de sa demeure et de ses affaires* » (*Introduction à la coutume d'Orléans*, n° 8).

Outre sa clarté, la définition de Pothier a un autre mérite : elle fait apercevoir la *double idée* qui compose la notion du domicile ; le domicile est considéré tantôt comme étant *la résidence habituelle de la personne*, et tantôt comme *le centre de ses affaires*. Ce dualisme apparaît nettement quand on étudie les diverses utilités pratiques que présente la détermination du domicile : les unes concernant la personne, les autres ses biens [1].

Pothier a emprunté les éléments de cette définition à une constitution de Dioclétien : « ubi quis *larem* rerumque ac fortunarum suarum summam constituit » (*Code, De incolis* ;

[1] Le droit allemand considère le domicile comme étant uniquement *la résidence habituelle de la personne* : « Celui qui fixe sa résidence à demeure dans un lieu y établit son domicile » (art. 7 C. civ. all.). Cette conception simple est peut-être la plus vraie.

Liv. X, tit. 70, l. 7). — Les auteurs modernes ont abandonné cette définition si simple et si satisfaisante pour une raison futile. L'art. 102 dit que le domicile est « *au lieu* où une personne.... ». Si le domicile est *dans un lieu*, lui-même, dit-on, ne saurait être un lieu; il est autre chose; et c'est pour trouver cette autre chose qu'on a imaginé l'idée d'une relation juridique entre un lieu et une personne. Mais on oublie ici le double sens du mot *lieu:* le domicile d'une personne est une *maison*, laquelle se trouve dans une *ville* ou dans un *territoire rural*. On peut donc dire que le domicile (qui est un lieu, à savoir une maison) se trouve *au lieu* (c'est-à-dire dans la commune) où la personne s'est établie. On peut très bien demander à une personne *où* est sa demeure; elle répondra : « Ma demeure est *à Paris*, telle rue, tel numéro ». La formule employée dans l'art. 102, qui est d'ailleurs idéntique à celle de la Constitution de Dioclétien « *ubi* quis larem », est donc parfaitement conciliable avec l'idée que le domicile est lui-même une maison, c'est-à-dire un lieu.

*** 616. Indépendance réciproque du domicile et de la résidence.** — Le domicile, une fois établi dans un lieu, présente nécessairement une certaine *fixité*, qui est un de ses grands avantages pratiques. Il peut, sans doute, se déplacer sous des conditions déterminées; mais il peut aussi se conserver malgré une absence, même prolongée ; on a vu des gens sortir de leur domicile avec l'intention d'y rentrer, et, en fait, en rester absents toute leur vie. Le domicile ne se déplace donc pas toutes les fois que la personne fait un séjour un peu durable dans un endroit autre que sa demeure habituelle. Quand la personne y revient, on dit qu'elle est *rentrée à son domicile ;* elle ne l'avait donc pas perdu. Cette fixité du domicile, qui subsiste au lieu où il est établi, malgré l'absence de la personne, condui à distinguer le *domicile* proprement dit de la *résidence*. Sur la résidence, voy. ci-dessous, n° 672.

D'autre part, d'après la notion première du domicile, une personne ne devrait avoir son domicile dans un endroit qu'à la condition d'y habiter ; le domicile devrait être acquis *au plus tôt* au moment où la personne arrive dans cet endroit pour s'y fixer. Cependant on verra que la loi, par des dispositions arbitraires, attribue pour domicile à certaines personnes un lieu quelles n'habitent pas et où peut-être elles ne sont jamais allées. Il faut renoncer à faire rentrer ces hypothèses dans la définition normale du domicile, et les prendre pour ce qu'elles sont : des *anomalies*, dans lesquelles l'idée de résidence habituelle cède le pas à la considération des intérêts et du lieu où ils sont centralisés. Voyez ci-dessous, nos 623 et 629.

617. Du domicile politique. — Au moment où le Code a été rédigé, il existait une seconde espèce de domicile : c'était le *domicile politique*. Aux termes de la Constitution du 22 frimaire an VIII, l'exercice des « droits de cité » était *localisé* dans une commune unique, pour les candidats comme pour les électeurs. Pour les y exercer, il fallait remplir deux conditions : 1° se faire inscrire sur les *registres civiques* de la commune ; 2° y posséder un domicile spécial qui s'acquérait par une année de résidence et se perdait par une année d'absence (art. 6). Il y avait donc alors un domicile politique distinct du domicile ordinaire et soumis à des règles différentes. C'est ce qui explique pourquoi le Code civil, quand il réglemente le domicile, a soin de préciser qu'il le fait seulement « quant à l'exercice des droits civils » (art. 102). En s'exprimant ainsi, il a voulu indiquer qu'il ne dérogeait point aux règles établies par les lois politiques.

Mais depuis ce temps notre droit électoral a changé. Les registres civiques ont cessé d'être tenus. Quand les lois actuelles parlent du domicile pour l'exercice des droits politiques, elles se réfèrent au domicile ordinaire, tel qu'il est réglé par le Code civil. Souvent même elles permettent aux citoyens d'exercer leurs droits sans conditions de domicile ni de résidence : ainsi un Français, qui réunit les conditions de capacité exigées par la loi, peut être élu député dans un arrondissement quelconque, et pour devenir conseiller municipal d'une commune, il suffit d'y être inscrit au rôle des contributions directes, par exemple à raison d'une terre qu'on y possède, alors même qu'on n'y habiterait pas.

§ 2. — *Importance pratique du domicile.*

* **618. Classement des effets du domicile.** — De grands intérêts pratiques s'attachent à la *détermination du domicile*, c'est-à-dire à la question de savoir où il se trouve.

Les cas particuliers sont trop nombreux pour être tous énumérés, mais on peut les ranger sous *cinq chefs principaux :*

1° L'envoi des communications ;

2° La détermination de la compétence ;

3° L'exercice de certains droits ;

4° La publicité des actes relatifs à la personne ;

5° La centralisation de ses intérêts pécuniaires.

* **619. Envoi des communications.** — Dans beaucoup de cas, les tiers ont besoin d'adresser à une personne une communication qui doit sûrement lui parvenir. Il s'agit, par exemple, d'*offres de paiement* (art. 1247) ; d'une *citation en conciliation* devant le juge de paix (art. 50 C. proc. civ.) ; d'un *ajournement* devant le tribunal civil ou de commerce (art. 2, 68, 420 C. proc. civ.) ; ou bien encore il s'agit d'une *sommation* ou d'un *commandement*. On ne saurait astreindre les tiers à rechercher l'endroit où se trouve actuellement la personne qui doit recevoir cette communication. On leur permet de l'envoyer à son domicile. Si cette personne ne s'y trouve pas, on présume qu'elle y viendra bientôt, ou tout au moins qu'elle y est représentée par quelqu'un, parent, domestique, commis, etc., qui la préviendra.

* **620. Détermination de la compétence.** — Toutes les fois qu'il n'y a pas de raison particulière pour attribuer compétence à un tribunal plutôt qu'à un autre, l'affaire est portée devant le tribunal dans le ressort duquel le défendeur est domicilié. *Actor sequitur forum rei*, dit un ancien brocard. C'est la règle que pose le Code de procédure pour toutes les affaires personnelles et mobilières (art. 59 C. proc. civ.).

* **621. Lieu d'exercice de certains droits.** — En principe, l'exercice des droits est indépendant du lieu où l'acte s'accomplit. Chaque personne peut passer des contrats pour s'obliger, pour vendre, pour acheter, pour hypothéquer son bien, en quelque endroit qu'elle se trouve ; chacun peut faire son testament partout.

Par exception, il y a quelques droits (en très petit nombre) dont l'exercice est *localisé*. La loi veut que les actes accomplis en vertu de ces droits soient faits dans la commune où la personne est domiciliée.

En matière civile on peut citer comme tels le droit de se *marier* (art. 165), et le droit d'*adopter* (art. 353)[1]. L'*émancipation* aussi doit avoir lieu devant le juge de paix du domicile, mais la loi ne le dit pas expressément (art. 477). On peut encore signaler le droit de servir de *témoin* dans les actes notariés (L. 25 vent. an XI, art. 9). Pour l'engagement des *cautions*, voy. l'art. 2018.

En matière politique, le *droit de voter* dans les diverses élections s'exerce ordinairement (mais non toujours) au lieu du domicile.

Enfin le droit de participer aux distributions de *bois d'affouage* faites par une commune est subordonné à l'existence d'un domicile dans cette commune (C. for., art. 105 ; L. 23 nov. 1883).

* **622. Mesures de publicité.** — Lorsqu'il se produit *un fait qui modifie la capacité* d'une personne, les tiers ont besoin d'en être avertis, car le sort des contrats qu'ils peuvent conclure avec elle en dépend. Toute diminution de capacité entraîne la nullité de certains actes. La loi veut donc que ce fait soit l'*objet de publications*, et naturellement la publicité doit être faite au lieu où se trouve le domicile de la personne atteinte, car c'est là surtout qu'elle aura l'occasion de traiter avec des tiers. Ces changements de capacité ont lieu quand un aliéné est frappé d'interdiction par jugement ; quand un prodigue ou un faible d'esprit est pourvu d'un conseil judiciaire ; quand une femme se marie ; quand une femme mariée obtient la séparation de biens ; quand un tribunal prononce la séparation de corps ou le divorce de deux époux. Dans tous ces cas, les affiches et les insertions dans les journaux, destinées à prévenir les tiers, se font au lieu du domicile.

Voyez aussi les dispositions des art. 60, 61, 80, 82, 87, 93, 95, 96, 97 C. civ. relatifs aux actes de l'état civil, pour la publicité à donner en France à des faits qui se passent en mer ou hors du territoire français.

** **623. Centralisation des intérêts pécuniaires.** — Quand il y a lieu de régler par des opérations d'ensemble les intérêts pécuniaires d'une personne, on considère ses intérêts comme centralisés au lieu de son domicile. C'est là qu'on réunit, suivant les cas, ses parents ou ses créanciers ; c'est devant le tribunal du domicile que sont portées les contestations relatives à ces opérations, alors même que d'après les règles ordinaires elles seraient attribuées à un autre tribunal.

Ceci arrive en cas de *tutelle*, pour les réunions du conseil de famille,

[1] Comme ces différents actes supposent l'intervention d'un représentant de l'autorité publique, on peut aussi considérer le domicile comme servant ici à fixer la *compétence en matière de juridiction gracieuse*.

pour les autorisations ou homologations qu'on a besoin de demander à la justice ; en cas de *faillite*, pour la déclaration de faillite, la nomination du syndic, les réunions des créanciers, etc. ; après la *mort*, pour le partage de la succession. Pour exprimer cette centralisation de toutes les opérations, on dit que le domicile détermine le *lieu d'ouverture* de la tutelle, de la faillite ou de la succession.

624. Observation. — On remarquera que dans les trois premières catégories sus-indiquées, le domicile produit ses effets parce qu'il est considéré comme le *lieu ordinaire de la résidence de la personne*, tandis que dans les deux dernières (surtout dans la cinquième), c'est le *centre des affaires et des intérêts* que la loi recherche en lui.

625. Ancien effet du domicile. — Avant la Révolution, la fixation du domicile présentait en outre un intérêt considérable qui a disparu [1]. Sous le régime des coutumes provinciales, il arrivait fréquemment qu'une personne avait des affaires et des intérêts dispersés dans des ressorts différents et soumis par suite à des coutumes diverses. Pour résoudre les conflits qui s'élevaient entre ces coutumes, on se réglait souvent sur le domicile de la personne. Ainsi son état et sa capacité étaient régis par la coutume de son domicile, c'était son *statut personnel*. Aujourd'hui, grâce à l'unification du droit en France, les conflits de lois n'ont plus lieu de province à province, mais d'État à État. Pour les trancher, on se règle sur la *nationalité*, et non plus sur le domicile [2]. Ainsi la capacité des étrangers, même domiciliés en France, est régie par la loi de leur pays, et non par la loi française. Le domicile n'a gardé son ancienne importance à cet égard que dans les États qui ne sont pas encore arrivés à l'unité de législation, comme l'ont été, jusqu'en 1900, la Prusse et la Bavière.

§ 3. — *Détermination de l'emplacement du domicile.*

**** 626. Deux façons de déterminer le domicile.** — En règle générale, *le lieu du domicile des particuliers n'est pas déterminé par la loi*; la question de savoir où il se trouve est *une question de fait*. Par exception, dans les art. 106 à 109, le Code a fixé lui-même le domicile de certaines personnes. Aussi plusieurs auteurs distinguent ce domicile, qu'ils appellent *domicile légal* ou *domicile de droit*, du domicile non déterminé par la loi, qu'ils appellent *domicile de fait*. Ce ne sont pas en réalité deux espèces de domiciles. Il s'agit toujours du domicile ordinaire de la personne; il n'y a de différence que dans la manière de le déterminer.

A. — Règle générale pour la détermination du domicile.

**** 627. Fixation au lieu du principal établissement.** — Quand le lieu du domicile d'une personne n'est pas déterminé par la loi, il faut,

1 Comp. ci-dessus, n° 192. — Voyez cependant ce qui est dit au n° 232.

2 Telle est du moins la tendance qui prévaut dans la science moderne. Voici par exemple la résolution votée en 1880, par l'*Institut de droit international*, dans sa session d'Oxford : « L'état et la capacité d'une personne sont régis par les lois de l'Etat auquel elle appartient par sa nationalité. — Lorsqu'une personne n'a pas de nationalité connue, son état et sa capacité sont régis par les lois de son domicile ». — Comparez le vœu émis en septembre 1886, par le XXVIIIe *Juristentag* allemand, dans sa session de Wiesbaden : « Dans les cas de conflits du droit international privé, il y a lieu de préférer la loi de la nationalité à celle du domicile dans les matières de capacité et d'état, de droits de famille et de successions ».

pour le trouver, rechercher *où se trouve son principal établissement* (art. 102). Cette formule doit être entendue dans un sens très large.

* **628. Rôle de l'habitation.** — On doit d'abord se régler sur le lieu d'*habitation ordinaire*. Le fait de l'habitation est, en effet, la notion première qui a servi à constituer la théorie du domicile. *Domicilium* vient de *domus*, et signifie proprement la maison qu'une personne habite et qu'elle ne peut quitter sans être considérée comme absente[1]. Cet élément essentiel du domicile était bien mis en lumière dans la définition de Pothier : « le siège principal de la demeure ». Domat ne considérait même que cela dans sa définition du domicile, qui était, d'après lui, « le lieu de la demeure d'une personne » (*Droit public*, liv. I, tit. XVI, sect. 3, n° 1). Cet élément capital a disparu de la formule employée par le Code dans l'art. 102, mais la notion du domicile n'a pas changé pour cela [2].

Le plus souvent il n'y aura aucun doute. La plupart des gens n'ont qu'une résidence unique, la maison ou l'appartement qu'ils occupent. Si la personne réside alternativement dans plusieurs endroits, il sera souvent facile de reconnaître parmi toutes ses résidences celle qui est la principale. Si on est embarrassé, il faut faire intervenir un autre élément pour la fixation du domicile. Voyez le n° suivant.

* **629. Rôle de la situation des biens et intérêts.** — Lorsque le fait de l'habitation ne suffit pas pour déterminer le domicile, on doit se régler sur une autre considération, celle des intérêts. On peut tenir compte des intérêts de tout genre, *intérêts moraux* et *relations de famille*, tout aussi bien qu'*intérêts pécuniaires*, *exploitations industrielles*, *commerciales*, etc. Le mot « établissement » employé par la loi est assez vague pour comprendre tous ces genres d'intérêts. Mais la situation des biens ou des relations de famille ne doit entrer en ligne de compte que *subsidiairement*, quand l'habitation ne présente pas un caractère suffisant pour fixer le domicile. Ce n'est pas la situation des biens ou la demeure du parentage qui est la considération dominante. Ainsi une personne, née à Paris et qui a toujours habité cette ville, ne peut pas être considérée comme domiciliée ailleurs, par cela seul qu'elle vit des revenus de propriétés rurales, situées dans les départements, ou que tous les membres de sa famille habitent une ville de province.

630. Compétence en cas de contestation. — La question de savoir où se trouve le principal établissement d'une personne, et par suite son domicile, est une *question de*

[1] C'est sur cette idée qu'insistait surtout la Constitution de Dioclétien : « Unde quum profectus est, peregrinari dicitur ; quod si rediit, peregrinari jam desiit ».

[2] On peut remarquer que la mention de la demeure venait en tête dans la définition donnée par Dioclétien : « Ubi quis *larem* rerumque ac fortunarum suarum summam constituit ». Le domicile est donc avant tout la maison. Peut-être cette suppression tient-elle à ce que, en rédigeant l'art. 102, on s'est moins préoccupé de définir le domicile que de résoudre une difficulté pratique : on ne nous dit pas *ce qu'il est*, on nous indique seulement l'endroit *où il se trouve*, quand on peut hésiter entre plusieurs emplacements.

fait, qui est résolue souverainement par les juges du fond (Cass., 27 mai 1884, D. 84. 1. 437, S. 85. 1. 209; Cass., 20 nov. 1889, D. 90. 1. 171, P. 90. 1. 360, S. 90. 1. 155). Les juridictions administratives ne sont pas compétentes pour la résoudre ; lorsque cette question s'élève devant elles, par exemple en matière électorale ou pour le recrutement militaire, elles doivent surseoir jusqu'à ce que ce point ait été réglé, comme question préjudicielle, par les tribunaux ordinaires (Trib. des conflits, 10 avril 1850, D. 50. 3. 49, S. 50. 2. 487 ; C. d'État, 12 juill. 1882, D. 84. 3. 23). Toutefois les tribunaux civils d'arrondissement n'ont pas seuls compétence à cet égard ; les juges de paix et les tribunaux de commerce prononcent tous les jours sur des affaires de ce genre. La question de domicile se présente ordinairement sous la forme d'une exception d'incompétence. Le tribunal statue alors en vertu du principe qui fait le juge de l'action juge de l'exception.

B. — Détermination par la loi du domicile de certaines personnes.

* **631. Grand nombre des applications pratiques.** — Dans certains cas, la loi détermine d'office le lieu du domicile d'une personne, parce qu'elle estime que son principal établissement doit nécessairement se trouver dans le lieu qu'elle indique. Les *catégories* de personnes qui ont ainsi un domicile légal sont en petit nombre, mais les *individus* qui y sont compris sont si nombreux qu'ils forment la *majorité de la population.* Ces personnes sont : 1° les mineurs non émancipés; 2° les femmes mariées non séparées de corps ; 3° les interdits ; 4° les personnes qui servent habituellement chez d'autrui ; 5° les fonctionnaires publics nommés à vie.

En fixant lui-même le domicile de ces personnes, le législateur a certainement pensé qu'il existait pour elles une résidence obligatoire, et qu'elles n'en pouvaient pas avoir d'autre. On verra que ses prévisions sont souvent contredites par les faits, et que le domicile légal peut n'avoir aucune réalité et être purement *fictif.*

1° Domicile du mineur.

* **632. Pourquoi le mineur a un domicile légal.** — L'enfant, n'ayant pas la disposition de sa personne ni de ses biens, est incapable d'avoir un domicile personnel ; il n'a qu'*un domicile d'emprunt, celui de la personne qui s'occupe de lui et de ses affaires.* Pour savoir quelle est cette personne, il faut distinguer entre les enfants légitimes et les enfants naturels, et pour chacune de ces deux catégories examiner plusieurs hypothèses.

* **633. Enfants légitimes.** — Deux cas sont à distinguer, selon que les père et mère sont tous deux vivants ou que l'un d'eux est déjà décédé.

1° *Les deux parents vivent encore.* — Alors l'enfant légitime a pour domicile leur domicile commun, qui est celui du père. C'est ce que dit l'art. 108 : « Le mineur non émancipé aura son domicile chez ses père et mère... ».

2° *L'un des deux parents est mort.* — Alors l'enfant est en tutelle [1] ;

[1] En général, que pour l'enfant légitime ait un tuteur, il faut supposer qu'il a perdu un de ses parents, soit son père, soit sa mère. Très exceptionnellement il peut arriver, par l'effet de la déchéance des parents, que la tutelle s'ouvre de leur vivant à tous deux.

or, d'après le Code, quand l'enfant a un tuteur, c'est chez ce tuteur que se trouve son domicile. La loi dit en effet que le mineur est domicilié « chez ses père et mère *ou tuteur* » (art. 108), et cela est conforme aux principes ; c'est en effet le tuteur qui gère la fortune, c'est chez lui que se concentrent tous les intérêts, c'est lui qui représente le pupille dans tous les actes civils (art. 450); c'est à lui que doivent être adressées toutes les communications qui intéressent le mineur. Il est donc tout naturel que l'enfant soit considéré comme domicilié chez son tuteur.

Ordinairement c'est le survivant des père et mère qui a la tutelle ; en ce cas, l'enfant ne change pas, en fait, de domicile. Mais il arrive parfois que la tutelle est conférée à une autre personne, et cela est surtout fréquent quand c'est la mère qui survit, parce qu'elle a le droit de décliner cette charge si elle ne veut pas l'accepter. En ce cas, *le domicile de l'enfant change :* il se trouve désormais chez le tuteur.

Ce déplacement du domicile est d'autant plus remarquable que la mère survivante conserve la *puissance paternelle*, et avec elle le *droit de garde* (art. 372). La personne de l'enfant, sa surveillance et son éducation sont confiées à la mère ; c'est chez elle que l'enfant habite en fait ; il est néanmoins domicilié chez son tuteur : sa *résidence* se trouve alors distincte de son *domicile*.

Le Code tranche ainsi une question qui était controversée dans notre ancien droit (POTHIER, *Introd. aux coutumes*, n° 17). Pothier décidait que le mineur conservait son domicile chez le survivant de ses père et mère, alors même qu'on lui donnait pour tuteur un autre parent, domicilié dans le ressort d'une autre coutume.

634. Enfants naturels. — Il est bien probable que les rédacteurs de la loi n'ont pas pensé à cette catégorie d'enfants. L'art. 108, en donnant à l'enfant le domicile de « ses père et mère », suppose qu'il s'agit d'un enfant légitime. Dès lors on doit admettre qu'il n'existe pas pour les enfants naturels de *domicile légal;* ils sont domiciliés à l'endroit où se trouve leur *principal établissement*. L'enfant doit donc avoir son domicile chez la personne qui prend soin de lui, ou qui s'occupe de ses affaires, quand il a des biens personnels, ce qui est extrêmement rare.

Ainsi, quand son père et sa mère l'ont tous deux reconnu, l'enfant ne sera pas nécessairement domicilié chez son père si ses deux parents ont des domiciles distincts ; il pourra être domicilié chez sa mère si c'est elle qui l'élève.

Au cas où la mère l'a reconnu la première, la reconnaissance du père, survenant ensuite, ne déplacera pas le domicile de l'enfant, à moins que son père n'en prenne la charge effective et ne l'emmène chez lui.

Au cas où l'enfant naturel aura été régulièrement pourvu d'un *tuteur* (hypothèse qui ne se réalise presque jamais), l'enfant aura son domicile chez son tuteur. Mais si l'on veut rester fidèle au principe admis, il faut dire que ce domicile lui appartient en vertu de l'art. 102, comme étant le lieu de son principal établissement, et non comme domicile légal, en vertu de l'art. 108. Car si le mot « tuteur » de l'art. 108 avait la vertu d'attribuer un domicile légal à l'enfant naturel, pourquoi n'en serait-il pas de même du mot « père » et du mot « mère » qui s'y trouvent également ?

Enfin, si l'enfant a été placé dans un *hospice* ou s'il a été recueilli par *une personne charitable*, il aura son domicile à l'hospice ou chez la personne qui l'élève, car l'un ou l'autre fait *fonction de tuteur*. Voyez, pour les hospices, L. 15 pluv. an XIII ; Décr. 19 janvier 1811, art. 15. — Pour les particuliers, L. 24 juill. 1889, art. 17 et suiv. ; Cass., 9 mai 1889, D. 89. 1. 424, P. 89. 1. 305, S. 89. 1. 436.

* **635. Cessation du domicile légal du mineur.** — Tout ce qui précède ne peut s'appliquer qu'à l'enfant *mineur non émancipé* (art. 108). Par conséquent, quand l'enfant atteint sa *majorité*, il cesse d'avoir un domicile légal. Sans doute il peut conserver le domicile de ses parents ou de son tuteur, s'il ne se crée nulle part un autre établissement ; mais ce domicile n'est plus désormais pour lui qu'un *domicile de fait*, qui ne lui est pas imposé par la loi.

L'*émancipation* produit le même effet que la majorité. Quand elle a lieu, elle affranchit l'enfant de la puissance paternelle et de la tutelle, et elle lui permet de se choisir un domicile. Il est vrai que l'émancipation ne confère pas une capacité complète, comme l'est celle du majeur ; le mineur émancipé est muni d'un curateur ; mais dans le système de la loi française, il n'est pas nécessaire de jouir d'une capacité entière pour avoir un domicile propre.

Il y en avait jadis un second exemple, dans la personne de la femme séparée de corps qui pouvait acquérir un domicile séparé, après la séparation, quoiqu'elle restât toujours soumise à la puissance de son mari ; elle ne possédait, elle aussi, qu'une demi-capacité. Mais depuis la loi du 6 février 1893 la femme séparée de corps possède une capacité entière (art. 311).

2° Domicile des femmes mariées.

a) *État normal.*

** **636. Principe.** — Par le seul fait du mariage, la femme mariée est *domiciliée chez son mari* (art. 108).

* **637. Motif.** — Le motif est que la femme est *obligée d'habiter avec lui* (art. 214) ; elle doit le suivre partout où il lui plaît de s'établir, et c'est au mari seul qu'appartient le choix de la résidence commune.

L'attribution à la femme du domicile de son mari comme domicile légal est donc *une conséquence de la puissance maritale*. Par suite, la disposition de la loi est d'ordre public, et il est impossible d'y déroger en convenant que la femme gardera le droit de se choisir un domicile séparé : l'art. 1388 défend de modifier par contrat de mariage « les droits qui appartiennent au mari comme chef ».

638. Identité de situation sous tous les régimes matrimoniaux. — La nature des conventions matrimoniales est sans influence sur le domicile de la femme : celle-ci aura beau refuser à son mari tout droit sur ses revenus et se réserver la gestion de sa fortune au moyen de la *séparation de biens*, elle n'en sera pas moins domiciliée chez le mari. La communauté de domicile est fondée sur la communauté d'habitation, et non sur les pouvoirs plus ou moins étendus que le mari peut posséder sur la fortune de sa femme.

b) *Situations exceptionnelles.*

639. Causes diverses d'exceptions. — L'art. 108 primitif se bornait à dire : « La femme mariée n'a point d'autre domicile que celui de son mari. » Il ne faisait donc aucune exception. Néanmoins il y a deux ou trois cas exceptionnels dans lesquels la femme mariée peut avoir un domicile autre que celui de son mari. Tantôt ce domicile propre à la femme remplace pour elle le domicile légal ; tantôt il coexiste à côté de lui. Ces situations exceptionnelles dérivent soit de la *séparation de corps*, soit de l'*interdiction du mari*, soit de l'*autorisation de faire le commerce* donnée à la femme.

* **640. Effet de la séparation de corps.** — La séparation de corps délie les époux de l'obligation d'habiter ensemble ; la femme peut donc se choisir une résidence séparée, et cette résidence est un véritable domicile. On l'admettait déjà sous l'empire des textes primitifs du Code ; la loi du 6 février 1893 a ajouté à l'art. 108 un alinéa ainsi conçu : « La femme séparée de corps cesse d'avoir pour domicile légal le domicile de son mari ; » mais cette disposition nouvelle n'a fait que consacrer une solution acquise.

Le cas de séparation de corps n'avait pas été prévu, parce que, au moment où le titre « Du domicile » fut voté, la séparation de corps n'existait pas ; elle avait été supprimée pendant la Révolution et remplacée par le divorce ; elle fut rétablie seulement pendant la discussion du titre « Du mariage ». Cependant le droit pour la femme séparée d'avoir un véritable domicile distinct de celui du mari lui était reconnu même avant la loi de 1893, parce qu'il était nécessaire de lui faire parvenir les assignations et significations, qui auraient pu être cachées par le mari si les tiers avaient été obligés de les faire au domicile de ce dernier. D'ailleurs, dans l'ancien droit, on admettait que la femme séparée de corps avait un domicile propre, et quand on restaura la séparation en 1804 on la reprit telle qu'elle avait existé jadis et sans même se donner la peine d'en régler les effets.

Néanmoins la loi de 1893, tout en séparant le domicile des deux époux, veut que « toute signification faite à la femme séparée, en matière de questions d'état, soit adressée également au mari à peine de nullité » (même art. 108 modifié). La femme conserve le droit de plaider seule sur ces questions comme sur toutes les autres ; mais à raison de l'intérêt qu'elles présentent, la loi veut que le mari soit averti du procès et qu'il puisse intervenir dans l'instance, si bon lui semble.

* **641. Effet de l'interdiction du mari.** — L'*interdiction du mari* fournit un second exemple de séparation entre le domicile du mari et celui de la femme ; mais cet exemple est controversé, et il sera étudié plus loin (n° 644).

642. Effet de l'autorisation de faire le commerce. — Cette autorisation accordée à la femme peut entraîner pour elle, comme conséquence, l'acquisition d'un domicile particulier, distinct de celui du mari ; ce domicile lui servira de centre pour toutes ses opérations commerciales et déterminera la compétence du tribunal en cas de faillite (Cass., 12 juin 1883, D. 83. 1. 281, S. 84. 1. 257, note de M. Esmein). Mais la femme conserve en outre, comme domicile principal, le domicile conjugal qui lui sert pour toutes les affaires étrangères à son commerce.

3° Domicile des interdits.

* **643. Fixation uniforme de leur domicile chez leur tuteur.** — Les personnes interdites sont tantôt des *aliénés* (interdits judiciairement) et tantôt des *condamnés* à une peine criminelle (interdits légalement). Au point de vue du domicile il n'y a pas à distinguer entre eux. L'interdiction légale, comme l'interdiction judiciaire, donne lieu à la nomination d'un tuteur, et c'est toujours chez son tuteur que l'interdit est domicilié (art. 108). La tutelle des interdits ressemble à la tutelle des mineurs et l'attribution d'un domicile légal se justifie par les mêmes motifs : concentration des intérêts chez le tuteur et représentation de l'incapable par son tuteur.

* **644. Conséquences pour le domicile des femmes mariées.** — Quand la personne interdite est un homme marié, l'art. 108 produit des résultats bizarres.

Si on lui donne *sa femme pour tutrice*, comme la chose est possible, les rôles sont intervertis : *le mari interdit est domicilié chez sa femme tutrice*, de sorte que, par un renversement de la situation naturelle, c'est le domicile de la femme qui détermine le domicile du mari, et la femme devient libre d'en opérer le changement.

Si on donne au mari *un étranger pour tuteur*, c'est chez cet étranger que se trouve désormais le domicile du mari. Faut-il dire, par voie de conséquence, que le domicile de la femme se trouve également chez le tuteur du mari ? Quelques auteurs, appliquant à la lettre la disposition de l'art. 108, n'ont pas reculé devant cette conséquence (Demolombe, t. I, n° 363).

Mais il est plus raisonnable d'admettre ici une exception, comme dans le cas de séparation de corps. L'interdiction du mari suspend l'exercice de la puissance maritale, et le tuteur, qui n'est à aucun point de vue substitué aux pouvoirs du mari, ne peut pas contraindre la femme à venir demeurer chez lui. L'obligation d'habiter avec son mari, qui seule explique le domicile attribué par la loi à la femme, a donc disparu (Aubry et Rau, t. I, § 143, note 7).

645. Interprétation restrictive de la loi. — L'art. 108 ne nomme que *les interdits*. Il ne faut donc pas étendre sa disposition aux *personnes pourvues d'un conseil judiciaire*. Celles-ci sont dans une situation comparable à celle du mineur émancipé ; elles conservent une *liberté suffisante pour avoir un domicile personnel*.

4° Domicile des domestiques et employés.

*** 646. Fixation de leur domicile chez leur maître.** — L'état de *domesticité* peut supprimer le domicile propre des personnes qui y sont soumises et leur donner, comme domicile d'emprunt, celui de la personne qu'elles servent.

*** 647. Condition de l'acquisition du domicile du maître.** — Il faut d'abord que la personne vive réellement dans l'état de domesticité, que le Code ne nomme pas, par scrupule probablement, mais qu'il décrit d'une manière indubitable. Son texte vise les personnes qui *servent* ou *travaillent habituellement* pour une autre personne et qui *demeurent avec elle et dans la même maison* (art. 109). Cela fait deux conditions : le service pour autrui et la communauté d'habitation. C'est bien là ce qui constitue l'état de domesticité.

Le service doit être *habituel*. Un service temporaire ou intermittent ne suffirait donc pas, quand bien même l'employé serait logé chez son maître pendant la durée du service.

La communauté d'habitation ne suffirait pas davantage si elle était seule. Ainsi un fermier ou un métayer, logé, comme cela se fait quelquefois, dans la même maison que son maître, a un domicile propre. C'est un travailleur indépendant, un entrepreneur agricole qui travaille pour son propre compte, et non pour le compte du propriétaire de la terre.

648. Professions régies par l'art. 109. — La disposition de l'art. 109 s'applique non seulement à la profession de *domestique* proprement dite, mais à certaines situations plus relevées, comme celle des *secrétaires*, *régisseurs*, *précepteurs*, etc., qui remplissent les mêmes conditions sous d'autres noms.

649. Cas où le domicile du domestique est distinct du domicile du maître. — Le texte prévoit le cas ordinaire, celui où le maître a pour domicile la maison où sont logés ses domestiques. S'il s'agissait d'une *maison de campagne*, que ses domestiques habiteraient toute l'année, mais *où le maître n'aurait qu'une résidence passagère*, les domestiques auraient néanmoins leur domicile dans cette maison, et non dans la ville, peut-être fort éloignée, où se trouve le domicile du maître.

*** 650. Personnes pouvant acquérir le domicile de leur maître.** — La loi dit : « *Les majeurs...* ». Mais l'expression est doublement inexacte.

D'abord la règle établie par cet article *ne s'applique pas à tous les majeurs*. On est d'accord pour reconnaître que la femme mariée, quoique placée chez autrui, conserve le domicile de son mari. Dans cette hypothèse, un conflit s'élève entre l'art. 108 et l'art. 109 ; il faut faire prévaloir le premier, parce que le domicile qu'il attribue à la femme est fondée sur une cause permanente et supérieure, le mariage, tandis que le domicile de l'art. 109 n'a qu'un motif accidentel et temporaire, le service chez autrui.

D'autre part, *l'art. 109 ne s'applique pas seulement aux majeurs*.

Sans doute les mineurs non émancipés conserveront toujours le domicile de leurs parents ou de leurs tuteurs, quoiqu'ils soient mis en service chez autrui, mais on ne voit pas pour quelle cause le mineur émancipé qui a, comme le majeur, le droit de se choisir un domicile, n'emprunterait pas comme lui celui de son maître.

5° Domicile des fonctionnaires nommés à vie.

* **651. Différence entre deux sortes de fonctionnaires.** — Les fonctionnaires sont presque tous obligés, soit par un texte exprès, soit par la nature de leurs fonctions, de résider dans le lieu où ils les exercent ; et en fait la plupart y établissent leur domicile. Cependant ils restent libres, en général, de conserver leur domicile antérieur ou de l'établir dans un autre endroit que celui de leurs fonctions.

Par exception, quand il s'agit de fonctionnaires *nommés à vie*, la loi fixe elle-même leur domicile *au lieu où leur service les appelle* (art. 107).

652. Fonctions conférées à vie. — Ce sont celles qui sont tout à la fois *perpétuelles* et *irrévocables*. C'est le sens naturel des mots « fonctions à vie », et c'est ce qui résulte du rapprochement des art. 106 et 107 : aux fonctionnaires nommés à vie, la loi oppose ceux dont les fonctions sont *temporaires* ou *révocables*. Ainsi il suffit qu'une fonction soit temporaire, quoique irrévocable, ou bien qu'elle soit révocable, quoique perpétuelle, pour que le domicile de la personne ne soit pas déterminé par la loi. Comme exemples de fonctions irrévocables, mais temporaires, on peut citer la plupart des fonctions électives, celles des députés, des juges des tribunaux de commerce ; comme exemples de fonctions perpétuelles, mais révocables, celles des préfets, des juges de paix, des procureurs de la République et de leurs substituts, etc. C'est le cas de la plupart des fonctionnaires. Les fonctions à vie sont peu nombreuses : ce sont celles des *juges* dans les *tribunaux civils*, des *conseillers* dans les *cours d'appel*, à la *Cour de cassation* et à la *Cour des comptes* [1]. Il faut y ajouter les *notaires* qui, d'après l'art. 2. de la loi du 25 ventôse an XI, sont obligés à résidence, sous peine d'être considérés comme démissionnaires. Les *ecclésiastiques* nommés à un *évêché* ou à une *cure*, quoiqu'ils ne soient pas à proprement parler des fonctionnaires, ont également leur domicile fixé par la loi. Mais les militaires sont assimilés aux fonctionnaires révocables : ils n'ont pas de domicile légal et restent dans le droit commun. Ils ne changent donc pas de domicile en même temps que de garnison ; leur domicile peut se trouver autre part que leur caserne et rester stable ; mais rien ne les empêche de le déplacer, à tout changement de garnison, s'ils n'ont pas d'établissement qui les attache ailleurs, et si telle est leur intention.

§ 4. — *Du changement de domicile.*

* **653. Cas où le changement est possible.** — *Toute personne est libre de déplacer son domicile*, si elle le juge à propos, *à moins qu'elle ne se trouve dans un des cas où le domicile est fixé par la loi*, car le domicile légal s'impose à la personne, tant qu'elle se trouve dans la situation qui le lui vaut.

1 Les professeurs titulaires de l'enseignement supérieur sont, de l'avis général, des fonctionnaires inamovibles (RENDU, *Code universel*, p. 46). Cependant la Cour de cassation a jugé le contraire dans un cas particulier (Cass., 13 mai 1885, D. 85. 1. 313, S. 85. 1. 181).

654. Distinction. — Comment se fait le changement de domicile ? Il faut distinguer entre le *changement volontaire* et celui qui résulte de l'*acquisition d'un domicile légal.* Nous commencerons par cette dernière hypothèse qui est la plus simple des deux.

A. — Acquisition d'un domicile légal.

655. Mode d'acquisition du nouveau domicile. — Lorsqu'il se produit un des faits qui font acquérir un domicile légal (mariage, mise en tutelle, nomination à des fonctions à vie, etc.), le déplacement s'opère *instantanément.*

Cette instantanéité est surtout remarquable lorsque le nouveau domicile n'est pas situé dans la même commune ou dans le même département que l'ancien. Ainsi quand une jeune fille de Paris se marie avec un Marseillais, elle se trouve domiciliée à Marseille dès le moment du mariage, quand même elle n'y serait jamais allée.

Il en est de même du fonctionnaire qui accepte des fonctions à remplir dans une ville éloignée. Il se peut que ce fonctionnaire ne se rende pas immédiatement à son poste ; il y est néanmoins domicilié, et, s'il meurt avant de partir ou pendant la route, c'est dans le lieu où il avait été nommé que sa succession s'ouvrira. La solution est bizarre, mais le Code nous l'impose. Pothier, plus logique, exigeait que le fonctionnaire fût arrivé à son poste pour qu'il y acquît un domicile.

Pour les fonctionnaires, il y a encore une autre observation à faire : il faut déterminer le moment précis auquel se produit ce déplacement du domicile. L'art. 107 dit que c'est l'*acceptation* qui emporte translation. Les fontionnaires *n'acceptent* pas à proprement parler. Ils sollicitent ordinairement les fonctions qui leur sont confiées et, lorsqu'ils n'en veulent pas, il les refusent. Mais ils ont à prêter serment ; quoique le serment *politique* soit aboli, le serment *professionnel* subsiste (GARSONNET, *Traité de procédure*, t. I, n°s 105 et suiv.). C'est ce serment que l'on considère comme étant l'instant de l'acceptation. Or la prestation de serment ne se fait pas toujours dans la ville où doivent s'exercer les fonctions. Ainsi les magistrats des tribunaux civils prêtent serment devant la Cour d'appel du ressort. C'est ce qui fait que l'acceptation peut être acquise et le domicile transféré avant que le fonctionnaire soit rendu à son poste.

B. — Translation volontaire.

* **656. Conditions du transfert.** — Le *changement volontaire* du domicile suppose réunies deux conditions que l'art. 103 indique en ces termes : « *Le fait d'une habitation réelle* dans un autre lieu, joint à *l'intention d'y fixer son principal établissement* ». Il faut donc, d'une part, que la personne soit déjà *arrivée* dans l'endroit où elle compte habiter désormais ; le seul fait de s'y être préparé un logis et d'y avoir envoyé son mobilier ne suffirait pas, car on ne pourrait pas encore dire qu'elle y *habite* ; et si la mort la surprenait auparavant, le transfert du domicile n'ayant pas eu lieu, sa succession s'ouvrirait au lieu de son ancienne habitation.

Il faut de plus l'*intention* d'avoir dans ce lieu son principal établissement, car sans cette intention le changement d'habitation ne serait qu'un changement de résidence.

657. Preuve du transfert. — Comment se fera la preuve de cette double condition, quand une contestation s'élèvera sur la question de savoir si le domicile a été réellement transféré ? Le fait de l'habitation sera presque toujours facile à prouver, mais il n'en sera pas de même de l'intention de s'y établir. L'art. 104 organise un moyen de preuve qui supprimerait toute contestation, si les particuliers s'y conformaient : il suppose que quiconque change de domicile prend soin d'aller faire une déclaration expresse à la mairie du lieu qu'il quitte et une autre déclaration à celle du lieu où il vient se fixer. Ces déclarations ne sont pas obligatoires, et en pratique elles ne se font pas. Du reste, les deux déclarations seraient nécessaires ; une seule ne suffirait pas.— A défaut de ce moyen de preuve, l'art. 105 dit que « la preuve de l'intention dépend des circonstances ». La loi ne dit pas quels sont les faits qui pourront servir de preuve, et elle ne pouvait pas le dire. Il n'en est peut-être pas un seul qui, pris isolément, puisse y suffire. Ni la durée de la nouvelle résidence, ni la vente des anciennes propriétés, ni l'arrivée de la femme et des enfants venant rejoindre le chef de la famille, ni l'exercice d'un métier ou l'exploitation d'un commerce, ne peuvent à eux seuls prouver cette intention. Elle se dégagera plutôt d'une *série de faits ou d'actes*, que le tribunal appréciera. Certains faits pourtant auront plus de valeur que d'autres, parce que la *pensée* de changer de domicile s'y manifeste *sous une forme juridique* : par exemple cette personne a payé sans protestation, au lieu de sa nouvelle habitation, la contribution personnelle qui n'est due qu'au lieu du domicile ; elle s'est laissé assigner devant le tribunal du lieu, en matière personnelle, sans opposer l'exception d'incompétence (ceci suppose que son ancien domicile est situé dans le ressort d'un autre tribunal), ou encore dans un ou plusieurs contrats elle a déclaré qu'elle est domiciliée dan ce lieu.

*** 658. Moment auquel s'opère le transfert.** — Quand ces deux conditions sont réunies, le transfert du domicile s'opère immédiatement.

Il n'est pas nécessaire que la personne ait déplacé sa fortune, qu'elle ait vendu les biens qu'elle possédait au lieu de son ancien domicile, qu'elle en ait acheté de nouveaux dans le lieu qu'elle vient habiter. Pourvu qu'elle ait l'intention de s'y établir, le seul fait d'y être arrivée suffit. Il n'est pas nécessaire que la résidence au lieu du nouveau domicile ait eu une certaine durée. Déjà dans l'ancien droit on avait abandonné depuis longtemps le système primitif qui exigeait une habitation d'an et jour (Ferrière, *Coutume de Paris*, art. 173, sect. II, n° 31).

§ 5. — *Questions diverses sur le domicile.*

*** 659. Du domicile d'origine.** — L'enfant acquiert un domicile dès le moment de sa naissance : il prend celui de ses parents. Dans le droit moderne, conforme en cela aux idées de Pothier (*Introd. aux coutumes*, n° 12), ce premier domicile est un domicile ordinaire, qui peut être remplacé par un autre. Ce changement peut se produire même avant la majorité ou l'émancipation de l'enfant si le domicile paternel se déplace, ou par la nomination d'un tuteur ayant un domicile différent. Une fois majeur ou émancipé, l'enfant devient capable de s'en choisir un autre ; mais s'il ne le fait pas, il conservera indéfiniment ce domicile originaire, tant qu'il ne se sera pas créé d'établissement ailleurs.

Domat avait sur ce point d'autres idées qu'il avait empruntées aux doctrines romaines : il distinguait les *domiciles* successifs, que l'enfant pouvait acquérir, du lieu de sa naissance qu'il appelait son *origine*, et qui lui paraissait ne recevoir aucun changement, malgré tous les déplacements ultérieurs du domicile (*Droit public*, liv. I, tit. 16, section 3, n° 1).

* **660. Absence de domicile.** — La plupart des auteurs soutiennent qu'une personne ne peut pas être sans domicile.

Voici comment ils raisonnent : la loi parle toujours du *changement* de domicile, c'est-à-dire du remplacement de l'ancien par un nouveau, jamais de la *perte* pure et simple du domicile. Or toute personne en a au moins un dans sa vie : son domicile d'origine. Donc l'absence totale de domicile est impossible : eût-on quitté depuis longtemps le domicile paternel, n'y eût-on plus aucune attache, on l'a conservé, par cela seul qu'on n'en a pas acquis un autre. *Ce raisonnement est vicieux sur deux points.* D'abord la loi ne dit pas que le seul fait de la naissance dans un endroit y fait acquérir un domicile; elle dit que l'enfant est domicilié *chez son père.* Si celui-ci n'a pas de domicile à transmettre à son fils, l'enfant n'en aura pas. Or ce cas n'est pas si rare qu'on peut le croire. Il y a des familles de bohémiens et de saltimbanques qui vivent depuis un temps immémorial à l'état nomade, ce qui exclut pour elles toute espèce de domicile.

En second lieu, même en supposant l'existence d'un domicile à un moment donné, ce domicile peut se perdre sans être remplacé par un autre. On ne prouve pas l'impossibilité de cette perte en disant que la loi ne l'a pas prévue, car un législateur ne prévoit jamais tout. D'ailleurs, est-on bien sûr que la loi ne l'ait pas prévue? L'art. 59 C. proc. civ. permet d'assigner devant le tribunal de la résidence, « quand il n'y a pas de domicile ». On prétend, il est vrai, que ces mots doivent être interprétés par ceux de l'art. 69-8° du même Code : « ceux qui n'ont aucun domicile connu en France ». Mais ce rapprochement prouve simplement que les deux cas sont équivalents au point de vue de la procédure. D'un autre côté, l'art. 269 C. pén. punit ceux « qui n'ont pas de domicile certain », c'est-à-dire d'habitation fixe.

On peut donc être *sans feu ni lieu (focus :* foyer, maison) ; cet état a un nom, c'est le *vagabondage,* et il existe en droit comme en fait, puisque la loi en fait un délit.

On cite quelques arrêts (Cass., 24 avril 1883, D. 84. 1. 101 ; Cass., 24 mai 1890, S. 90. 1. 420), comme ayant consacré la doctrine commune sur l'impossibilité de perdre son domicile, tant qu'on n'en a pas acquis un autre; mais ce sont des décisions d'espèces, constatant simplement que les personnes dont il s'agissait n'avaient pas manifesté l'intention d'abandonner leur domicile antérieur pour se fixer définitivement dans leur nouvelle résidence. Il y a loin de là au principe absolu qu'on prétend en tirer, et l'absence complète de domicile reste *théoriquement réalisable* dans certains cas exceptionnels.

** **661. De l'unité du domicile.** — Tout ce qui a été dit jusqu'ici suppose qu'il est impossible qu'une même personne ait plusieurs domiciles à la fois. Le principe de l'unité du domicile a été établi par le Code ; il n'existait pas dans l'ancien droit.

On admettait autrefois, à titre d'exception et en se fondant sur les lois romaines, qu'une personne pouvait avoir deux domiciles, par exemple quand elle résidait une moitié de l'année dans un endroit et l'autre moitié dans un autre. Malleville avait demandé dans la discussion que l'on conservât cette tradition, mais l'avis contraire prévalut. Aujourd'hui, l'un de ces deux domiciles ne serait plus qu'une résidence. L'unité du domicile a été affirmée au Conseil d'État par Tronchet, au Tribunat par Malherbe, et elle résulte des dispositions du Code civil, quoique aucun article ne la vise expressément. En effet, la définition que l'art. 102 donne du domicile exclut toute pluralité : le texte se règle sur le *principal* établissement, qualification qui ne peut convenir qu'à un seul. D'autre part, l'acquisition d'un nouveau domicile est présentée comme étant toujours le déplacement de l'ancien : il y a *changement* de domicile et non pas *addition* du second au premier.

Enfin tous les articles du Code et des autres lois sur les tutelles, sur les successions, sur les faillites, sur la compétence, etc., supposent toujours que le domicile de chaque personne est unique. — Au contraire du nôtre, le Code allemand admet la pluralité de domiciles (art. 7, C. civ. all.).

De l'unité du domicile découle une conséquence nécessaire. Certaines personnes se voient attribuer par le Code *deux domiciles légaux :* telles sont les femmes mariées qui entrent, comme on dit, « en condition » et se placent chez un maître. Elles n'ont pas pour cela deux domiciles à la fois ; le domicile qui leur est attribué comme femmes mariées l'emporte, à raison de l'importance et de la durée de sa cause, sur celui que la loi leur donne en leur qualité de domestiques. Voyez ci-dessus, n° 650.

* **662. Pluralité de domiciles spéciaux.** — Domat admettait qu'une personne n'avait qu'un *domicile principal,* mais qu'elle pouvait avoir plusieurs domiciles autres que celui-là. Ces domiciles secondaires dont Domat reconnaissait l'existence n'étaient en réalité que des *résidences*, et c'est à ce titre seulement qu'on pourrait les rencontrer aujourd'hui. Mais le droit moderne a créé des *domiciles spéciaux* qui peuvent s'acquérir sans faire disparaître le domicile principal : tel est le domicile des *femmes commerçantes* dont il a été déjà parlé (n° 642). Tel est encore le domicile reconnu aux *déportés* et *transportés* dans le lieu où ils subissent leur peine (L. 25 mars 1873, sur les déportés à la Nouvelle-Calédonie, art. 17 ; Décr. 31 août 1878, sur la condition des transportés concessionnaires de terrains, art. 15, remplacé par Décr. 18 janv. 1895, art. 32). Ces deux textes reconnaissent aux condamnés un domicile spécial, dans le lieu où ils subissent leur peine, pour l'exercice des droits civils qui leur est accordé dans la colonie pénitentiaire. Cela ne les empêche pas de conserver leur domicile principal en France pour les biens qu'ils y ont laissés et qui sont confiés à leur tuteur.

CHAPITRE II

DU DOMICILE D'ÉLECTION

**663. Définition et analyse. — On appelle « domicile d'élection » un *domicile fictif et spécial, indépendant du domicile réel, et choisi par une personne pour l'exécution d'un acte ou d'une convention.*

L'élection de domicile se réduit quelquefois à l'*indication d'une commune* dans laquelle la partie sera censée habiter ; ordinairement elle comprend en outre *l'indication d'une tierce personne*, qui réside réellement dans cette commune et qui est chargée d'y représenter la partie absente. Ainsi, pour l'exécution d'un contrat à Paris, l'une des parties, qui habite la province, fait élection de domicile à Paris, chez maître X..., avoué près le tribunal civil de la Seine.

664. Son caractère exceptionnel. — Le domicile d'élection est toujours un domicile spécial, établi en vue d'une ou plusieurs affaires déterminées, tandis que le domicile véritable, celui dont il a été question dans les paragraphes précédents, sert en principe pour tous les rapports juridiques. On les distingue l'un de l'autre en donnant au domicile véritable les noms de « domicile ordinaire » ou « domicile général », tandis que pour désigner l'autre on a soin de dire qu'il s'agit d'un « domicile élu » ou d'un « domicile d'élection ».

On emploie aussi les expressions *domicile réel* pour le domicile ordinaire et *domicile fictif* pour le domicile élu[1].

Quand on emploie le mot « domicile » sans épithète, c'est du domicile ordinaire qu'il s'agit.

** **665. Effets.** — Chacun des deux éléments de l'élection de domicile produit son effet propre.

L'indication du lieu fixe la *compétence du tribunal.* Si une contestation s'élève relativement à l'acte ou au contrat pour lequel l'élection de domicile a été faite, elle sera portée devant le tribunal dans le ressort duquel le domicile a été élu. *Ce premier effet se produit toujours*, car l'élection de domicile comprend nécessairement l'indication d'une localité déterminée.

L'indication d'une personne chargée de représenter dans ce lieu la partie qui y a élu domicile permet de lui adresser les *assignations, notifications* et généralement tous les actes de la procédure. A défaut de ce mandataire, les exploits doivent être *remis au domicile réel* de la partie. — Il faut du reste observer que cette remise des exploits au mandataire désigné, même

[1] On peut même se demander si le domicile élu est bien un domicile ou si ce n'est pas tout simplement une *dérogation conventionnelle* aux effets normaux du domicile réel, seul existant. Voyez ce qui est dit au n° 665, des effets de l'élection de domicile.

quand il y en a un, est facultative. C'est une facilité accordée à l'autre partie, qui est libre d'y renoncer et de s'adresser au domicile réel de l'adversaire. Aussi l'art. 111 dit-il que les significations, demandes et poursuites *pourront* être faites au domicile convenu. Ce n'est donc pas une nécessité, à moins que, par extraordinaire, l'élection de domicile ait été faite dans l'intérêt de l'absent.

A cela se réduisent les effets de l'élection de domicile. Elle n'équivaut pas, à moins de conventions contraires, à l'indication d'un lieu pour le paiement : elle sert pour l'*exécution forcée*, qui se fait au moyen de poursuites en justice, et *non pour l'exécution volontaire* de la convention. Elle ne confère pas davantage de *pouvoirs particuliers* à la personne chargée de recevoir les exploits. Par exemple, elle ne lui permet pas de toucher la somme due.

666. Utilité pratique. — On voit quel est le rôle pratique de l'élection de domicile : elle dispense la partie adverse de l'obligation d'aller plaider au loin, quand le contrat intervient entre personnes habitant des régions différentes. En outre, elle rend plus facile la procédure, en permettant de faire toutes les communications sur place.

Celui qui a soin de demander à l'autre partie de faire élection de domicile dans la ville qu'il habite peut donc obtenir justice sans avoir à se déplacer ni à correspondre avec un mandataire éloigné.

667. Spécialité du domicile d'élection. — Le domicile élu est toujours spécial : il ne vaut que pour l'acte ou pour les actes en vue desquels il a été choisi ; pour toute autre opération, le domicile réel subsiste. C'est l'effet ordinaire des conventions ; elles ont une portée restreinte et déterminée par leur objet.

*** 668. Durée du domicile d'élection.** — Si le domicile élu est inférieur au domicile réel par l'étendue de ses effets, il l'emporte sur lui par sa solidité et sa durée. L'élection de domicile est une clause accessoire qui fait partie d'une convention et qui dure autant qu'elle. Les parties sont *liées*, et le domicile élu subsiste *tant que l'acte pour lequel il a été choisi n'est pas entièrement exécuté*. De là dérivent deux conséquences :

1° Si la personne qui a élu domicile vient à mourir, *le domicile élu passe à ses héritiers* et s'impose à eux, comme la convention à laquelle il se rattache. En cela il diffère du domicile ordinaire qui n'est pas transmissible : les héritiers n'acquièrent pas le domicile réel du défunt ; ils conservent le leur.

2° *Le domicile élu ne peut pas être changé par la seule volonté de celui qui l'a choisi*, à moins que l'élection n'ait été faite dans son intérêt exclusif. L'auteur de l'élection de domicile est lié par la convention, et, pour la modifier, il lui faut le consentement de l'autre partie. Le domicile élu ne se déplace donc pas aussi librement que le domicile ordinaire. Toutefois il ne faudrait pas s'exagérer cette immutabilité ; il y a une modification qui peut être faite sans porter atteinte à la convention. Si le mandataire chargé de représenter l'absent a perdu sa confiance, ou s'il y a une autre raison de le remplacer, celui qui a fait l'élection de domicile peut indiquer une autre personne à sa place. Il est bien indifférent au créancier d'adresser ses significations à Pierre ou à Paul, pourvu que la personne substituée à la première réside dans la même ville, de sorte qu'il n'ait pas à souffrir du changement. Cette substitution de personne devient même quelquefois nécessaire, quand celle qui avait été choisie vient à mourir.

669. Par qui et quand peut être faite l'élection de domicile. — Elle peut être faite par une seule des deux parties ou par toutes les deux à la fois. Le plus souvent elle est purement facultative ; parfois l'une des parties l'impose à l'autre comme condition de la convention ; mais il est rare que la loi en fasse une obligation. On cite seulement l'art. 176, qui exige une élection de domicile de la part de celui qui fait opposition à un mariage, et l'art. 2148, qui impose la même obligation au créancier qui prend une inscription hypothécaire sur les biens de son débiteur.

L'élection de domicile se fait d'habitude au même moment que la convention principale, et c'est ce que prévoit l'art. 111, qui la suppose contenue dans l'acte. Mais rien n'empêche de la faire postérieurement, par acte séparé.

***670. Où peut se trouver le domicile élu.** — La loi suppose que l'élection est faite *dans un lieu autre que celui du domicile réel.* C'est dans ce cas, en effet, qu'elle offre ses plus grands avantages, mais elle a encore un rôle utile à jouer, même quand elle est faite *au lieu du domicile ordinaire.* Elle évite alors les déplacements de compétence et de poursuites, qui pourraient se produire par la mort de l'une des parties laissant des héritiers au loin, ou par son déménagement. Grâce au caractère conventionnel de l'élection, le domicile primitif subsisterait comme domicile élu, même après sa disparition comme domicile réel. Aussi la clause en vertu de laquelle « pour l'exécution des présentes, les parties font élection de domicile en leurs demeures susindiquées » est-elle devenue de style dans les actes notariés.

671. Forme de l'élection de domicile. — La loi ne prévoit que l'élection qui est contenue dans un acte *écrit.* C'est la seule qu'on rencontre en pratique ; on ne fait pas d'élection de domicile par convention *verbale*, à cause des difficultés de la preuve. L'élection de domicile n'a pas besoin d'être convenue en termes sacramentels ; il suffit que la volonté des parties soit claire et certaine, mais aucune autre clause, pas même l'indication du lieu où doit se faire le paiement, ne lui est équivalente.

L'élection de domicile *tacite*, qui résulte des circonstances, a été aussi admise ; toutefois on n'en connaît d'exemple que pour les personnes morales (État et grandes compagnies).

CHAPITRE III

DE LA RÉSIDENCE

***672. Définition.** — La résidence est *l'endroit où une personne fixe pour un temps son habitation.* Régulièrement la résidence se confond avec le domicile, mais elle peut en être séparée, et c'est alors que le mot « résidence » prend une valeur technique. Tout endroit où la personne séjourne d'une manière un peu prolongée devient pour elle une résidence, alors même que son domicile resterait fixé dans un autre endroit.

* **673. Caractères.** — La résidence, considérée comme distincte du domicile, présente deux *caractères particuliers*.

1° Elle n'est pas *réglementée par la loi.* Le droit s'est occupé du domicile ; il l'a soumis à des règles précises ; il a déterminé les conditions de son établissement et de son déplacement ; il lui a ainsi donné un *caractère juridique ;* au contraire, la résidence est restée à l'état de *pur fait.*

2° La résidence a une *stabilité moindre* que le domicile. En principe, elle se perd dès qu'on la quitte. Toutefois cela doit s'entendre avec une certaine mesure. Ainsi une personne en résidence à sa maison de campagne ou au bord de la mer ne cesse pas d'y résider parce qu'elle s'absente quelques heures ou même quelques jours pour faire une excursion.

Ceci était admis sous l'empire de l'art. 13 primitif qui disait : « L'étranger qui aura été admis... à établir son domicile en France, y jouira de tous les droits civils, *tant qu'il continuera d'y résider...* » On décidait qu'une absence momentanée, telle qu'un voyage d'affaires dans le pays d'origine, ne faisait pas perdre la résidence en France ni avec elle la jouissance des droits civils. — La loi du 26 juin 1889 a supprimé la condition de résidence imposée à l'étranger.

* **674. Effets de la résidence.** — La résidence a beaucoup moins d'importance que le domicile. En principe, elle ne produit *pas d'effets juridiques :* c'est au domicile qu'ils sont attachés ; lui seul a une valeur légale ; la résidence n'est qu'un fait dont la loi ne tient pas compte. — Par dérogation à ce principe, la loi attribue à la résidence certains effets.

1° Elle remplace le domicile, quand il est inconnu. On s'en sert, par exemple, pour les assignations (art. 69-8° C. proc. civ.).

2° Elle permet le mariage dans la commune quand elle a une durée de six mois (art. 74).

3° Elle permet de prendre part aux distributions de secours de l'Assistance publique (L. 24 vendém. an II, tit. V).

4° Elle donne quelquefois compétence aux tribunaux. Les étudiants, les militaires, peuvent être assignés pour fournitures courantes au lieu de leur résidence, quoiqu'ils n'y aient pas leur domicile. Ceci a été admis sans texte, pour des motifs d'utilité pratique.

L'ABSENCE[1]

CHAPITRE UNIQUE

§ 1. — *Notions générales.*

** **675. Définition.** — Le mot « absence » a dans la science du droit un sens technique différent de son sens ordinaire. Dans le langage courant, l'absent est celui qui ne se trouve pas, à un moment donné, dans le lieu où il devrait être : le député qui n'assiste pas à une séance, l'étudiant qui manque un cours sont *absents*. Ce sens est tellement large qu'on a souvent besoin de préciser, en disant « absent à la séance » ou « absent au cours ». Quelquefois le mot s'emploie d'une manière absolue, sans qu'on ait besoin de dire de quel endroit la personne est absente, parce que ce lieu est sous-entendu. On dira par exemple : « M. B... est absent » pour dire : « il est en voyage », ou « hors de chez lui ». Le lieu d'où il est absent est son domicile, et on n'a pas besoin de le dire, parce que son domicile est le lieu normal de sa présence.

Le mot se rapproche en ce cas du sens qu'on lui donne en droit : l'absent est avant tout *celui qui ne se trouve plus à son domicile*. C'est par là que la théorie de l'absence se rattache à celle du domicile, et que se justifie la place qu'on lui a donnée dans le Code civil, place qu'elle a conservée dans les livres. Mais à cette idée première il faut qu'il s'en joigne une autre, pour constituer la véritable absence, au sens légal du mot ; et cette seconde idée est l'*incertitude sur l'existence de la personne*.

L'absent est donc *celui qui a disparu de chez lui sans qu'on ait eu de ses nouvelles, de sorte qu'on ne sait pas s'il est mort ou vivant*. C'est cet *état d'incertitude* qui caractérise l'absence juridique.

* **676. Distinction des absents, des non présents et des disparus.** — Il importe de distinguer les véritables absents (ceux dont l'existence est devenue incertaine) de deux autres catégories de personnes :

1° Les « absents », au sens vulgaire du mot, *sur l'existence desquels on n'a aucun doute*, bien qu'ils soient loin de chez eux. Pour éviter des confusions, on a pris l'habitude de désigner ces derniers par le mot *non présents*, que le Code civil emploie lui-même dans l'art. 840.

[1] Les art. 120 à 143 ne font pas partie du programme de première année.

2° *Les personnes disparues, dont le décès est certain.* L'absence est l'incertitude de vie ou de mort, due au défaut de nouvelles. Dans certaines hypothèses, il y a certitude du décès, bien qu'on ne retrouve pas le cadavre. La distinction est facile à faire en examinant les circonstances qui font croire à la mort. Dans l'absence proprement dite, une seule chose fait supposer le décès, c'est le *défaut prolongé de nouvelles;* mais la personne absente ne s'est pas trouvée *exposée à un péril de mort connu d'une façon directe.* Au contraire, dans les cas où il y a disparition, accompagnée de la certitude du décès, on connaît l'*accident particulier qui a causé la mort;* on a vu la personne à ce moment même, ou tout au moins on sait d'une façon positive qu'elle était à l'endroit où l'accident s'est produit, par exemple dans une galerie de mine au moment d'un coup de grisou. Le Premier Consul disait en termes très nets : « On peut dire de cet homme qu'il a *disparu;* on ne peut pas dire qu'il est *absent* ».

* **677. Importance des effets de l'absence.** — L'absence fait naître une foule de questions. Que vont devenir les biens délaissés par l'absent? Quels sont les droits de ses héritiers présomptifs? Que devient son conjoint? Peut-il se remarier? La communauté de biens qui existait entre les deux époux continue-t-elle? Et ses enfants mineurs, s'il en a, par quelles mesures les protégera-t-on? Et bien d'autres questions encore. Aucune ne peut être tranchée d'une manière ferme, puisqu'on ignore justement ce qu'il faudrait savoir pour y répondre, c'est-à-dire si l'absent est encore vivant ou s'il est mort. Aussi est-il étonnant que l'on soit arrivé jusqu'au Code civil sans avoir de législation sur la matière. Le droit romain en parle peu, et la jurisprudence de l'absence était à peine ébauchée dans notre ancien droit. Le Code civil, au contraire, renferme sur l'absence des dispositions détaillées. Elles sont même assez compliquées pour avoir fait naître des controverses nombreuses ; mais les rédacteurs de la loi ont pour excuses la nouveauté du sujet et les difficultés qui lui sont inhérentes. D'ailleurs on s'est aperçu avec le temps que la plupart des questions agitées par les auteurs ne se présentent pas dans la pratique. Presque toutes ces questions supposent que la personne disparue revient à un moment où on ne l'attend plus. Or ce fait est extrêmement rare. Presque tous les absents sont des personnes décédées pour lesquelles on ignore indéfiniment l'époque et le lieu du décès.

678. Diminution progressive des cas d'absence. — Les questions que soulève l'absence sont de nature à se poser fréquemment. Le nombre des personnes qui disparaissent sans qu'on puisse savoir si elles sont mortes ou vivantes est plus grand qu'on le croit : la guerre, la navigation, les voyages de découverte, les disparitions volontaires, les assassinats ou les suicides inconnus, sont autant de causes d'absence.

Toutefois le nombre des cas d'absence tend à diminuer, et leur diminution tient à deux causes :

1° La première est *la facilité croissante des communications.* Il devient de plus en plus facile à celui qui vit au loin de faire parvenir de ses nouvelles à sa famille, et lorsqu'il meurt, fût-ce en Australie ou au Japon, ses parents peuvent presque toujours obtenir la preuve de son décès aussi aisément que s'il était mort en France.

2° Une seconde cause est la transformation opérée dans les modes de constatation officielle des décès depuis qu'on a autorisé les tribunaux à rendre des *jugements déclaratifs de décès* (Décr. de 1813; L. 8 juin 1893. — Voir ci-dessus, n°s 543 à 550). On a diminué par là le nombre des cas d'absence dans une notable proportion, puisque autrefois on aurait été réduit à suivre la procédure de l'absence pour toutes les personnes décédées dont le cadavre a disparu.

* **679. Prolongation indéfinie de l'absence.** — L'idée mère du système de la loi française est que *l'absence, quelque longue qu'elle soit, ne donne jamais la certitude du décès*. Sans doute, à mesure que le temps s'écoule, la probabilité de mort grandit, et la loi elle-même tient compte de ce fait. Ainsi on verra que, pendant les premières années, la loi refuse aux intéressés le droit de faire déclarer la personne disparue en état d'absence; il faut attendre que le défaut de nouvelles ait duré assez longtemps. En outre la loi, qui autorise les héritiers présomptifs de l'absent à prendre provisoirement possession de ses biens, leur confère des pouvoirs plus étendus quand l'état d'absence déclarée dure déjà depuis trente ans (art. 129). La loi s'achemine ainsi vers la présomption de mort, mais elle n'y arrive jamais. L'absent n'est *jamais considéré comme mort*, et par conséquent on ne permet jamais à son conjoint présent de se remarier [1]. Suivant l'expression de Tronchet, et si extraordinaire que la chose puisse paraître, l'absent n'est « ni mort, ni vivant ». Dans l'incertitude où on se trouve, on ne peut prouver ni sa vie, ni sa mort. C'est le doute qui règne.

On avait proposé de considérer l'absent comme mort quand cent ans seraient écoulés depuis sa naissance. Il y a, en effet, de grandes chances pour qu'il ne soit plus vivant, mais la vie humaine n'a pas de terme fixe. Pourquoi cent ans plutôt que tout autre chiffre? La longévité ordinaire de l'homme reste bien au-dessous d'un siècle. On a donc eu raison d'écarter ce terme qui est tout à fait arbitraire. On est sûr que la mort de l'absent arrivera un jour ou l'autre, si ce n'est déjà fait, mais l'époque en restera inconnue, et on ne saura jamais à quel moment la placer.

Une trace du système qu'on rejetait ainsi en principe se retrouve encore dans l'art. 129. Le délai imposé aux héritiers pour demander l'envoi en possession définitif qui est ordinairement de trente ans, est abrégé quand cent ans sont écoulés depuis la naissance de l'absent. Mais ce fait est loin d'équivaloir à une présomption de mort.

680. Système allemand des déclarations de décès. — Un système différent du nôtre est celui de la déclaration de décès (Todeserklärung), répandu depuis longtemps dans les législations des États particuliers de l'Allemagne, ainsi qu'en Autriche et dans les cantons allemands de la Suisse. Le nouveau Code civil allemand l'a conservé en le modifiant dans les détails (art. 5 à 24). Le système allemand diffère du nôtre en ce qu'une *déclaration de décès* peut intervenir au bout d'un temps assez long pour faire croire que la personne

[1] En Autriche, on permet au conjoint présent de demander une déclaration spéciale d'absence, en vertu de laquelle il lui est permis de se remarier (C. civ. autrichien, art. 112-114).

absente est morte. En Allemagne, ce délai est en principe de dix ans; on le diminue de moitié, quand il s'est écoulé soixante-dix ans depuis la naissance de l'absent. On l'abrège encore lorsque les circonstances qui ont précédé la disparition rendent plus vraisemblable la présomption de mort, par exemple trois ans après une guerre; un, deux ou trois ans après un naufrage, selon la longueur du voyage entrepris.

En Autriche, les délais sont plus longs : il faut trente ans en principe depuis les dernières nouvelles; ce délai est réduit à dix ans, quand il s'est écoulé quatre-vingts ans depuis la naissance de la personne absente (C. civ. autrichien de 1810, art. 24).

Le système allemand aboutit à confondre deux choses qui sont distinctes chez nous : les cas où il y a absence, parce qu'on ne sait pas si la personne est morte, et les cas où on possède la certitude de son décès.

Cette confusion a cessé en Autriche, où l'on admet, à côté des déclarations de décès, qui ne donnent qu'une probabilité de mort fondée sur la prolongation de l'absence de nouvelles, un système de preuve du décès par jugement tout à fait semblable à nos jugements déclaratifs de décès. Ce procédé, déjà admis par un *Hofkanzleidecret* du 17 février 1817, a été généralisé et réglementé par la loi du 16 février 1883, rendue à la suite de l'incendie du *Ringtheater*, de Vienne, le 8 décembre 1881, qui avait coûté la vie à un grand nombre de personnes. On jugea qu'il était inutile d'attendre l'expiration des délais ordinaires pour les victimes dont les corps n'avaient pas pu être reconnus. Voyez le texte de cette loi dans l'*Annuaire* de la Société de législation comparée (t. XIII, p. 334 ; notice de M. Bufnoir).

§ 2. — *Procédure de l'absence.*

*** 681. Nécessité d'une constatation officielle de l'absence.—** L'absence, c'est-à-dire le doute qui plane sur l'existence de l'absent, ne produit d'effet qu'après avoir été l'objet d'une *vérification régulière* qui est faite *par la justice*. L'état d'absence peut exister en fait longtemps auparavant ; mais il ne devient un état de droit, produisant des conséquences juridiques, qu'après un jugement du tribunal civil qui le constate, et qu'on appelle pour cela *jugement de déclaration d'absence* (art. 115 à 119).

Avant cette déclaration judiciaire de l'absence, la personne dont on n'a pas de nouvelles n'est pas encore considérée comme étant véritablement absente. On dit qu'elle est simplement *présumée absente ;* c'est l'expression dont la loi elle-même se sert (art. 112, 113, 114) ; et l'on donne à cette période d'attente, qui précède le jugement, le nom de *présomption d'absence*, par opposition à la période d'absence déclarée. Voyez dans le Code civil l'intitulé du chapitre Ier du titre « De l'absence ».

*** 682. Époque de la déclaration d'absence.** — A quel moment l'absence peut-elle être déclarée par le tribunal ? La loi fait une distinction assez raisonnable.

Lorsque avant de s'éloigner, la personne qui se trouve aujourd'hui en état d'absence a pris soin de laisser derrière elle un *procureur fondé*, c'est-à-dire un mandataire pour administrer ses biens, il est raisonnable de retarder la déclaration, puisque l'intéressé lui-même a prévu qu'il serait longtemps sans revenir, et d'autre part on peut le faire sans trop d'inconvénients, puisqu'il a laissé quelqu'un pour agir à sa place. Dans ce cas, la déclaration d'absence ne peut être demandée que *dix années révolues* après sa disparition ou ses dernières nouvelles (art. 121).

Mais lorsque le présumé absent n'a point laissé de procureur fondé, on doit croire au contraire que sa disparition a été involontaire et imprévue; il a pu périr par accident ou être tué. D'autre part, on doit se hâter de prendre des mesures dans son intérêt, puisque personne n'a qualité pour le représenter. Alors le délai est réduit et la déclaration d'absence peut être demandée *quatre ans* après ses dernières nouvelles (art. 115).

On verra que la procédure pour arriver au jugement déclarant l'absence dure au moins un an. Le délai total entre la disparition et le jugement déclaratif d'absence est donc, suivant les cas, de *cinq* ou de *onze* années.

683. Insuffisance d'une procuration spéciale. — La procuration dont il vient d'être parlé et qui a pour effet de retarder la déclaration d'absence, doit être *générale* et donner au mandataire les pouvoirs nécessaires pour remplacer le mandant en toutes sortes d'affaires et gérer son patrimoine en son absence. La loi elle-même lui suppose ce caractère quand elle dit, dans l'art. 120, « *procuration pour l'administration de ses biens* ». Et cela est tout naturel : si l'absent avait donné une procuration *spéciale* pour une affaire déterminée, c'est peut-être parce qu'elle devait se conclure loin de son domicile ou exiger des démarches dont il a voulu se débarrasser ; dès lors, on ne serait plus en droit de dire qu'il a prévu lui-même son absence et que son silence s'explique. D'autre part, la présence d'un mandataire à pouvoirs limités ne suffit pas pour sauvegarder tous ses intérêts, puisqu'en dehors des termes précis de sa procuration ce mandataire n'a pas plus de pouvoirs que le premier venu.

684. Point de départ du délai. — Les quatre ou les dix années se comptent à partir du jour où l'incertitude a commencé, c'est-à-dire *du jour même de la disparition*, si la personne a disparu subitement, étant présente à son domicile, ou *du jour de ses dernières nouvelles*, si elle était en voyage ou dans une résidence éloignée. Par « dernières nouvelles », il faut entendre soit le jour où elle a expédié sa dernière lettre, soit celui où elle a été vue pour la dernière fois, et non pas le jour où ses parents et amis ont reçu ces nouvelles, jour qui peut être postérieur de plusieurs mois à leur date réelle.

685. Personnes qui peuvent agir en déclaration d'absence. — L'art. 115 accorde ce droit aux *parties intéressées*. Il faut entendre par là toutes les personnes qui ont des *droits subordonnés au décès de l'absent*. Ce sont :

1° Ses *héritiers présomptifs*, qui en vertu de la déclaration d'absence peuvent obtenir *l'envoi en possession* de ses biens, avec le droit d'en percevoir les fruits et revenus d'une manière plus ou moins complète.

2° Ses *légataires* et *donataires de biens à venir* [1]. Ils sont dans une

[1] Le donataire de biens à venir est une sorte d'héritier institué par contrat, ce qui fait que la donation de biens à venir s'appelle aussi *institution contractuelle*. Elle ne peut se faire que par contrat de mariage ou entre époux.

situation analogue à celle des héritiers et ils seraient appelés comme eux à recueillir les biens de l'absent, s'il était réellement mort.

3° Son *conjoint*, qui peut avoir intérêt à demander le partage de la communauté conjugale ou à exercer d'autres droits en vertu de son contrat de mariage.

4° Les *nus propriétaires* des biens dont l'absent avait l'usufruit, car l'usufruit s'éteint à la mort de l'usufruitier et le nu propriétaire reprend alors la jouissance de sa chose.

5° Les *donateurs*, qui avaient fait donation d'un bien à l'absent avec *clause de retour*, c'est-à-dire en stipulant qu'ils reprendraient le bien donné si le donataire mourait avant eux.

686. Procédure à suivre. — C'est le tribunal du *dernier domicile* de l'absent qui est compétent. Les demandeurs en déclaration d'absence n'ont en réalité devant eux aucun adversaire. Par conséquent, la demande s'introduit, non pas par un ajournement, mais au moyen d'une *requête* adressée au président du tribunal, et la procédure s'engage contradictoirement avec le *ministère public*, chargé de défendre les intérêts de l'absent. L'absent est donc *représenté* par le procureur de la République. Par suite, il ne pourrait pas après son retour former *tierce opposition* contre le jugement qui a déclaré l'absence [1].

La première chose à faire, c'est de s'assurer de la réalité de l'absence, c'est-à-dire de vérifier si l'incertitude sur l'existence de l'absent est sérieuse. Pour cela, le tribunal doit *ouvrir une enquête*, c'est-à-dire entendre des témoins, cités les uns par les demandeurs, les autres par le ministère public, et qui seront autant que possible les personnes les mieux renseignées sur la conduite de l'absent et sur les circonstances de sa disparition.

Le tribunal ne pourrait pas déclarer l'absence sans recourir préalablement à ce moyen d'information ; son emploi est indispensable (art. 116). Et même, pour plus de sûreté, la loi veut que cette enquête ait lieu à la fois dans l'arrondissement du dernier domicile et dans l'arrondissement de la dernière résidence, si ces deux endroits étaient distincts (même art.). Il doit donc être rendu deux jugements successifs, l'un qui ordonne l'enquête et que l'art. 118 appelle *jugement préparatoire* (il serait plus exactement nommé *jugement interlocutoire* [2]) ; l'autre qui déclare l'absence, et que le texte appelle *jugement définitif*.

687. Délai d'un an. — Lorsque l'existence du prétendu absent paraît certaine au tribunal, il peut, sans formalités et sans délai, rejeter la demande. Mais si, l'incertitude étant sérieuse, le tribunal est d'avis de déclarer l'absence, il ne peut le faire « *qu'un an après le jugement qui aura ordonné l'enquête* » (art. 119). Ce délai a paru utile pour donner à l'absent le temps d'être informé de la demande dirigée contre lui et de s'y opposer.

688. Publicité de la procédure. — Dans l'intérêt de l'absent, qui peut avoir gravement à souffrir de la déclaration d'absence, la loi veut que les deux jugements, tant *préparatoire* que *définitif*, soient envoyés au *ministre de la justice*, qui est chargé de les rendre publics (art. 118). La loi ne dit pas par quel moyen. En fait, cette publication a lieu par le *Journal officiel*. On estime que ce journal, qui se répand dans tous les pays du monde, qui est reçu par nos agents à l'étranger, est l'organe de publicité le plus sûr pour avertir l'absent, s'il existe encore.

[1] La tierce opposition est une voie de recours contre les jugements ouverte à ceux qui n'ont pas été *parties* dans l'instance.

[2] Le jugement interlocutoire ressemble au jugement préparatoire en ce qu'il prépare la décision définitive qui sera rendue par le tribunal, mais il en diffère en ce qu'il la fait préjuger : l'enquête étant ordonnée, il est à prévoir que l'absence sera déclarée si les faits allégués par les demandeurs sont reconnus vrais.

§ 3. — *Effets de l'absence déclarée.*

689. Multiplicité des effets de l'absence. — L'absence n'est pas une matière juridique homogène, comme un contrat ou un droit réel. C'est un fait, dont les effets se font sentir sur des matières très diverses. Il en est de l'absence comme de la mort, qui ouvre la succession, dissout le mariage et la communauté ; met fin à l'usufruit, à la puissance paternelle ; ouvre la tutelle des enfants du défunt, etc. Il n'y a pas lieu de grouper tant d'effets différents sous prétexte qu'ils ont une cause unique. C'est cependant ce que le Code a fait dans le titre « Des absents » ; mais, dans l'enseignement, la meilleure manière d'expliquer les effets de l'absence, c'est de les répartir dans les divers chapitres qu'ils concernent. Il n'y a lieu d'exposer pour le moment que les idées générales qui ont guidé les auteurs de la loi.

A. — Moment où se produisent les effets de l'absence.

* **690. Leur point de départ ordinaire.** — En principe, les effets de l'absence se produisent à une date unique, qui est sa *constatation officielle par l'autorité judiciaire*. Ce jour-là, l'absence étant légalement constatée, ses effets se réalisent, et ils ne peuvent pas se réaliser auparavant.

Cependant ce principe souffre des exceptions dans les deux sens.

Il y a certains effets de l'absence qui se produisent avant tout jugement, dès l'époque de la disparition ou des dernières nouvelles ; et en sens inverse il y en a qui peuvent être retardés et ne se produire que longtemps après le jugement de déclaration d'absence.

* **691. Effets produits par anticipation.** — Les effets qui se produisent immédiatement sont :

1° L'impossibilité de comprendre l'absent dans le *partage d'une succession* à laquelle il se trouve appelé, mais qui s'est *ouverte depuis sa disparition* (art. 135 et 136). Cette première dérogation à la règle se justifie, parce que pour prendre part à une succession il faut exister au moment où elle s'ouvre (art. 725). Or cette preuve ne peut pas être fournie au nom du présumé absent, puisque, par hypothèse, son existence est déjà incertaine.

2° La possibilité de prendre, relativement à ses biens, des *mesures provisoires de protection* (art. 112 à 114). Cette seconde anticipation sur les effets du jugement se justifie par des raisons d'urgence.

3° L'organisation d'une *tutelle provisoire pour ses enfants mineurs*, s'il n'existe pas déjà une tutelle organisée et confiée à une autre personne (art. 141 à 143). Mêmes motifs que pour la dérogation précédente.

* **692. Effets dont la réalisation est retardée.** — En sens inverse, un fait spécial peut se produire qui retardera quelques-uns des principaux effets de l'absence bien au delà du jugement qui la constate. On

verra, dans le tome III, que l'absence entraîne la dissolution de la communauté qui existait entre l'absent et son conjoint présent, mais que la loi accorde à l'époux présent le droit de retarder cette dissolution en optant pour la *continuation provisoire de la communauté* (art. 124). Lorsque l'époux présent use de ce droit, il retarde en même temps l'envoi en possession provisoire au profit des héritiers présomptifs de l'absent, ainsi que l'ouverture de tous les autres droits subordonnés au décès de l'absent. Toutefois ce retard, dû à la volonté d'une seule personne, ne peut pas se prolonger plus de trente années (art. 129).

B. — Époques successives de l'absence.

** **693. Sa division en trois périodes.** — En somme, il y a lieu de distinguer, dans la réalisation des effets de l'absence, trois périodes successives qui établissent une *gradation bien marquée.*

1° Avant le jugement court la période de *présomption d'absence*, de cinq ou de onze ans selon les cas, pendant laquelle, l'absence n'étant pas encore reconnue, ses effets ne se produisent pas, sauf les exceptions signalées au n° 691.

2° Après le jugement commence la période d'*absence déclarée*, pendant laquelle les héritiers présomptifs et autres ayants droit peuvent obtenir l'*envoi en possession provisoire*, qui leur donne l'administration et la jouissance des biens (sauf restitution partielle des fruits d'après l'art. 127). Mais il est à noter que pendant cette période l'envoi en possession peut être empêché par l'option du conjoint présent en vertu de l'art. 124. Voyez ci-dessus, n° 692.

3° La période de l'*envoi en possession définitif*, qui n'est qu'une seconde phase de la période d'absence déclarée. Elle commence *trente ans* après le jugement de déclaration d'absence, ou même plus tôt, dès qu'il s'est écoulé *cent ans* depuis la naissance de l'absent (art. 129). Elle est caractérisée par un double effet : *a)* elle met fin nécessairement à la continuation de communauté, provoquée par l'époux présent, ce qui réalise tous les effets de l'absence que l'option du conjoint avait retardés; *b)* elle donne aux envoyés en possession des droits beaucoup plus étendus : notamment ils ne sont plus sujets à aucune restitution de fruits, au cas de retour de l'absent (art. 127, al. 2) et ils acquièrent le droit d'aliéner valablement ses biens (art. 132).

Le projet de Code rédigé en l'an VIII contenait un article ainsi conçu : « La loi n'exige « pas indispensablement la preuve par titre authentique du décès de l'absent. Elle se « contente de présomptions graves telles que celles qui résultent de la disparition de l'absent « après une bataille, un naufrage, ou tel autre accident qui a pu procurer sa mort et « depuis lequel il s'est écoulé cinq ans sans qu'on ait reçu aucune nouvelle ». Cet article nous aurait donné un sytème analogue à celui de la Todeserklärung allemande, dont il était visiblement l'imitation. Voyez ci-dessus, n° 680. Mais il disparut l'année suivante, dans le remaniement du projet par la section de législation du Conseil d'État. Ce fut sans doute Tronchet qui le fit écarter, car il pensait qu'il était « ridicule » de déclarer l'*absent mort*.

* **694. Cessation de l'absence.** — En principe, l'état d'incertitude qui constitue l'absence n'a pas de terme. Il se prolonge indéfiniment. Cependant l'absence peut cesser de deux manières : soit par la preuve acquise de l'*existence* de l'absent, soit par la preuve acquise de son *décès*. Dans ces deux cas, toute incertitude ayant cessé, le droit commun reprend son empire. Si l'absent est encore vivant, il rentre dans la classe des simples *non présents*. C'est à lui désormais de pourvoir à l'administration de ses biens, et les envoyés en possession doivent lui rendre leurs comptes. Si l'on apprend au contraire la date exacte de son décès, ses droits et ceux des autres intéressés seront réglés comme s'il avait été présent jusqu'au jour de sa mort. Par exemple, sa succession s'ouvre réellement au profit de ceux qui se trouvaient à cette époque ses plus proches héritiers. Or ceux-ci peuvent être différents des personnes qui avaient la qualité d'héritiers présomptifs au jour de sa disparition et qui avaient obtenu provisoirement l'envoi en possession (art. 130). Les variations survenues dans la composition de la famille peuvent changer du tout au tout la dévolution des biens, selon qu'on se place à l'époque de la disparition ou à celle du décès réel.

§ 4. — *Protection provisoire des biens du présumé absent.*

* **695. Comment cette protection devient nécessaire.** — Les effets de l'absence ne se produisent en principe qu'à partir de la déclaration d'absence faite par la justice. Mais les biens de l'absent peuvent être en souffrance bien avant ce moment. D'abord il est possible (et cela est très fréquent) qu'il n'ait pas laissé de mandataire, et le jugement déclaratif d'absence ne peut intervenir que cinq ans, au plus tôt, après sa disparition.

Même si l'absent a pris soin de laisser un procureur fondé, ce mandataire peut mourir ou devenir incapable peu de temps après la disparition de son mandant, et alors il faut attendre l'expiration de la onzième année, qui est en ce cas le terme de la période de présomption d'absence. Le délai est encore plus long. Dans l'intervalle, quand des mesures deviendront nécessaires, qui les prendra ? Si l'absence était déjà déclarée, les héritiers présomptifs se feraient envoyer en possession et auraient qualité pour administrer les biens ; mais, en attendant, personne n'a de pouvoirs pour agir. Il ne reste donc qu'une ressource : s'adresser au tribunal qui ordonnera les mesures à prendre. C'est ce que permet de faire l'art. 112.

696. Compétence. — Quel sera le tribunal compétent ? La loi ne le dit pas. Par conséquent, en l'absence de toute dérogation aux principes généraux, nous devons admettre que c'est le *tribunal du dernier domicile* de la personne dont il s'agit (arg. art 59 C. proc. civ.).

Il y a eu quelques doutes à cet égard, parce que le Conseil d'État s'était d'abord arrêté à une autre idée. Le tribunal du domicile devait vérifier s'il y avait réellement incertitude sur la vie de l'absent, et c'était ensuite au tribunal de la situation des biens à prendre les mesures nécessaires. Ce système avait l'avantage de faire décider chaque question par le tribunal qui est le mieux à même d'en connaître. Mais le projet adopté par le Conseil d'Etat n'a pas été converti en loi, et les procès-verbaux ne nous disent pas pourquoi. Peut-être est-ce un oubli; peut-être a-t-on pensé que ce système entraînerait trop de frais, en nécessitant souvent plusieurs instances au lieu d'une quand les biens sont dispersés dans plusieurs arrondissements ; toujours est-il qu'il n'a pas passé dans les textes.

Ce sera donc un tribunal unique, celui du domicile, qui statuera, quelle que soit la situation des biens. S'il y a lieu de vérifier sur place l'état des lieux pour des immeubles sis dans un autre arrondissement, il pourra envoyer une *commission rogatoire* au tribunal dans le ressort duquel ces biens se trouvent.

* **697. Qui a le droit d'agir.** — Les personnes qui ont le droit de provoquer l'intervention de la justice sont, d'après l'art. 112, « les parties intéressées ». Cette expression comprend en première ligne tous ceux qui ont des droits *actuels* sur le patrimoine de l'absent ou dont les intérêts sont confondus avec les siens, par exemple son conjoint, son associé, ses créanciers. Elle comprend aussi ceux qui ont sur ses biens des droits *subordonnés à son décès*, par exemple ses héritiers présomptifs, ses légataires. Ceux-ci sans doute ne pourraient pas agir si l'absent était présent, mais ce qui donne ouverture à leur action, c'est justement l'incertitude sur la vie ou la mort qui résulte de l'absence. Enfin le *ministère public*, chargé spécialement par l'art. 114 de veiller sur les intérêts des personnes présumées absentes, aurait aussi le droit de saisir le tribunal.

698. Procédure. — La procédure à suivre n'avait pas été réglée par le Code civil. Elle a été indiquée par l'art. 859 C. proc. civ. Le demandeur adresse une requête au président, avec pièces à l'appui ; le président désigne un juge chargé de faire un rapport, et le tribunal statue, après avoir entendu le ministère public.

* **699. Mesures à prendre.** — Quelles mesures peuvent être ordonnées par la justice? Il n'y a pas à poser de règles fixes. Tout dépend des circonstances. Aussi la loi n'a-t-elle rien précisé ; elle a tout laissé à l'arbitrage des tribunaux. La seule règle à laquelle ils doivent toujours se conformer, c'est de procéder avec prudence. « En cas de nécessité », dit l'art. 112. La *nécessité* seule justifie l'immixtion de la justice dans la gestion des affaires d'un absent; il importe avant tout de respecter le secret de sa vie et de ses affaires. Cette nécessité, qui rend légitime l'action de la justice, en détermine en même temps l'étendue : le tribunal ne doit faire que le nécessaire. Par exemple, s'il s'agit seulement d'une *réparation* à faire, il pourra ordonner le travail et désigner la personne qui en sera chargée; s'il y a tout un *ensemble d'opérations* à exécuter, le tribunal peut nommer un *curateur* pour représenter l'absent et lui donner des pouvoirs plus ou moins larges selon les besoins.

Dans un cas particulier, prévu par la loi, le Code a réglé lui-même ce qu'il y aurait à faire. Il s'agit du cas où le présumé absent est *intéressé dans un partage* de communauté, de société ou de succession. Lorsque la masse à partager provient d'une succession, il faut supposer que la succession s'est ouverte avant la disparition du présumé absent, parce que si son ouverture était postérieure à la disparition, la personne dont l'existence est devenue incertaine n'y aurait aucun droit. La succession devrait être partagée provisoirement, comme si cette personne n'existait pas (art. 136 et ci-dessus, n° 691).

Si les copropriétaires de l'absent demandent le partage, on ne peut pas le leur refuser. Il y a donc nécessité de désigner quelqu'un pour représenter l'absent et défendre ses intérêts dans le partage, et dans toutes les opérations d'inventaire, de compte et de liquidation qu'il nécessite. La loi veut que ce représentant de l'absent soit un *notaire* et qu'il soit *commis par le tribunal* (art. 113).

Il ne faut pas confondre le notaire commis dans les circonstances qui viennent d'être indiquées pour représenter un *présumé absent* avec le notaire qui représente un ou plusieurs *non présents* dans une *levée de scellés* ou dans un *inventaire*, en vertu des art. 928, 931 et 942 C. proc. civ. D'après ces articles, c'est le président et non le tribunal qui désigne le notaire, et un seul notaire peut représenter tous les non présents intéressés dans l'affaire, tandis que d'après l'art. 112, c'est le tribunal entier qui le désigne, et il faudrait nommer plusieurs notaires s'il y avait plusieurs personnes en état de présomption d'absence et ayant des intérêts distincts.

En outre, la mission du notaire se termine avec l'inventaire quand il s'agit d'un non présent; elle va jusqu'au partage, quand il s'agit d'un présumé absent.

LES FUNÉRAILLES

CHAPITRE UNIQUE

700. Du permis d'inhumer ou d'incinérer. — Aux termes de l'art. 77, aucune inhumation ne peut avoir lieu qu'en vertu d'un *permis* spécial délivré par l'officier de l'état civil. Si le corps doit être inciné̃ré, le permis ne peut être délivré que sur le vu d'un rapport fait par un médecin assermenté, commis par l'officier de l'état civil, et certifiant que la mort est due à une cause naturelle (Décr. 27 avril 1889, art. 17)[1].

La nécessité d'obtenir ce permis est une mesure de *police judiciaire*, utile pour la découverte des crimes. Si la cause de la mort est suspecte, l'officier de l'état civil doit avertir le parquet, et l'inhumation ne peut être faite qu'après qu'un officier de police judiciaire, assisté d'un médecin ou chirurgien, a dressé un procès-verbal de l'état du cadavre et de toutes les circonstances et renseignements qu'il aura pu découvrir ou recueillir (art. 81).

701. Du délai de l'inhumation ou de l'incinération. — La loi ne permet à l'officier de l'état civil de délivrer le permis que *24 heures après le décès*.

C'est par erreur que quelques auteurs appliquent ce délai à l'inhumation elle-même. Il concerne en réalité la délivrance du permis, comme le prouvent : 1° la construction grammaticale du texte actuel ; 2° son rapprochement avec le texte du projet de l'an VIII (Fenet, t. II, p. 22, art. 57).

Le motif de ce délai est le danger des inhumations trop précipitées, danger redoutable, malgré les précautions que l'on prend habituellement. De temps à autre, les journaux rapportent des exemples de personnes qui sont revenues à la vie étant déjà mises en bière ou même descendues dans la fosse.

702. Mesures exceptionnelles au cas de maladie contagieuse. — Par dérogation au principe de l'art. 77, il y a lieu quelquefois de *hâter l'ensevelissement* des personnes décédées, lorsqu'elles ont succombé à une maladie contagieuse. L'officier de l'état civil peut alors faire procéder à la sépulture sans attendre l'expiration du délai fixé par le Code. L'art. 77 lui-même fait allusion à ces mesures exceptionnelles prescrites par les règlements de police. Un décret du 27 avril 1889 lui permet, en outre, d'ordonner la *mise en bière immédiate*.

703. Modes de sépulture. — Les modes de sépulture n'ont pas été réglés par le Code : à l'époque où il a été fait, on n'en pratiquait qu'un seul, l'*inhumation*.

L'inhumation était le seul procédé admis ; c'est le seul que réglemente le décret du

[1] La délivrance d'un permis d'inhumer est nécessaire même pour les enfants mort-nés (Metz, 24 août 1854, D. 54. 5. 12 ; Paris, 15 févr. 1865, D. 65. 2. 138). Mais il y a quelque incertitude dans la pratique pour savoir quand ce permis est nécessaire au cas d'accouchement avant terme, que la loi n'a pas prévu. Certains arrêts exigent que les organes essentiels de l'enfant soient au moins formés, ce qui suppose cinq ou six mois de gestation (Agen, 6 août 1874, D. 75. 5. 175, S. 75. 2. 108 ; Cass., 7 août 1874, D. 75. 1. 5). Cependant une circulaire du préfet de la Seine, du 26 janvier 1882, veut qu'une déclaration soit faite à l'état civil à partir de six semaines.

23 prairial an XII sur les cimetières [1]. Un nouveau mode de sépulture s'est répandu depuis lors : la *crémation*.

L'usage de brûler les cadavres est très ancien : il remonte aux temps préhistoriques. La crémation fut très pratiquée en Europe pendant la seconde partie de l'âge de bronze ; l'âge de fer ramena l'habitude de l'inhumation. Les peuples de l'antiquité grecque et romaine employèrent à la fois les deux modes de sépulture ; toutefois les grands et les riches paraissent avoir préféré l'incinération. Celle-ci fut condamnée par le Christianisme et par l'Islamisme. En 1791, on songea vainement à y revenir. En 1822, le poète Shelley fut incinéré près de Livourne, par son ami lord Byron. Ce fut également en Italie que commença, vers 1857, le mouvement qui a ramené la crémation dans les habitudes européennes : les premières incinérations eurent lieu à Padoue en 1872, une à Dresde en 1874, d'autres à Milan en janvier 1876.

Réclamée en France dès 1879, l'incinération fut d'abord pratiquée, à titre d'essai, pour les débris humains provenant des hôpitaux. Puis la crémation a été autorisée par la loi du 15 novembre 1887, art. 3, qui cependant ne la nomme pas. Le texte dit simplement que le majeur ou le mineur émancipé peut déterminer « le mode de sa sépulture ». Cette rédaction a été adoptée afin de ne pas restreindre aux deux seuls procédés de l'inhumation et de l'incinération le choix des particuliers.

L'art. 29 de la loi du 17 juillet 1889 (loi de finances) a autorisé les communes à percevoir des droits pour le dépôt et l'incinération des corps.

704. De l'embaumement. — L'embaumement ne peut être pratiqué qu'avec une autorisation du préfet de police de Paris, dans son ressort, et du maire partout ailleurs. Pour les pièces à produire, voyez le décret du 27 avril 1889, art. 3.

***705. Forme religieuse ou civile des obsèques.** — Pendant longtemps les obsèques des personnes décédées ont eu *une forme exclusivement religieuse ;* c'est une des plus vieilles traditions de l'humanité : les rites funéraires ont été la principale cérémonie des cultes primitifs. Mais les progrès de la liberté d'opinion en matière religieuse ont amené un grand nombre de personnes ne pratiquant aucun culte, à désirer pour leurs funérailles l'exclusion de toute cérémonie religieuse. Tolérés en fait sur beaucoup de points, les *enterrements civils* ont créé un conflit aigu en 1873, à une époque où le gouvernement de la France appartenait aux partis politiques formant la droite de l'Assemblée nationale. Le préfet du Rhône, en sa qualité de maire de Lyon, prit un arrêté en vertu duquel les enterrements qui se feraient sans la participation des ministres de l'un des cultes reconnus étaient soumis à des mesures de police vexatoires ; notamment ils ne pouvaient se faire qu'à une heure insolite et devaient être terminés avant 7 heures du matin. Cet arrêté, qui a soulevé d'ardentes polémiques, était peut-être légal d'après la législation alors en vigueur, mais il ne pourrait plus être refait. La *loi municipale* du 5 avril 1884 (art. 93) avait déjà interdit toute distinction d'après le culte ou la croyance ; peu de temps après, une *loi spéciale*, la loi du 15 novembre 1887, est venue établir pour les funérailles un système complet assurant le respect de la volonté du défunt. Dans son art. 1er, elle décide que les honneurs à rendre aux défunts doivent leur être rendus, quel que soit le caractère des funérailles, civil ou religieux. L'art. 2 interdit aux autorités investies du pouvoir réglementaire de prendre aucune mesure, individuelle ou générale (par voie d'arrêté), tendant à faire une différence entre les citoyens, à raison du caractère civil ou religieux de leurs obsèques. Ces deux articles protègent les particuliers contre les *maires* qui pourraient être tentés de suivre l'exemple du maire de Lyon de 1873. Mais il y avait lieu de se préoccuper aussi des *familles*, qui souvent déterminent le caractère des obsèques contrairement aux intentions du défunt. Dans ce but, l'art. 3 de la loi permet à toute personne majeure, ainsi

[1] On a prétendu au Sénat, dans la discussion de la loi du 15 novembre 1887 citée plus loin, qu'en fait, l'inhumation n'a jamais été le seul procédé employé, puisqu'on a de tout temps pratiqué *l'embaumement* des corps, leur *immersion en mer*, et la construction de monuments funéraires élevés, dans lesquels les corps sont *déposés au-dessus du sol*. — Il eût fallu répondre que l'embaumement n'est qu'une opération préalable à l'inhumation, et que l'immersion n'a lieu que pour les décès survenus au cours d'un voyage maritime de longue durée. Quant au troisième procédé, il n'est qu'une application particulière de l'inhumation dans les caveaux maçonnés ou cimentés.

qu'au mineur émancipé, de régler elle-même la forme de ses obsèques, par un acte fait dans la forme des testaments. De la sorte, le respect des croyances individuelles est garanti par la loi jusque dans la mort.

706. Dispositions de dernière volonté relatives aux funérailles. — On vient de voir que la volonté du défunt est respectée soit pour le choix du mode de sépulture (incinération ou inhumation), soit pour le caractère civil ou religieux des obsèques. Avant 1887, l'expression de cette volonté n'était soumise à aucune forme déterminée et rien n'en garantissait l'observation. La loi sur la liberté des funérailles a réglementé toute cette matière. D'abord elle reconnaît ce droit au *majeur* et au *mineur émancipé, en état de tester*. Ces derniers mots signifient que ces dispositions doivent être prises par une personne *saine d'esprit*, condition exigée pour le testament (art. 901). Il est à remarquer que la loi accorde cette faculté à tout *mineur émancipé ;* or l'émancipation peut être faite par les père et mère dès que l'enfant a 15 ans révolus (art. 477), tandis que l'art. 903 ne permet pas au mineur de tester tant qu'il n'a pas 16 ans. Il existe ainsi un intervalle d'une année pendant lequel le mineur émancipé peut régler ses obsèques, sans pouvoir disposer de ses biens.

Dans la forme, la disposition relative aux funérailles est soumise aux règles des testaments ; elle peut donc se faire dans la forme *olographe*, ou par-devant notaires. Elle est soumise aux mêmes règles que les testaments pour sa *révocation*. Mais ce n'est pas un testament ; l'acte est donc valable, quoiqu'il ne contienne aucune des dispositions habituelles du testament. Il a son objet propre. Naturellement la même déclaration de volonté peut être insérée dans un testament véritable.

Le défunt a pu charger une ou plusieurs personnes de veiller à l'exécution de ses volontés.

En cas de contestation sur les conditions des funérailles, la loi organise une *procédure rapide*, d'abord devant le juge de paix du lieu du décès, puis devant le président du tribunal civil, qui doit statuer dans les 24 heures (art. 4). L'art. 5 établit une *sanction pénale* contre toute personne qui aura donné aux obsèques un caractère contraire à la volonté du défunt ou à la décision judiciaire rendue comme il vient d'être dit.

Sur la loi de 1887 et sur le but alors visé par le législateur, voyez les objections et amendements repoussés par les Chambres dans Dalloz, 1887, 4, p. 101 et suiv., aux notes.

***707. Conflits entre membres de la famille.** — Quand le défunt n'a pris aucune disposition, c'est aux membres de la famille à régler soit la forme des obsèques, soit le lieu de la sépulture. Ces questions sont souvent une cause de discorde. Le droit de prendre une décision sur ce point appartient en propre aux membres de la famille ; ils l'ont de leur chef et ne le tiennent pas du défunt. Par conséquent, il n'y a pas lieu de s'attacher à l'*ordre successoral*. C'est ce que décide la jurisprudence, qui fait ordinairement prévaloir la volonté du conjoint survivant sur toutes les autres (Toulouse, 3 déc. 1889, D. 90. 2. 133. Comp. Nancy, 14 août 1869, D. 69. 2. 233, S. 70. 2. 6). Ce dernier arrêt s'appuie à tort sur la puissance maritale; l'argument n'est bon que pour le mari survivant. C'est la communauté de vie et d'affection qui est la raison de cette prépondérance du conjoint, et on doit accorder le même droit à la femme, en cas de survie, qu'à son mari. Voyez sur ces questions DALLOZ, *Suppl.*, v° Cultes, n°s 867 à 874. Ajoutez Paris, 9 déc. 1897, D. 99. 2. 11, S. 99. 1. 233; Cass., 23 janv. 1899, D. 99. 1. 361, S. 99. 1. 233. Ce dernier arrêt n'admet pas la priorité absolue du conjoint.

708. Lieux de sépulture. — En principe, les inhumations doivent être faites dans des terrains appartenant aux communes et spécialement affectés à cet usage sous le nom de *cimetières*. Les cimetières sont régis par une législation spéciale (Décr. 23 prairial an XII [12 juin 1804] modifié et complété le 7 mars 1808; Ord. 6 déc. 1843; L. 14 nov. 1881).

Les congrégations religieuses et autres établissements légalement reconnus peuvent posséder un cimetière pour leur usage particulier, en vertu d'un décret rendu sur le rapport du ministre de l'intérieur.

Un propriétaire peut toujours se faire enterrer dans son terrain, pourvu qu'il soit éloigné de 40 mètres au moins de l'enceinte (?) des bourgs et villes (Décr. de prairial, art. 2 et 14 cbn.).

Aucune inhumation ne peut être faite dans les édifices consacrés aux cultes (Décr. de prairial, art. 1er). On fait des exceptions pour les évêques, et quelquefois pour le curé d'une paroisse.

L'incinération ne peut avoir lieu que dans les édifices établis pour cet usage par les communes et sous la surveillance de l'autorité municipale. Les cendres doivent ensuite être déposées dans les lieux ordinaires de sépulture et ne peuvent être déplacées qu'en vertu d'une permission de l'autorité municipale (Décr. 27 avril 1889, art. 20 et 21).

709. Chambres funéraires. — Avant d'être incinérés ou placés dans le lieu définitif de leur sépulture, les corps peuvent être déposés dans des chambres funéraires établies par les communes. Sur les conditions dans lesquelles ces lieux de dépôt peuvent être construits, fermés ou utilisés, voy. Décr. 27 avril 1889, art. 5 à 9. Sur les caveaux provisoires mis à la disposition des particuliers par les marbriers, voyez Paris, 29 juin 1896, D. 97. 2. 501, et Cass., 9 juin 1898, D. 99. 1. 111.

710. Translation des corps ou des cendres. — Sauf le cas de dépôt à la chambre funéraire, un cadavre ne peut être déplacé qu'en vertu d'une autorisation administrative donnée, selon les cas, par le maire ou le préfet (Décr. 27 avril 1889, art. 4). L'introduction d'un cadavre en France doit être autorisée par le ministre de l'intérieur (*Ibid.*, al. 2).

TROISIÈME PARTIE

LES BIENS

LE PATRIMOINE

CHAPITRE UNIQUE

§ 1. — *Caractères généraux du patrimoine.*

* **711. Définition.** — On appelle patrimoine l'*ensemble des droits et des charges d'une personne, appréciables en argent.* Si l'on veut en exprimer la valeur par un chiffre, il faut en déduire le passif, conformément à l'adage : « Bona non intelliguntur nisi deducto ære alieno » (Comp. *Dig.*, liv. L, tit. 16, fr. 3).

* **712. Relation de l'idée de patrimoine et de l'idée de personnalité.** — Il existe un lien intime entre la notion de personne et la notion de patrimoine. La nature et la force de leur rapport ressortent des quatre observations suivantes :

1° *Les personnes seules peuvent avoir un patrimoine.* — Les personnes sont, par définition, les êtres capables de devenir sujets actifs ou passifs de droits ; elles seules ont donc l'aptitude à posséder des biens ou à avoir des créances ou des obligations. Voyez ci-dessus, nos 374 et 377.

2° *Toute personne a nécessairement un patrimoine.* — Une personne peut posséder fort peu de choses ; n'avoir ni droits ni biens d'aucune sorte, ou même, comme certains aventuriers, n'avoir que des dettes : elle a néanmoins un patrimoine. *Patrimoine* ne signifie pas *richesse ;* un patrimoine ne renferme pas nécessairement une valeur positive ; il peut être comme une bourse vide et ne rien contenir.

3° *Chaque personne n'a jamais qu'un patrimoine.* — Le patrimoine est *un*, comme la personne ; tous les biens et toutes les charges forment une masse unique. Ce principe de l'*unité du patrimoine* subit cependant des restrictions. Il y a quelques institutions exceptionnelles qui opèrent dans le patrimoine une sorte de division, et qui font deux masses distinctes des biens et des dettes d'une même personne. Le droit civil en offre comme exemples le *bénéfice d'inventaire* accordé à l'héritier, et le bénéfice de la *séparation des patrimoines* accordé aux créanciers d'une personne défunte. Ces deux bénéfices ont pour résultat de *séparer fictivement* entre les mains de l'héritier deux masses de biens : ses biens personnels et les biens qui lui viennent du défunt, de sorte que l'héritier semble avoir deux patrimoines. Mais ce n'est là qu'une fiction, qui n'a pas une valeur absolue, et qui peut cesser pour différentes causes [1].

4° *Le patrimoine est inséparable de la personne.* — Tant que la personne vit, il ne peut se produire aucune *transmission* de son patrimoine sur la tête d'une autre personne ; elle n'en peut aliéner que les éléments, l'un après l'autre ; son patrimoine, considéré comme universalité, n'est que la conséquence de sa propre personnalité, et il lui reste nécessairement attaché. C'est pour cela que toutes les transmissions qui se font *entre vifs* sont *à titre particulier*. La transmission de l'universalité du patrimoine ne peut se faire qu'après la mort de la personne : en droit français, toutes les *transmissions universelles* se font *par décès*. A ce moment, le patrimoine du défunt est attribué à ses successeurs, appelés par la loi ou par sa propre volonté à recueillir ses biens; ceux-là seuls peuvent être des *ayants cause à titre universel*. Comp. ci-dessus, n° 303.

** **713. Caractère propre du patrimoine.** — Les biens et les charges contenus dans le patrimoine forment ce qu'on appelle une *universalité de droit*. Cela signifie que le patrimoine constitue une unité abstraite, distincte des biens et des charges qui le composent. Ceux-ci peuvent changer, diminuer, disparaître entièrement, sans le changer lui-même. Les éléments du patrimoine varient, et non le patrimoine, qui reste toujours le même, pendant toute la vie de la personne [2].

§ 2. — *Composition du patrimoine.*

** **714. Caractère pécuniaire des éléments du patrimoine.** — Le patrimoine comprend un *actif* et un *passif ;* il contient non seulement des *droits* et des *biens*, mais aussi des *obligations* ou *dettes* et des

[1] On peut en rapprocher en matière commerciale la distinction que l'on fait en cas de faillite entre les créanciers *dans la masse* et les *créanciers de la masse*, qui n'a qu'une lointaine ressemblance avec la division des patrimoines admise dans les deux cas indiqués au texte.

[2] Je suis ici la théorie qui a cours actuellement (AUBRY et RAU, t. VI, §§ 573 à 583). On peut se demander jusqu'à quel point elle est fondée. « Patrimoine » signifie proprement « biens de famille », ce qui a été recueilli par succession. On en a élargi le sens de façon à y comprendre tous les biens de la personne, quelle qu'en soit l'origine ; c'est un sens nouveau du mot, qui est parfaitement admissible. Mais ne commet-on pas quelque confusion entre le patrimoine, qui est l'ensemble des biens, et la personnalité, qui est l'aptitude à posséder ?

charges de natures variées. Mais, ni en fait de droits ni en fait de charges, le patrimoine ne comprend tout ce que la personne possède ou supporte. Ont seuls le *caractère patrimonial* les droits ou charges *appréciables en argent* ; tout ce qui n'a pas une valeur pécuniaire reste en dehors du patrimoine [1].

* **715. Droits et charges non compris dans le patrimoine.** — Sont donc en dehors du patrimoine, comme n'ayant pas un caractère pécuniaire :

1° *Tous les droits et toutes les charges ayant un caractère politique.* — La personne les possède ou les supporte de son propre chef, par le seul effet de son existence. Ce sont ces droits qui assurent à l'individu sa liberté, sa vie, son honneur, avec les charges qu'ils comportent. Ces droits ne produisent, en général, d'effets juridiques qu'autant qu'ils ont été *lésés* par une autre personne ; ils donnent lieu alors à une réparation soit civile, soit pénale. L'étude de ces droits et de ces charges, avec leurs garanties et leurs sanctions, appartient entièrement au droit public [2].

2° *Les droits de puissance qu'une personne possède sur une autre personne.* — Ces droits sont au nombre de deux : la *puissance paternelle* et la *puissance maritale*. A la différence des précédents, ils appartiennent au droit privé ; mais ils présentent le même caractère non pécuniaire, purement moral, ce qui les exclut du patrimoine. Quand une personne est soumise à un droit de puissance, elle n'est pas la *débitrice* d'une autre, elle est sa *subordonnée*.

** **716. Éléments composant le patrimoine.** — Que reste-t-il donc pour composer le patrimoine ? Uniquement les *droits réels* et les *droits de créance* ou *obligations*. Considérés entre les mains de la personne qui en profite, ces différents droits forment l'*actif* du patrimoine ; considérés, s'il y a lieu, entre les mains de la personne qui les supporte, ils forment le *passif*. Tous les droits patrimoniaux se répartissent nécessairement dans l'une ou l'autre de ces deux catégories ; et à l'inverse leur distinction n'a d'utilité que pour les droits patrimoniaux.

* **717. Importance et difficulté de cette distinction.** — La distinction des droits réels et des obligations est une des notions essentielles du droit, et une des plus difficiles à acquérir au début des études.

[1] Il y a une autre idée, qu'éveille le mot « patrimoine » et qui en est fort voisine, sans cependant se confondre avec lui : c'est celle d'*hérédité*. Le « Patrimonium » est ce qui vient du père. Cependant un droit peut se transmettre par succession, sans être patrimonial : telle est la *noblesse* ; et il peut être patrimonial sans pouvoir se transmettre par succession, tels sont les droits viagers, comme l'usufruit, qui ne passe jamais d'une personne décédée à une autre.

[2] Peut-être n'y a-t-il pas lieu de faire exception même pour les questions de *nationalité* que l'on a considérées jusqu'ici comme étant de *droit civil*, uniquement parce qu'elles se trouvaient réglées par le Code civil. La nationalité, étant le lien qui rattache l'individu à la nation représentée par l'État, ne peut pas théoriquement appartenir au droit privé.

Il est donc nécessaire d'y insister, en consacrant à chacune de ces deux catégories de droits quelques développements.

Tout le soin qu'on peut apporter dans le choix des formules et des définitions, toute la méthode qu'on peut employer dans le développement des idées ne sauraient empêcher l'exposé de cette théorie d'être difficile à bien saisir. Nous touchons ici aux notions les plus générales, et par conséquent les plus abstraites du droit. Il est facile cependant de se réserver un terrain solide, où il soit toujours possible de reprendre pied. La famille des *droits réels* a pour principal représentant le droit de PROPRIÉTÉ ; les *droits de créance* ont pour type l'obligation qui résulte d'un PRÊT D'ARGENT : être propriétaire d'une maison, être créancier de 500 francs qu'on a prêtés, voilà des notions élémentaires que tout le monde possède, même sans études juridiques. Il suffira de se référer à l'une ou à l'autre, quand il sera question de droits réels ou de droits de créance, pour donner un corps aux règles générales et aux observations qui vont suivre.

718. Ordre à suivre. — Des deux sortes de droits qui composent le patrimoine, c'est le droit de créance ou obligation qui est le plus facile à comprendre ; c'est lui qui représente la notion simple. Il y a donc tout avantage à commencer par lui, à l'inverse de l'ordre suivi traditionnellement dans l'enseignement, depuis les jurisconsultes du Haut-Empire [1].

A. — Des obligations.

****719. Définition et terminologie.** — L'obligation est un *rapport juridique entre deux personnes*, en vertu duquel l'une d'elles, appelée « créancier », a *le droit d'exiger un certain fait de l'autre*, qui est appelée « débiteur ».

L'obligation a donc pour effet de lier l'une à l'autre ; elle forme ce qu'on appelle un *lien de droit* (traduction de l'expression latine *vinculum juris*). Ce rapport s'appelle « créance », quand on le considère du côté actif, en la personne du créancier ; il s'appelle « dette », quand on le considère du côté passif, en la personne du débiteur. Le mot « obligation » est le seul qui puisse servir à désigner le rapport entier, abstraction faite de la différence des rôles qu'y jouent les deux parties. Dans ce sens large, le mot « obligation » équivaut aux deux mots « créance » et « dette » réunis ; aussi est-ce lui qu'on emploie quand on veut faire l'étude générale des droits de créance ; on appelle cette étude la *théorie des obligations*. Mais le mot « obligation » a aussi un sens étroit, purement passif, dans

[1] Le plus ancien exemple de ce procédé est le livre de Gaius, qui a servi de modèle comme plan d'ensemble à tous les livres appelés *Institutes* et même indirectement au Code civil. — Pour la raison indiquée au texte, il y aurait avantage à mettre en première année la théorie des obligations et à réunir en seconde année tous les droits réels, depuis la propriété jusqu'aux servitudes.

lequel il est synonyme du mot « dette » ; on parle, par exemple, de « l'obligation contractée par le débiteur ».

* **720. Distinction des obligations positives et des obligations négatives.** — On appelle « objet de l'obligation » ce que le créancier a le droit d'exiger du débiteur.

Cet objet consiste en général dans l'accomplissement d'un *fait positif*, qui prend plus spécialement le nom de *prestation*. Parfois aussi l'objet de l'obligation est un *fait négatif*, c'est-à-dire que le débiteur est tenu de ne pas faire une chose qu'il aurait le droit de faire si l'obligation n'existait pas ; on dit alors que l'obligation a pour objet une *abstention*.

* **721. Distinction des obligations de faire et des obligations de donner.** — Il n'y a pas de différence à signaler parmi les obligations négatives qui ont pour objet une abstention. Toutes s'appellent des *obligations de ne pas faire*.

Il y a lieu, au contraire, de subdiviser celles qui ont pour objet une prestation positive. Tantôt cette prestation a le caractère d'un *simple fait matériel*; c'est, par exemple, un service à rendre, une leçon à donner à un enfant, un travail de nettoyage, de construction, de réparation, etc. Tantôt la prestation consiste dans un *transfert de propriété* ou *de droit réel*, c'est-à-dire qu'elle est un acte juridique d'une nature déterminée : par exemple, une personne s'engage à me transférer la propriété de sa maison, ou à constituer à mon profit sur cette maison un droit de servitude ou d'hypothèque.

Voilà deux espèces d'obligations positives qui ne sont pas régies à tous égards par les mêmes principes ; il y a des différences considérables entre elles. Aussi est-il utile d'en faire la distinction dans le langage. On appelle *obligations de faire*, celles qui ont pour objet un fait matériel (art. 1142 et 1145) ; *obligations de donner* [1], celles qui ont pour objet spécial le transfert d'un droit (art. 1136 et 1140).

On emploie quelquefois les expressions latines, *dare*, *facere*, *non facere*, pour désigner les trois variétés d'obligations distinguées par la nature de leur objet : une dation, un fait, une abstention.

** **722. Sens variable des mots « Droit personnel ».** — Le droit de créance est très souvent appelé « droit personnel ». Cette expression est d'origine latine. Les Romains appelaient *actio in personam* l'action par laquelle un créancier faisait valoir son droit [2]. Nous appelons

[1] Observez que « donner » a ici le sens du latin *dare ;* il signifie *transférer* (la propriété ou un autre droit), à titre onéreux aussi bien qu'à titre gratuit : on se tromperait si on le traduisait par « faire un cadeau ». Par conséquent, le substantif correspondant est « dation », et non pas « donation ».

[2] Cette appellation vient de ce que le nom du débiteur figurait nécessairement dans la formule que délivrait le Préteur. L'*intentio* de l'*actio in personam* était ainsi rédigée : « Si paret Numerium Negidium Aulo Agerio sestertium decem millia dare oportere ». Il était dès lors tout naturel de dire qu'elle était conçue *in personam*.

de même *actions personnelles* les actions qui sanctionnent les créances (art. 2262 C. civ., art. 59 C. proc. civ.). De là un usage très répandu, qui applique la qualification de « personnel » au droit de créance lui-même ; cet usage a été favorisé par cette circonstance que les mots « droit personnel » forment, au point de vue linguistique, une antithèse parfaite avec les mots « droit réel ».

Cependant cet usage est fâcheux et mériterait d'être abandonné, parce que le mot « droit personnel » est *amphibologique*. Outre le sens qui vient d'être indiqué, il en a au moins deux autres. Il désigne : 1° les *droits intransmissibles*, qui meurent avec leur titulaire, comme l'usufruit ; ils sont personnels, en ce sens qu'ils ne passent pas aux héritiers ; 2° les *droits insaisissables*, que les créanciers d'une personne ne peuvent pas exercer de son chef, comme le leur permet en général l'art. 1166 ; il y a des droits exceptionnels qui sont « personnels », en ce sens qu'ils sont exclusivement *attachés à la personne* et ne sont pas susceptibles d'être exercés par d'autres, même du vivant de leur titulaire. Cela fait trois sens pour le même mot. Aussi, quand on dit qu'un droit est personnel, on risque toujours de n'être pas compris, à moins qu'on n'explique en même temps pour quelle raison on le qualifie ainsi.

* **723. Sens des mots « droit de créance ».** — Les mots « droit de créance » n'ont pas l'inconvénient qui vient d'être signalé pour les mots « droit personnel », mais ils en ont un autre : au lieu d'être trop larges, ils sont *trop étroits*. Le mot *créance* fait allusion à un acte de confiance volontaire de la part du créancier, qui a fait crédit à son débiteur, qui a *suivi sa foi : credidit*, disaient les Romains, *fidem debitoris secutus est*. Or il y a beaucoup de créanciers qui acquièrent leur droit d'une autre manière, sans leur volonté, souvent même de plein droit et sans aucun acte particulier de leur part, qui deviennent créanciers, non pas par un contrat, mais par un délit, par un fait ou une faute d'autrui, par la loi même. Pour ceux-là, le mot « créance » s'éloigne de son sens originaire.

724. Emploi du mot « obligation ». — Il n'y a donc que le mot *obligation* (pris dans son sens large) qui ait une portée vraiment générale et qui puisse être appliqué, sans obscurité ni distinction, à tous les droits dits « personnels » ou de « créance ». C'est de lui seul qu'il sera fait usage désormais, au moins en principe ; les deux autres ne reparaîtront que lorsqu'il y aura une raison particulière de s'en servir.

B. — Des droits réels.

725. Méthode à suivre. — La notion du droit réel est difficile à saisir nettement, tant qu'on ne l'a pas étudiée dans ses applications, et cependant elle existe comme notion générale, indépendante des cas particuliers, au point qu'elle les gouverne et les domine tous. Il est donc nécessaire de connaître les caractères essentiels de cette sorte de droits avant d'en étudier les diverses variétés. Le moyen le plus simple d'arriver à cette notion abstraite, c'est de prendre la définition usuelle, et de la soumettre à une étude critique.

** **726. Définition usuelle.** — Voici à peu près la définition courante du droit réel : il y a droit réel lorsqu'une chose se trouve soumise, complètement ou partiellement, au pouvoir d'une personne, en vertu d'un *rapport immédiat* opposable à toute autre personne (Aubry et Rau, t. II, § 172, 5e édit., p. 72). On agira prudemment en donnant cette définition à l'examen, puisqu'elle est admise en France presque par tout le monde.

Cette définition implique, comme caractère essentiel du droit réel, *la création d'un rapport direct entre une personne et une chose*, et telle est bien la formule qu'on emploie. On veut dire par là que, dans tout droit réel, il n'y a point d'intermédiaire entre la personne qui en est titulaire et la chose sur laquelle le droit porte. Suis-je *propriétaire* ou *usufruitier* d'une maison, j'ai le droit de l'habiter ; d'un champ, j'en fais la récolte ; d'un cheval, je le monte ou je l'attelle. Pour l'exercice du droit, on peut faire abstraction de toute personne autre que le titulaire. — Il en serait autrement si j'étais simplement *locataire* ou *fermier* de la maison ou du champ ; je n'aurais sur la chose aucun droit direct ; je serais seulement *créancier de son propriétaire*, lequel serait *tenu* envers moi de m'en procurer la jouissance et la possession paisibles. Si je n'avais lié par contrat envers moi ce propriétaire, je n'aurais aucun droit de jouissance sur sa chose.

* **727. Critique de la définition précédente.** — Cette analyse du droit réel rend assez bien compte des apparences ; elle en donne une idée qui s'adapte suffisamment aux besoins de la pratique. Elle a l'air simple et elle plaît, parce qu'elle donne en quelque sorte une vue concrète du droit de propriété et des autres droits réels : elle montre le propriétaire ou l'usufruitier seul en possession de son bien, que tout le monde laisse en jouir paisiblement, et qui ne demande rien à personne. Au fond cependant elle est fausse. Il n'est pas exact de dire que le droit réel (la propriété, par exemple) consiste à établir un *rapport direct entre une personne et une chose* [1].

[1] Il est nécessaire de combattre sans répit cette fausse formule, à l'aide de laquelle on a répandu mainte erreur dans l'esprit des étudiants. Dans leur définition rapportée ci-dessus, n° 726, MM. Aubry et Rau avaient bien soin de mentionner que le rapport direct entre la personne et la chose, rapport qui selon eux constitue le droit de propriété, avait pour caractère d'être *opposable à toute autre personne*, et par là ils éveillaient indirectement et implicitement l'idée d'une obligation passive universelle, liant tous les hommes envers le propriétaire de la chose. Mais les auteurs qui ont suivi, et principalement les rédacteurs de manuels d'étudiants, n'ont pas eu toujours la même précision : beaucoup ont supprimé l'énonciation des personnes tenues de respecter le fait de la possession du propriétaire, et affirmé que si le droit de créance met en présence deux personnes, le créancier et le débiteur, le droit réel éveille uniquement l'idée d'une personne et d'une chose. C'est là qu'est l'erreur, et elle porte sur le fondement même de la notion du droit réel, tandis que la définition d'Aubry et Rau a seulement le tort de donner une importance excessive à la notion du rapport direct avec la chose, qui n'est que le fait de la possession, et de reléguer au second plan l'obligation passive universelle qui constitue véritablement le droit réel, avec son

Ce rapport direct n'est qu'un *fait*, et il a un nom : c'est la *possession*. Un rapport d'*ordre juridique* ne peut pas exister entre une *personne* et une *chose* : ce serait un non sens. Par définition, *tout droit est un rapport entre les personnes*. C'est la vérité élémentaire sur laquelle est fondée toute la science du droit, et cet axiome est inébranlable[1]. Appliquons-le au droit de propriété : il y a une personne qui nous fournit déjà un des deux termes du rapport, c'est le *propriétaire* ; il ne reste plus qu'à trouver l'autre terme, et il n'est pas difficile à découvrir : c'est *tout le monde*, excepté lui.

* **728. Analyse du droit réel.** — Un droit réel quelconque est donc un rapport juridique établi entre *une personne* comme *sujet actif* et *toutes les autres* comme *sujets passifs*. Ce rapport est *d'ordre obligatoire*, c'est-à-dire qu'il a la même nature que les obligations proprement dites. L'obligation imposée à tous autres que le titulaire du droit est purement négative : elle consiste à s'abstenir de tout ce qui pourrait troubler la possession paisible que la loi veut assurer à ce dernier. Le droit réel doit donc être conçu sous la forme d'un rapport obligatoire, dans lequel le sujet actif est *simple* et représenté par une seule personne, tandis que le sujet passif est *illimité en nombre* et comprend toute personne qui entre en relation avec le sujet actif[2].

C'est le rôle effacé imposé à ces dernières, qui empêche de les apercevoir et de se rendre compte de la nature du rapport qu'elles contribuent à former. Comme on ne leur demande qu'une abstention, qui est l'état normal, elles disparaissent, et on ne voit plus que le titulaire du droit en possession de la chose qui lui est attribuée. De là l'idée vulgaire du *rapport direct* d'une personne avec une chose, idée superficielle, fausse comme conception juridique. Au fond, les personnes tenues de s'abstenir au profit du titulaire du droit réel n'existent pas moins ; et *c'est par là seulement que le propriétaire diffère du voleur*, qui est tout autant que lui en rapport direct avec la chose : personne n'est tenu de respecter la possession du voleur ; tout le monde est tenu de respecter celle du propriétaire. Le lien obligatoire, qui englobe tout le monde moins le titulaire du droit,

caractère absolu. Voyez l'analyse très soignée des opinions des auteurs dans la thèse de M. H. MICHAS, *Le droit réel considéré comme une obligation passivement universelle*, Paris, 1900, p. 68 à 86. Pour la réaction qui s'est faite contre la conception traditionnelle, voyez *ibid.*, p. 87 et suiv.

[1] Il ne peut y avoir de rapport d'ordre juridique entre une personne et une chose, parce que donner un droit à l'homme sur la chose équivaudrait à imposer une obligation à la chose envers l'homme, ce qui serait une absurdité. Le *droit* ne peut exister au profit d'une personne que contre d'autres personnes capables de le supporter *comme sujets passifs*, c'est-à-dire capables d'avoir des obligations. Comp. ORTOLAN, *Généralisation du droit romain*, p. 550, note 2, et p. 637 ; ROGUIN, *La règle de droit*, p. 77. Ce dernier revendique à tort la priorité de l'idée.

[2] On voit par cette analyse combien on est loin de la vérité quand on considère le droit réel comme *plus simple* que le droit de créance. La complexité est certainement du côté du droit réel, dans lequel l'idée d'obligation entre comme composante. Ceux qui le trouvent plus simple suppriment l'un des deux termes du rapport.

devient visible quand il est violé : le contrevenant est condamné à une réparation, ce qui ne se comprendrait pas s'il n'était obligé à rien auparavant.

Pour le développement de ces idées, voyez la thèse précitée de M. H. MICHAS, et les ouvrages cités par lui, principalement ROGUIN, *La règle de droit*, p. 266 et suiv. M. Roguin dit avec raison qu'il faut considérer les droits réels comme formés d'un *faisceau de devoirs passifs* imposés à la totalité des justiciables, et que chacune des *fibres* qui le composent a la même nature qu'une obligation au sens spécial du mot (nº 145). Il ajoute que l'*usage d'une chose*, considéré en lui-même, ne fournit pas nécessairement un droit réel, pas plus qu'un droit personnel : la nature du droit dépend des relations qui s'établissent entre son titulaire et les autres personnes.

729. De diverses obligations légales comparables aux droits réels. — Les droits réels ne sont pas les seuls rapports obligatoires englobant comme sujets passifs tous les hommes, moins celui qui joue le rôle actif. Il existe un grand nombre d'*obligations légales*, établies de plein droit entre les personnes, qui ont pour caractère d'être *universelles* du côté passif, de même que les droits réels. Pour plus de similitude encore, ces obligations légales ont un *objet négatif*, comme le droit réel vu du côté passif ; elles imposent seulement une abstention. Telles sont les obligations de respecter la vie, l'honneur, la santé d'autrui. Ces rapports obligatoires ont pour créancier une seule personne, chacun de nous, et pour débiteurs tous les autres hommes. Il y a là une frappante analogie. La vie, l'honneur sont donc des biens qui nous sont garantis de la même façon que la propriété des choses, par l'existence à notre profit d'une obligation universelle à objet négatif. Ce sont ces droits que MM. Roguin, Boistel, et beaucoup d'autres jurisconsultes appellent des *droits absolus*, de façon à en former une classe unique qui comprend avec eux les droits réels, et qu'on oppose sous ce nom aux simples créances ou droits personnels, qui ne sont que des *droits relatifs*, opposables seulement à une personne ou à quelques-unes.

730. Étymologie. — D'où vient le mot *droit réel?* Il est de formation relativement récente. L'adjectif *realis* n'existe pas dans la latinité classique. Bien plus : les Anciens n'ont jamais eu d'expression générale pour l'ensemble des droits que nous nommons *réels;* ils appelaient chaque catégorie de son nom particulier : *Dominium*, *ususfructus*, *servitutes*, etc. [1].

Le mot « réel » a été tout naturellement employé par les commentateurs pour traduire la formule *actio in rem* et pour faire antithèse au mot *personales actiones*, déjà usité sous l'Empire (ULPIEN, au *Digeste*, liv. L, tit. 16, fr. 178, § 2). Des actions, il a été ensuite étendu aux droits eux-mêmes.

C. — Comparaison des droits réels et des droits de créance.

** **731. Caractères spécifiques du droit réel et du droit de créance.** — Selon l'analyse qui vient d'en être faite, le droit réel et le droit de créance résultent tous deux de *rapports d'obligation* existant entre les hommes. Leur élément constitutif est le même. Ils diffèrent l'un

[1] On remarque cependant que les Anciens avaient déjà le sentiment très net de l'unité de ce groupe de droits. Ainsi Gaius suit le plan suivant : il traite *de jure personarum* (droit de cité et droit de famille) dans le Commentaire Ier ; il passe ensuite aux choses : « Modo videamus de rebus » (II, I) et traite à leur occasion non seulement de tous les droits réels, mais aussi des manières d'acquérir, y compris les successions, ce qui le mène jusqu'au milieu de son commentaire III. Là il passe aux obligations : « Nunc transeamus ad obligationes », après lesquelles vient la procédure.

de l'autre par deux caractères spécifiques, portant l'un sur *le nombre des sujets passifs*, l'autre sur l'*objet de l'obligation*. Il est nécessaire d'insister sur ces deux points, qui sont essentiels.

1° L'obligation appelée « droit de créance » n'existe jamais qu contre une *seule personne*, ou, s'il y a plusieurs débiteurs, ceux-ci sont toujours *limitativement déterminés*; le droit réel est *opposable à tout le monde*, puisqu'il implique l'existence d'une obligation dont tout le monde est tenu. On peut exprimer cette différence en disant que le droit de créance est un droit *relatif*, tandis que le droit réel est un droit *absolu*. L'adversaire futur du titulaire du droit est déterminé dans le premier cas; il ne l'est pas dans le second.

Ceci explique le langage des Romains, en apparence singulier, et qui domine encore toute notre terminologie en cette matière. Ils appellent *actio in personam* l'action qui sanctionne une obligation; *actio in rem* celle qui sanctionne le droit de propriété. La première dénomination vient, comme on l'a vu (n° 722, à la note), de ce que le débiteur est nécessairement nommé dans l'*intentio* de l'action exercée par le créancier. Dans l'action exercée par un propriétaire, la désignation du défendeur n'est pas utile, puisque sa personne est indifférente : tous les hommes sont également tenus envers le propriétaire. Il en résulte que dans l'*intentio* on se borne à désigner le demandeur et la chose qui lui appartient : « Si paret eum hominem, quo de agitur, Auli Agerii esse ». Dire qu'une pareille formule est conçue « in rem », c'est constater une chose très simple, un détail de la procédure romaine. Ces appellations : *actiones in rem, actiones in personam* ont donc leur origine dans une circonstance passagère, la rédaction des formules d'action délivrées par le Préteur. La cause était peu de chose; l'effet a été immense : la terminologie qui est sortie de là domine encore, à près de vingt siècles de distance, tout le monde civilisé.

2° Le droit réel, considéré comme rapport obligatoire universel, ne peut jamais imposer qu'une simple *abstention* : ne rien faire qui puisse nuire à la personne investie activement du droit. Bien autrement énergique est l'obligation restreinte qui forme le droit de créance : elle permet d'exiger du débiteur un fait positif, une *prestation*, et elle seule peut avoir cet effet. Dans les cas même où le droit de créance oblige le débiteur à ne pas faire, l'abstention qu'il impose diffère encore profondément de celle qui constitue un droit réel. La différence consiste en ceci : l'abstention imposée par l'existence d'un droit réel ne diminue en rien les facultés naturelles ou légales des autres personnes, on leur demande seulement de ne pas nuire au titulaire du droit ; tous les droits qui leur sont propres restent intacts. Au contraire, l'abstention qui fait l'objet d'un droit de créance, quand l'obligation est de ne pas faire, diminue sur un point particulier les facultés légales du débiteur; son obligation l'empêche de faire une chose qui lui serait permise d'après le droit commun.

L'existence d'un droit de créance constitue donc toujours une *charge exceptionnelle* pour le débiteur, un *élément de passif* dans son patrimoine, tandis que l'abstention universelle, que la loi commande pour assurer le respect des personnes et des biens, n'est pas considérée comme une charge ; c'est l'*état normal*. Les droits réels figurent seulement comme éléments d'actif dans le patrimoine de leur titulaire ; l'obligation de s'abstenir, qui en forme la contre-partie, n'a pas besoin d'entrer en ligne de compte dans le patrimoine d'autrui [1].

* **732. En quoi consiste l'objet du droit réel.** — Quelle que soit la nature d'un droit, qu'il soit réel ou personnel, il faut toujours distinguer *un double élément dans son objet.*

Il y a d'abord le *fait imposé à la personne qui joue le rôle de débiteur* : c'est tantôt une *prestation* positive, et tantôt une *abstention* ; mais ce premier élément réside toujours dans la conduite humaine, dans les actes d'une personne. C'est l'objet de l'obligation, vu du côté passif ; c'est la *charge*.

Il y a ensuite la *chose à l'occasion de laquelle ce fait est accompli*. Par exemple, j'achète une chose matérielle, telle qu'une maison ou un cheval : l'obligation du vendeur consiste à me livrer la chose vendue et à m'en transférer la propriété ; la livraison est un acte matériel ; le transfert de propriété est un acte juridique ; mais ces deux actes, qui font le véritable objet de l'obligation du vendeur, sont parfaitement distincts de la *chose matérielle* qui fait l'objet de la vente.

Si on applique cette distinction aux droits réels, on voit que l'opinion commune consiste à confondre l'*objet de l'obligation* (qui est ici une abstention générale imposée à autrui) avec la *chose* (qui est la chose possédée) à l'occasion de laquelle cette abstention peut être exigée ; on fait porter le droit sur la chose, *en supprimant ce qui est son objet véritable* : l'abstention qu'il impose à toute personne autre que le titulaire.

733. Différence entre le droit réel et le droit de créance dans la détermination de leur objet. — Le droit réel ne peut jamais exister qu'à l'occasion d'*une chose déterminée*. On ne concevrait ni droit de propriété, ni usufruit, ni droit réel d'aucune sorte sur une chose qui ne serait pas encore *individuellement* désignée. Au contraire, la chose qui fait l'objet de la prestation due par un débiteur peut n'être désignée que par *sa quantité* et *sa nature*, par exemple la fourniture de 1,000 kilos de charbon ; on dit alors qu'elle est déterminée *in genere* et non pas *in specie*, ou en français que la dette a pour objet un *genre* et non un *corps certain*.

Cette différence s'explique aisément, parce que le droit réel a toujours pour objet de garantir le *fait de la possession*, qui est nécessairement *concret* et qui ne peut exister que pour une chose déterminée.

** **734. Comparaison du droit réel et du droit personnel au point de vue pratique.** — Nous venons de faire l'*analyse théorique* de ces deux sortes de droits, mais cela ne suffit pas. Il existe entre eux des différences pratiques considérables. Deux exemples feront comprendre la nature de ces différences ; il importe d'être fixé sur ce point dès mainte-

[1] Cette différence est cependant contestée par M. Michas (p. 162-164), parce que, dans tous les cas où il y a obligation de s'abstenir, il y a amoindrissement des facultés naturelles de l'homme. Cela est évident, et on ne pourrait sans cela concevoir l'obligation. Mais il n'en est pas moins vrai que les obligations générales qui résultent de l'existence des droits réels ne constituent pas des *charges passives* pour ceux qui en sont tenus.

nant, et d'en avoir l'explication générale avant d'en voir se produire les applications diverses.

1° Faillite d'un commerçant. — Tous les créanciers du commerçant failli se trouvent dans une situation semblable : chacun d'eux a sa créance à faire valoir contre le failli, mais aucun d'eux n'a de droits spéciaux à faire valoir envers les autres ; ils sont donc tous dans une situation égale ; aucun ne peut l'emporter sur les autres. Et si nous supposons, comme c'est l'ordinaire, qu'ils sont tous créanciers de sommes d'argent, il faudra répartir entre eux la perte qui résulte de l'insolvabilité du débiteur commun. Chacun n'obtiendra qu'un dividende, tant pour cent sur la somme qui lui était due. On exprime ce résultat en disant que les créanciers sont *soumis à la loi du concours* et qu'on les paie, en cas d'insolvabilité, *au marc le franc*. — Mais voilà qu'une personne se présente munie d'un droit réel : c'est un *propriétaire* qui revendique, comme à lui appartenantes, des marchandises déposées dans les magasins du failli ; c'est un créancier gagiste ou hypothécaire, qui possède, outre sa créance, un droit réel particulier appelé *gage* ou *hypothèque*. Ces personnes sont armées d'un droit réel opposable à tous, y compris les autres créanciers du failli : elles vont donc pouvoir exclure tous ces créanciers, et garder pour elles, en nature ou en valeur, les choses qui leur appartiennent ou qui leur ont été engagées ou hypothéquées. Les voilà soustraites à la loi du concours ; elles ont contre les autres un *droit de préférence*.

2° Vol d'un meuble. — Lorsqu'un objet a été volé, celui qui est *propriétaire* de cet objet peut le *revendiquer*, c'est-à-dire poursuivre le voleur ou tout autre détenteur de la chose pour lui réclamer son bien. Celui qui n'en est que *créancier* a seulement une action en restitution ou en indemnité contre la personne qui le lui devait et qui l'a laissé voler ; il n'a pas d'*action réelle*, opposable à tous, mais une simple *action personnelle* contre le débiteur, qui seul est tenu envers lui. On exprime cette différence en disant que le droit réel confère un *droit de suite* qui manque au droit de créance : le propriétaire *suit* sa chose en quelques mains qu'elle passe [1] ; le créancier ne peut pas suivre la chose, il ne peut attaquer que son débiteur.

Droit de suite et *droit de préférence* : telles sont les deux grandes supériorités du droit réel sur le droit de créance. Ce ne sont pas, comme on le dit souvent, des « attributs » spéciaux, quelque chose d'extrinsèque, annexé au droit réel ; ce sont les formes mêmes de sa *réalité*, c'est-à-dire de son caractère opposable à tous.

[1] Ceci est vrai théoriquement ; c'est le principe naturel qui s'applique encore partiellement au cas de vol ; mais, en droit français, il faut tenir compte de la maxime « En fait de meubles possession vaut titre » (art. 2279), qui paralyse souvent la revendication et supprime presque le droit de suite *en matière mobilière*, toutes les fois du moins qu'il s'agit de meubles *corporels*.

735. Observation sur les mots « jus in re ; jus ad rem ». — Pour indiquer la différence de situation entre celui qui est *créancier* d'une chose et celui qui en est *propriétaire*, on dit souvent que ce dernier a un *jus in re*, tandis que le créancier n'a qu'un *jus ad rem*. Ces expressions ont été très employées par nos anciens auteurs (POTHIER, *Communauté*, nos 68 et 69). C'est toujours la malencontreuse idée du rapport direct de la personne et de la chose, considéré comme élément caractéristique du droit réel : on veut exprimer par là que le créancier d'une chose ne peut l'obtenir que par l'intermédiaire de celui qui la lui doit. — Ces expressions, parfaitement inutiles d'ailleurs, ont en outre le tort de faire croire, par leur forme latine, qu'elles sont d'origine romaine, ce qui n'est pas. Elles ont été fabriquées par les commentateurs, et rien dans les textes anciens n'en a provoqué la formation ; elles sont un reflet du langage moderne.

Sur un sens très particulier que leur ont donné quelques auteurs du moyen âge, voyez CHÉNON, *Démembrements de la propriété foncière*, p. 18.

§ 3. — *De la prescriptibilité des éléments du patrimoine.*

736. Distinction des droits et des facultés. — On verra que la plupart des éléments qui composent le patrimoine, les droits réels aussi bien que les droits de créance, sont susceptibles de se perdre par l'effet d'une *prescription extinctive*, lorsqu'il n'en est pas fait usage pendant un temps prolongé. Mais à ces droits de toute nature, qui sont *prescriptibles*, on en oppose certains autres que leur titulaire peut laisser sommeiller sans danger et qui ne se perdent pas, par quelque laps de temps que ce soit. On appelle ces derniers des *facultés* [1].

737. Exemples de facultés imprescriptibles. — Dunod de Charnage, qui a consacré à ce sujet quelques pages de son *Traité des prescriptions*, a réuni un certain nombre d'exemples de ces facultés. En négligeant ceux qui se réfèrent à des institutions abolies par la Révolution, et qui étaient encore en vigueur de son temps, on peut relever les suivants :

Le droit de *changer le mode d'exploitation de sa propriété*, faire un pré d'un champ ou une vigne d'un pré ;

Le droit de *bâtir sur son terrain ;*

Le droit de *se clore ;*

Le droit de *creuser un puits ;*

Le droit de *réclamer un passage* quand on possède un fonds enclavé.

On peut y ajouter le droit de *demander le bornage* (art. 646) ; le droit d'*acquérir la mitoyenneté* (art. 661) ; le droit de *demander le partage* (art. 815).

— On remarquera que tous les exemples qui précèdent se rattachent à l'*exercice du droit de propriété ;* mais il y en a d'autres, empruntés à d'autres ordres d'idées. Telle est la *possibilité d'user des voies publiques*, conformément à leur destination ; telle est encore la possibilité d'*entreprendre un commerce ou une industrie*, en concurrence avec d'autres

[1] « Nam si *jus* est, omnes præscriptionem admittunt ; si n *facultas*, nemo » (D'ARGENTRÉ, sous 266 A. C., chap. IX, n° 4).

établissements précédemment fondés dans la même localité. Dunod de Charnage citait déjà ces exemples (*Prescriptions*, chap. XII, 3e édit., p. 87 et suiv. — Comp. Bufnoir, *Propriété et contrat*, p. 238 et suiv.).

738. Recherche d'un critérium. — A quel signe peut-on reconnaître qu'on a affaire, non pas à un droit périssable, mais à une faculté imprescriptible ? Les auteurs anciens ont beaucoup disserté sur ce sujet, et notre d'Argentré y a mis sa forte empreinte ; il semble que depuis lui on n'ait rien écrit de plus net et de plus sûr [1]. En traduisant ses idées en langage moderne, on peut dire : il y a faculté imprescriptible, lorsqu'il s'agit d'un droit que la loi a entendu accorder d'une façon générale à tous les hommes ; il y a droit prescriptible, lorsqu'il s'agit d'une faculté d'agir que la loi accorde exceptionnellement à une personne [2].

En elles-mêmes, les facultés imprescriptibles n'offrent aucun trait qui leur soit commun à toutes : il en est qui s'exercent sans aucune action formée contre un tiers ; il en est d'autres qui supposent l'exercice d'une action de ce genre (demande en partage, demande en bornage, achat de mitoyenneté). La plupart ne font acquérir aucun droit nouveau, et consistent uniquement dans l'utilisation de droits déjà acquis ; mais l'achat de la mitoyenneté d'un mur a pour but une acquisition véritable, et le droit de construire sur son terrain ou d'entreprendre un commerce se traduit par une augmentation de fait dans le patrimoine. En somme, on peut presque dire que les facultés imprescriptibles ont ce caractère *parce que la loi a voulu le leur reconnaître*, ce qui serait une raison purement arbitraire, si les décisions positives que l'on donne pour déterminer ce qui est imprescriptible n'étaient fondées sur des raisons de *nécessité pratique* et sur la *liberté naturelle de l'homme* [3]. On peut vérifier, pour chacune des facultés reconnues imprescriptibles, que la solution contraire créerait une situation inacceptable ; la loi n'a pas voulu qu'un homme pût être privé de tels droits.

[1] Voyez l'analyse de diverses opinions résumées par Dunod de Charnage (p. 88 et suiv.). Les uns disaient : Il y a pure faculté quand la personne agit *suâ tantum gratiâ*, pour son avantage exclusif ; il y a droit proprement dit, quand elle agit *alterius gratiâ*, par exemple quand c'est une prestation fournie à son seigneur par un vassal. Ce critérium est en défaut dans une foule de cas, où un acte est accompli par une personne à son propre profit en vertu d'un droit prescriptible, comme celui qui naît d'un louage ou d'un usufruit. Tout ce qu'il y a de vrai dans cette formule, c'est que la faculté imprescriptible est toujours accordée à l'homme dans son intérêt personnel. — D'autres disaient : la faculté consiste à conserver un droit qui était *acquis*, son exercice ne fait acquérir *aucun droit nouveau* ; au contraire, la prescription a lieu quand il s'agit d'acquérir quelque droit nouveau, qui vient d'une cause extérieure et qui suppose l'exercice d'une action, comme lorsqu'il est permis à quelqu'un de se porter héritier. Mais cela n'expliquerait pas pourquoi certains droits, une fois acquis, peuvent se perdre par le non usage, comme cela arrive pour les servitudes et l'usufruit.

[2] « Quæ jure publico competunt, ut ire via publica, e fonte publico haurire, simpliciter jura publica dicuntur. Quod singularis hominis est, jus Titii, Sempronii aut alterius dicitur... Id enim jus est quod ad privatum quemquam defertur privative, ita ut non ad alium » (D'Argentré, sous l'art. 266 A. C., n° 5). « Nec vero facultas jus ullum proprium aut privatum cujusque præsupponit, nullam præexistentiam commercii aut contractus ; nec uni alicui acquirit, sed multis et omnibus, ut a communi natura, et uni non ut uni, sed ut inter multos » (D'Argentré, *Consultatio secunda*, n° 4).

[3] « Ergo facultas a natura principia ducit » (D'Argentré, sous l'art. 266. A. C., n° 5).

CLASSIFICATION DES BIENS

CHAPITRE PREMIER

LES DIVERSES CLASSIFICATIONS DES BIENS

§ 1. — *Notions préliminaires.*

* **739. A quelle condition les choses deviennent des biens.** — Les choses deviennent des « biens » au sens juridique du mot, non pas lorsqu'elles sont *utiles* à l'homme, mais lorsqu'elles sont *appropriées*. La mer, l'air atmosphérique, le soleil, sont des choses indispensables à la vie terrestre ; ce ne sont pas des « biens », parce qu'ils ne peuvent faire l'objet d'une appropriation au profit d'un particulier, d'une ville ou d'une nation. Au contraire, des champs cultivés, des maisons, un étang, des machines ou des meubles usuels, sont des « biens ».

Les choses susceptibles d'appropriation sont considérées comme des biens, non seulement quand elles ont actuellement un maître, mais même pendant qu'elles n'en ont pas. On dit alors que ce sont des « biens vacants » ou des « biens sans maître » (art. 539 et 713).

740. Existence de biens incorporels. — Le sens du mot « biens » s'est développé avec les institutions juridiques. Primitivement il ne dut désigner que des *choses*, c'est-à-dire des objets corporels, mobiliers ou immobiliers. Les progrès de la vie juridique ont fait sortir le mot « biens » de ce sens étroit et primitif. On lui donne aujourd'hui une portée beaucoup plus large, comprenant *tout ce qui est un élément de fortune ou de richesse susceptible d'appropriation au profit d'un individu ou d'une collectivité*. Spécialement pour les particuliers, les biens ainsi entendus ne seront pas autre chose que l'*actif* de leurs patrimoines.

Dans ce sens large, les biens comprennent les choses les plus disparates, des maisons, des terres, des objets mobiliers, des créances, des rentes, des offices, des droits d'auteur, des brevets d'invention, etc. C'est avec cette compréhension que la loi emploie généralement le mot biens (art. 516, 537, 732, 757, 802, 1092-1093, 1392, 1428, 1542, 2092-2093, etc.).

Le mot « biens » comprend donc, outre les choses matérielles, un certain nombre de biens incorporels, qui sont des *droits*, comme les créances, les rentes, les offices, les brevets, etc.

741. Double sens du mot. — Cette extension de sens donnée au mot « biens » est très ancienne ; elle existait déjà en droit romain [1]. Cependant il n'est pas rare de voir, de nos jours encore, le mot « biens » pris dans un sens plus étroit pour désigner uniquement les choses ou biens en nature et spécialement les biens ruraux. On dit d'un homme qu'il a de *grands biens*, pour dire « de grandes propriétés rurales ». L'art. 543, en énumérant les droits que les particuliers peuvent avoir sur les biens, n'a évidemment en vue que les biens en nature ; cela résulte des droits qu'il énumère : propriété, usufruit, servitudes. Dans ce sens étroit le mot « biens » exclut tout ce qui est incorporel et fait antithèse aux mots « droits, créances, et actions ». Pour rédiger l'art. 543 en termes exacts, il eût fallu dire « sur les *choses* ».

742. Utilité d'une classification juridique des choses. — Le droit n'a à s'occuper des choses matérielles que pour les *classer*, pour faire ce que le Code français appelle « la distinction des biens » (Intitulé du titre I du livre II). Il y a lieu, en effet, de répartir les choses en diverses catégories, parce que les mêmes règles ne sont pas indistinctement applicables à toutes, ni pour la manière de les aliéner et de les acquérir, ni pour les actes que chaque personne peut faire à leur occasion, pendant qu'elle les possède.

§ 2. — *Classifications en usage.*

* **743. Énumération.** — Parmi les diverses classifications en usage, il en est qui concernent uniquement les choses ; il en est d'autres qui s'étendent à tous les biens, même à ceux qui ne sont pas des choses.

Les distinctions ayant une portée générale sont au nombre de trois. Les biens sont :

1° *Corporels* ou *incorporels* ;

2° *Meubles* ou *immeubles* ;

3° *Privés* ou *publics*.

Les distinctions qui ne s'appliquent qu'aux choses matérielles sont également au nombre de trois. On distingue :

1° Les *choses consomptibles par le premier usage* et celles qui ne le sont pas ;

2° Les *choses fongibles* et les *choses non fongibles* ;

3° Les *choses appropriées* et celles qui sont *vacantes et sans maître*.

744. Anciennes classifications. — Rappelons seulement pour mémoire la distinction romaine des *res mancipi* et des *res nec mancipi* ; la distinction féodale des terres en *alleux*, *fiefs* et *censives* ; la distinction coutumière des *propres* et des *acquêts*. Ce sont là choses mortes comme l'empire romain et la féodalité.

745. Classifications réglées par le Code. — Dans le titre qu'ils ont consacré à la *Distinction des biens* (Liv. II, tit. 1), les auteurs du Code ne se sont occupés que de deux de ces classifications.

La première est celle des *meubles* et des *immeubles* (art. 516 à 536). Cette division a une portée universelle : « Tous les biens sont meubles ou

[1] Voyez dans les Institutes la définition des *res incorporales* « quæ tangi non possunt, qualia sunt ea quæ in jure consistunt » (II, 2).

immeubles », dit l'art. 516. Dans nos lois, cette division est *la plus importante de toutes* ; on la rencontre à chaque pas. Nous l'étudierons plus loin longuement.

La loi emploie ensuite quelques articles à une autre distinction qualifiée d'une manière vague : « Des biens dans leurs rapports avec ceux qui les possèdent » (art. 537 à 542). Il s'agit simplement d'énumérer les biens qui composent le domaine de l'État, des départements et des communes, par opposition aux biens des particuliers.

Ces distinctions sont les seules qu'on rencontre exposées avec quelque détail dans le *Code français* ; il semble ignorer les autres, bien qu'il en fasse çà et là l'application[1]. Les *Codes italien* et *espagnol* ont suivi l'exemple du nôtre, tandis que le *Code allemand* a réglé en des articles spéciaux (90, 91 et 92) ce qu'il faut entendre par « choses corporelles », « choses fongibles », « choses consomptibles ».

746. Plan à suivre. — Sur six classifications, il y en a quatre qui ne demandent que de courtes explications ; elles sont exposées dans ce chapitre même. La grande distinction des meubles et des immeubles fait l'objet du chapitre suivant. Quant aux biens du domaine public, comme ils forment une classe tout à fait à part et que le droit civil est surtout fait pour les biens des particuliers, nous nous en occuperons seulement en dernier lieu, après avoir exposé tout ce qui concerne la propriété privée. Voyez ci-dessous, nos 1953 et suiv.

A. — Distinction des biens corporels et des biens incorporels.

747. Ses traces dans le Code civil. — Traditionnellement on établit une grande division parmi les biens : les uns sont des *choses*, on les appelle des *biens corporels* ; les autres sont des *droits*, on les appelle *biens incorporels*. Cette distinction n'est nulle part écrite dans nos lois ; mais les auteurs du Code s'y sont plus d'une fois conformés : par exemple, dans leur classification des meubles et des immeubles, ils énumèrent séparément ce qui est corporel (art. 518 à 525 pour les immeubles, 528 pour les meubles) et ce qui ne l'est pas (art. 526 et 529).

748. Son origine romaine. — La division remonte au droit romain. Gaius l'exprimait ainsi : « [Res] corporales hæ sunt quæ tangi possunt, velut fundus, vestis, aurum... ; incorporales, quæ tangi non possunt, qualia sunt ea quæ in jure consistunt, sicut hereditas, ususfructus, obligationes... » (*Instit.*, II, 13 et 14). — On remarquera que, pour les anciens, la distinction était une subdivision des *choses (res)*, tandis que les modernes évitent d'employer le mot « choses » pour désigner les *droits*. Pour eux, les *choses* sont uniquement les objets matériels, qui peuvent être touchés, pesés, etc. Les droits ne tombent pas sous les sens ; ils n'existent qu'à l'état de *conceptions intellectuelles*.

749. Critique de cette classification. — En elle-même cette distinction n'a pas de sens, car elle consiste à mettre d'un côté les *choses*, de l'autre les *droits*, c'est-à-dire deux objets d'étude qui n'ont aucun caractère commun, étant de natures profondément

[1] Ainsi il fait allusion dans quelques articles aux choses qui n'appartiennent à personne (art. 714. — Comp. art. 539 et 713).

différentes. Or une classification ne peut servir qu'à distinguer les *parties d'un même tout*, comme les embranchements du règne animal, comme les espèces d'un même genre. L'opposition faite entre les droits et les choses n'est pas une classification ; c'est un rapprochement incohérent.

* **750. Comment on explique sa formation.** — Comment les Romains ont-ils pu être amenés à une idée aussi étrange ? Tout simplement parce qu'ils ont confondu le droit de propriété avec la chose sur laquelle il porte. Le droit de propriété, étant le plus complet qu'une personne puisse avoir sur une chose, *s'identifie* pour ainsi dire avec les choses ; il se *matérialise* en elles et apparaît comme étant lui-même quelque chose de corporel. On dit indifféremment « mon bien, ma chose, ma propriété », pour dire « la chose dont j'ai la propriété » ; on indique la chose, directement et uniquement, et l'on sous-entend la nature du droit. Aucun autre droit ne permet d'employer ce langage elliptique. On est obligé d'indiquer à la fois la chose et la nature du droit dont elle est l'objet. On dira, par exemple, « la maison sur laquelle j'ai un droit de servitude [ou d'usufruit] ». Le droit, étant ainsi énoncé séparément, garde d'une manière plus visible sa nature incorporelle.

En somme, la distinction romaine se ramène à une *antithèse* entre le *droit de propriété* confondu avec les choses, d'une part, et *tous les autres droits*, d'autre part. — Ainsi, quand on parle de choses corporelles, il ne faut pas perdre de vue qu'il s'agit de la *propriété de ces choses.*

* **751. Utilité actuelle de cette distinction.** — La distinction des « res corporales » et des « res incorporales » avait en droit romain une grande importance, parce que *les choses corporelles s'acquéraient par des modes spéciaux (mancipatio, traditio*, etc.) qui étaient inapplicables aux droits ; il y avait une séparation absolue entre le domaine des contrats et le domaine de la propriété. Mais dans le droit moderne cette barrière est tombée ; les conventions agissent directement sur la propriété et sur les autres droits réels. Les applications pratiques qui avaient conduit les Romains à adopter cette division ont donc disparu.

On peut cependant lui trouver encore une application, qui n'est pas d'origine romaine. Il est de règle, en droit français, que *l'on ne revendique pas les meubles :* « En fait de meubles, possession vaut titre », dit l'art. 2279. Or cette maxime ne s'applique qu'aux *meubles corporels,* c'est-à-dire aux *choses mobilières*, et non aux droits.

B. — Choses consomptibles et choses non consomptibles par le premier usage.

* **752. En quoi consiste la consommation de la chose.** — Cette classification ne concerne que les choses proprement dites, c'est-à-dire les objets corporels. Il en est dont on ne peut pas se servir sans les consommer. Tantôt la consommation est *matérielle*, c'est une *destruction*, comme pour

les boissons et autres denrées ; tantôt elle est *juridique*, c'est une *aliénation*, comme pour la monnaie. Au fond c'est toujours un *acte de disposition*, c'est-à-dire un acte tel *que celui qui l'a fait ne peut pas le renouveler*. Aussi dit-on que la chose est « consomptible par le premier usage ». Les choses non consomptibles sont celles qui résistent à un usage même prolongé, comme les maisons, les meubles meublants, les vêtements, les outils de travail.

La consomptibilité est donc une *qualité de fait* de certaines choses, qui les rend impropres à devenir l'objet d'un droit de jouissance temporaire, à l'expiration duquel elles se retrouveraient intactes. Cette qualité s'apprécie en considérant la chose isolément, et sans qu'on ait besoin de la comparer avec aucune autre du même genre, et sans même qu'on ait besoin de savoir s'il en existe de semblables.

* **753. Utilité de cette classification.** — La distinction des choses consomptibles par le premier usage et de celles qui ne le sont pas reçoit son application dans deux sortes de cas.

1° Usufruit. — L'usufruitier, par la nature de son titre, n'a que le droit de se servir de la chose sans la consommer ; il doit la restituer quand son droit finit ; par conséquent, l'établissement de l'usufruit est impossible sur les choses telles que la monnaie ou les denrées, dont on ne peut se servir qu'en les consommant. On remplace alors l'usufruit par une autre combinaison qui s'appelle le *quasi-usufruit* (ci-dessous, nos 1568 à 1570).

2° Contrat de prêt. — Quand la chose prêtée doit résister à l'usage qui en sera fait, le contrat prend le nom de « prêt à usage » et l'emprunteur doit restituer la chose même qu'il a reçue ; il est donc tenu de la *conserver* pour la *rendre*. Quand cette chose doit être détruite, comme des denrées, ou aliénée, comme de l'argent, le contrat prend le nom de « prêt de consommation ». L'emprunteur acquiert le *droit de disposer*, parce que, s'il n'avait pas le droit de détruire ou d'aliéner la chose prêtée, le prêt ne lui servirait à rien. En conséquence, il se libérera *par équivalent*, en rendant des choses de mêmes quantité et qualité que celles qu'il avait reçues et qu'il a consommées.

C. — Choses fongibles et choses non fongibles.

* **754. En quoi consiste la fongibilité.** — Deux choses sont dites « fongibles entre elles », *quand l'une d'elles peut être remplacée par l'autre dans un paiement*. Elles ont *même valeur libératoire*, parce qu'il est indifférent au créancier de recevoir l'une plutôt que l'autre. Telles sont *deux pièces de monnaie*, de même poids et de même titre, ayant toutes deux cours légal pour une même valeur. Quand le débiteur ne peut pas employer indifféremment l'une ou l'autre pour se libérer, les deux choses

sont dites « non fongibles ». La fongibilité est donc *un rapport d'équivalence entre deux choses*, en vertu duquel l'une peut remplir la même fonction libératoire que l'autre. A la différence de la consomptibilité (n° 752 *in fine*), la fongibilité s'apprécie toujours par voie de comparaison entre deux choses.

* **755. Choses susceptibles de fongibilité.** — Il est facile de comprendre que cette qualité de fongibilité ne peut appartenir qu'aux choses qui se déterminent *au nombre, à la mesure* ou *au poids*. C'est sur ce caractère que le Code allemand (art. 91) fait reposer sa définition des choses fongibles, qu'il restreint d'ailleurs aux choses mobilières. Telle est, en effet, la condition nécessaire pour qu'on puisse *apprécier leur équivalence* et forcer le créancier à accepter l'une à la place de l'autre. Quand cette commune mesure entre unités équivalentes fait défaut, la préférence du créancier peut toujours se déterminer par des circonstances particulières, et la fongibilité des choses disparaît.

756. Relation habituelle entre la fongibilité et la consomptibilité. — Le plus souvent, les mêmes choses qui sont consomptibles par le premier usage sont en même temps fongibles entre elles. Telles sont la monnaie et les denrées, vins, charbons, blés, bois à brûler, etc. Aussi beaucoup d'auteurs confondent-ils les deux distinctions, et certains Codes étrangers ont fait de même. Le *Code néerlandais* (art. 561) et le *Code espagnol* (art. 337) définissent les biens fongibles « ceux qui se consomment par l'usage ». Dans la pratique, cette confusion a peu d'inconvénients, parce que les deux qualités sont ordinairement réunies dans la même chose.

Cependant on peut trouver des choses fongibles, c'est-à-dire ayant même valeur libératoire, qui ne sont pas consomptibles. Cela se rencontre dans les *dettes de genres*, c'est-à-dire quand la chose due, au lieu d'être individuellement déterminée [un corps certain], n'est désignée que par ses caractères spécifiques, *in genere :* elle est à prendre entre plusieurs autres de même nature. Il en résulte que les différentes choses de ce genre sont *fongibles entre elles*. Or ces choses peuvent n'être pas consomptibles. Tel est le cas où une Compagnie de colonisation promet à des émigrants un certain nombre d'hectares de terres d'une qualité déterminée à prendre dans le territoire dont elle est concessionnaire : elle trouvera plusieurs lots équivalents, qui seront fongibles entre eux, mais non consomptibles.

A l'inverse, on pourrait concevoir pour certains objets de consommation que la fongibilité disparût, la consomptibilité subsistant. Par exemple, le dernier fût provenant d'un cru détruit par le phylloxera ou d'une année exceptionnelle dont la récolte est réputée : comme il est seul de son espèce, il ne peut être question pour lui de fongibilité, qui suppose la pluralité des choses, et il n'a pas cessé d'être consomptible.

757. Sur quoi repose la distinction à faire. — Les deux classifications sont donc bien réellement distinctes, et le Code allemand a eu raison de les séparer (art. 91 et 92). Mais la différence à faire entre elles est souvent mal présentée. On a prétendu parfois que la fongibilité dépend de *l'intention des parties* et la consomptibilité de la *nature des choses*. Si tel était son motif, la différence entre les deux distinctions serait vaine.

L'intention des parties ne suffit pas à rendre fongibles deux choses qui ne s'y prêtent pas par leur nature, comme deux maisons, deux tableaux, etc. Il faut que la chose puisse s'estimer *au poids* ou *à la mesure*, comme le dit le Code allemand ; or c'est la nature des choses, et non l'intention des parties, qui fait qu'elles peuvent se mesurer par unités équivalentes. — Il n'est pas vrai davantage que la *consomptibilité* dépende d'une manière absolue de la nature seule ; l'intention des parties y est pour beaucoup. Il n'y a chose si consomptible qui ne puisse à l'occasion figurer dans un contrat à titre de chose non consomptible. Je puis prêter des pièces de monnaie à un changeur pour qu'il les étale dans sa vitrine ;

de beaux fruits peuvent être prêtés pour orner un surtout de table, à la condition qu'on ne les mangera pas, etc. A l'inverse, une chose *non consomptible*, d'après son usage ordinaire, peut exceptionnellement être livrée pour être consommée. La personne qui prête un *livre* pour le lire a le droit d'exiger qu'on lui rende l'exemplaire même qu'elle a prêté, parce que le livre résiste à l'usage pour lequel il a été confié ; mais le libraire à qui un client demande un ouvrage qu'il n'a pas en magasin et qui en fait prendre un chez son confrère pour n'en pas manquer la vente, peut se libérer en restituant un autre exemplaire de la même édition, parce que, pour des commerçants, les volumes du même tirage sont des unités équivalentes : le livre a été remis, non pas pour être lu, mais pour être vendu, c'est-à-dire consommé. Les parties peuvent donc considérer le même objet (un livre) comme étant tour à tour consomptible et non consomptible. Presque toujours une chose est susceptible de servir à plusieurs usages, et comme sa consomptibilité dépend de l'usage qu'on en veut faire, on peut dire que, dans une certaine mesure, la consomptibilité dépend de l'intention des parties.

A quelle conclusion s'arrêter ? On doit s'en tenir à ceci : *les deux classifications sont prises de points de vue différents*. L'une tient compte de *l'aptitude de la chose à faire l'objet de certains droits et de certains contrats*, et elle envisage chaque chose isolément, abstraction faite des autres, pour la déclarer non consomptible. L'autre est basée sur la *possibilité d'établir l'équivalence absolue de deux choses*, et par suite elle suppose un rapport d'un genre particulier (la communauté de mesure) entre plusieurs choses de même espèce pour les déclarer fongibles entre elles.

D. — Choses appropriées et choses sans maître.

758. Pourquoi il faut s'occuper des choses non appropriées. — En principe, les lois sont faites pour les choses qui font l'objet d'un *droit actuel de propriété*, soit individuelle, soit collective ; celles-là seules sont réellement des *biens*. Mais il existe dans la nature un grand nombre de choses qui n'appartiennent réellement à personne, *des choses qui n'ont pas de maître*. Il y a lieu de s'en occuper au point de vue du droit, soit parce que beaucoup d'entre elles peuvent devenir, d'un moment à l'autre, un objet de propriété, et qu'elles le deviennent en effet très souvent ; soit parce que la loi doit régler l'usage de celles qui sont en elles-mêmes inappropriables.

Ces choses se divisent en deux catégories : les *choses communes* et les *choses sans maître*. Ces dernières sont susceptibles de propriété privée ; les premières ne la comportent pas.

1° Des choses communes.

759. Définition. — Il y est fait allusion dans l'art. 714 : « Il est des choses qui n'appartiennent à personne et dont l'usage est commun à tous. Des lois de police règlent la manière d'en jouir ». — Les choses communes ressemblent donc beaucoup aux choses du domaine public ; elles en diffèrent en ce qu'elles échappent à l'action de l'administration elle-même.

760. Exemples. — Les jurisconsultes romains en donnaient pour exemples l'*air*, l'*eau courante*, la *mer*.

* **761. Petites rivières.** — C'était aussi dans la catégorie des choses communes qu'on faisait rentrer, jusqu'en 1898, les cours d'eau qui ne sont

ni navigables ni flottables, ou qui sont seulement *flottables à bûches perdues*, et qu'on appelle habituellement les « petites rivières » : d'après les arrêts, le terrain occupé par la rivière était *res nullius*.

Le Code ne s'étant pas expliqué sur ce sujet, la question de savoir à qui appartiennent les petites rivières est restée longtemps incertaine, et, bien que la jurisprudence fût fixée depuis 1846, elle a été encore assez souvent discutée dans la doctrine [1].

La question ne se posait d'ailleurs que pour le terrain formant le lit de la rivière ; l'eau qui y court est certainement une chose commune, et le droit d'usage qui appartient aux riverains sur cette eau, d'après l'art. 644, se règle par d'autres principes.

Quant au Code civil, loin d'attribuer la propriété des petites rivières aux riverains, il avait concédé isolément à ceux-ci un double droit (droit à l'alluvion, art. 556 et 557 ; droit aux îles nouvelles, art. 561), qui eût été une concession inutile, si le lit de la rivière leur eût appartenu. La loi du 15 avril 1829 sur la pêche fournissait un argument analogue. Il y avait même, dans le Code civil, un texte, l'art. 563, qui serait injustifiable si, dans la pensée des auteurs de la loi, le lit de la rivière était la propriété des riverains. En effet, prévoyant le cas où une rivière change de lit, la loi attribuait, à titre d'indemnité, aux propriétaires des fonds submergés, l'ancien lit abandonné. C'eût été une spoliation si ce lit avait été la propriété d'autrui.

Mais *la loi du 8 avril 1898 a changé entièrement la situation*. Par son art. 3, *elle attribue la propriété du lit aux riverains*. Si les deux rives appartiennent à des propriétaires différents, le lit se divise entre eux suivant une ligne tracée au milieu du cours d'eau, sauf prescription ou usage contraire [2]. Comme conséquence de cette innovation, on a modifié l'art. 563,

[1] Cette controverse a donné lieu à un livre important : *La propriété des eaux courantes et les droits des riverains*, par CHAMPIONNIÈRE, dans lequel l'auteur, après une longue étude du régime féodal et des droits seigneuriaux, arrivait à cette conclusion que les petites rivières appartiennent aux propriétaires riverains. Mais la Cour de cassation se prononça en sens contraire, juste au moment où paraissait son livre, et décida que *les cours d'eau ne sont pas un objet de propriété privée et qu'ils constituent des choses communes* dont l'usage est commun à tous (Cass., 10 juin 1846). Il en résulte que chacun peut s'y promener en bateau sans que les riverains puissent lui interdire le passage, et que, lorsqu'on établit une route sur des terrains traversés par un de ces cours d'eau, on ne doit pas tenir compte du terrain occupé par la rivière pour fixer l'indemnité due aux propriétaires expropriés. Cette jurisprudence paraît réellement, quoi qu'en ait dit Championnière, conforme à nos traditions historiques. Citons seulement : 1° LOYSEL : « Les grands chemins et rivières navigables appartiennent au roi ; les petites rivières et chemins sont aux seigneurs des terres, et les ruisseaux aux particuliers tenanciers » (*Institutes coutumières*, liv. II, tit. II, n°s 5 et 6 ; édit. Dupin et Laboulaye, n°s 232 et 233). 2° POTHIER qui suppose, dans le seul passage où il s'occupe des petites rivières, qu'elles n'appartiennent pas toujours aux riverains : « A l'égard des rivières non navigables, lorsque ce sont les propriétaires des héritages riverains qui sont, chacun en droit soi, propriétaires de la rivière... » (*Traité du domaine de propriété*, n° 164). 3° Les déclarations faites à l'Assemblée constituante, au nom de ses Comités compétents, par Arnoult : « Nécessaires aux besoins de tous, les rivières, non « plus que les fleuves, ne peuvent être la propriété d'un seul... Le droit du propriétaire de « la glèbe ne s'étend pas au delà des limites de son champ. Le cours d'eau, qui en baigne « les bords, le confine, mais n'en fait pas partie » (Séance du 23 avril 1791).

[2] Si l'on admet que les cours d'eau non classés comme navigables ou flottables ne font pas encore partie du domaine public, une question grave se pose : avant 1898, la déclaration

ci-dessus analysé, qui, dans sa rédaction nouvelle, ne s'applique plus aux petites rivières (L. 8 avril 1898, art. 37). On a cependant laissé subsister les art. 556, 557 et 561 sur les îles et alluvions, bien que leurs solutions soient aujourd'hui inutiles et dérivent des règles ordinaires de la propriété.

762. Propriété des ruisseaux. — Certaines cours d'appel et quelques auteurs (DEMOLOMBE, t. II, n° 142) distinguaient des petites rivières les *ruisseaux*, dont l'importance et l'utilité sont bien moindres que celles des rivières, et qui s'en distinguent principalement par leur peu de longueur et par l'intermittence de leur cours. D'après ces arrêts et ces auteurs, le lit des ruisseaux devait être considéré comme une *propriété privée*, qui ne se séparait pas des terrains qu'ils bordent ou traversent.

Mais cette distinction ne paraît pas avoir jamais été admise par la Cour de cassation qui traitait tous les cours d'eau non navigables ni flottables comme « res nullius »[1] ; elle a disparu d'une autre façon depuis 1898 : le lit des ruisseaux proprement dits est attribué aux riverains, comme celui des petites rivières[2].

2° Choses sans maître.

763. Définition. — Ce sont des choses qui, par leur nature, sont susceptibles de propriété privée et que rien n'empêche d'avoir un maître, mais qui en fait n'en ont pas. Tels sont *les terrains d'un pays inhabité et les animaux sauvages.*

* **764. Difficulté résultant des textes.** — Il y a dans le Code Napoléon, deux articles qui pourraient faire croire que ce code ne reconnaît pas de choses sans maître sur le territoire de la France : ce sont les art. 539 et 713, aux termes desquels « tous les *biens vacants et sans maître* appartiennent à l'État ». Or l'État est quelqu'un ; l'État est propriétaire ; si les choses sans maître lui appartiennent, autant dire qu'il n'y en a pas. C'était bien ainsi que l'entendait le projet de l'an VIII, qui s'exprimait de la sorte justement pour supprimer cette catégorie de choses et pour rendre inutile l'occupation comme manière d'acquérir la propriété (FENET, t. II, p. 124). Mais le projet fut corrigé sur ce point, à la suite des observations des tribunaux. Il est aujourd'hui universellement reconnu que cette attribution des choses sans maître à l'État concerne uniquement les immeubles, les terrains inoccupés.

de navigabilité ou de flottabilité, qui faisait entrer un cours d'eau dans le domaine public, ne dépouillait pas les particuliers d'un droit de propriété, puisque le lit des rivières était *res nullius*. Le classement du cours d'eau pouvait donc se faire sans expropriation. Il n'en est plus de même depuis la loi du 8 avril 1898, qui attribue la propriété du lit aux riverains : tout décret de classement rendu depuis sa mise en vigueur *vaut expropriation du lit*. Cet effet très remarquable de la loi nouvelle a été aperçu par ses auteurs. M. Cuvinot l'a signalé dans son rapport, à propos de l'art. 49, mais on l'a négligé comme étant « matière de droit général » (Séance du Sénat du 26 juin 1883). J'en conclus que l'administration ne peut plus classer un cours d'eau sans procéder préalablement aux formalités de l'expropriation pour cause d'utilité publique. Un acte administratif ne peut plus, depuis 1810, dépouiller un particulier d'un droit de propriété foncière (L. 3 mai 1841. Voy. ci-dessous, n° 1084).

[1] Voyez les arrêts et les auteurs anciens ou nouveaux cités sur cette question dans une note du DALLOZ (85. 2, 55), sous un jugement du tribunal de Cosne qui rejetait toute distinction entre les petites rivières et les ruisseaux.

[2] La distinction qu'on cherchait à faire entre les ruisseaux et les petites rivières était certainement fâcheuse, parce qu'elle manquait de base certaine et comportait des solutions qui variaient avec les circonstances.

Il y a donc encore en France des choses sans maître, mais ce sont uniquement des choses mobilières, savoir : le *gibier ;* les *poissons ;* les *produits de la mer*, comme l'ambre, le corail, le goémon ; l'*eau pluviale*, au moment où elle tombe ; les *res derelictæ*, c'est-à-dire les objets inutiles, débris ou détritus de toute sorte que l'on jette à la voirie, et sur lesquelles s'exerce l'industrie des chiffonniers. Ne confondez pas cette dernière sorte de choses sans maître avec les objets égarés, qu'on appelle *épaves* ; celles-ci ont un propriétaire, quoiqu'on ne le connaisse pas.

CHAPITRE II

GÉNÉRALITÉS SUR LA DISTINCTION DES MEUBLES ET DES IMMEUBLES

** **765. Définitions normales.** — Les *immeubles* sont les choses qui ont *une situation fixe ;* les *meubles* sont les choses qui n'ont pas cette fixité et qui peuvent être déplacées d'un endroit dans l'autre.

* **766. Dérogations.** — Ces définitions ne s'appliquent pas avec une régularité constante. Pour des raisons diverses, la loi répute meubles certaines choses qui, dans la réalité, sont immobilières, comme les récoltes sur pied ; à l'inverse, elle répute immeubles certaines choses qui en fait sont mobilières, comme les instruments aratoires et les animaux attachés à la culture d'un fonds.

767. Ancienne terminologie. — Dans notre ancienne langue, on employait volontiers d'autres expressions. Les immeubles s'appelaient des *héritages* (BEAUMANOIR, chap. XXIII : « Quele coze est mueble et le quele est heritage »). Le mot « héritage », mis pour « immeuble », se rencontre à chaque page dans Pothier, et par son intermédiaire il est passé avec ce sens dans plusieurs articles du Code civil (art. 523, 637, 638, 666, 668, 700, etc.). Toutefois l'usage du XVIIIe siècle n'appliquait plus ce mot qu'aux fonds de terre, qui sont les immeubles par excellence, et c'est ainsi que l'entend le Code.

De leur côté les meubles étaient anciennement appelés *chatels* ou *cateux*, du latin *catalla*, qui a donné dans les provinces du Nord *catels*, *cateux*, *catix*, et dans l'Ouest *chatels*, *chataux* (qu'il ne faut pas confondre avec *chastel* dérivant de *castellum*). Le latin « catallum » semble venir de « capitale », ce qui expliquerait les formes *chaptel* et *cheptel*, Les cateux sont tous les biens meubles[1].

Le mot *chatel* ou *cheptel* est resté dans l'usage pour désigner les troupeaux et bestiaux livrés au fermier par le propriétaire, et le Code a pris la peine de régler longuement ce contrat usité dans quelques provinces (art. 1800 à 1831). C'est un exemple intéressant de la longue conservation de certains mots dans les campagnes.

[1] Un bon exemple se trouve dans *l'Assise au comte Geffroy*, ordonnance bretonne de 1185, qui oppose les *catalla* à la *terra* (art. 5). Voir aussi DUCANGE, *Glossarium latinitatis*, v° Catallum, et GODEFROY, *Dictionn. de l'anc. langue française*, v° Chatel. Dans un mandement de 1312, on lit : « Nous voulons que il ne leur tournege à *desheritance* [confiscation des immeubles], ains qu'ils amendent le méfait par chatel [condamnation pécuniaire exécutée sur les meubles] » (SÉB. FRAIN, *Plaidoyers*, édit. Hévin, p. 536). Toutefois, dans quelques régions, le mot « cateux » n'était pas exactement synonyme de « meubles ».

§ 1. — *Histoire de cette distinction.*

768. Modification ancienne du principe de classification. — Pour répartir les choses en meubles et immeubles, nous nous attachons aujourd'hui à *une seule considération*, au caractère purement physique de la *mobilité* ou faculté que possède une chose de pouvoir être déplacée. L'ancien droit français avait substitué à cette idée *un autre principe de classification;* on tenait compte surtout de la *durée* et de l'*utilité* de la chose comme *productive de revenus*. Au XIIIe et au XIVe siècle, on mettait à part sous le nom d'*héritages*, à cause de leur importance, les biens qui produisent des rentes à leur propriétaire et qui sont en même temps solides et durables. Ceci nous est très clairement expliqué par Beaumanoir : « L'eritage si sont cozes... qui *valent par anées* as signeurs à qui ils sont, si comme teres gaignables [labourées], bois, prés, vignes, gardins, chans, rentes, fours, moulins, pressoirs, mesons, yaves [eaux], usages, corvées, travers, tonlix [péages], toutes tix cozes sont heritage » (chap. XXIII, n° 3).

769. Sur la classe des cateux. — Avec un pareil principe, la classification ancienne ne pouvait pas concorder avec la classification moderne. C'est ce qui est arrivé : la classe des immeubles a été coupée en deux. On eut, d'une part, les biens les plus importants, à la fois frugifères et durables, qui formaient l'élément solide des fortunes et auxquels on reconnaissait le caractère d' « héritages » ; ceux-là étaient entourés de toutes sortes de garanties, surtout dans les successions, où ils suivaient des règles particulières pour leur dévolution. On eut, d'autre part, au-dessous de ces immeubles de prix, les choses immobilières de moindre importance, qui constituèrent une catégorie intermédiaire entre les héritages et les meubles. Les principaux représentants de cette catégorie sont certains bâtiments ruraux, tels que granges, étables, et les arbres qui ne sont ni arbres fruitiers ni futaies (BOUTILLIER, *Somme rural*, liv. I, tit. 74). L'ancienne coutume d'Artois y range même en principe les maisons et ne considère comme héritages que les édifices maçonnés à chaux et à sable (Edit. Tardif, tit. XXXIX, n° 9). — Les biens de cette catégorie intermédiaire étaient assimilés aux meubles à beaucoup d'égards, notamment dans les successions, où ils n'étaient pas dévolus aux mêmes parents que les héritages.

Ces biens immobiliers, traités comme les meubles, sont connus dans l'histoire du droit sous le nom de *chatels* ou *cateux*, qui primitivement s'appliquaient à tous les meubles (ci-dessus n° 767) et qu'ils ont été seuls à retenir. Il ne faut voir là qu'un phénomène de survivance partielle très fréquent dans les langues.

On s'y méprend en général et l'on s'imagine que notre ancien droit possédait une *division tripartite* des biens en héritages, meubles et cateux [1]. Les mots « meubles et cateux » n'indiquent pas deux catégories différentes ; ils forment une expression inséparable où le sens du mot « cateux » qui se perdait, est éclairci par la présence du mot « meubles » (comp. notre expression : fur et mesure). On disait : « tels biens sont cateux », pour dire : « nous les traitons comme meubles » [2].

[1] Cette erreur est très ancienne ; on la commettait déjà au XIVe siècle. Boutillier nous dit que « aucuns sages mettent différence entre meubles et cateulx » (Liv. I, tit. 74).

[2] L'assimilation de certains immeubles aux meubles explique la mention faite dans quelques textes de *meubles non muables* (*Très ancienne coutume de Bretagne*. Chap. 52, 212, 296 et 297).

**** 770. Extension progressive de la division des biens en meubles et immeubles.** — Logiquement, la distinction des biens en meubles et immeubles n'est faite que *pour les choses matérielles*. C'est pour elles seules qu'on peut se demander si elles sont, ou non, *susceptibles de déplacement*, ce qui est le trait caractéristique du meuble.

En droit romain, cette distinction, qui était déjà connue, n'était appliquée qu'aux « res corporales ».

Mais le droit français lui a donné une extension plus grande ; il l'a appliquée même aux *objets incorporels*, c'est-à-dire aux droits : les droits ont été divisés en droits mobiliers et droits immobiliers. La division s'est faite ordinairement d'après la nature de la chose qui fait l'objet du droit, et quelquefois aussi par un choix arbitraire du législateur.

*** 771. Causes de cette extension.** — Deux raisons principales ont provoqué cette extension un peu surprenante. Ce fut, d'abord, *l'existence de la communauté de biens entre époux*, qui ne comprenait, en principe, que les meubles; ce fut, secondement, *l'existence de règles spéciales pour la dévolution des biens par succession*, qui faisaient retourner certains biens, appelés « propres », aux branches de la famille d'où le défunt les avait reçus ; or le caractère de propres ne pouvant appartenir qu'à des immeubles, les meubles étaient dévolus d'après des règles plus simples. Pour cette double raison, on se trouva amené à répartir tous les biens, corporels ou incorporels, soit dans la classe des meubles, soit dans celle des immeubles ; il le fallait bien, pour savoir si tel bien entrait dans la communauté conjugale, à *titre de meuble*, ou s'il suivait dans les successions les règles des propres, à *titre d'immeuble*.

*** 772. Propagation géographique de cette classification.** — Dans le midi de la France, où l'on ne pratiquait pas la communauté, et où l'on avait conservé les règles romaines sur les successions, on n'avait pas éprouvé le même besoin de rendre universelle une classification qui ne s'appliquait par sa nature qu'aux choses corporelles. Par suite, dans les pays de droit écrit, les choses incorporelles composaient, comme en droit romain, une troisième classe de biens, échappant à la division des meubles et des immeubles (Julien, *Éléments de jurisprudence*, 1785, p. 148-149).

La promulgation du Code a donc propagé dans toute la France un système de classification des biens qui auparavant n'y était pas pratiqué partout. Le système français a même pénétré en *Italie* (C. civ. italien, art. 415 et 418) et en *Espagne* (C. civ. espagnol, art. 334, n° 10, et 336).

§ 2. — *Intérêts pratiques.*

**** 773. Grand nombre de ces intérêts.** — La distinction des meubles et des immeubles reçoit des applications nombreuses; il y en a tant qu'il serait difficile de les signaler toutes : on en rencontre presque à chaque pas. Voici seulement les principales :

1° Théories de la possession et de la prescription. — Il y a diverses règles spéciales les unes aux immeubles, les autres aux meubles. La prescription des immeubles demande toujours *un temps assez long*, de 10 à 30 ans ; tandis que, dans certains cas, le possesseur d'un meuble en devient propriétaire *instantanément* (art. 2279).

2° Formes des aliénations. — L'aliénation volontaire n'est pas soumise aux mêmes règles et ne se fait pas de la même façon pour ces deux catégories de biens. Celle des immeubles est en général rendue publique par voie de *transcription ;* aucune publicité n'est exigée en principe pour l'aliénation des meubles.

3° Pouvoirs des administrateurs du bien d'autrui. — La loi leur permet, en général, plus facilement l'*aliénation* des capitaux mobiliers que celle des immeubles : ceci s'applique, par exemple, au tuteur.

4° Incapacités. — Même observation pour les personnes qui jouissent seulement d'une demi-capacité pour la disposition de leurs propres biens : mineurs émancipés (art. 482 et 484), femmes séparées de biens (art. 1449).

5° Saisies. — La saisie immobilière est longue et coûteuse ; les diverses saisies mobilières sont bien plus rapides.

6° Hypothèques. — En principe, les *immeubles* seuls sont susceptibles d'hypothèques. Pour les meubles et valeurs mobilières, on emploie d'autres moyens de crédit, tels que le prêt sur gages ou le nantissement avec dépôt des titres dans une banque. Cependant, depuis 1874, la loi française permet d'hypothéquer les *navires*, qui sont des meubles.

7° Communauté conjugale. — La distinction des meubles et des immeubles joue un grand rôle pour la *formation de la masse commune*, qui est distincte des patrimoines propres des époux. En principe, les immeubles sont exclus de la communauté, tandis que les meubles y entrent.

8° Régime dotal. — La dot, qui est inaliénable, est soumise à des règles fort différentes, selon que les biens dotaux sont des meubles ou des immeubles.

9° Testaments. — Très souvent les legs ont pour objet les meubles ou le mobilier ; il importe donc de savoir ce qui est meuble ou immeuble pour déterminer ce qui est compris dans le legs.

10° Compétence. — Le caractère immobilier ou mobilier du bien réclamé en justice détermine souvent la compétence du tribunal, qui est, selon les cas, celui de la *situation du bien immobilier*, ou celui du *domicile du défendeur*, quand c'est un meuble qui est réclamé.

11° Droit international privé. — Diverses questions de droit international se résolvent également d'après la nature mobilière ou immobilière des biens ; notamment la jurisprudence française applique la loi du domicile du défunt pour la dévolution des *successions mobilières*.

12° Droits de mutation. — Le Trésor perçoit des droits plus élevés sur les mutations d'immeubles que sur les mutations de meubles.

* **774. Origine de la maxime « Vilis mobilium possessio ».**— Parmi les différences qui viennent d'être signalées, il en est qui tiennent à la nature des choses, parce que les immeubles ont une assiette fixe, une solidité, une durée que n'ont pas les meubles. Telle est, par exemple, l'impossibilité d'hypothéquer les meubles. Il en est d'autres qui sont plus difficiles à justifier. Celles-ci tiennent à une vieille idée qui a dominé tout notre ancien droit, et qui joue encore un grand rôle dans le droit moderne.

Au moyen âge, la terre était le seul élément solide de richesse. L'industrie était peu développée, le commerce peu actif; les métaux précieux, abondants sous l'empire romain, s'étaient considérablement raréfiés. Les meubles avaient donc peu d'importance, et, sauf un petit nombre d'exceptions, peu de durée. On ne les considérait pas comme une partie sérieuse d'un patrimoine. Aussi disait-on, en manière d'adage : « *Res mobilis, res vilis* » ou « *Vilis mobilium possessio* ».

* **775. Son influence sur l'ancienne classification des biens.** — Cette défaveur de la richesse mobilière avait profondément influé sur les institutions juridiques.

La propriété immobilière était entourée de toutes les garanties, de tous les privilèges. Les faveurs de la coutume étaient pour elle; on dédaignait les meubles. Il en résulta une sorte de réaction sur la classification elle-même. Pendant longtemps on refusa de considérer comme immeubles des choses qui l'étaient réellement, parce qu'elles ne paraissaient pas dignes de la protection qu'on réservait aux « héritages ». C'est ainsi que dans quelques coutumes, certaines espèces d'arbres et de constructions n'étaient pas réputées immeubles (Boutillier, *Somme rural*, liv. I, tit. 74). A l'inverse, dans les siècles suivants, quand parurent dans les patrimoines des valeurs considérables, qui auraient dû être rangées parmi les meubles, comme les *offices vénaux* et les *rentes constituées*, on les déclara immeubles, pour leur assurer les mêmes garanties qu'aux héritages. Comp. ci-dessus, n° 768.

* **776. Son influence fâcheuse sur la rédaction du Code.** — La tradition coutumière était encore toute-puissante au moment de la Révolution, et le Code l'a largement subie. L'exemple le plus remarquable était le *défaut de protection de la fortune mobilière des mineurs en tutelle :* avant 1880, il était permis à un tuteur d'aliéner librement, sans autorisation ni contrôle, des centaines de milliers de francs de titres appartenant à son pupille.

Or il s'est opéré, depuis le siècle dernier, *un changement économique considérable dans la composition des fortunes privées.* Le développement du commerce et de l'industrie, la création des valeurs de Bourse et autres valeurs mobilières, ont donné aux meubles, en peu d'années, une importance imprévue. La richesse mobilière se chiffre aujourd'hui par milliards, et elle est probablement supérieure à la richesse foncière. Les rôles sont renversés. Sans doute, elle comporte une facilité de circulation qui rendent impropres pour elle les formes et les garanties souvent pesantes qui protègent la richesse immobilière, mais ce n'est pas une raison pour que le législateur la dédaigne. L'axiome : « Res mobilis, res vilis » a cessé d'être vrai. Qu'était la richesse immobilière d'un seigneur féodal, qui percevait des rentes sur quelques paroisses, auprès des capitaux accumulés dans nos grandes maisons de banque et de commerce ?

Il est résulté de ce changement économique que la loi française, pour avoir conservé ses tendances anciennes, s'est trouvée en désaccord avec les faits. La loi du 27 février 1880, sur l'aliénation des valeurs mobilières appartenant à des incapables, a fait disparaître l'effet le plus choquant; mais il en reste bien d'autres qu'on devrait effacer. Chose curieuse, le législateur le plus moderne subit encore à son insu la vieille tradition coutumière. Ainsi, la loi de 1884 défend aux syndicats professionnels de posséder des immeubles; elle ne leur défend pas de posséder des capitaux mobiliers. Alors, à quoi bon la prohibition de son art. 6 ? On pourrait adresser la même critique au décret du 26 mars 1852, art. 8, sur les sociétés de secours mutuels approuvées par les préfets, et à la loi du 1er avril 1898, qui a maintenu ce régime en l'appliquant aux sociétés non approuvées (art. 15).

CHAPITRE III

DES IMMEUBLES

** 777. **Énumération des diverses sortes d'immeubles.** — Les premiers à signaler sont des *choses*, c'est-à-dire des biens corporels. Parmi eux, nous rencontrons deux sortes d'immeubles.

1° Le caractère immobilier des choses dépend en principe de leur nature : l'immobilité est un fait que le droit constate sans le créer. Par conséquent, la première classe d'immeubles, celle qui a servi de point de départ pour constituer les autres, comprend les choses qui sont *immeubles par leur nature.*

2° Certaines choses, qui sont mobilières par leur nature, ont été, en outre, classées parmi les immeubles à *cause de leur destination*, qui fait d'elles les accessoires d'un immeuble.

Là s'arrête la liste des choses corporelles traitées comme immeubles. Mais, ainsi qu'on l'a vu (ci-dessus nos 770 et 771), cette distinction a été étendue aux choses incorporelles, c'est-à-dire aux droits ; par suite, il existe encore *deux autres catégories d'immeubles :*

3° Un droit est considéré comme immobilier quand son *objet* est immobilier.

4° Enfin certains droits, dont l'objet est mobilier, peuvent encore devenir immeubles par une *déclaration* émanée de leur propriétaire.

Cela fait donc en tout quatre catégories :

Immeubles *par nature ;* immeubles *par destination ;* immeubles *par l'objet auquel ils s'appliquent ;* immeubles *par déclaration.*

Peut-être y a-t-il lieu de faire une cinquième catégorie pour la *redevance des mines,* qui ne rentre dans aucune des catégories précédentes et qui n'est immobilière que par *annexion* ou *accession.*

Le Code civil n'a prévu que les trois premières classes (art. 517). Les deux dernières sont de création plus récente.

§ 1. — *Immeubles par nature.*

* 778. **Ce que c'est que l'immobilité en droit.** — A proprement parler, il n'y a pas de choses qui soient absolument immeubles, car les éléments mêmes qui composent le sol, roches, sables, minerais, terre

végétale, peuvent être déplacés. Quand on creuse un canal, quand on fait des travaux de nivellement, c'est le sol qu'on transporte. En Amérique, des ingénieurs ont déplacé des constructions importantes sans les démolir ; à Paris même, la fontaine du Palmier, sur la place du Châtelet, a été reculée tout entière pour l'ouverture du boulevard de Sébastopol. Mais le droit ne considère pas la possibilité du mouvement avec la même rigueur que la mécanique. Il admet comme immeubles les choses qui le sont *d'une manière durable et habituelle, celles dont la fonction est d'être immobiles*, encore bien qu'elles puissent être accidentellement déplacées par des moyens extraordinaires.

779. Énumération. — Sont immeubles par leur nature : 1° les *terrains ;* 2° les *végétaux* adhérents au sol ; 3° les *édifices*.

1° Terrains.

*** 780. Leur dénomination dans le Code.** — Les terrains (urbains ou ruraux) sont les immeubles par excellence. Dans l'art. 518, le Code les appelle des *fonds de terre*, par opposition aux bâtiments. Dans maint article, en faisant allusion à ce genre d'immeubles, la loi emploie le mot *fonds* d'une manière absolue (art. 522, 524, 640, 641, etc.). Ce mot, très fréquent dans la langue du droit, vient du latin, où le mot *fundus* désignait originairement un domaine rural, considéré comme formant une unité par son exploitation; mais le sens du mot s'était élargi. La *Lex Julia de fundo dotali* s'appliquait aux maisons de ville aussi bien qu'aux domaines ruraux; comparez la définition de Florentinus : « Fundi appellatione omne ædificium, omnis ager continetur » (*Dig.*, liv. L, tit. 16, fr. 211). Les auteurs modernes, et le Code lui aussi, font de même et emploient parfois le mot « fonds » pour désigner indifféremment les maisons et les terres. Ainsi les art. 523 et 525 parlent de tuyaux, de glaces et autres objets scellés ou cloués dans une maison, et disent qu'ils sont « attachés au *fonds* ».

*** 781. Superposition possible de deux fonds distincts.** — Dans notre législation, les *gisements miniers*, quand ils sont *concédés*, constituent une propriété distincte de la surface. Il existe alors deux immeubles superposés, la *mine* et la *surface* (L. 21 avril 1810). La mine forme un second immeuble, qui est, comme la surface, un immeuble par nature et du même genre que le terrain qui la recouvre.

2° Végétaux.

*** 782. Silence du texte.** — Tous les végétaux qui poussent sur la terre sont immeubles, *tant qu'ils sont adhérents au sol*. Cette règle s'applique aux plus humbles plantes comme aux chênes des forêts. Le Code français suppose la règle, mais ne l'exprime pas d'une manière générale ;

il en fait seulement l'application aux *récoltes* et aux *fruits*, « pendants par branches ou par racines », selon la formule usuelle (art. 520). Les Codes étrangers en font au contraire une disposition expresse (C. italien, art. 410; C. espagnol, art. 334-2° ; C. allemand, art. 94).

* **783. Condition de leur immobilisation.** — Les végétaux sont immeubles à la condition de pousser leurs racines *dans le sol même;* par conséquent, *les plantes et arbustes placés dans des pots ou des caisses sont meubles*, alors même que la caisse ou le pot serait pendant la belle saison enfoui en terre.

Mais il n'est pas nécessaire, quand la plante est mise en terre, qu'elle y soit mise pour y rester définitivement. Ainsi *les arbres d'une pépinière sont immeubles*, bien qu'ils soient destinés à être un jour déplacés.

784. Exceptions. — La règle qui rend immeubles les productions végétales adhérentes au sol souffre des exceptions qui seront indiquées plus loin (n°s 831 à 838).

3° Édifices.

785. Définition. — Par « édifices », il faut comprendre non seulement *les bâtiments proprement dits*, tels que les maisons d'habitation, magasins, ateliers, hangars, granges, etc., mais aussi *les travaux d'art de toute espèce*, tels que ponts, puits, fours, digues, barrages, tunnels, etc. Par conséquent, il faut définir ici les édifices : *tout assemblage de matériaux consolidés à demeure, soit à la surface du sol, soit à l'intérieur.*

** **786. Condition de leur immobilisation.** — Les édifices sont immeubles *quelle que soit la personne qui les a élevés*, alors même que ce ne serait pas le propriétaire du terrain. Il y aurait à examiner une autre question que celle de la *nature* du bien ; c'est la question de *propriété* : à qui appartiennent les édifices élevés par une personne sur le sol d'autrui? C'est un autre point de vue que nous retrouverons plus tard.

Pour qu'une construction soit immobilière, il n'est pas nécessaire qu'elle soit élevée *à perpétuité*. Ainsi les bâtiments construits pour une *exposition* sont immeubles, quoiqu'ils soient destinés à être démolis au bout de quelques mois, parfois même au bout de quelques semaines.

Mais les constructions dites *volantes*, qui sont établies à la surface du sol pour être ensuite réédifiées ailleurs, et ainsi de suite de place en place, telles que les *baraques de foire*, la *tente d'un cirque de passage*, ne sont pas des immeubles, puisque ces édifices légers n'ont pas de place fixe. Ils sont meubles, alors même qu'on leur donnerait une certaine adhérence au sol, à l'aide de cordes et de piquets, pour résister aux coups de vent.

787. Choses réputées immeubles comme faisant partie du bâtiment. — La nature immobilière s'étend à toutes les parties du bâtiment, à toutes les pièces et appareils qui font corps avec lui et qui sont destinés à le compléter. Ainsi les *balcons*, les *gouttières*, les *marquises*, les *girouettes*, les *paratonnerres*, etc., sont immeubles par leur nature ; ce sont des parties de la maison qui, sans elles, serait incomplète. « Il lui manquerait quelque chose », comme disait Pothier (*Communauté*, n°s 54, 57, 59 et 60).

Les *tuyaux* servant à la conduite des eaux sont aussi immeubles par nature, et non pas seulement immeubles par destination, malgré la place que l'art. 523 leur donne entre les art. 522 et 524, qui tous deux s'occupent d'immeubles par destination.

§ 2. — *Immeubles par destination.*

**** 788. Définition.** — On appelle « immeubles par destination » des objets qui sont *mobiliers par leur nature*, mais qui sont *considérés comme immobiliers, à titre d'accessoires d'un immeuble auquel ils se rattachent*.

En fait, ils conservent leur nature mobilière ; ils diffèrent donc des immeubles par nature, en ce que *leur immobilisation est purement juridique et fictive*, et non pas matérielle et réelle.

Rationnellement, la notion des immeubles par destination est claire ; mais les textes la rendent confuse, en y faisant rentrer des choses qui sont de véritables immeubles par nature.

**** 789. Formation de cette théorie.** — Ses origines sont fort lointaines. Beaucoup de solutions étaient déjà données par les jurisconsultes romains pour le cas de vente ou pour le cas de legs d'une maison ou d'un fonds (*Dig.*, liv. XIX, tit. 1, fr. 13 à 18 ; liv. XXXIII, tit. 7). Mais il semble que les anciens se soient contentés de rechercher quels accessoires devaient être *compris dans la vente ou dans le legs*, et non pas quelles choses devaient être considérées comme immobilières ; ils se préoccupaient d'*interpréter l'étendue d'un contrat ou d'un legs* et non de *classer les choses* en meubles et immeubles [1].

Nos anciens auteurs coutumiers reprirent leurs principales solutions, en les développant, en les modifiant et surtout en y ajoutant cette idée nouvelle, que l'accessoire, étant devenu inséparable du fonds, *lui emprunterait en outre sa nature immobilière* (Boutillier, *Somme rural*, tit. 74 ; *Grand coutumier*, liv. II, chap. 18 ; Gui Coquille, *Institution au droit des François*, édit. de 1666, p. 96 ; édit. de 1703, p. 78). De nombreux textes de coutumes avaient statué sur des cas particuliers (voyez le relevé fait par Gui Coquille). Pothier essaya de mettre un peu d'ordre dans toute cette matière en formulant une série de règles (*Traité de la communauté*, n°s 35 à 65). Mais ce qu'on n'a pas aperçu, et ce qui cause beaucoup d'erreurs d'interprétation, et même une erreur législative que je signalerai plus loin, c'est que les coutumes et les anciens auteurs s'attachaient uniquement à décider si telle chose était meuble ou immeuble, tandis que le droit moderne fait une différence entre les choses qui sont immeubles par leur nature et celles qui le sont seulement par leur destination (ci-dessous, n°s 792 et 811).

**** 790. Motifs de la fiction d'immobilisation.** — Pourquoi consi-

[1] Voici les principales règles formulées par eux, indépendamment des solutions de détail : « Ea esse ædium solemus dicere, quæ quasi pars ædium vel propter ædes habentur » (Ulpien). « Fundi nihil est, nisi quod terra se tenet ; ædium autem multa esse, quæ ædibus adfixa non sunt » (Ulpien). « Pisces, qui sunt in piscina, non sunt ædium nec fundi, non magis quam pulli aut cætera animalia quæ in fundo sunt » (Pomponius et Ulpien).

dère-t-on comme immeubles des objets qui, dans la réalité, sont mobiliers ? Il y en a une *raison pratique* : on a voulu éviter que les objets mobiliers, qui sont les accessoires obligés d'un fonds, n'en soient *séparés*, contrairement à la volonté du propriétaire et *au détriment de l'utilité générale.* Il importe que ces accessoires suivent le fonds, pour que celui-ci puisse rendre tous les services dont il est susceptible.

Cette séparation fâcheuse pourrait se faire de plusieurs façons :

1° En cas de saisie. — Les créanciers auraient pu pratiquer sur ces objets une *saisie mobilière*, qui est plus simple et plus facile que la saisie immobilière, et, en les enlevant à leur propriétaire, mettre celui-ci hors d'état d'exploiter son bien.

2° En cas de partage. — Ces objets auraient pu être *mis dans des lots différents*, ce qui aurait amené le même inconvénient.

3° En cas de mariage. — Ces objets, étant meubles, seraient *tombés dans la communauté* et auraient pu être vendus par le mari ou saisis par ses créanciers, le fonds seul restant propre à la femme.

4° En cas de legs. — Le *légataire du mobilier* aurait pu les enlever aux héritiers, qui n'auraient eu le droit de garder que le fonds, à titre d'immeuble.

* **791. Inutilité de cette création.** — La classe des immeubles par destination, qui est une source de difficultés constantes, est peut-être la création la plus inutile du droit moderne. Il suffisait d'admettre que les accessoires mobiliers d'un fonds, destinés à son exploitation, ne peuvent pas en être séparés sans la volonté du propriétaire, lorsque le fonds et les accessoires appartiennent à la même personne.

Il n'y avait aucune nécessité de méconnaître la classification naturelle des choses en meubles et immeubles, ce qui conduit à une conséquence injuste en matière fiscale (voy. le n° suivant). Cette nécessité existait si peu qu'on n'en a pas senti le besoin dans l'hypothèse inverse, celle où un immeuble se trouve être l'accessoire d'un meuble, et qui est réalisée dans les créances hypothécaires, où l'hypothèque, droit réel immobilier, est attachée à un droit mobilier : l'hypothèque suit la créance partout, dans les legs, dans les communautés, dans les partages, sans perdre pour cela sa propre nature, qui est immobilière.

** **792. Différence entre les immeubles par nature et les immeubles par destination.** — L'immobilisation qui résulte de la seule destination des choses n'est pas aussi parfaite que celle qui résulte de leur incorporation matérielle dans un bâtiment.

Les choses immobilisées par leur destination sont bien, *en principe*, traitées comme immeubles : ainsi, quand l'immeuble est hypothéqué par son propriétaire, l'*hypothèque* s'étend à « tous les accessoires réputés immeubles » (art. 2118-1°), même quand ils ne sont immeubles que par destination ; ainsi encore, quand le fonds est vendu avec ses accessoires, le *fisc* perçoit le même droit sur les immeubles par destination que sur l'immeuble principal : ces sortes de choses, étant considérées comme immeubles, ne peuvent pas bénéficier du droit établi pour les mutations mobilières, dont le tarif est moins élevé que celui des immeubles.

Cependant il y a quelques différences :

1° Quand la chose mobilière attachée à un fonds par sa destination provient d'un achat dont le prix n'est pas encore payé, *le vendeur de cette chose conserve sur elle son privilège*, parce que la chose vendue n'a pas perdu son individualité ; elle subsiste encore sans modification dans sa nature. Au contraire, ce privilège du vendeur serait perdu, si la chose avait été incorporée matériellement à l'immeuble. Il y a là une différence toute naturelle entre le vendeur qui a livré des matériaux de construction, et celui qui a fourni des bestiaux ou des outils et machines : les matériaux une fois employés et devenus immeubles par nature n'ont plus d'existence distincte ; il n'y a plus ni briques, ni pierres à bâtir, ni bois de construction ; il y a une maison, dont ces matériaux sont devenus partie intégrante. Au contraire, les bestiaux et les outils ont conservé leur nature propre et leur individualité, ce qui permet de maintenir son privilège au vendeur.

2° Au cas d'*expropriation pour cause d'utilité publique*, la partie expropriante n'est pas tenue en principe de payer la valeur des choses qui ne sont immeubles que par leur destination, parce que ces objets, continuant toujours en fait à exister comme meubles, conservent leur valeur et leur utilité, même indépendamment de l'immeuble. Il n'y a d'exception que pour certains objets qui ne pourraient pas être commodément transportés ou qui subiraient une trop grande dépréciation par l'effet de leur enlèvement. Au contraire, l'indemnité d'expropriation comprend nécessairement tout ce qui est devenu immeuble par nature à la suite d'une incorporation au sol ou au bâtiment.

On pourrait croire qu'il y a également une différence au point de vue du *vol*. Le vol, d'après une définition vingt fois séculaire, n'est possible que pour les meubles. Il n'est pas douteux que les immeubles par destination, conservant en fait leur nature mobilière, puissent faire l'objet d'un vol. Par exemple des animaux attachés à la culture, des instruments aratoires, etc., peuvent être volés. Mais ceci ne crée aucune différence entre les deux classes d'immeubles. En effet, les *immeubles par nature* eux-mêmes peuvent faire l'objet d'un vol, à la condition d'être *préalablement détachés :* ainsi on peut voler des fruits pendants aux arbres, du plomb ou du zinc servant de tuyaux ou de gouttières dans une maison, etc., toutes choses qui sont immeubles par nature. C'est qu'alors il y a deux actes successifs : la séparation matérielle, qui donne à ces objets la nature mobilière, et leur enlèvement, qui constitue le vol. Ce dernier porte sur un meuble.

** **793. Conditions de l'immobilisation.** — Ces conditions sont au nombre de deux seulement. Il faut :

1° *Que l'immeuble et le meuble appartiennent tous les deux à la même personne ;*

2° *Qu'un rapport de destination soit établi entre la chose mobilière et l'immeuble.*

A. — Première condition : identité de propriétaire.

* **794. Exposé de la règle.** — Cette condition est implicitement indiquée par les textes. Les art. 522, 524 et 525 supposent toujours que c'est le *propriétaire* qui a placé la chose sur le fonds, ce qui implique que le meuble immobilisé lui appartient, aussi bien que le fonds.

Par conséquent les choses qui appartiennent à un *locataire*, à un *fermier* ou à un *usufruitier*, ne sont jamais considérées comme devenues immeubles par destination, même quand elles se trouvent en fait employées au même usage que celles qui sont traitées comme immeubles.

** **795. Ses motifs.** — Pour expliquer cette règle, la plupart des auteurs disent : le propriétaire seul *peut* faire des immeubles par destination; aucune autre personne n'a *le même pouvoir* ; « la raison en est que l'immobilisation par destination a lieu dans l'intérêt permanent du fonds ; or le propriétaire seul est le représentant de cet intérêt » (BAUDRY et CHAUVEAU, *Des biens*, n° 59). C'est là une *raison imaginaire* et qui tombe à côté de la vérité : la véritable raison est que *la question d'immobilisation ne se pose pas pour les objets mobiliers qui appartiennent à une personne non propriétaire du fonds;* la question n'existe que lorsque la chose mobilière est *dans le même patrimoine* que la propriété du fonds ; c'est alors seulement qu'on peut se demander si elle en est ou non une dépendance. Toute l'histoire de la théorie est là pour le prouver, et cela ressort encore de la nature des intérêts pratiques qui ont fait admettre cette classe d'immeubles.

En somme, cette première condition est *une des données de l'hypothèse*, et non pas un *élément de solution*. Il en résulte que la seconde condition, qui fait l'objet des numéros 797 et suivants, est en réalité la seule : elle seule fait du meuble un accessoire du fonds, et par conséquent l'*immobilise*.

796. Application au possesseur non propriétaire du fonds. — Les règles relatives aux choses immobilisées par leur destination sont donc sans influence sur la question de propriété, quand le propriétaire du fonds n'est pas le propriétaire du meuble. Elles ne peuvent avoir d'effet que pour empêcher la séparation du fonds et de ses accessoires, quand ils appartiennent au même patrimoine.

Cette observation peut servir à résoudre une hypothèse débattue. On demande si le *possesseur* du fonds, lorsqu'il n'en est pas propriétaire, peut faire des immeubles par destination. Il faut *distinguer :* dans ses rapports avec le véritable propriétaire, l'immobilisation ne se comprendrait même pas ; le propriétaire ne peut revendiquer que le fonds, qui seul lui appartient, et non les choses mobilières que le possesseur y avait placées pour son exploitation. Au contraire, ces mêmes choses doivent être considérées comme immobilisées, dans les rapports du possesseur avec les tiers pour lesquels il se gère comme propriétaire du fonds. Il est alors *loco domini* et le fonds dont il n'est que possesseur est traité comme lui appartenant.

B. — Seconde condition : rapport de destination entre le meuble et l'immeuble.

** **797. Deux manières d'établir ce rapport.** — Dans le système de la loi française, ce rapport de destination peut être établi de deux façons différentes : 1° *sans aucune attache matérielle*, par la seule affectation du meuble au service du fonds ; 2° *au moyen d'une attache matérielle* fixant le meuble à perpétuelle demeure.

1° Premier mode : affectation du meuble au service de l'immeuble.

** **798. En quoi doit consister cette affectation.** — Sa nature est éminemment variable, comme la nature des objets matériels sur lesquels elle porte. Le Code emploie une formule très large dans l'art. 524, al. 1er, en parlant des objets que le propriétaire a placés sur le fonds « *pour le service et l'exploitation de ce fonds* ».

Dans la suite de l'article, la loi en indique diverses catégories ; mais son énumération n'a rien de limitatif, comme le prouve la tournure qu'elle emploie : « Ainsi sont immeubles par destination... ». Ce ne sont que des exemples.

Les expressions générales (service et exploitation), qui figurent dans l'al. 1er, doivent seules être prises en considération. Bien que la loi n'ait prévu dans la suite du texte que l'*exploitation agricole* et l'*exploitation industrielle*, il n'est pas douteux qu'il en soit de même de toute espèce d'exploitation, notamment de l'*exploitation commerciale* et même de ce qu'on pourrait appeler l'*exploitation civile*, comme celle des *maisons de rapport* qui servent de placement aux capitaux et qui sont destinées à être louées.

Il faut même aller plus loin. Indépendamment de toute idée d'exploitation, le *simple usage* d'une maison d'habitation et de ses dépendances suffit pour établir un rapport de destination entre l'immeuble et certains accessoires mobiliers indispensables à son service. Le mot « service », qui figure dans le texte à côté du mot « exploitation », suffit pour nous y autoriser.

La nature des services que le meuble procure est donc indéfiniment variée ; elle ne peut être prévue que très incomplètement par une longue énumération. Mais il y a tout au moins *une condition générale* à poser : c'est que la chose mobilière, pour être immobilisée, doit être *employée au service du fonds, et non au service de la personne*. C'est à cette condition seulement qu'elle pourra être considérée comme un accessoire de l'immeuble. Exemple : les *chevaux de luxe* et la *voiture particulière* d'un industriel ne sont pas immeubles par destination, même quand ils sont logés dans une dépendance de l'usine ; ils font partie du mobilier personnel du maître. L'immobilisation n'a lieu que pour les chevaux et voitures employés dans l'usine à des usages industriels.

799. Nécessité d'une classification. — La façon dont le principe s'applique ne peut se comprendre que par l'examen des différentes sortes d'immeubles par destination ; mais on ne peut songer à les énumérer tous, et, pour passer en revue d'une matière commode et aussi complète que possible les principaux immeubles de ce genre, il faut les ranger par catégories, selon les différents genres d'exploitation possibles.

* **800. Exploitation agricole.** — C'est pour les objets employés à

l'agriculture que la nomenclature est la plus riche, dans la loi et dans les auteurs, parce que c'est surtout pour eux qu'on s'était préoccupé, dans l'ancien droit, de la question d'immobilisation.

La loi énumère, dans l'art. 524 :

1° Les *animaux attachés à la culture*. — Ce sont les *bêtes de labour et de trait :* bœufs, chevaux, ânes, mulets. — En principe, il ne faut pas comprendre dans cette catégorie les animaux qui sont *simplement nourris* sur le fonds pour être ensuite vendus, tels que les animaux de boucherie et les animaux de basse-cour (lapins, volailles, etc.). Ceux-ci sont non pas un moyen d'exploiter le fonds, mais un moyen d'en consommer les produits sur place au lieu de les vendre. Cependant il a été jugé qu'on devait considérer comme immeubles par destination : 1° les *troupeaux de moutons des landes* attachés à des fonds qui resteraient improductifs s'ils ne servaient pas à les nourrir (Bordeaux, 14 déc. 1829, S. 30. 2. 70) ; 2° les *vaches des fromageries* (AUBRY et RAU, § 164-2°, p. 13).

La loi prévoit spécialement, dans l'art. 522, le cas où les animaux employés à la culture ont été livrés au fermier ou métayer par le propriétaire qui n'exploite pas lui-même. Cette disposition était inutile ; l'art. 524 est assez large pour prévoir le cas de location du fonds et le cas d'exploitation directe par le propriétaire ; et il suffisait. L'art. 522 a de plus le tort d'être placé au milieu de l'énumération des choses qui sont immeubles par leur nature, alors qu'il vise un cas d'immobilisation par destination.

2° Les *ustensiles aratoires*. — Cette disposition est une innovation du Code. Dans l'ancien droit on ne considérait comme immeubles, dans le matériel agricole, que « les cuves et autres gros ustensiles » qui sont « enfoncés en terre » ou tellement attachés qu'il ne serait pas facile de les enlever (POTHIER, *Communauté*, n°s 49 et 50). — D'ailleurs, la disposition de l'art. 524 ne s'applique qu'aux instruments agricoles proprement dits, et non aux outils de jardinage qui, à moins de circonstances exceptionnelles, doivent être considérés comme faisant partie du mobilier.

3° Les *pressoirs*, *chaudières*, *alambics*, *cuves* et *tonnes*. — C'est le gros matériel agricole déjà considéré comme immeuble dans l'ancien droit ; mais le droit moderne n'exige plus, comme le faisait l'ancien, que ces objets soient adhérents au sol ou volumineux et difficiles à déplacer. — Ce texte ne s'applique qu'aux gros fûts qui sont destinés à loger la récolte dans le cellier, sans en sortir. Les barriques ordinaires, qui sont destinées à être vendues en même temps que la récolte, sont meubles.

4° Certaines *catégories d'animaux*, qui vivent dans des endroits fixes : savoir les *lapins* de garennes, les *poissons* des étangs, les *abeilles* (avec leurs ruches), les *pigeons* des colombiers. Tout ceci est emprunté à l'ancien droit. Boutillier et Gui Coquille parlaient déjà des lapins de garennes et des poissons d'étangs comme faisant partie de l'immeuble.

Pelet, de la Lozère, avait proposé de faire figurer dans l'énumération, à côté des ruches d'abeilles, les vers à soie des magnaneries. La proposition fut rejetée pour trois raisons, qui étaient toutes les trois mauvaises (FENET, t. XI, p. 30). L'énumération de l'art. 524 n'étant pas limitative, rien n'empêche d'admettre pour eux l'immobilisation, malgré le silence calculé de la loi, et c'est ce que font beaucoup d'auteurs. — En tout cas, le Code rural (L. 4 avril 1889, art. 11) défend de saisir les vers à soie pendant leur travail, non plus que les feuilles de mûrier qui leur sont nécessaires.

On propose même de considérer comme immeuble tout gibier renfermé dans un parc. (AUBRY et RAU, t. II, § 164, p. 15, note 51).

5° Certains produits destinés soit aux *semences*, soit à *l'engrais* (pailles et engrais). Mais il n'en est pas de même des pailles destinées à la nourriture des animaux ; c'est ce que prouve la suppression du mot « foins » qui figurait dans le projet.

6° Il faut ajouter à l'énumération de la loi les *échalas des vignes* et les *perches à houblon*

* **801. Exploitation industrielle.** — Le Code l'a prévue, mais il l'a réglée brièvement en une seule ligne : « Les ustensiles nécessaires à l'exploitation des *forges, papeteries* et *autres usines*. » Si la loi a été aussi

brève, c'est qu'à l'époque du Consulat l'emploi des machines dans l'industrie était encore peu développé, puisqu'on ne connaissait ni la vapeur ni l'électricité. Mais, comme la formule de la loi est générale, sa disposition peut s'appliquer à tout l'outillage industriel.

Cependant il faut *une condition dont la loi de parle pas*, mais qui a été implicitement admise par les auteurs du Code (voyez les observations échangées par Miot, Defermon et Treilhard, dans Fenet, t. XI, p. 6). Il doit y avoir une *appropriation du bâtiment, spécialement construit et aménagé pour loger les machines et appareils qu'il renferme.* Ainsi, on décide en général que les *métiers de tisserands* et autres machines plus ou moins portatives, qui peuvent se loger dans une chambre quelconque, ne deviennent pas immeubles par destination quand le tisserand habite sa propre maison. Sont meubles, à plus forte raison, les outils manuels qu'un ouvrier peut transporter avec lui.

Mais quand le bâtiment présente par son mode de construction un caractère nettement industriel, qui le rendrait impropre à d'autres usages, on doit décider que l'immobilisation ne frappe pas seulement les grosses pièces de sa machinerie, et qu'elle s'étend à tout ce qu'il renferme, si mobile que cela soit, comme le menu outillage, ainsi que les *camions*, *wagonnets*, etc., et même les *chevaux*. — Il existe, du reste, pour les chevaux un texte spécial dans la loi sur les mines (L. 21 avril 1810, art. 8), qui les répute immeubles dans le cas particulier où ils sont attachés à une exploitation minière.

* **802. Exploitation commerciale.** — Celle-ci est tout à fait en dehors des prévisions littérales du texte.

Mais comme la loi ne distingue pas, dans sa disposition fondamentale (art. 514, al. 1), quel est le genre d'exploitation qui entraîne immobilisation, il n'y a pas lieu de la rejeter. En fait, elle est beaucoup plus rare que les deux précédentes, parce que la plupart des commerces peuvent s'exercer dans un local quelconque et qu'il n'y a pas de relation nécessaire entre le bâtiment et le matériel qu'il renferme. Cependant elle n'est pas sans exemples : on rencontre parfois des bâtiments disposés tout exprès pour l'exploitation d'un commerce déterminé ; on peut donc admettre pour eux l'immobilisation par destination, quand le matériel qui les garnit appartient au même propriétaire que l'immeuble.

Le cas s'est présenté jusqu'ici pour des *hôtels* et *maisons meublées*, des *casinos* de villes d'eaux ou de bains de mer, des *établissements de bains*. Ce genre de constructions tend à se multiplier : un nombre toujours croissant de commerces variés (grands magasins de nouveautés, maisons de gros) se font construire des hôtels, presque des palais, spécialement et somptueusement aménagés pour leur genre d'affaires. C'est une des formes de la réclame et du besoin moderne du confort. — Cependant la jurisprudence est hésitante. La Cour de Caen (1er avril 1879, S. 80. 2. 331) a admis l'immobilisation que la Cour de Toulouse a rejetée (15 mai 1879, D. 79. 2. 176, S. 80. 2. 331). La Cour de cassation décide qu'il y a là une question de fait et d'intention (Cass., 31 juill. 1879, D. 80. 1. 273 ; Cass., 9 déc. 1885, D. 86. 1. 125, S. 86. 1. 201 ; Cass., 2 août 1886, D. 87. 1. 293, S. 86. 1. 417).

On devrait faire, le cas échéant, l'application de ces décisions aux machines, décors et accessoires des *théâtres*. La jurisprudence en a déjà eu l'occasion pour le matériel spécial employé dans les *chais* pour le commerce des vins (Cass., 8 déc. 1885, D. 87. 1. 294, S. 86. 1. 202).

803. Service ordinaire de la maison. — Dans les maisons et autres bâtiments d'habitation, il existe un assez grand nombre d'objets mobiliers qui servent à la *commodité* ou à la *sûreté* des habitants, et qui ne peuvent pas en être séparés.

EXEMPLES : les *clés* des portes ; les *volets* et *panneaux mobiles* qui servent à fermer les boutiques et autres ouvertures, avec leurs boulons et autres accessoires ; les *tapis des escaliers ;* les *pompes à incendie* dans certains édifices spécialement exposés au feu ; les objets servant à *l'éclairage* et au *nettoyage* d'une maison de ville : *globes*, *réflecteurs*, etc. Toutes ces choses sont immobilisées par leur destination.

Mais les *bancs de jardins* et les *plantes en pots ou en caisses* ne sont pas considérés en général comme immobilisés ; ils font partie du mobilier personnel des habitants de la maison, propriétaires ou autres.

804. Cas particuliers. — Dans certains édifices d'un genre spécial, on rencontre des objets qui ne se retrouvent pas ailleurs. On peut admettre que ces objets sont immobilisés par leur destination lorsqu'en leur absence le bâtiment serait privé de son utilité et impropre aux services qu'il doit rendre. On le décidait déjà ainsi dans l'ancien droit pour l'artillerie des forteresses féodales et pour les vases sacrés et ornements des chapelles seigneuriales (BOUTILLIER, *Somme rural*, liv. I, tit. 74 ; POTHIER, *Communauté*, n° 61). — A mon avis, il convient de donner la même solution pour les *objets consacrés au culte* qui se trouvent dans les *églises*, lorsqu'ils appartiennent au même propriétaire que l'église, c'est-à-dire à la commune. Voyez cependant, pour les cloches, un arrêt de Rouen (23 avril 1866, D. 66. 2. 160, S. 66. 2. 273).

805. Applications inexactes de la distinction. — La plupart des auteurs considèrent les volets mobiles et même les clés, comme étant des *immeubles par nature* (DEMOLOMBE, t. IX, n°s 293-295 ; AUBRY et RAU, t. II, § 164, p. 18 ; LAURENT, t. V, n° 404). Cette idée est incompatible avec la définition élémentaire des choses immeubles par leur nature. Que sont ces « immeubles » dont la fonction est d'être déplacés sans cesse et qu'on peut porter, les uns à bras, les autres dans sa poche ?

En sens inverse, on a parfois considéré comme de simples immeubles par destination les paratonnerres et les auvents fixes ou marquises (CHAUVEAU, *Biens*, n°s 87 et 93), ce qui est une autre erreur : ces objets font en réalité partie de la construction, de même que les dalles, gouttières, sonnettes, tuyaux à eaux ou à gaz, rampes d'escaliers, etc., toutes choses qui sont destinées à faire leur service sans bouger de place, c'est-à-dire qui sont immeubles par leur nature.

2° Deuxième mode d'immobilisation : Attache du meuble à perpétuelle demeure.

** **806. Définition.** — Dans l'al. final de l'art. 524, on lit : « Sont AUSSI immeubles par leur destination tous effets mobiliers... ». Cette façon de parler annonce quelque chose de nouveau, qui vient ajouter une catégorie de plus à celles qui ont déjà été énumérées. En effet, pour les objets qui vont suivre, la loi fait résider la connexité du fonds et de son accessoire mobilier dans cette circonstance que le meuble y a été *placé à perpétuelle demeure*.

Tout aussitôt le texte nous donne une définition légale du placement à perpétuelle demeure. D'après l'art. 525, al. 1er, on reconnaît qu'un objet mobilier a été placé à perpétuité sur le fonds, lorsqu'il y est « *scellé en plâtre, ou à chaux ou à ciment, ou lorsqu'il ne peut être détaché sans être fracturé ou détérioré, ou sans briser ou détériorer la partie du fonds à laquelle il est attaché* ».

807. Origine de l'art. 525. — Cette disposition n'est que la traduction moderne de l'art. 90 de la coutume de Paris, aux termes duquel les « ustensiles d'hostel » sont réputés immeubles, « lorsqu'ils tiennent à fer et à cloud, ou sont scellez en plastre... et ne peuvent estre transportez sans fraction et deterioration ». — De tout temps, quand on se posait la question de savoir si un objet était meuble ou immeuble, on avait attribué une grande importance à cette circonstance qu'il aurait fallu le démolir pour le déplacer. Voyez ce que disent Boutillier et Jacques d'Ableiges sur les « cuves et grands vaisseaux à vin » qui ne peuvent « estre mis hors sans despecier » (*Somme rural*, tit. 74; *Grand coutumier*, liv. II, chap. 18).

* **808. Critique de la disposition de la loi.** — Cependant Pothier avait montré que cette circonstance de l'attache matérielle et de la difficulté qu'on pouvait avoir à déplacer l'objet était en réalité indifférente : « car il y a des choses qui, sans être attachées à fer et à clous, sont censées faire partie de la maison, et d'autres qui, quoique attachées à fer et à cloûs, ne sont pas censées en faire partie » (*Communauté*, n°s 47 et suiv.). La critique de Pothier est aussi juste sous le droit nouveau que sous l'ancien ; les auteurs du Code auraient mieux fait de ne pas s'arrêter à cette considération de l'attache matérielle, puisque l'immobilisation est possible sans elle, et qu'elle-même ne réussit pas toujours à immobiliser un objet. On n'avait nul besoin de ces dispositions; la formule générale par laquelle débute l'art. 524 suffisait pour tous les cas possibles d'immobilisation par destination.

809. Applications faites par le texte. — L'art. 525 ne fait l'application du principe de l'immobilisation par attache à perpétuelle demeure, qu'à *trois sortes d'objets* : les *glaces*, les *tableaux* et les *statues*. Les travaux préparatoires nous apprennent qu'on a ajouté les décisions relatives aux glaces et aux tableaux, pour mettre fin à des contestations nombreuses, alors que le texte soumis au Conseil d'État ne faisait primitivement mention que des statues, à titre d'exemple (Fenet, t. XI, p. 5, 17, 21 et 24).

1° Glaces. — Les glaces sont immeubles « lorsque le parquet sur lequel elles sont attachées fait corps avec la boiserie » (art. 525, al. 2). Cet article est emprunté à Pothier (*Communauté*, n° 55), qui regardait les glaces comme meubles, lorsque « ce qui est derrière est de même parure que le reste de la cheminée » ; la glace ne lui paraissait faire partie de la maison que lorsqu'en l'enlevant on trouvait derrière des briques ou des planches qu'on ne pouvait laisser à nu. Nul doute que ce ne fût là le système du Code ; mais la jurisprudence en a décidé autrement. L'habitude de décorer l'intérieur des appartements au moyen de lambris en bois a diminué, devant le développement des papiers peints, qui ont pour eux le bon marché et la facilité de renouvellement. Mais les propriétaires de maisons ont continué à poser des glaces sur les cheminées avec l'intention de les y laisser à perpétuelle demeure pour louer plus facilement. Qui ne connaît, à Paris, la petite affiche de l'appartement à louer « orné de glaces » ? La jurisprudence a donc décidé que les glaces posées par le propriétaire à perpétuelle demeure seraient considérées comme immeubles, même quand elles ne rempliraient pas les conditions décrites par la loi (Cass., 8 mai 1850, D. 50. 1. 269; Paris, 4 août 1852, D. 52. 2. 296. — Voy. cependant Cass., 17 janv. 1859, D. 59. 1. 68, S. 59. 1. 519). Les arrêts plus anciens étaient conformes à la doctrine de Pothier (Paris, 20 fév. 1833, D. 34. 2. 113. S. 34. 2. 80).

2° Tableaux. — Les tableaux et autres ornements (tapisseries, marqueteries) sont assimilés aux glaces (art. 525, al. 3). Ils deviennent donc immeubles dans les mêmes conditions. Cela était très fréquent au XVIIIe siècle, à cause des *dessus de porte*, et au-dessus des cheminées : à l'époque où les glaces étamées ne se faisaient encore que dans des dimensions réduites, on y plaçait une glace basse, surmontée d'un tableau. — Cet usage est beaucoup plus rare aujourd'hui.

3° STATUES. — La loi les déclare immeubles, lorsqu'elles sont *placées dans une niche*, alors même qu'elles ne seraient pas scellées, et qu'on pourrait les enlever sans fracture ni détérioration (art. 525, al. 4). Cette niche peut se trouver sur la façade de la maison, ou à l'intérieur, dans la cage de l'escalier ou dans les appartements. Il faut y ajouter, bien que la loi n'y ait pas songé, les statues qui sont placées sur des *piédestaux*, pour décorer les jardins, terrasses et pièces d'eau.

810. Inutilité de l'art. 525. — L'étude des solutions données par l'art. 525 montre qu'en réalité cet article *n'ajoute rien aux différentes classes d'immeubles précédemment énumérées par la loi*[1]. En effet, la disposition relative aux statues n'est pas l'application du principe formulé par la loi, au commencement de l'art. 525, d'après lequel le placement du meuble à perpétuelle demeure résulte de l'existence d'un scellement matériel, puisque la statue est déclarée immeuble par destination, même quand elle est simplement *posée* dans sa niche. Elle rentre donc dans la catégorie des choses immobilisées par leur simple affectation au service du fonds.

Quant aux tableaux et aux peintures posés dans les conditions prévues par la loi, il n'y a pas de doute à avoir sur leur caractère : ce sont des *immeubles par nature*. Ils font corps avec les boiseries du lambris, et ils sont une *partie intégrante* de l'immeuble, au même titre que les plinthes, les cimaises et les chambranles.

811. Explication de la méprise. — Il y a ici une méprise du législateur qui a reproduit, sans y réfléchir, un passage de Pothier. Cet auteur, comme on l'a déjà observé, ne faisait aucune différence entre les choses qui sont immeubles par leur nature et celles qui le deviennent seulement par leur destination. C'est ainsi qu'il énumère, à côté des glaces et des tableaux, les boiseries et lambris dans lesquels ils sont encastrés, les marbres des cheminées, les parquets des chambres, les cloisons et autres séparations intérieures, les alcôves, etc. (*Communauté*, n°s 54 et 58), toutes choses qui, manifestement, font corps avec le bâtiment et sont, non pas des choses mobilières immobilisées par leur destination, mais de vrais immeubles par nature.

Ce qui prouve bien que le législateur n'a suivi aucune règle logique dans sa classification, c'est qu'il a commis une autre erreur en sens inverse. Après avoir rangé parmi les simples immeubles par destination des choses qui sont véritablement des parties composantes d'un immeuble par nature (glaces comprises dans le lambrissage d'une pièce), il a énuméré, comme immeubles par nature, un genre de machines, les *moulins à vent ou à eau*, quand ils sont fixés sur piliers ou attachés à demeure au bâtiment (art. 519). Pourquoi un moulin, qui n'est qu'une machine, est-il *immeuble par nature*, quand il se trouve dans un bâtiment approprié pour le recevoir, tandis que toutes les autres machines industrielles, placées dans des conditions identiques, ne sont *immeubles* que *par leur destination?* Il n'y en a point de raison autre qu'un vice de répartition dans l'énumération de la loi.

§ 3. — *Droits immeubles par leur objet.*

**** 812. Comment un droit peut être considéré comme immobilier.** — Les droits, étant incorporels, ne sont à proprement parler ni meubles ni immeubles ; ils sont en dehors de l'espace ; ils n'occupent aucun emplacement, de sorte que la question de mobilité ne se pose

[1] On remarquera en outre que, si les glaces posées par le propriétaire dans les maisons de rapport, selon l'usage moderne, c'est-à-dire sans faire corps avec une boiserie de revêtement, sont réputées immeubles, cela résulte de l'art. 524, beaucoup plus clairement et beaucoup plus facilement que de l'art. 525 : elles sont affectées « au service et à l'exploitation du fonds ».

pas pour eux. Par suite, quand on a voulu leur appliquer une distinction faite pour les biens corporels, on a dû se régler sur autre chose que sur leur nature propre : on s'est déterminé *d'après la nature de leur objet* (Pothier, *Communauté*, nos 66 et suiv.). Le Code civil (art. 516 et 526) emploie la formule « immeubles par l'objet auquel ils s'appliquent ». Comp. Code italien, art. 407 et 415.

A. — Application aux droits réels [1].

** **813. Droits réels de nature variable.** — L'application de cette idée aux droits réels ne souffre aucune difficulté : ils sont immobiliers quand ils portent sur des biens immeubles par leur nature ou par leur destination ; ils sont meubles au cas contraire. Ainsi l'*usufruit* est *mobilier* ou *immobilier*, selon la nature des biens qui en sont grevés.

** **814. Droits réels toujours immobiliers.** — Il y a *trois catégories* de droits réels qui sont *toujours immobiliers*, parce qu'ils ne peuvent être établis que sur des immeubles. Ce sont les *servitudes* et les droits spéciaux d'*usage* et d'*habitation*. Avant 1874, on pouvait en dire autant de l'hypothèque, qui ne pouvait être établie que sur les terres et les maisons ; mais l'*hypothèque maritime* (à laquelle s'ajoutera bientôt l'*hypothèque fluviale)* nous a donné un genre d'*hypothèques mobilières*.

* **815. Silence du Code sur le caractère de la propriété.** — On remarquera que l'art. 526, qui énumère les droits immobiliers par leur objet, ne mentionne pas la *propriété*. Ce droit est pourtant immobilier quand il a pour objet une chose immobilière. Le silence de la loi n'est pas une lacune. La propriété, étant confondue avec les choses sur lesquelles elle porte (voyez ci-dessus n° 782), se trouve déjà classée parmi les immeubles en vertu des art. 518 à 525 qui déterminent les immeubles par nature ou par destination. Il n'y avait donc pas lieu de s'occuper d'elle dans l'art. 526.

B. — Application aux droits de créance [2].

** **816. Distinction à faire.** — Pour savoir si une obligation est mobilière ou immobilière, il faut faire une distinction entre les *obligations de donner* et les *obligations de faire ou de ne pas faire* [3].

Les règles qui vont être indiquées pour reconnaître le caractère mobilier ou immobilier d'une obligation s'appliquent au *rapport obligatoire* tout entier, qu'on le considère du côté actif comme *créance*, ou du côté passif comme *dette*.

1° Obligations de donner. — Quand l'obligation a pour objet une dation, elle est mobilière ou immobilière *selon la nature de la chose qui fait l'objet de la dation*. Ainsi celui qui a le droit de réclamer un

[1] Sur les droits réels, voy. nos 726 à 730.
[2] Sur les droits de créance, voy. ci-dessus, nos 719 à 721.
[3] Sur cette distinction, voy. ci-dessus, nos 716 et suiv.

immeuble en agissant comme créancier au moyen d'une action personnelle, possède une *créance immobilière*. Au contraire, l'obligation de donner une somme d'argent est le type de la créance mobilière. Comp. POTHIER, *Communauté*, n° 69.

2° OBLIGATIONS DE FAIRE OU DE NE PAS FAIRE. — Toutes ces obligations sont *mobilières*, alors même que le fait ou l'abstention seraient relatifs à un immeuble, parce qu'elles ont pour objet le *fait de l'homme*, plutôt que la chose elle-même. Telle a toujours été la tradition du droit français (POTHIER, *Des choses*, IIe partie, § 2 ; *Introd. générale aux coutumes*, n° 50).

Le Code civil doit être considéré comme l'ayant maintenue, par cela seul qu'il se borne à déclarer immobilières les obligations qui ont pour objet la dation d'un immeuble (art. 526) ; donc toutes les autres créances sont mobilières.

Il y a eu jadis quelques difficultés sur ce point. Proudhon, et d'autres auteurs après lui, ont soutenu que certaines obligations de faire pouvaient être immobilières, par exemple celle d'un *architecte* qui s'engage à *bâtir une maison*. Ce qu'il doit livrer, disait-on, est un bâtiment ; donc sa dette est immobilière. — Cette opinion n'a pas prévalu. L'architecte ne doit qu'une série de faits : un plan à fournir, un devis, la surveillance des ouvriers, la fourniture des matériaux qui sont meubles, etc. Il n'y a là rien d'immobilier. Il est vrai que, une fois son obligation accomplie, son client sera propriétaire d'une maison qui sera un immeuble. Cette maison est le résultat du travail opéré, mais elle n'a jamais été elle-même l'objet de l'obligation de l'architecte. La propriété immobilière existait auparavant à l'état de terrain ; elle n'a fait que s'accroître par l'effet d'*accessions* successives (ci-dessous, nos 1509-1510). Il n'y a pas de raisons pour que le travail de *construction* soit immobilier, quand le travail d'*entretien* ou de *consolidation* ne l'est pas.

Par conséquent, *l'entrepreneur de constructions fait acte de commerce*, puisqu'il ne contracte que des obligations mobilières. Si on admettait l'opinion de Proudhon, ce genre d'entreprise n'aurait pas le caractère commercial, parce que le commerce ne peut porter que sur des meubles.

817. Observation. — La loi française semble n'avoir point classé les créances parmi les droits qui peuvent être immobiliers à raison de la nature de leur objet. Si l'on peut admettre que cette sorte de droits est comprise dans l'art. 526, c'est seulement sous une forme détournée, en considérant les créances *sous leur forme litigieuse*, quand elles sont devenues des « actions en justice ». Cette dernière expression figure, en effet, dans l'énumération de l'art. 526, mais on peut aussi lui donner un autre sens. Voy. les nos qui suivent.

C. — Application aux actions en justice.

818. Ce que c'est que l'action en justice. — En général, les actions en justice ne constituent pas des biens ou des droits à part, distincts des autres. Elles ne sont pas autre chose que *le droit lui-même déduit en justice*, débattu devant les tribunaux ; celui qui exerce une action a généralement *un droit réel* ou *un droit de créance*, contesté ou violé par une autre personne, et il s'adresse aux juges pour faire reconnaître ce droit. [Nous ne parlons ici que des actions relatives au patrimoine.] Par suite, il devrait être inutile de classer les actions en meubles et immeubles, puisque c'est déjà chose faite pour elles sous le nom de « droits réels » ou

« droits de créance ». Tel était le langage de Pothier qui, dans les nos 69 et suiv. de son *Traité de la communauté*, emploie indifféremment les mots français *créance et obligation*, et le mot latin *actio* : « Actio ad mobile est mobilis ; actio ad immobile est immobilis ».

819. Actions constituant des droits spéciaux. — Cependant il y a lieu de maintenir une catégorie spéciale pour les actions en justice, tant parmi les immeubles que parmi les meubles. A côté des actions définies comme on vient de le voir et qui ont pour types la *revendication* du propriétaire et l'*action en paiement* du créancier, il en est d'autres qui ont une autre nature. Il y a des cas où une personne, qui ne possède actuellement, à proprement parler, ni droit réel ni droit de créance, s'adresse à la justice pour obtenir l'anéantissement [j'emploie à dessein ce mot vague] d'un acte juridique qui lui fait grief, qui existe, qui produit ses effets contre elle et dont le maintien serait une iniquité. Ce sont des actions en *nullité*, en *rescision*, en *révocation*, et autres analogues. On ne peut pas dire qu'il y ait là une créance ; ainsi le vendeur, qui demande la résolution de la vente parce qu'il n'est pas payé, n'exerce pas son action en paiement. C'est autre chose : c'est un recours à la justice pour obtenir d'elle un acte d'autorité, la restitution d'un droit injustement aliéné.

*** 820. Énumération.** — Voici les principales actions immobilières :

1° L'*action en résolution* d'une vente d'immeubles pour défaut de paiement du prix ;

2° L'*action en rescision* d'une vente d'immeubles pour lésion ;

3° L'*action en nullité* d'une aliénation immobilière consentie par un *incapable ;*

4° L'*action en nullité* fondée sur un *vice du consentement ;*

5° L'*action en réméré* dans les ventes d'immeubles (art. 1659) ;

6° L'*action en révocation* d'une donation immobilière pour inexécution des charges ou pour toute autre cause ;

7° L'*action en réduction* d'une donation immobilière qui dépasse la quotité disponible ;

8° L'*action en nullité* d'un *legs immobilier*.

Toutes ces actions sont mobilières ou immobilières, selon que la chose réclamée est un meuble ou un immeuble. Il est à remarquer que l'action citée sous le n° 2 est toujours immobilière, parce que la loi n'accorde la rescision pour lésion que dans les ventes d'immeubles (art. 1674).

821. Explication de la formule employée par la loi. — Ce sont les actions susindiquées que la loi désigne dans l'art. 526 par cette formule obscure : « Les actions qui *tendent à revendiquer* un immeuble ». Il ne peut s'agir ici de véritables *actions en revendication*. Le mot « revendication » est technique pour désigner l'action du propriétaire qui réclame son bien ; l'action en revendication véritable n'est donc pas autre chose que le droit de propriété réclamé en justice. Par suite, si c'était de la revendication, action réelle, que la loi avait entendu parler dans l'art. 526, sa disposition serait inutile, le droit de propriété étant déjà, en vertu des articles précédents, classé parmi les immeubles quand il porte sur une chose immobilière. Par conséquent, les actions dont il est question dans ce texte ne peuvent être que des actions *personnelles*, appartenant à des gens qui se présentent comme *créanciers*. Il est unanimement reconnu que la formule singulière employée par le Code est une traduction maladroite de l'ancien adage : « Actio quæ tendit ad immobile, immobilis est » (POTHIER, *Communauté*, n° 69). Or cet adage, comme Pothier en fait foi, ne s'appliquait qu'aux créances.

§ 4. — *Immeubles par déclaration* [1].

822. Création postérieure au Code. — Il n'en est pas question dans le Code civil. Cette catégorie d'immeubles a été créée par des lois postérieures ; pour quelques-uns même, il n'y a eu qu'un décret impérial, qui était inconstitutionnel comme modifiant un texte législatif, mais dont l'irrégularité s'est trouvée couverte par l'expiration du délai donné au Tribunat pour l'attaquer.

823. Immobilisation fictive. — Ces immeubles par déclaration sont des *valeurs mobilières*, c'est-à-dire des biens incorporels, mobiliers à raison de leur objet, qui deviennent immeubles en vertu d'une déclaration spéciale émanée de leur propriétaire. Leur immobilisation est donc purement fictive.

824. Énumération. — Les meubles qui deviennent immeubles par déclaration sont peu nombreux. En voici la liste :

1° ACTIONS DE LA BANQUE DE FRANCE (L. 16 janvier 1808, art. 7 et 8). — Les actionnaires peuvent donner à leurs actions le caractère d'immeubles par une simple déclaration faite à la Banque, au siège de la Société, et inscrite sur les registres dans la forme prescrite pour les transferts. — L'immobilisation ne cesse que par une déclaration contraire (L. 17 mai 1834, art. 5). Quel avantage y trouvent-ils ? Celui de pouvoir *hypothéquer* leurs actions immobilisées, comme si c'étaient des maisons ou des biens-fonds. En pratique, on use fort peu de cette faculté, parce que les actions immobilisées sont assujetties à la contribution foncière (L. 18 avril 1831, art. 3 et 4) et qu'il existe pour les valeurs mobilières un procédé de nantissement qui vaut l'hypothèque, comme moyen de se procurer de l'argent.

2° ACTIONS DU CANAL DU MIDI. — Le privilège accordé à la Banque fut étendu, par un décret du 10 mars 1810, à la Compagnie du Canal du Midi ; l'art. 13 du décret assimile à cet égard ses actions à celles de la Banque.

Une autre Compagnie, celle des *Canaux d'Orléans et du Loing*, avait obtenu la même faveur par un décret du 16 mars 1810 ; mais celui-ci est devenu sans objet, les actions de cette Compagnie ayant été *rachetées*, et ces canaux réunis au domaine public (LL. 1er avril 1860 et 20 mai 1863).

3° RENTES SUR L'ÉTAT. — Les rentes sur l'État français ne peuvent pas, en principe, être immobilisées par une déclaration de leur propriétaire : elles ne jouissent pas de la même prérogative que les actions de la Banque. Néanmoins, elles peuvent acquérir le caractère immo-

[1] Il faut préférer cette désignation à celle dont on se sert généralement d'*immeubles par détermination de la loi*, qui amène un rapprochement inévitable entre cette catégorie d'immeubles et les *meubles par détermination de la loi*, dont parle l'art. 529, pour lesquels la formule a un autre sens et repose sur une autre idée.

bilier dans deux cas exceptionnels : *a*) Lorsqu'elles sont comprises dans un *majorat* (Décr. 1er mars 1808). Très rare en fait ; d'ailleurs, on n'érige plus de majorats ; leur création a été interdite en 1835. — *b*) Lorsqu'elles sont acquises par les *communes* et les *établissements publics* ou *d'utilité publique* à titre de placement de sommes reçues par don ou par legs (Ord. 2 avril 1817, art. 6). La disposition de cette ordonnance paraît dépourvue de toute utilité et ignorée en fait dans la pratique.

§ 5. — *Droits immobilisés par annexion à un héritage.*

825. Ancienne cause d'immobilisation. — Il y avait dans notre *ancien droit* une cause spéciale qui rendait les droits immobiliers et dont le Code ne parle plus : c'était leur *annexion à un héritage* [immeuble]. C'est même la première des règles qu'indique Pothier pour savoir si une chose incorporelle [un droit] appartient à la classe des immeubles : « Les droits que nous avons à cause de quelqu'un de nos héritages, qui, étant des droits de cet héritage, sont censés ne faire qu'un seul et même tout avec lui, sont droits immobiliers » (*Communauté*, no 67). Il cite comme exemple : 1o les servitudes prédiales ; 2o le droit de *patronage* [d'une église] attaché à une terre. Il eût pu y ajouter tous les droits utiles attachés aux fiefs. Il ne donne d'ailleurs aucun nom propre à cette cause particulière d'immobilisation. — Aujourd'hui, les servitudes foncières sont réputées immeubles à raison du fonds sur lequel elles portent, et non à raison du fonds auquel elles profitent. Les autres droits ont été supprimés en même temps que la féodalité. De sorte que le Code n'a pas eu à reproduire l'idée de Pothier.

* **826. Redevance des mines.** — Cependant cette catégorie d'immeubles, qu'on pourrait appeler « *immeubles par annexion* », n'a pas entièrement disparu. La loi du 21 avril 1810 sur les mines nous en a rendu un échantillon, quelques années après la publication du Code (ci-dessous no 1528).

Lorsque la mine est concédée à un autre qu'au propriétaire du sol, elle est grevée, au profit de ce dernier, d'une *redevance en argent* qui tient lieu d'indemnité d'expropriation. En elle-même, cette redevance est mobilière, puisqu'elle a pour objet de l'argent. Néanmoins, la loi de 1810 la répute immeuble, *tant qu'elle reste attachée à la propriété de la surface* (art. 18). La redevance non séparée du fonds est donc considérée comme un droit utile, qui augmente la valeur du fonds et qui lui emprunte sa nature immobilière à titre d'accessoire, exactement de la même façon que le faisaient autrefois les droits utiles attachés à un fief.

CHAPITRE IV

DES MEUBLES

* **827. Les trois classes de meubles.** — Ordinairement on se conforme à la classification du Code, qui n'indique que deux classes de meubles : « Les biens sont meubles *par leur nature* ou *par la détermination de la loi* » (art. 527). Cet article prête à la critique par deux points. Tout d'abord, la qualification donnée à la seconde classe de meubles est mal choisie ; elle pourrait faire croire qu'il s'agit de meubles *arbitrairement classés comme tels* par le Code, alors que ce sont des droits reconnus mobiliers *à raison de leur objet*. Il eût donc bien mieux valu employer une

expression semblable à celle de l'art. 517, et parler de meubles « par l'objet auquel ils s'appliquent ».

En outre, on verra qu'il existe en droit français une *troisième classe de meubles*, qui comprend des choses immobilières que l'on traite comme meubles *par anticipation*, parce qu'elles sont destinées à le devenir prochainement. Elle doit être intercalée entre les deux catégories prévues par l'art. 527. L'existence de cette troisième classe de meubles résulte de textes spéciaux, étrangers au Code civil.

§ 1. — *Des meubles par leur nature (Meubles corporels).*

A. — Principe.

****828. Définition.** — Cette catégorie comprend toutes les *choses* [objets matériels] qui ne sont ni immeubles par leur nature, ni immobilisées par leur destination.

L'art. 528 en donne une bonne définition en disant : « Sont meubles par leur nature *les corps qui peuvent se transporter d'un lieu à un autre*, soit qu'ils se meuvent par eux-mêmes, comme les animaux, soit qu'ils ne puissent changer de place que par l'effet d'une force étrangère, comme les choses inanimées. »

B. — Cas particuliers.

829. Établissements et usines sur bateaux. — Un meuble peut rester immobile en fait pendant toute son existence, et même être destiné par son propriétaire à rester en place indéfiniment. Tels sont les *bains*, *moulins* et *lavoirs*, établis à demeure dans les rivières ; ils ne bougent jamais et ils sont retenus aux quais ou aux rives par des amarres. Cependant ils sont meubles, lorsqu'ils sont *établis sur bateaux*. Ces établissements ne deviennent immeubles qu'autant qu'ils sont fixés au lit de la rivière par des *piliers* ou des *pilotis* (art. 519 et 531).

Toutefois le *droit fiscal* considère ces établissements comme immeubles et les assujettit à la *contribution foncière* et à celle des portes et fenêtres [1], alors même qu'ils sont montés sur bateaux.

830. Matériaux de construction. — Les choses mobilières ne perdent pas leur caractère par cela seul qu'elles sont *destinées* à être employées dans un bâtiment : les matériaux réunis pour la construction d'un édifice restent meubles *jusqu'au moment où ils sont mis en place* (art. 532). Il n'y a pas jusque-là de destination suffisante pour les immobiliser.

[1] Sur la contribution des portes et fenêtres, voy. L. 18 juill. 1892, qui a déclaré la supprimer et la remplacer par une taxe représentative. Elle a cependant été maintenue par les lois budgétaires.

A l'inverse, les matériaux détachés d'un édifice en démolition deviennent meubles *à mesure qu'ils en sont séparés* (art. 532).

On devrait, pour la même raison, décider que les parties enlevées temporairement d'un édifice pour une réparation [gouttières, ardoises, tuiles, portes et fenêtres, etc.] deviennent meubles pendant tout le temps qu'ils sont enlevés. Mais ceci est contesté. On admet en général qu'ils restent immeubles dans l'intervalle. On cite une loi romaine : « Ea quæ ex ædificio detracta sunt ut reponantur, ædificii sunt » (*Dig.*, Liv. XIX, tit. 1, fr. 17, § 10).

§ 2. — *Des meubles par anticipation.*

***831. Définition.** — Cette catégorie de meubles comprend certaines choses qui sont incorporées au sol et, par suite, immobilières par leur nature, mais qui sont *destinées à être prochainement détachées* et rendues mobilières ; on les traite, à certains égards, comme meubles parce qu'on les envisage, non dans leur état actuel, comme unis à la terre, mais dans leur état prochain, comme distincts et séparés. On peut donc les appeler des « meubles par anticipation », puisque, au moment où on leur fait application des règles spéciales qui ont été faites pour eux, ils sont encore des immeubles par nature.

A. — Histoire de cette classe de meubles.

832. Ancien droit. — Plusieurs coutumes réputaient meubles les récoltes parvenues à un certain point de maturité, les foins à la mi-mai, les blés à la Saint-Jean, les raisins au mois de septembre. « Bleds verts et autres advestures jusques à mi may sont reputez heritages, et après sont reputez catteux » (Coutume d'Artois, art. 141). Tout au moins quand une récolte était commencée, on considérait volontiers comme meuble même la partie qui n'était pas coupée (Comp. Pothier, *Des choses*, nos 240 et 241).

On donnait des solutions analogues pour les *coupes de bois*, qui, dans les coutumes du Nord, étaient rangées parmi les catteux.

833. Solutions contraires du Code civil. — Ces décisions ne seraient plus possibles aujourd'hui. D'une part, l'art. 520 dit : « Dès que les grains sont coupés et les fruits détachés, quoique non enlevés, ils sont meubles. Si une partie seulement de la récolte est coupée, cette partie seule est meuble ». Comp. coutume de Paris, art. 92. D'autre part, l'art. 521 porte : « Les coupes ordinaires de bois taillis et de futaies mises en coupes réglées ne deviennent meubles qu'au fur et à mesure que les arbres sont abattus ». Les dispositions de ces articles ont eu certainement pour but de condamner les solutions données jadis par diverses coutumes.

834. Textes spéciaux. — Cependant la catégorie des choses immobilières, qu'on répute meubles d'avance, en attendant leur prochaine séparation du sol, n'a pas entièrement disparu de notre droit. Elle a été *maintenue par des textes spéciaux*, les uns *antérieurs*, les autres *postérieurs* au Code, savoir la loi sur l'enregistrement du 22 frimaire an VII, le Code de procédure et une loi de 1851 sur les ventes publiques.

B. — État actuel du droit.

***835. Récoltes.** — Les moissons et récoltes de toute nature sont considérées comme meubles dans deux cas :

1° Quand elles font l'objet d'une *saisie* ;

2° Quand elles font l'objet d'une *vente*.

Cas de saisie. — Les fruits encore pendants par branches et par racines peuvent faire l'objet d'une saisie spéciale, appelée *saisie-brandon* (art. 626 C. proc. civ.). Comp. Brodeau, sur la coutume de Paris, art. 74, n° 35. — La saisie-brandon est une *saisie mobilière*. Mais elle n'est possible que *dans les six mois* qui précèdent la maturité.

Cas de vente. — La vente de récoltes sur pied est *mobilière*.

De là résultent plusieurs *conséquences pratiques :*

1° La *compétence du tribunal* sera déterminée par le domicile du vendeur, si un litige s'élève et que l'acheteur soit obligé de le poursuivre (art. 59 C. proc. civ.). Si la chose vendue était immobilière, l'action de l'acheteur le serait également (art. 526-3°) et le tribunal compétent serait celui de la situation de l'immeuble.

2° Le *droit de mutation* à percevoir sur la vente doit être le droit de 2 0/0, applicable aux ventes d'effets mobiliers, et non pas le droit, beaucoup plus élevé, qui serait dû s'il s'agissait d'immeubles (L. 22 frim. an VII, art. 69, § 5, 1°).

3° La *compétence des officiers publics*, chargés de procéder à la *vente aux enchères*, se trouve modifiée par le caractère mobilier de l'objet. S'il s'agissait d'immeubles, les notaires jouiraient d'un monopole absolu pour ces sortes de ventes ; mais comme il s'agit de meubles, ils ont à subir la concurrence des commissaires-priseurs, des huissiers et des greffiers de justice de paix (L. 5 juin 1851, art. 1er). Cette loi a été rendue nécessaire parce que la jurisprudence antérieure reconnaissait (à tort) le monopole des notaires.

836. Coupes de bois. — Les coupes de bois taillis ou de futaies ne peuvent pas être saisies mobilièrement comme les récoltes ordinaires ; la saisie-brandon n'est pas faite pour elles. Mais elles sont assimilées aux fruits et récoltes *en cas de vente* ; on les traite comme meubles : les coupes de bois sont, en effet, un genre de fruits particuliers que la terre produit. Leur caractère mobilier entraîne la triple conséquence signalée au n° précédent, pour la compétence du tribunal, le tarif du droit de mutation et les ventes aux enchères.

Cependant, la loi de 1851 contient ici une singularité : elle n'admet l'intervention d'officiers publics autres que les notaires que pour les coupes de bois taillis et non pour les futaies. Pour ces dernières, les notaires ont conservé leur monopole. C'est un système transactionnel, qui est illogique, étant donné le caractère mobilier reconnu à l'objet de la vente, mais cela a été formellement convenu lors du vote de la loi, et dans son texte il n'est fait mention que des taillis.

837. Produit des carrières et matériaux de démolition. — Enfin, les matières minérales contenues dans le sol [sable, chaux, pierres, etc.], ainsi que les matériaux à provenir de la démolition d'un édifice, sont également considérés comme meubles, dans l'opinion générale, quand ils font l'objet d'une vente, parce qu'on les envisage non dans leur état actuel, mais sous la forme qu'ils auront quand ils seront détachés. C'est en quelque sorte une vente de choses futures. Aucun texte n'a prévu l'hypothèse.

838. Différence entre l'ancien droit et le nouveau. — L'existence dans notre droit de choses immobilières, que l'on traite comme des meubles, se rattache certainement par un lien historique à l'ancienne théorie des *catteux* (ci-dessus, n° 769). Ce lien est surtout visible pour la saisie-brandon des récoltes. Mais les motifs qui en ont fait conserver ces faibles restes ne sont pas les mêmes qu'autrefois. On ne cherche nullement à distinguer parmi les immeubles ceux qui ont une moins grande importance que les autres, pour leur refuser la qualité « d'héritages » ; on se borne à anticiper un peu sur l'époque où la chose prendra la nature mobilière.

839. Situation spéciale des superfices dans le domaine congéable. — Une autre classe d'immeubles, traités comme meubles à certains égards, se rencontre en Basse-Bretagne [Finistère, Morbihan et Côtes-du-Nord] dans les *tenues à domaine congéable*. Les *édifices et superfices* qui se composent des constructions, plantations et autres travaux exécutés à la surface du sol par le fermier, sont la propriété de celui-ci, ce qui fait qu'on l'appelle *domanier*. Ils sont immeubles en principe et traités comme tels dans le patrimoine des domaniers, au point de vue des successions, de la communauté conjugale, des hypothèques, des droits de mutation, de la saisie par les créanciers du fermier, etc.

Mais, par exception, ils sont *réputés meubles à l'égard du foncier* [propriétaire du sol] (L. 7 juin et 6 août 1791, art. 9).

Voici les conséquences de ce caractère mobilier attribué aux droits du domanier dans ses rapports avec le foncier :

1° Celui-ci peut les saisir mobilièrement, s'il n'est pas payé ;

2° Il est dispensé d'inscrire son privilège, la publicité n'étant exigée que pour les privilèges immobiliers ;

3° Quand il congédie le domanier et reprend la propriété des édifices et superfices, ceux-ci lui reviennent francs des hypothèques établies par le fermier, en vertu de la règle : « Meubles n'ont pas de suite par hypothèque ».

§ 3. — *Meubles incorporels.*

* **840. Nature et dénomination.** — Les meubles de ce genre sont des droits (comp. ci-dessus, n° 812). Le Code les appelle « meubles par la détermination de la loi ». On a déjà vu qu'en réalité ils sont meubles *par l'objet auquel ils s'appliquent* (ci-dessus, n° 827). Leur nom le plus simple et le plus sûr est certainement celui de « meubles incorporels », qui ne prête à aucune confusion.

****841. Leur nombre.** — Pour les droits, on peut dire que le *caractère mobilier est la règle;* le droit considéré comme immeuble est une exception. On doit donc laisser dans la catégorie des meubles tous ceux dont la nature immobilière n'apparaît pas clairement.

L'énumération qu'en donne le Code (art. 529) est très incomplète ; nous allons passer en revue les principaux en les classant par catégories.

A. — Droits réels mobiliers.

***842. Nécessité de suppléer pour eux au silence des textes.** — Les droits réels (*propriété, usufruit, gage, hypothèque, privilèges*) sont meubles quand ils portent sur une chose mobilière. Le Code n'en a pas parlé. Pour le droit de propriété, on sait qu'on le confond avec la chose elle-même ; on peut donc le considérer comme contenu dans l'art. 528 qui définit les meubles corporels. Pour les autres droits réels, il y a oubli ; mais leur nature mobilière résulte suffisamment des principes et se trouve confirmée implicitement par les dispositions de l'art. 526, qui déclarent immeubles l'usufruit des choses immobilières et les servitudes prédiales : il résulte de là que les droits réels (usufruit et autres) sont meubles quand ils portent sur des objets mobiliers.

Qu'on juge par là à quel point l'Académie française s'est trompée dans son *Dictionnaire*, quand elle définit les droits réels « ceux qui ont rapport à des immeubles ».

B. — Propriétés incorporelles.

** **843. Offices ministériels.** — Certains *offices* [études de notaires, d'avoués, d'huissiers ; charges d'agents de change, de commissaires priseurs, etc.] sont considérés comme faisant l'objet d'un droit de propriété (ci-dessous nos 1193 et suiv.). Comme tels, ils sont *meubles*. Autrefois ils étaient immeubles : « Office vénal est immeuble » (Coutume de Paris, art. 95. — Comp. Edit de février 1683, sur la vente par décret des offices).

** **844. Fonds de commerce.** — Un fonds de commerce est une chose complexe, qui comprend l'achalandage, le droit au bail, l'installation matérielle, des marchandises, parfois des chevaux et voitures, etc. L'ensemble forme une chose incorporelle que l'on considère comme *mobilière* (Lyon-Caen et Renault, *Traité de droit commercial*, t. III, n° 241) et qui fait l'objet d'un droit de propriété. La loi du 28 février 1872 détermine les droits d'enregistrement à percevoir sur les ventes de fonds de commerce. Cependant, à raison de leur importance, cette sorte de propriété est régie par diverses règles spéciales qui rappellent celles qui sont établies pour les propriétés immobilières (Lyon-Caen et Renault, *ibid.*, nos 251 à 254).

** **845. Propriété littéraire, artistique et industrielle.** — L'espèce de monopole temporaire que la loi reconnaît aux auteurs et inventeurs (ci-dessous, nos 1215 et suiv.) constitue encore l'équivalent d'un droit de propriété, et comme élément actif d'un patrimoine, on le range parmi les meubles.

C. — Créances exigibles.

** **846. Définition.** — L'art. 529 range parmi les meubles les « obligations de sommes exigibles ». Il faut entendre par là celles qui donnent au créancier le droit d'exiger tôt ou tard du débiteur une prestation principale, un *capital*, par opposition aux « rentes », dont il sera parlé plus loin (n° 849), qui consistent seulement en un *revenu*. Par suite, dans l'art. 529, quand la loi parle de « sommes exigibles », elle n'entend pas parler de sommes immédiatement exigibles, c'est-à-dire de créances pures et simples, ou de créances qui, après avoir été suspendues par un terme, sont actuellement arrivées à échéance. Ainsi une somme non encore exigible au sens ordinaire du mot, c'est-à-dire due à terme ou sous condition, fait néanmoins l'objet d'une « obligation exigible », au sens spécial que ce mot prend dans l'art. 529, parce que si elle ne l'est pas encore, elle le deviendra un jour.

847. Obligations comprises dans cette catégorie. — En fait d'obligations mobilières, la loi n'en cite que deux : celles qui ont pour objet des *sommes* [d'argent] ou des *effets mobiliers* [des meubles corporels]. Il faut y ajouter toutes les *obligations de faire*, puisque, comme on l'a vu ci-dessus (n° 816-2°), aucune obligation de faire ne peut avoir un caractère immobilier. Il n'y a en droit français de créances ou d'actions immobilières que celles qui tendent à revendiquer un immeuble (art. 526).

848. Pléonasme dans le texte. — La loi emploie deux expressions (*obligations* et *actions*) pour qualifier ces créances. C'est un pléonasme : l'action ne forme pas un droit distinct de la créance. Le mot « obligation » suffisait. On a cependant voulu trouver à chacun un sens distinct en disant que « obligation » désignait la dette et « action » la créance. C'est peu probable, mais il n'en est pas moins certain que la nature de l'obligation est mobilière aussi bien activement que passivement, dans les hypothèses prévues par l'art. 529.

Si on veut donner un sens particulier au mot « actions », il faut l'entendre de certaines actions en justice, qui ne sont pas à proprement parler l'exercice d'un droit réel ou d'un droit de créance, et dont la nature a été indiquée ci-dessus n°s 819-820, à propos des immeubles : les actions en nullité, en rescision et autres analogues sont mobilières quand elles ont pour objet un meuble.

D. — Rentes.

** **849. Définitions.** — On appelle « rente » une prestation annuelle qu'une personne doit à une autre et qui se paie, soit en nature, soit en argent. Ce mot vient du bas-latin *renda* ou *rendita*, qu'on avait tiré du verbe *reddere*, et qu'on trouve déjà dans des chartes du IXe siècle (Cartulaire de Redon). Le mot « rente » exprime donc uniquement l'idée de *revenu*, et non celle de *capital*. De là le sens technique qu'il a pris : il s'emploie exclusivement lorsqu'une personne promet à une autre un revenu annuel, et pas de capital ; on ne s'en sert jamais pour désigner les créances qui permettent au créancier d'exiger tôt ou tard de son débiteur un capital en argent. Ces créances s'appellent, par opposition aux rentes, *créances exigibles* ; c'est le nom que leur donne l'art. 529 : « créances de sommes exigibles ». Les rentes sont des *créances à capital non exigible*, qui ne donnent droit qu'à un revenu.

Le créancier de la rente s'appelle *crédirentier* ; le débiteur, *débirentier*.

* **850. Sens du mot « arrérages ».** — Les *arrérages* sont les sommes dues à titre de rentes, lorsque le terme de leur échéance est passé et qu'elles ne sont pas payées. « Arrérages » signifie donc l'*arriéré*, et ce mot vient en effet de « arrère », ancienne forme du mot « arrière ». Jadis cette expression s'employait à propos de toutes les redevances périodiques dues à un titre quelconque : gages, pension, cens, loyers, fermages, rentes, etc. (Ragueau et Laurière, *Glossaire*, v° Arrérages ; comp. les exemples anciens de *arrierage* dans le *Dictionnaire* de Godefroy). Dans l'usage moderne, « arrérages » ne s'applique plus qu'aux rentes ; pour les sommes dues à un autre titre, on se sert de l'expression « arriéré » : l'arriéré d'une pension.

* **851. Fausse interprétation moderne du mot « rente ».** — Les auteurs modernes, trouvant deux mots pour une seule chose, ont voulu leur donner des sens différents. D'après eux, la rente serait le droit abstrait, le droit principal, qui permet d'exiger certaines sommes annuellement ; les arrérages seraient la prestation annuelle ; l'un serait le *droit*

frugifère, l'autre serait son *produit*. L'erreur se trouve déjà dans POTHIER (*Des personnes et des choses*, n° 260). — C'est là une de ces explications arbitraires, fournies par des gens qui veulent expliquer par le raisonnement une chose dont l'histoire seule peut donner la clé : la formation progressive de la langue d'un peuple et de ses institutions. En réalité, la rente est le revenu annuel, et sous le nom d' « arrérages » c'est toujours de la rente qu'il s'agit, avec l'idée de retard en plus. Quant au droit principal, qui aurait pour objet le capital et dont la rente serait le produit, il n'existe pas, puisque, par définition, le créancier n'a droit qu'à un revenu et non à un capital.

Pendant que les jurisconsultes s'égaraient ainsi, le sens exact se conservait dans le langage populaire. Il n'est pas de petit rentier qui ne dise : « Je vais toucher ma rente ». On raille son langage en disant qu'on ne peut pas toucher une rente, mais seulement ses arrérages ; c'est pourtant lui qui est dans le vrai.

** **852. Diverses sortes de rentes.** — Les rentes ne sont pas toutes de la même sorte et elles peuvent recevoir plusieurs classifications.

1° AU POINT DE VUE DE LEUR DURÉE. — Les rentes sont *perpétuelles* ou *viagères* (art. 1910) : les premières sont dues indéfiniment ; les secondes cessent d'être dues à la mort du crédirentier.

2° AU POINT DE VUE DE LEUR MODE DE CONSTITUTION. — Certaines rentes sont constituées à *titre gratuit* (par donation ou par legs), les autres sont établies à *titre onéreux*, c'est-à-dire que celui qui s'engage à payer annuellement la rente [débirentier], reçoit du crédirentier quelque chose en échange de sa promesse : par exemple, dans la vente d'une maison à rente viagère, la rente est le prix de l'acquisition de la maison.

3° AU POINT DE VUE DE LEURS CARACTÈRES PROPRES. — Parmi les rentes constituées à titre onéreux, il faut faire une sous-distinction selon la *nature de la chose* aliénée en échange de la rente.

Si cette chose est un *capital en argent*, la rente est dite *rente constituée*.

Si c'est un *bien en nature*, une terre ou une maison, par exemple, la rente est dite *rente foncière*.

La portée de cette distinction sera expliquée plus loin.

* **853. Rareté actuelle des rentes perpétuelles.** — Les rentes perpétuelles dérivaient ordinairement ou d'un contrat de constitution de rente ou d'une aliénation d'immeuble. Or ces deux sources sont à peu près taries dans le droit moderne.

Le contrat de constitution de rente était dans notre ancien droit un moyen de tourner la prohibition du prêt à intérêt, défendu par le droit canonique : le capitaliste, ne pouvant *prêter* son capital, *aliénait définitivement* l'argent demandé par l'emprunteur et s'en faisait promettre l'intérêt sous le nom de rente. Il y avait entre la constitution de rente et le véritable prêt à intérêt, de profondes différences qui seront indiquées dans le t. II à propos des contrats. — Depuis que le prêt à intérêt est permis, le contrat de constitution de rente n'est plus en usage entre particuliers. Il ne sert plus qu'aux emprunts d'État. Ainsi les rentes sur l'État français sont des rentes constituées : quand l'État emprunte, il ne s'engage pas à rendre l'argent à une époque déterminée ; il promet seulement de servir à ses prêteurs un revenu annuel.

La création d'une rente foncière comme condition de l'aliénation d'un immeuble résulte d'un contrat spécial, le *bail à rente*, fort usité dans l'ancien droit, très rare de nos jours.

** **854. Caractère mobilier des rentes dans le droit moderne.** — Sous l'empire du Code civil, les rentes de toute nature sont *meubles* (art. 529, al. 2).

Il en était autrement dans l'ancien droit. La rente foncière était universellement considérée comme *immobilière ;* c'était un droit réel que l'aliénateur se réservait dans son immeuble au moment où il en disposait. Mais la rente foncière a subi une transformation complète, qui a mis seize ans à s'accomplir, depuis le début de la Révolution jusqu'à l'achèvement du Code civil. On a fait d'elle *une simple créance mobilière* en lui enlevant le caractère de *droit réel immobilier* qu'elle avait jadis. Cette transformation est trop longue pour être exposée ici ; elle encombrerait la classification des biens meubles, et l'histoire de la rente foncière trouvera mieux sa place à la suite des droits réels sur la chose d'autrui (ci-dessous nos 1940 à 1952).

La nature des rentes constituées était moins bien déterminée. Les coutumes se partageaient : quelques-unes réputaient meubles ces sortes de rentes (Troyes, Reims et quelques autres), mais en général on les considérait comme immeubles ; c'était le droit commun représenté par les coutumes de Paris (art. 94) et d'Orléans (art. 191).

Le caractère immobilier des rentes constituées était contraire à la nature des choses, puisque toutes les prestations que se devaient les parties n'avaient pour objet que de l'argent. Pour justifier une solution aussi peu conforme aux faits, nos anciens auteurs donnaient des explications à côté et assez embarrassées (LAURIÈRE, sous l'art. 94, cout. de Paris ; POTHIER, *Traité des personnes et des choses*, n° 260). La seule raison solide était d'ordre économique : à cause de l'importance qu'avaient prise les rentes constituées dans la composition active des patrimoines, on avait voulu leur accorder le caractère d'*héritage*, avec les garanties qui en résultaient (ci-dessus nos 770 et 771).

E. — Actions et intérêts dans les sociétés.

* **855. Ce que c'est qu'une part d'associé.** — Plusieurs personnes se réunissent pour former une *société* ; elles constituent le *capital social* par la réunion de leurs *mises* ou *apports*. Si la société prospère, ce capital va en augmentant ; il appartient évidemment aux associés : aucune personne, en dehors d'eux, ne peut élever de prétention sur lui, et les différentes parts des associés dans l'actif figurent dans leurs patrimoines respectifs pour un chiffre exactement égal à leur valeur vraie. L'associé devient plus riche, quand le capital social augmente ; il devient plus pauvre, quand ce capital diminue.

* **856. Dénominations diverses.** — Dans les sociétés montées par actions, le titre représentatif de chaque part réelle s'appelle *action ;* dans les autres sociétés, il s'appelle *intérêt*.

On observera que le mot « action » est pris ici dans un sens tout à fait différent de celui d' « action en justice », qui lui appartient également. L'observation est utile à faire, parce que ce mot figure deux fois dans l'art. 529 et qu'il y est pris successivement dans ces deux sens.

** **857. Caractère mobilier des parts d'associés.** — Il devrait résulter de là que la nature propre de chaque part d'associé varierait selon la composition de l'actif social : elle devrait être mobilière ou immobilière ou mixte, selon que l'actif social est formé uniquement de meubles ou d'immeubles, ou qu'il comprend des biens des deux sortes. Or l'art. 529 décide que la part des associés est *mobilière, alors même que des immeubles se trouveraient compris dans l'actif social.* Cette solution, que le Code n'appliquait qu'à certaines espèces de sociétés, est générale aujourd'hui, d'après la jurisprudence la plus récente (voy. ci-dessous, nos 861 et 2000-4°).

Mais il ne s'agit pas pour l'instant d'en déterminer l'étendue ; il faut d'abord l'expliquer et comprendre comment cela peut se faire. Or, sur ce point, il existe deux théories en présence, l'une ancienne et fort commune, l'autre nouvelle et relativement peu connue.

858. Explication par l'idée de personnalité. — Cette explication, qui est courante, est tout simplement fondée sur le caractère de *personne civile* ou *morale* reconnu à la société. On admet qu'il existe, à côté des associés et en sus de leur nombre (comp. ci-dessous, n° 2014), une personne supplémentaire qui est *leur société personnifiée*, et c'est cette personne fictive qui est *réputée propriétaire du fonds social ;* c'est donc elle qui est propriétaire des immeubles, s'il y en a, et non les associés.

La part de ceux-ci est *représentée dans leur patrimoine par un titre d'une nature spéciale*, une sorte de bon ou d'assignat, qui est considéré comme une valeur distincte, *toujours mobilière.* C'est une fiction : dans la *réalité économique*, le capital social n'existe pas deux fois, il n'est pas *doublé ;* cependant, en droit, on le rencontre dans deux endroits différents : on le trouve une première fois, condensé dans le patrimoine de l'être moral, appelé société, et une seconde fois, réparti par fractions dans les patrimoines des associés. Mais ce que possède chaque associé n'est qu'*une représentation fictive de sa part réelle*, laquelle est dans la masse collective et non ailleurs. Ce résultat est un des effets les plus curieux que produise la fiction de personnalité.

En attendant que la société soit dissoute et ses biens partagés, les associés ne sont donc pas considérés comme copropriétaires de l'actif social ; ces biens ne sont pas dans l'indivision : ils sont réputés appartenir à un propriétaire unique, qui est la personne fictive. Le droit des associés se réduit : 1° au droit de prendre part *annuellement* au partage des bénéfices, s'il y en a, en touchant un *dividende ;* 2° au droit de prendre part éventuellement au partage de l'actif, *après la dissolution de la société.*

859. Explication par l'affectation du patrimoine social. — Cette explication a été présentée en France par M. Saleilles, dans son étude sur l'*Histoire des sociétés en commandite* (*Annales de Droit commercial*, 1897 et 1898, spécialement aux n°s 49 à 63) [1]. On distingue chez les personnes associées deux sortes de patrimoines, leur patrimoine personnel et leur part dans le patrimoine social. « Cette dernière, dit M. Saleilles, est *affectée à une destination exclusive*, qui la soustrait au gage commun des créanciers » (n° 59). Elle est comprise dans le fonds social, qui est nécessairement soumis à un régime d'administration unitaire, et qui est en même temps soustrait, pour toute la durée de la société, aux demandes en partage des copropriétaires et aux poursuites de leurs créanciers. M. Saleilles explique ainsi comment certaines sociétés commerciales (les sociétés en commandite) ont pu fonctionner dans tout notre ancien droit sans être reconnues comme personnes fictives, tout en bénéficiant de nombreuses règles qui leur sont encore applicables et que nous expliquons aujourd'hui à l'aide de l'idée de personnalité. Ce que nous appelons « *apport* à une société », en considérant cet acte comme une *aliénation* au profit d'une personne

[1] Voyez aussi les notes et articles du même auteur énumérés dans la thèse de M. Négulesco, p. 47, note 3.

fictive, se concevait alors comme une simple *affectation*, équivalant à une scission dans le patrimoine de l'associé et suffisante pour arrêter l'action de ses créanciers personnels.

De là l'expression dont on se sert dans cette théorie : on appelle *patrimoine d'affectation* la masse formée par la réunion des différents apports faits par les associés et la quote-part appartenant à chacun d'eux dans cette masse. La plupart des règles des sociétés, qu'on rattache ordinairement à l'idée de personnalité, s'expliquent dans ce système le plus aisément du monde, par la séparation des deux patrimoines [1]. Voir aussi sur cette question l'étude de M. Mongin, signalée au n° 1965-II.

Cependant il en est un que cette théorie nouvelle ne paraît pas justifier complètement : c'est le caractère mobilier des parts d'associés, dans le cas où la société possède des immeubles. En effet, chacun d'eux continue à être lui-même et personnellement propriétaire de sa part dans l'actif social : il est donc propriétaire d'immeubles.

***860. Assimilation du droit de l'associé à une créance.** — En sommes-nous donc réduits à reconnaître que la décision de l'art. 529 ne peut s'expliquer que par la fiction de la personnalité des sociétés ? Je ne le pense pas. Du moment où l'associé est considéré comme possédant deux patrimoines distincts, on conçoit qu'il s'établisse entre eux des rapports de créance et d'obligation analogues à ceux qui existent entre deux personnes différentes. Ainsi le droit de toucher individuellement des dividendes est de plus en plus traité en pratique comme une créance d'un genre particulier existant contre la société. Ainsi encore ce qu'on appelle sa part (action ou intérêt) figure dans son patrimoine personnel en même temps que dans le patrimoine social ; c'est une valeur représentative de la part réelle et qui peut être aliénée par lui et saisie par ses créanciers. Devons-nous voir dans cette valeur un *droit de propriété ?* Je ne le pense pas. Ce sera un jour une propriété, lorsque la société sera dissoute et que les ex-associés se partageront son actif ; mais provisoirement, *ce n'est qu'une créance :* l'associé ou son auteur a déboursé une somme ou a cédé un bien quelconque pour la formation de la société ; la restitution de cette valeur est *due* par la société, mais sans détermination précise ; elle peut se faire en nature ou en argent. Le patrimoine personnel est donc créancier de la société, et, à raison de l'indétermination de son objet, qui est exprimé seulement par un chiffre, cette créance ne peut être que mobilière. Comp. LYON-CAEN, note dans *Sirey*, sous Paris, 18 août 1881, S. 82. 2. 25.

****861. A quelles sociétés s'applique l'art. 529.** — Au temps où le Code Napoléon a été rédigé, la personnalité n'était reconnue qu'aux sociétés commerciales. C'est pourquoi le texte, qui déclare mobilières les parts des associés, même quand l'actif social comprend des immeubles, ne donne cette décision que pour « les compagnies de finance, de commerce ou d'industrie », c'est-à-dire pour les sociétés commerciales. Par suite, les parts d'associés faisant partie d'une *société civile*, dépourvue de person-

[1] Cette explication est à peu près la même que celle que pourrait fournir la théorie de la propriété collective développée ci-dessous, nos 1953 à 2028. L'associé a deux patrimoines, qu'il possède de deux façons différentes, et à chacun d'eux correspond une masse distincte de créanciers.

nalité, se trouvaient en dehors de la disposition de la loi ; elles restaient mobilières ou immobilières selon la composition de l'actif. Il est même possible, comme l'a soutenu Toullier (t. XII, n° 96), que les auteurs du Code n'aient entendu appliquer leur système qu'aux grandes Compagnies. — Mais le droit a changé depuis lors. La décision donnée par l'art. 529 a été interprétée comme une conséquence nécessaire de la personnalité, et par suite étendue d'abord à toutes les sociétés commerciales, quelle que fût leur importance. Puis, comme la Cour de cassation admet la personnalité des sociétés civiles depuis 1891 (voy. ci-dessous, n° 2000-4°), les parts d'associé se trouvent aujourd'hui *mobilières dans une société quelconque*, commerciale ou civile ; de sorte que l'art. 529 n'exprime plus l'état actuel du droit.

862. Pour quelles personnes existe le caractère mobilier. — Le caractère mobilier attribué à la part de l'associé est contraire à la réalité. La loi dit que « ces actions ou intérêts sont *réputés meubles* ». C'est donc une *fiction*. De plus, cette fiction est *relative* ; elle a lieu « *à l'égard de chaque associé seulement* ». Cela veut dire que la fiction s'applique seulement en tant qu'on considère le patrimoine propre de chaque associé ; mais l'actif social, considéré dans son ensemble comme appartenant à un être fictif, est mobilier ou immobilier selon les termes du droit commun. Par conséquent, il ne faut pas prendre au pied de la lettre les expressions dont la loi s'est servie. Ce n'est pas pour l'*associé seul* que chaque part est réputée mobilière ; c'est *pour lui et ses ayants cause*, son conjoint, ses créanciers, etc. La loi veut opposer ici l'associé à la société.

** **863. Durée de la fiction.** — La loi dit que la part de l'associé est réputée mobilière « tant que dure la société ». Ceci encore n'est plus tout à fait exact. La loi a voulu dire que les parts des associés cessent d'être réputées mobilières quand les immeubles de la société ont été partagés entre eux. Or ce fait ne se produit pas immédiatement à la dissolution de la société ; il s'écoule toujours un temps plus ou moins long avant que le partage soit fait. La jurisprudence moderne admet que, lorsqu'une société se dissout, elle doit être considérée comme se survivant à elle-même pendant la durée de sa liquidation. Autrement, si les biens et les charges sociales retombaient tout de suite dans l'indivision par l'effet de la dissolution, l'enchevêtrement serait inextricable et les opérations de compte et de partage deviendraient pratiquement impossibles. Il faut donc prolonger la fiction de l'art. 529 jusqu'à la fin de ces opérations ; ce n'est qu'après le partage, quand le lot de chacun sera déterminé, qu'on saura si son droit est, en fin de compte, mobilier ou immobilier ou mixte.

F. — Définitions légales.

864. Renvoi. — Les auteurs du Code, constatant que les mots « meubles » et « mobilier » sont très souvent pris dans la pratique avec des sens différents, ont voulu éviter des difficultés en indiquant eux-mêmes l'interprétation qu'il faudrait leur donner (art. 533 à 536).

Généralement on reconnaît que ces articles sont à peu près inutiles. Il est en effet très rare que l'intention des parties ou du testateur ne ressorte pas de quelque circonstance particulière, et il est plus rare encore qu'elle concorde avec les définitions du Code. Il arrive cependant quelquefois que rien ne permet de préciser le sens de l'expression employée ; on doit alors se conformer à la décision de la loi. Pour ces définitions, voyez les textes précités.

LA POSSESSION

865. Place de la possession dans le Code. — Les règles de la possession ont été formulées par les auteurs du Code à l'occasion de l'*usucapion* ou prescription acquisitive, dans les art. 2228 à 2234. La possession se présente ainsi comme un *simple accessoire*, comme un chapitre compris dans une autre matière. Or la possession produit bien d'autres effets que l'usucapion, et elle mérite d'en être isolée pour faire l'objet d'une théorie spéciale. Les règles contenues dans les articles précités ne s'appliquent pas seulement aux personnes qui veulent prescrire; ce sont les principes généraux de la possession, qui la gouvernent quels qu'en soient les effets.

CHAPITRE PREMIER

ANALYSE DE LA POSSESSION

§ 1. — *Objet et éléments de la possession.*

** **866. Définition.** — La possession est un *état de fait* qui consiste à *avoir une chose à sa disposition et à accomplir sur elle des actes matériels d'usage ou de transformation.* Comparez l'art. 2228, qui dit : « la détention ou la jouissance d'une chose... » :

* **867. Extension progressive de l'idée de possession.** — Les *jurisconsultes romains* n'ont d'abord connu et compris la possession que dans son application la plus parfaite : le cas où une personne détient une chose, d'une manière actuelle et exclusive, et peut s'en servir, et au besoin la détruire ou la consommer. Sous cette forme, la possession apparaît comme étant un *pouvoir physique*, quelque chose de *matériel*, et par suite on décidait que la possession n'était possible que sur les *choses corporelles*.

Mais avec le temps on admit, à côté de cette possession des choses corporelles, ou *possessio rei*, un autre genre de possession qui consistait à exercer en fait, sur une chose, un *simple droit de servitude*. Ce fut ce qu'on appela la *possessio juris* ou *quasi-possessio*. Non seulement nous avons conservé cette extension de l'idée de possession ; mais, dans notre droit moderne, la notion de possession est même sortie du domaine des droits réels pour s'étendre à d'autres droits. Ainsi on a déjà vu que l'*état des personnes* peut être possédé, puisqu'il existe une *possession d'état* (n° 468)

L'art. 1240 nous parle du *possesseur d'une créance*, c'est-à-dire d'une personne qui, sans être créancier, passe pour l'être, et en exerce les droits.

Il sera question, dans les développements qui vont suivre, uniquement de la *possession des choses corporelles*.

868. Relation entre la possession des choses et la quasi-possession des droits. — Les Romains, qui n'avaient conçu d'abord la possession que sous une forme concrète et matérielle, mettaient une différence entre la « possessio rei » et la « possessio juris ». Nos anciens auteurs reproduisaient de confiance cette distinction traditionnelle. Ainsi, pour Pothier, « les choses incorporelles, c'est-à-dire celles quæ in jure consistunt, ne sont pas susceptibles d'une possession véritable et proprement dite » ; elles ne peuvent recevoir qu'une quasi-possession, et « la quasi-possession d'un droit consiste dans la jouissance qu'en a celui à qui il appartient » (*Possession*, n° 38). L'art. 2228 fait évidemment allusion à la même distinction quand il définit la possession « la détention d'une chose ou la jouissance d'un droit », et le projet de l'an VIII était encore plus explicite en disant que la possession ne s'applique proprement qu'aux choses corporelles et que les droits sont possédés « improprement par le genre de possession dont ils sont susceptibles » (Fenet, t. II, p. 405, art. 9 et 10).

Néanmoins cette distinction n'a aucune raison d'être ; elle n'est que la reproduction d'une formation historique progressive, et sa formule n'est plus qu'un cadre vide. En effet, ce que les Romains appelaient « possession des choses corporelles » était la jouissance complète et exclusive d'une chose, *analogue à celle qui constitue l'exercice régulier du droit de propriété*. Au fond, la « possessio rei » était elle-même comme la « possessio juris », l'*exercice d'un droit*, à savoir du droit de propriété. Il n'y a donc pas lieu de maintenir la distinction romaine, qui n'a eu de raison d'être qu'au temps où la possession des choses corporelles était une institution du droit civil, tandis que la quasi-possession n'était reconnue et pourvue d'effets que par le droit prétorien. C'est toujours sur une chose corporelle que la possession s'exerce ; seulement les actes qui la constituent correspondent tantôt à l'exercice du droit de propriété, auquel cas on dit qu'il y a « possession de la chose », et tantôt à l'exercice d'un simple droit de servitude ou d'usage sur la chose d'autrui, auquel cas on dit qu'il y a « possession d'un droit ».

*** 869. Choses susceptibles de possession.** — La possession étant l'exercice en fait du droit de propriété ou de ses démembrements, ne peut s'appliquer qu'aux choses *susceptibles de propriété privée*. Il en résulte que les particuliers ne peuvent pas avoir une possession efficace, à un point de vue quelconque, ni sur les biens du *domaine public* [1], ni sur les *choses communes*, comme les eaux des petites rivières.

Mais la possession est possible pour les meubles, comme pour les immeubles.

**** 870. Inutilité de l'existence du droit en matière de possession.** — La possession étant un *pur fait*, la question de savoir si le possesseur a ou n'a pas le droit d'agir comme il le fait est indifférente pour l'existence de la possession et pour la réalisation de ses effets. Il résulte de là que le possesseur qui agit *sans droit* est *assimilé* (au point de vue de la possession seulement) à celui qui exerce un droit réellement existant.

Aussi doit-on bien se garder de définir la possession, comme on le fait

[1] Pour l'impossibilité d'exercer les actions possessoires à l'occasion d'immeubles dépendant du domaine public, voyez Garsonnet, *Cours*, t. I, n°s 133 et 186.

parfois, en disant qu'elle est « l'exercice d'un droit ». La possession est l'exercice d'un droit, quand le droit existe; mais on peut avoir la possession sans avoir aucun droit à exercer.

** **871. Éléments constitutifs de la possession.** — Selon une doctrine traditionnelle, qui nous vient du droit romain, la possession se compose de deux éléments, l'un *matériel*, appelé « corpus », l'autre *intentionnel*, appelé « animus » [1].

Le « corpus » n'est pas autre chose que l'*ensemble des faits* qui constituent la possession. Ce sont des *actes matériels* de détention, d'usage, de jouissance, de transformation, accomplis sur la chose.

Quant aux *actes juridiques*, ils ne peuvent pas servir à constituer l'élément corporel de la possession. Sans doute un propriétaire qui possède sa chose peut accomplir des actes juridiques, soit d'administration comme le *bail*, soit de disposition comme la *vente*. Mais ces mêmes actes sont également possibles de la part d'une personne qui ne possède pas : il n'est pas nécessaire de posséder pour donner à bail ou pour vendre ; le *contrat* est *valable ;* c'est seulement son *exécution* qui devient *impossible*.

L' « animus », ou élément incorporel, est l'*intention*, chez celui qui possède, d'agir *pour son propre compte*. Aussi l'appelle-t-on quelquefois « animus domini » ou « animus rem sibi habendi ». Ces expressions, inventées pour formuler les principes romains sur la possession, ne sont pas romaines ; elles ne se trouvent pas dans les textes et elles ne traduisent peut-être pas fidèlement les idées anciennes (voyez les observations de Maynz, § 81, obs. 2, et de Girard, p. 256-258) ; mais elles expriment très exactement la doctrine moderne, à la condition qu'on les prenne dans un sens large et qu'on ne les restreigne pas au cas où le possesseur se gère comme s'il était propriétaire, car la possession peut s'exercer à un autre titre que la propriété.

§ 2. — *Comment la possession s'acquiert et se perd.*

A. — Acquisition de la possession.

872. Conditions de son acquisition. — La possession n'existe que quand les deux éléments qui la composent sont réunis.

* **873. Acquisition par autrui.** — Faut-il que les deux éléments de la possession se réalisent en la personne même qui doit devenir possesseur ? Il y a à cet égard une distinction à faire entre l'élément intentionnel et l'élément matériel.

1° L'*élément intentionnel*, l'intention de devenir possesseur, est en principe *requis en la personne même qui doit posséder*. La volonté d'un tiers ne peut pas nous rendre possesseur à notre insu. Mais pour les personnes qui sont incapables d'avoir un « animus » qui leur soit propre, comme les *fous* ou les *enfants*, il a bien fallu admettre que la posses-

[1] Je me conforme à l'habitude universelle qui est d'employer ces deux mots latins pour désigner les deux éléments de la possession. Mais je ne vois pas pourquoi nous nous obstinons à parler latin quand les mots français le *fait* et l'*intention* seraient tout aussi clairs.

sion serait acquise par l'intention d'autrui : elles empruntent, en quelque sorte, l' « animus » de leurs représentants.

2° L'élément matériel est régi par un principe contraire : *il n'est jamais nécessaire que les actes de jouissance*, constitutifs de la possession, *soient accomplis par le possesseur en personne*. Il a toujours été admis, et cela dès l'époque romaine, qu'on peut prendre possession d'une chose « corpore alieno », c'est-à-dire par l'intermédiaire d'un représentant quelconque, mandataire, gérant d'affaires, etc. Du moment où cette personne prend possession de la chose en notre nom, avec l'intention de nous la faire acquérir, la possession nous est acquise, si nous en avons par nous-mêmes l'intention.

B. — Perte de la possession.

* **874. Trois causes de perte de la possession.** — La possession peut se perdre de trois manières différentes, soit que ses deux éléments constitutifs disparaissent en même temps, soit qu'un seul d'entre eux, tantôt le « corpus », tantôt l' « animus », soit perdu, l'autre subsistant. Celui qui reste, quel qu'il soit, ne suffit pas à maintenir la possession, qui suppose la réunion des deux éléments.

* **875. Cas normal.** — La première manière est l'hypothèse normale. Ordinairement celui qui perd la possession perd en même temps le « corpus » et l' « animus ». Ce résultat se produit dans deux séries de cas différents. 1° Il y a *aliénation* : l'ancien possesseur de la chose la remet à l'acquéreur, qui possède désormais à sa place. 2° Il y a *abandon* : le possesseur jette sa chose, avec l'intention d'y renoncer ; elle devient une « res derelicta ».

* **876. Perte de l'élément corporel.** — La seconde manière de perdre la possession consiste à perdre le « corpus » en conservant l' « animus ». Cela arrive encore dans deux séries de cas : 1° Un *tiers s'empare* en fait *de la chose* ; 2° Sans l'intervention de personne, la chose échappe matériellement à son détenteur : par exemple, si c'est une *chose inanimée*, elle est *égarée* ; si c'est un *animal* qu'on tenait en captivité, *il s'enfuit*. — Dans tous ces cas, le possesseur, ne pouvant plus en fait exercer sur la chose les actes matériels qui constituent la possession, reste vainement animé du désir de la posséder : il a perdu la possession ; son intention ne suffit pas à la lui conserver. Voyez toutefois l'exception à cette règle signalée au n° 879, pour la possession des immeubles.

* **877. Conservation de la possession par l'intermédiaire d'autrui.** — On peut conserver la possession, de même qu'on peut l'acquérir, par l'intermédiaire d'autrui. Ainsi *celui qui donne sa maison ou son champ à bail*, cesse de posséder matériellement sa chose ; mais comme *le locataire ou le fermier la détient pour lui*, il ne cesse pas pour cela d'en avoir la possession, avec tous les avantages qui en découlent. Le propriétaire se borne à accomplir des actes juridiques qui ne sont pas constitutifs de la possession ; il passe des baux, il donne des quittances de loyers ; mais les faits matériels, qui font de lui un possesseur, sont l'œuvre d'autrui ; il possède donc « corpore alieno ».

* **878. Perte de l'élément intentionnel.** — La troisième manière de perdre la possession, par la perte de l'*animus* seul, est plus difficile à concevoir : on ne se représente guère une personne qui cesserait d'avoir l'intention de posséder, tout en continuant à accomplir les actes matériels de la possession. Mais on peut supposer que le possesseur, en vendant la chose, consente à la conserver pour le compte de l'acheteur, alors qu'il la possédait auparavant pour son propre compte. C'est ce que nos anciens auteurs appelaient le *constitut possessoire* (POTHIER, *Propriété*, n° 208) : le vendeur se constitue possesseur pour autrui. Désormais la possession véritable appartient à l'acheteur, et le vendeur, qui a conservé le *corpus*, a perdu la possession en perdant l'*animus*.

879. Conservation de la possession immobilière par la seule intention. — Il y a une exception aux règles précédentes pour les *choses immobilières*. Celui qui, après avoir eu pendant quelque temps la possession d'un fonds, cesse d'accomplir les actes matériels qui constituent l'élément corporel de la possession, n'en reste pas moins possesseur de ce fonds par le seul fait qu'il conserve l'intention de posséder. On dit que dans ce cas la possession se conserve *solo animo*. C'est une règle qui nous vient du droit romain (PAUL, au *Digeste*, liv. XLI, tit. 2, fr. 3, § 7), et qui n'est vraie que pour les biens-fonds.

Mais pour que l' « animus » seul conserve la possession, il faut que *la chose reste matériellement à la disposition du possesseur*. Si un fait nouveau survient qui soit un obstacle à la continuation des actes de possession, la possession est perdue, malgré la conservation de l' « animus ». C'est ce qui arrive si une autre personne s'empare du fonds et en jouit paisiblement pendant un an : cette possession annale assure au nouveau possesseur le succès dans l'instance au possessoire (Cass., 11 déc. 1889, D. 91. 1. 38, S. 92. 1. 132. — Comp. Cass., 27 oct. 1891, D. 92. 1. 482, S. 92. 1. 23 ; Cass., 30 nov. 1892, D. 93. 1. 247, S. 93. 1. 68).

§ 3. — *Des vices de la possession.*

* **880. Définition.** — La possession *existe* dès que ses deux éléments essentiels, le « corpus » et l' « animus », sont réunis ; mais elle peut être atteinte de certains *vices* qui la rendent *inutile*, notamment pour l'exercice des actions possessoires et pour l'acquisition de la propriété par usucapion. Ces deux effets, qui sont les avantages principaux de la possession, ne sont attachés qu'à une possession exempte de vices.

Un vice de la possession est donc *une certaine manière d'être qui, sans détruire son existence, la rend juridiquement inutile*. Comparez ce qui a été dit plus haut du consentement et de ses vices (n°s 274 et 275).

** **881. Énumération.** — Ces vices sont au nombre de quatre : la *discontinuité*, la *violence*, la *clandestinité* et l'*équivoque*.

882. Critique de la loi. — Le Code parle des vices de la possession dans l'art. 2229, à propos de la prescription. Sur cet article, il y a lieu de faire deux observations :

1° Au lieu d'envisager en lui-même le vice qui rend la possession stérile, la loi indique, sous une forme positive, la qualité inverse qui résulte de l'absence de ce vice. Ainsi, elle exige que la possession soit *paisible* (exempte de violence), *publique* (exempte de clandestinité), *continue* (exempte de discontinuité). — Il vaut mieux se préoccuper du vice, qui est une manière d'être accidentelle de la possession, que de la qualité correspondante, qui est sa manière d'être normale. On se rend facilement compte alors d'une erreur commise par la loi dans son énumération, erreur qui va faire l'objet de la seconde observation.

2° Au lieu de se contenter des quatre vices que nous avons énumérés, et qui sont les seuls qui existent, la loi semble supposer qu'il y en a six, puisqu'elle énumère six *qualités* au lieu de quatre. Les deux qualités supplémentaires sont les suivantes : la possession doit être *non interrompue* et s'exercer *à titre de propriétaire*.

Mais il est facile d'établir que ces deux qualités sont empruntées à un tout autre ordre d'idées ; elles ne correspondent réellement à aucun vice, et quand elles font défaut, il y a *absence de possession*, et non pas *possession viciée*.

* **883. Possession interrompue.** — L'*interruption* concerne non pas la théorie de la *possession*, mais bien la théorie de la *prescription*.

La loi n'aurait pas eu à s'en occuper si elle avait dégagé la possession de la prescription, pour en faire l'objet d'un titre spécial. L'interruption de prescription, que la loi a eue ici en vue, consiste dans la *perte de la possession pendant plus d'un an* (art. 2243). Il est très vrai que, pour conduire à la prescription, la possession ne doit pas avoir été interrompue ou que son interruption doit avoir duré moins d'un an. Mais il ne s'agit ici ni de *vice* ni de *qualité*, mais bien de l'*existence* même de la possession : une possession interrompue est une possession qui est ou a été perdue.

* **884. Possession ne s'exerçant pas à titre de propriétaire.** — On peut dire la même chose de la sixième qualité énumérée dans la loi. La possession doit être exercée « *à titre de propriétaire* ». Cette formule est doublement malheureuse : elle semble supposer

que le possesseur a besoin d'un *titre* pour justifier sa possession, ce qui serait faux, puisque le possesseur sans titre a la possession et peut même usucaper la propriété par trente ans. En second lieu, la loi semble exiger que le possesseur se gère *comme propriétaire* de la chose, ce qui serait encore inexact, puisque la possession peut s'appliquer à d'autres droits qu'à la propriété, à des servitudes par exemple.

Ce que la loi vise, sous cette formule mal choisie, c'est la *précarité*. Quand elle dit « à titre de propriétaire », il faut entendre « à titre non précaire », comme le dit l'art. 23 C. proc. civ. Or la précarité n'est pas un *simple vice* de la possession, c'est quelque chose de bien plus grave, c'est l'*absence de possession*. La possession précaire, en effet, n'est que la *simple détention* de la chose ou son *usage par tolérance*, c'est-à-dire une situation juridique parfaitement distincte de la possession.

Par conséquent, en exigeant que le possesseur agisse à titre de propriétaire, la loi ne se préoccupe pas seulement d'un vice ou d'une qualité ; c'est l' « animus domini » qu'elle exige de lui, c'est-à-dire un des éléments essentiels de la possession.

Nous n'avons donc à parler ici ni de l'interruption de la possession, ni de sa précarité : l'une est déjà étudiée (nos 874 à 879), l'autre trouvera sa place plus loin (nos 925 et suiv.).

Maintenons par suite ce qui a été dit plus haut, que les vices de la possession se réduisent à quatre.

1° Vice de discontinuité.

* **885. Définition.** — La possession doit être continue. La continuité consiste dans la *succession régulière des actes de possession, à des intervalles suffisamment courts pour ne pas constituer des lacunes.* On n'exige donc pas le maniement ou l'usage constant de la chose, à toute minute et sans aucun intervalle ; ce serait impossible et absurde. La continuité résulte d'une série d'actes accomplis à des intervalles normaux, tels que pourrait les faire un propriétaire soigneux, qui désirerait tirer de son bien tout le profit possible.

* **886. Appréciation de la continuité.** — La question de savoir si les intervalles qui ont séparé en fait les actes de possession, sont assez prolongés pour constituer des lacunes et pour rendre la possession *discontinue*, est une *question de fait*, à résoudre d'après la nature de la chose possédée. Ainsi dans les hautes vallées des pays de montagne, où l'on n'envoie les troupeaux que pendant l'été ; dans les terres pauvres, où on laisse les champs en jachère une année ou deux pour reposer le sol, des actes de possession espacés par des intervalles de six mois, d'un an ou davantage, pourront suffire pour faire une possession continue. — Comme le dit un arrêt, la possession est continue, « lorsqu'elle a été exercée dans toutes les occasions et à tous les moments où elle devait l'être » (Cass., 5 juin 1839. — Comp. Cass., 19 mars 1884, D. 85. 1. 212, S. 86. 1. 463).

* **887. Pourquoi la possession discontinue n'est pas protégée.** — La possession qui s'exerce d'une manière intermittente, moins fréquemment que ne le serait l'exercice d'un droit régulier, n'imite pas d'assez près la réalité pour être prise en considération. Ce sont des actes isolés et sans valeur, que la loi ne peut ni protéger par les actions possessoires, ni transformer en droit par l'usucapion.

2° Vice de violence.

** **888. Différence entre l'ancien droit et le nouveau.** — Le vice de violence ne s'entend plus de la même manière qu'autrefois. Jadis on ne tenait compte que de la violence qui avait accompagné la prise de possession. Une possession, qui avait été paisible à ses débuts, ne devenait pas violente par cela seul que le possesseur avait été troublé par un tiers et avait dû employer la force pour se maintenir. On considérait qu'il était licite de repousser la force par la force (ULPIEN, au *Digeste*, liv. XLIII, tit. 16, fr. 1, §28. — Comp. POTHIER, *De la possession*, n° 26).

L'art. 2233 semble encore conçu dans le même système : « Les actes de violence ne peuvent *fonder* une possession capable d'opérer la prescription ». Il s'agit là évidemment de la seule *violence initiale*. Cependant les auteurs modernes et la jurisprudence exigent que la possession soit paisible *même pendant sa durée* (GARSONNET, t. I, n° 136, p. 584). Ils font remarquer que la loi, dans l'art. 2229, exige une possession *paisible*, et que le mot « paisible » n'aurait pas de sens, si on l'appliquait à quelqu'un qui n'a pu conserver sa possession que par violence. L'article 113 de la *coutume de Paris* était déjà rédigé dans cet esprit; il supposait que le possesseur avait joui de la chose « franchement et sans inquiétation ».

889. Tempéraments du système moderne. — On a apporté un double tempérament au principe nouveau :

1° Les actes de violence postérieurs à l'entrée en possession sont indifférents quand ils constituent ce qu'on appelle la *violence passive*, c'est-à-dire quand le possesseur subit les voies de fait, sans en commettre lui-même ; il est inadmissible, dit-on, qu'il puisse dépendre d'un tiers de rendre sa possession vicieuse en commettant des voies de fait contre lui.

2° Les actes de violence même commis par le possesseur lui-même pour se maintenir en possession [*violence active*] sont encore indifférents quand ils ont été commis de loin en loin (Cass., 24 mars 1868, D. 69. 1. 83).

Ce double tempérament n'est-il pas la condamnation du système moderne? Il ne devrait y avoir de possession vicieuse que celle qui a été *acquise* par violence.

* **890. Comment se purge le vice de violence.** — Le vice né de la violence est temporaire : *dès que la violence a cessé, la possession utile commence* (art. 2233). — Cette règle crée une différence entre le droit français et le droit romain, d'après lequel la possession acquise par violence restait vicieuse après la cessation de la violence; pour purger le vice, il fallait que la chose revînt aux mains de son légitime possesseur.

891. Caractère relatif du vice de violence. — La violence n'est qu'un vice relatif. Le possesseur actuel a expulsé une personne qui se prétendait propriétaire; il a une possession violente à l'égard de ce précédent possesseur. Mais si le véritable propriétaire est une tierce personne, que les actes violents n'ont pas touchée, la possession sera *exempte de violence à son égard* et donnera lieu contre lui aux actions possessoires et à l'usucapion.

3° Vice de clandestinité.

** **892. Définition.** — Pour être utile, la possession doit être *publique*. Le possesseur doit agir sans se cacher, comme le font en général ceux qui exercent un droit; sa possession sera, au contraire, *clandestine* lorsqu'il aura cherché à cacher ses actes à ceux qui avaient intérêt à les connaître.

** **893. Caractères relatif et temporaire de la clandestinité.** — Le vice de clandestinité est *relatif*, comme celui de violence. La possession peut être clandestine pour l'un et non pour l'autre, si le possesseur a laissé savoir aux uns ce qu'il cachait aux autres.

Il est de même *temporaire*. Dès que la clandestinité cesse, la possession utile commence et la prescription court.

894. Sa rareté. — La clandestinité de la possession se comprend très bien pour les *meubles*. Mais les exemples de possession clandestine pour les *immeubles* sont extrêmement rares. On n'en connaît pour ainsi dire point d'exemples dans la jurisprudence, par la raison qu'il est fort difficile de se cacher pour habiter une maison ou pour cultiver une terre. Ceux que l'on cite dans la doctrine sont purement hypothétiques : on suppose qu'un propriétaire creuse une cave qui s'étend sous la maison de son voisin. Si aucun signe extérieur, tel qu'un soupirail, ne révèle l'empiètement commis, sa possession sera clandestine.

* **895. A quel moment la clandestinité est prise en considération.** — Comme la violence, la clandestinité ne vicie la possession que si elle existe au début. Celle qui pourrait survenir plus tard n'est pas prise en considération. Ceci n'est pas dit par la loi ; mais c'est la tradition (POTHIER, *Introd. au titre XVI de la coutume d'Orléans*, n° 8). Les auteurs modernes admettent quelquefois le contraire, tout en avouant que l'hypothèse est peu pratique.

4° Du vice d'équivoque.

* **896. Doute sur son existence comme vice distinct.** — On prétend souvent que l'équivoque ne constitue pas un vice spécial de la possession, distinct des autres vices dont celle-ci peut être entachée. La possession serait équivoque lorsque l'une de ses qualités telle que la continuité ou la publicité, serait douteuse. Cette façon d'entendre les mots « non équivoque », dans l'art. 2229, en réduit la portée à une *question de preuve*. Dire que les qualités de la possession doivent être certaines, cela veut dire qu'elles doivent être prouvées. Or le fait de la possession étant prouvé, il semble bien que le possesseur a fait toute sa preuve et que c'est à son adversaire à établir les circonstances spéciales de violence, de clandestinité, de discontinuité, d'où il prétend tirer avantage, et que, si ces circonstances ne sont pas établies, la possession *existante* ne sera pas réputée *vicieuse*.

* **897. Exemples de possession viciée par l'équivoque.** — Cependant il est bien certain que l'équivoque est un *vice spécial*, qui rend parfois inutile une possession existante ; mais pour rencontrer ces hypothèses, il faut supposer que le doute ou l'équivoque porte, non pas sur les qualités secondaires de la possession, mais *sur l'un de ses éléments constitutifs*, l'intention de posséder pour soi.

EXEMPLES : La possession sera équivoque lorsque les actes de jouissance pourront *s'expliquer de deux façons*. La plupart des exemples pratiques de possession équivoque se rencontrent dans les hypothèses de *propriétés indivises*. Chacun des copropriétaires a le droit de faire des actes de possession sur la totalité de la chose ; mais ces actes présentent un caractère ambigu parce qu'il peut les faire en vertu de son droit partiel de propriété, tout aussi bien que comme possesseur exclusif ; tant que cette équivoque dure, sa possession reste vaine contre les autres communistes ; pour la faire cesser, il faut qu'il ait exclu ses copropriétaires d'une manière manifeste (Cass., 16 déc. 1873, S. 75. 1. 203).

Un autre exemple (théorique) peut être indiqué : c'est le cas du possesseur précaire (un fermier, par exemple) qui, malgré l'interversion de son titre, continuerait en fait à payer ses fermages (ci-dessous, n° 936). Sa possession serait équivoque, parce qu'il aurait l'air de continuer à posséder en vertu de son titre ancien, malgré la survenance de son nouveau titre.

CHAPITRE II

DES EFFETS JURIDIQUES DE LA POSSESSION

§ 1. — *Généralités.*

*898. **Distinction des effets de la possession et du droit de posséder.** — La possession, prise en elle-même, est un *un pur fait*. Une personne jouit d'une chose; elle prétend en être propriétaire, ou avoir sur elle un droit de servitude ou d'usufruit, et elle se comporte comme si elle avait ce droit. En tout cela, il n'y a qu'un fait, et rien de juridique. Mais le fait de la possession, soit seul, soit réuni à d'autres circonstances, produit des *conséquences juridiques*.

Il importe de ne pas confondre ces conséquences juridiques de la possession, qu'on pourrait appeler les *jura possessionis*, avec le droit de posséder (*jus possidendi*). Le droi d'avoir la possession résulte de la propriété : c'en est l'utilité première, et *ce droit n'appartient qu'au propriétaire seul, et à ceux qui le tiennent de lui* (usufruitiers, gagistes, locataires, etc.); nul autre n'a le « droit » de posséder sa chose. Au contraire, *tout possesseur de fait*, quel qu'il soit, peut réclamer les conséquences juridiques de la possession.

** 899. **Effets de la possession**. — La possession produit les effets suivants :

1° *Elle donne au possesseur d'immeuble le rôle de défendeur dans le procès en revendication.* — On exprime souvent ce résultat en disant que la possession crée au profit du possesseur une présomption de propriété : c'est inexact. On ne le présume pas propriétaire; on ne lui attribue pas, même à titre provisoire, les avantages de la propriété; on applique seulement au réclamant une des règles générales de la preuve : c'est celui qui réclame un droit qui doit le prouver. Si le demandeur ne fournit pas la preuve de son droit, il succombera, et la possession restera au défendeur, non pas parce qu'il est présumé propriétaire, mais parce que son adversaire n'a pas prouvé qu'il l'était. L'état de fait antérieur au procès subsistera, parce qu'il n'y a aucune raison de le changer.

2° *Elle crée, au profit du possesseur de choses mobilières, une présomption de propriété.* — « En fait de meubles, possession vaut titre », dit l'art. 2279. Et cette présomption est en principe irréfragable; la revendication est refusée au véritable propriétaire du meuble, hors les cas de perte ou de vol.

3° *Dans certains cas, la possession entraîne l'acquisition immédiate de la propriété.* — C'est l'*occupation*, qui permet d'acquérir les choses sans maître par une simple prise de possession.

4° *Accompagnée de la bonne foi, la possession permet au possesseur d'une chose frugifère de gagner* (c'est-à-dire de conserver définitivement) *les fruits perçus par lui.*

5° *Quand la possession d'un immeuble a duré un an et qu'elle est exempte de vices, elle donne les actions possessoires.*

6° *La possession, également exempte de vices, fait acquérir la propriété* des immeubles et certains autres droits réels immobiliers, *en se prolongeant pendant un temps déterminé;* elle constitue alors un mode d'acquérir particulier: *l'usucapion* ou *prescription acquisitive*, dont la durée varie, selon certaines conditions accessoires, de 10 à 30 ans.

900. Renvoi. — Tels sont les effets de la possession. Sur le premier, il n'y a rien de plus à dire. Pour les autres, nous en retrouverons trois (l'occupation, la maxime « en fait de meubles, possession vaut titre » et l'usucapion) parmi les manières d'acquérir. Il y a donc lieu seulement d'expliquer ici l'acquisition des fruits par le possesseur de bonne foi et de dire ensuite quelques mots des actions possessoires.

§ 2. — *De l'acquisition des fruits par le possesseur de bonne foi.*

** **901. Droit du propriétaire sur les fruits.** — En principe, les fruits produits par une chose appartiennent à son propriétaire, ou à ceux à qui il a cédé son droit de jouissance, comme un usufruitier ou un fermier (art. 547). Par conséquent, lorsque sa chose est aux mains d'une personne qui n'y a aucun droit, le propriétaire peut réclamer par la revendication, non seulement la restitution de la chose principale, mais aussi la restitution des fruits perçus par le possesseur, même ceux qui sont déjà consommés et même parfois ceux que le possesseur a négligé de percevoir (Cass., 2 avril 1878, D. 82. 1. 353, S. 79. 1. 261). Les uns seront restitués en nature, les autres en valeur.

Observons toutefois que le possesseur a le droit de déduire sur les fruits les dépenses qu'il a faites pour les obtenir, labours, semences, coupes, etc. (voy. l'art. 548). Le propriétaire aurait été obligé de faire ces dépenses, s'il avait eu la possession de sa chose. C'est donc le *produit net* seulement, et non le produit brut, qui doit être restitué. C'est un compte à établir entre les parties.

902. Exceptions. — La loi fait cependant deux exceptions à la règle d'après laquelle les fruits sont dus au propriétaire. Ces exceptions existent :

1° *Au profit des envoyés en possession des biens d'un absent.* — En vertu de l'art. 127, ils ne restituent jamais à l'absent, quand il est de retour, qu'une faible partie des revenus dont ils ont eu la jouissance en son absence : le *cinquième*, s'il reparaît dans les 15 premières années qui ont suivi sa disparition ; le *dixième*, seulement s'il revient après 15 ans, mais avant 30 ans ; enfin *ils gardent la totalité* des revenus, au cas où l'absent ne reparaîtrait qu'après 30 ans passés. — Notez que ces délais ont pour point de départ la *disparition* de l'absent, et non l'envoi en possession. Voyez n° 693.

2° *Au profit du possesseur de bonne foi* (art. 549-550). Voyez les nos suivants.

** **903. Du possesseur de bonne foi.** — Qu'est-ce que le possesseur de bonne foi ? L'art. 550 en donne la définition suivante : c'est celui *qui possède comme propriétaire, en vertu d'un titre translatif de popriété dont il ignore les vices.*

A. — Du titre de possession et de la bonne foi.

** **904. Du titre du possesseur.** — Dans l'art. 550, le mot « titre » n'a pas le sens que nous lui avons déjà vu dans l'art. 46 (nos 571 et 577) où il désigne des écrits *(instrumenta)*; il désigne ici un *acte juridique (negotium)*, ce qui est bien différent. Il importe donc peu que le possesseur ait ou non un titre écrit ; ce n'est pas de cela qu'il s'agit et il faut y faire attention pour éviter une erreur. Pour servir au possesseur à acquérir les fruits, l'acte juridique en vertu duquel il possède doit avoir une nature spéciale : il doit être *translatif de propriété*, c'est-à-dire capable de faire acquérir la propriété. Comme exemples, on peut citer la *vente*, la *donation*, le *legs*, l'*échange*. Ces actes sont des titres translatifs, parce qu'ils sont des manières d'aliéner et d'acquérir. Au contraire, ne sont pas translatifs les actes par lesquels on cède la possession ou la jouissance de sa chose sans l'aliéner, comme le *louage* ou *bail*, la constitution d'un *gage*, le *dépôt*.

** **905. Des vices du titre.** — Comme on suppose que le possesseur n'est pas propriétaire, bien qu'il possède en vertu d'un titre translatif de propriété, il faut nécessairement que ce titre soit « vicié », c'est-à-dire qu'il y ait eu de fait un *obstacle* qui, dans ce cas particulier, *a empêché le juste titre de produire son effet ordinaire*.

Le vice le plus fréquent est le *défaut de propriété en la personne de l'auteur du titre*, dont le possesseur actuel est l'ayant cause : lorsque l'aliénation a été faite par un non propriétaire, elle n'a pas pu transmettre la propriété. « Nemo dat quod non habet. »

D'autres vices encore peuvent empêcher le juste titre de produire son effet. Par exemple, l'*incapacité de l'aliénateur*, le *défaut de formes d'une donation*, l'*irrégularité d'un testament*, etc.

** **906. De la bonne foi.** — La bonne foi du possesseur consiste à *ignorer le vice* qui l'a empêché de devenir propriétaire ou qui rend fragile son titre d'acquisition : il a cru que son auteur était propriétaire et capable d'aliéner ; que le testament qui l'a institué légataire était valable, etc.

La bonne foi peut résulter d'une *erreur de droit* aussi bien que d'une *erreur de fait*. La loi ne distingue pas. Ainsi le possesseur sera de bonne foi s'il a cru recevoir valablement par une donation dénuée de formes.

** **907. Charge de la preuve.** — A qui incombe la preuve ? S'il prétend conserver les fruits, le possesseur doit tout d'abord produire son titre. Ce devrait être encore à lui, semble-t-il, à prouver qu'il était de bonne foi et ignorait l'existence du vice, car, quand il prétend retenir les fruits, il oppose une exception au revendiquant; c'est donc à lui de prouver qu'il remplit toutes les conditions exigées par la loi pour l'acquisition des fruits. Ce serait l'application stricte et régulière de la règle : « Reus excipiendo fit actor » (ci-dessus n° 357). Cependant on admet en général que *la bonne foi se présume*, par analogie avec la décision que donne l'art. 2228 pour l'usucapion. La bonne foi étant présumée, c'est donc au revendiquant, s'il veut obtenir la restitution des fruits, à prouver que le possesseur connaissait les vices dont son titre est atteint.

908. Du titre putatif. — Il peut arriver que le titre en vertu duquel la chose est possédée n'existe que dans l'imagination du possesseur. Tel est le cas de l'*héritier apparent*, c'est-à-dire du parent qui se croit appelé à recueillir la succession, mais qui, en réalité, est exclu par un héritier plus proche donc il ignorait l'existence. C'est ce qu'on appelle le *juste titre putatif*. En matière d'usucapion, le titre putatif ne suffit pas ; il faut un titre réel. Pour l'acquisition des fruits, au contraire, il est généralement admis que le juste titre ne forme pas une seconde condition distincte de la bonne foi : il n'en est que la justification. Par conséquent, la *croyance excusable et plausible* à l'existence d'un titre tient lieu du titre lui-même et autorise la rétention des fruits (DEMOLOMBE, t. IX, n° 602; AUBRY et RAU, § 206, texte et note 15 ; DEMANTE et COLMET DE SANTERRE, t. II, n° 385 *bis*, IV ; HUC, t. IV, n° 120. — En sens contraire, LAURENT, t. VI, n° 208).

B. — Des fruits et de leur mode d'acquisition.

** **909. Définition des fruits.** — On entend par « fruits » *tout ce qu'une chose produit à des intervalles périodiques, conformément à sa nature*. Le caractère des fruits dépend donc d'une double condition : conformation de la chose en vue de la production et périodicité de la production.

A côté des fruits proprement dits, on rencontre certains produits non périodiques, qui n'ont pas le caractère de fruits, et auxquels on réserve le nom de *produits*. La distinction des fruits et des produits sera étudiée en détail à propos de l'usufruit (ci-dessous, n°s 1619 et suiv. et n° 1626). Pour le moment, il suffira d'indiquer qu'il existe, pour les choses corporelles, deux sortes de fruits : 1° les *fruits en nature*, qui comprennent les récoltes de toute espèce produites par la terre, et 2° les *fruits en argent* ou *fruits civils*, qui se composent des loyers et fermages des maisons et des terres.

* **910. Règle applicable aux produits.** — Les règles qui vont suivre ne concernent que l'*acquisition des fruits*. Quant aux produits, qui n'ont pas le caractère de fruits (coupes de bois dans les futaies non aménagées, matériaux extraits de carrières non exploitées, etc.), *le possesseur n'y a jamais droit ;* le propriétaire peut toujours en exiger la restitution.

* **911. Motifs de l'acquisition des fruits.** — Le possesseur gagne les fruits parce qu'il est censé les avoir consommés au fur et à mesure. La restitution de plusieurs années de revenus accumulés serait sa ruine. Les anciens disaient : « *Lautius vixit*, non est locupletior ». On se trouve, en effet, en présence de deux personnes : l'une, le propriétaire, a été négligent en laissant sa chose aux mains d'autrui ; l'autre, le possesseur, n'a rien à se reprocher ; il est naturel, puisqu'il y a une perte à subir, qu'on sacrifie le propriétaire. La dispense de restitution est donc accordée uniquement *pour éviter un appauvrissement au possesseur*.

912. Différence entre l'ancien droit et le nouveau. — Se conformant à ce motif d'une manière étroite, le droit romain, suivi en cela pendant longtemps par l'ancien droit français, ne permettait au possesseur de conserver que les fruits qu'il avait *consommés*. Quant aux fruits qui existaient encore (fructus extantes), rien ne l'empêchait de les restituer. Tel était le système du droit romain, qui se rattachait au S. C. Juventien, relatif à la pétition d'hérédité; le Sénatus-consulte soumettait le possesseur à l'obligation de restituer tout ce dont il se trouvait enrichi, et on le considérait comme enrichi des fruits extants. Mais de grandes difficultés s'élevaient dans la pratique pour savoir si la *valeur* des fruits conservés n'avait pas été déjà consommée ou engagée. Aussi, dès le XVIIIe siècle, on n'exigeait plus la restitution des fruits extants (POTHIER, *Propriété*, n° 341).

** **913. Mode d'acquisition des fruits.** — Ainsi le possesseur de bonne foi *gagne les fruits ;* il les fait *siens*. Reste à savoir de quelle manière ces fruits deviennent sa propriété. Leur acquisition se fait *par la perception*, c'est-à-dire par un acte spécial du possesseur qui les recueille. Il n'y a pas de distinction à faire à ce point de vue entre les fruits en nature et les fruits civils ; tous s'acquièrent de la même façon[1]. Par conséquent, les loyers et fermages échus, mais non encore touchés par le possesseur, ne lui appartiennent pas ; ils sont dus au propriétaire qui revendique (arg. art. 138). On verra que l'usufruitier est soumis à des règles différentes pour l'acquisition des fruits.

** **914. Quand cesse l'acquisition des fruits.** — Le droit du possesseur sur les fruits finit de deux façons différentes. Il cesse de faire les fruits siens, malgré leur perception :

1° *Quand il est actionné en revendication par le propriétaire.* — Le revendiquant a droit à la restitution des fruits, à compter du jour où l'instance a été engagée ; les lenteurs de la procédure ne doivent pas lui nuire ; il doit obtenir tout ce qu'il aurait eu, si le litige avait été réglé le jour même.

2° *Quand le possesseur cesse d'être de bonne foi même avant d'être poursuivi* (art. 550, al. 2). — La bonne foi doit donc exister au moment même où les fruits sont perçus ; la mauvaise foi survenant empêche d'acquérir ceux qui sont perçus à l'avenir, parce que le motif de leur acquisition a disparu. — On verra que la règle est différente pour l'usucapion ; la mauvaise foi en survenant n'empêche pas l'usucapion de s'accomplir ; elle n'est requise qu'au début de la possession. Voyez ci-dessous, n° 1433.

Remarquez que ces deux hypothèses ne se confondent pas. Le possesseur ne devient pas nécessairement de mauvaise foi par le seul fait des poursuites dirigées contre lui ; il a pu avoir des motifs sérieux de se croire encore légitime propriétaire, même au cours du procès en revendication. Par conséquent, il y a utilité à mentionner la première cause à côté de la seconde.

915. Actions donnant lieu à la rétention des fruits par le possesseur. — Pour expliquer les art. 549 et 550, on se place en général dans l'hypothèse d'une *revendication*, action réelle exercée par le vrai propriétaire contre un possesseur qui tient son titre d'un tiers. C'est en effet l'hypothèse normale, la plus simple et la première à signaler, mais ce n'est pas la seule. Le possesseur de bonne foi peut conserver les fruits, *même quand il tient son titre du propriétaire en personne*, et que celui-ci lui enlève la chose en exerçant contre lui une *action personnelle* (action en nullité ou en rescision). Le droit aux fruits est donc également fondé, quelle que soit la nature de l'action exercée contre le possesseur, personnelle ou réelle. Telle est la *règle*, mais *il y a des exceptions*.

La première exception a lieu lorsque le titre de l'acquéreur se trouve *rétroactivement détruit* par l'effet d'une *condition résolutoire* ou par l'exercice d'une *action en résolution* fondée sur l'art. 1184, ou sur les art. 954 et 1654, qui ne sont du reste que des applications particulières du principe général formulé dans l'art. 1184. — La rétroactivité de la résolution a spécialement pour but de rendre à celui qui en bénéficie la jouissance de sa chose pendant le temps où il n'en a pas eu la possession ; le possesseur intérimaire ne peut donc pas garder les fruits. L'application de l'art 549 est ainsi inconciliable avec la rétroactivité intentionnelle de ce genre de résolutions.

La seconde exception a lieu lorsqu'il y a un *texte formel*, réglant d'une façon spéciale

[1] Comparez la décision relative aux fruits qui se trouve incidemment dans l'art. 962. Elle n'est que l'application du droit commun.

le moment à compter duquel la restitution des fruits sera due (art. 856, 928, 958, 962, 1682, etc.). Ces dispositions particulières excluent l'application du principe général de l'art. 549.

§ 3. — *Protection judiciaire de la possession immobilière.*

(Actions possessoires.)

* **916. Protection accordée au simple fait de la possession.** — La possession des immeubles est protégée pour elle-même, qu'elle soit réunie à la propriété ou séparée et exercée en fait par un non propriétaire. La loi donne au possesseur des actions particulières, appelées « actions possessoires », qui lui servent à se faire maintenir en possession, quand il est troublé, et à recouvrer la possession, quand il l'a perdue.

** **917. Caractères généraux des actions possessoires.** — Ces actions ont le caractère d'*actions réelles* [1]. Elles sont de la compétence des *juges de paix*, qui statuent à charge d'appel, et elles ont une durée très courte; elles doivent en effet être exercées *dans l'année du trouble ou de la dépossession* (C. proc. civ., art. 23 et suiv.; L. 25 mai 1838, sur les justices de paix, art. 6-1°).

** **918. Absence d'actions possessoires en matière mobilière.** — Les actions possessoires ne sont *données qu'en matière immobilière*. Elles sont exclues, pour les meubles isolés, par la maxime : « En fait de meubles, possession vaut titre ». Quant aux *universalités de meubles*, il y a eu quelque doute à cause de divers textes anciens, qui accordaient les actions possessoires (Coutume de Paris, art. 97; Coutume d'Orléans, art. 489; Ord. de 1667, tit. XVIII, art. 2). Mais il est admis aujourd'hui que les universalités de biens ne peuvent pas faire l'objet d'une possession véritable ; on ne possède que les choses dont elles se composent (GARSONNET, *Cours de procédure*, t. I, n° 130). Du reste, pour déterminer la compétence du juge de paix, la loi se réfère uniquement à la « situation des biens » (L. 25 mai 1838, art. 6), ce qui ne peut convenir qu'à des immeubles.

Par suite, la distinction du *possessoire* et du *pétitoire* n'est qu'une subdivision des *actions réelles immobilières*. Sur cette distinction, voyez les ouvrages de procédure civile. *Adde*, HUC, t. IV, n° 114.

919. Origine des actions possessoires. — Nos actions possessoires ne paraissent pas se rattacher aux anciens interdits romains. Du moins leur filiation historique est perdue. On a vainement tenté de la rétablir à l'aide d'un prétendu « interdictum generale », qui aurait remplacé les anciens interdits spéciaux (Idée émise par CUJAS. Voy. IHERING, *Du fondement de la protection possessoire*, trad. Meulenaere, 2e édit., p. 105 ; BOURCART, *Des actions possessoires*, thèse, n°s 56 et suiv. ; GARSONNET, *Cours de procédure*, t. I, n° 131, p. 543 et suiv.).

[1] Il est à remarquer que Pothier rangeait les actions possessoires parmi les actions personnelles, et les faisait naître d'un délit ou d'un quasi-délit (*Introd. génér. aux coutumes*, n° 118). Ce n'était là qu'une opinion isolée.

Les actions du droit moderne *viennent du droit canonique*. Au moyen âge, elles étaient au nombre de trois :

1° La *réintégrande*. Celle-ci, qui est la plus ancienne, a son point de départ dans un texte des *Fausses décrétales*, le canon *Redintegranda* (sur les Fausses décrétales, voy. VIOLLET, *Précis*, p. 55 et suiv.). Ce canon ne s'occupait pas de formuler les règles de la possession d'une manière générale; il y était uniquement question des évêques expulsés de leurs sièges (*Corpus juris canonici*, édit. Richter, Leipzig, 1839, t. I, p. 4·3)[1], mais les canonistes généralisèrent sa décision.

Ils tirèrent de là une *actio spolii* et une *exceptio spolii*, destinées à protéger celui qui avait été dépossédé par violence. Ce fut le « remedium spolii » du moyen âge, la réintégrande du droit moderne (BEAUMANOIR, chap. XXXII, n° 23).

2° La *complainte*, qui apparaît au XIIIe siècle dans les *Coutumes de Beauvoisis*, de Beaumanoir (chap. XXXII, n° 23). Elle supposait non pas une dépossession, mais *un simple trouble*; elle était destinée à faire cesser le trouble, et n'était pas donnée quand il y avait eu dépossession.

3° La *dénonciation de nouvel œuvre*, imitée de la *nunciatio novi operis* du droit romain. Elle servait à faire cesser le trouble spécial qui résultait pour un propriétaire foncier de travaux nouveaux entrepris par son voisin.

920. Fusion des actions possessoires en une seule au XIVe siècle. — Les trois actions possessoires ne restèrent pas longtemps distinctes. La complainte et la réintégrande furent confondues en une seule au XIVe siècle, sous l'influence de Simon de Bucy, premier président du Parlement de Paris, mort en 1358. Il fit admettre que celui qui aurait été expulsé de son héritage n'en perdrait que la *possession de fait* et conserverait la *saisine*. Depuis lors, il n'y eut plus qu'une seule action possessoire, appelée *complainte en cas de saisine et de nouvelleté*, qui servait à la fois à se faire maintenir en possession en cas de trouble, et à reprendre la possession de fait, en cas de perte (LAURIÈRE, *Coutume de Paris*, édit. 1777, t. I, p. 257).

Toutes les actions possessoires, quel qu'en fût le nom, exigeaient également la possession annale (Voy. cependant GARSONNET, t. I, p. 551, note 42). La dénonciation de nouvel œuvre n'offrait plus d'autre particularité que la faculté de continuer les travaux en baillant caution (GARSONNET, t. I, p. 551, note 44).

921. Jurisprudence actuelle. — La Cour de cassation admet qu'il existe trois sortes d'actions possessoires, la *complainte*, la *réintégrande* et la *dénonciation de nouvel œuvre*, et que ces trois actions diffèrent à la fois par les circonstances qui leur donnent naissance et par leurs conditions d'exercice.

Son principal argument est que les textes les nomment toutes trois (art. 2060 C. civ., mentionnant la réintégrande; art. 6 de la loi du 25 mai 1838, les mentionnant toutes). Mais cet argument se retourne contre elle, car il est démontré que la pratique française, depuis plusieurs siècles, confondait toutes ces actions en une seule, soumise toujours aux mêmes règles, et que les *noms différents* qu'on donnait à cette action unique servaient seulement à distinguer les *occasions* dans lesquelles on l'exerçait (GARSONNET, *Cours*, t. I, § 131). D'autre part, il est certain que les auteurs du Code de procédure n'ont pas eu l'intention d'innover sur ce point, non plus que les Chambres législatives de 1838. Il en résulte que la mention de cette action sous différents noms est un fait insignifiant, qui n'a pu avoir pour résultat d'introduire la diversité dans une matière où elle n'existait pas. On peut remarquer d'ailleurs que la loi de 1838, après avoir mentionné la complainte, la réintégrande et la dénonciation de nouvel œuvre, ajoute : « et autres actions possessoires », ce qui ôte à son énumération toute valeur technique, car il est certain que le droit français n'en a jamais connu que trois. Néanmoins la jurisprudence est bien établie en sens contraire (Cass., 16 nov. 1835; DALLOZ, *Répert.*, v° Actions possessoires, n° 103; Cass., 2 juill. 1862, D. 62. 1. 354, S. 62. 1. 836; Cass., 27 févr. 1878, D. 78. 1. 277, S. 78. 1. 216).

[1] Les documents apocryphes connus sous le nom de Fausses décrétales ont été probablement composés au IXe siècle par un évêque du Mans, nommé Aldric, dans l'intérêt des évêques de Bretagne dépossédés par Nominoé, qui les chassa pour se faire sacrer roi par des évêques de sa race.

Cette jurisprudence est un des exemples les plus probants du défaut de sens historique dans le développement du droit français moderne.

922. La complainte. — La complainte est l'action possessoire par excellence. Elle n'est donnée qu'au *véritable possesseur*, à celui qui a l' « animus domini », et encore faut-il qu'il remplisse une double condition : il doit *avoir une possession exempte de vices*, et *avoir possédé pendant une année* au moins avant le trouble dont il se plaint (art. 23 C. proc. civ.).

La condition de *possession annale* est la caractéristique des actions possessoires modernes ; elle n'est pas romaine et nous vient du *droit germanique ;* c'est l'ancienne *saisine d'an et jour*. Toutefois le délai actuel est exactement d'un an ; le jour supplémentaire, qui n'était exigé jadis que pour mieux marquer l'achèvement de l'année, a été supprimé.

La complainte peut servir à recouvrer la possession perdue, tout aussi bien qu'à la conserver en faisant cesser un trouble.

923. La réintégrande. — La réintégrande ne diffère pas de la complainte par elle-même, mais seulement par les faits qui lui donnent naissance : elle suppose une *dépossession violente*. La jurisprudence admet toutefois que les conditions d'exercice de la réintégrande ne sont pas les mêmes que celles de la complainte ; elle l'accorde plus facilement. Ainsi elle se contente d'une possession de fait *paisible* et *publique*, de sorte qu'il y a trois conditions de la complainte qui ne sont pas exigées pour l'exercice de la réintégrande. Ce sont : 1° l'*annalité* de la possession antérieure aux voies de fait ; 2° l'*animus domini ;* 3° l'*existence d'une chose susceptible de propriété privée* (Cass., 25 mars 1857, D. 58. 1. 315 ; Cass., 24 juill. 1865, D. 65. 1. 441 ; Cass., 18 juin 1866, D. 66. 1. 426). Par suite, celui qui est *simple possesseur précaire*, s'agît-il même d'un bien du *domaine public* et d'une possession de *quelques semaines*, celui-là est protégé contre les dépossessions violentes au moyen de la réintégrande [1].

Pour justifier cette solution, — qui ne trouve d'appui ni dans les textes ni dans l'histoire, — on a dit que les voies de fait ne peuvent pas être tolérées dans une société civilisée et que si cette action n'existait pas il faudrait l'inventer. Ce raisonnement prouverait beaucoup trop et il conduirait à donner les mêmes solutions pour la complainte, car le simple trouble est aussi une voie de fait.

Du reste, ce système dénature complètement la notion de l'action possessoire, et au lieu d'une *action réelle*, qu'elle est certainement, il en fait une simple *action personnelle*, qui ne peut plus être donnée que contre l'auteur du trouble et ses héritiers, seuls responsables du dommage causé. C'est une conséquence qui a été admise par quelques auteurs, notamment par MM. Aubry et Rau (t. II, p. 168). Mais elle enlève à cette action une partie de son utilité, et il en résulte que le possesseur véritable, qui avait une possession annale, a intérêt à laisser de côté la réintégrande pour agir par voie de complainte.

924. La dénonciation de nouvel œuvre. — La jurisprudence a plus d'une fois affirmé la persistance de cette action à l'état distinct (Cass., 11 déc. 1844, D. 45. 1. 57, S. 45. 1. 254 ; Cass., 7 avril 1875, D. 75. 1. 381, S. 75. 1. 299). Son utilité propre serait d'obtenir la suspension des travaux commencés, même avant toute réalisation d'un préjudice. Elle aurait donc pour objet d'empêcher un *trouble futur*, tandis que les deux autres actions possessoires supposent un préjudice déjà réalisé. Du reste, son maintien paraît plus théorique que pratique : toutes les fois qu'il en a été question, l'arrêt a reconnu que le préjudice existait déjà et que l'action exercée avait plutôt le caractère d'une complainte que d'une dénonciation de nouvel œuvre. Voyez cependant Cass., 1er déc. 1829, D. 30. 1. 17, S. 30. 1. 32.

[1] On voit par là que la réintégrande moderne n'est pas une action possessoire, puisqu'elle est indépendante du fait de la possession et peut être donnée à quelqu'un qui n'est pas possesseur.

CHAPITRE III

DE LA DÉTENTION OU POSSESSION PRÉCAIRE

** **925. Définition.** — La détention consiste à *posséder une chose pour le compte d'autrui.* Le détenteur ressemble à un possesseur, parce que la chose est matériellement à sa disposition, mais l'intention de posséder pour son compte lui manque ; il a le « corpus » ; il n'a pas l' « animus ».

La détention constitue donc une *situation juridique parfaitement définie*, et qui est tout à fait *distincte de la possession véritable* : elle en diffère par l'absence de l' « animus rem sibi habendi ». Elle est, par suite, d'ordre inférieur, et ne procure pas, à beaucoup près, les mêmes avantages que la véritable possession.

* **926. Qualifications.** — Pour qualifier cette situation, les anciens disaient : « in possessione esse, detinere », ou « possessio naturalis ». Nous disons *détention.* Souvent aussi on donne aux détenteurs le nom de *possesseurs précaires* ou *possesseurs à titre précaire*. Comp. l'art. 2236, al. 1 et 2 : du rapprochement de ces deux alinéas, il résulte que ceux qui *possèdent pour autrui* possèdent *précairement.* La qualification de « précaire », empruntée au droit romain, est ici détournée de son sens historique. Le *precarium* romain était un contrat spécial qui donnait à une personne la pleine jouissance du bien d'autrui, en laissant au concédant une faculté absolue de révocation. Aucun des possesseurs précaires du droit moderne ne se trouve exactement dans cette situation. Voyez aussi ce qui est dit au n° 931 *in fine.*

** **927. Exemples.** — Sont détenteurs ou possesseurs précaires :

1° Les *locataires* et *fermiers*, qui tiennent la chose en vertu d'un contrat de louage ;

2° Les *métayers*, qui sont associés pour la culture avec le propriétaire du fonds en vertu du *colonage partiaire*, sorte de bail intermédiaire entre le louage proprement dit et la société ;

3° L'*emphytéote*, qui cultive en vertu d'un bail à longue durée appelé « emphytéose » ;

4° Les *créanciers gagistes*, qui détiennent une chose mobilière, à titre de *nantissement*, en vertu d'un contrat de gage ;

5° Les *créanciers antichrésistes*, à qui un immeuble a été donné en nantissement. L'antichrèse est une forme de nantissement spéciale aux immeubles.

6° Les *dépositaires* et *séquestres*, qui ont la chose d'autrui en *garde.*

7° Les *administrateurs du bien d'autrui* (mandataires, tuteurs, maris, etc.), qui en ont la garde et la gestion ;

8° Les *commodataires*, qui ont reçu la chose à titre de *prêt à usage.*

** **928. Cause de la précarité.** — La possession précaire n'est jamais un fait irrégulier, contraire au droit, tandis que la vraie possession l'est assez souvent, par exemple dans les cas de vol ou d'usurpation. Toutes les personnes qui possèdent une chose précairement la détiennent *en vertu d'un titre régulier ;* elles ont fait un contrat avec le propriétaire, ou bien elles sont chargées par la loi ou la justice d'une mission spéciale (voyez les exemples précités), et, si la chose d'autrui se trouve entre leurs mains, c'est pour l'exécution de ce contrat ou de cette mission. Mais c'est justement l'existence de ce titre spécial qui les constitue en état de précarité, parce qu'il *implique la reconnaissance du droit d'autrui.* En effet, la chose d'autrui ne leur a pas été remise pour la garder indéfiniment ; ils ont contracté à son égard une *obligation de restitution*, à échéance plus ou moins éloignée. Là est la cause de leur possession précaire : ils reconnaissent que la chose n'est pas à eux et qu'ils la détiennent pour autrui.

** **929. Qui est véritable possesseur en cas de possession précaire.** — Tant qu'une chose n'est pas abandonnée en fait, il faut que sa possession se trouve quelque part, qu'elle soit aux mains de quelqu'un. Si le *détenteur* n'en est pas *possesseur*, la possession appartient à *celui pour le compte duquel la chose est détenue.* Ainsi, quand une chose est louée, prêtée, déposée, engagée, etc., c'est le propriétaire de cette chose qui en est réputé possesseur ; c'est en sa personne que se réalisent les effets avantageux de la possession ; c'est lui qui a les actions possessoires, lui qui prescrit : il possède en effet la chose « corpore alieno » (ci-dessus, n°s 873 et 877), par l'intermédiaire de la personne à laquelle sa chose est confiée en vertu d'un titre qui en fait un détenteur précaire.

930. De ceux qui sont tout ensemble possesseurs pour autrui et possesseurs pour leur compte. — Toutes les fois qu'une personne possède sur une chose un droit réel qui lui en donne la jouissance exclusive, sans lui en conférer la propriété, cette personne se trouve dans une situation particulière : elle est tout à la fois possesseur précaire, en ce qui concerne le fonds, et possesseur « animo domini » pour l'exercice de son propre droit. L'usufruitier, l'usager, l'emphytéote, sont dans ce cas : ils possèdent la chose en leur nom pour l'exercice de leur droit qui est limité à la jouissance, et précairement pour la nue propriété. On leur accorde donc l'exercice des actions possessoires pour la conservation de leur droit et dans la mesure où il existe (AUBRY et RAU, § 185, 2°, t. II, p. 124). Comp. ci-dessous n° 1651.

** **931. Inefficacité de la possession précaire.** — La possession précaire ou simple détention ne produit pas les effets de la possession ; notamment *elle ne donne pas les actions possessoires* [1] et *elle ne conduit pas à l'usucapion.* Cela s'explique parce qu'elle n'est pas une vraie possession : il manque au détenteur un des deux éléments essentiels de la possession, l'intention de posséder la chose pour son propre compte.

Nos possesseurs précaires diffèrent, par là encore, des anciens préca-

[1] Voyez toutefois ce qui est dit de la réintégrande au n° 923.

ristes romains : ceux-ci étaient de vrais possesseurs ; ils avaient la *possessio ad interdicta*, car on leur donnait les interdits contre tout le monde, excepté contre le concédant.

** **932. Caractère absolu de la précarité.** — Une possession entachée de précarité est inutile d'une façon absolue ; elle ne peut produire d'effets contre personne. Son défaut tient à l'absence d'un élément essentiel, et *ce défaut, réalisé en la personne même du possesseur, existe naturellement à l'égard de tout le monde.* Par conséquent, alors même que le titre qui constitue le détenteur en état de précarité, un bail, par exemple, émanerait d'un autre que le vrai propriétaire, le détenteur ne peut pas prescrire, même contre celui-ci. Mais le propriétaire n'en est pas beaucoup plus avancé pour cela : en effet, le locataire, possesseur précaire, possède pour le compte de son bailleur, qui, lui, a pu prescrire.

** **933. Perpétuité de la précarité.** — L'état de précarité est en outre *perpétuel* par sa nature. On admet qu'il subsiste en principe indéfiniment, « etiam per mille annos », disait Dumoulin. Il se transmet, de génération en génération, aux *ayants cause universels* du détenteur (art. 2237). Ceci se comprend : la précarité résulte de l'existence d'une obligation de restitution, contractée par le détenteur relativement à la chose qu'il détient ; cette obligation se transmet, comme toutes les autres, à ses héritiers et autres successeurs qui recueillent son patrimoine. Les héritiers sont, comme leur auteur, simples possesseurs précaires, même quand ils ignorent l'existence de cette obligation de restituer et qu'ils croient posséder la chose pour leur propre compte. Leur erreur ne suffit pas pour modifier une situation qui s'impose à eux.

Au contraire, si le détenteur transmet la chose à une autre personne par un acte translatif de propriété *à titre particulier*, celui qui la reçoit ainsi n'est pas détenteur précaire ; il est un véritable possesseur, ayant un « animus domini » valable pour son compte. Ceci se comprend encore : le successeur à titre particulier, un acheteur, par exemple, n'a pas succédé aux obligations de son auteur (voy. ci-dessus, n°s 303 et 304).

** **934. Comment cesse la précarité.** — La précarité, qui empêche le détenteur d'être possesseur, n'est cependant pas indélébile. Le détenteur *peut se transformer en possesseur véritable* et détenir la chose « animo domini », d'une manière utile désormais, soit pour les actions possessoires, soit l'usucaopurpion.

Cette transformation ne résulterait pas d'un simple *changement de volonté* de la part du détenteur : s'il s'avise un jour de vouloir posséder pour son compte, il acquiert inutilement l' « animus domini ». Son titre primitif, qui le constitue en état de précarité, crie pour ainsi dire contre lui et rend nulle et inefficace sa volonté présente : possesseur précaire il est, possesseur précaire il reste, c'est-à-dire simple détenteur et non possesseur, *tant qu'il continue à détenir la chose en vertu de son titre primitif.*

Mais si le simple changement de volonté du détenteur est incapable de le transformer en possesseur, tant que dure le titre primitif de sa possession, l'*interversion de ce titre* opère ce résultat et remplace la possession précaire par une possession « animo domini ».

*** 935. Formes de l'interversion du titre.** — Qu'est-ce que cette interversion? Elle a lieu de deux manières : 1° par *une cause venant d'un tiers* ; 2° par *une contradiction aux droits du propriétaire* (art. 2238).

*** 936. Interversion venant d'un tiers.** — On suppose que le possesseur précaire, jusque-là simple locataire ou usufruitier, achète l'immeuble d'un tiers qu'il croit être le véritable propriétaire, ou qu'une autre cause d'acquisition se réalise à son profit dans les mêmes conditions, échange, donation, legs, etc. Il possède désormais, en vertu d'un titre qui lui aurait transféré la propriété, s'il émanait du propriétaire de la chose. Le *titre de sa possession* est donc *interverti :* au lieu d'un *titre précaire*, il a un *titre de propriétaire* ; il va pouvoir prescrire. A une condition toutefois : c'est qu'au changement de titre corresponde un *changement dans sa conduite*. Par exemple, il possédait jusqu'alors à titre de *locataire* ou de *fermier* et il payait un loyer ou fermage à son propriétaire. Il faut qu'il cesse ces paiements ; sans quoi, sa possession serait atteinte d'un vice spécial, qu'on appelle l'*équivoque* (ci-dessus n° 897) : on ne saurait s'il possède comme propriétaire ou comme locataire, et sa possession nouvelle serait contredite et paralysée par la continuation de son ancienne possession à titre précaire.

Tout ceci suppose que le détenteur a agi de bonne foi, car, s'il a su qu'il traitait avec un non propriétaire, l'acte n'est pas sérieux ; il n'a eu d'autre but que d'opérer, de mauvaise foi, une interversion de titre, et ce fait ne dépend pas de la volonté du détenteur. Comme le dit l'art. 2240, « on ne peut point se changer à soi-même la cause et le principe de sa possession ».

*** 937. Contradiction opposée au propriétaire.** — Il ne s'agit pas d'une simple *négation* du droit du propriétaire ; que le détenteur émette en public, devant d'autres personnes, la prétention d'être propriétaire, ou qu'il agisse en fait comme s'il l'était, par exemple en faisant des démolitions ou des constructions, cela ne change rien à sa situation. Il faut qu'il y ait contradiction *opposée* au propriétaire (art. 2238), c'est-à-dire qu'un *conflit* s'élève directement entre eux sur la question de propriété.

Sous quelle forme ce conflit peut-il se produire ? Il peut revêtir la *forme judiciaire :* le propriétaire a peut-être réclamé la restitution de sa chose, que le détenteur lui a refusée en se prétendant propriétaire ; ou bien le paiement des fermages et loyers a été refusé pour la même raison. Mais *il n'est pas nécessaire qu'il y ait litige.* Il se peut que le fermier notifie à son bailleur sa prétention sur la propriété par acte extra-judiciaire (un exploit d'huissier), lui déclarant que désormais il ne paiera plus son fermage ou son loyer. Il se pourrait même qu'il n'y eût aucun acte en forme ; par exemple, si le propriétaire, voulant reprendre possession de son bien, en avait été empêché par la force, pourvu que cette voie de fait eût été accomplie, d'une manière non équivoque, à titre de propriétaire par l'ancien possesseur précaire (Pau, 9 mai 1892, D. 93. 2. 255).

938. Différence entre les deux causes d'interversion. — La seconde diffère de la première, en ce que le possesseur détient désormais la chose sans avoir obtenu sur elle aucun titre nouveau ; il est désormais *possesseur sans titre*, et c'est son conflit direct avec le propriétaire qui donne effet et vigueur à l' « animus domini » manifesté par lui. Quand la cause d'interversion provient d'un tiers, l'ex-détenteur précaire a un titre : il est échangiste, acheteur, donataire, etc.

*** 939. Double présomption légale relative à la précarité.** — Il y a grand intérêt à distinguer les détenteurs ou possesseurs précaires des véritables possesseurs, mais la preuve de la vérité peut être difficile. La loi a formulé dans les deux articles 2230 et 2231 deux règles destinées à résoudre les difficultés qui se présentent.

1° « *On est toujours présumé posséder pour soi et à titre de propriétaire* » (art. 2230). Ainsi celui qui est en possession de la chose n'a pas à prouver que sa possession est exempte de précarité et qu'il possède pour son compte ; il est protégé par une présomption de non précarité qui, selon l'effet ordinaire des présomptions légales (ci-dessus n° 339), déplace le fardeau de la preuve. La loi se borne du reste à cela ; elle n'enlève pas à l'adversaire du possesseur le droit de prouver que cette possession est précaire et, par suite, sans valeur ; le texte est formel : « *s'il n'est prouvé* qu'on a commencé à posséder pour autrui » (même art.). La présomption de la loi en faveur de la possession vraie peut donc toujours être combattue par la preuve contraire, qui consistera à établir l'existence d'une obligation de restituer plaçant le possesseur dans l'état de précarité.

2° « *Quand on a commencé à posséder pour autrui, on est toujours présumé posséder au même titre, s'il n'y a preuve du contraire* » (art. 2231). Ceci signifie que le commencement précaire de la possession étant prouvé, l'*interversion de titre ne se présume pas*, et doit être prouvée à son tour. Il n'y a ici aucune dérogation au droit commun des preuves : le possesseur qui allègue un changement dans la situation, d'où il prétend tirer avantage, doit en faire la preuve, par application de la règle : « Onus probandi incumbit ei qui dicit ». Voyez ci-dessus, n° 357.

LA PROPRIÉTÉ

CHAPITRE PREMIER

NOTIONS PRÉLIMINAIRES

§ 1. — *Controverses sur le droit de propriété.*

940. Origine de ces controverses. — De tout temps on a beaucoup discuté sur l'origine et la légitimité de la propriété, et les controverses ont été avivées dans les temps modernes par le célèbre pamphlet de J.-J. Rousseau : « *De l'origine de l'inégalité parmi les hommes* », que l'Académie de Dijon refusa de couronner en 1753. Dans l'opinion traditionnelle, qui a été celle de BOSSUET (*Politique tirée de l'Écriture,* liv. 1, art. 3, 4e propos.) et de MONTESQUIEU (*Esprit des loix,* liv. 26, chap. 15), la propriété est une institution du droit civil. Mirabeau, Tronchet et bien d'autres se sont contentés de cette idée. Mais dans un temps où toutes les lois ont été renouvelées ou sont sur le point de l'être, cette base est devenue singulièrement fragile. Pour donner à la propriété un fondement solide, il a fallu chercher autre chose que la toute-puissance et la bonne volonté du législateur. On a donc essayé de mettre le droit de propriété au-dessus des lois, de façon à ne laisser au législateur que le rôle d'un arbitre, intervenant pour réglementer le droit de propriété, non pour le créer.

941. Opinions des jurisconsultes. — Les jurisconsultes, habitués à ne rien chercher au delà de la règle juridique qui leur sert de guide, ont une tendance à ériger les préceptes de la loi en principes philosophiques ; ils se sont donc arrêtés à l'idée d'*occupation.* Mais le prétendu droit du premier occupant n'en est pas un. L'occupation, qui n'est qu'un *fait,* ne peut créer qu'un état de fait, la possession ; la propriété n'en peut sortir que sous l'empire d'une législation qui admet déjà la propriété individuelle, qui l'organise et qui classe l'occupation parmi les manières de l'acquérir. L'occupation, *mode d'acquérir,* ne peut donc servir à justifier le *droit* de propriété, car *les modes d'acquérir impliquent la préexistence théorique du droit acquis par leur emploi.*

On peut ajouter que les droits des propriétaires actuels ne dérivent presque nulle part des occupations primitives : les guerres et les violences, qui ne cessent d'agiter l'humanité, ont cent fois rompu la chaîne des transmissions régulières. Même dans nos colonies, dans les *pays neufs,* ne voyons-nous pas les races européennes s'établir en refoulant les races inférieures ?

942. Opinions des philosophes et des économistes. — La doctrine la plus générale des philosophes et des économistes contemporains fonde la propriété sur le *travail* (CAUWÈS, *Cours d'économie politique,* t. III, n° 959 ; BEAUSSIRE, *Les principes du droit,* p. 261 et suiv.). Telle était déjà l'idée de Portalis, qui disait : « C'est par notre industrie que nous avons conquis le sol que nous occupons ».

Cette idée est dangereuse, parce qu'elle contient en germe la négation du droit *actuel* de propriété : si le travailleur devait devenir propriétaire de son produit, en vertu du droit naturel, le travail, en s'accumulant sur un objet, entraînerait une série de spoliations successives, ou tout au moins une accumulation inextricable de propriétés superposées sur le même objet et indivises. Le *travail* a pour rémunération le *salaire.*

Pour M. FOUILLÉE, la propriété est « la liberté faite visible ». La formule est brillante, mais peu démonstrative et, comme tous les hommes sont également libres, le droit d'être propriétaire devient égal pour tous.

En 1848, à un moment où la propriété privée était attaquée avec plus de violence que de raisons, M. THIERS écrivit un livre pour la justifier (*De la propriété*, 1848). Beaucoup d'autres études ont paru depuis. Citons, outre les ouvrages qui ont été déjà indiqués, ceux de MM. JULES SIMON, LUCIEN BRUN, COURCELLE-SENEUIL.

943. Distinction à faire dans la position de la question. — La justification philosophique de la propriété est donc encore à trouver. Si la question n'a pu être résolue, cela tient à ce qu'elle a été mal posée. On a confondu l'existence de la propriété individuelle *comme institution juridique*, avec la *question sociale* que fait naître le *paupérisme*, c'est-à-dire l'état de misère dans lequel vit la population ouvrière des pays riches et industrieux. En séparant les deux points de vue, on arrive plus facilement au but.

944. Justification pratique de la propriété individuelle. — Il ne s'agit pas de savoir si la propriété a été *juste dans son principe;* il s'agit uniquement de savoir si cette institution mérite *actuellement* d'être *conservée*.

Remarquons d'abord que la propriété individuelle est un *fait historique* extrêmement ancien, bien antérieur aux lois qui la régissent à présent; que son organisation actuelle est le résultat d'une *lente évolution;* qu'elle est certainement, à l'égal de la famille et du mariage, une *force sociale* qui s'est développée et a grandi au milieu de bien des vicissitudes. Pour toutes ces raisons, on doit se garder d'y toucher à la légère, car l'expérience de notre propre histoire prouve qu'un peuple ne rompt pas à volonté avec ses traditions et ses origines.

Or la propriété individuelle justifie amplement son existence par les services qu'elle rend à l'humanité. La preuve de la réalité de ces services se tire d'une comparaison entre les peuples qui pratiquent et ceux qui ne pratiquent pas la propriété individuelle. Ainsi, dans les pays habités par des populations nomades, il faut une lieue carrée de terrain par tête pour procurer à l'homme de chétifs moyens d'existence. Même dans les régions à population sédentaire, où le sol est cultivé, l'absence de propriété individuelle est encore une cause de pauvreté; on le constate dans les communautés agraires de la Russie, où règne la routine.

Au contraire, dans toute l'Europe occidentale, on peut, selon l'expression de M. Cauwès, « admirer les prodiges accomplis par la propriété privée ». Sous ce régime, une lieue carrée de terrain suffit à faire vivre 2,000 personnes dans l'abondance. On peut en conclure que la propriété individuelle et libre est pour les sociétés civilisées, à populations compactes, une *nécessité économique* (CAUWÈS, t. I, p. 281-284).

En somme, la propriété individuelle est un fait qui s'impose au législateur. On peut s'efforcer d'en retrouver l'histoire; c'est une étude utile, mais on perd son temps à disserter sur la légitimité d'une chose qu'il ne dépend pas de nous de modifier, pas plus que la configuration des continents ou la diversité des races humaines [1].

945. La question économique de la répartition. — Ce point acquis, il n'y a plus à résoudre qu'une autre question, mais qui n'est plus de droit civil: celle que les économistes appellent la *répartition des richesses*. Ce qui est discuté aujourd'hui est moins l'institution de la propriété privée en elle-même que sa conservation par ses détenteurs actuels. Le spectacle de la richesse, et souvent d'une richesse surabondante et mal acquise, en contact direct avec la misère de tous les « meurt-de-faim » et les « sans-travail » de nos grandes villes industrielles et de nos régions minières, a semé la haine et la colère dans les cœurs. Ces sentiments d'envie sont excusables; mais si la société a le devoir de faire tous ses efforts pour amoindrir la misère, elle irait contre son but en détruisant la

[1] Cette conclusion en amène une autre, qui pourrait s'appuyer également sur bien d'autres observations: c'est qu'une des idées les plus fausses qui ont cours dans les temps modernes, et principalement en France, est celle de la toute-puissance du législateur. Le suffrage universel est l'héritier direct de Louis XIV; il se croit maître absolu et a perdu le sens de la *contingence* et de la *limitation* nécessaires des efforts humains. Personne ici-bas n'est tout-puissant, pas plus les nations que les rois; mais cette idée, répandue dans la masse de la nation française, expliquerait plus d'un point de notre histoire, de nos rêves et de nos échecs.

richesse acquise. Ce n'est pas la privation accidentelle d'un bien qui doit conduire à sa négation. Le problème, pris ainsi du côté économique, dépasse de beaucoup le droit de propriété et s'attaque à la richesse sous toutes ses formes. Ceci prouve combien Proudhon avait rétréci la question quand il s'en prenait uniquement au droit de propriété, dans sa célèbre formule : « La propriété, c'est le vol [1] ».

§ 2. — *Évolution historique de la propriété.*

946. Propriété collective et propriété individuelle. — Voici encore un sujet que je ne puis qu'effleurer. Beaucoup d'écrivains pensent que la propriété a subi une série de transformations régulières, que son évolution a été en quelque sorte *rectiligne*, et ils croient la connaître d'une façon précise : la propriété aurait commencé par être *collective*, et tendrait à se constituer de plus en plus sous la forme *individuelle*. L'étude des faits prouve que l'histoire de la propriété est *beaucoup moins simple*. Il est peu probable qu'à aucune époque la propriété collective ait existé seule ; les peuples les plus pauvres ont au moins connu la propriété individuelle des meubles, des armes, des vêtements, des chevaux de guerre, etc. Il est tout aussi peu probable que la propriété individuelle soit destinée à tout envahir. On constate même de nos jours un *recul sensible :* les capitaux collectifs réunis par l'*association* deviennent de plus en plus nombreux ; les richesses collectives augmenteront sans doute encore rapidement sous l'impulsion socialiste qui entraîne presque tous les États modernes.

947. Variations dans l'organisation de la propriété individuelle. — En laissant de côté cette généralisation extrême, qui embrasse tous les temps, y compris même la préhistoire, on peut encore donner sur l'organisation de la propriété individuelle des notions générales fort importantes.

Considérons seulement *les formes de la propriété foncière dans l'Europe latine*. Nous constaterons qu'à deux reprises le droit de propriété s'est présenté sous des formes complexes, après avoir existé sous une forme simple à laquelle il est revenu plus tard.

Le premier de ces phénomènes s'est produit *dans l'Empire romain* par l'effet de la conquête : à côté du *dominium ex jure Quiritium*, qui représentait la propriété véritable et n'existait en principe qu'en Italie, les Romains ont connu et pratiqué pour les *fonds provinciaux* un genre spécial de propriété [2], et la différence entre les deux espèces de domaines dura jusqu'à Justinien, au moins dans les mots. A peine l'unité s'était-elle faite entre les fonds italiques et les fonds provinciaux qu'une nouvelle distinction, qui a duré jusqu'à la fin du XVIIIe siècle, commença à se former par l'effet des *tenures* et des *locations perpétuelles*, de telle sorte que la propriété simple et franche, à la fois pleine et unique, n'a existé d'une manière générale qu'à trois époques : au début de l'histoire romaine, à la fin de l'Empire romain et depuis la Révolution de 1789.

948. Origines féodales de la décomposition du domaine. — Dès les temps barbares (VIe-IXe siècles), la terre commença à se soumettre à un régime nouveau. Une foule de contrats transféraient au preneur de la chose d'autrui un *droit illimité dans sa durée*, de sorte que la plupart des biens-fonds n'étaient pas *possédés par leurs propriétaires ;* ils étaient *tenus* par d'autres personnes, qui en avaient reçu la concession à des titres divers. Dans la suite, les deux principaux genres de ces tenures furent le *fief* et la *censive*. En vertu de ces concessions, le propriétaire ou concédant, appelé « seigneur »,

[1] Proudhon, d'ailleurs, n'est qu'un copiste. Vers 1778, Brissot écrivait : « La mesure de nos besoins doit être celle de notre fortune. Si 40 écus sont suffisants pour conserver notre existence, posséder 200,000 écus est un *vol* évident, une injustice. La propriété exclusive est un véritable délit dans la nature » (*Recherches philosophiques sur la propriété et le vol*, d'après PAUL JANET, *Histoire de la science politique*, 3e édit., t. II, p. 663).

[2] Dans la théorie romaine, l'État était considéré comme propriétaire des fonds provinciaux, qui représentaient les territoires conquis, et les particuliers en avaient seulement la jouissance, *possessionem et usumfructum*, disait Gaius ; mais cette jouissance était protégée à tel point qu'elle constituait une véritable propriété.

conservait sa propriété, mais il ne « tenait » pas sa terre ; l'autre, le « vassal » ou « tenancier », la tenait sans en avoir la propriété. Il résultait de là que deux personnes, le seigneur et son vassal, avaient en même temps et sur la même terre des droits perpétuels de nature différente.

949. Comment le vassal est devenu propriétaire. — Primitivement, le tenancier n'était pas propriétaire ; la propriété restait aux mains du concédant, qui était le véritable maître de la terre ; le tenancier n'avait qu'*un droit de jouissance sur la chose d'autrui*. Mais peu à peu, à cause de l'étendue et de la perpétuité de son droit, on s'habitua à considérer le tenancier comme étant, lui aussi, propriétaire à sa manière, et on donna à sa *tenure* le nom de *propriété (dominium)*.

Cela faisait deux propriétaires pour une même chose, sans indivision entre eux, leurs deux droits n'étant pas de même nature. Pour les distinguer, on appelait la propriété du seigneur *dominium directum* et celle du vassal *dominium utile* [1].

950. Comment le seigneur a cessé d'être propriétaire. — Plus tard, quand le droit du vassal se fût ainsi transformé en propriété, celui du seigneur subit une *transformation inverse*. Le seigneur fut victime d'une sorte d'*expropriation* : on en vint à considérer le tenancier (vassal ou censitaire) comme le seul vrai propriétaire, parce qu'il avait tous les avantages réels de la propriété. Et la *directe seigneuriale* n'apparut plus que comme une simple servitude, une charge sur la propriété d'autrui, dont il serait bon de débarrasser la terre [2].

Ainsi les concessions féodales, qui au début laissaient la propriété au concédant, amenèrent plus tard la *décomposition de la propriété* en domaine direct et domaine utile, et finalement le *déplacement de la propriété*, qui passa du concédant au tenancier. Cette évolution s'est faite sans secousses, « avec la puissante lenteur des phénomènes historiques » (P. VIOLLET), mais elle était déjà accomplie avant la Révolution.

[1] Ces expressions sont empruntées au langage des Romains qui opposaient souvent l'*actio utilis* à l'*actio directa*, mais elles sont ici détournées de leur sens ancien. Pour les Romains, l'action directe était celle qui était donnée par le droit normal et qui recevait son application régulière ; l'action utile était donnée « utilitatis causa », pour des cas non prévus primitivement et par analogie avec une action préexistante, qui était l'action directe. En droit féodal, le « dominium utile » est ainsi appelé parce qu'il confère tous les avantages réels de la propriété.

[2] Voici quelques citations, de dates différentes, qui mettront en lumière ce changement :

A. — Denis Dupont (Pontanus), qui vivait au XVIe siècle, disait : « Dominium duplex est, directum et utile. Directum id est quod verum, proprium ac principale dominium est... cui etiam directo dominio *proprietatis* tantum appellatio convenit, nunquam utili » (*Commentarii in Consuet. Blesenses*, art. XXXIII). Dumoulin disait de même, en définissant le contrat de fief : « Translatio utilis dominii, *proprietate* retenta... » (*De Feudis*, n° 114). Et Cujas : « Feudum est jus *fundo alieno* utendi fruendi » (*De Feudis*, lib. I, procemium). On se souvenait donc encore, au XVIe siècle, que le vassal ou tenancier possédait la *chose d'autrui* et n'était pas un propriétaire.

B. — Sous Louis XIV, Hévin, feudiste breton, écrivait : « Soit du côté du seigneur, soit du côté du vassal, il n'y a point de servitude, et l'un ne jouit point de ce qui est à l'autre à titre de servitude. Le seigneur retient la seigneurie directe, à cause de laquelle il a la foi, l'hommage, le rachat, les rentes et devoirs, non jure servitutis, sed jure primævo retento, seu jure dominii directi ; et le vassal a la seigneurie utile et la *propriété* avec les avantages qu'elle contient et n'en perçoit point les fruits par droit de servitude imposée sur les biens de son seigneur ; il en jouit jure suo, jure *proprietatis* et perpetuo » (*Questions féodales*, IV, 18). Au XVIIe siècle, on considérait donc les deux parties comme étant également propriétaires.

C. — Enfin, au XVIIIe siècle, Pothier n'hésite plus à dire : « Le domaine direct... n'est plus qu'un domaine de supériorité, et n'est plus que le droit qu'ont les seigneurs de se faire reconnaître comme seigneurs par les propriétaires et possesseurs d'héritages tenus d'eux, et d'exiger certains devoirs et redevances récognitifs de leur seigneurie. Cette espèce de domaine n'est point le domaine de propriété qui doit faire la matière du présent traité... C'est, à l'égard des héritages, le domaine utile qui s'appelle le domaine de propriété. Celui qui a ce domaine se nomme propriétaire... Celui qui a le domaine direct s'appelle simplement seigneur... Ce n'est pas lui, c'est le seigneur utile qui est proprement propriétaire de l'héritage » (*Traité du droit de domaine de propriété*, n° 3). — Pour plus de détails, voir CHÉNON, *Les démembrements de la propriété foncière avant et après la Révolution*, Paris, 1881 ; ROB. BEUDANT, *La transformation juridique de la propriété foncière dans le droit intermédiaire*, Paris, 1889.

951. Affranchissement de la propriété foncière par la suppression de la directe seigneuriale. — L'affranchissement de la propriété foncière par la suppression des tenures perpétuelles et des redevances de toute nature qui grevaient la terre était réclamé bien avant la Révolution. En 1776, parut un petit ouvrage anonyme « *sur les inconvénients des droits féodaux* », qui eut trente éditions. On sut plus tard qu'il avait été rédigé par Boncerf, premier commis de Turgot, et inspiré par le ministre lui-même, qui le présentait au public moins comme un livre de polémique que comme un avant-projet de réforme. Le Parlement de Paris vit dans ce livre un attentat aux lois et coutumes de la France, aux droits sacrés et inaliénables de la couronne et au droit de propriété des particuliers, et ordonna que la brochure serait lacérée et brûlée au pied du grand escalier du Palais. L'ouvrage était cependant aussi modéré au fond que dans la forme. Il se bornait à demander l'affranchissement de la terre par le *rachat* des droits féodaux, et à montrer que l'opération était possible et qu'elle serait avantageuse pour tous.

En 1789, les cahiers des paroisses, rédigés par les curés, furent une révélation. Les paysans ne s'y inquiétaient guère des libertés publiques ; mais le régime féodal, les droits qu'il prélevait, les services qu'il exigeait, les gênes et les abus qu'il engendrait, faisaient l'objet de leurs doléances. Qu'importaient aux campagnards les théories politiques ? Ils demandaient la fin des maux dont ils souffraient. Les cahiers des bailliages, rédigés par la bourgeoisie, parlaient d'un autre ton. Si l'aversion du régime s'y fait encore sentir, on y parle beaucoup plus des réformes constitutionnelles que de l'abolition des charges féodales. Beaucoup de riches bourgeois possédaient des fiefs, et, au-dessous d'eux, que de greffiers, de procureurs, de percepteurs, de dresseurs de terriers, de notaires et d'officiers de tous titres, qui ne vivaient que des justices seigneuriales et des contestations sans nombre que provoquait la féodalité ! L'Assemblée constituante ne se serait probablement pas pressée d'aborder ce redoutable problème, si les événements ne l'y avaient contrainte. La prise de la Bastille eut dans les campagnes un immense retentissement. Une véritable Jacquerie éclata. Les paysans coururent aux châteaux, en détruisirent les archives, les *chartriers*, non sans brûler parfois le château lui-même et assassiner ses maîtres. L'Assemblée fut terrifiée, car elle sentait que la force publique serait impuissante à réprimer les désordres. Dans la séance du 4 août, le vicomte de Noailles avait proposé d'appliquer un remède au mal en décrétant que tous les droits féodaux seraient rachetables, et que les plus odieux, tels que les corvées et les mainmortes, seraient abolis sans indemnité. Dupont (de Nemours) essaya vainement d'empêcher le vote de ces propositions irréfléchies. Un député breton, Le Guen de Kérengal, qui n'a fait que cette seule apparition à la tribune, vint y tracer un sombre tableau du régime féodal. Par son style emphatique, il provoqua l'enthousiasme de l'Assemblée : « Un cri général se fait entendre. Vous n'avez pas un instant à perdre, chaque jour de délai occasionne de nouveaux embrasements. La chute des empires est annoncée avec moins de fracas. Ne voulez-vous donner des lois qu'à la France dévastée ? » Alors ce fut à la tribune un interminable défilé de nobles, d'évêques, de représentants de corporations ou de villes privilégiées venant apporter la renonciation à leurs privilèges ou à ceux de leurs commettants. La nuit étant déjà très avancée, on se contenta de donner une sanction à ces déclarations patriotiques et de voter quelques articles provisoires en attendant la rédaction des décrets définitifs sur l'abolition et le rachat des droits féodaux. Dès le lendemain, quand l'ivresse eut fait place au calme, on sentit naître les difficultés d'exécution. L'inquiétude chez tous, le regret chez les privilégiés de la veille, se firent jour. Mais la décision prise était trop solennelle pour qu'il fût permis de reculer. De nombreux décrets furent rendus en exécution de la résolution votée dans la nuit du 4 août. La distinction à faire entre les droits abolis sans indemnité et les droits rachetables donna lieu à de nombreuses incertitudes qu'il fallut trancher.

Ainsi disparut en quelques heures un régime foncier qui avait mis tant de siècles à se construire. Depuis 1789, la propriété pleine, analogue à l'ancien *dominium* romain, est la seule qui existe en France. Et la loi ne connaît plus, comme procédés d'*amodiation*, que les deux formes du bail : le *louage à ferme* et le *métayage*. Cependant, comme l'histoire est un perpétuel recommencement, nous assistons de nos jours à un retour offensif des longues tenures. Voyez ce qui est dit de l'*emphytéose* aux nos 1928 et suiv.

952. Erreur des historiens modernes sur l'œuvre de la Révolution. — Rien n'est plus faux que les idées qui ont cours en France sur l'œuvre de l'Assemblée constituante à cet égard et sur l'état des terres avant la Révolution. Taine a écrit : « La Révolution... est par essence une TRANSLATION DE PROPRIÉTÉ ; en cela consistent son support intime, sa forme permanente, son moteur premier et son sens historique » (*La Révolution*, t. I, p. 386). Sous la plume d'un tel écrivain, cette phrase ne pouvait manquer de devenir un axiome ; elle domine aujourd'hui l'opinion publique française, et on la répète tous les jours, sous des formes variées, d'un bout à l'autre du monde politique. Cela ne l'empêche pas d'être une erreur ; ceux qui la tiennent pour vraie ne peuvent rien comprendre à l'œuvre juridique de la Révolution. La grande évolution historique, qui a lentement exproprié le seigneur au profit du vassal ou tenancier, était déjà achevée avant 1789. La Révolution a affranchi la terre des redevances qui la grevaient ; elle n'a pas eu à opérer un déplacement de propriété, qui était chose faite.

953. Vaine prétention de l'État à un domaine éminent sur les propriétés privées. — Depuis 1789, le droit français ne connaît plus qu'une seule propriété, simple et pleine comme l'ancien *dominium* romain. Signalons seulement, à titre de curiosité, le *domaine éminent* revendiqué sur les propriétés privées au nom de l'État par la régie de l'Enregistrement, dans le but de s'assurer un privilège pour le recouvrement des droits de mutation dus sur les biens des particuliers à la suite d'une mutation par décès. Sa prétention fut rejetée par la Cour de cassation (23 juin 1857, D. 57. 1. 233 et 242, S. 57. 1. 401).

CHAPITRE II

ANALYSE DES DROITS DU PROPRIÉTAIRE

** **954. Définition.** — D'après l'art. 544 C. civ., la propriété est « le droit de jouir et de disposer des choses de la manière la plus absolue ». Voici une autre définition, peut-être plus précise : « Le droit en vertu duquel une chose se trouve soumise, d'une façon absolue et exclusive, à l'action et à la volonté d'une personne » (AUBRY et RAU, § 190).

La propriété est le plus complet de tous les droits réels ; on peut dire qu'il comprend en lui tous les autres.

955. Durée de la propriété. — De sa nature, *le droit de propriété est perpétuel* ; c'est sous cette forme qu'on le rencontre dans l'immense majorité des cas. Cependant on peut concevoir une *propriété temporaire*. La Cour de cassation en a admis la possibilité pour des *canaux d'irrigation* concédés à des particuliers ou à des Compagnies (1er avril 1884, D. 84. 1. 345, S. 85. 1. 85). Le droit de *superficie* accordé au preneur à bail d'un terrain, qui y élève des constructions (ci-dessous, n° 1188), est nécessairement temporaire, notre loi n'admettant plus les locations perpétuelles. Enfin le *droit des auteurs* sur leurs œuvres, qui a été organisé à l'imitation de la propriété, est toujours temporaire (ci-dessous, nos 1215 et suiv.).

En outre, la propriété peut être affectée d'une *condition résolutoire*, qui la rend fragile et temporaire d'une autre manière.

956. Division de ce chapitre. — Pour déterminer les différents avantages attachés au droit de propriété, avec les restrictions qu'ils comportent, de façon à se rendre compte exactement de l'étendue des droits du propriétaire, il faut distinguer les *actes matériels* et les *actes juridiques* qu'autorise le droit de propriété.

Après avoir étudié les actes qu'un propriétaire peut ainsi accomplir en vertu de son droit, il y a lieu de se demander quel est l'*effet de la résolution* de la propriété, quand celle-ci n'a été acquise qu'à l'état de *propriété résoluble*.

§ 1. — *Actes matériels de jouissance ou de consommation.*

A. — Le principe.

***957. Principe de liberté.** — Le droit de propriété confère en principe au propriétaire le droit d'user et d'abuser de la chose. Non seulement il peut accomplir tous les actes d'usage et de jouissance, tels que la perception des fruits et récoltes, mais il peut aussi faire exécuter sur elle tous les travaux qui lui plaisent, même nuisibles ; il peut abattre les arbres, raser les constructions qui existent, creuser des excavations, épuiser une carrière, détruire les objets qui lui appartiennent. Voyez les art. 544 et 552, al. 2 et 3.

**** 958. Attribut essentiel de la propriété.** — Ce qui caractérise le droit de propriété, ce qui le distingue de tous les autres droits réels, c'est la faculté de disposer de la chose, en la consommant, *en la détruisant matériellement* ou *en transformant* sa *substance*. C'est là ce que les anciens appelaient l'*abusus* ou *jus abutendi*, mot qui désignait la *consommation* de la chose et non l'*abus* au sens moderne du mot, qui désigne l'acte contraire au droit (MAYNZ, § 94, note 2, § 128 ; ACCARIAS, n° 200). Tous les autres droits réels autorisent leurs titulaires à jouir de la chose d'autrui d'une manière plus ou moins complète, mais toujours à « la charge d'en conserver la substance », comme le dit l'art. 578 pour l'usufruit ; c'est-à-dire que ces différents droits ne comportent jamais l' « abusus », qui reste ainsi l'attribut caractéristique de la propriété.

B. — Les restrictions.

959. Existence de restrictions nombreuses. — Malgré tout ce qui vient d'être dit, l'exercice matériel du droit de propriété n'est cependant pas absolument libre.

On peut même remarquer à ce sujet que l'art. 544 contient *deux propositions contradictoires*. Après avoir dit que le propriétaire est libre d'user de sa chose « de la manière *la plus absolue* », le texte ajoute : « pourvu qu'il n'en fasse pas un usage *prohibé par les lois ou les règlements* ». C'est ouvrir la porte à toutes les restrictions possibles, et de fait le législateur ne s'est pas fait faute d'entourer la propriété, surtout la propriété foncière, d'un réseau de formalités administratives et de gênes de toutes sortes. Les lois qui les établissent s'inspirent tantôt de l'utilité générale (considérations d'hygiène, de défense militaire, etc.), tantôt d'un simple intérêt fiscal. Parmi ces règles, les unes concernent la propriété bâtie, les autres l'exploitation agricole.

Ainsi, si l'on peut dire que la propriété est le *plus large* et le *plus complet* de tous les droits réels, il est *faux* de dire, comme le fait l'art. 544, que ce droit est *absolu*. Le Code civil abandonne même sans réserve à l'administration le droit de réglementer l'usage que les particuliers font de leurs propriétés. L'arbitraire est complet. Dans la pratique, les mœurs modernes et les traditions politiques protègent seules la propriété contre les entreprises et les témérités du pouvoir ; de limite légale, il n'y en a point [1].

960. Motif de ces restrictions. — Les restrictions apportées à l'usage du droit de propriété sont toujours *fondées sur des considérations générales*. Plus tard, nous en verrons d'autres, qui ont un but plus précis et ne peuvent profiter qu'à un voisin; mais celles-là constituent de véritables servitudes : elles supposent en présence deux fonds, l'un jouant le rôle de fonds servant, l'autre celui de fonds dominant ; c'est donc à propos des servitudes que nous devrons nous en occuper (ci-dessous, nos 1794 et suiv.) [2].

961. Restrictions concernant la propriété bâtie. — Un propriétaire veut-il *construire* sur son terrain ? Si ce terrain est situé dans une ville, il lui faudra se conformer à des *règlements* fixant la hauteur maxima de la construction, le nombre des étages, leurs limites de hauteur intérieure, l'établissement des conduites de gaz et d'eau, les fosses d'aisances, etc.

Est-il riverain d'une voie publique ? Il subira peut-être, par l'effet d'un *plan général d'alignement*, un *reculement* qui lui fera perdre, sans expropriation régulière, une partie de son terrain au profit de la route ou de la rue à rectifier ou à élargir ; cette portion de terrain se trouve frappée d'une sorte de servitude au profit de la voie publique : il ne peut ni y élever de constructions nouvelles, ni même entretenir celles qui s'y trouvent, afin que l'administration n'ait à lui payer que le prix du terrain nu.

S'il se trouve dans le *voisinage d'un cimetière*, il ne pourra ni construire, ni creuser un puits à une distance de moins de cent mètres (Décr. 7 mars 1808).

Veut-il fonder un *établissement industriel ?* Il devra se soumettre à une enquête et à l'autorisation administrative, si son établissement est classé parmi les ateliers dangereux, insalubres ou incommodes [3]. S'il possède une *maison*, il pourra se voir contraint d'y exécuter des *travaux d'assainissement*, ou même privé de la faculté de la louer pour être habitée (L. 13 avril 1850, sur les logements insalubres).

962. Émancipation de la propriété rurale par la Révolution. — En principe, le propriétaire rural est libre dans l'exercice de son droit de jouissance. Il peut tirer de sa chose toute l'utilité possible, et de la manière qui lui convient. Cette liberté précieuse, qui appartient au propriétaire du sol, nous paraît aujourd'hui toute naturelle. Elle n'a cependant pas toujours existé : elle n'a été concédée aux particuliers que par l'Assemblée constituante dans la loi des 28 sept.-6 oct. 1791, concernant les biens et les usages ruraux : « Les propriétaires sont libres de varier à leur gré la culture et l'exploitation de leurs terres, de conserver à leur gré leurs récoltes et de disposer de toutes les productions de leurs propriétés dans l'intérieur du royaume et au dehors ». — « Chaque propriétaire est libre de faire sa récolte, de quelque nature qu'elle soit, avec tout instrument et au moment

[1] Nos mœurs politiques sont en train de changer à cet égard. A l'époque actuelle, des charges excessives sont systématiquement imposées à la propriété foncière, particulièrement à Paris, par voie d'arrêtés préfectoraux. Sur cette tendance, voir les critiques aussi justes que vives formulées par M. BERTHÉLEMY, *La question des octrois*, dans la *Revue de Paris* du 14 février 1899.

[2] MM. Aubry et Rau ont admis, à tort suivant moi, l'existence de deux sortes de restrictions au droit de propriété, les unes étant fondées sur des considérations d'utilité publique, les autres sur des raisons de pur intérêt privé. Ce point sera examiné au n° 1794.

[3] Malgré l'autorisation administrative, le propriétaire qui établit chez lui une industrie de ce genre, s'expose à une demande d'indemnité de la part des voisins. Voyez ce qu est dit sur ce point dans le t. II, 1re édit., n° 910-4°.

qui lui conviendra » (*Code rural*, tit. I, sect. 1, art. 2; sect. 5, art. 1). Ces lois émancipatrices parlent un langage qui nous étonne ; mais il y avait alors pour la propriété rurale une foule d'entraves, dont il fallait la débarrasser. Le langage de la loi s'est bien atténué en passant dans le Code ; voyez l'art. 544 : on n'y sent plus cet accent de triomphe qui annonçait à la France sa liberté [1], mais les principes libéraux sont restés.

963. Restrictions modernes de l'exploitation agricole. — La propriété rurale est cependant soumise à un certain nombre de restrictions qui lui sont propres. Voici les principales :

1° Le *défrichement des bois et forêts*, qui appartiennent à des particuliers, ne peut être fait sans autorisation (Code forestier, art. 219, modifié par la loi du 18 juin 1859). Des règles spéciales existent, dans la zone frontière, pour les bois reconnus utiles à la défense militaire (Décr. 31 juill. 1861).

2° Des travaux de *reboisement* ou de *gazonnement* peuvent être ordonnés sur les terrains en montagne ; le *pacage* peut être interdit par décret, pendant 10 ans au plus, sur ceux qui sont simplement menacés (L. 28 juillet 1860, sur le reboisement des montagnes ; L. 4 avril 1882, sur la restauration et la conservation des terrains en montagne).

3° Le *dessèchement des marais* peut être ordonné, soit pour augmenter le sol cultivable, soit pour assurer la salubrité d'une région (L. 11 sept. 1792, sur les étangs nuisibles ; L. 16 sept. 1807 sur le dessèchement des marais). L'atteinte aux droits du propriétaire est ici aggravée par ce fait que l'État peut concéder le dessèchement à un tiers ou l'opérer lui-même.

4° La *culture du tabac* n'est pas libre (Loi de finances du 28 avril 1816, art. 180). Il y a, depuis 1816, toute une législation sur cette matière.

5° Le droit de faire la récolte au moment qu'il leur plaît de choisir, promis aux propriétaires par le Code rural de 1791, n'est pas absolu. Des *bans de vendange*, *de fauchaison* ou *de moisson* peuvent être publiés qui en fixeront l'heure, et la violation de ces différents bans est punie d'une amende de 6 à 10 fr. (art. 575 C. pén.) [2].

6° La *culture de la vigne* a subi, elle aussi, diverses entraves, justifiées par la nécessité de protéger nos vignobles contre l'invasion du phylloxera. Voyez les tables de DALLOZ et de SIREY au mot « Phylloxera ».

§ 2. — *Actes juridiques.*

*** 964. Objet de ces actes.** — En vertu de son droit de propriété, le propriétaire peut faire un certain nombre d'actes juridiques relatifs à sa chose ; mais quand on les étudie, en cherchant à préciser quels sont ces

[1] Le Code rural de 1791 débutait ainsi : « Le territoire de la France est libre dans toute son étendue, comme les personnes qui l'habitent » (Tit. I, sect. 1, art. 1).

[2] Les bans par lesquels le seigneur fixait autrefois l'époque de la fauchaison, de la moisson et de la vendange, paraissent avoir eu originairement pour but d'assurer la perception de la dîme et du champart ou autres droits seigneuriaux. Ils étaient devenus une source d'abus. Par exemple le seigneur retardait l'époque de la récolte pour tout un canton afin de récolter lui-même le premier et de vendre plus avantageusement ses denrées. L'abolition des bans fut une des réclamations les plus générales des cahiers des paroisses en 1789. Le Code rural de 1791 les supprima par la disposition rapportée ci-dessus. Il laissa toutefois subsister les bans de vendanges, dans les pays où ils étaient usités, mais le droit de les régler passa aux municipalités. Il paraît même que dans certains endroits les maires ont continué à publier des bans de fauchaison et de moisson. Tout en reconnaissant que le ban des vendanges gêne les vignerons et ne compense par aucun avantage sérieux les embarras qu'il apporte, le législateur de 1889 a refusé de l'abolir d'une façon absolue. Il a laissé aux conseils municipaux le droit de le maintenir, ou même de l'établir là où il n'existe pas encore, par une délibération soumise au Conseil général et approuvée par lui (L. 9 juill. 1889, art. 13). Quant aux bans de fauchaison et de moisson, il ne s'en est pas occupé, mais les commissions parlementaires ont fait déclarer par leurs rapporteurs qu'elles n'avaient pas entendu les prohiber.

actes, on s'aperçoit qu'ils consistent tous à *transférer à autrui*, en totalité ou en partie, le droit de jouissance et de consommation qui appartient au propriétaire sur sa chose.

S'il transmet la totalité de son droit, on dit qu'il *aliène la chose ;* il fait un acte *translatif de propriété.*

S'il concède seulement un droit de jouissance partielle sur sa chose, on dit qu'il *démembre sa propriété ;* il crée sur la chose un droit réel d'*usufruit*, d'*emphytéose* ou de *servitude*. Il est encore propriétaire, mais sa propriété est démembrée ; un autre que lui a désormais une partie plus ou moins forte de ses droits sur la chose.

Il faut bien se pénétrer de cette idée que ces différents actes juridiques sont accomplis, *non sur la chose, mais sur le droit du propriétaire.* En lui-même, le droit de propriété n'autorise que les actes matériels de jouissance ou de consommation décrits dans le paragraphe précédent ; ceux-là seulement forment l'*objet* du droit. Les actes juridiques se bornent à opérer le *déplacement* total ou partiel de ce droit d'user ou de consommer ; c'est l'exercice d'une faculté spéciale, *la faculté de céder son droit.*

965. La faculté de céder son droit n'est pas caractéristique de la propriété. — La possibilité de disposer *juridiquement* de son droit en l'*aliénant* n'est nullement caractéristique de la propriété. Ce caractère de *cessibilité* est commun en principe à tous les droits réels, sauf un petit nombre d'exceptions.

Ce qui fait que la cession faite par le propriétaire paraît être l'aliénation de la chose même et par suite un attribut de la propriété, c'est que le droit qu'il cède consiste dans la jouissance complète de la chose. Il est seul à avoir un droit tout à la fois *total* et *perpétuel ;* tous les autres titulaires de droits réels n'ont qu'une jouissance *temporaire* quand elle est totale (l'usufruit), ou *partielle* quand elle est perpétuelle (les servitudes prédiales). C'est pour cela que, quand ils cèdent leur droit, ils ne paraissent pas céder la chose elle-même.

A. — Cas où la propriété est aliénable.

**** 966. Distinction des actes d'administration et des actes de disposition.** — On rencontre fréquemment, soit dans les textes de la loi, soit dans les discussions juridiques, une opposition faite entre les *actes de disposition* et les *actes d'administration.* Cette formule semble, à première vue, répartir en deux catégories très nettes les actes juridiques qu'un propriétaire peut faire. Néanmoins, et quoiqu'elle soit bien réellement fondée sur la nature des choses, elle est très loin d'avoir la précision et la fixité qu'annonce la netteté des mots qui servent à l'exprimer [1].

[1] On fera attention que, dans toute cette discussion, il faut donner au mot « administration » un sens étroit et limitatif, laissant en dehors de sa portée les actes dits « de disposition », car il y a des cas où le mot « administrer » prend un sens vague embrassant tous les actes de la vie juridique, même les plus graves. Voyez, par exemple, l'art. 1421 qui dit que le mari « administre » seul les biens de la communauté ; cela veut dire qu'il a seul le droit d'agir, mais son « administration » comporte même les actes d'aliénation. On pourrait presque faire la même observation pour le mot « administrer » appliqué au tuteur par l'art. 450. Ce n'est pas dans ce sens large que nous prendrons ici ce mot.

D'une façon générale, on peut dire que les actes de disposition comprennent, outre les *aliénations* proprement dites (ventes, échanges, donations, apports en société, etc.), un certain nombre d'actes qui engagent définitivement l'avenir, et dont les principaux sont la *constitution d'une hypothèque* et celle d'une *servitude*.

Les actes d'administration ont pour caractère propre de n'engager l'avenir que pour un temps fort court et d'être par suite fréquemment renouvelables. Ils comprennent les différentes variétés du *louage* ou *bail*, avec les conventions accessoires qui s'y rattachent. Ils ont moins pour but de transférer à autrui la jouissance de la chose, que de permettre au propriétaire d'en retirer lui-même le profit sous la forme d'un *revenu en argent*. Pour un propriétaire, c'est une manière d'avoir la jouissance de sa maison ou de sa terre que d'en toucher le loyer ou les fermages. Mais de nombreuses questions de détail s'élèveraient pour une foule d'actes dont la nature n'est pas bien déterminée. Voyez ce qui est dit à la fin du n° 968.

967. Quand le louage cesse d'être un acte d'administration. — L'acte d'administration ne doit pas engager l'avenir pour une durée trop longue. Il en résulte que le bail, qui est un acte d'administration en principe, est traité comme un acte de disposition quand il dépasse une certaine durée, 9 ou 18 ans, selon les cas (art. 595, 1429, 1430 et 1718 ; L. 23 mars 1855, art. 2-4°).

*** 968. Inutilité de cette distinction pour la détermination des droits du propriétaire.** — Cette distinction des actes d'administration et des actes de disposition est très importante en droit ; mais elle concerne bien plus la *théorie des personnes* que la *théorie de la propriété*. Elle sert à déterminer les actes que peuvent faire : 1° ceux qui n'ont sur leurs propres biens qu'une *capacité limitée*, comme le mineur émancipé (art. 484) ; 2° ceux qui n'ont sur les biens d'autrui, dont ils sont *administrateurs* comme maris ou tuteurs, que des *pouvoirs limités*. Elle ne sert à rien pour déterminer les actes qu'un propriétaire, *supposé capable*, peut faire *sur ses propres biens*. C'est cependant dans cette dernière situation qu'il faut se placer pour déterminer les actes juridiques qu'autorise le droit de propriété : tous, comme on l'a vu, se résument dans la transmission du droit à autrui ; la distinction de ce qui est disposition ou simple administration ne concerne donc que les questions de capacité personnelle ou de pouvoir sur les biens d'autrui.

Voici enfin une observation qui corrobore ce qui vient d'être dit. Les *marchés de travaux* passés pour l'entretien ou la réparation d'un immeuble, ainsi que les *conventions d'assurances*, rentrent assurément dans les *actes d'administration*, et cependant ils ne sont à aucun degré l'exercice du droit de propriété, mais de simples conventions ne modifiant en rien la manière de jouir de la chose, et que toute personne peut faire, même sans avoir la propriété de la chose réparée ou assurée. Or, quand on pénètre ainsi dans la détermination des questions de pouvoir et des questions de capacité, on reconnaît vite que la distinction des actes d'administration et des actes de disposition est variable et change de portée selon la qualité de la personne que l'on envisage. Ce caractère changeant a été bien mis en lumière dans la thèse de M. Paul Goldschmidt, *Étude sur l'acte d'administration*, Paris, 1898.

B. — Inaliénabilité exceptionnelle de la propriété.

** **969. En quoi consiste l'inaliénabilité.** — Dans sa condition normale, la propriété est aliénable, conformément à ce qui vient d'être dit, et sauf l'effet de l'incapacité personnelle du propriétaire. Mais dans certaines situations exceptionnelles, la propriété se trouve frappée d'*inaliénabilité*, c'est-à-dire que son titulaire perd la faculté de disposer valablement de son droit par voie d'aliénation [1].

* **970. Cas d'inaliénabilité.** — Les biens inaliénables acquièrent ce caractère tantôt en *vertu de la loi*, tantôt par *la volonté des particuliers*, et les clauses d'inaliénabilité établies par ceux-ci sont autorisées tantôt par un *texte positif* de la loi, tantôt simplement *par la jurisprudence*.

1° Inaliénabilités établies directement par la loi [2].

971. Exemples divers. — L'exemple principal de ce genre d'inaliénabilités résulte de la loi du 30 mars 1887, sur la *conservation des monuments historiques*, qui a rendu inaliénables les objets mobiliers classés dans certaines conditions (art. 10, 11 et 13). Un autre exemple très usuel concerne les *billets d'aller et retour* que délivrent les compagnies de chemins de fer : les deux coupons doivent être utilisés par la même personne ; par conséquent, le coupon de retour ne peut être ni vendu (Paris, 7 mai 1890, D. 91. 2. 33, S. 90. 2. 171) ni même donné (Bordeaux, 11 mars 1891, S. 91. 2. 165) [3]. Mentionnons enfin une loi de circonstance du 12 mai 1871, qui avait déclaré inaliénables, jusqu'à leur retour aux mains de leurs propriétaires, les objets pillés pendant la Commune.

Beaucoup d'autres lois, sans déclarer absolument l'inaliénabilité, interdisent la vente ou la mise en vente de certaines choses. Il en sera parlé dans le t. II, à propos de la vente.

2° Inaliénabilités établies par les particuliers en vertu de la loi.

* **972. Liste des cas où l'inaliénabilité est permise.** — Dans quelques cas, *la loi permet aux particuliers de rendre certains biens inaliénables*, dans la mesure et

[1] On a voulu distinguer l'*inaliénabilité*, qui frapperait le bien lui-même et aurait par suite un caractère *réel*, de la simple *défense d'aliéner* qui atteindrait la personne du propriétaire et non le bien (Capitant, *Introduction au droit civil*, p. 291, note 2). Si l'on veut dire par là que certaines interdictions d'aliéner sont établies en considération d'un propriétaire déterminé et lui sont personnelles, tandis que d'autres sont établies « in rem », comme auraient dit les Romains, et atteignent tout propriétaire de la chose quel qu'il soit, cette différence se comprend. Mais on doit toujours se dire que la défense de la loi atteint directement la *personne* qui est propriétaire et rien qu'elle, car ce n'est pas le bien qui a, en quelque sorte, la puissance virtuelle et passive de subir une aliénation : c'est toujours et nécessairement en la personne du propriétaire que réside la faculté d'aliéner ; c'est donc une personne qui est atteinte par la prohibition, et non une chose, ce qui n'aurait pas de sens.

[2] Je rappelle que nous faisons ici la théorie de la propriété privée, telle qu'elle résulte du Code civil ; nous n'avons donc pas à nous occuper de l'inaliénabilité spéciale des biens domaniaux compris dans le domaine public. Voyez ci-dessous, nos 2045 et 2048.

[3] Le texte ici appliqué est l'art. 63 de l'ordonnance du 15 novembre 1846, sanctionnée à l'avance par l'art. 21 de la loi du 15 juillet 1845.

sous les conditions qu'elle détermine. Il n'existe actuellement que deux de ces cas :

1° La stipulation du *régime dotal*, qui entraîne, pour les biens de la femme compris dans sa dot, une inaliénabilité à peu près complète, mais dont la rigueur peut être atténuée par des clauses du contrat de mariage ;

2° Les *substitutions permises* (art. 1048 à 1074), en vertu desquelles un donateur ou un testateur peut rendre inaliénables les biens qu'il donne ou qu'il lègue, pour toute la vie de la personne gratifiée, tenue de les transmettre à ses enfants. Pareille clause n'est permise qu'aux père, mère, frères ou sœurs du gratifié et sous des limites et conditions rigoureuses.

Ces deux cas d'inaliénabilité font partie du programme de troisième année.

Enfin un troisième cas a existé jadis, de 1806 à 1849, mais il ne peut plus guère être cité que pour mémoire : c'est l'institution des *majorats*, inventés par Napoléon Ier. Voy. l'art. 896, al. 3, et les textes rapportés en note dans les Codes Tripier.

3° Inaliénabilité autorisée par la jurisprudence.

** **973. Origine et développement de cette jurisprudence.** — Une jurisprudence tout à fait remarquable, qui paraît avoir eu pour point de départ un arrêt de la Cour d'Angers, du 29 juin 1842 (D. 42. 2. 218 et 46. 4. 163)[1], permet en outre aux particuliers, d'une manière générale (c'est-à-dire sans distinctions de personne), d'établir, au moins dans une certaine mesure, l'inaliénabilité d'un bien par une clause contenue dans l'acte d'aliénation. La chambre civile accueillit cette doctrine nouvelle en 1858 (Cass., 20 avril 1858, D. 58. 1. 154, S. 58. 1. 589), et depuis lors les arrêts en ce sens se multiplièrent rapidement. Voy. notamment Douai, 27 avril 1864, D. 64. 2. 89, S. 64. 2. 264. Aujourd'hui la question de principe ne se discute plus devant les tribunaux, mais il y a encore de nombreuses difficultés sur les limites qu'il convient d'assigner à ces clauses d'inaliénabilité, et l'on peut même constater dans la jurisprudence la plus récente, sinon un mouvement de recul qui serait le désaveu des solutions antérieures, tout au moins une tendance à ne plus faire de nouveaux pas dans cette voie (Voy. Alger, 20 janv. 1879, D. 79. 2. 143 ; Cass., 22 juill. 1896, D. 98. 1. 17 et la note).

* **974. Prohibition des clauses d'inaliénabilité perpétuelle.** — Parmi les clauses d'inaliénabilité, la jurisprudence fait un triage. D'abord elle considère comme *absolument interdite toute clause établissant l'inaliénabilité perpétuelle* (Cass., 19 mars 1877, D. 79. 1. 455, S. 77. 1. 203 ; Cass., 20 mai 1879, D. 79. 1. 431, S. 80. 1. 14 ; Cass., 8 nov. 1897, D. 98. 1. 91. Comp. Paris, 23 juin 1892, D. 92. 2. 379 ; Paris, 26 juill. 1898, D. 99. 2. 24).

Un arrêt déjà ancien de la Cour de cassation a établi très nettement le principe sur lequel cette prohibition est fondée : la libre disposition des biens est un attribut essentiel de la propriété ; c'est une règle d'ordre public, qui ne peut fléchir que dans les cas où la loi a autorisé par des

[1] Les arrêts plus anciens annulaient régulièrement les clauses des donations et des testaments qui tendaient à rendre un bien inaliénable (Lyon, 7 avril 1835, et Paris, 11 mars 1836, D. 36. 2. 82 et 83 ; DALLOZ, *Répert.*, v° Dispositions entre vifs, n° 179).

textes formels une dérogation à ce principe fondamental ; en dehors de ces cas, une clause tendant à mettre une chose hors du commerce ne peut avoir force obligatoire (6 juin 1853, D. 53. 1. 190, S. 53. 1. 619) [1].

* **975. Conditions de validité des clauses temporaires d'inaliénabilité.** — L'inaliénabilité temporaire est au contraire permise, à la double condition qu'elle soit de brève durée et qu'elle soit justifiée par un intérêt sérieux.

L'*intérêt* qui légitime, d'après la jurisprudence, la clause d'inaliénabilité temporaire peut être : 1° celui du donateur, 2° celui du donataire, 3° celui d'un tiers.

1° Le *donateur* cherche souvent à garantir un droit d'usufruit qu'il se réserve sur les biens donnés, et surtout à s'assurer le bénéfice du *retour légal* (art. 747) qui lui permettra de reprendre les biens donnés, s'il survit au donataire et *si ces biens se retrouvent en nature dans la succession :* en faisant défense au donataire d'aliéner, le donateur est sûr de pouvoir exercer son droit, qui serait perdu si le donataire avait disposé des biens donnés (Angers, 29 juin 1842 précité ; Douai, 23 juin 1851, D. 52. 2. 245, S. 51. 2. 612 ; Cass., 20 avril 1858, D. 58. 1. 154, S. 58. 1. 589 ; Cass., 22 juill. 1896, D. 98. 1. 17) [2].

2° L'inaliénabilité peut aussi être établie dans l'intérêt du *légataire* ou *donataire* (Cass., 11 juill. 1877, D. 78. 1. 62, S. 77. 1. 443), par exemple jusqu'à ce qu'il ait atteint un âge déterminé : on le protège ainsi contre sa propre inexpérience et contre un gaspillage prématuré des biens qui lui sont transmis.

3° Enfin l'intérêt pris en considération peut être celui d'un *tiers*, par exemple lorsque les biens sont déclarés inaliénables entre les mains du légataire pour assurer le service d'une rente viagère dont ils sont grevés au profit d'une autre personne, l'inaliénabilité devant cesser à la mort de

[1] Il y a cependant dans la pratique quelque chose qui ressemble fort à ces clauses d'inaliénabilité perpétuelle : ce sont les *fondations*, donations faites à une personne morale, une ville, par exemple, avec affectation des biens donnés à une destination déterminée. La ville donataire ne peut changer l'affectation du bien, et, par suite, il lui est impossible d'aliéner. Or les fondations sont perpétuelles de leur nature, et cependant leur validité est admise. — M. Huc pense que l'aliénation du bien peut être autorisée, quand elle devient nécessaire, à la condition que le prix à en provenir reçoive la même affectation que le bien lui-même, et que si, d'après les circonstances du fait, l'affectation perpétuelle de l'immeuble devait être entendue comme impliquant une véritable défense d'aliéner, cette défense devrait être considérée comme non écrite par application de l'art. 900 (T. IV, n° 88). M. Beudant avait déjà signalé cette différence entre la charge des fondations et l'inaliénabilité véritable (D. 93. 2. 6).

[2] Ce double motif (sauvegarde de l'usufruit, sauvegarde du droit de retour) a été historiquement le point de départ de toute cette jurisprudence favorable aux clauses d'inaliénabilité. C'est lui qu'on voit apparaître le premier dans les arrêts d'Angers, 1842, et de Douai, 1851. Cependant il n'a pas grande valeur : d'une part, un nu propriétaire ne peut rien faire qui compromette les droits de l'usufruitier (art. 600 et suiv.), et celui-ci n'a rien à craindre des actes de disposition accomplis sur le droit de nue propriété, qui laissent toujours son usufruit intact. D'autre part, s'il s'agit d'un ascendant donateur qui veut se réserver d'une manière sûre le droit de reprendre les biens donnés quand le donataire mourra, il n'a qu'à stipuler le *retour conventionnel* (art. 951-952) qui lui procurera un avantage au moins aussi grand que l'inaliénabilité.

cette personne (Cass., 12 juill. 1865, D. 65. 1. 475, S. 65. 1. 342. — Comp. Cass., 9 mars 1868, D. 68. 1. 309, S. 68. 1. 204).

***976. Appréciation de cette jurisprudence.** — Toute cette jurisprudence est fort sujette à critiques. Certains arrêts anciens ont dit et répété que la clause d'inaliénabilité n'est défendue par aucune loi (Orléans, 17 janv. 1846, D. 46. 2. 203). La libre disposition des biens et l'impossibilité de les rendre inaliénables à volonté est une maxime d'ordre public et la nullité de toutes les conventions dérogatoires résulte suffisamment des art. 544, 896, 1048 et suiv., 1542, 1543, 1594, qui établissent la liberté d'aliéner du propriétaire et limitent restrictivement les cas où il est permis de la supprimer [1]. Quelques arrêts plus récents présentent autrement leur système :

La clause d'inaliénabilité serait nulle en principe ; mais *cette interdiction doit s'entendre avec un certain tempérament*, n'étant fondée que sur un intérêt général d'ordre économique ; elle doit fléchir quand il existe un intérêt particulier et sérieux à la suppression de la faculté d'aliéner (Cass., 20 avril 1858, D. 58. 1. 154, S. 58. 1. 589 ; Rennes, 22 mars 1862, sous Cass., D. 64. 1. 495). Il y aurait beaucoup à dire sur la valeur de cet argument et sur le danger qu'il y a à substituer en pareille matière l'appréciation arbitraire des juges à un principe fixe fondé sur une raison permanente (Comp. Dalloz, *Répert.*, v° *Dispositions entre vifs*, n° 179, et note 1 dans le recueil périodique, D. 58. 1. 154). Quant aux derniers arrêts (rendus depuis 1865), ils ne se donnent même plus la peine de justifier leur solution et se bornent à affirmer « que la clause d'inaliénabilité temporaire est *licite* ».

§ 3. — *De la propriété résoluble.*

977. Nécessité d'étudier les effets de la résolution. — On a déjà vu (n° 955) que le droit de propriété peut être affecté d'une modalité extinctive. *Si c'est un terme*, la propriété temporaire s'éteint pour l'avenir, mais *sans rétroactivité* ; tous les avantages qu'elle avait procurés subsistent ; tous les actes juridiques faits par le propriétaire produisent leurs effets pour le temps qu'a duré sa propriété.

Mais si cette modalité est *une condition résolutoire*, la propriété se trouve rétroactivement anéantie ; sa résolution réagit sur tous les actes qui ont été faits pendant sa durée, et cette rétroactivité donne lieu à des questions diverses. On n'aurait donc qu'une vue

[1] A ce point de vue, il faut signaler l'extrême faiblesse de *l'unique* argument juridique qu'aient donné les premiers arrêts (Angers, 1842) : la cour dit que le Code ne répugne pas aux clauses d'inaliénabilité temporaire, puisqu'il en autorise l'emploi dans les art. 1048 et suivants. Sur ces articles, voyez ci-dessus n° 972-2°. Avec un pareil raisonnement, toute exception faite à un principe, même dans la plus faible mesure possible, en autoriserait un nombre illimité d'autres, ce qui détruirait tout règle. Tout cela est directement contraire à ce grand principe d'interprétation des lois que les textes exceptionnels ne s'étendent pas par analogie d'un cas à un autre. — Au contraire, ainsi que l'a fort bien remarqué M. Huc, les arguments donnés par la Cour de cassation dans son arrêt du 6 juin 1853 (ci-dessus, n° 974) pour démontrer la nullité des prohibitions perpétuelles « ont une valeur intrinsèque tout à fait indépendante de la durée de la prohibition » (T. VI, n° 85), et par conséquent ils militent avec la même force contre les prohibitions temporaires.

incomplète des effets du droit de propriété, si on ne se rendait pas compte de la façon dont ils disparaissent rétroactivement sous l'action d'une condition résolutoire.

** **978. Fréquence des propriétés résolubles.** — La propriété peut être transmise sous condition soit par un *contrat*, soit par un *testament*. La *loi* elle-même établit pour la propriété diverses causes de résolution. Enfin on peut remarquer que les *actions en nullité ou en rescision* font l'office de conditions résolutoires, puisque l'on n'est pas sûr d'avance qu'elles seront exercées et qu'elles triompheront, et que, lorsqu'elles réussissent, elles anéantissent rétroactivement l'acte annulé comme le ferait une condition résolutoire réalisée. Il est donc assez fréquent de voir un propriétaire dont le droit peut disparaître rétroactivement par l'effet d'un événement de réalisation incertaine.

** **979. Situation de la propriété durant la condition pendante.** — Quand une propriété est menacée de résolution, la situation qui en résulte est complexe, et, chose à remarquer, elle est exactement la même que si la propriété avait été transmise sous condition suspensive.

Dans les deux cas (aliénation sous condition suspensive, aliénation sous condition résolutoire), il existe toujours et nécessairement, en face l'un de l'autre, *deux propriétaires*, dont l'un est propriétaire *sous condition suspensive*, l'autre *sous condition résolutoire*. En effet, quand une aliénation (une vente, par exemple) est suspendue par une condition, le déplacement de la propriété ne s'opère pas encore : l'effet juridique de l'acte est retardé par la condition en suspens. L'aliénateur reste donc *provisoirement* propriétaire, mais sa propriété sera *résolue* si la condition suspensive se réalise au profit de l'acquéreur ; le même événement qui vaut pour l'un condition suspensive, est pour l'autre une condition résolutoire.

On peut faire un raisonnement semblable pour le cas où l'aliénation est faite sous condition résolutoire : l'aliénateur, dépouillé dès maintenant de sa propriété par l'effet de l'aliénation, redeviendra propriétaire rétroactivement si l'aliénation est résolue. Il est donc, en attendant que la condition arrive, propriétaire sous condition suspensive.

La situation qui vient d'être décrite est une complication juridique assez grande, parce que le même droit [la propriété du bien ainsi aliéné] a *deux titulaires*, l'un *actuel*, l'autre *possible*, et que leurs actes peuvent s'appliquer à la chose pendant une même période de temps.

De là des difficultés dont les principales seulement pourront être étudiées ici. Qu'on se pénètre bien de cette idée que l'ALIÉNATEUR *sous condition suspensive* est dans la même situation que l'ACQUÉREUR *sous condition résolutoire* : tous deux ont en main une *propriété résoluble*. C'est leur situation qui va être examinée.

A. — Sort des actes de disposition.

* **980. Effet de la résolution contre les tiers.** — On suppose que le propriétaire dont le droit est résoluble a fait sur la chose des actes de disposition [aliénations, constitutions d'hypothèques, de servitudes, etc.] ou que de pareils droits sont nés de son chef en vertu de la loi [hypothèques légales, usufruit légal, etc.]. Ces droits ont pris naissance au profit des tiers alors que la condition était pendante ; supposons que la condition, qui devait amener la résolution, se réalise ; car, si cette condition vient à défaillir, le propriétaire dont le droit a été quelque temps menacé de résolution, se trouve replacé dans la situation normale d'un propriétaire dont le droit est stable : c'est comme si aucune cause de résolution n'avait jamais existé. La résolution survenant contre le propriétaire, son effet se produit *contre les tiers* qui avaient acquis, de lui ou de son chef, des droits sur la chose, sous-acquéreurs, créanciers hypothécaires, etc. Toutes ces personnes perdent leur droit *par voie de conséquence*, quand le droit de leur auteur est résolu. C'est ce qu'exprime l'adage : « Resoluto jure dantis, resolvitur jus accipientis ».

981. Règle particulière pour les actions en nullité ou en rescision. — Les actions en nullité ou en rescision, quand elles sont dirigées contre une aliénation, produisent le même effet que les conditions résolutoires (ci-dessus, n° 978). Elles réfléchissent donc de la même manière contre les sous-acquéreurs, quand il y en a [1], mais cela à une condition : il faut *que le sous-acquéreur soit mis en cause* dans le procès sur la demande en nullité ou en rescision, faute de quoi le jugement obtenu ne lui serait pas opposable, à cause du principe sur l'autorité relative de la chose jugée. On n'a pas besoin de prendre une précaution semblable quand il s'agit d'une condition résolutoire casuelle : l'événement, qui joue le rôle de condition, est un fait qui, en s'accomplissant, devient naturellement vrai pour tout le monde.

** **982. Inconvénients des résolutions rétroactives.** — Cet effet de la résolution rétroactive du droit de propriété est une source redoutable de dangers dans les affaires. On craint toujours de traiter avec un

[1] On en a quelquefois douté, tout au moins pour l'action en nullité fondée sur le dol. Le dol, a-t-on dit, ne produit que des effets personnels à celui qui l'a commis : il n'entraîne l'annulation du contrat qu'autant qu'il a été commis *par l'une des parties* contre l'autre (art. 1116) ; venant d'un tiers, il est indifférent et ne vicie pas le consentement. — Il n'en est pas moins vrai que, *dans les cas où il est admis comme tel*, le dol produit *le même effet que les autres vices du consentement*, et c'est tout ce que nous soutenons. Or tout le monde reconnaît que l'erreur et la violence font tomber le contrat même à l'égard des sous-acquéreurs ; il n'y a aucune raison pour qu'il en soit autrement pour le dol. — La loi n'a nulle part prévu d'une manière générale l'effet des nullités ou rescisions à l'égard des tiers. On trouve seulement deux textes spéciaux : l'un vise le cas de *rescision d'une vente d'immeuble pour lésion* et suppose que l'action peut être dirigée contre un tiers possesseur (art. 1681, al. 2) ; l'autre est *spécial à l'hypothèque* et admet que l'hypothèque conférée à un tiers est résolue quand le droit du propriétaire subit une *rescision*, terme qui a ici un sens général et englobe toutes les actions en nullité (art. 2125).

propriétaire soumis à une condition résolutoire, et parfois la résolution survient à l'improviste, surprenant des tiers qui comptaient sur la solidité de leurs droits. L'inconvénient n'est pas seulement pour les tiers : il retombe indirectement sur le propriétaire lui-même, avec lequel on refuse de traiter, ou qui ne trouve à le faire qu'à des conditions onéreuses.

983. Système italien. — L'opinion moderne, d'après laquelle il y aurait avantage à supprimer les résolutions de propriété s'opérant contre les tiers et à ne conserver l'effet de la résolution qu'entre les parties, a été accueillie par les auteurs du Code italien, au moins en principe : dans la vente d'immeuble, la résolution fondée sur le défaut de paiement du prix ne préjudicie pas aux droits des sous-acquéreurs qui ont traité avec l'acquéreur primitif avant que la demande en résolution ait été rendue publique par la transcription (art. 1511 et 1933) [1].

984. Système allemand. — Il est très remarquable qu'en Allemagne, où on a supprimé la rétroactivité des conditions (art. 158 all.), on leur laisse néanmoins produire leur effet contre les tiers : « Tout acte fait [par un propriétaire sous condition suspensive ou résolutoire] est invalidé par la réalisation, en tant qu'il anéantirait ou entraverait l'effet de cette dernière » (art. 161 all., al. 1 et 2). Les tiers perdent ainsi les droits qu'il avaient acquis, mais sans rétroactivité : la condition résolutoire produit à leur égard l'effet d'un terme extinctif, qui met fin à leurs droits pour l'avenir seulement [2].

***985. Publicité des annulations et résolutions prononcées par jugement.** — Quand un propriétaire, qui avait aliéné son bien, le reprend par l'effet d'une action en nullité, en rescision, ou en résolution [3], la loi veut que le jugement qui lui rend son bien, soit rendu public *par voie de transcription* (L. 23 mars 1855, art. 4) [4].

Il y a là une mesure exceptionnelle : ordinairement sont seuls soumis à la formalité de la transcription les actes qui sont *translatifs de propriété*, comme la vente, la donation, l'échange. Or le propriétaire qui reprend son bien dans les hypothèses sus-indiquées *ne l'acquiert pas* : il ne se produit à son profit aucun acte translatif ; il ne devient pas l'ayant cause de l'acquéreur dont le titre est résolu. Il est, au contraire, réputé n'avoir jamais aliéné et être resté *sans interruption* propriétaire de son bien : il le reprend en vertu de son titre ancien, de celui qui lui en avait originairement transféré la propriété. Il ne devrait donc pas y avoir lieu à transcription. Néanmoins la loi veut que la transcription soit faite pour avertir les tiers, à cause du grand intérêt que ceux-ci ont à connaître la résolution subie par l'acquéreur : celui-ci était devenu en apparence propriétaire définitif de la chose ; il est fort utile qu'on sache qu'il a perdu sa propriété par l'effet d'un jugement de résolution ou d'annulation.

986. Forme et sanction. — Cette publicité se fait sous une forme spéciale : *on mentionne le jugement de résolution ou d'annulation en marge de la transcription* précédemment opérée par l'acquéreur pour son titre d'acquisition. Cette mention doit être faite, dans le mois du jugement, sur les diligences de l'avoué qui a obtenu ce jugement.

La sanction aussi est beaucoup moins sévère que celle du droit commun : l'omission de

[1] Cette innovation a été contestée en Italie même (CUBZIO, *Littere sul codice civile*, p. 36 et suiv.).

[2] En matière immobilière, ces règles se combinent avec le système de publicité au moyen des registres fonciers. L'art. 925 ne permet pas d'inscrire sur les registres une aliénation faite sous condition Il en résulte qu'en fait l'aliénateur, resté propriétaire d'après les registres, pourrait constituer, avant l'arrivée de la condition, des droits opposables à l'acquéreur. Celui-ci se prémunit contre ce danger, au moyen d'une *prénotation* (Vormerkung) qui assure son droit futur (art. 883).

[3] La résolution ne se produit pas toujours par l'effet d'une condition, comme celles qui ont été étudiées ci-dessus (n°s 306 et suiv.). Elle peut aussi résulter d'une *action en justice* et être prononcée par jugement : l'exemple caractéristique est celui du vendeur non payé qui fait résoudre la vente pour défaut de paiement du prix (art. 1654. Comp. art. 1184).

[4] La transcription est une formalité qui consiste à copier entièrement un contrat ou un acte sur des registres spéciaux qui sont tenus, dans chaque arrondissement, par le conservateur des hypothèques. Voy. ci-dessous n°s 1313 et suiv.

cette formalité n'influe en rien sur l'efficacité du jugement, il n'en peut résulter qu'une simple amende de 100 francs pour l'avoué négligent (L. 23 mars 1855, art. 4, al. 2)[1].

987. Différence entre le droit civil et le droit fiscal. — L'effet rétroactif de la résolution fait que l'acquéreur est réputé n'avoir jamais été propriétaire. C'est comme si l'acquisition n'avait pas été faite. Cela est vrai en droit civil, mais non en droit fiscal. S'il n'avait jamais acquis le bien, il n'aurait pas eu à payer les droits d'enregistrement et notamment le droit proportionnel de mutation; cependant, en fait, ce droit a été payé par lui lors de l'acquisition, et il ne pourra pas se le faire rembourser : l'administration ne restitue jamais un droit qui a été régulièrement perçu (L. 22 frim. an VII, art. 60).

B. — Sort des actes d'administration.

* **988. Opinion dominante.** — On discute sur le sort des actes d'administration faits durant la condition pendante par celui des deux propriétaires qui était en possession de la chose. L'opinion dominante en France *maintient ces actes*, en vertu d'un mandat tacite donné par l'autre intéressé qui se trouve en fait hors d'état d'administrer lui-même (DEMOLOMBE, t. XXV, nos 464, 537 et 538; AUBRY et RAU, § 302, texte et note 75 ; Cass., 18 juill. 1854, D. 54. 1. 357, S. 55. 1. 36).

* **989. Opinion contraire.** — Le système d'interprétation étroite pratiqué par Laurent tend à ébranler cette opinion : cet auteur prétend qu'il n'y a aucune raison pour distinguer entre les actes de disposition et les actes d'administration, et que les uns et les autres doivent tomber avec le titre de celui qui le fait. Laurent ajoute que le Code lui-même nous révèle sa pensée dans l'art. 1673 : cet article, qui vise un cas particulier de résolution, maintient les baux faits sans fraude par l'acquéreur dont le droit est résolu ; c'est un texte exceptionnel, qui suppose que ces baux tomberaient d'après le droit commun; car si le droit commun les laissait subsister, l'art. 1673 serait inutile (LAURENT, t. XVII, nos 82 et 83; HUC, t. VII, no 257). Si on objecte à ces auteurs que leur opinion va rendre toute administration impossible, au grand détriment de l'utilité générale, ils répondent que puisqu'il y a deux propriétaires, dont l'un sera certainement le propriétaire définitif, on n'a qu'à les faire intervenir tous les deux : il y aura certainement une des deux signatures de valable. Il en résultera tout au moins une grande complication, pour des actes qui sont de tous les jours.

C. — Sort des jugements.

* **990. Distinction à faire.** — Les jugements rendus *contre* l'un des deux propriétaires, même contre celui qui est en possession de la chose, sont sans effet contre l'autre qui n'a pas été représenté dans l'instance; ces jugements ne lui seront donc pas opposables,

[1] En règle générale, quand un acte qui devait être transcrit ne l'a pas été, la conséquence est beaucoup plus grave, et elle compromet le droit des parties : l'acte n'est pas opposable aux tiers (L. 23 mars 1855, art. 3). Ce point, qui a une importance capitale dans notre législation, sera expliqué plus loin en détail (nos 1342 et suiv.).

après la résolution du droit de celui qui a plaidé et succombé. C'est l'application de l'art. 1351 C. civ. sur l'autorité relative de la chose jugée. Pour avoir un jugement utile à tout événement, le tiers qui plaide doit avoir soin de faire mettre en cause les deux personnes qui sont propriétaires de la chose, l'une sous condition résolutoire, l'autre sous condition suspensive.

Quant aux jugements rendus *en faveur* d'un seul des deux intéressés, on admet en général qu'ils profitent à l'autre, parce que celui des deux à qui la chose appartiendra définitivement, peut les invoquer du chef de l'autre, comme créancier de ce dernier, par application de l'art. 1166.

D. — Sort des perceptions de fruits.

*** 991. Nécessité de leur restitution en principe.** — Tant que la condition est pendante, le propriétaire sous condition résolutoire possède la chose et en perçoit les fruits. Les garde-t-il quand la résolution de son droit est opérée? On ne peut pas donner de solution uniforme pour tous les cas. En principe, celui qui a perçu les fruits en doit la restitution, quand son droit est résolu rétroactivement. Ceci est conforme à la fois à l'art. 1183, qui l'oblige à restituer « ce qu'il a reçu » (car la perception des fruits est une suite de la possession de la chose, qui lui a été donnée ou laissée), et à l'art. 547, aux termes duquel les fruits d'une chose appartiennent à celui qui en est propriétaire.

*** 992. Cas exceptionnels où les perceptions de fruits ne sont pas atteintes par la résolution.** — Il y a des cas assez variés dans lesquels la loi, par une disposition spéciale, laisse les fruits à celui qui les a perçus, bien qu'il subisse la résolution de sa propriété (Voy. les art. 856, 928, 958, 962 et 1682). Il est d'autre part certain que si les parties étaient convenues que les fruits resteraient au possesseur intérimaire de la chose, leur volonté devrait être respectée.

CHAPITRE III

ATTRIBUTS SPÉCIAUX DE LA PROPRIÉTÉ FONCIÈRE

993. Observations préliminaires. — La plupart des règles établies par les lois sur le droit de propriété concernent exclusivement la *propriété foncière*. Le motif en est simple : par leur nature, les meubles sont isolés les uns des autres ; ils n'établissent pas ce contact perpétuel avec la propriété d'autrui qu'engendre la possession du sol. De plus, ils se trouvent beaucoup moins souvent en contact avec le public. Ils n'ont donc pas provoqué autant de conflits que les immeubles, ni appelé une réglementation aussi compliquée.

D'autre part, la propriété foncière, par la nature et l'importance des choses qui en font l'objet, confère aux propriétaires certains droits qui ne se trouvent pas dans la propriété mobilière, et qui constituent par suite des attributs spéciaux à ce genre de propriété.

994. Lacunes du Code civil. — Le Code civil ne donne qu'une idée très imparfaite du régime applicable à la propriété foncière. *Un grand nombre de règles ont été établies par des lois spéciales*, notamment toutes celles qui ont trait à la *voirie*, à l'*alignement*, au *nivellement*, à l'*hygiène*, ainsi que les servitudes ou précautions imposées aux propriétaires par le *voisinage d'un cours d'eau*, d'une *route*, d'un *chemin de fer*, d'un *cimetière*, d'une *source d'eau minérale*, d'un *ouvrage de défense militaire*, etc. Si l'on comprend dans une certaine mesure que le Code civil ait négligé ces questions, parce qu'elles constituent ce qu'on peut appeler le *régime administratif* de la propriété, il en est d'autres dont l'omission est moins excusable. Les règles relatives à la *propriété rurale*, qui tenaient une si large place dans notre ancien droit, ne se retrouvent pas dans le Code Napoléon. La Constituante avait bien voté un Code rural (Décr. 28 sept.-6 oct.

1791), concernant les biens et les usages ruraux et la police rurale, mais bon nombre de ses dispositions ont été implicitement abrogées par le Code civil ; le texte fut vite reconnu insuffisant.

995. Le Code rural. — Pour combler cette lacune un projet de Code rural fut préparé dès 1808 sur l'ordre de l'empereur, par M. de Verneilh. Il fut déposé en 1814, mais la chute de l'Empire en empêcha l'achèvement. Il comprenait 960 articles. Un autre projet fut mis en train en 1854 ; le Conseil d'État, le Sénat, le Corps législatif s'en occupèrent. Le titre Ier (Régime du sol), délibéré en Conseil d'État, fut transmis au Corps législatif en 1868 ; mais il n'était pas encore terminé, quand survint la révolution du 4 septembre. Il fut repris en 1876 par M. Teisserenc de Bort, ministre de l'agriculture, et transmis à la Chambre le 13 juillet. Il comprend 257 articles, divisés en deux livres : *Régime du sol ; régime des eaux ;* un troisième livre devait être consacré à la *police rurale*. Le premier livre était divisé en neuf titres, plus un titre complémentaire ; mais le Sénat pensa qu'il était préférable d'étudier et de voter séparément les diverses parties.

TITRE Ier. Il est devenu la loi du 20 août 1881, sur les *chemins ruraux* et les *sentiers d'exploitation,* que l'on imprime sous la forme de deux lois séparées, bien qu'il n'y en ait qu'une seule, comme le prouve le numérotage des articles.

TITRES II (*Parcours et vaine pâture*) et III (*Exploitation de la propriété rurale*). Ces deux titres ont été réunis pour former la loi du 9 juillet 1889, qui a été modifiée en partie par la loi du 22 juin 1890.

TITRE IV. Il est devenu la loi du 18 juillet 1889, sur le *bail à colonage*[1] *partiaire.*

TITRE V. Sur l'*emphytéose*, n'est pas encore voté. Le projet, déjà adopté par le Sénat, a été accepté sans débats par la Chambre, en première lecture, le 18 mars 1899 (*Journal officiel* du 19. — Débats parlementaires, Chambre, p. 947).

TITRE VI. Ce titre, qui traite *Des animaux employés à l'exploitation rurale*, est aujourd'hui la loi du 4 avril 1889 (11 art.).

TITRE VII. Sur les *maladies contagieuses*. Il nous a donné la loi du 21 juillet 1881, sur la *Police sanitaire des animaux.*

TITRE VIII. *Des vices rédhibitoires dans les ventes et échanges d'animaux domestiques.* C'est la loi du 2 août 1884.

TITRE IX. *Sur les animaux nuisibles.* N'est pas encore voté.

Titre complémentaire sur la *Mitoyenneté des clôtures et plantations* et le *droit de passage*. Il a été voté le 20 août 1881, mais ne forme pas une loi spéciale ; il a été incorporé dans le Code civil, dont on a remanié les art. 666 à 673 et 682 à 685.

Quant au livre II du Code rural, sur le *régime des eaux*, il a fourni récemment la loi du 8 avril 1898, qui, par son art. 1er, a modifié les art. 641, 642 et 643 C. civ. et qui contient en outre 52 autres articles de dispositions nouvelles (ci-dessous, n° 1046). Il reste encore à voter deux titres pour compléter ce livre.

Le livre III (police rurale) est beaucoup moins avancé. Le titre 1er (police administrative) a seul été voté et promulgué (L. 21 juin 1898) ; le reste est encore à l'état de projet.

Sur ces matières, voyez les Notices de l'*Annuaire de législation française*, t. I, p. 87 ; t. III, p. 13, etc. Voyez aussi, sur l'état actuel de la propriété rurale en France, une intéressante « Étude d'économie rurale », *La propriété paysanne*, publiée en 1899 par M. A. SOUCHON.

996. La commission du cadastre. — Un autre grand travail, d'où pourront sortir des règles nouvelles fort importantes intéressant la propriété foncière, a été entrepris par la commission du cadastre, nommée sur la proposition de M. Rouvier, alors ministre des finances, par décret du 30 mai 1891. C'est une commission *extra-parlementaire* (voy. le

[1] La loi dit mal à propos *colonat*. Le colonat est une condition spéciale des personnes intermédiaire entre l'esclavage et la liberté, qui a joué un grand rôle dans la décomposition de l'Empire romain et dans les premiers siècles du moyen âge. Il a disparu depuis longtemps. Le *colonage partiaire* ou *métayage* est un procédé d'exploitation des terres, par lequel le propriétaire et le cultivateur s'associent, l'un donnant ses capitaux, l'autre son travail, pour partager les produits et récoltes dans une proportion convenue : c'est donc un *contrat* et non un *état juridique des personnes*, comme l'était le colonat.

rapport de M. Rouvier, D. 92. 4. 28). Elle étudie les moyens de refaire le cadastre qui est la *détermination physique* (géométrique) de chaque immeuble, et l'établissement d'un plan d'ensemble [1]. A l'aide d'un cadastre refait, on pourrait établir les *livres fonciers* qui donneraient exactement l'*état juridique* de chaque parcelle cadastrale. La commission cherche aussi le moyen d'améliorer le régime hypothécaire. Elle s'est divisée en deux sous-commissions, dont l'une étudie spécialement le côté juridique de la question. Ses procès-verbaux ont été publiés et forment plusieurs volumes. Jusqu'ici, ses travaux n'ont donné lieu qu'à un projet de loi sur le régime hypothécaire déposé à la Chambre par M. Darlan, garde des sceaux, le 27 octobre 1896. Une loi du 17 mars 1898 a pris diverses mesures pour rendre plus rapide et plus facile la revision du cadastre. Voyez l'Exposé de l'histoire du cadastre, par M. Boutin (*Procès-verbaux*, 1er fasc., p. 32).

§ 1. — *Du quasi-contrat de voisinage.*

* **997. Comment le voisinage fait naître des obligations.** — La contiguïté des propriétés foncières fait naître, entre propriétaires voisins, certaines relations qui les *obligent* parfois les uns envers les autres à faire quelque chose. Ces obligations naissent *de plein droit* entre propriétaires, *du seul fait de leur voisinage*. Le voisinage peut donc être rangé, parmi les sources d'obligations, dans la classe des *quasi-contrats* (on appelle ainsi les sources d'obligations qui sont tout à la fois licites et involontaires). Pothier étudiait le voisinage comme un quasi-contrat, à la suite des sociétés, communautés et indivisions, qui engendrent, elles aussi, des obligations (Édit. Bugnet, t. IV, p. 328).

998. Classement de ces obligations parmi les servitudes. — Les auteurs du Code paraissent avoir rejeté cette idée, ou du moins n'en avoir pas aperçu la vérité. Ils ont rangé *parmi les servitudes* toutes les obligations qui existent entre les propriétaires voisins. C'est un procédé qui ne peut pas être approuvé, car les véritables servitudes n'obligent jamais le propriétaire du fonds asservi qu'à une *pure abstention*; il doit laisser son voisin user de son bien et en retirer par lui-même un avantage partiel; il n'est pas tenu à autre chose (ci-dessous n° 1831). Or les propriétaires voisins se doivent les uns aux autres des *prestations positives* qui ne peuvent, par suite, faire l'objet que d'*obligations personnelles* et non de *servitudes* proprement dites. Ces obligations positives nous forcent donc à reconnaître l'existence du quasi-contrat de voisinage.

Les principales ont trait au *bornage* et à la *clôture* des propriétés (art. 646 et 663 ; — ci-dessous §§ 2 et 3).

999. Langage exceptionnel de quelques articles. — Du reste, tout en semblant ignorer par sa classification le quasi-contrat de voisinage, le Code en avoue implicitement l'existence par son langage même. C'est ainsi que dans les art. 651 et 652, il parle des « obligations » auxquelles la loi assujettit les propriétaires l'un à l'égard de l'autre, indépendamment de toute convention. Bien mieux : *dans la matière des quasi-contrats*, l'art. 1370, énumérant les engagements formés involontairement, indique en première ligne « ceux entre propriétaires voisins ». C'est la consécration directe de l'idée de Pothier sur le quasi-contrat de voisinage.

1000. Caractère de réalité de ces obligations. — Les obligations qui dérivent du quasi-contrat de voisinage ont cependant un caractère particulier.

L'obligation n'existe qu'à raison de la détention de la chose ; est seul obligé de procéder

[1] Sur le cadastre actuel, qui a été exécuté de 1807 à 1850, voy. *Grande Encyclopédie*, t. VIII, p. 678 et suiv.

au bornage ou à la clôture celui qui est propriétaire de l'immeuble contigu. C'est donc une de ces obligations dont la personne est tenue uniquement *propter rem*, selon le langage de nos anciens auteurs [1], et dont elle peut s'affranchir en abandonnant la chose qui fait naître pour elle cette obligation. Cette faculté d'abandon est ce qu'on appelait jadis le *déguerpissement*. Nos anciens auteurs, qui s'occupaient beaucoup du déguerpissement [2], le définissaient « l'acte par lequel le propriétaire d'un héritage sujet à une charge réelle faisait en justice l'abandon de son droit de propriété pour se libérer de cette charge [3] ». Le déguerpissement a perdu beaucoup de son utilité depuis que les charges réelles qui grevaient les héritages ont été en grande partie supprimées par la Révolution. On le retrouve cependant encore sous le nom de *délaissement* au profit des tiers acquéreurs d'immeubles hypothéqués poursuivis par les créanciers hypothécaires (art. 2172 et suiv.). Nul doute qu'il n'existe aussi pour cette autre espèce de charges réelles conservées dans le droit nouveau, qui s'appellent les servitudes. La loi en fait des applications particulières dans deux cas spéciaux (art. 656 et 699), mais la règle est générale. On doit considérer cette faculté comme maintenue dans tous les cas où elle est utile, car elle n'est que l'application des principes élémentaires sur la distinction des charges réelles et des obligations personnelles.

1001. Conséquence. — L'action à fin de bornage ou de clôture a ainsi, dans une certaine mesure, le caractère d'une action réelle, ce qui sert à déterminer la *compétence* du juge d'après *la situation des lieux* (C. proc. civ., art. 59, al. 3, arg. d'analogie). Certains auteurs considèrent même l'action en bornage comme une *action pétitoire*, purement réelle, et de même nature que la revendication (DALLOZ, *Répert.*, v[is] Action possessoire, n° 719, et Bornage, n° 10).

§ 2. — *Du bornage.*

1002. Définition. — Le bornage est une opération qui consiste à *fixer la ligne séparative de deux terrains non bâtis, et à la marquer par des signes matériels*. Le bornage est une opération *contradictoire*, qui suppose le concours des propriétaires des deux terrains contigus. En lui-même le bornage est une opération très simple, mais parfois il se complique d'une question de propriété, chacun des deux voisins prétendant s'attribuer une part de terrain que l'autre lui dénie. Alors l'affaire prend une tournure plus grave parce qu'elle contient au fond une revendication immobilière. Cette distinction joue un rôle capital dans les questions de capacité et de compétence.

1003. Insuffisance des textes. — Le Code civil ne s'est occupé du bornage que dans un seul article tout à fait insuffisant : il y est dit que chacun des deux voisins peut y contraindre l'autre, et que le bornage se fait à frais communs (art. 646).

1004. Quand peut-on demander le bornage. — Le droit de demander le bornage est pour chaque propriétaire une *pure faculté ;* partant ce droit est *imprescriptible* (art. 2232). L'existence d'une haie, d'un fossé ou de toute autre clôture, n'empêcherait pas la demande en bornage, à moins que cette clôture n'ait été établie contradictoirement et en vertu d'un premier procès-verbal d'abornement. En ce cas, ce qui fait obstacle à un nouveau bornage, c'est moins l'existence matérielle d'une clôture que l'existence juridique d'un premier règlement des bornes.

1005. Qui a qualité pour procéder au bornage. — Le propriétaire seul a qualité pour figurer dans les opérations du bornage. Si le droit de propriété se trouve décomposé en nue propriété et en usufruit, l'usufruitier a le droit de demander le bornage, mais

[1] Bien que cette expression ne figure pas dans nos lois et que ce genre d'obligations n'y soit même pas prévu à part, il en est cependant fait mention une fois, dans l'art. 2167 où la loi parle du tiers acquéreur d'un immeuble hypothéqué, qui n'est pas personnellement tenu envers les créanciers et qui se trouve néanmoins « *obligé comme détenteur* » à toutes les dettes hypothécaires. C'est un cas d'obligation *propter rem*.

[2] Voyez notamment le *Traité du déguerpissement*, de LOYSEAU.

[3] Cette définition est empruntée presque littéralement à POTHIER (Édit. Bugnet, t. I, p. 617).

le voisin doit avoir soin de faire mettre en cause le nu propriétaire ; sans cette précaution le bornage fait avec l'usufruitier seul ne serait pas opposable à l'autre intéressé.

Les fermiers, locataires et métayers n'ont pas qualité pour procéder par eux-mêmes au bornage, ni même pour y prendre part, à côté du propriétaire, parce qu'ils n'ont pas de droit réel sur le fonds.

1006. Questions de pouvoirs et de capacité. — Lorsque le bornage ne se complique d'aucune question de propriété, c'est un *acte d'administration conservatoire*, qui doit être permis à ceux qui ont la libre administration de leurs biens ou qui sont chargés de l'administration générale du patrimoine d'autrui. Par suite, un *tuteur* pourrait procéder au bornage sans autorisation du conseil de famille. Un mari pourrait le faire relativement à un immeuble de sa femme, lorsqu'il en a l'administration. Il en est de même des personnes frappées d'une demi-incapacité, comme les *femmes séparées de biens* et les *prodigues* ou *faibles d'esprit* pourvus d'un conseil judiciaire. Toutefois ces incapables étant non recevables à plaider sans l'assistance de leurs maris et de leurs conseils, ne seraient pas admis à exercer seuls l'action en bornage ni à y défendre, lorsque le bornage devrait être fait en justice, faute d'entente amiable entre les parties. Quant au *mineur émancipé*, comme la loi l'autorise seulement à faire les actes « qui ne sont que de pure administration », il agira prudemment en se faisant assister par son curateur, d'autant plus que l'action en bornage a tous les caractères d'une action immobilière.

Que s'il y a *contestation sur la propriété*, le bornage, tant amiable que judiciaire, ne peut être fait que par ceux qui ont *pleine capacité* ou *plein pouvoir*. Par exemple, le tuteur d'un mineur ou d'un interdit devra remplir les formalités exigées pour l'aliénation des immeubles, c'est-à-dire se faire autoriser par le conseil de famille et obtenir l'homologation de justice, même pour un partage amiable.

1007. Opérations du bornage. — Ces opérations consistent ; 1° dans l'*examen des titres de propriété*, afin d'y rechercher la contenance appartenant à chacun ; 2° dans l'*arpentage des terrains*, afin de vérifier sur place la contenance réelle de chaque lot ; 3° dans le *tracé de la ligne séparative*, que l'on marque sur le terrain, soit par un fossé, soit par une palissade, soit simplement à l'aide de bornes.

1008. Placement des bornes. — Les bornes doivent être placées à tous les angles de la ligne séparative, de façon qu'une ligne droite menée d'une borne à une autre coïncide toujours avec la limite.

Les bornes sont ordinairement des pierres grossièrement taillées, parfois tout à fait brutes ; afin de montrer que ce sont des bornes et qu'elles ne se trouvent pas là par hasard, on les entoure d'objets indestructibles, tels que coquillages, verres brisés, etc. Jadis on enterrait de chaque côté de la borne les deux fragments d'une même tuile, qu'on appelait *garants* ou *témoins* (Gui Coquille, *Coustumes de Nivernois*, chap. VIII, art. 5).

1009. Bornage avec les arrière-voisins. — Il se peut que la contenance attribuée à chacun par les titres ne se retrouve pas sur le terrain. En pareil cas il y a quelquefois lieu d'étendre les opérations de l'arpentage et du bornage aux *arrière-voisins*. Ceci se présente lorsque plusieurs parcelles proviennent, par des partages successifs, d'un même *finage* ou d'une même *tenue* : ce qui se trouve en moins dans un lot se retrouvera probablement en trop dans un autre.

1010. Bornage avec échange de parcelles. — Quelquefois la ligne séparative suit des sinuosités inutiles ou gênantes. On peut alors la rectifier, mais cette rectification entraîne un *échange de parcelles* entre les deux voisins. Chacun d'eux doit abandonner à l'autre tout ce qui se trouve au delà de la ligne nouvelle à établir. Par suite, s'il y a des *incapables* intéressés dans l'affaire, leurs représentants devront remplir les formalités nécessaires pour les aliénations d'immeubles. De même il y aura lieu à la perception d'un *droit de mutation*. — Pour le cas où cette rectification de limites a lieu dans un bornage en justice, voyez ci-dessous n° 1015.

1011. Procès-verbal. — Les opérations du bornage doivent être faites une fois pour toutes. Il y aura donc lieu d'en dresser un procès-verbal, dit *procès-verbal d'abornement*, constatant aussi exactement que possible la direction de la limite adoptée, afin qu'on puisse s'y reporter et rétablir les bornes, si elles venaient à être déplacées ou détruites.

1012. Formes du bornage. — La loi ne les a pas réglées. Si toutes les parties sont d'accord, le bornage peut se faire *à l'amiable*. Ordinairement elles ont recours pour les opérations qu'il nécessite à un ou plusieurs *experts* de leur choix. Afin d'assurer la conservation du *procès-verbal d'abornement*, il est bon de le *déposer chez un notaire* qui le garde au nombre de ses minutes.

Il arrive fréquemment que l'un des voisins refuse de procéder au bornage quand l'autre le lui demande, soit qu'il désire se soustraire aux frais de l'opération, soit qu'il redoute une vérification qui fera peut-être apparaître une usurpation commise par lui. Pour vaincre sa résistance, la loi permet à l'autre de le citer en justice : « Tout propriétaire peut *obliger* son voisin au bornage de leurs propriétés contiguës » (art. 646). La nécessité de concourir au bornage est donc une véritable obligation que le voisinage crée entre propriétaires fonciers (ci-dessus nos 997-999). C'est en ce cas qu'on voit apparaître *l'action en bornage*, action dont ni le Code civil, ni le Code de procédure ne se sont occupés.

1013. Compétence. — La compétence en matière de bornage n'a été réglée que par la loi du 21 mai 1838 sur les justices de paix. Cette loi donne compétence aux *juges de paix* pour les actions en bornage, mais seulement « lorsque la propriété ou les titres qui l'établissent ne sont pas contestés » (art. 6-2°). Au cas contraire, la connaissance de l'action appartient aux *tribunaux civils d'arrondissement*. Le tribunal civil ne doit pas se borner à statuer sur la question de propriété ; il doit en même temps procéder lui-même au bornage (Cass., 18 juin 1884, D. 85. 1. 213, S. 87. 1. 479).

Ce départ de compétence provoque souvent en fait de graves difficultés. La contestation sur le lieu où les bornes doivent être plantées est un des incidents les plus naturels du bornage, car le bornage a pour but de ramener les *possessions* dans les limites énoncées par les *titres*. Très souvent le juge de paix se trouve forcé d'ordonner une restitution qui ne se fait pas de bonne grâce : l'opposition, la résistance sont ici presque inévitables. Cela ne suffit pas pour qu'il y ait *contestation sur la propriété*. Pour que le juge de paix soit obligé de se déclarer incompétent, il faut que la partie se prétende propriétaire de la portion de terrain qu'on veut lui enlever, par exemple qu'elle soutienne l'avoir acquise par prescription. De plus, le défendeur peut être tenté de soulever, par pur esprit de chicane, une contestation sur la propriété. Si le juge de paix reconnaît que cette contestation n'est pas sérieuse, il a le droit et le devoir de passer outre. Sans cela sa compétence serait à la discrétion des parties ; sa juridiction en matière de bornage pourrait être anéantie.

Quant à déterminer devant quel tribunal ou devant quel juge de paix l'action devra être portée, on admet sans hésitation que c'est celui dans le ressort duquel (canton ou arrondissement) les fonds à délimiter se trouvent situés. Cette solution découle par analogie de l'art. 3 C. proc. civ., qui fixe ainsi la compétence pour les actions possessoires nées d'un déplacement de bornes.

1014. Procédure. — Aucune procédure spéciale n'a été organisée pour le bornage. Les tribunaux sont donc libres de suivre la marche qui leur paraît la meilleure. Ordinairement ils désignent des experts pour dresser un projet d'abornement, et se bornent à homologuer le procès-verbal préparé par eux. Le jugement est susceptible de recours conformément au droit commun.

1015. Impossibilité d'adjuger d'office les parcelles échangées. — Lorsqu'il y a lieu à une rectification de limites, le juge de paix ou le tribunal ne peut l'opérer qu'autant que les parties y consentent, car il s'agit d'un déplacement de propriété, et nos tribunaux ont qualité pour constater l'état dans lequel se trouvent les droits des parties, non pour les modifier. Leurs décisions sont *déclaratives* et non *attributives* de droits. Nous n'avons donc rien dans notre jurisprudence moderne qui rappelle l'ancienne *adjudicatio* romaine, par laquelle le préteur donnait au juge, dans l'action *finium regundorum*, le pouvoir de déplacer la propriété afin de rétablir ou de rectifier les limites.

1016. Frais du bornage. — L'art. 646 dit que le bornage se fait à frais communs. Ceci doit s'entendre des frais du bornage proprement dit, c'est-à-dire du tracé de la limite et de l'apposition des bornes. Il semble équitable de répartir les frais d'arpentage entre les deux parties en proportion de la surface respective de leurs terrains. En tout cas, les frais des incidents qui ont pu surgir, s'il y a eu des contestations sur la propriété, seront à la charge de la partie perdante (art. 130 C. proc. civ.).

1017. Loi du 17 mars 1898. — Cette loi a eu pour but principal d'aider à la réfection du cadastre en subventionnant les communes qui voudraient le refaire pour leur territoire; c'est le côté financier et technique de l'opération, qui ne nous intéresse pas. Mais cette même loi contient en outre des dispositions qui touchent au droit civil et intéressent directement les propriétaires fonciers : elle donne une force probante particulière au cadastre, dans les communes où il aura été refait. Après les délais et formalités indiqués par elle, le *plan cadastral revisé* devient le *titre authentique et définitif des propriétaires* pour établir, non pas leur qualité de propriétaires, mais *la configuration et la contenance de leurs propriétés*. La confection de ce plan constitue ce que la loi appelle la « délimitation » de la propriété. Une fois qu'elle est faite, c'est elle qui sert de base aux opérations de *bornage* qui pourraient devenir nécessaires dans l'avenir; il n'y a plus qu'à reporter sur le terrain les limites que donne l'arpentage officiel, conservé dans les plans du cadastre. Voyez. les art 8 et 9 de la loi.

Cette loi réserve en outre les droits du propriétaire véritable, au cas où il n'aurait pas été appelé aux opérations d'arpentage et de confection du nouveau cadastre, qui ne lui sont pas opposables comme étant pour lui « res inter alios acta ». Toutefois sa réclamation ne peut avoir d'effet que pour ses voisins immédiats : on n'a pas voulu qu'il en résultât une modification du cadastre pour un grand nombre de propriétés (art. 7).

§ 3. — *De la clôture des propriétés.*

A. — Clôture des propriétés rurales.

1018. Anciennes entraves. — Le droit de se clore, qui nous semble si naturel, se trouvait autrefois entravé de deux manières : d'abord par le *droit de chasse*, ensuite par le droit de *vaine pâture*.

1019. Droit de chasse. — Le droit de chasse était un *droit seigneurial*, qui permettait aux seigneurs de *pénétrer dans les héritages clos*, même dans les parcs et jardins, et d'y chasser, « à la charge d'en user modérément et sans aucun dégât » (Hervé, *Matières féodales et censuelles*, t. VII, p. 231). Il était même défendu d'établir des clôtures en dehors des bourgs, villages et hameaux, dans toute l'étendue des *capitaineries* ou *plaisirs*, terres réservées « pour le plaisir de la chasse de Sa Majesté » autour des résidences royales (*Ibid.*, p. 226).

1020. Droit de vaine pâture. — La vaine pâture, qui sera étudiée à part, consiste dans *le droit de faire paître les bestiaux indistinctement sur toutes les terres non closes, après l'enlèvement des récoltes*. C'est donc un *usage rural ;* mais de cet antique usage dérivait jadis, du moins dans certaines régions, une véritable servitude pour les terres qui s'y trouvaient soumises. Les propriétaires n'avaient pas le droit d'enclore leurs pièces, parce que l'existence d'une clôture aurait empêché le libre pâturage des bestiaux. Cette servitude, fort gênante, fut *supprimée par le Code rural de l'Assemblée constituante :* « Le droit de se clore ne peut être contesté à aucun propriétaire » (L. 28 sept.-6 oct. 1791). Ainsi, depuis 1791, le droit de vaine pâture ne fait plus obstacle à la faculté naturelle qui appartient aux propriétaires de clore leurs héritages. La même faculté a été maintenue par l'art. 647 C. civ. et sanctionnée à nouveau par l'art. 6 de la loi du 9 juillet 1889, qui ajoute que « tout terrain clos est affranchi de la vaine pâture » et qui détermine en outre les genres de clôture qui doivent être considérés comme suffisants pour faire obstacle à l'introduction des animaux. Sur la vaine pâture, voyez ci-dessous, nos 1070 et suiv.

1021. Liberté actuelle de se clore. — Le droit de clore son terrain est donc beaucoup plus grand qu'autrefois. Néanmoins il n'est pas absolu ; la loi fait encore exception pour les terres sur lesquelles existe, à l'état de servitude spéciale, un droit de vaine pâture établi *par titre* (L. 9 juill. 1889, art. 12). Le propriétaire du terrain grevé de cette servitude n'a pas *de plein droit* la liberté de se clore, mais il peut la conquérir *à titre onéreux*. La loi lui réserve en effet la faculté d'affranchir son terrain, soit moyennant une indemnité fixée à dire d'experts, soit par la voie du *cantonnement*. Le cantonnement est une opération qui consiste à libérer une terre grevée d'un droit d'usage au profit d'une ou plusieurs personnes, moyennant le sacrifice d'une portion de cette terre que le propriétaire abandonne aux usagers en pleine propriété pour affranchir le reste (art. 63 C. for.).

B. — Clôture des fonds urbains.

1022. Caractère obligatoire de la clôture. — Les propriétés situées dans les villes et leurs faubourgs sont soumises pour leur clôture à des règles fort différentes. On peut dire que pour leurs propriétaires la clôture cesse d'être une *faculté* et qu'elle devient un *devoir*. En effet, dans les agglomérations d'habitants, chacun a grand intérêt à ce que son héritage soit clos ; l'intérêt public est aussi engagé, car les rôdeurs et gens sans aveu trouvent un abri commode dans les terrains vagues ou mal clos. Aussi la loi a-t-elle établi une règle exceptionnelle pour faciliter la construction et l'entretien des murs de clôture : chaque propriétaire peut contraindre ses voisins à contribuer aux constructions ou réparations de ces murs (art. 663). C'est ce qu'on appelle la *clôture forcée*.

1023. Genre de clôture. — La loi détermine les conditions dans lesquelles doit se faire la clôture. Il s'agit d'un *mur* de séparation (art. 663) ; une haie ou une palissade ne suffirait donc pas. Ce mur doit avoir, y compris le chaperon, 3 m. 20 de hauteur dans les villes de plus de 50,000 habitants, 2 m. 60 dans les autres. Les hauteurs indiquées par la loi ne doivent du reste être observées qu'à défaut de règlements particuliers ou d'usages locaux.

1024. Lieux où la clôture est obligatoire. — L'art. 663 n'est applicable qu'aux héritages sis dans les « villes et faubourgs ». La loi n'ayant pas dit ce que désignent ces mots, il y a souvent incertitude pour savoir si une agglomération constitue une ville et surtout pour fixer l'endroit où s'arrêtent ses faubourgs, car, hors des villes et faubourgs, un propriétaire qui veut se clore ne peut pas contraindre son voisin à contribuer aux frais de la construction d'un mur. Les tribunaux décident souverainement cette question de fait, sans que leurs décisions soient sujettes à cassation (Cass., 11 août 1886, D. 87. 1. 36, S. 87. 1. 168).

L'obligation imposée au propriétaire voisin de concourir à la construction du mur est destinée à faciliter la clôture des propriétés. Mais si un propriétaire élève le mur à lui seul et à ses frais, il ne pourra pas dans la suite obliger son voisin à lui rembourser la moitié de ce qu'à coûté le mur. Il ne tenait qu'à lui d'user de la faculté que lui accordait la loi, il est censé y avoir renoncé (Cass. Belgique, 5 nov. 1885, S. 86. 4. 19).

§ 4. — *Exploitation des mines et carrières.*

A. — Histoire de la législation.

1025. Principe primitif sur la propriété du sous-sol. — La propriété foncière ne se réduit pas à une simple surface sans épaisseur, ce qui serait une chose sans utilité. L'art. 552, reproduisant une ancienne formule, dit que la propriété du sol emporte « la propriété du *dessus* et du *dessous* ». Laissons de côté ce qui est *dessus* : c'est l'objet de la théorie de l'*accession* que nous retrouverons plus tard.

Le propriétaire d'un terrain est propriétaire du dessous, ce qui signifie qu'il peut creuser la terre pour y faire tous les ouvrages qu'il voudra, des souterrains, des puits ; il peut même extraire du sol les substances qui le composent pour les employer à son profit ou les vendre à des tiers.

Théoriquement son droit s'étend indéfiniment en profondeur. Tous les gisements métalliques ou autres situés au-dessous de la parcelle qui lui appartient à la surface de la terre, lui appartiennent également, à quelque profondeur qu'ils se trouvent [1]. Tel est le principe traditionnel du droit français.

1026. Efforts de l'ancienne royauté pour s'attribuer l'exploitation des mines. — Mais depuis longtemps déjà on a corrigé ce qu'il y avait d'excessif dans ce système en établissant des règles spéciales sur l'exploitation des mines. Dès le XVe siècle, la royauté songea à tirer profit des mines en s'attribuant, à titre de droit régalien, le dixième de leur produit (Édit du 30 mai 1413).

Plus tard, elle essaya, mais vainement, de transformer l'exploitation des mines en un monopole et de la faire rentrer dans son domaine. Voyez les ordonnances citées dans la *Table* d'ISAMBERT, v° Mines, surtout celles de 1471 et de 1601.

1027. Garanties données aux propriétaires sous la Révolution. — L'Assemblée nationale avait à se prononcer entre deux systèmes : le droit des particuliers et le droit de l'État. Elle ne sut pas choisir nettement. Elle décréta que « les mines sont à la disposition de la Nation » (L. 12-29 juill. 1791, art. 1er), mais elle ajouta que le propriétaire du sol les exploiterait librement jusqu'à cent pieds de profondeur, et que, même au delà, il pourrait les exploiter avec la permission du gouvernement ; on lui donnait même un droit de préférence sur tous autres pour obtenir cette permission, quand il la demanderait. Le droit reconnu à la Nation devenait ainsi purement nominal, par l'étendue des droits conférés aux propriétaires du sol. Ce système était désastreux, parce qu'il morcelait la propriété des gisements miniers et rendait impossible leur bonne exploitation. Pour être fructueuse, celle-ci doit se faire en grand et porter sur une vaste étendue. Le Code civil avait encore aggravé la situation en reconnaissant aux propriétaires un droit sans limite.

1028. Régime nouveau établi par la loi de 1810. — Une réforme était donc nécessaire. Elle fut opérée par la loi du 21 avril 1810. Napoléon Ier, qui prit une grande part aux discussions, tenait beaucoup à respecter, au moins en apparence, le droit des propriétaires fonciers. Il ne voulait pas toucher aux principes du Code civil, qui leur attribuait en termes formels la propriété du dessous, et il tenait en même temps à mettre réellement les mines à la disposition de l'État. Il fallait donc trouver un moyen d'en enlever l'exploitation aux particuliers, tout en proclamant leur droit à la propriété des mines. Le mot d'*expropriation*, prononcé devant lui par hasard, fut un trait de lumière, et dès lors le système de la loi fut trouvé.

Les restrictions qui furent alors apportées au droit des propriétaires sont, pour la forme seulement, d'accord avec le Code civil. Il est dit, dans l'art. 552, que le propriétaire du sol peut faire au-dessous toutes les fouilles qu'il juge à propos, et tirer de ces fouilles tous les produits qu'elles peuvent fournir, « sauf les modifications résultant des lois et règlements relatifs aux mines ». Ce renvoi visait la législation de la Constituante, toute différente de celle de l'Empire. Si la lettre du Code a été respectée, son esprit a été méconnu, car le résultat réel de la loi de 1810 a été de faire de la mine

[1] Ce principe a reçu depuis quelques années une nouvelle application intéressante. Les recherches de M. Martel sur les abîmes et cours d'eau souterrains ont donné à ces cavités une valeur qu'elles n'avaient pas autrefois et créé un nouveau genre de propriété, la *propriété spéléologique*. Voyez sur ce sujet la thèse de M. G. CORD, Paris, 1899.

une *propriété distincte de la surface* et qui *n'est plus à la disposition des propriétaires fonciers.*

B. — Législation actuelle.

1029. Distinction. — Tout le système de notre législation minière repose sur la distinction des *mines* et des *carrières*, auxquelles il faut ajouter les *minières* et les *tourbières* qui suivent quelques règles spéciales.

1° Mines.

1030. Définition. — Les mines comprennent les *gisements métalliques de toute nature*, ainsi que les *dépôts de houille*, de *soufre*, de *bitume* et de quelques autres substances.

La loi du 17 juin 1840 y a ajouté le *sel gemme.*

L'*énumération* des substances soumises au régime des mines n'est pas *limitative.* Le Conseil d'État admet qu'un décret rendu dans la forme des règlements d'administration publique, c'est-à-dire le Conseil d'État entendu, peut classer une substance nouvelle parmi les gisements concessibles.

1031. Régime des mines. — Les substances classées à part, pour être soumises au régime des mines, sont celles qui ont une importance particulière, à cause de leur rareté relative et du grand besoin que l'homme en a. La société entière est donc intéressée à leur bonne exploitation. Si celle-ci était abandonnée aux propriétaires de la surface, elle serait souvent mal faite, ou même complètement délaissée par pauvreté ou par incurie. Le gouvernement s'est donc attribué le droit d'*exproprier* les propriétaires du sol et de conférer le droit d'exploiter la mine à un tiers, par exemple à une compagnie présentant toutes les garanties nécessaires, réunion de capitaux considérables, groupement d'hommes spéciaux capables de diriger les travaux, etc. Quand le gouvernement use de ce droit, il fait ce qu'on appelle la *concession de la mine.* Les propriétaires de la surface sont désintéressés au moyen d'une *redevance annuelle*, réglée par l'acte de concession.

Napoléon Ier tenait beaucoup à cette idée d'expropriation ; il ne voulait pas avoir l'air de dépouiller les propriétaires et d'attribuer à l'État la propriété des mines. C'est pourtant ce qui a été fait ; car si l'État *concède* la mine, il en *dispose*, et les particuliers se la voient enlever sans qu'une opposition soit possible de leur part ; l'ingénieux système de la redevance permet de les indemniser sans qu'il en coûte rien à l'État. En somme, les mines sont depuis 1810 des choses non appropriées, que les particuliers peuvent acquérir non par occupation, mais par une concession de l'État.

2° Carrières.

1032. Définition. — Les *carrières* renferment les *ardoises, grès, granits, marbres, pierre à chaux* et *à plâtre, calcaires à bâtir, cailloux* et *sables.* Ces subtances, qui forment la grande masse de l'écorce terrestre, sont beaucoup plus communes que celles des mines ; elles sont si abondantes que leur bonne exploitation intéresse beaucoup moins le public. De plus leur exploitation est facile : il n'est point besoin d'être la compagnie d'Anzin pour tirer du sable ou de la pierre à bâtir.

*1033. **Régime des carrières.** — On n'a point dérogé pour les carrières à la liberté des propriétaires ; on ne les a pas soumises au régime de la concession. Le propriétaire du sol a seul le droit de les exploiter, et il est libre de le faire sans aucune permission. Toutefois la loi les a placées sous la *surveillance* de l'administration, et le propriétaire qui veut ouvrir une carrière est obligé d'en faire la déclaration à la mairie (L. 21 avril 1810, art. 81 et 82, modifiés par la loi du 27 juill. 1880).

L'exploitation des carrières de toute nature est interdite dans l'intérieur de Paris (L. 27 juill. 1880).

*1034. **Observation.** — La distinction des mines et des carrières a donc une importance capitale pour *l'exercice du droit de propriété.* On voit qu'elle repose sur *la nature des gisements,* et non sur le procédé employé pour leur exploitation ; c'est une erreur de croire, comme on le fait trop souvent, que les carrières s'exploitent à ciel ouvert et les mines au moyen de galeries souterraines : il n'est pas rare de voir des carrières exploitées avec des galeries, et les filons de mines peuvent venir à fleur de terre. Toutefois, pour qu'une compagnie minière puisse exploiter à ciel ouvert, il faut qu'elle ait acquis la propriété de la surface. A défaut de cette acquisition, elle est obligée de se tenir à une certaine profondeur, afin de respecter la propriété superficielle.

1035. **Minières.** — Les minières comprennent les *minerais de fer,* dits d'alluvion, et les *substances pyriteuses* ou *alumineuses.* Elles sont soumises en principe au régime des carrières ; cependant elles deviennent parfois concessibles comme les mines (L. 21 avril 1810, art. 69 ; L. 9 mai 1866 ; L. 27 juill. 1880).

1036. **Tourbières.** — Les *tourbières* ne peuvent être exploitées qu'après une autorisation, qui doit être demandée à la sous-préfecture. En outre, la direction générale des travaux (notamment l'établissement des rigoles de dessèchement) est déterminée par l'administration (L. 21 avril 1810, art. 83 et 84).

C. — Spécialités sur les mines concédées.

1037. **Existence de règles particulières.** — Au point de vue *civil, abstraction faite de toutes les règles administratives* qui concernent leur concession et leur exploitation, les mines sont soumises à certaines règles particulières.

1038. **Superposition de deux propriétés.** — Les mines forment une *propriété immobilière distincte de la surface.* Il y a donc au même endroit deux propriétés superposées, le sol et la mine, et chacune d'elles peut être vendue, hypothéquée, saisie, etc., séparément de l'autre et conformément aux règles générales de la propriété foncière.

*1039. **Indivisibilité de la mine.** — La nécessité d'obtenir une concession du gouvernement s'oppose à ce que la mine soit divisée, dans une vente par lots ou dans un partage, sans autorisation préalable (L. 21 avril 1810, art. 7 et 21). Les mines sont donc des propriétés *indivisibles.*

1040. **Travaux à la surface.** — Le concessionnaire peut être autorisé par arrêté préfectoral à *occuper temporairement,* dans le périmètre de sa concession, les terrains qui lui sont nécessaires pour ses *travaux à la surface.* Le dommage ainsi causé aux propriétaires de la surface est réparé d'une manière exceptionnelle, par une somme représentant *le double* de ce qu'aurait donné comme *produit net* le terrain occupé. Si l'occupation se prolonge plus d'une année, ou si le terrain, après l'exécution des travaux, n'est plus propre à la culture, le propriétaire peut exiger l'acquisition du sol sur le pied du *double de sa valeur* avant l'occupation (art. 43 de la loi de 1810, modifié en 1880). Ces indemnités au double constituent dans notre droit une anomalie très remarquable et trop peu remarquée. — Du reste, l'indemnité est calculée au simple pour certains travaux visés dans l'art. 44

(établissement de canaux ou de chemins de fer modifiant le relief du sol), pour lesquels la loi renvoie aux règles ordinaires de l'expropriation.

1041. Travaux souterrains. — Les dommages que les *travaux souterrains* de la mine peuvent causer aux propriétaires de la surface sont *réparés au simple*, d'après l'art. 1382 C. civ. (Cass., chambres réunies, 23 juill. 1862, D. 62. 1. 257, S. 62. 1. 801). Cet arrêt a fixé la jurisprudence après de nombreux arrêts rendus en sens contraires (AUBRY et RAU, § 223, note 33). Le concessionnaire doit du reste prendre toutes les précautions pour garantir la solidité du terrain qui recouvre sa concession ; il peut même être condamné à faire exécuter tous les travaux préservatifs qui seraient nécessaires (Cass., 15 mai 1861), et il est responsable de tous les dommages qu'il cause aux propriétaires de la surface *même sans faute de sa part* (Nancy, 7 déc. 1895, D. 99. 2. 337). L'art. 15 de la loi du 21 avril 1810 est interprété par la jurisprudence comme dérogeant sur ce point à l'art. 1382 (DALLOZ, *Suppl.*, v° Mines, n° 449).

1042. Espace intermédiaire entre la surface et la concession. — Le *propriétaire du sol* conserve la propriété de tout *l'espace intermédiaire* entre la surface et les gisements concédés. Il peut y faire tous les travaux qu'il veut, sondages, puits et fouilles, sous la seule condition de ne pas nuire aux galeries de la mine ; il conserve même liberté d'exploiter à ciel ouvert les parties de filons qui affleurent sur son terrain. — Il faut donc bien se garder d'appeler le propriétaire de la surface « superficiaire ». Le mot « superficiaire » a dans notre droit un sens très différent et s'applique à des personnes qui ne sont pas propriétaires du sol (ci-dessous n° 1182).

** **1043. Redevance annuelle.** — La *redevance annuelle* payée aux propriétaires de la surface, à titre d'indemnité pour l'espèce d'expropriation qu'ils subissent par l'effet de la concession, forme un *accessoire immobilier de chaque fonds* (comp. ci-dessus n°s 826 et 854). Elle offre des caractères remarquables : elle est inséparable de chaque fonds, sans la volonté du propriétaire ; elle est comprise dans l'hypothèque du sol ; elle est saisie et vendue avec lui. De plus, elle est perpétuelle, bien qu'il ne soit plus permis, dans le droit moderne, de créer des rentes perpétuelles. C'est donc un véritable exemple de *rente foncière* (ci-dessus n°s 849 et 852-3°), le seul qui survive; mais il est aussi de création moderne, et le droit ancien ne l'a pas connu.

§ 5. — *Usage des eaux.*

1044. Bibliographie. — PICARD, *Traité des eaux*, 2e édit., 1896, 5 vol. — PLOCQUE. *Législation des eaux*, 1870-1879, 4 vol. in 8°. — BOULÉ et LESCUYER, *Code des cours d'eau non navigables ni flottables*, 2e édit., 1900.

Il n'y a plus guère qu'un intérêt rétrospectif à consulter aujourd'hui les ouvrages plus anciens de DANIEL (3e édit., 1845) et de GARNIER (3e édit., 1851). Spécialement pour les usines et établissements hydrauliques, voyez NADAUD DE BUFFON, *Des usines et autres établissements sur les cours d'eau*, nouv. édit., 1874.

1045. État de la législation. — Le régime des eaux faisait l'objet d'un grand nombre de dispositions éparses dans le Code civil et dans beaucoup de lois, de décrets et de décisions judiciaires. Un projet de loi, préparé en 1880, les réunissait toutes en un seul corps de 186 articles. Ce projet, qui n'était autre qu'un fragment du projet de *Code rural* (ci-dessus n° 995), mais élargi et notablement modifié, est devenu la loi des 8-10 avril 1898, qui contient seulement 53 articles[1]. Cette loi règle à la fois la propriété et l'usage des eaux, les droits et les obligations des particuliers et de l'État, l'écoulement des eaux, leur aména-

[1] Le livre II du Code rural doit avoir six titres. Les quatre premiers ont seuls été votés en 1898.

gement, leur endiguement, leur purification. Elle est divisée en quatre titres : Eaux pluviales et eaux de sources ; Cours d'eau non navigables ni flottables ; Rivières flottables à bûches perdues ; Fleuves et rivières navigables et flottables.

1046. Comment le régime des eaux touche au droit civil. — Cet ensemble de règles appartient pour la plus grande partie au droit administratif. Nous devons nous occuper seulement de celles qui rentrent dans le *droit civil ;* ce sont celles qui répondent à cette question : « Quels sont les droits des propriétaires fonciers sur les eaux de toute nature qui coulent ou séjournent sur leurs terrains, ou en bordure de ces terrains ? ». Étudiées à ce point de vue, les eaux peuvent se diviser en *trois groupes :* il en est qui appartiennent au propriétaire du sol ; il en est dont il a simplement l'usage ; il en est enfin sur lesquelles il n'a aucun droit.

A. — Eaux qui appartiennent au propriétaire du sol.

* **1047. Énumération.** — Ces eaux sont les *eaux pluviales* et les *eaux de source*. Il peut en être de même des *eaux des étangs*.

1° Eaux pluviales.

* **1048. Règles doctrinales.** — Le Code Napoléon ne s'était pas occupé des eaux pluviales, et son omission a fait naître des difficultés. L'eau pluviale est une *chose sans maître* au moment où elle tombe. Le propriétaire du fonds sur lequel elle se trouve peut s'en emparer ; il en devient propriétaire par voie d'*occupation* (et non par droit d'*accession*, comme le dit Laurent, t. VII, nos 223 et suiv.). L'eau pluviale qui couvre le sol et qui s'écoule ne lui est pas incorporée, ce qui serait nécessaire pour qu'il y eût accession.

Le propriétaire du terrain, s'il veut en devenir le maître, doit donc la recueillir ; il peut alors l'absorber ou la céder à un tiers, ou l'abandonner à son cours naturel. En s'écoulant sur la pente du terrain, les eaux pluviales conservent leur caractère, tant qu'elles ne sont pas réunies de façon à former un ruisseau. Par suite, le propriétaire du fonds inférieur peut les acquérir par occupation au moment où elles arrivent sur son fonds ; les riverains d'une voie publique peuvent s'emparer de même de celles qui y coulent.

* **1049. Texte nouveau.** — L'article 641 nouveau, al. 1 et 2, affirme le droit pour le propriétaire du fonds d'user et disposer des eaux pluviales qui y tombent, à la condition que l'usage qu'il en fait ou la direction qu'il leur donne n'aggravent pas la situation des fonds inférieurs sur lesquels ces eaux s'écoulent. Voy. ci-dessous nos 1787 et 1822.

2° Eaux de source.

** **1050. Attribution de la propriété des eaux.** — La source appartient *au propriétaire du fonds sur lequel elle jaillit.* Le texte porte que « celui qui a une source dans son fonds peut user des eaux à sa volonté » (art. 642 nouveau, al. 1) [1]. L'ancien article 641 disait déjà la même chose,

[1] On peut remarquer, en outre, que l'al. 3 du nouvel art. 641 assimile les eaux de source aux eaux pluviales, lesquelles sont incontestablement la propriété de celui qui les recueille sur son terrain.

et la Cour de cassation a toujours interprété ce texte comme accordant aux propriétaires fonciers l'entière disposition des eaux de source [1]. Par conséquent le propriétaire du terrain peut absorber entièrement l'eau de source, ou la recueillir pour la vendre, ou la laisser suivre son cours naturel, ou en supprimer l'écoulement en aveuglant la source.

1051. Imprescriptibilité. — Son droit de disposition est une *pure faculté* qui lui appartient en sa qualité de propriétaire, et qui par suite ne se perd pas par le non-usage (art. 2232). Quand même il serait resté plus de 30 ans sans utiliser la source, il conserverait toujours le droit de s'en servir, de l'aliéner ou de la supprimer, sans se préoccuper de l'usage que pouvaient en faire les propriétaires des fonds inférieurs sur lesquels elle s'écoulait, à moins que quelqu'un n'ait acquis sur cette source une *servitude* lui donnant droit à l'usage de ses eaux (ci-dessous nos 1810 et suiv. et nos 1875 et suiv.).

1052. Restrictions diverses au droit des propriétaires des sources. — Le droit qui appartient au propriétaire de la source n'est cependant pas absolu ; il a, pour limites, comme tout droit de propriété, le respect dû aux droits d'autrui et l'intérêt public. Ainsi il lui est interdit de *corrompre l'eau* de façon à ne laisser couler sur les autres fonds qu'une eau nuisible. Cette première restriction fait parfois naître des difficultés entre voisins, quand le propriétaire de la source veut l'employer à des *usages industriels* (Rouen, 18 mars 1839, D. 45. 2. 169, S. 45. 2. 339 ; Rouen, 8 juin 1841, S. 45. 2. 339).

Ainsi encore il ne lui serait pas permis de l'accumuler par une *retenue d'eau* ou dans des *réservoirs* qui pourraient être une cause d'inondation et qui menaceraient la sécurité de ses voisins.

Enfin les propriétaires d'*eaux minérales* sont soumis à certaines obligations (L. 14 juill. 1856).

1053. Critique du système de la loi. — La règle qui attribue au propriétaire du sol la propriété de la source remonte au droit romain : « Portio agri videtur aqua viva ». Pour être vieille, elle n'en est pas plus juste. Du moment où l'on reconnaît que les propriétaires fonciers n'ont pas la propriété des *eaux courantes superficielles*, il est illogique de leur attribuer la propriété des eaux qui circulent dans la profondeur du sol. La source n'est pas autre chose qu'un filet d'eau courante qui vient peut-être de loin et qui déjà peut-être a circulé ailleurs à la surface. Tout se tient dans le régime des eaux, et il y a certainement incohérence à traiter différemment l'eau courante selon le niveau auquel elle effectue son trajet. L'eau courante, y compris celle des sources, devrait toujours être *res communis*.

**** 1054. Modification considérable du système du Code.** — La loi du 8 avril 1898 a apporté au système primitif du Code une large restriction qui en a modifié complètement l'effet. Les eaux de la source ne sont plus considérées comme la propriété du propriétaire du terrain sur lequel elles jaillissent que *pour les sources de peu d'importance* ; toutes les fois que la source est assez abondante pour que ses eaux forment, « dès leur sortie du fonds où elles surgissent, un cours d'eau *offrant le caractère d'eaux publiques et courantes, le propriétaire ne peut les détourner de leur cours naturel au préjudice des usagers inférieurs* » [2]. Le texte

[1] Cependant en 1883 on a soutenu au Sénat que la jurisprudence avait méconnu le sens vrai du Code et que les auteurs de la loi, en permettant au propriétaire d'user à sa volonté de la source, avaient voulu lui donner un simple droit d'usage sur l'eau pour les besoins de sa propriété (*Annales du Sénat*, 1883, p. 16, 165, 407, etc.). Cette opinion a été finalement repoussée, mais la rédaction qu'elle avait inspirée a cependant été votée, de sorte que le droit de propriété ne se trouve pas formellement reconnu par le texte ; il résulte seulement de la combinaison de ses diverses dispositions.

[2] Cet article donnera probablement lieu à de nombreuses difficultés dans la pratique. Comment distinguera-t-on les petites sources, dont les propriétaires peuvent disposer, de

du nouvel art. 643 est formel sur ce point, c'est dire que, toutes les fois que la source est forte, le propriétaire du fonds originaire est réduit lui-même à la condition d'usager. Le système ancien du Code sur les eaux de source se trouve par là abandonné en grande partie [1].

En outre la loi du 8 avril 1898 (art. 642 nouveau) ne permet au propriétaire du terrain même quand il a la propriété de la source, de se servir de ses eaux que « *dans les limites* et pour les besoins de son héritage ». Le texte primitif du Code (art. 641 ancien) ne contenait aucune restriction de ce genre. Comp. ci-dessous n° 1057.

3° Eaux des étangs.

1055. Distinction à observer. — Quant aux eaux des étangs, la question de propriété se résout par une distinction : Si l'étang est alimenté par une *source* ou par les *eaux pluviales*, l'eau appartient au propriétaire de l'étang ; mais si l'étang a été formé par le *barrage d'un cours d'eau*, l'eau conserve sa nature et reste chose commune. L'art. 558 ne peut pas servir à trancher la question parce qu'il s'occupe seulement du *lit* de l'étang. Voyez cependant Cass., 19 avril 1865, D. 65. 1.168.

B. — Eaux dont les propriétaires ont seulement l'usage.

1° Droits des propriétaires.

*** 1056. Usage des eaux des petites rivières.** — Sur les *eaux courantes*, les propriétaires fonciers ont seulement un droit d'usage, et encore faut-il qu'il ne s'agisse pas d'un cours d'eau compris dans le domaine public [2]. L'eau courante fait partie des *choses communes*, qui n'appartiennent à personne mais qui diffèrent des choses sans maître en ce que nul n'en peut devenir propriétaire exclusif, parce que leur usage appartient à tous. « Des lois de police règlent la manière d'en jouir », dit l'art. 714, qui prouve ici sa principale application.

L'usage de l'eau des petites rivières est réglé par l'art. 644. Les propriétaires peuvent *se servir* de l'eau pour l'*irrigation* de leurs terrains, dit le Code civil. On reconnaissait, en général, qu'ils pourraient également s'en

celles qui donnent naissance à une eau « publique » ? Ce sera évidemment une question de fait, mais que de contestations se trouvent en germe dans une pareille distinction !

[1] La loi du 8 avril 1898, en réduisant les droits des propriétaires des sources, a apporté un remède à une conséquence fâcheuse de la législation antérieure. Ni l'administration ni les tribunaux ne pouvaient réglementer la façon dont le propriétaire d'une source entendait user de son droit. La réglementation de l'usage des eaux n'est permise par le Code civil que pour les « eaux courantes » (art. 644 et 645). L'administration et la justice n'avaient donc aucune action sur les sources, et cela se concevait : les *cours d'eau* sont soumis à des droits divers, et qui appellent une réglementation, tandis que pour les *sources*, il n'y avait rien à réglementer, parce qu'il n'y avait pas de conflits possibles ; une seule personne avait un droit sur la source et son droit était un droit de propriété. L'intervention du législateur a changé tout cela ; la loi actuelle reconnaît qu'une source peut avoir, dès son lieu d'origine, le caractère d'un cours d'eau soumis à l'usage public : du même coup le *droit de propriété disparaît* pour le particulier chez lequel sort la source, et *le droit de réglementation est attribué à l'autorité administrative*.

[2] Rappelons que les cours d'eau du domaine public sont ceux qui sont navigables ou flottables, et que les rivières qui sont flottables seulement à bûches perdues sont assimilées aux rivières non flottables (L. 8 avril 1898, art. 30), sauf quelques règles spéciales relatives au flottage (*Ibid.*, art. 31-33).

servir pour d'autres usages, soit pour leurs usages domestiques, soit pour leur industrie, en l'utilisant comme force motrice ou autrement. La loi du 8 avril 1898 n'a rien changé à cet état de choses. Voyez les observations échangées au Sénat sur le maintien de l'art. 644 (D. 98. 4. 141).

* **1057. Emploi de l'eau sur les fonds non riverains.** — Ils peuvent même *conduire l'eau* qu'ils prennent à la rivière sur des fonds leur appartenant et *non riverains*. Leur droit à cet égard a été quelque temps contesté ; il ne peut plus l'être depuis la loi du 29 avril 1845, sur les irrigations, qui leur a donné le moyen de faire passer ces eaux sur les terrains intermédiaires en créant à leur profit une *servitude d'aqueduc* (ci-dessous nos 1824 et 1825).

* **1058. Actes interdits aux riverains.** — La loi ne va pas cependant jusqu'à accorder aux riverains le droit de *disposer* de l'eau de la rivière. Aucun d'eux ne peut l'*absorber entièrement*, ni même en prendre une quantité assez considérable pour nuire aux autres riverains. Par conséquent toutes les fois qu'un propriétaire puise de l'eau en grande quantité à la rivière, comme pour l'irrigation de ses propriétés, il doit la rendre à son cours naturel après s'en être servi. Il ne lui est pas permis davantage d'altérer l'eau, de la charger de substances délétères, capables de la rendre impropre à d'autres usages.

1059. Différence entre les fonds bordés et les fonds traversés par la rivière. — L'étendue des droits des propriétaires sur les eaux des petites rivières varie, à certains égards, suivant que leurs héritages sont *traversés* par le cours d'eau ou seulement *bordés* par lui.

Au premier cas, le propriétaire est le maître du cours d'eau dans toute la traversée de sa propriété. Il peut donc en changer le lit, soit pour lui faire *décrire des sinuosités* plus grandes, soit pour *rectifier* son cours en supprimant celles qui existent. En agissant ainsi il ne porte préjudice à personne. La loi ne lui demande qu'une chose : c'est de rendre l'eau à son cours ordinaire à la sortie de son fonds. — Au contraire, le propriétaire dont le fonds est simplement bordé par le cours d'eau, est tenu de respecter la jouissance du voisin qui lui fait face. Il ne peut donc pas détourner la rivière ; il peut seulement *s'en servir à son passage*.

1060. Droit des propriétaires riverains au cas de changement de lit. — Quand une petite rivière abandonne son lit pour s'en creuser un nouveau, les propriétaires riverains de l'ancien lit peuvent, dans l'année qui suit le changement, prendre les mesures nécessaires pour *rétablir l'ancien cours des eaux* (L. 8 avril 1898, art. 5, al. 2).

1061. Extraction de matériaux. — En leur qualité de propriétaires du lit de la rivière (ci-dessus n° 761), les riverains ont le droit de prendre, dans la partie du lit qui leur appartient, tous les produits naturels et d'en extraire de la vase, du sable et des pierres (L. 8 avril 1898, art. 3, al. 3).

Cependant leur droit est ici limité par l'obligation de ne pas modifier, par leurs travaux ou excavations, le régime antérieur des eaux (*Ibid.*).

La loi réserve en outre les droits des riverains ou autres intéressés qui se servent du cours d'eau « comme voie d'exploitation pour la desserte de leurs fonds ».

1062. Travaux sur le sol au voisinage de la rivière. — Le propriétaire riverain d'un cours d'eau non navigable et non flottable ne peut exécuter des travaux au-dessus de ce cours d'eau (par exemple des ponts ou passerelles) ou le joignant (par exemple des clôtures) qu'à la condition de ne pas préjudicier à l'écoulement et de ne causer aucun dommage aux propriétés voisines (L. 8 avril 1898, art. 10).

2° Règlements d'eau.

1063. Leur objet. — Le droit d'usage accordé par l'art. 644 aux riverains des petits cours d'eau est soumis, d'après l'art. 645, « aux règlements particuliers et locaux sur le cours et l'usage des eaux », règlements qui doivent toujours être observés. Il existe dans beaucoup d'endroits des *règlements* de ce genre sur l'établissement des *barrages, prises d'eaux, usines, moulins*, etc., qui limitent singulièrement la liberté des particuliers. Ces règlements de police, destinés à assurer d'une façon générale l'intérêt public, sont sanctionnés par l'art. 471-15° C. pén. (amende de 1 à 5 francs). Ces arrêtés ne peuvent être pris qu'à titre de *mesures générales ;* l'administration n'a pas qualité pour trancher les difficultés entre particuliers, dont la solution appartient aux tribunaux.

1064. Textes applicables. — Les règlements d'eau ont été faits pendant longtemps en exécution de la loi des 12-20 août 1790, qui chargeait l'administration de « diriger les eaux vers un but d'utilité générale, d'après les principes de l'irrigation », mais toute cette matière a été réglée à nouveau par la loi du 8 avril 1898, qui charge « l'autorité administrative de la conservation et de la police des cours d'eau non navigables et non flottables » (art. 8) et qui décide qu' « aucun barrage, aucun ouvrage destiné à l'établissement d'une prise d'eau, d'une usine ou d'un moulin ne peut être entrepris dans un cours d'eau non navigable ni flottable, sans l'autorisation de l'administration » (art. 11).

1065. Autorités compétentes. — D'après le décret du 13 avril 1861, sur la décentralisation administrative, les autorisations nécessaires pour les travaux sur les cours d'eau sont données directement par les préfets (Tableau D, 3° et 4°). L'art. 16 de la loi du 8 avril 1898 permet même aux maires de prendre, sous l'autorité des préfets, toutes les mesures nécessaires pour la police des cours d'eau. Jusque-là les préfets seuls avaient le droit d'intervenir.

1066. Contestations entre particuliers. — Les contestations entre riverains sont fréquentes, surtout quand il existe des prises d'eau au-dessus d'un moulin ou d'une usine. L'art. 645 contient une règle destinée à servir de guide aux magistrats appelés à statuer : ils doivent « concilier l'intérêt de l'agriculture avec le respect dû à la propriété ». Comp. L. 8 avril 1898, art. 9, qui reproduit la même formule pour les règlements à établir par l'administration.

1067. Caractère révocable des autorisations. — Les autorisations peuvent être toujours révoquées par les préfets. Cette possibilité d'une révocation réduit considérablement le droit d'usage reconnu en principe aux propriétaires riverains : à vrai dire, ce n'est pas un *droit* que le propriétaire tient de la loi, c'est une faculté qu'il exerce sous le bon plaisir de l'administration. Il est bien vrai que, d'après l'art. 14 de cette loi, la révocation d'une permission donne lieu à indemnité au profit du riverain, toutes les fois qu'elle n'est pas motivée par une considération d'intérêt général ; mais cette seule réserve est la négation de l'existence d'un droit : si ce droit existait d'une manière absolue, le propriétaire n'en pourrait être privé dans l'intérêt général que moyennant une indemnité, conformément aux principes ordinaires de l'expropriation pour cause d'utilité publique.

Avant 1898, on admettait déjà que le retrait d'une concession donnait lieu à une indemnité au profit du propriétaire, à moins qu'il ne fût la conséquence de travaux publics nécessaires pour la police ou la répartition des eaux (DUCROCQ, *Cours de droit administratif*, 6e édit., t. II, n° 1003). La loi du 8 avril 1898 a réglé ce point en détail.

C. — Eaux sur lesquelles les propriétaires fonciers n'ont aucun droit.

** **1068. Eaux du domaine public.** — Le principal exemple des eaux de cette catégorie est fourni par les *fleuves et rivières navigables ou flottables*. Ces eaux, étant des dépendances du domaine public, ne peuvent être captées ni utilisées par les riverains. Cependant l'administration peut leur accorder des *concessions* pour l'établissement d'une prise d'eau, d'un moulin ou d'une usine (L. 8 avril 1898, art. 40).

Ces concessions sont accordées, suivant les cas, par décret ou par simple arrêté préfectoral (Arrêté du 19 ventôse an VI, art. 9; Décr. du 13 avril 1861, tableau D. 1° et 2°; L. 8 avril 1898, art. 41, 42 et 43).

Toute concession est toujours *révocable sans indemnité* (L. 8 avril 1898, art. 45).

Tant qu'elles durent, les concessions donnent lieu à une *redevance* au profit de l'État, fixée par un règlement d'administration publique (*Ibid.*, art. 44).

* **1069. Eaux privées.** — Les propriétaires riverains n'ont aucun droit sur les eaux qui les bordent, lorsque ces eaux sont la propriété d'un tiers. Telles sont les eaux d'un étang, ou celles d'un *béal* ou *bief* alimentant une usine, lorsque ces eaux appartiennent, d'après les règles ci-dessus indiquées, au propriétaire de l'étang ou de l'usine.

§ 6. — *De la vaine pâture et du parcours.*

1070. Définition de la vaine pâture. — On appelle *vaine pâture* le droit qu'ont les habitants d'une même commune d'envoyer leurs bestiaux paître librement sur les champs de tout le monde, après l'enlèvement des récoltes et jusqu'à l'ensemencement, quand les terres peuvent être piétinées sans inconvénient [1]. Jadis on faisait exception pour les terres nobles, qui se trouvaient « en défens », c'est-à-dire dont l'entrée était interdite « tous les jours de l'an ». Nos anciennes coutumes, principalement celles de la Bretagne et du Nivernais, contiennent de nombreux renseignements sur la vaine pâture. En beaucoup d'endroits on avait l'habitude de réunir tous les bestiaux en un seul troupeau; chaque propriétaire pouvait y envoyer un nombre de bêtes proportionné à l'étendue du terrain qu'il possédait. Habituellement on excluait de la vaine pâture les porcs, les chèvres et les oies.

1071. Définition du parcours. — Le droit de *parcours* ou d'*entrecours*, aujourd'hui aboli, n'était pas autre chose que la vaine pâture exercée au delà des limites de la communauté d'habitants ou de la paroisse (aujourd'hui la *commune*) sur les territoires des communautés ou paroisses voisines.

1072. Inconvénients des droits de vaine pâture et de parcours. — Ce système de pâturage en commun pouvait convenir à une population clairsemée et malheureuse, incapable de cultiver toutes ses terres; c'était un moyen d'utiliser les jachères, qui duraient souvent plusieurs années. Quand l'agriculture eut fait des progrès et que l'aisance se répandit dans les campagnes, la vaine pâture ne servit plus qu'à perpétuer la gêne et la misère, en entravant la production. En outre, dans beaucoup d'endroits, principalement dans le nord de la France, le droit de vaine pâture, qui n'était d'abord qu'une *tolérance précaire*, s'était *transformé en servitude véritable*, et empêchait de clore les propriétés qui s'y trouvaient soumises.

Aussi la suppression des droits de vaine pâture et de parcours a-t-elle été souvent réclamée par les économistes et les agronomes, soit avant, soit depuis la Révolution.

1073. Réformes de l'Assemblée constituante. — Le *Code rural* de 1791 ne supprima pas les droits de vaine pâture et de parcours; il fit seulement *disparaître la servitude légale* qui en résultait *en permettant aux propriétaires de se clore*, et cette liberté a été confirmée aux propriétaires ruraux par le Code civil et par la loi du 9 juillet 1889 (ci-dessus, nos 995 et 1021).

Le terrain clos se trouve soustrait au droit de vaine pâture.

Par une juste conséquence, le propriétaire qui use de la faculté de se clore perd son droit à la vaine pâture en proportion du terrain qu'il y soustrait (art. 648). C'était le système qui se pratiquait déjà avant la Révolution dans les régions où l'usage de la vaine pâture ne créait pas d'obstacle légal à la clôture des terres.

1074. Suppression du parcours. — La suppression du droit de parcours était déjà commencée sous l'ancien régime. Dans les dernières années qui ont précédé la Révolution,

[1] La Très ancienne coutume de Bretagne appelle cette espèce de morte-saison rurale « le temps du guerb », c'est-à-dire le temps où les terres sont *déguerpies* ou vides et abandonnées.

son abolition a été prononcée pour plusieurs provinces par voie d'édits (HERVÉ, *Matières féodales*, t. I, p. 175). Enfin la loi du 9 juillet 1889 (fragment du Code rural) l'a entièrement aboli (art. 1er). On a donné pour raison de cette suppression que les limites des anciennes paroisses étaient souvent inconnues ou douteuses, perdues au milieu de terres en friche, ce qui rendait leur observation difficile, tandis qu'il n'en est pas de même des communes modernes, dont le tracé est certain ; par suite, il n'y avait plus de raisons pour maintenir le *parcours*, c'est-à-dire le droit de vaine pâture s'exerçant de commune à commune.

1075. Système spécial de suppression facultative pour la vaine pâture. — La suppression du droit de vaine pâture était également demandée, mais on ne voulut pas le faire disparaître d'une façon absolue, dans la crainte de priver de leurs ressources les paysans les plus pauvres, ceux qui n'ont pas assez de terres pour nourrir une vache. En 1853, onze départements avaient demandé le maintien de la vaine pâture, et ce droit a encore des partisans convaincus à la Société des Agriculteurs de France. Pour donner satisfaction à ces tendances contradictoires, on a adopté, relativement à la vaine pâture, un système mixte. Les dispositions prises à ce sujet par la loi du 9 juillet 1889, ont été remaniées par la loi du 22 juin 1890.

A. — Si le droit de vaine pâture porte sur *un héritage déterminé* et résulte d'un *titre*, on le *respecte* en principe, en sa qualité de droit établi par convention (art. 12, modifié en 1890). Toutefois le propriétaire de l'héritage grevé de ce droit a la faculté de s'en *affranchir*, moyennant indemnité (ci-dessus, n° 1021).

B. — Si le droit de vaine pâture porte sur *la généralité des terres d'une commune* et résulte seulement de l'*usage local*, on l'a *supprimé* en principe à partir du mois de juillet 1890. Toutefois, la loi de 1889 a réservé aux *conseils municipaux* le droit de *voter le maintien* de la vaine pâture pour la commune entière ou pour une section de commune dans le délai d'un an à compter de sa promulgation (de juillet 1889 à juillet 1890). Pour le détail des formalités qu'il a fallu alors observer, voyez l'art. 2 de la loi de 1889, modifié en 1890, ainsi que l'al. 1er de l'art. 3. La question de savoir si le droit de vaine pâture existe encore dans telle ou telle commune est donc une question de fait, qui dépend des décisions locales dont la liste n'a pas été publiée.

Dans les communes où le droit de vaine pâture a été maintenu, sa suppression peut toujours être décidée par le conseil général, dans les formes indiquées par la loi, sur la demande du conseil municipal ou des habitants (art. 3, al. 2).

1076. Réglementation de la vaine pâture. — L'Assemblée constituante, en maintenant la vaine pâture, avait établi pour elle un règlement détaillé qui a été en grande partie conservé par les lois de 1889 et de 1890.

Dans aucun cas et dans aucun temps, la vaine pâture ne peut être exercée sur les *prairies artificielles*. La loi de 1889 avait étendu cette prohibition aux prairies naturelles ; mais devant les réclamations qui se produisirent, sa décision fut rapportée par la loi de 1890.

Tous les terrains clos sont affranchis de la vaine pâture. L'Assemblée constituante avait déterminé les différents genres de clôtures qui doivent être considérées comme suffisantes pour faire obstacle à l'introduction des bestiaux. La loi de 1889 (art. 6) a retouché cette énumération.

L'usage du troupeau commun n'est pas obligatoire. Chaque propriétaire peut faire garder séparément les bestiaux qu'il y envoie (L. 9 juill. 1889, art. 4 et 7).

Le nombre de têtes de bétail que chacun peut envoyer à la pâture est déterminé par les règlements et usages locaux, et, à leur défaut, par une délibération du conseil municipal, soumise à l'approbation du préfet (art. 8). Tout chef de famille domicilié dans la commune, alors même qu'il n'est ni propriétaire ni fermier d'une parcelle quelconque des terrains soumis à la vaine pâture, peut mettre sur lesdits terrains, soit dans le troupeau commun, soit par troupeau séparé, six bêtes à laine et une vache avec son veau, sans préjudice des droits plus étendus, qui lui seraient accordés par l'usage local ou par le titre (art. 9).

Le droit à la vaine pâture est incessible (art. 10).

§ 7. — *Associations syndicales entre propriétaires fonciers.*

1077. Propriétés rurales. — Depuis 1865, les propriétaires ruraux jouissent du droit de se syndiquer pour opérer à frais communs certains travaux d'amélioration agricole[1]. Les principaux sont des travaux de défense contre la mer ou contre les cours d'eau et des travaux de dessèchement de marais, de drainage et d'irrigation ; l'art. 1er de la loi du 21 juin 1865 en donne une énumération, mais qui n'a rien de limitatif : il suffit que l'œuvre à entreprendre présente « un caractère d'intérêt collectif ».

1078. Propriétés urbaines. — Le bénéfice de cette loi a été étendu à la propriété urbaine par une loi du 22 décembre 1888, et avec la même largeur : le texte mentionne les travaux *d'assainissement* et l'*ouverture de voies publiques nouvelles*, mais il ajoute : « et de toute autre amélioration ayant un caractère public ».

1079. Mode de fonctionnement. — Sans entrer dans le détail du régime auquel sont soumises ces associations, régime qui appartient plus au droit administratif qu'au droit civil, il sera utile d'en dire quelques mots. Elles sont de deux sortes : les *associations syndicales libres* et les *associations syndicales autorisées*. Toutes sont considérées comme ayant la personnalité ; elles peuvent posséder et rester en justice. Mais tandis que les associations libres sont traitées comme de simples particuliers et ne jouissent d'aucun privilège, celles qui se forment avec l'approbation de l'administration sont favorisées sur plusieurs points :

1° La majorité des propriétaires intéressés suffit pour leur formation ; les autres y sont englobés malgré eux par l'effet d'une sorte de *droit de coercition*. Aussi a-t-on restreint ce genre d'associations aux travaux ayant un but de *nécessité publique*, comme les travaux d'assainissement ou de défense. La majorité nécessaire à la formation de l'association doit comprendre, dans certains cas, la moitié plus un des intéressés représentant les deux tiers au moins de la superficie des terrains, ou les deux tiers des intéressés représentant plus de la moitié de la superficie. Pour les travaux spécifiés dans les nos 6 à 10 de l'art. 1er, la proportion exigée est encore plus élevée. Voyez l'art. 12 modifié.

2° Le recouvrement des *taxes* et *cotisations* a lieu au moyen de rôles rendus exécutoires par le préfet et se fait comme en matière de contributions directes (art. 15).

3° Les *contestations* sont jugées, au moins en principe, par le conseil de préfecture, sauf recours au Conseil d'État (art. 16).

4° S'il y a lieu de procéder à des *expropriations*, l'association peut y procéder, après avoir obtenu la déclaration d'utilité publique par décret (art. 18).

CHAPITRE IV

LES GARANTIES DE LA PROPRIÉTÉ

1080. Double protection de la propriété. — La propriété privée a besoin d'être garantie contre un double péril : les *actes arbitraires du gouvernement*, qui pourrait être tenté d'y porter atteinte ; les *usurpations commises par de simples particuliers*. Contre le premier, la propriété est protégée par l'art. 545 et par la théorie de l'expropriation pour cause

[1] Avant 1865, des associations de ce genre se formaient déjà avec l'autorisation et le concours de l'administration. Comme elles rendaient des services, on a régularisé leur existence et réglementé leur action.

d'utilité publique[1] ; contre le second, par le droit d'exercer l'action en revendication, que nous étudierons en deux paragraphes distincts selon qu'elle a pour objet un meuble ou un immeuble.

§ 1. — *De l'expropriation pour cause d'utilité publique.*

1081. Établissement du principe de l'inviolabilité de la propriété privée. — Sous l'ancien régime, les particuliers ont eu assez souvent à souffrir d'atteintes portées à leur droit de propriété par le pouvoir. Aussi la *Déclaration des droits de l'homme*, votée par l'Assemblée constituante du 20 au 26 août 1789, a-t-elle déclaré la propriété privée « inviolable et sacrée » (art. 17). En conséquence, le propriétaire ne peut être dépouillé de sa chose, quand l'intérêt public l'exige, que *moyennant une indemnité*. Cette conséquence du principe d'inviolabilité a été reproduite dans l'art. 545 C. civ.

Malgré ces déclarations de principe, la propriété privée ne jouissait pas encore d'une sécurité parfaite, parce qu'on avait laissé subsister la *confiscation* dans le droit pénal ; elle se trouvait donc réduite aux garanties de la loi civile. Napoléon Ier usa et même abusa de la confiscation dont il se servit comme d'une arme de guerre contre ses ennemis de l'intérieur. Ce droit de spolier les particuliers n'a été retiré au gouvernement que par la *Charte de 1814*.

1082. Lois successives sur l'expropriation. — L'expropriation a été régie successivement par les lois du 8 mars 1810, du 7 juillet 1833 et du 3 mai 1841. Cette dernière est encore en vigueur. Ce sont là les lois d'ensemble sur la matière ; il y a eu et il y a encore un assez grand nombre de textes secondaires qui règlent des points particuliers.

1083. De l'utilité publique et de sa déclaration. — La Déclaration des droits de l'homme (art. 17) n'autorisait l'expropriation que pour cause de *nécessité* publique. On eut vite reconnu que cette condition était excessive, et que l'intérêt privé doit fléchir souvent devant l'intérêt public. Aussi le Code civil, bien qu'il reproduise presque littéralement dans son art. 545 la disposition précitée de la Déclaration, ne parle plus que de l'*utilité publique*.

Cette utilité doit être *légalement constatée*. Elle fait l'objet d'un acte administratif spécial, qu'on appelle « la déclaration d'utilité publique ». Tout d'abord on n'avait pas déterminé l'autorité compétente pour prononcer cette déclaration, et on en avait conclu qu'un *simple arrêté préfectoral* était suffisant. Les réclamations des propriétaires furent si nombreuses, à cause de la facilité extrême avec laquelle on les dépossédait, que Napoléon, dans la célèbre *Note de Schœnbrunn*, fixa lui-même les garanties à accorder à la propriété foncière. Désormais la déclaration d'utilité publique devait émaner du chef de l'État. Mais les lois postérieures ont rendu, en maintes circonstances, à des autorités moins hautes le droit de la prononcer.

En principe, le travail à entreprendre est déclaré d'utilité publique par un *acte du pouvoir législatif* voté dans la forme des lois. Mais les travaux de peu d'importance peuvent être autorisés par un *décret en Conseil d'État* (chemins de fer et canaux de moins de

[1] On peut, en outre, ranger parmi les garanties qui protègent la propriété foncière contre les actes arbitraires, la compétence exclusive reconnue aux tribunaux civils, composés de magistrats inamovibles.

20 kilomètres de longueur, etc.), par un *décret simple* (travaux publics à la charge des départements et des communes), ou même par le *Conseil général* ou par la *Commission départementale* (pour les chemins vicinaux et ruraux).

****1084. De l'expropriation.** — L'*expropriation*, c'est-à-dire l'acte qui enlève au particulier sa propriété pour la transférer à la partie expropriante (État, commune, etc.), est aujourd'hui l'œuvre du *Tribunal civil*, qui rend un *jugement d'expropriation*, toutes les fois que la partie expropriée ne consent pas une *cession amiable*. L'autorité judiciaire, gardienne naturelle de la propriété privée, a été chargée de ce soin en vertu de la Note de Schœnbrunn, et n'en a jamais été dépouillée depuis 1810.

****1085. De la fixation de l'indemnité.** — L'Assemblée constituante avait d'abord laissé aux corps administratifs le soin de déterminer les indemnités d'expropriation ; en 1807, on le transporta aux conseils de préfecture ; en 1810, aux tribunaux civils. Depuis 1833, ce droit appartient à un *jury spécial* composé de propriétaires et présidé par un membre du tribunal civil.

L'indemnité doit être *juste*, dit la loi, c'est-à-dire suffisante. En fait, les indemnités d'expropriation sont très largement fixées et ordinairement elles dépassent de beaucoup la valeur réelle des immeubles. Aussi l'expropriation est-elle considérée par les propriétaires, dans la plupart des cas, comme une bonne fortune plutôt que comme un malheur. On a vu parfois, et principalement en Corse, les jurys d'expropriation allouer des indemnités énormes, qui rendraient impossible l'exécution des travaux publics, au point qu'il serait nécessaire de trouver un remède à ces abus, s'ils se prolongeaient.

****1086. Du caractère préalable de l'indemnité.** — L'indemnité doit également être *préalable* (art. 545). Cependant l'expropriation es prononcée par le tribunal avant que l'indemnité ne soit payée ni même fixée, mais le principe formulé dans la Déclaration des droits de l'homme est respecté par un autre moyen : le *délaissement matériel* de l'immeuble ne peut être exigé du propriétaire exproprié, qu'après le versement de l'indemnité (L. 3 mai 1841, art. 53). Celui-ci jouit donc d'un *droit de rétention* qui lui assure son paiement ; il n'est pas réduit à le solliciter ensuite et à l'attendre du bon plaisir de l'administration.

1087. Variétés particulières d'expropriations. — L'expropriation des immeubles, régie par la loi de 1841, n'est pas la seule façon dont un propriétaire puisse être privé de sa propriété. On peut citer en outre :

1° L'*alignement*. C'est une opération destinée à rectifier et au besoin à élargir les voies publiques, rues et routes de toute nature. Les plans d'alignement, dressés par les ingénieurs de la voirie, sont adoptés, selon les cas, par les conseils municipaux pour les voies communales (L. 5 avril 1884, art. 68-7°), par les conseils généraux pour les routes départementales (Avis du Conseil d'État du 15 juillet 1873), par le conseil général des ponts et chaussées pour les routes nationales (Circ. minist. 24 oct. 1845). Ils ont en outre besoin d'être approuvés par une autorité supérieure, qui est tantôt le préfet, tantôt le Conseil d'État, quelquefois des conseils ou commissions spéciales. Quand, par l'effet de l'alignement, la voie publique se trouve *élargie*, la propriété formant saillie est atteinte de plein droit et incorporée à la voie publique, *si elle n'est pas close ;* si c'est un terrain *clos* ou *bâti*, il est frappé d'une *servitude de reculement*, qui empêche le propriétaire de *reconstruire* et même de faire *aucuns travaux confortatifs*, de sorte que lorsque son mur ou son bâtiment tombera de vétusté, on n'aura à lui payer que le prix de *son terrain nu*. C'est sans doute plus économique, mais ce système, établi par un vieil édit de décembre 1607, sur les attributions du grand voyer, reproduit partiellement dans une loi napoléonienne (16 sept. 1807, art. 50), est en contradiction ouverte avec les principes généraux du droit moderne et aurait dû être considéré comme implicitement aboli par l'art. 17 de la Déclaration des droits de l'homme, qu'a reproduit l'art. 545 C. civ.

Ce qui rend plus dangereux encore les effets de l'alignement, c'est que la procédure est *entièrement administrative :* aucune autorité civile n'y intervient, ni le tribunal, ni le jury ; l'indemnité est fixée par le Conseil de préfecture, et la Cour de cassation a même jugé que son paiement n'avait pas besoin d'être préalable à la dépossession (Cass., 5 nov. 1868, D. 69. 1. 383, S. 69. 1. 448). Les indemnités accordées sont très souvent inférieures à la valeur réelle des terrains retranchés. De ce côté, la propriété foncière, entièrement soumise aux autorités administratives, n'a donc pas profité des garanties que la Révolution lui a assurées sur d'autres points.

2° La *délimitation du domaine public maritime ou fluvial*. Les limites de la mer sont déterminées par des décrets du chef de l'État (Décr. 21 février 1852, art. 2) ; celles du domaine public fluvial par des arrêtés préfectoraux (L. 8 avril 1898, art. 36). Assez souvent des particuliers se prétendent propriétaires de parcelles de terrain que l'acte administratif attribue au lit de la mer ou du fleuve. La Cour de cassation leur reconnaît le droit d'obtenir une indemnité en s'adressant aux tribunaux civils, gardiens naturels de la propriété privée. Voyez Cass., 19 juin 1873, D. 73. 1. 360, S. 74. 1. 163 ; Trib. des conflits, 11 janv. et 1er mars 1873, aff. de Paris-Labrosse et Guillié, D. 73. 3. 65, S. 73. 2. 25. 79. 2. 61 ; Cass., 4 janv. 1886, D. 86. 1. 125, S. 87. 1. 360. Toutefois cette jurisprudence était contestée avant 1898 en ce qui concerne la délimitation du lit des fleuves et rivières, et la controverse continue depuis le vote de cette loi, qui, dans son art. 36, porte que les arrêtés de délimitation seront toujours pris « sous la réserve des droits de propriété ». Cette phrase semble bien avoir le même sens que celle du décret de 1852 qui réserve « les droits des tiers » et qui est unanimement interprété comme donnant compétence aux tribunaux judiciaires. En ce sens, BOUVIER, dans la *Revue critique*, 1899, p. 46 et 87 ; mais voyez en sens contraire BERTHÉLEMY, dans la *Revue générale d'administration*, 1899. D'après M. Berthélemy, le particulier qui se plaindrait de voir son terrain indûment annexé au lit du fleuve n'aurait qu'un recours par la voie contentieuse devant le Conseil d'État, pour faire annuler l'arrêté du préfet.

3° et 4° Les droits d'*occupation temporaire* et *d'extraction de matériaux*, qui appartiennent à l'administration pour les travaux qu'elle exécute et aux entrepreneurs de travaux publics subrogés dans ses droits, sont encore une grave atteinte à l'inviolabilité de la propriété privée. Cette faculté, qu'on a érigée en une sorte de servitude légale, est fort ancienne ; elle permet aux entrepreneurs d'occuper momentanément tout l'espace nécessaire, soit pour y faire des dépôts de matériaux, soit pour y établir leurs chantiers ; elle leur permet en outre de prendre sur place les terres, sables ou pierres dont ils ont besoin et qu'ils seraient sans cela obligés de faire venir de loin à grands frais et avec une grande perte de temps. L'occupation et l'extraction des matériaux sont subordonnées à certaines formalités (Arrêt du Conseil, 20 mars 1780 ; Décr. 8 févr. 1868). L'indemnité due aux propriétaires est réglée par le Conseil de préfecture (L. 28 pluv. an VIII, art. 4, § 4).

5° La *faculté d'acquérir la mitoyenneté d'une clôture*, dont il sera parlé plus loin (nos 1168 et suiv.), peut encore être considérée comme un cas d'expropriation.

6° Enfin pour les propriétés mobilières, il existe un système spécial, les *réquisitions militaires*, réglées principalement par la loi du 3 septembre 1877.

§ 2. — *De la revendication des immeubles.*

****1088. Définition.** — La revendication est l'*action exercée par une personne qui réclame la restitution d'une chose en se prétendant propriétaire*. La revendication se fonde donc *sur l'existence du droit de propriété* et elle a pour but *l'obtention de la possession*.

La revendication doit être soigneusement distinguée d'un grand nombre d'*actions en restitution*, qui se fondent sur une obligation de restituer existant à la charge du défendeur. Ces dernières sont des *actions personnelles*, puisque le demandeur fait valoir un *droit de créance*, tandis que la revendication, qui n'est pas autre chose que le droit de propriété affirmé devant la justice, est une *action réelle*.

Laissant de côté ce qui est pure procédure, nous allons examiner les questions de droit civil que soulève la théorie de la revendication.

A. — Prescription de l'action.

**** 1089. Position de la question.** — La question doit se formuler en ces termes : La propriété peut-elle se perdre par l'effet d'une *prescription extinctive ?* On pourrait le croire en lisant l'art. 2262 : « Toutes actions, tant *réelles* que personnelles, sont prescrites par trente ans ». Dans sa généralité absolue, cette formule embrasse évidemment la revendication comme les autres actions réelles.

1090. Opinion traditionnelle. — Cependant il est généralement reconnu qu'il faut faire une *distinction entre la propriété et les autres droits réels.*

Les droits réels démembrés de la propriété [servitudes, usufruit, hypothèques, etc.] peuvent tous se perdre par une prescription extinctive, qu'on appelle plus spécialement, pour quelques-uns d'entre eux, le *non-usage*. Le motif en est que ces démembrements du droit de propriété sont contraires à l'état normal, qui est la plénitude de la propriété et la jouissance exclusive de la chose par son propriétaire. Pour des raisons d'utilité, la loi tolère l'établissement de droits réels sur la chose d'autrui, mais c'est à la condition que ceux qui les ont s'en servent. S'ils ne s'en servent pas, le démembrement du droit de propriété n'a plus de raison d'être et la loi doit favoriser le retour à l'état normal, en décidant l'extinction par prescription du droit réel démembré.

Ce raisonnement ne peut évidemment s'appliquer à la propriété ; par conséquent, *la perte par non-usage ne la concerne pas*.

Que résulte-t-il de là? Si nous supposons qu'un propriétaire d'immeuble laisse son bien aux mains d'une autre personne pendant de longues années, il pourra sans doute perdre sa propriété *par l'effet d'une prescription acquisitive*, si le possesseur de sa chose remplit les conditions voulues pour l'usucapion et s'il a possédé pendant le temps nécessaire.

Mais si ce possesseur, pour une cause quelconque, n'a pas pu acquérir la propriété, par exemple parce qu'il y a trop peu de temps qu'il a pris possession de la chose abandonnée, il n'y a pas de raison pour faire échouer la revendication dirigée contre lui. Le fait que le propriétaire est resté plus de trente ans sans se servir de la chose est par lui-même incapable de lui faire perdre son droit, tant qu'il n'y a pas eu usucapion accomplie par un tiers. La propriété peut donc être *déplacée* par l'effet de la prescription; elle ne peut pas être *perdue purement et simplement*.

On exprime ce résultat en disant que la propriété, à la différence des autres droits réels, *ne se perd pas par le non-usage*. Par conséquent, la revendication doit triompher, même après plus de trente ans d'abandon, tant que l'adversaire n'a pas lui-même acquis la propriété. Le texte de l'art. 2262 est donc trop absolu et doit être rectifié.

Cette correction se fonde sur la tradition constante du droit français (POTHIER, *Propriété*, n° 276).

1091. Opinion nouvelle. — La doctrine traditionnelle du droit français n'avait jamais fait de doute, lorsqu'en 1879 la Chambre des requêtes rendit un arrêt fort remarqué, qui semble condamner la tradition. Il s'agissait d'une donation irrégulière, faite à la congrégation de Saint-Viateur, qui n'est pas autorisée; plus de trente ans s'étaient écoulés et les héritiers du donateur voulaient reprendre les biens donnés. Ils soutenaient qu'ils étaient restés propriétaires puisque, d'une part, la donation était radicalement nulle, comme faite à une personne dépourvue d'existence légale, et que, d'autre part, cette personne inexistante n'avait pu ni posséder ni acquérir la propriété par l'usucapion. Leur action fut rejetée (Cass., 5 mai 1879, D. 80. 1. 145, S. 79. 1. 313). L'arrêt se fonde uniquement sur la prescription de l'*action en nullité*, en considérant l'annulation de l'acte comme un point préalable à toute revendication. Ce serait un autre point à discuter (voy. ci-dessus, n°s 333 et 334), mais l'arrêt ne s'est pas prononcé sur le caractère prescriptible ou non de la revendication elle-même. Seul l'avocat général, M. Robinet de Cléry, a, dans ses conclusions (D. 80. 1. 150, col. 2), soutenu que l'art. 2262, en nommant toutes les actions réelles, englobait nécessairement la revendication et que celle-ci était prescriptible par 30 ans. M. Ch. Beudant, dans la note qui accompagne l'arrêt dans le *Dalloz*, trouve que sa démonstration sur ce point est « péremptoire » (p. 147).

RÉFUTATION. — Je crois néanmoins préférable de s'en tenir à l'opinion traditionnelle, défendue par MM. AUBRY et RAU (t. VIII, § 772, p. 429). Il y a une objection décisive à faire à nos adversaires : si le propriétaire a perdu son droit et si le possesseur ne l'a pas acquis, le bien devrait appartenir à l'État comme bien sans maître (art. 713). — Du reste, dans l'affaire de la congrégation de Saint-Viateur, il y avait une bonne raison de décider contre les revendiquants : c'était que le bien donné n'était pas resté sans possesseur, et que la congrégation en avait réellement acquis la propriété par usucapion, bien que non autorisée. C'était lui faire l'application d'une théorie qui reconnaît aux associations non reconnues une certaine *individualité* (Voy. t. II, 2e édit., et t. I, 1re édit., n°s 739 à 742). Cette thèse a été également présentée par M. Robinet de Cléry (D. 80. 1, p. 151, col. 2).

B. — Preuve du droit de propriété.

***1092. Causes pratiques de difficultés.** — La preuve du droit de propriété offre dans la pratique de grandes difficultés. Ces difficultés vont en diminuant à mesure que l'instruction se répand ; l'instruction amène avec elle l'habitude de faire ses affaires régulièrement, le désir de posséder des *titres écrits* en bonne forme. D'autre part, les notaires mettent plus de soin qu'autrefois à établir dans les actes ce qu'on appelle l'*origine de propriété*. Ce mouvement a été encore accéléré par la loi du 23 mars 1855 qui a rétabli la *transcription*. Malgré cela les difficultés subsistent et subsisteront probablement toujours ; dans les campagnes, une foule de petits propriétaires se contentent d'actes informes, quand ils achètent un bien, pourvu qu'on les mette en possession.

* **1093. Cause théorique de difficultés.** — Une autre cause encore, celle-ci purement rationnelle, rend difficile la preuve de la propriété. La propriété des biens se transmet fréquemment d'une personne à une autre. Pour que le *possesseur actuel* soit propriétaire, il faut que son *auteur*, celui de qui il tient la chose, l'ait été également, et ainsi de suite en remontant de possesseur en possesseur. Cette preuve absolue fait généralement défaut, et on ne l'exige pas, parce qu'il faut bien tenir compte des nécessités pratiques. On se contente donc de demander au revendiquant une *simple probabilité*, qui le rende préférable à son adversaire.

1094. Silence de la loi. — Il est tout à fait étonnant qu'on ne trouve dans nos lois aucune disposition relative à la preuve du droit de propriété, alors qu'on a réglé minutieusement, et en plus d'un endroit, la preuve des droits de créance.

* **1095. Seul mode de preuve absolu : l'usucapion.** — Le seul moyen de fournir une preuve absolue du droit de propriété, c'est de prouver qu'on a possédé, par soi-même ou par ses auteurs, pendant le temps voulu pour l'usucapion. Encore ce procédé est-il parfois défectueux, à cause des *suspensions de prescription* qu'admet la loi au profit des incapables, car ces suspensions, en se répétant au profit de plusieurs personnes, peuvent retarder indéfiniment l'achèvement de l'usucapion.

* **1096. Cas où l'usucapion n'est pas accomplie.** — Très souvent la preuve d'une usucapion accomplie fait défaut. Comme il faut bien trancher le procès, on se règle sur les principes suivants.

PREMIÈRE HYPOTHÈSE : *Les deux parties produisent des titres de propriété*. — Si ces titres émanent de la même personne, on se règlera en principe sur *la priorité de la transcription* (ci-dessous nos 1442 à 1351). S'ils émanent de personnes différentes, le *défendeur doit être maintenu en possession*, à moins que le revendiquant ne réussisse à établir que son auteur l'aurait emporté sur celui du défendeur au cas où la contestation se serait élevée entre eux. Cette dernière solution est la conséquence de la règle : « Nemo plus juris in alium transferre potest quam ipse habet ».

DEUXIÈME HYPOTHÈSE : *Une seule des deux parties a un titre*. — Si c'est le défendeur, il restera tout naturellement en possession. Si c'est le demandeur, il obtiendra la restitution de la chose, à la condition toutefois que son titre soit antérieur à la possession du défendeur (Pothier, *Propriété*, n° 324 : Aubry et Rau, § 219, note 8 ; Cass., 22 juin 1864, D. 64. 1.412, S. 64. 1.349 ; Aix, 29 févr. et 15 mars 1872, D. 74. 2. 185, S. 73. 2. 49). Cette condition de l'antériorité du titre sur la possession, qui nous vient de Pothier, est fort discutable ; car si l'auteur du titre était propriétaire de l'immeuble, il a pu valablement l'aliéner, bien qu'il n'en eût pas la possession. Il ne faut pas perdre de vue que nous raisonnons toujours sur l'hypothèse où aucune usucapion ne s'est accomplie qui ait pu déplacer la propriété du bien ; si donc le titre antérieur à la possession est une preuve suffisante de propriété, il a nécessairement la même force quand il est postérieur.

Troisième hypothèse : *Aucune des deux parties n'a de titre.* — On décide que le défendeur doit conserver la chose, s'il en a la possession véritable d'une manière utile pour l'usucapion (Cass., 10 janv. 1860, D. 60. 1. 74, S. 60. 1. 340). C'est l'effet, dit-on, de la présomption de propriété attachée au fait de la possession, présomption qui n'est écrite nulle part, mais qui paraît bien conforme à la tradition[1]. Si le défendeur n'a pas une possession exclusive bien caractérisée, le demandeur peut obtenir la restitution de la chose en prouvant soit des faits anciens de possession, soit d'autres circonstances d'où résulte une présomption de propriété en sa faveur (Cass., 7 mars 1877, D. 78. 1. 216, S. 78. 1. 340 ; 10 août 1880, D. 80. 1. 369, S. 81. 1. 117 ; 19 janv. 1884, D. 84. 1. 314 ; 22 déc. 1891, D. 92. 1. 512).

* **1097. Ce que c'est qu'un titre en matière de preuve.** — Il est bon d'observer qu'on entend ici par *titre* autre chose qu'en matière d'usucapion. Pour usucaper, les seuls titres efficaces sont des actes *translatifs de propriété*, tels qu'une vente ou une donation ; pour prouver la propriété, les *jugements* et les *partages*, bien que non translatifs, sont des titres suffisants (Pothier, *Propriété*, n° 323 ; Aubry et Rau, § 219, note 7. — Cass., 27 déc. 1865, D. 66. 1. 5, S. 66. 1. 205 ; Pau, 8 mai 1872, D. 73. 2. 231, S. 73. 2. 79 ; Aix, 18 févr. 1892, D. 92. 2. 483).

** **1098. Possibilité de prouver la propriété sans écrit.** — On voit que le droit de propriété, quelle que soit sa valeur, peut s'établir *autrement que par écrit*, nonobstant la disposition de l'art. 1341, qui exige l'écrit au-dessus de 150 francs. Ceci tient à ce que le droit de propriété peut s'acquérir par d'autres modes que les *contrats*, et que l'exigence d'un écrit n'est imposée par la loi qu'à ceux qui font des conventions.

[1] On sait que le droit romain primitif n'appliquait pas d'une façon absolue aux procès en revendication la règle qui met la preuve à la charge du demandeur : dans la procédure des actions de la loi, le magistrat attribuait la possession provisoire à l'un des deux plaideurs et réduisait l'autre au rôle de demandeur (Gaius, *Commentarii*, IV, 16). Plus tard le Préteur admit une présomption de propriété en faveur du possesseur, et cette présomption existe encore dans notre droit (Cass., 9 nov. 1886, D. 87. 1. 246, S. 87. 1. 54 ; Paris, 17 mars 1890, D. 92. 2. 243).

* **1099. Caractère absolu des titres de propriété.** — La preuve de la propriété soulève encore une difficulté qui lui est propre. L'une des parties invoque un *titre*, c'est-à-dire un acte juridique ; presque jamais ce titre n'émane de l'adversaire ou des auteurs de l'adversaire. On s'est donc demandé si l'un des plaideurs pouvait ainsi *opposer à l'autre un acte qui lui est totalement étranger*. Cela ne serait pas permis en matière de *contrats*, à cause de l'art. 1165, d'après lequel les conventions que deux personnes font entre elles ne peuvent pas nuire aux tiers. Mais nous sommes ici en matière de *propriété* et les actes qui la transfèrent ont nécessairement un *effet absolu*, puisque, si le droit transféré existe en la personne de l'aliénateur, il passe à l'acquéreur avec le caractère absolu qui est propre aux droits réels. On a d'abord admis cette solution pour les *actes authentiques* (Cass., 22 juin 1864, D. 64. 1. 412, S. 64. 1. 349), puis on l'a étendue aux simples *actes sous seings privés* (Cass., 27 déc. 1865, D. 66. 1, 5, S. 66. 1. 205 ; Cass., 8 juill. 1874, D. 74. 1. 336). Sur cette difficulté, comp. Bonnier, n° 508 *bis*, p. 441.

C. — Restitutions réciproques entre les parties.

* **1100. Leur objet multiple.** — L'action en revendication ne comporte pas seulement la restitution de la chose ; elle entraîne aussi un règlement de prestations réciproques que peuvent se devoir les parties.

Ces prestations portent soit sur les *fruits et produits* qu'a pu percevoir le possesseur, soit sur les *impenses d'amélioration ou de construction* qu'il a pu faire.

** **1101. Fruits et produits.** — On sait déjà que le possesseur, quand il est de bonne foi, gagne les fruits jusqu'au moment où la revendication est exercée contre lui (ci-dessus n° 914). Sauf cette exception, tous les fruits et produits de la chose doivent être restitués au propriétaire qui triomphe. Le possesseur de mauvaise foi doit même la valeur des fruits qu'il a négligé de percevoir.

Le propriétaire n'a droit qu'à la restitution du *produit net*, c'est-à-dire déduction faite des dépenses qui ont été annuellement nécessaires pour obtenir le produit régulier de la chose : s'il eût possédé, il eût lui-même supporté ces déboursés.

La restitution des fruits porte sur *toute la durée de la posession de mauvaise foi*, sans que le défendeur puisse opposer au revendiquant la prescription de cinq ans établie par l'art. 2277. Cette prescription quinquennale n'éteint que l'action du *bailleur*, qui demande, à titre de *créancier* du preneur à bail, le paiement des loyers d'une maison ou des fermages d'un bien rural ; elle est étrangère à la théorie de la revendication, quand le *propriétaire* demande la restitution des loyers ou fermages touchés par le possesseur.

** **1102. Impenses.** — On distingue les *impenses nécessaires*, les *impenses utiles* et les *impenses voluptuaires*. Les premières sont celles qui ont été nécessitées par la conservation de l'immeuble. Elles doivent être toujours restituées intégralement au possesseur, même de mauvaise foi, et sans qu'il y ait lieu de rechercher s'il en subsiste encore quelque profit. Le propriétaire eût été forcé de les faire.

Les impenses utiles sont celles dont on aurait pu se dispenser, mais qui en fait ont augmenté la valeur de l'immeuble. La restitution en est due même au possesseur de mauvaise foi, jusqu'à concurrence de la plus-value existante au moment de la restitution.

Enfin les impenses voluptuaires, faites pour satisfaire les goûts personnels du possesseur sans aucun profit pour l'immeuble, ne donnent lieu à aucune restitution.

** **1103. Constructions.** — On ne doit pas comprendre parmi les simples *améliorations* qui donnent lieu à un règlement d'impenses sur les bases indiquées au numéro précédent, les *constructions* que le possesseur a pu élever sur le fonds. Rentrent seuls parmi les impenses utiles, à titre d'améliorations, les *travaux faits sur des constructions déjà existantes*. Les constructions neuves élevées par le possesseur donnent lieu à un règlement fondé sur d'autres principes, plus compliqués, qui sont établis par l'art. 555. Leur explication devrait trouver ici sa place logique ; mais comme elle se mêle aux principes de l'*accession*, nous en renvoyons l'examen à plus tard (n°s 1519 et suiv.) en mentionnant seulement cet article pour mémoire.

§ 3. — *Revendication des meubles.*

** **1104. Impossibilité fréquente de revendiquer les meubles.** — En matière mobilière, la revendication est souvent impossible en droit français, à raison de la maxime : « En fait de meubles possession vaut titre » (art. 2279). Cet article est une des dispositions les plus importantes de notre droit, et en même temps une de celles qui en caractérisent le mieux l'esprit quand on le compare au droit romain.

On peut dire encore, au sujet de cet article, qu'il n'y a peut-être pas, dans toutes nos lois, une disposition qui fasse mieux comprendre la nécessité des études historiques pour l'intelligence du droit moderne.

A. — Formation historique de la maxime.

1105. Bibliographie. — Ortlieb, *Effets de la possession des meubles en droit français*, thèse, Nancy, 1861. — Jobbé-Duval, *Étude historique sur la revendication des meubles en droit français*, Paris, 1881. — Van Bemmelen, *Le système de la propriété mobilière*, Leyde et Paris, 1887.

1° Première période.

(*Des origines au XIIIe siècle.*)

* **1106. Absence de revendication.** — Pendant toute cette période, le droit français, fidèle en cela à ses origines germaniques, n'accordait point d'action au propriétaire, *en cette seule qualité*, pour réclamer sa chose mobilière contre les tiers, quand il en avait perdu la possession. L'inexistence de la revendication mobilière dans notre très ancien droit peut nous paraître singulière ; mais « absence de revendication » ne signifie pas « absence d'action ». Le propriétaire, qui avait perdu la possession de sa chose, n'était pas laissé sans ressource ; seulement les actions qui lui étaient données n'avaient pas à l'origine la même nature que la *rei vindicatio* romaine [1].

* **1107. Actions données au propriétaire.** — Les actions données au propriétaire d'un meuble pour le reprendre variaient selon la manière dont il en avait perdu la possession.

PREMIER CAS. — S'il s'en était *dessaisi volontairement*, on lui donnait une action contractuelle de *prêt* ou de *dépôt*, mais cette action lui était ouverte contre l'emprunteur ou le dépositaire *seul*, et non contre les tiers auxquels l'emprunteur ou le dépositaire avait transmis la chose : le propriétaire ne pouvait donc pas, en ce cas, *suivre* sa chose quand elle était passée en mains tierces. « Et si aucun engage choses que l'en li ait prestées, li gages vaust » (*Livre de jostice et de plet*, liv. XIX, tit. 35, § 3).

DEUXIÈME CAS. — Le propriétaire du meuble en a perdu la possession *sans sa volonté*. Ceci suppose qu'il y a eu perte ou vol. Dans ce cas on lui donnait différentes actions (action de vol ou *demande de furtive*, demande de chose emblée, demande de chose adirée), qui avaient eu à l'origine un *caractère pénal*, mais qui prirent de bonne heure l'aspect d'une revendication, parce qu'elles permettaient au propriétaire de suivre sa chose en toutes mains ; elles avaient donc le même caractère *réel* que la revendication. Beaumanoir le dit formellement pour l'action née du larcin : « Cil... la puet poursuir où qu'ele soit alée, car chascun a lieu de demander ce qui doit estre sien à celui qui le tient « (Chap. XXXI, n° 16 ; édit. Salmon, n° 952). Le *Livre de jostice et de plet*, dans le passage cité à l'alinéa précédent, établit très nettement la différence qui existait à ce point de vue entre la chose prêtée et la chose volée, car après avoir dit que l'emprunteur peut valablement donner en gage la chose qu'on lui a confiée, le texte ajoute : « et s'il engage choses qu'il a voloistes [volées], et ce soit seu, li gages ne vaust riens ».

** **1108. La maxime primitive « Meubles n'ont pas de suite ».** — Ainsi, sauf les cas où la chose avait été *emblée* ou *adirée*, le propriétaire ne pouvait pas la *suivre* entre les mains des tiers ; il n'avait d'action que contre celui à qui il l'avait confiée.

On exprimait ce résultat par l'adage « *Mobilia non habent sequelam* », « meubles n'ont point de suite » (*Coutumes notoires du Chastelet de Paris*, art. 23 ; *Décisions* de JEAN DESMARÈS, n° 165, dans BRODEAU, *Coutume de Paris*, t. II).

2° Deuxième période.

(*XIVe, XVe et XVIe siècles.*)

** **1109. L'influence romaine et la revendication des meubles.** — Le droit français primitif contenait donc *une véritable lacune*, en ce qu'il n'ouvrait pas d'action au propriétaire de meubles en cette qualité. Cette lacune fut comblée à partir du XIIIe siècle, sous l'influence du droit romain, qui s'enseignait dans les Universités et qui se répandait de là dans les cours de justice. Dès le XIVe siècle, la revendication des meubles, ouverte au propriétaire d'une façon générale, commence à reparaître dans les textes. Boutillier, qui en parle comme d'un principe certain de son temps [2], avait cependant le souvenir

[1] Ceci s'explique par des particularités de procédure et surtout par la classification des actions, fort différente de ce qu'elle avait été en droit romain ; la distinction romaine des actions personnelles et des actions réelles, ignorée des races germaniques, n'a reparu en France qu'assez tard.

[2] « Le bourgeois offroit à mettre en voir qu'elle estoit sienne,... n'onques n'avoit fait chose par quoy elle ne fust sienne,... et ravoir la devoit *par droit de reivendication* » (*Somme rural*, liv. I, tit. 43, p. 320).

d'un état du droit où on l'ignorait, car il rapporte qu'un arrêt du Parlement de Paris l'avait reçue, contrairement à la coutume, par application des principes du droit, c'est-à-dire du droit romain [1].

La lutte entre l'état primitif du droit français et le droit nouveau, résultant de la restauration de l'ancienne revendication des meubles, est clairement indiquée dans un texte souvent cité de la fin du XVe siècle : « En demande de meubles n'a seulement que quatre actions, en prest, en depost, en despouille et en larrecin, car combien que de *droict* y ait une autre action, que l'on appelle reivendication, elle n'a lieu en court laye... » (*Ancienne coutume de Bourges*, art. 55, dans le *Coutumier général*, t. III, p. 880). Les anciennes actions personnelles et pénales que donnait le droit français, sont là bien clairement opposées à l'action réelle du droit romain.

* **1110. Triomphe de la revendication au XVIe siècle.** — Au XVIe siècle, tous les écrivains sont tellement pénétrés des idées romaines qu'ils ne songent plus à mettre en doute l'existence de la revendication mobilière, et qu'ils ne s'inquiètent plus des anciennes actions personnelles ou pénales que donnait le vieux droit. Le propriétaire d'un meuble est donc admis à *suivre* sa chose contre les tiers, sans qu'il y ait désormais à rechercher de quelle façon il en a perdu la possession[2]. On ne se préoccupait plus que d'un seul point, qui était de savoir au bout de combien de temps cette revendication serait éteinte.

* **1111. Changement de formule de l'ancienne maxime.** — Par la réintroduction d'une véritable action réelle en matière mobilière, l'ancienne maxime « Meubles n'ont pas de suite » avait *cessé d'être vraie pour les propriétaires*. Désormais ils « suivaient » leurs meubles entre les mains des tiers, même dans les cas où ils s'étaient volontairement dessaisis de la possession au profit d'une personne qui en avait abusé. Mais si la vieille maxime n'était plus vraie pour les propriétaires revendiquant leurs meubles, elle l'était toujours pour les *créanciers hypothécaires :* le droit français a de tout temps (et cela dure encore) refusé le droit de suite sur les meubles à ceux qui se présentent comme créanciers hypothécaires. Pour mettre la maxime d'accord avec l'état nouveau du droit, il fallut la modifier ; on y ajouta deux mots qui en réduisirent la portée, et elle devint dès le XVIe siècle : « Meubles n'ont pas de suite *par hypothèque* ». C'est sous cette forme qu'elle passa à cette époque dans la plupart des coutumes et notamment, en 1580, dans la nouvelle coutume de Paris (art. 170), et les auteurs anciens l'expliquent en disant que le droit de suite est refusé au créancier hypothécaire, mais non au propriétaire qui revendique [3].

3° Troisième période.

(*XVIIe et XVIIIe siècles.*)

* **1112. Réaction contre la revendication.** — Le triomphe de la revendication fut suivi de près par une réaction dirigée contre elle[4]. La possibilité de revendiquer les meubles contre des tiers détenteurs de bonne foi ruinait la sécurité du commerce. Dès le commencement du XVIIe siècle, le mouvement commença. On peut dire que, depuis lors, tout l'effort du droit français sur cette matière a été employé à tempérer et à réduire les funestes effets de la revendication mobilière ressuscitée.

Pour la combattre, on s'y prit de deux façons différentes : on chercha d'abord *à réduire*

[1] Voyez la suite du passage cité à la note précédente.

[2] Pour l'établissement de ce point, voyez les divers passages d'auteurs de ce temps, Guillaume Terrien, Pierre Pithou, Le Caron (Charondas), Antoine Fabre et autres, rapportés par M. JOBBÉ-DUVAL, *Revendication des meubles*, p. 205, notes 1 à 6.

[3] « Meuble n'a point de suyte en Normandie, ce qui s'entend par hypothèque,... mais je pourrai bien par revendication poursuivre le meuble à moi appartenant... » (JOSIAS BÉRAULT, *Commentaire sur la coutume de Normandie*, 1776, t. II, p. 488, note sur un arrêt de 1527). — « Les meubles n'ont pas de suite pour les créanciers, mais peuvent être suivis et réclamés par les propriétaires » (CHABROL, *Coutume d'Auvergne*, t. III, p. 378).

[4] Peut-être même ce triomphe ne fut-il jamais complet, et l'ancienne règle, qui refusait tout droit de suite au propriétaire de meubles, hors les cas de perte ou de vol, fut-elle obscurément suivie dans certains tribunaux ; en tout cas elle se conserva dans l'esprit de beaucoup de praticiens (Voyez les citations d'Antoine Fabre, de Sébastien Boyer, de Bessian de Pressac et autres, dans JOBBÉ-DUVAL, *op. cit.*, p. 167, note 3 ; p. 169, notes 2 et 3 ; p. 206, note 1. Voyez aussi *ibid.*, p. 183, texte et note 1).

la durée de l'action accordée au propriétaire ; on s'enhardit ensuite jusqu'à lui *refuser complètement l'action dans certains cas.*

* **1113. Réduction de durée de la revendication.** — La durée de la revendication des meubles a été dans notre ancien droit une source intarissable de difficultés. On avait emprunté au droit romain le principe même de l'action, mais non toute la réglementation qui l'accompagnait jadis ; bien peu de coutumes avaient fixé un *délai* pour sa prescription[1].

La plupart étaient *muettes*, et les praticiens en avaient conclu que la prescription des meubles durait 30 ans (IMBERT, *Enchiridion*, v° Usucapion ; *Institutions forenses*, liv. 1, chap. 35, n°s 7 et 8). Ce délai était évidemment trop long, et dans plus d'une province les jurisconsultes cherchaient à faire prévaloir la prescription de 3 ans, bien que la coutume fût muette ou même contraire. Ainsi firent CHASSENEUZ pour la Bourgogne (édit. de 1616, p. 1746), JACQUES GODEFROY en 1628 pour la Normandie (cité dans les *Commentaires sur la coutume de Normandie*, Rouen, 1776, t. II, p. 494) et POTHIER pour l'Orléanais (*Prescription*, n°s 199 à 202). LAMOIGNON avait émis le vœu de voir réduire à un an la prescription des choses mobilières (*Arrêtés*, 3e partie, tit. XXIX, n° 22).

* **1114. Refus d'action au cas d'abus de confiance.** — Les auteurs avaient beau abréger la durée de la revendication, et transporter dans notre droit la prescription triennale de Justinien, leur système laissait encore très souvent les acquéreurs de bonne foi dans l'embarras. On se décida alors à une innovation grave : on *supprima radicalement la revendication contre les tiers*, toutes les fois que le propriétaire avait *confié* sa chose à une autre personne, et que celle-ci en avait irrégulièrement disposé. Cette hypothèse, qu'on appelait jadis la *violation de dépôt*, a reçu en droit moderne le nom d'*abus de confiance*. Le propriétaire, qui est victime d'un abus de confiance, se trouve réduit à une *action personnelle* contre l'emprunteur ou le dépositaire infidèle ; il n'a plus de droit de suite contre les tiers auxquels la chose a été transmise ; la revendication ne lui reste ouverte qu'au cas de perte ou de vol, et en supposant qu'il puisse prouver le fait particulier dont il a été victime. C'était un retour aux solutions du XIIIe siècle.

Le droit français se trouvait ainsi, après cinq siècles, *ramené à son point de départ*, mais les motifs n'étaient plus les mêmes. Comme le dit M. Jobbé-Duval (p. 221), les praticiens du moyen âge et les magistrats modernes avaient fini par se rencontrer tout en partant de points opposés. Les conseillers au Châtelet de Paris, qui réduisirent la revendication mobilière au point où nous la voyons aujourd'hui, ignoraient absolument nos anciennes traditions nationales et ils se déterminèrent par des motifs que les hommes du XIIIe siècle n'auraient pas compris.

* **1115. A quelle époque eut lieu ce revirement.** — La première mention connue de l'impossibilité de revendiquer contre les tiers un meuble qui a été déposé ou confié à quelqu'un, se trouve dans le livre de BOURJON, *Le droit commun de la France*, publié en 1747 (Liv. VI, tit. VIII, chap. 3, sect. 4). Un commentateur de la coutume de la Rochelle, VALIN, en parle en 1756. Mais ni l'un ni l'autre ne nous renseignent sur l'époque où cette règle s'était introduite. Bourjon en attribue seulement l'origine à la jurisprudence du *Châtelet de Paris*. Vraisemblablement cette jurisprudence était récente au moment où Bourjon écrivait ; il est peu probable qu'elle remonte au XVIIe siècle.

1116. Motifs qui firent refuser la revendication au propriétaire. — Bourjon et Valin, les deux premiers auteurs qui nous font connaître la nouvelle jurisprudence, nous en indiquent en même temps les motifs, et leurs explications se complètent mutuellement : Valin nous donne le *motif rationnel* qui a poussé la jurisprudence dans cette voie ; Bourjon nous révèle *l'argumentation juridique* dont se sont servis les premiers arrêts.

Valin dit ceci : « Ce dernier [le propriétaire] n'a pas le droit de suivre la chose, dès qu'elle est hors de la possession du dépositaire ; la raison est qu'il a entièrement suivi la foi de ce dépositaire et que cette confiance ne peut pas nuire à un acheteur de bonne foi » (*Commentaire sur la coutume de la Rochelle*, note sur l'art. 60, p. 240).

Quant à Bourjon, il nous expose la raison de droit sur laquelle s'était fondé le Châtelet de

[1] De ce nombre étaient les *coutumes d'Anjou et Maine* qui depuis 1411 au moins appliquaient à la revendication mobilière la prescription de 3 ans établie par Justinien (Édit. Beautemps-Beaupré, E, n° 287. Comp. Coutume d'Anjou, art. 419 ; du Maine, art. 434).

Paris pour refuser l'action au propriétaire : c'était l'art. 182 de la coutume de Paris d'où il résultait que le déposant est réduit à la condition d'un créancier ordinaire, *quand le dépôt* [la chose déposée] *ne se retrouve plus en nature* (BOURJON, *Droit commun de la France*, liv. VI, chap. III, sect. 4, n° 18). « Et ainsi, ajoute-t-il, cette jurisprudence a sa racine dans la coutume [1]. »

* **1117. La nouvelle maxime « En fait de meubles possession vaut titre ».** — Pour exprimer le résultat auquel on était parvenu, on ne reprit pas l'ancien adage « Meubles n'ont pas de suite », qui s'était spécialisé aux yeux des praticiens dans la matière des hypothèques : on se servit d'une nouvelle formule : *Possession vaut titre*. Il est probable que cette maxime existait déjà et qu'elle servait à dispenser le possesseur du meuble de produire son titre, quand il prétendait avoir usucapé ; on lui donna seulement un sens plus énergique. La simple présomption de l'existence d'un juste titre à son profit ne l'aurait pas couvert contre la revendication du propriétaire *pendant les délais de l'usucapion* ; or c'est justement ce qu'on décide depuis le XVIIIe siècle : la revendication est perdue pour le propriétaire *immédiatement*, dès que le meuble, objet du dépôt, passe aux mains d'un tiers ; le possesseur est à l'abri, « sans qu'il soit besoin de la prescription », comme disait Pothier. *Introduction à la coutume d'Orléans*, tit. XIV, art. prélim., sect. I, n° 4 ; édit. Bugnet, tit. I, p. 331).

1118. Son attribution à Bourjon est une erreur. — Généralement on attribue à Bourjon la paternité de la maxime écrite dans l'art. 2279. Le passage de son livre cité ci-dessus (Liv. VI, tit. VIII, chap. 3, sect. 4) est en effet le plus ancien texte où on la rencontre. Mais on n'a pas pris garde que Bourjon discute seulement les exceptions faites à la règle et qu'il présente cette maxime comme étant de doctrine courante. Il est fort éloigné d'employer le langage d'un *créateur*, d'un homme qui cherche à faire entrer une maxime nouvelle dans la pratique judiciaire de son temps. Il donne au contraire cette formule comme reçue et on lui fait un honneur immérité quand on la lui attribue.

B. — État actuel du droit.

1119. Ce qu'a fait le Code. — Le Code civil a conservé presque sans changements les solutions acquises à la fin du XVIIIe siècle. Les auteurs du Code ont puisé dans les répertoires pratiques de Denisart, de Guyot et autres, qui étaient dans toutes les mains au moment de la Révolution. La règle sur la possession des meubles leur a paru être une maxime banale, qu'ils ont maintenue, sans juger utile de donner sur elle aucune explication, tant elle était connue de tout le monde (PORTALIS, *Discours préliminaire*, dans FENET, t. I, p. 513 ; BIGOT DU PRÉAMENEU, *Exposé des motifs*, ibid., t. XV, p. 600). Merlin dit de son côté : « Ce principe était universellement reconnu avant que l'art. 2279 C. civ. l'eût consacré » *(Questions de droit*, v° Donation, § 6, édit. de 1829, t. VI, p. 51).

Malheureusement, la formule courante était obscure et traduisait mal les solutions données et leurs motifs réels. Le sens des articles actuels ne peut donc se comprendre que par l'histoire, sur laquelle il a fallu insister pour cette raison.

[1] L'article dont s'était servi le Châtelet pour motiver sa décision a en réalité un sens différent : il règle seulement le conflit du déposant avec les autres créanciers du dépositaire : si la chose déposée existe encore, le déposant la reprend en nature ; si elle ne se retrouve pas en nature, le déposant est soumis comme les autres créanciers à la distribution par contribution. Cette disposition de la coutume est donc *étrangère aux rapports du déposant avec les tiers acheteurs*. Mais le Châtelet de Paris avait le désir de restreindre la revendication du propriétaire et son argumentation n'est qu'un *expédient*.

***1120. Distinction de deux séries d'hypothèses.** — Il y a d'ailleurs ceci de bizarre que le rôle respectif des différentes règles en présence est renversé. On a vu que la suppression de la revendication au cas d'abus de confiance a été admise au XVIIIe siècle à *titre d'exception*, par dérogation à la règle qui était la liberté de la revendication en matière mobilière comme pour les immeubles. Dans le Code Napoléon, c'est cette absence de revendication qui est présentée, dans le premier alinéa de l'art. 2279, *comme étant la règle;* la possibilité de revendiquer au cas de perte ou de vol n'a plus l'air que d'une exception : « Néanmoins,... » dit le texte. — En réalité, il n'y a ni règle ni exception ; il y a deux séries d'hypothèses, dont chacune est régie par un principe différent.

1° Première série d'hypothèses : Le meuble avait été confié à quelqu'un.

****1121. Possibilité de revendiquer entre les mains du détenteur précaire.** — La maxime « Possession vaut titre » a été inventée *pour protéger les tiers*, qui ont reçu le meuble du détenteur précaire à qui il avait été confié. Ni la tradition, ni les motifs de la loi ne permettent d'accorder le même bénéfice au *détenteur précaire* lui-même. En d'autres termes, la maxime a été introduite pour garantir les acquéreurs de bonne foi contre *l'action réelle* du propriétaire qui *suivait* le meuble entre leurs mains ; elle n'a pas été faite pour *libérer les débiteurs* des actions *personnelles* dont ils peuvent être tenus (Paris, 30 juin 1893, D. 94. 2. 501). Or le détenteur précaire est par définition obligé à restitution (ci-dessus, n°s 925 et 928) : libéré de l'action réelle en revendication, il ne resterait pas moins tenu personnellement de restituer la chose. La maxime ne le protège donc pas, et par suite *la revendication elle-même reste ouverte contre lui*. On peut le démontrer directement. La loi dit : « *Possession* vaut titre » ; or le détenteur précaire n'est pas *possesseur*, au sens vrai du mot ; il n'a donc aucun droit au bénéfice de l'art. 2279, al. 1er.

***1122. Utilité de cette revendication.** — Il y a un grand intérêt à faire cette constatation, car le déposant, mandant, etc., ne sera pas réduit à agir contre lui par voie d'action personnelle, en se présentant *comme créancier* en vertu du contrat de dépôt, mandat, etc., ce qui le laisserait exposé au concours des autres créanciers du détenteur ; il pourra agir par voie de revendication, et reprendre en entier la chose qui lui appartient et qui ne figure pas réellement dans le patrimoine du détenteur et dans le gage de ses créanciers. La revendication lui reste donc ouverte, non pas pour exercer un *droit de suite* contre les tiers acquéreurs de son meuble, mais pour exercer un *droit de préférence* contre les créanciers du détenteur.

Cette règle était déjà admise dans l'ancien droit. L'art. 182 de la Coutume de Paris disait que la *contribution* (concours avec les autres créanciers) n'avait pas lieu pour le propriétaire, quand « le dépôt » (la chose déposée) se retrouvait *en nature*, c'est-à-dire existait encore aux mains du dépositaire et n'avait pas été aliéné par lui.

** **1123 Suppression de la revendication contre les tiers acquéreurs.** — Supposons maintenant que la chose confiée par le propriétaire a été *aliénée* par le détenteur précaire, et se trouve aux mains d'un tiers, un acheteur, par exemple. La loi dénie au propriétaire toute action contre ce tiers. Elle ne le dit pas clairement, mais on a vu, par l'histoire de notre ancienne jurisprudence sur ce point, que tel était le sens de la maxime « En fait de meubles possession vaut titre », qui résumait sous une forme énigmatique des solutions précises et bien connues. La présence de cette maxime dans le Code équivaut donc au maintien en bloc de toute la jurisprudence antérieure, puisque le Code énonce l'adage et n'ajoute rien de plus. Pour donner à la loi une formule plus claire, on aurait dû dire quelque chose comme ceci : « *Meubles confiés à un tiers n'ont pas de suite* ».

Ainsi notre droit peut se résumer dans la proposition suivante : la qualité de propriétaire d'un meuble confié à un tiers donne bien le *droit de préférence* contre les *créanciers* du détenteur, mais non le *droit de suite* contre les *tiers acquéreurs*. Comp. ci-dessus, n° 734.

** **1124. Conditions requises chez les tiers acquéreurs.** — Pour profiter de la maxime contenue dans cet article, il faut remplir deux conditions. Le texte, en apparence, n'en exige qu'une : la *possession*. Il y en a une seconde, qui est sous-entendue : la *bonne foi*.

1° Possession. — « La *possession* vaut titre », dit le texte. Il faut donc être *possesseur*. Ceci exclut les personnes qui *n'ont pas encore* la possession, par exemple l'acheteur à qui la chose vendue n'a pas été livrée ; cet acheteur ne peut pas invoquer la maxime à son profit ; c'est, au contraire, la personne à laquelle la chose serait ensuite livrée à son préjudice par le vendeur, qui pourrait l'invoquer contre lui (art. 1141).

Le *fait même de la possession* peut quelquefois être *douteux*. La jurisprudence en offre des exemples intéressants pour les valeurs mobilières au porteur qui se trouvent après la mort d'une personne entre les mains de son conjoint ou concubin survivant, qui prétend les avoir reçues du défunt par *don manuel* : la communauté d'habitation qui existait entre le donateur et le donataire peut jeter *l'équivoque* sur le fait matériel de la détention exclusive des valeurs par le survivant. Il y a là des difficultés délicates à résoudre dans la pratique (Pau, 1er avril 1890, D. 91. 2. 232 ; Lyon, 5 janv. 1891, D. 92. 2. 509 ; Nancy, 30 déc. 1891, D. 92. 2. 441).

Il y a également possession équivoque, insuffisante pour l'application de l'art. 2279, lorsqu'il s'agit de choses indivises entre le détenteur et d'autres personnes (Cass., 13 mai 1889 D. 90. 1. 273, S. 90. 1. 12. Comp. Cass., 30 mars 1893, D. 99. 1. 22, S. 93. 1. 483).

2° Bonne foi. — Il faut en outre que le possesseur soit de *bonne foi*. Cette condition n'est pas exprimée dans l'art. 2279, mais elle résulte de la *combinaison* de cet article avec un autre texte du Code. L'art. 1141, qui n'est qu'une application particulière de la règle générale contenue dans l'art. 2279, y met pour condition expresse que le possesseur soit de bonne foi. C'est bien aussi ce qui semble résulter des ouvrages du XVIIIe siècle : Bourjon, par exemple, se fonde, pour justifier la règle, sur la « sûreté du commerce » ; et quand il y apporte une exception, c'est pour permettre de revendiquer la chose volée « même contre un acquéreur de bonne foi ». C'est donc bien que la règle a été comprise dans les derniers temps comme protégeant uniquement les acquisitions faites de bonne foi.

Il est sûr, du reste, qu'elle n'a pas eu ce sens au début. Voyez les *Coustumes notoires* : « Meuble n'a point de suite, et mesmement quand il est tenu à juste titre et à bonne foy » (BRODEAU, *Coustume de Paris*, t. II, p. 531). *Et mesmement*... veut dire « et surtout » ; donc à l'origine la règle était absolue. Telle est aussi l'opinion de M. Jobbé-Duval (*Revendication des meubles*, p. 171).

* **1125. Durée de l'action quand elle est admise.** — On vient de voir que la revendication est admise, à l'égard des meubles confiés à un tiers, contre deux catégories de personnes dont la loi ne parle pas : 1° contre les *créanciers du détenteur précaire* (ci-dessus, n° 1122) ; 2° contre les *tiers acquéreurs de mauvaise foi*. Quelle en est alors la durée ? Dans le silence des textes, aucune autre prescription que la prescription trentenaire ne peut être opposée au propriétaire. Ceci est du reste conforme à la tradition, car il ne faut pas perdre de vue que la prescription trentenaire était la règle commune dans notre ancien droit et que la suppression de la revendication ou la réduction de sa durée n'ont été que des exceptions introduites en faveur des tiers de bonne foi.

* **1126. Actions écartées par la loi.** — L'art. 2279 est dirigé uniquement contre la *revendication du propriétaire*. C'est cette seule action qui est « rejetée », comme disait Bourjon.

Il faut y joindre toutefois une autre action réelle, l'*action confessoire d'usufruit*. Si le meuble possédé par un acquéreur de bonne foi était grevé d'un droit d'usufruit, l'usufruitier, qui n'a qu'un démembrement de la propriété, ne serait pas plus admis que le propriétaire à évincer l'acquéreur. Qu'il s'agisse d'usufruit ou de propriété, ce sont toujour des actions de même nature, des *actions réelles* que l'article écarte.

2° Deuxième série d'hypothèses : le meuble a été perdu ou volé.

** **1127. Possibilité de revendiquer.** — On vient de voir que la revendication est refusée au propriétaire du meuble qui s'en est dessaisi volontairement et qui a été victime d'un abus de confiance ; elle lui est au contraire accordée au cas où le dessaisissement a été involontaire, c'est-à-dire au cas de *perte* ou de *vol*. Il en était déjà de même dans notre très ancien droit, où on lui donnait contre les tiers l'action de chose emblée ou l'action de chose adirée. Voyez ci-dessus, n° 1107.

** **1128. Changement survenu dans la définition moderne du vol.** — Depuis le temps de Bourjon et de Pothier, le mot « vol » a notablement changé de sens. Nos anciens praticiens suivaient la définition romaine du *furtum* : le vol était toute « soustraction » ou « abus » frauduleux de la chose d'autrui (MUYART DE VOUGLANS, *Les lois criminelles de France*, liv. III, tit. VI, n°s 2 et 6). On comprenait alors sous le nom de « vol » ce que nous appelons aujourd'hui *l'abus de confiance*, c'est-à-dire l'aliénation frauduleuse faite par un dépositaire infidèle, ou par toute autre personne ayant la jouissance ou la garde de la chose d'autrui. C'est le Code pénal de 1810 qui a, pour la première fois, séparé nettement le *vol* (art. 379) et *l'abus de confiance* (art. 408), séparation qui avait été seulement ébauchée dans le Code pénal de 1791. Ces deux incriminations sont devenues distinctes et la définition du vol s'étant rétrécie, la réserve de la revendication faite pour le cas de vol n'a de valeur que pour le vol proprement dit.

Du reste il est remarquable que cette restriction du sens du mot « vol » s'est produite en droit civil avant d'être acceptée en droit pénal : la suppression de la revendication mobilière à la suite de la violation de dépôt était déjà opérée près d'un siècle avant que ce délit fût considéré par les criminalistes comme distinct du vol. On a donc commencé à séparer ces deux délits *pour le règlement de leurs conséquences civiles* avant d'en faire l'objet de deux *incriminations* différentes.

* **1129. Prescription de l'action.** — Le droit moderne a adopté la prescription de trois ans pour l'extinction de l'action en revendication dans les cas de perte ou de vol de la chose. Ce délai court du jour de la perte ou du vol (Cass., 5 déc. 1876, D. 77. 1. 165, S. 77. 1. 201).

C'est une *prescription extinctive*, qui repose uniquement sur l'écoulement du temps, et non une *usucapion* ou prescription acquisitive, qui supposerait la possession prolongée pendant ce laps de trois ans. Il en résulte que le possesseur actuel, ne fût-il en possession que depuis la veille, peut opposer la prescription, si trois ans sont écoulés depuis que la chose a été perdue ou volée.

1130. Comparaison avec le droit romain. — Le droit français a donc abandonné l'idée romaine d'après laquelle les *choses furtives* étaient *vicieuses* au point de vue de l'usucapion et ne pouvaient pas être acquises par ce moyen [1].

Quelques-uns de nos anciens auteurs avaient au contraire suivi les principes romains et considéraient les choses volées comme imprescriptibles (Louis Le Caron, dit Charondas *Pandectes du droit français*, 1705, p. 211 ; François Mingon, *Consuetud. Andegav.*, art. 419, f° 231).

1131. Loi de 1871. — Une loi spéciale du 12 mai 1871 a étendu cette prescription à 30 ans, à compter de la reprise de Paris sur les insurgés, pour les objets volés pendant la Commune.

** **1132. Obligation d'indemniser l'acheteur dans certains cas.** — Le Code a reproduit une règle déjà admise dans l'ancien droit, d'après laquelle le revendiquant est obligé, dans certains cas, d'indemniser le possesseur actuel en lui remboursant le prix qu'il a payé pour acquérir la chose.

Cette règle est fort ancienne. Dès le XIIIe siècle, Beaumanoir imposait cette obligation au propriétaire, quand la chose volée avait été achetée en plein marché par une personne de bonne foi (chap. XXV, n° 22). A une époque beaucoup plus rapprochée de nous, un arrêt du Parlement de Paris, du 7 février 1636, essayait d'arrêter par ce procédé les revendications mobilières admises à cette époque pour les choses aliénées par un dépositaire infidèle (Bardet, *Recueil d'arrêts*, Paris, 1690, t. II, p. 317). Mais cet arrêt ne fit pas jurisprudence, comme le prouve un autre arrêt du 5 mars 1637 (Bardet, p. 378), rendu en sens contraire.

Le *Code civil* a conservé l'ancienne règle ; il l'a même *élargie* en accordant le droit au remboursement du prix à l'acheteur qui a acquis, non à la foire ou au marché, mais simplement dans une *vente publique* ou d'un

[1] Le droit romain lui-même avait fini par abandonner ce principe. Justinien décida en 528 que la prescription de 30 ans s'appliquerait même aux choses volées, quand elles n'auraient pas été ravies par violence.

marchand vendant des choses pareilles (art. 2280). Cette disposition accorde au commerce une sûreté presque complète, et si la revendication des choses volées ou perdues reste *théoriquement* possible dans notre droit, on peut dire que dans la pratique elle est à peu près supprimée par cette condition du remboursement du prix.

1133. L'auteur du vol ou de la trouvaille est-il protégé par la prescription de trois ans ? — Sur ce point, le texte de la loi est tout à fait insuffisant pour résoudre les questions qui s'élèvent. En établissant la prescription de trois ans, la loi a-t-elle voulu renfermer dans ce délai l'action du propriétaire dirigée contre *l'auteur du vol ou l'auteur de la trouvaille*, possesseurs primitifs de la chose, qui peuvent l'avoir conservée sans la transmettre à autrui ? Ou bien n'a-t-elle songé qu'aux sous-acquéreurs ? Le texte ne le dit pas, et il semble proscrire toute distinction en établissant une règle unique, en permettant au propriétaire de revendiquer sa chose pendant trois ans « contre celui dans les mains duquel il la trouve ». Cependant on admet que l'art. 2279 est *étranger aux rapports du propriétaire avec le possesseur primitif*, qui lui a volé sa chose ou qui l'a trouvée, et on décide en conséquence que contre cette personne l'action du propriétaire dure 30 ans. Cette solution peut se soutenir, malgré la portée générale du texte. Voyez ce qui est dit au n° suivant sur la nature de cette action.

*** 1134. Caractère de l'action contre l'auteur du vol ou de la trouvaille.** — On enseigne souvent une opinion qui me paraît difficilement acceptable sur le caractère qu'il convient d'attribuer à cette action : on prétend que le propriétaire exerce contre l'auteur du vol ou de la trouvaille une *action personnelle*, parce que le seul fait du vol ou de l'invention fait naître à la charge de son auteur une *obligation de restitution*.

Pour le vol, l'existence d'une obligation personnelle à la charge du voleur est certaine ; mais on doit prendre garde qu'il s'agit alors de l'*action civile* (obligation de réparer le dommage causé par le fait délictueux) et que cette action est soumise par le Code d'instruction criminelle (art. 637 et 638) à une prescription particulière : trois ans en cas de vol simple (délit correctionnel), dix ans en cas de vol qualifié (crime). De ce côté on n'aboutit donc nullement à donner à la victime du vol, contre son voleur, une action personnelle en restitution durant 30 ans. Mais il est admis en droit pénal que la prescription établie par les art. 637 et 638 C. instr. crim., n'atteint que l'action civile née du délit, et non les actions en revendication ou autres que la victime peut avoir d'après le droit commun. L'extinction de l'action civile par prescription ne serait donc pas un obstacle à l'exercice ultérieur de la revendication, si celle-ci devait avoir une durée plus longue.

Pour les choses perdues, qui ont été découvertes fortuitement par autrui, il est tout à fait contraire aux principes traditionnels les plus élémentaires et les plus certains du droit, de voir dans le fait de *ramasser* l'objet et de le garder un principe générateur d'obligation ; il n'y a là rien de plus que la *possession de la chose d'autrui*, obtenue d'une manière qui n'est point illicite, et le seul fait de cette possession ne saurait engendrer d'autre action que l'action réelle en revendication. Si ce fait suffisait pour créer à la charge de l'inventeur une obligation personnelle de restituer, il faudrait dire que tout *possesseur* de la chose d'autrui est en cette qualité *débiteur*, ce qui ferait rentrer la revendication dans la classe des actions personnelles.

Il nous paraît donc plus sûr de décider que l'action ouverte au propriétaire contre l'inventeur est l'action en revendication. Il ne peut y avoir d'incertitude que sur sa durée (ci-dessus, n° 1133).

1135. Revendication contre les sous-acquéreurs de mauvaise foi. — Quant aux *tiers acquéreurs*, auxquels le voleur ou l'inventeur, possesseurs primitifs, auraient ensuite transmis la chose, c'est une question délicate à résoudre que celle de savoir s'ils doivent *être de bonne foi* pour bénéficier de la prescription abrégée de trois ans établie par l'art. 2279, al. 2. Nous sommes en présence d'une disposition expresse : l'al. 2

de l'art, 2279, qui tout à la fois ouvre l'action au propriétaire et en fixe la durée. La loi ne fait aucune distinction et elle statue en termes précis. On pourrait donc soutenir que, même contre les acquéreurs de mauvaise foi, la revendication ne dure que trois ans. Toutefois cette solution me paraîtrait contraire à l'économie générale de l'art. 2279 : son al. 1er, qui supprime la revendication, ne profite qu'aux tiers de bonne foi, et laisse les acquéreurs de mauvaise foi soumis à la revendication pendant 30 ans (ci-dessus, n° 1125). Par conséquent, l'exception apportée par l'al. 2 signifie simplement que la revendication est admise pendant trois ans contre les acquéreurs de bonne foi, en cas de perte ou de vol. Les tiers de mauvaise foi ne sont pas plus touchés par la seconde disposition de l'art. 2279 que par la première.

1136. Existence douteuse d'une action personnelle contre les acquéreurs de mauvaise foi. — La plupart des auteurs reconnaissent au propriétaire du meuble perdu ou volé, quand la mauvaise foi du possesseur actuel est prouvée, une action personnelle née d'un quasi-délit, action qui durerait trente ans, conformément à l'art. 2262. — L'existence de cette action personnelle contre de simples possesseurs de mauvaise foi, qui ont sciemment acquis la chose d'un non propriétaire, est encore plus douteuse que celle dont il est parlé au n° 1134 et qui serait donnée contre l'inventeur primitif : la circonstance de mauvaise foi modifie seulement la durée de la prescription en matière immobilière ; elle ne fait pas naître à la charge du nouveau possesseur une obligation personnelle de restituer. Pourquoi aurait-elle cet effet en matière mobilière ?

3° Meubles soumis à ce régime.

a) *Généralités.*

****1137. Pour quelle catégorie de meubles la règle est faite.** — La règle n'est faite que *pour les meubles corporels*, c'est-à-dire les *choses* mobilières : meubles meublants, statues, tableaux, objets fabriqués, argent monnayé. Par conséquent elle ne s'applique ni aux *meubles incorporels*, c'est-à-dire aux *créances*, ni aux *universalités* de meubles, qui sont des choses abstraites et immatérielles. On peut donc réclamer [par la voie de la pétition d'hérédité] les successions purement mobilières contre ceux qui en sont possesseurs.

****1138. Meubles incorporels exceptionnellement soumis à la règle.** — Par exception, il y a des créances qui subissent l'application de la maxime : « En fait de meubles possession vaut titre ». Ce sont celles qui sont constatées par des *titres au porteur*[1]. Quand le titre du créancier est mis sous cette forme, la qualité de créancier appartient au porteur du titre ; la créance se confond avec l'écrit qui lui sert de preuve ; elle se transmet en même temps que lui, par une simple tradition, de la main à la main. De pareilles créances, étant pour ainsi dire *incorporées* dans un meuble maté-

[1] On appelle « titre au porteur » un écrit constatant une dette et par lequel le débiteur s'engage à payer entre les mains de celui qui sera porteur du titre, quelle que soit cette personne, et sans lui demander aucune justification. Les *billets de banque*, qui sont remboursables en espèces aux guichets de la Banque de France sur présentation, sont des titres au porteur.

riel, sont traitées comme les autres meubles, et l'art. 2279 leur est applicable. Toutefois il existe pour certains titres au porteur une législation spéciale expliquée ci-dessous, nos 1141 et suiv.

***1139. Meubles corporels exceptionnellement soustraits à la règle.** — En revanche, il est des meubles corporels pour lesquels la simple possession ne peut valoir titre. Ce sont :

1° Les *meubles du domaine public* (objets d'art des musées, manuscrits et imprimés des bibliothèques publiques, etc.). Ces choses sont hors du commerce et non susceptibles de propriété privée. Leur possesseur ne peut donc se défendre en invoquant la maxime de l'art. 2279. On l'a jugé ainsi plusieurs fois, dès 1841 et 1846, pour des autographes de Molière qui avaient appartenu à la Bibliothèque nationale (Paris, 3 janv. 1846, D. 46. 2. 212). Pour les meubles du domaine public, la revendication n'est pas seulement permise, elle est *imprescriptible* (Trib. Lyon, 25 janv. 1899, D. 99. 2. 230).

2° Les *navires*, dont la propriété se transmet par écrit (art. 195 C. com.). D'ailleurs les raisons qui ont fait admettre la règle n'existent pas pour les navires; ils ne changent pas aussi souvent de propriétaire que les autres meubles.

1140. Meubles de nature mixte. — Certains objets sont *à la fois corporels et incorporels*, comme les *œuvres d'art* ou *de littérature*. Leur possesseur peut être propriétaire de deux choses différentes : le manuscrit, le tableau, la statue peuvent être considérés d'abord comme objets matériels ; à ces choses-là, l'art. 2279 s'appliquera ; il n'y a aucune raison pour l'écarter. Mais ces mêmes choses font l'objet d'un autre droit, le droit de publication ou de reproduction, ce qu'on appelle la *propriété littéraire ou artistique*, et ce droit ne s'acquiert pas par les mêmes procédés que la propriété du manuscrit ou du tableau. Le possesseur propriétaire du manuscrit n'a donc pas, *par cela seul*, le droit de le publier. On peut aussi supposer qu'il y a plusieurs exemplaires du manuscrit ou de la statue aux mains de personnes différentes ; il n'y a jamais qu'un seul droit de propriété sur l'ouvrage, qui reste à l'auteur ou à ceux qui l'ont spécialement acquis de lui.

b) *Règles spéciales aux titres au porteur.*

1141. Existence d'une loi spéciale. — Toutefois, pour les titres au porteur perdus ou volés, il existe une loi spéciale, du 15 juin 1872, qui a organisé, au profit du propriétaire des titres, un moyen de se faire restituer dans la mesure du possible contre les effets de cette perte. Le danger qu'il court est double :

D'une part, une *négociation* peut être faite *en Bourse*, qui ferait passer le titre aux mains d'un tiers porteur de bonne foi, lequel serait inattaquable aux termes de l'art. 2280, comme l'ayant acheté « dans un marché » ou « d'un marchand vendant des choses pareilles ».

D'autre part, si le titre a été transmis de la main à la main, au lieu d'être vendu en Bourse, le porteur peut se présenter à la caisse de l'établissement débiteur et toucher les revenus échus, ou même le capital dans les cas où il est remboursé.

Jusqu'en 1872, la victime de la perte ou du vol n'avait aucune ressource appropriée à sa situation ; on lui appliquait purement et simplement les art. 2279 et 2280. Mais les événements de 1870 et 1871, au cours desquels de nombreux titres furent égarés, brûlés ou pillés décidèrent le gouvernement à proposer une réforme qui devint la loi du 15 juin 1872.

1142. Système institué en 1872. — Contre le double péril auquel est exposé le porteur dépossédé, cette loi a institué un procédé original, dont l'idée première est due à M. Leveillé, professeur à la Faculté de droit de Paris (Voy. l'*Exposé des motifs* de la loi).

Une *notification* est adressée, d'une part, au syndic des agents de change de Paris, et de l'autre, à l'établissement débiteur : la première empêche la vente du titre; la seconde empêche les paiements qui pourraient être faits à un tiers porteur (L. 15 juin 1872, art. 2 et 11).

Cette notification, qui est un exploit d'huissier, est insérée dans un bulletin spécial, appelé « *Bulletin des oppositions* », publié par la Compagnie des agents de change de Paris et dont la création a été prescrite par la loi précitée. Sur ce bulletin, voyez le décret du 10 avril 1873.

EFFET DE L'OPPOSITION. — Nous n'avons pas à examiner ici les rapports entre le porteur dépossédé et l'établissement débiteur : ce sont des points qui concernent la libération des débiteurs et la validité des paiements, et qui rentrent, par suite, dans la théorie des *obligations*. La seule chose qui se rattache à l'art. 2279 est la *possibilité de revendiquer contre les tiers porteurs*. Sur ce point, l'art. 12 de la loi statue de la façon suivante : à partir du jour où le bulletin contenant l'opposition a pu parvenir dans une ville donnée, toute négociation du titre qui s'y fait ensuite, en Bourse ou hors Bourse, n'est pas opposable au porteur dépossédé. C'est ici que se rencontre la dérogation aux règles du droit civil : la revendication du meuble perdu ou volé est possible *même contre un acquéreur de bonne foi*. On peut dire qu'à partir du jour de l'arrivée du bulletin, la loi élève une présomption de mauvaise foi contre tout acquéreur du titre, et cette présomption est irréfragable, puisque sur son fondement la loi annule un acte, la négociation dont le titre a été l'objet.

NÉGOCIATIONS ANTÉRIEURES A L'OPPOSITION. — Pour les négociations antérieures à ce jour, on maintient l'application du Code : la négociation est valable et l'acquéreur n'est exposé à la revendication que dans les cas de perte ou de vol ; en outre, il conserve le droit de se faire indemniser par le revendiquant dans les cas prévus par l'art. 2280.

TITRES RÉGIS PAR LA LOI. — Le régime institué en 1872 ne s'applique pas indistinctement à toute espèce de titres. Sont exclus :

1° Les *billets de banque* qui font l'office de monnaie, et ne peuvent donner lieu à aucun recours.

2° Les *rentes sur l'État* et les autres titres au porteur émis par l'État.

A la différence de la première, cette seconde exception est fort critiquée. L'État s'est réservé ici une irresponsabilité et une liberté d'action, par des motifs purement égoïstes, pour ne pas compliquer sa comptabilité ni gêner ses agents. Mais, dans la pratique, cette rigueur de la loi est tempérée par l'Administration, qui consent à tenir compte, *à titre purement officieux*, des oppositions qui lui sont adressées.

PRÉCAUTION A PRENDRE. — Tout ce système repose sur une base de pur fait : il suppose que le porteur dépossédé a conservé *la liste des numéros* de ses titres, car l'indication des numéros des titres perdus est un élément indispensable de l'opposition à publier dans le bulletin. Sur les énonciations que cette opposition doit contenir, voyez l'art. 2 de la loi.

4° Explication théorique de la règle.

* **1143. Comment se pose la question.** — Le possesseur d'un meuble, protégé par l'art. 2279, est à l'*abri de toute revendication,* hors les cas de perte ou de vol. Il conserve la chose, alors même qu'il serait démontré en fait, que celui qui la lui a transmise n'en était pas propriétaire. *Par quel principe de droit peut-on justifier cette solution ?* Quelle en est l'explication juridique ? Trois moyens ont été proposés.

** **1144. Explication par l'idée d'une prescription.** — Quelques-uns veulent que l'art. 2279 établisse au profit des possesseurs de meubles une *prescription instantanée.* Leur seul motif est que l'art. 2279 est placé dans le Code civil à la suite des règles sur l'usucapion et sous la rubrique « De quelques prescriptions particulières ». Mais l'idée d'une prescription instantanée est un non-sens, puisque, par *sa définition même,* la prescription est une *durée*, un intervalle rempli par *une possession prolongée*. Les deux mots qu'on réunit ainsi sont contradictoires et se détruisent mutuellement : l'instantanéité est aussi incompatible avec la prescription que le mouvement l'est avec l'immobilité.

Bourjon, avec son bon sens, était dans le vrai, quand il disait : « La prescription n'est d'*aucune considération* quant aux meubles, puisque, par rapport à de tels biens, la simple possession produit tout l'effet d'un titre parfait ».

** **1145. Explication par l'existence d'une manière d'acquérir spéciale.** — D'autres, reconnaissant que l'idée d'une prescription instantanée n'est pas soutenable, interprètent l'art. 2279 comme créant une manière spéciale d'acquérir : celui qui reçoit de bonne foi un meuble d'une personne qui n'en est pas propriétaire, en acquiert immédiatement la propriété par l'effet de la loi. C'est un cas d'acquisition *lege*, qui ressemble à l'*occupation* en ce qu'elle constitue une attribution immédiate de la propriété, et qui en diffère en ce qu'elle s'applique à des choses ayant un maître et déjà appropriées.

Ceci est vrai, mais si l'on s'en tient là, on se borne à constater le *résultat pratique* de l'article, on n'en explique pas le *mécanisme*. Or il est possible d'en donner l'explication.

** **1146. Explication par l'idée d'une présomption légale.** — Dans la théorie la plus répandue, et que je crois vraie, l'art. 2279 crée au profit du possesseur une *présomption de propriété* et cette présomption ne souffre pas la preuve contraire, puisque, sur son fondement, la loi *dénie l'action en justice* (comp. ci-dessus, n°s 359 et 360). La revendication mobilière est écartée par cet article, et par suite la disposition générale de l'art. 1352 doit s'appliquer : « Nulle preuve n'est admise contre la présomption de la loi... ».

Il est vrai que la Cour de cassation a dit dans un arrêt : « La présomption de l'art. 2279 peut être détruite par la preuve contraire, et cette preuve, surtout lorsqu'il y a fraude, peut être faite par témoins » (25 mars 1885, S. 88. 1. 148). Plusieurs en ont conclu que la jurisprudence ne considère pas la présomption de l'art. 2279 comme irréfragable et qu'elle a sur ce point consacré une opinion contraire à celle qui prévaut en doctrine. Mais si la jurisprudence avait réellement décidé cela, elle aurait tout simplement supprimé l'art. 2279, ce qui ne lui est certes pas permis. En effet, ce que demande le revendiquant, c'est justement d'être admis à faire cette preuve contraire que la loi lui refuse : si on le lui permet, l'adage emprunté à Bourjon n'existe plus. Aussi n'est-ce pas là le sens du passage d'arrêt rapporté ci-dessus. Ce que la Chambre des requêtes a voulu dire en 1885, c'est tout simplement que le propriétaire pouvait prouver par témoins le fait d'une *appropriation frauduleuse* (vol, détournement, recel), par exemple le détournement de valeurs mobilières après la mort d'une personne. Mais en pareil cas, il n'y a pas *preuve contraire* venant détruire la présomption de la loi ; il y a *preuve d'une circonstance* qui fait que le possesseur ne remplit pas les conditions exigées pour bénéficier de l'al. 1er de l'art. 2279 : le demandeur établit qu'on ne se trouve pas dans un cas où cette règle s'applique, mais bien dans un cas où elle ne s'applique pas. Il est clair que l'admission d'une pareille preuve n'empêche pas la présomption légale d'être irréfragable, *quand le possesseur y a droit*.

Au lieu de prendre dans les auteurs anciens, l'adage « En fait de meubles, la possession vaut titre », on aurait tout aussi bien pu tirer de certains passages de leurs livres cette autre formule : « Le propriétaire d'un meuble n'est pas admis à le revendiquer contre le possesseur de bonne foi », qui a exactement le même sens et qui aurait davantage la tournure d'une disposition législative.

CHAPITRE V

DE LA COPROPRIÉTÉ

***1147. Ses deux formes.** — La propriété individuelle ne se présente pas toujours sous sa forme simple, avec un propriétaire unique pour chaque chose. On la rencontre très souvent à l'état composé, avec plusieurs propriétaires pour une même chose. On dit alors qu'il y a *copropriété*.

La copropriété affecte deux formes différentes : elle peut exister à l'état d'*indivision* ou *sans indivision*.

§ 1. — *De l'indivision.*

A. — Notion générale.

****1148. Définition.** — Il y a indivision *lorsque le droit de chaque propriétaire porte sur l'ensemble* (et non sur une portion déterminée) *de la chose commune*. La part de chacun n'est donc pas une part matérielle, mais *une quote-part* s'exprimant par un chiffre : un tiers, un quart, un dixième. C'est le *droit* de propriété qui est partagé entre eux ; la *chose* ne l'est pas, elle est *indivise*.

On doit se représenter le droit de chaque copropriétaire comme frappant chaque molécule de la chose et y rencontrant le droit de ses copropriétaires pour la quotité qui appartient à ceux-ci.

Le *nombre des copropriétaires* n'a pas de limite théorique ; mais en fait, la plupart des indivisions existent entre personnes peu nombreuses.

Les *parts* de chacun dans la propriété commune peuvent être *égales* ou *inégales*. S'il y a inégalité, elle peut être aussi grande qu'on voudra.

****1149. Comment l'indivision prend fin.** — L'état d'indivision prend fin par le *partage*, qui attribue à chaque copropriétaire une *part divise* dans la chose au lieu de la part indivise qu'il avait précédemment. La *part matérielle* qui est attribuée à chacun doit avoir une valeur proportionnelle à celle de la *part abstraite* qu'il avait dans le droit de propriété sur cette chose. Le partage *localise* donc le droit de propriété. Les copropriétaires obtiennent des choses moindres que la chose totale, mais qui ont l'avantage d'être des propriétés franches, où le droit de chacun n'est plus limité par la coexistence de droits rivaux. Le partage est donc un acte juridique qui a pour fonction propre de faire cesser l'indivision en séparant la chose en *parts* ou *lots*.

D'autres faits peuvent produire le même résultat par d'autres moyens. Par exemple, s'il y a deux indivisaires et que l'un d'eux *vende* ou *donne* à l'autre sa part dans la chose commune, l'indivision a pris fin, et il n'y a pas eu de partage. Il en est de même si l'un des indivisaires *succède* à l'autre. On peut encore employer un autre moyen : les indivisaires peuvent s'entendre pour vendre *en même temps* toutes leurs parts à un *acquéreur unique*. Dans toutes les hypothèses de ce genre, le partage est inutile et même il devient impossible, parce que le fait qui met fin à l'indivision s'attaque à la cause même qui rendait le partage nécessaire ; il fait disparaître la *pluralité de propriétaires* en concentrant le droit de propriété sur une seule tête.

B. — Diverses espèces d'indivision.

*1150. **Distinction à faire d'après sa durée.** — L'indivision présente *trois variétés* différentes, quand on l'envisage dans sa durée, en recherchant la date à laquelle le partage sera possible.

1151. **Indivisions sans durée préfixe. — Celles-ci forment la règle. En principe, l'indivision est un état essentiellement temporaire, n'ayant pas de durée obligatoire, et destiné à cesser d'un jour à l'autre par un partage. Telles sont l'indivision qui se produit entre *cohéritiers* appelés à une même *succession*, et celle qui existe entre époux *après la dissolution de la communauté conjugale*. Telle a été encore pendant toute la durée du XIXe siècle la condition des *terres vaines et vagues de Bretagne*[1].

1152. **Indivisions à durée conventionnelle. — Une convention peut placer des biens dans l'état d'indivision pour un temps plus ou moins long. L'exemple principal est actuellement la *communauté conjugale* qui forme une véritable indivision, et qui dure sans partage possible, jusqu'à la dissolution du mariage ou jusqu'à la séparation de corps ou de biens. On pouvait jadis citer aussi les *sociétés civiles*, qui n'étaient pas

[1] Les terres vaines et vagues de la Bretagne ont offert à notre époque un exemple tout à fait remarquable d'indivision, régi par une législation spéciale. La loi du 28 août 1792, sur les biens communaux, contenait dans son art. 10 une disposition particulière pour les cinq départements bretons. Aux termes de cet article, la propriété des biens communaux, au lieu d'être attribuée, comme dans le reste de la France, à la communauté des habitants en général, était réservée à ceux qui se trouvaient à cette époque « en possession du droit de communer », c'est-à-dire qui se servaient de ces terres soit pour y couper des joncs, de la bruyère et du bois, soit pour y mener pâturer leurs bestiaux. La loi transformait en un droit de propriété un simple droit de *pacage*, qui jusque-là ne s'était exercé qu'à titre de servitude (Voy. deux arrêts de la Cour de cassation dans Sirey, 1844. 1. 404). D'immenses quantités de terres se trouvèrent ainsi placées dans un état d'indivision, perdues pour la production, échappant en grande partie à l'impôt. En 1850 on les évaluait à 72,000 hectares (Avis du Conseil d'État, du 26 janvier 1850). On prit alors des mesures pour en *faciliter* et en *réglementer le partage* (L. 6 déc. 1850). Cette loi est une loi de *pure procédure* ; il a été convenu que les droits des communes et des particuliers, tels qu'ils pouvaient dériver de la loi de 1792, n'étaient nullement modifiés. Cependant la loi menaçait de déchéance les intéressés qui ne réclameraient pas leur part dans le délai de 20 ans. Ce délai, qui devait expirer en 1870, a été prorogé par trois lois successives, de 10 ans en 10 ans (Lois du 3 août 1870, du 1er janvier 1881, du 30 décembre 1890) ; il devait prendre fin le 31 décembre 1900 ; mais une nouvelle prorogation va être accordée par les Chambres ; il reste encore deux ou trois mille hectares à partager. — Ces partages ont donné lieu dans toute la Bretagne à d'innombrables difficultés, qui n'ont rien de commun avec celles qu'ont soulevées ailleurs les demandes de partages de biens communaux, puisque pour ces cinq départements la question se présentait dans d'autres conditions.

reconnues comme formant des personnes fictives, et dont l'actif était indivis entre les associés ; mais on a déjà vu que la jurisprudence leur reconnaît depuis 1891 la personnalité comme aux sociétés commerciales (ci-dessous, n° 2000-4°) ; leur actif n'est donc plus dans l'indivision.

Entre *cohéritiers*, la loi permet de convenir qu'on restera dans l'indivision pendant une durée qui ne peut excéder *cinq années*, mais la convention peut être renouvelée (art. 815, al. 2).

** **1153. Indivisions perpétuelles.** — Il y a des cas où l'indivision est destinée à durer toujours, et où le partage ne peut jamais être demandé. C'est ce qu'on appelle l'*indivision forcée*. Les hypothèses dans lesquelles on rencontre cette espèce perpétuelle d'indivision sont, au point de vue théorique, exceptionnelles et peu nombreuses, mais, en fait, elles sont représentées par des *exemples innombrables*.

1154. Principaux cas d'indivision forcée. — L'indivision forcée porte toujours sur des choses qui sont destinées au service commun de plusieurs propriétés. Telles sont :

1° Les *ruelles, passages, allées* et *cours communes* à plusieurs maisons ;

2° Le *sol* et *certaines parties* des maisons divisées par étages entre plusieurs propriétaires ;

3° Les *murs, haies* et autres *clôtures mitoyennes*. Cette catégorie est de beaucoup la plus commune parmi les choses indivises à perpétuité. Elle fera l'objet d'une étude à part (nos 1157 et suiv.).

1155. Condition nouvelle des chemins d'exploitation. — Jusqu'en 1881, on pouvait citer en outre, comme un quatrième exemple, presque aussi fréquent que les clôtures mitoyennes, les *chemins* ou *sentiers d'exploitation*, si nombreux dans les campagnes. Ces chemins proviennent en général de la division en parcelles d'une propriété plus étendue, quand on y ménage, pour le service des différentes parties, des voies de communication intérieure donnant accès à la voie publique. Ce sont des chemins privés, et les propriétaires peuvent en interdire l'accès au public. Autrefois, on les considérait comme étant dans l'indivision sur toute leur longueur ; c'étaient des fragments de la propriété primitive qui n'avaient pas été compris dans le partage. On tirait de là plusieurs *conséquences* importantes (Note dans SIREY, 1866. 1. 193), entre autres celle-ci : le *droit de passage* s'exerçait *à titre de propriétaire ;* par suite, l'un des intéressés pouvait s'abstenir d'en user pendant plus de 30 ans sans avoir à craindre l'effet de la prescription, puisque c'était pour lui une pure faculté et que la propriété ne se perd pas par le non-usage. Le nouveau Code rural (L. 20 août 1881, art. 33) a changé entièrement la situation juridique de ces chemins. Toutes les fois que la condition du chemin ne résulte pas d'un titre, les divers ayants droit sont propriétaires du chemin « chacun en droit soi » ; *l'usage* seul en est commun. Chacun passe donc sur la part des autres à titre de servitude, ce qui renverse presque toutes les conséquences anciennement admises.

* **1156. Comparaison des diverses formes de l'indivision.** — Sous sa première forme, sans durée fixe, l'indivision ne présente que des *inconvénients*. Elle est un obstacle à la bonne exploitation des biens indivis. Chaque fois qu'un des communistes propose une *innovation* ou une *amélioration,* il risque de rencontrer de la part des autres une résistance, un mauvais vouloir, une défiance ; et quand cette résistance se produit, elle est *invincible*, parce que le concours de tous est nécessaire pour le moindre changement. Un seul des copropriétaires ne peut donc pas disposer de la chose commune, transformer, par exemple, le mode de culture, parce qu'il est obligé de respecter le droit des autres qui est égal au sien. « Qui a compagnon a maître », disait Loysel (*Institutes coutumières*, n° 379). Aussi la loi appelle-t-elle de tous ses vœux le partage qui rendra à chacun sa liberté. C'est pour cela qu'elle ne permet pas de convenir qu'on restera dans l'indivision pendant plus de cinq ans.

Sous sa seconde forme, l'inconvénient est moindre, parce que l'indivision qui se produit alors est déjà un état *organisé*. Ainsi, pendant la durée de la communauté, la gestion des biens communs est confiée au mari seul ; ses pouvoirs sont déterminés. L'indivision n'est donc plus une immobilisation stérile de la propriété. On pouvait faire la même observation pour les sociétés civiles, avant que la jurisprudence ne leur eût reconnu la personnalité.

Enfin, sous sa troisième forme, l'indivision devient une nécessité ; les communistes ne pourraient pas s'en passer, et c'est pourquoi la loi les force à y rester indéfiniment en interdisant le partage.

§ 2. — *Étude spéciale de la mitoyenneté.*

1157. Faible intérêt théorique des questions qu'elle soulève. — La mitoyenneté fait naître dans la pratique d'innombrables procès. Elle soulève des questions si nombreuses que leur simple énoncé dépasserait de beaucoup la place qu'elle mérite de tenir dans une étude générale du droit (Voyez MASSELIN, *Nouvelle jurisprudence et traité pratique des murs mitoyens*, 4e édit., Paris, 1883-1888). L'intérêt doctrinal de toutes ces questions est très faible ; il convient donc de se livrer à une simple esquisse des principales règles de cette matière.

***1158. Définition.** — La mitoyenneté est une forme spéciale de l'indivision qui ne s'applique qu'aux clôtures. Il y a mitoyenneté *lorsque le mur, la haie, le fossé ou toute autre clôture appartient indivisément aux deux propriétaires qu'elle sépare.* Le mur qui n'est pas mitoyen s'appelle en pratique « mur privatif ».

Rigoureusement, le mur mitoyen devrait être considéré comme partagé en deux dans le sens de sa hauteur et sur toute sa longueur par un plan vertical élevé sur la ligne séparative des deux fonds, et chaque propriétaire devrait posséder en propre la moitié qui se trouve de son côté et qui porte sur son terrain. Mais, comme le fait remarquer Pothier, on s'est écarté de cette « subtilité » (*Du quasi-contrat de communauté*, n° 199). Les deux parties du mur mitoyen étant inséparables, on considère le mur comme étant réellement dans l'indivision, et commun aux deux parties sur toute son épaisseur.

1159. Étymologie. — Le mot « mitoyen » ne vient pas, comme on le dit souvent, de « moi et toi ». C'est chercher l'étymologie par l'imagination sans s'astreindre à suivre dans la langue la transformation des mots. « Mitoyen », dont la forme ancienne est « moitoien », se rattache au mot *moitié*, comme les mots « métairie », « métayer », dont les formes anciennes sont « moitoierie », « moitoier ». Voyez tous ces mots et leurs nombreuses variantes dans le *Dictionnaire de l'ancienne langue* de Godefroy. Le métayer est celui qui a la moitié des fruits de la terre qu'il cultive, comme le mur mitoyen est celui qui appartient par moitié à deux propriétaires.

1160. Histoire. — La communauté des murs de séparation était extrêmement rare chez les Romains. Cette rareté tenait à une antique habitude, qui se trouvait déjà sanctionnée dans la loi des XII Tables. Chaque propriétaire était obligé, en bâtissant, de laisser un espace vide entre ses constructions et la propriété de son voisin. Cet intervalle (*spatium legitimum*) variait, suivant les temps et les lieux, de 2 pieds et demi jusqu'à 12 et même 15 pieds. Les textes anciens s'en occupent fréquemment (Voyez MAYNZ, *Cours de Droit romain*, Table des matières, v° *quinque pedes*). Cet usage donnait aux villes antiques l'aspect d'un groupement d'îlots, *insulæ*, séparés par d'étroites ruelles, *ambitus*. On rencontre cependant quelques textes relatifs à des murs communs, *paries communis*, ce qui prouve que l'habitude de bâtir par îlots n'était pas universelle, mais nous ne possédons aucun détail sur ce genre de communauté.

C'est en France, *dans les provinces coutumières*, que la mitoyenneté s'est développée. Les coutumes contenaient sur ce sujet d'assez nombreuses dispositions, entre autres la coutume de Paris (art. 195 à 214). Pothier s'en était occupé (*Du quasi-contrat de communauté*, nos 199 à 229). — Tout en conservant dans son ensemble l'ancienne législation, les auteurs du Code en ont souvent modifié les détails.

A. — Mitoyenneté des clôtures.

1° Preuve de la mitoyenneté.

1161. Preuve par titres. — Les questions de mitoyenneté sont une cause perpétuelle de contestations entre voisins, surtout pour les murs dont la construction est ancienne. Comment prouver qu'un mur de séparation est mitoyen ou qu'il ne l'est pas ? Régulièrement ce devrait être par un *titre*, mais souvent le titre est perdu ; souvent même il n'y en a jamais eu. De plus, quand les titres de propriété s'occupent des murs, ils ne sont pas toujours opposables au voisin. Ainsi l'acte d'achat de mon terrain porte qu'il est borné de tel côté d'un mur mitoyen. *Cet acte ne fait pas preuve contre mon voisin*, car il n'émane pas de lui ; mon vendeur a pu s'attribuer à lui-même un droit qu'il n'avait pas. Pour être opposable aux deux voisins, il faut que le titre soit signé de leurs deux auteurs ou émané d'un auteur commun. Par exemple, une personne, qui était autrefois propriétaire des deux terrains, a vendu l'un et s'est réservé la propriété exclusive du mur de séparation.

1162. Prescription. — A défaut de titre, la *prescription* pourra quelquefois trancher la question. S'il y a plus de trente ans que le mur est possédé en commun par les deux voisins ou exclusivement par l'un d'eux, il sera, suivant les cas, mitoyen ou privatif.

1163. Marques de mitoyenneté. — Enfin très souvent, quand le titre et la prescription font défaut, la mitoyenneté ou la non-mitoyenneté peut encore se reconnaître à certains *signes*. Le propriétaire qui bâtit un mur sans le concours de son voisin ne le bâtit pas comme s'il était mitoyen. Il s'arrange de façon à faire verser entièrement sur son terrain l'eau pluviale qui tombera sur le sommet du mur. L'égout des eaux pluviales est une charge qu'il ne peut rejeter, même partiellement, sur autrui. Le mur sera donc d'un côté tout droit et à plomb de son parement, tandis que de l'autre son sommet présentera une pente sur toute son épaisseur (art. 654). Cette pente est ordinairement terminée par un *filet* ou *larmier*, formé de tuiles ou de pierres plates engagées dans le mur et destinées à protéger les arbres en espalier. De même, quand c'est un fossé qui forme clôture, le propriétaire qui le creuse entièrement sur son terrain rejette de son côté toutes les terres qu'il en retire. Ce talus indique que le fossé appartient en entier au propriétaire du côté duquel il se trouve (art. 666). Ce sont là des *marques de non-mitoyenneté ;* ce ne sont pas les seules. Il peut y en avoir d'autres qui varient suivant la nature des clôtures et l'usage des lieux. Le législateur n'a pas entendu établir à cet égard des règles limitatives.

1164. Présomptions de mitoyenneté. — Ces marques ne suffisent pas encore, car souvent elles manquent elles-mêmes. La loi vient alors au secours des propriétaires en établissant quelques *présomptions de mitoyenneté*, qui dans certaines circonstances dispenseront de toute recherche. Sont présumés mitoyens les murs servant de séparation :

1° *Entre bâtiments* (art. 653). — Jusqu'à « l'héberge »[1], dit la loi, c'est-à-dire jusqu'à la partie supérieure du bâtiment le moins élevé (art. 653).

2° *Entre cours et jardins* (art. 653). — Quoique la question soit discutée, je suis convaincu que la loi entend parler ici de terrains entièrement clos.

3° *Entre enclos dans les champs.* — Ici la présomption s'applique non seulement aux murs, mais à toutes clôtures, haies, fossés ou autres.

La présomption a été généralisée pour les enclos situés en pleins champs par la loi du 20 août 1881. Les textes primitifs du Code ne parlaient que des murs (art. 653), des fossés (art. 666) et des haies (art. 670). L'art. 666 nouveau emploie l'expression générale « clôture », qui comprend même les simples palissades ou treillages.

Ces présomptions sont les seules que la loi ait établies, et elles ne peuvent pas être étendues : toute présomption légale s'interprète toujours restrictivement. Ainsi un mur situé entre un bâtiment et une cour n'est pas présumé mitoyen.

[1] *Héberge*, forme altérée de *Herberge*, mot d'origine germanique, qui voulait dire « lieu où l'on loge ». Nous en avons fait *auberge*, et les Italiens *albergo*. On ne cite aucun autre exemple de ce mot pris dans le sens de « toit », qu'il a ici.

Elles tombent du reste quand il y a *titre* ou *marque* du contraire (art. 653 et 666) ou *prescription* (art. 666). Avant la loi de 1881, le texte parlait non pas de prescription, mais de « possession suffisante » pour faire tomber la présomption de mitoyenneté (art. 670 ancien). On se demandait si la simple possession annale était suffisante. La loi nouvelle a tranché la question négativement en exigeant la prescription.

2° Condition des clôtures mitoyennes.

* **1165. Droits des copropriétaires d'une clôture mitoyenne.** — Supposons d'abord que cette clôture est un mur. Chacun peut en user librement, si l'usage qu'il en veut faire n'est pas de nature à gêner son copropriétaire ; il peut, par exemple, y appuyer des espaliers ou des constructions légères. S'il s'agit de travaux plus importants, la loi lui permet d'y enfoncer des poutres, de l'exhausser, et même de le démolir entièrement pour le reconstruire, s'il n'est pas assez fort pour supporter l'exhaussement (art. 657 à 659). Naturellement les frais entraînés par ces travaux sont entièrement à la charge de celui qui construit, ainsi que la réparation des dégâts matériels qu'ils ont pu causer au voisin. Les art. 657 à 659 accordent au copropriétaire qui veut bâtir un droit absolu et l'autorisent à se passer du consentement de son voisin, mais l'art. 662 l'oblige à s'entendre avec lui pour les précautions à prendre, et, sur son refus, à les faire régler par experts.

Aucun des copropriétaires n'a le droit d'ouvrir dans le mur des jours, même à verre dormant, sans le consentement de l'autre (art. 675). Ce n'est pas que ces jours soient gênants par eux-mêmes, puisque la loi les tolère dans les murs non mitoyens ; mais ils sont contraires à la destination du mur mitoyen qui est de clore à la fois les deux héritages. — Si ces ouvertures ont été pratiquées à une époque où le mur n'était pas mitoyen, et où, par conséquent, son propriétaire avait le droit de le faire, le voisin a le droit de demander qu'ils soient bouchés quand il aura acquis la mitoyenneté du mur. On voit souvent un propriétaire acheter la mitoyenneté du mur qui le touche, uniquement afin de se débarrasser des ouvertures qui s'y trouvent.

Lorsque la clôture est un fossé ou une haie, celui qui veut bâtir un mur à la place a le droit de la supprimer jusqu'à la ligne séparative des deux fonds, à la charge de construire son mur sur cette limite (art. 668). Toutefois, si ce fossé sert à l'écoulement des eaux, la loi n'en permet pas la suppression, parce qu'il a une destination particulière que ne remplirait pas une autre clôture.

Les produits d'une haie mitoyenne appartiennent par moitié aux deux propriétaires (art. 669).

1166. Charges de la mitoyenneté. — Elles se résument en une seule : l'*entretien à frais communs* de la clôture commune (art. 655, 656 et 667).

1167. Faculté d'abandon. — L'obligation d'entretenir le mur mitoyen est parfois assez lourde, par exemple lorsque le mur a besoin d'être entièrement reconstruit. La loi accorde à chacun des copropriétaires le droit de s'en affranchir en renonçant à sa part de propriété dans la clôture et dans le terrain qu'elle occupe (art. 656 et 667). Cette *faculté d'abandon* s'explique par la nature de l'obligation dont sont tenus les copropriétaires : ils ne sont pas obligés personnellement, mais seulement à cause de la chose qui leur appartient (*propter rem*). Leur obligation cesse donc quand ils cessent d'être propriétaires. Comp. ci-dessus, n° 1000.

La faculté de se soustraire aux charges de la mitoyenneté par une renonciation n'appartient pas toujours aux copropriétaires du mur. Ils n'y peuvent pas recourir : 1° lorsque le mur soutient un bâtiment qui leur appartient (art. 656) ; 2° lorsqu'il s'agit d'un fossé qui sert à l'écoulement des eaux (art. 657). Ces deux exceptions se justifient parce que le propriétaire continuerait en fait à jouir du mur ou du fossé, même après l'abandon de son droit ; il est donc juste qu'il ne puisse pas en décliner les charges.

Une troisième exception devrait être admise pour les murs de clôture qui se trouvent dans les *villes* et leurs *faubourgs*. On a vu déjà (n°s 1022 et 1024) que, dans ces endroits, chaque propriétaire peut contraindre ses voisins à contribuer à la construction des murs quand il désire se clore. Il y a ici un conflit entre deux dispositions de la loi : l'art. 663 oblige les propriétaires non seulement à *élever* la clôture à frais communs, mais même à contribuer aux *réparations* de la clôture commune ; l'art. 656 permet à l'un des copropriétaires du mur mitoyen de se dispenser de « contribuer aux réparations » en abandonnant sa part du mur. Le seul moyen de concilier ces deux textes est de reconnaître qu'ils s'appliquent séparément à deux hypothèses différentes, à deux espèces d'héritages : l'art. 656 à ceux dont la clôture est libre, l'art. 663 à ceux dont la clôture est forcée. Cette interprétation paraît claire. On a peine à croire qu'elle ne soit pas universellement admise, et cependant la Cour de cassation casse invariablement toutes les décisions judiciaires qui font cette distinction (26 juill. 1882, D. 83. 1. 342, S. 84. 1. 79). Elle se fonde sur ce que l'art. 656 est général et accorde la faculté d'abandon à tout propriétaire d'un mur mitoyen. Mais l'art. 663 n'est-il pas également absolu dans ses termes ? Pourquoi ne pas reconnaître qu'il établit une règle spéciale aux héritages urbains, dérogeant pour eux à l'art. 656 qui lui est antérieur ?

3° Faculté d'acquérir la mitoyenneté des murs.

* **1168. Le principe et son motif.** — Tout propriétaire, dont le terrain est bordé par un mur appartenant privativement au voisin, a le droit d'acheter la mitoyenneté de ce mur (art. 661). Il jouit donc contre son voisin d'un véritable *droit d'expropriation*, car celui-ci ne pourrait pas s'y refuser. Il est vrai que la plupart du temps le voisin ne demandera pas mieux que de consentir cette cession, qui se traduit pour lui par une rentrée partielle de ses déboursés. Du reste ce droit n'est pas, à vraiment parler, une expropriation pour cause d'*utilité privée* ; il est fondé sur une raison d'intérêt général, car il a pour but d'éviter une perte de terrain, de main-d'œuvre et de matériaux. Si chaque propriétaire qui veut se clore ou bâtir était obligé de construire un mur à côté de celui de son voisin, on aurait ainsi deux murs, là où un seul peut suffire.

* **1169. Cas d'application.** — L'art. 661 est inapplicable aux clôtures autres qu'un mur, car il ne parle que des murs, et son motif fait défaut pour les autres espèces de clôtures. La Cour de cassation avait eu plusieurs fois à juger la question ; le nouvel article 668 l'a tranchée formellement, en refusant au voisin le droit d'acquérir la mitoyenneté d'une haie ou d'un fossé.

Même pour les murs, il faut une condition particulière : il faut que le mur soit *bâti sur la limite extrême du terrain*, car le texte dit : « Tout propriétaire *joignant* un mur... ». Si le mur a été construit en retrait, la condition voulue par la loi fait défaut : le propriétaire voisin ne joint pas ce mur. Il se peut d'ailleurs que le constructeur du mur ait besoin de cet espace libre pour un passage, ou pour se réserver la faculté d'ouvrir des vues dans son mur. Il en serait de même si cette bande de terre avait été laissée uniquement afin d'empêcher les propriétaires voisins d'acquérir la mitoyenneté du mur (Cass., 26 mars 1862, D. 62. 1. 175, S. 62. 1. 474), car celui qui s'enclôt de cette façon use de son droit et ne fait fraude à personne.

La loi ne distingue pas si le mur se trouve en pleins champs ou dans une ville, si c'est un mur de jardin ou la paroi d'un bâtiment. Elle dit en termes généraux : « *tout propriétaire* joignant un mur... ». La loi facilite même l'acquisition de la mitoyenneté, car elle permet au voisin de limiter lui-même à sa convenance la portion qu'il veut acquérir : « ... le rendre mitoyen *en tout ou en partie* ». Cette faculté sera surtout utile à celui qui achète la mitoyenneté pour construire et qui ne veut utiliser qu'une partie de la muraille en longueur ou en hauteur.

***1170. Conditions de l'acquisition.** — Pour acquérir la mitoyenneté, le voisin doit payer 1° le prix de la moitié du mur, 2° la valeur de la moitié du terrain sur lequel porte ce mur, le tout calculé sur l'étendue qu'il veut rendre mitoyenne. Pour déterminer la hauteur, on compte à partir des fondations. Pour apprécier la valeur du mur et du terrain, on se place au moment où l'acquisition est faite.

Si les parties ne peuvent s'entendre sur la fixation du prix, il faudra recourir à une expertise.

* **1171. Qui peut user de cette faculté.** — La loi accorde le droit d'acquérir la mitoyenneté « au propriétaire ». On reconnaît, en général, que le propriétaire n'est pas seul investi de cette faculté ; ceux qui ont des droits sur le terrain nu, notamment l'*usufruitier* et l'*emphytéote*, peuvent de même que lui obtenir la mitoyenneté. Il y a cependant des dissentiments sur ce point (LAURENT, t. VII, n° 514).

Quant au simple *locataire* ou *fermier*, qui n'a qu'un droit personnel de jouissance, on lui refuse la faculté établie par la loi pour le « propriétaire ». Voyez les considérants d'un arrêt de la Chambre civile, 27 juin 1892, D. 92. 1. 379, S. 92. 1. 447. Il y aurait cependant même raison de décider pour tous ceux qui bâtissent sur le terrain nu, et on peut dire que tous participent, par une sorte de délégation implicite, au droit du propriétaire. En parlant du propriétaire, la loi a prévu le cas normal, car c'est ordinairement lui qui bâtit sur son terrain.

* **1172. Caractères juridiques de l'opération.** — La cession de mitoyenneté est une *opération de nature mixte*, qui tient à la fois de la *vente* et de l'*expropriation ;* les règles qu'on lui applique sont un mélange des règles de l'une et de l'autre.

Ainsi la cession n'étant pas *volontaire*, on admet en général qu'il n'y a pas lieu à *garantie pour vice de construction :* le propriétaire cède son mur dans l'état où il est ; c'est au voisin à s'assurer que ce mur est propre à l'usage qu'il en veut faire. En cela, la cession ressemble à l'expropriation.

D'autre part, le propriétaire du mur possède, en cas de non-paiement du prix, *les mêmes garanties qu'un vendeur :* il peut exercer l'*action en résolution*, et il jouit contre les autres créanciers de l'acquéreur du *privilège* que la loi accorde au vendeur d'immeubles [1].

* **1173. Des constructions élevées sans acquisition préalable de mitoyenneté.** — Les spéculations qui se font dans Paris sur la construction de maisons neuves, que des entrepreneurs ou des sociétés bâtissent pour les revendre le plus vite possible, ont fait naître des difficultés nouvelles. Souvent le constructeur bâtit sans avoir acheté la mitoyenneté des murs qui le touchent, puis il disparaît après avoir vendu sa construction ; ou bien la construction est faite par quelqu'un qui tombe en faillite sans avoir payé le prix de la mitoyenneté. On s'est posé à ce sujet diverses questions.

Le propriétaire du mur qu'on a utilisé indûment a-t-il des droits contre l'acquéreur de la maison neuve ?

Peut-il encore poursuivre le constructeur, bien que celui-ci ait vendu sa propriété ?

Si tous deux sont ses débiteurs, sont-ils solidaires ?

Au cas de faillite du constructeur, le propriétaire du mur est-il astreint à la publicité afin de conserver son privilège et son action en résolution ?

La jurisprudence a un peu tâtonné ; divers systèmes ont été proposés pour protéger le propriétaire du mur contre ces dangers multiples. On se heurtait à une difficulté ; *jamais* ce propriétaire n'a pris d'inscription à son profit pour garantir le paiement d'un prix d'achat, qui n'a même pas été fixé, *aucune convention* n'étant intervenue entre lui et le constructeur pour la cession de mitoyenneté. Finalement on s'est arrêté à l'idée suivante qui paraît bien être la vérité :

Le constructeur a commis une *usurpation*, une simple voie de fait, en appuyant sa construction sur un mur qui ne lui appartenait pas ; par suite la *propriété entière* de ce mur a été conservée par son voisin. Si celui-ci veut obtenir le prix de la mitoyenneté, il ne peut pas se présenter comme *créancier*, puisque la cession de la moitié du mur, qui aurait fait naître la créance du prix, n'a pas eu lieu ; il doit se présenter comme *propriétaire* et exercer l'*action en revendication*, action qui n'est soumise à aucune condition de publicité. Il réclame la restitution de son mur, ce qui entraînerait la démolition de la construction qui y a été appuyée sans droit. Il est facile de prévoir que le propriétaire actuel, quel

[1] Naturellement ce privilège et cette action en résolution, qui appartiennent au propriétaire primitif du mur au cas d'acquisition régulière de la mitoyenneté, sont soumis pour leur conservation aux mêmes conditions de publicité (transcription ou inscription) que doit remplir tout vendeur d'immeubles pour en jouir (art. 2106 et 2166 ; L. 23 mars 1855, art. 7). Ainsi conservés, ils lui profitent même au cas où la construction neuve est passée en mains tierces.

qu'il soit (ou ses créanciers, s'il est en faillite), s'empressera d'acquérir la mitoyenneté ; le moyen qu'on emploie pour l'y contraindre est assez énergique (Cass., 10 avril 1889, D. 89. 1. 321, S. 89. 1. 401 ; Paris, 14 janv. 1890, D. 90. 2. 75, S. 92. 2. 252 ; Cass., 27 juin 1892, D. 92. 1. 379, S. 92. 1. 447).

La *conclusion pratique* s'adresse aux acheteurs de maisons neuves : ils feront bien, surtout dans les grandes villes, de s'assurer que la mitoyenneté des murs a été achetée, ou que les maisons voisines ont été construites postérieurement.

B. — Mitoyenneté des arbres.

1174. Cas où elle a lieu. — D'après la loi du 20 août 1881 (art. 670 C. civ.), les arbres sont mitoyens dans deux cas :

1° Lorsqu'ils sont compris dans une haie mitoyenne, alors même que leur pied se trouverait tout entier d'un côté de la ligne de séparation des deux fonds. C'est l'application de cette idée que la clôture mitoyenne est considérée comme indivise sur toute son épaisseur avec le terrain qui la porte.

2° Lorsqu'ils poussent, en l'absence de haie, juste sur la limite séparative des deux fonds. Il y avait, avant 1881, quelques difficultés sur la façon dont il convenait de partager ces arbres isolés.

1175. Ses caractères. — La mitoyenneté des arbres diffère de la mitoyenneté des clôtures en ce qu'elle n'est pas une indivision forcée. Chaque propriétaire peut toujours demander qu'ils soient arrachés.

§ 3. — *Copropriété sans indivision.*

1176. Exemples usuels. — On peut en citer deux : la division d'une maison par étages ; le droit de superficie.

A. — Maisons divisées par étages.

1177. Origine et fréquence de ce fait. — C'est une situation très fréquente dans beaucoup de villes de province (Rennes, Grenoble, etc.). Elle provient presque toujours d'un partage de succession dans lequel les héritiers ont préféré se partager la maison en nature plutôt que de la vendre. Chacun d'eux aliène ensuite à son gré son étage, et il est bien rare que l'unité de la propriété soit un jour reconstituée.

1178. Situation de ces maisons. — La maison, qui est pourtant une chose unique, se trouve ainsi avoir plusieurs propriétaires, sans que ceux-ci soient dans l'indivision : chacun est propriétaire exclusif d'une part déterminée dans la chose commune. Il y a cependant des parties qu'on considère en général comme indivises, parce qu'elles servent à la fois à tous, ordinairement le sol, parfois les gros murs et les toits et les dépendances de la maison, le puits, les fosses d'aisances, etc. Par conséquent si la maison brûle ou si elle est démolie, le sol n'est pas la propriété exclusive du propriétaire du rez-de-chaussée ; il appartient indivisément à tous.

1179. Inconvénients. — Cette sorte de communauté est une source féconde de procès. Elle a de plus le grand désavantage de rendre extrêmement difficile le bon entretien des maisons, et surtout celui des escaliers, dont l'état fait souvent contraste avec la tenue des appartements.

1180. Rapports entre les propriétaires. — Le Code a réglé, dans l'art. 664, la répartition des charges et des frais entre les propriétaires des étages. Mais les règles qu'il a établies ne s'appliquent qu'à *défaut de conventions contraires*. Or il existe presque toujours des conventions de ce genre : rien de plus naturel, quand on divise une maison de la sorte, que de régler les conditions du partage et les rapports des copropriétaires. Il y a d'ailleurs, dans presque toutes les villes où la division des maisons par étages est pratiquée, des *usages locaux* et des jurisprudences spéciales, dans le détail desquels il est impossible d'entrer ici.

1181. Prohibition de cette pratique en Allemagne. — Le Code allemand interdit la division d'une maison par étages (art. 1014).

B. — Droit de superficie.

1° Règles générales.

****1182. Définition.** — Ce droit consiste à être *propriétaire d'édifices ou de plantations reposant sur un terrain appartenant à autrui*. En principe, tout ce qui se trouve sur le sol appartient au propriétaire du sol, par l'effet de l'*accession* (ci-dessous n°s 1509 et suiv.). Le droit de superficie déroge à ce principe, en séparant la propriété des superfices de celle du sol [1].

1183. Histoire. — La superficie commença à Rome par être une simple concession précaire ; ce fut le Préteur qui en fit un véritable droit, en créant l'interdit « de superficiebus » (*Digeste*, liv. XLIII, tit. 18). Mais la superficie resta toujours en droit romain une simple *servitude* et ne s'exerça jamais qu'à titre de droit de jouissance sur la chose d'autrui.

En droit français, au contraire, elle constitue *une véritable propriété ;* le superficiaire est *propriétaire* des superfices, ce qui a pour lui le grand avantage de lui permettre d'hypothéquer.

***1184. Controverse moderne.** — Le caractère du droit de superficie est, il est vrai, contesté encore de nos jours. Laurent surtout a combattu l'opinion qui voit en elle un droit de propriété (T. VII, n°s 409 et suiv.). Il est cependant facile de démontrer que la loi française admet l'existence de la propriété des superfices séparée de la propriété du sol. Cela y est écrit en toutes lettres. L'art. 553 dit en effet : « Toutes constructions, plantations et ouvrages sur un terrain ou dans l'intérieur sont présumés faits par le propriétaire et lui appartenir, *si le contraire n'est prouvé* ». Le contraire est donc possible; c'est-à-dire que les bâtiments peuvent appartenir à un autre qu'au propriétaire du sol, ou, ce qui revient au même, que le superficiaire en est propriétaire. La suite du texte ajoute même qu'un tiers peut acquérir par prescription la *propriété* d'une partie seulement du bâtiment (Voyez une note de M. Labbé, *Sirey*, 74, 1, 457).

1185. Loi belge. — En Belgique, il existe une loi sur la superficie, du 10 janvier 1824, qui la définit ainsi : « Un droit réel qui consiste à *avoir* des plantations, ouvrages ou constructions sur le terrain d'autrui ». Laurent a fait de grands efforts pour démontrer que le mot « avoir » ne signifie pas « être propriétaire ». Mais alors, que pourrait-il bien vouloir dire ?

1186. Système allemand. — Le Code allemand a réglementé en quelques articles le droit de superficie (art. 1012-1019), qu'il place immédiatement après la propriété sans lui en donner le nom. Il décide que ce droit ne s'éteint pas par la destruction de la construction.

****1187. Caractères juridiques.** — La superficie forme, comme le fonds lui-même, *une propriété immobilière*, et par suite susceptible d'hypothèque (art. 2118-1°).

[1] Le mot « superficie » ne désigne donc pas la surface géométrique du sol, mais les objets qui se trouvent sur le sol. C'était déjà le sens du mot « superficies » en latin, comme dans cet exemple de Paul, où il est question d'un locataire qui a bâti sur le terrain loué : « qui conducto solo superficiem imposuit ».

Elle est de sa nature *perpétuelle* comme toutes les propriétés. C'est même là son plus grand inconvénient, comme on le voit dans l'espèce jugée par la Cour de cassation, le 16 décembre 1873 (D. 74. 1. 249, S. 74. 1. 457) : le propriétaire du fonds et le propriétaire de la superficie n'étant pas entre eux dans l'indivision, le partage est impossible, et le sol se trouve indéfiniment stérilisé pour son propriétaire par l'effet de la superficie qui appartient à autrui.

La loi belge, pour éviter cet inconvénient, a limité la durée de la superficie à 50 ans. En France, dans les deux seuls cas où la superficie ait une réelle importance pratique, elle se présente toujours avec un caractère essentiellement temporaire. Voyez les nos 1188 et 1189.

2° Exemples particuliers.

* **1188. Bail avec permission de bâtir.** — Très souvent un industriel qui n'a pas les capitaux nécessaires pour acheter un terrain ou qui désire ne pas les risquer, prend à bail un terrain nu, sur lequel il se fait autoriser à élever des constructions ordinairement légères, hangars, ateliers, etc. Le bail règle alors la condition juridique de ces constructions. On peut convenir qu'elles appartiendront au propriétaire, conformément au principe de l'accession ; auquel cas le bail ne crée pas un droit de superficie. On peut convenir aussi qu'elles seront la propriété du locataire qui les aura élevées. Voilà un cas de *superficie temporaire*. Le locataire peut s'en faire un moyen de crédit en hypothéquant ses constructions.

Une question grave, que les parties font sagement de prévoir dans leur contrat, est celle du sort de ces constructions à la fin du bail. Souvent il est dit qu'elles demeureront acquises au propriétaire, tantôt avec et tantôt sans indemnité. D'autres fois, surtout quand ces constructions ont peu de valeur, le preneur s'engage à les enlever à sa sortie et à rendre le terrain nu et nivelé.

1189. Bail à domaine congéable. — Si le premier exemple du droit de superficie reçoit presque toujours son application aux locations urbaines, le second est plus spécialement rural. Le *bail à domaine congéable* est une forme du louage particulière à la Basse-Bretagne (au delà de Vannes et de Saint-Brieuc), dont l'origine est très ancienne et qui n'a pas été atteinte par les lois révolutionnaires abolitives des anciennes tenures rurales. Loin de là : la loi des 7 juin-6 août 1791 l'a réglementée à nouveau. Dans ce genre de bail, le fermier ou colon est propriétaire de tous les *édifices et superfices*, qui comprennent non seulement les bâtiments et les plantations, mais aussi tous les travaux capables d'améliorer le sol, fossés, drainages, puits, talus, etc., tout ce qui est dû au travail de l'homme. A raison de cette propriété, on l'appelle le *domanier* (qui dominium habet), et il sait fort bien dire au bailleur, quand il reçoit sa visite : « Je suis heureux de vous voir *chez moi* ». Le propriétaire du fonds n'a que le terrain *nu* (et pour cela on l'appelle le *foncier*) avec les arbres qui y croissent spontanément (*arbres fonciers*).

Le domaine du fermier, perpétuel théoriquement, peut prendre fin par la faculté du *congément* exercée par le foncier, qui renvoie son colon en lui remboursant la valeur des édifices et superfices. De là le nom de « domaine *congéable* » [1].

Ce vieux bail breton montre donc encore de nos jours un exemple remarquable de *droit de superficie temporaire*. Il sera utile d'y revenir plus tard à propos du louage des biens ruraux (T. II).

1190. Arbres des grand'routes. — Voyez la loi du 12 mai 1825 sur la propriété des arbres bordant les routes : ils peuvent appartenir à des particuliers, bien que plantés sur le domaine public.

[1] Le droit du domanier peut encore cesser, comme tout droit portant sur la chose d'autrui, par une renonciation volontaire de sa part. Cette renonciation porte un nom particulier : l'*exponse* (du vieux français *exponser*, abandonner, déguerpir). Longtemps cet abandon a été régi par le droit commun ; mais une loi du 8 février 1897 a autorisé le domanier à exiger le prix des superfices qu'il abandonne. C'est leur *achat forcé* qu'il impose à son foncier ; dans la pratique, on a appelé cela l'*exponse payante*.

CHAPITRE VI

DES PROPRIÉTÉS INCORPORELLES

***1191. Extension de la notion de propriété aux choses incorporelles.** — Le droit de propriété est, par définition, un droit qui porte sur une *chose* ; il suppose donc l'existence d'un *objet matériel*. Mais le même phénomène que nous avons déjà observé pour la possession s'est produit pour la propriété. La notion de propriété a été étendue à d'autres objets. On se sert de ce mot d'une manière large, pour désigner l'attribution exclusive d'un droit à une personne, toutes les fois que ce droit est considéré comme un élément d'actif susceptible de figurer dans la composition d'un patrimoine et de pouvoir passer d'une personne à une autre. Alors, quelle que soit la nature de la chose à l'occasion de laquelle le droit s'exerce, on dit qu'elle fait l'objet d'une propriété, pour signifier qu'aucune autre personne ne peut en retirer les avantages qu'elle donne.

1192. Exemples. — En ce sens, les créances elles-mêmes peuvent parfaitement être considérées comme faisant l'objet d'un droit de propriété, et cependant on a vu (nos 766 et 769) quelle profonde différence sépare le droit de créance du droit de propriété ; mais la créance est un élément d'actif dont le créancier seul profite et dont il peut seul disposer ; on peut donc dire qu'il est propriétaire de sa créance. C'est ainsi que le Code de commerce parle de la « propriété » d'une lettre de change (art. 136) ; or la lettre de change n'est que le titre d'un créancier. On comprend ce qu'un pareil langage signifie, mais il est en somme peu exact et on fera bien de l'éviter. Un tel emploi du mot « propriété » est tout à fait éloigné du cas normal et ne peut guère donner lieu à des rapprochements utiles.

Mais il y a quelques droits, d'une nature spéciale, qui se rapprochent bien davantage de la vraie propriété, sans avoir cependant un objet matériel rentrant dans la catégorie des « choses ». Ce sont donc des *propriétés incorporelles*. Nous en avons déjà rencontré un exemple dans les *titres de noblesse* (n° 426) et on a vu que la jurisprudence considère aussi les *noms patronymiques* comme faisant l'objet d'un droit de propriété (nos 411-415). Il reste à étudier dans cet ordre d'idées la propriété des *offices* et les *droits des auteurs et inventeurs* sur leurs œuvres et inventions.

§ 1. — *Des offices.*

1193. Bibliographie. — LOYSEAU (mort en 1627), *Traité des offices* (dans ses *Œuvres complètes*, édit. de Lyon, 1701).— LOUIS-LUCAS, *Étude sur la vénalité des charges*, thèse en 2 vol., 1882.

***1194. Définition.** — La définition des offices a toujours embarrassé les auteurs à cause de la multiplicité des charges auxquelles ce mot peut s'appliquer (voyez les définitions diverses qu'examine Loyseau dans son traité *Des offices*, nos 89 à 98). L'office est *toute fonction conférée d'une manière permanente à une personne au nom du public ou du prince*. Peu importe la nature des fonctions, judicature, finances, service de guerre, etc. Peu importe aussi le rang ou la dignité de l'officier ; quoi qu'en dise

Loyseau, la « dignité » n'est pas un élément essentiel de l'office, car il y en a eu de tout temps de fort humbles. Deux caractères seulement distinguent l'office : 1° la *nature publique* de la fonction ; c'est par là qu'il se sépare des mandats ou services privés ; 2° la *permanence*, qui sépare l'office de la simple mission temporaire.

A. — Les offices vénaux avant la Révolution.

1195. Distinction de la vénalité et de la patrimonialité des offices. — Quoiqu'on les confonde souvent, ces deux choses sont fort dissemblables. La *vénalité* est une pratique financière du gouvernement qui se fait payer à prix d'argent par les particuliers pour leur conférer les fonctions publiques. La *patrimonialité* est un système particulier de législation qui transforme les offices en une sorte de biens, ayant une valeur pécuniaire et capables de figurer comme éléments actifs dans les patrimoines des particuliers.

La vénalité des offices a existé seule pendant de longs siècles, sans la patrimonialité, qui est un produit spécial du droit français ; puis toutes deux ont existé ensemble pendant deux ou trois siècles ; la vénalité a été supprimée au début de la Révolution et n'a jamais été rétablie. A présent la patrimonialité existe seule. Nous n'avons plus aujourd'hui la *vénalité* ; l'État ne vend jamais les charges qu'il confère ; mais nous avons un assez grand nombre d'*offices patrimoniaux*.

1196. Origine de la vénalité des offices. — La *vénalité* des offices a une longue histoire ; elle se pratiquait déjà dans l'Empire romain, mais seulement pour les charges inférieures, les « militiæ ». Elle paraît avoir subsisté pour elles de tout temps ; seulement, au lieu de les *vendre*, on préférait ordinairement les *affermer*, ce qui permettait d'en faire varier le prix avec les produits. Ce fut pendant longtemps l'habitude universelle pour les prévotés du moyen âge.

*** 1197. Son développement sous la monarchie absolue.** — La vénalité, restée longtemps stationnaire, se développa en France au XVIe siècle ; le roi se mit à vendre toutes sortes d'offices, non sans provoquer beaucoup de railleries et de réclamations. Parmi les détracteurs de la vénalité, on compte l'Hospital, Rabelais, Montaigne, Charron, Pasquier, Bodin, Hotman. Ces réclamations trouvèrent un écho dans les États d'Orléans de 1560, et l'ordonnance de Moulins, de février 1566, dut y répondre, mais elle se borna à exiger des acquéreurs quelques garanties de moralité et de capacité. Dès lors la vénalité ne fit que s'étendre ; elle atteignit successivement tous les genres de fonctions. Elle constituait une *ressource fiscale* très agréable à employer, puisqu'elle n'était pas de nature à soulever les protestations de ceux qui payaient. Louis XIV surtout en abusa. Les charges données par l'État ne suffisant plus, le roi transforma en offices vénaux les *charges municipales*, et on les vendit à leur tour. On créait des fonctions inutiles, et parfois invraisemblables. On vit des *crieurs d'enterrements*, des *vendeurs d'huîtres*, des *contrôleurs de perruques*, dont la fonction constituait un office. Ces abus valurent au roi un mot d'esprit du contrôleur général Desmarest : « Votre Majesté, lui dit-il, ignore une des plus belles prérogatives des rois de France : c'est que chaque fois que le roi crée un office, Dieu crée un sot pour l'acheter ». Afin d'allécher les amateurs, on attachait souvent l'*acquisition de la noblesse* à la possession prolongée d'un office, au bout de vingt ans par exemple.

*** 1198. Comment les offices vénaux sont devenus patrimoniaux.** — Si l'on s'était borné à vendre les offices, ils ne seraient pas devenus par cela seul la propriété de ceux qui les achetaient. Leur caractère patrimonial vient de la concession successive aux officiers de trois avantages considérables : 1° la *perpétuité* ; 2° la *cessibilité* ; 3° l'*hérédité*.

*** 1199. Perpétuité des offices.** — La *perpétuité* (nous dirions aujourd'hui l'*inamovibilité*) date de Louis XI. Ce roi vit se former contre lui à son avènement une coalition féodale, célèbre sous le nom de *Ligue du bien public* ; il paraît que les nombreuses destitutions d'officiers auxquelles il s'était laissé aller furent une des causes les plus vives du mécontentement général. Aussi, après la paix rétablie, il promit solennellement à tous ses officiers de ne plus donner aucun office, à moins qu'il ne fût vacant par mort, résignation de bon gré, ou forfaiture déclarée judiciairement (Lettres datées de Paris, 21 octobre 1467, dans ISAMBERT, t. X, p. 541). Ainsi l'inamovibilité a été due à un repentir de la royauté, en présence des désordres provoqués par les destitutions.

* **1200. Cessibilité des offices.** — La cessibilité est la *faculté de transmettre l'office entre-vifs, à une personne choisie par le titulaire actuel, qui s'en fait payer le prix*. L'office devient ainsi *vénal* non plus pour le gouvernement qui le donne, mais pour le particulier qui le possède.

Les cessions d'offices se pratiquaient déjà en fait depuis un certain temps quand la cessibilité fut officiellement reconnue par une ordonnance de Charles IX, du 12 novembre 1567, qui accorda à tous les officiers dont les offices étaient vénaux, la faculté de les résigner à personnes capables, sous la condition de payer un droit de mutation. Pour la perception de ce droit, on établit le « Bureau des *parties casuelles* », expression qui désignait les deniers perçus sur les ventes d'offices. Ces transmissions faites entre vifs par les officiers laïques étaient une imitation des « resignationes in favorem » usitées dans la pratique de l'Église pour les *bénéfices*.

* **1201. Hérédité des offices.** — Pendant quelque temps, la transmission d'un particulier à un autre ne put se faire qu'entre-vifs ; l'office était « cessible », il n'était pas « héréditaire ». Le droit de présenter un successeur à l'agrément du roi était donc perdu lorsque l'officier mourait à l'improviste, et l'on exigeait même, pour approuver la cession entre-vifs, que celui qui se démettait de l'office eût survécu 40 jours au moins à sa démission. L'*hérédité*, c'est-à-dire le droit pour les héritiers d'un officier décédé de vendre l'office à une personne de leur choix, ne fut organisée que sous Henri IV. C'est le résultat d'une combinaison financière proposée à Sully par le traitant Paulet. Moyennant le payement *annuel* d'un droit égal à la *soixantième partie* de la valeur reconnue ou présumée de leurs charges, on accorda aux successeurs de l'officier décédé le droit de présenter son successeur comme lui-même aurait pu le faire de son vivant (Déclaration du 16 novembre 1604). La taxe n'était pas obligatoire ; la payait qui voulait ; mais le financier comptait si bien sur l'attrait qu'aurait pour les officiers cette garantie contre la perte possible de leur office, qu'il prit à ferme le nouveau droit pour neuf ans, moyennant un prix de 2 millions 363,000 livres. Cette taxe nouvelle fut baptisée *la Paulette*, du nom de son inventeur.

L'hérédité ainsi introduite acheva de rendre les offices *patrimoniaux* ; l'office devenait un bien perpétuel transmissible par vente ou par succession. Ce système nouveau eut pour résultat d'élever le prix des offices à des prix inconnus jusqu'alors. Sous Louis XIV, les charges de conseiller au Parlement de Paris se vendaient couramment 50 ou 60 mille livres ; on vit même la charge de procureur général se payer 1 million 200 mille livres, somme énorme pour l'époque [1].

1202. Avantages de la patrimonialité. — Si la vénalité des charges fut un déplorable principe financier, leur patrimonialité eut au contraire quelques bons effets. Elle favorisa la formation de ces familles de robe, propriétaires de leurs charges, qui furent au XVIIe et XVIIIe siècles l'honneur de la magistrature française, et qui se sentirent parfois assez fortes pour tenir tête au roi. Aussi ne faut-il pas s'étonner de trouver Montesquieu parmi les défenseurs de la vénalité, qui pour lui implique le caractère patrimonial des offices (*Esprit des Lois*, liv. V, chap. 19).

* **1203. Distinction de la finance et du titre.** — Jamais on n'a considéré l'office en lui-même comme étant la propriété absolue de son titulaire. On distinguait entre la *finance* et le *titre* de l'office. La finance représentait la somme payée au roi par le premier titulaire et remboursable en cas de suppression de l'office. C'était donc *une créance éventuelle* contre le roi. Elle seule était dans le commerce, pouvait être vendue ou transmise par succession, comme un fonds de terre ou comme une rente.

Quant au titre de l'office, c'était l'*investiture* permettant d'en exercer la fonction. Le titre

[1] On comprend dès lors le mot de Montesquieu : « Monsieur, je n'ai point vu votre cabinet », dit son Persan à un magistrat qui lui fait visiter sa maison. « Je le crois, répond celui-ci, car je n'en ai point. Quand je pris cette charge, j'eus besoin d'argent pour la payer ; je vendis ma bibliothèque, et le libraire qui la prit, d'un nombre prodigieux de volumes, ne me laissa que mon livre de raison (de comptes) » (*Lettres persanes*, n° 68).

ne dépendait pas de l'officier ou de ses héritiers ; il fallait en obtenir la provision du roi, qui seul pouvait la donner. Mais le roi ne pouvait choisir, comme nouveau titulaire, que celui qui se présentait déjà pourvu de la finance après entente avec l'ancien titulaire ou sa famille.

* **1204. Suppression des offices vénaux pendant la Révolution.** — Le système de vénalité et de patrimonialité, appliqué par l'ancienne monarchie à presque toutes les charges publiques, notamment à tous les offices de judicature, reçut une *première atteinte* en 1771, lors des réformes éphémères du chancelier *Maupeou*. Il fut définitivement *supprimé* en 1789 : « La vénalité des offices de judicature est abolie pour toujours ; les juges rendront gratuitement la justice et seront salariés par l'État » (Résolutions du 4 août. — Comp. L. 16-24 août 1790, sur l'organisation judiciaire, tit. II, art. 2). La Constitution du 3 septembre 1791, dans ses préliminaires, portait : « Il n'y a plus ni vénalité ni hérédité d'aucun office public ». La suppression des divers genres d'offices fit l'objet de plusieurs lois spéciales (Voyez notamment la loi des 24 décembre 1790-23 février 1791, liquidant les offices des procureurs). Les titulaires devaient recevoir une indemnité ; malheureusement pour eux, la loi du 7 novembre 1790 ordonna qu'elle serait payée en assignats (art. 3).

B. — Les nouveaux offices patrimoniaux.

* **1205. Date et cause de leur institution.** — La vénalité des offices n'a jamais été rétablie ni avec les caractères, ni avec la généralité qu'elle avait autrefois. Cependant, en 1816, comme le Trésor était épuisé par les guerres de Napoléon Ier et par les catastrophes qui avaient mis fin à l'épopée impériale, on eut une idée qui équivalait à la restauration partielle de l'ancien système. Pour se procurer d'un seul coup une grosse somme, on éleva considérablement le cautionnement de beaucoup de fonctionnaires (avocats à la Cour de cassation, avoués, notaires, commissaires-priseurs, huissiers, greffiers, agents de change et courtiers [1]). En compensation du sacrifice qu'on leur demandait, on leur accorda *le droit de présentation*, c'est-à-dire le droit de présenter leurs successeurs à l'agrément du Gouvernement (Loi du budget du 28 avril 1816, art. 91). C'était leur permettre de vendre leurs charges, car il leur est loisible de stipuler un prix comme condition de cette présentation. Deux ordonnances du 29 juin et du 3 juillet 1816, relatives aux agents de change, reconnaissent que la loi du 28 avril précédent avait accordé aux titulaires d'offices le droit de « disposer de leurs charges ». Les charges désignées dans la loi de 1816 *s'achètent* et *se vendent* comme un bien quelconque. La *vénalité* n'est pas rétablie, le Gouvernement ne touche pas le prix des charges qu'il crée ; mais les *charges* ou *études* auxquelles est accordé le droit de présentation, sont devenues *patrimoniales*.

La loi de 1816 n'a fait d'ailleurs que régulariser une pratique qui commençait à s'introduire de nouveau. En fait, beaucoup de titulaires d'offices se faisaient payer une somme d'argent par leur successeur, soit comme condition de leur démission, soit pour prix de la clientèle.

[1] Cette disposition ne s'applique plus qu'aux courtiers d'assurances et aux courtiers interprètes et conducteurs de navires ; la loi du 18 juillet 1866 a supprimé les offices des courtiers de marchandises.

* **1206. Inconvénients du système actuel.** — La loi de 1816 a donc opéré, pour un certain nombre de charges, un retour partiel à l'ancien système, retour fâcheux à beaucoup d'égards, et qui est aujourd'hui un obstacle à des réformes impérieusement nécessaires. Il sera à peu près impossible de réformer notre procédure, qui en aurait si grand besoin, tant qu'on se trouvera en face d'avoués propriétaires de leurs charges. On vante souvent les financiers de la Restauration, pour l'habileté et la promptitude avec laquelle ils ont rétabli nos finances ; ils ont pourtant commis des fautes, et celle-ci est une des plus graves, qui pèse lourdement sur nos institutions judiciaires.

1207. Réforme opérée en Alsace-Lorraine. — En Alsace-Lorraine, les Allemands se sont débarrassés des offices patrimoniaux dès 1872 [1] ; mais ils n'avaient affaire qu'à l'étendue de deux ou trois départements.

1208. Obstacles à une réforme. — En France, la même opération serait une bien grosse entreprise, car la valeur des charges soumises au régime de 1816 s'est depuis lors considérablement élevée [2]. Voyez sur cette question, VRAYE, *Du remboursement des offices ministériels et de la suppression de leur vénalité*, 1 vol., 1860, nouv., édit. 1882; THEUREAU, *Étude sur la suppression de la vénalité des offices*, 1868.

** **1209. Caractères spéciaux de la propriété des offices.** — Quoiqu'on considère habituellement le titulaire actuel comme *propriétaire* de sa charge, le mot la « propriété » est ici un terme un peu excessif. L'office n'est pas la « chose » de son titulaire, il n'en peut pas faire ce qu'il veut. La conséquence la plus remarquable de cette règle, d'après laquelle l'office n'est pas à tous égards un bien patrimonial semblable aux autres, c'est qu'*il n'est pas permis de s'associer pour en acheter un.* Toute association de ce genre est défendue. Il y a toutefois exception pour les *agents de change* qui peuvent se donner des *bailleurs de fonds intéressés*, sous cette réserve que le titulaire doit toujours être propriétaire d'un quart au moins de sa charge (L. 2 juill. 1862 ; art. 75 C. com.). Mais cette exception est la seule, et il a fallu une loi spéciale pour légitimer sur ce point la pratique qui s'était introduite.

Une autre conséquence de la nature spéciale de ce genre de propriété est l'*insaisissabilité*. Les créanciers du titulaire ont pour gage la valeur de l'office ; ils sont autorisés à prendre diverses mesures conservatoires soit sur le produit de l'office, soit sur le prix de cession (DALLOZ, *Répert.*, v° Office, n°s 390-392), mais ils ne peuvent pas *saisir* l'office, parce que la saisie aboutirait à une *vente aux enchères*, mode de transmission incompatible avec les droits qui appartiennent au gouvernement pour la nomination du nouveau titulaire.

[1] L. 10 juin 1872, *Annuaire étranger*, t. II, p. 509.

[2] Le journal *Le Temps*, du 5 avril 1892, a publié quelques chiffres portant sur les années 1888-1891. Dans cet intervalle, 509 études de *notaires* avaient été vendues moyennant 33,261,820 fr., ce qui permettait d'évaluer approximativement l'ensemble de ces offices à 580 millions et leur valeur monte toujours : les 509 offices cédés dans cette période avaient acquis une plus-value de 2,735,586 fr. — En 1891, le prix d'achat des 150 études d'avoués de première instance de Paris s'élevait à 33,769,800 fr... En tout on comptait alors 2,388 études *d'avoués de première instance*, représentant environ 137 millions ; 290 offices *d'avoués d'appel* valant 19,636,986 fr. ; 379 *commissaires-priseurs*, ayant payé leurs charges 26,231,600 fr. Pour les *huissiers*, au nombre de 5,038, le *produit* est seul indiqué, par une évaluation approximative de 27 à 28 millions ; les 901 études d'huissiers vendues dans la période de 1888-1891 ont été payées 17,025,787 fr. — Dans cette statistique ne figurent ni les avocats à la Cour de cassation, ni les greffiers, ni les courtiers, ni les agents de change. Comp. *Bulletin de statistique*, 1892, I, p. 495.

On a déjà vu que les offices sont considérés comme *meubles*, par cela seul que la loi moderne ne les a pas classés parmi les immeubles : tout ce qui n'est pas immeuble est mobilier. Par suite, si le titulaire d'un office se marie sans faire de contrat, la valeur vénale de son office entrera en communauté et appartiendra pour moitié à sa femme (art. 1401-1°). Mais le fait est extrêmement rare. Ordinairement les personnes qui possèdent déjà ou qui ont l'intention d'acquérir un office font un contrat pour l'exclure de la communauté.

1210. Tendances de la jurisprudence moderne. — Le *droit de présentation*, établi par la loi de 1816, ressemble singulièrement à ce qu'on appelait la *finance* de l'office sous l'ancien régime. Cependant la condition actuelle des propriétaires d'offices est assez éloignée de celle qui leur était faite par l'ancien droit. La différence n'est pas dans les principes, mais dans la façon dont on les applique. C'est l'esprit public qui a changé. Jadis les officiers avaient pour eux la faveur des parlements et des ministres ; aujourd'hui la jurisprudence, dominée par les idées modernes, et mise en éveil par les désastres et les scandales causés par de trop nombreux officiers indignes de leurs fonctions, cherche plutôt à *restreindre leur droit de propriété* et à *augmenter les droits de contrôle et de surveillance de l'administration*. Cette réaction, qui a commencé peu de temps après 1816, est surtout sensible depuis 1840. Les instructions de la chancellerie contribuent à pousser les tribunaux dans cette voie.

1211. Exercice du droit de présentation. — Le droit de choisir un successeur et de le présenter à l'agrément du gouvernement est *inaliénable*. Il est bien *transmissible aux héritiers* et autres successeurs du titulaire (L. 28 avril 1816) ; mais, de son vivant, il est exclusivement *personnel* à celui-ci ; il ne peut donc être exercé à sa place par ses *créanciers*, bien que le texte de la loi l'accorde en termes généraux à ses « ayants cause », ce qui comprendrait même les créanciers, si la nature de l'office ne fournissait une raison spéciale de leur refuser ce droit.

Lorsque le démissionnaire ou ses héritiers négligent d'user de leur droit de présentation, le gouvernement recouvre le droit de *pourvoir d'office à la charge vacante ;* mais en fait il n'use de ce droit qu'avec certaines précautions et après avoir adressé une *mise en demeure* aux intéressés.

1212. Effets de la destitution du titulaire. — Les titulaires d'office peuvent être destitués pour des raisons et selon des formes diverses qu'il est inutile d'étudier ici (voy. PERRIQUET, n°s 556 à 603). Leur destitution produit une conséquence grave : elle leur fait *perdre leur droit de présentation :* « Cette faculté n'aura pas lieu pour les titulaires destitués » (L. 28 avril 1816, art. 91).

La jurisprudence, interprétant cette disposition, reconnaît que le gouvernement serait en droit de nommer un nouveau titulaire sans lui imposer le paiement d'une indemnité au profit de l'officier destitué ou de ses héritiers. Cette mesure extrêmement sévère équivaudrait à une confiscation ; ce serait une *pénalité* trop dure, qui aurait l'inconvénient de retomber sur la famille du titulaire destitué, innocente de ses méfaits. Aussi le gouvernement a-t-il pris l'habitude d'imposer au nouveau titulaire, qu'il nomme directement, le versement d'une indemnité représentant la valeur de l'office. C'est une *faveur*, une mesure gracieuse, destinée à tempérer les rigueurs d'une jurisprudence qui interprète d'une façon trop étroite la loi de 1816. Le texte de celle-ci ne rendait nullement nécessaire cette sorte de confiscation, puisqu'il est reconnu que la Restauration a rétabli, sous un nom détourné, l'ancienne *propriété* des offices. On pouvait distinguer deux droits différents : celui de présenter un successeur à l'agrément du gouvernement, celui de se faire payer la valeur de l'office. Le premier seul devrait être perdu par l'effet de la destitution. Comp. PERRIQUET, n°s 517 à 520 et 583.

Persévérant jusqu'au bout dans son idée, la jurisprudence décide en outre que l'*indemnité* payée par le nouveau titulaire n'est pas le *prix* d'une cession et ne *représente* pas la valeur vénale de l'office. Elle en tire cette conséquence que l'ancien titulaire n'a aucun *privilège* à faire valoir sur cette somme comme vendeur (Cass., 13 févr. 1849, D. 49. 1. 40, S. 49. 1. 285 ; Cass., 26 mars 1849, D. 49. 1. 83, S. 49. 1. 318 ; Cass., 23 avril 1849, D. 49. 1. 102, S. 49. 1. 320).

1213. Créations et suppressions d'offices. — Le Gouvernement peut créer des offices nouveaux, mais les premiers titulaires ne les obtiennent pas gratis ; ils doivent en payer la valeur. Seulement, comme l'État moderne ne vend pas les fonctions publiques, ce n'est pas le Trésor public qui touche la somme : elle est *répartie* entre les officiers du même ordre et du *même ressort*, qui vont voir baisser leurs recettes par la présence d'un nouveau collègue.

A l'inverse, le Gouvernement peut *supprimer* les offices existants ; la loi de 1816 lui en réserve formellement le droit, et il en use largement. De 1873 à 1891, on a supprimé 995 études d'huissiers.

En cas de suppression, la valeur de l'office n'est pas perdue pour le titulaire de l'office ou sa famille : une *indemnité* lui est *payée par ses collègues du ressort*, qui vont nécessairement bénéficier de la disparition d'un concurrent.

1214. Renvoi. — Il y aurait beaucoup d'autres renseignements à donner à propos des offices, spécialement pour leur *cession*, qui forme une sorte de vente soumise à des règles particulières, et pour le *privilège* qui appartient au vendeur de l'office pour le paiement du prix. Ces détails trouveront mieux leur place dans les matières spéciales de la *vente* et des *privilèges et hypothèques*.

§ 2. — *Droit des auteurs et inventeurs sur leurs œuvres et inventions.*

(Propriété littéraire, artistique et industrielle.)

1215. Bibliographie. — POUILLET, *Traité théorique et pratique de la propriété littéraire et artistique*, 3e édit., 1889. — DELALANDE, *Étude sur la propriété littéraire et artistique* (Mémoire couronné par la Faculté de Paris), 1880. — FERNAND WORMS, *La propriété littéraire*, 2 vol. in-12, 1878. — CH. LYON-CAEN et P. DELALAIN, *Lois françaises et étrangères sur la propriété littéraire et artistique*, 2 vol., 1889-1890.

A. — Examen de la question au point de vue rationnel.

1216. Observation préalable. — Théoriquement, la question est la même pour *toutes les œuvres intellectuelles*, quelle qu'en soit la nature, littérature, peinture, sculpture, musique, inventions industrielles, etc. On raisonne en général sur les œuvres littéraires, sauf à appliquer aux autres ce qu'on a dit pour elles. Il faut pourtant tenir compte de la *législation positive* qui n'est pas la même pour toutes : ainsi les *brevets d'invention* sont soumis à un *régime spécial* (ci-dessous, n° 1225).

* **1217. Le droit de l'auteur n'est pas une propriété.** — Quelle est la nature du droit de l'auteur sur son livre ? Pendant longtemps les écrivains se sont plu à affirmer que leur droit était une propriété ; ils comparaient l'écrivain qui vend son livre au fermier vendant sa récolte. L'un d'eux (Lamartine) a même prétendu que la propriété littéraire était « la plus sainte des propriétés ». En développant cette idée, on a dit et répété que la propriété littéraire était la plus personnelle et la plus intime, car la propriété ordinaire porte sur des choses extérieures dont l'homme est obligé de s'emparer, tandis que sa pensée, c'est lui-même. Tant d'insistance et d'affirmations ont entraîné l'opinion. Le prince Louis-Napoléon écrivait en 1844, dans une lettre destinée à la publicité : « L'œuvre intellectuelle est une propriété comme une terre, comme une maison ; elle doit jouir des mêmes droits ». Les écrivains ont de cette manière réussi à faire entrer dans la langue, malgré son inexactitude, l'expression « propriété littéraire », qui a même figuré pendant longtemps dans le texte de nos lois.

Cette conception a cependant fini par être rejetée. Elle a rencontré deux adversaires redoutables. L'un, CH. RENOUARD, a publié deux volumes, aujourd'hui assez rares, dans lesquels il a combattu l'idée d'une propriété intellectuelle, en donnant pour titre à son ouvrage : *Traité des droits d'auteur* (1838). L'autre, P.-J. PROUDHON, a écrit contre les partisans de l'idée de propriété un pamphlet véhément, *Les Majorats littéraires* (1862).

L'erreur vulgaire consiste à croire que le *producteur* est nécessairement *propriétaire* du produit. Toute production est un travail et tout travail mérite salaire ; mais de là à l'idée de propriété, il y a loin. La possibilité d'une appropriation ne dépend pas des désirs de l'homme, mais de la nature des choses. Le *monde matériel* est destiné à l'*appropriation*, parce qu'il ne peut donner son plus grand rendement utile que par la répartition des choses et le cantonnement des possessions individuelles. Le *monde des idées* est d'une nature toute différente ; il est fait pour la *communauté*. L'idée ne devient utile que par son *expansion ;* son triomphe suprême serait de devenir *commune* à tous les hommes. Remarquez que cette communication peut se faire sans altérer ni diminuer la jouissance et la possession qu'en a son auteur ; au contraire, la puissance d'une idée communiquée n'en est que plus grande. — Sans doute, l'auteur est libre de ne pas publier son ouvrage ; il peut le détruire ou le garder pour lui seul en manuscrit ; mais, la publication une fois faite, il se produit un phénomène dont il n'est plus maître ; son idée n'est plus à lui seul, le public la possède et ne peut plus la perdre.

L'idée répugne donc par sa nature au droit de propriété, qui suppose la possibilité d'une possession exclusive. La vérité est que l'auteur a droit à un *salaire*. En pratique on a depuis longtemps trouvé le moyen de le lui assurer au moyen d'un *monopole d'exploitation*.

* **1218. La question de perpétuité.** — Une autre question grave s'élève encore ; c'est celle [de la durée de ce monopole : doit-il être perpétuel ? *Perpétuité*, voilà le mot que les auteurs ont adopté comme un drapeau, et la qualification de « propriété » qu'ils donnaient à leur droit n'avait pas pour eux d'autre sens. Remarquons tout d'abord que la perpétuité des droits d'auteur n'intéresse en fait qu'un très petit nombre d'écrivains ou d'artistes. Les œuvres littéraires, comme toutes les œuvres humaines, vieillissent vite et *meurent*. Elles ont besoin d'être remplacées et incessamment renouvelées. Celles mêmes (et combien y en a-t-il ?) qui paraissent faites pour l'immortalité, ne survivent qu'à la condition de *changer de rôle ;* au lieu de servir à la consommation ordinaire, comme au temps de leur fraîcheur, elles ne sont plus qu'un *objet d'études* pour les curieux et les érudits, ou un *moyen d'éducation* pour les enfants.

1219. Fausses objections. — On a fait contre la perpétuité diverses *objections*.

A. — La perpétuité profiterait aux *grandes maisons de librairie* bien plus qu'aux auteurs ; au bout de quelque temps, un petit nombre d'éditeurs réussiraient à acheter toutes les œuvres durables et seraient seuls à en profiter. — On peut répondre que la *pratique commerciale* abandonne de plus en plus le système de vente définitive de l'ouvrage à l'éditeur pour un prix fixe ; on emploie de préférence un système de rémunération au moyen d'un *prélèvement proportionnel* sur les bénéfices, 10 p. 100 par exemple, au profit de l'auteur. L'auteur profiterait donc de la perpétuité aussi bien que l'éditeur.

B. — On a dit encore que, en supposant seulement deux enfants à chaque génération, cela ferait déjà à la douzième 4,096 têtes entre lesquelles la propriété d'un ouvrage non aliéné se trouverait *morcelée*. Comment un libraire pourrait-il s'entendre avec tant de gens ? Comment même arriverait-il à les connaître ? L'objection est sans fondement, car elle se reproduirait contre la perpétuité d'un droit quelconque, pour la propriété foncière, par exemple. Les faits sont là pour démontrer l'inanité de ces craintes : il y a une une limite au morcellement dans les partages ; on n'aurait même pas besoin de déclarer la « propriété » littéraire indivisible.

* **1220. Raisons d'écarter la perpétuité.** — Si ces objections sont mauvaises, il y a cependant une *raison décisive* qui doit faire écarter la perpétuité des droits d'auteur ; cette raison se tire de l'*intérêt général*. Si une œuvre survit, après avoir servi à rémunérer l'auteur pendant sa vie, ainsi que ses héritiers les plus proches (et l'on verra que la législation actuelle leur donne satisfaction dans une large mesure), elle tombe réellement dans le domaine public. Elle ne peut plus durer qu'à la condition d'être commentée, analysée, discutée ; ce n'est plus l'œuvre d'un homme ; c'est un monument historique, un document ou un texte d'école.

L'obstacle précis qui arrêtera toujours les législations positives sur la pente où on voudrait les pousser, c'est l'impossibilité d'accorder la perpétuité aux inventeurs. Le *brevet d'invention* est nécessairement *temporaire ;* il deviendrait dangereux, s'il était perpétuel. L'idée heureuse qui éclôt un jour dans un cerveau, serait née tôt ou tard dans un autre, provoquée par les mêmes circonstances. Il n'est pas rare que deux ou trois inventeurs découvrent en même temps le même procédé. On ne peut pas retarder les améliorations incessantes de l'industrie pour le profit de quelques-uns.

Les œuvres littéraires et artistiques sont un peu dans le même cas : elles doivent beaucoup au *milieu* dans lequel elles se forment. Dans l'œuvre de l'artiste ou de l'écrivain, tout ne lui est pas personnel : ses contemporains, ses ancêtres, ses maîtres, ses critiques lui ont fourni, même à son insu, non seulement la matière, mais aussi la forme de ses œuvres et sa méthode.

* **1221. Système « de la redevance ».** — Un système particulier, dit « *Système de la redevance* », eut un moment la vogue et se flatta d'assurer la pérennité des droits de l'auteur, tout en réservant les droits du public et l'intérêt général. Il consiste à autoriser le premier venu à *reproduire* à sa volonté l'œuvre une fois publiée, à la charge de *donner une part des profits à l'auteur*. Seulement on n'a jamais réussi, et on ne réussira sans doute jamais, à élaborer un règlement capable de fonctionner et assurant le paiement régulier de la redevance et la répression des fraudes. Une autre difficulté consiste à déterminer législativement la part qui serait due à chaque auteur dans le prix de vente.

Le principe prévalut cependant en 1861 dans une commission qui s'occupait de la propriété littéraire, et l'un des Didot en était grand partisan, mais ce fut lui-même qui montra ensuite, chiffres en mains, l'impossibilité d'appliquer ce système aux œuvres déjà publiées. Son argumentation est tout aussi probante pour les autres.

B. — Histoire de la législation sur les droits d'auteur.

* **1222. Les privilèges royaux.** — Anciennement l'auteur d'un livre l'exploitait au moyen d'un *privilège* que lui donnait le roi pour le faire imprimer par tel libraire qui lui conviendrait. Ces privilèges s'obtenaient sous la forme de *lettres de chancellerie*. On les voit reproduits en tête ou à la fin des anciennes éditions. Le monopole de publication dérivait ainsi d'une *concession royale*.

On ne donnait pas de privilèges pour les *œuvres d'art*, les procédés industriels de reproduction n'ayant pas encore atteint le développement qu'ils ont pris depuis. C'est l'*imprimerie* qui a fait naître la question de la propriété littéraire, que les anciens n'ont pas même soupçonnée. Le plus ancien privilège connu a été accordé à Alde, imprimeur de Venise, en 1495, pour une édition d'Aristote.

* **1223. Progrès continu de la législation moderne.** — Sous la *Constituante* on voulut substituer le *régime de la loi* à ce *régime des privilèges*. La première loi qu'on vota (3 janvier 1791) n'était qu'une loi de police sur les *spectacles ;* elle ne protégeait donc que les *auteurs dramatiques*. On leur accorda le droit exclusif de reproduction, *leur vie durant*, et à leurs héritiers pendant *cinq ans après leur mort*.

Ce fut seulement la loi du 19 juillet 1793, rendue sur le rapport de Lakanal, qui étendit ce bénéfice à *tous les auteurs* d'œuvres littéraires, aux *compositeurs de musique*, aux *peintres et dessinateurs* qui feraient graver leurs tableaux. Cette loi a posé définitivement les bases de notre législation sur la matière, et elle a porté à *dix années* la durée du droit des héritiers.

Un décret du 5 février 1810, sur l'imprimerie et la librairie, porta ce délai à *vingt ans*. En même temps il a accordé à la *veuve* de l'auteur la jouissance viagère de l'œuvre, mais seulement lorsque ses conventions matrimoniales lui en donnent le droit (art. 39).

La loi du 8 avril 1854 *généralisa le droit des veuves*, quelles que soient leurs conventions matrimoniales, et prolongea la durée du droit des héritiers à *trente ans*.

Enfin la loi du 14 juillet 1866, qui est toujours en vigueur, a porté ce même délai à *cinquante ans*, à compter du décès, ce qui semble bien suffisant pour donner satisfaction aux auteurs des œuvres les plus solides, car il peut étendre à plus d'un siècle la durée du monopole. La loi de 1866 a été votée après des débats législatifs qui sont restés célèbres, et qui ont offert aux lettrés le spectacle d'un véritable tournoi littéraire donné en leur honneur et dans leur intérêt ; Jules Favre et Jules Simon y prirent une part brillante. Cette loi est intitulée « Loi sur les *droits* des héritiers et ayants cause des auteurs ». Le législateur a donc répudié le titre de « propriété » dont on avait tant abusé.

La liste qui précède ne contient que les lois principales. Il y a beaucoup d'autres textesecondaires, tant lois que décrets (Voyez les ouvrages de MM. Worms et Lyon-Caen signalés au n° 1215).

La législation française a donc suivi depuis 1791 un progrès continu vers la perpétuité sans y arriver. La durée de cinquante ans après la mort a été acceptée en 1866 par les partisans même de la perpétuité, mais seulement comme un commencement et une espérance.

* **1224. État actuel du droit.** — En somme, l'exploitation exclusive de l'œuvre est assurée à l'auteur pendant toute sa vie et à ses héritiers pendant cinquante ans après sa mort. En outre son conjoint[1] a personnellement la jouissance viagère de ce droit, sauf réduction au profit des héritiers à réserve.

Le conjoint survivant perd son droit dans deux cas : 1° quand il existe contre lui, au moment du décès, un jugement de séparation de corps ; 2° quand il contracte un second mariage.

Le droit ne s'ouvre pas au profit de l'ex-conjoint *divorcé*, puisqu'il n'a plus la qualité de *conjoint* au moment où se produit le décès de l'époux auteur de l'œuvre.

Enfin le conjoint n'est pas protégé par un droit de *réserve;* par suite, son droit de jouissance est perdu si l'auteur en fait un don entre vifs ou le lègue à d'autres par testament.

1225. Brevets d'invention. — Les inventeurs sont beaucoup moins énergiquement protégés : leur monopole dure au plus 15 années, et ne leur est pas assuré de plein droit; ils n'en jouissent qu'en vertu d'un *brevet*, qui d'ailleurs ne peut leur être refusé et qu'ils peuvent demander pour 5, 10 ou 15 années à leur volonté. En outre, ce monopole n'est *pas gratuit :* ils doivent payer, sous peine de déchéance, une *redevance* annuelle de 100 francs, et d'avance, au commencement de chaque année. Il existe d'autre part pour eux diverses causes de *déchéances* qui font tomber l'invention dans le domaine public (LL. 7 juill. 1844 et 31 mai 1856).

[1] Mari ou femme, depuis la loi de 1866, qui dit « le conjoint survivant ». Les lois antérieures, ne prévoyant que le cas où l'auteur de l'œuvre était le mari, disaient la « veuve ». Il y a donc eu ici un progrès au profit des maris de *femmes-auteurs* ou *artistes*.

APPENDICE

DES LETTRES MISSIVES

1226. Attribution de la propriété de la lettre. — Une lettre missive est un objet mobilier, susceptible de propriété, comme tout corps certain. A qui en attribuer la propriété ? Quelques arrêts ont jadis décidé que le destinataire et l'expéditeur étaient propriétaires en commun (Besançon, 30 déc. 1862, D. 63. 2. 63 ; Nancy, 11 mars 1869, D. 69. 2. 223, S. 69. 2. 113).

Mais aujourd'hui il est admis en principe, et sauf les exceptions et tempéraments signalés plus loin, que les lettres missives ordinaires deviennent la propriété de celui qui les a reçues (Toulouse, 6 juillet 1880, S. 81. 2. 115 ; Cass., 9 févr. 1881, D. 82. 1. 73, S. 81. 1. 193, avec une note de M. Labbé). Voyez cependant Bordeaux, 2 août 1882, D. 84. 2. 59.

Quelques auteurs voudraient distinguer entre l'écrit, considéré comme *objet matériel*, qui appartiendrait seul au destinataire, et la correspondance ou *exposé de faits et d'idées*, qui resterait la propriété de l'expéditeur (TISSIER, *La propriété et l'inviolabilité du secret des lettres missives*, p. 28 et suiv. ; HANSSENS, *Du secret des lettres*, p. 172 et suiv.). Comp. HEPP, *De la correspondance privée postale ou télégraphique*, n° 92, qui ne fait cette réserve que pour les lettres ayant un caractère scientifique ou littéraire.

1227. Acquisition de la lettre par le destinataire. — Tant que la lettre est en cours de route, on la considère comme appartenant encore à son expéditeur (Riom, 13 juillet 1891, DALLOZ, *Suppl.*, t. IX, p. 788, note 1) et les règlements de l'Administration des postes autorisent ce dernier à la retirer jusqu'à son arrivée à destination (*Instruction générale*, 20 mars 1868, art. 387 et suiv.). Il en résulte que la lettre voyage aux risques et périls de celui qui l'a expédiée ; c'est lui qui en supporte la perte, quand elle contient des valeurs (Lyon, 16 mars 1854, D. 55. 2. 141). Ainsi l'expéditeur reste provisoirement propriétaire de la lettre, mais il cesse de l'être au moment où elle est remise à son destinataire et où celui-ci l'appréhende.

1228. Exceptions à la règle. — Il y a des cas où le destinataire ne devient pas propriétaire de la lettre. Ceci arrive toutes les fois qu'il ne la reçoit pas en son propre et privé nom, mais à raison d'une fonction qu'il remplit pour autrui. Ainsi toute la correspondance administrative reste la propriété de l'État, du département ou de la commune et n'appartient pas aux employés, même chefs de service, qui la reçoivent. Ainsi encore les représentants de commerce, les gérants de succursales, etc., ne sont pas propriétaires de la correspondance reçue de leurs patrons, et qui reste la propriété de la maison qu'ils représentent (LEGRIS, *Du secret des lettres missives*, n°s 62 et 63).

1229. Limites du droit du destinataire. — Même dans le cas où le destinataire acquiert la propriété de la lettre, il se peut que son droit soit *limité par la volonté de l'expéditeur*, qui, étant libre de ne pas faire l'envoi, a pu y mettre les conditions qu'il a voulu. La conséquence la plus remarquable est le caractère attribué aux lettres dites *confidentielles*, dont le destinataire est tenu de respecter le secret ; il ne peut en divulguer le contenu sans l'assentiment de l'auteur de la lettre. On admet que la réception de ces lettres forme une sorte de *pacte tacite* qui lie les deux parties. C'est là-dessus que repose le principe traditionnel et incontesté de *l'inviolabilité du secret des lettres missives ;* il ne s'applique qu'aux lettres destinées à rester personnelles à leur destinataire.

Mais qu'est-ce qu'une « lettre confidentielle » ? La jurisprudence a vainement cherché une règle générale pour le reconnaître. C'est une question de fait, qui doit être appréciée et résolue par les tribunaux, selon les circonstances de chaque espèce (TISSIER, p. 40 et suiv.; HANSSENS, p. 239 et suiv.; LEGRIS, nos 83 et suiv.).

En outre, le droit du destinataire peut se trouver plus gravement restreint encore, si l'expéditeur a exprimé la volonté que sa lettre lui soit renvoyée ou qu'elle soit détruite. Sa volonté est ici efficace et souveraine (Cass., 9 févr. 1881, D. 82. 1. 73, S. 81. 1. 193), sauf dans le cas où la lettre contiendrait des énonciations destinées à faire preuve contre lui au profit du destinataire : ce dernier aurait alors le droit de la retenir (Caen, 10 juin 1862, D. 62. 2. 129, S. sous Cass. 65. 1. 33).

1230. Usage de la lettre par le destinataire. — En sa qualité de propriétaire de la lettre, le destinataire peut s'en servir, toutes les fois qu'elle n'est pas confidentielle, soit pour la communiquer à des tiers ou pour la publier, soit pour l'utiliser à son profit comme moyen de preuve (Cass., 26 juill. 1864, D. 64. 1. 347, S. 65. 1. 33)

Mais si le destinataire divulgue une lettre confidentielle, il s'expose à une demande de dommages-intérêts de la part de l'auteur de la lettre (Caen, 7 févr. 1898, D. 99. 2. 2). Toutefois le tribunal ne peut pas ordonner la destruction de la lettre pour éviter le retour d'un pareil abus (même arrêt).

D'autre part, une lettre qui était confidentielle à l'origine, peut perdre son caractère secret lorsqu'elle a été produite au cours d'un procès et a acquis par là une grande notoriété, par exemple lorsqu'il sagissait d'une affaire criminelle retentissante (Cass., 19 juin 1895, D. 96. 1. 20, S. 95. 1. 325).

1231. Droit des héritiers du destinataire. — Il a été jugé que les lettres confidentielles doivent être rendues à leurs auteurs à la mort du destinataire, et que les héritiers de celui-ci n'ont aucun droit sur elles (Orléans, 29 juill. 1896, D. 97. 2. 209, S. 96. 2. 248). Mais cette solution est contestée; voyez la note du *Dalloz* sous l'arrêt.

1232. Limite de l'obligation du secret. — La jurisprudence admet que le principe du secret des lettres n'est pas absolu. Il fléchit notamment en matière de divorce et de séparation de corps, où des lettres sont fréquemment produites comme moyens de preuve, et admises comme telles toutes les fois qu'elles n'ont pas été détournées par un moyen illicite (Cass., 13 juill. 1897, D. 1900. 1. 43, S. 98. 1. 220).

LES MANIÈRES D'ACQUÉRIR

CHAPITRE PREMIER

GÉNÉRALITÉS

1233. **Pourquoi on s'en occupe à propos de la propriété.** — Les manières d'acquérir ne s'appliquent pas seulement au droit de propriété ; elles servent aussi, du moins en général, à acquérir les divers droits réels démembrés de la propriété, et même il en est quelques-unes qui s'appliquent aux droits de toute nature qui figurent dans le patrimoine et qui peuvent faire l'objet d'une transmission. Mais comme leur principale application concerne la propriété et que c'est surtout à l'occasion de ce droit qu'elles fonctionnent avec toute leur étendue, c'est aussi à son sujet qu'il convient le mieux de les étudier.

Le livre III du Code est intitulé : « Des différentes manières dont on acquiert la propriété » ; mais il s'occupe de beaucoup d'autres choses que des manières d'acquérir proprement dites.

*1234. **Classifications diverses des manières d'acquérir.** — Les manières d'acquérir peuvent se classer de plus d'une façon :

D'abord *d'après l'étendue de l'acquisition :* à ce point de vue on distingue les *modes à titre universel* et les *modes à titre particulier.*

Ensuite *d'après leur caractère gratuit ou onéreux.*

Enfin *d'après l'époque où elles s'accomplissent :* les unes se font *par décès*, les autres *entre-vifs*.

Rappelons encore la distinction antique des *modes originaires* et des *modes dérivés*.

*1235. **Transmission à titre universel et transmissions à titre particulier.** — L'acquisition a lieu à titre universel lorsqu'elle comprend l'*universalité du patrimoine*, ou tout au moins une partie aliquote, c'est-à-dire une *fraction*, comme un tiers, un dixième, etc. Elle a lieu à titre particulier, lorsqu'elle porte sur un ou plusieurs objets déterminés, considérés individuellement, quel que soit d'ailleurs leur nombre (comp. ci-dessus nº 303).

1236. **Intérêt de cette distinction. — Dans les transmissions universelles, l'acquéreur ou ayant cause est tenu des dettes et obligations de son auteur, en totalité s'il a acquis la totalité du patrimoine ; en partie seulement, s'il n'en a acquis qu'une partie ; la répartition du passif est proportionnelle à celle de l'actif.

Dans les transmissions à titre particulier, l'acquéreur n'est pas tenu personnellement des dettes, à aucun degré et pour aucune fraction ; il ne peut être atteint que par le droit de suite d'un créancier hypothécaire exerçant contre lui une action réelle (comp. ci-dessus n° 304).

Cette différence est la conséquence de l'idée que *les dettes d'une personne sont la charge*, non pas de tel ou tel bien, mais *de son patrimoine entier*. Il faut donc avoir recueilli tout ou partie de ce patrimoine, considéré comme une universalité juridique, pour être tenu des dettes. Le principe est posé dans deux articles importants (2092 et 2093) et il reçoit des applications nombreuses.

L'idée qui rattache l'obligation aux dettes à l'acquisition du patrimoine entier ou d'une quote-part, est moderne. Au moyen âge on tenait au contraire pour maxime : « Meubles sont le siège des dettes ». Par suite, en beaucoup de provinces, l'héritier qui recueillait les meubles était tenu du passif général, à l'exclusion des autres (LOYSEL, *Institutes coutumières*, n° 329).

* **1237. Acquisitions à titre gratuit et à titre onéreux.** — Une autre distinction a trait au caractère gratuit ou onéreux du titre d'acquisition. L'acquisition se fait à *titre onéreux*, si l'acquéreur donne ou promet quelque chose en échange de ce qu'il reçoit; sinon, elle se fait à titre gratuit. Cette distinction offre de multiples intérêts, soit quant aux *formes* de l'aliénation, soit quant à la *capacité* des personnes qui y figurent, soit quant à la *disponibilité* des biens qui en font l'objet. La répression des *conditions illicites ou immorales* n'a pas lieu non plus de la même manière dans les deux espèces de transmissions : voyez les art. 900 et 1172.

* **1238. Transmissions entre vifs et transmissions par décès.** — Cette distinction, qui est facile à faire dans la plupart des cas, devient très délicate pour certaines variétés de donations qui, bien que consenties sous la forme d'une convention entre vifs, ne doivent produire effet qu'à la mort du disposant et ressemblent, par suite, à une transmission par décès. On verra ces exemples en troisième année.

On a déjà vu (n° 303) qu'en droit français toutes les transmissions universelles se font par décès; les transmissions entre vifs ne peuvent jamais se faire qu'à titre particulier. C'est une différence importante avec le droit romain qui connaissait plusieurs manières d'acquérir *per universitatem* entre vifs : *adrogatio, conventio in manum, venditio bonorum*, etc.

Quant aux transmissions par décès, elles peuvent se faire à titre particulier tout aussi bien qu'à titre universel ; tels sont les legs, qui tantôt portent sur l'ensemble ou sur une fraction du patrimoine, et tantôt sont des legs particuliers, d'une chose ou d'une somme déterminée.

* **1239. Mode originaire, modes dérivés.** — Rappelons pour mémoire la distinction romaine entre le mode *originaire*, qui est l'*occupation*, et tous les autres modes qui sont dits *dérivés*. La différence est que celui qui acquiert par occupation n'est l'ayant cause de personne. Cette distinction n'offre aucun intérêt pratique. Le paiement du *droit de muta-*

tion n'est pas caractéristique des modes dérivés, puisqu'il manque dans l'usucapion et dans l'accession.

1240. Énumération des manières d'acquérir. — Dans les articles 711 et suivants, le Code Napoléon n'en donne qu'une énumération confuse et incomplète. On peut en distinguer huit, qui sont :

1° L'*occupation*, mode originaire.

2° La *convention*.
3° L'*usucapion* ou prescription acquisitive.
4° L'*accession*.
5° L'*adjudication*.
} Modes dérivés entre vifs.

6° Le *testament*. Transmission par décès.

7° La *loi*. Transmission par décès, dans le cas de succession ab intestat transmission entre-vifs dans tous les autres cas.

8° La *tradition*, dont l'existence actuelle comme manière d'acquérir est contestée, mais à laquelle on peut encore trouver quelque application.

1241. Bibliographie. — BUFNOIR, *Propriété et contrat*, Paris, 1900.

CHAPITRE II

DE L'OCCUPATION

1242. Définition. — L'occupation est un *moyen d'acquérir une chose qui n'appartient à personne, par une prise de possession faite avec l'intention d'en devenir propriétaire*.

Ce mode d'acquérir consiste donc uniquement dans une prise de possession. Il n'y a rien de plus à dire pour le déterminer d'une manière générale : mais il faut rechercher *quelles choses* sont susceptibles d'occupation et étudier ensuite les règles particulières à certaines hypothèses.

§ 1. — *Choses susceptibles d'occupation.*

* **1243. L'occupation est-elle encore possible ?** — Une première difficulté nous arrête : peut-il y avoir encore aujourd'hui, en France, des occasions où l'occupation puisse s'exercer, en présence des art. 539 et 713, d'après lesquels « tous les biens vacants et sans maître appartiennent à l'État » ? Si tous les biens qui n'appartiennent pas à des particuliers sont la propriété de l'État, il n'y a plus de choses sans maître en droit français et l'occupation est devenue sans objet. C'est ce qui a été quelquefois soutenu, notamment par Zachariæ, mais son erreur a été rectifiée depuis longtemps (voy. ci-dessus n° 864). La possibilité de l'occupation se démontre du reste

par l'histoire de la confection du Code civil et par la présence dans ce Code de divers articles qui parlent encore de l'occupation et qui la réglementent.

1244. Incident de rédaction relatif à l'occupation. — Le projet de Code contenait un article ainsi conçu : « La loi civile ne reconnaît pas le droit de simple occupation. Les biens qui n'ont jamais eu de maître et ceux qui sont vacants, comme abandonnés de leurs propriétaires, appartiennent à la Nation. Nul ne peut les acquérir que par une possession suffisante pour fonder la prescription » (FENET, t. II, p. 124). Cet article fut rejeté sur les observations du tribunal d'appel de Paris, qui objecta l'utilité des règles traditionnelles sur l'occupation ; c'est sur elle notamment qu'est fondée l'industrie des *chiffonniers*. — On remplaça alors cette disposition par l'art. 713, dont la formule est peut-être encore trop générale ; mais la condamnation expresse de l'occupation a disparu et à la suite de l'art. 713 on trouve au contraire des articles formels (art. 715, 716 et 717) qui ont été ajoutés pour donner satisfaction aux réclamations faites et qui réglementent divers cas d'occupation, ce qui enlève toute espèce de doute.

Il reste donc à rechercher dans quels cas l'occupation recevra son application ; la question doit se résoudre par une *distinction entre les meubles et les immeubles.*

***1245. Immeubles.** — L'occupation est impossible pour les immeubles faisant partie du territoire de la France et de ses colonies régies par son Code civil, parce qu'on n'y trouve jamais d'immeubles qui soient à proprement parler « sans maître ». Les terrains qui n'ont jamais fait l'objet d'un droit de propriété privée font partie soit du domaine de l'État et des départements, soit du domaine communal. Ceux qui ont été ou qui sont actuellement propriétés privées ne peuvent cesser de l'être que de deux façons : 1° *par déshérence*; 2° *par abandon volontaire*. Le premier cas suppose une succession ouverte que personne ne réclame : elle *appartient à l'État* en vertu de l'art. 768. — Le second cas est beaucoup plus rare. Un particulier peut abandonner son terrain quand il est improductif, pour se soustraire à l'impôt, mais alors ce n'est plus à l'État que la vacance profite ; l'abandon doit être fait *au profit de la commune* (L. 3 frim. an VII). Comp. Cour de Luxembourg, 29 avril 1880, S. 81. 4. 33. Ni dans un cas ni dans l'autre, l'immeuble ne devient vacant au point de vue de la propriété, de sorte que son acquisition par occupation n'est jamais possible.

*** 1246. Meubles.** — Pour les meubles, il faut faire une sous-distinction entre les *universalités de meubles*, et les *choses mobilières isolées*. Les universalités de meubles ne peuvent se rencontrer à l'état d'abandon que sous la forme d'une succession sans héritiers : elles appartiennent encore à l'État par droit de déshérence (art. 768). Donc, pour elles encore, l'occupation est impossible.

Restent les *meubles isolés*. Il y en a deux catégories qui n'ont pas de maître : les uns n'en ont jamais eu, comme le gibier ; les autres ont été abandonnés par leur maître, comme les *res derelictæ*. C'est pour ces deux espèces de meubles, et *pour elles seules*, que l'occupation peut encore fonctionner dans notre droit. Aucun texte n'en attribue la propriété à l'État ; ce sont de véritables *res nullius*, et le premier venu en devient propriétaire par l'occupation.

On peut concevoir l'occupation comme manière d'acquérir pour partie les *choses communes*, telles que l'eau courante ou l'eau de la mer. Celui qui remplit sa cruche de l'eau d'une rivière devient propriétaire de cette eau, et si un autre la lui enlève, vide la cruche pour remplir la sienne, celui-là commet un véritable vol, ainsi que le remarque Pothier. Mais l'occupation ne peut ainsi s'exercer que sur une faible part des choses communes, qui, prises dans leur ensemble, échappent à toute appropriation. Celui qui a puisé de l'eau à la rivière ou à la mer n'est devenu propriétaire ni de la mer ni de la rivière.

§ 2. — *De quelques cas spéciaux d'occupation.*

1247. Énumération. — Les hypothèses dans lesquelles l'occupation est soumise à des règles particulières sont: 1° la *chasse*; 2° la *pêche*; 3° la *récolte des produits de la mer*; 4° la *découverte d'un trésor*.

A. — Chasse.

1248. Seule question à examiner. — La chasse, qui est régie par une loi particulière, du 3 mai 1844, soulève des questions de bien des sortes. Il n'y a pas lieu d'exposer ici ni l'histoire du droit de chasse, ni sa réglementation actuelle ; nous n'avons à envisager qu'un seul point : l'*acquisition de la propriété du gibier par le chasseur*.

1249. Bibliographie. — La chasse a donné lieu à de très nombreuses publications (Voy. le *Supplément au Répertoire* de DALLOZ, v° Chasse, n° 1). Spécialement sur la question d'acquisition du gibier par le chasseur, voir SOREL, *Chasse à tir et à courre, du droit de suite et de la propriété du gibier tué, blessé ou poursuivi*, 2e édit., 1878, 8° ; VILLEQUEZ, *Droit du chasseur sur le gibier dans toutes les phases de la chasse à tir et à courre*, 2e édit., 1884.

1250. Cas où le chasseur acquiert le gibier.— Le chasseur devient propriétaire par l'occupation du gibier qu'il a tué, et dont il s'est emparé, sans distinguer si le fait s'est passé *sur son terrain* ou *sur le terrain d'autrui*. Il est vrai que l'art. 1er de la loi sur la chasse défend de chasser sur le terrain d'autrui sans le consentement du propriétaire ou de ses ayants droit, mais cette interdiction vise le passage du chasseur sur la propriété d'autrui, et non la prise du gibier qu'il a tué ; seulement il s'expose à une action en indemnité, s'il a causé quelque dégât, lui ou ses chiens. De son côté, le propriétaire qui autorise autrui à chasser sur son terrain, ne lui donne pas la propriété du gibier qu'il tuera ; ce droit dérive de la nature et de la loi ; le propriétaire renonce seulement au droit qu'il a d'empêcher les tiers de pénétrer chez lui.

Il en est encore de même si la capture du gibier a eu lieu *sans permis*, mais à un moment où la chasse était ouverte. L'acte du chasseur est cependant un *délit*, qui entraîne contre lui certaines peines, mais qui ne l'empêche pas de devenir propriétaire du gibier qu'il a tué, et qui ne peut être ni saisi sur lui, ni confisqué par le tribunal.

1251. Cas où le gibier n'est pas acquis au chasseur. — Il en est autrement, c'est-à-dire le gibier ne devient pas la propriété du chasseur, si la chasse a eu lieu *en temps prohibé*. La loi l'attribue alors aux établissements de bienfaisance (art. 4). On a prétendu que cette disposition établissait une *confiscation*, c'est-à-dire une *peine*, et qu'elle supposait l'acquisition préalable du gibier. L'idée est subtile : le résultat pratique n'est-il pas la *non-acquisition* du gibier par le chasseur ? Et s'il est vrai que l'interdiction de la chasse n'empêche pas le gibier d'être une chose sans maître, susceptible d'être occupée, n'empêche-t-elle pas tout au moins le chasseur de s'en emparer ?

***1252. Mode d'occupation du gibier.**— La loi de 1844, loi purement administrative et pénale, n'a nullement réglé ce point, qui dépend du droit civil. Or le Code civil ne l'a pas réglé davantage ; son art. 715 nous renvoie aux lois spéciales, qui n'en disent rien. C'est donc la jurisprudence qui a tout fait, et ses décisions ont eu à trancher des hypothèses très variées, comme le montrent les Recueils d'arrêts. Voyez la série d'espèces indiquées dans DALLOZ, *Supplément*, v° Chasse, nos 152 à 182. Voici les règles essentielles qui résultent de la jurisprudence.

L'acte constitutif de l'occupation du gibier, n'est pas nécessairement l'*appréhension manuelle* de l'animal. Il est universellement admis que le *gibier tué*, qu'on n'a plus qu'à ramasser, appartient au chasseur, de même que le gibier blessé qui est *saisi par les chiens*.

On va plus loin : le gibier est considéré comme ayant perdu sa liberté naturelle, et par suite comme étant devenu la chose du chasseur, lorsqu'il est *blessé* mortellement, ou *poursuivi par les chiens* de manière à ne pouvoir leur échapper. Mais ici s'élèvent des questions de fait fort difficiles à résoudre pour savoir quelle était la gravité de la blessure ou la possibilité que l'animal échappât aux chiens, quand une autre personne s'est emparée de l'animal blessé ou poursuivi.

Il y a aussi des difficultés de fait, quand la bête a été tirée par deux chasseurs en même temps ou successivement, quand elle a été momentanément perdue par celui qui l'avait tirée ou qui la poursuivait, etc. La Cour de cassation a jugé qu'un propriétaire peut empêcher le chasseur de pénétrer sur son terrain pour y saisir le gibier poursuivi et blessé par lui (Cass., 29 avril 1862, D. 62. 1. 449, S. 63. 1. 287).

B. — Pêche.

1253. État de la législation. — La capture du poisson et des autres espèces animales qui habitent les eaux est encore un cas d'occupation pour lequel le Code (art. 715) renvoie aux lois spéciales.

Ces « lois » comprennent non seulement des lois, mais des décrets et même des conventions diplomatiques (pour la mer du Nord, pour le lac de Genève, pour les côtes d'Algérie, etc.). — M. Huc en donne l'énumération (t. V, nos 10 à 13). D'ailleurs ces textes spéciaux ne s'occupent que de la réglementation et de la police, et non de l'acquisition du produit de la pêche, qui nous occupe seule. A cet égard, il y a lieu de distinguer selon la nature des eaux dans lesquelles s'est faite la pêche.

1° Pêche maritime.

1254. Liberté de cette pêche. — La pêche maritime est celle qui se fait dans la *mer* ou dans les *cours d'eau* qui s'y jettent jusqu'aux *limites de l'inscription maritime*. Elle est *libre*, c'est-à-dire que tout le monde peut s'y livrer, à la charge seulement d'observer les lois et les règlements qui fixent les périodes d'ouverture ou d'interdiction, qui déterminent les engins ou procédés prohibés, etc. (Ordon. de 1681, liv. V, tit. I. — Comp. POTHIER, *Domaine de propriété*, n° 51). La pêche maritime fait toujours acquérir le poisson au pêcheur par droit d'occupation.

1255. Exclusion des pêcheurs étrangers dans les eaux territoriales de la France. — La loi du 1er mars 1888 a réservé aux pêcheurs français le droit de pêche dans les eaux territoriales françaises (de France et d'Algérie). Elle ordonne la confiscation des produits de la pêche des bateaux étrangers surpris dans ces eaux : le prix de la vente en est versé à la Caisse des invalides de la marine (art. 5). La limite des eaux réservées à nos nationaux est fixée à trois milles marins au delà de la laisse des plus basses mers.

2° Pêche fluviale.

1256. Pêche dans les cours d'eau navigables ou flottables. — Le droit de pêche appartient à l'*État*, qui le met en adjudication (L. 15 avril 1829, art. 1). Par suite, quiconque pêche dans ces cours d'eau sans être *adjudicataire* du droit de pêche, ou sans avoir obtenu une *licence*, commet un délit puni d'une amende. On tolère cependant la *pêche à la ligne flottante* tenue à la main. La jurisprudence autorise même l'emploi de la ligne dite *à la cuiller* (Paris, 9 janv. 1889, D. 90. 2. 315, S. 89. 2. 37).

1257. Pêche dans les petites rivières. — Dans les cours d'eau qui ne sont ni navigables ni flottables le droit de pêche appartient aux *riverains* (L. 15 avril 1829, art. 2), à chacun de son côté dans toute la longueur de sa propriété, jusqu'à la ligne médiane, si les deux rives appartiennent à des propriétaires différents, sans préjudice des droits contraires établis par titre ou par prescription. Aucune autre personne n'a le droit d'y pêcher. La pêche à la ligne flottante n'y est même pas permise.

1258. Propriété du poisson pêché en fraude. — Les deux cas de pêche fluviale soulèvent une difficulté, pour savoir *à qui appartient le poisson* pris par une personne ayant pêché sans en avoir le droit. La loi de 1829 (art. 5) ordonne la *restitution du prix* du poisson à celui qui avait le droit de pêche. Cette disposition semble bien signifier que le poisson n'a pas été *régulièrement acquis* au pêcheur par occupation, puisqu'il est obligé d'en *payer la valeur* : ce paiement est inconciliable avec le droit d'occupation, qui est nécessairement *gratuit*.

3° Pêche dans les eaux privées.

1259. Impossibilité d'acquérir le poisson par occupation. — Les poissons qui se trouvent dans les étangs et canaux dont les eaux sont propriété privée ne sont pas des animaux sans maître. Ils sont la *propriété* de celui qui possède l'étang ou le canal où ils vivent (art. 564). Par suite, la personne qui s'en empare sans l'autorisation du propriétaire, loin de les acquérir par occupation, commet un véritable *vol*.

C. — Récolte des produits de la mer.

1260. Ambre et corail. — L'ordonnance de 1681 (Liv. IV, tit. IX, art. 29) en attribue la propriété de la façon suivante : quand ils sont pêchés au fond des eaux, ils appartiennent en totalité à l'inventeur ; quand on les trouve sur la grève, un tiers seulement reste à l'inventeur, les deux autres tiers sont « au roi et à l'amiral », c'est-à-dire aujourd'hui à l'État.

1261. Varechs, algues et goëmons. — Les plantes marines, si abondantes sur les côtes de la Normandie et de la Bretagne, sont utilisées en partie par l'*agriculture*, qui les emploie comme *engrais*, en partie par *l'industrie* qui en extrait la *soude*.

De nombreux textes se sont occupés de la question depuis l'ordonnance de 1681 ; ils sont rappelés dans le préambule du décret du 8 février 1868 qui a remanié et remplacé la plupart de leurs dispositions. Voici les points principaux :

Les *goëmons épaves* (que la mer détache et jette à la côte) appartiennent au premier occupant, sauf ceux qui échouent dans les parcs et pêcheries appartenant à des particuliers.

Les *goëmons de rive* (ceux que l'on peut atteindre à pied sec aux basses mers) sont réservés aux habitants des communes riveraines, qui peuvent en faire la récolte, une ou deux fois par an, aux époques déterminées par la municipalité. L'ordonnance de 1681 portait interdiction de les vendre et de les transporter dans d'autres communes ; cette interdiction a été supprimée par le décret de 1868, art. 5.

Les *goëmons de mer* (ceux qui ne découvrent pas à marée basse, même aux grandes marées d'équinoxe) peuvent être récoltés de jour pendant toute l'année, mais seulement au moyen de bateaux pourvus de rôle d'équipage.

D. — Du trésor.

1° Ce que c'est qu'un trésor.

***1262. Définition du trésor.** — Pour qu'une chose soit considérée comme un « trésor », elle doit remplir les *quatre conditions suivantes* : 1° être *mobilière* ; 2° être *cachée* ; 3° être *distincte* de la chose qui la renferme ; 4° *n'appartenir à personne*.

***1263. Caractère mobilier du trésor.** — Pour qu'une chose soit un « trésor » il faut qu'elle soit *mobilière*. Cette condition n'est pas écrite dans le Code civil, qui s'exprime au contraire en termes très larges : « Le trésor est *toute chose* cachée ou enfouie... »

(art. 716). Mais la jurisprudence l'exige, par application des définitions romaines [1] et conformément aux traditions (POTHIER, *Domaine de propriété*, n° 64). En conséquence il a été jugé qu'une *mosaïque* de l'époque romaine, découverte en 1870 à Lillebonne, où elle servait de pavé à une salle d'un monument romain, n'était pas un trésor et que l'art. 716 ne lui était pas applicable : le propriétaire du sol où elle avait été découverte en fut déclaré seul propriétaire (Paris, 20 nov. 1877, D. 78. 2.197 ; Cass., 13 déc. 1881, D. 82. 1.55).

1264. Le trésor est une chose cachée. — Ainsi un objet égaré, tombé à la surface du sol, n'est pas un trésor. Il faut que la chose soit *cachée* ou *enfouie*. Il importe peu que le trésor se trouve dans un *meuble* ou dans un *immeuble*, bien que la loi, prévoyant le cas le plus ordinaire, suppose que le trésor se trouve « dans un fonds ». C'est en effet dans la terre ou dans les murs des maisons que l'on cache le plus souvent les trésors, mais la formule dont s'est servie la loi ne doit pas être entendue dans un sens restrictif. Il arrive parfois qu'un trésor se trouve contenu dans un meuble ; des billets de banque cachés entre les feuillets d'un vieux livre ; des pièces d'or ou des pierreries dans le tiroir secret d'un secrétaire ou d'un bureau, etc.

1265. Le trésor est distinct de son contenant. — Cette condition exclut les matières précieuses trouvées dans la terre, à leur gîte naturel. Elles ne sont pas distinctes du fonds et appartiennent en entier à son propriétaire.

1266. Le trésor est une chose n'appartenant à personne. — Pour qu'une chose soit un trésor, il faut que personne ne puisse justifier de son droit de propriété sur elle. Si quelqu'un se présente, qui réussisse à faire cette preuve, on se trouve en face d'une *revendication mobilière*, qui doit être admise dans les termes du droit commun, et si elle triomphe, le prétendu trésor n'a pas pu être acquis par occupation.

*** 1267. Conditions inutiles.** — L'art. 716 semble exiger une condition de plus : d'après ce texte, il faudrait que la *découverte du trésor fût le pur effet du hasard*. Cette condition est inutile pour la *définition* du trésor : la chose cachée, n'appartenant à personne, est encore un trésor, même si des fouilles ont été entreprises pour la découvrir, parce qu'on en soupçonnait l'existence. Le hasard, qui préside le plus souvent à ces sortes de découvertes, n'a de rôle que dans l'*attribution* du trésor, ce qui est indifférent pour sa définition.

Il en est de même de l'*antiquité* du trésor : c'est un caractère de fait qui est ordinairement réalisé, mais qui n'est pas nécessaire. L'enfouissement peut être récent ; si personne n'a de droits à faire valoir sur la chose découverte, elle constituera un trésor. Il y a en sens contraire un ancien arrêt de la Cour de Bordeaux, de 1806, dont la solution est condamnée par tout le monde.

2° Attribution du trésor.

1268. Distinction. — Il faut distinguer deux hypothèses : 1° l'auteur de la découverte est le propriétaire du fonds ; 2° le trésor est découvert par un autre que le propriétaire.

*** 1269. Premier cas.** — Quand le trésor est trouvé par le propriétaire lui-même dans son propre fonds (ou dans son meuble), la loi le lui attribue en totalité (art. 716).

Le propriétaire est libre de faire des fouilles pour rechercher les trésors qu'il suppose exister dans son terrain. Au moyen âge on lui défendait d'employer la magie, sous peine de voir le roi ou le seigneur justicier s'emparer du trésor. Comp. la loi unique au *Code*, *De Thesauris*, liv. X, tit. 15.

****1270. Second cas.** — Pour lui une sous-distinction est nécessaire.

[1] « Vetus quædam depositio pecuniæ » (PAUL, au *Digeste*, liv. XLI, tit. 1, fr. 31, § 1). — « Thesaurum, id est condita ab ignotis dominis tempore vetustiore mobilia » (Constit. de Léon et Zénon, *Code*, liv. X, tit. XV, loi unique).

1° Découverte due au hasard. — La loi partage alors le trésor ; elle en donne *une moitié à l'inventeur et l'autre au propriétaire* (art. 716).

Il semble que l'inventeur devrait avoir le tout par droit d'occupation ; cependant la loi réserve une part au propriétaire, pour cette double raison que le trésor a peut-être appartenu à ses ancêtres, et que lui-même avait les plus grandes chances de le découvrir un jour ou l'autre. On n'a pas voulu l'en dépouiller tout à fait.

Ce droit est réservé au *propriétaire seul*. Il n'appartient pas à l'*usufruitier*. Le trésor n'est ni un *fruit*, ni un *produit* de la chose où il était caché ; il forme une chose distincte qui n'avait pas jusqu'alors de propriétaire.

2° Découverte a la suite de fouilles. — Quand des fouilles ont été entreprises spécialement pour découvrir le trésor, l'art. 716 n'est plus applicable. La personne qui le met au jour n'y a jamais aucun droit pour aucune partie.

En effet, de deux choses l'une : ou bien cette personne était l'*ouvrier* ou l'*employé* du propriétaire, et alors elle agissait *pour le compte de celui-ci*, qui est réputé avoir trouvé lui-même le trésor ; ou bien c'est un tiers, un maraudeur, qui est venu fouiller sans l'assentiment du propriétaire, et bien qu'il ne puisse pas commettre un vol, puisqu'il s'agit d'une chose non appropriée, la loi lui enlève le bénéfice de sa trouvaille parce qu'elle veut décourager les chercheurs de trésors.

1271. Revendication du trésor. — La durée de la revendication accordée au propriétaire du trésor est sujette à controverse. Beaucoup d'auteurs la déclarent ouverte pendant trente ans par application du droit commun (Dalloz, *Suppl.*, v° Propriété, n° 84 ; Laurent, t. VIII, n° 456). Je crois qu'on devrait la considérer comme éteinte au bout de trois ans, par application de l'art. 1279. Le trésor, qui a été enlevé par un tiers, est en effet une *chose perdue* pour son propriétaire, tout à fait comparable à un colis égaré pendant son transport : le fait qui cause la perte de la chose peut être l'acte d'un tiers, tout aussi bien que l'acte du propriétaire lui-même.

§ 3. — *De l'occupation des choses ayant un maître.*

1272. Cas où elle a lieu. — Bien que l'occupation soit, par sa nature et sa définition, réservée aux choses n'ayant pas de maître, on la voit fonctionner, dans deux cas différents, pour des choses déjà appropriées.

Ces deux cas sont : 1° la capture de la *propriété ennemie* en temps de guerre ; 2° l'acquisition des *épaves*.

A. — Capture de la propriété ennemie.

1273. Le pillage dans l'ancien droit. — Le droit traditionnel nomme encore, par routine, la *prise du butin* fait sur l'ennemi comme un cas d'occupation, auquel on donne le nom d'*occupatio bellica*. Il est très vrai que, dans des circonstances exceptionnelles, les généraux d'autrefois autorisaient le *pillage* d'une ville prise. Pothier cite lui-même comme exemple le pillage de Berg-op-Zoom (*Du domaine de propriété*, n°s 88 et 89). Le pillage n'est plus autorisé par le droit public moderne et ne serait qu'un cas de vol international ; la guerre est un état de lutte entre deux États ; la propriété privée doit continuer à jouir de la même protection qu'en temps de paix.

1274. Le droit de prise dans les temps modernes. — Cependant les nations civilisées ont conservé pour les guerres maritimes le *droit de prise*, c'est-à-dire la faculté pour chacun des belligérants de capturer les navires de commerce battant pavillon ennemi. La *déclaration de Paris*, du 16 avril 1856, qui a aboli la *course*, a réservé le droit de prise aux marines militaires des États en guerre : les particuliers ne peuvent plus armer leurs navires en course (*corsaires*) pour opérer des prises. Mais les États n'ont pas tous adhéré aux principes de cette déclaration ; les États-Unis, entre autres, ont dès le début refusé leur adhésion, et on n'oserait affirmer que les puissances européennes elles-mêmes les respecteraient, si une grande guerre éclatait entre elles. Elles se préparent déjà à tourner la prohibition, en provoquant la construction de *croiseurs auxiliaires*, simples paquebots de commerce qui feraient la course en temps de guerre pour le compte de l'État.

1275. De la conquête. — Il faut du reste bien distinguer l'*occupation*, qui, sous la forme du pillage ou des prises maritimes, n'atteint jamais que la propriété privée de l'ennemi, de la *conquête* qui opère une annexion du territoire et du domaine public au profit de l'État vainqueur.

1276. Caractère extra-juridique de ces différents droits. — Du reste, conquête ou prise maritime, toute cette matière appartient au droit international. Le droit civil ne peut dire qu'une chose, c'est qu'il n'y a pas ici un véritable cas d'occupation, car d'une part la prise de possession s'opère par la violence, et d'autre part il ne s'agit pas de choses sans maître ; il est même fort douteux que cela ait à quelque degré le caractère d'un *droit*, puisqu'entre les nations il n'y a pas de supérieur commun et la *force* seule règne, qui est le contraire du droit.

B. — Acquisition des épaves.

1277. Définition des épaves. — Sous ce nom d'*épaves* on entend *tout objet mobilier égaré par son propriétaire*. On doit se garder de confondre les épaves avec les « res derelictæ » (ci-dessus n° 774 *in fine*). L'épave n'est pas une chose sans maître, susceptible d'être acquise par occupation ; son propriétaire n'a pas renoncé à sa propriété ; souvent même il ignore qu'il a perdu sa chose. Il aurait donc le droit de la *revendiquer*, puisqu'il en a simplement perdu la possession, et que le droit français a, de tout temps, admis la possibilité de la revendication au cas de *perte fortuite* (ci-dessus nos 1108 et 1114). Cependant, dans la plupart des cas, le propriétaire de l'épave est dans l'impossibilité de la réclamer parce qu'il ignore ce qu'elle est devenue et ne connaît pas la personne qui l'a trouvée. L'épave reste alors définitivement à l'*inventeur* (qui invenit), de telle sorte que l'acquisition des épaves apparaît comme un *mode d'acquérir voisin de l'occupation*. La chose est *comme si elle était sans maître*, puisque son maître ne peut pas la retrouver.

1278. A qui appartenaient jadis les épaves. — Dans l'ancien régime, les *seigneurs justiciers* s'étaient presque partout attribué la propriété des épaves ; mais la *royauté* avait réussi à ressaisir et à se réserver le droit d'épaves sur les côtes et dans les grands cours d'eau, droit qui avait été réglementé à son profit par les ordonnances de 1669 et de 1681.

L'État a ici succédé au roi, et il a conservé son droit sur les épaves *maritimes* et *fluviales ;* les seigneurs ont perdu le leur sur les épaves *terrestres* en perdant leurs droits de justice.

1279. Épaves maritimes. — Ce sont les marchandises jetées à la mer par les navires en péril, les débris des navires échoués et de leurs cargaisons, les vêtements, argent et bijoux trouvés sur les cadavres des naufragés. Leur attribution est encore aujourd'hui régie par « les lois particulières », auxquelles renvoie l'art. 717, c'est-à-dire par l'ordonnance de 1681. La règle est que les épaves maritimes appartiennent à l'État (au roi et à l'amiral, disait l'Ordonnance), sauf le droit pour le propriétaire de les réclamer pendant l'an et jour de la publication qui en est faite. Toutefois l'inventeur a droit au tiers des objets trouvés par lui en pleine mer. Le propriétaire ne peut réclamer les épaves qu'à la charge de payer les frais de sauvetage. Les *ancres* retirées du fond de la mer et les *vêtements* des naufragés appartiennent en totalité à l'inventeur, faute de réclamation dans l'année.

1280. Épaves fluviales. — Celles-ci ne comprennent que les objets trouvés dans les *cours d'eau navigables ou flottables*. Elles sont régies par l'ordonnance des eaux et forêts, d'août 1669, toujours en vigueur, qui *les attribue à l'État en totalité* et sans exceptions. Elles sont vendues dans le mois de leur découverte, quand elles ne sont pas réclamées, et les propriétaires n'ont qu'un mois à partir de la vente pour en réclamer le prix.

*1281. **Épaves terrestres.** — On y fait rentrer les épaves trouvées dans les petits cours d'eau, qui ne font pas partie des épaves fluviales régies par l'ordonnance de 1669. Le *droit seigneurial* qui s'exerçait sur les épaves terrestres a été *aboli* avec tous les autres par les décrets du 4 août; mais la loi des 13 et 20 avril 1791, qui a réglé spécialement ce point, n'a pas dit à qui ces épaves appartiendraient désormais, et aucun texte postérieur n'a statué sur la question, de sorte que les « lois spéciales », auxquelles renvoie le Code civil (art. 717, al. 2), *n'existent pas*.

On aurait pu craindre que l'État ne se considérât comme subrogé implicitement aux anciens seigneurs justiciers, et ne revendiquât pour lui cette troisième catégorie d'épaves, de même que les deux premières. Mais cette prétention n'a pas été élevée par le gouvernement. Il existe deux décisions ministérielles de 1821 et 1825 [1], qui ont ordonné la restitution aux inventeurs de sommes perçues par le domaine et provenant de la vente de certains objets, trouvés sur la voie publique et déposés par l'inventeur dans un bureau de l'administration. Ces décisions ont fixé la jurisprudence.

1282. **Cas particuliers où l'épave terrestre est attribuée à l'État.** — Ces cas sont les suivants :

1° *Objets déposés dans les greffes* (L. 11 germ. an IV ; Ordon. du 22 févr. 1829, art. 2). Ils sont vendus quand ils ne sont pas réclamés après le jugement (aucun délai n'est fixé) et les intéressés ont trente ans pour en retirer le prix qui est déposé à la Caisse des consignations.

2° *Objets confiés à des entrepreneurs de transports par terre ou par eau* (Décr. 13 août 1810). S'ils ne sont pas réclamés dans un délai de six mois après leur arrivée à destination, ils sont vendus au profit du domaine, sauf un délai de dix ans pour en retirer le prix.

3° *Marchandises abandonnées dans les bureaux des douanes* (L. 6 août 1791). Elles sont vendues (avec publication) au bout d'un an et le délai pour en réclamer le prix est d'un an.

4° *Sommes versées à l'administration des postes.* D'après la loi du 31 janvier 1833, si le remboursement n'en est pas demandé dans le délai voulu, elles sont définitivement acquises à l'État. Le délai pour les réclamer, qui était d'abord de huit ans, a été successivement réduit à cinq ans (L. 15 juill. 1882), puis à trois ans (L. 4 avril 1898).

5° *Objets abandonnés chez les hôteliers* (L. 31 mars 1896). Ils sont vendus dans des formes déterminées et, après prélèvement de la créance de l'hôtelier, le surplus est déposé à la Caisse des consignations au nom du propriétaire de ces objets.

*1283. **Titre d'acquisition des épaves.** — A quel titre se fait cette acquisition ? Quelle est la manière d'acquérir qui fonctionne ici ? En général on y voit un cas d'*occupation*. A vrai dire ce serait une occupation d'un genre à part, détournée de son emploi normal. En effet la véritable occupation suppose que la chose qu'elle fait acquérir est une « res nullius », or l'épave a encore un propriétaire, qui n'a pas renoncé à sa propriété. L'objection est si forte qu'il semble illogique de la faire rentrer dans une catégorie dont la définition lui serait inapplicable. Faut-il donc ériger ce cas d'occupation en manière d'acquérir spéciale et lui donner un nom ? On n'en a nul besoin. Il suffit de reconnaître en lui *un cas d'usucapion* : du moment où la revendication du propriétaire est réservée dans tous les cas où il peut retrouver la trace de la chose perdue, c'est que l'acquisition de la propriété par l'occupant n'est pas *immédiate* ; il n'y a donc pas occupation. L'acquisition de la propriété dérive d'une possession prolongée, c'est-à-dire d'une usucapion. Si elle paraît être instantanée en l'absence de revendication, ce n'est qu'une apparence. En ce sens, Trib. com. Saint-Étienne, 8 nov. 1898, D. 99. 2. 331.

*1284. **Durée de l'action du propriétaire contre l'inventeur.** — La décision précitée du ministre des finances, du 3 août 1825, se fonde sur la maxime « En fait de meubles possession vaut titre », et considère l'inventeur comme étant à l'abri de toute revendication à l'expiration du délai de trois ans établi par l'art. 2279. C'est ce qui résulte, non du texte, mais de l'intervalle écoulé entre le dépôt de l'objet trouvé et la restitution du prix à l'inventeur. Dans la pratique on se conforme en général à cette solution. Trib. com. Saint-Étienne, 8 nov. 1898, précité.

[1] La décision du 3 août 1825 est rapportée en note dans les *Codes Tripier* sous l'art. 717.

Cependant l'opinion la plus répandue dans la doctrine est que la prescription de *trois ans* établie par l'art. 2279 ne protège que les *tiers acquéreurs de bonne foi*, auxquels l'inventeur aurait plus tard transmis la chose, et que contre *l'inventeur lui-même*, ainsi que contre les *acquéreurs de mauvaise foi*, l'action du propriétaire dure *trente ans* (DALLOZ, *Suppl.*, vº Propriété, nº 98). On prétend même que le seul fait de ramasser l'objet égaré, même sans l'intention de se l'approprier, fait naître une *obligation personnelle* de restitution au profit du propriétaire. Cette idée, qu'on trouve émise couramment dans la plupart des ouvrages modernes, a déjà été combattue (ci-dessus, nº 1134) à propos de l'action en revendication des meubles et de l'application de l'art. 2279.

*** 1285. Possibilité du vol en matière d'épaves.** — Le vol est défini par le Code pénal « la *soustraction* frauduleuse » de la chose d'autrui (art. 379 C. pén.). Celui qui ramasse un objet égaré ne le *soustrait* pas à son propriétaire, puisque celui-ci en avait déjà perdu la possession. Rigoureusement il ne devrait pas être possible de commettre un vol, selon la définition légale, en matière d'épaves. Mais la jurisprudence, comblant ici une lacune évidente de la loi pénale, admet que l'inventeur est punissable, s'il est démontré qu'il a eu l'intention de s'approprier l'objet trouvé par lui (Orléans, 30 août 1880, D. 81. 2. 162, S. 81. 2. 176). En effet, la perte de possession est souvent réparable, et si l'objet égaré n'avait pas été ramassé et caché par celui qui l'a trouvé, il aurait peut-être pu être retrouvé par son propriétaire ; on peut donc dire, dans un certain sens, que l'autre le lui a « soustrait ».

1286. Règlements municipaux sur les objets trouvés. — Dans presque toutes les villes il existe un « bureau des objets trouvés » où leurs propriétaires peuvent aller les réclamer. Au bout de trois ans, faute de réclamation, ces objets sont remis à celui qui les a déposés. On se conforme donc dans la pratique aux décisions précitées de 1821 et de 1825 (ci-dessus, nº 1281). Mais il y a lieu de faire, sur ces institutions municipales, une double observation :

1º La restitution de l'objet à l'inventeur ne peut pas résoudre la question de la propriété au point de vue du droit civil, ni priver le propriétaire de son action en revendication contre qui de droit, si on admet l'opinion signalée au nº 1284, qui fait durer cette action pendant trente ans.

2º Les arrêtés municipaux contiennent ordinairement une disposition particulière, imposant aux personnes qui trouvent des objets égarés l'*obligation* d'en faire la déclaration et le dépôt. La légalité de cette obligation est contestée par la plupart des auteurs qui prétendent que les particuliers peuvent y contrevenir impunément. J'estime qu'ils se trompent : le pouvoir de police des maires les autorise à imposer aux particuliers des obligations beaucoup plus lourdes que celles-là, le nettoyage des façades de maisons, par exemple. Sans doute l'arrêté municipal ne peut pas créer une *obligation de droit civil*, une dette d'une personne envers l'autre ; mais il peut imposer une formalité sanctionnée par les peines de simple police.

CHAPITRE III

DES ALIÉNATIONS VOLONTAIRES[1]

**** 1287. Définition de l'aliénation.** — Le propriétaire a naturellement la faculté de transmettre son droit à une autre personne, par *un acte volontaire accompli entre vifs*. Cet acte, qui présente plusieurs

[1] J'appelle toute l'attention du lecteur sur ce chapitre, dont l'objet est extrêmement important.

variétés (vente, donation, échange, apport en société, dation en paiement) s'appelle, de son nom générique, *aliénation*, et se présente toujours sous la forme d'une *convention*.

§ 1. — *Comment s'opère le transfert conventionnel de la propriété.*

A. — Différence entre le droit romain et le droit français.

** **1288. Sur quoi porte cette différence?** — Quand une personne s'entend avec une autre pour lui transmettre sa propriété, la loi doit naturellement régler la façon dont se réalisera entre elles l'acte qu'elles veulent faire, à savoir *le transfert du droit de propriété d'une personne à une autre*. On comprend que ce point est un des plus importants que le droit puisse avoir à trancher. Or à son sujet on rencontre une différence considérable entre le droit romain et le droit français, et c'est là, avec ce qui a été dit précédemment sur la possession et la revendication des meubles, une de leurs divergences les plus profondes : une opération, qui exigeait en droit romain l'emploi de formes particulières et supposait l'existence de toute une catégorie spéciale d'actes juridiques destinés à la réaliser, s'est trouvée simplifiée à l'extrême au point de s'accomplir sans aucune forme et d'une manière purement abstraite. Ceci exige, pour être compris, une comparaison détaillée des deux systèmes législatifs.

** **1289. Système romain.** — Le droit romain avait organisé des modes spéciaux pour le transfert de la propriété ; anciennement on se servait de la *mancipatio* et de l'*in jure cessio*, disparues dans le droit de Justinien et remplacées peu à peu par la *tradition*. Les contrats étaient impuissants à transférer la propriété ; ils servaient seulement à produire des *obligations*, simples droits de créance. Ainsi, dans la vente romaine, l'acheteur ne devenait pas propriétaire en vertu du contrat ; il était seulement *créancier* du vendeur ; pour lui transférer la propriété de la chose, celui-ci devait la lui *manciper* ou lui en faire la *tradition*, selon les temps et la nature de la chose. Aussi les jurisconsultes romains disaient-ils : « *Traditionibus* [le texte primitif, avant les retouches de Justinien, portait probablement *mancipationibus*] *et usucapionibus dominia rerum, non nudis pactis, transferuntur* » (*Code, De pactis*, liv. II, tit. 3, l. 20).

** **1290. Système français.** — Le droit français a abandonné l'antique principe qui rendait la tradition nécessaire pour le transfert de la propriété ; il admet que le seul consentement suffit pour la transférer. Le contrat est dans nos lois, non seulement *productif d'obligations*, comme il l'était déjà en droit romain, mais *translatif de propriété*. *Vendre*, c'est *aliéner* ; ces deux choses, qui étaient fort différentes dans l'antiquité, se sont confondues en une seule [1]. Ainsi que le faisait déjà remarquer Mourlon, la mutation de propriété est devenue un effet aussi direct et aussi immédiat du contrat que la création des obligations. L'acheteur, l'échangiste, le donataire deviennent *propriétaires* de la chose en même temps que *créanciers* de l'aliénateur; l'obligation de transférer la propriété, contractée envers eux par l'autre partie, se trouve *exécutée* en même temps que *formée;* elle s'exécute pour ainsi dire automatiquement.

On exprime ce résultat en disant qu'en France *la propriété se transfère par simple consentement.*

B. — Explication des formules employées par le Code.

1291. Nécessité d'une explication littérale des textes. — Le Code civil a traité la question du transfert conventionnel de la propriété dans différents articles, mais il ne lui a nulle part donné une formule claire. Il n'a certainement pas aperçu lui-même très nettement dans quelle mesure il se séparait du droit romain, et les textes de nos lois, pour être bien compris sur ce point capital, ont besoin d'être expliqués presque mot à mot.

** **1292. Explication de l'art. 711.** — C'est ce texte qui énonce le premier le principe moderne du transfert par convention. Il nous dit que « la propriété des biens s'acquiert et se transmet *par l'effet des obligations* ». C'est un langage un peu obscur; il eût mieux valu dire « par l'effet des conventions ». D'ailleurs, cet article n'est qu'une énumération des manières d'acquérir; il annonce le principe, plutôt qu'il ne l'établit. Celui-ci se trouve directement formulé dans l'art. 1138, qui est la disposition *capitale en cette matière*, et qui vise non pas spécialement le cas de vente, mais bien toutes les hypothèses dans lesquelles il y a *obligation de donner*, c'est-à-dire de transférer la propriété à un titre quelconque.

** **1293. Explication de l'art. 1138.** — L'art. 1138 répète deux fois la même idée sous des formes différentes.

I. — Son alinéa 1er porte : « L'obligation de livrer la chose est *parfaite* par le seul consentement des parties contractantes ». Le sens de ce passage est obscur. Ordinairement on emploie le mot « parfait », à propos des actes juridiques, pour indiquer qu'ils sont *définitivement consentis;* on dira, par exemple, qu'une vente est « parfaite » quand elle est conclue et que les parties sont *irrévocablement liées*. Mais ici il paraît bien que les auteurs du Code ont eu une autre idée, et qu'ils ont entendu exprimer que *tout l'effet utile de la vente est obtenu :* « l'obligation de livrer est parfaite par le seul consentement », cela voulait dire pour eux « est *tenue pour accomplie* ». Ils ont donc confondu dans une même phrase deux idées, qui rationnellement sont différentes : la *formation* de la convention de donner et l'*exécution* du transfert. Ceci résulte des explications données par Bigot du

[1] Abstraction faite de cette différence que la vente est un cas particulier d'aliénation, pris ici comme exemple parce qu'il est le plus usuel.

Préameneu dans l'*Exposé des motifs* : « C'est le consentement qui rend parfaite l'obligation de livrer la chose ; il n'est donc pas besoin de tradition réelle, pour que le créancier doive être considéré comme propriétaire ». Ainsi la *perfection* de l'obligation consiste en ce qu'elle est « *réputée exécutée* par la seule volonté des parties [1] ».

Du reste, si le sens de l'alinéa 1er pouvait être douteux, le doute serait levé par la lecture de l'alinéa 2 qui présente le transfert de propriété comme la conséquence de la perfection de l'obligation.

II. — Aux termes de l'alinéa 2 : « Elle [l'obligation] rend le *créancier propriétaire..., encore que la tradition n'en ait point été faite* ». La loi mêle à cela une décision sur les risques qui ne nous intéresse pas pour le moment.

Il résulte bien clairement de ce passage que l'acheteur devient *propriétaire* de la chose, *en même temps que créancier*, et *sans tradition*. Donc c'est le contrat qui transfère la propriété.

1294. **Formule des art. 1583 et 938. — Ces deux articles font l'application du principe aux deux conventions les plus importantes parmi celles qui servent à transférer la propriété : la *vente* et la *donation*. Ces deux articles sont même plus clairement rédigés que l'art. 1138, en ce que le transfert immédiat de la propriété y est mieux indiqué comme la suite naturelle et directe de la conclusion du contrat.

Art. 1583, relatif à la vente : « Elle est parfaite entre les parties et *la propriété est acquise de droit à l'acheteur, dès qu'on est convenu de la chose et du prix, quoique la chose n'ait pas été livrée ni le prix payé* ».

Art. 938, relatif aux donations : « La donation dûment acceptée sera parfaite *par le seul consentement des parties et la propriété des objets donnés sera transférée au donataire, sans qu'il soit besoin d'autre tradition* ».

C. — Comment s'est fait le changement.

*1295. **Lenteur avec laquelle il s'est opéré.** — Il importe de se rendre compte de la façon dont s'est produit le changement de principe qui a remplacé la tradition par le consentement comme procédé de transfert. Le passage du principe ancien au principe moderne *n'a pas été l'effet d'une réforme législative* ; il s'est opéré avec une telle lenteur que le mouvement étant déjà commencé et fortement avancé à l'époque romaine, le résultat n'est pas encore ouvertement formulé dans le Code Napoléon.

1. Cet emploi du mot « parfait » pour désigner une vente non seulement *conclue*, mais *consommée*, n'est pas particulier au Code civil. Comparez l'interprétation que donnait Pothier de la loi 12 au Code, *De contrahenda emptione*, où on lit : « Non idcirco minus emptio perfecta est... ». Pothier disait à propos de ce texte : « Perfectam hic intelligit, non quæ per consensum perfecta est, sed quæ per traditionem consummata est » (*Du domaine de propriété*, édit. de 1772, note sous le n° 198).

On peut réduire cette évolution à deux phases : la première comprend *l'œuvre de la jurisprudence romaine*, la seconde *celle du Code civil*; l'intervalle a été en quelque sorte employé à préparer le changement final.

1° État de la question dans le droit romain.

* **1296. Simplification de la tradition.** — Les textes romains fournissent déjà de nombreux exemples de transferts de propriété opérés sans tradition réelle, et dans lesquels les formes de la tradition sont tellement simples et faciles qu'elle disparaît presque. Voyez les trois numéros suivants.

* **1297. Tradition de longue main.** — D'abord les jurisconsultes simplifient la notion de la tradition et la réduisent à la *simple possibilité* offerte à l'acquéreur *de prendre par lui-même possession de la chose*, avec le consentement de l'aliénateur. Voici par exemple une solution de Javolenus. L'aliénateur montre la chose à l'acquéreur [in conspectu posita] et personne en fait ne la détient [a nullo corporaliter ejus rei possessio detinetur]; l'acquéreur n'a qu'à la prendre et le jurisconsulte décide que la tradition est réputée faite [quodam modo *manu longa* tradita existimanda est] (JAVOLENUS, au *Digeste*, *De solutionibus*, liv. XLIII, tit. 6, fr. 79. Comp. PAUL, *De acquir. vel amitt. possessione*, liv. XLI, tit. 2, fr. 1, § 21 ; CELSUS, *ibid.*, fr. 18, § 2). C'est l'origine de la *tradition de longue main*, très connue dans notre ancien droit (POTHIER, *Du domaine de propriété*, nos 202-204).

** **1298. Tradition par constitut possessoire.** — D'autre part, l'application du principe qui permet de posséder « corpore alieno » procura un nouveau moyen de se passer de tradition. Supposez que, dans une *vente*, le vendeur ne fasse pas immédiatement tradition et conserve provisoirement la chose ; il peut être convenu qu'il la possédera désormais *pour le compte de l'acheteur*. Celui-ci, ayant l' « animus », devient possesseur immédiatement; il possède par l'intermédiaire du vendeur (CELSUS, au *Digeste*, liv. XLI, tit. 2, fr. 18, princ.). Il y a donc là, sans déplacement matériel de la chose, un déplacement de la possession juridique. Le jour où la tradition fut reconnue suffisante pour transférer la propriété de toute espèce de choses, ce transfert de possession, qui valait tradition, rendait l'acheteur propriétaire ; or il s'accomplissait par l'effet d'un simple pacte. C'est ce pacte, fréquemment inséré dans les ventes, que nos anciens auteurs ont appelé *le constitut possessoire*.

* **1299. Tradition de brève main.** — De même, quand l'acquéreur a déjà la *nuda possessio* à un titre quelconque, par exemple comme locataire ou dépositaire, le déplacement de la propriété par simple consentement est encore possible grâce au même principe. Il suffit que l'aliénateur déclare renoncer à la possession ; l'acheteur acquiert la propriété sans aucun acte matériel de tradition : « Interdum *sine traditione nuda voluntas domini sufficit ad rem transferendam*, veluti si rem quam locavi aut commodavi tibi aut apud te deposui, vendidero tibi » (GAIUS, au *Digeste, De adquir. rerum dominio*, liv. XLI, tit. 1, fr. 9, § 5). Nos anciens auteurs appelaient ce procédé la *tradition de brève main* (POTHIER, *Propriété*, nos 206-207).

2° Ancienne pratique française.

** **1300. Conservation servile des solutions romaines.** — L'ancien droit *n'a rien inventé de plus*. Il s'est beaucoup servi des divers procédés que les textes romains, sa seule source scientifique, mettaient à sa disposition : les traditions opérées par *constitut possessoire*, ainsi que les traditions dites de *brève main* et de *longue main*[1].

** **1301. Dispense pratique de tradition réelle.** — Ainsi, dans tout notre ancien droit, le principe romain a subsisté, mais à l'état *purement théorique*; la tradition était *réputée nécessaire* pour opérer le transfert de la propriété, mais en fait, *elle n'avait pas lieu*. On la remplaçait par des clauses du contrat qui valaient constitut possessoire : conventions fictives de précaire, de rétention d'usufruit, de bail, de dépôt, etc. (Pothier, *De la propriété*, nos 208 à 212), ou plus simplement encore par la clause dite de *dessaisine-saisine*, par laquelle l'aliénateur déclarait se dépouiller de la propriété de la chose et la détenir désormais pour le compte d'autrui. *Coutume de Meaux :* « Equipolle rétention d'usufruit à vraie tradition réelle et actuelle » (chap. 3, art. 13). Comparez l'art. 278 de la *coutume d'Orléans*, aux termes duquel la clause de dessaisine-saisine équipolle à tradition de fait, quand elle est contenue dans un acte notarié.

** **1302. Apparition du principe nouveau.** — Qu'arriva-t-il ? Ce fut que les esprits philosophiques firent le sacrifice du principe ancien qui exigeait la tradition, puisqu'en fait on s'en passait, et ils attribuèrent directement à la volonté des parties exprimée dans le contrat, la puissance de transférer la propriété. Grotius (*De jure belli ac pacis*, lib. II, cap. 8, 25) et Puffendorf (*Droit de la nature et des gens*, liv. IV, chap. 9, § 8) pensaient que si la tradition, acte matériel, est nécessaire pour transférer la *possession*, qui est un *fait*, la *propriété*, qui est une *qualité purement morale*, pouvait très bien passer d'une personne à une autre par une simple convention. Voyez leur opinion exposée par Pothier, *Du domaine de propriété*, n° 245. Pour Domat, la vente transfère par elle-même la propriété, et la tradition n'apparaît qu'à titre de *délivrance*, c'est-à-dire comme exécution matérielle de l'obligation prise par le vendeur de mettre la chose à la disposition de l'acheteur (*Loix civiles*, liv. I, tit. II, sect. II, nos 1, 5 et 8).

Pothier est presque le seul qui résiste : bon romaniste, il reste fidèlement attaché aux principes qu'il a puisés dans les textes anciens (*Introduction générale aux coutumes*, n° 102; *De la propriété*, n° 245 ; *Des obligations*, n° 151). Mais son opinion n'est plus guère qu'un anachronisme. La

[1] Je ne mentionne pas à côté de ces traditions simplifiées, les *traditions symboliques*, fort usitées dans le haut moyen âge, et cela pour deux raisons : 1° la tradition symbolique per ramum, per cespitem, per cultellum, etc., consiste toujours dans un *acte réel :* le dépôt de l'objet qui sert de symbole, et que l'aliénateur place sur un autel ou remet de la main à la main à l'acquéreur. Cette forme symbolique ne pouvait pas conduire à l'idée du transfert par simple consentement. 2° La tradition symbolique a fini par disparaître, quand sous l'influence des Universités, le droit est redevenu une doctrine scientifique, puisée aux sources romaines, et les exemples de prétendues traditions symboliques que donne Pothier (*De la propriété*, nos 199-201) ne sont que des traditions réelles simplifiées ; la remise des clefs et la remise des titres de propriété mettent véritablement la chose à la disposition de l'acquéreur.

coutume de Sens, plus progressive que lui, parle déjà de « *clauses translatives de propriété*, comme constitut, rétention d'usufruit, précaire ou autre » (art. 250). Et les praticiens tenaient le même langage. Dès le commencement du XVIIe siècle, LOYSEL disait : « L'on n'a pas plus tost vendu la chose qu'on n'y a plus rien » (*Institutes coutumières*, liv. III, tit. IV, n° 6 ; édit. Dupin, n° 407). Sur quoi LAURIÈRE ajoute : « Ainsi, parmi nous, dès que la vente est parfaite, le domaine de la chose vendue est transféré sans tradition, contre la disposition de la loi 20 *De pactis* ». RICARD regrettait « que la tradition, qui avait pour objet le bien public et la sûreté du commerce, ne servît plus, dans la plupart des coutumes, qu'à grossir les clauses d'un contrat et ne dépendît plus que du style d'un notaire » (*Traité des donations entre vifs*, n° 902).

3° Œuvre du Code civil.

** **1303. État de la question au moment de la rédaction du Code.** — Ainsi les quinze siècles écoulés depuis les jurisconsultes de l'époque classique avaient habitué les esprits à l'idée du transfert abstrait. Aucun procédé nouveau n'avait été inventé ; on s'était servi par routine des moyens commodes empruntés des anciens ; mais déjà quelques esprits originaux avaient déclaré la tradition inutile et la volonté suffisante pour le transfert de la propriété.

** **1304. Absence d'innovation dans le Code civil.** — Qu'a fait le Code ? Il n'a apporté aucun élément nouveau ; il n'a changé ni le fond ni la forme ; il s'est borné à reproduire, comme un point acquis, la doctrine de Grotius, de Loysel et de Domat : la vente transfère par elle-même la propriété ; la tradition n'est pas nécessaire ; le consentement des parties suffit.

Telle est l'œuvre du Code dans la matière du transfert de propriété par convention. Elle est loin de constituer la *réforme radicale* qu'on lui attribue souvent, par ignorance de l'histoire. Le changement est *beaucoup plus ancien que le Consulat* : ce n'est ni Tronchet, ni Portalis qui l'ont opéré : c'est Javolenus, Paul, Gaius, Celsus qui ont montré que la tradition réelle n'était pas nécessaire ; Grotius, Loysel et Domat avaient déjà *constaté* le changement accompli. Il est certain que les auteurs du Code n'ont nullement songé à faire une réforme sur ce point. Ils n'ont ouvert aucune discussion sur le transfert par convention ; Bigot du Préameneu, dans son *Exposé des motifs*, a présenté l'art. 1138 comme l'expression pure et simple des principes déjà admis (FENET, t. XIII, p. 230-231), et Portalis s'est borné à dire, dans l'*Exposé des motifs* du titre « De la Vente », que « Il s'opère par le contrat une sorte de tradition civile qui consomme le transport des droits et nous donne action pour forcer la tradition réelle » (LOCRÉ, t. XIV, p. 145 et 146). Ce n'était point là de sa part l'annonce d'une innovation, mais bien le rappel d'une pratique universellement connue, l'emploi de ces clauses considérées comme translatives de propriété parce qu'elles dispensaient de faire tradition et que pour cette raison on appelait justement des « traditions civiles », c'est-à-dire *fictives*, par opposition à la tradition réelle.

* **1305. Disparition des anciennes clauses de tradition civile ou fictive.** — La promulgation du Code civil a cependant amené un changement dans les habitudes, mais c'est un changement bien mince et de pur style. Les notaires, placés en face de textes qui proclament en termes formels l'efficacité de la volonté pour transférer la propriété, ont renoncé à insérer dans leurs actes les anciennes clauses de *constitut possessoire*, de *dessaisine-saisine* et autres, par lesquelles on se dispensait de la tradition réelle. C'est une différence qui frappe quand on lit les ventes notariées faites au XIXe siècle à côté de celles du siècle précédent; mais elle est toute dans les mots et dans les formules. Déjà, avant 1789, c'était le contrat qui, par une clause spéciale, transférait la propriété.

Il est même douteux que les auteurs du Code aient prévu cette modification de la pratique notariale. Ils ont probablement pensé que l'on continuerait à insérer ces clauses dans les contrats. On ne pourrait s'expliquer autrement la tournure qu'ils ont employée dans l'art. 938 : « la propriété des objets donnés sera transférée au donataire, sans qu'il soit besoin *d'autre tradition* ». L'autre tradition, que la loi déclare ici inutile, c'est la *tradition réelle*; mais puisqu'on l'appellé « l'autre » tradition, c'est donc qu'on en suppose *une première*, déjà faite, et qu'on considère comme suffisante; or cette première tradition ne peut être que la tradition civile résultant d'une clause du contrat. L'art. 938 doit donc être entendu ainsi : « sans qu'il soit besoin d'autre tradition *que celle qui est contenue dans l'acte de donation* ». — On peut d'ailleurs faire un rapprochement significatif entre l'art. 938 C. civ. et l'art. 278 de la *coutume d'Orléans*, qui semble lui avoir servi de modèle et qui était ainsi conçu : « Dessaisine et saisine... valent et équipollent à tradition de fait et possession prise de la chose, sans qu'il soit requis *autre appréhension* ».

* **1306. Conclusion.** — Par conséquent, c'est une erreur complète de s'appliquer, comme l'ont fait Mourlon et quelques autres auteurs, à faire ressortir « l'importance de l'innovation introduite par le Code civil ». M. Valette avait vu beaucoup plus juste quand il disait que les auteurs du Code s'étaient bornés à suivre la pratique existante et à supprimer une clause devenue de style (*Revue de droit français et étranger*, 1846, p. 781). Comp. BUFNOIR, *Propriété et contrats*, p. 38 à 46.

D. — Moment auquel s'opère la translation de propriété.

** **1307. Clarté des textes sur ce point.** — Le Code civil s'est expliqué très clairement sur ce point dans l'art. 1138 : « L'obligation de livrer... rend le créancier propriétaire *dès l'instant où elle* [*la chose*] *a dû être livrée* ». Cela veut dire que la tradition est réputée faite à l'époque où les parties ont voulu la placer. Si donc la promesse de donner a été contractée purement et simplement, sans terme pour la livraison, le transfert de propriété est *immédiat*; si au contraire un terme a été fixé, à l'expiration duquel la tradition devait se faire, c'est à *l'expiration de ce délai* que s'accomplira le transfert de propriété, puisque c'est à ce moment-là seulement que la chose « a dû être livrée ».

Si le sens de ces mots pouvait être douteux, bien qu'ils soient fort clairs par eux-mêmes, on en trouverait le commentaire dans « l'Exposé des motifs » de Bigot du Préameneu :

« C'est le consentement des contractants qui rend parfaite l'obligation de livrer la chose. Il n'est donc pas besoin de tradition réelle pour que le créancier doive être considéré comme propriétaire *aussitôt que l'instant où la livraison doit se faire est arrivé* » (Fenet, t. XIII, p. 230). Rien n'est plus simple et plus logique que le système du Code. Habitués comme praticiens à voir les parties se dispenser de la tradition réelle par un simple jeu d'écritures et de clauses, ils les en dispensent officiellement : ils tiennent la tradition pour faite, mais ils tiennent compte de leurs intentions et placent le transfert de propriété juste au moment choisi par les parties.

** **1308. Fausse interprétation des textes.** — Cependant le sens du Code a beau être limpide, l'interprétation qui vient d'en être donnée n'est pas celle qui a triomphé dans la doctrine moderne. Presque tous les commentateurs pensent que les mots « dès l'instant où elle a dû être livrée » signifient « dès l'instant où l'obligation de livrer est née », c'est-à-dire dès le jour même du contrat, parce que la tradition a été *due* dès ce jour-là. C'est prêter au Code civil, dont le langage est d'ordinaire si simple, un sens bien contourné et bien alambiqué. Ce qui décide les auteurs à adopter une interprétation aussi étrange, c'est l'art. 1185, aux termes duquel le terme suspensif n'affecte pas *l'existence* même du droit, mais seulement son *exécution*. L'argument ne vaut absolument rien, car il s'agit justement de savoir, pour l'application de l'art. 1138, à quel moment l'engagement de donner doit être *réputé exécuté* par la tradition, les auteurs du Code s'étant bornés à dispenser les parties de toute tradition effective : ils ont *simplifié le procédé*, mais n'ont pas *déplacé le moment* du transfert.

Au reste, tous les auteurs reconnaissent que les parties peuvent, *si elles le veulent*, retarder par un terme le transfert de la propriété. Dès lors tout se ramène en fait à une interprétation de volonté.

E. — Étendue d'application du principe nouveau.

* **1309. Extension à tous les droits réels.** — L'effet attribué au consentement, devenu par lui-même efficace indépendamment de toute tradition, ne se borne pas au *transfert de la propriété*. Il s'étend à *toutes les créations de droits réels*, usufruit, servitudes, etc., démembrés de la propriété : tous se transportent, se créent ou s'éteignent par l'effet des conventions.

** **1310. Cas exceptionnels où le transfert n'est pas l'effet immédiat de la convention.** — Malgré le changement de principe, il y a des cas où le transfert de la propriété est *postérieur à la convention*. Ceci a lieu :

1° Quand la chose qui fait l'objet de l'obligation de donner est *déterminée seulement dans son genre*. Il en est ainsi dans les ventes commerciales ayant pour objet une quantité. Le transfert s'opère seulement quand la quantité vendue a été mesurée et mise à part, ou livrée et acceptée par l'acheteur, de façon à être devenue un *corps certain*.

2° Quand il s'agit *d'une chose future*, à fabriquer par le vendeur. On suppose que celui qui a promis de faire et de livrer cette chose en fournit lui-même tous les matériaux, car si la matière première lui est livrée par son client, il n'est pas douteux que la propriété de la chose appartient à ce client dès le début, à mesure qu'elle se forme ou se bâtit; le constructeur n'est qu'un travailleur, qui fournit de la main-d'œuvre; à aucun moment il n'est propriétaire de la chose. Mais lorsque c'est lui qui fournit la matière en même temps que son travail, la chose lui appartient pendant toute la durée de sa fabrication, jusqu'à ce qu'elle soit *livrée par lui* et *agréée par le client*. C'est ce qu'on appelle, dans le langage commercial, une *vente à livrer* (LYON-CAEN et RENAULT, *Droit commercial*, 2e édit., t. V, n° 153); c'est un genre de vente qui n'est pas immédiatement translative de propriété. Il s'en fait dans la pratique deux applications intéressantes : *a)* Pour les *ventes de navires;* le navire en construction appartient au constructeur, et non à l'armateur qui l'a commandé; c'est le constructeur qui peut l'hypothéquer, etc. (Voy. LYON-CAEN et RENAULT, *ibid.*, nos 152 à 160; Cass., 20 mars 1872, D. 72. 1. 140, S. 72. 1. 101). *b)* Pour la *commande d'un portrait* à un artiste : l'œuvre, même terminée, appartient à l'artiste tant qu'il ne l'a pas livrée ; il peut la détruire, et le propriétaire n'a pas le droit de la revendiquer. Voyez sur ce point l'affaire Whistler (Paris, 2 déc. 1897, D. 98. 2. 465 ; Cass., 14 mars 1900, D. 1900. 1. 497).

3° Quand les parties sont *convenues, par une clause particulière, de retarder le transfert de propriété*. Leur volonté est licite ; on la respecte donc, et le transfert a lieu seulement à l'arrivée du terme ou de la condition[1].

Ajoutons que si la personne qui aliène la chose n'en est pas propriétaire, par exemple dans la *vente de la chose d'autrui*, la convention est naturellement impuissante à transférer la propriété, tout comme l'aurait été à sa place la tradition : « Nemo dat quod non habet ». En pareil cas, l'acquisition de la propriété ne peut se réaliser que par l'effet de l'usucapion ou de la maxime « En fait de meubles possession vaut titre ».

** **1311. Application aux meubles corporels.** — Il y a dans le Code une disposition qui pourrait faire douter, si elle était mal interprétée, de l'efficacité de la convention pour transférer la propriété, car elle semble faire dépendre l'acquisition de ce droit d'une tradition réellement effectuée. C'est l'art. 1141. Ce texte prévoit *le cas où le même objet a été promis successivement à deux personnes différentes* (deux acheteurs, deux dona-

[1] C'est, je crois, à cette possibilité de retarder le transfert par un terme ou par une condition que font allusion ces mots de l'art. 1138, portant que la chose devient la propriété de l'acquéreur « *dès l'instant où elle a dû être livrée* ». Les auteurs en donnent diverses explications embarrassées, entre lesquelles le choix est tout à fait arbitraire. L'important, c'est qu'il est unanimement reconnu que le transfert de propriété s'accomplit dès l'instant où le contrat est conclu, à moins de volonté contraire clairement manifestée.

taires, ou bien un donataire et un acheteur). Lequel sera préféré ? Le texte décide que ce sera *celui des deux qui aura été mis en possession réelle*, « encore que son titre soit postérieur en date ». Ainsi le second acheteur, si c'est lui qui a reçu la livraison, conservera la chose et sera préféré à l'autre. Donc, pourrait-on dire, le premier acquéreur n'était pas devenu propriétaire par l'effet de la vente ou de la donation qui lui a été consentie, car si l'aliénateur avait perdu la propriété à la suite de la première convention, il n'aurait pas pu la transmettre ensuite à une autre personne. Ainsi il semble que le consentement ne suffise pas à transférer la propriété et que ce soit seulement la tradition qui l'opère.

Mais cette interprétation de l'art. 1141 serait inexacte. Le premier acte, vente ou donation, a bien réellement dépouillé l'aliénateur de sa propriété ; et, si le second acquéreur acquiert la chose et en demeure propriétaire, ce n'est pas par l'effet d'un *transfert* émané de son auteur, mais bien par application de la maxime « En fait de meubles possession vaut titre ». Il obtient la propriété, non pas par l'effet d'une convention translative due à la volonté de son auteur, mais par l'effet de la loi et en vertu de sa possession, *quoique* son auteur ne fût plus propriétaire, et non *parce que* son auteur l'était encore.

Ce qui prouve que tel est bien le sens de l'art. 1141, c'est la *double restriction* qui résulte de son texte. Sa décision n'est applicable que sous les deux conditions suivantes. Il faut : 1° que la chose aliénée soit *purement mobilière ;* 2° que le second acquéreur soit *de bonne foi*. Ce sont les conditions traditionnelles de la maxime « En fait de meubles possession vaut titre ». L'art. 1141 n'est donc nullement en contradiction avec le principe de l'art. 1138. S'il reposait vraiment sur la nécessité de la tradition pour opérer le transfert, sa décision serait vraie, même pour les immeubles et même au profit d'un acquéreur de mauvaise foi [1].

F. — Systèmes étrangers.

1312. Leur variété. — Les législations étrangères sont très partagées sur la façon dont se réalise le transfert conventionnel de la propriété. Tandis que le *Code italien* (art. 1125) a suivi jusqu'au bout l'idée française, qu'il formule beaucoup plus nettement que le Code Napoléon [2], le *Code néerlandais* (art. 639 et 1271) et le *Code espagnol* (art. 609 et 1095) l'ont rejetée complètement. Ils réduisent l'effet de la promesse de donner à la création d'une obligation et exigent la tradition pour le transfert de propriété.

Toutefois le Code espagnol admet, dans ses art. 1462 à 1464, de telles facilités pour effectuer la tradition qu'il en supprime presque la nécessité : ainsi, quand la vente se fait par acte public, la seule confection de l'acte équivaut à délivrance (art. 1462, al. 2).

[1] La règle était déjà exprimée dans POTHIER, *Vente*, n° 319. Elle s'expliquait dans son système beaucoup mieux que dans le Code civil, parce que le contrat, en l'absence des clauses de dessaisine-saisine, ne transférait à l'acheteur qu'un droit de créance (BUFNOIR, *Propriété et contrat*, p. 61).

[2] « Dans les contrats qui ont pour objet la translation de la propriété ou d'un autre droit, la propriété ou le droit se transmet par l'effet du consentement légitimement manifesté, quoique la tradition n'en ait pas été faite » (C. ital., art. 1125).

Le Code *roumain* a adopté le système français : son art. 971 reproduit notre art. 1138; toutefois ce Code mentionne encore la tradition comme manière de transférer la propriété. Voy. ALEXANDRESCO, *Droit ancien et moderne de la Roumanie*, p. 149.

Quant au *système prussien*, il occupe une place intermédiaire entre le système français du transfert par simple convention et le système romain du transfert par un procédé spécial. En principe, *la convention d'aliénation ne déplace pas la propriété*, et l'acheteur d'un immeuble n'en devient propriétaire que par une *inscription au livre foncier*, faite à la suite d'un acte d'*investiture* (L. 5 mai 1872, art. 1er). Mais celui qui est ainsi devenu créancier d'un immeuble, dont il pourrait obtenir l'investiture, peut conserver son droit par une *prénotation (Vormerkung)* faite sur le livre foncier (Même loi, art. 8, *Ann. étr.*, t. II, p. 215-217).

§ 2. — *De la publicité des aliénations immobilières par la transcription.*

** **1313. Définition.** — La transcription est une formalité qui consiste à *copier un acte* sur des *registres spéciaux* tenus dans chaque arrondissement par le conservateur des hypothèques. Cette formalité est *un moyen de publicité* : les personnes qui veulent savoir si l'acte a été fait ou prendre connaissance de ses dispositions viendront demander au conservateur un extrait des registres.

Dans l'état actuel de notre droit, la transcription est exigée pour les principaux actes intéressant la *propriété foncière* et spécialement pour les *conventions translatives de propriété*, qu'on a jugé utile de rendre publiques par ce procédé.

* **1314. Pourquoi les immeubles sont seuls soumis au régime de la publicité.** — La publicité n'est organisée par la loi que pour la *propriété foncière*; les aliénations de *meubles* ne sont pas, en principe, rendues publiques. Cette différence s'explique par plusieurs raisons. D'abord un grand nombre d'objets mobiliers ne vaudraient pas les frais d'une forme quelconque de publicité ; ensuite, même pour les choses qui en vaudraient la peine, l'accomplissement de cette formalité serait une entrave insupportable au commerce, qui a besoin avant tout de *simplicité* et de *célérité* pour ses opérations. Mais là n'est pas le motif décisif qui empêche d'organiser la publicité pour les aliénations mobilières. La vraie raison est que les *meubles n'ont pas de situation fixe* comme celle des immeubles et il eût été impossible de centraliser dans un endroit unique la série des transcriptions concernant chacun d'eux. On s'en tient donc pour les *meubles corporels* à la maxime « En fait de meubles possession vaut titre » (nos 1173 et 1188 et suiv.), et on considère comme inutile toute publicité.

* **1315. Publicité spéciale pour certains meubles.** — Il y a cependant des exceptions pour certains meubles qui font l'objet de mesures de publicité spéciales. Ainsi :

Les *navires* ne peuvent changer de propriétaire que par l'effet d'une *mutation en douane*, qui est pour eux l'équivalent d'une transcription (L. 17 vendém. an II, art. 17 et 18; C. com., art. 193 et 196; L. 6 mai 1841, art. 6).

Les cessions de *brevets d'invention* donnent lieu à une formalité particulière : l'*enregistrement de la cession au secrétariat de la préfecture* du département où l'acte est passé (L. 5 juill. 1844, art. 20).

Un usage qui est observé à Paris, veut que les *ventes de fonds de commerce* soient publiées par voie d'*annonces dans les journaux*. LYON-CAEN et RENAULT, *Traité de droit commercial*, 3e édit., t. III, nos 251 et suiv.

Ce sont là des situations exceptionnelles, étrangères au droit civil proprement dit ; nous n'avons donc à nous occuper ici de la publicité que pour les aliénations immobilières, les seules pour lesquelles le droit commun l'exige.

** **1316. Extension moderne de la transcription.** — Depuis son introduction sous le Directoire, la transcription a été considérablement étendue. Primitivement, la loi n'ordonnait de transcrire que les « aliénations de biens et droits susceptibles d'hypothèque » (L. 11 brumaire an VII, art. 26). La constitution des autres droits réels, notamment celle des *servitudes*, n'avait pas besoin d'être rendue publique ; à plus forte raison, on n'avait pas à faire transcrire le simple *contrat de louage*, qui ne confère au preneur qu'un droit personnel de jouissance. Cette application un peu étroite du régime de publicité tenait à ce qu'il avait été organisé incidemment à *propos du régime hypothécaire* et comme un moyen de consolider la situation des créanciers qui se font donner une hypothèque. On n'avait donc pas songé à dépasser le cercle des biens et droits susceptibles d'hypothèque.

En 1855 on a assis la transcription sur des bases beaucoup plus larges, parce qu'on a considéré son fonctionnement *comme une institution utile à la propriété foncière en général*, et non plus au seul crédit hypothécaire. Il y a donc eu tout à la fois *reprise* et *extension* du système primitif. C'est ce qui explique la présence dans la loi du 23 mars 1855 de deux articles successifs énumérant les cas où la transcription est nécessaire. L'un, l'art. 1er, reproduit, sauf des modifications de forme, la disposition de l'art. 26 de la loi de brumaire ; l'autre, l'art. 2, contient les additions résultant de la loi nouvelle.

Le premier de ces deux articles s'applique à la *propriété*, à l'*usufruit*, à l'*emphytéose*, qui sont les seuls droits susceptibles d'hypothèque ; le second s'applique aux *servitudes*, à l'*antichrèse*, aux droits d'*usage* et d'*habitation* et aux droits dérivés du contrat de *louage*.

1317. Observation. — Avec le plan que je me suis tracé, je n'ai à m'occuper ici de la transcription que *pour le transfert du droit de propriété*. Nous retrouverons plus loin cette même formalité à propos des autres droits pour lesquels elle est également requise. C'est donc au sujet de chacun d'eux qu'il y aura lieu d'exposer les particularités qu'elle présente à leur égard. Voyez notamment ce qui est dit de la transcription des servitudes aux nos 1852 et suiv., et de celle de l'emphytéose au no 1936.

1318. Distinction à faire. — Il existe dans notre droit français un *double système de transcription* : l'un, qui représente le droit commun, fonctionne pour les *actes à titre onéreux* ; l'autre est spécial aux *donations*.

SECTION 1. — **Transcription des aliénations à titre onéreux.**

A. — Histoire.

** **1319. Clandestinité des aliénations dans l'ancien droit.** — En droit romain, les modes spéciaux organisés pour le transfert de la propriété donnaient par eux-mêmes une certaine publicité aux aliénations. La « mancipatio » avait des témoins ; l' « in jure cessio » se faisait devant le magistrat ; le mode non solennel, la tradition, avait elle-même une certaine notoriété par le déplacement de possession qu'elle impliquait. Mais en France, *le système* devenu général *des traditions civiles ou feintes*, au moyen des constituts et des précaires, *avait amené une clandestinité absolue.*

** **1320. Ses inconvénients.** — De là naissaient de grands dangers. *Celui qui achetait un immeuble n'était jamais sûr d'en devenir propriétaire ;* il avait toujours à craindre l'existence d'une vente antérieure, inconnue de lui, puisqu'elle avait pu s'exécuter sans tradition réelle et qui lui serait néanmoins opposable. Pour la même raison, celui qui, sans acheter l'immeuble, voulait acquérir sur lui un droit réel quelconque, *servitude, hypothèque*, etc., n'était jamais *sûr de traiter avec le vrai propriétaire :* le débiteur qui offrait cette garantie à son créancier pouvait avoir déjà vendu son bien en secret.

1321. Système des pays de nantissement. — La clandestinité des aliénations immobilières, qui était la règle de l'ancien droit, n'était cependant pas universelle en France. Certaines coutumes du Nord, surtout dans le ressort du Parlement de Flandres, avaient organisé un *système de publicité* au moyen de *registres.* Cette formalité n'était qu'une transformation de l'ancienne solennité féodale de *vest et devest ;* usitée d'abord pour assurer au seigneur le paiement de ses profits lors de l'investiture d'un nouveau vassal, elle se réduisit à une simple écriture sur les registres du greffier et fut conservée comme une garantie utile pour les tiers, qui trouvaient en elle un moyen sûr de se renseigner sur le nom du véritable propriétaire. On appelait ces pays « pays de nantissement ». C'étaient les territoires des coutumes d'Amiens, de Reims, de Laon, de Châlons, de Ribemont, de Chauny, de Péronne, de Saint-Quentin, de Senlis, de Ponthieu, d'Artois, de Vermandois, de Hainaut, de Liège, de Bruges.

Il semble d'ailleurs que dans plusieurs de ces coutumes on n'avait maintenu la publicité que pour les hypothèques.

Sur les pays de nantissement, qui intéressent la Belgique autant que la France, voir BRITZ, dans les *Mémoires couronnés par l'Académie de Bruxelles*, 1846, p. 903. — WYNANTS, Décis. 144, n° 11 ; VOET, *Comment. ad Pand.* XLI, 1, 38 ; MERLIN, *Répertoire*, v° *Devoirs de loi*, t. VIII, n° 35.

1322. Système spécial à la Bretagne. — La Bretagne possédait depuis un temps immémorial un système particulier appelé *l'appropriance par bannies*, qui semble provenir de quelques textes romains interprétés et étendus par la jurisprudence locale.

Au moyen d'une publicité très simple (trois bannies ou annonces publiques faites le dimanche, à 8 ou 15 jours d'intervalle), l'acquéreur se procurait une situation inébranlable : tous les tiers ayant des droits sur l'immeuble se trouvaient forclos faute de les avoir fait valoir dans le délai des bannies. Primitivement, il ne restait d'autre trace de l'appropriement qu'un *certificat de bannies* délivré par le tribunal qui recevait le *record* du *sergent bannier*. Mais au mois d'août 1626, un édit donné à Nantes par Louis XIII établit des *greffes spéciaux* pour *l'insinuation* des contrats. Près de deux siècles avant la Révolution, la Bretagne obtint donc un mode de publicité semblable à notre transcription moderne; mais le fait est peu connu parce que l'édit de 1626 n'a été publié que dans des recueils peu utilisés ou spéciaux à la Bretagne (*Revue historique de droit français*, 1890, t. XIV, p. 449).

** **1323. Création de la transcription sous le Directoire.** — L'institution de la transcription fut l'œuvre de la loi du 11 brumaire an VII (1er nov. 1798), mais elle n'en fait pas l'objet principal. Cette loi avait pour but d'organiser le *régime hypothécaire*, en lui donnant pour base la publicité. On voulait procurer aux créanciers hypothécaires le plus de sécurité possible. Pour cela il ne suffisait pas de leur faire connaître les hypothèques antérieures déjà établies sur l'immeuble; il fallait aussi leur donner un moyen de s'assurer si la personne qui leur offre comme garantie une hypothèque sur un immeuble déterminé, est *réellement propriétaire* de cet immeuble. Dans ce but, on décida que tout propriétaire d'immeuble serait *réputé avoir conservé la propriété*, alors même qu'il l'aurait précédemment aliénée, *tant que l'acte d'aliénation n'aurait pas été transcrit* sur un registre spécial que tiendrait le conservateur des hypothèques. C'est ainsi que la *transcription des aliénations* a été introduite *incidemment* dans une loi sur les *hypothèques*. Cependant, grâce à la généralité des expressions dont on s'est servi, d'autres personnes que les créanciers hypothécaires sont également protégées par le système de la transcription.

Voici en quels termes la loi de brumaire était conçue :

« Les actes translatifs de biens et droits susceptibles d'hypothèque doivent être transcrits sur les registres du bureau de la conservation des hypothèques, dans l'arrondissement duquel les biens sont situés.

« Jusque-là ils ne peuvent être opposés aux tiers qui auraient contracté avec le vendeur et qui se seraient conformés aux dispositions de la présente » (art. 26).

** **1324. Abandon de la transcription par le Code.** — Le système de publicité inauguré par la loi de brumaire pour les aliénations d'immeubles était certainement une des meilleurs réformes de la Révolution. Lors de la confection du Code civil, il aurait dû être maintenu sans hésitation; cependant la force de la routine est telle qu'on le supprima.

Dans la discussion, on rencontra d'abord la question de la transcription à propos de l'art. 1138, qui détermine d'une façon générale le transfert de la propriété par convention (ci-dessus, n° 1293). Mais là on se borna à insérer un simple *article de renvoi*, l'art. 1140, où il est dit que la question sera réglée à propos de la vente et des hypothèques.

On la rencontra de nouveau en arrivant à l'art. 1583, qui règle les effets de la vente ; mais les partisans et les adversaires de la transcription ne purent s'entendre, et la décision fut ajournée une fois encore. On rédigea cet article de façon à laisser la question entière. De là les formes de langage qui y sont employées et qui sont des allusions évidentes au système de la transcription. Il y est dit que « la vente est parfaite *entre les parties...* », que la propriété est « acquise à l'acheteur *à l'égard du vendeur* ». On réservait ainsi les droits des tiers et les effets du contrat à leur égard pour le cas où la transcription serait maintenue.

Enfin, arrivés au *Titre des hypothèques*, les auteurs du Code durent aborder de front la question. Il y avait dans le projet un art. 91 (FENET, t. XV, p. 346), qui aurait pris place entre les art. 2181 et 2182 actuels, et qui conservait la transcription en reproduisant littéralement l'art. 26 de la loi de brumaire. Quand cette disposition vint en discussion, Malleville l'attaqua, disant qu'elle avait « des inconvénients graves » ; Tronchet renchérit en la déclarant « désastreuse », parce qu'il s'imaginait qu'elle régirait même les ventes antérieures à la loi de brumaire ! Il ajouta que « celui qui achète n'a pas besoin que la loi pourvoie d'une manière particulière à sa sûreté ; il a sous les yeux les titres ; il peut vérifier la possession du vendeur ». Bref, la disposition fut supprimée sans qu'une seule bonne raison de cette suppression ait été donnée (FENET, t. XV, p. 386-391).

****1325. Controverses après la publication du Code.** — Aussitôt après la publication du Code, la question se posa de savoir si la transcription était encore nécessaire. Quelques textes, qui paraissent en supposer l'existence, fournissaient des arguments en faveur de l'affirmative; outre l'art. 1583 précité qui y fait visiblement allusion (n° 1381), il y avait l'art. 2189, qui dispense un acheteur, dans un cas particulier, de faire transcrire son titre, ce qui suppose qu'en principe il en est tenu ; il y avait l'art. 2180, qui ne fait commencer la prescription de l'hypothèque au profit de l'acquéreur de l'immeuble que du jour où son titre d'acquisition a été transcrit, ce qui implique l'accomplissement habituel de cette formalité; il y avait l'art. 2181, qui fait de la transcription la première formalité à remplir pour l'acquéreur qui veut purger les hypothèques. Voyez aussi les art. 2108, 2198, 2199, 2200.

Mais l'histoire de la confection du Code, encore présente à tous les esprits, démontrait qu'on avait voulu abandonner le principe nouveau établi par la loi de brumaire.

Quant aux textes précités, ils s'expliquaient suffisamment par la rédaction primitive du projet, qui comportait le maintien de la transcription, et leur présence dans la rédaction définitive se justifiait encore par la possibilité de transcrire : la transcription n'était pas *supprimée ;* elle était seulement devenue *moins utile* qu'auparavant, n'était plus nécessaire qu'au cas où l'acquéreur de l'immeuble voulait procéder à la purge.

****1326. Conséquence de la solution admise.** — La transcription n'étant plus nécessaire pour opérer à l'égard des tiers le transfert de la propriété immobilière, celui qui aliénait cessait immédiatement après la vente, et à l'égard de tous, d'être propriétaire de l'immeuble aliéné. Parmi les conséquences assez variées que produisait ce retour aux principes du droit coutumier, il en est une qu'il faut signaler tout de suite parce qu'elle est indispensable pour comprendre ce qui va suivre : les *créanciers hypothécaires* d'une personne perdaient le droit de prendre *inscription* sur les immeubles aliénés par elle, dès que l'acte constatant l'aliénation avait acquis *date certaine*. La transcription n'était plus nécessaire pour *arrêter le cours des transcriptions*.

* **1327. Système du Code de procédure.** — La suppression de l'obligation de transcrire ne faisait pas l'affaire de l'administration de l'enregistrement, qui voyait diminuer ses recettes. Les acquéreurs d'immeubles, n'étant plus obligés de transcrire pour se protéger contre les concessions d'hypothèques émanant des précédents propriétaires, s'en dispensaient pour éviter le paiement du droit de transcription qui était de 1,50 p. 100 (L. 21 ventôse an VII, art. 25).

L'administration donna alors aux conservateurs des hypothèques des instructions spéciales, leur ordonnant d'inscrire toutes les créances hypothécaires, dont les titres leur seraient présentés avant la transcription du contrat d'aliénation passé au profit d'un tiers acquéreur. On espérait ainsi forcer la main aux récalcitrants. Mais, à la suite d'un rapport du ministre de la justice, un *Avis du Conseil d'État*, du 11 fructidor an XIII (29 août 1805), décida que la vente suffisait pour arrêter le cours des inscriptions (MERLIN, *Répertoire*, t. XVI, p. 454).

L'administration, qui tenait absolument à conserver ses recettes, revint à la charge par une autre voie et obtint l'insertion dans le *Code de procédure civile*, qu'on préparait alors, de deux dispositions aux termes desquelles l'aliénation ne suffisait plus par elle-même à arrêter le cours des inscriptions hypothécaires ; les créanciers de l'aliénateur conservaient le droit de s'inscrire, même après l'aliénation, comme si le bien lui appartenait encore ; *le cours des inscriptions n'était arrêté que par la transcription de l'acte d'aliénation* et on donnait même aux créanciers pour s'inscrire un *délai de quinzaine*, sorte de délai de grâce, qui courait à compter du jour de la transcription (art. 834 et 835 C. proc. civ.).

La transcription redevenait ainsi, sinon absolument nécessaire, du moins fort utile pour mettre les acquéreurs d'immeubles à l'abri de tout péril ; mais cette réforme incomplète avait une *origine exclusivement fiscale* et n'était nullement inspirée par le désir d'assurer à la propriété foncière la sécurité dont elle a besoin.

Quelques années plus tard, les besoins du trésor ayant augmenté, on jugea que cela n'était pas encore suffisant et qu'on ne transcrivait pas assez. Alors la loi budgétaire du 28 avril 1816 (art. 54) décida que le *droit de transcription* (1.50 p. 100), qui jusque-là se payait entre les mains du conservateur des hypothèques et seulement au moment où la transcription était requise, serait exigé par le receveur de l'enregistrement en même temps que le *droit de mutation* (4 p. 100), que l'on transcrivît ou non (GABRIEL DEMANTE, *Enregistrement*, n° 102).

** **1328. Rétablissement de la transcription en 1855.** — Des demandes de réforme ne tardèrent pas à se produire ; elles forcèrent le gouvernement à ouvrir en 1840 une enquête sur le régime hypothécaire (ci-dessus, n° 119). En fait, beaucoup d'aliénations étaient transcrites, mais non pas toutes : on transcrivait pour arrêter le cours des inscriptions d'hypothèques, à cause des art. 834-835 C. proc. civ. ; on transcrivait aussi quand on voulait purger (art. 2183). Mais tout cela ne constituait pas une règle absolue, et les aliénations non suivies de transcription étaient encore nombreuses.

Ce fait eût-il été fort rare, il était néanmoins toujours à craindre et toujours dangereux pour les acquéreurs d'immeubles et pour les créanciers hypothécaires. Comme le disait M. Dupin en 1840 à la Cour de cassation : « Celui qui prête sur hypothèque n'est jamais sûr d'être payé ; celui qui achète n'est jamais sûr de devenir propriétaire ; celui qui paye n'est jamais sûr de payer au véritable propriétaire. »

Enfin fut votée la loi du 23 mars 1855, qui a rétabli le système de la transcription obligatoire et abrogé les art. 834 et 835 du Code de procédure.

* **1329. Date de sa mise en vigueur.** — A raison de son importance, la loi du 23 mars 1855 n'a été mise en vigueur que le 1er janvier de l'année suivante.

La loi est inapplicable à tous les actes ayant acquis date certaine avant le 1er janvier 1856 (art. 10).

B. — Régime actuel.

1° Détermination des actes qui doivent être transcrits.

* **1330. Classification.** — Les actes relatifs à la propriété foncière peuvent se diviser en trois catégories : 1° ceux qui sont *sujets* à transcription parce qu'il y a transmission de propriété ; 2° ceux qui sont *dispensés* de la transcription, quoiqu'il y ait une transmission de propriété ; 3° ceux qui sont *exempts* de cette formalité par leur nature, parce qu'ils ne contiennent aucune transmission.

a) *Actes sujets à transcription.*

** **1331. Énumération.** — Sont seuls soumis à cette formalité *les actes qui opèrent une transmission de propriété entre vifs.* L'acte entre vifs translatif de propriété peut se produire sous différentes formes que la loi de 1855 énumère dans son art. 1er : un *contrat*, une *renonciation*, un *jugement*.

** **1332. Contrats.** — « Tout acte translatif... », dit la loi. Ces *actes translatifs* sont des *contrats*. La généralité du texte embrasse tous ceux qui peuvent effectuer un transfert de propriété.

Ce sont la *vente*, l'*échange*, la *société* (quand l'un des associés effectue en nature un apport d'immeubles pour sa mise) ; l'*ameublissement* (convention par laquelle les époux mettent en communauté, non seulement leurs meubles, mais leurs immeubles : c'est l'équivalent d'un apport à une société) ; la *cession de droits successifs*, quand elle n'est pas assimilée à un partage ; la *dation en paiement*, quand un débiteur se libère en cédant un immeuble à son créancier à la place de l'argent qu'il lui doit [1].

* **1333. Renonciations.** — Dans l'art. 1er, n° 2, la loi vise les renon-

[1] Rappelons que nous ne nous occupons ici que des transmissions à titre onéreux ; les aliénations gratuites font l'objet de la section II du présent paragraphe.

ciations faites à un droit *déjà acquis*, par exemple à un legs ou à une succession déjà acceptée. En ce cas, la renonciation du légataire ou du premier héritier en ligne est une véritable translation de propriété au profit de ceux qui en bénéficient. Mais on n'a pas besoin de transcrire les renonciations faites à une succession ou à un legs *non encore acceptés* (ci-dessous, n° 1341).

* **1334. Jugements.** — D'après l'art. 1er, nos 3 et 4, deux sortes de jugements doivent être transcrits :

a) *Celui qui constate l'existence d'une convention verbale translative de propriété* : alors c'est le jugement qui tient lieu de titre et c'est lui qu'il faut transcrire.

b) *Celui qui prononce une adjudication.* L'adjudication est l'acte par lequel se termine une vente aux enchères faite devant la justice. Les jugements d'adjudication opèrent en général une mutation de propriété ; ils rendent l'acquéreur propriétaire, ils doivent donc être transcrits. Il en est ainsi notamment pour les jugements d'adjudication qui interviennent à la suite d'une saisie opérée par les créanciers.

Par exception, on verra (n° 1339) que certains jugements d'adjudication ne sont pas translatifs et, par suite, n'ont pas besoin d'être transcrits. Voyez aussi l'art. 2189.

b) *Actes translatifs dispensés de la transcription.*

** **1335. Énumération.** — Les cas dans lesquels la propriété peut passer d'une personne à une autre sans que son changement soit annoncé au public par la transcription sont de *deux sortes* : il y a d'abord toutes les *transmissions par décès,* et ensuite *les actes qui anéantissent une transmission précédemment opérée.*

* **1336. Lacune du système pour les transmissions par décès.** — Comme on l'a vu par le texte même de la loi de 1855, *les actes* ENTRE VIFS *sont seuls soumis à la publicité.* Toutes les transmissions *par décès* échappent à la publicité. Ainsi le *légataire particulier* d'un immeuble n'est pas obligé de faire transcrire le testament ; à plus forte raison, *l'héritier ab intestat,* appelé par la loi, n'est-il pas obligé de rendre publique la mutation dont il profite[1].

1337. Système spécial pour les jugements prononçant la résolution, la nullité ou la rescision d'un acte transcrit. — Ces jugements déplacent la propriété, puisque celui qui l'avait la perd par l'anéantissement de son titre ; elle fait retour à son précédent titulaire. Cependant la loi de 1855 n'a pas soumis ces jugements à son système général de publicité ; elle ne les a pas non plus laissés complètement à l'état secret : on a organisé pour eux un système spécial, mais tout à fait insuffisant. Voici comment. *L'avoué* qui a obtenu un jugement de ce genre doit en faire opérer la *mention en marge* de l'acte résolu, annulé ou rescindé. En cas d'omission de cette formalité, la sanction n'est pas l'inefficacité du jugement à l'égard des tiers, mais une simple *amende de 100 francs* pour l'avoué négligent. Le délai est *d'un mois*, à compter du jour où le jugement est devenu définitif (L. 23 mars 1855, art. 4. — Comp. ci-dessus, n° 936).

c) *Actes exempts de transcription par leur nature.*

* **1338. Pourquoi ces actes sont exempts de transcription.** — Il y a des actes qui concernent *l'attribution* de la propriété sans être *trans-*

[1] En Roumanie, il en est de même : les testaments ne sont pas soumis à la transcription ; mais M. Alexandresco estime que cette solution est une erreur sur laquelle la jurisprudence reviendra, à cause des art. 722 C. proc. civ. et 1801 C. civ. roumains (p. 149).

latifs, parce que, bien qu'ils puissent servir de titre et de preuve au propriétaire, ils ne lui ont pas conféré la propriété ; il la possède en vertu d'une *cause antérieure*. Ces actes sont les uns *déclaratifs*, les autres *confirmatifs*, d'autres enfin purement *abdicatifs*.

** **1339. Actes purement déclaratifs.** — Il y en a de deux sortes en droit français : les *partages* et les *transactions*.

1° PARTAGES. — Leur caractère déclaratif est écrit dans l'art. 883 : chaque copartageant est censé avoir succédé seul et directement au défunt pour tous les objets mis dans son lot et n'avoir jamais eu de droits sur le reste de la succession[1]. Pour formuler cet effet du partage, la loi suppose un partage de *succession*, mais la règle est générale et s'applique à tous les partages, quelle que soit la cause de l'indivision, société dissoute, communauté entre époux, etc.

L'art. 883 assimile au partage certains *jugements d'adjudication*. Lorsque l'immeuble mis aux enchères appartenait par indivis à plusieurs personnes et qu'il est adjugé à l'un des copropriétaires : le cohéritier ou copartageant qui en devient propriétaire exclusif est réputé l'obtenir par un partage, c'est-à-dire par un acte déclaratif (art. 883). On dit alors que la *licitation* [vente aux enchères] *vaut partage*. En conséquence, l'adjudicataire est dispensé de faire transcrire (L. 23 mars 1855, art. 1er-4°). Mais si l'adjudicataire est un tiers (personne étrangère à l'indivision primitive), l'acte est *translatif*, on dit qu'il *vaut vente* et il doit être transcrit.

2° TRANSACTIONS. — La *transaction* est l'acte par lequel deux parties terminent une contestation née ou à naître en se faisant des concessions mutuelles (art. 2044). Si dans la transaction l'une des parties reconnaît à l'autre la propriété d'un immeuble qu'elle lui contestait, l'acte est purement *déclaratif* et n'a pas besoin d'être transcrit ; ce n'est pas dans la transaction que se trouve le *titre* du propriétaire, mais bien dans l'acte antérieur (achat, legs, etc.) sur lequel il fondait sa prétention. Le caractère déclaratif de la transaction n'est exprimé dans aucun texte de loi, mais il résulte de sa nature et il est reconnu par la jurisprudence (Bordeaux, 17 mars 1892, D. 93. 2. 182, S. 94. 2. 9 ; Orléans, 23 nov. 1893, D. 94. 2. 287, S. 94. 2. 9).

* **1340. Actes confirmatifs.** — Ces actes supposent l'existence d'une *nullité relative*. La personne qui aurait le droit de demander la nullité peut renoncer à son action par un acte formel : c'est ce qu'on appelle la *confirmation* de l'acte annulable (art. 1338).

Quand l'acte confirmé était une *aliénation d'immeuble*, l'acte confirmatif n'a pas besoin d'être transcrit, parce que ce n'est pas lui qui déplace la propriété ; l'acte primitif, dont la nullité aurait pu être demandée, est seul sujet à transcription, parce que c'est lui qui a opéré le transfert.

[1] En adoptant ce principe, le droit français moderne s'est écarté des traditions romaines, qui considéraient le partage comme *translatif* : les copartageants étaient censés *échanger* entre eux des parts indivises, pour se constituer des lots distincts. — La *loi belge* du 16 décembre 1851, art. 1er, soumet à la transcription même les actes déclaratifs. Mais en *Roumanie* le partage n'est pas sujet à transcription.

* **1341. Actes purement abdicatifs.** — Ce sont les renonciations faites, *avant toute acceptation*, à un legs ou à une succession ouverte. En pareil cas, celui qui renonce est réputé n'avoir jamais eu de droits sur la succession ou sur le legs (art. 785). Par suite, la dévolution s'opère, non pas entre vifs et du chef du renonçant, mais *par décès* et directement du défunt à ses héritiers acceptants.

2° Effets du défaut de transcription.

** **1342. Combinaison de la transcription avec le système du transfert par convention.** — Le système de la transcription laisse subsister le principe de la transmission de la propriété par le seul consentement : l'art. 1138 n'a pas été *abrogé* par la loi de 1855, et la simple convention de vente est encore, en principe, translative de propriété par elle-même ; seulement son application, au lieu d'être *absolue*, n'est plus que *partielle :* elle ne régit plus toutes les personnes que la vente intéresse. Il y a parmi les tiers certaines personnes, spécialement protégées par la loi de 1855, qui auront le droit de méconnaître la vente si elle n'a pas été rendue publique et à l'égard desquelles le vendeur n'aura pas cessé d'être propriétaire. Selon la formule de la loi de brumaire, art. 26, et de la loi de 1855, art. 3, l'*acte non transcrit* ne leur est pas *opposable*. Pour ces personnes, mais *pour elles seulement*, les choses doivent se passer comme si cet acte tenu secret n'avait pas été fait. Les formules restrictives employées dans l'art. 1583 [1] pour faire l'application à la vente du principe général formulé dans l'art. 1138, sont donc redevenues tout à fait exactes depuis le 1er janvier 1856.

En d'autres termes, le défaut de transcription entraîne, comme le disent MM. Aubry et Rau, une *inefficacité purement relative* du titre non transcrit. Il importe donc de déterminer avec soin *quelles sont les personnes admises à opposer le défaut de transcription* [2].

** **1343. Observation préalable.** — Il y a un premier point certain, bien que la loi n'en parle pas : c'est que ces personnes devront *toutes se trouver parmi les ayants cause de l'aliénateur*. Les personnes qui acquièrent des droits sur l'immeuble du chef de son ancien propriétaire ont *seules intérêt à être averties de l'aliénation*, qui a dépouillé celui-ci de sa propriété ; par conséquent, c'est à elles seules que la loi doit accorder le droit de se prévaloir du défaut de publicité. Ce point, que la loi de 1855 a sous-entendu, en nommant d'une manière vague les « tiers » qui ont des droits à faire valoir, se trouvait au contraire exprimé très clairement dans la loi de brumaire, qui parlait des « tiers *qui auraient contracté avec le vendeur* » (art. 26).

[1] Ces formules restrictives étaient des allusions au système de la transcription. Leur présence dans l'art. 1583 a déjà été expliquée ci-dessus, n° 1324.

[2] J'appelle toute l'attention des étudiants sur cette partie de la théorie de la transcription. Dans tout l'ensemble du droit civil, il y a peu de points qui aient une pareille importance, c'est de là que dépend tout notre système de transmissions immobilières, et avec lui la sécurité de la propriété foncière tout entière.

** **1344. Formule générale donnée par la loi.** — La loi n'a pas énuméré les personnes qui ont le droit d'opposer le défaut de transcription ; elle a indiqué, d'une manière générale, les *conditions qu'il faut remplir pour avoir ce droit*. Voici ce qu'elle dit : l'acte non transcrit ne pourra pas être opposé aux « *tiers qui ont des droits sur l'immeuble et qui les ont conservés en se conformant aux lois* » (art. 3).

Bien qu'il n'y ait que deux conditions apparentes dans ce texte, il y en a en réalité trois. Il faut :

1° Que l'on ait acquis des droits sur l'immeuble ;

2° Que ces droits soient sujets à la publicité ;

3° Que l'on ait rendu son titre public.

** **1345. Première condition.** — Il faut *avoir des droits sur l'immeuble*. Peu importe que ces droits soient *réels* ou *personnels*.

En général, les tiers que la loi protège par le système de la transcription sont possesseurs de droits réels (acquéreurs de la propriété ou de l'usufruit, voisins ayant acquis des servitudes, créanciers munis d'hypothèques, etc.). Cependant il n'est pas absolument nécessaire qu'une personne soit munie d'un droit réel pour pouvoir opposer le défaut de transcription : la même faculté est reconnue à des personnes qui n'ont sur l'immeuble qu'un droit personnel de jouissance et qui sont de simples locataires. Voyez le n° 1346.

L'intention du législateur sur ce point est certaine, parce que la rédaction primitive portait que l'acte non transcrit ne serait pas opposable « à ceux qui ont des droits *réels* sur l'immeuble ». Or le mot « réels » a été retranché sur une observation de M. Rouher, précisément pour permettre aux personnes qui n'ont pas de droit réel sur l'immeuble, mais qui sont soumises à la formalité de la transcription, de profiter de la même protection que les autres. La discussion du Conseil d'État est inédite, mais le passage indiqué a été cité dans Sirey (60. 1. 608, en note). Comp. Aubry et Rau, t. II, § 173, note 13.

Peu importe encore que ces droits soient acquis par un *contrat* ou dérivent de *la loi*, comme certains privilèges et certaines hypothèques. C'est pour comprendre même les droits de ce genre qu'on a évité d'employer la formule dont s'était servie la loi de brumaire : « Les tiers qui ont *contracté* avec le vendeur ».

* **1346. Personnes remplissant la première condition.** — Ces personnes sont :

1° L'*acquéreur de la pleine propriété* par contrat ou par jugement d'adjudication.

2° L'*usufruitier*, ou ceux qui acquièrent sur la chose un droit d'*usage* ou d'*habitation*.

3° L'*emphytéote*.

4° Le voisin à qui le propriétaire a concédé une *servitude foncière*.

5° Le *créancier* ayant *hypothèque* ou *privilège* sur l'immeuble.

6° Le *locataire*.

On remarquera que les cinq premières catégories possèdent un droit réel ; le locataire seul n'en a pas.

Telles sont les personnes qu'on a voulu protéger quand le système de la transcription a été organisé. On a cherché à favoriser les transactions sur la propriété foncière en leur donnant la sécurité, et à augmenter par là le crédit et la faveur de ce genre de propriété.

** **1347. Personnes ne remplissant pas la première condition.** — Au contraire, ne pourront pas opposer le défaut de transcription les personnes qui n'auront pas acquis « *des droits sur l'immeuble* ». Ces personnes sont les *créanciers chirographaires de l'aliénateur*, c'est-à-dire les créanciers qui n'ont ni privilège ni hypothèque. Ils n'ont aucun droit particulier à faire valoir sur l'immeuble.

A leur égard l'acte d'aliénation est efficace, dès qu'il a date certaine ; bien qu'il ne soit pas transcrit, il leur est *opposable*, et le bien aliéné par leur débiteur est réputé sorti de leur gage.

La situation qui est faite aux créanciers chirographaires en matière de transcription appelle des développements assez longs ; je les écarte provisoirement, afin de ne pas encombrer par leur exposé l'étude des conditions exigées par l'art. 3 de la loi de 1855. Voyez ci-dessous, nos 1352 à 1358.

** **1348. Seconde condition.** — Il ne suffit pas que le tiers ait un droit sur l'immeuble : il faut *que ce droit soit soumis au régime de la publicité*. Cela n'est pas dit expressément dans le texte, mais cela résulte forcément de la combinaison des deux membres de phrase employés dans l'art. 3.

Par suite sont exclus, comme ne remplissant pas cette seconde condition :

1° *Les locataires dont le bail ne dépasse pas 18 ans*. La loi n'a soumis à la publicité que les baux ayant une durée supérieure à 18 ans (L. 23 mars 1855, art. 2, n° 4)[1]. Par conséquent, ceux dont le bail ne dépasse pas cette durée, n'étant pas eux-mêmes soumis au régime de la publicité, ne peuvent pas reprocher à l'acquéreur de l'immeuble de n'avoir point fait transcrire son titre d'acquisition. Il résulte de là que pour les baux de courte durée, le conflit entre un locataire et l'acquéreur de l'immeuble se règle non d'après la transcription mais d'après la date respective de leurs titres, pourvu que cette date soit certaine, de façon que le titre de l'un soit opposable à l'autre. Ainsi, si le bail consenti par l'ancien propriétaire de l'immeuble a acquis date certaine avant l'aliénation, il est opposable au nouveau propriétaire, qui sera obligé de le subir (art. 1743) ; si, au contraire, l'acte d'aliénation a acquis date certaine avant le bail, le nouveau propriétaire pourra se refuser à exécuter un bail qui ne lui est pas opposable, et cela sans que le locataire soit admis à objecter à l'acquéreur

[1] Cependant il y a lieu de transcrire les baux à domaine congéable (ci-dessus, n° 1189), quelle qu'en soit la durée. Mais si une *baillée* de moins de 18 ans a besoin d'être transcrite, ce n'est pas en qualité de location : c'est parce qu'elle implique une cession de la *superficie*, c'est-à-dire d'un droit de propriété (ci-dessus, n° 1182). La transcription d'un bail à domaine congéable a donc lieu en vertu de l'art. 1er-1°, et non en vertu de l'art. 2-4° de la loi de 1855.

de l'immeuble que son titre d'acquisition n'est pas encore transcrit. Le système de la transcription n'a pas été établi pour protéger tous les locataires indistinctement.

2° *Les légataires particuliers*. Il faut supposer qu'un propriétaire, après avoir vendu son immeuble, l'a légué à une autre personne que l'acheteur (hypothèse peu vraisemblable) et que l'acheteur a omis de faire transcrire son acte d'achat. Dans cette hypothèse, le légataire particulier n'étant point lui-même astreint à faire transcrire son legs (ci-dessus, n° 1336), ne pourra pas opposer à l'acquéreur le défaut de transcription. — On doit avoir soin de supposer que le testament du défunt est *postérieur à la vente*, parce que, si on renverse l'ordre chronologique des deux actes, l'acte d'aliénation consenti par le testateur vaudrait *révocation tacite* du legs précédemment fait, et la question du conflit entre deux personnes ne se poserait même pas, puisqu'il n'y aurait plus de légataire.

** **1349. Troisième condition.** — Il ne suffit pas d'avoir « des droits sur l'immeuble » et des droits soumis à publicité, il faut encore « *les avoir conservés conformément aux lois* ». Cette formule un peu énigmatique signifie que le tiers qui veut se prévaloir contre l'acquéreur du défaut de transcription, doit lui-même être en règle avec la loi et *avoir effectué de son côté la publicité de son propre titre*. La loi n'entend donc point parler ici d'une conservation quelconque, mais seulement d'une conservation par voie de publicité.

** **1350. Applications.** — Supposons que le *conflit s'élève entre deux acheteurs*, acquéreurs du même bien. La préférence entre eux se réglera, non pas par la date respective de leurs titres d'acquisition, ni même par la mise en possession de fait ou tradition, comme nous l'avons vu pour les meubles dans l'art. 1141, mais uniquement par la *priorité de la transcription*. Ainsi, si le second acheteur transcrit le premier son titre, c'est lui qui sera propriétaire et qui gardera l'immeuble, bien qu'il ait traité avec un vendeur qui n'était plus lui-même propriétaire ; mais l'acte antérieur ne lui était pas opposable, faute d'avoir été transcrit.

Le conflit se réglerait de même si l'acheteur d'un immeuble se trouvait en présence d'un voisin ayant acquis par convention une *servitude* sur l'immeuble vendu. Cet acheteur a-t-il eu soin de faire transcrire son titre d'achat? *La servitude non rendue publique ne lui est pas opposable, alors même que sa constitution serait antérieure à la vente.* L'acte constitutif de servitude a-t-il été transcrit avant la vente? *La servitude est opposable à l'acheteur, alors même qu'elle aurait été constituée par le vendeur après la vente.*

Supposons maintenant que l'acheteur soit en conflit avec un *créancier hypothécaire* de son vendeur. Ce créancier doit prendre *inscription*. Peu importe la différence matérielle des deux formalités, inscription et transcription. C'est toujours d'une mesure de publicité qu'il s'agit, et le conflit entre acheteur et créancier hypothécaire se réglera encore par le même principe. On n'a pas à rechercher si la constitution de l'hypothèque est antérieure ou postérieure à la vente, mais seulement si l'inscription a été prise avant que la vente ne fût transcrite : si l'inscription est antérieure à la transcription, l'hypothèque est opposable à l'acheteur et grèvera l'immeuble entre ses mains ; sinon, l'hypothèque est perdue pour le créancier.

1351. Résumé. — Tel est le système de la transcription française. Entre personnes munies de droits sujets à publicité, *elle fait de l'efficacité de ces droits le prix de la célérité :* qui transcrit ou inscrit le premier l'emporte sur l'autre.

APPENDICE

SITUATION DES CRÉANCIERS CHIROGRAPHAIRES EN MATIÈRE DE TRANSCRIPTION

* **1352. Rédaction intentionnelle de la loi.** — Les créanciers chirographaires sont privés du droit d'opposer le défaut de transcription (ci-dessus, n° 1347) ; on a vu cependant (n° 1344) qu'ils ne sont pas nommés, ni eux ni personne, dans l'art. 3 de la loi de 1855 ; mais la rédaction un peu contournée de cet article a été précisément étudiée et combinée pour *les exclure de la catégorie des tiers protégés par la loi;* la formule obscure qui a été employée est *dirigée contre eux.* C'est avec intention qu'on a abandonné la rédaction de la loi de brumaire, qui parlait des tiers ayant « contracté » avec le vendeur : cette formule a paru trop large, parce que la plupart des créanciers tenant leur droit d'un contrat, tous auraient pu réclamer le bénéfice de la loi, sans distinction entre ceux qui ont une hypothèque et ceux qui n'en ont pas. Afin d'écarter ceux qui n'ont pas d'hypothèque, on a réservé le droit d'opposer le défaut de transcription à ceux « qui ont *des droits*[1] sur l'immeuble » ; on exclut ainsi les simples créanciers chirographaires, qui n'ont aucun droit particulier à faire valoir sur l'immeuble, plutôt que sur n'importe quel autre bien du débiteur.

* **1353. Inconséquence de la loi française.** — L'exclusion des créanciers chirographaires du droit d'opposer le défaut de transcription a été souvent signalée comme une *inconséquence* du système français. En effet, quand ces créanciers sont placés *en face d'un créancier hypothécaire* qui a négligé de rendre son hypothèque publique, ils peuvent lui opposer ce *défaut d'inscription:* l'hypothèque n'est efficace, en principe, qu'à la condition d'être inscrite ; faute d'inscription, le créancier hypothécaire ne peut pas se prévaloir de son droit de préférence contre la masse chirographaire. Et ces mêmes créanciers chirographaires, placés *en face d'un acte d'aliénation*, qui leur nuit encore plus gravement qu'une hypothèque, ne peuvent pas opposer à l'acquéreur le *défaut de transcription!* Ce n'est pas logique.

Mourlon a eu bien raison de dire à ce sujet : « Au lieu de créer la confiance, c'est l'anéantir, puisque c'est rendre partout nécessaire l'intervention des garanties hypothécaires » *(Transcription*, t. II, p. 48, n° 435). En

[1] On a vu au n° 1345 que le projet primitif disait « droits réels », et que le mot « réels » a été effacé seulement quand on s'est décidé à soumettre au régime de la publicité certains locataires et certains cessionnaires de loyers, qui ne sont que des créanciers chirographaires d'un genre spécial. Malgré cette double dérogation, on peut dire que le principe projeté subsiste et que le système de publicité organisé en 1855 est fait pour ceux qui ont des droits réels et non pour les autres.

effet, c'est pousser les créanciers à se faire donner des hypothèques pour avoir « un droit sur l'immeuble » et être ainsi à même de se prévaloir du défaut de transcription.

1354. Lois étrangères. — La *loi hypothécaire belge* de 1851 permet aux créanciers chirographaires d'opposer le défaut de transcription (art. 1er) [1]. Le *Code espagnol* (art. 606) permet d'une façon générale *aux tiers* d'opposer le défaut de transcription, ce qui englobe nécessairement les créanciers. Il semble bien aussi que tel soit le système du *Code néerlandais*, dans lequel la convention de donner ne transfère pas la propriété ; le transfert résulte seulement d'une tradition faite sous la forme d'une transcription (art. 638, 671, 1271 et 1273).

Cependant le *Code civil italien* a suivi le système français : son art. 1942 exige que les tiers aient « des droits sur l'immeuble » pour opposer le défaut de transcription.

* **1355. Cas où les créanciers chirographaires acquièrent un droit sur l'immeuble.** — Dans certaines circonstances exceptionnelles les créanciers chirographaires peuvent acquérir un droit spécial sur l'immeuble et se trouver ainsi placés dans les conditions voulues par la loi de 1855 pour opposer le défaut de transcription. Ces cas sont au nombre de deux : la *faillite* et la *séparation des patrimoines*, et ces deux cas ont pour caractère commun que les créanciers chirographaires remplissent alors la condition exigée par la loi de 1885, parce qu'ils acquièrent une hypothèque sur l'immeuble aliéné. On a proposé parfois d'en ajouter un troisième : la *saisie immobilière*, mais on verra que cette opinion n'est pas fondée.

1356. Hypothèse de la faillite. — Quand une personne tombe en faillite, l'art. 490 C. com. donne à ses créanciers chirographaires *une hypothèque légale* sur ses biens. Si on suppose qu'avant sa faillite cette personne a vendu un immeuble et que l'acheteur n'a pas fait transcrire son titre, le syndic de la faillite, représentant la masse des créanciers, pourra faire inscrire l'hypothèque de l'art. 490 et donner ainsi aux créanciers le droit d'invoquer le défaut de transcription. A partir de l'inscription de son hypothèque, la masse chirographaire a acquis « des droits sur l'immeuble » et « les a conservés conformément aux lois ».

1357. Hypothèse de la séparation des patrimoines. — Ce second cas, bien que résultant de la jurisprudence actuelle, est fort contestable en doctrine. C'est celui où le vendeur vient à mourir avant la transcription de la vente, et où ses créanciers demandent la séparation des patrimoines contre son héritier [2]. Malheureusement cette hypothèse, qui suppose connues les règles des successions, ne peut être examinée ici. Disons seulement que la séparation des patrimoines doit être rendue publique par voie d'inscription sur les immeubles (art. 2111) et que la jurisprudence décide que cette inscription donne aux créanciers du défunt un véritable *privilège* sur les biens héréditaires. Il en résulte que les créanciers du vendeur défunt, qui prennent une inscription sur tous ses biens (y compris l'immeuble vendu au tiers acheteur) pour conserver leur privilège, peuvent opposer à cet acheteur le défaut de transcription de son titre. Ils sont devenus des créanciers munis d'un droit réel. Mais c'est justement l'existence du droit réel appelé « privilège » qui est discutable en l'espèce. La nature du bénéfice de séparation des patrimoines sera expliquée dans le tome III.

[1] Cet article porte que jusqu'à la transcription, les actes translatifs de propriété ne peuvent être opposés *aux tiers qui auraient contracté* sans fraude. Le sens de cette disposition a été discuté en Belgique. On s'est demandé si on avait voulu comprendre sous ce nom même les créanciers chirographaires, ou si la loi avait donné au mot « tiers » un sens restrictif comme l'avait fait la loi du 11 brumaire an VII. Voyez la discussion de ce point dans LAURENT, t. XXIX, nos 173-181. La Cour de cassation s'est prononcée en faveur des créanciers chirographaires (8 mai 1856, *Pasicrisie*, 56. 1. 260), et son arrêt a fait jurisprudence.

[2] La séparation des patrimoines est un bénéfice destiné à protéger les créanciers d'une personne décédée contre les créanciers de son héritier, quand celui-ci est insolvable : on sépare les deux patrimoines, celui du défunt et celui de son héritier, et on emploie les biens du défunt à payer ses créanciers par préférence aux créanciers de l'héritier ; ces derniers ne peuvent avoir de droits que sur le reliquat net de la succession, déduction faite du passif.

*** 1358. Hypothèse de la saisie immobilière.** — Un dernier cas a été proposé, mais qui doit être absolument rejeté : c'est l'hypothèse où *un créancier chirographaire a pratiqué une saisie immobilière sur le bien vendu.* La saisie doit être transcrite (art. 678 C. proc. civ.). Si le créancier saisissant fait opérer cette transcription avant que l'acquéreur ait fait transcrire la vente amiable à lui consentie, le créancier chirographaire pourra-t-il opposer à l'acquéreur ce défaut de transcription ? Il le pourrait si la saisie lui conférait un droit réel sur l'immeuble, analogue à l'hypothèque ou au privilège. Or il n'en a aucun, car si d'autres créanciers se joignent à lui, le premier saisissant n'aura point de préférence sur eux. Si la loi veut que la saisie soit rendue publique, c'est parce qu'elle opère une sorte de *dessaisissement* du débiteur : à partir de la transcription, celui-ci ne peut plus disposer du bien saisi, soit en l'aliénant, soit en l'hypothéquant, au préjudice du créancier saisissant (art. 686 C. proc. civ.). Mais c'est là une pure *déchéance personnelle* qui frappe le saisi, et non l'effet d'un droit réel acquis au saisissant. Donc les créanciers chirographaires, qui ont saisi, ne peuvent pas opposer aux tiers le défaut de transcription d'un acte antérieur à la transcription de la saisie [1].

SECTION II. — Transcription des donations.

A. — Histoire.

**** 1359. Existence d'un régime spécial aux donations.** — A côté du système général de transcription, qui dérive des lois du 11 brumaire an VII et du 23 mars 1855, un système spécial fonctionne chez nous pour les donations. Pour en retrouver l'origine, il nous faut remonter au XVIe siècle.

*** 1360. L'insinuation.** — Dans notre ancien droit, les donations étaient vues avec défaveur. On avait alors, au plus haut degré, le souci de conserver les biens dans les familles. Des libéralités, qui spoliaient les parents pour enrichir les étrangers, apparaissaient comme suspectes, comme l'œuvre de la captation et de la fraude. Pour tâcher de les enrayer, on imagina de *les rendre publiques.* On pensa que le donateur hésiterait à faire sa libéralité quand il lui faudrait la faire connaître, parce que la publicité de la donation serait souvent la confession publique de ses motifs.

L'*ordonnance de Villers-Cotterets,* d'août 1539, décida que dorénavant les donations n'auraient leur effet qu'à compter du jour où elles auraient été enregistrées dans les cours de justice (art. 132). Cette formalité s'appela l'*insinuation*, en souvenir d'une ancienne formalité romaine, de nature analogue, qui avait été imaginée par Constance Chlore et qui s'appliquait également aux donations. L'insinuation établie par l'ordonnance de Villers-Cotterets a duré jusqu'au Code civil. De nombreux textes s'en sont occupés, notamment les art. 57 et 58 de l'ordonnance de Moulins, et l'ordonnance de 1731 sur les donations.

A la différence de l'insinuation romaine, qui était une *condition absolue pour l'existence de la donation,* même entre les parties, l'insinuation française n'a jamais été qu'une *mesure de publicité* destinée à protéger les *tiers* et son absence n'empêchait pas la donation de produire effet entre les parties.

L'insinuation était exigée en principe pour toutes les donations, *même mobilières.* Il n'y avait qu'un petit nombre d'exceptions, indiquées par l'ordonnance de 1731.

[1] La question a été très discutée. M. Labbé a soutenu que les créanciers chirographaires acquéraient par la saisie un droit réel (Note sous Paris, 9 février 1877, S. 77. 2. 55). Son opinion a été réfutée par M. Beudant (Note sous Cass., 25 juillet 1877, D. 78. 1. 49). Les arrêts précités de la Cour de Paris et de la Chambre des requêtes qui admettent le créancier saisissant à opposer le défaut de transcription doivent s'expliquer par ce que, dans l'espèce, le créancier était un créancier *hypothécaire* : il avait donc un droit réel à ce dernier titre et non comme saisissant.

* **1361. Époque intermédiaire.** — *L'insinuation ne fut pas supprimée ;* les lois nouvelles la réglementèrent, notamment la loi sur l'enregistrement du 22 frimaire an VII (art. 72).

Mais quand vint la loi sur les hypothèques du 11 brumaire an VII, qui établit la transcription, *les donations d'immeubles se trouvèrent soumises en outre à cette formalité nouvelle.* Par suite, lorsque la donation avait pour objet des biens ou droits immobiliers susceptibles d'hypothèques, le même acte donnait lieu à une double publicité : il devait être *insinué au greffe du tribunal* et *transcrit au bureau des hypothèques.* Or ces deux formalités ne suivaient pas les mêmes règles :

1° *Pour l'insinuation, il y avait un délai spécial,* de 4 ou de 6 mois à compter de l'acceptation, selon que le donataire habitait ou non le royaume. Faite dans le délai, la formalité rétroagissait au jour de l'acceptation ; faite après l'expiration du délai, elle ne produisait d'effet qu'à compter de sa date. — *Pour la transcription, aucun délai n'était donné.* Cette formalité ne produisait jamais d'effet qu'à compter du jour où elle était effectuée.

2° *Les personnes qui pouvaient se prévaloir contre le donataire du défaut de publicité n'étaient pas les mêmes.* On a déjà vu quelles étaient ces personnes pour le défaut de transcription : elles étaient les mêmes que s'il se fût agi d'une vente ; la loi de brumaire ne faisait aucune distinction entre les aliénations à titre onéreux et les aliénations à titre gratuit. Pour le défaut d'insinuation, *l'ordonnance était beaucoup plus large.* Le donateur était seul à ne pouvoir l'opposer : ses *créanciers chirographaires,* ses *légataires* et ses *héritiers* eux-mêmes pouvaient le faire, toutes les fois qu'ils y avaient intérêt. L'art. 27 de l'ordonnance de 1731 était formel. Voyez ce texte en note dans les Codes Tripier, sous l'art. 941 C. civ.

** **1362. Le Code civil.** — Le concours de l'insinuation et de la transcription pour un même acte était un luxe inutile de formalités qui ne pouvait servir qu'à créer des complications et des difficultés. Le Code civil *supprima l'insinuation,* de sorte qu'aucune publicité n'est plus requise pour les donations de meubles. *La transcription fut seule conservée* (art. 939), mais ce ne fut pas la transcription de la loi de brumaire. Ce que le Code a organisé sous ce nom pour les donations est une *institution mixte,* qui tient à la fois de la transcription moderne et de l'insinuation ancienne.

B. — Droit actuel.

1° Forme de la publicité.

* **1363. Emploi de la transcription.** — Dans la forme, les donations sont soumises à la même publicité que les aliénations à titre onéreux : elles sont *transcrites au bureau des hypothèques.*

La seule différence consiste dans la *sanction,* c'est-à-dire dans la liste des personnes qui ont le droit d'opposer le défaut de transcription.

2° Sanction du défaut de publicité.

** **1364. Formules du Code civil et de l'ordonnance de 1731.** — Une donation d'immeuble a été faite en propriété ; elle n'a pas été transcrite. Qui va pouvoir se prévaloir de l'omission de cette formalité ? L'art. 941 répond ainsi à cette question : « *Toutes personnes ayant intérêt,* excepté toutefois celles qui sont chargées de faire faire la transcription, ou leurs ayants cause, et le donateur ». Cette formule est évidemment imitée de l'art. 27 de l'ordonnance de 1731 qui était ainsi conçu : « Le défaut d'insinuation pourra être opposé tant par les tiers acquéreurs et créanciers du donateur que par ses héritiers, donataires postérieurs ou légataires, et généralement par tous ceux qui y auront intérêt, autres néanmoins que le donateur... ».

** **1365. Comparaison avec le système de 1855.** — Il est visible tout d'abord que ces dispositions, aussi bien celle du Code que celle de l'ordonnance, sont beaucoup plus larges que l'art. 3 de la loi de 1855. On peut dire que les deux espèces de transcription *se font exactement antithèse:* pour les aliénations à titre onéreux, le transfert de la propriété est *opposable à tous*, en principe, indépendamment de la transcription; seules les catégories exceptionnelles définies dans l'art. 3 de la loi peuvent se prévaloir du défaut de publicité ; pour les aliénations à titre gratuit, c'est l'inverse : le transfert est *non avenu à l'égard de tous*, en principe, tant qu'il n'a pas été transcrit ; seules les catégories exceptionnelles qu'indique l'art. 941 sont privées du droit d'opposer le défaut de publicité.

** **1366. Liste des personnes pouvant opposer le défaut de transcription.** — Voici maintenant comment on peut établir, à ce point de vue, la comparaison entre les deux systèmes de transcription :

1° Toutes les personnes qui peuvent opposer le défaut de transcription, quand il s'agit d'une vente, le peuvent à plus forte raison quand il s'agit d'une donation ; ces personnes sont les acquéreurs de droits réels et les locataires pour plus de dix-huit ans (ci-dessus, n°s 1346 et 1348).

2° *En outre, deux catégories*, dont l'une au moins est fort importante, qui sont privées de ce droit par la loi de 1855, le possèdent au contraire en vertu du Code civil, quand il s'agit de donations entre-vifs ; ce sont : *a)* les *créanciers chirographaires du donateur* (Limoges, 28 févr. 1879, D. 80. 2. 126, S. 80. 2. 52), et *b)* les *légataires particuliers*. Les premiers ont en effet un « intérêt » évident à faire considérer comme nulle la donation non transcrite quand ils ont saisi le bien donné, et les seconds quand il leur a été légué : l'ordonnance de 1731 les nommait expressément ; l'art. 941 les comprend nécessairement dans la formule générale dont il se sert [« Toutes personnes ayant intérêt »], puisqu'il ne fait figurer ni les uns ni les autres dans les catégories exceptées.

3° Ceci constitue déjà une différence considérable entre le système que l'art. 941 applique aux donations et celui que la loi de 1855 a institué pour les aliénations à titre onéreux.

Selon moi, la différence devrait être plus grande encore, et les *héritiers du donateur* ainsi que ses *légataires universels* devraient avoir le même droit qu'on accorde à ses créanciers chirographaires et à ses légataires particuliers. L'ordonnance de 1731 le leur accordait en termes formels ; pour abréger la rédaction du texte, le Code a supprimé l'énumération qui figurait dans l'art. 27 de l'ordonnance et où les héritiers du donateur et ses légataires étaient spécialement nommés ; il a conservé seulement la formule générale : « Toutes personnes ayant intérêt », qui terminait et résumait cette énumération. Sa disposition a donc la même valeur que celle de l'ordonnance. Cette induction est encore confirmée par cette circonstance que le Code avait abandonné la transcription de la loi de brumaire; s'il a voulu la publicité pour les donations, cela ne peut être que par le maintien des principes de l'ordonnance ; il a seulement, pour simplifier les services administratifs, supprimé les bureaux spéciaux d'insinuation pour adopter les registres de la transcription ; mais ce changement de pure forme n'empêche pas que ce soit l'insinuation des donations qu'il a maintenue sous le nom de transcription. La comparaison et la filiation des textes le prouvent surabondamment.

Néanmoins ce n'est pas cette opinion qui a prévalu. *Il est admis que les héritiers et autres successeurs universels du donateur* sont dans la même situation que lui, c'est-à-dire *privés du droit d'opposer au donataire le défaut de transcription*, bien qu'ils ne figurent pas dans l'art. 941, à côté du donateur, parmi les personnes nominativement exclues par la loi (Cass., 1er août 1878, D. 79. 1. 167, S. 79. 1. 483). La raison qu'on en donne est que les héritiers n'ont en principe pas plus de droits que leur auteur; pour leur permettre d'attaquer la donation, il faudrait un texte formel, dérogeant aux principes généraux, et ce texte manque dans la loi.

1367. Des personnes chargées de faire faire la transcription. — Le donateur et ses héritiers ne sont pas seuls privés du droit d'attaquer la donation non transcrite. La loi mentionne encore, comme étant dans le même cas, « les personnes chargées de faire faire la transcription ou leurs ayants cause ».

L'explication de ce passage de la loi est très simple. Lorsque la donation est offerte à un incapable (femme mariée, mineur, interdit), la transcription, destinée à lui assurer le bénéfice définitif de la donation, *doit être faite en son nom par la personne qui a l'administration de ses biens* (le mari de la femme, le tuteur du mineur ou de l'interdit). Si la transcription n'a pas été faite, *ces personnes sont en faute*. Il est donc tout naturel, si elles-mêmes ont acquis des droits sur l'immeuble donné, qu'elles ne puissent pas se prévaloir de leur négligence pour nuire au donataire. Il serait injuste que leur faute eût pour conséquence d'améliorer leur situation aux dépens de l'incapable qu'elles étaient chargées de protéger. Naturellement encore leur ayants cause sont dans la même situation qu'elles.

§ 3. — *Critique du système français.*

1368. Ses principaux défauts. — Diverses critiques ont été dirigées contre le système français de la publicité par voie de transcription. On lui reproche : 1° d'être *incomplet ;* 2° d'être *mal organisé* dans les cas où il fonctionne ; 3° d'avoir un *caractère facultatif*, qui en affaiblit singulièrement la portée.

A. — Lacunes.

1369. En quoi elles consistent. — La loi française laisse sans publicité aucune toutes les *mutations par décès*. Il en est à peu près de même pour les *résolutions et annulations de titres*, qui équivalent à une aliénation, puisqu'elles déplacent la propriété, et lui font faire retour à son précédent titulaire : les jugements de résolution et d'annulation doivent bien être transcrits, mais le défaut de transcription de ces jugements n'est puni que d'une amende insignifiante et laisse à l'acte toute son efficacité (ci-dessus, nos 986 et 1337).

1370. Leurs inconvénients. — Il est certain qu'il résulte du fonctionnement incomplet de la transcription que *l'incertitude continue souvent à planer*, *même actuellement sur la propriété :* les transmissions par décès, même en vertu d'un legs, sont très fréquentes et toujours *occultes*, ou du moins le registre du conservateur n'en avertit pas les tiers. — Mais il serait facile de combler ces lacunes sans modifier le système général de la loi française.

En 1849, à l'époque où l'on préparait la réforme achevée en 1855, la commission extraparlementaire avait, dans son projet, établi la publicité pour toute espèce de transmission. Comme l'héritier ab intestat n'a pas de titre à faire transcrire, elle proposait d'imposer aux receveurs de l'enregistrement, à qui les déclarations doivent être faites dans les six mois du décès, l'obligation de donner immédiatement connaissance aux conservateurs, dans le ressort desquels les biens seraient situés, de la mutation qui venait de s'opérer afin qu'il en fût fait mention sur les registres de la transcription (*Rapport* de M. Persil, p. 19).

Depuis lors on a établi la publicité, avec sanction effective sur les bases du droit commun, pour un cas particulier de résolution, celui où la résolution est demandée par un précédent vendeur qui n'a pas été payé : il ne peut atteindre les sous-acquéreurs toutes les fois que l'existence de son action n'a pas été rendue publique (L. 23 mars 1855, art. 7).

B. — Vice d'organisation.

***1371. Mauvaise organisation des registres.** — Les registres sont tenus *par noms de personnes*. Les tables donnent les noms des propriétaires qui ont aliéné un immeuble ou qui l'ont grevé d'hypothèques ou d'autres droits réels. Il en résulte que pour être renseigné exactement sur la situation actuelle d'un immeuble, il faut *connaître les noms de tous ses propriétaires successifs, sans exception, et les signaler tous au conservateur*. On doit lui demander : « Existe-t-il des transcriptions ou des inscriptions effectuées au nom de MM. Tel, Tel, etc., propriétaires successifs de tel immeuble ? » Qu'il y ait un seul nom omis ou mal indiqué et méconnaissable, tout le système manque son but, et la sécurité des tiers est détruite, quand ils veulent acheter l'immeuble ou se le faire hypothéquer, parce que des actes peuvent avoir été transcrits, ou des hypothèques inscrites, du chef de ce propriétaire dont le nom a été ignoré [1].

***1372. Projet détablissement de livres fonciers.** — Le système qu'il faudrait substituer à celui-là est bien connu : les livres des conservateurs devraient être des *livres fonciers*, où chaque immeuble figurerait sous son numéro d'ordre, et où tous les actes concernant le même immeuble se trouveraient à la suite les uns des autres, dans l'ordre de leurs dates. De pareils registres seraient donc tenus *par parcelles* et non plus *par noms de personnes*. Mais en l'état actuel des choses, leur création en France est impossible. Leur confection supposerait la *réfection entière du cadastre* [2], qui ne donne plus, à beaucoup près, le plan actuel de la propriété foncière : des séparations et des

[1] Les vices de notre système ont été exposés par M. Charles Gide, dans les termes suivants que je reproduis ici, ne pouvant mieux dire : « Vous voulez savoir la situation de « tel domaine. Vous demandez au conservateur s'il est hypothéqué. Il vous répond : Je ne « connais pas les immeubles ; je ne connais que les propriétaires. Vous citez alors le nom « du propriétaire actuel : Jean Bernard. Le conservateur trouve une demi-douzaine de « Jean Bernard, qui sont tous grevés d'hypothèques. Il vous délivre un état portant toutes « les hypothèques de ces homonymes. Par contre, si vous omettez ou si vous désignez « mal les noms des précédents propriétaires, le conservateur ne fait pas de recherches au « nom de ces personnes et vous risquez d'ignorer les hypothèques qu'ils ont établies. (Ce « que M. Gide dit ici des hypothèques peut se dire aussi bien des aliénations consenties.) « Ajoutez que dans tous les actes, même notariés, et par conséquent dans les transcriptions, « le signalement de l'immeuble est donné le plus souvent par les noms des propriétaires « voisins. Quand les voisins ont changé, on ne sait plus de quel immeuble il s'agit. Heureusement, dans toute législation il y a une certaine *plasticité*, qui fait que les hommes « s'accommodent de celles qui paraissent les plus défectueuses et finissent par y vivre à « l'aise. Chez nous, les *notaires* sont la cheville ouvrière de tout le système. Comme ils con- « servent d'ordinaire les mêmes clients de génération en génération, ils réussissent sans « trop de peine à reconstituer dans leurs études l'histoire de chaque domaine un peu « important et à obtenir du conservateur des hypothèques des états à peu près exacts » (*Bulletin* de la Société de législation comparée, avril 1886, p. 323).

[2] Sur le cadastre, voyez ci-dessus, n° 996. Voyez aussi la loi du 17 mars 1898, tendant à rendre plus facile et plus économique la revision du cadastre, au moyen de subventions accordées par l'État aux communes et départements.

réunions de parcelles ont été opérées en nombre incalculable, qui ont tout transformé, et un grand nombre d'erreurs matérielles ont été commises. Or la réfection du cadastre est une opération colossale, devant laquelle tous les gouvernements ont reculé jusqu'à présent. Le cadastre actuel, qui a été exécuté de 1807 à 1850, a coûté 160 millions; un nouveau cadastre coûterait certainement beaucoup plus cher à établir aujourd'hui, et sa tenue au courant serait fort onéreuse, ou bien il faudrait le refaire tous les quinze ou vingt ans.

Les projets de réforme ne sont pas pour cela abandonnés. Cependant la commission extraparlementaire instituée en 1891, sous le titre de *commission du cadastre* (ci-dessus, n° 996), a réduit l'objet de ses études à la réforme hypothécaire, et l'institution de livres fonciers en France n'a pas été discutée par elle (Voir BESSON, *Les livres fonciers et la réforme hypothécaire*, 8°, 1891).

C. — Caractère facultatif de la transcription.

* **1373. Inconvénient né de l'absence d'obligation.** — Enfin un autre défaut de la loi française est de rendre la *publicité facultative* [1].

En fait, il y a un grand nombre de ventes qui ne sont pas transcrites. On en compte 26 p. 100 qui sont enregistrées, sans être transcrites, et la proportion serait sans doute encore plus forte, si on tenait compte des ventes faites par actes sous seings privés qui ne sont même pas enregistrées. On ne se fait pas en général l'idée du grand nombre des ventes immobilières qui portent sur des biens de peu de valeur et pour lesquelles les parties cherchent à économiser les frais. En 1889, sur 737,000 ventes enregistrées, il y en avait plus de 300,000 dont le prix ne dépassait pas 500 francs, et plus de 100,000 autres pour lesquelles il se tenait entre 500 et 1,000 francs.

L'omission de la transcription ne constitue pas cependant une grosse économie : en effet depuis 1816 le droit proportionnel de transcription est perçu au moment où l'acte est présenté pour être enregistré, alors même que la transcription n'en serait pas requise (Loi du budget du 28 avril 1816, art. 52 et 54) et la transcription ne donne plus lieu qu'à un droit fixe.

§ 4. — *Systèmes étrangers.*

1374. Diversité des législations. — Le *système français de la transcription* a été adopté ou conservé dans différents pays :

En *Belgique* (Loi hypothécaire du 16 décembre 1851). Voir LAURENT, *Principes du droit civil*, t. XXIX, p. 5 et suiv.

En *Hollande*. Code néerlandais, art. 671 : « La tradition des immeubles se fait par la transcription de l'acte dans les registres à ce destinés ». Comp. art. 1494 et 1495. Voyez aussi le *Bulletin* de la Société de législation comparée, de juillet 1877, p. 544.

En *Italie* (art. 1932-1947 C. civ.).

En *Espagne* (art. 605-608 C. civ.).

Dans tous ces pays le mode de publicité est le même qu'en France : c'est la transcription Il n'existe entre leurs législations et la nôtre que des différences d'organisation d'ordre secondaire.

Mais on trouve dans quelques pays des *systèmes de publicité fondés sur des bases fort différentes* ; à raison de l'importance extrême de cette matière, il est bon de connaître

[1] Ceci n'empêche pas de dire et de répéter tous les jours que la loi du 23 mars 1855 a rétabli la *transcription obligatoire*. Les deux idées sont conciliables. Quand on parle de transcription « obligatoire », on fait allusion au grand intérêt qu'a l'acquéreur à transcrire, pour pouvoir opposer son titre à ceux qui traiteraient après lui avec son vendeur ; quand on parle de transcription « facultative », on veut dire qu'il n'y est contraint qu'indirectement par son intérêt et qu'il n'y a point de *sanction directe*, telle que l'amende infligée à ceux qui ne font point enregistrer leurs baux.

sommairement ces systèmes, auxquels il est fait de perpétuelles allusions dans les discussions sur les réformes possibles en France.

A. — Système Torrens.

1° Ses origines.

1375. Son nventeur. — L'inventeur du système, Sir Robert Torrens, mort en 1884, était fils du colonel Torrens, qui fut l'un des fondateurs de la colonie de South-Australia et qui a laissé son nom à plusieurs fleuves et lacs de ce pays. Il était directeur de l'enregistrement *(Registrar general)*, quand il fut frappé du contraste que présentaient dans les colonies australiennes deux espèces de propriétaires : les *acquéreurs de terres publiques* qui tenaient directement leurs droits de la couronne, et les autres, qui tenaient leurs droits d'un *acte privé*, vente ou testament. Autant la situation des premiers était simple et liquide, autant celle des seconds paraissait le plus souvent obscure et mal établie. Cela lui donna l'idée d'introduire la *simplicité* et la *sécurité* dans les aliénations immobilières par un moyen très simple : il suffisait de considérer tous les acquéreurs comme les ayants cause directs de l'État, la terre étant censée revenir à la couronne à chaque mutation.

Cette conception, qui paraîtrait bizarre en France et peut-être dangereuse, comme devant favoriser les tendances collectivistes et les projets de nationalisation du sol, est au contraire familière aux Anglais, chez lesquels, par une survivance des institutions féodales, les particuliers n'ont que le domaine utile de la terre, le domaine éminent appartenant à la couronne.

1376. Son institution. — R. Torrens commença sa campagne en 1856, se fit nommer député, et la loi établissant son système fut votée en 1858, sous le titre de *Real property act* [1]. Depuis lors, plus d'une modification y a été apportée, même dans son pays d'origine.

2° Analyse du système Torrens [2].

1377. Son caractère facultatif. — La soumission au système Torrens est *facultative* pour le propriétaire, sauf pour les concessions nouvelles faites par l'État, qui comprennent la presque totalité du territoire de l'Australie.

1378. Formalités préalables. — Chaque propriétaire adresse au *Registrar general* (directeur de l'enregistrement) une demande avec plan du terrain et pièces à l'appui. Les titres du propriétaire sont examinés par une commission ; le Registrar general n'a donc pas un rôle passif, comme notre conservateur des hypothèques qui se borne à enregistrer tous les actes qu'on lui présente : c'est un véritable *juge*, qui vérifie la validité des titres. Après cette vérification, le Registrar fait faire des *annonces* dans les journaux, même dans ceux des colonies voisines et de la métropole, s'il le juge nécessaire, pour avertir les intéressés et les mettre en demeure de faire opposition pour conserver leurs droits. Le délai qui leur est accordé varie d'un mois à trois ans.

1379. Immatriculation. — L'admission étant prononcée, on dresse *deux certificats identiques* contenant la *description* de l'immeuble, avec l'*état des charges* (baux, hypothèques, etc.) qui le grèvent. L'un de ces certificats est inséré au registre, dont il forme désormais un folio numéroté ; l'autre est remis au propriétaire, à qui il sert de titre. Ce dernier renvoie au feuillet et au volume où se trouve le certificat enregistré ; mais dans la pratique, il dispense d'y recourir, à peu près comme nos expéditions d'actes notariés dispensent de rechercher l'original.

[1] On a fait remarquer avec raison que l'Australie n'a pas eu la *primeur* de ce système : notre ancienne province de Bretagne possédait, sous le nom d'*Appropriances par bannies*, une institution qui produisait déjà ce résultat, bien que ses formes fussent fort différentes. — Il existait également à Brême un système de transmissions immobilières qui rappelait d'assez près le système Torrens, et dont les origines premières remontaient au XIIIe siècle. Sur ce régime, auquel a mis fin le nouveau Code civil allemand, voyez la thèse de M. Challamel, citée au n° 1390 ci-dessous.

[2] Thèses sur le système Torrens : LÉON ESTIVANT, Paris, 1899 ; RENÉ VIOLLETTE, Paris, 1900. Autres indications bibliographiques dans le *Nouveau Dictionnaire d'économie politique*, de LÉON SAY et CHAILLEY, v° Torrens.

1380. Mode de tenue des registres. — Les registres sont tenus, non pas par *noms de personnes*, comme chez nous, mais *par terres*. Tous les certificats sont centralisés dans la capitale, où ils forment une série unique : de là une grande économie de personnel et de frais généraux : les droits perçus sont d'une extrême modicité et ne dépassent pas une livre sterling (25 francs).

1381. Effet de l'immatriculation. — L'immatriculation une fois faite rend *inattaquable* le titre du propriétaire qui l'a obtenue. C'est quelque chose comme un jugement qui produirait ses effets avec une autorité absolue. Aucune action ni en revendication, ni en déclaration d'hypothèques, de servitudes ou de charges réelles quelconques, ne peut être reçue, en dehors de celles qui sont indiquées dans le certificat. Sans doute l'administration a pu *se tromper*, mais la personne qui souffre de son erreur est réduite à une simple *action en indemnité*, et c'est l'administration qui paie. Pour faire face à ces réclamations, on a constitué un *fonds d'assurance*, à raison d'un demi-denier par livre (environ 2 p. 1.000), ce qui est bien peu, et cependant cela est plus que suffisant : en dix ans, la colonie de Victoria n'a eu à rembourser que 11,500 francs et son fonds d'assurance s'élevait à un million.

1382. Forme des transferts. — Des formules imprimées pour les principaux actes (vente, bail, hypothèque, etc.) sont mises à la disposition du public dans les magasins de papeterie. Quand un propriétaire veut vendre, il prend une formule de vente, en remplit les blancs, et l'envoie au registrar, signée de lui, avec son certificat de propriété.

Ce procédé permet aux plus illettrés de se passer du concours ruineux des hommes de loi. Au reçu de ces pièces, le certificat du vendeur est *annulé* et on délivre à l'acheteur un *nouveau titre dans la même forme*. Beaucoup de personnes (MM. Yves Guyot, Paul Leroy-Beaulieu et autres) ont cru que le titre primitif passait de main en main par endossement comme une lettre de change; c'est une erreur. Le point principal du système est l'anéantissement de l'ancien titre ; la terre est censée faire retour à l'État, qui la reprend des mains du vendeur, et en fait à nouveau la concession à l'acheteur, absolument comme faisait jadis le seigneur de fief recevant un nouveau vassal, après avoir reçu le *devest* de l'ancien.

3° Ses progrès et ses échecs.

1383. Son extension dans les pays de langue anglaise. — Le système Torrens n'est pas resté confiné dans la South-Australia. D'autres colonies australiennes (*Nouvelle-Galles du Sud*, *Queensland*, *Victoria*, *Tasmanie*) adoptèrent le système Torrens. Plus tard la *Nouvelle-Zélande*, la *Colombie*, la *Tunisie*, *Singapoore* et les *Établissements du détroit*, etc. En *Angleterre*, un acte du 13 août 1875, qui avait essayé de l'introduire, resta à peu près sans effet ; mais il fut complété et modifié par un autre acte du 4 août 1897 qui commence à donner quelques résultats. Voyez ces actes dans *Ann. étr.*, 1876, p. 178 ; 1898, p. 58. La publicité est organisée au moyen de registres terriers basés sur les principes de Torrens; mais comme on a laissé aux particuliers le droit de ne pas soumettre leurs terres à ce régime, il en est résulté une complication encore plus grande dans l'état de la propriété foncière anglaise.

1384. Son introduction dans quelques possessions françaises. — En France, le système australien ne fut guère connu qu'en 1882 par des articles de M. Yves Guyot parus dans « Le Globe ». Mais les principes de ce système se trouvent déjà à l'état d'ébauche dans une brochure à peu près inconnue (DECOURDEMANCHE, *Projet de loi sur la mobilisation de la propriété foncière*, 1832), signalée en 1885 par M. Sauguet, à la réunion des sociétés savantes à la Sorbonne.

Une loi spéciale, du 5 juillet 1885, votée sur l'initiative de M. Cambon, a introduit le système Torrens en *Tunisie*, où le terrain était déjà préparé à le recevoir par des usages anciens. Ce n'est d'ailleurs qu'une combinaison du système français de la transcription avec l'immatriculation australienne ; son emploi est facultatif[1]. La loi de 1885 a été complétée

[1] Sur la question de savoir si l'immatriculation faite selon la loi tunisienne supprime la prescription pour les immeubles immatriculés, voir CAUWÈS, *Cours d'économie politique*, 3e édit., t. II, p. 416, note 2. Sur le régime tunisien, voyez R. VIOLLETTE, *L'Act Torrens*, thèse, Paris, 1900.

et modifiée par les lois du 16 mai 1886 et du 6 novembre 1888. Voyez la thèse précitée de M. VIOLLETTE.

Pour l'*Algérie*, un projet de loi spécial avait été élaboré dès 1843 sur les bases indiquées par M. Decourdemanche, et n'aboutit pas. L'introduction du système Torrens a été mise à l'étude par M. Tirman, et elle a fait l'objet d'un rapport de M. Dain, publié dans la *Revue algérienne* d'octobre-novembre 1885.

1385. Son danger. — Le point faible du système est l'extrême facilité qu'il donne à la *fraude: une fausse signature* sur une formule de vente, si le faux n'est pas découvert à temps, suffit à dépouiller irrévocablement le propriétaire. La première immatriculation donne toutes les garanties désirables, mais on ne peut pas en dire autant des transferts ultérieurs.

1386. Obstacles à son établissement en France. — Là n'est pas cependant la cause principale de son échec en Europe. En Angleterre, où chaque grande famille a son *sollicitor* attitré, la coalition des hommes de loi, qui se sentent menacés dans leurs profits par cette simplification extrême des transmissions immobilières, réussira sans doute longtemps à en retarder les progrès. En France, c'est le *morcellement* de la propriété : le nombre de parcelles auxquelles il faudrait ouvrir un compte spécial est incalculable. En outre, il faudrait faire table rase de notre *système hypothécaire*, très compliqué, qui fait peser sur la propriété foncière un grand nombre de charges occultes (hypothèques et privilèges dispensés d'inscription) et on devrait commencer par refaire toutes les *matrices cadastrales* et les tenir ensuite au courant de toutes les mutations, ce qui serait sans doute impossible. En somme, le système Torrens, sauf perfectionnements nouveaux, ne paraît guère jusqu'ici propre à fonctionner que dans les *pays neufs*.

B. — Système allemand.

1387. Son principe caractéristique. — Une loi du 5 mai 1872 (traduction et commentaire par Paul Gide, dans l'*Annuaire étranger* de 1873, t. II, p. 208) a organisé dans les États prussiens un système original pour les transmissions immobilières. Son trait principal est l'existence d'un *registre foncier* (Grundbuch), dans lequel chaque feuillet est attribué non à un propriétaire, mais à un *fonds de terre*, ce qui constitue le point de départ de toute publicité *réelle*. Sur ce registre viennent se réfléchir et se graver, selon les expressions de M. Challamel, tous les actes qui concernent l'immeuble, de sorte que le registre donne à un moment quelconque *l'état civil de la propriété*.

L'inscription sur le registre foncier, de même que l'immatriculation du système australien, est *attributive de propriété*, et elle ne peut se faire que par l'intervention d'un officier public, qui examine les titres produits et qui a toute autorité pour écarter ceux qu'il ne juge pas irréprochables. Ce magistrat se nomme le *Grundbuchrichter*.

1388. Conditions de son fonctionnement. — Le système allemand ne peut fonctionner que par le maintien continuel d'une concordance parfaite entre le livre foncier (*Grundbuch*) et le registre cadastral (*Flurbuch*). Tout changement matériel, constaté par l'administration du cadastre, doit être communiqué au juge qui tient le registre foncier; et inversement tout changement juridique résultant des mutatations enregistrées sur le livre foncier doit être communiqué à l'administration du cadastre. C'est grâce à cette identité perpétuelle des deux registres, l'un graphique, l'autre littéral, qu'on a pu accorder une force absolue aux immatriculations.

1389. Retour partiel au système français. — Déjà cependant ce système paraît fléchir : les conservateurs des registres dérogent assez souvent à la loi de 1872, et dans des cas exceptionnels dont ils sont seuls juges, ils ouvrent des comptes particuliers *par noms de personnes*, inscrivant en tête d'un folio le nom d'un propriétaire et y mentionnant toutes les parcelles qui lui appartiennent.

1390. Bibliographie. — Pour plus de détails, voir CHALLAMEL, *De la cession des créances hypothécaires*, thèse, Paris, 1878. — CH. GIDE, *Bulletin* de la Société de législation comparée, avril 1886, avec des observations de M. Challamel. — CAUWÈS, *Cours d'économie politique*, 3e édit., t. II, nos 674 et suiv.

CHAPITRE IV

DE L'USUCAPION

§ 1. — *Généralités.*

*1391. **Définition.** — La prescription acquisitive ou *usucapion est un moyen d'acquérir la propriété d'une chose par une possession prolongée pendant un temps déterminé.*

1392. **Terminologie.** — Le mot « usucapion » ne se trouve pas dans les lois françaises et il est fort peu employé par les écrivains et les praticiens. Il serait cependant très utile pour distinguer commodément les deux espèces de prescriptions, la *prescription acquisitive*, qui fait acquérir la propriété et un certain nombre d'autres droits réels, et la *prescription extinctive*, qui fait perdre tous les droits en général. Ces deux fonctions opposées de la prescription sont fort loin d'être soumises aux mêmes règles.

Nous n'avons à considérer, ici que la *fonction positive* de la prescription employée comme manière d'acquérir, à laquelle nous donnerons le nom d'usucapion.

*1393. **Utilité de l'usucapion.** — Les anciens disaient de la prescription qu'elle était la patronne du genre humain, et l'*Exposé des motifs* du titre « De la prescription » dit qu'elle est « de toutes les institutions du droit civil la plus nécessaire à l'ordre social ». Rien n'est plus vrai. La preuve de la propriété serait impossible à faire si l'usucapion n'existait pas. Comment suis-je devenu propriétaire ? Parce que j'ai acquis la chose par achat, par donation, par succession. Mais je n'ai pu acquérir la propriété à ce titre que si mon auteur l'avait lui-même. La même question se pose dans les mêmes termes pour tous les possesseurs successifs de la chose, et si un seul dans la série n'a pas été propriétaire, tous ceux qui l'ont suivi ne l'ont pas été non plus. La prescription supprime cette difficulté, qui est insoluble : un certain nombre d'années de possession suffira.

On peut supposer aussi que le titre d'acquisition du possesseur actuel ou d'un de ses prédécesseurs les plus rapprochés est perdu ou inconnu. La prescription vient au secours du possesseur.

L'usucapion joue donc *un rôle social considérable*. Sans elle, aucun patrimoine ne serait à l'abri de revendications imprévues[1].

Il est certain qu'à l'occasion l'usucapion peut profiter à un possesseur sans titre et de mauvaise foi, elle couvrira alors une spoliation. Mais ce fait est rare, et il sera plus rare encore que le propriétaire dépouillé par l'effet de l'usucapion soit exempt de négligence. Pourquoi est-il resté si longtemps sans faire acte de possession sur sa chose ou sans la réclamer ? On lui laisse un délai suffisant pour apprendre l'usurpation commise contre lui et pour protester. Les résultats contraires à l'équité, qui risquent de se produire de la sorte, ne peuvent pas être mis en balance avec les avantages décisifs que l'usucapion procure tous les jours à l'immense majorité des hommes.

1394. **Suppression de la prescription dans certains pays.** — Dans les systèmes d'*immatriculation* (Act Torrens, loi prussienne de 1872, etc.) la prescription devient sans objet : tout se réduit à savoir si, oui ou non, le possesseur est inscrit sur les registres (ci-dessus, nos 1374-1390). Cependant le projet à l'étude en France pour l'établissement de livres fonciers ne supprime pas la prescription : si un propriétaire abandonnait son bien, au bout de trente ans le nouveau possesseur pourrait demander son inscription sur le registre. La prescription ne serait rendue inutile que pour les questions de limites.

[1] Cependant, en fait, les revendications immobilières sont très rares et la prescription ne fonctionne guère que comme mode de preuve de la propriété. La plupart des procès en revendication ne sont que des contestations sur les limites ; on en voit peu dans lesquels l'ensemble de la propriété soit en question.

1395. De l'usucapion mobilière. — On répète souvent que l'usucapion n'est utile en France que pour les immeubles, à cause de la règle « En fait de meubles possession vaut titre », qui fait acquérir immédiatement la propriété des meubles, sans qu'il soit besoin de prescription.

Il est très vrai que l'al. 1er de l'art. 2279 rend la prescription inutile pour les meubles, mais seulement dans les cas où il s'applique ; or il ne s'applique pas toujours. Il ne protège pas les *acquéreurs de mauvaise foi* d'un meuble qui avait été confié à quelqu'un et dont le détenteur a disposé ; et il est sans application aucune, au profit de qui que ce soit, quand il y a eu *perte* ou *vol*. Il y a donc de nombreux cas dans lesquels le propriétaire qui a perdu la possession de son meuble peut le *revendiquer*, et on a vu (nos 1125 et 1129) que son action dure tantôt trois ans et tantôt trente ans. Les possesseurs du meuble sont donc bien réellement appelés à profiter d'une *prescription* qui s'accomplit contre le propriétaire.

Seulement, par l'effet d'une disposition exceptionnelle de la loi positive, cette prescription n'est pas soumise à la règle essentielle de l'usucapion : elle ne suppose pas que le tiers qui en profite a eu la *possession* du meuble pendant tout le temps de son accomplissement. Son point de départ est invariablement le fait qui a fait perdre la possession au propriétaire (abus de confiance, vol ou perte fortuite). Par ce côté, la prescription en matière mobilière se rapproche donc plutôt des prescriptions extinctives que de l'usucapion [1]. Elle n'en a pas moins l'effet caractéristique de celle-ci, qui est l'*acquisition de la propriété*. En effet, quand la revendication du propriétaire est éteinte, il est bien clair que c'est le possesseur qui a la propriété.

1396. Renvoi. — Cette espèce anomale d'usucapion, relative aux meubles, a été suffisamment étudiée soit à propos de la *revendication* et de l'art. 2279 (nos 1104-1146), soit à propos du *trésor* et des *épaves* (nos 1277 à 1286). Il n'y a rien de plus à en dire, et il ne va être question désormais que de l'usucapion des immeubles.

§ 2. — *Biens susceptibles d'usucapion.*

*** 1397. Imprescriptibilité des biens hors du commerce.** — Aux termes de l'art. 2226 : « On ne peut prescrire le domaine des *choses qui ne sont pas dans le commerce* ». Cette disposition serait inutile, si elle visait les choses qui *par leur nature* ne sont susceptibles d'aucune espèce de propriété, comme l'air ou la mer ; l'usucapion est aussi impossible pour elles que toute autre manière d'acquérir la propriété.

L'art. 2226 est surtout fait pour certains *biens*, qui pourraient appartenir à quelqu'un, et qui même quelquefois ont actuellement un maître, mais dont la loi a interdit la *cession* ou l'*aliénation*, ce qu'on exprime en disant qu'ils sont « hors du commerce », car le commerce est par essence la *transmission*, la *circulation* des choses d'une personne à une autre. Ces biens sont donc *inaliénables*. Une prudence élémentaire commandait de les déclarer en même temps *imprescriptibles*. Faute de cette précaution, on eût risqué de les voir appropriés au profit de quelqu'un ou passés en de nouvelles mains au bout d'un nombre d'années relativement bref.

1398. Énumérations. — Quels sont ces biens ?

Ce sont d'abord les biens du *domaine public* (ci-dessous, nos 2052 et

[1] MM. Aubry et Rau y voyaient un simple délai, n'ayant aucunement le caractère d'une prescription (t. II, § 183, p. 112).

suiv.). On verra que *l'imprescriptibilité* est un des caractères qui distinguent le domaine public proprement dit des biens formant le *domaine privé* de l'État, des départements et des communes (ci-dessous, n° 2045).

Le domaine public n'est pas le seul exemple d'imprescriptibilité qu'offre notre droit. On peut encore citer les *biens dotaux* des femmes mariées sous le régime dotal (art. 1561). Il y avait aussi les biens compris dans les *majorats* (Décr. 1er mars 1808) ; mais ceci n'est plus guère qu'un souvenir historique.

Mentionnons enfin pour mémoire la loi du 12 mai 1871 qui avait déclaré inaliénables, et par suite imprescriptibles pendant trente ans à compter de la fin de l'insurrection parisienne, les biens saisis ou mis sous séquestre à Paris et dans les communes suburbaines pendant la durée de la Commune. Sur son abrogation, voyez ci-dessous n° 1487.

§ 3. — *Possession requise pour l'usucapion.*

** **1399. Nécessité d'une possession « animo domini ».** — On a déjà vu (n° 899-6°) que la possession capable de conduire à l'acquisition de la propriété est la véritable possession, celle qui implique, outre le fait matériel de la détention, l'intention de se comporter en maître ou « animus domini » (n° 871).

** **1400. Conséquence pour les simples détenteurs.** — Il en résulte que les *possesseurs précaires*, c'est-à-dire les *simples détenteurs*, qui possèdent en vertu d'un titre les obligeant à restituer la chose à son propriétaire (ci-dessus nos 925 à 933), ne peuvent pas prescrire. L'art. 2236 porte que ces personnes « ne prescrivent *jamais, par quelque laps de temps que ce soit* »[1]. L'art. 2240 confirme encore cette disposition en disant qu' « on ne peut pas prescrire contre son titre » ; ceci est vrai pour les détenteurs précaires : ils détiennent en vertu d'un titre qui les empêche de prescrire [2].

** **1401. Nécessité d'une possession exempte de vices.** — L'existence d'une possession véritable ne suffit pas : il faut, de plus, que cette possession ne soit atteinte d'aucun vice capable de la rendre inutile (art. 2229). Rappelons que les vices qui ont cet effet sont au nombre de quatre seulement : la *discontinuité*, la *violence*, la *clandestinité* et l'*équi-*

[1] C'est sous cette forme que la règle est présentée dans la loi : le texte, qui traite pêle-mêle la possession et la prescription, n'exige pas d'une manière directe l'existence de la possession véritable chez ceux qui veulent prescrire ; il se borne à priver de ce droit ceux qui, en leur qualité de détenteurs précaires, n'ont pas la vraie possession.

[2] Plus d'un auteur a déjà remarqué que la règle qui rend imprescriptible « etiam per mille annos » (ci-dessus, n° 933) les biens possédés par un détenteur précaire va contre le but social de la prescription, qui est d'empêcher les revendications de remonter trop loin dans le passé. Peut-être aurait-on pu décider que la prescription s'accomplirait à leur profit par un délai de 60 ans. En effet, la précarité de leur possession vient de ce qu'il existe à leur charge une *obligation de rendre* ayant une origine contractuelle. Or cette obligation est prescriptible : elle s'éteint en général par trente ans. Quand elle est éteinte, la précarité devrait être considérée comme purgée, et l'usucapion devrait commencer à courir pour le possesseur. Mais telle n'est pas la conception du droit traditionnel.

voque, bien que la loi paraisse en énumérer six. Voyez ce qui est dit des deux autres aux nos 882 à 884 ci-dessus.

§ 4. — *Du temps requis pour prescrire.*

** **1402. Distinction de deux espèces de prescription.** — La durée de la prescription varie beaucoup selon les conditions dans lesquelles se trouve placé le possesseur.

En principe, le temps requis pour l'acquisition de la propriété immobilière par la prescription est de 30 ans (art. 2262). Ce délai de 30 ans représente en droit français *le droit commun* en matière de prescription acquisitive ; il en fixe en même temps le *maximum*, parce que la loi n'y déroge jamais que pour abréger la durée de la prescription.

Par exception, lorsque le possesseur a *juste titre* et *bonne foi*, il a droit à une *prescription abrégée* qui dure de 10 à 20 ans, selon des distinctions qui seront indiquées plus loin (art. 2265). S'il n'a pas de titre, ou si, en ayant un, il n'est pas de bonne foi, il ne peut acquérir la propriété qu'au bout du délai ordinaire de *trente ans*.

1403. Abolition des longues prescriptions de l'ancien droit. — Dans l'ancien droit français on avait conservé en faveur de quelques rares privilégiés des prescriptions de 40 et de 100 ans, introduites par les Empereurs. C'était principalement l'Église et les communautés qui en bénéficiaient (DUNOD DE CHARNAGE, liv. I, chap. 12 et 14 ; POTHIER, *Prescription*, nos 189 et suiv. ; nos 278 et suiv.). Le Code civil a fait disparaître tous ces privilèges : d'une part, il n'établit aucun délai supérieur à 30 ans (art. 2262) ; de l'autre, il déclare, dans l'art. 2237, que « l'État, les établissements publics et les communes sont soumis aux mêmes prescriptions que les particuliers ».

1404. Plan à suivre. — Les deux espèces de prescription sont soumises à des *règles communes : 1° pour la fixation de leur point de départ ; 2° pour le mode de calcul de leur durée.* Voyons d'abord ces règles communes ; nous indiquerons, dans une seconde section, les *conditions spéciales qui abrègent parfois la durée de l'usucapion.*

SECTION I. — Règles communes aux deux usucapions.

A. — Fixation du point de départ de la prescription.

1° La règle.

* **1405. Premier jour utile pour l'usucapion.** — En principe, le temps de l'usucapion commence à courir le *lendemain du jour de l'entrée en possession.*

Le jour même de la prise de possession ne compte pas, parce qu'il est nécessairement incomplet. Ainsi, si l'entrée en jouissance a eu lieu le 7 avril 1897, le premier jour utile pour la prescription sera la journée du 8. Cette règle était exprimée par un ancien brocard : « Dies a quo non computatur in termino » ; elle a toujours été admise et les auteurs du Code n'ont même pas cru nécessaire de s'expliquer sur ce point.

2° Les exceptions.

** **1406. Cas où elles ont lieu.** — La règle qui fait courir l'usucapion dès le lendemain du jour où la possession a commencé, souffre deux exceptions remarquables ; le point de départ de l'usucapion peut être retardé fort au delà de ce jour, 1° quand la personne menacée par l'usucapion n'a sur la chose qu'un droit *conditionnel;* 2° quand son droit est simplement *éventuel*. L'exception admise au profit des droits conditionnels est vivement contestée (ci-dessous, nos 1408 et suiv.) ; celle qui concerne les droits éventuels est, au contraire, admise par tout le monde (ci-dessous, nos 1413 et suiv.).

** **1407. Motif de ces exceptions.** — Ces exceptions se fondent l'une et l'autre sur une ancienne maxime, qui veut que la prescription ne commence à courir contre un droit, qu'à *partir du jour où ce droit est ouvert* : « Actioni non natæ non præscribitur. » Cette règle est trop manifestement conforme à l'équité la plus élémentaire pour être méconnue.

3° Difficulté relative aux droits conditionnels.

* **1408. Silence du Code.** — Le Code fait l'application de la maxime traditionnelle aux *droits de créance :* le droit du créancier, suspendu par une condition, ne commence à se prescrire qu'à partir du jour où la condition est réalisée (art. 2257, al. 1). Malheureusement il n'a pas statué sur les droits réels, quoiqu'ils puissent également être suspendus par une condition. Ainsi se pose la question : *en supposant un droit réel*, la propriété par exemple, *subordonné à une condition suspensive*, la prescription va-t-elle commencer à courir contre ce propriétaire conditionnel, même avant que son droit soit né ?

1409. Solutions opposées de la doctrine et de la jurisprudence. — La doctrine pense en général que l'art. 2257 n'est pas applicable aux droits réels, pour cette raison qu'il parle seulement des droits de créance (AUBRY et RAU, t. 2, § 213, p. 331, texte et note 17 ; LAURENT, t. 32, nos 25 à 28 ; PONT, *Privilèges et hypothèques*, t. 2, n° 1255 ; DALLOZ, *Répert.*, v° Prescription civile, n° 755, *Suppl.*, n° 506).

On lit au contraire dans les considérants de divers arrêts, que la règle de l'art. 2257 est générale et s'applique aux droits réels aussi bien qu'aux créances (Cass., 9 juill. 1879, D. 79. 1. 343, S. 79. 1. 463 ; Pau, 26 juin 1888, D. 89. 1. 119, S. 89. 2. 215 ; Nancy, 16 nov. 1889, S. 91. 2. 161).

* **1410. Arguments de la doctrine.** — D'après la doctrine, la distinction qui résulte de son système se justifie aisément : la prescription extinctive, qui fait perdre un droit de créance, se fonde uniquement sur l'inaction du créancier ; or on ne peut pas reprocher à un créancier de n'avoir point agi à une époque où la loi ne le lui permettait pas encore. Il est donc tout naturel de ne point faire courir la prescription contre une créance conditionnelle.

Il en est autrement de la prescription acquisitive qui a pour but de consolider les possessions ; celle-ci doit dépendre uniquement du fait de la possession, et ne peut subir de retard pour une raison extérieure, comme le défaut d'action des divers ayants droit contre lesquels la prescription court. Il est donc nécessaire de faire courir la prescription, fondée sur la possession, même contre des droits réels encore suspendus par une condition.

1411. Raisons en faveur de la jurisprudence. — Cependant la solution donnée par la jurisprudence paraît préférable. La prescription, même la prescription acquisitive, *n'est jamais fondée uniquement sur le fait de la possession ;* elle suppose aussi, *toujours, l'inaction de la personne contre laquelle elle court*, et même son inaction *injustifiée*. La preuve en est que l'ayant droit, menacé par la prescription, peut toujours l'*interrompre* en exerçant une action, et que même à défaut d'interruption, la loi *suspend* à son profit la prescription, lorsqu'il est hors d'état d'agir. Ces deux règles prouvent bien que, si la prescription court contre lui, c'est parce qu'il n'agit pas. Il est donc conforme aux principes de considérer comme inutile, au point de vue de la prescription, tout le temps de possession écoulé avant l'*ouverture* de l'action réelle suspendue par une condition, puisque le titulaire du droit futur n'a pas encore pu agir. Sans doute le possesseur a possédé pendant ce temps ; une des conditions de l'usucapion s'est ainsi réalisée ; mais la personne contre laquelle il avait besoin de prescrire était encore sans action contre lui ; son droit n'était point *ouvert*, et par conséquent il n'était point *prescriptible*.

Cette application de l'ancienne maxime « Actioni non natæ non præscribitur », étant conforme aux principes généraux de la matière de la prescription, peut se faire même dans le silence de la loi ; l'art. 2257 comporte *l'interprétation extensive*, puisqu'il n'est pas un texte exceptionnel.

1412. Application. — Une personne est propriétaire d'un immeuble sous une *condition résolutoire ;* par exemple un bien a été donné avec stipulation d'un droit de retour au profit du donateur, au cas où le donataire prédécéderait (art. 951 et 952). En pareille hypothèse le donateur doit être considéré comme propriétaire du bien sous une *condition suspensive inverse :* ce bien lui appartiendra et lui fera retour rétroactivement, sous la condition *qu'il survive au donataire* (ci-dessus, n° 979). Supposons que, de son vivant, le donataire ait aliéné le bien donné : le tiers acquéreur ne pourra pas opposer la prescription au donateur à compter de son entrée en possession, mais seulement à compter de la mort du donataire, parce que jusque-là le droit du donataire était conditionnel et imprescriptible. — La doctrine donne sur ce point une solution contraire.

4° Imprescriptibilité des droits éventuels.

*** 1413. Solutions identiques en doctrine et en jurisprudence.** — La doctrine elle-même, bien qu'elle fasse courir l'usucapion contre les droits réels suspendus par une condition, reconnaît que la prescription ne court pas contre les droits simplement *éventuels*. Ces derniers sont ceux qu'une personne peut être appelée à exercer un jour en qualité de successeur par décès d'une autre personne, en vertu de la loi, d'un testament ou d'une donation de biens à venir. — La doctrine explique la distinction qu'elle fait ainsi entre les deux sortes de droits, en disant que *le droit éventuel n'est pas encore entré dans le patrimoine* de celui qui l'aura un jour, tandis que le droit conditionnel y figure déjà, puisqu'il est transmissible sous cette forme aux héritiers de son titulaire, et qu'il peut être protégé, en attendant l'événement de la condition, par des mesures conservatoires (art. 1180)[1]. On comprend donc que le droit éventuel, qui n'a encore aucune existence, qui ne peut être ni transmis ni défendu, soit imprescriptible, à la différence du droit conditionnel.

Quant à la jurisprudence, puisqu'elle admet l'imprescriptibilité des droits réels conditionnels, elle reconnaît à plus forte raison celle des droits éventuels.

*** 1414. Applications pratiques.** — Voici deux exemples qui montreront l'application de cette règle :

I. La loi donne à certains héritiers, dits *réservataires*, une *action en réduction* pour atteindre les donataires auxquels le défunt a transmis entre vifs une partie de ses biens qui dépasse la *quotité disponible* (art. 913 et suiv., 920 et 921). Cette action s'ouvre seulement à la mort du donateur, en même temps que sa succession ; c'est alors que les donations excessives faites par lui deviennent réductibles. Jusque-là aucune prescription n'est possible contre l'héritier présomptif, qui n'avait sur la succession qu'une simple espérance, un droit éventuel.

II. Il en est de même du *donataire de biens à venir*, qui, appelé par son contrat de mariage à recueillir une partie de la succession d'une autre personne, se trouve à peu près dans la même position qu'un héritier réservataire, relativement aux biens qui lui ont été promis par contrat. Le tiers détenteur d'un immeuble compris dans cette donation ne peut pas

[1] Sur la notion du droit éventuel, considéré comme distinct du droit conditionnel, voyez D. 1900. 2. 305, à la note.

prescrire contre le donataire, tant que le droit de ce dernier n'est pas ouvert par la mort du donateur (Pau, 1er juill. 1847, D. 57. 2. 60).

B. — Mode de calcul.

*1415. **Calcul du temps.** — Le délai de la prescription acquisitive se compose d'un nombre déterminé d'années, qui se comptent par jours et non par heures (art. 2260).

Dans la plupart des cas, il serait impossible de fixer l'heure à laquelle la possession a commencé. Les actes mentionnent seulement le jour choisi pour l'entrée en jouissance, et, quand il n'y a pas d'acte, ce jour est lui-même impossible à préciser au bout de 30 ans. Les témoins rapportent seulement que le possesseur détient la chose « depuis plus de trente ans ».

*1416. **Quand la prescription est réputée achevée.** — Il faut que la dernière année soit accomplie pour que la prescription soit acquise. A quel moment précis sera-t-elle achevée ? La question ne se pose que si le jour exact de l'entrée en possession est connu [1]. En voici la solution : le dernier jour du terme doit être accompli pour que la prescription soit acquise (art. 2261).

Quel est le dernier jour du terme ? C'est celui qui porte dans l'année finale le même quantième que le jour de la prise de possession. Ainsi la prise de possession ayant eu lieu le 7 avril 1897, le dernier jour du délai de prescription sera, selon la durée de la prescription, le 7 avril 1907, 1917 ou 1927 (Voyez toutefois ce qui est dit au n° 1438). Ce jour anniversaire est nécessairement compris dans le délai, puisque le jour initial n'est pas compté ; sans cela il manquerait un jour à la dernière année.

Ce jour doit être achevé. Le Code a parlé sur ce point parce que l'ancien droit faisait une distinction peu justifiée entre les prescriptions extinctives et les prescriptions acquisitives ; ces dernières (qui sont justement celles qui nous occupent) étaient tenues pour accomplies dès que le jour final était commencé. La loi moderne exige qu'il soit achevé, ce qui est plus rationnel. Par conséquent, la prescription sera accomplie à minuit, au dixième, vingtième ou trentième anniversaire de la prise de possession.

1417. **Achèvement de la prescription un jour férié.** — La prescription s'achève au jour ainsi déterminé, *alors même qu'il se trouverait être un jour férié.* On n'applique pas ici la même règle qu'à certains délais de procédure, pour lesquels l'achèvement du délai est, en pareil cas, reporté au jour suivant. La durée de la prescription est assez longue pour qu'on ait eu le temps de réclamer sans attendre à la dernière heure.

SECTION II. — **Règles spéciales à la prescription de dix à vingt ans.**

*1418. **Origine de cette prescription privilégiée.** — La durée de l'usucapion est considérablement abrégée au profit du possesseur qui a un juste titre. Actuellement, le motif qui a fait conserver cette prescription plus rapide que l'autre est la faveur due aux acquéreurs de bonne foi. Mais, à l'origine, cette prescription ne s'est pas présentée ainsi sous la forme d'une simple abréviation de temps ; pendant longtemps l'usucapion ne fonctionna qu'au profit des acquéreurs munis d'un juste titre ; ceux qui n'en avaient pas ou qui

[1] Rappelons ce qui a déjà été dit (n° 1405), que le jour de la prise de possession ne compte pas : le premier jour utile pour la prescription est la journée du lendemain.

étaient de mauvaise foi n'arrivaient à la propriété par aucun laps de temps. Le droit civil romain leur refusait l'usucapion et quand Théodose II établit la prescription trentenaire en 424, il n'en fit d'abord qu'une simple exception pour se défendre et se faire maintenir en possession, mais sans opérer le déplacement de la propriété. Ce fut seulement beaucoup plus tard et peu à peu qu'on leur reconnut la qualité de propriétaires. C'est ainsi que les législations modernes sont arrivées à posséder deux espèces d'usucapion, soumises à des conditions initiales différentes.

1419. Plan. — Nous examinerons successivement : 1° ses *cas d'application*, c'est-à-dire les biens pour lesquels cette prescription est possible ; 2° ses *conditions ;* 3° sa *durée.*

A. — Cas d'application.

* **1420. Impossibilité d'usucaper les universalités par dix à vingt ans.** — La prescription de dix à vingt ans *ne s'applique qu'aux immeubles considérés individuellement.* Elle est sans effet pour les universalités. Ainsi celui qui achète de l'héritier apparent la succession entière ne peut pas usucaper par dix à vingt ans les immeubles qui la composent. L'action de l'héritier véritable est recevable contre lui pendant trente ans. L'usucapion abrégée n'arrête donc que la *revendication* et non la *pétition d'hérédité.*

B. — Conditions.

1421. Énumération. — Les conditions requises pour profiter de cette prescription de faveur sont au nombre de deux : le *juste titre* et la *bonne foi.*

1° Du juste titre.

** **1422. Définition.** — Ce qu'on appelle *titre* en matière de possession et de propriété a déjà été défini à propos de l'acquisition des fruits par le possesseur de bonne foi (n° 904). Rappelons que c'est l'acte qui a pour but de transférer la propriété.

La *vente*, la *donation*, l'*échange*, le *legs particulier*, l'*adjudication sur saisie*, la *dation en paiement*, sont des justes titres pour l'usucapion, parce que ce sont des actes *translatifs de propriété.*

Au contraire le *louage de choses*, le *partage*, les *jugements* n'en sont pas. Celui qui loue son immeuble n'a pas l'intention d'aliéner ; les copropriétaires qui font un partage se proposent seulement de sortir d'indivision ; leur titre de propriété réside dans un acte antérieur, qui les a rendus propriétaires, eux ou le défunt auquel ils ont succédé. Quant aux jugements, on sait qu'ils sont purement *déclaratifs* et non *attributifs* de droit [1].

* **1423. Du titre des ayants cause universels.** — Les successeurs universels d'une personne (qui peuvent être des héritiers appelés par la loi

[1] Il en est ainsi en général : le juge constate le droit des plaideurs et ne le modifie pas. Mais il y a des cas exceptionnels où le jugement est au contraire translatif. Voyez ci-dessus n°s 1334 et 1337.

ou des légataires appelés par le testament), n'ont pas de titre qui leur soit propre. *Ils continuent la possession du défunt, qui la leur transmet avec son titre.* Il n'y a donc pas d'usucapion possible par dix à vingt ans au titre « pro hærede ». L'héritier possède à titre d'acheteur, de donataire, etc., selon que le défunt avait lui-même acquis l'immeuble par l'un ou l'autre de ces titres. Pour la conséquence de ce fait, voyez ci-dessous n° 1443.

* **1424. Du titre nul pour défaut de forme.** — Aux termes de l'art. 2267, « le titre nul par défaut de forme *ne peut servir de base à la prescription de dix à vingt ans* ». Cette décision ne s'applique qu'aux *actes solennels*, tels que les *donations* et les *testaments ;* ce sont les seuls dans notre droit qui puissent être nuls pour une raison de forme.

* **1425. Du titre nul au fond.** — Faut-il étendre la décision de l'art. 2267 aux causes de nullité autres que le vice de forme ? On résout la question par une distinction : *l'extension est admise pour tous les cas de nullité absolue.* Ainsi lorsqu'un titre est *entaché de substitution*, il ne peut pas servir de juste titre pour l'usucapion, parce que les substitutions sont prohibées d'une manière rigoureuse par l'art. 896.

Il en serait de même d'une vente faite par un condamné en état d'interdiction légale : tout intéressé a le droit d'attaquer l'acte : or le véritable propriétaire du bien vendu par lui est intéressé au premier chef à ce que la vente ne produise point d'effet contre lui en abrégeant la durée de la prescription au profit du possesseur. Ces solutions ne sont plus contestées aujourd'hui.

* **1426. Du titre annulable.** — Au contraire, on n'étend pas la décision de l'art. 2267 aux causes de nullité qui rendent l'acte *simplement annulable*. Ainsi le titre émané d'un incapable, bien qu'il soit annulable sur sa demande, n'en forme pas moins un juste titre au profit de l'acquéreur pour lui permettre d'usucaper contre le vrai propriétaire.

Il faut avoir soin de distinguer en pareil cas les deux vices différents qui existent dans l'aliénation : 1° l'*incapacité* de l'aliénateur ; 2° le *défaut de propriété* en sa personne. Ces deux vices produisent deux actions différentes : l'incapacité engendre l'*action en nullité* qui appartient à l'incapable, auteur de l'aliénation ; le défaut de propriété fait naître la *revendication* au profit du tiers qui est le véritable propriétaire de l'immeuble. Or l'accomplissement de l'usucapion laisse subsister intact le moyen de protection accordé à l'incapable et, de son côté, le véritable propriétaire n'a aucune qualité pour se prévaloir de la nullité du titre, ce droit est réservé à l'incapable seul.

* **1427. Du titre résoluble.** — Le titre de l'acquéreur peut être accompagné d'une *condition résolutoire*. En ce cas il produira son effet pour l'usucapion tant que la condition sera *pendante*, et cet effet deviendra définitif quand la condition sera *défaillie*. Mais que la condition vienne à *se réaliser*, alors le titre est anéanti rétroactivement et il entraîne dans sa ruine l'usucapion qui a pu en être la suite [1].

[1] La jurisprudence a fait l'application de ce principe dans l'espèce suivante : Un père donne à l'un de ses enfants un immeuble dont il n'est pas propriétaire et qu'il ne pourrait usucaper que par trente ans ; le fils possède l'immeuble comme donataire pendant plus de dix ans et l'usucape ; puis le père meurt et son fils lui succède en concours avec ses frères et sœurs. La donation est alors *anéantie rétroactivement par l'effet du rapport*, qui équivaut à une condition résolutoire. Le vrai propriétaire se présente à ce moment pour récla-

* **1428. Du titre putatif.** — Le titre putatif est celui à l'existence duquel on croit, mais qui n'existe pas dans la réalité. Tel serait un *testament révoqué* par un second testament inconnu, qu'on découvre plus tard.

Dans notre ancien droit, de même qu'en droit romain, on se contentait en général du titre putatif, parce qu'on considérait surtout la condition de bonne foi, et le juste titre n'était exigé que comme une justification de la bonne foi.

Les auteurs modernes exigent tous le *titre réel*, et déclarent qu'un juste titre putatif serait insuffisant parce que le Code l'exige comme une *condition distincte* de la bonne foi : « de bonne foi ET par juste titre »[1]. Ils n'ont pas pris garde, 1° que l'art. 114 de la coutume de Paris s'exprimait exactement de la même manière, de sorte qu'on ne peut pas voir dans le texte nouveau l'indice d'un changement ; 2° que l'insuffisance du titre putatif avait été proposée par Lemaître, un des commentateurs de la coutume de Paris, et rejetée (POTHIER, *Prescription*, n° 97).

1429. Du titre non transcrit. — Le titre de l'acquéreur peut être sujet à transcription. Si cette formalité a été omise, dans un cas où elle était nécessaire, la prescription courra-t-elle néanmoins au profit du possesseur ? On l'admet en général. L'art. 2265 *n'exige point la transcription*, et il n'y a pas de raison pour ajouter cette exigence à son texte : la formalité de la transcription a été établie dans l'intérêt des tiers qui pourraient traiter avec l'aliénateur postérieurement à l'aliénation, pour les avertir qu'il n'a plus aucun droit sur l'immeuble : la catégorie des personnes qui peuvent opposer à l'acquéreur le défaut de transcription de son titre est *limitativement* déterminée par l'art. 3 de la loi du 23 mars 1855, et le tiers propriétaire n'y figure pas. En ce sens, Bastia, 5 févr. 1890, D. 90. 2. 368, S. 90. 2. 136 ; Caen, 17 mars 1891, S. 91. 2. 118. Cette solution est regrettable. On a déjà vu que le système français de la transcription est établi sur des bases trop étroites et qu'il serait bon de donner à tout intéressé le droit de se prévaloir du défaut de transcription (ci-dessus, n° 1353) ; le titre d'une acquisition immobilière n'est vraiment régulier que quand il est transcrit. Le propriétaire véritable a grand intérêt à ne pas se voir opposer un titre non transcrit, afin de conserver pendant 30 ans le droit de revendiquer. La Cour d'Alger a cru pouvoir le lui permettre (Alger, 15 nov. 1890, D. 91. 5. 405, S. 91. 2. 58). On verra que la *prescription de l'hypothèque* ne commence au profit de l'acquéreur qu'à partir de la transcription de son titre (art. 2180 *in fine*).

1430. Du titre sans date certaine. — Quand le titre de l'acquéreur est constaté par un *acte sous seings privés*, la prescription ne commence qu'à compter du jour où cet acte a acquis *date certaine*. Jusque-là l'acte sous seings privés n'est pas *opposable aux tiers* (art. 1328), et le propriétaire qui revendique est un tiers, puisqu'il est, par hypothèse, étranger à l'acte en vertu duquel l'acquéreur possède son bien.

2° De la bonne foi.

** **1431. Définition.** — La seconde condition pour prescrire par dix à vingt ans est d'être de bonne foi. Le possesseur est de bonne foi *lorsqu'il croit que celui qui lui a transmis l'immeuble en était légitime propriétaire*. La bonne foi consiste donc à se tromper sur l'existence du

mer son bien, et comme la prescription trentenaire n'était pas accomplie, il triomphe, tandis qu'il aurait échoué par l'effet de l'usucapion décennale, s'il avait agi contre le fils avant la mort du père.

[1] Il résulte de là que si l'acquéreur d'une propriété rurale possède, outre les pièces de terre qui lui ont été vendues, d'autres parcelles appartenant à des tiers, il ne pourra prescrire la propriété de ces dernières que par trente ans, alors même qu'il aurait cru que ces parcelles étaient comprises dans la vente. A leur égard, il n'a qu'un titre putatif et le délai de la prescription n'est abrégé que pour les choses auxquelles le titre translatif est applicable.

droit de propriété en la personne de l'aliénateur, quand on traite avec quelqu'un qui n'est pas propriétaire.

Il n'est pas nécessaire que le possesseur ignore les *autres vices* qui peuvent exister dans son titre d'acquisition. Par exemple l'aliénateur était *incapable* : c'était une femme mariée agissant sans autorisation de son mari, ou le bien vendu était un immeuble dotal inaliénable ; l'aliénation est annulable sur la demande de la femme, et l'acheteur le sait ; cela ne l'empêche pas d'être de bonne foi et de pouvoir usucaper par dix à vingt ans contre le vrai propriétaire, s'il a cru que la femme était propriétaire du bien vendu par elle. Il y a en pareil cas deux vices dans l'acquisition : le défaut de propriété en la personne de l'aliénateur ; son incapacité. Le premier ouvre la revendication au profit du propriétaire ; le second, l'action en nullité au profit de l'aliénateur. Comme l'usucapion a uniquement pour but de faire disparaître le premier de ces deux vices, il suffit que l'acquéreur en ait ignoré l'existence ; peu importe qu'il ait connu l'autre.

La bonne foi de l'acquéreur doit être entière ; s'il a le moindre doute sur la propriété de son auteur, on doit le considérer comme étant de mauvaise foi.

** **1432. Preuve de la bonne foi.** — La bonne foi *se présume toujours* (art. 2268). C'est donc à l'adversaire du possesseur de prouver qu'il a connu le défaut de droit de son auteur. Cette preuve peut être fournie par tous les moyens possibles.

** **1433. A quel moment la bonne foi est requise.** — La bonne foi n'est nécessaire qu'*au moment de l'acquisition* (art. 2269).

Il y a quelques difficultés pour la détermination du moment précis où la bonne foi est exigée en la personne du *légataire particulier* : les uns, appliquant à la lettre la disposition de l'art. 2269, se contentent de la bonne foi au moment du *décès du testateur*, parce que c'est à ce moment que la propriété est transférée au légataire ; les autres l'exigent au moment de l'*acceptation*, ce qui semble plus conforme à l'esprit de la loi ; la rétroactivité qui fait remonter l'effet de l'acceptation au jour du décès n'est qu'une fiction qui suppose que le défunt était propriétaire. Le système contraire aboutit à exiger la bonne foi à un moment où le titre du légataire n'est pas encore définitif.

** **1434. Survenance de la mauvaise foi.** — Il résulte de l'art. 2269 que la mauvaise foi, survenant au cours de l'usucapion par la découverte de l'erreur, n'empêche pas le possesseur de prescrire par dix à vingt ans. C'est la règle romaine : *Mala fides superveniens non impedit usucapionem* (Comp. *Digeste*, liv. XLI, tit. 1, fr. 48, § 1).

Le Code abandonne ici les traditions coutumières pour en revenir aux principes romains, et sans beaucoup de raison. Le *droit canonique* (Concile de Latran, de 1215), s'inspirant d'une morale plus sévère, exigeait la bonne foi pendant tout le temps requis pour la prescription et sa décision, jugée très équitable, était généralement suivie en pays de coutume (POTHIER, *De la prescription*, n° 34). La solution du Code est très critiquée (VALETTE, *Propriété et distinction des biens*, p. 133-134). La survenance de la mauvaise foi devrait avoir pour effet de réduire le possesseur à la prescription trentenaire pour tout le temps restant à courir ; on pourrait établir ici une combinaison permettant de lui conserver le bénéfice des années déjà écoulées, analogue à celle dont il sera question plus loin (n° 1438).

C. — Durée de la prescription.

** **1435. Distinction selon le lieu de résidence du propriétaire.** — La durée de la prescription est réglée différemment selon que le propriétaire contre lequel court la prescription est *présent* ou *absent* : elle est de *dix ans* entre présents et de *vingt ans* entre absents (art. 2265).

****1436. Comment se détermine l'absence du propriétaire** — On considère le propriétaire comme présent lorsqu'il *habite dans le ressort de la Cour d'appel où se trouve situé l'immeuble; comme absent*, *s'il habite hors de ce ressort*[1].

Faut-il, pour apprécier l'absence du propriétaire, s'attacher à son *domicile* ou à sa *résidence ?* L'art. 2265 tranche implicitement la question en disant : « si le propriétaire *habite* dans le ressort... ». C'est bien le fait de l'habitation que la loi a en vue, et cela se comprend : c'est l'éloignement de sa personne qui fait la difficulté de sa surveillance. D'ailleurs la tradition est en ce sens : Pothier exigeait « la demeure actuelle », « le domicile de fait et de résidence » (*De la prescription*, n° 107), et la jurisprudence moderne a maintenu son avis (Pau, 6 juill. 1861, D. 61. 2. 213, S. 61. 2. 433).

Cependant le contraire a été soutenu parce que la loi, dans les art. 2265 et 2266, emploie aussi le mot « domicile » (DALLOZ, *Répert.*, v° Prescription civile, n° 944 ; AUBRY et RAU, § 218, note 38).

1437. Différence entre l'ancien droit et le nouveau. — Dans l'ancien droit, l'absence du propriétaire se déterminait par comparaison avec le *domicile du possesseur*, et non par comparaison avec la *situation de l'immeuble*. Le propriétaire était réputé présent quand il résidait dans le même bailliage que le possesseur (en droit romain, on disait dans la même province). La manière d'apprécier l'absence a été changée sur ce point, et avec raison, car les actes de possession, qui font connaître la prescription en cours, s'accomplissent sur l'immeuble lui-même et non au domicile du possesseur.

** **1438. Variations possibles dans la durée de la prescription.** — Pendant la durée de la prescription, le propriétaire contre lequel elle s'accomplit peut changer de résidence et quitter le ressort, ou venir s'y établir, s'il habitait au dehors. Ces changements influent sur la durée de la prescription, puisque, *lorsque le propriétaire est absent, il faut un temps double de celui qui serait nécessaire s'il était présent*. Il y a donc une combinaison à faire entre les deux règles pour déterminer la durée de l'usucapion. Cette combinaison se fait sur la base suivante : chaque année de présence vaut, au point de vue de la prescription, deux années d'absence, et inversement. Ainsi le propriétaire habitait le ressort au moment où la prescription a commencé; il le quitte cinq ans après ; il y a déjà *la moitié* du temps d'écoulé. Il en faut encore une autre moitié ; mais, comme le propriétaire est maintenant absent, cette moitié sera double de la première et durera dix ans. La prescription s'achèvera donc en quinze ans. A l'inverse, si le propriétaire qui était absent au début vient au bout de cinq ans habiter le ressort, il n'y a encore qu'un quart du délai de couru ; il en reste encore les trois quarts, qui s'accompliront en sept ans et six mois, au lieu de quinze ans, grâce à sa présence. Le calcul peut porter sur des chiffres plus compli-

[1] Peut-être vaudrait-il mieux fixer une distance en kilomètres que de se régler sur les ressorts des cours d'appel. Quand l'immeuble est situé sur les confins d'un ressort, le propriétaire peut habiter hors du ressort, mais tout près, à quelques kilomètres, et surveiller son bien aisément ; et à l'inverse certains ressorts sont si étendus qu'il peut habiter à l'intérieur, mais dans un lieu fort éloigné de la situation de l'immeuble, ce qui lui en rend la surveillance difficile.

qués, comprenant des mois et des jours ; mais la manière d'opérer est toujours aussi simple : on compte le temps qui resterait à courir, si le changement de résidence ne se produisait pas, et on le multiplie ou on le divise par 2, selon le cas. C'est ce qu'exprime l'art. 2266, dont la clarté laisse un peu à désirer.

Ainsi la durée totale de l'usucapion abrégée peut avoir *une longueur quelconque entre les chiffres de dix et de vingt ans, pris comme limites.* Ces chiffres pleins ne s'appliquent qu'au cas où la résidence du propriétaire est restée dans le même ressort pendant tout le temps du délai.

1439. De la pluralité de propriétaires. — Quand l'immeuble appartient indivisément à plusieurs propriétaires, qui habitent les uns dans le ressort de la situation de l'immeuble, les autres dans d'autres ressorts, la prescription s'accomplit séparément contre chacun d'eux, par dix ou par vingt ans, selon le lieu de sa résidence. Il y a *indivision*, il n'y a pas *indivisibilité.* Le possesseur pourra donc, après avoir prescrit contre quelques-uns, se trouver dans l'indivision avec les autres, si ceux-ci revendiquent à temps : il aura acquis quelques parts indivises, et non la totalité de la propriété.

§ 5. — *De la jonction des possessions.*

* **1440. Définition et utilité.** — Il n'est pas nécessaire que ce soit la même personne qui ait possédé l'immeuble pendant tout le temps nécessaire pour prescrire : le possesseur actuel peut compter, outre sa propre possession, celle de ses prédécesseurs (art. 2235). C'est ce qu'on appelle la *jonction des possessions.* Ce bénéfice était nécessaire en pratique à raison des nombreuses mutations qui se produisent dans les propriétés. La prescription aurait été fréquemment impossible s'il avait fallu posséder soi-même pendant tout le temps requis par la loi.

1441. Distinction. — Cette jonction des possessions se fait de deux façons différentes selon que le possesseur actuel est un *ayant cause universel* ou un *ayant cause à titre particulier* ; l'art. 2235 ne fait pas cette distinction ; il semble même mettre sur la même ligne tous les successeurs quels qu'ils soient, mais la différence tient à la nature des choses.

A. — Successeurs universels.

* **1442. Continuation de la possession du défunt.** — Le successeur universel ne fait que continuer la possession du défunt (n° 1423) ; il succède à toutes ses obligations comme à tous ses droits. *Ce n'est donc pas une possession nouvelle qui commence*, c'est *la possession du défunt qui est transmise à son héritier*, avec ses qualités et ses vices. Ainsi, si le défunt était possesseur précaire, son successeur sera nécessairement détenteur au même titre, et ne pourra pas prescrire, tant que son titre précaire n'aura pas été *interverti* (n°s 935-937). Si le défunt, étant de bonne foi, avait droit de prescrire par dix à vingt ans, son héritier arrivera à la prescription au bout de ce temps, alors même qu'il serait personnellement de mauvaise foi. En sens inverse, si le défunt, étant de mauvaise foi, ne pouvait pres-

crire que par trente ans, son héritier sera dans le même cas, quand même il serait de bonne foi.

En d'autres termes, il n'y a pas en pareil cas une véritable *jonction* de deux possessions distinctes, il y a plutôt *continuation* par l'héritier de la possession commencée par le défunt, sans changement de conditions.

B. — Successeurs particuliers.

* **1443. Possibilité de la jonction.** — C'est pour ce genre d'acquéreurs qu'intervient la théorie de la *jonction des possessions*. Pour compléter la durée de la possession requise, la loi permet à l'ayant cause de joindre à sa possession le temps pendant lequel son auteur a possédé, mais cette jonction des deux possessions n'est possible que *sous certaines réserves*.

* **1444. Cas où le prédécesseur était détenteur précaire.** — Il faut d'abord que la possession précédente ait été elle-même *utile pour l'usucapion*. Ainsi, si le précédent possesseur n'était qu'un détenteur ou *possesseur précaire*, l'acheteur, même de mauvaise foi, commence une possession indépendante et utile ; il n'est pas possesseur précaire, il ne détient pas pour autrui, puisque l'obligation personnelle de restitution qui grève son auteur ne lui a pas été transmise (ci-dessus nos 303 et 304). Il pourra donc prescrire, mais naturellement il ne pourra joindre à sa possession celle de son prédécesseur, puisque celui-ci n'en a pas à lui offrir.

* **1445. Cas où les deux possessions successives sont de même nature.** — En admettant que le précédent possesseur fût lui-même en train de prescrire, il y a lieu de prévoir *plusieurs combinaisons*. Si tous les deux réunissent les conditions voulues pour prescrire par dix à vingt ans, le nouveau possesseur aura certainement droit à la jonction des possessions. Il en est de même si aucun d'eux ne réunit ces conditions : pour l'un comme pour l'autre, c'est la prescription trentenaire qui seule était possible. Dans ces deux hypothèses, les deux possessions successives de l'ayant cause et de son auteur pourront *s'additionner* sans difficulté parce qu'elles sont de même nature et de même qualité.

* **1446. Règle à suivre pour les possessions dissemblables.** — Mais si nous supposons que les deux possesseurs successifs ne sont pas dans la même situation au point de vue de la prescription, un seul d'entre eux ayant juste titre et bonne foi, des complications surgissent. On les résout à l'aide de cette règle très simple, que les années utiles pour la prescription trentenaire, qui n'exige ni juste titre ni bonne foi, ne peuvent pas servir à compléter le délai abrégé de la prescription de dix à vingt ans, qui demande la réunion de deux conditions de plus ; tandis qu'à l'inverse les années utiles pour cette prescription de faveur peuvent être comptées

pour compléter une prescription trentenaire, celle-ci ne supposant pas autre chose que la possession.

*1447. **Exemples.** — Le vendeur est un possesseur de bonne foi, l'acheteur est de mauvaise foi. Si la prescription de dix ans n'était pas encore accomplie au moment de la vente, au profit du vendeur, l'acheteur ne pourra prescrire que par trente ans, mais il pourra compter les années de possession de son auteur.

Le vendeur était de mauvaise foi, l'acheteur est de bonne foi. Celui-ci pourra prescrire par dix ans, mais il ne pourra pas profiter de la possession de son auteur, qui n'était utile que pour la prescription trentenaire.

Dans ce dernier cas l'acheteur aura parfois intérêt à renoncer au bénéfice de la prescription de dix ans pour invoquer la prescription trentenaire commencée par son auteur. Cet intérêt existera pour lui toutes les fois qu'il restait moins de dix ans à courir pour parachever cette prescription en cours. Nul doute qu'il ne puisse alors joindre sa possession à celle de son auteur pour compléter les trente ans. Si sa possession était utile pour la prescription abrégée et privilégiée, elle l'est à plus forte raison pour la prescription de droit commun.

*1448. **Cas où le nouveau possesseur n'est pas l'ayant cause du précédent.** — Pour que la jonction des possessions soit permise, il faut que le nouveau possesseur soit *l'ayant cause* du précédent. Par suite, l'usurpateur, qui s'empare d'un immeuble *sans titre*, commence une prescription nouvelle, qui ne peut se rattacher à aucune autre, puisqu'il n'est l'ayant cause de personne.

De même, celui qui enlève la chose à son possesseur au moyen d'une *revendication* n'est pas l'ayant cause de la personne qu'il *évince*. Il ne peut donc pas joindre cette possession à la sienne pour se couvrir à son tour contre une revendication exercée par un tiers. Le droit romain donnait sur ce point une solution contraire : « Si jussu judicis res mihi restituta sit, accessionem mihi esse dandam placuit » (*Digeste*, liv. XLI, tit. 2, fr. 13, § 9).

§ 6. — *De l'interruption de la prescription.*

** 1449. **Définition**. — L'accomplissement de l'usucapion suppose deux choses : 1° que le possesseur a possédé la chose pendant tout le temps voulu ; 2° que le propriétaire est resté pendant le même temps sans réclamer son bien. Si le possesseur *perd* la chose ou si le propriétaire la *réclame*, l'une des deux conditions, dont le maintien était nécessaire pour le succès de l'usucapion, a disparu. On dit alors que la prescription est *interrompue*. L'effet de l'interruption est que tout le temps de possession antérieur devient inutile ; tout est à recommencer, si cela se peut, et cela ne se peut pas toujours.

L'interruption peut donc être définie : *la survenance d'un fait qui, en détruisant l'une des deux conditions essentielles de l'usucapion* (permanence de la possession, inaction du propriétaire), *rend inutile tout le temps écoulé*. Les deux faits qui rentrent dans cette définition sont : 1° *la perte de la possession ;* 2° *une réclamation du propriétaire.*

*1450. **Noms des deux sortes d'interruption**. — Quand la prescription est interrompue par la perte de la possession, on dit qu'il y a *interruption naturelle ;* quand elle est interrompue par une réclamation du propriétaire, il y a *interruption civile* (art. 2242).

A. — Interruption naturelle.

*1451. **Ses deux variétés.** — L'interruption naturelle a lieu lorsque le possesseur perd la possession, ce qui peut se faire de deux façons. Tantôt il la perd *volontairement*, par un abandon ou une renonçiation ; tantôt elle lui est *enlevée par un tiers*.

Sur les faits qui entraînent perte de la possession, voyez ci-dessus, nos 874 à 879.

Il importe peu que la personne qui enlève la chose au possesseur soit un tiers sans aucun droit ou le propriétaire lui-même. En parlant du cas où l'auteur de la dépossession n'est autre que le propriétaire, l'art. 2243 se sert de l'expression : « l'*ancien* propriétaire » ; l'adjectif est de trop, puisqu'on suppose que l'usucapion n'est pas encore accomplie ; la chose appartient toujours à la même personne qui en est encore bien réellement propriétaire.

*1452. **Différence d'effets entre les deux modes d'interruption naturelle.** — Quand la perte de la possession résulte d'un *abandon volontaire, le temps antérieur est toujours perdu d'une manière définitive*, alors même que la possession serait ultérieurement reprise et quelque faible qu'ait été la durée de l'interruption. — Au contraire, quand la possession lui a été enlevée par une autre personne, *le possesseur peut la recouvrer en exerçant une action possessoire*, et, une fois rentré en possession par ce moyen, il sera *censé ne l'avoir jamais perdue ;* le fait de l'interruption sera effacé par le triomphe de l'action possessoire. Mais il faut pour cela que l'ancien possesseur se hâte d'agir et qu'il le fasse dans l'année de la dépossession, car l'action possessoire ne dure qu'*un an*.

C'est pour faire allusion à cet effet rétroactif de la restitution de possession, ordonnée par le juge de paix dans l'action possessoire, que l'art. 2243, dans sa définition de l'interruption naturelle, suppose que le possesseur est resté privé de la chose « pendant plus d'un an ». Si en effet le possesseur reste plus d'un an sans agir, l'action possessoire est perdue pour lui, et la rupture qui s'est produite dans sa possession ne pourra pas être effacée ; sa possession antérieure ne lui servira jamais à rien, même s'il parvenait à recouvrer la chose par d'autres moyens.

1453. **Limite des effets de l'interruption.** — L'interruption naturelle a des *effets bornés* dans un sens : si *une partie seulement de la chose* a été enlevée au possesseur, l'usucapion continue pour le surplus ; par exemple, pour toutes les pièces de terre ou pour la portion de terrain dont il a conservé la possession.

1454. **Caractère absolu de l'interruption.** — Dans la mesure où la possession a été perdue, l'interruption naturelle produit des *effets absolus :* l'usucapion est interrompue *au profit de toute personne ;* quiconque, copropriétaire ou autre, avait sur la chose des droits menacés par l'usucapion, en profitera. Ceci tient à ce que l'interruption naturelle est un fait matériel, la perte de la possession. Si les faits juridiques n'ont qu'une efficacité relative, bornée aux parties et à leurs ayants cause, les faits matériels sont, par la nature des choses, vrais pour tout le monde.

* 1455. **Présomption de non interruption.** — La loi exigeant une possession non interrompue, le possesseur qui prétend avoir prescrit la propriété devrait prouver qu'il a possédé réellement et sans interruption pendant tout le temps voulu par la loi. Ce serait trop lui demander, la preuve rigoureuse de cette continuité absolue de la possession serait souvent impossible à fournir. La loi vient donc au secours du possesseur en établissant une sorte de *présomption de continuité :* « Le possesseur actuel, qui prouve avoir possédé anciennement, est présumé avoir possédé dans le temps intermédiaire, sauf

la preuve contraire » (art. 2234)[1]. Il suffira donc de prouver, outre le fait de sa possession actuelle, l'existence de sa possession à une époque antérieure au délai voulu pour la prescription.

B. — Interruption civile.

** **1456. Ses deux variétés.** — L'interruption civile se produit tantôt sous la forme d'une *poursuite exercée par le propriétaire*, tantôt sous la forme d'une *reconnaissance volontaire émanée du possesseur*.

1° Interruption au moyen de poursuites.

* **1457. Actes valant interruption.** — L'art. 2244 indique en ces termes les différentes espèces d'actes de poursuite qui valent interruption civile : « Une citation en justice, un commandement ou une saisie signifiés à celui qu'on veut empêcher de prescrire ». Malheureusement, comme la loi a mêlé les règles de l'usucapion avec celles de la prescription extinctive, l'énumération qu'elle donne ne peut pas s'appliquer en totalité à l'interruption de l'usucapion. Il faut éliminer deux actes sur trois, savoir le *commandement* et la *saisie*, qui supposent que la personne qui agit est un *créancier*. Il reste donc uniquement la *citation en justice*.

* **1458. Formes diverses de la citation en justice.** — De droit commun, la manière de saisir un tribunal d'une demande est d'envoyer à son adversaire une *assignation à comparaître*, appelée *ajournement*; cet acte est un *exploit d'huissier* (art. 61 C. proc. civ.). Parfois cependant la demande peut être introduite devant la justice par un *acte d'avoué à avoué*. Ceci a lieu lorsque les deux plaideurs sont déjà engagés dans une instance pendante devant le tribunal et que l'un d'eux forme contre l'autre une nouvelle demande dite *additionnelle*, si elle émane du demandeur, et *reconventionnelle*, si c'est du défendeur (GARSONNET, *Précis de procédure civile*, n° 416). Chacun d'eux, étant représenté par un avoué, se sert de cet intermédiaire pour formuler sa demande additionnelle ou reconventionnelle. La même forme (d'un acte d'avoué) peut être employée pour introduire la demande de la part d'un *tiers intervenant* dans une instance déjà liée entre deux autres personnes (GARSONNET, n° 423).

* **1459. Effet de la citation en conciliation.** — Dans beaucoup de cas, la loi oblige les plaideurs, avant d'engager l'instance devant le tribunal compétent, à procéder devant le juge de paix à une tentative d'arrangement, appelée *préliminaire de conciliation*. Tant que dure ce préliminaire, le procès n'est pas encore commencé; le juge de paix connaît de l'affaire comme *conciliateur*, et non comme *juge;* il n'y a donc pas encore « demande en justice ». Néanmoins, comme cette formalité est imposée aux plaideurs, et qu'elle retarde quelquefois pendant longtemps l'envoi de l'ajournement introductif d'instance, il n'était que juste d'attribuer à la *citation en conciliation* le même *effet interruptif* qu'à l'ajournement. C'est ce que décide l'art. 2245 : « La citation en conciliation devant le bureau de paix interrompt la prescription du jour de sa date, lorsqu'elle est suivie d'une assignation en justice dans les délais de droit ».

Toutefois, pour que la citation en conciliation ait cet effet, il faut qu'elle soit suivie de près par l'ajournement, quand la tentative d'arrangement a échoué. Le délai établi pour l'envoi de l'ajournement n'est pas indiqué dans l'art. 2245 : « dans les délais de droit », dit ce texte ; la durée en est fixée à *un mois* par le Code de procédure (art. 57), à compter de

[1] Cet article se trouve placé dans le Code dans un chapitre consacré à la possession ; il est visible pourtant qu'il concerne les conditions de la prescription acquisitive, et non pas la théorie de la possession considérée en elle-même.

la non comparution du défendeur devant le juge de paix ou de la date du procès-verbal de non conciliation. Si l'ajournement est lancé après ce délai d'un mois, la prescription ne se trouve interrompue qu'à compter du jour de sa date.

1460. Controverse sur les affaires dispensées de conciliation. — Certaines affaires sont *dispensées* du préliminaire de conciliation (art. 49 C. proc. civ.), c'est-à-dire que le demandeur peut lancer immédiatement l'ajournement et saisir le tribunal sans passer par le bureau de paix.

Qu'arriverait-il si le demandeur, par erreur ou pour un motif quelconque, faisait auparavant comparaître son adversaire en conciliation devant le juge de paix ? La citation aurait-elle encore la force d'interrompre la prescription ? En général la doctrine décide la question affirmativement, mais la Cour de cassation s'est prononcée pour la *négative* (Cass., 17 janv. 1877, D. 78. 1. 19, S. 78. 1. 165). La doctrine a pour elle la généralité des termes de l'art. 2245, qui ne distingue pas si le préliminaire de conciliation était obligatoire ou non; mais les textes du Code de procédure donnent raison à la jurisprudence : l'art. 57, qui règle l'effet interruptif de la citation en conciliation, se réfère nécessairement aux dispositions qui le précèdent, c'est-à-dire aux cas où cette citation est nécessaire. La loi n'avait pas à accorder un effet exceptionnel à une formalité qu'elle n'exigeait pas.

1461. Inefficacité du référé pour l'interruption de la prescription. — La pratique postérieure au Code a donné une importance considérable au système des *référés* (art. 866 C. proc. civ.), procédure spéciale qui s'emploie dans les cas urgents et qui porte l'affaire devant le président du tribunal pour statuer sur elle par des mesures provisoires (Dalloz, *Répert.* et *Suppl.*, v° Référé).

Le référé devrait avoir la force d'interrompre la prescription, sous la condition d'être suivi ensuite, dans un certain délai, d'une demande en justice, car il a le caractère litigieux qui n'appartient pas au préliminaire de conciliation. Mais, en l'état actuel des textes, la Cour de cassation a dû décider que la citation en référé, *ne contenant pas de conclusions sur le fond*, ne pouvait être assimilée à la citation en justice dont parle l'art. 2244, et comme aucun texte spécial ne fait de lui une cause d'interruption civile, cette interruption se produit seulement à la date de l'exploit d'ajournement qui suit le référé (Cass., 5 juin 1883, D. 83. 1. 373, S. 84. 1. 49).

1462. De la citation devant un juge incompétent. — Les questions de compétence sont difficiles à résoudre et les parties se trompent souvent; les tribunaux eux-mêmes méconnaissent parfois les règles de leur propre compétence. Il eût été dangereux et inique de priver de tout effet utile la citation donnée devant un juge incompétent. Le temps de la prescription se trouverait peut-être accompli, lors de la découverte de l'erreur, et le demandeur, bien qu'il eût fait tout le nécessaire pour sauvegarder son droit en temps utile, serait alors dans l'impossibilité de recommencer son action. De là la disposition de l'art. 2246, aux termes duquel la citation en justice n'en interrompt pas moins la prescription, quoiqu'elle soit donnée devant un juge incompétent. On évite ainsi un préjudice qui eût été tout à la fois *immérité* et *irréparable*.

La loi ne fait aucune distinction; quelle que soit la nature de l'incompétence [1] et quelque grave que soit l'erreur commise, le demandeur bénéficie de sa disposition.

*** 1463. Cas où la poursuite est tenue pour non avenue.** — La poursuite qui a interrompu la prescription ne produit pas toujours un effet définitif. Or on comprend que l'interruption de prescription ne peut subsister qu'autant que la demande est *maintenue* jusqu'au bout et *admise* par le tribunal. Par suite, toutes les causes qui feront tomber la poursuite anéantiront avec elle l'interruption de prescription.

[1] Il y a deux espèces d'incompétence : l'une est dite *ratione materiæ*, l'autre *ratione personæ*. La première est fondée sur des motifs d'intérêt général et elle est d'ordre public; la seconde est beaucoup moins grave et est susceptible d'être couverte.

Ces causes, énumérées dans l'art. 2247, sont les suivantes :

1° *L'assignation est annulée pour défaut de forme.* — La loi montre ici une *sévérité injustifiable*. La nullité de l'assignation est souvent due à une faute minime, à une simple irrégularité d'écriture, et de plus cette faute est commise par l'*huissier* et non par la partie. On dit bien que l'huissier en faute sera responsable, si l'action ne peut pas être renouvelée par l'achèvement de la prescription dans l'intervalle, mais sa responsabilité sera illusoire, si sa fortune personnelle ne suffit pas, ce qui est possible, à dédommager son client. Il eût bien mieux valu accorder l'effet interruptif à l'assignation nulle pour vice de forme, comme on l'a fait pour le cas d'incompétence. Ce sont deux situations tout à fait comparables. — Dans la pratique, le défaut de la loi est fort atténué par cette circonstance que les nullités résultant d'un vice de forme doivent être proposées avant toute exception autre que l'exception d'incompétence (art. 173 C. proc. civ.), ainsi que par l'habitude qu'ont beaucoup d'avoués de ne pas s'opposer mutuellement les nullités de forme.

2° *Le demandeur se désiste de sa demande.* — Le désistement, réglé par les art. 402 et 403 C. proc. civ. est *l'abandon de la procédure*, mais ce n'est pas une renonciation au fond et sur le droit lui-même. Il n'empêche donc pas de renouveler plus tard l'action, mais la procédure commencée est réputée non avenue, et par suite la prescription sera considérée comme n'ayant pas été interrompue.

3° *L'instance est périmée.* — Il y a *péremption d'instance* quand les poursuites sont discontinuées pendant trois ans, sans aucun acte de procédure, mais la péremption ne s'accomplit pas de plein droit ; il faut qu'elle soit demandée par l'adversaire (art. 397, 399 et 400 C. proc. civ.). La péremption d'instance équivaut à un *désistement tacite* : c'est l'abandon des poursuites, et elle produit le même effet que le désistement.

4° *La demande est rejetée.* — Cette disposition de la loi, dont il est déjà difficile de trouver l'application en matière de créances et de prescription extinctive, est absolument sans objet en ce qui concerne les droits réels et l'usucapion. En effet, si la demande est rejetée, il est jugé et définitivement vrai entre les parties que le demandeur n'est pas propriétaire de la chose qu'il réclamait. Dès lors le possesseur, pour arrêter de nouvelles poursuites de sa part, a une bien meilleure raison à lui opposer que la prescription : c'est l'*exception de chose jugée*, qui empêche à jamais l'action de se reproduire. Il est donc inutile de décider, en pareil cas, que la demande qui a été ensuite rejetée n'a pas interrompu la prescription.

**** 1464. Effets de l'interruption résultant des poursuites.** — L'effet de l'interruption civile est ordinairement présenté d'une manière fort inexacte. On dit : « L'interruption civile rend *inutile* tout le temps couru précédemment, mais elle ne fait pas obstacle à ce qu'une *nouvelle* prescription *recommence* à courir immédiatement ». Ces deux résultats ne peuvent pas se produire simultanément : l'hypothèse d'un possesseur qui perd le bénéfice du temps écoulé tout en commençant une nouvelle prescription est *irréalisable*, quand l'interruption résulte de l'exercice de l'action en revendication intentée par le propriétaire. En effet, de deux choses l'une :

Ou bien l'action sera suivie jusqu'au bout et triomphera, et alors le propriétaire qui a revendiqué reprendra son bien et il ne pourra être question d'usucapion au profit du possesseur, ni dans le passé ni dans l'avenir ;

Ou bien l'action sera rejetée par le tribunal ou abandonnée par le demandeur, et la prescription en cours sera réputée n'avoir pas été interrompue, l'exercice de l'action étant non avenu : il n'y aura donc jamais de prescription nouvelle commençant à la date de l'interruption.

L'effet de l'interruption, quand il reste acquis par le triomphe définitif de l'action, se réduit à ceci que l'action aura été *intentée à temps* et que le juge devra, lors du jugement, *se reporter au début de l'instance* pour apprécier les droits des parties. La prescription se sera accomplie inutilement, si son délai s'est achevé pendant l'instance.

2° Interruption par reconnaissance volontaire du possesseur.

1465. Définition. — La prescription peut être interrompue, indépendamment de toutes poursuites judiciaires, par une *reconnaissance volontaire*, « que le possesseur ou débiteur fait du droit de celui contre lequel il prescrivait » (art. 2248). Puisque nous ne parlons ici que de l'usucapion, nous devons laisser de côté ce que la loi dit des « débiteurs » : cela concerne la prescription extinctive. Par suite, la reconnaissance interruptive de l'usucapion sera *l'aveu fait par le possesseur que la propriété du bien ne lui appartient pas*.

* **1466. Formes.** — Cette reconnaissance est le plus souvent donnée *sous la forme d'une convention*, aussi l'appelle-t-on souvent *interruption conventionnelle*. Mais rien n'empêche de la faire sous la forme d'un *acte unilatéral*. Par exemple on peut la rencontrer dans les déclarations d'un inventaire après décès, si le bien s'y trouve indiqué comme n'étant pas la propriété de son possesseur. Comp. Douai, 28 nov. 1879, S. 81. 2. 32.

On pourrait même à l'occasion admettre une reconnaissance *tacite*, résultant des faits et actes du possesseur.

1467. Capacité. — La reconnaissance du droit d'autrui, étant l'équivalent d'une renonciation à l'acquisition du droit de propriété par prescription, exige de la part de celui qui la fait la capacité de disposer de la chose.

1468. Preuve. — Aucune règle spéciale n'a été établie. Par conséquent, au-dessus de 150 francs, la preuve par écrit sera exigée en vertu des art. 1347 et suiv.

** **1469. Effets de la reconnaissance.** — En matière d'usucapion, la reconnaissance volontaire rend *inutile* le temps écoulé, mais elle n'empêche pas la prescription de *recommencer à courir* aussitôt après. Pour elle, la définition des effets de l'interruption critiquée plus haut (n° 1463) est parfaitement vraie. Cette définition n'est fausse que parce qu'on l'applique indistinctement aux deux formes de l'interruption civile, alors qu'elle ne convient qu'à une seule.

** **1470. Caractères de la possession après la reconnaissance.** — La reconnaissance volontaire produit-elle d'autres effets? Peut-elle changer *la nature de la possession et les conditions de la prescription?* Ainsi si le possesseur, auteur de la reconnaissance, avait droit à la *prescription abrégée de dix à vingt ans*, y aura-t-il encore droit après avoir reconnu qu'il possède la propriété d'autrui? Il semble logique de répondre négativement, puisqu'il *ne sera pas de bonne foi* au moment où commencera la nouvelle prescription.

On donne cependant parfois la solution contraire, en l'appuyant sur des arrêts qui décident une question analogue, mais non identique, pour les prescriptions extinctives. L'absence de la bonne foi est ici une circonstance décisive, puisqu'il s'agit de *commencer* à prescrire.

Voici, au contraire, un autre effet plus grave qu'on a souvent attribué à la reconnaissance volontaire et que l'on doit pourtant lui refuser. Ce n'est pas qu'il faille le nier en lui-même, car sa possibilité est indiscutable ; seulement il faut l'attribuer à une autre cause. On a prétendu que la reconnaissance volontaire pouvait avoir pour effet de *rendre l'usucapion à tout jamais impossible dans l'avenir, en plaçant le possesseur dans l'état de précarité*. C'est là une erreur qui vient d'une analyse incomplète de la situation. La précarité suppose que le possesseur détient l'immeuble pour le compte d'autrui, c'est-à-dire qu'il a contracté l'engagement de le restituer à son propriétaire. Pour que l'auteur de la reconnaissance se trouve désormais en état de précarité, il faudra donc qu'il ait reconnu non seulement n'être pas *propriétaire* de l'immeuble, mais en même temps en être personnellement *débiteur* envers autrui, comme locataire, comme gérant, etc. Or la reconnaissance qu'il fournit au propriétaire ne *crée* pas cette obligation, qui dérive d'un contrat antérieur, bail, mandat, etc. ; elle la constate simplement, elle en est la *preuve* : elle rend la précarité *plus facile à établir*, mais cette précarité préexiste à la reconnaissance et n'en dérive pas.

§ 7. — *De la suspension de l'usucapion.*

** **1471. Définition.** — On dit que la prescription est suspendue *quand la loi l'empêche de courir par faveur pour quelqu'un.*

** **1472. Effets.** — *Tout le temps que dure la suspension ne compte pas* ; il faut en faire abstraction. On compte seulement le temps antérieur à la suspension, qui reste utile, et que l'on additionnera plus tard à celui qui courra quand la cause de suspension aura cessé.

** **1473. Motifs.** — La suspension de la prescription est une *mesure d'équité*, inventée par faveur pour certaines personnes *qui ne sont pas en état d'interrompre la prescription quand elle court contre elles*. La loi vient à leur secours en décidant, par dérogation aux principes, que tout le temps qu'elles resteront dans cet état ne comptera pas. De la sorte, défalcation faite de cet intervalle, chaque personne aura toujours réellement à sa disposition tout le délai normal de la prescription pour l'interrompre en faisant valoir son droit.

La différence spécifique entre la suspension et l'interruption est donc que cette dernière est l'œuvre des particuliers (un acte du possesseur, du propriétaire ou d'un tiers), tandis que la suspension est une décision de l'autorité législative.

* **1474. La prescription suspendue est une prescription commencée.** — La suspension de la prescription suppose, par sa définition même, que la prescription est *déjà commencée*. De là nous tirerons une double conséquence :

1° *La cause juridique qui retarde le point de départ de la prescription contre les droits conditionnels et éventuels* (ci-dessus, nos 1406 à 1413) *n'est pas une suspension de prescription*. Si la prescription ne peut pas courir contre eux, c'est l'effet des principes généraux ; elle n'a pas pu commencer à courir, elle n'a donc point besoin d'être *suspendue* par une cause particulière. Ceci prouve d'abord que l'art. 2257 est mal placé au milieu des causes de suspension et ensuite que sa solution, qu'il exprime seulement à propos des créances, peut être étendue aux droits réels, même par les auteurs qui estiment que les causes de suspension sont limitativement énumérées par la loi : du moment où l'on n'a pas affaire à une cause de suspension, le caractère limitatif de l'énumération légale importe peu.

2° *Lorsque la cause de suspension se produit immédiatement* (au moment où la prescription aurait pu commencer), *il n'est pas sans intérêt de constater que cette prescription suspendue est en même temps une possession commencée*, bien qu'en fait la possession utile pour la prescription ait une durée nulle. Ainsi un immeuble appartenant à une jeune fille mineure est vendu irrégulièrement ou bien un tiers s'en empare sans titre : au moment même de la prise de possession, il existe une cause de suspension (la minorité du propriétaire), qui empêche la prescription de courir. Il n'y a donc pas un seul jour de possession utile. Néanmoins la prescription est réputée commencée puisqu'elle est suspendue, et voici l'utilité de cette constatation. Si plus tard cette jeune fille se marie sous le régime dotal, et que la constitution de dot comprenne tous ses biens présents, le tiers possesseur prescrira utilement contre elle à partir de sa majorité. Il ne le pourrait pas, si sa possession n'était pas antérieure au mariage, car l'art. 1561 décide que les immeubles dotaux sont imprescriptibles pendant le mariage, « à moins que la prescription n'ait commencé auparavant ». Le possesseur du bien dotal, dans les conditions indiquées, bénéficiera de cette réserve, sa prescription étant commencée avant le mariage.

1475. Division. — On doit se poser deux questions principales : 1° Comment se déterminent les causes de suspension? 2° Quelles sont celles qui sont reconnues en fait?

A. — Mode de détermination des causes de suspension.

* **1476. Règle suivie dans l'ancien droit.** — L'ancienne jurisprudence considérait la prescription comme suspendue *toutes les fois que celui contre lequel elle courait se trouvait dans l'impossibilité d'agir*. On répétait comme un adage : « Contra non valentem agere non currit præscriptio » (POTHIER, *Prescription*, n°s 22 et suiv. — Comp. DUNOD DE CHARNAGE, *Traité des prescriptions*, part. I, chap. 10). C'était donc au juge qu'il appartenait, dans tous les cas, de décider si, *en fait*, il existait une cause de suspension au profit de telle ou telle personne.

* **1477. Inconvénients de ce système.** — Cette règle paraît fort équitable : si la personne menacée par la prescription s'est trouvée réellement empêchée d'agir par un obstacle insurmontable ayant eu une certaine durée, il est injuste de lui faire porter la peine d'une inaction dont elle n'est point coupable. Malheureusement les tribunaux, laissés libres d'apprécier les faits, s'étaient montrés enclins à admettre trop facilement que la prescription avait été suspendue; leur jurisprudence supprimait en grande partie l'utilité de la prescription ; on trouvait presque toujours quelque bonne raison pour admettre que le propriétaire n'avait pu agir, parce qu'il était absent, parce qu'il ignorait son droit, parce qu'il avait perdu l'esprit, etc., et le possesseur était privé du bénéfice de la prescription. Or la prescription est fondée beaucoup plus sur des considérations d'intérêt général, qui font d'elle la protectrice des patrimoines privés, que sur l'intention de punir par une déchéance le propriétaire ou le créancier négligents. Il en résulte que la prescription ne doit être suspendue que pour certaines causes graves, méritant qu'on porte atteinte pour elles au principe tutélaire de son institution, et cela fit penser que le législateur doit seul être juge de l'opportunité qu'il y a à admettre chaque cause particulière de suspension.

** **1478. Principe nouveau formulé par le Code civil.** — De là la règle nouvelle, contenue dans l'art. 2251 : « La prescription *court contre toutes personnes, à moins qu'elles ne soient dans quelque exception établie par une loi* ». Cela revient à dire qu'il n'y a pas d'autres causes de suspension que celles qui sont établies par le Code. Malheureusement, quand on établit ainsi une règle nouvelle avec une liste d'exceptions, on court grand risque d'être incomplet et d'oublier des cas particuliers, tout aussi recommandables que ceux qu'on admet. C'est ce qui est arrivé pour les causes de suspension ; la jurisprudence a eu à compléter la liste dressée par la loi, car il se trouve que le Code, après avoir admis la suspension de prescription pour des motifs qui ne sont pas toujours décisifs, a omis de l'établir dans des cas où elle semble impérieusement exigée par l'équité.

** **1479. Système de la jurisprudence.** — Les tribunaux ont cru nécessaire en plus d'une occasion de suppléer au silence de la loi.

Pour concilier ses décisions avec le texte en apparence limitatif de l'art. 2251, la jurisprudence fait remarquer que la loi n'a entendu fixer elle-même les causes de suspension qu'autant qu'elles sont fondées sur des *considérations relatives à la personne contre laquelle la prescription court*. Elle tire argument du langage de la loi, qui s'exprime ainsi : « La prescription court *contre toutes personnes*, à moins que... ». Le Code ne s'est donc pas occupé des causes de suspension qui sont *indépendantes des personnes*. Les tribunaux ont ainsi maintenu à leur profit, sinon dans tous les cas, du moins dans beaucoup, l'ancienne liberté d'appréciation dont ils jouissaient. Contre cette jurisprudence, voy. LAURENT, t. XXXII, n°s 38 à 43.

Actuellement, les arrêts ne s'inquiètent même plus de justifier leurs solutions en ce sens et ils s'expriment comme si l'ancienne maxime : « Contrà non valentem agere non currit præscriptio » était toujours la règle du droit français (Cass., 28 juin 1870, D. 70. 1. 309, S. 71. 1. 137; Nancy, 16 nov. 1889, S. 91. 2. 161; Caen, 4 juin 1891, S. 92. 2. 193).

B. — Liste des causes de suspension.

1° Causes admises par les textes.

* **1480. Énumération.** — Les personnes qui bénéficient, en vertu de la loi, d'une suspension de prescription, sont :

1° Les *mineurs* et les *interdits* ; 2° les *femmes mariées*, dans leurs rapports avec les tiers, mais pour certains cas seulement ; 3° les *époux*, dans leurs rapports entre eux ; 4° les *héritiers bénéficiaires*.

** **1481. Mineurs et interdits.** — La prescription est suspendue au profit des mineurs et des interdits, tant que dure leur minorité ou leur interdiction (art. 2252). Cette cause de suspension est commune à *tous les mineurs émancipés ou non* ; mais parmi les interdits, il n'y a que les *interdits judiciaires* qui en profitent. Les condamnés en état d'interdiction légale, qui ne sont pas protégés par la loi à l'égal des mineurs, n'y ont pas droit. Il en est de même des aliénés internés en vertu de la loi de 1838 ; ceux-là ne sont pas des « interdits ». A plus forte raison, la prescription n'est pas suspendue au profit des faibles d'esprit ou des prodigues pourvus d'un conseil judiciaire.

Les seules prescriptions qui soient suspendues au profit des mineurs et interdits sont celles qui durent plus de cinq ans (art. 2278 et arg. de cet art.).

Cette première cause de suspension n'est pas à l'abri de toute critique. D'une part, les mineurs non émancipés et les interdits ont un tuteur responsable des négligences qu'il commet et qui peut agir à leur place. D'autre part, la suspension de la prescription se répétant plusieurs fois de suite au profit de mineurs et d'interdits qui se succèdent, peut avoir pour résultat d'en retarder l'accomplissement au delà des limites raisonnables.

***1482. Femmes mariées.** — En principe, la prescription court contre les femmes mariées. aussi bien que contre les femmes majeures qui sont filles, veuves ou divorcées (art. 2254). Ordinairement c'est le mari qui a l'exercice des actions appartenant à sa femme ; si la prescription s'achève grâce à sa négligence, la femme aura un recours contre lui. Cette responsabilité du mari suppose qu'il y a eu *faute* de sa part. Il serait donc excusable si sa femme elle-même ignorait l'existence de son droit, ou si la prescription s'était terminée à une époque tellement voisine du mariage qu'il n'ait pas encore eu le temps de se mettre au courant des intérêts de sa femme.

Le principe formulé dans l'art. 2254 subit des exceptions ; il y a *trois cas où la femme mariée bénéficie d'une cause de suspension établie en sa faveur.*

Premier cas. — Lorsqu'elle est mariée sous le *régime dotal* et qu'il s'agit de ses *immeubles dotaux* (art. 2255). Ainsi l'action en nullité qui lui appartient pour reprendre son bien dotal indûment aliéné est imprescriptible pendant le mariage (art. 1560).

Deuxième cas. — Lorsqu'elle est mariée sous le *régime de communauté* et que son action *dépend du parti qu'elle prendra pour accepter ou répudier la communauté.* Comme cette option n'est ouverte à la femme qu'après la dissolution de la communauté, la prescription contre la femme est suspendue tant que la communauté dure (art. 2256-1°).

On peut citer comme exemple le cas où un immeuble dépendant de la communauté se trouve aux mains d'un tiers possesseur sans droits ; la femme ne peut revendiquer sa part dans cet immeuble qu'après avoir accepté la communauté, car si elle y renonce, elle n'a aucune réclamation à exercer sur les biens qui en faisaient partie. Son action dépend donc de l'option qu'elle fera plus tard.

La loi contient ici une *inexactitude.* Elle dit que la prescription est suspendue « pendant le *mariage* ». C'est « pendant la *communauté* » qu'il eût fallu dire, car la communauté peut se dissoudre pendant la durée du mariage, par l'effet d'une séparation de corps ou de biens, et dès ce moment la femme peut prendre parti sur la communauté ; la prescription doit donc courir immédiatement contre elle, bien que le mariage dure encore.

Troisième cas. — *Sous tous les régimes*, lorsque l'action de la femme serait *de nature à réfléchir contre son mari* (art. 2256-2°).

L'action de la femme « réfléchit » contre le mari, lorsqu'elle est exercée contre un tiers qui, poursuivi par elle, a un recours contre le mari. Ceci arrive quand le mari aliène indûment le bien de sa femme : la femme a le droit de reprendre ce qui lui appartient, mais l'acquéreur évincé a une action en garantie contre le mari, son vendeur. La loi suspend alors la prescription, parce qu'elle pense que la femme hésitera à agir dans la crainte de mécontenter son mari. Elle peut préférer la paix de son ménage à l'exercice d'une action dont l'issue est peut-être douteuse.

Cette cause de suspension dure pendant toute la durée du mariage. Les expressions employées par la loi au commencement de l'art. 2256, qui se trouvent fausses en ce qui concerne l'exception prévue dans le 1° de l'article, sont au contraire exactes pour l'exception prévue dans le 2°.

1483. Prescription entre époux. — L'art. 2253 suspend la prescription entre époux, pendant toute la durée du mariage. Si l'un d'eux a quelque droit à faire valoir contre son conjoint, la prescription ne commencera à courir qu'après la dissolution du mariage.

Le motif est-il, comme on le dit, le désir de maintenir la bonne entente entre les époux, en les dispensant de se poursuivre l'un l'autre ? C'est possible ; cependant ce motif n'existe plus à partir de la séparation de corps, et la suspension de prescription continue à produire son effet. Il y en a donc un autre ; le seul qu'on puisse trouver est l'impossibilité pour les époux de se faire des donations indirectes irrévocables. L'art. 1096 veut que toute donation faite par l'un des époux à l'autre puisse être révoquée à volonté ; or la prescription, si on l'avait laissée courir entre eux, leur eût offert un moyen facile de s'avantager d'une manière irrévocable : celui qui se serait trouvé créancier de l'autre n'aurait eu qu'à laisser s'accomplir le temps fixé par la loi, et il aurait ainsi libéré définitivement son conjoint.

1484. Héritiers bénéficiaires. — Aux termes de l'art. 2258, al. 1er, la prescription ne court pas contre l'héritier bénéficiaire à l'égard des *créances* qu'il a contre la succession. Mais ce texte, qui est d'interprétation stricte, ne suspend pas la prescription à l'égard des *revendications* et autres *actions réelles* que l'héritier peut avoir à exercer contre la succession.

1485. Causes de suspension expressément rejetées par les textes. — Deux textes spéciaux éliminent des causes de suspension qu'on aurait pu être tenté d'admettre, l'une au profit des *successions vacantes* (art. 2258, al. 2), l'autre au profit des *successions bénéficiaires*, pendant les délais accordés à l'héritier pour délibérer (art. 2259). Dans ces deux hypothèses la succession semble n'avoir personne pour la représenter, d'où l'intérêt qu'il y aurait à suspendre les prescriptions courant contre elle. Mais cet état d'abandon n'est qu'apparent, et dans l'un comme dans l'autre cas, la prescription peut facilement être interrompue par quelqu'un ayant qualité pour représenter la succession.

1° Si la succession est vacante, elle peut être *pourvue d'un curateur*, qui sera responsable des prescriptions qu'il aura laissées s'accomplir. Si les intéressés, tels que les créanciers du défunt, ne font pas nommer de curateur, ils seront victimes de leur négligence : ils verront les droits actifs de la succession se perdre par prescription et ils n'auront de recours contre personne, mais ils ne pourront s'en prendre qu'à eux-mêmes.

2° Au cas où l'héritier délibère sur le parti qu'il doit prendre, il lui est loisible d'interrompre les prescriptions qui courent contre la succession, bien qu'il n'ait pas encore accepté ; l'interruption de prescription est un acte conservatoire qu'il a qualité pour faire pendant les délais de délibération et d'inventaire, sans compromettre son droit d'option. De leur côté, les tiers qui ont des actions à exercer contre la succession peuvent valablement les intenter pendant ces mêmes délais, sauf à se voir opposer l'exception dilatoire dont jouit l'héritier. L'instance sera retardée, mais la prescription n'en aura pas moins été interrompue.

2° Causes admises par la jurisprudence.

* **1486. Rareté de ces causes en matière d'usucapion.** — La plupart des applications que la jurisprudence fait de son système concernant les prescriptions *extinctives* (Voy. Dalloz, *Suppl.*, v° Prescription, n°s 455 et 456). Nous n'avons donc pas à nous en occuper ici. Cependant il en est *deux qui atteignent également la prescription acquisitive* ou usucapion.

1487. Suspension du cours de la justice par l'état de guerre. — La première est l'impossibilité d'agir qui résulte de la *guerre;* il y a là une force majeure insurmontable. Quand le cours de la justice est arrêté par l'invasion, il serait trop dur de laisser courir les prescriptions contre des justiciables qui n'ont pas pu trouver de juges.

Cette jurisprudence aurait eu l'occasion de s'appliquer à la suite de la guerre de 1870-1871, qui a jeté tant de perturbations dans les affaires, mais la situation fut alors réglée par des textes spéciaux (Décr. 9 sept. 1870; L. 26 mai 1871). En vertu de ces textes, il fallait augmenter la durée de toutes les prescriptions d'un temps égal à la durée de la guerre franco-allemande. Ces dispositions, d'intérêt temporaire, ont été abrogées par une loi du 20 décembre 1879.

Le décret de 1870 et la loi de 1871 qui viennent d'être indiqués ont fourni un argument à ceux qui soutiennent que la jurisprudence viole l'art. 2251, quand elle admet d'autres causes de suspension que celles qui sont établies par les textes : ces lois spéciales auraient été inutiles, dit-on, si la règle commune permettait au juge d'admettre comme causes de suspension tous les empêchements de force majeure : la guerre, quand elle arrête le cours de la justice, est évidemment au premier rang parmi ces empêchements. — Cependant ne peut-on pas répondre que les lois précitées avaient encore leur utilité pour déterminer d'une manière uniforme la durée de la suspension et pour éviter des contestations et des incertitudes ? Ainsi interprétées, elles fournissent plutôt une confirmation qu'une condamnation de la jurisprudence.

1488. Ignorance de l'existence du droit. — Une autre cause qui empêche en fait et d'une manière absolue l'exercice d'une action quelconque est l'ignorance où se trouve la personne de l'existence même du droit ouvert à son profit et qu'elle va perdre par prescription. La Cour de cassation admet la suspension de prescription toutes les fois que le propriétaire peut raisonnablement ignorer le fait qui donne naissance à son action et à son intérêt d'agir (Cass., 27 mai 1857, D. 57. 1. 290).

On a objecté, non sans quelque raison, que cette dernière cause de suspension tend à détruire presque entièrement la règle qui la fait courir en principe contre toutes personnes, car ce ne sont pas ceux qui connaissent leur droit qui le laissent prescrire, mais bien ceux qui l'ignorent. Pour éviter ce reproche, les magistrats font donc sagement de se montrer réservés dans l'appréciation des faits qu'ils admettent comme justes causes d'ignorance.

§ 8. — *Des effets de la prescription.*

** **1489. L'usucapion est un mode d'acquérir.** — Quand l'usucapion est accomplie, le possesseur est devenu propriétaire.

On pourrait en douter, tout au moins pour la *prescription trentenaire*, en lisant l'art. 2262. Ce texte se borne à déclarer *éteinte* l'action en revendication du propriétaire qui a laissé s'achever la prescription contre lui : « Toutes actions, tant réelles que personnelles, sont prescrites par trente ans ». Le droit français semble donc reproduire ici la vieille règle du droit romain, d'après laquelle la *præscriptio triginta annorum* était une cause d'extinction des actions, fournissant un moyen de défense analogue à une exception, mais non un mode d'acquisition de la propriété fournissant l'action en revendication. Cependant on ne doit pas hésiter à reconnaître que la prescription fait réellement, et en toute hypothèse, acquérir la propriété, et cela pour les raisons suivantes : 1° L'art. 712 dit que *la propriété s'acquiert par prescription*, sans faire aucune distinction ; 2° l'art. 2219, définissant la prescription, dit de même d'une manière générale qu'elle est « un moyen d'acquérir » ; 3° on a toujours admis dans notre ancien droit que la prescription faisait acquérir non seulement le domaine utile, mais même le plein domaine (DUNOD DE CHARNAGE, liv. I, chap. 14), et il n'y a pas d'apparence que le législateur moderne ait voulu abandonner un point aussi fermement établi. — La légère difficulté qui vient d'être examinée pour la prescription trentenaire ne se produit pas pour la prescription décennale : l'art. 2265 dit en termes formels que le possesseur de l'immeuble « en acquiert la propriété par dix ans ».

Le possesseur, qui a usucapé, possède donc désormais la revendication, et il peut enlever l'immeuble à toute autre personne, même à son ancien propriétaire, si celui-ci en avait repris la possession.

** **1490. L'usucapion n'éteint pas les actions personnelles.** — L'usucapion est une manière d'acquérir ; elle rend *propriétaire ;* mais elle n'a pas pour effet de *libérer les débiteurs ;* par conséquent, elle n'enlève pas au propriétaire les différentes actions personnelles qu'il peut avoir pour se faire restituer son bien par ceux qui le détiennent. Sans doute, quand l'usucapion s'accomplira par 30 ans, ces actions se trouveront éteintes par la prescription extinctive trentenaire en même temps que la propriété sera acquise ; mais les actions personnelles pourront survivre à la revendication pendant 10 à 20 ans, quand l'usucapion s'accomplira par les délais abrégés de l'art. 2265.

Par exemple si l'aliénation, qui a permis au tiers acquéreur d'usucaper par dix ans, lui a été consentie par un *locataire* ou un *séquestre*, celui-ci reste personnellement tenu envers le propriétaire de lui restituer son bien et cette obligation dure trente ans.

Il pourrait même arriver, par l'intermédiaire de cette personne, que le propriétaire eût un moyen indirect d'atteindre le tiers acquéreur, malgré la prescription accomplie. Par exemple, le détenteur précaire qui a fait l'acte servant de juste titre au possesseur, peut être muni contre celui-ci d'une action en nullité pour incapacité ou pour dol non encore prescrite (art. 1304) [1], ou d'une action en résolution pour défaut de paiement du prix (art. 1654). Le propriétaire, que nous supposons *créancier* de l'aliénateur, pourra exercer cette action du chef de celui-ci, conformément au principe général de l'art. 1166, et atteindre ainsi, *par voie oblique*, le tiers acquéreur pour le contraindre à lui restituer son bien.

** **1491. L'usucapion a un effet rétroactif.** — Quand l'usucapion est achevée, le possesseur est réputé propriétaire, non pas seulement à compter du dernier jour du délai, mais dans le passé, *dès le moment où la prescription a commencé à courir.* Cela se comprend sans peine quand le possesseur est muni d'un *titre;* la prescription ne fait que consolider ce titre; le possesseur garde définitivement la chose en qualité d'acheteur, le donataire, etc., comme si l'acte qui lui a permis de prescrire lui avait dès le début transféré la propriété.

[1] Bien que l'action en nullité se prescrive par dix ans (art. 1654), elle peut survivre à la revendication, qui s'éteint également par dix ans dans le cas que nous examinons, parce que le point de départ de la prescription extinctive qui la menace se trouve retardé jusqu'à la cessation de l'incapacité ou jusqu'à la découverte de l'erreur ou du dol, ce qui permet à l'action en nullité de s'exercer quelquefois très tardivement.

Le même effet se produit dans la prescription trentenaire, même quand l'absence de titre est avouée ou connue ; la prescription remplace le titre.

Bien que cette rétroactivité de l'usucapion ne soit écrite nulle part dans la loi, son existence n'en est pas moins certaine.

* **1492. Conséquences de la rétroactivité.** — Diverses conséquences en découlent :

1° *Les fruits perçus par le possesseur, même de mauvaise foi, lui restent définitivement.* Ils n'auraient pu lui être réclamés qu'à titre d'accessoires dans une revendication exercée en temps utile. Le propriétaire, qui a perdu son action principale, n'a donc plus aucun moyen de les reprendre.

2° *Les tiers qui ont acquis du possesseur des droits réels sur l'immeuble* (servitudes, hypothèques, etc.) pendant la durée de l'usucapion, *les voient rétroactivement consolidés*, comme s'ils leur avaient été conférés par le vrai propriétaire.

3° *Si le possesseur se marie sous le régime de communauté légale, l'immeuble* qu'il était en train de prescrire au moment de son mariage *lui appartiendra en propre* (art. 1402), bien qu'il n'en eût alors que la possession, et que l'usucapion se soit accomplie seulement pendant le mariage. Si cette usucapion s'accomplissait sans rétroactivité, l'acquisition de la propriété se placerait pendant le mariage et l'immeuble serait *commun* aux deux époux, par application de l'art. 1401-3°.

1493. L'usucapion doit être invoquée par le possesseur. — L'usucapion ne produit pas son effet de plein droit. La loi dit que le « *les juges ne peuvent pas suppléer d'office le moyen résultant de la prescription* » (art. 2223). Il faut donc que la prescription soit *opposée par le possesseur*, c'est-à-dire invoquée à son profit par des *conclusions formelles* prises devant le tribunal. La réserve banale qu'on insère habituellement dans les pièces de procédure : « et par tous les autres moyens de droit qu'il vous plaira de suppléer d'office » n'est pas suffisante pour leur donner le pouvoir de rejeter la demande comme prescrite. Il en serait de même si l'avocat s'était borné à invoquer la prescription dans sa plaidoirie sans qu'elle ait fait l'objet de conclusions écrites (Cass., 16 nov. 1886, S. 87. 1. 72).

Le motif de cette exigence est que la prescription repose au fond sur une simple *présomption*, qui dans certains cas se trouve contraire à la vérité. La loi laisse donc à la *conscience* de chacun le droit d'user ou non de ce moyen, qui peut servir à commettre une spoliation. Si le défendeur est un honnête homme, il doit se faire un scrupule de se défendre par un moyen pareil, quand il sait pertinemment que sa possession a pour point de départ une usurpation. La loi met la prescription comme un moyen de défense extrême au service de celui qui est convaincu de la bonté de sa cause et qui n'a pas d'autre ressource pour se défendre.

1494. A quel moment la prescription doit être opposée. — Elle peut être invoquée devant les juges *en tout état de cause* (art. 2224), c'est-à-dire *même en appel*, tant que les débats ne sont pas *clos* par la déclaration du président disant que « la cause est entendue ». C'est l'application du droit commun : les *moyens nouveaux* peuvent être présentés pour la première fois devant les juges d'appel, mais non devant la Cour de cassation. Bien entendu, le défendeur serait privé du droit d'opposer la prescription, s'il devait être considéré, d'après les circonstances, comme y ayant renoncé (art. 2224). Mais le fait de n'avoir point employé en première instance le moyen tiré de la prescription ne prive pas du droit de l'opposer en appel.

*1495. **Droit des créanciers du possesseur d'opposer de son chef la prescription acquise.** — Le possesseur n'est pas seul à jouir du droit de repousser la revendication par l'exception de prescription : ses créanciers ont le même droit que lui (art. 2225). Ils peuvent y avoir *grand intérêt*; le bien qui a été usucapé par leur débiteur forme peut-être le meilleur de son patrimoine et par suite de leur gage ; s'il lui est enlevé par le revendiquant, ils courent le risque de n'être pas payés. En intervenant dans l'instance pour opposer la prescription, alors que leur débiteur néglige de le faire, ils sauveront leur gage.

Le droit ainsi accordé aux créanciers n'est pas exceptionnel : c'est l'application d'une règle générale. L'art. 1166 permet aux créanciers d'exercer les droits et actions de leur débiteur, en son lieu et place, toutes les fois qu'ils y ont intérêt, sauf un petit nombre d'exceptions qui seront indiquées dans le t. II à propos de ce texte.

Quand les créanciers usent de ce droit, on dit qu'ils agissent *du chef de leur débiteur*. L'art. 2225 fait à la prescription l'application de ce principe : les créanciers du possesseur l'opposeront au revendiquant, si le possesseur néglige de le faire.

1496. **Utilité d'une disposition expresse sur le droit des créanciers.** — L'art. 2225, qui semble la répétition surabondante du principe de droit commun écrit dans l'art. 1166, était cependant utile pour lever un doute. Les cas dans lesquels la loi, par dérogation au principe, refuse aux créanciers l'exercice de certaines actions appartenant au débiteur, sont ceux où une question d'affection, d'honneur ou de conscience se mêle à la question d'argent; les créanciers, désireux d'être payés, sacrifieraient toujours le côté moral au côté pécuniaire; c'est pour cela que la loi réserve alors au débiteur seul l'exercice de son droit. Or la faculté d'opposer la prescription est justement une de ces hypothèses dans lesquelles une considération morale, un scrupule de conscience peut entraîner à une renonciation, qui est un sacrifice d'argent.

Les interprètes se seraient peut-être prononcés contre l'intervention des créanciers ; la loi qui désirait assurer à ceux-ci le droit d'opposer la prescription, a statué en leur faveur par un texte formel. On ne peut qu'approuver sa décision : si le débiteur a des scrupules de conscience qui l'empêchent de profiter de l'usucapion, ce n'est pas le moment de les écouter quand il a lui-même des créanciers vigilants, ayant conservé leurs droits, qu'il va sacrifier au droit plus ou moins bien établi d'un propriétaire négligent qui est resté plus de 10 ou de 30 ans sans le faire valoir. Renoncer à la prescription en de pareilles circonstances, cela s'appelle proprement faire le scrupuleux aux dépens d'autrui.

** 1497. **Effet exceptionnel attaché à l'art. 2225.** — A mes yeux, l'art. 2225 n'a pas d'autre sens que celui qui vient d'être donné : il lève un doute qui aurait pu naître pour l'application de l'art. 1166. Mais *l'opinion générale et la jurisprudence l'interprètent autrement*. Le texte porte : « Les créanciers... peuvent l'opposer [la prescription]... *encore que... le propriétaire y renonce* ». On prétend que ces derniers mots font allusion au cas où le possesseur aurait déjà, par un acte spécial, renoncé à la prescription, et que la loi réserve alors à ses créanciers le droit d'opposer encore la prescription au revendiquant, en tenant la renonciation pour non avenue, mais ceci touche à la théorie de la renonciation à prescription, qui fera l'objet d'un paragraphe spécial. Voir ci-dessous n° 1507.

1498. Droit des autres ayants cause du possesseur. — L'art. 2225 ne nomme pas seulement les créanciers : il donne encore le même droit « à toute autre personne ayant intérêt à ce que la prescription soit acquise ». Ces autres personnes sont les *ayants cause à titre particulier du possesseur*, ceux au profit desquels il a constitué un droit réel sur l'immeuble, tel qu'un *usufruit* ou une *servitude*, ou même un simple droit personnel de jouissance, comme celui qui résulte du *louage*.

§ 9. — *De la renonciation à la prescription.*

1499. Distinction faite par la loi. — La loi a prévu les renonciations à prescription, et elle a formulé pour elles, dans l'art. 2220, deux règles différentes, les prohibant quand elles sont *faites d'avance*, les validant quand elles se réfèrent à une prescription *acquise*.

A. — Prohibition des renonciations anticipées.

* **1500. Ses motifs.** — « On ne peut, d'avance, renoncer à la prescription », dit l'art. 2220. Cette prohibition est fondée sur le caractère d'intérêt général que présente la prescription ; la prescription est d'ordre public ; donc les conventions des particuliers n'y peuvent pas déroger (art. 6). Si on avait permis d'insérer dans les actes une pareille clause, elle y serait vite devenue de style.

* **1501. Son inutilité en matière d'usucapion.** — Ajoutons toutefois qu'autant les renonciations anticipées à la prescription étaient à craindre dans les *contrats*, en matière *d'obligations*, autant on en conçoit difficilement l'application en matière *d'usucapion*. On ne voit pas pourquoi et comment la personne qui acquiert de bonne foi et avec titre un immeuble s'engagerait à ne pas faire usage, le cas échéant, de la prescription. On comprendrait peut-être encore moins cette renonciation de la part d'un usurpateur qui s'empare de l'immeuble sans aucun titre.

La présence de cette prohibition dans la loi, où elle est sans portée relativement à l'usucapion, vient du perpétuel et inutile mélange des deux espèces de prescriptions qui domine le plan du Code en cette matière.

1502. Remarque. — On peut rencontrer des actes ayant la forme d'une renonciation à prescription et qui sont cependant valables. Qu'un propriétaire se fasse remettre par son voisin un acte constatant que certaines ouvertures pratiquées dans le mur de séparation devront être bouchées à première réquisition et que le voisin propriétaire du mur renonce d'avance à se prévaloir de la prescription : un pareil acte est valable, parce qu'il contient non une renonciation à une prescription, mais la constatation d'un fait qui rend la prescription impossible, à savoir que l'un des propriétaires a laissé l'autre ouvrir des fenêtres dans son mur *par pure tolérance* (ci-dessous n°s 1872 et 1873). Il y a donc *reconnais-*

vance de précarité et non pas *renonciation à prescription*. Le rédacteur de l'acte s'est mal exprimé, mais le fond des choses est bien clair.

B. — Possibilité de renoncer à une prescription acquise.

1503. Pourquoi ces renonciations sont permises. — La loi, qui prohibe les renonciations anticipées, autorise au contraire les renonciations faites après coup, quand la prescription est accomplie (art. 2220). Il n'y a plus alors qu'un intérêt particulier en jeu : celui qui est protégé par la prescription peut, à son choix, ou se servir de ce moyen ou y renoncer ; il ne fait que disposer de son droit.

* **1504. Formes.** — La renonciation est un *acte unilatéral*, qui n'a pas besoin d'être accepté par l'autre partie. C'est de plus un acte *non-solennel*, qui peut se faire d'une manière quelconque, expressément ou tacitement (art. 2221). La renonciation *tacite* résulte de faits qui impliquent l'intention d'abandonner le droit acquis. Il est évident que les juges ne doivent pas admettre à la légère cette intention, en l'induisant d'*actes équivoques*, qui seraient susceptibles de recevoir une autre interprétation ; les renonciations ne se présument pas. Mais la décision des juges du fait, qui se bornent en cela à interpréter l'intention des parties, échappe au contrôle de la Cour de cassation (Cass., 21 mai 1883, D. 84. 1. 163, S. 84. 1. 422).

* **1505. Effets de la renonciation.** — Le possesseur, qui renonce à la prescription au moment où celle-ci lui est acquise, semble se dépouiller de son bien et consentir un acte translatif de propriété au profit d'autrui ; mais ce n'est là qu'une apparence. Ainsi qu'on l'a vu ci-dessus (n° 1493), la prescription n'opère pas de plein droit ; elle a besoin d'être *opposée* par la partie et le juge ne peut pas la suppléer d'office. Par conséquent, si c'est un moyen d'acquérir, encore faut-il qu'on l'*emploie ;* quand celui qui a prescrit renonce à la prescription, il omet de se servir d'un moyen que la loi mettait à sa disposition pour devenir propriétaire ; on pourra donc dire de lui qu'il *a manqué une occasion d'acquérir*, qu'il a refusé de faire entrer un bien dans son patrimoine ; mais il serait inexact de dire qu'il l'a *aliéné*, qu'il en a transmis la propriété à autrui.

L'art. 2221 présente bien la renonciation à la prescription comme étant « l'abandon d'un *droit acquis* », mais ce droit acquis n'est pas autre chose que le droit d'opposer la prescription. C'est de ce droit, et non de la propriété qui ne lui est pas encore acquise, que le possesseur se dépouille par sa renonciation.

L'opinion qui considère la renonciation comme l'équivalent d'une aliénation a cependant été soutenue par Laurent (t. XXXII, n° 195). Mais son avis est resté isolé. Si le principe de Laurent était vrai, il faudrait aller jusqu'à dire que la renonciation doit être *transcrite* pour être opposable aux tiers et qu'elle donne lieu à la perception d'un *droit de mutation*. Double conséquence que personne n'admet.

***1506. Capacité.** — Bien que la renonciation à une prescription acquise ne soit pas l'*équivalent juridique* d'une aliénation, elle a cependant le *même effet pratique:* elle prive celui qui la fait de la propriété d'un bien qu'il dépendait de lui de conserver définitivement. On trouve ainsi assez souvent en droit des actes de nature différente qui produisent des effets semblables et peuvent servir aux mêmes fins. La renonciation est donc essentiellement dangereuse ; aussi la loi la défend-elle à « *celui qui ne peut aliéner* » (art. 2222).

Les mots « ne peut » comprennent ici les deux questions de *capacité* (pour celui qui agit sur ses propres biens) et de *pouvoir* (pour celui qui agit pour les biens d'autrui). Par conséquent un *incapable*, même ayant l'*administration* de ses biens, comme le mineur émancipé ou la femme séparée de biens, ne peut pas renoncer à la prescription ; un *tuteur* ne le peut pas non plus sans être pourvu des mêmes autorisations que s'il s'agissait d'aliéner l'immeuble.

*** 1507. Droits des créanciers du renonçant d'après l'opinion commune.** — Il n'est pas douteux, si la renonciation est faite *par un débiteur insolvable en fraude des droits de ses créanciers*, que ceux-ci pourront la faire annuler au moyen de *l'action Paulienne* (art. 1167) et conserveront ainsi comme gage le bien dont leur débiteur a prescrit la propriété. C'est le droit commun.

Mais, ainsi que cela a déjà été annoncé (n° 1497), on prétend que l'art. 2225 leur confère à cet égard un bénéfice particulier consistant en ceci : les créanciers seraient dispensés de prouver la *fraude* [1], et il suffirait qu'ils fissent la preuve du *préjudice* que leur cause la renonciation, préjudice qui est ordinairement évident, et qui est la cause même qui les pousse à agir. La loi dit, en effet, que les créanciers ont le droit d'opposer la prescription, « encore que le débiteur y renonce ». Elle n'exige pas la condition de fraude. Les créanciers n'auront donc pas besoin d'établir que leur débiteur a renoncé à la prescription *intentionnellement*, pour leur nuire. Le succès de leur action est ainsi rendu beaucoup plus facile que si on leur faisait l'application du droit commun. C'est en ce sens que l'art. 2225 est interprété par la grande majorité de la doctrine et par la jurisprudence qui, du reste, n'a rendu à cette occasion que quelques rares arrêts (Bordeaux, 13 déc. 1848, D. 49. 2. 158 ; Orléans, 27 févr. 1855, D. 55. 2. 234. Comp. Cass., 21 déc. 1859, D. 60. 1. 265, S. 60. 1. 945, qui laisse la question indécise. Pour les citations d'auteurs, voy. DALLOZ, *Suppl.*, v° Prescription civile, n° 62).

1508. Réfutation. — Cette solution ne me paraît pas exacte comme interprétation du texte. L'art. 2225 a été visiblement tiré du passage suivant de Dunod de Charnage : « Si celui qui a prescrit *négligeoit de s'en prévaloir*, ses créanciers pourraient le faire, parce que la prescription forme un droit acquis dont on ne peut se dépouiller au préjudice de ses créanciers » (Liv. I, chap. 14, p. 110). Il s'agit donc du cas où le possesseur *omet* d'opposer le moyen tiré de la prescription, et non pas du cas où il a accompli un acte spécial pour renoncer à la prescription. En présence d'une *renonciation faite*, il faudrait un texte formel pour déroger aux principes généraux de l'action Paulienne et pour dispenser les créanciers de prouver la fraude, comme l'exige l'art. 1167. Or ce texte dérogatoire n'existe pas dans l'art. 2225, qui ne parle pas plus de la fraude que du préjudice, et cela parce qu'il prévoit une simple *abstention* et non un acte spécial de renonciation accompli par le débiteur. Si la loi avait voulu faire allusion à une renonciation déjà faite, elle aurait dit « encore que le débiteur *y ait déjà renoncé* ». L'emploi du présent (y renonce) montre qu'on a pensé au simple fait d'une abstention qui dure encore au moment où les créanciers interviennent.

[1] De droit commun, pour qu'un créancier puisse faire annuler un acte fait par son débiteur et qui lui cause un préjudice, il faut qu'il prouve d'une manière spéciale que son débiteur, en agissant ainsi, a voulu faire *fraude à ses droits*.

Les travaux préparatoires confirment cette interprétation. Bigot du Préameneu disait : « Ce serait une erreur de croire que la prescription n'a d'effet qu'autant qu'elle est opposée par celui qui a prescrit, et que c'est au profit de ce dernier une faculté personnelle. La prescription établit ou la libération ou la propriété : or les créanciers peuvent, ainsi qu'on l'a déclaré au titre « Des obligations », exercer les droits et actions de leur débiteur, à l'exception de ceux qui sont exclusivement attachés à la personne ; la conséquence est que les créanciers peuvent opposer la prescription, encore que le débiteur y renonce »[1].

CHAPITRE V

DE L'ACCESSION

* **1509. Définition.** — On appelle « accession » le *droit en vertu duquel le propriétaire d'une chose acquiert la propriété de tout ce qui s'unit ou s'incorpore à sa chose*, soit naturellement, soit artificiellement. Ainsi on dit que le propriétaire d'un *terrain* devient propriétaire, par voie d'accession, des *matériaux* employés dans un édifice élevé sur ce terrain.

Le mot « accession » désigne aussi parfois, mais plus rarement, la chose accessoire unie à la chose principale, comme dans l'adage latin : « Accessio cedit principali » (*Digeste, De auro argento legatis*, liv. XXXIV, tit. 2, fr. 19, § 13).

La chose principale, au profit de laquelle l'accession se réalise, peut être un meuble ou un immeuble.

SECTION I. — **Accession au profit d'un immeuble.**

1510. Ses deux variétés. — L'accession qui s'accomplit au profit d'un immeuble est celle qui offre *les cas les plus importants* et *les plus pratiques*. Il y a lieu de distinguer pour l'accession immobilière selon qu'elle se produit *naturellement* ou qu'elle est l'*œuvre de l'homme*.

§ 1. — *Accession naturelle.*

1511. Subdivision. — Elle est due tantôt au passage d'*animaux* d'un fonds sur un autre, tantôt aux *atterrissements* qui se forment dans un cours d'eau.

A. — Accession des animaux.

1512. Façons dont elle se produit. — L'accession des animaux a lieu de deux façons différentes : tantôt l'acquisition de la propriété est *immédiate* pour le propriétaire sur le

[1] Une autre opinion a été soutenue par M. VALETTE : l'art. 2225 donnerait aux créanciers le droit d'opposer la prescription de leur chef ; ce serait pour eux une faculté spéciale qui ne serait l'application ni de l'art. 1166, ni de l'art. 1167, et ils n'auraient besoin d'établir ni la fraude ni le préjudice. — Ce système, qui était abandonné comme n'ayant aucune base juridique dans le Code, a été repris par LAURENT, t. XXXII, nos 209, 210 et 220.

fonds duquel l'animal s'est fixé, tantôt elle ne se produit *qu'au bout d'un certain temps.*

1513. Cas principaux d'accession immédiate. — L'accession est immédiate pour les *pigeons, lapins* et *poissons*, qui passent d'un colombier, d'une garenne ou d'un étang dans un autre (art. 564). Ces animaux sont censés faire partie du fonds qui les contient ; ils sont immeubles par destination (art. 424). De là pour eux la possibilité d'une accession : ils changent de maître en changeant de gîte. Mais ceci suppose que leur déplacement a été naturel : « pourvu toutefois qu'ils n'aient point été attirés par fraude et artifice », dit l'art. 564. Cette dernière phrase signifie évidemment que s'il y a eu fraude, la règle reçoit exception et les animaux attirés par un voisin sur son fonds continuent d'appartenir à leur ancien propriétaire, et peuvent être revendiqués par lui. L'opinion contraire, qui réduit le propriétaire des animaux à une simple action en dommages-intérêts, ne paraît pas conciliable avec le texte.

L'accession est également *immédiate* pour les *abeilles*, qui appartiennent au propriétaire du fonds sur lequel elles se fixent, à moins que le propriétaire de l'essaim n'ait pas cessé de le suivre (L. 4 avril 1889, art. 9).

1514. Cas d'accession après séjour. — Au contraire l'acquisition de la propriété n'a lieu qu'au bout *d'un mois* pour les *volailles et animaux de basse-cour* qui s'enfuient sur une autre propriété. Ce délai court à compter de la *déclaration* que la loi impose à la personne qui les a recueillis et qui doit être faite à la mairie. Par conséquent, tant que cette déclaration n'a pas été faite et même après, tant que le mois n'est pas expiré, le propriétaire de ces animaux en conserve la propriété, quoiqu'il les ait entièrement perdus de vue (L. 4 avril 1889, art. 5).

B. — Atterrissements.

1515. Leurs variétés. — Les atterrissements qui se produisent dans un cours d'eau peuvent être des *alluvions*, formées par le dépôt de vases ou de graviers le long des rives ; des *relais*, quand le courant abandonne une rive pour se porter sur l'autre ; enfin des *îles*, lorsque les matières entraînées par le courant se déposent au milieu du lit.

1516. Alluvions et relais. — Les alluvions et les relais appartiennent en général aux propriétaires des fonds le long desquels ils se sont formés (art. 556 et 557). Il n'y a pas à distinguer à cet égard entre les cours d'eau du domaine public et les autres. Toutefois, si le cours d'eau est navigable ou flottable, les riverains doivent laisser sur le bord le terrain nécessaire pour le *marchepied* ou le *chemin de halage* (art. 556), de sorte que ce chemin recule avec l'eau, et que les riverains peuvent désormais utiliser le terrain sur lequel il était précédemment établi. Si le cours d'eau longe une voie publique, l'alluvion ne profite pas aux propriétés qui se trouvent de l'autre côté du chemin ou de la route, car elles ne sont pas riveraines ; elle appartient, selon la qualité de la route, à l'État, au département ou à la commune.

1517. Cas exceptionnels où l'accession n'a pas lieu. — Il y a cependant des cas exceptionnels dans lesquels l'alluvion ou le relai n'accroît pas aux propriétés riveraines, savoir :

1° Quand il s'agit de la *mer*. L'alluvion ou le relai appartient toujours à l'État. L'art. 557, al. 2, rappelle cette règle qui se trouve déjà dans l'art. 538.

2° Quand il s'agit d'un *étang* (art. 558). L'étang est une propriété privée dont les limites sont fixes. Ces limites sont déterminées par l'étendue que l'eau occupe quand elle est à la hauteur de la décharge de l'étang. Le propriétaire de l'étang ne perd rien de son terrain quand l'eau baisse et découvre ses bords, de même qu'il n'acquiert pas les terres voisines que l'eau envahit pendant une crue extraordinaire.

3° Quand il y a *avulsion* (art. 559). Hypothèse difficilement réalisable, empruntée aux textes romains (*Digeste*, liv. XLI, tit. 1, fr. 7, § 2) [1].

[1] Prévoyant le cas où un cours d'eau se déplace en rongeant l'une de ses rives et en se retirant de l'autre, le Code décide que les propriétaires de la rive entamée par les eaux ne peuvent rien réclamer sur l'alluvion ou le relai qui se forme sur l'autre rive (art. 557). C'est un des inconvénients attachés au voisinage des cours d'eau. La loi le considère

4° *Quand un cours d'eau du domaine public change de lit*. Hypothèse plus importante que la précédente. Les riverains du lit abandonné n'acquièrent pas de plein droit la propriété du terrain mis à découvert par la retraite des eaux ; la loi leur donne seulement la faculté d'acheter le lit abandonné, à chacun en droit soi, jusqu'à la ligne médiane de la rivière ; le prix est fixé par des experts nommés par le tribunal sur la requête du préfet (art. 563 nouv., texte de 1898). Faute par eux d'user de ce droit dans les trois mois à compter d'une notification qui leur est faite par le préfet, il est procédé, au profit du domaine de l'État, à l'aliénation du lit abandonné (même art.) [1].

1518. Iles. — Quant aux *îles* de formation nouvelle, la loi en attribue la propriété à l'*État*, lorsque le cours d'eau fait partie du domaine public (art. 560), et aux *riverains* lorsque le cours d'eau n'est ni navigable ni flottable (art. 561). Pour la répartir entre les riverains on trace une ligne médiane suivant le fil de l'eau, et chaque rive a droit à la portion de l'île qui se trouve de son côté (art. 561). Si l'île se prolonge devant plusieurs propriétés, chaque propriétaire acquiert ce qui se trouve en droit soi, c'est-à-dire entre les deux perpendiculaires abaissées des limites de sa propriété sur la ligne médiane du courant.

L'île peut se former, non pas par alluvion, mais par le creusement d'un nouveau bras de rivière. Dans ce cas les propriétés entourées par l'eau restent à leurs anciens propriétaires (art. 562). Solution qu'il n'était vraiment pas besoin d'écrire dans la loi.

§ 2. — *Accession artificielle.*

*1519. **Définition.** — On appelle « accession artificielle » celle qui est *le résultat d'un travail de l'homme*. Ce travail peut être de deux sortes : une *plantation*, s'il s'agit de végétaux ; une *construction*, s'il s'agit de matériaux.

1520. **Son caractère onéreux. — Ce genre d'accession est bien soumis en principe à la règle générale qui gouverne toute la matière de l'accession : tout ce qui est incorporé à un fonds par l'effet d'un travail quelconque devient la propriété du propriétaire du sol, sans qu'il y ait à rechercher par qui ni aux frais de qui le travail a été fait : *Superficies solo cedit*. Mais tout n'est pas terminé par l'application de ce principe. Si l'on peut admettre qu'un propriétaire soit dépouillé de son bien par l'effet de l'accession naturelle sans recours possible, parce qu'elle est le résultat d'un phénomène dont personne n'est responsable, il n'en est plus de même quand l'accession qui lui enlève la propriété de sa chose est l'œuvre d'une personne connue. Aussi le propriétaire des matériaux ou des végétaux

comme compensé par les chances de gains qu'offre l'alluvion. D'ailleurs rien ne prouve que ce que l'un gagne vient directement de ce que son voisin a perdu.

[1] Cet article est un de ceux qui ont été modifiés par la loi du 8 avril 1898 sur le régime des eaux. D'après l'ancien texte, le lit abandonné était attribué aux propriétaires dont les terrains avaient été submergés par les eaux quand elles s'étaient frayé un nouveau cours. C'était une sorte d'indemnité qu'on leur donnait. D'après le texte actuel, les propriétaires reçoivent comme indemnité le prix provenant de la vente de l'ancien lit (art. 563, al. 3). — Ce n'est pas là la seule modification apportée à ce texte en 1898 : dans sa rédaction primitive, il s'appliquait même aux cours d'eau non navigables ni flottables. On a déjà vu (ci-dessus, n° 761) que le droit de propriété des riverains sur le lit des petites rivières et des ruisseaux a été reconnu par la loi nouvelle : par suite il ne peut être question de disposer de ce terrain au profit de qui que ce soit quand il est mis à découvert par la retraite des eaux, et c'est pour cela que le texte de l'art. 563 a été restreint en 1898 aux cours d'eau du domaine public.

incorporés au terrain d'autrui est-il muni d'un *droit à indemnité*, qui lui donne contre le propriétaire du sol une action fondée sur ce principe que *nul ne doit s'enrichir aux dépens d'autrui* [1].

1521. Difficultés pour la fixation de l'indemnité. — Le droit à indemnité amène un conflit parfois difficile à résoudre et entraîne un *règlement de comptes* entre les deux personnes en présence : c'est un genre de difficultés qui ne se présentent pas dans l'accession naturelle. Pour les étudier, on raisonne ordinairement sur l'hypothèse d'une *construction*, plus fréquente et plus intéressante que celle d'une plantation. Toutes les deux sont d'ailleurs soumises aux mêmes règles. Nous allons donc supposer que le cas d'accession s'est produit à l'occasion de la construction d'un bâtiment.

****1522. Diverses combinaisons possibles.** — La loi n'a prévu que deux combinaisons : 1° le constructeur *est propriétaire du sol, mais il a employé les matériaux d'autrui* (cas réglé par l'art. 554) ; 2° le *constructeur n'a employé que des matériaux lui appartenant*, mais *il n'est pas propriétaire du sol* (cas réglé par l'art. 555). — On peut en imaginer une troisième, celle où le constructeur ne serait propriétaire ni du sol ni des matériaux ; mais elle se résout très simplement par l'application cumulative de l'art. 554 dans les rapports du propriétaire du sol avec le propriétaire des matériaux, et de l'art. 555 dans ses rapports avec le constructeur. Il est donc inutile de s'y arrêter.

***1523. Observation importante.** — Les questions qui vont être examinées pour ces deux hypothèses supposent toutes qu'il y a eu *incorporation matérielle*, c'est-à-dire qu'il s'agit de matériaux de construction employés dans un bâtiment et devenus *immeubles par nature*. C'est dans ce cas-là seulement que l'accession fonctionne pour faire acquérir la propriété : les matériaux employés ont perdu leur individualité ; il n'y a plus ni briques, ni bois, ni pierres ; il y a une maison. Au contraire, il n'y aurait pas accession ni acquisition de propriété, si le propriétaire d'un terrain, ayant à sa disposition le meuble d'autrui, en faisait un simple immeuble par destination : en ce cas, le meuble qu'il a voulu immobiliser garde sa nature propre et son existence distincte : il reste donc la propriété de celui à qui il appartenait d'abord [2].

A. — Emploi de matériaux appartenant à autrui (art. 554).

***1524. Droit du propriétaire des matériaux pendant que la construction est debout.** — Le propriétaire qui, en construisant sur son terrain, a employé les matériaux d'autrui dans sa construction, est *tenu d'en payer la valeur* (art. 554). Il peut en outre être condamné, s'il y a lieu, à des *dommages et intérêts*, mais le propriétaire des matériaux n'a pas le droit de les enlever.

[1] La différence qu'on fait à ce point de vue entre l'accession artificielle et l'accession naturelle est-elle bien justifiée ? N'est-elle pas le résultat de solutions traditionnelles incohérentes ? Il semble qu'il ne devrait pas être permis de s'enrichir aux dépens d'autrui même par l'effet d'un phénomène naturel, et que ce qui empêche pour cette dernière hypothèse l'exercice d'un recours en indemnité contre le propriétaire qui profite de l'accession, c'est que l'origine de son enrichissement ne peut pas être prouvée.

[2] Ceci tient à ce que l'immobilisation par destination suppose remplie une condition particulière, à savoir que le meuble et l'immeuble appartiennent tous deux au même propriétaire (ci-dessous, nos 794 et suiv.) ; elle ne peut donc pas avoir la vertu de faire acquérir la propriété à celui qui ne l'a pas.

L'art. 554 est d'une *application rare*, parce que celui qui emploie ainsi les matériaux d'autrui est presque toujours protégé par la règle « En fait de meubles possession vaut titre ». En effet, au moment où il les utilise, les matériaux sont meubles et la bonne foi du possesseur de meubles se présume. Pour pouvoir revendiquer contre lui, le propriétaire des matériaux doit donc prouver qu'au moment où il les a utilisés, *il savait que ces matériaux ne lui appartenaient pas*.

1525. **Effet de la démolition.** — On s'est demandé si le propriétaire des matériaux recouvrerait le droit de les revendiquer au cas où la construction viendrait à être démolie avant qu'il ait été indemnisé. On le lui permettait en droit romain, parce que l'emploi de ses matériaux par autrui ne lui en faisait pas perdre la propriété (*Institutes*, liv. II, tit. 1, § 29). Si on l'empêchait de les revendiquer, c'était uniquement pour éviter une démolition qui aurait causé au constructeur un dommage beaucoup plus grand que celui qu'il éprouvait lui-même. Mais en droit français cette faculté doit lui être refusée, parce que l'accession est *une manière d'acquérir*, qui dépouille le propriétaire de sa chose (art. 551 et 712). Le déplacement de propriété qui s'opère ainsi est définitif, car nulle part il n'est dit que par la démolition de la construction les matériaux qui en proviennent font retour à leur ancien propriétaire. D'ailleurs, comme on vient de le voir (n° 1523), le propriétaire du terrain est la plupart du temps protégé par l'art. 2279, qui s'applique aux matériaux de construction comme aux autres meubles.

B. — Constructions élevées sur le terrain d'autrui (art. 555).

** 1526. **Distinction entre les possesseurs.** — Une personne bâtit, avec des matériaux qui lui appartiennent et qu'elle a payés, sur un terrain qui ne lui appartient pas. Cette construction n'est pas à celui qui l'a élevée : elle est devenue, par l'effet de l'accession, *la propriété du propriétaire du sol*. Quel est le droit de celui-ci, le jour où il reprend son terrain ? Peut-il forcer le constructeur à démolir ? S'il garde les constructions, peut-il les conserver sans bourse délier ? Et s'il est obligé d'indemniser le constructeur, comment sera calculée la somme à payer ? Sur tous ces points la loi traite différemment le constructeur selon qu'il possédait *de bonne* ou *de mauvaise foi* le terrain sur lequel il a bâti.

** 1527. **Définition du possesseur de bonne foi.** — On appelle « possesseur de bonne foi » celui *qui se croit propriétaire du terrain qu'il possède*; la bonne foi, du reste, n'est prise en considération qu'autant qu'elle s'appuie sur un *juste titre* (pour la définition du juste titre, voyez ci-dessus n° 904). La loi se borne elle-même à une sorte de rappel de ses dispositions précédentes en définissant d'une manière détournée le possesseur de bonne foi dans l'art. 555 : « Un tiers évincé qui n'aurait pas été condamné à la restitution des fruits, attendu sa bonne foi ». Ceci nous renvoie à l'art. 550, qui a déjà été étudié à propos des effets de la possession (n°s 901 et suiv.).

1° Du possesseur de bonne foi.

** 1528. **Obligation imposée au propriétaire de conserver les constructions.** — Lorsque le constructeur a été de *bonne foi*, c'est-à-dire lorsqu'il se croyait propriétaire du terrain, le propriétaire, qui exerce contre lui l'action en revendication et qui obtient la restitution de son bien, *ne peut pas le forcer à démolir*. Il est obligé de conserver les constructions, mais naturellement il ne les garde pas gratuitement ; il doit indemniser le constructeur.

** **1529. Comment sont remboursées les impenses du constructeur.** — L'indemnité à payer est calculée, *au choix du propriétaire*, soit *d'après la dépense faite*, ce qui comprend la valeur des matériaux et le prix de la main-d'œuvre, soit *d'après la plus-value acquise par le fonds*. Cette plus-value s'apprécie au jour où se fait la restitution de l'immeuble, et non au jour où les constructions ont été élevées. Il y a toujous une différence entre la plus-value obtenue et la dépense faite, de sorte que le propriétaire, ayant le choix, remboursera toujours la plus faible des deux sommes.

* **1530. Justification de l'option laissée au propriétaire.** — La règle que l'on suit est que nul ne doit s'enrichir aux dépens d'autrui. Lorsque la plus-value est inférieure à la dépense, le constructeur n'est pas entièrement indemnisé ; il se trouve en perte, puisqu'il a dépensé plus qu'on ne lui rend, mais il ne peut rien réclamer de plus au propriétaire qui lui tient compte de toute la valeur de ce qu'il reprend : le propriétaire ne s'enrichit donc pas. Au contraire, lorsque la plus-value est supérieure à la dépense, le propriétaire réalise un gain, car il reçoit plus qu'il ne donne ; mais il ne s'enrichit pas aux dépens du constructeur, puisque celui-ci rentre dans tous ses déboursés, et que les constructions qu'il restitue ne lui ont jamais appartenu ; le possesseur n'a donc pas à se plaindre, ne subissant aucune perte réelle.

2° Du possesseur de mauvaise foi.

** **1531. Droit du propriétaire d'exiger la démolition.** — Lorsque le constructeur a été de mauvaise foi, la loi le traite plus durement. Le propriétaire a le droit de le forcer à *démolir* et à *remettre les lieux en leur état primitif*, droit qu'il n'a jamais contre un possesseur de bonne foi. La démolition se fait aux frais du constructeur, qui peut en outre être condamné à des *dommages et intérêts* envers le propriétaire, par exemple si la reprise de possession de l'immeuble se trouve retardée par les travaux de démolition.

** **1532. Règlement de l'indemnité au cas de maintien des constructions.** — Si le propriétaire n'use pas de son droit et préfère garder les constructions, il le peut, à la charge de payer une indemnité au constructeur ; seulement *cette indemnité n'est pas réglée de la même manière que celle qui serait due à un possesseur de bonne foi*. La loi oblige le propriétaire à payer au constructeur la dépense entière, « sans égard à la plus ou moins grande augmentation de valeur que le fonds a pu recevoir » (art. 555, al. 3).

Il en résulte une conséquence fort extraordinaire : c'est que le possesseur de mauvaise foi est mieux traité que le possesseur de bonne foi, au moins dans le cas où le propriétaire consent à garder les constructions faites par lui, puisqu'il obtient alors le remboursement de la totalité des dépenses, tandis qu'un possesseur de bonne foi devra souvent se contenter d'une somme inférieure.

Cette bizarrerie tient à la façon dont l'art. 555 a été rédigé. Dans le projet de Code le texte ne faisait aucune distinction entre les diverses espèces de possesseurs : il donnait dans tous les cas au propriétaire le droit de forcer le tiers à enlever ses plantations, constructions ou autres ouvrages, et dans tous les cas aussi il réglait l'indemnité au montant de la dépense lorsque le propriétaire les conservait. Le Tribunat fit observer que l'obligation de démolir était trop rigoureuse pour le possesseur de bonne foi, auquel le propriétaire n'avait même pas le droit de réclamer les fruits perçus. La critique parut juste, et pour lui donner satisfaction on ajouta à l'article la phrase qui le termine aujourd'hui : « Néanmoins si les plantations... », et qui règle la situation du possesseur de bonne foi. On ne remarqua pas alors le défaut de concordance entre les deux modes adoptés pour le règlement de l'indemnité. Ainsi s'explique en outre l'allure singulière de cet article qui débute en termes généraux, sans annoncer la distinction qu'il contient, et qui paraît accorder toujours au propriétaire le droit de faire démolir, tandis que les dernières lignes viennent modifier considérablement toutes ses dispositions.

***1533. Moyens pratiques d'éluder la loi.** — Les interprètes, qui veulent tout justifier et qui partent trop souvent de cette idée que le législateur est infaillible, n'ont pas manqué de trouver des « conciliations ». Les uns ont dit que, placé en face d'un possesseur de mauvaise foi, le propriétaire aurait le droit de lui offrir seulement la plus-value, lorsqu'elle serait inférieure à la dépense, et ils lui ont prêté le raisonnement que voici : « Je vous traite comme un possesseur de bonne foi, et vous ne pouvez pas exciper de votre mauvaise foi pour améliorer votre situation : *Nemo auditur propriam turpitudinem allegans* ». — C'est détourner de son sens ce brocard qui suppose un fait délictueux ou immoral. Ici le possesseur n'a commis aucun délit, et sa prétention est parfaitement fondée, puisque la loi elle-même a réglé l'étendue de ses droits.

D'autres ont dit, et ceci est plus sérieux, que le propriétaire a un moyen bien simple de se dispenser du remboursement total des dépenses : c'est de dire au constructeur : « Si vous ne vous contentez pas de ce que je vous offre, j'exigerai la démolition ». Devant cette menace, le constructeur sera bien forcé d'accepter la somme qu'on lui propose, si faible qu'elle soit. Seulement ce moyen n'est qu'une finesse de praticien, et la possibilité d'obtenir par cette voie une diminution de l'indemnité ne justifie pas le système de l'art. 555 et n'en efface pas l'incohérence.

1534. Difficulté pratique pour le paiement de l'indemnité. — Il arrive quelquefois que le propriétaire ne peut pas payer l'indemnité due au possesseur. C'est peut-être un paysan, qui était propriétaire d'un terrain sur lequel on a bâti un château. Il n'a pas à sa disposition les fonds nécessaires. Pothier avait proposé une solution raisonnable, qui consistait à fixer l'indemnité sous la forme d'une *rente perpétuelle*. Le propriétaire pouvait facilement pourvoir au service de la rente par le profit qu'il retirait de sa propriété ainsi augmentée. Mais la transformation économique et juridique, qui a fait disparaître l'usage des rentes foncières, a rendu ce moyen impraticable. D'après les principes du droit moderne, le constructeur a droit à une *indemnité en capital*, et nul ne peut le forcer à accepter une autre forme de remboursement. Si le propriétaire n'a pas de quoi payer, il ne lui reste qu'à vendre ; et s'il ne procède pas volontairement à la vente, le constructeur, qui est son créancier, a le droit de saisir et de faire vendre l'immeuble aux enchères, pour se payer sur le prix.

1535. Sûretés de paiement accordées au constructeur. — Le constructeur ne jouit d'aucun *privilège* sur les constructions qu'il a faites, qui puisse lui en assurer le remboursement. On se demande même s'il a le *droit de rétention*, c'est-à-dire s'il peut refuser de restituer l'immeuble tant que le propriétaire ne lui verse pas l'indemnité à laquelle il a droit. En refusant de se dessaisir, il forcerait le revendiquant à le payer. La question est controversée ; elle sera examinée dans le tome II.

3° Champ d'application de l'art. 555.

1536. Éléments dont il faut tenir compte. — Il ne suffit pas d'indiquer les règles formulées par l'art. 555 ; il faut encore déterminer les hypothèses dans lesquelles ces règles s'appliquent. Pour cela on doit tenir compte à la fois du *genre des travaux* et de la *qualité de la personne* qui les fait.

a) *Travaux régis par l'art. 555.*

1537. Énumération de la loi. — L'art. 555 parle de *constructions, plantations* ou *autres ouvrages*.

*** 1538. Constructions.** — Par « constructions », il faut entendre des *constructions neuves*, élevées sur un terrain non bâti, ou tout au moins des *additions* à des constructions déjà existantes, et non de *simples améliorations ou réparations* dans des constructions anciennes. La loi règle en effet un cas d'accession, c'est-à-dire *l'acquisition d'une chose nouvelle* par le propriétaire du sol. L'hypothèse des réparations ou améliorations n'est pas entrée dans ses prévisions, et comme elle n'est réglée par aucun autre texte, elle est restée entièrement sous l'empire des principes généraux et des traditions ; elle forme un chapitre particulier de la théorie de la revendication. Les auteurs ont essayé de déterminer les règles applicables à ce genre de travaux, notamment MM. Aubry et Rau (t. II, § 219, p. 390). Ils l'ont fait à l'aide de la distinction romaine qui rangeait les impenses en trois classes : *nécessaires, utiles et voluptuaires* (voyez ci-dessus n° 1102). Les règles relatives à la restitution des impenses diffèrent de celles qui gouvernent l'indemnité due à raison d'une construction principalement en ce qu'on ne fait pour les impenses *aucune différence entre le possesseur de bonne foi et le possesseur de mauvaise foi* (Aubry et Rau, *loc. cit.*, note 36). Comp. art. 1381.

1539. Plantations. — On doit considérer comme étant en dehors de l'art. 555 les plantations d'arbres qui ne sont que *l'entretien de plantations déjà existantes*. Par exemple le remplacement des arbres morts dans un jardin, dans une avenue, ou dans les haies qui en sont garnies, selon l'habitude de l'ouest de la France.

1540. Autres ouvrages. — En parlant, dans l'art. 555, d'*ouvrages* qui ne sont ni des plantations ni des constructions, le législateur paraît avoir eu en vue uniquement la pose de certains *objets susceptibles d'enlèvement*, comme une pompe, un réservoir métallique, etc.

de telle sorte que le possesseur puisse, en rétablissant les lieux dans leur état primitif, reprendre les matériaux qu'il avait employés. Le texte suppose, en effet, que le possesseur peut être obligé par le propriétaire à les *enlever* (al. 1er). Par suite, les *travaux agricoles* de dessèchement, de défrichement, de drainage, et autres analogues, ne rentrent pas dans la catégorie des « ouvrages » régis par le texte. Ce sont en effet de simples *améliorations* du fonds, et leur auteur n'a point créé par là une chose nouvelle qui puisse être l'objet d'une *accession* au profit du propriétaire du sol.

* **1541. Constructions empiétant sur le terrain voisin.** — Voici une hypothèse qui aurait mérité une réglementation spéciale, car elle est de nature à se présenter assez souvent et elle ne rentre pas directement dans les prévisions de la loi.

C'est celle où un propriétaire, en élevant un bâtiment sur son terrain, empiète légèrement sur le terrain voisin. Le voisin du constructeur acquiert par droit d'accession toute la portion de la maison qui s'élève au-dessus de son terrain. Ce n'est quelquefois que la demi-épaisseur d'un mur, et sur une partie seulement de sa longueur. Mais peu importe l'étendue de l'empiètement : voilà le voisin devenu propriétaire pour partie de la maison neuve. Comment régler cette situation ? Aucun d'eux ne peut demander le partage, car il n'y a pas indivision ; chacun est propriétaire d'une part distincte dans la maison. On ne peut pas non plus forcer le constructeur à démolir, car presque toujours ces empiètements sont commis de bonne foi, ou du moins la mauvaise foi est difficile à établir, parce que les titres présentent ordinairement sur ces questions de limites beaucoup d'obscurités et d'incertitudes. De son côté, le constructeur n'a pas le droit d'exproprier son voisin d'une parcelle de terrain, si minime qu'elle soit, et de le contraindre à se contenter d'une somme d'argent. Les magistrats paraissent avoir été assez perplexes devant des situations de ce genre, et avoir surtout décidé d'après les circonstances. Voyez les divers arrêts analysés par Demolombe (t. IX, n° 691 *ter*), entre autres Cass., 23 mars 1825, S. 25, 1. 249. La démolition n'a été ordonnée que dans un seul cas, contre un propriétaire qui avait continué à construire malgré les avertissements et l'opposition de son voisin (Cass., 22 avril 1823, D. 23. 1. 205, S. 23, 1. 381). Comparez pour de simples murs de clôture, Cass., 26 juillet 1841, D. 41, 1. 306, S. 41. 1. 837.

b) *Personnes régies par l'art. 555.*

1542. Difficulté de la question. — La détermination des personnes auxquelles s'appliquent les dispositions de l'art. 555 a été assez laborieuse et elle n'est pas encore établie d'une manière bien sûre sur tous les points, la loi n'ayant rien dit qui puisse servir à fixer les catégories qu'elle a eues en vue.

***1543. Opinion de la doctrine.** — La doctrine paraît croire en général que cet article a été écrit seulement pour régler les rapports du *propriétaire* exerçant la *revendication* avec le *tiers évincé* par lui ; dans cette opinion, on devrait restreindre son application à la matière des *actions réelles*, et l'écarter toutes les fois qu'il existe entre les parties un *rapport d'obligation.*

****1544. Solution de la jurisprudence.** — Ce n'est pas l'interprétation qui a prévalu devant les tribunaux. La jurisprudence a remarqué que toute la première partie de l'art. 555 est conçue en termes aussi généraux que possible et comprend tous ceux qui, n'étant pas propriétaires du fonds, y ont fait des constructions ou plantations. Seule la fin du texte, formée par la phrase additionnelle qu'on ajouta au dernier moment (voy. ci-dessus, n° 1532), vise uniquement le « tiers évincé » dans une action en revendication, c'est-à-dire quelqu'un qui possédait à titre de propriétaire. Mais cette phrase finale, qui commence par « Néanmoins... », n'est qu'une exception à la disposition principale, et n'empêche pas celle-ci d'avoir une portée absolue. Par suite l'article est applicable, non seulement aux *possesseurs* proprement dits, mais aussi aux simples *détenteurs précaires*, tels que les *locataires*, *fermiers* et *emphytéotes* [1]. Pour *l'usufruitier*, il y a une difficulté spéciale à cause de l'art. 599 relatif aux améliorations ; nous l'étudierons à propos de cet article.

***1545. Des constructions faites par un propriétaire**. — Si général que soit l'art. 555, il y a cependant une condition à remplir pour s'y trouver soumis. La loi suppose que les travaux ont été faits *par un tiers*, c'est-à-dire, par quelqu'un qui n'était pas propriétaire au moment où il a construit ou planté. Or il arrive assez souvent que le fonds a reçu des constructions ou plantations faites par quelqu'un qui en était à ce moment *propriétaire* et qui en a ensuite *perdu la propriété*. L'art. 555 cesse alors d'être applicable.

Ceci se présente d'abord pour les *propriétaires sous condition résolutoire*. Tels sont le *donataire* d'immeuble, obligé au rapport comme ayant succédé au donateur (art. 843 et 859), et l'*acheteur à réméré* (art. 1659). Ceux-là sont soumis à des règles spéciales. La loi ne leur donne le droit de réclamer leurs impenses que jusqu'à concurrence de la plus-value produite et ne les met jamais dans l'obligation de démolir.

Il en est de même de l'*acheteur d'un immeuble hypothéqué*, qui se le voit enlever par les poursuites des créanciers hypothécaires (art. 2175).

L'art. 555 ne concerne pas davantage les *copropriétaires par indivis* tels que les cohéritiers, associés et autres communistes, qui construisent pendant l'indivision, et voient ensuite tomber leurs constructions dans le lot d'un autre. Il faudra leur appliquer les règles qui gouvernent les relations entre cohéritiers et associés. Notons surtout que le droit d'exiger l'enlèvement, qui est extrêmement dur, n'existe pas en général contre eux, et que la démolition des travaux et la remise de l'immeuble dans l'état antérieur ne pourraient être ordonnées qu'à raison de circonstances exceptionnelles et à titre de dommages-intérêts. C'est ainsi que la jurisprudence a admis que l'acheteur *d'un immeuble*, contre qui la *résolution* de la vente est demandée pour inexécution des conditions, peut être considéré comme un possesseur de mauvaise foi, dans le sens de l'art. 555, lorsqu'il élève des constructions après le commencement de l'instance (Cass., 8 mars 1886, D. 87. 1. 298).

1546. Cas du domanier. — Enfin une loi récente a institué une règle à part pour le domanier, dans la tenure bretonne appelée « domaine congéable » (L. 8 février 1897, art. 4). Ce texte prévoit le cas où le domanier a élevé des édifices ou superfices en dehors des titres et conventions.

En principe, il n'a pas le droit de se les faire rembourser à sa sortie par le propriétaire ou foncier ; la loi lui accorde une *option* : il peut ou les enlever ou les abandonner, sans indemnité de part ni d'autre. De son côté le foncier a le droit de les *retenir*, c'est-à-dire de forcer le domanier à les laisser, mais à la condition de payer le prix des matériaux et de la main-d'œuvre. On n'a pas voulu traiter le domanier comme un possesseur de mauvaise foi, car il possède en vertu d'un titre régulier et il a seulement excédé les limites qui lui avaient été tracées. Mais la différence entre le régime spécial qu'on lui applique et le droit commun de l'art. 555 est assez mince : elle consiste en ce que le foncier ne peut pas l'obliger à démolir à ses frais [2].

[1] La dissidence entre la doctrine et la jurisprudence disparaît pratiquement, parce que la plupart des auteurs, après avoir décidé que la loi en parlant de « tiers » entend uniquement le possesseur évincé par une action réelle, appliquent ensuite par analogie la disposition principale de l'art. 555 à ceux qui sont tenus envers le propriétaire par un rapport obligatoire dérivant d'un bail (COLMET DE SANTERRE, t. II, n° 392 *bis* II).

[2] « En fait, disent MM. Pinchon et Gourville, le domanier préférera vendre ses superfices pour un prix inférieur à ce qu'ils lui ont coûté, plutôt que d'exercer la seule option que la loi nouvelle lui reconnaisse ; enlever ses superfices ou les abandonner gratuitement au

SECTION II. — **Accession au profit d'un meuble.**

1547. Pourquoi ce genre d'accession a beaucoup perdu d'importance. — Ce genre d'accession avait une très grande importance en droit romain, et il a beaucoup préoccupé les jurisconsultes de l'antiquité. Il n'a presque plus d'intérêt en droit français, à raison de la maxime : « En fait de meubles possession vaut titre », qui s'oppose presque toujours à la revendication des meubles. La plupart du temps celui qui possède un meuble n'en peut pas être évincé, même par le propriétaire de ce meuble, de sorte que la question de propriété se trouve tranchée par l'effet de la possession, indépendamment des règles sur l'accession.

1548. Longueur des textes sur la matière. — Cependant le Code civil s'est expliqué longuement sur cette matière, à laquelle il a consacré treize articles (art. 565 à 577), ce qui est beaucoup pour un Code dans lequel tant de questions importantes sont réglées souvent en un seul et court article, et quelquefois même entièrement omises. Ce développement extraordinaire des règles sur l'accession mobilière est de tradition en France ; on répète indéfiniment les règles anciennes et les juristes s'arrêtent avec complaisance sur ces hypothèses, souvent épineuses et futiles, comme sur un thème propre à exercer leur sagacité. Leur intérêt pratique étant à peu près nul, il suffira de renvoyer aux textes [1]. J'ajouterai cependant que les rédacteurs du Code, qui ont cru reproduire les règles romaines, s'en sont plus d'une fois écartés sans le savoir, car à l'époque où ils écrivaient, le droit romain était encore mal connu. La découverte du manuscrit de Gaius par Niebuhr à Vérone, en 1816, est venue jeter un jour tout nouveau sur ce chapitre.

CHAPITRE VI

MODES DIVERS

1549. Énumération. — L'occupation, la convention, l'usucapion et l'accession, qui font l'objet des chapitres précédents, sont les seuls modes d'acquérir qui appellent de longues explications. Pour les quatre autres (l'*adjudication*, le *testament*, la *loi*, la *tradition*) nous pourrons nous borner à quelques mots.

1° L'adjudication.

***1550. Cas où l'adjudication fonctionne comme mode d'acquérir.** — La propriété peut passer d'une personne à une autre par un acte spécial de l'autorité publique. Ordinairement c'est l'*autorité judiciaire* représentée par les tribunaux civils, qui procède à cet acte, et elle le fait de

foncier » (*Commentaire de la loi du* 8 février 1897, n° 120). Par là la ressemblance du domanier et du possesseur de mauvaise foi se complète encore ; voyez ce qui est dit de ce dernier au n° 1533 ci-dessus.

[1] La jurisprudence n'a pour ainsi dire jamais eu l'occasion de s'en occuper. Voyez cependant pour des laines qui avaient été volées et employées à faire du drap, Montpellier, 23 avril 1844, D. 45. 2. 91, S. 45. 2. 301.

Le principe appliqué par le Code français est que l'accessoire suit le principal. Par conséquent, celle des deux choses unies ou mélangées qui a la moindre valeur est réputée incorporée à l'autre et c'est elle dont la propriété est acquise par accession au propriétaire de la chose principale.

deux façons : dans les *jugements d'adjudication sur saisie* (art. 2204 et suiv.), et dans *l'expropriation pour cause d'utilité publique*, où l'expropriation résulte (depuis 1810) d'un jugement du tribunal civil[1]. La *mise à l'alignement* nous fournit une variété d'expropriation, dans laquelle l'acquisition de la propriété pour la partie expropriante résulte d'un *acte administratif*.

1551. Comparaison avec le droit romain. — Ce que l'on entend en droit français moderne par « adjudication » n'a rien de commun, si ce n'est le nom, avec l'ancienne « adjudicatio » romaine qui permettait au juge, *dans les actions divisoires et en bornage*, d'attribuer à l'une des parties ce qui était la propriété de l'autre. Comp. ci-dessous n° 1579.

*** 1552. Règles spéciales sur l'acquisition de la propriété par expropriation.** — Les particuliers sont expropriés au profit de l'État, d'un département, d'une commune, etc... Le déplacement de la propriété qui s'opère alors est soumis à un régime spécial, qui résulte de la loi du 3 mai 1841. La transcription n'est pas nécessaire pour le consommer, parce que la loi sur l'expropriation a été faite à un moment où la propriété se transférait à l'égard des tiers sans transcription ; et cependant le jugement d'expropriation doit être *transcrit* (Loi de 1841, art. 16). Mais cette transcription sert seulement à faire courir le délai de quinzaine accordé aux créanciers ayant hypothèque sur l'immeuble exproprié pour prendre inscription : c'est une application particulière du système établi par les art. 834-835 C. proc. civ. [2], et cette application a survécu à l'abrogation de ces articles. L'autorité expropriante n'a donc pas besoin de transcrire pour acquérir la propriété, et d'autre part les tiers qui ont des droits réels sur l'immeuble n'ont pas besoin d'avoir transcrit leurs titres pour conserver leur droit à indemnité. Cette formalité serait tout à la fois *inutile* et *insuffisante*. La loi de 1841 a organisé un autre système : les personnes qui ont des droits sur l'immeuble et qui veulent obtenir une indemnité, doivent notifier leurs titres à l'administration dans certains délais déterminés par la loi (art. 21). En d'autres termes, l'expropriation d'un particulier constitue une manière d'acquérir régie par une législation spéciale et étrangère aux principes de la transcription, tels que les a formulés la loi du 23 mars 1855, bien que la formalité de la transcription soit ordonnée par la loi de 1841 ; la transcription qui se fait en matière d'expropriation représente un débris du système français antérieur à 1856.

[1] Il ne faut pas confondre ces deux cas, qui sont véritablement des exemples d'adjudication, parce que l'autorité de justice est ici la seule cause de transfert, avec d'autres cas d'adjudication dans lesquels l'emploi de la justice n'est *qu'une forme extérieure* et où la véritable volonté d'aliéner appartient au propriétaire des biens adjugés (ventes de biens de mineurs, de biens dotaux, etc.). Ces dernières sont des *ventes volontaires faites en justice par les particuliers*, et non des ventes faites *par autorité de justice*. Par conséquent le transfert résulte alors d'une convention et non d'une adjudication, n° 1327.

[2] Sur le système de transcription établi par le Code de procédure, voyez ci-dessus.

2° Le testament.

1553. Son caractère propre. — Le testament est, pour les particuliers, une manière toute spéciale de disposer de leurs biens. Ce n'est pas une convention, puisque le testament est l'œuvre d'une volonté unique, celle du testateur, et que le transfert de propriété qui en résulte, au lieu de se faire entre vifs, comme dans les conventions de vente, d'échange, de donation, etc., se réalise seulement par le décès de l'aliénateur et la survie de l'acquéreur.

Néanmoins il y a dans le testament quelque chose qui ressemble à une convention, car la libéralité testamentaire ne produit jamais d'effet qu'à la condition d'être acceptée par son bénéficiaire. C'est une *offre* faite par le défunt ; il faut qu'elle soit *acceptée*. Il y a donc là quelque chose comme un accord de volontés, seulement c'est un accord qui se produit par delà la mort, et le testateur n'existant plus au moment où la libéralité est acceptée, les deux volontés ne sont pas coexistantes et contemporaines comme elles le sont nécessairement dans la convention.

1554. Terminologie. — Les libéralités faites par testament portent en droit français le nom de *legs* [1]. Elles sont essentiellement révocables [2].

3° La loi.

* **1555. La loi.** — Dans un certain nombre de cas, *la loi crée d'autorité un droit réel au profit d'une personne.* Les exemples les plus remarquables sont :

1° L'*usufruit légal*, attribué au père légitime sur les biens de ses enfants, en vertu de la puissance paternelle ;

2° Les *hypothèques légales*, dont bénéficient un certain nombre de créanciers.

L'*attribution de la propriété elle-même peut se faire aussi par la loi :*

1° En première ligne, il faut citer les *successions ab intestat*, qu'on met à part à cause de leur importance ; elles sont régies par tant de règles spéciales, qu'on les considère souvent comme un mode d'acquérir distinct (Voy. le n° 1556).

2° On pourrait dire la même chose de l'art. 2279, qui donne la *propriété des meubles à leur possesseur*, sauf le cas de mauvaise foi prouvée.

Il y a encore des hypothèses de moindre importance dans lesquelles l'acquisition se fait légale. Voyez l'art. 227 pour *fruits attribués aux envoyés en possession provisoire*, et l'art. 673 pour les *fruits tombés des arbres sur la propriété voisine.*

En somme, la *loi* comprend tous les cas d'acquisition de la propriété qui n'ont pas été érigés en modes d'acquérir distincts.

1556. Successions. — La succession, dans le langage moderne, est la transmission qui s'opère à la mort d'une personne. La *transmission par décès* a lieu tantôt en vertu de la loi (*sucessions ab intestat*), tantôt en vertu de la volonté du défunt manifestée par un *testament* (*legs*). La matière des successions, une des plus longues et des plus importantes du droit civil, ne peut être bien comprise que quand on a vu tout le reste, puisqu'elle met en jeu toutes les autres matières. Une des innovations les plus heureuses du nouveau programme est d'avoir rejeté l'étude des successions en troisième année. Espérons qu'elles ne bougeront plus de cette place que leur assignent également la logique et les nécessités de l'enseignement.

[1] La forme moderne « legs » est une faute d'orthographe consacrée par l'usage et dont l'introduction dans la langue est récente. La forme ancienne était *lays* ou *lais*, du verbe *laisser*. Ce verbe s'écrivant aussi *lesser*, on eut les formes *leys*, *lez*, *lecz*, etc. Le *g* s'est introduit tardivement par imitation du latin « legatum », qui avait donné « légat » dans notre ancienne langue. Littré s'est entièrement trompé sur l'étymologie de « legs ». Son erreur a été rectifiée par GODEFROY, *Dictionnaire de l'ancienne langue française*, v° Lais.

[2] Il y a dans notre Droit une autre manière de disposer de son bien qui se rapproche du legs, c'est la *donation de biens à venir* (art. 1082, 1084, 1093). Sa nature ne peut être expliquée ici. Disons seulement que le donataire de biens à venir recueille les biens que le disposant laisse à son décès, à peu près comme s'il s'agissait d'un legs; mais son titre ne dérive pas d'un testament, c'est une *donation*, c'est-à-dire un accord conclu entre vifs et irrévocable, sauf dans le cas de donation entre époux (art. 1096).

4° La tradition.

** **1557. Son rôle dans le droit français.** — La tradition n'est pas entièrement supprimée comme mode d'acquérir, malgré le principe moderne qui fait résulter le transfert de la propriété de la simple conclusion du contrat. Cependant on lui attribue d'ordinaire plus d'effets qu'elle n'en a. On croit lui trouver encore trois applications possibles :

1° Lorsque l'obligation de donner a pour objet un *genre*, c'est-à-dire une chose qui n'est pas spécialement déterminée ;

2° Lorsqu'il y a *tradition* d'un objet mobilier par quelqu'un qui n'en est *pas propriétaire ;*

3° Lorsqu'il y a *don manuel*, c'est-à-dire remise d'un objet mobilier à titre de don, de la main à la main.

Il faut écarter résolument les deux premiers exemples.

Dans le premier cas, ce qui empêche la propriété d'être transférée immédiatement, c'est uniquement *l'indétermination de la chose*. De droit commun, si le contrat a pour effet de transférer la propriété, c'est que la chose est déterminée au moment où il est conclu ; si elle ne l'est pas encore, il faut qu'elle le soit plus tard, mais qu'elle le soit par une tradition ou par une simple désignation (mesurage, apposition d'une marque, etc.), peu importe ; l'acheteur devient propriétaire, dès que la chose est individuellement connue, et il le devient par l'effet de la détermination de la chose ; la tradition est inutile et n'intervient que comme *livraison* de la chose aliénée.

Dans le second cas, la tradition serait tout aussi impuissante que la convention elle-même à transférer la propriété : « Nemo dat quod non habet ». C'est la loi qui attache au fait de la possession une présomption irréfragable de propriété, sans rechercher si cette possession a pour origine une tradition ou quelque autre manière d'acquérir.

La tradition serait donc parfaitement inutile comme mode de transfert de la propriété, s'il n'y avait que ces deux cas ; son rôle lui aurait été pris tout entier par le principe moderne de la transmission par simple consentement. Le seul emploi qui lui reste est le dernier exemple, le don manuel.

C'est bien elle qui transfère la propriété, puisque la simple convention, la promesse de donner est elle-même impuissante à produire ce résultat et que le donataire ne devient propriétaire que quand il a reçu la tradition de la chose. De l'aveu général, la tradition n'est pas ici la simple exécution d'une convention antérieure, elle est l'élément constitutif du contrat, c'est elle qui vaut aliénation.

LES DROITS DE JOUISSANCE

OBSERVATIONS PRÉLIMINAIRES

** **1558. Distinction du droit réel et du droit personnel de jouissance.** — Une personne peut avoir la *jouissance* d'une chose dont une autre a la *propriété*. Cette jouissance se présente sous deux formes différentes : tantôt comme simple créance, tantôt comme droit réel. Ainsi l'*emprunteur* dans le prêt à usage, le *locataire* d'une maison, le *fermier* d'une terre, n'ont aucun droit réel sur la chose qui leur est confiée ; ils n'en sont que détenteurs ; leur droit de jouissance n'existe que *sous la forme d'une créance*, qu'ils ont contre leur prêteur ou bailleur, qui est leur débiteur, tenu de leur procurer sa chose et de leur permettre de s'en servir.

Mais la jouissance d'une chose peut aussi appartenir à quelqu'un *à titre de droit réel*. C'est ce qui a lieu dans l'*usufruit* et dans *l'emphytéose*. On dit alors que la propriété est *démembrée*, et le droit mutilé qui reste au propriétaire, étant séparé de la jouissance et comme dépouillé, s'appelle *nue propriété*.

1559. Renvoi. — Les droits de jouissance qui ne constituent pas des droits réels rentrent dans la théorie des contrats. Les droits de jouissance existant à l'état de droits réels vont seuls nous occuper ici.

* **1560. Énumération des droits réels de jouissance sur la chose d'autrui.** — Le Code n'a prévu et réglé que trois droits de jouissance : l'*usufruit*, l'*usage* et l'*habitation* qu'il a réunis dans le titre III du livre II (art. 578 à 636) ; mais il en existe d'autres. Ainsi il est généralement admis que le *droit de chasse* et le *droit de pêche*, qui ne peuvent pas constituer des servitudes prédiales, peuvent être établis, non seulement au moyen d'une location, mais comme droits réels au profit d'une personne ; ils forment alors une sorte particulière d'usages viagers (Aubry et Rau, t. II, p. 61, texte et note 5 ; Demolombe, t. XII, n° 686 ; Amiens, 19 août 1891, D. 91. 2. 248). En outre, il y a lieu d'ajouter l'*emphytéose*, à laquelle la jurisprudence a conservé, malgré le silence de la loi, son caractère de droit réel.

1561. Renvoi pour l'emphytéose. — Pour le moment nous ne nous occuperons que des trois droits réels de jouissance réglés par le Code. L'emphytéose, qui a une nature toute différente, sera examinée à la fin de cette partie du Traité, après les servitudes. Voy. n° 1938 et 1939.

** **1562. Sens des mots « servitudes personnelles ».** — L'usufruit, l'usage et l'habitation portaient dans notre ancien droit le nom collectif de « Servitudes personnelles ». Cette qualification venait du droit romain. En latin le mot « servitus » s'employait pour désigner toutes les restrictions imposées au propriétaire dans l'intérêt d'autrui. Pour distinguer entre eux les droits très disparates compris sous cette dénomination commune, les jurisconsultes furent amenés à distinguer les « servitutes personarum », comprenant les droits de jouissance analogues à l'usufruit, et les « servitutes prædiorum », qui sont les servitudes proprement dites. De l'expression *servitutes personarum*, nous avons fait *servitudes personnelles*.

1563. Leur inconvénient. — Les auteurs du Code se sont abstenus avec soin de se servir de ce nom, qui rappelait trop la *féodalité* et les servitudes de toute sorte qui avaient jadis pesé sur les personnes; mais ils ont véritablement eu peur d'un mot, car il n'y avait rien de commun entre l'ancien servage et un droit aussi inoffensif que l'usufruit. Aussi l'appellation qu'ils avaient proscrite par prétérition a reparu dans la pratique, et elle est fréquemment employée. *Elle a cependant un autre inconvénient*, qui mériterait de la faire abandonner : elle est de nature à faire croire que les droits de jouissance ainsi qualifiés ne sont pas des droits réels. Ce serait sans doute une erreur grossière : rien n'est plus certain que le caractère réel du droit d'usufruit ; mais beaucoup d'étudiants, trompés par les mots, s'y laissent prendre. Si on qualifie l'usufruit de « servitude personnelle », c'est uniquement pour rappeler qu'il est établi au profit d'une personne, à laquelle il ne peut pas survivre ; en d'autres termes : qu'il est *viager*. Mais cela n'empêche pas la réalité du droit ; il y a des droits réels temporaires.

On remarque du reste, dans l'usage le plus récent, une tendance à réserver le nom de « servitude » aux servitudes proprement dites, et à appeler par leurs noms particuliers l'usufruit, l'usage et l'habitation.

1564. Plan à suivre. — De ces trois droits, l'usufruit est de beaucoup le plus important; c'est le plus fréquent et le plus intéressant. Occupons-nous de lui seul tout d'abord ; il suffira ensuite de quelques mots pour l'usage et l'habitation.

CHAPITRE PREMIER

DE L'USUFRUIT

** **1565. Définition.** — Le Code définit l'usufruit : « le droit de jouir « des choses dont un autre a la propriété, comme le propriétaire lui-même, « mais à la charge d'en conserver la substance » (art. 578). Cette définition a deux défauts :

1° Elle est *incomplète*, car la loi oublie de dire que la jouissance de l'usufruitier est essentiellement *viagère* et qu'elle s'exerce *à titre de droit réel*. Ce sont là pourtant deux des caractères spécifiques de l'usufruit ; le premier le distingue du droit de jouissance qui appartient à l'emphytéote, le second le distingue du droit de jouissance qui appartient au locataire ou au fermier.

2° Elle est *obscure*. Les deux derniers membres de phrase ne se comprennent pas d'eux-mêmes : ils ont besoin d'être expliqués, et ils ne peuvent l'être qu'à la condition d'entrer dans le détail des droits et des obligations de l'usufruitier. Ce sont là des points qui ne doivent pas figurer dans une définition. Remplaçons donc la définition du Code par celle-ci : *L'usufruit est un droit réel de jouissance sur une chose appartenant à autrui, et qui s'éteint nécessairement à la mort de l'usufruitier.*

1566. Variété spéciale aux conventions matrimoniales. — On doit s'abstenir de citer comme exemple d'usufruit un droit de jouissance spécial qui ne se rencontre que dans le régime des biens entre époux. Le *contrat de mariage* donne souvent au mari le droit de percevoir les revenus des biens propres de sa femme (art. 1401-2°, 1530 et 1549). Mais ce droit de jouissance, bien que suivant à beaucoup d'égards les mêmes règles que l'usufruit, en diffère profondément par certains caractères, principalement par les charges auxquelles il est soumis et par ses modes d'extinction.

La différence spécifique entre lui et l'usufruit est telle que, malgré la généralité des termes de la loi du 23 mars 1855, ce droit de jouissance n'est pas soumis à transcription

§ 1. — *Choses susceptibles d'usufruit.*

** **1567. Possibilité de l'usufruit sur toutes sortes de biens.** — L'usufruit peut être établi sur *toute espèce de biens, meubles ou immeubles*, dit l'art. 581. Il ne porte donc pas seulement sur les choses corporelles ; ses applications ont reçu la même extension que celles de la propriété. Ainsi il peut porter sur les *droits d'auteur*, sur un *fonds de commerce*, sur des *créances*, sur des *valeurs mobilières*. Il arrive fréquemment que des titres de rentes sur l'État, des obligations provenant d'emprunts faits par les villes, des actions ou des obligations de chemins de fer ou d'autres compagnies, sont compris dans un usufruit : on les immatricule ordinairement au nom du propriétaire pour le capital, au nom de l'usufruitier pour la jouissance.

** **1568. Choses non susceptibles d'usufruit.** — Quoi qu'en dise l'art. 581, l'usufruit ne peut pas être établi indistinctement sur toute espèce de biens. Il y a des choses qui, par leur nature, ne sont pas susceptibles d'usufruit, et en voici la raison. L'usufruit ne confère qu'un droit limité ; l'usufruitier peut seulement *se servir de la chose*; il n'a pas le droit de la *consommer* ni de l'*aliéner*. Or il y a des choses qui ne servent à rien à celui qui n'a pas le droit de les consommer ; ce sont tous les objets dits « de consommation », vin, huile, charbon, denrées alimentaires, etc. Il en est d'autres qui ne servent à rien si on n'a pas le droit de les *aliéner*. Ce sont les pièces de monnaie, les billets de banque, etc. Ces sortes de choses s'appellent *choses consomptibles par le premier usage* (ci-dessus n° 752). Pour elles le « jus utendi » n'est rien sans le « jus abutendi », puisque la consommation est le seul usage qu'on en puisse faire. Or le « jus abutendi » est refusé à l'usufruitier, et c'est justement par là que son droit diffère de la propriété. Les anciens jurisconsultes romains en avaient très logiquement conclu que lorsqu'une personne léguait l'usufruit de l'ensemble de ses biens, l'usufruitier n'avait aucun droit sur les choses consomptibles : « Non debet « ea mulier, cui vir bonorum suorum usum fructum legavit, cellis vinariis et « oleariis plenis relictis, putare id ad se pertinere : usus enim, non abusus « legatus est » (CICÉRON, *Topiques*, III, 47).

***1569. Introduction du quasi-usufruit.** — Le droit romain n'en resta pas là. Dans les premiers temps de l'Empire, un sénatus-consulte, dont nous ignorons la date, vint décider que l'on pourrait léguer l'usufruit de toutes sortes de choses. « Senatus censuit ut omnium rerum, quas in cujusque patrimonio esse constaret, usus fructus legari possit » (ULPIEN, *Dig.*, liv. VII, tit. 5, fr. 1). Sur quoi Gaius fait la remarque suivante : « Quo senatus consulto non id effectus est ut usus fructus proprie esset, nec enim naturalis ratio auctoritate senatus commutari potuit, sed remedio introducto cœpit quasi usus fructus haberi » (*Dig.*, liv. VII, tit. 5, fr. 2, § 1). Ce n'est en effet qu'à l'aide d'un détour (remedio) qu'on a pu comprendre ces choses dans le legs d'usufruit ; le droit qu'on donne sur elles à l'usufruitier n'est pas un véritable usufruit : on l'appelle *quasi-usufruit*, et la situation qui est faite ainsi à l'usufruitier sera expliquée plus loin à propos de ses droits (n° 1617) et de son obligation de restituer (n° 1727).

***1570. Cas d'application du quasi-usufruit.** — En fait, le quasi-usufruit ne se rencontre *jamais à l'état isolé*. Il est toujours l'accessoire d'un droit d'usufruit plus étendu, établi à titre universel sur un ensemble de biens. Le droit de l'usufruitier universel se transforme alors en quasi-usufruit, mais pour certaines choses seulement.

***1571. Distinction des usufruits d'après l'étendue de leur objet.** — L'usufruit peut porter sur un ou plusieurs objets individuellement déterminés : un bien rural, une maison avec son mobilier, etc. En ce cas il est dit usufruit *à titre particulier*. Il peut aussi s'établir avec un caractère de généralité sur la totalité ou sur une fraction d'un patrimoine. Il est dit alors *usufruit universel* [1].

La création d'un usufruit universel n'est pas nécessairement le résultat d'un legs ; les usufruits légaux sont aussi universels.

***1572. Intérêt de cette distinction.** — La distinction entre les deux espèces d'usufruitiers, d'après l'étendue de leur titre, offre de l'intérêt pour le *paiement des dettes*. Supposons qu'il s'agisse d'un usufruit établi sur la succession d'une personne décédée et que le défunt ait laissé des dettes. Le légataire d'usufruit à titre particulier n'est jamais tenu des dettes du défunt ; tandis que le légataire d'usufruit dont le titre est universel y contribue dans une mesure qui sera indiquée plus loin. C'est la distinction habituelle entre les *ayants cause particuliers* et les *ayants cause universels* (ci-dessus n°s 303 et 304), et c'est pour faire à ces deux catégories

[1] La loi fait une sous-distinction entre les *legs universels*, qui donnent droit à la *totalité* du patrimoine, et les legs *à titre universel*, qui donnent droit seulement à une *fraction*. Voyez les définitions de ces expressions dans les art. 1003 et 1010. Cette distinction est appliquée aux legs d'usufruit, comme aux autres. Voyez l'art. 612. Elle donne lieu à des difficultés qui ne peuvent être comprises qu'avec la théorie des testaments ; nous les négligerons pour le moment et nous réunirons provisoirement tous les usufruits dont le titre n'est pas particulier sous la dénomination d'*usufruits universels*.

d'usufruitiers l'application des principes généraux qu'ont été écrits les art. 611 et 612, le premier dispensant le légataire particulier de la charge des dettes, le second y faisant contribuer le légataire à titre universel [1].

§ 2. — *Comment s'établit l'usufruit.*

1573. Énumération de ses modes de constitution. — Le Code français (art. 579) réduit à deux les causes pouvant créer l'usufruit : la *loi* et la *volonté de l'homme.*

En réalité il y en a quatre. La volonté de l'homme peut se manifester soit sous la forme d'un *contrat*, soit sous la forme d'un *testament*, ce qui fait déjà trois modes distincts ; enfin l'art. 579 a omis la *prescription acquisitive*, qui est le quatrième.

Étudions ces quatre modes de constitution dans leur ordre logique.

A. — Constitution de l'usufruit par contrat.

* **1574. Distinction à faire.** — La création d'un usufruit par contrat peut se faire de deux manières différentes : par voie de *création directe*, par *voie de rétention.* Au premier cas, l'usufruit fait directement l'objet du contrat ; il est créé au profit d'une personne *qui n'avait pas auparavant la jouissance de la chose.* Au second cas, la constitution d'un usufruit n'est que le résultat indirect du contrat ; le propriétaire aliène la nue propriété de sa chose, en s'en réservant l'usufruit. La jouissance de la chose ne se déplace pas : elle reste à la personne qui l'avait auparavant ; seulement cette personne l'exerce désormais à *titre d'usufruitier* et non plus à titre de propriétaire. En pareil cas l'usufruit n'est pas transféré ; il est *retenu* ; cependant le contrat a bien réellement *créé l'usufruit en l'isolant de la propriété.*

1° Création par voie de rétention.

* **1575. Ses applications.** — Seuls, les contrats qui transfèrent la propriété peuvent servir à la création d'un usufruit par voie de rétention : au lieu d'être employés pour aliéner la pleine propriété, on s'en sert alors pour aliéner seulement la nue propriété.

2° Création par voie de constitution directe.

1576. Énumération. — Ces mêmes contrats peuvent servir à créer l'usufruit par voie directe.

Les principaux sont la *vente*, l'*échange* et la *donation*. Il faut leur ajouter le *partage*. Disons quelques mots de chacun d'eux.

* **1577. La vente.** — Un propriétaire, qui pourrait vendre la pleine propriété de sa chose, peut aussi en vendre l'usufruit seulement. Mais ce

[1] Voir, sur les usufruits universels, DRAMARD, *Revue critique*, octobre 1898.

mode de constitution est *peu pratique*, car toute vente suppose un prix, et les parties seraient fort embarrassées pour apprécier la valeur de l'usufruit, valeur qui dépend de la vie de l'usufruitier, dont on ne peut prévoir d'avance la durée.

* **1578. La donation.** — L'obstacle qui rend presque impraticable la constitution de l'usufruit par vente ne se rencontre pas ici, puisque la donation est une aliénation gratuite, qui ne suppose aucune contre-partie.

Néanmoins il est fort rare de voir un donateur établir entre vifs un droit d'usufruit sur ses biens : quand on fait une donation, on aime à savoir ce qu'on donne, à calculer l'étendue du sacrifice que l'on fait. Aussi ne verrait-on guère d'usufruits établis par donation, s'il n'existait un genre spécial de donations dans lequel la création d'un usufruit offre au contraire de grands avantages. Ce sont les *donations entre époux* ou *entre futurs époux ;* elles se font sous la forme de *donations mutuelles*, c'est-à-dire de donations doubles, dont une seule doit produire effet au profit du survivant ; celle qui avait été faite au profit de l'époux qui meurt le premier se trouve caduque par le prédécès du donataire (art. 1094). Ces donations sont du nombre de celles qui ressemblent à des transmissions par décès ; le donateur dispose pour le temps où il ne sera plus, et le donataire recueille l'usufruit absolument comme s'il lui avait été légué. En pratique ce genre de donations a été pendant longtemps la plus abondante des sources productrices d'usufruits ; son importance se trouvera sans doute diminuée à l'avenir par la loi du 9 mars 1891, qui accorde de plein droit un usufruit à l'époux survivant ; mais on s'en servira encore toutes les fois qu'on voudra assurer au conjoint une quotité d'usufruit plus forte que celle que cette loi lui donne.

1579. Le partage. — C'est un mode d'une application rare, mais qui tend à se répandre. On voit parfois des enfants, partageant avec leurs père, mère ou autres ascendants, constituer à ceux-ci, au lieu du lot en pleine propriété auquel ils auraient droit, un lot en usufruit d'une composition plus étendue, ce qui est avantageux tout à la fois pour l'ascendant qui obtient un revenu supérieur à celui que lui aurait donné un lotissement en propriété, et pour les enfants, qui obtiennent la sécurité, étant propriétaires du total et n'ayant à craindre ni les libéralités ni l'insolvabilité de l'ascendant. — Cette constitution d'un usufruit dans un partage n'est possible que du consentement des parties. Le juge ne pourrait le leur imposer dans un partage fait en justice. Le juge romain aurait pu le faire, grâce à la partie de la « formula » appelée *adjudicatio*, qui lui conférait le pouvoir de transférer la propriété et de constituer toutes sortes de servitudes sur les choses comprises dans le partage [1] : notre procédure moderne ne confère au juge aucun pouvoir de ce genre. Voyez ci-dessus, n° 1551.

1580. De la transcription en matière d'usufruit. — Lorsque l'usufruit est établi *sur des immeubles* et par *acte entre vifs*, il est soumis à la formalité de la *transcription*. Voyez pour le cas de donation le Code civil, art. 939, et pour les constitutions d'usufruit à titre onéreux la loi du 23 mars 1855, art. 1er-1°. Dans ces deux textes l'usufruit n'est pas nommé, mais il y est compris sous la dénomination générale de « droits réels susceptibles d'hypothèque ». Parmi les droits qui peuvent être hypothéqués, c'est lui qui figure en première ligne après la propriété (art. 2118-2°).

Le défaut de transcription est sanctionné de la même manière que pour la propriété ; l'usufruitier qui a omis de faire transcrire son titre, ne pourra pas opposer son droit aux tiers et sera obligé de supporter les charges

[1] « Constituitur adhuc ususfructus et in judicio familiæ erciscundæ et communi dividundo, si judex alii proprietatem adjudicaverit, alii usumfructum » (GAIUS, *Dig.*, liv. VII, tit. 1, fr. 6, § 1).

réelles établies par son auteur après la constitution de l'usufruit. Il faut de plus appliquer ici, pour déterminer les personnes munies du droit d'opposer le défaut de transcription, la distinction qui a été faite entre les *donations* et les *aliénations à titre onéreux* pour les transferts de propriété : la liste des « tiers » autorisés à se prévaloir du défaut de publicité n'est pas la même dans les deux cas (ci-dessus nos 1346-1348 et 1366). Ainsi un droit d'usufruit non transcrit sera opposable aux *créanciers chirographaires*, s'il a été constitué à titre onéreux ; ils pourront au contraire le méconnaître s'il a été *donné*.

B. — Constitution de l'usufruit par testament.

*1581. **Son utilité pratique**. — C'est un des modes les plus fréquemment employés ; il est aussi actif que la donation entre époux.

L'usufruit constitué par testament fournit un moyen commode de récompenser un vieux serviteur, de venir au secours d'un parent pauvre ou d'un ami. Le *legs d'usufruit* assure à une personne des ressources viagères, sans dépouiller définitivement les héritiers naturels. Cependant le même résultat peut être atteint par un autre moyen, à savoir par la constitution d'une *rente viagère*. Chacun de ces deux procédés a ses inconvénients et ses avantages propres : l'usufruit permet de procurer la *jouissance en nature* de certains biens : un logement, un mobilier, une bibliothèque, etc., auxquels l'usufruitier peut tenir, mais il fait naître souvent des contestations après son extinction, lorsqu'il s'agit de restituer les choses sur lesquelles il portait et qui peuvent avoir disparu ou être endommagées. La rente viagère simplifie les rapports entre les parties : tous les mois ou tous les trimestres une somme liquide est due au légataire, et quand il meurt, ses héritiers n'ont aucune restitution à faire. Mais ce procédé l'expose au risque de l'insolvabilité des héritiers chargés du service de la rente, risque qui est supprimé dans l'usufruit.

*1582. **Combinaisons possibles.** — Le testament permet au testateur de créer de l'usufruit de *deux façons différentes* : il peut léguer l'usufruit et laisser la nue propriété dans sa succession ; ou bien léguer la nue propriété et ne laisser à ses héritiers que l'usufruit, ce qui correspond à la distinction déjà signalée pour la création d'usufruit par contrat, entre la constitution directe et la constitution par voie de rétention (n° 1574).

C. — Acquisition de l'usufruit par prescription.

*1583. **Comment la prescription peut faire acquérir l'usufruit.** — Pour l'acquisition de la propriété il existe deux espèces d'usucapion ou prescription acquisitive : 1° la prescription de trente ans (art. 2262), qui ne suppose d'autre condition que la possession ; 2° la prescription de dix à vingt ans (art. 2265), établie pour les possesseurs ayant juste titre et bonne foi. On ne peut guère supposer qu'un usurpateur, qui s'empare d'un immeuble sans titre, s'amuserait à en prescrire seulement l'usufruit, quand il lui est possible d'acquérir la pleine propriété par les mêmes faits de possession[1]. Mais on comprend très bien qu'une personne qui paraît avoir acquis l'usufruit par contrat ou par testament et qui n'a rien acquis du tout, parce que son titre émane d'un non-propriétaire, arrive à l'acquisition de l'usufruit par l'effet de la prescription, au bout de dix à vingt ans, si elle a été de bonne foi, au bout de trente ans seulement, si elle a connu le défaut de propriété du constituant.

1584. Difficulté provenant du silence des textes. — Il y a eu quelques doutes sur l'utilité de la prescription comme manière d'acquérir l'usufruit, parce que le Code n'en a pas parlé. Son silence à cet égard paraissait d'autant plus significatif que, lorsqu'il s'agit de la constitution des servitudes prédiales, la loi mentionne expressément la prescription parmi leurs modes d'établissement (art. 690). N'en fallait-il pas conclure que la prescription avait été rejetée par la loi comme cause d'acquisition de l'usufruit? — Cependant personne aujourd'hui n'hésite plus à admettre la prescription au profit des usufruitiers. Le rôle normal de la prescription est de transformer l'état de fait en état de droit, et de rendre celui qui possède titulaire du droit qu'il exerce. Par sa nature, l'usucapion est applicable aux droits réels autres que la propriété aussi bien qu'à la propriété elle-même. Le Code le suppose dans sa définition de la possession en disant qu'elle est « la détention d'une chose *ou la jouissance d'un droit* ». Pour empêcher l'application de la prescription acquisitive à l'usufruit, il faudrait un texte formel, qui n'existe pas. Le silence du Code ne prouve rien ; il s'explique suffisamment, parce que *la loi n'avait pas à établir de règles spéciales pour la prescription de l'usufruit*, comme il en a fallu pour l'acquisition des servitudes par prescription. *Le droit commun suffit*, et rien ne s'oppose à son application.

1585. Extension de l'art. 2279 à l'usufruit. — La maxime de l'art. 2279 ne profite pas seulement à celui qui croit de bonne foi acquérir la propriété ; elle protège également celui qui croit obtenir sur le meuble qui lui est remis un simple droit réel, par exemple un *usufruit*. Celui qui possède un meuble à titre d'usufruitier, s'il est de bonne foi, c'est-à-dire s'il a cru que l'usufruit lui était consenti par le vrai propriétaire, pourra repousser la réclamation du propriétaire pour conserver son usufruit, en se retranchant derrière la possession qu'il exerce à ce titre.

D. — Constitution d'usufruits par la loi.

* **1586. Nombre des usufruits légaux.** — La loi établit quelquefois de plein droit un usufruit sur les biens d'une personne au profit d'une autre ; on en peut citer *trois exemples*.

1587. Usufruit des père et mère sur les biens de leur enfant mineur. — Le père, à défaut de père, la mère, a en principe la jouissance des biens qui appartiennent à ses enfants, tant que ceux-ci n'ont pas atteint l'âge de 18 ans (art. 384). C'est cet usufruit légal qui a été cité comme exemple du genre par les orateurs du Tribunat, et c'est à lui qu'on pense le plus volontiers quand on parle d'usufruits créés par la loi ; cependant c'est celui qui répond le moins bien à la définition de l'usufruit. En effet, ce n'est pas un usufruit comme les autres, car le père ne peut ni céder son droit, ni l'hypothéquer, et ses créanciers ne peuvent pas le saisir pour le faire vendre. Ce *droit incessible* n'a donc pas les caractères de l'usufruit ordinaire ; ce n'est pas un *droit pécuniaire* qui compte dans le patrimoine de l'usufruitier ; c'est plutôt pour lui un simple *attribut de la puissance paternelle*. On peut remarquer d'ailleurs que, dans tout le titre « De la puissance paternelle », la loi évite de donner à ce droit de jouissance le nom d'usufruit, qu'elle lui applique seulement dans l'art 601. Dans la pratique on fait de même et on se sert le plus souvent de l'expression « jouissance légale », pour désigner le droit établi par l'art. 384.

1588. Usufruit du père ou de la mère sur les biens de son enfant décédé. — Cet usufruit ne prend naissance que dans des circonstances toutes particulières. Il faut

[1] Les actes qu'un usufruitier peut faire en exerçant son droit (habitation, exploitation, location, perception de fruits, etc.) suffisent parfaitement en eux-mêmes, comme faits de possession, pour faire acquérir la propriété par usucapion. L'intention seule diffère.

supposer que l'enfant décédé laisse comme héritiers, d'un côté son père ou sa mère, et de l'autre des collatéraux autres que des frères, sœurs ou descendants de frères ou de sœurs. Alors la succession se partage *en deux moitiés égales*, dont l'une est recueillie par le père survivant (ou par la mère), et l'autre par les collatéraux. Mais, pour mettre une différence entre le père ou la mère et les collatéraux, qui sont des parents éloignés, la loi accorde un avantage à l'ascendant survivant : elle lui donne un droit d'usufruit sur le tiers de la part attribuée aux collatéraux, c'est-à-dire sur un sixième de la succession entière. Comme l'ascendant recueille déjà sa part, qui est de trois sixièmes, cela lui fait la jouissance de *quatre sixièmes*, c'est-à-dire des deux tiers du total (art. 754).

1589. Usufruit du conjoint survivant. — Le conjoint survivant possède un droit d'usufruit qui est *réglé différemment selon les biens sur lesquels il porte.*

Le *droit commun* est représenté par la loi du 9 mars 1891, dont les dispositions ont été insérées dans l'art. 767 C. civ. L'usufruit du conjoint est d'*un quart* seulement, quand il existe des enfants issus du mariage ; et il peut même tomber au-dessous du quart, pour se réduire à *une part d'enfant*, si le défunt laisse des enfants d'un précédent mariage ; à défaut d'enfants, le conjoint a toujours l'usufruit de *la moitié* de la succession, quels que soient le nombre et la qualité des héritiers. — La loi de 1891 n'étant pas rétroactive, ce droit d'usufruit légal n'existe actuellement qu'au profit des personnes dont le conjoint est décédé depuis la mise en vigueur de la loi nouvelle.

Outre cet usufruit établi par le Code, le conjoint possède un *droit d'usufruit spécial*, qui porte *sur la totalité des ouvrages littéraires et artistiques du conjoint prédécédé* (L. 14 juillet 1866, art. 1er), sauf réduction à la quotité disponible, quand il y a des héritiers à réserve.

Il existe enfin un *régime spécial* pour les *concessions de terres* faites à des condamnés à la déportation. La femme du condamné, qui a suivi son mari dans le lieu de déportation, a un droit d'usufruit sur le *tiers* des terres concédées, quand la concession est devenue définitive, et qu'il existe des enfants ou descendants légitimes. A défaut d'enfants le droit de la veuve devient un droit de propriété et est porté à la moitié de la concession (L. 25 mars 1873, art. 13). — Pour les condamnés à la transportation, voyez le décret du 18 janvier 1895, art. 40.

§ 3. — *Entrée de l'usufruitier en jouissance.*

1590. Questions à examiner. — L'entrée de l'usufruitier en jouissance soulève deux sortes de questions. Il faut rechercher d'abord *par quels moyens l'usufruitier peut se faire mettre en possession* des biens sur lesquels porte son droit. Il y a lieu d'étudier ensuite *diverses obligations que la loi l'oblige à remplir avant de prendre possession de ces biens*.

A. — Actions de l'usufruitier.

1591. Existence d'une double action. — Pour se faire mettre en possession, l'usufruitier a à son service deux sortes d'actions, l'une *réelle*, l'autre *personnelle*. La première existe dans tous les cas, la seconde dans certains cas seulement.

*** 1592. Action réelle.** — Étant titulaire d'un droit réel, l'usufruitier a une *action réelle* qui lui sert à se faire livrer les choses soumises à son droit par quiconque les possède, que ce soit le constituant, ses héritiers ou un tiers. Cette action, qui est pour l'usufruit ce que la revendication est pour la propriété, s'appelle l'*action confessoire d'usufruit*.

***1593. Action personnelle.** — Mais l'usufruitier n'en est pas réduit à cette seule action. Toutes les fois que son droit est né d'un contrat ou d'un testament, il possède une *action personnelle en délivrance* contre le constituant ou ses héritiers. Quand l'usufruit a fait l'objet d'une promesse conventionnelle, celui qui l'a créé se trouve personnellement obligé par le contrat à faire délivrance. Le *testament* a, à ce point de vue, pour les héritiers du testateur, la même force obligatoire que le contrat.

Cette action manque à l'usufruitier lorsqu'il tient son droit de la loi.

Le plus souvent tout se passe à l'amiable ; le constituant met l'usufruitier en possession, si l'usufruit est constitué entre vifs. Au cas contraire, l'usufruitier s'adresse aux héritiers, sans avoir besoin de former contre eux ce qu'on appelle une *demande en délivrance* (art. 1014) sous la forme d'une action en justice.

1594. Ce que l'usufruitier peut demander. — En formant sa demande en délivrance, soit à l'amiable, soit en justice, l'usufruitier ne peut exiger que le nu propriétaire remette les choses en bon état. Il doit les prendre *dans l'état où elles sont* (art. 600). Telle est du moins la règle ; mais rien n'empêche les parties d'y déroger et d'établir sur ce point une obligation spéciale à la charge du nu propriétaire. Le testateur, par exemple, peut charger ses héritiers de faire des réparations sur les biens sujets à usufruit avant de les livrer à l'usufruitier.

B. — Obligations de l'usufruitier avant son entrée en jouissance.

1595. Leur nombre et leur objet. — La loi impose à l'usufruitier *deux obligations* particulières qu'il doit remplir avant d'entrer en possession. Il est tenu : 1° de *faire dresser un inventaire du mobilier et un état des immeubles* ; 2° de *donner caution*.

1° Rédaction de l'inventaire et de l'état.

***1596. Utilité de ces actes.** — Ces deux actes sont fort utiles. L'inventaire sert à déterminer la *quantité* et la *nature* des choses mobilières sur lesquelles porte l'usufruit. Ces choses peuvent être très nombreuses, quand l'usufruit est établi sur tout un mobilier, sur une galerie de tableaux, une bibliothèque, des collections diverses, etc. On se servira de l'inventaire pour déterminer dans la suite la restitution que l'usufruitier ou sa succession devront faire, et les indemnités qu'ils pourront devoir pour les objets disparus ou détériorés au moment où son droit prendra fin.

L'inventaire ne porte que sur les meubles : *on n'inventorie par les immeubles*, dont existence est connue et prouvée par des titres ; mais on dresse pour ce genre de biens un *état* constatant leur *situation matérielle* au jour de l'entrée en jouissance de l'usufruitier, ce qui permet de reconnaître, à la cessation de l'usufruit, s'il y a eu dégradation.

1597. Forme de leur rédaction. — L'inventaire des meubles et l'état des immeubles doivent être dressés *en présence du propriétaire*, ou lui dûment appelé (art. 600), car il a intérêt à en surveiller la confection pour s'assurer qu'ils sont *fidèles* et *exacts*. Faute d'avoir pris cette précaution, les actes dressés par l'usufruitier seul ne seraient pas opposables au propriétaire.

1598. Frais. — Les frais sont à la charge de l'usufruitier, car c'est à lui que la loi impose l'obligation de procéder à cette double formalité.

Ces frais sont assez élevés et l'usufruitier est souvent pauvre. Dans la pratique on peut les lui éviter, soit au moyen d'une *dispense d'inventaire*, soit par la rédaction *d'actes sous seings privés*.

1599. De la dispense d'inventaire. — Le *titre constitutif* d'usufruit dispense ès fréquemment l'usufruitier de l'obligation de faire dresser l'inventaire et l'état. Cette ause doit s'entendre simplement dans le sens d'une *dispense des frais*, ce qui veut dire que héritier, qui recueille la nue propriété, peut juger utile à ses intérêts de faire dresser ces actes qui lui serviront de preuves, et qu'il a le droit de les faire, à la condition d'en supporter la dépense. Le constituant n'a pas pu priver son héritier du seul moyen qu'il ait de se ménager une preuve régulière.

1600. De l'inventaire amiable. — A défaut d'une dispense écrite dans son titre, l'usufruitier peut s'entendre avec le nu propriétaire pour rédiger, *à l'amiable et sans frais*, l'inventaire et l'état. Tout le monde lui concède cette facilité quand les deux parties sont majeures et capables ; mais s'il y a parmi elles un *mineur* ou un *interdit*, on décide en général que les actes doivent être rédigés dans la *forme notariée*. On ne dit pas sur quoi on fonde cette exigence, qui paraît une simple tradition. La confection des inventaires rentre dans les occupations les plus usuelles des notaires, et quand la loi parle d'actes de ce genre, elle entend en général parler d'inventaires notariés. En tous cas la constatation de l'état des immeubles semble plutôt demander la compétence d'un architecte ou d'un agriculteur, selon leur nature.

***1601. Sanction du défaut d'inventaire.** — Le défaut d'inventaire n'entraîne pas la perte de l'usufruit : la disposition de l'art. 1442 qui, pour une pareille omission, prive le survivant des époux de son droit de jouissance, est une sévérité exceptionnelle, qui trouve ses motifs spéciaux dans le régime matrimonial et qui ne doit pas être étendue aux usufruitiers ordinaires.

La seule sanction *immédiate* serait le refus de délivrance ; le nu propriétaire pourrait s'opposer à l'entrée en jouissance de l'usufruitier puisque celui-ci n'a pas fait ce qu'il devait. Le texte le dit : « *Il ne peut entrer en jouissance qu'après avoir fait dresser*, etc. » (art. 600). Une autre sanction viendra plus tard, au moment de la restitution des biens, après la fin de l'usufruit. Sur ce qui se passe alors, quand l'inventaire et l'état n'ont pas été dressés, voyez ci-dessous, n° 1726.

2° De la caution.

***1602. Définition.** — L'usufruitier doit « donner caution ». Une caution est *une personne qui vient s'engager à côté de l'usufruitier envers le nu propriétaire*, pour servir de répondant et de garantie.

***1603. Utilité.** — Il est possible que l'usufruitier se trouve un jour débiteur de sommes d'argent assez fortes, par suite d'abus de jouissance, de détériorations, de pertes ou de destructions arrivées par sa faute, ou comme ayant reçu des choses consomptibles par le premier usage dont il doit restituer la valeur en argent. La loi veut garantir le nu propriétaire contre le danger que lui ferait alors courir l'*insolvabilité* de l'usufruitier. Voilà pourquoi elle oblige celui-ci à fournir une caution. Comme on donne ainsi au propriétaire un second débiteur à côté du premier, on augmente les chances qu'il a d'être payé : la caution est pour lui une *sûreté*.

Naturellement, la caution que l'usufruitier présente doit être *solvable* (art. 2040 combiné avec art. 2018 et 2019).

***1604. Obligations de la caution.** — La caution répond de toutes les sommes que l'usufruitier pourra devoir, *à ce titre*, au nu propriétaire, soit pour la détérioration des biens soumis à l'usufruit, soit pour la perception de produits auxquels il n'avait pas droit, soit pour défaut de restitution de certains objets.

1605. Du retard de l'usufruitier à fournir caution. — L'usufruitier peut éprouver de la difficulté à trouver une caution. On ne rencontre pas tous les jours quelqu'un disposé à prendre un engagement comme celui-là, dont il est impossible de mesurer d'avance l'étendue. Quand il y aura eu simple retard, et que la caution sera finalement donnée, la loi décide que le temps perdu en recherches ne nuira pas à l'usufruitier, c'est-à-dire que les fruits touchés ou perçus dans l'intervalle par le propriétaire devront lui être restitués comme si la caution avait pu être fournie dès le premier jour (art. 604).

* **1606. Garanties pouvant remplacer la caution.** — Quand la loi oblige un débiteur à fournir caution, ce genre de garantie peut être remplacé par d'autres plus faciles parfois à trouver : le débiteur peut offrir à son créancier un *gage* ou *nantissement* suffisant en déposant, par exemple, de l'argent ou des valeurs dans une caisse publique (art. 2041) ; ou bien lui donner une *hypothèque* sur ses immeubles, s'il en a. Ces facilités doivent être accordées à l'usufruitier, à qui l'obligation de fournir caution est imposée par la loi (Cass., 7 août 1882, D. 83. 1. 220, S. 82. 1. 457).

* **1607. Mesures à prendre quand l'usufruitier n'offre ni caution ni autres garanties.** — Il arrive fréquemment que l'usufruitier ne trouve pas de caution et ne peut offrir aucune garantie équivalente. On ne saurait songer à le priver indéfiniment de son droit d'usufruit ; sa pauvreté prouve qu'il en a le plus grand besoin.

D'autre part, il serait dangereux de laisser le propriétaire sans garantie en face d'un usufruitier insolvable. La loi a organisé alors tout un système de *mesures spéciales* destinées à sauvegarder, dans la mesure du possible, les droits des deux parties (art. 602 et 603).

L'argent liquide est placé, ainsi que le prix des *denrées*, lesquelles sont nécessairement vendues. Quant aux autres *meubles*, le propriétaire peut exiger que *ceux qui dépérissent par l'usage* soient *vendus* et que leur prix soit placé comme celui des denrées. Cependant l'usufruitier peut obtenir du tribunal la remise de ceux de ces meubles qui lui sont nécessaires pour son usage personnel. Ceux-là lui sont confiés sous « sa simple caution juratoire », dit l'art. 603, c'est-à-dire avec une simple *promesse* de les conserver et de les rendre, *affirmée sous serment*. Le mot « caution » a ici conservé son sens latin : *cautio* vient de *cavere*, qui signifiait « prendre un engagement ».

Enfin les *immeubles* sont *donnés à ferme ou confiés à un séquestre*. Le séquestre est un gardien qui administre l'immeuble et rend compte de ses revenus (art. 1956) ; le salaire qui lui est dû est prélevé sur les fruits.

3° Des dispenses de fournir caution.

1608. Fréquence de ces dispenses. — Bien que la loi (art. 601) impose l'obligation de fournir caution à tout usufruitier en général, il existe en fait un grand nombre d'usufruitiers, la plupart peut-être, qui en sont *dispensés* pour des raisons diverses, les uns par le constituant (n° 1609), les autres par la loi (nos 1611 et 1612).

* **1609. Dispense accordée par le constituant.** — Le titre constitutif de l'usufruit peut contenir dispense de fournir caution (art. 601), et cette dispense peut même être tacite (Cass., 28 octobre 1889, D. 90. 1. 67). C'est une clause très fréquente dans les constitutions d'usufruit par testament. Elle diminue certainement les *chances de restitution*, au détriment de l'héritier qui recueille la nue propriété ; mais comme le testateur aurait pu les supprimer tout à fait, en disposant pleinement de la propriété de son bien, on conçoit qu'il puisse empirer dans une moindre mesure la situation de l'héritier, au profit de l'usufruitier, en délivrant celui-ci d'une charge accessoire.

* **1610. Cas où le nu propriétaire est héritier à réserve du constituant.** — Ce raisonnement ne peut plus être donné lorsque la nue propriété est garantie par un droit de *réserve héréditaire* au profit de l'héritier. EXEMPLE : Lorsque l'usufruit a été donné ou légué par un époux à son conjoint et porte sur les biens qui composent la réserve des ascendants du donateur ou testateur (art. 1094 ancien), le constituant ne devrait pouvoir rien faire qui puisse indirectement compromettre la réserve des ascendants réduite à la nue propriété. Cependant la Cour de cassation validait même en ce cas la dispense de fournir caution accordée à l'usufruitier ; elle se fondait sur les termes généraux de l'art. 601, qui ne font aucune distinction pour autoriser cette dispense (Cass., 5 juill. 1876, D. 77. 1. 277, S. 77. 1. 345). Mais cette situation ne pourra plus se présenter à l'avenir, grâce à la loi des 14-17 février 1900, qui a modifié l'art. 1094. Sur cette loi, voyez le t. III.

*1611. **Dispense du vendeur ou donateur sous réserve d'usufruit.** — Lorsque l'usufruit est constitué *par voie de rétention* au profit d'une personne qui aliène seulement la nue propriété de son bien, l'obligation de fournir caution est supprimée (art. 601). Cette dispense est fondée sur une *interprétation de volonté :* la loi présume que le vendeur ou le donateur, qui dicte les conditions du contrat, sous-entend cette dispense à son profit. L'acquéreur de la nue propriété sait de quelle façon le vendeur ou donateur jouit de ses biens et les administre ; il en a l'exemple sous les yeux ; s'il a des craintes trop fortes, il peut demander des garanties ; s'il ne le fait pas, la loi ne les stipule pas pour lui.

1612. **Dispense des père et mère ayant la jouissance légale des biens de leurs enfants.** — On sait déjà que cet usufruit légal se distingue des autres par plusieurs caractères exceptionnels (ci-dessus, n° 1587). En voici un de plus. Confiante dans l'affection naturelle des parents pour leurs enfants, la loi les dispense de fournir cette garantie qu'elle exige de tous les usufruitiers en général (art. 601). Les autres cas d'usufruit légal (art. 764 et 767) ne bénéficient pas de la même dispense.

*1613. **Effet de la dispense.** — La dispense de fournir caution donne à l'usufruitier *les mêmes droits que si la caution avait été réellement fournie* c'est-à-dire qu'il a le droit de prendre possession des choses soumises à l'usufruit dans l'état où elles sont, et sans être astreint à fournir au propriétaire des garanties exceptionnelles. Ainsi, si l'usufruit comprend des *titres au porteur*, le propriétaire ne peut pas exiger que l'usufruitier les convertisse à ses frais en titres nominatifs ou les dépose dans une banque qui lui en servirait les revenus. Des arrêts de Nancy et de Poitiers qui avaient imposé ces mesures de précaution à des usufruitiers ont été cassés (Cass., 11 juill. 1888, D. 89. 1. 463, S. 88. 1. 868 ; 7 déc. 1891, D. 92. 1. 68, S. 92. 1. 363).

§ 4. — *Analyse du droit de jouissance de l'usufruitier.*

1614. **Double droit de l'usufruitier. — L'usufruit confère un double droit : le droit d'*user de la chose* (usus) et le droit d'en *percevoir les fruits* (fructus). Ce sont les deux éléments qui le composent et qui lui ont valu son nom. Les Latins déclinaient séparément les deux mots *usus* et *fructus*, qui ont fini par s'agglutiner en un seul où le dualisme du droit est marqué encore d'une façon transparente.

Il est à remarquer que le Code français ne distingue pas ces deux éléments dans sa définition de l'usufruit (art. 578) ; il les confond sous le nom de « droit de *jouir* de la chose ». Les Codes italien, espagnol et néerlandais font de même. Seul le Code allemand, après avoir défini l'usufruit « le droit de percevoir les produits utiles » (art. 1030), ajoute que l'usufruitier a en outre le droit de posséder la chose (art. 1036).

A. — Usage de la chose.

*1615. **Définition.** — Le droit d'usage est le droit de se servir matériellement d'une chose pour son agrément ou son profit personnel.

La forme de l'usage varie à l'infini avec la nature de la chose ; elle n'est pas la même pour un cheval ou une voiture que pour une bibliothèque ou une maison. Mais l'usage consiste toujours dans le simple *emploi* de la chose et ne confère par lui-même aucun droit aux fruits que cette chose peut produire.

*1616. **Étendue.** — L'usage qui appartient à l'usufruitier est aussi étendu que celui du propriétaire. Ainsi, « il jouit des droits de servitude, de passage, et généralement de tous les droits dont le propriétaire peut jouir, et il en jouit comme le propriétaire lui-même » (art. 597).

La *chasse* et la *pêche* sont considérées comme rentrant dans l'usage qu'un propriétaire peut faire de ses terres. L'usufruitier d'un bien rural a donc le droit de chasser et de pêcher. Pothier lui refusait autrefois le droit de chasse, mais c'était pour une raison qui a disparu, à savoir le caractère seigneurial que ce droit avait sous l'ancien régime. Il n'y aurait d'exception actuellement qu'au cas où l'usufruitier se trouverait en présence d'une *location* du droit de chasse faite antérieurement par le propriétaire. Il devrait respecter le droit du preneur, comme tout autre bail (ci-dessous n° 1648), mais le prix de la location lui appartiendrait pour toute la durée de son usufruit.

* **1617. Droit de l'usufruitier sur les choses consomptibles.** — Le droit d'usage accordé à l'usufruitier lui permet seulement d'*employer* la chose, de s'en servir ; il ne lui permet pas de la détruire, de la *consommer*. Aussi le Code dit-il, dans sa définition de l'usufruit, que l'usufruitier a le droit de jouir de la chose « à la charge d'en conserver la substance » (art. 578).

On a vu plus haut (n° 1568) que cette limitation des droits de l'usufruitier rend *impossible* l'établissement de l'usufruit sur les choses consomptibles, dont on ne peut pas se servir sans les consommer. Sur ces choses l'usufruit est remplacé par une combinaison spéciale, appelée *quasi-usufruit*, qui consiste en ceci : l'usufruitier acquiert la *propriété* des choses soumises à son droit, ce qui lui permet de *s'en servir en les consommant*, mais ces choses ne lui sont acquises qu'à la condition d'en rendre l'équivalent, quand l'époque de la restitution sera arrivée. Sur la nature des restitutions qu'il aura à faire de ce chef et sur les risques qui dérivent pour lui de sa qualité de propriétaire, voyez ci-dessous n°s 1727 et 1728.

B. — Droit aux fruits.

1618. Importance de ce droit. — Le droit aux fruits est la faculté principale que possède l'usufruitier ; c'est celle qui le caractérise et par laquelle il se distingue de l'usager.

Très souvent l'usufruitier se borne à percevoir les fruits et n'a pas la possession matérielle de la chose, qui est aux mains d'un locataire ou d'un fermier. Aussi les Romains, pour abréger, disaient volontiers « fructuarius » tout court, pour désigner l'usufruitier. Notre langue ne permet pas la même abréviation.

1° Classification des fruits.

** **1619. Définition des fruits.** — Les fruits sont proprement *les produits qu'une chose peut fournir à des intervalles réguliers, sans diminution de sa propre substance.*

** **1620. Distinction des fruits en nature et des fruits en argent.** — Les règles applicables à la perception des fruits ne sont pas les mêmes selon que l'usufruitier perçoit *lui-même et en nature* les fruits de la chose ou qu'il en tire un *revenu en argent* par suite d'un contrat (louage, prêt, etc.) ayant transféré à une autre personne la jouissance matérielle de la chose. Les revenus en argent s'appellent *fruits civils*.

Cette distinction a une grande importance, car la manière dont l'usufruitier acquiert les fruits n'est pas la même pour ces deux catégories (ci-dessous nos 1686 et suiv.).

*1621. **Quelles choses sont des fruits en nature.** — Rigoureusement, les *produits du sol* (céréales, foins, légumes, vin, fruits des arbres, bois d'émondage, etc.) et les *produits des animaux* (croît, laine, œufs, lait, etc.) sont seuls des fruits. Mais il y a encore d'autres choses qui sont *assimilées aux fruits* et qui, par suite, appartiennent également à l'usufruitier, sous certaines distinctions : ce sont les *arbres* et les *produits des minières et carrières*. Nous y reviendrons plus loin (nos 1632 et suiv.).

1622. **Subdivision inutile faite par le Code.** — Le Code civil applique aux fruits en nature une distinction entièrement inutile ; il les subdivise en *fruits naturels et fruits industriels* : les premiers sont ceux qui viennent sans culture ; les seconds ceux qui exigent le travail de l'homme (art. 582-583 [1]). Cette distinction doit être abandonnée, car elle ne sert absolument à rien. Du reste, dans l'état actuel de l'agriculture en France, il y a bien peu de fruits qui viennent naturellement ; les prairies naturelles elles-mêmes sont l'objet de soins et de travaux particuliers.

1623. **Différentes sortes de fruits civils. — De tout temps on a considéré comme des fruits *les revenus en argent qu'une chose peut produire en vertu d'un contrat*.

Tels sont, d'abord, les *loyers des maisons* et les *fermages des biens ruraux*, qui proviennent d'un *contrat de louage*. En elles-mêmes, les sommes versées par le locataire ou le fermier ne sont pas des fruits ; l'argent n'est pas produit par la chose frugifère ; mais il *représente* l'usage de cette chose et le produit que le preneur a pu en tirer. Entre les mains du bailleur, ces sommes tiennent lieu de la jouissance en nature qu'il aurait pu garder pour lui.

Par analogie, les sommes qu'on peut tirer annuellement d'un capital en le prêtant à autrui, soit sous la forme du *prêt à intérêt*, sois sous celle d'une *constitution de rente* (comme dans les emprunts d'États), sont également considérées comme des fruits produits par le capital prêté ; c'est le *loyer de l'argent*. Étant donnée leur nature, ces revenus rentrent dans la catégorie des fruits civils.

*1624. **Difficultés anciennes pour les rentes viagères.** — La rente viagère est le droit qu'a une personne de toucher annuellement une certaine somme, tant qu'elle vivra. Il est assez difficile à première vue de comprendre comment une rente viagère peut se trouver grevée d'usufruit, puisque le droit de toucher la rente s'éteint à la mort du créancier et que l'usufruit s'établit habituellement sur les biens d'une personne décédée. Cependant cela peut être l'effet de l'usufruit légal des père et mère sur les biens de leurs enfants

[1] D'après l'art. 583, les fruits industriels sont ceux « qu'on obtient d'un fonds *par la culture* ». Ce sont donc des *produits agricoles*, qui rentrent dans la catégorie des *fruits en nature*, et il faut bien se garder de considérer comme fruits industriels les revenus d'une usine qui sont des *fruits en argent* provenant des ventes.

mineurs : il suffit de supposer que l'enfant possède une rente viagère; elle se trouvera soumise à l'usufruit légal. Il en est de même quand un époux, qui s'est marié sous le régime de la communauté, était titulaire d'une rente viagère : la communauté aura la jouissance de la rente.

On s'était donc demandé dans l'ancien droit si l'usufruitier avait le droit de percevoir les arrérages d'une rente viagère, et de les consommer sans être tenu à aucune restitution, et on avait décidé la question négativement. Pothier en donnait pour raison que percevoir les arrérages de la rente « serait s'arroger, non pas un simple usufruit, mais le fonds entier de la rente, un propriétaire n'en pouvant avoir davantage ». Il considérait donc la rente viagère comme une chose qui se consomme entièrement par la perception et qui, par suite, n'est pas susceptible d'un véritable usufruit; il voulait en conséquence que l'usufruitier, après avoir perçu les arrérages échus pendant son usufruit, restituât « ce que valait la rente viagère au moment où son usufruit avait commencé », d'après une estimation à faire par experts (*Du contrat de constitution de rente*, n° 242).

On pourrait formuler la même idée sous une forme plus moderne, tout au moins pour les rentes viagères constituées à titre onéreux. Quand une personne aliène son bien à rente viagère, elle augmente subitement son revenu dans une forte proportion, mais les sommes qu'elle touche annuellement représentent du *capital* encore plus que du *revenu* : les parties ont calculé la durée probable de la vie du vendeur, et le taux de la rente est d'autant plus élevé que la durée prévue est plus courte; si leurs prévisions pouvaient être établies d'une manière sûre, l'acheteur s'arrangerait de façon que le total des sommes payées par lui pendant la vie de son vendeur représentât la valeur de l'objet vendu, augmentée des intérêts du prix courus pendant l'intervalle. Il en résulte qu'à chaque terme, le débiteur paie en réalité une part de capital, à peu près comme s'il s'agissait d'une dette amortissable par annuités. Il semblerait donc équitable d'obliger l'usufruitier à rembourser en partie les sommes touchées ; seulement cette restitution entraînerait des difficultés pratiquement insolubles pour en opérer la répartition.

Remarquons que l'analyse qui vient d'être appliquée aux rentes viagères n'est vraie que pour celles qui sont établies à titre onéreux, comme prix d'une aliénation ; quant aux rentes viagères constituées à titre gratuit, elles forment certainement un pur revenu sans mélange aucun de capital.

*1625. **Simplification résultant de la loi moderne.** — Le Code a coupé court à toutes ces difficultés en décidant que les arrérages des rentes viagères doivent être considérés *en totalité* comme des *revenus* et que l'usufruitier a le droit de les toucher sans être tenu à aucune restitution (art. 588). Il a ainsi condamné la solution de Pothier.

2° Mode d'acquisition des fruits.

1626. **Point de départ de la jouissance de l'usufruitier.** — L'art. 604, *in fine*, semble supposer que l'usufruitier a droit aux fruits uniformément à compter du jour où son droit s'est ouvert, ce qui n'est pas toujours exact ; le point de départ de la jouissance de l'usufruitier est fixé différemment, selon la nature de son titre. Quand l'usufruit est légal, c'est la loi elle-même qui détermine l'*ouverture* et avec elle le droit aux fruits. Quand il est constitué par acte entre-vifs, le droit doit être considéré comme ouvert dès la conclusion du contrat, à moins que les parties n'aient fixé une autre époque.

Pour les *usufruits établis par testament*, il y a lieu de faire une distinction. Si l'usufruit est établi à *titre universel*, il faut lui appliquer l'art. 1005, conforme en cela à l'art. 604 : l'usufruitier a droit aux fruits à compter du jour du décès, qui est le jour de l'ouverture de son droit [1]. Mais si le legs lui a été fait *à titre particulier*, il ne peut réclamer les fruits qu'à compter du jour de sa demande en délivrance ou du jour où la délivrance lui a été volontairement consentie (art. 1014).

** **1627. Mode d'acquisition des fruits matériels.** — Les fruits en nature s'acquièrent *par la perception*, c'est-à-dire qu'ils deviennent la propriété de l'usufruitier quand celui-ci les a récoltés par lui-même ou par ses préposés.

** **1628. Mode d'acquisition des fruits civils.** — Les fruits civils sont réputés acquis à l'usufruitier *jour par jour* (art. 586), c'est-à-dire qu'on divise le revenu annuel en 365 ou 366 parties égales et qu'on attribue à l'usufruitier un nombre de ces parties égal au nombre des jours de l'année pendant lesquels son droit d'usufruit a existé. Cette répartition du revenu entre le nu propriétaire et l'usufruitier, d'après la proportion qui vient d'être indiquée, n'a lieu que pour l'année de l'ouverture et pour l'année de l'extinction de l'usufruit ; les revenus des années intermédiaires, remplies en entier par l'usufruit, appartiennent en totalité à l'usufruitier.

Peu importe par conséquent, pour les loyers, les fermages, les intérêts et autres fruits civils, le jour de leur *échéance* qui les rend exigibles, ou le jour de leur *perception* par l'une ou l'autre des parties. Ceux qui ne sont par encore échus au jour où l'usufruit prend fin, et ceux qui étant échus n'ont pas été touchés par l'usufruitier, n'en sont pas moins dus à lui ou à ses héritiers, en tant qu'ils ont couru pendant la période correspondante à la durée de sa jouissance. En sens inverse, il devrait rendre ceux qu'il toucherait après l'ouverture de son droit et qui correspondraient à une période antérieure.

1629. Ancienne difficulté pour les fermages. — On lit dans l'art. 584 que les *fermages* des baux ruraux sont rangés dans la classe des fruits civils. Ceci peut sembler inutile à dire, puisque les fermages se paient en argent. Le Code a voulu modifier une règle précédemment admise. Nos anciens auteurs, empruntant leur solution au droit romain (SCÆVOLA, au *Digeste*, liv. VII, tit. 1, fr. 58), considéraient les fermages comme la représentation des récoltes en nature faites par le cultivateur, à différents moments de l'année et non d'une façon continue, et ils décidaient en conséquence que le fermage devait être attribué au propriétaire ou à l'usufruitier selon que la récolte avait été ou non faite pendant la durée de l'usufruit. Ce système amenait des vérifications difficiles à faire et des contestations fréquentes, que le Code supprime en appliquant aux fermages la même règle qu'aux autres fruits qui se perçoivent en argent.

1630. Extension désirable de la répartition proportionnelle des fruits. — On peut regretter que les auteurs du Code n'aient pas appliqué d'une manière plus générale le principe de la répartition proportionnelle, et qu'ils ne l'aient point étendu même aux fruits matériels [2]. Ainsi il y a des coupes de bois qui se font à des intervalles éloignés, par

[1] En supposant qu'il a été diligent et qu'il a formé sa demande *dans l'année du décès* ; sinon, sa jouissance ne part que du jour de la délivrance demandée en justice ou volontairement consentie (art. 1005).

[2] Cette assimilation des fruits en nature aux fruits civils a été faite dans une autre matière par la loi elle-même. Voyez l'art. 1571, relatif aux fruits des immeubles dotaux.

exemple tous les dix ans. Il peut arriver que dans une période de dix ans et quelques mois, l'usufruitier fasse deux coupes qui représentent vingt années de jouissance. Est-ce juste ? Il peut arriver qu'il n'en fasse aucune dans une période de près de dix ans. Est-ce juste encore ? Le même inconvénient peut se produire pour des récoltes annuelles : un usufruit qui dure treize mois peut permettre d'en faire deux, de même qu'un usufruit peut durer onze mois, sans que l'usufruitier en fasse aucune.

1631. Frais des récoltes sur pied au début et à la fin de l'usufruit. — Il y a encore dans la loi quelques autres dispositions difficiles à expliquer théoriquement et qui ont été écrites pour simplifier autant que possible les redditions de comptes, qui font naître tant de litiges. Ainsi l'art. 585 refuse toute indemnité au propriétaire, à raison des frais de labours, semences et autres qu'il a déboursés pour préparer une récolte qui se trouve sur pied au moment de l'ouverture de l'usufruit, et qui lui est enlevée par l'usufruitier. Même refus d'indemnité à l'usufruitier pour la récolte qu'il avait préparée et qu'il n'a pas eu le temps de faire avant l'extinction de son droit. Pour justifier ces solutions, on dit qu'il y a *compensation entre des chances égales*. Oui, sans doute, l'équilibre s'établirait si les mêmes personnes faisaient la même opération un grand nombre de fois, mais chaque usufruit ne s'ouvre et ne s'éteint qu'une fois, et le même usufruitier peut gagner au début les frais de récolte sans les perdre à la fin, et réciproquement, de sorte que la compensation reste théorique et ne s'établit point dans la plupart des cas.

3° Choses assimilées aux fruits.

**** 1632. Distinction des produits et des fruits.** — Les propriétaires tirent parfois de leurs biens certains produits qui n'ont pas le caractère de fruits, soit que la périodicité leur manque, soit qu'en les percevant on épuise la substance de la chose. Ces produits sont d'une part les *arbres*, de l'autre les matières extraites des *mines*, *minières* et *carrières*. Il résulte de la nature spéciale de ces produits qu'ils *échappent en principe au droit de jouissance de l'usufruitier*, lequel n'a droit qu'aux fruits proprement dits. Cependant, comme l'exploitation de ces produits devient parfois une *source régulière de revenus* pour le propriétaire, on abandonne la solution à laquelle conduit une logique rigoureuse, et on attribue à ces produits le caractère de fruits afin de permettre à l'usufruitier d'en jouir dans certains cas. Il faut donc rechercher dans quelles circonstances ces produits exceptionnels deviennent des fruits et sont attribués à l'usufruitier.

a) *Droits de l'usufruitier sur les arbres.*

1633. Caractère naturel des arbres. — Les arbres sont en principe considérés comme des *capitaux*. Ce sont des « produits » du sol, mais qui n'ont pas le caractère de fruits, parce que leur croissance est très longue, que leur production n'a aucune périodicité, et qu'ils sont eux-mêmes des *choses frugifères*. Il résulte de là qu'en principe l'usufruitier a bien le droit de recueillir les fruits des arbres, mais que les arbres eux-mêmes ne lui appartiennent pas. Le caractère de capitaux doit ainsi être reconnu :

1° Aux *arbres fruitiers* ;

2° Aux *arbres d'émondage*, dont on coupe les branches à des intervalles périodiques ;

3° Aux *futaies* des bois et forêts, qu'on considère comme des capitaux mis en réserve ;

4° Aux *arbres d'ornement* (arbres verts ou à feuilles caduques), les uns alignés en avenues, les autres épars sur les pelouses ou réunis en bosquets.

Tous ces arbres-là ne sont pas des fruits ; on leur demande au contraire d'en produire ou de donner une jouissance en satisfaisant un goût de luxe.

1634. Cas où les arbres deviennent des fruits. — Par exception, certains arbres deviennent eux-mêmes des fruits, quand ils sont *produits d'une manière périodique, en vue de la consommation de leur bois ou de la vente.* Tel est le cas pour les *bois taillis*, les *futaies aménagées* et les *arbres des pépinières.*

1° BOIS TAILLIS. — Les taillis sont des bois que l'on exploite en les coupant à des intervalles rapprochés, avant qu'ils aient achevé leur croissance, et qui repoussent de leurs souches, ordinairement en plusieurs jets. C'était ce que les Romains appelaient « sylva cædua ». Ordinairement le taillis est *mis en coupes réglées*, soit qu'on le coupe entièrement à des intervalles périodiques, soit qu'on en coupe chaque année une portion. L'intervalle d'une coupe à l'autre varie de 7 à 40 ans ; ce sont là des limites extrêmes qu'on a intérêt à ne pas dépasser. Ordinairement on se tient entre 10 et 25 ans. On distingue, suivant leur âge, les jeunes taillis qui ont moins de 10 ans, et les hauts taillis qui en ont plus de 25.

2° FUTAIES. — Les futaies sont des arbres auxquels on laisse prendre tout leur développement naturel avant de les abattre. Aussi les appelle-t-on quelquefois *bois de haut jet* par opposition aux taillis. Le mot « futaie » est dérivé de *fust*, qui dans l'ancienne langue avait le sens général de « bois » (latin : fustis), par le même procédé de formation que chênaie, châtaigneraie, oseraie, etc. sont dérivés des noms d'essences particulières. Le mot a donc un sens très large ; il peut s'employer quelle que soit l'espèce des arbres et quel que soit leur âge. Ainsi on appelle *jeunes futaies* celles qui n'ont pas atteint 40 ans ; au-dessus de 100 ans elles prennent le nom de *vieilles futaies*, et de *futaies sur le retour*, quand les arbres commencent à se couronner, c'est-à dire à se dessécher par la tête. — L'exploitation des futaies se fait de plusieurs façons. Anciennement la méthode la plus répandue était de *couper en jardinant*, c'est-à-dire d'abattre sur toute l'étendue de la forêt un certain nombre d'arbres, de préférence ceux qui nuisaient aux autres ou qui n'auraient pu que perdre si on les avait laissés sur pied. Mais cette pratique ne s'est conservée que pour un petit nombre d'essences. On préfère ordinairement couper par *bandes* ou *zones* en abattant tous les arbres qui se trouvent sur le terrain de la coupe, à l'exception de quelques-uns qu'on choisit parmi les plus vigoureux et qui servent de *porte-graines* pour le repeuplement. La façon dont se font les coupes, leur quotité ou leur étendue, leur ordre, s'appellent *l'aménagement* de la forêt.

3° PÉPINIÈRES. — Quant aux *pépinières*, ce sont des plants de petits arbres qu'on élève en grande masse jusqu'à ce qu'ils puissent être transplantés ; le plus souvent elles sont exploitées par des horticulteurs qui en font métier.

* **1635. Droit de l'usufruitier.** — Voyons maintenant, d'après cette classification des arbres, quels droits l'usufruitier peut avoir sur eux.

Ceux qui sont considérés comme *capitaux* lui échappent, il ne peut pas les couper, car il n'a droit qu'aux fruits. Ainsi le Code dit qu'il ne peut pas toucher aux *arbres de haute futaie* (art. 592), et on a remplacé le mot « bois » par le mot « arbres » pour bien montrer que la règle s'applique aux arbres épars aussi bien qu'aux arbres réunis en masse sur un terrain planté en bois.

Néanmoins, et par exception, la loi lui donne les arbres fruitiers, quand ils meurent ou quand ils sont arrachés ou brisés par accident, mais à la charge de les remplacer par d'autres (art. 594). On évite par là une foule de petits comptes à régler ; du reste, ces arbres ont en général peu de valeur, et le propriétaire a intérêt à retrouver son fonds régulièrement planté d'arbres jeunes et en plein rapport.

Il faudrait décider la même chose pour les arbres si nombreux qui, dans l'Ouest de la France, entourent toutes les pièces de terre, et qui fournissent du menu bois par l'émondage. Il existe du reste à leur égard des usages locaux fidèlement suivis par les propriétaires et les fermiers.

Pour les *arbres des taillis et des pépinières*, il ne pouvait y avoir aucun doute ; ils n'ont pas d'autre destination que d'être coupés ou enlevés et vendus (art. 590). Donc l'usufruitier a le droit de les exploiter.

Quant aux *futaies*, la loi distingue : si la futaie était *mise en coupes réglées*, c'est-à-dire régulièrement aménagée, avant l'ouverture de l'usufruit, l'usufruitier a le droit de continuer l'exploitation, puisque les arbres qu'on abat sont de véritables fruits (art. 591). Au cas contraire l'usufruitier n'a pas le droit d'y toucher ; ces arbres sont des capitaux, et il n'a pas droit aux capitaux (art. 592). La loi lui permet toutefois de retirer de la forêt non aménagée les menus produits annuels ou périodiques qu'elle peut fournir (art. 593). Elle lui permet en outre de prendre le bois dont il a besoin pour les échalas de ses vignes, ou pour les réparations qui sont à sa charge. Seulement dans ce dernier cas, s'il ne trouve pas assez d'arbres brisés et qu'il soit obligé d'en faire abattre, il est tenu d'en faire constater la nécessité avec le propriétaire (même art.).

Sur les obligations spéciales qui sont imposées à l'usufruitier pour l'exploitation des bois, voyez ci-dessous n° 1672.

b) *Droits de l'usufruitier sur les produits des mines, minières et carrières.*

***1636. Caractères des produits des mines et carrières.** — Ce qu'on extrait d'une mine ou d'une carrière n'est pas un produit du sol : aucune terre ne produit du minerai, ou du sable ou du calcaire. C'est le sol lui-même qu'on enlève et qu'on vend par morceaux ; l'exploitation d'une mine ou d'une carrière en amène infailliblement l'épuisement. Néanmoins dans l'usage, à cause de l'abondance des matériaux, on considère ce qu'on en retire comme un produit. Le Code fait de même, il fait rentrer ces produits dans la catégorie des fruits et les attribue à l'usufruitier parce que ce sont des revenus qui font vivre les propriétaires (art. 598).

***1637. Condition exigée par le Code.** — La loi met cependant une condition pour accorder ce droit à l'usufruitier, et cette condition est la même que celle qui a déjà été signalée pour les futaies : il faut que la mine ou la carrière ait été *déjà ouverte avant le commencement de l'usufruit*. L'usufruitier peut donc continuer une exploitation commencée, il n'a pas le droit de la commencer lui-même quand elle ne l'est pas encore.

L'existence de cette condition générale s'explique par une obligation particulière qui pèse sur l'usufruitier, et qui limite ses droits : il est tenu de respecter les usages des anciens propriétaires et de régler sa conduite sur la leur (ci-dessous n°s 1669 et suiv.).

1638. Modification du régime des mines. — L'art. 598, tel qu'il a été rédigé en 1804 (et son texte n'a pas été modifié depuis lors), applique la même règle aux mines qu'aux carrières et minières ; le texte leur est commun et les nomme toutes trois ensemble. Par conséquent, l'usufruitier jouissait du revenu des mines qui étaient déjà en exploitation au jour de l'ouverture de son droit, et ne pouvait entreprendre l'exploitation d'aucune mine nouvelle.

Mais la loi du 21 avril 1810 a changé entièrement le régime d'exploitation des mines, qui ne peuvent plus être ouvertes, même par le propriétaire de la surface, qu'en vertu d'une concession du gouvernement (ci-dessus n°s 1029 et 1030), et cette concession peut être accordée aussi bien à l'usufruitier qu'au propriétaire ou à un tiers. Quelle a été l'influence de cette réforme sur les relations du nu propriétaire et de l'usufruitier ? Dans l'opinion générale, on admet que la loi de 1810, qui a modifié notre législation minière, est une loi purement administrative et qu'elle n'a pu avoir pour effet de changer même indirectement des règles qui appartiennent au droit civil.

Les conséquences qui résultent de cette manière de voir sont les suivantes :

1° Si la mine était déjà exploitée lors de l'établissement de l'usufruit, l'*usufruitier* jouit, *au lieu et place du propriétaire, de la redevance minière*, payée à la surface par l'exploitant du sous-sol (ci-dessus nos 1030 et 1043).

2° Si la mine n'a été concédée qu'après l'établissement de l'usufruit, l'*usufruitier n'a aucun droit à la redevance*, qui doit être touchée par le nu propriétaire.

En d'autres termes, la réforme de 1810 n'a eu d'autre effet que de substituer, pour les propriétaires et usufruitiers, la jouissance d'une redevance en argent aux produits en nature que leur aurait fournis l'exploitation de la mine, mais elle n'a rien changé à la nature de leurs relations, telles qu'elles résultaient de la loi civile [1].

1639. Formalité prévue par le Code et devenue inutile depuis 1810. — Bien qu'on ait maintenu en principe son système malgré l'apparition de la loi de 1810, l'art. 598 se trouve toutefois rendu inutile sur un point secondaire. Il dit que, lorsque l'exploitation ne peut être faite sans concession, l'usufruitier sera tenu de se munir d'une nouvelle permission pour la continuer.

Ceci se réfère à la législation en vigueur sous le Consulat, d'après laquelle les autorisations qui étaient données aux propriétaires pour exploiter les mines à plus de 100 pieds de profondeur, étaient *personnelles*. On comprend alors la nécessité du renouvellement de l'autorisation quand l'exploitation changeait de mains. Mais avec le système actuel il n'en est plus de même : la formalité prévue par la loi est devenue inutile.

1640. Cas où la mine est elle-même grevée d'usufruit. — Les mines, une fois concédées, forment des propriétés distinctes de la surface. Par conséquent les usufruits établis sur les terrains de la surface ne s'étendent pas à la mine et comprennent seulement la redevance perçue par les propriétaires de ces terrains. D'un autre côté, il est rare que la mine elle-même, considérée comme une propriété à part, soit directement grevée d'usufruit : les mines appartiennent à des personnes morales, qui ne meurent point, qui ne font point de testament, qui ne se marient point ; par conséquent, la propriété des mines concédées à des compagnies ne sera jamais soumise à un droit d'usufruit.

Il peut arriver cependant qu'un particulier (ou une famille) soit à lui seul propriétaire d'une mine, et par l'effet des testaments et des mariages, cette mine peut faire l'objet d'un usufruit. En pareil cas l'usufruitier n'a pas à se préoccuper, comme semble encore l'y inviter l'art. 598, de se prémunir d'une autorisation nouvelle : la concession, une fois accordée, peut faire l'objet d'une cession sans autorisation du gouvernement, et cette transmission de la concession peut se faire aussi bien pour la jouissance que pour la pleine propriété [2].

4° Droit de l'usufruitier sur ce qui accroît à la chose.

1641. Principe. — Les droits de l'usufruitier, tels qu'ils viennent d'être établis, c'est-à-dire comprenant l'usage et la jouissance de la chose, s'étendent successivement à tous les accroissements que la chose peut recevoir. Il n'y a aucun doute pour les *alluvions* (art. 596) et autres *variétés d'accessions*, mais il y a eu pour un cas particulier des difficultés d'autant plus vives que l'intérêt engagé était parfois considérable.

* **1642. Difficultés pour les valeurs à lots.** — La ville de Paris, le Crédit foncier,

[1] Il n'y en a pas moins quelque chose de bizarre à voir un nu propriétaire privé des revenus de son fonds, parce qu'il est réduit à la nue propriété, en percevoir néanmoins une part considérable à la place de l'usufruitier. Le système du Code se comprenait au temps où la mise en exploitation de la mine était l'œuvre personnelle de l'usufruitier : on l'empêchait d'entreprendre une forme nouvelle d'exploitation ; on le décourageait, en lui retirant le bénéfice de la mine, pour l'obliger à conformer sa conduite à la jouissance antérieure des propriétaires. Mais aujourd'hui que l'ouverture de la mine est le *fait du prince* et que la concession intervient (au moins dans la plupart des cas) sur la demande d'un tiers, c'est-à-dire d'une compagnie qui a fait la recherche et la découverte des substances exploitables, il n'y a vraiment aucune raison pour priver l'usufruitier de cette augmentation toute fortuite des revenus de la terre. L'acte de concession ne dépend pas de l'usufruitier et il n'est pas en son pouvoir de l'empêcher.

[2] La loi défend seulement de diviser l'exploitation sans l'autorisation du gouvernement (L. 21 avril 1810, art. 7, al. 2). Cette disposition, qui vise les cas de vente et d'aliénation définitive, ne deviendrait applicable aux créations d'usufruits partiels qu'autant qu'il en devrait résulter une division d'exploitation qui n'en est pas la conséquence forcée.

et bien d'autres villes ou établissements, émettent dans le public ce qu'on appelle des *valeurs à lots*, c'est-à-dire des obligations rapportant un intérêt assez faible, mais remboursées par voie de tirage au sort, avec des *primes* pour les premiers numéros sortants. La première obligation tirée gagne cent et même parfois deux cent mille francs. Quand l'obligation qui gagne un lot est soumise à un droit d'usufruit, à qui, de l'usufruitier ou du propriétaire, doit appartenir cet accroissement soudain du capital ? Les uns prétendaient que l'usufruitier n'y avait aucun droit, même pour en jouir temporairement, parce que la prime de remboursement n'est pas un fruit. D'autres voulaient que l'usufruitier eût droit à la totalité de la prime, sans restitution au profit du propriétaire, parce que, disaient-ils, les villes et les compagnies qui pratiquent ce genre d'emprunts, font face au service des lots à l'aide de retenues opérées sur les intérêts de leurs obligations. Il y a donc pour les porteurs des titres, une privation certaine, mais minime, de revenus, compensée par un gain énorme, mais aléatoire. Le bénéfice éventuel (le lot) doit donc appartenir à celui qui subit la retenue, c'est-à-dire à l'usufruitier.

Ni l'une ni l'autre de ces deux opinions extrêmes ne l'a emporté dans la pratique. La Cour de cassation a décidé que la prime forme un surcroît de capital, qui appartient au nu propriétaire, et dont la jouissance seule peut être réclamée par l'usufruitier (14 mars 1877, D. 77. 1. 353, S. 78. 1. 1). Cette solution est conforme à l'intention des parties : les compagnies déclarent rembourser leurs obligations par des sommes variables, les unes au pair, les autres à un chiffre supérieur, selon leur rang de tirage ; ce qui est payé est donc le capital de l'obligation.

* **1643. Du trésor.** — Le droit de jouissance de l'usufruitier *ne s'étend pas au trésor* qui peut être découvert dans la chose grevée d'usufruit. Le trésor n'est pas un produit ; aucune chose n'est destinée à produire des trésors. Ce n'est même pas une partie de la chose, comme ce qu'on retire des carrières. C'est une chose différente de celle dans laquelle il était caché. Il n'y a aucune raison pour l'attribuer à l'usufruitier *à ce titre*, à moins qu'il ne le découvre, auquel cas il a droit à la moitié, *à titre d'inventeur*, d'après les règles du droit commun (art. 716).

§ 5. — *Pouvoirs juridiques de l'usufruitier.*

* **1644. Comparaison avec le propriétaire.** — De même que le propriétaire, l'usufruitier a qualité pour faire des actes juridiques relatifs à la chose, mais à ce point de vue, son pouvoir est, comme son droit lui-même, beaucoup moins étendu que celui du propriétaire.

A. — Baux.

** **1645. Droit de louer la chose.** — Le bail ou contrat de louage est l'acte par lequel une personne qui a le droit de jouir d'une chose cède temporairement à une autre son droit de jouissance moyennant un loyer. L'usufruitier, ayant la jouissance de la chose, peut la donner à bail.

* **1646. Caractère personnel des baux.** — Rigoureusement l'usufruitier ne devrait pas être obligé de respecter les baux faits par le nu propriétaire avant l'ouverture de son droit, et réciproquement le propriétaire, lorsqu'il reprend la jouissance de sa chose à l'expiration de l'usufruit, ne devrait pas être tenu des baux consentis par l'usufruitier. *Chaque contrat de bail ne fait naître que des obligations personnelles pour celui qui l'a fait*, et ces obligations ne passent pas d'une personne à une autre.

*1647. **Innovations du Code.** — Cette double solution traditionnelle a été changée par le Code. L'abandon du droit antérieur était motivé par une raison majeure d'ordre pratique. Si l'on veut qu'un propriétaire ou un usufruitier puisse louer son bien à un prix convenable, il faut qu'il puisse offrir à ses locataires la certitude de conserver la jouissance des lieux loués, malgré le changement ultérieur qui peut faire passer à une autre personne la propriété ou l'usufruit. Le louage est un acte d'administration normale pour lequel les propriétaires ou usufruitiers successifs doivent subir l'effet des actes de leurs prédécesseurs.

*1648. **Baux passés par le propriétaire.** — D'après l'art. 1743, l'*acheteur* d'un immeuble ne peut expulser le fermier ou locataire qu'il trouve en possession; il est tenu de laisser le bail suivre son cours, et se trouve substitué à cet égard aux obligations de son auteur. Si les locataires et fermiers possèdent, d'après cet article, un droit opposable à celui qui acquiert la pleine propriété de l'immeuble, à plus forte raison peuvent-ils opposer leur bail à *un simple usufruitier*. Les baux passés par le propriétaire avant l'ouverture de l'usufruit continueront donc à être exécutés. Il faut toutefois qu'ils aient acquis date certaine avant cette époque (arg. art. 1743); en outre, ceux dont la durée dépasse 18 ans sont soumis à la formalité de la transcription, à défaut de laquelle ils subiraient une réduction à ce chiffre (L. 23 mars 1855, art. 2-4, et art. 3).

1649. **Baux passés par l'usufruitier. — Les baux passés par l'usufruitier pendant l'usufruit ne sont pas traités de la même manière que ceux qui émanent du propriétaire.

L'usufruitier n'a pas de pouvoirs aussi étendus que le propriétaire; il n'a sur la chose qu'un pouvoir d'administration, analogue à ceux qui appartiennent aux administrateurs du bien d'autrui. L'art. 595 déclare applicables à l'usufruitier les règles établies pour le mari administrant les biens de sa femme (art. 1429 et 1430. — Comp. art. 509 et 1718). Voici les résultats de cette assimilation. Tant que dure son droit, l'usufruitier est obligé de maintenir le bail qu'il a consenti, quelle qu'en soit la durée. A la fin de l'usufruit, pour savoir dans quelle mesure le bail en cours est opposable au nu propriétaire, on le divise en périodes de neuf ans, et le preneur n'a que le droit d'achever la période dans laquelle il se trouve au moment de la cessation de l'usufruit. De plus, pour faciliter le renouvellement des baux et éviter les vacances dans les locations, on permet à l'usufruitier de signer un nouveau bail, soit avec le locataire actuel, soit avec un autre, dans les deux ou dans les trois dernières années du bail en cours, selon qu'il s'agit de maisons ou de biens ruraux (art. 1430).

S'il est fait usage de cette faculté, cela peut porter à *onze* ou à *douze ans*, *au maximum*, la période pendant laquelle le propriétaire sera lié par les baux consentis par l'usufruitier.

1650. Baux d'objets mobiliers. — En principe l'usufruitier n'a pas le droit de louer à des tiers les objets mobiliers sur lesquels porte son droit. Cependant il peut se faire que par leur nature, ces objets soient destinés à être loués (livres d'un cabinet de lecture, chevaux et voitures de louage, meubles d'occasion, etc.).

L'application rigoureuse de la loi conduirait à décider que les locations faites par l'une des parties sont sans effet à l'égard de l'autre, aussi bien au commencement qu'à la fin de l'usufruit ; car l'art. 595 ne concerne que les locations d'immeubles. Mais une telle rigueur serait tellement contraire à l'intention des parties que son application serait bien douteuse si la difficulté se présentait. On pourrait admettre l'existence d'une convention tacite et mutuelle, obligeant chacune des deux parties à respecter les actes de l'autre, à la seule condition que les locations soient faites conformément aux habitudes du fonds de commerce dont ces objets font partie. Comp. n° 1689.

B. — Exercice des actions.

* **1651. Actions garantissant le droit d'usufruit lui-même.** — L'usufruitier peut exercer diverses actions relatives aux choses comprises dans son usufruit. Ainsi, lorsqu'un immeuble dont la jouissance lui appartient se trouve aux mains d'un tiers qui le détient sans droit, il peut le réclamer au moyen de l'*action confessoire d'usufruit*, action réelle pétitoire, qui lui appartient de son chef. On admet même qu'il pourrait, le cas échéant, recourir à la forme plus simple de l'*action possessoire* appelée « complainte ». Sans doute peuvent seuls exercer l'action possessoire ceux qui sont possesseurs à titre non précaire (art. 23, C. proc. civ.), et l'usufruitier est un de ceux qui, suivant l'expression de l'art. 2236, détiennent *précairement* la chose du propriétaire et qui, par suite, ne peuvent prescrire. Mais, si l'usufruitier est détenteur précaire en ce qui concerne la propriété, il ne l'est pas quant à l'usufruit ; il a, de son chef, un droit réel de jouissance qui lui permet de posséder la chose et qui lui donne à ce titre l'action possessoire. Cette distinction a été très bien établie par Boitard, *Leçons de procédure civile*, t. I, n° 630. Voyez ci-dessus, n° 930.

1652. Actions garantissant les droits compris dans l'usufruit. — Ainsi encore, l'usufruit est établi à titre universel, l'usufruitier a qualité pour exercer les *actions personnelles* contre les débiteurs dont les obligations sont échues. Il peut leur réclamer leur paiement ; il y est même obligé, en ce sens que sa responsabilité serait engagée envers le propriétaire, s'il s'agissait de capitaux que sa négligence eût laissé perdre par l'effet de la prescription ou par l'insolvabilité des débiteurs.

C. — Réception des capitaux.

1653. Distinction à faire. — Il y a lieu de distinguer selon la nature des capitaux à recevoir, qui peuvent être de quatre sortes différentes.

* **1654. Capitaux des dettes exigibles.** — L'usufruitier universel ou à titre universel a qualité pour recevoir, soit à l'amiable, soit après des poursuites judiciaires, le remboursement des créances venues à échéance pendant son usufruit. Il peut en donner quittance sans l'intervention du

propriétaire. A ce moment son droit se transforme : il avait sur la créance non échue un simple droit d'usufruit, qui l'autorisait seulement à en toucher les intérêts; sur l'*argent*, qui représente le capital remboursé, il a désormais un *quasi-usufruit*, c'est-à-dire un droit de propriété, car l'argent se consomme par le premier usage. Voyez ci-dessus, nos 1568 et 1569.

1655. Remboursement des rentes. — L'usufruitier d'une rente perpétuelle, qui serait remboursée par le débiteur pendant la durée de l'usufruit, a de même qualité pour en toucher le capital. On se demande seulement s'il peut être astreint à fournir caution, au cas où le titre constitutif de l'usufruit l'en aurait dispensé. La dispense n'a peut-être été accordée qu'en considération de la situation première, alors que l'usufruitier n'avait pas la disposition du capital, et il peut être conforme à la volonté du constituant d'exiger alors une caution de l'usufruitier. Les tribunaux ont à cet égard un certain pouvoir d'appréciation (Besançon, 8 févr. 1875, S. 77. 2. 36). — Ce qui se passe au cas d'expropriation (voy. le n° suivant) a fourni aussi un argument d'analogie, mais peu solide, car il est tiré d'un texte exceptionnel, qu'on ne doit pas étendre d'un cas à un autre. C'est l'intention du disposant qu'il faut considérer plus que toute chose.

1656. Indemnité d'expropriation. — Si l'immeuble qui fait l'objet de l'usufruit est exproprié en tout ou en partie, l'usufruitier a qualité pour toucher l'indemnité, afin d'en percevoir l'intérêt jusqu'à l'expiration de son droit.

Pour plus de détails sur ce qui se passe au cas d'expropriation, voir ce qui en est dit à propos des causes d'extinction de l'usufruit (ci-dessous, n° 1703).

1657. Indemnités d'assurance. — Si le contrat d'assurance a été fait par l'usufruitier *dans son intérêt exclusif*, il n'est pas douteux qu'il ait le droit de *toucher entièrement l'indemnité*, qui n'est due qu'à lui, puisqu'elle représente uniquement la valeur de son droit de jouissance, et il la gardera sans être jamais tenu d'aucune restitution au propriétaire. — Mais si le contrat a été fait de manière à profiter à la fois aux deux intéressés, l'usufruitier devrait, d'après certains auteurs, toucher l'indemnité représentant la valeur en pleine propriété de la maison détruite pour en jouir jusqu'à la fin de l'usufruit et la restituer alors au nu propriétaire (AUBRY et RAU, t. II, § 231, p. 495 ; LAURENT, t. VI, n° 530). Il semble que dans la pratique les compagnies préfèrent indemniser chacun séparément jusqu'à concurrence de la valeur de son droit.

D. — Aliénations et autres actes de disposition.

***1658. Faculté d'aliéner résultant du quasi-usufruit.** — L'usufruitier, n'étant pas propriétaire, ne peut pas disposer des objets compris dans l'usufruit pour les *aliéner*. Tel est du moins le principe. Mais son droit d'usufruit se transforme parfois en *une véritable propriété* (*quasi-usufruit*), qui lui permet d'aliéner. Ce fait se produit dans les cas suivants :

1° Pour les *objets de consommation* (vins, denrées, etc.) dont on ne peut faire usage sans les détruire. Hypothèse déjà expliquée (ci-dessus, n° 1617).

2° Pour l'*argent monnayé* et les *billets de banque*. Hypothèse analogue à la précédente. Le seul usage qu'on puisse faire de l'argent, c'est de le dépenser, c'est-à-dire de l'aliéner. Aussi, quand le Sénat romain admit que les usufruits universels comprendraient même les « res quæ primo usu consumuntur », il y fit en même temps rentrer l'argent monnayé.

3° Pour les choses qui sont par leur nature *destinées à être vendues*, par exemple les marchandises comprises dans un fonds de commerce. Il est nécessaire que l'usufruitier de ce fonds ait le droit d'aliéner les marchandises qu'il contient ; la concession de ce droit lui est faite implicitement par le seul effet de la constitution de l'usufruit.

4° Pour les choses qui sont *livrées sur estimation*, quelle que soit leur nature, mais seulement *dans les cas où l'estimation vaut vente*. L'usufruitier est alors réputé avoir acheté les choses estimées, pour un prix égal au montant de l'estimation ; il en acquiert la propriété définitive, et devient débiteur de leur valeur, qu'il doit payer à l'expiration de l'usufruit. C'est ce qu'on exprime en disant que « l'estimation vaut vente ». Mais l'estimation ne vaut pas vente par elle-même et nécessairement. Il faut se rappeler que les objets mobiliers compris dans un usufruit ne sont ordinairement livrés à l'usufruitier qu'après avoir été *inventoriés*. Or l'inventaire comprend, en même temps que l'énumération, une estimation des meubles. Cette estimation, en principe, ne vaut pas vente ; elle ne transforme pas l'usufruitier en propriétaire ; elle n'a d'autre utilité que de servir à évaluer l'indemnité qui pourra être due, si ces objets ne se retrouvent pas à la fin de l'usufruit ou si l'usufruitier ne les représente que détériorés. L'effet spécial de valoir vente n'est attribué à l'estimation qu'autant que les parties l'ont voulu et que leur volonté s'est manifestée d'une manière non douteuse.

Il résulte de là que cette dernière espèce de quasi-usufruit est *purement conventionnelle*; elle dérive de la volonté des parties et n'est jamais imposée par la nature des choses. Elle peut se rencontrer pour toute espèce de choses mobilières, mais on ne la conçoit guère appliquée à des immeubles. Son emploi offre *deux avantages:* l'un, qui est commun aux deux parties, est d'éviter des comptes difficiles, qui sont souvent des sources de contestations; l'autre, qui est particulier au nu propriétaire, est de lui assurer, à la fin de l'usufruit, une valeur mathématiquement égale à celle qu'il a livrée, et non des choses usées et détériorées.

* **1659. Hypothèque des immeubles.** — Lorsque l'usufruit porte sur un ou plusieurs immeubles, l'usufruitier peut constituer des hypothèques sur ces immeubles. Il résulte en effet de l'art. 2118 que les biens immobiliers peuvent être hypothéqués soit par le propriétaire, soit par l'usufruitier : chacun dispose du droit qu'il a. Les créanciers hypothécaires de l'usufruitier ne pourront donc saisir et vendre que l'usufruit ; l'adjudicataire n'obtiendra que la jouissance restant à courir jusqu'à la mort de l'usufruitier. De plus, les hypothèques constituées par l'usufruitier s'évanouissent quand l'usufruit s'éteint. C'est la conséquence de la règle : Nul ne peut conférer à autrui plus de droits qu'il n'en a lui-même.

Aussi la garantie hypothécaire offerte par l'usufruitier est-elle très fragile, et on en entend rarement parler. Mais les usufruits existants peuvent se trouver grevés des *hypothèques légales*, qui naissent indépendamment de la volonté des parties et qui s'étendent à tous les biens du débiteur.

* **1660. Cession de l'usufruit.** — Si l'usufruitier ne peut pas aliéner les biens soumis à son usufruit parce qu'il n'est pas propriétaire de ces biens (ci-dessus, n° 1658), il peut du moins *céder le droit qu'il a sur eux*. Aux termes de l'art. 595, l'usufruitier peut disposer de son droit, soit à prix d'argent, c'est-à-dire le vendre, soit gratuitement, c'est-à-dire le donner.

Quel est l'effet de cette cession ? Est-ce le *droit* lui-même qui est transmis d'une personne à une autre ? ou seulement *l'émolument* ?

Les avis sont partagés. Les uns trouvent que le texte est formel : d'après l'art. 595, c'est « son droit » que l'usufruitier est autorisé à céder, et ils en concluent que l'acquéreur devient à son tour usufruitier. Les autres font remarquer que malgré la cession, l'usufruit continue à résider sur la tête du cédant, pour une double raison : 1° il ne s'est pas libéré de ses obligations personnelles et reste responsable envers le nu propriétaire ; 2° l'usufruit s'éteindra par sa mort, et non par la mort du cessionnaire, qui est indifférente et après laquelle la cession continue à produire ses effets au profit de qui de droit. Cette seconde raison surtout est décisive, car il serait impossible, si le cessionnaire était vraiment usufruitier, que le droit réel d'usufruit survécût à son titulaire. Ce serait violer une des règles principales de l'usufruit. On peut donc dire que le droit réel d'usufruit est intransmissible au cessionnaire, qui peut seulement en obtenir l'exercice et le profit.

Au reste, cette question n'est guère qu'une *querelle de mots*, puisque tout le monde est d'accord sur les solutions de détail qu'il convient de donner et personne ne met en doute ce point capital que le fait de la cession ne modifie pas la durée de l'usufruit. Voyez cependant le n° 1674.

1661. Saisie de l'usufruit. — La cessibilité de l'usufruit engendre la possibilité de la *saisie* pour les créanciers de l'usufruitier. L'usufruit est un droit important, qui leur sert de gage, et qui peut être vendu aux enchères sur leurs poursuites (art. 2204-2°).

* **1662. Constitution d'usufruit sur un usufruit.** — Il arrive parfois que le droit réel d'usufruit, au lieu d'être aliéné entièrement, est seulement grevé à son tour d'un droit d'usufruit. On a alors *deux usufruits superposés*. Cette complication n'a par elle-même aucun but pratique, mais elle est le résultat de deux situations spéciales : la *puissance paternelle* et le *mariage*. Si l'enfant mineur ou si la femme qui se marie possède un usufruit, le père ou la mère de l'enfant ayant la jouissance légale de ses biens (art. 384), le mari ayant par son contrat de mariage ou en vertu de la loi la jouissance des biens de sa femme, auront l'usufruit d'un usufruit. En pareil cas, *le second usufruitier est entièrement substitué au premier pour toute la durée que doit avoir son droit de jouissance.* En cela, il ressemble au cessionnaire de l'usufruit ; il en diffère en ce que son propre droit, étant lui-même un usufruit, se trouve être également viager et n'est pas transmissible à ses héritiers ; il périt nécessairement avec lui. Cet usufruit d'un usufruit peut donc s'éteindre non seulement par la mort de l'usufruitier primitif, mais aussi par la mort du second usufruitier : le premier qui mourra y mettra fin. Naturellement si c'est l'usufruitier primitif qui survit, son propre usufruit subsistera et la jouissance lui en fera retour.

§ 6. — *Obligations personnelles de l'usufruitier pendant sa jouissance.*

** **1663. Objet des obligations de l'usufruitier.** — Pendant sa jouissance l'usufruitier est tenu de deux obligations particulières ; il doit : 1° *jouir en bon père de famille ;* 2° *se conformer au mode de jouissance établi par les propriétaires antérieurs.* Ni l'une ni l'autre de ces obligations n'est établie d'une façon directe par la loi, qui se contente d'y faire quelques allusions plus ou moins obscures.

* **1664. Leur origine.** — Ce qu'il faut bien comprendre tout d'abord, c'est l'origine et la raison d'être de ces *obligations personnelles* qui lient l'usufruitier envers le nu propriétaire. Théoriquement, le propriétaire et l'usufruitier sont étrangers l'un à l'autre; chacun d'eux est titulaire d'un droit réel distinct, c'est dire qu'il est un *tiers* pour l'autre. Le propre des droits réels est de coexister sur la même chose, isolés l'un de l'autre et dans un état d'indépendance réciproque. Comment donc peut-il se faire qu'il existe entre propriétaire et usufruitier un lien personnel et que l'usufruitier soit tenu, en cette qualité, d'une double obligation envers le propriétaire ? L'explication n'en peut être fournie que par l'histoire.

L'usufruitier romain, qui voulait obtenir la délivrance, était obligé de s'adresser au préteur pour lui demander une *formula* et la nomination d'un *judex*. Or le préteur jugea équitable, avant de livrer à l'usufruitier une chose qui ne lui appartenait pas, de l'obliger à prendre certains engagements [1]. Cette pratique était assez habituelle aux magistrats romains de forcer l'une des parties à s'obliger envers l'autre par une stipulation. Pour imposer ces *cautiones* [2] ou *sponsiones*, le préteur agissait d'autorité, et c'était l'usufruitier lui-même, qui sur son ordre faisait naître à sa charge, par une stipulation, l'obligation qui manquait d'après les principes généraux du droit; il entrait ensuite en possession, *stipulatione interposita*. L'usage de ces stipulations disparut, mais le résultat pratique qu'elles servaient à obtenir ne fut pas perdu, l'usufruitier ne cessa pas d'être considéré comme lié envers le propriétaire, alors même qu'il n'avait rien promis; la stipulation était *sousentendue*, parce qu'elle était d'usage et ne pouvait être refusée. — Telle est la raison historique qui nous explique l'existence de véritables obligations personnelles à la charge de l'usufruitier.

A. — Obligation de jouir en bon père de famille.

* **1665. Définition.** — L'expression « bon père de famille » n'a pas ici le sens français des mots qui la composent; elle a gardé le sens latin de *paterfamilias* et signifie *bon propriétaire*; sens qui remonte à l'époque lointaine où le « pater » absorbait en sa personne la personnalité de tous ceux qui étaient soumis à sa puissance et semblait être seul propriétaire de tous les biens de la famille. Cette formule veut donc dire que l'usufruitier est obligé de jouir comme un propriétaire soigneux et diligent.

Ulpien explique en ces termes l'objet de l'engagement que devait prendre à cet égard l'usufruitier : « Cavere autem debet viri boni arbitratu perceptum iri usum fructum, hoc est non deteriorem se causam usus fructus facturum, cæteraque facturum quæ in re sua faceret » (*Dig.*, liv. VII, tit. 9, fr. 1, § 3). C'est ce passage que commentaient nos anciens auteurs, Domat, Pothier et autres, quand ils voulaient définir cette obligation spéciale de l'usufruitier. On peut donc le considérer comme contenant la doctrine traditionnelle.

** **1666. Formule de cette obligation dans le Code civil.** — Le Code maintient implicitement cette obligation de l'usufruitier, quand il dit dans l'art. 601 : « *Il donne caution de jouir en bon père de*

[1] « Æquissimum prætori visum est legatarium cavere... » (ULPIEN, au *Digeste*, liv. VII, tit. 9 fr. 1, princ.).

[2] En latin les mots *cavere*, *cautio*, se disaient de l'engagement personnel pris par un débiteur, et quelquefois de l'écrit probatoire qui constatait cet engagement. Les garanties supplémentaires fournies au créancier, soit par des fidéjusseurs, soit par des gages ou hypothèques, s'appelaient *satisdationes*.

famille...». En effet, il ne peut y avoir sur ce point d'obligation pour la caution que s'il y a à côté d'elle un débiteur principal, tenu de remplir cette obligation dont elle garantit l'exécution, et ce débiteur principal est l'usufruitier.

Il faut même remarquer que la formule employée par le Code est ambiguë, à force d'être concise : on a inclus dans la même phrase l'obligation de fournir une caution et l'obligation de jouir en bon père de famille. Cela tient au changement de sens du mot « cautio ». En latin, la formule : « *cavere* se boni viri arbitratu usurum » signifiait *prendre un engagement personnel au moyen de la stipulation;* en français, « donner caution » signifie fournir un fidéjusseur.

** **1667. Conséquence de cette obligation.** — En vertu de cette première obligation, l'usufruitier doit :

1° *S'abstenir de détériorer les biens soumis à l'usufruit,* éviter, par exemple, tout ce qui pourrait en augmenter le revenu en compromettant le fonds, forcer les récoltes en épuisant la terre; la laisser sans engrais ou sans amendements.

2° *Entretenir les biens en bon état :* remplacer les arbres morts, les échalas des vignes, les espaliers; spécialement pour les bâtiments, faire toutes les menues réparations qui deviennent nécessaires par l'usure naturelle des choses ou même par accident, et à plus forte raison par sa faute. Sur l'étendue de cette obligation spéciale, voyez ce qui sera dit plus loin des réparations d'entretien considérées comme charge de la jouissance.

Si c'est un fonds de commerce qui est grevé d'usufruit (ce qui se fait assez souvent, entre époux commerçants, au profit du survivant), l'usufruitier doit agir de telle sorte qu'il laisse le fonds de commerce (clientèle et marchandises) au moins en aussi bon état qu'il l'a pris.

3° *Faire même les grosses réparations,* quand elles deviennent nécessaires par défaut d'entretien (ci-dessous n° 1692).

4° *Empêcher les prescriptions de s'accomplir.* Si une *créance* comprise dans un usufruit universel est arrivée à échéance depuis longtemps, l'usufruitier doit en réclamer le paiement avant que le bénéfice de la prescription soit acquis au débiteur. Mais si un tiers commet des empiètements sur un immeuble, de façon à arriver à l'usucapion, comme l'action en revendication appartient au seul propriétaire, l'usufruitier doit se borner à lui dénoncer le fait; faute de quoi, il serait responsable du préjudice subi par le propriétaire, comme s'il l'avait causé lui-même (art. 614).

1668. Lacune relative aux primes d'assurance. — L'usufruitier n'est pas obligé d'entretenir un contrat d'assurance précédemment passé par le propriétaire. S'il s'abstient de payer les primes, ce contrat deviendra caduc, et la compagnie sera dispensée de payer l'indemnité. Le propriétaire subira une perte, mais l'usufruitier n'en sera pas responsable. Cela tient à ce que le contrat d'assurance est considéré comme une opération parfaitement distincte de l'entretien de la propriété, un acte de prévoyance, d'où résultent de simples créances et obligations personnelles pour ceux qui l'ont fait (LAURENT, t. VI, n° 530; DALLOZ, *Suppl.*, v° Usufruit, n° 237). Cependant un arrêt a assimilé à ce point de vue l'usufruitier à un tuteur et l'a, par suite, déclaré responsable du défaut de paiement des primes (Besançon, 1er avril 1863, D. 63. 2. 93).

Bien entendu, le titre de l'usufruitier pourrait lui imposer l'entretien du contrat par le paiement régulier des primes. Il y a à cet égard dans nos lois une véritable lacune. L'assurance contre l'incendie et les autres risques, ignorée encore de Pothier et des auteurs du Code, est entrée de plus en plus dans nos mœurs ; elle est devenue, pour tout propriétaire prudent, une charge normale de la propriété. Il devrait donc être établi que l'usufruitier est obligé de faire assurer la chose contre l'incendie ou contre les autres risques auxquels elle est exposée et que le paiement régulier des primes d'assurances est à sa charge pendant toute la durée de son usufruit. Mais il faudrait pour cela un texte analogue à l'art. 1045 du Code civil allemand.

B. — Obligation de se conformer aux habitudes du propriétaire.

1° La règle.

* **1669. Son objet et son origine.** — Cette obligation est différente de la précédente. Les jurisconsultes romains en parlaient souvent, mais sans l'ériger en obligation distincte [1] ; c'est dans notre ancien droit qu'elle a pris tout son développement [2]. Le Code civil y fait allusion, dès les premières lignes, dans sa définition de l'usufruit, en disant que l'usufruitier a le droit de jouir de la chose « comme le propriétaire lui-même » (art. 578), et il y revient dans maint article en parlant de l'*usage* ou de la *coutume des propriétaires*, sur lesquels l'usufruitier doit régler sa jouissance (art. 590, 591, 593, 597, 598).

Beaucoup d'auteurs entendent en outre les mots « à la charge d'en conserver la substance », qui se trouvent dans l'art. 578, comme se rapportant à cette obligation de l'usufruitier. Il est possible, en effet, que les auteurs du Code aient voulu dire par là que l'usufruitier ne doit point altérer ce qui est l'essentiel, c'est-à-dire la destination de la chose, en changeant son affectation ou son mode d'exploitation. S'il en est ainsi, ils ont bien mal traduit le latin « salva rerum substantia », qui faisait allusion à l'extinction du droit par la perte de la chose. Du reste, ce qu'ils ont voulu exprimer dans ce membre de phrase ambigu importe peu, puisque les principes sont certains.

2° *Conséquences.*

1670. Destination des bâtiments. — L'usufruitier ne peut pas transformer en *hôtellerie*, en *magasin*, en *dépôt de marchandises*, une maison destinée à être *habitée bourgeoisement*. — Cependant, on lui permet de *louer* une maison que le propriétaire avait coutume d'habiter ; il n'est pas obligé d'en jouir en personne ; il peut la donner à bail, pourvu qu'il n'en change pas la destination.

* **1671. Exploitation des terres.** — L'usufruitier ne peut pas changer le *mode de culture* des terres, transformer des vignes ou des prairies en terres labourables. Il peut seulement mettre en culture les landes et les terres en friche ; ceci constitue une amélioration et non une transformation.

* **1672. Exploitation des bois.** — L'usufruitier est obligé de se conformer, pour l'exploitation des bois, aux usages suivis par les anciens propriétaires. Les articles 590 et 591 le disent expressément. Ainsi, s'il s'agit de taillis, il doit réserver, si le propriétaire le faisait lui-même, un certain nombre de *baliveaux* par hectare. On appelle « baliveaux » des pieds que l'on s'abstient de couper pour les laisser grandir à l'état de *futaies sur taillis*. L'origine du mot est inconnue ; sa forme ancienne était *boiviaus* ou *baiviaux*.

[1] Voyez, par exemple, ce que dit ULPIEN : « sicut pater familias cædebat..., unde palo solebat pater familias uti » (*Dig.*, liv. VII, tit. 1, fr. 9).

[2] Voyez ce qu'en dit POTHIER, à propos de l'usufruit de la douairière (*Traité du douaire*, nos 214-220).

L'usage de réserver des baliveaux tend du reste à se perdre. On a reconnu que ces pieds, qui étaient destinés à protéger les nouvelles pousses et à aider au repeuplement, étaient plus nuisibles qu'utiles. — Ainsi encore, s'il s'agit de futaies, l'usufruitier doit suivre pour les époques, l'ordre et l'étendue des coupes, l'aménagement établi avant l'ouverture de son droit. Il doit par exemple procéder, comme le faisait le propriétaire, soit à une *coupe pleine ou à blanc* qui consiste à abattre en même temps tous les arbres d'une coupe, soit à la *coupe par éclaircies,* qui se fait en trois fois, à des intervalles variables.

Qu'arriverait-il s'il n'y avait pas d'aménagement établi à l'ouverture de l'usufruit ? On sait d'avance la conséquence en ce qui concerne les futaies ; elles sont considérées comme capitaux et échappent à l'usufruitier. Mais les taillis sont considérés comme donnant nécessairement des fruits sous la forme de coupes périodiques. Par suite, s'il n'y a pas de règle établie, par exemple lorsque le bois est de plantation récente, le défaut d'aménagement n'empêche pas l'usufruitier d'en jouir ; il lui est même possible d'établir lui-même l'aménagement en se conformant aux meilleures méthodes suivies dans la région ou encore en adoptant les règles établies pour les biens de l'État. De même si l'ancien propriétaire y avait fait des coupes hâtives ou déréglées, l'usufruitier ne pourrait pas l'imiter, car son obligation essentielle est de jouir en bon père de famille [1].

1673. Exploitation des carrières et minières. — L'usufruitier ne peut exploiter les dépôts de matières classées par la loi comme carrières, minières et tourbières, qu'au cas où l'exploitation en était *déjà commencée* au moment où son usufruit s'est ouvert. Il n'a que le droit de *continuer* à exploiter, et toujours à la condition de conformer sa jouissance à l'usage suivi auparavant (art. 598) ; il ne peut donc pas entreprendre l'exploitation des dépôts que les propriétaires précédents avaient négligés.

La même règle s'appliquait aux mines d'après le Code civil parce que, à l'époque de sa rédaction, les propriétaires avaient le droit d'exploiter eux-mêmes les mines contenues dans le périmètre de leurs terrains. Mais l'art. 598 s'est trouvé implicitement modifié, à l'égard des mines, par la loi du 21 avril 1810, qui a établi le système des concessions : le propriétaire lui-même n'aurait pas le droit de mettre la mine en exploitation, et de son côté l'usufruitier peut, comme tout autre citoyen, en obtenir la concession, auquel cas il l'exploite comme concessionnaire et non comme usufruitier : la mine à lui concédée forme entre ses mains un immeuble distinct de celui dont il a l'usufruit.

C. — Impossibilité d'une libération de l'usufruitier.

1674. *Effet de la cession de l'usufruit.* — On dit souvent que l'usufruitier, en cédant son droit, ne se libère pas de ses obligations. Cette solution se justifie aisément pour ceux *qui pensent que la cession porte seulement sur l'émolument et non sur le droit lui-même,* mais elle est incompatible avec l'idée d'un transfert du droit réel d'usufruit, puisque les obligations dont l'usufruitier est tenu n'existent qu'à raison de cette qualité ; par suite, si le droit réel d'usufruit pouvait être véritablement cédé, l'usufruitier se libérerait pour l'avenir de ses obligations, en transmettant son droit ; le propriétaire devrait subir l'effet du changement qui substituerait un usufruitier à un autre.

§ 7. — *Charges de l'usufruit.*

*** 1675. Idée d'ensemble de ces charges.** — Les fruits des biens grevés d'usufruit ne constituent pas un revenu net pour l'usufruitier. Deux

[1] On prétend qu'à défaut d'aménagement du taillis, l'usufruitier peut se conformer aux usages de la région et que c'est là ce que l'art. 590 veut dire en parlant de « l'usage constant des propriétaires ». Mais il est probable que la loi vise ici les habitudes des propriétaires du fonds avant l'ouverture de l'usufruit, comme elle le fait pour les futaies dans l'art. 591. D'ailleurs, les usages varient d'une propriété à l'autre, et où trouverait-on l'usage constant des propriétaires de taillis si on le cherchait dans toute une région ? Chacun a le sien.

sortes de charges viennent en déduction des fruits. Il a d'abord à supporter un certain nombre de dépenses annuelles, qui sont considérées comme *charges de la jouissance ;* il les supporte en entier et sans répétition possible, parce qu'un propriétaire y fait face avec ses revenus, et qu'elles sont la condition nécessaire de l'exploitation ou de l'usage des propriétés. Il a en plus à supporter les *intérêts des sommes* qu'il devient nécessaire de *débourser en capital* pour les biens soumis à l'usufruit. Ce sont là deux sortes de charges différentes de sa jouissance.

A. — Dépenses annuelles à la charge de l'usufruitier.

1676. Énumération. — Ces dépenses sont *le paiement des contributions* et *les réparations d'entretien.*

1677. Contributions. — Les impôts de toutes sortes que l'État perçoit, l'*impôt foncier* avec les *centimes additionnels* dus au département ou à la commune, ainsi que les autres taxes imposées à la propriété foncière, telles que la taxe parisienne du *balayage*, et les taxes sur les *chevaux*, *voitures*, *billards*, etc., tout cela est à la charge de l'usufruitier (art. 608). — On peut aussi y faire rentrer certains frais qui, sans avoir la régularité des contributions annuelles, n'en sont pas moins « charges des fruits », selon l'expression de l'art. 608, par exemple le *logement des troupes de passage* et les *frais de curage des petits cours d'eau.*

* **1678. Réparations d'entretien.** — Les réparations dites *d'entretien* s'opposent aux *grosses réparations.* Elles sont à la charge de l'usufruitier (art. 605), parce que chacun y fait face avec son revenu, tandis que les frais des grosses réparations sont prélevés sur les économies, c'est-à-dire sur les capitaux.

Pour éviter toutes contestations, la loi a pris soin d'indiquer, dans l'art. 606, les travaux qui doivent être considérés comme grosses réparations, et elle ajoute : « Toutes les autres réparations sont d'entretien ». L'idée était bonne ; malheureusement la loi n'a pensé qu'à l'usufruit établi sur des constructions, et n'a rien dit des réparations qui peuvent devenir nécessaires sur des navires, sur des machines, sur un matériel d'usine, etc. Ce sera alors une question de fait, et l'on devra, en s'inspirant de l'esprit de la loi, traiter comme grosses réparations celles qui consistent dans la réfection d'une partie importante et qui constituent pour le propriétaire une dépense exceptionnelle. Les réparations d'entretien ont pour principal caractère d'être peu coûteuses et de pouvoir être prévues parce qu'elles sont à peu près périodiques.

B. — Intérêts des capitaux déboursés.

* **1679. Comment et pourquoi l'usufruitier doit contribuer à ces charges.** — A côté de ces dépenses annuelles, qui se règlent au moyen d'un prélèvement sur les revenus, il en est d'autres qu'on ne peut mettre à la charge de l'usufruitier parce qu'elles supposent un *sacrifice en capital.* Néanmoins l'usufruitier n'en est pas absolument dispensé ; il est juste qu'il y contribue au moyen d'une *diminution proportionnelle de ses revenus*, puisqu'il retire tous les fruits de la chose dans l'intérêt de laquelle cette dépense est faite. Chacun des deux intéressés supportera donc en partie les frais, l'un pour le capital, l'autre pour les intérêts.

***1680. Procédés à employer.** — Pour atteindre ce résultat on peut employer *trois moyens différents :*

1° *Le propriétaire débourse le capital nécessaire et l'usufruitier lui tient compte des intérêts, tant que dure son usufruit.* C'est le procédé normal, celui qui doit être employé de préférence, parce que ces sortes de dettes ou de charges pèsent directement sur le propriétaire qui y est seul « obligé », comme le dit l'art. 609.

2° Si le propriétaire ne s'exécute pas, et qu'il s'agisse du paiement d'une dette, *le créancier a le droit de faire saisir et vendre les biens grevés d'usufruit en quantité suffisante pour se désintéresser.* Le résultat final est le même : le nu propriétaire perd cette somme en capital et l'usufruitier en perd le revenu.

3° Si l'usufruitier désire éviter la saisie, ou s'il s'agit de dépenses à engager sans que personne ait encore d'action acquise, l'usufruitier dispose d'un autre moyen purement facultatif pour lui : qu'il fasse *l'avance du capital, et le propriétaire le lui remboursera sans intérêts à la fin de l'usufruit.* Le résultat sera encore le même : déboursé du capital par le propriétaire, perte des intérêts par l'usufruitier pendant la durée de son droit.

Ces trois combinaisons sont indiquées par le Code dans l'art. 612, à propos des *intérêts* dus aux créanciers d'une succession grevée d'un usufruit à titre universel ou universel.

***1681. Charges rentrant dans cette catégorie.** — Voici les dépenses donnant lieu à contribution, sur la base qui vient d'être indiquée, entre le nu propriétaire et l'usufruitier :

1° Les *charges extraordinaires imposées sur la propriété pendant l'usufruit* (art. 609). La loi entend parler ici des contributions insolites, telles que les emprunts forcés, les contributions de guerre levées par l'ennemi au cas d'invasion, l'indemnité due à un entrepreneur pour un dessèchement de marais ordonné par l'administration, etc. Ce sont là des *charges de la propriété,* par opposition aux contributions ordinaires et autres frais annuels, qui sont *charges des fruits.*

2° Le *passif héréditaire,* au cas où l'usufruit est établi sur une succession ou sur une partie de succession (voy. ci-dessus, n° 1572).

Lorsqu'une personne meurt ayant légué l'usufruit de tout ou partie de son bien et réduit par là son héritier à la nue propriété, la charge des dettes doit se répartir entre l'héritier nu propriétaire et le légataire d'usufruit (art. 612). La même contribution a lieu lorsque c'est un usufruit légal qui s'ouvre sur l'ensemble des biens recueillis par un enfant mineur (art. 384) ou sur une part de succession à laquelle l'usufruitier est appelé de son chef (art. 754 et 767). Quand l'usufruit porte sur la totalité des biens du défunt, l'usufruitier, qui perçoit la totalité des revenus, doit supporter dans le passif la *totalité des intérêts ou arrérages des dettes.* Si son usufruit ne porte que sur une *quote-part,* il supportera seulement pour partie les intérêts passifs, et le plus souvent il n'y aura aucun calcul à faire pour déterminer sa part contributoire : elle est toute fixée d'avance, au tiers, au quart, etc., par le chiffre même de son usufruit. Parfois cependant une estimation sera nécessaire, lorsque l'usufruit à titre universel porte sur une catégorie de biens, les meubles ou les immeubles. Il y aura lieu alors d'apprécier ce que vaut cette sorte de biens par rapport à l'ensemble de la succession, afin d'exprimer par un chiffre la quote-part de l'usufruitier dans le passif.

Aucune obligation de ce genre ne pèse sur l'usufruitier d'un ou plusieurs biens déterminés, même quand son droit s'ouvre par le décès du constituant. En sa qualité d'ayant cause particulier, il n'est pas tenu des dettes de son auteur.

1682. Répartition des charges annuelles à l'ouverture et à l'extinction de l'usufruit. — Les charges qui viennent d'être indiquées pèsent sur l'usufruitier seulement pendant la durée de sa jouissance. Ainsi il n'est pas tenu des réparations d'entretien dont la cause est antérieure à son entrée en jouissance et qui étaient déjà nécessaires à ce moment. Pour les charges périodiques, comme les impôts, l'usufruitier les supporte entièrement pour les années dont il a eu la jouissance entière. Quant aux années du commencement et de la fin de l'usufruit, qui sont nécessairement incomplètes, on leur applique une règle analogue à celle qui gouverne l'acquisition des fruits civils, c'est-à-dire qu'on les répartit sur toute l'année en les divisant en 365 parties égales et on fait payer à l'usufruitier autant de ces parties que son usufruit a duré de jours dans l'année. Il y a ainsi concordance dans la répartition des charges et des fruits pour les années d'ouverture et d'extinction de l'usufruit.

§ 8. — *Situation du nu propriétaire pendant la durée de l'usufruit.*

A. — Ses droits et ses pouvoirs.

***1683. Droit de disposition.** — Le droit qui reste au propriétaire pendant la durée de l'usufruit, étant dépouillé de la jouissance, s'appelle *nue propriété*. Le propriétaire peut en disposer sous réserve des droits de l'usufruitier (art. 621) ; il peut vendre ; il peut hypothéquer, s'il s'agit d'immeubles ; ses créanciers peuvent saisir ; mais l'acheteur ou l'adjudicataire ne pourra entrer en jouissance qu'après l'extinction de l'usufruit.

***1684. Exercice des actions contre les tiers.** — Le propriétaire conserve l'exercice des actions concernant la chose, toutes les fois que le fond du droit y est intéressé. Les tiers doivent donc avoir soin de le faire mettre en cause, conjointement avec l'usufruitier, s'ils veulent que le jugement lui soit opposable, quand il s'agira de revendication, de contestation sur une servitude, d'action en bornage.

Il se peut même que l'usufruitier n'ait pas à intervenir dans l'instance, si la contestation n'intéresse que la nue propriété ; par exemple, si le procès s'élève entre deux héritiers à propos d'un fonds dont la nue propriété seule leur est échue parce que l'usufruit appartient à une autre personne que le défunt.

En sens inverse, il peut y avoir des procès concernant uniquement la jouissance.

1685. Frais des procès. — Si le procès n'intéressait que le nu propriétaire ou l'usufruitier, celui-là seul paye tous les frais d'une instance où son intérêt était seul en jeu (art. 613 et arg. de cet article).

Si tous les deux ont été mis en cause parce que leurs intérêts étaient engagés en même temps, on propose quelquefois de faire supporter les frais du procès par le propriétaire, sauf à lui faire servir par l'usufruitier l'intérêt de ses déboursés, ce qui revient à appliquer aux procès les combinaisons employées à propos des charges exceptionnelles de la propriété (ci-dessus, n° 1680). Il serait peut-être préférable de décider que chacun d'eux supportera sans répétition ses frais personnels, et qu'ils paieront par moitié les frais faits par la partie adverse, au cas où ils perdraient leur procès et seraient condamnés aux dépens. C'est le résultat qui se serait produit, si leur adversaire les avait poursuivis séparément ; leur mise en cause conjointement ne doit pas modifier la charge des frais.

Tout ce qui vient d'être dit des frais et dépens est applicable aux dommages-intérêts supplémentaires auxquels l'usufruitier et le propriétaire peuvent être condamnés au profit d'un tiers.

1686. Produits et émoluments exceptionnels. — Le propriétaire ne peut ni user de la chose, ni en percevoir les fruits. Toutefois son droit reparaît là où s'arrête le droit de l'usufruitier. Ainsi l'usufruitier n'a pas droit aux pieds d'arbres de haute futaie qui sont renversés par le vent ou brisés par accident, à moins qu'il n'ait des réparations à faire. Nul doute par conséquent que ces arbres n'appartiennent au propriétaire, si l'usufruitier n'en a pas besoin. Ainsi encore la moitié du trésor que la loi n'attribue pas à l'inventeur revient au propriétaire et non à l'usufruitier.

1687. Jurisprudence relative aux prêts du Crédit foncier. — Un propriétaire d'immeuble fait un emprunt au Crédit foncier et hypothèque son immeuble à la sûreté de cet emprunt. On sait que ces emprunts se remboursent en 40, 50 ou 60 ans, au moyen d'*annuités*, c'est-à-dire de sommes toujours égales pendant toute la durée du prêt. Chaque annuité comprend une portion de capital, qui va en grossissant, parce que le capital non remboursé diminue à chaque versement et exige d'année en année une somme moins forte à titre d'intérêt. Au cours de l'opération, l'emprunteur meurt, laissant un usufruitier universel, ordinairement sa veuve. La Cour de cassation a décidé que, dans le montant de chaque annuité, l'usufruitier ne devait supporter que la somme représentant les intérêts du capital restant dû, et que le surplus, étant un remboursement de capital, devait rester à la charge du nu propriétaire. La quote-part de l'usufruitier diminuera donc d'année en année (Cass., 25 oct. 1898, D. 99. 1. 15). Cet arrêt a été enregistré dans les recueils comme ayant fait une application très *juridique* des principes de l'usufruit. Il est cependant aussi facile à contester au point de vue légal que regrettable au point de vue pratique. Il sape par la base tout l'édifice financier sur lequel repose le Crédit foncier : comment veut-on qu'un propriétaire qui va être privé pendant 30 ou 40 ans peut-être des revenus avec lesquels il devait être pourvu au service de l'emprunt, puisse faire face à des remboursements annuels de capitaux dont le chiffre va grossir très vite ? C'est rendre *essentiellement dangereuse* pour les héritiers de l'emprunteur une opération qui se présentait avec toutes les garanties désirables de sécurité. Si cette jurisprudence est maintenue, elle rendra nécessaire et urgente une réforme législative sur ce point, car les particuliers devront renoncer à traiter avec le Crédit foncier, s'ils ne veulent pas s'exposer à ruiner, sans le vouloir, leurs propres héritiers. Et il était bien facile d'éviter un résultat aussi désastreux : on n'avait qu'à décider que l'emprunt avec hypothèque constituait une sorte de *charge réelle*, par laquelle le propriétaire avait diminué, pour l'avenir et pour un temps, le revenu véritable de son immeuble. Il fallait sans doute respecter les principes de l'usufruit ; mais il fallait les combiner avec le système moderne des prêts amortissables, qui sont parfaitement légaux et réguliers, bien que le Code civil ne les ait pas prévus. Un préteur romain aurait admis que la législation civile de 1804 se trouvait implicitement et indirectement modifiée par la législation financière de 1853.

B. — Rapports du nu propriétaire avec l'usufruitier.

1688. Séparation de leurs intérêts. — Il n'existe entre le nu propriétaire et l'usufruitier aucune communauté d'intérêts analogue à celle que crée l'indivision ou la société. Leurs droits, bien que coexistant sur la même chose, sont non seulement *distincts*, mais *de nature différente*. L'indivision et la société supposent que les associés ou communistes ont des droits de même nature.

1689. Mandat tacite pour les actes conservatoires. — En principe, aucun d'eux n'a qualité pour représenter l'autre. Ils ne sont pas mandataires l'un de l'autre. Cependant on admet, dans un certain sens, une *représentation du propriétaire par l'usufruitier*, limitée à certains actes qui les intéressent à la fois tous les deux. Cette doctrine est traditionnelle, et elle se justifie par la nature spéciale des actes dont il s'agit : ce sont des *actes conservatoires*, que l'usufruitier est seul à même d'accomplir, dont il est souvent seul à pouvoir apprécier l'opportunité, et qu'il serait responsable de n'avoir point faits. Il y a là tous les éléments d'un *mandat tacite* donné par le propriétaire. On décide donc que ces actes accomplis par l'usufruitier seul profiteront, le cas échéant, au propriétaire lui-même. Telles sont les *inscriptions d'hypothèques* garantissant une créance, les actes d'*exercice des servitudes*, destinés à en empêcher l'extinction par non-usage, les *actes de poursuite* contre les tiers débiteurs de sommes ou détenteurs de biens, etc.

1690. Difficulté pour le contrat d'assurance. — Parfois le contrat d'assurance sera fait par l'usufruitier et le nu propriétaire agissant conjointement ; il n'est pas douteux qu'alors le bénéfice leur en est commun. Mais que décider pour le contrat d'assurance passé soit par l'un, soit par l'autre agissant seul ? Cette question est assurément plus importante que bien d'autres dont la loi s'est préoccupée, telles que les échalas des vignes et le cuir des animaux morts (art. 593 et 616) ; mais au moment où le Code a été fait, la pratique des assurances commençait à peine à se répandre.

Il est possible d'abord que celui des deux intéressés qui a fait le contrat ait déclaré stipuler tant en son nom personnel qu'au nom de l'autre. Il y a alors stipulation pour autrui, ce qui donne une action contre la compagnie à celui des deux qui est resté étranger au contrat, pourvu qu'il l'ait ensuite accepté expressément ou tacitement. Cette ratification est nécessaire même de la part du propriétaire, car on ne peut admettre ici l'existence d'un mandat tacite conféré à l'usufruitier, ce mandat n'étant justifié que pour les actes que le propriétaire n'est pas à même d'accomplir pour son propre compte pendant la durée de l'usufruit, et ce n'est pas le cas pour l'assurance.

Enfin, si le contrat a été fait par l'usufruitier ou le nu propriétaire, sans aucune mention des intérêts de l'autre, les opinions sont divisées. On décide en général que chacun stipule dans son intérêt personnel et n'est pas le gérant d'affaires d'autrui. Ce qui fait que l'assurance profite exclusivement à celui qui l'a faite, et que celui-là ne peut toucher l'indemnité que jusqu'à concurrence de la valeur de son droit, selon qu'il a la jouissance ou la nue propriété (voy. les diverses opinions émises résumées dans DALLOZ, *Suppl.*, v° Assurances terrestres, n° 40 ; Comp. VERBROECKEN, *Recueil périodique des assurances*, 1884). Cependant le seul fait d'avoir stipulé une indemnité pour la *pleine propriété*, quand on n'a qu'une partie de ce droit (l'usufruit ou la nue propriété), ne devrait-il pas raisonnablement être considéré comme une stipulation implicite pour autrui ? On devrait donc assimiler cette hypothèse à la précédente.

****1691. Absence d'obligations personnelles.** — On a vu plus haut (n° 1664) de quelle source proviennent les obligations personnelles qui pèsent sur l'usufruitier. Jamais on n'a fait prendre au propriétaire d'engagements semblables, et il n'y avait pas de raison pour le faire, puisque c'est lui seul qui court des risques en voyant sa chose passer aux mains d'un autre, et pour longtemps peut-être ; l'usufruitier n'a pas besoin d'être protégé contre lui. Aussi est-il *exempt de toute obligation personnelle ;* aucun devoir ne le lie à l'usufruitier : il subit seulement une *charge réelle* sur son bien.

C'est en cela surtout que sa condition diffère de celle d'un *bailleur*. Le bailleur est tenu de procurer la jouissance au preneur; il est son débiteur en vertu du contrat de bail ; il doit donc faire tout ce qui est nécessaire pour exécuter ce contrat, tenir les lieux loués clos et couverts, garantir son locataire contre les tiers, l'indemniser au besoin, s'il n'y réussit pas.

Rien de tout cela n'est vrai pour le nu propriétaire, qui a en face de lui un *tiers muni d'un droit réel* et non un *créancier*. Pourvu que le nu propriétaire ne fasse rien qui puisse diminuer ou troubler la jouissance de l'usufruitier, il est quitte envers lui : il est tenu, comme disaient les anciens jurisconsultes, seulement *ut patiatur* ou *ut abstineat*, non pas *ut faciat*.

Cependant il est possible que celui qui a constitué l'usufruit (ou ses héritiers) soit tenu d'obligations particulières pendant la jouissance de l'usufruitier. Par exemple il peut être *tenu à garantie*, en cas d'éviction, si l'usufruit a été constitué à titre onéreux ou à titre de dot. Mais ces obligations découlent du contrat qui a créé l'usufruit, et non de l'usufruit lui-même. Ce contrat a tout à la fois : 1° créé un droit réel et 2° engendré des obligations.

1692. Question spéciale pour les grosses réparations. — Cependant on a cru quelquefois trouver dans l'art. 605 une obligation à la charge du propriétaire, et qui serait considérable.

Après avoir dit que l'usufruitier est tenu de faire les réparations d'entretien, la loi ajoute : « Les grosses réparations demeurent à la charge du nu propriétaire ». Cela veut-il dire simplement que l'usufruitier n'en est pas tenu ? ou bien le texte signifie-t-il que le propriétaire peut être contraint à les faire ? La question a été fort controversée et quelques auteurs l'agitent encore. Beaucoup d'entre eux, principalement M. LAURENT (t. VI, n° 548), croient à l'existence d'une obligation spéciale à la charge du propriétaire. Leurs arguments sont les suivants : Dans plusieurs textes, notamment dans les art. 655 et 664, la loi emploie l'expression « être à la charge de... » à propos de personnes qui peuvent être contraintes par les autres intéressés à faire les réparations dont parlent ces articles. Il semble donc naturel de croire que ces mots ont le même sens dans l'art. 605. D'autre part, l'art. 607 dispense le propriétaire de *rebâtir* ce qui est tombé de vétusté ou ce qui a été détruit par cas fortuit. Cette dispense, établie *pour un cas spécial*, suppose bien l'existence d'une obligation en vertu de laquelle le nu propriétaire est ordinairement tenu de faire les grosses réparations quand elles deviennent nécessaires. — On peut ajouter que telle était la solution donnée en termes formels, et avec motifs à l'appui, par POTHIER, le seul auteur ancien qui ait prévu la question (*Du douaire*, n° 276 ; *Des donations entre mari et femme*, n° 239).

Cependant *l'opinion générale* se prononce en sens contraire et décide que le propriétaire ne peut être contraint ni directement ni indirectement à faire les grosses réparations dont la chose grevée d'usufruit a besoin. On s'en tient strictement à la tradition romaine : l'usufruit est une charge réelle qui ne peut imposer aucune obligation au propriétaire. On fait observer que l'art. 600 le dispense de faire les réparations qui sont nécessaires au début de l'usufruit, et cependant le mauvais état actuel de la chose est dû à la jouissance antérieure du propriétaire ; il serait peu logique de contraindre ce même propriétaire à faire les réparations qui sont devenues nécessaires pendant l'usufruit, et qui correspondent à une période dont il n'a pas eu la jouissance. Enfin on n'a pas voulu l'obliger à faire des dépenses parfois considérables pour assurer l'exercice d'un droit qui n'est pas le sien et qui ne s'éteindra peut-être qu'après sa mort (AUBRY et RAU, t. II, § 233, p. 506, texte et notes 1 et 2 ; § 235, p. 522 et 523, texte et notes 8 et 9 ; HUC, t. IV, n° 225).

La jurisprudence est constante en ce sens (Cass., 1er avril 1889, D. 91. 1. 413 ; Rennes, 16 mai 1891, DALLOZ; *Suppl.*, v° Usufruit, n° 256).

1693. Question subsidiaire pour les intérêts des grosses réparations. — Le propriétaire n'est pas obligé de faire les grosses réparations, mais souvent, en fait, il les fait exécuter volontairement. Est-il alors fondé à demander que l'usufruitier lui tienne compte des intérêts de ses déboursés ? Pothier lui-même répondait négativement, parce que, dit-il, « on ne doit pas imposer à l'usufruitier plus de charges que la loi ne lui en impose : la loi l'ayant chargé des réparations viagères (d'entretien) seulement, il ne doit être en aucune manière tenu des grosses » (*Des donations entre mari et femme*, n° 240). Son avis est généralement suivi. Le résultat est que les nus propriétaires s'abstiennent jusqu'à la dernière extrémité de faire ces réparations. Tout cela est bien peu raisonnable. Ne vaudrait-il pas mieux assimiler les grosses réparations aux *charges exceptionnelles* imposées à la propriété pendant l'usufruit, dont parle l'art. 609 et qui sont mises à la charge du propriétaire pour le capital ; de l'usufruitier pour les intérêts ? Comp. l'observation de Bugnet, dans son édition de Pothier, t. VII, p. 541, note 1.

***1694. Dispense de rebâtir.** — L'art. 607 dit que « ni le propriétaire ni l'usufruitier ne sont tenus de rebâtir ce qui est tombé de vétusté ou ce qui a été détruit par cas fortuit ». Appliquée à l'usufruitier, cette dispense signifie qu'il n'est pas tenu de réparer les dégâts qui ne sont pas imputables à sa négligence ; sa responsabilité ne serait engagée que si la ruine du bâtiment était due à un défaut d'entretien.

Appliquée au propriétaire, cette dispense est plus difficile à comprendre. Si l'on admet, comme le fait la jurisprudence, que le propriétaire n'est pas tenu des grosses réparations, l'art. 607 est entièrement inutile en ce qui le concerne : il ne peut pas être obligé de reconstruire ce qu'il n'était pas obligé d'entretenir. Quelques auteurs cependant veulent trouver un sens à cet article, tout en suivant la jurisprudence sur la question des grosses réparations. D'après eux, l'art. 607 aurait été écrit précisément pour trancher cette question contre les prétentions de l'usufruitier, selon la solution adoptée en jurisprudence (Huc, t. IV, n° 225). Ils pensent, en effet, que les grosses réparations ne peuvent être rendues nécessaires que par l'effet de la vétusté ou par un cas fortuit. C'est se méprendre totalement sur le sens des mots. La disposition de l'art. 607, comme celle de l'art. 605, est tirée de Pothier (*Des donations entre mari et femme*, n° 239). Or Pothier faisait une distinction très claire entre les *grosses réparations* qui supposent que le bâtiment est encore debout, et la *reconstruction*, qui suppose que la maison est totalement périe. Il mettait les réparations à la charge du propriétaire, et non la reconstruction dont il le dispensait. Il est visible que cette antithèse se retrouve encore dans la loi, et cela prouve qu'on a fait fausse route en dispensant le propriétaire de faire les grosses réparations.

***1695. Possibilité d'agir contre l'usufruitier.** — Si le propriétaire n'est tenu personnellement à rien envers l'usufruitier, la réciproque n'est pas vraie, ainsi qu'on a vu, et l'usufruitier est tenu de certains engagements. Quand le propriétaire qui surveille sa chose s'aperçoit que ces obligations ne sont pas remplies, que l'usufruitier ne fait pas les réparations d'entretien ou procède à des coupes qu'il n'a pas droit de faire, peut-il *exercer immédiatement une action contre l'usufruitier?* On a prétendu que le propriétaire était obligé d'attendre l'extinction de l'usufruit, parce que l'usufruitier n'a pas d'autre obligation que de lui restituer la chose en bon état à la fin de l'usufruit, et que la présence d'une caution garantit le propriétaire contre tout dommage. — Réponse : D'abord, il y a beaucoup d'usufruitiers qui ne fournissent pas de caution ; ensuite ils sont tenus à jouir en bons pères de famille, et c'est là une obligation qu'ils doivent remplir pendant toute la durée de leur droit ; pour que l'action du propriétaire fût suspendue, il eût fallu que la loi en ajournât l'exercice par l'apposition d'un terme, ce qu'elle n'a pas fait. Loin de là : elle permet au propriétaire d'agir en déchéance avant l'expiration de l'usufruit, ce qui suppose, à plus forte raison, le droit d'exiger l'accomplissement des obligations de l'usufruitier.

Toutefois l'action immédiate n'est recevable de la part du nu propriétaire qu'à la condition de prouver la réalité du préjudice que lui cause l'usufruitier, et il est possible qu'il ne soit pas en état de faire cette preuve. Exemple : L'usufruitier fait une coupe dans un taillis trois ans plus tôt qu'il n'aurait dû. Il y aura perte pour le propriétaire si l'usufruit finit avant l'époque normale de la coupe, car il ne trouve que des arbres tout jeunes au lieu des bois plus âgés sur lesquels il pouvait compter. Mais si l'usufruit dure encore plus de trois ans et s'éteint avant que la coupe suivante ne soit faite, l'anticipation commise par l'usufruitier tourne à l'avantage du nu propriétaire, car les bois qui lui reviennent ont trois ans de plus que si la coupe précédente avait été faite à l'époque régulière. Le résultat est donc incertain et le dommage ne peut être prouvé.

§ 9. — *Causes d'extinction de l'usufruit.*

1696. Énumération. — Neuf causes différentes peuvent mettre fin à l'usufruit : 1° la *mort* de l'usufruitier ; 2° l'arrivée du *terme ;* 3° la *perte totale* de la chose ; 4° la *renonciation* de l'usufruitier ; 5° le *non-usage* pendant trente ans ; 6° l'*usucapion* accomplie au profit d'un tiers ; 7° la *consolidation ;* 8° la *déchéance* pour abus de jouissance ; 9° la *résolution* du droit du constituant.

Les usufruits légaux ont en outre certaines causes d'extinction qui leur sont propres. Par exemple *l'émancipation* de l'enfant met fin à l'usufruit paternel (art. 384) ; le *second mariage* du conjoint survivant lui enlève son droit d'usufruit sur les biens de son conjoint prédécédé (L. 14 juillet 1866 ; L. 9 mars 1891).

1° Mort de l'usufruitier.

1697. Caractère essentiellement viager de l'usufruit. — La mort de l'usufruitier est la fin naturelle de l'usufruit, qui a pour caractère essentiel d'être viager. Ce démembrement de la propriété peut rendre des services dans certaines circonstances, mais il crée un état de choses qui est fâcheux en lui-même, et la loi ne veut pas qu'il se prolonge. Il y a donc là un intérêt général en jeu, et toute clause qui tendrait à faire durer l'usufruit au delà de la vie de l'usufruitier serait nulle par application de l'art. 6.

Le droit d'usufruit n'est donc pas transmissible héréditairement. Pour exprimer cette règle, on dit parfois que l'usufruit est un *droit personnel*. On n'entend pas nier par là que ce soit un droit réel, car sa réalité ne saurait faire de doute. Le mot « personnel » a ici un sens particulier ; il veut dire « qui meurt avec la personne et ne passe pas aux héritiers ».

***1698. Des usufruits réversibles.** — Malgré ce qui vient d'être dit, on voit assez souvent en fait des usufruits constitués *sur plusieurs têtes*, et réversibles de l'un à l'autre, sans que ce genre de dispositions viole la règle qui rend l'usufruit viager. En effet, peuvent seules être appelées à bénéficier de cette constitution d'usufruit les personnes qui étaient déjà vivantes (nées ou tout au moins conçues), soit au moment de la convention, si l'usufruit est constitué entre vifs, soit au moment du décès, s'il est établi par testament. On verra donc se produire une succession d'usufruits, un second ou même un troisième bénéficiaire obtenir la jouissance après la mort du premier ou du second ; mais en somme le constituant n'aura pas fait durer l'usufruit plus longtemps que s'il l'avait établi directement au profit du dernier survivant. Le seul avantage qu'on trouve dans cette clause de réversibilité, c'est qu'on peut faire profiter tout un groupe de personnes de la totalité du revenu des biens compris dans l'usufruit, et cela sans diminution jusqu'au décès du dernier mourant.

2° Arrivée du terme.

***1699. Possibilité d'établir un terme extinctif.** — L'usufruit ne peut pas être prolongé au delà de la vie de l'usufruitier, mais il est permis de lui assigner un terme capable d'y mettre fin plus tôt. L'usufruit établi à terme s'éteindra donc soit par l'arrivée du terme du vivant de l'usufruitier, soit par la mort de celui-ci si elle a lieu avant l'arrivée du terme.

L'art. 620 est ainsi conçu : « L'usufruit accordé jusqu'à ce qu'un tiers ait atteint un âge fixe, dure jusqu'à cette époque, encore que le tiers soit mort avant l'âge fixé ». C'est une pure interprétation de volonté. La loi suppose que l'indication de l'âge a été donnée comme terme extinctif, et qu'on n'a pas voulu faire de la vie de ce tiers une condition nécessaire pour le maintien de l'usufruit. Mais l'intention des parties pourrait être contraire. Si par exemple les revenus de l'usufruit avaient été accordés avec affectation spéciale à l'entretien ou à l'éducation d'un enfant, l'usufruit s'éteindrait même avant l'arrivée de l'époque prévue, par l'effet de la mort de l'enfant. Il ne peut y avoir aucune difficulté sur ce point.

***1700. Rareté des usufruits à terme.** — Il est rare que les usufruits établis par les particuliers soient soumis par eux à un terme extinctif. L'usufruit étant accordé en considération de la personne, est généralement constitué pour durer autant qu'elle. Mais les textes nous fournissent divers exemples de terme extinctif établi d'office par la loi :

a) « L'usufruit qui n'est pas accordé à des particuliers ne dure que 30 ans », dit l'art. 619. La loi vise ici les personnes morales, telles que l'État, les villes, les établissements publics, les sociétés, congrégations, etc. Ces personnes ne meurent pas, ou du moins leur extinction est un fait bien rare. On peut citer comme exemples d'extinction le retrait de l'autorisation accordée à une congrégation religieuse et la suppression d'un établissement public. Étant immortelles, les personnes fictives conserveraient indéfiniment leur droit d'usufruit, ce qui réduirait à néant la nue propriété si l'on n'y avait pas pourvu.

Les Romains avaient déjà établi pour elles un terme de 100 ans, pris comme la durée la plus longue de la vie humaine. Le Code Napoléon se rapproche davantage de la vérité, en prenant le chiffre de 30 ans, qui représente déjà une longue durée pour un usufruit ordinaire, car le plus souvent les usufruits sont constitués au profit de personnes âgées. — Ajoutons qu'on ne se rend pas bien compte de l'état d'esprit d'un testateur qui aurait l'idée bizarre de léguer l'usufruit de ses biens à une ville et de laisser la nue propriété seulement à ses parents. L'inverse serait sensé ; mais la combinaison sur laquelle nous raisonnons ne pourrait être qu'une suprême dérision à l'adresse des héritiers, si l'art. 619 n'existait pas.

b) L'usufruit accordé aux père et mère par l'art. 384 prend fin quand l'enfant atteint l'âge de 18 ans.

c) L'usufruit accordé au conjoint survivant cesse quand ce conjoint contracte un second mariage, soit d'une façon absolue [usufruit spécial sur les droits d'auteur, L. 14 juillet 1866, art. 1er, al. 4], soit seulement quand il existe des descendants de l'époux prédécédé [usufruit successoral de droit commun, L. 9 mars 1891, art. 767 C. civ.]. — Une cause analogue d'extinction est fréquemment établie par convention dans les donations mutuelles d'usufruit entre conjoints.

3° Perte totale de la chose.

* **1701. Effet de la perte totale.** — Quand la chose grevée d'usufruit vient à périr, l'usufruit s'éteint *faute d'objet*. « Où il n'y a rien, le roi perd son droit », dit un vieil adage.

L'usufruitier n'a pas même droit aux débris qui peuvent subsister de la chose. La loi le dit pour les cuirs des animaux morts (art. 615 et 616) et pour le sol et les matériaux d'un bâtiment écroulé ou incendié (art. 624, al. 1er).

* **1702. Effet de la perte partielle.** — La loi suppose une perte totale. Si la perte n'est que partielle, l'usufruit continue sur ce qui reste de la chose (art. 623). Par exemple, si le bâtiment détruit faisait partie d'un corps plus considérable, l'usufruitier a le droit de jouir du sol et des matériaux (art. 624, al. 2).

En fait, il y a souvent de grandes difficultés pour savoir si la perte est totale ou partielle.

* **1703. Droit de l'usufruitier sur l'indemnité d'expropriation.** — Quand l'usufruit portait sur un immeuble exproprié pour cause d'utilité publique, le droit de l'usufruitier est reporté de la chose sur l'indemnité. Le Code civil n'avait pas statué sur ce point, parce que Pothier ne s'en était pas occupé, mais la situation a été réglée par la loi du 3 mai 1841 (art. 39). On ne fixe pas une indemnité spéciale pour l'usufruitier, comme on le fait pour les locataires, fermiers et autres ayants droit. C'est la somme allouée par le jury comme représentant la *valeur entière de l'immeuble*, qui est remise à l'usufruitier pour qu'il en jouisse à la place du bien exproprié. Seulement, comme les dangers que court le propriétaire sont beaucoup plus grands, maintenant que l'usufruitier a entre les mains des deniers comptants au lieu d'un immeuble, la loi exige qu'il fournisse *caution*, même quand il en avait été dispensé par le Code ou par son titre. Les père et mère ayant l'usufruit légal du bien de leurs enfants mineurs de 18 ans, sont seuls exempts de cette obligation. — Ainsi, bien que l'expropriation aboutisse le plus souvent à la destruction complète de la chose grevée d'usufruit, dont les bâtiments sont démolis et le terrain réuni au

domaine public, cette destruction, qui éteint le droit réel d'usufruit, n'a pas lieu sans compensation pour l'usufruitier : *son droit change d'objet.*

* **1704. Droit de l'usufruitier sur les indemnités d'assurance.** — Si la perte de la chose par incendie, par naufrage ou par quelque autre cause, était due à une *faute* commise par un tiers, et qu'on pût prouver cette faute, il n'y a nul doute que ce tiers, responsable de la perte, ne dût indemniser l'usufruitier, à qui il a causé un dommage en même temps qu'au nu propriétaire. Mais quand la perte est le résultat d'un accident ou que la responsabilité du tiers ne peut pas être établie, il arrive souvent qu'une compagnie d'assurances paye une indemnité à la suite du sinistre. L'usufruitier a droit à indemnité dans deux cas : 1° s'il est assuré lui-même pour son compte ; 2° si le bénéfice de l'assurance, contractée soit avant, soit pendant l'usufruit par le propriétaire, est déclaré commun aux deux intéressés (voyez ci-dessus n° 1690). Au premier cas l'assureur ne doit payer à l'usufruitier que la valeur de son usufruit ; au second cas, qui est le plus ordinaire, la somme payée par la compagnie doit représenter la valeur vénale des bâtiments détruits, et elle appartient comme capital au nu propriétaire, et pour la jouissance à l'usufruitier, jusqu'au jour où son usufruit se serait éteint si le sinistre avait eu lieu. Enfin, si le contrat a été fait au profit exclusif du propriétaire, l'usufruit est éteint sans compensation, et le nu propriétaire touche immédiatement l'indemnité à laquelle il a droit.

Le Code civil allemand, qui met l'assurance à la charge de l'usufruitier, décide naturellement que son droit s'étend à l'indemnité (art. 1046). Il ajoute cette disposition fort sage, que le propriétaire aussi bien que l'usufruitier peut demander que cette indemnité soit employée à la réfection de la chose, et que le propriétaire peut faire lui-même cet emploi, ou en laisser le soin à l'usufruitier.

4° Renonciation.

1705. Formes de la renonciation. — L'usufruitier peut renoncer à son droit de différentes façons. Sa renonciation peut être *unilatérale*, auquel cas il y a un simple abandon fait par lui, sans convention aucune avec le propriétaire. La renonciation unilatérale n'est soumise à *aucune forme particulière ;* l'usufruitier peut, s'il le veut, faire rédiger un acte notarié pour constater sa volonté, mais cela n'est pas nécessaire. Sa renonciation peut être tacite et s'induire des circonstances.

La renonciation peut également se faire *par convention*, au moyen d'une entente avec le propriétaire. Si l'usufruitier se fait payer sa renonciation, soit en argent, soit en stipulant un dédommagement sous une autre forme, la renonciation, ayant lieu alors à *titre onéreux*, n'est soumise à aucune formalité spéciale, si ce n'est à la règle générale de l'art. 1341, qui exige une *preuve écrite* pour toutes les conventions quand l'intérêt en jeu dépasse 150 francs. Si la renonciation intervenait comme *transaction*, en cas de litige commencé ou imminent, les conditions prescrites pour les transactions par l'art. 2045 devraient être observées. Enfin, lorsque l'usufruitier renonce à son droit gratuitement, sans demander aucune compensation, l'acte *vaut donation*, mais il n'est pas soumis aux formes spéciales des donations entre vifs (rédaction d'un acte notarié, et transcription, s'il s'agit d'immeubles), parce qu'il y a extinction et non translation de droits. La renonciation a ses formes propres et ses effets à elle. La dispense des formes particulières des donations est mise ici hors de doute, par la comparaison avec la *remise de dette* (art. 1282 et suiv.) qui n'est pas soumise à ces formes, même quand elle se fait gratuitement et qu'elle vaut donation.

1706. **Renonciation au profit d'un tiers.** — La renonciation peut avoir lieu en apparence au profit d'un tiers, par exemple quand l'usufruitier renonce à son droit en faveur d'un acheteur, au moment où le nu propriétaire vend la chose grevée d'usufruit. C'est une hypothèse qui se présente quelquefois en pratique. La renonciation se fait même alors au profit du nu propriétaire ; c'est à lui qu'elle profite en lui permettant de donner à l'acheteur l'entrée en jouissance immédiate, ce qui fait vendre la chose plus avantageusement.

1707. **Renonciation frauduleuse.** — La renonciation de l'usufruitier en fraude des droits de ses créanciers peut être annulée sur la demande de ceux-ci (art. 622). Cet article soulève une difficulté spéciale qui sera étudiée dans le tome II à propos de l'art. 1167 et de l'*action paulienne.*

5° Non-usage pendant trente ans.

1708. **Motifs.** — L'usufruit s'éteint lorsque l'usufruitier reste trente ans sans user de son droit (art. 617, al. 5). C'est l'application d'une règle générale : tous les droits réels, autres que la propriété, s'éteignent au bout de ce temps par l'effet d'une prescription extinctive (art. 2262 et ci-dessus, n° 1090).

La loi ne distingue pas entre les meubles et les immeubles : le délai est toujours de trente ans.

1709. **Conditions.** — Il faut supposer un défaut d'exercice *complet.* Un usage partiel, même abusif, suffirait pour empêcher l'extinction du droit.

Il faut supposer aussi un non-usage *continu.* Un seul acte de jouissance, s'il pouvait être prouvé, empêcherait également l'extinction du droit. Il n'y a pas à distinguer si les actes de possession, qui ont un effet interruptif de prescription, sont faits par l'usufruitier ou par quelqu'un agissant en son nom, comme un locataire ou un fermier.

Il y a suspension du délai au profit des incapables (art. 2252).

6° Usucapion accomplie par un tiers.

1710. **Silence de la loi.** — Le Code n'a pas parlé de cette cause d'extinction. Elle résulte de la combinaison de deux théories, celle de l'usufruit et celle de la prescription acquisitive. Sa possibilité soulève quelques difficultés qui seront examinées à propos des servitudes réelles. Voyez ci-dessous, n° 1921.

*1711. **Caractères particuliers.** — L'extinction de l'usufruit est la conséquence indirecte de l'acquisition de la propriété qui se réalise au profit du possesseur. Cette cause d'extinction diffère de la précédente : 1° en ce qu'elle suppose *qu'un tiers a pris possession de la chose grevée d'usufruit et s'est substitué ainsi à l'usufruitier*, tandis que l'extinction par non-usage a lieu lorsque le bien est resté inoccupé et abandonné ; 2° en ce que l'extinction est parfois *plus rapide :* l'extinction par non-usage exige toujours trente ans ; l'usucapion au profit d'un tiers peut s'accomplir par dix à vingt ans, si ce tiers a juste titre et bonne foi.

Le tiers possesseur prescrit à la fois contre deux personnes, contre l'usufruitier et contre le nu propriétaire, et il se peut que la prescription s'achève plus vite pour l'un que pour l'autre, par exemple si l'un est domicilié dans le ressort de la Cour d'appel où se trouve situé le bien, tandis que l'autre habite au loin : contre le premier il suffit de dix ans contre le second il en faudra vingt (art. 2265).

7° Déchéance pour abus de jouissance.

*1712. **Intérêt doctrinal et origine de cette cause d'extinction.** — De toutes les causes d'extinction de l'usufruit, c'est la plus intéressante à étudier au point de vue juridique. Elle était *inconnue en droit romain ;* aussi Domat n'en parle pas. Elle s'est introduite dans notre *ancienne jurisprudence,* à titre de disposition exceptionnelle relative aux *douairières.* Un grand nombre de renseignements sur cette jurisprudence se trouvent rassemblés dans l'édition de la *Coutume de Bretagne,* donnée par POULLAIN DU PARC (t. III, p. 265-278). Comp. POTHIER, *Traité du douaire,* n° 262. — Le Code a généralisé ces dispositions en les étendant à tous les usufruitiers.

***1713. Justification.** — L'usufruitier est tenu, pendant sa jouissance, de certaines obligations rigoureuses ; leur observation doit être considérée comme la *condition d'existence* de son droit. Dans ses rapports avec le nu propriétaire, il se trouve à peu près dans la situation d'une partie liée par un *contrat synallagmatique.* S'il n'exécute pas ses obligations, le droit qui lui avait été conféré pourra lui être enlevé. La déchéance de l'usufruitier pour abus de jouissance ressemble donc beaucoup, par son principe, par ses conditions et par ses effets, à la résolution des contrats pour inexécution par l'une des parties. Pour cette règle importante, voyez l'art. 1184, qui formule le principe général, et les art. 953 et 1654, qui en font l'application aux donations et aux ventes.

* **1714. Définition de l'abus.** — D'après l'art. 618, il y a abus de jouissance lorsque l'usufruitier commet des dégradations sur le fonds ou lorsqu'il le laisse dépérir faute d'entretien. Ce sont là des *cas particuliers,* et il faut *généraliser :* il y a lieu à déchéance toutes les fois que l'usufruitier manque à ses obligations d'une manière assez grave pour compromettre les biens soumis à l'usufruit.

** **1715. Formes de la déchéance.** — La déchéance n'a pas lieu de plein droit ; elle doit être *prononcée par autorité de justice.* La loi donne seulement au nu propriétaire une action à l'effet d'obtenir le jugement de déchéance, en fournissant la preuve des faits qui constituent l'abus. Cette façon d'opérer est encore l'application des règles générales. Voyez les art. 956, 1184 et 1654-1656, sur l'action en résolution en matière de contrats.

* **1716. Pouvoirs des juges.** — Les juges saisis de la demande jouissent d'un pouvoir discrétionnaire ; mais ils ne doivent prononcer la déchéance que pour des faits graves, tels qu'une coupe irrégulière de hautes futaies ou la démolition d'un bâtiment. Ils seront forcés d'y recourir lorsque l'insolvabilité de l'usufruitier empêchera de fournir une autre satisfaction au nu propriétaire.

Le plus souvent l'extinction pure et simple de l'usufruit pourra être évitée par d'autres mesures, qui donneront pleine sécurité au propriétaire, sans dépouiller l'usufruitier des ressources qu'il tire de l'usufruit. Par exemple, les juges ordonneront la restitution des biens au propriétaire à la charge de payer annuellement à l'usufruitier une somme représentant approximativement le bénéfice de l'usufruit, jusqu'au jour où ce droit aurait pris fin par la mort de l'usufruitier ou autrement (art. 618) [1].

On peut aussi recourir aux mesures prescrites par les art. 602 et 603, qui sont prises lorsque l'usufruitier ne trouve pas de caution et qui paraissent suffisantes pour écarter tout danger. Voyez ci-dessus n° 1607.

[1] C'est un tempérament très ancien ; en Bretagne il remonte au XIIIe siècle ; la douairière était dessaisie, et l'hoir du mari lui faisait « par sa main » son douaire (*Très ancienne coutume,* chap. 34).

Enfin les juges peuvent procéder d'une manière plus simple encore et laisser l'usufruitier en jouissance, à la condition qu'il fournisse au propriétaire des *garanties pour l'avenir*, par exemple une caution, s'il avait été dispensé d'en donner, ou un nantissement au moyen d'un dépôt de titres.

Dans tous les cas, que les juges prononcent la déchéance de l'usufruitier ou qu'ils le maintiennent en jouissance, il y a lieu d'ordonner, aux frais de l'usufruitier, la *réparation du préjudice* causé au propriétaire par les actes abusifs qui ont motivé la demande en déchéance.

* **1717. Droit d'intervention des créanciers.** — Souvent l'usufruitier est pauvre et grevé de dettes. Ses créanciers auraient grand intérêt à éviter la déchéance, car ils peuvent compter pour être payés sur les revenus qu'il tire de son usufruit.

La loi leur donne le *droit d'intervenir dans l'instance*, pour défendre leurs intérêts. Ils pourront, par exemple, éviter le jugement de déchéance en offrant au propriétaire : 1° la réparation des dommages antérieurs ; 2° des garanties pour l'avenir, que l'usufruitier est peut-être hors d'état de lui fournir, s'il n'a pas de fortune personnelle (art. 618, al. 2).

8° Résolution du droit du constituant.

1718. Principe. — Cette cause d'extinction, que la loi n'a pas prévue, résulte des principes généraux. Celui qui n'a sur un bien qu'un droit résoluble, soumis par exemple à une condition résolutoire, à une action en résolution, à un droit de réméré, etc., ne peut conférer à des tiers sur cette chose que des droits résolubles comme le sien. Si son droit vient à disparaître, ceux de ses ayants cause tombent par voie de conséquence ; ce qu'on exprime par la formule : « Resoluto jure dantis resolvitur jus accipientis ».

1719. Exception. — L'application de la maxime suppose que la résolution se produit avec effet rétroactif. Or il y a des causes de révocation qui opèrent sans rétroactivité ; par exemple la révocation d'une donation pour ingratitude. Les causes de ce genre laissent subsister les droits nés au profit des tiers du chef du donataire dont le titre est révoqué : il serait donc possible de voir un usufruit survivre au droit du constituant.

9° Consolidation.

1720. Origine. — Les Romains appelaient *consolidatio* l'acquisition de la propriété par l'usufruitier. « Finitur usus fructus... si fructuarius proprietatem rei adquisierit, quæ res consolidatio appellatur » (*Institutes*, liv. II, tit. 4, § 3. — Comp. PAUL, *Sententiæ*, III, 6, 28). La consolidation éteint l'usufruit parce que personne ne peut avoir de servitude sur sa propre chose : « Nemini res sua servit ». D'ailleurs « perte de l'usufruit » ne signifie pas ici « perte de la jouissance » : loin de là, l'ancien usufruitier possède désormais un droit de jouissance impérissable et transmissible, seulement ce droit lui appartient en sa qualité de propriétaire, et non plus en qualité d'usufruitier.

1721. Critique d'une opinion moderne. — Quoi qu'en disent quelques auteurs, la consolidation ne peut pas se produire en la personne du nu propriétaire. Ce qui les induit en erreur, c'est la façon dont les auteurs du Code se sont exprimés dans l'art. 617 pour définir la consolidation, définition dont on n'avait nul besoin, le mot étant admis depuis dix-huit siècles : « la réunion sur la même tête des deux qualités d'usufruitier et de propriétaire ». Cette réunion, dit-on, est possible aussi bien en la personne de l'un qu'en la personne de l'autre. Il suffit pourtant d'un peu de réflexion pour se convaincre que la consolidation en la personne du nu propriétaire est une invention inutile. On conçoit que l'usufruitier puisse acquérir la nue propriété, laquelle est un droit transmissible : la maxime « Nemini res sua servit » intervient alors pour mettre fin à l'usufruit, *qui s'éteint sans qu'aucune cause d'extinction autre que la consolidation* ait eu à fonctionner.

Mais tous les faits qui permettent au nu propriétaire de réunir l'usufruit à la propriété peuvent être considérés comme des causes d'extinction, sans qu'on ait besoin de recourir à l'idée d'une consolidation. Succède-t-il à l'usufruitier ? Le droit de celui-ci s'est éteint par son décès. Lui achète-t-il l'usufruit ou se le fait-il donner ? Il y a renonciation payée ou gratuite de la part de l'usufruitier. On n'a donc jamais besoin d'appliquer la maxime « Nemini res sua servit » lorsque l'usufruit fait retour au propriétaire. C'est seulement quand l'usufruitier acquiert la nue propriété qu'il y a lieu d'admettre une cause spéciale d'extinction sous le nom de consolidation. Aussi ni les Romains, ni Pothier, ni personne autrefois, n'a jamais songé à élargir la définition de la consolidation, comme on l'a fait depuis le Code.

1722. Observation générale. — Les modes d'extinction ne s'appliquent pas tous indistinctement à l'*usufruit universel*. Ainsi la perte totale de la chose et l'usucapion accomplie par un tiers ne peuvent guère produire qu'un effet partiel, limité à un bien déterminé.

Le *quasi-usufruit*, de son côté, ne comporte pas d'autre cause d'extinction qui lui soit propre que la mort de l'usufruitier ou l'arrivée du terme ; mais comme il n'existe jamais que comme accessoire d'un usufruit universel, il sera englobé dans l'effet extinctif du mode qui mettra fin au droit de l'usufruitier.

§ 10. — *Conséquences de l'extinction de l'usufruit.*

1723. Cas où il n'y a aucun règlement de comptes. — Quand l'usufruit est éteint, il y a lieu ordinairement à la restitution des biens et à un règlement de comptes, mais ces conséquences ne se produisent pas toujours. Ainsi, *en cas de consolidation*, il n'y a ni compte à régler ni restitution à faire, l'usufruitier ayant acquis lui-même la chose. Il en sera de même si l'usufruit prend fin par l'effet d'une *usucapion accomplie au profit d'un tiers*, à moins que la responsabilité de l'usufruitier ne se trouve engagée par un défaut de surveillance de sa part, qui a permis au tiers d'usucaper. Même remarque pour le cas de *perte totale de la chose*.

Pour étudier ce qui se passe après l'extinction de l'usufruit, nous raisonnerons sur l'hypothèse normale, celle de la mort de l'usufruitier.

1724. Cessation de la jouissance. — L'effet immédiat de l'extinction de l'usufruit est le déplacement de la jouissance, qui fait retour au nu propriétaire. Par conséquent, les fruits naturels encore sur pied lui appartiennent, aucune récolte ne peut plus être faite par les héritiers de l'usufruitier. Le gain des fruits civils s'arrête immédiatement. Les biens compris dans l'usufruit doivent être restitués sans délai. Cependant, si l'usufruit portait sur une maison d'habitation, où l'usufruitier logeait avec sa famille, le nu propriétaire ne peut contraindre les héritiers à déloger qu'après les délais fixés par l'usage des lieux (arg. art. 1736) ; mais cette jouissance qui leur est accordée à titre de répit ne peut pas être gratuite, et s'ils veulent en profiter ils devront tenir compte au propriétaire de la valeur locative des lieux qu'ils occupent.

A. — Action du propriétaire contre l'usufruitier.

*** 1725. Nature de l'action en restitution.** — Rigoureusement le propriétaire devrait être réduit à la *revendication*, action réelle qui suppose la preuve de son droit de propriété. Mais depuis bien longtemps le propriétaire peut exercer contre l'usufruitier ou ses héritiers une *action personnelle*, et il a le droit d'obtenir la restitution sur la simple preuve que les choses qu'il réclame ont été jadis remises à l'usufruitier par lui ou par ses auteurs, pour en jouir sa vie durant. L'origine de cette obligation particulière se trouve, comme pour celles dont il a déjà été parlé, dans les engagements que faisait prendre le Préteur aux usufruitiers : « Æquissimum prætori visum est *de utroque* legatarium cavere, et *usurum* se boni viri arbitratu, et quum usus fructus ad eum pertinere desinet, *restiturum* quod inde extabit » (ULPIEN, au *Digeste*, liv. VII, tit. 9, fr. 1). L'engagement pris par l'usufruitier avait donc un *double objet :* la façon d'exercer son droit et la restitution des biens.

1726. Moyens de preuve accordés au propriétaire. — Régulièrement la preuve des objets mobiliers que le propriétaire réclame à l'usufruitier ou à ses représentants, doit se faire *à l'aide de l'inventaire* qui a dû être dressé avant l'entrée en jouissance. A défaut d'inventaire, on autorise en général le propriétaire à faire sa preuve par témoins, par présomptions, et même par commune renommée[1] (Pau, 28 mai 1887, S. 88. 2. 117; DEMOLOMBE, t. X, n° 472 ; AUBRY et RAU, t. II, § 229, p. 473; HUC, t. IV, n° 212).

C'est une dérogation aux principes généraux ; l'art. 1341 exige une preuve écrite « pour toutes choses » dépassant 150 francs, et l'on ne se trouve pas dans un de ces cas exceptionnels, prévus par l'art. 1348, où il est impossible de se ménager cette preuve écrite. Il faudrait un texte spécial qui n'existe pas, et la solution courante est à juste raison critiquée par LAURENT (t. VI, n° 503), mais elle est universellement établie dans la doctrine française.

* **1727. Ce qui doit être restitué.** — En principe, la restitution a pour objet *les choses mêmes* qui ont été livrées à l'usufruitier. Celui-ci est détenteur de corps certains dont la propriété appartient à autrui, et qu'il doit conserver afin de les rendre, le jour venu.

Cependant, dans les différents cas où il acquiert la propriété des choses soumises à son droit de jouissance (ci-dessus, n° 1570), son obligation change d'objet. Devenu propriétaire, il peut détruire, consommer, aliéner; il doit seulement *l'équivalent* de ce qu'il a reçu. En principe, cet équivalent doit être fourni *en nature*, c'est-à-dire que l'usufruitier doit se procurer, pour les livrer au propriétaire, des choses de même genre, *en même quantité et de même qualité* (art. 587). La loi ajoute à tort « et de même valeur ». Ce mot est de trop : la valeur des choses est essentiellement variable et dépend des conditions économiques du marché. L'usufruitier rendrait presque toujours trop ou trop peu, s'il rendait des objets de même valeur. Ce qu'il doit rendre, c'est l'équivalent réel de ce qu'il a reçu, abstraction faite de la hausse ou de la baisse des prix.

Cette façon de restituer est pleine d'inconvénients. Les héritiers de l'usufruitier rencontreront les plus grandes difficultés pour se procurer des choses pareilles à celles que leur auteur avait reçues bien des années auparavant. S'ils en trouvent, ce sera souvent une autre difficulté que d'apprécier l'égalité de qualité entre les choses restituées et celles qui ont été anciennement comprises dans l'usufruit. — De là la grande utilité pratique d'un *procédé de simplification*, qui consiste à estimer au début de l'usufruit les choses dont l'usufruitier acquiert la propriété et à l'obliger seulement à rendre le *montant de l'estimation*. C'est ce qui se fait d'ordinaire.

[1] La preuve par commune renommée est une preuve exceptionnelle, fondée sur des *on dit* et sur des renseignements de seconde ou de troisième main, tandis que la preuve par témoins repose sur la déclaration de gens qui affirment ce qu'ils ont vu ou entendu directement par eux-mêmes. La preuve par commune renommée a une tendance à enfler les choses qui la rend extrêmement dangereuse ; aussi la loi ne l'autorise jamais qu'à titre de peine (art. 1415, 1442 et 1504).

L'art. 587 semble accorder à l'usufruitier le choix de rendre des choses pareilles ou l'estimation ; mais il ne faut pas s'y laisser tromper. Son obligation n'est pas *alternative*. L'objet dû est déterminé d'une manière invariable. En principe, c'est l'équivalent en nature qui doit être fourni ; par exception ce sera l'équivalent en argent, si les parties ont entendu accorder cet effet à l'estimation ; mais l'usufruitier n'aura *jamais d'option à exercer*.

1728. Preuve à fournir pour la libération de l'usufruitier. — On a vu que l'usufruitier est *débiteur* des biens grevés d'usufruit. S'il se trouve dans l'impossibilité de restituer, il doit prouver que la chose *a péri sans sa faute*, car celui qui est débiteur de corps certains n'est libéré qu'autant qu'il prouve que la perte de la chose est due à un cas fortuit (art. 1302). Par conséquent, l'usufruitier fera bien de conserver tous les objets usés ou hors de service, afin d'en représenter les restes au propriétaire, à moins qu'ils ne lui aient été livrés sur estimation et qu'il ne soit débiteur de la valeur.

1729. Responsabilité de l'usufruitier en cas d'incendie. — Le principe qui vient d'être indiqué reçoit une application remarquable au cas où un bâtiment sujet à usufruit est détruit par un incendie. L'usufruitier n'est pas libéré de toute responsabilité envers le nu propriétaire par le seul fait de l'incendie, car le feu n'a pas toujours une cause fortuite ; il peut avoir été mis à la maison par la négligence ou l'imprudence de l'usufruitier. Celui-ci devra donc prouver non seulement qu'il y a eu incendie, ce qui ne lui sera pas difficile, mais de plus que la cause du feu a été purement fortuite, et ceci lui sera très souvent impossible. Il devient par là presque nécessaire pour l'usufruitier de faire assurer la chose, afin de couvrir sa responsabilité envers le nu propriétaire. La perte est alors supportée par l'assureur. Sur la responsabilité de l'usufruitier en cas d'incendie, voyez Cass., 4 juillet 1887, D. 87. 1. 351, S. 87. 1. 465.

B. — Comptes à établir.

1° Détériorations.

1730. Faute de l'usufruitier. — Lorsque l'usufruitier possède encore les choses sujettes à restitution, il n'est pas toujours quitte par leur seule remise. S'il y a des détériorations causées *par sa faute*, et à plus forte raison s'il y a eu *dol*, il est naturellement tenu d'indemniser le propriétaire, et son obligation à cet égard est garantie par sa caution, quand il en a été fourni une.

1731. Absence de faute. — Quant aux détériorations qui proviennent de son *simple fait* exempt de faute, c'est-à-dire celles qui sont le résultat de l'usage normal des choses, il faut faire une *distinction* entre les meubles et les immeubles.

1° Pour les *immeubles*, comme l'usufruitier est tenu des réparations d'entretien, toute détérioration qui est le résultat de l'usage qu'il en a fait est à sa charge. Il peut même arriver, par suite d'un défaut d'entretien prolongé, que l'usufruitier se trouve finalement obligé de supporter les frais d'une grosse réparation devenue nécessaire par sa négligence.

La situation primitive des immeubles sera connue par l'état qui a dû en être dressé au début de l'usufruit ; mais on n'est pas d'accord pour le cas où la rédaction de cet état aura été omise. La plupart des auteurs pensent que l'usufruitier devra être présumé avoir reçu les immeubles en bon état, par analogie avec le locataire (DALLOZ, *Répert.*, v° Usufruit, n° 377 ; *Suppl.*, n° 168). Mais d'autres font très justement remarquer que l'argument d'analogie qu'on prétend tirer de l'art. 1731 n'existe pas : on comprend cette présomption contre le locataire qui peut exiger la mise des lieux en état (art. 1720) ; on ne la comprend pas contre l'usufruitier qui prend les biens dans l'état où il les trouve (LAURENT, t. VI, n° 504 ; HUC, t. IV, n° 212).

2° Pour les *meubles*, la loi est beaucoup plus favorable à l'usufruitier. Elle le dispense de remplacer les objets mobiliers qui se détériorent inévitablement par l'usage même le plus modéré, comme le linge et les meubles meublants (art. 589). Il est quitte en les représentant à la fin de l'usufruit, dans l'état où ils se trouvent.

2° Améliorations.

*1732. **Refus d'indemnité.** — Supposons que l'usufruitier a *amélioré* les biens : il a, par exemple, fait des *embellissements* dans les constructions ; sur les terres, il a fait des *plantations*, exécuté des travaux de *défrichement* ou de *drainage*, etc. A-t-il droit à une indemnité ? Non. L'art. 599 lui *refuse expressément* tout droit à indemnité « à raison des améliorations qu'il prétendrait avoir faites, encore que la valeur de la chose en fût augmentée ». D'après le discours du tribun Gary au Corps législatif, ce refus d'indemnité a été fondé sur une *double raison :* 1° on a voulu étouffer des contestations qui ne manqueraient pas de naître, car les améliorations que l'usufruitier prétendrait avoir faites ne seraient pas toujours évidentes ; 2° la solution contraire aurait pour résultat de grever le propriétaire de restitutions parfois onéreuses, et cela pour des travaux qu'il n'aurait peut-être jamais songé à exécuter lui-même.

L'usufruitier qui entreprend des améliorations doit donc se dire qu'il dépense son argent sans espoir de recours et uniquement pour sa satisfaction personnelle, pendant le temps indéterminé que pourra durer sa jouissance.

* 1733. **Tempéraments de la règle.** — Cette décision est fort rigoureuse. Aussi importe-t-il de bien fixer les *limites où s'arrête l'application de l'art. 599*. S'il y a eu sur le domaine un ensemble de travaux ayant produit à la fois des améliorations et des détériorations par le remaniement des plantations ou des constructions, il n'est que juste d'établir la *balance* entre elles et de tenir compte des unes et des autres pour apprécier le résultat des changements faits par l'usufruitier. Souvent même ces modifications en bien ou en mal ne pourraient pas s'estimer séparément. Tout compte fait, si les améliorations de l'usufruitier ne lui donnent point droit de réclamer une indemnité, elles pourront du moins le dispenser d'en payer une à raison des suppressions d'arbres ou de bâtiments qu'il a pu faire : on doit le considérer comme ayant réparé lui-même les dégâts (POTHIER, *Du douaire*, n° 277).

1734. **Objets susceptibles d'enlèvement.** — Si la loi refuse à l'usufruitier une indemnité pour ses travaux, elle l'autorise cependant à emporter les *glaces*, *tableaux* et *ornements* qu'il aurait fait placer, à la charge de remettre les lieux en état (art. 599, al. 3). On peut étendre cette décision à tout objet susceptible d'être enlevé, alors même qu'il serait devenu immeuble par destination en le supposant placé par le propriétaire du fonds.

3° Grosses réparations.

* 1735. **Recours accordé à l'usufruitier.** — Le texte qui interdit à l'usufruitier de réclamer le remboursement de ce qu'il a dépensé en améliorations (art. 599), ne lui est pas opposable quand il s'agit de grosses réparations, qu'il a pu entreprendre sur le refus du propriétaire de les faire. Une grosse réparation n'est pas une simple amélioration : celle-ci

n'est qu'une *dépense utile;* l'autre est une *dépense nécessaire*, faite pour la conservation même de la chose. La distinction a été faite de tout temps (POTHIER, *Traité du douaire*, n° 276). Toutefois, comme le propriétaire pourrait soulever plus tard des difficultés en prétendant que ces travaux n'étaient pas nécessaires et qu'il ne les aurait pas faits, l'usufruitier agira sagement en faisant constater par experts, en présence du propriétaire ou lui dûment appelé, l'état des bâtiments et la nécessité de les réparer.

* **1736. Montant de l'indemnité.** — L'usufruitier, qui a fait de grosses réparations quand elles étaient nécessaires, peut donc avoir un recours à exercer de ce chef contre le nu propriétaire[1]. Que peut-il lui réclamer? Généralement on limite son recours au *montant de la plus-value* résultant de ses impenses *à l'époque où son usufruit s'éteint* (Toulouse, 23 mai 1881, D. 82. 2. 178, S. 81. 2. 141; Alger, 29 mai 1886, D. 91. 1. 413, S. 89. 1. 217. — Comp. DALLOZ, *Suppl.*, v° Usufruit, n° 259). — Cette solution n'est d'accord ni avec la règle traditionnelle qui autorise la répétition des impenses nécessaires en totalité, abstraction faite de la plus-value qu'elles ont produite, ni avec la règle du Code qui refuse à l'usufruitier toute répétition à raison d'une plus-value donnée à l'immeuble. Pothier était beaucoup plus logique, et obligeait le nu propriétaire à rembourser à la douairière tout ce qu'avaient coûté les grosses réparations faites par elle (*Du douaire*, n° 276). Les auteurs modernes écartent cette solution, en disant que ce serait donner à l'usufruitier un moyen indirect de contraindre le propriétaire à faire les grosses réparations (BUGNET sur POTHIER, t. VI, p. 438, note 2).

4° Constructions.

** **1737. Assimilation des constructions aux améliorations.** — D'après la jurisprudence, lorsque l'usufruitier a fait des constructions nouvelles sur le terrain, le propriétaire a le droit de les *conserver sans rien payer*. Conformément à la solution admise dans l'ancien droit (POTHIER, *Du douaire*, n° 276), nos tribunaux actuels décident que les « améliorations », pour lesquelles on refuse tout recours à l'usufruitier, comprennent même les constructions. En 1825, on a vu la Cour de cassation attribuer à un propriétaire, sans indemnité, plus de 500,000 francs de constructions élevées par l'usufruitier.

L'énormité de ces conséquences a soulevé des protestations; mais la jurisprudence a persisté dans sa décision, et en 1885 encore, des constructions considérables, évaluées à 256,000 francs, ont été perdues pour un usufruitier (Cass., 4 nov. 1885, D. 86. 1. 361, S. 86. 1. 113).

* **1738. Critique de la jurisprudence.** — Cependant, lorsque les auteurs du Code ont écrit l'art. 599, ils n'ont peut-être pas pensé à l'hypothèse d'une construction entièrement nouvelle. Ce qu'ils donnent comme exemples d'objets susceptibles d'enlèvement suppose des travaux faits sur des bâtiments existants. — Les arrêts disent que, dans le langage du Code, le mot « améliorations » comprend même les constructions, et ils en citent comme preuve les art. 861, 1437, 1634 et 2175. Il est parfaitement vrai que les solutions données par ces textes pour les améliorations doivent s'appliquer même aux constructions; mais pourquoi? C'est que ces textes accordent au possesseur de l'immeuble une indemnité à raison

[1] La jurisprudence belge se prononce en sens contraire et refuse toute action à l'usufruitier, même à raison d'impenses nécessaires (Bruxelles, 22 déc. 1881, *Pasicrisie*, 1882. 2. 171).

des simples améliorations. Ils sont donc *conformes* à ce *principe d'équité* que nul ne doit s'enrichir aux dépens d'autrui et on peut les étendre, tandis que l'art. 599, qui refuse l'indemnité, y est *contraire*, et partant est d'interprétation stricte. — L'autorité du droit romain doit être écartée ici, parce que les jurisconsultes anciens refusaient tout droit à une indemnité au constructeur de mauvaise-foi, en vertu d'une interprétation de volonté érigée par eux en présomption : « Donassè videtur ». L'autorité de nos anciens auteurs et de nos anciennes coutumes doit être écartée par la même raison, car leur décision n'est que la reproduction de la décision romaine. Or le principe a été changé sur ce point par l'art. 555 qui accorde une indemnité même au possesseur de mauvaise foi.

1739. Solution proposée. — Quelle devrait donc être la situation de l'usufruitier ? L'art. 599 écarté, elle devrait être régie par l'art. 555, qui, ainsi que nous l'avons vu, est une disposition générale dans sa partie principale, et englobe toute personne qui fait des constructions sur le terrain d'autrui (AUBRY et RAU, t. II, § 235, p. 524, et § 204, § 264, note 23 ; DALLOZ, *Répert.*, v° Usufruit, n°s 746 et 747, *Suppl.*, n°s 328 et 329). Quant aux auteurs qui restreignent l'art. 555 à l'hypothèse d'une revendication exercée contre un tiers qui possédait à titre de propriétaire, ils sont loin de s'entendre sur les solutions applicables à l'usufruitier, qu'ils essaient de tirer des principes généraux, faute d'un texte spécial à l'espèce (LAURENT, t. VI, n° 487 ; HUC, t. IV, n° 204, et l'analyse de leurs opinions dans DALLOZ, *Suppl.*, n° 328).

1740. Jurisprudence belge. — La *jurisprudence belge* est contraire à la jurisprudence française et admet que les constructions élevées par un usufruitier sont régies par l'art. 555 et non par l'art. 599 (Bruxelles, 2 juin 1862, *Pasicrisie belge*, 1863. 2. 283 ; Cass. de Belgique, 27 janv. 1887, D. 88. 2. 256).

CHAPITRE II

DE L'USAGE ET DE L'HABITATION

§ 1. — *Le droit d'usage d'après le Code civil.*

* **1741. Définition.** — L'usage est un droit réel, de même nature que l'usufruit, mais inférieur en étendue. Des deux éléments dont l'usufruit se compose, le droit d'user et le droit de percevoir les fruits, l'usage ne comprend que le premier. Aussi les Romains l'appelaient-ils *nudus usus, id est sine fructu*.

* **1742. Droit de l'usager sur les fruits.** — Rigoureusement l'usager ne devrait avoir aucun droit sur les fruits de la chose quand elle est frugifère, mais les jurisconsultes romains avaient été forcés d'ajouter quelque peu aux droits de l'usager, pour les cas où l'usage simple de la chose n'eût procuré qu'un bénéfice insignifiant.

Ainsi l'usager d'un fonds rural avait le droit d'y prendre quelques menus produits nécessaires à sa subsistance : « Ut oleribus, pomis, floribus, feno, stramentis, lignis, ad usum cottidianum utatur » (ULPIEN, au *Digeste*, liv. VII, tit. 8, fr. 12 ; *Institutes de Justinien*, liv. II, tit. 6, § 1). Cette décision d'équité, conservée par la tradition dans notre ancien droit, a été maintenue par le Code ; l'art. 630 permet à l'usager de percevoir les fruits de la chose, « autant qu'il lui en faut pour ses besoins et ceux de sa famille ». Par « famille » il faut entendre ici tous ceux qui vivent à la charge de l'usager, son conjoint, ses enfants, ses domestiques.

L'usage se rapproche donc de l'usufruit plus que son titre ne l'annonce. C'est un *petit usufruit*, limité aux besoins de l'usager.

1743. Limite de son droit. — La perception doit se faire en nature et servir directement à la consommation. Si le fonds produit une certaine espèce de fruits au delà des besoins de l'usager, du blé ou du vin, par exemple, l'usager n'a pas le droit d'en prendre davantage pour en vendre l'excédent et se procurer par là ce que le fonds ne donne pas, de l'huile, du sel, par exemple.

1744. Règles spéciales. — Pour tout le reste, l'usage est soumis en principe aux règles de l'usufruit. Cependant on peut signaler les deux différences suivantes :

1° L'usage n'est jamais établi par la loi.

2° L'usager ne peut ni *louer* ni *céder* son droit (art. 631). Décision ancienne déjà admise en droit romain. L'usage est une sorte d'aumône, faite en considération de la personne.

* **1745. Du droit d'habitation.** — Primitivement l'habitation n'était que le *droit d'usage appliqué à une maison, ædium usus*. Mais les testateurs employaient parfois des expressions ambiguës, telles que « usus fructus habitationis » et les jurisconsultes ne s'entendaient pas pour les interpréter.

Justinien rendit en 530 une constitution (*Code*, liv. III, tit. 33, loi 12), par laquelle il fit du droit d'habitation un droit spécial, se rapprochant de l'usufruit en ce que le légataire avait le droit de louer la maison et n'était pas obligé de l'habiter par lui-même. Le Code français a supprimé cette particularité. Celui qui a un droit d'habitation ne peut ni louer ni céder son droit (art. 634). L'habitation n'offre donc plus *aucun caractère propre* qui mérite de faire d'elle un droit distinct de l'usage.

L'habitation (droit réel et viager) n'est jamais accordée par la loi. Le droit d'habitation que les art. 1465, 1495 et 1570 accordent à la veuve, a une nature spéciale et est tout à fait temporaire.

§ 2. — *Des usages forestiers.*

1746. Origine de ces droits d'usage. — L'usage, tel qu'il est réglé par le Code civil, est une *rareté ;* mais il existe en France un très grand nombre d'usagers dont les droits ont une autre nature et une autre origine. Pendant tout le moyen âge, les seigneurs et les abbayes, propriétaires de vastes forêts, concédèrent à des villages un droit d'usage sur leurs bois, dans l'espoir d'attirer de nouveaux habitants sur leurs terres et de grossir par là leurs revenus.

1747. Leurs caractères spéciaux. — Ces droits d'usage conservés par les anciennes paroisses, devenues nos communes rurales, existent encore, mais ils diffèrent profondément de l'usage réglé par le Code. D'abord ils constituent des *servitudes réelles* d'un genre particulier, existant au profit de tous les habitants d'un village ou d'une commune pris en masse. Ils appartiennent donc à une autre catégorie de droits réels que l'usage du Code civil, qui est une servitude personnelle.

De plus, ils sont *perpétuels* et non viagers. Cette seconde différence est une conséquence de la première, et tient à ce qu'ils ne sont pas établis au profit d'une personne déterminée.

1748. Leur objet. — Ces concessions donnent des droits divers, qui sont fixés par les titres et qui par suite varient à l'infini. Les plus communs sont les droits *d'affouage* (droit de prendre ou de recevoir du bois pour son chauffage), le *marrenage* [1], écrit souvent à tort marronage (droit de prendre des bois de construction) et le droit de *paisson* ou *pânage* [2] (droit de faire paître les porcs dans la forêt), appelé aussi *faînée* [3] ou *glandée*, du nom des fruits du hêtre ou du chêne, qu'affectionnent ces animaux.

1749. Tendance hostile de la législation moderne. — Ces concessions de droits d'usage sur les forêts rendirent de grands services aux populations, tant que les surfaces boisées se trouvèrent en excès et ne furent point soumises à une exploitation régulière. Mais dès le XVIIe siècle, le pouvoir central sentit la nécessité de protéger les forêts contre les usurpations et les gaspillages. Les animaux qu'on y mène pacager y causent surtout

[1] Le marrenage est le droit de prendre du *merrain* ou *merrien*, bois propre à bâtir. Merrain vient de *materies* (materia). Ces mots « merrain » et « marrenage » ont pris les formes les plus diverses dans le latin du moyen âge. Voy. DUCANGE, v° *Materia*.

[2] Pasnage vient de *pasnaticum*, abréviation de *pastionaticum*, droit de faire paître.

[3] Faîne = *fagina*, fruit du *fagus* ou hêtre.

de grands ravages en coupant les jeunes pousses. De là des mesures restrictives diverses prises par l'édit des Eaux et forêts (août 1669). La loi du 28 ventôse an XI (19 mars 1803) menaça de déchéance tous ceux qui prétendaient des droits d'usage dans les forêts domaniales, s'ils ne soumettaient pas leurs titres à une vérification administrative dans les six mois de sa promulgation. Une disposition analogue se trouve dans le Code forestier de 1827 (art. 61). — En outre, il est défendu à l'administration de concéder aux particuliers dans les bois de l'État aucun droit d'usage de quelque nature et sous quelque prétexte que ce soit (même Code, art. 61). Cette prohibition se trouvait déjà dans l'édit de 1669.

Enfin la loi favorise autant que possible l'extinction des droits existants en autorisant soit leur *cantonnement*, soit leur *rachat* (art. 63, 64, 88, 111, 112, 118 et 120 C. for.).

LES SERVITUDES [1]

CHAPITRE PREMIER

GÉNÉRALITÉS

§ 1. — *Définition et conditions d'existence de la servitude.*

* **1750. Dénomination.** — Dans l'art. 526 et dans l'intitulé du titre IV du liv. II, le Code les appelle « servitudes ou *services fonciers* ». Cette dernière appellation a été employée afin de bien marquer que les servitudes que la loi nouvelle tolère et réglemente n'ont rien de commun avec les anciennes servitudes féodales.

Dans l'usage moderne, comme on n'a plus l'esprit hanté par le fantôme de la féodalité, on se sert volontiers du mot *servitudes*, qui est plus court ; et même on emploie ce mot tout seul, sans spécifier qu'il s'agit des servitudes prédiales. Il n'y a guère à craindre de provoquer par là une confusion avec une autre espèce de servitudes, les servitudes personnelles, puisqu'on désigne ordinairement celles-ci sous leurs noms particuliers d'*usufruit* et d'*usage* (ci-dessus, n° 1563). Si l'on tient à spécifier l'opposition entre les deux espèces de droits, on se sert des expressions *servitudes foncières* ou *servitudes prédiales*, qui suppriment toute ambiguïté.

Employé seul, le mot « servitudes » doit donc s'entendre des servitudes prédiales exclusivement.

** **1751. Définition.** — Les servitudes forment une famille nombreuse; leur nombre n'est même pas limité par la loi ; les particuliers peuvent en créer de nouvelles à leur convenance, quand ils en trouvent l'occasion. On les distingue les unes des autres par l'énoncé de leur objet : servitudes de *passage*, de *vue*, d'*égout*, d'*aqueduc*, etc. Cette multiplicité illimitée d'applications fait qu'il est impossible de donner une définition générale du droit de servitude par l'indication de son objet, comme on le fait pour les autres droits réels dont l'objet est invariable. Quand on veut le définir, on se tient donc volontiers dans le vague. Voici par exemple ce que dit l'art. 637: « Une servitude est *une charge imposée sur un héritage* pour l'usage et l'utilité d'un héritage appartenant à un autre propriétaire ».

Cette définition a un double mérite : elle indique clairement que la servitude ne s'applique qu'aux *biens fonds* (ci-dessous, n° 1752) et que son existence suppose deux immeubles distincts appartenant *à deux propriétaires différents* (ci-dessous, n° 1754) [2].

[1] Il est permis d'être relativement bref sur la matière des servitudes. Si cette partie du Code reçoit dans la pratique des applications fréquentes, et fait naître un nombre assez considérable de contestations, en revanche sa valeur doctrinale est faible : quelques définitions, quelques règles générales, dont plusieurs sont fort délicates à bien saisir ; le reste est affaire de réglementation pure; ce sont des textes auxquels il faut se reporter quand on doit s'en servir, mais qui ont à peine besoin de commentaires.

[2] Dans la théorie française, restée fidèle aux traditions romaines, la servitude ne peut appartenir qu'à quelqu'un qui est *propriétaire d'un fonds*. Cependant certaines législations

Mais il y a un *point capital* que la définition du Code omet totalement de préciser : c'est *la nature de la charge* qui constitue la servitude. Or il est possible de donner une formule qui précise la nature de cette charge sans entrer dans le détail des servitudes : elle consiste tantôt à *conférer à un tiers* le droit de faire des actes d'usage sur le fonds, tantôt à *retirer au propriétaire* l'exercice partiel de ses droits (Comp. C. civ. all., art. 1018, et voyez ci-dessous, nos 1767-1768).

** **1752. Biens susceptibles de servitudes.** — Sont seuls susceptibles d'être grevés de servitudes : 1° les *terrains non bâtis;* 2° les *bâtiments ayant le caractère immobilier.*

Ce sont là les choses que la loi désigne sous le nom d'*héritages* dans l'art. 637 et dans les textes suivants. C'est un sens qui a vieilli, et ce mot ne s'emploie plus dans la langue moderne qu'à propos des servitudes, où il est devenu technique pour désigner le genre particulier d'immeubles susceptibles d'être activement ou passivement l'objet d'une servitude.

Par suite, ne sont pas susceptibles d'être grevés de servitudes :

1° Les *arbres*, bien qu'ils soient des immeubles par nature (Cass., 6 avril 1841, D. 41. 1. 214, S. 41. 1. 414). Le motif de l'arrêt a été le caractère périssable des arbres qui n'ont pas paru avoir une durée suffisante pour l'établissement d'un droit perpétuel de sa nature comme la servitude. Mais ce motif est très contestable, et la décision de la Cour a été généralement critiquée.

2° Les *immeubles par destination.*

3° Les immeubles par l'objet auquel ils s'appliquent, c'est-à-dire les *droits*. La servitude a nécessairement pour objet des actes matériels, qui ne peuvent s'accomplir que sur une chose corporelle. Il en résulte qu'on ne peut pas constituer de servitude sur une autre servitude : « servitus servitutis esse non potest ».

1753. Servitudes sur les fonds du domaine public. — Les fonds compris dans le *domaine public* peuvent, comme les propriétés privées, être grevés de certaines servitudes. Il en est qui sont *conformes à leur destination même*, comme le droit de passage, les vues (ouvertures) et l'égout des toits, dont les particuliers jouissent tout naturellement sur les voies publiques (SIMONET, nos 1427 à 1429). Il en est d'autres qui sont simplement établies par l'administration parce qu'elles sont *compatibles* avec cette destination. Tels sont les passages souterrains ou à niveau et les ponts et passerelles qui font communiquer les deux parties d'une propriété séparées par un canal, par un chemin de fer ou par une autre voie de communication.

** **1754. Distinction du fonds servant et du fonds dominant.** — Le fonds grevé de la servitude s'appelle *fonds servant;* le fonds qui en profite s'appelle *fonds dominant.*

Les auteurs du Code ont évité avec soin ces expressions, dans la crainte de réveiller les souvenirs de la féodalité. Ils emploient des périphrases : « l'héritage pour lequel la servitude a été établie » (art. 700 et 709), « celui qui a un droit de servitude » (art. 702) ; qui sont parfois peu exactes : « le fonds *débiteur* de la servitude » (art. 700), « le fonds qui la *doit* » (art. 702 et 705). Cependant ils ont risqué les mots « fonds *assujetti* » à plusieurs reprises (art. 699 à 701, et même « fonds *asservi* » (art. 695).

** **1755. Coexistence de deux propriétaires différents.** — Une servitude, c'est-à-dire un rapport de fonds servant à fonds dominant, ne saurait exister entre deux fonds appartenant au même propriétaire, à cause de la règle : « Nemini res sua servit » (PAUL, au *Digeste*, liv. VIII,

admettent la possibilité de servitudes créées au profit de quelqu'un qui n'est que *locataire* du fonds dominant. Ainsi, d'après le Code de Zurich, une société qui a loué un terrain pour y établir un stand peut obtenir une servitude de ne pas bâtir pour le temps de son bail (ROGUIN, *La règle du droit*, p. 33 et suiv.).

tit. 2, fr. 26). Sans doute le propriétaire unique des deux fonds a le droit de retirer de l'un au profit de l'autre la même utilité que pourrait lui procurer une servitude, comme de passer sur le fonds, d'y établir un aqueduc, etc., mais il exercera ce droit de passage ou d'aqueduc à titre de propriété et non à titre de servitude. Voyez ce qui sera dit de la *confusion* comme cause d'extinction des servitudes (nos 1915-1916).

** **1756. Affectation d'un des fonds au service de l'autre.** — Ceci veut dire que la charge établie sur l'un doit profiter à l'autre. Les servitudes ont été inventées pour augmenter l'utilité de certains biens aux dépens des autres.

Mais la nature du *rapport* ainsi établi entre les deux fonds donne lieu à des difficultés délicates qui seront examinées à propos des servitudes créées par les propriétaires, car c'est à propos de ces servitudes que la loi a formulé des règles qui, dans la réalité, devraient s'appliquer aux servitudes de toute origine.

Le genre de service que le fonds servant rend au fonds dominant n'est pas déterminé par la loi ; il peut varier selon les cas. Il est à remarquer que dans l'art. 637 le Code ne mentionne que *l'usage* et *l'utilité* ; les deux mots paraissent synonymes. On reconnaît unanimement que la servitude pourrait être établie pour le simple *agrément* du fonds dominant. Telle est la *servitude de prospect* qui empêche un propriétaire de bâtir ou de planter, pour ménager à son voisin la vue dont il jouit.

Le Code italien (art. 531) s'exprime comme le Code français : « per l'uso e l'utilità di un fondo ». Le Code espagnol (art. 530) dit en termes généraux que la servitude est établie sur un immeuble *en faveur* (en beneficio) d'un autre. Le Code allemand dit que la servitude foncière ne peut consister que dans une charge qui offre de l'utilité pour l'usage du fonds dominant (art. 1019).

* **1757. Non-contiguïté des deux fonds.** — Il n'est pas nécessaire que les deux fonds soient *contigus* ni même *voisins*. Leur contiguïté ou tout au moins leur voisinage forme, il est vrai, le cas ordinaire et à tel point que le mot « voisin » figurait dans le projet de Code. Il a été supprimé sur une observation du Tribunat, et à bon droit, car cette condition n'est pas nécessaire, et elle n'a pas toujours lieu. Ainsi les servitudes de puisage, d'extraction de matériaux, et quelques autres, peuvent exister entre deux fonds assez éloignés l'un de l'autre. Certains propriétaires de vignes ont le droit de prendre des échalas, à titre de servitude, dans des bois éloignés de plusieurs kilomètres.

§ 2. — *Caractères juridiques des servitudes.*

** **1758. Caractère immobilier.** — Les servitudes *prédiales* constituent toujours des *droits immobiliers* parce que, à la différence de l'usufruit, elles ne peuvent s'établir que sur des « héritages » (art. 637).

* **1759. Caractère accessoire.** — Un de leurs caractères les plus féconds en conséquences est d'être des *droits accessoires*. Elles sont liées au fonds dominant d'une manière inséparable; « Prædiis inhærent », disaient les anciens. Par suite, elles ne peuvent être ni *cédées*, ni *saisies*, ni *hypothéquées* séparément ; elles ne peuvent pas être détachées du fonds dominant pour être transportées à un autre. Au contraire, elles se transmettent nécessairement avec la propriété du fonds dominant et passent en même temps que lui de main en main : « Ambulant cum dominio ». Elles sont comprises dans l'hypothèque, dans la saisie et dans l'aliénation du fonds. Le profit en passe même, à titre temporaire, à l'usufruitier et à l'usager.

La situation est la même, en sens inverse, pour le fonds servant, sur lequel tombe passivement, la servitude. Quiconque acquiert la propriété ou l'usufruit d'un immeuble est tenu de souffrir les servitudes passives qui le grèvent.

Afin de bien marquer ce caractère des servitudes qui sont nécessairement les accessoires actifs ou passifs d'une propriété, les jurisconsultes romains disaient qu'elles étaient des *qualités* des fonds : « Quid aliud sunt jura prædiorum, quam *prædia qualiter se habentia*, ut bonitas, salubritas, amplitudo ? » (CELSUS, au *Digeste*, liv. L, tit. 16, fr. 86). Mais l'expression « qualitates prædiorum », qu'on cite partout, ne se trouve pas dans le texte latin.

*1760. **Perpétuité.** — Seules parmi les droits réels démembrés de la propriété, les servitudes sont *perpétuelles*. L'usufruit, l'usage, l'emphytéose, l'hypothèque, sont nécessairement temporaires.

La perpétuité des servitudes leur vient de leur caractère accessoire qui les rattache à la propriété d'un fonds. Nécessaires à son usage, il est naturel qu'elles soient perpétuelles comme lui.

Cependant la perpétuité des servitudes ne leur est pas *essentielle* : elle est seulement *de leur nature*, c'est-à-dire qu'elle pourrait être écartée par une convention contraire et qu'on pourrait les établir pour un temps limité. Il existe en outre pour elles un certain nombre de *causes d'extinction*, qui y mettent fin à des époques indéterminées.

Le droit moderne n'exige plus la nécessité d'une *causa perpetua* pour l'établissement d'une servitude, idée dont les jurisconsultes romains avaient tiré quelques conséquences excessives, et qu'ils avaient fini par abandonner eux-mêmes en partie, en admettant la servitude d'extraction de matériaux sur des carrières susceptibles de s'épuiser à la longue.

1761. **Rachat.** — Les servitudes sont *irrachetables*. Le propriétaire du fonds servant ne peut pas le libérer à prix d'argent, si le propriétaire du fonds dominant n'y consent pas. Ce serait une véritable expropriation pour cause d'utilité privée.

*1762. **Indivisibilité.** — Les servitudes sont *indivisibles*. Supposons un fonds appartenant par indivis à plusieurs personnes. Aucune servitude ne pourra être établie sur ce fonds ou à son profit, sans le consentement de tous les copropriétaires ; la servitude ne peut pas naître, ni activement ni passivement, sur ou pour une part indivise. — A l'inverse, supposons la servitude déjà établie avant le fait qui a amené l'indivision, par exemple avant l'ouverture d'une succession au profit de plusieurs héritiers : la servitude existante ne pourra pas s'éteindre par la volonté ou par le fait d'un seul ou de quelques-uns. Il faut qu'elle s'éteigne pour tous à la fois ; elle ne peut pas disparaître en partie et subsister pour le surplus. Voyez ce qui est dit à cet égard à propos de l'extinction des servitudes.

§ 3. — *Classifications diverses des servitudes.*

A. — Classement des servitudes d'après leurs sources.

1763. **Système adopté par le Code civil.** — La loi établit une classification des servitudes en *trois groupes*, d'après leurs *sources*, c'est-à-dire d'après les différentes causes d'où elles dérivent :

1° *Servitudes naturelles*, dérivant de la situation des lieux ;

2° *Servitudes légales* établies par la loi ;

3° *Servitudes du fait de l'homme*, que les particuliers font naître par divers procédés (contrat, legs, possession prolongée, destination du père de famille).

1764. **Critiques dirigées contre cette classification.** — La classification adoptée par le Code est très généralement critiquée et condamnée. On dit : « Les servitudes qui *dérivent de la situation des lieux* sont aussi évidemment *imposées par la loi* qui les consacre ; comme pareillement les servitudes qui sont *imposées par la loi* dérivent elles-mêmes *de la situation des lieux*, puisqu'elles ont pour but de gouverner les rapports des propriétés contiguës » (DEMOLOMBE, t. XI, n° 7).

1765. Réfutation de ces critiques. — Cependant n'est-il pas vrai, comme M. Demolombe lui-même en fait la remarque, que *toutes ces servitudes n'ont pas une origine identique?* Les unes ont pour cause la disposition naturelle des terrains, et sont, pour ainsi dire, « écrites sur le sol, tel que Dieu l'a fait » (*Ibid.*). Les autres sont établies plus ou moins arbitrairement par le législateur. La distinction est donc fondée et juste : « Les servitudes naturelles sont les mêmes, dans tous les temps et dans tous les pays, et il aurait toujours fallu les admettre, en l'absence même de tout règlement du législateur » (DEMOLOMBE). On ne peut en dire autant des servitudes légales.

La distinction doit donc être maintenue, si on peut lui trouver un intérêt pratique. Or cet intérêt n'est pas difficile à découvrir : les servitudes naturelles sont dues *sans indemnité*, parce qu'elles sont l'œuvre de la nature elle-même, tandis que les servitudes légales, étant imposées à un moment donné par l'autorité publique, ne doivent équitablement s'établir que moyennant une indemnité aux propriétaires des fonds asservis.

Cette distinction paraît évidente. Cependant nous verrons que le législateur ne l'a pas toujours et scrupuleusement observée, et que, tant dans le droit nouveau que sous l'ancien régime, on a vu des propriétaires obligés de subir sans indemnité l'établissement de nouvelles servitudes légales. Ainsi la *gratuité*, qui devrait être le caractère exclusif des servitudes naturelles, appartient également à quelques servitudes légales. Cette circonstance enlève tout intérêt pratique à la distinction, *dans l'état actuel des textes*, mais n'empêche nullement de la proclamer comme *théoriquement exacte*.

1766. Répartition défectueuse des servitudes entre ces deux classes. — Si l'on peut justifier contre les critiques dont elle a été l'objet la distinction faite par l'art. 639 entre les servitudes naturelles et les servitudes légales, il n'en est pas de même de la répartition que la loi a faite entre ces deux classes. Ainsi la servitude établie par l'art. 643 au profit des habitants d'un village sur les eaux de source qui leur sont nécessaires a le caractère essentiel des servitudes légales ; elle n'existe que moyennant indemnité. Cependant elle se trouve placée sous la rubrique : « Des servitudes qui dérivent de la situation des lieux ».

B. — Classement des servitudes d'après leur objet.

1767. Servitudes positives. — Quand on considère l'objet des différentes servitudes, on voit que certaines d'entre elles autorisent le propriétaire du fonds dominant à accomplir directement des actes d'usage sur le fonds servant : par exemple, il y passe, il y puise de l'eau, il y fait pâturer ses bestiaux, etc. Ce sont des *servitudes positives*, qui consistent à *conférer à un autre propriétaire une partie des avantages* qui résultent de la propriété du fonds.

1768. Servitudes négatives. — Par contre, il est des servitudes qui se bornent à *paralyser*, dans une certaine mesure, les droits du propriétaire du fonds servant, soit qu'elles lui retirent en partie l'usage de son bien, soit qu'elles l'empêchent d'exercer un droit attaché à son titre de propriétaire : ce sont des *servitudes négatives*. Exemples : les diverses interdictions de bâtir ou de faire divers travaux, qui sont établies tantôt par la loi et tantôt par des actes privés.

1769. Défaut d'intérêt pratique. — Cette distinction est très clairement indiquée dans la définition des servitudes que donne le Code allemand (art. 1018). Il semble qu'elle devrait avoir une grande importance pratique ; mais dans notre droit elle ne produit aucune conséquence particulière. Elle est cependant commode à employer quand il s'agit d'apprécier certains engagements qui ressemblent à des servitudes par leur objet (ci-dessous, nos 1831 et suiv.).

C. — Classement des servitudes d'après leurs caractères.

* **1770. Utilité de ces classifications.** — Les différentes divisions établies à ce point de vue entre les servitudes servent, comme on le verra dans le chapitre IV, à déterminer soit les modes d'établissement, soit les modes d'extinction des servitudes du fait de l'homme. Mais dans la réalité les mêmes caractères appartiennent aussi aux servitudes provenant d'une autre source, c'est-à-dire aux servitudes naturelles et légales ; seulement, pour ces dernières, on ne leur trouve point d'application pratique.

** **1771. Classifications existantes.** — Les servitudes peuvent se classer, d'après leurs caractères, de deux façons différentes : 1° en servitudes *continues* ou *discontinues*, et 2° en servitudes *apparentes* ou *non apparentes*.

1772. Classification inutile. — Le Code indique, en outre, une troisième distinction entre les *servitudes urbaines* et les *servitudes rurales* (art. 687). Cette distinction était capitale en droit romain, et nos anciens jurisconsultes s'en servaient encore ; les auteurs du Code l'ont empruntée à Pothier (*Coutume d'Orléans*, tit. XIII, n° 18), qui en faisait usage à propos des modes d'extinction des servitudes. Mais la différence que Pothier signalait à cet égard entre les servitudes urbaines et les servitudes rurales a été rattachée par le Code à la division des servitudes en continues et discontinues (art. 707), de sorte que la division des servitudes en urbaines et rurales ne sert plus à rien et mérite d'être négligée.

1° Servitudes continues et discontinues.

** **1773. Définition.** — L'art. 688 définit les servitudes continues « celles dont l'usage est ou peut être continuel sans avoir besoin du fait actuel de l'homme ». Cette définition, contre laquelle on pourrait formuler une critique (ci-dessous, n° 1778), contient tout au moins l'idée essentielle, qui est que les servitudes continues s'exercent sans le *fait actuel* de l'homme, c'est-à-dire que leur exercice n'exige pas des *actes successifs et répétés* de la part du propriétaire du fonds dominant. Cela tient à ce qu'elles consistent en un certain état de choses, avantageux pour l'un des fonds, qui, une fois établi, dure indéfiniment et procure par lui-même le bénéfice de la servitude.

Ordinairement cet état des lieux résulte d'un travail de l'homme, comme dans les servitudes de vue et d'aqueduc ; mais cela n'est pas nécessaire. Ainsi la servitude de ne pas bâtir ou de ne pas planter suppose au contraire l'absence de travaux et consiste à laisser le terrain à l'état nu. Dans tous les cas, l'exercice de la servitude continue résulte d'une situation de fait, naturelle ou artificielle, établie en permanence, et on peut dire que, les lieux une fois mis dans l'état où ils doivent être, la servitude s'exerce toute seule, sans l'intervention du propriétaire : l'eau s'écoule dans l'aqueduc, la fenêtre laisse entrer la lumière, etc. [1].

Les servitudes *discontinues* sont *celles qui ont besoin du fait actuel de l'homme pour être exercées*. Elles consistent essentiellement dans la possibilité, pour le propriétaire du fonds dominant, de faire certains actes

[1] Comparez la définition très précise qu'en donnait déjà d'Argentré : « Continuas vero vocant quæ, etsi in principio acquisitionis factum hominis requirant ad formationem sui, tamen, cum sunt formatæ, successivos hominis actus non exigant, sed ipsæ per se rerum ipsarum notæ servitutes conservant » (Sous l'art. 271, *Cout. de Bretagne*, v° sans titre, n° 8).

sur le fonds servant ; de sorte que, tant que ce propriétaire n'agit pas, la servitude n'est pas exercée et ne sert à rien. Telles sont les servitudes de passage, de puisage, d'extraction de matériaux, etc. D'Argentré définissait de la façon la plus simple les servitudes discontinues : « quæ facto hominis exercentur » *(Ibid.*, n° 12).

1774. Origine de cette distinction. — L'origine de la distinction faite par tous les anciens docteurs entre les servitudes qui sont continues et celles qui ne le sont pas paraît se trouver dans un texte de PAUL (au *Digeste*, liv. VIII, tit. 2, fr. 28). Mais dans l'esprit de ce jurisconsulte elle se rattachait à la nécessité d'une *causa perpetua* pour la constitution d'une servitude. Le passage est ainsi conçu : « Hoc ita verum est si in eum locum nihil ex cœlo aquæ veniat ; neque enim perpetuam causam habet quod manu fit [il s'agissait d'une servitude d'égout des eaux ménagères] ; at quod ex cœlo cadit, etsi non assidue fit, ex naturali tamen causa fit, et ideo perpetuo fieri existimatur ». Telle était la décision de la loi *Foramen* à laquelle se référaient nos anciens auteurs pour fonder leur distinction.

**** 1775. Exemples de servitudes continues.** — La loi cite (art. 688) la servitude de *vue* (fenêtres ou balcons situés plus près de la propriété voisine que la loi ne le permet) ; la servitude d'*aqueduc* (conduites d'eau à travers le terrain d'autrui)[1]. On peut ajouter la servitude *de ne pas bâtir* et celle de ne pas dépasser une certaine hauteur (*jus non altius tollendi*).

***1776. Exemples de servitudes discontinues.** — Les servitudes de *passage*, de *puisage*, d'*extraction de matériaux*, de *lavage*, de *pacage*, d'*abreuvage*, etc. — Ces servitudes sont discontinues, alors même que certains travaux permanents auraient été faits pour en faciliter l'exercice, tels que la construction d'un lavoir ou d'un abreuvoir (Cass., 4 déc. 1888, D. 89. 1. 193, S. 90. 1. 105).

*** 1777. Caractère variable de la servitude d'égout.** — D'après la jurisprudence la *servitude d'égout* est tantôt continue et tantôt discontinue. Son caractère dépend de la nature des eaux qui s'écoulent.

Appliquée aux *eaux pluviales*, la servitude est *continue*, quoique la pluie ne tombe pas d'une manière continuelle : en effet, une fois les tuyaux posés, la servitude s'exercera toute seule toutes les fois qu'il pleuvra, et sans que le propriétaire ait rien à faire pour y aider. Cela suffit pour donner la continuité à une servitude. Comparez le texte de la loi *Foramen*, rapporté au n° 1836.

Appliquée aux *eaux ménagères*, à l'évier d'une cuisine, par exemple, la même servitude devient *discontinue*, parce que, pour que l'eau coule, il faut que quelqu'un en verse dans l'égout : l'exercice de la servitude suppose ici le *fait actuel de l'homme* (Cass., 17 févr. 1875, D. 76. 1. 504, S. 77. 1. 74).

C'est l'application très exacte de la distinction faite par l'art. 688.

On a quelquefois présenté une objection que je crois fausse. La servitude de vue, dit-on, est de même nature que la servitude d'évier : elle aussi ne s'exerce que lorsqu'une personne vient regarder par la fenêtre ; autrement la servitude ne sert à rien. Si la loi la déclare continue, c'est parce que la fenêtre constitue une menace perpétuelle pour le voisin ; or il en est de même de la servitude d'égout : il y a le tuyau de conduite qui, lui aussi, est une

[1] Il a été jugé que la servitude d'aqueduc conserve son caractère de servitude continue, alors même que l'aqueduc serait muni d'une *pale* ou *vanne*, qu'il faudrait lever pour donner passage à l'eau (Cass., 25 oct. 1887, D. 88. 1. 106, S. 88. 1. 309 ; 22 nov. 1892, D. 94. 1. 45, S. 93. 1. 29 ; 23 nov. 1898, D. 99. 1. 37). Une fois le passage ouvert, l'eau coule d'elle-même sans le fait actuel de l'homme.

menace constante. Donc cette servitude devrait être continue comme celle de vue. — Ceci est un *mauvais raisonnement*. La servitude d'égout ne consiste pas dans le droit d'avoir un tuyau ouvert sur le fonds voisin : tous les propriétaires peuvent en mettre, s'ils ne servent à rien ; mais bien dans le droit de faire couler de l'eau. Or les eaux pluviales s'écoulent toutes seules ; et les eaux ménagères ne s'écoulent pas sans un fait particulier de l'homme. Quant à la servitude de vue, ce n'est pas le droit de *voir*, de *regarder* chez le voisin : tout le monde peut le faire en montant sur une échelle ; c'est le droit d'avoir des *ouvertures* ou des *balcons* donnant sur la propriété voisine à une distance moindre que la distance légale, ce qui n'a pas besoin d'actes renouvelés pour subsister. C'est donc la Cour de cassation qui a raison, et les auteurs qui critiquent ses décisions se laissent tromper par le mot *vue*.

1778. Erreur à éviter. — La définition des servitudes continues, telle que la donne l'art. 688, contient un germe d'erreur : elle donnerait à penser que les servitudes continues sont celles dont l'utilité est *continuelle*.

Or ce serait une erreur de croire que la servitude est continue quand elle s'exerce toujours, discontinue quand son exercice est intermittent. Cette formule est trompeuse, comme le prouve l'exemple suivant : l'égout des eaux pluviales est une servitude continue, et cependant, dans les climats secs, cette servitude aura rarement l'occasion de servir ; au contraire, l'écoulement des eaux d'une carrière ou d'une mine, dont la pompe d'épuisement fonctionne nuit et jour, et toute l'année sans interruption, sera une servitude discontinue, parce que son exercice suppose le fait actuel de l'homme et que, si le mécanicien cesse de faire fonctionner sa machine, l'eau cessera de couler. Ainsi l'écoulement de l'eau peut être ou continuel ou très rare, sans que cela influe en rien sur le caractère continu ou discontinu de la servitude. Ce caractère tient uniquement à l'intervention ou à l'abstention de l'homme dans l'exercice qui en est fait. Comme le disait au XVe siècle Cepolla : « Licet non exerceatur semper, tamen semper apta est exerceri sine facto hominis ».

2° Servitudes apparentes et non apparentes.

**** 1779. Définition.** — Cette division, également très importante, est énoncée dans l'art. 689. Une servitude est *apparente*, quand elle s'annonce par des travaux extérieurs, tels qu'une porte, une fenêtre, un aqueduc. Elle est *non apparente*, quand il n'y a pas de signes extérieurs de son existence, par exemple une servitude de ne pas bâtir ou de ne pas dépasser une hauteur déterminée.

1780. Caractère accidentel de l'apparence. — Le caractère d'apparence dépend d'un *fait accidentel* et non de la nature propre de la servitude. Ainsi les servitudes de passage et d'aqueduc peuvent être tantôt apparentes, tantôt non apparentes ; le passage peut s'exercer sur un terrain aride et non clos sans y laisser de trace, ou bien au moyen d'une barrière mobile et d'un sentier empierré ou pavé qui en révèleront l'existence ; les tuyaux de conduite de l'eau peuvent être enfouis dans le sol, ou visibles extérieurement et soutenus et protégés par des travaux d'art.

Toutefois certaines servitudes sont, plus que d'autres, difficiles à concevoir à l'état occulte : telle est la *servitude de vue*. En revanche, il en est deux qui seraient difficilement révélées par des signes extérieurs : c'est la servitude *de ne pas bâtir* et la servitude *altius non tollendi*.

1781. Origine de cette classification. — La classification des servitudes en apparentes et non apparentes était totalement inconnue en droit romain. Elle s'est développée peu à peu dans notre ancien droit. B. d'Argentré ne la connaissait pas encore. Après avoir divisé les servitudes en continues et discontinues et admis la possibilité de la prescription seulement pour les premières, il se contente d'exiger que la possession de la servitude ait lieu au vu et su de l'adversaire : « nec præscriptio procedit nisi scientia et patientia adversarii probetur ». — Dans les auteurs du XVIIIe siècle, la division apparaît toute formée : tous opposent certaines servitudes, qui sont *latentes* ou *cachées*, à celles qui sont *visibles* ou *apparentes* ; mais, jusqu'au Code civil, cette division se confond avec celle des servitudes continues et discontinues. Ce sont les mêmes servitudes qui sont tout à la fois continues et visibles et les mêmes aussi qui sont discontinues et latentes parce qu'elles « ne paroissent que quand on les exerce »[1]. C'est seulement depuis le Code civil que les deux classifications se sont dissociées.

* **1782. Types des quatre espèces de servitudes.** — Par leur combinaison, les deux classifications des servitudes qui viennent d'être exposées peuvent fournir quatre catégories :

Servitudes *continues et apparentes*, comme la servitude de vue ;

Servitudes *continues et non apparentes*, comme la servitude de ne pas bâtir ;

Servitudes *discontinues et apparentes*, comme la servitude de passage, quand il existe un chemin tracé ;

Servitudes *discontinues et non apparentes*, comme la servitude de pacage.

CHAPITRE II

SERVITUDE NATURELLE

* **1783. Combien il y en a.** — On ne peut admettre comme servitudes naturelles que celles qui dérivent de la situation des lieux et qui sont établies par la nature elle-même.

Dans la réalité, il n'en existe qu'une seule de cette sorte, celle dont s'occupe l'art. 640. La servitude établie par l'art. 643 doit être considérée comme une servitude légale. Tous les autres articles du même chapitre (art. 641-648), s'occupent de tout autre chose que de servitudes : les uns règlent le droit des propriétaires sur les eaux qui arrosent leurs terrains, ce qui est un attribut de la propriété, ou, si l'on veut, une extension de ce droit à une chose distincte qui a le caractère d'une *res nullius*, ce qui exclut toute idée de servitude sur le fonds d'autrui ; les autres s'occupent du bornage et de la clôture, c'est-à-dire d'obligations respectives nées du voisinage, qui ont le caractère de droits de créance et sont fort éloignées d'être des droits réels comme les servitudes (ci-dessus n° 997).

* **1784. Objet de la servitude naturelle.** — Cette servitude, unique en son genre, a pour objet *l'écoulement des eaux naturelles*. Elle consiste en ceci que tout propriétaire dont le fonds est bordé par un terrain plus élevé que le sien, est obligé de recevoir sur son fonds les eaux qui y viennent naturellement en suivant la pente du sol. Ce peut être pour lui une grande gêne ; néanmoins, comme il s'agit d'un phénomène naturel, dans lequel les hommes ne sont pour rien, il est obligé de le subir *sans pouvoir prétendre à aucune indemnité*. Cette servitude existe donc de fait et nécessairement ; elle ne donne lieu à aucun règlement entre les parties.

Autre conséquence : tous les terrains sont soumis à cette servitude, même ceux qui font partie du *domaine public*.

[1] DUNOD DE CHARNAGE. *Traité des Prescriptions*, 3e partie, chap. VI. — Comp. FERRIÈRE, *Compilation sur la coutume de Paris*, 2e édit., col. 1482, n° 19.

1785. Situation du propriétaire inférieur. — Le propriétaire du fonds inférieur ne peut par aucun moyen s'affranchir de cette servitude. Par exemple, il lui est *interdit d'élever une digue* qui retiendrait les eaux sur le terrain supérieur (art. 630, al. 2), ou qui en ralentissant le courant laisserait chez son voisin les vases et les graviers entraînés par les eaux. Il ne peut même pas arriver indirectement à ce résultat en usant du droit de se clore. S'il élève un mur de clôture sur son terrain, il est obligé d'y ménager des *barbacanes*, ouvertures longues et étroites destinées à laisser passer l'eau.

Il lui est toutefois permis de faire sur son propre terrain tous les travaux utiles pour alléger cette servitude, par exemple pour régler le cours de l'eau en lui creusant un lit, pourvu que ces travaux ne nuisent à ses voisins ni au-dessous, ni au-dessus de lui.

1786. Limites anciennes de cette servitude. — D'après le Code civil, la servitude d'écoulement est très limitée : elle ne peut s'appliquer qu'aux eaux qui découlent naturellement du fonds supérieur, « sans que la main de l'homme y ait contribué » (art. 640, al. 1). C'est la nature qui la crée, c'est elle aussi qui en trace les bornes. La position du fonds inférieur ne peut donc pas, par le fait du propriétaire supérieur, devenir plus gênante qu'elle l'était dans l'état primitif. Aussi le texte porte-il que « le propriétaire du fonds supérieur ne peut rien faire qui aggrave la servitude du fonds inférieur » (art. 640, al. 3).

On concluait de là :

1° Que le propriétaire supérieur ne pouvait pas modifier l'écoulement naturel des eaux pluviales ou des sources qu'il a sur son terrain, de façon à envoyer chez ses voisins un cours d'eau plus fort. On lui permettait seulement de faire les fossés et rigoles qu'il est d'usage de pratiquer pour la culture dans les conditions ordinaires.

2° A plus forte raison, le propriétaire du fonds supérieur ne pouvait pas grossir artificiellement le volume des eaux qui se déversent sur les fonds inférieurs, soit en amenant chez lui de l'eau prise au dehors pour les besoins de l'irrigation ou de l'industrie, soit en cherchant à découvrir des sources souterraines ou en les faisant jaillir inopinément par des tranchées ou des sondages.

Dans tous ces cas, les propriétaires des fonds inférieurs pouvaient demander la cessation d'un état de choses qui leur était préjudiciable et refuser de subir cette aggravation artificielle de la servitude naturelle, même moyennant indemnité.

***1787. Aggravations exceptionnelles de la servitude.** — Depuis le Code civil, les règles précédemment indiquées ont été modifiées à diverses reprises dans l'intérêt de l'agriculture. Le législateur a, dans certains cas, obligé les propriétaires des fonds inférieurs à recevoir des eaux qui découlent des fonds supérieurs, bien que leur provenance ne soit pas naturelle. Ceci a été fait d'abord pour l'*excès des eaux* qui ont servi à l'*irrigation*, puis pour l'*écoulement des eaux nuisibles* ou surabondantes (L. 29 avril 1845, art. 2 et 3 ; L. 10 juin 1854, art. 1er ; L. 8 avril 1898). Seulement, dans tous ces cas, la servitude du fonds inférieur n'est pas *naturelle ;* elle est *légale* et donne lieu à une indemnité (ci-dessous, nos 1822 et 1823).

1788. Déplacement du cours des petites rivières. — La loi du 8 avril 1898 sur le régime des eaux a prévu un cas qui ne l'avait pas été par les textes antérieurs. Lorsqu'un cours d'eau non navigable ni flottable abandonne naturellement son lit (c'est-à-dire sans que le changement de son cours soit le résultat de travaux légalement exécutés), les propriétaires des fonds inférieurs, sur lesquels le nouveau lit s'établit, sont, en principe, *tenus de subir le passage des eaux sans indemnité.* Jusqu'ici le texte nouveau n'est que l'application du principe de l'art. 640 sur l'écoulement naturel des eaux. Mais lorsqu'il est possible de rétablir l'ancien cours avec quelques travaux, la loi nouvelle donne aux propriétaires des fonds inférieurs le droit de faire ces travaux en s'y prenant dans l'année (L. 8 avril 1898, art. 5). Les propriétaires des fonds supérieurs ont le même droit, au cas où ils trouvaient quelque avantage au voisinage du cours d'eau.

CHAPITRE III

SERVITUDES LÉGALES

1789. Division. — Les servitudes légales ont pour raison tantôt l'*utilité publique*, tantôt l'*utilité privée*.

§ 1. — *Servitudes légales d'intérêt public.*

1790. Confusion à éviter. — Elles ne doivent pas être confondues avec les *simples limitations* apportées dans un intérêt public à l'exercice du droit de propriété, limitations dont il a déjà été parlé (ci-dessus, nos 960 et suiv.). Pour qu'il y ait véritablement servitude, il ne suffit pas qu'un propriétaire soit gêné dans l'exercice de son droit : il faut qu'il y ait un *fonds dominant*. C'est là le point qui doit toujours être considéré, si l'on veut éviter cette confusion.

1791. Énumération. — Les servitudes légales d'intérêt public sont nombreuses. Elles dérivent presque toutes de lois administratives. Voici les principales :

1° Il est *défendu de construire, dans une zone déterminée, autour des forts et places de guerre*. En temps de guerre, le génie a le droit de faire raser, pour les besoins de la défense, les constructions élevées dans cette zone, dite *zone militaire* (L. 10 juill. 1791 ; Décr. 9 déc. 1811 ; LL. 7 avril et 10 juill. 1851 ; décr. 10 et 16 août 1853 ; L. 22 juin 1854).

On a vu un exemple d'une gravité exceptionnelle de l'exercice de cette servitude, en 1870, autour de Paris, à l'approche des armées allemandes. Les débris des constructions démolies à cette époque couvrent encore le sol.

La démolition ne donne droit à *aucune indemnité* ; cela se comprend : c'est l'exercice même de la servitude. Mais ce qui est tout à fait extraordinaire, c'est que le Conseil d'État décide que l'*établissement même de la servitude* par la création d'une nouvelle place de guerre n'ouvre pas d'action en indemnité au profit des propriétaires des terrains qui en sont grevés, et cela sous prétexte que ce n'est pas une *expropriation* dans le sens de la loi du 3 mai 1841 et de l'art. 545 (Conseil d'État, 5 févr. 1857, D. 57. 3. 74 et la note).

2° Il est *défendu d'établir le long des voies ferrées des dépôts de matières inflammables* qui pourraient prendre feu au passage des trains (L. 15 juill. 1845, art. 5 à 10).

3° Il existe une servitude spéciale pour le *marchepied* ou *chemin de halage, le long des rivières navigables ou flottables*. Son établissement remonte à l'ordonnance des Eaux et forêts, de 1669 (Tit. XXVIII, art. 7). Divers autres textes s'en sont occupés depuis et il y est fait allusion dans l'art. 650. La loi du 8 avril 1898, sur le régime des eaux, a consacré tout un chapitre spécial (art. 46-53) aux servitudes établies au profit des cours d'eau du domaine public.

4° Les *sources d'eau minérale*, déclarées d'utilité publique, sont entourées d'une zone de protection, dans laquelle aucun sondage ni travail souterrain ne peut être pratiqué sans autorisation (L. 14 juill. 1856). Une loi du 27 juillet 1880, sur les mines, a de même protégé, contre les travaux entrepris pour la recherche des gisements miniers, les eaux nécessaires aux communes et hameaux et aux établissements publics.

5° Il existe quelque chose d'analogue pour la conservation des *bois et forêts soumis au régime forestier*. La loi établit autour d'eux un périmètre de protection d'une largeur de 500 mètres ; et tous les terrains qui s'y trouvent compris sont frappés de diverses servitudes énumérées par les art. 151 à 158 du Code forestier.

6° La loi du 8 avril 1898 sur le *régime des eaux* a établi diverses servitudes pour la rectification ou le curage des petits cours d'eau. Ainsi, lorsqu'il y a lieu d'élargir le lit de la rivière ou d'en établir un nouveau, les terrains voisins peuvent être occupés, *à titre de servitude de passage*, moyennant indemnité ; les bâtiments, et les cours et jardins attenant aux habitations sont seuls exempts de cette servitude (art. 6) [1]. Pour le curage des cours d'eau, voy. l'art. 27 de la loi.

Ce ne sont là que des indications sommaires ; le droit administratif contient beaucoup d'autres exemples de ce genre de servitudes.

§ 2. — *Servitudes légales d'intérêt privé.*

1792. **Leur nombre et leur origine.** — Ces servitudes sont assez nombreuses. La plupart sont fort anciennes et ont été réglementées par le Code civil ; il en est cependant quelques-unes qui ont été établies par des lois postérieures.

1793. **Division.** — On peut les diviser en deux groupes. Les unes sont des *servitudes mutuelles* entre propriétaires voisins ; les autres sont des charges unilatérales *dépourvues de toute réciprocité*. Les premières se trouvent toutes réunies dans les art. 671 à 681 ; les secondes sont éparses dans un grand nombre de textes.

A. — Servitudes mutuelles entre propriétaires voisins.

1794. **Controverse sur le caractère de ces servitudes.** — MM. Aubry et Rau, qui ont analysé avec une grande pénétration la notion du droit de servitude, pensaient que les restrictions établies par les art. 671 à 681 à la charge des propriétaires, ne constituent pas de véritables servitudes. Leur raison principale était que, ces charges étant universelles pour toutes les propriétés privées, leur existence constituait le droit commun, le régime normal et régulier de la propriété foncière, et que par suite on ne pouvait pas considérer comme asservis les fonds qui en étaient tenus. « Ces dispositions, disent ces auteurs, n'ont en réalité d'autre objet que de déterminer les limites dans lesquelles doit se restreindre l'exercice normal du droit de propriété, ou de concilier, au moyen d'une espèce de transaction, les intérêts opposés des propriétaires voisins » (T. II, p. 194). C'était aussi l'avis de Demolombe : « Le mot servitude implique l'idée d'une exception à la règle générale, d'une dérogation contraire au droit commun » (T. XI, n° 8).

Cette manière de voir est généralement adoptée, c'est cependant une erreur. *La nature d'un droit ne dépend pas de sa fréquence ou de sa rareté.* Si une charge réelle est imposée à tous les fonds qui existent en France, elle ne change pas de nature pour cela. Or les charges établies par les art. 671 à 681 ont *tous les caractères des servitudes:* elles consistent à empêcher un propriétaire de faire un acte qu'il aurait le droit d'accomplir sur sa propriété si la loi ne le lui interdisait pas, et cette interdiction est établie *dans l'intérêt du fonds voisin.* C'est le propre des servitudes négatives (ci-dessus, n° 1768). Quant à la *réciprocité* de ces servitudes, c'est encore une circonstance particulière, qui, pas plus que l'universalité de ces charges, ne peut les faire changer de nature. La réciprocité existe pour d'autres servitudes encore. Voyez ce qui est dit de l'indivision forcée ci-dessus, n°s 1153 et 1154, et ci-dessous, n° 1851 : on peut considérer l'obligation imposée à chacun des communistes de rester dans l'indivision comme une servitude établie dans l'intérêt des autres.

1795. **Énumération.** — Ces servitudes mutuelles ont quatre objets différents :

1° Des *précautions à prendre pour l'écoulement des eaux pluviales.*

2° Des *précautions pour certains travaux ou dépôts de nature à nuire au fonds voisin.*

3° Des *distances à observer pour l'ouverture des vues et jours.*

4° Des *distances à observer pour les plantations.*

1° Écoulement des eaux pluviales.

1796. **Règles relatives à l'égout des toits.** — Un propriétaire ne peut pas établir son toit de façon que les eaux pluviales qui y tombent se déversent sur le fonds voisin ;

[1] La loi a établi une procédure simplifiée pour les contestations auxquelles ce droit de passage peut donner lieu : c'est le juge de paix du canton qui est compétent en premier ressort, et, s'il y a lieu à expertise, on peut se contenter d'un seul expert (L. 8 avril 1898, art. 6, al. 4 et 5).

il doit les faire écouler *sur son terrain* ou *sur la voie publique* (art. 681). Il ne peut même pas laisser s'égoutter l'eau de pluie sur son terrain de manière à nuire au mur du voisin par affouillement.

2° Travaux ou dépôts nuisibles.

1797. Variété des cas possibles. — La loi donne pour exemples l'établissement d'une *cheminée*, d'une *forge*, d'un *four* ou *fourneau*, d'un *puits*, d'une *fosse d'aisance*, d'une *étable*, d'un *magasin de sel* ou d'un *amas de matières corrosives* (art. 674) ; mais ce ne sont que des exemples. Il faut faire rentrer dans cette énumération tous autres travaux de nature à nuire aux propriétés voisines, comme les *fouilles* et les *sondages*.

1798. Précautions à prendre. — Le Code n'a établi aucune règle à observer pour l'exécution de ces travaux ; il se borne à renvoyer aux « règlements et usages sur ces objets ». La plupart du temps ce sont des règlements municipaux. Le texte nous dit seulement que les précautions à prendre consistent tantôt à laisser une *certaine distance*, tantôt à faire *certains ouvrages de précaution*.

3° Ouverture des vues et jours.

1799. Nécessité d'une réglementation. — Le propriétaire qui bâtit peut utiliser jusqu'au dernier centimètre de son terrain et élever le mur de sa maison à l'aplomb de la ligne séparative des deux propriétés. Mais afin d'éviter, comme disait Gui Coquille, « des animosités et des fâcheries » entre voisins et d'assurer à chacun la jouissance tranquille de sa propriété, on a établi des règles spéciales pour les fenêtres et ouvertures percées à proximité du fonds contigu.

***1800. Définition.** — On distingue à cet égard les *vues* et les *jours*. Les *vues* sont les ouvertures ordinaires, non fermées ou munies de fenêtres qui s'ouvrent et laissent passer l'air. Les *jours* sont des ouvertures grillées et fermées par un verre dormant, c'est-à-dire ne s'ouvrant jamais ; ils peuvent donc servir à éclairer une pièce sombre, mais non à l'aérer.

1801. Règles applicables aux jours. — Les jours sont les ouvertures les moins gênantes pour les voisins, car il n'y a pas à craindre que des objets venant de l'intérieur de la maison ou placés sur le rebord de la fenêtre tombent à l'extérieur. Aussi est-il permis d'en ouvrir *même dans les murs élevés sur la limite extrême du terrain*. Reste l'inconvénient des regards indiscrets qui pourraient plonger dans les propriétés voisines par ces ouvertures. Pour l'atténuer autant que possible, la loi veut que les jours soient établis à une certaine hauteur : savoir $2^m,60$ au-dessus du sol de la chambre qu'on veut éclairer, quand elle est au rez-de-chaussée ; et $1^m,90$ au-dessus du plancher, pour les étages supérieurs (art. 677). A cette hauteur, il faudrait, pour regarder, monter sur un meuble ou sur une échelle et il est à présumer qu'on ne le fera pas souvent.

La loi n'a pas limité la grandeur de ces ouvertures, qui peuvent, par suite, être de grandes baies, si la hauteur des étages le permet.

Les jours ne peuvent être ouverts que dans un mur appartenant *privativement* au constructeur et par conséquent élevé en entier sur son terrain. Si le mur est mitoyen, il est absolument interdit à chacun des propriétaires d'y percer des jours sans le consentement de l'autre (art. 675).

1802. Règles applicables aux vues. — A cause de leurs inconvénients plus grands, les vues ne peuvent être percées qu'à une certaine distance du fonds voisin. Pour déterminer cette distance, la loi distingue entre les *vues droites* et les *vues obliques*.

Les vues droites sont celles qui sont ouvertes dans un mur parallèle, ou à peu près, à la ligne séparative des deux fonds. Ce sont les plus gênantes de toutes, parce qu'une personne assise à l'intérieur de l'appartement peut, sans se déranger, voir ce qui se passe chez le voisin. Aussi la loi exige-t-elle une distance de $1^m,90$ *à compter du parement extérieur du mur* (art. 678 et 680). Les vues obliques sont celles qui se trouvent dans un mur perpendiculaire ou à peu près à la ligne séparative des deux fonds. Il suffit, pour ces vues de côté, de ménager $0^m,60$ de distance *à compter du bord de l'ouverture le plus rapproché du fonds voisin* (art. 679). La loi assimile aux vues droites les balcons et autres saillies (art. 678).

1803. Sanction. — Les ouvertures qui ne remplissent pas les conditions voulues doivent être *bouchées*, si le propriétaire voisin le demande, à moins que le propriétaire du mur où elles se trouvent n'ait acquis le droit de les conserver, par titre ou par prescription.

4° Distances à observer pour les plantations [1].

1804. Zone interdite aux plantations. — Il n'est jamais permis à un propriétaire d'avoir des arbres jusqu'à l'extrême limite de son terrain. Le texte primitif disait « planter »; le texte nouveau dit « avoir », ce qui s'applique même aux arbres ou arbustes qui croissent spontanément. Cette différence entre les plantations et les constructions s'explique, parce que les végétaux étendent horizontalement leurs branches et leurs racines.

La distance à observer est de 2 mètres, ou d'un demi-mètre, suivant la hauteur de l'arbre.

Le texte primitif distinguait entre les arbres « à haute tige » et les autres, et cette expression avait fait naître un conflit persistant entre la Cour de cassation d'une part et de l'autre les juges de paix, dans la compétence desquels rentrent ces sortes d'affaires. La Cour déterminait les arbres à haute tige *d'après leur essence*; les juges de paix *d'après leur hauteur*, ce qui était peut-être peu conforme au sens naturel des mots, mais beaucoup plus pratique. Le texte nouveau a donné gain de cause aux juges de paix; car il ne parle plus d'arbres à haute tige, il distingue suivant que la hauteur de l'arbre dépasse ou non deux mètres (art. 671). La loi fait exception pour les *arbres cultivés en espalier* le long du mur séparatif, pour lesquels il n'y a aucune distance à observer, à la condition toutefois qu'ils ne dépassent pas la crête du mur.

1805. Sanction. — Tout arbre planté à moins de 50 centimètres doit être arraché. S'il se trouve à plus de 50 centimètres, mais à moins de 2 mètres, le voisin n'a plus le droit d'en exiger l'enlèvement; il peut seulement demander qu'il soit *rogné et maintenu à 2 mètres au plus de hauteur*.

Toutefois le propriétaire de l'arbre peut avoir acquis le droit de le conserver, soit par titre, soit par destination du père de famille, soit par la prescription de 30 ans. En ce cas il n'a que le droit de garder ses arbres tant qu'ils existent. S'ils meurent ou s'il les arrache, il ne peut les remplacer qu'à la condition d'observer les distances légales. La loi s'en explique formellement pour mettre fin à d'anciennes controverses (art. 672).

1806. Cas où l'arbre s'étend sur les terrains voisins. — Il se peut qu'un arbre, planté à une distance régulière, pousse ses branches ou ses racines jusque sur le terrain voisin. Le propriétaire dont le fonds se trouve ainsi envahi a le droit de demander que les branches soient coupées; quant aux racines, il a le droit de les couper lui-même, ce qu'il fera souvent en cultivant son propre terrain. Le droit de couper les racines et de faire rogner les branches est imprescriptible.

1807. Portée générale de la loi. — Ces différentes règles sont applicables partout, même *entre deux fonds urbains*, même *entre deux terrains tous deux plantés en bois*.

Il existe donc tout autour de chaque propriété une zone dans laquelle le propriétaire est moins libre qu'à l'intérieur, à cause du contact avec les propriétés d'autrui.

1808. Réserve des règlements et usages locaux. — En déterminant les distances à observer pour les plantations, le Code a de tout temps réservé l'application des règlements particuliers [2] et des usages locaux. On peut, en ce sens, signaler l'usage répandu dans un grand nombre de départements et principalement dans l'ouest de la France, de garnir d'arbres les haies et les talus qui entourent chaque pièce de terre.

[1] Les art. 671, 672 et 673 qui règlent ces distances ont été remaniés par la loi du 20 avril 1881.

[2] Ces règlements sont faits par les préfets et les maires (ci-dessus n°s 210 à 214). Observons que le texte de 1881, de même que la rédaction primitive de l'art. 671 ne réserve que les règlements « actuellement existants », c'est-à-dire antérieurs à la réglementation établie par le Code. Il semble donc que les autorités investies du pouvoir réglementaire ne pourraient pas instituer de nouvelles règles contraires à celle de la loi, à moins qu'elles ne fussent la consécration d'usages reconnus.

B. — Servitudes établies sans réciprocité.

1809. Énumération. — Les servitudes légales d'intérêt privé établies sans réciprocité sont au nombre de *cinq* : 1° Le droit des *villages et hameaux* sur les *eaux de sources* ; 2° le *passage en cas d'enclave* ; 3° l'*écoulement des eaux nuisibles* ; 4° la servitude *d'aqueduc* ; 5° la servitude *d'appui*.

Les deux premières seules sont établies par le Code civil ; les trois autres sont des innovations postérieures.

1° Droit des villages et hameaux sur les eaux de source.

1810. Objet de cette servitude. — Le propriétaire d'une source, qui en principe a le droit de disposer de ses eaux à sa volonté, ne peut plus en user librement lorsque cette source fournit aux habitants d'un village ou hameau l'eau dont ils ont besoin.

1811. Caractère de cette servitude. — Cette servitude est pour ainsi dire cachée dans l'art. 642, al. 3 (texte de 1898 ; anc. art. 643), au milieu de dispositions complexes, et, de plus, la place qui lui est ainsi donnée pourrait la faire prendre pour une servitude naturelle, car elle est placée sous la rubrique : « Des servitudes qui dérivent de la situation des lieux. » C'est cependant une *servitude légale*, puisque le législateur l'établit par un texte exprès, en l'absence duquel elle n'existerait pas, et qu'elle n'a lieu que moyennant indemnité. L'erreur de classification commise par la loi est évidente[1].

1812. Conditions d'existence de la servitude. — La loi n'attribue en principe cette servitude qu'aux groupes d'habitations, aux *villages et hameaux*, dit le texte. Le même droit ne pourrait donc pas être reconnu aux habitants d'une maison isolée. La raison en est que la loi fait bien céder l'intérêt particulier du propriétaire de la source devant l'intérêt collectif d'un groupe d'habitants ; mais du moment où il n'y a plus que deux intérêts particuliers en présence, il ne lui a pas paru possible de sacrifier le droit de l'un à l'intérêt de l'autre.

La loi suppose que l'eau de la source est « nécessaire » aux habitants du voisinage. Ceci doit s'entendre de leurs besoins personnels ou de ceux des animaux et bestiaux, mais on devrait leur refuser le bénéfice de la disposition de la loi, s'ils avaient besoin de l'eau pour l'irrigation de leurs terres. Il y aurait alors simple *utilité* et non plus *nécessité*.

Enfin la loi suppose évidemment que l'eau de la source se répand, s'écoule, et qu'elle arrive à la portée des habitants, sur un terrain dont l'accès leur est permis ou sur la voie publique, car l'article leur donne seulement le droit de continuer à se servir de l'eau, malgré les projets de dérivation ou d'utilisation du propriétaire de la source. Cela implique qu'en fait l'eau est déjà à leur disposition. Ils n'ont donc pas le droit d'obtenir un passage pour pénétrer sur la propriété où sort la source et y aller puiser de l'eau, ni le droit d'établir un aqueduc.

1813. Interprétation stricte de la loi. — Tel qu'il est, l'art. 642, al. 3 (anc. 643), est de droit étroit ; il faut l'interpréter restrictivement, puisqu'il crée une servitude. Or il ne parle que des eaux de source : par conséquent les *eaux stagnantes* ne sont pas soumises à la servitude qu'il établit.

1814. Indemnité au propriétaire de la source. — Le propriétaire de la source subit une restriction plus ou moins forte de son droit, et qui parfois est totale. Il ne peut plus disposer de l'eau à son gré ; il est obligé de la laisser s'écouler sans en détourner le cours et sans la corrompre, de façon que les habitants du voisinage puissent s'en servir. Aussi la loi décide-t-elle qu'une indemnité lui est due, en principe : c'est le propre des

[1] Il n'y a pas non plus à douter qu'il y ait là une véritable servitude. Le Code a commencé par déclarer que les propriétaires fonciers sont propriétaires des eaux de source qui jaillissent sur leurs terrains (ci-dessus n° 1050). Mais ce droit de propriété n'est pas toujours absolu ; il peut être limité ou même entièrement paralysé au profit de fonds inférieurs. Peu importe que ces fonds, auxquels la loi tient à assurer l'usage de l'eau, soient nombreux et forment une agglomération de maisons : ils n'en jouent pas moins le rôle de fonds dominants, ce qui suffit pour reconnaître ici l'existence d'une servitude.

servitudes légales, parce qu'elles ne résultent pas de la nature des lieux, de n'exister que moyennant une indemnité. A défaut d'entente amiable entre les parties, le chiffre de la somme due est réglé par experts.

1815. Cas où l'indemnité n'est pas due. — L'art. 642, al. 3, contient une autre disposition, qu'on aurait facilement suppléée et dont la formule donne lieu à quelques critiques. La loi dit que le propriétaire de la source peut réclamer une indemnité, « *si les habitants n'en ont pas acquis ou prescrit l'usage* ».

Il est clair que, si le droit de se servir de l'eau leur a été autrefois *vendu*, ils n'ont à payer aucune « indemnité » en dehors du prix de vente qui a été convenu, et même, si l'usage de l'eau leur a été *donné gratuitement* ou *légué*, ils n'ont rien à payer du tout. Le mot « acquis » s'explique donc de la façon la plus simple.

Mais la loi ajoute : «... ou prescrit l'usage ». Ceux-là seuls ont besoin de prescrire qui n'ont aucun droit, ou qui possèdent en vertu d'un titre vicié : la prescription une fois accomplie leur tient lieu de titre ou efface le vice du leur. Mais dans l'hypothèse dont nous parlons, les habitants n'ont nul besoin de prescrire pour acquérir l'usage de l'eau : ils trouvent dans le Code lui-même le meilleur de tous les titres ; le droit de s'en servir leur appartient en vertu de la loi. On est donc obligé d'interpréter l'article comme s'il parlait, non pas d'une prescription acquisitive ayant pour objet l'usage de la source, mais d'une prescription extinctive libérant les habitants de l'obligation de payer une indemnité. Cette prescription sera de trente ans, à compter du jour où les habitants ont commencé à se servir de l'eau (art. 2262).

1816. Extension donnée en 1898 au système du Code. — Depuis longtemps on faisait remarquer que l'art. 643 ancien ne protégeait pas suffisamment les habitants des campagnes contres les dérivations de sources faites par les propriétaires des fonds où elles surgissent, et on réclamait une loi nouvelle sur ce sujet. La loi du 8 avril 1898 a répondu à ces vœux par le nouvel art. 643 C. civ. d'après lequel le propriétaire de la source **n'a plus** le droit d'en changer le cours au préjudice des usagers inférieurs, lorsque son débit est assez important pour former, à la sortie du fond d'origine, « un cours d'eau ayant le caractère d'eaux publiques et courantes ». Sur ce texte, voyez ci-dessus n° 1051. On ne recherche donc plus combien d'habitants usent de la source après sa sortie du fonds, ni à quel point elle leur est nécessaire.

2° Servitude de passage en cas d'enclave.

* **1817. Objet de cette servitude.** — Lorsqu'un fonds est *enclavé* dans les autres, c'est-à-dire lorsqu'il ne possède pas d'issue sur la voie publique, son propriétaire a le droit d'en obtenir une, en faisant ouvrir un passage à travers les fonds voisins, moyennant indemnité (art. 682-685) [1].

1818. En quoi consiste l'enclave. — Afin de trancher quelques doutes qu'avait fait naître la rédaction primitive des textes, la loi de 1881 a décidé les deux points suivants :

1° Un fonds doit être considéré comme enclavé, non seulement lorsqu'il n'a aucune issue sur la voie publique, mais même quand il n'a qu'une *issue insuffisante* (nouv. art. 682).

2° L'*exploitation de l'héritage*, dont parlait l'ancien texte, doit s'entendre de l'exploitation *industrielle* aussi bien que de l'exploitation *agricole*. Les deux solutions étaient d'ailleurs généralement admises avant 1881.

1819. Direction à suivre pour ouvrir le passage. — L'art. 683 formule ainsi le

[1] Les textes du Code relatifs à cette servitude ont été modifiés par la loi du 20 août 1881.

principe : « Le passage doit être pris du côté où le *trajet est le plus court* du fonds enclavé à la voie publique ». Peu importe la nature des fonds intermédiaires ; peu importe qu'ils soient clos ou non. Mais ce principe subit *deux dérogations :*

1° Le juge peut allonger le trajet, soit pour le rendre *moins dommageable pour les fonds traversés*, par exemple lorsqu'il existe des constructions ou des murs de clôture qu'on peut éviter en faisant un détour, soit pour rendre *plus commode l'accès du fonds enclavé*, par exemple lorsque la ligne droite donnerait au chemin une pente trop rapide. Le juge doit tenir compte de l'intérêt des deux parties (art. 683 nouv., al. 2 ; art. 684 ancien).

2° Lorsque l'enclave résulte d'un partage, l'article 684 nouveau consacre une solution déjà admise auparavant pour des raisons de droit et d'équité. Il arrive assez fréquemment qu'à la suite du partage d'un fonds, une des parcelles se trouve sans issue. Le chemin dont elle a besoin lui doit être fourni par les copartageants du terrain primitif. Les particuliers qui divisent une propriété ne peuvent pas faire retomber sur leurs voisins les conséquences du partage quand ils créent par leur fait une enclave nouvelle. Cependant si un passage commode et suffisant ne pouvait être fourni sur les autres portions du même fonds, on pourrait le demander aux voisins (art. 684, al. 2).

1820. De l'indemnité. — Le passage ne s'obtient pas gratuitement. Celui qui le réclame doit payer une indemnité qui est fixée par experts à défaut de règlement amiable et qui se calcule d'après le préjudice causé au fonds servant. Cette indemnité doit être *préalable*.

Si le propriétaire qui y a droit ne la réclame pas, elle se prescrit par *trente ans* (art. 685 nouveau, reproduisant l'ancien). A compter de quand ? Ceci est très discuté. Certains auteurs prétendent que c'est seulement à compter du jour où le chiffre de l'indemnité a été fixé soit par une convention, soit par un jugement. Leur motif est que jusqu'à ce moment le droit de passage n'existe pas encore ; il n'y a pas de servitude établie de plein droit ; elle doit être organisée par un jugement, et la loi donne seulement une action pour la réclamer. L'indemnité n'étant pas encore due ne peut pas se prescrire. — Cette interprétation de la loi est facile à réfuter. Ainsi entendu, l'art. 685 ne servirait à rien, car il résulte des principes généraux (art. 2262) que l'indemnité une fois fixée est une créance ordinaire qui se prescrit par trente ans. Ce qui se prescrit par ce même laps de trente ans, en vertu de l'art. 685, c'est l'*action en indemnité*, c'est-à-dire le droit d'en réclamer une, de la faire fixer. Donc, quand le passage dure depuis plus de trente ans, le droit d'obtenir une indemnité est perdu.

1821. Effet de la possession de trente ans. — On discutait autrefois sur l'effet de la prescription pour les droits de passage exercés en fait depuis plus de trente ans. L'art. 685 nouveau décide que cette possession prolongée *fixe l'assiette et le mode de la servitude.* L'*assiette* est l'endroit par où se fait le passage, où la servitude est assise ; le *mode* est la façon de passer, d'exercer la servitude, soit à pied, soit en voiture, soit avec des chevaux ou des troupeaux, soit avec des charrettes de matériaux. — Il faut remarquer en quoi consiste ici la prescription : elle ne fait pas, à proprement parler, acquérir la servitude, qui trouve son titre dans la loi et n'a pas besoin d'être prescrite ; elle en détermine seulement la manière d'être et tient lieu de jugement ou de règlement amiable.

3° Écoulement des eaux nuisibles.

1822. Lacune du Code et lois nouvelles. — Le Code civil (art. 640) avait seulement réglé l'*écoulement naturel* des eaux qui sortent d'un terrain sans le travail de l'homme. On a plus tard reconnu l'utilité qu'il y aurait à favoriser l'*écoulement artificiel* d'eaux stagnantes, ou même d'eaux amenées d'ailleurs sur le terrain. Ce point a été réglé par les art. 2 et 3 de la loi du 29 avril 1845 sur les irrigations et par la loi du 10 juin 1854 sur le libre écoulement des eaux provenant du drainage. On a donc créé une *servitude légale spéciale qui permet à un propriétaire de se débarrasser des eaux de toute provenance qui lui sont inutiles ou nuisibles :* eaux amenées sur son terrain pour l'irrigation ou pour un usage industriel ; eaux stagnantes, qu'on veut éliminer par le desséchement ou par le drainage.

La loi du 8 avril 1898, sur le régime des eaux, a établi un nouveau cas du même genre. On a cru utile, pour favoriser les cultures, de rendre plus faciles les recherches d'eaux souterraines. Toutes les fois qu'un propriétaire voulait faire des *sondages* ou creuser un *puits artésien*, il était arrêté par l'art. 640 qui lui défend de rien faire « qui aggrave la servitude des fonds inférieurs », obligés de recevoir les eaux qui découlent naturellement du sien. Il pouvait craindre de rencontrer un filet d'eau supérieur à ses besoins et de ne savoir ensuite comment l'écouler, devant l'opposition de ses voisins. On a donc décidé que lorsqu'un propriétaire fait surgir des eaux dans son fonds, à la suite de sondages ou de travaux souterrains, les propriétaires des fonds inférieurs seraient *obligés de les recevoir*[1].

Il y a là une aggravation de la servitude naturelle réglée par l'art. 640, mais il n'en résulte aucun inconvénient, parce que l'écoulement de ces eaux nouvelles, se faisant souvent au moyen de fossés préexistants, peut ne causer aucun dommage aux voisins, et que la loi leur réserve le droit à une *indemnité* lorsqu'ils seront gênés ou lésés par l'écoulement de l'eau (art. 641 nouveau, al. 4).

Enfin cette même loi de 1898 a prévu un autre cas encore: il est possible qu'un propriétaire ait à sa disposition plusieurs petites sources qu'il veuille capter et réunir en une seule pour envoyer ensuite leurs eaux sur les terrains qui ne les recevaient pas précédemment. La loi nouvelle le lui permet encore, *sauf indemnité*, si la *direction* qu'il leur donne aggrave la servitude du fonds inférieur (art. 641, al. 3). La même disposition est applicable aux eaux pluviales (*ibid.*, al. 2).

En somme, dans quatre cas, un propriétaire a le droit d'aggraver pour ses voisins la servitude naturelle d'écoulement : 1° pour l'*irrigation* (L. 1845) ; 2° pour le *drainage* (L. 1854) ; 3° pour les *sondages* (L. 1898) ; 4° pour le *captage* d'eaux de source ou d'eaux pluviales (L. 1898)[2].

1823. Formes et conditions de l'établissement de la servitude. — Le propriétaire du fonds supérieur a le droit de conduire ces eaux à travers les fonds inférieurs jusqu'à la voie publique ou jusqu'à un cours d'eau. Les bâtiments, cours, jardins et enclos attenant aux habitations sont exceptés de cette servitude.

D'après les lois de 1845 et de 1854, le passage des eaux à travers les fonds asservis ne peut être obtenu que moyennant *indemnité*. C'est la condition caractéristique des servitudes légales, et ce qui fait la différence entre cette hypothèse et l'écoulement des eaux naturelles prévu par l'art. 640. La loi de 1898 (art. 641 nouveau, al. 4) semble établir une règle différente en imposant d'abord aux propriétaires des fonds inférieurs l'écoulement des eaux et en ne leur accordant d'indemnité qu'*en cas de dommages*. Mais la différence est insaisissable, car, d'après le droit commun lui-même, un propriétaire ne peut obtenir d'indemnité que s'il a subi un dommage. Sinon on lui répondrait que sa demande est dépourvue d'objet, et il serait en fait impossible de l'indemniser d'un dommage qui n'existe pas.

La justice règle, après expertise, s'il y a lieu, la nature des travaux à faire et le trajet à suivre, mais ne peut refuser le passage aux eaux à éliminer ; le propriétaire a le droit de l'exiger. La procédure se fait comme en matière sommaire et il peut n'être nommé qu'un seul expert (L. 29 avril 1845, art. 4 ; L. 10 juin 1854, art. 5 ; L. 8 avril 1898, art. 641 nouveau, al. 6 et 7). Ces deux dernières attribuent compétence au juge de paix en premier ressort pour les cas qu'elles régissent.

4° Servitude d'aqueduc.

1824. Objet de cette servitude. — Un propriétaire qui possède des parcelles éloignées les unes des autres, peut manquer d'eau sur un point, et avoir à sa disposition sur un autre des eaux surabondantes, eaux de source, eaux de rivière, eaux d'un puits artésien. Pour les conduire sur les autres terrains qui lui appartiennent et où il pourrait les utiliser, il lui faut traverser des terres qui ne lui appartiennent pas. Jadis il devait

[1] Il résulte de là que le tribunal ne pourrait pas empêcher le propriétaire de continuer ses sondages ou lui ordonner de défaire ceux qui sont déjà terminés. Il y a un droit absolu pour le propriétaire supérieur, sauf réparation du dommage qu'il cause ; la justice ne peut pas refuser l'établissement d'une servitude qui dérive de la loi.

[2] Il faudrait sans doute appliquer à tous ces cas une réserve déjà admise en jurisprudence pour les eaux d'irrigation : le propriétaire n'a pas le droit d'*inonder* entièrement les fonds inférieurs, même d'une façon intermittente (Cass., 22 mai 1866).

acquérir le droit de passage au moyen d'un arrangement amiable, toujours difficile à obtenir, impossible dès qu'un seul propriétaire s'y refusait.

La loi de 1845 a établi à son profit une nouvelle servitude légale, qui lui permet *d'obtenir le passage malgré la volonté contraire des autres propriétaires* (art. 1er). C'est ce qu'on appelle la « servitude d'aqueduc ».

1825. Conditions de son établissement. — Naturellement, ce droit de passage n'a lieu que moyennant une *juste et préalable indemnité*, comme pour toutes les autres servitudes légales. Mais celle-ci est soumise à une règle particulière : la loi laisse aux juges la faculté de refuser le passage des eaux, si son utilité n'est pas démontrée : « Il *peut obtenir*... », dit la loi. Cette servitude présente donc à un moindre degré que les précédentes le caractère de servitude légale. De plus, le droit d'aqueduc ne peut être accordé que si les eaux dont le passage est sollicité sont destinées à l'*irrigation*. La loi de 1845 n'a pas eu d'autre but que de favoriser l'agriculture.

1826. Remarque. — La loi de 1845 a tranché implicitement une difficulté que faisait naître le Code civil. On se demandait si le propriétaire riverain d'un cours d'eau avait le droit d'y prendre de l'eau pour la conduire sur des fonds non riverains, et en général on décidait la question négativement. Depuis 1845 la question ne fait plus de doute, puisqu'on lui donne une servitude pour faire passer cette eau à travers les fonds intermédiaires.

5° Servitude d'appui.

1827. Motifs. — Souvent, pour utiliser l'eau d'une rivière, il faut en élever le niveau au moyen d'un *barrage appuyé sur les deux rives*. Le propriétaire qui ne possède qu'un des côtés de la rivière était parfois empêché de construire ce barrage par l'opposition du propriétaire de l'autre rive. Une loi du 11 juillet 1847, modifiant la loi de 1845, a créé à son profit la *servitude d'appui* qui lui permet d'élever le barrage malgré la volonté contraire de l'autre propriétaire.

1828. Conditions. — Il faut un *jugement*, et l'établissement du barrage donne lieu à *indemnité*. La servitude d'appui n'a été créée, comme la servitude d'aqueduc, que pour faciliter les *irrigations*.

CHAPITRE IV

SERVITUDES DU FAIT DE L'HOMME[1]

§ 1. — *Esprit restrictif du Code en matière de servitudes.*

*** 1829. Craintes inspirées par les souvenirs de l'ancien droit.** — Les servitudes prédiales avaient pris un grand développement sous la féodalité. L'asservissement des terres inférieures, principalement des tenures en *vilenage* et en *roture*, créait indirectement une infériorité sociale pour la personne de leurs propriétaires [2]. Toutes ces anciennes

[1] Tous les auteurs répètent à l'envi que ces servitudes sont les seules véritables. C'est une erreur. Il y a une servitude naturelle et un certain nombre de servitudes légales qui réunissent tous les caractères de ce genre de droits et qui produisent l'asservissement d'un fonds au profit d'un autre. Ce qui a trompé ces auteurs, c'est que, dans les chapitres I et II, la loi mêle aux servitudes des choses qui n'en sont pas et qu'il convient d'éliminer ; mais, cette élimination faite, il reste encore de véritables servitudes ne dérivant pas de la volonté des propriétaires. On peut donc réduire leur nombre apparent, mais non pas contester absolument l'existence des servitudes naturelles ou légales.

[2] On a plus d'une fois remarqué que nos anciens auteurs coutumiers ignoraient la dis-

servitudes féodales ont disparu, et les lois de la Révolution ainsi que le Code civil ont tout fait pour en effacer le souvenir d'abord, et ensuite pour les empêcher de renaître.

On a déjà vu avec quel soin la loi évite d'employer toute expression qui pourrait rappeler l'ancienne sujétion des vassaux et des tenanciers (ci-dessus n° 1751). Elle ne s'est pas bornée à cette espèce de prétérition ; elle a déclaré expressément, dans l'art. 638, que « la servitude n'emporte *aucune prééminence* d'un héritage sur l'autre ». C'est là un scrupule que n'aurait point eu un Romain et qui ne peut s'expliquer que par le souvenir encore présent de la hiérarchie féodale des terres.

Ce n'est pas tout : la crainte de voir renaître une aristocratie foncière, cherchant à rehausser sa situation dans les campagnes par l'établissement de servitudes plus ou moins humiliantes, crainte qui n'était peut-être pas chimérique en 1803, a fait prendre des précautions spéciales contre un abus possible : on a restreint d'une manière assez sérieuse la liberté des conventions en matière de servitudes.

** **1830. Restrictions à la liberté des conventions.** — Le principe général est la liberté laissée aux propriétaires, qui peuvent établir sur leurs fonds toutes les charges qu'ils jugent utiles (art. 686, al. 1), mais sous la réserve d'observer diverses restrictions que la loi leur impose.

Elle les oblige d'abord à respecter les *principes d'ordre public*, qui dominent toutes les conventions (art. 6). La pratique n'offre pas d'exemples de contraventions à cette règle, sur laquelle il est inutile d'insister.

Elle édicte ensuite une double règle propre à la constitution des servitudes : « Le service ne peut être imposé ni *à la personne* ni *en faveur de la personne*, mais seulement à *un fonds* et *pour un fonds* » (art. 686). Cette disposition est une des plus difficiles à comprendre de tout le Code. Pour l'expliquer, nous allons la dédoubler.

A. — Première restriction : le service ne doit pas être imposé à la personne.

** **1831. Origine et explication de cette prohibition.** — Cette première partie de la règle est la plus simple des deux. La loi veut dire que l'objet de la servitude ne peut pas être une *prestation personnelle* imposée au propriétaire du fonds servant, telle que l'obligation de labourer le

tinction si nette que nous établissons aujourd'hui, comme le faisaient jadis les jurisconsultes romains, entre les droits de créance et les droits réels. Ils la retrouvèrent dans le Digeste, mais ne l'appliquèrent qu'aux droits d'origine romaine, comme les servitudes prédiales et l'usufruit. Quant aux droits nés du régime féodal, ils présentaient un mélange constant de l'élément réel et de l'élément personnel. On considérait volontiers comme droits réels fonciers, des redevances, corvées et autres qui imposaient aux propriétaires des fonds assujettis de véritables obligations personnelles. Ce mélange de charges réelles et d'obligations a contribué à rendre plus odieux le régime féodal (sur la confusion commise par les juristes du moyen âge, voyez CHÉNON, *Les démembrements de la propriété foncière*, p. 18 ; R. BEUDANT, Thèse, p. 122-123).

champ de son voisin ou d'en curer les fossés. Une servitude consiste simplement dans un *démembrement de la propriété*, c'est-à-dire dans l'attribution au propriétaire du fonds dominant d'une partie des avantages que confère la propriété du fonds servant, tels que le droit d'y passer, d'y prendre de l'eau ou des matériaux, etc. Le propriétaire du fonds dominant acquiert un droit réel et le propriétaire du fonds servant est seulement tenu de l'en laisser jouir.

Telle était déjà la décision donnée par les jurisconsultes romains : « Servitutum non ea natura est ut aliquid faciat quis,... sed ut patiatur vel non faciat » (POMPONIUS, au *Digeste*, liv. VIII, tit. 1, fr. 15, § 1). Cela était parfaitement conforme à la notion du droit réel. Mais dans notre ancien droit, on avait tout à fait perdu de vue cette nature purement passive des servitudes, et un grand nombre de charges pesaient sur les terres, qui obligeaient leurs propriétaires à de véritables services personnels et effectifs du genre des *corvées*. L'art. 668 a été écrit pour rendre impossible le retour d'un état de choses qui asservissait une partie de la population au profit de l'autre.

Que le danger de pareilles servitudes soit réel ou chimérique, toujours est-il que les auteurs du Code y ont cru, et c'est ce qui a donné à leur formule de l'art. 686 un *accent* si nouveau que cette vieille idée n'avait pas eu dans Domat [1]. Leur intention est bien claire : ici encore ils ont eu peur d'un retour offensif de la féodalité. Ce qui l'est beaucoup moins, c'est la portée qu'il convient de donner à la règle, et les hésitations de la jurisprudence montrent assez la difficulté du problème.

* **1832. Ce qu'il est permis de faire.** — Actuellement, une personne peut bien prendre l'engagement de rendre à un propriétaire certains services, mais cela sous une double restriction :

1° Il ne résultera de sa promesse qu'une *obligation* qui lui sera *personnelle*, non une servitude. Cette obligation ne passera pas après elle aux propriétaires successifs de son bien ; elle-même en sera *personnellement débitrice* et ne sera pas tenue à raison de son fonds et en qualité de propriétaire.

2° Cette obligation ne peut être contractée qu'à titre temporaire et non pour la vie entière (art. 1780).

* **1833. Existence d'une obligation personnelle accessoire dans certaines servitudes.** — Par dérogation au principe, le titre d'une servitude peut obliger le propriétaire du fonds servant à accomplir une prestation positive, consistant dans l'entretien en bon état des travaux nécessaires pour l'exercice de la servitude. Il y a sans doute ici dérogation au principe, mais dans une faible mesure, car *le travail fourni par le propriétaire du fonds asservi ne forme pas l'objet principal de la servitude ;* il n'en est que *l'accessoire*. Ainsi, malgré la possibilité d'imposer une certaine obligation au propriétaire

[1] Domat se borne à dire : « Toute servitude donne à celui à qui elle est due un droit qu'il n'aurait pas naturellement, et elle diminue la liberté de l'usage du fonds asservi, assujettissant le maître de cet héritage à ce qu'il doit souffrir ou faire ou laisser faire pour laisser l'usage de la servitude » (*Lois civiles*, liv. I, tit. XII, sect. 1, n° 2). On ne sent là aucune préoccupation d'assurer la franchise des personnes, bien que Domat résume le passage de Pomponius reproduit au texte.

du fonds servant, le principe n'en subsiste pas moins : la servitude est, dans son objet essentiel, une charge purement passive du fonds.

1834. Autre exception dans certaines servitudes légales. — La règle s'applique en principe aux servitudes légales comme aux autres : ces servitudes consistent en charges purement passives supportées par les propriétaires. Cependant il n'est pas sans exemple de voir la loi imposer à des particuliers, à titre de servitude, une *prestation positive*. Ainsi la loi du 9 ventôse an XIII et le décret du 16 décembre 1811 obligent les riverains des *routes nationales* à faire des *plantations d'arbres* en bordure de ces routes (SIMONET, n° 1453).

B. — Deuxième restriction : le service doit profiter au fonds et non à la personne.

1° Examen de la formule.

*** 1835. Bizarrerie du langage de la loi et des auteurs.** — La formule employée par la loi est celle-ci : « Le service doit être établi non en faveur d'une personne, mais pour un fonds ». Presque tous les auteurs se contentent de cette formule et insistent sur cette idée que le service doit profiter au fonds dominant lui-même et non à la personne de son propriétaire, sans s'apercevoir que les droits ne profitent jamais qu'aux personnes et non aux choses.

L'opposition qu'on fait ainsi entre le service qui profite au fonds et celui qui profite à la personne a quelque chose d'inintelligible [1]. Il n'est possible de l'expliquer qu'en remontant aux origines. La règle actuelle est l'*exagération* d'une *idée fort ancienne* à laquelle les auteurs du Code ont donné une *portée nouvelle*.

1836. Solutions romaines. — Les jurisconsultes romains exigeaient déjà, pour les « servitutes prædiorum », qu'il y eût un *rapport de nature* entre l'objet de la servitude et l'usage du fonds dominant. Voici les deux applications les plus remarquables qu'ils faisaient de leur idée :

1° Le droit de *se promener*, de *cueillir des fruits ou des fleurs* sur le terrain d'autrui, le droit *d'aller prendre ses repas dans la maison d'autrui*, ne peuvent pas être constitués à titre de servitudes prédiales, mais seulement comme droits d'usage (PAUL, au *Digeste*, liv. VIII, tit. 1, fr. 8). — En effet, le bénéficiaire de ce droit pourrait en retirer tout l'avantage, *même s'il n'était propriétaire d'aucun immeuble*. Or, comme le dit Ulpien, « Nemo potest servitutem acquirere, nisi qui habet prædium » (*Ibid.*, liv. VIII, tit. 4, fr. 1).

2° Le droit de *prendre de l'argile dans un terrain voisin* peut être constitué comme servitude prédiale, mais *à une condition* : que ce soit pour le service du fonds, comme dans certains endroits où il est d'usage de vendre les fruits et le vin logés dans des amphores ; mais un potier qui voudrait se procurer de l'argile pour en fabriquer des vases destinés à être vendus ne pourrait pas se faire concéder ce droit à titre de servitude, mais bien à titre d'usufruit : « Sed si ut vasa venirent figulinæ exercerentur, usus fructus erit » (PAUL, au *Digeste*, liv. VIII, tit. 3, fr. 6).

[1] On regrette de trouver ce langage bizarre jusque sous la plume de MM. Aubry et Rau, d'ordinaire si exacts. Ces auteurs refusent d'admettre, comme servitudes réelles, les droits qui sont créés de telle sorte « que le fonds au profit duquel ils sont établis en apparence n'en soit point en réalité le *sujet actif* » (T. III, § 247, p. 61). Il est impossible de rendre plus visible le vice d'une formule qui fait d'un immeuble le *sujet* d'un droit, à la place d'une personne. Voyez sur l'impossibilité de faire figurer les choses comme sujets d'un rapport de droit, les n°s 374 et 727.

1837. Ancienne pratique. — Notre ancienne jurisprudence n'avait pas perdu de vue cette distinction romaine, sans toutefois y attacher grande importance (DOMAT, *Lois civiles*, liv. I, tit. XVII, sect. 4, n° 5), et les propriétaires de fiefs ne se faisaient pas faute d'établir, sur les terres relevant d'eux, des charges qui n'avaient d'autre objet que de leur procurer un agrément personnel. Le plus célèbre exemple est la servitude (peut-être douteuse) des paysans contraints de battre les fossés du château pour que le coassement des grenouilles ne troublât pas le sommeil de leur seigneur.

1838. Formules du Code allemand. — Le Code allemand n'a pas reproduit la formule française qui plaît par la symétrie des mots, symétrie obtenue aux dépens de la clarté et de la justesse de l'idée. Ce Code dit nettement : « Un immeuble peut être grevé *au profit du propriétaire*, quel qu'il soit, *d'un autre immeuble...* » (art. 1018), et il ajoute, dans l'article suivant, que la servitude ne peut consister que dans une charge qui offre de l'utilité *pour l'usage du fonds dominant.* Cela paraît suffisant pour assurer un rapport de nature entre le fonds dominant et la servitude qui y est attachée.

2° Applications diverses.

* **1839. Droits de chasse et de pêche.** — La question se pose exactement dans les mêmes termes pour ces deux droits. Peut-on attacher à un fonds, à titre de servitude réelle, le droit de chasser ou de pêcher sur les fonds voisins ? Presque tous les auteurs répondent négativement, parce que la chasse et la pêche leur paraissent un *simple plaisir personnel* et non un *avantage pour le fonds* (AUBRY et RAU, t. III, § 247, texte et note 5 ; HUC, t. IV, n° 404). La jurisprudence n'est pas encore bien fixée. Un arrêt de la Cour de cassation du 4 janvier 1860 (D. 60. 1. 14) a maintenu un droit de chasse établi à titre de servitude, mais il s'agissait d'actes antérieurs à la promulgation du Code. Un autre arrêt de la Cour de cassation, du 9 janvier 1891 (D. 91. 1. 89, S. 91. 1. 489) a considéré comme impossible l'existence d'une servitude de chasse, mais il émane de la Chambre criminelle. La Chambre civile ne s'est pas encore prononcée sur la question d'après les lois actuelles.

Laurent a fait remarquer qu'on pouvait concevoir un droit de chasse créé pour l'usage et l'utilité d'un héritage, selon la formule de l'art. 637, si le fonds dominant était un rendez-vous de chasse, isolé dans les bois ou dans une région giboyeuse (T. VII, n° 146). Sans doute, le droit de chasse établi à perpétuité constituerait une charge bien lourde, gênant la mise en valeur du fonds servant sur toute son étendue, et cela pour procurer un simple plaisir passager à autrui. Mais ne tolère-t-on pas la servitude de prospect, qui produit le même effet pour un agrément encore plus futile ?

Dans la pratique l'impossibilité de concéder le droit de chasse à titre de servitude prédiale n'est pas une grande gêne pour les particuliers, car la jurisprudence admet la *location* de la chasse, qui peut se faire pour 99 ans, ce qui offre une marge suffisante, et le procédé du louage est même plus commode, en ce qu'il n'exige pas que le preneur soit propriétaire d'un fonds à proximité du lieu de chasse.

1840. Droit de mouture. — On a vu parfois un meunier, en vendant son moulin, se réserver pour lui et ses successeurs à perpétuité le droit d'y faire moudre gratuitement la farine destinée à la consommation de sa maison. Il est clair que ce droit peut profiter à une personne quelconque, quand bien même elle ne possèderait aucun immeuble. Il devrait donc tomber sous le coup de la prohibition des servitudes établies au profit des personnes. Cependant la Chambre des requêtes a déclaré la convention valable comme créatrice de servitude ; dans l'espèce elle remontait à plus de deux siècles (Cass., 6 juill. 1874, D. 75. 1. 372. S. 75. 1. 108). La Cour de Pau a refusé au contraire de voir une servitude dans une convention semblable (Pau, 16 juin 1890, D. 91. 2. 185, S. 92. 2. 313). Il y en a une bonne raison : c'est que le service consiste dans un *travail* à effectuer ; la convention viole l'autre règle de l'art. 686, que la servitude ne doit pas être imposée à la personne.

1841. Servitudes à l'usage de l'industrie. — Peut-on imposer à un fonds, à titre de servitude, une charge qui servirait à l'exercice d'une industrie dans un fonds voisin ? Voilà, par exemple, un four à chaux, une poterie, une fabrique de tuiles ou de briques ; peut-on y attacher comme servitude le droit de prendre de l'argile ou du calcaire dans le fonds voisin ? Beaucoup d'auteurs répondent négativement, parce qu'à leurs yeux l'intérêt de l'industrie est un avantage personnel, comme l'exercice de l'industrie elle-même ; ce n'est pas un intérêt de l'héritage (HUC, t. IV, n° 405).

Cependant d'autres pensent que ce droit pourrait constituer une servitude réelle, si le fonds dominant était spécialement aménagé pour l'exercice de ce genre d'industrie (DEMOLOMBE, t. XII, n° 684). Cette solution, plus favorable que l'autre au point de vue pratique, peut s'appuyer sur une considération d'ordre juridique. L'adaptation particulière d'un bâtiment à un genre d'exploitation permet d'y attacher, à titre d'immeubles par destination, les objets mobiliers utiles à son service ; on ne voit pas pourquoi il serait impossible d'augmenter la valeur de ce fonds en lui attachant des servitudes actives, qui auraient avec sa destination un rapport tout aussi étroit et de même nature que le matériel d'exploitation. Il semble bien qu'il y ait là la matière d'un argument d'analogie.

1842. Engagements de ne pas exploiter. — La différence à faire entre la servitude réelle et la simple obligation personnelle devient, dans certains cas, plus délicate encore que dans les hypothèses précédemment examinées. Il y a des *engagements de ne pas faire* qui ressemblent tout naturellement par leur objet à des servitudes foncières parce qu'ils n'imposent à leur débiteur aucune prestation positive. Par exemple, un propriétaire s'engage à ne pas exploiter son bien d'une certaine façon qui pourrait nuire à son voisin, à ne pas mettre en exploitation *un dépôt de cendres pyriteuses*, à ne pas ouvrir un *cabaret* ou une *école* dans sa maison. En général ces conventions sont considérées comme constituant simplement une *promesse* de ne pas faire concurrence à un commerçant ou à un industriel voisin (Amiens, 19 févr. 1851, D. 51. 2. 109).

Cependant il y a quelques hésitations dans la doctrine et dans la jurisprudence (LAURENT, t. VII, nos 149 et 150). Je crois qu'on devrait les résoudre à l'aide de la formule suivante : la servitude peut consister dans la suppression d'un droit appartenant au propriétaire du fonds servant, en cette qualité. Dès lors il y aurait une distinction à faire. L'exploitation des matières contenues dans le sol rentre dans la catégorie des droits qu'une personne exerce sur son fonds parce qu'elle en a la propriété ; donc cette exploitation peut être interdite à titre de servitude, mais l'exercice d'une profession est indépendant de la qualité de propriétaire, et par conséquent l'entrave qui y serait apportée ne peut pas être considérée comme une servitude, qui est essentiellement une diminution des avantages de la propriété.

C. — Comparaison des servitudes avec les droits d'usage et les obligations.

1843. Variations possibles dans la nature d'un même droit. — On vient de voir que certaines charges peuvent être constituées tantôt à l'état de servitude prédiale, tantôt à l'état de droit d'usage, tantôt à l'état de simple promesse de la part d'un débiteur. Ainsi le droit de consommer tous les ans un nombre déterminé de stères de bois à prendre dans une forêt peut revêtir l'une ou l'autre de ces trois formes. D'autres fois, le droit ne pourra pas être créé à l'état de servitude prédiale ou personnelle. Il est donc intéressant de savoir ce que les parties ont pu faire, et quand elles avaient le choix, ce qu'elles ont *voulu* faire, car les *résultats pratiques* sont loin d'être les mêmes.

*** 1844. Caractères des simples créances et obligations personnelles.** — Quand il y a simple créance, on trouve les conséquences suivantes :

1° Il s'établit un *rapport obligatoire* entre les parties, qui est possible sans que la personne qui en profite soit de son côté propriétaire d'un immeuble.

2° Ce rapport peut avoir pour objet une *prestation positive*, une fourniture ou un travail à faire par le promettant.

3° Une fois créé, il est *transmissible aux héritiers* de l'une ou de l'autre partie; le droit de *créance* passe aux héritiers du *créancier*, la *dette* aux héritiers du *débiteur*. Mais les acquéreurs à titre particulier du fonds sur lequel s'exécute la charge n'en sont pas tenus, à moins qu'ils ne s'y soient spécialement obligés lors de l'acquisition ou plus tard.

*** 1845. Caractères communs aux droits d'usage et aux servitudes.** — Mise sous la forme d'un *droit réel* (comme servitude prédiale ou comme droit d'usage), cette même charge offre des *caractères tout différents* :

1° Elle ne peut avoir pour objet principal une *prestation positive* à effectuer par un *fournisseur* ou un *travailleur*. Ainsi l'usager ou le propriétaire du fonds dominant sera obligé d'aller chercher ou d'envoyer chercher le bois auquel il a droit. Si une prestation positive a été promise, le contrat ne pourra valoir qu'à titre obligatoire comme engagement personnel.

2° La transmission passive de la charge est régie par d'autres principes que ceux des obligations : c'est une *charge réelle* qui pèse successivement sur tous les *propriétaires*, quels qu'ils soient, du fonds grevé, mais elle ne se transmet pas aux *héritiers* du constituant indépendamment de la possession de cet immeuble. Le constituant n'a pas contracté d'obligation personnelle, en dehors de la garantie, dans les cas où elle a lieu.

* **1846. Caractères distinctifs des droits d'usage et des servitudes.** — A leur tour la *servitude prédiale* et le *droit réel d'usage* diffèrent entre eux sur les trois points suivants :

1° Quand il y a véritablement servitude prédiale, le droit ne peut être constitué qu'autant que la personne qui doit en profiter est *propriétaire d'un immeuble* : « Nemo enim potest servitutem adquirere urbani vel rustici prædii, nisi qui habet prædium » (*Institutes*, liv. II, tit. 3, § 3), tandis que le droit d'usage peut être acquis indépendamment de toute propriété foncière.

2° Autre différence pour la *durée* : la servitude prédiale est généralement *perpétuelle* ; le droit d'usage est nécessairement *temporaire* et au plus *viager*.

3° Pour la *transmission du droit* : la question ne se pose pas pour les droits d'usage qui sont *incessibles*. La servitude prédiale, considérée comme droit actif, est transmissible, mais, comme telle, elle est *inséparable de la propriété du fonds*.

§ 2. — *Modes d'établissement des servitudes.*

** **1847. Énumération.** — La loi indique trois modes d'établissement des servitudes : le *titre* et la *possession de trente ans* (art. 690), la *destination du père de famille* (art. 692).

A. — Acquisition des servitudes par titre.

** **1848. Définition.** — Le *titre* a ici le sens *d'acte juridique* (negotium), et non pas d'écrit ou *acte probatoire* (instrumentum) ; quand on dit qu'une servitude est « établie par titre », on fait donc allusion à son mode de création, et non à sa preuve. Un écrit peut bien servir à démontrer, à établir en justice l'existence d'une servitude ; il n'en est pas l'acte créateur. Dans l'art. 690, le titre est donc ce qui sert à *constituer* la servitude, indépendamment de toute difficulté relative à la preuve [1].

Le mot « titre » est d'ailleurs une *expression générique*, qui comprend à la fois les *contrats* et les *testaments*. La servitude peut s'établir entre-vifs, par un contrat (*vente*, *donation*, etc.), ou bien le jour du décès du constituant, au moyen d'un *legs*.

** **1849. Étendue d'application.** — Le titre, tel qu'il vient d'être défini, peut servir à l'établissement *d'une servitude quelconque*, continue ou discontinue, apparente ou non apparente, et c'est le seul mode

[1] Il est arrivé à la Cour de cassation elle-même de confondre ces deux sens du mot *titre*, à propos des servitudes (Cass., 16 juin 1890, S. 90. 1. 385).

d'établissement des servitudes qui ait cette généralité d'application. C'est donc la source *la plus large* des trois. Les deux autres ne peuvent créer que certaines catégories de servitudes.

1850. Formes. — Quand la servitude est constituée par titre, il faut naturellement observer les formes établies pour le genre d'acte qu'on emploie ; par exemple celles de la donation ou du testament, si la servitude est donnée entre-vifs ou léguée. Mais la loi n'a établi aucune règle particulière à raison de cette circonstance que l'acte a pour objet la constitution d'une servitude. Voyez toutefois ce qui est dit ci-dessous pour la transcription (n° 1852).

La constitution d'une servitude par un acte entre-vifs à titre onéreux peut donc se faire *sous seings privés*, et cet écrit lui-même n'est nécessaire que comme moyen de preuve. On pourrait suppléer à son absence, pour prouver la convention créatrice de la servitude, par témoins ou par présomptions, s'il existait un commencement de preuve par écrit ou si l'intérêt en litige n'excédait pas 150 francs (Cass., 25 janv. 1893, D. 93. 1. 82, S. 93. 1. 214. Comp. Cass., 13 févr. 1877, D. 78. 1. 259).

La constitution d'une servitude par titre peut même être *tacite* et résulter implicitement de la combinaison des clauses et stipulations d'un contrat.

1851. Établissement tacite de la servitude d'indivision forcée. — Il y a une servitude d'un genre particulier qu'on rencontre assez fréquemment dans la pratique et dont il est difficile de préciser le mode d'établissement : c'est *l'indivision forcée*. On entend par là l'impossibilité pour les copropriétaires de certaines choses communes d'en demander le partage. C'est une servitude négative du genre de celles dont parle le Code allemand (art. 1019), dont l'effet est d'enlever à un propriétaire l'exercice d'une faculté qui lui appartient en vertu de son droit de propriété. Cette servitude s'établit surtout pour les *parties communes* qui desservent plusieurs propriétés, provenant du partage d'une propriété plus grande ; par exemple pour des allées, des cours, des puits, des sentiers, des fosses d'aisances, etc. Les copropriétaires, obligés de rester dans l'indivision, sont privés du droit d'en demander le partage, droit qui leur appartient en vertu de l'art. 815.

Cette servitude offre ce caractère particulier qu'elle est *réciproque* et qu'elle existe à la fois au profit et à la charge de tous les communistes. C'est une situation qui se retrouve pour un certain nombre d'autres servitudes (ci-dessus n°s 1793 et 1794).

D'où résulte pareille servitude ? Ce ne peut pas être de la destination du père de famille qui n'est applicable qu'aux servitudes *apparentes* (art. 692 et 694), et il s'agit ici d'une servitude invisible, purement négative. Ce ne peut être qu'en vertu d'un *titre :* on doit considérer l'acte de partage, qui a divisé les lots en affectant certaines parties à leur usage commun, comme ayant *créé implicitement* cette servitude.

Il y a une difficulté : c'est que l'art. 815, après avoir proclamé le principe d'après lequel *nul n'est tenu de demeurer dans l'indivision*, ajoute que toute convention contraire est nulle quand elle est perpétuelle et ne peut être valable que pour cinq ans. Mais la Cour de cassation admet que la règle de l'art. 815 ne s'applique qu'aux choses qui font l'objet principal du droit de propriété et non aux *dépendances*, ou parties accessoires, qui sont affectées au service commun de plusieurs propriétés différentes. La convention d'indivision forcée et perpétuelle est donc permise pour ces sortes de choses (Cass., 17 mai 1887, D. 88. 1. 60, S. 90. 1. 315).

Cette jurisprudence peut s'autoriser d'un exemple donné par la loi elle-même pour une autre situation tout à fait semblable : celle des *clôtures mitoyennes*. Là aussi l'état d'indivision de la propriété s'accompagne d'une servitude spéciale d'indivision perpétuelle et forcée, qui est établie de plein droit et par la loi. Il y a identité de motifs pour autoriser la même servitude dans les autres parties de terrains ou de bâtiments affectées à un usage commun.

Ainsi la servitude d'indivision forcée est *légale* dans le cas de mitoyenneté d'une clôture ; *conventionnelle* dans tous les autres cas où elle est possible.

** **1852. Transcription des servitudes.** — Lorsqu'une servitude est *constituée entre-vifs*, la convention qui l'établit doit être transcrite. Quand elle est *établie par testament*, la *transcription n'est pas nécessaire* puisque nos lois n'établissent pas la publicité des mutations par décès. C'est là une *lacune* véritable. Tout acheteur risque de trouver une *servitude occulte* établie sur son fonds par le testament d'un ancien propriétaire.

* **1853. Question relative aux servitudes établies par donation.** — Y a-t-il lieu de faire transcrire l'acte constitutif d'une servitude à titre de donation entre-vifs? L'art. 939 C. civ., qui régit la transcription en matière de donations, n'exige point cette formalité pour les servitudes. Il s'exprime en effet de la façon suivante : « Lorsqu'il y aura donation de *biens susceptibles d'hypothèques*... ». Or le droit de servitude, à la différence de la propriété et de l'usufruit, ne peut pas être hypothéqué (art. 2118). Mais le système de la transcription a été *considérablement élargi* par la loi du 23 mars 1855. Cette loi commence, dans son art. 1er, par reproduire la disposition de la loi de brumaire, qui s'exprimait dans les mêmes termes que l'art. 939 et n'établissait la publicité que pour les droits susceptibles d'hypothèques [1]. Mais, dans son art. 2, elle va beaucoup plus loin et elle étend le système de la transcription à tous les autres droits immobiliers non susceptibles d'être hypothéqués, et parmi eux on trouve en première ligne les *servitudes*.

Le défaut de concordance entre le texte du Code et la loi de 1855 a fait naître une question : En supposant qu'un des droits énumérés dans l'art. 2 de la loi de 1855 soit *constitué à titre gratuit*, y a-t-il lieu de transcrire ? Le Code civil n'impose pas la transcription, mais sa nécessité résulte de la loi nouvelle, car l'opinion générale est que ce texte est assez large pour comprendre même les constitutions de servitudes à titre gratuit. La loi ne distingue pas en effet, ni dans l'art. 1er ni dans l'art. 2, entre les actes à titre gratuit et les actes à titre onéreux : « *Tout acte entre-vifs* », dit l'art. 1er; « *tout acte constitutif* », dit l'art. 2. — Il est bien vrai que l'al. final de l'art. 11 déclare qu'« il n'est point dérogé aux dispositions du Code Napoléon relatives à la transcription des donations », mais cela signifie simplement que lorsqu'une donation est soumise à la transcription en vertu de l'art. 939, elle sera entièrement régie par les dispositions du Code, et non par celles de la loi de 1855. Du reste, ce n'est point « déroger » à une loi que d'en combler les lacunes. Enfin il avait été admis que la loi de brumaire, dont la formule sur ce point était identique à celle de la loi de 1855, gouvernait les donations aussi bien que les autres actes entre-vifs.

1854. Observation. — Si on admet, comme c'est l'opinion générale, que les constitutions de servitudes à titre gratuit faites depuis le 1er janvier 1856 doivent être transcrites, il est bon de remarquer qu'elles sont soumises à la publicité *en vertu de la loi de 1855, et non en vertu du Code civil*, car le défaut de publicité n'est pas *sanctionné* de la même manière pour elles que pour les donations régies par l'art. 939 : la *liste des personnes* ayant le droit d'opposer le défaut de transcription *n'est pas la même* dans les deux cas. Voyez ci-dessus n° 1366.

B. — Acquisition des servitudes par prescription.

1855. Ancien droit. — En cette matière, les coutumes et l'ancienne jurisprudence n'offrent que divergences et confusion [2].

La règle la plus remarquable était formulée par les coutumes de Paris (art. 186) et d'Orléans (art. 225), qui prohibaient entièrement l'acquisition des servitudes par la prescription, quelque longue qu'elle fût, et établissaient la règle : *Nulle servitude sans titre*. Cette règle était fort ancienne à Paris. Elle se trouve déjà dans le *Grand coutumier* (Liv. II, chap. 38) et dans les *Coutumes notoires* (chap. 8), qui sont du XIVe siècle.

[1] La transcription n'avait été établie par la loi du 11 brumaire an VII que comme une garantie accessoire destinée à consolider le régime hypothécaire et dans le seul intérêt des créanciers ayant hypothèque (ci-dessus n° 1323).

[2] La meilleure dissertation sur la prescription des servitudes se trouve dans B. d'Argentré (sous l'art. 271 de l'ancienne coutume de Bretagne, v° *Sans titre*). Pothier en parle à peine (*Introd. au titre XIII de la coutume d'Orléans*, n° 10; *De la prescription*, n° 286). Dunod de Charnage ne donne guère que des solutions locales pour la Franche-Comté. On peut voir aussi les commentaires de Ferrière sous l'art. 186 de la coutume de Paris.

1856. Division. — Deux questions principales sont à résoudre : *quelles servitudes* peuvent s'acquérir par prescription ? *Quelle est la durée* de la prescription des servitudes ? Sur ces deux points notre droit donne des *solutions restrictives*, défavorables à l'acquisition des servitudes par ce moyen, mais sans aller jusqu'à la prohibition complète comme le faisait la coutume de Paris. Nous verrons ensuite quels caractères doit avoir la possession des servitudes pour conduire à l'usucapion.

1° Détermination des servitudes susceptibles d'être acquises par prescription.

** **1857. Double condition de continuité et d'apparence.** — L'usucapion ou prescription acquisitive, qui est un mode d'acquérir la propriété par une possession prolongée, s'applique également aux servitudes, mais *non à toutes*. Les seules servitudes qui puissent s'acquérir par prescription sont celles qui sont tout à la fois *continues* et *apparentes* (art. 690). Telles sont les servitudes de vue et d'aqueduc.

Ainsi les servitudes discontinues, telles que la servitude de passage, ne peuvent pas s'acquérir par un long usage, alors même qu'elles seraient annoncées par un signe apparent ; il en est de même des servitudes non apparentes, alors même qu'elles seraient continues, comme la servitude de ne pas bâtir. A plus forte raison, la prescription est-elle impossible pour les servitudes qui ne sont ni continues ni apparentes, comme la servitude de puisage que n'annoncerait aucun signe extérieur.

* **1858. Impossibilité d'acquérir les servitudes discontinues ou non apparentes même par la possession immémoriale.** — Les servitudes qui ne réunissent pas les deux qualités requises par la loi ne peuvent pas être acquises *même par une possession immémoriale* (art. 691). Ceci a été exprimé dans le Code pour écarter une solution admise dans beaucoup de coutumes, qui, tout en rejetant la prescription pour les servitudes discontinues, portaient qu'on pouvait les acquérir par une possession immémoriale, c'est-à-dire plus que centenaire. La raison en était que la possession centenaire était considérée non comme une prescription, mais comme la *preuve d'un titre régulier* : « Non tam est præscriptio quam titulus » (DUMOULIN, sur le tit. I de la coutume de Paris, § XII, glose 7, n° 14 ; *Conseil*, n° 26 ; POTHIER, *De la prescription*, n° 278, DUNOD DE CHARNAGE, 3e partie, chap. VI). On citait un texte du Digeste : « Ductus aquæ, cujus origo memoriam excessit, jure constituti loco habetur » (Liv. XLIII, tit. 20, fr. 3, § 4).

1859. Maintien des servitudes acquises antérieurement au Code. — La loi ne devant pas avoir d'effet rétroactif, l'art. 691, al. 2, décide que les servitudes, même non continues ou non apparentes, qui auraient été acquises sous l'empire de l'ancien droit, continueront à subsister. Cette réserve est fort équitable ; seulement les propriétaires éprouveront le plus souvent une grande difficulté pour établir que la prescription leur était déjà acquise en 1803, à moins qu'ils n'aient eu la précaution de se procurer une preuve écrite de ce fait, facile à obtenir dans les premières années qui ont suivi la promulgation du Code.

* **1860. Application de l'usucapion au mode d'exercice des servitudes.** — Aux termes de l'art. 708 : « Le mode de la servitude peut se prescrire, comme la servitude même et de la même manière ». Malgré la place qu'il occupe dans la section IV, consacrée aux modes d'extinction des servitudes, ce texte donne une solution générale qui, par la portée absolue de ses termes, comprend l'*extension* de la servitude aussi bien que sa *diminution*. Du reste on ne gagnerait rien à écarter l'art. 708, car l'application des principes généraux conduit aux mêmes résultats.

Les actes faits au delà de ce qui était permis peuvent faire acquérir un mode d'exercice plus avantageux que celui qui aurait dû être suivi, s'il s'agit d'une servitude *continue et apparente*, mais non s'il s'agit d'une servitude discontinue ou non apparente. Ainsi celui qui n'avait par son titre que le droit d'ouvrir une seule fenêtre et qui en a pratiqué deux dans son mur, acquiert par la prescription le droit de conserver la seconde fenêtre, mais celui qui a acquis le droit de traverser le fonds voisin à pied seulement, ne peut pas acquérir par un usage abusif le droit de passer avec des voitures ou des troupeaux, parce que la servitude de passage est discontinue. Un mode d'exercice plus avantageux doit être considéré comme une *acquisition nouvelle*, un *supplément de servitude* : on comprend que cette acquisition partielle soit régie par les mêmes principes que l'acquisition entière de la servitude et qu'elle soit impossible pour les servitudes qui ne s'acquièrent pas par prescription.

1861. Origine de la double condition exigée par la loi. — Les auteurs du Code se sont trouvés placés entre deux systèmes extrêmes : il y avait d'une part la coutume de Paris, qui rejetait la prescription, et même la possession immémoriale, pour toute espèce de servitudes (art. 186) et dont la disposition avait été déclarée applicable dans les coutumes muettes (arrêt du Parlement de Paris, du 6 février 1782) ; d'autre part, un certain nombre de coutumes (Artois, 72 ; Auvergne, XVII, 1-4 ; Boulenois, 120 ; Ponthieu, 115 ; etc.) qui admettaient la prescription pour toutes servitudes sans distinction. Ils les ont rejetés l'un et l'autre pour adopter un système intermédiaire, déjà admis dans certaines régions, et que, dès le XVIe siècle, B. d'Argentré avait exposé en termes très clairs. Cet auteur commence par dire que la prescription des servitudes continues est possible parce qu'elle résulte de la possession naturelle et permanente des ouvrages faits pour l'exercice de la servitude[1]. Mais il exige en même temps pour elles que leur possession ait été connue du propriétaire du fonds servant[2]. Quant aux servitudes discontinues, il les déclare imprescriptibles conformément au droit romain[3]. Dans Dunod de Charnage la même distinction est présentée sous une forme à peu près semblable : les servitudes discontinues sont considérées par lui comme imprescriptibles parce qu'elles sont *latentes* et ne paraissent que quand on les exerce. Comp. ci-dessus n° 1781.

Il est visible que les auteurs du Code ont voulu faire une transaction entre les systèmes opposés qui s'offraient à eux ; mais les motifs sur lesquels leur distinction est fondée sont, comme on va le voir, d'une extrême faiblesse, et on essaierait vainement de les rattacher aux principes généraux qui régissent la prescription.

1862. Critique de la condition d'apparence. — Nous sommes fort loin ici de la condition ordinaire de *publicité*, qu'exige l'art. 2229 pour admettre une possession comme utile au point de vue de l'usucapion. En effet, on considère comme non apparentes les servitudes de puisage, de pacage, etc., alors que les actes de possession par lesquels s'exercent de pareilles servitudes sont parfaitement visibles extérieurement et s'accomplissent au grand jour ; on ne suppose pas que celui qui prétend avoir une pareille servitude se relève la nuit pour aller tirer de l'eau ou pour mener ses bestiaux à la pâture ou à l'abreuvoir. S'il s'agissait pour lui d'acquérir la propriété du réservoir, du four ou du terrain, sa possession serait réputée publique ; on la traite comme non apparente, s'il s'agit d'une simple servitude, à moins qu'il n'ait fait des travaux spéciaux pour l'exercer. Il semble que cette rigueur soit inutile et qu'il suffisait de s'en référer aux règles ordinaires qui exigent pour la prescription une *possession non clandestine*.

1863. Critique de la condition de continuité. — Celle-ci se justifie moins encore. Nous connaissons la raison primitive qui a fait distinguer entre les servitudes continues et discontinues pour la possibilité de la prescription. Elle est exposée tout au long

[1] « Servitutum præscriptiones perfici putent ex sola naturali possessione, per eas notas quas diximus, citra ullam civilem [possessionem], id est citra animum cujusque possessoris, realiter scilicet » (art. 271, v° Sans titre, n° 10). D'Argentré veut dire que les *notæ* [signes extérieurs de la servitude] en conservent la possession réelle ou naturelle, indépendamment des règles du droit romain qui exigent l'*animus* du possesseur, des actes répétés de sa part, pour conserver la possession civile.

[2] « Nec præscriptio procedit, nisi scientia et patientia adversarii probetur » (*Ibid.* n° 11).

[3] « Alterum caput est de discontinuis, hoc est quæ facto hominis exercentur... atque hæ jure civili nullo tempore acquiruntur, id est impræscriptibiles sunt, nisi quidem tempore immemoriali quod vim tituli et constituti juris habet » (*Ibid.* n° 12).

par Cujas et par Ferrière (*Corps et compilation... sur la coutume de Paris*, art. 186, glose I, n° 11) : c'est que ces servitudes s'exerçant par des actes isolés n'étaient pas considérées comme susceptibles d'une possession continue : « continuam possessionem non habent » ; « on ne peut pas aller et venir sans cesse sur le fonds d'autrui, sur lequel on a la servitude du chemin » (FERRIÈRE, *loc. cit.*). Tel était déjà le langage des jurisconsultes romains : « Tales sunt servitutes [prædiorum rusticorum] ut non habeant certam continuamque possessionem ; nemo enim tam perpetuo, tam continenter ire potest, ut nullo momento possessio ejus interpellari videatur » (PAUL, au *Digeste*, liv. VIII, tit. 1, fr. 14, princip.).

Cette considération est la *cause historique* de la distinction faite par notre droit, depuis le XVIe siècle, entre les deux espèces de servitudes ; la chose est certaine ; les textes précités, et bien d'autres, ne laissent aucun doute [1]. — Nos auteurs modernes ont pourtant abandonné cette explication qui leur paraît *théoriquement fausse*. Ils estiment avec raison que les *servitudes discontinues* sont parfaitement susceptibles d'une *possession continue*, dans le sens où l'on prend ce mot dans la théorie de l'usucapion. Qu'est-ce qu'une possession continue ? C'est celle qui suppose des actes d'exercice assez rapprochés pour que les intervalles qui les séparent ne puissent être pris pour des lacunes, en comparaison de l'état normal (ci-dessus nos 1103 et 1104). On peut donc considérer celui qui exerce régulièrement une servitude de passage ou de puisage aussi fréquemment que le comportent ses besoins, comme ayant la possession continue de cette servitude, bien que celle-ci soit en elle-même discontinue. Les auteurs modernes admettent ainsi la possibilité d'une possession continue dans un cas où les anciens la jugeaient impossible. La conception nouvelle est peut-être plus juste que l'ancienne [2] ; mais elle n'est pas historiquement exacte.

L'ancienne explication étant abandonnée, beaucoup d'auteurs qui veulent à toute force trouver un motif rationnel aux dispositions de la loi, n'ont pas été embarrassés pour cela. Voici ce qu'ils ont imaginé : l'exercice des servitudes discontinues, se composant d'actes isolés, ne cause qu'une gêne insignifiante et passagère au propriétaire du fonds, qui doit être réputé les tolérer par esprit de bon voisinage, ou parce que leur réalisation ne lui cause aucun dommage. Ces servitudes, quand elles ne s'appuient pas sur un titre, se trouvent ainsi entachées de *précarité* ; elles s'exercent *à titre de tolérance*, ce qui rend la prescription impossible en vertu de l'art. 2232 (ci-dessous nos 1872 et suiv.). — Cette explication ne vaut pas mieux que l'autre ; elle a en effet le tort d'ériger en présomption absolue une circonstance de pur fait, la tolérance à titre précaire, qui fort souvent n'existe pas ; beaucoup de propriétaires exercent, en fait, des servitudes de ce genre, non pas par tolérance, mais avec la prétention d'avoir un véritable droit. Pour eux la présomption qu'on prête à la loi tombe à faux [3].

1864. Conclusion. — L'utilité de la règle qui écarte la prescription pour les servitudes discontinues est fort contestable. Il aurait bien mieux valu laisser la prescription des servitudes sous l'empire des principes généraux : leur acquisition eût été possible par cette voie toutes les fois que l'exercice aurait été public et suffisamment fréquent pour consti-

[1] Les auteurs du Code se sont fort peu préoccupés de justifier la distinction nouvelle qu'ils introduisaient. Berlier s'est contenté de dire dans l'*Exposé des Motifs* que « rien n'assure que le propriétaire ait eu une suffisante connaissance d'actes souvent équivoques », quand il y a eu exercice d'une servitude discontinue. Le tribun Albisson, dans son *Rapport au Tribunat*, n'a guère été plus précis en disant que, pour cette sorte de servitudes, « la possession ne se manifeste pas par des actes assez suivis ou assez fréquents pour faire supposer le consentement » (FENET, t. XI, p. 312 et 327).

[2] On peut en effet remarquer que les actes qui constituent l'exercice d'une servitude discontinue sont *de même nature que ceux qui font acquérir la propriété* : ce sont des faits de possession, accomplis à des intervalles variables selon leur but et les besoins de l'exploitation. Or personne ne doute que ces mêmes actes, fréquemment répétés, ne forment une *possession continue* à l'effet d'usucaper la propriété.

[3] L'idée que la servitude exercée sans titre est présumée être une jouissance de pure tolérance, insuffisante pour former la complainte, se trouve déjà dans Pothier (*De la possession*, n° 90). Mais Pothier, plus logique dans ses présomptions que les auteurs modernes, considérait comme précaire la jouissance d'une servitude quelconque, continue ou discontinue : « la jouissance que quelqu'un a du passage par un héritage ou *de quelque autre espèce de servitude...* » (*Ibid.*).

tuer une possession continue, et le fait de les exercer par tolérance, *quand il eût été démontré*, en eût empêché à tout jamais la prescription. Du reste c'est à peu près à ce résultat qu'on en est arrivé, grâce à la jurisprudence; voyez sur ce point le n° suivant.

** **1865. État de la question dans la pratique.** — La rigueur du Code a eu dans la pratique un résultat inattendu. On a jugé la décision de la loi souvent trop rigoureuse pour certains propriétaires, réellement pourvus de servitudes dont les titres ne se retrouvent pas. Cet inconvénient se rencontre surtout pour les *droits de passage*, dont l'origine est souvent fort ancienne et inconnue. La jurisprudence a trouvé un moyen ingénieux d'éviter aux propriétaires la déchéance de droits très légitimes. Ne pouvant reconnaître un droit de servitude par prescription à celui qui passe depuis plus de trente ans sur le fonds d'autrui, elle le reconnaît *propriétaire du terrain utilisé par lui comme allée ou comme sentier* : la loi l'empêche d'acquérir une *servitude;* elle ne l'empêche pas d'acquérir la *propriété* (Cass., 7 févr. 1883, D. 84. 1. 128, S. 84. 1. 320). Le propriétaire du fonds traversé est loin d'y gagner : la rigueur excessive de la loi se retourne contre lui ; au lieu d'avoir à supporter une simple servitude, il se voit exproprié de son terrain ou tout au moins obligé de subir une copropriété.

Cette jurisprudence est susceptible de s'appliquer à toutes les servitudes discontinues : on déclarera celui qui a prescrit propriétaire unique ou copropriétaire, selon les cas, du *lavoir*, du *four*, de l'*abreuvoir*, du *puits*, etc., dont il s'est servi.

2° Durée de la prescription des servitudes.

* **1866. Solution admise.** — Au bout de combien de temps une servitude qui est tout à la fois continue et apparente peut-elle être acquise par prescription ? D'après l'opinion générale, le Code aurait tranché expressément la question en disant, dans l'art. 690, que ces servitudes s'acquièrent « *par la possession de trente ans* ». Ceci, dit-on, a été écrit pour exclure la prescription par dix à vingt ans, dans les cas où la servitude a été constituée par une personne qui n'était pas propriétaire du fonds servant. La Cour de cassation s'est prononcée en ce sens dès 1834 (D. 35. 2. 1, S. 35. 2. 134), et c'est aujourd'hui une solution bien établie que personne ne conteste plus (Aubry et Rau, § 251, texte et note 1; Demolombe, t. XII, n° 781; Laurent, t. VIII, n° 194; Huc, t. IV, n° 420. — Comp. Agen, 23 nov. 1857, D. 57. 2. 27).

1867. Critique de l'opinion courante. — La vérité est que les auteurs du Code n'ont pas prévu la question. En parlant de la possession de trente ans dans l'art. 690, ils ont voulu simplement condamner la solution donnée autrefois par les coutumes de Paris et d'Orléans, qui représentaient le droit commun du royaume, et d'après lesquelles les servitudes ne pouvaient jamais s'acquérir par une prescription sans titre. « On a pensé, disait le tribun Albisson, qu'une possession de trente ans, étant suffisante pour faire acquérir une maison ou un fonds de terre, il n'y a pas de raison pour la regarder comme insuffisante pour acquérir sur cette maison ou sur ce fonds un droit de servitude » (FENET, t. XI, p. 326). Les auteurs de la loi ont donc supposé que le fonds servant était possédé par son véritable propriétaire et ils se sont seulement demandé si l'on continuerait à exiger rigoureusement un titre du voisin qui prétendrait exercer une servitude. L'hypothèse complexe d'une servitude constituée par un possesseur du fonds servant qui n'en serait pas propriétaire ne paraît pas être entrée dans leurs prévisions [1].

Du reste, dans l'ancien droit, le propriétaire voisin qui se faisait régulièrement constituer une servitude par le possesseur du fonds servant était considéré comme un possesseur muni d'un titre et on ne lui faisait pas l'application de la règle rigoureuse « Nulle servitude sans titre ». Sous l'empire de la Coutume de Paris, Eusèbe de Laurière lui permettait formellement de prescrire par dix à vingt ans (*Coutume de Paris*, t. II, p. 166). B. d'Argentré dit de même que l'exclusion de la prescription n'a lieu que pour les possesseurs sans titre et que la prescription est admise dès qu'elle s'appuie sur un titre : « De his servitutibus quæ ex titulo præscriptæ prætendantur » (*ibid.*, n°s 13 et 14). Quant à Dunod de Charnage, il écarte la prescription de dix à vingt ans, mais pour des raisons qui ne s'appliquent qu'aux servitudes discontinues (3e partie, chap. VI).

La question pouvait donc être considérée comme entière sous l'empire des textes nouveaux : l'art. 2265 établit la prescription de dix à vingt ans en termes assez généraux pour s'appliquer même aux servitudes : « Celui qui acquiert de bonne foi et par juste titre *un immeuble...* ». Pour en empêcher l'application aux servitudes, il eût fallu un texte prohibitif plus formel que l'art. 690, dont la rédaction incomplète peut s'expliquer par l'état antérieur du droit. A cela on a répondu en opposant l'art. 2264, aux termes duquel les règles de la prescription sur les matières particulières sont exposées « dans les titres qui leur sont propres ». — La réponse n'est pas pertinente, car il faudrait trouver, au titre des servitudes, une règle contraire à l'art. 2265, et c'est justement l'existence de cette règle qui est contestée.

1868. Rareté pratique de la question. — La question est de nature à se présenter rarement dans la pratique, car elle suppose une combinaison de circonstances assez compliquées : il faut 1° que la servitude soit constituée par un possesseur non propriétaire du fonds servant ; 2° que le voisin, qui acquiert la servitude, croie traiter avec le propriétaire ; 3° que ce voisin ait eu le temps d'usucaper la servitude par dix à vingt ans, selon le lieu où se trouve le domicile du vrai propriétaire ; 4° que ce vrai propriétaire revendique dans l'intervalle nécessairement restreint qui s'écoule entre l'usucapion de la servitude par le voisin (dont on suppose le délai accompli) et l'achèvement de la prescription trentenaire qui ferait acquérir la propriété au possesseur du fonds servant, car, aussitôt que la propriété est acquise à ce possesseur par l'effet de l'usucapion, la servitude constituée par lui devient valable de plein droit et sans qu'il soit besoin de prescription pour elle.

1869. Solution préférable au point de vue législatif. — On peut affirmer qu'*au point de vue rationnel* la solution admise en France ne se justifie par aucun motif sérieux. On peut tenir pour la prescription de dix à vingt ans le même langage que tenait Albisson pour la prescription trentenaire : elle ferait acquérir la propriété ; pourquoi serait-elle incapable de faire acquérir une servitude? Si le voisin, au lieu de se faire concéder une simple servitude d'aqueduc, avait acheté la bande de terrain où il va faire passer un canal ou des tuyaux, il en deviendrait incontestablement propriétaire au bout de dix à vingt ans ; on ne voit pas pourquoi, quand il acquiert le même droit à titre de servitude, le bénéfice de la prescription lui est refusé. Il y a évidemment défaut de cohésion dans ces deux décisions du Code [2].

[1] On peut rapprocher de la disposition générale de l'art. 690, celle de l'art. 642 qui est faite pour un cas particulier. Là encore la loi dit que « la prescription *ne peut s'acquérir que par une jouissance non interrompue pendant l'espace de trente années...* », mais il est visible qu'elle s'est préoccupée uniquement d'une *usurpation* commise par un voisin agissant *sans titre*.

[2] Si le voisin qui acquiert la servitude d'un autre que du vrai propriétaire du fonds servant devait être considéré comme pourvu d'un titre, dans le sens de l'art. 690, on pourrait soutenir que la prescription de dix à vingt ans consolidera son titre, alors même que la servitude acquise par lui serait discontinue ou non apparente. C'était jadis l'avis de B. d'Argentré : il rejetait l'acquisition des servitudes discontinues par prescription, quand

* **1870. Point de départ de la prescription.** — Quelle que soit la durée de la prescription, quand l'exercice de la servitude exige des travaux, le temps de possession utile pour l'usucapion ne commence à courir que *du jour où les travaux ont été terminés.* La loi le dit dans l'art. 642 pour un cas particulier, mais la règle est générale, parce que la servitude ne commence à *s'exercer*, c'est-à-dire à être possédée, que lorsque les lieux sont mis dans l'état voulu pour son usage. Mais cela doit s'entendre uniquement de la portion des constructions nécessaires pour l'existence de la servitude. Ainsi une fenêtre, l'égout d'une toiture, existe et nuit au voisin, dès que la muraille est montée ou la toiture posée.

3° Caractères exigés dans la possession des servitudes.

1871. Énumération. — La loi ne s'est pas expliquée sur les conditions que la possession des servitudes doit réunir pour conduire à l'usucapion. Il faut donc appliquer les règles générales de l'art. 2229.

1° La possession doit d'abord *exister* avec son double élément, l'*animus* et le *corpus*. Si l'élément intentionnel fait défaut, c'est que les faits constitutifs de la possession s'accomplissent *à titre de simple tolérance* et la possession de la servitude est *entachée de précarité ;* ce n'est pas une possession véritable et complète, et la prescription est impossible.

2° Quand la possession existe au complet, il faut de plus qu'elle soit *exempte de vices*. Pour les servitudes comme pour la propriété, les vices qui rendent l'usucapion impossible sont la *discontinuité*, la *clandestinité*, la *violence* et l'*équivoque*. La discontinuité est rendue impossible par la disposition arbitraire de la loi qui n'admet l'acquisition par prescription que pour les servitudes continues ; les servitudes qui exigent des actes répétés pour leur exercice étant écartées, la qualité de continuité dans la possession se trouve nécessairement réalisée dans les servitudes prescriptibles qui supposent toutes un état de choses permanent. Les vices de violence ou de clandestinité sont faciles à concevoir ; il n'en est pas de même toutefois du vice d'équivoque dont la pratique ne paraît pas offrir d'exemples pour les servitudes.

3° Enfin il faut évidemment que les faits de possession, sur lesquels on prétend fonder l'acquisition d'une servitude, soient de telle nature qu'ils constituent par eux-mêmes *un empiètement sur le droit d'autrui* : si leur auteur est resté *dans les limites de son propre droit*, il n'a évidemment rien acquis, rien ajouté à sa situation antérieure.

Il n'y a rien de plus à dire sur les vices de la possession en matière de servitudes. Au contraire la notion de précarité et celle d'empiètement sur le droit d'autrui demandent quelques explications.

elles étaient exercées sans titre ; il les déclarait au contraire prescriptibles quand elles étaient acquises d'un non propriétaire. « Sed et discontinuas quoque vis tituli præscriptibiles reddit, cum evenit titulum a non domino haberi » (*Loc. cit.*, n° 14). Cette décision n'aurait rien d'inconciliable avec les textes du Code, puisqu'il est reconnu que la prescription est écartée pour les servitudes discontinues parce que leur exercice ne constitue pas une gêne sérieuse pour le propriétaire du fonds servant, qui les souffre à titre de tolérance ; ce motif de distinguer entre les deux espèces de servitudes n'a plus aucune valeur quand le fonds est aux mains d'un tiers qui subit l'exercice de la servitude discontinue en vertu d'un contrat passé par lui.

a) *Des actes de simple tolérance.*

*** 1872. Forme de la précarité en matière de servitudes.** — La *précarité* que nous avons déjà rencontrée à propos de la propriété, où elle consiste à posséder une chose pour le compte d'autrui, se représente, mais sous une autre forme, à propos des servitudes. Elle consiste à accomplir sur le fonds d'autrui, *à titre de simple tolérance*, des actes qui seraient l'exercice d'une servitude si leur auteur prétendait les faire en vertu d'un droit.

L'exemple le plus fréquent est *le passage sur le terrain d'autrui*. Mais la même circonstance peut se produire pour une servitude quelconque, pour une servitude continue, telle que le fait d'ouvrir des *fenêtres* dans une construction à une distance du fonds voisin moindre que la distance légale : l'ouverture de ces fenêtres peut être tolérée par le propriétaire voisin. La jurisprudence en offre des exemples variés : tel est le cas du propriétaire d'une prairie qui, chaque année, après la récolte autorisait *la tenue d'une foire sur son pré*.

D'où vient pour ces actes le caractère de précarité ? Accomplis peut-être à de longs intervalles, et compatibles avec la jouissance ordinaire de la chose par le propriétaire, ils sont *tolérés* par celui-ci, parce qu'ils ne lui causent aucun préjudice appréciable. Quelquefois même il en tire profit, comme le propriétaire du pré, dans l'exemple ci-dessus indiqué, qui bénéficiait d'un engrais gratuit par la présence des nombreux animaux amenés à la foire. Que s'il en résulte pour lui une gêne plus ou moins grande, comme cela peut arriver par suite du passage de personnes étrangères à travers une cour ou un champ, on présume qu'il a consenti à supporter cette gêne pour entretenir de bonnes relations avec ses voisins. Il n'en résulte pas une atteinte à son droit pouvant constituer une usurpation et lui causer un dommage sérieux.

Telle est la forme sous laquelle se produit la précarité dans la possession des servitudes. Celui qui agit ainsi sur le fonds d'autrui, en vertu de la permission expresse ou tacite du propriétaire, *reconnaît implicitement qu'il est sans droit propre sur la chose*, ce qui exclut chez lui l' « animus domini ». Il est même à remarquer que le mot « précarité » se prend ici tout à fait dans son *sens romain* de *concession bénévole et révocable* ; il est donc beaucoup plus exact que lorsqu'on l'emploie pour désigner une possession exercée pour le compte d'autrui, comme la détention.

*** 1873. Inefficacité de la possession précaire des servitudes.** — La précarité produit pour les servitudes les mêmes effets que pour la détention entière de la chose ; elle est exclusive de la vraie possession, faute d'un élément essentiel. La possession précaire d'une servitude ne sert à rien : *les actions possessoires ne peuvent pas être exercées* ;

aucune prescription n'est possible; aux termes de l'art. 2232, les actes de simple tolérance ne peuvent fonder ni possession ni prescription. Si la loi en avait décidé autrement, sa disposition se serait retournée contre son but : les propriétaires, menacés de voir acquérir des servitudes sur leur fonds par l'effet de la prescription, se seraient montrés plus rigoureux et auraient empêché une foule d'actes qui s'accomplissent librement, parce qu'ils sont utiles à tous et sans danger pour les propriétaires.

b) *De l'empiètement sur le droit d'autrui.*

* **1874. Inutilité des actes de pure faculté.** — Pour que la possession soit capable de conduire à l'usucapion d'une servitude, il faut, de plus, *qu'elle constitue un empiètement sur les droits d'autrui.* Celui qui ne dépasse pas son propre droit n'a rien à prescrire : sa possession, si prolongée qu'elle soit, n'ajoutera rien aux avantages dont il jouit déjà. On peut, par là, comprendre le sens de l'art. 2232, lorsqu'il dit que « les actes de pure faculté ne peuvent fonder ni possession ni prescription »[1].

Prenons un exemple pour éclaircir ce point. Le propriétaire d'un terrain bâtit en plaçant un des murs de sa construction *sur l'extrême limite qui le sépare du terrain voisin.* Dans ce mur, qui lui est *privatif* (ci-dessus n° 1158), la loi lui permet d'ouvrir ce qu'on appelle des *jours de souffrance*, fenêtres à fer maillé et à verre dormant (art. 676 et 677). C'est pour lui une pure faculté que la loi lui reconnaît en sa qualité de propriétaire du mur ; en ouvrant ces jours, dans les conditions déterminées par la loi, il ne porte aucune atteinte au droit de son voisin. Par conséquent, cette situation ne peut lui donner aucun avantage nuisible à celui-ci. Y eût-il plus de trente ans que le mur existe avec ses ouvertures, le voisin pourra toujours les faire fermer après avoir acquis, comme la loi le lui permet (ci-dessus n°s 1168 à 1172), la mitoyenneté du mur. Ces jours de souffrance sont restés ce qu'ils étaient : une conséquence de l'état privatif du mur; ils ne se sont pas transformés en *servitude de vue* sur le fonds voisin ; ils doivent donc disparaître quand le mur change de qualité et devient mur mitoyen ; aucune prescription n'a pu courir au profit du propriétaire primitif du mur (Cass., 7 mai 1873, D. 74. 1. 88, S. 73. 1. 327).

1875. Emplacement des ouvrages qui rendent la servitude apparente. — Est-il nécessaire que les travaux et ouvrages qui annoncent au dehors la servitude soient faits sur le fonds servant ? ou bien peuvent-ils être faits sur le fonds dominant, pourvu qu'ils soient visibles pour le propriétaire du fonds servant ? Cela dépend de la nature de la servitude ; les travaux doivent être faits à l'endroit où la servitude doit être exercée. Ainsi, pour une servitude de vue, l'ouverture placée à la distance prohibée se trouve nécessairement dans un bâtiment construit sur le fonds dominant ; pour une servitude d'aqueduc, qui doit traverser le terrain voisin, aucune prescription n'est possible s'il n'y a eu aucun empiètement sur le fonds servant. Une difficulté s'est cependant élevée pour les travaux qui permettent d'acquérir une servitude d'usage sur les eaux d'une source. La question est assez complexe pour être étudiée à part. Voyez les n^os^ suivants.

4° Difficultés relatives à l'acquisition par prescription d'un droit d'usage sur des eaux de source.

1876. Ancienne controverse. — On a vu que le propriétaire des eaux d'une

[1] Pendant longtemps on a fait à l'art. 2232 une grande réputation de difficulté ; mais cette réputation n'était pas méritée. La disposition, bien comprise, est assez simple : elle concerne uniquement la *prescription acquisitive* et signifie que nul n'a une possession capable de lui faire acquérir un droit nouveau par usucapion, quand il s'est borné à accomplir des actes qui étaient soit une pure faculté pour lui, soit une simple tolérance de la part d'autrui. Au premier cas, il n'a pas dépassé son propre droit ; au second, il a reconnu celui d'autrui. — A cela se mêle cette autre idée, juste en elle-même, mais qui n'est pas exprimée dans la loi, qu'il y a, à côté des *droits*, sujets à prescription, certaines *facultés* naturelles ou légales qui sont imprescriptibles. C'est un autre point de vue qui concerne la *prescription extinctive* et nous n'avons pas à nous en occuper ici. Comp. BUFNOIR, *Propriété et contrat*, p. 232 à 261.

source peut être empêché d'en disposer à sa volonté, lorsque les propriétaires des fonds inférieurs ont acquis sur elles, d'une manière quelconque, un droit d'usage que le propriétaire est obligé de respecter (ci-dessus nos 1050 et 1051). Ce droit peut appartenir d'abord aux habitants d'un village ou d'un hameau, au profit desquels existe une servitude légale (art. 642, al. 3). Hypothèse déjà étudiée (ci-dessus nos 1810 et suiv.). Un voisin peut en outre avoir acquis le même droit, par titre ou par prescription (anc. art. 641). Quand la servitude est établie par titre, il n'y a rien à en dire. C'est le cas d'une servitude acquise par prescription qui avait fait naître la controverse.

La manière dont la prescription pouvait s'accomplir était ainsi réglée dans l'ancien art. 642 : « par une jouissance non interrompue pendant l'espace de trente années, à compter du moment où le propriétaire du fonds inférieur a fait et terminé des ouvrages apparents destinés à faciliter la chute et le cours de l'eau dans sa propriété ». On se demandait si les travaux dont parle la loi devaient être faits *sur le fonds supérieur*, d'où s'échappe la source, auquel cas il y aurait *empiètement* commis sur le bien d'autrui, ou s'il suffisait que les travaux fussent *visibles* pour le propriétaire du fonds supérieur, auquel cas le propriétaire pourrait les faire en entier sur son propre terrain, sans aucun empiètement au dehors.

1877. Solution de la jurisprudence. — La Cour de cassation décide depuis longtemps que les travaux doivent être faits sur le fonds supérieur ; ceux que le propriétaire inférieur ferait chez lui seraient insuffisants pour la prescription (Cass., 16 juill. 1857, D. 57. 2. 182 ; Cass., 4 mars 1885, D. 86. 1. 34, S. 88. 1. 108 ; Cass., 5 juill. 1893, D. 93, 1. 595, S. 93. 1. 376). La Cour de cassation applique ici les principes généraux. La prescription suppose une *usurpation* : il est donc nécessaire que les travaux soient faits dans des conditions telles qu'ils entament le fonds supérieur, qu'ils soient faits sur lui au moins en partie ; sans cela le propriétaire supérieur n'en pourrait pas demander la suppression.

1878. Critiques doctrinales. — La jurisprudence rencontrait l'opposition d'une grande partie de la doctrine. On pouvait en effet démontrer d'une manière certaine que les auteurs du Code avaient tout justement condamné l'interprétation qu'on donnait à leur texte[1].

1879. Texte nouveau. — La loi du 8 avril 1898 a consacré la jurisprudence par un texte formel : il faut que les ouvrages d'où résulte l'existence d'une servitude apparente aient été faits « *sur le fonds d'où jaillit la source* ». Toute controverse se trouve par là supprimée.

1880. Questions subsidiaires. — La prescription d'un droit d'usage sur la source soulevait encore deux questions accessoires.

I. On se demandait *de quel genre devaient être les ouvrages* faits par l'usager. La jurisprudence exigeait qu'ils fussent *permanents* ; ainsi le fait de curer un fossé situé dans le fonds supérieur ne suffirait pas (Cass., 5 juill. 1893). Le mot « permanents » a été introduit dans le texte du Code en 1898 (art. 642, al. 2). Mais il n'est pas nécessaire que ce soit un ouvrage en maçonnerie ; un simple fossé peut suffire, quand sa construction est l'œuvre du propriétaire du fonds inférieur (même arrêt).

II. On se demandait en outre si la prescription était possible dans les conditions qu'indique la loi, au profit d'un propriétaire *éloigné*, dont le fonds est séparé du lieu d'origine de la source par un ou plusieurs fonds intermédiaires ? Il semble bien que le Code n'avait prévu l'acquisition de la servitude qu'au profit du propriétaire dont le fonds touche immédiatement celui où jaillit la source. C'est ce qui résulte 1° des mots « le propriétaire DU fonds

[1] Dans le projet de Code, l'art. 642 disait « ouvrages *extérieurs* » (FENET, t. XI, p. 270), expression conforme à celle qu'emploie l'art. 689 pour définir les servitudes apparentes. Le mot fut changé et remplacé par le mot « *apparents* », dans la crainte qu'on ne l'entendît dans le sens de « *extérieurs au fonds* », faits sur le fonds voisin. (Voyez les observations du Tribunat, dans FENET, t. XI, p. 282-285.) Les travaux préparatoires du Code sont sur ce point aussi concluants que possible. On objectait que, s'il en était ainsi, le propriétaire du fonds supérieur n'aurait *aucun moyen d'empêcher la prescription*, puisque le propriétaire inférieur est maître chez lui et peut y faire tous les travaux qu'il lui plaît d'entreprendre. Ceci est une *erreur certaine*. Ce propriétaire aurait même deux moyens au lieu d'un à sa disposition. Il pourrait d'abord, au moins dans certains cas, *intercepter la source* ou modifier le cours de l'eau, ce qui serait un fait interruptif de prescription. A défaut de ce procédé, il pourrait obtenir soit à l'amiable, soit par jugement, une *reconnaissance écrite*, qui constituerait le propriétaire inférieur en état de précarité et l'empêcherait de prescrire.

inférieur », qui prouvent que la loi n'a considéré la chose comme possible que pour un seul fonds ; au cas contraire, elle aurait dit : D'UN fonds inférieur ; — 2° de ce que les travaux doivent avoir été faits pour faciliter la *chute* de l'eau, c'est-à-dire son passage de la propriété où elle jaillit dans la propriété inférieure (art. 642). En tout cas, la jurisprudence, en exigeant que les travaux soient faits sur le fonds supérieur, rend l'application de l'article plus difficile au bénéfice d'un fonds éloigné. Cela ne serait cependant pas impossible à concevoir, et comme il n'y a aucune raison pour limiter ainsi la portée de la loi, le texte nouveau a mis le pluriel : « les propriétaires *des* fonds inférieurs », et il se contente de travaux « destinés à utiliser les eaux », sans exiger qu'il s'agisse de leur chute directe sur le fonds inférieur.

C. — Établissement des servitudes par destination du père de famille.

****1881. Définition.** — La destination du père de famille est l'acte par lequel une personne établit entre deux héritages qui lui appartiennent (ou entre deux parties d'un même héritage) un *état de fait qui constituerait une servitude, s'il s'agissait de deux héritages appartenant à deux propriétaires différents.*

Tant que les deux immeubles appartiennent au même propriétaire, *la servitude n'existe pas*, à cause de la règle « Nemini res sua servit ». Mais, s'ils viennent à être séparés de façon à appartenir à des propriétaires différents, *la servitude prend naissance*, sans titre ni prescription ; la cause qui la fait naître reçoit donc un nom particulier : c'est la « destination du père de famille » [propriétaire].

De là l'art. 692 : La destination du père de famille *vaut titre*, c'est-à-dire qu'il y a là un mode de constitution différent du titre et qui en dispense. La même formule se trouvait déjà dans la première rédaction de la coutume de Paris, faite en 1510 (art. 91. — Comp. art. 216 N. C.).

****1882. Éléments constitutifs de la destination du père de famille.** — D'après l'art. 693, qui en donne la définition, ces éléments sont au nombre de deux. Il faut :

1° *Que les deux fonds, aujourd'hui séparés, aient jadis appartenu au même propriétaire.*

2° *Qu'il soit prouvé que les choses ont été mises par lui dans leur état actuel :* il a créé l'état de fait d'où sortira plus tard la servitude nouvelle, qui n'a jamais existé encore.

Ces deux points n'ont besoin d'aucune explication [1].

[1] La coutume de Paris, dans sa rédaction de 1580 (art. 216), exigeait de plus que la destination du père de famille fût *constatée par écrit* (Comp. Cout. d'Orléans, art. 228). Le Code civil a supprimé cette condition. Les auteurs anciens n'étaient pas d'accord sur l'interprétation de cette condition supplémentaire. D'après Pothier, on exigeait l'écrit uniquement pour prouver que c'était bien le propriétaire des deux fonds qui avait mis les lieux dans leur état actuel (sous l'art. 228 cout. d'Orléans, édit. Bugnet, t. I, p. 321-322) ; mais Ferrière, qui semble mieux informé, l'explique en disant que le propriétaire qui aliène un des deux fonds ou qui partage le fonds primitif doit énoncer dans l'acte son intention d'établir la servitude (sous l'art. 216 de Paris). Ainsi entendue, la destination du père de famille cessait d'être pour les servitudes un mode de constitution distinct du titre.

** **1883. Quelles servitudes s'établissent par ce mode.** — D'après l'art. 692, la destination du père de famille ne vaut titre qu'autant que la servitude est tout à la fois *continue et apparente* [1].

* **1884. Explication de l'art. 694.** — A la suite des art. 692 et 693 qui règlent d'une manière complète l'établissement des servitudes par la destination du père de famille, les auteurs du Code ont placé une disposition ainsi conçue : « Si le propriétaire de deux héritages *entre lesquels il existe un signe apparent de servitude*, dispose de l'un des héritages sans que le contrat contienne aucune convention relative à la servitude, *elle continue d'exister* activement ou passivement en faveur du fonds aliéné ou sur le fonds aliéné » (art. 694).

Il y a évidemment là une disposition voisine au fond de celle de l'art. 692. Toutefois une différence est visible entre les deux textes : l'art. 692 exige que la servitude soit tout à la fois *continue et apparente* pour la faire résulter de cette opération muette qui s'appelle la destination du père de famille ; l'art. 694 se contente d'un *signe apparent de servitude*, il n'est pas nécessaire que la servitude soit continue. La disposition de l'art. 694 pourrait donc s'appliquer à une servitude de passage, laquelle n'est cependant pas susceptible, étant discontinue, de s'établir par destination du père de famille.

Qu'est-ce à dire? Est-ce que la loi modifie tout aussitôt ce qu'elle vient de faire dans l'art. 692 et que la destination du père de famille se trouve élargie par l'art. 694 et applicable même aux servitudes discontinues ? On ne peut supposer que deux articles qui se suivent de si près se contredisent. Il faut donc trouver en quoi consiste la *différence entre les deux hypothèses* prévues par ces deux textes et réglées diversement par eux.

Selon moi, voici comment la distinction doit se faire. L'art. 692 s'occupe de la *création d'une servitude nouvelle*, par destination du père de famille ; la servitude n'avait jamais existé auparavant, et elle s'est d'abord produite à l'état de fait avant de naître comme servitude lors de la séparation des deux fonds. L'art. 694 s'occupe du cas où une servitude, établie par un procédé quelconque, *existait précédemment* entre deux héritages qui ont été un jour réunis dans les mêmes mains. La servitude s'est alors *éteinte par confusion* et il s'agit de savoir à quelles conditions elle *revivra*, lorsque les deux fonds viendront à être *de nouveau séparés*. « Elle *continue d'exister* », dit le texte ; ce qui est une expression très exacte ; on verra que la confusion n'apporte qu'un obstacle temporaire à l'exercice de la servitude et ne l'éteint pas véritablement. La loi se contente d'un signe apparent de servitude, c'est-à-dire d'un indice qui annonce l'intention de maintenir l'état

[1] Pothier ne faisait pas cette distinction entre les servitudes, puisque les coutumes de Paris et d'Orléans exigeaient un *écrit*, lequel suffisait alors pour toute espèce de servitude ; mais on la trouve énoncée par d'autres auteurs qui vivaient sous l'empire de coutumes différentes (Gui Coquille, *Coutume de Nivernois*, chap. X, art. 2, *in fine*).

de choses antérieur. La loi est donc plus facile pour *maintenir* la servitude que pour la *créer* : elle n'exige pas la condition de continuité.

C'est de cette façon que le tribun Albisson a expliqué l'art. 694 dans son rapport au Tribunat (Fenet, t. XI, p. 328), et il disait que cette disposition était nécessaire pour résoudre des difficultés qui s'élevaient sous l'ancien droit. On voit en effet dans Ferrière (*Coutume de Paris*, 2e édit., t. II, p. 1773-1776) que l'on s'était préoccupé de la question sans arriver à une solution bien nette.

Telle est la vérité *historiquement certaine*. Mais une opinion très répandue chez les auteurs modernes cherche ailleurs la différence à faire entre les art. 693 et 694. On prétend que le premier de ces articles vise le cas où le *titre* qui a séparé les deux héritages (vente, donation, partage, etc.) est *perdu* ou *inconnu*, tandis que l'art. 694 s'occupe du cas où il est *représenté*. Au premier cas, la servitude résulte suffisamment de la destination du père de famille, mais à la condition d'être tout à la fois continue et apparente. Au second cas, si le titre est muet sur la servitude, l'apparence suffira pour son établissement (Demolombe, t. XII, n° 821).

La réfutation d'un pareil système n'est pas difficile. La circonstance que le titre est ou n'est pas représenté est un *fait postérieur* qui raisonnablement doit rester sans influence sur la création de la servitude, création qui est nécessairement contemporaine de la séparation des deux fonds. Pourquoi faire dépendre de cet événement accidentel le sort des servitudes apparentes, mais discontinues ? Il n'y a à cela aucune raison. De plus, on méconnaît la rédaction des deux textes : l'un suppose que c'est le propriétaire commun des deux fonds qui a *mis* les choses dans le même état; l'autre qu'il a maintenu un état antérieur, puisqu'il dit : « la servitude *continue* d'exister... » ; donc elle existait auparavant et il ne s'agit pas de la créer.

CHAPITRE V

EXERCICE DU DROIT DE SERVITUDE

1885. Objet de ce chapitre. — Après avoir étudié la nature et la classification des servitudes, ainsi que leurs modes d'établissement, et avant d'aborder leurs divers modes d'extinction, nous avons à examiner un certain nombre de *questions qui supposent la servitude existante* et qui se réfèrent à ses effets, à son mode d'exercice et aux vicissitudes qu'elle peut subir.

§ 1. — *Exercice matériel de la servitude.*

1886. Comment se détermine l'étendue de la servitude. — La façon de déterminer les actes que le propriétaire du fonds dominant peut accomplir en vertu de sa servitude varie selon l'origine de son droit.

Pour la servitude *naturelle* et pour les *servitudes légales*, c'est *la loi* qui fixe l'étendue des charges qu'elles comportent et la manière dont elles doivent être exercées.

Les servitudes *du fait de l'homme* sont généralement établies par des *titres* qui en fixent la nature et l'objet. Quand il n'y a pas de titre, on a recours à l'examen des lieux.

Si la servitude a été acquise par *prescription*, on appliquera la règle « Tantum præscriptum, quantum possessum ». Le propriétaire qui possède des fenêtres ou des arbres trop près du fonds voisin et qui bénéficie de la prescription aura le droit de conserver ses fenêtres ou ses arbres à la distance prohibée, mais il n'aura pas le droit d'ouvrir de nouvelles fenêtres ou de planter de nouveaux arbres.

Enfin, au cas où la servitude est établie par *destination du père de famille*, l'état de fait d'où elle naît en détermine en même temps la nature et l'étendue.

1887. Respect réciproque dû aux deux fonds. — Dans l'exercice de la servitude, le propriétaire du fonds servant ne peut rien faire qui tende à en diminuer l'usage ou à le rendre plus incommode (art. 701). De son côté, le propriétaire du fonds dominant doit user de son droit conformément à son titre ou à sa possession antérieure, sans pouvoir faire aucun changement de nature à aggraver la condition du fonds servant (art. 702). Comparez, pour l'écoulement des eaux naturelles, les dispositions des alinéas 2 et 3 de l'art. 640.

1888. Travaux d'établissement et d'entretien. — L'exercice d'une servitude exige souvent des travaux particuliers : il faut établir et entretenir un chemin pavé, un pont, un aqueduc, etc. Ces travaux peuvent toujours être faits par le propriétaire du fonds dominant (art. 697). En général, ils sont à ses frais (art. 698) et non pas aux frais du propriétaire asservi. Cependant une convention spéciale peut obliger le propriétaire du fonds servant à exécuter ces travaux lui-même et à ses frais (art. 698). On a déjà vu (n° 1833) que cette convention est compatible avec la nature purement passive de la charge réelle qui constitue la servitude, parce que l'obligation positive porte ici sur un simple accessoire et non sur l'objet principal du droit. — La convention qui impose cette charge au fonds servant est d'ordinaire, comme le suppose l'art. 698, le titre constitutif de la servitude ; mais cela peut se faire aussi par acte postérieur.

*** 1889. Caractères particuliers des obligations attachées à une servitude.** — Lorsqu'une obligation accessoire existe à la charge du propriétaire du fonds servant, elle constitue ce qu'on appelle une *obligation « propter rem »*, dont le propriétaire du fonds servant n'est tenu qu'en sa qualité de détenteur du bien grevé. Il en résulte :

1° Que cette charge passe aux propriétaires successifs du fonds servant et non aux héritiers du propriétaire, quand ils ne recueillent pas ce fonds dans sa succession ;

2° Que le propriétaire actuel du fonds servant peut *toujours s'affranchir* de cette obligation en abandonnant le fonds grevé de la servitude (art. 699). C'est un principe traditionnel dans notre droit qu'on peut s'affranchir par le *déguerpissement* de ces sortes de charges.

La plupart des auteurs modernes admettent même qu'il ne serait pas toujours nécessaire d'abandonner le fonds servant *en entier*, comme semble le supposer la loi : par exemple, lorsqu'il s'agit d'une servitude de passage, il suffirait que le propriétaire du fonds servant abandonnât le terrain occupé par le chemin pour se décharger de l'obligation de l'entretenir. L'abandon total ne serait nécessaire pour le libérer qu'au cas où le fonds tout entier serait assujetti à la servitude, et ce serait une question de fait que de savoir si le fond est assujetti pour le tout ou pour partie.

1890. Entretien des travaux dans l'intérêt du fonds servant. — Le Code allemand établit une règle qui serait applicable en France par raison d'équité : lorsque, pour l'exercice d'une servitude, l'ayant droit possède un ouvrage sur le fonds grevé, il peut être contraint à l'entretenir en bon état dans l'intérêt de ce fonds (art. 1020, C. civ. all.). Il ne faut pas, par exemple, qu'un canal ou un aqueduc ait des *fuites* sur le fonds servant, capables de lui nuire.

*** 1891. Effets de la division du fonds servant.** — Quand le fonds servant vient à être partagé, *la servitude continue à subsister dans le même état qu'auparavant*. La question de savoir si chaque parcelle est grevée de la servitude dépend donc de la façon dont celle-ci est exercée. Ainsi la servitude de ne pas bâtir sur une étendue déterminée de terrain, ne se trouve modifiée en rien par le partage de ce terrain. Il en est de même du droit de prendre un certain nombre de mètres cubes de sable ou de pierres dans une carrière : chaque partie de la carrière fournira, après division, sa part proportionnelle dans la quantité commune.

Mais si l'exercice de la servitude était *localisé sur une partie du fonds servant*, comme le droit d'user d'un chemin, d'un four, d'un puits, d'un abreuvoir, le partage du fonds servant aurait pour résultat de libérer toutes celles de ses parties qui ne contiendraient pas l'endroit où s'exerce la servitude. Comp. C. civ. all., art. 1026.

*** 1892. Effets de la division du fonds dominant.** — Lorsque c'est le fonds dominant qui est partagé, *la servitude subsiste en principe pour toutes ses parties*. Toutefois, s'il était reconnu que la servitude n'avait d'utilité que pour l'une ou quelques-unes d'entre elles, il serait juste de décider qu'elle s'éteint pour les autres. C'est ce que dit le Code allemand dans son art. 1025. En tout cas, la division du fonds dominant ne doit pas avoir pour effet d'augmenter la charge du fonds servant (art. 700). Par exemple, la quantité d'eau, de bois ou de matériaux quelconques due par le fonds servant ne peut pas grossir par l'augmentation du nombre des maisons construites sur les parcelles du fonds dominant. Par exemple encore, s'il s'agit d'un droit de passage, tous les propriétaires devront l'exercer par le même endroit (art. 700).

1893. Déplacement de l'assiette de la servitude. — Malgré la prohibition de toute innovation, le propriétaire du fonds grevé peut demander que l'assiette de la servitude soit déplacée, lorsque l'exercice en est localisé sur un point, et qu'il est devenu trop onéreux pour lui. Le propriétaire assujetti peut alors offrir à l'autre propriétaire un endroit différent pour l'exercice de la servitude, et celui-ci ne peut le refuser, pourvu qu'il soit aussi commode que le premier (art. 701). Les motifs du déplacement sont appréciés par les juges et les frais sont à la charge du propriétaire du fonds servant.

Le droit de déplacer le lieu d'exercice de la servitude existe alors même qu'il aurait été fixé précédemment par une convention ou un jugement (Cass., 19 juin 1882, D. 83. 1. 288, S. 84. 1. 120. — Comp. C. civ. all., art. 1023).

§ 2. — *Exercice des actions possessoires.*

1894. Silence des textes. — Une servitude peut-elle faire l'objet d'une action possessoire lorsque celui qui prétend l'avoir est troublé en fait dans l'exercice de son droit ? Dans le Code allemand, la question est réglée par l'art. 1029, qui accorde la protection possessoire aux servitudes de toute espèce, sous une double condition, conforme aux principes généraux ; il faut : 1° que la servitude soit inscrite au registre foncier ; 2° qu'elle ait été exercée, au moins une fois, dans l'année qui a précédé le trouble.

En France, nous n'avons aucun texte relatif aux actions possessoires en matière de servitudes ; c'est la jurisprudence seule qui en régit l'exercice.

1895. Actions concernant les servitudes continues et apparentes. — La jurisprudence a de tout temps *admis l'action en complainte* en cas de trouble apporté à la jouissance d'une servitude *continue et apparente*, pourvu que la possession en fût *annale*, condition qui n'est que l'application du droit commun.

1896. Refus de l'action possessoire pour les servitudes discontinues ou non apparentes. — Au contraire, la jurisprudence refuse, en principe, la possibilité d'agir au possessoire pour une servitude *discontinue ou non apparente*. C'est principalement pour le droit de passage que la question se présente devant les tribunaux. Les arrêts décident que l'action en complainte pour trouble à la possession annale d'un chemin n'est pas recevable, un tel droit n'étant qu'une servitude discontinue, à moins qu'il ne soit prouvé que le passage est dû à titre de copropriété du chemin (Cass., 2 juill. 1862, D. 62. 1. 355, S. 62. 1. 1040 ; Cass., 25 mars 1863, D. 63. 1. 415, S. 63. 1. 315).

1897. Exception traditionnelle. — Cependant *l'action possessoire est accordée lorsque la servitude discontinue ou non apparente s'appuie sur un titre* ; le titre fait *disparaître la présomption de précarité ou de tolérance* attachée à l'exercice d'une servitude discontinue ; dès lors la servitude, étant exercée en vertu d'un droit, fait l'objet d'une véritable possession juridique et donne lieu à la complainte (Cass., 16 juill. 1849, D. 49. 1. 193, avec une note de M. Nicias-Gaillard ; Cass., 26 mars 1866, D. 66. 1. 339). Cette jurisprudence est fort ancienne ; elle trouve déjà son principe formulé dans Pothier (*De la possession*, nos 90 et 91) et elle s'est maintenue sans varier (Cass., 30 juill. 1889, D. 90. 1. 437, S. 91. 1. 405 ; Cass., 14 avril 1893, D. 93. 1. 415, S. 93. 1. 463).

1898. Facilités données par la jurisprudence. — La jurisprudence se montre assez large *pour admettre l'existence d'un titre.*

D'une part, elle n'exige pas un acte juridique spécial, pour les servitudes dont la constitution est autorisée par la loi, comme la servitude légale de l'art. 643 ou le passage pour enclave ; on dit qu'il y a un *titre légal* pour l'exercice de la servitude (Cass., 19 déc. 1854, D. 55. 1. 73 ; Cass., 25 juin 1860, D. 60. 1. 284).

D'autre part, quand le titre est un acte particulier, il n'est pas nécessaire qu'il fasse *preuve complète* de l'existence du droit ; il suffit qu'il la rende *vraisemblable* (Cass., 7 juin 1848, D. 48. 1. 58 ; Cass., 1er févr. 1893, D. 93. 1. 208, S. 93. 1. 132).

§ 3. — *Comparaison des servitudes avec la propriété.*

***1899. Possibilité d'accomplir les mêmes actes à titre de servitude ou à titre de propriété.** — La plupart des charges que les propriétaires exercent sur les fonds voisins à titre de servitudes, peuvent également être l'effet d'un droit de propriété ou de copropriété. Plusieurs paysans font cuire leur pain dans un même four, se servent en commun d'une cour qui dessert leurs habitations, mènent leurs bestiaux boire au même abreuvoir, etc. Il est possible que le four, le terrain de la cour ou l'abreuvoir soit la propriété d'un seul d'entre eux, et que les autres s'en servent seulement *jure servitutis*. Il est possible aussi que la chose leur soit commune à tous et que tous s'en servent à titre de propriétaires.

1900. Manière de faire la distinction. — Les deux situations étant *également possibles en droit*, la distinction à faire entre elles devient une simple *question de fait*, dont l'appréciation est parfois fort délicate. En général, la copropriété indivise provient, pour ces sortes de choses, d'un partage de famille, du morcellement d'une ancienne propriété plus considérable. Dans ce cas, même quand l'acte de partage est muet sur la question des servitudes ou de l'usage des parties communes, ou encore quand le titre est perdu, le fait du partage ou de l'unité primitive des propriétés étant connu, le juge pourra aisément admettre que les propriétaires des parcelles actuelles sont dans l'état d'indivision forcée (ci-dessus, n° 1851) pour l'usage des cours intérieures, des fours, des abreuvoirs, etc., dont l'existence est antérieure au partage.

Dans toute autre hypothèse, l'absence complète de titre laisse la question douteuse, et le juge ne peut se guider que sur des indices matériels, tels que la situation des lieux et la conduite antérieure des parties. Si ces indices font défaut, l'embarras du juge pourra être très grand, car il n'y a ici aucune présomption légale, soit en faveur de la copropriété, soit en faveur de la servitude.

1901. Présomption légale pour les sentiers d'exploitation. — La question qui vient d'être examinée se pose également pour les *sentiers d'exploitation*. Mais pour eux la difficulté d'appréciation a disparu depuis la loi du 20 août 1881, qui décide, dans son art. 33, que ces chemins et sentiers sont présumés, en l'absence de titre, appartenir aux riverains, à chacun en droit soi, mais que l'usage en est commun à tous.

* **1902. Intérêts de la question.** — La distinction de la servitude et du droit de propriété présente des intérêts multiples :

1° Si le droit s'exerce à titre de propriété, il peut être prescrit par trente ans de possession ; au contraire, si c'est à titre de servitude que le droit a été exercé, aucune prescription n'est possible dans la plupart des cas, parce que presque toujours il s'agit d'*actes d'usage* sur la chose d'autrui qui constituent des *servitudes discontinues*.

2° Si les communistes usent de la chose en qualité de copropriétaires, ils n'ont pas à craindre la perte de leur droit par le *non-usage* et peuvent rester sans danger pendant trente ans sans s'en servir. Leur droit sera perdu au bout de ce temps, s'ils n'ont qu'une simple servitude.

3° Si un droit de passage ou un autre droit analogue est exercé à titre de servitude, le propriétaire du fonds traversé peut en imposer aux autres le déplacement, conformément à l'art. 701. Si ce même droit est exercé en vertu d'un droit de propriété, le terrain du chemin étant considéré comme indivis entre tous les ayants droit, le déplacement n'en sera possible qu'avec le consentement de tous les intéressés (Comp. Chambéry, 15 juill. 1890, S. 92. 2. 218).

CHAPITRE VI

EXTINCTION DES SERVITUDES

1903. Méthode du Code. — Le Code Napoléon ne s'est occupé de l'extinction des servitudes que pour les servitudes établies par les particuliers. Il est vrai que, dans la pratique, les faits d'extinction ne se produisent guère que pour elles. La servitude naturelle pour l'écoulement des eaux ne peut disparaître que par un nivellement ou un remaniement complet des terrains, qui la rendrait inutile. Quant aux servitudes légales, elles trouvent dans la loi un titre permanent qui en renouvelle indéfiniment l'existence. Cependant, on peut concevoir pour certaines d'entre elles une cause d'extinction particulière, la *renonciation expresse ou tacite* de l'ayant droit, renonciation qui est valable toutes les fois que la servitude est d'intérêt privé. Ainsi, celui qui avait obtenu une servitude de passage pour enclave peut y renoncer, si l'ouverture d'une voie nouvelle ou l'acquisition d'un terrain en bordure sur la voie publique lui procure une issue meilleure. De même un propriétaire peut autoriser son voisin à ouvrir des jours plus rapprochés de son terrain que la loi ne le permet, ou même sans autorisation expresse, le voisin peut acquérir le même droit en possédant pendant trente ans des ouvertures dans la zone où la loi les prohibe : l'établissement de cette *servitude de vue*, par convention ou par prescription, n'est pas autre chose que la renonciation à la servitude légale établie par les art. 675 à 680. De même la *confusion* produit son effet pour toutes les servitudes, quelles qu'elles soient.

Il y a donc lieu de présenter les causes d'extinction des servitudes d'une manière générale, sauf à rappeler que leur application la plus fréquente concerne les servitudes du fait de l'homme.

1904. Lacunes de la loi. — Le Code est incomplet d'une autre manière encore. Il ne connaît que trois modes d'extinction des servitudes, et encore l'un de ceux qu'il indique n'amène pas toujours l'extinction du droit. Il y a lieu de compléter cette liste par l'addition de certaines autres causes.

§ 1. — *Modes d'extinction prévus par le Code.*

A. — Impossibilité d'user.

1905. Langage inexact du Code. — « Les servitudes cessent lorsque les choses se trouvent en tel état qu'on ne peut plus en user », dit l'art. 703. « Elles revivent, ajoute l'art. 704, quand les choses sont rétablies de manière qu'on en puisse user... » — *Cessent*, *revivent*, ces deux expressions sont inexactes, et c'est à tort que la loi admet ici l'impossibilité d'user parmi les causes qui éteignent les servitudes. Quand il y a impossibilité d'user, il y a un *obstacle de fait*, qui empêche l'exercice de la servitude; mais le *droit* en lui-même subsiste et pourra être à nouveau exercé si les choses sont remises en état : il ne « revit » pas à proprement parler ; il *continue d'exister*. Son exercice seul a été interrompu.

La loi fait elle-même l'application de cette idée, au cas de reconstruction d'un mur ou d'une maison, en transportant sur le nouveau mur ou sur le nouveau bâtiment les servitudes actives et passives qui existaient pour l'ancien (art. 665).

1906. Comment se produit l'extinction de la servitude. — L'impossibilité d'user amène indirectement l'extinction de la servitude, si elle se prolonge assez longtemps pour que la prescription soit acquise ; les art. 665 et 704 le disent formellement. Seulement, dans ce cas-là, ce n'est pas l'impossibilité d'user qui éteint la servitude, c'est le *non-usage*, qui est un mode d'extinction à part (ci-dessous, n° 1907).

Au cas où l'impossibilité d'user apparaîtrait dès le début comme définitive, il se produit encore un mode d'extinction particulier qui est la *perte de la chose*.

B. — Non-usage.

** **1907. Durée.** — La servitude est éteinte au bout de *trente ans* quand l'ayant droit ne l'exerce pas (art. 706). Au fond, il s'agit d'une *prescription extinctive;* traditionnellement on lui donne le nom de *non-usage*.

* **1908. Motif.** — Le propriétaire du fonds dominant est censé renoncer à son droit, quand il reste si longtemps sans l'exercer ; les servitudes ne sont tolérées qu'à la condition d'être *utiles* : quand leur inutilité est démontrée, la loi les supprime.

* **1909. Généralité d'application.** — Il n'y a pas à distinguer si la *cause* qui amène le non-usage est *volontaire* ou *forcée*. Le défaut d'exercice de la servitude est peut-être dû à une *force majeure ;* la prescription extinctive s'accomplit néanmoins, comme le prouvent les art. 665 et 704, qui en font l'application au cas où le propriétaire du fonds dominant a été mis dans *l'impossibilité d'user* par une circonstance de fait. Cette décision de la loi n'a rien d'injuste, car le propriétaire menacé par la prescription a toujours le moyen de l'interrompre en obtenant, à l'amiable ou en justice, une reconnaissance de l'existence de son droit.

** **1910. Point de départ.** — Le moment à partir duquel on compte le délai du non-usage varie selon la nature des servitudes.

Pour les *servitudes discontinues*, dont l'exercice se compose d'actes isolés, la prescription court à compter du jour où a été fait le *dernier acte* d'exercice de la servitude (art. 707).

Pour les *servitudes continues*, qui s'exercent au moyen d'un état de fait naturel ou artificiel, le point de départ est le jour où il a été fait *un acte contraire à la servitude* (art. 707). Par exemple, la servitude consistait à avoir une fenêtre trop près du terrain du voisin, ou un barrage à travers la rivière, appuyé sur l'autre rive. Les trente ans courront du jour où la fenêtre aura été bouchée, du jour où le barrage aura été renversé. De même pour la servitude de ne pas bâtir : trente ans après le commencement des travaux, la démolition de la maison ne pourra plus être exigée par le propriétaire du fonds dominant.

Peu importe la cause qui a amené l'interruption dans l'exercice de la servitude continue : la loi n'exige pas que l'*acte* contraire à la servitude soit l'œuvre du propriétaire assujetti plutôt que de l'autre. La *personne* qui fait cet acte est donc *indifférente ;* ce pourrait même être *un tiers*, qui aurait par exemple coupé les tuyaux de conduite ou l'aqueduc amenant l'eau dans le fonds dominant. L'interruption pourrait même se produire *par cas fortuit :* la rupture des tuyaux est parfois accidentelle ; le non-usage accomplit néanmoins son office. On l'a ainsi jugé pour une servitude d'appui, après que le barrage eut été enlevé par une crue de la rivière (Cass., 3 mars 1890. D. 91, 1. 37, S. 90. 1. 245).

1911. Preuve. — C'est naturellement au propriétaire du fonds asservi, qui veut bénéficier de la prescription, à prouver le fait du non-usage, et l'époque à laquelle l'exercice de la servitude a cessé (Lyon, 9 avril 1881, D. 82. 2. 20, S. 84. 2. 164).

1912. Interruption et suspension de la prescription. — La prescription peut être *interrompue*, soit par de nouveaux actes d'exercice, soit par une reconnaissance obtenue du propriétaire du fonds servant.

Elle peut aussi être *suspendue* par les causes ordinaires qui suspendent la prescription.

1913. Non-usage partiel. — Aux termes de l'art. 708 : « Le mode de la servitude peut se prescrire comme la servitude même et de la même manière ». Cela signifie évidemment que le *non-usage partiel* a le même effet extinctif que le non-usage total et qu'il diminue la servitude dans la mesure où elle n'a pas été exercée. La servitude, qui n'a été utilisée qu'en partie, se trouve après trente ans *amoindrie* et ne peut plus être exercée à l'avenir dans toute sa plénitude. Voyez cependant le numéro suivant.

1914. Distinction établie par la jurisprudence. — Le Code ne fait aucune distinction. Mais la Cour de cassation en a fait une à ce propos : elle a jugé que la servitude était intégralement conservée, si son exercice avait été volontairement réduit par le maître du fonds dominant qui en avait usé conformément à ses besoins ; la servitude ne se trouverait amoindrie qu'autant que la restriction de son mode d'exercice serait due à un obstacle matériel ayant duré plus de trente ans (Cass., 5 juin 1860, D. 61. 1. 252 ; Cass., 29 août 1882, D. 83. 1. 341)[1].

C. — Confusion.

* **1915. Définition.** — Lorsque la propriété du fonds dominant passe, d'une manière quelconque, au propriétaire du fonds servant, ou réciproquement, la servitude s'éteint par confusion, parce qu'un propriétaire ne peut pas avoir de servitude sur sa propre chose (art. 705). La confusion est donc pour les servitudes ce que la consolidation est pour l'usufruit, une application de la maxime: *Nemini res sua servit.*

* **1916. Effets.** — L'extinction de la servitude par l'effet de la confusion n'est pas toujours définitive. Il arrive assez souvent que la servitude revit quand la confusion cesse, c'est-à-dire quand les deux fonds entre lesquels elle existait se trouvent de nouveau aux mains de deux propriétaires différents. Pour déterminer dans quels cas la servitude reparaît alors, il y a lieu de faire plusieurs distinctions.

Si la confusion cesse en vertu d'une *cause rétroactive*, qui efface fictivement l'acquisition d'où la confusion est résultée, la servitude reparaît alors *toujours*, parce que la confusion est réputée ne s'être pas produite. EXEMPLE : le propriétaire du fonds dominant achète le fonds servant, la confusion éteint la servitude ; mais le prix d'achat n'est pas payé et le vendeur fait résoudre la vente et reprend son bien. La résolution de la vente étant rétroactive, c'est comme si l'achat n'avait pas eu lieu ; la confusion est effacée, et la servitude existe encore. Ce n'est pas qu'elle soit rétablie : elle est considérée comme n'ayant jamais été éteinte.

Si la confusion cesse *sans effet rétroactif*, par exemple si le propriétaire unique des deux fonds vend ou lègue l'un d'eux, de façon que la propriété se trouve séparée par un titre nouveau, en principe la servitude *ne revit pas;* l'effet de la confusion subsiste. Toutefois la loi maintient la servitude, s'il existe entre les deux fonds *un signe apparent* de servitude (art. 694). On a déjà vu (ci-dessus n° 1884) que, d'après l'explication la plus vraisemblable, cet article s'applique aux servitudes éteintes par confusion, pour les faire en quelque sorte *ressusciter* après la séparation des deux fonds.

[1] Cette jurisprudence est une *réaction contre une décision fâcheuse donnée par le Code*. Le droit romain n'admettait pas que la servitude pût être restreinte dans son étendue par un exercice incomplet ; il suffisait d'exercer la servitude dans une mesure quelconque pour la conserver tout entière (*Dig.*, liv. VIII, tit. 5, fr. 9, § 1 ; tit. 6, fr. 2 ; fr. 8, § 1, fr. 9). Cette solution avait été maintenue dans notre ancien droit (POTHIER, *Coutume d'Orléans*, introd. au tit. XIII, n° 18 ; BASNAGE, *Coutume de Normandie*, art. 607). Cependant il avait paru logique à Domat que la prescription, qui a pour effet de faire perdre entièrement les servitudes, pût aussi avoir pour effet de les réduire (*Loix civiles*, liv. I, tit. XII, sect. VI, n° 5). C'est cette idée nouvelle que les rédacteurs du Code adoptèrent ; mais la pratique a montré que cette fois la tradition valait mieux que le rationalisme. L'art. 708 conduisait, pour les servitudes discontinues, à des solutions inadmissibles. (DUPRET, *Revue de droit français et étranger*, 1846, t. III, p. 821 et suiv.). Et c'est pourquoi la Cour de cassation a saisi le moyen qu'on lui offrait de limiter à un cas exceptionnel l'application de l'art. 708, de sorte que dans l'état normal cet article est comme non avenu en ce qui concerne la prescription extinctive partielle des servitudes discontinues. Comp. DEMOLOMBE, t. XII, nos 1029 et 1030.

La loi est plus facile en ce cas pour maintenir une *servitude ancienne* que pour reconnaître la création d'une servitude nouvelle par destination du père de famille, car ce mode d'établissement n'est possible que pour les servitudes qui sont en même temps *continues et apparentes*, tandis qu'une servitude éteinte par confusion revit, en vertu de l'art. 694, même quand elle est *discontinue*, comme un droit de passage, sous la seule condition d'être *apparente*.

§ 2. — *Modes d'extinction non prévus par le Code.*

1917. Perte de la chose. — La servitude s'éteint lorsque la chose sur laquelle elle portait vient à périr. C'est une règle commune : les droits ne peuvent subsister sans objet. La *chose* dont la disparition fait perdre la servitude n'est autre que le fonds servant Sa suppression peut être le résultat d'une *expropriation pour cause d'utilité publique*. Par exemple la maison est rasée et le terrain annexé au domaine public ; le propriétaire du fonds dominant perd sa servitude, mais il reçoit une indemnité (L. 3 mai 1841, art. 21, 23 et 39). — On peut concevoir une autre forme de perte de la chose, sans disparition du fonds servant. Un propriétaire dont le fonds est traversé par un cours d'eau provenant d'une source, confère à un voisin une servitude de puisage sur son terrain. Si le cours de la source est détourné ou intercepté par des travaux faits sur d'autres fonds à titre définitif, la servitude de puisage est éteinte faute d'objet, puisque le fonds servant n'a plus d'eau à offrir à ses voisins.

1918. Terme extinctif. — Bien que la servitude soit perpétuelle de sa nature, les parties sont libres d'en limiter la durée par un *terme*, et l'arrivée du terme fixé met fin à la servitude. En fait, cette convention est des plus rares. Elle se comprendrait, au profit d'édifices temporaires, construits par un locataire (ci-dessus n° 1188).

1919. Condition résolutoire. — Même observation que pour le terme extinctif. La condition jouera ici l'effet d'une simple extinction conditionnelle, car on ne voit pas comment on appliquerait la rétroactivité à la cessation d'une jouissance, qui est un fait non susceptible de s'effacer.

1920. Résolution du droit du constituant. — Application pure et simple de la maxime *Resoluto jure dantis resolvitur jus accipientis*, au cas où le droit de propriété de celui qui a constitué la servitude se trouve rétroactivement anéanti.

* **1921. Prescription de dix à vingt ans accomplie au profit d'un tiers.** — Nous touchons ici à une question très controversée. Le fonds servant est possédé comme libre de servitude par un tiers qui a juste titre et bonne foi. Au bout de dix ou de vingt ans, il en aura prescrit la propriété contre l'action en revendication du véritable propriétaire ; a-t-il de même prescrit la liberté de son immeuble contre l'action confessoire des voisins qui prétendent exercer sur lui des servitudes? Une jurisprudence constante, approuvée par la majorité de la doctrine, rejette cette cause d'extinction des servitudes. L'argument qui a assuré le triomphe de cette opinion est que l'art. 706 n'admet l'extinction de la servitude par non-usage qu'au bout de trente ans. Cet article est conçu en termes absolus qui rendent impossible une prescription plus courte [1]. Comp. ci-dessus n° 1710.

[1] Il y avait cependant de bons arguments pour fonder la doctrine contraire. 1° Sous l'ancien droit, l'acquéreur de bonne foi prescrivait aussi bien contre les droits de servitude que contre la revendication (*Coutume de Paris*, art. 114 et 186. — Comp. POTHIER, *Prescription*, n°s 136 et 139). On a bien répondu que l'ancien droit était abrogé et ne pouvait plus avoir d'autorité ; mais il s'agit justement de savoir si le droit nouveau a dérogé à la tradition. — 2° Certains articles du Code admettent encore la prescription de dix ans contre les droits réels autres que la propriété : l'art. 2180-4° le dit formellement pour les privilèges et hypothèques et l'art. 1665, visant un genre particulier de vente, permet de prescrire « tant contre le véritable maître que contre ceux qui prétendraient des droits ou hypothèques sur la chose vendue ». On a répondu à l'argument tiré de l'art. 2180, en disant que la solution donnée par cet article était dérogatoire au droit commun [c'est justement ce qu'il faudrait prouver] et qu'on ne pouvait pas étendre aux servitudes ce.

§ 3. — *Extinction des servitudes en cas d'indivision.*

*1922. **Effet de l'indivisibilité des servitudes.** — Les servitudes sont *indivisibles* (ci-dessus, n° 1762) et cette indivisibilité les empêche de s'éteindre au profit d'une partie indivise du fonds servant ou aux dépens d'une partie indivise du fonds dominant. Il en résulte que si la cause d'extinction ne se produit que pour une ou quelques-unes seulement de ces parts indivises, la servitude subsiste pour le tout. Cet effet se remarque principalement au cas de *confusion* et au cas de *prescription*. La loi n'a prévu que le dernier.

1923. **Confusion partielle.** — Si le propriétaire du fonds dominant n'acquiert qu'une part indivise du fonds servant ou inversement, la servitude ne s'éteint pas et subsiste entière, parce que la cause d'extinction n'a lieu que pour une part indivise. Comp. POTHIER, *Coutume d'Orléans*, Introd. au tit. XIII, n° 14. C'était la solution romaine (PAUL, au *Digeste*, liv. VIII, tit. 2, fr. 30, § 1).

1924. **Interruption partielle de prescription.** — Quand le fonds dominant est indivis, il n'est pas nécessaire que tous les copropriétaires usent de la servitude en même temps ou à tour de rôle ; il suffit *qu'un seul des ayants droit* s'en soit servi et ait fait des actes d'exercice pour l'empêcher de s'éteindre par non-usage (art. 709). *En conservant son droit, il a conservé celui des autres.* La raison en est que le droit est indivisible et n'a pas pu périr pour partie.

1925. **Suspension partielle de la prescription.** — Supposons qu'aucun des copropriétaires n'ait exercé la servitude ; le non-usage a été général. Mais il en est un parmi eux qui était *mineur* ou *interdit* et au profit duquel la prescription se trouvait suspendue par la loi. Son droit n'a pas pu se perdre par non-usage pendant tout le temps qu'a duré sa minorité ou son interdiction. Par conséquent, la servitude, qui est conservée à son profit, se trouve conservée au profit de tous (art. 710). Même raison qu'au n° précédent. « Minor relevat majorem in individuis », disait Dumoulin.

1926. **Effet du partage.** — On conçoit très facilement l'application des art. 709 et 710, quand l'indivision du fonds dominant se prolonge. Si la question d'extinction de la servitude est soulevée *pendant que l'indivision dure encore*, nul doute que tous les intéressés ne bénéficient des dispositions de la loi. Mais voici que les copropriétaires du fonds dominant procèdent au *partage* et ce fonds est attribué en entier à l'un d'eux. Pas de doute encore si celui qui le reçoit dans son lot est justement *celui contre lequel la prescription n'avait pas couru;* il continue à bénéficier, et pour le tout désormais, des actes interruptifs qu'il avait faits ou de la cause de suspension établie à son profit. Mais si l'on suppose que l'immeuble est mis *au lot d'un autre*, on doit se demander si les art. 709 et 710 sont encore applicables. En effet, le droit français considère le partage comme *rétroactif* et, aux termes de l'art. 883, les biens que chaque propriétaire reçoit dans son lot sont censés avoir toujours été sa propriété exclusive, à partir du jour où l'indivision a commencé. Si on combine l'art. 883 avec les art. 709 et 710, il en résulte que l'on ne doit pas tenir

que la loi dit de l'hypothèque. On n'a rien répondu du tout à l'argument tiré de l'art. 1665, qui s'applique forcément à des droits autres que la propriété d'une part et les hypothèques de l'autre. — 3° Enfin on peut faire remarquer que l'art. 617, relatif à l'extinction de l'usufruit par le non-usage, est conçu exactement dans les mêmes termes que l'art. 706, et cependant tout le monde admet que l'acquéreur d'un immeuble, qui le possède comme libre d'usufruit, en prescrit la pleine propriété et met fin à l'usufruit. Les deux solutions admises, l'une pour l'usufruit, l'autre pour les servitudes, sont donc contradictoires. On a vainement essayé de les justifier simultanément en voulant trouver une différence entre les deux situations. C'est subtilité pure : la situation est la même pour les deux cas dans ses éléments fondamentaux : c'est un acquéreur de bonne foi qui possède son immeuble comme libre de charges réelles.

compte des causes d'interruption ou de suspension qui ont pu se produire du chef d'une autre personne, réputée désormais étrangère, même dans le passé, à la propriété du fonds dominant. La Cour de cassation l'a ainsi jugé (2 déc. 1845, D. 46. 1. 21 ; Cass., 29 août 1853, D. 53. 1, 230) pour le cas où il y avait parmi les cohéritiers un mineur : l'héritier majeur, qui avait reçu l'immeuble dans son lot, a été déclaré non recevable à se prévaloir de la cause de suspension. — Mais cette décision est très généralement critiquée, et à bon droit. Les art. 709 et 710 déclarent que la prescription est interrompue ou suspendue *à l'égard de tous*. Donc le bénéfice en devrait être *acquis* à tous les copropriétaires pendant l'indivision, et quel que soit celui d'entre eux qui obtienne ensuite l'immeuble, on devrait dire que la prescription a été interrompue ou suspendue à son profit. Comp. HUC, t. IV, n° 466.

L'EMPHYTÉOSE

CHAPITRE UNIQUE

1927. Bibliographie. — PÉPIN LE HALLEUR, *Histoire de l'emphytéose*, 1843. — GARSONNET, *Histoire des locations perpétuelles*, 1879. — TOCILESCO, *Étude sur l'emphytéose*, Thèse, Paris, 1883.

* **1928. Définition.** — Dans l'empire romain, l'emphytéose (*jus emphyteuticum*) était ce qu'elle est encore : *un droit réel de jouissance sur la chose d'autrui*, qui ne pouvait s'établir que *sur les biens fonds* et qui s'obtenait *moyennant le paiement d'une rente annuelle* appelée « canon ».

Le droit de l'emphytéote était si étendu qu'il ressemblait à la propriété, à tel point que c'est lui qui a été l'origine du *dominium utile*, qui joua un si grand rôle au moyen âge et jusqu'à la Révolution (ci-dessus nos 948 et suiv.).

1929. Renvoi pour le bail emphytéotique. — Le droit réel appelé « emphytéose » s'établit par un contrat spécial, le *bail emphytéotique* dans lequel le preneur, à raison du droit qui lui appartient, porte le nom d'*emphytéote*. Nous n'avons à étudier ici l'emphytéose que comme droit réel ; l'étude du bail emphytéotique, considéré comme contrat, et des obligations qu'il crée entre les parties viendra plus tard : elle se rattache à la théorie des contrats spéciaux, c'est une variété de *louage* (Voy. le t. II).

§ 1. — *Existence actuelle de l'emphytéose.*

1930. État de la législation française. — L'emphytéose, admise dans notre ancien droit conformément aux lois romaines, fit d'abord l'objet d'une loi du 18 déc. 1790, qui en réduisit la durée à 99 ans, en défendant pour l'avenir d'établir des emphytéoses perpétuelles ; mais cette loi n'en changea nullement la nature. Au contraire, les lois du 9 messidor an III et du 11 brumaire an VII la modifièrent considérablement. Elles rangèrent l'emphytéose parmi les droits susceptibles d'hypothèque, à côté de l'usufruit, montrant par là l'intention du législateur de ne plus admettre la décomposition de la propriété en domaine direct et domaine utile, avec transfert de celui-ci à l'emphytéote, et de laisser seulement au preneur un droit de jouissance sur la chose d'autrui. — Le Code n'a même pas prononcé le nom de l'emphytéose, et Tronchet a affirmé que, si l'on ne s'en était pas occupé, c'est que ce contrat n'avait plus d'objet (FENET, t. XV, p. 160).

Le titre V du livre Ier du futur Code rural, voté par le Sénat en février 1882, contiendra une réglementation complète de l'emphytéose. Il a été adopté sans discussion par la Chambre le 18 mars 1899 (*Journal officiel* du 19, Débats parlem., Chambre, p. 947).

1931. Opinion doctrinale. — Beaucoup d'auteurs pensent que, par son silence, le Code civil a entièrement retiré à l'emphytéose son caractère de droit réel. En effet, nulle part le Code n'a mentionné ce droit parmi les droits réels : ni dans l'art. 526, qui indique les immeubles incorporels, ni dans l'art. 543, qui énumère les différents droits que les particuliers peuvent avoir sur les choses, ni enfin dans les art. 2118 et 2204, qui déterminent les droits immobiliers susceptibles d'hypothèque ou d'expropriation forcée. On a voulu conclure de là que la jouissance d'un immeuble, cédée à titre d'emphytéose, n'est qu'un louage ordinaire et ne confère au preneur qu'un droit personnel de jouissance, sous la forme d'une créance contre le bailleur, si bien que toutes les conséquences de la réalité du droit, notamment l'hypothèque et l'action possessoire, ont disparu (DEMOLOMBE, t. IX, nos 489-491 ; AUBRY et RAU, § 224 *bis*; GUILLOUARD, *Louage*, t. I, n° 10).

Cette opinion s'appuie en outre sur une considération sérieuse. Il semble bien conforme à l'esprit de nos lois de refuser aux particuliers la faculté de créer des droits réels nouveaux, autres que ceux qui sont établis par le Code. L'organisation de la propriété, le nombre et la nature de ses démembrements, sont des règles d'ordre public, auxquelles les conventions privées ne peuvent pas déroger.

1932. Jurisprudence. — Cependant les tribunaux ne se sont pas arrêtés à ces raisons. Ils n'ont jamais hésité à admettre la réalité du droit de l'emphytéote et la question ne se plaide plus depuis longtemps (Cass. 26 juin 1822, S. 22. 1. 362, DALLOZ, *Répert.*, v° Louage emphyt., n° 4; Cass., 1er avril 1840, S. 40. 1. 433 et 436; Cass., 18 mai 1847, D. 47. 1. 176, S. 47. 1. 623; Cass., 26 avril 1853, D. 53. 1. 145, S. 53. 1. 445; Cass. 24 août 1857, D. 57. 1. 326. — Comp. COLMET DE SANTERRE, t. II, n° 378 *bis*, IV; LAURENT, t. XIII, nos 340 et suiv.).

Par suite, dans la pratique, l'emphythéose existe encore avec sa nature ancienne, sinon avec tous les caractères qu'elle eut jadis [1].

§ 2. — *Caractères actuels de l'emphytéose.*

*** 1933. L'emphytéose constitue un simple droit réel sur la chose d'autrui.** — Le contraire se trouve énoncé dans les considérants de la plupart des arrêts, mais il n'y faut voir qu'une fausse conception historique, dont l'inanité se laisse facilement découvrir au moindre examen. L'incohérence des idées émises successivement par la jurisprudence sur ce point est visible. Tantôt la Cour de cassation dit que l'effet de l'emphytéose est de « *diviser la propriété en deux parties*, l'une formée du *domaine direct*, dont la rente... est représentative, l'autre appelée *domaine utile*, qui se compose de la jouissance des fruits » (Arrêt du 26 juin 1822.) Tantôt elle pense que l'emphytéose est sous le Code civil une *aliénation temporaire de la propriété* »; que le preneur « *possède comme propriétaire* l'immeuble qui lui est transmis; que le bail emphytéotique est *réellement translatif de la propriété* » (Arrêt du 1er avril 1840. Comp. arrêts du 24 juill. 1843, du 18 mai 1847). Ces deux points de vue sont inconciliables. Un autre arrêt du 12 mars 1845 (D. 45. 1. 105) dit que l'emphytéote a seulement un *quasi-domaine*, ce qui est encore en contradiction avec les précédents. — L'idée d'une translation temporaire de la propriété ne peut trouver aucun argument, ni dans l'histoire, ni dans l'analyse du contrat. L'idée d'un dédoublement de la propriété en domaine direct et domaine utile est contraire aux lois les plus importantes de la période intermédiaire; il faudrait effacer la Révolution française pour y revenir. Du reste la rédaction de ces arrêts a beaucoup perdu de sa valeur depuis que les travaux publiés sur l'histoire du droit ont mieux fait connaître les transformations de la propriété foncière, l'influence qu'a eue sur elle la théorie de l'emphytéose et la nature des réformes opérées au cours de la Révolution. Il est probable que la Cour de cassation ne rédigerait plus aujourd'hui ses arrêts en de pareils termes [2]. La loi des 15 sept.-16 oct. 1791 qualifiait encore l'emphytéose de *propriété réversible*, c'est-à-dire de domaine utile susceptible de se réunir un jour au domaine direct. Mais les deux grandes lois hypothécaires de la Révolution, le décret du 9 messidor an III et la loi du 11 brumaire an VII, ne

[1] En Roumanie l'emphytéose existe encore; elle est expressément maintenue par l'art. 415 C. civ., mais il est interdit d'en créer de nouvelles. Celles qui subsistent sont encore soumises au régime établi par les anciens Codes Caragea (Valachie) et Calimach (Moldavie). Sur ce régime, voyez ALEXANDRESCO, p. 227-241.

[2] On retrouve cependant l'idée que l'emphytéose est un domaine utile, exprimée encore de nos jours dans les arrêts de Belgique (Bruxelles, 6 janv. 1873, *Pasicrisie belge*, 1873. 2. 61; Bruxelles, 15 juill. 1882, D. 83. 2. 102). On doit d'autant moins parler de domaine utile dans notre droit moderne que nous n'avons plus que des emphytéoses temporaires et que dans l'ancien droit les emphytéoses perpétuelles avaient seules pour effet incontestable de transférer le domaine utile au preneur (TOCILESCO, Thèse, Paris, 1883, p. 243-246).

voient plus dans l'emphythéose qu'un simple droit de jouissance sur la chose d'autrui, c'est-à-dire un démembrement de la propriété et non un domaine utile.

*__1934. L'emphytéose est un droit immobilier.__ — En effet le louage emphytéotique ne peut porter que sur des immeubles. C'est souvent à ce point de vue que l'existence de l'emphytéose a été contestée par les parties, quand l'administration de l'enregistrement voulait percevoir sur un bail emphytéotique le droit afférent aux immeubles. Ce n'était qu'un subterfuge pour échapper au fisc, et le caractère immobilier du droit ne fait pas doute. Par suite, en cas de saisie, il faudra employer les formes de la saisie immobilière.

*__1935. L'emphytéose est susceptible d'hypothèque.__ — Ceci a toujours été admis par la jurisprudence (Cass., 19 juill. 1832, S. 32. 1. 531 ; Cass., 26 janv. 1864, D. 64. 1. 83) et c'est une de ses décisions les plus hardies. En effet l'art. 2118, qui énumère limitativement les droits susceptibles d'être hypothéqués, indique seulement comme tels la propriété et l'usufruit. L'exclusion volontaire de l'emphytéose est d'autant plus certaine qu'en rédigeant le titre des hypothèques les auteurs du Code avaient sous les yeux la loi du 11 brumaire an VII, qui nommait l'emphytéose à côté de l'usufruit.

Le projet de loi sur l'emphytéose (art. 1er) consacre expressément la possibilité pour le preneur d'hypothéquer son droit.

*__1936. L'emphytéose est sujette à transcription.__ — D'après l'art. 1er de la loi du 23 mars 1855 la transcription est requise pour tous les actes contenant transmission de *droits réels susceptibles d'hypothèque*. Ce caractère ayant toujours été reconnu à l'emphytéose par la jurisprudence moderne, l'obligation de transcrire en résulte nécessairement. Par suite l'emploi du pluriel : « droits réels susceptibles d'hypothèque », mots que la loi de 1855 a reproduits de la loi de brumaire, à côté de la mention expresse qu'elle fait du droit de propriété, trouve encore son application, puisque ces droits sont actuellement au nombre de deux : l'usufruit et l'emphytéose.

*__1937. L'emphytéose est nécessairement temporaire.__ — La loi des 18 et 29 déc. 1790, sur les rentes foncières, a interdit les baux perpétuels et n'autorise plus que les locations temporaires pour 99 ans, au plus, ou pour trois générations. Cette règle s'applique aux baux emphytéotiques comme aux baux ordinaires.

1938. Comparaison avec les servitudes et l'usufruit. — En somme, le droit de l'emphytéote ressemble à une sorte de servitude ou d'usufruit sur la chose d'autrui. Il diffère des servitudes en ce qu'il est un *droit principal*, qu'on peut avoir sans être propriétaire d'aucun immeuble, tandis qu'on ne peut avoir une servitude prédiale qu'à la condition d'être propriétaire du fonds dominant. Il diffère de l'usufruit en ce qu'il est *transmissible aux héritiers* et en ce qu'il *dérive toujours d'un contrat* et ne s'établit jamais *qu'à titre onéreux*.

1939. Renvoi. — Relativement à l'objet du droit, il a déjà été dit que l'emphytéose est un droit de jouissance sur la chose d'autrui. Quant à spécifier dans quelles limites ce droit existe, c'est là une question qui implique l'étude de l'emphytéose comme contrat. Elle sera traitée dans le t. II.

LES RENTES FONCIÈRES

CHAPITRE UNIQUE

1940. Définition. — On a déjà vu (ci-dessus nos 852 et 853) que la rente foncière est une *redevance annuelle due comme prix d'acquisition d'un immeuble*. Cette rente, qui était jadis un droit réel immobilier, est déclarée *meuble* par le Code civil (art. 529, et ci-dessus n° 854).

§ 1. — *La rente foncière dans l'ancien droit.*

* **1941. Le bail à rente.** — Dans l'ancien droit français, la rente foncière prenait naissance par l'effet d'un contrat spécial, le *bail à rente*.

Dans la langue moderne, le mot « bail » tend à prendre le sens de *louage* ou location temporaire; l'ancienne langue lui donnait un sens bien plus large et l'appliquait même à des actes *d'aliénation*. Le mot « bailler » signifie, en effet, *donner*, *mettre en main*. Le bail à rente était donc un acte d'aliénation par lequel le propriétaire d'un héritage en cédait à autrui la propriété, moyennant une rente perpétuelle, payable soit en argent, soit en nature. Ce contrat différait du bail à cens, en ce qu'il n'opérait pas décomposition du domaine : le bail à rente transférait la pleine propriété, tandis que le bail à cens ne faisait acquérir au preneur que le domaine utile. Sur la décomposition féodale du domaine ou propriété, voir ci-dessus nos 948 et suiv.

1942. Avantages économiques de ce contrat. — L'emploi du bail à rente comme procédé d'aliénation, très fréquent dans l'ancien droit, a presque complètement disparu dans le droit nouveau. Il avait eu pour origine la *rareté des capitaux mobiliers*. A une époque où l'on réunissait difficilement une grosse somme d'argent, l'acquisition d'un immeuble, au moyen du contrat de vente, pour un prix payable en une fois, était une opération malaisée et rare. La possibilité d'acquérir un fonds sans un gros débours immédiat, au moyen d'une *simple rente à prélever sur les revenus* facilitait singulièrement la circulation des biens. L'aliénateur aussi y trouvait son compte : qu'aurait-il fait de son capital, à une époque où les placements étaient rares, l'industrie et le commerce peu développés ? Il lui aurait fallu acheter un autre fonds, ce qui aurait équivalu à un simple échange. Par le bail à rente, il se débarrassait du souci d'administrer son bien et de l'exploiter, et il se procurait un revenu perpétuel, net et assuré.

* **1943. Caractères du droit de rente.** — La rente que l'aliénateur se réservait était considérée, non pas comme une simple créance personnelle contre l'acquéreur, mais comme un *droit réel retenu dans l'immeuble*. Ce droit avait les caractères suivants :

1° Il était *immobilier;* on le classait parmi les immeubles par nature. De là le nom de *rente foncière* qu'on lui donnait.

2° Il était *susceptible d'hypothèque,* comme tout autre immeuble.

3° Il était *irrachetable.* C'était un reste du droit de propriété que le bailleur à rente avait eu précédemment sur le fonds ; on ne pouvait pas l'en exproprier. Par conséquent, l'acquéreur du fonds grevé de rente n'avait pas le droit de se libérer sans le consentement du bailleur, en lui remboursant le capital de la rente : ce remboursement devait être accepté par le bailleur ; il ne pouvait pas lui être imposé.

4° La rente était une pure *charge réelle* de l'héritage et non une *obligation personnelle* du preneur. C'était en quelque sorte le fonds qui était débiteur, et l'obligation se transmettait non pas aux *héritiers* ou *successeurs universels de l'acquéreur*, mais *aux propriétaires successifs de l'héritage*.

1944. De l'obligation de payer la rente. — Malgré le caractère de droit réel reconnu à la rente foncière, celui qui en possédait une sur un héritage n'était pas autorisé à en percevoir lui-même les revenus; il ne pouvait jouir de sa rente que *par le fait et par les mains* de celui qui le possédait (POTHIER, *Du bail à rente*, n° 18). Il y avait donc une *obligation personnelle* particulière pour le possesseur de l'héritage grevé de rente, obligation qui prenait naissance *à chaque échéance*. On considérait par suite le bail à rente comme obligeant le preneur à payer les arrérages de la rente échus pendant le temps qu'il possédait l'héritage (POTHIER, *Ibid.*, n°s 35 et suiv.).

Mais c'était une *obligation « propter rem »*, dont le preneur pouvait s'affranchir pour l'avenir soit en *aliénant* l'héritage, auquel cas l'obligation pour les échéances ultérieures prenait naissance en la personne de l'acquéreur, soit en *déguerpissant*, auquel cas la propriété revenait au bailleur. Comp. ci-dessus n° 1889.

1945. Promesses de fournir et faire valoir. — La faculté d'user du déguerpissement pouvait être enlevée à l'acquéreur au moyen de certaines clauses qui l'obligeaient personnellement à payer la rente à perpétuité. Ces clauses s'appelaient habituellement « promesse de fournir et faire valoir la rente » (POTHIER, n°s 50-54). Par l'effet de cette clause, le preneur perdait absolument la faculté de déguerpir. En outre, il ne cessait pas d'être tenu du service de la rente après avoir aliéné l'immeuble, mais alors il n'en était plus tenu que *subsidiairement*, et le bailleur à rente devait d'abord discuter le nouveau possesseur.

§ 2. — *Transformation des rentes foncières pendant la Révolution.*

1946. Inconvénients du bail à rente. — Le bail à rente a joui longtemps d'une grande faveur; on y trouvait l'avantage de créer des droits réels immobiliers qui se conservaient indéfiniment dans les familles, soit à titre de *propres de succession*, soit à titre de *propres de communauté* [1]. Mais il avait l'inconvénient de *surcharger la terre de redevances perpétuelles* et il a été englobé dans la réprobation générale qui a atteint tous les droits de cette sorte, bien que la rente foncière n'eût rien de féodal ou de seigneurial et que le bail à rente fût à la disposition de quiconque possédait un immeuble. L'ancienne rente foncière a donc disparu de notre droit, mais le changement ne s'est pas fait d'un seul coup.

1947. Suppression du caractère irrachetable des rentes. — On a commencé par déclarer que les rentes seraient désormais *rachetables* et par défendre d'établir à l'avenir des rentes irrachetables (Décr. 4 août 1789, L. 18-29 déc. 1790). Le Code civil a consacré le même principe dans son art. 530, qui est le dernier voté du Code entier, et qui a été promulgué seulement par la loi du 30 ventôse an XII, laquelle a réuni en une seule les trente-six lois dont se compose le Code [2]. Si l'on ne peut pas supprimer la faculté de rachat, on peut cependant en régler les conditions et convenir que le rachat ne pourra avoir lieu pendant un certain temps qui ne peut dépasser trente ans à compter de l'aliénation (art. 530).

1948. Suppression de la possibilité d'hypothéquer les rentes. — La loi de 1790, tout en déclarant les rentes foncières rachetables, n'avait pas modifié leurs autres caractères : elles restaient à l'état de *droits réels susceptibles d'hypothèques*. Ce dernier caractère leur a été enlevé implicitement par la loi du 11 brumaire an VII qui *ne nomme*

[1] Les « propres de succession » étaient des biens qui faisaient retour à la branche de la famille de laquelle le défunt les avait reçus : on considérait leur provenance pour en régler la dévolution. Il n'en existe plus dans le droit moderne. Les « propres de communauté » (qui existent toujours) étaient des biens qui restaient la propriété de l'un des époux et ne se partageaient point avec son conjoint.

[2] L'art. 530 n'a aucun rapport avec le titre au milieu duquel il a été placé. Il réglemente la *convention de bail à rente* et on l'a mis dans la classification des biens en meubles et immeubles. Il ne peut être expliqué d'une manière satisfaisante qu'à propos de la *vente*. Je suis cependant obligé, pour me conformer au programme officiel, de traiter ici à propos des droits réels une matière qui fait exclusivement partie, dans le droit moderne, de la théorie des contrats.

plus les rentes, à côté de l'usufruit et de l'emphytéose, *parmi les droits pouvant être hypothéqués.*

** **1949. Reconnaissance de la nature mobilière des rentes.** — Enfin leur caractère de *droit réel immobilier* leur a été retiré explicitement par la loi sur l'enregistrement (22 frim. an VII, art. 27), qui ne permet de percevoir sur la création de cette sorte de rentes que le droit afférent aux objets mobiliers.

C'était tirer en propres termes une conséquence qui pouvait déjà résulter tacitement de l'omission des rentes dans la loi de brumaire. Quant au Code civil, il n'a fait que formuler et consacrer définitivement une solution déjà acquise quand, dans son art. 529, il a rangé parmi les meubles les rentes perpétuelles de toute nature.

§ 3. — *État actuel des rentes foncières.*

****1950. La rente foncière d'après le droit commun.** — Aujourd'hui la rente foncière n'existe plus, à proprement parler, bien qu'on puisse encore aliéner la propriété d'un immeuble moyennant une rente perpétuelle. Ce qu'on nomme encore de ce nom n'est plus qu'une *simple créance*, une obligation personnelle contractée par l'acheteur, comme le serait un prix représenté par un capital en argent payable en une seule fois. La rente n'est plus un *droit réel retenu dans l'immeuble aliéné.*

Cependant nous verrons [1] que l'existence du *privilège du vendeur*, espèce d'hypothèque légale qui garantit le paiement du prix et par conséquent le service de la rente, produit encore quelques-unes des conséquences qui se réalisaient jadis, au temps où le caractère réel et immobilier de la rente était reconnu. Le bailleur a comme autrefois *un droit réel immobilier dans l'immeuble aliéné;* ce n'est plus la rente elle-même, c'est une hypothèque qui en est l'accessoire.

1951. Redevance des mines. — La redevance annuelle, payée par le concessionnaire d'une mine aux propriétaires de la surface, présente tous les caractères de l'ancienne rente foncière. Voyez ce qui en a été dit ci-dessus nos 1043 et les renvois. La seule différence est qu'elle ne peut pas être hypothéquée séparément; mais en sa qualité d'accessoire immobilier des fonds de la surface, elle est nécessairement comprise dans l'hypothèque de ces fonds, dont elle augmente la valeur.

1952. Redevance convenancière du domaine congéable. — Le droit actuel nous offre encore un autre exemple d'une rente qui se rapproche à certains égards des anciennes rentes foncières : c'est la rente appelée *redevance convenancière*, que paye le preneur dans le bail à domaine congéable. Elle a deux caractères que ne possède plus la rente foncière du droit commun : 1° elle est *irrachetable ;* 2° le tenancier peut s'en affranchir par l'*exponse* ou déguerpissement (L. 6 août 1791, art. 26; L. 8 févr. 1897). Mais elle n'est pas *immobilière*, les droits du domanier (le cultivateur) étant réputés meubles dans ses rapports avec le foncier (propriétaire du sol). Par conséquent, peu importe que, dans ses rapports avec toutes autres personnes, le domanier soit un propriétaire d'immeubles (ses édifices et superfices) : la rente qu'il paie pour eux n'est qu'une dette mobilière.

[1] Dans le t. II, à propos des hypothèques.

LA PROPRIÉTÉ COLLECTIVE

CHAPITRE PREMIER

THÉORIE DE LA PERSONNALITÉ FICTIVE

§ 1. — *Notions préliminaires.*

A. — Existence actuelle et caractères de la propriété collective.

*1953. **Définition**. — La propriété collective ne doit pas être confondue avec la propriété individuelle dans son état de *copropriété indivise* (ci-dessus nos 1148 et suiv.). L'indivision laisse subsister l'*autonomie des parts individuelles*. Chacune des parts, bien que matériellement confondue avec les autres, a son propriétaire particulier, et ce propriétaire est indépendant des autres ; lui seul peut agir sur sa part, et ses copropriétaires, même tous d'accord, ne peuvent rien contre lui. La copropriété indivise, c'est donc toujours la *propriété individuelle*, avec confusion matérielle des parts. En outre, cette confusion est nécessairement passagère et accidentelle ; elle n'est pas la fin et le but de cette espèce de propriété, qui a pour caractères propres l'isolement et l'indépendance, et c'est pour cela que l'indivision tend naturellement au partage et le provoque.

La propriété collective n'est rien de semblable [1]. Elle est un *état particulier de la propriété*, qui a en lui-même sa fin et sa raison d'être et qui repose sur le groupement nécessaire des personnes auxquelles elle appartient : il y a un grand nombre de choses qui doivent être mises sous cette forme pour rendre aux hommes tous les services dont elles sont susceptibles, et qui ne sont pas destinées à devenir un objet de propriété privée. Tout le monde en a l'idée ; tout le monde connaît ce qu'on appelle le *domaine public*. Voyez ci-dessous nos 2029 et suiv.

[1] On doit avoir bien soin de distinguer la propriété collective de la propriété indivise. M. Ducrocq croit avoir écrasé M. Van den Heuvel sous un argument irréfutable, quand il lui objecte l'art. 815, C. civ. : « Si les citoyens étaient propriétaires des biens nationaux ou communaux, ils auraient droit d'en demander le partage, car ils seraient propriétaires de biens indivis, et nul n'est tenu de rester dans l'indivision... La conséquence serait la spoliation des générations à venir et l'anéantissement du domaine de l'Etat au profit de la seule génération présente. » (Ducrocq, *Cours de droit administratif*, 7e édit., t. IV, p. 18). Si les citoyens ne peuvent pas demander le partage, ce n'est pas parce que les biens nationaux sont possédés par une personne fictive, qui serait un être fantastique, c'est parce qu'il y a deux façons d'être propriétaires, et que la propriété collective, tant que dure son affectation à la collectivité, ne comporte par le partage.

Entre ces deux régimes de propriété (copropriété indivise et propriété collective), la différence n'est pas seulement dans les mots. Tous deux se ressemblent extérieurement par la confusion matérielle des parts de tous les intéressés ; ils diffèrent en ce que *la propriété collective supprime l'autonomie des parts individuelles*. A vrai dire même, ces parts n'existent pas : il y a *usage commun de la chose* ou *affectation complète à l'utilité générale*, qui dans beaucoup de cas peut être procurée sans amener aucun contact entre la chose utilisée et ceux dans l'intérêt desquels elle existe. C'est ainsi que la nation entière profite de la puissance de ses cuirassés ou de ses forteresses, quoique les citoyens n'en aient individuellement ni l'usage ni la possession, et que beaucoup ne les aient jamais vus [1].

Tandis que la gestion de la propriété individuelle pendant l'indivision résulte du concours des volontés de tous les copropriétaires, il existe pour toutes les propriétés collectives une *gestion unitaire*, concentrée aux mains d'une seule personne ou d'un petit nombre de personnes, et obtenue au moyen d'une *représentation générale et forcée* de tous les intéressés par ceux qui ont reçu la charge de gérer. Pour le développement de cette idée, voyez ci-dessous nos 2015 et suiv.

1954. Persistance de la propriété collective. — Les propriétés collectives existent encore en masses considérables dans les États modernes, et c'est un phénomène fort heureux car on ne pourrait pas s'en passer. Si la constitution de la propriété individuelle a été un progrès social décisif, qui a assuré le développement de la richesse et par là celui de la civilisation tout entière, la propriété individuelle ne peut pourtant pas avoir la prétention de suffire à elle seule aux besoins des hommes. Il est nécessaire que les deux espèces de propriété existent à côté l'une de l'autre, et la répartition entre elles des richesses utilisables est une question d'opportunité et de mesure ; leur dualisme existe depuis longtemps, et vraisemblablement il existera toujours.

B. — La fiction de personnalité.

*** 1955. Personnes fictives cachant la propriété collective.** — Comment se fait-il donc que ce phénomène si ancien et si général passe pour ainsi dire inaperçu, et qu'en lisant les traités de droit on n'y ren-

[1] Les idées que j'ai exposées dans la première édition de ce *Traité* ont été bien mal comprises par quelques personnes. On m'a enrôlé sous la bannière de Brinz et on m'a fait dire que j'admettais l'existence de patrimoines sans maître (NÉGULESCO, thèse, p. 13 et 46). Rien n'est plus éloigné de ma pensée. *Propriété collective* signifie pour moi « propriété soumise à un régime autre que celui de la propriété individuelle », mais non pas « propriété sans maître », formule qui m'a toujours paru un non-sens appliquée à des choses qui ne sont plus à la disposition du premier occupant. Ce serait bien plutôt la doctrine traditionnelle qui admettrait des patrimoines sans maître, puisqu'elle les attribue à un être qui n'existe pas. Pour moi, la personnalité fictive n'est pas une *addition à la classe des personnes* ; c'est une manière de posséder les biens en commun, c'est *une forme de propriété*.

contre l'exposé et l'étude que d'une seule espèce de propriété, celle que tout le monde connaît, la propriété d'un champ ou d'une maison appartenant à un particulier? C'est que la persistance jusqu'à nos jours de la propriété collective est pour ainsi dire cachée aux yeux par l'existence d'*êtres fictifs*, auxquels on prête, au moins dans une certaine mesure, les attributs de la personnalité, qui sont réputés propriétaires, créanciers ou débiteurs, qui font des contrats et soutiennent des procès comme de vraies personnes : ce sont les *personnes fictives*.

Toutes les propriétés collectives qui existent sont attribuées à des personnes fictives, dont chacune est réputée *propriétaire unique de la masse de biens qui lui est attribuée*, et ainsi la propriété collective apparaît comme étant elle-même *une propriété individuelle*, conception aussi fausse qu'inutile comme on le verra par les développements qui suivent.

* **1956. Dénominations usuelles.** — Les *personnes fictives* sont également nommées dans l'usage *personnes civiles* ou *personnes morales* ; quelquefois même on les appelle, à l'imitation des Allemands, *personnes juridiques*. La première de toutes ces dénominations est la plus claire.

On se sert aussi fréquemment du mot « établissements » pour désigner ces masses de biens ou la prétendue personne qui les représente.

1° Histoire de la fiction de personnalité.

* **1957. Période romaine.** — Jamais les jurisconsultes romains, qui sont très sobres d'explications et même d'allusions à cette matière, n'ont exprimé formellement l'idée d'une personnalité fictive [1]. Le mot lui-même ne se rencontre que sous la plume de Florentinus, un des plus récents parmi les jurisconsultes du *Digeste* : « Hereditas personæ vice fungitur, sicuti municipium et decuria et societas » (Liv. XLVI, tit. I, fr. 22). Les jurisconsultes plus anciens ne se servent pas du mot « persona », mais seulement des expressions « collegium, corpus, universitas », qui indiquent simplement un état spécial de la propriété.

* **1958. Anciens jurisconsultes français.** — Nos vieux auteurs traitent de ce que nous appelons les « personnes civiles » sous le nom de *Communautés* (POTHIER, *Des Personnes*, n°s 210-231), et ils se bornent à dire que ces *corps* ou *communautés* sont « considérés dans l'État comme tenant lieu de personnes » ; qu'ils sont des *êtres intellectuels*, qui peuvent, « à l'instar des personnes », acquérir, aliéner, contracter et plaider (POTHIER, *ibid.*, n° 210). Domat lui-même n'a pas soupçonné l'importance que cette notion allait prendre dans les temps modernes. Bourjon (*Droit commun de la France*, liv. I, tit. 4, chap. 1, sect. 3) dit : « Les biens d'une communauté n'appartiennent pas aux particuliers qui la composent, mais à la communauté, qui de sa nature est perpétuelle, si le prince ne la supprime. »

[1] Les jurisconsultes romains ont tout au moins aperçu l'existence des deux formes de la propriété. L'un d'eux disait : « *Universitatis* sunt, *non singulorum*, veluti quæ in civitatibus sunt theatra, et stadia, et similia... » (Dig., liv. I, tit. 8, fr. 6, § 1). De là le brocard : *Quod universitatis est non est singulorum*. Comment se fait-il qu'ayant cette intuition, ils n'aient pas construit pour cette catégorie de biens un type spécial de propriété ayant son régime à part ? On peut le deviner. Les règles légales ont été inventées tout d'abord pour protéger les individus ; il a fallu donner une sanction à leurs droits, pour éviter les rixes et les vols. Les jurisconsultes eurent donc en mains un premier genre de propriété, qui suppose l'existence d'un maître unique pour chaque groupe de biens appropriés, et ce type, une fois créé, fut étendu tout naturellement aux masses de biens communs pour lesquels il n'existe pas de propriétaire particulier.

L'expression « gens de mainmorte », très usitée autrefois (édit d'août 1749 ; POTHIER, *De la prescription*, n° 275), correspond à peu près à notre formule moderne de « personnes civiles ». Elle désigne les personnalités abstraites des communautés possédant des biens de main morte. Voyez ci-dessous, n°s 1990 et 1995-1996.

1959. Rôle des canonistes. — La personnification des corps et communautés paraît avoir été principalement l'œuvre des canonistes. Ceux-ci, avec leur langage figuré, appelaient l'Église *l'épouse du Christ* et *la mère des fidèles* ; les Églises particulières se donnaient l'une à l'égard de l'autre les titres de *mère* et de *fille*. On en vint à se demander si une « universitas » avait une âme, si elle pouvait être excommuniée, si elle pouvait servir de marraine à un enfant, etc. Voyez les citations dans SALEILLES, *Histoire des sociétés en commandite*, n°s 40 à 42. C'est ainsi que la conception d'une personne fictive, *persona repræsentata*, pénétra dans la science juridique, et du droit canon se répandit dans les ouvrages des jurisconsultes romanistes ou coutumiers. — Du reste les canonistes n'appliquaient cette idée qu'aux corporations (*collegia* ou *corpora*) et non aux simples sociétés, et la différence qu'ils faisaient était très nette : le « collegium » a une existence indépendante de celle de ses membres, qui changent et se renouvellent sans cesse, tandis que la société se compose d'individus déterminés et se dissout quand l'un d'eux meurt.

1960. Auteurs modernes. — Chez les modernes, l'idée de personnalité fictive a été poussée à ses dernières limites, développée et admise pendant longtemps sans contestation comme une notion simple et indiscutable. Puis, brusquement, la réaction s'est faite ; l'abus d'un langage qui tombait dans l'outrance a éveillé la critique, et de toutes parts ont surgi des études contradictoires sur cette notion, qui s'est trouvée beaucoup moins solide qu'on se l'imaginait. La courte bibliographie contenue au n° 1965 est fort loin d'être complète ; elle donnera néanmoins une idée du mouvement d'opinion qui s'est fait sur ce sujet.

1961. État des textes français. — Il est à remarquer que le mot « personne civile » n'a passé dans un texte de loi qu'en 1884. C'est *la loi municipale* du 5 avril 1884, qui la première a nommé les personnes civiles. Il y est question de « hameaux ou quartiers de communes qui ne sont pas encore à l'état de sections ayant la personnalité civile » (art. 111). Un second exemple se trouve dans le titre VIII ajouté à cette loi par la loi du 22 mars 1899 sur les *syndicats de communes*. L'art. 170 dit que ces syndicats sont « investis de la personnalité civile ». Comp. L. 28 avril 1893, art. 71 ; L. 14 avril 1893, art. 8 ; L. 21 avril 1898, art. 2.

Avant 1884 les textes semblaient prendre un soin particulier pour éviter cette expression. Ainsi le Code civil ne parle que des « établissements publics ou d'utilité publique » (art. 910, 937, 1712, 2045, 2121, 2153, 2227), expressions qui conviennent mieux à des *choses* qu'à des *personnes*, ou bien il en nomme quelques-unes par leurs noms particuliers : l'État, les communes. D'autres fois, il emploie une périphrase et parle des biens « qui n'appartiennent pas à des particuliers » (art. 538, al. 2 ; art. 619). Les lois postérieures au Code ont longtemps gardé le même silence. Les lois de 1838 sur la faillite, de 1856, de 1867, de 1893, sur les sociétés commerciales, du 21 juin 1865 sur les associations syndicales, du 21 mars 1885 sur les syndicats professionnels, n'ont pas employé une seule fois l'expression « personne civile ». Mais le mot se rencontre fréquemment dans les *arrêts de la Cour de cassation* et dans les *avis et arrêts du Conseil d'État*, et il n'est pas douteux que l'idée a été *implicitement admise* par tous les rédacteurs de nos lois depuis un siècle.

1962. Projet général sur les associations. — Depuis le mois de février 1899, un projet de loi sur les associations est à l'étude ; préparé d'abord par le ministère Dupuy, il a été repris par M. Waldeck-Rousseau. Les journaux en ont à plusieurs reprises publié le texte, qui a déjà été bien remanié ; la Chambre des députés le discute en ce moment (février 1901). Attendons qu'il soit voté pour nous en occuper, car l'expérience de notre régime parlementaire prouve qu'il y a souvent loin du dépôt au vote définitif, et l'œuvre législative subit dans le trajet les plus étonnantes transformations.

1963. Les codes étrangers. — Le Code civil espagnol est le premier qui ait employé quelques articles à régler cette matière, devenue l'objet d'un chapitre spécial (C.civ. espagnol, tit. II, chap. 2, *De las personas juridicas*, art. 35 à 39). On eût même bien fait de lui consacrer un titre à part ; ce ne serait pas trop. C'est ce qu'a fait le Code civil allemand : Les « personnes juridiques » sont régies par le titre 2 de la section I du premier livre qui contient les dispositions générales du code (art. 21 à 89).

1964. Théorie allemande moderne. — A l'inverse de l'opinion traditionnelle, reçue en France, qui considère les personnes civiles comme de *pures créations légales*, comme des *êtres entièrement imaginaires*, une opinion très accréditée en Allemagne, présentée d'abord par Beseler, développée ensuite par O. Gierke, veut que les personnes morales, loin d'être des fictions de la loi, soient douées d'une vie réelle et aient une existence véritable ; suivant l'expression de Gierke, chacune forme un *être collectif réel* (*real Gesammtperson.*) La loi ne les crée pas ; elle se borne à les reconnaître et à déterminer les limites de leur capacité naturelle de vouloir et d'agir : « Eine, von der Rechtsordnung nur anerkannte und begrenzte, natürliche Willens-und Handlungsfähigkeit » (GIERKE, p. 724). Cette existence réelle tient à ce que dans toute association il se forme, selon cet auteur, une *volonté collective* distincte de la volonté des individus. — Ces idées ont été adoptées en France par quelques auteurs avec des variantes, notamment par FOUILLÉE, *La science sociale contemporaine*, et par RENÉ WORMS, *Organisme et Société*. Pour la critique des formules données par M. Fouillée, voyez BOISTEL, *Philosophie du droit*, t. II, p. 55. — On trouvera une classification assez développée des principales opinions émises en matière de personnalité fictive, dans la thèse de M. Négulesco (p. 23 à 49). Cette matière, qui était, il y a une trentaine d'années encore, d'une pauvreté étonnante (voyez les observations de M. Beudant, dans *Dalloz*, 79. 1. 5), est devenue un sujet intarissable de controverses. Les Allemands y ont exercé ce que M. Négulesco (p. 24) appelle « leurs travaux opiniâtres », et leur « pénétration » a eu pour résultat de mettre dans l'état chaotique cette notion simple : il y a pour les hommes deux façons de posséder les biens, *individuellement* et *collectivement*. Comme point de départ de tous les systèmes erronés émis à cette occasion, voyez l'idée que certaines personnes trouvent « fondamentale » d'Arnold Heisse, qui imagina le premier *d'attribuer la personnalité à un ensemble de choses*, à une *universitas rerum* (NÉGULESCO, p. 26, note 2) : si deux ou trois biens réunis constituent une personne, pourquoi pas un seul ? pourquoi les biens ne se possèdent-ils pas eux-mêmes ? Espérons que de pareils « concepts » n'entreront pas de sitôt dans des cervelles françaises. Disons, à l'honneur de la science allemande, qu'elle a été la première à protester par la voix de son plus éminent représentant. Voyez les déclarations si catégoriques d'Ihering, rapportées un peu plus loin.

1965. Bibliographie. — OUVRAGES GÉNÉRAUX. — Consulter les grands traités de *droit civil*, notamment LAURENT, t. I, nos 288 à 316, et de *droit administratif*, notamment les *Cours* et *Précis* de MM. DUCROCQ et HAURIOU, et les *Conférences de droit administratif* de M. AUCOC. Voir aussi BERTHÉLEMY, *Traité élémentaire de droit administratif*, 1900, p. 514 et suiv. ; BÉQUET, *Répertoire de droit administratif*, v° Dons et legs.

ARTICLES OU TRAITÉS SPÉCIAUX. — A signaler surtout sur la question de principe, VAN DEN HEUVEL, *De la situation légale des associations sans but lucratif, en France et en Belgique*, 2e édit., Bruxelles, 1884 ; SALEILLES, *Théorie de l'obligation*, nos 144, 320-322, etc. ; SALEILLES, *Histoire des Sociétés en commandite* dans les *Annales de droit commercial*, 1895 et 1897 ; VAUTHIER, *Étude sur les personnes morales*, Bruxelles et Paris, 1887 ; LABBÉ, *Sirey*, 81. 2. 249 ; *la Loi*, 27 août 1881 ; *Revue critique*, 1882, p. 345 ; MICHOUD, *Responsabilité de l'État*, dans la *Revue du droit public*, 1895, t. III, p. 410 ; *La notion de personnalité morale*, dans la *Revue du droit public*, janvier-avril 1899 ; MONGIN, *Situation juridique des Sociétés dénuées de personnalité*, dans la *Revue critique*, 1890. — Sur des points spéciaux, voir PIÉBOURG, *De quelques questions sur les personnes civiles*, dans la *Revue de législ. anc. et mod.*, 1876 ; DUCROCQ, *De la personnalité civile de l'État d'après les lois civiles et administratives de la France*, 1894 ; SAUZET, *De la nature de la personnalité civile des syndicats professionnels*, 1888.

THÈSES. — Elles sont fort nombreuses. Voici quelques-unes des principales : PIÉBOURG, Paris, 1875 ; SÉLIGMANN, Paris, 1877 ; LORY, Paris, 1888 ; TRUCHY, Paris, 1888 ; RAVIER DU MAGNY, Grenoble, 1894 ; GEOUFFRE DE LA PRADELLE, Paris, 1895 ; TOURNON, Bordeaux, 1895 ; LOT, Paris, 1895 ; GONDI, Paris, 1896 ; DIDIER-ROUSSE, Paris, 1898 ; NÉGULESCO, Paris, 1900, etc.

OUVRAGES ALLEMANDS. — Pour les théories allemandes, voir surtout les idées de BRINZ, dans ses *Pandekten* ; de ZITELMANN, *Begriff und Wesen der sogenannten juristischen Personen*, et d'OTTO GIERKE, *Die Genossenschaftstheorie und die deutsche Rechtsprechung*, Berlin, 1897. — Renseignements plus complets dans CAPITANT, *Introduction au droit civil*, p. 107 et suiv., et dans la thèse de M. Négulesco.

2° Critique de la notion courante.

1966. Inconvénients de la fiction. — On verra plus loin, à propos de la gestion de la richesse collective (n° 2015), que le résultat pratique qu'on a obtenu au moyen de la fiction de personnalité pouvait tout aussi bien s'obtenir par un autre procédé, qui a l'avantage de n'introduire aucune idée étrangère dans cette théorie et de laisser voir, pour ainsi dire *à nu*, l'existence de la propriété collective et de ses procédés de gestion.

Mais l'antique fiction amène avec elle certains inconvénients qui lui sont propres, et dont il est bien permis de lui faire grief. La puissance des mots est telle que, ce mot de « personne » une fois lancé dans la circulation, on y a attaché une valeur absolue. On a perdu de vue la réalité ; on ne songe plus que ces prétendues *personnes* ne sont que des *choses* puisqu'il s'agit tout simplement d'une propriété collective, et que la fiction de personnalité n'est qu'un *procédé destiné à en simplifier la gestion*. Quiconque va plus loin dépasse le but et tombe dans le faux.

La première et la plus grave de ces exagérations, celle aussi qu'on commet le plus communément, consiste à soutenir que ces personnes fictives doivent avoir en principe *tous les attributs des personnes réelles*. La plupart des auteurs leur reconnaissent les mêmes *droits*, la même *capacité*, sauf une double réserve :

1° *Quand la nature des choses s'y oppose*. Ainsi on ne concevrait pas pour les personnes fictives des *relations de famille*.

2° *Quand il existe un texte formel limitant leur capacité*. Tels sont les art. 910 et 937 C. civ., qui leur interdisent d'accepter des libéralités sans autorisation ; ou encore l'art. 6 de la loi du 21 mars 1884 sur les syndicats professionnels ou l'art. 15 de la loi du 1er avril 1898 sur les sociétés de secours mutuels.

Une autre conséquence assez extraordinaire à laquelle on arrive, en s'obstinant à considérer comme des personnes ces masses de biens collectifs, se rencontre dans les questions de procédure. On en est venu à considérer comme des questions relatives à *l'état des personnes* les procès soulevés à propos de l'existence régulière d'une société ou d'une association quelconque. Ainsi, ceux qui pensent que l'art. 1351 (autorité relative des jugements) ne s'applique pas aux questions d'état, se croient dès lors obligés d'examiner la même difficulté pour les procès qui roulent sur la nullité ou la dissolution d'une société [1]. La décision du 12 janvier 1854 dont il est parlé en note sous le n° 1986 ci-dessous et qui permet aux établissements publics étrangers d'acquérir des biens en France, a été entraînée par l'assimilation des personnes morales aux personnes réelles. On a dit : la loi du 14 juillet 1819 permet aux *étrangers* de recevoir des libéralités en France, sans distinguer entre les différentes sortes de personnes ; elle s'applique donc à toutes.

D'autres fois les conséquences de cette assimilation forcée, au lieu d'être favorables aux personnes fictives, leur deviennent contraires. Ainsi on dit volontiers que les personnes

[1] CHÉNEAUX. *De l'autorité de la chose jugée sur les questions d'état*, p. 59. On lit encore, *ibid.*, p. 146, que c'est une *question d'état* qui est alors résolue par la justice.

morales ne participent pas, comme les personnes réelles, au bénéfice du droit naturel, parce qu'elles sont des créations du législateur, qui est dès lors libre de les traiter comme bon lui semble. C'est un langage qui n'a pas de sens, car il n'y a pas deux ordres de personnes; il n'y en a qu'un, et la loi ne statue jamais que pour des hommes, pour leur liberté, pour leurs biens. Ce sont toujours des particuliers, des citoyens, que le législateur trouve devant lui, et quand sa loi est injuste, ce n'est pas un être imaginaire qui en pâtit. Dire que le législateur a les mains libres parce que les personnes dont il s'occupe sont purement fictives, c'est tendre, de propos délibéré, un voile à l'ombre duquel la partialité politique pourra se donner carrière.

La juste raison et l'utilité pratique exigent donc qu'on n'aille pas jusqu'au bout dans l'assimilation de la fiction et de la réalité. En voulant perpétuellement traiter la richesse sous sa forme collective, comme une personne et non comme une chose, on abuse des mots. Du reste, c'est un reproche qui ne peut pas être adressé indistinctement à tous les auteurs ; il en est plus d'un qui, tout en admettant le langage usuel, en sent le caractère trompeur [1].

1967. Négation de la personnalité fictive. — L'idée de la personnalité fictive est une conception simple, mais superficielle et fausse, qui cache aux yeux la persistance jusqu'à nos jours de la propriété collective à côté de la propriété individuelle. Elle mérite d'être abandonnée.

Sous le nom de « personnes civiles », il faut donc entendre l'existence de *biens collectifs* à l'état de masses distinctes, soustraites au régime de la propriété individuelle. Par conséquent, ces *prétendues personnes* n'en sont pas, même d'une manière fictive ; ce sont des *choses* possédées *par des hommes*. Cette vérité a déjà été aperçue par différents auteurs (Laurent, *Principes de droit civil français*, t. I, n° 291 ; t. XI, n° 187 ; Léon Béquet, *Capacité des bureaux de bienfaisance*, etc., dans la *Revue générale d'administration*, février 1882, p. 138-139 ; Van den Heuvel, *De la situation légale des associations sans but lucratif en France et en Belgique*). Mais ils ne l'ont vue que d'une manière incomplète [2]; ils se sont tous bornés à émettre une négation, sans se préoccuper de rien mettre à la place ; il est cependant nécessaire de remplacer le *mythe de la personnalité* par une *notion positive*, et celle-ci ne peut être que la propriété collective, c'est-à-dire le bien d'un groupe d'hommes.

Si on veut se convaincre à quel point tombe à faux la conception d'une personnalité fictive imitée de la personnalité humaine, on n'a qu'à considérer ce qui arrive : 1° pour les cantons, 2° pour les sections de commune. Le *canton* a reçu une organisation administrative ; il a son représentant, le conseiller général ; son juge, le juge de paix ; son bureau d'enregistrement, sa perception, etc. Il est donc *organisé*, et cependant on lui refuse la personnalité. Pourquoi ? Parce qu'il n'y a pas de *domaine cantonal*, comme il y a un domaine communal ou départemental. Au contraire, la *section de*

[1] Par exemple M. Labbé, dans une note du Sirey, disait fort justement que « la personnification des sociétés n'est qu'*une forte concentration des droits individuels ;* elle est une fiction de personnalité et non pas la création d'un être moral absolument distinct des individus » (S. 81. 2. 249).

[2] Il faut toutefois faire exception pour Ihering, dont les idées sur ce point sont analysées ci-dessous, n° 1968.

commune, dépourvue de tout organe, privée de tout représentant, est considérée comme une personne. Pourquoi ? *Parce qu'elle a des biens.* Rien ne peut mieux montrer à quoi se réduit la prétendue personne et que « personnalité » est ici synonyme de « masse de biens ». C'est aussi ce qui arriva pour le *département* qui fut considéré comme une personne, dès qu'il eut des biens, distincts des biens de l'État et de ceux des communes [1]. C'est comme si on disait qu'une personne n'a la personnalité qu'autant qu'elle a des biens.

1968. Opinion d'Ihering. — On peut adopter, comme contenant des vérités définitives, les affirmations d'Ihering. Ce jurisconsulte, le plus grand peut-être des temps modernes, commence par poser en principe que « tout droit privé existe pour assurer à l'homme un avantage quelconque. Le véritable *destinataire* de tout droit, c'est *l'homme* » (*L'esprit du droit romain*, trad. Meulenaere, t. IV, p. 326). Puis il ajoute : « Il est incontestable que les droits qui sont le patrimoine de la personne juridique profitent aux membres isolés (présents ou futurs) de la corporation. Ce n'est point là un effet accidentel (action réflexe) ; c'est le but même du rapport. *Les membres isolés sont les véritables destinataires de la personne juridique* [2]. Des considérations pratiques veulent que les intérêts communs soient poursuivis, non point par les membres isolés, mais par l'ensemble de ces membres représentés par une unité personnelle artificielle » (*Ibid.*, p. 340). Un peu plus loin il revient avec un peu plus de force encore sur cette idée : « La personne juridique comme telle est incapable de jouir ; elle n'a ni *intérêts* ni *buts*. Elle ne peut donc avoir des *droits*, car les droits ne sont possibles que là où ils atteignent leur destination, c'est-à-dire là où ils peuvent être utiles à leur ayant droit. Un droit qui ne peut jamais atteindre ce but dans la personne de l'ayant droit est *une chimère inconciliable avec l'idée fondamentale du principe du droit*. Pareille anomalie ne peut exister qu'en apparence : le sujet *apparent* du droit cache le *véritable*. Dès que l'on perd de vue cette idée fondamentale du droit que l'homme seul est le destinataire des droits, l'on ne s'arrête plus dans la voie de la personnification. On commence, dans les servitudes prédiales, par élever des fonds au rang de personnes, et l'on finit par décerner les mêmes honneurs aux titres au porteur. Non ! les véritables sujets du droit ce ne sont point les personnes juridiques comme telles ; ce sont leurs membres isolés. Celles-là ne sont autre chose que la forme spéciale dans laquelle ceux-ci manifestent leurs rapports juridiques avec le monde extérieur » (*Ibid.*, p. 341).

1969. Facilité et avantages de la rectification. — La notion de la personnalité

[1] La personne morale apparaît comme un composé ou un groupement d'individus, dans lequel s'efface l'individualité des éléments humains qui le composent (Capitant, *Introd. au droit civil*, p. 109). Or les personnes qui s'associent n'ont jamais besoin d'être reconnues comme formant une personne fictive qu'autant qu'elles ont un actif commun à gérer comme distinct de leurs patrimoines individuels. Je ne soutiens rien de plus : l'idée de personne fictive est inséparable de celle de propriété collective. — Dans certains cas, il peut être difficile de déterminer les individus qui doivent être regardés comme collectivement propriétaires des biens de la prétendue personne morale. Savigny cite comme exemple le cas d'un hôpital (Traduction Guenoux, t. II, p. 242, note *b*). On ne peut en effet regarder comme tels les malades qui y sont soignés. Mais cette difficulté n'est qu'apparente : l'hôpital est fait pour l'usage d'une masse d'hommes dont le nombre est indéterminé, et ceux qui y sont soignés actuellement ont seulement l'occasion de se servir d'un bien commun à eux et à beaucoup d'autres. La même indétermination de nombre se retrouve dans tous les groupements nombreux, notamment la commune et l'Etat.

[2] Ihering veut dire que la personne fictive n'est pas le véritable titulaire des droits ; elle n'est qu'un procédé de gestion, et les biens qu'on lui attribue dans la théorie traditionnelle, en vivifiant cette fiction, appartiennent en réalité aux individus dont elle est la formule abrégée, la représentation condensée. Je suis tout à fait de son avis. Le Louvre appartient aux Français et le British Museum aux Anglais ; quand on dit qu'ils appartiennent à la France ou à l'Angleterre, on se sert d'une formule abstraite qu'il ne faut pas matérialiser. C'est une idée incompréhensible qu'il puisse y avoir sur la terre des titulaires de droits autres que les hommes.

fictive est une *conception purement doctrinale*, et on peut en faire la critique et la détruire sans porter atteinte à aucune des décisions impératives ou prohibitives de la loi. *Toutes les règles légales peuvent continuer à recevoir leur application; et aucune ne sera violée par un changement de doctrine.*

Si le changement est légal, il est aussi très utile, *nécessaire* même : dès qu'on abandonne ce fantôme des personnes fictives, on voit s'évanouir une foule de difficultés qui viennent du parallèle perpétuel qu'on fait malgré soi entre elles et les personnes vivantes. La plupart des questions à résoudre sur ce sujet ne sont difficiles que parce qu'elles sont mal posées. On les rectifie et, par suite, on les résout plus aisément, si on ne voit plus sous ce nom de « personne fictive » qu'un état particulier de la richesse [1]. On peut du reste sans inconvénient conserver l'expression usuelle de personnes civiles ou morales, pourvu qu'il soit bien entendu que ce qu'on désigne sous ce nom, c'est la *propriété sous sa forme collective.*

§ 2. — *Classification des personnes fictives.*

****1970. Distinction principale.** — Les personnes civiles, c'est-à-dire les masses de biens soumises au régime de la propriété collective, sont actuellement très nombreuses en France, et il est difficile d'en donner une liste complète. On peut les ranger en deux grandes catégories. Les unes ont un *caractère public*, les autres ont un *caractère privé.*

Pour établir cette distinction, il faut rechercher si l'institution fonctionne en vertu d'une sorte de délégation des pouvoirs publics, ou si son fonctionnement est l'effet de forces individuelles associées. C'est la seule raison déterminante : pour être « public », il faut que l'établissement soit un *mode d'action de l'autorité publique ;* tout autre établissement ne peut être que « privé », parce qu'il est *une des formes de l'énergie et de l'initiative des simples citoyens*, agissant en leur nom privé. Tels sont, à peu de chose près, les termes dont se sert M. Aucoc, qui dit que les établissements publics sont des personnes civiles « créées pour la gestion d'un service public », tandis que les autres sont des « établissements privés fondés par des sociétés de particuliers » (*Conférences de droit administratif*, 3e édit., t. I, p. 351). Cette considération est décisive et elle est au-dessus de toute controverse, parce qu'*elle touche au fond même de l'institution* [2].

[1] Je tire de là une autre conclusion : c'est que l'étude de ce qu'on est convenu d'appeler « les personnes fictives » n'est pas à sa place au milieu de la théorie « des personnes ». Il est plus logique de la faire rentrer dans la théorie des biens. On s'en aperçoit quand on l'expose au cours : il y est question tout le temps de *choses* d'une certaine espèce, de la formation d'une *masse commune*, de sa *gestion*, de sa *dissolution*. Je n'insiste pas ; j'espère que les explications données au texte sur cette matière et sa composition même démontreront jusqu'à l'évidence la nécessité d'opérer ce changement de place. Il est tout à fait contraire à toute méthode d'enseignement de faire apprendre cette théorie à des jeunes gens qui n'ont pas encore étudié la propriété individuelle.

[2] C'est par erreur que l'on a parfois considéré comme des établissements publics les associations syndicales de propriétaires, formées en vertu de la loi du 21 juin 1865 quand elles sont autorisées par les préfets (C. d'Etat, 13 juill. 1889. — Comp. SIMONET, *Droit administratif*, n° 1130). La raison qu'on donne est que ces associations jouissent de *prérogatives* qui rappellent celles des administrations publiques : elles ont la faculté d'exproprier ; elles recouvrent leurs cotisations au moyen de rôles pareils à ceux des contributions directes et rendus exécutoires par le préfet, etc. Mais ce sont là des *caractères extrinsèques* ; ces associations sont fondées par des propriétaires pour des travaux d'intérêt commun ; toute l'impulsion vient des volontés privées ; l'autorité se borne à leur accorder des faveurs. Par suite, au fond, l'association est un *établissement privé.*

Il existe donc deux sortes de richesses collectives : les unes sont des *richesses collectives publiques*, les autres des *richesses collectives privées*. Ordinairement cette différence tient à l'*origine des biens* composant la masse collective, et qui proviennent tantôt du domaine public ou de l'impôt, tantôt des fortunes privées. Mais la coïncidence n'a pas toujours lieu : certains établissements *privés* sont alimentés ou enrichis par des *subventions* de l'État, des départements ou des communes, de sorte que leur richesse n'a pas une source privée ; et à l'inverse beaucoup d'établissements publics, et même des villes et des départements, reçoivent des *libéralités* venant de simples *particuliers*, de sorte que la richesse collective publique se forme en partie aux dépens des fortunes privées.

* **1971. Intérêts pratiques.** — La distinction entre les deux catégories d'établissements n'est pas une pure classification théorique, elle a des intérêts pratiques, dont quelques-uns concernent les matières du droit civil. Ainsi la disposition de l'art. 2045, al. 3, qui interdit aux communes et aux établissements publics de *transiger* sans l'autorisation du gouvernement, ne s'applique pas aux personnes morales privées ; ainsi encore l'*hypothèque légale* de l'art. 2121-3°, qui garantit l'État, les communes et les établissements publics contre la gestion de leurs comptables, ne profite pas aux établissements privés. Il en est de même des *prêts* que le *Crédit foncier* est autorisé à faire aux établissements publics sous certaines conditions avantageuses (LL. 6 juill. 1860 et 26 févr. 1862) ; les établissements privés, à l'exception des associations syndicales, n'y ont pas droit.

A. — Richesses collectives publiques.

(Personnes morales publiques.)

1972. Subdivision. — Les richesses collectives ayant un caractère public peuvent se trouver dans deux situations différentes.

Les unes sont restées à l'état de grandes masses affectées au service général de toute la population habitant une région déterminée. La principale masse de ce genre forme ce qu'on appelle le *domaine de l'État* ou *domaine national*. Au-dessous de l'État, il existe un certain nombre de *circonscriptions territoriales* qui sont des *subdivisions de l'État ;* les principales sont les *départements* et les *communes*, et ce ne sont pas les seules. Départements et communes ont, comme l'État, leur *domaine*, c'est-à-dire une masse de biens, souvent considérable, affectée aux services régionaux ou locaux, auxquels pourvoient les corps et autorités qui administrent le département ou la commune.

A côté de ces richesses collectives, qui desservent d'une manière générale toute une circonscription territoriale, il en est d'autres qu'on appelle plus spécialement les *établissements publics*, qui sont affectées à des services spéciaux, détachés de l'ensemble pour être érigés en institutions distinctes, et dotés de ressources propres qui leur permettent de fonctionner avec un budget à part. Ces masses de biens affectées à des services déterminés sont regardées dans la théorie courante comme formant autant de *personnes morales*; nous dirons plus simplement qu'elles existent à l'état de *masses distinctes* et ne se confondent pas avec le domaine général de l'État, du département ou de la commune. Il existe des établissements de ce genre pour l'État (établissements *nationaux*) ; d'autres ont une origine et un but purement local; ce sont les établissements *départementaux* ou *municipaux*.

1973. Absence de règle fixe. — Il n'existe pas de règle générale permettant de reconnaître si une circonscription territoriale ou un service public est ou non doué de personnalité, c'est-à-dire s'il y a ou non des richesses et des charges qui lui sont spécialement affectées. Tout ce qui existe en ce genre représente *une formation historique*, et cela rend l'étude de cette question entièrement *empirique*. Cependant les exemples qui vont suivre montreront que le législateur moderne a une tendance à multiplier ces organismes indépendants, pour alléger le budget de l'État, engorgé et surchargé.

1° Domaine général des circonscriptions territoriales.

1974. Observation préliminaire. — Je me borne à indiquer ici quelles sont les circonscriptions territoriales qui possèdent un domaine propre, et quelles sont celles qui n'en ont pas.

L'étude un peu détaillée de la composition de leur domaine fait l'objet d'un chapitre à part (ci-dessous, nos 2029 et suiv.).

1975. État. — La première de toutes ces circonscriptions comme importance, celle qui est aujourd'hui le support et le fondement de toutes les autres, c'est l'*État*. En tous pays l'État est considéré comme une *personne*, représentant *la nation entière* dans sa souveraineté et dans son indépendance. La nation ainsi personnifiée possède sous ce nom des biens nombreux, qui forment son domaine collectif. On en trouvera plus loin l'énumération détaillée.

1976. Départements. — Le département est considéré comme doué de personnalité, depuis que Napoléon Ier, pour alléger le budget de l'État, a fait abandon aux départements de certains biens (édifices et routes) qui n'étaient que des charges (Décr. 9 avril et 16 déc. 1811). C'est depuis ce temps qu'il existe des *propriétés départementales*. La personnalité du département a été pleinement reconnue par la loi du 10 mai 1838 sur les conseils généraux.

1977. Syndicats de communes. — Ceci est une création récente, autorisée par la loi du 22 mars 1890 (titre VIII ajouté à la loi municipale de 1884). Ces syndicats sont constitués pour la gestion d'intérêts communs à plusieurs communes ; ils constituent des « établissements publics investis de la personnalité civile » (art. 170, al. 1) [1].

[1] Ce langage n'est pas très exact ; une *circonscription territoriale* n'est pas un *établissement public* (voyez ci-dessus, n° 1972).

1978. Communes. — La personnalité de l'État, c'est-à-dire l'existence d'un domaine national, quoique vieille, n'est pas le plus ancien exemple du genre. Le premier rang comme ancienneté appartient vraisemblablement aux *communes*. Nos communes actuelles, bien qu'elles n'aient reçu leur dernière forme administrative que depuis la Révolution, existaient auparavant sous le nom de *communautés d'habitants* ou de *paroisses*, et elles possédaient déjà des biens collectifs destinés à l'usage de leur population, sans qu'on puisse savoir à quelle époque l'origine en remonte; mais la propriété collective appartenant à un groupe d'habitants peu nombreux, vivant de la vie rurale sur un territoire peu étendu, est un phénomène extrêmement ancien et à coup sûr bien antérieur à la formation des États modernes.

1979. Sections de communes. — Au-dessous des communes, le droit administratif reconnaît l'existence des sections de commune, c'est-à-dire de *subdivisions de la commune ayant leurs biens propres* et par conséquent douées de personnalité selon la formule usuelle, mais qui ne sont pas représentées par des autorités administratives spéciales, distinctes des autorités communales. Ces sections ont donc la vie civile, mais non la vie administrative [1].

* **1980. Circonscriptions privées de personnalité.** — Voilà donc cinq catégories superposées de personnes fictives (la section de commune, la commune, le syndicat de communes, le département et l'État), qui représentent des masses distinctes de richesses collectives, d'intérêt *local*, *régional* et *national*. Mais les autres subdivisions territoriales de la France, savoir le *canton* et *l'arrondissement*, ne sont pas douées de personnalité. Pour elles, c'est l'inverse de ce qui ce passe pour les sections de commune : ces circonscriptions sont représentées par des autorités administratives, financières, judiciaires qui leur sont propres, mais il n'existe pas de ressources spéciales affectées à leurs services.

1981. Personnalité des colonies. — Hors de France, nos *colonies* forment également des personnes morales distinctes de leurs subdivisions territoriales, ce qui veut dire qu'il existe pour chacune un domaine colonial, distinct des domaines locaux des communes ou autres parties de la colonie.

2° Établissements publics.

a) *Établissements publics laïques.*

** **1982. Définition.** — Les établissements publics sont des branches des services généraux de l'État, du département ou de la commune, qui ont été *détachées de l'ensemble pour être érigées en organes doués d'une vie*

[1] Il existe en France environ 30,000 sections de commune. La plupart (plus de 23,000) sont groupées dans les onze départements de la région montagneuse du Centre. La Creuse, à elle seule, en compte 4,391. Dans le Cantal et le Puy-de-Dôme, le nombre des sections dépasse souvent 25 et 30 par commune (AUCOC, *Traité des sections de commune*, 7e édit., p. 147 à 166).

propre. M. Aucoc les définit ainsi : « Dans la langue spéciale du droit, ce mot [Établissements publics] indique une personne civile, ayant une existence distincte et des ressources propres, créée pour la gestion d'un service public » *(Conférences sur le droit administratif*, t. I, n° 198).

On reconnaît l'existence d'un établissement public à ce fait que les biens qui servent à son fonctionnement ont été *constitués en masse distincte* et ne font plus partie du domaine général de l'État, du département ou de la commune qui a créé l'établissement [1].

1983. Principaux exemples. — On peut citer comme tels :

L'ordre national de la *Légion d'honneur* (L. 29 floréal an X-19 mai 1802 ; Décr. 16 mars 1852).

L'*Institut* (L. 5 fruct. an III-22 août 1795) et chacune des cinq *Académies* qui le composent prise séparément. (Pour les détails, voy. DUCROCQ, n° 1550.)

Le *Collège de France*. Fondé en 1530, il a conservé sa personnalité, sans que le droit moderne y ait touché. Voyez Décr. 8 oct. 1857 et 1er févr. 1873.

L'*Académie de médecine* (Ord. 28 déc. 1820, art. 18).

Les *Facultés* (Décr. 25 juill. 1885). L'art. 43 de la loi du 11 floréal an XI leur avait déjà reconnu la personnalité civile, mais cette loi était considérée comme tombée en désuétude.

Les *Universités* (L. 10 juill. 1896). La loi de finances du 28 avril 1893, art. 71, avait déjà reconnu la personnalité civile au *corps des Facultés* d'un même ressort académique sans leur donner le nom d'Universités. Ces *Universités régionales*, qui sont des établissements d'enseignement supérieur, sont les seules qui existent aujourd'hui comme personnes civiles. L'*Université de France*, qui comprenait l'ensemble des services de l'enseignement public avait obtenu la personnalité lors de sa fondation (Décr. 17 mars 1808, art. 137). La loi de finances du 7 août 1850 la lui a retirée par son art. 14.

Les *chambres de commerce* (Arrêté consulaire 3 niv. an XI ; Décr. 3 sept. 1851, art. 19). Elles sont créées par des décrets.

Les *chambres consultatives d'agriculture* (Décr. 25 mars 1852).

Les *hôpitaux*, qui reçoivent les malades et les *hospices* qui reçoivent les vieillards et infirmes (L. 16 vendém. an V). Cette loi est une œuvre de réparation, qui fit cesser la vente des biens des hospices ordonnée pendant la Révolution ; l'existence de fondations charitables destinées à secourir les malades et les indigents est une des plus anciennes institutions du Christianisme. La personnalité des hôpitaux de fondation nouvelle leur est reconnue par un décret rendu en Conseil d'État (SIMONET, n° 1776). Les hospices sont en principe des établissements communaux. — Sur neuf établissements qui ont un caractère général, voyez DUCROCQ, n° 1555. — Par contre, les asiles départementaux d'aliénés n'ont aucune personnalité distincte du département (DALLOZ, *Suppl.*, v° Aliéné, n° 18 ; v° Établ. public, n° 2. — *Contra*, DUCROCQ, n° 1556).

Les *bureaux de bienfaisance* (LL. 7 frim. an V, et 28 pluv. an VIII).

Les *barreaux d'avocats* (AUBRY et RAU, § 54, note 14).

Les *compagnies de notaires* (ord. 4 janv. 1843), *d'avoués et d'huissiers* (Cass., 25 juillet 1870, D. 72. 1. 25. — Comp. Décr. 14 juin 1813, art. 70, 8° et art. 91 et suiv.).

[1] Un service public peut avoir sa comptabilité à part et ses services financiers spéciaux, receveurs, ordonnateurs, payeurs, sans constituer pour cela un établissement distinct de la commune, du département ou de l'État et doué de personnalité ; ce qui fait une *personne* selon le langage courant, c'est la constitution d'un *patrimoine propre*, qui peut s'alimenter autrement que par l'impôt et s'enrichir au moyen de dons et de legs. Cette distinction a été bien mise en lumière par MM. MARQUES DI BRAGA et CAMILLE LYON, *obligations et responsabilité des comptables publics, comptabilité de fait*, nos 170 et suiv. Comp. THÉOD. TISSIER, *Dons et legs*, n° 89. Ainsi une section de commune a la *personnalité civile*, puisqu'elle possède des biens qui ne sont qu'à elle ; mais elle n'a aucune *organisation financière*, puisqu'elle n'a ni budget, ni comptes, ni comptables, qui lui soient propres. Cette distinction ne doit pas être perdue de vue quand on veut dresser une liste exacte des établissements publics.

Les *compagnies d'agents de change* (Cass., 16 févr. 1885, D. 86. 1. 161, S. 86. 1. 456). Comp. LYON-CAEN et RENAULT, *Traité de droit commercial*, t. IV, n° 880.

Un nombre toujours croissant de services financiers ont été isolés sous le nom de *Caisses*, qui fonctionnent sous le contrôle de l'État et qui sont, de l'aveu général, autant de personnes fictives. Telles sont : la *Caisse des Invalides de la marine* (AUCOC, *Conférences*, 3e édit., t. I, p. 360. — Voy. cependant DUCROCQ, nos 1565 et suiv.) ; la *Caisse nationale d'épargne ;* les deux *Caisses d'assurances* en cas de décès et en cas d'accident (L. 11 juill. 1868, art. 9. — Comp. DUCROQ, n° 1562) ; la *Caisse des Écoles*, la *Caisse des Musées nationaux*..., etc. Sur ces établissements, voyez TISSIER, *Dons et legs*, table, v° Caisse.

Au contraire, la *Caisse des dépôts et consignations* ne paraît pas former un établissement distinct de la personnalité de l'État. Elle n'est pas autre chose que la comptabilité de l'État considéré comme dépositaire, et, ce qui est décisif, le résultat de ses opérations figure dans le budget général de l'État (DUCROCQ, n° 1097).

La meilleure étude d'ensemble et la plus complète parue jusqu'ici est celle de M. Th. TISSIER, *Dons et legs*, t. I, p. 210 à 493 (Extrait du *Répertoire* de BÉQUET). M. Ducrocq annonce un volume entier, le t. VI de la 7e édition.

* **1984. Corps constitués dépourvus de personnalité.** — L'expression « corps constitués » ferait croire que les groupes auxquels on l'applique sont doués de personnalité fictive : c'est tout le contraire. Un corps constitué est un ensemble de fonctionnaires réunis par une hiérarchie et soumis à une discipline particulière. Ce mot, qui n'a pas de valeur technique propre, fait donc allusion à une simple *cohésion administrative*, mais laisse tout à fait de côté la question de personnalité, c'est-à-dire de *patrimoine indépendant*. Ainsi les principaux corps constitués sont les *cours et tribunaux*, qui n'ont point de biens particuliers et ne sont pas considérés comme des personnes.

De même les différentes assemblées électives qui administrent l'État et ses subdivisions territoriales, n'ont point de personnalité : le *Sénat*, la *Chambre*, les *conseils généraux* et les *conseils municipaux*.

b) *Établissements publics religieux.*

1985. Leur existence distincte. — Les établissements publics ne sont pas tous des dépendances de l'État, considéré comme société laïque. Les institutions religieuses en fournissent de nombreux exemples. Le culte catholique, en particulier, a ceci de remarquable qu'il est antérieur à la formation des États modernes, et que le chef de l'Église a le caractère d'une puissance souveraine. Il en résulte que les établissements religieux, bien qu'ils aient essentiellement un caractère *public*, ne peuvent être considérés comme des organes de l'État. Ils ont une *source distincte* et la loi les *réglemente* plutôt qu'elle ne les *crée*.

1986. Énumération. — Les personnes fictives existant dans l'ordre religieux sont :

Les *fabriques*, chargées d'administrer les biens des paroisses catholiques, d'agir et de contracter en leur nom (L. 18 germ. an X, art. 76 ; Décr. 30 déc. 1809). Les fabriques ne sont pas autre chose que le temporel des paroisses géré par un conseil spécial.

Les *menses curiales*. Les cures et succursales sont considérées comme des personnes morales, distinctes des paroisses représentées par les fabriques. La *mense* est l'ensemble des biens attachés à une cure ou à une succursale, et le curé ou le desservant, titulaire de l'office ecclésiastique, en est considéré comme usufruitier (L. 18 germ. an X, art. 73 et 74 ; Décr. 6 nov. 1813).

Les *menses épiscopales*. Elles rendent aux évêques et archevêques les mêmes services que les menses curiales au clergé paroissial.

Les *chapitres cathédraux* et *collégiaux* (Décrets précités de 1809, art. 113, et de 1813, art. 49 à 61).

Les *séminaires diocésains* (Décr. 30 déc. 1809, art. 113 ; Décr. 6 nov. 1813).

Mais les *paroisses* et les *diocèses*, considérés comme *circonscriptions territoriales*, n'ont *point de personnalité*. (Pour les variations de la jurisprudence du Conseil d'État sur ce point, voy. DUCROCQ, 6e édit., n° 1530 et la note 1 ; TISSIER, n° 179.) — C'est donc l'inverse de ce qui se passe dans *l'ordre civil* où la circonscription laïque (État, département, commune) possède les biens, tandis que les différentes autorités et pouvoirs constitués (préfets et maires, conseils départementaux et municipaux) ne sont que des agents chargés de la gestion. Sur ces différents établissements, voir H. JAUDON, *De l'exercice et de la dotation du culte catholique dans ses rapports avec l'État*, Thèse, Paris, 1879.

Dans les cultes israélite et protestant on trouve de même des établissements publics doués de personnalité : ce sont les *consistoires* et les *conseils presbytéraux* (TISSIER, nos 187 à 195).

La question de savoir si l'Église catholique, représentée par le Saint-Siège, constitue une personne morale capable de posséder des biens en France, a été controversée à propos du testament de la marquise du Plessis-Bellière, qui avait légué au pape Léon XIII un hôtel à Paris pour y loger la nonciature (TISSIER, n° 224). L'opinion qui a prévalu en doctrine est que le pape doit être considéré comme le chef d'une puissance spirituelle ayant les mêmes caractères qu'un État étranger (WEISS, sous Montdidier, 4 févr. 1892, P. 92. 5. 17. — *Contra*, Amiens, 21 févr. 1893, D. 95. 2. 457, S. 95. 2. 57, P. 86. 1. 402) [1].

B. — Richesses collectives privées.

** **1987. Leur nature et leurs noms usuels.** — On appelle, dans le langage courant, *personnes fictives privées* toutes celles dont les biens ne font pas partie du domaine public, à aucun de ses degrés, et qui n'en sont pas non plus des dépendances comme les établissements publics. Ce sont des *établissements privés*, qui sont fondés et gérés par des particuliers, agissant parfois sous la surveillance et avec la permission de l'administration, mais toujours sans aucune délégation de la puissance publique.

* **1988. Type unique admis en France.** — Toute personne fictive, possédant une masse de biens collectifs indépendante du domaine public, correspond nécessairement à une *association de personnes*. Ce sont des particuliers qui se réunissent afin d'exercer une force collective, en associant soit leurs capitaux, soit leurs efforts, soit l'un et l'autre à la fois. Voy. la note sous le n° 1967 ci-dessus.

Ces associations peuvent se donner des rôles très différents. Les unes poursuivent un *avantage pécuniaire*, et on leur réserve en général le nom de « sociétés ». Ce sont les *sociétés civiles* et les *sociétés commerciales*.

Toutes celles qui ne poursuivent pas un but lucratif, portent plus spécialement le nom d'*associations*. Il y en a de bien des sortes. Les unes ont un but désintéressé. Telles sont les sociétés *charitables*, *scientifiques*, *littéraires*, etc. D'autres poursuivent dans des voies différentes l'avantage personnel de leurs membres, sans faire aucune spéculation. Leurs deux principales catégories sont les *congrégations religieuses* et les *syndicats*

[1] Cette question se mêle à une autre, beaucoup plus vaste, celle de savoir si les États étrangers et, d'une façon générale, les personnes civiles étrangères, doivent être de plein droit reconnus en France et capables d'y acquérir des biens, à titre gratuit ou onéreux. Sur cette question qui sort du droit civil, voyez toute la controverse résumée par TISSIER, *Dons et legs*, nos 220 à 225, t. I, p. 441-494. Voyez aussi DUCROCQ, 7e édit., t. IV, nos 1407 à 1425 ; LAINÉ, *Des personnes morales en droit international privé* (*Journal de droit intern. privé*, 1893, p. 289 et suiv.). En fait, la question est résolue affirmativement (Avis C. d'État, 12 janv. 1854, D. 56. 3. 16, S. 55. 2. 800). Plusieurs États étrangers sont propriétaires à Paris des hôtels de leurs ambassades et d'églises ou de chapelles (église russe, église roumaine), et la France possède de même des immeubles dans beaucoup de capitales étrangères (Villa Médicis, etc.).

professionnels. Toutefois beaucoup de congrégations religieuses sont, essentiellement ou à titre accessoire, des associations vouées à l'enseignement ou à la charité.

* **1989. Type allemand.** — Outre l'association de personnes, le droit allemand possède un autre type de personne morale, qui ne correspond à aucun groupe d'hommes et qui n'est pas le produit d'une concentration d'intérêts : c'est la *fondation* (*Stiftung*). La fondation est une masse de biens affectée à un service déterminé et investie directement de la personnalité juridique. Elle peut être faite par acte entre vifs ou de dernière volonté (C. civ. allemand, art. 80-89). Ce procédé est très utile pour assurer la création d'établissements de tout genre. On a fait de grands efforts pour nous en donner en France l'équivalent, sous une forme indirecte, car le procédé allemand est incompatible avec nos lois, dans l'état actuel des textes[1]. Mais l'étude de cette question rentre dans la théorie des donations et des legs faits aux personnes morales, villes, fabriques, etc. Il en sera traité dans le t. III (Voy. 1re édit. nos 3290 à 3307). Pour le moment il ne sera plus question, en fait de personnes morales privées, que de celles qui représentent des associations ou, d'une façon plus générale, des groupes de personnes.

Je ne sais, du reste, si la *Stiftung* allemande ne devrait pas être considérée simplement comme le patrimoine d'un groupe indéterminé de personnes. Voyez la note sous le n° 1967 ci-dessus, p. 642. Ceci la ferait rentrer dans le cadre général des personnes fictives, c'est-à-dire des masses de biens faisant l'objet d'une propriété collective.

§ 3. — *De la formation de la propriété collective.*

1990. Dangers du phénomène. — La masse des propriétés collectives s'accroît fréquemment aux dépens de la propriété privée, soit par la formation de nouvelles associations, soit par des libéralités faites à des villes ou à des associations déjà formées. Le fait n'est point indifférent. Sa gravité apparaît au double point de vue *économique* et *politique*.

Au point de vue économique, l'accroissement des richesses collectives peut avoir des dangers. La propriété individuelle est libre, active, vivante, fertile ; elle change de mains fréquemment ; elle trouve facilement son propriétaire le plus convenable, celui qui saura le mieux la faire valoir ; elle est pour le fisc une ressource puissante, dont la fécondité est presque illimitée. La richesse collective a des caractères tout différents ; son ancien nom de *biens de mainmorte* exprime bien l'état d'immobilité ou de stagnation, dans lequel elle se trouve. La plupart des institutions et établissements doués de personnalité ont une *durée illimitée*. Certains d'entre eux exercent sur les fortunes privées une sorte de drainage continuel. Ils sont donc capables de se constituer à la longue des richesses immenses. Avant la Révolution, les biens de mainmorte avaient certainement pris en France un développement exagéré, malgré les diminutions plus ou moins violentes que nos anciens rois leur ont quelquefois fait subir.

L'inconvénient économique qui autrefois frappait le plus les esprits était

[1] Il y a de nombreuses thèses sur les fondations. A signaler particulièrement les §§ 326 et suiv. de celle de M. Ed. Lambert (Paris, 1893), sur la *stipulation pour autrui*. Voir aussi Saleilles, *Théorie de l'obligation*, n° 144.

la *diminution des impôts et profits divers*, que percevaient les rois et les seigneurs. Les biens de mainmorte étaient, comme le disait Pothier (*Prescription*, n° 275), *morts pour le commerce*. Plus d'aliénations, plus de profits de mutation. En droit moderne, on a remédié à cet inconvénient en frappant ces biens d'un impôt spécial, appelé *taxe des biens de mainmorte* (LL. 20 févr. 1849 et 30 mars 1872).

Reste le *danger politique* de la mainmorte. Celui-là n'est pas le moindre. Un régime de liberté absolue tendrait à créer dans l'État des *pouvoirs privés*, possédant de grandes richesses et une influence redoutable, qui deviendraient vite les *rivaux des pouvoirs publics*, et pourraient entrer en conflit avec eux, à armes presque égales. L'État qui représente les *intérêts généraux de la nation*, sous leur forme la plus haute, et qui est chargé de leur défense, ne peut donc pas se désintéresser d'un mouvement qui organise des forces collectives, capables de contrarier la sienne et de le réduire parfois à l'impuissance. Il a le droit et le devoir de limiter dans une juste mesure la formation de ces forces qui ne représentent jamais que des intérêts locaux et des groupements partiels.

****1991. Surveillance exercée par l'État.** — Jamais les gouvernements ne se sont entièrement désintéressés du phénomène. De tout temps, sauf aux époques où le pouvoir central est affaibli et ne remplit pas ses fonctions, ils ont surveillé et limité l'accroissement des richesses collectives, qui s'opère au profit des villes, communautés et associations de toute nature. La manière et la mesure dans lesquelles cette surveillance doit s'exercer forment un des plus gros problèmes que le législateur puisse avoir à résoudre, car il y a des intérêts généraux à défendre, sans gêner au delà du nécessaire la liberté des particuliers.

Actuellement cette surveillance de l'État se traduit soit par des *prohibitions légales*, soit par la nécessité d'obtenir une *autorisation administrative*. Mais avant d'entrer dans l'examen de ces différentes règles et des exceptions qu'elles comportent, il importe de signaler l'emploi qu'est fait en cette matière du langage métaphorique, relatif à la personnalité civile.

***1992. Terminologie usuelle.** — La *formation initiale* d'un patrimoine collectif est appelé « création d'une personne morale ». On a pris l'habitude de concevoir ces patrimoines collectifs, distincts des patrimoines particuliers, comme ayant pour propriétaire unique un être fictif. Aussitôt que le patrimoine collectif est constitué à l'état distinct, la personne fictive à laquelle on l'attribue prend *naissance*. De là le singulier langage qu'on emploie : quand on organise une de ces *masses de biens* au profit d'un groupe, on dit qu'*on crée une personne*.

La prétendue personne une fois créée, on peut *augmenter son patrimoine* en y ajoutant des biens provenant d'un patrimoine privé. Il semble alors que la personne morale reçoive une *libéralité* et on s'occupe de régler sa *capacité d'aquérir*. En réalité il y a tout simplement accroissement d'une richesse collective par l'accession de nouveaux biens à une masse déjà formée.

1993. Plan. — Nous allons nous occuper successivement :

1° De la *création des personnes fictives par des particuliers*, c'est-à-dire de la *concession de la personnalité à leurs associations.*

2° De la *capacité d'acquérir des personnes fictives*, c'est-à-dire des *libéralités* faites par eux à des personnes fictives préexistantes.

A. — De la personnalité des associations.

1° Le droit commun.

1994. Nécessité d'une autorisation. — Les particuliers ne sont pas libres de constituer à leur gré des richesses collectives. Quand ils forment une association nouvelle, les biens qui sont destinés à constituer le patrimoine de l'association ne sont pas soumis en principe au régime de la propriété collective ; ils restent *dans l'indivision entre les membres de l'association*, sauf dans quelques cas exceptionnels qui seront indiqués plus loin. S'ils veulent créer pour leur association un patrimoine distinct, ils doivent obtenir à cet effet une *autorisation gouvernementale*, dans la forme indiquée au n° 1997 ci-dessous et dite « déclaration d'utilité publique ».

Dans le langage métaphorique qu'on emploie d'ordinaire, on exprime cela en disant que la *volonté des particuliers ne suffit pas à créer une personne fictive* ; celle-ci, dit-on, ne peut *recevoir la vie juridique* que d'une concession bénévole du gouvernement. Une association non autorisée est *dépourvue de personnalité*, c'est-à-dire n'a pas de patrimoine distinct.

* **1995. Origine romaine de la règle.** — Le droit romain connaissait déjà cette restriction apportée à la liberté des particuliers. Gaius dit qu'il n'était pas permis à toute association (*societas* ou *collegium*) de former un *corps* (*corpus habere*), c'est-à-dire d'avoir une caisse commune et un patrimoine collectif (*arcam communem*, *res communes*) ; les lois, les sénatus-consultes et les constitutions impériales en avaient restreint le nombre : « Paucis admodum in causis concessa sunt hujus modi corpora » (*Dig.*, liv. III, tit. 4, fr. 1).

* **1996. L'édit de 1749.** — Dans notre ancien droit le même principe était admis. La personnalité civile ne s'acquérait qu'en vertu d'un acte de l'autorité souveraine. Il en était ainsi pour les *communautés de métier*, c'est-à-dire les associations entre gens de même métier que nous appelons aujourd'hui d'un mot que notre ancienne pratique ne connaissait pas : les *corporations*. Elles ne pouvaient se fonder qu'avec des lettres patentes du roi ou des grands vassaux, tels que furent les ducs de Bourgogne ou de Bretagne qui exerçaient en fait les pouvoirs souverains. Ce principe fut rappelé solennellement dans le grand édit d'août 1749 sur les *gens de mainmorte* (c'était le nom qu'on donnait jadis aux personnes morales, autres que les sociétés de commerce). Cet édit de 1749, œuvre du chancelier d'Aguesseau, est un des actes les plus importants de l'ancienne monarchie ; il contient dans son art. Ier la prohibition de créer aucune personne morale nouvelle sans la permission du roi : « Voulons qu'il ne puisse être fait *aucun nouvel établissement* de chapitres, collèges, séminaires, maisons ou communautés religieuses, même sous prétexte d'hospice, congrégations, confréries, hôpitaux, *ou autres corps et communautés, soit ecclésiastiques*

séculières ou régulières, *soit laïques* de quelque qualité qu'elles soient, *si ce n'est en vertu de notre permission expresse* portée en nos *lettres patentes* enregistrées en nos Parlements ou conseils supérieurs... ». Les anciens édits dont ce texte déclare renouveler les défenses en tant que besoin sont l'édit du 21 novembre 1629, la déclaration du 7 juin 1639 et un de décembre 1666.

** **1997. De la déclaration d'utilité publique.** — Nous n'avons *aucun texte moderne* qui formule en termes généraux la règle rendant nécessaire l'autorisation gouvernementale. On peut donc dire que sur la question de principe, c'est toujours l'édit de 1749 qui est en vigueur. Le Code civil et toutes les autres lois de la Révolution et de l'Empire supposent ce principe admis, mais ils ne l'établissent pas.

Voici comment les choses se passent. L'association qui veut se faire reconnaître et obtenir l'existence légale, adresse une demande à l'administration et lui communique ses statuts. Le gouvernement peut ainsi se rendre compte à la fois du *but* que poursuit l'association et de ses *moyens d'action*. Si la fondation lui paraît suspecte ou mal conçue, il rejette la demande ou ajourne sa décision; s'il approuve l'association, il la *déclare d'utilité publique*. On dit alors que l'établissement est *reconnu* (ou *déclaré*) *d'utilité publique*.

* **1998. Formes de la déclaration.** — La déclaration d'utilité publique est donnée en principe par *un décret du chef de l'État*, rendu dans la forme des règlements d'administration publique, c'est-à-dire *le Conseil d'État entendu* (Décr. 21 août 1872, art. 5, § 4).

Cette forme est la règle. Mais il y a des exceptions en sens divers. 1° Les *congrégations religieuses* ne peuvent en général être reconnues que par une *loi*. Voyez, pour les congrégations d'hommes, la loi du 2 janvier 1817 qui parle des congrégations « reconnues par la loi ». Le sens de ce texte pouvait être douteux, mais il a été confirmé par la loi du 24 mai 1825, d'après laquelle les congrégations de femmes antérieures au 1er janvier 1825 peuvent être reconnues par une simple ordonnance, tandis que celles dont la fondation est postérieure à cette date ne peuvent être reconnues que par une loi. 2° En sens inverse, depuis le décret-loi du 26 mars 1852, les *sociétés de secours mutuels* peuvent acquérir la personnalité civile par une *simple approbation donnée par le préfet*, et la loi du 1er avril 1898 (art. 17) a même étendu en partie cette faveur aux sociétés *libres*, c'est-à-dire à celles qui se forment sans faire approuver leurs statuts par les préfets. Toutefois, ces dernières n'obtiennent que des avantages moindres : elles peuvent posséder des objets mobiliers, mais non des immeubles.

** **1999. Effet de la reconnaissance.** — Il faut sur ce point éviter avec soin une confusion. La déclaration d'utilité publique n'enlève pas à l'établissement son *caractère privé;* elle n'a pas pour effet de l'annexer aux services publics, d'en faire un organe de l'administration générale; son seul objet est d'autoriser la formation de la masse collective, qui va désormais se trouver soustraite au régime de la propriété privée. On dit, dans le langage courant, qu'elle *confère la personnalité* à l'association reconnue (Comp. Ducrocq, 6e édit., n° 1333).

Par suite, il faut avoir bien soin de ne pas confondre les *établissements publics* avec les *établissements d'utilité publique :* les premiers sont des organes de la puissance publique, les seconds sont des œuvres privées. Malheureusement la similitude fâcheuse qui existe dans leurs qualifications provoque des confusions incessantes. Pendant longtemps le langage de la loi n'a pas été fixé. Ainsi le Code civil emploie indifféremment les deux expressions comme équivalentes. Il parle des « établissements d'utilité publique » dans les art. 910 et 937 et des « établissements publics » dans les art. 2045 et 2121. La distinction ne s'est faite que plus tard.

Le langage des lois modernes est parfois tout aussi incorrect. Certains textes donnent le nom « d'établissement d'utilité publique » à des institutions qui ont une origine officielle et qui par suite devraient être placés parmi les véritables établissements publics. Ainsi la loi du 24 juin 1851 dit que les *Monts-de-piété* sont des établissements d'utilité publique ; le décret du 3 septembre 1851, dans son art. 19, donne le même titre aux *Chambres de commerce.* Il faut voir là de simples *lapsus* du législateur. Cependant la Cour de cassation reconnaît aux Monts-de-piété un caractère mixte (arrêt du 3 avril 1878, SIMONET, n° 1792).

2° Les exceptions.

* **2000. Associations dispensées d'autorisation.** — La règle qui exige une autorisation gouvernementale pour la concession de ce bénéfice qui s'appelle la personnalité civile, souffre des exceptions remarquables, en vertu desquelles les particuliers peuvent librement constituer de nouveaux patrimoines collectifs, en formant des associations sans avoir d'autorisation à demander. Ces exceptions sont actuellement au nombre de quatre. Les voici par ordre d'ancienneté.

1° SOCIÉTÉS COMMERCIALES. — Elles ont été les premières, et pendant longtemps les seules, à bénéficier d'une exception. C'est pour elles une règle d'origine immémoriale ; de tout temps, en France, elles ont pu se former librement entre particuliers et se gérer comme personnes civiles, sans se faire reconnaître par le gouvernement.

Il y a eu pendant longtemps un régime spécial pour les *sociétés anonymes*, grandes compagnies montées par actions, qui étaient soumises à la nécessité d'une autorisation gouvernementale. Ce régime a pris fin en 1867 ; cependant l'autorisation est encore nécessaire pour la fondation des sociétés d'*assurances sur la vie* et des *tontines* (L. 24 juill. 1867, art. 66). L'autorisation exigée pour les sociétés anonymes se fondait du reste sur des motifs à elles propres : on la leur imposait dans l'intérêt des particuliers, pour prévenir des fraudes, et non dans un intérêt général d'ordre économique ou politique. C'était une précaution contre les spéculations malhonnêtes et non une concession de la personnalité civile.

2° ASSOCIATIONS SYNDICALES. — Autorisées par la loi du 21 juin 1865, elles se forment entre propriétaires de *biens ruraux* pour entreprendre à frais communs des travaux profitables à tous (irrigations, dessèchement de marais, drainages, etc.). Le bénéfice de cette institution a été étendu aux travaux intéressant la *propriété urbaine* par la loi du 22 décembre 1888.

Parmi les associations syndicales, il en est qui sont autorisées par l'administration, mais l'art. 3 de la loi de 1865 confère le bénéfice de la personnalité civile même aux associations syndicales *libres*, c'est-à-dire à celles qui se forment sans solliciter l'autorisation du préfet.

3° Syndicats professionnels. — La loi du 21 mars 1884 sur les syndicats a créé une troisième catégorie de personnes civiles de fondation privée, se constituant librement sans l'intervention de l'autorité. Les syndicats professionnels jouissent en effet de la personnalité civile sans avoir besoin de solliciter aucune autorisation administrative ; il leur suffit pour l'obtenir d'opérer à la mairie *le dépôt de leurs statuts* avec les noms de leurs directeurs ou administrateurs, ce qui est une pure formalité. Ils sont alors « régulièrement constitués » (art. 2, 4 et 6).

4° Sociétés civiles. — Cette quatrième et dernière exception existe seulement depuis que la jurisprudence de la Cour de cassation, tranchant un débat qui menaçait de s'éterniser, a reconnu la personnalité juridique aux simples *sociétés civiles*, même à celles qui n'empruntent pas la forme commerciale de la société montée par actions (Cass., 23 févr. 1891, D. 91. 1. 337, S. 92. 1. 73 ; Cass., 2 mars 1892, D. 93, 1. 169, S. 92. 1. 497 ; Cass., 2 janv. 1894, D. 94. 1. 81, S. 94. 1. 129).

La note du Dalloz sous l'arrêt de 1891 montre qu'une partie des arrêts antérieurs, qui avaient refusé la personnalité, s'appliquaient à des *associations* qui n'avaient pas réellement les caractères des *sociétés civiles* proprement dites. La question de la personnalité des sociétés civiles ne peut être examinée à fond qu'à propos de ce contrat. Bornons-nous à dire que la personnalité était déjà reconnue en doctrine à celles qui empruntaient les formes commerciales.

3° Autorisation préfectorale.

* **2001. Utilité de cette autorisation.** — Il ne faut pas confondre la déclaration d'utilité publique dont il vient d'être parlé, avec un autre genre d'autorisation dont les associations ont aussi besoin de se pourvoir. Les associations privées ne sont pas seulement *méconnues par la loi civile*, qui leur refuse en principe la personnalité ; elles sont *interdites par la loi pénale*, qui considère leur formation comme un délit, dès qu'elles comptent plus de 20 membres (art. 291 et suiv. C. pén.). Pour se mettre en règle avec le Code pénal et éviter la dissolution et l'amende (de 16 à 200 francs), les fondateurs de l'association sollicitent une autorisation administrative. Cette espèce d'autorisation est sans effet sur la question de personnalité. Elle a sa fonction propre, qui est d'enlever à l'association le *caractère délictueux* qu'elle aurait si elle se formait sans être autorisée. Elle diffère en outre par sa forme de la déclaration d'utilité publique ; elle est beaucoup moins solennelle. Au lieu d'exiger une loi ou un décret en Conseil d'État, elle se donne tout simplement par le préfet dans les départements, et à Paris par le préfet de police. C'est la pratique qui a réglé ce point, car la loi n'a rien dit des formes de l'autorisation exigée par l'art. 291 C. pénal.

B. — Des libéralités faites aux personnes fictives.

* **2002. Généralité de la question.** — A quelles conditions les particuliers peuvent-ils faire des libéralités aux personnes fictives ? Notons d'abord que cette question se pose en termes généraux, et n'est pas, comme la précédente, spéciale aux *personnes morales privées*. Les particuliers, en effet, adressent fréquemment leurs libéralités à des *villes* ou à des *établissements publics*, tout aussi bien qu'à des congrégations religieuses ou à des associations laïques. C'est donc en généralisant tout à fait

la question qu'il faut s'occuper de la *capacité d'acquérir à titre gratuit*, qu'on reconnaît aux personnes fictives, tant *publiques* que *privées*.

1° Règles du droit commun.

* **2003. Nécessité d'une autorisation pour acquérir.** — Pour toutes les raisons développées au n° 1990, la même condition, qui est exigée pour la *formation initiale* d'un patrimoine collectif (création d'une personne morale), est encore nécessaire pour toute *augmentation gratuite* qui l'enrichit en appauvrissant un patrimoine particulier. Ainsi *toute acquisition par donation ou par legs* ne peut se réaliser qu'avec l'autorisation du gouvernement. C'est ce que dit le Code civil dans ses art. 910 et 937.

Ce principe n'est cependant pas applicable à l'*État lui-même*, parce qu'il n'existe personne au-dessus de lui pour l'autoriser. C'est lui, au contraire, qui exerce sa surveillance sur tous les autres établissements.

* **2004. Origines.** — La nécessité de cette autorisation n'est pas une innovation du droit moderne ; elle existait déjà sous l'ancienne monarchie. Le principe a été formulé dans les termes les plus généraux par le chancelier d'Aguesseau, dans l'édit d'août 1749, art. 14 à 17 (ci-dessus n° 1996). — Auparavant, et depuis bien longtemps, le droit féodal restreignait déjà la capacité d'acquérir des gens de mainmorte par la théorie de *l'amortissement*. Toute terre qui relevait d'un seigneur ne pouvait être acquise par une personne morale sans avoir été *amortie* avec le consentement du seigneur et moyennant finances ; faute de quoi, le vassal de mainmorte pouvait être contraint de *vider ses mains*. Mais l'autorisation d'acquérir donnée à un établissement déjà constitué a été ignorée du droit romain.

2005. Forme de l'autorisation. — En principe, l'autorisation est donnée par un *décret* du chef de l'État. Exceptionnellement un arrêté préfectoral suffit (sociétés de secours mutuels, L. 15 juill. 1850, art. 7 ; Décr. 26 mars 1852, art. 8 ; L. 1er avril 1898, art. 15.

* **2006. Étendue de la règle.** — Sous ce régime sont placées la plupart des personnes morales, les départements, les communes, les établissements publics et les établissements d'utilité publique. En général, l'autorisation administrative n'est nécessaire que pour les *acquisitions à titre gratuit*, par don ou par legs (art. 910 et 937). Toutefois les établissements religieux (L. 2 janvier 1817) et les communes (L. 5 avril 1884) sont astreints à la nécessité de l'autorisation même pour les acquisitions à titre onéreux. Ceci ne peut plus s'expliquer par la crainte d'un développement excessif de la mainmorte, mais seulement par le désir du gouvernement d'exercer une tutelle permanente sur les congrégations et sur les communes.

2007. Observation. — Quand on parle de cette autorisation d'acquérir, on dit habituellement que les personnes morales sont rangées parmi les *incapables*, puisqu'elles ne peuvent pas acquérir, tout au moins à titre gratuit, sans y être autorisées. C'est là un *langage tout conventionnel*, qui est le produit de la fiction de personnalité. Au fond, cela veut dire tout simplement que l'accroissement des richesses collectives aux dépens des fortunes individuelles doit être surveillé et limité par les autorités qui ont la garde des intérêts généraux, parce que cet accroissement pourrait devenir un danger économique et politique.

En résumé, le régime des personnes morales contient une double prohibition essentielle :

impossibilité de *se créer*, impossibilité de *s'enrichir*, sans l'agrément du gouvernement. Ces deux mesures ont l'air d'être différentes (voyez la rédaction de l'édit de 1749 en comparant les art. 1 et 14) ; en réalité elles sont *identiques*, parce que l'établissement ne se crée pas sans un fonds de première mise, qui est sa dotation initiale. Il s'agit donc dans les deux cas de faire autoriser par le gouvernement la formation d'une richesse collective.

2° Exceptions.

* **2008. Énumération.** — La règle de l'*autorisation administrative*, à laquelle sont soumises les acquisitions gratuites faites par les personnes morales, souffre cependant deux exceptions, toutes deux contestées, il est vrai. La première concerne les *sociétés commerciales et civiles*, la seconde les *syndicats professionnels*.

* **2009. Sociétés commerciales.** — Ces sociétés sont fondées tout exprès pour s'enrichir. On les laisse donc augmenter leur avoir sans aucune espèce de restriction ni de surveillance. Elles jouissent de la *même liberté* pour leurs *acquisitions* que pour leur *formation*, et cette tolérance est aussi ancienne qu'elles-mêmes.

La capacité d'acquérir ainsi reconnue aux sociétés commerciales n'est pas en contradiction avec les principes du droit public parce que leurs acquisitions se font habituellement à *titre onéreux ;* ce sont des *gains*, des *profits*, obtenus par des spéculations. Or ce qui est dangereux dans l'augmentation de la propriété collective, ce qui est sujet à autorisation, c'est *l'acquisition gratuite*, appauvrissant les fortunes privées. Dès lors on doit se demander si une société de commerce est *capable d'acquérir à titre gratuit* par don ou par legs.

La question est discutée dans la doctrine [1] et la jurisprudence est rare [2], mais l'opinion qui tend à prévaloir est que les sociétés de commerce sont capables de recevoir des libéralités et qu'elles peuvent les accepter sans avoir à solliciter l'autorisation administrative, qui n'est imposée par l'art. 910 qu'aux établissements publics ou d'utilité publique.

** **2010. Sociétés civiles.** — La question se pose exactement dans les mêmes termes pour les *sociétés civiles*, depuis que la jurisprudence reconnaît leur personnalité. Voy. ci-dessus n° 2000-4°. M. le conseiller Cotelle a admis, dans un rapport fait à la chambre des Requêtes, qu'une *société civile* serait, à ce seul titre, douée de personnalité et capable d'acquérir des biens de toute nature, *même à titre gratuit* (D. 94. 1. 81, col. 1). Cela ne fait pas une seconde exception au principe de l'autorisation; c'est la même, car il s'agit toujours de sociétés : la société civile est le type du genre; la société commerciale n'est qu'une variété.

2011. Possibilité d'un danger. — La faculté de s'enrichir librement à titre gratuit, ainsi reconnue aux sociétés civiles et commerciales, n'offre pas d'inconvénients pour les petites sociétés, dont l'existence est courte et les membres peu nombreux. Mise sous cette forme, la propriété collective s'éloigne aussi peu que possible de la propriété individuelle. Mais la forme des *sociétés anonymes*, montées par actions, permet de créer de grands établissements, doués d'une durée indéfinie et d'une puissance énorme. Comme propriétaires de mainmorte, ces grandes compagnies valent des villes ou des ordres religieux, et dans une

[1] Pour l'affirmative, Ch. LYON-CAEN, dans *la Loi* du 27 avril 1881 ; comp. LYON-CAEN et RENAULT, *Traité de droit commercial*, t. 2, nos 119-122. — Pour la négative, LABBÉ, dans *Sirey*, 81. 2. 249, *Journal du Palais*, 1881, 1233 ; CASSAGNADE, *Étude sur les personnes morales*, p. 130 et suiv.; TH. TISSIER, *Dons et legs*, n° 87.

[2] Trib. civ. de la Seine, 30 mars 1881, D. 83. 3. 31, S. 81. 2. 249. Ce jugement admet que les sociétés commerciales peuvent recevoir des libéralités pourvu que leur objet soit conforme aux opérations de la société. Comp. Cass. (motifs), 2 janv. 1894, D. 94. 1. 81.

loi générale sur les associations, il y aurait lieu de soumettre leurs acquisitions gratuites à la surveillance administrative, bien qu'en fait la pratique ne révèle pas pour elles le même danger d'accaparement et la même puissance d'attraction sur les propriétés privées : on ne voit point les particuliers donner ou léguer leur fortune à des compagnies de mines, de banque ou de chemins de fer, comme ils donnent aux communes et aux congrégations. Le danger pourrait naître, si les sociétés coopératives devenaient une arme de parti, un moyen de propagande, comme la verrerie d'Albi.

*2012. **Syndicats professionnels**. — La seconde exception a été faite pour les syndicats professionnels (L. 21 mars 1884), dont les acquisitions à titre gratuit dans la mesure où elles leur sont permises[1] *n'ont pas besoin d'être autorisées par l'administration*[2] (Trib. civ. Seine, 16 juill. 1896, D. 98. 2. 138).

Tout en dérogeant ainsi pour eux aux règles du droit commun, la loi a limité pour les syndicats l'aptitude à posséder. Elle ne leur permet d'acquérir que *les immeubles nécessaires à leur fonctionnement* (art. 6, al. 3). Toute acquisition inutile, faite seulement pour servir de placement à des capitaux, est nulle, et la nullité peut être demandée par le procureur de la République et par tous les intéressés (art. 8). — La loi n'a rien dit des meubles, et cela a fait naître une controverse ; mais la majorité des auteurs admet que, faute d'un texte restrictif, la capacité des syndicats en fait d'*acquisitions mobilières* est illimitée (Bry, *Législation industrielle*, p. 264. Sauzet, *Revue critique*, 1888, p. 296. — En sens contraire, Hubert-Valleroux, *Les corporations d'arts et métiers et les syndicats professionnels*, p. 368).

§ 4. — *Gestion de la propriété collective.*

A. — Nécessité d'un procédé de gestion unitaire.

2013. **Position de la question**. — Considérons maintenant le *patrimoine de la personne civile*, c'est-à-dire la richesse collective après sa constitution première et avec ses accroissements ultérieurs ; prenons ce patrimoine tout formé et voyons comment il va être *géré*.

[1] Le Sénat avait introduit dans l'art. 6 de la loi un alinéa retirant aux syndicats la faculté de recevoir des dons et ne leur permettant que les acquisitions à titre onéreux. La Chambre le supprima (*Journal officiel*, Chambre, débats parlementaires, 1883, p. 397 ; 1884, p. 246). Du reste, la loi parle en termes généraux d'*acquisitions*, et l'art. 8 vise expressément les *libéralités* pour les annuler dans un cas particulier. Donc elles sont possibles en principe. Dans la pratique cette solution ne fait plus de doute.

[2] Quand cette affirmation s'est produite pour la première fois, elle a provoqué un étonnement profond chez bien des gens, convaincus que le principe de l'autorisation administrative, établi par l'art. 910, était une des règles essentielles de notre droit public. Cependant le système de la loi de 1884 prouve, d'une manière invincible, que l'autorité administrative n'a pas à intervenir. En effet, l'art. 8 organise une surveillance exercée par l'autorité judiciaire sur les acquisitions des syndicats ; cette précaution serait inutile si ces mêmes acquisitions devaient être autorisées par le Conseil d'État. On ne comprendrait pas que les tribunaux civils annulassent une acquisition que le gouvernement aurait approuvée solennellement.

Dans la réalité, on se trouve en face d'un patrimoine collectif, d'une masse de biens qui ne fait pas l'objet d'une *appropriation individuelle*. Le nombre de personnes qu'il intéresse peut être minime, comme dans les petites sociétés de commerce formées par deux ou trois marchands, mais il n'a pas de limites et peut se chiffrer par milliers, comme dans les grandes compagnies, et même par millions comme dans les villes et les États. Si ce domaine commun restait soumis au régime de la propriété individuelle, chacun des intéressés serait administrateur et maître, outre son patrimoine propre, d'une partie du patrimoine commun, et *la confusion serait inextricable*.

En voici la démonstration. Si la part de chacun dans la masse totale était considérée comme sa propriété personnelle, elle serait *autonome*, c'est-à-dire que *tout acte de gestion ou de disposition supposerait le consentement de chaque propriétaire*. C'est ce qui arrive dans cet état particulier de la propriété privée qu'on appelle *l'indivision* (ci-dessous, n° 1148). Or cet état est extrêmement gênant : les *parts individuelles*, bien que *confondues* en une masse indistincte, conservent théoriquement leur autonomie ; chacun des ayants droit est souverain sur sa part et peut par sa mauvaise volonté paralyser toute action, tout changement, toute amélioration. C'est une confusion juridique produisant un conflit perpétuel de volontés. L'indivision est donc un état de torpeur forcée, et en même temps une source de discordes. Si on veut qu'une entreprise ne marche pas, on n'a qu'à la soumettre à ce régime.

Il était donc nécessaire d'organiser un régime spécial pour les richesses collectives, dont la plupart sont destinées à rester indéfiniment dans cet état, et ce régime devait être nécessairement *unitaire*, c'est-à-dire que la gestion des biens collectifs devait être centralisée et confiée soit à une personne unique, soit à un petit groupe de personnes, capable de prendre vite une décision et d'agir rapidement et avec suite.

** **2014. Effet de la fiction de personnalité.** — C'est grâce à cette fiction que la question a été résolue. Du moment où un groupe quelconque, possesseur d'un patrimoine collectif, est représenté par une personne fictive, il n'y a qu'à régir le patrimoine de cet être abstrait *comme s'il était celui d'une personne réelle*. En effet, tout groupe de personnes peut être indiqué par la formule $n + 1$, n étant le nombre des membres du groupe, et la personne supplémentaire n'étant autre que le groupe lui-même personnifié. Cette *personne fictive est réputée titulaire* de tous les droits et de toutes les charges ayant un caractère collectif, commun au groupe entier ; du même coup, les *membres du groupe sont réputés étrangers* à tous ces droits et à toutes ces charges. Il s'opère une *séparation complète* entre ce qui est propre à chacun et ce qui est commun, et cette séparation se fait sous une forme claire et qui nous est très familière. Comp. POTHIER,

Traité des personnes, n° 210. C'est cette simplicité du mécanisme qui a fait tout le succès de la fiction traditionnelle.

Tout marche alors de la façon la plus simple : les actes juridiques de toute nature, ventes, achats, emprunts, paiements, constitutions d'hypothèques, placements de fonds, etc., se font au profit des collectivités *sous la même forme que pour les individus, et ils produisent les mêmes effets*. Si bien qu'il n'y a rien de particulier à en dire ici, et qu'on peut renvoyer, pour tout ce qui concerne la gestion des patrimoines collectifs, aux règles particulières établies pour chaque acte selon sa nature ; ces règles valent à la fois (sauf de rares dérogations) pour les individus et pour les collectivités.

Il ne reste plus qu'à organiser un *service de contrôle et de surveillance* pour empêcher les individus chargés de la gestion du patrimoine collectif de commettre des fautes, par incurie, par négligence ou par fraude.

2015. Autre explication par l'idée de représentation. — Le même procédé de gestion unifiée et concentrée, auquel on est arrivé par la fiction de personnalité, aurait été obtenu tout aussi bien avec l'idée d'une *représentation générale de la collectivité par ses gérants*. Il suffit de considérer cette représentation comme *forcée*, parce qu'elle est inhérente au régime de la propriété collective, pour arriver à la concentration de tous les pouvoirs dans les mains d'un seul ou de quelques-uns. La collectivité ainsi représentée se trouve exactement dans la même position que des mineurs ou des interdits dont le patrimoine est administré par un tuteur pour leur plus grand bien : *elle a le profit, sans avoir la charge de la gestion*.

La supériorité de cette conception sur la fiction traditionnelle de la personnalité est évidente. Elle a en plus le mérite de la simplicité, car avec l'idée d'une personne fictive on superpose une fiction à une autre : il faut bien que cette prétendue personne, qui n'a aucune existence réelle, soit *représentée* par une personne vivante, qui administrera les biens dont elle est réputée propriétaire. Il y a donc *simplification*, quand on admet que les membres de la collectivité sont directement représentés par celui qui gère : le mécanisme marche avec une seule fiction au lieu de deux [1].

[1] A ce point de vue encore, ce que je crois être la vérité a été exprimé à peu près dans les mêmes termes par Ihering. Voici comment il justifie la « création d'un être artificiel... qui figure extérieurement comme sujet », à la place des membres d'un groupe : « Cet être juridique *n'est en réalité qu'un masque* : il est le *mécanisme* qui sert de véhicule à toutes les relations de la communauté avec l'extérieur ; *il n'est pas lui-même l'ayant droit*. Les ayants droit sont *ceux qui sont intéressés dans la communauté*, qui se meuvent derrière lui et dont il n'est que le porte-voix. Extérieurement cependant il remplit le rôle des véritables intéressés ; il agit, il contredit, il conclut les actes juridiques et les exécute... Presque partout se représente cette figure de l'être juridique, porteur des droits d'une communauté » (*L'esprit du droit romain*, trad. Meulenaere, t. IV, p. 214). La *fiction* de personnalité, dit-il ailleurs, n'a pas pour but, comme beaucoup de fictions juridiques, la création d'une règle nouvelle : « elle ne tend qu'à faciliter une conception juridique » ; elle oblige notre pensée « à se représenter le rapport de fait *autrement qu'il n'est en réalité* ; à se représenter comme sujet non les membres isolés de la corporation, mais un être imaginaire, la corporation » (*Ibid.*, p. 298).

Pourquoi donc n'a-t-on pas songé à faire accomplir tous les actes intéressant la masse par une ou plusieurs personnes ayant des pouvoirs spéciaux et représentant la foule des intéressés? C'est tout simplement parce que la notion de la représentation dans les actes juridiques n'existait pas encore à l'époque où toute cette théorie s'est formée ; on a eu recours à la fiction d'une personnalité abstraite, qui a paru suffisante pour atteindre le but : elle permettait en effet de transporter à la propriété collective le mode de gestion déjà institué pour la propriété individuelle, en la supposant condensée au profit d'un être fictif unique.

***2016. Avantages pratiques de la création des personnes fictives.** — On peut maintenant comprendre, d'une manière précise, quelle utilité il y a à créer une personne fictive, c'est-à-dire à admettre la formation d'un patrimoine collectif nouveau distinct des autres ; cette utilité n'est pas la même pour les particuliers et pour l'État.

La création par le gouvernement d'une nouvelle personne civile (circonscription ou établissement public) n'est qu'un *sectionnement* opéré dans la masse préexistante des biens nationaux, départementaux ou communaux. Si le gouvernement s'abstient de la créer, les services auxquels l'établissement projeté doit faire face n'en fonctionneront pas moins, seulement ils resteront dans les cadres généraux de l'administration nationale, départementale ou communale. Il n'y a là qu'une question d'*adaptation* de la machine administrative aux services dont elle est chargée : avec un plus grand nombre d'établissements publics, la division du travail entre les différents organes de l'administration est poussée plus loin, l'autonomie des différentes autorités est plus grande ; mais le travail réel, le service rendu aux citoyens se ferait quand même ces établissements seraient moins nombreux.

Il en est autrement pour les personnes morales dues à l'*initiative des particuliers*. S'il n'est pas permis à ceux-ci de créer pour leur association une propriété collective, l'entreprise projetée par eux au moyen d'une action commune, va *échouer;* tout au plus pourra-t-elle *végéter misérablement;* elle ne sera jamais féconde. Ce qui n'est pour l'administration publique qu'une *commodité* de plus dans ses services, est pour les particuliers une *condition indispensable du succès* de leurs initiatives collectives.

B. — Du domicile des personnes fictives.

2017. Position de la question. — La gestion d'un patrimoine collectif soulève deux séries de questions qui se résolvent d'après la situation du domicile des particuliers, quand elles se présentent relativement à la propriété individuelle. Ces questions sont les suivantes :

1° En quel lieu doivent être adressées les *assignations* et *notifications* de toute nature, que les tiers peuvent avoir à envoyer pour faire valoir leurs droits ?

2° Quel sera le *tribunal compétent* si un *procès* s'engage ou s'il y a lieu à une *déclaration de faillite ?*

S'il s'agissait d'un particulier, on se réglerait sur la situation de son domicile. Mais les prétendues personnes morales *n'ont pas de domicile*, puisqu'elles ne vivent pas et que le domicile est avant tout *le lieu d'habitation d'un être vivant*. Comment fera-t-on ?

2018. Solution.— Si le domicile sert à cet office, c'est uniquement parce qu'il est considéré comme étant le *centre des affaires de la personne*. Or les patrimoines collectifs, cachés derrière la fiction de la personnalité, sont administrés et l'administration en est *centralisée* dans un endroit où se trouvent les bureaux et les livres, où se tiennent les administrateurs et les chefs principaux : c'est ce qu'on appelle le *siège* de l'établissement ou de l'association, le *chef-lieu* de l'État, de la commune, etc., cet endroit tiendra lieu de domicile. C'est ce qu'on appelle habituellement le *domicile de la personne fictive*.

2019. Nature de ce domicile. — Ce siège de l'établissement ou de l'association, ce chef-lieu de la circonscription, fait l'office d'un *domicile élu*. Les agents chargés de l'administration du patrimoine collectif sont considérés comme ayant fait *élection de domicile* dans cet endroit pour toutes leurs relations avec les tiers dans les fonctions dont ils sont chargés, et cette présomption est toute naturelle. On voit qu'ici encore, et en suivant l'idée jusque dans le détail de ses applications, on n'a nul besoin de la fiction de personnalité et que tout s'explique sans elle de la manière la plus simple.

2020. Pluralité possible de domiciles. — Toute circonscription territoriale, tout établissement public ou privé a *au moins* un *centre*, chef-lieu ou siège social. Mais le domicile élu est susceptible de *pluralité*. Beaucoup d'établissements publics et d'associations privées font des opérations en des points nombreux, disséminés sur tout le territoire, et souvent même à l'étranger. Elles se créent ainsi des *centres d'action multiples*, dont le nombre n'est pas limité. Ces centres d'action peuvent être considérés comme autant de domiciles élus, d'ordre secondaire. Ces domiciles secondaires se rencontrent partout où la personne fictive a des *agents munis de pouvoirs suffisants* pour la représenter et pour agir en son nom.

Ainsi l'État français peut être assigné dans chaque département au domicile du préfet ou dans les bureaux des agents du Trésor (art. 69 C. proc. civ., 1° et 2°). Les grandes compagnies de chemins de fer peuvent être poursuivies, au moins pour les procès ordinaires, dans toutes les villes où elles ont des gares importantes, et non seulement à leur siège social qui est établi à Paris. La jurisprudence a eu maintes fois l'occasion de le décider.

2021. Différences entre le siège social et les domiciles secondaires. — Il y a une *double différence* entre le siège social et les autres domiciles secondaires. Le premier a la prépondérance ; il a le caractère de domicile principal. C'est donc lui qui détermine la compétence du tribunal : 1° au cas de *faillite* ; 2° pour les procès qui mettent en question la validité même de la société ou *l'existence* de la personne fictive ; 3° en cas de *partage* après dissolution.

En second lieu, la détermination du siège principal n'offre pas de difficulté en pratique. Pour les associations, il est déterminé d'une manière expresse par les statuts. Au contraire, les élections de domicile qui résultent de la création de centres secondaires sont *tacites*. De là naissent en fait beaucoup d'incertitudes. Les lois n'ont pas prévu la répartition des actes d'une société dans un grand nombre d'agences ou de centres secondaires, et la jurisprudence s'est trouvée sans règles. On ne saurait considérer les compagnies de chemins de fer comme ayant un domicile élu partout où elles ont une gare. Il faut tout au moins un personnel important, mais la distinction est difficile. On assiste à des tiraillements entre les compagnies qui veulent attirer tous les procès à leur siège social, et les particuliers qui ont presque toujours intérêt à plaider sur les lieux où ils ont traité. Voyez DALLOZ, *Suppl.*, v° Compétence des tribunaux civils, n°s 43 et suiv.

§ 5. — *De l'extinction des personnes fictives.*

****2022. Leur longue durée habituelle.** — L'existence d'une masse de biens collectifs, administrée au moyen d'une fiction de personnalité, ne dépend pas de la durée de la vie humaine; elle peut survivre à chacune des personnes intéressées, pourvu que le groupe dure et se renouvelle. Par suite, le patrimoine d'une personne fictive peut se perpétuer indéfiniment. C'est là ce qui rend les gens de mainmorte si redoutables : ce sont *des personnes qui ne meurent pas* ou plutôt *des masses de biens qui ne circulent pas et ne se dissolvent pas*. — Cependant cela leur arrive quelquefois.

2023. Leurs causes d'extinction. — Ainsi les établissements créés par le Gouvernement peuvent disparaître comme ils s'établissent, par des *actes législatifs* ou par des *décrets*, selon des règles qui n'ont pas besoin d'être expliquées ici.

Les établissements fondés par des particuliers, c'est-à-dire leurs *associations*, peuvent de même se dissoudre pour différentes causes, qui sont :

1° L'ARRIVÉE D'UN TERME EXTINCTIF. — Beaucoup d'associations, et notamment les sociétés civiles et commerciales, sont établies pour un temps déterminé; elles prennent fin naturellement quand le terme arrive.

2° UN VOTE DE DISSOLUTION. — Les conditions dans lesquelles ce vote peut intervenir varient selon les genres de sociétés ou d'associations; en général, les statuts prévoient l'hypothèse et la règlent, à cause du silence des lois. Le Code se borne à dire que dans les sociétés dont la durée est illimitée, la volonté d'un seul des associés peut amener la dissolution (art. 1869). La loi du 24 mars 1884 n'a pas été plus prévoyante pour les syndicats professionnels.

3° LE RETRAIT DE L'AUTORISATION. — Lorsque la création de la personne morale [c'est-à-dire d'une propriété collective] n'a pu se faire qu'avec l'agrément des pouvoirs publics, qu'il a fallu solliciter une *autorisation administrative*, la personne morale ne subsiste que par la *tolérance* de l'autorité; l'autorisation qui a été donnée peut toujours être retirée, et son retrait est l'arrêt de mort de la personne fictive. La suppression des *ordres religieux* et celle des *communautés de métier* (corporations) pendant la Révolution en offre des exemples remarquables[1]. Le droit de l'État de mettre fin à l'existence des patrimoines collectifs dont il a autorisé la formation ne saurait être contesté en théorie; les circonstances qui l'ont amené à donner son approbation peuvent avoir changé; il ne saurait être lié à perpétuité par un acte d'administration antérieur. C'est à ses représentants d'user de ce droit redoutable avec l'esprit de justice et de modération toujours nécessaire à un gouvernement.

4° L'ANNULATION. — Dans les cas où la formation de la masse collective a été *l'œuvre libre des particuliers* agissant sans avoir besoin d'aucune autorisation administrative, comme c'est le cas pour les sociétés proprement dites et pour les syndicats professionnels, l'État ne donne pas pour cela carte blanche aux citoyens; il a limité la liberté par des précautions et des mesures utiles. Si l'observation de ces règles a été négligée, il déclare l'association nulle et il ouvre l'action en nullité soit aux membres du groupe, soit aux tiers, soit au ministère public.

On remarquera que dans les deux premiers cas l'extinction de la personne fictive et la dissolution de son patrimoine sont dues à la volonté des associés, tandis que dans le troisième et le quatrième cas, elles résultent de la volonté souveraine.

2024. Effet de l'extinction. — La question de savoir quels sont les effets de l'extinction dépend de l'opinion qu'on a sur la personnalité fictive. Ceux qui croient, étant dupes du mot, à l'existence d'une *personne*, sont forcés de croire aussi qu'il s'agit d'un *décès*, que cette personne est *morte* et qu'elle laisse une *succession*. La rhétorique est impitoyable: elle veut que la métaphore soit suivie jusqu'au bout. — En cette matière, l'idée d'une succession est dépourvue de sens, et elle mène loin ceux qui s'y arrêtent. Sa conséquence la plus remarquable a été admise par un arrêt de la Cour de cassation : c'est que la dévolution des biens, qui s'opère à la dissolution d'une société, au profit d'une autre personne morale, peut constituer une *substitution prohibée*[2].

Il faut donc écarter toute assimilation entre la liquidation d'un patrimoine collectif et la mort d'une personne vivante ; il n'y a rien de commun entre les deux faits.

La seule question qui se pose alors est celle-ci : *que doivent devenir les biens qui étaient jusque-là soumis au régime de la propriété collective?* Plusieurs hypothèses doivent être distinguées.

2025. Établissements publics. — Si le patrimoine collectif est la *dotation d'un service public* détaché de l'administration générale, sa suppression amène ce simple résultat que les biens qui lui étaient affectés font retour à l'État, au département ou à la commune; ils rentrent dans le domaine d'où ils avaient été temporairement distraits.

2026. Associations et établissements privés. — Il y a beaucoup plus de difficultés, s'il s'agit d'un *établissement de fondation privée*, reconnu d'utilité publique.

[1] Au contraire, la dispersion de certaines congrégations en 1880 n'a pas eu le même effet, puisqu'elle n'a atteint que des ordres *non reconnus* et par conséquent dépourvus de personnalité.

[2] Ce point ne peut être expliqué ici ; il suppose connue la théorie des substitutions, et sera expliqué à propos de cette matière. Voyez l'arrêt de la Cour de Paris du 2 juin 1893 (D. 93. 2. 513) et l'arrêt de la chambre des requêtes, qui a rejeté le pourvoi, du 12 février 1896 (D. 96. 1. 545).

L'opinion commune est que, en cas de suppression de l'établissement, les biens qui lui appartenaient deviennent des *biens sans maître* et tombent dans le domaine de l'État, par application des art. 539 et 713 C. civ. [1]. Formulée dans ces termes absolus, cette doctrine me paraît inadmissible. L'État n'a aucun droit en principe à s'emparer des biens des particuliers, même quand ceux-ci les possèdent sous forme de propriété collective, et la mainmise qu'on l'encourage à exercer ne serait qu'une *spoliation*, pour l'appeler de son vrai nom.

La question comporte d'ailleurs une distinction que j'établirais de la manière suivante :

Associations a but égoiste. — Si le patrimoine collectif a été formé dans l'intérêt pécuniaire ou à l'avantage matériel des membres du groupe, ceux-ci doivent être considérés comme ayant un *droit personnel* sur la masse commune ; la dissolution de la personne morale doit donc amener le retour des biens qui composaient son patrimoine au *régime de la propriété individuelle* par la *formation de parts* au profit des membres actuels du groupe. C'est l'effet incontesté de la dissolution d'une société civile ou commerciale. Le même résultat doit être admis pour les syndicats professionnels dont l'actif représente seulement une caisse commune à la disposition des membres du groupe.

Il conviendrait d'appliquer la même solution aux sociétés qui sont établies dans un but purement égoïste, comme les cercles et les sociétés sportives.

Autres associations. — Si l'association ne recherche pas l'intérêt pécuniaire ou l'avantage matériel de ses membres, il se peut qu'elle ait une tendance plus ou moins désintéressée. Son but peut être tout à fait *altruiste*, comme celui des associations d'enseignement ou de bienfaisance ; elle peut aussi avoir en vue l'intérêt de ses membres, comme c'est le cas des congrégations qui assurent à leurs membres la vie contemplative du cloître ou tout au moins les avantages spirituels de la vie religieuse. Pour toutes les associations de cette catégorie, on peut admettre que les membres actuels du groupe n'ont pas de droit personnel sur les biens de la congrégation ou de l'association dissoute. Toutefois, le retour de ces biens à l'État n'est acceptable qu'à une *double condition* :

1° Pleine liberté doit être laissée aux *statuts* pour régler la dévolution des biens en cas d'extinction ou de suppression de l'établissement. Ceux qui tiennent à poursuivre la métaphore de la personnalité, peuvent dire que la personne morale qui meurt peut *faire son testament* par une clause de ses statuts et que, si elle omet cette précaution, elle laisse une *succession ab intestat*. Singulier langage, en vérité, et où s'arrêtera-t-on dans cette voie ?

2° Lorsque, dans le silence des statuts, l'État s'emparera des biens laissés sans affectation, il devra, autant que possible, respecter la volonté des particuliers qui ont formé cet établissement ou qui l'ont doté et ne pas détourner ces biens de leur destination s'il est possible.

2027. Dispositions des Codes étrangers. — On trouve sur cette question importante une disposition très remarquable dans le *Code espagnol*. C'est l'art. 39, où il est dit que, lorsqu'une association cesse de fonctionner, on doit donner à ses biens « la destination que les *lois*, les *statuts* ou les *clauses fondamentales* [des libéralités] avaient indiquée dans cette prévision ». Si aucune disposition n'a été prise, on doit employer les biens « à la réalisation d'un but analogue, dans l'intérêt de la région, province ou ville qui devait particulièrement profiter de l'entreprise éteinte ».

Le Code allemand a une disposition du même genre dans son art. 45. Les biens d'une corporation dissoute sont dévolus de la manière fixée par les statuts. Les statuts peuvent même laisser le soin de régler cette dévolution à l'assemblée générale ou aux autres organes de l'association. Si l'association poursuivait un but désintéressé, il lui est permis en toute hypothèse de transmettre ses biens à une autre fondation ou établissement public. Si l'association avait été fondée dans l'intérêt exclusif de ses membres, son actif se partage par parts égales entre ceux qui en font partie au jour de sa dissolution. Dans les autres cas seule-

[1] « Les membres d'une société reconnue comme établissement d'utilité publique et de tout établissement de cette nature n'ont, pas plus que ceux des commissions d'établissements publics, le droit de s'en approprier les biens en cas de dissolution » (Ducrocq, *Cours de droit administratif*, n° 1337).

ment les biens de l'association dissoute sont recueillis par le fisc de l'État dans le territoire duquel elle avait son siège.

2028. Dispositions spéciales de quelques lois françaises. — En France, nous n'avons *aucun texte général* sur ces difficultés; on peut seulement signaler *trois lois* différentes qui ont obéi plus ou moins à la préoccupation de respecter les volontés privées.

1° L. 24 mai 1825, sur les *communautés religieuses de femmes*. Il est dit, dans l'art. 7, que, en cas d'extinction ou de révocation de l'autorisation, les biens acquis par donation entre vifs ou à cause de mort doivent *faire retour* aux auteurs de ces libéralités ou à leurs parents au degré successible. Quant aux biens qui ne leur feraient pas retour ou qui auraient été acquis à titre onéreux, ils seront *répartis par moitié* entre les établissements ecclésiastiques et les hospices du département.

2° L. 15 juillet 1850, art. 10, et Décr. 26 mars 1852, art. 15, sur les *sociétés de secours mutuels*. En cas de dissolution, les membres actuels n'ont droit qu'à la restitution de leurs mises, déduction faite des frais que chacun d'eux a personnellement causés. Le surplus de l'actif, s'il y en a, est attribué à d'autres établissements de bienfaisance.

3° L. 12 juillet 1875, sur la *liberté de l'enseignement supérieur* (art. 12). Ce texte admet, dans les mêmes termes que la loi de 1825, pour les biens donnés ou légués, le retour aux donateurs ou à leurs successeurs et à ceux des testateurs. A défaut de ces ayants droit ou si les biens ont été acquis à titre onéreux, les biens font retour à l'État, si les *statuts* ne contiennent à cet égard aucune indication ». Quand l'État reprend ces biens, il doit en faire usage « pour les besoins de l'enseignement supérieur, par décrets rendus en Conseil d'État, après avis du Conseil supérieur de l'instruction publique ».

Voilà des textes qui renferment dans de justes limites le droit de déshérence reconnu à l'État. — Il est bon d'ajouter, que ces biens vacants ne s'entendent que déduction faite de ce qui peut être dû aux créanciers de l'établissement. Comp. C. civ. allemand, art. 49.

CHAPITRE II

LE DOMAINE PUBLIC

2029. Bibliographie. — PROUDHON, *Traité du domaine public*, 1844, 5 vol. — GAUDRY, *Traité du domaine*, 3 vol., 1861. — DE RÉCY, *Traité du domaine public*, 2e édit., 1894 (Extrait du *Répertoire de droit administratif*, de BÉQUET). — Voir aussi les traités de droit administratif, et spécialement DUCROCQ, *Cours*, 7e édition, t. IV, ainsi que le *Répertoire*, de DALLOZ, aux mots Domaine de l'État, Domaine public, etc.

§ 1. — *Notions générales.*

2030. Définition. — Dans son sens large, l'expression « domaine public » comprend *tous les biens qui appartiennent collectivement à une nation*. C'est la définition qu'en donnait la grande loi domaniale du 22 novembre 1790, dans son préambule et dans son art. 1er, et elle n'a pas cessé d'être exacte.

2031. Répartition du domaine public entre l'État, les départements et les communes. — Il n'y a pas à distinguer, pour définir le domaine public dans son ensemble, selon que les divers biens qui le composent, sont considérés comme formant le domaine général de l'État, ou s'ils sont attribués à ses subdivisions territoriales, telles que le département et la commune : le *domaine public départemental* et le *domaine public national* ne sont pas autre chose (comme le disait PROUDHON, n° 200) que des *fractions locales* du domaine public national.

La distinction de ces trois espèces de domaines, très importante dans un cours de droit administratif où l'on étudie séparément l'administration de l'État, celle du département, et celle de la commune, est sans utilité dans un cours de droit civil, parce qu'il n'y a *point de différences de nature* entre les biens de ces trois classes; ce n'est qu'une *répartition administrative* des charges financières et des soins de surveillance.

Le domaine départemental est de formation récente ; il ne remonte pas au delà de 1811. Il se compose principalement d'édifices, tels que les palais de justice, tribunaux, préfectures et sous-préfectures, casernes de gendarmerie, prisons départementales, etc. Il y a aussi des routes départementales et des chemins de fer départementaux. Le Code n'en a pas fait mention, parce que le département ne possédait encore rien en 1803 (ci-dessus n° 1976); il n'était qu'une circonscription administrative, comme le sont encore l'arrondissement et le canton (ci-dessus n° 1967 et 1980).

2032. Pourquoi le Code s'est occupé du domaine public. — Les dispositions relatives au domaine public ne sont guère à leur place dans un Code civil, qui a pour objet propre le droit privé, et qui, en fait de propriété, doit s'occuper surtout de celle qui appartient aux particuliers. Les auteurs du Code Napoléon l'avaient bien compris ; Treilhard disait, dans l'*Exposé des motifs*, que « les biens qui appartiennent à des particuliers sont les seuls dont le Code civil doit s'occuper ; les autres sont du ressort ou d'un Code de droit public ou de lois administratives ». Peut-être est-ce aller trop loin. La propriété privée confine partout au domaine public, et un Code civil complet devrait régler un certain nombre de questions qui naissent de leurs rapports, donner, par exemple, des garanties aux propriétaires dans les questions de *délimitation* du domaine public. Le Code civil n'a rien fait de semblable ; s'il a consacré quelques articles (art. 537 à 542) aux biens du domaine public, c'est uniquement parce qu'il leur a paru que ces biens formaient *une classe de biens à part*, soumis à des lois particulières, et voilà pourquoi ils ont placé ces articles dans le titre consacré à la classification des biens.

2033. Antithèse du domaine public et de la propriété privée. — Dans le Code civil, la distinction entre le domaine public et la propriété privée est annoncée par son intitulé d'une façon assez obscure : *Des biens dans leurs rapports avec ceux qui les possèdent* (Titre Ier, liv. II, chap. III). Il est difficile de comprendre comment *la qualité du propriétaire* peut influer sur *la nature du bien*, et comment il peut y avoir ainsi une classification des choses dérivant d'une différence entre les personnes. Cela se justifie cependant, au moins dans une certaine mesure, car la propriété privée est généralement mise sous la forme de la propriété *individuelle*, tandis que le domaine public se compose surtout de choses qui sont par leur nature destinées à l'usage ou au service de tous, et qui par suite ne comportent qu'une propriété *collective*. Mais de même que les particuliers associés peuvent posséder *collectivement* des biens qui sont des biens *privés*, de même l'État, les départements et les communes possèdent parfois des biens qui ne diffèrent en rien de ceux des particuliers et qu'on appelle leur *domaine privé*. On peut donc concevoir une classification des biens *selon la façon dont ils sont possédés*.

C'est bien là en effet ce que la loi a voulu faire. Dans l'art. 537, où se trouve exprimée la distinction que l'intitulé du chapitre ne fait qu'annoncer, on trouve une antithèse entre les biens des particuliers et « ceux qui n'appartiennent pas à des particuliers » (al. 2). Cette dernière formule, toute négative, a le tort d'être un peu vague, mais le sens en est précisé par un incident de la discussion du Code. Le projet de l'an VIII opposait aux biens des particuliers « ceux de la nation, des établissements publics, et des communes » (FENET, t. II, p. 100). Dans le projet définitif, soumis au Conseil d'État en 1803, il n'était plus fait mention que de la nation et des communes, les établissements publics étaient passés sous silence. Regnaud [de Saint-Jean-d'Angély] demanda que la disposition de l'article fût étendue aux établissements publics. Pour des raisons qui ne sont pas connues, on évita de réintroduire dans le texte les mots qui y avaient été supprimés et l'on adopta une formule indirecte : « Les biens qui n'appartiennent pas à des particuliers... », proposée par Treilhard. — Ainsi la distinction faite dans l'art. 537 se ramène à une opposition entre les biens des particuliers, d'une part, et les biens qui composent le domaine de l'État, de ses subdivisions (départements et communes) et leurs organes administratifs (établissements publics), d'autre part.

2034. Utilité de cette distinction. — Les auteurs du Code nous indiquent eux-mêmes l'intérêt qu'ils attachaient à la distinction faite par eux : c'est que les particuliers ont la *libre disposition* des biens qui leur appartiennent, tandis que les biens qui ne sont pas propriétés privées ne peuvent être *administrés* et *aliénés* que *selon les règles qui leur sont propres* (art. 537).

On croirait dès lors voir résulter de là une opposition complète entre les *propriétés privées*, régies par le *droit civil*, et les *propriétés publiques*, gouvernées par le *droit administratif*. L'antithèse n'est pas aussi absolue qu'on pourrait le croire. Si on prend d'abord la *gestion* ou administration de la propriété, on voit d'une part que beaucoup de propriétés foncières continuent à être régies par le droit civil, même quand elles se trouvent dans le domaine de l'État, des départements et des communes, par exemple pour les questions de servitudes et de prescription ; et que, d'autre part, les propriétés privées sont, dans une large mesure, soumises à des règlements administratifs, par exemple pour les questions d'exploitation, d'alignement, de voirie, etc.

Quant à la *liberté d'aliénation*, à laquelle l'art. 537 fait également allusion, elle n'est pas toujours absolue pour les propriétés privées ; il y a des biens qui sont en eux-mêmes inaliénables et pour les autres il y a certains modes d'aliénation qui sont interdits. De leur côté, les biens domaniaux peuvent dans beaucoup de cas être aliénés.

Le Code a donc établi là une division trompeuse, puisqu'elle ne coïncide pas exactement avec les différences réelles qui existent dans le régime des biens selon qu'ils sont propriétés privées ou propriétés publiques. La véritable division à faire est indiquée plus loin (nos 2035 et suiv.) : c'est celle qui sépare les biens du domaine public de ceux du domaine privé.

§ 2. — *Subdivision du domaine en domaine public et domaine privé.*

2035. Deux sortes de biens domaniaux. — Le domaine se compose de deux sortes de choses fort différentes : les unes, comme les fleuves et les routes, *ne sont pas susceptibles de propriété privée* ; les autres *ont leurs analogues dans les patrimoines particuliers*, et comprennent des terres, des forêts, des édifices, des objets d'art, etc., qui pourraient parfaitement appartenir à quelqu'un.

Les premières forment ce qu'on appelle le *domaine public* proprement dit ; les autres constituent le *domaine privé* de l'État, des départements et des communes.

A. — Histoire de cette distinction.

2036. Incertitude du droit moderne. — Nos textes législatifs relatifs au domaine sont tous empreints d'une grande incertitude qui a pour origine la loi domaniale du 22 novembre 1790, et qui a été aggravée par les modifications de pure forme qu'on a fait subir au Code en 1816. Pendant tout le XIXe siècle on a beaucoup discuté sur cette distinction, et la jurisprudence a eu beaucoup de mal à s'établir. La seule façon d'y apporter de la clarté, c'est de prendre la question au point de vue historique.

2037. Le domaine avant la Révolution. — On se préoccupait peu à cette époque de ce que nous appelons le domaine public, bien que la police des fleuves et des voies de communication terrestres fît déjà l'objet d'un grand nombre d'ordonnances. Mais les jurisconsultes ne s'en occupaient guère. Quand ils parlaient du domaine (*domaine royal*, *domaine de la couronne*), ils entendaient surtout un *ensemble de biens appartenant au roi* et formant pour lui une source de revenus.

Le domaine fut la richesse de la royauté, avant l'organisation des impôts modernes, qui fournissent à l'État un revenu bien supérieur. Ce domaine royal s'était formé et agrandi lentement, par la réunion à la couronne d'un grand nombre de fiefs et seigneuries. Il comprenait principalement des terres et des forêts, avec une foule de droits utiles, perçus sur le commerce et le transit des marchandises, et dans les justices. Sur l'ancien domaine, voyez Berthelot du Férier, *Traité des droits et domaine du roi*, 1719, in-4° ; Le Fèvre de la Planche, *Traité du domaine*, 1764, 3 vol. in-4° ; Bosquet, *Dictionnaire raisonné des domaines et droits domaniaux*, 1762, 2 vol. in-4°.

2038. Œuvre de la Révolution. — Sous l'Assemblée constituante, les idées avaient changé, et on considérait le domaine royal comme une *propriété nationale*, dont le roi avait seulement la garde et la jouissance.

Ces idées se traduisirent dans la grande loi du 22 novembre 1790, qui attribua le domaine *à la Nation*. En même temps, comme on s'était habitué depuis longtemps à voir des *biens publics* dans les fleuves, les routes, les ports, et autres choses qui ne sont pas susceptibles de propriété privée, la même loi rapprocha les deux choses : l'ancien domaine royal et les choses publiques se trouvèrent réunis dans une seule masse sous le nom nouveau de « domaine national » ou « domaine public ». L'art. 1er de la loi vise les biens royaux ; l'art. 2 énumère les *res publicæ*, tout au moins les principales, et les déclare « dépendances du domaine public ».

2039. Distinction moderne. — Pourtant il était impossible de laisser ainsi en une seule masse les biens domaniaux de toute nature ; il est indispensable de les soumettre à des régimes différents, et c'est en effet ce que font nos lois. Les auteurs qui ont écrit sur le domaine depuis le Code civil ont donc travaillé à classer les biens du domaine en deux grandes catégories, ainsi qu'il a été dit au n° 2035, et à justifier leur classification. Cette distinction est déjà faite dans le Traité de Proudhon (2e édit., t. I, p. 244).

2040. Langage hésitant du Code civil. — Sous le premier empire, le langage n'était pas encore bien fixé. Le texte primitif du Code reproduisait les formules de la loi de 1790 : les biens « qui n'appartiennent pas à des particuliers » sont déclarés « appartenir à la Nation » ou « faire partie du domaine public », ce qui était synonyme. En 1807, on remplaça la « Nation » par l'*État*, ce qui pouvait encore passer pour un équivalent, l'État n'étant que la personnification de la nation. Mais ce qu'il y a de plus grave, c'est que, pas plus dans le Code que dans la loi de 1790, on ne trouve trace de la distinction moderne entre le *domaine public proprement dit* et le *domaine privé de l'État* : les biens de l'État, des départements et des communes font l'objet d'une énumération unique (art. 538 à 542).

Par conséquent, et c'est là une observation fort importante, quand le Code dit qu'une chose fait partie du domaine public, il n'a pas pour but de l'exclure du domaine privé ; il veut exprimer qu'elle est *domaniale*. Mais dans quelle catégorie du domaine faut-il la placer? La loi n'a pas prévu la question, et sa solution dépend de l'examen de la nature de cette chose et de l'idée qu'on se fait du domaine public au sens étroit du mot.

B. — Critérium de la distinction.

2041. Idée primitive. — L'idée première, qui a été le point de départ de la domanialité publique, a été la nécessité de faire une classe à part pour certaines choses qui rendent de grands services aux hommes, mais qui ne sont pas susceptibles de propriété privée à raison de leur nature même : les deux exemples principaux de cette sorte de choses sont les *fleuves et rivières*, et les *chemins publics*. Les anciens les classaient parmi les *res publicæ*, qui ne sont à personne, mais qui servent à tout le monde.

C'est bien là l'idée primitive ; c'est la seule formule générale qu'on trouve dans l'art. 2 de la loi de 1790 et dans l'art. 538 C. civ., qui en est la reproduction. Font donc partie du domaine public *les choses qui ne sont pas susceptibles de propriété privée*. Cette impossibilité est un phénomène naturel ; elle tient à la *nature* des biens, à leur forme actuelle.

2042. Idée moderne. — On ne s'est pas tenu là. On a reconnu la nécessité de comprendre dans le domaine public un certain nombre de choses : édifices divers, livres, tableaux, etc., qui pourraient parfaitement être la propriété d'un particulier sans aucun changement de forme, puisqu'on trouve leurs semblables dans beaucoup de patrimoines ; il faut donc joindre une seconde idée à la première, ou peut-être remplacer celle-ci par l'autre, et dire : Font partie du domaine public les choses qui échappent à toute appropriation privée, *à raison de leur destination*, qui les soumet à l'*usage direct du public*, comme cela a lieu pour les livres des bibliothèques publiques, les tableaux des musées, les édifices consacrés aux cultes, etc. [1].

2043. Discussions doctrinales sur la propriété du domaine public. — Les auteurs qui écrivent sur le droit administratif sont très embarrassés, quand ils arrivent aux biens du domaine public, pour dire à qui ils appartiennent. Leur embarras provient de ce qu'ils partent de l'idée, communément admise, qu'il n'y a dans les temps modernes qu'un seul type de propriété, la propriété individuelle, celle de l'art. 544.

Quelques-uns admettent que l'État [ou le département, ou la commune] est *propriétaire* de ces biens ; qu'il a sur eux « un véritable droit de propriété ». Leur raison est que « le droit de propriété *de la nation* sur les portions du territoire, qui par leur nature ou leur destination ne peuvent appartenir à personne en particulier, a été affirmé par le législateur dans les travaux préparatoires [et dans le préambule même] de la loi domaniale de 1790 » (SIMONET, 2e édit., no 557) [2]. L'idée de la *nation propriétaire* est certainement celle

[1] Comparez la définition de PROUDHON en 1834 : « Le domaine public embrasse généralement tous les fonds qui, sans appartenir propriétairement à personne, ont été civilement consacrés au service de la société », et celle du DALLOZ en 1851 : « C'est l'ensemble des choses qui ont pour destination d'être asservies à l'usage ou à la protection de tous, et qui, en raison même de cette destination et tant qu'elle dure, n'appartiennent propriétairement à personne » (*Répertoire*, vo Domaine public, no 1). — C'est une périphrase qui n'a d'autre utilité que d'exprimer sous une forme indirecte l'idée de propriété collective, par antithèse avec la propriété individuelle.

[2] Comparez ce que dit M. de Récy, qui s'approche aussi près que possible de l'idée d'une propriété collective, sans la nommer toutefois et en ayant l'air de fuir cette expression. Il appelle le domaine public « un domaine de souveraineté », un « droit de propriété publique », en vertu duquel les biens domaniaux « appartiennent » à l'État, sans être cependant « une propriété proprement dite » (DE RÉCY, no 542). Comment une chose peut-elle *appartenir* à quelqu'un sans être sa *propriété* ? Je ne me chargerais pas de l'expliquer, car verbe et substantif expriment ici la même idée. Qui ne voit qu'il y a là une accumulation de périphrases et d'équivalents, et que la clarté jaillirait de toutes ces phrases, si l'on commençait par dire : il y a deux espèces de propriétés, celle du Code civil qui est la propriété individuelle, et une autre, que nos lois ne nomment pas, qui est la propriété collective, et dont les biens du domaine public sont le type le plus parfait. Malheureusement M. de Récy a commencé par dire : « Il n'y a plus aujourd'hui qu'une seule espèce de propriété, droit absolu

qui régnait pendant la Révolution et le Consulat : les biens du domaine public appartenaient à la nation entière, dont les intérêts sont gérés par les autorités publiques. A la nation, les auteurs substituent l'État, être fictif et individu unique, et croient ainsi exprimer fidèlement la pensée de la loi.

La plupart des auteurs modernes adoptent une autre opinion. Ils soutiennent que l'*idée de domanialité publique est incompatible avec l'idée de propriété*. Les choses du domaine public sont, en réalité, des *res publicæ*, c'est-à-dire des *choses non appropriées*, car être à tous, c'est n'être à personne [1]. Les droits de l'État, du département ou de la commune sur le domaine public se réduisent à une sorte de *surintendance*, c'est-à-dire à la garde et à la conservation de ce domaine (PROUDHON, *Traité du domaine public*, nos 202-204 ; DUCROCQ, *Cours de droit administratif*, 6e édit., t. II, no 910) [2].

2044. Distinction du domaine public et des choses communes. — Étant donnée l'idée que les jurisconsultes modernes se font du domaine public, il semble que celui-ci se confonde avec ce que les Romains appelaient *res communes*, dont les principaux exemples sont la *mer* et *l'air atmosphérique*. Au fond, les choses publiques et les choses communes sont en effet *de même nature* : ce sont des choses qui n'appartiennent en propre à personne, mais dont l'usage est commun à tous. Voici pourtant la différence : elle réside dans le *régime administratif* de ces deux catégories. Les choses publiques sont des choses communes qui sont placées *sous l'autorité et sous la surveillance d'un État* qui en a la *garde* et la *police*, tandis que les choses communes proprement dites sont celles qui sont restées *dans leur état de liberté naturelle*, comme la haute mer et l'atmosphère.

C. — Intérêt de la distinction du domaine public et du domaine privé.

** **2045. Caractères du domaine public.** — Le caractère propre des biens du domaine public est qu'ils ne sont « pas susceptibles de propriété privée [3] » (Loi domaniale de 1790 ; C. civ., art. 538).

L'impossibilité de faire partie d'un patrimoine particulier entraîne une double conséquence judirique : lorsqu'un bien fait partie du domaine public, il est tout à la fois *inaliénable* et *imprescriptible*, c'est-à-dire que les autorités publiques chargées de la gestion du domaine ne peuvent en disposer sous aucune forme, et que les particuliers ne peuvent acquérir sur

et privatif, qui rend une chose propre à celui qui la possède, etc... » (no 540 *bis*). Cette proposition est manifestement fausse, car il y a une foule de biens qui sont acquis, utilisés et entretenus *par des collectivités pour des usages communs*, et qui visiblement ne sont pas des *choses sans maître*.

[1] Je résume ici l'opinion courante sans la discuter. Pour que cette affirmation soit vraie, il faudrait qu'il fût impossible de concevoir la propriété à l'état collectif.

[2] Les difficultés qu'on rencontre sur ce point sont la preuve directe de la coexistence dans notre droit de la propriété collective à côté de la propriété individuelle. La fiction de personnalité, qui a rendu applicable au domaine la réglementation de la propriété individuelle, cache aux yeux le caractère collectif d'un grand nombre de biens. Mais l'assimilation n'a pas pu être poussée jusqu'au bout. Il y a des choses qui ne peuvent supporter, même au profit d'un être fictif, l'idée d'une appropriation individuelle. Leur nature collective est, en quelque sorte, rendue extérieurement visible par leur forme ou leur destination. L'existence d'une catégorie de biens pour lesquels la propriété individuelle est reconnue inapplicable, prouve à quel point l'assimilation que l'on fait pour les autres est factice. La réalité est ici plus forte que toutes les fictions ; le dualisme de la propriété, qu'on cherche vainement à oublier, éclate aux yeux. — Il est assez curieux de voir ces idées exposées dans des remontrances du Parlement de Bordeaux, du 30 juin 1766 : « Il y a des biens appartenant en commun à la nation, tels que les rivières, les rivages de la mer... Il n'était pas besoin de déclarer ces biens inaliénables, parce qu'ils le sont par leur nature... Ce n'est pas une véritable propriété dans la main du souverain, mais plutôt un dépôt qui lui a été confié de la chose commune ou publique, pour la conserver et la protéger. »

[3] Proudhon montre comment les textes du Code civil sur la propriété ne peuvent pas s'appliquer au domaine public, dont chacun a le droit de jouir conformément à sa destination (*op. cit.*, no 202).

ces biens par prescription ni la propriété ni aucun autre droit réel, tel qu'une servitude.

L'inaliénabilité et l'imprescriptibilité résultent de l'*affectation à l'usage public* des biens qui composent le domaine. Elles ne durent donc qu'autant que cette affectation elle-même. Or l'affectation peut cesser par l'effet d'un acte administratif appelé *déclassement*, qui intervient assez fréquemment pour les routes et les fortifications devenues inutiles. Quelquefois même le déclassement par acte administratif n'est pas nécessaire, pour certains terrains dont l'affectation résulte d'un phénomène naturel, tels que les rivages de la mer. Si la mer se retire par le dépôt d'alluvions, l'imprescriptibilité cesse de plein droit pour les terrains qu'elle abandonne.

* **2046. Caractères du domaine privé.** — Les biens du domaine privé sont assimilés à des propriétés privées; *ils ne font l'objet d'aucune règle particulière.* L'être fictif, auquel on les attribue, en est propriétaire comme pourrait l'être un particulier. Notamment ils sont *prescriptibles* et *aliénables*. S'il y a parfois des règles restrictives (par exemple, la nécessité d'obtenir l'approbation de l'autorité supérieure pour l'aliénation de biens appartenant à une commune), elles dérivent de la hiérarchie des pouvoirs publics, qui subordonne les autorités locales au pouvoir central, et non de la nature des biens.

Dans la pratique moderne, le gouvernement vend librement les biens du domaine privé, sans aucune autorisation du pouvoir législatif (LL. 15 et 16 flor. an X et 1er juin 1864, art. 1er). Voyez sur ce point SIMONET, n° 552. — Il n'y a d'exception que pour les forêts domaniales qui sont soumises à un régime spécial. Voyez ci-dessous, n° 2064.

2047. Observation. — L'imprescriptibilité est la conséquence de la domanialité publique, mais il ne faudrait pas renverser l'ordre des termes : elle peut exister pour des biens qui ne font pas partie du domaine public. L'État peut très bien se faire octroyer ce privilège par une loi pour des biens compris dans son domaine privé. Et c'est ce qui a lieu pour les forêts. Il ne suffit donc pas qu'un bien soit déclaré imprescriptible par un texte pour qu'on doive l'attribuer au domaine public : la composition de ce domaine repose sur une idée plus haute, l'affectation directe d'un bien à l'usage de tous et l'impossibilité d'établir sur lui un droit de propriété exclusive au profit d'un individu.

D. — Histoire du principe d'inaliénabilité [1].

2048. Son origine. — A leur avènement, les rois juraient de conserver leur domaine intact pour leurs successeurs; néanmoins, dans leurs perpétuels besoins d'argent, ils en aliénaient fréquemment des parties considérables. Pour éviter la ruine de la royauté, dans un temps où on n'avait pas la faculté d'augmenter à volonté les impôts, on imagina de déclarer les biens du grand domaine inaliénables et imprescriptibles.

Ce fut l'objet de l'*édit de Moulins*, de février 1566 (ISAMBERT, t. XIV, p. 185), édit spécial au domaine, que le chancelier de l'Hospital fit signer à Moulins, en même temps que la grande ordonnance sur la justice qui porte la même date (ci-dessus, n° 53). Les aliénations n'étaient plus permises que dans deux cas : 1° pour la constitution d'un *apanage* au profit d'un prince de la maison de France ; 2° pour les besoins de la guerre. Et encore la

[1] Sur l'histoire générale du domaine en France pendant l'ancien régime, Voyez R. DE RÉCY, nos 41-196, t. I, p. 26 à 181.

couronne se réservait toujours le droit de reprendre la portion démembrée du domaine ; dans le premier cas, c'était un droit de retour après l'extinction de la descendance mâle de l'apanagiste ; dans le second, un droit perpétuel de rachat. Toutes autres aliénations étaient nulles et aucune prescription ne pouvait courir contre la couronne.

Toutefois le principe nouveau de l'inaliénabilité ne fut appliqué qu'aux parties importantes du domaine, ce qu'on appelait les *grands domaines*, qui se composaient de terres et seigneuries appartenant au roi et comprenant surtout de vastes étendues de forêts. Quant aux biens de moindre importance, appelés *petits domaines*, on les laissa dans le commerce, sous l'empire des règles anciennes ; c'étaient les fours, moulins, péages, landes, terres vagues, marais, halles, échoppes et une foule de droits fiscaux ou de justice. Voyez-en une énumération dans DALLOZ, *Répert.*, v° Domaine de l'État, n° 26.

* **2049. Atténuation progressive de l'inaliénabilité.** — Depuis 1789 le principe protecteur établi par l'édit de Moulins est toujours allé en s'atténuant. La *loi domaniale* des 22 nov.-16 déc. 1790 proclama un principe nouveau : la nation souveraine est propriétaire du domaine, et elle peut toujours l'aliéner à titre perpétuel et incommutable ; mais l'aliénation n'est possible qu'en vertu d'un *décret formel du Corps législatif* (art. 8), c'est-à-dire d'une loi.

L'*inaliénabilité absolue* a donc cessé depuis 1790. Ce n'est pas tout. Des lois postérieures ont apporté de *nombreuses dérogations* au principe qui rendait nécessaire l'*autorisation législative* pour les aliénations domaniales. Ce furent d'abord des délégations spéciales données au pouvoir exécutif pour des aliénations partielles, jusqu'à concurrence de sommes déterminées (LL. 16 brum. an V, 26 vendém. an VII, 30 vent. an IX). Puis vinrent les lois plus générales des 15 et 16 floréal an X, en vertu desquelles le gouvernement est autorisé à vendre les biens du domaine, sauf : 1° ceux qui vaudraient plus d'un million ; 2° ceux dont l'aliénation est régie par des lois spéciales. Cette liberté d'aliénation, laissée au gouvernement pour une grande partie du domaine, a été confirmée par les lois du 18 mai 1850 et du 1er juin 1864.

2050. État actuel. — Aujourd'hui, quand on dit qu'une chose est hors du commerce parce qu'elle fait partie du domaine public, cela peut avoir deux sens :

1° Si cette chose est *par sa nature* non susceptible de propriété privée, cela veut dire que les particuliers n'en peuvent acquérir la propriété *par aucun moyen*, ni par aliénation, ni par prescription.

2° Si la nature de cette chose est compatible avec l'établissement d'un droit exclusif de propriété sur elle, la domanialité publique dont elle est frappée signifie d'abord qu'elle est *imprescriptible*, et ensuite qu'elle ne peut être aliénée par les agents de l'État qu'en vertu d'une loi, c'est-à-dire d'une autorisation spéciale à eux donnée par les Chambres législatives.

§ 3. — *Composition du domaine public.*

2051. Observations préliminaires. — Plusieurs observations, intéressantes à des points de vue divers, doivent être présentées tout d'abord.

1° LACUNES DANS L'ÉNUMÉRATION DU CODE. — Le Code civil (art. 538 à 541) donne une énumération des biens du domaine public, qui a été empruntée aux dispositions de la loi domaniale de 1790 et de la loi du 8 juillet 1791 (art. 13), pour l'art. 540, relatif aux places de guerre ; mais cette énumération est fort loin d'être complète. Du reste, si les dispositions de la loi sur ce point sont insuffisantes c'est que les auteurs du Code n'ont pas cherché à traiter complètement la matière. Treilhard en a donné la raison : que « les biens qui appartiennent à des particuliers sont les seuls dont le Code civil doit s'occuper ; les autres sont du ressort ou d'un Code de droit public ou de lois administratives ». — Si le Code en fait mention, c'est uniquement pour rappeler qu'ils sont soumis à des lois particulières. Dans ces conditions, il eût mieux valu s'abstenir de cet essai imparfait d'énumération.

2° NATURE DES BIENS DES ÉTABLISSEMENTS PUBLICS. — Le domaine public étant confié tout entier, pour sa garde et sa gestion, aux autorités de l'État, du département ou de la commune, il en résulte que les règles spéciales qui le gouvernent n'intéressent pas les *établissements publics*. Les biens affectés à ces établissements sont toujours compris dans le domaine *privé* de l'État, des départements et des communes.

3° DOMAINE PUBLIC FLUVIAL ET MARITIME. — Les départements et les communes n'ont dans leur domaine que des biens *terrestres*. Tous les cours d'eau qui font partie du domaine public, ainsi que les bords de la mer et les ports qui en dépendent sont placés *dans le domaine public de l'État*.

2052. Routes, chemins et rues. — Les routes et chemins de toute nature font en principe partie du domaine public. Il n'y a d'exception que pour les *chemins d'exploitation* dans les campagnes et pour les *passages* dans les villes ; les uns et les autres sont des propriétés privées.

Les routes et chemins du domaine public se répartissent entre le domaine public national, le domaine public départemental et le domaine public communal, selon qu'ils sont à la charge de l'État, du département ou de la commune. Sur un doute qui a existé autrefois pour les chemins vicinaux, voyez DALLOZ, *Répert.*, v° Domaine public, n° 14.

Les rues des villes et bourgs font partie en principe du domaine communal. Cependant celles qui forment, à travers l'agglomération des maisons, le prolongement des routes nationales ou départementales, restent dans les attributions de l'État et des départements.

***2053. Cours d'eau.** — Les *fleuves et rivières navigables ou flottables* sont dans le domaine public. Un cours d'eau est « navigable » lorsqu'il est capable de servir à une navigation continue. Il est « flottable », lorsqu'il peut porter des radeaux ou *trains de bois*. S'il est seulement flottable *à bûches perdues*, c'est-à-dire par des pièces de bois isolées et abandonnées au courant, on ne le considère pas comme faisant partie du domaine public. Un doute s'était élevé sur ce point, car le Code n'avait pas précisé ce qu'il fallait entendre par « flottable ». Mais un avis du Conseil d'État du 21 février 1822 fit la distinction, qui a été consacrée par la loi du 15 avril 1829 sur la pêche fluviale, d'après laquelle la pêche dans les cours d'eaux « navigables et flottables avec bateaux, trains ou radeaux », s'exerce au profit de l'État. La loi du 8 avril 1898, sur le régime des eaux, a confirmé ces solutions (art. 30 et 34).

Quels sont les cours d'eau qui font partie du domaine public comme étant navigables ou flottables ? Une ordonnance du 10 juillet 1835, complétée depuis à diverses reprises, en a donné l'énumération, en précisant le point du cours d'eau où commence la navigabilité ou la flottabilité. Mais cela ne veut pas dire qu'un cours d'eau non encore classé ne puisse être reconnu comme navigable ou flottable, et par suite comme domanial [1]. Cette qualité du cours d'eau peut toujours être constatée ; seulement l'autorité administrative a seule mission de procéder à cette constatation.

Quand un cours d'eau fait partie du domaine public, toutes ses dépendances y sont également comprises, savoir : 1° les *bras* même non navigables et non flottables, lorsqu'ils prennent naissance au-dessous du point où le fleuve ou rivière commence à devenir navigable ou flottable ; 2° les *noues* et *boires* qui tirent leurs eaux du fleuve ou de la rivière.

La *limite des rivages* des cours d'eau du domaine public est déterminée par des arrêtés préfectoraux sous l'approbation du ministre des travaux publics. Elle doit se régler « sur la hauteur des eaux coulant à pleins bords avant de déborder » (L. 8 avril 1898, art. 36). Sur les difficultés d'appréciation que comporte la délimitation du domaine public dans les

[1] Un cours d'eau qui est, en fait, navigable ou flottable, fait-il par cela seul partie du domaine public, ou bien ce domaine ne comprend-il que ceux qui ont fait l'objet d'un décret de classement ? La question a été résolue en sens divers (Voy. DURANTON, t. V, n°s 202-204 ; DAVIEL, *Législation et pratique des cours d'eau*, t. I, n°s 39 et 39 *bis* ; CORMENIN, *Questions de droit administratif*, t. II, p. 307 et 313 ; DE RÉCY, n°s 525-529 ; EMILE BOUVIER, *Revue critique*, 1892, p. 379 et suiv. Voy. aussi C. d'État, 30 avril 1828, 5 août 1829, 13 mai 1836 ; AULANIER, *Actions possessoires*, n° 141). Il me semble que l'art. 538 attribue au domaine public « les fleuves et rivières navigables ou flottables », c'est-à-dire ceux *qui le sont réellement*, et non pas seulement ceux qui sont *reconnus tels*. Le classement ordonné par la loi du 15 avril 1829 n'a trait qu'au droit de pêche et aux servitudes, et ne touche pas à la question de propriété du lit qui est réglée par le Code civil.

fleuves soumis aux marées, voyez NAVEREAU, *Annales du régime des eaux*, 1891, n° 3; DE RÉCY, n°s 830 et suiv.

2054. Canaux. — Les voies navigables artificielles sont dans le domaine public national (Comp. L. 8 avril 1898, art. 35). Toutefois le *canal du Midi*, qui a fait l'objet d'une concession perpétuelle, est considéré comme une véritable *propriété privée*, grevée seulement d'une affectation à l'usage public (Cass., 22 avril 1844, D. 44. 1. 218, S. 44. 1. 406).

* **2055. Chemins de fer.** — Les compagnies concessionnaires ne sont propriétaires que de leur matériel, et non du terrain des voies ni des gares, qui font partie du domaine public et sont soumis au régime de la grande voirie.

* **2056. Rivages de la mer.** — La définition en a été donnée par l'ordonnance d'août 1681 sur la marine : « Sera réputé bord et rivage de la mer tout ce qu'elle couvre et découvre pendant les nouvelles lunes et jusques où le grand flot de mars se peut étendre sur les grèves » (Liv. IV, tit. VII, art. 1er). Cette définition convient très bien aux côtes de l'Océan et de la Manche, mais elle est inapplicable sur les bords de la Méditerranée où le phénomène de la marée est presque insensible. On est d'accord pour conserver sur ces points l'ancienne définition romaine : « Est autem littus maris quatenus hibernus fluctus maximus excurrit » (*Institutes* de Justinien, liv. II, tit. I, *De divis. rerum*, § 3). L'idée est la même : le rivage est la portion de terre que l'eau recouvre dans les moments où elle s'avance le plus loin. Cependant cette formule si simple n'est pas toujours entendue de la même manière par le Conseil d'État. Pour les variations de sa jurisprudence, voyez DE RÉCY, n°s 243-244.

Pour les terrains accidentellement recouverts par les vagues pendant une tempête, voy. Cass., 4 mai 1836, D. 36. 1. 366, S. 36. 1. 465. Comp. pour les terrains périodiquement inondés, Douai, 10 janv. 1842, D. 42. 2. 234, S. 42. 2. 209.

Pourquoi les rivages de la mer font-ils partie du domaine public? C'est, dit-on, qu'ils sont « consacrés à la défense et à la sûreté des côtes, en même temps qu'aux besoins généraux de la navigation et du commerce ». Cela est paradoxal, car on pourrait dire avec tout autant de raison que les rivages servent à l'ennemi pour envahir le territoire en y débarquant des troupes et qu'ils empêchent la navigation en causant un nombre inouï de naufrages et d'échouements. La vérité est que le rivage de la mer est une *chose commune* par sa nature qui est *l'accessoire de la mer elle-même*, comme les rives d'un fleuve sont l'accessoire de ce fleuve, et que si on le considère comme devenu *chose publique*, c'est-à-dire soumis à l'autorité et à la surveillance de l'État riverain, c'est qu'il y a pour celui-ci *une nécessité de premier ordre à assurer sa sécurité*, en exerçant sur ces rivages, ouverts à tout venant, ses moyens de légitime défense. A l'heure actuelle on peut affirmer que si le rivage de la mer fait partie du domaine public, c'est en qualité de *simple accessoire de la mer territoriale*. Sur celle-ci, voyez le n° suivant.

Une question spéciale s'élève pour les rives des fleuves voisines de la mer : la marée s'y fait sentir, et de vastes terrains, utilisés depuis des siècles comme propriétés privées, sont fréquemment recouverts par le flux. Faut-il les traiter comme bords de rivière ou comme bords de mer ? Valin voulait leur appliquer les mêmes règles qu'aux rivages de la mer (sur l'ord. de 1681, liv. I, tit. II, art. 5 et 8). Cette opinion, qui reportait les rivages maritimes à cinquante ou soixante kilomètres dans les terres, n'a pas été admise par la jurisprudence (Cass., 23 juin 1830, D. 30. 1. 308, S. 30. 1. 277, S. chr. 9. 1. 547 ; Cass., 22 juill. 1841, D. 41. 1. 325, S. 41. 1. 620). Ne sont donc pas compris dans le domaine public maritime les terrains qui ne sont pas en contact direct avec les eaux de la mer, alors même qu'ils seraient recouverts, aux marées de syzygie, par les eaux du fleuve refoulées en amont et plus ou moins mélangées d'eau salée (Cass., 4 févr. 1891, D. 91. 1. 265, S. 93. 1. 358). Mais la détermination exacte du point où les rives de fleuve coupent les grèves du littoral est une question de fait que les juges du fond apprécient souverainement. Sur la délimitation de l'embouchure des fleuves (ligne transversale séparative de la mer et du fleuve), voyez DE RÉCY, n°s 257 et 800-818 ; DUCROCQ, 7e édit., t. IV, n°s 1506-1507.

2057. Mer territoriale. — Toutes les puissances riveraines d'une mer ouverte considèrent comme faisant partie de leur territoire une portion de mer formant une *zone continue* autour de leurs côtes. C'est ce qu'on appelle la « mer territoriale ». Pendant longtemps la largeur de cette zone a été déterminée par la portée du canon ; l'État riverain se jugeait maître de toute l'étendue que son artillerie pouvait battre ; au XVIIIe siècle, Bynkershoëk formula le principe : « Quousque e terra mari imperari potest »[1]. Pour supprimer l'incertitude sur la dimension exacte de la mer territoriale, des lois et des conventions internationales ont fixé sa largeur à *trois milles marins*, qui font 5556 m. (L. 1er mars 1888 sur la pêche dans les eaux territoriales de France et d'Algérie ; convention internationale du 29 oct. 1888, sur la neutralisation du canal de Suez). Cette limite se trouve de beaucoup dépassée par la portée toujours croissante de l'artillerie moderne. Sur cette matière, voir A. NUGER, *Des droits de l'État sur la mer territoriale*, thèse, Paris, 1887.

Dans ses eaux territoriales, un État exerce les mêmes droits de surveillance et de police que sur terre; il y règle la pêche et la navigation; il empêche les marines étrangères d'y accomplir des actes de souveraineté[2]. Il y a des difficultés pour les baies et golfes de faible étendue dont l'ouverture ne dépasse pas la double portée du canon, de façon que l'entrée est défendue par les batteries des côtes (Voy. NUGER, p. 196 et suiv.).

2058. Ports, havres et rades. — Les ports, havres[3] et rades[4] sont des portions de la mer ou des fleuves navigables qui sont utilisées pour les besoins de la défense nationale (ports militaires) ou pour ceux du commerce (ports marchands) ou même comme simples stations de pêcheurs[5]. Ces portions de terrain, bien que recouvertes par les eaux de la mer, sont réputées faire partie du territoire de la France et sont comprises dans le domaine public national. — Actuellement, avec les idées admises sur la mer territoriale, l'attribution au domaine public des ports, havres et rades n'a que la valeur d'une énonciation complémentaire, car ces portions de mer font évidemment partie de la mer territoriale ou des fleuves.

2059. Étangs salés. — Les étangs d'eaux salées, nombreux dans certains départements maritimes, font partie intégrante du domaine public, à titre de dépendance de la mer, lorsqu'ils sont formés par les eaux marines, peuplées de la même faune que la mer voisine et qu'ils communiquent avec elle *par une issue directe* (Cass., 24 juin 1842, D. 42. 1. 117, S. 42. 1. 887). Il en est autrement de ceux qui ne se déversent dans la mer qu'après avoir mêlé leurs eaux à celles d'une rivière ayant un cours distinct ; ceux-là peuvent être propriété privée (Cass., 6 févr. 1849, D. 49. 1. 179, S. 49. 1. 351).

2060. Fortifications. — Les fortifications et le terrain qu'elles couvrent, murs, fossés, etc., font partie du domaine public national (art. 540). Mais quand les fortifications ont été *déclassées*, elles rentrent dans le domaine privé de l'État ; elles peuvent alors être valablement aliénées avec le terrain qui les porte, et la propriété peut en être prescrite contre l'État par les particuliers (art. 541)[6]. Le Code reproduit ici l'art. 13 de la loi du 8 juillet 1791 sur les places de guerre. Sur la question de preuve et la difficulté qu'il y a parfois pour

[1] Je parle ici des opinions relativement récentes, car au moyen âge on donnait volontiers à la mer territoriale une largeur de 60 milles.

[2] M. Nuger estime que le droit de l'État sur la mer territoriale est différent de celui qu'il exerce sur son propre territoire (p. 160). Voyez aussi dans le même sens DUCROCQ, 7e édit., t. IV, n° 1514. Qu'il y ait des différences de détail, cela se conçoit, étant données la destination naturelle de la mer et la différence qu'il y a entre ses eaux et la terre ferme. Mais cela n'empêche pas qu'au fond le droit soit de même nature sur les deux choses, puisque l'un est le complément et le prolongement de l'autre. Une loi anglaise du 16 août 1876 (*Territorial water act execution*) a assimilé la mer territoriale au reste du territoire.

[3] *Havre*, mot d'origine germanique (all. *Hafen*, angl. *haven*), qui signifie port. Anciennement on l'appliquait en France à toutes sortes de ports, mais il n'est resté dans l'usage que pour désigner les ports qui assèchent à marée basse.

[4] *Rade*, portion de mer, plus ou moins bien abritée, où les navires stationnent avant d'entrer au port ou avant de gagner le large.

[5] Les ports affectés au commerce et dont l'administration des douanes publie annuellement les tableaux statistiques, sont au nombre de 261, savoir : 3 sur la mer du Nord, 55 sur la Manche, 153 sur l'Océan, et 50 sur la Méditerranée (*Tableau général du commerce*, 1896, p. 26 à 33).

[6] Cependant, sur la possibilité de prescrire d'anciennes fortifications abandonnées, voy. Cass., 30 juill. 1839, D. 40. 1. 17, S. 40. 1. 166 ; Cass., 18 mars 1845, D. 45. 1. 243, S. 45. 1. 572, et les renvois.

savoir si un terrain fait réellement partie des fortifications, voyez Cass., 15 juin 1837, DALLOZ, *Répert.*, t. XVII, p. 360, note 1.

*** 2061. Edifices.** — Les auteurs sont fort divisés sur la question de savoir si les *édifices publics* doivent être rangés dans le domaine public ou dans le domaine privé. La difficulté vient de ce qu'on ne s'entend pas sur le caractère constitutif de la domanialité publique. Les uns pensent que ce caractère réside dans la simple affectation à un *service* public, et ils en donnent pour exemples les art. 540 et 541 qui classent dans le domaine public et rendent inaliénables les portes, murs et remparts des places de guerre, tant qu'ils n'ont pas été déclassés. Les autres répondent que ces dispositions sont exceptionnelles et se justifient par l'extrême importance qui s'attache à la conservation des forteresses. Pour eux, le siège de la matière se trouve dans l'art. 538, lequel énumère des biens qui tous sont affectés à l'*usage* du public. C'est cette dernière opinion qui tend à prévaloir.

Ainsi il existe bien un *domaine public monumental*, mais ce domaine ne comprend pas tous les édifices nationaux, départementaux et communaux. Sont seuls frappés de domanialité publique, et par suite inaliénables et imprescriptibles, les immeubles suivants :

1° Ceux qu'*un texte spécial classe dans le domaine public*, comme cela résulte pour les forteresses de la combinaison des art. 540 et 541 ;

2° Ceux qui sont des *dépendances de terrains compris dans le domaine public*, et qui font corps avec ces terrains, à titre de travaux d'art ou de constructions accessoires. Tels sont les phares, jetées et quais des ports; les ponts sur lesquels les routes franchissent les cours d'eau ; les gares et magasins des chemins de fer; les fontaines, statues, colonnes et autres édicules placés dans les rues et les places des villes (Cass., 16 juin 1856, D. 56. 1. 423).

3° Ceux qui servent directement à l'usage du public. L'exemple le plus remarquable concerne les *édifices consacrés aux cultes :* les *églises cathédrales* et *métropolitaines* sont dans le domaine de l'État ; les autres appartiennent aux communes. Toutes sont également inaliénables et imprescriptibles (Cass., 1er déc. 1823, DALLOZ, *Répert.*, t. I, p. 251, S. 24. 1. 161 ; Cass., 19 avril 1825, D. 25. 1. 275, S. 27. 1. 89 ; Orléans, 25 juill. 1846, D. 46. 2. 150, S. 46. 2. 514). Cette jurisprudence est d'autant plus remarquable que, dans notre ancien droit, la prescription était admise contre l'Église au bout de 40 ans [1]. — Après bien des hésitations, on donne aujourd'hui la même solution pour beaucoup d'autres édifices, tels que les musées, bibliothèques, lycées, etc. (DUCROCQ, *Traité des édifices publics ; Cours*, n° 924 ; 7e édit., t. IV, nos 1452 à 1461 ; SIMONET, n° 561). Toutefois M. Ducrocq n'admet la domanialité publique que pour les édifices expressément classés comme tels par un texte spécial, comme l'art. 540 pour les forteresses. Voyez aussi DE RÉCY, n° 426.

Au contraire, *on range dans le domaine privé* les *édifices et monuments employés à loger les services de l'administration*, tels que ministères, préfectures, mairies, etc. (Paris, 18 fév. 1854, D. 54. 2. 178).

La distinction des deux catégories d'édifices a de l'intérêt soit pour l'acquisition de servitudes, quand les propriétaires voisins prétendent en avoir acquis une par prescription sur ces bâtiments, soit pour l'acquisition forcée de la mitoyenneté des murs, quand les particuliers veulent l'obtenir en vertu de l'art. 661 C. civ. (Paris, 18 févr. 1854, D. 54. 2. 178).

La question de domanialité publique ou privée pour les édifices a une grande importance, à cause de leur nombre. Ainsi en 1875, on comptait 17,900 édifices appartenant à l'État, dont 3,300 hors de France ; leur valeur totale était estimée à 1 milliard 950 millions environ. Cependant la jurisprudence n'a eu que très rarement l'occasion de se prononcer. Les bâtiments départementaux et communaux ne sont pas compris dans cette statistique.

*** 2062. Objets mobiliers.** — Ordinairement les biens du domaine public sont des *immeubles*, des « portions du territoire français », comme dit l'art. 538, reproduisant les termes de la loi de 1790. Cependant les meubles peuvent aussi tomber dans la domanialité publique. Depuis longtemps la jurisprudence admettait qu'un assez grand nombre d'objets mobiliers, affectés directement à l'usage du public, étaient *inaliénables* et *impres-*

[1] Voy. cependant BOURJON, liv. IV, tit. I, chap. XII, sect. 2 et les autres auteurs anciens cités par DALLOZ, *Répert.*, v° Domaine public, n° 58.

criptibles, et par suite compris dans le domaine public proprement dit. Elle en a fait l'application aux livres et manuscrits des bibliothèques, aux documents des archives, aux tableaux, statues et objets d'art des musées (Paris, 3 janv. 1846, D. 46. 2. 212, S. 47. 2. 77; Dijon, 3 mars 1886, D. 87. 2. 253; Nancy, 16 mai 1896, D. 96. 2. 411. Voy. cep. Trib. de Lyon, 21 janv. 1893, D. 94. 2. 163). Voyez la note dans D. 97. 1. 257.

La loi du 30 mars 1887, sur la conservation des monuments historiques, a déclaré inaliénables et imprescriptibles les objets classés lorsqu'ils appartiennent à l'État (art. 10). Ceux qui appartiennent à des départements ou à des communes peuvent être aliénés avec l'autorisation du ministre (art. 11). Une loi du 7 messidor an II a attribué au domaine public les manuscrits et titres de toute nature provenant des anciennes abbayes supprimées pendant la Révolution. Voyez à ce sujet Trib. Gap, 30 oct. 1895, D. 97. 2. 54 et la note.

§ 4. — *Composition du domaine privé.*

2063. Notion générale. — Le domaine privé de l'État, des départements et des communes se compose de biens de même nature que ceux des particuliers. Théoriquement, il n'y a pas de raison pour que des biens de ce genre appartiennent à l'État et soient propriété nationale, départementale et communale. Ce fait s'explique principalement parce que l'État moderne a succédé à la royauté, et que les rois de France, comme tous les souverains et comme tous les seigneurs de moindre importance, étaient des personnes vivantes, ayant leur patrimoine propre. Le noyau primitif du domaine privé actuel est l'ancien domaine royal attribué à la Nation par l'art. 1er de la loi de 1790. Il comprend des *meubles* aussi bien que des *immeubles*, des *biens incorporels* (droits) tout aussi bien que des *choses*.

* **2064. Forêts.** — Les forêts domaniales font partie du domaine privé de l'État. Cependant elles ont été longtemps soumises aux règles caractéristiques de la domanialité publique et elles le sont encore en partie. On attachait jadis un extrême intérêt à la conservation des grands massifs forestiers, principalement pour l'entretien de la flotte, au temps où les coques des navires et les mâtures étaient en bois. Et c'était aussi sur les forêts que portaient principalement les gaspillages de la royauté, parce qu'il était toujours facile d'en faire de l'argent et de trouver des acquéreurs. Aussi, sous l'ancien régime, les avait-on déclarées inaliénables et imprescriptibles. Les lois domaniales de 1790 et de l'an IV leur conservèrent ce double caractère. Ces lois n'ont jamais été abrogées ; cependant la jurisprudence décide que les forêts nationales sont devenues *prescriptibles* depuis que la loi de finances du 25 mars 1817 (art. 143) a affecté les forêts à la dotation de la caisse d'amortissement (Cass., 27 juin 1854, D. 55. 1. 261, S. 55. 1. 497. — Cass., 9 avril 1856, D. 56. 1. 187, S. 56. 1. 808). Malgré cela, les forêts sont restées *inaliénables* ; conformément à la loi du 22 nov. 1790, leur aliénation ne peut être autorisée que par une loi. Comp. DUCROCQ, 7e édit., t. IV, n° 1696.

En 1875, l'État possédait en France 838 forêts, d'une contenance totale de près d'un million d'hectares et d'une valeur approximative de 1 milliard 260 millions. En Algérie, il possédait 834 bois et forêts estimés à 72 millions environ.

***2065. Lais et relais de la mer.** — Ce sont les terrains que la mer abandonne par l'effet d'un dépôt d'alluvions ou d'un soulèvement du sol. Ils font partie du domaine privé de l'État, quoique l'art. 538 les mentionne, à côté des rivages, parmi les portions de territoire faisant partie « du domaine public ». Il y a là non pas, comme on le dit souvent, une erreur de classification, mais bien l'emploi d'une expression dont le sens a changé depuis 1803 (Voy. ci-dessus, n° 2040). Il n'y a d'ailleurs aucune raison pour que ces terrains, devenus par un phénomène naturel susceptibles d'être utilisés à l'égal du reste du pays, fassent partie du domaine public. Ajoutons que la loi du 16 septembre 1807, sur le dessèchement des marais, en autorise formellement l'aliénation (art. 41).

2066. Édifices. — On a déjà vu (ci-dessus, n° 2061) qu'il faut ranger dans le domaine privé les édifices simplement affectés à des services publics. Parmi eux, il faut citer les bâtiments de toute sorte appartenant aux services de la guerre et de la marine et n'ayant pas le caractère de *fortifications*, tels que les *usines*, *forges*, *fonderies* et *ateliers* de l'État. Ces biens sont donc soumis au régime du droit civil. Cependant la faculté d'user de l'art. 661 a été refusée au propriétaire d'un terrain joignant le mur d'un *arsenal* (Douai, 21 août 1865, D. 66. 5. 434, S. 66. 2. 229).

2067. Immeubles divers. — L'État possède aussi des biens ruraux, des sources minérales (Vichy et autres), des salines, des mines de sel, etc.

2068. Mobilier. — Il existe dans les services publics un mobilier considérable (Renseignements déjà anciens, dans Dalloz, *Répert.*, v° Domaine de l'État, n°s 37 et 38). La difficulté est de séparer ce matériel, qui est aliénable, des meubles compris dans le domaine public (ci-dessus, n° 2062). Les idées ont changé sur bien des points. Ainsi le *Répertoire* de Dalloz classe dans le domaine privé les livres, manuscrits, médailles, pièces d'archives, objets d'arts et antiquités des musées, bibliothèques et collections nationales, qui sont actuellement rangés dans le domaine public.

2069. Biens provenant de dons et legs. — Les communes et quelquefois les départements reçoivent des libéralités faites par des particuliers, tantôt en *argent* ou en *valeurs mobilières*, tantôt en *terres* ou en *maisons*. Les communes et les départements se trouvent ainsi propriétaires de biens identiques à ceux des particuliers, qui leur produisent des intérêts, des loyers ou des fermages. Ordinairement ces revenus sont affectés à une *fondation*, c'est-à-dire à un service charitable, aux besoins de l'enseignement, à des prix d'encouragement au bien et au travail, etc. — Naturellement tous les biens de cette sorte sont dans le *domaine privé* du département ou de la commune.

M. Ducrocq fait à ce sujet l'observation suivante, qui est très juste : « Il n'est pas bon que l'État possède longtemps de simples propriétés foncières; il est utile et sage, non seulement d'en permettre, mais même d'en provoquer la vente. Il y a intérêt pour tous à ne pas laisser frapper d'une stérilité relative, entre les mains de l'État, des biens qui, livrés par des aliénations aux efforts de l'industrie privée, deviendraient plus productifs » (*Cours*, n° 1037). Les mêmes réflexions s'appliqueraient aux communes et aux départements.

2070. Biens provenant des successions en déshérence. — Théoriquement, l'État pourrait recevoir des libéralités du même genre ; mais en fait on ne songe guère à lui ; on s'adresse soit aux autorités locales, soit aux grands établissements de l'État, comme les Académies, les Facultés, etc. Mais l'État recueille tous les ans une quantité assez considérable de biens privés à titre de *déshérence*, quand nul n'a de droits à faire valoir sur les biens d'une personne décédée.

Les successions en déshérence tombent dans le *domaine privé* de l'État, et l'administration des domaines les revend (Ducrocq, *Traité des ventes domaniales*, p. 168-176). Cependant l'art. 539 attribue au domaine *public* « les biens des personnes qui décèdent sans héritiers ou dont les successions sont abandonnées ». Le texte promulgué en 1803 portait « appartiennent *à la nation* », conformément à la loi domaniale des 22 nov.-1er déc. 1790, art. 3. Ces mots ont été remplacés par « domaine public » dans l'édition de 1807, quand on a effacé dans le Code civil les traces de la Constitution républicaine du Consulat. Mais l'expression « domaine public » est devenue inexacte, depuis qu'on a fait la distinction indiquée ci-dessus aux n°s 2040 à 2045 ; c'est « domaine privé » qu'il faut lire.

§ 5. — *Des biens communaux.*

***2071. Leur nature et leur nombre.** — Les communes et les sections de communes possèdent des biens d'un genre particulier, qui offrent un des exemples les mieux caractérisés de la propriété collective : ce sont les « biens communaux ». Ils se composent ordinairement de *bois* et de *terres incultes, propres seulement au pâturage*. Ces terrains communaux sont encore considérables : plus de quatre millions et demi d'hectares, soit environ la onzième partie du territoire de la France.

2072. Mode d'exploitation. — Les habitants des communes et sections de communes s'en réservent habituellement la *jouissance en nature*; un très petit nombre (230,000 hect.) sont affermés.

2073. Controverses sur la propriété des communaux. — La question de savoir à qui appartiennent les communaux est très controversée. Les uns veulent que les habitants en soient réputés copropriétaires, sous la forme de l'*indivision;* les autres pensent que la propriété en appartient exclusivement à la commune, considérée comme *être moral fictif*. A mes yeux, les uns et les autres ont également tort : les communaux sont le reste bien reconnaissable des anciennes *communautés agraires;* les habitants en sont réellement copropriétaires, mais ce n'est pas en vertu de la propriété ordinaire, telle qu'elle est définie par les art. 544 et suiv. C'est une autre espèce de propriété, la propriété collective qui a sa nature et ses règles particulières. Je tiens donc pour parfaitement exacte la définition de l'art. 542 : « Les biens communaux sont ceux à la *propriété* ou au produit desquels les habitants d'une ou plusieurs communes ont un droit acquis. »

* **2074. La question du partage des communaux.** — Les communaux soulèvent depuis plus d'un siècle une question grave : celle de leur partage.

Comme la terre exploitée sous cette forme est très peu productive, les Assemblées de la Révolution crurent remédier au mal en ordonnant le partage des communaux (LL. 14 août 1792 et 10 juin 1793). Le résultat fut contraire à celui qu'on attendait : on ôta les pâturages à ceux qui avaient des bestiaux pour les donner à ceux qui n'en avaient pas ; des spéculateurs achetaient à vil prix aux paysans les parcelles dont ceux-ci n'avaient que faire. La loi du 21 prairial an IV suspendit les opérations commencées et la jurisprudence actuelle décide que le partage des communaux n'est plus permis (Avis du Conseil d'État, comité de l'intérieur, 16 mars 1838, S. 65. 2. 116, note 1 ; C. d'État, 26 avril 1844, S. 44. 2. 353 ; Circ. minist. agric. et com. 10 juill. 1846, D. 46. 3. 184). La question est du reste très complexe. On reconnaît en général que le partage est nuisible et que la plupart du temps il y a avantage à conserver les communaux en nature (CAUWÈS, *Cours d'économie politique*, 3e édit., t. I, nos 296-297). — C'est surtout pour trancher cette question pratique du partage que la jurisprudence a eu à se prononcer sur la question théorique de la propriété, indivise ou non, des communaux. Il résulte de tout ce qui a été dit sur la propriété collective que la question était mal posée : le droit au partage n'existe que pour les parts individuelles qui se trouvent en fait dans l'état d'indivision ; il est étranger à la propriété collective. L'avis du Conseil d'État de 1838 s'exprime donc très exactement quand il dit que les communaux constituent « la propriété *indivisible* du corps de commune ».

* **2075. Distinction des biens communaux et des biens patrimoniaux de la commune.** — Les *biens communaux*, dont il vient d'être parlé, forment une classe à part, qui doit être soigneusement distinguée des autres biens qui composent le *domaine privé de la commune*, qui sont affectés au service administratif de la commune et dont les habitants n'ont pas directement la jouissance en nature. Pour désigner ces derniers, et éviter de les confondre avec les biens communaux, on a pris l'habitude de les appeler *biens patrimoniaux* de la commune.

2076. Critique de l'opinion qui classe les communaux dans le domaine privé. — Les biens communaux sont considérés, sans beaucoup de raison, comme une subdivision du *domaine privé* communal (SIMONET, n° 995). Ils devraient plutôt représenter le véritable domaine public communal. Sous l'ancien régime, ils étaient inaliénables (édit de 1554).

CHAPITRE III

LES CONCESSIONS SUR LE DOMAINE PUBLIC

2077. Bibliographie. — PAUL REGRAY, *Des faits de jouissance privative dont le domaine public est susceptible*, thèse, Paris, 1900.

2078. Définition. — Il existe tout un groupe de *droits spéciaux conférés aux particu-*

liers par l'autorité administrative et portant sur le domaine public : nous leur donnerons le nom de « concessions ». Ces concessions offrent la plus grande analogie avec les droits réels; elles peuvent donner lieu à des actions tout à fait comparables à la revendication; dans certains cas même, il se produit pour elles une indivision semblable à celle de la propriété. Et cependant la jurisprudence et l'administration leur refusent ordinairement le caractère de droits réels.

2079. Distinction. — Les concessions consenties par l'administration sont de deux sortes. Les unes sont essentiellement *révocables sans indemnité.* L'administration les accorde quand elle les juge compatibles avec le domaine public, mais elle se réserve toujours le droit de les supprimer, le jour où elles lui paraîtraient nuisibles à l'intérêt général. De ce nombre sont les *concessions de prises d'eau* que l'administration consent aux usiniers sur les fleuves et rivières navigables ou flottables [1]. De pareilles concessions ne confèrent évidemment aucun droit réel, puisque le *concessionnaire n'a point de droit* à faire valoir contre l'administration, qui n'est nullement liée envers lui.

Les autres sont des *concessions à durée fixe,* et quelquefois même *perpétuelles,* par lesquelles l'administration se dessaisit réellement de la chose concédée et perd le droit de la reprendre en dehors des causes de déchéance réglées par la loi, par l'acte de concession ou par les principes généraux. Il y a alors véritablement *contrat,* impliquant la *création d'un droit* au profit du concessionnaire dans ses rapports avec l'administration. Ces dernières concessions sont les seules dont nous ayons à nous occuper ici pour en déterminer la nature.

2080. Comment on pourrait les concevoir. — Il conviendrait de leur appliquer un système imité de l'ancien « precarium » romain : le précariste était réputé possesseur à l'égard de tout le monde, excepté à l'égard du concédant. En transportant cette conception du fait de la possession au droit de propriété, on pourrait réputer le concessionnaire propriétaire à l'égard de tous autres que le concédant [2].

2081. Énumération. — Il y en a trois catégories principales : les concessions de *chemins de fer,* les concessions de *canaux* et les concessions de *terrains dans les cimetières.*

Ajoutons, à titre d'exemple, les *pêcheries* établies sur le rivage de la mer, qu'un arrêt a considérées comme faisant l'objet d'un droit immobilier, entrant dans les successions et grevé de l'hypothèque légale de la femme (Caen, 3 avril 1824, D. 25. 2. 124, S. 25. 2. 173, S. chr. 7. 2. 342).

§ 1. — *Concessions dans les cimetières.*

2082. Domanialité publique des cimetières. — Les cimetières sont compris dans le domaine public communal. Leur caractère de domanialité publique a été contesté (DUCROCQ, *Traité des édifices publics,* nos 90 et suiv., *Cours,* nos 1418 et 1419), mais cette opinion n'a pas prévalu (Voyez la note de M. Cazalens, sous Lyon, 4 févr. 1875, D. 77. 2. 161. Comp. SIMONET, 2e édit., no 1016; Trib. Seine, 1er avril 1882, D. 83. 3. 30).

2083. Nature des concessions d'après la jurisprudence. — Traditionnellement les tombeaux sont considérés comme faisant l'objet d'un droit de propriété « sui generis »[3] (Cass., 7 avril 1857, D. 57. 1. 311, S. 57. 1. 341). C'est une idée qui nous vient du

[1] Sur l'exercice des actions possessoires à raison des concessions sur le domaine public et spécialement relativement aux cours d'eau, voyez DALLOZ, *Répert.*, vo Action possessoire, no 297. Comp. Cons. d'État, 28 mars 1838, aff. Guyot.

[2] Bien entendu, le rapprochement fait ici entre le système des concessions modernes et le « precarium » romain ne concerne que les droits conférés sur la chose concédée, et non les rapports obligatoires établis entre les parties par le contrat. Ainsi le « precarium » romain était gratuit et révocable à volonté, caractères qui ne se retrouvent pas dans les concessions dont nous nous occupons.

[3] C'est même pour cela que la domanialité publique des cimetières a été contestée : si les particuliers sont propriétaires de leurs tombeaux, disait M. Ducrocq, c'est que le cimetière ne fait pas partie du domaine public, car le domaine public est exclusif de tout droit de propriété privée.

droit romain[1] et que la jurisprudence n'a jamais abandonnée. Les décisions les plus récentes affirment toutes que les tombeaux *appartiennent* aux concessionnaires, qu'ils sont leur « propriété », qu'ils se trouvent « dans l'indivision » entre les héritiers du concessionnaire primitif et qu'ils peuvent faire l'objet d'une « revendication » (Paris, 24 févr. 1893, D. 93. 2. 353, S. 93. 2. 189; Trib. de Vienne, 5 juill. 1895, D. 96. 2. 270; Paris, 29 juin 1896, D. 97. 2. 501)[2].

2084. Solutions administratives. — L'administration tendait jadis à traiter les concessions dans les cimetières comme de *simples baux*, ne conférant au concessionnaire qu'un droit personnel de jouissance (Décision du 12 mai 1846, concertée entre le ministre des finances et le ministre de l'intérieur, citée par SIMONET, 1re édit., n° 744, p. 407)[3]. Cependant le Conseil d'État a admis, au profit du concessionnaire, l'existence d'une revendication contre les tiers, rentrant dans la compétence des tribunaux judiciaires (Cons. d'État, 19 mars 1863, D. 63. 3. 35, S. 63. 2. 118).

§ 2. — *Concessions de chemins de fer.*

2085. Caractère des chemins de fer. — Les chemins de fer font partie du domaine public et sont compris dans ce qu'on appelle *la grande voirie*, qui se compose des principales voies de communication.

2086. Nature du droit du concessionnaire. — Les chemins de fer étant une création toute moderne n'ont pas eu derrière eux une tradition imposante et certaine comme il en existe une pour les tombeaux. Aussi les tribunaux judiciaires ont-ils accueilli sans difficulté sur ce point les solutions administratives et l'accord s'est fait entre les deux jurisprudences. La compagnie concessionnaire n'est propriétaire ni des voies, ni du sol et des bâtiments des gares, ni des travaux d'art, mais seulement de son mobilier et du matériel. Sur le sol et les bâtiments, la compagnie n'a qu'un droit personnel, analogue à celui que le locataire d'une maison tient de son bail[4] (Cass., 15 mai 1861, D. 61. 1. 225, S. 61. 1. 888).

2087. Conséquences. — On a conclu de là :

1° Que le droit du concessionnaire était *purement mobilier*, bien que portant sur des immeubles (Cass., 15 mai 1861 précité).

2° Qu'il ne peut être *grevé d'aucune hypothèque* ni conventionnelle ni légale, les immeubles seuls pouvant être hypothéqués dans notre droit (DALLOZ, *Suppl.*, v° Privilèges, n° 444).

3° Que la vente d'une concession n'avait pas besoin d'être transcrite et ne donnait pas lieu à la perception du droit de transcription (Cass., 20 juill. 1886, D. 87. 1. 302, S. 87. 1.

[1] On n'a pas pris garde à une différence considérable entre l'époque romaine et la nôtre. Dans l'antiquité, les particuliers plaçaient les tombeaux où ils voulaient ; il suffisait qu'ils eussent le sol à leur disposition. Dans les temps modernes des terrains spéciaux sont affectés aux sépultures et placés sous la garde et la surveillance de l'autorité, de sorte que les particuliers, qui jadis construisaient les tombeaux en qualité de *propriétaires*, les construisent aujourd'hui en qualité de *concessionnaires*.

[2] Il est bien évident que ce droit des particuliers sur leurs tombeaux, qu'on appelle « droit de propriété » ou « droit *sui generis* », n'est pas régi par les règles ordinaires de la propriété. Ainsi l'étendue des droits du concessionnaire dépend des termes de l'acte de concession, et quand il n'a été autorisé à disposer de sa concession que par acte de dernière volonté, il ne peut pas la céder à autrui par donation entre vifs (Lyon, 4 févr. 1875, D. 77. 2. 161).

[3] Si l'idée de l'administration triomphait un jour et que l'acte de concession fût considéré comme une *location*, il faudrait y voir une dérogation à la loi de 1790 qui a supprimé les *baux perpétuels* (ci-dessus, n° 1937). Mais nous croyons que l'idée de bail doit être écartée, le louage impliquant une *redevance annuelle* qui se prolonge pendant toute la durée de la location, tandis que le prix des concessions se paie en une seule fois : il y a donc *vente* du droit, et non pas louage.

[4] On applique en général aux *tramways* les mêmes règles qu'aux chemins de fer proprement dits. Les tramways diffèrent des chemins de fer, en ce qu'ils sont établis sur des voies publiques (rues ou routes) ouvertes à la circulation générale des piétons et des voitures.

332), à moins toutefois que la vente ne comprît en même temps des terrains achetés par la compagnie et lui appartenant à titre de propriété privée, auquel cas il faudrait transcrire relativement à ces terrains (même arrêt).

4° Que la compagnie concessionnaire n'avait pas qualité pour exercer elle-même une action réelle tendant à la suppression d'une servitude sur un terrain compris dans sa concession (Douai, 9 mars 1857, D. 57. 2. 145, S. 57. 2. 577).

5° Que les chemins de fer ne sont pas soumis à la taxe des biens de mainmorte établie par la loi du 20 février 1849 (Cons. d'État, 2 juin 1853, D. 54. 3. 1).

2088. Tempérament admis en jurisprudence. — Cependant la jurisprudence ne s'est pas maintenue strictement sur ce terrain. Ainsi elle admet que la compagnie a qualité pour *exercer en son propre nom les actions possessoires* tendant à la répression des entreprises commises dans l'étendue de sa concession (Cass., 5 nov. 1867, D. 68. 1. 117, S. 67. 1. 417). Cette solution est en contradiction directe avec le principe indiqué au n° précédent. De la part d'un locataire, n'ayant qu'une simple créance mobilière, l'action possessoire, qui n'a lieu que pour les immeubles, est inadmissible et incompréhensible. Du moment où la compagnie est considérée comme *possédant* sa concession, c'est qu'elle a autre chose qu'un droit personnel ou de simple créance. Et rien ne s'oppose à ce qu'on lui reconnaisse un droit particulier, qui ne serait ni la propriété, ni l'usufruit, ni aucun des droits réels prévus et réglés par le Code civil [1].

§ 3. — *Concessions de canaux.*

2089. Possibilité d'un véritable droit de propriété sur les canaux. — Les canaux navigables sont, comme les chemins de fer, compris dans la grande voirie et par conséquent sont frappés de *domanialité publique*. Il en résulte que la *concession temporaire* d'un canal confère au concessionnaire un simple droit de jouissance, qui n'a point les caractères d'un droit réel, et ne peut être assimilé à la propriété, à l'usufruit ou à l'emphytéose (Dalloz, *Suppl.*, v° Eaux, n° 126). Malgré cela le Conseil d'État et la Cour de cassation reconnaissent également que les *canaux navigables concédés à perpétuité* par l'État constituent une *propriété privée*, sur laquelle le concessionnaire peut établir tous les droits qui ne sont pas incompatibles avec la navigation (Cass., 7 nov. 1865, D. 66. 1. 254, S. 66. 1. 57) ou s'opposer à l'établissement de servitudes ou à l'exécution de travaux sur le canal sans son consentement (Cons. d'État, 30 déc. 1858, D. 59. 3. 75, S. 59. 2. 564).

A plus forte raison en est-il ainsi pour des *canaux d'irrigation* : ils peuvent être hypothéqués et donnés en antichrèse par le concessionnaire, alors même que la concession serait *temporaire*, comme celle des chemins de fer. On considère la compagnie exploitante comme ayant acquis tout au moins un droit emphytéotique susceptible d'hypothèque (Cass., 1er avril 1884, D. 84. 1. 345, S. 85. 1. 85).

[1] Je suis convaincu que l'incohérence de toute cette jurisprudence vient du sens trouble du mot « droit personnel » (ci-dessus, n° 722). On a décidé d'abord que la compagnie n'avait qu'un droit personnel, en ce sens que sa concession ne pouvait pas être cédée par elle sans l'agrément du gouvernement (Cass., 14 février 1859, D. 59. 1. 113, S. 59. 1. 207) et qu'elle ne pouvait faire l'objet d'une saisie et d'une mise en adjudication (Trib. civ. Seine, 27 juill. 1850. D. 51. 5. 78). S'étant habitué par là à dire que la concession était un droit personnel (attaché à la personne), on a été amené à la considérer également comme un droit personnel dans le sens de « droit de créance » par opposition aux droits réels.

MATIÈRES

COMPRISES DANS L'EXAMEN DE

TROISIÈME ANNÉE

Avis. — Tout ce qui suit fait partie du programme de troisième année, et n'a été placé ici que pour une raison matérielle : la nécessité de donner aux trois volumes du *Traité* une épaisseur à peu près égale.

On y trouvera cependant cet avantage, que certains professeurs ayant conservé l'habitude ancienne de traiter ces théories en première année, on aura sous la main, en un seul volume, un ensemble de matières correspondant à l'enseignement donné dans quelques Facultés.

QUATRIÈME PARTIE

LES INCAPABLES

GÉNÉRALITÉS

CHAPITRE UNIQUE

DES DIVERSES FORMES DE PROTECTION DES INCAPABLES

2090. Distinction à faire. — Il faut distinguer deux choses :

1° Les *moyens d'agir*, qu'on doit employer pour faire *valablement* les actes intéressant les incapables ;

2° La *nullité* qui atteindra les actes faits par l'incapable *agissant seul ou sans les formes déterminées par la loi.*

Le premier moyen est la *forme directe* de la protection des incapables. Le second est une protection indirecte, qui sert de *sanction* à la première.

§ 1. — *Des moyens d'action employés pour les incapables.*

2091. Causes qui les font varier. — La forme de la protection employée pour les incapables dépend de la nature et de l'étendue de leur incapacité. Or cette incapacité est plus ou moins grande ; elle peut exister à *deux degrés différents.*

* **2092. Incapables représentés.** — Certaines personnes sont frappées d'une incapacité telle qu'elles ne peuvent rien faire par elles-mêmes. Elles sont *totalement privées de la faculté d'agir juridiquement.* Il est donc nécessaire que les actes qui les intéressent soient faits en leur nom, par une personne capable et responsable, qui les *représentera,* sans qu'elles soient appelées à y prendre part. Sont dans cette situation : 1° les *mineurs de 21 ans non émancipés ;* 2° les *aliénés interdits ou internés ;* 3° les *condamnés en état d'interdiction légale.*

* **2093. Incapables assistés ou autorisés.** — Pour d'autres personnes l'incapacité est moins profonde. Il y a des incapables *qui peuvent comprendre dans une certaine mesure la portée de leurs actes.* Ceux-

ci n'ont pas besoin d'être « représentés » par une autre personne. Ils peuvent agir par eux-mêmes, et ont seulement besoin d'être *autorisés* par quelqu'un qui les *assiste* ou les surveille. Tels sont les *mineurs émancipés*, les *femmes mariées*, les *personnes pourvues d'un conseil judiciaire* (prodigues et faibles d'esprit). Sur l'assistance d'un incapable, voy. ci-dessous, n° 2554.

* **2094. Deux formes de protection : tutelle et curatelle.** — Le représentant des incapables de la première catégorie s'appelle *tuteur* ou *administrateur*. La *tutelle des mineurs* est le type de la forme adoptée pour protéger les incapables qui ont besoin d'être représentés.

Les personnes chargées d'*autoriser* les actes passés par les incapables de la seconde catégorie ne portent pas de nom uniforme. On les appelle en général *curateur* ou *conseil*. Le curateur n'administre pas et n'agit pas lui-même; tout son rôle se borne à donner ou à refuser son consentement aux différents actes accomplis par l'incapable.

2095. Système allemand. — La protection des incapables est organisée en Allemagne sur des bases sensiblement différentes de celles qui ont été adoptées en France. Outre les différences de détail dans l'organisation de la tutelle et de la puissance paternelle, on remarque que la tutelle est *appliquée à des cas où nous ne l'employons pas*. Ainsi, aux *mineurs* et aux *aliénés* qui sont mis en tutelle comme chez nous, le Code allemand ajoute les *prodigues* et les *faibles d'esprit*, qui chez nous sont simplement pourvus d'un curateur appelé « conseil judiciaire », et qui en Allemagne sont *interdits* et pourvus d'un *tuteur*. On applique même la même mesure à celui qui par son *ivrognerie* se rend incapable de gérer ses affaires, expose sa famille à tomber dans l'indigence ou compromet la sûreté d'autrui (art. 6, C. civ. all.). Mais voyez sur ce dernier point la jurisprudence française indiquée ci-dessous, n° 2688.

Quant à la *curatelle*, le Code allemand l'emploie à un autre usage. D'après les art. 1909 à 1914, on s'en sert : 1° pour remplacer le tuteur dans des cas où nous employons soit un subrogé-tuteur, soit un protuteur ; 2° en attendant la nomination d'un tuteur ; 3° pour les infirmes, qui chez nous restent sans protection à moins qu'on ne leur nomme un conseil judiciaire[1] ; 4° pour les absents ; 5° pour les enfants simplement conçus ; 6° pour des intéressés inconnus ; 7° pour des fonds réunis par collecte.

§ 2. — *Des nullités qui sanctionnent les incapacités.*

2096. Distinction. — A ce point de vue les incapacités diffèrent les unes des autres; la nullité qui atteint les actes de l'incapable, quand ils sont irréguliers, n'est pas toujours la même : elle est tantôt *absolue* et tantôt *relative*.

***2097. Nullité absolue résultant de l'interdiction légale.** — Il faut d'abord mettre à part l'incapacité des *condamnés à une peine afflictive et infamante* qui sont en état d'interdiction légale (art. 29 C. pén. et L. 31 mai 1854, art. 2). Celle-ci, qui appartient bien plus au droit pénal qu'au droit civil, n'est pas établie dans l'intérêt du condamné; c'est la société

[1] Voyez la jurisprudence indiquée au n° 2688.

qu'on protège contre lui, et son incapacité a tous les caractères d'une déchéance [1]. Il en résulte que les actes passés par un condamné en état d'interdiction légale sont frappés d'une *nullité absolue*, dont toute personne intéressée peut se prévaloir et qu'aucun acte de confirmation du condamné ne peut faire disparaître (ci-dessus, n° 339).

****2098. Annulabilité résultant des incapacités de protection**. — Les autres incapacités ont toutes le caractère d'une mesure de protection pour une personne déterminée, et par conséquent elles n'engendrent qu'une *simple annulabilité*. La nullité est *relative* ; l'action n'appartient qu'à une seule personne, et cette personne peut valider l'acte en le *confirmant*, c'est-à-dire en renonçant à son action en nullité (ci-dessus, n° 343).

****2099. A qui appartient l'action en nullité**. — Ordinairement la personne protégée par la loi et munie de l'action en nullité n'est autre que l'incapable lui-même, et lui seul possède le droit d'attaquer l'acte. L'action est alors exercée soit par lui, soit par son représentant (tuteur ou administrateur). C'est la règle générale.

Dans deux cas seulement, il y a exception :

1° *Pour les actes de la femme mariée.* L'incapacité de la femme mariée n'est pas une simple mesure de protection pour elle, puisque chez les peuples modernes la femme n'est pas considérée comme incapable à raison de son sexe. Si la loi déclare la femme incapable, c'est pour faire respecter le droit de puissance qu'on accorde sur elle au mari sous le nom d'« autorité maritale ». C'est donc le mari qu'on protège en empêchant la femme d'agir sans son consentement. Par conséquent, l'action en nullité est ouverte au mari. Logiquement le mari seul devrait avoir le droit de faire annuler les actes de sa femme passés sans son autorisation. Mais la loi, infidèle au principe moderne et dominée encore par les souvenirs du droit germanique qui faisait du sexe féminin une cause d'incapacité, accorde l'action en nullité à la fois au mari et à la femme (art. 225). C'est un système mixte, qui ne se justifie pas au point de vue rationnel ; il n'a qu'une explication historique.

2° *Pour le mariage contracté par un mineur sans le consentement des ascendants* (art. 182). L'action en nullité appartient dans ce cas non seulement au mineur qui avait besoin du consentement de ses parents, mais aussi à ceux dont le consentement était requis. Le motif est à peu près le même que pour la femme mariée : l'ascendant, muni de l'action en nullité, fait respecter sa puissance paternelle, comme le mari fait respecter sa puissance maritale.

** **2100. Condition générale du succès de l'action.** — En règle générale, il n'y a qu'*une condition unique* pour obtenir l'annulation de l'acte fait par un incapable : il faut démontrer que cet acte a été fait *par l'incapable agissant seul*, sans être ni assisté ni représenté par son protecteur légal [2].

[1] L'interdiction légale est une création de l'Assemblée constituante (*Code pénal* des 25 sept.-6 oct. 1791, première partie, tit. IV, art. 2). On estime aujourd'hui que cette institution est peu utile comme précaution administrative en matière pénale : un bon système pénitentiaire devrait suffire. Et comme mesure de protection pour l'individu condamné, son utilité n'apparaît pas davantage : un mandataire suffirait à le remplacer. Comp. POLISSARD, thèse, Paris, 1899, p. 200.

[2] Je suppose l'acte fait *par l'incapable*. La question de nullité pourrait aussi se présenter pour un acte fait *par le représentant d'un incapable*, c'est-à-dire par le tuteur. Mais alors ce ne serait plus *une question de capacité* qui se poserait, ce serait *une question de*

Cette condition est tout à la fois *nécessaire* et *suffisante*.

1° Elle est *nécessaire*, car il ne pourrait pas être question de nullité si l'acte avait été fait par l'incapable avec toutes les formalités requises. Ces formalités sont organisées par la loi pour habiliter l'incapable, c'est-à-dire pour le rendre apte à faire des actes juridiques valables en effaçant son incapacité. Le but de la loi serait manqué, et ces formalités seraient vaines, si, même en s'y conformant, on restait exposé à une action en nullité. Comparez ce qui est dit ci-dessous au n° 2496.

2° Elle est suffisante : la seule constatation de cette circonstance que l'acte a été fait *par un incapable non représenté ou non assisté par son protecteur légal* entraîne la nullité. On peut dire qu'alors la nullité est « de droit », selon l'expression dont se sert l'art. 502 à propos des actes de l'aliéné interdit ; ce qui signifie que l'annulation doit être prononcée par le tribunal *sur la seule preuve de l'incapacité de l'auteur de l'acte*. Comp. ci-dessous, n° 2641.

** **2101. Condition supplémentaire exigée des mineurs.** — A cette règle il existe une *exception unique*, mais considérable par sa portée : elle concerne les *mineurs*. La simple circonstance qu'un acte a été passé par un mineur agissant seul ne suffit pas pour le faire annuler. Il faut, en outre, *que le mineur ait éprouvé une lésion*. Voyez les art. 1305 et 1306, qui parlent de la lésion comme « cause de restitution » pour les mineurs, et comparez avec le langage de l'art. 225, qui dit à propos des femmes mariées : « La nullité *fondée sur le défaut d'autorisation...* » C'est donc l'incapacité seule dans un cas et la lésion dans l'autre qui ouvrent l'action. Cette condition de lésion est caractéristique de l'incapacité des mineurs ; elle ne se trouve dans aucune autre. La règle propre aux mineurs s'exprime par l'adage latin : « Minor non restituitur tanquam minor, sed tanquam læsus. » Il ne suffit donc pas au mineur de prouver son incapacité ; il faut, en outre, qu'il établisse le préjudice que l'acte lui a causé.

2102. Difficulté pour certains actes du mineur. — Si ces principes sont certains et clairs, il y a cependant de graves difficultés pour les actes des mineurs, parce que certains actes ne sont pas seulement « sujets à restitution [pour lésion] » ; ils sont en outre « nuls en forme » (voyez cette distinction écrite dans l'art. 1311), ce qui suppose que le mineur pourra en obtenir la nullité *sans être obligé de prouver qu'il a été lésé*. Mais ceci ne pourra être expliqué à fond qu'après que les règles de la tutelle et les formalités requises pour les actes les plus importants auront été exposées (Voy. t. II, *Tables*, v° Mineur).

2103. Renvoi pour les règles de l'action en nullité. — L'action en nullité, qui sanctionne d'ordinaire les incapacités, ressemble beaucoup à celle qui résulte des vices du consentement. Comme celle-ci, elle *se prescrit* par dix ans (art. 1304), et le point de départ habituel de la prescription est la cessation de l'incapacité : comme elle encore, elle peut se perdre par l'effet d'une *confirmation* faite en temps de capacité. Tout ceci sera expliqué plus à fond dans la théorie des obligations (t. II).

pouvoir. Celle-ci sera examinée plus loin à propos de la tutelle et de la gestion du tuteur, et nous la retrouverons à nouveau dans le t. II à propos de l'art. 1311.

LA PUISSANCE PATERNELLE

CHAPITRE PREMIER

NOTIONS GÉNÉRALES ET HISTORIQUES

2104. Bibliographie. — Leloir, *Code de la puissance paternelle*, 2 vol., 1892. — Nourrisson, *Étude critique sur la puissance paternelle et ses limites*, Paris, 1898. — Taudière, *Traité de la puissance paternelle*, Paris, 1898. — Voyez aussi ci-dessous, n° 2217.

** **2105. Définition.** — La puissance paternelle est *l'ensemble des droits et des pouvoirs que la loi accorde aux père et mère sur la personne et sur les biens de leurs enfants pour leur permettre de remplir leur devoir de parents.*

Il ne faut pas perdre de vue que ces droits et ces pouvoirs ne sont accordés aux parents que comme conséquence des lourds devoirs qu'ils ont à remplir : il n'y a une *puissance* paternelle, que parce qu'il y a des *obligations* nombreuses à la charge des père et mère, obligations qui se résument toutes dans un seul mot, l'éducation de l'enfant.

2106. Observation critique. — L'expression « puissance paternelle », qui nous vient du droit romain, n'a jamais été absolument juste en droit français, et elle l'est aujourd'hui moins que jamais. Ce qui appartient aux parents est moins une *puissance*, « potestas », qu'une *tutelle*, c'est-à-dire une charge. De plus, cette prétendue puissance n'appartient pas seulement au père comme la « patria potestas » romaine ; la mère la possède également et l'exerce à défaut du père. Ni l'un ni l'autre des deux mots qui composent l'expression « puissance paternelle » n'est donc rigoureusement exact.

§ 1. — *Ancien droit.*

2107. Division. — Avant la Révolution la puissance paternelle était une des matières sur lesquelles s'accusait le plus vivement la division de la France en pays de coutume et pays de droit écrit.

A. — Pays de droit écrit.

* **2108. Conservation de la puissance paternelle romaine.** — Dans le Midi on avait conservé, au moins avec son esprit général, l'ancienne « patria potestas » du droit romain. Sans doute les constitutions des empereurs, et plus tard la jurisprudence des Parlements l'avaient beaucoup amoindrie, et les mœurs en avaient encore atténué la rigueur ; mais les règles primitives avaient subsisté sur quelques points essentiels :

1° *La puissance paternelle n'appartenait jamais à la mère ;*

2° *Elle se prolongeait indéfiniment*, quel que fût l'âge du fils ;

3° *Le fils ne pouvait pas*, en principe, *acquérir pour son compte ;* en dehors des pécules, tout appartenait au père, et celui-ci avait même la jouissance des biens dont son fils avait la propriété ;

4° *Le fils était incapable d'emprunter* (sénatus-consulte Macédonien), *incapable aussi de tester.*

Le tempérament le plus remarquable qu'on y avait apporté était la multiplication des *émancipations taisibles*, notamment par mariage, qui libéraient la plupart des enfants de famille de la sujétion paternelle. Malgré le temps écoulé, malgré les réformes opérées, l'esprit de l'institution n'avait guère changé : c'était encore une sorte de *pouvoir domestique* établi plutôt dans l'intérêt du père que dans celui de l'enfant.

B. — Pays de coutume.

*** 2109. Caractères temporaire et familial de la puissance paternelle.** — Les provinces coutumières avaient des traditions bien différentes : l'idée d'une *protection due à l'enfant* y dominait l'organisation de la puissance paternelle.

La *mère* en était investie en même temps que le père, et surtout cette puissance était *essentiellement temporaire;* elle cessait de bonne heure[1].

Ces différences étaient si considérables qu'elles frappaient l'esprit de tout le monde ; aussi tenait-on comme une maxime que « droit de puissance paternelle n'a lieu » (LOYSEL, *Institutes coutumières*, n° 55). Ceci ne voulait point dire que les parents n'eussent aucun pouvoir sur la personne et sur les biens de leurs enfants, mais bien que la puissance paternelle admise dans le nord de la France n'était pas la « patria potestas » du droit romain[2].

Un autre caractère encore séparait les deux moitiés de la France : le pouvoir des parents avait gardé dans le Nord un aspect tout familial et de pur fait; il ne faisait point l'objet de règles juridiques, comme la puissance paternelle romaine. Les coutumes ne s'en occupaient guère; tout dépendait des mœurs. A peine trouve-t-on à partir du XVIe siècle quelques textes d'ordonnances s'opposant au mariage des enfants ou à leur entrée en religion sans le consentement de leurs parents.

Par une suite naturelle de ce caractère extra-juridique de la puissance paternelle coutumière, elle ne tient qu'une place infime dans les œuvres des anciens jurisconsultes[3]; Pothier ne lui consacre que cinq pages (*Traité des personnes*, n°s 129-142), et cela explique l'insuffisance des dispositions du Code lui-même.

2110. Influence romaine dans quelques coutumes. — Cependant, grâce à la variété constante du droit coutumier, on trouve un certain nombre de coutumes qui font exception et qui avaient emprunté au droit romain des parties plus ou moins considérables de son système. Ceci est surtout sensible en Poitou et en Bretagne : la description de la puissance paternelle, faite dans les vieux coutumiers de ces provinces, y porte la marque romaine à tel point qu'on se croirait en pays de droit écrit.

§ 2. — *Droit moderne.*

2111. Réforme opérée par l'Assemblée législative. — Sous la Révolution la puissance paternelle ne fut pas abolie, comme on le dit souvent. L'Assemblée législative décréta simplement qu'elle ne s'étendrait plus sur les majeurs, et que les mineurs y seraient

[1] L'extinction de la puissance du père par l'arrivée d'une *majorité émancipatrice*, inconnue des Romains, était au contraire familière aux races germaniques. On cite souvent à ce propos les paroles de Théodoric rapportées par Cassiodore : « Les aigles cessent de donner la nourriture à leurs petits sitôt que leurs plumes et leurs ongles sont formés. »

[2] Les anciens eux-mêmes (Gaius) avaient remarqué que la puissance paternelle était une institution propre aux Romains, qui ne se retrouvait pas chez les autres peuples, si ce n'est chez les Galates.

[3] Accurse, qui vivait vers 1200, constate que de son temps la puissance paternelle était presque supprimée en France : « Aliæ vero gentes quædam ut servos tenent filios, velut Sclavi ; aliæ ut prorsus absolutos, ut Francigenæ » (Sur le titre des *Institutes* « De patria potestate », ch. XVIII, n° 105). — Dans une traduction française des *Institutes*, faite en 1292, on a omis tout le titre « De patria potestate » (D'après l'annotateur de Loysel, édit. Laboulaye, t. I, p. 82).

seuls soumis (Décr. 28 août 1792). En supprimant la persistance illimitée du droit du père, l'Assemblée ne fit guère que consacrer le résultat auquel notre ancien droit était à peu près parvenu avec le développement des émancipations taisibles. La réforme n'est donc pas si grave, et Lamoignon lui-même l'avait appelée de ses vœux (*Arrestez*, 1702, Part. I, p. 7 ; Part. II, p. 5). C'est donc à tort qu'on s'est lamenté sur l'écroulement de cette « royauté domestique » suivant, à quelques jours de distance, celui de la monarchie française.

2112. Discussion en 1804. — Lors de la rédaction du Code civil, la lutte se ranima entre les idées du Midi et celles du Nord, et elle s'engagea au Conseil d'État sous la forme d'une question de mots : Malleville voulait conserver le mot de *puissance*, tandis que Berlier préférait celui d'*autorité*. L'un et l'autre ont obtenu gain de cause ; le titre IX est intitulé : *De la puissance paternelle*, tandis que l'art. 372, le seul qui établisse le principe, ne parle plus que d'*autorité*. Au fond l'avantage est resté aux traditions coutumières et les règles du Code ne sont guère autre chose que celles qu'avait exposées Pothier dans son *Traité des personnes* (tit. VI, sect. 2).

2113. L'opinion depuis le Code civil. — Après la promulgation du Code il s'est produit plus d'une tentative de réaction en faveur de la puissance paternelle. Signalons surtout l'*Essai sur la puissance paternelle*, de CHRESTIEN DE POLY (Paris, 1820, 2 vol. in-8°) et les efforts prolongés de LE PLAY pour créer un courant d'opinion (Voyez surtout *La liberté de tester*). Ce dernier a réussi à fonder une école dont l'ardeur n'a pas diminué (Voyez la thèse de M. PLANTEAU DU MAROUSSEM, Paris, 1887).

Mais M. Viollet reproche avec raison à Le Play de s'appuyer sur l'histoire sans l'avoir suffisamment approfondie. N'y a-t-il pas aussi « une inexpérience enfantine à vouloir refaire artificiellement le passé » et n'est-ce pas méconnaître « la force irrésistible des phénomènes historiques » ? (VIOLLET, *Précis*, p. 446.)

2114. Lois nouvelles. — Depuis 1851 notre droit s'est enrichi d'un certain nombre de lois nouvelles, toutes « imprégnées d'une foi profonde dans le droit de l'enfant » : L. 28 mai 1851 sur le contrat d'apprentissage ; L. 19 mai 1874 sur le travail des enfants dans l'industrie ; L. 7 déc. 1874 sur la protection des enfants employés dans les professions ambulantes ; L. 23 déc. 1874 sur la protection des enfants du premier âge ; L. 28 mars 1882 sur l'instruction obligatoire ; L. 30 oct. 1886 sur l'instruction laïque ; L. 24 juill. 1889 sur la protection des enfants maltraités ou moralement abandonnés ; L. 2 nov. 1892, remplaçant celle de 1874, sur le travail des enfants ; L. 19-21 avril 1898 sur la répression des voies de fait et attentats commis contre les enfants. Et encore dans cette liste ne sont pas compris les nombreux textes d'ordre purement administratif, décrets et lois qui ont organisé le service dit : *des enfants assistés*.

2115. Résultat obtenu. — En somme, l'histoire de la puissance paternelle n'est que le tableau des efforts faits par la loi pour soustraire de plus en plus l'enfant aux abus d'une autorité qui était primitivement sans limite et sans contrôle. Le petit groupe de la famille n'est pas un sanctuaire fermé dans lequel aucun regard ne puisse pénétrer. L'évolution qui s'achève de nos jours s'est faite au nom de l'intérêt supérieur de la société, au nom de l'humanité.

Aujourd'hui, grâce surtout à la loi du 24 juillet 1889, la puissance du père est une puissance essentiellement protectrice de l'enfant, et on peut dire qu'elle n'est plus que la première des tutelles, une tutelle toute préparée par la nature, à laquelle la loi a donné, comme aux autres, son contrepoids et ses responsabilités.

CHAPITRE II

PERSONNES INVESTIES DE LA PUISSANCE PATERNELLE

2116. Conception trop étroite dans le Code civil. — A lire les art. 371 à 387, on croirait que la puissance paternelle n'existe qu'entre les mains des ascendants du premier degré. Le Code ne nomme jamais que les père et mère ; c'est qu'il a suivi Pothier, qui faisait de même. Cependant il n'est pas douteux que, lorsque les père et mère ont tous deux disparu, les ascendants plus éloignés exercent à leur place une partie des attributs de la puissance paternelle. Il y a une *survivance partielle de cette puissance* à leur profit. C'est donc avec raison que la loi de 1889 considère les causes de déchéance de la puissance paternelle comme pouvant s'appliquer aux ascendants de tous les degrés aussi bien qu'aux père et mère (art. 1 et 4). Cela ne fait point qu'il y ait dans le droit français, comme on l'a dit à tort, deux puissances paternelles, celle du Code civil et celle de la loi de 1889, car cette dernière loi n'a rien organisé en cette matière que des causes d'extinction.

§ 1. — *Puissance paternelle des père et mère.*

A. — Parents légitimes.

** **2117. Prépondérance du père pendant le mariage.** — L'art. 372 attribue la puissance paternelle, d'une manière collective, au père et à la mère : « L'enfant reste sous *leur* autorité... ». Mais cette attribution est à peu près nominale en ce qui concerne la mère, tant que dure le mariage. En effet cette puissance, bien que commune aux deux parents par son titre, est *déléguée d'une manière exclusive au père* : « Le père *seul* exerce cette autorité pendant le mariage » (art. 373). Cette prépondérance du père était nécessaire ; il fallait faire trancher les questions quotidiennes qui s'élèvent par une autorité capable de décider vite : le père seul remplissait cette condition, car on ne pouvait songer à donner la prépondérance à la mère. Dès lors on peut se demander ce que devient la puissance paternelle de celle-ci. Qu'est-ce qu'une autorité qu'on n'a pas le droit d'exercer, sinon un vain titre ? Tant que le père est vivant et capable d'agir, le droit de la mère sommeille pour ainsi dire. C'est à peine si elle trouvera l'occasion de s'en servir pour consentir au mariage de ses enfants, et encore on verra que son opposition n'empêche pas le mariage si le père y consent, car l'avis du père l'emporte.

* **2118. Cas unique d'exercice en commun.** — Le seul cas où cette prépondérance n'est plus accordée au père se présente lors de l'adoption de l'enfant par un tiers ; le consentement de la mère est aussi nécessaire que celui du père. Mais ceci suppose que l'enfant se donne en adoption avant 25 ans, et les adoptions sont rares. Combien y a-t-il en France de mères qui aient eu à exercer un droit aussi exceptionnel ?

2119. Dévolution de la puissance paternelle à la mère. — C'est seulement *à défaut du père* que la mère obtient l'exercice de la puissance paternelle, qui devient ainsi entre ses mains une puissance *maternelle*. Il est nécessaire de passer en revue les cas dans lesquels se produit ce déplacement de la puissance sur l'enfant. Ces cas sont les suivants :

1° *Le père est mort.* — En ce cas aucune difficulté. La mère prend en main le libre exercice de la puissance paternelle, qui n'appartient plus qu'à elle seule désormais.

2° *Le père est déchu.* — La déchéance du père produisait autrefois le même effet que son décès. Mais la loi du 24 juillet 1889, qui a multiplié les causes de déchéance, a modifié leur effet dévolutif : elle a réservé aux juges le droit de décider si l'exercice de la puissance paternelle doit être attribué à la mère (art. 9). La mère ne profite donc plus nécessairement de la déchéance du père ; et, si le tribunal le juge à propos, il y aura lieu, non pas à la dévolution de la puissance paternelle, mais à l'organisation de la tutelle.

3° *Le père est hors d'état d'exercer ses droits.* — Ceci peut arriver par suite de *folie* ou *d'absence*. La loi n'a prévu que ce dernier cas.

Elle décide dans l'art. 141 que la « surveillance » des enfants mineurs passe à la mère et que celle-ci exerce « tous les droits du mari ». Remarquez qu'alors la mère agit moins en son propre nom qu'au nom de son mari aliéné ou absent, et en vertu d'une sorte de *délégation*. Du reste cette observation n'a d'intérêt que pour la jouissance des reveuus des biens de l'enfant, laquelle n'est pas perdue pour le mari, sa femme étant comptable envers lui. Pour le consentement au mariage, on doit considérer la femme comme exerçant un pouvoir propre, qui reparaît lorsque le mari n'est plus en état d'exercer le sien.

*2120. **Dérogations conventionnelles à la prépondérance du père.** — L'exercice exclusif de la puissance paternelle accordé au père ne peut lui être enlevé par un arrangement particulier entre les époux. Toute convention qui aurait pour but ou pour résultat de dépouiller le père de sa puissance pour la transférer à la mère serait *nulle* comme contraire à l'ordre public (art. 6 et 1388).

Voici comme conséquence de cette règle une convention qu'on regarde en général comme nulle : il arrive assez fréquemment, quand un mariage se fait entre personnes appartenant à des religions différentes, que la femme demande que les enfants soient élevés dans sa religion et non dans celle du mari, et on fait même de cette convention l'objet d'une clause du contrat de mariage. Il est admis que cette convention n'est pas civilement obligatoire, et que la femme n'a aucun moyen pour la faire respecter (GUILLOUARD, *Contrat de mariage*, t. I, n° 113 et les ouvrages cités à la note). Cependant le père n'a pas *aliéné* sa puissance, il ne l'a pas davantage *abdiquée ;* il en a *usé* en déterminant quelle sera la religion des enfants. Le contrat de mariage est la charte de la famille, et on ne voit pas quel avantage il y aurait à autoriser la violation de cette sorte d'engagements. La stabilité de ces conventions est désirable, c'est le seul moyen de maintenir la concorde dans les mariages mixtes. Et l'art. 1388 n'est pas violé, puisque la décision est prise par le mari et non par la femme. Il est vrai que cette convention est faite *d'avance* et non au moment même où elle doit recevoir son exécution. Mais elle trouve sa place toute naturelle dans un acte qui est justement destiné à régler d'avance la loi sous laquelle la famille va vivre [1].

[1] Laurent, qui proposait de déclarer nulle toute convention de ce genre (*Avant-projet*, art. 377), pense que le père qui la consent se prépare en ses fils des ennemis, parce que la

* **2121. Effets du divorce sur l'exercice de la puissance paternelle.** — Le divorce fait naître pour la puissance paternelle toute une série de questions. Les époux sont tous deux vivants; or l'art. 373 n'accorde la prépondérance au père que « pendant le mariage ». Cette disposition ne peut donc plus s'appliquer après le divorce, et l'on se trouve en présence de l'art. 372 qui confère la puissance paternelle au père et à la mère cumulativement. Il est cependant impossible d'admettre que les deux époux ont *en même temps* l'exercice de la puissance paternelle : ce serait aboutir à des conflits insolubles, ou bien donner lieu à des appels perpétuels à la justice chargée de prononcer entre ces deux puissances rivales. De toute nécessité, l'un des parents doit conserver la prépondérance. Lequel sera-ce ?

La loi aurait dû régler la question au titre « Du divorce »; elle ne l'a fait que d'une manière incomplète. L'art. 302 statue seulement sur la *garde des enfants*, et l'art. 303 suppose que la puissance paternelle subsiste même au profit de celui des époux à qui cette garde a été refusée. On ne peut donner de solution unique pour l'ensemble des droits qui composent la puissance paternelle; la solution applicable à chacun d'eux doit être étudiée séparément et sera donnée chaque fois que l'occasion s'en présentera [1].

La séparation de corps, à la différence du divorce, reste en principe sans influence sur la puissance paternelle. Le père conserve tout naturellement sa prépondérance habituelle, puisque le mariage subsiste. On verra cependant que le droit de garde peut être modifié par les juges.

B. — Parents naturels.

** **2122. Preuve de leur puissance paternelle.** — Le Code semble ne s'être occupé de la puissance paternelle que dans l'hypothèse du mariage, et, telle qu'il l'a organisée, cette puissance est faite pour les parents légitimes. Il n'y a cependant aucun doute à concevoir sur l'existence de la puissance paternelle au profit des parents naturels. Le Code lui-même l'admet implicitement puisque, dans l'art. 383, il étend aux père et mère des enfants naturels certains textes réglant un des droits les plus exorbitants du père, le droit de faire arrêter et incarcérer l'enfant quand il en est mécontent. — Bien entendu, cette puissance n'existe qu'au profit des parents naturels dont la qualité est légalement reconnue.

* **2123. Prépondérance du père naturel.** — On est à peu près d'accord pour reconnaître au père naturel la même prépondérance qu'au père légitime [2]. En effet, l'art. 158 étend aux parents naturels les dispositions des art. 148 et 149, qui établissent cette prépondérance pour l'acte le plus important, le mariage des enfants. On l'applique également à la nationalité quand les deux parents ne sont pas nationaux du même pays, et au nom de l'enfant : l'enfant prend toujours le nom de son père et il suit sa natio-

mère les élève dans des idées opposées aux siennes. Il dit avoir été le confident des regrets amers d'un père. Ce fait sera le résultat de la mésintelligence survenue entre les époux, et non pas de la clause en question, car toutes les religions enseignent également le respect des père et mère ; et en supposant que le père fasse élever les enfants dans la même foi que lui, ce sera la mère qui s'en plaindra : le mal sera égal, sous une forme inverse.

[1] Pour le mariage de l'enfant, l'avis du père reste prépondérant, car l'art. 148 qui dit que l'avis du père l'emporte sur celui de la mère, ne fait pas d'exception pour le cas de divorce.

[2] Voyez cependant LAURENT, t. IV, n° 348; COLMET DE SANTERRE, t. II, n° 128 bis, II. Pour la réfutation de leur opinion, voyez DALLOZ, *Suppl.*, v° Puissance paternelle, n° 131.

nalité, sauf le cas où la mère l'a reconnu la première (L. 26 juin 1889. Voy. ci-dessus, n° 398).

Cependant il est admis que la prépondérance du père naturel n'est pas absolue et que les tribunaux peuvent y apporter des modifications dans l'intérêt de l'enfant. Voyez notamment pour l'attribution du droit de garde à la mère, Douai, 6 févr. 1899, D. 1900. 2. 175.

* **2124. Restrictions apportées aux droits des parents naturels.** — La puissance paternelle n'est pas un tout homogène et irréductible; elle se compose d'éléments divers. Les parents légitimes la possèdent seuls dans toute sa plénitude. Celle des parents naturels est moins riche en attributs. Ainsi, le droit de jouissance légale et le droit d'administration légale n'appartiennent pas aux père et mère naturels. C'est ce qui résulte « a contrario » de l'art. 383, qui renvoie aux articles qui le précèdent et non à ceux qui le suivent ; or ce sont ces derniers qui établissent les deux droits précités.

2125. Observation commune aux parents légitimes et aux parents naturels. — Les père et mère possèdent la puissance paternelle même quand ils sont *encore mineurs.* Ceci se rencontrera surtout pour la mère naturelle. Pour la mère légitime, cela peut encore se voir quand une jeune femme se trouve veuve et mère d'un enfant avant d'avoir atteint sa majorité. Pour le père légitime, l'hypothèse est toute simple à construire, mais elle est d'une réalisation rare en fait : il faut qu'il se soit marié avant d'avoir vingt ans et qu'un enfant soit né dans la première année de son mariage.

2126. Système allemand. — D'après le Code allemand (art. 1707), il n'y a *pas de puissance paternelle sur l'enfant naturel :* la mère a seulement le droit et le devoir de prendre soin de sa personne ; elle n'a pas le pouvoir de le représenter. En conséquence *l'enfant naturel a toujours un tuteur* (art. 1773, *ibid.*). Ce système semble, tant au point de vue historique qu'au point de vue moral, supérieur au système français : la puissance paternelle devrait être un pouvoir réservé aux parents légitimes ; il y a d'autres moyens de protéger l'enfant naturel.

§ 2. — *Droits des ascendants.*

* **2127. Du vivant des père et mère.** — Tant que l'enfant a encore son père ou sa mère, les ascendants plus éloignés ne peuvent exercer aucun pouvoir sur lui ; ils ne peuvent pas, par exemple, critiquer le mode d'éducation choisi par le père ou par la mère ; la puissance qui appartient aux parents a le caractère d'une autorité souveraine et indépendante dans leurs rapports avec les grands-parents.

Cependant les enfants sont tenus envers leurs ascendants de tous les degrés d'un devoir de respect. L'art. 371 ne rappelle expressément ce devoir naturel qu'à l'égard des père et mère, mais on reconnaît que le même devoir existe envers les autres ascendants. Le père ne peut, par suite, s'opposer à ce que l'enfant s'en acquitte envers ses grands-parents, en supprimant toutes visites et toutes correspondances. Les tribunaux se reconnaissent le droit d'autoriser ces visites et ces correspondances, malgré la prohibition du père, sous les conditions qu'ils jugent utile de fixer (Cass., 8 juill. 1857, D. 57. 1. 273, S. 57. 1. 721 ; Cass., 28 juill. 1891, D. 92. 1. 70 ; Cass., 12 févr. 1894, D. 94. 1. 218). Mais ils doivent s'en tenir à un simple échange d'entrevues et de lettres ; ils ne pourraient pas ordonner que l'enfant sera enlevé à son père pour être confié à ses grands-parents, par exemple pendant tout ou partie de ses vacances. Quelques arrêts en avaient cependant décidé ainsi (Paris, 14 août 1869, D. 69. 2. 238 ; Cass., 12 juill. 1870, D. 71. 1. 218, S. 71. 1. 28) ; mais il a été reconnu que cette mesure portait une atteinte illégale au droit de garde qui appartient au père (Cass., 26 juill. 1870, D. 71. 1. 217, S. 71. 1. 28; Cass., 28 juill. 1891, D. 92. 1. 70; Cass., 24 juin 1892, D. 93. 2. 81).

2128. Après la mort des père et mère. — D'une manière générale, on peut dire que la puissance paternelle ne passe pas aux ascendants du second degré au décès du dernier mourant des père et mère. Cependant la loi leur donne un double droit qui ne peut s'expliquer que par l'idée d'une puissance naturelle existant à leur profit sur la personne de leurs descendants :

1° *La tutelle leur appartient de droit*, à moins que le dernier mourant des père et mère ne les en ait dépouillés (art. 402), et pour la dévolution de cette tutelle, on observe la prépondérance de la branche paternelle sur la branche maternelle. Mais les pouvoirs qui leur sont ainsi dévolus sont ceux d'un tuteur et non pas ceux d'un père [1].

2° Les ascendants possèdent toujours, *alors même qu'ils n'auraient pas la tutelle*, le droit de *consentir au mariage de leurs descendants* (art. 150). Ce droit est évidemment un fragment de la puissance paternelle. Ceux qui l'ont contesté partent d'une définition trop étroite de cette puissance, qui, d'après eux, serait limitée aux enfants *mineurs* et réservée aux seuls *parents*. C'est une pure pétition de principe. Que sera ce droit, accordé aux ascendants en leur seule qualité, s'il n'est pas un reste de la puissance des père et mère?

§ 3. — *Personnes investies de la puissance paternelle par délégation judiciaire.*

***2129. Cas où cette délégation a lieu.** — La loi de 1889 a organisé tout un système de délégation de la puissance paternelle *par autorité de justice*. Elle prévoit :

1° L'hypothèse où l'éducation de l'enfant est pour ses parents une charge trop lourde et où ceux-ci sont *disposés à le placer* soit dans un hospice, soit chez une personne charitable (art. 17);

2° Celle où l'enfant a été *abandonné* par ses parents et *recueilli* sans leur intervention (art. 19).

2130. Étendue et effet de la délégation. — Le tribunal peut, en connaissance de cause, *déléguer* les droits de puissance paternelle abandonnés par les parents et en attribuer l'exercice, en tout ou en partie, à l'établissement ou au particulier gardien de l'enfant. Pour les détails de procédure, voyez les art. 17 à 21 de la loi précitée. Le père n'est pas *déchu*; il garde théoriquement son droit, dont l'*exercice* seul a été délégué; et il peut demander que l'enfant lui soit rendu, et même renouveler sa demande trois ans après le jugement définitif, si elle a échoué une première fois (art. 21).

2131. Comparaison avec la tutelle officieuse. — On peut rapprocher de cette délégation judiciaire de la puissance paternelle l'abandon de l'enfant au profit d'un *tuteur officieux* (art. 361, 365 et 366). Mais ce dernier n'est pas investi de la puissance paternelle; il n'est que *tuteur*, et la différence est grande. Aussi l'opération se fait avec le seul consentement des parties. Le juge de paix, qui dresse procès-verbal de leur convention, n'a rien à autoriser ni à refuser.

[1] La différence était énorme au temps où la puissance paternelle était libre de tout contrôle; elle tend à s'atténuer depuis que le contrôle judiciaire de la puissance paternelle s'est affirmé et a été législativement reconnu.

CHAPITRE III

DROITS ET CHARGES DES PARENTS

***2132. Analyse de la puissance paternelle.** — Il a déjà été dit que la puissance paternelle n'est pas un droit unique, toujours égal et semblable à lui-même. C'est un ensemble de pouvoirs et d'obligations qui se balancent et s'expliquent mutuellement, le tout étant organisé au mieux des intérêts de l'enfant. L'étude de ces divers attributs actifs ou passifs forme l'objet de ce chapitre. On peut les ranger tous sous les cinq chefs suivants : 1° l'*éducation* de l'enfant ; 2° les *frais d'entretien* ; 3° la *jouissance légale* de ses revenus ; 4° l'*administration* de ses biens personnels ; 5° son *établissement*, qui vont faire l'objet d'autant de paragraphes distincts.

§ 1. — *Éducation de l'enfant.*

2133. Étendue des devoirs des parents. — Le soin de diriger l'éducation de l'enfant, de régler sa conduite, de former son caractère et ses idées, est la partie essentielle de la tâche que les parents ont à remplir. Les plus graves questions doivent être résolues : le choix de la religion qu'on enseignera à l'enfant, la carrière à laquelle on le préparera, etc.

2134. Sanctions légales. — Les parents doivent à leurs enfants une bonne éducation. Ce devoir moral n'a pas, en général, de sanction juridique précise. On peut cependant signaler les points suivants :

1° Le procédé spécial de coercition organisé par la loi du 28 mars 1882 pour forcer les pères de famille à donner à leurs enfants au moins l'instruction primaire[1].

[1] C'est l'art. 4 de cette loi qui formule le principe de l'obligation. Il détermine en outre la période pendant laquelle l'enfant doit recevoir l'instruction primaire : de 6 ans révolus à 13 ans révolus. L'obligation commence donc avec le premier jour de la septième année. Cette période forme ce qu'on a appelé l'*âge scolaire*. L'art. 4 laisse aux parents le choix entre divers moyens d'instruction, soit les écoles publiques (de l'Etat ou de la commune), soit les institutions privées, soit même l'intérieur de la famille et les soins des parents ou d'un précepteur. Les matières qui font l'objet de l'enseignement ont un programme déterminé par l'art. 1er de la loi. L'obligation des parents a une sanction : l'avertissement ; puis un blâme ; puis, au besoin, pour les récidives, l'amende jusqu'à 15 francs et la prison jusqu'à 5 jours au plus (art. 14 de la loi). Cette loi avait été précédée d'une autre loi du 16 juin 1881, qui avait rendu l'instruction primaire gratuite. Parmi les grandes nations d'une civilisation avancée, la France a été à peu près la dernière à adopter le principe de l'obligation. Ce système existe non seulement dans les Etats protestants, comme l'Angleterre, la Suède, la Norvège, le Danemark, mais même dans les pays les plus catholiques comme l'Autriche, l'Italie, le Portugal, l'Espagne. Dans tous ces pays on n'a pu établir l'obligation qu'en supprimant l'instruction religieuse de l'enseignement officiel. On a cité, lors de la discussion de la loi, une lettre célèbre de M. Guizot, qui, après avoir combattu toute sa vie le principe de l'obligation, s'y était rallié à la fin et confessait son changement d'opinion. « Il peut arriver que l'état social et l'état des esprits rendent l'obligation légale, en fait d'instruction primaire, légitime, salutaire et nécessaire. C'est là que nous en sommes aujourd'hui » (Lettre du 23 avril 1872). Au point de vue militaire, comme au point de vue agricole ou industriel, le grand nombre des illettrés, qu'accusait la statistique, était une cause d'infériorité réelle et un véritable péril national.

2° La déchéance que le père peut encourir lorsqu'il met en péril la moralité de l'enfant (L. 24 juill. 1889, art. 2 *in fine*).

3° Les peines dont il est frappé par les art. 334 et 335 C. pén. quand il a favorisé la prostitution ou la débauche de ses enfants.

4° Les peines établies par la loi du 7 décembre 1874 contre les saltimbanques et forains qui emploient leurs enfants au-dessous de 16 ans à des exercices périlleux, ou qui les font figurer dans leurs représentations avant l'âge de 12 ans.

5° Enfin, la possibilité d'envoyer l'enfant dans une maison de correction lorsqu'il a commis un crime ou un délit et qu'il a été acquitté comme ayant agi sans discernement (art. 66 C. pén.). C'est une sorte de dépossession du droit d'éducation que subissent alors les parents et qui est justifiée par les mauvais résultats obtenus.

2135. Pouvoirs conférés aux parents pour l'éducation de l'enfant. — Les parents ne pourraient pas remplir leur devoir d'éducation, s'ils n'avaient pas reçu des pouvoirs spéciaux, correspondant à cet objet. Ces pouvoirs sont au nombre de deux :

1° Le *droit de garde*, qui entraîne avec lui un *droit de surveillance* ;

2° Le *droit de correction.*

C'est d'eux seuls qu'on s'occupe en général dans les livres de droit, oubliant le devoir d'éducation, qui est pourtant la chose principale, car ces deux droits n'en sont que le corollaire et le mode d'exercice.

A. — Garde et surveillance de l'enfant.

***2136. Objet du droit de garde.** — La garde d'un enfant est le droit de le retenir chez soi. Le père, gardien de son fils, peut donc forcer celui-ci à habiter avec lui, et au besoin le faire ramener à son domicile par la force publique. Le fils mineur non émancipé n'a pas le droit de quitter le domicile paternel, si ce n'est à partir de vingt ans et seulement pour s'enrôler dans l'armée (ci-dessus, n° 460).

C'est à cause de cette obligation de l'enfant que la loi lui attribue comme *domicile légal* le domicile de son père, puisqu'il ne peut avoir une autre résidence (ci-dessus, n° 632).

*** 2137. Sanction du droit de garde.** — Si quelqu'un enlevait l'enfant, ou le détenait contrairement à la volonté du père, celui-ci aurait le droit de *s'adresser à la justice* pour réclamer son enfant. En cas d'urgence, il pourrait même y avoir lieu à référé. Cette action ressemble à une revendication, en ce sens qu'elle peut être exercée contre toute personne qui détient l'enfant. A ce point de vue elle est réelle, bien que par son objet elle échappe absolument à la classification des actions en réelles et personnelles.

*** 2138. Caractère obligatoire de la garde.** — La garde de l'enfant n'est pas seulement un droit pour les parents ; c'est en même temps pour eux une obligation dont ils ne peuvent pas, en principe, se décharger. L'*abandon* de l'enfant, admis dans les législations anciennes, est de nos jours considéré comme un *délit*, du moins lorsque l'enfant n'a pas encore sept ans (art. 348 à 353 C. pén.).

Cependant dans la pratique il a fallu se montrer tolérant dans la crainte de provoquer des infanticides. C'est ainsi qu'un décret du 19 janvier 1811 avait établi le système des *tours*, appareils mobiles qui permettaient de déposer un enfant dans un hospice sans être vu. Les tours ont été fermés les uns après les autres à partir de 1823; mais, à Paris et dans beaucoup de départements, l'Assistance publique pratique à bureau ouvert l'admission des enfants dans les hospices [1].

En outre, dès que l'enfant a plus de sept ans, aucun texte ne punit plus le père qui le chasse de chez lui. Ce n'est pas à dire que l'expulsion de l'enfant soit dès lors un droit pour les parents, car elle entraîne la déchéance paternelle par application de la loi du 24 juillet 1889, art. 2-6°, comme compromettant la sécurité et la moralité de l'enfant.

*2139. **Surveillance et direction de l'enfant.** — Ce n'est pas seulement la *garde* de l'enfant qui est confiée aux parents; c'est aussi la *surveillance*. Ceci est quelque chose de plus. C'est le soin de diriger ses actions, de veiller sur son développement moral. Comme la garde, cette surveillance est pour eux à la fois un droit et un devoir.

Les seuls points, du reste, sur lesquels elle revête une forme juridique sont les suivants :

1° Les parents peuvent régler comme ils l'entendent *les relations de leurs enfants*, leur interdire de voir telle ou telle personne. Leur droit à cet égard va jusqu'à pouvoir supprimer tous rapports avec les grands-parents, sauf appréciation par la justice des motifs de cette décision (ci-dessus n° 2127 et ci-dessous n° 2211);

2° Les parents peuvent *examiner la correspondance* de leurs enfants et intercepter au besoin les lettres qu'ils écrivent et celles qu'ils reçoivent. Le secret et l'inviolabilité des lettres missives n'existe donc pas pour les mineurs, à raison de la dépendance dans laquelle ils se trouvent placés (Caen, 11 juill. 1866, DALLOZ, *Suppl.*, t. IX, p. 786, note 1, S. 67. 2. 151; Cass., 27 déc. 1875, S. 76. 1. 97, et les autorités citées dans D. 1900. 2. 287, notes 6-7).

* **2140. Conséquence de l'obligation des père et mère.** — Comme conséquence de la surveillance dont ils sont chargés, la loi a établi la *responsabilité civile* des père et mère pour leurs enfants mineurs (art. 1384). Cela veut dire que les parents sont tenus de réparer par une indemnité pécuniaire les torts et dommages causés par les délits des enfants. Les père et mère ne sont déchargés de leur responsabilité qu'autant que l'enfant a été régulièrement confié par eux à autrui, comme élève ou comme apprenti.

2141. Modification du droit de garde par l'effet du divorce. — A ce point de vue la situation des époux est réglée par l'art. 302, dont la disposition sera expliquée au t. III. Disons seulement ici que la loi attribue les enfants *à l'époux qui a obtenu le divorce*, comme étant le plus digne ; ce n'est donc plus nécessairement le père qui les garde près de lui. Mais la décision de la loi n'est pas absolue : le tribunal peut les confier, soit à l'époux coupable, soit même à un tiers quand les deux époux lui paraissent indignes.

Quelle que soit la personne qui a la garde des enfants, celui des parents qui en est privé (ou tous les deux, si les enfants sont confiés à un tiers) peut obtenir du tribunal l'autorisation de les voir, dans des conditions que les juges déterminent ; de même que le tribunal règle l'*attribution* du droit de garde, de même il en règle l'*exercice*.

B. — Droit de correction.

1° Généralités.

2142. Nécessité de ce pouvoir. — Le soin de l'éducation de l'enfant dont les parents sont chargés leur donne nécessairement sur sa personne un droit de correction assez étendu. Toutefois ce droit, dont l'origine est aussi ancienne que la famille, n'a jamais été défini ni réglementé d'une manière précise par le législateur. Dans quelle mesure les parents peuvent-ils employer les châtiments corporels, les coups, la séquestration ? Tout ici est affaire de mesure, et, sauf les cas extrêmes, les mœurs seules règlent le mode d'exercice de ce pouvoir.

2143. Atténuation progressive des châtiments corporels. — Un point remar-

[1] A Paris l'administration respecte le secret que la mère désire garder, et beaucoup d'enfants sont inscrits à l'état civil comme nés de père et mère inconnus, surtout sur le conseil des sages-femmes, dans le but de faciliter leur placement à l'hospice et d'assurer le secret à la mère.

quable est l'adoucissement continu des châtiments infligés à l'enfant et la réduction progressive des pouvoirs du père. Celui-ci tombait déjà sans nul doute sous le coup des art. 309, 310 et 311 C. pén. quand il y avait « blessures ou voies de fait », et la loi du 5 avril 1898 a introduit dans le Code pénal des dispositions spéciales pour réprimer les attentats et violences commis contre les enfants[1]. Nul doute encore qu'il dépasserait son droit en tenant son enfant séquestré « en chartre privée ». La loi du 24 juillet 1889 permet de lui retirer la puissance paternelle pour « mauvais traitements ayant compromis la santé de l'enfant ». Depuis les temps lointains où le père avait le droit de vie et de mort, jusqu'à nos jours où l'on voit disparaître la férule et le séquestre dans les établissements d'éducation, le droit de correction du père est toujours allé en s'affaiblissant. Ainsi nos anciennes coutumes lui permettaient de « battre » ses enfants. Il n'y a plus rien de pareil dans nos lois.

2144. Moyens d'action conservés. — Cependant les père et mère ont encore à leur service des moyens d'action assez redoutables. Il en est un grand nombre qu'ils ne tiennent pas des lois civiles. L'autorité paternelle réside encore plus dans les mœurs, dans l'esprit de famille, dans l'influence que le père a su prendre et garder sur l'esprit de ses enfants, que dans la loi et les moyens de droit qu'elle met à la disposition des parents.

Signalons cependant parmi les armes qu'elle leur donne les facultés suivantes :

1° La possibilité d'*engager l'enfant comme mousse* sur un navire marchand (« Le mousse ne peut avoir moins de 10 ans ni plus de 15 ». — Décr. 3 brum. an IV) ou de *le placer en apprentissage* (L. 22 févr. 1851). En fait, dans l'un et dans l'autre cas, l'enfant ne joue pas un rôle plus actif que s'il s'agissait de le vendre.

2° La possibilité de *le dépouiller d'une partie de ses droits héréditaires*. Les parents trouvent en effet dans la confection d'un testament un moyen de punir ceux de leurs enfants qui se sont mal conduits et de récompenser les autres ; mais cette faculté est renfermée par le Code dans des limites assez étroites, grâce à l'institution de la *réserve*, portion de la succession dont les enfants ne peuvent être privés et qui varie de la moitié aux trois quarts, selon leur nombre. Beaucoup de personnes trouvent que le droit du père est trop limité, et proposent de renforcer l'autorité paternelle par différents moyens. Les uns, comme Le Play, demandent la liberté absolue de tester et la suppression de toute réserve ; les autres voudraient obtenir le rétablissement de l'ancienne *exhérédation*, qui permettait au père de déshériter son enfant quand il avait contre lui de justes motifs d'irritation. Les causes d'exhérédation pourraient être prévues et réglées par la loi, afin de diminuer les procès, qui sont l'inconvénient inhérent à ce système. M. Glasson préconise un système mixte, très ingénieux, qui est pratiqué en Espagne (Code civil de 1889, art. 808)[2].

3° La possibilité de *faire emprisonner l'enfant* pendant un temps assez long. Ce dernier moyen de correction demande des explications développées, qui font l'objet des numéros suivants. Il est de tous le plus rare en fait, mais c'est aussi le plus grave et c'est le seul dont le Code se soit occupé (art. 375 à 383). Cela explique le langage adopté dans la pratique qui, par « droit de correction », entend uniquement l'incarcération de l'enfant sur la demande du père ; le sens naturel de cette expression est beaucoup plus large.

2° Spécialités sur l'incarcération de l'enfant.

2145. Caractère exceptionnel et origine du droit d'incarcération. — Les particuliers n'ont pas le droit de tenir « en chartre privée » les personnes placées sous

[1] Cette loi a eu pour but d'élever les peines qui atteignent les parents coupables de brutalités sur leurs enfants. Elle a été provoquée par diverses affaires d' « enfants martyrs », entre autres celle du petit Pierre Grégoire. Les magistrats n'épuisaient pas la pénalité que les textes anciens mettaient à leur service. Se serviront-ils des rigueurs aggravées de la loi nouvelle ? c'est fort douteux.

[2] Ce système consiste à diviser la succession en trois parts : la première forme la réserve des enfants, une seconde est la quotité disponible, et la troisième est à la disposition du père ; mais elle ne peut être attribuée par lui qu'aux enfants. De la sorte on assure pour les deux tiers le maintien des biens dans la famille, tout en permettant au père de faire d'importants avantages à certains enfants et de réduire les autres à une part minime (GLASSON, *Rapport à la Société d'économie sociale*, 1889). Ce système est en défaut lorsqu'il n'y a qu'un seul enfant ou lorsque tous ont donné aux parents de graves sujets de mécontentement.

leur dépendance. L'état seul a le droit de faire subir des *peines*. Cependant le Code permet aux parents de faire emprisonner leurs enfants, mettant ainsi la force sociale au service de l'autorité domestique. C'est une suprême ressource pour dompter les caractères rebelles.

Ce droit existe en France depuis un temps immémorial. Il donnait lieu à beaucoup d'abus, lorsqu'il fut sagement réformé par un arrêt de règlement du Parlement de Paris, du 9 mars 1673, qui en borna l'exercice aux enfants âgés de moins de 25 ans. Mais au-dessus de cet âge, les lettres de cachet fournissaient encore un moyen d'emprisonner les majeurs. Les fils étaient enfermés à Bicêtre et les filles à la Salpêtrière.

Ce droit a été réglé à nouveau avec détails par le Code civil [1].

2146. Son application pratique. — L'expérience prouve que ce sont surtout les parents pauvres, ceux qui d'ordinaire ne savent ou ne peuvent bien élever leurs enfants, qui ont recours à ce procédé. Les ouvriers les moins payés, journaliers et hommes de peine, forment à eux seuls, d'après M. Bonjean, 85 pour 100 du nombre total des requérants.

Les statistiques publiées par le Ministère de l'intérieur sont tellement contradictoires qu'elles sont inutilisables. Voir la démonstration donnée par M. Berthélemy, dans un article publié par la *Revue philanthropique*, en février 1899. D'après les statistiques du Ministère de la justice, qui paraissent plus exactes, la moyenne des ordonnances d'incarcération rendues annuellement de 1875 à 1895 n'atteint pas 1,200.

*** 2147. Qui peut demander l'incarcération.** — Le droit de « faire détenir » l'enfant (telle est l'expression dont se sert le Code) est accordé par la loi indistinctement aux père et mère légitimes et naturels (art. 383). La mère ne peut s'en servir que dans les cas où l'exercice de la puissance paternelle lui est dévolu, c'est-à-dire à défaut du père.

Dans la pratique il s'élève un certain nombre de difficultés qu'on impute à tort à une rédaction vicieuse de la loi. Ces questions se présentent surtout quand les parents sont divorcés, ou quand le père est fou ou absent. La plupart tiennent à une simple erreur d'interprétation : on a perdu de vue que le droit de correction est un *accessoire du droit de garde*, et qu'il en est inséparable : celui qui n'a pas la garde de l'enfant ne peut avoir le droit de le faire emprisonner.

*** 2148. Détention sur la demande du père.** — Le père exerce son droit tantôt *par voie d'autorité*, tantôt *par voie de réquisition*.

Lorsqu'il agit *par voie d'autorité*, il a le droit absolu d'obtenir l'emprisonnement de son enfant, sans avoir à donner de motifs et sans que la justice puisse s'y refuser. Le président du Tribunal est *obligé* de signer l'ordre d'arrestation que le père lui demande. Cette faculté laissée au père lui permettrait donc de se conduire en vrai despote, sans contrôle aucun.

Mais la jurisprudence a trouvé un moyen, *en tournant la loi*, de réaliser une amélioration certaine. Sous prétexte que l'art. 375 ne permet au père d'agir par voie d'autorité qu'autant qu'il a des sujets de mécontentement *très graves* contre son enfant, on ouvre une enquête pour vérifier la gravité de ses griefs. Cette pratique, création hardie du tribunal de la Seine (*Revue pénitentiaire*, 1894), p. 173, s'est répandue dans la plupart des tribunaux des grandes villes. Elle permet de rejeter un grand nombre de demandes d'incarcération et de supprimer beaucoup d'abus odieux. Son illégalité n'est guère contestable. Mais on sait combien les administrations publiques en prennent volontiers à leur aise avec les textes [2].

Lorsqu'il agit *par voie de réquisition*, le père peut seulement *solliciter* du Président du Tribunal l'ordre d'arrestation, que celui-ci accorde ou refuse après avoir examiné les motifs de plaintes allégués par le père, et après en avoir conféré avec le Procureur de la République (art. 377). Le Président n'est plus alors le simple exécuteur des volontés du père ;

[1] Voir, à titre de curiosité, l'organisation du Tribunal domestique de la famille, créé par la loi des 16-24 août 1790 sur l'organisation judiciaire (titre X, art. 15, 16 et 17), devant lequel le père devait porter sa plainte. Sur les illusions enfantines que cette fondation avait fait naître chez les contemporains, lire : GUICHARD, *Traité du Tribunal de famille*, Paris, 1791. De ce seul pouvoir donné à la famille devaient jaillir toutes les vertus : « la probité, la bonne intelligence, la concorde, la piété filiale, l'amour paternel... le goût des plaisirs de la nature... tout ce qu'il y a de plus sublime, de plus aimable et de plus touchant parmi les vertus ».

[2] Voy. notamment ce que raconte M. GALLOIS. Thèse, Paris, 1899, p. 85-87.

c'est lui qui prend la décision. — Puisqu'il peut refuser l'ordonnance qu'on lui demande, il peut à plus forte raison abréger le temps de détention demandée par le père (même art.).

* **2149. Cas où le père peut agir par voie d'autorité.** — La loi ne lui ouvre cette voie qu'autant que son enfant est encore tout jeune, « lorsqu'il a moins de seize ans *commencés* » (art. 376). Lorsque l'enfant a plus de quinze ans révolus, il peut s'élever des conflits graves entre son père et lui, et l'on doit craindre de la part du père une irritation trop vive, qui le porte à user de son droit par vengeance. Voilà pourquoi la loi retire alors au père une arme aussi redoutable (art. 377). Au-dessous de quinze ans au contraire, la jeunesse de l'enfant ne permet pas de supposer qu'il ait encouru à ce point le courroux paternel.

En outre, le père est encore privé de cette faculté même lorsque son fils n'a pas encore 15 ans révolus, dans les trois cas suivants :

1° *Lorsque le père est remarié* (art. 380). — On a craint l'influence de sa seconde femme, souvent hostile aux enfants du premier lit [1].

2° *Lorsque l'enfant exerce un état* (art. 382). — On a craint que l'arrestation abusive de l'enfant ne lui causât un préjudice, en compromettant son apprentissage ou en lui faisant perdre son salaire.

3° *Lorsque l'enfant a des biens personnels* (même art.). — Cambacérès, qui a fait admettre cette dernière exception, en a donné pour motif la crainte que le père ne fît acheter par son fils sa liberté à beaux deniers comptants, et ne le dépouillât à l'aide de menaces de prison ; il oubliait qu'un enfant si jeune est incapable de disposer valablement de ses biens.

* **2150. Détention sur la demande de la mère.** — Le droit de faire incarcérer l'enfant est beaucoup moins complet pour la mère que pour le père. On peut à ce point de vue signaler les différences suivantes :

1° *La mère n'a jamais le droit d'agir par voie d'autorité.* Quel que soit l'âge de l'enfant, elle ne peut le faire que par voie de réquisition, c'est-à-dire avec l'agrément du président.

2° Il lui faut de plus *l'assentiment des deux plus proches parents paternels de l'enfant* (art. 381). Il ne suffirait pas qu'elle les ait consultés ; il faut qu'elle ait obtenu leur approbation.

3° *Elle perd entièrement son droit lorsqu'elle se remarie* [2], tandis que le père, quoique remarié, conserve encore le droit de requérir l'ordre d'arrestation. Cette dernière différence se justifie par cette raison que la mère remariée se trouve soumise à l'influence de son second mari, beaucoup plus complètement que le père ne se trouve sous l'influence de sa seconde femme.

* **2151. Nature de la détention.** — L'incarcération de l'enfant n'a rien de commun avec les peines criminelles ou correctionnelles. C'est une simple privation de liberté, sans caractère pénal proprement dit, sans conséquences juridiques, et pour laquelle il serait bon de créer une dénomination technique. La loi emploie le mot de *détention* qui, dans la langue du droit moderne, désigne une peine spéciale, appliquée aux crimes politiques.

2152. Lieux où elle se subit. — La détention de l'enfant ne se subit pas dans les mêmes locaux que les peines véritables. Le projet disait que l'enfant serait envoyé dans une maison de correction, mais Lebrun fit supprimer l'article en faisant remarquer que ce serait « l'envoyer au crime ». Certaines maisons se fondèrent, notamment à Paris, pour recevoir les enfants ainsi détenus. Un décret du 30 septembre 1807 désigna pour la détention des jeunes filles, la maison des Dames de Saint-Michel. Mais ce sont surtout les *colonies pénitentiaires*, dont la première fut fondée à Mettray par un ancien conseiller à la Cour de

[1] Il y a controverse parmi les auteurs pour savoir si le père remarié recouvre son droit de détention par voie d'autorité quand il est *devenu veuf*. Le motif de la loi a disparu, puisque la marâtre des enfants n'est plus là pour exercer son influence contre eux. D'autre part, le texte porte « Si le père est remarié... » (art. 380), ce qui suppose que son mariage existe encore. Il semble donc que l'esprit et la lettre de la loi soient ici d'accord pour restituer au père la plénitude de son droit ; il s'était remarié, mais il ne l'est plus.

[2] Ceci résulte implicitement de la rédaction de l'art. 383, qui n'accorde le droit de faire détenir l'enfant qu'à la mère survivante et non remariée.

Paris, M. de Metz, qui sont chargées de cet office (Loi du 5 août 1850). Cette même loi (art. 2) avait ordonné que dans toutes les maisons d'arrêt et de justice un quartier distinct serait affecté aux jeunes détenus de toute catégorie. Un décret du 11 nov. 1885 (art. 30) a fait plus encore : il a ordonné que les mineurs enfermés par voie de correction paternelle soient entièrement isolés même des autres détenus de leur âge.

2153. Procédure. — L'enfant ne peut être arrêté et emprisonné que sur un ordre écrit, signé du président du tribunal. Cet ordre est délivré sur la demande verbale du père. Le père doit s'engager, par soumission écrite, à payer les frais nécessaires et à fournir à l'enfant des aliments convenables. Il n'y a *aucune autre forme de procédure, aucune écriture*. Il n'est même pas fait mention de l'entrée de l'enfant sur le registre d'écrou (Décr. 11 nov. 1885, art. 31). Seul l'ordre d'arrestation est écrit, et encore les motifs n'y sont pas énoncés (art. 378). La loi a voulu faire disparaître toute trace de ce qui n'est qu'une punition paternelle, pour que l'enfant, devenu homme, n'en conservât pas une sorte de flétrissure.

* **2154. Durée de la détention.** — Quand l'enfant a moins de quinze ans révolus, sa détention ne peut excéder *un mois* (art. 376). C'est déjà beaucoup pour un enfant si jeune. A partir du commencement de la seizième année, la limite de la détention est portée à *six mois* (art. 377) ; mais, comme on l'a vu, le président a alors le droit de réduire d'office la durée que le père demande et de l'obliger à se contenter d'une détention moindre.

Le père possède toujours le droit d'abréger la détention en cours, quand il juge son enfant suffisamment puni (art. 379). C'est une sorte de *droit de grâce* que la loi lui laisse. Le même droit appartient sans conteste à la mère, quand c'est sur son ordre que l'enfant a été enfermé, quoique la loi n'ait parlé que du père. Il n'y a aucune raison pour lui refuser le moyen de gracier son enfant.

2155. Voie de recours. — L'art. 382, al. 2, réserve à l'enfant détenu un recours contre l'ordre d'arrestation délivré par le président du tribunal. Ce recours est porté *devant le procureur général* du ressort, auquel l'enfant peut adresser un mémoire. La procédure à suivre est suffisamment expliquée par cet article. Voyez le texte.

On se demande dans quelles hypothèses ce recours est ouvert à l'enfant. La loi en parle à la suite d'une disposition (art. 382, al. 1) qui vise les cas où l'enfant exerce un état ou possède des biens personnels. Doit-on limiter ce recours aux deux cas prévus par l'al. 1er de l'art. 382? La solution législative ne se dégage pas nettement des travaux préparatoires ; il y eut sur ce point des opinions divergentes et des remaniements. En général, on incline à admettre l'existence du recours dans toutes les hypothèses où l'enfant est détenu par voie de réquisition, parce que les motifs qui l'ont fait établir se retrouvent toujours. Mais il y a d'assez nombreuses divergences dans la doctrine sur ce point.

Ce recours n'est pas un véritable *appel*. Par conséquent il ne suspend pas l'exécution de la peine. Aussi la loi suppose-t-elle qu'il est exercé par l'enfant *détenu* (art. 382).

2156. Quand cesse le droit de faire détenir l'enfant. — Le droit de faire incarcérer l'enfant n'est accordé aux parents que pendant la *minorité* de l'enfant (art. 372 et 375 combinés. Comp. art. 377 : « jusqu'à la majorité »). Ce droit cesse, même avant que l'enfant ait atteint sa majorité, quand il est *émancipé* (art. 377 : « jusqu'à l'émancipation »).

2157. Règles applicables aux parents naturels. — Le droit de faire enfermer l'enfant récalcitrant est accordé aux parents naturels par l'art. 383, mais le renvoi que fait cet article aux dispositions qui le précèdent est incomplet. On remarquera qu'il ne renvoie pas aux art. 380, 381 et 382. Il en résulte :

1° Que la mère n'est jamais astreinte à demander le consentement des plus proches parents paternels de l'enfant, car hors ses père et mère l'enfant naturel n'a pas de famille ;

2° Que le père conserve le droit d'agir par voie d'autorité, même quand il est marié avec une autre femme que la mère de l'enfant, ou quand l'enfant exerce un état ou possède des biens personnels, les art. 380 et 382 étant inapplicables au père naturel. Il faut croire qu'on a voulu tenir plus sévèrement un enfant qui souvent aura été mal surveillé.

2158. Critiques et projets de réformes. — Le système de la loi française sur l'emprisonnement par voie de correction paternelle fait l'objet de nombreuses critiques. On lui reproche principalement d'être *une mesure inefficace;* les raisons qui font enfermer un mineur ne sont pas d'ordinaire des actes délictueux : ce sont des *vices* du caractère, de mauvaises habitudes, la paresse, l'insubordination, la débauche ; ce ne sont pas là des choses qui se corrigent par un emprisonnement de quelques semaines ou même de quelques mois. — De plus, la séparation ne peut être maintenue en fait entre l'enfant enfermé et les autres détenus ; le plus souvent on aboutit dans la pratique à une promiscuité détestable, de sorte que la prison corrompt ceux qu'elle a la prétention de corriger[1].

On demande donc la suppression de l'emprisonnement à courte durée, et son remplacement par un internement de durée indéterminée dans une école spéciale ; à une mesure d'*ordre pénal* on veut substituer une mesure d'*ordre pédagogique.*

On demande en outre quelques autres réformes secondaires, notamment la nécessité d'une *décision judiciaire* dans tous les cas, précédée d'une *enquête sérieuse et complète.* Voyez sur ces différents points BERTHÉLEMY, *Revue philanthropique*, février 1899.

§ 2. — *Entretien de l'enfant.*

* **2159. Importance et objet de cette charge.** — L'éducation d'un enfant ne va pas sans dépenses, et ces dépenses sont à la charge des parents ; la charge pécuniaire est la plus lourde de celles que les parents ont à supporter ; les soins à donner à la personne de l'enfant sont peu de chose en comparaison. Dès que la famille devient un peu nombreuse, la charge d'entretien et d'éducation des enfants est écrasante pour les parents[2].

L'obligation des parents comprend les dépenses de toute sorte qu'entraîne la présence de l'enfant : *nourriture, vêtement, logement, frais de maladie,* etc. Elle comprend même les frais d'*instruction*, car l'art. 203 impose aux parents le devoir d'élever leurs enfants. Or élever un enfant c'est avant tout l'instruire, tout au moins lui donner l'instruction élémentaire sans laquelle un homme est mal préparé à gagner sa vie dans les sociétés modernes. On a donc pu soutenir avec raison que l'art. 203 C. civ. contenait le principe de l'instruction obligatoire et que la loi du 28 mars 1882 n'a d'une innovation que l'apparence. Le droit moderne est même moins exigeant que le Code puisque la *gratuité de l'enseignement primaire* a donné aux parents un moyen de remplir leur obligation sans bourse délier[3]. Mais

[1] L'établissement correctionnel de Nanterre est, au contraire, si bien construit et si bien dirigé que les enfants qui y sont allés une première fois n'en éprouvent aucun effet salutaire et ne cherchent qu'à commettre de nouvelles fautes pour avoir l'occasion d'y retourner : une bonne nourriture, de la verdure, des récréations, presque rien à faire ; les enfants s'y trouvent mieux que chez eux, ce qui est un autre danger.

[2] Ce sentiment est devenu général en France, et il est la cause la plus active du ralentissement de la natalité, devenu si inquiétant pour l'avenir de notre pays qu'il est, on peut bien le dire, le fait dominant de notre histoire depuis cinquante ans. Chaque ménage veut jouir du plus grand bien-être que puissent lui assurer ses revenus, et pour cela il ne faut pas avoir d'enfants. Si ce mouvement n'est pas enrayé, l'infériorité relative de la France est certaine à brève échéance à l'égard des nations qu'elle dominait jadis par le chiffre supérieur de sa population. Les projets d'impôt progressif basés sur le loyer auront à ce point de vue un effet désastreux : ce sera un impôt sur les charges de famille, une sorte d'amende infligée à la fécondité, car la détaxe accordée à raison du nombre des enfants sera ridiculement insuffisante.

[3] Cette gratuité est devenue un principe absolu pour les *écoles primaires publiques*, depuis

les lois administratives modernes de 1881 et de 1882 ont fait une réalité de ce qui n'était qu'un principe théorique inscrit dans le Code civil, mais non observé en fait.

2160. Silence presque complet des textes. — Toutes les fois que les parents ont des ressources suffisantes pour y pourvoir, l'obligation d'entretenir l'enfant s'exécute par la force des choses : l'enfant vit à la charge de ses parents, sans que la loi intervienne. Dans les cas extrêmes de misère ou d'abandon, il tombe à la charge de l'assistance publique, ou de la charité privée. Cette situation de fait explique pourquoi le Code ne s'est pas occupé de cette question, au titre « De la puissance paternelle »[1]. La loi a cependant formulé le principe de cette obligation, mais elle a placé le texte au titre « Du mariage » où il est dit : « Les époux contractent ensemble, par le seul fait du mariage, l'obligation de nourrir, élever et entretenir leurs enfants » (art. 203).

On a discuté pour savoir quel était le sens des mots *contractent ensemble*. Veulent-ils dire « simultanément » ou « l'un envers l'autre » ? Est-il question d'une obligation mutuelle des époux l'un envers l'autre, ou d'une obligation commune mise à leur charge envers leurs enfants ? Cet article est tiré du n° 384 du *Traité du contrat de mariage* de POTHIER, où très certainement l'auteur avait en vue une obligation des parents envers leurs enfants, car ce n° est placé sous la rubrique : « *Des obligations que le mariage produit dans les père et mère envers les enfants qui en naissent...* » De plus, le chapitre V du titre « Du mariage », dont fait partie l'art. 203, ne s'occupe que des obligations qui naissent du mariage entre les époux et les tiers ; les obligations mutuelles des époux l'un envers l'autre font l'objet du chapitre VI. Le sens de la loi est donc bien certain, mais elle a eu tort de considérer cette obligation comme naissant du mariage. En réalité ce qui oblige les parents à nourrir et élever leurs enfants, c'est le fait de la paternité ou de la maternité, et non pas le mariage. Ce qui le prouve, c'est que cette obligation existe même en dehors du mariage, au profit des enfants illégitimes. L'ancienne maxime « Qui fait l'enfant doit le nourrir » (LOYSEL, n° 59) est toujours vraie. Quoiqu'elle ne se trouve écrite nulle part, personne ne songe à la contester.

**** 2161. Distinction de l'obligation des parents et de la dette alimentaire.** — Il faut bien se garder de confondre le devoir spécial imposé aux père et mère envers leurs enfants avec l'obligation beaucoup plus générale, dite *obligation alimentaire*, qui sera étudiée plus loin. L'obligation alimentaire est *réciproque* par sa nature ; le devoir des parents envers leurs enfants mineurs, par sa nature même, est *unilatéral*. L'obligation alimentaire dure *toute la vie;* le devoir des parents *cesse à la majorité* des enfants. Après sa majorité l'enfant peut encore avoir droit à des aliments, mais dans les conditions ordinaires, c'est-à-dire quand il est dans le besoin. Son éducation, avec les frais spéciaux qu'elle entraîne, est considérée comme terminée.

*** 2162. Caractère solidaire de l'obligation.** — L'obligation pèse

la loi du 16 juin 1881, mais elle avait été préparée et partiellement réalisée par les lois du 15 mars 1850 (art. 36) et du 10 avril 1867. La *gratuité* a ainsi précédé l'*obligation*, car elle était la condition de l'établissement de ce principe nouveau.

[1] On lit bien, dans l'art. 385, que les parents sont tenus de payer la nourriture, l'entretien et l'éducation de leurs enfants ; mais il s'agit d'une charge particulière qui grève les parents, non en cette qualité, mais comme conséquence du droit de jouissance que la loi leur donne sur les biens de leurs enfants mineurs, quand ceux-ci ont une fortune personnelle. C'est donc tout autre chose que le devoir ordinaire d'entretien et d'éducation dont nous nous occupons ici, et la preuve en est que, d'après l'art. 385, la dépense à faire est proportionnelle à la fortune personnelle des enfants et non à la fortune des parents.

conjointement sur les deux époux, et chacun d'eux y contribue en proportion de ses ressources. Mais chacun d'eux en est tenu pour le tout, ce qui fait que, si l'un d'eux n'a rien, l'autre est obligé de supporter seul tous les frais, et que si l'un d'eux vient à mourir, l'enfant reste entièrement à la charge du survivant. Les héritiers du prédécédé ne succèdent pas à son obligation, même quand ils sont des ascendants de l'enfant.

* **2163. Caractère subsidiaire de l'obligation des parents.** — Cette charge n'est du reste imposée aux parents que parce que l'enfant n'a pas de biens personnels, comme c'est le cas ordinaire. Lorsqu'il en possède, c'est sur ses revenus que doivent être prises d'abord les sommes nécessaires à son entretien, et les parents n'en sont alors tenus qu'*au cas d'insuffisance des revenus propres à l'enfant*.

* **2164. Survie de l'obligation à la déchéance des parents.** — Les père et mère restent tenus même quand ils ont été privés de leur puissance paternelle. La déchéance qu'ils encourent les prive de leurs droits (droits de diriger l'éducation, d'administrer les biens de l'enfant, d'en percevoir les revenus), mais elle ne les libère pas de leurs obligations.

* **2165. Sanction de l'obligation.** — L'obligation des parents, en ce qui concerne l'entretien annuel de l'enfant mineur, est une obligation *civile*, c'est-à-dire sanctionnée par une action. Ils pourraient donc être poursuivis en justice, s'ils ne l'exécutaient pas volontairement. Seulement la difficulté est de *savoir par qui sera exercée l'action*. C'est l'enfant qui est le véritable créancier, mais il n'a pas l'exercice des actions qui lui appartiennent, et d'ailleurs son jeune âge le rend le plus souvent incapable d'agir. Qui aura qualité pour agir à sa place ? On propose de donner l'action à la mère, et on croit y être autorisé par l'art. 203 : « Les époux contractent *ensemble*... », ce qu'on traduit ainsi : « l'un envers l'autre ». La mère, dit-on, est donc créancière de son mari. On a vu plus haut (n° 2160) que cette interprétation de l'art. 203 est inexacte. Du vivant des deux époux personne n'a qualité pour intenter l'action au nom de l'enfant[1]. C'est seulement après la mort de l'un d'eux, quand la tutelle sera ouverte, que l'enfant aura un représentant légal capable d'agir en son nom. Ce sera son subrogé-tuteur ou son tuteur, suivant que le survivant des époux aura ou n'aura pas la tutelle.

** **2166. Jouissance légale des revenus de l'enfant.** — Comme compensation des charges qu'ils ont à supporter de ce chef, la loi attribue aux père et mère la *jouissance des biens de leurs enfants mineurs de 18 ans* (art. 384). La jouissance est le droit de percevoir les revenus, sans être obligé d'en rendre compte. C'est donc un avantage considérable que les parents retirent de leur puissance paternelle. Sans doute ils sont obligés d'employer les revenus de l'enfant à lui donner une éducation en rapport avec sa fortune (et non plus avec la leur), mais les revenus de l'enfant peuvent dépasser de beaucoup ses besoins, et il arrive assez souvent que ce droit de jouissance se résout pour les parents en un bénéfice annuel considérable. En fait, ce droit a lieu surtout au profit du *survivant des père et mère*, après que l'enfant a recueilli la succession du prédécédé. Sur le droit de jouissance légale, voyez le paragraphe suivant.

[1] Pothier tournait la difficulté en donnant l'action *au ministère public, sur la dénonciation des parents* (*Contrat de mariage*, n° 384).

§ 3. — *Jouissance légale.*

* **2167. Origine.** — Le droit actuel de jouissance légale a son origine dans une institution de notre ancien droit coutumier appelée la *garde*, et sur laquelle Pothier a écrit un traité spécial, d'où ont été tirées beaucoup de dispositions du Code relatives à cette matière (édit. Bugnet, t. VI, p. 499 et suiv.). On appelait « garde » le droit de percevoir le revenu des biens appartenant à l'enfant mineur, à la condition de supporter certaines charges dont la principale était l'éducation de l'enfant. Primitivement ce droit n'avait appartenu qu'aux nobles, mais diverses causes en avaient fait bénéficier en différents lieux, notamment à Paris, les familles roturières elles-mêmes : on eut ainsi une *garde bourgeoise* à côté de l'ancienne qui prit dès lors le nom de *garde noble*.

La plus grande diversité régnait dans les coutumes sur ce sujet. Les unes n'accordaient le droit de garde qu'au survivant des père et mère ; d'autres l'étendaient aux ascendants et même parfois aux collatéraux. Les unes accordaient au gardien la propriété des meubles de l'enfant; d'autres ne lui donnaient que le revenu des immeubles ou même le revenu des fiefs seulement [1].

Le Code civil a généralisé cette institution en la simplifiant. Les auteurs de la loi ont toutefois annoncé l'intention de la transformer et d'en faire quelque chose de nouveau [2]. Voyez sur ce point la thèse de M. POULET, Paris, 1899.

A. — A qui appartient la jouissance légale.

** **2168. Refus de ce droit aux parents naturels.** — Cette faveur n'est accordée qu'aux parents *légitimes*, et non aux parents naturels. La majorité des auteurs approuve sur ce point la jurisprudence qui est constante. Les art. 384 et suiv. supposent toujours, par la façon dont ils s'expriment, que les parents sont mariés: « Les époux... », « durant le mariage », etc. D'autre part, la loi n'a pas dit que ces articles seraient applicables aux parents de l'enfant naturel, comme elle l'a fait dans l'art. 383 pour les textes qui règlent le droit d'incarcération. C'est donc une sorte de récompense pour la paternité légitime.

* **2169. Attribution des revenus pendant le mariage.** — En principe la jouissance légale appartient au père. Lui seul peut l'avoir *pendant le mariage* (art. 384).

Cependant les termes absolus de cet article n'empêcheraient pas la mère d'en profiter lorsque l'exercice de la puissance paternelle lui est dévolu pendant le mariage par suite de l'absence, de la folie, ou de la déchéance du père. L'art. 384, comme l'art. 373, comme l'art. 389, prévoit le cas ordinaire, celui où le père est présent et capable.

[1] La garde noble ou bourgeoise, telle que Pothier l'a connue, avait elle-même son origine dans une institution plus ancienne, le *bail*. Le bail avait été créé, quand la féodalité était en pleine vigueur, afin de pourvoir au service militaire des fiefs. Quand un vassal venait à mourir laissant un héritier mineur, son seigneur prenait la terre « en sa main », et y plaçait un gardien capable de desservir le fief, jusqu'à ce que l'héritier fût « en aage ». Ce gardien du fief ou *baillistre* était chargé de l'entretien et de l'éducation de l'enfant, mais pendant la durée du bail, les revenus du fief lui appartenaient. C'est cette vieille institution féodale qui, transformée diversement selon les lieux, est devenue la garde de notre droit coutumier, et de celle-ci est sorti notre droit de jouissance légale. — *Bail* vient de *bajulus*, qui signifiait « gardien, tuteur » (Voy. DUCANGE, v^is Bajula, Bajulatio, Bajulus, etc.).

[2] On peut signaler certaines différences entre l'ancien droit de garde et la jouissance légale du droit moderne : 1° la garde n'était pas un attribut de la puissance paternelle, car elle pouvait appartenir même à des collatéraux ; 2° elle portait seulement sur certains biens et non sur tous; 3° elle ne s'éteignait pas avant la majorité comme la jouissance légale.

Toutefois la question de savoir si l'absence du mari fait passer à la mère la jouissance légale des biens de l'enfant est controversée. Voyez les citations dans DALLOZ, 91. 1. 413, note 1, et comp. Alger, 29 mai 1886, sous Cass., D. 91. 1. 413, S. 89. 1. 217.

***2170. Attribution des revenus après la dissolution du mariage.** — Quand le mariage est dissous, le droit de jouissance légale continue d'appartenir au père, s'il a survécu, à moins qu'il n'y ait eu un *divorce prononcé contre lui* (art. 386).

Si le père est mort, ou s'il est déchu de son droit, *la jouissance légale passe à la mère* (art. 384).

Les autres ascendants ne l'ont jamais.

***2171. Indépendance respective de la jouissance légale et de l'administration légale.** — Le droit de jouissance légale n'est pas le corollaire et le compagnon du droit d'administration légale dont il sera parlé plus loin. En effet, d'une part la jouissance légale survit à la dissolution du mariage[1], tandis que l'administration légale prend fin alors pour faire place à la tutelle; d'autre part, l'administration légale dure jusqu'à la majorité de l'enfant, tandis que la jouissance légale s'éteint dès qu'il a 18 ans. Chacun de ces deux droits peut donc exister sans l'autre.

B. — Biens soumis à la jouissance légale.

***2172. Caractère général du droit de jouissance.** — D'après l'art. 384, le père et, à son défaut, la mère ont « la jouissance *des biens* de leurs enfants... ». Le droit de jouissance légale porte donc sur tous les biens de l'enfant, quelle que soit leur *nature*, meubles ou immeubles, corporels ou incorporels, quelle que soit leur provenance ou *origine*[2]. Le droit des parents est donc un *usufruit universel.*

Toutefois différentes catégories de biens, indiquées dans les nos suivants, se trouvent exceptionnellement soustraites à la jouissance légale.

***2173. Biens acquis par un travail séparé.** — Les biens qui proviennent du travail de l'enfant ne sont pas soumis à la jouissance légale (art. 387). Par un « travail séparé », il faut entendre un travail distinct de celui de ses père et mère, comme lorsque l'enfant est, en dehors de la maison paternelle, clerc dans une étude, apprenti dans un atelier, commis dans un magasin. Le législateur a voulu encourager l'enfant au travail, en lui laissant la disposition du peu d'argent qu'il gagne.

***2174. Biens donnés ou légués avec exclusion expresse.** — Lorsque des biens ont été donnés ou légués à l'enfant sous la condition formelle que ses père et mère n'en auront pas la jouissance, la loi respecte la volonté du donateur ou testateur (art. 387). Une telle condition doit être *expresse*; elle ne se sous-entend pas. Pourquoi la loi permet-elle ainsi aux

[1] Ordinairement c'est même seulement après la dissolution du mariage par le décès de l'un des parents, que le droit de jouissance commencera à s'exercer au profit du survivant, car du vivant de ses père et mère il est rare que l'enfant ait des biens personnels. Les premiers qu'il recueille sont en général ceux du prémourant de ses père et mère.

[2] Dans notre ancien droit, la garde noble et bourgeoise subissait à ce double point de vue des restrictions diverses. Elle portait sur les biens provenant de la succession du parent prédécédé ; et souvent les fiefs seuls y étaient soumis.

tiers de priver les parents du droit qu'elle leur accorde? C'est *dans l'intérêt de l'enfant*. Il y a peut-être brouille dans la famille, hostilité entre les parents de l'enfant et le donateur ou testateur. La loi a craint de priver l'enfant d'une libéralité qu'on est peut-être disposé à lui faire, mais dont on ne veut pas faire profiter ses parents. Voilà pourquoi il est permis au disposant de retirer à ceux-ci le bénéfice indirect qui résulterait pour eux de leur droit de jouissance légale [1].

* **2175. Successions dont les parents sont exclus comme indignes.** — L'*indignité* est une sorte de pénalité civile qui empêche une personne de recueillir une succession à laquelle elle est appelée, à raison de certains torts graves dont cette personne s'est rendue coupable envers le défunt (art. 727). Les peines étant personnelles, les enfants de l'indigne ne sont pas exclus de la succession pour la faute de leur père ; ils peuvent donc la recueillir en y venant *de leur chef*, au moins dans quelques cas (art. 730). Lorsque des enfants succèdent ainsi à la place de leur père (ou de leur mère), encore vivant, mais déclaré indigne, la loi décide que l'indigne n'aura pas même la jouissance de cette succession qui lui est enlevée (art. 730), et cela est tout naturel : la jouissance légale effacerait en partie pour le père ou la mère les effets de l'indignité ; elle lui donnerait les revenus, sinon le capital.

C. — Droits de l'usufruitier légal.

** **2176. Application des règles de l'usufruit.** — Le droit de jouissance légale accordé aux père et mère est une variété de l'usufruit. Il comporte donc l'attribution à l'usufruitier légal de tous les produits ayant le caractère de fruits ; le père ou la mère les acquièrent tantôt par la perception, tantôt à leur échéance, selon leur nature (ci-dessus nos 1627 et 1628).

** **2177. Caractère exceptionnel de la jouissance légale.** — Cependant le droit de jouissance légale n'est pas un usufruit ordinaire. Il est *accordé aux parents en vertu de leur puissance paternelle, dont il est un attribut*. Il est donc, comme cette puissance elle-même, *hors du commerce ;* c'est plutôt *un droit de famille* qu'un droit patrimonial et un bien ordinaire.

On l'a vainement contesté sous prétexte que les textes ne lui attribuent pas expressément ce caractère exceptionnel ; il résulte pour lui de sa nature même. D'ailleurs la loi le reconnaît implicitement en affectant d'employer le nom de « jouissance légale » et d'éviter le

[1] Une question délicate se pose lorsque le testateur qui use de cette faculté est le *prémourant des père et mère*. L'enfant gratifié par lui est son héritier *réservataire*, c'est-à-dire qu'il y a une portion de la succession dont il ne pouvait pas être dépouillé, et dont par conséquent l'époux survivant était sûr d'avoir la jouissance quand l'enfant l'aurait recueillie. On se demande donc si la clause d'exclusion écrite dans le testament contre le conjoint survivant a effet même pour cette portion réservée. C'est l'affirmative qui est en général admise. Le conjoint survivant, n'a avant l'ouverture de la succession, aucun droit acquis sur la succession de son conjoint. Sans doute l'enfant était sûr de recueillir au moins le montant de sa réserve ; mais la réserve n'est établie que *dans l'intérêt de l'enfant*. Si cette portion est indisponible, c'est seulement en sa faveur, et les tiers n'en peuvent tirer aucune conclusion à leur profit. — Il y a cependant deux raisons fort graves qui devraient faire pencher pour la solution contraire : 1° Le père ou la mère, ayant un droit sur les biens de son enfant, est, dans cette mesure, son *ayant cause ;* or les ayants cause du réservataire peuvent, *de son chef*, invoquer ses droits à la réserve ; 2° La dérogation permise par l'art. 387 aux règles de l'usufruit légal s'explique par un motif spécial qui n'existe pas dans notre hypothèse, car il n'y a pas à craindre de voir l'enfant privé de sa réserve par le prémourant.

mot « usufruit », qui n'apparaît que par accident et dans quelques textes placés hors du siège de la matière, les art. 389, 601 et 730.

* **2178. Conséquences.** — De la nature particulière de ce droit de jouissance on tire les conclusions suivantes :

1° Les père et mère ne peuvent pas *céder* leur droit.

2° Ils ne peuvent pas davantage *l'hypothéquer* en tant qu'il porte sur des immeubles.

3° Leurs créanciers ne peuvent pas le *saisir* (Bordeaux, 21 févr. 1893, D. 93. 2. 361)[1].

Sur ces trois points l'usufruit légal des père et mère diffère de tous les autres droits d'usufruit qui peuvent être cédés (art. 595), hypothéqués (art. 2118) et saisis (art. 2204).

Ajoutons que le caractère exceptionnel du droit de jouissance légale n'est pas universellement reconnu. Laurent, par exemple, ne voit en lui qu'un pur bénéfice pécuniaire et le déclare, par suite, cessible, susceptible d'hypothèque et saisissable (t. IV, n° 328). C'est méconnaître, croyons-nous, le lien intime qui le rattache à la puissance paternelle, dont il fait en réalité partie [2].

D. — Charges de la jouissance légale.

* **2179. Charges des usufruits ordinaires.** — Par application des règles ordinaires de l'usufruit, les père et mère supportent toutes les charges dont les usufruitiers sont tenus. A ce sujet il faut remarquer que, leur titre étant universel, ils devront contribuer au paiement des dettes de l'enfant, conformément aux art. 610 à 612 (ci-dessus, nos 1571 et 1681).

* **2180. Dispense de caution.** — Par dérogation aux règles ordinaires, les père et mère sont dispensés de l'une des obligations de l'usufruitier : l'art. 601 ne les oblige pas à donner caution (ci-dessus, n° 1612).

* **2181. Charges spéciales de la jouissance légale.** — En revanche, il existe pour les père et mère des charges exceptionnelles que la loi leur impose à raison de la situation particulière dans laquelle ils se trouvent et qui font que cet usufruit leur est donné en quelque sorte à titre onéreux. L'art. 385 énumère ces charges, qui sont :

1° *La nourriture, l'entretien et l'éducation de l'enfant selon sa fortune* (art. 385-2°).

Cette obligation ne se confond pas avec celle dont les père et mère sont tenus en leur qualité de parents (art. 203) quand l'enfant n'a pas de biens personnels : ces deux obligations sont si bien distinctes [3] que la seconde dispense de la première, dans toute la mesure où elle s'exécute ; en effet, les parents ne sont tenus de pourvoir par eux-mêmes aux besoins de l'enfant qu'à titre subsidiaire et parce que celui-ci est supposé n'avoir pas de ressources propres. Donc, lorsque l'enfant a des biens personnels, celui de ses parents qui en a la jouissance doit d'abord pourvoir à ses besoins avec les revenus de ces biens ; l'autre parent n'en serait tenu qu'au cas d'insuffisance, comme l'usufruitier lui-même pourrait l'être alors sur ses propres biens. Sur l'obligation des parents en vertu de l'art. 203, voyez ci-dessus n° 2161.

[1] Toutefois les créanciers de l'usufruitier légal peuvent saisir les fruits et revenus des biens de l'enfant, à mesure qu'ils sont échus ou perçus, parce que, à ce moment, ils entrent dans le patrimoine de l'usufruitier, déduction faite de la part nécessaire à l'entretien de l'enfant. Toutes ces solutions ont été appliquées par l'arrêt de Bordeaux cité au texte.

[2] On peut notamment objecter aux partisans de ce système la situation étrange où se trouverait l'acquéreur de cet usufruit, chargé d'entretenir l'enfant à la place de ses père et mère, car l'usufruit lui passerait naturellement avec toutes ses charges. Il y aurait là un résultat bien anormal, qui doit faire douter de l'exactitude du système qui le produit.

[3] Il y a une double différence entre les deux obligations dont les parents peuvent être tenus : 1° Comme charge de l'usufruit, l'obligation d'entretenir l'enfant est *spéciale à celui qui a la jouissance des biens*, tandis que l'obligation générale établie par l'art. 203 est *commune aux deux époux*. 2° L'obligation établie par l'art. 385 est *proportionnelle aux revenus de l'enfant*, tandis que celle de l'art. 203 est *proportionnelle aux revenus des parents*.

2° *Les intérêts et arrérages des capitaux* (art. 385-3°).

Le père (ou la mère) est déjà obligé d'acquitter ces charges en sa qualité d'usufruitier (art. 612). Le 3° de l'art. 385 semble donc répéter ici ce qui se trouvait déjà contenu dans le 1° du même texte. Cependant cet alinéa a encore sa valeur propre. Comme usufruitiers, les père et mère n'auraient à payer que les intérêts et arrérages *échus pendant leur droit de jouissance ;* ceux-là seulement sont à leur charge, d'après l'art. 612, qui correspondent à la période pendant laquelle ils ont perçu les fruits. Le 3° de l'art. 385 met en outre à leur charge *tout l'arriéré*, tout ce qui était échu au moment où leur jouissance a commencé, et dont ils ne seraient pas tenus si cette disposition spéciale n'existait pas. Telle était autrefois la règle pour la garde noble (POTHIER, n° 84).

3° *Les frais funéraires et de ceux de dernière maladie.*

Il ne s'agit pas ici de frais faits pour la personne de l'enfant lui-même, quand il est malade ou quand il meurt. En effet, les frais occasionnés par ses maladies (par toutes, et non pas seulement par la dernière) rentrent évidemment dans les frais d'entretien, dont il est parlé d'une manière générale dans le 2° de l'art. 385 ; en les mettant ainsi à la charge de l'usufruitier par un texte spécial, la loi aurait parlé pour ne rien dire. Quant à ses frais funéraires, étant faits après sa mort, ils ne peuvent grever que sa succession ; il serait déraisonnable de les faire supporter à un usufruitier dont le droit est maintenant éteint. Le sens véritable de cette énonciation de l'art. 385-4° est tout différent : il s'agit de la maladie et de la mort *de la personne à laquelle l'enfant a succédé* et dont le décès donne ouverture au droit de jouissance légale. Telle était la jurisprudence ancienne : plusieurs coutumes avaient sur ce point une disposition formelle, et quand la coutume était muette, comme à Paris, on suivait la même règle. Cette disposition a été empruntée à Pothier (*Garde noble*, n° 94) et doit être expliquée à l'aide de la tradition.

E. — Cessation de la jouissance légale.

* **2182. Cessation par les causes d'extinction de l'usufruit ordinaire.** — Le droit de jouissance légale peut prendre fin par des causes de nature variée. On doit signaler d'abord les causes ordinaires de l'extinction de l'usufruit : telles sont *la mort du dernier mourant des père et mère*[1] et *l'abus de jouissance.*

* **2183. Cessation par la perte de la puissance paternelle.** — D'autres fois la jouissance légale s'éteint parce qu'il se produit une cause qui prive les parents, d'une façon générale, de leur droit de puissance paternelle. Telles sont :

1° La *mort de l'enfant.*

2° Son *émancipation.* L'art. 384 prévoit expressément ce fait comme mettant fin à la jouissance légale.

3° La *déchéance* du père ou de la mère.

** **2184. Causes d'extinction propres à la jouissance légale.** — Enfin il existe pour le droit de jouissance légale quatre causes d'extinction qui lui sont propres et qui la font cesser bien que la puissance paternelle dure encore et dans des cas où un usufruit ordinaire subsisterait. Ces causes sont les suivantes :

[1] La mort du premier mourant, quand c'est lui qui a la jouissance légale, opère la *dévolution* plutôt que l'extinction de ce droit.

1° L'*âge de 18 ans atteint par l'enfant* (art. 384). D'après le projet du Code civil, le droit de jouissance des parents devait durer jusqu'à la majorité de l'enfant. Bigot du Préameneu exprima la crainte que, pour conserver leur droit le plus longtemps possible, les parents ne refusassent de l'émanciper ou de le marier. Ce fut alors qu'on adopta comme limite extrême, sur la proposition de Cambacérès, le moment où l'enfant accomplit sa dix-huitième année (FENET, t. X, p. 498)[1].

2° Le *convol de la mère en secondes noces* (art. 386). La loi ne veut pas que la mère porte par son second mariage, dans une nouvelle famille, les revenus de ses enfants du premier lit, qui iraient ainsi enrichir des étrangers.

Cette cause d'extinction est *spéciale à la mère*. Cependant le même résultat se produit quand c'est le père qui survit et qu'il se remarie. On a pensé sans doute que le mari, étant le maître et le chef de la famille, conserve à sa disposition les revenus de ses enfants et peut les réserver à ceux auxquels ils appartiennent, tandis que la mère, en se remariant, en aliène la jouissance à son nouveau mari[2]. Cette différence, qui a entraîné une distinction entre les deux parents dans le droit moderne, n'avait pas été aperçue dans le droit ancien ; le gardien noble qui se remariait, que ce fût le père ou la mère, perdait son droit de jouissance, et peut-être cette décision était-elle plus sage, car il est à craindre que le père ne soit le premier à en faire profiter sa nouvelle femme et ses enfants du second lit.

La mère remariée ne recouvre pas son droit quand elle devient veuve une seconde fois ; la jouissance ne lui a pas été enlevée d'une manière provisoire ; elle s'est trouvée définitivement éteinte, comme l'indique le texte qui porte : « elle cessera à l'égard de la mère dans le cas d'un second mariage », et non : « pendant son second mariage ».

Si le second mariage est nul, le droit de la mère n'est pas éteint. La perte de la jouissance n'est pas attachée au fait de la *célébration*, mais à l'*existence* d'un second mariage. Il y a cependant controverse sur ce point[3].

3° Le *divorce* (art. 386). C'est seulement celui *contre lequel* le divorce a été prononcé qui se voit priver de l'usufruit légal. Par conséquent, si c'est le père, le droit de jouissance passe immédiatement à la mère ; si c'est la mère, il ne s'opérera pas de dévolution à son profit à la mort du père, mais rien n'est changé provisoirement. Si le divorce a été prononcé aux torts des deux époux, aucun d'eux ne jouira des revenus propres aux enfants.

[1] Il en résulte encore pour l'enfant un autre avantage accessoire que les auteurs du Code n'ont probablement pas prévu. C'est que les père et mère n'ont plus le droit de dépenser intégralement les revenus, quand ils sont supérieurs aux frais de son entretien ; par suite l'excédent libre des trois dernières années de la minorité de l'enfant forme une sorte de pécule qui s'ajoute au capital et le grossit d'autant, ou devient une petite masse disponible au moment de la majorité.

[2] Cette considération explique pourquoi la privation que subit la mère remariée est absolue et porte même sur les biens advenus à ses enfants depuis son nouveau mariage : le danger est le même, quelle que soit la date de l'acquisition des biens (Bourges, 18 juin 1890, D. 91. 2. 143).

[3] La difficulté principale vient de ce que le second mariage vaut souvent comme mariage putatif et produit ses effets civils. Il est alors étrange de voir une femme qui a contracté un second mariage conserver le bénéfice de la jouissance légale, malgré la disposition formelle de la loi. Mais il faut réfléchir que la fiction, qui fait valoir les mariages nuls à titre de mariages putatifs, n'est établie que dans l'intérêt de l'époux et des enfants nés de ce mariage. Il est d'ailleurs impossible de traiter la femme qui a contracté un second mariage de bonne foi plus sévèrement que si elle avait agi de mauvaise foi. Or, pour cette dernière l'inefficacité du mariage étant certaine, on est bien forcé d'admettre que l'usufruit légal n'a pas pris fin.

4° Le *défaut d'inventaire après la dissolution de la communauté*, dans l'hypothèse prévue par l'art. 1442. Cette cause d'extinction ne peut être expliquée que dans la matière du contrat de mariage.

2185. Causes d'extinction à écarter. — Il n'existe pas d'autres causes d'extinction que celles-là. Ni l'inconduite de la mère, même quand elle aurait des enfants naturels nés depuis la dissolution du mariage, ni la faillite du père ne mettent fin au droit de jouissance légale. Il en est de même de l'état d'absence ; les revenus des enfants de l'absent restent dans son patrimoine et profitent aux envoyés en possession dans la même mesure que ceux de ses propres biens.

§4. — *Administration légale.*

* **2186. Définition.** — On appelle « administration légale » le pouvoir d'administrer les biens de l'enfant, quand il en possède, pouvoir qui est confié *par la loi* à son père (art. 389) [1].

* **2187. Cas où elle est nécessaire.** — Il est rare qu'un enfant mineur ait des biens personnels tant que ses père et mère sont tous deux vivants : ordinairement il ne gagne rien, et quand une succession s'ouvre dans la famille, elle est recueillie par son père ou sa mère, selon la ligne d'où elle vient, les parents étant nécessairement plus proches du défunt que leurs enfants. La première succession qu'un mineur puisse recueillir est celle du premier mourant de ses père et mère. Or, *quand l'un des parents meurt, la tutelle s'ouvre*. Par suite, dans l'immense majorité des cas, il n'y a pas lieu de pourvoir à l'administration des biens d'un mineur avant l'ouverture de sa tutelle. Aussi le projet de l'an VIII n'avait même pas prévu la situation exceptionnelle d'un enfant qui se trouve à la tête d'un actif patrimonial avant d'avoir un tuteur.

Cependant il est possible que l'enfant ait une fortune à lui, du vivant même de ses parents. D'abord il peut recevoir directement une *donation* ou un *legs* [2]. Il peut même acquérir des biens par *succession ab intestat ;* il suffit pour cela qu'il ait un frère (ou une sœur) plus âgé que lui, et que ce frère vienne à mourir pendant qu'il est encore mineur, laissant des biens

[1] INSUFFISANCE DES TEXTES. — La loi n'a consacré qu'un seul article à cette matière, l'art. 389, qui se trouve placé au titre « De la tutelle », et encore cet article a été ajouté au dernier moment, sur la demande du Tribunat, qui craignait qu'on ne confondît avec la tutelle cette administration confiée au père pendant le mariage. Le laconisme de la loi a, comme on va le voir, jeté les interprètes dans les plus grandes perplexités. Cette brièveté des textes s'explique par cette circonstance que, dans l'ancien droit, l'administration des biens était considérée comme un accessoire de la garde noble ou bourgeoise (POTHIER, nos 82 à 85), tandis que dans le droit moderne la jouissance légale étant souvent refusée aux parents, il arrive que les biens du mineur doivent être administrés par quelqu'un qui n'en a pas l'usufruit. D'autre part, la composition des fortunes anciennes formées de biens de tout repos donnait lieu beaucoup moins souvent qu'aujourd'hui à des difficultés de gestion, d'aliénation et de placement.

[2] Nous supposons la libéralité faite à l'enfant en pleine propriété. Souvent ces donations ou legs adressés à des mineurs sont faits avec réserve d'usufruit au profit du donateur ou d'une tierce personne. Dans ce cas, il n'y a pas lieu de pourvoir à l'administration des biens donnés ou légués au mineur, puisque cette administration appartient naturellement à l'usufruitier.

personnels, la succession du défunt se partage entre ses parents et ses frères et sœurs. — C'est dans ces hypothèses qu'il y a lieu de savoir par qui et comment sera administrée la fortune du mineur, la tutelle n'étant pas encore ouverte.

A. — A qui appartient l'administration légale.

2188. **Attribution aux seuls parents légitimes. — Le *père légitime* seul en est chargé. Le *père naturel* ne l'a jamais (argument des mots « pendant le mariage » de l'art. 389). Quant à la *mère légitime*, elle ne peut l'avoir que dans les cas exceptionnels où l'exercice de la puissance paternelle lui passe pendant le mariage, parce que le père en est privé ou incapable.

*2189. **Validité des clauses restreignant ou supprimant l'administration légale.** — La personne qui donne ou lègue des biens à l'enfant pourrait-elle priver les père et mère du droit de les administrer et désigner un tiers pour les remplacer? La jurisprudence a éprouvé au début quelques hésitations[1]; mais, encouragée par la majorité de la doctrine, elle s'est finalement décidée pour la validité de ces clauses (Cass., 9 janv. 1872, D. 72. 1. 128, S. 72. 1. 107; Cass., 3 juin 1872, D. 72. 1. 241, S. 72. 1. 273; Cass., 31 mai 1881, D. 82. 1. 22).

La justification de cette solution est aisée. Celui qui donne aurait pu ne pas donner; il est donc libre de mettre à sa donation telles conditions qu'il juge à propos d'y insérer, pourvu qu'il ne porte pas atteinte aux droits que le père exerce *sur la personne* de l'enfant. L'exclusion du père ou de la mère n'a rien de contraire aux bonnes mœurs; elle se présente même le plus souvent comme un acte de prudence.

Cette faculté si utile a été expressément reconnue aux tiers par le Code néerlandais (art. 362) et par le Code allemand (art. 1638). Laurent l'avait également admise dans son Avant-projet (art. 368).

B. — Fonctionnement de l'administration légale.

** 2190. **Son défaut d'organisation.** — Jusqu'à nos jours, l'administration légale des biens de l'enfant est restée, en France, dépourvue de toute organisation régulière. La loi se borne à indiquer le principe : le père est administrateur des biens de l'enfant; elle ne nous donne aucun détail sur ce que le père peut ou ne peut pas faire, ni sur les formes et

[1] Ces hésitations subsistent encore en partie dans la doctrine (DALLOZ, *Suppl.*, v° Puissance paternelle, n° 100). On part de cette idée que l'administration légale est un attribut de la puissance paternelle, que les tiers ne peuvent pas supprimer ou amoindrir, faute d'un texte qui les y autorise. Il en a fallu un (art. 387) pour leur permettre de retirer au père ou à la mère l'usufruit des biens donnés ou légués par eux, et cependant ce droit n'est établi que dans l'intérêt des parents, tandis que l'administration légale (on l'affirme, du moins) est une garantie pour l'enfant dont les tiers ne peuvent pas le priver. — L'expérience prouve, au contraire, que ces clauses sont insérées dans les libéralités dans l'intérêt de l'enfant, quand ses parents sont ou des incapables ou des dissipateurs, et que l'administration légale constituerait pour lui un véritable danger (Comp. note dans SIREY, 70. 2. 257).

conditions auxquelles est subordonnée la validité de ses actes. C'est l'état amorphe absolu.

* **2191. Inapplicabilité des règles de la tutelle.** — Un premier point est certain : c'est que l'administration légale n'est pas une tutelle. C'est précisément pour éviter qu'on assimilât le père à un tuteur que le Tribunat a demandé et obtenu l'insertion de l'art. 389, et pour exprimer cette distinction on a pris l'habitude d'employer comme terme technique les mots *administration légale*, par opposition à « tutelle ».

Nous pouvons tirer de là différentes conclusions qui sont aujourd'hui communément admises, après avoir été vivement contestées :

1° *Il n'y a pas de conseil de famille* permanent chargé d'assister le père dans son administration et de l'autoriser à agir dans les cas les plus graves (Cass., 3 juin 1867, D. 68. 1. 27, S. 67. 1. 273).

2° *Il n'y a pas de subrogé tuteur*, placé à côté du père pour le surveiller et pour le remplacer au besoin (Arrêt précité de 1867). La subrogée tutelle suppose la tutelle. On peut remarquer d'ailleurs que l'enfant trouve dans la personne de sa mère le meilleur des subrogés tuteurs, quand l'administration légale s'ouvre du vivant des deux époux.

3° *Les biens du père ne sont pas grevés de l'hypothèque légale* qui frappe les biens du tuteur et qui garantit au pupille le paiement du reliquat de compte que son tuteur pourra lui devoir. L'enfant n'a donc pas de garantie légale contre son père, aucune sûreté particulière n'accompagne l'obligation de rendre compte imposée à celui-ci. Le père n'est même pas astreint à donner caution. En Allemagne, le père est placé, comme un tuteur, sous la surveillance du tribunal des tutelles, et s'il compromet les intérêts de l'enfant, on l'oblige à donner des sûretés dont le tribunal fixe la nature et l'étendue (art. 1668 et 1844 C. civ. all.). Le tribunal peut, en outre, lui enlever l'usufruit légal et l'administration légale.

1° Hypothèses normales.

* **2192. Pouvoirs relatifs aux actes d'administration.** — Il est bien certain que le père, *administrateur* légal des biens de ses enfants, a qualité pour faire seul tous les actes de simple administration (baux, contrats relatifs à l'entretien des biens, remplacements des meubles hors d'usage...), et, d'une façon plus générale, tous les actes qu'un tuteur pourrait faire valablement sans autorisation.

* **2193. Controverses doctrinales sur les actes de disposition.** — Dès qu'on sort des questions d'administration, l'incertitude commence. Les points de détail à examiner seraient trop nombreux ; il faut se borner au principe. Pouvons-nous étendre par analogie au père les règles établies pour le tuteur ? Aubry et Rau disent : « Les conditions et formalités auxquelles le tuteur est assujetti constituent bien moins des précautions de défiance prises contre sa personne que des mesures destinées à garantir le mineur contre les dangers que présentent certains actes juridiques. Il n'y a donc pas de raison pour soustraire le père à l'accomplissement de ces formalités. D'ailleurs, outre les dispositions spéciales qui les imposent au tuteur, il y a des textes généraux qui les prescrivent dans l'intérêt de tous les mineurs indistinctement » (§ 123, note 31, 4e édit., t. I, p. 506). Les textes auxquels ces dernières lignes font allusion sont les art. 776, 838, 1718 et 2128 C. civ. et les art. 953 et 954 C. proc. civ. On peut ajouter encore à l'appui de cette thèse que dans l'article proposé par le Tribunat se trouvait un alinéa spécial ainsi conçu : « Tout ce qui intéresse la disposition des biens est réglé par la disposition de la section VIII », c'est-à-dire qu'on renvoyait expressément aux règles de la tutelle.

Ceux qui n'admettent pas cette extension des règles de la tutelle, toutes les fois que l'acte dépasse les pouvoirs d'un administrateur et intéresse la propriété, se trouvent dans un grand embarras : les uns suppriment purement et simplement l'autorisation du conseil de famille et permettent au père d'agir librement toutes les fois que le tuteur n'avait pas d'autre formalité à remplir; les autres la remplacent par l'autorisation de justice. On trouvera un tableau résumé de ces incertitudes de la doctrine dans une note du SIREY (67. 1. 273).

** **2194. Jurisprudence.** — La jurisprudence s'est montrée plus libérale que la doctrine. Ainsi il a été jugé que le père peut sans autorisation aucune, ni de justice, ni du conseil de famille, intenter une action immobilière appartenant à son enfant (Bourges, 11 février 1863, D. 64. 5. 305, S. 63. 2. 121); acquiescer au jugement qui déclare mal fondée une action exercée par lui (Cass., 3 juin 1867, D. 68. 1. 27, S. 67. 1. 273); transiger sur les droits mobiliers de l'enfant (Montpellier, 30 mars 1859, S. 59. 2. 508; Amiens, 1er mars 1883, D. 84. 2. 150. S. 84. 2. 41); demander l'envoi en possession d'un legs universel fait au profit de l'enfant (Paris, 4 juin 1865, S. 65. 2. 216); aliéner les valeurs mobilières (Trib. de la Seine, 28 avril 1882, S. 82. 2. 207; Amiens, 11 juin 1890, D. 91. 2. 335, S. 92. 2. 15). Sur ce dernier point nous avons, en outre, les déclarations les plus formelles des auteurs de la loi du 27 février 1880 (ci-dessous n° 2442). Cette loi est une mesure de défiance prise *contre les tuteurs*. Elle a voulu laisser intacts les droits du père (D. 80. 4. 48, 2e col. n° 8; Circ. min. de la Just., 20 mai 1880, D. 80. 4. 72, 2e col. *in fine*).

* **2195. Limite actuelle des pouvoirs du père.** — Il ne faudrait pas croire cependant que la jurisprudence reconnaisse pleins pouvoirs au père, quelle que soit la nature de l'acte à accomplir. Depuis longtemps, à Paris et en beaucoup d'endroits, l'usage est que le père se fasse *autoriser par justice à passer les actes les plus importants*, notamment *les aliénations d'immeubles* (BERTIN, *Chambre du conseil*, v° Mineurs, t. I, p. 483, 566 et 569). C'est une précaution bonne à prendre, vu l'incertitude qui règne sur cette matière, et la formalité est facile à remplir. Les tribunaux ont rarement eu l'occasion de statuer sur le défaut de validité d'un acte pour lequel la formalité habituelle aurait été omise [1].

En tout cas on peut dire que l'*usage* a sur ce point véritablement *suppléé à la loi* [2].

2196. Législations étrangères. — Les Codes étrangers ont profité des leçons de l'expérience et réparé au moins en partie les insuffisances de la loi française. Le Code des Pays-Bas décide formellement que le père ne peut « disposer » des biens de ses enfants qu'en observant les règles établies au titre de la minorité et de la tutelle pour l'aliénation des biens des mineurs (art. 364). Le Code italien a organisé un système spécial dans lequel ne figure pas le conseil de famille; l'autorisation dont le père a besoin lui est donnée directement par la justice, tantôt par le tribunal civil, tantôt par le préteur, suivant l'importance de l'acte (art. 224 et 225). Le Code allemand contient également une réglementation complète de l'administration du patrimoine de l'enfant (art. 1638 à 1648). Comp. C. civ. espagnol, art. 159 à 166. Laurent, dans son *Avant-projet*, supprimait l'intervention du conseil de famille et maintenait seulement l'autorisation du tribunal, nécessaire pour tous les actes de disposition (art. 365). Ce système offre le double avantage de donner une

[1] Voy. cependant Tribunal de Villefranche, 12 mars 1887 (S. 87. 2. 117; *le Droit*, n° du 16 mai 1887), jugeant que le père ne peut pas aliéner seul un immeuble. — D'autre part, il a été jugé que les actes qui sont absolument interdits au tuteur, comme le compromis et la donation, ne peuvent pas être faits par le père en sa qualité d'administrateur légal (Trib. civ. Seine, 29 avril 1891, *la Loi*, n° du 5 juin 1891).

[2] On s'appuie pourtant sur un argument de texte tiré des art. 953 et 954 C. proc. civ. qui exigent l'autorisation du conseil de famille et l'homologation du tribunal pour les ventes d'immeubles appartenant à des mineurs, sans distinguer si le mineur est soumis à l'administration légale. On prétend que le Code civil a été implicitement modifié par le Code de procédure. Ne serait-ce pas plutôt que, dans la pensée des auteurs de nos codes, le père n'a que le pouvoir d'administrer et non celui de disposer ?

garantie aux enfants sans soumettre le père à l'ingérence de parents plus ou moins éloignés.

2197. Projet de réforme. — La question a été mise à l'étude, en France, il y a quelques années. Un projet de loi destiné à compléter l'art. 389 a été déposé le 26 novembre 1881 à la Chambre des députés par le garde des sceaux. Aux termes de ce projet on ajouterait à l'art. 389 des dispositions qu'on peut résumer ainsi : l'autorisation de justice serait nécessaire au père pour tout acte excédant l'administration ; elle lui serait donnée par le tribunal en chambre du conseil ; on considérerait comme dépassant l'administration les aliénations, conversions et emplois de valeurs mobilières. Le père pourrait être privé de l'administration pour inconduite notoire, incapacité et infidélité ; il serait remplacé par la mère ou par un tiers, au gré du tribunal.

2° Hypothèses exceptionnelles.

2198. Opposition d'intérêts entre le père et l'enfant. — Cette hypothèse est peut-être celle qui a donné lieu le plus fréquemment à des décisions judiciaires. Il est évident que le père ne peut jouer à la fois le rôle des deux parties, qu'il s'agisse d'un contrat à conclure ou d'un procès à suivre entre son fils et lui. Il est de toute nécessité de nommer quelqu'un pour représenter l'enfant à la place du père, et c'est ce que font journellement les tribunaux.

2199. Qualité à donner au représentant de l'enfant. — Il y a eu quelque hésitation sur la qualité et le titre du représentant provisoire du mineur. Quelques cours d'appel avaient jugé, conformément à une opinion alors très répandue, qu'il fallait donner à l'enfant un *tuteur ad hoc* (Paris, 9 janv. 1874, D. 76. 2. 23, S. 74. 2. 85 ; Bordeaux, 19 mars 1875, D. 77. 2. 25, S. 76. 2. 97). Mais la chambre des requêtes a décidé avec plus de raison que, la tutelle n'étant pas encore ouverte, la personne chargée de suppléer le père ne pouvait être qu'un *administrateur ad hoc*, agissant en la même qualité et dans les mêmes conditions que le père (Cass., 14 janv. 1878, D. 78. 1. 227, S. 78. 1. 218)[1].

La question n'est pas une querelle de mots, car, en le considérant comme tuteur, on se trouvait entraîné, au moins dans certains cas, à placer à côté de lui un subrogé tuteur ad hoc. Voyez l'arrêt de Bordeaux précité. Cette nomination est inutile, s'il s'agit d'un administrateur légal.

2200. Par qui est nommé l'administrateur ad hoc. — D'après une pratique constante, suivie à la chambre du conseil du tribunal civil de la Seine, et sanctionnée par la Cour de Paris (arrêts du 9 janvier 1875, D. 76. 2. 23, et du 5 avril 1876, D. 77. 2. 34), la tutelle n'étant pas encore organisée et le conseil de famille n'existant pas, c'est au tribunal qu'il appartient de nommer l'administrateur ad hoc. La chambre des requêtes a décidé, au contraire, que cet administrateur devait être nommé par un conseil de famille réuni spécialement à cet effet (Cass., 14 janv. 1878, D. 78. 1. 27, S. 78. 1. 218). Cette solution, que la Cour a négligé de justifier, peut s'autoriser de différents textes, qui font intervenir un conseil de famille dans des cas où la tutelle n'existe pas (art. 142, 143, 494 et 936) ; mais il est inexact de dire que la loi préfère systématiquement le conseil de famille au tribunal quand il s'agit de nommer un conseil ou un représentant à un incapable. Voyez notamment les art. 499 et 513 C. civ. et L. 30 juin 1838, art. 32.

A l'étranger, on tend à préférer la nomination directe par le tribunal (C. néerland., art. 365 ; C. ital., art. 224 ; C. espag., art. 165 ; *Avant-projet* de LAURENT, art. 366).

2201. Opposition d'intérêts entre deux enfants. — Une opposition d'intérêts peut s'élever entre deux enfants également soumis à la puissance paternelle. Le père ne peut les représenter tous les deux en même temps ; il y a donc lieu de prendre, au profit de l'un des mineurs, les mêmes mesures que s'il était en conflit d'intérêts avec son père.

[1] Il est à remarquer cependant que la chambre des requêtes n'attache pas grande importance à la *dénomination* du remplaçant qu'elle donne au père, car elle se sert tour à tour des mots « tuteur ad hoc » et « administrateur ad hoc ». C'est au fond, et sur sa qualité et ses pouvoirs, qu'elle s'est prononcée.

C. — Fin de l'administration légale.

* **2202. Classement des causes qui y mettent fin.** — L'administration légale peut cesser pour deux sortes de causes différentes : elle devient inutile tantôt parce que le mineur possède désormais la *capacité* nécessaire pour administrer sa fortune par lui-même, tantôt parce qu'elle est *remplacée par la tutelle.*

Dans la première classe on place la *majorité* de l'enfant, et son *émancipation.*

Au premier cas, l'enfant majeur aura toute liberté pour agir à sa guise ; au second cas, il fera librement les actes de pure administration et, pour les autres, il devra se conformer aux règles établies pour les mineurs émancipés, mais ces règles supposent toujours l'intervention personnelle de l'incapable, de façon à rendre impossible un système de représentation par autrui, comme l'est l'administration légale.

Dans la seconde classe se placeront la *dissolution du mariage par la mort de l'un des époux* (art. 390), et la *déchéance de la puissance paternelle* (L. 24 juill. 1889, art. 1 et 10), qui ouvrent la tutelle ; mais il n'y faut pas mettre le *divorce*, qui n'a pas le même effet [1].

* **2203. Possibilité d'une destitution.** — Le père peut-il être privé de ses pouvoirs lorsque sa mauvaise gestion atteste son incapacité ou son infidélité ? Certains auteurs l'admettent et font l'application au père administrateur légal de l'art. 444 qui est écrit pour les tuteurs (Demolombe, t. V, n° 424). Il est fort douteux que ce texte soit applicable au père qui, de l'aveu de tous, n'a pas la qualité de tuteur. Mais est-il bien besoin de rattacher à un texte formel la possibilité d'une destitution ? Jadis le père n'avait d'autre titre pour administrer les biens de l'enfant que celui de gardien, c'est-à-dire d'usufruitier ; or il est de principe qu'un usufruitier encourt la déchéance quand il mésuse de la chose ou la néglige ; la destitution du gardien noble par le juge était admise comme une conséquence de cette idée (Pothier, *Garde noble*, n° 103). La séparation introduite par le droit nouveau entre la fonction d'administrateur et la jouissance des revenus n'a pu faire disparaître cette cause de déchéance, car il est resté vrai que l'administration légale est une obligation pour le père et qu'elle est établie dans l'intérêt de l'enfant ; à cette obligation il faut une sanction et un contrôle, qui ne peuvent se trouver que dans l'intervention de la justice. De plus, la loi de 1889, en permettant aux juges d'enlever au père les droits beaucoup plus importants qu'il tient de la loi sur la personne de ses enfants, les autorise implicitement à lui retirer ses pouvoirs sur les biens.

[1] Après le divorce, la puissance paternelle fonctionne seule, comme pendant le mariage, sauf à être déplacée et à passer du mari à la femme. Ainsi l'art. 389 est rédigé d'une manière trop étroite quand il dit que le père « est, *durant le mariage*, administrateur des biens de ses enfants mineurs » ; il peut avoir encore cette administration après la dissolution du mariage par le divorce. L'hypothèse du divorce n'est pas entrée dans les prévisions des rédacteurs de la loi, à moins qu'ils n'aient voulu indiquer par là que le père a nécessairement cette administration pendant le mariage, tandis qu'elle peut lui être enlevée après le divorce.

2204. Obligation de rendre compte. — Comme tout administrateur du bien d'autrui, le père est comptable envers ses enfants. Toutefois il est dispensé de leur rendre compte des revenus dont il a eu la jouissance (art. 389). C'est une disposition qu'on aurait facilement suppléée : puisque ces fruits sont à lui, il a pu en faire ce que bon lui semblait.

2205. Lacunes de la loi. — Le compte rendu par le père en sa qualité d'administrateur soulève d'ailleurs des difficultés sur lesquelles la loi aurait mieux fait de s'expliquer. L'art. 472, qui veut que l'ex-mineur ait un délai de dix jours pour examiner les pièces avant de donner décharge à son tuteur, est-il applicable au père ? Quelle sera la prescription de l'action de l'enfant en reddition de compte ? sera-ce trente ans (art. 2262) ou dix ans (art. 475) ? Les intérêts courront-ils de plein droit (art. 474) ? On reconnaît, en général, que les textes spéciaux à la tutelle, comme les art. 472, 474, 475, sont inapplicables à la puissance paternelle. En conséquence, aucun délai n'est nécessaire entre la remise des pièces et la signature de la décharge ; l'action ne se prescrira que par trente ans et les intérêts ne courront pas de plein droit. Mais il est clair que sur tous ces points la loi est en défaut, et on pourrait en signaler d'autres dans le même ordre d'idées.

§ 5. — *Établissement de l'enfant.*

2206. Définition. — Quand leur œuvre est achevée, quand l'éducation de l'enfant est terminée, les parents ont encore une chose à faire : ils doivent *l'établir*. Entendez ce mot de toute espèce d'établissement, soit par mariage, soit autrement (achat d'une étude, d'un fonds de commerce, etc.).

La plupart du temps la loi n'a point à s'occuper de cet établissement, qui est avant tout réglé par les mœurs. Deux points seulement méritent d'être indiqués, comme donnant lieu à des règles de droit.

2207. Consentements divers à donner à l'enfant. — Son établissement ne peut parfois se faire qu'avec le consentement de ses parents. C'est ce qui a lieu notamment pour l'établissement par *mariage*, mais ce n'est pas le seul cas. Certaines carrières ou professions ne lui sont ouvertes qu'avec ce consentement. On a déjà vu qu'il est nécessaire à l'enfant pour tout *engagement dans l'armée*, tant qu'il n'a pas 20 ans : l'entrée des écoles militaires est donc soumise à cette condition pour les mineurs. Il en est de même pour l'entrée dans les *ordres religieux* jusqu'à 21 ans pour les filles (Décr. 18 févr. 1809, art. 7), jusqu'à 25 ans pour les fils (Décr. 28 févr. 1810, art. 4).

* **2208. Refus de l'action en justice pour l'établissement de l'enfant.** — L'établissement de l'enfant exige souvent des déboursés considérables ; ce n'est plus une simple charge pouvant se prendre sur les revenus, comme lorsqu'il s'agit de son entretien ; c'est le sacrifice d'une partie de leur fortune que les parents ont alors à faire. Ce devoir des parents n'est pas sanctionné par la loi, comme l'est leur obligation de payer les frais annuels d'entretien. L'art. 204 décide que « l'enfant n'a point d'action en justice contre ses père et mère pour un établissement par mariage ou autrement ». La loi s'en remet donc sur ce point à l'affection naturelle des parents pour leurs enfants. L'expérience a prouvé que si beaucoup de parents, loin de rester au-dessous du possible, ont une tendance à exagérer leurs sacrifices, il en est d'autres que l'avarice empêche de faire leur devoir.

La décision du Code n'est d'ailleurs que la reproduction de celle qui était anciennement suivie dans la majorité des pays coutumiers. Dans le Midi, au contraire, ainsi qu'en Normandie, on avait conservé la règle romaine qui permettait à la fille d'exiger une dot de son père [1]. La suppression de cette action des filles n'alla pas sans résistances. Elle fut

[1] L'habitude d'établir les enfants au moyen d'une dot considérable ou de l'achat d'un fonds est d'origine latine. Elle s'est toujours maintenue en France, et y domine encore nos mœurs. Dans les pays anglo-saxons, les enfants devenus grands sont habitués, beaucoup plus que chez nous, à se tirer d'affaire tout seuls.

vivement défendue par Malleville. Néanmoins l'article fut adopté. La majorité du Conseil d'État était acquise aux traditions des pays du Nord de la France, où l'on tenait pour maxime : « Ne dote qui ne veut. » On crut qu'il y aurait danger à étendre cette obligation stricte à des pays qui ne l'avaient jamais connue, et à forcer le père à venir « déposer son bilan » pour discuter le chiffre de la dot qu'il pouvait donner à sa fille. Du reste, on usait peu de cette action dans le Midi, et les tribunaux qui en réclamèrent le maintien furent en très petit nombre.

§ 6. — *Contrôle de la justice sur l'exercice de la puissance paternelle.*

** **2209. Sa nécessité.** — La puissance paternelle n'est point un pouvoir absolu. A côté de la famille, il y a la société, qui a bien aussi sa part de droits et d'intérêts à défendre. Elle doit sa protection aux enfants, et elle a intérêt à ce que ni leur moralité ni leur santé ne soient compromises [1].

La jurisprudence moderne s'est donc reconnu le droit de contrôler l'exercice de la puissance paternelle, droit qu'on ne trouve écrit nulle part dans les textes [2], mais qu'il est bien difficile de contester en présence des abus que révèle la pratique.

* **2210. Confirmation du pouvoir des juges par les lois nouvelles.** — Différentes lois, postérieures à 1870, et qui ont eu pour but la protection générale de l'enfance, ne se sont pas laissé arrêter par un respect superstitieux pour la puissance paternelle.

Ainsi la loi du 7 décembre 1874, sur la protection des enfants employés dans les professions ambulantes, punit le père qui livre son enfant âgé de moins de seize ans à des saltimbanques ou à des vagabonds, ou qui l'emploie lui-même à la mendicité (art. 2 et 3). Les lois qui ont réglementé le travail des mineurs employés dans l'industrie (LL. 22 mars 1841, 19 mai 1874 et 2 nov. 1892) ont encore établi un contrôle intéressant sur un bien plus grand nombre d'enfants, et il y a même ceci de remarquable que ce contrôle est exercé par l'autorité administrative (le corps des inspecteurs du travail des enfants) et que l'autorité judiciaire n'intervient que pour l'application des pénalités [3].

[1] PRÉCÉDENTS HISTORIQUES. — Ces idées ont été admises de tout temps. On les voit déjà dans Beaumanoir (*Coutume de Beauvoisis*, chap. XXI, nos 11 à 17). Une déclaration de Louis XIV, du 8 mars 1704, disait : « Nous avons résolu de conserver à la justice et aux magistrats l'autorité dont ils ont besoin pour réparer les abus que ceux qui exercent cette puissance domestique (sur les mineurs) peuvent en faire en quelques occasions... ». On cite aussi quelques arrêts de divers Parlements qui ont protégé les enfants contre les mauvais traitements du père. Dans un de ses plus célèbres plaidoyers, d'Aguesseau disait : « Quelque grande que soit l'autorité des parents, elle a cependant une autorité supérieure dans la société, et si les parents sont les premiers juges, leur jugement est toujours soumis à celui des magistrats..., c'est à ceux entre les mains desquels on a remis le dépôt sacré de l'autorité publique, à examiner les différends qui s'élèvent entre les pères et les enfants, comme ceux qui s'élèvent entre les autres citoyens ; et s'ils doivent apprendre aux enfants à respecter ceux dont ils ont reçu le bienfait de la vie, ils doivent aussi écouter leurs justes plaintes et ne pas abandonner les membres de la patrie aux caprices d'un particulier » (*Journal des audiences*, t. VII, liv. V, chap. II).

[2] Lors de la rédaction du Code, on effleura la question de l'intervention des tribunaux. Le Premier Consul demanda « si un fils, parvenu à l'âge de discernement et qui ne reçoit pas une éducation conforme à la fortune de son père, peut se pourvoir et demander à être mieux éduqué » (FENET, t. X, p. 485). Mais le débat sur la question fut ajourné et on n'y revint plus.

[3] En principe ces lois punissent le patron qui emploie l'enfant, et non le père qui le laisser aller à l'usine ou à l'atelier. Mais elles s'appliquent également au père quand c'est lui qui fait travailler son enfant dans son propre atelier. Les restrictions qu'on avait admises

D'autres lois sont allées plus loin encore. La loi du 18 avril 1886 sur la procédure du divorce a attribué aux tribunaux les pouvoirs les plus larges dans les hypothèses spéciales qu'elle prévoit. On peut dire qu'après le divorce l'exercice de la puissance paternelle sur la personne des enfants est entièrement réglementé par la justice (ci-dessus n° 2141). Le projet en préparation sur l'administration légale placera le père sous la surveillance directe du tribunal pour tout ce qui concerne les intérêts pécuniaires de l'enfant. Enfin la loi du 24 juillet 1889, faisant ce que la jurisprudence n'avait pas pu faire, a établi des cas de déchéance véritable et complète de la puissance paternelle, tandis que les tribunaux n'avaient pu que prendre des précautions provisoires, de simples mesures d'ordre, pour préserver l'enfant[1]. Nous sommes maintenant en droit d'en conclure, à plus forte raison, que ces mesures partielles sont autorisées par la loi. Voyez cependant ci-dessous n° 2238.

2211. Applications du contrôle de la justice hors des cas prévus par les lois. — Les lois qui ont établi un contrôle sur l'exercice de la puissance paternelle, ou qui en ont admis implicitement l'existence, sont toutes relatives à des cas spéciaux : divorce des parents, ou emploi de l'enfant dans des professions dangereuses pour lui. Mais le contrôle de la justice trouve encore à s'exercer dans d'autres cas non prévus par les textes. En voici deux exemples :

1° Le père a le droit d'interdire à ses enfants toutes relations avec telle ou telle personne ; mais il ne peut user de ce droit à l'égard des ascendants qu'autant qu'il existe des motifs exceptionnels, et les tribunaux ont à apprécier si les raisons qu'il allègue sont suffisamment graves (Cass., 28 juill. 1891, D. 92. 1. 70, S. 91. 1. 385 ; Cass., 12 févr. 1894, D. 94. 1. 218, S. 94. 1. 240).

2° Le tribunal de la Seine a empêché un père de reprendre son enfant malade, soigné gratuitement chez ses grands-parents, parce qu'il ne semblait pas en mesure de lui donner les soins que son état réclamait (15 déc. 1869, D. 69. 3. 104).

Les tribunaux ne se sont pas bornés à surveiller de la sorte l'usage que le père fait de sa puissance, pour en tempérer la rigueur. Dans les cas graves, lorsque l'enfant souffre de la dureté ou de la mauvaise conduite des parents, lorsque sa santé ou sa moralité est mise en péril, ils ont pris des mesures plus hardies. Ils ont enlevé au père ou à la mère la *garde* de l'enfant et pour le préserver des mauvais traitements et des mauvais exemples, ils l'ont confiée à une tierce personne. Ils sont même allés parfois jusqu'à priver complètement ses parents du droit de le voir (Cass., 3 mars 1856, D. 56. 1. 290, S. 56. 1. 408 ; Cass., 15 mars 1864, D. 64. 1. 301, S. 64. 1. 155 ; Cass., 4 avril 1865, S. 65. 1. 257 ; Cass., 27 janv. 1879, D. 79. 1. 223, S. 79. 1. 464).

Au fond, ces décisions ne sont pas autre chose que des déchéances partielles de la puissance paternelle. Or, il n'y avait alors aucun texte qui permît aux tribunaux d'aller jusque-là[2].

en 1874 pour respecter le foyer domestique, quand il s'agit d'un petit artisan qui emploie ses enfants dans son domicile (SIREY, *Lois annotées*, 1871-1875, p. 536, note 3), ont disparu elles-mêmes dans la loi de 1892.

[1] La différence entre la *déchéance* proprement dite et le simple *pouvoir modérateur* des tribunaux est souvent méconnue. Elle se trouve pourtant très nettement exposée dans le *Cours de Code Napoléon*, de M. Demolombe (t. VI, n° 369).

[2] L'art. 66 C. pén. dit bien que l'enfant mineur de 16 ans, acquitté comme ayant agi sans discernement sera, selon les circonstances, remis à ses parents ou envoyé dans une maison de correction ; mais cet article vise une hypothèse exceptionnelle, celle d'un crime commis par l'enfant, tandis que la perte du droit de garde dont il est question au texte ne suppose pas nécessairement l'indignité des parents.

Aussi cette jurisprudence a-t-elle donné lieu à des critiques très vives, surtout de la part de Laurent, défenseur inflexible de la stricte légalité (t. IV, nos 291 et suiv.).

CHAPITRE IV

EXTINCTION DE LA PUISSANCE PATERNELLE

2212. Énumération. — La puissance paternelle s'éteint : 1° par *l'émancipation de l'enfant* ; 2° par sa *majorité* ; 3° par la *déchéance des parents*.

Il ne faut pas confondre ces trois faits, qui sont des *causes générales* mettant fin d'une manière complète à la puissance paternelle, au moins en principe, avec les causes d'extinction propres à tel ou tel de ses attributs, par exemple au droit d'usufruit légal ou au droit de faire emprisonner l'enfant.

§ 1. — *Émancipation.*

2213. Renvoi. — Pour l'*émancipation*, voyez nos 2521 et suiv.

§ 2. — *Majorité.*

* **2214. Définition de la majorité.** — La *majorité* commence quand la minorité finit. Il n'y a rien à ajouter à ce qui a été dit plus haut sur l'âge où arrive la majorité (ci-dessus n° 456).

** **2215. Ses effets.** — La suppression de la puissance paternelle sur l'enfant est l'effet naturel de sa majorité. Toutefois cette extinction n'est pas absolument immédiate et complète ; quelque chose survit encore de l'autorité des parents après la majorité de l'enfant. Rappelons brièvement la nécessité d'obtenir jusqu'à 25 ans leur *consentement* pour le *mariage*, pour l'*adoption*, et pour l'*entrée dans les ordres*. Rappelons encore le *conseil* qui doit leur être respectueusement demandé, même après cet âge, pour le mariage et l'adoption. Enfin l'art. 371 dit que « l'enfant, à tout âge, doit honneur et respect à ses père et mère ».

2216. Du droit au respect. — Cet article 371, que les rédacteurs de la loi ont placé en vedette en tête du titre « De la puissance paternelle », n'est qu'un *précepte de morale* ; il n'en résulte *aucune conséquence juridique* [1]. Il n'empêche pas l'enfant d'intenter contre ses parents une action déshonorante, de les accuser de vol, par exemple. Il ne l'empêche pas non plus, quand il est leur créancier, d'user de ses droits contre eux avec la dernière rigueur, de faire saisir et vendre tous leurs biens. — Il est vrai que la loi de 1832 sur la

[1] On peut cependant y rattacher les formes spéciales établies par l'art. 13 C. pén. pour l'exécution des *parricides*, et l'obligation de s'exprimer en termes respectueux imposée aux enfants majeurs qui requièrent le conseil de leurs parents pour se marier ou se donner en adoption.

contrainte par corps, reproduite en cela par la loi du 22 juillet 1867, art. 15, défend aux enfants de recourir à cette voie de contrainte contre leurs père et mère ; mais comme cette prohibition est réciproque, et comme elle est édictée entre tous les proches parents et même entre alliés, on ne saurait y voir une conséquence de l'art. 371. Cet article paraît avoir eu pour but simplement de rappeler que la suppression de la puissance paternelle à partir de la majorité de l'enfant ne déliait pas celui-ci de ses devoirs envers ses parents. Les mots importants de l'article sont donc ceux-ci : « à tout âge ».

§ 3. — *Déchéance des père et mère.*

2217. Bibliographie. — THÉOPH. ROUSSEL. *Rapport au Sénat*, 1882, n° 451. — LÉON LALLEMAND. *La question des enfants délaissés et abandonnés au XIXe siècle*, Paris, 1885. — BONJEAN, *Enfants révoltés et parents coupables*, Paris, 1895. — Thèses de MM. DRUCKER, Paris, 1895 ; GALLOIS, Paris, 1899. Nombreux articles de Revues et rapports à diverses sociétés qui s'occupent de la protection de l'enfance par MM. BERTHÉLEMY, BREGEAULT, GEORGES et MAURICE BONJEAN, BRUEYRE, DRUCKER, etc. On en trouvera l'indication dans les thèses et ouvrages précités. — Voyez aussi les ouvrages de MM. LELOIR, NOURRISSON et TAUDIÈRE, cités au n° 2104 ci-dessus.

A. — Progrès du droit en cette matière.

2218. Insuffisance primitive des textes. — Il n'y avait d'abord dans notre législation qu'une seule cause de déchéance. Elle était réglée par les art. 334 et 335 C. pén. qui frappaient les parents coupables d'avoir excité ou favorisé habituellement la débauche de leurs enfants. Ce n'était pas assez. Le législateur avait été imprévoyant, et la pratique administrative et judiciaire révélait l'étendue du mal : un grand nombre de parents se montraient indignes de la confiance de la loi et maltraitaient ou abandonnaient leurs enfants, ou bien ils les exerçaient au vol, à la mendicité et à la prostitution.

* **2219. Jurisprudence.** — Les tribunaux essayèrent de pourvoir aux besoins les plus pressants, mais leur intervention fut insuffisante. Ils ne se reconnaissaient que des moyens d'action limités ; ils prenaient des mesures matérielles pour assurer la sécurité de l'enfant, et n'osaient pas toucher aux droits du père qui étaient écrits dans les textes.

Vazeilles avait bien proposé un système qui conférait pleins pouvoirs aux tribunaux. Il raisonnait ainsi : les avantages et les droits qui composent la puissance paternelle n'ont pas été accordés au père pour son profit personnel, mais dans l'intérêt de l'enfant ; ils sont subordonnés à des conditions certaines, et ont un but défini. Si ce but n'est pas atteint, si le père manque à son devoir, les pouvoirs qui lui appartiennent n'ont plus de raison d'être, et doivent lui être retirés (*Contrat de mariage*, t. II, n° 431). Le raisonnement était d'une rectitude juridique absolue. C'est ce principe qui régit tous les rapports de droit synallagmatiques ; c'est sur lui que sont fondés le droit de rétention et l'action en résolution de l'art. 1184. On peut dire qu'il s'imposait. Cependant personne n'a essayé d'en tirer parti : M. Demolombe l'avait combattu, cela a suffi pour qu'on n'y pensât plus.

2220. Réformes législatives établissant des cas de déchéance. — La jurisprudence s'étant avouée impuissante, c'était au pouvoir législatif à compléter son œuvre. Il s'y est repris à trois fois et il est encore loin d'avoir édifié un système parfait.

1° La loi du 7 décembre 1874, sur les enfants employés dans les professions ambulantes, introduisit trois nouveaux cas de déchéance : 1° lorsque les père et mère ont livré leur enfant à une personne exerçant une des professions dites *ambulantes* (ces professions sont énumérées dans l'art. 1er de la loi) ; 2° lorsque les père et mère auront livré l'enfant à des gens sans aveu faisant métier de la mendicité; 3° lorsqu'ils les auront employés eux-mêmes à mendier, soit ouvertement, soit sous l'apparence d'un métier. — La déchéance est *facultative* (« pourront être privés... », dit la loi). Elle n'a lieu, dans ces trois cas, que si l'enfant est âgé de moins de 16 ans.

2° Les dispositions votées en 1874 n'étaient encore que des exceptions, visant des faits particuliers et trop restreints. La loi du 24 juillet 1889 s'est engagée hardiment dans la voie nouvelle, et a établi un système complet de déchéances de la puissance paternelle. Malheureusement cette loi est restée à peu près lettre morte ; les tribunaux ne l'appliquent presque jamais [1].

3° Plus récemment, la loi du 5 ou 19 avril 1898, sur la répression des violences et attentats commis envers des enfants, a, à son tour, institué des règles nouvelles. Cette loi est une loi *répressive*, modifiant différents articles du Code pénal; mais, en outre, elle contient des dispositions de droit civil qui lui sont propres. Elle permet au juge d'instruction d'abord, et, après lui, à la cour ou au tribunal saisi du crime ou du délit, de statuer sur la garde de l'enfant pour l'enlever aux parents coupables et la donner à un parent, à une personne charitable, ou à l'Assistance publique.

Il y a là une dérogation remarquable aux institutions antérieures, qui consiste à donner compétence sur une question de droit civil à des juridictions de répression. En outre, la loi nouvelle, tranchant une controverse qu'avait fait naître la loi de 1889, permet aux magistrats de ne prononcer qu'une déchéance partielle contre les parents indignes : ils leur enlèvent le *droit de garde* qui est le plus dangereux pour des enfants exposés à des mauvais traitements ou à la corruption, et leur laissent tous les autres attributs de la puissance paternelle. Voyez ce qui est dit ci-dessous, aux n°s 2236 et 2237.

B. — Déchéance générale.

1° Causes de déchéance.

* **2221. Leur classement en deux catégories.** — La loi de 1889 a établi deux sortes de causes de déchéance. Les unes enlèvent *de plein droit* la puissance paternelle aux parents indignes ; les autres autorisent simplement les tribunaux *à la leur enlever par jugement* ; la déchéance est donc *légale* ou *judiciaire*. La loi de 1898 n'a pas introduit de nouveaux

[1] Cette loi est intitulée : « *Loi sur la protection des enfants maltraités ou moralement abandonnés.* » Elle est sortie d'un projet déposé en 1881 et dû à l'initiative de MM. Théoph. Roussel, Bérenger et Dufaure, qui amena le gouvernement à en déposer un autre sur le même objet quelques mois plus tard. Elle a eu pour but de protéger les enfants contre des parents indignes et en même temps de faciliter pour les administrations publiques, pour les associations de bienfaisance et même pour les particuliers charitables, leur œuvre de relèvement et d'éducation. On avait fondé sur elle de grandes espérances ; elle était, comme on l'a dit, « sage dans son principe, claire dans sa formule, pratique dans ses dispositions » ; il semblait que les tribunaux, qui se rendaient compte de la grandeur du mal et qui y avaient jusque-là pourvu de leur mieux, allaient s'empresser d'en faire une large application. Et cependant elle a eu à peu près le même sort que la loi précitée de 1874, ou du moins l'emploi qui en a été fait est resté une quantité infime en comparaison de ce qui était possible et désirable. La principale raison qui a produit cet échec est que l'administration la juge coûteuse. Peut-être aussi, en allant au delà de la jurisprudence établie, a-t-on effrayé les magistrats qui étaient habitués à proclamer le caractère intangible de la puissance paternelle, un peu par précaution oratoire, car ils ont été les premiers à y porter la main. Au tribunal de la Seine notamment on a reculé devant la nécessité de proclamer la déchéance pour tous les enfants indistinctement, alors que les raisons n'existent souvent qu'à l'égard d'un seul. Voyez les renseignements que donne M. GALLOIS, thèse précitée, p. 79 à 82.

cas de déchéance de plein droit, et permet seulement aux juges de priver les parents de leur droit de garde.

*2222. **Déchéance de plein droit.** — La déchéance de plein droit est *attachée, comme conséquence légale, à certaines condamnations pénales*. De la sorte, dans toute hypothèse, la déchéance de la puissance paternelle suppose toujours l'existence d'un jugement rendu contre le père ou la mère ; seulement, dans certains cas, les faits relevés contre eux ont paru si graves que le législateur prononce d'office la déchéance sans laisser ce soin au juge qui condamne le père ; c'est en ce sens que la déchéance est légale[1].

Les condamnations qui entraînent déchéance sont les suivantes :

1° Toute condamnation pour excitation habituelle de *son propre enfant* à la débauche (cas déjà prévu par les art. 334 et 335 du Code pénal) ;

2° La seconde condamnation pour excitation habituelle de mineurs (quelconques) à la débauche ;

3° Toute condamnation pour *crime* commis sur la personne de l'enfant ;

4° La seconde condamnation pour *délit* commis sur la personne de l'enfant ;

5° Toute condamnation pour *crime*[2] commis en participation avec l'enfant ;

6° La seconde condamnation pour *délit* commis en participation avec l'enfant.

Tous ces faits sont prévus par l'art. 1er de la loi de 1889.

2223. Déchéances facultatives. — Dans son art. 2 la loi règle les cas où la déchéance est facultative, c'est-à-dire où elle peut être *prononcée par la justice*. Ces cas sont les suivants :

1° Condamnation à raison d'un crime (autre toutefois que les crimes politiques prévus par les art. 86 à 101 C. pén.) ;

2° Seconde condamnation pour séquestration, suppression, exposition ou abandon d'enfants, ou pour vagabondage ;

3° Seconde condamnation pour ivresse publique (L. 23 janv. 1873, art. 2) ;

4° Toute condamnation par application de la loi du 7 décembre 1874 (professions ambulantes). Cette loi a établi trois cas de déchéances (ci-dessus, n° 2220-1°), qui sont simplement mentionnés pour mémoire dans la loi plus générale de 1889 ;

5° Première condamnation pour excitation habituelle de mineurs à la débauche. La seconde entraînera déchéance de plein droit si les juges n'ont pas usé de leur pouvoir après la première ;

6° Envoi de l'enfant dans une maison de correction en vertu de l'art. 66 C. pén. ;

7° En dehors de toute condamnation, lorsque les père et mère, par leur *ivrognerie habituelle*, leur *inconduite notoire* et *scandaleuse* ou par de *mauvais traitements*, compromettent soit la *santé*, soit la *sécurité*, soit la *moralité* de leurs enfants.

A ces différents cas il faut ajouter l'hypothèse prévue par la loi du 19 avril 1898, lorsque les parents encourent une condamnation par application de cette loi[3] (ci-dessous, n° 2236).

[1] Il est bien évident que les condamnations prononcées antérieurement à la mise en vigueur de la loi de 1889, même pour des faits prévus par elle, n'entraînent pas déchéance de la puissance paternelle ; le principe de la non-rétroactivité des lois (art. 2) s'y oppose (Grenoble, 13 juill. 1892, D. 93. 2. 267, S. 93. 2. 92).

[2] Il est bon de rappeler, pour l'application de la loi de 1889, qu'un crime est réputé crime ou délit selon la peine *inscrite dans la loi* comme lui étant applicable d'après ses éléments constitutifs reconnus par les juges (art. 1 C. pén.). Peu importe que, par suite de l'admission de circonstances atténuantes à son profit, le coupable ait été frappé d'une peine moindre. Cette atténuation judiciaire de la répression ne modifie pas le caractère légal de l'infraction, qui reste un crime, bien que puni d'une peine correctionnelle, ou un délit, bien que puni d'une peine de simple police.

[3] La Chambre des députés avait admis que toute condamnation pour mauvais traitements infligés à un enfant entraînerait de plein droit la déchéance totale de la puissance pater-

***2224. Portée des innovations contenues dans la loi.** — On remarquera que parmi les cas assez nombreux visés par la loi de 1889 il en est plusieurs qui existaient auparavant. Pour les uns, la loi se borne à un simple rappel (loi de 1874). Pour d'autres, elle ajoute à la législation antérieure : ainsi, dans les hypothèses prévues par les art. 66 et 334 C. pén., la déchéance était beaucoup moins complète qu'elle ne l'est aujourd'hui ; le texte nouveau est plus compréhensif que ceux qui existaient avant lui.

La plupart des cas nouveaux ne sont que le développement de la pensée qui avait inspiré l'art. 334 C. pén. Ils supposent que le père s'est rendu coupable de faits punis par la loi pénale et que ces faits sont de nature à compromettre la moralité de l'enfant. Lorsque les faits sont tels que le danger couru par l'enfant est certain d'avance, la déchéance a lieu de plein droit ; dans les autres cas, les tribunaux ont à apprécier si ce danger existe, et la déchéance n'est plus que facultative.

Pour les faits les plus graves (crimes), la loi se contente d'une condamnation unique, tandis que pour les délits elle exige en général deux condamnations successives. Ce qui crée alors le danger pour l'enfant, c'est l'habitude du père dans la criminalité.

Enfin la disposition la plus importante de la loi est *la formule finale de l'art. 2*, reproduite ci-dessus, n° 2223-7°. Celle-ci n'énumère plus, comme les précédentes, des cas isolés, des espèces de détail ; c'est une *formule générale*, très large dans ses termes [1], et qui permet aux tribunaux d'enlever au père sa puissance, quoiqu'il n'ait été flétri par aucune condamnation criminelle ou correctionnelle. Là gît l'*innovation capitale de la loi*. On peut dire que cet alinéa pose le principe, et que toutes les hypothèses spéciales visées par la loi n'en sont que des applications particulières. Les magistrats font un assez large usage du pouvoir arbitraire qui leur est ainsi conféré. Ainsi, en 1897, sur 1,112 cas de déchéance de la puissance paternelle, il y en a eu 43 seulement d'obligatoires et 1,069 facultatives, dont 991 ont été prononcées en dehors de toute condamnation pénale (Rapport du garde des sceaux, *Officiel* du 7 juillet 1900). On trouvera d'autres renseignements statistiques dans le rapport de M. Berthélemy au Congrès national d'assistance de Lyon, de 1894.

2° Procédure [2].

2225. Compétence et marche de l'action. — La loi a réglé avec assez de détails la marche à suivre pour arriver au jugement de déchéance. Les personnes ayant qualité pour agir sont les *parents* du mineur, jusqu'au degré de cousin germain, et le *ministère public*.

Le *tribunal compétent* est en principe le tribunal civil du domicile ou de la résidence du père ou de la mère dont la déchéance est demandée, mais voyez ci-dessous n° 2227.

nelle. Le Sénat n'a pas voulu modifier aussi gravement le système établi en 1889 et n'a consenti qu'à établir une déchéance facultative, en laissant les tribunaux criminels juges de son opportunité.

[1] Peut-on considérer comme « mauvais traitement » compromettant la santé de l'enfant, le fait de le laisser manquer des choses nécessaires à la vie ? L'affirmative a été admise en jurisprudence (Grenoble, 13 juill. 1892, D. 93. 2. 267, S. 93. 2. 92 ; comp. De Loynes sous Agen, 6 févr. 1889, D. 90. 2. 5). Quelques doutes, qui ne paraissent guère fondés, ont cependant été émis en doctrine sur cette solution.

[2] La procédure décrite ici est naturellement inutile dans les cas où la déchéance se produit de plein droit ; elle ne sert que pour obtenir un jugement dans les cas de déchéance facultative.

L'affaire est jugée par le tribunal *en chambre du conseil ;* le jugement seul est rendu en audience publique. L'action s'introduit par un *mémoire* adressé au président du tribunal ; elle donne lieu à une enquête sommaire dirigée par le ministère public sur la situation de la famille du mineur et sur la moralité de ses parents connus. En outre elle peut donner lieu, si le tribunal le juge à propos, à la convocation d'un *conseil de famille* appelé à donner son avis. La loi renvoie à cet égard aux art. 892 et 893 C. proc. civ. qui ordonnent cette convocation d'une manière obligatoire dans les demandes en interdiction, tandis qu'ici elle est *facultative*.

Le jugement peut être déclaré *exécutoire nonobstant opposition ou appel,* faculté précieuse pour les cas d'urgence ; même la chambre du conseil peut ordonner, pendant l'instance, telles *mesures provisoires* qu'elle juge utiles relativement à la garde et à l'éducation des enfants. Les jugements sur cet objet sont *exécutoires par provision*.

2226. Voies de recours. — Il y a lieu à *appel*, de la part du ministère public comme de la part des parties; mais le délai donné pour l'interjeter n'est que de 10 jours. En cas de *défaut* du défendeur, il est permis à celui-ci de faire *opposition*, dans les 8 jours de la notification si le jugement a été notifié à sa personne ; dans l'année, s'il n'a été notifié qu'à domicile. Lorsqu'il y a lieu à opposition, le délai de l'appel ne commence à courir que du jour où l'opposition n'est plus recevable.

2227. Compétence exceptionnelle des tribunaux de répression. — Par sa nature, l'action en déchéance est de la compétence des tribunaux civils. Cependant, dans les cas où il y a lieu à déchéance facultative, à la suite d'une condamnation du père ou de la mère (voir les cinq premiers cas énumérés au n° 2223), la loi nouvelle attribue compétence au tribunal répressif qui prononce cette condamnation : c'est lui alors qui statue, *si on le lui demande*, sur la déchéance de la puissance paternelle. Il en pourra résulter une simplification et une économie de temps sensibles, puisque les deux procédures seront jointes et qu'un seul et même jugement prononcera sur le tout.

3° Étendue de la déchéance.

***2228. Caractère complet de la déchéance.** — Il est certain que les rédacteurs de la loi ont entendu établir une déchéance *complète* de la puissance paternelle (voy. la note dans Dalloz, 97. 2. 57). Les seuls droits qu'ils aient voulu réserver aux parents déchus sont, d'une part le droit au respect (art. 371), principe purement théorique qui ne produit pas de conséquences légales, et d'autre part le droit aux aliments (art. 205), fondé sur un motif d'humanité qui subsiste toujours, quelle que soit l'indignité des parents. D'ailleurs ce dernier droit dérive de la *parenté* et non de la *puissance paternelle*. La réserve qu'en fait l'art. 1er en termes formels était donc inutile [1]. Quant à la liste d'articles donnée par la loi, il faut la prendre seulement comme indicative, et non comme limitative. Le texte nous le dit lui-même : Sont déchus de la puissance paternelle, ensemble de *tous les droits* qui s'y rattachent, *notamment* ceux énoncés aux articles... » Il n'y a donc rien à conclure des quelques omissions qu'on y rencontre. Quand on essaie de faire des énumérations de ce genre, on ne pense jamais à tout.

2229. Textes visés par la loi. —Voici d'abord les articles spécialement visés :

C. civ., art. 108. Domicile légal du mineur chez son père.

[1] Pour la même raison, la déchéance de la puissance paternelle laisse subsister le droit de *successibilité réciproque*, qui est fondé sur la parenté et qui ne peut se perdre que par l'effet de l'indignité (art. 727).

C. civ. 141. Dévolution de la puissance paternelle à la femme en cas d'absence du mari.

— 148, 150, 151. Consentement au mariage de l'enfant et actes respectueux. Il faut ajouter l'art. 158, qui en fait l'application aux enfants naturels.

— 346, 361. Consentement nécessaire à l'enfant pour son adoption, ou pour l'établissement d'une tutelle officieuse.

— 372. Principe général soumettant l'enfant à l'autorité de ses père et mère jusqu'à sa majorité ou son émancipation.

— 373 à 383. Droit de faire incarcérer l'enfant.

— 384 à 387. Droit de jouissance légale.

— 389. Administration légale du père.

— 390. Tutelle légale.

— 391. Droit pour le père de nommer à sa femme survivante un conseil de tutelle.

— 397. Droit de désigner par testament le tuteur de l'enfant, accordé au survivant des père et mère.

— 477. Droit d'émanciper l'enfant.

— 935. Droit d'accepter au nom de l'enfant les donations qui lui sont offertes.

Loi du 22 février 1851 (appelée à tort *décret* par la loi nouvelle), art. 3. Droit de mettre l'enfant en apprentissage.

Loi du 27 février 1872, art. 46, actuellement remplacé par l'art. 59 de la loi du 15 juillet 1889. Droit de consentir à l'engagement volontaire de l'enfant avant vingt ans.

2230. Textes omis. — Voici ceux qui ont été omis :

L'art. 158, qui étend aux *enfants naturels* l'obligation établie par les articles 148, 150 et 151 pour les enfants légitimes, de demander, suivant leur âge, le *consentement* ou le *conseil* de leurs parents avant de se marier.

Les art. 1398 et 1095, qui accordent aux parents le droit de régler le *contrat de mariage* de leurs enfants et d'autoriser les *donations* qui y sont contenues. Mais ces articles sont de plein droit inapplicables aux parents déchus, puisqu'ils supposent des personnes ayant qualité pour autoriser le mariage, et que cette autorité leur manque désormais.

Le décret du 3 brumaire an IV, signalé ci-dessus au n° 2144.

Les décrets de 1809 et 1810, qui exigent jusqu'à 21 ou 25 ans, suivant le sexe, le consentement des parents pour l'entrée de l'enfant dans les *ordres religieux*.

Les art. 9 et 10 C. civ., qui exigent le consentement des parents pour le changement de nationalité de l'enfant mineur.

2231. Extension donnée aux effets de la déchéance. — On comprend maintenant dans quel intérêt la loi nouvelle a fait figurer parmi les cas de déchéance qu'elle énumère ceux qui étaient déjà établis par les lois antérieures : elle en a considérablement augmenté la portée. Ainsi l'art. 66 C. pén. ne faisait perdre aux parents que le droit de garder l'enfant et de diriger son éducation ; l'art. 335 C. pén. ne leur enlevait que les « droits et avantages à eux accordés par le titre IX du Livre 1er du Code civil », de telle sorte que tous les articles non compris dans ce titre continuaient à leur être applicables. Aujourd'hui la déchéance est complète.

On discutait à propos de l'art. 335 C. pén. pour savoir si la déchéance était limitée à l'enfant qui avait été victime du délit, ou si elle s'étendait à ses frères et sœurs. La loi nouvelle tranche le débat : « Sont déchus... *à l'égard de tous leurs enfants ou descendants* », dit l'art. 1er. Comp. Douai, 8 mai 1893, D. 93. 2. 401, S. 93. 2. 120.

Cette portée absolue de la déchéance a été une des causes principales de l'échec temporaire de la loi de 1889 dans la pratique : les magistrats reculaient devant la nécessité de prononcer cette déchéance en bloc, alors que des mesures partielles suffiraient parfaitement à protéger l'enfant. Sur la réforme opérée à ce point de vue en 1898, voyez ci-dessous n° 2236.

2232. Application de la déchéance aux ascendants. — Remarquons que la loi nouvelle est applicable non seulement aux père et mère, mais à tous les *ascendants*. Toutefois à ceux-ci elle ne peut faire perdre que le droit de consentir au mariage de leurs descendants, avec ses conséquences en ce qui concerne le contrat de mariage (art. 1398 et 1095), ainsi que le droit insignifiant d'accepter les donations au nom de l'enfant.

4° Conséquences de la déchéance.

*** 2233. Dévolution de la puissance paternelle à la mère.** — Lorsque c'est le père qui est déchu et que la mère vit encore, la déchéance du père n'a pas pour effet nécessaire la dévolution de la puissance paternelle à la mère. L'art. 9, al. 3, de la loi réserve aux tribunaux le droit de décider, dans l'intérêt de l'enfant, si la mère exercera ou non ses droits sur lui. Lorsque cette dévolution lui est refusée, la tutelle s'ouvre. Voyez ci-dessous n° 2250.

Quand cette dévolution a lieu, elle se produit pour les *enfants à naître* aussi bien que pour les enfants déjà nés (art. 9, al. 3).

La loi a prévu les cas où le père, déchu de sa puissance, contracterait un nouveau mariage, duquel il naîtrait un ou plusieurs enfants, et elle réserve alors à sa seconde femme le droit de se faire attribuer sur ces enfants, qui sont les siens, la puissance paternelle que le père ne peut plus exercer (art. 9, al. 4).

2234. Ouverture de la tutelle. — Quant à la question de savoir de quelle manière sera protégé l'enfant ainsi soustrait à la puissance paternelle, lorsque la dévolution ne s'en fait pas au profit de la mère, nous la retrouverons à propos de la *tutelle* et de l'*assistance* de l'enfance, en dehors desquelles il est impossible de l'étudier. Cela ne fait plus partie de la théorie de la puissance paternelle.

5° Restitution de la puissance paternelle.

2235. Conditions et formes de cette restitution. — La déchéance de la puissance paternelle n'est pas irrémédiable et définitive. Le père ou la mère déchus ont le droit de demander au tribunal que l'exercice de cette puissance leur soit restitué (L. 1889, art. 15).

Lorsque la déchéance qui les a frappés résultait d'une condamnation pénale, l'action en restitution ne leur est ouverte qu'autant qu'ils ont obtenu leur *réhabilitation*, bénéfice dérivé de l' « in integrum restitutio », qui efface les effets de la condamnation et jusqu'au souvenir même de l'infraction.

Lorsque la déchéance a été prononcée par le tribunal civil sans que les parents aient encouru de condamnation pénale, l'action ne peut être exercée que trois ans après le jour où le jugement qui a prononcé leur déchéance est devenu irrévocable (L. 1889, art. 15).

La procédure est réglée par l'art. 16. La demande s'introduit par simple requête. L'avis du conseil de famille est obligatoire ; le tuteur est admis à présenter ses objections. Si le tribunal rejette la demande, elle ne peut plus être renouvelée, si ce n'est par la mère après la dissolution du mariage (art. 16).

C. — Déchéance partielle.

2236. Exposé sommaire. — Les cas prévus par la loi du 5 avril 1898 (ci-dessus n° 2220) sont les suivants :

1° Les *blessures ou mauvais traitements*. Ces derniers comprennent la privation d'aliments ou de soins poussée au point de compromettre la santé de l'enfant ;

2° L'*abandon*, dans un lieu solitaire ou non ;

3° La *remise de l'enfant* à des vagabonds ou à des saltimbanques.

Dans tous ces cas, les peines portées par les lois antérieures sont *aggravées ;* elles sont, en outre, *graduées* selon une échelle inutile à indiquer ici.

Au point de vue civil, la loi nouvelle a écarté le système absolu qui paraît avoir été l'écueil de la loi de 1889. Il est désormais permis aux juges de ne prononcer qu'une *déchéance partielle* de la puissance paternelle, et cela d'une double façon :

1° Ils peuvent retirer seulement le *droit de garde*, sans briser complètement la puissance des parents ;

2° Ils peuvent ne prononcer cette déchéance que *pour un seul enfant*, si les parents n'en maltraitent qu'un seul.

Le remède est ainsi proportionné au mal, et les magistrats seraient désormais sans excuse s'ils montraient la même faiblesse que pour l'application de la loi de 1889. Aussi a-t-on signalé toute une série de jugements utilisant la disposition nouvelle aussitôt qu'elle a été promulguée (Voy. la liste dans Gallois, thèse, Paris, 1899, p. 174-175).

2237. Conciliation avec la loi de 1889. — La loi de 1898 n'a pas eu pour effet d'abroger l'art. 2 de la loi du 24 juillet 1889 qui établit les cas facultatifs de déchéance totale. Il en résulte que les juges ont désormais l'*option entre les deux systèmes* et peuvent à leur gré enlever au père tous ses droits ou se borner à lui retirer le droit de garde. Par l'expérience du temps où la loi de 1889 existait seule, on peut prévoir de quel côté iront leurs préférences.

Sur cette conciliation des deux lois il y a deux observations à faire :

1° La loi de 1898 ne s'applique qu'au cas où il y a eu *crime* ou *délit* ; elle est donc moins large que la loi de 1889, qui permet d'enlever la puissance paternelle, *en dehors de toute condamnation*, aux père et mère qui, par leurs habitudes d'ivrognerie ou d'inconduite, compromettent la santé, la sécurité ou la moralité de leurs enfants. Il résulte de cette discordance entre les deux lois que dans ces derniers cas, qui sont les moins graves puisque la loi pénale n'intervient pas, les parents sont traités plus durement au point de vue civil et ne peuvent être frappés que d'une déchéance totale (Paris, 15 déc. 1898, D. 99. 2. 57).

2° La loi de 1898 étant avant tout *une loi pénale*, on n'a donné compétence, pour prononcer la perte du droit de garde, qu'*aux seules juridictions répressives*. Il en résulte qu'un tribunal civil n'est pas appelé par la loi à prononcer cette déchéance partielle, si l'occasion s'en présentait devant lui. Espérons que dans la pratique on passera outre et qu'on ne tirera point un argument de fond de ce qui n'est qu'un accident de rédaction : il serait incompréhensible qu'une question de droit civil, comme la déchéance de la puissance paternelle, ne fût pas du ressort des tribunaux civils.

2238. Controverse sur le pouvoir des tribunaux. — Après la mise en vigueur de la loi du 24 juillet 1889, une question s'est posée : Quel effet pouvait avoir cette loi sur la jurisprudence antérieure qui reconnaissait aux tribunaux le droit de prendre des mesures équivalant à une *déchéance partielle* des parents en les privant, par exemple, de leur droit de garde ? Il semblait naturel de décider que les tribunaux, étant désormais autorisés à prononcer une déchéance radicale et complète de la puissance paternelle, pouvaient, à plus forte raison, ordonner des mesures d'une gravité moindre et en déterminer l'étendue selon les circonstances. C'eût été une application toute simple et toute raisonnable de cette idée que « qui peut le plus, peut le moins ». Cependant il n'y a eu dans ce sens qu'un jugement du tribunal de Rennes (18 sept. 1891, D. 94. 2. 393) et la jurisprudence paraît bien fixée en sens contraire. Elle décide : 1° que la déchéance est nécessairement *totale* et s'applique à tous les droits qui s'y rattachent (Poitiers, 21 juill. 1890, D. 91. 2. 17, Paris, 15 déc. 1898, D. 99. 2. 57, S.) ; 2° qu'elle est *générale* et s'étend à tous les enfants du père indigne (Douai, 8 mai 1893, D. 93. 2. 401). Malgré le talent avec lequel cette jurisprudence a été défendue par M. de Loynes dans ses notes du Dalloz, je persiste à croire que la jurisprudence a manqué ici à sa tâche, qui est d'assouplir les lois, au lieu de les rendre inutilement rigides. Elle a abandonné trop facilement un système avantageux qu'on pouvait considérer comme acquis [1]. La loi du 5 avril 1898 est venue réparer, mais en partie seulement, la perte que cette interprétation étroite des textes avait causée à un système nécessaire de surveillance et de répression.

Sur le prétendu principe de l'*indivisibilité de la puissance paternelle*, voyez la note de M. Bourcart, dans le *Sirey* (91. 2. 17). Comp. la note du *Dalloz*, 1899. 2. 57.

[1] Comp. Paris, 20 mai 1898, D. 99. 2. 447 et la note.

LA TUTELLE

NOTIONS PRÉLIMINAIRES

**2239. Définition. — La tutelle est une *fonction juridique confiée à une personne capable* et qui consiste à *prendre soin de la personne d'un incapable* et à *administrer ses biens*.

Il ne faut pas définir la tutelle une *charge légale*, ni faire figurer dans sa définition le caractère *obligatoire* qui lui appartient d'ordinaire. La tutelle n'est pas toujours *forcée ;* elle est parfois *volontaire* (C. civ., art. 361 et 394 ; L. 24 juill. 1889, art. 10).

*2240. **Caractère actuel.** — La tutelle est aujourd'hui une *institution de pur droit privé*. On ne peut donc plus la définir, comme à Rome : « munus publicum », alors qu'elle avait un caractère semi-politique et qu'elle se rattachait à l'organisation de la cité. Elle est, de plus, une institution *commune à toutes les nations civilisées*. Il n'y a donc aucune raison pour exclure les étrangers de la tutelle, de la subrogée tutelle, ou du conseil de famille. C'est ce qu'admet la jurisprudence française actuelle, mais elle a pendant longtemps décidé le contraire, en se laissant dominer par les souvenirs surannés du droit romain.

2241. **Extension progressive de la tutelle.** — Originairement (c'est-à-dire en droit romain), la tutelle avait été établie pour la protection des *impubères*, et elle n'avait lieu que pour eux. Pendant leur minorité, les pubères se trouvaient en curatelle. Quand la distinction entre l'impubère et le pubère mineur s'est effacée, la même forme de protection s'est tout naturellement étendue à ces deux sortes d'incapables, la tutelle s'est confondue avec la curatelle, et ainsi s'est formée notre *tutelle des mineurs*[1], l'impuberté ayant disparu comme état particulier d'incapacité civile, si ce n'est pour le mariage. Comp. ci-dessus, n° 456.

Mais ce n'est pas tout. La loi française moderne emploie également la tutelle comme mode de protection des *aliénés interdits*. Nous retrouverons cette application nouvelle de la tutelle à propos de l'interdiction (ci-dessous, n°s 2649 et suiv.). Pour le moment il ne sera question que de la tutelle des mineurs, qui est la plus ancienne et qui a servi de type à l'autre.

*2242. **Coexistence possible de la tutelle et de la puissance paternelle.** — La tutelle est la forme que revêt la protection légale des mineurs lorsque la puissance paternelle fait défaut. Son rôle est essentiellement *supplétif*. Le tuteur est destiné à remplacer les père et mère qui sont des tuteurs naturels, les premiers et les meilleurs de tous. Il semble donc que la tutelle ne devrait pas coïncider avec la puissance paternelle. En droit romain, cela ne se voyait jamais : l'enfant n'était mis en tutelle qu'autant qu'il était *sui juris*, c'est-à-dire libéré de la *patria potestas*. En droit français, il arrive au contraire assez fréquemment qu'un mineur se trouve soumis à la fois à la puissance paternelle et à la tutelle. Ce résultat s'est produit d'une manière insensible et ne paraît pas remonter très haut.

Au XIIIe siècle encore on s'en tenait à l'idée romaine que la tutelle n'a de raison d'être

[1] Sur la maxime ancienne « Tuteur et curateur n'est qu'un », qui exprime cette différence qui sépare notre droit du droit romain, voyez LOYSEL, n° 180.

que pour remplacer la puissance paternelle [1]. L'idée d'une tutelle organisée dès le décès de l'un des parents, et alors que l'autre est encore vivant, paraît être venue d'une confusion entre le titre de tuteur et la fonction de gérant du patrimoine d'autrui. Par sa nature primitive, la puissance paternelle ne comporte pas le pouvoir de gérer les biens de l'enfant, puisque son principe est l'impossibilité de l'existence d'un patrimoine propre à l'enfant, tout ce qui est acquis par le « filius » ou la « filia » devenant la propriété du « pater » ; de son côté, le tuteur n'avait point à prendre soin de la personne du pupille et toute sa mission concernait les biens. On en vint donc tout naturellement à considérer que le père ou la mère survivant acquiert la qualité de tuteur, dès qu'il a à gérer un patrimoine appartenant à ses enfants, c'est-à-dire dès que son conjoint est décédé [2].

2243. Système allemand. — TUTELLE ORDINAIRE. — La tutelle a reçu en Allemagne une organisation très différente de la nôtre. D'après les idées allemandes, la protection des mineurs appartient principalement à l'État, qui l'exerce au moyen d'un tribunal spécial, le *tribunal des tutelles*. Ce n'est que par exception que cette puissance est déléguée au conseil de famille, dont le rôle est beaucoup plus effacé qu'en France ; il n'en est nommé un que dans des cas déterminés (voyez ci-dessous, n° 2265). Sur les attributions du tribunal des tutelles, voyez C. civ. all., art. 1837 et suiv. Le tuteur est obligé de lui rendre un *compte annuel* de sa gestion (*Ibid.*, art. 1840) ; en outre, le tribunal peut *en tout temps* lui demander des renseignements sur l'état des affaires de l'incapable (*Ibid.*, art. 1839). Enfin il peut user contre le tuteur de contraintes au moyen d'amendes allant jusqu'à 300 marks.

Il existe, en outre, dans chaque commune un *conseil des orphelins*, chargé de surveiller spécialement la personne des mineurs (art. 1779 ; art. 1849 et suiv., C. civ. all.).

Le juge des tutelles est personnellement responsable envers l'enfant s'il manque à ses devoirs (art. 1674, 1848, etc., C. civ. all.).

En revanche, la nomination d'un *subrogé tuteur* n'est pas indispensable comme en France ; très souvent elle n'a pas lieu. Voy. l'art. 1792, C. civ. all.

TUTELLE LIBRE. — La loi allemande permet au père d'affranchir le tuteur de la surveillance du subrogé tuteur et même de celle du tribunal des tutelles (C. civ. all., art. 1852). C'est ce qu'on appelle la *tutelle libre* (befreite Vormundschaft). Il peut le dispenser aussi de consigner les titres au porteur.

***2244. Les agents de la tutelle.** — La tutelle est un mécanisme à trois rouages : 1° le *conseil de famille*, qui délibère et en qui réside en réalité la puissance tutélaire ; 2° le *tuteur*, qui agit ; 3° le *subrogé tuteur*, qui surveille le tuteur et qui le remplace au besoin. On pourrait donc comparer la tutelle à un petit gouvernement, ayant son assemblée délibérante et son pouvoir exécutif, et doté d'une sorte de censeur. Chacune de ces trois fonctions devra être étudiée séparément, mais auparavant il faut savoir dans quels cas s'ouvre la tutelle.

[1] D'après Beaumanoir, le mineur (sous-aagié) est d'abord en *bail* ou en *garde*, selon sa condition et la nature de ses biens, et ce n'est qu'à défaut de parents disposés à accepter la garde (laquelle n'est pas obligatoire) que la tutelle est organisée (XVII, 2).

[2] Cette adjonction de la qualité de tuteur à celui des deux parents qui a survécu et qui conserve la puissance paternelle est déjà manifeste, au commencement du XIVe siècle, dans la *Très ancienne coutume de Bretagne* : « Le père est *tutour naturel*, et [ses enfanz] ne doivent avoir autre tutour pour tant que il se portege bien en ses autres besoignes... » (Chap. 77). Comp. chap. 68, où il est dit que la mère peut être tutrice de ses propres enfants.

CHAPITRE PREMIER

OUVERTURE DE LA TUTELLE

§ 1. — *Moment où elle s'ouvre.*

2245. Distinction. — Les faits qui donnent ouverture à la tutelle varient selon la qualité des enfants qui y sont soumis, légitimes ou naturels, gardés dans leur famille ou assistés par l'administration ou par des particuliers.

A. — Enfants légitimes.

****2246. Énumération.** — Les causes qui peuvent donner ouverture à la tutelle d'un enfant légitime sont au nombre de deux seulement : la *mort* de l'un de ses parents ; la *déchéance* du père.

1° Mort de l'un des parents.

***2247. Cause normale d'ouverture.** — Le prédécès de l'un des parents est, pour les enfants légitimes, le fait qui ouvre ordinairement la tutelle. Aussi est-ce par lui que la loi commence. L'art. 390 règle la tutelle en se préoccupant d'abord du cas où il y a « dissolution du mariage arrivée par la mort naturelle... de l'un des époux ».

Quand la tutelle s'ouvre pour cette première cause, elle rencontre presque toujours, à côté d'elle, la puissance paternelle appartenant au survivant des parents. On a vu (ci-dessus, n° 2242) que cette coexistence des deux institutions protectrices des mineurs était un fait relativement nouveau dans l'histoire de la tutelle [1].

2248. Législations étrangères. — A l'étranger, les Codes les plus récents tendent à admettre que la tutelle est inutile tant que la puissance paternelle subsiste [2]. Ainsi

[1] Il y a, dans notre droit moderne, une raison particulière de conserver ce système : c'est que le survivant des époux ayant alors à gérer un patrimoine souvent considérable, il devient nécessaire de prendre des précautions dans l'intérêt de l'enfant, et la tutelle s'offre naturellement comme le meilleur mode de protection de ces intérêts. Le jour où l'administration légale, confiée aux père et mère, aura reçu chez nous une organisation suffisante, cette raison sera en grande partie atténuée, mais n'aura pas complètement disparu. En effet, l'administration légale, même ainsi modifiée, n'offrira pas aux mineurs une sécurité aussi grande que la tutelle : il n'y aura ni hypothèque légale, ni subrogé tuteur, ni conseil de famille. Tant que dure le mariage, ces lacunes peuvent être considérées comme compensées par la présence de la mère, qui surveille les intérêts des enfants avec plus de vigilance que ne le ferait un conseil de famille ou un subrogé tuteur ; mais, l'un des époux mort, l'autre se trouvera seul, et des détournements ou des fraudes sont à craindre, s'il n'y a personne pour le surveiller. La réforme de l'administration légale, dont il a été parlé ci-dessus (n° 2197), ne serait donc pas une raison suffisante pour modifier le système du Code sur l'ouverture de la tutelle et pour retarder celle-ci jusqu'au décès du dernier mourant des père et mère.

[2] La vérité est que la puissance paternelle des temps modernes n'est elle-même que le pouvoir tutélaire attribué en première ligne aux parents (elterliche Gewalt), et que son organisation ne doit différer de celle de la tutelle que par des nuances plus fortes toutefois que celles qui existent entre les diverses sortes de tutelles.

le *Code italien* n'ouvre la tutelle qu'autant que les père et mère sont tous deux décédés : « se ambidue i genitori sono morti... » (art. 241). C'était aussi ce que proposait Laurent en *Belgique* (Avant-projet, art. 385). En *Espagne*, la tutelle n'a lieu que pour ceux « qui ne sont pas soumis à la puissance paternelle » (art. 199). Il en est de même en Allemagne (art. 1773 et 1684 combinés).

2249. Tutelle des posthumes. — Il arrive quelquefois que la mort du père n'ouvre pas immédiatement la tutelle. C'est ce qui arrive pour les *enfants posthumes*, lorsque la mère est enceinte au moment de la mort de son mari. La tutelle ne peut pas être organisée immédiatement, puisqu'il n'y a pas encore d'enfant et qu'on ne sait pas si celui qui est attendu naîtra vivant et viable. La tutelle ne s'ouvrira qu'à la *naissance de l'enfant*. En attendant, la loi établit pour ce cas exceptionnel une institution spéciale : le conseil de famille doit nommer un *curateur au ventre* (art. 393). Voyez ci-dessous, nos 2396 et suiv.

2° Déchéance du père.

***2250. Cas où cette déchéance ouvre la tutelle.** — La déchéance encourue par le père devrait avoir pour unique effet la dévolution de la puissance paternelle à la mère. Cependant la loi du 24 juillet 1889 veut que le tribunal examine si la mère doit être admise à exercer cette puissance (art. 9), et, si le tribunal l'en juge indigne, la tutelle s'ouvre (art. 10 et 11).

3° Faits ne donnant pas ouverture à la tutelle.

2251. Énumération. — La mort de l'un des parents et la déchéance du père sont les deux seules causes qui puissent donner ouverture à la tutelle des enfants légitimes [1]. Ni le *divorce*, ni l'*annulation du mariage*, ni l'*absence* du père, ou son *incapacité physique* (folie, infirmités) ne produisent l'effet de la mort ou de la déchéance.

2252. Divorce. — Le divorce ne fait perdre par lui-même à l'époux coupable que l'usufruit légal (art. 386) et le droit de garde (art. 302), mais les causes qui l'ont rendu nécessaire pourront être assez graves pour que le tribunal se décide à prononcer la déchéance facultative, en vertu de la disposition finale de l'art. 2 de la loi de 1889, pour ivrognerie, inconduite ou mauvais traitements. En ce cas seulement il pourra y avoir ouverture de la tutelle, mais ce sera par suite de la déchéance du père.

Après le divorce des parents, la tutelle des enfants ne s'ouvre donc pas immédiatement, lorsqu'il y en a un des deux qui est jugé digne de conserver la puissance paternelle. En ce cas, la tutelle s'ouvrira seulement par la mort du premier mourant des père et mère.

2253. Absence. — L'absence n'ouvre jamais la tutelle. Si c'est la mère qui disparaît rien n'est changé à l'état antérieur ; le père continue à exercer la puissance paternelle, comme auparavant. Si c'est le père, l'exercice de la puissance paternelle est dévolu à la mère, et la tutelle ne s'ouvre pas (art. 141). L'art. 142 décide pourtant qu'il y a lieu de nommer un tuteur à l'enfant par l'effet de l'absence, mais il statue en vue du cas où l'autre parent est déjà *décédé* : la tutelle est donc déjà *ouverte*, et il s'agit seulement de savoir si on remplacera immédiatement le survivant des époux qui l'exerçait, et qui a disparu. C'est un cas de *dévolution* de la tutelle, et non pas d'*ouverture*.

Deux hypothèses sont distinguées par le texte :

1° Disparition du père, la mère étant déjà décédée. — En ce cas, la tutelle était déjà ouverte, et c'est le père qui était tuteur légal des enfants. Sa disparition laisse la tutelle vacante en fait. L'art. 142 veut qu'on attende six mois avant d'y pourvoir ; quand ces six mois seront expirés, le conseil de famille déférera provisoirement la tutelle, soit aux ascendants les plus proches, soit à une autre personne de son choix. — Sur ce texte on doit remarquer deux choses :

a) La dévolution provisoire de la tutelle au profit des ascendants ne se fait pas de plein

[1] Voyez cependant ce qui est dit aux nos 2259 et 2260 de la tutelle des enfants assistés et de la tutelle officieuse qui s'ouvre par une convention.

droit, ce qui est un défaut d'harmonie dans la loi dû à un changement de rédaction ; d'après le projet de Code, la tutelle n'était jamais attribuée de plein droit aux ascendants ; c'était le conseil de famille qui désignait un tuteur pris parmi eux ; quand on se décida à abandonner ce système, on modifia la rédaction des art. 402 et suiv., mais on oublia de remettre l'art. 142 d'accord avec ces nouvelles dispositions. Peut-être pourrait-on en conclure que cet article s'est trouvé implicitement modifié ; et c'est ce que proposent plusieurs auteurs.

b) La charge dévolue à l'ascendant choisi par le conseil de famille que la loi appelle « la surveillance des enfants », est une véritable *tutelle provisoire*, comme le montrent les derniers mots de l'art. 142.

2° Décès de la mère après la disparition du père. — Tant que la mère a survécu elle a exercé la puissance paternelle à la place du père, conformément à ce qui a déjà été dit aux nos 2119-3° et 2188. Son décès ouvre la tutelle, laquelle est attribuée au père par la loi ; mais le père étant en état d'absence, il y a lieu d'appliquer la disposition déjà expliquée pour le cas précédent. Le texte est du reste le même pour ces deux hypothèses (art. 142). Toutefois le décès de la mère donne immédiatement ouverture à la tutelle provisoire, à moins que le délai de six mois, qui court à compter de la disparition du père, ne soit pas encore terminé au moment où elle meurt, auquel cas il faudra en attendre la fin.

2254. Incapacité physique. — Quant à l'incapacité du père, survenue par suite de folie ou d'infirmités, elle fait seulement passer en fait à la mère l'exercice de la puissance paternelle. C'est une cause de suspension temporaire, qui cesse d'elle-même avec les circonstances qui l'ont fait naître.

B. — Enfants naturels.

2255. Silence du Code. — Le Code Napoléon, déjà très bref sur les enfants naturels quand il s'agit de la puissance paternelle, devient tout à fait muet quand il s'agit de leur tutelle. On se demande dès lors à quel moment s'ouvre la tutelle pour les enfants de cette sorte.

***2256. Opinion doctrinale.** — En général, on décidait que, si les choses se passaient régulièrement, les enfants naturels devraient être mis en tutelle dès leur naissance (Dalloz, *Suppl.*, v° Minorité, n° 28). La raison est que la tutelle n'est empêchée que par l'existence d'un mariage entre les parents, ce qui ici fait défaut. De plus, la loi n'a pas accordé aux parents naturels l'administration légale des biens de l'enfant, qui seule permet de se passer de la tutelle pour les enfants légitimes, quand ils ont une fortune personnelle du vivant de leurs père et mère. En ce sens, Aubry et Rau, t. I, § 87, 4e édit., p. 366, 5e édit., p. 584 ; Demolombe, t. VIII, n° 381.

***2257. Situation en pratique.** — En fait, les choses ne se passent pas ainsi, et il est très rare qu'un enfant naturel soit pourvu d'un tuteur [1]. On ne lui en donne un que lorsqu'il a des biens, parce qu'alors l'organisation d'une administration régulière devient absolument nécessaire. Cela arrive lorsque l'un de ses parents, ordinairement son père, est décédé, lui laissant tout ou partie de sa fortune. Jusque-là la puissance paternelle suffit. Cette pratique est conforme à une manière de voir très répandue, qui considère la puissance paternelle comme étant exclusivement une puissance sur la

[1] Il est possible que le père lui laisse sa fortune entière, s'il a eu soin de ne pas reconnaître sa paternité, et s'il n'a pas d'héritier à réserve.

personne, et la tutelle comme une simple administration du patrimoine. Cette antithèse n'est vraie que d'une vérité approximative, car les deux sortes de protection des mineurs peuvent avoir pour objet à la fois leur personne et leurs biens [1].

2258. Jurisprudence. — La Cour de cassation a récemment tranché la question en faveur de la pratique et contre la doctrine. Elle a décidé que *la loi n'a pas fixé l'ouverture de la tutelle des enfants naturels;* on a voulu laisser aux parents, aux autres intéressés, au juge de paix lui-même, le soin d'organiser cette tutelle *quand l'intérêt de l'enfant ou celui des tiers l'exige* (Cass., 10 nov. 1896, D. 99. 1. 209, S. 97. 1. 321) [2].

C. — Enfants secourus par l'administration ou par des particuliers.

2259. Enfants recueillis dans les hospices. — Il existe pour ces enfants, quelle que soit leur qualité, une cause particulière d'ouverture de la tutelle : c'est l'*abandon* de leur personne par leurs parents. Que ceux-ci soient connus ou inconnus, le seul fait de l'admission de l'enfant dans un hospice ouvre la tutelle (L. 15 pluv. an XIII).

2260. Tutelle officieuse. — Cette tutelle exceptionnelle, qui est constituée en vue d'une adoption projetée, peut s'ouvrir du vivant même des deux parents, par une sorte de *convention* entre les père et mère de l'enfant d'une part et le tuteur officieux de l'autre (art. 361).

§ 2. — *Du lieu d'ouverture de la tutelle.*

*** 2261. Son importance.** — Il ne suffit pas de déterminer le moment où s'ouvre la tutelle; il faut encore déterminer son *lieu d'ouverture*, c'est-à-dire non pas l'endroit où se réalise le fait qui y donne lieu, mais celui où il faudra se placer pour l'organiser. La détermination de ce lieu a une grande importance parce qu'il est, comme on le verra, *attributif de compétence* pour le juge de paix chargé de convoquer le conseil de famille.

*** 2262. Sa détermination.** — D'après l'art. 406, la tutelle s'ouvre *au domicile du mineur*, c'est-à-dire au lieu où se trouve son domicile légal *au jour où se produit le fait qui le met en tutelle.* Or l'enfant est domicilié chez son père, à moins qu'il ne s'agisse d'un enfant naturel qui n'a été reconnu que par sa mère, auquel cas il a le domicile de sa mère. C'est ce lieu dont il est parlé dans l'art. 407 : « la commune où la tutelle sera ouverte ».

[1] Le Code paraît avoir partagé l'opinion commune, qui s'en tient à la surface des choses, car il est aussi bref sur le gouvernement de la personne des mineurs après l'ouverture de la tutelle que sur l'administration de leurs biens avant leur mise en tutelle. Il semble donc, à le lire, qu'un père n'ait à s'occuper que de la personne de l'enfant, et un tuteur que de ses biens.

[2] Cette jurisprudence, qui paraît étrange à première vue, a été adoptée pour atténuer les effets fâcheux de la rigueur du Code sur la composition du conseil de famille. Avec la solution donnée par la Cour de cassation, le conseil de famille est valablement formé dans la ville où réside la mère, même si c'est un autre arrondissement que celui où est né l'enfant.

CHAPITRE II

DU CONSEIL DE FAMILLE

** **2263. Définition.** — Le conseil de famille est une *assemblée* composée, autant que possible, de *parents et d'alliés du mineur*, et qui est *présidée par un juge de paix.*

2264. Origine. — L'institution du conseil de famille nous vient des pays coutumiers [1]; elle était à peu près inconnue dans les provinces méridionales. Dans les pays de coutume même, cette institution était loin d'avoir le développement et l'importance que lui a donnés le Code civil. C'est à peine si Pothier en parle à propos de la nomination du tuteur datif et de l'aliénation des immeubles (*Des personnes*, nos 151 et 172. — Comp. ARGOU, *Institution au droit français*, t. I, p. 48; POULLAIN DU PARC, *Principes*, t. I, p. 233).

2265. Législations étrangères. — Le conseil de famille, qui paraît bien être une institution d'origine française, existe dans diverses législations étrangères, non seulement en *Belgique*, où le texte français est encore en vigueur, mais en *Italie* (C. civ., art. 249 et suiv.) et en *Espagne* (C. civ., art. 261, 269, 293 et suiv.).

En *Allemagne*, le conseil de famille est réduit à un rôle accessoire et n'existe que par exception. En principe, la surveillance des tuteurs est confiée à l'autorité judiciaire : c'est le tribunal de bailliage qui, sous le nom de *tribunal des tutelles*, exerce les fonctions dévolues chez nous au conseil de famille; c'est lui qui nomme le tuteur et le destitue, qui le surveille et lui donne les autorisations dont il a besoin [2]. L'institution du conseil de famille a été une sorte de concession faite par la loi prussienne du 5 juillet 1875 (*Annuaire étranger*, 1876) aux provinces où les usages français étaient suivis. Le nouveau Code civil allemand l'a conservé, mais à titre de simple auxiliaire; il en permet l'institution : 1° si le père ou la mère l'a ordonné (art. 1858); 2° si le tribunal des tutelles le juge utile (art. 1859). On y a surtout recours lorsque le mineur a des intérêts engagés dans le commerce ou dans l'industrie, et qui exigent les connaissances techniques des gens de métier. Le conseil de famille est ainsi chargé d'une mission toute spéciale et exceptionnelle, son rôle ordinaire étant rempli par le tribunal des tutelles.

En *Hollande*, on a admis une organisation intermédiaire entre le système français et le système allemand : le conseil de famille existe de plein droit et dans toute tutelle; mais son rôle est moindre qu'en France. Le juge peut se passer de l'avis des parents pour nommer le tuteur datif (art. 416), et c'est encore le juge qui donne au tuteur les autorisations dont il a besoin pour agir, l'avis des parents n'étant demandé que dans un petit nombre de cas et à titre consultatif (art. 446, 447, 451, 454, etc.).

§ 1. — *Composition du conseil de famille.*

* **2266. Variabilité de sa composition.** — Le conseil de famille n'est pas un corps permanent, ayant une composition fixe. C'est une réunion organisée en vue d'une séance déterminée. Ses membres peuvent donc changer d'une séance à l'autre, soit par l'effet du déplacement du domicile de l'un d'eux, soit par la variété des choix opérés par le juge de paix.

[1] Voy. par exemple la *Très ancienne coutume de Bretagne* (chap. 66 et 71) parlant du « conseil des amis, des prochains amis ». « Amis » signifiait jadis « parents ».

[2] Il est certain que la double autorisation du conseil de famille et du tribunal constitue un cumul de formalités qui complique les choses et que l'une des deux pourrait suffire.

parmi ceux qui remplissent lès conditions voulues pour en faire partie.

*2267. **Controverse sur le lieu où doit être formé le conseil de famille.** — La détermination de ce lieu a une grande importance, parce que les membres du conseil doivent être pris sur place ou dans un rayon déterminé autour du lieu de convocation.

La loi n'a pas statué d'une façon expresse sur la question.

En doctrine, l'opinion dominante veut que pendant toute la durée de la tutelle, le conseil de famille soit invariablement convoqué *au lieu où la tutelle s'est ouverte,* déterminé ainsi qu'il est dit au n° 2262. On prétend que le Code a implicitement consacré cette solution dans les art. 406 et 407 en parlant du lieu du domicile du mineur et du lieu où la tutelle s'est ouverte, mais on tire de ces textes une idée que les auteurs du Code n'y ont probablement pas mise, car ils ne se sont occupés du conseil de famille dans ces deux textes que d'une manière incidente à propos du choix du tuteur à faire au moment où la tutelle vient de s'ouvrir. Il est clair qu'à ce moment le lieu d'ouverture de la tutelle et le domicile du mineur sont au même endroit; mais l'hypothèse d'un changement de domicile du mineur n'est pas entrée dans leur esprit. On force donc la portée de ces deux textes par la conséquence qu'on en tire, quand on décide que le conseil de famille doit être indéfiniment réuni à son lieu d'origine, en quelque lieu que soit ensuite transporté le domicile du mineur. La doctrine est cependant presque unanime en ce sens. On ne trouve guère à signaler comme dissidents que LAURENT (t. IV, n°s 117 et suiv.) et HUC (t. III, n° 299 et suiv.).

2268. **Jurisprudence. — La jurisprudence a résolu la question par une *distinction.*

S'agit-il de l'*organisation de la tutelle,* c'est-à-dire de statuer sur la nomination, le remplacement ou la destitution du tuteur ou du subrogé tuteur? Alors le conseil de famille doit, à toute époque, être convoqué *au lieu d'origine de la tutelle,* quel que soit le changement survenu depuis dans le domicile du mineur, domicilié, comme on sait, chez son tuteur actuel (Nancy, 1er juill. 1853, D. 54. 2. 234; Cass., 2 mars 1869, D. 69. 1. 199, S. 69. 1. 151; Metz, 31 mai 1870, D. 70. 2. 194, S. 74. 2. 107)[1].

S'agit-il, au contraire, de l'*administration du tuteur,* quand il faut l'autoriser à faire un acte de gestion, la jurisprudence française admet que le conseil de famille peut être convoqué *au lieu où se trouve actuellement le domicile du mineur,* c'est-à-dire chez son tuteur (Cass., 4 mai 1846, D. 46. 1. 129, S. 46. 1. 465 et les arrêts cités dans DALLOZ, *Répert.*, v° Minorité, n° 214)[2].

2269. Disposition de la loi italienne. — Le Code civil italien contient sur ce point une disposition qu'il pourrait être utile d'adopter en France: Le domicile du conseil de

[1] La raison qui a décidé la jurisprudence est la crainte des fraudes. Il a paru trop dangereux de laisser au tuteur un moyen de se soustraire au contrôle vigilant des parents les plus proches en allant s'établir au loin. Mais quand on a fondé sur cette raison le principe nouveau de l'*immutabilité du domicile de la tutelle*, on a sans doute perdu de vue que le juge de paix a un moyen de déjouer cette fraude en usant de son droit de convoquer les proches parents à quelque distance qu'ils habitent (ci-dessous, n° 2273). Le domicile de la tutelle, considéré comme distinct du domicile du tuteur, est donc une invention moderne dont la base est peu solide.

[2] Voyez cependant les motifs d'un arrêt de Nancy, 28 juill. 1865, D. 66. 5. 477, S. 66. 2. 227. — La Cour de cassation belge s'est prononcée d'une manière absolue pour l'immutabilité du domicile de la tutelle (Cass. belge, 7 mai 1883, DALLOZ, *Suppl.*, t. X, p. 674, note 3; S. 85. 4. 10). Il est certain que, du moment où l'on admet le principe, la distinction que l'on fait en France n'a pas grande raison d'être.

famille (c'est ce que nous appelons le domicile de la tutelle), qui est établi en principe à l'endroit où se trouve le siège principal des affaires du mineur, peut être transféré dans un autre ressort, par un jugement du tribunal, si le tuteur est domicilié au loin ou s'il déplace son domicile (art. 249).

2270. Effet des irrégularités dans la composition du conseil. — Le Code n'a pas prononcé la nullité des délibérations prises par un conseil formé en dehors des conditions légales.

La jurisprudence en a profité pour se reconnaître un certain *pouvoir d'appréciation*. Les tribunaux recherchent avant tout pour quelle raison le juge de paix s'est écarté des règles ; s'il n'y a pas eu fraude et si les intérêts du mineur ont été sauvegardés, ils valident la délibération (jurisprudence constante : Chambéry, 19 janv. 1886, D. 87. 2. 161, S. 88. 2. 16).

Cependant il y a des irrégularités si graves qu'elles semblent devoir vicier la délibération en toute hypothèse. Ainsi *l'existence juridique* du conseil de famille serait *détruite* si l'on s'était passé de la présence du juge de paix, ou s'il n'y avait eu que deux ou quatre membres, ou si l'on n'avait appelé que des femmes.

Il y a encore une autre cause d'irrégularité : c'est la convocation du conseil dans une commune autre que celle où il aurait dû être réuni. Il y a alors *incompétence du conseil*, et cette incompétence doit entraîner la nullité de ses décisions (Cass., 17 déc. 1849, D. 50. 1. 76, S. 50. 1. 299; Cass., 2 mars 1869, D. 69. 1. 199, S. 69. 1. 151. Voy. cependant Nancy, 28 juill. 1865, D. 66. 5. 477, S. 66. 2. 227).

** **2271. Composition du conseil.** — Le conseil se compose :

1° Du *juge de paix* du canton, qui est son président, et qui a voix prépondérante en cas de partage (art. 416) ;

2° De *six parents, alliés* ou *amis* (art. 407). Toutefois cette limitation de nombre n'est pas applicable aux ascendants, aux ascendantes veuves [1], aux frères germains majeurs et aux maris des sœurs germaines, qui sont tous appelés au conseil, en quelque nombre qu'ils soient (art 408).

* **2272. Principe de l'égalité entre les deux lignes.** — Les deux lignes, paternelle et maternelle, doivent avoir un nombre égal de voix parce qu'on suppose qu'elles ont des intérêts opposés. Lorsque l'une d'elles fait défaut, ou est insuffisamment représentée, on ne peut pas recourir aux parents de l'autre ligne pour compléter le conseil. On y appellera des personnes connues pour avoir eu des relations d'amitié avec les père et mère du mineur. Voyez les art. 407 et 409.

2273. Choix des membres. — C'est le juge de paix qui *compose* le conseil, c'est-à-dire qui désigne les personnes appelées à y siéger. A cet égard la loi lui impose quelques règles.

Dans chaque ligne, il doit s'attacher à la proximité du degré ; à égalité de degré, la loi préfère le parent à l'allié ; entre parents ou entre alliés de même degré, elle préfère le plus âgé, parce qu'il a plus d'expérience (art. 407 et 408).

La loi a voulu éviter aux parents appelés à faire partie du conseil de famille des déplacements trop onéreux. Elle veut donc que les membres du conseil soient, autant que possible, pris *dans la commune* ou dans un rayon de *deux myriamètres* (art. 407). Les motifs de cette règle disent assez qu'on doit s'attacher à la résidence et non au domicile proprement dit quand la résidence en est distincte.

Lorsque le juge de paix ne trouve pas dans le voisinage des parents ou alliés en nombre

[1] L'art. 408 dit à tort « veuves d'ascendants ». La veuve d'un ascendant n'est pas appelée au conseil si elle n'a pas elle-même la qualité d'ascendante, par exemple la seconde femme du père ou du grand-père.

suffisant pour former le conseil, il peut le compléter en appelant, à son choix, des *amis* de la famille domiciliés dans la commune, ou des parents ou alliés domiciliés *au dehors*, quelle que soit la distance (art. 409).

Cependant, lors même qu'il y aurait à proximité un nombre suffisant de parents ou d'alliés, le juge de paix peut citer des *parents ou alliés domiciliés au loin*, pourvu qu'ils soient plus proches ou de degré égal (art. 410). Il peut y avoir avantage sérieux à faire venir au conseil des gens pleins d'affection pour le pupille, plutôt que des indifférents.

2274. Conseil de famille des enfants naturels. — Pour les enfants naturels, le conseil ne peut être composé que d'amis, ou du moins les parents qu'on y peut appeler n'y figurent pas à titre de parents, et les règles ordinaires ne leur sont pas applicables.

2275. Enfants assistés. — Le conseil de famille est remplacé pour les enfants assistés par la commission administrative de l'hospice où ils sont placés (L. 15 pluv. an XIII, art. 1er).

2276. Causes d'exclusion. — Ne peuvent faire partie d'un conseil de famille :

1° Les mineurs, excepté la mère, dans les cas où elle n'a pas la tutelle.

2° Les interdits.

3° Les femmes, autres que la mère ou les ascendantes.

4° Ceux qui ont, ou dont les père et mère ont avec le mineur un procès dans lequel l'état de ce mineur, sa fortune ou une notable partie de ses biens sont compromis.

Ces quatre premières causes d'exclusion sont réglées par l'art. 442.

5° Les condamnés à une peine criminelle (art. 443 C. civ. ; 34-4° C. pén.).

6° Les individus déchus de la puissance paternelle (L. 24 juill. 1889, art. 8).

7° Les individus exclus ou destitués d'une tutelle (art. 445). La loi n'entend parler dans cet article que des exclusions prononcées en vertu de l'article précédent, c'est-à-dire pour inconduite notoire, incapacité ou infidélité. Ces trois causes d'exclusion de la tutelle ne sont pas par elles-mêmes des causes d'exclusion du conseil de famille. Elles ne le deviennent qu'autant que l'individu a déjà été, à cause d'elles, exclu ou destitué en qualité de tuteur.

§ 2. — *Fonctionnement du conseil de famille.*

****2277. Importance de ses attributions.** — Les attributions du conseil de famille sont nombreuses.

C'est lui d'abord qui *nomme le tuteur*, toutes les fois qu'il n'y a pas de tuteur *légal* ou *testamentaire* (art. 405) ; c'est toujours lui qui *choisit le subrogé-tuteur* (art. 420).

Il a le droit de prononcer, sauf recours devant la justice, la *destitution* ou l'*exclusion* du tuteur, quel qu'il soit, et du subrogé-tuteur (art. 446).

Il a la haute main sur les *affaires financières du pupille :* c'est lui qui règle le budget de la tutelle (art. 454 et 455) et il peut se faire rendre des comptes annuels par le tuteur (art. 470). Ce dernier ne peut faire sans son autorisation aucun acte grave, comme une vente d'immeubles, une constitution d'hypothèque, une transaction, etc. (art. 457, 461 à 465 et 467 ; L. 27 fév. 1880, art. 1er).

C'est le conseil de famille qui décide les *principaux actes intéressant la personne du pupille ;* c'est lui qui consent à son *mariage* (art. 160), ou qui autorise le tuteur à y faire *opposition* (art. 175) ; lui encore qui *émancipe* le mineur (art. 478) ou qui décide si l'émancipation doit lui être retirée (art. 465) ; lui qui l'autorise à se placer sous *la tutelle officieuse* d'une personne qui veut l'adopter (art. 361); lui enfin qui permet au tuteur de demander son incarcération (art. 468).

On voit que c'est bien réellement le conseil qui est investi de la puissance tutélaire; le tuteur n'est qu'un agent d'exécution, soumis à son contrôle.

2278. Progrès réalisé par le Code. — A ce point de vue, il existe une différence notable entre les textes du Code et l'ancien droit. Le rôle du conseil de famille s'est accru. Pothier ne le faisait intervenir que dans les cas, extrêmement rares de son temps, où il était nécessaire d'aliéner un « héritage », par exemple pour éviter une saisie (*Des personnes*, n° 172). Comme cet acte dépassait les pouvoirs du tuteur (*Ibid.*, n° 170), il ne pouvait se faire qu'avec l'avis de la famille et l'autorisation du juge. Le Code civil a considérablement développé l'application de ce principe; il a multiplié les cas d'intervention du conseil de famille et précisé les actes pour lesquels son autorisation est requise. Il est du reste à remarquer que les auteurs du Code n'ont nulle part signalé, dans leurs discussions ou dans les rapports et exposés de motifs, l'importance de ce changement, qui a été l'œuvre de la commission de rédaction, car dans le projet de l'an VIII les textes sont déjà au complet sur ce point.

A. — Convocations.

2279. Qui les fait. — C'est le *juge de paix* qui doit convoquer le conseil, et celui-ci ne peut se réunir sans avoir été régulièrement convoqué [1].

Le juge de paix convoque le conseil tantôt *d'office*, tantôt *sur réquisition*. Il agit d'office dans les cas où la loi le lui ordonne (art. 406, 421, 446, etc.), mais il est reconnu qu'il a le droit de le faire toutes les fois qu'il le juge utile aux intérêts du mineur.

2280. Droit de réquisition. — Le droit de *requérir* la convocation du conseil, c'est-à-dire d'obliger le juge de paix à la faire, a été accordé par la loi à certaines personnes qui ne sont pas toujours les mêmes. Cela dépend de l'objet de la réunion. S'agit-il de faire nommer un tuteur? Le droit de réquisition appartient à tous les parents du mineur, à ses créanciers, et d'une façon générale à tout intéressé (art. 406 et 421). Ajoutez le subrogé tuteur, s'il y en a un de nommé (art. 424). S'agit-il de faire destituer le tuteur en exercice? Ce droit n'appartient plus qu'aux parents et alliés du mineur, jusqu'au degré de cousin germain) et au subrogé tuteur (art. 446). En outre, au cours de la tutelle, le tuteur a toujours le droit de demander la réunion du conseil lorsqu'il a besoin d'être autorisé pour faire un acte de gestion.

Toute autre personne, y compris le *ministère public*, n'a que le droit de *dénoncer* au juge de paix le fait qui rend nécessaire ou utile la réunion du conseil, et le juge de paix, ainsi averti, conserve toute liberté d'appréciation (art. 406).

2281. Forme et délai des convocations. — Les membres du conseil doivent être convoqués *par citation d'huissier*. En pratique, pour éviter des frais, on se contente souvent d'un simple *avertissement* par lettre.

Quant au délai, il doit être de trois jours au moins entre le jour de la citation et celui de la réunion. Ce délai s'augmente avec la distance à raison d'un jour par 3 myriamètres pour les personnes domiciliées au loin (art. 411).

2282. Forme et sanction de la comparution. — Les membres absents peuvent se faire représenter par un mandataire; il n'est pas nécessaire que la procuration soit authentique, mais il faut qu'elle soit spéciale. Le même mandataire ne peut représenter qu'une seule personne, afin de ne pas diminuer outre mesure le nombre des votants. Par suite, un membre n'en peut représenter un autre (art. 412).

[1] Toutefois les personnes qui ont le droit de requérir la réunion du conseil pourraient adresser elles-mêmes les convocations. Exemple : au cas de demande de nomination d'un conseil judiciaire (Paris, 4 août 1849, D. 50. 2. 191).

Le défaut de comparution au jour fixé entraîne une amende de 50 francs au plus, prononcée sans appel par le juge de paix (art. 413). Le minimum de l'amende n'est pas fixé ; elle peut donc être abaissée jusqu'à 1 franc. D'ailleurs l'amende n'est encourue que si la citation a eu lieu dans la forme régulière, par exploit d'huissier.

En cas d'absence d'un membre, le juge de paix peut *ajourner* l'assemblée ou la *proroger* (art. 414).

B. — Séances et délibérations.

2283. Lieu et forme des séances.— Le conseil se réunit chez le juge de paix, c'est-à-dire à son tribunal, ou dans tout autre lieu fixé par lui (art. 415).

Les séances ne sont pas publiques, et le greffier ne peut pas délivrer d'expédition de leurs procès-verbaux aux tiers.

2284. Conditions des votes. — Une décision ne peut être prise que si les *trois quarts* au moins des membres convoqués sont *présents* ou *représentés* (art. 415).

Les décisions sont prises à la *majorité absolue*, c'est-à-dire à la moitié des voix, plus une. La loi, il est vrai, n'exige pas cette condition ; elle est cependant nécessaire malgré le silence des textes, parce que la majorité relative n'est pas une majorité et ne pourrait suffire que si un texte formel l'avait autorisée.

2285. Cas de partage. — Quand il se forme deux opinions ayant chacune un nombre égal de voix [1], la majorité est considérée comme acquise à l'opinion pour laquelle le juge de paix a voté, parce que la loi donne à celui-ci *voix prépondérante en cas de partage* (art. 416).

Mais la loi n'a pas prévu le cas où il se formerait *plus de deux opinions*, et où aucune d'elles ne réunirait la majorité absolue. Si chacun s'obstine dans son avis, on se trouve dans une impasse, et les textes ne fournissent aucun moyen sûr d'en sortir. On a bien proposé d'appliquer par analogie l'art. 117 C. proc. civ. qui force les juges dont l'opinion est la moins nombreuse à opter pour l'une des deux opinions qui ont eu le plus de voix ; mais ce texte, écrit pour les tribunaux, ne peut pas être étendu aux conseils de famille, à raison de son caractère exceptionnel. La seule ressource est l'ajournement de la question ; le temps et la réflexion amèneront peut-être un ou quelques-uns des membres à changer d'avis ; sinon, le juge de paix aura encore une chance d'obtenir une majorité, en composant autrement le conseil : dans une assemblée aussi peu nombreuse, il suffit souvent d'éliminer un membre pour changer le résultat. Mais ce procédé n'est pas toujours à la disposition du juge de paix, car il faut pour l'employer qu'il y ait d'autres parents ou alliés remplissant les conditions voulues pour être convoqués.

Toutes les fois que le conseil de famille n'est pas unanime, l'avis de chacun de ses membres doit être mentionné dans le procès-verbal (art. 883 C. proc. civ.).

***2286. Caractère variable des décisions du conseil.** — Les décisions du conseil de famille s'appellent « délibérations ». Le Code de procédure, dans l'intitulé d'un de ses titres, leur donne aussi le nom d' « Avis de parents » (IIe partie, liv. I, tit. 10). Les décisions du conseil de famille sont tantôt de simples *avis*, tantôt des *décisions* véritables. La distinction à faire est celle-ci :

Lorsque le conseil est *consulté par le tuteur*, sa volonté doit être suivie ; ce sont des *autorisations* qu'il donne, de telle sorte que s'il refuse, le tuteur ne peut passer outre, et l'acte projeté est impossible, sauf l'effet des recours dont il sera parlé ci-après. C'est en effet le conseil de famille, et non le tuteur, qui possède la puissance laissée vacante par la mort ou la déchéance des parents.

Au contraire, lorsque le conseil est *consulté par le tribunal*, ce n'est qu'un simple *avis* qu'on lui demande, qui peut éclairer, mais non lier les magistrats. Ces cas sont exception-

[1] Ce résultat est possible, parce que les conseils de famille ne siègent pas toujours en nombre impair : il se peut qu'un des membres convoqués ait fait défaut ; il se peut aussi qu'on ait été obligé de dépasser le nombre de six pour y appeler les parents qui ont le droit d'y figurer sans limitation de nombre.

nels : interdiction du pupille (art. 494 et 514 C. civ. ; 892 et 893 C. proc. civ.) ; délation judiciaire de la tutelle d'un enfant abandonné (L. 14 juillet 1889, art. 13) ; réduction de l'hypothèque légale (art. 2143 C. civ.) ; rectification de l'acte de naissance (art. 856 C. proc. civ.).

C. — Homologation des délibérations par justice.

***2287. Définition de l'homologation.** — En principe, les délibérations du conseil de famille sont exécutoires par elles-mêmes. Cependant, dans les cas les plus graves, la loi veut que sa décision soit *homologuée* par le tribunal civil. L'homologation est une approbation donnée par l'autorité judiciaire. Le tribunal ne peut qu'accorder ou refuser son approbation ; il ne peut pas *modifier* la décision qui lui est soumise. Ce serait se substituer au conseil de famille dans la gestion de la tutelle, et s'il le faisait il y aurait lieu à cassation pour *abus de pouvoir* (Cass., 9 février 1863, D. 63. 1. 85, S. 63. 1. 113)[1].

2288. Ses formes. — L'homologation est donnée en la *Chambre du conseil ;* l'art. 458 le dit pour les autorisations d'emprunter ou d'aliéner, mais la règle est générale. La loi ne veut pas que la décision soit discutée et prise à l'audience publique, parce que cela pourrait nuire au mineur en faisant connaître aux tiers l'état de ses affaires, ou compromettre le succès de l'opération projetée, en révélant le genre d'avantage qu'on en attend. Le ministère public doit être entendu.

2289. Son but. — L'homologation accordée n'a pas pour effet de rendre valable la délibération du conseil de famille, si celle-ci est nulle en elle-même. Le tribunal n'a qu'à apprécier *l'utilité de l'opération projetée ;* le jugement qu'il rend n'est qu'un acte de *juridiction gracieuse*, et il n'y a pas litige sur la validité de la délibération.

D. — Recours contre les décisions du conseil.

*** 2290. Distinction entre les recours possibles.** — Les délibérations du conseil de famille peuvent être attaquées par deux espèces de recours : *recours pour vice de forme* et *recours au fond.* Malheureusement nous ne trouvons dans la loi aucun texte pour nous guider, et sur ce point la doctrine et la jurisprudence ont eu à élaborer toute une théorie.

2291. Du recours pour vice de forme. — Il faut bien admettre qu'il peut y avoir nullité, quoique la loi ne l'ait jamais prononcée. Est-ce qu'il y aurait un conseil de famille sans la présence du juge de paix ? Et si on n'avait appelé que deux personnes, si on n'avait appelé que des femmes, verrions-nous là encore un conseil de famille ? Il y a donc des irrégularités si graves qu'elles détruisent l'existence juridique du conseil (ci-dessus, n° 2270). Mais on ne peut pas dire, en sens inverse, que la nullité devra toujours être prononcée, quelle que soit l'irrégularité commise. Ainsi, si on a appelé un parent plus éloigné au lieu du parent plus proche, ou un allié au lieu d'un parent, si on n'a pas respecté le délai de trois jours pour la convocation du conseil, il serait bien inutile d'annuler la délibération, alors surtout qu'il n'y a aucun soupçon de fraude et que les intérêts du mineur n'ont pas été lésés.

Comme principe, cette distinction paraît très claire, mais quand on passe aux applications, on rencontre beaucoup de cas douteux, et la jurisprudence est souvent contradictoire (Voyez les arrêts cités par AUBRY et RAU, § 96, aux notes 22 à 28).

2292. Du recours au fond. — Il a lieu lorsque la décision est *préjudiciable aux intérêts du pupille*, ou prétendue telle (Cass., 8 nov. 1893, S. 94. 1. 91). Il soulève, lui aussi, de graves difficultés.

[1] Le tribunal auquel on demandait d'approuver une délibération autorisant la vente de certains immeubles pour acquitter les dettes du mineur, avait changé la désignation des immeubles à aliéner et autorisé un emprunt sur les autres, afin de diminuer l'étendue de l'aliénation. Comp. Cass., 17 déc. 1867, D. 67. 1. 482. Voy. cependant LAURENT (t. V, n° 88), qui pense que le tribunal peut modifier non seulement les conditions de la vente, mais même l'indication des immeubles à vendre.

2293. Délibérations susceptibles de recours au fond. — On admet, en général, qu'il n'y a pas lieu de distinguer entre les délibérations *sujettes à homologation* et les autres ; même quand l'homologation n'est pas requise, un recours au fond peut être formé contre la décision prise par le conseil.

La plupart des auteurs veulent faire exception pour deux catégories de délibérations. En premier lieu celles par lesquelles le conseil statue sur le *mariage* ou l'*émancipation* du pupille : on le considère alors comme substitué au père pour exercer sur la personne du pupille un pouvoir domestique que le père lui-même aurait exercé souverainement. En second lieu, tout recours est refusé contre une délibération par laquelle le conseil exerce son pouvoir d'*organisation de la tutelle ;* quand il nomme [1] un tuteur ou un subrogé-tuteur, conserve ou retire la tutelle à la mère survivante lorsqu'elle se remarie, confirme ou invalide le choix fait par elle d'un tuteur testamentaire (Montpellier, 13 juin 1866, D. 68. 1. 162, S. 67. 2. 114 ; Angers, 11 nov. 1875, D. 76. 2. 31, S. 76. 2. 168 ; Rouen, 27 juill. 1891, S. 92. 2. 53). Quelle serait alors l'utilité d'un recours? Ce pouvoir a été accordé au conseil de famille et non au tribunal, qui ne pourrait substituer son choix à celui de la famille. Le recours aboutirait donc à créer un conflit insoluble, ou bien il resterait sans utilité.

Mais la majeure partie des arrêts admettent le recours contre toutes les délibérations du conseil de famille *sans exception*, même pour les nominations de tuteurs, même pour le règlement des intérêts moraux ou religieux (Arrêts nombreux, cités dans DALLOZ, *Suppl.*, v° Minorité, n° 172. Les plus récents sont : Paris, 19 nov. 1887, D. 88. 2. 176, S. 88. 2. 29 ; Dijon, 14 janv. 1891, D. 91. 2. 223 ; Caen, 13 déc. 1897, D. 98. 2. 505, S. 98. 2) [2]. La solution paraît bien conforme aux intentions des auteurs du Code de procédure : il a été dit que l'art. 883 serait un « *complément utile* » du système du Code civil, en organisant « *une surveillance combinée du conseil de famille et de la justice* pour tous les cas, même pour la nomination du tuteur » (Rapport des commissaires du gouvernement au Corps législatif). En effet, une délibération non unanime accuse souvent une divergence complète de vues dans le conseil, qui peut s'être séparé en deux moitiés, départagées par le juge de paix.

2294. Condition du recours. — L'art. 883 C. proc. civ., qui organise ce recours, semble bien ne viser que les délibérations *qui n'ont pas été prises à l'unanimité :* il le dit formellement dans son al. 1er, qui ordonne de mentionner dans le procès-verbal l'avis de chacun de ses membres, et l'al. 2, qui parle du recours, se réfère naturellement à la même hypothèse. C'est aussi ce que semblent admettre la plupart des arrêts, qui constatent que la délibération attaquée n'avait pas été unanime.

Cependant la doctrine décide, en général, que le recours est possible, même contre une délibération unanime, de la part du tuteur ou du subrogé tuteur, et même de la part des membres du conseil qui auraient changé d'avis (AUBRY et RAU, t. I, § 96, note 8 ; LAURENT, t. IV, n° 469 ; DALLOZ, *Suppl.*, v° Minorité, n° 173-174). Et il y a eu quelques arrêts en ce sens (Colmar, 14 févr. 1840, DALLOZ, *Répert.*, v° Minorité, n° 252 ; Caen, 13 déc. 1897, D. 98. 2. 505, S. 98. 2. 64) ; mais voyez en sens contraire Trib. Rouen, 2 juin 1891, DALLOZ, *Suppl.*, t. X, p. 680, note 1.

2295. Personnes pouvant agir. — Ces divers recours peuvent être exercés par le tuteur, par le subrogé tuteur et par les membres du conseil de famille, même par ceux qui auraient voté la délibération. Ils ne peuvent pas être liés par le vote qu'ils ont émis, parce qu'il ne s'agit pas de leurs intérêts personnels, mais de ceux du pupille. Le juge de paix seul n'a pas qualité pour se pourvoir : à raison de ses fonctions, il doit se tenir à l'écart de ces débats. Quant aux parents qui n'étaient pas appelés à faire partie du conseil, ils sont considérés comme dépourvus de tout titre pour agir.

2296. Formes et délai du recours. — Lorsque l'on veut agir, on peut se contenter

[1] Il y a certainement lieu à recours lorsque le conseil prononce une exclusion ou une destitution (art. 448).

[2] Il est bien évident que, lorsque le tribunal annulé une délibération nommant un tuteur, il ne peut pas substituer son choix à celui du conseil de famille et nommer lui-même directement un autre tuteur. Mais le conseil de famille doit se réunir à nouveau et son choix ne peut porter que sur une personne autre que celle qu'il avait désignée d'abord.

de former une *opposition à l'homologation*, quand celle-ci est demandée. Si l'homologation n'est pas nécessaire, ou si elle a déjà été accordée, le recours doit être exercé, non sous forme d'appel, mais *par voie d'action*, et l'instance doit être dirigée contre ceux des membres du conseil qui ont été d'avis de la délibération (art. 883 C. proc. civ.). Il n'y a d'exception que pour le cas de destitution du tuteur : c'est le subrogé tuteur qui doit être assigné, si le tuteur destitué veut se faire maintenir en fonctions (art. 448).

Aucune prescription spéciale n'a été établie pour ces recours. La loi a pensé sans doute qu'ils seront toujours, en fait, exercés immédiatement, c'est-à-dire avant que la décision du conseil n'ait reçu son exécution.

E. — Responsabilité des membres du conseil.

2297. Son fondement et son étendue. — Le Code ne contient aucune disposition à cet égard, mais les principes généraux suffisent pour affirmer que cette responsabilité existe et pour en déterminer l'étendue. Chacun répond toujours de son *dol*, et la *faute lourde* est assimilée au dol. Les membres du conseil de famille seraient donc pécuniairement responsables envers le mineur, s'ils avaient, par exemple, nommé un tuteur notoirement insolvable ou incapable, s'ils avaient autorisé des ventes d'immeubles ou des placements de capitaux de façon à compromettre d'une manière évidente les fonds du pupille, etc. « Il est bon, dit Laurent, de leur faire comprendre que ce n'est pas pour la forme qu'ils se réunissent, et qu'ils doivent remplir leurs fonctions sérieusement. »

CHAPITRE III

DU TUTEUR

§ 1. — *Des diverses espèces de tuteurs.*

2298. Classifications possibles. — On peut classer les tuteurs de deux façons différentes, soit d'après l'*origine* de leur titre, soit d'après l'*étendue* de leur mission.

A. — Classification d'après l'origine de la tutelle.

****2299. Différents modes de désignation des tuteurs.** — Tous les tuteurs ne tiennent pas leurs pouvoirs de la même source. Les uns sont chargés de la tutelle *par la loi*, à raison de leur parenté avec le mineur. On dit alors qu'il y a « tutelle légale »; on disait jadis « tutelle naturelle », expression qui se retrouve encore dans le projet de l'an VIII. D'autres sont appelés à la tutelle *par le testament* du dernier mourant des père et mère (tutelle testamentaire). Enfin, quand personne n'est appelé à la tutelle par la loi ou par le testament, le tuteur est nommé *par le conseil de famille* (tutelle dative).

2300. Origine de ces diverses sortes de tutelles. — La tutelle testamentaire nous vient du droit romain. La tutelle légale existait également dans les pays de droit écrit, mais seulement au profit de la mère ou de l'aïeule (Nov. 118, cap. V), les ascendants mâles ayant la puissance paternelle, qui tant qu'elle durait empêchait la tutelle de s'ouvrir. On la retrouvait aussi, au profit du père, de la mère et des ascendants, dans quelques coutumes, mais en petit nombre, car dans la plupart des pays coutumiers toutes tutelles étaient datives[1] : c'était le juge qui nommait le tuteur sur l'avis des parents. Ce procédé avait l'avantage de conférer toujours la tutelle au plus digne, tandis que les tutelles données par la loi sont déférées d'une manière aveugle. On peut compter sans doute sur l'affection des parents, en général, mais pas toujours. Le conseil de famille a bien aussi le droit de destitution, mais il ne peut intervenir que dans les cas graves et après que le mal est fait.

1° Enfants légitimes[2].

a) *Tutelle légale des père et mère.*

****2301. A qui la tutelle légale est déférée.** — La tutelle appartient au survivant des père et mère, quand l'un d'eux vient à mourir (art. 390). Cette attribution de la tutelle a *toujours lieu*, même quand le survivant des époux est *mineur*, même quand il y avait entre eux un *divorce prononcé contre le survivant*, même quand la garde des enfants lui a été enlevée (Cass., 13 août 1884, D. 85. 1. 40, S. 85. 1. 80; Paris, 24 juin 1892, D. 93. 2. 81, S. 93. 2. 228).

Il semble qu'il y ait là une lacune de la loi, et que l'époux assez coupable pour avoir vu prononcer le divorce contre lui et pour se faire retirer la garde des enfants devrait être exclu de la tutelle; mais, en fait, le danger n'existe pas, car sa déchéance ou sa destitution peut être immédiatement demandée.

***2302. Dispositions spéciales à la tutelle de la mère.** — La tutelle de la mère survivante diffère sur trois points importants de celle du père.

1° Le père survivant ne peut se soustraire à la charge de la tutelle que lorsqu'il existe en sa faveur une cause légitime d'excuse; la mère, au contraire, peut *refuser la tutelle*, sans avoir à donner de motifs (art. 394). La raison de cette différence est que les femmes sont ordinairement peu habituées aux affaires, et que la gestion d'une tutelle est plutôt le fait des hommes. La loi y appelle pourtant la mère à cause de la grande confiance qu'on peut avoir dans son affection pour l'enfant, mais en lui réservant le droit de décliner cette charge si elle s'en croit incapable. — Lorsque la mère renonce à la tutelle, elle conserve la puissance paternelle sur la personne de l'enfant; l'administration des biens passe seule au tuteur.

2° Le père, quand il meurt le premier, peut restreindre par la nomination d'un *conseil de tutelle*, les pouvoirs que sa femme va exercer en qualité de tutrice légale (art. 391)[3]. Par « conseil » il faut entendre ici, non pas une assemblée, mais une seule personne, ordinairement un homme d'affaires, qui sera chargé d'assister la mère dans sa gestion. — Les formes dans lesquelles peut se faire cette nomination sont réglées par l'art. 392, qui donne au père le choix entre *a)* un acte notarié, *b)* un acte dressé par le juge de paix assisté de son greffier, ou *c)* un acte de dernière volonté, c'est-à-dire rédigé dans la forme d'un testament. Il n'est pas nécessaire, si le père emploie la forme testamentaire, que l'acte soit réellement un testament et contienne des legs. (Pour l'administration de la mère assistée de son conseil, voy. les nos 2371 et 2372 ci-dessous.) Naturellement la mère, qui n'a aucune autorité sur son mari, ne pourrait pas recourir au même moyen quand elle meurt avant lui. C'est en quelque sorte un acte d'autorité maritale posthume. Le père lui-même ne pourrait pas faire plus : il n'a pas le droit d'enlever la tutelle à sa femme, ni de restreindre entre ses mains les droits qui constituent la puissance paternelle. Du reste, cette faculté

[1] Loysel, n° 181. — Mais il est bon d'observer que la plupart des coutumes distinguaient entre la tutelle et la garde, et que ce dernier droit, organisé au profit des parents et défavorable aux enfants, appartenait nécessairement aux ascendants ou collatéraux désignés par la coutume.

[2] C'est pour les enfants légitimes seulement qu'on rencontre les trois espèces de tutelles, la légale, la testamentaire et la dative.

[3] L'institution du conseil de tutelle, donné à la mère tutrice, existe en Allemagne comme en France; elle y est même plus développée (art. 1687, C. civ. all.).

donnée aux maris n'est guère entrée dans la pratique, car rien n'est plus rare qu'un arrêt sur ce sujet. Voyez ce qui est dit en note sous le numéro 2372 ci-dessous.

3° Le *convol en secondes noces* de la mère survivante et tutrice donne lieu à une mesure particulière : la mère tutrice qui veut se remarier est en quelque sorte *soumise à réélection* (art. 395 et 396)[1]. Par le fait de son nouveau mariage, elle va passer sous la puissance d'un étranger. Souvent ce second mari n'aura aucune affection, parfois même il éprouvera un sentiment tout contraire pour les enfants que sa femme a eus d'un premier lit. Il est à craindre que la tutelle de celle-ci ne s'en ressente. En fait, ce sera souvent le second mari qui gérera les biens, et il le ferait sans offrir aux enfants les garanties et les responsabilités spéciales de la tutelle. La loi veut donc qu'il soit tuteur en titre, ou que la mère ne soit plus tutrice du tout.

* **2303. Ce qui se passe quand la mère veuve et tutrice se remarie.** — Pour donner satisfaction à la loi, la mère doit, avant de se remarier, *faire convoquer le conseil de famille*, et cette assemblée doit délibérer pour savoir si la tutelle sera conservée à la mère (art. 395, al. 1er).

Si la mère satisfait à cette obligation, *le conseil de famille a le choix entre deux partis :* il peut ou bien enlever la tutelle à la mère pour la donner à qui bon lui semble, s'il a des motifs graves pour suspecter le second mari, ou bien, si celui-ci lui inspire assez de confiance, maintenir la mère dans ses fonctions. Mais, s'il prend ce dernier parti, il doit nécessairement donner à la mère son futur mari pour *cotuteur* (art. 396). On doit même décider, pour mieux satisfaire au vœu de la loi, que si le conseil avait omis d'associer le mari à la tutelle, celui-ci n'en serait pas moins, de plein droit, le cotuteur de sa femme. Aussi disait-on jadis : « Qui épouse la veuve épouse la tutelle ». Sur l'administration commune des cotuteurs, voyez n° 2327.

Si la mère ne remplit pas l'obligation qui lui est imposée de faire réunir le conseil de famille, elle est *de plein droit déchue de la tutelle*, ce qui ne veut pas dire qu'elle est déchargée de toute responsabilité (ci-dessous n° 2324).

b) *Tutelle testamentaire.*

* **2304. Qui peut donner un tuteur testamentaire.** — Le *dernier mourant* des père et mère a seul le droit de désigner un tuteur pour le remplacer après son décès (art. 397). C'est un attribut de la puissance paternelle ; c'est son dernier acte. Par suite ce droit est perdu pour les parents déchus de la puissance paternelle (L. 24 juill. 1889, art. 1er). Il est également perdu lorsque le survivant n'a pas conservé la tutelle ; celui-ci ne peut plus choisir le tuteur, d'abord parce qu'il ne peut transférer à autrui une fonction qui ne lui appartient plus à lui-même, et ensuite parce qu'il ne lui est pas permis de destituer de son autorité privée le tuteur en exercice.

2305. Cas où la nomination doit être ratifiée par le conseil de famille. — En général le tuteur désigné par le père ou par la mère n'a pas besoin de recevoir l'investiture du conseil de famille. Il ne s'y trouve soumis que dans un seul cas : lorsqu'il a été *choisi par une mère remariée et maintenue dans la tutelle*. La loi, qui craint toujours l'influence du second mari, veut que le choix de la mère soit ratifié par le conseil de famille ; la désignation faite par la mère ne suffit pas (art. 399 et 400).

2306. Formes pour la nomination du tuteur. — Pour ces formes l'art. 398

[1] Aucune précaution de ce genre n'est prise quand c'est le père, veuf et tuteur, qui se remarie. On dit pour justifier cette différence que, malgré son nouveau mariage, le père conserve son indépendance. Pourtant le projet de Code, préparé en l'an VIII, tout en le traitant plus favorablement que la mère, ne le dispensait pas de faire convoquer le conseil de famille.

renvoie à celles qui sont prescrites par l'art. 392 pour la nomination d'un conseil de tutelle (ci-dessus, n° 2302-2°). Or sur ces trois formes, il en est deux, l'acte notarié ordinaire et la déclaration devant le juge de paix, qui ne sont pas celles des testaments. Pourquoi donc appelle-t-on *testamentaire* le tuteur ainsi nommé? C'est que dans la pratique la nomination se fait presque toujours par testament, ce qui est le procédé le plus simple, du moins quand le testateur emploie la forme olographe. De plus, quelle que soit la forme employée, la nomination ne produit jamais d'effet qu'après la mort de son auteur, et elle est toujours essentiellement révocable : ce sont là justement les traits caractéristiques du testament, qui est un *acte de dernière volonté*.

c) Tutelle légale des ascendants.

***2307. Cas où la tutelle est déférée aux ascendants.** — Les ascendants ne peuvent venir à la tutelle qu'*après la mort des père et mère*, qui passent naturellement avant eux. Et même ils ne succèdent pas toujours dans la tutelle à celui des père et mère qui meurt le dernier.

Les ascendants sont en effet *écartés dans deux cas :*

1° *Lorsque le survivant des père et mère cesse d'être tuteur avant sa mort*, par suite d'une exclusion, d'une destitution, d'un refus ou d'une excuse ; c'est alors la tutelle dative qui s'ouvre (art. 405).

2° *Lorsque le survivant des père et mère*, ayant conservé la tutelle jusqu'à la fin, *nomme un tuteur testamentaire*. Il suffit qu'il en ait désigné un ; peu importe que ce tuteur vienne ou non exercer la tutelle, qu'il soit exclu ou destitué, ou qu'il se fasse excuser : le père, ou la mère, a manifesté l'intention d'écarter les ascendants de la tutelle, cela suffit pour qu'ils n'y soient pas appelés par la loi (art. 405).

Les ascendants n'obtiennent donc la tutelle qu'autant que le survivant des père et mère l'a conservée jusqu'à sa mort, et qu'il n'a désigné personne pour lui succéder.

2308. Exclusion des femmes. — Le projet de l'an VIII donnait la tutelle aussi bien aux ascendantes qu'aux ascendants, mais dans le texte définitif on ne déféra plus la tutelle légale qu'aux *ascendants mâles*. « Il eût été dangereux, a dit Berlier, d'admettre de plein droit comme tutrices des personnes en qui la faiblesse du sexe est jointe à la faiblesse de l'âge. » Toutefois, si l'enfant a encore une ascendante en état de gérer la tutelle, conseil de famille pourra la lui conférer par un vote, car le Code fait exception en faveur des ascendantes à l'incapacité ordinaire des femmes en matière de tutelle dative.

2309. Ordre de préférence. — Parmi les ascendants, la loi préfère toujours *le plus proche* au plus éloigné. Ainsi le grand-père, même maternel, est préféré à l'arrière-grand-père même paternel. *A égalité de degré*, la loi préfère *l'ascendant paternel* à l'ascendant maternel.

Quand les deux ascendants du second degré (les deux grands-pères) ont disparu, le conflit peut s'établir entre *deux bisaïeuls de la même ligne*. Lequel choisir ? Si ce sont les deux bisaïeuls paternels, la loi nous répond : celui dont l'enfant porte le nom, c'est-à-dire le grand-père paternel du père (art. 403). Il faut avouer que cette cause de préférence est bien faible. Si ce sont deux bisaïeuls de la ligne maternelle, toute cause de préférence ayant disparu, c'est le conseil de famille qui choisit entre les deux ascendants celui qui exercera la tutelle (art. 404). Du reste, ces deux articles prévoient une composition de la famille qui est tout à fait rare en fait.

2310. Absence de dévolution. — Si l'ascendant auquel la tutelle est déférée en première ligne s'en trouve exclu ou dispensé, les autres n'y sont pas appelés, et il y a lieu à la nomination d'un tuteur datif par le conseil de famille. Entre ascendants il ne se fait donc aucune dévolution de la tutelle.

Cette solution se fonde sur l'art. 405 qui ouvre la tutelle dative toutes les fois que le tuteur en exercice, ou même simplement appelé à exercer la tutelle, se trouve exclu, dispensé ou destitué. Il est fort douteux que cette interprétation de l'art. 405, qui est couramment admise, rende bien la pensée de la loi. Le législateur n'a-t-il pas voulu dire tout simplement que le conseil de famille est appelé à élire un tuteur toutes les fois qu'il n'y en a pas, soit que la vacance se produise dès le début, soit qu'elle survienne plus tard ? Comp. DEMOLOMBE, qui n'admet toutefois la dévolution d'un ascendant à l'autre que dans le cas de décès (t. VII, n° 187).

d) *Tutelle dative.*

** **2311. Définition.** — On appelle ainsi celle qui est conférée par le conseil de famille. Le nom de « tutelle dative », pas plus d'ailleurs que celui de « tutelle testamentaire », ne figure dans la loi.

** **2312. Cas d'application.** — Il y a lieu à la tutelle dative dans les cas suivants :

1° Lorsque le survivant des père et mère cesse d'être tuteur avant sa mort, la tutelle n'étant pas dans ce cas dévolue aux ascendants.

2° Lorsque le tuteur élu par le dernier mourant des père et mère cesse ses fonctions d'une façon quelconque, ou même lorsqu'il est incapable ou excusé dès le début. Le seul fait de sa désignation exclut les ascendants.

3° Lorsque l'ascendant qui gère la tutelle meurt, ou lorsqu'il se trouve excusé, exclu ou destitué à quelque moment que ce soit.

4° Lorsqu'au décès du dernier mourant des père et mère il n'y a ni tuteur testamentaire désigné, ni aucun ascendant appelé à la tutelle.

Comp. art. 405.

2313. Qui peut provoquer la nomination du tuteur datif. — On a déjà vu, à propos du conseil de famille, que la loi accorde d'une manière très large le droit de réquisition, lorsqu'il s'agit de faire nommer un tuteur, que le juge de paix peut convoquer d'office la réunion, et que toute personne a le droit de lui dénoncer le fait de l'ouverture de la tutelle (art. 406). En outre, elle oblige le subrogé tuteur, lorsqu'il en existe un, à provoquer la nomination d'un tuteur, toutes les fois que la tutelle devient vacante (art. 424).

2314. Liberté du choix. — Le conseil de famille jouit d'une liberté à peu près illimitée pour le choix du tuteur. Il nomme qui il veut, pourvu qu'il ne choisisse pas un incapable.

On s'est demandé souvent si le conseil de famille pouvait choisir comme tutrice *la mère survivante et remariée*, lorsque celle-ci se trouve déchue pour ne s'être pas conformée à l'art. 395 (ci-dessus, n° 2303). La difficulté vient de l'art. 445, aux termes duquel quiconque a été exclu ou destitué de la tutelle ne peut pas être nommé membre d'un conseil de famille, ce qui emporte à plus forte raison l'incapacité d'être nommé tuteur. Mais ce texte est relatif aux causes de destitution ou d'exclusion indiquées dans les articles qui le précèdent ; il est inapplicable à notre hypothèse dans laquelle il n'y a eu, à proprement parler, ni exclusion, ni destitution. Rien ne prouve que la mère soit indigne d'être tutrice, ni son nouveau mari. Elle n'a commis qu'une irrégularité de forme, et il serait souvent contraire aux intérêts du mineur de lui donner pour tuteur un étranger. La jurisprudence est en ce sens (Paris, 19 nov. 1887, D. 88. 2. 176, S. 88. 2. 29). Mais la décision du conseil qui rend la tutelle à la mère ne lui restitue pas sa tutelle légale, c'est une tutelle dative qui commence pour elle (Rennes, 22 juill. 1890, D. 91. 2. 162).

2° Enfants naturels.

2315. Absence de tutelle légale. — On a vu plus haut (n° 2255) que le droit français est incertain sur le moment où commence la tutelle pour les enfants naturels. La même incertitude s'est retrouvée sur la question de savoir qui sera tuteur. Un seul point était hors de doute : il n'y a jamais lieu à la tutelle des ascendants, puisque l'enfant naturel n'en a pas, en dehors de ses père et mère. Mais ceux-ci ont-ils la tutelle légale? La jurisprudence a été longtemps hésitante. Les cours d'appel inclinaient vers la négative (Voy. les arrêts en sens divers rapportés dans DALLOZ, *Suppl.*, v° Minorité, n° 638); mais la Cour de cassation avait rendu deux arrêts (20 avril 1850, D. 50. 1. 217; 22 déc. 1874, D. 75. 1. 316), qui supposaient l'existence d'une tutelle légale au profit des enfants naturels; elle a enfin décidé qu'il n'existe pas pour ces enfants d'autre tutelle que la tutelle dative et que leurs père et mère eux-mêmes ne sont pas tuteurs de plein droit (Cass., 16 nov. 1898, D. 99. 1. 218, S. 99. 1. 24). La majorité de la doctrine donne cette solution depuis longtemps.

2316. Absence de tutelle testamentaire. — Le dernier mourant des père et mère naturels n'a pas le droit de nommer un tuteur à l'enfant. Ce droit est une faveur exceptionnelle accordée aux parents légitimes et qui ne peut être étendue sans texte aux parents naturels (Voyez cependant AUBRY et RAU, § 571, texte et note 17, t. VI, p. 214).

3° Enfants assistés.

2317. Forme administrative de leur tutelle. — Ceux-ci peuvent être des enfants légitimes aussi bien que des enfants naturels.

La loi attribue de plein droit à l'Assistance publique la tutelle des enfants abandonnés, recueillis dans les hospices (L. 15 pluv. an XIII, art. 1er; Décr. 19 janv. 1811, art. 15; L. 24 juill. 1889, art. 11). A Paris, l'Assistance publique est centralisée et réunie dans les mains d'un directeur unique : c'est le *directeur de l'Assistance publique* qui a la tutelle légale des enfants assistés (L. 10 janv. 1849, art. 3). Dans les départements, chaque hospice forme une personne morale indépendante et c'est la *commission administrative* de l'hospice qui choisit un de ses membres pour remplir les fonctions de tuteur (L. 15 pluv. an XIII, art. 1er). Elle-même fait fonction de conseil de famille.

2318. Tentative pour multiplier la tutelle officieuse des enfants assistés. — La loi de 1889 a cherché à élargir l'emploi de la tutelle officieuse au profit des enfants abandonnés. Le Code civil n'avait vu dans cette forme exceptionnelle de tutelle qu'une mesure préparatoire de l'adoption testamentaire, et dans cette pensée il avait exigé du futur tuteur un âge avancé, l'absence d'enfants légitimes, et, s'il y a lieu, le consentement du conjoint. La loi nouvelle admet une tutelle du même genre, mais d'une manière beaucoup plus large : « Toute personne... », dit son art. 13, ce qui écarte toutes les conditions restrictives mises par le Code civil. Mais naturellement cette application nouvelle de la tutelle officieuse ne saurait conduire à l'adoption par testament.

Les formes non plus ne sont pas les mêmes. La loi de 1889 fait dépendre cette tutelle d'une *décision du tribunal*, ce dont l'art. 361 C. civ. ne parle pas. La personne qui veut se charger de l'enfant adresse une requête aux président et juges afin d'obtenir qu'il lui soit confié. Le tribunal prend des renseignements et consulte, s'il y a lieu, le conseil de famille. S'il accueille la demande, la tutelle passe à la personne qui s'est offerte. Les art. 364, 365 et 370 C. civ. lui sont appliqués (art. 13)[1]. On voit que la loi de 1889 organise ainsi une véritable *délégation judiciaire* de la tutelle des enfants assistés qui appartient normalement aux administrations hospitalières.

B. — Classification d'après l'étendue de la mission du tuteur.

** **2319. Unité normale de la tutelle.** — En général, il n'y a qu'un seul tuteur, qui réunit en sa personne tous les pouvoirs que confère ce titre. Il doit à lui seul assurer le fonctionnement entier de l'administration tutélaire, dont il est l'agent unique. C'est pour cela que le Code parle toujours du tuteur au singulier.

[1] Ces textes concernent l'âge du pupille (15 ans au plus), l'administration de ses biens, s'il en a, et la charge de son entretien personnel, qui est aux frais du tuteur, lorsque l'enfant ne possède rien.

** **2320. Pluralité possible de tuteurs.** — La jurisprudence française admet que si l'unité de tuteur est la règle, il peut cependant y être dérogé en toute hypothèse (autre que la tutelle légale) et que le testateur ou le conseil de famille peut nommer deux ou plusieurs tuteurs (Cass., 14 déc. 1863, D. 64. 1. 63, S. 64. 1. 21). Ordinairement cette dualité de tuteurs s'accompagne d'une division des fonctions : l'un est nommé pour administrer les biens, l'autre est chargé de l'éducation de l'enfant : on a alors un *tuteur à la personne* (tuteur honoraire) et un *tuteur aux biens* (tuteur onéraire) [1]. Il a même été jugé que la garde et la direction de l'enfant peuvent être confiées à quelqu'un à qui le titre de tuteur n'est pas accordé (Rouen, 4 janv. 1883, D. 83. 2. 155, S. 84. 2. 175); dans l'espèce, cette personne était la seconde femme du père.

Enfin, dans deux cas particuliers, les textes prévoient et ordonnent la création de plusieurs tuteurs : c'est l'hypothèse de la *cotutelle* et celle de la *protutelle*. Dans le cas de la cotutelle, il ne se fait aucune division de pouvoirs entre les deux cotuteurs; dans le cas de protutelle, il y a une distribution des charges qui laisse à chaque tuteur des pouvoirs complets et identiques.

1° Des cotuteurs.

* **2321. Hypothèse où ils existent.** — Sont cotuteurs *la mère survivante et son nouveau mari*, quand la tutelle appartient à la mère veuve et qu'elle contracte un nouveau mariage.

Il a été jugé que la mère naturelle qui se marie a de même son mari pour cotuteur, du moins quand celui-ci connaissait l'existence de l'enfant naturel au moment où il a épousé la mère (Caen, 22 mars 1860, DALLOZ, *Suppl.*, t. X, p. 662, note 1; comp. *ibid.*, n° 639).

a) *Cotutelle régulière.*

* **2322. Connexité de la tutelle de la mère et de la tutelle du mari.** — Quand les choses se passent régulièrement, c'est-à-dire quand la mère fait réunir le conseil de famille et que celui-ci lui maintient la tutelle, on doit nécessairement lui donner son mari pour cotuteur (art. 396).

La tutelle de la mère est tellement *liée à la cotutelle du mari* que, si celle-ci prend fin pendant le mariage, la mère cesse immédiatement d'être tutrice, parce que le danger que la loi a voulu éviter, à savoir l'immixtion d'un étranger dans la tutelle, reparaît alors. Ainsi lorsque le nouveau mari se fait excuser ou lorsqu'il est destitué, la mère perd la tutelle du même coup. Cependant on est d'accord pour décider que, si le mari est interdit, cette interdiction n'empêche pas sa femme de conserver la tutelle : étant interdit, il n'est plus à craindre. A plus forte raison quand il meurt. Voilà donc deux cas dans lesquels la cotutelle du mari prend seule fin, et où la mère reste tutrice, *tutrice unique* désormais.

2323. Caractère accessoire de la cotutelle du mari. — En sens inverse, lorsque c'est la mère qui meurt ou qui perd la tutelle en vertu d'une cause à elle propre, son mari n'a *aucun titre pour conserver ses pouvoirs*. Les enfants de sa femme lui sont étran-

[1] Ce dédoublement de la tutelle était surtout d'usage autrefois pour les « personnes de considération » (ARGOU).

gers; il ne peut être que le cotuteur de leur mère. Cependant il est permis à la mère de le choisir avant de mourir, comme tuteur testamentaire, auquel cas il conserve la tutelle à un titre nouveau.

b) *Cotutelle de fait.*

** **2324. Responsabilité commune de la mère et de son mari.** — Si nous supposons maintenant que la mère s'est remariée sans avoir fait réunir le conseil de famille, elle se trouve en droit déchue de la tutelle; mais le plus souvent, en pareil cas, elle la conserve en fait. Il y a là une situation irrégulière, pleine de périls pour l'enfant, dont le Code a dû se préoccuper. La mère reste nécessairement responsable, conformément aux principes généraux du droit, d'une gestion qu'elle a conservée sans titre, mais le Code fait plus : il déclare son nouveau mari *responsable solidairement avec elle* de toutes les suites de la tutelle indûment conservée (art. 395, al. 2). On peut donc dire que, malgré la déchéance prononcée par la loi, la mère et son nouvel époux sont alors *cotuteurs de fait*.

* **2325. Étendue de la responsabilité du mari.** — Dans l'opinion générale, la responsabilité du mari est beaucoup plus grande dans la cotutelle de fait que dans la cotutelle de droit. Quand le mari est régulièrement nommé cotuteur, la loi limite expressément sa responsabilité à la gestion *postérieure au mariage* (art. 396). L'expression employée dans l'art. 395 est fort différente : il y est dit que le mari est responsable *de toutes les suites de la tutelle indûment conservée*. On pense que cette différence de rédaction doit avoir un sens, et, en conséquence, on fait peser sur le mari les suites de tous les actes de la mère tutrice, même de ceux qui sont antérieurs au mariage, sans réserve et sans limite.

C'est en ce sens que s'est prononcée la jurisprudence (Dijon, 16 juill. 1862, D. 62. 2. 146), ainsi que la majorité des auteurs. Il en résulte une aggravation énorme de responsabilité, mais on considère que c'est la peine de l'irrégularité due au mari, qui a commis une faute lourde en n'obligeant pas sa femme à faire statuer sur son maintien dans la tutelle. On comprend donc que le Code ait voulu faire une différence entre les deux situations et supprimé dans la cotutelle de fait la limitation de responsabilité qu'il admet dans la cotutelle régulière. Telle était d'ailleurs l'ancienne jurisprudence attestée par Domat.

Cependant cette opinion ne rallie pas encore l'unanimité des auteurs. Il en est qui pensent qu'on donne à la différence de rédaction des art. 395 et 396 une portée qu'elle n'avait pas dans l'esprit des auteurs de la loi. En parlant des suites de la tutelle « indûment conservée », les rédacteurs de l'art. 395 semblent bien n'avoir eu en vue que la période postérieure au mariage, et les travaux préparatoires montrent qu'on s'est surtout préoccupé de rendre le second mari responsable du défaut de gestion aussi bien que de la mauvaise gestion (Demolombe, t. VII, nos 126 et suiv.; Laurent, t. IV, no 389).

2326. Difficulté relative à l'hypothèque légale. — Cette difficulté est double. On se demande d'abord si l'hypothèque légale, qui grevait jusque-là les biens de la mère en sa qualité de tutrice, continue à subsister. La loi établit cette hypothèque sur les biens des « tuteurs », et la mère n'est plus tutrice. Cependant la question ne peut pas faire de doute; l'argument décisif a été formulé depuis longtemps : la mère a commis, *comme tutrice*, une faute qui engage sa responsabilité et contre laquelle l'enfant se trouve nécessairement garanti par l'hypothèque. La seconde question est beaucoup plus douteuse : il s'agit de savoir si l'hypothèque s'étend aux biens du nouveau mari qui n'a jamais eu la qualité de tuteur. POTHIER admettait l'affirmative (*Hypothèque*, n° 28) et c'est aussi l'opinion qui prévaut en droit moderne (DALLOZ, *Répert.*, v° Hypothèque, n°s 1025 et 1029 ; AUBRY et RAU, § 265 *bis*, note 14).

* **2327. Gestion commune des cotuteurs.** — Les cotuteurs administrent *ensemble*. Il en résulte qu'un acte quelconque exige toujours leur consentement à tous deux, ce qui pourra entraîner bien des tiraillements et faire échouer plus d'un projet. Le conflit est sans issue, à moins que le mari n'use de la puissance qu'il a sur sa femme pour s'emparer, en fait, de la gestion exclusive de la tutelle.

Par suite de cette communauté de gestion, il n'est rendu qu'*un seul compte*, commun aux deux époux (Cass., 19 avril 1886, D. 87. 1. 171, S. 90. 1. 109).

2° Du protuteur.

* **2328. Raison de son institution.** — Cette seconde exception au principe de l'unité de la tutelle a été admise pour des raisons toutes différentes de la précédente. Il y a lieu à la protutelle lorsqu'un mineur résidant en France a des biens, « dans les colonies » ou réciproquement : un seul tuteur ne pourrait pas administrer des biens situés à une si grande distance les uns des autres. Le conseil de famille doit alors nommer un tuteur spécial pour les biens situés au loin (art. 417).

2329. Son caractère obligatoire. — La protutelle avait été organisée par les déclarations royales du 15 décembre 1721 et du 1er février 1743, qui en faisaient une simple *faculté* pour le conseil de famille. Elle est aujourd'hui *obligatoire* : « Il sera nommé... » dit la loi ; son texte est impératif.

2330. Tutelles où elle a lieu. — Il y a lieu à la protutelle dans toutes les tutelles, même dans la tutelle testamentaire, même dans la tutelle légale, bien que l'art. 417 soit écrit à propos de la tutelle dative.

2331. Cas où elle est impossible. — Y a-t-il lieu à la protutelle lorsque le mineur a des biens, non aux colonies, mais dans un pays d'outre-mer comme l'Angleterre, ou dans un pays éloigné comme la Russie ? Non. « Aux colonies » signifie « Hors d'Europe ». La seule ressource en ce cas est d'autoriser le tuteur à se faire aider par des administrateurs salariés agissant sous sa responsabilité, conformément à l'art. 454 (ci-dessous n° 2338).

2332. Nature de la protutelle. — Le protuteur, comme le cotuteur, est chargé d'une véritable tutelle, bien que ses fonctions soient limitées à certains biens. Il n'est pas un lieutenant ou un substitut du tuteur. Il en a tous les pouvoirs comme aussi toutes les obligations, et ses biens sont grevés de l'hypothèque légale. Tous deux sont indépendants l'un de l'autre ; ce sont deux tutelles distinctes, qui n'entraînent aucune responsabilité de l'un pour l'autre (art. 417).

2333. Qui nomme le protuteur. — La protutelle n'est jamais déférée par la loi et cela se conçoit. En général, c'est le conseil de famille qui nomme le protuteur, mais rien n'empêche le dernier mourant des père et mère de désigner un protuteur en même temps qu'un tuteur.

3° Des tuteurs ad hoc.

* **2334. Définition.** — On appelle ainsi des tuteurs qui sont nommés pour une affaire spéciale. De là leur nom. Les tuteurs « ad hoc » sont donc des *tuteurs à mandat limité*.

2335. Leur rareté. — On ne les voit intervenir que dans des cas tout à fait exceptionnels. En effet, quand le tuteur est empêché, point n'est besoin de nommer quelqu'un pour le remplacer ; il y a un suppléant du tuteur, tout désigné d'avance pour remplir cet office, c'est le *subrogé tuteur* ; le remplacement temporaire du tuteur est l'une de ses fonctions normales. Cependant il se peut que l'intervention du subrogé tuteur soit insuffisante.

Par exemple dans l'hypothèse prévue par l'art. 838, où plusieurs mineurs soumis à la même tutelle ont des intérêts opposés dans un partage : s'ils sont plus de deux, il est clair qu'il faudra nommer un ou même plusieurs tuteurs ad hoc.

2336. Leur emploi hors de la tutelle. — On voit parfois donner un tuteur ad hoc à un enfant qui n'est pas encore en tutelle. Tel est le cas du désaveu (art. 318). Le père intente son action contre un tuteur ad hoc qui représente l'enfant. Divers arrêts ont également admis la nomination d'un tuteur ad hoc, quand il y a opposition d'intérêts entre le père administrateur légal et son enfant, mais on a fait remarquer avec juste raison qu'il serait plus correct de qualifier « administrateur ad hoc » ce représentant du père.

* **2337. Qui les nomme.** — Les tuteurs ad hoc sont *toujours datifs*. Mais qui les nomme ? Le Code civil ne s'en était pas expliqué ; la solution se trouve dans l'art. 968 C. proc. civ. : c'est le conseil de famille. — Il y a toutefois controverse pour le tuteur ad hoc nommé en vue de l'instance en désaveu.

4° Auxiliaires salariés du tuteur.

2338. Leur caractère. — Le tuteur a toujours [1] le droit de se faire aider dans sa gestion par des auxiliaires salariés, et leur secours lui est souvent nécessaire, surtout quand il y a des affaires contentieuses, ou une exploitation industrielle ou agricole, exigeant des connaissances spéciales. Ces personnes ne sont que des *mandataires du tuteur ;* elles n'ont aucun pouvoir propre, et elles gèrent sous sa responsabilité (art. 454). Le tuteur a donc le droit de les choisir et le droit de les révoquer à son gré.

2339. A quoi sert l'autorisation du conseil de famille. — L'art. 454 semble subordonner leur emploi à une autorisation spéciale du conseil de famille ; il n'en est rien. L'autorisation du conseil n'est nécessaire au tuteur que pour lui permettre de *porter en compte* les salaires ou honoraires payés aux gérants par lui employés. Le tuteur est toujours libre de se faire aider, sans autorisation, s'il consent à le faire à ses frais.

§ 2. — *Des excuses et des incapacités en matière de tutelle.*

2340. Distinction à faire. — La personne désignée d'une manière quelconque comme tuteur par la loi, le testament ou le conseil de famille, peut quelquefois n'en pas remplir la charge. Cela arrive tantôt parce qu'*elle décline volontairement la tutelle,* auquel cas on dit qu'il y a *excuse ;* tantôt parce qu'elle en est *écartée par la loi,* même malgré elle, auquel cas on dit qu'il y a, selon les circonstances, *incapacité* ou *exclusion.*

A. — Des excuses.

2341. Caractère obligatoire de la tutelle. — En général la fonction de tuteur est *obligatoire :* celui qui y est appelé ne peut pas s'y soustraire par un refus. Sans cette obligation légale, on ne trouverait souvent personne disposé à en accepter la charge matérielle et la responsabilité juridique, qui sont lourdes toutes deux.

2342. Cas où l'obligation fait défaut. — Cependant ce caractère obligatoire fait quelquefois défaut. Ne sont pas tenus d'accepter la tutelle :

1° La *mère survivante* (ci-dessus n° 2302-1°) ;

2° Le *tuteur institué après déchéance du père* (L. 24 juill. 1889, art. 10).

En outre, la *tutelle officieuse* est toujours volontaire. Le tuteur officieux n'est pas désigné d'office ; il vient lui-même s'offrir. Voy. ci-dessus n° 2318.

2343. Caractère facultatif du conseil de tutelle. — La fonction spéciale de *conseil de tutelle* (n° 2302-2°) n'est jamais obligatoire pour la personne que le père a choisie.

[1] La loi paraît restreindre cette faculté au début de la tutelle, car l'art. 454 en parle à propos de la réunion du conseil de famille qui a lieu avant l'entrée en fonctions du tuteur. Il n'y a pourtant aucune raison pour refuser le même secours au tuteur lorsque des événements ultérieurs l'obligent à y recourir plus tard.

On s'appuie pour le dire sur l'art. 1894, d'après lequel le mandat ne se forme que par l'acceptation du mandataire, mais on en fait ici une fausse application. La mission donnée au conseil n'est pas un *mandat* et, ce qui le prouve, c'est que le mandat véritable finit toujours par la mort du mandant (art. 2003), tandis que la mission que le conseil a à remplir commence précisément ce jour-là [1]. En réalité si la fonction de conseil de la mère n'est pas obligatoire, ceci tient aux traditions du droit français sur ce point et à l'origine de cette mission, qui était autrefois confiée à un avocat.

2344. Deux sortes d'excuses. — Malgré le caractère obligatoire de la tutelle, le législateur a cependant admis quelques causes d'excuses. Celui qui se trouve dans un des cas prévus peut se faire *dispenser* ou *décharger* de la tutelle, suivant que l'excuse est antérieure ou postérieure à son entrée en fonctions. Il y a donc des excuses *a suscipienda tutela*, et des excuses *a jam suscepta*.

Souvent la loi se montre plus facile pour les premières que pour les secondes. Voyez les art. 433, 436 et 437. La raison en est que le changement de tuteur au milieu de la tutelle est toujours une chose fâcheuse pour les intérêts du pupille. Il est aussi moins pénible de continuer une administration commencée que de se mettre au courant. Dans beaucoup de tutelles le tuteur n'a, pour ainsi dire, plus rien à faire une fois que les ventes et placements nécessaires au début sont terminés.

2345. Énumération. — Voici l'indication sommaire des causes d'excuse :

1° *Les hautes fonctions de l'État.* Une liste est donnée dans l'art. 427 qui se réfère à l'acte constitutionnel du 18 mai 1804 (c'était le Sénatus-consulte qui avait organisé l'Empire). Beaucoup de places et titres énumérés dans les riches nomenclatures de cet acte n'existent plus. Mentionnons seulement, parmi ceux qui subsistent, ceux de maréchal, d'amiral, de conseiller d'État, de sénateur, de député. Il faut y ajouter les membres de la Cour de cassation et les préfets, mentionnés dans l'art. 427, mais non les sous-préfets. La Cour des comptes jouit des mêmes prérogatives que la Cour de cassation (L. 16 sept. 1807).

2° *La résidence obligatoire d'un fonctionnaire dans un département autre que celui où la tutelle s'établit* (art. 427). Cette cause d'excuse profite même à des personnes qui ne sont pas à proprement parler des fonctionnaires, mais qui sont astreintes à une résidence, comme les *notaires* (L. 25 vent. an XI, art. 1er) et les *ecclésiastiques* desservant une cure ou une succursale ou toute autre personne agréée par l'État et remplissant pour les cultes une fonction l'obligeant à résidence (Avis du Conseil d'État, 20 nov. 1806).

3° *L'état militaire*, pour les militaires en activité de service.

4° *Les missions du gouvernement.* Voyez les art. 428 à 431.

5° *La vieillesse.* L'âge de 65 ans suffit pour refuser *d'accepter* la tutelle ; le tuteur nommé avant cet âge ne peut s'en faire décharger avant 70 ans (art. 433).

6° *Les infirmités graves* (art. 434), telles que la cécité, la surdité, etc. Ne doivent pas être assimilées aux infirmités, les maladies dont on peut prévoir le terme.

7° *La charge antérieure de deux tutelles* (art. 435). Celui qui est déjà chargé de deux tutelles est dispensé d'en accepter une troisième. Par « tutelles », la loi entend ici non pas le nombre de pupilles, mais celui des patrimoines à gérer : plusieurs frères ou sœurs, soumis à un même tuteur, ne forment à eux tous qu'une tutelle. La qualité *d'époux* équivaut à celle de tuteur ; le patrimoine de la femme, dont le mari est chargé, est compté pour une tutelle (même article).

8° *Le nombre des enfants.* Celui qui a cinq enfants *légitimes vivants* est dispensé de toute tutelle autre que celle de ses enfants (art. 436). Les enfants morts sont comptés, s'ils ont laissé des descendants ou s'ils sont morts sous les drapeaux. Mais il n'y a pas à tenir compte des enfants naturels, ni de l'enfant conçu et non encore né.

9° *La qualité d'étranger à la famille* (art. 432). La tutelle est avant tout à la charge de parents ou alliés ; c'est une obligation de famille. Cependant la personne choisie par le père ou par le conseil de famille ne peut pas toujours se faire dispenser de la tutelle ; cela ne lui est permis qu'autant qu'il existe, dans un rayon de 4 myriamètres, un parent ou

[1] Il en est de même de la fonction d'*exécuteur testamentaire*. Celle-ci n'est pas soumise aux règles du mandat ; il y a pour elle une législation spéciale (C. civ., art. 1025 à 1034).

un allié en état de la gérer (même article). De plus, l'excuse admise en sa faveur lui permet bien de refuser la tutelle, mais non de s'en faire dispenser quand elle l'a une fois acceptée (arg. des mots *ne peut être forcé d'accepter*... de l'art. 432).

2346. Délais pour faire valoir les excuses. — La loi n'a prévu que le cas où le tuteur est *nommé par le conseil de famille*, et alors elle distingue. Si le tuteur assiste à la délibération, il doit proposer ses excuses « sur-le-champ », sous peine d'être déclaré non recevable dans ses réclamations ultérieures (art. 438). S'il n'assiste pas à la délibération, sa nomination doit lui être notifiée, et il a trois jours seulement pour faire valoir ses causes d'excuse. Toutefois ce délai s'augmente à raison des distances (art. 439).

La loi n'ayant rien dit pour le *tuteur légal* et le *tuteur testamentaire*, que faut-il décider ? On ne peut, dans le silence des textes, leur imposer aucun délai de rigueur, ni prononcer de déchéance; ils ne seront donc privés du bénéfice de leurs excuses que lorsqu'on pourra considérer leur conduite comme une *renonciation tacite*.

2347. Appréciation des excuses. — C'est le conseil de famille qui est juge des excuses proposées, mais s'il les rejette, le tuteur peut se pourvoir devant le tribunal civil et en appel devant la Cour (art. 889 C. proc. civ.). Il est cependant tenu de gérer la tutelle provisoirement (art. 440).

2348. Effet de l'excuse. — Lorsque le tuteur réussit à faire admettre son excuse, l'administration provisoire, dont il a été chargé, n'est pas considérée comme une tutelle intérimaire. Par suite, ses biens ne sont pas grevés de l'hypothèque légale de l'art. 2121, et il échappe personnellement aux diverses incapacités établies contre les tuteurs.

2349. Frais du procès. — D'après l'art. 441, ces frais sont à la charge du tuteur, s'il succombe, et ils *peuvent être mis* à la charge de ceux qui ont rejeté l'excuse, si l'excuse est admise.

B. — Des incapacités.

2350. Leur raison d'être. — Les fonctions de tuteur exigent l'expérience des affaires, la maturité de l'esprit, en un mot certaines aptitudes qui ne se rencontrent pas toujours. De là diverses incapacités.

2351. Énumération. — Sont incapables aux termes de l'art. 442 :

1° Les mineurs. — Comme ils ont eux-mêmes besoin de protection, il ne serait pas raisonnable de les appeler à protéger les autres. Cependant la loi fait *exception pour les père et mère*. Le survivant (la femme surtout) peut être encore mineur au moment de la dissolution du mariage. La loi n'hésite pas à lui confier la tutelle : l'amour maternel supplée au défaut d'âge.

2° Les fous. — La loi dit « les interdits » et par là elle vise les interdits judiciaires, c'est-à-dire pour cause de folie. Il doit en être de même, par analogie, des aliénés non interdits placés dans une maison de santé (L. 30 juin 1838) et des aliénés soignés à leur domicile.

3° Les femmes. — Les femmes sont considérées comme inhabiles au maniement des affaires auxquelles elles restent en général étrangères.

Cependant, pour des motifs faciles à comprendre, la loi fait *exception au profit de la mère et des ascendantes*. A la différence de la mère, les ascendantes ne sont pas appelées par la loi à la tutelle; mais, puisqu'elles n'en sont pas incapables, le conseil de famille peut les choisir.

2352. Observation. — Il est à remarquer que la loi ne déclare pas incapable le *prodigue* pourvu d'un conseil judiciaire. La prodigalité n'empêche pas d'être habile administrateur et honnête homme. Elle n'atteste pas non plus un défaut d'intelligence. Il n'y avait donc pas de raison pour écarter de prime abord les prodigues de la tutelle. Toutefois si leur conduite atteste l'incapacité ou l'infidélité, le conseil de famille peut les exclure (art. 444).

C. — Des clauses d'exclusion.

* **2353. Leur nature.** — Beaucoup d'auteurs s'attachent à distinguer les causes d'incapacité et les causes d'exclusion. L'incapacité, disent-ils, n'entache en rien l'honorabilité

de la personne ; l'exclusion, au contraire, inflige une sorte de flétrissure, parce qu'elle est fondée sur des motifs qui rendent indigne. La distinction est des plus fragiles : ainsi l'aliéné interdit est simplement *incapable ;* le fou non interdit ne pourra être *exclu* que par l'application de l'article 444. Pourtant où est la différence entre eux ? Si l'on tient à distinguer l'incapacité de l'exclusion, il est bien plus simple de dire que la première suppose que la personne est *inhabile* à gérer la tutelle, et la seconde qu'elle est *suspecte*. Du reste, cette distinction est purement théorique et n'a aucune conséquence pratique.

2354. Énumération. — Les causes d'exclusion sont :

1° *Un procès pendant avec le pupille,* dans lequel se trouve engagé, soit le tuteur, soit même son père ou sa mère, et qui roule sur l'état du mineur, sur sa fortune, ou sur une portion notable de sa fortune (art. 442-4°). La loi craint justement que ce tuteur ne soit pas impartial : il ne suffirait pas de le remplacer pour faire suivre l'instance par un tuteur ad hoc. Une contestation aussi grave sème toujours la haine après elle. Par application de leur principe, les auteurs rangent en général cette cause d'exclusion parmi les incapacités.

2° *Les condamnations à une peine criminelle* qui entraînent comme conséquence la *dégradation civique* (C. civ., art. 443. Combinez art. 34-4° C. pén.), ainsi que certaines condamnations en matière correctionnelle (art. 42-6° C. pén.). Toutefois ces deux catégories de condamnés peuvent être tuteurs de leurs propres enfants sur avis conforme de la famille (mêmes art.). Le Code civil ne fait pas d'exception pour les condamnations politiques, comme le fait la loi du 24 juillet 1889 (ci-dessus n° 2223).

3° *La déchéance de la puissance paternelle* (L. 24 juill. 1889, art. 8). Certaines des causes qui font perdre cette puissance sont en même temps des causes d'exclusion ou de destitution de la tutelle, comme l'inconduite notoire et la plupart des condamnations criminelles. Toutefois la loi du 24 juillet 1889, dans son système de gradations savamment combinées, dépasse souvent les sévérités du Code en matière de tutelle, de telle sorte que la déchéance de la puissance paternelle, une fois prononcée, pourra entraîner l'exclusion de la tutelle, par voie de conséquence, et sans qu'il y ait de cause d'extinction propre à celle-ci.

4° L'*inconduite notoire*, c'est-à-dire les mauvaises mœurs (art. 444).

5° L'*incapacité* (art. 444). La loi entend parler ici non plus de l'incapacité juridique, mais de la maladresse ou de l'imprévoyance dans la conduite des affaires par suite du défaut d'intelligence ou de volonté.

6° L'*infidélité* (art. 444). « Ceux dont la gestion attesterait l'infidélité... », c'est-à-dire qui se seraient rendus coupables de détournements en administrant le patrimoine d'autrui.

2355. Observation. — Ces deux derniers faits seront plus fréquemment des causes de *destitution* que des causes d'*exclusion*, parce qu'on ne s'apercevra guère de l'incapacité ou de l'infidélité du tuteur qu'après son entrée en gestion.

2356. Qui prononce l'exclusion. — C'est le *conseil de famille* qui prononce l'exclusion du tuteur. Dans bien des cas il n'y aura pas de discussion possible sur la réalité de la cause d'incapacité ou d'exclusion, mais certaines causes, par exemple l'inconduite ou l'incapacité, supposent une appréciation des faits sur laquelle un désaccord peut s'élever. Le tuteur ou les membres du conseil qui ne sont pas de l'avis de la majorité ont donc le droit d'attaquer la délibération. Le tribunal sera saisi par eux du litige et il y aura lieu à appel du jugement qu'il rendra. En outre, la loi veut que le conseil de famille ne statue qu'après avoir fait appeler le tuteur, qui doit toujours être admis à se défendre. La délibération doit être motivée (art. 446 à 449).

§ 3. — *Rôle du tuteur.*

A. — Idée générale de ses attributions.

** **2357. Caractère actif du tuteur.** — Le tuteur est l'*organe actif* de la tutelle. Le conseil de famille délibère et prend des décisions ; le tuteur seul *agit*. Il n'y a pas lieu, pour le moment, de rechercher la part de pouvoir qui appartient à l'un et à l'autre pour chaque acte déterminé ; ceci fera l'objet de chapitres spéciaux sur le gouvernement de la personne du pupille et sur la gestion de ses biens. Mais, avant d'entrer dans le détail, il faut posséder certaines notions générales sur les fonctions du tuteur, c'est-à-dire sur la *nature de la mission* qui lui est confiée et sur son *mode d'action*.

****2358. Ses deux principales fonctions**. — A ce point de vue, l'art. 450, al. 1, résume d'une façon exacte les deux principales fonctions du tuteur : 1° *il prend soin de la personne du pupille;* 2° *il le représente dans tous les actes civils.*

2359. Leur séparation possible. — Ces deux espèces d'attributions n'appartiennent pas toujours ensemble au tuteur. Il se peut que ses fonctions se réduisent à l'une des deux. Ainsi, d'une part, il arrive fréquemment que le tuteur n'est pas chargé de la personne du pupille, soit que le survivant des père et mère (le plus souvent ce sera la mère) se soit fait dispenser de la tutelle, tout en conservant la puissance paternelle, soit qu'en désignant le tuteur le dernier mourant des père et mère ait confié la garde et l'éducation de l'enfant à une autre personne : alors toute la mission du tuteur se ramène à l'administration des biens. D'autre part, il y a certains tuteurs qui, tout en représentant le pupille, ne sont pas chargés de la gestion des biens : ce sont les membres des commissions hospitalières. Lorsque l'enfant assisté a des biens, leur gestion appartient, ainsi que la manutention des deniers, au receveur de l'hospice (L. 15 pluv. an XIII, art. 5).

***2360. Leur mode d'exécution**. — En tant qu'il est *chargé de la personne* du pupille, le tuteur lui doit tous les soins d'un père. C'est lui qui s'en occupe et qui le surveille, soit qu'il le fasse élever et instruire dans sa propre maison, soit qu'il le place dans une maison d'éducation ou de commerce, pour ses études ou son apprentissage.

Pour l'*administration des biens*, le tuteur *représente* le pupille. Sa fonction consiste donc à accomplir, au nom et dans l'intérêt de son pupille, tous les actes juridiques qui deviennent nécessaires. On sait déjà ce que c'est que la *représentation dans les actes juridiques*, fiction qui répute faits par le représenté, en l'espèce le pupille, les actes accomplis pour lui par le représentant, en l'espèce le tuteur (ci-dessus n°s 298 et suiv.).

****2361. Effet d'une gestion régulière**. — Le mineur est *lié* par les actes que le tuteur a faits, pourvu que celui-ci ait agi dans la limite de son mandat et qu'il ait observé, s'il y a lieu, les formalités requises par la loi. Tout se passe comme s'il les avait faits lui-même après sa majorité. Il ne peut en demander la nullité, ni même la rescision pour cause de lésion, à moins qu'il ne se trouve dans un des cas où un majeur le pourrait.

****2362. Effet d'une irrégularité dans la gestion du tuteur.** — Si le tuteur agissait sans remplir les conditions ou les formes voulues, le mineur aurait le droit d'attaquer ces actes irréguliers par voie d'action en nullité, et cette action pourrait même être exercée en son nom par le tuteur. (Sur les *nullités relatives*, voyez ci-dessus n°s 340 et suiv.) Si l'acte du tuteur était non pas un *contrat*, mais un *procès*, l'attaque dirigée contre le jugement par le mineur aurait lieu sous la forme de la *requête civile*, voie extraordinaire de recours contre les jugements, ouverte aux incapables qui n'ont pas été valablement défendus (art. 481 C. proc. civ.). On voit par ces explications quel sens et quelle portée il faut donner à la maxime : « Factum tutoris factum pupilli » : elle est vraie quand les formes légales ont été observées.

* **2363. Comparaison avec la tutelle romaine.** — La gestion d'une tutelle ne se fait donc plus en droit français comme autrefois en droit romain. Le tuteur romain avait ordinairement à choisir entre deux procédés : faire accomplir l'acte par l'impubère en lui donnant son *auctoritas*, ou l'accomplir lui-même *(gerere tutelam)*. Chez nous un seul moyen lui est offert : la gestion, qui suppose le tuteur agissant à la place du pupille. Nous n'avons plus, si ce n'est dans deux ou trois cas exceptionnels, d'autorisations tutélaires données au pupille pour agir. L'acte fait par le mineur, avec l'autorisation du tuteur, serait néanmoins valable, parce qu'on le considérerait comme étant fait par le tuteur.

* **2364. Cas où le pupille doit agir par lui-même.** — La représentation du pupille par le tuteur n'est possible que pour les actes qui sont *susceptibles d'être accomplis par mandataire*. Il en est un certain nombre qui, pour des raisons diverses, ne peuvent être faits que par l'intéressé. Presque tous d'ailleurs concernent *la personne du pupille*.

Tels sont :

1° Le *mariage* (art. 75).

2° La *reconnaissance d'un enfant naturel*.

3° *L'engagement dans les armées de terre ou de mer* (ci-dessus, n° 460).

4° *Tout engagement concernant une profession* (ci-dessous, n° 2402).

Parmi ceux qui ont rapport aux biens et que le pupille doit faire en personne, il en est deux fort importants : le *contrat de mariage* (art. 1398) et le *testament* (art. 903-904). Tous ces actes exigent la volonté personnelle de celui qu'ils intéressent.

Il y a ainsi un certain nombre d'actes que le tuteur ne peut pas faire ; sa mission, si large qu'elle soit, n'est donc pas universelle. L'acte sera fait par le pupille, avec ou sans autorisation de son tuteur, suivant les cas.

2365. Inconvénient de l'abstention systématique du pupille. — Sauf ces rares exceptions, le tuteur seul est en scène, seul il agit ; l'enfant, qui est le principal intéressé, reste dans la coulisse ; il ne *parle* pas à l'acte. Il est à regretter que dans les dernières années de la tutelle la loi n'ait pas associé le mineur à la gestion de ses affaires, par exemple en exigeant son consentement personnel pour les actes les plus graves, tels que les aliénations d'immeubles.

* **2366. Tendance nouvelle.** — On peut cependant signaler dans les lois modernes une tendance à initier progressivement le mineur au gouvernement de ses propres affaires. Le plus remarquable exemple se trouve dans la loi du 9 avril 1881, art. 6-4°, qui autorise les mineurs à se faire ouvrir, à tout âge, des *livrets de caisse d'épargne sans l'intervention de leurs tuteurs* ou de leurs parents et qui les autorise à *opérer librement le retrait des fonds* dès qu'ils ont *seize ans révolus*, en réservant toutefois à leur représentant légal le droit de faire opposition à ces retraits (Comp. L. 20 juill. 1895, art. 16). Le mineur est ainsi encouragé à se constituer un petit pécule, dont on lui laisse l'usage. De même la loi du 20 juillet 1886 sur la caisse des retraites pour la vieillesse, art. 13, al. 2, permet aux mineurs âgés de plus de 16 ans de faire des versements sans autorisation de leur tuteur.

Du reste, rien n'empêche les familles et les tuteurs de faire intervenir fréquemment les mineurs dans les actes qui les intéressent. La loi dit que le tuteur « représente » le pupille ; c'est une facilité qu'elle accorde, et non une obligation qu'elle impose. L'acte serait tout aussi valable s'il avait été fait par le pupille agissant en personne, pourvu que son tuteur fût présent et approuvât l'acte. Ainsi la loi précitée du 20 juillet 1886 dit que les mineurs au-dessous de 16 ans font leurs versements « avec l'autorisation » de leurs tuteurs.

B. — Étendue des pouvoirs du tuteur [1].

1° Règles générales.

** **2367. Question de principe à résoudre.** — La loi a réglé, avec de nombreux détails, les principaux actes de la gestion tutélaire : tantôt elle permet au tuteur d'agir seul et librement, tantôt elle subordonne son action à une autorisation du conseil de famille et parfois à d'autres formalités encore. Cependant elle n'a pas tout prévu ; certains actes se présentent dont les conditions et les formes n'ont pas été déterminées. Or *la loi n'a nulle part formulé de principe général* sur l'étendue des pouvoirs du tuteur. On se demande donc quelle est la règle à suivre *dans les cas non prévus par la loi.* On peut en effet décider ou bien que le tuteur a toujours qualité pour agir seul, sans conditions ni formes, sauf dans les cas où une restriction est établie par un texte exprès ; ou bien que son pouvoir est borné à l'administration des biens et que pour le surplus il a besoin d'autorisation.

** **2368. Solution traditionnelle.** — Sur cette question, l'esprit traditionnel du droit français n'est pas douteux. Nous sommes les héritiers du droit romain, qui disait : « Tutor..., quantum ad providentiam pupillarem, domini loco haberi debet » (*Digeste*, liv. XXVI, tit. 7, fr. 27).

Sans doute l'omnipotence primitive du tuteur a été peu à peu restreinte, et en fait sa liberté d'action se trouve aujourd'hui ramenée, on peu s'en faut, aux actes d'administration. Mais *on a toujours procédé par voie de restrictions successives*, de telle sorte que le principe subsiste toujours (Comp. Pothier, *Des personnes*, n°s 165 à 172).

Le Code lui-même se borne à dire quels sont les actes que le tuteur ne peut faire qu'avec une autorisation ou avec des formes particulières, ce qui suppose qu'il a pouvoir de faire librement tous les autres. Enfin la loi du 27 février 1880 [2], qui lui a enlevé le droit d'aliéner sans autorisation les valeurs mobilières du pupille, est la consécration législative de ce système, car si le principe n'était pas vrai, cette loi eût été inutile, au moins dans sa disposition principale, qui n'est qu'une restriction nouvelle des pouvoirs du tuteur. Du reste, cette même loi, en réglant d'une manière précise l'alié-

[1] Sous cette rubrique, et dans les n^os suivants, il ne s'agit plus que des pouvoirs du tuteur sur les biens du pupille.

[2] Sur cette loi importante qui a considérablement diminué les pouvoirs des tuteurs, voyez ci-dessous, n°s 2428, 2436 et suiv., et 2478.

nation des valeurs mobilières du pupille, a enlevé à la question que nous discutons son principal intérêt, car c'était surtout pour ces valeurs qu'elle se présentait dans la pratique.

Voyez en sens contraire, pour le système qui limite les pouvoirs du tuteur aux actes d'administration, LAURENT, t. V, nos 40 à 42 [1].

* **2369. Jurisprudence actuelle.** — Jadis la jurisprudence, sans proclamer en termes formels la plénitude des pouvoirs du tuteur, en dehors des cas où la loi les a spécialement restreints, en admettait implicitement l'existence puisqu'elle l'autorisait à disposer librement des valeurs mobilières du pupille, par cela seul que la loi ne le lui avait pas défendu (Cass., 4 août 1873, D. 75. 5. 468, S. 73. 1. 441). C'est même sa persistance à juger de la sorte qui a décidé l'intervention législative et la réforme du 27 février 1880. Mais, depuis cette époque, la Cour de cassation a exprimé à plusieurs reprises l'idée que le tuteur n'était que l'*administrateur* des biens du pupille (Cass., 22 juin 1880, D. 80. 1. 318, S. 81. 1. 23; Cass., 1er avril 1889, S. 89. 1. 217; Cass., 6 mars 1893, D. 93. 1. 473). Notre jurisprudence est donc très loin aujourd'hui des idées de Pothier ; elle en prend le contre-pied, comme si, par l'effet du Code et des lois postérieures, spécialement de la loi de 1880, notre droit avait subi sur ce point une évolution complète [2].

2° Cas spéciaux.

2370. Tuteur mineur. — Il peut arriver, malgré l'incapacité ordinaire des mineurs d'être tuteurs, que la tutelle appartienne à un mineur, surtout à une femme : la mère, mariée jeune, peut se trouver mère et veuve avant sa majorité. Elle est tutrice quoique mineure (ci-dessus, n° 2301).

De là naît une assez grave difficulté : la mère mineure est bien *émancipée par son mariage*, mais elle n'a, comme telle, qu'une capacité restreinte. Il y a des actes qui rentrent dans les *pouvoirs* du tuteur et qui dépassent la *capacité* [3] du mineur émancipé, par exemple recevoir un capital mobilier et en donner décharge. Comment la mère fera-t-elle, comme tutrice, cet acte qu'elle ne pourrait pas faire seule pour son compte personnel ? On a vainement cherché une solution satisfaisante. On hésite à faire intervenir le curateur de la mère, parce qu'il n'a aucun pouvoir sur l'enfant. D'autre part, ni le tribunal, ni le conseil de

[1] Pour restreindre aux actes d'administration la liberté d'action du tuteur, on emploie souvent un bien mauvais argument, tiré du langage de la loi. L'art. 450 porte que le tuteur « *administrera* » les biens du pupille, et cet article est placé sous une rubrique ainsi conçue : « De l'*administration* du tuteur » ; on en conclut que le tuteur n'a que les pouvoirs d'un administrateur. Mais c'est mal comprendre le texte : la loi n'a nullement pour but d'opposer ici *l'acte d'administration à l'acte de disposition*, mais uniquement de déterminer *la façon dont le tuteur devra s'y prendre pour s'acquitter de sa mission*, et les mots « administrer, administration » ont ici le sens vague de « gestion », mot que la loi emploie dans le même article 450 pour qualifier l'administration du tuteur, et d'ailleurs les textes qui suivent règlent à la fois les actes les plus graves aussi bien que ceux d'administration simple, montrant par là quel sens large il faut donner au titre de la section VIII.

[2] Voyez cependant Cass., 26 févr. 1890, D. 90. 1. 290, S. 90. 1. 216, qui reconnaît au tuteur de l'interdit pleine liberté pour exercer l'action en nullité de mariage, alors que l'art. 307, al. 2, exige l'autorisation du conseil de famille pour la simple demande en séparation de corps et que la loi lui refuse entièrement le droit de demander le divorce.

[3] Il ne faut pas confondre la *capacité* avec le *pouvoir*. On parle de capacité quand celui qui agit, agit pour son compte ; de pouvoir, quand il agit pour autrui. Comp. ci-dessus, n° 450.

famille n'ont reçu de mission spéciale pour ce cas. Faudra-t-il donc laisser la mère agir sans surveillance? En réalité il y a une lacune dans la loi, et la jurisprudence sera obligée de statuer à la place du législateur, le jour où cette hypothèse se présentera devant elle. Le plus simple et le plus sûr serait d'exiger le consentement du curateur de la mère, parce que l'acte engage la responsabilité personnelle de celle-ci : l'acte étant alors réputé fait par une personne capable serait valable à l'égard du mineur.

* **2371. Mère tutrice pourvue d'un conseil de tutelle.** — Autre situation anormale dans laquelle le tuteur n'a pas sa liberté d'action ordinaire. Lorsque le père a, comme il en a le droit (ci-dessus, n° 2302), donné un *conseil* à sa femme survivante, celle-ci ne peut agir seule.

Le conseil doit *assister* la tutrice (art. 391). Ce n'est pas un simple *avis* qu'il lui donne, c'est une *autorisation*, de telle sorte que s'il refuse, la tutrice ne peut pas passer outre. On admet cependant que la mère, en cas de refus injustifié, aurait un recours devant le conseil de famille, et que cette assemblée pourrait lui permettre de faire l'acte malgré l'opposition du conseil. La loi ne dit rien de semblable. Le conseil de famille ne doit pas avoir plus de pouvoir sur le conseil donné à la mère que sur un tuteur ordinaire qui refuserait d'agir. Si un recours est possible, ce ne peut être que devant le tribunal.

En principe, l'assistance du conseil est nécessaire à la mère *pour tous les actes de la tutelle*. Mais le père peut réduire ses fonctions, et *préciser les cas* dans lesquels la mère devra se faire assister par lui. Alors elle garde sa liberté d'action dans toutes les autres occasions.

***2372. Nullité des actes non autorisés par le conseil.** — Supposons que la mère ait agi seule, sans avoir pris l'avis de son conseil, quand il était nécessaire. L'acte sera-t-il annulable, dans l'intérêt du mineur, pour défaut de formes? Les tiers ont pu ignorer la nomination du conseil de tutelle, pour laquelle la loi n'a établi aucune mesure de publicité. Ils ont pu traiter avec la mère, croyant qu'elle avait pleins pouvoirs. Aussi a-t-on prétendu que la sanction de cette irrégularité serait, non pas l'annulation de l'acte, mais une simple action en dommages et intérêts contre la mère. Mais les expressions dont la loi s'est servie (sera habile à faire..., ne pourra faire...) dans l'art. 391 condamnent cette interprétation : c'est bien d'un cas de nullité qu'il s'agit. Ceux qui traitent avec une veuve, tutrice légale de ses enfants, ont donc à prendre leurs précautions ; ils doivent savoir que la nomination d'un conseil a pu être faite par le mari prédécédé et vérifier si, en fait, elle a eu lieu[1].

C. — Obligations du tuteur.

* **2373. Classement.** — Il y a des obligations que le tuteur doit remplir *avant* son entrée en fonctions; d'autres, et celles-ci sont les plus nombreuses et les plus importantes, *pendant* qu'il gère la tutelle ; d'autres enfin *après* qu'il est sorti de charge.

[1] Denisart, procureur au Châtelet, mort en 1765, qui a publié un recueil célèbre de décisions de jurisprudence, nous donne les renseignements suivants sur cette ancienne habitude : « Les sentences qui nomment des tuteurs aux mineurs, ou des curateurs aux interdits « nomment quelquefois une ou plusieurs personnes pour éclairer de leurs conseils les « tuteurs ou curateurs. Ces personnes sont presque toujours ou des magistrats, ou des « avocats, ou des procureurs... Ce sont les parents du mineur ou de l'interdit qui indi- « quent les personnes dont le conseil doit être composé. Si les parents ne sont pas d'ac- « cord sur le choix, c'est le juge qui en décide. La nomination du conseil se fait ordinai- « rement par l'acte de tutelle ou par la sentence d'interdiction. Dans les pays de droit « écrit où les pères et mères peuvent, par testament, donner des tuteurs à leurs enfants « mineurs, ils peuvent aussi nommer par testament des conseils pour aider les tuteurs » (*Collection nouvelle*, v° Conseil nommé par justice). On voit par cette citation que le conseil de tutelle de l'ancien droit fait réellement double emploi avec le conseil de famille du droit moderne et c'est ce qui explique la désuétude dans laquelle cette institution est tombée.

* **2374. Obligations antérieures à l'entrée en fonctions.** — Ces obligations ne pèsent que sur le tuteur qui prend le premier la tutelle au moment où elle s'ouvre. Elles ont un double objet :

1° L'*inventaire des biens du mineur* (art. 451). Un tuteur ne doit prendre possession des biens de son pupille qu'après avoir eu soin de les faire inventorier, afin que l'on sache d'une manière sûre quelle en est la consistance et de quelles choses le tuteur aura plus tard à rendre compte.

Comme ces biens proviennent presque toujours au mineur de la succession du premier mourant de ses père et mère, et que l'*ouverture d'une succession* est un fait qui est de nature à se renouveler plusieurs fois au cours de la tutelle, il y a lieu de renvoyer à plus tard l'étude détaillée des mesures que doit prendre alors le tuteur ; il en sera parlé à propos de sa gestion ; pour le moment il suffit de les indiquer : elles consistent principalement dans la *levée des scellés*, quand ils ont été apposés, et dans la *confection de l'inventaire*. C'est par une pure coïncidence de fait qu'elles se trouvent nécessaires, dans la plupart des cas, au début de la tutelle.

2° La *réunion du conseil de famille*, qui doit être convoqué dans le plus bref délai possible, quand il ne s'est pas assemblé pour nommer le tuteur. Le conseil de famille aura à statuer sur trois points : a) *nommer un subrogé tuteur* (n° 2389) ; b) fixer la somme à laquelle pourra s'élever la *dépense annuelle*, soit pour l'entretien du mineur [1], soit pour l'administration de ses biens (n°s 2404 et 2620) ; c) *déterminer la somme* à laquelle commencera pour le tuteur l'*obligation de faire emploi* de l'excédent des revenus sur la dépense (n° 2424).

** **2375. Obligations du tuteur pendant sa gestion.** — Le tuteur a d'abord une *obligation générale* que la loi formule en ces termes : « Il *administrera* les biens du pupille *en bon père de famille* » (art. 450, al. 2). Ainsi l'administration des biens n'est pas seulement pour lui un *pouvoir*, c'est aussi un *devoir*.

Cette obligation générale peut s'analyser en trois éléments différents :

1° Le tuteur doit *faire produire* aux biens du pupille *tous les revenus* qu'ils peuvent donner, ce qui l'oblige à louer les bâtiments d'habitation, à affermer les fonds de terre ou à les cultiver lui-même, à exploiter ou faire exploiter les fonds d'industrie ou de commerce appartenant au mineur, à placer les capitaux, etc.

2° Il doit *conserver* le patrimoine du pupille, empêcher qu'il ne dépérisse en fait ou en droit par négligence, ce qui l'oblige à poursuivre en temps utile la rentrée des sommes dues, à entretenir les biens dans un bon état de réparations, à revendiquer avant l'achèvement de la prescription ceux qui se trouvent aux mains d'un tiers, etc.

3° Enfin il doit *augmenter* autant que possible l'actif du pupille, ce qui l'oblige à dépenser le moins possible afin de capitaliser l'excédent des revenus. Par suite, la dépense annuelle doit être restreinte aux sommes nécessaires à l'entretien et à l'éducation du mineur, soit à l'administration et à la conservation de ses biens [2].

[1] En faisant fixer ce chiffre par le conseil de famille, le tuteur agit prudemment dans son intérêt : il évite toute contestation ultérieure sur l'utilité de la dépense (voy. n° 2508).

[2] Ceci ne veut pas dire que les frais d'éducation du pupille doivent être pris exclusivement sur ses revenus. Un enfant appartenant à une famille peu aisée, et qui montre des dispositions pour l'étude, pourrait être poussé dans une carrière coûteuse, même au prix du sacrifice d'une partie de son capital. Mais le tuteur, ne pouvant aliéner sans autorisation et étant d'autre part obligé à faire emploi des capitaux qu'il reçoit, ne peut user de ce moyen dangereux qu'après avis conforme du conseil de famille.

Outre ce devoir général, le tuteur est tenu de diverses *obligations spéciales* qui seront indiquées en leur lieu, soit à propos des différents actes que le tuteur a l'occasion de faire, soit à propos de la reddition des comptes.

* **2376. Gratuité de la tutelle.** — Le tuteur est obligé de gérer gratuitement. Il ne peut réclamer aucun salaire. Aucun texte ne lui en accorde le droit, et l'art. 471 le lui refuse implicitement, en ne faisant pas figurer les honoraires du tuteur parmi les articles du compte de tutelle.

Néanmoins on voit assez souvent le conseil de famille allouer au tuteur, à titre de frais de gestion, une somme déterminée à forfait. Les tribunaux ont refusé d'annuler ces allocations, même dans des cas où elles étaient manifestement exagérées. Une pareille jurisprudence, qui rétribue par un moyen détourné les fonctions de tuteur, est en contradiction avec l'esprit général de nos lois et avec les traditions les plus certaines du droit français. Cependant plusieurs législations étrangères ont accepté ouvertement le principe de la rétribution, ce qui est un excellent moyen d'intéresser les tuteurs à la gestion dont ils sont chargés et de les soustraire à la tentation de commettre des détournements pour se payer de leurs mains [1]. La jurisprudence ne fait donc que suivre un mouvement de date récente, contraire aux principes anciens.

2377. Obligations du tuteur sortant de charge. — Le tuteur doit alors : 1° restituer au mineur tous les biens, effets et valeurs qu'ils détient pour son compte; 2° rendre compte de sa gestion (voy. nos 2505 et suiv.).

D. — Responsabilité du tuteur.

2378. Son objet. — Le tuteur est responsable, comme tout gérant du patrimoine d'autrui, de la façon dont il s'est acquitté de son mandat. Le principe de cette responsabilité est établi par l'art. 450 : « Il administrera *en bon père de famille* et répondra des dommages et intérêts qui pourraient résulter d'une mauvaise gestion. »

Sous l'expression « mauvaise gestion », il faut comprendre même l'absence de gestion, c'est-à-dire les actes d'omission ou de négligence par lesquels le tuteur a pu compromettre les intérêts du pupille.

2379. Son étendue. — Quelle est, au juste, l'étendue de cette responsabilité ? Le tuteur est un mandataire, et son mandat est gratuit. Or le mandataire non salarié bénéficie d'une atténuation de responsabilité : on ne lui demande d'apporter dans les affaires qu'il fait pour autrui que le même soin qu'il apporte aux siennes (art. 1374 et 1992) ; on n'apprécie donc pas ses fautes d'après le type abstrait de l'homme intelligent et soigneux, mais d'après sa propre conduite. Mais cette bienveillance dans l'appréciation des actes du mandataire serait dangereuse si on l'appliquait au tuteur, et la loi (art. 450) déclare celui-ci tenu d'agir « en bon père de famille », c'est-à-dire *avec plus de diligence que le mandataire ordinaire.* Sa responsabilité se trouve ainsi être la même que celle des débiteurs d'après le droit commun dans les obligations conventionnelles (art. 1137). Le tuteur répond donc de *toute faute par lui commise,* non seulement de sa faute *lourde,* mais même de sa faute *légère* (Comp. Demolombe, t. VIII, nos 118 à 123) [2].

2380. Sanctions diverses. — La responsabilité du tuteur se traduit d'ordinaire par une *condamnation pécuniaire :* il doit indemniser le pupille du préjudice causé.

Il y a, en outre, d'autres sanctions pour diverses obligations : la *preuve par commune*

[1] Le C. civ. allemand (art. 1836) autorise l'allocation d'une indemnité au tuteur, et même au subrogé tuteur, lorsque la fortune du pupille et les difficultés de sa gestion la justifient. De plus, cette indemnité peut toujours être retirée ou modifiée. — Le Code civil espagnol (art. 276) porte que le tuteur a toujours droit à une indemnité dont il fixe le taux : au minimum 4 0/0, au maximum 10 0/0 du revenu net.

[2] La formule théorique du principe n'est pas douteuse : ce sont les applications de fait qui peuvent être délicates, quand il s'agit de savoir si, dans des circonstances données, il y a une faute engageant la responsabilité du tuteur. Cependant ces questions ne paraissent pas donner lieu à beaucoup de difficultés dans la pratique (Voy. Caen, 11 févr. 1888, D. 88. 2. 315).

renommée quand il s'agit d'établir la consistance d'un mobilier échu au mineur et que le tuteur a négligé de faire inventorier comme il en avait le devoir; la *perte de sa créance* contre le pupille, quand il ne l'a pas déclarée dans les cas où la loi l'y oblige, etc. Enfin, à l'occasion, une *condamnation pénale*, de 2 mois à 2 ans de prison, en vertu de l'art. 408. C. pén., contre quiconque détourne des effets ou deniers qui ne lui avaient été confiés qu'à titre de mandat et à charge d'en rendre compte (*abus de confiance*).

De plus, sa *destitution* peut être demandée (ci-dessous n° 2383), et c'est encore une sanction indirecte de ses obligations.

2381. Point de départ de sa responsabilité. — L'obligation de gérer la tutelle prend naissance au moment où le tuteur connaît le fait qui l'investit de sa fonction.

La loi fait l'application de ce principe au tuteur datif, qui devient responsable du jour de sa nomination, lorsqu'il est présent à la délibération et, au cas contraire, du jour de la notification qui lui en est faite (art. 418 C. civ. et 882 C. proc. civ.).

Par analogie la responsabilité du tuteur légal commence en principe le jour même du décès, qui donne ouverture à la tutelle, et celle du tuteur testamentaire le jour de l'ouverture de l'acte de dernière volonté qui lui impose cette charge. En cas d'absence de l'un ou de l'autre, c'est le jour où ils ont connaissance, d'une manière quelconque, de leur vocation.

2382. Garanties accordées au mineur. — Grâce à ses pouvoirs et surtout au maniement des deniers, le tuteur est à même de commettre des détournements considérables. Même sans qu'il y ait fraude de sa part, le risque est grand. Les garanties prises par la loi pour éviter des pertes au mineur sont nombreuses. Telle est l'obligation de faire vendre les meubles (n° 2436), de convertir en titres nominatifs les titres au porteur (n° 2478), de faire emploi des capitaux (n° 2423). Telle est encore l'assistance, dans certains actes, du subrogé tuteur (n° 2386). Telle est enfin l'*hypothèque légale* qui grève les biens du tuteur et qui garantit au pupille le paiement de tout ce qui peut lui être dû (art. 2121). Malheureusement cette garantie est parfois vaine, car, en droit français, l'hypothèque ne frappe que les immeubles, et le tuteur n'en a pas toujours. L'existence de l'hypothèque légale dépend donc de la composition du patrimoine du tuteur.

D'autre part, il est *certains tuteurs qui ne sont pas grevés d'hypothèque par la loi*. Tels sont les membres des commissions hospitalières désignés par leurs collègues pour remplir les fonctions de tuteur. S'il y a des rentrées de fonds au nom d'un enfant assisté, c'est le receveur de l'établissement qui les reçoit et la garantie de l'enfant consiste alors dans son cautionnement (L. 15 pluv. an XIII, art. 5). Tel est encore le tuteur institué en vertu de l'art. 10 de la loi du 24 juillet 1889; il remplit ses fonctions sans être grevé d'hypothèque, et cela se comprend, puisque l'enfant qu'il recueille est dans le dénuement. Pour le cas où cet enfant posséderait quelque bien, ou serait appelé à en recueillir, le tribunal peut ordonner qu'une hypothèque soit constituée jusqu'à concurrence d'une somme déterminée (même article).

2383. Destitution du tuteur. — La tutelle doit être retirée au tuteur toutes les fois qu'il survient un fait qui aurait justifié son exclusion, s'il s'était produit avant le jour où la tutelle lui a été déférée. Exemples : une infirmité grave, ou l'aliénation mentale, une condamnation criminelle, etc.

Le retrait de la tutelle prend plus spécialement le nom de *destitution*, lorsqu'elle est prononcée pour une cause d'indignité telle que les condamnations pénales, l'inconduite notoire, l'incapacité et l'infidélité.

La destitution du tuteur est *prononcée par le conseil de famille*. Les règles à cet égard sont celles qui ont été indiquées plus haut pour son exclusion : c'est la même série d'articles qui règle les deux choses (art. 446 à 449. Ci-dessus, n° 2356). Il y a lieu de même à un recours devant la justice (art. 448).

2384. Responsabilité du tuteur envers les tiers. — Quand un acte fait par le tuteur est annulé pour omission des formalités légales, le tuteur n'en est pas responsable, sauf le cas où il y aurait eu de sa part dol ou faute, et sauf aussi l'effet de l'engagement spécial de garantie qu'il a pu prendre personnellement envers le tiers (Nancy, 9 mai 1885, D. 86. 2. 134, S. 87. 2. 137).

CHAPITRE IV

DU SUBROGÉ TUTEUR

** **2385. Son double rôle.** — « Subrogé tuteur » veut dire *tuteur suppléant* ou *vice-tuteur*. Le subrogé tuteur est en effet destiné à remplacer le tuteur, le cas échéant, mais ce n'est pas là sa principale mission ; l'institution des tuteurs *ad hoc* temporaires eût suffi à ce besoin. Ce qui justifie la présence permanente du subrogé tuteur, c'est la nécessité d'exercer une *surveillance* constante sur les actes du tuteur, une sorte de contrôle. C'est là le *rôle essentiel* du subrogé tuteur[1].

2386. Sa fonction de surveillant. — La loi exige que le subrogé tuteur soit *présent à certains actes* dans lesquels les détournements et les fraudes sont particulièrement faciles, inventaires, ventes aux enchères (art. 451, 452, 459, etc.). Elle veut, de plus, que les *jugements* pris contre le tuteur soient *signifiés* au subrogé tuteur (art. 444 C. proc. civ.).

Le subrogé tuteur peut, sur avis conforme du conseil de famille, exiger que le tuteur lui rende compte de sa gestion une fois par an (art. 470) au moyen de ce que la loi appelle des *états de situation* (voy. ci-dessous n° 2493).

Le subrogé tuteur est chargé de *provoquer la destitution* du tuteur, quand il y a lieu, ou de pourvoir à son remplacement quand il est décédé (art. 444 et 446).

Il est chargé de faire inscrire l'hypothèque du mineur (art. 2137).

On voit à quel point le Code s'est ignoré lui-même, quand il a dit, dans l'art. 420, en parlant du subrogé tuteur : « Ses fonctions consisteront à agir pour les intérêts du mineur quand ils seront en opposition avec ceux du tuteur. »

La fonction du subrogé tuteur a été précisée et développée à nouveau par la loi du 27 février 1880, pour toutes les opérations concernant les *valeurs mobilières* appartenant à des incapables. Cette loi prescrit un certain nombre de mesures pour la conservation de ces valeurs, et elle autorise le conseil de famille à prendre, en outre, des précautions supplémentaires selon les circonstances. Par son art. 7, elle charge spécialement le subrogé tuteur d'en surveiller l'accomplissement, sous sa responsabilité personnelle ; et, si le tuteur ne se conforme pas aux mesures qui lui sont prescrites, le subrogé tuteur doit « provoquer la réunion du conseil de famille, devant lequel le tuteur sera appelé à rendre compte de ses actes » (*Ibid.*).

[1] En Roumanie, il n'y a pas de subrogé tuteur, bien que l'organisation de la tutelle ressemble beaucoup à celle de la tutelle française. La surveillance du tuteur y est confiée aux tribunaux (art. 368 C. civ. roumain ; L. 3 mars 1894, art. 15 ; L. de 1896, sur les justices de paix, art. 65).

2387. Sa fonction de remplaçant du tuteur. — Le subrogé tuteur n'est appelé à représenter le pupille que pour des cas spéciaux, pour *un acte isolé* où il y a *opposition d'intérêts* entre le mineur et son tuteur, par exemple, quand ils sont tous deux intéressés dans un même partage (Grenoble, 6 nov. 1894, D. 95. 2. 347, S. 96. 2. 67). Le subrogé tuteur remplace de même le tuteur et représente le mineur quand le tuteur veut prendre à bail l'immeuble du pupille (art. 450, al. 3) ; comme le tuteur ne peut jouer à la fois dans le bail le rôle de bailleur et celui de preneur, c'est le subrogé tuteur qui lui en passe acte au nom du pupille.

Mais lorsque le tuteur meurt ou disparaît, le subrogé tuteur n'a pas à prendre en mains la gestion de la tutelle (art. 424) ; ce sont les héritiers du tuteur qui sont chargés de continuer provisoirement l'administration (art. 419). Tout le rôle du subrogé tuteur se borne alors à prévenir le juge de paix de la vacance de la tutelle et à requérir la convocation du conseil de famille (art. 424). Il ne faut donc pas s'imaginer que le subrogé tuteur a le droit de se substituer au tuteur quand celui-ci est négligent ou absent : il n'aurait pas même qualité pour faire en cette occasion l'acte le plus insignifiant.

2388. Tutelles pourvues d'un subrogé tuteur. — A raison de l'importance du rôle que joue cette espèce de *censeur* du tuteur, la loi veut qu'il y ait un subrogé tuteur *dans toute tutelle* (art. 420). Elle ne fait pas même exception pour les père et mère. La subrogée tutelle se retrouve même dans la tutelle officieuse.

Toutefois elle manque dans la tutelle administrative des *enfants assistés* et on reconnaît en général que les tuteurs ad hoc n'ont pas besoin d'être assistés d'un subrogé tuteur, si ce n'est dans les actes pour lesquels la loi exige expressément l'intervention de ce dernier.

2389. Nomination du subrogé tuteur. — Qui le nomme ? C'est *toujours* le conseil de famille (art. 420). La subrogée tutelle est donc toujours *dative*. On peut considérer le subrogé tuteur comme un mandataire du conseil chargé de surveiller le tuteur. Comme conséquence de la même idée, il est interdit au tuteur de prendre part au vote pour la nomination du subrogé tuteur (art. 423).

2390. Moment où il doit être nommé. — On comprend, par ce qui vient d'être dit, l'importance que la loi attache à l'existence du subrogé tuteur. Elle veut donc que sa nomination ait lieu au début de la tutelle, *avant l'entrée en fonctions du tuteur* ; il y a un grand intérêt à ce que le tuteur ne fasse rien avant que le subrogé tuteur n'ait été nommé. Par conséquent lorsque c'est le conseil de famille qui nomme le tuteur, il doit procéder *immédiatement* après à la nomination du subrogé tuteur (art. 442) [1]. Si au contraire le tuteur ne tient pas sa qualité d'un vote du conseil de famille, la loi lui impose l'obligation de faire convoquer le conseil *dans le plus bref délai* pour procéder à cette nomination (art. 421). Ce dernier article donne à cette obligation une sanction redoutable : s'il y a eu dol de la part du tuteur, il encourt la destitution.

2391. Qui peut être nommé subrogé tuteur. — Le conseil de famille jouit de la même liberté que pour le choix du tuteur : il peut nommer une personne étrangère à la famille aussi bien qu'un parent ou un allié. Toutefois son choix, en ce qui concerne les membres de la famille, est restreint par une disposition spéciale : le tuteur et le subrogé tuteur ne peuvent être pris tous les deux dans la même ligne (art. 423) [2]. S'ils apparte-

[1] Il est quelquefois impossible de satisfaire à cette prescription, lorsque le conseil de famille a choisi un de ses membres pour être tuteur : ce membre étant incapable de voter pour la nomination du subrogé tuteur, le conseil ne se trouve plus en nombre, et on est obligé de renvoyer l'affaire à une autre séance.

[2] L'art. 423 ne rend pas exactement la pensée des auteurs de la loi. Il y est dit que le subrogé tuteur doit être pris « dans *celle des deux lignes* à laquelle le tuteur n'appartiendra pas ». Si l'on prenait ce texte au pied de la lettre, le conseil de famille n'aurait pas le droit de choisir un étranger. D'ailleurs la disposition impérative de la loi serait inapplicable au cas où il n'y a personne pour représenter l'autre ligne. Tout ce que le législateur a voulu, c'est éviter une communauté de liens entre le surveillant et le surveillé, qui pourrait faciliter des collusions.

naient à la même ligne il pourrait arriver qu'ils eussent tous deux le même intérêt et qu'une entente frauduleuse s'établît entre eux [1].

2392. Exception pour les frères germains. — Cette règle souffre d'ailleurs une exception « dans le cas des frères germains » (art. 423). La formule est un peu énigmatique, et son sens est contesté. L'interprétation la plus vraisemblable consiste à traduire ainsi : « Lorsque le *tuteur* et le *subrogé tuteur* sont tous deux des frères germains du mineur. » L'exception se justifie d'elle-même : le lien étroit qui unit les deux frères du pupille est le même qui les unit au mineur, il n'y a pas de raison pour que le subrogé tuteur trahisse un de ses frères pour l'autre. Mais M. Demolombe ne l'entend pas ainsi. Il traduit : « Lorsque le *tuteur* et le *pupille* sont frères germains. » Alors l'exception prend un tout autre sens. Elle signifie que, lorsque le tuteur est un frère germain du mineur, la loi n'a pas entendu obliger le conseil de famille à choisir pour subrogé tuteur un étranger, ce qu'il serait obligé de faire si l'on ne dérogeait pas à la règle, puisque le tuteur appartient à la fois aux deux lignes. Il lui est donc permis de prendre pour subrogé tuteur soit un autre frère germain s'il y en a, soit un parent simplement paternel ou simplement maternel. Avec cette interprétation l'équilibre essentiel entre les deux lignes se trouverait rompu si le subrogé tuteur appartient exclusivement à l'une d'elles. D'ailleurs il est naturel de croire que dans l'art. 423 l'épithète « frères germains » s'applique au tuteur et au subrogé tuteur qui sont seuls mentionnés dans le texte, et non au pupille qui n'y est pas nommé.

Dans l'une et l'autre interprétation, il convient d'étendre aux maris des sœurs germaines ce que la loi dit des frères germains (arg. art. 408).

2393. Nomination anticipée du subrogé tuteur. — Le subrogé tuteur est quelquefois tout nommé d'avance au moment où la tutelle s'ouvre. Ceci arrive lorsqu'il y a eu nomination d'un *curateur au ventre* (ci-dessous n° 2396).

***2394. Responsabilité du subrogé tuteur.** — Comme *remplaçant du tuteur*, il a la même responsabilité que lui, puisqu'il en joue le rôle. Comme *surveillant*, et c'est là sa fonction propre, la loi a quelquefois déterminé sa responsabilité : à savoir la *solidarité avec le tuteur*, soit pour les suites du défaut d'inventaire (art. 1442), soit pour le défaut d'inscription de l'hypothèque légale du pupille (art. 2137). Hors ces cas, le subrogé tuteur ne répond plus que de sa propre faute et des conséquences qu'elle a pu avoir, et non pas de celles du tuteur, dont il n'est pas solidaire. Par exemple, s'il a négligé de demander la destitution d'un tuteur infidèle ou incapable ; de se faire remettre les états de situation ; de faire remplacer un tuteur mort ou absent (Nancy, 7 févr. 1861, D. 61. 2. 200) ; de surveiller l'accomplissement des formalités prescrites par la loi du 27 février 1880 pour l'aliénation des valeurs mobilières (voy. l'art. 7 de cette loi) ; de faire inscrire l'hypothèque légale du mineur (Cass., 12 déc. 1898, D. 99. 1. 305, S. 99. 1. 333). Sur ce dernier cas, voy. t. II, 1re édit., n° 2993.

Bien entendu, cette responsabilité propre au subrogé tuteur suppose toujours qu'il y a eu négligence de sa part et que cette négligence a causé quelque tort au mineur, en permettant au tuteur d'abuser de ses pouvoirs, alors qu'une intervention opportune du subrogé tuteur l'en eût empêché.

2395. Durée de la subrogée tutelle. — « Les fonctions du subrogé tuteur cesseront à la même époque que la tutelle », dit l'art. 425. Ce qui ne veut pas dire que les fonctions du subrogé tuteur cessent toutes les fois que le tuteur change. Le mot « tutelle » désigne ici l'ensemble des institutions qui protègent le mineur orphelin et non émancipé, et non pas la mission spéciale du tuteur qui n'en est qu'un rouage : double sens du mot qu'il importe de distinguer toujours, car nous prenons le mot « tutelle », comme le fait la loi, tantôt dans l'un, tantôt dans l'autre.

Le subrogé tuteur reste en fonctions même quand le tuteur vient à mourir. Les seuls faits qui mettent fin à sa mission sont l'*arrivée du pupille à sa majorité* ou son *émancipation*.

[1] Toutefois la fonction du subrogé-tuteur en exercice ne cesse pas de plein droit par la nomination d'un nouveau tuteur appartenant à la même ligne que lui (Cass., 12 déc. 1898, D. 99. 1. 305, S. 99. 1. 333).

Cependant *le changement de tuteur* ne sera pas toujours sans influence sur la subrogée tutelle : si le nouveau tuteur est choisi dans la ligne à laquelle appartient le subrogé tuteur celui-ci devra être remplacé par un représentant de l'autre ligne, par application de l'art. 423.

APPENDICE

DU CURATEUR AU VENTRE

2396. Cas où est nommé ce curateur. — Il est permis d'être bref sur ce personnage qui n'a qu'un rôle tout à fait temporaire et très exceptionnel. L'hypothèse qui donne lieu à sa nomination, est indiquée dans l'art. 393 : c'est celle où, lors du décès de son mari, la veuve se déclare enceinte.

2397. Sa mission. — En attendant l'ouverture de la tutelle, ses fonctions consistent à surveiller la mère pour empêcher deux sortes de fraudes : la *suppression de part* et la *supposition de part*.

Une suppression de part peut être à craindre si la femme est donataire ou légataire universelle de son mari, et surtout si elle n'a pas d'autres enfants : celui qu'elle attend réduira de moitié par sa naissance l'effet de la libéralité qu'elle a reçue. La mère sera peut-être tentée de faire disparaître son enfant pour soutenir qu'elle n'en a jamais eu.

La supposition de part est à redouter dans l'hypothèse inverse : la mère qui se trouve veuve sans enfants et qui n'a reçu de son mari ni don, ni legs, va voir la fortune du défunt passer à des héritiers éloignés : si elle avait un enfant, et surtout un tout jeune enfant, elle conserverait pendant de longues années la jouissance légale de la fortune de son mari, qui serait recueillie par leur enfant. Elle pourra alors être tentée de faire croire à une grossesse, de se procurer un enfant nouveau-né, et de le faire passer pour sien [1]. On voit que dans ce dernier cas, le curateur au ventre agit non pas dans l'intérêt de l'enfant, puisqu'il n'y en a pas, mais dans l'intérêt des héritiers du mari.

Une substitution de part serait aussi à craindre si la mère accouchait d'un enfant mort.

Inutile d'ajouter qu'il n'y a rien dans notre droit qui rappelle la visite des « obstetrices » décrite au *Digeste* dans le titre « De inspiciendo ventre custodiendoque partu (XXV, 4). C'est pourtant de là que nous est venue l'expression « curateur au ventre ».

En outre, et quoique la loi ne le dise pas, il est chargé d'administrer provisoirement la succession lorsqu'il n'y a pas d'autres enfants. On ne sait, en effet, qui sera héritier du père ; personne n'est en état de réclamer la succession qui doit être dévolue en premier lieu à l'enfant à naître, et la mère n'étant pas encore tutrice n'a pas qualité pour agir. Le curateur au ventre jouera donc le rôle d'un *curateur à succession vacante* (art. 998 et suiv. C. proc. civ.).

2398. Sa transformation en subrogé tuteur. — Le jour où l'enfant naît, la mère devient sa tutrice légale, et le *curateur au ventre* se transforme de plein droit en *subrogé tuteur* (art. 393, al. 2). Il résulte de là : 1° que la veuve ne peut pas prendre part au conseil de famille qui nomme le curateur ; 2° que le curateur doit être pris dans la ligne paternelle, le tout pour obéir à la double prescription de l'art. 423.

[1] La loi du 9 mars 1891, qui a donné au conjoint survivant un droit d'usufruit sur les biens du prédécédé, a beaucoup diminué l'utilité d'une supposition de part.

CHAPITRE V

GOUVERNEMENT DE LA PERSONNE DU MINEUR [1].

2399. Laconisme du Code. — Sur cette matière si importante le Code est fort incomplet. Il nous fournit deux textes seulement, les art. 450 et 468, et encore le premier se borne à poser en termes très vagues un principe général, à savoir que le tuteur est chargé de prendre soin de la personne du mineur.

*** 2400. Éducation du mineur.** — Le mineur doit recevoir une éducation en rapport avec sa position sociale et sa fortune.

En principe, c'est *le tuteur qui choisit le genre d'instruction* à donner à l'enfant, l'établissement dans lequel il sera placé, la durée de ses études, etc. Mais le droit du tuteur à cet égard n'est pas absolu. Il est admis en doctrine et en jurisprudence que *le conseil de famille a un droit supérieur au sien*, et qu'il peut toujours intervenir sur la demande d'un de ses membres, ou du subrogé tuteur, ou du mineur lui-même.

C'est donc le conseil de famille qui décide en réalité, et s'il laisse au tuteur toute liberté, c'est par suite d'un accord tacite; il approuve en laissant faire.

En cas de conflit entre le conseil de famille et le tuteur, celui-ci peut se pourvoir devant le tribunal, et faire réformer la délibération, s'il réussit à faire prévaloir ses vues personnelles. Telle était la tradition, et rien n'indique que le Code ait voulu innover, d'autant plus que c'est le conseil de famille qui fixe la dépense à faire. C'est donc lui qui est le maître; *il tient les cordons de la bourse*.

D'ailleurs le tuteur et le conseil de famille doivent toujours s'incliner devant la *volonté manifestée par le dernier mourant des père et mère*, surtout pour le choix de l'éducation religieuse à donner à l'enfant.

***2401. Droit de correction.** — Le tuteur, chargé de diriger l'éducation de l'enfant, a, comme disait Pothier, le droit de se faire obéir (*Des Personnes*, n° 162). La loi lui permet même, pour réprimer les écarts trop graves, de le faire emprisonner (art. 468). Seulement il ne peut user de cette ressource extrême qu'*avec l'assentiment du conseil de famille*, et de plus, quel que soit l'âge de l'enfant, il n'agit jamais par voie d'autorité, mais seulement *par voie de réquisition*. Voyez ci-dessus n° 2148.

A tous autres égards, pour la procédure, la durée de l'emprisonnement, etc., la loi renvoie aux règles qu'elle a posées au titre « De la puissance paternelle ».

***2402. Choix d'une profession.** — Le choix d'une profession se présente souvent sous la forme d'un contrat : on achète un fonds de commerce, on s'engage comme artiste dramatique ou lyrique, etc. Il y a *achat* dans un cas, *louage de travail* dans l'autre. Ici des distinctions sont nécessaires :

[1] Dans les chapitres précédents les différents rouages qui composent le mécanisme de la tutelle ont été analysés. Il s'agit maintenant, dans ce chapitre et dans le suivant, de voir fonctionner ce mécanisme.

1° Engagement théatral. — Il est reconnu qu'un mineur, une jeune fille, par exemple, peut contracter un engagement de ce genre avec l'autorisation de ses parents ou de son tuteur (Paris, 8 juill. 1882, D. 83. 2. 93, S. 85. 2. 106).

Il a même été jugé que le tuteur a qualité pour contracter seul l'engagement au nom du mineur et sans le concours de celui-ci (Paris, 27 juin 1889, D. 90. 2. 206, S. 89. 2. 159), mais cette décision est généralement critiquée (comp. Demolombe, t. VII, n° 800) ; le tuteur doit se borner à autoriser.

2° Engagement décennal dans l'instruction publique. — Pour ce cas il existe des textes spéciaux (L. 15 mars 1850, art. 79 ; Décr. 2 juill. 1866, art. 14), d'où il résulte que l'engagement doit être pris par le mineur lui-même, avec l'autorisation de ses parents ou de son tuteur (Cass., 26 janv. 1891, D. 91. 1. 123).

3° Entreprise commerciale. — Nul ne peut devenir commerçant par le fait d'autrui ; la qualité de commerçant est personnelle et ne peut s'acquérir que par des actes personnels. Ce principe, qui résulte des traditions, est sous-entendu par la loi, quand elle règle les conditions sous lesquelles un mineur peut devenir commerçant : il faut notamment qu'il soit *émancipé* (art. 2 C. com.). Il en résulte que l'achat d'un fonds de commerce est impossible pour un mineur en tutelle, lequel, par hypothèse, n'a bénéficié d'aucune émancipation.

Cela n'empêche pas toutefois le tuteur de pouvoir faire, au nom de son pupille, avec ou sans formalités, des actes de commerce isolés. Il peut, par exemple, acquérir à titre de placement de fonds des actions dans une société commerciale ou industrielle (Paris, 21 mai 1884, D. 85. 2. 177, S. 85. 2. 97) ; or la simple souscription d'actions de ce genre est considérée comme un acte de commerce. Le droit du tuteur de faire des actes de commerce, même isolés, pour le compte de son pupille, est cependant discuté. Voyez la note de M. Ch. Lyon-Caen, dans *Sirey*, sous l'arrêt de Paris précité.

* **2403. Mariage, engagement militaire, émancipation.** — Lorsqu'il s'agit du mariage de l'enfant, ce n'est pas le tuteur, mais le conseil de famille qui donne son consentement (art. 160). Pour l'engagement dans l'armée, c'est le tuteur qui consent, mais avec l'autorisation du conseil. On verra que ce n'est pas au tuteur qu'appartient le droit d'émanciper l'enfant, mais au conseil de famille ; le tuteur ne peut que provoquer l'émancipation. Sur ces trois points, *le pouvoir tutélaire réside dans le conseil* et n'est pas aux mains du tuteur.

** **2404. Fixation du budget de la tutelle.** — Le tuteur n'a pas plus le droit d'engager les dépenses de sa propre autorité, qu'il n'a le droit de choisir le genre d'éducation de l'enfant. C'est le conseil de famille qui fixe ce qu'on a appelé le « budget de la tutelle », c'est-à-dire *la somme qui pourra être dépensée chaque année pour l'entretien personnel du mineur* (art. 454).

Le conseil doit prendre cette décision dans sa première réunion, celle qui doit avoir lieu au début de la tutelle sur la requête du tuteur (ci-dessus, n°s 2277 et 2374-2°). La loi dit que le conseil règle cette somme *par aperçu*. En effet, il est impossible d'établir d'avance la somme qui sera nécessaire. Ce n'est qu'une indication dont le tuteur fera bien de ne pas trop s'écarter. Cependant si les prévisions du conseil de famille se trouvaient dépassées, le tuteur aurait le droit de porter toute la dépense en compte, à la charge pour lui de justifier de son utilité.

2405. Fixation de la dépense à forfait. — Pour éviter des comptes assez difficiles à établir, surtout quand le pupille est élevé et nourri dans la maison du tuteur, le conseil accorde très souvent une somme à *forfait* pour indemniser le tuteur de ces frais.

* **2406. Charge des frais.** — En général l'enfant n'est pas à la charge de son tuteur ; ce n'est pas ce dernier qui doit pourvoir de ses deniers aux frais d'entretien et d'éducation. Si l'enfant a des biens personnels, c'est sur ces biens, en première ligne, que doivent être prises les sommes nécessaires. Lorsqu'il n'a pas de biens personnels ou lorsque ceux qu'il a sont insuffisants, il doit y être pourvu par les personnes qui sont tenues envers lui de l'obligation alimentaire, et tout d'abord par sa mère, si elle vit encore. Lorsque le tuteur sera tenu de ces frais, ce sera à titre d'ascendant, et non pas à titre de tuteur.

Par exception, certains tuteurs acceptent, en même temps que la gestion tutélaire, la charge de nourrir et élever l'enfant. Ce sont les *tuteurs officieux*. D'abord celui du Code civil. Voyez l'art. 364 : « Cette tutelle... emportera avec soi l'obligation de nourrir le pupille, de l'élever, de le mettre en état de gagner sa vie, sans préjudice de toutes stipulations particulières », et rapprochez-en l'art. 369 : « Si, dans les trois mois qui suivront la majorité du pupille, les réquisitions par lui faites à son tuteur officieux à fin d'adoption restent sans effet et que le pupille ne se trouve point en état de gagner sa vie, le tuteur pourra être condamné à l'indemniser... Cette indemnité se résoudra en secours propres à lui procurer un métier. » — En second lieu le tuteur officieux de la loi de 1889 : quoiqu'il se soit chargé de l'enfant sans avoir l'intention de l'adopter, on lui applique l'art. 364 (art. 13 de la loi). La tutelle *officieuse* est donc en même temps une tutelle *onéreuse*.

* **2407. Règles spéciales au survivant des père et mère.** — Le gouvernement de la personne du pupille n'est pas toujours une fonction tutélaire : le tuteur ne peut l'avoir qu'au cas où l'enfant n'a plus ni père ni mère, ou lorsque celui qui survit a perdu en droit ou en fait, soit par déchéance, soit par aliénation mentale, l'exercice de la puissance paternelle. Tant que l'un des parents est vivant et capable, celui-là conserve tous ses droits sur la personne de l'enfant, qu'il ait ou non la tutelle.

Dès lors deux situations différentes sont à prévoir.

1° *La tutelle n'appartient pas au survivant.* — En ce cas la charge se divise ; la gestion des intérêts pécuniaires de l'enfant passe seule au tuteur et au conseil de famille. Le gouvernement de la personne reste au survivant des parents à titre d'attribut de la puissance paternelle.

2° *La tutelle appartient au survivant.* — En ce cas les deux fonctions, gouvernement de la personne et administration du patrimoine, sont réunies dans les mêmes mains. Cependant il est encore intéressant de savoir que la direction de la personne de l'enfant lui appartient, non pas en qualité de tuteur, mais *en vertu de sa puissance paternelle*. En effet, la puissance paternelle donne au père ou à la mère des droits plus étendus que ceux d'un simple tuteur, notamment ils ne sont pas soumis au contrôle du conseil de famille. L'art. 454 tire de là une conséquence importante : c'est que lorsque la tutelle appartient au père ou à la mère *le conseil de famille n'est pas appelé à régler la dépense annuelle du mineur*. Toute latitude leur est laissée (Bordeaux, 5 déc. 1899, D. 1900. 2. 380).

Enfin quand l'un des deux parents survit et conserve la puissance paternelle, c'est lui qui consent au mariage de l'enfant (art. 148), à son adoption (art. 346), à son engagement militaire, ou qui l'émancipe (art. 477).

CHAPITRE VI

GESTION DU PATRIMOINE DU PUPILLE

2408. Méthode à employer. — La méthode traditionnelle, qui consiste à diviser en trois catégories les actes de gestion (ceux que le tuteur peut faire seul, ceux qu'il ne peut faire qu'avec l'autorisation du conseil de famille ou d'autres formalités encore, ceux qui lui sont complètement interdits) mérite d'être abandonnée. Cette méthode a l'inconvénient de séparer les actes les plus voisins, et d'éparpiller l'attention. Mieux vaut passer en revue les diverses espèces d'opérations en les groupant d'après leurs affinités naturelles. Il suffira de dresser, en finissant, un tableau des cas où l'autorisation du conseil est nécessaire.

§ 1. — *Entretien et exploitation des biens.*

****2409. Attribution naturelle du tuteur.** — Cet entretien et cette exploitation nécessitent des opérations très diverses.

La règle est que le tuteur peut les faire toutes sans autorisation du conseil de famille, sa fonction naturelle étant d'*administrer*. Il n'y a de détails à donner que sur quelques points.

A. — Actes conservatoires.

****2410. Liberté d'action du tuteur.** — Le tuteur a certainement qualité pour engager sans autorisation toutes les dépenses exigées par les actes dits « conservatoires », comme la transcription d'un acte d'achat, l'inscription d'une hypothèque, une police d'assurance contre l'incendie, etc.

L'*interruption de prescription* fait seule difficulté. Elle résulte ordinairement de l'exercice de l'action. Or on verra qu'en matière immobilière le tuteur ne peut pas agir en justice sans autorisation. On s'est donc demandé si l'action intentée par lui suffisait pour opérer l'interruption de prescription. On l'admet en général, parce que l'autorisation du conseil de famille intervenant ensuite suffit pour régulariser la procédure. Dans les cas urgents le tuteur pourra donc lancer l'assignation; s'il se fait ensuite autoriser à plaider, la prescription aura été régulièrement interrompue.

B. — Réparations.

***2411. Difficultés pour les grosses réparations.** — Les réparations sont, à leur manière, des actes conservatoires. Le tuteur a donc droit de les faire sans autorisation, et il peut passer tous marchés et traités à cet effet. Il y a cependant une difficulté sérieuse pour ce qu'on appelle les *grosses réparations*, celles qui ne sont pas de nature à s'exécuter avec les revenus et pour lesquelles il faut entamer le capital.

M. Demolombe a cherché à démontrer que le tuteur n'avait pas le droit d'engager la dépense et de traiter pour les travaux avec un entrepreneur (t. VII, nos 649 et 650)[1].

[1] Il apporte toutefois à son principe divers tempéraments, d'où il résulte que le tuteur peut faire les grosses réparations toutes les fois qu'il a en mains assez d'argent et qu'il n'a

Sans doute la loi eût été prudente, si elle eût obligé le tuteur à prendre d'abord l'avis du conseil avant d'agir, sauf dans les cas d'extrême urgence et à la charge de justifier de la nécessité immédiate du travail. Mais, dans l'état actuel des textes, le système de M. Demolombe vient échouer devant le principe établi plus haut; que le tuteur a pleins pouvoirs, sauf pour les actes dont les conditions sont réglées par la loi (ci-dessus, nos 2368 et 2369). Or il s'agit ici de contracter des obligations nécessaires pour l'administration dont le tuteur est chargé, et il n'y a dans la loi aucun texte restrictif de ses pouvoirs. Si le tuteur entreprend des travaux sans utilité sérieuse, il commet une faute, dont il est responsable personnellement, et c'est dans cette responsabilité du tuteur que réside actuellement la seule garantie du pupille.

C. — Baux.

* **2412. Règles sur la durée des baux.** — Le tuteur peut donner à bail les biens du mineur, c'est lui qui fixe seul et librement le prix du loyer et la durée du bail; toutefois une restriction notable est apportée à son pouvoir, afin d'éviter que le pupille ne se trouve lié à sa sortie de tutelle par un bail d'une durée excessive[1]. Les *baux de plus de neuf ans* sont considérés comme excédant les pouvoirs d'un administrateur; le tuteur n'en doit donc point faire, en principe. Néanmoins, un bail dépassant neuf ans *n'est pas nul;* le preneur reste en jouissance tant que dure la tutelle, mais lorsqu'il s'agit de savoir dans quelle mesure le mineur devenu majeur sera lié par le bail que son tuteur avait consenti, on applique le système suivant : le bail est *divisé en périodes de neuf ans*, à compter de son origine, et le preneur a seulement le droit de terminer la période dans laquelle il se trouve, quand le pupille sort de tutelle. De la sorte, le pupille n'est pas lié pour un temps plus long que si son tuteur avait passé successivement plusieurs baux de neuf ans.

* **2413. Renouvellement des baux.** — Le tuteur a le droit de consentir un renouvellement aux locataires et fermiers, avant l'expiration du bail en cours, pour éviter des pertes de loyers par suite de vacances; mais il ne peut le faire que dans les trois dernières années, s'il s'agit de biens ruraux; dans les deux dernières, s'il s'agit de maisons. Lorsque le renouvellement du bail a lieu dans ces délais, le mineur est obligé de le respecter, ce qui peut porter à 12 ou 11 ans au maximum l'effet des baux consentis par le tuteur. Si le renouvellement a eu lieu plus tôt, il

pas besoin d'emprunter pour les payer. Son système, fondé en grande partie sur la libre disposition des capitaux, est incompatible avec la loi du 27 février 1880 qui a restreint la liberté du tuteur pour les placements d'argent. — Du reste, il ne s'agit pas de savoir si le tuteur peut *dépenser l'argent* quand il l'a en mains, ce qui est une question de maniement des fonds; mais s'il peut *passer des contrats avec des tiers*, c'est-à-dire créer des obligations exécutoires sur les biens du mineur.

[1] Cette restriction est établie dans le Code civil, par les art. 1429 et 1430, qui s'occupent des baux faits par le mari comme administrateur des biens de sa femme, et c'est à l'aide d'un renvoi, contenu dans l'art. 1718, au titre « Du louage », que ces textes sont déclarés applicables aux baux passés par les tuteurs.

est « sans effet », dit l'art. 1430, c'est-à-dire qu'il n'est pas opposable à l'ex-mineur devenu majeur.

2414. Loyers d'avance. — Le tuteur ne peut pas se faire payer les loyers d'avance; ce serait une anticipation de jouissance qui risquerait de mettre plus tard le mineur dans la gêne. Un versement de loyers d'avance pourrait cependant être autorisé par l'usage des lieux; par exemple à Paris, les propriétaires exigent souvent six mois d'avance, à titre de garantie, pour les locations de boutiques et magasins.

D. — Frais de gestion.

* **2415. Fixation de la dépense annuelle.** — En même temps qu'il fixe la somme qui pourra être employée annuellement pour l'entretien personnel du mineur, le conseil de famille est appelé à déterminer la somme qui pourra être dépensée chaque année « pour l'administration de ses biens » (art. 454). Cette décision est prise dans l'assemblée qui a lieu lors de l'entrée en exercice du tuteur. La fixation est faite de la même manière, *par aperçu*, c'est-à-dire en chiffres ronds, d'après l'importance des biens régis (même art.).

2416. Compte des frais. — Quelle que soit la somme allouée, le tuteur n'est pas dispensé d'en rendre compte. Il doit justifier qu'elle a été réellement dépensée, et s'il y a un reliquat il en est comptable. Sur l'allocation d'une somme à *forfait* pour couvrir le tuteur de ses frais de gestion, voyez ci-dessus n° 2376.

Les mots « administration des biens » ne comprennent que les frais d'administration proprement dits (voyages, faux frais et autres) et non les sommes dépensées en réparations. Il est impossible que le conseil règle celles-ci d'avance, même par aperçu; elles varient trop d'une année à l'autre.

2417. Dispense accordée aux père et mère. — La fixation par le conseil de famille de la somme susceptible d'être employée annuellement en frais n'a pas toujours lieu; le survivant des père et mère n'y est pas astreint. « Dans toute tutelle *autre que celle des père et mère* », dit l'art. 454.

§ 2. — *Manutention des deniers.*

2418. Rôle du tuteur. — C'est *toujours le tuteur* qui a le maniement des fonds du pupille, mais sur bien des points il est soumis à des obligations rigoureuses.

A. — Paiements à recevoir.

** **2419. Sommes dues par des tiers.** — Le tuteur a qualité pour recevoir l'argent et pour donner quittance, quelle que soit la somme à recevoir, qu'il s'agisse de simples *revenus* ou de *capitaux*. On verra (n° 2423) que le tuteur est soumis à l'obligation de *faire emploi*, c'est-à-dire de placer les capitaux disponibles. Mais les tiers qui se libèrent entre ses mains ne sont *en aucun cas garants envers le mineur de cet emploi* (L. 27 févr. 1880, art. 6 *in fine*). Le paiement qu'ils font aux mains du tuteur est toujours valable, et, si l'emploi n'est pas fait, le tuteur seul en est responsable; le mineur n'a d'action que contre lui.

Par suite les tiers qui ont un paiement à faire entre les mains du tuteur ne peuvent pas exiger que le tuteur justifie de l'emploi qu'il fera des fonds (Trib. de Saint-Dié, 22 juin 1882, DALLOZ, *Suppl.*, t. X, p. 721, note 1, S. 82. 2. 230).

La présence du subrogé tuteur n'est pas nécessaire.

2420. Sommes dues par le tuteur. — Si c'est le tuteur qui est débiteur, il est *censé se payer lui-même à l'échéance*, et s'il n'a pas placé la somme due, il en doit les intérêts comme s'il s'agissait d'une somme à lui versée par un débiteur du pupille.

B. — Paiements à faire.

2421. Sommes dues à des tiers. — Lorsque le mineur a des dettes échues, le tuteur doit les payer et en retirer quittance. Il peut même payer avant terme, s'il y a avantage, par exemple quand la dette du mineur produit des intérêts à un taux élevé. S'il n'a pas de fonds disponibles, il peut s'en procurer par une vente de valeurs ou par un emprunt. Voyez nos 2443, 2446 et 2457.

2422. Sommes dues au tuteur. — Lorsque c'est lui-même qui est créancier, il peut se payer et porter en compte la somme qu'il prend. Une *obligation particulière est imposée au tuteur lorsqu'il était créancier du* père ou de la mère du mineur au moment du décès (ci-dessous n° 2463).

C. — Placement des capitaux et des économies [1].

** **2423. Caractère obligatoire du placement.** — Le tuteur est obligé de placer les fonds disponibles qui appartiennent à son pupille, soit qu'il s'agisse de *capitaux* déjà anciens, soit qu'il s'agisse du capital naissant, à l'état de formation, et provenant d'*économies* faites sur les revenus.

Le Code civil n'avait prévu, dans l'art. 455, que le placement des économies, parce qu'il avait voulu fixer au tuteur un délai pour le faire; mais on reconnaissait en général que le placement des capitaux n'en était pas moins obligatoire pour le tuteur. L'opinion contraire, qui argumentait du silence du texte pour laisser au tuteur toute liberté, n'était qu'une subtilité, que les commentateurs les plus sérieux dédaignaient même de discuter. Comment croire que la loi ait voulu laisser les capitaux à la libre disposition du tuteur, alors qu'elle l'obligeait à placer de simples économies ? Le droit traditionnel faisait du placement des deniers pupillaires une obligation pour le tuteur (POTHIER, *Des personnes*, n° 176), et ce que dit l'art. 455 pour les économies n'était qu'une extension de cette obligation.

Néanmoins les auteurs de la loi du 27 février 1880 ont jugé utile d'ordonner expressément le placement des capitaux (art. 6) pour couper court aux hésitations qui s'étaient produites parce que l'art. 455 ne parlait que de l' « excédent des revenus » (Voyez les citations dans DALLOZ, *Suppl.*, v° Minorité, n° 464). En déclarant obligatoire le placement des capitaux, on n'a donc fait que consacrer l'état antérieur du droit.

* **2424. Détermination du chiffre auquel commence l'obligation de faire emploi.** — On ne pouvait obliger le tuteur à placer immédiatement toute somme disponible, si faible qu'elle soit. Ces petits placements eussent été difficiles et souvent désavantageux. La loi ne pouvait pas davantage, à cause de la diversité des fortunes, fixer d'une façon uniforme le chiffre à partir duquel l'emploi deviendrait obligatoire.

[1] Les règles établies à cet égard par le droit français sont beaucoup trop compliquées. Voyez le système plus simple et plus pratique du Code allemand, art. 1806 à 1812.

Elle a laissé ce soin au *conseil de famille*, qui détermine ce chiffre dans sa première réunion à l'ouverture de la tutelle[1].

2425. Conditions de validité du placement. — Ces conditions sont au nombre de deux :

1° Lorsqu'il s'agit de *capitaux*, une *autorisation du conseil de famille, homologuée* dans certains cas par le tribunal.

2° Quelle que soit l'origine des deniers, la *forme nominative des titres*, quand le placement est fait en valeurs mobilières.

***2426. De l'autorisation du conseil de famille.** — Cette autorisation n'est *point nécessaire* lorsqu'il s'agit d'employer des *économies* faites sur les revenus. Elle n'est, en effet, exigée que par la loi de 1880, laquelle ne s'est occupée que du placement des capitaux. Le placement des économies est exclusivement régi par l'art. 455, et si ce texte fixe certaines conditions, notamment quant au délai de l'emploi, il laisse du moins au tuteur pleine liberté pour le choix des valeurs destinées à servir de placement. Il le fait comme bon lui semble, sous sa seule responsabilité.

Au contraire, l'autorisation du conseil de famille est toujours *exigée pour le placement des capitaux.*

Le droit du conseil de famille de déterminer le mode de placement, n'est pas douteux lorsqu'il s'agit de capitaux provenant d'un *acte qui dépend de l'autorisation du conseil de famille*, tel que la vente d'immeubles, ou l'aliénation de valeurs mobilières. Le conseil, en accordant l'autorisation de vendre un immeuble, peut « indiquer toutes les conditions qu'il jugera utiles », dit l'art. 457 C. civ. ; il peut de même « prescrire toutes les mesures qu'il jugera utiles », d'après l'art. 1er, al. 2, de la loi du 27 février 1880, quand il autorise une vente de valeurs mobilières. Il peut donc subordonner son consentement à un emploi d'une certaine espèce pour le capital à provenir de la vente.

Mais le doute s'élève lorsqu'il s'agit de capitaux échus au mineur par *succession*, et surtout de *remboursements effectués par les débiteurs* du mineur, capitaux que le tuteur a certainement qualité pour recevoir sans autorisation. Jusqu'en 1880, on pouvait affirmer que le conseil de famille n'avait pas à se mêler de ces opérations, et que le tuteur faisait le placement à sa guise et jouissait à cet égard d'une liberté absolue.

Mais l'interprétation de la loi nouvelle a soulevé une difficulté. Dans son art. 6, après avoir établi le principe de l'obligation du remploi des capitaux, elle ajoute : « Les règles prescrites par les articles ci-dessus seront applicables à cet emploi. » Quel est le sens de ce renvoi ?

On a soutenu que le législateur n'avait pas entendu faire autre chose qu'ordonner l'achat de valeurs nominatives (M. CH. LYON-CAEN, Note dans *Sirey*, 85. 2. 97 à 100). Mais en ce cas, il suffisait de renvoyer à l'article précédent, car c'est l'art. 5 de la loi qui défend aux tuteurs de conserver les valeurs pupillaires sous la forme de titres au porteur. L'art. 6 de la loi renvoyant d'une façon générale *aux articles précédents*, on doit y comprendre même l'art. 1er. Or cet article subordonne les opérations qu'il prévoit à l'autorisation du conseil de famille, et même à l'homologation du tribunal lorsque la valeur dépasse 1,500 francs. Ces formalités, prescrites pour la *vente* de valeurs mobilières par l'art. 1er, sont donc devenues, grâce au renvoi de l'art. 6, également nécessaires pour leur *achat*, ou plus exactement pour tout *placement de capital*. C'est ce qui est généralement reconnu (HUC, t. III, n° 418 ; Paris, 21 mai 1884, D. 85. 2. 177, S. 85. 2. 97 ; Paris, 13 janv. 1885, D. 85. 2. 177,

[1] La loi du 27 février 1880 disant, dans son art. 6, que les règles de l'art. 455 sont applicables au remploi des capitaux, il en résulte que le tuteur n'est obligé de placer que les sommes jugées suffisantes par le conseil de famille, tandis qu'avant 1880 le remploi des capitaux était obligatoire, quelque modiques qu'ils fussent.

S. 85. 2. 101. — Voy. cependant DALLOZ, *Suppl.*, v° Minorité, n° 471, et la note sous l'arrêt de Paris précité). On essaie d'échapper au résultat auquel conduit l'interprétation littérale des textes, en se fondant sur ce que la nécessité de ces formalités n'aurait pas été indiquée dans les rapports et exposés de motifs de la loi. Mais le texte nous lie, et d'ailleurs un placement de capital est toujours chose grave ; il dépasse certainement les pouvoirs d'un simple administrateur (voy. ci-dessous, n° 2567), et il n'est pas mauvais que le tuteur se trouve ici soumis à la surveillance du conseil de famille [1].

2427. Homologation. — Il résulte même de l'arrêt de la Cour de Paris, précité, que ce n'est pas seulement l'autorisation du conseil de famille, prévue par l'art. 1er de la loi, qui est requise, mais aussi l'*homologation du tribunal*, lorsque la somme à placer dépasse 1,500 francs; cette formalité est, en effet, prescrite par l'art. 2, un des articles compris dans le renvoi de l'art. 6.

2428. Forme nominative des titres [2]. — Si l'argent du pupille est placé au moyen d'un achat de valeurs mobilières, qu'il s'agisse d'un capital ancien ou d'économies récentes, les titres doivent être *nominatifs*. Ceci résulte de l'ensemble des dispositions de la loi du 27 février 1880, et du renvoi que fait l'art. 6 aux dispositions qui le précèdent, ce qui comprend l'art. 5, qui interdit aux tuteurs de conserver des titres sous la forme au porteur (Comp. Paris, 21 mai 1884, D. 85.2. 177, S. 85. 2. 97).

***2429. Délai pour faire le placement.** — Le délai donné au tuteur varie : pour les économies, l'art. 455 lui accorde un délai de *six mois* [3] ; pour les capitaux, le Code n'avait fixé aucun délai ; la loi de 1880, art. 6, ne donne que *trois mois*, mais le conseil de famille peut fixer *un délai plus long*.

Si le conseil se méfie du tuteur ou s'il veut le décharger de la garde des fonds, il peut ordonner que les sommes trop faibles pour être placées seront *déposées*, soit à la Caisse des consignations, soit chez un notaire ou un banquier, en attendant leur emploi (art. 1er et 6 combinés).

2430. Sanction de l'obligation du tuteur. — Si le délai donné par la loi ou par le conseil de famille est expiré sans que l'emploi ait été fait, *le tuteur doit les intérêts de plein droit* à partir de l'expiration du délai. Et s'il n'a pas fait fixer par le conseil de famille la somme à partir de laquelle il devra employer les deniers du pupille, il doit *les intérêts de toute somme, quelque modique qu'elle soit* (art. 456).

2431. Situation spéciale du père ou de la mère ayant la tutelle légale. — L'obligation de faire emploi existe-t-elle pour le survivant des père et mère comme pour les autres tuteurs ? Il faut distinguer entre l'*emploi des capitaux* et celui des *économies*.

Les art. 455 et 456, qui établissent l'obligation de l'emploi pour les économies annuelles, ne concernent pas les père et mère, tuteurs légaux de leurs enfants. Dans l'art. 454, la loi commence par dispenser les père et mère de l'obligation que cet article établit pour les autres tutelles de faire voter par le conseil de famille la somme à dépenser annuellement. Ce n'est que dans l'art. 457 qu'il fait pour ainsi dire rentrer cette tutelle au rang des autres en disant : « *Tout tuteur, même les père et mère...* » Ce procédé de rédaction suppose que les deux articles intermédiaires 455 et 456 sont également inapplicables au père et à la mère

[1] Profitant des facilités que leur laissait la législation antérieure à 1880, certains tuteurs jouaient à la bourse avec les capitaux du pupille et finissaient par les perdre entièrement. D'autres adoptaient comme placement les plus mauvaises valeurs et il était rare que les tribunaux se décidassent à les condamner comme coupables de faute lourde. Quand cela arrivait, le recours du mineur était le plus souvent inutile, à cause de leur insolvabilité.

[2] Sur les titres au porteur, voyez ci-dessus, p. 408, note 1. Le *titre nominatif* est un écrit qui constate une *obligation* (obligations des villes et des compagnies, rentes sur l'État, etc.) ou une *part d'associé* (actions dans les sociétés, etc.), et qui porte le nom de son titulaire. Ces titres sont inscrits sur les registres de la dette publique, de la ville, de la compagnie, etc., et le droit qu'ils constatent ne peut être cédé que par une opération spéciale appelée *transfert*, qui consiste dans une mutation faite par écrit sur ces registres et dans la délivrance d'un titre nouveau au cessionnaire. Sur la prohibition faite au tuteur de conserver des titres sous la forme au porteur, voir ci-dessous, n° 2478.

[3] Ce délai court du jour de l'encaissement des revenus disponibles (Orléans, 13 nov. 1890, D. 91. 2. 357, S. 92. 2. 216).

(AUBRY et RAU, § 113, note 42, t. I, p. 144 ; DEMOLOMBE, t. VII, n° 628). Cette dispense leur profite même après l'extinction de leur usufruit légal, puisque la loi ne distingue pas.

Mais l'art. 6 de la loi de 1880 comprend certainement les père et mère : on n'a pas entendu faire d'exception pour eux, lorsque l'on a établi le remploi obligatoire des capitaux. En conséquence il y aura lieu de distinguer entre leurs mains les sommes provenant d'économies et celles qui ont le caractère de capitaux remboursés. Ces dernières doivent être placées. Il n'y a même pas d'exception à faire en faveur du père et de la mère pendant la durée de leur droit de jouissance légale sur les biens de l'enfant. Comme usufruitiers, ils n'ont de droits que sur l'ensemble du patrimoine, une fois que celui-ci est constitué conformément au vœu de la loi ; comme tuteurs, ils se trouvent soumis à des devoirs nouveaux devant lesquels leurs droits eux-mêmes doivent céder.

§ 3. — *Aliénations.*

A. — Aliénations à titre gratuit.

** **2432. Restriction ancienne concernant les aliénations gratuites.** — Les actes d'aliénation sont essentiellement dangereux; ils peuvent rapidement épuiser les patrimoines les plus riches, et s'il y a lieu de les permettre quelquefois, quand ils se font à titre onéreux, et en prenant les précautions nécessaires pour éviter des fraudes, il y a tout au moins une catégorie d'aliénations qui sont *entièrement interdites* au tuteur : ce sont les *aliénations gratuites*, qui se font sans contre-partie et qui ont pour type la *donation*.

Le tuteur est chargé de conserver le patrimoine du pupille, et non de le gaspiller par des libéralités au profit des tiers. Aussi, depuis un temps immémorial, le pouvoir de faire des donations a-t-il été refusé au tuteur ; il en était déjà ainsi en droit romain, et cette prohibition semble même avoir été établie par l'usage et n'avoir jamais fait l'objet d'une disposition législative. Elle est *sous-entendue*, mais *non exprimée* par le Code (Voy. les art. 511, 903 et 1398). La loi a sans doute jugé inutile de s'exprimer sur un point universellement admis, pour dénier au tuteur un pouvoir qui serait en contradiction avec l'objet même de sa mission.

2433. Cas assimilés à la donation. — Toute aliénation gratuite est prohibée de même que la donation proprement dite. Ainsi un tuteur ne peut ni renoncer à une prescription acquise, ni donner volontairement mainlevée d'une hypothèque, sans toucher le montant de la créance.

* **2434. Exceptions.** — En principe, l'interdiction de donner s'étend aux *meubles* aussi bien qu'aux *immeubles*. Cependant il est fait exception pour certaines libéralités qui s'imposent, telles que les *cadeaux d'usage*.

Le tuteur peut en faire, pourvu qu'ils soient proportionnés à la fortune du pupille, et encore fera-t-il bien de s'en montrer économe, car un mineur, en général, n'est guère tenu à de pareilles obligations.

B. — Aliénations à titre onéreux.

2435. Plan à suivre. — La forme la plus fréquente de ces aliénations est la *vente*. Il y a lieu de commencer par elle et de *distinguer suivant la nature de la chose à vendre.*

1° Vente des meubles corporels.

* **2436. Son caractère obligatoire**. — Non seulement le tuteur peut les vendre, mais il y est obligé. La loi lui en fait, comme on le verra (n° 2472), une *obligation :* il doit les vendre et en placer le prix; il ne peut les conserver, en tout ou en partie, qu'avec l'autorisation du conseil de famille. La règle est donc ici renversée : ce n'est pas pour *vendre*, c'est pour *conserver*, que le tuteur a besoin d'être autorisé.

* **2437. Formes de la vente**. — Du reste, la vente ne se fait pas à l'amiable. Elle doit avoir lieu *aux enchères*, après affiches, *en présence du subrogé tuteur* et par le ministère d'un *officier public* dont le choix appartient au tuteur (art. 452 C. civ.; art. 617, 620, 621 C. proc. civ. — Comp. art. 495 C. proc. civ.).

* **2438. Sanction**. — Qu'arriverait-il si le tuteur avait vendu sans observer ces formalités? Théoriquement *la vente serait nulle*, mais les tiers seraient souvent à l'abri de toute réclamation grâce à la règle : « En fait de meubles possession vaut titre » (art. 2279).

2° Vente des meubles incorporels.

* **2439. Biens compris sous cette désignation**. — La loi du 27 février 1880 dit « valeurs mobilières ». Les deux expressions ont le même sens, et comprennent *tous les meubles qui ne sont pas matériels*, tels que les créances ordinaires, les valeurs de bourse, les fonds de commerce, les offices, etc.

* **2440. Ancienne controverse**[1]. — L'art. 452 C. civ. qui règle la vente du mobilier comprenait-il sous la qualification de « meubles » même ceux qui sont *incorporels?* La question était discutée, mais l'opinion négative l'emportait, et avec raison, comme on le verra (n° 2473). Par la nature même de la disposition qu'il contient, cet article ne concerne que les meubles en nature, sujets à dépérir par l'usage, et en réalité l'existence de valeurs mobilières incorporelles dans le patrimoine du mineur n'est pas entrée dans la prévision du législateur, ou il a oublié de statuer à leur égard (Voyez les autorités citées dans DALLOZ, *Répert.*, v° Minorité, n° 454, *Suppl.*, n° 326, et dans SIREY, 70. 1. 66, n° II).

Alors apparaissait l'intérêt de la question examinée plus haut sur l'étendue des pouvoirs du tuteur, puisqu'il s'agissait d'un acte non prévu par les textes. En général les auteurs s'accordaient à lui donner *pleine liberté :* le tuteur, d'après eux, pouvait vendre seul, sans autorisation, les valeurs mobilières de son pupille. Or un mineur peut être millionnaire avec des actions ou des obligations de chemins de fer ou d'autres sociétés : tout cela tient en quelques feuilles de papier, et tout cela était, *sans surveillance et sans contrôle*, à la disposition du tuteur.

Une loi du 24 mars 1806, lui avait bien défendu de vendre sans autorisation du conseil de famille les *inscriptions de rentes sur l'État au-dessus de 50 fr. de revenu ;* et un décret du 25 septembre 1813 avait rendu cette loi applicable aux *actions de la Banque de France*,

[1] Quoique la matière ait été réglée à nouveau par la loi de 1880, la question a toujours des intérêts pratiques. Des procès pourraient encore s'élever relativement à des aliénations antérieures à cette loi. L'art. 452 subsiste en Belgique, et nos tribunaux pourraient être saisis d'affaires intéressant des mineurs belges. Enfin il y a une opinion assez répandue, qui étend au père, administrateur légal, les règles de la tutelle : or la loi de 1880 a laissé l'administration du père complètement en dehors de ses dispositions.

toutes les fois que le mineur possédait plusieurs actions ou des coupons représentant plus d'une action entière. Mais cette protection, limitée à deux sortes de titres, était insuffisante. Du reste, ces solutions doctrinales étaient loin d'être incontestées.

* **2441. Jurisprudence antérieure à 1880.** — Pendant longtemps la jurisprudence s'était montrée beaucoup *plus soucieuse que la doctrine des intérêts des mineurs*. Elle annulait les aliénations de valeurs pupillaires consenties par le tuteur sans autorisation (Douai, 28 juin 1843 ; Cass., 12 déc. 1855, cassant un arrêt de Nîmes qui avait validé l'aliénation, D. 56. 1. 18 ; Saint-Denis de la Réunion, 25 mai 1866, D. 69. 1. 369, S. 70. 1. 65). Un *revirement subit* s'est produit en 1871. La Cour de Paris d'abord, la Cour de cassation ensuite, ont décidé que le tuteur n'avait pas besoin de l'autorisation du conseil de famille pour aliéner les valeurs du pupille autres que les rentes sur l'État et les actions de la Banque de France (Paris, 11 déc. 1871, D. 72. 2. 75, S. 71. 2. 249; Cass., 3 févr. 1871, DALLOZ, *Suppl.*, t. X, p. 709, note 2, S. 73. 1. 61; Cass., 4 août 1873, D. 75. 5. 468, S. 73. 1. 441). Ce sont ces décisions judiciaires qui ont rendu nécessaire la loi de 1880.

** **2442. Réforme de 1880.** — On demanda de toutes parts des restrictions aux pouvoirs ainsi nouvellement reconnus aux tuteurs [1], et la loi du 27 février 1880 réglementa « l'aliénation des valeurs mobilières appartenant à des mineurs ou à des interdits » [2].

Désormais le tuteur ne peut plus vendre une valeur mobilière appartenant à son pupille, *si faible qu'en soit le chiffre*, sans une *autorisation préalable du conseil de famille* (art. 1er de la loi). On n'a pas voulu permettre au tuteur d'aliéner sans autorisation le titre le plus minime, et cela pour deux raisons : 1° ce sont surtout les mineurs pauvres qui ont besoin d'être protégés ; 2° le tuteur aurait pu, au moyen d'aliénations répétées, disposer finalement de sommes considérables.

En outre, quand le chiffre de la valeur à aliéner dépasse 1,500 francs en capital, d'après une évaluation à faire par le conseil de famille, il faut l'*homologation du tribunal* (art. 2).

La loi de 1806 et le décret de 1813 ont été abrogés, de telle sorte que la règle est la même pour toutes les valeurs sans distinction [3].

2443. Formes de la vente. — Ces formes varient. S'il s'agit de valeurs *négociables à la Bourse*, elles sont vendues *par le ministère d'un agent de change*. Pour toutes les autres valeurs, c'est le conseil de famille, et après lui le tribunal, qui déterminent les formes à employer [4].

* **2444. Acte assimilé à la vente des valeurs.** — La loi nouvelle

[1] M. Demolombe, en général si enclin aux solutions les plus pratiques, avait cependant approuvé les décisions de la jurisprudence (t. VII, n° 597).

[2] Tel est le titre de la loi, et telle est aussi sa disposition principale ; mais elle en contient deux autres sur l'emploi des capitaux (ci-dessus, nos 2423 à 2426) et sur la conversion obligatoire des titres au porteur en titres nominatifs (ci-dessous, 2454 et 2478). Cette loi était pleine de bonnes intentions. Malheureusement, comme elle complique la gestion des tutelles, elle est fort peu observée dans la pratique.

[3] Rappelons en passant ce qui a déjà été dit (n° 2194), que la loi du 27 février 1880 ne s'applique pas au père administrateur légal des biens de ses enfants mineurs.

[4] Le conseil de famille a toujours le droit de régler la destination que les fonds provenant de la vente pourront recevoir ; il pouvait refuser son autorisation ; il peut la subordonner à « toutes les mesures qu'il jugera utiles » (L. 27 févr. 1880, art. 1er, al. 2). C'est là une question qui concerne moins la faculté d'aliéner que le maniement des fonds ; elle a déjà été étudiée (n° 2419) et elle se présente à nouveau pour toute opération (aliénation d'immeubles, emprunt, etc.) qui amène un versement d'espèces entre les mains du tuteur.

a assimilé à la vente, quant aux formalités à remplir par le tuteur, la *conversion de titres nominatifs en titres au porteur.*

Une jurisprudence assez récente avait au contraire considéré cette conversion comme un acte de pure administration, permis comme tel aux incapables ayant l'administration de leurs biens (Paris, 12 juill. 1869, D. 70. 2. 29, S. 69. 2. 321; Cass., 8 févr. 1870, D. 70. 1. 336) et aux tuteurs (Cass., 4 août 1873, D. 75. 5. 468, S. 73. 1. 441). Cette jurisprudence avait été fortement critiquée, et avec juste raison (Note de M. CH. LYON-CAEN dans *Sirey*, 69. 2. 321). Elle avait contre elle une ordonnance du 29 avril 1831, qui décidait, dans son art. 9, que la conversion ne pouvait avoir lieu pour les rentes appartenant à des mineurs. De plus, elle renversait une pratique constante qui s'était établie, et d'après laquelle les conseils de famille spécifiaient les valeurs à choisir pour les emplois à faire et n'autorisaient ces emplois qu'en titres nominatifs, croyant ainsi mettre l'incapable à l'abri de tout péril. Avec la jurisprudence nouvelle, toutes ces précautions devenaient vaines.

La loi de 1880 a mis bon ordre à cette licence. La conversion de valeurs nominatives en valeurs au porteur n'est pas un acte d'administration. En fait, elle met le titre à la discrétion du tuteur, qui peut le faire disparaître sans aucune formalité et sans qu'il en reste de trace, car un titre au porteur s'aliène par simple tradition, de la main à la main, comme une pièce de monnaie. C'est pour cela que *la loi soumet la conversion des titres aux mêmes formalités que l'aliénation du capital qu'ils représentent* (art. 10). Par conséquent, un tuteur ne peut jamais faire convertir un titre nominatif en titre au porteur sans l'autorisation du conseil de famille, et même, si la valeur dépasse 1,500 francs, la délibération du conseil doit être homologuée par justice.

Dans la pratique, cette opération devra être des plus rares, car on ne voit pas quelle en pourrait être l'utilité pour l'incapable [1].

C. — Aliénation des immeubles.

* **2445. Ancienneté de la restriction des pouvoirs du tuteur.** — La défense d'aliéner librement les immeubles du pupille est le point sur lequel l'idée d'une réduction des pouvoirs du tuteur est apparue pour la première fois dans la législation. Elle remonte en effet au Sénatus-consulte rendu en l'an 195, sur la proposition de Septime Sévère, qui défendait l'aliénation des « prædia rustica vel suburbana » du pupille ou du mineur. C'est cette prohibition que nos coutumes et nos anciens auteurs ont conservée en la transformant quelque peu par l'intervention du conseil de famille [2]. Les tuteurs n'ont jamais recouvré, depuis Septime Sévère, le pouvoir d'aliéner librement les immeubles.

** **2446. Système actuel.** — D'après l'art. 457, la vente d'un immeuble ne peut avoir lieu qu'en vertu d'une *délibération du conseil de famille homologuée par le tribunal*, quelle que soit la valeur de l'immeuble.

La vente ne doit être autorisée que s'il y a *nécessité de vendre* ou tout au moins *avantage évident* (même article) [3].

[1] Une ordonnance du 29 avril 1831 a prohibé d'une façon absolue, dans son article 9, la conversion en titres au porteur des titres nominatifs de rentes sur l'État appartenant à des mineurs. Le décret du 18 juin 1864, qui a permis aux rentiers de se faire délivrer des titres nominatifs munis de coupons d'arrérages payables aux porteurs a interdit la création de pareils titres au profit des incapables. Ces textes subsistent; ils n'ont pas été abrogés par la loi du 27 février 1880, mais ils sont inapplicables aux mineurs régis par cette loi.

[2] Ainsi la *Très ancienne coutume de Bretagne* dit : « Tutour ne curatour ne pout vendre ne alienner nuls des heritages au minour, sanz le conseil des amis des plus suffisanz et de la justice... » (chap. 71). Comp. POTHIER : « Le pouvoir du tuteur ne s'étend pas jusqu'à pouvoir aliéner les immeubles de son mineur » (*Des personnes*, n° 170). Il admet toutefois que, quand l'aliénation paraît nécessaire, « le tuteur doit convoquer la famille du mineur devant le juge, de qui il obtiendra une ordonnance qui lui permettra de vendre certains héritages » (n° 172).

[3] Pothier ne semble considérer comme permises que les aliénations qui ont une cause

En autorisant la vente, le conseil peut prescrire « toutes les *mesures* qu'il jugera utiles », dit la loi. Il peut, par exemple, fixer un prix minimum au-dessous duquel l'immeuble devra être retiré de la vente, ou régler le remploi du prix, ou du reliquat du prix, si l'argent est destiné principalement à payer des dettes ou à faire des réparations. Mais, ainsi qu'on l'a déjà vu (nº 2419), les tiers acquéreurs ne sont jamais garants du remploi envers le mineur.

Les *formes de la vente* sont déterminées par l'art. 459. Elle est annoncée par des affiches et des publications dans les journaux ; elle se fait publiquement et aux enchères, en présence du subrogé tuteur, devant un juge du Tribunal, à l'audience des criées, ou devant un notaire à ce commis par justice (Comp. art. 953-965 C. proc. civ.)[1].

* **2447. Cas exceptionnels.** — Dans certains cas l'aliénation de l'immeuble peut avoir lieu en dehors des formes établies par le Code civil, et sans l'autorisation du conseil de famille. Ceci arrive lorsque l'aliénation, au lieu d'être *volontaire*, est *forcée*, c'est-à-dire lorsque l'immeuble du mineur lui est enlevé même malgré lui ou malgré ses représentants légaux. Ces cas sont les suivants :

1º *Cession amiable pour éviter une expropriation pour cause d'utilité publique* (L. 3 mai 1841, art. 13).

La cession est autorisée directement par le tribunal qui, au lieu d'homologuer une délibération du conseil de famille, donne lui-même l'autorisation. A rapprocher de ce texte l'art. 4 de la loi du 21 juin 1865 sur les *associations syndicales*.

2º *Licitation* (vente aux enchères) *d'un immeuble indivis*, quand la licitation est demandée par l'un des copropriétaires du mineur.

A moins que le tuteur ne se rende adjudicataire de la totalité au nom du mineur, la licitation aboutira à l'aliénation de la part indivise qui appartenait au mineur dans l'immeuble. Cette aliénation n'a pas besoin d'être autorisée ni par le conseil de famille ni par justice (art. 460). Les autres copropriétaires de l'immeuble ayant toujours le droit de sortir de l'indivision (art. 815), il est inutile de demander au nom du mineur une autorisation qui ne pourrait pas être refusée. Mais la loi veut du moins que la vente ait lieu aux enchères dans les formes prescrites par l'art. 459, et que les étrangers (c'est-à-dire les *non-propriétaires*) soient admis à enchérir (art. 460). Leur intervention est une garantie pour le mineur que le plus haut prix possible sera atteint[2].

* **2448. Actes soumis aux mêmes conditions que les ventes.** — La vente est le principal des actes de disposition sur les immeubles, mais non le seul. A côté d'elle, il en existe d'autres qui sont généralement soumis aux mêmes conditions de capacité ou de pouvoir. De ce nombre sont :

1º *L'échange*. Quoique la loi n'en ait pas parlé au titre « De la tutelle »[3], il est certain

nécessaire, comme celles qui sont faites pour payer les créanciers et éviter les frais énormes d'une saisie (*Des personnes*, nº 172). Mais on n'entendait pas cela à la rigueur. La coutume de Bretagne disait simplement qu'il faut « trouver cause suffisante, à laquelle cause justice mege son décret » (Chap. 71).

[1] Ces formes servent de modèle à toutes les ventes volontaires qui se font en justice (C. civ., art. 806 et 839 ; C. proc. civ., art. 743 et 997).

[2] Quand tous les intéressés sont majeurs, ils peuvent s'entendre pour exclure les étrangers et liciter le bien entre eux seuls (art. 1687).

[3] L'art. 457 défend d'une manière générale au tuteur « d'aliéner » les immeubles, ce qui pourrait comprendre l'échange aussi bien que la vente, mais la suite du texte (art. 457-459) qui ne parle plus que de la vente, montre bien que les rédacteurs de la loi n'ont pas pensé à l'échange.

que le tuteur ne peut aliéner les immeubles par voie d'échange; ce contrat est, en effet, soumis d'une manière générale aux règles de la vente par l'art. 1707.

2° La *constitution d'hypothèque*. Cette sorte d'acte a été prévue par la loi dans l'art. 457 qui la soumet expressément aux mêmes conditions que la vente : « Le tuteur... ne pourra... aliéner ou hypothéquer... ». Cela était nécessaire parce que l'hypothèque grève lourdement l'immeuble sur lequel elle est établie, en gêne beaucoup l'aliénation et diminue le crédit du propriétaire.

En autorisant l'hypothèque, le conseil de famille doit préciser les immeubles qui pourront être hypothéqués, en indiquant au besoin un ordre de préférence entre eux, et en spécifiant les créances à la garantie desquelles ils pourront être affectés.

3° Les constitutions de *droits réels démembrés de la propriété* (servitudes, usufruit, emphytéose, superficie). Ces actes sont autant d'*aliénations partielles* qui ne laissent au propriétaire de l'immeuble qu'un droit mutilé. Ils ne sont jamais possibles que de la part de quelqu'un ayant la capacité d'aliéner.

Du reste l'assimilation de ces différents actes à la vente n'a lieu que pour *la double autorisation dont le tuteur doit être muni* en vertu de l'art. 457, et *non pour les formes de l'acte*. On peut vendre aux enchères; on ne peut de cette manière ni échanger, ni hypothéquer, ni créer une servitude; par leur nature même, ces actes échappent aux formalités prescrites par l'art. 458; ils se font nécessairement à l'amiable, par contrat conclu de *gré à gré*.

§ 4. — *Acquisitions.*

A. — Acquisitions à titre onéreux.

* **2449. Acquisitions à prix d'argent.** — L'acquisition peut être faite à titre onéreux par voie d'*achat*. Si le tuteur a entre les mains les fonds nécessaires pour payer, l'opération est un *placement*, et les règles qui lui sont applicables ont été étudiées plus haut (n°s 2423 à 2431).

S'il ne les a pas, c'est-à-dire s'il s'agit d'acheter *à crédit* et sans avoir de fonds à employer, l'opération est une *spéculation*, l'acte est interdit, et le conseil de famille lui-même ne pourrait pas l'autoriser [1].

* **2450. Acquisitions par voie d'échange.** — Il y a une autre forme d'acquisition à titre onéreux : c'est celle de *l'échange*, qui est en même temps une forme d'aliénation. Ses conditions ont déjà été indiquées (ci-dessus n° 2448-1°).

B. — Acquisitions à titre gratuit.

** **2451. Donations.** — Le tuteur ne peut les accepter *qu'avec l'autorisation du conseil de famille* (art. 463 et 935).

A quoi bon cette formalité, puisque de pareils actes ne peuvent jamais constituer qu'un enrichissement pour le mineur? Il semble qu'il soit toujours avantageux de les accepter et que l'intervention du conseil soit inutile. Cependant cette intervention se justifie par plus d'une raison. D'abord il est possible que certaines *conditions* ou *charges* soient imposées au donataire [libéralités onéreuses ou « sub modo »], et il est alors nécessaire que l'engagement du mineur à cet égard soit approuvé par son conseil. Même sans cela, il est

1. Exemple d'un achat d'immeubles annulé parce que le tuteur n'avait pas de fonds disponibles à placer sous cette forme (Nancy, 9 mai 1885, D. 86. 2. 134, S. 87. 2. 137). L'arrêt porte cependant, dans ses considérants, que le tuteur peut acquérir à crédit des immeubles, même sans l'autorisation du conseil de famille, « quand cette acquisition constitue un acte de sage administration », c'est-à-dire quand il a des fonds à placer. La cour oublie les règles établies par la loi du 27 février 1880 sur le placement des capitaux.

bon que ce conseil connaisse et approuve les motifs de la libéralité, qui pourrait venir d'une source suspecte.

* **2452. Legs particuliers.** — Les art. 463 et 935 ne parlent que des « donations ». Que faut-il décider pour les legs ? La question ne se pose que pour les legs particuliers; les legs universels ou à titre universel sont assimilés aux successions dont il est parlé plus loin (nos 2459 et suiv.). Si le legs est accompagné de charges onéreuses, la nécessité d'une autorisation ne saurait faire doute. Mais quand la libéralité est pure et simple, la plupart des auteurs accordent au tuteur toute liberté pour l'accepter : c'est l'application du principe traditionnel sur l'étendue de ses pouvoirs (Demolombe, t. VII, nos 703 et 708; Aubry et Rau, t. I, § 113, p. 447 et 448, note 11).

Toutefois Laurent voudrait appliquer par analogie l'art. 463 (t. V, nos 78 et 82) et il a été suivi sur ce point par M. Huc (t. III, nos 437 et 440). Cette dernière opinion, préférable peut-être au point de vue pratique, est certainement contraire à la tradition.

2453. Dispense d'autorisation pour les ascendants. — La loi accorde d'une façon générale aux ascendants le droit d'accepter les libéralités faites à leurs descendants mineurs (art. 935). Il en résulte que lorsqu'un ascendant est tuteur, il pourra se passer de l'autorisation du conseil de famille en acceptant la libéralité, non pas en sa qualité de tuteur, mais en sa qualité d'ascendant.

2454. Conversion des titres au porteur en titres nominatifs. — Lorsque la donation ou le legs fait au mineur a pour objet des titres au porteur, le tuteur est obligé de les faire convertir en titres nominatifs dans le *délai de trois mois*, à compter de l'attribution définitive ou de la mise en possession de ces valeurs (L. 27 févr. 1880, art. 5, al. 2). Les motifs et les règles de cette conversion obligatoire seront expliqués plus loin, à propos des successions, où se rencontre sa principale application (ci-dessous, n° 2478). Notons seulement que la loi de 1880 en a établi le principe de la manière la plus large, pour « tous les titres au porteur qui adviendraient au mineur, de quelque manière que ce fût ».

§ 5. — *Obligations conventionnelles.*

* **2455. Obligations dérivant des actes d'administration ou d'aliénation.** — Un assez grand nombre d'obligations peuvent être contractées par le tuteur soit en vertu des actes d'administration, soit en vertu des actes d'aliénation ou d'acquisition énumérés dans les paragraphes qui précèdent. Par exemple, celui qui vend s'oblige à garantir l'acheteur ; celui qui achète s'oblige à payer le prix, etc. Ces diverses obligations peuvent donc être contractées au nom du pupille, tantôt par le tuteur seul, tantôt en vertu de l'autorisation du conseil de famille, avec ou sans homologation de justice, selon les cas.

Mais il est des contrats qui ne rentrent pas dans les catégories précédentes, savoir le *cautionnement*, l'*emprunt* et le *partage*.

* **2456. Cautionnement.** — Celui qui cautionne une autre personne s'oblige à payer la dette d'autrui au cas où le véritable débiteur ne la payerait pas lui-même à l'échéance. C'est un acte essentiellement dangereux, car la caution court le risque de n'être pas remboursée par le débiteur, si celui-ci est insolvable. De plus, le risque qu'elle court n'est compensé par rien ; le cautionnement, de sa nature, est gratuit. Ce contrat est *absolument interdit au tuteur :* on ne peut donc se faire cautionner que par des *majeurs*.

* **2457. Emprunt.** — Encore un acte plein de périls. Sous sa forme ordinaire, avec *remboursement du capital entier à une date fixe*, il grève lourdement l'emprunteur. Souvent l'argent a été employé d'une façon improductive; on s'est endetté, le capital emprunté a disparu et on ne peut pas le rembourser; alors c'est la saisie et la ruine. Les prêts *amortissables par annuités*, consentis par la Société du Crédit foncier, fournissent une forme d'emprunt moins onéreuse. L'acquéreur n'a pas besoin de reconstituer lui-même par des économies annuelles le capital à restituer; le service des annuités l'éteint progressivement. Mais sous cette forme l'emprunt ne va jamais sans constitution d'hypothèque.

Aussi l'emprunt n'est-il permis au tuteur qu'avec l'*autorisation du conseil de famille, homologuée par le tribunal* (art. 457 et 458). La loi n'a pas été jusqu'à interdire complètement tout emprunt, parce que, quand le tuteur a besoin d'argent pour les opérations de la tutelle, il ne peut s'en procurer qu'en vendant ou en empruntant, et l'emprunt est souvent plus avantageux que la vente, surtout quand la somme dont on a besoin est inférieure à la valeur du bien qu'on pourrait vendre.

Comme la vente, l'emprunt ne doit être permis au tuteur qu'autant qu'il y a *nécessité* ou tout au moins *avantage évident*, par exemple pour faire des réparations urgentes, pour rembourser une dette criarde, quand le créancier menace de saisir, ou quand il a droit à des intérêts élevés et qu'on trouve à emprunter à un taux moindre.

La loi subordonne en outre l'emprunt à une condition particulière : le tuteur doit justifier, par un compte sommaire, que les deniers, effets mobiliers et revenus du mineur sont insuffisants (art. 457).

Enfin le conseil de famille, en autorisant l'emprunt, peut formuler « toutes les conditions qu'il jugera utiles » (art. 457). Il doit surtout se préoccuper de fixer le taux de l'emprunt sa durée et ses conditions de remboursement. Il peut aussi prendre des précautions pour éviter le détournement des fonds et au besoin déléguer un de ses membres pour surveiller l'opération.

2458. Partage. — Le partage est une convention par laquelle des co-indivisaires mettent fin à l'indivision qui existe entre eux à l'aide d'un *allotissement*. On verra plus loin, à propos des successions échues au mineur, à quelles conditions de validité est subordonné le partage dans lequel un incapable en tutelle est intéressé (nos 2469 et 2470). Nous nous bornerons à faire remarquer ici deux choses :

1° Les règles de forme établies par les art. 465, 466 et 817 pour le *partage des successions* s'appliquent *quelle que soit la source de l'indivision*, alors même qu'elle proviendrait d'une communauté ou d'une société dissoutes, ou de tout autre fait.

2° Il n'y a pas à distinguer selon que la masse à partager comprend des immeubles ou qu'elle est exclusivement mobilière. La distinction des meubles et des immeubles, dont la loi française abuse en se conformant aveuglément à l'adage « Vilis mobilium possessio », ne reçoit point d'application ici. On tenait pour maxime dans notre ancien droit qu'une masse mobilière équivaut presque à un immeuble, « sapit quid immobile ».

§ 6. — *Successions échues au mineur.*

A. — Mesures imposées par la loi.

* **2459. Erreur commune sur les obligations du tuteur.** — L'ouverture d'une

succession au profit d'un mineur crée pour son tuteur quelques obligations spéciales et donne lieu à diverses opérations. Les auteurs considèrent ces opérations comme *caractéristiques du début de la tutelle*, et font rentrer les obligations alors imposées au tuteur parmi celles qu'il doit remplir *avant son entrée en fonctions.* C'est une *illusion*, causée par ce fait qu'ordinairement la tutelle s'organise au décès du père ou de la mère, et qu'il y a une succession ouverte dès le premier jour. Mais les choses ne se passent pas toujours ainsi. La tutelle peut commencer du vivant même des père et mère, à un moment où le mineur n'a aucune succession à recueillir ; et d'autre part, d'autres successions peuvent s'ouvrir pendant le cours de la tutelle, et donner lieu aux mêmes opérations et aux mêmes devoirs du tuteur.

2460. Levée des scellés et inventaire. — Quand une succession est échue au pupille, le tuteur doit :

1° Faire *lever les scellés*, s'ils ont été apposés. Les scellés sont des bandes de papier ou d'étoffe que le juge de paix place sur les portes des chambres ou des meubles, en y apposant son sceau, pour empêcher les détournements. Le tuteur a 10 jours pour les faire lever à compter de sa nomination, si on est au début de la tutelle, ou de l'ouverture de la succession, quand il est déjà en fonctions au moment où la succession échoit au mineur. Sur l'apposition des scellés, voyez les art. 910 et 911 C. proc. civ., qui ont modifié l'art. 819 C. civ.

2° Faire *dresser l'inventaire* du mobilier. L'inventaire est un *état dressé par un notaire* et qui contient l'énumération, la description et l'estimation du mobilier, aussi bien du passif que de l'actif. On n'inventorie pas les immeubles (art. 943 C. proc. civ.), mais il est d'usage de les indiquer sommairement dans l'inventaire, sans les décrire ni les estimer.

2461. Utilité de l'inventaire. — L'inventaire sert d'abord à apprécier les forces de la succession, pour savoir si elle est bonne à accepter. En outre, il fait connaître le montant de la fortune du pupille, car son actif ne se compose guère que des successions qu'il a recueillies. Ce sera donc à l'inventaire qu'on se reportera pour régler le budget de la tutelle et pour connaître les biens que le tuteur a pris en charge et dont il est responsable. Si la succession est nulle, on se borne à dresser un procès-verbal de *carence (carere*, manquer) (art. 924 C. proc. civ.).

*** 2462. Son caractère obligatoire.** — L'inventaire est *obligatoire pour tout tuteur, même pour les père et mère*, et la personne à laquelle l'enfant succède ne pourrait pas en dispenser son tuteur. En effet, la succession ne peut être acceptée au nom du mineur que sous bénéfice d'inventaire (art. 776, al. 2). L'inventaire doit être fait dans un *délai de dix jours* et en présence du subrogé tuteur.

Si le tuteur n'a pas fait d'inventaire, il s'expose à voir prouver contre lui la consistance du mobilier par tous les moyens possibles, même par *commune renommée*, preuve dangereuse car elle tend souvent à grossir le chiffre réel de la fortune ainsi estimée sur des « on-dit ».

*** 2463. Déclaration exigée du tuteur.** — L'art. 451 impose au tuteur, au moment de la confection de l'inventaire, une obligation spéciale. Il est tenu de *déclarer s'il lui est dû quelque chose* par la personne dont l'enfant hérite. On veut par là prévenir une fraude possible. Le tuteur créancier qui aurait déjà été payé par le défunt laisserait faire l'inventaire sans rien dire, et quand il aurait la conviction que la quittance donnée par lui ne se retrouve pas dans les papiers de la succession, il réclamerait une seconde fois son paiement. On rend cette fraude impossible en l'obligeant à déclarer d'avance sa créance, sous peine de déchéance. Le tuteur n'osera pas faire une fausse déclaration dans la crainte d'être convaincu de mensonge par la découverte de la quittance au cours de l'inventaire.

Le notaire doit le questionner sur ce point, car le tuteur pourrait ignorer cette prescription de la loi. Si cette réquisition ne lui avait pas été adressée par le notaire, il n'encourrait aucune déchéance. Pour que la précaution ne soit pas vaine, la question doit évidemment lui être posée dès le commencement de l'inventaire[1], avant qu'on ait dépouillé les papiers du défunt. Mention de la question et de la réponse est faite au procès-verbal (art. 451).

Le tuteur serait naturellement à l'abri de tout reproche, si la créance qu'il a omis de

[1] L'art. 451 porte que la déclaration doit être faite « dans l'inventaire », sans préciser à quel moment.

déclarer existait *à son insu* à son profit, par exemple s'il l'avait lui-même recueillie dans une succession ouverte depuis peu et dont il ne connaîtrait pas encore la composition.

B. — Parti à prendre sur la succession.

* **2464. A qui appartient la décision ?** — Quel que soit le parti qu'on prenne, qu'on accepte ou qu'on refuse, la décision ne peut jamais émaner que du *conseil de famille.* C'est le tuteur qui fera la déclaration au greffe (art. 784 et 793), mais conformément à la délibération du conseil de famille (art. 461). L'homologation du tribunal n'est jamais nécessaire, quelle que soit la décision prise (Paris, 2 févr. 1880, D. 83. 2. 61, S. 83. 1. 301).

2465. Points à considérer pour prendre parti. — Le parti à prendre sur une succession est toujours chose grave. Comme on le verra au n° 2466, l'acceptation au nom d'un mineur ne peut avoir lieu que sous bénéfice d'inventaire, ce qui atténue considérablement les dangers de l'acceptation. Néanmoins l'acceptation peut encore avoir des inconvénients. Si la succession est évidemment mauvaise, c'est-à-dire insolvable, mieux vaut s'en abstenir complètement que de se charger de la liquider sans espérance de profit. Même quand elle est bonne, le mineur peut avoir avantage à la refuser, s'il a reçu du défunt, par acte entre vifs ou par testament, une libéralité *soumise à rapport* et plus forte que la part qu'il prendrait comme héritier : en acceptant il se trouvera obligé de rapporter à ses cohéritiers (art. 843) et de partager avec eux ce qu'il a reçu ; finalement il sera en perte [1], tandis qu'en renonçant, il sera dispensé d'effectuer ce rapport et gardera pour lui seul le bénéfice de la libéralité (art. 845).

Quant à la répudiation, il est clair qu'elle ne doit pas être faite à la légère.

C'est pour ces diverses raisons que la loi ne permet pas au tuteur de prendre parti à lui seul, ni dans un sens ni dans l'autre.

** **2466. Acceptation de la succession.** — D'ordinaire l'héritier appelé à recueillir une succession peut l'accepter de deux façons différentes : purement et simplement ou sous bénéfice d'inventaire (art. 774). Quand l'héritier est un mineur en tutelle, la loi ne lui permet plus que l'*acceptation bénéficiaire.* Elle ne veut pas que la succession soit acceptée purement et simplement (art. 461) ; voici pourquoi : celui qui accepte une succession sans recourir au bénéfice d'inventaire est tenu de payer les dettes du défunt, quel qu'en soit le chiffre ; il peut donc se trouver en perte et pour des sommes considérables, s'il a ignoré une partie du passif, tandis que le bénéfice d'inventaire limite l'obligation de l'héritier au montant de l'actif par lui recueilli. Or on peut toujours se tromper sur les charges d'une succession et voir se révéler des dettes inconnues après qu'on l'a acceptée ; il est donc beau-

[1] Il est facile de faire voir avec des chiffres, comment cette perte peut se réaliser et monter à des sommes considérables. L'enfant a reçu une donation de 100,000 francs d'un de ses parents, sans dispense de rapport ; ce parent meurt, laissant une succession grevée d'un passif très élevé, de sorte que l'actif net se réduit à quelques milliers de francs, 10,000 francs, par exemple. Si l'enfant donataire doit concourir avec d'autres héritiers, il fera mieux de renoncer ; car, en acceptant, il fera le rapport des 100,000 fr. reçus par lui et, s'ils sont seulement deux à partager la succession, l'enfant n'en retirera que la moitié de 100,000 fr. + 10,000 fr., c'est-à-dire 55,000 fr., somme inférieure à celle qu'il avait reçue et qu'il garderait pour lui seul en renonçant. Si les cohéritiers sont plus de deux, la perte serait plus forte encore, la part de chacun diminuant à mesure que leur nombre augmente.

coup plus prudent, quand on veut accepter au nom d'un mineur, d'accepter bénéficiairement[1].

2467. Suppression des causes de déchéance. — Puisque le mineur ne peut pas être héritier pur et simple, il échappe aux diverses déchéances qui de droit commun font perdre l'effet du bénéfice d'inventaire. Le mineur ne peut donc pas être privé de ce bénéfice par le fait de son tuteur, et devenir héritier pur et simple.

2468. Possibilité de revenir sur la répudiation. — L'option faite par un héritier est en principe définitive. Cependant les auteurs du Code crurent bon d'accorder à cet égard une faveur au mineur. Ils lui permirent de revenir sur la *répudiation* (non sur l'acceptation) et de reprendre la succession à laquelle le tuteur a renoncé en son nom, en subordonnant toutefois cette faculté à la condition que personne n'aurait encore accepté cette succession à son défaut (art. 462). C'était là une disposition exceptionnelle au moment où elle fut votée; mais, quand on arriva au titre « Des successions », on l'étendit à toute personne (art. 790), de telle sorte que les mineurs ne jouissent plus en ce cas d'aucun privilège.

C. — Partage de la succession.

2469. Condition pour procéder valablement au partage. — Lorsque le mineur a des cohéritiers il y a lieu à partage. Le tuteur a-t-il qualité pour y procéder sans l'autorisation du conseil de famille ? La loi distingue :

S'agit-il de *provoquer* le partage au nom du pupille ? *Le tuteur a besoin d'être autorisé*, car il peut y avoir des inconvénients à le faire à de certains moments (art. 465 et 817).

S'agit-il de *répondre* à une demande en partage introduite par un cohéritier du pupille ? *Point n'est besoin d'autorisation*, car, chacun ayant le droit de sortir d'indivision, le conseil de famille ne pourrait pas refuser son consentement au partage (art. 465).

2470. Formes du partage. — Dans tous les cas le partage ne pourra avoir lieu qu'*en justice;* par cela seul qu'un mineur y est intéressé, le partage ne peut être fait à l'amiable (art. 466 C. civ., art. 975 et suiv. C. proc. civ.).

Les formalités du partage judiciaire sont nombreuses et onéreuses, quoiqu'elles aient été simplifiées par une loi du 2 juin 1841. De plus, il y a *tirage au sort* des lots, ce qui peut amener une répartition des biens contraire aux convenances et aux désirs des parties.

On se soustrait aux graves inconvénients du partage en justice par plusieurs moyens :

1° On peut *convenir de rester provisoirement dans l'indivision*. Cette convention n'est valable que pour *cinq ans au plus*, mais elle est renouvelable (art. 815).

Ce procédé permet d'atteindre le moment où le mineur sera majeur et où l'on pourra

[1] A cet égard on adresse à la loi des critiques qui ne sont pas fondées. On prétend qu'il y a là un excès de précaution et que, dans le cas où la succession est sûrement bonne, il y aurait avantage à faire une acceptation pure et simple ; on se débarrasserait ainsi des formalités compliquées et onéreuses du régime bénéficiaire. Quelles sont donc ces formalités ? L'inventaire ? Mais le tuteur y serait quand même obligé par l'art. 451. Les formes des ventes ? Mais elles resteront toujours les mêmes, puisque les biens dépendant d'une succession bénéficiaire se vendent précisément dans les formes requises pour la vente des biens de mineurs (art. 806). Restent la caution à fournir aux créanciers (art. 807) et le règlement du passif par le juge (art. 808). Mais comme on raisonne par hypothèse sur une succession incontestablement bonne, il n'y aura ni demande de caution, ni opposition de la part des créanciers.

Dans un seul cas l'acceptation bénéficiaire sera plus onéreuse au mineur que l'acceptation pure et simple : c'est lorsqu'il se rendra adjudicataire d'un immeuble indivis entre lui et ses cohéritiers. Cette adjudication, par suite de règles sur lesquelles il est inutile d'insister ici, est soumise au droit proportionnel de *transcription* qui est de 1 fr. 50 0/0 (L. 28 avril 1816, art. 54), tandis que s'il était héritier pur et simple, l'adjudication prononcée à son profit ne serait pas de nature à être transcrite, et il échapperait au paiement de ce droit (L. 23 mars 1855, art. 1er-4°. — Comp. Cass. Chambres réunies, 12 janv. 1876. D. 76. 1. 52, S. 76. 1. 81). Mais, de bonne foi, on n'en saurait faire un reproche au Code civil, puisque c'est le résultat d'une législation postérieure et de l'esprit rigoureux de la jurisprudence en matière fiscale.

procéder librement au partage, mais il a l'inconvénient de prolonger l'indivision qui est par elle-même un état fâcheux. On obtient le maximum d'avantages en combinant ce premier procédé avec le suivant et en faisant un partage provisionnel, accompagné d'une convention temporaire d'indivision.

2° On peut *faire un partage provisionnel*, c'est-à-dire un partage qui ne porte que sur la jouissance et que le tuteur a qualité pour faire seul (art. 466 in fine). Ce partage permet d'attendre patiemment que le mineur ait atteint sa majorité pour procéder à un partage définitif, qui portera sur la propriété restée indivise.

3° On peut procéder au partage en se passant du consentement du mineur, *les copartageants majeurs se portant forts de son adhésion future les uns envers les autres*. Ce procédé est dangereux, car le mineur n'est pas lié par la promesse des autres et peut toujours redemander un autre partage.

2471. Valeur du partage amiable. — En fait, beaucoup de partages, dans lesquels des mineurs sont intéressés, sont faits sans l'emploi des formes légales du partage en justice. Ces partages irréguliers ne sont pas absolument nuls ; la loi en détermine l'utilité : ils *valent comme partages provisionnels* (art. 840). Cela veut dire que le mineur devenu majeur aura le droit de faire recommencer le partage quant à la propriété, sans pouvoir revenir sur les perceptions de fruits faites en vertu du partage annulé.

D. — Vente des meubles.

* **2472. Obligation de vendre le mobilier.** — L'art. 452 oblige le tuteur à vendre les meubles que le mineur acquiert par succession. Les objets mobiliers sont, en général, de peu de durée ; ils sont souvent dispendieux à conserver, car il faut pouvoir les loger ; enfin le mineur en ferait rarement un usage personnel et la plupart représentent des valeurs improductives.

* **2473. L'obligation de vendre n'existe que pour les meubles corporels.** — C'est ce qui résulte du motif même de cette obligation : les meubles corporels sont les seuls qui soient *périssables* et *improductifs*. Les créances et autres droits constituent, en général, des placements ; à quoi bon les vendre, puisqu'on serait obligé d'en replacer le prix immédiatement ? Sans doute il peut arriver que, parmi les droits mobiliers qui se trouvent dans la succession, il y ait quelques valeurs d'une solidité douteuse ou exigeant une surveillance particulière : on pourra les vendre, et le conseil de famille, et le tribunal au besoin, en autoriseront l'aliénation conformément à la loi de 1880. Mais s'il y a de bonnes valeurs, faciles à conserver, le tuteur devra les garder en portefeuille.

Du reste le sens de l'art. 452 est fixé par l'histoire : il a pour origine l'art. 102 de l'ordonnance d'Orléans, de 1560 (en note dans les Codes Tripier sous l'art. 452), dont la portée avait été exactement précisée depuis longtemps par l'usage ; il ne s'appliquait pas aux meubles incorporels. La pratique était, à cet égard, tout à fait stable et c'est évidemment à elle que les auteurs du Code se sont référés.

Enfin la loi de 1880 a tranché toute sorte de doute : non seulement le tuteur n'est pas *obligé* de vendre ces sortes de meubles, mais il n'en a même pas le *pouvoir* ; il lui faut une autorisation spéciale.

2474. L'obligation de vendre s'applique à tous les meubles corporels. — Si l'art. 452 ne concerne que les meubles corporels, il comprend du moins tous les meubles de ce genre, et il n'y a pas lieu d'appliquer ici l'art. 533 aux termes duquel le mot « meubles », employé seul dans les dispositions de la loi, ne comprend ni les pierreries, ni les livres, ni les médailles, ni les chevaux et équipages, ni les armes, ni les vins, foins, et autres denrées : ces choses-là sont, au contraire, celles qu'il faut commencer par vendre pour satisfaire au vœu de la loi. Au reste l'art. 533 est une disposition malencontreuse dont on a déjà vu le cas qu'il faut faire (ci-dessus n° 864).

2475. Possibilité de conserver certains meubles. — Les motifs de l'obligation imposée au tuteur n'existent pas toujours. Il peut être avantageux pour l'enfant de conserver certains objets, soit à cause de leur valeur intrinsèque, comme des souvenirs de famille, portraits ou autres ; soit à cause de leur mérite artistique, soit encore parce qu'ils sont de nature à lui être utiles dans un avenir rapproché, comme une bibliothèque qui lui servira pour ses études, etc. Ces meubles pourront être conservés, mais il faudra pour cela *une autorisation du conseil de famille*. Ainsi qu'on l'a déjà vu (n° 2436), la règle ordinaire est ici renversée : ce n'est pas pour *aliéner*, c'est pour *conserver* que le tuteur a besoin d'autorisation.

2476. Formes de la vente. — Ces formes ont déjà été indiquées (n° 2437). Elles sont destinées à empêcher des fraudes. On remarquera qu'elles ne comportent pas l'autorisation du conseil de famille : étant *obligé* de vendre, le tuteur n'a pas besoin d'y être *autorisé*.

2477. Dispense de vendre résultant du droit de jouissance légale. — Lorsque le tuteur est le survivant des père et mère, la loi le dispense de vendre le mobilier, sur lequel porte son droit de *jouissance légale* (art. 453). La raison en est que, comme tout usufruitier, ce tuteur a le droit de jouir *en nature* des choses sur lesquelles son droit porte. Il a donc le droit non seulement de les conserver, mais même de *s'en servir pour son usage personnel*. Cette dispense ne dure d'ailleurs qu'autant que le droit de jouissance légale. Elle *cesse* donc, au plus tard, *quand l'enfant accomplit sa dix-huitième année*. A ce moment le père (ou la mère) est obligé de vendre comme tout tuteur.

Dispensé de vendre, le survivant des père et mère n'est pas pour cela obligé de conserver : il peut, s'il le préfère, vendre les meubles en totalité ou en partie, et en placer le prix. S'il se décide à les garder, il est obligé de faire dresser à ses frais une *estimation à juste valeur par un expert*, qui est nommé par le subrogé tuteur et qui prête serment devant le juge de paix (art. 453, al. 2). Cette estimation nouvelle est nécessaire, quoiqu'il y en ait déjà une dans l'inventaire, parce que celle-ci, qui est l'œuvre d'un notaire, est très superficielle et souvent trop basse.

E. — Conversion des titres au porteur en titres nominatifs.

***2478. Pourquoi cette conversion est obligatoire.** — Il arrive souvent que des titres au porteur se rencontrent dans une succession échue à un mineur. Or, ainsi qu'on l'a déjà vu (n° 2444), ce genre de titres offre un grand danger : ils se transmettent, comme une pièce de monnaie, de la main à la main, ce qui permet au tuteur de les aliéner à volonté. La loi du 27 février 1880, dans le but d'assurer la conservation de la fortune mobilière des mineurs, a pris à cet égard des dispositions spéciales. Elle interdit, pendant toute la durée de la tutelle, la conservation de titres sous la forme au porteur, et elle impose au tuteur l'obligation de les faire *convertir* en titres nominatifs, parce que ceux-ci ne peuvent être aliénés que par une formalité appelée *transfert* et qui exige des pièces régulières (ci-dessus, n° 2428, en note).

2479. Délai. — Cette opération de conversion est de nature à se présenter toutes les fois que le pupille recueille une succession, reçoit une donation ou un legs : le tuteur a toujours *trois mois pour faire faire la conversion*, et ces trois mois courent soit de l'ouverture de la tutelle, soit du jour où les titres ont été définitivement attribués à son pupille par un fait postérieur à son entrée en fonctions (L. 27 févr. 1880, art. 5).

2480. Cas où la conversion est impossible. — Prévoyant le cas où la conversion serait impossible, soit à raison de la nature des titres, soit en vertu de conventions spéciales[1], la loi donne au tuteur trois mois pour se faire autoriser par le conseil de famille, soit à les *vendre* et à placer son argent ailleurs, soit à les conserver, sauf en ce dernier cas au conseil de famille à ordonner que les titres seront, pour plus de sécurité, *déposés* à la caisse des consignations ou en tout autre endroit par lui désigné.

§ 7. — *Procès.*

A. — Exercice des actions.

2481. Condition pour l'exercice des actions immobilières. — Quels sont les pouvoirs du tuteur, lorsqu'il y a lieu d'agir en justice pour faire valoir les droits immobiliers du pupille ? La loi n'a statué que sur un point : elle a refusé au tuteur le pouvoir d' « introduire », c'est-à dire d'intenter lui-même en prenant le rôle de *demandeur*, une « action relative aux droits immobiliers du mineur » (art. 464). Le tuteur a besoin, pour agir de l'*autorisation du conseil de famille.*

Il en résulte que, s'il exerce une action de ce genre sans être muni d'une autorisation régulière, il ne représente pas valablement le mineur, et la personne qu'il poursuit peut refuser de répondre à son action tant que cette autorisation n'aura pas été obtenue, car nul ne peut être forcé de plaider avec un adversaire sans qualité. Toutefois une autorisation donnée par le conseil au cours de l'instance couvrirait le vice de la procédure.

2482. Pouvoir du tuteur pour plaider en toute autre hypothèse. — La méthode suivie par les auteurs du Code nous est connue ; ils partent de cette idée que le tuteur a qualité pour agir toutes les fois que la loi ne restreint pas ses pouvoirs, et ils procèdent par restrictions de détail, spécifiant les actes que le tuteur ne peut pas faire seul. Nous en devons conclure que le tuteur n'a jamais besoin d'autorisation, si ce n'est dans le cas unique réglé par l'art. 464.

Par conséquent, *aucune autorisation ne lui est nécessaire* dans les cas suivants :

1° Lorsqu'il s'agit de *défendre* à une action *immobilière* intentée par un tiers, car la loi n'exige l'avis du conseil de famille que lorsqu'il s'agit d' « introduire » l'action, et cette différence se justifie : il est toujours plus dangereux d'attaquer que de se défendre ; celui qui prend le rôle de demandeur assume le fardeau de la preuve, tandis que le défendeur gagne souvent son procès uniquement parce que son adversaire n'est pas en état de prouver ce qu'il allègue.

[1] Je ne crois pas qu'il existe actuellement en France de titres pour lesquels la forme nominative soit impossible à raison de leur nature, mais il paraît qu'il y en a de cette sorte dans quelques pays, et leur introduction en France est toujours possible. Quant à l'obstacle qui vient de conventions spéciales, on cite le cas où les titres échus au mineur ont été antérieurement *donnés en gage* à un créancier qui s'oppose à leur conversion.

2° Lorsqu'il s'agit d'une *action mobilière*. Le tuteur peut exercer seul l'action, quel que soit le rôle du pupille dans l'instance, demandeur ou défendeur [1].

3° Lorsqu'il s'agit d'une *action possessoire*. Les actions possessoires sont cependant des actions immobilières, et il semblerait que la généralité apparente de l'art. 464 dût en faire refuser le libre exercice au tuteur. Mais ces actions, qui sont de la compétence des juges de paix, n'engagent pas le fond du droit; ce sont des actes de conservation qui ne peuvent rien compromettre et qui n'empêchent pas d'agir plus tard « au pétitoire », quand on a succombé sur le possessoire. Quant à l'argument du texte qu'on pourrait tirer de l'art. 464, il est contre-balancé par un autre : les actions possessoires rentrent ordinairement dans les pouvoirs des simples administrateurs du bien d'autrui, et l'art. 1428 les attribue formellement au mari administrant les biens de sa femme.

2483. Difficultés pour les actions relatives à l'état des personnes. — Un tuteur aurait-il qualité pour exercer seul, sans autorisation du conseil de famille, une action relative à l'état du mineur ? La question s'est présentée fort rarement en pratique. (Voy. cependant Paris, 21 août 1841, S. 41. 2. 488; Grenoble, 14 févr. et 5 déc. 1883, S. 84. 2. 73.) La jurisprudence autorise le tuteur à représenter le pupille soit comme demandeur, soit comme défendeur, sans condition ni restriction, par cela seul que la loi ne l'astreint à aucune formalité. Il semble pourtant qu'on devrait, dans des matières aussi délicates, exiger l'intervention du conseil de famille, qu'on appelle à connaître d'une simple question de servitude ou d'hypothèque.

La difficulté est plus grave encore si on suppose que l'action qui appartient au pupille est *relative à l'état d'un tiers;* qu'elle tend, par exemple, à faire interdire un parent de l'incapable ou à le pourvoir d'un conseil judiciaire. La jurisprudence admet encore le tuteur à agir en toute liberté (Lyon, 24 févr. 1859, S. 59. 2. 655; Caen, 21 mars 1861, D. 63. 1. 279, S. 62. 2. 484). En sens contraire, LAURENT, t. V, n° 254.

B. — Acquiescement.

2484. Distinction faite par la loi. — On appelle « acquiescement » l'acte par lequel une personne poursuivie en justice reconnaît que la demande formée contre elle est bien fondée.

Le tuteur peut-il acquiescer aux actions dirigées contre son pupille ? La loi distingue entre les actions mobilières et les actions immobilières. L'autorisation du conseil ne doit être demandée qu'autant qu'il s'agit d'une action relative aux droits *immobiliers* du mineur (art. 464). Elle n'est pas nécessaire en matière mobilière [2].

C. — Transaction.

2485. Dangers de la transaction. — La transaction est un contrat par lequel les

[1] On cite, comme faisant exception à la règle établie par l'art. 464, l'*action en partage* qui ne peut pas être intentée par le tuteur sans autorisation, même quand la masse à partager est purement mobilière (art. 817, al. 1). Mais c'est une inadvertance : il faut bien se rendre compte que l'action en partage n'a de l'action que le nom : il y a bien une procédure, mais il n'y a pas de procès; le partage est un *contrat*, même quand il se fait sous la surveillance du juge. Quand il y a *demande de partage*, on ne plaide pas sur un droit contesté, on se soumet seulement à certaines formalités imposées par la loi. Cela rentre donc dans une autre catégorie : l'étendue des pouvoirs du tuteur *pour contracter*, et non *pour plaider*. Voyez ci-dessus, n° 2458.

[2] On remarquera que l'acquiescement, qui suppose la reconnaissance totale d'une demande formée par un tiers, se fait au nom du mineur beaucoup plus aisément que la transaction, par laquelle on ne concède à l'adversaire qu'une partie de ses prétentions (voy. le n° 2485). Cela peut paraître étrange; la raison en est que celui qui acquiesce n'élève aucune prétention contraire à celle de son adversaire; il reconnaît que celui-ci est entièrement dans son droit, tandis que celui qui transige abandonne une partie de ce qu'il affirme être son propre droit. La transaction implique donc un sacrifice, alors que l'acquiescement l'exclut. On comprend par là pourquoi la loi autorise plus facilement un tuteur à acquiescer qu'à transiger.

parties terminent une contestation pendante ou préviennent une contestation à naître (art. 2044). C'est là son but; mais ce que la loi ne dit pas, c'est que la transaction consiste essentiellement en des *concessions réciproques* que se font les deux parties. Si une seule des deux parties fait des concessions, on aura, selon les cas, une renonciation ou un désistement, mais non une transaction.

La transaction est un acte plus grave que l'acquiescement (n° 2484, en note). Aussi est-elle entourée par la loi de conditions particulières.

2486. Conditions de validité. — La loi exige l'*autorisation du conseil de famille* et l'*homologation du tribunal*. Ce sont les formalités qu'elle prescrit d'ordinaire pour les actes importants ; mais, de plus, la transaction doit être précédée d'un *avis* (favorable) *donné par trois avocats*, désignés par le procureur de la République (art. 467). Le Code dit « jurisconsultes », parce que l'ordre des avocats, supprimé en septembre 1790, n'était pas encore rétabli [1]. Dans la pratique, on prend autant que possible des avocats inscrits au barreau depuis dix ans.

Ces formalités sont nécessaires alors même que la transaction porterait uniquement *sur des droits purement mobiliers ;* la loi, en effet, ne distingue pas (Paris, 14 août 1871, D. 72. 5. 455, S. 71. 2. 198). Le danger a paru tel, à raison de la nature de l'acte, que le droit français abandonne ici sa distinction habituelle des meubles et des immeubles.

Il semble du reste que l'ordre ordinaire des formalités est interverti et que l'homologation du tribunal doit être donnée, non avant, comme pour les ventes, emprunts, etc., mais après la transaction faite : « La transaction, dit le texte, ne sera valable qu'après qu'elle aura été homologuée... »

Quant à l'avis des trois avocats, le Code n'en indique pas la place, mais il est naturel de le demander avant d'appeler le conseil de famille à délibérer : cet avis servira à l'éclairer sur l'opportunité de la transaction.

D. — Compromis.

2487. Prohibition de ce contrat. — Le compromis est une convention par laquelle deux personnes soumettent leur différend à un ou plusieurs *arbitres* [2]. C'est donc la substitution de l'arbitrage à la justice et d'un juge privé aux tribunaux organisés par l'État. Or il résulte de la combinaison des art. 1004 et 83-6° C. proc. civ. que les causes intéressant les mineurs ne peuvent pas être soustraites aux tribunaux pour être soumises à un arbitrage, le ministère public devant toujours être entendu dans les affaires qui les concernent. Le compromis est donc *absolument impossible de la part d'un tuteur* [3].

§ 8. — *Contrats entre tuteur et pupille.*

2488. Dangers de ces contrats. — Les contrats à intervenir entre le tuteur et le pupille sont toujours dangereux. C'est une source d'abus. Cependant la loi ne les a pas interdits d'une façon générale; son attention n'a porté que sur quelques points.

2489. Manière de les conclure. — Dans les cas où la loi les permet, il y a toujours pour eux une règle particulière : c'est que le tuteur ne peut pas y figurer à la fois pour son propre compte et comme représentant du pupille ; l'acte doit être fait et signé

[1] Le titre d'avocat reparaît en 1804 dans la loi du 22 ventôse an XII; l'ordre lui-même ne fut rétabli que par le décret du 14 décembre 1810.

[2] Le compromis, simplement mentionné dans le Code civil (art. 1989), est réglé par le Code de procédure (art. 1003 à 1028) sous le nom d'*arbitrage*, parce que l'arbitrage est le but du compromis. Le compromis est un *contrat* entre les deux adversaires ; l'arbitrage est la *mission* confiée par ce contrat à un tiers.

[3] On peut encore indiquer une autre raison : les mineurs ont à leur disposition une voie de recours particulière, la *requête civile*, quand ils n'ont pas été valablement défendus. Ils seraient privés de cette ressource, si leurs intérêts litigieux pouvaient être réglés par voie d'arbitrage.

au nom du pupille par le subrogé tuteur, parce qu'il y a alors une opposition d'intérêts inévitable entre le pupille et son tuteur.

2490. Cas où ils sont interdits. — L'art. 450, al. 3, interdit au tuteur trois choses :

1° *L'achat des biens du mineur*, meubles ou immeubles (comp. art. 1596). Ces biens doivent être vendus aux enchères (sauf les valeurs mobilières). Si le tuteur pouvait se porter adjudicataire, il se trouverait placé entre son devoir et son intérêt : comme représentant du mineur, son devoir est de les faire monter au plus haut prix possible ; comme acquéreur, son intérêt serait d'écarter les amateurs pour se faire adjuger au plus bas prix le bien mis en vente et il aurait pu y réussir aisément en fournissant des renseignements défavorables. — Cependant une *exception* a dû être admise, si le bien mis aux enchères dépend d'une succession à laquelle le tuteur se trouve appelé en même temps que le mineur. Par exemple, si celui-ci a pour tuteur son frère aîné, tous deux étant dans l'indivision pour la succession de leur père décédé (ou de leur mère), le tuteur peut prendre part aux enchères : ses fonctions de tuteur ne doivent pas lui enlever un droit qu'il a comme *copropriétaire* du bien licité.

2° *Le bail des immeubles du pupille*. Le tuteur ne peut les prendre ni à ferme ni à loyer. Toutefois l'interdiction n'est pas absolue : le conseil de famille peut autoriser le subrogé tuteur à lui en passer bail.

3° *L'achat d'une créance existant contre le mineur*. Ici le tuteur ne traiterait pas directement avec le pupille, mais avec un créancier de celui-ci ; la loi le lui défend néanmoins Un tuteur ne doit pas spéculer aux dépens de son pupille. Si les créanciers de celui-ci consentent à céder leurs droits au rabais, c'est le mineur qui doit profiter de la réduction. — Ce qui est ainsi interdit au tuteur, c'est seulement *l'achat* de la créance. Il peut donc l'acquérir à titre gratuit, par *succession* ou par *legs*, lorsqu'il succède au créancier du pupille. Il pourrait même l'acquérir à titre onéreux par l'effet de la *subrogation*, lorsqu'il paie de ses deniers la dette du pupille (art. 1250 et 1251), car la subrogation ne lui donne le droit de réclamer que le montant de ses déboursés ; aucune spéculation n'est alors à craindre au préjudice du mineur.

Aux actes prévus par l'art. 450, il faut ajouter les *libéralités* que le mineur pourrait faire à son tuteur par donation entre vifs ou par testament (art. 907). Elles sont interdites, sauf exception au profit des père, mère et autres ascendants.

2491. Sanction des prohibitions de la loi. — L'art. 450 ne prononce pas la *nullité* mais elle en résulte nécessairement, puisqu'il est dit que le tuteur « *ne peut* » acheter, etc. Cette nullité est une nullité relative que le mineur seul peut invoquer [1].

§ 9. — *Contrôle annuel de la gestion tutélaire.*

2492. Insuffisance ordinaire de la subrogée tutelle. — On a déjà vu, à propos du subrogé tuteur, que le tuteur est soumis à une sorte de surveillance, peu active il est vrai, de la part du subrogé tuteur. Aucun texte n'en parle directement et d'une façon générale, mais un certain nombre d'articles organisent cette surveillance et la mettent en œuvre (ci-dessus, n° 2386).

[1] Au cas où le tuteur se serait fait céder par un tiers une créance contre le mineur, l'annulation de l'acte ne procure aucun avantage à celui-ci : l'ancien créancier reprend le droit qu'il avait cédé au tuteur et le tuteur est remboursé du prix qu'il avait payé, mais le mineur n'y gagne rien ; il ne doit pas un sou de moins. Divers auteurs pensent que le mineur devrait avoir contre son tuteur une faculté de *retrait*, c'est-à-dire le droit d'éteindre sa dette en payant non pas son montant nominal, mais seulement le prix que le tuteur a payé pour acquérir la créance ; il bénéficierait ainsi du rabais consenti par le cédant au tuteur. Ce droit de retrait n'est établi par aucun texte. Mais ne pourrait-on pas le fonder sur l'obligation particulière du tuteur de gérer les biens du pupille en bon père de famille ? Trouvant une bonne occasion de désintéresser un des créanciers avec une concession, il doit en faire profiter le pupille et ne peut s'y refuser quand celui-ci réclame pour lui le profit de l'opération au lieu d'en demander l'annulation.

2493. Utilité des états de situation. — Il dépend du conseil de famille de la rendre plus sérieuse. Il peut obliger le tuteur à remettre au subrogé tuteur des *états de situation*, qui permettront de contrôler sa gestion (art. 470). C'est le conseil de famille qui détermine les époques auxquelles ces états devront être fournis. Mais il ne peut pas y soumettre les père et mère (art. 470) [1] et pour tout autre tuteur il ne peut en exiger plus d'un par an (même art.). Ces états sont rédigés sans frais, sur papier non timbré, et sans formalités de justice.

2494. Système belge. — La loi hypothécaire belge, du 16 décembre 1851, contient sur ce point une amélioration. C'est à lui-même que le conseil peut se faire rendre compte annuellement par le tuteur, ce qui l'associe plus étroitement à la tutelle. Car, en fait, il arrive assez souvent qu'après avoir fixé au début le budget du mineur et nommé le subrogé tuteur, le conseil n'a plus jamais l'occasion de se réunir pendant tout le cours de la tutelle.

2495. Effet des changements opérés depuis l'époque romaine. — On voit que chez nous l'organisation de la tutelle diffère profondément de ce qu'elle était en droit romain. Le tuteur est bien loin d'être *loco domini;* on pourrait presque dire qu'il est lui-même en tutelle, ayant à côté de lui un surveillant et au-dessus de lui un maître.

§ 10. — *Observations générales sur les formalités protectrices des mineurs.*

****2496. Validité des actes réguliers en la forme.** — Un point important à noter est que le droit français n'ouvre pas l'action en rescision aux mineurs contre les actes régulièrement faits en leur nom par leur tuteur. Quand toutes les formalités légales ont été remplies, l'acte est *valable comme s'il émanait d'un majeur.* Si l'acte a été désavantageux, et cela par la faute du tuteur, l'incapable est réduit à exercer contre lui une action en responsabilité, mais les tiers sont à l'abri. C'est le but même de l'organisation de la tutelle. Comparez ci-dessus, n° 2100-1°.

Le droit français se sépare ici du droit romain qui donnait l'*in integrum restitutio* aux mineurs, même contre des actes réguliers en la forme. Il y avait là un excès de protection qui risquait de se retourner contre ceux que l'on prétendait protéger. Il a été abandonné à peu près partout, spécialement en Roumanie (C. civ. roumain, art. 1157). Voy. Alexandresco, p. 190-191.

2497. Excès de formalités. — Un de nos anciens auteurs, Meslé, parlant des frais considérables qu'entraînaient les tutelles, disait qu'elles étaient regardées comme le meilleur moyen de faire valoir les greffes et les droits des officiers de justice, et que ceux-ci « ne s'y oubliaient pas ». Notre Code se ressent encore de cet abus de protection. Deux points surtout appellent une réforme : ce sont les *formalités judiciaires* imposées pour la vente des immeubles et pour le partage des successions [2].

[1] La jurisprudence admet que les états de situation peuvent être exigés de la part de la mère remariée et maintenue dans la tutelle, à raison de l'indivisibilité de gestion qui existe entre elle et son mari, celui-ci ne devant pas bénéficier de la dispense écrite dans l'art. 470 (Cass., 5 mai 1856, D. 56. 1. 241).

[2] Que sont à côté de cela les frais des autorisations et homologations que la loi exige pour les actes ordinaires ? Une délibération du conseil de famille coûte au plus une quarantaine de francs ; une homologation du tribunal s'obtient pour 80 francs. C'est déjà une petite somme sans doute, et dont le législateur pourrait diminuer le chiffre par des remises

2498. Réforme relative aux ventes d'immeubles. — La loi du 23 octobre 1884, sur la *vente judiciaire d'immeubles*, a sans doute dégrevé dans une large mesure les ventes de petites parcelles : tous les droits perçus par le Trésor sont restitués lorsque le prix ne dépasse pas 2,000 francs, et les émoluments des divers agents de la loi sont réduits d'un quart lorsque le prix ne dépasse pas 1,000 francs. Mais l'organisation de la tutelle comporte des réformes plus larges. La vente d'immeubles de gré à gré devrait être permise sous la double condition de l'autorisation du conseil de famille et de l'homologation du tribunal, qui sont des formalités très suffisamment protectrices. Elles suffisent, d'après la loi de février 1880, pour l'aliénation des valeurs mobilières qui peuvent s'élever à des sommes considérables. Pourquoi ne suffiraient-elles pas pour les immeubles dont la valeur est souvent moindre ?

2499. Projet relatif au partage. — Quant au *partage judiciaire*, voyez les reproches qu'il mérite au n° 2470 ci-dessus. Une proposition tendant à la modification des art. 457, 459 et 466 du Code civil a été déposée en 1887 à la Chambre des députés par M. Jacques Piou et quelques-uns de ses collègues.

2500. Tableau récapitulatif des formalités requises pour les divers actes intéressant les pupilles.

I. — *Actes pour lesquels l'autorisation du conseil de famille est nécessaire, mais suffisante :*

1° Acceptation d'une donation entre vifs, avec ou sans charges (n° 2451).

2° Acceptation d'un legs particulier avec charges. Controverse au cas où le legs est pur et simple (n° 2452).

3° Aliénation de valeurs mobilières au-dessous de 1,500 fr. (n° 2442).

4° Conversion de ces mêmes valeurs en titres au porteur (n° 2444).

5° Placement des capitaux, sauf controverse pour le cas où le capital ne provient pas d'une aliénation ou d'un emprunt autorisé par le conseil (n° 2426).

6° Acceptation ou répudiation d'une succession (n° 2464).

7° Demande en partage (n° 2469).

8° Introduction en justice d'une action immobilière (n° 2481).

9° Acquiescement à une action immobilière (n° 2484).

10° Prise à bail par le tuteur d'un bien du pupille (n° 2490).

II. — *Actes pour lesquels l'autorisation du conseil doit être homologuée par justice.*

1° Aliénation de valeurs mobilières au-dessus de 1,500 fr. (n° 2442).

2° Conversion, au-dessus du même taux, de titres nominatifs en titres au porteur (n° 2444).

3° Aliénation d'immeubles par vente ou par échange (n° 2446), sauf exception au cas d'expropriation pour cause d'utilité publique ou de licitation demandée par un copropriétaire (n° 2447).

4° Constitution de droits réels sur un immeuble, hypothèques, servitudes, (n° 2447-2° et 3°), etc.

de droits ; mais enfin ces formalités sont simples et elles peuvent s'appliquer à des capitaux importants pour lesquels elles constitueront une charge insignifiante. Il faut bien d'ailleurs un contrôle, si on ne veut pas laisser le mineur à la discrétion de son tuteur. A la différence des actes ordinaires, la vente et le partage comportent toute une procédure.

5° Emprunt d'argent (n° 2457).

6° Transaction (n° 2485). Cet acte exige en outre une formalité supplémentaire (n° 2486).

III. — *Actes entièrement interdits au tuteur :*

1° Donations de meubles ou d'immeubles, sauf les cadeaux d'usage (n° 2432).

2° Acceptation pure et simple d'une succession (n° 2466).

3° Compromis (n° 2487).

4° Conversion de titres nominatifs de rentes sur l'État en titres au porteur (n° 2444, note).

5° Cautionnement donné au profit d'un tiers (n° 2456).

6° Actes ayant le caractère commercial (controversé). Voy. n° 2402-3°.

Tout autre acte peut être fait par le tuteur sans autorisation aucune, ni du conseil, ni de justice.

CHAPITRE VII

CESSATION DE LA TUTELLE

§ 1. — *Des causes qui mettent fin à la tutelle.*

2501. Causes provenant du mineur. — La tutelle d'un mineur ne prend normalement fin que d'une seule manière, lorsque le pupille atteint sa *majorité*. Alors la tutelle est réellement finie, il n'y a plus ni tuteur, ni subrogé tuteur, ni conseil de famille. Il en est de même lorsque le pupille *meurt*.

Quant à l'*émancipation*, elle produit plutôt une transformation qu'une extinction : à la *tutelle* elle substitue la *curatelle*.

2502. Causes provenant du tuteur. — Dans les trois cas précédemment indiqués (majorité, mort, émancipation) la tutelle est *entièrement finie*. Il ne faut pas confondre avec eux les prétendues causes d'extinction de la tutelle « a parte tutoris », qui se réduisent au fond à un simple *changement de tuteur*. Lorsque le tuteur meurt ou perd la tutelle d'une façon quelconque, la tutelle n'est pas finie; la fonction de tuteur n'est pas supprimée; elle continue et passe en d'autres mains; il n'y a de changé que la personne du tuteur. La seule ressemblance entre le changement de tuteur et l'extinction véritable de la tutelle, c'est que dans les deux cas le tuteur qui sort de charge doit rendre ses comptes.

Les événements qui mettent fin à la tutelle du chef du tuteur sont :

1° Sa *mort*.

2° Une *incapacité*, survenue depuis qu'il est en fonctions. Cette incapacité peut être *de fait*, comme l'état d'absence ou la folie; elle peut être *de droit*, comme la déchéance de la puissance paternelle (L. 24 juill. 1889, art. 13) ou la dégradation civique (art. 34 C. pén.; comp. art. 42 C. pén.).

3° Une *cause d'excuse*, agréée par le conseil de famille.

4° Sa *destitution* prononcée par le conseil de famille.

2503. Actes de gestion du tuteur après la cessation de la tutelle. — Lorsque la tutelle a pris fin, le tuteur doit cesser *immédiatement* ses fonctions. Il n'a plus qualité pour agir puisqu'il n'y a plus de *pupille*. Si en fait il continue à gérer, il est certainement comptable et responsable pour les faits de gestion postérieurs, mais non plus dans les conditions de la tutelle. L'ex-mineur n'a plus d'hypothèque légale (DEMOLOMBE, t. VIII, nos 24 et 27; LAURENT, t. V, no 117-118; HUC, t. III, no 451)[1].

2504. Gestion temporaire de la tutelle par le tuteur sortant. — Lorsque le tuteur sort de charge, *la tutelle durant encore*, il est en principe *obligé de continuer provisoirement à gérer la tutelle* (art. 440). S'il est mort, ce sont ses héritiers qui sont tenus de cette obligation, quand ils sont majeurs (art. 419). Par exception, lorsque le tuteur est *destitué*, il peut y avoir lieu à *exécution provisoire* du jugement (art. 135-6° C. proc. civ.).

Le tuteur qui sort de charge était déjà entré en fonctions; la gestion provisoire qu'il conserve n'est donc qu'une *continuation de la tutelle*, et à ce titre elle est garantie par l'hypothèque légale. Il en est autrement lorsque le tuteur fait admettre une excuse avant d'être entré en charge (ci-dessus no 2348).

§ 2. — *Des comptes de tutelle.*

2505. Cas où le compte doit être rendu. — Il y a lieu à reddition de comptes toutes les fois que le tuteur cesse ses fonctions, que la tutelle soit finie ou non.

Tout tuteur doit rendre compte, même le père ou la mère survivant, et aucune dispense ne peut être accordée, pas même par le dernier mourant des père et mère lorsqu'il nomme un tuteur testamentaire.

2506. Par qui et à qui le compte est rendu. — Le compte est rendu par le tuteur sorti de charge, ou par ses héritiers, ou par ses envoyés en possession provisoire, s'il est absent, ou par son tuteur, s'il est interdit. Il est reçu par le pupille, agissant seul s'il est majeur, ou avec l'assistance de son curateur, s'il est émancipé; par ses héritiers, s'il est mort; par son nouveau tuteur, s'il est encore en tutelle. Dans ce dernier cas, ce premier compte de tutelle devra être reproduit dans le compte final, qui sera rendu au pupille devenu majeur ou aux héritiers du pupille décédé : il en fait en effet partie, puisqu'il représente une première période de la tutelle.

Dans le style judiciaire on emploie les expressions le *rendant compte* et l'*oyant compte*, pour désigner celui qui rend le compte et celui qui le reçoit. L'art. 472 parle d'un récépissé donné par l'oyant compte.

2507. Formes du compte. — Lorsque toutes les parties sont d'accord, aucune forme spéciale n'est prescrite : le compte se rend *à l'amiable*. S'il y a contestation, le conseil de famille n'a point qualité pour en connaître; le compte se rend alors *en justice*, dans les formes prescrites par les art. 527 et suiv. C. proc. civ. L'art. 473 C. civ., qui renvoie à la procédure ordinaire, se trouve ainsi corrigé par le Code de procédure.

2508. Établissement des recettes et des dépenses. — Le compte est une *balance* des recettes et des dépenses. On *alloue au tuteur*, c'est-à-dire qu'on admet comme

[1] Il y a cependant sur ce point une controverse qui n'est pas encore tranchée. Quelques auteurs veulent que l'ex-tuteur soit toujours tenu *en cette qualité* pour les actes qu'il a pu faire quand il a conservé de fait l'administration des biens du pupille (AUBRY et RAU, t. I, § 120, note 6). D'autres l'admettent seulement pour les actes qui sont la conséquence d'opérations engagées pendant la tutelle (DALLOZ, *Suppl.*, vo Minorité, no 570). La jurisprudence est incertaine (Voy. par exemple en sens contraires, Caen, 7 juil. 1871, D. 72. 2. 204, et Paris, 13 déc. 1877, D. 78. 2. 71). Toutefois la Cour de cassation semble incliner à croire que le tuteur reste tenu, en qualité de tuteur, des faits de gestion postérieurs à la majorité ou à la mort du pupille (Cass., 15 févr. 1882, D. 83. 1. 111. Comp. Cass., 9 juill. 1866, D. 66. 1. 385). La question se pose surtout dans la pratique à propos des intérêts des sommes touchées par le tuteur : Courent-ils de plein droit en vertu des art. 455 et 456, ou bien faut-il appliquer l'art. 453?

éléments du compte, toutes les dépenses qui sont *suffisamment justifiées*. Le projet de Code exigeait une justification « par pièces »; c'était demander l'impossible, le tuteur en manque souvent. Le texte a donc été modifié, de sorte que la preuve par écrit n'est pas exigée, même au-dessus de 150 francs. Le tuteur justifie de ses dépenses comme il peut, et très souvent on est obligé de le croire sur parole, ce qui n'est pas un des moindres dangers de la tutelle. En cas de contestation, le tribunal statue.

Il faut en outre, aux termes de l'art. 471, que la dépense ait eu *un objet utile*[1]. L'utilité s'apprécie au moment où la dépense est faite. Si elle disparaît ensuite, le tuteur n'en souffre pas; par exemple on lui doit compte des réparations faites à un bâtiment qui depuis a brûlé.

2509. Du reliquat. — La comparaison des recettes et des dépenses donne le *reliquat*, qui peut être *actif* ou *passif*, c'est-à-dire dû au mineur ou au tuteur. Si le reliquat se trouve être au profit du mineur, les intérêts lui sont dus par le tuteur de plein droit et sans demande, à compter du jour de la clôture du compte (art. 474, al. 1). Ceci déroge à la règle générale établie pour les intérêts de sommes d'argent, qui ne sont dus que du jour de la *sommation* (art. 1153 modifié par la loi du 7 avril 1900). On a pensé que le mineur n'oserait pas facilement poursuivre son tuteur, et on n'a pas voulu qu'il fût victime du respect qu'il lui garde. Au cas contraire, lorsque le reliquat est à la charge du mineur, les intérêts ne courent pas de plein droit, mais du jour de la *sommation* adressée au pupille par le tuteur (art. 474, al. 2). Ceci était naguère encore une autre dérogation, mais moins grave que la première, au principe primitif de l'art. 1153. On avait voulu faciliter au tuteur le moyen de faire courir les intérêts, sans les lui accorder de plein droit; depuis la loi du 7 avril 1900 ce n'est plus qu'une application du droit commun.

2510. Frais du compte. — Ils sont en principe à la charge du mineur. Cependant au cas de destitution du tuteur, c'est ce dernier qui les supporte parce que c'est lui qui rend nécessaire par sa faute une reddition de compte dont on se serait dispensé sans cela (art. 471).

§ 3. — *Des traités relatifs à la tutelle.*

* **2511. Danger pour le mineur au jour de sa majorité.** — Il y avait un danger à craindre au moment de la cessation de la tutelle. Le pupille devenu majeur est souvent impatient d'obtenir la remise de ses biens et d'avoir la jouissance de ses revenus; un tuteur peu scrupuleux pourrait être tenté d'abuser de la situation en lui offrant une restitution immédiate en échange d'une quittance en règle ou d'une dispense de rendre compte. Dans sa précipitation, l'ex-mineur traiterait en aveugle, et pourrait se trouver fraudé; ou bien encore, le tuteur se ferait gratifier par lui d'une somme importante.

Les art. 472 et 907 ont eu pour but d'empêcher ce genre de fraudes.

* **2512. Précaution contre les donations.** — Le procédé employé par la loi est très simple: il consiste, en quelque sorte, *à prolonger la minorité*, en ce qui concerne la

[1] Lorsqu'un tuteur a fait des dépenses excédant les revenus du mineur, par exemple lorsqu'il a pris sur son capital pour subvenir aux frais de son éducation, il lui est permis de porter ces dépenses en compte alors même qu'il aurait omis de se conformer à l'art. 454 et de faire fixer par le conseil de famille le chiffre de la dépense annuelle du mineur; seulement il s'expose à voir réduire le montant de sa dépense par le tribunal, s'il y a eu exagération (Paris, 29 janvier 1890, D. 91. 2. 237). — Cependant aucune allocation de ce genre ne devrait être autorisée au profit des tuteurs, tels que le père ou la mère, qui sont personnellement tenus de subvenir aux besoins de leur enfant, en cas d'insuffisance de ses revenus propres; ceux-ci ne font alors qu'acquitter leur dette (Cass., 19 avril 1886, D. 87. 1. 171, S. 90. 1. 109).

capacité de disposer jusqu'au moment où le compte est rendu et apuré (art. 907). Si l'ex-mineur se décide ensuite à donner quelque chose à son tuteur, il le donne du moins avec plus d'indépendance.

* **2513. Précautions contre les traités hâtifs.** — La disposition de l'art. 472, qui vise les traités relatifs au compte de tutelle, est plus compliquée. La loi veut que le mineur ne signe rien de définitif qu'après avoir été suffisamment éclairé sur les actes de gestion de son tuteur. Pour cela elle exige quatre conditions. Il faut :

1° Que tout traité intervenu entre le tuteur et son ancien pupille ait été précédé de la remise d'un *compte détaillé*, c'est-à-dire énumérant, article par article, toutes les dépenses et toutes les recettes.

2° Que les *pièces justificatives*[1] aient été remises à l'appui du compte.

3° Qu'un *récépissé de l'oyant compte* ait constaté cette remise du compte et des pièces qui l'accompagnent[2].

4° Que *dix jours* se soient écoulés depuis la date du récépissé avant la date du traité[3].

* **2514. Sanction de la loi.** — Quand toutes les pièces lui ont été remises et qu'il a eu dix jours pour les étudier, l'ex-mineur peut traiter en connaissance de cause ; il sait à quoi s'en tenir sur la façon dont ses biens ont été gérés et sur la somme qui peut lui être due. La convention qu'il fait avec son tuteur à partir de ce moment est valable.

Si, au contraire, le traité est intervenu avant l'expiration du délai de dix jours, ou s'il y a eu remise d'un traité trop sommaire ou de pièces insuffisantes, la loi prononce une sanction sévère : la *nullité du traité*. L'acte est nul alors même que le tuteur aurait agi de bonne foi et le plus honnêtement du monde.

Cette nullité est, bien entendu, une nullité relative, qui ne pourra être demandée que par l'ex-mineur que la loi cherche à protéger.

Du reste, le traité annulable pourra être ensuite *confirmé* et la nullité se trouvera ainsi couverte, mais cette confirmation n'est possible qu'à un moment où les conditions exigées par la loi se trouvent réunies, c'est-à-dire s'il y a eu remise du compte et des pièces suivie d'un intervalle de dix jours avant l'acte confirmatif ; autrement cet acte lui-même serait entaché du même vice que le traité principal.

Quant à la *prescription de l'action en nullité* donnée au mineur, elle s'accomplit par dix ans à compter de la date du traité, par application de l'art. 1304. *Contra*, LAURENT, t. V, n° 165.

2515. Actes soumis à la formalité prescrite par la loi. — Pour déterminer la portée de l'art. 472, il faut en considérer, non les termes, mais les motifs. « Tout traité », dit la loi ; cela ne veut pas dire toute convention quelconque ; la loi vise seulement les *traités relatifs au compte de gestion* du tuteur. L'art. 2045 précise d'ailleurs en disant : « transiger sur le compte de tutelle ». Mais à son tour il va trop loin, car ce ne sont pas seulement les *transactions* proprement dites qui sont nulles, mais aussi les *décharges* et les *dispenses* de rendre compte, tant partielles que totales (Cass., 21 janv. 1889, D. 89. 1. 421. — Comp. Montpellier, 18 mars 1868, DALLOZ, *Suppl.*, t. X, p. 753, note 1).

Il faut donc combiner les deux articles et dire : « Tout traité sur le compte de tutelle ».

[1] Ces pièces justificatives comprennent en première ligne les inventaires qui ont pu être dressés à diverses époques pour constater les biens recueillis par le mineur. Ensuite viennent les contrats, traités, billets et quittances de toutes sortes constatant les opérations faites par le tuteur.

[2] La loi exige nettement un récépissé des pièces distinct du règlement de compte. Cependant quelques auteurs considèrent comme suffisante la déclaration du mineur, faite dans la quittance qu'il donne à son tuteur, qu'il a reçu dix jours auparavant le compte et les pièces exigées par la loi. Il sera plus prudent de la part du tuteur de se faire donner un récépissé à part, le jour même où il remet son compte et les pièces justificatives.

[3] La loi n'exige pas que le récépissé soit enregistré, parce que les actes sous seings privés font foi de leur date entre les parties, mais il y a là un danger ; le tuteur pourrait faire donner une fausse date, soit au récépissé, soit au traité, et simuler par là l'observation du délai de dix jours alors qu'il ne l'aurait pas laissé au mineur. Le mineur serait bien autorisé à faire la preuve de l'antidate par tous les moyens possibles, mais ces moyens lui manqueront souvent en fait.

— Il résulte de là que, même avant la reddition des comptes, l'ex-mineur pourrait conclure avec son ancien tuteur une convention étrangère à la tutelle.

2516. Personnes soumises à l'observation des formalités légales. — Ce texte établissant une nullité ne doit pas être étendu. Or il suppose que le compte est rendu *par le tuteur au mineur*. Tout le monde est d'accord sur le principe, mais les solutions n'en sont pas moins fort divergentes. La loi ayant eu pour but de protéger le mineur contre des entraînements irréfléchis, l'art. 472 doit le couvrir toutes les fois que c'est lui-même qui reçoit son compte : on l'appliquera donc sans distinguer si le compte lui est rendu par le *tuteur encore vivant* ou par les *héritiers du tuteur*.

2517. Personnes dispensées de ces formalités. — La disposition de la loi, d'après les motifs qui en ont été donnés, suppose un jeune homme fraîchement sorti de tutelle : on ne l'appliquera donc pas au cas où le compte est rendu aux *héritiers du pupille après sa mort* : les héritiers n'ont pas besoin d'être protégés (Paris, 28 mars 1874, D. 76. 1. 217, S. 75. 1. 117). On ne l'appliquera pas davantage au cas où le compte est rendu au pupille lui-même après son *émancipation*, parce que le mineur émancipé ne peut recevoir son compte de tutelle qu'avec l'assistance de son curateur (art. 480), et même, s'il y a lieu à transaction, les formalités de l'art. 467 deviennent nécessaires. Le mineur émancipé, n'étant pas laissé à lui-même, n'a donc pas besoin d'une protection spéciale.

Du reste, sur ces deux points, le texte est bien clair : il n'annule que le traité passé entre le tuteur « et *le mineur devenu majeur* » (art. 472).

Pour la même raison ce texte ne s'applique pas aux traités obtenus par un père à raison de l'administration légale qu'il a eue sur les biens de son enfant.

§ 4. — *De la prescription en matière de tutelle.*

2518. Abréviation de la prescription par le Code. — Autrefois les actions du mineur contre son tuteur n'étaient soumises qu'à une prescription très tardive, 30 et même 40 ans. C'était faire peser sur le tuteur une responsabilité trop prolongée, inutile et souvent injuste, car les pièces justificatives peuvent facilement se perdre. Souvent ce sont de simples notes ; parfois même il n'y en a pas. Il n'y a que des souvenirs qui s'effacent vite, des témoignages difficiles plus tard à réunir.

Le Code s'est montré plus équitable, il ne donne au mineur que *dix ans* pour agir contre son tuteur, à partir de sa majorité, ce qui est déjà raisonnable. Au bout de dix ans le tuteur est libéré (art. 475).

2519. Actions soumises à la prescription décennale. — Le *tuteur* seul profite de cette abréviation de prescription : donc il n'y aura de prescrite, au bout de dix ans, que l'action du pupille contre le tuteur (*actio directa tutelæ*), et non pas l'action du tuteur contre le pupille (*actio contraria tutelæ*). Si le compte de tutelle s'est soldé par un reliquat passif pour le pupille, le paiement pourra lui en être réclamé pendant trente ans (art. 2262) (Nîmes, 18 nov. 1892, D. 93. 2. 150).

Il y a doute pour savoir si l'art. 475 s'applique à ceux qui ont géré les biens du pupille sans être tuteurs (art. 395, 419, 440). Peut-être conviendrait-il de distinguer entre eux suivant que leur gestion a une cause régulière ou non.

Quant aux actions du mineur contre le tuteur, toutes ne sont pas indistinctement soumises à la prescription de 10 ans. D'après l'esprit de la loi et la place qu'occupe l'art. 475, il n'y faut comprendre que celles qui mettent en question la reddition du compte. Telles sont :

1° L'action en *reddition de compte* proprement dite ;

2° L'action en *responsabilité* pour mauvaise gestion ;

3° L'action en *restitution de fruits* dans l'hypothèse de l'art 1442 ;

4° L'action en *rectification de compte* pour omission dans les recettes ou exagération dans les dépenses.

Mais les autres actions du pupille ne s'éteignent que par la prescription ordinaire de trente ans, par exemple l'action en revendication de ses biens restés aux mains du tuteur, les demandes en rectification d'erreurs matérielles commises dans le compte (art. 541 C. proc. civ.), l'action en paiement du reliquat. Ces diverses actions ne forcent pas le juge à examiner à nouveau les faits de la tutelle ; elles restent donc sous l'empire du droit commun. On voit qu'il faut entendre ces mots de l'art. 475 : « toute action relative aux faits de la tutelle » d'une manière restrictive, malgré leur généralité apparente.

A plus forte raison les actions *nées d'une cause étrangère à la tutelle* (par exemple la réclamation d'une créance acquise contre le tuteur par succession) ne se prescrivent que par trente ans, pourvu toutefois que la créance ne soit pas échue pendant la tutelle, auquel cas elle se trouverait comprise dans le compte.

2520. Point de départ de la prescription. — L'art. 475 la fait courir *à compter de la majorité*. Il faut ajouter : *à compter du décès*, si la tutelle finit par la mort du pupille. Mais elle ne court pas du jour de l'émancipation (art. 2252).

Quant aux tuteurs qui sortent de charge à un moment où la tutelle n'est pas encore finie, la prescription ne court à leur profit que du jour de la majorité ou de la mort du pupille, et non du jour où ils quittent la tutelle. C'est du reste le droit commun, la prescription étant toujours suspendue en faveur des mineurs. En ajoutant la durée de la minorité à la durée de l'action, on voit qu'un tuteur pourrait encore être poursuivi pour des faits remontant à une trentaine d'années.

L'ÉMANCIPATION

CHAPITRE PREMIER

BUT ET FORMES DE L'ÉMANCIPATION

§ 1er. — *Son origine et son utilité.*

** **2521. Définition.** — L'émancipation est un acte juridique qui a pour but de *conférer à un mineur : 1° le gouvernement de sa personne ; 2° la jouissance et l'administration de ses biens avec une capacité limitée.*

* **2522. Utilité.** — L'état du mineur émancipé est intermédiaire entre l'incapacité complète qui frappe le mineur non émancipé, et la liberté absolue dont jouit le majeur, arrivé à l'âge de la pleine capacité civile. Là est l'utilité propre de l'émancipation : elle initie le mineur à l'usage de sa liberté, ce qui l'a fait comparer à une sorte de *stage* ou de *noviciat*. On évite ainsi un passage brusque d'un extrême à l'autre, qui n'est pas sans danger.

Cependant, dans la pratique, on en use fort peu. Presque tout le monde arrive à la majorité sans avoir été émancipé. La raison en est que notre loi moderne fixe la majorité à un âge fort peu avancé : 21 ans ; il n'y a guère d'avantage à conférer au mineur une capacité plus précoce encore. L'émancipation deviendrait, au contraire, indispensable si la majorité était reculée jusqu'à 25 ans.

En fait, quand on a recours à l'émancipation, ce n'est presque jamais pour permettre au mineur d'acquérir une certaine expérience des affaires avant sa majorité ; c'est pour lui permettre de faire le commerce, qui n'est possible, d'une manière régulière, que de la part d'un mineur émancipé (art. 2 C. com.).

* **2523. Origine.** — Malgré son nom romain, notre émancipation ne ressemble guère à l'émancipation antique. Celle-ci était uniquement un mode d'extinction de la « patria potestas » ; elle rendait « sui juris » le fils ou la fille de famille ; mais *elle ne mettait nullement fin à l'incapacité personnelle de l'enfant.* La tutelle, qui était le mode de protection des impubères, ne cessait pas par l'émancipation : au contraire, l'émancipation plaçait l'enfant en tutelle lorsqu'il était encore impubère, la tutelle ne pouvant pas commencer, d'après les lois romaines, tant que la puissance paternelle durait.

Notre émancipation est la fusion de l'émancipation antique avec une autre institution, également romaine, la « venia ætatis », qui donnait aux mineurs de 25 ans une capacité anticipée et faisait finir leur curatelle avant qu'ils eussent atteint leur « ætas perfecta ». Quand l'ancienne curatelle des mineurs eut été confondue avec la tutelle, et que celle-ci se prolongea jusqu'à l'âge de 25 ans, la « venia ætatis », que nos anciens auteurs appelaient *bénéfice d'âge*, se trouva mettre fin à la tutelle, et non plus à la curatelle.

En réunissant le bénéfice d'âge et la vraie émancipation, qui mettait fin à la puissance paternelle, on obtint l'émancipation moderne. Dans Pothier, la fusion est déjà réalisée (*Des personnes*, nos 186-188).

2524. Système allemand. — La loi allemande ne connaît pas l'émancipation. Quand un mineur paraît suffisamment prudent et habile pour gérer seul ses propres affaires, il bénéficie de ce qu'on appelle une *déclaration de majorité*, qui l'assimile complètement à un majeur. Il n'y a donc pas d'état intermédiaire entre l'incapacité ordinaire du mineur et la pleine capacité. C'est le *tribunal des tutelles* qui prononce cette sorte de « venia ætatis », et il ne peut le faire qu'au profit d'une personne ayant 18 ans accomplis (art. 3).

Le mariage lui-même n'émancipe pas le mineur.

2525. Projet des auteurs du Code. — Les rédacteurs du projet de l'an VIII pensèrent qu'il serait utile de faire de l'émancipation une mesure générale applicable à toute personne. L'art. 106 du titre IX portait : « Le mineur est émancipé lorsqu'il atteint l'âge de dix-huit ans accomplis... » (Fenet, t. II, p. 89). Ce système d'émancipation de plein droit subit d'abord des retouches sur les observations du tribunal de cassation ; on permit aux père et mère et au conseil de famille de refuser le bénéfice d'âge aux mineurs, puis on finit par décider que l'enfant âgé de dix-huit ans ne serait plus émancipé qu'en vertu d'une décision spéciale de ses parents ou de son conseil de famille (Fenet, t. II, p. 530 ; t. X, p. 565 et 594). Cependant il est resté une trace du système projeté dans l'art. 384 qui fait finir l'usufruit légal quand le mineur atteint l'âge de dix-huit ans.

§ 2. — *Formes et conditions de l'émancipation.*

** **2526. Distinction.** — En principe, l'émancipation est un *acte juridique spécial*, ayant ses conditions et ses formes propres *(émancipation expresse)*. Quelquefois cependant la loi fait résulter l'émancipation indirectement d'un autre fait *(émancipation tacite)*.

A. — De l'émancipation expresse.

1° Personnes ayant le pouvoir d'émanciper.

* **2527. Mineur ayant encore son père ou sa mère.** — Le droit d'émanciper l'enfant appartient en principe à ses père et mère ; c'est un attribut de la puissance paternelle, qui abdique en quelque sorte afin d'affranchir le mineur.

Tant que le père est vivant, lui seul a le droit d'émanciper l'enfant, parce qu'il a seul l'exercice de la puissance paternelle. Lorsque le père est mort, ou lorsqu'il est déchu de la puissance, ou qu'il est hors d'état de l'exercer, le droit d'émanciper passe à la mère (art. 477).

Le droit des père et mère d'émanciper l'enfant, dérivant pour eux de leur puissance paternelle, leur reste même quand ils n'ont plus la tutelle. Par exemple, il appartient encore à la mère remariée, qui a cessé d'être tutrice en vertu de l'art. 395.

* **2528. Mineur n'ayant plus ni père ni mère.** — Après la mort ou la déchéance des père et mère, l'enfant ne peut être émancipé que par

son *conseil de famille*[1] (art. 478). L'émancipation ne dépend jamais des ascendants.

Le conseil de famille n'étant pas un corps permanent, l'*initiative* ne peut pas venir de lui. C'est le tuteur qui doit demander l'émancipation lorsqu'il la juge utile. S'il ne fait aucune diligence à cet effet, l'art. 479 permet aux *parents* et *alliés*, jusqu'au degré de cousin germain, de requérir la convocation du conseil de famille, s'ils estiment que l'intérêt du mineur est d'être émancipé. Le juge de paix est tenu de déférer à leur réquisition (art. 479).

2529. Enfants naturels. — L'émancipation n'a été réglée dans le Code civil qu'à propos des enfants légitimes. Cependant il n'est pas douteux que le même bénéfice puisse être accordé également à l'enfant naturel. La seule difficulté est de savoir par qui il pourra être émancipé, si ses père et mère sont tous deux légalement connus, la loi n'ayant pas établi une préférence entre eux comme le fait l'art. 477 pour les parents légitimes. Mais on a déjà vu qu'il faut en général donner la prépondérance au père (ci-dessus, n° 2123).

2° Age requis pour l'émancipation.

* **2530. Émancipation par les père et mère.** — Dans le projet de Code, l'enfant ne pouvait jamais bénéficier d'une émancipation expresse avant d'avoir accompli sa dix-huitième année. Portalis proposa de descendre au-dessous de cet âge, afin de faciliter l'établissement de l'enfant, qui peut quelquefois dépendre de son émancipation. Bien que cette prévision fût peu vraisemblable, elle entraîna l'avis du Conseil d'État, et on autorisa l'émancipation *à partir de quinze ans*, mais seulement de la part des père et mère (art. 477). Ceux-ci ont parfois un intérêt personnel à ne pas émanciper l'enfant avant dix-huit ans, afin de conserver leur droit de jouissance sur ses biens quand il en possède.

* **2531. Émancipation par le conseil de famille.** — Celle-ci ne peut jamais avoir lieu qu'*à partir de dix-huit ans* (art. 478).

Une réunion de parents souvent éloignés a paru offrir moins de garantie que l'affection des père et mère, et on a craint que le tuteur ne cherchât à se débarrasser de la tutelle en faisant émanciper hâtivement le mineur (FENET, t. X, p. 593-594). On peut ajouter que les père et mère gardent après l'émancipation une autorité morale qui peut suffire à protéger le mineur, et qui lui manquerait après une émancipation par le conseil de famille.

3° Formes de l'émancipation.

2532. Anciennes formes. — En France, l'émancipation expresse se fit d'abord par différentes formes dont la principale était une *déclaration devant les magistrats locaux*. Plus tard la royauté en tira une ressource fiscale en instituant les *lettres d'émancipation* ou *de bénéfice d'âge* qui étaient délivrées par les chancelleries des Parlements.

** **2533. Caractères actuels de l'émancipation.** — Le Code civil exige encore des formes particulières, qui font de l'émancipation un *acte solennel* (c'est-à-dire nul s'il n'est pas accompli dans les formes légales), mais qui lui laissent son caractère *d'acte purement privé*. L'émancipation ne dépend plus, même théoriquement, de l'autorité publique.

* **2534. Formalités.** — Si c'est le père ou la mère qui émancipe, l'acte

[1] On remarquera que ce n'est pas le tuteur qui émancipe l'enfant, mais bien le conseil, en qui réside véritablement la puissance tutélaire; le tuteur n'est qu'un agent d'exécution.

consiste en une *déclaration* qui est *reçue par le juge de paix*, assisté de son greffier (art. 477).

Si c'est le conseil de famille, l'émancipation résulte d'une *délibération* prise par le conseil, et que le juge de paix exécute lui-même, et séance tenante, en prononçant « que le mineur est émancipé » (art. 478).

Dans les deux cas ce n'est pas à l'état civil, mais *au greffe de la justice de paix*, que se trouvera la preuve authentique de l'émancipation.

2535. Compétence. — La loi ne dit pas quel sera le juge de paix compétent pour recevoir la déclaration du père ; il faut admettre que c'est le juge du canton où l'enfant est domicilié ; or il a pour domicile légal celui de son père ou de sa mère. Pour le cas où c'est le conseil de famille qui émancipe, la compétence du juge de paix est naturellement déterminée par les règles de la tutelle.

B. — De l'émancipation tacite.

2536. Variétés anciennes d'émancipation tacite. — Notre ancien droit avait admis, dans un assez grand nombre de cas, des émancipations tacites ou *taisibles*, qui résultaient de circonstances diverses, sans qu'il y eût d'acte juridique spécial destiné à émanciper l'enfant. Citons, à titre d'exemple, l'émancipation par « mise hors de pain », par commerce séparé, par mariage, par l'acquisition de certaines dignités civiles ou ecclésiastiques, etc. Voyez VIOLLET, *Précis*, p. 439 à 441, 2e édit., p. 521-524.

** **2537. Système actuel.** — Le seul fait qui emporte aujourd'hui émancipation tacite est le *mariage du mineur* (art. 476). Ce texte est le reste d'un système tout différent qui avait été proposé pendant la confection de la loi [1].

* **2538. Raisons de l'émancipation tacite.** — Tout mineur qui se marie est par cela seul et de plein droit émancipé, sans qu'il soit besoin d'aucune déclaration. Le mariage est incompatible, dans l'état de nos mœurs, avec l'état de subordination d'un mineur soumis à la puissance paternelle ou à la tutelle. Si c'est le mari qui est mineur, il a besoin de son indépendance puisqu'il devient chef de famille ; si c'est la femme, et tel est le cas le plus fréquent, elle trouve dans son mari un guide et un protecteur et n'en doit point avoir d'autre.

* **2539. Conditions de l'émancipation tacite.** — Étant donnés les motifs de l'émancipation tacite, nous pouvons en conclure qu'elle se produit :

1° *Quel que soit l'âge du mineur*, même avant qu'il ait quinze ou dix-huit

[1] Le projet de Code civil contenait sur l'émancipation un système très simple : il ne devait plus y avoir d'émancipation expresse ; l'état de mineur émancipé se plaçait d'une manière forcée comme une étape intermédiaire pendant les trois dernières années de la minorité et résultait nécessairement de l'âge de dix-huit ans accomplis ; en outre, le mineur était émancipé plus tôt, quand il se mariait avant d'avoir atteint cet âge. On voulut plus tard réserver aux père et mère, ainsi qu'au conseil de famille, le droit d'empêcher l'émancipation quand elle leur paraît prématurée. D'après le projet présenté au Conseil d'État, en l'an X, le conseil de famille devait, dans le dernier mois de la dix-septième année, prendre une délibération spéciale pour s'opposer à l'émancipation ; sinon le mineur était émancipé de plein droit (FENET, t. X, p. 565, art. 80). On finit par abandonner l'idée d'une émancipation de plein droit, pour laisser seulement au mineur le droit de la demander, ce qui donna naissance à l'émancipation expresse, étudiée ci-dessus.

ans. La femme peut se marier avant quinze ans et l'homme avant dix-huit ans, au moyen de dispenses. Elle peut donc avoir lieu à un moment où l'émancipation expresse est encore impossible.

2° *Quelles que soient les personnes qui aient autorisé le mariage*, par exemple des ascendants, qui n'ont pas le droit de faire une émancipation expresse.

3° *Même malgré la volonté contraire de l'époux ou de ses parents.* Du moment où le mariage a lieu, l'émancipation s'ensuit nécessairement.

L'émancipation par mariage suppose un mariage *valable* ou tout au moins *putatif* ; si le mariage est annulé dans des conditions telles qu'il ne produise pas d'effets civils au profit de l'époux mineur, celui-ci n'est pas émancipé.

2540. Sa durée. — Une fois le mariage célébré, l'émancipation reste acquise indéfiniment : elle *survit à la dissolution du mariage* par la mort de l'autre époux ou par le divorce. On verra même qu'elle est *irrévocable* (ci-dessous, n° 2579).

CHAPITRE II

CAPACITÉ PERSONNELLE DU MINEUR ÉMANCIPÉ

** **2541. Effets généraux de l'émancipation.** — Le mineur émancipé est investi d'une capacité partielle. A ce point de vue l'émancipation lui confère un double avantage : le *libre gouvernement de sa personne* et l'*administration de ses biens*.

§ 1. — *Gouvernement de la personne.*

* **2542. Indépendance du mineur émancipé.** — En principe l'émancipé est maître de sa personne ; son curateur n'est en aucune manière chargé de le surveiller. Il a le droit de se choisir un domicile séparé (arg. *a contrario* de l'art. 108, qui n'attribue de domicile légal qu'au mineur non émancipé). Il échappe au droit de correction (art. 377). Il peut compléter à sa guise son éducation, et choisir la profession qu'il veut, contracter un engagement militaire avant 20 ans[1], ou un engagement théâtral.

2543. Exceptions diverses. — Une première restriction est apportée à cette indépendance lorsque le mineur veut choisir la *profession de commerçant*. Comme cette profession amène avec elle un surcroît de capacité [2], la loi exige une délibération préalable du conseil de famille pour autoriser le mineur à l'entreprendre (même article).

[1] C'est pour cela que la loi du 15 juillet 1880, art. 59-60, n'exige des mineurs qui veulent s'engager que le consentement de leurs parents ou de leur tuteur, et non celui de leur curateur, qui n'a jamais à le donner.

[2] Le mineur commerçant est *réputé majeur* pour les faits relatifs à son commerce (art. 487 C. civ., art. 2 C. com.). La seule opération qui lui soit interdite est l'aliénation de ses immeubles (art. 6 C. com.).

Le droit du mineur émancipé de se gouverner lui-même souffre encore exception, en vertu de textes spéciaux, pour le *mariage* et les *vœux religieux*.

§ 2. — *Administration des biens.*

A. — Étendue de la capacité du mineur.

** **2544. Limite établie par la loi.** — La loi dit, dans les art. 481 et 484, que le mineur émancipé peut faire seul tous les actes qui ne sont que de *pure administration*, mais que pour les autres il a besoin d'être assisté par son curateur ou de remplir les formalités imposées au tuteur.

Ainsi, malgré l'émancipation, la loi ne reconnaît au mineur qu'une capacité très limitée ; pour lui l'*incapacité reste toujours la règle*, la capacité est l'exception.

** **2545. Actes que le mineur émancipé peut faire seul.** — Que faut-il entendre par « actes de pure administration » ?

C'est une formule que la loi n'emploie nulle part ailleurs et dont elle nous laisse à déterminer le sens. Deux actes seulement ont été prévus directement par l'art. 481. Ce sont :

1° Les *baux* dont la durée n'excède pas neuf ans ;

2° La *perception des revenus* [1].

Il faut y ajouter :

3° L'exercice des *actions possessoires* et des *actions mobilières* pour lesquelles on peut raisonner par argument *a contrario* de l'art. 482. Comp. ci-dessous, n° 2571.

Mais ce n'est pas tout. On doit encore permettre au mineur émancipé les actes suivants, quoiqu'ils ne soient pas prévus dans les textes, parce qu'ils rentrent par leur nature dans la formule générale employée par la loi :

4° Les *locations*. L'art. 481, quand il parle des « baux », suppose qu'il s'agit d'un bien du mineur donné par lui en location à un tiers. Nous supposons ici que le mineur joue le rôle de *preneur*, et que c'est lui qui se trouve tenu du loyer ou du fermage ;

5° Les *marchés* avec des entrepreneurs pour les réparations à faire sur ses biens ;

6° Les *louages de services* conclus avec des domestiques ou employés ;

[1] La perception des revenus n'est autorisée qu'au fur et à mesure de leur échéance. Le mineur ne pourrait pas se les faire payer d'avance, en stipulant, par exemple, dans un bail que tous les loyers à échoir lui seront payés lors de l'entrée en jouissance. Ce serait un acte essentiellement dangereux. Cependant il faut tenir compte des usages reçus. Ainsi à Paris et dans beaucoup de villes on fait payer d'avance les petits loyers, au début et non à la fin de chaque trimestre ; on exige des boutiquiers six mois de loyer d'avance, qui forment une sorte de cautionnement. Nul doute qu'un mineur émancipé ne puisse stipuler de pareilles clauses, qui sont des précautions utiles.

7° Les *achats d'objets usuels*, matériel, meubles, provisions, vêtements, etc.;

8° Les *ventes de meubles corporels*. Si l'on veut appliquer à la lettre la formule : « actes de pure administration », on doit restreindre ces ventes à celles qui sont nécessitées par les besoins de l'administration : ventes de meubles hors d'usage, de vieux matériel; ventes de récoltes, etc.; et décider que le mineur n'a pas capacité pour vendre ses meubles corporels d'une manière générale. La vente d'un tableau de maître, par exemple, n'est pas un acte d'administration.

On a cependant soutenu que ces ventes sont permises sans distinction et sans formalités (AUBRY et RAU, 4e édit., t. I, § 132, p. 548, note 3). Cette solution aurait l'avantage de dispenser les tiers qui traitent avec le mineur d'une appréciation souvent difficile à faire, ils pourraient acheter en toute sécurité sans se préoccuper des circonstances qui le poussent à vendre. Mais elle est bien dangereuse pour le mineur et n'a pas été admise par la jurisprudence. Ainsi il a été jugé que la vente d'un mobilier entier d'une valeur considérable (16,000 fr.) ne pouvait être faite valablement sans l'assistance du curateur (Paris, 18 déc. 1878, D. 80. 1. 61). Comp. HUC, t. III, n° 484.

9° La *transaction relative aux actes d'administration*.

La loi n'en a pas parlé, mais la capacité du mineur à cet égard a été affirmée par Bigot du Préameneu dans l'Exposé des motifs du titre « Des transactions », et elle est conforme aux principes : l'art. 2045 veut que celui qui transige ait la libre disposition de l'objet de la transaction ; or le mineur remplit cette condition, tant qu'il s'agit d'un acte de pure administration [1].

10° Les *achats d'immeubles*. Logiquement un pareil acte devrait être considéré comme dépassant la capacité du mineur émancipé (voyez ce qui en est dit ci-dessous, n° 2567). Cependant la jurisprudence permet au mineur d'acheter des immeubles, seul et sans aucune assistance, sous prétexte que l'art. 484 déclare simplement réductibles les obligations qu'il contracte *par voie d'achat* : si elles sont réductibles, elles sont donc valables (Cass., 29 juin 1857, D. 58. 1. 33, S. 57. 1. 729 ; Cass., 21 août 1882, D. 83. 1. 339, S. 83. 1. 113). Ces décisions seront expliquées plus loin (n° 2549, en note) ; elles ont formulé un principe erroné tout à fait inutile. D'ailleurs la jurisprudence moderne en corrige la conséquence la plus choquante : elle admet que sous prétexte de « réduire » l'engagement, la justice peut le *supprimer totalement* (Cass., 10 févr. 1890, D. 91. 1. 292, S. 93. 1. 463). Autant dire qu'elle les annule ; il n'y manque plus que le mot.

2546. Comparaison avec les pouvoirs du tuteur. — On voit par ce tableau que la *capacité* du mineur émancipé n'a pas pour mesure l'étendue des *pouvoirs* du tuteur (sur la distinction de la capacité et du pouvoir, voir ci-dessus, n° 450). Voici par exemple deux actes qu'un tuteur peut faire seul et qui sont interdits au mineur émancipé, savoir :

1° *Recevoir un capital* et en donner décharge ;

2° *Défendre à une action immobilière.*

[1] La solution contraire a été soutenue par LAURENT (t. V, n° 235), parce que la transaction est interdite au tuteur d'une manière absolue et que le mineur émancipé a, en principe, moins de capacité que le tuteur n'a de pouvoir. — La réponse est que le mineur émancipé a la libre disposition de ses revenus, tandis que le tuteur ne l'a pas. On conçoit donc que, sur ce point spécial, un acte interdit au tuteur soit permis à l'émancipé.

En sens inverse, le droit du mineur est parfois plus étendu que celui du tuteur, car il n'est pas administrateur du bien d'autrui ; *il n'est pas obligé de capitaliser l'excédent des revenus* pour le placer ; il peut le dépenser entièrement et il n'en est pas comptable ; il a en un mot la *jouissance* de sa fortune.

On peut remarquer en outre qu'un tuteur ne peut exercer seul une action immobilière pétitoire : il lui faut l'autorisation du conseil de famille. Pour le mineur émancipé, le conseil de famille n'a pas à intervenir ; l'assistance de son curateur suffit.

Voyez aussi ce qui est dit de la transaction au n° précédent.

* **2547. Validité des actes d'administration faits par le mineur.** — Les actes que le mineur accomplit dans les limites de l'administration sont valables comme s'ils étaient faits par un majeur : la loi lui donne capacité pour les faire et c'est le but même de l'émancipation. Par conséquent *il n'est pas restituable pour cause de lésion*, comme l'est le mineur non émancipé (art. 481 *in fine* et 1308). Il ne pourra les attaquer que dans les cas où un majeur le pourrait lui-même, sauf la possibilité d'obtenir la réduction de certains engagements dans les cas où la loi le lui permet (ci-dessous, n° 2550). C'est là un secours exceptionnel, propre au mineur émancipé et qui remplace, dans une certaine mesure, l'action en rescision que lui enlève l'art. 481.

* **2548. Leur effet sur le patrimoine du mineur.** — Il résulte de là une conséquence remarquable. Les actes du mineur font naître à sa charge une foule d'*engagements* : il achète à crédit, il prend des domestiques, il loue un appartement, etc. ; il se trouve donc tenu de payer des prix d'achat, des gages, des salaires, des loyers, des travaux, des honoraires, etc. Ses créanciers ont, *comme les créanciers d'un majeur*, le droit de faire saisir et vendre ses biens, *même ses immeubles*. C'est le droit commun : il est débiteur, et comme tel tenu sur tous ses biens (art. 2092). Il ne lui reste que le bénéfice de l'art. 2206 : ses immeubles ne peuvent être mis en vente qu'après la *discussion* du mobilier, et au cas où ce mobilier serait insuffisant.

B. — Possibilité de réduire les engagements excessifs du mineur.

* **2549. Danger possible pour le mineur.** — Le mineur émancipé, malgré les bornes étroites de sa capacité, court donc un réel danger. Il peut se laisser entraîner à des dépenses exagérées, hors de proportion avec ses ressources annuelles ; il peut monter sa maison sur un trop grand pied, entreprendre des embellissements ou des agrandissements excessifs, et mener, comme on dit, la vie à grandes guides. Sans dépasser, en droit, *les limites de sa capacité*, il peut dépasser en fait le *chiffre de ses revenus*, se grever d'obligations trop lourdes et finalement se ruiner. On avait bien songé à limiter au montant de ses revenus l'effet des obligations par lui contractées (art. 108 du projet, Fenet, t. II, p. 89) ; on y a renoncé à cause de l'impossibilité pratique d'appliquer un tel système, et voici ce

qu'on a imaginé pour protéger le mineur. En cas d'*excès*, et le sens de cette expression vient d'être suffisamment expliqué, le tribunal aura le droit de *réduire* les obligations du mineur. Ce n'est pas que ces opérations soient à proprement parler annulées ; elles sont valables au fond ; seulement la justice les revise pour en abaisser le montant à un taux plus raisonnable, tandis que s'il s'agissait d'une opération dépassant sa capacité, elle ne serait pas seulement *réductible*, elle serait *annulable* pour le tout. Le système de réduction organisé par le Code ne s'applique donc qu'aux obligations contractées par le mineur dans les limites de sa capacité[1].

** **2550. Quels engagements sont réductibles?** — L'art. 484 parle des obligations contractées « par achat ou *autrement* ». Ce dernier mot fait allusion aux dettes qui proviennent de *louages* de domestiques, chevaux, voitures, etc., ou de *marchés* avec des entrepreneurs. En tout cas la loi suppose que le mineur est *obligé à payer* : elle n'a pas eu pour but de le protéger contre des imprudences d'un autre genre, par exemple lorsqu'il loue un de ses immeubles pour une somme inférieure à la valeur locative réelle, ou qu'il vend ses récoltes à trop bas prix.

* **2551. Conditions de la réduction.** — Les tribunaux ne doivent user de leur pouvoir qu'avec mesure. Ils doivent prendre en considération, dit l'art. 484, la fortune du mineur, la bonne ou mauvaise foi des personnes qui auront contracté avec lui, l'utilité ou l'inutilité des dépenses, etc. — Si le mineur avait usé de dol envers l'autre partie, son engagement, quelque grave qu'il soit, ne serait pas réductible.

* **2552. Étendue de la réduction.** — En parlant d'*excès* et de *réduction*, la loi entend évidemment que l'engagement du mineur, qu'on suppose valable et contracté par lui dans la limite de sa capacité, subsiste pour la plus forte part ; il subit seulement une *diminution partielle*. Cependant la Cour de cassation a admis que le mineur émancipé qui a contracté un

[1] Cependant la Chambre des requêtes a jugé à deux reprises que la réduction autorisée par l'art. 484 pouvait s'appliquer à toute obligation souscrite par le mineur, même à celles qui excèdent les limites de la pure administration (Cass., 29 juin 1857, D. 58. 1. 33, S. 57. 1. 729; Cass., 21 août 1882, D. 83. 1. 339, S. 83. 1. 113). Dans la première espèce, le mineur avait acheté un immeuble conjointement avec d'autres personnes en s'engageant solidairement avec elles pour le paiement du prix ; il se fit décharger de la solidarité, comme constituant un engagement excessif de sa part. Dans la seconde espèce, la femme, mineure émancipée par son mariage, avait acheté un fonds de commerce, conjointement avec son mari ; elle demandait la réduction du prix, non pas parce qu'il était trop élevé eu égard à la valeur vraie du fonds acheté par elle, mais parce qu'il était supérieur à ses ressources et dépassait le montant de sa dot ; sa demande fut rejetée parce qu'il fut jugé que le fonds de commerce produisait des bénéfices en rapport avec son prix, qui n'avait rien d'excessif. — Ces deux décisions sont mal motivées ; l'achat d'un immeuble ou l'achat d'un fonds de commerce dépassent certainement la capacité d'un mineur émancipé, bornée aux actes de pure administration (Voy. ce qui est dit ci-dessous du placement des capitaux au n° 2567). Néanmoins elles sont exactes : dans le premier cas le mineur a obtenu, sous le nom de réduction, l'annulation d'un engagement accessoire, il a donc reçu la satisfaction qu'il demandait ; dans le second la demande a été rejetée, et c'était encore justice, parce que la demande en *nullité* émanant d'un mineur n'est recevable qu'autant qu'il a été lésé, et il n'y avait pas de lésion.

engagement excessif pour l'achat d'un immeuble peut en obtenir la *réduction totale* de façon à être entièrement déchargé de toute obligation (Cass., 10 févr. 1890, D. 91. 1. 292, S. 93. 1. 463). La Cour remarque elle-même que cette réduction totale équivaut à une annulation, et elle apporte ainsi un correctif indispensable à la jurisprudence antérieure sur les achats d'immeubles par les mineurs émancipés (ci-dessus, n° 2545-10°).

CHAPITRE III

CURATELLE DU MINEUR ÉMANCIPÉ

§ 1. — *Du curateur.*

****2553. Nature de ses fonctions.** — Le mineur émancipé est pourvu d'un *curateur*. La fonction de curateur ne ressemble en rien à celle de tuteur. Tandis que le tuteur *gère*, c'est-à-dire agit au nom du pupille et le représente, le curateur n'administre pas et n'accomplit par lui-même aucun acte. Tout son rôle se borne à *assister le mineur* dans les cas où cela est nécessaire ; *c'est toujours le mineur qui agit en personne* [1].

* **2554. Définition de l'assistance.** — *Assister* une personne, c'est être présent à ses côtés au moment où elle agit, pour la guider, pour surveiller ses intérêts. C'est donc une participation personnelle et directe qu'on exige du curateur. Si on prenait la loi au pied de la lettre, une autorisation écrite et donnée d'avance ne serait pas suffisante : *autoriser* n'est pas *assister*. Toutefois on admet en général que le procédé de l'autorisation anticipée peut être employé, quand il s'agit de conclure une affaire, pourvu que les clauses et les conditions de l'acte soient suffisamment déterminées et prévues en détail par le curateur. Sans cette précaution, l'autorisation équivaudrait à un blanc-seing, c'est-à-dire au défaut d'assistance. Mais ce tempérament n'est admis, d'après la jurisprudence la plus récente, que pour les actes *isolés* et *extrajudiciaires*, tels qu'un *contrat*. S'il s'agit d'une *procédure* à diriger ou à soutenir, la Cour de cassation ne se contente plus d'une simple autorisation ; elle veut l'assistance effective et permanente, parce qu'un incident imprévu peut toujours surgir (Cass., 1er févr. 1876, D. 76. 1. 80, S. 76. 1. 153). Cet arrêt a statué pour un prodigue pourvu d'un conseil judiciaire, mais sa situation est la même que celle d'un mineur émancipé pourvu d'un curateur (voy. ci-dessous, n° 2699).

[1] Cependant la loi du 24 mars 1806 disait que les inscriptions de rente au-dessus de 50 francs étaient *vendues par le curateur* (art. 3). Il fallait voir là une simple inadvertance de rédaction. Cette loi est aujourd'hui abrogée (L. 27 févr. 1880, art. 12).

*2555. **Responsabilité du curateur.** — Grâce à la nature toute spéciale de ses fonctions et à leur portée très réduite, le curateur n'encourt pas une responsabilité aussi redoutable que celle du tuteur. Il est à cet égard dans la même situation que les membres du conseil de famille, qui n'étant ni détenteurs ni gérants de la fortune du pupille, ne sont responsables qu'en cas de *dol* ou de *faute lourde*.

Dans un cas cependant la responsabilité du curateur se rapproche de celle du tuteur. C'est celui où le mineur a reçu une somme d'argent représentant un capital : le curateur est chargé alors d'une mission plus active ; il doit en surveiller l'emploi (ci-dessous, n° 2566).

*2556. **Absence de compte et d'hypothèque légale.** — C'est le mineur émancipé qui possède tous ses biens, qui a le maniement des fonds, et qui administre par lui-même. Par suite, le curateur n'a pas de compte à lui rendre et ses biens ne sont pas grevés d'hypothèque légale.

2557. **Inutilité d'un contrôle.** — Le curateur est seul ; rien ici ne rappelle la subrogée tutelle. Comme le curateur n'administre pas, aucun contrôle n'est nécessaire.

*2558. **Nomination du curateur.** — Sauf la double exception signalée au n° 2560, la curatelle est toujours *dative*, c'est-à-dire déférée par le conseil de famille. Il n'y a jamais de curatelle testamentaire, car l'émancipation se fait toujours entre vifs. Il n'y a pas davantage de curatelle légale, pas même au profit des père et mère [1].

En réalité, l'attribution de la curatelle n'a pas été réglée par la loi. Elle dit seulement, dans l'art. 480, que pour recevoir le compte de la tutelle le mineur aura besoin d'être assisté par un curateur « qui lui sera nommé par le conseil de famille ». Ce n'est là qu'un cas particulier ; mais, faute d'un autre texte, il s'est vu ériger en règle générale. Sans doute il va de soi, lorsque le mineur sort de tutelle, que le curateur qui lui a été nommé pour la réception du compte reste en fonctions, mais il est possible que le mineur soit émancipé par son père avant l'ouverture de la tutelle et sans qu'il y ait de comptes à lui rendre : ce cas ne rentre pas dans les prévisions littérales de l'art. 480, et cependant on en applique encore la disposition en tant qu'il s'agit de faire nommer le curateur par un conseil de famille.

2559. **Moyen de conserver l'ex-tuteur comme curateur.** — D'après le projet de Code, le tuteur du mineur, quand il en avait un, se transformait de plein droit en curateur. Cette disposition a été écartée. Si le conseil de famille croit utile de donner comme curateur au mineur émancipé son ancien tuteur, par exemple le père, investi de la tutelle légale, qui vient d'émanciper son fils, il pourra y arriver, en nommant simplement un curateur *ad hoc* pour la réception du compte de tutelle, après quoi il sera libre de choisir l'ex-tuteur comme curateur ordinaire.

2560. **Cas où la curatelle est légale.** — On admet en général que le *mari majeur*

[1] Le contraire a cependant été jugé par la cour de Besançon (8 avril 1884, D. 85. 2. 246, S. 84. 2. 93), qui a décidé que le père qui émancipe son enfant en est de plein droit curateur. On doit considérer cet arrêt comme isolé et sans autorité. Un autre arrêt (Cass. 4 févr. 1863, D. 68. 1. 393) que l'on cite quelquefois dans le même sens est relatif à la curatelle légale du mari (ci-dessous n° 2560). Voy. dans notre sens Douai, 22 déc. 1863, D. 85. 2. 246, en note, S. 65. 2. 13 ; AUBRY et RAU, t. I, § 131, texte et notes 1 à 6 ; DEMOLOMBE, t. VIII, n° 242 ; LAURENT, t. V, n° 208. Anciennement la question n'était pas douteuse (Caen, 27 juin 1812, D. 12. 782, S. 14. 2. 394, S. Chr. 4. 2. 146 ; Limoges, 2 janv. 1821, D. 11. 488, S. 21. 2. 322, S. Chr. 6. 2. 344). Il paraît cependant que dans certaines régions les juges de paix considèrent les père et mère comme investis de la curatelle par la loi. Si cette habitude existe, c'est une irrégularité. Comp. Sol. Enregistrement, 18 mai 1869, D. 70. 3. 75, S. 70. 2. 90.

est de plein droit *curateur de sa femme*, lorsqu'elle est mineure[1]. On tire cette solution de l'art. 2208, al. 2, qui, en principe, se contente de l'autorisation du mari pour assister la femme mineure et n'exige l'autorisation de justice qu'autant que le mari lui-même est mineur. L'art. 506 vient corroborer cette induction, car au cas d'*interdiction* de la femme il lui donne son mari comme tuteur légal[2].

D'après la loi du 15 pluviôse an XIII, art. 5, al. 3, le *receveur de l'hospice* est de plein droit *curateur des enfants assistés* qui viennent à être émancipés par la commission administrative.

* **2561. Caractère obligatoire de la curatelle.** — De même que la tutelle, la curatelle est une charge *obligatoire*. Les motifs sont les mêmes. Ceci est admis, quoique la loi n'en ait rien dit.

On est en outre d'accord pour étendre au curateur, par analogie, tout ce que la loi dit des causes d'*excuse*, d'*incapacité*, d'*exclusion* ou de *destitution* relativement au tuteur.

§ 2. — *Cas où l'assistance du curateur est requise.*

** **2562. Leur petit nombre.** — Ces cas sont en très petit nombre (une dizaine), et il est nécessaire d'expliquer pourquoi. Les rédacteurs du projet s'étaient contentés, même pour les actes les plus graves, de la simple assistance du curateur ; ils n'exigeaient jamais d'autres formalités. Le Tribunat ne trouva pas ce système suffisamment protecteur, et il fit admettre un principe tout différent : pour tous les actes qui dépassent la « pure administration », *les formes prescrites pour le mineur en tutelle sont devenues nécessaires* (art. 484, al. 1). Il est résulté de là que le curateur s'est trouvé presque éliminé : prises entre la liberté d'administrer laissée au mineur et l'intervention du conseil de famille requise pour tous les actes importants, *ses fonctions sont réduites à peu près à rien.*

En effet, lorsque les formalités voulues par l'art. 484 sont employées, l'assistance du curateur est inutile, et il n'a qu'à s'abstenir (voyez n° 2573). Un peu plus, le curateur se trouvait déchargé de tout office.

S'il lui est resté quelque chose à faire, cela tient d'abord à ce que les actes permis à l'émancipé sont moins nombreux que ceux qu'un tuteur peut faire sans autorisation ; cela tient aussi à ce que des textes postérieurs, soit dans le Code civil, soit dans le Code de procédure, soit dans des lois spéciales, ont conféré au curateur des attributions nouvelles.

A. — Actes qui se font avec l'assistance du curateur.

2563. Réception du compte de tutelle. — La réception de ce compte est un acte important, car une fois qu'il est approuvé, il entraîne décharge pour le tuteur. De là la nécessité de l'assistance du curateur (art. 480).

[1] Cette opinion est cependant combattue par quelques auteurs modernes qui pensent que la femme mariée n'a pas de curateur (LAURENT, t. V, n° 239 ; HUC, t. III, n° 480).

[2] La curatelle du mari est à peu près dépourvue d'occasions de s'exercer, car dans l'immense majorité des cas l'administration des biens de la femme appartient à son mari en vertu du régime matrimonial des époux. Il en résulte que le mari a qualité pour faire en son propre nom les actes pour lesquels sa femme aurait eu besoin de son assistance.

** **2564. Partage d'une succession.** — En combinant les art. 465 et 484, nous devrions dire, par application des règles de la tutelle, que l'autorisation du conseil de famille est nécessaire au mineur, quand c'est lui qui demande le partage. Mais ces articles ne sont pas seuls; ils ont été modifiés par l'art. 840, qui est postérieur en date, et qui se contente de l'assistance du curateur, mais qui l'*exige toujours*, même quand le partage n'est pas provoqué par le mineur. Du reste, d'après l'art. 838, le partage doit être fait en justice, dans les mêmes formes que si le mineur n'était pas émancipé.

2565. Acceptation d'une donation. — L'art. 935, al. 2, se contente de l'assistance du curateur; l'art. 463, combiné avec l'art. 484, al. 1, aurait rendu nécessaire l'autorisation du conseil de famille et inutile l'intervention du curateur.

** **2566. Réception d'un capital mobilier**[1]. — On suppose qu'un débiteur du mineur lui offre le remboursement de sa créance : le mineur n'a pas capacité pour en donner quittance sous sa seule signature. Il lui faut l'assistance de son curateur (art. 482). La loi laisse bien à la disposition de l'émancipé tout ce qui est *revenus*, mais ici il s'agit d'un *capital :* la jeunesse du créancier ne lui inspire pas de confiance, et elle craint qu'il ne gaspille l'argent. Le débiteur ne serait donc pas libéré et s'exposerait à payer deux fois, s'il n'exigeait pas l'intervention du curateur.

Le rôle du curateur n'est pas fini lorsqu'il a assisté au versement des fonds et contresigné la quittance : il doit en outre *surveiller l'emploi du capital reçu* (même article). C'est là une obligation vague, dont la loi n'a précisé ni les limites, ni le mode d'exécution. Le moyen le plus pratique de la remplir consiste à n'autoriser la réception des fonds qu'à la condition qu'ils seront déposés chez un banquier ou dans une société de crédit, en attendant leur placement, et de déterminer quel genre de valeurs il faudra acheter. On ne saurait aller au delà. Le curateur n'est pas autorisé à en dessaisir le mineur pour se les faire remettre à lui-même. Nous trouvons donc là une obligation spéciale du curateur, et un cas, assez grave pour lui, de *responsabilité personnelle*. S'il y a eu négligence de sa part et que le mineur ait dissipé l'argent, il en sera rendu responsable[2].

Malgré le défaut d'emploi, le tiers qui a versé les fonds au mineur assisté de son curateur n'en est pas moins libéré : son paiement a été fait en bonne forme et la quittance qui lui a été délivrée est libératoire par elle-même. L'obligation de surveillance imposée au curateur ne regarde que lui et la seule ressource du mineur est son recours contre le curateur négligent.

Par exception à cette règle, le mineur peut retirer librement les fonds déposés en son nom à une caisse d'épargne : il pourrait le faire même s'il n'était pas émancipé (L. 9 avril 1881, art. 6; L. 20 juill. 1895, art. 16).

[1] Cette expression peut paraître singulière aujourd'hui : le capital dont parle ici la loi est de l'argent; c'est donc nécessairement un *meuble* (art. 529), et il paraît inutile de le dire. Mais le Code parle encore le langage du XVIIIe siècle; alors que beaucoup de rentes, c'est-à-dire de créances de sommes d'argent, étaient rangées parmi les *immeubles*, il était nécessaire de distinguer les deux espèces de capitaux.

[2] L'impossibilité de recevoir seul un capital et d'en donner valablement décharge produit une conséquence qui ruine le système admis par beaucoup d'auteurs sur la vente des meubles corporels (ci-dessus, n° 2545-8°). On a beau reconnaître au mineur le droit de vendre, il ne pourra toucher l'argent qu'avec l'assistance de son curateur et à charge d'emploi, car le prix de la vente est un capital et non un revenu.

2567. Placement des capitaux. — Une acquisition destinée à opérer le remploi d'un capital n'est pas un acte d'administration. Il n'y a pas à distinguer s'il s'agit de meubles ou d'immeubles, ni même si l'acquisition a lieu au comptant au moyen des deniers sujets à remploi, ou s'il est accordé au mineur un crédit plus ou moins long pour le paiement du prix.

« Dans la gestion d'une fortune civile, administrer, c'est conserver les biens au moyen d'un entretien périodique, les rendre productifs d'un revenu selon leur destination, percevoir les revenus et les employer, placer l'excédent économisé » (M. LABBÉ, *Sirey*, 82. 2. 234, col. 1). Le placement d'un capital dépasse donc le pouvoir d'un administrateur.

Ainsi, lorsque le mari, administrateur des biens de sa femme, achète en son nom un nouvel immeuble en remploi du prix d'un bien aliéné, ce remploi doit être approuvé et accepté par la femme (art. 1435). La jurisprudence la plus récente considère ces placements comme dépassant la capacité de la femme séparée de biens (Agen, 9 nov. 1881, S. 82. 2. 233 ; Cass., 2. déc. 1885, D. 86. 1. 294, S. 86. 1. 97). On a vu plus haut que la loi de 1880 a subordonné de même au consentement du conseil de famille les placements à faire par le tuteur (n° 2426). Il y a là un ensemble de décisions concordantes qui nous imposent une solution analogue pour le mineur émancipé : le consentement de son curateur lui sera nécessaire. L'art. 482 ne dit-il pas d'ailleurs que le curateur « surveillera l'emploi du capital reçu »? Ceci prouve bien que le mineur n'est pas libre de le placer à sa guise.

Cependant on a déjà vu que la jurisprudence considère les *achats d'immeubles*, comme permis au mineur émancipé, à titre d'actes d'administration (ci-dessus, n° 2545-10°).

*** 2568. Aliénation de valeurs mobilières.** — La loi du 27 février 1880 a établi relativement à ces ventes une règle nouvelle, l'intervention nécessaire du conseil de famille, mais elle l'a déclarée applicable uniquement aux mineurs qui sont *émancipés au cours de la tutelle* (art. 4). Deux autres catégories de mineurs, 1° ceux qui sont émancipés pendant le mariage de leur père ; 2° ceux qui sont émancipés par leur propre mariage, échappent à l'application de la loi nouvelle et continuent à être régis par le droit ancien. Il en résulte qu'il faut faire, relativement à l'aliénation des valeurs mobilières, une *distinction entre les mineurs émancipés selon l'époque de l'émancipation et la manière dont elle a été faite.*

Quelle était donc, avant 1880, la règle applicable aux aliénations des valeurs mobilières appartenant à des mineurs émancipés ? La question prêtait à controverse, mais on admettait en général que l'assistance du curateur suffisait pour l'aliénation de toutes valeurs autres que les rentes sur l'État et les actions de la Banque de France pour lesquelles il existait des textes spéciaux [1] (Voy. AUBRY et RAU, § 133, 4°, t. I, p. 553 ; DEMOLOMBE, t. VIII, n° 310). C'est cette interprétation que les Chambres ont entendu confirmer en votant la loi du 27 février 1880 ; *c'est ce régime qu'on a entendu maintenir pour les deux catégories de mineurs*

[1] La loi du 24 mars 1806 permettait au mineur émancipé de vendre, avec la simple assistance de son curateur, les inscriptions de 50 fr. de rente et au-dessous; au-dessus de ce chiffre, elle exigeait l'autorisation du conseil de famille. Ces dispositions furent étendues aux actions de la Banque de France par le décret du 25 sept. 1813, selon que le mineur voulait vendre des titres représentant plus d'une action entière, ou une valeur inférieure.

auxquelles ne s'applique pas le système nouveau[1]. Les discussions dans les deux Chambres ne laissent aucun doute à cet égard (D. 80. 4. 50 ; SIREY, *Lois annotées*, 1876-1880, p. 549).

*** 2569. Conversion de titres nominatifs en titres au porteur.** — La nécessité d'obtenir pour cette opération l'assistance du curateur résulte par voie de conséquence de ce qui vient d'être dit relativement à l'aliénation des valeurs. La faculté de convertir les titres nominatifs en titres au porteur suppose la faculté d'aliéner la valeur elle-même, puisque la forme au porteur rend l'aliénation singulièrement facile. Le lien qui existe entre les deux espèces d'opérations a été parfaitement mis en lumière par M. LYON-CAEN (Note dans *Sirey*, 69. 2. 321) ; il se trouve législativement établi par la combinaison de l'art. 10, de la loi de 1880 avec ses art. 1 et 4[2].

Toutefois les deux catégories de mineurs indiqués au n° 2568 comme n'étant pas régis par la loi du 27 février 1880[3], sont restées soumises aux dispositions de l'ordonnance du 29 avril 1831 et du décret du 18 juin 1864, signalés ci-dessus, p. 862, note 1. Ces deux textes ne sont pas considérés comme abrogés par la loi nouvelle (Circ. minist. Just., 20 mai 1880, D. 81. 3. 72, col. 2. Comp. circ. minist. Fin., 10 mars 1880).

2570. Conversion d'une saisie immobilière en vente volontaire. — Lorsqu'un immeuble a été saisi par un créancier, le débiteur majeur et maître de ses droits peut demander que la vente ait lieu, non pas dans les formes de la saisie immobilière, mais dans les formes plus simples établies pour les ventes de biens de mineurs. On y gagne

[1] Bien qu'on ait voulu maintenir pour ces deux catégories de mineurs le droit ancien, tel qu'on le comprenait, on y a cependant apporté indirectement une modification par l'abrogation complète de la loi de 1806 et du décret de 1813 (L. 27 févr. 1880, art. 12). Il résulte de cette abrogation qu'il n'y a plus lieu de distinguer pour les rentes sur l'État et les actions de la Banque de France, selon l'importance de leur chiffre : même au-dessus de 50 fr. de rente ou d'une action entière, l'assistance du curateur suffit toujours ; l'autorisation du conseil de famille, requise autrefois, n'est plus jamais nécessaire au mineur émancipé. Il est peu probable que le législateur ait prévu cette conséquence, mais elle s'impose (Cass., 13 août 1883, D. 84. 1. 103, S. 84. 1. 177).

[2] On signale à cette occasion une lacune dans la loi du 27 février 1880. Son système général est d'étendre aux mineurs qui sont émancipés au cours de la tutelle les règles de protection qu'elle a établies pour les mineurs en tutelle. Or aucun texte n'oblige les mineurs émancipés à convertir en titres nominatifs les valeurs au porteur qui peuvent leur échoir par succession. L'extension à cette catégorie de mineurs des dispositions de l'art. 5 de la loi de 1880 a été admise par M. HUC (t. III, n° 407), mais c'est ajouter au texte. Par conséquent le mineur qui recueillera de pareilles valeurs pourra en disposer en les transmettant de la main à la main. Le système de la loi se trouve ici en défaut. Dans quelques cas seulement le droit commun fournit un remède. Lorsque le mineur sera appelé à recevoir ces titres d'une autre personne et à lui en *donner décharge*, soit parce qu'ils lui ont été légués, soit parce qu'il a recueilli la succession conjointement avec d'autres personnes et qu'il a fallu la partager, on se servira de l'art. 482 : cette réception d'un capital mobilier devra se faire avec l'assistance du curateur qui pourra prendre toutes les mesures utiles pour la conversion des titres. Mais cette ressource fait défaut quand le mineur se trouve de plein droit nanti des titres comme seul héritier, ou comme légataire universel ayant la saisine légale.

[3] OBSERVATIONS CRITIQUES. — Par la complication et l'enchevêtrement de ses dispositions cette loi semble une gageure du législateur ; on dirait qu'il a voulu en rendre l'explication impossible à la doctrine et l'observation impossible à la pratique. Il n'y avait pas de raison sérieuse pour rompre l'*unité du régime applicable aux émancipés*. Il a fallu envoyer de nombreuses circulaires aux agents de l'administration pour fixer le sens de la loi, et les arrêts ont montré à quelles difficultés on aboutissait. Une loi qui donne de pareils résultats est condamnée. Elle a de plus un défaut grave, la *lenteur des formalités* qu'elle exige (convocation d'un conseil de famille, homologation du tribunal) empêche souvent le tuteur ou l'émancipé de profiter d'un moment favorable pour *vendre de mauvaises valeurs* : les mouvements de la Bourse sont plus prompts que la justice, et ces formalités destinées à protéger les incapables leur ont plus d'une fois infligé des pertes qui auraient pu être évitées en allant plus vite. Il serait nécessaire d'autoriser rapidement le tuteur à vendre dans les cas urgents, par exemple au moyen d'une *ordonnance de référé*. Les Allemands nous en ont donné l'exemple dans la loi du 16 juin 1887 sur les tutelles, applicable à l'*Alsace-Lorraine* (art. 6). Voyez l'*Annuaire étranger*, t. XVII, p. 385.

d'économiser du temps et de l'argent (art. 743 C. proc. civ.). C'est ce qu'on appelle une *vente sur conversion de saisie*. Le mineur émancipé peut former la même demande assisté de son curateur (art. 744 C. proc. civ.).

* **2571. Exercice des actions en justice.** — La loi est aussi incomplète pour le mineur en curatelle que pour le mineur en tutelle : elle règle seulement l'exercice des *actions immobilières* (art. 482). Qu'il s'agisse de les *intenter* ou d'y *défendre*, le mineur ne peut jamais y figurer qu'avec l'assistance de son curateur. Pour toute autre espèce d'actions, la loi nous laisse à deviner la solution.

Prenons d'abord les actions *possessoires*. Même observation que celle qui a été faite au n° 2482, 3°, pour l'art. 464 : malgré la généralité de ses termes, la décision de la loi ne concerne que les actions *pétitoires* (revendications de propriété, contestations sur l'existence d'une servitude ou de tout autre droit réel immobilier). L'exercice des actions possessoires, qui tendent seulement à maintenir intact l'état de fait, rentre par sa nature dans la catégorie des actes d'administration (comp. art. 1428). Donc le mineur pourra les exercer et y défendre, sans se faire assister par son curateur.

Pour les *actions d'état* on n'éprouve pas davantage d'hésitation. Leur gravité exceptionnelle exige, à plus forte raison encore que pour les actions immobilières, l'assistance du curateur.

Restent les actions *mobilières*. L'art. 482 semble bien avoir voulu établir une antithèse entre les actions mobilières et les actions immobilières, quand il interdit au mineur agissant seul, l'exercice de ces dernières. Cette antithèse entre les meubles et les immeubles est traditionnelle en droit français. Cependant dans l'opinion générale on refuse au mineur le droit d'exercer seul les actions qui tendent à la réclamation d'un capital mobilier et cela, dit-on, pour respecter l'autre disposition de l'art. 482 relative à la réception de ces capitaux. Mais on ne réfléchit pas que cette dernière disposition a uniquement pour but de retirer des mains du jeune homme la libre disposition d'une somme d'argent : c'est le versement des deniers entre ses mains, qui seul crée le danger. Il suffirait donc, pour obéir à la loi, d'exiger l'assistance du curateur au moment où le débiteur poursuivi par le mineur voudra se libérer tout en laissant à celui-ci la faculté de plaider tant qu'il voudra en matière mobilière.

* **2572. Du refus d'assistance.** — Qu'arrive-t-il si le curateur refuse de prêter son concours à l'acte que le mineur se propose d'accomplir? En principe ce refus paralyse l'action du mineur. C'est le but même de l'institution de la curatelle : empêcher le mineur de faire des actes qui lui seraient dommageables à lui-même. Cependant, en cas de refus injuste, comme on ne peut pas laisser le mineur à la merci d'un curateur malintentionné, on lui reconnaît le droit de s'adresser au conseil de famille pour lui demander le remplacement de son curateur, et, en cas de rejet de sa demande, de se pourvoir devant le tribunal en annulation de la délibération du conseil. Comparez ce qui sera dit du refus d'assistance opposé aux prodigues et aux faibles d'esprit par leur conseil judiciaire, ci-dessous, n° 2700.

B. — Actes soumis aux formalités de la tutelle.

* **2573. Inutilité de l'assistance du curateur.** — On a déjà vu (n° 2562) que c'est sur la demande du Tribunat que le mineur émancipé a été assimilé au mineur en tutelle, pour tous les actes qu'un tuteur ne peut pas faire sans autorisation. Le principe est posé en termes généraux par l'art. 484 : « Il ne pourra... faire aucun acte autre que ceux de pure adminis-

tration sans remplir les formes prescrites pour les mineurs non émancipés. » On a vu aussi que ce texte a failli supprimer du coup toute la mission du curateur. L'assistance du curateur se trouve ainsi non pas accompagnée, mais remplacée par les formalités de la tutelle ; la conserver eût été du luxe ; quand le conseil de famille, et souvent même le tribunal ont autorisé le mineur à agir, quelle utilité pourrait bien avoir une troisième autorisation émanant du curateur ?

2574. Renvoi pour l'énumération. — Il est inutile de reprendre ici l'examen de ces actes. Ils ont été énumérés et étudiés à propos du mineur en tutelle (n° 2500). Ce sont notamment les *aliénations d'immeubles*, les *emprunts*, les *constitutions d'hypothèques*, les *transactions*[1], les *acceptations* ou *répudiations de successions*, l'*acquiescement à une action immobilière*[2], etc. — Il y a cependant quelques différences à cet égard entre les deux catégories de mineurs ; l'assimilation n'est pas complète. Voyez les n^os suivants.

2575. Différences résultant du Code civil. — Pour les *partages de successions* et pour l'*exercice des actions immobilières*, l'assistance du curateur suffit toujours au mineur émancipé (ci-dessus, n°s 2564 et 2571), tandis que l'autorisation du conseil de famille est nécessaire au tuteur, du moins quand c'est lui qui demande le partage ou qui intente l'action.

2576. Différences résultant de la loi du 27 février 1880. — Cette loi a bien étendu aux mineurs émancipés les règles établies par elle pour l'aliénation des valeurs mobilières appartenant à des mineurs en tutelle, mais elle ne l'a pas fait d'une manière absolue. Elle ne l'a fait que pour les mineurs *émancipés au cours de la tutelle ;* elle a laissé en dehors de ses dispositions : 1° les mineurs émancipés par leur mariage ; 2° les mineurs émancipés par leurs parents avant l'ouverture de la tutelle. Pour les uns le législateur a craint de faire intervenir un conseil de famille dans les affaires intérieures d'un ménage ; pour les autres il a pensé que la présence des père et mère constituait une garantie suffisante. Ces motifs sont sérieux, mais ils introduisent une complication de plus dans une matière qui en a déjà beaucoup.

Quoi qu'il en soit, voilà deux catégories de mineurs qui pour l'aliénation de leurs valeurs mobilières suivent d'autres règles que celles de la tutelle. De leur part l'aliénation peut être faite, sans distinction de chiffre, avec la seule assistance du curateur (ci-dessus, n° 2568), tandis que les valeurs appartenant à un mineur en tutelle ne peuvent être vendues qu'avec l'autorisation du conseil de famille, et même, quand elles dépassent 1,500 fr., avec l'homologation du tribunal.

§ 3. — *Cessation de la curatelle.*

*** 2577. Énumération des causes de cessation.** — La curatelle prend fin de trois façons : 1° par la *majorité* du mineur ; 2° par sa *mort ;* 3° par la *révocation de l'émancipation.* — La dernière cause seule a besoin d'être expliquée.

*** 2578. Motif de la révocation.** — L'émancipation peut être révoquée lorsque les engagements du mineur ont été *réduits pour cause d'excès*

[1] Sauf en matière d'administration (ci-dessus, n° 2545-3°).

[2] Dans l'art. 482, la loi n'a réglé d'une manière spéciale que l'exercice de l'action, comme demandeur ou comme défendeur, et n'a pas parlé de l'acquiescement. Donc la règle établie pour cet acte par l'art. 464 (autorisation du conseil de famille) est applicable au mineur émancipé, en vertu du renvoi contenu dans l'art. 484.

(art. 485). Le mineur ayant montré par sa conduite qu'on avait trop compté sur sa maturité, on lui retire une capacité dont il fait un mauvais usage.

2579. Cas où l'émancipation est irrévocable. — L'art. 485 s'exprime d'une manière absolue : « Tout mineur émancipé... ». On reconnaît cependant que l'*émancipation tacite*, qui résulte du *mariage*, est irrévocable. Cette solution découle des motifs mêmes qui ont fait établir cette espèce d'émancipation. Et l'art. 485 montre bien, par sa rédaction, que dans la pensée de ses auteurs il ne concerne que l'émancipation expresse, puisque l'on doit employer pour la révoquer « les mêmes formes que pour la conférer ».

2580. Moyen pour le mineur d'éviter la révocation. — A un autre point de vue encore l'art. 484 est mal rédigé. Il suppose formellement, pour autoriser le retrait de l'émancipation, que les engagements du mineur « ont été réduits ». Or comme l'*action en réduction n'appartient qu'au mineur*, il dépend de lui d'échapper à cette révocation en s'abstenant de demander la réduction de ses engagements. Quelques auteurs, considérant que ce qui justifie la révocation est moins la réduction des engagements que l'excès des dépenses, ont proposé soit d'accorder l'action en réduction à d'autres qu'à lui, soit d'autoriser la révocation par cela seul que des engagements excessifs ont été contractés. Mais l'un comme l'autre remède est inadmissible : d'une part les principes généraux empêchent de donner l'action en réduction à un autre qu'au mineur, puisqu'elle est établie dans son intérêt exclusif ; de l'autre, le texte bien formel de la loi suppose que ses engagements « ont été réduits », et non pas seulement qu'ils sont réductibles. En fait, les révocations d'émancipation sont extrêmement rares.

Tout ce qu'il est possible d'admettre, c'est que la révocation pourra avoir lieu quoique les engagements du mineur aient été maintenus par le tribunal à raison de la bonne foi des tiers : ce fait doit rester sans influence sur la révocabilité de l'émancipation, dès que le mineur lui-même a fait constater en justice l'excès de ses dépenses.

*** 2581. Formes de la révocation.** — La révocation se fait en suivant les mêmes formes que s'il s'agissait de l'émancipation de l'enfant (art. 485). Ici encore la loi s'est mal exprimée. Elle dit : « les mêmes formes que celles qui *auront eu lieu* pour la lui conférer ». L'emploi de ces formes n'est peut-être plus possible : par exemple, si l'enfant a été émancipé par son père, et qu'il se trouve aujourd'hui sans père ni mère, ce n'est pas par une déclaration de ses parents que l'émancipation sera révoquée. Mais la pensée de la loi n'en est pas moins très claire : ce sera le conseil de famille qui, dans cette hypothèse, retirera l'émancipation par un vote, suivi d'une déclaration du juge de paix que « l'émancipation est révoquée ».

***2582. Effet de la révocation.** — Cet effet est ainsi déterminé dans l'art. 486 : « L'enfant *rentrera en tutelle.* » Encore une expression insuffisante. Cela n'est pas toujours vrai, car si l'enfant a encore ses père et mère, il retombe sous leur puissance et non pas en tutelle, puisque la tutelle n'est pas encore ouverte. — S'il y a lieu à tutelle, elle est déférée d'après les principes du droit commun, ce qui fait que souvent l'enfant se trouvera replacé sous la puissance de son ancien tuteur.

Le retrait a encore un autre effet : *il empêche que l'enfant soit émancipé de nouveau.* « Il y restera (en tutelle) jusqu'à sa majorité accomplie », dit l'art. 486.

Cela valait-il bien la peine d'être dit, et les parents ou le conseil de famille qui ont prononcé le retrait de l'émancipation auraient-ils été tentés d'en accorder une seconde ?

D'ailleurs, il faut faire exception pour le cas où l'enfant se marierait, étant encore mineur ; il se trouverait alors émancipé de nouveau, malgré la prohibition de l'art. 486, à cause du caractère impérieux des motifs de l'émancipation tacite. Ce qui est prohibé par la loi est uniquement une seconde émancipation expresse.

2583. Autre danger de l'émancipation non prévu de la loi. — La révocation de l'émancipation n'est permise que dans le cas où le mineur a fait des dépenses exagérées. Mais ce n'est pas la seule manière pour lui d'abuser de la liberté qu'on lui a conférée. L'émancipation ne lui donne pas seulement l'administration de ses biens, elle lui donne aussi la *libre direction de sa vie*. La loi aurait donc dû permettre aux parents de révoquer également l'émancipation pour *inconduite* du mineur. Elle ne l'a pas fait. M. Demolombe a soutenu que cette cause de révocation était sous-entendue dans l'art. 484, parce que le désordre de la fortune n'est ordinairement que l'indice et le symptôme de la mauvaise conduite (t. VIII, n° 357). Il avait obtenu l'adhésion de quelques jurisconsultes, mais la jurisprudence ne l'a pas suivi (Trib. de Toulouse, 15 nov. 1882, DALLOZ, *Suppl.*, t. X, p. 778, note 1, S. 83. 2. 96. Comp. HUC, t. III, n° 497). Il y a là certainement une lacune dans le système de la loi.

LES ALIÉNÉS [1].

(C. civ., art. 489 à 512. Loi du 30 juin 1838. Ordonnance du 18 décembre 1839. Nombreux textes administratifs indiqués dans Dalloz, *Suppl.*, v° Aliéné, n° 1.)

2584. **Bibliographie.** — Théoph. Roussel, sénateur de la Lozère, *Rapport sur le projet de revision de la loi du 30 juin 1838 sur les aliénés* (20 mai 1884), *Impressions du Sénat*, 1884, t. III et IV, in-4°. — J. de Crisenoy, *Mémoire sur la loi concernant les aliénés*, adressé à la commission chargée du projet, Paris, 1882. — Georges Lagrésille, *La séquestration des aliénés dans la législation actuelle et la législation future*. Paris, 1883. — Legrand du Saulle, *La folie devant les tribunaux*, Paris, 1864. — Sacaze, *La folie dans ses rapports avec la capacité civile* (trois articles publiés en 1850 et 1851 dans la *Revue Wolowski*). — Tanon, *Étude critique de la loi de 1838 sur les aliénés*, 1868. — Huc, *Des aliénés et de leur capacité civile*, 1869 et 1883. — Thèses : Faidides, Paris, 1898 ; de Cagny, Paris, 1898. — Autres renseignements bibliographiques dans Dramard, p. 72-73. Voy. aussi les bibliographies données par MM. Faidides et de Cagny, thèses précitées. — Sur les législations étrangères concernant les aliénés, voir le *Rapport* de M. Roussel, t. II, p. 361-862.

2585. **Progrès de la législation.** — La loi s'occupe des aliénés à un double point de vue.

A. — D'abord leur état exige une surveillance constante et des soins spéciaux. Les actes d'un fou, dans sa famille ou en public, sont parfois pleins de dangers pour lui-même ou pour les autres. Quand ces dangers deviennent imminents, une mesure exceptionnelle s'impose : c'est l'*internement* ou placement dans un asile.

B. — En second lieu, l'altération de l'intelligence ne permet plus à l'aliéné d'avoir une volonté éclairée dont la loi puisse tenir compte pour faire produire des effets juridiques à ses actes. Joignez à cela que souvent les fous peuvent avoir affaire à des gens sans scrupules, qui ne reculeraient devant rien pour les exploiter et les dépouiller. A ce point de vue encore, il y avait lieu d'organiser une forme spéciale de protection, dans l'intérêt personnel de l'aliéné : c'est son *interdiction*, qui est suivie de sa *mise en tutelle*.

Mais, *dans l'ordre historique de leur développement*, les deux institutions relatives aux aliénés (internement et interdiction) se présentent dans l'*ordre inverse* de celui qui vient d'être indiqué. C'est l'interdiction qui a attiré la première l'attention du législateur ; l'internement n'est devenu une institution juridique que dans le courant du XIXe siècle.

CHAPITRE PREMIER

DE L'INTERDICTION

** 2586. **Définition.** — L'interdiction est un *jugement* par lequel *un tribunal civil*, après avoir constaté l'état d'aliénation mentale d'une

[1] Les mots *aliéné*, *aliénation mentale*, ne figurent pas dans le Code civil. On les trouve dans la loi de 1838 et dans le projet de réforme, signalé au n° 2618.

personne, lui *enlève l'administration de ses biens*[1]. Ce jugement entraîne comme conséquence la *mise en tutelle* de l'interdit.

2587. Historique. — En droit romain, l'interdiction ne s'employait pas pour les fous. Leur incapacité reposait sur un fait et non sur un décret du magistrat. L'interdiction ne fonctionnait que pour les prodigues. C'est dans notre ancien droit, à une époque inconnue, que l'on s'est mis à interdire aussi les fous[2]. Le Code n'a fait que continuer la tradition.

§ 1. — *Causes d'interdiction.*

****2588. Causes énumérées par la loi.** — L'art. 489 nomme l'*imbécillité*, la *démence* et la *fureur*. D'après les paroles du tribun Tarrible, au Corps législatif, les auteurs de la loi ont entendu désigner par « imbécillité » la faiblesse d'esprit causée par l'absence ou l'oblitération des idées ; par « démence » l'aliénation qui ôte l'usage de la raison, et par « fureur » une démence portée au plus haut degré, qui pousse le furieux à des actes dangereux pour lui-même et pour les autres. — La distinction entre la démence ordinaire et la fureur n'est utile que pour déterminer les personnes qui ont le droit de provoquer l'interdiction ; nous pouvons donc la négliger pour le moment. En réalité *la loi n'indique que deux causes :* l'imbécillité et la démence.

L'imbécillité peut être congénitale ou provenir d'une maladie ou de la vieillesse ; elle a des degrés, qui sont la *débilité mentale*, l'*imbécillité* proprement dite et l'*idiotie*. La démence est le dérangement des idées, elle a aussi des degrés, depuis la simple *manie* jusqu'au *délire général*. Du reste, peu importent ici les qualifications employées en pathologie ; la classification des maladies mentales, qui est encore assez mal fixée, est *indifférente au point de vue du droit*. Ce que le tribunal doit uniquement considérer, ce qu'il est chargé d'apprécier, c'est l'*aptitude physique de la personne à administrer elle-même ses propres affaires*. S'il estime que la raison est altérée au point de ne pas lui permettre de comprendre la portée des actes qu'elle fait, il doit prononcer l'interdiction.

***2589. Causes non prévues dans les textes.** — On demande parfois s'il existe d'autres causes d'interdiction. La question se pose pour la *vieillesse*, pour la *surdité* et pour l'*ivresse habituelle*.

I. Vieillesse. — Un vieillard peut-il être interdit ? La question est résolue d'avance par la façon dont les textes viennent d'être expliqués. La vieillesse n'est pas par elle-même une cause d'interdiction. Elle ne peut le devenir qu'autant qu'elle aurait pour conséquence la suppression ou l'altération de l'intelligence[3].

II. Surdité. — Cette infirmité était jadis une cause d'ignorance absolue, mais avec les méthodes actuelles d'enseignement, les sourds-muets, qui sont souvent doués d'une intelligence naturelle très vive, peuvent acquérir toutes les connaissances qu'ils veulent. Il n'y a

[1] C'est le sens traditionnel du mot *interdictio* qui désignait à Rome une privation de droits, l'interdiction de l'eau et du feu.

[2] Cette extension de l'interdiction paraît fort ancienne. Au XIVe siècle, la *Très ancienne coutume de Bretagne* (ch. 83) parle de l'interdiction pour tous ceux qui n'ont pas « bon san et bon gouvernement », sans distinguer si la cause est la prodigalité ou la folie.

[3] Il y avait autrefois en Bretagne une institution particulière, la *démission de biens*, qui évitait aux enfants la nécessité de demander l'interdiction de leurs parents parvenus à un âge trop avancé pour gérer utilement leurs biens. Nos *partages d'ascendants*, lorsqu'ils sont accompagnés d'une donation immédiate de tous les biens au profit des enfants, pourraient rendre des services du même genre, s'ils n'étaient entourés de tant de causes de nullité qu'ils sont presque impraticables.

donc pas lieu de prononcer une interdiction pour cette cause. A plus forte raison s'il s'agissait d'une *paralysie accidentelle de la langue*, quand même elle supprimerait complètement l'usage de la parole (Caen, 1er mai 1879, D. 80. 2. 247, S. 79. 2. 336). Il ne pourrait être question d'interdiction que si la surdité, suivie d'un défaut complet d'éducation, avait entraîné l'atrophie de l'intelligence. Il y a là une question de fait, mais la cause de l'interdiction résiderait alors dans l'état intellectuel de l'individu, dont la surdité ne serait que la cause lointaine.

III. IVRESSE HABITUELLE. — On peut en dire la même chose que de la surdité. Ce n'est pas une cause suffisante d'interdiction (Rouen, 18 janv. 1865, D. 65. 2. 226, S. 65. 2. 350). L'interdiction ne deviendrait possible que s'il en était résulté une altération des facultés intellectuelles et on rentrerait alors dans les cas prévus par la loi.

En termes plus généraux, *aucune infirmité corporelle* n'est une cause d'interdiction. Il y a pour ces cas-là un remède bien plus simple : que le malade — quand il est sain d'esprit — donne, *par-devant notaire, une procuration générale à un tiers.*

***2590. Conditions exigées pour l'interdiction.** — Une double condition est nécessaire :

1° Il faut que le défaut de développement ou l'altération des facultés intellectuelles soit *très grave* : si l'imbécillité n'est que de la faiblesse d'esprit, si la folie n'est que de la manie, il n'y a pas lieu de prononcer l'interdiction. Ceci résulte implicitement de l'art. 499, qui permet aux juges de se contenter de donner alors un conseil judiciaire à la personne dont l'interdiction était demandée (voyez n° 2687).

2° Il faut en second lieu que l'état de folie, lorsqu'il est sujet à des rémittences, soit du moins l'état *habituel* de la personne (art. 489). Il n'y a donc pas lieu de prononcer l'interdiction si la personne ne souffre que d'une façon passagère de la perte de sa raison. Nos tribunaux ne pourraient plus interdire des malades comme celui dont s'occupa le Parlement de Paris en 1762 « qui, pendant cinq ou six années, avait eu des accès de fièvre chaude qui quelquefois duraient six semaines » (Arrêt rapporté par GUYOT, *Répertoire*, v° Interdiction). La Cour, dit Guyot, eut beaucoup de peine à se décider à maintenir l'interdiction prononcée par le Châtelet.

Mais il n'est pas nécessaire que l'état de démence soit *continuel*. Par conséquent, l'interdiction est possible même pour un aliéné qui a des *intervalles lucides* ; bien mieux, on verra que l'interdiction est surtout utile à cet aliéné en supprimant les difficultés qui naîtraient de l'état intermittent de sa capacité (ci-dessous, n° 2641).

Les juges du fait apprécient souverainement l'état de la personne dont l'interdiction est demandée, et leurs décisions sur ce point, qui est de pur fait, ne sont pas soumises au contrôle de la Cour de cassation (Cass., 17 janv. 1876, D. 76. 1. 151, S. 76. 1. 302).

2591. Interdiction des mineurs. — La loi ne parle de l'interdiction que pour les majeurs : « Le *majeur* qui est dans un état habituel... », dit l'art. 489. Ceci tient à ce que les mineurs sont déjà frappés d'une incapacité générale, analogue à celle qui résulte pour les majeurs de l'interdiction, et que, dès lors, il a pu paraître inutile d'interdire un mineur.

Cependant il existe un intérêt pratique assez considérable à provoquer l'interdiction d'un dément avant son arrivée à majorité. Cet intérêt consiste à empêcher qu'il n'y ait, après la fin de la minorité et avant le jugement d'interdiction, un *intervalle de capacité*, pendant lequel l'aliéné pourrait ratifier des actes faits par lui en temps de minorité ou consentir des actes nouveaux. On échappe à ce danger en demandant l'interdiction d'avance de telle sorte que l'aliéné, mineur et interdit, ne fera que tomber d'une incapacité dans une autre sans discontinuité. L'opinion des auteurs est presque unanime sur ce point et la jurisprudence est conforme (Bourges, 22 déc. 1862, D. 63. 5. 218)[1].

§ 2. — *Des demandes en interdiction.*

A. — Qui peut agir.

* **2592. Énumération.** — Le droit de provoquer l'interdiction n'appartient, en principe, qu'à des membres de la famille; toutefois on l'accorde aussi au ministère public. Les personnes auxquelles ce droit est donné sont :

1° Le *conjoint de l'aliéné* (art. 490). Si c'est le mari qui est aliéné, sa femme ne peut demander son interdiction qu'à la condition de s'y faire autoriser par justice. — Le conjoint conserve son droit, même après la séparation de corps, car il conserve sa qualité d'époux, et c'est en cette qualité que la loi lui permet d'agir en interdiction.

2° Les *parents de l'aliéné* (art. 490). La loi ne fait aucune distinction entre eux. On doit donc leur reconnaître le droit d'agir à tous *indistinctement*, aux plus éloignés comme aux plus proches, sans dépasser toutefois le 12e degré, au delà duquel la parenté ne produit plus d'effets juridiques.

Aucune hiérarchie n'est établie entre les parents. Tous sont donc *concurremment* recevables en leur demande, sans qu'on puisse opposer à celui qui poursuit l'interdiction, qu'il y a des parents plus proches que lui en degré et qui s'abstiennent.

Les *enfants* peuvent demander l'interdiction de leur père et de leur mère. De leur part, cette action n'est pas contraire à l'obligation que l'art. 371 impose à chacun de garder à tout âge honneur et respect à ses père et mère, à la condition, bien entendu, qu'elle soit fondée sur des motifs sérieux et inspirée par l'utilité même du malade, et non par un désir de vengeance ou de vexation.

2593. Exclusion des alliés. — La loi ne dit rien des *alliés*. Ils n'ont donc pas le droit de demander l'interdiction, même ceux du degré le plus proche, le gendre ou la bru, le beau-père ou la belle-mère, le beau-frère ou la belle-sœur. Il est impossible de leur accorder une pareille action sans texte.

On dit, pour justifier le système de la loi, que le droit de demander l'interdiction est surtout fondé sur la *qualité d'héritier présomptif* : ce serait pour protéger les « espérances » du demandeur que la loi lui permettrait d'agir, de façon à empêcher que les actes d'un fou ne ruinent d'avance une succession qui doit lui revenir un jour. Or l'alliance ne confère pas le droit de succéder; on comprend donc que la loi n'ait pas nommé les alliés à côté des parents dans l'art. 490. Ce serait à merveille si l'*intérêt personnel du demandeur* était l'unique motif de son action. Mais la protection due à un insensé, l'affection qu'on lui porte, y sont bien aussi pour quelque chose. Pourquoi accorder à un arrière-petit-cousin du 12e degré, qui n'a aucun espoir de succéder, primé qu'il est par vingt ou trente parents plus proches, un droit qu'on refuse au beau-père, au beau-frère? Il n'y en a pas de bonne raison.

[1] Il y aurait cependant une raison sérieuse de douter. Le projet de l'an VIII contenait une disposition qui empêchait formellement toute demande en interdiction contre les mineurs non émancipés (FENET, t. II, p. 96). Cette disposition était évidemment empruntée à Pothier (*Personnes*, n° 201) qui considérait l'interdiction d'un mineur comme inutile quand il n'était pas émancipé. Le Tribunal de cassation signala l'utilité qu'aurait l'interdiction d'un mineur même émancipé et proposa de l'autoriser dans la dernière année de la minorité (FENET, *ibid.*, p. 534). Mais la section de législation du Conseil d'État n'entra pas dans cette voie. Au contraire elle supprima entièrement l'article qui permettait l'interdiction du mineur émancipé, et, pour mieux marquer sa volonté, elle modifia l'art. 489 en disant : « Le *majeur*... », tandis que le texte primitif disait en termes vagues : « *Celui* qui est dans un état d'imbécillité... » La volonté du législateur n'est donc pas douteuse, et la légalité de la solution couramment admise devient bien suspecte.

* **2594. Action du ministère public.** — En dehors de la famille, le droit de demander l'interdiction n'appartient plus qu'au *ministère public* (art. 491) [1]. En principe, le ministère public ne peut agir que lorsque l'aliéné n'a ni parents connus, ni conjoint. Cependant si l'aliéné est en état de *fureur* (aliéné *dangereux*) le ministère public peut agir, quand même il aurait des parents ou un conjoint, si ceux-ci ne provoquent pas son interdiction. La loi lui en fait même en ce cas une obligation : l'interdiction « doit » être demandée par le procureur du roi, dit l'art. 491, tandis qu'aux cas de démence ou d'imbécillité (aliénés *inoffensifs*), c'est pour lui une simple faculté : « il peut aussi la provoquer... » (même article).

Actuellement cette distinction est inutile; l'obligation imposée au ministère public de faire interdire les fous furieux n'a plus de raison d'être. L'interdiction est une protection purement juridique, qui ne répond nullement aux besoins de la situation ; ce qu'il faut en pareil cas, c'est enfermer le fou ; or *interdire* n'est pas *interner* [2].

B. — Formes de la demande.

2595. Tribunal compétent. — Le tribunal compétent est celui du domicile du défendeur, par application des principes généraux (art. 59 C. proc. civ.). La loi n'a établi aucune dérogation à ce principe ; l'art. 492 se borne à attribuer compétence aux tribunaux civils, d'une manière vague.

2596. Qui est défendeur. — L'action doit être dirigée contre la personne dont l'interdiction est demandée, sauf l'intervention de ceux qui doivent l'assister, son père ou son tuteur, si elle est encore mineure ; son mari, si c'est une femme mariée. L'individu à interdire doit être personnellement mis en cause, quelle que soit sa situation, même quand il est déjà placé dans un établissement d'aliénés (Paris, 13 avril 1875, D. 75. 2. 233).

1° Première phase de la procédure.

* **2597. Son caractère.** — La procédure de l'interdiction se divise en deux phases qui ont été très nettement indiquées par M. Bertin (*La chambre du conseil*, nos 639 et 667). Dans toute sa première partie, *la procédure n'est pas publique ;* tout se passe *en la chambre du conseil.*

2598. Introduction de la demande. — On ne lance pas d'assignation. La procédure débute par une forme spéciale : une *requête* adressée au président du tribunal, dans laquelle les faits d'imbécillité, de démence ou de fureur doivent être *articulés*, c'est-à-dire indiqués article par article ; on y joint les pièces à l'appui (lettres de l'aliéné, procès-verbaux de police, etc.) et la liste des témoins qu'on propose (art. 493 C. civ., art. 890 C. proc. civ.). Cette requête est communiquée au ministère public, et un juge est commis pour faire un rapport (art. 891 C. proc. civ.).

2599. Avis du conseil de famille. — Le tribunal ordonne que le conseil de famille sera consulté « sur l'état de la personne dont l'interdiction est demandée » (art. 494 C. civ. et 892 C. proc. civ.). On ne lui demande pas d'émettre un avis favorable ou défavorable à l'interdiction : le tribunal seul est juge de l'opportunité de cette mesure; on le consulte seulement *sur l'état mental* du prétendu aliéné, parce que les parents sont mieux placés que tous autres pour l'apprécier, étant au courant des faits et gestes de la personne. — Le tribunal est obligé de consulter le conseil de famille s'il veut prononcer l'interdiction, mais s'il juge que les faits allégués ne sont pas suffisants, ou si la demande est

[1] On demande quelquefois si l'aliéné lui-même pourrait demander sa propre interdiction dans un intervalle lucide. Évidemment non. Les art. 490 et 491 sont limitatifs. Du reste il est peu probable qu'il se présente jamais, suivant le mot de Laurent, un fou assez sage pour faire une pareille démarche.

[2] Cette inconséquence n'existait pas dans le système primitif de nos lois, où il fallait préalablement faire interdire ceux qu'on voulait séquestrer ; c'est l'effet de la loi de 1838 qui a autorisé l'internement des aliénés non interdits. Mais le vice de la loi ne produit aucun effet fâcheux ; le ministère public n'a qu'à s'abstenir d'agir en interdiction, et à faire enfermer l'aliéné.

formée par quelqu'un qui n'a pas qualité, il n'est pas nécessaire de convoquer le conseil ; le tribunal peut rejeter immédiatement la demande, sans plus de formalités.

2600. Règles particulières pour la composition du conseil. — Ce conseil de famille est formé et convoqué d'après les règles ordinaires. L'art. 494 renvoie à cet égard aux règles du titre « De la minorité, de la tutelle et de l'émancipation ». Toutefois l'art. 495 nous fait connaître deux particularités relatives à sa composition :

1° Le *conjoint de l'aliéné* est appelé, tandis que dans le conseil de famille des mineurs on n'appelle que les parents et les alliés (Paris, 15 juin 1857, D. 58. 2. 91) [1].

2° Le *demandeur en interdiction* ne peut pas faire partie de ce conseil ; on craint sa partialité, quelque proche qu'il soit [2]. Cependant, si ce demandeur est le conjoint ou un enfant, il pourra être appelé, mais *sans avoir voix délibérative*, c'est-à-dire sans prendre part au vote ; il sera donc simplement entendu par le conseil, et assistera à la séance pour faire connaître les faits sur lesquels il se fonde. — Cette exclusion du demandeur est du reste une mesure exceptionnelle qui ne s'applique qu'une fois pendant l'instance en interdiction. Il ne sera pas exclu des assemblées de la famille, convoquées après le jugement, pour organiser la tutelle de l'aliéné interdit ou pour prendre des délibérations au cours de cette tutelle.

2601. Interrogatoire du défendeur. — On doit commencer par signifier au défendeur la requête qui a ouvert l'instance, ainsi que l'avis émis par le conseil de famille. Ensuite le tribunal doit procéder à son *interrogatoire* (art. 496). C'est là une *formalité essentielle* à laquelle la loi attache une grande importance, car c'est par ce moyen que les juges pourront se faire une opinion personnelle sur l'état mental du défendeur. Il doit donc toujours avoir lieu, *à peine de nullité* [3].

C'est le tribunal lui-même et tout entier qui procède à cet interrogatoire, et non le président, ni un juge commis. Cependant, si le défendeur était hors d'état de comparaître, un juge-commissaire pourrait aller l'interroger à domicile (art. 496). Dans tous les cas le procureur de la République doit être présent.

L'interrogatoire n'a pas lieu à l'audience, car la présence du public est inutile et pourrait impressionner le malade ; il se fait avec moins d'apparat, dans la chambre du conseil. Si le premier interrogatoire ne suffit pas à l'éclairer, le tribunal peut en ordonner un ou plusieurs autres.

Le tribunal doit uniquement s'assurer si le défendeur est *sain d'esprit*, c'est-à-dire s'il comprend les choses ordinaires de la vie ; il ne s'agit pas de savoir s'il peut saisir les idées les plus élevées. Peu importe que son intelligence soit bornée ; il suffit qu'elle ne soit pas troublée. C'est le président du tribunal qui choisit les questions à poser au défendeur.

2° Deuxième phase de la procédure.

2602. Son caractère public. — A partir de ce moment la procédure redevient publique : ce n'est plus dans la *chambre du conseil*, c'est à l'*audience* qu'elle se déroule. Le demandeur en interdiction doit donc *assigner* le défendeur et l'affaire suit dès lors la marche habituelle.

Le Code ne s'explique pas clairement à cet égard, car l'art. 498 ne prescrit la publicité que

[1] On peut noter en outre que les enfants font partie du conseil de famille d'un aliéné, en leur qualité de parents, tandis qu'ils manquent naturellement dans le conseil de famille des mineurs.

[2] Une irrégularité commise dans la composition du conseil de famille n'entraîne pas nécessairement la nullité de la procédure en interdiction (Cass., 7 févr. 1893, D. 93. 1. 152).

[3] Il arrive fréquemment que le défendeur à la demande en interdiction, refuse de se laisser interroger. Son refus n'empêche pas l'interdiction d'être prononcée, mais donne lieu à diverses difficultés. Voy. les arrêts suivants : Cass., 16 févr. 1875, D. 76. 1. 49, S. 75. 1. 193 ; Cass., 29 avril 1885, D. 85. 1. 375 ; Cass., 4 avril 1887, D. 88. 1. 292, qui statuent sur trois questions différentes nées de ces difficultés opposées par le défendeur. La Cour de cassation veut qu'il soit bien constaté par le jugement que les moyens réguliers ont été employés pour tâcher d'interroger le défendeur et qu'ils n'ont échoué que par suite de son refus ; mais cela suffit, et, malgré le mauvais vouloir de l'aliéné, son interdiction peut néanmoins être prononcée sans qu'il ait été procédé à son interrogatoire.

pour le jugement final ; il est étonnant que le Code de procédure n'ait rien dit de plus que lui. En réalité, la publicité commence bien avant la fin de l'instance ; on voit tous les jours plaider en audience publique sur les enquêtes dans les affaires d'interdiction. L'obscurité de la loi tient sans doute, comme le remarque M. Valette, aux souvenirs de l'ancienne procédure de l'interdiction qui était secrète jusqu'au bout. Ce n'est qu'en 1769 que des lettres patentes du 25 novembre ont ordonné la publicité du jugement définitif.

2603. Absence du préliminaire de conciliation. — L'affaire n'étant pas susceptible de transaction, n'a pas besoin d'être précédée d'un essai de conciliation.

2604. Enquête. — L'enquête est un autre moyen d'investigation, mais *facultatif*. Si le tribunal ne se juge pas assez édifié par l'interrogatoire, il peut, s'il y a lieu, ordonner l'*enquête*, c'est-à-dire autoriser le demandeur à faire citer ses témoins.

L'enquête se fait dans les formes ordinaires, devant un juge-commissaire. Elle peut avoir lieu hors la présence du défendeur, mais dans ce cas son conseil pourra le représenter (art. 893, al. 2 et 3, C. proc. civ.).

Le tribunal a, du reste, le droit d'ordonner toutes les mesures d'instruction qu'il croit nécessaires. Ainsi il peut faire *examiner le défendeur par un médecin* chargé de faire un rapport sur son état mental.

* **2605. Jugement.** — Toute l'instruction de l'affaire s'est passée hors la présence du public, mais le jugement doit être prononcé *en audience publique*, les parties entendues ou appelées (art. 498). Comp. Lettres patentes de 1769, en note dans les *Codes Tripier*, sous l'art. 515.

* **2606. Solutions possibles.** — Le tribunal a à choisir entre trois solutions :

1° *Rejeter la demande*, si l'état mental du défendeur lui semble bon.

2° *Prononcer l'interdiction*, si l'imbécillité ou la démence lui semble démontrée.

3° Se contenter de nommer au défendeur un *conseil* dit « conseil judiciaire » (art. 499). C'est une espèce de moyen terme entre les deux premières solutions : on assure une certaine protection au défendeur, sans prononcer son interdiction. Quand le tribunal prend ce parti, la demande en interdiction n'en est pas moins *rejetée*.

Cette nomination d'un conseil judiciaire est justifiée lorsque le défendeur est atteint d'une simple *faiblesse d'esprit*, qui sans lui ôter l'intelligence de ses actes le laisse trop à la merci des influences étrangères. On peut dire qu'elle suppose l'*affaiblissement de la volonté* plutôt que celui de la raison. Les effets de cette décision sont beaucoup moins graves que ceux de l'interdiction. Pour les détails, voyez ci-dessous, n°s 2702 et suiv.

2607. Appel. — Le jugement, quel qu'il soit, est toujours *susceptible d'appel*.

L'appel était jadis jugé *en audience solennelle* (Cass., 17 janv. 1876, D. 76. 1. 151, S. 76, 1. 302) ; il se juge aujourd'hui à l'audience ordinaire (Décr. 26 nov. 1899 ; ci-dessus p. 187, note 1). En appel comme en première instance, le ministère public doit toujours être entendu, mais pour la Cour l'interrogatoire du défendeur n'est que facultatif.

2608. Désistement. — La jurisprudence refuse au demandeur la faculté de se désister de son action (DALLOZ, *Suppl.*, v° Désistement, n° 6 ; Caen, 27 déc. 1899, D. 1900, 2. 161).

C. — Publicité.

** **2609. Sa nécessité.** — L'interdiction entraîne l'*incapacité* de la personne interdite. Le public a donc le plus grand intérêt à être prévenu dès qu'un jugement ou un arrêt prononce une interdiction, car quiconque traitera avec l'interdit risque de voir ensuite annuler la convention faite, malgré toute la bonne foi des parties.

2610. Ses formes primitives. — Le Code civil s'était contenté d'ordonner un double système d'affiches. D'après l'art. 501, le jugement d'interdiction devait être affiché : 1° dans des tableaux spéciaux, placés dans l'auditoire du tribunal ; 2° dans les études des notaires de l'arrondissement, où l'on peut voir la liste des personnes frappées d'interdiction. Cette dernière mesure avait été ordonnée parce que c'est dans les études des notaires que se traitent la plupart des affaires importantes, et de fait, elle procurait une publicité assez sérieuse aux interdictions, à la condition toutefois que l'interdit ne sortît pas de son arrondissement. L'inscription doit être faite dans les 10 jours à la diligence des demandeurs.

2611. Publicité supplémentaire. — A ces formalités anciennes, qui continuent à être remplies, la loi du 16 mars 1893 en a ajouté une autre : mention de l'interdiction doit être faite *sur un registre spécial tenu au greffe du tribunal civil du lieu de naissance de l'interdit* (art. 501, al. 2). Ce registre est public, comme les registres de l'état civil, et toute personne peut s'en faire délivrer copie [1].

Comme moyen de publicité, ce procédé est bien plus sûr que ceux qu'avait établis le Code civil : celui qui traite avec un inconnu n'a qu'à lui demander en quel endroit il est né [2], pour aller y prendre ses renseignements. Le refus de répondre à cette question doit faire considérer l'individu comme suspect et empêcher les tiers de traiter avec lui.

** **2612. Sanction.** — Quelles sanctions la loi a-t-elle établies pour assurer l'observation des mesures de publicité qu'elle prescrit ? On aurait pu décider que l'interdiction non rendue publique ne serait pas *opposable aux tiers*, qui n'en ont pas été prévenus, et que par suite elle ne produirait pas ses effets contre eux, à savoir l'*incapacité de l'interdit* et la *nullité de ses actes*. On n'a pas osé recourir à cette sanction extrême : la protection due à un insensé a paru une nécessité supérieure à toute autre considération.

Par suite, *la seule sanction de la loi consiste dans la responsabilité pécuniaire de diverses personnes.*

Sont responsables :

1° Le *demandeur en interdiction* qui n'a pas fait apposer les affiches ordonnées par le texte primitif du Code, car c'est à lui que le texte impose en premier lieu, et en termes impératifs, le soin de faire publier l'interdiction : « le jugement sera, à la diligence des demandeurs, levé, signifié et inscrit... ». — Faute par eux d'y avoir pourvu, ils pourraient être condamnés à réparer le dommage causé aux tiers par l'annulation des actes de l'interdit.

2° Le *notaire*, qui aurait omis de procéder à l'affichage dans son étude, après en avoir été requis (L. 25 vent. an XI, art. 18).

3° L'*avoué* et le *greffier*, chargés par la loi de 1893 d'assurer l'inscription des interdictions sur les registres spéciaux établis par cette loi. Ils encourent une *amende* de 50 francs, sans préjudice de tous dommages-intérêts envers les tiers.

[1] La loi du 16 mars 1893, complétée par un décret du 9 mai 1893, a réglé en détail les mesures à prendre pour remplir cette formalité et le délai dans lequel elle doit avoir lieu. C'est l'*avoué* qui a obtenu le jugement qui est chargé de faire parvenir au greffier du lieu de naissance de l'interdit l'extrait à transcrire sur le registre spécial établi par la loi de 1893. Ce registre peut être considéré comme une première tentative pour établir en France un *casier civil* (voy. ci-dessus n°s 491 et 492).

[2] Il est prudent d'exiger la production de l'acte de naissance de la personne pour y vérifier son lieu d'origine et de ne pas s'en rapporter à une déclaration qui pourrait être mensongère.

2613. Ce qui doit être publié. — La loi ordonne de publier le *jugement* ou l'*arrêt* (art. 501). Quand l'interdiction a été rejetée par le tribunal et n'a été prononcée que par la cour, il n'y a pas de doute : c'est l'arrêt seul qui doit être publié. Mais quand l'interdiction a été admise en première instance, on décidait, avant 1893, qu'il est bon de publier le jugement qui la prononce, sans attendre s'il y aura ou non appel, parce que, si la cour confirme le jugement, c'est de ce jugement que résultera l'interdiction, et par conséquent l'incapacité existera à compter du jour où il aura été rendu.

Cependant la loi de 1893 n'ordonne l'inscription sur le registre du greffe que « dans le mois du jour où la décision aura acquis l'autorité de la chose jugée », ce qui implique qu'il n'y a pas lieu d'inscrire un jugement encore susceptible d'appel, ou déjà frappé d'appel. Et cela se comprend, car cette inscription sur le registre constitue une mesure de publicité définitive.

CHAPITRE II

DE L'INTERNEMENT DES ALIÉNÉS

§ 1. — *Historique.*

2614. Ancien traitement des fous. — L'internement des fous remonte loin. Au moyen âge les fous furieux étaient enfermés dans des cachots ou dans des couvents. Ils étaient presque partout enchaînés et soumis aux traitements les plus cruels. Ce fut seulement Pinel qui, nommé médecin à Bicêtre en 1792, leur appliqua un traitement plus doux et convenant mieux à des malades. Quant aux fous tranquilles, on les laissa pendant longtemps errer en liberté, abandonnés à la risée et aux injures. Ce ne fut qu'assez tard qu'on les reçut dans les hôpitaux et dans les monastères.

2615. Législation moderne. — Les lois de la Révolution et de l'Empire ne s'occupèrent pas de l'internement des aliénés. Le Code civil lui-même n'en a pas dit un mot. On voit seulement dans la loi des 16-24 août 1790 que les municipalités étaient chargées « d'obvier ou de remédier aux événements fâcheux qui pourraient être occasionnés par les insensés ou les furieux laissés en liberté » (Titre XI, art. 3-6°). Le Code pénal punit ceux qui ont laissé divaguer des fous ou des furieux étant sous leur garde (art. 475-7°, C. pén.), et surtout si l'aliéné a tué ou blessé des animaux appartenant à autrui (art. 479-2°, C. pén.). Mais on n'avait pas réglé, d'une façon expresse, les conditions et les effets de l'internement. Dans la pensée des rédacteurs du Code, la séquestration du fou était subordonnée à la constatation judiciaire de son état mental par la procédure et le jugement d'interdiction. Voyez l'art. 510, et surtout l'art. 491 qui impose au ministère public l'obligation de poursuivre l'interdiction des furieux, ce qui ne peut avoir d'autre but que de les tenir enfermés. Ainsi dans le système du Code, le droit qui appartient à l'autorité de faire enfermer les fous furieux n'était qu'une mesure exceptionnelle et provisoire, prise en attendant l'interdiction ; hors ce cas, la séquestration d'un aliéné non encore interdit était illégale.

2616. Irrégularité de la pratique jusqu'en 1838. — En fait on ne se conformait pas à la loi. Beaucoup de familles s'abstenaient de faire prononcer l'interdiction de leurs membres atteints d'aliénation mentale, soit dans la crainte de révéler au public, par une instance en justice, une maladie qui souvent est héréditaire ; soit par un sentiment d'affection et de respect, car les formalités à remplir, et notamment l'interrogatoire de l'aliéné par le tribunal, avaient souvent pour résultat d'aggraver la maladie qu'un traitement convenable et immédiat aurait pu enrayer. Les établissements publics et privés se montraient extrêmement faciles pour l'admission des aliénés. A Paris, sur 613 aliénés soignés à Bicêtre en 1837, 19 seulement étaient interdits. Malgré les dangers de séquestrations arbitraires, le ministère public fermait les yeux. Çà et là, des règlements locaux avaient été faits par l'autorité municipale; les principaux étaient ceux de Paris (Arrêté du préfet de police, de 1803; Ordonnance de police du 9 août 1828).

* **2617. Loi de 1838.** — En 1836, le ministre de la justice se préoccupa de mettre fin à l'incertitude qui régnait sur ces matières en régularisant et en réglementant l'internement des aliénés non interdits. Son projet, déposé le 6 janvier 1837, aboutit après dix-huit mois d'études à la loi du 30 juin 1838, qui est encore en vigueur. Cette loi importante, aujourd'hui très critiquée, a été, comme le dit M. Roussel, « conçue dans les vues les plus humaines, préparée avec des soins exceptionnels par des esprits très éclairés, admirés et prise pour modèle à l'étranger » (*Rapport*, t. I, p. 1-2). Quand on la juge si sévèrement aujourd'hui, on ne devrait pas oublier qu'elle était la première tentative faite en ce genre.

* **2618. Projets de réforme.** — Accueillie d'abord comme un bienfait et louée sans réserves pendant une vingtaine d'années, la loi de 1838 a tout à coup soulevé des plaintes très vives vers 1860. L'opinion publique de cette époque, rendue impressionnable par un régime trop autoritaire, s'alarma à la suite d'une bruyante campagne de presse, menée contre certains placements que l'on présentait comme des séquestrations non motivées. Sur les réclamations qui s'élevèrent alors, voyez ROUSSEL, *Rapport*, t. II, p. 204-213. Une enquête administrative fut ouverte en 1869 (*Ibid.*, p. 214 et suiv.); un projet, préparé dès 1866, ne put aboutir à cause des événements de 1870. Un autre projet, étudié par la Société de législation comparée, fut déposé à l'Assemblée nationale en 1872 par MM. Roussel, Jozon et Alb. Desjardins; la séparation de cette assemblée le rendit caduc.

La Chambre des députés est depuis longtemps saisie d'un nouveau projet, qui a déjà été discuté et voté par le Sénat, et qui attend toujours son achèvement. Ce projet est l'œuvre d'une grande commission extra-parlementaire, nommée en 1881. Il a été déposé au Sénat, le 25 mars 1882, et c'est lui qui a fait l'objet du volumineux *Rapport* de M. Th. Roussel, signalé au n° 2584, véritable encyclopédie sur la matière. Tous les travaux législatifs antérieurs y sont résumés (Voy. la table donnée par M. Roussel, t. II, p. 345 à 355). Pour les travaux postérieurs à 1884, voyez FAIDIDES, thèse précitée, p. 239 à 246.

§ 2. — *État actuel du droit.*

* **2619. Des établissements d'aliénés.** — Ces établissements s'appellent plus souvent en fait *asiles* ou *maisons de santé*; cette dernière expression se trouve déjà dans l'art. 510. La loi en reconnaît de deux sortes, les établissements *publics*, placés sous la *direction* de l'autorité, et les établissements *privés*, dirigés par des particuliers, mais placés sous la *surveillance* de l'autorité [1].

Chaque département est tenu d'avoir un établissement public destiné à recevoir les aliénés ou de traiter soit avec un établissement privé existant dans ce département, soit avec un établissement public ou privé situé dans un département voisin. Aucun établissement privé ne peut être ouvert sans l'autorisation du gouvernement. Le postulant doit être docteur en médecine, ou assuré du concours d'un médecin. Il doit déposer un cautionnement et le règlement intérieur de l'établissement doit être communiqué à l'administration. Voyez le règlement du 20 mars 1857, publié en partie dans DALLOZ, *Suppl.*, t. I, p. 364 et suiv.

[1] Le projet de 1882 crée une troisième sorte d'établissements destinés à recevoir les *aliénés criminels*, c'est-à-dire ceux qui se sont rendus coupables d'un crime sous l'action de la folie, et dont l'état mental a été reconnu. Ces établissements seront soumis à des règles spéciales. L'autorité pénitentiaire y aura la prépondérance, et l'autorité médicale n'y interviendra que dans la mesure indispensable au traitement. En outre, il fait du personnel des établissements publics une hiérarchie, de façon à offrir au public plus de garanties et de compétence, et à placer davantage ces établissements sous la main du pouvoir central.

* **2620. Du placement des aliénés dans les asiles.** — La loi de 1838 appelle « placements » la mise d'un aliéné dans un établissement public ou privé. On distingue à cet égard les *aliénés inoffensifs* et les *aliénés dangereux*. Pour les premiers le placement ne peut être que *volontaire*, non pas évidemment de la part de l'aliéné, mais de la part de ses parents ou amis, qui ne sont pas obligés de le faire enfermer et qui peuvent le garder pour le soigner à domicile. Pour les aliénés dangereux, le placement peut être *forcé*, c'est-à-dire ordonné d'office, par le préfet de police à Paris et dans les départements par les préfets.

Dans les cas urgents les commissaires de police à Paris, les maires dans les autres communes, peuvent prendre des mesures provisoires, à la charge d'en référer au préfet dans les 24 heures. La loi de 1838 ne considère comme dangereux que les aliénés qui compromettent l'ordre public ou la sécurité des personnes. Le projet actuel y ajoute ceux qui compromettent leur propre sécurité.

2621. Vérification de l'état mental de l'interné. — L'internement ne doit jamais avoir lieu que quand il est justifié. On ne place pas dans les maisons de fous ceux dont les facultés sont seulement affaiblies. L'admission n'a lieu, en principe, que sur le vu d'un certificat de médecin constatant les particularités de la maladie et la nécessité de faire traiter cette personne dans un établissement d'aliénés et de l'y tenir renfermée [1].

2622. Dépenses des aliénés. — Les dépenses du transport des aliénés aux asiles, et celles de leur entretien et de leur traitement sont en principe à leur charge, et quand ils n'ont pas de ressources personnelles, elles sont à la charge des personnes qui leur doivent des aliments. A défaut de celles-ci, elles sont supportées par le département et la commune auxquels appartient l'aliéné par son domicile (art. 25 à 28).

2623. Surveillance des asiles. — La loi charge les procureurs de la République de visiter *à des jours indéterminés* les asiles d'aliénés, savoir : les établissements privés une fois au moins par trimestre, et les établissements publics une fois au moins par semestre. En outre, le préfet du département, le président du tribunal, le juge de paix du canton, le maire de la commune sont chargés du même office ; mais la loi n'a précisé ni le nombre ni l'époque de leurs visites (art. 4). Faute de sanction, ces prescriptions restent vaines.

* **2624. Curatelle de l'interné.** — Cette surveillance *administrative* n'a pas suffi à rassurer le législateur. Il veut en outre que le tribunal nomme un *curateur à la personne* de l'aliéné. Ce curateur est chargé : 1° de veiller à ce que les revenus de l'aliéné soient employés à adoucir son sort et à accélérer sa guérison ; 2° de réclamer sa sortie aussitôt que sa situation le permettra. Toutefois la nomination de ce curateur n'est pas faite d'office par le tribunal, lequel n'est pas consulté, dans le système de la loi de 1838, sur le placement de l'aliéné ; il faut que la nomination en soit *demandée par le conjoint, par un parent ou un ami, ou par le ministère public* (art. 38). Ce curateur ne peut pas être pris parmi les héritiers présomptifs de l'aliéné.

2625. De la sortie de l'aliéné. — La sortie de l'aliéné est de droit lorsque les *méde-*

[1] L'état mental de la personne internée donne lieu à une *double vérification* : l'une qui est *ordonnée par le préfet* dans les trois jours de la réception du bulletin lui annonçant l'entrée de la personne dans l'asile (art. 9), et ce bulletin doit lui être envoyé immédiatement (voyez la fin de l'art. 8) ; l'autre qui est faite *par le médecin de l'établissement* dans un certificat adressé au préfet 15 jours après le placement.

cins déclarent que la guérison est obtenue (art. 13). Le *préfet* peut toujours ordonner la sortie immédiate d'une personne détenue dans un asile (art. 16). Enfin elle peut être ordonnée par le *tribunal* dans le ressort duquel l'établissement se trouve situé, sur la requête de la personne détenue, de son tuteur si elle en a un, de son curateur, d'un parent ou ami quelconque, ou du ministère public (art. 29). Ce droit qui appartient aux tribunaux déroge au principe de la séparation des pouvoirs, puisqu'ils peuvent ici donner un ordre aux agents de l'administration. Le motif en est la nécessité de garantir la liberté individuelle qui est essentiellement placée sous la protection de l'autorité judiciaire.

De plus grandes facilités encore sont accordées pour les aliénés dont le placement a été volontaire. Leur sortie peut être demandée, *même avant toute guérison*, par leur conjoint ; à défaut de conjoint, par leurs ascendants ; à défaut d'ascendants, par leurs descendants, par la personne qui a signé la demande d'admission ou par toute autre personne autorisée par le conseil de famille. Cependant, si l'aliéné est mineur ou interdit, la sortie ne peut être demandée que par son tuteur (art. 14). La sortie demandée est de droit, sauf opposition de la part du médecin de l'établissement lorsqu'il estime que l'aliéné est « dangereux ». Cette opposition entraîne un *sursis provisoire* de 15 jours pendant lequel le préfet doit donner des ordres définitifs sur la sortie ou le maintien de l'aliéné dans l'asile.

2626. Insuffisance de garantie contre les séquestrations arbitraires. — *Là est le point faible de la loi de 1838.* Malgré son luxe de précautions, d'autorisations, de rapports et de visites administratives, en fait rien n'est plus facile que de faire enfermer dans une maison de fous une personne qui ne l'est pas du tout. Un certificat d'un médecin complaisant ou inhabile, et voilà une personne enfermée, peut-être pour la vie, sans jugement et sans contrôle. La loi n'a même pas limité le nombre des personnes qui peuvent requérir l'admission : le premier venu y est autorisé. Toutes les garanties de la loi sont plus apparentes que réelles. On a vu un certain nombre de personnes enfermées sans raisons sérieuses, à la requête de parents jaloux ou cupides. Et combien d'affaires de ce genre ont été étouffées ! Le projet de 1882 prend des mesures nouvelles pour garantir la liberté individuelle. Il faudra désormais le certificat de deux médecins, et l'entrée de l'aliéné ne sera jamais que provisoire. Elle sera suivie d'une période d'observation ; l'aliéné sera interrogé par le procureur de la République et le tribunal statuera en chambre du conseil, sur la sortie de la personne ou sur son maintien dans l'asile. En outre, on organisera une surveillance plus sérieuse et plus active pendant la durée du traitement.

Ces mesures intéressent un grand nombre de personnes. Les aliénés internés, qui étaient au nombre de 15,280 seulement en 1842, et de 34,919 en 1864, étaient 67,163 en 1894. Il y a eu une légère diminution : 64,522 au 31 décembre 1896. Voy. le *Rapport* des inspecteurs généraux, publié en 1874, et la *Statistique générale de la France*, publiée annuellement par le Ministère du commerce. Cet accroissement est un fait général. En Angleterre, de 1859 à 1883, le nombre des aliénés internés est passé de 36,762 à 70,060. La proportion est encore plus forte qu'en France.

Le nombre des aliénés soignés à domicile est difficile à évaluer ; les renseignements donnés par les recensements sont peu exacts. De 1866 à 1872, le chiffre obtenu dépassait 50,000 ; il est tombé à 39,887 en 1876.

2627. Des aliénés traités à domicile. — La loi de 1838 ne s'en était pas occupée. Le projet actuellement en discussion organise pour eux une certaine surveillance ; ils peuvent être victimes de *séquestration arbitraire*, auquel cas les art. 114 à 122 et 341 à 344 C. pén. deviendraient applicables. Le projet règle en outre la situation des *aliénés criminels*, c'est-à-dire de ceux dont la folie s'est révélée par un crime ou un délit, et qui ont été acquittés par la justice à raison de leur irresponsabilité.

CHAPITRE III

INCAPACITÉ PERSONNELLE DE L'ALIÉNÉ

2628. Cas à distinguer. — Il y a lieu de distinguer trois situations différentes :
1° L'aliéné n'est *ni interdit ni interné*.
2° L'aliéné est *interdit*.
3° L'aliéné est *interné sans être interdit*.

§ 1. — *Aliéné non interdit ni interné.*

***2629. Nullité radicale de ses actes.** — La personne atteinte d'aliénation mentale ne comprend pas la portée de ce qu'elle fait. Par suite, tous les actes juridiques passés par elle sont *inexistants*, parce qu'il leur manque l'élément essentiel, celui qui leur donne la vie, à savoir *la volonté d'un être intelligent*.

On devrait conclure de là que la nullité de l'acte pourra être *constatée en tout temps et sans aucune restriction*. Mais ici se rencontre un *double obstacle*, l'un de fait, l'autre de droit, qui rend la plupart du temps impossible l'action en nullité.

***2630. Obstacle de fait provenant des intervalles lucides.** — La démence n'est pas toujours continue et complète. Beaucoup d'aliénés sont dans un état de folie intermittente, coupée par des *intervalles lucides*. Pendant ces intervalles, l'intelligence et la raison étant revenues, le malade peut faire des actes juridiques valables, parce qu'il peut comprendre ce qu'il fait, donner son consentement d'une façon utile. Or il est possible que les actes de l'aliéné ne donnent lieu à contestation que longtemps après qu'ils ont été faits. Comment prouver, au bout de plusieurs années, que tel jour, à telle heure, au moment précis où l'acte a été signé, son auteur ne se trouvait pas dans un moment de lucidité? La preuve de cette circonstance est à la charge du demandeur en nullité, que ce soit le malade ou son représentant. Parfois la preuve de la démence résultera de l'acte lui-même, par sa rédaction, par l'incohérence du style, par l'exagération des charges assumées ou le caractère étrange de ses clauses. Mais si cet acte est d'apparence raisonnable, s'il n'est pas manifestement l'œuvre d'un fou, la preuve à fournir devient en fait à peu près impossible. Conséquence : la folie n'étant point établie, l'acte sera maintenu par le tribunal, en vertu de l'adage : « Onus probandi incumbit actori ». L'action n'a donc de chances de réussir que s'il est démontré que la durée de la folie n'a jamais été traversée par un seul éclair de raison.

* **2631. Obstacle résultant de la loi.** — L'autre cause qui fait échec aux actions en nullité est un obstacle de droit. La loi défend d'agir en nullité pour cause de folie après la mort de l'auteur de l'acte, et voici le motif de cette prohibition. Le plus souvent la nullité ne sera pas demandée par l'aliéné lui-même : il ignore l'acte qu'il a fait, qu'on lui a arraché par surprise; les retours à la raison, les guérisons sont rares. L'aliéné meurt donc, sans avoir attaqué ceux qui ont traité avec lui. Ce seront ses héritiers qui, *après sa mort*, se trouveront lésés par une aliénation ou par quelque autre espèce de contrat, et en demanderont la nullité. Or les héritiers d'une personne dont la tête n'était pas bien solide ont une tendance naturelle à critiquer ses actes sous prétexte qu'elle n'était pas saine d'esprit au moment où elle les a faits. Pour étouffer dans leur germe des contestations trop nombreuses et trop délicates à juger[1], la loi décide, d'une façon générale, que *les actes faits par une personne décédée ne peuvent pas être attaqués pour cause de démence* (art. 504). Grande et salutaire prohibition, qui donne aux actes des morts une protection indispensable.

** **2632. Cas où l'acte d'un mort est attaquable pour cause de démence.** — D'ailleurs la loi admet tous les tempéraments nécessaires dans l'intérêt légitime des héritiers[2]. En effet elle fait exception dans les trois cas suivants où, la prohibition ordinaire étant levée, rien n'empêche les héritiers de critiquer pour cause de démence les actes du défunt :

1° *Lorsque la preuve de la démence résulte de l'acte lui-même.* Exception qui se justifie toute seule.

2° *Lorsqu'il s'agit d'une donation ou d'un testament.*

Aux termes de l'art. 901, pour faire une donation ou un testament, il faut être « sain d'esprit ». On interprète généralement cet article en ce sens que la loi a voulu déroger à la règle prohibitive de l'art. 504, en exigeant d'une façon absolue le libre arbitre chez celui qui donne ou qui lègue. C'est en effet ici que le danger de captation est le plus grand, parce que ceux qui entourent le malade peuvent abuser de son état et se faire faire des libéralités qui dépouillent sa famille.

3° *Lorsque l'interdiction a été demandée et que l'aliéné est mort pendant l'instance.*

Si l'instance engagée par les parents de l'aliéné avait eu le temps d'aboutir, le jugement d'interdiction une fois prononcé leur aurait permis d'attaquer sous certaines conditions les actes faits par l'aliéné même avant son interdiction (ci-dessous n° 2642). Or la folie résulte souvent de maladies mortelles qui ont une marche rapide; les parents ne doivent donc pas être victimes d'une fin hâtive qui a arrêté leur action, d'autant plus que leurs démarches pour obtenir l'interdiction rendent vraisemblable l'existence de la démence et par suite.

[1] Ces demandes sont dangereuses parce qu'au moment où elles sont formées, le juge est privé de son principal moyen d'investigation qui est l'interrogatoire du prétendu aliéné.

[2] Cependant la prohibition portée par l'art. 504 produit un résultat d'une sévérité peut-être excessive, lorsque le défunt, n'étant pas dans un état *habituel* de démence, ne se trouvait pas dans les conditions voulues pour être interdit. Ses héritiers n'ont alors aucun moyen pour se protéger contre l'effet des actes (autres toutefois que les donations et testaments) qui lui auraient été arrachés dans un moment de folie.

donnent un caractère sérieux à leur demande actuelle tendant à l'annulation d'un acte déterminé[1].

§.2. — *Aliéné interdit.*

** **2633. Utilité de l'interdiction.** — La situation faite à l'aliéné non interdit et à ses héritiers doit faire comprendre l'utilité considérable de l'interdiction. L'interdiction *supprime*, pour ainsi dire, les *intervalles lucides :* à l'*incapacité de fait*, qui résulte de l'état mental et qui est souvent *intermittente*, elle superpose une *incapacité de droit*, qui résulte du jugement et qui est *continue*. Comp. ci-dessus, n° 2630.

En d'autres termes, l'interdiction, tant qu'il n'en a pas été donné mainlevée, équivaut à une présomption de folie, présomption irréfragable, contre laquelle aucune preuve contraire n'est admissible.

De là résulte un double avantage :

1° Quand on veut obtenir l'annulation d'un acte, la preuve à fournir est extrêmement simplifiée. Il suffit d'un *rapprochement de dates :* l'acte a-t-il été fait pendant la durée de l'interdiction ? Si oui, il doit être annulé, sans qu'il y ait à rechercher si son auteur était ou non dans un intervalle lucide au moment où il l'a passé, ni s'il était ou non déjà guéri.

2° La nullité des actes de l'aliéné pourra être *demandée, même après sa mort, par ses héritiers :* l'interdiction lève l'obstacle qui de droit commun arrête leur action (ci-dessus, n° 2631). On a déjà vu que le même effet utile est attaché à la simple demande d'interdiction, quand l'aliéné meurt au cours de l'instance (ci-dessus, n° 2632-3°).

Ainsi le double obstacle de fait et de droit qui, le plus souvent, empêche l'annulation des actes faits par un aliéné non interdit, disparaît quand il y a interdiction.

A. — Étendue de l'incapacité de l'interdit.

** **2634. Sa généralité.** — La loi n'a pas déterminé les actes que l'interdit pourrait faire ou ne pas faire ; elle a employé une formule absolue pour indiquer la généralité de son incapacité : « *Tous actes* passés par l'interdit seront nuls... » (art. 502).

2635. Exceptions admises par les auteurs. — En présence d'un texte pareil on devrait décider qu'il n'y a pas d'exceptions à faire, la loi n'ayant pas distingué ; cependant la plupart des auteurs en admettent, et veulent que l'interdit, *lorsqu'il est dans un intervalle lucide* (et dans ces moments-là seulement), puisse accomplir valablement certains actes. Mais ils ne sont pas d'accord pour dresser la liste des actes permis à l'interdit, parce qu'ils ne s'entendent pas sur le motif qui doit faire admettre des exceptions à la règle.

[1] La nature de ces motifs donne à penser que si la demande d'interdiction a été rejetée, ou si le demandeur s'en est désisté ou a laissé l'instance se périmer, on rentre dans le droit commun ; l'interdiction doit être considérée comme n'ayant jamais été provoquée.

Les uns considèrent l'interdit comme capable de faire, pendant ses intervalles lucides, *les actes qui ne peuvent pas être accomplis par mandataire*. Le tuteur n'ayant pas qualité pour les faire à sa place, l'interdit se trouve privé totalement des droits de cette sorte ; on doit donc profiter de ses moments de lucidité pour les lui faire accomplir à lui-même (DEMOLOMBE, t. VI, n° 49). Tels sont *l'adoption* et le *mariage*.

D'autres auteurs assignent à l'interdiction un but limité : en l'organisant, la loi a voulu, disent-ils, *protéger le patrimoine de l'interdit*. Par conséquent, un acte sera nul, même quand il aura été fait pendant un intervalle lucide, s'il a pour objet les intérêts pécuniaires de l'interdit. S'agit-il d'un acte d'un autre genre, intéressant uniquement la *personne* ou les *rapports de famille*, comme le mariage ou la reconnaissance d'enfant naturel ? L'interdit pourra valablement l'accomplir, pourvu qu'au moment précis où il le fait, il ait la pleine possession de sa raison.

*2636. **Réfutation.** — Tous ces systèmes ont le tort d'introduire des distinctions arbitraires pour l'application d'une disposition législative qui n'en fait pas. Les actes juridiques qui concernent les intérêts moraux ou de famille exigent le consentement libre de leur auteur, et comme leur gravité est au moins égale à celle des actes d'intérêt pécuniaire, l'insensé a besoin de la protection légale, autant pour eux que pour tous les autres.

Pour introduire cette distinction on prend prétexte d'un mot employé par la loi. L'art. 502 s'exprime ainsi : « Tous actes *passés* par l'interdit... ». Or, dit-on, quand on se marie ou quand on adopte quelqu'un, on ne dit pas qu'on « passe un acte ». L'argument est bien faible, car « passés » est ici synonyme de « faits ». Si le sens étroit qu'on veut donner à ce mot était exact, il en résulterait que l'incapacité de l'interdit serait limitée aux actes juridiques qui comportent la rédaction d'un écrit, et laisserait en dehors de toute nullité les actes qui s'accomplissent par l'exécution d'un fait ou par la remise matérielle d'un objet, comme un paiement, un don manuel, etc.

D'ailleurs l'interdiction ne doit pas être considérée comme destinée uniquement à protéger la famille contre les actes de dilapidation d'un insensé : l'intérêt de l'aliéné lui-même y est aussi pour quelque chose, et si jamais il y eut de pressantes raisons pour le protéger, c'est bien quand il s'agit d'actes aussi graves que la reconnaissance d'un enfant naturel ou le mariage [1]. Après un temps un peu long, comment s'y prendrait-il, lui ou ses représentants, pour démontrer qu'au moment de l'acte il n'avait pas toute sa raison ?

B. — Effets de l'incapacité.

** **2637. Son point de départ.** — « L'interdiction aura son effet du jour du jugement », dit l'art. 502. Cela est vrai lorsque le tribunal a admis la demande et prononcé l'interdiction ; l'arrêt confirmatif ne fait que maintenir les effets que le jugement avait déjà produits ; mais lorsque l'interdiction, refusée par le tribunal, n'a été prononcée qu'en appel par la Cour, c'est seulement du jour de l'arrêt qu'elle existe et produit ses effets.

** **2638. Absence de rétroactivité.** — L'art. 502 porte que l'interdiction aura son effet « du jour du jugement ». Par conséquent l'effet de l'interdiction se produit normalement à compter du jour où elle est prononcée par la justice, et non à compter du jour où elle a été demandée. Voyez toutefois ce qui est dit aux n°s 2642 et 2643.

[1] La question du mariage de l'interdit sera examinée dans le t. III. La loi le considère bien comme impossible, puisque l'opposition fondée sur l'état de démence du futur époux n'est reçue qu'à la charge de provoquer son interdiction (art. 174). C'est donc que l'interdiction une fois prononcée le mariage ne pourra plus avoir lieu. Il ne peut y avoir de doute sérieux que sur la question de savoir si l'empêchement résultant de l'interdiction est *dirimant*, c'est-à-dire si le mariage une fois célébré, pourra être annulé.

La raison en est simple. Dans les procès ordinaires, où le débat roule sur l'existence d'un droit antérieur ou sur la vérité d'un fait, le jugement qui intervient est purement *déclaratif;* il ne fait que constater les droits des parties dans l'état où ils se trouvaient au jour où l'action a été intentée. Ses effets remontent donc tout naturellement *au jour de la demande.* Il n'en est pas de même en matière d'interdiction. Le jugement qui la prononce modifie la capacité de la personne; il crée un état nouveau, et naturellement cet état ne peut exister qu'à compter du jour où un acte de l'autorité judiciaire l'a établi.

** **2639. Conditions de l'annulation.** — L'incapacité de l'aliéné interdit n'est pas de même nature que celle du mineur. L'interdit est *véritablement incapable ;* sur le seul examen de sa qualité, le juge doit annuler les actes qu'il a faits. Le mineur est seulement *incapable de se léser :* « Restituitur minor, non tanquam minor, sed tanquam læsus. »

Cette différence s'explique par leurs situations respectives : l'interdit est privé de raison, le mineur manque seulement d'un peu d'expérience. Si le contrat passé par un mineur ne lui cause aucun préjudice, il n'y a pas de motif pour l'annuler ; tandis que l'acte fait par un interdit est réputé l'œuvre d'un fou, même quand il a été fait dans un intervalle lucide; il n'y a donc pas à se préoccuper de son opportunité ou de son résultat profitable ou nuisible; il lui manque nécessairement un élément de validité, la liberté d'esprit de son auteur.

** **2640. Caractère de la nullité.** — Les actes d'un interdit sont *nuls*, mais la nullité est purement *relative* et non pas absolue (sur la distinction des nullités absolues et des nullités relatives, voyez ci-dessus, n°s 336 et 340). L'interdit seul, de son vivant, et après sa mort ses héritiers ou autres ayants cause peuvent s'en prévaloir, mais non jamais la partie qui a traité avec lui [1]. L'acte sera, de plus, *susceptible de confirmation* (art. 1338), et l'action en nullité se prescrira par dix ans (art. 1304).

Il y a quelque difficulté à comprendre qu'un acte fait par une personne privée de raison soit simplement annulable. D'après les principes ci-dessus exposés (n° 272) et admis par la grande majorité des auteurs, son acte est juridiquement inexistant; il lui manque sa cause efficiente, une volonté intelligente et libre. Cependant le système de la loi est certain et s'appuie sur une tradition déjà vieille (POTHIER, *Obligations*, n°s 49 et 51). Il faut donc reconnaître que l'interdiction a pour effet de substituer à la nullité radicale qui résulterait d'un état de démence prouvé, ce qui serait toujours difficile à établir, une simple annulabilité résultant de l'état d'interdiction et fonctionnant seulement sur la demande des représentants de l'incapable et dans son intérêt. Comp. CAPITANT, *Introduction*, p. 215, note 2.

** **2641. En quel sens l'acte de l'interdit est nul de droit.** — L'art. 502 contient une expression qui pourrait faire douter du véritable caractère de la nullité. Cet article dit que les actes passés par l'interdit seront « nuls de droit ». Ne traduisez pas par : *nuls de plein droit*, ce qui équivaudrait à une nullité absolue. En réalité les actes de l'interdit ne sont pas nuls « ipso jure », ils sont seulement *annulables sur sa demande* [2]. Ce que la loi a voulu exprimer en employant cette formule énergique, c'est que la

[1] Il en est différemment du *condamné à une peine criminelle* qui se trouve en état d'interdiction légale. On admet que la nullité qui atteint ses actes est absolue, parce qu'elle est fondée sur des motifs d'ordre public, et non sur une idée de protection personnelle pour l'incapable (ci-dessus n° 2097).

[2] Le doute qui pourrait naître à cet égard de l'art. 502 est entièrement levé par les solutions que donnent les art. 1125 et 1304 sur le genre de nullité qui atteint les actes de l'interdit.

nullité sera de droit quand elle sera demandée et qu'elle devra être prononcée sur le vu d'une expédition du jugement d'interdiction, sans qu'il y ait à s'inquiéter de l'état d'esprit de l'interdit au jour où l'acte a été fait. Toute la question se réduit à la vérification d'une date. Comp. ci-dessus, nos 2100 et 2101.

L'adversaire ne pourrait donc pas offrir de prouver qu'au moment où l'acte a été fait l'aliéné se trouvait dans un intervalle lucide. L'interdiction a justement pour but d'écarter cette preuve pleine de dangers, et de supprimer toutes difficultés sur ce point en établissant une présomption de folie continue. Or, aux termes de l'art. 1352, aucune preuve contraire n'est recevable contre les présomptions sur le fondement desquelles la loi annule un acte. Tel est ici le cas : la présomption de folie, établie contre l'interdit, sert à annuler ses actes; elle ne peut donc pas être discutée.

** **2642. Sort des actes antérieurs à l'interdiction.** — Si l'on s'en était tenu aux principes généraux du droit, les actes *antérieurs à l'interdiction* ne pourraient être attaqués que pour défaut de consentement, et à la charge de prouver qu'au moment où ils ont été faits leur auteur n'avait pas sa raison. En effet, ils sont l'œuvre d'une personne dont la capacité juridique n'avait encore été atteinte par aucune décision judiciaire. Mais, en considération de l'état d'aliénation mentale qui a été ensuite dûment constaté par justice, la loi déroge à cette règle trop sévère, par faveur pour l'interdit et pour sa famille. Elle leur permet, dans l'art. 503, de demander la nullité des actes faits par l'interdit *avant l'interdiction* sous une double condition :

1° Il faut que *la cause qui a motivé plus tard l'interdiction existât déjà à l'époque où l'acte a été consenti.*

Preuve bien plus facile que s'il s'agissait de prouver le défaut de raison au moment précis de l'acte : il suffira d'établir que la folie remontait à une époque antérieure : cela admis, on n'a pas à se préoccuper des moments de lucidité que le fou a pu avoir.

2° *Que l'état de l'aliéné fût déjà notoire.* Cette condition est nécessaire pour que les tiers ne soient pas trop facilement victimes d'une surprise[1].

La loi se contente du reste que cet état soit notoire, c'est-à-dire connu du public en général; il ne sera pas nécessaire de démontrer que la partie avec laquelle l'acte a été fait en avait personnellement connaissance.

* **2643. Motif de la facilité accordée pour l'annulation de ces actes.** — Ainsi lorsque l'interdiction a été prononcée, la situation de l'interdit et de ses héritiers est considérablement améliorée, même en ce qui concerne la période antérieure au jugement. On a coutume d'exprimer ce résultat en disant que l'interdiction produit des *effets rétroactifs* et qu'elle s'applique même au passé. Cette façon de parler n'est pas tout à fait exacte. L'interdiction ne produit véritablement d'effets que dans l'avenir. Ce qui permet l'annulation des actes antérieurs, c'est la *préexistence d'un état de folie* régulièrement constaté dans la suite, et si la loi accorde alors des facilités de preuve aux parties, c'est qu'elle considère cet état comme incontestable. Mais il n'y a là rien qui ressemble à une rétroactivité véritable du jugement d'interdiction, et ce qui le prouve sans réplique c'est que les mêmes facilités sont accordées à ceux qui ont *simplement demandé l'interdiction* de leur parent sans avoir eu le temps d'arriver au jugement : il ne peut être question en pareil.

[1] Cette condition n'est requise qu'autant que la preuve de la démence au moment de l'acte ne peut pas être rapportée d'une façon directe. Par suite, il n'est pas nécessaire que la folie fût déjà connue du public au moment où l'acte a été fait, si cet acte en porte la preuve en lui-même par la nature des clauses qu'il contient (Cass., 5 juin 1882, D. 83. 1. 173, S. 84. 1. 112)

cas d'attribuer un effet quelconque, rétroactif ou non, à un jugement qui n'a pas été rendu.

* **2644. Pouvoir du tribunal sur les actes antérieurs à l'interdiction.** — Autre observation qui achève la démonstration précédente. Quand il s'agit d'un acte antérieur à l'interdiction, la nullité n'est plus *de droit;* le tribunal n'est pas forcé d'annuler; il apprécie les faits et *peut maintenir l'acte* (art. 503). Ce n'est donc pas d'une rétroactivité du jugement qu'il est question puisque les effets qui se produisent pour cette période ne sont pas de même nature que les siens.

§ 3. — *Aliéné interné.*

* **2645. Pourquoi l'internement influe sur la capacité de l'aliéné.** — L'internement n'est qu'un moyen de procurer à l'aliéné un traitement plus convenable que celui qu'il pourrait recevoir à son domicile; quelquefois aussi c'est une mesure de précaution contre des actes de fureur ou d'extravagance. Logiquement il devrait rester sans effet sur la capacité juridique de l'individu. Aux deux grands besoins que fait naître l'aliénation mentale répondent deux remèdes distincts, l'un qui a pour but de faire soigner un malade et de le mettre hors d'état de nuire à sa santé ou à sa vie et à celles d'autrui, l'autre qui a pour but de protéger un insensé contre les actes juridiques irréfléchis qu'il pourrait consentir. Il en résulte que son placement dans un établissement d'aliénés ne devrait pas plus modifier sa capacité que le transport d'un malade ordinaire à l'hôpital. Cependant la loi de 1838 a attaché au *simple fait* de ce placement des *effets juridiques* assez voisins de ceux de l'interdiction.

Cette loi n'a pas eu pour but de supprimer ni même de modifier les dispositions du Code civil relatives à l'interdiction, mais seulement de *faciliter l'internement* de l'aliéné en dispensant les familles de la nécessité de recourir à l'interdiction, qui, d'après le Code civil, était le préliminaire obligé de l'entrée à l'asile.

En même temps on a jugé utile d'accorder une protection spéciale, à l'insensé lui-même et à sa famille, en *facilitant l'annulation des actes* qu'il peut passer pendant la durée de son internement. Les facilités qu'on leur accorde ainsi ne sont pas subordonnées à l'introduction ultérieure d'une demande en interdiction, mais elles ont un *caractère provisoire,* qui apparaît surtout dans la nature des moyens par lesquels la loi a pourvu à l'administration des biens de l'aliéné interné (ci-dessous, n° 2672).

Le résultat de la loi de 1838 est de *dispenser les familles de demander l'interdiction* quand elles font enfermer un des leurs dans un asile, et ce résultat a été prévu et voulu.

** **2646. Annulabilité des actes faits pendant l'internement.** — Le seul fait d'avoir été placée dans un établissement d'aliénés, élève contre la personne qui y est ou y a été détenue une présomption très forte d'insanité d'esprit, qui milite contre la validité des actes faits par elle pendant la durée de son internement. En conséquence, la loi met ici de côté les restrictions ordinaires qui empêchent de demander la nullité des actes d'un insensé (ci-dessus, n°s 2630 et 2631). Par suite, les héritiers de l'interné peuvent attaquer ses actes après sa mort, quand même ils n'auraient pas provoqué son interdiction et sans qu'on puisse leur objecter l'art. 504. Ils n'ont même pas besoin d'établir d'une façon précise qu'au moment où l'acte a été passé leur auteur n'avait pas sa raison. L'état de folie est suffisamment prouvé par le fait de la détention dans l'asile. Cette double solution résulte de l'art. 39 de la loi de 1838, al. 1er : « Les actes « faits par une personne placée dans un établissement d'aliénés, pendant le « temps qu'elle y aura été retenue, sans que son interdiction ait été pro- « noncée ni provoquée, pourront être attaqués pour cause de démence « conformément à l'art. 1304 du Code civil ».

*2647. **Différence entre l'interné et l'interdit pour les conditions de la nullité.** — La personne enfermée dans un asile est frappée d'une incapacité générale analogue à celle qui atteint l'aliéné interdit, mais cette incapacité n'est cependant pas de tout point semblable à celle de l'interdit. Il est à remarquer en effet que l'art. 39 de la loi de 1838 ne renvoie pas à l'art. 502 C. civ., qui règle les effets du jugement d'interdiction, mais seulement à l'art. 1304, qui limite à 10 ans la durée de l'action en nullité accordée à l'interdit. Il n'y a donc pas assimilation de l'interné à l'interdit; il y a seulement concession d'une action en nullité égale en durée. Par suite, les actes de l'interné ne sont pas *nuls de droit ;* le tribunal garde un *pouvoir d'appréciation ;* il pourrait les maintenir, s'il les jugeait faits de bonne foi par les tiers et dans un moment où l'interné avait sa raison. L'art. 39 dit, en effet, « *pourront être attaqués...* ». Cette façon de parler est significative. Il y a là une différence remarquable entre les deux catégories d'aliénés : la nullité des actes de l'aliéné, qui est *obligatoire* pour le juge en cas d'interdiction, n'est que *facultative* en cas d'internement.

On exprimerait assez exactement le système de la loi en disant que l'internement place l'aliéné dans une situation analogue à celle qui est établie par l'art. 503 pour la période antérieure à l'interdiction, et que la nullité des actes de l'aliéné peut être librement demandée parce que son état mental est *certain* et *notoire* à raison de son internement.

* 2648. **Autre différence relative au point de départ de la prescription.** — L'action en nullité qui est accordée à une personne interdite dure dix ans (art. 1304). Ce délai court du jour de la mainlevée de l'interdiction, si la guérison survient, sinon du jour de la mort de l'aliéné (même art.). Or on avait fait remarquer que très souvent le fou ne garde aucun souvenir des actes passés par lui pendant sa folie, et que ses héritiers n'en ont presque jamais connaissance. Le système du Code civil présente donc un grave danger, puisque ces actes deviennent inattaquables au bout de dix ans, sans que les personnes intéressées à en demander la nullité aient, en fait, connu leur existence.

En 1838 on profita de l'occasion qui s'offrait d'établir une règle meilleure : aux termes de l'art. 39 de la loi, les dix ans ne courent jamais que du jour où l'aliéné après sa sortie définitive, ou ses héritiers après sa mort, ont eu *connaissance* de l'acte souscrit par lui : pour faire plus sûrement courir le délai, et en même temps pour se procurer une preuve plus facile de la date du jour qui lui sert de point de départ, les tiers peuvent *signifier l'acte* à l'aliéné après sa guérison ou à ses héritiers après sa mort. Lorsque le délai a commencé à courir contre l'auteur de l'acte, il continue à courir contre ses héritiers.

Pendant qu'on était en train de voter cette modification heureuse en faveur des aliénés traités dans les hospices et maisons de santé, on aurait bien pu l'introduire du même coup dans l'art. 1304 en faveur de ceux qui sont simplement interdits. On ne l'a cependant pas fait.

CHAPITRE IV

GESTION DES BIENS DE L'ALIÉNÉ

** 2649. **Double forme de protection.** — Aucune mesure n'est prise lorsque l'aliéné n'est ni interdit, ni interné. Il n'y a de formes régulières de protection pour l'aliéné qu'en cas d'interdiction ou de placement dans un asile, et ces formes varient profondément suivant qu'il y a eu interdiction ou simple placement.

§ 1. — *L'interdiction est demandée.*

A. — Administration provisoire pendant l'instance.

2650. Nomination de l'administrateur. — Il peut y avoir lieu d'accomplir au nom de l'aliéné quelques *actes urgents*, sans attendre l'organisation régulière de la tutelle qui ne se fera qu'après que l'interdiction aura été définitivement prononcée. Pour y pourvoir, la loi permet au tribunal de nommer un administrateur provisoire *aussitôt après le premier interrogatoire* (art. 497). Cette nomination est faite en la chambre du conseil; c'est un acte de juridiction gracieuse pour lequel la publicité de l'audience n'est pas nécessaire (Cass., 6 et 19 févr. 1856, D. 56. 1. 71, S. 56. 1. 113).

2651. Ses pouvoirs. — Les pouvoirs de cet administrateur provisoire sont naturellement très limités. Il doit s'en tenir aux actes les plus simples et les plus indispensables : perceptions de fruits et revenus, travaux de culture, renouvellement des baux, etc. Il ne doit pas vendre le mobilier; c'est là une mesure qui n'est pas pressée à ce point.

* **2652. Autorisation du tribunal pour les actes graves.** — Lorsqu'il est nécessaire de faire un acte important, tel que la vente d'un immeuble ou la constitution d'une hypothèque pour emprunter de l'argent, l'administrateur provisoire peut l'accomplir en se faisant autoriser par le tribunal. C'est ainsi que dans les deux espèces précitées portées en 1856 devant la Cour de cassation, l'administrateur provisoire avait reçu du tribunal le pouvoir d'hypothéquer.

2653. Reddition du compte. — L'administrateur provisoire cesse ses fonctions dès que le tuteur prend en mains la gestion de la tutelle, et c'est à lui qu'il rend ses comptes. L'art. 505 prévoit le cas où l'administrateur provisoire serait lui-même nommé tuteur; le compte de son administration provisoire est alors reporté à sa sortie de charge définitive.

B. — Tutelle de l'interdit.

** **2654. Ouverture.** — L'interdiction une fois prononcée ouvre la tutelle. C'est ce que la loi veut dire dans l'art. 509 : « L'interdit est *assimilé au mineur* pour sa personne et pour ses biens. » Les fous, après leur interdiction, sont donc *pourvus d'un tuteur* comme les enfants.

** **2655. Organisation.** — La tutelle des interdits est soumise, en principe, aux mêmes règles que celle des mineurs (art. 509). Ce sont les mêmes textes qui s'appliquent; la loi y renvoie d'une façon générale. L'organisation est la même : il y a un tuteur, un subrogé tuteur, un conseil de famille. Les attributions des différents agents ou organes de la tutelle sont les mêmes : leurs pouvoirs et leurs obligations sont semblables [1]; on leur applique les mêmes causes d'excuse, d'exclusion et de destitution.

[1] On peut noter que la loi du 27 février 1880, sur l'aliénation des valeurs mobilières appartenant à des incapables, a maintenu l'assimilation des deux tutelles : ses prescriptions s'appliquent au tuteur de l'interdit comme à celui du mineur.

Il y a cependant quelques différences qui sont relatives à la *nomination du tuteur*, à sa *mission* et aux *causes de cessation de la tutelle*.

1° Particularités concernant la nomination du tuteur.

* **2656. Prédominance de la tutelle dative.** — Il n'y a *jamais de tutelle testamentaire* pour l'interdit. Il n'y a de *tutelle légale* que dans *un seul cas*, au profit du mari, quand l'interdiction frappe une femme mariée. Hors ce cas unique, la tutelle des interdits est *toujours dative*, et la nomination du tuteur est faite par le conseil de famille. Il n'y a donc pas de tutelle légale au profit des ascendants de l'interdit, pas même pour son père et sa mère.

2657. Composition du conseil de famille. — On suit à tous égards les règles ordinaires. Celui qui a demandé l'interdiction n'est pas exclu du conseil s'il est en rang utile pour y figurer, et, à l'inverse, le conjoint de l'interdit n'y est pas appelé : l'art. 495, qui établit à cet égard des particularités déjà expliquées (ci-dessus n° 2600), ne s'applique qu'une seule fois, à la réunion des parents convoqués pour donner leur avis sur l'état mental du défendeur, au début de l'instance.

2658. Quand peut avoir lieu la nomination. — La nomination du tuteur et du subrogé tuteur est un *acte d'exécution* du jugement. Elle ne peut donc pas avoir lieu pendant que le jugement n'est pas encore susceptible d'exécution d'après les règles ordinaires de la procédure, ce qui arrive : 1° dans la huitaine qui suit le jugement de première instance (art. 449 C. proc. civ.) ; 2° même après ce délai, si le jugement n'est pas encore signifié [1] ; 3° même après signification, s'il y a appel, car l'appel suspend l'exécution du jugement (art. 457 C. proc. civ.).

* **2659. Tutelle légale du mari.** — « Le mari est, de droit, le tuteur de sa femme interdite » (art. 506). Décision qui se justifie sans peine : qui pourrait-on choisir de préférence au mari ? Ajoutons que le mari tient du mariage des pouvoirs très étendus sur la personne et sur les biens de sa femme ; donner la tutelle à un autre, ce serait vouloir créer à plaisir des conflits incessants. Les pouvoirs que le mari a en qualité de mari ne sont pas diminués par ses fonctions de tuteur, mais ils peuvent être augmentés : par exemple, si son contrat de mariage ne lui donnait pas le droit d'administrer les biens de sa femme (régime de séparation de biens), il obtient cette administration par la tutelle.

2660. Effet de la séparation de corps. — Sous l'empire du Code Napoléon, on admettait déjà que la tutelle légale du mari n'avait pas lieu en cas de séparation de corps (Cass., 25 nov. 1857, D. 58. 1. 299 ; Poitiers, 22 avril 1869, D. 74. 5. 296). Cette décision doit à plus forte raison être maintenue depuis la loi du 6 février 1893, qui a complètement affranchi de l'autorité maritale la femme séparée de corps. Les raisons qui font déférer la tutelle légale au mari cessent alors complètement [2].

* **2661. Femme tutrice de son mari interdit.** — La femme n'est pas de plein droit tutrice de son mari quand il est interdit, mais elle peut être nommée tutrice par le conseil de famille (art. 507).

Quand la femme obtient ainsi la tutelle de son mari, il se produit un changement de rôle qui amène une situation complexe tout à fait singulière. La femme, *en tant que*

[1] C'est une règle générale de la procédure qu'une décision ne peut avoir d'effet contre une partie qu'après lui avoir été signifiée. « Idem est non esse et non significari. »

[2] Il y a ordinairement peu d'intérêt à faire interdire une femme mariée parce que, dans la plupart des cas, le mari possède en cette qualité sur les biens de sa femme des pouvoirs suffisants pour en assurer la gestion. L'utilité de l'interdiction apparaît seulement : 1° quand la femme a conservé par son contrat de mariage ou a recouvré en vertu d'un jugement de séparation de biens l'*administration de sa fortune personnelle*, ou 2° quand il y a nécessité d'accomplir, en son nom, *un acte qui dépasse les pouvoirs d'administration* appartenant à son mari. On y trouve en outre une sécurité de fait contre les *testaments* par lesquels elle pourrait disposer de ses biens sous l'empire de la folie, et qu'il serait peut-être difficile de faire annuler plus tard, si l'interdiction n'était pas prononcée.

femme mariée, reste incapable ; elle a toujours besoin d'être autorisée pour agir, et comme son mari ne peut plus lui donner d'autorisations, c'est au tribunal qu'elle devra désormais s'adresser pour faire en son propre nom un acte soumis à l'autorisation maritale. Mais quand elle agit *comme tutrice*, pour représenter son mari, elle n'a plus besoin d'autorisation. Le mandataire, ne s'obligeant pas lui-même et obligeant seulement son mandant, n'a pas besoin d'être personnellement capable ; on peut prendre pour mandataire une femme mariée (art. 1990). En jouant son rôle de tutrice, la femme agira donc seule, comme un tuteur ordinaire, et si elle a besoin d'être autorisée par le conseil de famille et par le tribunal, ce ne sera jamais que par application des règles de la tutelle (Bordeaux, 30 janv. 1890, D. 91. 2. 295). On pourra donc voir la femme, agissant comme tutrice, prendre l'administration de ses propres biens, dont son mari était chargé, et faire ainsi, au nom de son mari, des actes qui l'intéressent elle-même personnellement et qu'elle ne serait pas capable de faire seule en son propre nom.

Cette interversion de rôles est étrange et la situation faite à la femme tutrice n'est pas sans dangers. Aussi la loi permet au conseil de famille, tout en donnant la tutelle à la femme, de régler « la forme et les conditions de son administration » (art. 507), ce qui signifie évidemment qu'il peut *restreindre les pouvoirs de la femme*, et non les augmenter. Il peut, par exemple, obliger la femme à n'agir qu'avec le consentement du subrogé tuteur. Le règlement fait par le conseil de famille risque de porter atteinte aux droits que la femme tient de son contrat de mariage. Si elle se croit lésée, elle peut se pourvoir devant le tribunal (même art.).

*** 2662. Conjoint de l'interdit non pourvu de la tutelle.** — Il est possible que la tutelle de l'interdit appartienne *à une autre personne qu'à son conjoint*. Cela est surtout facile à comprendre quand c'est le mari qui est aliéné, car sa femme n'a pas nécessairement la tutelle ; mais le mari lui-même peut se faire exclure, excuser ou destituer de la tutelle de sa femme. Dans cette situation le tuteur de l'interdit exerce tous les droits qui appartiennent à l'aliéné, mais *sans porter atteinte aux droits de son conjoint*. Le mari, non tuteur de sa femme interdite, conserve tous ses droits sur la personne et sur les biens de celle-ci : droit d'administration, droit d'autorisation, etc. De son côté, la femme non tutrice de son mari interdit reste incapable, et doit recourir à l'autorisation de justice pour les actes qu'elle ne peut faire seule ; le tuteur du mari n'a pas qualité pour exercer à la place de celui-ci l'autorité maritale, qui est intransmissible.

2° Particularités relatives à la mission du tuteur.

*** 2663. Affectation des ressources de l'aliéné à sa guérison.** — Le tuteur d'un mineur doit surtout chercher à faire des économies ; le tuteur d'un fou doit surtout chercher à adoucir son sort et à accélérer sa guérison. C'est là pour lui la grosse affaire, et il en résulte une différence considérable dans la façon dont le tuteur doit s'acquitter de sa mission.

Ce ne sont pas seulement les *revenus*, comme le dit l'art. 510, qui doivent être employés dans ce but, mais même les *capitaux* de l'interdit lorsqu'il est nécessaire de les entamer. Comp. ce qui a été dit (ci-dessus n° 2375, note 1) pour l'éducation du pupille.

D'après l'art. 510, ce n'est pas le tuteur, c'est le conseil de famille qui décide si le malade sera traité à domicile ou s'il sera placé dans une maison de santé ou dans un hospice.

*** 2664. Possibilité de faire des donations à titre de dot.** — Le tuteur d'un mineur ne peut jamais faire de donations, sauf les menues libéralités appelées « cadeaux d'usage ». La même prohibition existe bien encore en principe pour le tuteur d'un interdit, mais elle est moins absolue. Une donation peut devenir nécessaire, si l'interdit a *un enfant en âge de se marier;* il faudra lui constituer une dot. Pour ce cas l'art. 511 autorise le conseil de famille à doter l'enfant, à la place du père (ou de la mère), qui est hors d'état de le faire.

Cette exception se justifie d'elle-même ; la décision du conseil de famille doit, du reste, être homologuée par le tribunal (art. 511).

Le texte appelle cette dot « l'avancement d'hoirie ». L'avancement d'hoirie[1] est une libéralité faite par le père à l'un de ses enfants à titre de simple avance sur sa part héréditaire ; l'enfant qui l'a reçue doit la rapporter à la masse au décès du père de façon à n'avoir pas, en fin de compte, une part plus forte que celle de ses frères et sœurs. Quand la libéralité est dispensée du rapport, elle est dite *préciputaire* et le successible qui la reçoit n'est pas obligé de la rapporter pour la partager avec ses cohéritiers ; il la garde en sus de sa part dans les limites de la quotité disponible. Autorisé à constituer une dot à titre de simple avancement d'hoirie, le conseil de famille ne pourrait donc pas faire à l'enfant qui se marie une libéralité préciputaire en le dispensant du rapport ; il peut *doter* l'enfant, mais non l'*avantager*. Le même article dit que c'est le conseil de famille qui règlera « les conventions matrimoniales », c'est-à-dire le régime sous lequel l'enfant de l'interdit se mariera. Ceci n'est pas absolument vrai : si l'enfant a conservé des ascendants capables de consentir à son mariage, sa mère, un grand-père, etc., il fera son contrat de mariage avec l'assistance des mêmes personnes qui l'autorisent à se marier (art. 1398). S'il n'a plus d'ascendants, ce sera son propre conseil de famille, s'il est encore mineur, qui règlera toutes les conventions de son contrat de mariage ; enfin il les fera tout seul, s'il est déjà majeur. Le conseil de famille de son père interdit n'aura donc jamais à intervenir dans le choix et l'organisation du régime matrimonial. Tout son rôle se borne à constituer la dot, s'il le juge à propos. Il peut sans doute, comme toute personne qui fait une donation, subordonner sa libéralité à telles conditions qu'il voudra, par exemple à l'adoption du régime dotal, si c'est une fille qui se marie. Mais il ne peut pas imposer à l'enfant qu'il dote un contrat de mariage tout fait.

2665. Enfants qui peuvent être dotés. — L'art. 511 s'applique même aux *petits-enfants* de l'interdit qui n'auraient plus ni père ni mère.

2666. Interprétation extensive donnée à la loi. — Il s'appliquerait également s'il s'agissait non plus de *doter* un enfant en le mariant, mais de l'*établir*, de lui acheter un fonds de commerce ou une étude. Il y a bien eu quelques hésitations sur ces deux points, parce que l'art. 54 est un texte exceptionnel, eu égard aux principes généraux de la tutelle. Mais on a admis que la loi n'a pas voulu poser une règle limitative ; elle a parlé du mariage de l'enfant, parce que c'est le cas ordinaire où ces libéralités deviennent nécessaires. La jurisprudence est en ce sens (Amiens, 6 août 1824, S. 26. 2. 175 ; Limoges, 6 juin 1842, S. 42. 2. 485. Comp. DALLOZ, *Répert.*, v° Interdiction, n° 193). Cependant quelques auteurs modernes protestent contre cette pratique et cherchent à faire prévaloir une solution plus rigoureuse (LAURENT, t. V, n° 299). Cette tentative de réaction est dépourvue de toute utilité : les motifs sont les mêmes, de quelque mode d'établissement qu'il s'agisse.

2667. Exercice des actions relatives au mariage de l'interdit. — Un mineur en tutelle n'est jamais marié, car son mariage l'aurait émancipé ; au contraire, il arrive fréquemment que l'interdiction frappe une personne mariée. De là naissent pour le tuteur de l'interdit certaines questions qui ne s'élèvent jamais dans la tutelle des mineurs ; on se demande si le tuteur a qualité pour exercer les quatre actions suivantes : 1° l'action en *divorce ;* 2° l'action en *séparation de corps ;* 3° l'action en *nullité de mariage ;* 4° l'action en *désaveu*.

Le texte primitif du Code avait laissé ces questions absolument sans réponse. La loi du 18 avril 1886 (art. 307 nouveau) a réglé l'exercice de l'action en séparation de corps : il permet au tuteur d'agir, *avec l'autorisation du conseil de famille*.

Quelle solution donner dans les trois autres cas ? On verra dans le t. III que la demande

[1] L'*hoirie* est le droit de l'*hoir* ou héritier. Ce vieux mot ne s'emploie plus que dans l'expression « avancement d'hoirie ». Fréquente encore dans la pratique, cette expression elle-même ne se trouve qu'une seule fois dans nos lois (art. 511 C. civ.).

en divorce suppose la volonté personnelle de l'époux, à l'égal du mariage lui-même, et ne peut être exercée à sa place par son tuteur, c'est-à-dire par la seule volonté d'autrui. Quant aux actions en nullité de mariage et en désaveu, la jurisprudence autorise le tuteur à les exercer seul et sans l'autorisation du conseil de famille (Cass., 26 févr. 1890, D. 90. 1. 290, S. 90. 1. 216). C'est un reste de l'ancienne théorie de l'omnipotence du tuteur que le droit moderne abandonne de plus en plus (ci-dessus, n° 2367). Une pareille jurisprudence est en contradiction non seulement avec les règles générales de la tutelle, mais aussi et surtout avec les règles spéciales qui résultent implicitement ou expressément de la loi pour les actions en divorce et en séparation de corps.

3° Cessation de la tutelle.

* **2668. Nécessité d'une mainlevée de l'interdiction.** — La tutelle des interdits, à la différence de celle des mineurs, est, de sa nature, *perpétuelle ;* elle n'a pas de terme fixe, facile à calculer d'avance, comme l'arrivée de la majorité d'un pupille. L'interdiction une fois prononcée dure indéfiniment. L'événement qui correspond pour elle à la majorité, c'est-à-dire celui qui met fin à la tutelle par la cessation de l'incapacité, est la *mainlevée de l'interdiction.* L'incapacité de l'interdit, et par suite sa tutelle, ne cessent donc pas de plein droit par le seul fait que la guérison est survenue et qu'il a recouvré la raison. Il faut que le tribunal prononce la mainlevée de l'interdiction. C'est un nouveau jugement à obtenir et on y arrive par *une procédure en tout semblable à celle qu'on a suivie pour arriver au jugement d'interdiction* (art. 512). Ce n'est qu'après le jugement de mainlevée que l'interdit peut reprendre l'exercice de ses droits (même article).

2669. A la demande de qui intervient le jugement de mainlevée. — Tous ceux qui auraient *qualité pour provoquer l'interdiction* peuvent y mettre fin. Il faut leur ajouter *l'interdit lui-même,* quoique la loi ne le dise pas. Il y a là une bizarrerie, puisqu'il est incapable d'agir avant la mainlevée de son interdiction, mais on passe outre ; la nécessité l'emporte : souvent personne ne la demanderait s'il ne la demandait pas lui-même. On peut rapprocher de ce cas le pourvoi formé par un mineur détenu sur l'ordre de son père (art. 382, al. 2) ; lui non plus n'a pas l'exercice de ses droits.

L'action est dirigée *contre le tuteur,* qui est chargé de protéger l'interdit et de faire maintenir l'interdiction si la guérison n'est pas complète.

Les juges du fait sont souverains pour apprécier l'opportunité de la mainlevée (Cass., 13 juill. 1891, D. 92. 1. 124).

2670. Décharge décennale du tuteur. — Avec son caractère perpétuel, la tutelle d'un interdit est une charge très lourde, qui peut se prolonger 20, 30 ans, et davantage. Pour alléger cette charge, la loi a permis au tuteur de demander à être remplacé au bout de dix ans d'exercice (art. 508). Ce n'est pas une cause de cessation de la tutelle ; c'est simplement une cause de libération du tuteur ; l'interdit reste en tutelle, son tuteur seul a changé. Ce n'en est pas moins là une différence remarquable avec la tutelle des mineurs, où le tuteur n'a pas le droit de résigner ses fonctions, s'il n'a pas une excuse particulière à faire valoir.

2671. Cas exceptionnels. — Le *conjoint,* les *ascendants* et les *descendants de l'interdit,* quand ils sont tuteurs, sont obligés de le rester indéfiniment ; ils n'ont pas le droit de demander leur remplacement, en dehors des cas d'excuse légale (art. 508). Le motif de cette exception est le lien étroit qui les unit à l'insensé et qui leur fait un devoir de veiller sur lui et sur ses biens.

§ 2. — *Protection de l'aliéné dont l'interdiction n'est pas demandée.*

* **2672. Caractère incomplet des mesures prises.** — Lorsqu'une personne est simplement internée, conformément à la loi de 1838, sans être interdite, on n'organise pas pour elle, d'une manière complète, une protection comparable à celle de la tutelle. On pourvoit seulement à ce qui est indispensable par la nomination d'*administrateurs* ou de

mandataires à pouvoirs limités. Le régime qui est organisé comme conséquence du placement dans un asile n'est donc qu'un régime de protection partielle. Ces dernières mesures suffisent dans la plupart des cas, si l'internement ne se prolonge pas trop, si l'aliéné a peu de biens, s'ils sont d'une gestion facile, si aucun acte grave ne doit se faire. Quand il devient nécessaire de faire plus, il faut procéder à la mise en tutelle de l'aliéné, ce qui oblige à demander son interdiction (Trib. de la Seine, 7 mars 1849, rapporté dans BERTIN, *Chambre du conseil*, 1856, t. II, p. 34)[1]. Il y a exception seulement pour les aliénés placés dans les établissements publics de la Ville de Paris (voy. ci-dessous, n° 2683).

A. — De l'administrateur provisoire des biens de l'aliéné interné[2].

***2673. Nomination.** — La nomination de l'administrateur peut être demandée par les parents de l'aliéné, par son conjoint, par la commission administrative de l'hospice, si l'aliéné est traité dans un établissement public, ou provoquée d'office par le ministère public.

Elle est *faite par le tribunal* du lieu du domicile de l'aliéné, qui y procède en chambre du conseil après délibération du conseil de famille, et sur les conclusions du procureur. Sa décision n'est pas sujette à appel (L. 30 juin 1838, art. 32).

***2674. Pouvoirs.** — La loi n'a pas déterminé les pouvoirs de cet administrateur provisoire. Il ne peut faire que les actes d'administration proprement dits, baux, réparations, perception de fruits et de revenus, etc. Il est certain qu'il ne peut pas plaider (voyez n° 2679), et il est très douteux que ses pouvoirs puissent être augmentés par une décision expresse du tribunal. Cependant on a vu souvent le tribunal de la Seine autoriser l'administrateur provisoire à vendre le fonds de commerce appartenant à l'aliéné et même à accepter une succession qui lui était échue.

2675. Causes d'excuse, d'exclusion et de destitution. — L'art. 34 de la loi applique aux administrateurs provisoires les dispositions du Code civil qui règlent les causes d'excuse, d'exclusion, d'incapacité ou de destitution en matière de tutelle.

2676. Garantie hypothécaire donnée à l'interné. — Les biens de l'administrateur ne sont pas grevés d'hypothèque légale, comme ceux du tuteur. Cependant, sur la demande des parties intéressées ou sur celle du procureur, le *jugement de nomination* peut constituer sur ses biens une hypothèque, générale ou spéciale, *jusqu'à concurrence d'une somme déterminée*. Cette hypothèque doit être *inscrite dans la quinzaine* sur l'ordre du procureur, elle ne date que de l'inscription (L. 1838, art. 34). Elle diffère donc de l'hypothèque légale de l'interdit : 1° en ce qu'elle n'a pas lieu de plein droit ; 2° en ce qu'elle ne grève pas les biens du débiteur pour une somme indéfinie ; 3° en ce qu'elle n'est pas dispensée d'inscription.

2677. Cessation des pouvoirs de l'administrateur. — Les pouvoirs de l'administrateur provisoire cessent *de plein droit* dès la sortie *définitive* de l'aliéné. Ils expirent en outre au bout de trois ans à partir du jugement, mais ils peuvent être renouvelés[3].

[1] Sur le caractère *provisoire* des mesures prises en vertu de la loi de 1838 et la nécessité de recourir à l'interdiction lorsque des actes d'aliénation deviennent nécessaires, voyez la discussion parlementaire (*Moniteur* du 17 avril 1838, p. 926).

[2] Ne pas confondre cet administrateur provisoire, qui est chargé des biens, avec le *curateur à la personne* dont il a été parlé plus haut (n° 2624) et dont la mission est toute différente.

[3] Le projet à l'étude sur les aliénés transforme les administrateurs provisoires en véritables tuteurs, ayant les mêmes pouvoirs, soumis aux mêmes conditions, assistés d'un conseil de famille. Mais il ne place pas à côté d'eux de surveillant ou de remplaçant analogue au subrogé tuteur, et il ne les grève pas d'hypothèque légale. Il permet seulement la constitution par le tribunal d'une hypothèque limitée et soumise à inscription, comme le permet déjà la loi de 1838. Voyez le *Rapport* de M. ROUSSEL, t. I, p. 368 et suiv.

2678. Moyen de suppléer à l'administrateur provisoire en cas de nécessité. — La nomination de l'administrateur n'est pas toujours demandée au tribunal. On s'en dispense même souvent. Or il y a des cas où des tiers peuvent avoir besoin d'accomplir des actes dans lesquels l'aliéné est lui-même intéressé; c'est ce qui arrive quand il *recueille une succession* en concours avec d'autres personnes. Prévoyant ce cas, la loi de 1838 (art. 36) donne à ses cohéritiers un moyen de passer outre aux opérations d'inventaire, de compte, de liquidation et de partage de la succession : la partie la plus diligente adressera une *requête au président du tribunal* et celui-ci désignera un *notaire* pour représenter l'aliéné dans ces opérations. C'est un procédé qui avait été déjà employé par le Code civil pour faire représenter un présumé absent intéressé dans une succession (art. 113), seulement dans ce dernier cas le notaire est commis par le tribunal entier et non par le président.

B. — Du mandataire ad litem.

2679. Pourquoi sa nomination est nécessaire. — L'administrateur provisoire n'a pas pouvoir de figurer dans une instance au nom de l'aliéné, même en défendant à l'action. S'il est nécessaire de plaider, le tribunal doit nommer un *mandataire spécial* (L. de 1838, art. 33). Cette nomination est faite sur la demande de l'administrateur provisoire ou à la diligence du procureur de la République. L'administrateur provisoire peut être choisi pour mandataire « ad litem » (même art.).

2680. Dans quels cas elle est possible. — La loi n'autorise en principe cette nomination qu'autant qu'il s'agit de *continuer* une instance déjà engagée avant le placement de l'aliéné dans l'asile, ou de *défendre* à une action intentée postérieurement contre lui par un tiers. Elle ne veut pas que l'on y procède pour *intenter* une action mobilière ou immobilière au nom de l'aliéné. Sa pensée est que les mesures prises pour l'aliéné non interdit ne sont que l'indispensable, et que, s'il y a lieu d'aller plus loin, il faut recourir à l'interdiction. Cependant, *en cas d'urgence*, elle permet la nomination de ce mandataire pour intenter l'action

2681. Limite de son pouvoir. — Le mandataire ad litem n'a jamais qu'un pouvoir restreint borné à un procès déterminé, celui en vue duquel il a été désigné; il n'a pas qualité pour représenter l'aliéné en tous procès nés ou à naître. Aussi la loi l'appelle mandataire *spécial*.

C. — Aliénés placés dans les établissements publics.

2682. Rôle des commissions hospitalières. — L'art. 31 de la loi de 1838 attribue de plein droit aux commissions administratives des hospices ou établissements publics d'aliénés les fonctions de l'administration provisoire à l'égard des personnes qui y sont placées. Elles désignent un de leurs membres pour les remplir. Les pouvoirs de cet administrateur sont réglés par le même article : il est chargé de recouvrer les sommes dues et de payer les dettes; les baux qu'il passe ne peuvent excéder trois années; il peut se faire autoriser par le président du tribunal à vendre le mobilier. Les sommes provenant de la vente ou des recouvrements sont versées à la caisse de l'établissement, et le cautionnement du receveur est affecté à leur garantie par privilège sur toute autre créance. La commission administrative est autorisée à se faire décharger de cette mission en laissant procéder à la nomination d'un administrateur provisoire par le tribunal, et cette nomination peut également être demandée par les parents ou le conjoint de l'aliéné (même art.).

D. — Règles spéciales à la Ville de Paris.

2683. Rôle du Directeur de l'Assistance publique. — Le système de protection provisoire organisé par la loi de 1838 pour les aliénés internés sans être interdits a été abrogé en ce qui concerne la Ville de Paris, par la loi du 10 janvier 1849. Cette loi a donné au directeur de l'Assistance publique, à Paris, la *tutelle* des aliénés (art. 3). Il exerce donc à leur égard les mêmes pouvoirs que ceux d'un tuteur. Comparez ce qui a été dit plus haut de la tutelle des enfants assistés (n° 2317).

LE CONSEIL JUDICIAIRE

CHAPITRE UNIQUE

§ 1. — *Du conseil judiciaire et de sa nomination.*

2684. **Définition. — Le *conseil judiciaire* est une personne désignée par le tribunal (de là son nom) pour en autoriser une autre à accomplir certains actes. Le mot « conseil » ne désigne donc pas ici une assemblée comme dans l'expression « conseil de famille ».

L'emploi du mot « conseil » tient à ce qu'autrefois c'était toujours un avocat qui était choisi pour cet office, et anciennement l'avocat d'un plaideur s'appelait « son conseil ». Cette expression s'emploie encore quelquefois de nos jours avec le même sens, mais l'habitude de choisir un avocat pour conseil judiciaire s'est perdue.

*2685. **Historique.** — L'institution du conseil judiciaire n'est pas une invention du Code civil, mais nos anciens auteurs en parlent bien rarement. Pothier n'en dit pas un mot. Ceux qui nous donnent le plus de renseignements sur ce sujet sont le *Nouveau Denisart*, t. V, v° Conseil nommé par justice, §2 ; ARGOU, *Institutions au Droit français*, liv. I, chap. IX ; et BRILLON, *Dictionnaire des Arrêts*, v° Prodigue. On se servait de la dation de conseil, lorsque les faits ne paraissaient pas suffisants pour prononcer l'interdiction, principalement pour ceux que nous appelons aujourd'hui *faibles d'esprit* et pour les *prodigues*. On en faisait encore une autre application assez curieuse, à ceux qui avaient l'*esprit processif* et qui intentaient sans cesse des procès à leurs voisins. Le juge leur faisait défense de former à l'avenir aucune demande nouvelle sans l'avis exprès d'un ou de plusieurs avocats par lui désignés, qui devaient vérifier si la prétention était juste et soutenable. Cette habitude nous explique un passage de Racine : « Je ne sais pas quel biais ils ont imaginé, — Ni tout ce qu'ils ont fait, mais on leur a donné — Un arrêt par lequel, moi vêtue et nourrie, — On me défend, Monsieur, de plaider de ma vie ! » (*Les Plaideurs*, acte I, sc. VII.)

A. — Causes de la nomination d'un conseil judiciaire.

2686. **A quelles personnes on donne un conseil. — Le Code, reproduisant en partie les traditions de l'ancien droit, permet la nomination d'un conseil : 1° aux *faibles d'esprit* (art. 499), 2° aux *prodigues* (art. 513) [1].

Dans l'un et dans l'autre cas, les faits qui caractérisent la faiblesse d'esprit ou la prodigalité sont appréciés souverainement par les juges du fond (Cass., 21 févr. 1899, D. 99. 1. 243).

[1] En Allemagne, les prodigues et les faibles d'esprit sont *interdits et mis en tutelle*. Il en est de même des ivrognes (art. 6 C. civ. all.).

1° Faibles d'esprit.

** **2687. Définition.** — On appelle « faible d'esprit » celui dont les facultés sont affaiblies, sans qu'il y ait perte totale de la raison, et qui par suite ne peut pas être interdit[1]. On a déjà remarqué plus haut que, chez ces personnes, c'est souvent la faculté de vouloir qui est altérée plus encore que celle de comprendre.

2688. Interprétation extensive en jurisprudence. — Le Code n'a rien précisé à cet égard sur la nature des causes qui autorisent la nomination d'un conseil judiciaire. Il dit seulement, dans l'art. 499, que les juges peuvent recourir à cette mesure « *si les circonstances l'exigent* ». C'est une formule aussi large que possible, qui laisse toute liberté aux juges pour l'appréciation de ces circonstances. Ils peuvent donc prendre en considération une infirmité physique ou morale indifféremment. Ainsi on voit donner un conseil judiciaire, outre la faiblesse d'esprit proprement dite, pour les causes suivantes :

1° La *surdité*. Décisions fréquentes.

2° L'*ivrognerie habituelle*, lorsqu'elle entraîne une mauvaise gestion du patrimoine (Rouen, 18 janv. 1865, D. 65. 2. 226).

3° L'*extrême vieillesse*, quand elle empêche de veiller suffisamment à la conservation de la fortune (Amiens, 19 janv. 1856, sous Cass., D. 57. 1. 354).

Sur les troubles partiels de la raison, résultant de l'exaltation des idées ou de préoccupations excessives, voyez Besançon, 2 févr. 1865, D. 65. 2. 94, S. 65. 2. 239, et Lyon, 24 juill. 1872, D. 72. 2. 191.

2° Prodigues.

** **2689. Définition.** — Le prodigue est celui qui, par dérèglement d'esprit ou de mœurs, dissipe sa fortune en folles dépenses (Aubry et Rau).

2690. Comment a disparu l'ancienne interdiction des prodigues. — Anciennement les prodigues pouvaient non seulement être pourvus d'un conseil judiciaire, mais même être *interdits*. Cependant l'interdiction, ayant pour résultat d'enlever au prodigue même l'administration des ses biens, produisait des effets *trop énergiques* et *inutiles*, et la jurisprudence tendait de plus en plus à se contenter de la nomination d'un conseil, sans prononcer l'interdiction du dissipateur.

Ni le projet de l'an VIII, ni même le projet remanié qui fut mis deux ans plus tard en discussion au Conseil d'État, ne s'étaient occupés des prodigues. Tronchet en a donné une triple raison : 1° par sa nature, la prodigalité est difficile à définir et donne lieu à des décisions arbitraires; 2° la demande d'interdiction pour prodigalité est peu intéressante quand elle vient d'un collatéral; elle est odieuse si elle vient de la femme ou des enfants; 3° l'État n'a pas d'intérêt à l'interdiction des prodigues : leurs dissipations ne diminuent pas la masse des richesses nationales; elles se bornent à déplacer les biens. Portalis réfuta avec beaucoup de sens ces diverses raisons. Il dit notamment qu'il ne s'agissait pas d'établir quelque chose de nouveau, et que l'expérience et l'usage avaient éclairé sur la manière de reconnaître la prodigalité quand elle existe. Maleville fit aussi observer qu'il avait vu beaucoup d'individus qui méritaient d'être interdits et qui cependant ne l'étaient pas, mais qu'il n'avait jamais vu interdire personne qui ne fût dans le cas de l'être. Quant à l'État, il est peut-être un peu téméraire d'affirmer, comme le fit Portalis, que « la société a le devoir de protéger les individus contre eux-mêmes », mais elle a sûrement intérêt « à ce que ses membres ne se réduisent pas à un état qui les incite au crime et à ce que chacun ait un patrimoine qui devienne la garantie de sa conduite ». Le dissipateur ruiné devient un homme dangereux, et sa ruine doit le plus souvent être attribuée au vice et au désordre des mœurs, que la société a le devoir de réprimer. Après une discussion intéressante (Fenet,

[1] C'est ce que suppose l'art. 499 qui permet que les juges nomment un conseil à la personne dont l'interdiction était demandée, « en rejetant la demande en interdiction ».

t. X, p. 684 à 692), le Conseil d'État se mit d'accord pour faire quelque chose contre les prodigues, soit l'interdiction, soit le conseil judiciaire. La section de législation se contenta de la nomination d'un conseil, remède plus doux, et qui lui parut suffisant. Ce fut ainsi que l'ancienne interdiction des prodigues disparut de notre droit [1].

* **2691. Controverses modernes sur la prodigalité.** — Aujourd'hui les économistes sont divisés d'opinion sur l'utilité qu'il y a à prendre des mesures contre les prodigues. Les uns les jugent inoffensifs (CAUWÈS, *Précis*, t. I, nº 415); d'autres les croient pernicieux au bien social (BASTIAT, *Premières notions d'économie politique*, p. 171 ; BATBIE, *Nouveau cours d'économie politique*, t. II, p. 50). En tout cas le point de vue économique n'est pas le seul à considérer; il ne faut pas s'en tenir à une sorte de bilan financier, en se disant que les tiers recueillent ce que le prodigue dissipe : il faut se préoccuper des intérêts moraux et des devoirs de famille, choses dont beaucoup d'économistes font trop bon marché, habitués qu'ils sont par leur genre d'études à ne considérer l'homme que comme un producteur de richesses. Pour la justification de la loi, voyez CAUWÈS, *op. cit.*, t. I, nº 424.

* **2692. Jurisprudence relative aux femmes mariées.** — Il semble qu'une femme mariée, à raison de l'autorité maritale à laquelle elle est soumise, ne puisse pas commettre d'actes de prodigalité. Cependant la pratique a montré qu'il pouvait être nécessaire de donner un conseil judiciaire à une femme mariée, parce que son mari se fait souvent le complice et l'instigateur de ses goûts de dépense. La jurisprudence admet cette nomination, quel que soit le régime adopté par les époux, communauté ou régime dotal (Cass., 12 mars 1877, D. 78. 1. 184, S. 77. 1. 203 ; Poitiers, 18 mai 1881, D. 82. 2. 247, S. 83. 2. 8).

B. — Qui peut provoquer la nomination du conseil.

2693. Renvoi. — Le Code dit que cette nomination peut être sollicitée « par ceux qui ont droit de demander l'interdiction » (art. 514). Voyez ci-dessus nºs 2592 à 2594.

2694. Rejet de la jurisprudence antérieure. — Le projet de l'an VIII, s'inspirant de l'ancienne jurisprudence du Châtelet, n'avait autorisé la nomination d'un conseil que pour le faible d'esprit et seulement *sur sa demande.* Aussi l'appelait-il *conseil volontaire* (FENET, t. II, p. 96). Mais le court chapitre qui autorisait cette démarche spontanée n'a pas été conservé dans la rédaction définitive, et nous devons en conclure que le Conseil d'État n'a pas voulu conserver cet usage d'ailleurs assez singulier. Maleville lui-même, qui avait fait insérer ce chapitre dans le projet, ne se faisait guère d'illusions sur son utilité pratique : « Qui est-ce qui reconnaît son propre affaiblissement ? disait-il lui-même. Cela rappelle l'aventure de Gil Blas avec l'évêque de Grenade. »

C. — Procédure.

2695. Renvoi. — La procédure à suivre est la même que pour l'interdiction (art. 514 et 515). Voy. ci-dessus nºs 2595 et suiv.

2696. Question. — Peut-on *demander directement la nomination d'un conseil judiciaire pour les faibles d'esprit ?* La chose est évidemment possible pour les prodigues en vertu de l'art. 513 ; mais pour les faibles d'esprit, cela n'apparaît pas nettement dans les textes. La loi ne s'est occupée d'eux que dans le chapitre « De l'interdiction », où l'art. 499 suppose qu'une demande ayant pour objet l'interdiction a été formée, et que, tout en rejetant cette demande, le tribunal nomme d'office un conseil judiciaire. La place qu'occupe cet article unique tient à un incident des travaux préparatoires. Le Tribunal de cassation fit remarquer que la faculté de demander un *conseil volontaire* (ci-dessus nº 2694) ne suffi-

[1] On a cru quelquefois que la suppression de l'interdiction des prodigues résultait virtuellement de la Constitution du 5 fructidor an III qui avait organisé le Directoire, mais c'est une erreur. Si son art. 13 mentionne les interdits pour cause de démence, et passe sous silence les interdits pour prodigalité, cela tient à ce que cet article avait pour but d'énumérer les personnes incapables de prendre part aux élections, et que l'interdiction ne privait pas les prodigues de leurs droits politiques.

sait pas, et qu'il pouvait être utile de procéder même d'office à cette nomination, quand l'interdiction était demandée et que les faits ne paraissaient pas suffisants pour la prononcer. De là l'insertion de l'art. 499 dans le chapitre de l'interdiction. Plus tard on supprima l'article qui parlait de la nomination du conseil sur la demande de l'individu lui-même, de sorte que notre article s'est trouvé isolé et en dehors du chapitre consacré au conseil judiciaire. Mais la loi n'a pas entendu priver les intéressés du droit de demander directement la nomination d'un conseil. Il serait puéril de les obliger à demander l'interdiction pour arriver à leurs fins, c'est-à-dire à poursuivre une mesure qu'ils savent d'avance n'être pas justifiée, pour en obtenir une autre dont l'opportunité est reconnue.

2697. Nomination du conseil. — Cette nomination est faite *directement par le tribunal*, qui choisit à son gré parmi les parents ou les étrangers [1]. Il n'est plus d'usage de charger de cet office un avocat, ni de nommer plusieurs conseils à la même personne.

2698. Faculté de refuser. — La personne choisie par le tribunal n'est *jamais obligée d'accepter*, et quand elle a accepté elle est toujours libre de se démettre. Cette différence qui sépare les fonctions de conseil judiciaire de celles de la tutelle, qui sont obligatoires, est remarquable. Elle est *admise sans texte*, parce que c'est la règle traditionnelle du droit français en cette matière.

§ 2. — *Fonctions du conseil.*

** **2699. Nature des fonctions.** — Le conseil judiciaire *n'est pas un gérant*; il n'administre pas, il ne représente pas l'incapable. C'est celui-ci qui doit agir par lui-même; les actes que son conseil aurait accomplis à sa place seraient nuls et les jugements obtenus par lui ou contre lui seraient sans effets pour ou contre l'incapable (Paris, 23 août 1865, sous Cass., D.67.1.481).

Le rôle du conseil se borne à *assister* l'incapable. Il faut dire de cette assistance du prodigue ou du faible d'esprit par son conseil tout ce qui a été dit plus haut du rôle joué par le curateur d'un mineur émancipé (n° 2554) [2]; les deux fonctions, malgré leurs noms différents, sont tout à fait comparables par leur nature.

La différence de nom tient à ce que le rôle du conseil judiciaire était anciennement beaucoup plus borné que celui du curateur d'un mineur, et qu'il intervenait beaucoup moins souvent. On avait voulu marquer cette distinction dans les mots; et le nom est resté bien que les deux choses se soient beaucoup rapprochées.

[1] Il est à peine besoin de dire que la fonction de *conseil judiciaire n'est jamais attribuée de plein droit* par la loi. Le mari lui-même n'a aucun droit à être préféré à un autre, et le tribunal, qui nomme un conseil à une femme mariée, a souvent des raisons décisives pour écarter le mari de cette fonction, quand c'est lui qui incite sa femme à faire des dépenses excessives (Cass., 12 mars 1877, D. 78. 1. 184, S. 77. 1. 203; Poitiers, 18 mai 1881, D. 82. 2. 247, S. 83. 2. 8). — Quant à la femme, il a été jugé qu'elle ne pouvait pas remplir l'office de conseil judiciaire pour son mari (Trib. Semur, 16 janv. 1861, D. 63. 3. 59). On a critiqué cette décision, parce que la femme peut être tutrice de son mari interdit, d'où il semble résulter un argument a fortiori pour le rôle de conseil judiciaire. Mais on doit remarquer que les deux rôles ne sont pas les mêmes, et que le conseil, s'il n'est plus nécessairement, comme jadis, un homme de loi, en fait cependant un peu l'office, remplaçant à lui seul tous les rouages de la tutelle. Il est plus facile de servir de tuteur que de conseil judiciaire, et à moins d'être spécialement apte aux affaires ou licenciée en droit, la femme sera généralement mal préparée à cette fonction.

[2] La jurisprudence exige une assistance effective quand il s'agit de procès : il ne suffit pas que le conseil *autorise*, il faut qu'il soit *mis en cause* avec l'incapable (Cass., 1er févr. 1876, D. 76. 1. 80, S. 76. 1. 153; Nancy, 24 févr. 1892, D. 92. 2. 293). Pour les actes extrajudiciaires on se contente d'une simple autorisation donnée par avance, pourvu qu'elle soit *spéciale* (DALLOZ, *Suppl.*, v° Interdiction, n° 267).

2700. Du refus d'assistance. — Le refus d'assistance soulève des difficultés qui ont déjà été rencontrées à propos du curateur d'un mineur. Si le refus du conseil n'est pas justifié, l'incapable a certainement un recours devant la justice, mais que peut-il au juste demander ? Il ne peut être question d'une autorisation donnée directement par le tribunal comme celle que pourrait obtenir une femme mariée. La loi n'a pas dit pour les faibles d'esprit et les prodigues, pas plus que pour les mineurs émancipés, que l'autorisation dont ils ont besoin pourrait être suppléée par la justice. La jurisprudence est constante en ce sens (Douai, 7 mars 1881, D. 81. 2. 208, S. 81. 2. 137). Mais l'incapable n'est pas pour cela abandonné aux caprices et à la mauvaise volonté de son conseil.

Celui-ci pourrait d'abord, après examen des faits, être condamné à prêter son assistance au prodigue ou au faible d'esprit et, s'il s'y refuse, obligé de payer des dommages-intérêts à raison de tant par jour de retard. Mais les tribunaux ont un moyen plus énergique encore de vaincre une résistance injustifiée : c'est de pourvoir au remplacement du conseil par une autre personne, soit à titre définitif, soit à titre provisoire par la nomination d'un conseil judiciaire *ad hoc* (Douai, 7 mai 1881 précité; Cass., 12 août 1868, D. 69. 1. 268; Liège, 12 juill. 1882, D. 84. 2. 200)[1]. Sur le pouvoir qu'ont les juges d'apprécier la valeur des motifs qui déterminent le conseil à refuser son autorisation, voy. Cass., 16 mai 1899, D. 99. 1 399.

La personne chargée de la fonction spéciale de conseil *ad hoc* est tenue de prêter son assistance pour l'accomplissement de l'acte ; cependant, si c'est d'un procès qu'il s'agit, on lui reconnaît la liberté de prendre les conclusions qui lui paraîtront les plus justes (Paris, 31 janv. 1888, S. 88. 2. 191 ; Paris, 25 mars 1890, D. 90. 2. 257, S. 90. 2. 107).

2701. Insuffisance de protection. — Le rôle du conseil est tout passif. Il doit donner son autorisation quand elle est demandée ; sinon il n'a rien à faire. Le système de la loi est ici en défaut, car il est certain que bien souvent une initiative du conseil empêcherait des actes irréparables. Ainsi il serait utile que le conseil pût s'opposer à la mainmise du prodigue sur les valeurs mobilières d'une succession qui lui est échue, mais la loi ne lui en donne pas le droit (Rouen, 19 avril 1847, D. 47. 2. 91 ; Douai, 30 juin 1855, D. 56. 2. 56).

****2702. Extension progressive des actes pour lesquels l'assistance du conseil est nécessaire.** — Le rôle du conseil judiciaire a reçu du Code civil d'abord, de la jurisprudence ensuite, une extension considérable. Anciennement il n'était question de l'intervention du conseil que pour *aliéner* et *hypothéquer*. C'était à cela que son rôle se réduisait encore dans le projet de Code : « ... un conseil, sans l'assistance duquel elle ne pourra passer aucun acte tendant à l'aliénation de ses immeubles ou les grever d'aucune hypothèque » (Fenet, t. II, p. 96). Mais le Tribunat demanda que le conseil intervînt plus souvent dans les affaires de l'incapable et il dressa une liste un peu plus longue pour les actes qui exigeaient son consentement. Sa proposition fut accueillie sans objection (Fenet, t. X, p. 700 et 702). Il en résulta que le conseil judiciaire devint une sorte de *curateur* ayant à peu près le même rôle que celui du mineur émancipé.

Le Tribunat alla même jusqu'à dire, dans ses observations sur le projet de titre qui lui était officieusement communiqué, que puisqu'on avait assimilé le fou interdit à un mineur non émancipé pour le mettre comme lui en tutelle, il convenait d'assimiler à un mineur émancipé la personne, prodigue ou faible d'esprit, simplement pourvue d'un conseil judi-

[1] Le prodigue n'a pas besoin d'être assisté pour demander la nomination d'un conseil judiciaire *ad hoc ;* il doit seulement assigner son conseil ordinaire, afin de le mettre à même d'expliquer les causes de son refus (Trib. Seine, 30 avril 1870, D. 70. 3. 78).

ciaire. Mais cette dernière assimilation n'est pas entièrement exacte, comme on le verra.

L'énumération des actes pour lesquels l'assistance du conseil est requise par la loi se trouve dans deux endroits différents du Code, les art. 499 et 513, qui à ce point de vue sont identiques. La jurisprudence moderne a développé dans de plus grandes proportions encore l'incapacité des personnes pourvues d'un conseil judiciaire.

A. — Actes énumérés dans la loi.

* **2703. Actions en justice.** — *Plaider* est le premier acte que la loi interdit aux personnes pourvues d'un conseil judiciaire. On a vu (n° 2685) que dans l'ancien droit un conseil judiciaire était souvent nommé à une personne spécialement pour l'empêcher de plaider.

L'interdiction de plaider seul est absolue; elle a lieu aussi bien pour la défense à l'action d'un tiers, que pour la demande (Rennes, 3 janv. 1880, D. 80. 2. 54) [1]; elle s'applique quel que soit le tribunal et quelle que soit la nature de la contestation. Il n'y a pas d'exceptions pour les actions qui concernent l'état de la personne, pas plus que pour celles qui intéressent les biens (Limoges, 2 juin 1856, D. 57. 2. 26, S. 56. 2. 601; Toulouse, 11 août 1884, Dalloz, *Suppl.*, t. IX, p. 509, note 2; S. 85. 2. 78).

Ainsi, quand le père du prodigue fait opposition à son mariage, celui-ci ne peut demander la mainlevée de l'opposition si son conseil refuse de l'assister, et voilà son mariage indéfiniment arrêté, quand même il n'y aurait aucun empêchement réel (Toulouse précité).

On ne fait d'exception que pour les demandes en révocation du conseil ou en nomination d'un conseil *ad hoc* (Trib. Seine, 30 avril 1870, D. 70. 3. 78; Liège, 12 juill. 1882, D. 84. 2. 200).

* **2704. Transactions.** — La transaction n'est permise qu'à ceux qui ont la libre disposition du droit sur lequel porte la contestation (art. 2045). Les art. 499 et 513 la mentionnent expressément parmi les actes défendus au prodigue et au faible d'esprit.

** **2705. Aliénations.** — Les art. 499 et 513, en défendant aux prodigues et aux faibles d'esprit d'aliéner, ne distinguent ni d'après la nature ni d'après l'objet de l'aliénation. Les *ventes* et *échanges* sont donc aussi bien défendus que les *donations*. Les *meubles*, notamment les *valeurs mobilières*, ne peuvent pas être aliénés, pas plus que les *immeubles*. Il faut cependant faire exception pour les aliénations ayant le caractère d'actes d'administration (ventes de fruits, de bestiaux, de matériel hors d'usage, etc.).

** **2706. Hypothèques.** — La faculté de « grever leurs biens d'hypothèques » est encore une de celles que les art. 499 et 513 retirent expressément aux personnes pourvues d'un conseil judiciaire. Cette prohibition

[1] Il a cependant été jugé que le droit de demander la conversion de la séparation de corps en divorce est essentiellement personnel et que l'époux pourvu d'un conseil judiciaire ne peut en être empêché par un refus de son conseil; les juges, saisis d'une demande en nomination d'un conseil judiciaire *ad hoc* n'ont même pas qualité pour apprécier l'opportunité de cette conversion; ce droit appartient uniquement au tribunal devant lequel la demande en conversion sera portée (Paris, 25 mars 1890, D. 90. 2. 257). On comprend la nécessité de réserver la question aux juges qui en doivent connaître, mais outre qu'on peut faire le même raisonnement pour toute espèce de procès, on réduit ainsi à néant l'intervention du conseil judiciaire puisque son assistance devient pour lui obligatoire sans examen de la question.

se comprend surtout quand il s'agit d'hypothèques données comme garanties à des prêteurs d'argent.

2707. **Emprunts. — L'emprunt est un acte dangereux et toujours tentant pour un prodigue. Aussi la loi a-t-elle eu soin d'insérer le verbe « emprunter » dans son énumération.

Cependant l'incapable se trouverait obligé en vertu de l'emprunt qu'il a fait, s'il en avait profité (Cass., 1er août 1860, D. 60. 1. 316).

2708. **Réception de capitaux. — Les art. 499 et 513 ne permettent pas à l'incapable de « recevoir un capital mobilier et d'en donner décharge ». Il faut sous-entendre que le conseil devra *surveiller l'emploi du capital reçu*, sans quoi la précaution que prend la loi d'exiger son assistance au versement des fonds serait illusoire. La généralité des auteurs est sur ce point d'accord avec la jurisprudence (Paris, 31 janv. 1876, D. 77.2. 48, S. 77. 2. 149). Ici surtout apparaît l'assimilation voulue par le Tribunat entre la personne pourvue d'un conseil judiciaire et le mineur émancipé. Comp. ci-dessus, n° 2566.

B. — Actes non prévus par les textes.

2709. **Lacunes dans l'énumération de la loi**. — Dans la pensée des auteurs de la loi, la double énumération des art. 499 et 513 était évidemment *limitative*, de telle sorte que tout acte qui n'y figure pas devrait être valable sans l'assistance du conseil. Cependant on ne l'observe pas à la rigueur. Elle contient des lacunes évidentes ; certains actes s'y trouvent implicitement prohibés, et la brèche une fois faite, la jurisprudence a été amenée à compléter par tout un système de prohibitions le texte imparfait de la loi.

** 2710. **Constitutions de servitudes et autres droits réels**. — En prohibant l'aliénation, la loi défend implicitement la constitution de servitudes et des autres droits réels qui sont des *démembrements de la propriété*, et dont l'établissement est une *aliénation partielle*. Aucun doute sur ce point.

2711. **Compromis**. — Les art. 499 et 513 défendent de transiger, mais non pas de compromettre. L'impossibilité du compromis résulte de l'art. 1003 C. proc. civ. qui n'autorise une personne à compromettre que sur les droits dont elle a la libre disposition. Comp. art. 1989 C. civ., où l'on voit que le compromis est considéré par la loi comme plus grave que la transaction.

2712. **Acceptation et répudiation de successions**. — L'acceptation ne peut être faite que par une personne qui a capacité pour renoncer. Or la renonciation implique la libre disposition, elle équivaut à une aliénation. D'autre part, celui qui accepte une succession s'oblige à acquitter toutes les dettes du défunt. Il semble donc que le prodigue devrait être assisté de son conseil, soit pour accepter une succession, soit pour y renoncer. Voy. cependant Douai, 30 juin 1855, D. 56. 2. 56.

2713. **Partage**. — Quoique le partage soit considéré par le droit français comme *simplement déclaratif*, et non pas comme translatif de propriété, c'est un acte grave pour lequel la loi exige ordinairement la pleine capacité. D'ailleurs la théorie du partage déclaratif n'est qu'une fiction, et l'opération s'analyse au fond en un échange de parts indivises. Il n'y a aucun arrêt formel sur la question. Comp. DALLOZ, *Suppl.*, v° Interdiction, n° 265.

2714. **Obligations. — Il est tout à fait remarquable que la loi n'ait rien dit de la *capacité de s'obliger*. Le même silence a déjà été signalé à propos du mineur émancipé. C'est ici surtout que la jurisprudence a eu à compléter la loi. Elle a admis que les obligations du faible d'esprit ou du prodigue sont *annulables toutes les fois qu'elles dépassent les limites de son administration*[1]. Elle a fait de cette idée les applications suivantes:

1° Réduction des dépenses excessives (frais de nourriture, d'entretien et de logement). — Cela concerne surtout la *prise à bail* d'un appartement, d'une maison ou d'une terre pour un prix trop élevé, hors de proportion avec les besoins et les ressources du locataire (Cass., 1er août 1860, D. 60. 1. 316, S. 60. 1. 929; Cass., 2 déc. 1885, D. 86. 1. 128, S. 86. 1. 120; Paris, 16 janv, 1890, D. 92. 2. 209).

2° Achats a titre de placement. — Cela a été jugé soit pour l'acquisition d'un immeuble en remploi (Trib. de Lectoure, 4 mars 1881, Dalloz, *Suppl., t. IX, p. 514, n° 260*; S. 82. 2. 233), *soit pour des achats de valeurs mobilières*, tout au moins quand l'achat est fait à terme et risque d'entraîner la perte totale ou partielle de la fortune (Lyon, 9 juin 1883, D. 84. 2. 83).

3° Baux de plus de neuf ans. — On sait que, d'après la jurisprudence et d'après le Code, le bail n'a le caractère d'un acte d'administration qu'autant qu'il ne dépasse pas neuf ans (art. 481, 595, 1429, 1718 C. civ. et ci-dessus n° 2412). Le bail consenti pour une durée plus longue par une personne pourvue d'un conseil judiciaire pourrait donc être réduit (Toulouse, 23 août 1855, D. 55. 2. 328, S. 55. 2. 748) ou même annulé complètement s'il avait été fait pour éluder la défense d'aliéner et d'emprunter (Cass., 14 juill. 1875, D. 76. 2. 202, S. 75. 1. 463).

2715. Contrat de mariage. — Cet acte complexe contient ordinairement des clauses d'aliénation et d'obligation qui dépassent la capacité du prodigue ou du faible d'esprit. Il devrait donc avoir besoin d'être assisté dans ce contrat par son conseil judiciaire, mais la Cour de cassation l'autorise à le rédiger en toute liberté (Cass., 24 déc. 1856, D. 57. 1. 18, S. 57. 1. 245; Cass., 5 juin 1889, D. 91. 2. 449, S. 89. 1. 413). C'est une difficulté qui ne peut être examinée ici et qui suppose connues les règles spéciales du contrat de mariage. Voyez t. III.

***2716. Actes de commerce.** — La question de savoir si un prodigue ou un faible d'esprit peut faire des *actes de commerce isolés*, tels que l'acceptation d'une lettre de change, ou s'il peut être habilité par son conseil à *entreprendre un commerce*, tout au moins comme marchand au détail, donne lieu à des difficultés délicates qui sortent du domaine du droit civil (Voy. sur ce point Dalloz, *Suppl.*, v° Interdiction, n°s 262 et 263). Pour l'entreprise d'un commerce, il y a un obstacle décisif, qui tient à ce que l'assistance du conseil judiciaire doit être *spéciale*, et qu'il est matériellement impossible que le conseil assiste l'incapable dans tous les actes de son commerce (Cass., 1er août 1860, D. 60. 1. 316, S. 60. 1. 929; Cass. Belgique, 17 oct. 1889, D. 91. 2. 355, S. 90. 4. 4).

C. — Actes permis à l'incapable agissant seul.

2717. Changement réalisé par le Code civil. — Jadis il fallait dire que la per-

[1] Il en résulte cette conséquence remarquable qu'en ajoutant au système de la loi les additions qu'y a apportées la jurisprudence, les personnes pourvues d'un conseil judiciaire sont maintenant frappées d'une *incapacité générale* analogue à celle du mineur émancipé et de la femme séparée de biens, qui ne laisse subsister à leur profit que la *liberté d'administrer*, et que le système primitif, qui consistait à leur donner une liste d'actes défendus, en dehors desquels la capacité resterait la règle, a été presque entièrement abandonné.

sonne pourvue d'un conseil judiciaire pouvait faire seule tous les actes qui ne lui étaient pas spécialement interdits, et jusqu'au Code civil c'était le jugement lui-même qui, en nommant le conseil, énumérait les actes pour lesquels l'incapable devrait obtenir son consentement. Aujourd'hui la capacité se restreint à peu près aux actes d'administration (perception de fruits et revenus, locations ne dépassant pas neuf ans, etc.). Il reste cependant un certain nombre d'actes que le prodigue et le faible d'esprit peuvent faire seuls.

*** 2718. Énumération.** — Ces actes sont :

1° Les actes qui intéressent la personne et non le patrimoine *(mariage, reconnaissance d'enfant naturel)*.

Ces actes entraînent des obligations, notamment l'*obligation alimentaire* ; le prodigue et le faible d'esprit en seront valablement tenus, à la condition toutefois qu'ils aient donné à l'acte un consentement suffisamment éclairé (comp. art. 146).

2° Le *testament*. Ici persiste l'effet de la règle ancienne, d'après laquelle les actes non interdits par la loi restent permis.

Il n'y avait, du reste, nulle raison pour empêcher le prodigue de faire librement son testament ; cet acte n'est pas dangereux pour lui. Quant au testament du faible d'esprit, ses parents sont suffisamment protégés par la règle générale qui permet d'attaquer le testament d'une personne qui n'était pas *saine d'esprit* (art. 901) [1].

3° et 4° Enfin le *contrat de mariage* et l'*acceptation* ou la *répudiation d'une succession*, que la jurisprudence n'a pas encore englobés dans l'extension qu'elle a donnée à l'incapacité du prodigue ou du faible d'esprit (ci-dessus n°s 2712 et 2715).

*** 2719. Caractère invariable des effets de la nomination d'un conseil.** — Les effets de la nomination d'un conseil judiciaire sont déterminés par la loi d'une manière immuable. Le tribunal ne pourrait pas modifier à son gré la liste des actes pour lesquels son intervention sera nécesaire, y ajouter ou retrancher.

Quelques auteurs regrettent cette rigidité. Elle a cependant un certain avantage : c'est qu'*aucune erreur n'est possible de la part des tiers*. Si la décision du juge était libre, il s'introduirait une *diversité dangereuse* dans l'étendue de l'incapacité des personnes pourvues d'un conseil judiciaire, et il faudrait toujours se reporter au jugement pour la connaître. Cependant les exemples donnés par nos anciens auteurs nous montrent que le juge précisait lui-même les actes qui seraient nuls sans l'assistance du conseil. « Le remède change selon les circonstances », disait Denys Cochin (plaidoyer pour les enfants Vanderborgue). C'était là justement un des grands dangers de ces nominations de conseils, et Bourjon le signalait en disant qu'elles étaient des « pièges » pour les tiers.

***2720. Comparaison avec l'émancipation.** — Théoriquement la différence est très grande. L'émancipé est un *mineur*, pour lequel l'incapacité est la règle ; sa capacité n'existe que pour les actes d'administration. La personne pourvue de conseil est un *majeur* pour lequel la capacité reste la règle ; il n'y a d'interdits que les actes énumérés par la loi. Seulement on a déjà vu que l'interprétation de plus en plus compréhensive donnée à l'énumération légale avait opéré un rapprochement presque complet entre ces deux sortes d'incapables. En dehors des actes d'administration, la dation d'un conseil judiciaire ne laisse plus guère comme permis que l'acceptation d'une succession et la rédaction d'un

[1] Je crois qu'il ne faut pas assimiler au testament les donations qui, même entre époux, n'en constituent pas moins des aliénations. Cependant la Cour de Bruxelles a jugé qu'une semblable donation, au moins quand elle est faite sous la condition de survie, constitue une disposition à cause de mort semblable au testament, révocable comme lui, et permise par suite à la personne pourvue d'un conseil (3 avril 1886, D. 87. 2. 71, S. 88. 4. 13).

contrat de mariage, et encore sur ces deux points la jurisprudence peut-elle être avec raison accusée d'inconséquence.

Néanmoins, et même en supposant l'assimilation achevée, il subsisterait toujours une grande *différence dans le mode de protection :* le prodigue et le faible d'esprit peuvent faire *n'importe quel acte avec la seule assistance de leur conseil ;* ils n'ont jamais besoin ni d'une autorisation d'un conseil de famille, ni de l'homologation par le tribunal.

*2721. **Cessation de l'incapacité.** — Il peut être donné *mainlevée* du jugement, comme s'il s'agissait d'une interdiction, ce qui rétablit la personne dans sa capacité primitive.

Quand le conseil judiciaire meurt ou cesse ses fonctions d'une façon quelconque, l'incapable ne recouvre pas pour cela le libre exercice de ses droits ; il y a lieu de remplacer son conseil par un autre.

Sauf le cas de mainlevée, l'effet du jugement est définitif et dure autant que la vie de la personne.

§ 3. — *Nullité des actes non autorisés.*

** 2722. **Sanction de la loi.** — La sanction de la défense de plaider ou de contracter, faite à la personne pourvue d'un conseil judiciaire, n'est pas écrite expressément dans la loi[1], mais elle est traditionnelle, et on peut considérer l'art. 502, qui règle les effets de l'interdiction, comme applicable également à cette mesure qui n'est qu'une demi-interdiction.

Le défaut d'assistance entraîne la *nullité de l'acte* pour lequel cette assistance était requise. L'acte est *nul de droit*, aux termes de l'art. 502 ; le sens de cette expression a été déterminé plus haut : elle signifie que l'annulation est de droit quand l'incapable la demande, sans qu'il soit obligé de prouver une lésion à son préjudice. Voyez ci-dessus n° 2641.

Cette nullité est *relative* et a les mêmes caractères que pour l'interdit (prescription de dix ans à compter de la cessation de l'incapacité ; possibilité d'une confirmation). Comp. Cass., 27 juin 1884, D. 85. 1.135, S. 87. 1. 334.

* 2723. **Absence de rétroactivité.** — La nomination d'un conseil judiciaire ne produit jamais d'effet dans le passé. Elle ne permet pas d'attaquer les actes antérieurs à la nomination du conseil, quand même les causes qui l'ont fait nommer existaient déjà à cette époque d'une façon notoire[2]. L'art. 503 est spécial à l'interdiction des aliénés (Bordeaux, 29 déc. 1884, sous Cass., D. 86. 1. 244).

Exception en cas de fraude. — Cependant la jurisprudence a été obligée d'admettre une exception pour les actes passés *en vue d'une nomination imminente* et pour en éluder les effets ; elle a vu là une fraude à la loi suffisante pour entraîner la nullité. Les arrêts sur ce point sont déjà nombreux et la jurisprudence peut être considérée comme

[1] Cette lacune existe aussi bien pour les personnes pourvues d'un conseil judiciaire en vertu de l'art. 513 que pour celles qui en reçoivent un par application de l'art. 499.

[2] La question de savoir si un acte signé par un prodigue, un interdit, etc., est réellement antérieur à l'époque de son incapacité soulève de graves difficultés en fait, quand cet acte n'a pas été enregistré ; la date peut en être fausse. Voyez Cass. 30 juin 1868, D. 69. 1. 230 ; Trib. Lyon, 13 mars 1869, D, 71. 5. 220.

constante (Cass., 25 et 26 juin 1888, D. 89. 1. 59 et 301. S. 88. 1. 469 ; Cass. 5 nov. 1889, D. 90. 1. 379, S. 91. 1. 407). Elle est approuvée par la grande majorité des auteurs.

2724. Effet d'une fausse déclaration. — Le prodigue n'est pas valablement obligé quand il se présente à l'autre partie comme étant capable. Ce seul fait n'est pas un quasi-délit susceptible de créer une obligation (Paris, 30 nov. 1897, D. sous Cass. 1900. 1. 589).

***2725. Exercice de l'action en nullité par le conseil.** — Dans la rigueur des principes, la nullité des actes irréguliers ne peut être demandée que par l'incapable. Mais cette règle aurait pour effet de rendre à peu près illusoire la protection que la loi lui accorde. Voilà, par exemple, un prodigue qui a aliéné un bien pour se procurer de l'argent ; il ne songera pas à attaquer l'acquéreur et l'aliénation subsistera en fait.

La jurisprudence a donc dû reconnaître au conseil judiciaire qualité pour exercer lui-même, *au nom de l'incapable*, l'action en nullité (Cass., 29 juin 1881, D. 81. 1. 33, S. 82. 1. 125 ; Paris, 5 avril 1887, D. 88. 2. 220). Cette décision est un utile complément de la loi, mais elle est un des exemples les plus remarquables des hardiesses de la jurisprudence. On peut dire que toute cette matière du conseil judiciaire a été l'œuvre des tribunaux beaucoup plus que du législateur ; la seule innovation législative est celle qui est due au Tribunat et dont il a déjà été question (n° 2702).

CINQUIÈME PARTIE

LA FILIATION

GÉNÉRALITÉS

**2726. Définition. — La filiation, prise au sens naturel du mot, est *la descendance en ligne directe*. Elle comprend toute la série des intermédiaires qui rattachent une personne déterminée à tel ou tel ancêtre, quelque éloigné qu'il soit. Mais dans la langue du droit le mot a pris un sens beaucoup plus étroit, et il s'entend exclusivement du *rapport immédiat du père ou de la mère avec l'enfant*. Cette précision se justifie parce que ce rapport se reproduit identique à lui-même pour toutes les générations.

Le rapport de filiation prend aussi les noms de *paternité* et de *maternité*, quand on l'envisage du côté du père ou de la mère.

La filiation peut donc se définir le *rapport qui existe entre deux personnes dont l'une est le père ou la mère de l'autre*. Ce fait crée la parenté du premier degré, et sa répétition produit les lignes ou séries de degrés (ci-dessus, nos 599 et suiv.).

**2727. Éléments de la filiation. — La filiation d'une personne se compose d'éléments multiples, et il importe d'en bien comprendre la nature, ainsi que l'ordre logique dans lequel ils se présentent.

Le premier point à établir est l'*accouchement* de la prétendue mère. Telle femme a eu un enfant à telle époque : cela suppose donc connus à la fois *le fait de l'accouchement et sa date*.

En second lieu, il faut établir l'*identité* de l'enfant. La personne qui réclame aujourd'hui est-elle bien identiquement l'enfant dont cette femme est accouchée autrefois? Cette identité suppose nécessairement qu'il y a concordance entre la date de l'accouchement et l'âge du réclamant, et en outre qu'il n'y a pas eu substitution d'un enfant à un autre.

Quand ces deux points sont avoués ou prouvés, la *maternité*, c'est-à-dire la filiation *à l'égard de la mère* est établie.

Quand on en sera là, on pourra passer à la filiation paternelle : Quel est l'homme qui est l'auteur de la grossesse de la mère ? — On voit par là que la question de *paternité* ne peut se poser qu'autant que la filiation maternelle est déjà connue. On ne peut pas songer à rechercher le père d'un enfant quand on ne sait pas quelle est la mère [1].

Il y a donc un défaut de méthode dans la loi, qui s'occupe de la filiation paternelle avant d'avoir traité de la filiation maternelle.

* **2728. Qualité variable de la filiation.** — Il ne suffit pas de prouver le *fait* de la filiation ; il faut en prouver aussi la *qualité*. La filiation *naturelle* ne suppose rien de plus que les éléments qui viennent d'être indiqués. La filiation *légitime* suppose en outre : 1° que les père et mère de l'enfant étaient mariés ; 2° que l'enfant a été conçu pendant leur mariage. Ces deux éléments nouveaux constituent la *légitimité de la filiation*. Ce sont eux qui, par leur réunion, font que l'enfant est légitime au lieu d'être naturel.

** **2729. Importance de la légitimité.** — Les effets légaux de la filiation varient suivant qu'elle est *légitime* ou *illégitime*.

La filiation est *légitime* lorsque l'enfant est le fruit d'un mariage régulier, c'est-à-dire lorsque ses deux parents étaient mariés ensemble au moment où sa mère l'a *conçu*. Tout autre enfant est illégitime. Voyez cependant ce qui est dit au n° suivant de l'enfant *né* pendant le mariage.

La filiation *illégitime* est de plusieurs sortes. En général on qualifie *enfant naturel* celui dont les parents n'étaient pas mariés, mais auraient pu se marier ensemble valablement au moment de la conception.

On disait autrefois que cet enfant était né *ex soluto et soluta*. Quelques personnes ont l'habitude de dire que cette filiation est *naturelle simple*, parce que le mot « naturel » est pris parfois avec un sens plus large qui comprend tous les enfants non légitimes.

L'enfant est *adultérin* lorsque l'un de ses parents était marié avec une tierce personne au moment de la conception.

Il est *incestueux*, quand ses deux auteurs sont entre eux parents ou alliés à un degré assez proche pour que le mariage leur soit interdit.

** **2730. Légitimité des enfants nés pendant le mariage, mais conçus auparavant.** — La nature de la filiation se détermine donc *d'après la situation juridique des parents au moment de la conception de l'enfant*. C'est à ce moment qu'il faut se reporter pour la qualifier.

On a cependant prétendu que la légitimité était attachée non pas seulement au fait de la *conception*, mais aussi au fait de la *naissance* pendant le mariage. En effet, la loi assimile aux enfants légitimes celui qui est né pendant le mariage, mais qui a été conçu auparavant. Elle en parle dans le même chapitre sous la rubrique : « De la filiation des enfants légitimes *ou nés dans le mariage.* » De plus, elle accorde au mari contre cet enfant l'action en

[1] Cependant il existe une exception très remarquable, relative à la filiation naturelle : quand cette filiation est établie par une reconnaissance volontaire, le père de l'enfant peut se faire connaître le premier, à une époque où la mère est légalement inconnue ; il se peut même que la filiation maternelle ne soit jamais établie. Cette singularité tient à la forme toute spontanée et à l'effet tout personnel de la reconnaissance volontaire.

désaveu (art. 314), ce qui implique qu'à défaut de désaveu la paternité du mari sera admise et l'enfant traité comme légitime.

On cite en outre, à l'appui de cette opinion, deux passages des travaux préparatoires. Dans l'un, Portalis disait : « Ce caractère de la légitimité est propre à l'enfant qui *naît* pendant le mariage, soit que cet enfant ait été conçu avant ou après » ; dans l'autre, Regnault de Saint-Jean-d'Angély affirmait que « c'est la naissance de l'enfant, et non sa conception, qui fait son titre » (DEMOLOMBE, t. V, n°s 61 à 63). Mais nous ne sommes nullement obligés de nous incliner devant ces paroles, car elles n'ont pas été transcrites dans les textes. L'erreur, au surplus, est manifeste. Par exemple, l'enfant conçu à une époque où ses deux parents étaient libres ne devient pas adultérin parce que l'un d'eux se trouve marié avant sa naissance avec une tierce personne (POTHIER, *Du contrat de mariage*, n° 417). Ce n'est donc pas à l'époque de la naissance que se fixe la qualité de la filiation. Quant à l'assimilation établie par la loi entre les enfants nés pendant le mariage, mais conçus avant, et les véritables enfants légitimes, elle est certaine, mais elle n'est pas absolument complète [1], et on verra plus loin qu'elle s'explique très simplement par l'idée d'une *légitimation* (n° 2951).

***2731. Condition des enfants légitimes.** — L'enfant légitime possède dans leur plénitude tous les droits qui doivent appartenir à une personne en sa qualité d'enfant d'une autre ; à l'inverse, il est soumis à toutes les charges et obligations que cette qualité entraîne, en matière de puissance paternelle, de tutelle, de mariage, d'adoption, de successions, etc. Il est donc inutile d'exposer ici en détail ses droits et ses devoirs. Leur ensemble résulte de la réunion des règles applicables à ces différentes matières.

****2732. Condition des enfants naturels.** — La situation de l'enfant naturel est fort inférieure à celle des enfants légitimes, surtout quand la filiation est *adultérine* ou *incestueuse*. Les enfants qui rentrent dans l'une ou l'autre de ces dernières catégories sont les plus déshérités de tous, ils ne succèdent pas à leurs parents et *n'ont droit qu'à des aliments*.

Mais la filiation naturelle ordinaire produit un assez grand nombre d'effets, dont voici le tableau d'ensemble :

1° *Transmission du nom*. — Voyez ci-dessus n° 398.

2° *Puissance paternelle*. — Cette puissance, étant pour les parents plutôt une charge qu'un bénéfice, existe même au profit de l'enfant naturel, mais avec des amoindrissements qui sont indiqués en leur lieu (ci-dessus n° 2124).

3° *Consentement des père et mère au mariage et à l'adoption*. — L'enfant naturel, de même que l'enfant légitime, ne peut se marier, ni se donner en adoption sans obtenir le consentement, ou tout au moins sans requérir le conseil de ses père et mère (ci-dessous n° 2983).

4° *Aliments*. — L'obligation alimentaire existe entre l'enfant et ses père et mère naturels.

5° *Successibilité réciproque*. — L'enfant naturel succède à ses parents qui, de leur côté, peuvent lui succéder quand il meurt avant eux laissant une succession (art. 758-760 et art. 765).

6° *Incapacité de recevoir*. — La qualité d'enfant naturel entraîne une incapacité partielle de recevoir à titre gratuit (art. 908). Mais le père ou la mère peuvent recevoir les dons et legs de leur enfant sans restriction.

2733. Système allemand. — Le Code civil allemand applique aux enfants naturels un système tout différent. L'enfant naturel est considéré comme n'ayant pas de père : aux termes de l'art. 1589, *son père et lui ne sont pas réputés parents*. Au contraire, dans ses

[1] Elle est incomplète en ce sens que l'enfant possède *une légitimité plus fragile* que s'il avait été conçu pendant le mariage ; la loi donne au mari de sa mère des facilités plus grandes pour le désavouer (ci-dessous, n° 2819).

rapports avec la mère et avec les parents de sa mère l'enfant naturel a la même position juridique que l'enfant légitime, et il porte son nom de famille (art. 1705 et 1706). Toutefois, la mère n'a pas sur la personne de l'enfant la puissance paternelle (art. 1707) et, de son côté, le père est tenu de pourvoir à l'entretien de l'enfant jusqu'à ce qu'il ait 16 ans accomplis (art. 1708).

**2734. Limitation de la parenté naturelle à un seul degré. — Il y a un principe qui n'est écrit nulle part en termes généraux et dont la loi fait une seule fois mention à propos des successions (art. 756 anc., 757 nouv.), mais qui domine toute la théorie du Code Napoléon : c'est que, en dehors de ses père et mère, *l'enfant naturel n'a pas de famille*. La parenté naturelle n'a *qu'un seul degré* et ne va pas au delà ; mais quand la loi en limite ainsi l'étendue, elle nie ce qui est. Il dépend d'elle d'accorder moins de droits aux enfants illégitimes qu'aux autres enfants ; elle ne peut pas supprimer un rapport qui dérive de la naissance et qui est un fait. L'enfant naturel a une famille ; il a en réalité pour parents tous les parents de ses père et mère. La loi elle-même a tenu compte quelquefois de cette parenté, par exemple pour le *mariage* (art. 158, 161, 162) et pour les *successions* (art. 759 et 766). Les exemples les plus frappants du principe légal qui est la négation de la parenté naturelle au delà du premier degré sont le *refus d'aliments* (ci-dessous n° 3025) et la décision de l'art. 299 C. pén., qui ne qualifie pas de *parricide* le meurtre d'un ascendant naturel.

2735. Prétendue infériorité de la filiation naturelle. — On signale presque toujours, comme une autre infériorité caractéristique de la filiation naturelle, ce fait que ses effets juridiques ne se produisent qu'autant qu'elle est *légalement reconnue*. Cela est vrai, mais cela ne constitue pas pour elle une infériorité, car on en pourrait dire autant de la parenté légitime : elle aussi ne produit ses effets qu'autant qu'elle est *légalement prouvée*. Il n'y a là que l'application d'une idée élémentaire : nul ne peut tirer profit d'un fait qu'il allègue, qu'après l'avoir établi conformément aux règles posées par le législateur. Si les rédacteurs du Code, quand ils ont l'occasion de parler des enfants naturels, insistent souvent pour dire qu'il s'agit d'enfants « légalement reconnus », c'est qu'ils venaient de formuler des règles nouvelles et restrictives sur les modes de preuve de ce genre de filiation, tandis que, dans l'ancien droit, la filiation naturelle était restée à peu près en dehors du droit, et on la constatait comme on pouvait.

2736. Possibilité de la légitimation. — La situation des enfants naturels peut du reste être améliorée par le mariage ultérieur de leurs parents : ils se trouvent dès lors assimilés aux enfants légitimes, dont ils acquièrent tous les droits. C'est le *bénéfice de la légitimation*, qui sera étudié plus loin (n°s 2936 et suiv.).

LES PREUVES DE LA FILIATION

Observations préliminaires

2737. Indifférence du mode de preuve sur les effets de la filiation. — En principe les effets de la filiation légitime ou illégitime sont indépendants du mode de preuve employé pour la constater [1].

2738. Indifférence de l'époque où la preuve est fournie. — Les effets de la filiation sont en outre *indépendants de l'époque* à laquelle elle a été constatée. Le jugement qui constate une filiation légitime ou naturelle, la reconnaissance volontaire d'un enfant naturel, peuvent se produire longtemps après la naissance de l'enfant, même après sa mort. Néanmoins tous les effets que la filiation a pu produire, tous les droits qui ont pu s'ouvrir au profit de l'enfant, pourront être réclamés par lui, ou par ses héritiers, ou par tout autre intéressé : il n'y a pas là, à proprement parler, de rétroactivité. Si l'enfant peut réclamer une succession antérieurement ouverte à son profit ; si l'on peut invoquer contre l'enfant naturel son incapacité de recevoir à titre gratuit, quand elle est plus tard reconnue, c'est que la cause qui l'a rendu habile à succéder ou incapable de recevoir est antérieure à sa constatation [2].

Par dérogation à cette règle générale, la loi restreint considérablement, dans l'intérêt de la famille légitime, les droits de l'enfant naturel, lorsque la reconnaissance de sa filiation a eu lieu dans les circonstances prévues par l'art. 337 (voy. ci-dessous n°s 2879 et suiv.).

***2739. Différences dans les modes de preuve de la maternité et de la paternité.** — La preuve de ces deux faits est soumise à des différences considérables.

[1] Rappelons toutefois, à titre de renseignement historique, une disposition qui se trouvait dans le projet de l'an VIII et d'après laquelle l'individu poursuivi en justice par quelqu'un qui prétendait être son enfant naturel pouvait seulement être condamné à lui payer une somme d'argent, sans que l'enfant eût le droit de porter son nom ou de recueillir sa succession (Fenet, t. II, p. 67, art. 34). Depuis le Code civil, Merlin a soutenu que les enfants naturels non reconnus, qui faisaient constater leur filiation par jugement, n'avaient aucun droit héréditaire et ne pouvaient obtenir que des aliments. Il est inutile de s'arrêter à cette opinion, qui est depuis longtemps abandonnée. On en trouvera la réfutation dans Demolombe, t. V, nº 539.

[2] Cependant si l'enfant s'était marié avant le jour où sa filiation a été établie, son père ne pourrait pas ensuite demander la nullité du mariage contracté sans son consentement. On doit le considérer comme ayant été à ce moment dans l'impossibilité légale de manifester son consentement.

La filiation maternelle seule est susceptible d'être prouvée directement. Le fait de l'accouchement peut être établi par des témoignages avec toute la *certitude* que comporte la nature humaine. Au contraire, la paternité n'est jamais qu'une probabilité. Le fait de la conception échappe à toute preuve directe ; outre le secret dont il est entouré, sa nature physiologique elle-même le rend mystérieux. A défaut d'une preuve véritable, on doit se contenter de *présomptions* qui ne donnent pas toujours la certitude.

***2740. Différence dans les modes de preuve de la filiation légitime et de la filiation naturelle.** — La naissance d'un enfant légitime est un fait que d'ordinaire les parents n'ont pas d'intérêt à cacher ; c'est au contraire un événement heureux. D'autre part, la loi veut favoriser la famille légitime pour encourager les particuliers au mariage. Aussi la preuve de ce genre de filiation est-elle *facilitée par différents moyens*.

La filiation naturelle est toujours suspecte. Le plus souvent les parents tiennent secrète la naissance de l'enfant. Elle est beaucoup moins notoire ; les erreurs sont plus faciles à commettre, dans l'ignorance où se trouve le public. Aussi la loi se montre rigoureuse et n'admet pas toujours qu'on fasse la preuve de cette filiation, quand elle n'est pas avouée par les parents. La preuve en est donc toujours *difficile* et parfois *prohibée*.

2741. Indication du plan. — Le plan à suivre est dès lors tout tracé. Nous devons nous préoccuper d'abord des moyens de prouver la légitimité de la filiation, puisque les modes de preuve à fournir pour les autres faits varieront suivant que cette qualité lui sera ou non reconnue. Nous aurons ensuite à rechercher, dans chaque hypothèse, les moyens de prouver soit la maternité, soit la paternité.

CHAPITRE PREMIER

PREUVE DE LA LÉGITIMITÉ

2742. Rappel des faits constitutifs de la légitimité. — La légitimité d'un enfant résulte d'un double fait : 1° le mariage des parents ; 2° la conception de l'enfant pendant le mariage.

La façon dont se prouve le mariage sera expliquée dans le t. III [1]. Pour le moment nous n'avons à rechercher qu'une chose : comment se prouve le fait de la conception pendant le mariage.

[1] En principe, le mariage se prouve par un acte de l'état civil (art. 194), ou par les divers moyens de preuve admis par l'art. 46 pour remplacer les registres perdus ou détruits. En outre la loi admet (art. 198 à 200) la preuve d'un mariage comme résultant d'une procédure criminelle, dirigée contre l'officier de l'état civil ou ses héritiers, sous une forme exceptionnelle, en cas de falsification des registres (cas qui ne s'est jamais présenté). Enfin elle autorise les enfants à prouver, dans certains cas, le mariage de leurs parents par la simple possession d'état (art. 197).

§ 1. — *Détermination de l'époque de la conception.*

***2743. Nécessité d'une approximation dans sa fixation.** — La date exacte de la conception n'est pas susceptible d'être prouvée ; on ne peut la déterminer que d'une façon approximative en prenant pour point de départ le jour de la *naissance*, et en calculant la durée probable de la *grossesse*. Il faut donc commencer par rechercher la date de la naissance. Celle-ci se prouve au moyen de l'acte de naissance inscrit sur les registres de l'état civil, ou à son défaut par tous les moyens de preuve qui peuvent y suppléer d'après les principes généraux. Ce sera tantôt un jugement du tribunal civil, dans les hypothèses prévues par l'art. 46 ; tantôt un arrêt criminel, si l'acte a été détruit ou falsifié (ci-dessus n°s 571 à 585).

L'acte de naissance doit mentionner le jour et l'heure de la naissance (art. 57), et c'est en fait le seul moyen qu'on ait pour les établir.

La date de la naissance une fois connue, celle de la conception se détermine d'après la durée de la grossesse. Mais la gestation n'a jamais une durée fixe ; elle varie, même dans l'espèce humaine, entre des limites assez éloignées. Le moment de la conception ne peut donc pas être déterminé d'une façon précise. On peut seulement *fixer les limites extrêmes entre lesquelles il doit nécessairement se placer.* On n'obtient ainsi qu'un à peu près.

***2744. Durée possible de la grossesse d'après le Code civil.** — Dans notre ancien droit, les tribunaux avaient toute liberté pour juger la question en fait d'après les circonstances et d'après leur opinion personnelle. On vit des arrêts décider qu'une gestation avait pu durer douze mois, quinze mois et davantage, et par conséquent déclarer légitimes des enfants nés plus d'un an après la mort du mari de leur mère. — Les rédacteurs du Code n'ont pas voulu laisser une question aussi grave à l'arbitraire des juges, étant démontré que ceux-ci se laissaient entraîner par des considérations de fait à des solutions aussi étonnantes. Ils s'adressèrent à Fourcroy et lui demandèrent de fixer, d'après les données de la science, les durées extrêmes des grossesses comme longueur et comme brièveté[1]. Puis ayant ainsi en mains des documents sérieux, les auteurs de la loi en reculèrent un peu les limites, par faveur pour la légitimité, de façon à être bien sûrs qu'ils ne priveraient aucun enfant légitime de la qualité qui lui appartient, et aussi de façon à obtenir des chiffres ronds plus faciles à employer.

Voici ceux qu'ils ont adoptés (art. 312 et 314). Les gestations les plus

[1] *Précis présenté au Conseil d'État sur l'époque de la naissance humaine et sur les naissances accélérées ou tardives*, par Fourcroy (LOCRÉ, *Lég. civ.*, t. VI, p. 50. — FENET, t. X, p. 13).

courtes durent au moins 180 jours ; les plus longues durent au plus 300 jours. Le Code ayant été rédigé sous le calendrier républicain, dans lequel tous les mois avaient 30 jours, on voit que la durée légale des grossesses est de 6 mois au moins et de 10 mois au plus. Ces chiffres étaient déjà ceux que donnaient les jurisconsultes romains sur l'autorité d'Hippocrate (*Digeste*, liv. I, tit. 5, fr. 12 ; liv. XXXVIII, tit. 16, fr. 3, §§ 11 et 12). Comme la durée normale est de 275 jours, on voit qu'il reste une marge assez large. Quant au recul du minimum de durée jusqu'à six mois, il s'explique parce que les accouchements hâtifs sont fréquents. Fourcroy proposait comme durées extrêmes 186 jours pour les naissances accélérées et 286 pour les naissances tardives. Le Code allemand admet pour les grossesses une durée un peu plus longue (302 jours) (art. 1592).

***2745. Applications.** — La conception se place nécessairement dans l'intervalle compris entre les durées extrêmes assignées à la grossesse ; celle-ci ayant duré 180 jours au moins et n'ayant pas pu être supérieure à 300 jours, ces chiffres donnent un espace de temps qu'on déterminera facilement en partant du jour de la naissance et en remontant dans le passé, espace dans lequel l'enfant a été nécessairement conçu. Cet intervalle paraît être de 120 jours (300 — 180 = 120) ; en réalité, il est de 121 jours, car la loi a entendu y comprendre, comme jour où la conception a été possible, le 180e jour ayant précédé la naissance [1]. On peut s'en assurer facilement en lisant les art. 312, 313 et 314 ; ainsi l'art. 314 autorise le mari à désavouer l'enfant né *avant* le 180e jour du mariage ; donc l'enfant né le 180e jour est protégé par la légitimité.

Il suffit qu'un seul de ces 121 jours se place pendant le mariage, pour que l'enfant soit considéré comme légitime. La conception a pu avoir lieu ce jour-là, et il est impossible de démontrer qu'elle a eu lieu à un autre moment. Or le vœu de la loi est qu'on se décide toujours en faveur de la légitimité quand il y a doute ; cela suffit donc pour que l'enfant en ait le bénéfice.

Par suite, étant données la date de la célébration d'un mariage et la date de sa dissolution, le premier jour où peut se placer la naissance d'un enfant légitime est le 180e qui suit la célébration ; le dernier est le 300e qui suit sa dissolution. Tout enfant né avant la première de ces deux dates ou après la seconde a été conçu hors mariage.

2746. Mode de calcul. — Comment se calculent ces délais ? Faut-il compter *d'heure à heure ?* Par exemple, l'enfant né plus de 300 fois 24 heures après la dissolution du mariage doit-il être réputé conçu après, et par suite déclaré illégitime, lors même qu'il serait né avant la fin du 300e jour ? Le cas s'est présenté devant la Cour d'Angers : un homme mourut le 19 mars 1866, à 2 heures du matin ; sa veuve accoucha le 13 janvier 1867 à 8 heures et demie du matin : c'était justement le 300e jour, mais 6 heures et demie trop tard d'après le calcul d'heure à heure. La Cour d'Angers déclara l'enfant illégitime, mais sa décision fut cassée. La Cour de cassation, suivant en cela l'opinion générale, décida que le temps doit se compter ici d'après les règles ordinaires, par cela seul que la loi n'a apporté aucune dérogation à ces règles. Or quand la loi établit un délai *par jours*, elle entend parler du jour civil, qui va de minuit à minuit, qui forme l'unité normale du temps, et qui se distingue par son nom dans la semaine et par son quantième dans le mois. En outre, c'est une règle constante pour la supputation des délais, que le jour où se produit le fait qui leur sert de point de départ ne compte pas ; c'est le lendemain qui est le premier jour du délai. Tel est le sens du brocard : « Dies a quo non computatur in termino. » Par

[1] D'après le Code allemand, l'intervalle de temps où la conception a été possible est de 122 jours : « Est réputé époque de la conception l'intervalle de temps depuis le 181e jour, jusqu'au 302e jour avant celui de la naissance, y compris le 181e et le 302e jour (art. 1592, al. 1).

conséquent le dernier jour (dies ad quem) est compris tout entier dans le délai (Cass., 8 févr. 1869, D. 69. 1. 181, S. 69. 1. 215). — Cette solution est, à mon avis, la seule vraie en l'état actuel des textes, et je ne crois même pas qu'il y ait lieu d'y apporter une modification. Si l'on tenait à être exact, il faudrait compter à partir du moment où la femme « met le pied au lit », comme on disait autrefois à propos du douaire[1]. Il faudrait surtout compter non pas par heures, mais par minutes. Laurent lui-même le reconnaît, quoiqu'il ait proposé dans son projet, d'adopter le calcul par heures. Il faut prendre ces délais pour ce qu'ils sont : des « à peu près », et ils ne peuvent pas être autre chose.

§ 2. — *De l'action en contestation de légitimité.*

A. — Droit commun.

** **2747. Définition.** — L'action par laquelle on conteste à un enfant la qualité de légitime s'appelle *action en contestation de légitimité*. Elle suppose que la *filiation* de l'enfant (c'est-à-dire la détermination de ses père et mère) n'est pas en jeu, et que le litige soulevé porte exclusivement sur sa légitimité ou son illégitimité.

* **2748. Distinction de la question de légitimité et de la question de paternité.** — On confond souvent cette question avec celle de la paternité de l'enfant. Il importe de les distinguer, car elles sont soumises à des règles fort différentes. Nous ne supposons pas qu'on se demande *quel est le père de l'enfant*, mais seulement *si cet enfant est légitime*. Or il peut être illégitime quoiqu'il ait pour père un individu qui est ou a été marié avec sa mère.

La question de légitimité pourra se poser, sans mélange aucun avec la question de paternité, dans les cas suivants :

1° On prétend que *les père et mère de l'enfant n'ont jamais été mariés*. Dans ce cas quelle que soit l'époque de sa conception, il est impossible que l'enfant soit légitime. — Il en serait de même si on prétendait que le mariage de ses parents est nul, sauf l'application des règles relatives aux mariages putatifs.

2° On prétend que l'enfant est né avant le mariage. Si en effet il est né depuis, il est légitime, quoique conçu avant (ci-dessus n° 2730).

3° Dans l'hypothèse spéciale où il est né depuis la célébration, mais avant le 180e jour, on prétend qu'il a été conçu à un moment où son père était encore engagé dans les liens d'une précédente union. (Sur ce point, qui fait difficulté, voyez n° 2952.)

Elle se présente encore comme question principale, bien qu'elle entraîne alors la non-paternité du mari, dans les deux cas suivants :

4° On prétend que l'enfant a été conçu à une époque où l'existence du mariage était déjà incertaine par l'absence du mari de sa mère (ci-dessous, n° 2753).

5° On prétend qu'il est né plus de 300 jours après la dissolution du mariage (art. 315).

— Au contraire la question de légitimité dépendra de la question de paternité lorsque la conception de l'enfant pendant le mariage de sa mère étant certaine, le point en litige sera de savoir si c'est le mari de la mère qui est le père de l'enfant. Dans ce cas, la légitimité de celui-ci sera la conséquence de la solution affirmative donnée à la question de paternité ; son illégitimité, la conséquence d'une solution négative. Dans les hypothèses de ce genre, c'est la *filiation paternelle* qui est contestée ; il n'y a plus simple contestation sur la légitimité.

* **2749. Personnes munies de l'action.** — L'action en contesta-

[1] « Au coucher la femme gagne son douaire » (Loysel, *Institutes coutumières*, liv. I, tit. III, 5. — Comp. Beaumanoir, XIII, 25). Cette règle tenait à l'ancienne théorie canonique sur la consommation du mariage.

tion de légitimité est ouverte à toute personne intéressée. Toutes les fois qu'une personne aura un intérêt né et actuel à faire constater que l'enfant né d'une femme déterminée n'est pas légitime, ce droit lui sera reconnu, par cela seul que la loi n'a rien dit pour restreindre l'usage de l'action. Ainsi pourront établir l'illégitimité de l'enfant :

1° Les parents du mari qui veulent écarter l'enfant de sa succession ou de la succession d'un autre représentant de la branche paternelle.

2° Les parents de la mère qui veulent faire réduire sa part dans la succession de celle-ci à la quotité attribuée aux enfants naturels, ou l'écarter entièrement de la succession d'un membre de la branche maternelle, car l'enfant naturel ne succède pas aux parents de sa mère.

3° Le mari peut avoir intérêt, après le divorce, à contester la légitimité d'un enfant né de sa femme plus de trois cents jours après la dissolution du mariage.

4° L'enfant lui-même, au cas où un ascendant de sa mère formerait contre lui une demande d'aliments : il ne leur doit rien à raison de son caractère d'enfant naturel.

2750. Renvoi. — Pour les *caractères de l'action* en contestation de légitimité, voir ce qui a été dit ci-dessus (n°s 469 à 471) sur les actions d'état en général.

B. — Enfant né plus de 300 jours après la dissolution du mariage.

***2751. Situation qui lui est faite.** — Il est absolument certain que cet enfant n'a pas été conçu pendant le mariage, puisque le délai de la gestation la plus longue était déjà expiré quand il est né. Dès lors la loi aurait dû le déclarer de plein droit illégitime ; elle se borne pourtant à dire, dans l'art. 315, que sa *légitimité pourra être contestée ;* ce texte, qui figurait déjà dans le projet, a été maintenu malgré les objections du Tribunat, qui proposait de dire que la loi ne reconnaissait pas la légitimité de cet enfant. Il résulte de cette décision de la loi que, si personne ne conteste sa légitimité, l'enfant en conservera le titre et les avantages.

Cette paternité posthume, d'un mari mort depuis longtemps peut-être, est contraire au bon sens et prête au ridicule. On dit que l'État n'est pas intéressé à ce qu'il y ait des bâtards et que, en l'absence d'un intérêt particulier, contraire aux prétentions de l'enfant, on doit le laisser jouir d'une légitimité qui ne porte ombrage à personne. Le raisonnement est peu sérieux. La loi fait une distinction entre les enfants légitimes et ceux qui ne le sont pas, et il y a un intérêt de premier ordre à ce que la distinction soit réelle et justement observée. D'ailleurs, dans la plupart des cas, il y aura des gens intéressés à faire tomber cette légitimité usurpée. Comp. ci-dessous n° 2791.

2752. Pouvoir du juge. — On s'est demandé si le tribunal pourrait maintenir à l'enfant, contre toute évidence, le bénéfice de la légitimité ou si le seul rapprochement des dates, celle de la dissolution du mariage et celle de la naissance, lui forçait la main et l'obligeait à déclarer l'enfant illégitime ? Cette dernière solution n'est pas douteuse. Les présomptions légales sur la durée des grossesses, surtout celle qui fixe à 300 jours leur durée la plus longue, ont été établies tout exprès pour priver les magistrats d'un pouvoir d'appréciation dont ils avaient fait un usage déraisonnable.

2753. Cas où le mari est absent. — Une femme, dont le mari est en état d'absence, a un enfant, et la naissance a lieu plus de 300 jours après la disparition ou les dernières nouvelles du mari, c'est-à-dire après le dernier moment où la preuve certaine de son existence peut être fournie. On verra plus loin (n° 2794) que cet enfant ne peut pas être considéré comme étant l'enfant du mari. Quelle sera sa situation par rapport à la mère ? On ne peut pas affirmer qu'il soit *adultérin*, car on ne sait pas si le mari vivait encore au jour de sa conception. Il faut donc le traiter comme enfant *naturel simple*, et lui permettre de concourir, à ce titre, dans la succession de sa mère avec les autres héritiers.

La jurisprudence s'est montrée souvent beaucoup plus favorable pour lui. Dans des hypothèses où l'enfant jouissait en fait de la possession d'état d'enfant légitime, il a été jugé que nul ne pouvait l'empêcher d'exercer ses droits, et on a appuyé cette solution sur la raison suivante : pour prouver que cette possession d'état est imméritée, il faudrait prouver qu'au jour de la conception le mariage de la mère était déjà dissous par le décès de son mari absent, preuve que personne n'est en état de fournir (Cass., 15 déc. 1863, D. 64. 1. 153, S. 64. 1. 27). De pareils résultats froissent le sens moral : il est inadmissible que la femme de l'absent puisse introduire dans la famille, avec le titre d'enfants légitimes, des enfants qui évidemment ne sont pas ceux de son mari. Il est d'ailleurs facile d'y échapper. Les articles qu'on invoque et qui sont empruntés au titre « De la paternité et de la filiation » ne sont nullement applicables ; il ne s'agit pas de filiation, car la maternité est certaine, et la non-paternité du mari l'est également. Il s'agit uniquement de la *légitimité* de la filiation. Or, quand l'enfant prétend exercer les droits d'un enfant légitime, c'est à lui d'établir qu'à l'époque de sa conception le mariage de sa mère existait encore, et comme il est par hypothèse hors d'état de faire cette preuve, il doit être traité comme un enfant naturel. — Une telle situation, qui est de nature à se présenter fréquemment, mériterait bien d'être prévue par le législateur.

CHAPITRE II

PREUVE DE LA MATERNITÉ LÉGITIME

2754. Critique des textes. — Les art. 319 à 330, que la loi intitule « Preuves de la filiation des enfants légitimes », ne concernent en réalité que la *filiation maternelle*. Il est facile de s'apercevoir en les lisant que la rédaction en est incorrecte et confuse, faute d'une analyse exacte des divers faits à prouver. Ces articles sont écrits à la fois pour le père et pour la mère ; or la paternité ne se *prouve* pas, elle est *présumée* par la loi. Pour la mère elle-même, il aurait fallu distinguer la preuve de l'accouchement et celle de l'identité. Le Code hollandais et le Code italien n'y ont pourtant rien changé, mais Laurent a proposé en Belgique une rédaction bien meilleure (voyez notamment les art. 294, 298 et 299 de son *Avant-projet*). Sans doute le sens des dispositions du Code français n'est pas douteux pour le jurisconsulte ; mais les lois sont écrites pour tout le monde et le premier devoir de leurs rédacteurs est de les rendre facilement intelligibles.

*** 2755. Différentes manières d'établir la maternité légitime.** — Le réclamant ayant commencé par établir, conformément aux règles expliquées dans le chapitre précédent, que la filiation qu'il réclame, si elle était prouvée, serait une filiation légitime, il ne lui reste plus qu'à prouver : 1° l'accouchement de la femme qu'il prétend être sa mère, et 2° sa propre identité avec l'enfant né de cette femme. Nous savons déjà que cette preuve lui est facilitée par la loi, en faveur de la légitimité (ci-dessus n° 2740). Les moyens mis à sa disposition varient. Dans les conditions normales il se servira de son *acte de naissance* et de sa *possession d'état*. A leur défaut, il sera admis à exercer une *action en justice* pour rechercher sa mère et prouvera alors sa filiation *par témoins* sous les conditions qui seront indiquées plus loin. Passons en revue ces différents moyens de preuve.

§ 1. — *Rôle de l'acte de naissance.*

** **2756. Son caractère normal comme mode de preuve.** — L'accouchement, étant un fait pur et simple, devrait pouvoir s'établir par tous les moyens possibles. Mais, à cause de l'importance extrême des effets de la filiation légitime et pour éviter des surprises, la loi a organisé un moyen de preuve particulier, l'*acte de naissance*. Cet acte est à ses yeux le moyen de preuve régulier et normal dont on doit se servir. C'est, ainsi qu'on l'a dit, le « passe-port » que la société délivre à chacun de ses membres à son arrivée dans le monde. A défaut de cet acte, la loi n'admet que difficilement d'autres preuves. Aussi est-ce lui qui est indiqué le premier dans le chapitre sur les preuves de la filiation (art. 319).

** **2757. Ce que prouve l'acte de naissance.** — Ce texte dit que l'acte de naissance prouve « la filiation » (art. 319), mais c'est là une erreur. L'acte de naissance ne prouve pas d'une manière complète la *filiation;* il prouve seulement, ce qui est bien différent, le fait de la *maternité*, c'est-à-dire l'*accouchement*. La naissance d'un enfant, son sexe, la date de l'accouchement et le nom de la mère, voilà ce que dit l'acte de naissance. Il ne prouve nullement l'*identité* de l'enfant. Cet acte s'applique-t-il réellement au réclamant? L'enfant dont il constate la naissance est-il bien celui qui se présente aujourd'hui? Dans la plupart des cas, l'identité de l'enfant ne sera pas douteuse : son existence n'ayant jamais été cachée, il aura la possession d'état, et son identité ne sera même pas contestée. Si elle l'était, il serait recevable à en faire la preuve par témoins ou par présomptions, sans qu'on pût lui demander aucun commencement de preuve par écrit. L'art. 323, qui exige ce commencement de preuve, ne lui serait applicable qu' « à défaut de titre » ; or l'enfant dont nous parlons en a un (Demolombe, t. V, n° 203).

§ 2. — *Rôle de la possession d'état.*

* **2758. A l'égard de qui elle doit exister.** — A défaut d'acte de naissance, la possession d'état suffit (art. 320). La possession d'état a déjà été définie (ci-dessus, n° 467). En matière de filiation légitime, elle consiste à passer pour être l'enfant légitime des deux personnes dont on se prétend issu. *Des deux personnes*, et non pas seulement de la mère; quoiqu'il s'agisse uniquement de prouver la filiation maternelle, la possession d'état doit exister même à l'égard du père. Il y a ici *indivisibilité :* on ne peut pas passer pour être l'enfant légitime d'une femme, si on ne passe pas en même temps pour être l'enfant de son mari.

2759. Pourquoi la possession d'état prouve la filiation. — Le rôle que la loi fait jouer ici au fait de la possession est tout à fait remarquable et hors de ses effets ordinaires. Celui qui possède une maison ne *prouve* pas par là qu'il en est propriétaire. Si on le maintient en possession tant qu'un autre n'apporte pas la preuve que la maison lui appartient, c'est que la possession est protégée pour elle-même. Ici la loi fait quelque chose de plus : elle fonde sur le fait une *preuve par présomption*. La possession *prouve* la qualité de l'enfant, puisqu'elle remplace l'acte de naissance. Pour lui *elle vaut titre*, elle fait preuve de sa filiation, et il en peut tirer à son profit toutes les conséquences juridiques de la qualité qu'il prétend avoir.

Pourquoi donc la loi présume-t-elle que celui qui passe pour être enfant légitime l'est réellement ? C'est parce que, *dans l'immense majorité des cas, le fait est ici conforme au droit*. Quand des gens réellement mariés, et dont le mariage est prouvé, élèvent un enfant comme étant le leur, quand cet enfant est connu et accepté pour tel par tous ceux qui sont en relations avec lui, c'est que l'enfant est vraiment né de leur mariage. Les chances d'erreur sont infiniment faibles, et la présomption de la loi, qui admet la possession d'état comme *preuve* de la filiation, est parfaitement raisonnable. Il n'y a aucune contradiction entre cette disposition et celle qui rejette la possession d'état comme preuve du mariage : la possession de l'enfant n'est pas suspecte parce que *ce n'est pas lui qui se l'est donnée* et elle se fonde d'ailleurs sur un premier titre : la preuve régulière d'un mariage valable, entre ses parents.

***2760. Qualité requise dans la possession d'état admise comme preuve.** — Pour que la possession d'état puisse ainsi servir à étayer la présomption de la loi et dispenser de prouver la filiation, il faut qu'elle ait une qualité particulière : il faut qu'elle soit *constante* (art. 320). Comment devons-nous entendre ce mot? Il peut signifier « possession *avérée* » (non contestée), ou « possession *ininterrompue* » (sans lacune). Le sens en est fixé par l'article suivant qui, en indiquant les faits constitutifs de la possession, dit que l'enfant doit avoir *toujours* porté le nom de son père et avoir été *constamment* reconnu pour tel par la société. C'est du reste ce sens que Portalis donnait à l'expression « possession constante », quand il lui opposait « des faits de possession *isolés* et *passagers* », qui d'après lui ne feraient pas preuve entière (Fenet, t. X, p. 79).

****2761. Ce que prouve la possession d'état.** — La possession, à la différence de l'acte de naissance, est une preuve *complète* de la filiation, car elle prouve à la fois l'accouchement de la mère et l'identité de l'enfant. Celui qui a la possession d'état n'a donc en réalité rien à prouver. La présomption de la loi le couvre entièrement.

***2762. Conflit entre l'acte de naissance et la possession d'état.** — On doit prévoir le cas, qui sera rare, où l'enfant aura une possession d'état contraire aux indications de son acte de naissance. Alors la *possession d'état n'est pas prise en considération*. Foi est due au titre, au moins provisoirement, tant que ni l'enfant ni les tiers n'apporteront de preuve contraire. La possession d'état ne produit d'effet utile qu'autant qu'elle est conforme à l'acte de naissance, auquel cas elle le rend inattaquable (ci-dessous, n° 2763), ou qu'il n'y a pas d'acte de naissance, auquel cas *elle dispense l'enfant de toute espèce de preuve* (ci-dessus, n°s 2755 et 2757). C'est ce que nous devons induire de l'art. 320 qui dit : « *A défaut de titre*, la possession d'état... suffit ».

§ 3. — *De la recherche en justice de la maternité légitime.*

A. — Cas où cette recherche est permise.

2763. Effet de la conformité de l'acte de naissance et de la possession d'état. — Dans quels cas l'action ayant pour objet la recherche de la filiation pourra-t-elle être intentée soit par l'enfant, soit par les tiers? La loi n'en autorise pas toujours l'exercice. En effet, l'art. 322 *prohibe en termes absolus toute contestation sur la filiation de l'enfant* lorsqu'il possède un acte de naissance corroboré par une possession d'état conforme. Ce qui justifie cette prohibition, c'est que la réunion de ces deux conditions rend aussi vraisemblable que possible la vérité du fait. Sans doute on peut concevoir des circonstances exceptionnelles dans lesquelles la prévision de la loi se trouvera en défaut. Il peut y avoir eu supposition de part ou substitution d'enfant ; les époux qui n'ont pas d'enfant ou qui ont eu un enfant mort-né peuvent s'en procurer un autre, le présenter à l'état-civil sous leur nom, l'élever, et le faire passer pour leur enfant. Mais le législateur français ne s'est pas arrêté devant cette possibilité d'erreur, car de telles fraudes réussissent rarement. Il a jugé que la sécurité des particuliers méritait bien qu'on passât par-dessus l'objection, et il a décidé qu'aucune preuve contraire ne pourrait être reçue, ni de la part de l'enfant, s'il voulait réclamer une filiation différente, ni de la part des tiers qui chercheraient à contester la réalité de sa filiation. L'art. 322 s'en explique très clairement, et ses termes ne souffrent aucune exception. C'est sous la protection de cette rigueur tutélaire que nous vivons presque tous ; c'est ce texte qui rend inattaquable la situation de la plupart des gens. — Laurent était moins absolu ; il admettait dans son *Projet* la preuve contraire en cas de substitution ou de supposition d'enfant (art. 208). Sur le rejet d'une demande formée par des collatéraux pour établir qu'il y avait eu *supposition de part*, voyez Poitiers, 1er déc. 1869, D. 71. 2. 17.

* **2764. Cas où l'action est libre.** — Dans tous les autres cas la recherche de la maternité est permise (art. 323). On peut les classer de la manière suivante :

1° L'enfant a un titre, mais aucune possession d'état, et il prétend avoir été inscrit sous de faux noms.

2° L'enfant a un titre et une possession d'état, mais qui sont contradictoires. Il est provisoirement considéré comme ayant pour parents les personnes qu'indique son acte de naissance, mais il est recevable à démontrer que son titre est mensonger, et que ses parents sont réellement ceux qu'il passe pour avoir. Il pourrait même se prétendre issu d'autres personnes, qui ne lui sont attribuées comme parents ni par son titre ni par sa possession d'état.

3° L'enfant n'a pas de titre, mais il a une possession d'état. Il peut s'en contenter, puisqu'elle vaut titre, mais il lui est permis de démontrer qu'elle est fausse.

4° L'enfant n'a ni titre ni possession d'état.

— L'absence de titre peut provenir soit de ce que l'enfant n'a pas été inscrit du tout, soit de ce qu'il a été inscrit comme né de père et mère inconnus, car dans ce cas l'acte de naissance n'est pas un *titre*, puisqu'il ne donne à l'enfant aucune filiation.

*2765. **A qui l'action est ouverte.** — Dans tous les cas où l'enfant est recevable à rechercher sa filiation, *les tiers ont également le droit d'agir contre lui* pour contester celle qu'il paraît avoir soit en vertu de son titre, soit par la possession d'état.

B. — Modes de preuve.

*2766. **Condition préalable requise pour l'admissibilité de la preuve testimoniale.** — Quand il y a recherche en justice, de quelle façon la preuve de la filiation pourra-t-elle être administrée? Il s'agit de prouver non pas des *actes juridiques*, mais des *faits purs et simples :* l'accouchement d'une femme et l'identité de l'enfant. D'après les règles ordinaires sur la preuve, tous les moyens propres à convaincre le juge devraien être acceptés, entre autres la *preuve par témoins*. Mais la loi se défie des témoignages; les intérêts en jeu sont considérables, et valent bien quelques sacrifices d'argent : on a donc à redouter la production de témoignages achetés. Par conséquent, la loi ne veut pas que preuve testimoniale toute nue soit admissible, sans que rien vienne corroborer les témoignages; le réclamant ne pourra pas, de prime abord, demander l'*enquête* (audition des témoins par le juge). Il ne le pourra qu'autant que sa prétention sera déjà rendue vraisemblable par un *commencement de preuve*, c'est-à-dire par quelque chose qui vient à l'appui de sa demande, mais qui n'est pourtant pas de nature à lever tous les doutes et à entraîner la conviction des juges. La preuve étant ainsi commencée pourra être *complétée* par les dépositions des témoins.

* 2767. **En quoi peut consister le commencement de preuve exigé par la loi.** — Quels sont donc les « commencements de preuve » qui donnent ainsi passage à la preuve par témoins? Il peut en exister de deux sortes, soit des *écrits*, soit des faits matériels ou *indices*. On va voir que les uns comme les autres sont à l'abri des soupçons qui peuvent diminuer l'autorité des témoignages, et c'est pourquoi la loi se sert de ces écrits ou de ces indices comme d'une garantie contre les mensonges des témoins.

*2768. **Du commencement de preuve par écrit.** — De droit commun le commencement de preuve par écrit doit *émaner de celui à qui on l'oppose* ou des personnes qu'il représente (art. 1347). Un écrit émané d'une tierce personne n'en peut pas faire l'office.

En matière de filiation, on trouve dans l'art. 324 une disposition qui entend le commencement de preuve par écrit d'une façon beaucoup plus large; la loi admet comme tels « les titres de famille, registres et papiers domestiques du père ou de la mère; les actes publics et même privés *émanés d'une partie engagée dans la contestation ou qui y aurait intérêt si elle était vivante* ». On voit que la dérogation consiste à permettre d'opposer à l'adversaires des pièces qui n'ont été ni écrites ni signées par lui. Ceci tient à ce que, dans les affaires ordinaires, la seule personne qui puisse avoir intérêt à contester la convention est celle avec laquelle on a traité (ou ses ayants cause), tandis que pour sa filiation l'enfant peut se trouver en conflit avec une infinité de gens, et on ne pouvait raisonnablement exiger de lui qu'il eût la précaution de se munir d'une preuve écrite émanée de chacun d'eux : il ne sait même pas d'avance contre qui il aura un jour à établir sa filiation.

La loi cite parmi les pièces dont on devra tenir compte les papiers des père et mère; on doit y ajouter foi sans distinguer si les père et mère sont vivants ou décédés, s'il sont ou non engagés dans la contestation.

Quant aux actes émanés d'autres personnes, la loi n'admet que ceux qui proviennent d'un adversaire de l'enfant (c'est ainsi qu'il faut traduire les mots « engagée dans la contestation »), ou d'une personne décédée qui aurait eu un intérêt contraire au sien, si elle avait vécu. On devine pourquoi : les actes émanés de toute autre personne sont suspects, parce qu'ils ont pu être faits pour favoriser l'enfant, tandis que ses adversaires avaient intérêt à ne rien écrire qui pût rendre sa prétention vraisemblable.

* 2769. **Du commencement de preuve par indices.** — A défaut d'écrits, le commencement de preuve peut résulter de *faits* ou d'*indices matériels* qui font naître une, *présomption grave* en faveur de l'enfant (art. 323). Les « faits » de ce genre seront, par exemple la conduite tenue envers lui par ses prétendus père et mère ou par les autres membres de la famille; comme exemple d' « indices », on peut citer la ressemblance du visage, de la

voix, du corps ou tout autre phénomène d'hérédité physique, ou encore les circonstances dans lesquelles l'enfant a pu être abandonné, la marque du linge qu'il portait, etc. — Ce sera là encore un commencement de preuve, mais qui se fera, non plus par l'écriture, mais par les faits. La demande étant ainsi rendue vraisemblable, l'audition des témoins proposés par l'enfant pourra être ordonnée.

* **2770. Rôle exceptionnel attribué aux faits ou indices matériels.** — Sur ce point nous rencontrons une dérogation grave aux règles ordinaires. De droit commun, les présomptions tirées d'indices matériels ne servent pas à rendre admissible la preuve par témoins quand elle ne l'est pas par elle-même; leur rôle est tout autre dans la théorie ordinaire de la preuve. Les présomptions ont en général *la même valeur que les témoins* : elles sont recevables quand les témoins le sont, et elles remplacent les témoignages quand il n'y en a pas (art. 1353). De plus, quand elles sont recevables, elles font à elles seules *preuve entière*. On voit qu'ici (en matière de filiation), la loi donne aux présomptions tirées de faits matériels une fonction tout à fait anormale, en s'en servant comme d'une garantie matérielle pour donner plus de créance à la parole des témoins, et en faisant de leur existence une condition préalable à l'audition des témoignages.

* **2771. Cas où la preuve est admise d'après le droit commun.** — Bien entendu, ces précautions et ces restrictions ne sont pas applicables lorsque l'enfant se trouve dans les hypothèses prévues par l'art. 46 (*inexistence et perte des registres*). Quand nous parlons de recherche de maternité, nous supposons que les registres existent et ont été tenus régulièrement, mais que l'enfant prétend qu'on a omis à dessein de déclarer sa naissance, ou qu'on l'a déclaré sous de faux noms, ou qu'on a caché les noms de ses père et mère, ou encore qu'il ignore le lieu et la date de sa naissance. Il ne faut donc pas confondre ces deux ordres d'hypothèses.

C. — Règles spéciales aux actions en recherche de maternité légitime.

* **2772. Double dénomination de l'action.** — Les actions qui peuvent être exercées à propos de la maternité sont de deux sortes.

1° Les unes sont exercées *par l'enfant* ou de son chef par ses représentants ou ayants cause, et elles ont pour but de rechercher sa véritable filiation ; elles supposent donc que l'enfant n'a pas la possession d'état ou que cette possession est contredite par son titre. On les appelle *actions en réclamation d'état*.

2° Les autres sont dirigées *contre l'enfant par des tiers*, qui veulent lui enlever le bénéfice de la possession qu'il a, ou critiquer son titre, s'il en a un. On les appelle *actions en contestation d'état*.

Les unes et les autres sont soumises aux mêmes règles, et au fond c'est toujours la même question qui s'agite : « Quelle est la mère véritable de l'enfant ? »

2773. Imprescriptibilité de l'action. — L'état des personnes n'est pas dans le commerce ; il ne peut pas s'acheter ou se donner ; il ne peut pas non plus s'acquérir ou se perdre par prescription. Les actions en réclamation ou en contestation d'état sont donc *imprescriptibles* (ci-dessus, n° 470). L'art. 328 le dit pour les réclamations d'état. Il ne faudrait pas tirer de là un argument en sens contraire pour décider que l'action en contestation d'état est prescriptible ; l'art. 328 n'est que l'application d'un principe général, et la règle est la même pour les deux catégories d'actions.

Mais si l'état considéré en lui-même est imprescriptible, il en est autrement des *droits pécuniaires* qui en dépendent. Ainsi la qualité d'enfant donne le droit de succéder. La succession du père étant ouverte, si trente ans se passent sans que l'enfant réclame, il a perdu tout droit sur la succession paternelle : son action *en pétition d'hérédité* est prescrite parce qu'elle était purement pécuniaire. Il a gardé seulement le droit de faire constater sa filiation et d'en tirer avantage pour les autres droits qui pourront plus tard s'ouvrir à son profit ou qui étant déjà ouverts ne sont pas encore prescrits.

2774. Impossibilité de transiger. — Transiger, c'est mettre fin à un procès né ou à naître au moyen d'un arrangement comportant des concessions mutuelles. En cette matière, la transaction consisterait, de la part des tiers, à reconnaître à l'enfant la filiation qu'il prétend avoir ; de la part de l'enfant, à abandonner le droit de la réclamer plus tard. Tout arrangement de ce genre est complètement nul, parce qu'on ne peut pas donner à l'enfant par contrat une filiation qui n'est pas la sienne, pas plus qu'il ne peut lui-même renoncer à celle qu'il a. Par conséquent, l'enfant conserverait toujours, nonobstant toute transaction, le droit de rechercher sa mère, comme ceux qui auraient traité avec lui conserveraient le droit de contester son titre ou sa possession. Comp. ci-dessus, n° 470-2°.

Mais si toute transaction est impossible sur l'état lui-même, il est permis de transiger sur les divers droits pécuniaires dérivant de la filiation. Par exemple, après avoir commencé une réclamation d'état à propos de la succession d'une femme qu'il prétend être sa mère, l'enfant renonce à son action : la transaction lui fait perdre tout droit sur cette succession, mais elle ne l'empêchera pas d'agir à nouveau pour rechercher sa mère. Par exemple encore, les enfants légitimes, après avoir contesté la légitimité d'un de leurs frères né plus de 300 jours après la mort du père, l'admettent à partager avec eux la succession ; cette convention les lie pour la succession en litige, mais ne leur enlève pas le droit de contester plus tard la légitimité de cet enfant, s'ils y ont un autre intérêt. Quoique comprises dans une même transaction, la question d'état et la question d'argent sont différentes ; on doit les séparer pour apprécier les effets utiles de la convention.

*2775. **Compétence exclusive des tribunaux civils.** — Aux termes de l'art. 326, les tribunaux civils sont seuls compétents pour connaître des actions relatives à la filiation. Les « tribunaux civils » sont les *tribunaux civils d'arrondissement* et les *cours d'appel*. — La loi déroge ici à une grande règle de procédure, d'après laquelle le juge compétent, pour statuer sur une action portée devant lui, a par cela même compétence pour statuer sur les questions incidentes soulevées au cours du procès, alors même que ces questions auraient dû être portées devant une autre juridiction si elles s'étaient produites comme demandes principales. Ce qu'on exprime par la maxime : « Le juge de l'action est juge de l'exception. »

*2776. **Incompétence des tribunaux d'exception.** — De la règle exceptionnelle établie par l'art. 326, il résulte que les *tribunaux de commerce* et les *juges de paix*, ne pouvant pas trancher les questions de filiation qui surgissent incidemment devant eux, sont obligés de surseoir et de renvoyer les parties devant le tribunal civil afin de faire juger la question d'état. Il en était déjà de même dans l'ancien droit pour les juridictions commerciales ; les juges de paix n'existaient pas encore. D'ailleurs, d'après l'art. 426 C. proc. civ., ces tribunaux spéciaux sont incompétents, non seulement en matière de filiation, mais pour toutes les questions d'état[1].

2777. **Incompétence des tribunaux de répression.** — Il résulte encore de l'art. 326 que les tribunaux répressifs, même les *cours d'assises*, qui ont cependant une compétence très étendue, doivent s'abstenir de juger les actions en réclamation d'état. Le texte qui en réserve la connaissance aux tribunaux civils a en effet une portée absolue. — Sur ce point, le Code innove. Les tribunaux criminels avaient auparavant qualité pour juger toutes les questions qui se présentaient devant eux.

On verra (ci-dessous, n° 2779) que la jurisprudence moderne a maintenu en grande partie aux tribunaux répressifs la connaissance des questions d'état et qu'elle a circonscrit d'une manière fort étroite l'application de l'art. 326 aux affaires criminelles.

2778. **Discussion des motifs de l'art. 326.** — Le changement introduit par le Code civil au détriment des juridictions de répression est la conséquence d'une erreur commise dans l'ancien droit et que les auteurs du Code se sont appropriée sans réflexion. On s'était imaginé que, devant les tribunaux criminels, la preuve par témoins était toujours recevable, sans condition ni garantie aucune. Comme on venait d'ordonner une mesure de précaution, en exigeant un commencement de preuve par écrit ou des indices matériels sérieux, pour éviter des fraudes dans les actions en recherche de filiation, on a

[1] Il y a une juridiction d'exception qui est fréquemment appelée à se prononcer sur l'état des personnes pour trancher les questions qui lui sont soumises : ce sont les *conseils de revision*. Les dispenses de service militaire accordées par la loi dépendent souvent de la situation de famille des individus. Le conseil statue néanmoins sans renvoyer l'affaire aux tribunaux civils, mais sa décision n'a point l'autorité de la chose jugée sur le fond de la question (Cass., 5 déc. 1885, D. 87. 1. 93).

voulu soustraire aux tribunaux criminels la connaissance de ces actions. On a craint qu'un individu, plaidant la question devant ces tribunaux, ne tournât la loi et n'arrivât à produire des témoins sans aucun commencement de preuve. Des abus de ce genre s'étaient commis dans l'ancienne jurisprudence ; on a voulu y mettre un terme.

Or cette jurisprudence ancienne reposait sur une erreur de droit. Il est parfaitement vrai qu'en principe la preuve testimoniale toute nue est admissible devant les tribunaux criminels sans commencement de preuve par écrit. Mais pourquoi ? Parce que d'ordinaire ce qu'on a besoin de prouver devant eux est un *délit*, c'est-à-dire un *fait matériel* dont on n'a pas pu se procurer une preuve écrite ; on le prouve comme on peut. Mais lorsqu'on a besoin de prouver devant ces tribunaux un acte juridique, ou même un simple fait pour lequel une disposition particulière de la loi exige un mode de preuve spécial, comme c'est justement le cas pour la filiation, on est tenu d'apporter une preuve écrite, fût-ce devant le jury. En effet, la preuve à faire se détermine *d'après la nature du fait à prouver*, et elle ne varie pas avec la juridiction devant laquelle la preuve doit être fournie. Par exemple, la violation de dépôt est un délit ; elle peut donc se prouver par témoins. Mais pour qu'il y ait violation de dépôt, il faut qu'il y ait eu un dépôt effectué. Or le dépôt est un contrat et il doit en principe se prouver par écrit. Si le fait du dépôt est contesté, son existence devra être prouvée par écrit, quoiqu'on se trouve devant la justice répressive (Cass., 3 juin 1892, D. 93. 1. 300, S. 92. 1. 431). — L'abus que redoutaient les auteurs du Code n'était donc pas réellement à craindre, ou du moins il était facile d'y couper court, par une observation plus judicieuse des principes, sans qu'il fût besoin pour cela d'introduire dans la loi une disposition exceptionnelle [1].

2779. Interprétation restrictive de l'art. 326. — L'art. 326 a été interprété par la jurisprudence d'une manière restrictive, et de telle façon que les tribunaux de répression tranchent fréquemment des questions d'état. D'abord on a reconnu que l'art. 326 est spécial aux procès sur la filiation et ne s'étend pas aux autres questions d'état.

Ensuite, même pour les questions de filiation, on admet que la loi n'en retire pas d'une manière absolue la connaissance aux juridictions répressives. L'art. 326 n'a pour but que d'empêcher les réclamations d'état de se former au criminel *par voie d'action principale*. Exemple : L'enfant prétend que le titre qui constatait sa filiation (l'acte de naissance) lui a été enlevé par un fait criminel (délit de suppression d'état) ; l'art. 326 arrêtera son action : la poursuite au criminel ne pourra avoir lieu qu'après que la question de filiation aura été jugée au civil par les tribunaux compétents.

Mais la loi n'a pas entendu dessaisir les juridictions de répression quand la question de filiation se présente devant elles *d'une manière incidente*. Exemple : Un individu est poursuivi devant une cour d'assises pour crime de parricide ; il nie tout rapport de filiation entre lui et sa victime. En pareil cas, les magistrats chargés de l'instruction, et après eux le jury, ont compétence pour apprécier ce moyen de défense et pour se prononcer sur le rapport de filiation (Cass., 6 mars 1879, D. 79. 1. 316 et la note). Mais la décision rendue au criminel ne sert qu'à déterminer un des éléments constitutifs du crime pour le faire qualifier « parricide », et n'obtient pas l'autorité de la chose jugée sur la question de filiation au point de vue civil.

2780. Exception préjudicielle à l'exercice de l'action publique. — La compétence exclusive attribuée aux tribunaux civils amène une conséquence de procédure qui est une *dérogation remarquable aux règles du droit commun.*

[1] Le motif qui a été donné lors de la confection de la loi étant sans valeur, les interprètes, qui veulent toujours posséder la raison d'être d'un texte, alors même qu'il n'en a pas, se sont ingéniés pour en trouver. Ils ont dit : les questions d'état sont compliquées, difficiles ; il vaut mieux les faire résoudre par les tribunaux civils que par les cours d'assises. Les magistrats sont plus compétents que le jury, et ils respirent un air plus calme. — Cependant la loi laisse les cours d'assises trancher bien d'autres questions d'état, celles de mariage notamment (art. 198-200) ; elle ne leur enlève que les questions de filiation. D'autre part, le fait délictueux n'est pas toujours poursuivi devant le jury. Il y a beaucoup de cas où c'est le tribunal correctionnel qui sera compétent : or ce sont, dans la plupart des arrondissements, les mêmes magistrats qui tiennent les deux audiences, civile et correctionnelle. L'argument ne porte donc pas.

Les jugements et arrêts des juridictions de répression ont une autorité absolue, et non relative, comme ceux des tribunaux civils. Ce qui est jugé au criminel est tenu pour vrai dans les affaires civiles : ainsi, quand un individu a été condamné comme ayant commis un crime ou un délit, un tribunal civil ne pourrait pas refuser d'accorder des dommages-intérêts à la victime en décidant que le fait dommageable a une autre personne pour auteur; il y a chose jugée sur ce point. Par suite, quand un tribunal civil est saisi d'une affaire et que le ministère public intente une poursuite criminelle à raison des mêmes faits, le tribunal civil doit s'arrêter et attendre que le tribunal de répression ait statué sur l'action publique (art. 3 C. instr. crim.). On veut éviter par là une *contrariété de jugements* et faire prévaloir la sentence criminelle sur l'appréciation des juges civils. On exprime cette règle en disant : « Le criminel tient le civil en état. »

Tel est le droit commun. Grâce à l'art. 326, la maxime ordinaire se trouve renversée en matière de filiation, et c'est alors *le civil qui tient le criminel en état*. Cette conséquence du principe établi par l'art. 326 est ainsi formulée dans l'art. 327 : « L'action criminelle contre un délit de suppression d'état [1] *ne pourra commencer* qu'après le jugement définitif sur la question d'état. » La loi veut assurer par là la connaissance de la question d'état aux tribunaux civils et empêcher un autre tribunal de la résoudre avant lui. De cette façon la question arrive devant le tribunal civil sans avoir été *préjugée* par d'autres.

La question de filiation forme ainsi, par rapport à la poursuite criminelle, ce qu'on appelle une *question préjudicielle*. Or il y a deux sortes de questions préjudicielles. Les unes n'empêchent pas que le juge criminel soit régulièrement saisi de la poursuite; elles l'empêchent seulement de statuer avant que la question préjudicielle soit résolue par le tribunal compétent : ce sont les questions *préjudicielles au jugement*. Les autres empêchent même l'exercice de l'action, qui ne peut pas être valablement intentée avant leur propre solution : ce sont des questions *préjudicielles à l'action*. C'est parmi ces dernières qu'il faut ranger la question préjudicielle portant sur la filiation, puisque le texte porte que l'action publique « ne pourra commencer » qu'après le jugement rendu.

2781. Époque à laquelle l'exception préjudicielle est opposable à l'action. — La règle exceptionnelle établie par ce texte pour les actions en recherche de filiation empêche certainement l'exercice de l'action criminelle jusqu'au jugement de l'affaire au civil, *lorsqu'il y a un procès civil engagé sur la question de filiation*. En est-il encore de même, *lorsqu'il n'y a aucune action civile pendante ?* D'après une jurisprudence constante, la règle de l'art. 327 est absolue et le ministère public ne peut jamais poursuivre un fait de suppression d'état, tant que la partie lésée n'a pas saisi les tribunaux civils de sa réclamation (Cass., 30 nov. 1876, D. 77. 1. 459, S. 77. 1. 433; Paris, 25 mars 1891, D. 93. 2. 63). Cette jurisprudence est contestée par quelques commentateurs du Code civil, conformément à une opinion émise par Merlin (*Répertoire*, v° *Question d'état*, § 2); elle a, en effet, l'inconvénient de permettre aux particuliers de paralyser par leur abstention l'action du ministère public. Mais le texte de la loi est bien formel : l'action criminelle ne *peut commencer* qu'après le jugement rendu au civil, et ce n'est pas le seul cas où l'impunité est accordée à un délit parce que la victime ne réclame pas. Ici en particulier il est certain que le législateur a entendu refuser au jury, d'une manière absolue, le droit de trancher le débat sur la filiation d'une personne, même en l'absence de toute instance engagée au civil.

[1] Le Code civil semble ici faire allusion à un délit particulier qui aurait pour effet de priver l'enfant de la preuve régulière de sa filiation et qui porterait le nom de *suppression d'état*. Ce délit existait bien dans le *Code pénal de 1791* (2e part., tit. II, sect. I, art. 32), mais il a disparu dans le Code pénal de 1810. Cela ne fait pas que la suppression d'état reste impunie, mais elle ne peut plus être atteinte en vertu d'une incrimination générale englobant tous les cas où elle a lieu. Elle est aujourd'hui visée par des textes variés et *qualifiée d'après les moyens* qui ont servi à la perpétrer. C'est tantôt un faux en écriture (art. 145-146-147 C. pén.), tantôt une omission de déclaration (art. 346 C. pén.), une inscription de l'acte sur feuille volante (art. 192 C. pén.), une destruction des registres de l'état civil (art. 439 C. pén.), tantôt enfin un recélé, une substitution ou une supposition d'enfant (art. 345 C. pén.). — Sur la façon dont quelques-uns de ces faits peuvent être poursuivis par le ministère public, sans qu'il y ait lieu d'appliquer l'art. 327, parce qu'ils peuvent être constatés sans mettre en question la filiation d'une personne déterminée, voyez GARRAUD, *Traité de droit pénal*, t. IV, n° 563.

D. — Transmission de l'action aux héritiers.

* **2782. Caractère personnel de l'action en réclamation d'état.** — Le droit qui appartient à l'enfant de rechercher sa véritable mère devrait appartenir également à ses propres enfants, et l'action devrait conserver entre leurs mains les mêmes caractères qu'elle avait pour lui de son vivant, car en recherchant la filiation de leur père ou de leur mère, c'est leur propre filiation qu'ils recherchent. Pour eux aussi, c'est une question d'état. Telle n'est pas cependant la manière de voir du législateur français. Dans les art. 323, 325, 328, il n'ouvre l'action en réclamation d'état qu'à l' « enfant », et ce mot doit s'entendre uniquement de l'enfant au premier degré, du *fils* ou de la *fille*. Quant aux descendants plus éloignés, ils sont compris dans l'expression générale d' « héritiers » des art. 329 et 330. Par suite, ils ne peuvent agir qu'*à titre d'héritiers*, et dans la mesure restreinte où la loi le permet à ceux-ci ; ils n'ont pas l'action *de leur chef*, ils ne peuvent l'avoir qu'autant qu'elle leur a été *transmise* par l'enfant. On justifie cette solution en disant qu'il faut mettre un terme aux réclamations de ce genre, qui sans cela auraient une durée illimitée ; le Code a voulu assurer le repos des familles [1].

Le principe, sous-entendu dans les art. 329 et 330, est donc que l'action est *personnelle à l'enfant* et qu'il ne la transmet pas avec ses autres droits à ceux qui sont ses héritiers et ses successeurs universels, soit en vertu de la loi, soit en vertu de son testament. L'état est intransmissible ; c'est une qualité de la personne, qui meurt avec elle. Par « filiation » la loi entend uniquement le *rapport de mère à enfant*. Voilà pourquoi l'action en recherche de la maternité ne passe pas, en principe, aux héritiers quels qu'ils soient, pas même aux descendants de l'enfant.

2783. Cas exceptionnels de transmission de l'action aux héritiers. — Cependant le législateur a estimé que le principe de la personnalité de l'action serait trop dur, si on l'appliquait à la rigueur. La filiation entraîne avec elle de nombreux avantages, entre autres le droit de recueillir des successions. Si l'état n'est pas en lui-même transmissible, les profits pécuniaires qu'on en retire le sont parfaitement. Le législateur a donc voulu permettre aux héritiers de recueillir ces avantages dans une certaine mesure, et il les autorise à exercer l'action en recherche de la maternité, du chef du défunt, toutes les fois qu'il est raisonnable de croire que celui-ci *est mort sans y avoir renoncé*. C'est par cette idée que s'expliquent les deux exceptions apportées dans les art. 329 et 330 au principe tacitement consacré de l'intransmissibilité de cette action :

a) L'action peut être intentée par les héritiers lorsque l'enfant est décédé mineur ou dans les cinq années qui suivent sa majorité (art. 329). On présume alors que sa jeunesse seule l'a empêché d'agir, et qu'il est mort avant d'avoir eu le temps de le faire. S'il meurt âgé de plus de 26 ans, il est considéré comme ayant renoncé à son action.

b) Même lorsque l'enfant meurt après avoir dépassé sa 26e année, ses héritiers peuvent encore continuer l'action lorsqu'elle a été commencée par l'enfant, et que celui-ci est mort sans avoir abandonné le procès (art. 330).

On remarquera que dans le premier cas la loi permet aux héritiers d'*intenter* eux-mêmes l'action, tandis que dans le second elle les autorise seulement à *continuer* l'instance engagée par l'enfant.

2784. Abandon de l'instance par l'enfant. — Pour que les héritiers soient autorisés à suivre l'action commencée par l'enfant, il faut qu'elle soit encore *pendante* au jour de son décès. Aussi l'art. 330 suppose-t-il que celui-ci ne s'est pas *désisté* de sa prétention, et qu'il n'y a pas eu *péremption d'instance* par suite de l'interruption des poursuites pendant trois années consécutives. L'effet du désistement ou de la péremption étant d'effacer toute la procédure antérieure, on ne pourrait plus dire que l'enfant est mort « pendente lite ». — De droit commun le désistement du demandeur doit être *accepté* par l'adversaire, et la péremption d'instance ne se produit pas de plein droit, elle doit être demandée au

[1] Il est permis de trouver la loi un peu rigoureuse. Laurent proposait de décider que l'action appartiendrait à l'enfant et *à ses descendants*, et qu'elle serait imprescriptible à leur égard (*Avant-Projet*, art. 302). Le Code hollandais et le Code italien ont reproduit le texte français.

tribunal et *déclarée* par lui; sinon l'instance peut être reprise. L'art. 330 ne s'étant pas expliqué sur les conditions de l'efficacité du désistement ou de la péremption, nous devons nous référer aux règles ordinaires. On a vainement cherché à démontrer le contraire.

Le désistement et la péremption n'ont pour effet de priver les héritiers de l'action qu'autant que l'enfant est mort après sa 26e année. S'il est mort plus jeune, après avoir abandonné une instance engagée, l'art. 329 permet néanmoins à ses héritiers de renouveler l'action comme il aurait pu le faire lui-même. Le désistement et la péremption n'ont éteint que la procédure; le droit d'action subsistait au profit de l'enfant, et, tant qu'il n'a pas dépassé 26 ans, ce droit est transmissible à ses héritiers.

2785. Changement dans les caractères de l'action par l'effet de sa transmission. — Lorsque l'action passe aux héritiers par application de l'art. 329, elle change de nature en leur arrivant. Ce n'est plus pour eux qu'une action ordinaire, et elle est soumise à la *prescription* de 30 ans; c'est seulement « à l'égard de l'enfant » que l'art. 328 la déclare imprescriptible. La prescription court contre les héritiers à dater du jour où naît leur intérêt personnel. Rien ne les empêche non plus d'y *renoncer* et de *transiger*. Ces différences tiennent à la diversité des situations : entre les mains des héritiers, l'action n'a plus d'autre objet que des intérêts pécuniaires.

CHAPITRE III

PREUVE DE LA PATERNITÉ LÉGITIME

§ 1. — *Présomption de la paternité du mari.*

** **2786. Motif de cette présomption.** — Le fait de la paternité ne peut pas être prouvé. Si l'enfant né d'une femme mariée était réduit à démontrer que sa conception a été l'œuvre du mari de sa mère, il n'y réussirait presque jamais. La loi vient à son secours en établissant à son profit une *présomption légale*. On appelle « présomption » la conséquence qu'on tire d'un fait connu à un fait inconnu. Le fait connu est l'état de mariage dans lequel a vécu la mère de l'enfant. Le fait inconnu est la paternité. Qui est le père de son enfant ? La loi présume que c'est le mari. Elle y est autorisée parce que les enfants qui naissent pendant le mariage ont d'ordinaire pour père le mari de leur mère. Sans doute la mère a pu être une épouse infidèle, mais la loi doit prendre comme règle le fait ordinaire et non pas le fait exceptionnel.

De là cette règle : « L'enfant conçu pendant le mariage a pour père le mari » (art. 312, al. 1), ou suivant la forme latine : « Pater is est quem nuptiæ demonstrant. »

** **2787. Effet de la présomption.** — Telle est la présomption de paternité établie par la loi contre le mari de la mère. L'enfant se trouve ainsi *dispensé de produire une preuve directe de sa filiation paternelle.*

Il en résulte que, quand la filiation maternelle est prouvée par l'enfant, ou quand elle n'est pas contestée, la filiation paternelle se trouve démontrée du même coup. On n'a pas à chercher le père : c'est le mari de la mère. Cette présomption ne peut tomber que devant une action spéciale, l'*action en désaveu*, dont il sera traité au paragraphe suivant.

2788. Condition d'existence de la présomption. — Pour que cette présomption s'applique au mari, il faut évidemment que la maternité de sa femme soit établie *par des preuves à lui opposables*. Si l'enfant prouve sa filiation maternelle par l'acte de naissance, il a en main un titre opposable à tout le monde, même à son père; celui-ci subit nécessairement l'application de l'art. 312 [1]. Mais si l'enfant a été réduit à prouver sa filiation maternelle par témoins, son titre n'est plus un acte de l'état civil, c'est un *jugement ;* la preuve dont il se sert n'est plus absolue, elle est *relative*. Il devra donc s'arranger de façon à rendre le jugement qu'il obtient contre sa mère opposable à son père, et il a pour y arriver un moyen très simple, c'est d'appeler son père en cause; quand il a pris cette précaution, la chose est jugée même à l'égard du père, qui a été partie dans l'instance.

2789. Cas où la présomption s'applique à la fois à deux maris. — Il est possible qu'un enfant ait légalement deux pères. Supposons qu'une femme, malgré la défense de la loi, se remarie immédiatement après son veuvage ou son divorce. Cela sera rare, grâce à la vigilance des officiers de l'état civil, mais leur bonne foi peut avoir été surprise. Si cette femme accouche après son second mariage, mais moins de 300 jours après la dissolution du premier, la présomption de paternité pèsera à la fois sur ses deux maris successifs. La plupart des auteurs confient alors aux tribunaux le soin de décider lequel des deux est le père. Il n'y a pas d'autre moyen de sortir de la difficulté, car les deux présomptions de paternité se neutralisent [2]. La même difficulté se présente en cas de bigamie de la mère, lorsque le second mariage produit ses effets comme mariage putatif.

*** 2790. Enfants protégés par la présomption de paternité.** — D'après les termes mêmes dans lesquels elle est formulée, la présomption de la loi ne profite qu'aux enfants *conçus pendant le mariage* (art. 312). On a vu plus haut (n° 2744) que, par l'effet des règles légales sur la durée probable des grossesses, on répute conçus pendant le mariage tout enfant qui naît plus de 179 jours après la célébration ou moins de 300 jours après la dissolution; il suffit qu'un seul des 121 jours où la conception a été légalement possible se place pendant le mariage pour que l'enfant soit réputé conçu pendant l'union légitime de ses parents.

*** 2791. Enfant conçu après la dissolution du mariage.** — Il résulte de là que l'enfant né plus de 300 jours après la dissolution du mariage de sa mère n'est pas légalement réputé avoir pour père le mari de celle-ci : il n'est pas protégé par la présomption « Pater is est... ». Par conséquent sa légitimité, s'il y prétend ou s'il en jouit en fait, peut être contestée par toute personne intéressée (art. 315 et ci-dessus, n° 2749).

[1] Pour que l'acte de naissance rende applicable au mari la présomption de l'art. 312, il suffit qu'il énonce exactement le nom de la mère de l'enfant. Peu importe ce qu'il contient relativement à la filiation paternelle; le nom de la mère étant connu, le nom du père l'est également : c'est le mari de la mère (Cass., 13 juin 1865, D. 65. 1. 410). Ainsi il n'y a pas à distinguer suivant que l'enfant a été attribué à un autre qu'au mari de sa mère ou qu'il a été inscrit comme né d'un père inconnu. Toute indication contraire à la présomption de la loi est sans force contre cette présomption. Le désaveu seul peut la détruire.

[2] C'est aussi ce que proposait Laurent (*Avant-projet*, art. 292). Le Code allemand a une disposition différente : l'enfant est réputé enfant du premier mari, lorsqu'il est né dans les 270 jours après la dissolution du premier mariage, et enfant du second mari lorsqu'il est né plus tard. Cette disposition a l'avantage de supprimer tout procès, mais elle a l'inconvénient de toutes les présomptions légales : elle peut être fausse dans quelques cas.

** **2792. Extension de la présomption aux enfants conçus avant le mariage et nés après.** — Rationnellement la présomption légale de paternité ne devrait peser sur le mari qu'autant que l'enfant est né plus de 179 jours après la célébration du mariage. Car tout enfant né plus tôt a été nécessairement conçu à une époque où il n'y avait ni mariage ni mari. Cependant l'art. 314 suppose que cet enfant est couvert par la présomption légale, puisqu'il oblige le mari à exercer contre lui l'action en désaveu, s'il prétend ne pas en être le père. Ainsi, à défaut d'un désaveu régulier, cet enfant est attribué au père. C'est là une *extension remarquable de la présomption* écrite dans l'art. 312 : car cet article parle seulement de l'enfant « conçu » pendant le mariage ; l'enfant dont parle l'art. 314 a été conçu avant, et il est seulement né pendant le mariage. On voit qu'en combinant les deux art. 312 et 314 nous devons dire que la règle « Pater is est... » s'applique à la fois aux enfants *conçus* et aux enfants *nés* pendant le mariage. Comp. ci-dessus, n° 2730.

2793. Motif de cette extension. — La décision de la loi, en ce qui concerne ces derniers, se justifie par une considération décisive. Ordinairement, quand un mariage se fait dans de pareilles conditions, la femme étant enceinte, le mari n'ignore pas ce fait; s'il consent à l'épouser, c'est que c'est lui qui est le père de l'enfant, et le mariage n'est qu'un moyen de régulariser des relations illégitimes. D'ailleurs, on verra que la loi réserve au mari toute facilité pour décliner cette paternité inattendue, s'il y a eu surprise (n° 2819).

2794. Enfants conçus pendant l'absence du mari. — Lorsqu'une femme accouche alors que son mari est en état d'absence depuis plus de 300 jours au moment de l'accouchement, quelle est la situation de l'enfant dans ses rapports avec le mari de sa mère ? Cet enfant peut-il encore se prétendre légitime en réclamant le bénéfice de la présomption de paternité de l'art. 312 ? On l'a soutenu en disant : « L'absence ne dissout pas le mariage ; nous devons donc continuer à présumer que les enfants de cette femme ont pour père son mari, quoique absent, et les traiter comme légitimes. » On a vu en 1827 la Cour de Toulouse déclarer légitime un enfant né dix ans après la disparition du mari et qui avait été inscrit sur les registres comme enfant naturel né de père inconnu ! — Il y a une réponse probante à faire. Dans cette opinion, on considère le mariage comme maintenu ; on présume donc que l'absent vit encore, ce qui est contraire au système de la loi en matière d'absence. L'absent n'est ni mort ni vivant : on est à son égard dans une incertitude complète.

Quant à la solution à adopter, la voici : pour qu'un enfant puisse bénéficier de la présomption de la loi, il faut qu'il prouve que sa mère était mariée à l'époque de sa conception. C'est une règle générale ; toute personne qui invoque une présomption légale doit prouver le fait sur lequel elle repose. Or l'enfant est hors d'état de faire cette preuve, puisque, par hypothèse, l'existence du mari de sa mère était déjà incertaine quand il a été conçu. Il ne doit donc pas être considéré comme étant l'enfant du mari.

§ 2. — *Du droit de désavouer l'enfant.*

** **2795. Définition.** — On appelle « désaveu » l'acte qui a pour but de *faire tomber la présomption de paternité établie contre le mari*, dans les cas où celui-ci ne peut pas être le père de l'enfant.

Lorsque l'enfant est désavoué par le mari, le nom de désaveu se comprend ; il est beaucoup moins juste quand ce sont les héritiers du mari qui, après sa mort, contestent la filiation de l'enfant. Ceux-ci n'ont, à proprement parler, rien à « avouer » ou à « désavouer ».

Cependant l'art. 318 se sert encore du mot « désaveu » pour désigner l'action intentée par les héritiers du mari [1].

***2796. Cas où le désaveu est nécessaire.** — Le désaveu suppose que l'enfant est muni d'un titre constatant sa filiation maternelle et *opposable au mari*. Ce titre ne peut être que son acte de naissance. Quand l'enfant le possède, sa filiation paternelle est prouvée par cela même ; il est protégé par la présomption de l'art. 312, al. 1. C'est alors que le mari a besoin d'une action spéciale pour combattre cette disposition de la loi qui lui attribue l'enfant de plein droit, et il ne peut contester l'exactitude de cette présomption que dans les formes spéciales établies pour le désaveu.

Mais le désaveu n'est pas nécessaire lorsque l'enfant, *n'ayant pas de titre*, est obligé d'établir sa filiation maternelle par une *recherche en justice*. La loi permet alors à toute personne qui se trouve être l'adversaire de l'enfant dans sa réclamation de fournir librement la preuve de la non-paternité du mari. L'hypothèse est prévue dans l'art. 325 ; elle fera l'objet d'un paragraphe spécial à la fin du présent chapitre.

****2797. Attribution exclusive de l'action au mari.** — Le désaveu est admis uniquement dans l'intérêt du mari, pour le soustraire à l'application rigoureuse d'une présomption légale qui dans certains cas peut être fausse. D'autres que lui auraient aussi intérêt à démontrer l'illégitimité de l'enfant : la mère en première ligne, les autres enfants issus légitimement du mariage, les parents du mari qui vont se voir exclure de sa succession, etc. La loi leur refuse impitoyablement le droit de contester la légitimité de l'enfant (Cass., 3 mars 1874, D. 74. 1. 317, S. 74. 1. 201). Ces personnes n'ont pas l'action de leur chef ; elles ne peuvent l'avoir que par transmission, quand elles succèdent au mari.

On a dit qu'il y avait pour cela une raison particulière : le mari seul peut être juge de sa propre paternité. Lui seul est à même de savoir si la présomption que la loi élève contre lui est fondée. Cela est vrai dans bien des cas, mais non toujours. Ainsi, quand il y a impossibilité physique de cohabitation tenant à l'éloignement, la preuve en pourrait être fournie par d'autres que par lui.

2798. Cas où le mari est interdit. — Le caractère personnel du désaveu a fait penser à divers auteurs que l'action ne pourrait pas être exercée au nom du mari interdit par son tuteur (AUBRY et RAU, t. V, § 545 *bis*, note 6 ; LAURENT, t. III, n° 436). Mais la jurisprudence s'est fixée en sens contraire (Cass., 24 juill. 1844, D. 44. 1. 424, S. 44. 1. 626 ; Caen, 14 déc. 1876, D. 77. 2. 146, S. 77. 2. 54 ; Grenoble, 5 déc. 1883, S. 84. 2. 73) [2] ; c'était déjà l'opinion de MERLIN (*Questions de droit*, v° Légitimité, § 8) et elle a été approuvée par beaucoup d'auteurs, notamment MM. PONT et DEMOLOMBE.

Si on juge ainsi pour le tuteur d'un aliéné, à plus forte raison autorise-t-on le tuteur d'un condamné en état d'interdiction légale à former en son nom l'action en désaveu (Chambéry 28 janv. 1862, S. 62. 2. 481).

[1] En sens inverse, on peut remarquer que dans l'art. 317 on semble éviter intentionnellement l'emploi du mot « désavouer » : le texte dit que les héritiers ont deux mois « pour contester la légitimité de l'enfant ».

[2] La cour de Caen décide que l'action peut être exercée par le tuteur, parce qu'aucune loi ne lui défend d'agir, et en même temps qu'il n'encourt aucune responsabilité s'il reste dans l'inaction, parce qu'aucune disposition de la loi ne lui impose l'obligation d'agir.

2799. Cas où le mari est absent. — Les héritiers présomptifs d'un absent n'ont pas qualité pour exercer l'action en son nom, même quand ils ont obtenu l'envoi en possession de ses biens (Toulouse, 29 déc. 1828, D. 29. 2. 221, S. 29. 2. 157).

*** 2800. Transmission de l'action aux héritiers du mari.** — La loi, qui s'est montrée si avare dans la concession du droit de désaveu, le laisse cependant passer aux héritiers et autres successeurs universels du mari, lorsque celui-ci meurt étant encore en possession du droit d'agir, c'est-à-dire avant l'expiration des délais qui lui sont donnés et sans avoir renoncé à son action (art. 317). — Puisque l'action passe aux héritiers quand le mari est mort sans avoir réclamé, par cela seul qu'on se trouvait encore dans le délai, à plus forte raison ceux-ci ont-ils le droit de *continuer* l'instance engagée par lui, quand elle est encore pendante au jour de son décès.

*** 2801. Changement dans la nature de l'action.** — Entre les mains des héritiers, l'action n'a plus du tout les caractères qu'elle possédait du vivant du mari. Elle n'a plus pour cause un intérêt moral de premier ordre; elle ne leur est ouverte que *pour protéger leurs intérêts pécuniaires*. Ceci résulte du point de départ que la loi assigne à la prescription de l'action: le délai commence à courir seulement à compter du jour où les héritiers sont troublés par l'enfant dans leurs droits sur la succession du mari (art. 317).

On doit conclure de ce caractère nouveau de l'action, par l'effet de sa transmission, qu'elle peut désormais être exercée par les créanciers de ceux qui la possèdent, chose qui était impossible auparavant, alors qu'elle n'avait pas un caractère pécuniaire.

En réalité, ce n'est plus un véritable désaveu que vont faire les héritiers, et c'est mal à propos que l'art. 318 emploie cette expression pour qualifier leur action. Le mari seul peut *désavouer* l'enfant, et ce n'est au fond qu'une action spéciale en *contestation de légitimité* qu'exercent les héritiers. C'est du reste l'expression dont se sert l'art. 317.

2802. Division de l'action entre les héritiers. — Le droit de contester la légitimité de l'enfant appartient individuellement à chaque héritier ou successeur universel du mari. Il suit de là que le jugement à intervenir n'aura d'effet que pour ou contre celui ou ceux qui auront figuré dans l'instance. S'il y en a qui n'agissent pas en temps utile, l'enfant conserve à leur égard la qualité d'enfant légitime.

***2803. Condition générale d'admissibilité du désaveu.** — Pour qu'un enfant puisse être désavoué, il faut qu'il ait été conçu dans certaines conditions spéciales, variables selon les cas, qui seront étudiées dans le paragraphe suivant. Ces conditions sont déterminées par la loi dans le désir de faire constater avec certitude que l'enfant n'est pas du mari. Mais, ces conditions étant réunies, il y en a une autre, d'une nature toute différente, dont l'absence rendra le désaveu impossible: il faut *que l'enfant soit né viable*. S'il naît non viable, et à plus forte raison s'il est mort-né, on le considère comme n'ayant jamais existé; il n'y a donc pas lieu de le désavouer, puisqu'il ne compte pas. Le désaveu serait un scandale inutile, qui n'aurait d'autre résultat que le déshonneur de la mère.

Cette condition n'est exprimée par la loi que *pour un cas particulier de désaveu* (art. 314-3°). Malgré la portée limitée de ce texte, il est certain que sa disposition doit être *étendue à tous les autres cas*, parce qu'elle est conforme aux principes généraux et qu'elle s'appuie sur une idée élémentaire.

Par une conséquence nécessaire de cette règle, il faut décider que le désaveu ne peut pas avoir lieu avant la naissance de l'enfant. On ne sait pas encore s'il naîtra vivant et viable; il faut attendre l'événement, et c'est lorsque l'enfant sera né qu'on saura s'il est susceptible d'être désavoué. La maxime d'après laquelle l'enfant simplement conçu est réputé né n'est admise que dans l'intérêt de l'enfant.

***2804. Situation de l'enfant désavoué.** — Lorsque le désaveu triomphe, il a ordinairement pour effet d'attribuer à l'enfant désavoué la qualité d'*adultérin*, puisqu'il est reconnu que cet enfant est né d'une femme mariée et qu'il est d'un autre que de son mari.

Cependant, dans l'hypothèse prévue par l'art. 314, si l'enfant naît dans les 179 premiers jours du mariage, il sera *naturel simple*, puisque sa mère n'était pas mariée à l'époque de sa conception.

2805. Effet de la chose jugée. — Le jugement qui est rendu sur l'action en désaveu intentée par le mari produit un effet absolu : l'enfant est, selon l'issue du procès, légitime ou illégitime à l'égard de tout le monde.

Que le jugement ait ce caractère quand le désaveu n'est pas admis, cela est tout simple, puisque la légitimité de l'enfant résulte, non du jugement, mais de la présomption écrite en sa faveur dans l'art. 312, laquelle est désormais inébranlable, puisque le mari de la mère, qui était seul muni de l'action, ne pourra pas la renouveler. Mais quand le mari triomphe, c'est bien réellement le jugement qui vient attribuer à l'enfant la qualité d'illégitime, et il la lui attribue nécessairement à l'égard de tout le monde. Pourquoi cela ? C'est que la loi, en réservant l'action en désaveu à une personne unique, a voulu lui permettre de substituer entièrement une situation nouvelle à celle qui résultait de la présomption légale. Il y a là un effet exceptionnel qui ne se produit dans aucune autre question de filiation. Comp. ci-dessus, n° 481. Bien que ce résultat de l'action en désaveu ne soit pas écrit dans les textes, il est admis par tout le monde. Il était déjà reconnu en droit romain ; Ulpien disait que le juge de cette action faisait le droit : « Placet ejus rei judicem jus facere » (*Digeste*, liv. XXXV, tit. III, fr. 3, princ.)[1].

§ 3. — *Les deux variétés de désaveu.*

***2806. Distinction du désaveu par preuve contraire et du désaveu par dénégation.** — Les cas dans lesquels il est permis au mari de décliner la paternité d'un enfant qui établit sa filiation maternelle par son acte de naissance sont rigoureusement déterminés par la loi. Ils peuvent se ranger en deux classes, *selon la manière dont le désaveu est fourni*.

1° Lorsqu'il y a lieu de croire, en calculant la durée de la grossesse d'après les règles légales, que la conception de l'enfant a eu lieu pendant le mariage et *à un moment où rien ne dispensait les époux de leur devoir de cohabitation*, la présomption de paternité du mari a toute sa force, et cette force est très grande. Alors, en effet, les époux se trouvaient, au jour de la conception de l'enfant, dans les conditions normales de la vie conjugale, et c'est pour cette situation principalement que la présomption de la loi est faite. Par conséquent, cette présomption ne peut tomber que devant *une preuve certaine de la non-paternité du mari*.

2° Au contraire, lorsque la conception de l'enfant se place à *un moment où la cohabitation n'était pas un devoir pour les époux*, soit qu'elle ait eu lieu avant le mariage, soit qu'elle ait eu lieu pendant le mariage à un moment où les époux vivaient régulièrement séparés, la force de la pré-

[1] Lorsque l'action passe aux héritiers du mari après sa mort, ce résultat ne se produit qu'autant que tous ont exercé l'action conjointement. Si quelques-uns seulement ont agi, le jugement qu'ils ont obtenu ne peut pas profiter aux autres.

somption de paternité contre le mari est beaucoup plus faible. Son fondement ordinaire, la cohabitation des époux, lui fait défaut. La loi la maintient cependant en principe, mais elle la rend bien fragile, car elle la laisse tomber devant *une simple dénégation du mari*. Si le mari affirme qu'il n'est pas le père de l'enfant conçu avant le mariage ou pendant une séparation légitime, on ne lui demandera aucune justification[1] ; on le croira sur parole, sauf à ses adversaires à lui opposer certaines fins de non-recevoir, prévues et déterminées par la loi.

Il importe donc de distinguer les cas où le désaveu du mari n'est admis qu'à bon escient et *sur preuves certaines*, de ceux où il est *reçu sur simple déclaration*.

2807. Langage inexact de la jurisprudence. — Quelques arrêts ont employé un langage inexact pour exprimer l'extrême facilité avec laquelle le mari renverse la présomption de paternité établie par la loi, lorsque les époux n'étaient pas obligés à la vie commune à l'époque de la conception de l'enfant. On y lit que « la présomption légale cesse de plein droit », que le mari n'est plus présumé père de l'enfant (Montpellier, 21 juill. 1886, S. 88. 2. 100; Lyon, 3 juill. 1890, D. 91. 2. 99). C'est là une erreur ; la présomption de paternité *existe toujours*, seulement elle est *plus fragile*, puisqu'il suffit d'une simple déclaration du mari pour la faire tomber. Mais la présomption est encore applicable à l'enfant, et la preuve en est qu'il sera réputé légitime, si le mari de sa mère ne le désavoue pas. La loi appelle donc à juste titre « désaveu » la déclaration péremptoire par laquelle le mari décline la paternité (art. 313, al. 2, et art. 314).

A. — Désaveu par la preuve de non-paternité.

***2808. Difficulté variable de la preuve.** — Lorsque le mari doit prouver qu'il n'est pas le père de l'enfant, la loi se montre en général très exigeante pour croire à sa non-paternité. Il faut qu'il établisse qu'il s'est trouvé dans l'*impossibilité absolue* de cohabiter avec sa femme pendant tout le temps où la conception a été possible (art. 312, al. 2), et encore n'admet-on pas indistinctement toutes les espèces d'impossibilité.

La loi se relâche cependant de sa rigueur lorsque le mari prouve que sa femme a cherché à lui cacher la naissance de l'enfant (art. 313, al. 1er). Cette preuve étant faite, la présomption de l'art. 312 se trouve déjà très ébranlée, car on est en droit de penser que la grossesse de la femme a pour origine des relations adultérines avec un tiers. Aussi la loi permet-elle au mari de justifier, par des procédés relativement faciles, que l'enfant ne lui appartient pas.

1° Hypothèse où la naissance de l'enfant n'a pas été cachée.

***2809. Preuve exigée du mari.** — En ce cas le désaveu n'est admis qu'autant qu'il y a eu *impossibilité physique de cohabitation* entre le mari et la femme pendant tout le temps où la conception a été possible.

[1] Pour indiquer ce caractère exceptionnel que prend alors le désaveu, beaucoup d'auteurs l'appellent *désaveu péremptoire*.

c'est-à-dire du 300e au 180e jour avant la naissance (art. 312, al. 2). Alors seulement on est certain que le mari n'est pas le père de l'enfant.

Cette impossibilité physique peut tenir à plusieurs causes : l'*éloignement*, l'*impuissance accidentelle* du mari, son *impuissance naturelle*. La loi n'admet que les deux premières.

2810. De l'éloignement. — Cet éloignement n'a pas besoin d'être si grand qu'il ait été impossible aux deux époux de se réunir pendant le délai légal de la conception, parce que le temps leur aurait manqué pour franchir la distance qui les séparait. Cela serait rare à une époque où les moyens de communication sont si rapides qu'on peut faire le tour du monde en moins de trois mois. Il suffit qu'il soit établi que *l'espace intermédiaire n'a pas été franchi.*

Ainsi la Cour d'Alger a admis le désaveu formé par un mari qui résidait à Alger pendant que sa femme habitait Paris. Le voyage de Paris à Alger aurait pu se faire, et plus d'une fois, en 121 jours, mais il était démontré que pendant tout ce temps ni l'un ni l'autre des époux n'avait quitté sa résidence. Cela suffisait pour que l'éloignement rendît certaine la non-paternité du mari.

On pourrait même considérer comme un éloignement suffisant l'*incarcération* de l'un des époux, dans la ville même où réside l'autre, s'il était certain qu'ils ne se sont pas vus, ou que leurs entrevues ont eu lieu en présence de surveillants. Voyez cependant Cass., 16 juill. 1889, D. 90. 1. 377, S. 89. 1. 423; Besançon, 8 mars 1899, D. 99. 2. 268, et la note, S. 99. 2. 175. Comp. Cass., 5 nov. 1895, D. 95. 1. 535. S. 96. 1. 180.

2811. Impuissance accidentelle. — L'impuissance du mari n'est admise comme cause de désaveu qu'autant qu'elle est *l'effet de quelque accident* (art. 312). Que faut-il entendre par « accident » ? Que ce mot s'applique aux blessures et aux mutilations provenant d'une chute, d'un combat, d'une opération chirurgicale, ou de tout autre événement de ce genre, tout le monde en convient. Mais devons-nous également ranger parmi les accidents, les *maladies*, qui peuvent entraîner une prostration ou un affaiblissement prolongé ? La question est controversée, et la solution fort douteuse. Dans l'opinion générale on estime que les rédacteurs de la loi ont eu en vue une *lésion matérielle ayant une cause externe*, ce qui exclurait la maladie dont la cause est interne. Mais les mots « par l'effet de quelque accident » ont un sens très vague, et il a été formellement dit par Duveyrier, orateur du Tribunat, qu'une maladie grave et longue pouvait amener l'impossibilité physique aussi bien que les blessures et les mutilations (LOCRÉ, *Légis. civile*, t. VI, p. 290). C'est en ce sens que se sont prononcés Toullier, Proudhon, Demante, Valette et Demolombe. Il n'y a donc aucune impossibilité légale à admettre le désaveu en cas de maladie.

On se demande encore si la loi suppose un accident *survenu depuis le mariage* et si l'on ne pourrait pas admettre, comme cause de désaveu, l'incapacité d'engendrer provenant d'un accident antérieur à la célébration ? La loi n'ayant pas précisé, l'interprète n'est pas autorisé à faire de distinction. On ne saurait objecter que le mari n'est pas digne d'intérêt, ayant contracté mariage alors qu'il se savait dans cet état ; en effet, l'impuissance accidentelle dont il souffrait était peut-être temporaire, ou du moins il a pu la croire telle.

2812. Impuissance naturelle. — Il y a une autre espèce d'impossibilité physique de cohabitation : c'est *l'impuissance naturelle* du mari ; mais la loi ne veut pas en entendre parler comme cause de désaveu. « Le mari ne pourra, en alléguant son impuissance naturelle, désavouer l'enfant » (art. 313). L'impuissance est par sa nature sujette à trop d'erreurs et sa constatation provoquerait trop de scandales pour qu'on autorise une réclamation du mari fondée sur cette cause.

2813. Système allemand. — Le Code civil allemand contient des dispositions différentes. L'enfant n'est réputé légitime qu'autant que le mari a cohabité avec la femme à l'époque de la conception (art. 1591). Et la loi ajoute que « l'enfant n'est pas légitime lorsque, *d'après les circonstances*, il est évidemment impossible que la femme l'ait conçu des œuvres du mari ». Le désaveu n'est donc pas enfermé dans d'étroites conditions de preuve comme en France.

2° Hypothèse où il y a eu recel de la naissance.

* **2814. Détermination de la condition facilitant le désaveu.** — Il y a eu de longues discussions pour savoir quel était au juste le fait que la loi suppose établi pour faciliter la preuve à fournir par le mari. Le texte est ainsi conçu : « Il ne pourra le désavouer, même pour cause d'adultère, à moins que la naissance ne lui ait été cachée, auquel cas il sera admis à proposer tous les faits propres à justifier qu'il n'en est pas le père » (art. 313, al. 1). Beaucoup d'auteurs étaient d'avis que la loi exigeait séparément *la preuve de l'adultère*, et que cette preuve devait être fournie *d'une manière spéciale et distincte*. Ainsi, d'après Marcadé, la différence entre les deux cas de désaveu prévus par les art. 312 et 313 serait que, dans l'art. 312, la preuve de l'adultère résulte de l'admission du désaveu, tandis que d'après l'art. 313, la preuve de l'adultère serait la *condition préalable* de l'admissibilité du désaveu (Voyez le résumé des opinions émises par la doctrine dans une note de SIREY, 66. 1. 417). Si cette opinion avait été admise, le mari aurait eu trois choses à prouver : 1° l'adultère commis par sa femme ; 2° le recel de la naissance ; 3° d'autres faits propres à justifier sa non-paternité.

La solution qui a prévalu devant la jurisprudence et qui est aujourd'hui acceptée par la doctrine est beaucoup plus simple : le seul fait dont la loi fasse une condition pour faciliter le désaveu est le *recel de la naissance*. La preuve distincte de l'adultère serait absolument sans objet : l'adultère de la femme sera suffisamment établi par les autres faits d'où il résultera que le mari n'est pas le père de l'enfant désavoué. La jurisprudence est fixée depuis longtemps en ce sens (Cass., 8 juill. 1812, S. chr. 4. 146 ; Cass., 25 janv. 1831, S. 31. 1. 81 ; Cass., 14 févr. 1854, D. 54. 1. 89, S. 54. 1. 225 ; Cass., 31 juill. 1866, S. 66. 1. 417).

* **2815. Du recel de la naissance.** — Lorsque la femme cherche à cacher son état à son mari, qu'elle prend des mesures pour lui laisser ignorer la naissance de son enfant, elle avoue elle-même que son mari n'est pas l'auteur de sa grossesse [1].

La loi ne détermine pas les faits constitutifs du recel, et la jurisprudence admet que le désir de cacher au mari la naissance de l'enfant est suffisamment établi par le seul fait de son inscription à l'état civil comme enfant né de père inconnu. Il n'est pas nécessaire que la femme ait réussi à tromper son mari sur sa grossesse (Cass., 5 août 1891, D. 92. 1. 567), ni que le succès de ses manœuvres ait persisté jusqu'au bout, de façon que le mari ait ignoré à la fois la grossesse de sa femme et le fait de l'accouchement. Ce que la loi veut, c'est que la conduite de la femme atteste l'origine adultérine de son état. On doit nécessairement supposer que le mari découvre un jour ou l'autre la naissance de l'enfant, puisqu'on prévoit le désaveu exercé par lui ; peu importe l'époque où il connaît ce qu'on a cherché à lui cacher. Dans une espèce qui s'est présentée, la femme avait celé son état pendant sept mois ; après quoi elle l'avait avoué à son mari, par défi, dans un moment d'emportement : la cour de Paris admit le désaveu, et la Cour de cassation rejeta le pourvoi par un arrêt fortement motivé (7 janv. 1850, D. 50. 1. 5, S. 50. 1. 113). Cette jurisprudence s'est maintenue (Cass., 29 juin 1892, D. 92. 1. 477).

Ainsi, en supposant que « la naissance a été cachée » au mari, la loi n'entend pas prévoir spécialement le *recel de l'accouchement ;* le *recel de la grossesse* peut suffire pour autoriser le désaveu. Les critiques qui ont été dirigées contre ces arrêts ne paraissent pas fondées, mais il y a nécessairement une appréciation des faits qui peut conduire à la solution contraire. Voyez comme exemple, Bourges, 6 juill. 1868, D. 68. 2. 180, S. 69. 2. 44.

[1] Aucune autre circonstance ne peut équivaloir à celle-là comme aveu d'un adultère. Ainsi, si une femme, sans avoir essayé de cacher son état de grossesse, reconnaît, *par un aveu exprès*, que le père de son enfant est un autre que son mari, cette déclaration n'autorise pas le mari à désavouer l'enfant selon le mode prévu par l'art. 313, al. 1. En effet, cette déclaration outrageante a pu être jetée à la face du mari dans un mouvement d'humeur irréfléchie ; elle est donc beaucoup moins significative que l'aveu tacite résultant d'arrangements préparés de sang-froid et de longue main pour laisser le mari dans l'ignorance.

* **2816. Faits susceptibles de prouver la non-paternité du mari.** — Le recel de la naissance rend vraisemblable l'origine adultérine de l'enfant ; il ne la prouve pas d'une manière complète. Aussi la loi dit-elle que, lorsque le recel aura été établi, le mari sera « admis à proposer tous les faits propres à justifier qu'il n'est pas le père de l'enfant ». Quels seront ces faits ? Loin de rien préciser, la loi s'exprime en termes aussi généraux que possible : *tous les faits propres à convaincre le juge*. Les circonstances alléguées comme telles par le mari varieront d'une espèce à l'autre, et seront appréciées souverainement par les juges du fait. Ce sera tantôt le grand âge du mari, ou son état maladif ; tantôt la mésintelligence qui divise le ménage, ou la séparation existant en fait dans la résidence des deux époux, etc.

Aubry et Rau, faisant revivre une vieille expression qui avait été usitée dans l'ancienne jurisprudence, appellent ces faits l'*impossibilité morale de cohabitation* (t. VI, § 545, note 60). La formule parut commode, parce qu'elle comprend sous une dénomination unique des faits de nature très variable, et elle fit fortune (Voyez jugement de Béziers et arrêt de Montpellier sous Cass., D. 92. 1. 477). Elle est cependant peu exacte, car les raisons par lesquelles le mari justifie que l'enfant n'est pas de lui ne sont pas seulement morales ; elles peuvent être empruntées à des faits physiques, tels que l'âge ou la santé.

* **2817. Insuffisance d'une preuve directe de l'adultère.** — Faut-il ranger, parmi les circonstances propres à démontrer la non-paternité du mari, l'adultère de la femme au cas où il serait établi en fait d'une manière directe ? Évidemment la faute de la femme directement démontrée aidera puissamment à ébranler la présomption légale ; cependant ce n'est pas là un des faits auxquels la loi fait allusion dans l'art. 313, al. 1. En effet, le seul recel de la naissance est un aveu d'adultère, mais peu importe que cet adultère soit prouvé par d'autres moyens, car il ne suffit pas que la femme ait commis un adultère pour que son amant soit réputé être le père de l'enfant : « Quum possit et mater adultera fuisse et impubes patrem maritum habuisse. » Voilà pourquoi il faut proposer d'autres faits propres à établir que ce n'est pas le mari qui est le père de l'enfant. Si les relations conjugales ont continué en même temps entre le mari et sa femme, on ne sait plus auquel des deux, du mari ou de l'amant, attribuer la paternité.

B. — Désaveu par simple déclaration.

** **2818. Cas où il est possible.** — Les enfants qui peuvent être désavoués sans preuve par le mari sont : 1° ceux qui sont *nés avant le 180e jour du mariage ;* 2° ceux qui ont été *conçus pendant que les époux vivaient dans un état légal de séparation d'habitation.*

1° Enfant né dans les 179 premiers jours du mariage.

* **2819. Motif de la facilité accordée pour le désaveu de l'enfant.** — Lorsqu'un enfant naît dans les 179 premiers jours du mariage, la loi présume qu'il a été conçu des œuvres du mari (ci-dessus n° 2730). Mais comme il est possible en fait que celui-ci n'en soit pas le père, la loi lui réserve le droit de désavouer l'enfant sans autre motif que sa naissance trop précoce. Il a pu être trompé par sa femme et ignorer l'état de celle-ci au jour du mariage ; on s'en rapporte donc à lui et on écarte sur sa seule parole la présomption ordinaire (art. 314).

2820. Fin de non-recevoir. — Cependant il peut se présenter des circonstances dans lesquelles le désaveu du mari n'est pas recevable, parce que la sincérité de sa déclaration de non-paternité est rendue suspecte par sa conduite.

Ces fins de non-recevoir sont au nombre de deux.

1° *Le mari a connu l'état de sa femme avant le mariage.* — Si la loi lui accorde toute facilité pour désavouer l'enfant, c'est pour le prémunir contre une surprise possible ; elle suppose, par conséquent, que le mari, en épousant sa femme, ignorait son état de grossesse. S'il est prouvé que le mari en a eu connaissance avant le mariage, la loi lui enlève tout droit au désaveu (art. 314-1°). On n'épouse pas une femme qu'on sait être enceinte quand on sait ne pas être le père de l'enfant, ou, si on l'épouse dans ces conditions, on accepte sans retour la paternité de l'enfant.

2° *Le mari a reconnu sa paternité.* — Il est tout naturel que le mari perde le droit de désavouer l'enfant, toutes les fois qu'il a avoué en être le père. Cependant la loi n'a prévu, pour en faire une fin de non-recevoir contre le désaveu, qu'un cas d'*aveu tacite de paternité :* elle suppose que le mari a assisté à la rédaction de l'acte de naissance de l'enfant, et que cet acte est signé de lui ou contient sa déclaration qu'il ne sait signer (art. 314-2°). Mais tout le monde est d'accord pour décider que ce fait ne peut être pris que *comme un exemple*, donné par la loi par application d'une idée plus générale. D'autres faits que celui-là pourraient donc servir à élever contre le mari une pareille fin de non-recevoir. Ainsi le mari prend soin d'annoncer à ses amis la future naissance de l'enfant ; il donne un dîner de famille à l'occasion du baptême, etc. A plus forte raison devrait-il être déclaré non recevable, s'il y avait eu de sa part une *reconnaissance expresse* de sa paternité. Il faut donc établir en règle générale que tout aveu, formel ou tacite, émané du mari, lui enlève le droit de désavouer ensuite l'enfant.

C'est donc l'interprétation de la pensée du mari qu'il convient de rechercher avant tout. Par suite, dans l'hypothèse prévue par la loi, où le mari va lui-même déclarer la naissance de l'enfant à l'état civil, il pourrait protester qu'il entend seulement par là obéir à la loi qui lui en impose l'obligation, et, cette réserve faite, son droit lui serait conservé, parce que sa conduite s'expliquerait par un motif particulier.

2° Enfant conçu pendant une séparation légale des époux.

* **2821. État primitif du droit.** — Aucune facilité particulière n'était accordée en cette hypothèse par les textes primitifs du Code ; celles qui existent aujourd'hui sont l'effet de réformes successives, dont la première est due à l'initiative de M. Demante père.

D'après le Code Napoléon, l'état de séparation n'affaiblissait pas la présomption de paternité qui pèse sur le mari. Le désaveu n'était permis, même de la part d'un mari séparé de corps, que *conformément au droit commun*, c'est-à-dire quand il y avait eu impossibilité matérielle de cohabitation (art. 312) ou recel de la naissance (art. 313). Il suivait de là qu'une femme séparée de corps pouvait donner à son mari des enfants qui n'étaient pas de lui, sans que celui-ci eût aucun moyen de décliner cette paternité : il lui suffisait pour cela de vivre publiquement dans l'adultère et de ne rien faire pour cacher à son mari la naissance de ses enfants. Toutes choses qui lui étaient également faciles dans une situation où elle n'avait plus aucun ménagement à garder.

** **2822. Réforme de 1850.** — Un pareil état de droit était contraire à la vérité la plus évidente ; contraire aussi à toute justice. M. A.-M. Demante proposa un changement en faveur du mari ; et sa proposition aboutit à la loi du 6 décembre 1850 qui ordonna l'insertion d'une disposition supplémentaire à la suite de l'art. 313, dont elle forme le second alinéa.

* **2823. Principe de la réforme.** — Par l'effet de la séparation de corps, la vie commune cesse. Or c'est sur elle qu'est fondée la présomption de paternité du mari ; cette présomption perd donc à peu près toute sa force, parce qu'il est peu probable que les époux séparés aient continué à avoir des relations. Cependant la loi ne la fait pas tomber de plein droit ; elle la laisse subsister, malgré la séparation d'habitation, et accorde seulement au mari le droit de la rejeter par une déclaration formelle. S'il n'est pas le père

de l'enfant, il doit le dire, mais sa déclaration suffira ; on ne lui demandera aucune preuve. La loi de 1850 a donc créé *un second cas de désaveu par simple déclaration*, à côté du cas unique qui existait précédemment et qui fait l'objet de l'art. 314.

2824. Fin de non-recevoir contre le désaveu. — Le désaveu facile accordé au mari par la loi de 1850 est du reste subordonné à une condition essentielle. Il ne faut pas qu'il y ait eu « *réunion de fait* » entre les époux depuis leur séparation. On voit parfois un mari désireux de rompre avec sa femme, et s'abaissant cependant à la traiter comme une maîtresse. Si les époux séparés ont continué, ne serait-ce qu'accidentellement, à avoir des relations ensemble, le désaveu n'est plus permis, parce que la conduite du mari fait planer un doute sur la filiation de l'enfant. S'il veut profiter de la faveur que lui fait la loi, c'est à lui d'empêcher ce doute de naître.

2825. Point de départ de la séparation légale. — L'état de séparation qui autorise ce désaveu ne commence pas seulement le jour où le jugement qui prononce la séparation de corps est rendu. Déjà pendant l'instance la femme a pu obtenir du président l'autorisation d'avoir une résidence séparée, et c'est ce qu'elle fait toujours. Dès ce moment la rupture devient régulière, et il était juste de faire remonter jusque-là la possibilité du désaveu. Aussi la loi de 1850 disait-elle : « En cas de séparation de corps prononcée, ou même *demandée*.. ». C'est donc l'*ordonnance du président* autorisant la femme à résider autre part que chez son mari qui ouvre ce qu'on a appelé la *période suspecte* pour la légitimité des enfants. Le mari pourra désavouer, sous la seule condition indiquée au n° 2824, tout enfant qui naîtrait 300 jours après cette ordonnance.

2826. Durée de cette période.— La possibilité du désaveu dure autant que sa cause, c'est-à-dire autant que la séparation légitime des époux. Ainsi lorsque la demande échoue, l'*arrêt définitif* qui la rejette met fin à cet état de rupture. Les époux sont censés reprendre immédiatement la vie commune, et s'ils ne le font pas, ils manquent à leurs devoirs. Par conséquent l'enfant qui naîtrait plus de 180 jours après le rejet définitif de la demande ne pourrait pas être désavoué, car il a pu être conçu depuis que la vie commune a repris ou dû reprendre son cours. — Il faudrait dire la même chose si la demande, sans être rejetée, était abandonnée : la période suspecte prendrait fin le jour de la *réconciliation* ou bien le jour où la *péremption* de l'instance serait prononcée.

Lorsque la demande réussit, la séparation d'habitation, qui n'avait lieu jusqu'alors qu'à titre de mesure provisoire, en vertu d'une simple ordonnance, devient un état stable, basé sur un jugement, et alors la période suspecte se prolonge indéfiniment, jusqu'au jour où se produit une *réconciliation* des époux, jour qui peut-être n'arrivera jamais.

* **2827. Extension du désaveu au cas de demande en divorce.** — En 1850, on n'avait eu à prévoir que les demandes en séparation de corps. En 1886, on remania l'alinéa ajouté par cette loi à l'art. 313, de façon à le rendre applicable aux instances en divorce. Le texte nouveau dit : « En cas de jugement ou même de demande *soit de divorce*, soit de séparation de corps... ». Le texte traite donc de même les deux espèces de demandes. Cependant une distinction s'impose. Si le divorce est demandé et obtenu, les enfants qui naîtront plus de 300 jours après la dissolution du mariage ne sont pas placés sous la protection de la présomption légale de l'art. 312. Il n'est donc pas besoin d'employer le désaveu contre eux. En d'autres termes, l'article est applicable aux séparations de corps

pendant deux périodes successives, l'une qui court pendant l'instance, l'autre qui dure autant que la séparation. Il ne peut recevoir son application au divorce que pendant la première de ces deux périodes : après le divorce réalisé, le désaveu devient inutile, puisqu'on n'a plus affaire aux enfants d'une femme mariée.

2828. Législations étrangères. — Une disposition analogue à notre loi de 1850 existait déjà dans le Code hollandais (art. 309). Elle a été imitée dans le Code italien (art. 163). Mais ces deux codes ne font commencer la possibilité du désaveu par simple déclaration qu'*à partir de la séparation légalement prononcée*.

§ 4. — *Procédure du désaveu.*

** **2829. Nécessité d'une action en justice.** — Le désaveu de l'enfant, c'est-à-dire la destruction de la présomption de paternité élevée contre le mari de sa mère, ne peut résulter que d'un *jugement*[1]. Sous toute autre forme il serait inopérant. Ainsi le mari ne peut pas désavouer l'enfant par un *acte extrajudiciaire*, par exemple au moyen d'une notification adressée à sa femme par exploit d'huissier. Cette notification ne détruirait pas la légitimité de l'enfant.

2830. Utilité spéciale de la notification faite à la femme. — Cependant, si la notification du désaveu n'en produit pas l'effet complet, elle n'est pas dépourvue de toute utilité. Elle permet au mari d'allonger un peu les délais très brefs qui lui sont donnés pour agir. Elle fait, en effet, courir un *délai spécial d'un mois* pour désavouer l'enfant : « Tout acte extrajudiciaire contenant le désaveu... sera non avenu s'il n'est suivi dans le délai d'un mois d'une action en justice » (art. 318). Ainsi, lorsque cette notification est faite au dernier jour des délais déterminés par l'art. 316 pour la « réclamation » du mari, elle y ajoute un délai supplémentaire d'un mois.

* **2831. Caractère exceptionnel de l'action en désaveu.** — Cette action est soumise à des règles de forme tout à fait extraordinaires, qui font d'elle une véritable singularité juridique. Ces particularités s'atténuent quand l'action passe aux héritiers du mari. Nous allons les étudier d'abord en supposant que l'action est aux mains de celui-ci ; nous verrons ensuite ce qu'elles deviennent quand l'action est exercée par ses héritiers.

A. — Formes de l'action exercée par le mari.

* **2832. Délais.** — L'action en désaveu est soumise à une prescription extrêmement rapide, *un mois* ou *deux mois* suivant les cas. C'est dans ce bref délai que le mari doit agir, sous peine de déchéance. La loi veut que l'état d'un enfant, qu'elle présume être légitime, ne reste pas trop longtemps dans l'incertitude. Mais comme le délai ne court pas toujours du jour de sa naissance, cette incertitude peut se trouver indéfiniment prolongée.

En principe le délai est d'un mois. La loi ne donne deux mois au mari qu'autant qu'il ne se trouvait pas sur les lieux au moment de la naissance, ou lorsque la naissance lui a

[1] La loi ne le dit pas expressément; mais cela résulte de la tradition, et les textes actuels supposent la nécessité d'une action en justice. Voyez par exemple l'art. 316 qui détermine les délais dans lesquels cette action doit être intentée. Comp. art. 313, al. 3, qui parle de l'*action* en désaveu, et surtout l'art. 318 qui déclare le désaveu non avenu si l'acte qui le contient n'est pas suivi à bref délai de l'exercice de l'action.

été cachée (art. 316). Dans ces deux hypothèses le délai est doublé parce que le mari a pu être surpris par la nouvelle de la naissance, et il faut lui laisser le temps de réfléchir et de réunir ses preuves. Quand il est présent et qu'il connaît la grossesse de sa femme, il a tout le temps nécessaire pour prendre ses mesures d'avance et on peut sans inconvénient l'obliger à agir vite.

* **2833. Point de départ du délai.** — Le délai court en principe *du jour de la naissance de l'enfant* (art. 316, al. 1er). Cela suppose le mari présent sur les lieux et connaissant la grossesse de sa femme. Mais divers cas particuliers se présentent dans lesquels le cours du délai est retardé.

1° *Absence du mari.* — Il s'agit ici de l'absence de fait, ou simple non-présence. Les deux mois courent du jour du retour du mari (art. 316, al. 2).

2° *Recel de la naissance.* — Le délai court du jour de la découverte de la fraude (art. 316, al. 3). La loi suppose évidemment que le mari n'a appris l'existence de l'enfant qu'après sa naissance : s'il la découvre pendant la grossesse de la mère, le délai ne peut commencer à courir que du jour de l'accouchement : on ne désavoue pas un enfant non encore né. Pour que le délai commence à courir contre le mari quand on lui a caché la naissance, il faut qu'il ait appris l'événement d'une manière positive ; il ne suffirait pas qu'il eût eu des soupçons, même sérieux (Lyon, 21 janv. 1886, D. 87.2. 1, S. 88. 2. 77).

3° *Aliénation mentale du mari.* — Le délai court, suivant les cas, soit du jour où le mari a recouvré la raison, s'il n'a été ni interdit ni interné, soit du jour où il est sorti de l'établissement où il avait été enfermé, soit du jour où il a obtenu la mainlevée de son interdiction.

4° *Séparation de corps.* — Le délai ne court que du jour où le mari a appris la naissance de l'enfant, quand il a ignoré en fait l'état de grossesse de sa femme jusqu'à l'accouchement, alors même que l'on n'aurait rien fait pour le lui cacher (Cass., 9 déc. 1857, D. 58. 1. 132, S. 58. 1. 97). La loi du 6 décembre 1850 a eu pour but de faciliter le désaveu ; on le rendrait au contraire plus difficile si on le soumettait aux règles du droit commun, puisqu'il pourrait arriver que le délai se trouvât expiré avant que le mari eût appris la naissance de l'enfant. Cela peut se comprendre, bien qu'il soit présent sur les lieux, dans une grande ville surtout.

Les deux derniers cas ne sont pas prévus par la loi. On a cependant admis que le point de départ du délai serait retardé, en décidant par analogie avec les solutions spéciales données dans les deux derniers alinéas de l'art. 316. L'ensemble des dispositions de cet article suppose l'existence d'un principe qu'on peut formuler ainsi : *le délai du désaveu court du jour où le mari a appris d'une façon certaine la naissance de l'enfant, quand il ne connaissait pas auparavant la grossesse de sa femme.* C'est par application de ce principe implicitement admis par la loi que des exceptions nouvelles ont pu être faites à la règle générale formulée par l'al. 1er de l'art. 316. Si la loi fait courir le délai à partir de l'accouchement dans les cas ordinaires, c'est parce qu'elle suppose que le mari en a immédiatement connaissance.

2834. Représentation de l'enfant par un tuteur ad hoc. — L'action est dirigée contre l'enfant. C'est lui qui est le véritable défendeur. Mais, à moins de circonstances extraordinaires qui auraient retardé démesurément le cours du délai légal, cet enfant est encore un nouveau-né au moment où l'action est exercée par le mari. Il faut donc quelqu'un pour le représenter. La loi veut qu'on lui nomme un *tuteur ad hoc*, c'est-à-dire un représentant uniquement chargé de le défendre dans cette instance (art. 318).

D'après la jurisprudence, ce tuteur doit être nommé par un conseil de famille réuni conformément aux règles ordinaires (Cass., 24 nov. 1880, D. 82. 1. 52, S. 81. 1. 65). La jurisprudence se fonde sur ce que le conseil de famille est seul en droit de nommer des tuteurs (art. 405), et que la loi n'a pas dit que ce tuteur *ad hoc* serait nommé autrement. Cette solution offre un grave danger, car le conseil de famille sera composé de parents de l'enfant, c'est-à-dire de gens intéressés au succès du désaveu[1]. Il est donc à craindre que le tuteur

[1] Leur intérêt vient de ce que l'enfant, s'il est reconnu comme légitime, prendra soit la totalité de la succession de sa mère et de celle de son prétendu père, soit tout au moins une forte part

choisi par eux reçoive pour mot d'ordre de défendre mollement la légitimité de l'enfant; c'est confier le sort de l'enfant à ses adversaires naturels. Mieux vaudrait que le tuteur fût choisi par le tribunal, mais les textes ne s'y prêtent pas.

Le conseil de famille chargé de nommer le tuteur *ad hoc* se réunit au domicile de la femme du désavouant, et doit comprendre les parents paternels, le mari désavouant étant réputé père de l'enfant jusqu'à preuve contraire (Cass., 14 févr. 1854, D. 54. 1. 89, S. 54. 1. 225). Voyez cependant un arrêt (Caen, 22 déc. 1880, D. 82. 2. 53) qui exclut les parents du mari de la composition de ce conseil.

2835. Présence de la mère dans l'instance. — La loi exige la présence de la mère (art. 318). La mère doit être appelée au procès parce que c'est elle qui est le mieux à même de défendre la légitimité de son enfant. On ne voit même pas pourquoi la loi ne s'est pas bornée à dire que l'enfant serait représenté par elle. Du moins son intervention sera une garantie sérieuse contre toute tentative de collusion de la part du mari : si le tuteur *ad hoc* se montrait disposé à sacrifier les intérêts de l'enfant, on peut croire que la mère ne faiblira pas.

2836. Compétence. — Il a été jugé que l'action devait être portée devant le tribunal du domicile du tuteur *ad hoc* donné à l'enfant (Caen, 18 mars 1857, D. 57. 2. 94, S. 57. 2. 529). Cette décision semble peu juridique. Tant que le désaveu n'a pas été admis, l'enfant est domicilié chez celui qui passe pour être son père et non pas chez son tuteur *ad hoc*, qui n'est qu'un curateur spécial; c'est donc le domicile du mari désavouant qui est aussi celui de l'enfant défendeur, et c'est ce domicile qui devrait déterminer la compétence. La Cour de cassation de Belgique a jugé en ce sens en 1856, et Laurent proposait de le dire expressément dans la loi (*Avant-projet*, art. 287).

B. — Formes de l'action exercée par les héritiers du mari.

2837. Représentation de l'enfant. — Entre les mains des héritiers, l'action en désaveu est soumise en principe aux mêmes formes que pour le mari. Elle doit être introduite *contre l'enfant représenté par un tuteur* ad hoc *et en présence de la mère* (art. 318). Cependant la nomination d'un tuteur spécial est ici beaucoup moins justifiée que lorsque l'action est formée par le mari lui-même, car la mort du mari a donné ouverture à la tutelle; et l'enfant a désormais un représentant légal ayant qualité pour le défendre.

2838. Délai. — L'action des héritiers est bornée elle aussi dans un délai très court, rappelant celui qui est accordé au mari. Ce délai est pour eux fixé d'une manière uniforme à *deux mois*. Il court soit du jour où l'enfant s'est mis en possession des biens de son prétendu père, soit du jour où les héritiers sont troublés par lui dans cette possession (art. 317).

Ce délai n'est pas une prescription, mais un simple *délai préfix* comportant déchéance. Il court donc même contre les héritiers *mineurs*. S'il s'agissait d'une prescription véritable, elle serait suspendue pendant tout le temps de leur minorité.

2839. Irrecevabilité d'une action anticipée. — Les héritiers du mari, autorisés à contester la légitimité de l'enfant quand celui-ci les trouble, pourraient-ils prendre les devants et attaquer l'enfant pour le désavouer, quoique celui-ci n'élève encore aucune prétention sur la succession de son père? Beaucoup d'auteurs le leur permettent, parce qu'il peut y avoir pour les héritiers un intérêt sérieux à empêcher le *dépérissement des preuves* en exerçant immédiatement leur action. L'enfant, qui a trente ans devant lui pour former sa pétition d'hérédité, pourrait attendre qu'ils soient hors d'état de prouver son origine adultérine et s'assurer le succès par un peu de patience. Cependant la Cour de cassation a décidé que les héritiers ne pouvaient pas désavouer l'enfant avant d'avoir été troublés par lui; ce trouble, dont la nature est déterminée par la loi, est ainsi la condition nécessaire pour que leur action soit recevable (Cass., 5 avril 1854, D. 54. 1. 93, S. 54. 1. 293).

s'il est en concours avec des frères et sœurs, tandis que, s'il est désavoué, il sera probablement exclu entièrement de ces deux successions en sa qualité d'enfant adultérin; tout au plus, au cas où il serait conçu avant le mariage, prendra-t-il une part réduite en sa qualité d'enfant naturel simple, et cela dans la succession de sa mère seulement, puisqu'il est étranger au mari.

§ 5. — *Cas où la filiation maternelle ne résulte pas de l'acte de naissance.*

** **2840. Facilités données pour combattre la présomption de paternité.** — On a déjà vu (n° 2796) que les règles rigoureuses du désaveu ne s'appliquent pas lorsque l'enfant, ne pouvant pas établir sa filiation maternelle par son acte de naissance, en est réduit à intenter une action en justice, *action en recherche de maternité*. En ce cas, la présomption légale, qui attribue la paternité de l'enfant au mari de la mère, peut être combattue librement par les adversaires de l'enfant, quels qu'ils soient, et à l'aide de tous les moyens possibles. L'art. 325 leur réserve en effet, de la façon la plus large, le droit de prouver non seulement qu'il n'a pas pour mère la femme qu'il regarde comme telle, mais même, « la maternité prouvée, *qu'il n'est pas l'enfant du mari de la mère* ». Le texte ne précise pas ce qui devra être prouvé par eux. Il leur suffira donc d'établir quelque circonstance capable de faire croire à la non-paternité du mari; la nature de ces circonstances est infiniment variable. On ne peut exiger d'eux la preuve d'aucun fait légalement déterminé, ni l'impossibilité physique de cohabitation, ni le recel de la naissance.

2841. Motif de ces facilités. — Pourquoi la loi, si rigoureuse d'habitude, se montre-t-elle ici aussi facile ? Lorsque l'enfant est réduit à prouver par une recherche en justice sa filiation maternelle, c'est qu'*il n'a ni titre ni possession d'état*. Ce seul fait rend déjà sa filiation suspecte, car il n'est pas ordinaire qu'un enfant légitime soit inscrit sous de faux noms ou comme né de père et mère inconnus. L'avoir ainsi déclaré à l'état civil est presque un aveu de la part de la mère. « Il y a là, disait Bigot du Préameneu, une présomption très forte que l'enfant n'appartient pas au mariage. » Voilà pourquoi la loi facilite au mari ou à ses représentants et aux autres intéressés les moyens de prouver l'illégitimité de l'enfant.

* **2842. Possibilité d'attaquer l'enfant sans attendre sa réclamation.** — L'art. 325 suppose que c'est l'enfant qui attaque et que le mari ou les autres membres de la famille sont défendeurs.

Mais la jurisprudence autorise l'action du mari ou des autres intéressés dirigée par eux comme demandeurs contre l'enfant : ils ne sont pas obligés d'attendre que l'enfant exerce lui-même une action en justice et fasse constater sa filiation maternelle; ils peuvent prendre les devants et rejeter d'avance la présomption de paternité dont il bénéficierait (Cass., 14 février 1854, D. 54. 1. 89, S. 54. 1. 225; Cass., 9 mai 1864, D. 64. 1. 409, S. 64. 1. 305; nombreux arrêts de cours d'appel).

Pour agir ainsi, le mari ou tout autre intéressé est obligé de commencer par établir lui-même que l'enfant qu'il attaque est né de sa propre femme, car on suppose que cet enfant n'a ni titre ni possession d'état, et qu'il a été inscrit soit sous de faux noms, soit comme né de père et mère inconnus. On l'autorise donc à rechercher, au préalable, la filiation maternelle de l'enfant.

2843. Critique de cette jurisprudence. — Le mari peut avoir un grand intérêt à prendre les devants et à démontrer immédiatement que cet enfant n'est pas le sien, car les preuves qu'il a entre les mains peuvent dépérir avec le temps, les témoins peuvent mourir, etc. Cette considération est d'un grand poids, mais si elle devait nous déterminer, elle nous mènerait loin, car elle ne tend à rien moins qu'à faire revivre les anciennes enquêtes d'*examen à futur* [1], usitées dans notre ancienne jurisprudence et abandonnées par notre droit nouveau. D'ailleurs, l'expérience a prouvé que le mari ne court pas beaucoup de risques à attendre le procès formé par l'enfant : presque toujours les mêmes faits qui serviront à établir la maternité de sa femme prouveront du même coup et irrésistiblement sa non-paternité.

Au surplus l'action du mari n'est pas recevable. En effet, il doit commencer par déterminer la véritable filiation de l'enfant. Ce n'est que quand il aura prouvé que cet enfant est né de sa femme qu'il pourra en décliner la paternité. C'est donc une action en recherche de maternité qu'il intente d'abord, avant d'arriver au désaveu. Or cette action est irrecevable, car le mari annonce d'avance qu'il n'est pas le père de cet enfant né de sa femme, c'est donc une recherche de filiation *adultérine* qu'il poursuit, et, d'après l'art. 342, cette recherche est interdite. La Cour de cassation, qui a prévu l'objection dès 1851, a cru y répondre en disant : c'est le résultat nécessaire du désaveu, et la loi le permet (Cass., 4 févr. 1851, D. 51. 1. 117, S. 51. 1. 208). On peut lui répliquer que, si le désaveu aboutit à la constatation d'une filiation adultérine, c'est qu'il suppose la filiation maternelle *déjà connue*, et il a seulement pour but de décharger le mari de la présomption de paternité qui pèse sur lui. En cela il n'y a rien de contraire à la prohibition de l'art. 342. Mais, dans notre hypothèse, la filiation maternelle est *inconnue*, c'est elle qu'il s'agit d'abord d'établir. En la cherchant on se heurte directement à la prohibition de la loi.

2844. Absence de délai. — Lorsque le mari, sans attendre l'attaque pour y répondre prend les devants, on ne peut jamais lui opposer de déchéance, sous prétexte que les délais déterminés par l'art. 316 sont expirés depuis longtemps (Lyon, 21 janv. 1886, D. 87. 2. 1, S. 88. 2. 77). Le Code n'a eu en vue dans cet article que le désaveu dirigé contre des enfants *en possession de la légitimité*, de sorte que le mari se trouve immédiatement en demeure de les désavouer. L'art. 325 laisse au contraire au mari toute liberté de discuter la présomption légale, sans se préoccuper de savoir combien de temps s'est écoulé, ni si le mari a connu en fait la naissance : l'enfant n'ayant pas été attribué à sa femme par la déclaration faite à l'état civil, il pouvait supposer que sa filiation maternelle ne serait jamais établie en fait ; en tout cas il n'avait pas à combattre une présomption de paternité qui ne s'élevait pas encore contre lui.

2845. Nom de l'action exercée contre l'enfant. — En général on donne à cette action dirigée contre l'enfant le nom *d'action en désaveu* (Lyon, 21 janv. 1886 précité). Il semble en effet tout naturel de donner ce nom à une action par laquelle un mari cherche à se soustraire d'avance à l'effet de la présomption de paternité de l'art. 312 : elle apparaît comme un désaveu anticipé. Cependant ce langage est tout à fait inexact et mériterait d'être abandonné. En effet, ce qui caractérise l'action en désaveu, c'est l'ensemble des règles exceptionnelles dans lesquelles la loi l'a enfermée. Or tout le monde reconnaît que ces règles ne sont pas applicables à l'action dont nous parlons, ni pour ses formes, ni pour sa preuve, ni pour les délais de son exercice. La Cour de Lyon a cru signaler suffisamment ces différences en disant que cette action en désaveu est « facultative ». C'est une dénomination obscure, car le véritable désaveu n'est pas obligatoire. Mieux vaudrait s'abstenir d'employer un nom qui ne peut que provoquer des confusions. (Comp. la note de M. Flurer dans D. 87. 1. 2). En réalité l'action du mari rentre, sans nom spécial, dans la classe générale des actions en contestation d'état.

[1] L'enquête d'examen à futur avait lieu lorsque le défendeur craignait que le demandeur, en différant son action, ne le privât des moyens de faire sa preuve (*Nouveau Denizart*, t. VII, p. 674).

CHAPITRE IV

DE LA RECONNAISSANCE DES ENFANTS NATURELS

§ 1. — *Notions générales sur les preuves de la filiation naturelle.*

** **2846. Absence de toute présomption légale de paternité.** — En matière de filiation naturelle, la loi n'établit pas de présomption de paternité [1]. La paternité naturelle a donc besoin d'être *prouvée par les intéressés*, et les modes de preuve qui lui sont applicables sont les mêmes que ceux de la maternité naturelle. Par suite, il n'y a pas lieu de distinguer pour les enfants naturels, comme on le fait pour les enfants légitimes, entre la paternité et la maternité, les deux branches de la filiation se prouvant pour eux de la même manière; il y a lieu de distinguer seulement selon les différents modes de preuve qu'ils peuvent employer.

* **2847. Inutilité de l'acte de naissance pour la preuve de la filiation naturelle.** — Dans le système du Code, le moyen de preuve normal de la filiation naturelle, aussi bien pour la maternité que pour la paternité, est une *reconnaissance volontaire* émanée du père ou de la mère. Par suite, aucun texte n'a répété pour les enfants naturels ce que l'art. 319 dit pour les enfants légitimes, à savoir que leur filiation se prouve par l'acte de naissance. Rappelons qu'en réalité l'acte de naissance d'un enfant légitime prouve seulement la maternité, c'est-à-dire le fait de l'accouchement; il ne prouve ni l'identité de l'enfant, qui résulte ordinairement de la possession d'état, et qui, à défaut de possession, se prouve par témoins, ni la paternité du mari, qui est présumée par la loi. Même ainsi réduit, le rôle attribué à l'acte de naissance de l'enfant légitime est encore considérable : c'est par lui qu'on connaît la mère. L'acte de naissance d'un enfant naturel n'est pas appelé à lui rendre le même service, quand bien même la mère y serait indiquée. L'acte de naissance d'un enfant naturel prouve uniquement le fait de la naissance et sa date : un enfant, fille ou garçon, est né tel jour en tel lieu. Mais de qui? quelle est sa mère? L'acte n'a pas pour but de nous le dire. La pensée des auteurs de la loi est bien claire et bien cer-

[1] Il est permis de regretter que la présomption de paternité ait été restreinte au cas de mariage. Il y a un très grand nombre de faux ménages, où l'homme et la femme vivent maritalement dans un état de concubinage notoire, et beaucoup même réussissent dans les grandes villes à se faire passer pour mariés. Dans tous ces cas la paternité est suffisamment certaine, elle est avouée par les père et mère, et on peut dire que la loi, pour ne pas la voir, ferme les yeux à l'évidence. Le bon sens, autant que les traditions romaines et coutumières, devraient faire considérer les enfants issus du concubinage notoire comme ayant un père certain (ACCARIAS, 4e édit., t. I, no 101 ; BACQUET, *Des droits de bâtardise,* 1re partie, chap. I, no 2). Voyez ce qui est dit plus loin (no 2913) de la présomption de paternité naturelle admise en Allemagne contre celui qui a été seul à cohabiter avec la mère au temps de la conception.

taine : ils n'ont pas voulu que l'acte de naissance servît de *titre* à l'enfant naturel pour prouver sa filiation ; même de la part de la mère, une reconnaissance, c'est-à-dire un *aveu spécial*, est nécessaire. On en devrait conclure qu'ils ont refusé d'admettre l'acte de naissance, quand il indique le nom de la mère, comme un *moyen de preuve* dans les recherches de maternité naturelle ; mais la jurisprudence en a décidé autrement (ci-dessous, n° 2896).

2848. Critique du système de la loi. — Y a-t-il quelque raison pour justifier une telle différence entre les deux catégories d'enfants ? Les femmes non mariées s'entourent ordinairement de précautions mystérieuses pour cacher leur grossesse. Elles vont accoucher loin de chez elles, chez une sage-femme, à laquelle elles déclarent souvent un nom qui n'est pas le leur, de telle sorte qu'en fait la mention du nom de la mère ne mérite pas grande créance, mais c'est la loi elle-même qui facilite ces dissimulations. La maternité, même quand elle n'est pas honorable, est toujours notoire et certaine. Toutes les fois qu'il ne s'agit pas d'un enfant trouvé, la mère est connue, et le déclarant qui fait inscrire l'enfant comme né de mère inconnue commet un mensonge. La loi aurait dû exiger de lui qu'il fît connaître la mère, et de celle-ci qu'elle donnât son véritable nom. La maternité ne peut être tenue secrète que par une véritable *suppression d'état*, qui est un délit et qui mériterait d'être punie[1]. Si l'indication de la mère était obligatoire et faite sous une sanction pénale, rien n'empêcherait d'ajouter la même foi à la parole du déclarant et des témoins, quelle que fût la qualité de l'enfant, légitime ou naturel[2].

2849. Jurisprudence antérieure à 1872. — Pendant un temps la Cour de cassation, par une jurisprudence favorable aux enfants naturels, avait supprimé la différence établie par la loi entre les deux espèces de filiation, dans le rôle probatoire de l'acte de naissance. Elle avait jugé en 1853 que l'acte dans lequel la mère de l'enfant naturel est indiquée fait pleine foi de l'accouchement de cette femme et que par suite la filiation maternelle se trouve entièrement prouvée lorsque l'identité n'est pas contestée (1er juin 1853, D. 53. 1. 177, S. 53. 1. 481. Comp. 19 nov. 1856, D. 56. 1. 412, S. 57. 1. 97 ; 1er déc. 1869, D. 70. 1. 97, S. 70. 1. 101). Comme l'indication de la mère est extrêmement fréquente dans ces sortes d'actes, les enfants naturels trouvaient dans cette jurisprudence une grande facilité pour établir leur filiation, et la solution de la Cour de cassation avait été approuvée par M. VALETTE (*Explic. sommaire*, p. 185) et par M. DEMOLOMBE (t. I, n° 297 ; t. V, n° 505).

On pouvait croire ce point acquis, lorsqu'en 1872 un brusque revirement s'est produit. La Chambre civile, cassant un arrêt de Montpellier conforme à sa propre jurisprudence, a décidé que la maternité naturelle ne peut être établie que par une reconnaissance volontaire ou une déclaration judiciaire, que rien ne peut remplacer ces modes de preuve, et en particulier que l'acte de naissance, même confirmé par la possession d'état, n'équivaut pas à la reconnaissance (3 avril 1872, D. 72. 1. 113, S. 72. 1. 126 ; Paris, 11 juin 1891, D. 92. 2. 533, S. 92. 2. 213 ; Limoges, 23 nov. 1892, D. 94. 2. 319). Elle est ainsi revenue à une interprétation plus fidèle des textes et a donné raison à diverses Cours d'appel qui n'avaient jamais cessé de juger en ce sens (Pau, 28 juin 1855, D. 56. 2. 258 ; Caen, 1er mars 1860, D. 61. 2. 12). Mais on peut considérer ce triomphe de la doctrine pure comme un recul du droit français[3]. En Belgique, Laurent avait proposé d'admettre l'acte de naissance conte-

[1] On fait toutefois remarquer qu'une loi impérative augmenterait peut-être le nombre des infanticides. En Belgique, Laurent conservait à la mère la faculté de taire son nom.

[2] Il y a donc un véritable vice dans le système de la loi. Rationnellement la reconnaissance ne devrait être admise que de la part du père, parce que c'est le seul moyen de remplacer pour les enfants naturels la présomption de paternité que la loi fonde sur le mariage au profit des enfants légitimes. On verra au n° 2850 quelle est l'origine historique des reconnaissances faites par la mère.

[3] Le Premier Consul disait que l'État n'est pas intéressé à ce que la filiation des enfants naturels soit constatée. L'*intérêt* de l'État n'est ici qu'un élément secondaire ; ce qui mérite d'être pris en considération, c'est le *droit* de l'enfant naturel. La loi française se contredit elle-même : Si l'enfant naturel a des droits à exercer contre sa mère, ne doit-on pas lui donner les moyens de prouver sa filiation autant que la nature des faits s'y prête ?

nant l'indication du nom de la mère comme preuve de la maternité naturelle (*Avant-Projet*, art. 308). La jurisprudence française admet néanmoins un tempérament : si l'acte de naissance portant le nom de la mère ne remplace pas la reconnaissance proprement dite, il fait cependant preuve de l'accouchement dans les recherches en justice (ci-dessus, n° 2896).

2850. Les preuves de la filiation naturelle dans l'ancien droit français. — Nos anciens jurisconsultes ne se sont presque jamais occupés des preuves de cette sorte de filiation. Bacquet a bien écrit un « Traité de la bâtardise », d'Aguesseau une « Dissertation sur les bâtards » ; mais l'un et l'autre ne s'occupent que de la condition sociale des bâtards et de la dévolution des biens qu'ils laissent en mourant. D'autre part, on pourrait lire tout ce qui a été écrit sur le Code civil sans y trouver de renseignements historiques sur la reconnaissance des enfants naturels. La plupart des écrivains modernes traitent le Code comme s'il commençait une ère nouvelle, sans se rattacher au passé. Mais en 1869, la Faculté de Paris mit au concours l' « Histoire et la critique des règles sur la preuve de la filiation naturelle », et elle couronna le mémoire déposé par M. Baret qui a été publié en 1872 (Voyez ci-dessous, p. 920, note 1).

On ne sait à quand remonte l'usage des *reconnaissances* d'enfants naturels : on sait seulement qu'il était inconnu du droit romain [1]. Dans notre ancien droit, il n'existait aucune règle de forme pour ces reconnaissances. Il semble même qu'on n'exigeait pas un acte écrit, et qu'un aveu verbal était suffisant. Du reste, les reconnaissances émanaient surtout du père, la mère étant ordinairement connue en fait. L'usage des reconnaissances faites par les filles-mères paraît avoir eu pour cause un édit de Henri II, de février 1556 (1557 n. st.), qui ordonnait aux femmes non mariées, lorsqu'elles devenaient grosses, d'en faire la déclaration, sous peine d'être punies comme homicides si l'enfant mourait privé du baptême [2]. Cet édit, qui avait pour but d'empêcher les suppressions de part, se trouva finalement donner aux enfants naturels une preuve de leur filiation maternelle.

§ 2. — *Formes de la reconnaissance.*

** **2851. Le principe d'authenticité.** — La loi française n'admet comme reconnaissances valables que celles qui sont faites *par un acte authentique* (art. 334). On ne peut donc pas reconnaître un enfant naturel d'une manière quelconque. Cette formalité a été prescrite dans le double but d'assurer 1° la liberté de celui qui fait la reconnaissance, et 2° la conservation de la preuve au profit de l'enfant [3]. La reconnaissance d'enfant naturel est ainsi un *acte solennel*, et elle n'aurait aucune valeur si la forme authentique n'avait pas été employée.

2852. Observations critiques. — Le but poursuivi par les rédacteurs de la loi n'est atteint rigoureusement qu'à l'égard du père ; on verra au n° 2858 qu'en pratique la reconnaissance faite par la mère est parfois dispensée de l'authenticité. Il est même permis de se demander si la règle légale est justifiée pour le père. On veut assurer sa liberté dit-on ; mais cette liberté n'est pas compromise puisque le droit de contester la reconnaissance est toujours ouvert à celui qui l'a faite. L'intérêt de l'enfant est une raison plus

[1] Le droit romain ne connaît pas les reconnaissances d'enfants naturels (Cass. roumaine, 22 janvier 1896, ALEXANDRESCO, p. 9).

[2] Les déclarations de grossesse, quoique de plus en plus rares, sont restées dans les mœurs. Les recueils d'arrêts en montrent quelques-unes (Grenoble, 13 janv. 1840, D. 40. 2. 206 ; Lyon, 3 août 1851, D. 53. 2. 54 ; Colmar, 25 janv. 1859, D. 59. 2. 61 ; Lyon, 20 avril 1853, D. 54. 2. 186 ; Orléans, 18 févr. 1858, D. 58. 2. 114 ; Cass., 1er déc. 1869, D. 70. 1. 97).

[3] La reconnaissance d'un enfant naturel est un acte irrévocable. Si elle avait pu se faire par acte sous seing privé, son auteur aurait eu en fait un moyen de la révoquer en détruisant cet écrit.

sérieuse. Il faut que la preuve de sa filiation soit sûre et facile à retrouver. A ce point de vue, il serait peut-être bon d'en revenir au projet de l'an VIII, qui disait : « Toute reconnaissance doit être reportée au registre de l'état civil » (FENET, t. II, p. 67, art. 32).

Laurent admettait comme preuve de la filiation toute espèce d'écrit, pourvu qu'il fût signé (*Avant-projet*, art. 310). Le Code allemand suppose que la reconnaissance de paternité est faite « dans un document public » (art. 1718 et 1720).

** **2853. Officiers publics compétents.** — La solennité requise par la loi consiste uniquement dans la rédaction d'un acte authentique (art. 334). Aux termes de l'art. 1317, l'acte authentique est celui qui est reçu par un officier public compétent et avec les solennités requises. Les officiers publics compétents pour recevoir les reconnaissances d'enfants naturels sont de deux sortes, les officiers de l'état civil et les notaires.

1° OFFICIERS DE L'ÉTAT CIVIL. — Ils étaient tout naturellement désignés puisqu'il s'agit de dresser un acte destiné à constater la filiation d'un enfant. La reconnaissance peut être faite devant eux en même temps que la déclaration de naissance. Alors elle se trouve *contenue dans l'acte de naissance*, et cet acte constate à la fois la naissance de l'enfant naturel et l'aveu de paternité ou de maternité fait par le père ou la mère de l'enfant ; il y a un seul écrit, et deux actes juridiques. — Lorsque la reconnaissance n'a pas été faite dans l'acte de naissance, elle peut être reçue à l'état civil *par acte séparé*; elle figure alors à sa date sur les registres des naissances, et on la mentionne en marge de l'acte constatant la naissance de l'enfant reconnu. Il se peut enfin que la reconnaissance soit faite au dernier moment, en vue d'obtenir à l'enfant le bénéfice de la légitimation par le mariage de ses père et mère. On peut alors l'insérer *dans l'acte de mariage* (art. 331).

D'après le projet de Code, étaient seuls compétents pour recevoir la reconnaissance l'officier de l'état civil du lieu de la naissance de l'enfant et celui du domicile du père. Aucunes règles à cet égard ne subsistent dans le texte définitif, et elles n'avaient plus de raison d'être du moment où on étendait aux notaires le droit de recevoir ces déclarations. La reconnaissance peut donc être reçue dans une commune quelconque.

2° NOTAIRES. — D'après le projet de Code, les officiers de l'état civil avaient seuls compétence pour recevoir les reconnaissances d'enfants naturels : « Toute reconnaissance doit être portée aux registres de l'état civil », et c'est encore ce que suppose l'art. 62 au titre « Des actes de l'état civil » : « L'acte de reconnaissance sera inscrit sur les registres ». Mais quand on arriva au titre « De la filiation », quelqu'un fit remarquer que les registres de l'état civil sont publics et que cette publicité empêcherait quelquefois les parents de reconnaître leur enfant. L'observation n'était peut-être pas bien concluante, car la publicité des registres est établie pour des raisons d'ordre supérieur, devant lesquelles doivent fléchir des répugnances de ce genre ; les rapports de parenté intéressent les tiers autant que les parties elles-mêmes. Néanmoins elle parut juste, et on modifia l'art. 334 pour dire : « par acte authentique », ce qui convient également aux notaires, dont les actes restent secrets ; la communication n'en peut être obtenue que par les parties intéressées (L. 25 vent. an XI, art. 23). Il y a quelque chose de singulier dans ces « aveux » de paternité ou de maternité, faits de telle manière que la filiation *avouée* reste *cachée* [1].

Les reconnaissances faites par-devant notaire doivent être *rédigées en minute* (L. 25 vent. an XI, art. 20 et 68), c'est-à-dire que le notaire doit conserver l'original, à peine de nullité. D'autre part, la présence effective du second notaire ou des témoins instrumentaires qui le remplacent est nécessaire ; la reconnaissance d'enfant naturel est un des rares actes pour lesquels l'observation stricte de cette formalité a été maintenue par la loi du 21 juin 1843.

* **2854. Incompétence des autres officiers publics.** — Quoique les mots « acte authentique » aient une portée très large, on est d'accord pour reconnaître qu'aucun autre officier public n'a qualité pour recevoir les reconnaissances d'enfants naturels. Les *greffiers*, les *huissiers*, les *commissaires de police*, les *agents de l'ordre administratif* [2] rédigent bien des actes authentiques, mais ils ne confèrent l'authenticité qu'à ceux qu'ils rédigent dans les limites de leurs attributions. Or aucun d'eux n'a été chargé par la loi de recevoir les actes des particuliers ; cette fonction est le monopole des notaires, et, quand on a remanié la rédaction de l'art. 334, on n'a eu en vue que ces derniers. A plus forte raison ne pourrait-on pas s'adresser aux ministres des différents cultes qui n'ont même pas le caractère d'officiers publics.

* **2855. Reconnaissance faite en justice.** — Si personne n'a qualité pour faire concurrence aux officiers de l'état civil et aux notaires, quand l'auteur de la reconnaissance se présente spécialement pour en faire dresser acte, il peut cependant arriver accidentellement qu'une reconnaissance soit authentiquement constatée sans leur intervention au moyen d'un *aveu fait en justice*.

Cet aveu peut se trouver consigné dans un écrit, et quoique cet écrit n'ait pas été dressé spécialement dans le but de constater la reconnaissance, il en fait cependant pleine foi, car les juges ont qualité pour donner acte ou constater tout ce qui se passe devant eux, et les écritures des tribunaux ont au plus haut degré le caractère authentique. Les applications de ce principe sont les suivantes :

1° La reconnaissance peut être faite verbalement *à l'audience* par l'une des parties ; si la partie adverse en demande acte, le fait se trouvera *constaté par le registre d'audience*.

2° Un *magistrat chargé de l'instruction* d'une affaire criminelle peut recevoir l'aveu de paternité ou de maternité et le *consigner dans le procès-verbal* (Cass., 13 juill. 1886, D. 87. 1. 119, S. 87. 1. 65). Cependant on admet que les dépositions d'un témoin dans une procédure criminelle ne constituent pas un aveu judiciaire qui puisse plus tard lui être opposé (Cass. crim., 18 nov. 1854, D. 56. 1. 348).

3° Même solution si la reconnaissance est faite devant un *juge-commissaire* chargé d'entendre les témoins dans une *enquête civile*.

4° Ces décisions ont été tout naturellement étendues aux déclarations faites devant le *juge de paix* lorsqu'il siège comme *magistrat conciliateur*. Quand il réussit à concilier les parties, le procès-verbal qu'il dresse pour constater leurs conventions fait foi comme acte authentique de tout ce qu'il contient. Si une reconnaissance d'enfant naturel s'y trouve mentionnée, la filiation pourra être prouvée à l'aide des registres de la justice de paix ;

[1] Les idées modernes relatives à la publicité de l'état des personnes par la constitution d'un « casier civil » ont créé un courant contraire à cet état de choses. Mais les textes actuels autorisent certainement la *clandestinité de la reconnaissance*. L'art. 62 qui dit, d'une façon absolue, que la reconnaissance est *inscrite à sa date sur les registres*, est un reste du projet primitif qui faisait de la reconnaissance un acte de l'état civil et ne l'admettait pas sous d'autres formes ; il se trouve implicitement restreint par la correction faite dans l'art. 334 pour donner compétence aux notaires.

[2] Voyez un exemple de reconnaissance nulle comme contenue dans un acte d'engagement militaire (Limoges, 6 déc. 1886, D. 88. 2. 93).

on ne peut cependant pas dire qu'elle a été faite « en justice », car pendant le préliminaire de conciliation l'instance n'est pas encore ouverte.

5° La cour de Douai, allant plus loin encore, a jugé en 1861 que le *juge de paix* avait qualité pour recevoir une déclaration de paternité ou de maternité lorsqu'il préside un *conseil de famille*, et qu'elle serait régulièrement constatée par le procès-verbal de la séance, qui est un acte authentique. Mais cette dernière extension est fort douteuse.

2856. Absence de formule obligatoire. — La loi exige l'authenticité, mais elle n'impose aux particuliers aucune formule sacramentelle.

Il n'est même pas nécessaire que l'acte notarié qui contient la reconnaissance ait été spécialement dressé pour la recevoir; elle peut s'y trouver *incidemment* et même *implicitement* contenue. Telle est la déclaration faite par le père qu'il a eu des relations intimes avec la mère, à la suite desquelles elle est devenue grosse et qu'il prend à sa charge la nourriture et l'entretien de l'enfant (Cass., 2 janv. 1895, D. 95. 1. 367, S. 95. 1. 115). Tel est encore le fait de la mère qui assiste au mariage de son fils pour y donner son consentement, alors que celui-ci l'indique comme étant sa mère (Cass., 3 avril 1872, D. 72. 1. 113. Autres exemples : Cass., 24 janv. 1888, D. 88. 1. 302, S. 89. 1. 53; Amiens, 26 nov. 1891, D. 92. 2. 425). La reconnaissance peut donc résulter de simples *énonciations* contenues dans l'acte, sans faire elle-même l'objet de son *dispositif ;* il suffit que l'on constate la volonté de reconnaître l'enfant.

*** 2857. Nullité radicale des reconnaissances sous seing privé.** — Il résulte de l'art. 334 qu'une reconnaissance faite dans un acte sous seing privé n'a, comme telle, aucune valeur. Elle n'est pas susceptible de confirmation, et ne deviendrait pas efficace par son *dépôt* chez un notaire, ni par sa *vérification* en justice, alors même que son auteur aurait volontairement reconnu sa signature. Le dépôt chez le notaire ne confère pas à l'acte déposé l'authenticité ; il en assure seulement la conservation ; quant à la reconnaissance de la signature en justice, elle n'équivaut pas à l'aveu des faits constatés dans l'écrit. — Il en serait toutefois autrement si l'acte de dépôt rédigé par le notaire relatait lui-même la reconnaissance de l'enfant, ou si, outre la reconnaissance de signature, il y avait eu aveu en justice de la filiation de l'enfant : alors la reconnaissance aurait été *réitérée* et revêtue à la seconde fois d'une authenticité suffisante.

**** 2858. Exception relative à la mère.** — La loi exige donc l'authenticité de la reconnaissance, mais la jurisprudence a trouvé le moyen d'en dispenser la mère dans un cas particulier. La règle légale sur la *forme* des reconnaissances cesse de lui être applicable lorsque le père a reconnu l'enfant avant elle et qu'il l'a *désignée dans l'acte.* En pratique cette désignation de la mère par le père se rencontre surtout dans les reconnaissances anticipées faites par le père avant la naissance de l'enfant : il n'y a pas alors d'autre moyen d'indiquer l'enfant auquel la reconnaissance s'applique que de désigner la femme qui est grosse de lui. La jurisprudence dispense alors la mère de l'obligation d'employer la forme authentique (Nîmes, 15 févr. 1887, S. 87. 2. 172 ; Cass. Belgique, 6 juill. 1888, D. 89. 2. 236).

Cette décision est une suite de l'interprétation que les arrêts donnent de l'art. 336, interprétation dont l'inexactitude sera démontrée plus loin (n° 2860). Aux termes de cet article, « la reconnaissance faite par le père, sans l'indication et l'aveu de la mère, n'a d'effet qu'à l'égard du père ». Sur ce texte la jurisprudence fait un raisonnement par *a contrario :* la reconnaissance faite par le père produit effet à l'égard de la mère, lorsqu'elle est faite *avec l'indication et l'aveu de celle-ci*. *L'indication* de la mère, nous la supposons par hypothèse contenue dans l'acte, et elle vient du père ; l'*aveu* viendra de la mère et s'y joindra plus tard, et il pourra se faire sous une forme quelconque, puisque la loi n'en exige spécialement aucune. Ce pourra être un aveu contenu dans un acte écrit ordinaire, dans une *lettre missive* par exemple; ce pourra être aussi un aveu *tacite*, résultant de la conduite de la mère, des soins qu'elle a donnés à l'enfant, etc. En d'autres termes, il suffit que la mère ratifie d'une manière ou d'une autre la désignation faite d'elle par le père; l'enfant sera tenu pour reconnu par elle, sans qu'il y ait besoin de faire dresser un nouvel acte (Liège, 7 janv. 1893, D. 94. 2. 493). — On voit maintenant en quoi consiste l'effet attaché par la jurisprudence à la désignation de la mère par le père. Cette désignation n'a point d'utilité, tant qu'elle reste isolée ; elle ne prouve pas à elle seule la filiation maternelle ; elle ne peut même pas servir de commencement de preuve écrite pour la recherche en justice : mais que la mère la confirme d'une manière quelconque, qu'à l'*indication* de son nom faite par le père elle joigne un *aveu* de sa part, et voilà la filiation de l'enfant complètement prouvée, même à l'égard de la mère. — On verra plus loin (n° 2860) ce qu'il faut penser de ce sens donné aux mots « l'aveu de la mère » dans l'art. 336. C'est un des nombreux moyens détournés employés par la jurisprudence pour tempérer la rigueur du Code sur les preuves de la filiation naturelle.

§ 3. — *Par qui la reconnaissance peut être faite.*

* **2859. Caractère de la reconnaissance.** — La reconnaissance d'un enfant naturel est un acte éminemment personnel ; c'est un *aveu* qui ne peut émaner que du père pour la filiation paternelle, et de la mère pour la filiation maternelle, ou de leur fondé de pouvoir. Toute autre personne est à cet égard sans qualité. Ni les parents ni le tuteur de la personne à laquelle appartient l'enfant ne peuvent le reconnaître sans mandat spécial de sa part ; chacun des deux parents de l'enfant ne peut faire la reconnaissance que pour lui et non pour l'autre. Après la mort du père naturel ou de la mère naturelle, ses héritiers ne peuvent pas reconnaître l'enfant (Paris, 11 juin 1891, D. 92. 2. 533, S. 92. 2. 213).

Les deux parents peuvent reconnaître l'enfant *en même temps* ou *séparément*. La reconnaissance faite par l'un d'eux lui est personnelle et ne produit d'effets que contre lui ; elle reste sans effets à l'égard de l'autre, alors même que celui qui a reconnu l'enfant aurait en même temps indiqué l'autre parent. Tel est le principe, et son application devrait être absolue. Toutefois la jurisprudence, approuvée par quelques auteurs, y apporte une dérogation. Voyez le nº suivant.

2860. Solution exceptionnelle concernant la mère. — D'après les arrêts, l'indication de la mère, faite par le père quand il reconnaît son enfant, a une certaine valeur à l'égard de la mère et facilite la preuve contre celle-ci ; la portée des effets que la jurisprudence attache à cette indication a déjà été expliquée plus haut d'une manière précise à propos des *formes* de la reconnaissance (nº 2858). Il reste à en déterminer les motifs.

Pour justifier sa solution, la jurisprudence s'appuie sur l'art. 336 ainsi conçu : « La reconnaissance du père, sans l'indication et l'aveu de la mère, n'a d'effet qu'à l'égard du père ». Donc, dit-on, la reconnaissance du père *avec l'indication et l'aveu de la mère* a effet même à l'égard de celle-ci. — Il est facile de détruire le principe même de cette jurisprudence en démontrant le véritable sens de l'art. 336. On s'était demandé, dans la préparation du Code, s'il convenait de permettre au père de se faire connaître sans que la mère confirmât sa reconnaissance. On craignait que le premier venu ne s'attribuât la paternité d'un enfant dont la mère n'aurait eu aucune relation avec lui. N'y aurait-il pas scandale à voir plusieurs reconnaissances d'un même enfant de la part de ceux qui ont eu en même temps des rapports avec sa mère? La section de législation avait donc proposé de dire : « *Toute reconnaissance du père seul, non avouée par la mère, sera de nul effet* », mais on reconnut qu'il serait dangereux de subordonner la reconnaissance du père à l'aveu de la mère : celle-ci est peut-être morte, absente ou folle; même sans cela, bien des raisons peuvent l'empêcher d'avouer sa maternité. On proposa alors une nouvelle rédaction : « *La reconnaissance du père, si elle est désavouée par la mère, sera de nul effet.* » Finalement cette faculté laissée à la mère de détruire péremptoirement la reconnaissance du père parut elle-même dangereuse et on se mit d'accord pour décider que chacun des deux parents pourrait reconnaître librement l'enfant malgré le silence ou l'opposition de l'autre. L'art. 336 est le résultat de cette discussion. La rédaction primitivement arrêtée était celle-ci : « *La reconnaissance d'un enfant naturel n'aura d'effet qu'à l'égard de celui qui l'aura reconnu.* » Cette formule a été remplacée par celle qui est reproduite plus haut, sans que la discussion ait été ouverte de nouveau sur la question. Nous devons donc croire que le sens n'a pas changé et que le texte veut dire que la reconnaissance du père peut avoir lieu sans la volonté de la mère et même sans que celle-ci soit connue. Il suffit de comparer le texte de l'article actuel avec les premières formes du projet pour se convaincre que l'« aveu » dont il y est question est l'aveu, *fait par la mère*, que l'auteur de la reconnaissance est bien le père de l'enfant.

2861. Capacité nécessaire pour reconnaître un enfant naturel. — La loi n'en a pas parlé. Par suite du silence des textes, il est admis que la reconnaissance faite par un incapable est efficace, pourvu qu'il comprenne ce qu'il fait. Ainsi une reconnaissance peut être faite :

1º Par une *femme mariée*, sans l'autorisation de son mari (arg. art. 337) ;

2º Par un *mineur*, même non émancipé, sans l'assistance de son tuteur ou de son curateur ;

3º Par un *interdit* pendant un intervalle lucide[1].

Si l'incapacité juridique produisait ici son effet ordinaire, elle empêcherait complètement la reconnaissance de l'enfant, car c'est un de ces actes

[1] A plus forte raison le prodigue et le faible d'esprit qui sont simplement pourvus d'un conseil judiciaire peuvent-ils reconnaître un enfant naturel (Caen, 26 avril 1887, S. 87. 2. 125).

pour lesquels il est impossible d'admettre la substitution de la volonté d'autrui à celle de l'incapable. La reconnaissance doit être l'œuvre d'une volonté libre et personnelle ; elle doit émaner directement de la personne qui la fait, et on ne peut la subordonner à la volonté d'un tiers. Voyez cependant les observations de LAURENT, *Principes*, t. IV, n°s 36 à 41.

2862. Reconnaissance par mandataire. — Celui qui veut reconnaître un enfant naturel peut faire dresser l'acte de reconnaissance par l'intermédiaire d'un mandataire. Mais il faut que ce mandataire soit porteur d'une procuration *spéciale* et *authentique* (notariée) (Arg. art. 36 C. civ. et L. 21 juin 1843, art. 2). Le mandat peut être révoqué tant que l'acte de reconnaissance n'a pas été signé par le mandataire. La reconnaissance une fois faite est irrévocable; mais le mandat donné pour la faire ne vaut pas à lui seul reconnaissance, et il est révocable comme tout autre mandat, jusqu'à exécution.

§ 4. — *Quels enfants peuvent être reconnus.*

A. — Enfants non actuellement vivants.

***2863. Reconnaissance d'un enfant non encore né.** — La reconnaissance peut avoir lieu *à toute époque;* elle peut se faire même *avant la naissance* de l'enfant, pendant la grossesse de la mère, lorsque le père, par exemple, craint de mourir avant la naissance de son enfant. Il est vrai qu'alors l'acte se fait au profit d'une personne qui n'existe pas encore; mais c'est le cas d'appliquer la maxime: « Infans conceptus pro nato habetur », puisqu'il y va de l'intérêt de l'enfant. Voyez-en une application dans Cass., 13 juill. 1886, D. 87. 1. 119, S. 87. 1. 65.

***2864. Reconnaissance d'un enfant déjà mort.** — La reconnaissance peut également avoir lieu *même après la mort de l'enfant.* Cette reconnaissance posthume ne souffre pas de difficulté *quand l'enfant naturel a laissé lui-même des enfants légitimes:* ceux-ci en profiteront, car ils pourront désormais succéder à leur grand-père naturel (art. 332 et 759). Il y a doute, au contraire, lorsque l'enfant naturel est *décédé sans postérité.*

La reconnaissance dont il est l'objet après sa mort n'a d'autre utilité que de donner à ses père et mère le droit de lui succéder[1]. Elle se présente dès lors sous un jour peu favorable, car elle est inspirée par une pensée intéressée. Son auteur a gardé le silence, tant que l'enfant a vécu ; il se fait connaître seulement quand il y a un bénéfice à recueillir et qu'il n'y a plus de charges à accepter. On fait, en outre, intervenir les règles de la légitimation : d'après l'art. 332, la légitimation n'est plus possible lorsque l'enfant est décédé sans postérité (En ce sens C. Cass. de Florence, 12 janv. 1885 et ch. réunies, 6 juill. 1886, S. 85. 4. 48, et 86. 4. 22). Mais en France la jurisprudence, après quelques hésitations (Paris, 26 avril 1852, D. 53. 2. 181, S. 52. 2. 525), a fini par se prononcer en faveur de la validité de la reconnaissance, alors même qu'elle serait faite dans le but de succéder à l'enfant décédé (Lyon, 26 févr. 1875 et Paris, 6 mai 1876, S. 77. 2. 18 et 19; Poitiers, 27 déc. 1882, D. 83. 2. 120, S. 83. 2. 188). Il y a, en effet, une grande différence entre la reconnaissance et la légitimation, et de ce que l'une est impossible on ne peut pas conclure que l'autre le soit

[1] Il en est ainsi d'ordinaire. Cependant on a vu une mère reconnaître son fils naturel tué à l'ennemi pour exempter un autre fils du service militaire (Caen, 28 mai 1858, S. 58. 2. 535).

également : la légitimation est un *bénéfice* qui a pour but de conférer un *droit nouveau* à l'enfant ; elle n'a donc plus de raison d'être s'il est mort sans laisser de postérité. Au contraire la reconnaissance est *déclarative ;* elle constate un lien naturel, une parenté, qui produit des effets utiles pour les parents aussi bien que pour l'enfant ; c'est la *preuve d'un fait antérieur*. On comprend donc qu'elle puisse intervenir à un moment où l'enfant n'en peut plus profiter et quoiqu'il n'ait pas de représentants. Enfin on peut dire que cette reconnaissance est permise par cela seul que la loi ne l'a pas défendue.

B. — Enfants adultérins ou incestueux.

****2865. Prohibition de la reconnaissance des enfants adultérins et incestueux.** — Aux termes de l'art. 335, la reconnaissance ne peut avoir lieu « au profit des enfants nés d'un commerce incestueux ou adultérin ». Cette prohibition est fondée sur une raison morale ; la loi française considère comme un scandale la révélation dans un acte public d'un fait aussi immoral que l'adultère ou l'inceste.

Cependant, en Allemagne, on ne fait pas cette différence entre l'enfant adultérin ou incestueux et le naturel simple.

** **2866. Sanctions de la prohibition.** — Les conséquences de la prohibition écrite dans l'art. 335 sont au nombre de deux :

1° Le *refus de l'officier public de dresser l'acte*, lorsque le caractère adultérin ou incestueux de la filiation lui est connue ou ressort des déclarations qui lui sont faites. En disant que la reconnaissance « ne peut avoir lieu », le Code ordonne implicitement aux officiers publics, qui doivent toujours agir conformément à la loi, de ne pas prêter leur ministère à un acte illégal.

2° La *nullité de la reconnaissance*. Il peut arriver que l'officier public ignore la vérité ou qu'il soit de connivence avec les parties et qu'il reçoive la reconnaissance ; le plus souvent l'auteur de cette reconnaissance se garde bien de lui faire connaître la situation. En pareil cas, la reconnaissance est nulle lorsqu'il est légalement établi que l'enfant reconnu est né d'un inceste ou d'un adultère. La nullité n'est pas expressément prononcée par la loi ; mais on sait qu'elle est la sanction normale des textes qui prohibent un acte juridique (voy. ci-dessus, n° 337).

* **2867. Conséquences de la nullité.** — La reconnaissance, étant nulle, ne produit *aucun effet, ni en faveur de l'enfant ni contre lui.* Ainsi, d'une part, l'enfant ne peut pas s'en faire un titre pour réclamer des aliments à ses parents, et, d'autre part, personne ne peut s'en servir pour faire réduire les libéralités qu'il aurait reçues d'eux.

2868. Condition d'application de la nullité. — La sévérité de la loi qui annule la reconnaissance ne reçoit d'ordinaire qu'une *demi-application*, car elle n'empêche la reconnaissance que de la part d'un seul des parents. En effet, si l'enfant est adultérin, celui des deux qui est libre peut le reconnaître, et sa reconnaissance est valable : si l'enfant est incestueux, l'un d'eux, soit le père, soit la mère, peut faire également une reconnaissance isolée : l'autre parent restant inconnu, rien ne viendra révéler l'adultère ou l'inceste, e l'enfant jouira envers le parent qui l'a reconnu de tous les droits d'un enfant naturel simple. Bien plus : si l'autre parent le reconnaissait à son tour, cette reconnaissance, frappée de nullité par l'art. 335, ne pourrait pas nuire à l'enfant dont la situation resterait intacte. Pour que la prohibition de l'art. 335 annule à la fois les deux reconnaissances, il faut supposer qu'elles ont été faites par un seul et même acte. Par exemple, deux personnes, parentes entre elles au degré prohibé, reconnaissent ensemble l'enfant né de leurs relations incestueuses ; ou bien la reconnaissance est faite en même temps par une femme libre et un homme marié ou inversement (Trib. d'Arcis-sur-Aube, 23 févr. 1893, D. 93. 2. 564 ; Cass., 17 juill. 1900, D. 1900. 1. 558).

L'application de l'art. 335 à une reconnaissance isolée est beaucoup plus fréquente. Par exemple, lorsque l'enfant a déjà été reconnu par un parent de l'auteur de la reconnaissance : la seconde est nulle ; ou lorsqu'il s'agit d'un enfant adultérin désavoué par le mari de la mère : le père de l'enfant ne peut pas reconnaître cet enfant qui est adultérin. On voit encore la nullité résulter de cette circonstance que le père, en déclarant sa paternité, attribue l'enfant à une femme mariée avec un autre homme (Cass., 1er mai 1861, D. 61. 1. 241, S. 61. 1. 486) ou lorsque la mère attribue la paternité de l'enfant à un homme marié avec une autre femme (Cass., 29 janv. 1883, D. 83. 1. 319, S. 84. 1. 73). En pareil cas la jurisprudence applique à cette déclaration complexe le principe de *l'indivisibilité de l'aveu* : le déclarant avoue lui-même que l'enfant est adultérin, il ne peut pas diviser son aveu. Dès lors sa déclaration est frappée de nullité, même en ce qui le concerne [1].

§ 5. — *Résultats de la reconnaissance.*

***2869. Confusion à éviter.** — Il importe de se mettre en garde contre une erreur que l'on commet presque toujours : on parle des « effets » de la reconnaissance. La reconnaissance d'un enfant naturel ne produit pas d'*effets* ; ce n'est pas un *acte*, dans le sens « d'opération », de « negotium », produisant des conséquences juridiques ; elle n'est qu'un *moyen de preuve* destiné à constater un fait, la filiation d'un enfant, et c'est ce fait, quand il est légalement prouvé, qui produit divers effets de droit. Ces effets semblent résulter de la reconnaissance, parce qu'elle est la *condition de leur réalisation* ; ils résultent en réalité du rapport de parenté constaté par la reconnaissance.

***2870. Rétroactivité de la reconnaissance.** — Les prétendus effets de la reconnaissance étant en réalité ceux de la filiation, il en résulte qu'ils se produisent non pas seulement à compter du jour de la reconnaissance, mais à compter du jour de la naissance de l'enfant, et même, en sa faveur, du jour de la conception. Ainsi l'incapacité de recevoir à titre gratuit (art. 908) s'appliquera même à une donation faite à l'enfant par son père ou par sa mère avant la reconnaissance (Dijon, 18 déc. 1891, D. 92. 2. 217, S. 92. 2. 44. — Comp. Cass., 22 janv. 1884, D. 84. 1. 117, S. 84. 1. 227 ; Orléans, 5 févr. 1885, D. 86. 2. 166, S. 85. 2. 152).

***2871. Portée absolue de la reconnaissance.** — La reconnaissance est un mode de preuve d'une valeur générale, opposable ou profitable

[1] MM. Aubry et Rau ont proposé une distinction. D'après eux (t. VI, § 572, texte et notes 4 et 6), l'indication du prétendu père de l'enfant, faite par la mère, serait dénuée de toute valeur légale, comme étant absolument interdite par la loi qui n'admet pas la recherche de la paternité. Elle ne devrait donc pas entraîner la nullité de la reconnaissance faite par la mère, puisqu'il faut la considérer comme non écrite. Au contraire, quand c'est le père qui indique la mère de l'enfant, cette indication est permise (art. 336) ; elle a, d'après la jurisprudence, des effets juridiques ; on doit donc en tenir compte. Comp. Richefort, *Traité de l'état des familles*, t. II, n° 323.

à tous: c'est un *acte de l'état civil* et non un jugement. Il est désormais vrai pour tout le monde que l'enfant a pour père ou pour mère celui ou celle qui l'a reconnu. L'enfant peut s'en faire un titre contre tous pour faire valoir ses droits, et à l'inverse toute personne peut lui opposer la reconnaissance dont il a été l'objet, quand il s'agit de son incapacité de recevoir.

** **2872. Exception apparente pour les reconnaissances faites pendant le mariage.** — On signale, il est vrai, une exception dans l'art. 337, d'où il semble résulter que la reconnaissance faite par une personne mariée, d'un enfant naturel né d'une autre personne que de son conjoint, ne peut être opposée ni au conjoint ni aux enfants issus du mariage.

Cette disposition sera expliquée plus loin (nos 2879 et suiv.). Le législateur commet ici la confusion signalée plus haut : il attribue à la reconnaissance les effets de la filiation. La *force probante* de la reconnaissance — qui est son seul effet — n'est pas *amoindrie* par l'art. 337 : ce sont les droits de l'enfant naturel qui souffrent une diminution grave dans l'intérêt de la famille légitime. Mais il n'en est pas moins acquis, même à l'égard de l'autre conjoint et des enfants nés du mariage, que la personne reconnue est l'enfant naturel de l'auteur de la reconnaissance, et par suite ils pourraient se prévaloir contre lui des incapacités qui le frappent.

** **2873. Destruction de la reconnaissance par la preuve contraire.** — La preuve de la filiation, qui résulte de la reconnaissance, n'est pas une preuve irréfutable : loin de là. La preuve contraire est, en effet, *toujours admissible* lorsque la reconnaissance est contraire à la vérité (art. 339). On peut donc prétendre que la reconnaissance n'est pas sincère ; qu'elle émane d'une personne qui n'est pas le véritable père ou la véritable mère ; que, par suite, elle attribue à l'enfant une fausse filiation.

La preuve de la fausseté de la reconnaissance se fait par tous les moyens propres à prouver que l'enfant n'appartient pas à celui qui l'a reconnu. Les témoignages et les simples présomptions sont reçus, sans condition d'écrits ou de commencement de preuve par écrit.

* **2874. Personnes autorisées à contester la reconnaissance.** — Le droit de critiquer la reconnaissance est expressément accordé par la loi à « tous ceux qui y ont intérêt » (art. 339). La loi ne distingue pas selon que cet intérêt est *pécuniaire* ou non ; il est souvent purement *moral*. Ainsi, pourront attaquer la reconnaissance :

1° L'*enfant lui-même*, qui a évidemment intérêt à établir sa véritable filiation. Cet intérêt existe indépendamment de toute question de succession.

2° L'*auteur de la reconnaissance*. A son égard, il y a eu quelque difficulté. On est tenté de lui refuser le droit d'attaquer la reconnaissance, car il a avoué sa paternité ou sa maternité, et cet aveu est irrévocable. Le texte lui-même semble supposer que la contestation est soulevée par l'enfant ou par des tiers, et dirigée contre l'auteur de la reconnaissance. Tel est l'avis de M. Demolombe, qui nie ce droit de rétractation. — Il y a cependant une raison décisive pour permettre à l'auteur même de la reconnaissance de la contester lorsqu'elle est mensongère : c'est que l'état est d'ordre public, et qu'un mensonge ne peut pas attribuer à quelqu'un, à titre définitif, une fausse paternité ou maternité. Il n'y a ici aucune dérogation à l'irrévocabilité de l'aveu, car *contester* n'est pas *rétracter*. Il ne s'agit pas de révoquer, par une simple déclaration, un aveu conforme à la vérité ; mais de démontrer la fausseté d'une allégation ; ce prétendu aveu n'en est même pas un, car on n'*avoue* pas un fait qui n'a jamais eu lieu. — L'expérience a montré combien cette solution était nécessaire. Un tout jeune homme, sortant du collège Henri-IV, fit la connaissance d'une femme qui avait un enfant déjà âgé de quatre ans. Par faiblesse il se reconnut le père de cet enfant, né plusieurs années avant qu'il n'eût connu la mère. La cour de Lyon reçut son action en contestation de la reconnaissance (Lyon, 13 mars 1856, D. 56. 2. 232, S. 56. 2. 586).

3° La personne qui prétend être elle-même *le véritable père* ou *la véritable mère* de l'enfant. L'intérêt moral est pour elle évident, et l'intérêt pécuniaire peut naître d'un moment à l'autre. Il est possible que les prétentions des deux adversaires soient contradictoires : par exemple, quand l'enfant est réclamé à la fois par deux personnes du même sexe, qui affirment toutes deux être son père ou sa mère ; mais cela n'est pas nécessaire pour que l'action soit recevable. Lorsque les deux prétentions peuvent se concilier, parce que les deux personnes qui revendiquent l'enfant comme le leur sont de sexe différent, l'intérêt de celui qui est le véritable parent est encore assez sérieux pour l'autoriser à contester une paternité ou une maternité usurpée.

4° Les *héritiers de l'auteur de la reconnaissance*. Ils ont un intérêt pécuniaire à écarter l'enfant de la succession, car la loi lui accorde des droits considérables (art. 757), mais ceci suppose que l'auteur de la reconnaissance est décédé.

On a dit à tort que la jurisprudence leur reconnaît le droit d'agir même pour un simple intérêt moral. L'arrêt allégué (Cass., 20 avril 1885, D. 86. 1. 23, S. 86. 1. 313) vise une légitimation critiquée comme résultant d'un mariage nul, et non une reconnaissance critiquée comme fausse ; la filiation de l'enfant n'était pas contestée.

5° Les *donataires* ou *légataires* de l'auteur de la reconnaissance. Leur intérêt est pécuniaire : ils cherchent à échapper à l'action en réduction que l'enfant reconnu peut diriger contre eux.

6° Les *autres enfants naturels* nés du même auteur. Les frères et sœurs naturels se succèdent entre eux ; ils peuvent avoir intérêt à écarter un participant supplémentaire, dont le titre leur paraît faux.

2875. Procédure. — L'action doit être dirigée à la fois contre l'enfant et contre la personne qui l'a reconnu, de façon que le jugement leur soit opposable à tous deux ; sans cela l'autorité relative de la chose jugée obligerait à recommencer le procès contre celui qui n'aurait pas été mis en cause. Dans la pratique, quand l'enfant est mineur, on lui nomme un tuteur *ad hoc*, par imitation de ce qui se passe dans le cas de désaveu. Mais, cette nomination d'un tuteur spécial n'étant pas exigée par la loi, le procès pourrait s'engager avec le tuteur de l'enfant s'il en avait un.

2876. Imprescriptibilité de l'action. — L'action en contestation ouverte contre la reconnaissance est imprescriptible : le mensonge ne peut pas créer l'état d'une personne et donner au bout de trente ans un enfant à qui n'en a jamais eu. Toutefois lorsque l'action en contestation se fonde sur un intérêt pécuniaire, elle n'est ouverte qu'autant que cet intérêt n'est pas lui-même prescrit.

2877. Fins de non-recevoir. — Aucune fin de non-recevoir spéciale ne peut être opposée à la demande. L'existence d'une possession d'état conforme à la reconnaissance n'empêcherait pas l'action de se produire. L'art. 322, qui établit cette fin de non-recevoir, est spécial à la filiation légitime (Cass., 12 févr. 1868, D. 68. 1. 60, S. 68. 1. 165 ; Toulouse, 2 févr. 1884, D. 85. 2. 227, S. 85. 2. 56). La jurisprudence antérieure était en sens contraire (Paris, 10 mai 1851, D. 53. 1. 177, S. 51. 1. 225 ; Aix, 30 mai 1866, D. 66. 2. 201, S. 67. 2. 73).

** **2878. Irrévocabilité de la reconnaissance.** — Une fois faite, la reconnaissance est irrévocable, comme tout aveu.

Cette irrévocabilité, en elle-même, ne fait pas l'ombre d'une difficulté, mais son application devient douteuse lorsque la reconnaissance se trouve contenue dans un acte révocable comme un *testament*. Cela est possible, si le testament a été fait dans la forme notariée ; la reconnaissance qu'il renferme satisfait alors à l'art. 334 qui exige l'authenticité. Or le testament est, par son essence, un acte révocable à volonté : tant que vit le testateur, ce n'est qu'un projet, et il ne produit d'effet que par sa mort. Il y a donc lutte entre deux principes contraires ; aussi les avis sont-ils très partagés. Pour soutenir que la reconnaissance reste irrévocable, quoiqu'elle soit contenue dans un testament, et pour lui conserver sa valeur même après la révocation du testament, on dit : il y a deux actes juridiques distincts contenus dans le même acte écrit : un testament, c'est-à-dire l'acte par lequel une personne dispose de ses biens pour le temps où elle ne sera plus, et une reconnaissance d'enfant naturel. De ces deux actes, l'un est révocable, l'autre ne l'est pas. La reconnaissance a beau être écrite sur le même papier que le testament, elle n'en fait pas partie. Le raisonnement paraît décisif, et l'on cite en ce sens quelques arrêts anciens. Le plus récent est de 1829. On peut ajouter encore cette considération : ce n'est pas seulement quand elle est écrite dans un *testament* que la reconnaissance peut survivre à toutes les clauses qui l'entourent; il en est de même quand elle est insérée dans un *contrat de mariage*, et que le mariage projeté se trouve ensuite rompu. Le contrat rédigé en vue de ce mariage devient inutile faute d'objet, mais de l'avis général la reconnaissance subsiste parce que son utilité propre n'était pas subordonnée à la réalisation du mariage. Seulement, si on admet ce système, il faut en admettre toutes les conséquences ; il faut autoriser l'enfant naturel à se servir de la reconnaissance dont il a été l'objet *du vivant même du testateur* pour lui demander, par exemple, une pension alimentaire. On recule en général devant cette conséquence : il est inadmissible qu'une clause d'un testament puisse recevoir son exécution avant la mort du testateur. Ce serait le renversement de toutes les règles. Cela seul suffirait à prouver qu'on fait fausse route. Si cette conséquence est inadmissible, c'est que le principe est faux. — On ferait mieux d'admettre avec M. Demolombe la solution contraire. Rien de ce qui est écrit dans le testament ne peut être *acquis* pour personne. Tout ce qui s'y trouve déposé appartient encore à son auteur, et à lui seul. Son testament, c'est sa pensée intime, écrite, il est vrai, mais pour rester secrète. Tant qu'il est vivant, il en est aussi maître que si elle était restée sans manifestation extérieure ; il ressemble en cela à l'auteur d'un ouvrage non publié. L'écriture n'est qu'une précaution prise pour éviter que l'affaiblissement ne l'empêche, aux derniers moments de sa vie, de manifester sa volonté. La reconnaissance est réputée faite par acte de *dernière volonté*. Tant qu'il vit elle n'est pas faite encore. On peut comparer le testament à la *procuration notariée* donnée à l'effet de reconnaître l'enfant : quoique le fait de la paternité s'y trouve énoncé, cette énonciation ne vaut pas reconnaissance, parce qu'elle se trouve émise dans une forme conditionnelle et révocable, et non à l'état de volonté définitive et sûre d'elle-même (Comp. Demolombe, t. IV, n° 455). Laurent aurait voulu consacrer cette opinion : « La révocation du testament entraîne celle de la reconnaissance qu'il contient » (*Avant-projet*, art. 317).

§ 6. — *Réduction des droits de l'enfant naturel reconnu pendant le mariage.*

A. — Explication de la disposition de l'art. 337.

** **2879. A quel principe il y a dérogation.** — En général les effets de la filiation naturelle, quand elle est régulièrement prouvée, sont toujours identiques à eux-mêmes ; l'enfant reconnu a toujours les mêmes droits, de sorte que l'on peut dire, en employant le langage courant, que *les effets de la reconnaissance sont indépendants de l'époque à laquelle elle est faite.* C'est à ce principe que vient déroger l'art. 337 en décidant que la reconnaissance d'un enfant naturel faite pendant le mariage par l'un des époux ne peut pas « nuire à l'autre époux ni aux enfants nés du mariage ». Il faut bien comprendre en quoi consiste ici la dérogation au principe. Cette reconnaissance intempestive n'est pas *nulle* ; elle constate régulièrement et définitivement la filiation de l'enfant; elle n'aura donc pas besoin d'être refaite après la dissolution du mariage. Tout ce que la loi a voulu, c'est que l'enfant ne pût pas s'en faire un titre *nuisible à la famille légitime*, mais il lui est permis de l'opposer à tous autres, et même, si le mariage se dissout par la mort de l'autre conjoint et sans qu'il en reste d'enfants, les droits de l'enfant naturel ne subissent point de diminution.

* **2880. Motif de la sévérité de la loi.** — La loi prévoit le cas où une personne ayant un enfant naturel non encore reconnu, se marie avec une tierce personne à laquelle l'enfant est étranger, et sans lui avouer l'existence de cet enfant; puis elle le reconnaît au cours du mariage. On a pensé qu'il y avait là un manque de loyauté, une sorte de violation de la foi promise au conjoint. Lorsque celui-ci s'est marié pour fonder une famille légitime, il a dû croire que rien ne viendrait réduire les droits de ses enfants ou les siens propres, et voilà qu'un enfant naturel, inconnu de lui auparavant, vient lui enlever l'espoir de succéder à son conjoint (art. 760), ou diminuer la part des enfants nés du mariage (art. 758), sans parler de bien d'autres conséquences moins graves qui peuvent résulter de l'existence d'un enfant naturel ! C'est contre cette surprise que la loi a voulu protéger la famille légitime.

****2881. Inefficacité relative de la reconnaissance.** — Qu'a fait le législateur pour atteindre son but? Il n'a pas frappé la reconnaissance d'une *nullité* complète et véritable, mais bien d'une *simple inefficacité relative*. Le texte porte, en effet, que la reconnaissance « ne peut pas nuire ni au conjoint ni aux enfants nés du mariage ». Cela signifie que l'enfant, bien que reconnu, ne pourra pas *faire valoir ses droits aux dépens du conjoint et des enfants légitimes*, que la loi veut protéger contre lui. Toutes les fois que le droit réclamé par lui nuirait à ces personnes, il se trouvera paralysé.

* **2882. Applications.** — Les diverses restrictions que subissent ainsi les droits de l'enfant naturel par application de l'art. 337 sont assez nombreuses. Comme exemples nous citerons seulement les cas les plus faciles à comprendre, ceux qui contiennent les *principales applications* de la règle.

1° *Droit de succession.* — Supposons que l'époux, duquel émane la reconnaissance, vienne à mourir. S'il y a un ou plusieurs enfants légitimes nés du mariage, l'enfant naturel qui d'ordinaire concourt avec ses frères ou sœurs légitimes, sera entièrement exclu, comme s'il n'avait pas été reconnu, car sa présence nuirait aux enfants légitimes en diminuant leurs parts.

S'il n'y a pas d'enfants nés du mariage, ni aucun autre parent au degré successible, le conjoint survivant, qui était désintéressé dans l'hypothèse précédente, devient alors l'adversaire de l'enfant naturel : au lieu d'être entièrement primé par lui conformément à l'art. 760, c'est lui qui exclura l'enfant de la succession parce que le défunt sera réputé mort sans enfants et on appliquera l'art. 767 qui défère la succession entière au conjoint survivant [1].

2° *Droit de faire réduire les libéralités reçues par le conjoint.* — Marcadé a soutenu que

[1] Un très léger doute est né sur cette hypothèse, à cause de l'al. 2 de l'art. 337, qui porte que la reconnaissance « produira son effet après la dissolution du mariage, s'il n'en reste pas d'enfants ». Cela n'a pas été écrit pour exclure le conjoint survivant qui se trouve en conflit avec l'enfant naturel, car cela serait en contradiction avec le commencement de l'article, qui fait bénéficier le conjoint de la même protection que les enfants légitimes. Le législateur n'a pas pensé au cas assez rare où il n'existe aucun parent au degré successible et où la succession est dévolue au conjoint survivant. Dans les cas ordinaires, quand il n'y a pas d'enfants du mariage, le conjoint est sans droit parce qu'il est exclu de la succession par d'autres parents ; c'est à ces cas-là que le législateur a songé (Cass., 28 mai 1878, D. 78. 1. 401, S. 79. 1. 337).

l'art. 337 n'empêchait pas l'enfant naturel reconnu pendant le mariage de faire réduire les libéralités faites par son auteur à l'autre conjoint survivant, tout au moins lorsque ces libéralités n'ont pas été faites par contrat de mariage. Sa raison est que le conjoint n'a pas reçu ces libéralités en sa qualité de conjoint. C'est déplacer la question : il ne s'agit pas de savoir d'où viennent, *pour le conjoint*, les droits auxquels la reconnaissance de l'enfant va porter atteinte, mais bien d'où vient, *pour l'enfant*, le droit d'agir contre le conjoint. Or l'action en réduction est accordée par la loi aux héritiers réservataires ; l'enfant naturel agit donc en sa qualité d'enfant reconnu, il tient son action de la reconnaissance dont il a été l'objet ; cela suffit pour écarter sa prétention de faire réduire les libéralités reçues par le conjoint.

*2883. **Droits restant à l'enfant naturel.** — La loi n'a voulu protéger que le conjoint et les enfants nés du mariage. Elle n'empêche pas l'enfant naturel d'opposer son titre à toute autre personne, aux *collatéraux* par exemple, ou aux *enfants nés d'un précédent mariage*. Aussi le texte dit-il : « Néanmoins elle produira son effet, après la dissolution de ce mariage, s'il n'en reste pas d'enfants. » On doit même admettre que l'enfant naturel n'est pas privé des effets de la filiation qui ne sont pas de nature à nuire à la famille légitime : ainsi il est soumis à la puissance paternelle, et il porte le nom de son père[1]. Ce sont seulement les *intérêts pécuniaires* que le Code a voulu sauvegarder.

2884. **Droit aux aliments.** — L'enfant reconnu pendant le mariage a-t-il le droit de réclamer des aliments à celui qui l'a reconnu ? Il existe sur cette question deux arrêts en sens contraires. L'un, du 16 décembre 1861 (D. 62. 1. 39, S. 62. 1. 419), a décidé qu'un enfant naturel reconnu *par une femme mariée* ne pouvait pas réclamer d'aliments au mari de cette femme, sur les biens de la communauté ; l'autre, du 13 juillet 1886 (D. 87. 1. 119, S. 87. 1. 65), a permis dans les mêmes circonstances à un enfant reconnu *par le mari* de se faire payer des aliments tant sur les biens personnels du mari, que sur les biens de la communauté. On peut concilier ces deux arrêts en faisant remarquer que le mari a la libre disposition de ses revenus et de ceux de la communauté, qu'il peut les dépenser sans en faire profiter sa femme et ses enfants, et que, par suite, le service d'une pension alimentaire à son enfant naturel ne nuit pas à la famille légitime, tandis que la pension servie à un enfant naturel de la femme serait prise sur des revenus dont le mari a la jouissance (Note de M. CHAVEGRIN dans le *Sirey*). Mais la doctrine continue à enseigner en général que le droit aux aliments devrait toujours être refusé à l'enfant, parce que c'est un droit légal attaché à sa qualité d'enfant reconnu et que l'art. 337 s'oppose à ce qu'il le fasse valoir. — Il est permis de penser que le refus d'aliments est, en toute hypothèse, une solution barbare.

** 2885. **Capacité de l'enfant de recueillir des libéralités.** — L'art. 337 a été écrit pour priver l'enfant, dans l'intérêt de la famille légitime, des droits qu'il tient *de la loi*, par exemple comme héritier *ab intestat* ou comme créancier d'aliments. Il n'a pas pour but de priver l'enfant des *libéralités* entre vifs ou testamentaires que son père ou sa mère naturelle a pu lui faire. Ces libéralités ne sont pas un effet de la reconnaissance ; elles ont une autre source et auraient pu tout aussi bien intervenir au profit de l'enfant, *même s'il n'avait pas été reconnu* (Nîmes, 6 juin 1877 et Cass., 28 mai 1878, D. 78. 1. 401, S. 79. 1. 337).

[1] Le Code italien (art. 183) dit que l'enfant ne peut pas être introduit dans la maison conjugale sans le consentement de l'autre époux, disposition qui formerait un utile complément de notre art. 337.

La doctrine se prononçait unanimement en sens contraire ; selon les auteurs, les libéralités faites à l'enfant ne pouvaient pas recevoir leur effet, grâce à la combinaison de l'art. 337 avec l'art. 908. D'après ce dernier article, la capacité de l'enfant naturel de recevoir à titre gratuit a pour limite l'étendue de ses droits successifs : il ne peut pas recevoir par libéralité au delà de ce qui lui est attribué comme héritier *ab intestat* ; il en résulte que lorsque sa part héréditaire se réduit à zéro par application de l'art. 337, sa capacité comme donataire ou légataire est également nulle. — A cela on a répondu que l'art. 908 détermine la capacité de l'enfant d'après ce qui lui est accordé « *au titre* Des successions ». Or là, les art. 758-760 attribuent à l'enfant naturel une part considérable, et l'art. 337 qui la supprime est placé au titre « De la paternité ». L'argumentation de la doctrine repose sur une combinaison de textes probablement imprévue du législateur, et fait produire à la loi une conséquence inutile [1].

Ajoutons que la loi du 25 mars 1896, qui a modifié en partie la disposition de l'art. 908, n'a fait que confirmer la jurisprudence. En effet, l'aptitude de l'enfant naturel à recevoir par testament se trouve déterminée indépendamment de ses droits propres dans la succession ab intestat et la quotité disponible à son profit, sous forme testamentaire, est désormais fixée par ce texte sans combinaison avec aucun autre.

B. — Cas où l'art. 337 ne s'applique pas.

***2886. Reconnaissance antérieure au mariage et ignorée du conjoint.** — La pensée du législateur a été de protéger la famille contre la révélation inattendue de l'existence d'un autre ayant droit ; cependant il ne lui a pas accordé une protection entière : le conjoint et les enfants nés du mariage ne sont pas toujours en état de repousser le nouveau venu. D'abord les droits de l'enfant naturel restent intacts, lorsque sa filiation se trouvait régulièrement établie *avant le mariage*, alors même que son existence aurait été tenue secrète et n'aurait été révélée à l'autre époux qu'après la célébration du mariage. En ce cas la surprise de l'un et la mauvaise foi de l'autre sont aussi grandes que si la reconnaissance avait eu lieu pendant le mariage ; mais il a paru impossible de priver l'enfant naturel des droits qu'un acte irrévocable lui a assurés.

***2887. Reconnaissance postérieure à la dissolution du mariage.** — Il en est de même lorsque la reconnaissance se fait après la dissolution du mariage, c'est-à-dire *après la mort de l'autre conjoint* ou *après le divorce*. L'enfant naturel reconnu dans ces conditions obtient le droit de concourir dans la succession de son père même avec les enfants légitimes, et peut exercer tous ses autres droits, conformément aux règles ordinaires. Cependant ici encore il y a surprise et fraude. Mais le texte de la loi impose cette double solution : l'art. 337 vise uniquement la reconnaissance faite *pendant le mariage*. On doit s'en tenir strictement aux termes de la loi, car le projet de Code contenait un autre article (FENET, t. II, p. 67, art. 31) qui privait également d'effets la reconnaissance faite après la dissolution du mariage, lorsqu'il n'en restait pas d'enfants, et cet article a été supprimé.

***2888. Cas où l'enfant appartient à l'autre conjoint.** — L'art. 337 est inapplicable même à une reconnaissance faite pendant le mariage lorsque l'enfant naturel reconnu appartient également à l'autre conjoint. Cela résulte de la nature même de l'hypothèse prévue, et du texte qui suppose expressément que l'enfant est « né d'un autre que du conjoint ». S'il est né du conjoint, il n'y a ni surprise ni dol à punir. Donc, toutes les fois qu'il sera légalement prouvé que l'enfant reconnu pendant le mariage appartient aux deux conjoints, ses droits ne seront en rien amoindris.

[1] M. Ch. Beudant (D. 78. 1. 401) a défendu l'opinion doctrinale en disant que le système de la jurisprudence fait de l'art. 337 une *lettre morte* : ce que l'enfant ne prendra pas en vertu de la loi, sa mère (ou son père) le lui donnera par testament. — Ce n'est pas là détruire l'art. 337, puisque ce texte ne prive l'enfant que des effets *légaux* de sa filiation. Ce qu'il tient d'une libéralité ne lui arrive pas en sa qualité d'enfant reconnu. Il reste toujours cette considération décisive que la libéralité eût été également possible si l'enfant n'avait jamais été reconnu.

* **2889. Cas où la filiation est établie par une recherche en justice.** — De toutes les questions qu'a soulevées l'art. 337, celle-ci est la plus grave. Le texte prévoit une *reconnaissance volontaire* faite pendant le mariage, mais ce n'est pas seulement de cette façon que la filiation de l'enfant naturel pourra se trouver légalement établie. Il peut sans attendre le bon plaisir de son père ou de sa mère exercer, dans certains cas et sous certaines conditions, une action contre eux [1], et avoir pour titre un *jugement*. C'est ce qu'on appelle ordinairement une *reconnaissance forcée* (voy. ci-dessous, n° 2890). En pareil cas l'art. 337 s'appliquera-t-il encore ? Les droits de l'enfant naturel subiront-ils la même diminution ? La Cour de cassation s'est prononcée pour l'affirmative (16 déc. 1861, D. 62. 1. 39. S. 62, 1. 419), et sa décision a été suivie par la jurisprudence des Cours d'appel (Bordeaux, 25 mai 1892, D. 94. 2. 50) et approuvée par la plupart des auteurs, MM. Aubry et Rau, Valette, Demolombe.

Les *deux arguments principaux* qui ont servi à généraliser la décision de l'art. 337 sont les suivants : 1° *Les effets de la filiation sont indépendants du mode de preuve employé pour l'établir ;* quand elle est prouvée, de quelque manière qu'elle ait pu l'être, ses effets sont toujours les mêmes. 2° S'il fallait donner une solution différente pour les deux modes de preuve de la filiation naturelle, le parent de l'enfant aurait un *moyen facile d'éluder la loi :* au lieu de le reconnaître, il se ferait intenter un procès par lui, en lui fournissant les armes qui doivent lui assurer le succès, notamment un commencement de preuve par écrit.

Ces considérations ne sont pas décisives. Le premier argument est vrai *en général ;* mais on doit se demander s'il n'y a pas, *en l'espèce*, une raison de distinguer selon le mode de preuve, et cette raison existe justement. L'art. 337 a été écrit pour punir un manque de foi. Or ce manque de foi ne consiste pas simplement à avoir caché la naissance de l'enfant, car s'il y a là un manque de franchise, il n'y a point de dol, tant que l'époux ne donne à son enfant naturel aucun titre pour faire valoir ses droits ; ce que la loi a voulu atteindre, c'est le fait de conférer à l'enfant un titre régulier après avoir caché son existence au moment du mariage. *Ce motif n'existe que pour le cas de reconnaissance volontaire.* — Le second argument est encore plus faible. S'il y a une fraude à redouter, elle est bien facile à réprimer : l'enfant a devant lui la famille légitime, à laquelle il ne peut opposer aucun acte de reconnaissance volontaire postérieur au mariage : il était donc tout simple de ne l'autoriser à se servir, pour faire sa preuve, que *d'écrits ayant une date certaine antérieure au mariage*. De cette façon toute fraude était évitée [2]. Enfin, il y a contre la jurisprudence actuelle un argument décisif : elle étend, sans utilité sérieuse, à un cas non prévu par le texte, une *disposition exceptionnelle*, qui, à ce titre, aurait dû recevoir une *interprétation étroite.*

D'ailleurs, il en est de la reconnaissance forcée comme de la reconnaissance volontaire : le jugement n'est pas nul, il est seulement inefficace contre la famille légitime. Par suite l'action est recevable et le jugement doit être rendu [3] : l'enfant en tirera ensuite les conséquences qu'il pourra.

[1] Surtout contre la mère, car l'art. 340 interdit en principe les recherches de paternité naturelle.

[2] La jurisprudence a subi une *évolution inaperçue*. Les premiers arrêts décidaient simplement que l'enfant ne pourrait pas se servir de documents écrits ou signés pendant le mariage ni de faits postérieurs au mariage (Cass., 17 févr. 1851, D. 51. 1. 113 ; Metz, 10 août 1864, D. 64. 2. 225, S. 64. 2. 246). La doctrine n'a pas maintenu cette nuance, et l'arrêt de Bordeaux, cité au texte, a donné une solution absolue. Toutefois la Cour de Grenoble semble admettre implicitement que les écrits ou faits antérieurs au mariage pourraient être utilisés par l'enfant (20 nov. 1894, D. 95. 2. 345 ; 26 juin 1895, D. 96. 2. 139).

[3] Il en est ainsi alors même que la recherche de maternité est exercée comme action préalable à une demande en partage, laquelle devra être repoussée par la fin de non-recevoir tirée de l'art. 337 (Grenoble, 20 nov. 1894 précité).

CHAPITRE V

RECHERCHE EN JUSTICE DE LA FILIATION NATURELLE[1]

* **2890. Qualifications.** — Lorsque la filiation de l'enfant n'est pas *avouée* par son père ou par sa mère, la loi lui permet, dans certains cas et sous certaines conditions, de poursuivre devant les tribunaux ceux qu'il prétend avoir pour parents et d'apporter ses preuves. C'est ce qu'on appelle la *recherche de la filiation.*

On a pris, sans grande utilité, l'habitude d'appeler ce mode de preuve *reconnaissance forcée.* Expression peu heureuse, car celui qui « reconnaît » la filiation est ici le juge, et non le père ou la mère, qui, loin de la reconnaître, l'a contestée jusqu'au bout. Néanmoins cet usage est bon à signaler, pour faire comprendre le sens de certains articles qui parlent des enfants « légalement reconnus » (art. 756, 913, etc.). Cette expression englobe à la fois les deux procédés de reconnaissance. Comp. art. 765.

* **2891. Distinction.** — Pour savoir dans quels cas cette recherche est permise, il faut distinguer d'abord entre la filiation naturelle simple et la filiation adultérine ou incestueuse ; puis une sous-distinction est à faire pour la première entre la maternité et la paternité.

2892. Compétence et procédure. — La loi n'a rien prévu et rien décidé en dehors des modes de preuve et des cas où l'action peut être exercée ; elle ne dit rien relativement aux *caractères* de ces actions, à la *procédure*, à la *compétence.* Son silence a fait naître toutes sortes d'erreurs. Il faut décider par analogie que les règles contenues dans les art. 326, 327 et 328 sont applicables aux actions relatives à la filiation naturelle.

§ 1. — *Recherche de la maternité naturelle.*

A. — Modes de preuve.

* **2893. Liberté ancienne de l'action et de ses preuves.** — Sous l'ancienne jurisprudence on s'en tenait à la maxime romaine : « Semper certa est [mater], etiam si vulgo conceperit » (PAUL, *Digeste*, liv. II, tit. IV, fr. 5), et l'on pensait, comme le disait encore Tronchet au Conseil d'État (FENET, t. XII, p. 30), que la maternité est naturellement certaine. Dans cette idée on en permettait la recherche dans tous les cas et sans restriction ; il n'y avait même pas de règles particulières sur les preuves à fournir.

** **2894. Système du Code.** — Le Code civil a maintenu le même principe. « La recherche de la maternité est admise », dit l'art. 341. Cependant, avec sa méfiance ordinaire contre la preuve par témoins, le législateur moderne n'a pas autorisé cette recherche sans prendre ses précautions. Les témoins ne peuvent être entendus qu'autant que la réclamation est déjà rendue vraisemblable par un *commencement de preuve par écrit* (même art.).

* **2895. Faits à prouver.** — L'enfant qui recherche sa mère doit prouver deux choses :

[1] Voir PAUL BARET, *Histoire et critique des règles sur la preuve de la filiation des enfants naturels*, Paris, 1873.

1° l'*accouchement de la femme* dont il se prétend issu, et 2° *sa propre identité* avec l'enfant dont elle est accouchée. Chacun de ces deux faits doit être prouvé séparément.

1° Preuve de l'accouchement.

** **2896. Preuve par l'acte de naissance.** — L'accouchement sera ordinairement facile à prouver, l'enfant ayant dû être déclaré à l'état civil. En fait l'acte de naissance des enfants naturels donne presque toujours le nom de la mère, et la jurisprudence admet que l'*acte de l'état civil fait alors pleine foi de l'accouchement* (Cass., 23 nov. 1868, D. 69. 1. 26, S. 69. 1. 5; Cass., 1er déc. 1869, D. 70. 1. 97, S. 70. 1. 101; Limoges, 6 déc. 1886, D. 88. 2. 93, S. 87. 2. 29; Limoges, 23 nov. 1892, D. 94. 2. 319).

* **2897. Cas où l'acte de naissance fait défaut.** — A défaut d'acte de naissance, l'accouchement se prouvera comme on pourra, *par témoins ou par présomptions*. La loi n'exige pas de commencement de preuve par écrit; celui dont parle le dernier alinéa de l'art. 341 n'est nécessaire que pour la preuve de l'identité de l'enfant (Voy. le n° suivant). Du reste, quand il existera un commencement de preuve écrite sur ce point, cela impliquera le fait de l'accouchement, car on ne saurait concevoir que l'identité de l'enfant fût prouvée alors que le fait de l'accouchement serait encore douteux. Par la force des choses, l'écrit dont l'enfant doit être muni rendra donc vraisemblable à la fois l'accouchement de la femme qu'il réclame comme mère et sa propre identité.

2° Preuve de l'identité.

* **2898. Nécessité d'un commencement de preuve par écrit.** — C'est seulement pour la preuve de son identité que la loi impose cette condition à l'enfant naturel. L'art. 341, al. 3, porte : « Il ne sera reçu à faire cette preuve par témoins que lorsqu'il aura déjà un commencement de preuve par écrit. » *Cette preuve*, c'est celle du fait dont il est question dans l'alinéa précédent, lequel est ainsi conçu : « L'enfant qui réclamera sa mère sera tenu de prouver qu'*il est identiquement le même* que l'enfant dont elle est accouchée. » La loi suppose donc que le fait de l'accouchement est certain et se préoccupe seulement de savoir comment sera établie l'identité de l'enfant; il lui faut une garantie. En exigeant un écrit on a voulu éviter qu'un aventurier, après s'être procuré la preuve de la naissance d'un enfant naturel (chose ordinairement facile à l'aide des registres de l'état civil), ne se fasse passer pour cet enfant à l'aide de témoignages achetés.

* **2899. Nature du commencement de preuve par écrit.** — Quand il s'agit de l'enfant légitime, l'art. 324 donne une définition particulière du commencement de preuve par écrit; cette définition n'a pas été reproduite dans l'art. 341 à propos de l'enfant naturel. De là est née la question suivante : En parlant du commencement de preuve par écrit sans le définir, l'art. 341 se réfère-t-il à l'art. 324, ou bien à la définition générale qu'a donnée l'art. 1347, qui représente le droit commun? Il y a entre les deux définitions une différence sensible : en règle générale, l'écrit employé comme commencement de preuve

doit émaner de la personne à laquelle on l'oppose ou de ses auteurs; en matière de filiation légitime, la loi se montre plus large, et admet tout écrit émanant d'une personne engagée dans la contestation *ou qui y aurait intérêt, si elle était vivante*.

La jurisprudence applique aux recherches de filiation naturelle la définition du commencement de preuve par écrit donné par l'art. 324, pour les enfants légitimes ; par suite, elle n'exige pas que cet écrit émane de la mère elle-même (Cass., 30 avril 1859, D. 61. 1. 297, S. 60. 2. 625 ; Cass., 23 nov. 1868, D. 69. 1. 26, S. 69. 1. 5 ; Douai, 29 janv. 1879, D. 80. 2. 213, S. 79. 2. 195). La plupart des auteurs lui reprochent d'étendre un texte exceptionnel en dehors de l'hypothèse qu'il prévoit. La loi, disent-ils, a établi une séparation complète entre les moyens de preuve de la maternité légitime et ceux de la maternité naturelle, et elle n'a dérogé au droit commun qu'en faveur de la légitimité. — Cette objection est loin d'être décisive. En écrivant l'art. 341, les auteurs du Code ont dû se reporter à la définition du commencement de preuve par écrit qu'ils venaient de formuler quelques articles plus haut et non pas à la définition générale contenue dans l'art. 1347, qui n'avait pas encore été discuté. On peut donc dire qu'il existe deux définitions du commencement de preuve par écrit, l'une dans l'art. 1347 pour les conventions et obligations ordinaires, l'autre dans l'art. 324 pour les questions de filiation, et que chacun de ces textes sert de règle dans son domaine. En fait, la solution préconisée dans la doctrine aboutirait le plus souvent à mettre l'enfant hors d'état de prouver sa filiation maternelle. En effet, beaucoup d'enfants naturels ont pour mères des filles peu lettrées qui n'écrivent guère ou qui ne savent pas écrire du tout, et quand la mère se trouve dans une condition plus élevée, elle se garde bien ordinairement de fournir contre elle des preuves écrites de sa faute, toutes les fois qu'elle est décidée à ne pas reconnaître son enfant.

2900. Impossibilité d'employer l'acte de naissance comme commencement de preuve. — On a déjà vu qu'en fait l'acte de naissance d'un enfant naturel indique presque toujours le nom de la mère. Quel secours l'enfant peut-il tirer de cette indication ? Dans le projet de l'an VIII il y avait une disposition ainsi conçue : « Le registre de l'état civil qui constate la naissance d'un enfant né de la mère réclamée... peut servir de commencement de preuve par écrit. » Le ministre de la justice en demanda la suppression en faisant valoir que le premier venu, qui trouverait sur les registres l'inscription de cet enfant, pourrait se faire passer pour lui, à l'aide de quelques témoins subornés (Fenet, t. X, p. 78). Dans le système de la loi l'acte de naissance, qui fait pleine foi de l'accouchement, ne peut donc même pas servir de commencement de preuve par écrit pour prouver l'identité de l'enfant, et cela se comprend : l'acte ne prouve pas par lui-même qu'il s'applique à celui qui en est porteur. Le réclamant n'en pourra donc tirer profit que s'il est à même de justifier sa prétention par une enquête appuyée d'un commencement de preuve par écrit de son identité (Grenoble, 14 janv. 1889, D. 90. 2. 193 ; Grenoble, 26 juin 1895, D. 96. 1. 139).

*** 2901. Condition inférieure de l'enfant naturel quant à la preuve.** — On remarque une différence importante entre la filiation légitime et la filiation naturelle, dans les facilités que la loi donne pour autoriser la preuve par témoins. Pour les enfants légitimes, à défaut d'un commencement de preuve par écrit, l'art. 323 permet d'employer la preuve testimoniale quand il existe, en faveur de l'enfant, des *présomptions graves résultant d'indices ou de faits dès lors certains* (ci-dessus nos 2769 et 2770). Au contraire, l'art. 341 ne parle, à propos de l'enfant naturel, que du commencement de preuve par écrit et passe sous silence les indices ou faits matériels. Par conséquent, l'enfant ne doit pas être admis à produire ses témoins sur de simples présomptions, si graves qu'elles soient, tant qu'il ne s'appuie sur aucun écrit. La différence entre les deux catégories d'enfants a été voulue, car il a été dit à plus d'une reprise, dans les discussions, qu'on ne devait pas laisser la même latitude aux enfants nés hors mariage qu'à ceux qui réclament les droits de la légitimité, et qu'il ne convenait pas d'admettre de leur part toute espèce de preuve. Il n'y a pourtant pas de bonne raison pour justifier cette différence. Que le commencement de preuve par écrit soit un moyen d'empêcher des procès vexatoires, ou un supplément de preuve venant supprimer le doute que pourrait faire naître la vénalité des témoins, ce double rôle pourrait être rempli par les indices matériels d'une manière tout aussi efficace pour la filiation naturelle que pour la filiation légitime (Comp. BARET, p. 158). En Italie, cette différence a été supprimée ; les présomptions et indices ont été assimilés au commencement de preuve par écrit pour l'enfant naturel comme pour l'enfant légitime (art. 190 C. civ. ital.).

B. — Exercice de l'action.

*** 2902. Intransmissibilité de l'action aux successeurs de l'enfant.** — La Cour de cassation décide que l'action en recherche de maternité naturelle est accordée exclusivement à l'enfant et qu'elle ne passe pas par sa mort à ses héritiers. Elle donne comme arguments principaux la rédaction de l'art. 341, qui suppose l'action exercée par l'enfant lui-même, et l'absence de toute disposition analogue aux art. 329 et 330, qui règlent la transmission de l'action des enfants légitimes et qui en limitent les effets. Si le législateur avait voulu que la filiation naturelle pût encore être recherchée après le décès de l'enfant, il n'aurait pas manqué de dire sous quelles conditions l'action passerait à ses héritiers. Cette jurisprudence, qui remonte à 1861 (Cass., 29 juill. 1861, D. 61. 1. 297, S. 61. 1. 700) est aujourd'hui bien établie (Cass., 3 avril 1872, D. 72. 1. 113, S. 72. 1. 126), mais elle est généralement combattue par la doctrine. La rédaction de l'art. 341, qui suppose l'action exercée par l'enfant, peut s'expliquer parce que c'est le cas ordinaire. De plus, dans les deux derniers alinéas, la loi a plutôt songé à régler les conditions d'exercice de cette action et la preuve à fournir, que les personnes admises à l'intenter. Le premier alinéa de l'article, qui ouvre l'action, s'exprime au contraire en termes généraux : « La recherche de la maternité est admise. » Cette formule est assez large pour comprendre tous les intéressés [1].

*** 2903. Impossibilité pour les tiers d'exercer l'action contre l'enfant.** — D'après la jurisprudence, la recherche de la maternité naturelle n'est admise que *dans l'intérêt de l'enfant*, et l'action n'est ouverte qu'à lui seul (Cass., 23 juill. 78, D. 79. 1. 15, S. 79. 1. 155 ; Paris 16 févr. 1889, S. 89. 2. 201 ; Cour sup. du Luxembourg, 13 mai 1892, D. 94. 2. 483, S. 92. 4. 37).

Cette jurisprudence s'autorise de l'ensemble des textes, qui mettent toujours l'enfant en scène, et jamais les tiers, et qui emploient comme synonymes les mots *recherche* et *réclamation ;* or cette dernière ne peut venir que de l'enfant lui-même. Quant aux tiers, le seul droit que la loi leur accorde, c'est de *contester* la reconnaissance faite par les parents ou la réclamation exercée par l'enfant (art. 339) ; elle ne leur donne pas l'action en recherche.

[1] Les auteurs qui admettent la transmission de l'action aux héritiers rencontrent une nouvelle difficulté. L'action passera-t-elle à ceux-ci sans aucune exception ni restriction ? Ou bien leur appliquera-t-on par analogie les art. 329 et 330, qui déterminent dans quelle mesure l'action en réclamation d'état passe aux héritiers de l'enfant légitime ? Cette dernière solution, quoiqu'un peu divinatoire, paraîtrait assez raisonnable. Si les rédacteurs de la loi ont voulu admettre la transmission de l'action, il faut croire, puisqu'ils n'ont rien dit, qu'ils se sont référés aux règles établies pour les enfants légitimes (DEMOLOMBE, t. V, n° 524).

Il résulte de cette jurisprudence que, lorsque l'enfant n'a pas été reconnu, les autres membres de la famille, héritiers de son père ou de sa mère, ne peuvent pas faire réduire les libéralités qui lui ont été faites, alors même qu'elles dépasseraient la limite fixée par l'art. 908. En s'abstenant de révéler l'origine de l'enfant, ses père et mère peuvent donc rendre inutile l'incapacité édictée par cet article, puisque les tiers n'auront aucun moyen de prouver que le donataire est l'enfant naturel du donateur; quand ses parents sont disposés à lui faire des libéralités, l'enfant naturel a ainsi intérêt à ne pas être reconnu, ce qui est bizarre. C'est la grosse objection que la doctrine adresse à la jurisprudence; on reproche aux tribunaux de donner aux particuliers un moyen de tourner la loi. Cette considération n'a pas touché les magistrats; il est même possible qu'ils aient vu dans cette solution une sorte de correctif de la sévérité avec laquelle le Code avait traité les enfants naturels[1]. Depuis la loi du 25 mars 1896, qui a considérablement augmenté leurs droits successoraux, l'utilité qu'il y avait jadis à ne pas reconnaître son enfant naturel afin de pouvoir lui faire des donations ou des legs en toute liberté a beaucoup diminué ; néanmoins elle subsiste encore, puisque les droits de l'enfant naturel sur la succession de ses père et mère n'égalent pas ceux des enfants légitimes.

2904. Exception concernant le ministère public. — Un arrêt a reconnu que le ministère public pouvait demander à établir (sauf à se conformer aux règles du droit commun sur les preuves) une filiation naturelle non avouée par les parties, afin de faire opposition à un mariage incestueux en se fondant sur l'art. 161 (Grenoble, 14 janv. 1889, D. 90. 2. 193 et la note). Cet arrêt est en contradiction avec la jurisprudence antérieure.

§ 2. — *Prohibition des recherches de paternité naturelle.*

** **2905. Le texte.** — L'art. 340 prohibe, d'une façon à peu près absolue, la recherche de la paternité naturelle. Cette disposition est une des plus importantes, et aussi une des plus discutées du Code Napoléon.

A. — Historique.

* **2906. L'ancien droit**[2]. — Jusqu'à la Révolution[3], la recherche de la paternité est restée libre; mais elle n'avait pas le même objet que de nos jours, car les bâtards n'avaient aucun droit de succession (LOYSEL, n° 63). Le seul but était d'obtenir des aliments; néanmoins les actions en recherche de paternité étaient fréquentes. Les procès de ce genre étaient devenus, s'il faut en croire Bigot du Préameneu (*Exposé des motifs*, dans FENET, t. X, p. 154), le « fléau de la société ». Tronchet raconte que les filles qui voulaient donner un père à leur enfant poursuivaient le plus riche de ceux qui les avaient fréquentées (*Ibid.*, p. 71). L'homme le plus rangé était exposé à ce genre de poursuites calomnieuses qui laissent toujours des traces ; les prêtres en particulier étaient l'objet d'une véritable persécution.

* **2907. La maxime « creditur virgini ».** — Lorsqu'une fille se déclarait enceinte et indiquait un homme comme étant l'auteur de sa grossesse, cet homme était condamné,

[1] Voyez ce que disait Laurent pour justifier l'art. 321 de son projet, lequel prohibait la recherche de maternité dirigée contre l'enfant.

[2] Il est inutile de remonter au delà de l'ancien droit. La question de la paternité naturelle, sous la forme où nous la comprenons, ne pouvait pas se poser pour les Romains. Chez eux, le père était non pas celui qui engendre, mais celui qui a la puissance ; il ne pouvait donc pas y avoir de paternité en dehors du mariage et des autres modes constitutifs de la puissance paternelle. Dans certains cas cependant la filiation naturelle pouvait être constatée, notamment parce qu'elle mettait obstacle au mariage, « etiam si dubitetur patrem eum esse » (PAUL, au *Digeste*, liv. XXIII, tit. II, fr. 14, § 2). Il s'agit dans ce texte d'une « servilis cognatio ».

[3] Je parle ici des trois derniers siècles de la monarchie; il est inutile de remonter plus haut, les documents manquent.

sur la simple affirmation de cette fille, à pourvoir provisoirement aux « frais de gésine » de la mère et à l'entretien de l'enfant. De là l'adage : « Virgini prægnanti creditur [1] ». Cette règle avait été admise uniquement parce que « les frais de gésine ne souffrent point de retardement » (FOURNEL, p. 98). Mais on ne s'en servait pas pour trancher d'une façon définitive la question de paternité ; on distinguait très nettement la *provision* et le *fond*. La provision n'était accordée, sur le fondement de cette règle, que pour la durée de l'instance, et la fille qui voulait triompher définitivement devait apporter des preuves sérieuses de la paternité de l'homme qu'elle poursuivait. Théoriquement tout au moins, la maxime « virgini creditur » ne préjugeait pas le fond.

*2908. **Établissement de la prohibition.** — Ce n'est pas, comme on le croit généralement, le Code civil qui a interdit la recherche de la paternité, c'est la *Convention*. Cette assemblée, pourtant favorable aux enfants naturels, puisqu'elle leur avait accordé des droits égaux à ceux des enfants légitimes, supprima les recherches de paternité et n'admit plus comme preuve que la reconnaissance volontaire du père (L. 14 brum. an II)[2]. Le Code n'a donc fait que maintenir une prohibition déjà existante.

* 2909. **Erreur moderne sur l'ancienne pratique.** — Il est certain que la considération décisive, qui a fait inscrire dans le Code civil le principe de la prohibition, a été la crainte des abus et des scandales qui s'étaient produits sous l'ancien droit. Mais il est certain aussi qu'on s'en est exagéré l'étendue et surtout qu'on s'est entièrement mépris sur le sens de la maxime « Creditur virgini ». On s'est imaginé à tort que cet adage servait à trancher au fond la question de paternité et que la mère n'avait aucune preuve à apporter à l'appui de son allégation. Or cela n'avait jamais été admis. Le véritable sens de la maxime a été rétabli par M. BARET (p. 10-39). L'opinion fausse, qui a été longtemps courante sur ce sujet, se trouve exposée dans l'ouvrage de M. DEMOLOMBE (t. V, n° 376).

La responsabilité première de la méprise semble remonter à DENIZART (*Questions nouvelles*, v° Grossesse) [3], et la facilité avec laquelle elle s'est propagée tient au silence presque universel des anciens ouvrages sur la question de la paternité naturelle. Un seul auteur l'a exposée à peu près complètement, c'est FOURNEL, avocat au Parlement de Paris, dans son *Traité de la séduction*, publié en 1781 et presque inconnu.

B. — Le principe de la prohibition.

2910. **Discussions sur la question. — L'art. 340 est un de ceux qui ont fait le plus discuter. Dans la seconde moitié du XIXe siècle un mouvement de protestation de plus en plus vif s'est produit contre le principe de la prohibition. Hommes de lettres, philosophes, économistes appartenant aux opinions les plus opposées, ont tour à tour pris la défense des enfants non

[1] La formule complète était celle-ci : « Creditur virgini dicenti se ab aliquo agnitam et ex eo prægnantem esse » (ANT. FAVRE, *Codex definitionum*, liv. IV, tit. XIV, déf. 18). L'emploi du mot « virgo » prouve que la règle avait été admise uniquement pour les filles-mères, qui en étaient à leur première grossesse. — Mais le verbe « creditur » exprimait assez mal la vérité ; cette prétendue foi, personne ne l'avait, ni les juges ni le public, car l'imputation de la mère était suffisante pour lui faire adjuger la provision, quelles que fussent les circonstances qui pouvaient faire douter de sa sincérité (FOURNEL, p. 100-103).

[2] C'est une remarque souvent faite qu'il y a une corrélation entre l'étendue des droits que la loi reconnaît aux enfants naturels et les facilités qu'elle leur donne pour établir leur filiation. Quand leurs droits sont nuls ou se réduisent à des aliments, on peut laisser aux juges toute liberté pour trancher les questions de paternité ; mais quand la filiation emporte le droit de succéder, on doit se montrer exigeant sur la qualité des preuves.

[3] Poullain du Parc ne s'y était pas trompé, car il dit très nettement que lorsque la paroisse aux frais de laquelle on élevait un enfant trouvé, voulait s'en décharger en faisant condamner le père de l'enfant, « on n'exige pas des preuves aussi fortes que celles que la mère serait obligée de faire » (*Principes*, t. VIII, p. 166).

reconnus par leurs pères; la question a été portée au théâtre dans des pièces à succès retentissant. Les sociétés savantes, les Congrès, ont débattu la question (Indications bibliographiques dans P. Viollet, *Précis*, 2e édit., p. 478). Toute cette agitation n'a pas encore entraîné l'opinion. Cependant diverses propositions de réforme ont déjà été déposées, et on peut considérer les solutions de jurisprudence qui seront indiquées plus loin (nos 2914 à 2916), ainsi que les opinions doctrinales sur la possession d'état, comme des corrections détournées de la sévérité de la loi.

* **2911. Examen des objections.** — La véritable raison qui doit faire maintenir l'art. 340 est *l'incertitude de la preuve*. On dit bien que les magistrats sont juges des faits allégués, mais ils peuvent se tromper; et le risque d'infliger à quelqu'un une fausse paternité par suite d'une erreur judiciaire, trop facile à commettre, est assez grand pour arrêter le législateur. L'expérience de l'ancien droit n'a pas besoin d'être recommencée, aujourd'hui surtout que l'enjeu du procès serait plus tentant et allumerait plus de convoitises[1]. Comp. Colmar, 1er avril 1892, D. 93. 2. 578.

Toute autre raison semble faible à côté de celle-là. Ce n'est pas le scandale qui doit effrayer: les salles où se rend la justice sont souvent remplies de débats plus scandaleux : ni pour le divorce, ni pour l'application des peines, ni pour les questions d'incapacités, on ne redoute l'examen des questions d'adultère, de viol ou de séduction. La justice humaine ne doit point s'arrêter devant cet ordre de considérations.

Il en est de même de l'intérêt de la famille légitime, qui est pourtant fort grand et fort respectable : cet intérêt doit être protégé par la limitation des droits de l'enfant naturel, et non par une entrave apportée à l'exercice de ses droits ; si la loi reconnaît à l'enfant naturel un droit quelconque, il est juste qu'il ait les moyens de le faire valoir, dans les limites où la nature des faits le lui permet.

* **2912. Limite d'application du principe.** — La nature des motifs qui ont fait prohiber la recherche de la paternité montre que cette prohibition ne concerne que la *preuve du fait de la conception*. Mais, lorsque la conception en elle-même est avouée ou n'est pas contestée, et qu'il ne reste plus à prouver que l'identité de l'enfant, les dangers tant redoutés du législateur disparaissent. Ainsi un enfant naturel, porteur d'un acte de reconnaissance en bonne forme, est admis à prouver par témoins sa propre identité avec l'enfant reconnu dans cet acte, ainsi que l'identité de l'auteur

[1] En 1883 le Sénat a rejeté une proposition de M. Rivet, qui multipliait les cas exceptionnels dans lesquels la recherche est permise. Le projet établissait une procédure rigoureuse et ne donnait qu'à l'enfant le droit d'exercer l'action. La paternité pouvait être prouvée par la possession d'état. Ce projet a échoué devant la crainte des scandales judiciaires (*Annuaire de législation française*, publié par la Société de législation comparée, 1884, p. 10-11). M. Rivet a déposé à nouveau sa proposition en 1890 et en 1895. Sur ce dernier projet, voir le rapport de M. Julien Goujon, *J. off.*, Doc. parlem., déc. 1897, p. 1407; févr. 1898, p. 1.

de la reconnaissance ; il n'y a pas là une recherche de paternité prohibée par l'art. 340 (Cass., 26 juin 1889, D. 91. 1. 129, S. 93. 1. 525). Voyez cependant Cass., 18 juin 1851, D. 51. 1. 177.

2913. Législations étrangères. — Les pays d'Europe qui prohibent la recherche de la paternité sont : l'Italie, la Hollande, la Belgique, la Serbie, la Roumanie, et en Suisse les cantons de Genève, de Neufchatel et du Tessin.

En Angleterre, on a suivi jusqu'en 1835 une règle analogue à notre ancienne jurisprudence : la femme enceinte ou récemment accouchée pouvait dénoncer, sous serment, l'auteur de sa grossesse, et celui-ci était condamné à fournir une provision jusqu'au jugement définitif. Une loi est intervenue en 1835 pour mettre un terme aux spéculations éhontées des filles-mères en rendant plus difficile la preuve de la paternité.

En Suisse, dans la plupart des cantons, la question de la paternité peut être tranchée, sous certaines conditions, par le serment de la mère ou de l'individu qu'elle accuse (canton de Vaud, art. 191-192).

En Espagne (art. 135), la recherche de la paternité est admise ; mais, sauf en cas de viol, elle doit toujours s'appuyer sur un aveu exprès ou tacite du prétendu père (Comp. art. 130, C. civ. portugais).

Le *Code civil allemand* admet la recherche de la paternité. Ce code établit même sous certaines réserves une présomption de paternité contre celui qui a cohabité avec la mère pendant la période déterminée par la loi comme comprenant le jour de la conception (art. 1717). Celui qui a cohabité avec la mère à l'époque de la conception peut détruire la présomption de la loi en prouvant simplement que d'autres que lui ont eu des relations avec elle à la même époque (*ibid.*). Ces facilités s'expliquent parce que la législation allemande n'accorde aux enfants naturels contre leur père qu'un droit limité à des aliments.

C. — Correctifs résultant de la jurisprudence.

* **2914. Leur caractère.** — La jurisprudence française a trouvé en cette matière une des occasions les plus remarquables de tempérer par la combinaison de deux principes juridiques ce que l'application d'un seul d'entre eux pouvait avoir de trop rigoureux. Son système sur ce point est une construction des plus hardies, rappelant à beaucoup d'égards les procédés de l'ancienne jurisprudence romaine. Il se compose de deux décisions différentes.

2915. Réparation du préjudice causé par la séduction. — Les arrêts autorisent la femme devenue mère à réclamer à son séducteur une indemnité fondée sur le principe de l'art. 1382 (*dommage causé à autrui par un fait illicite*). Cela a été jugé pour la première fois à Caen en 1862 (D. 62. 2.129 ; Comp. Cass., 26 juill. 1864, D. 64. 1. 347, S. 65. 1. 33), et le principe a reçu depuis de nombreuses applications. Il n'y a rien là de contraire à la prohibition édictée par l'art. 340, parce que l'on ne recherche pas quel est le père de l'enfant, mais bien uniquement si les relations illicites qui se sont établies entre ces deux personnes ont causé un préjudice à la femme.

Naturellement l'indemnité ne peut pas être réclamée en toute hypothèse. En cas de séduction, il y a faute commune ; la femme séduite a consenti, et, comme l'a dit un arrêt, on ne comprendrait pas qu'elle fût nécessairement admise à réclamer en justice le prix de sa faiblesse et de son libertinage (Bastia, 28 août 1854, D. 56. 2. 16). Il faut que la séduction ait été accompagnée de moyens déshonnêtes, tels que l'abus d'autorité d'un maître sur sa domestique, ou des manœuvres dolosives comme une promesse fallacieuse de mariage. (Ainsi jugé dès 1862. Voyez notamment Cass., 25 févr. 1890, S. 93. 1. 423.) Mais si tout le monde est d'accord sur *la condition qui rend l'action recevable*, il reste encore aujourd'hui une grande incertitude *sur la nature du fait dommageable*, qui est la source de l'action. Certains arrêts motivent la créance d'indemnité par l'ensemble des « inconvénients » qui résultent de la séduction, y compris les grossesses et la charge des enfants (Dijon, 27 mai 1892, D. 93. 2. 183, S. 92. 2. 197). D'autres expriment au contraire et très nettement cette idée que l'action de la mère, fondée sur l'art. 1382, ne peut avoir pour base que le préjudice causé à la fille séduite par le fait même de la séduction, indépendamment de ses conséquences, parce qu'on ne pourrait tenir compte des charges résultant de la maternité sans en rechercher l'auteur, c'est-à-dire sans violer l'art. 340 (Paris, 14 févr. 1890, D. 91. 2. 309 ; Paris, 16 mars 1892, D. 93. 2. 541, S. 94. 2. 30)[1].

* **2916. Validité de l'engagement de pourvoir aux besoins de l'enfant.** — La jurisprudence accorde rarement une indemnité en se fondant uniquement sur l'art. 1382. Presque toujours, la mère est armée d'un écrit sous seing privé (souvent sous la forme d'une lettre) dans lequel le père de l'enfant lui promet de pourvoir à ses besoins. Depuis 1862, la jurisprudence a toujours validé les engagements de ce genre (voyez tous les arrêts cités au numéro précédent), mais il importe de bien comprendre à quel titre. Cet écrit ne peut valoir *ni comme donation*, puisqu'on ne le suppose pas fait dans la forme notariée comme l'exige l'art. 931, ni comme *reconnaissance d'enfant naturel*, puisqu'il n'a été reçu par aucun officier public dans les formes légales. On ne peut pas davantage le considérer comme la promesse d'accomplir l'obligation morale du père envers l'enfant, parce que cette manière de le comprendre supposerait la paternité prouvée. On doit y voir simplement l'*engagement de réparer le préjudice causé par le délit civil de séduction*. Le système de la jurisprudence sur l'application de l'art. 1382 n'est, de la sorte, qu'un moyen de préparer et de justifier cette solution.

Si les arrêts raisonnaient d'une manière rigoureuse, ils considéreraient l'obligation du séducteur comme ayant *une cause civile* (un acte illicite), et l'engagement pris par lui par écrit comme une simple fixation par les parties de l'indemnité due, une sorte de règlement amiable de dommages-intérêts. Mais ce n'est pas ainsi qu'ils comprennent la situation : l'engagement du père naturel est considéré comme « l'exécution d'une obligation morale », que l'écrit transforme en une dette civilement obligatoire par une sorte de novation. Voyez notamment un jugement du tribunal de Dreux, du 22 mars 1892, confirmé par la Cour de Paris (30 juin 1893, D. 94. 2. 526). C'est qu'il est sous-entendu, dans l'esprit du juge, que la cause vraie de l'obligation est la paternité certaine en fait, bien que méconnue par la loi. La jurisprudence tourne la difficulté par le raisonnement suivant : les magistrats n'ont pas à rechercher si le promettant est réellement le père de l'enfant ; il suffit que cette personne *croie à sa propre paternité pour se sentir tenue d'un devoir de conscience;* dès lors, si elle prend l'engagement d'exécuter ce devoir, cet engagement est valable parce qu'il a une cause morale suffisante (Cass., 15 janv. 1873, D. 73. 1. 180, S. 73. 1. 29 ; Cass., 3 avril 1882, D. 82. 1. 250, S. 82. 1. 404). Par la façon dont elle justifie ce

[1] Les conséquences pratiques du système qui s'en tient à l'idée d'un délit sont les suivantes : 1° l'indemnité peut être accordée à la fille séduite, même quand elle n'est pas devenue mère; 2° au cas où elle l'est devenue, l'indemnité est nécessairement moins forte que dans l'autre système, puisqu'on ne doit pas tenir compte de la présence d'un enfant. — D'ailleurs le système fondé uniquement sur l'art. 1382 n'empêche pas d'allouer à la fille-mère une indemnité sous forme de pension, qui l'aidera, mieux qu'une somme une fois donnée, à élever son enfant : en effet, on peut la considérer comme mise dans l'impossibilité de gagner désormais sa vie par un travail honnête, et c'est justement ce qu'a fait la Cour de Paris dans son arrêt de 1892.

résultat, la jurisprudence s'éloigne donc du principe qui lui a servi de point de départ : la transformation d'un devoir de conscience en obligation civile n'a rien de commun avec l'idée d'un délit à réparer, lequel crée d'emblée l'obligation civile [1].

Il faut tout au moins que l'intention de prendre un engagement ferme ressorte bien clairement de l'écrit qui est représenté. Une déclaration vague de ne pas abandonner l'enfant, une promesse de s'intéresser à son sort ne suffirait pas et la demande serait rejetée (Caen, 5 juillet 1875, S. 75. 2. 331).

2917. Législation italienne. — En Italie, cette jurisprudence a été sanctionnée et même élargie par le Code : l'enfant naturel a toujours droit à des aliments, par cela seul qu'il existe une *déclaration expresse* faite *par écrit*, émanant de son père ou de sa mère et constatant sa filiation (art. 193-3°). Cet article s'applique même quand cette déclaration ne contient aucun engagement pour une pension, et quoiqu'elle ne constitue pas une reconnaissance en bonne forme, donnant tous ses droits à l'enfant naturel : elle vaut seulement quant aux aliments.

D.— Exception admise par la loi.

2918. Cas unique où la recherche de la paternité est permise. — Par dérogation au principe, la recherche de la paternité est permise au cas d'*enlèvement*, lorsque l'époque de la conception coïncide avec celle du rapt (art. 340).

Cette exception est *unique* [2]. Le projet de l'an VIII admettait, à côté de l'enlèvement, une autre exception pour le *viol*. Le Premier Consul la fit supprimer. — Dans le projet de réforme écarté par le Sénat en 1883, on proposait d'ajouter, à titre d'exception, dans l'art. 340, le *viol* et la *séduction*. Le Code espagnol admet la déclaration de la paternité dans les trois cas de viol, d'attentat et de rapt (art. 135), en renvoyant sur ce point au Code pénal.

*** 2919. Ce que c'est que l'enlèvement.** — On se pose à ce sujet deux questions :

1° On se demande d'abord si l'enlèvement suppose la *violence*, ou si la recherche de paternité devrait encore être permise au cas où la femme enlevée aurait *volontairement* suivi son séducteur ? Les opinions sont partagées. Il semble que l'art. 340 s'applique, puisqu'il ne distingue pas, même à l'enlèvement volontaire. Les auteurs de la loi se sont attachés, non pas à l'adhésion plus ou moins libre que la femme a pu donner à son enlèvement, mais au régime auquel elle s'est ensuite trouvée soumise par son ravisseur. Ils ont pensé au cas où l'enlèvement était suivi d'une *séquestration* plus ou moins déguisée, d'une sorte de possession exclusive qui rend la paternité certaine (Voyez les paroles de Tronchet dans FENET, t. X, p. 134). C'est en ce sens que se prononce la jurisprudence dans les rares occasions qu'elle a eues de statuer sur ce point (Paris, 29 mars 1821, DALLOZ, *Répert.*, v° Paternité, n° 603 ; Bordeaux, 30 juin 1885, D. 86. 2. 151, S. 87. 2. 57).

2° On se demande ensuite s'il faut *distinguer entre les femmes majeures et les filles mineures*. La réponse la plus sûre est la *négative*, car la loi n'a pas distingué. Il est vrai que le Code civil a été rédigé à une époque où le Code pénal de 1791 était encore en vigueur, et que ce dernier ne punissait le rapt qu'autant qu'il était commis sur une fille âgée de moins de quatorze ans. Mais n'est-il pas évident qu'en parlant d' « enlèvement » les rédacteurs du Code civil ne se sont pas référés au « *rapt* » tel qu'il était alors défini par la loi pénale ? Il eût été déraisonnable de prévoir exclusivement la maternité d'une fille impubère. Ce n'est pas, du reste, le caractère délictueux du fait qui justifie la recherche de la paternité. Cette recherche n'est pas la *peine d'un crime* ; elle n'a d'autre raison d'être que la certitude acquise, grâce aux circonstances, sur la filiation de l'enfant.

[1] L'idée de réparation d'un délit conduirait uniquement à une indemnité au profit de la mère, tandis qu'avec l'idée d'un devoir de conscience, fondé sur une simple croyance personnelle à la paternité de l'enfant, la jurisprudence en arrive à valider même les *promesses de pension faites directement à l'enfant lui-même*, après la mort de la mère (Angers, 30 avril 1873, D. 73. 2. 139, S. 73. 2. 281).

[2] Elle a si peu d'importance pratique qu'on ne cite que trois arrêts qui y soient relatifs.

Quelques auteurs pensent que le mot « enlèvement » est assez large pour comprendre même le simple cas de viol. Parmi ceux qui soutiennent cette opinion, il faut citer Demolombe qui dit que le viol est un *enlèvement momentané* (t. V, nº 491). Deux raisons s'y opposent : le viol était primitivement prévu par le texte à côté de l'enlèvement ; si son nom a disparu, nous devons croire que les auteurs de la loi ont voulu le retrancher et réduire l'exception au cas d'enlèvement, puisqu'ils distinguaient les deux choses. En outre, le viol est un crime qui se commet rapidement et il n'implique pas, comme l'enlèvement, la séquestration plus ou moins prolongée qui seule permet de désigner le père avec certitude. La jurisprudence n'a pas eu à statuer sur ce point.

2920. Condition de l'action. — Pour que l'action en recherche de paternité soit ouverte, il faut qu'il y ait *coïncidence* entre l'époque de l'enlèvement et celle de la conception. Pour déterminer l'époque de la conception les juges ne sont pas liés par les règles établies par la loi sur la durée des grossesses : ces règles sont faites pour statuer sur la légitimité de l'enfant né d'une femme qui est ou a été mariée. Les tribunaux seront donc libres d'apprécier en fait le moment où la conception a pu avoir lieu, et comme les chiffres adoptés par la loi dépassent sensiblement ceux qu'admet la science moderne, ils pourront déterminer avec beaucoup plus de précision l'époque probable de la conception de l'enfant.

2921. Qui peut exercer l'action. — L'art. 310 dit « sur la demande des *parties intéressées* ». Cette expression paraît assez générale à certains auteurs pour y comprendre même les *tiers* qui voudraient rechercher la paternité *contre l'enfant*, par exemple pour lui enlever des libéralités excessives à lui faites par son père. Il est plus vraisemblable de croire que les rédacteurs de la loi ont pensé exclusivement à l'enfant et à sa mère. Ils ont toujours eu en vue des *réclamations* exercées par l'enfant lui-même ou par la mère au profit de l'enfant. Du reste, quand il s'agit de maternité, la jurisprudence écarte toute recherche dirigée par les tiers contre l'enfant. Elle n'a pas eu à se prononcer sur la question pour les recherches de paternité.

2922. Résultat de l'action. — Le ravisseur *pourra* être *déclaré père* de l'enfant (art. 340). Remarquons d'abord que les magistats n'y sont pas obligés. La coïncidence du rapt et de la conception ne prouve pas nécessairement la paternité du ravisseur. Il est possible que la femme ait été mal gardée, et qu'elle ait eu des relations avec d'autres que lui. Les magistats auront à apprécier les circonstances (Fenet, t. X, p. 133 et 134).

Ensuite l'auteur de l'enlèvement est déclaré « père » de l'enfant. C'est donc une véritable paternité qu'on lui inflige avec toutes ses conséquences. Dans le projet de Code, il n'en était pas ainsi : le ravisseur était seulement condamné à des dommages et intérêts au profit de l'enfant. Ce ne fut qu'au dernier moment, dans la conférence qui eut lieu entre le Tribunat et la section de législation du Conseil d'État, qu'on se décida à admettre la déclaration de paternité. Le Tribunat fit remarquer qu'il était peu logique que le ravisseur fût considéré comme père de l'enfant par rapport à la mère et qu'il ne le fût pas pour l'enfant lui-même (Fenet, *loc. cit.*).

2923. Liberté d'agir avant toute condamnation pénale. — L'art. 340 étant indépendant des dispositions du Code pénal relatives au rapt, l'action en recherche doit être admise par le tribunal civil alors même que le ravisseur n'aurait à craindre aucune pénalité, et, de plus, lorsque cet enlèvement est puni comme crime, il n'est pas nécessaire que le fait du rapt ait été préalablement reconnu par la juridiction répressive (Paris, 8 juill. 1821).

§ 3. — *Filiation adultérine ou incestueuse.*

****2924. Prohibition de la recherche en justice.** — Quand la filiation est entachée d'adultère ou d'inceste, la loi n'en permet pas la recherche en justice (art. 342). Cette prohibition est *absolue* ; elle concerne aussi bien la *maternité* que la *paternité*. Par conséquent, la demande de l'enfant doit être rejetée dès qu'il est reconnu que la filiation qu'il réclame serait adultérine ou incestueuse si elle était prouvée.

***2925. Motif de la prohibition.** — L'art. 342 complète l'art. 335 : la *recherche en justice* n'est pas plus permise que la *reconnaissance volontaire.* La loi ne veut pas admettre la constatation régulière d'une filiation dont l'origine est criminelle. Elle veut jeter un voile sur ces faits et éviter des scandales. Le projet de l'an VIII ne prononçait pas cette prohibition ; ce sont les tribunaux qui la demandèrent.

*** 2926. Critique.** — La nécessité de la double prohibition des art. 335 et 342 est loin d'être démontrée. Laurent s'élève avec véhémence contre la sévérité de la loi française, qui « refuse à des créatures humaines les soins d'une mère que la nature accorde aux animaux » ! Il est certain que la loi, qui se montre ici si puritaine et si craintive de scandales, ne l'est pas toujours autant. Elle autorise en mainte occasion la preuve de l'adultère et de l'inceste, pour le divorce et la séparation de corps, pour le désaveu, pour la nullité du mariage. On ne peut nier que les père et mère ont des devoirs envers leurs enfants, quels qu'ils soient ; et, comme le dit Laurent, il n'y a pas de plus grand scandale que de dénier l'action en justice à ceux qui ont un droit, sous prétexte de scandale. Le respect du droit est le plus grand des intérêts (*Avant-Projet*, art. 331 à 338). En Roumanie la recherche de la maternité est permise, même de la part d'un enfant adultérin ou incestueux (C. civ. roumain, art. 308).

*** 2927. Cas de filiation adultérine ou incestueuse légalement certaine.** — La modification apportée au projet primitif du Code semble en avoir fait une *œuvre contradictoire :* d'une part, la loi accorde aux enfants adultérins ou incestueux un droit particulier, la *créance d'aliments* (art. 762) ; d'autre part, elle interdit l'emploi des deux modes de preuve organisés par elle pour constater les filiations illégitimes. Il en résulte que l'enfant tient de la loi un droit qu'il ne sera jamais à même de faire valoir. Cela semble illogique. Même observation pour l'art. 908, qui rend l'enfant adultérin ou incestueux ncapable de recevoir à titre gratuit, si ce n'est à titre d'aliments, incapacité qui suppose prouvée la filiation de l'enfant.

Cependant, il y a des cas dans lesquels la filiation adultérine ou incestueuse se trouve légalement établie malgré la double prohibition des art. 335 et 342, et où par suite les art. 762 à 764 et 908 pourront recevoir quelques rares applications qui les empêchent d'être idevenues lettres mortes[1]. Ces cas sont les suivants :

1° *Un mari désavoue l'enfant de sa femme.* Sauf le cas où la conception est antérieure au mariage, l'enfant est adultérin, car il est né d'une femme mariée et d'un autre que de son mari.

2° *Un enfant, qui se prétend enfant légitime, réussit à prouver par témoins sa filiation maternelle.* Mais le mari de sa mère réussit de son côté à prouver, conformément à l'art. 325, *qu'il n'est pas le père de l'enfant.* Cet enfant est encore pour sa mère un bâtard adultérin.

3° Par suite d'une *erreur de fait ou de droit*, un *jugement* a admis la preuve d'une paternité ou d'une maternité qui se trouve être incestueuse ou adultérine. Si ce jugement n'est plus susceptible d'être réformé, il est acquis pour toutes les parties en cause que l'enfant est incestueux ou adultérin.

4° *Un mariage est annulé* pour cause de bigamie ou d'inceste, et les époux étant, on le suppose, tous deux de mauvaise foi, leur union ne peut valoir à titre de mariage putatif ni conférer à leurs enfants le bénéfice de la légitimité. Les enfants qui en sont issus sont donc adultérins ou incestueux. — On propose quelquefois une raison d'en douter : la présomption de paternité établie par l'art. 312 suppose un « mariage » ; or ici il n'y en a pas. Le mariage annulé ne peut produire aucun effet, et ce serait lui en attribuer un que de maintenir la présomption malgré son annulation. Donc il n'est pas légalement certain que ces enfants soient issus du mari, et si leur filiation paternelle est inconnue, la maternité elle-même ne peut jamais être considérée comme incestueuse, et elle ne peut

[1] Les rédacteurs du Code avaient aperçu eux-mêmes la difficulté, et, s'ils ont maintenu dans la rédaction définitive les art. 762 et 908, ce n'est pas par inadvertance, comme on l'a dit quelquefois, c'est qu'ils avaient reconnu que ces articles pourraient encore s'appliquer en certaines occasions. Tronchet et Siméon en ont fait la remarque, et Siméon en a donné deux exemples dont l'un, il est vrai, est contestable (FENET, t. XII, p. 30 et 231).

être adultérine qu'autant que c'est la femme qui est bigame et que l'enfant est désavoué par son premier mari ; mais on rentre alors dans un des cas précédemment indiqués. — Cette argumentation n'est pas irréfutable. Les raisons qui justifient la présomption de l'art. 312 subsistent malgré l'annulation du mariage. La présomption de paternité ne repose pas sur l'existence abstraite du lien juridique qu'on appelle mariage, mais bien sur un ensemble de faits qui rendent infiniment vraisemblables la fidélité de la femme et la paternité du mari : la cohabitation obligée des époux, le droit qu'avait le mari de forcer sa femme à le suivre et à demeurer avec lui, le droit de la faire condamner pour adultère. Or avant l'annulation du mariage le pseudo-mari jouissait en fait de tous ces droits. On peut ajouter qu'il serait peu logique que, malgré l'état de mariage dans lequel les époux ont vécu, la paternité fût réputée douteuse, puisque le simple enlèvement de la femme a pour effet de la rendre certaine et permet de la rechercher. Le Code civil italien (art. 193, 2°) admet que la paternité et la maternité naturelles résultent d'un mariage déclaré nul.

CHAPITRE VI

ROLE DE LA POSSESSION D'ÉTAT EN MATIÈRE DE FILIATION NATURELLE

* **2928. Silence de la loi.** — Les art. 334 à 342, qui règlent les preuves de la filiation naturelle, ne prononcent même pas le nom de la *possession d'état*. Très souvent elle existe en fait. Demandons-nous donc si l'enfant naturel peut profiter de sa possession d'état pour prouver sa filiation et quel parti il en peut tirer?

* **2929. Jurisprudence antérieure à 1834.** — Primitivement, la jurisprudence résolvait la question par une distinction : la filiation naturelle était complètement établie, à *l'égard de la mère*, par la possession d'état, mais cette possession restait *sans effet à l'égard du père*, par suite du principe qui interdit la recherche de la paternité. D'après cette jurisprudence, le mode de reconnaissance prescrit par l'art. 334 ne concerne que le père; l'enfant naturel est dispensé de toute rigueur de forme à l'égard de sa mère, parce que le législateur a autorisé la recherche de la maternité (Bastia, 17 déc. 1834, S. 35. 2. 525). Les arrêts antérieurs sont indiqués dans Demolombe (t. V, n° 479).

2930. Système de M. Demolombe. — On en était là lorsqu'en 1835 M. Demolombe entreprit de démontrer que la possession d'état suffit pour établir la filiation naturelle, non seulement à l'égard de la mère, mais même à l'égard du père (*Revue de législation et de jurisprudence*, t. I, p. 427). Sa doctrine, toute téméraire qu'elle était, recueillit un certain nombre d'adhésions, entre autres celle de M. VALETTE (Sur Proudhon, t. II, p. 150). Il l'a maintenue dans son *Cours* (t. V, n° 480). Son argumentation peut se résumer ainsi : la possession d'état est la meilleure de toutes les preuves, ou plutôt elle n'est pas même une preuve, parce qu'il n'y a rien à prouver. Celui qui *possède* son état n'a pas à le *rechercher*. L'action en recherche ne se conçoit qu'à défaut de possession; quand il y a possession, il n'y a pas besoin de preuves, puisque la paternité est connue. L'art. 340 n'a pas pour but d'offrir au père naturel une honteuse immunité qui l'affranchirait de tous ses devoirs : c'est parce que la loi désespère de le découvrir qu'elle défend de le rechercher, mais son vœu est qu'il se fasse connaître. Or la possession d'état est le plus sûr de tous les titres, car la reconnaissance, qui est l'ouvrage d'un moment, peut être arrachée par surprise ou par obsession, tandis que la possession d'état suppose un aveu répété, une reconnaissance de tous les jours qui offre toutes les garanties possibles de liberté et de sincérité [1].

2931. Réfutation. — Malgré le talent avec lequel elle a été défendue, cette cause n'a pas triomphé. Beaucoup d'objections lui ont été faites; voici les deux principales : on a dit que s'il fallait admettre la possession d'état comme preuve de la filiation naturelle, ce serait le renversement de l'art. 340, qui prohibe la recherche de la paternité, et de l'art. 341, qui n'admet la recherche de la maternité qu'autant qu'il existe un commencement de preuve par écrit, car la filiation naturelle se trouverait alors prouvée, et prouvée par la preuve testimoniale toute nue. M. Demolombe avait répondu d'avance : Posséder son état n'est pas le rechercher, et prouver les faits constitutifs de la possession d'état, ce n'est pas prouver par témoins la filiation. Mais l'objection décisive, contre laquelle cette doctrine est venue échouer, c'est que la possession d'état n'a pas été admise par les auteurs du Code comme preuve de la filiation naturelle. Le silence des textes à son égard est d'autant plus probant qu'à l'époque où le Code a été rédigé la possession d'état avait déjà perdu toute valeur pour les enfants naturels. On vivait sous l'empire de la loi de brumaire an II, qui ne permettait ce genre de preuve qu'aux enfants dont les père et mère étaient déjà décédés lors de sa promulgation; pour tous les autres elle exigeait un acte authentique. Si les rédacteurs du Code avaient voulu revenir à la règle ancienne, ils s'en seraient certainement expliqués. Loin de là : Bigot du Préameneu, dans l'*Exposé des Motifs*, dit en propres termes que l'aveu du père suppose nécessairement la rédaction d'un acte authentique (Fenet, t. X, p. 155). Quant aux paroles de Portalis, M. Baret les a réduites à leur juste valeur (*op. cit.*, p. 109 à 114), ainsi que divers autres passages moins importants des travaux préparatoires qu'on a fait intervenir dans le débat.

****2932. Jurisprudence actuelle.** — En somme, la discussion soulevée par M. Demolombe a eu un résultat pratique contraire à celui qu'il se proposait : elle a mis fin à la jurisprudence primitive qui admettait la possession d'état comme probante à l'égard de la mère. Dès que la question a été élucidée, cette opinion intermédiaire n'a pu se maintenir : il fallait admettre les faits de possession comme preuve de la paternité elle-même, ou les rejeter tout à fait. C'est ce qu'a fait la jurisprudence. A partir de 1835, on ne trouve plus qu'un petit nombre d'arrêts qui aient suivi la décision primitive, et la jurisprudence s'est de plus en plus affermie dans l'opinion que la possession d'état doit être tout à fait écartée, qu'il s'agisse de prouver la maternité ou la paternité [2]. Les arrêts sont cités dans Demolombe (t. V, n° 478. — *Adde :* Paris, 2 août 1876, S. 79. 2. 250; Toulouse, 2 févr. 1884, D. 85. 2. 227, S. 85. 2. 56; Paris, 11 juin 1891, D. 92. 2. 533). C'est aussi l'opinion dominante en doctrine.

*** 2933. Rôle actuel de la possession d'état.** — L'échec qu'ont subi les partisans de la possession d'état comme preuve de la filiation naturelle s'est trouvé un peu atténué par une autre décision de la jurisprudence. Il s'agit de l'effet attribué à l'indication du nom de la mère dans la reconnaissance faite par le père : cette indication suffit comme constatation de la filiation maternelle dès qu'elle est complétée par l'*aveu* de la mère (n° 2860). Or cet

[1] A l'appui de son opinion, M. Demolombe citait les paroles de Portalis, dans la séance du 26 brumaire an X (17 nov. 1801). On discutait l'art. 341, où il était dit que l'enfant naturel pourrait rechercher sa mère, s'il avait un commencement de preuve par écrit ou une possession constante. Portalis fit remarquer qu'on ne pouvait pas admettre comme commencement de preuve la possession constante parce qu'elle est « la plus naturelle et la plus complète de toutes les preuves » (Fenet, t. X, p. 79). Et les derniers mots de l'article furent retranchés.

[2] Le changement paraît s'être produit vers 1850. Voyez, comme admettant la possession d'état, Cass. 10 févr. 1847, D. 47. 1. 49, S. 47. 1. 81, et comme la rejetant, Cass., 17 févr. 1851, D. 51. 1. 113, S. 51. 1. 161.

aveu peut être *tacite* et résulter simplement de la façon dont la mère a traité l'enfant, c'est-à-dire de la possession d'état en tant qu'elle est l'œuvre de la mère. Il n'y a pas de contradiction entre cette solution et la décision qui refuse toute autorité à la possession d'état, même conforme à l'acte de naissance, parce que la possession d'état est ici considérée, non en elle-même, mais comme simple élément de fait concourant à former un aveu de maternité (Jurispr. belge : Cass., 6 juill. 1889, D. 89. 2. 236 ; Liège, 7 janv. 1893, D. 94. 2. 493. Jurispr. française : Nîmes, 15 févr. 1887, S. 87. 2. 172). Donc, dans un cas particulier, quand il y aura eu reconnaissance par le père avec indication de la mère, la possession d'état complétera cette indication et suffira à prouver la filiation maternelle [1].

2934. Nécessité d'une réforme. — Si l'opinion de M. Demolombe n'est pas compatible avec les textes actuels, elle représente tout au moins une solution désirable par voie de réforme législative. En *Espagne*, l'enfant naturel est tenu pour reconnu, aussi bien à l'égard du père qu'à l'égard de la mère, lorsqu'il a la possession d'état (art. 135 et 136 C. civ. esp.). En *Belgique*, Laurent proposait d'admettre également la possession d'état comme preuve de la filiation tant paternelle que maternelle, quand elle était bien établie (*Avant-Projet*, art. 309).

** **2935. Résumé.** — Les décisions de la jurisprudence sur les preuves de la maternité naturelle, quand il n'existe pas un acte spécial de reconnaissance en la forme authentique, sont très compliquées, et leur complexité est encore augmentée par les nuances qui résultent de la variété des espèces et par les changements qui sont survenus à diverses époques dans l'opinion de la Cour de cassation. Actuellement les solutions des arrêts peuvent se ramener à trois propositions principales qui aideront à se reconnaître dans ce dédale :

1° En principe, la *reconnaissance* est nécessaire et elle se fait en la forme authentique ; il n'y peut être suppléé par une possession d'état (Décision de 1851 ; ci-dessus n° 2932 en note), même conforme aux indications de l'acte de naissance (Décision de 1872 ; ci-dessus n° 2849) ;

2° Quand le père a *reconnu* l'enfant en indiquant la mère, cette indication peut être confirmée par un simple *aveu* de la mère, exempt de toute forme et qui peut être tacite et résulter des faits constitutifs de la possession d'état : l'enfant est alors considéré comme *pourvu d'une reconnaissance volontaire* de la part de sa mère (ci-dessus n°s 2858 et 2860) ;

3° A défaut de reconnaissance, l'enfant peut faire sa *preuve en justice* : la preuve de l'accouchement sera faite pleine et entière par l'acte de naissance, si la mère y est nommée ; quant à son identité, l'enfant ne pourra l'établir que s'il est pourvu d'un *commencement de preuve par écrit autre que son acte de naissance* (Décision de 1872 ; ci-dessus n° 2849).

[1] Rappelons que si la possession d'état peut corroborer l'indication de la mère faite par le père *dans un acte de reconnaissance de paternité*, elle n'a pas la même valeur pour corroborer l'indication de la mère faite par une personne quelconque dans l'acte de naissance de l'enfant, tout au moins depuis le revirement qui s'est produit en 1872 dans la jurisprudence (ci-dessus n° 2849).

LA LÉGITIMATION

CHAPITRE UNIQUE

§ 1. — *Notions générales et historiques.*

** **2936. Définition.** — La légitimation est un *bénéfice par lequel la qualité d'enfant légitime est fictivement conférée, avec toutes ses conséquences, à un enfant conçu hors mariage.* Ce bénéfice est avantageux à la fois pour les parents et pour l'enfant.

2937. Historique. — Le droit romain a connu diverses espèces de légitimation qu'il est inutile d'indiquer ici. Les seules qui se soient conservées en France sont la légitimation *par mariage subséquent* et la légitimation *par rescrit du prince*. La légitimation par mariage, qui est la plus ancienne, remonte à Constantin et fut probablement introduite sous l'influence de l'Église. Le droit canonique la répandit plus tard dans presque toute l'Europe. La légitimation par rescrit a été imaginée par Justinien pour suppléer à la précédente lorsque le mariage était devenu impossible entre les parents.

En France, le rescrit impérial fut remplacé par des *lettres* de légitimation que délivrait la chancellerie royale et qui étaient pour elle une source de revenus. On prit aussi l'habitude de s'adresser au pape et de lui demander des lettres de légitimation. Ce fut Philippe-Auguste qui donna l'exemple lorsqu'il voulut, en 1201, légitimer les enfants qu'il avait eus d'Agnès de Méranie. Henri IV et Louis XIV firent moins de façon et, appliquant le droit commun à leur profit, ils légitimèrent eux-mêmes leurs propres bâtards. Du reste, à partir du XVIe siècle, les légats auxquels le pape concédait le pouvoir de légitimer les bâtards se heurtèrent à une jurisprudence hostile des Parlements qui mit fin à ce procédé. La légitimation par lettres royaux disparut elle-même au commencement de la Révolution, sans abrogation formelle, par suite du vote de la Constitution de 1791 qui supprimait les Parlements. On admettait depuis longtemps qu'elle ne produisait pas des effets aussi énergiques que la légitimation par mariage ; ainsi elle ne conférait pas à l'enfant le droit de succéder à ses père et mère. Pour plus de détails voyez VIOLLET, *Précis*, p. 384 à 401. Il ne restait donc plus, lorsque le Code civil fut rédigé, que la légitimation par mariage.

* **2938. Examen critique.** — La légitimation a une influence moralisatrice incontestable. Elle pousse les faux ménages à se transformer en familles légitimes, en leur offrant, comme cadeau de noces, la légitimité de leurs enfants. En Angleterre cependant, où l'on comprend souvent les choses d'une façon particulière, on craindrait d'encourager le concubinage par la perspective de la légitimation, en donnant aux particuliers l'espoir d'une réhabilitation. Par conséquent, lorsqu'une Française épouse un Anglais, leurs enfants naturels ne sont pas légitimés. Laurent fait observer très justement que ce système est inutilement sévère, car la passion ne calcule pas ; ce n'est pas le caractère irréparable de la faute qui empêche de la commettre. Il vaut donc mieux laisser aux gens la possibilité de la réparer.

La question de savoir s'il serait utile de rétablir la légitimation par rescrit (nous dirions aujourd'hui *par décret*) est diversement appréciée. Les uns croient qu'elle pourrait offrir, discrètement employée, de précieux avantages (VIOLLET, *op. cit.*, p. 397, note 5). Les autres estiment que la légitimation est un effet propre au mariage et que rien ne peut tenir lieu de ce mariage lorsqu'il n'a pas été contracté (LAURENT, *Avant-Projet*, t. II, p. 162 et 163). Cette légitimation existe encore en beaucoup de pays, notamment en Hollande (art. 329), en Espagne (art. 120 et 125-128) et en Italie (Code de 1865, art. 198 et 199), mais soumise à des conditions restrictives diverses. Il en est à peu près de même en Allemagne (C. civ. all., art. 1723-1740), où elle ne sert qu'à établir un lien de parenté entre l'enfant et le père. Son rétablissement nous semblerait contraire au but de l'institution, en diminuant pour les concubins l'utilité du mariage, qu'ils différeraient indéfiniment, escomptant la possibilité de légitimer leurs enfants sans se marier eux-mêmes.

§ 2. — *Enfants pouvant être légitimés.*

** **2939. Exclusion par la loi des enfants adultérins ou incestueux.** — La légitimation n'est permise que pour les enfants naturels simples. Pourront être légitimés, dit l'art. 331, « les enfants nés hors mariage, *autres que ceux nés d'un commerce incestueux ou adultérin*... ». La loi est formelle et bien claire : les enfants dont la conception est le fruit d'un inceste ou d'un adultère ne peuvent pas être légitimés.

** **2940. Jurisprudence contraire relative aux enfants incestueux.** — Cependant la Cour de cassation décide que l'enfant né d'un oncle et de sa nièce, d'une tante et de son neveu, d'un beau-frère et de sa belle-sœur, c'est-à-dire de personnes entre lesquelles le mariage est prohibé pour cause de parenté ou d'alliance, se trouve légitimé lorsque ses parents contractent mariage ensemble après avoir obtenu des dispenses conformément à l'art. 164 (Cass., 22 janv. 1867, trois arrêts, D. 67. 1. 5, S. 67. 1. 49; Cass., 27 janv. 1874, D. 74. 1. 216, S. 74. 1. 108).

* **2941. Son résultat.** — Cette jurisprudence supprime la moitié de l'art. 331 : elle en fait disparaître la prohibition de légitimer les enfants incestueux. En effet, pour qu'il soit possible de légitimer un enfant, dans une législation qui n'admet plus que la légitimation par mariage, il faut que ses père et mère aient le droit de se marier un jour. Or le vice d'inceste dérive de la parenté ou de l'alliance, et ces deux qualités sont indélébiles ; l'obstacle qui en résulte pour le mariage est donc perpétuel. Par conséquent, le seul cas où la prohibition contenue dans l'art. 321 puisse empêcher la légitimation d'un enfant incestueux est celui où ses parents se marient après avoir obtenu des dispenses. Apparemment cet article n'a pas été écrit pour empêcher la légitimation d'un enfant né d'un inceste entre frère et sœur ou entre père et fille : la loi n'avait pas besoin de défendre cette légitimation puisque le mariage des père et mère ne pourra jamais avoir lieu. Si on admet que, dans l'hypothèse prévue par l'art. 164, les enfants antérieurement nés seront légitimés, on enlève à l'art. 331 toute utilité en ce qui concerne les enfants incestueux.

* **2942. Discussion de la question.** — La jurisprudence de la Cour de cassation n'a pas prévalu sans résistances. Voyez notamment l'arrêt de la Cour de Colmar du 13 mars 1866, cassé en 1867, mais fortement motivé (D. 66. 2. 60, S. 66. 2. 199). Elle est encore combattue par la plupart des auteurs comme ouvertement contraire aux textes de la loi (BRESSOLLES, *Revue critique*, 1867, t. XXX, p. 193, et XXXI, p. 208 ; DEMOLOMBE, t. V, n° 354 ; LAURENT, t. IV, n°s 175 et 178). La Cour de cassation dit que l'art. 331 a eu en vue uniquement les enfants qui doivent le jour à des personnes entre lesquelles le mariage

est absolument impossible, ou qui se sont mariées sans avoir obtenu de dispenses du gouvernement. C'est une affirmation, ce n'est pas une preuve. On a essayé de démontrer que la mention des enfants incestueux dans l'art. 331 est une « étourderie législative » de Bigot du Préameneu : le Tribunat avait émis le vœu que l'on prohibât la reconnaissance des enfants incestueux, et que l'on modifiât l'art. 335 qui semblait interdire seulement celle des enfants adultérins. Bigot corrigea en ce sens, sans en être prié, l'art. 331 en même temps que l'art. 335. Étourderie, tant que l'on voudra ; toujours est-il que le texte est là. La véritable raison qui a entraîné la jurisprudence est que l'obstacle qui sépare les époux n'est pas absolu, puisqu'il est de nature à être supprimé par une simple mesure administrative. Il y aurait quelque chose de choquant et de dur à maintenir dans l'état inférieur de bâtards incestueux des enfants dont les parents sont légitimement mariés. On ajoute que la condition de l'enfant dépendra souvent de l'exactitude des bureaux, et qu'il sera incestueux ou légitime suivant que les commis de la chancellerie chargés d'expédier les dispenses auront été paresseux ou diligents. Tout ce qu'on a dit sur ce point est parfaitement juste; mais ce sont des objections à faire au législateur, des motifs pour demander une réforme, et non des arguments pour le juge. La Cour de cassation a réellement refait la loi.

2943. Proposition de réforme. — En 1872, une proposition fut déposée à l'Assemblée nationale pour modifier l'art. 331. Elle fut écartée pour cette raison que la question était déjà tranchée en ce sens par la jurisprudence. Réponse digne d'un praticien, qui compte les arrêts et ne les pèse pas. On a pu voir, à propos de la preuve de la maternité naturelle et du rôle de l'acte de naissance, ce que durent les jurisprudences les mieux établies. Cette abstention volontaire des Chambres est un système législatif déplorable [1].

* **2944. Légitimation d'un enfant décédé.** — En principe la légitimation doit avoir lieu *pendant la vie de l'enfant*. Une fois qu'il est mort, elle n'est plus possible parce qu'on ne peut pas conférer une qualité nouvelle à quelqu'un qui n'existe plus.

Toutefois la légitimation est encore permise *lorsque l'enfant naturel décédé a laissé des descendants légitimes* (art. 332). Elle profite alors à ses descendants en améliorant leurs rapports avec leurs grands-parents et avec toute la famille. Jusque-là ils ne pouvaient faire valoir que les droits de l'enfant naturel décédé qu'ils représentaient. Ils n'avaient donc sur la succession des grands-parents que des droits limités, ceux d'un enfant naturel, et ils n'en avaient aucun à l'égard des autres membres de la famille, la parenté naturelle ne s'étendant pas au delà du premier degré. Désormais, l'enfant décédé étant réputé légitime, ils entrent eux-mêmes complètement dans la famille et leurs droits de succession se développent en conséquence.

Quand l'enfant naturel décédé n'a laissé lui-même que des enfants naturels, la légitimation du défunt n'est pas possible parce qu'elle ne servirait de rien aux enfants qu'il a laissés. Étant eux-mêmes naturels, et ne pouvant plus être légitimés par le mariage de leurs parents, dont l'un est mort, ils ne seraient pas rattachés à la famille légitime et resteraient incapables de succéder à qui que ce soit, malgré la légitimité posthume accordée à leur père ou mère

§ 3. — *Conditions de la légitimation.*

** **2945. Indication de ses conditions.** — On a déjà vu que la loi

[1] En Belgique, Laurent admettait la légitimation des enfants incestueux lorsque le mariage des parents a lieu avec dispense. C'est ce qu'a fait le Code espagnol qui permet de légitimer les enfants *dont les parents auraient pu se marier avec une dispense* (art. 119).

française ne permet plus, depuis 1791, qu'une seule espèce de légitimation, celle qui se fait par le mariage des père et mère. Cette légitimation exige deux conditions. Il faut :

1° *Que les père et mère de l'enfant contractent mariage entre eux;*

2° *Que l'enfant ait été reconnu par ses père et mère avant le mariage.*

A. — Célébration d'un mariage.

** **2946. Nécessité d'un mariage régulier et valable.** — En exigeant que les parents de l'enfant se marient, la loi entend naturellement parler d'un mariage régulier et valable. Toutefois le mariage nul qui produit ses effets à titre de *mariage putatif*[1], à raison de la bonne foi des époux, entraîne légitimation des enfants. Il n'y a de doute qu'autant que la cause de nullité du mariage se trouve être la bigamie ou l'inceste.

Dans le projet de l'an VIII, on avait inséré un article d'après lequel le mariage *in extremis* n'aurait pas eu pour effet de légitimer les enfants antérieurs. C'était un souvenir de l'ancien droit qui privait ces mariages d'effets civils. L'article fut supprimé, et avec juste raison. Cette sévérité aurait été souvent inique, car si les concubins ne se sont pas mariés plus tôt, ils ont pu en être empêchés par les circonstances, et d'ailleurs ce n'est pas par des moyens de ce genre qu'on empêchera le concubinage.

B. — Reconnaissance antérieure au mariage.

** **2947. Dernier moment où la reconnaissance est possible.** — La loi veut que l'enfant qu'il s'agit de légitimer soit *reconnu avant le mariage*, mais il suffit que cette reconnaissance ait lieu, *au plus tard, dans l'acte même qui constate la célébration du mariage* (art. 331).

2948. L'innovation du Code et ses motifs. — Le Code innove quand il exige une reconnaissance antérieure au mariage. D'après le droit canonique, la légitimation avait lieu *de plein droit*, par l'effet du mariage, sans qu'il fût nécessaire de reconnaître préalablement l'enfant. Ce système était plus raisonnable que le nôtre. C'est le mariage qui légitime. Quand la filiation est certaine, qu'importe qu'elle soit constatée après le mariage? *Les auteurs du Code ont craint une fraude* qui, paraît-il, s'était quelquefois commise. Deux époux, n'ayant pas d'enfants, s'entendaient pour reconnaître comme leur un enfant abandonné, et faisaient de lui par leur mensonge un enfant légitime. C'est ce calcul que le législateur a voulu empêcher ; il enlève ainsi aux particuliers le moyen de se donner des enfants « par consentement mutuel », suivant le mot du Premier Consul. Il semble que le droit ouvert à tout intéressé de contester la reconnaissance suffisait pour prévenir la fraude, car cette supercherie est plus difficile à faire réussir qu'on ne le pense.

2949. Ses inconvénients. — Quoi qu'il en soit, la loi est formelle : si la reconnaissance est faite après le mariage, elle a été faite trop tard, et le bénéfice de la légitimation est refusé à l'enfant. Cette sévérité est d'une *rigueur extrême*. Beaucoup de gens ignorent en se mariant l'exigence de la loi. Souvent même ils ne savent pas ce que c'est qu'une reconnaissance d'enfant naturel, et croient la filiation de l'enfant suffisamment certaine parce que la mère est indiquée dans son acte de naissance. Que de légitimations ont été rendues pour jamais impossibles par l'oubli involontaire de cette formalité, alors que les parents croyaient avoir légitimé leurs enfants en se mariant ! Touchées par cet inconvénient,

[1] On appelle ainsi un mariage annulé auquel la loi attribue néanmoins les effets d'un mariage valable, jusqu'au jour de son annulation, en considération de la bonne foi des époux ou de l'un d'eux, qui se sont mariés dans l'ignorance de la cause de nullité.

diverses personnes ont proposé d'obliger les officiers de l'état civil à avertir les futurs époux avant leur mariage et à leur demander s'ils ont des enfants à légitimer. La question, dit-on, pourrait sembler de mauvais goût, mais son caractère offensant disparaîtrait si la reconnaissance préalable des enfants était simplement mentionnée par une feuille imprimée, parmi les pièces à fournir s'il y a lieu.

* **2950. Enfants pour lesquels la reconnaissance préalable n'est pas exigée.** — La condition d'une reconnaissance préalable n'est exigée par le Code que pour les enfants *nés* avant le mariage. Si l'enfant n'est encore que *conçu*, il se trouve légitimé de plein droit par le seul fait de la célébration. En effet, on a vu plus haut que l'enfant conçu avant le mariage et né depuis est assimilé par la loi aux enfants légitimes; or nulle part il n'est dit que cet enfant doive être préalablement reconnu par les parents. L'art. 331, qui exige cette condition, ne parle que des enfants « *nés* hors mariage ».

* **2951. Procédé par lequel l'enfant déjà conçu obtient la légitimité.** — Il est impossible d'expliquer la situation faite à cet enfant sans faire intervenir l'idée d'une légitimation, puisque la qualité de légitime ne lui appartient pas par son origine, étant né de deux personnes non mariées au jour de sa conception, et qu'elle lui est conférée par un fait postérieur, le mariage de ses père et mère. De l'aveu de tout le monde, la qualité de légitime ne peut appartenir à cet enfant qu'à partir du mariage de ses parents, et cela sans aucune rétroactivité. De quel nom appeler, si ce n'est du nom de « légitimation », l'acte qui confère le bénéfice de la légitimité à un enfant dont la conception a été illégitime?

Cependant quelques auteurs pensent que cet enfant n'est pas seulement *légitimé*, mais qu'il est bel et bien *légitime* (DEMOLOMBE, t. V, nos 61 à 63), et leur opinion a été reproduite par quelques arrêts (Lyon [motifs de l'arrêt], 6 avril 1870, D. 70. 2. 227, S. 70. 2. 109; Poitiers, 19 juill. 1875, D. 76. 2. 28, S. 72. 2. 261). Mais elle a été formellement condamnée par la Cour de cassation (Cass., 28 juin 1869, deux arrêts, D. 69. 1. 335, S. 69. 1. 446). Ces arrêts décident que « c'est la *conception*, et non la naissance, qui *constitue la filiation*, et que si l'enfant né avant le 180e jour du mariage naît légitime, c'est *l'effet d'une fiction de la loi* qui suppose que ses parents ont eu l'*intention de lui conférer la légitimité par leur mariage* ». On ne s'y prendrait pas autrement pour définir la légitimation.

* **2952. Intérêt du débat.** — La controverse ne porte pas sur une pure question de mots. Ceux qui soutiennent l'idée d'une légitimité vraie veulent faire passer pour légitime l'enfant qui a été conçu avant le mariage, *à un moment où le père était encore engagé dans les liens d'une précédente union*. Cet enfant, étant né d'un homme marié et d'une femme autre que l'épouse légitime de son père, est *adultérin*, et, par suite, s'il s'agissait d'une simple légitimation, il ne pourrait pas en profiter, à cause de l'art. 331. On cherche donc à esquiver la prohibition de cet article, en disant qu'il est légitime, et non pas légitimé. C'est ce qu'ont décidé quelques arrêts (outre les arrêts de Grenoble et de Paris, cassés en 1869, voyez Poitiers, 19 juill. 1875 précité). Mais la Cour de cassation ayant très nettement affirmé sa doctrine dans les deux arrêts de 1869 pour refuser la légitimité à cet enfant dont l'origine est adultérine, on peut considérer l'arrêt de Poitiers comme un simple écart de jurisprudence.

La question n'est pas nouvelle, et déjà dans l'ancien droit, plusieurs arrêts avaient jugé que l'enfant, conçu à un moment où le père était marié avec une autre femme que la mère, ne pouvait pas obtenir la légitimité même si son père, devenu libre, épousait la mère avant l'accouchement. La jurisprudence de la Cour de cassation, approuvée par la grande majorité des auteurs, n'a donc fait que rester fidèle à la tradition de notre droit.

2953. Conséquence. — De cette jurisprudence, on peut tirer une conclusion, c'est que nous avons en France deux espèces de légitimations, ou plutôt que la légitimation par mariage se fait de deux façons différentes : Quand il s'agit *d'enfants déjà nés*, la légitimation exige une condition de plus (la reconnaissance antérieure au mariage) que lorsque l'enfant est encore *simplement conçu ;* pour ce dernier, la légitimation résulte du seul fait du mariage, sans autre condition de forme.

2954. Cas où la filiation de l'enfant est établie par jugement. — Dans l'art. 331, la loi ne prévoit que la *reconnaissance* volontaire. Que dire des enfants non reconnus, qui feraient constater leur filiation *par jugement ?* Dans l'opinion générale, on fait une distinction :

a. Si la filiation a été judiciairement constatée *avant le mariage*, il n'y a pas de doute ; l'enfant sera légitimé. Exiger des parents une reconnaissance serait leur demander un acte inutile : il n'y a pas lieu de reconnaître une paternité ou une maternité qui est déjà régulièrement établie.

b. Si la filiation de l'enfant est restée inconnue jusqu'au mariage, et que l'action en recherche soit ensuite exercée, on décide en général que la légitimation ne sera pas acquise à l'enfant. Les motifs de la loi, dit-on, imposent cette sévérité ; sans cela, les parents se feraient intenter une action par leur prétendu enfant, et se défendraient de façon à perdre leur procès. Grâce à ce détour, ils rendraient inutile la précaution prise par le législateur [1].

C. — Conditions non exigées par la loi.

2955. Absence d'autres conditions. — Les deux conditions qui viennent d'être expliquées (célébration du mariage et reconnaissance préalable) sont les seules. Aucune autre ne doit être recherchée.

2956. Possibilité du mariage au jour de la conception. — Il a pu exister à l'époque de la conception un empêchement prohibitif, comme le délai de dix mois imposé à la femme veuve ou divorcée, ou même dirimant, comme le défaut d'âge. Peu importe, l'enfant sera légitimé. Il n'y a lieu de faire exception que pour l'existence d'un mariage antérieur, qui rendrait l'enfant adultérin.

2957. Déclaration expresse de légitimation. — Il n'est pas non plus nécessaire que les parents manifestent la volonté de légitimer leur enfant. La légitimation s'opère de plein droit quand le mariage a lieu à un moment où la filiation de l'enfant est déjà légalement constatée. Le texte dit bien : « *pourront* être légitimés », mais il n'entend pas par là faire de la légitimation une faculté pour les parents, il indique seulement le moyen à employer pour les légitimer. Bien mieux : une volonté contraire, formellement exprimée, n'empêcherait pas la légitimation.

2958. Consentement de l'enfant. — Enfin il est inutile que l'enfant consente à la légitimation quand il est en âge de le faire ; il ne peut pas s'y refuser, et n'a d'autre ressource pour s'y soustraire que de contester la reconnaissance dont il a été l'objet. En droit romain, l'opposition de l'enfant pouvait empêcher la légitimation parce que la puissance paternelle sous laquelle elle le faisait tomber, entraînait une *minutio capitis*. Rien de pareil n'a jamais eu lieu chez nous.

§ 4. — *Formes de la légitimation.*

2959. Abandon des anciennes formes. — Jadis la légitimation se faisait avec une certaine solennité. On plaçait les bâtards qu'on voulait légitimer sous un *poile* ou voile (*pallium*), qu'on étendait au-dessus des époux pendant la cérémonie du mariage : « Enfants nés avant le mariage, mis sous le poile, sont légitimés » (LOYSEL, n° 58). Aujourd'hui, toute forme extérieure est inutile. Quand les conditions exigées par la loi sont remplies, la légitimation s'opère de plein droit par le seul fait de la célébration du mariage.

***2960. Transcription de la légitimation.** — Depuis une loi du 17 août 1897, il doit être fait mention de la légitimation en marge de l'acte de naissance de l'enfant légitimé.

[1] Cette crainte est un peu chimérique. La vérification des faits en justice semble une garantie suffisante contre la fraude. Et d'ailleurs, en présence d'un texte qui est muet sur la question, la doctrine est-elle bien dans son rôle, quand elle étend ainsi une disposition très critiquable et dont elle blâme en général la rigueur ?

Cette formalité est destinée à assurer et à faciliter la publicité du fait ; elle ne saurait être considérée comme *condition de validité :* c'est une simple *mesure d'ordre.* L'enfant a pu être inscrit sous le nom de sa mère ou sous un simple prénom ; le voilà maintenant qui acquiert le nom de famille de son père ; il est bon que lui-même, le public et l'administration trouvent la trace de ce fait dans son acte de naissance.

§ 5. — *Effets de la légitimation.*

** **2961. Acquisition des droits d'enfant légitime.** — L'effet de la légitimation est facile à déterminer. Désormais l'enfant doit être traité comme un enfant légitime. Les enfants légitimés, dit l'art. 333, auront *les mêmes droits* que s'ils étaient nés du mariage. La loi ne fait aucune distinction, aucune réserve ; l'assimilation est entière.

* **2962. Absence de rétroactivité.** — Il subsiste toutefois une différence entre l'enfant légitimé et les véritables enfants légitimes. C'est que l'assimilation qui se produit alors n'est pas rétroactive ; elle ne se produit qu'*à compter du mariage* et pour l'avenir seulement, et ne remonte pas dans le passé jusqu'au jour de la conception de l'enfant. Il a été conçu comme enfant naturel, et il est resté tel jusqu'au mariage ; il n'est devenu légitime que le jour où ses parents se sont mariés. Il ne peut pas y avoir de légitimité antérieure à l'union conjugale. De là résulte une conséquence importante pour les successions qui se sont ouvertes avant le mariage : l'enfant légitimé n'y a aucun droit, parce qu'à cette époque il était encore enfant naturel, et que les enfants de cette catégorie ne peuvent succéder aux parents légitimes de leurs père et mère [1].

2963. Contestation de la légitimation. — La légitimation peut être contestée, soit qu'on attaque le mariage qui l'a produite, soit qu'on conteste la reconnaissance qui a précédé le mariage. L'action appartiendra à ceux à qui la loi permet de faire annuler le mariage (art. 180, 182, 184, 191) ou de critiquer la reconnaissance (art. 339). Comp. Cass., 20 avril 1885, D. 86. 1. 23, S. 86. 1. 313. L'enfant lui-même serait admis à contester la reconnaissance dont il a été l'objet et la légitimation qui en a été la conséquence, sans qu'on puisse lui objecter l'article 322, aux termes duquel nulle action n'est recevable pour modifier la filiation d'un enfant légitime qui a un titre et une possession d'état conforme, car cet article ne s'applique qu'aux enfants légitimes proprement dits et non à ceux qui ont été d'abord illégitimes et auxquels on conteste justement l'acquisition de la qualité qui leur rendrait l'art. 322 applicable. L'art. 322 suppose en effet la légitimité originaire, celle qui résulte du « titre de naissance » ; en cas de légitimation, la légitimité se fonde sur un titre postérieur à la naissance [2].

1 Voici comment cette hypothèse peut se présenter. Un homme veuf a de son mariage deux enfants légitimes. Il a eu, soit avant ce mariage, soit depuis, un enfant naturel, et il le légitime en épousant la mère. Si nous supposons que l'un des deux enfants légitimes, frère consanguin du bâtard légitimé, est mort avant le second mariage du père, sa succession sera recueillie tout entière par son père et par son frère légitime : l'enfant légitimé n'y prendra rien, bien que les frères et sœurs d'un défunt soient appelés à succéder en concours avec les père et mère.

2 Ce raisonnement montre que l'art. 322 s'appliquerait à l'enfant né après le mariage car celui-là possède l'état d'enfant légitime conformément à son titre de naissance.

L'ADOPTION

GÉNÉRALITÉS

** **2964. Définition.** — L'adoption est un *contrat solennel*, soumis à l'approbation de la justice, qui *crée entre deux personnes des relations analogues à celles qui résulteraient de la filiation légitime*. Toutefois la parenté fictive qui résulte de l'adoption n'imite que d'une manière très imparfaite la parenté véritable. Ses effets sont beaucoup moins étendus et beaucoup moins nombreux, et dans la pratique son seul résultat sérieux est de donner un héritier, ayant tous les droits d'un fils, aux personnes qui n'ont pas d'enfant. L'adoption ne détruit pas les rapports de filiation que l'adopté tient de sa naissance; la parenté fictive qu'elle crée se superpose à ces rapports, sans se substituer à eux.

2965. Historique. — L'établissement de l'adoption en France, pendant la Révolution, a été une sorte de résurrection. L'adoption, usitée autrefois dans l'Empire romain, avait disparu depuis longtemps dans les provinces coutumières, et, même dans le Midi, elle était presque entièrement oubliée. Dès le XVIe siècle elle ne conférait plus à l'enfant adoptif le droit de succéder à l'adoptant. Au XVIIIe siècle, il n'en existait d'autres débris que quelques institutions d'héritier faites à la charge de porter le nom et les armes du testateur.

L'adoption fut réintroduite dans le droit français par une décision de l'Assemblée législative qui ordonna à son Comité de législation de la comprendre dans son plan général des lois civiles (18 janvier 1792). On ne sait s'il faut attribuer cette décision à la manie d'imitation de l'antiquité qui sévissait alors, ou à l'influence du projet de code prussien, qui venait d'être traduit en langue française, et dans lequel l'adoption figurait. Ni les conditions, ni les formes, ni les effets de l'adoption ne furent alors réglés. Cependant on en vit se produire un certain nombre, surtout après que la Convention eut donné l'exemple en adoptant, le 25 janvier 1793, la fille de Lepelletier Saint-Fargeau, assassiné dans un café par le garde du corps Paris. Ces adoptions furent plus tard confirmées et leurs effets déterminés par une loi du 25 germinal an XI.

La commission chargée de la rédaction du Code n'avait pas maintenu l'adoption dans son projet (rédaction de l'an VIII); elle y fut introduite sur la demande de la section de législation du Conseil d'État, et probablement à l'instigation de Bonaparte.

Le Premier Consul eut fort à lutter pour faire accepter l'adoption. Beaucoup de membres lui étaient hostiles, entre autres Malleville et Tronchet : les uns la jugeaient inutile dans nos mœurs; les autres la redoutaient comme une source d'abus, devant détourner les citoyens du mariage, permettre d'avantager les enfants naturels sans les légitimer, ou priver les parents des biens qui doivent leur revenir. Pour les discussions relatives aux conditions, aux formes et aux effets, voyez ci-dessous les n°s 2968, 2974, 2989 et 2996.

L'adoption a été comprise par les auteurs du Code comme une *institution philanthropique* destinée à être à la fois « la consolation des mariages stériles et une vaste carrière de secours pour les enfants pauvres » (Berlier, dans FENET, t. X, p. 247). La Constitution de 1793 s'était déjà placée au même point de vue, lorsqu'elle avait accordé les droits de citoyen français à tout étranger qui adopterait un enfant. Mais on fera bien de méditer les critiques très sensées dirigées par Tronchet contre l'adoption considérée comme acte de bienfaisance : elle peut causer des regrets tardifs, après avoir converti en devoir une affection jusque-là libre et indépendante, et au surplus elle n'est pas nécessaire à celui qui veut faire le bonheur d'un enfant (Fenet, t. X, p. 368 à 370). Dans l'ensemble, le Code français se rapproche peut-être autant de la législation prussienne que du droit de Justinien.

Les adoptions sont peu nombreuses. En 1897, il y en a eu 87, concernant 95 enfants (*J. off.* 7 juillet 1900).

2966. Législations étrangères. — L'adoption a été supprimée en Hollande par le Code de 1838. Elle a été maintenue en Italie (C. civ., art. 202-219) et Laurent proposait de la maintenir aussi en Belgique (*Avant-projet*, art. 344-346). Le nouveau Code civil allemand contient une réglementation nouvelle de l'adoption (art. 1741-1772). En Espagne, elle est régie par les art. 173-180 C. civ.

CHAPITRE PREMIER

DE L'ADOPTION ENTRE VIFS

(Adoption des majeurs)

§ 1. — *Qui peut adopter.*

A. — Personnes auxquelles le droit d'adopter est reconnu.

2967. Femmes. — Les femmes aussi bien que les hommes sont capables d'adopter.

L'adoption romaine, qui avait pour objet principal de donner la *patria potestas*, n'était permise qu'aux hommes, parce que cette puissance ne pouvait appartenir aux femmes.

2968. Célibataires. — Quoique l'adoption ait pour but de suppléer au défaut de postérité légitime, il n'est pas nécessaire que l'adoptant soit *marié*. Le projet de la commission de rédaction exigeait au contraire le mariage : il fallait *être* ou *avoir été* marié. Le Premier Consul disait que l'adoption est un « supplément aux effets du mariage », entendant par là qu'elle devait remédier à l'infécondité de certaines unions. En conséquence, la faculté d'adopter devait être interdite aux célibataires. On craignait aussi de favoriser indirectement le concubinage, en permettant au père naturel de donner à ses enfants le rang et la situation d'enfants légitimes sans se marier. (Fenet, t. X, p. 266 et 267). Pourtant cette condition spéciale fut finalement écartée. Par suite, un célibataire peut adopter.

2969. Prêtres catholiques. — Un prêtre catholique peut adopter (Cass., 28 nov. 1844, S. 44. 1. 801). Cela n'est plus douteux depuis que la jurisprudence admet la validité du mariage des prêtres. Mais, même dans l'opinion qui considère les prêtres comme incapables du mariage, on doit reconnaître qu'il n'existe aucun texte, soit dans les canons de l'Église, soit dans la législation française, interdisant aux prêtres d'adopter, quoique un pareil acte soit certainement contraire à l'esprit et à la discipline de l'Église (Dalloz, *Répert.*, v° Adoption, n° 99). Le seul exemple connu d'adoption faite par un prêtre remonte à la Révolution. L'art. 174 du Code civil espagnol interdit l'adoption aux ecclésiastiques.

B. — Conditions requises en la personne de l'adoptant.

***2970. Énumération.** — Comme l'adoption a pour but de donner une paternité fictive aux personnes qui n'ont pas d'enfants, deux conditions sont exigées de toute personne qui veut adopter :

1° Elle doit *avoir passé l'âge où l'on peut espérer avoir des enfants.* Cet âge est fixé par la loi à *50 ans révolus*, pour les deux sexes (art. 343);

2° Elle doit n'avoir *aucun enfant ou descendant légitime* au jour de l'adoption (art. 343);

En outre, comme l'adoption est une faveur, on exige :

3° *Que l'adoptant ait une bonne réputation* (art. 355);

Enfin, comme l'adoption est une institution créée par le législateur, on la considère comme un droit *civil*, refusé aux étrangers. Il faut donc :

4° *Que l'adoptant soit français.* La jurisprudence est constante en ce sens (P. Renault, *Revue critique*, 1884, p. 705. *Contra*, Weiss, *Droit intern. privé*, 2° édit., p. 58).

2971. De l'absence d'enfants. — D'après l'art. 343, les enfants légitimes sont les seuls qui fassent obstacle à l'adoption. L'existence d'un enfant naturel, même reconnu, n'empêche pas son père d'adopter un autre enfant; mais si l'enfant naturel avait été légitimé, toute adoption serait désormais impossible, puisque l'enfant naturel légitimé est assimilé aux enfants légitimes à compter du jour du mariage de ses père et mère. Quant à l'enfant adoptif, sa présence n'empêche pas une seconde adoption; on peut donc adopter plusieurs enfants, soit en même temps, soit successivement.

2972. Effet de l'existence d'un enfant légitime. — L'existence d'un enfant ou d'un descendant légitime ou légitimé au jour où l'adoption a lieu la rend *nulle*, et comme cette nullité est établie dans l'intérêt des enfants légitimes, il suffit, pour qu'elle se produise, que l'enfant soit *conçu* au jour de l'adoption; il n'est pas nécessaire qu'il soit déjà né. Mais la *survenance après l'adoption* d'un enfant légitime, ou la légitimation d'un enfant naturel antérieurement né ne porte aucune atteinte aux droits de l'enfant adoptif. Quand elle a été valablement réalisée, l'adoption est définitivement acquise et ne peut pas tomber par suite d'un fait postérieur; et l'art. 350 suppose qu'un enfant adoptif peut concourir dans la succession de l'adoptant avec des enfants légitimes *nés depuis l'adoption*.

§ 2. — *Qui peut être adopté.*

*** 2973. Pas de distinction entre les sexes.** — Les femmes peuvent être adoptées aussi bien que les hommes.

2974. Condition d'âge exigée de l'adopté. — Les *majeurs* seuls peuvent être adoptés (art. 346).

Dans la pensée des rédacteurs de la loi, l'adoption devait au contraire s'appliquer surtout aux *enfants en bas âge*. Ils voyaient en elle une institution de charité destinée à assurer l'avenir des enfants abandonnés ou nés de parents très pauvres. Voici ce qui les empêcha de s'arrêter à cette idée : ils n'osèrent pas considérer comme définitive une adoption réalisée sans le consentement mûr et réfléchi de l'adopté, et ils réservèrent à celui-ci le droit d'y renoncer au moment de sa majorité. Puis cette faculté d'option leur sembla dangereuse, et ils décidèrent que l'adoption une fois faite serait irrévocable, même pour l'adopté. Seulement, pour lui donner ce caractère définitif, il fallut en retarder la conclusion jusqu'à la majorité de l'adopté. De là la règle suivante : *l'adoption ne pourra, en aucun cas, avoir lieu avant la majorité de l'adopté* (art. 346). En attendant sa majorité, et pour pourvoir à ses besoins, les auteurs du Code ont organisé une autre institution, la *tutelle officieuse* (n° 3016). L'adoption des enfants en bas âge, qu'aurait préférée Tronchet, correspond à une autre idée : la protection des enfants sans ressources, et non plus à l'idée première de l'adoption, qui était de suppléer à l'infécondité d'un mariage.

2975. Adoption de la même personne par les deux conjoints. — Nul ne peut être adopté par plusieurs (art. 344, al. 1); une seconde adoption ferait double emploi avec la première. Toutefois l'article ajoute : « si ce n'est par deux époux », ce qui n'a rien que de très naturel ; l'adoption, destinée à imiter la nature, peut donner à l'adopté un père et une mère. Deux conjoints peuvent adopter l'enfant simultanément ou successivement.

2976. Cas où l'adopté est parent de l'adoptant. — Il n'est pas nécessaire que l'enfant adopté soit *étranger* à l'adoptant. Ce peut être un parent, un oncle, par exemple, qui adopte son neveu ; un père qui adopte son enfant naturel. Ce dernier point toutefois a donné lieu à une controverse qui mérite d'être rappelée.

****2977. Adoption des enfants naturels.** — La question de savoir si une personne peut adopter son enfant naturel a été et est encore très vivement discutée. Cette question ne se pose du reste que pour les enfants dont la filiation est *légalement certaine*, car s'il n'y a eu ni acte de reconnaissance ni jugement, la filiation étant inconnue aux yeux du droit, rien ne peut empêcher que l'enfant soit adopté par son père ou par sa mère.

L'adoption des enfants naturels est devenue célèbre par les *variations d'opinions et de jurisprudence* qu'elle a provoquées. Merlin a changé deux fois d'avis sur la question. La Cour de cassation a fait de même. En 1841, elle jugea que cette adoption était permise, consacrant par là la jurisprudence déjà suivie dans 15 cours d'appel sur 19 (28 avril 1841, D. 41. 1. 137, S. 41. 1. 273). Son arrêt fut enregistré comme « un arrêt de principe qui devait faire cesser toute controverse » (SIREY). Moins de deux ans après, elle se déjugeait et déclarait que cette adoption est défendue (16 mars 1843, D. 43. 1. 97, S. 43. 1. 277). Enfin, en 1846, elle revint à sa première solution et depuis lors sa jurisprudence n'a plus varié (1er avril 1846, D. 46. 1. 81, S. 46. 1. 273). Cependant la lutte n'a pas cessé dans la doctrine (nombreuses indications d'auteurs dans DALLOZ, *Suppl.*, v° Adoption, n° 21) ; voyez, par exemple, le plaidoyer éloquent de Demolombe contre cette décision (t. VI, nos 51 et 52). Il comptait toujours sur un revirement parce qu'aucun arrêt des chambres réunies n'est encore intervenu. Mais la jurisprudence paraît définitivement fixée (Cass., 13 mai 1868, D. 68. 1. 249, S. 68. 1. 338 ; Cass., 13 juin 1882, D. 82. 1. 308, S. 84. 1. 211).

La Cour de cassation ne s'est jamais appuyée que sur *un argument*, mais qui paraît solide : le Code a déterminé les conditions de l'adoption ; il n'a dit nulle part que l'enfant naturel ne pourrait pas être adopté après avoir été reconnu ; les limitations apportées à la capacité de l'enfant naturel par les art. 758 (757 ancien) et 908 ne concernent pas l'adoption. Or les incapacités sont de droit étroit ; donc l'adoption de l'enfant naturel est possible et elle est valable [1]. On peut ajouter, pour ceux qui regrettent la disparition de la légitimation par rescrit, que l'adoption offre en pratique un moyen d'y suppléer dans une assez large mesure [2]. En 1897, sur 95 enfants adoptés, 26 étaient enfants naturels des adoptants.

La *grosse objection* qu'on faisait à la jurisprudence était celle-ci : les enfants naturels sont réduits par la loi à une portion assez faible de la succession de leurs parents, et il est interdit à ceux-ci de rien leur donner au delà ni par donation entre vifs ni par testament (art. 758 et 908). Si leur adoption est permise, les parents ont à leur *disposition* un moyen d'éluder la loi et de relever l'enfant naturel de son incapacité. L'adoption des enfants naturels est donc contraire à l'esprit du Code qui frappe ces enfants, dans l'intérêt du mariage, d'une sorte de déchéance ; et c'était justement sur cette idée que s'appuyait

[1] Un fait vient corroborer ce raisonnement : la législation antérieure au Code autorisait certainement ce genre d'adoption ; or les rédacteurs du Code ont écarté un article spécial, qui avait été introduit dans le projet sur la demande de Tronchet tout exprès pour l'interdire. Cet article était ainsi conçu : « Celui qui a reconnu, dans les formes établies par la loi, un enfant né hors du mariage, ne peut l'adopter ni lui conférer d'autres droits que ceux qui résultent de cette reconnaissance » (FENET, t. X, p. 266 et 267 ; p. 338 à 342). Le rejet de cet article, joint à la suppression de la disposition qui ne permettait pas aux célibataires d'adopter, montre dans quel sens le Conseil d'État a tranché le débat.

[2] Cependant l'adoption n'est qu'un équivalent approximatif de la légitimation, car elle ne donne à l'enfant adoptif que des droits de succession limités à la personne de l'adoptant et ne s'étendant pas à tous les membres de la famille, comme ceux de l'enfant légitime.

Tronchet pour soutenir la disposition qu'il proposait. — A cette objection on peut répondre que si l'enfant naturel acquiert par l'adoption des droits plus forts et une capacité plus étendue, ce n'est pas en qualité d'enfant naturel, mais en qualité d'enfant adoptif. L'objection implique donc une pétition de principe, puisque la question est précisément de savoir si la loi a entendu l'empêcher d'acquérir une qualité meilleure que la sienne. Or il est certain que l'incapacité des enfants naturels n'est pas irrémédiable, puisqu'elle peut prendre fin par la légitimation. Dès lors elle peut être également supprimée par l'adoption.

§ 3. — *Conditions de l'adoption.*

A. — Conditions de l'adoption ordinaire.

2978. Distinction. — Ces conditions sont de deux sortes : les unes ont trait aux *relations personnelles* entre l'adopté et l'adoptant, les autres aux *autorisations* que l'adopté ou l'adoptant doivent obtenir de diverses personnes.

1° Rapports entre adopté et adoptant.

***2979. Différence d'âge.** — L'adoption étant destinée à créer un rapport de parenté analogue à celui qui dérive de la filiation en ligne directe, il était naturel d'exiger que l'adoptant eût un certain nombre d'années de plus que celui qui va devenir son enfant selon la loi. Le Code français se contente d'une différence de 15 ans (art. 343). Le Code allemand (art. 1744) en exige 18.

*** 2980. Éducation de l'adopté.** — La loi veut en outre *que l'adoptant ait donné ses soins à l'adopté pendant sa minorité* et que ces soins aient duré *six années au moins* (art. 345). Cette seconde condition garantit l'existence d'une affection solide et durable envers l'enfant : on évite ainsi des adoptions précipitées inspirées par un caprice.

2° Autorisation de tierces personnes.

2981. Qui doit consentir à l'adoption. — L'adoption, étant un contrat, suppose nécessairement le consentement de l'adoptant et celui de l'adopté, mais leur volonté ne suffit pas toujours à l'adoption. La loi demande en outre : 1° le *consentement du conjoint de l'adoptant*, lorsque celui-ci est marié ; 2° le *consentement des père et mère* de l'adopté, lorsque celui-ci a moins de 25 ans. Après cet âge, il doit encore *requérir leur conseil*.

*** 2982. Consentement du conjoint de l'adoptant.** — Lorsque l'adoptant est marié, l'adoption est de nature à porter atteinte, et de plus d'une façon, aux droits de son conjoint. Le conjoint avait peut-être l'espoir de recueillir un jour en entier la *succession de l'adoptant*, si celui-ci n'a pas de parents au degré successible ; l'adoption lui enlève cet espoir. L'adopté va acquérir la qualité de *réservataire* et pourra faire réduire les libéralités faites par l'adoptant à son conjoint (ci-dessous, n° 3000) ; l'adoption va créer à son profit un droit éventuel à une *pension alimentaire*, qui viendra diminuer les ressources du ménage. Enfin il faut tenir compte des relations de famille qui vont s'établir par la force des choses avec l'adopté, bien qu'il reste légalement étranger au conjoint de l'adoptant quand l'adoption n'est faite que par un seul des deux époux. On pouvait donc craindre que l'adoption ne devînt une cause de brouille dans le ménage et, en tout cas, elle lèse des droits acquis. C'est pour cela que la loi exige le consentement du conjoint de l'adoptant (art. 344, al. 2).

Le consentement du conjoint est également nécessaire, quel que soit l'époux qui veut adopter ; même quand c'est le mari, il a besoin du consentement de sa femme. A l'inverse, quand l'adoption est faite par la femme, le consentement que lui donne son mari n'est pas une autorisation maritale ordinaire, et par suite, il ne pourrait pas être suppléé par une autorisation de justice.

Le texte ne faisant aucune distinction, on doit décider que le consentement du conjoint est nécessaire *même quand il existe une séparation de corps*. Cependant les déchéances diverses établies contre l'époux coupable rendent l'adoption moins dangereuse, puisqu'elles enlèvent de plein droit à ce conjoint les avantages qui se trouveraient diminués ou compromis par l'adoption ; et cette remarque est vraie surtout depuis que la loi du 9 mars 1891 a supprimé le droit de succession réciproque des conjoints séparés de corps. Mais il faut songer, 1° que ces déchéances n'atteignent que l'époux coupable et que, si c'est lui qui veut adopter, son conjoint, ayant conservé tous ses droits, a toujours besoin d'être protégé, comme avant la séparation de corps; 2° que la séparation de corps est un état temporaire qui peut cesser d'un moment à l'autre par la réconciliation des époux.

** **2983. Consentement ou conseil des père et mère de l'adopté.** — Celui qui veut se donner en adoption doit solliciter de ses père et mère, ou du survivant, quand l'un d'eux est déjà mort, tantôt un *consentement* proprement dit, tantôt un *simple conseil*, selon l'âge qu'il a lui-même (art. 346). Les raisons qui ont fait exiger ce consentement ou ce conseil sont analogues à celles qui justifient la même condition en matière de mariage. Quand il s'agit de mariage, on cherche surtout à protéger l'enfant contre les entraînements de la passion en l'obligeant à se faire assister ou conseiller par ses parents; quand il s'agit d'adoption, c'est plutôt la puissance paternelle des parents que la loi veut ménager.

2984. Comparaison avec les règles du mariage. — Les règles établies sur ce point pour l'adoption ne sont pas tout à fait les mêmes que pour le mariage.

1° La limite d'âge à partir de laquelle la loi remplace le *consentement* à obtenir des parents par un simple *conseil*, est fixée d'une manière uniforme à 25 ans pour les deux sexes (art. 346), tandis que pour le mariage cette limite est abaissée à 21 ans pour les filles (art. 148).

2° En cas de dissentiment, l'avis du père l'emporte quand il s'agit de mariage (art. 148). Pour l'adoption, la loi ne dit rien de semblable : l'art. 346 oblige l'adopté à rapporter le consentement de ses père et mère sans faire de distinction entre eux. Il en résulte que la mère pourrait, par son opposition, rendre l'adoption impossible, bien que le père y consentît.

3° A défaut des père et mère, le consentement des ascendants plus éloignés, qui serait nécessaire pour le mariage, ne l'est jamais pour l'adoption.

On peut ajouter que le Code civil n'a jamais exigé qu'un seul acte respectueux pour l'adoption (art. 346), tandis que pour le mariage, jusqu'en 1896, on en exigeait trois de la part de l'enfant qui n'avait pas dépassé 25 ou 30 ans, selon le sexe (art. 152 anc.).

B. — Facilités données pour l'adoption rémunératoire.

2985. Cas où l'adoption prend ce caractère. — Les règles qui viennent d'être exposées dans les trois paragraphes précédents sont celles du droit commun. Dans certains cas la loi se montre moins exigeante et rend l'adoption plus facile [1]. Ceci a lieu lorsque l'adoption est la récompense d'un *sauvetage* : quand une personne sauve la vie d'une autre dans un combat, dans un incendie, dans un naufrage, dans une inondation ou dans tout

[1] Les conditions seules de l'adoption sont changées; les formes et les effets restent les mêmes. Par conséquent les développements donnés aux nos 2988 et suiv. sont communs à l'adoption ordinaire et à l'adoption rémunératoire.

autre accident (les cas prévus par la loi dans l'art. 345 ne sont que des exemples), la personne sauvée peut manifester sa reconnaissance en adoptant son sauveur. De là le nom d'*adoption rémunératoire*.

2986. Conditions supprimées. — Pour cette adoption, la loi supprime quelques-unes des conditions qu'elle exige d'ordinaire. 1° Il n'est pas nécessaire que l'adoptant ait 50 ans révolus ; il suffit qu'il soit majeur. 2° Il n'est pas nécessaire qu'il ait 15 ans de plus que l'adopté ; il suffit qu'il soit plus âgé, fût-ce d'un seul jour. 3° Il n'est pas nécessaire qu'il lui ait donné des soins pendant plusieurs années (art. 345).

2987. Conditions maintenues. — Toutes les autres conditions sont maintenues, notamment celles qui concernent l'*absence d'enfants ou de descendants légitimes* et le consentement du conjoint de l'adoptant quand il est marié (art. 345).

§ 4. — *Formes de l'adoption.*

2988. Absence primitive de formes. — Aucune forme spéciale n'avait été prescrite par l'Assemblée législative lorsqu'elle autorisa l'adoption. Les particuliers profitèrent de la liberté qu'on leur laissait : de 1792 à 1803, un assez grand nombre d'adoptions furent faites ; les unes furent reçues par des notaires, les autres par des officiers de l'état civil. Cet état d'incertitude ne pouvait durer.

2989. Discussions au Conseil d'État. — Lors de la préparation du Code, le Premier Consul proposa, « pour frapper fortement l'imagination », de faire intervenir le Corps législatif dans les adoptions. « Le législateur, comme un pontife, leur donnera le caractère sacré... C'est le plus grand acte qu'on puisse imaginer. Il faut qu'il parte d'en haut, comme la foudre », et il citait l'exemple de Rome, où l'adoption se faisait dans les comices. Cependant son avis, qui avait d'abord prévalu, finit par être abandonné. Le Code permet l'adoption et en fixe les conditions ; il est donc inutile qu'une loi spéciale en autorise l'emploi pour chaque cas particulier ; et d'autre part le Corps législatif étant fait pour prendre des décisions générales, c'était confondre les pouvoirs que de l'appeler à prononcer sur un fait et sur des individus. On craignit en outre d'effrayer les gens par la difficulté d'une forme aussi extraordinaire. On ne voulut pas cependant laisser les adoptions se faire sans contrôle, et pour prévenir tout abus on décida de les soumettre à une homologation judiciaire (FENET, t. X, p. 362 et suiv.). L'autorisation à donner à une adoption rentre, en effet, d'une manière bien plus naturelle dans la compétence des tribunaux que dans celle des Chambres législatives.

** **2990. Caractère solennel de l'adoption.** — Malgré cette atténuation des formalités exigées, l'adoption n'en est pas moins, dans le système définitif du Code, un *contrat solennel*. Et sa solennité ne tient pas seulement à ce que les formes établies par la loi sont exigées à peine de nullité ; il possède en plus une *solennité de fait*, qui tient à l'intervention obligée du tribunal civil et de la cour d'appel, chargés de vérifier la situation et d'autoriser le contrat. Forme insolite, née du désir du législateur de rehausser l'importance de l'adoption dans l'esprit des contractants eux-mêmes.

* **2991. Réception du contrat devant le juge de paix.** — Les deux parties doivent se présenter devant le *juge de paix* du domicile de l'adoptant. Elles comparaissent en personne ou par un procureur, porteur d'un mandat spécial et authentique. Le juge de paix dresse acte de leurs consentements respectifs (art. 353). Les juges de paix sont les seuls officiers publics compétents pour recevoir les adoptions. Celles qui seraient reçues par un notaire seraient nulles.

* **2992. Homologation par justice.** — L'acte d'adoption dressé par le juge de paix doit être transmis au procureur de la République près le *tribunal de première instance du domicile de l'adoptant*. Ce tribunal est chargé de statuer sur l'*approbation* ou le *rejet de l'adoption*. Il étudie l'affaire, vérifie si toutes les conditions sont remplies et si l'adoptant jouit d'une bonne réputation, le tout sans écritures ni procédure, et rend son jugement en secret, en la chambre du conseil, et non à l'audience publique. Le jugement n'est pas motivé. Le tribunal dit simplement, suivant qu'il accorde ou qu'il refuse son homologation : « Il y a lieu » ou : « Il n'y a pas lieu à l'adoption. »

Le tribunal ne statue jamais qu'à charge d'appel[1]. La question doit être soumise à la cour du ressort qui statue, elle aussi, sans donner de motifs. Lorsque la cour rejette l'adoption, son arrêt est rendu *en la chambre du conseil ;* lorsqu'elle l'admet, il est rendu *à l'audience et publié par voie d'affiches* (art. 354 à 358).

Ce sont les parties elles-mêmes qui saisissent la justice. Elles sont donc libres, si elles le veulent, de ne pas donner suite à leur projet d'adoption. La loi leur accorde un délai de dix jours à compter du contrat pour le soumettre au tribunal, et d'un mois à compter du jugement pour le transmettre à la cour ; ni l'un ni l'autre délai n'est fatal.

2993. Transcription de l'adoption sur les registres de l'état civil. — Dans les trois mois qui suivent l'homologation de l'adoption par la cour, lorsqu'elle a été admise, l'acte d'adoption doit être transcrit *sur le registre des naissances*, à la mairie du lieu du domicile de l'adoptant. Cette transcription se fait sur le vu d'une expédition en forme de l'arrêt de la cour. Le délai est de rigueur : l'adoption reste sans effet si elle n'est pas inscrite sur les registres dans les trois mois (art. 359).

Ce qui doit être transcrit, ce n'est pas l'arrêt d'homologation, mais bien l'*acte d'adoption* reçu par le juge de paix. L'officier de l'état civil déclarera qu'il l'enregistre, « vu l'arrêt de la cour de..., en date de tel jour »[2].

2994. Achèvement de la procédure au cas de mort de l'adoptant. — Toutes ces formalités sont requises à peine de nullité, et l'adoption ne devient parfaite que lorsqu'elles sont toutes accomplies. Toutefois si l'adoptant venait à mourir après que l'acte d'adoption a été transmis au tribunal et avant que la justice n'ait définitivement statué, la loi permet à l'adopté de continuer la procédure (art. 360).

2995. Rétroactivité de l'adoption. — Une fois homologuée par la justice et inscrite sur les registres de l'état civil, l'adoption rétroagit jusqu'*au jour du contrat devant le juge de paix*. Telle est du moins l'opinion générale.

§ 5. — *Effets de l'adoption.*

A. — Généralités.

2996. Discussions sur les effets de l'adoption. — Une lutte très vive s'engagea au Conseil d'État quand il s'agit de déterminer les effets de l'adoption. D'après le projet de l'an VIII, l'adoption faisait entrer entièrement l'enfant dans sa nouvelle famille et elle brisait tous ses liens avec l'ancienne, sauf l'obligation réciproque de se fournir des

[1] L'approbation donnée par le tribunal civil devrait être suffisante. L'intervention de la cour d'appel est une satisfaction donnée au Premier Consul qui, partant de l'idée que l'adoption est un acte politique, disait que la sanction ne saurait venir de trop haut.

[2] Il est à remarquer que l'art. 358 parle encore du *tribunal* [d'appel] et l'art. 359 emploie à deux reprises le mot « jugement » pour désigner l'arrêt de la cour. C'est un reste des désignations en vigueur au moment de la rédaction du Code. Voyez ci-dessus, n° 203. Dans l'édition de 1807 on a bien pensé à parler de la « *Cour* d'appel », mais la correction n'a été faite que dans la première ligne de l'art. 358.

aliments dans le besoin (FENET, t. X, p. 251). Le Premier Consul tenait beaucoup à ce que l'on reprît les règles de l'ancien droit romain et que l'on ne fît aucune différence entre l'enfant adoptif et l'enfant véritable. L'adoption, disait-il, doit « singer » la nature. « C'est une espèce de nouveau sacrement... ; le fils des os et du sang passe, par la volonté de la société, dans les os et le sang d'un autre » (THIBAUDEAU, *Mémoires*, p. 420; FENET, t. X, p. 288). Bonaparte savait bien ce qu'il faisait en insistant pour que l'adoption eût des effets aussi énergiques que possible : il se réservait par là un nouveau moyen de fonder une dynastie, si son mariage continuait à rester stérile (Comp. ci-dessus n° 91-3°). Cependant, sur ce point encore, il n'obtint pas satisfaction. La discussion du Code civil fut brusquement interrompue par le message du 13 nivôse an X (ci-dessus n° 79), et quand elle reprit onze mois après, le 27 brumaire an XI (18 nov. 1802), les idées qu'il avait réussi à faire prévaloir, et non sans peine, en frimaire an X, ne retrouvèrent plus la même faveur. On jugea immorale cette abdication des sentiments naturels, ainsi que leur remplacement par des affections fondées sur une fiction juridique. En conséquence on n'attribua plus à l'adoption que des effets bornés.

** **2997. Limitations principales des effets de l'adoption.** — Si l'on veut bien se rendre compte des limites dans lesquelles sont enfermés les effets de l'adoption, il faut retenir surtout deux choses :

A. — *L'adoption ne fait pas sortir l'enfant de sa famille naturelle.* Les liens qui le rattachent à ses parents ne sont pas rompus (art. 348, al. 1). Il reste tenu envers ses père, mère et autres parents de toutes les obligations qui lui incombent, et réciproquement il conserve envers eux tous ses droits, notamment le droit de succession (art. 349). Il ne perd même pas le nom qu'il tient d'eux (voy. ci-dessous n° 3008).

B. — L'adoption, étant un contrat, *ne crée de relations juridiques qu'entre l'adoptant et l'adopté* et, en principe, ses effets ne s'étendent pas au delà. Ce n'est que sur quelques points particuliers que les effets de l'adoption atteignent d'autres personnes que les deux contractants.

* **2998. Énumération.** — Les effets de l'adoption sont peu nombreux. Ils consistent : 1° dans une modification du *nom* de l'adopté ; 2° dans la création de quelques *empêchements de mariage ;* 2° dans la naissance d'une *obligation alimentaire ;* 4° dans l'attribution d'un *droit de succession.* — Ce dernier, étant le plus intéressant, nous commencerons par lui, en y joignant le *droit de retour* qui en est la conséquence.

B. — Droit de succession.

** **2999. Droit de succession.** — Ce droit est l'effet le plus considérable de l'adoption et c'est celui qu'on se propose surtout de réaliser quand on adopte quelqu'un. L'adopté acquiert le droit de *succéder à l'adoptant*, et il a sur sa succession *les mêmes droits qu'un enfant légitime* (art. 350). Par conséquent, s'il y a un ou plusieurs enfants naturels, l'adoptant es réduit à la moitié de la portion héréditaire que leur accorde l'art. 758 quand ils concourent avec des enfants légitimes ; s'il survient à l'adoptant un enfant légitime, l'adopté concourt avec lui ; enfin il exclut complètement tous les autres parents, même les ascendants.

** **3000. Qualité de réservataire attribuée à l'adopté.** — Le droit de succession de l'enfant adoptif est garanti, comme celui de l'enfant légitime, par la *réserve héréditaire*, c'est-à-dire que son père adoptif ne peut pas le dépouiller, par des donations ou des legs, au delà d'une certaine limite. La portion dont le père peut ainsi disposer pour faire des libéralités à des tiers s'appelle *quotité disponible*; elle est au plus de la moitié, et au moins du quart de la succession; cela dépend du nombre des enfants. Le reste forme la *réserve* attribuée à ceux-ci. Un héritier réservataire peut donc faire *réduire* toutes les libéralités excessives, qui dépasseraient le disponible.

L'existence de la réserve de l'enfant adoptif ne fait aucun doute. On peut seulement se demander si l'adopté aura le droit de faire réduire les donations faites par l'adoptant avant l'adoption. Ne serait-ce pas donner un effet rétroactif à l'adoption contre des droits antérieurement acquis à des tiers ? Le doute n'est pas sérieux. L'assimilation établie par le Code, quant au droit de succession, entre l'enfant légitime et l'enfant adoptif, est absolue. Or la possibilité de faire réduire les libéralités même antérieures en date résulte certainement de la naissance d'un enfant légitime, ou de la légitimation d'un enfant naturel. Ceux-ci peuvent exercer, s'il y a lieu, l'action en réduction contre les donations faites avant leur naissance ou leur légitimation ; on ne doit donc pas hésiter à reconnaître le même droit à l'enfant adoptif contre les donataires antérieurs à l'adoption.

** **3001. Absence de tout droit sur les successions des parents de l'adoptant.** — Le droit de succession que l'adoption confère à l'adopté ne porte que *sur la succession de l'adoptant*. Elle ne lui en donne aucun sur les successions des parents de l'adoptant, pas même sur celles des père et mère de ce dernier.

* **3002. Transmissibilité du droit de succession aux descendants de l'adopté.** — Encore une grosse question non prévue par le législateur. Il arrive parfois que l'adopté meurt avant l'adoptant, par conséquent avant d'avoir recueilli le bénéfice de l'adoption. Quand il laisse lui-même des enfants, ceux-ci pourront-ils plus tard prendre sa place et succéder à l'adoptant ? Dans l'opinion qui règne en doctrine, les enfants de l'adopté n'ont pas ce droit. On en donne une seule raison, et qui suffit : la loi ne le leur a point accordé. L'art. 350 ne parle que de l'adopté lui-même. Mais la jurisprudence a cru pouvoir le leur reconnaître et elle se prononce en ce sens depuis un arrêt de cassation du 2 décembre 1822 (Cass., 10 nov. 1869, D. 70. 1. 209, S. 70. 1. 18 ; Agen, 1er juin 1885, DALLOZ, *Suppl.*, t. I, p. 304, note 1, S. 86. 2. 63). Cette jurisprudence, aujourd'hui bien établie, est en elle-même très raisonnable et très équitable, mais elle ne peut s'appuyer sur aucun bon argument de texte. Tous ceux qui ont été présentés ont été réfutés (AUBRY et RAU, § 560, note 6, 4e édit., t. VI, p. 135). La jurisprudence s'est laissé entraîner par le désir de faire produire à l'adoption tous les effets qu'en attendent les parties : l'adoptant a voulu se créer une famille, avoir des enfants et des petits-enfants. Tel est bien le but du contrat, mais la loi n'a pas dit que le lien de parenté civile né de l'adoption s'étendrait aux descendants de l'adopté. — L'arrêt de 1869 précise un point que la jurisprudence antérieure laissait dans le doute, à savoir qu'il n'y a pas lieu de distinguer, parmi les enfants de l'adopté, entre ceux qui sont nés depuis l'adoption et ceux qui étaient nés auparavant : tous ont un droit égal sur la succession de l'adoptant.

* **3003. Défaut de réciprocité.** — Le droit de succession qui résulte de l'adoption n'est pas *réciproque*: l'adoptant n'acquiert pas le droit de succéder à l'adopté. Lorsque l'adopté meurt le premier, sa succession est dévolue à ses héritiers naturels, à l'exclusion de son père adoptif. La loi n'a

pas voulu que l'adoption fût une cause de lucre et un moyen de s'assurer l'héritage d'un enfant, dont on escompterait la mort.

C. — Droit de retour de l'adoptant et de ses descendants.

*3004. **Définition et utilité de ce droit.** — Si l'adoption ne doit pas enrichir l'adoptant, il serait injuste qu'elle eût pour résultat de le dépouiller au profit d'étrangers. Il se peut que l'adopté ait reçu de lui des libéralités importantes : par exemple, à l'occasion de son mariage, l'adoptant a pu lui constituer des biens en dot. Si l'adopté meurt le premier et sans laisser d'enfants, les choses à lui données par l'adoptant font *retour* à ce dernier, c'est-à-dire qu'il les reprend à l'exclusion des héritiers naturels du défunt (art. 351). La loi présume que l'adoptant avait bien voulu s'en priver au profit de son enfant, mais qu'il n'a pas entendu en faire profiter des étrangers.

3005. **Cas où le retour a lieu.** — Le droit de retour s'ouvre d'abord lorsque l'adopté meurt *sans enfants*. Il est au contraire supprimé, bien que l'adopté vienne à mourir le premier et ayant reçu des libéralités de l'adoptant, *lorsqu'il laisse des enfants légitimes* (art. 351). Il est tout naturel que ceux-ci recueillent les libéralités adressées à leur père, qui ne font que recevoir ainsi leur destination normale.

Cependant, dans ce dernier cas, le droit de retour de l'adoptant n'est pas irrémissiblement perdu. Il est possible que *les descendants de l'adopté meurent à leur tour du vivant de l'adoptant* et que la postérité fictive que celui-ci avait voulu se créer se trouve tout à fait éteinte. En ce cas, les choses données par l'adoptant lui font encore retour, et ne passent point aux héritiers ascendants ou collatéraux qui recueillent le surplus de la succession des enfants de l'adopté (art. 352). Le droit de retour de l'adoptant peut ainsi s'ouvrir, selon les circonstances, soit *au premier*, soit *au second degré*.

3006. **Extension du droit de retour au profit des descendants de l'adoptant.** — Un droit de retour analogue appartient, après la mort de l'adoptant, à ses *enfants légitimes* ou *légitimés*, dans les cas évidemment rares où il en existe. Mais le droit qui leur est accordé diffère sur deux points de celui qui appartient à l'adoptant : 1° ils ne peuvent l'exercer que dans la succession de l'adopté, au premier degré, et non au second degré dans celle de ses descendants; 2° ils reprennent non seulement ce que l'adoptant a pu donner entre vifs à l'adopté, mais tout ce que celui-ci a recueilli dans la succession de l'adoptant qu'on suppose mort avant l'adopté (art. 351 et 352).

3007. **Condition pour l'exercice du droit de retour.** — Les divers droits de retour dont il vient d'être parlé sont subordonnés à une condition particulière : il faut que les choses reçues ou provenues de l'adoptant se retrouvent *en nature* dans la succession de l'adopté ou de ses descendants. Il y aurait lieu d'examiner à ce sujet diverses questions; elles trouveront leur place au tome III, à propos des *successions anomales*.

D. — Autres effets de l'adoption.

*3008. **Nom de l'adopté.** — L'adoption confère à l'adopté le *nom* de l'adoptant, en l'ajoutant à son nom propre (art. 347). *En l'ajoutant*... par conséquent l'adopté conserve, malgré l'adoption, le nom qu'il a reçu de ses parents. Cette addition de nom est le signe extérieur du lien qui vient de s'établir entre deux personnes par l'adoption. Lorsque l'adoption est faite par une femme mariée seule ou par une veuve, c'est le nom de celle-ci, et non celui du mari, que doit prendre l'adopté.

3009. **Empêchements de mariage. — L'adoption fait naître certains empêchements au mariage, savoir :

1° Entre l'adopté et l'adoptant;

2° Entre l'adopté et les enfants de l'adoptant, de quelque qualité qu'ils soient, légitimes, naturels ou adoptifs;

3° Entre l'adoptant et les descendants de l'adopté;

4° Entre l'adopté et le conjoint de l'adoptant;

5° Entre l'adoptant et le conjoint de l'adopté (art. 348).

Ce qui peut se résumer ainsi : entre les deux parties; entre l'une d'elles et les descendants de l'autre; entre l'une d'elles et le conjoint de l'autre.

Cette énumération est *limitative;* le mariage reste donc possible entre toutes autres personnes, par exemple entre un enfant de l'adoptant et un enfant de l'adopté.

Ces empêchements sont-ils *dirimants* ou *prohibitifs?* C'est une question qui sera examinée à propos du mariage, dans le t. III.

* **3010. Obligation alimentaire.** — Cette obligation existe entre l'adopté et l'adoptant, de la même manière qu'entre un fils et son père, et elle est réciproque entre eux (art. 349); mais elle ne s'étend pas à d'autres qu'à eux. Voyez ci-dessous, n° 3023.

CHAPITRE II

DE L'ADOPTION TESTAMENTAIRE

(Adoption des mineurs.)

3011. Pourquoi l'adoption par testament est permise. — L'adoption doit en principe se faire *entre vifs.* Par exception, la loi autorise l'adoption *par testament* dans certaines circonstances déterminées. Cette facilité exceptionnelle a paru un tempérament nécessaire de l'interdiction d'adopter un *mineur.* Prévoyant le cas où une personne se serait chargée de l'éducation d'un tout jeune enfant, avec l'intention de l'adopter plus tard, la loi a jugé utile d'autoriser l'adoption par testament lorsque la personne qui se propose d'adopter craint de mourir avant l'époque où l'adoption sera devenue possible par la majorité de l'enfant.

3012. Formes de l'adoption testamentaire. — L'adoption testamentaire est dispensée de toutes les formes requises pour l'adoption ordinaire. La loi n'exige pour elle ni l'intervention du juge de paix, ni l'homologation par justice, ni même l'inscription sur les registres de l'état civil. Le testament suffit.

Toutefois, comme cette adoption est contenue dans un testament, c'est-à-dire dans un acte émanant d'une volonté isolée, elle a besoin d'être *acceptée* par l'adopté après le décès de l'adoptant. C'est à ce moment seulement qu'elle devient *définitive.*

3013. Ses conditions. — Malgré la nature exceptionnelle de ses formes, l'adoption testamentaire reste soumise au droit commun pour ses conditions de fond. Ainsi elle n'est permise qu'aux personnes âgées de plus de cinquante ans (art. 361) et n'ayant point d'enfants légitimes au jour de leur décès (art. 366). La différence d'âge, grâce à la combinaison des art. 361 et 364, est même de beaucoup supérieure à quinze ans.

3014. Règles spéciales. — Facilitée singulièrement par la suppression des formes ordinaires, l'adoption testamentaire est, en revanche, soumise à *deux règles particulières,* qui en rendent *l'emploi infiniment rare,* pour ne pas dire nul.

1° La faculté d'adopter par testament n'est pas accordée à toute personne qui se propose d'adopter un enfant et qui se prépare à remplir les conditions de l'adoption ordinaire, mais seulement à celle qui a *accepté la charge de l'enfant sous la forme de la tutelle officieuse* (ci-dessous, n° 3016). Il ne suffirait donc pas qu'il y ait eu, en fait, des soins donnés à l'enfant pendant sa minorité. — En outre, *il faut que la tutelle officieuse dure au moins depuis cinq ans au moment où le testament est fait* (art. 366). Fait plus tôt, le testament serait inefficace et ne conférerait pas à l'enfant le bénéfice de l'adoption. Cette condition extraordinaire fait que l'institution créée par la loi ne fonctionne pas dans la pratique. Celui qui se propose d'adopter un enfant veut bien être généreux et bienfaisant, mais refuse généralement de s'engager ainsi à l'avance, sans savoir ce que sera l'enfant devenu grand. On préfère conserver sa liberté jusqu'au moment décisif.

2° L'adoption testamentaire ne produit son effet qu'autant que *l'adoptant vient à mourir avant la majorité de l'adopté*. Si l'adoptant vit assez longtemps pour voir l'adopté devenu majeur, ne serait-ce que de quelques jours, il doit être procédé à l'adoption dans les formes ordinaires, par contrat devant le juge de paix (art. 368). La déclaration d'adoption contenue dans le testament devient donc *caduque* par la majorité de l'adopté. C'est qu'alors l'adoption ordinaire étant devenue possible, la loi n'avait plus de raison pour laisser l'usage de cette forme exceptionnelle d'adoption.

3015. Effets de l'adoption. — La loi n'ayant point distingué, les effets de l'adoption sont alors les mêmes que si elle avait eu lieu par acte entre vifs, du moins ceux qui peuvent se produire encore, car ceux qui supposent que l'adoptant est encore vivant, comme l'obligation alimentaire, sont évidemment sans objet.

3016. De la tutelle officieuse. — On appelle ainsi une tutelle tout à fait exceptionnelle dans son mode d'établissement et dans les charges qu'elle entraîne. Celui qui devient *tuteur officieux* le devient *volontairement*, par une sorte de contrat dressé devant le juge de paix (art. 363). Il prend l'enfant à sa charge, c'est-à-dire qu'il est obligé de le nourrir, entretenir et élever à ses frais, et même, si l'enfant a des biens personnels, son tuteur officieux n'en peut employer les revenus à payer les frais d'éducation et d'entretien [1]. Pour tout le reste le tuteur officieux est traité comme un véritable tuteur. Il en a les *obligations*, les *pouvoirs* et les *responsabilités*.

Cette tutelle volontaire n'a qu'un but : faciliter une adoption projetée du pupille par son tuteur, en rendant possible l'emploi de la forme testamentaire, avant la majorité du pupille. De là les conditions d'âge, d'absence d'enfants, de consentement du conjoint, auxquelles l'établissement de cette tutelle est soumis par les art. 361 et 362. Elle ne peut se constituer que pour des enfants *âgés de moins de 15 ans* (art. 364). Pour des enfants plus âgés elle ne servirait à rien, car leur tuteur officieux n'aurait pas le temps de leur donner avant leur majorité les cinq années de soins qu'exige l'art. 366 pour l'adoption testamentaire. L'emploi de ce procédé est extrêmement rare : en 1897, sur 87 adoptions, une seule avait été précédée de tutelle officieuse.

[1] Un tuteur ordinaire pourvoit aux frais d'entretien et d'éducation de son pupille avec les revenus de celui-ci. L'enfant n'est pas à sa charge, à moins qu'il ne soit son descendant, et encore l'ascendant n'est-il tenu qu'en cas d'insuffisance des revenus propres au mineur.

L'OBLIGATION ALIMENTAIRE

CHAPITRE UNIQUE

3017. Pourquoi il convient d'en traiter ici. — Tous les effets de la parenté ou de l'alliance ont leur place particulière dans un cours de droit civil ; quelques-uns même forment à eux seuls une matière considérable, celle des successions par exemple. Un seul doit être étudié dès maintenant, parce qu'il ne trouverait pas plus loin de place logique : c'est l'*obligation alimentaire*. La loi s'en est occupée accidentellement à propos du mariage (art. 205-211). C'est une erreur de classification certaine, car l'obligation alimentaire dérive de la parenté et non du mariage, et la preuve en est qu'elle existe entre personnes qui ne sont pas unies par un lien légitime.

*** 3018. Définition.** — On appelle « obligation alimentaire » le *devoir imposé à une personne de fournir à une autre des aliments*, c'est-à-dire les sommes nécessaires pour vivre. Cette obligation suppose nécessairement que l'une de ces personnes (le créancier d'aliments) est dans le besoin et que l'autre (le débiteur) est en état de le secourir.

Ordinairement ce devoir est *réciproque*.

*** 3019. Cas dans lesquels existe la dette alimentaire.** — La loi l'a établie dans quatre cas différents :

1° Entre ÉPOUX. Elle est comprise dans le devoir d'assistance et de secours de l'art. 212.

2° Entre les PARENTS de la ligne directe. C'est le cas principal.

3° Entre certains ALLIÉS, par imitation de la parenté.

4° A la charge du DONATAIRE au profit du DONATEUR, sans réciprocité.

3020. Renvois. — L'obligation des *époux* l'un envers l'autre sera étudiée au t. III, à propos du mariage. Celle du *donataire* rentre dans les matières de seconde année. Nous n'avons à nous occuper pour le moment que de l'obligation alimentaire des parents et des alliés. C'est celle qu'on rencontre le plus souvent dans la pratique.

§ 1. — *Parents et alliés tenus de la dette alimentaire.*

A. — Parents légitimes.

*** 3021. Exclusion de la dette alimentaire entre collatéraux.** — Entre parents, cette obligation n'a lieu qu'*en ligne directe;* jamais en ligne collatérale. Pourquoi cette différence ? C'est, dit-on, parce que les collatéraux n'ont pas reçu la vie les uns des autres, tandis que les descendants la doivent à leurs ascendants. — Le motif n'est pas bien décisif.

L'obligation alimentaire n'est pas fondée sur cette idée un peu étroite que nous devons conserver la vie à ceux qui nous l'ont donnée ou qui l'ont reçue de nous, mais sur l'existence d'un devoir d'assistance mutuelle entre personnes qui se tiennent de près. Le système français, d'après lequel je dois des aliments à ma belle-mère, tandis que je n'en dois pas à mon frère, est universellement critiqué. Le Code italien (art. 141) accorde des aliments aux collatéraux les plus proches (frères et sœurs) [1].

***3022. Dette alimentaire en ligne directe.** — En ligne directe, l'obligation alimentaire entre parents existe à tous les degrés (art. 205). Elle est toujours réciproque (art. 207). L'art. 205 n'est écrit que pour les parents légitimes, puisqu'il fait partie du titre « Du mariage », et qu'il est placé parmi les effets du mariage. Il est cependant certain que la même obligation existe entre parents naturels (Voy. ci-dessous, n° 3024).

B. — Parents adoptifs.

3023. Limitation de la dette au premier degré. — L'art. 349 établit expressément l'obligation alimentaire entre *l'adoptant* et *l'adopté*, tout en maintenant celle qui résulte du droit commun entre l'adopté et sa famille d'origine. Mais l'adoption n'entraîne aucune obligation de ce genre entre l'adopté et les parents de l'adoptant, auxquels le contrat d'adoption reste étranger. La parenté civile créée par l'adoption s'étend aux descendants légitimes de l'adopté ; il eût donc été équitable de prolonger l'obligation alimentaire dans la ligne descendante, entre l'adoptant et les descendants de l'adopté. C'eût été répondre au vœu des parties, puisque l'adoptant a cherché à se créer, par ce moyen, une postérité. Néanmoins la loi ne l'a pas fait et l'obligation alimentaire, étant purement légale, ne peut pas prendre naissance sans texte.

C. — Parents naturels.

***3024. Parents naturels au premier degré.** — Les parents naturels se doivent-ils eux aussi des aliments ? Cette question suppose que la filiation naturelle est légalement établie ; faute d'une preuve régulière, elle n'existe pas aux yeux de la loi. Pour y répondre, il faut la diviser.

A. — Les *père et mère naturels* doivent-ils des aliments à leurs enfants lorsque ceux-ci sont dans le besoin ? Nous ne trouvons sur ce point qu'un seul texte, l'art. 762, qui accorde aux enfants *incestueux* et *adultérins* le droit d'en réclamer à la *succession* (c'est-à-dire aux héritiers) de leur père ou de leur mère. Cette disposition suppose évidemment que les parents incestueux ou adultérins sont eux-mêmes tenus de fournir des aliments à

[1] Laurent, dans son Avant-Projet, allait plus loin : il étendait la dette alimentaire aux collatéraux jusqu'au *sixième degré*, et, en même temps il bornait à ce degré le droit de succéder (art. 221). C'est le vieil adage : « Ubi emolumentum successionis, ibi alimentorum onus esse debet. » — « On se plaint, dit-il dans ses *Motifs*, que les liens de la famille se « relâchent. Ne pourrait-on pas se plaindre aussi que la loi ne se souvient de la parenté « que lorsque l'un des parents vient à mourir ?... Et alors elle en étend la notion outre « mesure. Qui est-ce qui connaît ses parents du douzième degré ?... Mieux vaut restreindre « la parenté, sauf à lui donner effet quant aux charges aussi bien que quant aux droits. » (*Avant-Projet de revision du Code civil*, t. I, p. 485.)

leurs enfants, car cette obligation ne peut pas naître en la personne des héritiers ; si elle les grève, c'est qu'elle leur est *transmise* par le défunt.

Ce point une fois acquis, nous pouvons en conclure que la même obligation existe également, et à plus forte raison, à la charge des parents de l'enfant *naturel simple*, à qui la loi fait, en général, une situation bien meilleure que celle des enfants adultérins ou incestueux, qui sont les plus déshérités de tous. Ainsi le père naturel ou la mère naturelle doit toujours des aliments à son enfant, quelle que soit la nature particulière de la filiation, naturelle simple, adultérine ou incestueuse.

B. — Du moment où l'on admet que les parents naturels doivent des aliments à leurs enfants, on se trouve amené, par voie de conséquence, à décider que les *enfants naturels* doivent également des aliments à leurs parents. Il est de la nature de l'obligation alimentaire d'être *réciproque*.

On cite bien deux cas où la réciprocité fait défaut (entre donateur et donataire ; entre gendre et belle-mère), mais cette inégalité ne se produit jamais qu'en vertu d'une disposition expresse de la loi. Dans le silence des textes nous devons nous en tenir au principe, qui est la réciprocité de l'obligation. La jurisprudence est constante en ce sens (Toulouse, 25 juill. 1863, D. 63. 2. 139) et elle a pour elle la tradition ininterrompue du droit français.

* **3025. Exclusion de la dette alimentaire pour les autres degrés de parenté naturelle.** — Là s'arrête, dans le système français, l'obligation alimentaire entre parents naturels ; elle ne s'étend pas à ceux qui se trouvent à un degré plus éloigné. « Le père de l'enfant naturel a le droit de refuser les aliments aux enfants de son enfant, au sang de son sang ! Le petit-fils naturel peut laisser mourir de faim le père et la mère de son père ! C'est de la barbarie toute pure ! » (LAURENT). Ceci est la conséquence de l'idée dominante qui a inspiré toute la théorie du Code Napoléon sur les enfants naturels, à savoir que ces enfants n'ont pas de famille. Le Code italien s'est montré plus humain et a étendu l'obligation alimentaire des parents naturels dans la ligne directe (art. 186).

Cependant beaucoup d'auteurs admettent une exception en faveur des *enfants légitimes de l'enfant naturel*, qu'ils considèrent comme représentant ce dernier et rattachés par son intermédiaire à ses père et mère naturels. L'obligation alimentaire s'étendrait ainsi dans les rapports des parents de l'enfant naturel avec les descendants légitimes de ce dernier.

3026. Cas où l'enfant naturel est privé du droit de réclamer des aliments. — Il y a un cas où l'enfant naturel est privé du droit de réclamer des aliments à son père ou à sa mère : c'est lorsqu'il a été reconnu pendant le mariage de son auteur avec une tierce personne (art. 337 et ci-dessus n°s 2879 et suiv.). L'art. 337 ayant décidé que cette reconnaissance ne pourra pas *nuire au conjoint*, l'enfant perdra son droit à une pension alimentaire toutes les fois que les sommes qui lui seraient attribuées devraient être prises sur les revenus dont jouissent l'autre époux ou les enfants nés du mariage. Ainsi le mari n'est pas obligé de fournir sur les revenus de la communauté une pension à l'enfant naturel de sa femme reconnu depuis le mariage (Cass., 16 déc. 1861, D. 62. 1. 29, S. 62. 1. 420). Cet enfant ne pourrait en obtenir de sa mère qu'autant qu'elle aurait la jouissance personnelle de tout ou partie de ses revenus, c'est-à-dire quand il y a séparation de biens, ou quand il y a régime dotal, ou que la femme a des paraphernaux. Mais si l'enfant appartient au mari, celui-ci a toujours pour le moins la jouissance de ses biens personnels; rien ne l'empêche donc de fournir des aliments à son enfant naturel, sans que le conjoint où les enfants légitimes aient le droit de se plaindre, car le mari ne leur doit pas compte de ses revenus (DEMOLOMBE, t. V, n° 472).

D. — Alliés.

3027. Alliés tenus de l'obligation alimentaire. — L'obligation alimentaire est moins étendue entre alliés qu'entre parents légitimes: elle se limite à *certains alliés du premier degré* et ne va pas au delà.

L'art. 206 dit simplement : « Les *gendres* et *belles-filles* doivent également des aliments à leurs *beau-père* et *belle-mère*. » — Les mots « beau-père, belle-mère, belle-fille » ont en français un sens double. Le beau-père et la belle-mère sont tantôt les père et mère du conjoint d'une personne, tantôt le second mari de sa mère ou la seconde femme de son père. L'alliance résulte dans le premier cas du *mariage du fils ou de la fille*; dans le second cas, elle naît du *second mariage* du père ou de la mère. Il en est de même du mot « belle-fille » qui désigne tantôt la bru (la femme du fils), tantôt la *filiâtre* (fille que l'un des conjoints a eue d'un précédent mariage). Le sens dans lequel ces mots sont pris dans l'art. 206 est précisé 1° par le voisinage du mot « gendre », qui montre qu'on a pensé uniquement à l'alliance résultant du mariage d'un fils ou d'une fille; 2° par un incident de la rédaction du Code. Le texte du projet portait : « Les enfants doivent également des aliments à leurs alliés dans la même ligne [ligne directe ascendante]. » Cette rédaction fut changée sur l'observation de Tronchet, qui fit remarquer que les alliés dans la ligne ascendante comprenaient les *parâtres* et *marâtres* (*vitricus* et *noverca*), second mari de la mère ou seconde femme du père, en même temps que les beaux-pères et belles-mères proprement dits (*socer* et *socrus*), auxquels la tradition réservait le droit d'obtenir des aliments à l'exclusion des parâtres et marâtres. On a donc voulu maintenir cette tradition et n'accorder le droit aux aliments qu'à l'une de ces deux catégories d'alliés.

3028. Absence d'obligation entre alliés au delà du premier degré. — Il faut conclure encore de l'art. 206 qu'entre alliés l'obligation alimentaire se limite au premier degré. Ainsi je ne dois pas d'aliments aux ascendants de mon conjoint autres que ses père et mère, puisque la loi n'en parle pas. On objecte que, dans le projet de la commission, le droit aux aliments était accordé à tous les alliés de la ligne directe sans limitation et que le texte a été remanié uniquement pour en priver le second conjoint du père ou de la mère (parâtre ou marâtre). Cela est bien possible, mais comme le dit Laurent : « Ce n'est pas le dire de Tronchet qui fait la loi, c'est le texte. » Or le texte est aussi clair que possible ; il n'établit l'obligation alimentaire qu'entre gendres et belles-filles d'une part, beaux-pères et belles-mères d'autre part.

3029. Réciprocité de l'obligation. — D'après l'art. 207, l'obligation des alliés est réciproque comme celle des parents. Donc le beau-père et la belle-mère doivent, eux aussi, des aliments à leur gendre ou bru. Voyez toutefois le n° 3031.

* **3030. Cessation de l'obligation alimentaire des alliés.** — L'art. 206 établit deux causes d'extinction de l'obligation alimentaire entre alliés, et la jurisprudence en a ajouté une troisième.

1° MORT DE L'ÉPOUX. — Cette première cause a une portée générale. Lorsque *l'époux qui produisait l'affinité* vient à mourir, l'obligation alimentaire s'éteint ; c'est le cas de dire : « Morte ma fille, mort mon gendre » (ci-dessus, n° 613). Le lien entre l'époux survivant et la famille du prédécédé a été brisé par la mort. Toutefois s'il existe encore un ou plusieurs enfants nés du mariage, ils perpétuent, pour ainsi dire, cette union et l'obligation alimentaire subsiste (art. 206-2°).

2° CONVOL DE LA BELLE-MÈRE. — Cette seconde cause d'extinction est spéciale. Elle a lieu lorsque *la belle-mère a convolé en secondes noces* : elle perd le droit de demander des aliments à son gendre ou à sa bru (art. 206-1°). Comme il s'agit d'une déchéance, la disposition de la loi est d'interprétation stricte. Par suite, il est impossible de l'étendre au beau-père qui se remarie, ni au gendre ou à la belle-fille, en supposant pour ces derniers que l'obligation alimentaire ait survécu à la dissolution de leur premier mariage, grâce à l'existence d'enfants. Il est du reste impossible de justifier par de bonnes raisons l'inégalité que la loi crée ainsi entre les différents alliés. Tout ce que l'on peut dire, c'est que le législateur juge avec sévérité la femme qui se remarie dans un âge avancé, à un moment où elle a déjà des enfants mariés. — L'obligation une fois éteinte par le convol de la belle-mère, ne revit pas quand son mariage se dissout.

La belle-mère remariée conserve le droit de demander des aliments à celui des deux conjoints qui est son enfant, de sorte que son gendre ou sa bru quoique déchargé personnellement de l'obligation alimentaire, en subira indirectement l'effet, puisque la pension, qu'il ne doit plus, sera prise sur les revenus de son conjoint. — De plus, ses propres enfants, en qualité de petits-enfants de la belle-mère remariée, restent personnellement tenus envers elle de l'obligation alimentaire.

3° Divorce. — La jurisprudence admet qu'*après le divorce*, chacun des deux époux est libéré de son obligation de fournir des aliments aux parents de l'autre (Cass., 13 juill. 1891, D. 93. 1. 353, S. 91. 1. 311 ; Orléans, 23 mars 1892, D. 93. 2. 354, S. 92. 2. 133). En Belgique, on statue en sens inverse (Trib. Anvers, 31 oct. 1891, S. 92. 4. 16). La Cour de cassation dit que l'art. 206, qui a omis cette cause d'extinction, a été écrit en vue des hypothèses ordinaires, celles où le mariage subsiste encore, ou bien a été dissous par sa fin naturelle, le décès de l'un des époux ; tous les effets propres au divorce ont été réservés pour être traités dans un titre spécial, et là le législateur a réglé à nouveau l'obligation alimentaire en ne la laissant subsister que dans les rapports des époux entre eux ou avec leurs enfants. — On pourrait lui répondre que le divorce laisse subsister l'alliance, dont les effets doivent continuer à se produire tant qu'un texte exprès ne les arrête pas.

3031. Question controversée. — La cause d'extinction tirée du second mariage de la belle-mère donne lieu à une controverse. On se demande, quand la belle-mère a perdu le droit de demander des aliments à son gendre, si celui-ci conserve encore le droit de lui en réclamer. L'art. 207 établit le principe de la réciprocité, en matière d'obligation alimentaire, dans les termes les plus absolus : « Les obligations résultant de ces dispositions sont réciproques. » Or, parmi les dispositions auxquelles cet article s'applique, se trouve l'art. 206 qui établit à la fois l'obligation des gendre ou bru envers leur belle-mère et la déchéance tirée du convol de celle-ci. Beaucoup d'auteurs, combinant à la lettre ces deux textes, admettent que tout est réciproque : le principe de l'obligation et ses causes d'extinction. Ils argumentent de ce que l'autre cause d'extinction établie par l'art. 206 (dissolution sans enfants du mariage qui avait créé l'alliance) produit, de l'aveu de tous, un effet bilatéral. Pourquoi des faits que le texte met sur la même ligne auraient-ils des effets inégaux ? Malgré la force de ces arguments, il semble plus équitable de restreindre à la belle-mère qui se remarie la déchéance prononcée par la loi. Si l'on traite différemment les deux causes d'extinction établies par l'art. 206, c'est que leurs motifs sont différents : la dissolution du mariage sans enfants rompt, pour tous les membres de la famille, le lien de l'alliance ; le convol de la belle-mère lui donne une seconde famille, qui pourra lui fournir des aliments, mais ne change pas la situation de famille de sa bru ou de son gendre. Elle doit donc rester tenue envers eux, d'autant plus que la cause d'extinction établie contre la belle-mère a le caractère d'une déchéance et qu'elle est, à ce titre, d'interprétation stricte.

E. — Ordre à suivre dans l'exercice de l'action.

***3032. Hiérarchie entre les débiteurs d'aliments.** — Il arrive souvent que la personne qui est dans le besoin a autour d'elle plusieurs débiteurs d'aliments : son conjoint, des enfants, des ascendants, des alliés. Peut-elle les poursuivre tous ensemble ? Existe-t-il entre eux un ordre de préférence que le créancier d'aliments soit obligé de suivre ? Grave question, que la loi a omis de résoudre. Il y a un premier point certain : on ne doit pas tenir compte des insolvables ; les parents les plus éloignés pourront donc être atteints malgré la présence d'un parent plus proche, si celui-ci est hors d'état de fournir les aliments. En ne tenant compte que de ceux qui peuvent payer, on établit les règles suivantes :

1° Le premier débiteur d'aliments qui doive y être contraint est *le conjoint ;* il n'y en a pas qui soit plus étroitement tenu d'assister le réclamant.

2° Viennent ensuite *les parents.*

Entre parents, on s'accorde en général à décider qu'ils doivent être recherchés pour acquitter la dette alimentaire *dans l'ordre où la loi les appelle à succéder.* C'est une règle très vieille et qui est aussi très équitable, que ceux qui ont l'espoir de recueillir la succession doivent avoir également les charges de la parenté : *ubi emolumentum, ibi onus.* Par conséquent, les enfants seront obligés de fournir les aliments avant les ascendants.

3° Enfin les *alliés.* Ils sont tenus seulement à défaut de parents, parce que l'alliance est un lien moins solide que la parenté et ne confère pas le droit de succéder. On leur applique d'ailleurs une règle analogue à celle qui régit les parents : les alliés en ligne descendante (gendres et brus) sont tenus avant les alliés en ligne ascendante (beaux-pères et belles-mères).

3033. Caractère facultatif de ces règles. — Ces règles ont été établies par la doctrine, à titre d'indications ; elles ne sont pas écrites dans les textes et ne sont pas obligatoires pour les juges. Ceux-ci pourraient s'en écarter, s'ils le jugeaient équitable, sans encourir la censure de la Cour de cassation. Il est fort possible que le législateur ait gardé intentionnellement le silence pour laisser toute latitude aux tribunaux. On pourrait donc voir un père condamné à servir une pension alimentaire à son fils alors que celui-ci a lui-même des enfants qui pourraient à la rigueur le secourir, si le père a de la fortune, tandis que les enfants n'ont que de faibles ressources, ou des charges très lourdes. De même, entre deux fils, la pension pourra être mise pour le tout à la charge de l'un d'eux, s'il est riche, et que l'autre ne le soit pas. Ainsi encore il a été jugé que les gendres et brus pouvaient être condamnés à fournir des aliments à leurs beau-père et belle-mère, en même temps que les enfants et descendants (Cass., 17 mars 1856, D. 56. 1. 251, S. 56. 1. 487. — Comp. Cass., 7 juillet 1868, D. 69. 1. 213, S. 68. 1. 437).

§ 2. — *Conditions de la dette.*

**** 3034. Conditions sous lesquelles les aliments sont dus.** — Pour qu'une pension alimentaire puisse être obtenue, il faut, d'après l'art. 208, la réunion des deux conditions suivantes :

1° Le *créancier* d'aliments doit être *dans le besoin,* c'est-à-dire hors d'état de se procurer par lui-même des moyens d'existence.

2° Le *débiteur* doit être *en état de les fournir.*

La loi n'a rien réglé sur ces deux points, laissant tout à la prudence des juges. Ainsi le tribunal apprécie si l'absence de ressources n'est pas l'effet de la paresse du demandeur, qui pourrait trouver un emploi et gagner sa vie en travaillant (Pau, 15 déc. 1852, D. 53. 2. 88; Cass., 7 juill. 1863, D. 63. 1. 400, S. 63. 1. 374), ou si le demandeur ne possède réellement aucuns biens dont il puisse tirer parti (Douai, 16 janv. 1882, D. 85. 2. 69).

3035. Ancienne condition supprimée. — Dans notre ancien droit, on obligeait quelquefois celui qui réclamait des aliments à faire abandon de tous ses biens à celui qu'il poursuivait. Cela ne serait plus possible aujourd'hui, la loi n'ayant rien dit de tel.

3036. Suppression du bénéfice de compétence. — Le besoin de celui qui réclame des aliments a souvent pour cause la rigueur impitoyable avec laquelle l'ont poursuivi ses créanciers. Or un parent, un fils, un gendre peut être créancier de son parent, de son père, de son beau-père, et comme tout créancier il peut saisir ses biens, les faire vendre, dépouiller absolument son débiteur. De telle sorte qu'il peut être lui-même l'auteur du mal que la loi l'oblige ensuite à réparer. Ne serait-il pas plus simple, plus logique et plus équitable de l'obliger tout d'abord à laisser de quoi vivre à son parent ou allié ?

Le droit romain y arrivait au moyen du *bénéfice de compétence*, en vertu duquel certains débiteurs pouvaient faire limiter les condamnations prononcées contre eux (in id quod facere potest... ne egeat). Ce bénéfice n'existe plus, et cependant il n'y a là de la part de la loi aucune inconséquence.

En effet, le bénéfice de compétence avait pour résultat de refuser au créancier des *capitaux* qu'il était obligé de laisser aux mains de son débiteur, et qui souvent lui étaient enlevés par d'autres créanciers auxquels le bénéfice n'était pas opposable. Or l'obligation alimentaire ne consiste qu'en prestations périodiques qui se prennent sur les *revenus*. Il était donc tout à la fois *inique* et *inutile* de priver un créancier des droits qu'il tient des règles générales. Ainsi celui qui est débiteur d'aliments n'est pas tenu, quand il est créancier de son parent ou allié, de lui laisser des biens suffisants pour vivre.

3037. Preuve à fournir. — La loi n'a rien dit sur la question de preuve. En général, les auteurs décident que le réclamant n'a rien à prouver, et c'est ainsi que les choses se passent en pratique ; il dépose en quelque sorte son bilan, alléguant l'insuffisance de ses ressources, ou leur absence complète, et c'est le défendeur qui cherche à éviter une condamnation, en essayant de prouver soit que le réclamant a des ressources plus considérables que celles qu'il avoue, soit que lui-même n'a pas les moyens de venir à son secours. En de pareils procès les deux adversaires usent également de ruse pour dissimuler leurs ressources réelles ou pour augmenter leurs charges et leur passif.

3038. Compétence. — La loi du 25 mai 1838, art. 6-4°, attribue compétence aux juges de paix pour les demandes de pensions alimentaires n'excédant pas 150 fr. par an, mais seulement quand elles sont formées en vertu des art. 205-206-207 C. civ. — Ceci comprend la demande formée par un conjoint survivant, la loi du 9 mars 1891 ayant inséré dans l'art. 205 la disposition qui le concerne.

Au-dessus de 150 fr., la demande doit être portée au tribunal civil.

** **3039. Fins de non-recevoir.** — Dans les cas ordinaires il n'y en a pas d'autres que l'inexistence des prétendus besoins du créancier, ou l'impossibilité absolue de la part du débiteur de faire face à cette dette nouvelle. Ni les vices du réclamant qui sont causes de son dénuement actuel, ni les torts qu'il a pu avoir envers l'autre partie ne suffisent pour faire rejeter sa demande. Il a beau s'être mis par sa faute, par l'ivrognerie, par le jeu, dans la misère où il se trouve ; il a beau avoir manqué lui-même à tous ses devoirs, sa réclamation doit être écoutée parce qu'elle est fondée sur la qualité indélébile d'époux, de parent ou d'allié. On a vu des mères dénaturées obtenir une pension d'un enfant qu'elles avaient abandonné et dont elles ne s'étaient jamais occupées. Un fils ou un gendre dissipe la dot que lui ont donnée ses parents ou beaux-parents : il a néanmoins le droit d'obtenir d'eux des aliments. Un fils se marie malgré la volonté formelle de son père qui refuse de le doter : il peut néanmoins obtenir des aliments, même pour un chiffre élevé, puisqu'il a maintenant femme et enfants.

Il y a cependant deux faits graves (la tentative de meurtre et l'accusation capitale jugée calomnieuse), qui sont généralement considérés comme faisant perdre le droit aux aliments. On tire cette conclusion de l'art. 727, qui attache à ces deux faits la déchéance du droit de succéder. Le raisonnement n'est pas décisif, car l'obligation alimentaire mise à la charge des alliés (lesquels ne succèdent pas) prouve qu'on peut être tenu de fournir des aliments à une personne sans avoir l'espoir de lui succéder.

§ 3. — *Objet de la dette.*

** **3040. Paiement en argent de la dette alimentaire.** — En principe, la dette d'aliments s'acquitte en argent et non pas en nature. Elle ne consiste pas à recevoir chez soi le parent misérable, à l'héberger, à le nourrir ; mais bien à *lui fournir l'argent nécessaire pour vivre*. Le débiteur d'aliments ne pourrait donc pas se libérer en offrant au demandeur l'hospitalité à son feu et à sa table, pas plus que celui-ci ne pourrait lui imposer sa présence au foyer. On évite ainsi des froissements presque inévitables entre personnes qui ont des rapports assez tendus pour demander à la justice l'exécution d'un devoir de famille.

* **3041. Forme employée pour le paiement.** — La prestation en argent ne consiste pas dans l'abandon d'un *capital*, qui pourrait grever trop lourdement le débiteur. Elle s'exécute par versements périodiques, par trimestres, par mois ou autrement, suivant les convenances des parties ou l'appréciation du tribunal : c'est donc une sorte de *rente temporaire*, qui justifie très bien le nom qu'elle porte de *pension alimentaire*. Ordinairement elle se paie d'avance, au commencement de chaque mois ou de chaque trimestre. Le tribunal peut ordonner qu'elle sera *portable*, c'est-à-dire que le débiteur sera tenu de porter ou d'envoyer l'argent au domicile du créancier, tandis que d'après le droit commun les créances sont *quérables*, c'est-à-dire que le créancier doit venir toucher lui-même au domicile du débiteur.

** **3042. Montant de la dette.** — Il ne s'agit pas seulement de fournir à la personne qui réclame des secours, les *aliments* proprement dits, c'est-à-dire la nourriture. L'obligation alimentaire est plus étendue : elle comprend tout ce qui est nécessaire pour vivre, le vêtement et le logement, aussi bien que la nourriture. C'est toujours ainsi qu'on a interprété le mot *aliments*, et telle était déjà l'explication qu'en donnaient les jurisconsultes romains : « Legatis alimentis, et cibaria et vestitus et habitatio debebitur, quia sine his ali corpus non potest » (*Digeste*, liv. XXXIV, tit. 1, fr. 6). Ils y comprenaient même les frais de maladie, « valetudinis impendia » (*Digeste*, liv. VII, tit. 1, fr. 55).

Quant au chiffre du secours à accorder, il se mesure à la fois, d'après l'art. 208, *sur les besoins de celui qui réclame les aliments et sur la fortune de celui qui les doit*. La formule employée par la loi est assez large pour permettre au juge de tenir compte de toutes les circonstances, telles que l'état social des parties, leur santé, leurs charges de famille, etc., en un mot tout ce qui peut grossir le chiffre de la pension en faveur du créancier, ou le diminuer en faveur du débiteur.

Il arrive souvent que le demandeur s'adresse à des gens presque aussi pauvres que lui, et qui ne peuvent lui fournir qu'une pension insuffisante pour ses besoins reconnus : il est impossible de les condamner à plus, car ce serait ouvrir un cercle vicieux, en les plaçant eux-mêmes dans la nécessité de réclamer des aliments à celui qui les poursuit. En pareille matière, chacun est tenu seulement « pro posse suo », comme on disait au moyen âge.

* **3043. Variabilité de la pension alimentaire.** — Les besoins de l'un et les ressources de l'autre sont nécessairement *variables*. Par conséquent, le chiffre fixé par les

juges est toujours provisoire. Il peut à tout moment être modifié, de manière à suivre équitablement les fluctuations de fortune des deux parties. Ainsi les besoins du créancier viennent-ils à diminuer ? Le chiffre de la pension pourra être abaissé. Il en serait de même si le débiteur se trouvait, à son tour, dans un état de gêne croissant. Enfin la pension alimentaire cesserait complètement, soit le jour où le créancier n'en aurait plus besoin, soit le jour, où le débiteur serait hors d'état de la continuer, même en partie. C'est à cela que fait allusion l'art. 209 en disant que la *décharge* (dispense complète) ou la *réduction* pourra être demandée suivant les cas. Bien que la loi n'ait pas parlé d'une *augmentation* possible, il est hors de doute qu'elle serait légalement accordée, si les besoins de l'un ou les ressources de l'autre avaient grandi depuis le jugement.

3044. Effet d'une fixation conventionnelle ou testamentaire de la pension. — Assez souvent les parties se mettent d'accord elles-mêmes sur l'existence de la pension et sur son chiffre. A la différence des conventions ordinaires, qui font la loi des parties et qui sont irrévocables, ces conventions relatives aux pensions alimentaires peuvent être modifiées, le cas échéant, s'il survient quelque changement dans la situation de fortune du créancier ou dans celle du débiteur. L'entente établie entre elles est réputée faite en considération de l'état des choses à l'époque où elle a eu lieu ; elle est donc essentiellement provisoire et modifiable, comme le serait un règlement fait par justice.

Au contraire, la pension alimentaire constituée par testament à la charge de quelqu'un qui n'y est pas obligé, ou par donation entre vifs de la part de quelqu'un qui n'y était pas tenu, a le caractère d'une libéralité irrévocable, à moins qu'il n'existe dans l'espèce une des causes de révocation admises par la loi pour les donations et les legs (art. 953 et s., art. 1046 et 1047).

* **3045. Cas exceptionnels où la dette alimentaire s'exécute en nature.** — Par dérogation au principe d'après lequel l'obligation alimentaire est une dette d'argent, le tribunal peut, dans deux cas différents, autoriser une exécution en nature. Le créancier d'aliments est alors reçu, nourri et entretenu dans la maison de son parent ou allié. Cette double dérogation est admise dans l'intérêt du débiteur, parce qu'il est toujours moins onéreux de recevoir et d'entretenir une personne chez soi que de lui fournir en espèces les moyens de vivre au dehors. Il y a une foule de frais généraux qui doivent être faits en double dans deux ménages séparés, et qu'on évite par la communauté d'existence.

Ce mode de libération, que la loi rejette en principe, est autorisé :

1° Lorsque la personne qui doit fournir la pension alimentaire justifie qu'elle ne peut la payer (art. 210).

2° Lorsque c'est un *père* ou une *mère* qui offre de recevoir son enfant chez lui (art. 211).

Au premier cas la dérogation se justifie par la force même des choses. Au second, par la nature des relations qui existent entre les enfants et leurs parents : un fils ou une fille ne peut se trouver humilié de l'offre qui lui est faite ; il ne fait que reprendre sa place au foyer paternel. Ainsi la première exception profite *à tout débiteur d'aliments* quelle que soit sa qualité, mais toujours sous la condition de prouver son impossibilité de servir une pension en argent. La seconde, au contraire, ne profite qu'*au père ou à la mère*, mais ceux-ci sont dispensés de faire cette preuve ; leur demande est *toujours recevable*, sauf au tribunal à en apprécier l'opportunité : « Le tribunal prononcera si le père ou la mère, qui offrira de recevoir... [l'enfant] dans sa demeure... devra dans ce cas être dispensé de payer la pension alimentaire. » La Cour de cassation reconnaît aux tribunaux le pouvoir de décider souverainement ce point (Cass., 23 janv. 1893, D. 93. 1. 184).

3046. Interprétation restrictive de la seconde exception. — L'art. 211 n'autorise que les père et mère à recevoir leur enfant chez eux. Il faut en conclure que la même offre ne pourrait pas être faite (hors le cas de nécessité constatée) par un grand-père ou une grand'mère à ses petits-enfants, ni, à plus forte raison, par un beau-père ou une belle-mère à son gendre ou à sa bru. Cependant quelques auteurs étendent cette exception à tout parent ou allié en ligne ascendante, en alléguant l'identité de motifs.

§ 4. — *Caractères de la dette alimentaire.*

* **3047. Absence de solidarité et d'indivisibilité.** — Malgré la hiérarchie établie par la doctrine, et habituellement suivie par la jurisprudence, entre les divers débiteurs d'aliments, il peut arriver que plusieurs personnes en soient tenues en même temps, quand il y a plusieurs parents au même degré, par exemple plusieurs enfants. On se demande alors si le créancier d'aliments peut s'adresser à un seul d'entre eux à son choix pour lui demander le total, ou s'il est tenu de diviser son action et de réclamer à chacun une part. Le premier procédé serait plus avantageux pour lui, mais les créanciers qui ont plusieurs débiteurs n'ont le droit d'agir ainsi pour le total contre l'un d'eux qu'autant que leur créance est *solidaire* ou *indivisible*. Or la *solidarité*, à défaut de convention spéciale, ne se présume pas : elle ne peut résulter que d'une disposition de la loi; de droit commun, les dettes se partagent de plein droit entre les divers débiteurs. Ici aucun texte n'a prononcé contre eux la solidarité. La dette alimentaire n'est donc pas solidaire (Paris, 26 avril 1892, D. 93. 2. 175)[1].

Pour l'*indivisibilité*, elle résulte de la nature de l'objet dû : la dette est indivisible lorsque son objet ne peut être fourni utilement au créancier par fractions. On a prétendu que la créance d'aliments avait justement ce caractère, parce qu'il s'agit de *faire vivre* quelqu'un et qu'on ne peut pas vivre pour moitié ou pour un tiers. Mais on a fort bien répondu que le véritable objet consistait en prestations pécuniaires, et que rien n'est plus facilement divisible que l'argent, et qu'en supposant même des prestations en nature, elles sont nécessairement susceptibles de plus ou de moins, ce qui implique la divisibilité. Dumoulin l'avait déjà reconnu dans son *Extricatio...dividui et individui* : « Res, quibus alimur, pro parte sive ab uno, sive a pluribus præstari possunt, ut natura et experientia docent » (n° 238).

* **3048. Intransmissibilité de l'obligation alimentaire.** — L'obligation alimentaire s'éteint par la mort du *créancier*. Elle est en effet fondée sur un rapport personnel de parenté ou d'alliance qui périt avec lui. Ses héritiers n'ont que le droit de réclamer les *arrérages*, c'est-à-dire les trimestres échus du vivant du créancier et non encore payés. — Il est bien évident d'ailleurs que s'ils sont eux-mêmes dans le besoin et investis d'une qualité qui donne droit aux aliments, ils pourront en demander. Par exemple les fils, après la mort du père, pourront s'adresser aux grands-parents. Mais en ce cas ils exercent un droit qui leur appartient *de leur chef* et qu'ils n'ont pas reçu, par transmission héréditaire, de leur père décédé.

[1] Cependant la jurisprudence décide que chacun des père et mère est tenu *pour le tout* des aliments qui sont dus à leurs enfants (Cass., 21 mai 1890, D. 90. 1. 337, S. 91. 1. 81) sans qu'il y ait pour cela entre eux une véritable solidarité (Cass., 6 août 1894, D. 95. 1. 199, S. 94. 1. 416). Voyez la note de M. DE LOYNES, sous Nancy, 15 avril 1899, D. 1900. 2. 193.

L'obligation alimentaire s'éteint de même, et pour la même raison, par la mort du *débiteur* d'aliments. Les héritiers ne peuvent être poursuivis que pour le paiement de l'arriéré, s'il y en a. La jurisprudence est aujourd'hui fixée en ce sens (Besançon, 8 juill. 1879, D. 80. 2. 142, S. 80. 2. 299). L'opinion contraire, qui considérait les héritiers comme tenus de l'obligation alimentaire envers le créancier survivant, a eu des défenseurs opiniâtres. Elle était *illogique*, car elle faisait survivre l'effet à sa cause : la cause, c'est la qualité d'époux, de parent, d'allié, à laquelle les héritiers ne succèdent pas; la dette d'aliment n'en est que la conséquence.

3049. Exceptions. — Cependant l'obligation alimentaire se transmet dans deux cas particuliers aux héritiers et successeurs de la personne qui en était tenue :

1° La première de ces exceptions résulte du Code civil et a lieu au profit des *enfants incestueux ou adultérins* (art. 762, al. 2). L'art. 764 considère implicitement la « succession » de leurs père et mère comme tenue de la dette d'aliments. Cette créance est pour eux une atténuation des rigueurs de la loi qui les prive de tout droit héréditaire (art. 762, al. 1) ;

2° La seconde a été établie par la loi du 9 mars 1891, au profit du *conjoint survivant*, à qui on accorde une pension alimentaire sur la succession du prédécédé.

* **3050. Insaisissabilité.** — Toute pension alimentaire est *insaisissable* : les créanciers de la personne qui la touche ne doivent pas compter sur elle pour se faire payer (art. 581 C. proc. civ.). Par suite, le débiteur de la pension, s'il était lui-même créancier de son parent ou allié, ne pourrait pas lui opposer la *compensation* (art. 1293-3°). Il doit continuer à lui servir la rente, sans espoir d'être payé lui-même. Ces deux décisions se justifient par des raisons d'humanité et par l'absolue nécessité de ces sortes de pensions.

* **3051. Incessibilité.** — En général les droits insaisissables sont en même temps incessibles : si les créanciers ne peuvent pas saisir, c'est que leur débiteur lui-même ne pourrait pas se dépouiller de son droit. Une pension alimentaire ne peut donc pas être cédée (Paris, 11 mai 1892, D. 92. 2. 239). On cite à tort, en sens contraire, un arrêt de Bordeaux (17 mars 1891, D. 91. 2. 179) ; il s'agissait, dans cette affaire, non d'une pension alimentaire proprement dite, mais d'une simple provision accidentelle, payable en une seule fois.

3052. Absence de garanties pour les pensions alimentaires. — Les juges ne peuvent pas obliger le débiteur de la pension à fournir des garanties spéciales pour en assurer le service, telles qu'une caution ou un dépôt de titres. Mais le jugement qui le condamne à la payer emporte de plein droit hypothèque générale sur tous ses immeubles ; c'est l'hypothèque judiciaire de l'art. 2123, attachée à tout jugement de condamnation. Seulement cette hypothèque disparaîtra au moment où le créancier d'aliments aura besoin de s'en servir. En effet, si le débiteur de la pension tombe en faillite ou en déconfiture, tous ses biens seront pris et vendus par ses créanciers, et il y aura lieu pour lui de demander la *décharge de son obligation* (art. 209). S'il ne le faisait pas, ses créanciers, exerçant ses droits de son chef, pourront la demander, conformément à l'art. 1166. C'est lui, à son tour, qui aura besoin d'aliments. En somme, le créancier d'une pension alimentaire ne peut pas compter pour la sûreté de sa créance sur l'effet de l'hypothèque judiciaire ; il ne peut en obtenir le paiement que pendant le temps où son débiteur reste au-dessus de ses affaires.

ADDITIONS

1.

P. 49, v° **Allemagne**. Ajoutez : Sur l'état du droit en Allemagne avant 1900, voir AL. BRAUN, HEGENER et VER HEES, *Traité pratique de droit civil allemand*, Bruxelles, 1893, ouvrage intéressant accompagné de cartes. — Sur le nouveau Code civil, voir BARRE, *Le Code civil allemand et le Code civil français comparés entre eux*, traduction française par Hartmann, 2e édit., 1899, 8°.

2.

P. 51, v° **Grande-Bretagne**. Ajoutez : *Modifications apportées au droit anglais depuis 1885*, brochure par J. DUMAS (appendice à l'ouvrage de LEHR).

3.

P. 53, v° **Russie**. Ajoutez : VOLKOFF et PHILIPPOFF, *Recueil* (non officiel) *des lois russes en vigueur*, 3e édit., 1900; compte rendu par LÉON CHALLANDES, dans le *Bulletin* de la Société de législation comparée, février 1901, p. 199. Renseignements détaillés sur l'origine et l'état des Recueils russes.

4.

P. 185, note 2. Le projet qui ouvrait aux femmes l'accès du barreau a été voté peu de temps après l'impression de ce passage (L. 1er décembre 1900, *J. off.* du 4). Le lendemain même, la première *femme-avocat* prêtait serment devant la Cour de Paris : c'était Mme Petit, dont le mari est également avocat.

5.

P. 372, note 1. *Ajoutez :* QUENNEC, article « Cadastre », dans le *Répertoire de droit administratif* de BÉQUET.

6.

P. 377, n° 1025. *Ajoutez :* La propriété foncière emporte la propriété de l'espace aérien qui recouvre le sol. En conséquence, une Compagnie d'électricité a été condamnée à enlever des fils qu'elle avait fait passer au-dessus d'une propriété privée (Trib. de paix de Lille, 15 nov. 1899, D. 1900.2. 361).

7.

P. 479 note 1. **Suppression de la prescription en Tunisie**. La loi foncière du 1er juillet 1885, amendée en 1886 et 1888, a fait l'objet de nouveaux remaniements en 1892 (*Loi foncière et règlements annexes*, recueil officiel avec rapports de MM. Paul Cambon et Massicault, Paris, Challamel, 1893). Comp. *Annuaire français*, t. XII, p. 237; *Revue* *algérienne*, 1892. 3. 125. — La loi du 15 mars 1892 (*Journal officiel tunisien* du 17 mars) a entièrement supprimé la prescription en Tunisie; le mot a été retranché partout où il se trouvait dans les textes antérieurs.

8.

Au n° 2146, ajoutez : En 1897, le nombre total des ordonnances d'arrestation n'a été que de 891, dont 555 pour des garçons et 336 pour des filles.

9.

Au n° 2231, ajoutez : D'après les dernières statistiques, les tribunaux prononçaient cependant un nombre assez élevé de déchéances. Ainsi, en 1897, il y a eu 1,112 déchéances, dont 1,069, c'est-à-dire la presque totalité, ont été facultatives. 877 tutelles ont été confiées à l'Assistance publique, 42 à la mère, 146 à un parent, 14 à un particulier, 40 à une société autorisée (Rapport sur la justice civile, *Officiel* du 7 juillet 1900).

10.

P. 50, v° **Belgique**, ajoutez BELTJENS, *Encyclopédie du droit civil belge,* 1891 et suiv. 4 vol. in-4°. Du même, *Code de procédure; Constitution belge*, etc.

CORRECTIONS

N° 186. Renversez l'ordre du 2° et 3°.

N° 826, l. 4, au lieu de : ci-dessous n° 1528, *lisez :* n° 1043.

N° 1398, in fine. La mention d'abrogation, ainsi que le renvoi au n° 1487, se réfèrent en réalité à une autre loi sur la prescription, du 26 mai 1871, distincte par son objet de celle du 12 mai.

N° 1403, au lieu de : art. 2237, *lisez :* art. 2227.

N° 1961, l. 7, au lieu de : L. 22 mars 1899, *lisez :* L. 22 mars 1890.

Ibid., l. 17, au lieu de : L. 21 mars 1885, *lisez :* L. 21 mars 1884.

N° 2023-2°, au lieu de : L. 24 mars 1884, *lisez :* L. 21 mars 1884.

P. 759, lettre C, au lieu de : Clauses d'exclusion, *lisez :* Causes d'exclusion.

TABLE ALPHABÉTIQUE DES MATIÈRES

CONTENUES DANS LE PREMIER VOLUME

Les chiffres qui ne sont précédés d'aucune indication renvoient aux *numéros;* les renvois aux *pages* sont indiqués par la lettre p. Le signe — tient lieu du *mot principal* de chaque article de la table. La lettre s. à la suite d'un numéro signifie *et suivants.*

TABLE DES TEXTES

CODE CIVIL

Articles	N^os du volume
395-396	2303, 2322-2327.
397	2304.
398	2306.
399-400	2305.
402-404	2307-2310.
405	2311-2312.
406	2262, 2267, 2279, 2280, 2313.
407	2262, 2271.
408-409	2271, 2273.
410	2273.
411	2281.
412-414	2282.
415	2283, 2284.
416	2271, 2285.
417	2328-2333.
418	2381.
419	2504, 2387.
420	2385-2394.
421-422	2390.
423	2389, 2391.
424	2387.
425-426	2395.
427-441	2341-2349.
442-449	2350-2356, 2383.
450, al. 1	2358-2369, 2399.
450, al. 2	2375.
450, al. 3	2489-2491.
451, al. 1	2374.
451, al. 2	2463.
452	2436-2438, 2440, 2472.
453	2477.
454, al. 1	2404, 2415-2417.
454, al. 2	2338, 2339.
455	2423.
456	2480.
457	2446-2448, 2457.
458	2287-2289, 2457.
459	2446.
460	2447-2°.
461	2464.
462	2468.
463	2451, 2452.
464	2481-2484.
465	2458, 2469.
466	2470, 2499.
467	2486.
468	2401.
469	2505, s.
470	2493.
471	2506, 2508.
472	2205, 2511-2517.
473	2507.
474	2509.
475	2518-2520.
476	2536-2540.
477, al. 1	2527.
477, al. 2	2534.
478-479	2528, 2534.
480	2506, 2563.
481	2544-2548.
482	2566, 2571.
483	2574.
484, al. 1	2544, 2562, 2564, 2573.
484, al. 2	2549-2552.
485	2578-2581.
486	2582.
487	P. 811, note 2.
488	156, 2214.
489	2588-2591.
490	2592-2593.
491	2594.
492	2595.
493	2598.
494	2599.
495	2600.
496	2601.
497	2650-2658.
498	2602, 2605.
499	2688, 2702-2708.
500	2607.
501	2609-2613.
502	2634-2641.
503	2642-2644, 2723.
504	2631-2632.
505	2653.
506	2560, 2659.
507	2661.
508	2670, 2671.
509	2654, 2655.
510	2663.
511	2664-2666.
512	2668.
513	2686, 2702-2708.
514	2693, 2695.
515	2695.
516	745.
517	777, s.
518	778, s.
519	829.
520	782, 833.
521	833-836.
522	800-1°.
523	787.
524-525	788-811.
526	812-821, 1750.
527	827.
528	828-830.
529	841-863.
530	1947.
531	829.
532	830.
533-536	864.
537	2032-2034.
538	2051-2059.
539	739, 764, 2070.
540-541	2060.
542	2071-2076.
543	741.
544	954, s.
545	1081-1087.
547-548	901, 909, 991.
549-550	902-915.
552	1025, s.
553	1184.
554	1522-1525.
555	1526-1545.
556-557	1516.
558	1055, 1517.
559	1517.
560-562	1518.
563	1517-4°.
564	1259, 1513.
565-577	1547-1548.
578	1565, 1617, 1669.
579	1573.
581	1567, s.
582-584	1618-1631.
584, al. 2	1629.
585	1631.
586	1628.
587	1658, 1727.
588	1624-1625.
589	1731.
590-594	1633-1635, 1672.
595	1649, s., 1660. –
596	1641.
597	1616.
598	1636-1640, 1673.
599	1732-1740.
600	1595-1601.
601	1602-1606, 1608-1613, 1666-1667.
602-604	1607.
605	1678, 1692-1693, 1735-1736.
606	1678.
607	1694.
608	1677.
609	1680-1681.
612	1681.
613	1685.
614	1667.
615-616	1701.
617	1696, 1708, 1721.
618	1712-1717.
619	1700.
620	1699.
621	1683.
622	1707.
623-624	1701-1702.
625-635	1741-1745.
636	1746-1749.
637	1751, 1758.
638	1829.
640	1784-1787.
641	1049.
642-643	1050-1054, 1810-1816, 1876-1880.
644-645	1056-1067.
646	1002-1016.
647	1018-1021.
648	1073.
651-652	999.
653-655	1161-1164.
656-657	1165-1167.
660	1161-1164.
661	1168-1172.
662	1165.
663	1022-1024.
664	1177-1181.
666	1163-1164.
667	1166.
668	1165, 1169.
669	1165.
670	1174.
671-673	1804-1808.
674	1797.
675	1165.
676-680	1799-1803.
681	1796.
682-685	1817-1821.

CODE DE PROCÉDURE CIVILE

CODE DE COMMERCE

CODE PÉNAL

CODE FORESTIER

TEXTES DIVERS

(Les textes dont la nature n'est pas indiquée sont jusqu'à 1789 des ordonnances et depuis cette époque des lois.)

IMPRIMERIE A.-G. LEMALE, HAVRE

www.ingramcontent.com/pod-product-compliance
Lightning Source LLC
LaVergne TN
LVHW020952300926
849160LV00007B/124
* 9 7 8 2 0 1 9 9 1 5 9 6 4 *